国家出版基金资助项目

張伯苓全集

龚克 主编

王文俊 梁吉生 周利成 副主编

第一卷 著述 言论（一）

本卷主编 梁吉生

本卷副主编 张兰普

國家出版基金项目
NATIONAL PUBLICATION FOUNDATION

南開大學出版社

图书在版编目(CIP)数据

张伯苓全集 ：全 10 卷 / 龚克主编. —天津：南开大学出版社，2015.9
ISBN 978-7-310-04920-2

Ⅰ. ①张… Ⅱ. ①龚… Ⅲ. ①张伯苓(1876～1951)—全集 Ⅳ. ①C52

中国版本图书馆 CIP 数据核字(2015)第 198522 号

南开大学出版社出版发行
出版人:孙克强
地址:天津市南开区卫津路 94 号　　邮政编码:300071
营销部电话:(022)23508339　23500755
营销部传真:(022)23508542　　邮购部电话:(022)23502200
*
天津泰宇印务有限公司印刷
全国各地新华书店经销
*
2015 年 9 月第 1 版　　2015 年 9 月第 1 次印刷
260×185 毫米　16 开本　237.25 印张　164 插页　5500 千字
印数:1—3000 套　定价:1000.00 元

如遇图书印装质量问题,请与本社营销部联系调换,电话:(022)23507125

《张伯苓全集》编委会

主　任　龚　克　孙海麟　张元龙

副主任　朱光磊　梁吉生　孙克强

委　员（按拼音排序）

崔国良　董润平　方　昀　胡光明

罗世龙　马跃美　荣　华　孙　茁

田祥平　熊　勇　杨文杰

主　编　龚　克

副主编　王文俊　梁吉生　周利成

20世纪初的张伯苓

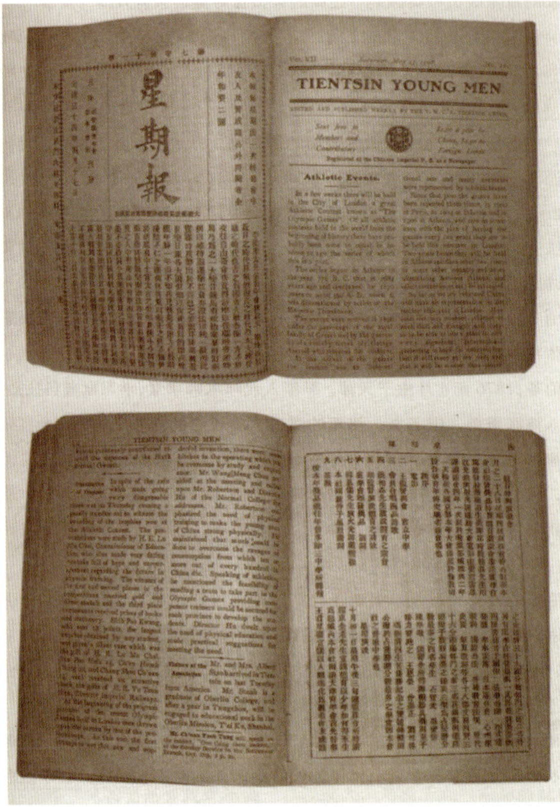

1908年，天津基督教青年会志学会社编辑出版的《星期报》，载张伯苓《雅典奥运会》演讲内容

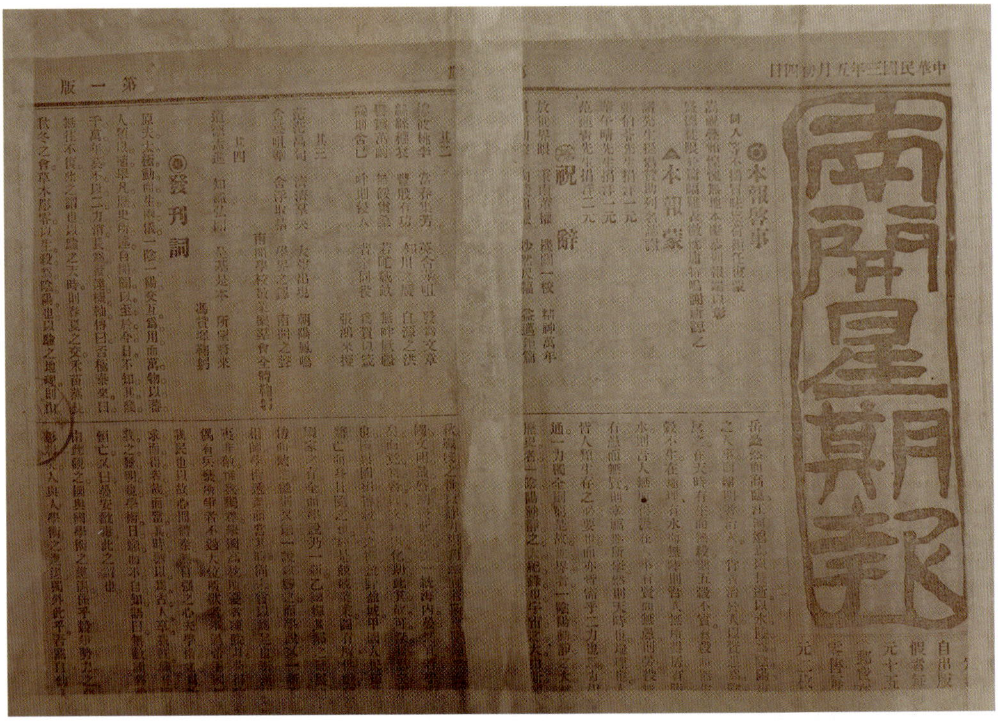

1914年，南开学校的校刊《南开星期报》创刊

1912年7月，中华民国临时政府教育部召开中央临时教育会议，图为张伯苓与全体与会人员合影

1917年秋，张伯苓在美国哥伦比亚大学留学照

1919年春，严修与张伯苓赴南京筹集南开大学创办经费，与当地人士合影

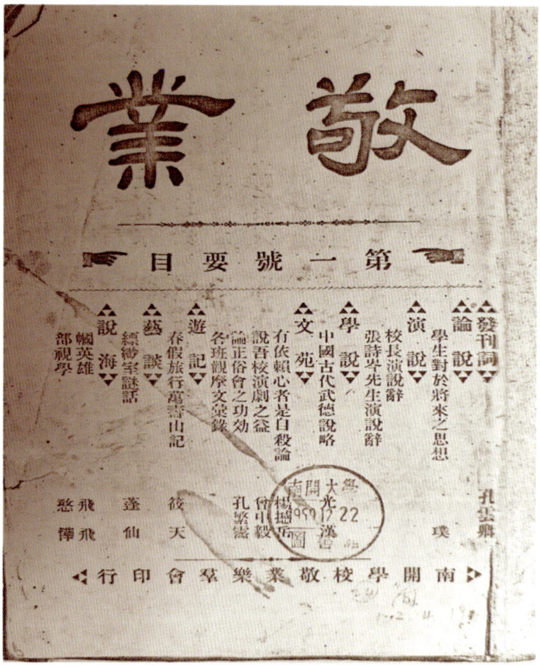

《敬业》第一号封面

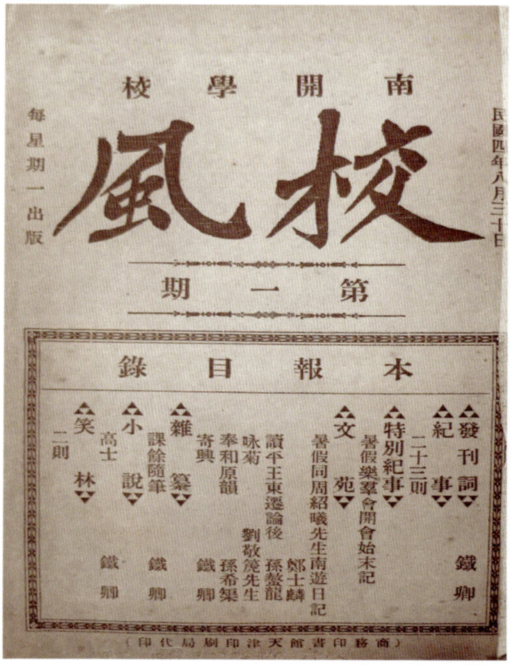

《校风》第一期封面

1919年， 南开大学最初的校舍

1921年12月，中华教育改进社部分成员合影，后排右一为张伯苓

1920年10月，南开大学矿科董事会在北京召开，张伯苓与众人合影留念

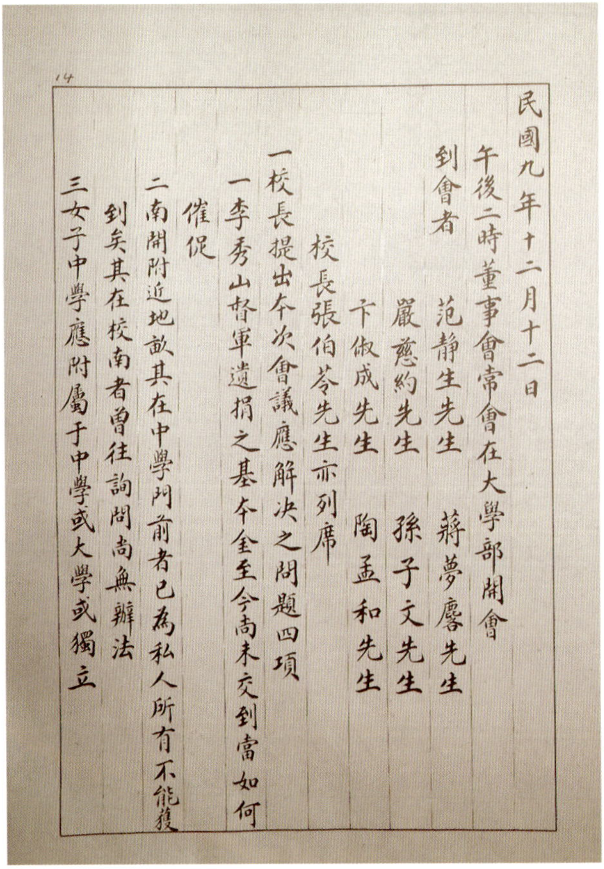

14

民國九年十二月十二日

午後二時董事會常會在大學部開會

到會者 范靜生先生 蔣夢麐先生

嚴慈約先生 孫子文先生

卞俶成先生 陶孟和先生

校長張伯苓先生亦列席

一校長提出本次會議應解決之問題四項

一李秀山督軍遺捐之基本金至今尚未交到當如何催促

二南開附近地畝其在中學門前者已為私人所有不能獲到矣其在校南者曾往詢問尚無辦法

三女子中學應附屬于中學或大學或獨立

1920年12月12日，南开学校董事会常会会议记录

1925年9月，南开女中奠基仪式留影

20世纪20年代，张伯苓对南开学校童子军演讲

1926年，南开女中外景

1929年秋，张伯苓与来津进行友谊赛的上海两江女师篮球队队员合影

学习和继承张伯苓先生的爱国精神

（代序）

知道有中国的，
便知道有个南开。
这不是吹，也不是唠，
真的，天下谁人不知，
南开有个张校长？！

不是胡吹，不要乱讲，
一提起我们的张校长，
就仿佛提到华盛顿，
或莎士比亚那个样。

虽然他并不稀罕作几任总统，
或写几部剧教人鼓掌，
可是他会把成千上万的小淘气儿，
用人格的熏陶，
与身心的教养，
造成华盛顿或不朽的写家，
把古老的中华，
变得比英美还更棒！
……

就是这股劲儿，
教小日本恨上了他，
哼！小鬼儿们说："有这个老头子，
我们吃天津萝卜也不消化！"
烧啊！毁啊！
小鬼儿们连烧带杀，
特别加劲儿祸害张校长的家！
他的家，他的家，
只是几条板凳，几件粗布大褂，
他们烧毁的是南开大学，
学生们是他的子女，
八里台才真是他的家！

可是他有准备！他才不怕，
你们把天津烧毁，
抹一抹鼻梁，
哼！咱老子还有昆明和沙坪坝！
什么话呢？
有一天中国，便有一天南开，
中国不会亡，南开也不会垮台！
……
南开越大，中国就越强，
这并不是他一个人的主张，
而是大家的信念和希望。

这是1946年6月9日在旅美南开校友庆贺张伯苓荣获哥伦比亚大学名誉博士学位并补祝七十寿庆的会上，由老舍和曹禺合作并共同朗诵的贺词。这首贺词，亦庄亦谐地勾画了这位中国近代伟大的爱国教育家的形象，他就是代代南开人永远敬爱的张伯苓校长。

这位伟大的爱国者，生于1876年4月5日。那时中华民族处于日益寇深祸亟的灾难之中，自鸦片战争以来，屡战屡败，赔银割地，丧权辱国。值此中华民族经历千年未有之大难与大变的历史关头，一批又一批仁人志士挺身而出，寻求救国救亡的道路。1889年，13岁的张伯苓报考北洋水师学堂，希图强国。在水师学堂，张伯苓不仅学到了近代科学文化知识，而且受到了近代思想解放的先驱者严复的思想影响。可是，当张伯苓即将毕业要上舰实习时，北洋水师在中日甲午海战中几乎全军覆没。后来他到残存的通济轮上实习，亲睹了“国帜三易”，即1898年日本将威海卫交还中国，降日旗升龙旗，然而转天清廷又转交英国，再降龙旗升英旗，致使张伯苓“悲愤填胸，深受刺戟！念国家积弱至此，苟不自强，奚以图存，而自强之道，端在教育。创办新教育，造就新人才，及苓将终身从事教育之救国志愿，即肇始于此时。”（张伯苓《四十年南开学校之回顾》1946年10月17日）自那时起，张伯苓历经劫难、矢志不渝地将毕生心血倾注于南开教育，义无反顾地践行教育救国之宏志。从1904年开始，经过30多年的努力，构建起一个包括大、中、小学在内的完整的南开系列学校教育体系：1904年创办私立中学堂（1912年始称南开学校），1919年开办南开大学，1922年成立南开女中，1928年成立南开小学，1931年建立经济研究所，1932年建立应用化学研究所，1936年成立南渝中学，1937年接办蜀光中学，张伯苓以南开系列学校为依托，开创并践行公能教育，在近代中国教育史上独树一帜，周恩来等一大批民族英彦辈出南开，书就了爱国育才的光辉篇章。

爱国，是张伯苓为人与办学的最为鲜明且一以贯之的特点。他说：“南开学校系因国难而产生，故其办学目的旨在痛矫时弊，育才救国。”（张伯苓《四十年南开学校之回顾》1946年10月17日）张伯苓认为，“教育目的，不能仅在个人。当日多在造成个人为圣为贤，而今教育之最要目的，在谋全社会的进步”。（张伯苓《以社会之进步为教育之目的》1919年2月12日）

爱国，就要立为公之志向。张伯苓非常重视培养学生为公之道德和为公之诚信。他说，“公德心之大者为爱国家，为爱世界”。（张伯苓《南开学校的教育宗旨和方法》1916年1月19日）他问学生及其家长，“将来是为国？抑为私？来宾中或有诸生之家长，必以为供给子弟十数年之费用，今日毕业后，宜略为家庭打算。但试问若无国，何能有家”？“诸生功课已毕业，此后应思如何为国为公，方不愧为南开学生。”（张伯苓《为国为公，傻做实做》1935年6月23日）他又说，“诚之一字，为一切道德事业之本源，吾人前途进取应一以是为标准”，“望诸君明征学理，细味不诚无物之言”，“既深知之，即力行之”。（张伯苓《作事应以“诚”字为标准》1916年6月28日）张伯苓要培养的是“真诚、无私的领导者，使他们能够解决中国乃至世界所面临的巨大的问题”。（张伯苓《为了中国的民主而奋斗》1918年1月14日）张伯苓坚信，“如果公，如果诚，事就能成功”，“南开的目的是对的，公与诚是有力的，干”！（张伯苓《南开的目的与南开的精神》1934年9月17日）

爱国，就要有“能力”。张伯苓说，“有爱国之心，兼有救国之力，然后使可实现救国之宏愿”。（张伯苓《四十年南开学校之回顾》1944年10月17日）张伯苓讲的能力，包括学习的能力、研究的能力、团结合作与组织能力、写作说话能力、实干做事能力等等，统括为“为公服务之能力”（同上）。张伯苓特别注重“引导学生之自动力”（张伯苓《南开学校的教育宗旨和方法》1916年1月19日），他说，“余尝为汝等计划，约有二法：一为先生之辅助；二为诸生之自治。夫然后先生之力渐减，学生之力日增，庶几人人皆有自治之精神而有作事之能力也”。（张伯苓《欲强中国，端赖新少年》1916年8月30日）曾任南开学校大学部主任的黄钰生先生指出，“在伯苓先生的教育思想中，自动、自觉、自治、自主、自创占有重要地位。而且这‘五自’的每一个‘自’，都是一种能力”。（黄钰生《〈张伯苓教育言论选集〉序》1984年）

爱国，就要强健体魄。重视体育是张伯苓教育思想和实践的重要特点。他说，“强国必先强种，强种必先强身。……南开学校自成立以来，即以重视体育，为国人倡，以期个个学生有坚强之体魄，及健全之精神。……但苓提倡运动目的，不仅在学校而在社会，不仅在少数选手，而在全体学生。学生在校，固应有良好运动习惯；学生出校，应能促进社会运动风气。少数学生之运动技术，固应提高；全体学生之身体锻炼，尤应注意。最要者学校体育不仅在技术之专长，尤重在体德之兼进”。（张伯苓《四十年南开学校之回顾》1944年10月17日）张伯苓早在1907年就提出“吾国选手在不久的将来参加奥运会”（张伯苓《雅典的奥运会》1907年10月），从而成为中国奥林匹克运动之第一人。

爱国，就要“知中国、服务中国”。张伯苓在1927年就指出，“以往之大学教育，概皆‘洋货’。教员则为留学生，教材则来自外洋，讨论学术，则恒以欧美之历史与社会为背影。此类教育，既不合学生之需要，又不合中国之国情；即偶尔相合，亦不过无源之水，一吸即涸，小贩经商，行买行卖，中国将长此拾人之余矣。故南开大学之志愿，在谋学术之独立，在整理事实，以为建设之根据，在用科学方法，以解决中国之问题；简言之，在‘认识中国’，在‘服务中国’。根据此项原则，故南开注意研究中国国情……以为建设根据，又能培植此建设之人材，则其心愿固已足矣”。（张伯苓《继续发展之南开学校》1927年）针对日寇觊觎我东北的大陆政策，张伯苓认识到东北是中国的命脉，在南开成立了东北研究会，从1927年到1929年组织了多次大规模的东北实地调查，搜集了大量资料，并在《南开双周》上开辟“东北研究”专栏，还出版了“日本问题专号”，发表了如《东北金融之现在及其将来》《东北现在的交通》《东北社会情形及教育设施之概况》《日本对中国之侵略政策》《日本之中国研究与中国之日本研究》《日本新旧思想之变迁》《日本政党及最近各政党之现状》《中日俄与东三省》等一大批研究成果。调研成果还构成了著名的《东北地理教本》（1931年秋刊行，2015年重印出版），这本长达600多页的教本，以详实的数据揭露了日本侵吞东北的罪恶行径，警告国人“不到东北不知中国之危机”，表现出强烈的爱国情怀和对国家民族的责任感。

爱国，就要团结抗敌。当“中华民族到了最危险的时候”，张伯苓坚决地与全国人民一起发出了“最后的吼声”。1931年“九一八”事变当日，张伯苓即在津发表《吾人之责任与自救之道》的讲话，表明爱国态度。1932年，张伯苓参与发起“废止内战大同盟”并任常委，又在南开召开天津各界参加全国废止内战大同盟筹备会，确定“不与内战者妥协，不参加内战，不供给内战用款”等方针。（见1932年7月21日《大公报》）1933年，他与南开师生一起积极支持与援助长城抗战。在1934年华北运动会上，张伯苓任裁判长，南开学子亮出“毋忘国耻”、唤醒国人“收复失地”，致日本代表离席而去，而张伯苓先生拒不向日本代表道歉，成一时佳话。在“一二·九”等抗日运动中南开师生均是中坚力量，他们走出学校、走出天津，南下沿途宣传抗日，产生了巨大影响。国民参政会是在中共提议下组建的战时民主机制，是抗日统一战线的重要机构。1938年6月17日国民政府公布第一届国民参政会参政员名单，“两园桃李一手栽”（陶行知语，指国共两党中多有南开学生）的张伯苓被遴选为参政员并任副议长。张随即发表谈话称“参政会之目的，乃政府在抗战期间为集思广益，团结全国力量，争取最后胜利”。“盖中国今日之局势，非全国共同一致奋斗，不足以挽救危亡。”（1938年6月18日《新华日报》）

爱国，就要刚毅坚卓。由于南开的爱国教育和南开师生的爱国行动及其产生的社会影响，引起日本侵略者的仇恨和恐惧。“七七”事变之后，日军进攻天津，于7月29日悍然轰炸南开大学，30日又轰炸南开中学和南开女中并继续轰炸南开大学，轰炸不仅由飞机轮番进行，而且还动用大炮“向南开大学校舍、图书馆进行猛烈射击”，之后又派陆军进入校园放火，致校园全部毁坏。日军的野蛮轰炸，就是因为“南开大学是一个抗日基地”（日军新闻发言人语）。对此毁灭性的轰炸，张伯苓校长于7月30日发表谈话称“敌人此次轰炸南开，被毁者为南开之物质，而南开之精神，将因此挫折而愈益奋励”。（1937年7月31日《中央日报》）张校长悲壮地对蒋介石说：“南开已被日军烧掉了。我几十年的努力都完了。但是，只要国家有办法，能打下去，我头一个举手赞成。”（“七七事变”爆发后，7月31日蒋介石发表《告抗战全军将士书》，中午，蒋介石约宴张伯苓、胡适、梅贻琦、陶希圣等人，此为张伯苓在席间谈话）之后，南开大学与清华大学、北京大学合组长沙临时大学，不久辗转迁至云南昆明，改称西南联合大学，自觉地将“联合大学之使命与抗战相终始”（《国立西南联合大学纪念碑碑文》），刚毅坚卓地为中华民族的“中兴业”育“人杰”（后来新中国“两弹一星”的23位元勋中就有8位是联大校友）。其时，西南联大“以其兼容并包之精神，转移社会一时之风气，内树学术自由之规模，外来民主堡垒之称号”（《国立西南联合大学纪念碑碑文》），创造了世界战时教育的奇迹。至今矗立在联大旧址和北方三校校园的西南联大纪念碑之碑阴纂列的“抗战以来从军学生题名”，鲜明地表现了联大人的爱国价值观。在抗战中，许多南开人血洒战场，其中就有张伯苓先生的幼子——张锡祜，他参加空军为国捐躯，张先生说，“我把这个儿子为国牺牲，他已经尽了他的责任了”（胡适著，昂若译：《张伯苓传》，《张伯苓八旬诞辰纪念册》，1956年）。

张伯苓先生一生以爱国救国为己任，有很大的社会影响。如张学良晚年在被问及年轻时谁对他的影响最大时，他不假思索地回答是张伯苓，说就是因为听了张伯苓的演讲，内中一句“中国不亡吾辈在”，对他起到了醍醐灌顶的警醒作用。

张伯苓毕生投身于教育事业，但他的社会活动并没有局限于教育领域，而是涉及政治、军事、外交、文化、体育、宗教等诸多方面。他交游甚广，与黎元洪、段祺瑞、冯国璋、徐世昌、蒋介石、汪精卫、冯玉祥、张学良等诸多军政要人多有交往，与严范孙、梁启超、蔡元培、胡适、蒋梦麟、梅贻琦、陶行知、罗常培、熊十力、张元济、老舍等社会各界名流更是时相过从。积极的社会活动和交往，使他成为诸多历史事件的参与者和知情者。虽然，张伯苓作为“康梁时代的人”（周恩来语），不免有时代的局限性，但他的爱国精神是永恒的。他的人生经历，在某种意义上堪称中国近代历史的一个缩影。

作为爱国教育家，张伯苓先生最大的历史贡献，是他开创的公能教育，从而成为“中国现代教育的一位创造者”（胡适语）。张伯苓积多年爱国教育之实践，提出“允公允能、日新月异”为南开学校的校训。这个公字当头、公能结合、与时俱进的校训，抓住了立德树人的教育本质，是张伯苓教育思想的大成。张伯苓先生对这个校训做了鞭辟入里的阐释，他说，“教育目标，在‘救国救民’；教育方针，在‘允公允能’。‘公’以化私、化贪、化小；‘能’以去贫、去弱、去愚。希望人人皆是德、智、体、群四育平均发展之国民，人人皆有国家至上，民族至上，牺牲小我，服务社会之美德。为社会而养成能力，献能力以服务社会，进而改造社会之风气，转移政治之风气，然后救国救民之最高目标，方可美满实现。四十年来，世局万变，惟南开之公能训练方针，始终一贯不变”。（张伯苓《〈中国之命运〉与南开之教育》1944 年 5 月）他又说，日新月异“这四个字是说每个人要接受新事物，而且能成为新事物的创始者，不但赶上新时代，而且还要走在时代前列，这是南开精神”。（张伯苓与重庆南开中学同学谈话，载于《四三通讯》第 11 期 1942 年 4 月）

张伯苓的公能教育，在理念上，用一个“公”字凸显了为公育才、育为公之才，用一个“能”字凸显了重视培养学生之能动的做事成事的能力；在实践上，针对“愚、弱、贫、散、私”之“五病”，以“公能”为依归开展五项训练，即体育、科学、团体、道德和爱国，包含了且又大大超越了书本和课堂的知识教育，是课上与课下、理论和实践相结合，德智体美并进的全面教育。公能教育之所以成功地为国家培养出一大批栋梁之材，端赖其理念正确先进、其实践全面彻底。张伯苓的“公能”教育思想有如鲁殿灵光，穿越时代，为一代代南开人照亮了人生的航向，这是他留给南开、留给中国教育的宝贵财富。学习和传承张伯苓的爱国精神，认识和理解公能教育深邃博大的内涵，在新的时代条件下创造性地开拓公能教育新局面，是当代南开人的历史责任。

编辑出版《张伯苓全集》，尽可能地将张伯苓先生的难以计数的文稿、演讲、书简、公文、函电等文献资料收集起来，进行全面、系统的整理和传播，以使后人从中去感受张伯苓的思想、担当、气度、操守、情趣……去接近一个伟岸的灵魂，全面地认识这位伟大的爱国者，这无疑是当代南开人义不容辞的使命和责任。

2012年，《张伯苓全集》的编纂工作开始启动。为了保证这部大书的编辑出版质量，突出《张伯苓全集》的系统性和权威性，参加编纂的同事们先是遍查天津市档案馆近100万字的珍贵档案，后又沿着当年张伯苓的足迹，到北京、上海、重庆、南京、四川、湖南、湖北、云南、黑龙江、辽宁、吉林等地的档案馆、图书馆，收集了大量的档案、图片和文献。经过辨析、整理、加工、点校和编辑、校对等细致浩繁的工作，终以三年之功，完成了这一带有里程碑意义的文化工程。

这部书的编辑出版得到了国家出版基金的资助，也得到了许多张伯苓研究者的鼎力支持。长期从事张伯苓文献的搜集整理和研究的梁吉生教授，对本书的贡献尤多。应该说，《全集》的工作团队为了这部大书的编辑出版，是竭尽心力、认真负责的，但由于档案文献资料的时间跨度较长，地区分布甚广，搜求难度相当之大，故虽力求臻于完美，仍有许多缺憾和不足，诚请读者予以斧正。

在张伯苓先生140年诞辰之前，抗日战争胜利70年之际，作为迄今为止搜集张伯苓著述最为完整丰富的这部书，付梓出版了。回首历史的沧桑巨变，瞻望南开学校、中国教育和中华民族振兴大业的壮美前途，我们深深怀念张伯苓——这位伟大的爱国先贤，不禁想到1951年张先生辞世时，他的得意门生和重要助手黄钰生先生在为老校长所致悼词中的那段感人的话：

"我们怀念那个身材魁梧，声音洪亮，谈笑风生，豪爽豁达，性格中充满了矛盾，而能在工作中统一矛盾的人——这个人，机警而天真，急躁而慈祥，不文而雄辩，倔强而克己；这个人，能从辛苦中得快乐，能从失败里找成功，严肃之中又有风趣，富于理想而又极其现实。我们怀念十五年前，二十年前，三十年前，教训我们，号召我们团结合作，硬干苦干，指教我们，百炼钢化为绕指柔，不取巧，不抄近，随时准备自己忠实地报效国家的那个人。我们怀念十五年前，二十年前，三十年前，每到一处，青年们争先恐后，满坑满谷，去听他演讲，爱护青年而为青年所敬爱的那个人，国士，教育家，新教育的启蒙者，一代人师，张伯苓先生。"

书及此，脑海中又想起伯苓先生在抗战即将胜利之时写下的一段满怀豪情、鼓舞人心的话，敬录如下，作为本文的结语：

“回顾既往奋斗之史迹，展望未来复校之大业，前途远大，光明满目。南开之事业无止境，南开之发展无穷期，所望我同人同学，今后更当精诚团结，淬厉奋发，抱百折不回之精神，怀勇往直前之气概，齐心协力，携手并进，务使我南开学校，能与英国之牛津、剑桥，美国之哈佛、雅礼并驾齐驱，东西称盛。是岂我南开一校一人之荣幸，实亦我华夏国家无疆之光辉也。”（张伯苓《四十年南开学校之回顾》1944 年 10 月 17 日）

南开后人　龚克

二〇一五年九月

编纂出版说明

《张伯苓全集》按内容类别，共分十卷，主要收录张伯苓各个时期的著述、言论，他与有关各方和各界人士往来的公文、函电，以及主持制订的学校规章制度等文献档案资料。为了便于读者阅读使用本书，特就本书编纂出版中的有关问题，做如下说明：

一、内容收录

（1）“著述言论”共设三卷（第一至第三卷），主要收录张伯苓署名出版或发表的著作、文章及其在各个时期、各种场合所做的演讲、讲话等。同一演讲或讲话有两种以上文献记载，选录其中内容较为完整可信者为主文，其他内容虽不够完整但尚有一定比照参酌价值者为附文。

（2）“公文函电”共设五卷（第四至第八卷），主要收录张伯苓以南开系列学校校长、西南联大校务委员会常委和南京国民政府考试院院长等身份签发的各种公文、公文批语等，以及他在各个时期与有关方面和各界人士往来的各种内容的信函、电文等。相关公文（如公文批复）和函电（如他人复函复电等对应函电），视情况以附录形式收录于后；公文批语如需借助批件才能弄清其含义，也以附录形式全文收录或摘录该批件。

（3）“规章制度”共设一卷（第九卷），主要收录南开学校在各个历史时期的章程和其他重要校规。这些规章制度多为张氏手订或主持制订，并由他以校长名义颁布施行，是反映其教育思想和办学理念与实践的重要文献，本书特设一卷予以收录。

（4）“张伯苓年谱”为全书附编，共设一卷（第十卷），主要记录张伯苓的生平事迹。以附编形式辑录张氏年谱，旨在使读者在对谱主生平事迹有较为全面、系统了解的基础上，能更利于对本书内容的把握。

（5）作为文字资料之重要补充，本书收录了有关张伯苓的一些重要图片。这些图片按时间和各卷内容之不同，分别置于各卷正文之前。

二、体例编排

（1）本书按内容分卷，各卷按时间排序。各分卷中所收录文献档案资料，按时间顺序编次；时间在标题下一行用圆括号标出，统一采用公历。“函电”若无写作或发出日期，按收到日期编排；“公文”如签署时间不详，则按文件收到或发出日期编排。时间相同者，按原稿次序排列；如文中能看出先后顺序者，则按内容显示之次序排列。具体时间不详者，视情况置于月末、年末或卷末。

（2）本书所收录之各种文献档案资料，凡有原标题者，一律采用原标题；无标题者，由编者依据内容自拟标题。

（3）本书所收录之文献档案资料，一般在该资料后注明来源；凡未注明来源者，均为编者自藏或征集而来之资料。

三、文字处理

（1）本书所收录之文献档案资料，有些在观点上难免存在局限性，相信读者自会鉴别和正确看待。编者已将个别明显有违时宜之篇什予以删除，但基于尊重史料原貌之考虑，对其他所收资料未作删改处理。

（2）本书在编辑处理过程中，除按现代汉语规范对个别用法前后多次变异之汉字加以统一，参照其他版本对错别字进行校订，将无特殊含义之异体字改为现代汉语规范用字外，他如当时之习惯用语、计量单位、数字、纪年等均按原文收录，未按现行标准进行处理。

（3）本书所收资料，凡需订正者，置于［ ］内；增补脱字，置于〈 〉内；虽能确定字数而无法校正者以“□”代替；字数不能确定者，则以“……”代替。

（4）本书所收录之文献档案资料，如原文无标点，或用旧式句读，均按现行标点符号使用要求予以处理；如原文用新式标点，则尊重原文面貌，但对其中影响文意理解者加以改正。原文如有分段，一般不加改动，只做个别调整；如原文无分段，或经由后人分段，则予重新分段。电文一般不分段，字数较多、内容繁杂者，参照信函分段。

（5）本书采用横排，原文竖排所涉版式之方位词如上、下、左、右等一仍其旧，必要时加注说明。

四、注释添加

（1）本书所收录之文献档案资料，对所涉及之人物、地名、事由等，编者视需要加脚注说明。加注人物以有助于读者了解相关背景为度，一般注其在本卷中首次出现时。对外国人名、地名之翻译，不求统一；如外国人名、地名之译法与现今通行译法不一致，为免误读，以脚注说明。

（2）本书之校勘、考释等，凡吸取前人成果者，书中一般不做具体说明。翻译名称，包括人名、地名、著作名、报刊名、组织机构名等，尽量保持原貌，必要时加脚注说明。

《张伯苓全集》总目

目 录

初等工业学堂捐启

（1904年11月14日）

启者，同人向在引善社内创设自立小学堂一区，已阅二年之久，祇以地势狭隘，学生不能多容，教育即未能普及。今遵《钦定章程》改作私立初等工业学堂，暂假朝阳观庙内作为校舍，招考学生一百二十人，酌收学费，其课程与高等小学校同而稍注意于工业。卒业后有愿深造者，另入中学堂及高等工业学堂。若因家道寒素急于谋生者，则于此学卒业后出其一技，亦易于自求衣食。似此宗旨，实于学业、生计两得裨益。惟开办伊始，经济问题殊形困难，愿奢力薄，若不借助群力，不足以观厥成，伏望大君子酌量捐输，或助以常年经费，或助以开办经费，共矢热心赞成斯举，异日者人无不学，学皆实用，皆大君子之赐也。如承认可，请列台衔。

发起人：华学涑[①]　孙凤藻[②]

赞成员：英华[③]　王金绶[④]　宁世福[⑤]　王贤宾[⑥]　刘彭年　魏震　华世铭　张寿春　胡家祺[⑦]　赵元礼[⑧]　陈骧[⑨]　王兆荃　卞禹昌　林兆翰[⑩]

---

① 华学涑（1872—1927），字实甫，号石斧，天津人。1912年任工商会议直隶代表，1913年任直隶商品陈列所调查员，旋改编辑主任。1916年与严智怡、陆文郁等人创设天津博物院，任副院长。晚年致力于金石甲骨文字之学，著有《文字系》等书。

② 孙凤藻（1884—1932），字子文，天津人。北洋大学毕业，曾任北洋高等工业学校教习、北洋水产练习所所长、全国饥馑救济会会长、天津红十字会副会长等职。

③ 英华，即英敛之（1866—1926），满州正红旗人。1902年在天津创办《大公报》，1916年后任香山慈幼院院长和辅仁大学校长。

④ 王金绶（1866—1935），字紫珊。

⑤ 宁世福（1842—1928），字星普，河北青县人。曾任天津商务总会总董，天津商会特别会董。

⑥ 王贤宾（1856—1939），字竹林，天津人。1903年任天津商务总会总董，1936年任天津市商会会长。

⑦ 胡家祺（1870—1929），字玉孙、玉荪，天津人。清朝举人。毕业于弘文学院速成师范科，1904年任天津府中学堂监督。1905年任直隶初级师范学堂监督，参加立宪派活动。

⑧ 赵元礼（1868—1939），字幼梅，天津人。天津“四大书法家”之一，曾任直隶河北高等工业学堂监督。

⑨ 陈骧，字子腾，号石麟，天津人。1898年中进士，散馆授编修。1908年任贵州提学使。

⑩ 林墨青（1862—1933），名兆翰，以字行，天津人。1902—1903年先后创办天津民立第一、第二小学堂，1904年任直隶常务处参议、津郡学务处总董、劝学所总董等职，后主持《社会教育星期报》及其后的《广智馆星期报》。创立了天津广智馆并任馆长。

刘恩遇　刘孟扬[①]

（《大公报》，1904年11月14日）

敬告天津学界中同志诸君

（1905年6月10日）

顷阅各报纸载，沪上抗对美人续订禁华工条约之议，不一而足。足见我同胞激发公愤，各殚精戮力，以筹抵制，不胜翘企俛祝之至。

我津自鉴于庚子幡然兴举爱国合群之论说，日灌于脑而溢于口，际此茕茕侨民含辱海外，我辈无力与争，已深玷我国民之名誉而大负我国民之责任。似此力筹抵制，正宜表发同情，将验吾学界有猛进之精神，卜吾国家有独立之性质者。

断查今日，所望学界中人务一律勿购美货，并祈各学堂监学、教员、执事诸公日以此说作修身科材料晓谕生徒，俾得传知各亲族戚友，以冀遍及。其美货之名目、牌号，刻已恳友调查，俟稔其详再行登载。倘得坚于持久，不堕初志，则吾学界幸甚，吾国家幸甚！此启。

张寿春　胡家祺　陈宝泉[②]　高步瀛[③]　俞明谦　同启

（《大公报》，1905年6月10日）

师生宜适当运动

（1907年10月20日）

学堂师生宜有高尚适当之运动。

（《严修家书》，手抄本）

① 刘孟扬（1877—1943），字伯年，天津人。英敛之创办《大公报》时被聘为主笔政，1905年后又创办《商报》、《民兴报》及《白话晨报》等，与刘髯公、刘霁岚并称为天津新闻界的三刘。

② 陈宝泉（1874—1937），字筱庄，天津人。1905年随严修入学部供职。

③ 高步瀛（1873—1940），字阆仙，河北霸县人。1902年，赴日本留学。毕业于宏文师范学院。

雅典的奥运会[①]

（1907年10月24日）

（首先介绍古代奥运会的历史，现代奥林匹克运动会复兴的过程，如今欧洲许多国家的皇室成员和美国和一些高级官员也对奥运会感兴趣。）

此次运动会的成功，使我对吾国选手在不久的将来参加奥运会充满了希望。去年雅典奥运会期间，虽然许多欧洲国家奥运选手技术水准很差，得奖希望渺茫，但他们仍然派许多选手参加。照此看来，我国应立即成立一奥林匹克运动代表队。[②]

张伯苓“也给中国运动员提了建议，并指出，从中国运动员的天资来看，有可能成为世界上最好的运动员，现在的任务是要有技术指导。”[③]并说，已有计划从美国聘请一位奥运会冠军来中国作指导，争取早日实现这一计划。

（天津基督教青年会志学会社编《星期报》之《竞技运动》，光绪三十四（1908）年四月十七日（5月16日））

① 这是张伯苓在天津第五届校际运动会在天津基督教青年会礼堂举行颁奖大会上的演讲，内容参照了范汝强《旧中国与国际奥委会》，王军《中国奥林匹克运动的倡导者》和美国密歇根大学 Chih-Kang Wu 博士写于1956年的英文论文《YMCA 对中国体育教育发展的影响》。

② 范汝强《旧中国与国际奥委会》，《文史知识》1993年第8期。

③ 崔景波《天津青年会与近代体育运动》所引的天津基督教青年会《天津公报》。崔文载天津中华基督教青年会编《天津中华基督教青年会与近代天津文明》，天津人民出版社，2005年。

信道之由[1]

（1908 年 8 月 16 日）

某少负不羁，父老见之者，辄目为聪颖。以此自恃，每与人谈论，必多方辩驳，举一切神道佛仙，皆不折服，遂渐成一玩世之人。此二十岁以前之事，而放肆可知。然据一己之思想，人之生必非偶然而来，故未免自用。至二十三岁，从严范孙先生游。严先生为人甚道学，闻余所谈，颇不以为是，尝谓余曰："子之言皆不着服语也。"以太直率无文故云。盖某固直情径行，言论所及，求诸人世有万万不能行者，逐渐生一厌世之心。幸尚未入世俗名利之圈内，迷途未远。然尝细心体会，人在世间，无非生老病死，古今一辙。言念及此，遂厌世之极，甚有愿绝人间传种之意，自亦不解。有时研究心理学，而心理学亦不足为我之乐。讲求明学、四书，而明学、四书不足慰我之心。世俗既非所好，家庭之乐亦不足以解我厌世之思想。

数年（六年）前，已与青年会总董格林先生（Greene）相识（入格林先生之查经班），谈及基督教新旧二约，窃以为浅薄无味（视华文《圣经》笔意太劣）。其他宗教者，向余谈道，余亦不信，更以各种言语诘之，多方问难，方寸中有一无神之见存。妄揣如果有神，何不灭绝魔鬼，免其扰世害人，古时奇迹，何不有于今日，使我见而信之。即读英文《圣经》，亦不得其意旨。迨监督私立第一中学时（堂中英文教员，初由青年会中担任，后亦由之延聘。），与饶柏森[2]君（A. G. Robinson）往还，并请郝君瑞满（R. S. Hall）同在敝学堂助教，相观而善。初仅佩服其学问，若论道德，终疑其不及中华，然往往动于其言之有力。此时之张伯苓仍系好高欲强，譬如作一事，为人所难能者，而己独任之，究则事未就而心已灰。因见青年会诸君孜孜矻矻，乐善不倦，遂叩其为善之目的，彼云："为求上帝喜悦。"余则曰："此犹有邀福之意也，孰若无

① 本文是天津基督教青年会秋季第一次德育演说词。演说会于 1908 年 8 月 16 日午后 3 时开始，特请新信基督教的张伯苓"演说其信道之由"。《星期报》云，"张君为新学界名人，此番宣讲实出恒人意表，一时闻风来听者济济师师，为之满堂。"1915 年 3 月 1 日《南开星期报》第 35 期刊载此文，题为《张伯苓先生自述信道之理由》。题目为编者所拟。

② 现通写为"饶伯森"。

所为而为善者之光明正大，不较宗教尤高一层乎？”

然自揣名利不足以缚我心身，名利之外所愿成就之事，每至有初鲜终，缺少坚忍之力，他人亦然。盖欲修善德，其境极苦，独力不支，必至中止。（丁未之春，先生得伤寒症，养病于医院，饶君与其余诸君时时访问之，君好读科学书。）嗣得饶柏森先生赠以《事物原理》一册，系美国大学校长海德（Hyde）所著，以哲理统全世界之事物而发明之，其书颇佳。余虽乐看是书，究不信教理。夫（是时先生又看《耶稣传》一书）伏前为学台派赴鱼业博览会，借资游历，因就格林先生处谘访一切。格公复以道理相劝，倾谈者久之，意犹未决。伏假随格、饶二君往北戴河小住一星期，远避尘嚣，静养脑力，乘暇翻阅《圣经》，潜心默会，冀得了悟。旋津之前，一日往别诸君，勉从诸君祈祷，余亦自祷，曰：“上帝如能，使我明道，必信服，且愿遍传中国，劝人尽知有上帝。”此语近虚而确系实意，自一祷之后，颇有感动，心中愉快异常。自此恍然大悟，实觉今是昨非，愿将一己之身心，全付之上帝而始妥。无怪泰西各国生理、法政、天算、格算诸科学，著名博士研究莫能出此范围，违道断难自圆其说。

盖身、心、灵三者合为一完人，分言之各有其妙用，譬如持重须用身力，欲以思想代之不可；演算须用心力，若以运动代之不能。进而上之，推论纯灵之上帝，应以灵以诚对，越之自然之理也。彼徒恃脑力浅近之思想，囿于耳闻目见之迹者，乌足以测其神妙。归途兴会淋漓，思若泉涌，尽人皆有至宝之灵性可以对越上帝，不善用之，殊为可惜。诚能以信仰之心祈祷，则必屏除私智，广收佳果。

某今者每日早晚祈祷两次，所得效验，可举五要征之。一，心中之平安，如操左券；二，能知己过，毫无遁情；三，读天道经，渐觉有味；四，如获重生，觉有神力之助，能胜物欲。曩者有志未逮者，今竟改良自新矣；五，信有永生。所谓永生者，关于属灵之世界，其幸福无穷，不在世俗饮食之乐，居处之安也。令我信依盼望最有价值者，即永生。吾人同具灵明，即皆有得永生之资格，甚愿人人能得我福乐安平。如其不得，可惜孰甚焉！然而，求则得之，不求则不得也。天下事未有无因而至者，永生何独不然。方之人欲渡河，必经板桥，犹疑生畏，难登彼岸。若勇往直前，则为过来人，乃知无非如此，并无险也。

余为斯言，并非欺人，亦非因脑筋伤暑，侈口忌谈，实缘在上有全能全知之主宰以宗教普度斯人，故不敢徘徊于玩世派中；且深信重生之奥义及将来永生之希望，亦不敢流连于厌世派中。盖玩世之张伯苓一变而为厌世之张伯苓，再变而为乐天之张伯苓矣。由是静观自得，对于家庭、州里、蛮貊，无往而非乐境。一心向道，谓之有我可，谓之无我亦可，惟期以身心全献之上帝，待上帝复赐以新灵，则我始见真我也。

某宗耶稣日浅，非敢有所宣讲，兹仅据一己之实验，来相印证，诸君其谅之。

（天津基督教青年会志学会社编《星期报》第7卷第20册，光绪三十四（1908年）年七月二十六日（8月22日））

欢迎美国前副总统费亚班来校演说的谢词①

（1909年8月23日）

先生此次辱临敝堂，得分尺寸之光阴，俾聆高尚之言论，闻所未闻，藉以开拓我青年人思想者不胜枚举。自闻謦欬以后，益当奋勉，共谋世界之幸福。

鄙人前游历至贵国，彼此感情之深，至今思之犹在目前。今日之会又得先生赐教，尤异常荣幸，并乞归国后代表此情，则他日两国人之交谊当日形亲密，无任幸甚。

附：美国前副总统费亚班君在私立第一中学堂之演说

仆今游历全球，足迹遍天下，最足动我感情、增我快乐者，莫各处大中小学校之学生若。仆于敝国及日本各校演说屡矣，兹得观光贵学，为对中国学校第一次之演说，无任荣幸。窃思演说一端，与学生之道德智识最有关系，前数百年，各国绝鲜交通，以故情谊暌隔。近世国界开放，日形亲密者，以近世学问发达全球普通故也。

适闻诸生大奏美国国乐，复奏中国国乐，于此见学问之公，抑亦征我中美两国邦交之笃也。仆所希望于学生者，由谋一己之利，以利社会，以利国家，

① 费亚班（Arles Warren Fairbanks，1852—1918），美国共和党人，1905年3月—1909年3月任美国副总统。费亚班的演说词由王邵廉译。题目为编者所拟。

推而至全世界。将来所收效果，不但我两国长此亲密已也。查现在世界主义方兴，各国均有关系，敝国之所希望于贵国者，知贵国必亦希望于敝国也。世人不察，恒谓此国政教之盛衰，无关于彼国之休戚，此不谙世界大同之真理，而文明之思想，犹未达于高度也。即就学问而论，与天下同利益，如理财政治学等，经一人之发明，以饷全世界，沾溉每恨其不广。彼医学之研究有得，亦岂仅为求一国人之生命已乎！是以研究一学，确当公之天下。然学问之道，无有止境，随时公共之，尤宜随时深造之。譬如读历史，固可知前人之往事，然读史之精神，并不在知其陈迹已也，须择其有关于时事者而采取之。何者宜法？何者宜惩？善借鉴焉可耳。世谓前人之嘉言懿行，尽美尽善，后人弗及，不知后人之智识，多于古人，后人成就之事业，亦胜于古人。

今日远渡重洋，见无线电报，靡处不达，是为古人所未发明者。然电力之所以有此妙用，尚有待于后人研究。后人究之而不已，其胜于今人更未可量也。未学时视学理浩如渊海，既学时视学理仍浩如渊海，所以教育家之目的，以智识交通彼此扶助为首要。不但个人对个人宜亲睦，即推而至于对待他县、他省、他国也亦然。旷观历史，凡人类之进步，未有不出于流血者，此最可惨之事也。自后人民道德智识日增，此层惨苦，宜急痛绝。

仆前办海牙和平会时，曾主是议，且赞成者并不只仆一人也。区区此志，深有望于将来之学生焉。

此次来津，最注意者，为西沽武库改建大学一事。以存储器械之区，一变而为造就人村之地，此中幸福，不烦言喻。使世界皆作是想，必永无战争日矣。又何幸也！今来贵学，试与言求学之道，欲求实用，首贵专精，如学理财、法政、医学诸科，必须专精造就，以期臻于完善之地位。至专精某科，则在个人性之所近而认定之，不假他力也。然其最要之归宿，尤在应用，如徒托空言，无补实际，虽具索罗门（今译所罗门——编者加）之智无济也。不宁唯是，道德二字，尤为最要之点，使道德不优，无论学问何等高深，亦自私自利已耳！无裨于社会，有蠹于国家，夫亦何贵有此人哉？譬如山东现有金矿发见，必经矿师开采，始用于世。人之有学问而无道德，犹金之埋于地下也，其如不能利人何！

昨晤端午帅，谈及学务，确有心得。以学务最盛之直省，又得深明教育之午帅，前途伊何可贺。继谈宪政，午帅又曾游历各国考察者，其将来实行，必有把握，亦敢断言。

刻鄙言已罄，不愿多误诸君之时间，所盼祷者，一在诸青年共闢世界大同之思想，而文明竞争；一在诸职员认教育为世界最大之事业，而与时进步，一在诸来宾深究学问，并力进行，藉以谋邦交之敦笃。仆返国后，亦难忘今日之盛会也。况中国开化最早，其所以副我盼祷者，又不只此数乎？如是则中国幸甚，世界幸甚。

（《大公报》，1909 年 8 月 23 日）

《用非所学》剧情

（1909 年 10 月 17 日）[①]

第一幕：留学生贾有志（假有志），留学欧美，学习工程。学成归国，趾高气扬，不可一世。乃师魏开化（未开化）邀宴于酒肆，贾高谈工程救国，魏闻之，深有所感。

第二幕：贾至其友人家，友人系日本留学生，现已腐化。贾又大唱高调，友人笑其愚。告以欲入仕途，须有援引，空论无济实事。遂计议进谒万大师，恳求提拔。

第三幕：贾有志穿戴红顶花翎，见万大师。万委以县知事职，贾大喜，行三拜九叩礼，谢委。

（《南开四十年纪念校庆特刊》，1944 年 10 月 17 日，第 48 页）

附：第一出戏剧

张伯苓校长向即提倡新剧，其目的在“练习演说，改良社会”。初为校长自编、自导、自演，继则由时子周、周恩来及伉乃如等师生合力编导，先后编演者计有《一元钱》、《新少年》、《一念差》，及《新村正》等。其后张彭春先生（今我驻联合国代表）归国，负责编译易卜生名剧《国民公敌》及《娜拉》等，演出颇受欢迎，今名编剧家万家宝（曹禺）即名震当时之南开新剧团之主角之一。兹介绍南开第一出话剧如后：

---

① 此为该剧第一次演出日期。

剧名：《用非所学》

演出日期：清光绪三十四年冬

地点：严宅东院

编剧：张校长

导演：张校长

剧中人：校长饰留学生贾有志，时子周先生饰魏师开化（未开化），严智怡先生、严智崇先生饰日本留学生夫妇，严仁颖饰其幼子，范莲青先生饰仆人。

剧情：讽刺留学生归国后腐化，以习工程之材而任县长，“用非所学”。

（国立南开大学联友服务社出版，《南大今日》，1947年7月，第16—17页）

上资政院禁烟条陈[①]

（1910年2月）

（一）禁烟宜加入宪法。

（二）咨行各省合力办理，并详细调查境内有无私种私买等情。

（三）请在英之中国名流著论登报以告英人。

（四）联合各教会及慈善团协助劝禁。

（《申报》，1917年2月18日）

① 本文为张伯苓在天津禁烟会议决条款，摘自《女子节制会之禁烟大会》一文中路崇德博士讲演中的引语，题目为编者所拟。

中国地学会同人启事[①]

（1910年2月）

敬启者：中国科学方在萌芽，而地学之范围愈广，故探讨愈难。同人不揣绵薄，创办兹会，亦欲与海内志士共勉成之。惟会中应办之事甚多，暂因绌于财力，未遑措手，特先按期出杂志一书，以为交通联络之机关。凡政界、学界、军界、商界诸君子，有调查所得，见闻所及关于地学者，均祈随时惠教，寄至本会事务所，俟登录后，必予以相当之酬报，以期互相研究，交换知识，想海内宏达当有乐于从事者，是本会同人所切祷也。

中国地学会同人敬启

（《地学杂志》第1年第1号，宣统二年正月）

在青年会联谊会上的演说[②]

（1910年12月15日）

今日之中国，固非老大帝国矣，然亦不足谓为新中国。鄙意此正新旧过渡之蝌蚪时代也（众皆解颐），按吾华旧俗称为阔家者，须有天棚、鱼缸、石榴树等六事以为排场，缺一则以为不美观。今调查各国大城亦须有六项新事，以为文明新象之点缀，即学校、咨议局、电灯、铁路、公园、青年会所，缺一不可也。何幸天津业已有此会之基础，将来之发达正未可限量矣。

（天津基督教青年会志学会社编《星期报》）

---

① 中国地学会于1909年9月成立，选举傅增湘为总理，张伯苓、袁希涛、顾琅、英华等8人为评议员。清宣统二年正月创办《地学杂志》，并发此启示。题目为编者所拟。

② 12月15日晚，张伯苓出席基督教青年会假英租界利顺德饭店召开的联谊会并发表演说，题目为编者所拟。

为维持普育女学堂上学宪书

（1911年1月19日）

温世霖[①]创办普育女学已经五载，成效昭著。现在因公被谴，全堂学生百数十人惘然失所依据，如待乳之儿忽离慈母。职绅等睹此情形，不忍坐视，况该堂关系公立地方义务，更不容辞，当即纠合同人开会协议承办，并担任全堂经费及教务等事。

（《大公报》，1911年1月20日）

天津南开私立第一中学堂牌示

（1911年2月16日）

谕诸生知悉：现因时疫流行，蔓延至津，中其毒者每至一家不保，势颇可畏。我堂平日虽讲卫生，然际此传染剧烈之时，所有宿舍、讲堂多人聚处，实觉有所未便。兹拟展缓至二月二十日再行开学，届时务各来堂理课勿误。此谕。

（《大公报》，1911年2月17日）

---

① 温世霖（1870—1935），字支英，天津人。1905年天津水师学堂肄业，创办了北方第一所私立女子学校—普育女学堂，由其母徐振肃任第一任校长。1911年1月，温世霖因领导学界立宪运动，被清政府逮捕，发配新疆伊犁充军。天津县议事会公推张伯苓为全国学生界请愿同志会临时议长，与孙凤藻（子文）等设法营救温世霖并维持普育女学堂的继续生存。

与英国公使谈在中国禁烟[①]

（1911 年 4 月 2 日）

英公使：急行禁入，鄙公使非不赞成，惟印度种烟之人有属敝国统辖者，有自己独立者，我国若迫其急行禁种，其自立土著必然反抗，此我国所深为顾虑者也。

张伯苓、宋则久：鄙人等为贵公使出一善策，贵国让还中国主权，许中国急行禁入，则贵国对于印度不必出禁种之令，而印人自行不种矣。

英公使：此事甚佳。鄙人极欲中英两国和衷相济，协力禁烟，以成就此道德问题之美举。而其间凡鄙人所能担负者，绝不有所推诿。

（《申报》，1911 年 4 月 6 日）

在中国国民顺直禁烟会的报告[②]

（1911 年 7 月 23 日）

四月间[③]，袁观察拟办女子戒烟医院，由绅士办理，款项由官家补助，由本会介绍，交由天津县戒烟会与女子禁烟会合办。今早同副会长面见禁烟总局苏总办，允给开办费一千元，每月常费三百元。本县戒烟会无款，由禁烟局每月补助百元。天津县戒烟会已有会员十五人，担任本县调查警劝各事。各租界内有不易办理之事，仍由本会担任办理。至本年年终烟膏店应一律歇业。

不日再到法工部局，再议法租界进行事。

（《大公报》，1911 年 7 月 27 日）

① 4 月 2 日下午，顺直禁烟会借东门外议事会场开全体大会，由张伯苓、宋则久二代表报告赴北京谒见英公使情形。本文为摘自《禁烟代表入京近事纪》，题目为编者所拟。

② 7 月 23 日下午 3 点，中国国民顺直禁烟会开会，首由副会长宋则久介绍上次开会至本次开会进行公事，继由会长张伯苓报告。题目为编者所拟。

③ 此系农历。

天津市电车安全行车办法七条[①]

（1911 年 10 月 2 日）

车轨改为中间。

险要路口设常岗，由电车公司出薪水，执旗或扇式牌，书字，车快到时，举以示众，车过则放手。如举起而又敢过者，罚。

电车卖票人与司机，设堂教练纯熟，再令执役。电车司机人等每日宜换三班。

电车前及两旁，宜设救命网，或改设冷闸。电车唤人响物，宜改与他等所用不同，或令他等改用，总期别于此。

转城车减快。

车轨禁泼水。

两旁便路逼迫马路之处，禁摆摊。

（天津市档案馆编：《天津商会档案汇编：1903—1911》（下），天津人民出版社，1989 年，第 2260 页）

在中国国民顺直禁烟会职员会上报告事项[②]

（1911 年 10 月 5 日）

奉、吉、黑、晋、豫五省业已禁运。我省未能办到者，实因未将土药禁绝故也。是以鄙人前往北京时，即将第一次焚毁烟具像片带赠外务部，藉资鼓吹禁运事。

① 1911 年 9 月 13 日，天津县永丰屯村正刘凤山、唐士珍等禀陈阖村老幼痛恨电车伤害人命，欲起风潮，特拟订和平取缔天津电车办法六条。针对此一情况，张伯苓、杨以德拟订该电车安全行车办法。

② 中国国民顺直禁烟会于 10 月 5 日晚 9 时在东门外议事会会场开职员会，会长张伯苓在会上作报告。题目为编者所拟。

提议致直隶各属劝学所、禁烟会及自治局信件，并登各报宣告无论何人，凡查有私吸私种私运者，请其将详细理由报告本会，然后再由本会择其事之确凿有据者，分别函禀督宪及禁烟局查办，惟匿名者不收（公众表决赞成）。

宋君则久不日东游调查实业，所有下期开会事宜，应由鄙人接办。

（《大公报》，1911 年 10 月 10 日）

三育并进而不偏废①

（1914 年 4 月 29 日）

余今所欲言者，为最要事，诸生其注意。近日屡感触于社会之恶习，益觉中国前途之可惧。夫中国当此千钧一发之秋，所恃者果何?在恃教育青年耳。教育一事非独使学生读书习字而已，尤要在造成完全人格，三育并进而不偏废。故凡为教育家者，皆希望世界改良，人类进步；抱不足之心，求美满之效。我国当教育青年之任者，诚能实行若此，则中国或可补救于万一。兴思及此，不禁深喜，及觇社会之现状，虽一则以喜，又不禁一则以惧。先以为教育兴，青年立，必能将社会渐渐改良，转危为安，故喜。更观社会腐败之现状，每况愈下，流连忘返者，比比皆是，又不禁肃然为之惧。此种现象不独中下社会为然，即上等社会，甚至作教育界之领袖者，亦陷于恶习之漩涡中，随波逐流。此等社会何时始能望其改良！如谓长此以往，不求进步，终日悠悠，忽有一日人皆醒，曰：当改良国家，进步社会。考已往，测将来，吾知其梦也。

更观政府以命令禁止恶习，虽有长篇大论，严词苛法，亦言者谆谆，而听者藐藐，于事乎何济！自鼎革而后，所改者，有用无用之名词；实事之增加者，社会中之嫖赌是也。即以赌言，打牌者，昔时南方仅有之，渐至北方，今则全国上下不谋而合。中人以上之家，无不备之，而更妓馆花酒，所在皆是。使青年目夺神迷不为颠倒者，百不见一焉。吾常闻人曰，南开学生多自美，吾诚不解。若以我为南开学生即可自美，此等学生为学校之败类，校中去之。如曰人皆嫖赌，我独特立为自美，吾欲此等人愈多愈好。亡国者何？亡其魂也，奚必

① 本文为张伯苓在修身班上的演说词，由孤竹野人笔录。题目为编者所拟。

列强之分裂割据而后然？中国人现时大多数丧其魂矣！淫佚放荡日趋日下，有今日无明日，青年处此，不大可危乎？故美国学校多令年长生友年幼生，扶之助之，使自立，愿诸生履行之。此谓汝等可自为，可谓为南开学校所为，亦可即谓之救国救世，亦莫不可。青年有事占其身则快乐，暇时则将受外界引诱之苦矣。故余每救人借以自救，吾国居上等者皆嫖赌，下等反无之，以道德论，上等较逊矣。然而国家所恃者，非下等，上等又腐败，而欲国之不亡乎？更观中国之留学生回国后，亦与恶习随波逐流，非但不知羞恶，反饰之曰：中国不若外国之有音乐队、俱乐部等足资消遣，则嫖赌未为不可也。呜呼！国家所以派留学生，果何为者？社会腐败当改革之，公众利益当提倡之，如亦随波逐流，国家又焉用断送金钱以造人才哉。吾常云，三人相聚而不能乐者，非愚则死。如必嫖赌乃可为乐，其必无心肝，直死人之不若耳。

汝等青年自少时练习正当快乐，则一生受其益。今而后遇罪恶排斥之，宁使彼说我美，勿令众笑我弱。际此国家未亡时，大声疾呼，或可补救于万一耳。

（《敬业》第 1 期，1914 年 10 月）

《体育杂志》创刊题词

（1914 年 5 月）

《体育杂志》创刊

一编示范，万人竞强。

鼓勇救国，华族之光。

张伯苓题

（《体育杂志》创刊号，1914 年 5 月）

在恳让庚子赔款会成立会上的发言①

（1914 年 6 月 17 日）

此会由上海伍秩庸先生发起，不过恳求各国允让庚子赔款。现在王文典先生正在联合各省同志，至于如何进行办法，将来集会上海，尚须共同讨论。

（《申报》，1914 年 7 月 3 日）

Principal Chang Poling's Advice to the Japanese②

（1914 年 11 月 4 日）

The first meet of the cross-country running was held on the 11 th of November. The teams of three schools took part; namely the Army Medical College, the Government Middle School and the Nankai School. The competitors came together at 40'clock. They started near the Anglo Chinese College and finished near Tunghua Li Kuo Yu Pin of Nankai was first and the result was as follows: the Nankai School 28 points, the Army Medical College 26 points, the Government Middle School 24 points.

On the 9th of November there was a foot-ball contest between thc teachers of our school in the feld in front of our school Among the players Mr. Sun was greatly admired by all the spectators. Mr Yang was also a very brave and skilful player.

On the 12th instant, at 3:30 P. M. the English Literary Society held a special meeting to which Mrs. B. Lyon and Mr. Mei I Chi were invited to give speeches.

① 6 月 17 日下午，恳让庚子赔款会开成立会，到会者五六十人，张伯苓被推为临时主席，并在会上发言。题目为编者所拟。

② 本文原题为 *Principal Chang Poling's Advise to the Japanese*，为张伯苓在南开学校修身班的演讲，内容用英文记录，由编者翻译。

Both the speeches were greatly appreciated by all present.

In a speech delivered to the student body on Wednesday Nov. 4th, our Principal Mr. Chang Poling suggested some advice for the Japanese under the present state of the world's affairs. His valuable. Words may be summed up sa follows:

The Great European War has given the oriental nations a good cause and also a good opportunity to unite. It has eventually devolved upon China and Japan to maintain the peace of the Far East. The only right thing for Japan to do now. that she has wrested Tsingtao from the grip of Germany is to hand it back to China sa she had declared she would do before war broke out between her and Germany; and she ought to see that. this is also the only wise step to take under the present circumstances if she is far sighted enough. She will thus deserve the gratitude of China and her people will be able to supplant to a very great extent the western nations in their trade with the Orient. Now is the time for China. and Japan to apply the "Monroe Doctrine" upon the destiny of Asia as it has overruled that of the American Continent. It is blind folly for Japan to hope that she alone can withstand the ever-increasing tide of European invasion or to think that the peaceful Chinese will suc-cumb before her modernized brutality (her aeroplane bombs and macline guns) But with resourceful and industrial China behind her and allied with her she might yet become the actual leader of the Fas East.

（《南开星期报》第 28 期，1914 年 11 月 23 日）

南开新章①

（1914年12月10日）

自明年起，学生年未逾廿岁，不准娶亲。否则革退。

考试分数原定主要科以五十分为及格，次要科三十分为及格，限格似嫌太低。自明年起，考试限格皆增加十分，主要科以六十分为及格，次要科以四十分为及格矣。

以前各班在入学二年以后即无体操一门，于体育一道，似不合宜。爰自明年起，无论何班，皆有体操。似在入学二年以后者，钟点稍减耳。

又以学生肄业之际，志向多不能定，己有所长不知所以发达之方；欲有所学，不知何为终南之径。如此诸类，不胜枚举。往往因发达不得其方，求学不得其道，致智识过人者，终无所用。可惜孰甚！故于明年特设访问一部，请各处名人从为指教，作迷途之筏，作指南之针，凡有所疑于心者，皆可就而受教焉。

噫！日新又新，其南开学校之谓乎！

（《校风》第29期，1914年12月21日）

当执勤向学，勿半途而废②

（1915年1月11日）

夫春为一岁之首，今日又为一学期之首，正百事实行之首日。生等既秉家训，负笈而来，即当殷勤向学，勿使半途而废，有违初志。况造就不克成材之学生，亦非司教育者之希望也。生等自思发奋自励以日新乎？抑随流逐波以自

---

① 本文为张伯苓在南开修身班上宣布，题目为编者所拟。

② 此为张伯苓演说大意，摘自周恩来南开中学三年级第一次作文《本校始业式记》，文中部分词句以老师改正的词句为准。题目为编者所拟。

弃乎？孜孜矻矻以进三育乎？抑泄泄沓沓以消光阴乎？锻炼身心以图强乎？抑饱食终日无所用其心乎？何是何非，固明了易见，然切不可因其易而存疏忽之心也。

附：周恩来作文全文

本校始业式记

惟我民国四年一月十一日，吾校师生咸集于礼堂开始业式焉。是日也，云虽布而风不寒，若表示其无限欢迎于斯也。未几，军乐扬扬，震于耳鼓，为开会之导也。校长立于坛上，解释行始业式之理由，述开会辞也。师生相对一鞠躬，行相见礼也。礼毕，于是校长乃告诫诸生曰，夫春为一岁之首，今日又为一学期之首，正百事实行之首日。生等既秉家训，负笈而来，即当殷勤向学，勿使半途而废，有违初志。况造就不克成材之学生，亦非司教育者之希望也。生等自思发奋自励以日新乎？抑随流逐波以自弃乎？孜孜矻矻以进三育乎？抑泄泄沓沓以消光阴乎？锻炼身心以图强乎？抑饱食终日无所用其心乎？何是何非，固明了易见，然切不可因其易而存疏忽之心也。

次中学主任演说，大意谓吾人既入中学，即当思为国用，然课程有限，事业无穷，欲救斯弊，此校中之各会所以立，诸生于上课自修之暇，尤当置身各会，研学识，理事务，则将来出而任国事、整社会，方不致无所措手，而作砥柱于中流也。演说终，即奏乐散会。归而思之，古语云："得天下英才而教育之，三乐也。"今吾校学者多来自四方，济济一堂，八百有余，诸先生之对于学生更不知如何愉快也。泚笔记之，以志不忘尔。

（中央文献研究室，中国革命博物馆编：《周恩来南开校中作文》，中央文献出版社 1998 年 2 月，第 22—23 页）

吾辈应为之事[①]

（1915年3月29日）

吾国以小国而受人欺，良可惜也。疆域如此之大，何以言其为小国耶？试问海内视国事为己事者几人哉！以斯人而为斯国，吾见蕞尔其小也。国果大，有受人欺者哉！然则吾辈之应为者，则充此国而益大之耳。

（《南开星期报》第39期，1915年3月29日）

修身班讲话要点[②]

（1915年4月12日）

万事万物皆为有心人而设。

人常短其短，则短者长矣。

文明法律不能守，是野蛮也。

惟英雄能崇拜英雄，庸人则崇拜自己。

汝无论行于何处，良心永随之。

困难愈大，成就愈大。

人一生之精神思想，载浮载沉，得一自强之机会，即当乘之奋进一步。

中国今日因事做事者鲜矣。

学理要乎实事，要乎实事乃学理所产出。世所以重学理者，重实事也。

有精神者与无精神者竞争，则无精神者必败。

有能力者多做。

世间最不可破者，真实是也。名皆随实以行。

---

① 本文原题为《本校校长修身演说节录》，由子久节录。题目为编者所拟。

② 本文原题为《本校校长修身语录》，子久节录。题目为编者所拟。

世界各强国，其民无不喜清洁。

志在世界，则一国之问题自解决；志在一国，则身家之问题自解决矣。

（《南开星期报》第40期，1915年4月12日）

同江苏体育代表团的谈话[①]

（1915年5月1日）

此镜[②]所以备学生出入时，于此自行修整姿态，不特衣履可免失度，即腰驼背曲亦可戒警于无形。

章程规则形式可观，实际无用。故本校于此无不简单。譬如规定坐立宜肃，不能规定其不言语；规定饮食宜有定时，不能规定其何时大小便。凡事宜取自然，章程规则何能一一强制。

校务良善必先对于校事有专责、有热心、有毅力，尤须先得若干同志。待遇教员不必束修丰富，本校视教员之得力者，除加俸外，有为之保险一千两或两千两者，保险期满，教员可得若干储蓄金。但中途出校，则此项保险费非其所能得矣。

（《教育杂志》第7卷第6期，1915年6月15日）

① 本文是张伯苓陪同江苏体育代表团参观南开学校时的谈话，摘自庄俞《参观天津学校联合运动会及南开学校纪略》一文，题目为编者所拟。

② 指南开学校楼内之大镜，镜上横额题有镜箴："面必净，发必理，衣必整，钮必结；头容正，肩容平，胸容宽，背容直。气象：勿傲、勿暴、勿怠；颜色：宜和、宜静、宜庄。"

能强中国者，惟有教育[1]

（1915年5月3日）

当今日之时，能强中国者，惟有教育。倘国内教育家联合，执政者知其要，实业家扶助之，使教育得尽其能力，一变国人之心脑，则中国前途或尚有望也。

（《南开星期报》第43期，1915年5月3日）

吾人之棒喝[2]

（1915年5月17日）

中日交涉，不出和战两途，战既有所不敢，其势必趋于和，饱其欲壑而后已。余前已道及，今果不幸言中矣。虽然余之所虑者，不沾沾于目前，而惴惴于欧战了结以后，其危机将千百倍于蓰于今日。未雨绸缪，此其时也。至若日本虽野心勃勃，抱侵略主义，万不敢以对朝鲜者对我，甘冒世界之大不韪。且燕雀之于鸿鹄，其势亦有所不能。可断言者，深望诸生振刷精神，益自淬厉，勿客（意）气用事，常抱悲观，因而灰心丧气。须知吾国今日不患国之亡不亡，而患人之有不有，就令即亡，莽莽中愿大有人在，终有恢复之一日。若无人，即目下勉强枝梧，丧己之祸将不旋踵而即至，万劫而不复，痛何可言！是立国之道在乎有人，而人又贵乎立志，立志又贵乎勤勉有恒。诸生须将此次失败，时时勿忘，而后可底于成。切不可因一时激刺愤不欲生，擦掌摩拳，热血过度。其进锐者，其退速，一日风平浪静，奋厉之心陡然减少，以为高枕无忧矣。此种举动于事实毫无益处，要亦吾国人之特性。甲午、庚子之役其殷鉴也。更望

① 本文原题为《本校校长修身语节录》，由子久记录。题目为编者所拟。

② 本文是张伯苓在南开学校学生集会上的讲话。

诸生处大事如小事，处有事如无事，坚忍不拔，百折不回，悠悠苍天，终必偿汝，国威以振，国耻以雪，诸生勉之，予日望之。

（《南开星期报》第46期，1915年5月24日）

天津南开学校长期救国储金会宣言书

（1915年5月24日）

中国亡矣，而中国之人民未尽亡，中国之人心未即死也。日本以二十四条件攘我主权，削我土地，制我人民，就具体上观之，似不得谓之不亡。然而，普法战役，法民何以醵金钱；日俄战役，日民何以缩衣食；芈楚三户，何以族嬴秦；撒丁小国，何以复罗马。吾国国民自岛夷提出要求条件之日，即有大多数人倡起救国储蓄会，则一息尚在，又乌得谓之已亡哉！按储金救国之举，滥觞于欧西，继行于日本，论其成效，则德美等邦，先例俱在，毋庸赘述。吾国行之，要不过国人自助自救之意。自沪渎爱国志士发起之后，大江南北闻风兴起，不匝月而声动全国，而黄河流域学校之有长期储蓄会者，则自吾津之德华学校始，吾校踵之，遂于五月十四日举办，法以每人日出铜币一枚，每星期一汇，由总会计经收，掣给收据，集有成数，则随时存之银行，以备急需。其一切办法另载草章。夫人日一枚，轻而易举，意在经久，不贵热狂，且欲日日提醒同胞不忘会稽之耻而已。统我校职教员、学生计之，不下九百人，每月可得壹百数十元，虽属杯水车薪，但能日久推行，全国一致，则每日可得百万元，益以财力夙厚之特别输助，为数更当不菲。人心既齐，实力既厚，以此制敌，何敌不摧。嗟呼！人之欲善，谁不如我。今日所望于我同胞者，在此一点天良耳。使吾人天良尽泯，虽条款立废，主权立复，以我散弱之民族，万不能久当此天演潮流。使吾人天良不泯，则痛极思奋，救亡正在斯时。吾不欲多费慈人烦厌之通常爱国语，兹得为国民聊尽一言曰："日本亡我，则我之财产非我有也，何妨尽此无主之阿堵物易我未来之生命耶！我同胞试权其轻重利害一图之。

（《南开星期报》第46期，1915年5月24日）

容止格言[1]

（1915 年夏）

面必净，发必理，衣必整，纽必结；头容正，肩容平，胸容宽，背容直。气象：勿傲，勿暴，勿怠；颜色：宜和，宜静，宜庄。

（《天津南开学校章程》，中华民国四年夏季订。）

介绍西医陈贤能博士

（1915 年 11 月 8 日）

医学博士陈贤能，早岁毕业于上海圣约翰医科大学，后复远涉重洋留学美国，悉心研究医术，经历多年，始行旋华，当即蒙上海同仁医院院长特请在该院襄理内外各科。癸丑年[2]又应江苏松江官绅之聘，担任松江医院全院事务，历时两载，凡就诊者无不着手成春。缘陈博士即富经验，又多实学，是以到处欢迎，因而同人等屡思相邀北上。幸博士素抱普济为怀，是以今庚见允斯请，现已莅津，设诊断室于南关下头杨家花园杨公馆间壁，如有抱恙者，幸勿交臂失之。代订医例时间于左：

门诊：每日午后三时至五时，诊金壹元，号金壹角，非时加倍，学生减半。

出诊：每日午后五时至八时，诊金叁元，号金叁角，非时加倍，路远另议。

急诊：随请随到，诊金拾元，号金壹元，路远另议，贫病减半。

外埠：出诊面议。

割症、难产用大手术者，及戒烟等，诊金面议。

医金先惠，药资在外，车资病家照给。

---

① 容止格言又称镜箴，共 40 字，是张伯苓与严修订定，严修书写。最初置于南开中学堂东楼过道，下立大镜，供学生进出整理衣冠，端正形象。以后南开大学、南开女中及重庆南开中学均添此设备。

② 公历 1913 年。

京师内务部传染病医院总办 金绍城
陆军中将三等嘉禾章 钱锡霖
天津南开学校校长 张伯苓
天津中学校校长 王梦臣

（《校风》第 11 期，1915 年 11 月 8 日）

挽张仲鸿联[①]

（1915 年 12 月 13 日）

为通儒，为良医，为贤师，为谅友，此公不寿，我心则疑，岂天悯劳人，独使帝旁增一座？

其量宏，其识卓，其言蔼，其品端，无疾而终，或降之福，乃名称殁世，顿教身后有千秋。

（《校风》第 16 期，1915 年 12 月 13 日）

南开学校的教育宗旨和方法[②]

（1916 年 1 月 19 日）

（一）南开学校教育宗旨及其教授管理之方法

凡事必有一定宗旨，然后纲举目张，左右逢源。本校教育宗旨，系造就学生将来能通力合作，互相扶持，成为活泼勤奋、自治治人之一般人才。英语所谓 Co-operative human being 者是也。欲达此目的，不可不有适宜之办法。前山东师范生来本校参观，在思敏室茶话，席间有以本校教授管理之方法相询者。余当时曾设譬答之，谓如幼稚园之幼稚生然，唱歌时每须举动其手足，为之保

① 张际逵（1861—1915），字仲鸿，天津武清人，1914 年 7 月受南开学校之聘，任该校国文教员。
② 本文原题为《校长修身讲演录》，由孔繁霱笔录。题目为编者所拟。

姆者，不过略一指点，其前列聪颖之幼稚生立时领悟，余者即自知如法仿效，无须事事人人皆须保姆为之也。本校教授管理亦无以异是，惟在引导学生之自动力而已。诸位先生倡之，老学生行之，新学生效之，无须个个提耳谆嘱也。而精神则在“诚”字、“真”字、“信”字。本校至今办理小有效果者，恃有此耳。诸生日日灌溉此精神之中亦知之乎？汝等新来诸生，亦当如幼稚生之视其前列聪颖者之举动，而注目先来诸生之勤苦者之举动，特汝等现在程度远非幼稚生之比，则努力进步，应亦较幼稚生为甚，如此作去，则九百余人之教授管理，殊易易也。

（二）爱学校

人为万物之灵，而不能如草木之孤立为生。在昔原人时代，人之生也，只知有母，其后人类进步而有父母兄弟。以中国习俗言，尚有祖父母、伯叔等等诸关系，此种组织（Institution）是曰家庭。然家庭系血统的联属，自然相爱。再进，人不能不求知识，为涉世之预备，于是离家庭，入学校，等而上之为社会、为国家。凡在一种组织之中，则己身为一分子（Member），一言一动莫不与全体有密切关系。对于社会国家，今姑勿论，而但言学校。学校系先生、学生与夫役三部所合成，其目的则造成德育、智育、体育完全发达，而能自治治人，通力合作之一般人才，以应时势之需要。

诸生须知既为学校中之一分子，则汝实栖息于此全体之中。学校而善良，汝亦随之以受益；汝而善良，学校亦随之与有荣。反言之，学校而有缺点，汝亦不完；汝而有败行，学校亦玷污。利害相关，休戚与共。夫狭义之言，学校则课读而已；广义之言，学校则教之为人。何以为人？则第一当知爱国。今人莫不知我国国民爱国心薄弱，欲他日爱国，则现在宜爱校，既同处一校，则相与关切至密，亦既言之矣，故须相爱，以相助相成，其理由至易明瞭。然则如何用其爱，第一对于人有师长、有同学、有夫役，余不敢谓本校诸位先生如何特别优尚，惟余生平任事数校，求如本校诸位先生之一致、之认真、之热心，并以余暇竭力扶助学生诸般之自治事业，殆属绝无仅有。吾向以中国前途一线光明，舍振兴教育外无他术。今得如许同志协心同德，将来当不无成就也。诸生知有人敬爱汝，则汝必思厚报之。今诸生能敬爱诸位先生，则诸位先生亦自更加精神，以惠爱答之也。然教育非如贸易者，以一文之价来，必以一文之物去，硁硁然不肯溢利与我也。且师长对于学生，莫不勉力扶植之，而对于资质稍次者为尤甚，表面似恨之，其实则竭力成全如恐不及，诸生切勿误会此意。

对师长要爱，对于同学尤要爱。诸生试思，在家兄弟最多六七人已不易得，今在学校则九百余众是皆异姓兄弟也。在家兄弟少，在校兄弟多，则在校兄弟之乐，自亦较大于在家兄弟之乐也。且在校同学一语良言，其益往往过于师长终日强聒，盖相习既久，长短互现，无隔靴搔痒之谈，多对症下药之论，收效之易自无待言。交友不必酒食征逐，须择规过劝善之真能益我者。然语云："无友不如己者"。西语亦有云：Birds of a feather flock together（喻人以类聚也）。优尚者与优尚者处，我虽欲得益友，奈益友之不以我为友何曰？此惟在汝自处如何耳！汝日日进步，则益友不求自至矣！自爱爱人，人安得不汝爱乎？

今再言夫役，余生平之仆役，自为学生至于今日，无一人不忠顺于我者。此何以故？无他，以人待之耳。世人往往以奴仆为次于平人一等，至目之为禽兽，随自己之喜怒以横虐之，不知彼亦人也。汝不以人待之，彼亦不以己为有人格，渐渐无所不为矣！尚欲其忠顺，得乎？若能以严正驭之，而加以仁慈，使知自爱，既知自爱，夫何不忠顺之有？

以上言在学校对于人之爱，兹复言对于物之爱。爱物亦公德也，公德心之大者为爱国家，为爱世界。在校先能爱物，而后始可望扩而大之，至于国家、世界。校中桌椅，非汝之所有，亦非我之所有，推而至于书籍、图报、讲室、斋舍、食堂、厕所、球场，亦皆非汝与我之所专有，而为学校之所公有。我所有者不过其一分，一方面既为我之一分，则我之物我爱而保存之，固宜；一方面为众人之所公有，则众人我所爱也，爱其人自亦不应毁其物。如偶或损坏，务要到会计室自行声明，照价赔偿，不可佯为不知。因微物有价而人品无价，毁物不偿，所省有几，而汝之人品全失。失无价之人品，余有限之微资，勿乃自贬太甚乎？同学见有此等事，应为立即举发，因彼所毁之物亦有汝之一分也。然此物之有形者也，尚有无形者，为团体精神与全校名誉。本校出版之诸种报纸、杂志，如《校风》、《敬业》、《英文季报》及未出版之《励学》等，皆团体精神也，较物质百倍可贵。则维持之、发扬之，应尽其力之所能及。至于全校名誉，其良否皆与尔各个人有关（理详上），则尤所不可忽也。

（《校风》第 18 期，1916 年 1 月 24 日）

谈戒赌[1]

（1916 年 1 月 26 日）

寒假在迩，诸生多将归家，归则易与社会相习染。近日世风不竞，邪辟是尚，至于赌博，尤奉为时髦。故临诸生之行，吾不能无言以戒。

夫人性好胜而多贪，少年尤甚。当闲暇无事或手中阔绰，则易惑赌而成癖，故由元旦至元宵，青年坏去什九，直谓之赌博养成期可也。迨习惯既成，夜以继日，废寝忘餐而不肯舍。于是减食也，防睡也，阻身体发育也，以至丧德败名，废业倾家，诸恶果随之以生。此后，居官则贪婪而枉法，就事则济私而忘公。其害如此，而一般人士犹沉迷其间，视为高雅，岂以其百害尚有一利乎？能增知识乎？能充精神乎？能致富兴家乎？抑以舍之而不能优游以乐于斯世乎？吾知其谬也。

我校期造完人，想诸生亦能恪守校规，不至有上述恶习。然一旦离校归家，则吾恐随流扬波，或竟为社会所移易。诸生皆为有思想之青年，曷不于归家之前立志戒赌。于己则谨慎以防，于亲友则善言以劝，庶几正己正人，不负汝辈之青年，不污我校之名誉。

虽然人性好动，少年时尤不喜静，故饱食终日无所用心，难矣之言，尝为癖赌者所藉口，是以去消极须增积极，欲戒赌则须觅益事，益事不增，赌癖不易革也。校中寒假乐群会，于功课、于运动、于游戏，皆已筹备有条，不徒不虚掷时光，亦可得书外兴趣。若归家诸生能仿之以行，或散步谈心，或学新温故，则心旷神怡，乐而忘倦，无暇为赌魔所惑矣！果尔，则假后归来，虽未仅学课，而所获之益，当有优于课堂者矣。

勿畏难，勿自轻，须知欲作一分事须受一分苦，诸生非欲勉为新世界之主人翁乎?所谓主人翁者，须忧社会之忧，急社会之急，而非若奴隶辈之惽惽懵懵可得而放弃责任也。欲不放弃责任，则自戒赌始。

（《校风》第 19 期，1916 年 2 月 28 日）

---

① 本文原题为《校长修身讲演录》，由杨德壎笔录。题目为编者所拟。

无知识就无一切[①]

（1916 年 2 月）

家世中落不足忧，如子弟之目不识丁，习为下贱，纵有宝货，其能有乎！纵有田园，其能守乎！

（《励学》第 1 期，1916 年 2 月）

舞台、学校和世界[②]

（1916 年 3 月 1 日）

寒假中，本校演《华娥传》新剧时，余向来宾演说，谓我校师生于演该剧时，固活泼泼地各尽其态，及开学后则各事其事，放纵毫无。盖一演舞台之戏剧，一演学校之戏剧，各求其妙，而不相淆也云云。余今日就此数语申言之。

昔英国文豪莎士比亚（Shakespeare）有言曰："*The world likes stage*"，意即世界一舞台也。余谓学校亦一舞台也。故就舞台、学校、世界，依次论之。

一剧中角色有工拙之殊，工者类能于出场前静坐默思、揣摩完善，迨出场时胸有成竹，故言语姿态惟妙惟肖，受人欢迎。否则，临场草草从事，何能中肯？何能致胜哉？然此犹剧之小者也，大者则为一校之剧是。

夫一校犹一剧场，师生即其角色（Actors）。其竭虑尽思，以求导人之道及自励之方佳者，亦犹扮角之多为预备也。学生在校，不过数年，将来更至极大且久之舞台，则世界之剧是。

世界者，舞台之大者也。其间之君子、小人，与夫庸愚、英杰，即其剧中之角色也。欲为其优者、良者，须有预备。学校者，其预备场也。

以上三者，事殊而理一。其理甚浅，诸生想亦易辨。吾今不欲于此多费唇

① 引自孔繁霱《励学》第 1 期"发刊词"，题目为编者所拟。

② 本文原题为《校长修身讲演录》，由蹇先达、杨德壎笔录。题目为编者所拟。

舌，惟愿诸生各自为谋，日求上进。则诸生可为新剧中之角色，且可为学校中、世界中之角色矣。

（《校风》第20期，1916年3月6日）

怎样改正过错[①]

（1916年4月5日）

我校向章，学生犯规，则予悬牌记过。前以其太苛，故自去秋起，记过者不复宣牌，惟宣布其姓名于预备室，用以养其廉耻。然学生有过则记之，而不予以自新之路，容其改悔，按诸教育原理，使学生改过之道，殊为不合。故今特变其旧规，不用记过法，而用改过法。

嗣后凡遇学生犯过，先由管理员招往诘问，如能自认其过，且立志痛改，则予以竹签一，书其事于上，名曰“立志改过签”，使随身携带，坐卧不离，以资警励。俟迁善后将签取消，复为无过。此法纯以使学者改过为主，当较记过之法为优也。今行关于改过之名言数则如下：孔子曰：“过而不改是为过矣”。以此按名学推说，则过而改者必不为过矣！

又曰：“过则勿惮改”。夫改过而曰勿惮，可见过亦非容易改者。改过之法，当于下论之：

“子路，人告之以有过则喜。”闻过则喜者，岂喜其有过也，喜其得自知其过，而可以改之耳！

其心理学家之说曰，习惯之在人脑中，犹道路然。凡人行一事，则留一道路于脑中，愈久而习愈深。如华人著西服，始则结纽也，著袖也，须处处留意，因脑中先无此路故也。继则著之不费力矣，脑中已有道路也。久之且著之于谈笑之顷矣，驾轻就熟，脑中道路已惯时也。又如弹琴、读书，莫不皆然。故人之犯过，脑中亦留一路，改过云者，即求去此路耳。其法如下：

（一）勤辟新路。欲舍旧路，须辟新路。对于与其过恶相反之事而勤为之，则善愈固，恶愈远。此长彼消，理之常也。

---

① 本文原题为《校长修身讲演录》，由陈裕祺笔录。题目为编者所拟。

（二）当众宣言，誓行改悔。已改过而使人知，则其过乃有不得不改之势。知者愈多，其效亦愈大。

（三）不许有例外。过须痛改，不可稍自容让。如戒鸦片，而偶因天气寒暖不和，或己身稍有不快，而复为一吸者，其瘾必不能断。盖改过自新，如缠线球，愈缠愈固，然偶或不慎坠地，则其球必散，数周皆开，前功弃矣！

（四）改过须自第一机会始。知已有过，即须立改，不可稍延。

学校对于犯过之学生，犹医生之于病者耳，非如警察之于盗贼也。医生对于病者，宜用最新之疗法。今我校"立志改过签"，本诸上引诸说，疗病之最新法也，且为诸生试之。

诸生今日身边固未有竹签在也，然果皆无过乎？语云："人非圣贤，孰能无过？"然此犹谓惟圣贤为能无过耳。中国之大圣为谁？非孔子乎？孔子亦每自谓为有过矣，然则诸生岂真能无过乎？身边虽无竹签，愿各置一竹签于脑中，力改前过。儒家之说云，天良与人欲战；宗教家之说曰，圣灵与魔鬼战；心理学者曰，二气相争，皆改过之意。原与诸生共勉之。

（《校风》第25期，1916年4月10日）

欲成事者须带三分傻气①

（1916年5月10日）

我校运动会今已毕矣。余今日即藉此题讲演，因此事近且亲切，当较讲数千年前之经传为有意味也。

德智体三育之中，我中国人所最缺者为体育。欧美之道德多高尚，公德与私德并重。我国人素重私德，而于公德则多疏忽，近则于公德亦渐知讲求矣。欧美人之知识发达，学术皆按科学之理得来。我国人固望尘莫及，然其学术发达之年代尚不为久，我国人竭力追之，犹可及也。至体魄，则勿论欧美，与日本人较，已相差远矣。

① 本文原题为《校长修身讲演录》，由陈裕祺笔录。题目为编者所拟。

去岁袁观澜[①]先生观天津联合运动会，甚以为善，在教育部中竭力提倡课外运动。良以中国人之身体软弱，以读书人为甚，往昔之宽袍大袖者，皆读书人也。今日学校生徒，若非提倡运动，其软弱亦犹昔耳。

我校运动会取普及主义，近两年来改计分法，上场人甚多，而成绩亦美。今年有数门之成绩尚较去岁华北运动为优者，可见竞争之效也。

此次运动会，有新学生数人，进步甚速，而旧学生反有失败者，此因其自满与不自满之故耳。凡人做事切忌自满，自满者，做事不成功之兆也。汝等不可自满，生存一日，即应求一日之进步。

竞争时，或因好胜之心过大，而不免有不正当之举动，此最宜切戒者也。即使用不正当之法，幸能胜人，而于道德已有碍矣。大凡有真才能者，必不肯用不正当之法以求胜人，如郭毓彬赛跑，纯恃其双足之力致胜。唐人咏虢国夫人诗云："却嫌脂粉污颜色，淡扫蛾眉朝至尊。"貌美者，不藉修饰也。某女校禁止学生修饰，某生不从，修饰甚力，问之则曰："吾貌陋，非修饰不足以掩丑也。"然不自知愈修饰愈见其丑也。运动者而求以不正当之法胜人，必其自无才能，亦彼女生之类也。

有几班跃高，好择竿之弯者而用之，曰以前某班即如此也。噫！是何言欤？在校见他人用弯竿，己遂效之，而不问用弯竿之正当否也，则他日出学校入社会，人皆用弯竿，尚能望其独用直竿也乎？曰人用弯竿，而我用直竿，我岂非傻哉！曰：然欲成事者，须带有三分傻气。人惟有所不为也，而后可以有为。不问事之当否，而人为亦为，滔滔者皆是也。汝等若亦知此得处之道，则可出校入今之社会矣。见他人用弯竿，而己遂效之，此种事所谓引诱也，当力绝之。且夫用弯竿之易于多得分数，不难明也。虽小儿亦皆知之，汝用弯竿，人岂遂谓汝智乎？亦缺三分傻气已耳。

凡欺人者，即幸能欺其所欺之人，亦必失信于其旁观者，自损名誉，难逃人眼。若二人合谋欺一人者，其后必自相争，虽一时巧弄谲诈，使人莫我知，终亦未有不声闻于外者。林肯有云："虚诈可欺少数人而不能欺全世界；可欺人

---

① 袁希涛（1866—1930），字观澜，又名鹤龄，江苏宝山（今属上海市）城厢人。清光绪举人。1903年创宝山县学堂，次年倡改上海龙门师范学堂，1904年，又在杨行、吴淞、彭浦各办一所学堂。1905年上海龙门师范学堂创立，任校长，并筹设复旦公学、太仓州中学，历任以上各校教员、监督，兼江苏学务处议绅。1912年，应教育总长蔡元培之邀约，赴北京任教育部普通教育司司长，1914年任北京政府教育部次长，1919年代理教育总长，不久辞职。1923年回国后被选为江苏省教育会会长，江苏义务教育期成会会长。

于一时，而不能欺人于永久。”其言信然。虚诈之事，一旦发露，人将群起而攻之，可不惧哉！人思至此而犹不免退自返者，是在智识为不足，在道德为软弱也。

人人具好争心。教育家善导之，使趋于正，则所争无往而非善也。苟一不慎，而稍事放任，则所争易出规矩之外。本校开运动会时，各班皆力争第一，宜也。然二十余班，不能皆得第一，终必有失败者。失败之后，尤须加意练习，毋得因是沮丧也。西人有言：为赢易，为输难。输非难也，输而能不自馁，不尤人，斯难耳。凡成事者，中途必受折磨，须胜过此种阻力，不因失败而灰心，而后始有成功之一日。此种精神，为中国少年人所最要者，汝等共勉之。

此次运动会计分新章不完全之处甚多，如各班分数均以人数平均，是于学生告假多之班，甚不利焉，后当重修定之。告假至若干日以上，则不计其分。

（《校风》第30、31期，1916年5月15日、22日）

做事应以“诚”字为标准[①]

（1916年6月28日）

二年前，由他校并入本校生徒共四班，四班中以此次毕业诸君结果为最良善。今兹言别，不禁黯然。每星期三辄与诸君谈，然则余所奉劝于诸君者，诸君闻之熟矣。但此次为最后致辞于诸君之日，斯不能不举其较大而易识者，为诸君将来出校做事的基本。我所望于诸君牢记而守之终身焉者无它，“诚”之一字而已。即现在座而非毕业生之诸位来宾与在校学生，亦甚望有以共体吾言也。就现在时局而言，袁前总统办事富于魄力，因应机警，即外人亦啧啧称道，然而一败涂地。其终也，纵极相亲相善之僚友亦皆不能相信，不诚焉耳。以袁一世之雄，不诚且不能善其后，况不如袁者。此吾少年最宜猛省者也。黎今总统才略不如袁，而即位旬日，全国有统一之势，恃诚焉耳！一以诚成，一以不诚败，而事实昭然，皆诸君所共闻共见，当不以所言为太迂远。盖权术可以欺一时一世，而不能欺世界至万世。不诚者，未有能久而不败也。用权而偶济，用

① 本文原题为《本校中学部第八次毕业式校长训词》，由孔繁霱笔录。题目为编者所拟。

诚岂不所济更大更远！中国近来最大患，即事事好用手段，用手段为行权术也。权术遍大地，而中原人格堕。一种人而无人格与无此种人同，然则不诚之弊极足以灭种亡国。如此言富强岂非缘木求鱼之道乎？可不戒哉！是故诚之一字，为一切道德事业之本源，吾人前途进取应一以是为标准。事出于诚，即无不诚；偶败，亦必有恢复之一日。聪明人每好取巧，取巧而得巧，则处处思取巧，终至弄巧成拙，聪明反被聪明误，事后悔恨已无及矣！望诸君明徵学理，细味不诚无物之言。近按时人详察一成一败之故，既深知之，即力行之。然则此后与诸君天涯海角，貌则离矣；意气相投，神则合也。言尽于此，奋尔鹏程。

（《校风》第36期，1916年9月4日）

教育家之机会①

（1916年7月12日）

诸君伏处校中，研究各种科学，犹以显微镜观景物，片断的而非连贯的，枝枝节节，茫无头绪。今来此地，骤觉耳目一新，局面为之扩张。是犹以千里镜观景物，气象万千，直将一览无余矣。兹会既曰“择业”，顾名思义，殊有讨论之价值。天下事，千端万绪，不一其途。吾人欲取其一而任之终身。苟非先事绸缪，操之有素，则一旦出而问世，难免盲人瞎马之诮。是择业一事，洵为诸君今日唯一要务，不得视为缓图而忽之也。

顾择业略分二种：一视其利于己者而择之；一视其合于己者而择之。择其利于己者，则一切名利、权势、富贵萦绕盘结于胸中，希冀非分，侥幸万一。人欲炽而天理没，非徒无益而又害之。前总统袁氏，适为最好证佐。以彼之雄才大略，尚不克底于有成，矧吾辈之才智，尚不及若人乎？诸君既有鉴夫此而不为，盍择其合于己者而预备之。事业纷纭，难以枚举，教育其一端也。我国矿产丰富，采而致之，富强可待。然吾国人群几占世界三分之一，其脑中之蕴藏，拱璧至宝，美不胜收，是亦在开之凿之而已。故教育家之发达人群，犹矿

① 本文是张伯苓在北京西山夏令会第四日晚上青年会学生举办的择业会上的演讲，摘自阮琴豪《西山十日记》。

师之开采矿产也。且教育家非必有奇技异能，使受教者胥就我范围也。人之发育有如葡萄之攀缘，顺其性之自然。教育家之施教育，亦曰顺其自然之性而已。欲顺其自然之性，必先知受教者之心理、能力及缺点，善者发达之，缺者弥补之，若此方能使之感化。不然，直一机械教师而已，何足贵哉！

今人对于世界，多抱种种悲观，惟教育家恒抱乐观，以为苟得天下之英才而教育之，前途之希望，实未可限量。教育之大方针约有三：一、须培养少年人之习惯；二、一国中立若干大学出其风尚，以感化社会；三、教育与宗教相辅而行。三者虽相提并论，要以末项尤为当务之急。诸君而果有志于斯，则当此千载一时之良机，不可不详为筹划，而预决定之。他日揣摩有成，淑世本诸淑身，独善且能兼善，吾国前途庶几有豸。

总之，诸君无论择何事业，须具有二种观念：一曰对于上帝之观念，一曰对于国家之观念。有此二种观念，方能择业，方能期其事之有成。吾作此言，非敢定诸君之志，不过引诸君之思索而已。

（南开学校《青年报》第 1 期，1916 年 10 月，天津南开学校基督教青年会印行）

宇宙间之大宝曰爱[①]

（1916 年 7 月 13 日）

以极大之题目，而欲于极短时光中推阐尽致，殊非易易。第就余眼光所及者略言之。

犹太之在当日犹今之朝鲜也，其国势之微弱可知。耶稣家本寒微，而降生马厩中，其遭际之困苦可知。然耶稣甫出，即锐然以改革宗教自任，牺牲一切，钉于十字架上而不悔，三日复活后，命门徒传教异邦，而希腊，而罗马，而日耳曼，而欧美各邦，而亚东大陆，星星之火势且燎原，日上蒸蒸，方兴未艾，将来战胜全球，大同世界，敢断言也。今即其教旨之最大者言之：一曰上帝吾父，吾辈皆手足也。此说一出，足以平天下之不平，而强凌弱、众暴寡之习以

① 本文是张伯苓在北京西山夏令会第五日演说会上演讲，摘自阮琴豪《西山十日记》。

减。近者，美洲黑奴亦享公民权利，是即一证。即吾国之敌袁，亦未始非藉此平等学说之力，逐一举之，更仆难数。一曰爱人。强扶弱，富济贫，岂惟爱所当爱，即仇敌而亦爱之。此所以基督徒奔走四方创学校，设医院，立青年会，作种种公益，以服务社会也。兹二说，使世人一律平等而有余，然倡此说者，固不只耶稣一人。顾其所以盛行者，不可谓非基督徒之力。其力维何，坐言起行是也。方今欧战绵延，爱国男儿马革裹尸而不惜。果能，必其国之最终胜利。否，殊未敢料。惟耶稣之圣架精兵敢断其必胜，一，有优美之口粮，平安是也；二，有敢战之勇气，不屈是也；三，有高尚之恤典，永生是也。据此以观，必胜之权如操左券。然则耶稣教之于个人、国家、世界，均有莫大之利益者，爱为之也。

（南开学校《青年报》第 1 期，天津南开学校基督教青年会印行，1916 年 10 月）

直隶中学会议开会词①

（1916 年 7 月 20 日）

吾直教育历史约分为三期：第一期为合肥相国所提倡纯系人才教育，成材最众。当今政界、学界名流多出其中。第二期教育分为二支，中学为丁家立所主持；小学为胡、卢、严诸绅所主持。各不相谋。衡以真正教育未为完善，而成材亦不少。在座诸公多出于其中。第三期自设立提学司，中小学始有系统关系，教育统一。今则联合开会，精神上谋实际之统属。将来成材之优美，必有突过前此者，不禁拭目俟之。至会场组织暨议案之分配等事，继此当随时宣布，毋庸多赘。

（天津市档案馆档案）

① 为集思广益，促进直隶教育进步，直隶巡按史公署于 7 月 20—29 日召集直隶中学会议，张伯苓以该署教育顾问身份参加此次会议，并任会长。本文为张伯苓所致开会词，题目为编者所拟。

中学训育之经过[①]

（1916年7月26日）

余居恒尝谓教育之力可以改造世界，何者？盖人为血气之伦，有生长、老死、腐旧者，逐渐淘汰。而少小者，可心教化之，以求合吾辈之标准。由此，前祧后续，日新又异。而教育之效果于焉表现。儿童思想纯净，先入未深，易于感化。吾人教之得其道，必克有成，更进而以家教、胎教植其基，则教育可能之说尤足据矣。故自教育家眼光观之，凡兹人类无非吾可教之材料也。

学校训育何由昉乎？首在造成校风。国有国风，世有世风。人之恒性往往随风而靡，特立孤行、矫然独异者，千百中无一二也。明乎，此则知校风之要要矣。校风以师生全体为范围，而校长为其中心，校长要有自信力，尤当注意一己之行为，不愧坊表。次由校长结合品学兼优之教员数人，为其中坚人物。次则联络全体职员求其志同道合。再次，则旧学生受教既久，当与校长、教员抱同一之宗旨，其人数既多，影响之范围尤大。新来学生于不知不识间，随众步趋，已循循于学校之正轨。则校风成。而训育之功见矣。迩日间，有各校学生年级愈高愈好与学校为难者，则训练之不得其道而适得其反结果也。

训育有消极、积极两方面，凡管理纯恃强制用力甚多，收效甚鲜，其事项愈繁，愈难应付。吾人须知教育学生最要者，为增长其能力，俾使将来出任国家社会之繁剧，匪特束缚之驰骤之，勿使为非而已也。敝校消极事项只三十分之一，最注意严禁者，为嫖赌烟酒。余向曾吸烟，初办禁止吸烟事，劝告勤勤，迄无大效。后乃断然戒之，而全体学生皆禁绝矣！古人云："以身教者从，以言教者讼。"信然。尝见有性格薄弱之人，说理甚辩，责人甚明，而律己率从宽恕，其不能感人，理有固然又奚足怪？至学校应禁之事，条目甚多，不能枚举。临时以良心判断之，认为当禁则禁之而已。遇学生有过犯，不可怒而轻蔑之。盖其过可恶而其所以犯过之故则可怜也。当以至诚恻怛之言劝诫之，使之感悟而改悔。尝有曾经犯过之人，一悟之后，其束身饬行、卓越恒流者。则感化效为何如故？师之于医生也，非警察也。近敝校不用悬牌记过之法，遇有过失，则

① 本文为张伯苓在直隶中学教育会议上所做报告。

以小木牌悬之，该生身畔改过，则免去之。留改过之余地，是与人为善者也。至万不得已，始开革，然亦必在学期之终。

为学之要，必有事焉。大学云：“小人闲居为不善。”西人有言：“闲人之心即魔鬼之作坊。”旧日学塾学生终日枯坐，为害诚大。而新式教育则授课时间外，往往令学生闲散。所受学校之熏陶不能胜社会之习染，是不可不于积极方面加之意也。

敝校设会十余种，学生多数入会，有一人兼入数会者，亦有少数人不乐社交不肯入会，无如何也。下堂后，即各事其事，忙碌异常，既可练做事之能力，并于冥冥中祛其偏邪。事至要也。各会最初设者为自治励学会，次为青年会，次为敬业乐群会，校中为设事务室，其一切设备则各自经营，会费概由捐助。各会均有出版物，如《励学报》、《青年敬业学报》等是也。外有《校风报》，每周一册；近英文学会出有《英文季报》。此等著作不敢谓住［佳］，但能勇往做去，遇有失败，则研究改良。其于学业能力获益为不少矣。以上各印刷物费款较巨，赖近日敝校新剧颇受欢迎，每届因事演剧，附带募捐，为各会之补助，颇足维持。凡自动事业，当首由校中提倡，逐渐听其自为，则收效较易。敝校体育会之创办，也〈是〉师生合作，经费由公款补助，后渐减为二之一，又减为三之一，今则全由募捐矣。即如皮球一类，由英国购到者十余打，未尝仰给于公款也。

凡人做事，即知做事之难。凡事能设身处地，以己度人，其责人必不苛。能力较高之学生均令有做事之经验。则职教员做事，虽间有不周，亦能得其原谅，不肯过于指摘。又优等生做事，培养其势力，临时自能不受鼓动，而是非少，校风静矣。惟此中亦流弊不可不知，会多则任事者过劳，妨害用功，会费负担太重。故敝校近来令其少开会，减轻会费，盖亦实际经验，不得不尔也。

鄙意其如上述，诸君如有赐教之处，请发问，由鄙人作答，以供大家之研究。

宣化中学张监学问：“学生在食堂谈话，是否相宜？”

答：“以余所见美国学校会食均谈话，法国食堂则师居中，学生环之，亦谈话。谈话为宜。”

又问：“言谈快乐，饮食本以快乐为宜，然有主张严肃者，利弊如何？”

答：“究以谈话为宜。再前此学生在食堂往往发怒，有罢食摔碗之事，近则无此矣。此等事固由管理训练未周到，亦包饭厨役利心太重，食品过劣之所致，故包饭未宜。敝校近取自由贸易主义，校内有厨饭，门前有饭馆，各生购食听其自择。但食期至少以一月为度，饭费每月 4 元 9 角，近设一素食团，每月 3 元 4 角。”

又问：“学生寝后言谈何法止之？”

答：“管理人在室外闻声，则敲门禁之。此等事不可放松管理之。宽者废弛，严者压制，皆非宜也。即如校中事务无论何人建议，均可采取惟其是而已。凡事开诚布公则易进行，而流弊亦不见。”

育德中学王校长问：“学生下堂后，不在自习时间，可否自由谈话？”

答：“谈话无不可，但亦当查看情形，不能绝对自由。要之学校须如家庭，使有快活之余地，张而不弛，文武弗能也。”

大名中学王校长问：“校内外有厨房、饭馆数处，学生随意购食，不知有无豫［预］算？敝校学生亦有向校外购食者，而费稍重，应否干涉之？”

答：“糜费宜劝诫之，公众、各别训话时，皆可行。”

又问：“此事鄙人尝亲自干涉之，究之超过豫算，学校对家庭恐因此失信用，应如何处理？”

答：“各处情形不同，应酌宜处理。”

下略。

（天津市档案馆档案）

直隶中学会议闭会词[1]

（1916 年 7 月 29 日）

本会 10 日间，情意融洽。诸君热心讨论，纯以事理为准，毫无成见，且各本经验研究实际之办法，语有价值，尤堪钦佩。鄙人学识不足，诸事欠周，幸维原谅。惟鄙人对于本会稍有遗憾者，则教育当德智体三者并重，此次议案关于智育者多，关于体育者少，而于德育尤略焉！此鄙人所为疑虑也。

夫中学造就社会中坚人物，不在坐言而在起行而陶成之法，则在职教员以身作则。所谓“身教者从，言教者讼”，使于此。而不注意，恐智识愈高，体

① 直隶中学会议于 7 月 29 日闭幕，本文为会长张伯苓所作闭会词，题目为编者所拟。

力愈强，社会上益收恶果。更有进者，我国旧习多重洁己自好，而于益世牖民之道多视为分外，殊不知今日中国之落他人后，不在为恶之人多，而在为善之人少。所贵乎中流人物者，以能提携下流社会同臻上理，始为利国家利社会，我辈果抱此宏愿，以训练学生，将来卒业，身入社会，方不愧为中坚人物。今当闭会之日，临别赠言，愿与诸君共勉之。

（天津市档案馆档案）

我校之各项政策[①]

（1916年8月23日）

今日为本学期之第一次修身班，本校修身向用演说，主讲人大半为校长，亦时邀名人演讲，如上期全大夫之演讲卫生学，钱得洛先生之演讲印度状况是也。本期拟稍更前例，除校长外，兼请专门、中学二主任及诸位教员并各名人演讲，内容则分为时事、训言、报告、名人演说四种。

吾人对此起首之时应作如何思想？吾尝思之，于《四书》中得数语焉，曰："凡事预则立，不预则废；言前定则不跲，事前定则不困，行前定则不疚，道前定则不穷。"诸生于个人之学业，开学前曾预思之否？当夫中日之战，日本得胜；及日俄之战，日本又胜，胡为而分胜败？盖一则于事前筹划尽致；一则临时仓促，其胜败之机不俟战后而可立判，此其一例耳。推而演之，何事非然。诸生非小学生，有脑筋，能思想，即宜各就自己现状预为思之。语云：尽人事听天命。盖世界上最易失败者，即毫无思想之人类。预算者虽未必尽能成功，然不预算者之失败无俟龟卜。今就诸生应预算者略为计之，优等学生闻而行之，劣者遗忘之，善者或能因吾说而进一步思焉，是在各人之自省也。

（一）对于课程之预算。第一，勿旷课。读书之秘诀，曰"时时温习"。人生最不幸者，即求学期中发生疾病，因而误课是也。疾病之缠身，匪惟书不克读，即寻常治事，亦无精神以副之。青春几何？设使大好光阴，尽消磨于病中，其困苦为何如耶？第二，每日之课程应温习完毕。今日所授之课程，今日温习

① 本文原题为《修身班校长讲演录》，由常策欧笔录。题目为编者所拟。

之；本星期所授之课程，本星期温习之，日日无压积，则对于课程觉有余裕，而自能时时复习矣。一日之光阴，恰如银洋若干元，设吾人数元在握，必预思此元何用，彼元何用？一日光阴何莫不然。宜预思此时作何事，彼时作何事？每日各事作成。一好习惯，即将来之一好人格，一有用之学生。第三，宜择自己较弱之课程而补习之。中学课程为普通学科，人生不可少之知识，退而处世应用，进而求学专门，非有中学之普通学科基础，断无成效可言，则学生之对于各科，有求全之必要矣！

（二）对于体育。体育一科现时急宜注意。体育发达非啻身体之强健已也，且与各事均有连带之关系。读书佳者宜有健全身体；道德高者宜有健全身体。其练习之方法，正课则有体操、徒手体操，余如各种运动，庭球①、筐球、足球等；器械运动，如秋千、天桥、手桥、木马、平台等。个人宜择性之所好者一二种定时练习。二则卫生应加检点，而实行一端，尤为重要。如上期全大夫所讲卫生诸事，均宜按法行之，不可稍忽。卫生之中饮食最为重要。人当少年时，胃口发达，所食反较成人为多，因食物非仅供其身体之需用，且资助其身体之发达也。而普通少年，大半以其胃口之发达，遂随意进食，毫无节制，乃伏后日生病之机。即以余为例，少年时曾信口乱食，今则胃中受病，消化不良矣！诸生宜鉴此实例，幸勿谓吾未身受，遂不加检点也。人所最难行之事即为制欲，是盖天地间之固然。卫生之道，非仅对于全体，即一部分之病亦不可稍忽。设耳、眼之一部受伤，全体功用因之失效。某君曾演说一最恰之比例云：长铁环一下系重物，一环损伤，全体坠矣！盖身体各部虽各营独立之功用，而对于其余则有相互之关系及于全身。再则恶习宜戒除也，烟酒等习为青年最易犯者。今日为本学年之始，诸生青年为一生之始，自今日起，斩除恶习根株，与之搏战奋斗，易事耳！人生惟患不立志，语云“有志者事竟成”，诸生其三复斯言。

（三）对于各事之进行。本校于课程外组织各种学会团体，以为学生练习做事之资助。有种学生做事虽善，然所担任者太多，以致误其课程，此大非也；又有学生专事读书，日夜埋首，除课程以外之事，毫不过问，此又非也。诸生今日之服务于各会，即练习将来做事之基础。若徒谓吾来求学只知读书，其奈闭门造车，出户反辄何？总言之，宜使课程与做事互相调和，勿使有过长、过短之处，斯可耳。

（四）对于经济之预算。吾尝闻人谓本校为贵胄学校，此语诚非过当。本校

---

① 即网球。

人数众多，纨绔子弟自属不少，衣锦绣、食膏粱、骄奢性成、任意挥霍，惟知金钱之任吾需用，而不一念其祖、父创业之艰。须知学生时代为受熏陶锻炼时代，而非享安逸时代，此时作成节俭习惯，则异日任处何境，自无不能忍受之意矣！校中如膳制，甲等外别立乙等，以为学生节俭之助，行后颇著成效。其余凡可减省者，则减省之，勿谓吾有祖、父资财，而毫不节制也。

凡上所述，皆学生生活事务，而决不可不预算者，诸生来此求学，更何能贸然前行，而于己身各事，毫不思索？今日预定前程，努力实行，何患乎学之不成，业之不就耶？有志诸生，宜知省矣。

本校数年来增长颇速，计初成立时教员、学生共六十余人，迄今有二十载，而职教员已胜昔日全校人数，学生且二十倍于前焉！此数年内之增长，殆如十五六岁之童子，身体正当发育，速度极高，而其中则不免有一部过长、过弱之处，因之颇不类人形，及过此时期，则发育完全而身体强健矣。故近数年来，本校之增长虽速，而于坚固一层尚觉稍差。本期之政策，即关此的去作，使各事均有一定之秩序，英文 System 之意是也。黎大总统就任之言，曰："将中国作成一法制国"。本校政策即将学校作成一法制学校，总不使一人之去留影响于全校，如古籍所云"人存政举，人亡政息"之意，则可耳！各事既有秩序，则无论何人视事均能依旧进步。其能力强者能扩充之，虽较弱者亦无退步之虞，使之坚固永久，斯本期之政策也。兹分述之如左：

（一）校长之责任分担于校董。本校昔年曾请严范孙、卢木斋、王益孙三先生为校董。本期拟扩充校董人数，假中徐菊人先生来本校参观，现时已请其担任此事，并蒙允诺。此外，拟再邀一二人任校董职，并实行参与本校重要事务。如此校董既负一分责任，则校长之责任减轻，而全校事务不致交于校长之一身矣！

（二）校长之下分专门、中学二主任。本校近年发达称速，同时又创设专门科师范班，故一切事务自倍于曩昔。自去岁已增中学主任，今复增专门部主任。以后凡属中学班各事，可向中学主任询问；专门班各事则问专门部主任交涉。斯权限分而事易举。

（三）校务分掌。职员中分管理、庶务、体育三课。各有课长、课员，其余各事并由诸教员帮助，分国文、英文、图书、学会、体育、学校卫生、音乐诸股，各司其职，各理其事。校长既不过劳，校事亦有秩序，而进步自易矣。

（四）定时做事。本校昔时人数较少，故学生有事，无论何时均可问职员接洽；现全校人数将及千人，若仍用此法则恐诸职员有应接不暇之势。故拟仿本校会计处办法，每日有一定时刻接洽事务，在职员既可得暇休息，而学生又能养成秩序的习惯。诚一举而两得矣。

（五）对于各会。亦用本校政策，勿使增长过大，而求其精神坚固为要。

（六）对于各报。各出版物均请国文教员赞助，内容则取其精华而辞其繁冗。

（《校风》第36、37期，1916年9月4日，11日）

附：访问天津南开学校——顾临给罗氏驻华医社主任巴垂克（Buttrick）信（1916年9月21日）

麦克林（Mclean）和我9月14日访问了南开学校。张伯苓先生引导我们参观并介绍学校。这所学校坐落在美国卫理公会附近，在天津城南门外是由一些简洁的外国风格建筑组成的。该校拥有约100亩土地，市价一亩1000左右的墨西哥元，购买校地的款至今尚未还清。学校有一个很大的操场，用于学生的兵操演练和其他活动，还有不少的空地，可用来建筑。这所学校12年前建立时只有60名学生，现在有950名学生，他们来自19个省份，其中近一半来自直隶；预科为一年的课程，中学四年，大学二年。中学正常班级60～70人，有50名教师，包括3名外国教师，教授英语、德语、生理、历史和逻辑。目前教物理和化学的教师来自天津高等工业学堂毕业生。物理课在中学第三学年，上半年是每周4学时的讲课和实验，下半年5学时讲课和实验（包括讲课3学时和实验2学时）。化学第四年讲授，每周5学时——3学时讲课，2学时试验。物理和化学都用英语讲课。化学实验室可供48名学生同时进行试验，试验操作台有水管，但没有通汽管；生物和生理学没有实验室，用中文教授，这两科专男生开设。实验楼非常必要。每学年8月底开学，转年夏天结束。冬天也有课程，8月底开学的课到12月底结束。

学生宿舍看上去不错，有350名学生住在校内，120名学生住校外租房，无论校内校外的宿舍都有职员监管，其余为走读生。张伯苓先生认为，20岁以下的男生4人住一间宿舍。学生宿舍很大，学校并不要求学生非住校不可。住宿费分为两个档次：每周4.9元或3.4元。学校每年的经费预算7.8万元（相当3.9万金币），预算的十二分之五由省政府拨款。

该校没有宗教活动，但张伯苓先生本人是基督徒，每周在大礼堂讲一次道德课。校内有基督教青年会，他们有办公室和书报阅览室。学校还有其他学生组织，如音乐社、文学社等，受到学校鼓励。学校附近有两个学生支持的慈善学校，有一半以上的学生参与服务工作。在这两个贫民义塾中有40名儿童，其中一所是附属于南开学校的。

麦克林博士和我都被南开学校深深打动。虽然学校大部分课程都由英语讲授，但看上去并没有大碍。张伯苓先生告诉我们，他的一些优秀学生都对医学感兴趣，他还给我们介绍了一个青年，这个青年学生希望能够进入我们北京的医学学校。

（洛克菲勒基金会档案）

欲强中国，端赖新少年①

（1916年8月30日）

此次修身，余拟用十数分钟之时间，对于时事稍言大略，以启诸生阅报之观念，庶不致一见报章茫无头绪，读而生厌。

余对于时事不常为学生言之，何也？盖吾国每有对外之事，即患应付无方，每易受人欺侮，欲图富强几于无望，恐学生闻之徒生悲观。且少年心性每多好强，或受激刺生悲观则希望绝，受激刺则忿心起，二者皆非少年所宜，此余之所以不常言也。然如绝口不言，使学生对于世界大势、国家前途一无所知，又岂教育之良法？此余之所以必欲言也。此次中学会议，有某先生提议，值此修身时间，关于“国耻”，当常为学生言之，以启发学生爱国之心，而激励学生忧国之感，斯言良是。唯言之必使学生闻之不致徒生悲观，过受激刺方可，亦颇难措辞矣。盖中国一线之望皆在学生之身，学生之责任可知矣！而小学知识太简，不如中学学生知识较深，中学学生之责任又可知矣！故此案决议后，遇有机会即当加入时事，盖激刺不可太过，然亦不可毫无也。

今日所言之事为中俄协约。此事内容外间不得尽知，吾人可以往事徵之。初日英协约，表面为维持东亚和平，故日俄战争他国不加干涉，以有英监视也。其结果日吞朝鲜，此日之利用英也。英国海军皆在欧洲，亚东商业鞭长莫及，借日力得以保全，此英之利用日也。今则利尽交疏，故日又与俄协约，其意果何在乎？可思之而得也。我国适当其冲，来日大难未知税驾之所在。于此欲施

① 本文原题为《校长修身讲演录》，由李伦襄笔录。题目为编者所拟。

补救之术果恃何人？旧官僚乎？新人物乎？官僚派吾无望矣！此次新登庸之人物，乃竟有以烟土案而被嫌疑者，纵经百口解说，然迢遥数千里，累累数千磅，岂竟一无闻知乎？岂竟毫无关涉乎？何不幸而冒此不韪之名也。一人之关系无足轻重，试就大势观之，吾中国或不至如朝鲜也。其首要原因，曰版图辽阔，邻虽强，恐独力不能吞也。而各国战事方烈，当亦无暇东顾，此正转弱为强之好现象也。譬之病人，如人皆曰可愈，则精神为之一增；如自以为不救，则医药每至无效。我国今日，吾纵以为病虽危，尚不至诸医束手，决不至为朝鲜之续，明矣！今晨余挚友朝鲜某君谈及亡国之惨，闻之不禁动颜。虽然欲强中国，责任谁归？曰端赖一班新少年。然则少年自处应如何乎？曰尽心为学，以备将来之用。语云：生于忧患，死于安乐，望诸生三复斯言。

关于训言者，余亦有数语，即上星期所言之预算，诸生已尽解之耶？盖天下事无论为全国、为各人，均非有计划不可也。中日之役而日胜；日俄之役而日又胜，皆计划之功也。此国与国之对待也。至以各人论，凡行一事，亦每至有阻力生乎其间，必须继以贞固之力，方不致徒托空谈。语云：言之非艰，行之维艰，是非具有一种能力以胜此阻力不可。余尝为汝等计划，约有二法：一为先生之辅助；二为诸生之自治。夫然后先生之力渐减，学生之力日增，庶几人人皆具自治之精神而有做事之能力也。

关于体育者，复有一事，曰检查身体。本校学生约近千人，人数太多恐难遍检，兹由医士列一病单，可按症填之，万勿隐病不言。本校学生徐绍琨、张润身之死，皆吾辈之过。启鉴不远，其戒之勿忽。

（《校风》第37期，1916年9月11日）

形势和爱国[①]

（1916年9月13日）

余日来受刺激颇多，有感不能无言。余暑假中曾一游张家口，昨又有山东之行，观察所及，乃知当今之世，做事须如驾车之马，不能外视，则不致见社

① 本文原题为《修身班校长讲演录》，由常策欧笔录。题目为编者所拟。

会之腐败而灰心。然如此做事，不出学校则可，若当旅行之际，则不能不观，观察之后，乃不禁感触频来。

在校时，对此大多青年颇生快乐，以为他日学成当能救国。及与外界相较，则不过杯水车薪耳。况学生中未必尽善乎？前此由津至京，车中即有打麻雀牌者，此次赴鲁，又见有大辫子兵数人在饭车中打西洋牌。及至各处，苟其人有二三能出良心做事者，犹可稍慰。乃旅行所及，观其人非在沉酣之中，即无思想之徒，再则愚陋腐败，如此社会，其有望兴之日乎？中国指望现之在官者，至好不过维持现状；为绅者智浅识陋，不可期望；办学者虽不能一笔抹杀，然不足其格者，实繁有徒。其次者则随波逐流，此犹可置之；再求留学界中，则余见某博士新由某国留学回国，在某处做事，以为必能牺牲一己为国尽力，乃其行为既不能振拔流俗，又不能独善其身，而嫖赌恶习无所不为。各方面皆如此，救国尚期诸谁？如按人道主义言之，吾人既不能自治，当假手他族代为治理，其请欧人乎？则战事方酣不遑东顾；美人乎？则道路太远，鞭长莫及；无已，其日本乎？则观其对待朝鲜之前车，可知矣！国内既无人道，而国外殆有甚焉！旅行朝鲜者，不过仅见其道路整洁耳，谓之人道可乎？因此感触，而向所期之空中楼阁，已消灭无余。再言山东现象。此次起义，有所谓大人物者，联络土匪起事，而抢掠甚于官兵。现又有民军起，与之宣战。周村又有借日本之力而猖獗者，自相残贼，可为浩叹。推原其故，亦以中国人乏爱国心耳，故余今日以“爱国”二字为题，以与诸生言。

国者，人民组织而成。我国对于国家观念可分三时期。一、列国时期。分天下为齐、楚、燕、赵等国，彼时有大同主义，然不过亚洲一隅之大同主义。二、由始皇至今，为帝国大皇帝时代。谁为皇帝则谁是从，视国家为个人私产，无真正观念。三、则现时共和时代。日人云：中国人之爱国心仅五分钟。若自知有国以来以至于今，已为不少。西洋各国以文豪之鼓吹，教育家之提倡，诸种方面始克造成人民之爱国观念。反观中国，国家对于人民爱国心之提倡则何如者？昔中国受外族之征服，蒙古来而中国同化之，满洲来而中国又同化之，然昔以野蛮征服文明则可，今则以文明征服野蛮，亡国且亡其种矣！日人之亡韩也，弃其语言、文字，涸其知识，亡国亡种之现象也。中国现象如此，任其随流而去，自思能安乎?昔犹太人受羁于埃及，有伟人摩西者率其族返国，历种种困苦，而卒成功；以色列民族出一摩西，今以中国民族之大，应有若干摩西乎？诸生苟自今日立志救国，当以摩西为榜样，无畏难。如读书只为衣食计，则毋庸计此。欲免为亡国之奴，请先克服自己。自私也，苟安也，声色货利也，尽除去之，用牺牲之法。如肯牺牲精神，则可保全肉体。吾国以不能治理也，故于国际无治外法权，无警察权。前数年中国人与鸦片烟战，今则军队公带鸦片，云南议员带鸦片。诸生欲将中国受外人治乎？抑欲自治乎？其职谁期？惟自吾人做起耳。昔人欲唤醒国民，今则应新造真国民，以造新国。其事诚难，但吾人应以难字作成习惯。西谚有云，"God helps those who help themselves." 所谓新造其国，应以何者为目的？现时世界各造其国，吾则以为国家、为人道，两相预备于将来之大同。如持此意往前，则爱国之心当倍于寻常矣！

（《校风》第 38 期，1916 年 9 月 18 日）

拟向《校风》社社员演说大旨①

（1916 年 9 月 20 日）

时至今日，吾国大局殆已不可救药，毋庸讳言。然而天不能亡我，惟我自亡。前途苟有分寸余地，即吾人犹有可为之机。诸君当知，中国近来之巨患不在有形之物质问题，乃在无形之精神问题。精神聚，虽亡，非真亡；精神涣，不亡，亦必抵于亡。吾国人心颓靡久矣，甚至麻木不仁，毫无生气。屡经政变，徒杀人耳，而乱乃益甚，是故欲图转机，物质上之运用已穷，不得不深入一步，直接从根本上着想，以振已死之人心。振人心之利器有二：曰演说，曰报纸。二者各有所长，惟报纸为能致远而经久。吾所望于诸君者无他，须藉此练习，备将来苦口婆心，正言劝世，以振起国民新精神，以重续国家新运命耳。

（《校风》第 39 期，1916 年 9 月 25 日）

① 本文原题为《校长拟向本社社员演说大旨》，是张伯苓原准备在南开《校风》社社员会上的演说要点，后因事未能到会，向记者说明其演说大旨，由孔繁霱笔录。题目为编者所拟。

打破保守，努力进取，建设新中国[①]

（1916年9月20日）

此次对于时事，无许多要者可言，惟国内之中对于宪法起草案，关系似为较大，颇有可注意之价值。此事有数省督军欲加干涉，虽政府未必许可，然结果如何，尚在不可知之之数，诸生阅报，其加之意焉。至中日交涉，现尚延迟未办，以外交总长唐少川[②]氏尚未到任视事故也。

对于训言者，与从前所言蝉联而下，故初言预备，次言国家前途，而此次所言为吾之救国药。顾在未言之先，尚有其他事之小者，欲为诸生言之。

其为何事？即为禁止学生在球房打球及书馆听书。球房原非大不韪事，乃多有借此为狭邪游之厉阶，故亦在所应禁。盖此地素称繁华，学生之在本校为学者，其父兄恒言较他处为放心，以本校能监督其行动也。故吾辈职员等遇有学生之犯此者，必不稍假借，以不负其家长之初心。欲杜此恶风而除此病源，曰有二法：一方面则教导之，以防其未然；一方面则调察之，以绝其再犯，则此弊习自然可绝矣！昨月有某先生察获二人旧习未改，一为旧生，一为新生。该旧生当晚退学，新生令之停学思过。其必如此惩罚之者，不独以其有污一己之名誉道德，且恐其传染他人也。盖少年之中具有自治之力、而不为外魔所移者实鲜，类多自治之力薄弱，染于苍则苍，染于黄则黄；与善人相处，则不失为君子，与恶人相处，则流而入于小人。芟芜刈稗，正所以助苗之长也。或曰，他国人亦不能尽免无如此者。然此最不宜于吾国，且更不宜于吾国之少年，时势使然也。诸生其共勉旃。

此事既已言毕，余且更欲言吾之救国药矣！余在言此第一部，为诸生引对待之名词二，曰进取，曰保守。吾人试思吾国人之心理，其进取者乎？保守者乎？其为保守不必讳言。二者相较果何派为优？何派为劣？何派胜？何派败乎？有持进取主义者，国在东亚，执东亚之牛耳，系何国乎？即东邻日本是也。汝等或曰：此国家情形问题太大，有吾辈不能尽解者，其有事近而理切者乎？曰：有。即吾校与他校较也。各校中有进取者焉，有保守者焉。吾校进取者也。

① 本文原题为《校长修身讲演录》，由李伦襄笔录。题目为编者所拟。

② 唐绍仪（1862—1938），字少川。广东中山人。1912年任北洋政府内阁总理。

即以各校各项竞争而论，吾校所得之结果如何？汝等之所共知也。此即进取之效力也。推而至于国家，亦何莫不然。故欲强中国，非打破保守，改持进取不可也。然进取与保守之分别安在？进取者如万物正盛，譬之一年春夏之时也；保守者如万物已衰，譬之一年秋冬之时也。故进取得一日之朝气，而保守得一日之暮气焉。有朝气者，凡事振作；有暮气者，凡事颓唐。以此种颓唐之暮气，而欲与如旭日初升、灏气发扬之强邻相争存于二十世纪，其失败者非不幸也，宜也。故国家相比，则吾国有暮气者也，日本有朝气者也。而学校相比，吾校之与他校为何如乎？有何气乎？虽然所谓进取而有朝气者，要知非常胜之谓也，乃不畏败之谓也。惟不畏目前之败，方有最后之胜，敢断言也。于以知欲强中国，非建一新中国不可也。

然则进取一说与古圣微言相吻合乎？则盍视乎《易》？《易》曰："天行健，君子以自强不息。"彼之所谓天行健者，乃指昼夜相承，春秋代继，无时或已，长此不息而言也。吾人读此，则进取精神自然得矣！《圣经》亦云：人应时时警醒。中圣西圣其揆一也。前余之误在欲一劳永逸，今始觉之。以科学证之，当机器未昌明时，西国学者皆欲发明一种永动机，然卒无成。譬之食物，能一日之中食数日之物乎？必不能也。故惟一日作一日之事，而日继一日，虽有时而休息而睡眠，然休息睡眠之后仍如前时，固无害也。如英国者，可谓得进取之精神矣！其所以与德战者，以德与之争也，非得已也；如吾国之保守，则必姑息从事，养痈成患矣！初拿破仑蹂躏全欧，彼力抑之；今德国力排联军，彼又抑之；盖先发制人，后即为人所制矣！至于成败，非所论也。保守者能如是乎？故必改持进取，方可致强。余之救国药如此。

此学期离校之学生，有至日本留学者，有至江西新［心］远中学做事者，致函母校，大意皆言愿常守南开之精神，几于众口一词。然细思精神何在？有堪为吾人想者。值此不禁回思十一年前焉，忆昔无逾尺之植物，而今则聚九百余青年。昔之学生与今之教员，其数几于相等。至于与他校竞争，初无不负时，负而仍角，直到今日。今昔相较，又为如何？可见有毅力，有信心，无不达其目的者也。南开精神其在是乎？虽其中不无小挫，不过如浮云之蔽空耳。推而广之，无论何事，无精神亦必归失败。或曰：吾为不争之事，如牧师教员等，所言者博爱，所言者道德，无精神似可矣！不知亦似是而非之论也。以此精神置之学校既发达，置之国家亦必能富强也。然此气有非一二人之所能为者，故端在群力以造成之耳。

（《校风》第 39 期，1916 年 9 月 25 日）

欲进德修业，必以虚心为本①

（1916年9月20日）

人之于世，浮生若梦，虽百年岁月，亦宛如弹指之顷。故应为之事多，而所有之光阴有限也。即尽其平生之力尚不能达，况吾侪方在中年乎？吾人欲进德修业，必以虚心为本。倘功业矗成辄自盈溢，则其学问遂画于前基，难再蕲恢张之策，如此而欲成圣贤豪杰，其可得乎？夫骄傲之所以失败者，岂造物忌才迫之使然哉？抑岂失其本来之天资而不能深造也哉？非也。盖人既骄傲，则言语必不能逊，言语不逊，则虽有迂塞，孰为启之？虽有疑惑，孰为解之？此其弊一也。且其意既自满，其不愿深造也，必矣！此其弊二也。人有此二弊，乌能进取乎！日中则昃，月盈则亏，此深可为吾人之鉴矣！

（《校风》第43期，1916年10月25日）

虚心和礼节②

（1916年9月25日）

关于时事者

（甲）一为大借款将成，以湘皖两者之矿产为抵；一为政府欲聘日人青木为中国军事顾问。因此问题，议员及诸要人互有争执，一派以青木有助于此次吾国民军，用为顾问，以为报酬。况用日人为军事顾问，有例可援。一派以一国军事，不应令外人得操纵之权。以致两派争执不休。

（乙）直省督军旧由省长朱经田兼任，今任曹锟。

训词

① 本文原题为《记九月二十日修身班校长训言》，由张世辅笔录。题目为编者所拟。

② 本文原题为《修身讲演录·校长演说》，由郭为障笔录。题目为编者所拟。

（甲）虚心。上次论及吾人应时时振作。振作之法，一为积极，一为消极。今且以消极为诸生告。消极者，即去恶习、私欲及不道德行为之谓也。如欲铲诸恶，首当虚心。《书》曰："满招损，谦受益。"人若存有自满之心，则事事必难进步，且易消磨固有之美德。《大学》首章曰："在明明德，在止于至善。"若以至善自期，自必时时自警，以求近于至善，而不敢存满足之念。譬人之登山，人如以山顶为目的，则必向上不息；而人自山下视之，固见其愈行愈高也。吾望诸生及吾同人皆以虚心自勉。

（乙）礼节。吾国昔时礼节甚繁，及至于今，又失之于疏。诗[试]思人处于世，若无人过问，则此人之生活必觉无趣。反之，人人相遇以礼，则能启发兴致，故今后凡遇师长或同学，皆应鞠躬或默首以致敬。

（《校风》第 40 期，1916 年 10 月 2 日）

发奋图强，磨砺不息[①]

（1916 年 10 月 17 日）

今日盛会，所以纪念昔日创造之艰难，亦即庆贺十二年成立之非易。彼时与南开同时并立之中学，为数甚夥，今则寥若晨星。非因经济困难而停办，即因董理无人以致不久。由此以观，吾校之所以能卓立于津门者，要非全校师生互相扶持不为功。然此往事矣。今日何日，非十三年之开始日乎。发奋图强，磨砺不息，以期学校与国家熔为一炉，是故吾所厚望于诸生。

（《校风》第 43 期，1916 年 10 月 25 日）

① 本文为张伯苓在南开学校十二周年纪念会上的演说大意，摘自《校风》第 43 期"特别记事"栏，由周恩来笔录（署名"飞"）。题目为编者所拟。

中国学生今日之机会及责任[1]

（1916年10月23日）

鄙人此次自津门来奉，适青年会拟有“中国学生今日之机会及责任”一问题，促余讲演。余甚嘉其题意之善。惜此绝大问题之讨论，非此短少时间所能蒇事。但此题之意，皆诸君心目中所具有者，自思自想，原能领会，固不待余之多言也。

鄙人在津所办之南开中学，每于礼拜三日，开讲演会一次，校员、学生皆与焉。自开办迄今十有二年，未尝间断。初，会中所谈者，无非一礼拜中校内所发生之事件，题目范围极狭，未尝谈及国事。因少年人气盛，深恐一及国事，则受剧烈之刺激，不免逸出轨范，而有碍求学。今则世情日幻，时局日非，迥非昔比。非施以猛药，不足奏速效[2]。八年前余在美国，见英人之留学纽约者，每集会社，必先悬国旗拜之，以引其爱国之思想。余窃取此意，每值校中开会，辄悬我五色国旗于堂前，师生同行三鞠躬礼毕，然后讨论。俾先有此中华民国形式印像其脑中，则所讨论者，庶几念兹在兹，永矢弗谖矣。

夫吾国之所以不强，即由国人对国家思想薄弱。此人人所知者也。乃近数十年来，“爱国、爱国”，已成为口头禅矣。然岂空言所能有济？国诚人人所当爱，亦时时所当爱，而当国基不甚稳固之时，愈当爱、愈当思有以爱之之实在。津门谚云：“儿不嫌娘丑，犬不嫌家贫。”语虽浅白，实有至理。国家虽弱，国民之爱国热诚，决不当弱。苟因国家之弱，遂抱悲观，恶乎可？试问国为谁国？国家之主人为谁？余与在座诸君皆是也。自己不能奋勉，而犹推却，却之何人乎？犹观望，望之何人乎？我辈既属弱国之一人，即为弱国之一人，焉有尚嫌

---

① 本文原题为《述张伯苓先生演说词》，为张伯苓在辽宁沈阳基督教礼拜堂所做的演说，由卞鸿儒记录。卞鸿儒（1896—？），字宗孟，奉天盖平（今辽宁盖县）人。时为奉天两级师范学校本科三年级学生，毕业后留学日本。回国后，先后任东北大学教育学院、奉天文学专门学校教授，奉天教育厅视学，辽宁省立图书馆馆长等职。

② 文中着重号为原文所有，下同。

弱国之理。然吾想中国之老年人或非学生，则或有嫌之者矣。在为学者，断不能有此想，亦断不可有此想。问之诸君，然乎？否耶？如其然也，则此后希望，正复无穷；此后事业，正方兴未艾；此后之目的，更宜从今日做起。有机会，有责任。（先生此时手执国旗）余今备一国旗，愿与诸君共行三鞠躬敬礼，再讨论此机会及责任，诸君以为何如？（众鼓掌，先生下坛同众行礼。）

鄙人前曾来奉一次，以时期短促，未获与诸君相见。此次到奉，复拟由此北往吉林、哈埠，亦仅能作三日留耳。以此至少时间，得与诸君晤谈，真乃绝好之机会，望诸君先本此问题，反复详细思之，其中精意自明，胜余言多多矣。

中国立国五千年，其开化文明，与西洋迥然不同。譬之两大潮流，初则各异其途，不相混扰，故风平浪静。一旦汇归合流，两相接触，必有一番之改变。理也，亦势也。愿以吾五千年之古国，人民占全世界四分之一，经此剧变，其国家与世界能无关系乎？其民族较各国国民，岂尽无能乎？拿破仑尝谓："中国人不可犯，犯必有殃。"是以黄祸之声，喧传欧陆。今则覩我之危象，而更呼我为睡狮。夫睡狮固睡，然不犹狮乎？不为死狮，即必有醒之一日。但此偌大之民族，安能骤然丕变。变固有时，不过为期稍迟耳。然当此过渡时代，不能无困难，不能无危险。惟其有此困难危险，愈宜有以克胜之，而绝不当因此而颓靡其志气也。若云时局危险可怕，则诚可怕。然正因宜因此怕，而思有所奋勉。存于心不现诸外，庶此怕乃为暂时的，而非永久的。然后此"怕"之一念，乃实足为我利用。语云："殷忧启圣，多难兴邦"，此之谓也。

余犹忆先父在时，尝语余曰："人须勤洗面，勤剃头，囚首丧面，不免见弃于人，而当困苦忧郁之际，愈当如此。"斯言虽小，可以喻大。吾人现在正当困厄之时，允宜勤洗数千年之积垢，勤剃诸障碍之魔鬼，振起精神，奋勉勇进，切勿因一时之不得意，遂神丧气阻，不能复振。

又譬之拔河，初时绳微动而全局未动，众力一振，必不致负。若因一动而气馁，一往不返，则必负矣。我以世界偌大之国，以言豆剖瓜分，谈何容易，岂蜂起云集，一举手而即可分割耶！抑必我先自分崩离析耶！须知我不自亡，未有能亡我者，若其能亡，则早亡之矣。岂待今日哉！其所以迟迟者，正为我之难亡耳。人既能利用此潮流时期，我岂不能利用之？勿灰心！勿丧志！彼美之开国，其困苦艰难，较我何如？终赞成今日之美国。欧战告终，不将为世界第一强国耶！较之开国则何如？

故吾人今日之机会，即在造新国，责任亦在造新国。或曰："此事甚难。"诚哉其难之！有易者为奴隶，作主人则难耳。何以故？奴隶随人驱使，主人则指示人也。余尝对归国之留美学生有言："诸君不必羡彼国总统罗斯福，愿更羡其创始之大伟人华盛顿。盖守成易，创始难也。

但此言吾甚愿为少年言，不愿为老年人言。因老年人保守性大，阻碍进步。少年人其理想未为习惯所染而坏，其性质未为流俗所囿而靡。故余所言者，即其心目中所愿听者；余所望者，即其心目中所欲行者。此所以标题曰："学生也，当乘机会尽责任者也。"然则吾人今日之机会责任，果从何处做起乎？此问题所关至要，愿诸君先自求之。果从何做起？……（先生拍胸大声言曰）人人从此做起！人人从自己做起！人人由最近处做起！勿望人！勿盼伴！各人尽各人之事，合则即一国尽一国之事矣。何事不成！今试举最近之事观之。客岁远东第二次运动会在上海举行，中国、菲律宾、日本三国比较技艺，其结果中国分数最多，此其故不难知，我国自北方往者，能跑能跳，自香港往者善泅水，自广东往者善蹴鞠。集众长乃成大长，全国联合，群策群力之功也。尔时余尝语人曰："使吾国人对于各事，尽皆如此，有不如此次之获胜者乎！"然预期必胜，宜先从自己预备。犹之赛员必先自练习，临时乃能操左券。西谚曰："第一仇敌即自己。"不能胜己，未有能胜人者。诸君当常以自身作一寒暑表，以国家为空气，欲知国如何，当问自己如何。对于自己，须常常反省自讼：为人谋不忠乎？与朋友交不信乎？久而久之，则公德、正直、公益诸美德即由此起矣。

余言至此，可以作一赅括之意，为诸君告。（一）当知中国此时有机会可乘。（二）不可因一时抛去永久。（三）从自己做起。

东邻之强，世所称羡，请问是一朝一夕之功乎？实由数十年之预备种之因也。吾人当未雨绸缪，切莫临渴掘井。有志者事竟成。国事固非一蹴可就，必待诸将来。但今日为将来之因，将来为今日之果。欲得善果，须造善因。造善因如何，不外以上三者，而其根本，则在从自己做起。其作法有三目的焉。

（甲）宜有哲学的脑筋，追究其所以然之故，是为理想时代。

（乙）宜有科学的知识，考求其真伪之所在，作实行之预备。

（丙）宜有宗教的精神，抱躬践主义，遇事不作成不止。

（《学生杂志》第4卷第3号，1917年）

附：与张学良的谈话[①]

中国只是顾面子而不要脸。只是要虚伪的金字牌匾，就自鸣得意，卖伪药欺人害人，则不自知羞耻，我们必须自勉把它倒过来，要脸而不要面子。

中国的社会习惯是：好人坐在屋子里叹气，坏人在台上唱戏。如果我们扪心自问是好人之列，切不可消极地坐在屋子里叹气，任凭那坏人在台上唱戏。

（张之宇著，《张学良探微：晚年记事》，江苏人民出版社，2004年，第61页。）

谈爱国[②]

（1916年11月1日）

今日之题，即为“爱国”二字。前八年，余在美国时，参观一小学校，校长每晨率学生对国旗行礼，以养成学生爱国之念。吾校亦自今日起，每星期三至此，先对国旗行三鞠躬礼，以表爱国之诚。吾国古时，皆以孝治天下，其说甚正。盖孝为人之本，失其孝则道衰矣。然细推之，往往失于偏重家庭之观念，少世界之眼光。若以爱国言，则无论奉何宗教，属何种族，皆无反对之理。今中国正值艰难之步，无论汝尚赖国家，即使国家有赖于汝，汝亦当急起救之。西谚有云：“A friend in need is a friend indeed”，所谓雪里送炭，方为真友。人之对于国家亦然。然少年人因抱爱国之热诚，见国家一切腐败之事即怨恨之。夫既爱之，又何恨之？即他人有不爱国者，惟可设法感动之，断不可遽尔怨恨，往招反抗也。美人对于本国爱重特甚，无论事之善恶、理之屈直，凡属己国即爱之。吾对于吾国固应爱重，然有不良者，必随时改革，所谓爱而知其恶也。

① 张学良在听了张伯苓的演讲后，由奉军军政处长王宗承介绍，认识了沈阳基督教青年会总干事普赖得（J. E. Platt），又经普赖得介绍给张伯苓，二人随后做了一次深谈。本文的谈话系张学良对其口述历史小组成员的回忆。

② 本文原题为《修身班校长演讲录》，由郭为障笔录。题目为编者所拟。

又有因爱己国而怨他国者，试思，但以一点之恨力又何补于弱？且遍观古今中外，无有以弱国而辱强国者。惟应自强不息，发扬爱国之精神，自可无虞。吾又谓：人之爱国，不可徒存消极主义，而独善其身，必也有动人之力，如火把然，自燃之后且能助燃，以次相燃，则功著矣！苟遇有不易燃者，当有忍耐之心。惟燃时不免有风浪之阻碍，设火力不足，值此未有不扑灭者。如本校自开办以来，屡遇险阻，其所以未颠覆者，以火力足也。故吾甚愿诸生以火把自命，匪独自燃，且能助燃，则方为真正之爱国。

（《校风》第 44 期，1916 年 11 月 1 日）

去东北之感想[①]

（1916 年 11 月 22 日）

余离校约三星期，计共十九日。路线系由奉天至长春，再至吉林，返长春至哈尔滨，回奉天至安东，过鸭绿江至朝鲜之宜川，复由信义州至安东，而之奉天，宿于本溪湖，次日由奉旋津。共演说三十九次，所见者，除中人不计外，共六国之人，曰英、美、丹、俄、日本、朝鲜。演说地点共七处，曰奉天、吉林、哈尔滨、宜川、信义州、安东、本溪湖。斯行也，有一事令人不能不注意者，即为国家观念。所搭之火车有为日资者，有为俄资者，有为中资者。在奉天有一车站甚为壮丽，为日人所造，其精神极佳，诚非虚誉，即司茶者做事亦出以至诚。至俄路则不如日远甚，然犹胜于中人。总之，日人办事最为灵敏，组织便利，遇事争先；俄人身体长大，动作粗笨；朝鲜愤郁不平，卧薪尝胆；吾中国人既日俄之不如，而其松懈懒惰之状，即较之韩人亦略有差。思想非不密也，脑筋非不灵也，惟遇事推诿，不善组织。私事尚肯为力，一遇公事，则非营私即舞弊，惟尔诈我虞，故冰消瓦解，此中国最可危险之事也。至于英、美、丹诸国，余以见者不多，不能以少数代表其全国，兹不细论。至若日本，人多地狭，故不得不变法以扩张其势力而求生活，其生长之法，全体一致，联合以敌外人。中人则数千年来处专制淫威之下，时时防制，惟恐民智发达，又

① 本文原题为《修身班校长演讲录》，由李纶襄、郭为障笔录。题目为编者所拟。

常自居为天朝，视他邦为夷狄，虽有一二入主中华者，然亦渐被同化，以故人民毫无进取之心，久而养成懒惰之性。人多谓中国人民不自由，吾谓中国人太自由，此吾比较数国人民之感触也。

吾在吉、奉二省演说时，彼皆恐将来为日人所并，其痛彻之语，有令人不忍闻者。吾语以此非一二省之问题，乃全国之问题。盖二省不同朝鲜，即不幸为日人所夺，然与中国同文同种，决无截而为二之理。苟其人心不死，则中国地大人多，日人必不能安然得之。然则国家前途抑谁是赖乎？惟应从自己做起，虽中国灭亡，亦必能复兴。一日奉省教育会长约吾演说，到场者约五六百人，吾告以今日中国第一要策，即在教育，培养有干才之领袖，以养成一强有力公正无私之政府，方可以御外。不然仍如从前之松惰，则非人之亡我，实我自亡矣！

（《校风》第 48 期，1916 年 11 月 29 日）

毕业班赠言[①]

（1916 年 12 月 23 日）

今日为时甚促，不获与毕业诸生作竟日谈，惟临别赠言，贵精不贵多。且平时每星期三之修身班演讲，诸生苟能悉记不忘，便已为益宏多，固无待今日喋喋也。诸生居此四年，明岁虽仍有留校不去者，然究竟非全数，一旦分离升转他校，或置身社会，总宜先立定宗旨。盖青年人平日埋首学校，所练习所学得者，均为养吾身心、长吾志气之具，出而遇风波险阻，恃吾心志以抵触之。正道所在，他非计也。非然者随流逐波，图暂时之苟活，失一生之人格，则生命又何足贵哉！且夫今日正诸生立志之时，无论各具何长，要皆能发扬倡大，以备国家干城之选。设无志也，则飘萍靡定，终无所成，与禽兽何异？

舟之浮海，行必有方，使无准的，达岸何时？如今日国家者，岂非失向孤舟颠簸于狂风巨浪中耶！诸生果如此舟，则莫如投之海洋以自沉。使尚欲有为于国中也，望各立尔志，急图自新。志不必尽同，亦不必尽信人言；一己所得，

① 本文原题为《校长训词》，由周恩来笔录。题目为编者所拟。

未必便合人意，人云亦云，殊非立身之道。盖人贵有价值者，一己之决断力耳。今日毕业，正中学学业之结束期，非学便于此止也。出而问世，不可滥用，不可放用，不可乱用。深求专学，尤望不可自萎。临别忠言，语短情长，听之择之，是在诸生矣！

附：周恩来撰《民国五年冬季第九次毕业式记》

维中华民国五年十二月廿三日晚，本校举行第九次毕业式于礼堂。毕业之班，来自民国二年春。入校凡四年，功成业就，一纸文凭，欣然入手。回忆四载寒窗，早兴夜作，盼他年学就，得为完善国民。则今日之聚，正中学校学生瞻前顾后之际。届兹盛会，乌可不记。泚笔书之，留为纪念。

是日也，北风凛冽，寒气袭人。晚七钟开会，同学到者五六百人，来宾莅会者百余人，女宾十余人。先是本校每届毕业式，例有来宾请帖，今岁亦如之。嗣因所印无多，致继索者愧无以应，故仅达此数。然天寒气冷，而来宾诸先生仆仆风尘，远来南开，尤深感激。校董严范孙先生特莅会颁发文凭。来宾熊秉三、李芹香诸先生均至焉。

首由军乐会奏乐，音调铿锵，鼓人兴致。次校长张先生述开会词，略谓今日毕业式与庆祝会同时并举，为时甚促，不得多所赘言，以费时光。今按序请校董严先生颁发毕业证书。严先生登坛就席，毕业生以次递进（毕业考试名次见“校闻”栏），领毕。次颁发奖品，校中备奖者三份：国文第一杜君宝忠，英文第一王君祖德，名次第一邹君宗彦。此外有校董卢木斋先生备每人奖品一份。按，先生每届吾校有毕业班次，例备书籍、器具多种，分赠全班。本次奖品中杂有墨盒，盒上均嵌所赠者之字，甚属精致。次毕业生尔（留）赠纪念品，全班学生个人四寸照像暨全班合影、运动照像二片，合嵌入一大镜框。此外尚有足球奖牌一面，亦留赠校中。两物由毕业班正副班长持登礼坛。次毕业生致谢师长。校中职教员环立礼坛下，毕业生起立，相对行一鞠躬礼。礼毕。次校长训词（词见“演说”栏）。次毕业生王文贵、赵世缨、张佐文、王允章、张春祺五君唱歌。四音合唱，音韵悠扬，听者神往。次毕业生答词，答词分汉英二种。汉文答词为施君奎龄，略谓敝班委为代表，答谢师长来宾同学，年来各种功课，受师长训诲，无时或懈，以成今日之中学生。举动行为蒙诸学监之管理锻炼，免致流于弃材。此对于师长应致谢者一也。次则敝班同学虽仅居全校最少数，然因有同会、同省、同斋、同各种运动团体之故，遂得各识其友，于道德、知识、身体上多蒙补助，以得立于南开。此对于同学应致谢者二也。来宾诸君，不惮风寒，枉驾下顾，来与斯会，敝班何幸如之。此对于来宾应致谢者三也。至校长之训词，愿敝班同学坚定宗旨，此敝班同学亟欲铭之肺腑，无时或忘，以保存南开荣誉于永久也。此外望诸位师长同学于南开精神、南开荣誉，保存而发达之，尤敝班无穷之愿。施君言时，声如洪钟，语若金石，以在校第一流演说家，登坛答词，欢声震全场矣。英文答词为梅君贻琳，大意谓敝班委鄙人来致答词，愧余学浅口钝，惧不足达意，惟尽吾力以求最善耳。吾人求学所最重者，在得其精华，弃其糟粕，而健全之身体，亦为人生最宜注意之事。至南开之精神，尤望同学诸君，竭力保持、昌大于永久，俾南开荣誉随日月以俱增也。梅君本吾校运动健将，长于英文，言时全场肃然，静聆妙语。而梅君语无停滞，层出不穷，始终如一，诚难能矣。次毕业生张春祺、杜宝忠、郭嘉栋、陈鸿恩四君笙笛弦琴合奏，声调袅袅，入人耳鼓。次来宾熊秉三先生演说（词见"演说"栏）。先生经济文章，为世所知，言时气度雍容，语出入人心腑。言毕，校长跋数语云：熊先生之言，寓意实深。中国今日教育之精神，是否能造强有力之国家，鄙人办教育十余年，对此问题殊觉惭愧。然士气不振，今日掌教育者实司其咎。东邻日本，民气发扬，人知自治，较以吾国今日之社会，何啻霄壤。救国问题，甚属紧要，学生今日果有预备乎？有精神方有物质，故欲造物质，必须先造精神。教育事业，强国之最善股票。吾族如强，吾人无疆之福也。次，本学校军乐会全体奏乐，音调抑扬声中，毕业式遂闭会焉。

（《校风》第 51 期"特别增刊"，1917 年 1 月 15 日）

与多尔蒂谈东北之行①

（1916 年 12 月）

多：您去那里的原因是什么？

张：我们的祖国迫切需要进取的精神，为了祖国的未来，我们的青年需要

---

① 本文摘自由多尔蒂（W. V. Doherty）采访、李嵘翻译的《张伯苓先生访谈录》，原文为英文，题目为 *Through Manchuria: An Interview with Mr. Chang Poling*，刊载于 1916 年 12 月的 *The Nankaian*（《南开人》）。为方便阅读，文中叙述内容前由编者加入指称词，多指多尔蒂，张指张伯苓。题目为编者所拟。

振奋和激励。

中国矿藏丰富，资源处于未开发阶段。何处可以找到挖宝的捷径？如何能够让这些宝藏重现光明？捷径就是推行教育和通过推行教育来扩大影响。所有资源和无价的宝藏都属于我们，特别是属于我们的年轻一代。中国目前在世界发展中比较落后，尽管出现不少个人的成就，但是总体国力处境窘迫，发展缓慢。要克服落后局面，就要督促我们的年轻一代众志成城，激昂奋进。要重整河山待后生，就要培养年轻人的素质，净化他们的心灵，激发出年轻人的热情。这是唯一的出路，这也是我们南开的办学宗旨。拯救中国的重任落在了年轻人身上，这也是南开校长的责任所在。张伯苓愿为教育和影响年轻一代奉献毕生的精力，使中华民族摆脱落后的局面。

多：请谈谈关于满洲的情况。

张：我们称之为东三省。这是指三个东部的省，由南向北依次是南部的盛京（相当于今天的辽宁省—译者注），中部的吉林和北部的黑龙江，省会是沈阳或称奉天。

满洲包括两个大区，北部贯穿黑龙江和松花江，南部绵延辽东半岛，得到辽河的灌溉。北部地区幅员辽阔，森林茂密；南部地区土壤肥沃，人口密集。山脉呈鱼骨状延伸，两侧分布着美丽富饶的平原。南部省份的辽河平原纵横 900 里长，30 里宽。北部是辽阔的松花江平原。满洲诸省的土壤十分肥沃，矿产丰富，森林茂密，蕴涵着巨大价值。

多：至于人口数量，据我所知，1902 年为 17500000，从那以后有没有明显的增长？

张：是的，大批中国和日本移民涌入了这片肥沃的土地。

多：那里的人口主要是满人吗？

张：绝对不是。他们只占有人口的十分之一。但是肯定没有这么多的中国人在那儿。盛京的主要人口是中国人。但是也有不少零星分布的日本人、韩国人、蒙古人、俄罗斯人和其他国家的人口，他们大都混居在一起。

多：那边的通用语言是什么？

张：是汉语。这里不要误解为满语。满语并不是古老的语言。作为书面语言的历史可以追溯到 17 世纪。这是努尔哈赤征战多年，获得大片领土后，在蒙古语之后形成的。

多：满洲有哪些物产？

张：主要的农作物首先是高粱，当地居民将它作为主食。同时，高粱也是喂养牲口的主要饲料来源。不仅如此，当地盛产小麦、大豆、豌豆、甜菜、玉米、人参、小米、烟草、土豆、亚麻、胡麻和大麻；南部地区则种植水稻和棉花。这里居住着直隶和山东大批短工，他们初春来到这里，秋天返回。仅山东一地每年就有三万人到此。

达：那里全部都是耕地吗？

张：不是，耕地面积不超过五分之一。每年只耕种黑龙江一小部分最肥沃的土地，吉林至少一半的土地尚未开垦。盛京有超过十分之三的土地有待于耕种。

多：东北蕴藏煤炭吗？

张：大量的煤炭资源没有开采。煤矿、铜矿、铅矿和铁矿都已探明，储藏丰富。在近四十个地方发现了相对丰富的黄金矿藏，银矿也有所分布。其中心位于俄罗斯边境附近，松花江沙土地带和盆地地区，以及北安山地区。目前开采漠河煤矿已经得到了丰厚的回报。

多：满洲的石灰矿是在哪里生产的？

张：在黑龙江的一些地区生产，并且形成了大规模的工业。石灰矿南下运到天津，用于桥梁建设、织染和缫丝。满洲因此逐渐形成了中国北方的产业中心。

多：谈谈您对沈阳的印象。

张：沈阳，又称鞑靼城，与北京的内城有些相似，但规模上较小。从城墙上看沈阳壮丽雄伟，土地精耕细作。沈阳位于浑河北岸，人口约 20 万。1900 年的沈阳还比较落后。哥萨克人不断制造事端，他们在城市里烧杀掠夺，然后纵火焚烧，来掩盖自己罪行。城墙方圆十里，城市外面是大片的日本租借地（附属地）。四条铁路线从沈阳辐射延伸：一条到长春，一条到安东（今丹东—译者注），一条到大连，另外一条到北京。前三条都属于日本人。整个城市因此而呈现出繁荣的景象。

多：很抱歉一直让您围绕上述这些话题谈，因为我对满洲非常好奇。我感到您急于回到正题上。那么现在，请您谈谈，沈阳的学校和学生的情况，在那里您都发现了什么，您都说了些什么？

张：对于那里的盛情接待我真是受宠若惊。我先是在基督教教堂的主楼与沈阳的 700 多名学生见了面。那次与年轻人的会面真是妙不可言。我感到这次演说非常必要，让我感到我们需要尽快改变过时的、使人昏昏欲睡的循规蹈矩。要让过去的涓涓细流变成湍急流淌的江河。中国一定要改变。我们不能总是停滞不前。山川平原是固定的，一成不变的。中国必须要和整个世界联系在一起。要赶上现代化国家，否则就会被别人踩在脚下，任人宰割。中国的未来要依靠我们的青年人，你必须变革，你必须发展，你必须成熟。要想有所改变首先要从自身做起，不要因为自己的落后而责怪他人。我们要放下架子，扪心自问，才能不断取得进步。这样中国才能早日屹立于世界民族之林。

多：我听说，校长您三年前曾经到访过满洲基督教教会学校，您这次访问，发现他们有进步吗？

张：没有，不仅如此，学生的数量不断下降。我想是由于经费不足的原因。现在还有不到100名学生。来自苏格兰的罗伯逊（Robertson）先生是该校的校长，他精力充沛，对未来充满希望。

多：您访问满洲基督教教会学校后，又到医科专门学校演讲了吗？

张：是的。那里的事情进展顺利。成为长老会成员的司督阁博士（Dr. Douglas Christie）是学校的校长。但是还不能与日本医学院（南满医学堂—译者著）同日而语，日本医学院由政府资助，配备现代化的实验室和仪器设备。

多：您对沈阳的基督教青年会的发展前景持何态度？

张：尽管目前还处在起步阶段，但是可以肯定，前途是光明的。我当时是在一处临时住地演说的。现在政府已经为推动其长期发展捐助了一处房产，而且还设立了基金。这些基金都是美国朋友捐助的。不仅如此，政府还签署了有关赞助的书面文件。普赖德（J. E. Platte）先生负责此事，他是一位和蔼可亲，极富事业心的美国朋友。同时负责此事的还有苏格兰的史都华德（Steward）先生和一位丹麦的办事员，现在还在休假。这次沈阳之行就是普赖德先生为我安排的。他对事业非常执著，是一位虔诚的基督徒。

多：沈阳有师范学校吗？

张：有两所。我在一所女子师范学校讲述了改革的必要性。我们曾进行了一场政治改革，现在我们需要的是社会的变革。在很大程度上，这要依靠女同胞们，特别是女教师的影响必不可少。这是责无旁贷的事情。我还访问了宋校长的师范学校，宋校长也是一位精力充沛的人。在那里我谈了中国目前面临的任务是迫切需要那些受过高等教育的、素质优秀的领袖。

回沈阳的路上我顺便看了看省立中学。我告诉那里的学生我会见了许多来自不同国家的人，我想正好可以借此机会相互博采众长。我见到的外国人有英国人、美国人、日本人、丹麦人、俄罗斯人和韩国人。通过交谈，有一些日常习惯我们可以加以改变。我们应该像欧洲人一样精力充沛，像日本人一样富有进取心。50位校长和老师热情接待了我。后来我还和沈阳的教育委员会说道，我们错过了与他们交流有关教育问题的绝好时机。

多：让我们回到北方看看，您对吉林怎么看？

张：吉林群山环绕，非常秀丽。松花江正好穿过吉林。吉林有10万人口，贸易往来频繁，工业基础雄厚。松花江上，小火轮航行的源头就是吉林，吉林的主要对外贸易产品是烟草，此外还从事木材和皮货生意。

多：请您介绍一下长春到吉林的铁路情况。

张：这条铁路属于中国政府，但是修建的质量很差。所以为了修筑铁路，日本人强迫政府提供贷款。因此，后来铁路线实际是在日本的控制之下。

多：我想日本人对满洲铁路已经有比较多的控制权。①

张：的确如此。在日俄战争结束后，日本人接管了所有过去俄国人掌管的铁路沿线。

多：校长您还参观了其他的学校了吗？

张：是的。在学校、剧院、教堂、基督教青年会大楼都发表了演讲，出席情况非常好。尤其对六所学校印象深刻。一些南开的学生在一所优秀的模范小学任教。还有三个毕业生在中学当教师，韩君、郃君和陈君。还有一位南开的高君在当地的煤矿任矿主。来自爱尔兰的卡甘（W. M. Cargan）先生是基督教青年会的干事。就是他首次邀请我来满洲，其他学校也是因为他的介绍参与了活动。他是一位办事效率极高的工作人员。

多：您在哈尔滨的演讲活动进展如何？

张：让我先谈谈哈尔滨的简要情况。哈尔滨地处松花江边，人口稠密。其中部盛产大麦。由于铁路的发展带动了城市的快速发展。那里有大面积的俄国租借地。我在那里的小礼堂讲了两次，受到了当地政府官员和商界代表的接待。我对由两位基督徒赵先生和吴先生负责的同记（Tung Chi）工厂印象深刻。工厂里生产各种各样的帽子和貂皮大衣，旅行袋和手提包是特产。公司里较好地解决了一些社会问题，比如资本和劳动力，雇工和雇主之间关系还算融洽。工厂周日放假。工厂里有一个小礼堂，厂方邀请传教士来宣讲，从而使人们的心灵得到升华。麦迪逊先生是丹麦的传教士，他做了大量传教的工作。

多：您还访问了其他一些地方吗？

① 原译文此处为张伯苓之语，疑为排版之误。从文意上看，此句应为多尔蒂之插话，故由编者改为多尔蒂语。

张：我去了鸭绿江畔的安东。您知道，鸭绿江是中朝两国的分界线。安东城市繁荣，发展迅速。我参观了那里的小学和中学，条件相当不错。安东受日本人的影响很大。我参观了许多地方，中国人从日本人那里学到了许多东西，开放性的竞争让我们受益匪浅。

多：那里也有基督教青年会吗？

张：有一所不错的青年会得到了当地政府的大力扶持，那里还设有一个展览馆，摆放了满洲的产品。其实主要是用来展览的，但是展览馆的主要场地拨给了基督教青年会，作为他们的临时会所。Baagoe 先生负责处理日常事务，很多人夸他非常热心，他还陪我去了朝鲜。

多：那么说您还去过朝鲜？

张：我去朝鲜的宣川（Sensen）和新义州（Hsin Yi Chow）。宣川是一个小镇。人们大多信教。那里有两个比较大的基督教场所。麦克库恩（McCune）博士是美国传教士学校的校长，他传授了农业和腌制肉类的知识。这些简单实用的技能，让一些贫困的学生得以良好地完成学业

多：您在新义州呆了多长时间？

张：我在那儿停留了两个小时，并且在教堂进行了演讲。金先生热情接待了我，他是我天津的一个朝鲜朋友的哥哥。

多：您在返回途中又在一些城市停留了吗？

张：我在本溪湖（Pen Hsi Hu）待了一会儿，从沈阳坐火车两个小时的路程。这里有着丰富的铁矿和煤矿，由中日合资企业联合开采。C. T. Wang 的哥哥 C. F. Wang 是那里的副总经理，他是铁矿开采的工程师。他买了一所房子，建立了基督教青年会。他是一位精力充沛、头脑精明的年轻人。我可以给你举个例子。在我到达的当天晚上，他安排了当地的政府官员和商界人士和我会谈。这真是一次有意义的社交活动，当晚王先生就借机为基督教青年会筹集善款。短短的几分钟之内，他就募集了 200 美元。转天上午，他安排了 500 名男女学生在一间剧院里聆听我的演讲。能够看到这样热心、正直和可信赖的年轻人，我感到非常欣慰和满足。他们正是中国迫切需要的企业人才。

（中国人民政治协商会议天津市委员会学习和文史资料委员会编：《天津文史资料选辑》（总第 111 辑），2008 年第 1 期，天津人民出版社，2008 年，第 1—9 页）

在梁启超演说会上的讲话[①]

（1917年1月31日）

今日之演说，吾知有少数学生失望。盖其心一以为吾聆国中伟人如梁先生之演说后，便可立成伟人；一以为吾来素负盛名之南开攻读，便可成为完人。然今日梁先生演说之意旨，岂非令汝等失望耶？但此非全体心理也。梁先生有言，万一之希望在青年学子。此言须加研究。在昔二十年前，以梁先生及严先生论，早已虑及国中之危险，预筹拯国之方。逮及今仍不免于危险，则今日汝等之责任，岂不尤难且大乎？且汝等第一须知，吾南开所最短者，即为不识时务。盖其中纨绔子弟居多数，易流入浮躁愚鲁之境。则今日一席话，岂不又令汝等自省耶！于先生何有？生于忧患，死于安乐，此世界之公言也。故梁先生今日谓磨炼意志、锻炼学问为青年最要。此外尤有一事则感动，是今日之言，望诸生退而思之，寝馈其中，方有期于来日。音声相同者互应，此亦然也。

（《校风》第53期，1917年2月8日）

附：梁启超演说词

诸君乎！启超今日值此良机，得来吾向往多年之学校，与诸君相聚一堂，荣幸之至。当二年前，鄙人旅居津门时，即希令子弟来斯学校，并期来此参观，以冀得悉贵校详情，而与学校方面多所联络。盖国中兴学多年，明效尚未大著，使全国学校能悉如南开之负盛名，则诚中国前途之大幸。职此之故，接洽之心益为迫切。前岁之末，与贵校长有宿约，嗣以政变，不得已南下，稍尽吾力，延搁年余，今日始达素愿。情积之愈久者，相见亦愈快焉。

贵校校风之佳，不仅国内周知，即外人来参观者，亦莫不称许。考其所以至此之由，固原于职教员热心教导，斯能感化学生；然要亦学生能以诚求学，遂成此不朽之名。国内日益推崇，外人因之赞许。而造之之始，固甚难难，非

① 梁启超于1917年1月31日特邀来南开学校演讲，演讲词由周恩来笔录。本文由《校闻·佳宾莅止》条中摘出，题目为编者所拟。

草率从事，所克奏其效也。现今国内对于贵校学生甚希望大有作为于社会，并望贵校荣誉日与俱长，负斯责者是在诸君。惟现今之荣誉既不易保持，而未来之责任尤属艰于担任，且责任非一校所私有也。在贵校职教员所以趋全力以教导学生者，亦以国家一线之希望，实系诸二十世纪之新青年，使青年而无忝厥责，则国事尚有希望，非然者，前途不堪设想矣。譬之一家，其子弟恶劣，败坏家声，则其家虽富，终亦见其败亡。家犹国也，以现今国势言，执政者已属有负诸君，乃复使诸君担斯重任，受此忧患。换言之，即作斯政局者，实使诸君难于前进也。青年中尤以学校中青年有最大之希望。父兄之期其子弟重兴已败之家庭，属望之念甚殷，而吾等之视学校青年，犹此志也。是今后国家之兴衰与否，实以诸君之能力为断。彼欧美日本之青年，其责任之重大，固无待言，然其前辈所作之功业，已如是其盛，故其力不必倍于前，而责已尽，国已日兴。犹之良善家庭，其父兄遗子弟以财产，教之以善道，苟其守成不变，即可保旧状勿替。至若吾国处飘摇欲倒之境，所恃者厥惟青年。而青年尤贵乎有建设之长，排难之力，方之齐家者。处败坏家庭，必先改良其家风，而此家风又为素所熏染，改之维艰。然舍此一道，别无良策，是非有大毅力排万难以创之不易成功。诸君之于国家，亦宜以改革家风之道改革之，无用其迟疑。

盖青年今日之责任，其重大百倍于他人，而又只此一策足以举国，自寻生路于万难之中。吾希望诸君处现今之地位，先定一决心焉。知其难处必破其难关，而后立志定方针，以从事于建设。决心定之于先，方法研之于后，斯不至无所措手足矣。家风之改革，骤视之似属甚难，然吾人不必问如何改法，且不必计前辈执权阻挠与否，但请自隗始，改革一己之恶风劣习，即家风全部已改善一分。使人人皆能如是，则其家风当然转恶为善。以己及人，以家化国，泽被全体。故吾人欲改革国家，不必思及他人，先以一己为主位，敦己之品，坚己之力，如此个人之人格立，一己之根基固矣！

以贵校论，校舍若是其小，学生不过千人，较以欧美之学校犹瞠乎其后，然追想十二年前，天津无所谓南开，而今则巍然峙立，远近咸知者，不过以数位职员协力同心，积久所致，仅十二年之差耳。今试取校外之空气比较已异其味。十数年间数人之力，克使天津污浊空气中立一新鲜空气之所在。诸君为数将及一千，日夕受职教员之熏陶，复授以产出南开学校开辟新鲜空气所在之能力，其所收效又奚仅如上所述。矧张校长所为之事，非他人所不能为者，亦非有冒艰险破危难以成之者，使诸君能如造南开之方，造一己能力，亦如贵校长者，则数十年后，其发达何可限量？而全国最坏风气，或可藉斯一廓清之。事之思之维艰，行之而又未见其艰者，皆此类也。

但决心定矣，此后欲在社会上得一立足地，其根本预筹之方法维何？曰：在中学校锻炼之时代。何言乎？西人有之。一人之命运否泰，视其在中学校之生命如何以为判。盖人当十五岁以前，其体魄脑力未甚发达，期其思想言动有自主力在所不可，而意志之决定力尤甚薄弱，故其时一切行为，恒恃父母、师长之指导。逮出中学而入大学，或置身社会，其时身体发达已足，意志已定，如染恶习，期其改舍诚非易事。故吾人惟当十五岁至念五岁之间，为人生最重要之时期，抑亦最危险之时期也。诸君在南开攻读，校风尚好，危险似较他校减少，然不减少耳。校风为学生所造，品行良否，要仍以一己之修养力如何为断。盖在十五岁以下，其责任可归之父母、师长，至此十年中，则纯恃己力。昔希腊大哲学家苏格拉底语其弟子言曰，吾非以学问授汝，乃教汝以如何造学问。斯二语也，为世界教育家所公认，而于中学校尤有莫大之关系。教员之教其学生也，仅教其知学问耳，功课授以如何读法，道德授以如何守法，决非使学生如其言而行，便可立成完人。孔子至圣，所言亦只于指导世人，是故教员授学生造学问之力。苟因其言而悟，推而行之，未有不成完人者也。且在中学校时代，一切习惯品行皆于是立其基础，善者因之，恶者舍之，一生之人格立矣。不然，时机一过，毕业中学，或出而问世，或投身大学，入自由教育时代，其恶习惯吾人虽欲排去，而种种方面已挟之使不得遁，其难犹变更帝制而复共和也。譬之吸烟，年长之人亦知其害，而习惯已成，欲禁吸之，且难于反对帝制。犹早眠早兴者，偶尔失眠，其困苦亦甚。总此以观，恶习惯排去固自不易，而良习惯已养成者去之亦艰。是此十年中，果能舍恶就善，养成良好习惯，则一生可受其益。非然者，少小不努力，老大徒伤悲。施一分力，改良习惯于二十五岁以前者，此后用十倍百倍之力，亦未必能矣！品行坚定，既为他年入世之基，则今日在中学校中，各种恶习务必铲之使尽，不容其有丝毫存留。即以诳言论，在今日中国最为流行之恶习，虚夸声势，盛誉他人，虽贤者不免。似此不足为病，实则结果趋全国人民溺于虚妄，而通国皆假。究其因何，莫非幼小养成之，故举一反三，希诸君立时改革，若俟之来日者，诚非吾所忍言其结果矣。

吾人之品行，何者为满足，斯诚难以一言尽之。然欲将来立身社会，而不为潮流所激动入于歧途，则意志坚定是。今吾人欲作一事，以必达其目的为指归。艰难困苦，非所计也，此为成功秘诀。方之乘舟，欲抵一地，中途遇逆风，意志薄弱者必折舟而回，顺则复行，旅进旅退，徘徊中途，终无达彼岸之望。

使遇事而悉如此，则均无所成。故凡事欲计其成，必须有一种坚忍不拔之气随之。匠人造桌，陶人制碗，事无大小，致力一也。无论聪明愚鲁，果其气不颓、力不怠，则大小必有成，结果无或殊。所谓命运，上天非能预判之也。孟子所谓“养吾浩然之气”，是固在此十年中锻炼之，使此十年光阴未掷虚牝。意志果克坚定也，则后日事业终可底成；使优游岁月，无所适止，则结果亦如之。或问曰：养成意志坚定之方维何？曰：遇事循其理而行。在学校中举动一准乎师长，似无所操练也，实则以小推大，无稍差异。攻读者喜新厌故，择一弃百，不得谓之为是。性近文科者，于算学一道，终以明彻为目的，则结果必如其愿，此学生时代最易发生之事。若是则虽吾性所反对之科，可变为所爱近之课。推之一切，无不破的矣。此属于积极的。若消极者，性远于理化，厌之，则令吾所长者特别发达，随时随事增吾知识，于是吾之品行，当然因之高尚，而意志亦逐渐坚定，一生处世之把握即牢，岂必待出校后而始可注意于磨炼也哉！再，此种意志当发动时，必须审慎周详，叩之良心而无愧，问之师长而称善，然后倾吾力行之。非则滥行不审，徒见其害也。学算学、习外国语者，因其困难干燥，遂生厌怠之心，然绝不能因其难置之弗学，且从而坚其志，破其难关，一而再，再而三，终见算学、外国语有明通之望也。昔之思想迟滞者，今转因之敏捷，移其智而习他学科，所在皆易。逮入社会，以其坚定之志，敏捷之思，入困难之境，亦无所谓困难矣。盖内界能力可抵抗外界艰难。今日学校之修养，即预储此项能力，磨炼多年，他日之结果，当然所向无敌。古今中外豪杰圣贤传记，吾日读之、崇拜之，终弗及坚吾意志为益宏多。使诸君尽如是，则一己之人格立，中学校时代之第一品行问题决矣。

就智识论，其要亦多同于品行。吾人在社会任事，非有相当智识，断不能率而操觚。矧居今之世，事业之复杂又百倍于前，学术日新月异，诸君居校攻读课本，固为求相当智识，然仅将此数本书烂熟胸中，非可毕乃事也。无论中国各种书籍不甚充足，即在最完备之国，其学校亦绝对不能授学生以一切应用之学。或尽有之，逮学之既久，出而问此，时期已易，所学又未必合诸世用。矧学校中课本之学问，行之于社会又绝不能柄凿相入也。然则学校中之课本，终无济于实用，学之何为？曰：是，又不然。学校课本授人以造学问之法也。譬之学化学者，必先考查元素，初视水之成分，以为即元素耳。细分之斯得二种元素。由是观，凡百事理，非可骤下判断。多经一次试验，必多一新发现之理。读书不可以一目了然，便妄自尊大。读竟细玩其味，方知作者苦心及命意所在。如在化学试验室，未试验前与既试验后，其感想之差为如何耶？读史者必考其因果，如在战国时之秦，处极西之地，至始皇能兼并六国，统一中原，乃不数十载又亡于楚汉，考其原因，究其得失，思之有悟。叩之教员或误或是，或有缺憾，取而证之于今，是皆吾人利用读书之效果。他日为外交家，为行政官，胥恃此思矣。犹之习算学者，非仅答一二问题便为能事，使学生尽如是类，则其所学者，初不过受之教员，逮考试时仍还之教员耳，于学生何有？当学几何时，细心揣度，终则脑思细密，收其效用。体操时惧教员扣分，方始临操，身体强健非所计，则终必体魄日羸，自伤其体，因形骸虽经训练，而意志不属，决不得收其实效。反之体魄日强，益以脑思细密，何求不遂。故吾人在学校中藉十年锻炼之机，修养意志，开辟学问门径，使入于求学之趣途，以冀此后入世，得机斯能求学，不致学与事截然为两途焉！

今南开职教员及学生，均为不可多得之才，而诸君又何幸有如斯之练习场，得以磨炼意志，训练脑思。诸君之根本坚固，此后出而升学他校，留学外邦，无论其校风如何，决无妨害。脑思细密，虽高尚学科亦不至艰于考求。而做事则意志坚定，无所谓困难。处学校如此，入社会亦然。如斯方不负如此之学校，如此之师长也。非然者，以今日时事之危险、社会之恶习，诸君处新鲜空气之所，自不虞有他，一旦出身社会，入污浊之流，其成败不敢必矣。在昔私塾时代，士子终日孳孳，不计意志，逮入世方知力薄能鲜。而今日之社会，又污卑甚于昔，使无坚强意志之学生入之，乌见其不与社会同流哉！昔日学校中人，吾人视之以为佳者，而今日置身社会，便随流合污，毫无克己能力，即由外国归来或毕业大学者，亦多如是。所以然者，岂非磨炼工浅，与社会相敌之力薄耶！以学问一端论，近时无复有讲之者，而士大夫尤甚。忆昔二十年前鄙人居京，欲录朋辈讲学，甚属益事，适用与否不必计，好学之心，固甚盛也。今则言旧学者，既渺渺难访，而新学亦复无人过问。若谓旧学陈腐，知者寥寥，故主持无人。岂新学号称时流，及由外邦归来者尚无此倡学能力耶！非不能为也。因其昔日在学校中未尝有所磨炼，仅受学而已，预备讲义录而已，熟读胸中，考时还授之教员。教员亦与以佳评，学生用是自足，将来效力如何，不暇计也。即有在校时以研究学问发明学理为志者，逮入社会，以其与社会无关，置之不求，初则暂别，继而长辞矣！故今日社会堕落之大原，在已往青年其脑力未尝磨炼，意志未尝坚定也。若今者国家万一之希望，纯系诸学校青年之身矣！苟学校青年能人人磨炼其脑力，坚定其意志，倡为风气，普及全国，则诚国家无疆之福也。余以此期之全国学校中青年，而于南开尤深吾一层希望，设比较稍佳之南开，其青年亦同世俗浮流，则全国之希望恐亦随之断绝矣！

鄙人今日之言，望诸君勿视为空言无补。稍加研究，当能辅助诸君之脑思意志。惟时间匆匆，不得与诸君长谈，他日设有机缘，深盼复来贵校，与诸君多所商榷。然今日一席话，尤望诸君勿忘。幸甚。

任公先生上月三十一日应校长张先生之请来莅吾校，阖校师生特开欢迎会于礼堂，丐其教言。先生慨然登坛演讲，历时约一钟有半，气度雍容，言若金石，入人脑海。笔之于纸，退而记之，得四千余言。惜余不文，未克以生花之笔达先生之妙谛，仅述意焉耳。阅者苟沉思之。寝馈其中，倘亦他山之助乎！再，斯篇草就，得孔君云卿纠正之力甚多，不敢掠美，志此聊表谢忱。记者识。

（《校风》第56、57期，1917年2月28日，3月7日）

关于青春期卫生教育问题[①]

（1917年2月14日）

古圣有云：少之时血气未定，戒之在色。谈及此题，中国旧学说教授法，师长之对于生徒，父之对于子弟，往往讳而不言。以为似难出诸口者，盖数千年来之习惯使然。且非仅中国如此，世界各国亦无不然。殊不知人类世界第一部即为生命，按上海青年会出版谢洪赉先生所著之《读书指要》，其所举书目，第一即为卫生类，又“修学一助”中《应用科学指要》，美国《广世报》主笔华尔克氏之教育部类，列生命学及卫生学于教育之第二部。苟不明其生命之原理，而妄为摧折，倒逆施行，纵人欲疏卫生，其收恶劣之结果，可预言者。近世教育家知其然也，有提倡将生命之原理明白宣布于幼年男女，使知纵欲伤身之害。故学校往往请著名医生演讲生理学之重要。

色欲问题，盖古今万国世界人类莫之能逃，莫之或外者也，无论智、愚、贤、不肖，匪不具此机能。然而用之得当，斯种族因而繁衍；用之不当，轻则精神萎靡，无用成就，重则因劳成瘤，或足戕生。拭目以观，古今来因此杀身丧命者，曷可一二人数也！且圣人之作斯语，岂止为一时一二人道？盖已洞夫后世之蹈斯大劫，而不惜先作暮鼓晨钟。乃众生茫茫，竟无一人能逃此外者，

① 本文原题为《修身班训话》，由常策欧笔录。题目为编者所拟。

可胜叹哉！

诸生当中学时代，正为发达生殖机能之时，西洋学者有云：中学最为难办。盖小学时代，正天真烂漫之时，脑筋清白，无一毫人欲。而大学时代，则又已经成年，智识道德均已发达完全，有判别是非之力，故此二期其施教也易。唯中学时期，正当此人欲发达时代，学科以外，乃有此恶魔大劫，长与此清白之心为敌为难。故其设教不在徒授以课程，尤要在杜其贪欲之心，以纳于正轨，斯其困难之所以倍也。诸生而无上进之心则已，苟欲上进，则于此等恶魔之引诱，当力为戒除之。其法有二：曰积极，曰消极。

积极之法，先宜立志。盖此心中常有一高尚之问题在前，斯一切卑鄙不足道之引诱，自当退避三舍。次则常行运动，以活动血脉，强壮身心。盖身心强壮，则精神分布于全身而不聚于一二部。消极之法，宜作一好习惯，习于善，免为恶，庶于引诱之来，自可防患于无形矣！此外，有上海青年会出版之《完璞巽言》、《葆真法语》二书，均为青年不可缺少之生理知识。一为自七八岁至十二三岁宜读者，一为自十二三岁至十七八岁宜读者，诸生均宜购阅（按，上海医学局丁福保编辑之《少年进德录》中有“窒欲”一章可以参看，该书商务书馆代售。）。

现时校中身体不健学生不外三因，或由于饮食无节，或原于读书过劳，其第三因，即此题也。校风恶劣之学校，往往忽于此题，而学生则信口妄谈，不知其污辱此圣洁之身之口。本校有鉴于斯，故总规则之第一条即为：“凡本校诸生有谈淫亵等语者，轻则记过，重则除名。”诸生当三复斯言，不可稍忽，并望年长之学生尽力辅助新同学。而新入校各生，亦宜详询旧同学若者为恶，若者为善，法其善以去其不善。夫人为万物之灵，此心此脑，将经纬天地，规划乾坤，其用途大，其责任广，奈何而任其律纵于淫恶邪荡之中？致此圣洁之身心，为邪恶之巢穴，期可痛恨太息者也。诸生其三复斯言。

（《校风》第 55 期，1917 年 2 月 21 日）

悼念张诗岑先生[①]

（1917年2月19日）

今日全校为诗岑先生开会追悼，缅想遗言懿行不可胜数，决非数时之匆促所得述其梗概，仅择其要者为诸君言之。诸君之悼诗岑先生，当于痛其个人，哀其家属以外，宜有一正义在。吾与先生同舟七载，不敢以谀词誉先生。然吾固知先生处世决非无宗旨可言者，且今日归依帝座，效果已收。

先生幼慧，好学不倦，自掌教本校以来，在各班中殷殷训诲，咸与人以满意而去。因是新学书院、北洋医学相继请先生教授，声誉隆然。先生之处家乡也，以敬爱乡党、和乐家庭称。校中各会各报以及个人丐先生讲学书字者，目不暇接，先生决无难色。总之，先生遇事热心，当于感情与人无忤。去岁专三学生李建屏君游去，先生往哭之恸。校中因兑现停止，经济困难，先生首以免薪尽职请。平素遇有国文教员不敷教授时，先生必慨然代授，此又先生处人处事富于感情者也。先生居乡曾鼎力提倡小学，奖励后进，间尝闻先生语余曰："吾力有余即须襄助他人"，挚友热诚，言犹在耳。吾盼诸君当法诗岑先生，坚定宗旨，方不致日后无效果可言。再，先生遗子女各一，公子年十五，女公子年八岁，而先生夫人今日且遣其公子来表谢忱，百里奔波（先生家静海）。吾等视先生有后，哀悼之心亦可少慰矣。

（《校风》第55、56期，1917年2月21日、28日）

① 本文是张伯苓在张诗岑追悼会上的讲话。摘自《校闻·志追悼会》，题目为编者所拟。

张尔瓒（1872—1917），字诗岑，又作诗臣或思臣，天津静海人。1910年，受张伯苓之聘，任南开中学国文教员。1914年，兼任北洋军医学堂汉文教习。

挽张诗岑联

（1917年2月19日）

七载同舟于生徒言皆无间　一朝谢世为学校恸且哭甚

（《校风》第55、56期，1917年2月21日、28日）

悼王允彰[①]挽联

（1917年3月28日）

危局需才，端资教育，惟我有此责，本期毕业诸生养成国器，共济时艰，乃未任事而夺天年，在造物抑何太忍？

少年咯血，良有原因，自尔染斯疴，将令在堂学子同鉴前车，皆知自惕，是戕一身以全人命，于吾校不为无功！

张寿春

（《校风》第60期，1917年3月28日）

《青年进步》祝词[②]

（1917年3月）

维青年之可贵兮，居诸出自东方。占国民优秀分子兮，年方富而力强。念

① 王允彰，字亚民，祖籍直隶临榆，幼年随父迁居济南。1913年春考入南开学校，1916年冬毕业，毕业后一月病逝。

② 1917年3月，上海基督教青年会出版发行期刊《青年进步》，张伯苓与天津青年会同人撰此祝词，以示祝贺。

少成若天性兮，素丝易染于苍黄。听明切戒误用兮，须爱惜夫韶光。逝者既如流水兮，胡得恃来日之孔长。人生幻同泡影兮，犹霑露之见朝阳。不乘时以有为兮，夙愿何以克偿；宜闻鸡而起舞兮，保厥修以为常。利与善之间无几兮，舜跖只争此毫芒；人心微而道心征兮，操则存舍之则亡。上下千古兮，贤豪颉颃。胡万年而遗臭兮，胡百世而流芳；惟狂克念作圣兮，亦惟圣罔念作狂。基督教出而服役人群兮，举世之庆；青年因而有会兮，志切匡襄。规模日益完备兮，旗正正而阵堂堂。体智德齐乘三育兮，身心灵其咸康。本此旨以立说兮，普度无愧于慈航。望道岸以求进步兮，前途正未可量。天津发轫兮，江水滥觞。地无远而弗届兮，由昆仑至于扶桑。设报社于上海兮，位置适应乎中央；四能而八达兮，条共贯若网在纲。纷其既有此众美兮，肇示我以周行。劝善唯恐不及兮，惩恶亦复如探汤。内容之菁华日著兮，益智糉而馈贫粮。全体大用兼赅兮，先性道而后文章。开卷有益兮，珍比琳琅。不胫而走兮，孰不先睹为快之是望！祝曰：

青年会报，为吾道光。进步杂志，学博说详。日月合璧，天地括囊。
孕含万象，吞吐大荒。取材富有，含意精良。韩潮苏海，屈艳班香。
有书有笔，亦谐亦庄。通今博古，兼擅其长。晨钟暮鼓，言表行坊。
造就青年，进步无疆。式如金玉，品重圭璋。厥功甚伟，永永难忘。

天津基督教青年会同人敬祝

（《青年进步》第1册，1917年3月）

旧中国之新希望与旧南开之新责任[①]

（1917年4月11日）

春假内余曾赴京，所受感动，当于今日为诸生言之。

校内于春假亦曾组织旅行团，与行者受益自必不少。旅行最要之点，即为得一新经历。因吾人每日起居动息皆有例可循，常而不变，必寡精神。至旅行则可引起兴味，再作何事，自能得良善结果。余之至京，其原因之最要者，意

① 本文原题为《修身班校长演说记略》，由襄笔录。题目为编者所拟。

赴美后，要余演说者，必有其人，虽欲拒绝，恐亦难免。演说时如谈世界大局，自觉恐才有不逮；如谈专门科学，恐识有未足，即言身所历目所经之教育，又觉寡趣无已。其一，言中国之与东亚诸问题乎？此为关系美日中三国者。关系中日固矣，何以谓为关于美乎？盖与美所界，只一太平洋间，故亦有关系。此种问题美日皆有著作论说，而中人则阙然久未及此，且常有外国友人对余提及。故虽觉不足，亦以尽厥责任为目的。曾思中人对于此种问题较他人知之应为更稔，而况余侪教育中人乎！此所以必不得已于言也。然徒恃一己之眼光，而不知他人之论调，又乌乎可！故必参考美日之议论，然后言时较为圆满而有把握。余至京以此意告之西友密司忒葛雷，葛君言政府顾问、英人莫里逊君处，藏书甚富，且多关于中国之与东亚诸问题。莫君曾为伦敦《泰晤士报》主笔，前八年，以顺直禁烟事余曾见之，今得葛君介绍，往访其人，得伊欢迎，且定于某日上午十钟涉猎其所藏书。

至时赴约往视，其屋之小大，不下本校礼堂，书架满屋，琳琅满架，较之处则充栋宇，出则汗马牛，殆有过之。内分书籍杂志等，其书各国文字皆备，内约百分之九十余为英文，以著作者既多英美国人；而他国人亦间有用英文者故也。其余为法文、为德文、为拉丁文、为瑞典文。法文所载，率为云南、广西二省之土地风俗人情、矿产等；德文所载率皆关于山东之情形；拉丁文则为罗马教士初至中国所记载；瑞典文则寥若晨星，不多观矣。一时不能遍观，伊为我介绍数册。后又视其法文所书之关于云广者，其中绘图之精，中国书籍中殆未之见。以其地与安南毗连，故彼觊觎最力。德文中则有五厚册关于山东者，莫君对余曰："若辈之经营亦不为不力矣。"真慨乎其言之。余闻听之余，不寒而栗，方知他人较中人之知中国之多，有过之无不及也。嗣后与之略谈中国大局，其批评中国政治缺憾甚当。且曰满室之书，无一语敢谓中人不足有为者，彼对于中国将来希望甚大。余要之演说，伊言演说非其所长。及十一钟余，余兴辞去。

是日晚，葛君请一英国大学历史教育某君（其名为记者所忘）共餐，余在座食时，某君言及中国人与他国人皆谓中国古国也，地利率皆用尽，是诚大谬。中国宝藏甚富，蕴而未开，可享之数世而有余也。斯言也，在常人言之亦无价值，而某君者则曾在中国各地演说，其言皆从调察学问经历得来，言必有中，铁案不移也。

后余在清华学校居住数日，潜玩莫君为余所介绍之书，阅毕，与前此对于中国之眼光不尽有所改变，方知吾人欲知中国情形，必观外人书籍。斯言乍听似偏，然吾中人之对中国，语焉而不精，知焉而不详，非按科学方法，所研究既不能一致，故亦不能谓之真知。彼则以社会、经济、博物、政治、宗教等学理分类揭出，故有规则，有条理，较之中人所述似为较胜。昔苏格拉底有言曰：Know Themselves（认识自己或自知）。中人之病，即患在不自知。诸生知夫睡狮乎？其齿非不利也，爪非不尖也，力非不猛也，徒以睡故而失去知觉，麋鹿欺之。故欲有为，必先恢复知觉，而恢复知觉即在 Awakening“醒”之一字也。此字也昔曾言之而不知之，今则能谓真知矣。盖此字非阅历、思想不能知也。

余今日题为 *The new hopes of old China and the new responsibility of old Nan-kai School*，“旧中国之新希望与旧南开之新责任”。夫世界各国各尽厥责，如德倡潜艇政策而美抗之，尽其责也。而中国如何？睡狮知觉之无有，中国何责之能尽？虽然，中国人岂真不能尽责而有为耶？则固知莫理逊之言，无人敢谓中人不足有为者，与某君之谓中国地利可数世享之而无穷，不我欺也。推原其故，睡狮所短者，精神也；而中国所短者，亦精神也。精神何以短？以性好保守也。譬之以弈，能取能弃，欲取姑与，方能致胜。耶稣基督曰：如求生命必先弃生命。譬之种粮，必先撒种于地，待之半年，方能刈获。若数事者，岂保守之人所能为哉！此中人之所短者也。何谓旧中国新希望；中国所少者，岂官吏乎？岂一班人民乎？亦皆非也。所短者，即为五十年或百年后造福利之人。何谓旧南开新责任？即为余与诸生从兹立志唤醒一己，唤醒国人，醒后负责任为世界发明新理论，新学说，使世界得平安，为人类造幸福。此为余春假中所得者，亦为所望于诸生者，而又赴美后所欲以之演说者也。

（《校风》第 61 期，1917 年 4 月 18 日）

诸生乃中国真正之砥柱[1]

（1917 年 4 月 18 日）

今日所言，继上次未尽之意。于未说之前，先取余近读二书示诸生。一为英人 Lord William 所著。彼来中国时，未临我校，曾遣其秘书与余接洽。彼提倡爱清华学校例，退还中国赔款，设立大学于汉口，后被国会否决，回国遂著 *Changing*

[1] 本文原题为《修身班训话》，由常策欧笔录。题目为编者所拟。

China，即此书也。一为美人洛司所著。此君为美国社会心理学家，研究社会一般人之心理，依治水法治之。盖水之为物，治之得当则有益，否则为灾害。治水然，治人何独不然？遂著此 Changing Chinese 及 Social Control。以上二书所云，均谓中国形势虽变，而实未尝变也，其原因则在“复古”与“保守”。

自西力东渐，外界压迫之始变，此语为大隈[①]所言。且压力之来，其变与否，论者之调亦异。盖时进派则以为未变，而守旧者观之，则以为变之已多。而变之为善、为恶，若以吾人之傲心观之，则可云向善，数千年之闭关自守无何所事，而谓彼欧洲文明之进化，则酿成今日之大战争，果何所益。以我保守之习气，数千年只出一班定远，实于今世不符。彼欧洲之大战，实已将本国难题解决。而反观吾国，则为农者只求足食，为士者则步方眉扬，庞然自大，一入政界，匪不自私自利。至嗷嗷贫民，遂亦流为盗贼。此等闭守之法，乌能与世界潮流相抵抗哉？彼大战之结果，乃国与国相争，不观夫非洲乎，其荒野为何如？而欧人不辞劳悴，深入而开通之，虽欲自守，势有不能。今吾国欲图改变，将自何始乎？从政界乎？则观今之政客、伟人可知矣！然则变之根本解决安在乎？曰：“必去其不平而进于平。由一人之幸福变为多数人之幸福而已。”余尝对友人云，中国现处蝌蚪时代，未尝停息，既变矣，则须随其潮流以前进，而奈国人其不然也。如现教育界其前进者，以为自己有老资格，不与后进以机会，而又不肯议变，或变一半而复已。故吾谓改造中国须去旧材料，用新方法，其希望即今之学生是也。学生有改造中国之机会，故数年后诸生出校，从事于社会，应知社会之情形。现在教育所要造者为新人种，所谓“作新民”有二种：一被动，因外界之感动，一则因己身衣食问题。当其初未尝不变，而稍变辄止。故社会学务，只于清末时稍有进步，数十年来相沿不改。故现今之变，须自己身改变，虽其初亦由外界而起，然苟内部与之相应，则自发动起而不停矣！但此等人求之于现在中国，实寥寥若晨星。前十年丁君义华[②]倡禁烟会，我国人亦有继起者，然逾年即止步矣！甲午败后，国中人未尝不励精图治，逾数年又止步矣！庚子乱后，又改革数年，未几又止步矣！如前数年直省长官，谓永定河宜修浚，询其为何？则曰：京津路多外人出行。此次收回德界新置之巡警，精神非常，其故伊何，则因多外人观听也。此等事专为应酬外人而动，其故可深长思矣！

---

① 大隈重信（1838—1922），创办早稻田大学，并曾两次出任日本首相。

② 丁义华（1868—？，Thwing Edward Waite），美国北长老会教士，1887 年来华。辛亥革命后从事禁烟工作。

诸生当此改革时代，正值醒狮之时，幸也何如？且我南开学生，有知之机会，有作之机会，有听之机会，故应练习自动，勿只信教员，勿尽依学长，其造就之人才，须世界变化之能力，乃为真正之教育。

上次所说，为外人评论中国有机会。此次则云中国当改革之际，睡狮方醒。诸生须作自动的，不作被动的，乃中国真正之砥柱也，有厚望焉。

（《校风》第63期，1917年5月2日）

南开学校满千人感言[①]

（1917年4月18日）

斯时可为我校之小节束。如人然，体格长至七尺有余时，则应求体内之发达，四肢如何使之强，脑筋如何使之富，不至身广体胖，而成麻木不仁之人。故我校今日之最宜注意者，则为精益求精，实益求实而已矣！

（《校风》第61期，1917年4月18日）

第三届远东运动会归来记[②]

（1917年6月7日）

前之东征[③]，于此时有欲与诸生言者，将来西渡，于此时亦有欲与诸生言者。

前数日余本赴京，兹特为此聚会而返。余今日所欲言者，为此次东行所感之事。此行首至沪，由沪至杭，由杭返沪，而至东京，离东京赴韩国仁川而归。此次运动，我国失败非不幸也，有败之道也。彼以其全国全付精神为之，而我则不过寥寥数校而已。即以北部学校言之，今日之运动员，其父兄率皆昔日文

① 摘自属名“纯”的社论《我校人数满千感言》，题目为编者所拟。

② 本文原题为《修身班校长演说记略》，由襄笔录。题目为编者所拟。

③ 指张伯苓1917年5月赴日本参加第三届远东运动会。

弱士，自其祖若父即不强健，而于幼时又未尝练习，将何所恃而不败乎？而日本则反此，既全国皆练习，故选择乃愈精。再则，其预备之力，闻彼国于举行运动大会以前，曾开运动会数次以备练习。三则以其国各事皆发达，故对于体育一项，进步亦易。昔余尝曰，此事失败，吾辈认咎，虽有前列数因，要皆以有未作到处致此耳。至京时曾晤教育次长袁先生、王正廷、伍朝枢诸先生，言及此事，或谓为泅水人少之故，然即多亦恐不易致胜也。

忆此次在日，曾晤嘉纳[1]氏，教育家，亦为柔道之创始人也。余语之曰："汝如能招待中国留日学生，时时令之可与日人接近则妙甚。"缘中国学生之留日者可分二派：一派终日孜孜，只知读书，而不知学其做事之精神；一派则为其下流所诱，镇日荒嬉，皆非所宜也。实言之，日人之兴，黄人之荣也。有日本起，则亚东尚可保全。不然，白人势力遍于全球矣。昔有日人于酣醉之时，痛诋中人进步之慢，而为彼之累，思之思之，吾中人对此当何如耶？昔伍廉德博士谓日货不佳，而今则谓其货物可用矣。十数年前，其造船厂皆不能造之铁轴，必须由法购买，而今则能造矣。呜呼！观其全国事事物物，皆有一日千里之像，我国对之，宜生愧也。

兹以三国比较观之，即可得我之病源何在。菲律宾者，小西洋也。三百年前，尚无文字，西班牙至其地，彼得其文明。十八年前，美得其地于西班牙，以其新法行于该地，而文化大进。日本之文明，则由中国借来，当其欢迎运动员时，有弹中国音乐者，而彼乃不知为得自中国。音乐如此，文字如此，他事尚多如此者也。而彼又兼采泰西之长，故至今日而文明如是也。至若中国之文明，则与他国绝不相侔，纯为自己所造。若菲律宾者，譬裸身野人也，而他人之衣彼即着之，故亦锦烂可观矣！日人则他人有衣而彼借之，故亦华丽可睹也。中人则自己之衣而不合时，且不合体，言之可慨也！欲挽而救之，尚有术乎？曰非变不可也。故今日欲救中国，即在为中国换衣，如弃之可惜，留之不宜，顾忌徘徊，则靡有收效之时矣。再，日人虽学西人，而各事皆由自办，西人谓其为爱国心太大，而余谓不然。昔中人不准西人通商，不可而租界生，其意以为，尔为尔，我为我，固不相扰，即他人法之善者，亦不肯学。日人则不然，彼见他人之善者，起而学之，而由己独办。故中人欲维持权利，而进步文明，只各事由己经营足矣。以运动会而论，其评判员皆为日人，而中人则否，一方

---

① 嘉纳治五郎（1860—1938），日本柔道家，教育家，讲道馆柔道的创始人，在日本开始了柔道的运动，是现代柔道的创始人，人称"柔道之父"。

面则为大度包容，一方面则为依赖成性，将来对于运动，亦拟如此为之也。

夫日以小国而败中俄，中以大国而为日败，何也？以其事前不知筹划，不知思想也。而此性何以养成？有谓因教育者矣；有谓因习惯者矣。仲述先生告余以将改之事，余甚赞成。盖教育如只知读书，有何用乎？昔余十四年前至日时，其地多为铁道马车，今再视之，则电车轨迹棋布星罗矣。而吾国十数年为何如？虽亦稍有进步而迟，以其进并未入于正轨也。中国之文明，如文字固佳，而不谐声；音乐虽佳，而不谐和；图画虽佳，而不注意全局之构造；医药虽有，而非由科学所考察。有而不进，尚不如无，日本、菲律宾是也，顾仍有一线曙光。余曾与王君正廷见轧道机，因悟彼行虽慢而力大，电车虽速，而无彼以修路则不能行。故今日中国进行虽慢，如轧道机然。数十年后，路平无阻，进步之速不难如电车也。有人问余曰："今天津新政府成立矣，君之意也何如？"余曰："结果无论如何，而余决不失望。"盖余之希望不在现在，而在将来。现在希望之无有，何为而失望哉！而余之希望端在青年。今中国留学生归国而后，多有见中国时局而失望者，余甚否之。盖时局若佳，又何所用于彼辈哉！故非从自己做起不为功。

余之归途在仁川与运动员分手，余曾演说三次，一为与韩人演说，一为与英美传教士演说，一为与中国基督教徒之一小团体演说。与韩人演说，大意谓如精神不亡，国亡不足畏；与中人演说，则谓宗教应自作；与英美传教士演说，则谓日本者，造文明之试验室也，试之合宜然后输行于大陆之上。现在人之抱悲观者，其病在收效欲速。然余之希望，则在十百年后，盖凡欲速者，所结之果必不佳，收效迟者，所结之果必大而硕也。

（《校风》第69期，1917年6月15日）

中国必须舍旧维新[①]

——欢迎陈独秀演讲的致辞

(1917年7月1日)

此时西洋各国学术思想潮流,居世界之大部分,吾国不过居一小部分,只合一小部分随从大部分,不能够强教大部分随从一小部分,所以我们中国必须舍旧维新。

附:陈独秀在天津南开学校演讲词 近代西洋教育

吾人提起教育二字,往往心中发生二种疑问,第一是吾人何以必须教育,第二是教育何以必须取法西洋。

第一种疑问,就是西洋也有一派学者,主张人之善恶智愚乃天性生成,教育无效的。但是此种偏见,多数学者均不承认。以为人之善恶智愚,生来本性的力量诚然不小,后来教育的力量又何尝全然无效。譬如木材的好丑和用处大小,虽然是生来不同,但必经工匠的斧斤凋凿,良材方成栋梁和美术的器具。就是粗恶材料,也有相当的用处。教育的任用,亦复如此。未受教育的人,好像生材,已受教育的人,好像做成的器具,人类美点,可由教育完全发展。人类的恶点,也可由教育略为减少。请看世界万国,那教育发达的和那教育不发达的人民,智愚贤否迥然不同,这就是吾人必须教育的铁证了。

第二种疑问,乃是中国人普通见解,以为西洋各国不过此时国富兵强,至于文物制度学问思想,未免事事都比中国优胜。简单说起来,就是不信服西洋文明驾乎中国之上,所以不信服中国教育必须取法欧美。方才贵校校长张先生说,"此时西洋各国学术思想潮流,居世界之大部分,吾国不过居一小部分,只合一小部分随从大部分,不能够强教大部分随从一小部分,所以我们中国必须舍旧维新。"鄙人觉得张校长这话,犹是对那没有知识比较中西文明优劣的人说

---

① 7月1日,张伯苓邀请陈独秀来校讲演《近代西洋教育》。在演讲前张伯苓致欢迎词。题目为编者所拟。

法，其实吾国文明若果在西洋之上，西洋各国部分虽大，吾人亦不肯盲从，舍长取短。正因西洋文明远在中国之上，就是中国居世界之大部分，西洋各国居世界之最小一部分，这大部分的人也应当取法这一小部分。所以鄙人之意，我们中国教育必须取法西洋的缘故，不是势力的大小问题，正是道理的是非问题。秋桐先生方才说道西洋种种的文明制度，都非中国所及。单就经济能力而言，我们中国人此时万万赶不上，倘不急起直追，真是无法可以救亡。鄙人以为秋桐先生此言，可谓探本之论。

吾人教育既然必须取法西洋，吾人就应该晓得近代西洋教育的真相精神是什么，然后所办的教育才真是教育，不是科举，才真是西洋教育，不是中国教育。不然像我们中国模仿西法创办学校已经数十年，而成效毫无。学校处数固属过少，不能普及，就是已成的学校，所教的无非是中国腐旧的经史文学。就是死读几本外国文和理科教科书，也是去近代西洋教育真相真精神尚远。此等教育，有不如无，因为教的人和受教的人，都不懂得教育是什么，不过把学校毕业当做出身地步，这和从前科举有何分别呢。所以我希望我们中国大兴教育，同时我又希望我们中国教育家，要明白读几本历史洋文，学一点理化博物，算不得是真正的近代西洋教育。我们教育若想取法西洋，要晓得真正的近代西洋教育，有几种大方针。

第一是自动的而非被动的，是启发的而非灌输的。我国教育和西洋古代教育，多半是用被动主义灌输主义。一心只要学生读书万卷，做大学者。古人的著书，先生的教训，都是神圣不可非议，照此依样葫芦，便是成功的妙诀。所谓儿童心理，所谓人类性灵，一概抹杀，无人理会。至于西洋近代教育，则大不相同了。自幼稚园以至大学，无一不取启发的教授法，处处体贴学生心理作用，用种种方法启发他的性灵，养成他的自动能力，好叫人类固有的智能，得以自由发展。不像那被动主义灌输主义的教育，不顾学生的心理状态，只管拼命教去，教出来的人物，好像人做的模型、能言的鹦鹉一般，依人作解，自家绝没有真实见地，自动能力。此时意大利国蒙得梭利（Moria Montessori）女士的教授法，轰动了全世界。他的教授法是怎样呢？就是主张极端的自动启发主义。用种种游戏法，启发儿童的性灵，养成儿童的自动能力。教师立于旁观地位，除恶劣害人的事以外，无不一任儿童完全的自动自由。此种教授法，现在已经通行欧美各国。而我们中国的教育，还是守着从前被动的灌输的老法子。

教师盲教，学生盲从。启发儿童的游戏图画等功课，毫不注意。拼命的读那和学生毫无关系的历史（小学生决不懂得自己与历史有什么关系），毫无用处的外国文，以为这就是取法西洋的新教育了。哈哈，实在坑死人也。

第二是世俗的而非神圣的，是直观的而非幻想的。孔特分人类进化为三时代。第一曰宗教迷信时代，第二曰玄学幻想时代，第三曰科学实证时代。欧洲的文化，自十八世纪起，渐渐的从第二时代进步到第三时代。一切政治道德教育文学，无一不含着科学实证的精神。近来一元哲学自然文学日渐发达，一切宗教的迷信，虚幻的理想，更是抛在九霄云外。所以欧美各国教育，都注意职业，所教功课，无非是日常生活的知识和技能。此时学校教育以外，又盛兴童子军（Boy Scout）的教育，一切煮饭、烧菜、洗衣、缝衣、救火、救溺、驾车、驶船等事，无一不实地练习。不像东方人连吃饭穿衣走路的知识本领也没有，专门天天想做大学者，大书箱，大圣贤，大仙，大佛。西洋教育所重的是世俗日用的知识，东方教育所重的是神圣无用的幻想。西洋学者，重在直观自然界的现象，东方学者重在记忆先贤先圣的遗文。我们中国教育，若真要取法西洋，应该弃神而重人，弃神圣的经典与幻想，而重自然科学的知识和日常生活的技能。

第三是全身的而非单独脑部的。谭嗣同有言曰，“观中国人之体貌，亦有劫象焉。试以拟之西人，则见其萎靡，见其猥鄙，见其粗俗，见其野悍，或瘠而黄，或肥而驰，或萎而伛偻。其光明秀伟有威仪者，千万不得一二。”这是什么缘故呢，就是中国教育大部分重在后脑的记忆，小部分重在前脑的思索，训练全身的教育，从来不大讲究。所以未受教育的人，身体还壮实一点。惟有那班书酸子，一天只知道咿咿唔唔摇头摆脑的读书，走到人前，痴痴呆呆的歪着头，弓着背，勾着腰，斜着肩膀，面孔又黄又瘦，耳目手脚无一样灵动中用。这种人虽有手脚耳目，却和那跛聋盲哑残废无用的人，好得多少呢。西洋教育，全身皆有训练，不单独注重脑部。既有体操发展全身的力量，又有图书和各种游戏，练习耳目手脚的活动能力。所以他们无论男女老幼，做起事来，走起路来，莫不精神夺人，仪表堂堂。教他们眼里如何能看得起我们可厌的中国人呢。

中国教育，不合西洋近代教育的地方甚多。以上三样，乃是最重要的。诸君毕业后，或教育他人，或是自己教育自己，请在这三样上十分注意。

（《新青年》第3卷第5号，1917年7月1日）

在社会做事，非有团结力不可[①]

（1917年8月18日）

今日在此，先代表赴美同人敬谢诸君厚意，并愿与诸君介绍张君伟如。张君亦南开旧日学生也。座中石女士虽与南开无关，亦名誉佳客也。今春赴东亚运动会与诸君相晤时，即有今日欢聚之约，兹果成为事实矣。

当未起程之前，恒静坐默思如何起程？如何赴日？如何在东京聚会？种种景象历历如在目前，抵东之期愈近，则此种景象愈觉真切，舟抵神户发电告诸君时，即想见觌面时之乐。及至横滨晤南开同学会代表，愉快莫名，及与诸君把晤，则更乐矣。夫余前此种种预想次第现于事实，与前此所预想者曾无少异，可见世事皆由渐进，人生生活亦然，抱一种希望，次第进行，于精神界中扩充势力，此种生命方觉有趣耳。余心常受感动者有两事：一则为国为公常觉快乐，为名为私每多失望。何也？盖为公众做事，尽责而行，责任已尽，虽有失败，而扪心自问毫无愧恧，俯仰自得，天下之乐莫过是矣！至若为己身私利孳孳而谋，谋而不成，未有不失望者。余贫而无资，然余甚乐，盖诸君皆余之产业也。有如许产业安往而不乐哉！南开学生尚未入社会做事已有团结势力，悬理想以测将来，结果若何？亦从可知矣！

夫今日之会预定于数月以前，不转瞬而实现，居今而预想吾等将来之前途，亦将不转瞬而次第实现。苟有其志，事未有不能成者。南开学生到处有团结力，曾闻黄钰生言，南开学生在清华学校亦有团体，此种精神急宜利用。盖今日社会引诱太多，能辅助、能勉励吾等者，小团体之力甚大，苟不利用之，真失机会也。将来在社会做事，非有团结力不可，否则必不能成功，此即团体之效力也。吾人之计划岂非使中国富强，与欧美并驾齐驱乎！夫前此希望今日之会其事小，数月而成；使中国富强其事大，其成功在数十年致百年之后亦未可知。余虽身死不及见，亦与目覩无异。但愿吾人协力前进，不畏险阻，此则须赖团结力矣！我国以世界上果占何等地位，不可不知。昔时世界各国尚不知我国内

---

① 本文摘自《欢迎伯师及同学赴美始末记》一文，是张伯苓1917年8月14日离津赴美途经日本时，于18日在东京中国青年会召开的欢迎会的上演说词，由留日南开同学会笔录。题目为编者所拟。

容，后渐以虚弱之名暴露于世，于是瓜分与利益均沾之说相继而来。自日本勃兴东亚，我国边壤多遭觊觎，欧战发生乃一变于政策，倡东亚门罗主义，于商业财政，皆切实预备，将来西人势力恐不能与争。今者中国政变，国内大乱，日本持不干涉态度，恐伤两国感情，难为将来扩充势力地也。就中与日本势力稍有抵触者为美国，近年来日美感情不甚融洽，美惧日本垄断于中国，于其太平洋之发展有碍，故近日日美交相商榷协助中国，苟中国长此以往不能自治，两国将越俎代庖，一如美国之对墨西哥。中国而果至此地位乎？余非所忍言矣！他勿具论，即如财政一项，不思整顿，外人之干涉亦岂能免。至此地步，则全国之自由失矣！诸如此类，皆我等将来所必遇之问题。今日须志之，以为将来之计划。今日国事纠纷，连年变乱，国人多心灰望绝，若国之危亡即在旦夕者。夫中国而果至于亡耶？吾安忍言。然不幸而中国果即于亡，吾人犹当谋所以复兴之，决非一亡即安然无事，以听他人之宰割也。亦不能谓国亡即不能做事也。吾人计划，无论国之存亡，皆宜进行。虽然国亡而欲做事，其事太难，其遇太苦，非余所忍思也。此次东来，路遇一印度学生，欲赴美研究神学者，有两汽船公司（赴美之汽船公司凡三）以其为印度人，靳票不售。其一公司虽售而倍昂其值，置之下等仓中。此余目睹之事也。亡国之人跬步为艰，吾辈虽欲亡国，其奈代价之重，非吾等所能任受乎？夫国而不治，在理宜亡；国而能治，其势必兴。此事实之无不逃避者也！以我国之现状，是否有招外人干涉之道，平心思之，未有不悚然惧者。今事已至此，惟立定志向，思所以挽回之耳。余尝曰：诸事可变，南开精神不可变，一致为公，始终不渝。常策欧尝问余曰：将来入社会做事，对于失望有何补救？余应之曰：尽力而行，多为公，不为私，无所谓失望也。余固尝言，为己而谋，每多失望。凡作一事，第问其为己为人耳，苟其为人，何必容心于成败之间哉云去！余敢断言，将来做事，能以南开精神成功者，即“为公”二字。为人须志其大，何患于冻馁。余见夫今日之青年，多学今日外人之谋利，而不学昔日外人之牺牲。愿吾人皆学昔时有建设国家能力之外国人，如此而国家能亡者，未之有也。余年渐长，见事较为清晰，君等少年英发，即为建筑新中国之人物。不见西乡隆盛①之铜像乎？亦当年英挺少年，建设国家之人物也！余望将来之成功，亦如数月前预定此会，抱定伟大志向，本理想以求实行，并望精神团结，时时警醒。馨香祝之。此次我等赴美，必组

---

① 西乡隆盛（1828—1877），日本江户时代末期的萨摩藩武士、军人、政治家。他和木户孝允、大久保利通并称“维新三杰”。1897 年在东京上野恩赐公园建其铜像。

织南开同学会，以期联络焉。

（《校风》第74期，1917年10月15日）

与日本平岩煊保的谈话[①]

（1917年8月18日）

平岩煊保： 生平多与中国青年交接，对于支日亲善一事，舌敝唇焦，百般解说，而排日之观念不能化除，甚以为恨也。试思日本而欲灭中国，果何所利？日本犹鼠，中国犹象也，即举日本全国之人而入中国，不过占中国之一隅耳。大小既相悬殊，关系尤极密切，日本之文明多来自中国，今兹中国又多稗贩于日本，自今以往，惟有两全，否则俱伤耳。

张伯苓： 日本无利中国土地之心，我知之甚审，但未能家喻而户晓，使咸知此意，共捐宿见也。然使中国人致有此种意见，亦未始无故。尝见日人所著《吞并支那策》一书，此种原不过一种政策，固不足以代表一般心理，余盖知之，然亦未必非激成排日观念之一原动力。天下事有果必有因，先生其谓之何？

平岩煊保： 深佩高论。吾人决不认此种政策代表一般心理也。今日能与诸青年相聚，不胜欣幸，尤欲知者，中国普通人民之心理如何？对于青年心理如何？

张伯苓： 普通人民之心理，对于青年期望太殷，以为留学生无一不能。其实留学于外国者，于祖国风俗习惯类皆隔膜，所言所行多不能满人意，因此颇多失望。至于普通人民心理之守旧，世人所共知也。且也中国凡百文明，皆为自创，而相沿数千年，今已多不适时，然沿用既久，终觉弃之可惜，不肯舍己以从人，盖亦自然之势也。至于日本，昔则受文化于中国，今又受之于欧美，等是受于人也，则无论中国欧美，苟其违时，舍之可也；苟其适时，取之可也。余尝譬日本犹人本无衣履，着手新制，则惟时是趋。

① 本文摘自《欢迎伯师及同学赴美始末记》一文，1917年8月18日晚，张伯苓应时任日本美以美会监督的平岩煊保之邀请，与南开诸留日同学赴其家，并与之畅谈中日时事。题目为编者所拟。

中国犹人衣服丽都，而时移势迁，已非近时装束。此二国进步，所以判其迟速也。

平岩煊保：我国取法他人，诚如尊论。然天下之大，事物之繁，适用于甲国者，未必即适用于乙国，强取他人之物，未必能周己之用，人所共知也。敝国虽取法于他国，而每因时制宜，不拘成见。譬如衣履居住，多仿自中国者也，而按其实际，多已变更，以求适宜。又如敝国政治、一切设施取法于欧美诸国者也，而试问类于英法乎？俄德乎？夷考其实，则皆取其精神而变其运用，弃其所短而取其所长，不然，续凫断鹤，非徒无益，终必害之。今敝国之所缺者，务求他人，求而得之，又思所以适其宜而神其用，此则日夜兢兢以求，不敢稍懈者也。

（《校风》第 74 期，1917 年 10 月 15 日）

为民德报社联合公启[①]

（1917 年 8 月）

嘻！士夫之口头禅，莫不曰："社会污卑，道德沦溺，吾等何辜，生斯秽世。"叩其改良社会、提倡道德之法，率皆扪腹结舌，无所措手。岂知促进文明，报纸为急务；增长智慧，阅报为先锋。惜近来华北报纸，概皆偏重时事、新闻，及一切浮靡习惯，而化人心、敦世俗之道德阙焉不载，载而不全，实属缺憾。

兹有同志，在津门广兴大街组织民德报社，业已刊行两月余，注重公论外，确能主持宗教，以期化民成俗，补助现时缺憾。特聘基督教徒编辑、干事，阐扬福音，发挥圣道，以浅近之言词，宣传奥妙之旨趣。教友购阅，复行减价，足见其热心道理无疑，华北教会或赖此放一光明欤！

凡我亲爱弟兄，允宜速睹，恐未周知，特此声明，俾作布道。

南门外 美以美会	天津东马路 圣道堂西 沽公理会	海大道 新学书院	天津 南开 中学校长	天津 北京 中华基督教 自立会

① 原题为《基督徒联合公启》，题目为编者所拟。

<table>
<tr><td>王受彤</td><td>常德立</td><td>李安素</td><td>马尚功</td><td>张伯苓</td><td colspan="2">王瑞庭</td><td>孟省吾</td></tr>
<tr><td rowspan="2"></td><td colspan="2" rowspan="2">萧张伦敦会教务监长</td><td rowspan="2">交通部司事</td><td rowspan="2">直隶国货维持会会长</td><td colspan="2">保定</td><td>北京</td></tr>
<tr><td colspan="3">青年会干事</td></tr>
<tr><td></td><td>崔占魁</td><td>鲍凤阁</td><td>王焕文</td><td>宋则久</td><td>史铁生</td><td>陈铁生</td><td>张佩之</td></tr>
<tr><td></td><td></td><td></td><td></td><td></td><td colspan="2">长老会</td><td>安立甘会</td></tr>
</table>

（《新民报》第 4 年第 8 期，1917 年 8 月）

南开学校十三周年纪念祝词[①]

（1917 年 10 月 22）

临风回首，遥祝寿康；
若落基山，若太平洋；
陶成大器，蔚为国光；
南开学校，前路永昌。

蔡　凤
李广钊
张寿春　鞠躬敬祈
冯文潜
孔繁霱

（《校风》第 75 期，1917 年 10 月 22 日）

① 时张伯苓在美国考察、研究教育，与留美南开学生撰词庆祝南开学校成立 13 周年。

The Struggle for Democracy In China①

（1918年1月14日）

BY PROF. CHANG PO-LING, OF TIENTSIN CHINA

This address, by one who has been called "The Arnold of China:" is a clear statement of the forces that are making for stable self-government in China. Mr. Chang is one of the leading educators in China, the head of a large school for boys in Tientsin and one of the influential Christian leaders of the nation. —Editor

I have come to this country only about five months, but I have been often asked by my dearest American friends a question which is like this; do you think that the republican government can stand in China? That is a very hard question to answer. Sometimes I answer: "I think it can stand. I hope it will. As a citizen of China I will work for it. I will die for it if necessary."

But after answering in this way, I have thought within myself: Why do the people in America ask such a question. I am reminded that many people in China even now have little confidence in the new Republican Government. I used to argue with them. I said: "If you have no confidence in the republican government, do you think that a monarchical government can be restored?" It is very hard for a Manchu to be put again on to the throne after he has been put out, because Manchus are very weak now.

Last summer General Chang-Hsun disregarded the people's opinion and tried to restore the ex-emperor Hsuan-Tung, but even the Manchus, the imperial family, did not like it, because they knew they had no force to support them. No one in this world, of course, except Chang-Hsun when he fell, would believe that a Manchu

① 本文为张伯苓1918年1月14日出席在纽约萨沃里旅馆（Hotel Savory）举办的传教士招待会上的演讲词。[原刊编者按] 演讲者张伯苓先生被称为“中国的阿诺德”，本讲演是正在使中国稳定自治的力量的明晰声明。张先生是中国最著名的教育家之一，天津一所规模很大的男子学校的校长，也是中国最有影响力的基督教领导人之一。

ruler will be restored to the throne. Impossible.

Yuan Shi Kai was known to be the strongest man in China. He tried to create himself an emperor, but he failed. I think that no Chinese will dare to try that, not at least for fifty years, because the thinking man now in China is on this side. Considering these two facts. Monarchical government is absolutely dead in China.

If I were asked: "How long do you expect that China can have an ideal government which is of the people, by the people, for the people." My answer would be. I don't know. If I compare conditions in China with what is necessary to make a strong, real republican government. I see that we have not yet an ideal government. The mass of the people in China are ignorant and it is very hard to make a government of the people. by the people. Through their long history the Chinese have been indifferent to political affairs: that is another difficulty. Last of all. The Chinese people are poor: as Dr. Eliot said. They are too poor to he good. Oh. poor China, poor China! Could it stand without a government? I think not. May she be unfortunately governed by the Powers, or one foreign power? I hope not.

Let me relate to you something about my own Life.

I have been a Christian only for ten years. Before that time I was not antagonistic towards Christianity, but I did not believe it. I was born in China, just in its period of transition, for the Chinese as a nation have had bitter experiences, from foreign aggressions when I was about twenty I thought that the highest virtue that a man had was patriotism. But I saw the corruption of our government, the selfishness of the officials, the ignorance of the people, and the vices of the leaders. It made me extremely pessimistic. One time I thought that it would be better for me to preach a doctrine like this: I thought this world materially is a good world; but there are men living in this world, so it makes the world bad. All vices and all things happen to this world, on account of men. To get rid of these vices from the world is to get rid of all these men. So I said: If a man or a woman is born in this world, they are born to suffer any things, but death is the last thing which men or women have to suffer. The best thing is not to have children born for this world. We may ask the doctors to find some means to prevent this. Although we can have marriage, no birth will be given. In a hundred years' time the world will be free from men. It will be pure. Fortunately, America sent some of the college graduates to China to start the Y. M. C. A. Some of them helped me to teach Chinese boys. I found that they had the spirit of love and service. It aroused my admiration. I asked them, "How do you get it?" They said they were Christians. I did not believe it, and tried to find from the teaching of Confucius and Buddha some way to get such kind of spirit, but I could not. At last I was convinced; and I was won by their spirit. I be came a Christian. I was an extreme pessimist before I was converted, but afterward I was an extreme optimist. I found the way how to save our nation—through Jesus Christ. That is all; very simple. Once you turn your head you will see the Face, no matter how far you have gone. I have now a great hope in my life. I have a great hope for our country. Although it may seem impossible, with the light of Jesus Christ I can see the bright side of things, with His power I think man can do things which are considered impossible.

The idea of democracy. I believe. Came with the teaching of Christianity to China. I can give one instance. In my native city of Tientsin there was a man. About fifteen years ago. Who was a great scholar? He said that if this new doctrine spread in China then there would be no room for the emperor to exist. Because in the teaching of Jesus Christ von would find the fatherhood of God and the brotherhood of man. He is quite right. This new idea of democracy. Of equality, came to us from the teaching of Christianity. Some of my fellow countrymen may not agree with me. They may say in the teaching of Confucius. You can find something about democracy. The facts cannot be ignored. Did the Confucius say that all men are made equal? No, but he believed that a government ought to be for the people. He believed to a certain extent that a government ought to be of some of the people—not all. But he did not say that a government ought to be by the people. Probably he knew the difficulty of running the political machine, so he decided not to teach us to run it. His conception of democracy is not so full, not as strong as in the teaching of Christianity.

A little over fifty years ago there was the Tai-ping rebellion. It did not succeed in putting down the Manchu dynasty, but it gave the Chinese people a hint that the despotic ruler was not at good for a nation. In 1911, the last revolution broke out in China, and in a short time the emperor was put out of the throne. The first thing they did was to change the name of their country. They used to call themselves "The Middle Kingdom." They did not know the world is round and thought that they were the center of this earth. But after they put out their Manchu emperor they called their country the "Country of the People." The country belongs to the people at large, not to one nor to a class. This year is the seventh year of the Country of the People; that is, The Republic of China. To an optimist like myself, the results that have been wrought by the great and small revolutions have been favorable to the people. There are still some notorious enemies of the republican government. Some of them have been thrown down by God, like Yuan Shi and others we hope gradually will be out of power. The younger generation believes that the country should be a country of the people, not of one person or one class; but should be a country of the people. I hope that the two parties will soon unite and discuss constructive work.

In the constructive work two things are very important. One is education, to educate the people to be fit for the republican government. Of course that goal is a long way off.

The second thing is the development of our natural resources. The people should not be so poor. They have abundant natural resources in the ground.

But to carry out these things we need leaders—unselfish, true leaders. We have to thank the Americans who have been helping us to train our young men. About a thousand Chinese students have returned from this country and are working in China, and there are fourteen hundred now studying in this country. I hope that you people will give them the inspiration to make them true, unselfish, leaders, in order to solve these great problems for China, for their country, for this world.

附：为了中国的民主而奋斗

我来到这个国家只有差不多五个月，却经常被亲爱的美国朋友问到一个类似的问题："你认为共和政府能在中国立足么？"这个问题很难回答。有时我会回答说："我认为能够，我也希望如此。作为一个中国公民，我将为之努力，如果需要的话，我将不惜生命。"

但是这样作答后，我会问自己：为什么美国人会问这个问题？我知道，很多中国人即使现在对新的共和政府也没什么信心。我过去常常与他们争辩，我说："如果你对共和政府没有信心，你认为封建王朝能恢复么？"当摘下满族人的王冠后，便很难再戴上，因为满族现在很弱。

去年夏天，张勋将军不顾人民的反对，试图复辟逊帝宣统，但是即使是满族皇室也不情愿这样，因为他们知道没有力量支持他们。这个世界上没有一个人——当然除了张勋——会相信某个满族统治者能够恢复皇权。不可能！

袁世凯过去被认为是中国实力最强大的人。他妄想让他自己当皇帝，结果他失败了。我认为没有中国人敢再企图这样做了，至少在未来50年内会这样，因为现在有思想的中国人都是这样想的。基于这两个事实，封建王朝在中国绝对一去不复返了。

我如果被问及："你预计多久中国将出现一个民有、民治、民享的理想政府？"我的回答是，我不知道。以中国现在的状况，与成为一个强大、真正的共和政府所需的必要条件相比，我看我们还没有一个理想的政府。中国的大多数民众愚昧无知，很难建设一个真正民有、民治的政府，而且长期以来中国人对政治漠不关心，此是另一个困难之所在。最后，中国人很贫穷，正如埃利奥特博士（Dr. Eliot）[1]所说，他们太贫穷以致不能好。唉，贫穷的中国，贫穷的中国！中国可以没有政府而存在吗？我认为不能。它会被多个军阀或某个外国列强统治吗？我希望不是。

让我告诉你们一些关于我自己的生活。

我成为基督徒只有10年。在那之前，我并不反对基督教，只是我并不信奉。我出生在正处于变革时期的中国，由于外国列强的侵略，中国人民有很痛苦的经历。在我20岁上下，我认为一个人的最高美德是爱国。但是，我看到我们政府的腐败，官员的自私，人民的愚昧，和领导人的罪恶，这使我极度悲观。我曾经幻想最好这样来布道：我认为这世界是个美好的世界，但是因为人的存在而使世界变坏。所有的罪恶和所发生的事都是人造成的，要消除所有的罪恶，就要消灭所有的人。所以我说，一个男人或者女人来到这个世界注定要承受很多痛苦，而死亡是人必须承受的最后一次痛苦。最好不要让孩子诞生在这个世界。我们也许可以让医生采取一些措施来阻止生育。虽然我们仍然可以结婚，但是没有孩子出生。100年内，人类就会从世界上消失，世界就纯净了。

所幸的是，美国派遣了一些大学生来到中国创办基督教青年会。他们中的人帮助我教中国男生。我发现他们充满了爱和服务精神，使我十分敬佩。我问他们："你们是怎么做到的？"他们回答说，他们是基督徒。对此我难于置信，我试图从儒家学说和佛教中去获得这样的精神，但是我找不到。最后我被说服了，他们的精神征服了我，我成为了一个基督徒。我信教前是个极端悲观主义

---

① 埃利奥特（Charles William Eliot，1834—1926），1869—1909年任美国哈佛大学校长。

者；而信教后我是个极端乐观主义者。我找到了通过耶稣基督来拯救我们国家的道路。这就是我全部的信仰，非常简单。无论你走出去多远，一旦回过头来，就会看到我的国家的面貌。我现在对生活充满了希望，对国家充满了希望。虽然看上去不可能，但是在耶稣基督的光芒照耀下，我能看到事情光明的一面，有了耶稣基督的力量，我认为人能完成不可能完成的事。

我认为民主的理念来自于基督教在中国的传播。我举个例子。在我的家乡天津，50 年前有个伟大的学者，他说如果这种新信仰传遍中国，就再也没有皇帝存在的空间，因为耶稣基督的教义中，你会发现人人如兄弟，上帝如慈父。这非常对，基督教义中民主和平等的新观念已传播到我们中间，我的一些同胞也许不赞同我的说法，他们会说在儒家的学说中也能找到某些民主的成份。但有些事实是不能忽略的。孔夫子说过人人生而平等吗？没有，但是他认为政府应该“民享”，在某种上程度应该部分“民有”，但不是全部。而且，他也没有说政府应该“民治”。也许孔夫子知道操作政治机器的难度，所以决定不教给我们如何操作它。孔夫子的民主观念并不完整，也不像基督教义中的民主观念那么强大。

就在 50 多年前，发生了太平天国叛乱，它虽没有推翻满清王朝，但他却给中国人民以启示：专制统治都对国家没有一点儿好处。1911 年，中国爆发辛亥革命，皇帝很快就被推翻。革命后的第一件事是变更国名。他们过去称自己为“中央帝国”，他们不知道世界是圆的，认为他们在地球的中心。但是当他们推翻满清统治者后，他们称自己“民有国家”。国家属于全体人民，而不是属于某个人或是某个阶级。今年是“民有国家”——中华民国——的第七年。对一个像我这样的乐观者，大大小小的革命所带来的结果总是对人民有益的。共和政府有很多臭名昭著的敌人，他们中一些人，如袁世凯已经被上帝抛弃，我们希望另一些人也逐渐失去权势。年轻一代认为国家应该是人民的国家，不是某个人或某个阶级的，应该是人民的国家。我希望双方能很快联合起来，讨论建设性的工作。

在建设性的工作中，有两件事很重要。一是教育，教育人民去适应共和政府。当然要实现这个目标还有很长的路要走。

第二是开发我们的自然资源。中国人不应如此贫穷，我们地下有丰富的自然资源。

但是为了开展这些工作，我们需要领导者——无私、真正的领导者。我们一定要感谢那些一直帮助我们培养青年人的美国人，已有大约一千名中国学生从美国回到中国工作，还有约一千四百人正在这里学习。我希望你们能鼓励他们，使他们成为真诚、无私的领导者，使他们能够解决中国乃至世界所面临的巨大的问题。

（《世界布道者评论》新31卷，1918年）

解决中国之问题为教育①

（1918年3月20日）

自应时势变迁之需求，而后进步之说兴。余深信中国已向正当方向进步。迩者西方诸友，常警告吾侪曰，中国虽采用新法，亦不可尽弃固有之美德。盖彼以吾人修身制度为中国古代文明之所结果，实不可以进步之利益，遽尔牺牲。然吾人亦必须改变，因世界为日日改变者，同时欲维持国之独立，亦必须经营置备，以防外侵。中外交通以来，吾侪以不识西人更有管驭物质世界之妙策，故以此而失败者，指不胜数。今则深明非于实际上改良教育方针，实难并驾列强，立国于世。

西方教育之来华，实在吾人明其需要之先，天主教（Jesuits）来华时，远在清初，曾以天文之学传布我境，且助吾侪建立天文台，于是清朝每年颁行皇历，行之二百余年。循是以往，化学、物理诸学科亦渐渐输入。四十年前，变法议兴，政府创办学校于北京、福州，以训练海陆军外交人才为志。然斯时之旧经学仍到处通行，科举亦厉行不废，窃名是时为新旧制度并行之时期。至一九〇〇年后，旧日制度完全取消，学校乃遍设于全国矣。

中国教育之两大需要：一为发达学生之自创心，一为强学生之遵从纪律心。前者因中国数千年来，社会上以家族为本位，权柩系乎家长，家人以服从为先务，故中人捐弃其自创心，是习深入人心，由来已久。至第二需求，因皇帝时代，人民完纳租税后，即为良民，他无所求，纳税已毕，便可任意逍遥，纪律因之而驰，而中人渐习惰逸矣。中国教育今之最大问题，即为解决如何可以此

---

① 本文原题为《译张伯苓校长在美演说纪》，是张伯苓在美国哥伦比亚大学师范学院进修时的演说，由段茂澜翻译自1918年3月20日《The Peking leader》（《北京导报》）。题目为编者所拟。

两种似相抗触之性质，灌入此未来之时代中。

余上次寰游世界，考察与中国需要最宜之教育制度，结果获得两种需要者：一则英、法、美之制度；一则日、德之制度。前者专为计划各人之发达，后者性近专制，为造成领袖及训练服从者之用（是即服从纪律）。敝校南开多半以是二者为圭臬。

余深信今日中国最要者为联合，欲联合则必须有一公共之绳索以束缚之。是绳索不能以种族为之，以中国种族复杂；不能以宗教为之，以中国宗教繁多；亦不能以社会为之，以中国社会上利益与责任多所分歧。窃意较合宜之束缚物，即为爱国心，是即为中国若干年成立要素之虔敬孝心所可以自然变成者。古时一切道德皆归宿于孝字，故曰战阵无勇，非孝也。近日吾侪必须广家族主义而至于国，则此虔敬孝心，即可成为国之忠心矣。而有此爱国心，吾国之人无论南北东西，亦即可谓有一公共之绳索束之矣。吾校即教授以联合国民之能力，更进者，欲使中国青年不仅为中国之良民，且为世界之健全分子。以今日之国界甚狭，吾等应思教育青年，当以万国大同为志也。

余信中国新教育最要之目的，即为训练青年人以社会服务心。先是社会上以家庭为单位，故个人服役之动作，恒不出家庭之范围。今者是种情形已过，余等应教青年人，不仅服役其家庭或与其相关系者，且应服役其国。故余常鼓励学生多为社会服务。例如，吾校学生曾为贫寒儿童设两义塾，并曾调查社会上情形，以告本地行政者，近则水灾赈济，彼等亦多所臂助。

总言之，余意解决中国之问题为教育。且余信中学教育之发达，实已向正当之方向进步矣。

（《南开思潮》第 2 期，1918 年 6 月）

中国政府一定要成为共和制政府[①]

（1918年11月6日）

中国的政府一定要成为共和制的政府。我不相信任何人，甚至包括敌人会认为能够重建一个君主制政府，因为他们也相信这是不可能的。为了建立一个理想的政府，我们一定要拥有自由。为了实现这个目的，我们就必须有受过良好教育的国民。但是，中国人准备好了吗，我说没有。这就是问题。为了使中国的教育跟上时代潮流，有必要从外国得到激励和启发。中国学生来到美国，不仅是为了获得知识和信息，也是为了得到启发和借鉴，学习这里自由人民的精神。

我自己关于民主的定义是这样的：一个政府不以自私的方式管理人民。真正的民主包含了牺牲精神，就像主耶稣教导的。

（《格林奈尔导报》，1918年11月7日）

① 11月6日，张伯苓及范源濂、严修、孙子文一行四人乘美国横贯东西的铁路来到艾奥瓦州格林奈尔市（Grinnell）。当地的《格林奈尔导报》当天在显著位置以《杰出的中国教育家来了》为标题，报道了他们访问的消息，称“他们的这次旅行是在美国政府的直接保护下。这些杰出教育家将在格林奈尔呆到周五，公众将有机会听到他们的演讲。张伯苓先生今晚七点在海雷克厅将做一个题目为《中美关系》演讲。目前在格林奈尔有5个从南开来的学生，都曾师从张伯苓”。第二天，该报又对张伯苓昨晚的演讲，以《张伯苓以中国人的视角谈真正教育——南开学校校长比较了两国的政体和民主》为题作了专题报道。本文即引自该报。题目为编者所拟。

中美友谊——一个百年的承诺和未来的展望[①]

（1918年11月7日）

尽管中国已经建立共和制，但军阀的力量还很强大。有些军阀头目甚至认为民主共和不行，反而觉得德国军国主义比美国力量更强，尽管对美国感觉很好，但打起仗来〈美国〉表现并不好。我一度也有这种看法，但近年来美国军事上的进步，给我上了一课，坚信美国可以赢得这场战争的胜利。德国人打起仗来像个机器，美国打起仗来能够全身心地投入进去，这说明共和党人在战争中能够像做贸易一样的灵活。我来美国学习美国的教育体系已经好长时间了，我深刻体会到美国的精神。美国精神即世界精神。我回去要教育中国国民，不要仅仅想着自己国家，应该有一颗世界心。

（《格林奈尔导报》，1918年11月8日）

中国教育[②]

（1918年12月）

在外国交通以前，中国人民静而不动，今则始知其非。男子固应受教育，而于受母教之女子，治理家政者，固今所当研究者也。

孔子者，大教育家也。教人以诗、史、礼（凡对亲长之仪皆归之）、乐、射、御、书、数，修身之道，较之今日斯为美矣。

其道以教人之所不及，循循善诱，非严厉者也。后帝王者出，不传贤而传子，以教育为虚具，而离所谓至德之世矣。立考场，以绳民思，而绊人民之叛己者。当时人民亦视之为忠义王家，谋身进取之道。今则已矣。而彼帝王者，亦利用孔教，以尊彼威权。

---

① 本文为张伯苓在格林奈尔市做的又一次演讲，题目为编者所拟。

② 本文为张伯苓在美国的演讲，由韦光熉记录。

百年前，帝王者使考试如是之严，若有一人犯规者即罪之。虽至予入学校之时，此习犹未改，中国青年必作八股文，缮于方格纸上，若一字过格者罪之。此文今已除去。是则昔时中国女子脑筋之受束缚，亦如学子。以如此教育，而能兴国者，未之有也。

今日则不然矣。万国交通，吾受其敝。然吾得明立国真理，而除去帝王之淫威矣。服从、恒久、勤勉，则中国人民固有之被动德（Passive virtues），彼今之所须者为独立进步之原动德（Active virtues）。欲求此，则舍教育莫由。此外则耶稣教助中国甚多，而其教力则予素所仰慕者。善哉！东方之格言曰："己所不欲，勿施于人。"而耶稣教之格言曰："待人如待己。"但吾辈益当自励，以求成功。予赞同载伟氏（Professor Dewey）[①]之教育理论，此理论即所以助人成事者也。中国今日学校课程，因受西方教育影响而改良，能合于孔子时之教育斯可矣。中国人须临大难而不惑之伟人，以引于善道，而谋一己、国家、世界之幸福。中国虽须美国之助，而必自求进步。教青年以益世之道、强国兴家之法，此其所以为世界服务也。

我国古习仅贵视男子入学，当使人民知女学之重，而使女学事无大小悉如男学。

共和政体者，人民者也，为人民者也，由人民而成者也。而中国仅少数人知此意，多数人仅知政府为人民者也，而不知政府人民之政府，而由人民所成者。是只知其一，而昧其二也。政府组织为近世新意，然非一朝一夕之间可成，必由教育而后可致。

中国在通商以前非贫也。后则知旧法供给不足供近世之须要，是以挽救之法，莫若用机器以改革工商学术。故今之枪炮，非古之农人所能作也。

国人现已知不动之敝而谋改革。例如近来之女学是也。然尚有人评论，以为学太高而无关于政治家之道。现在只允妇人为女学之教师，设有急进之人为女子究研法律而设一校，则势所不能也。故所有进步必须由练习而来，非一朝一夕之故也。中国须有人鼓舞社会。然抛炸弹者未能作构造之工也。中国四年胡橘芬[②]须其四万万人之权能，非须天然物产之广博也。非须四万万人之权能，乃须四万万受教育人之权能也。

（《南开思潮》第 3 期，1918 年 12 月）

① 约翰·杜威（John Dewey，1859—1952），美国著名哲学家、教育家，实用主义哲学的创始人之一。张伯苓在美国哥伦比亚大学师范学院留下时，杜威是他的老师。

② 疑有漏字——编者。

挽严约冲联

（1918年12月13日）

竟令斯人有斯疾，
不为子恸而为谁。

（《校风》第111期，1918年12月13日）

天津拒毒会发起之讨论①

（1919年1月7日）

张伯苓：鄙人新由外国归来，即悉吗啡一物普遍，中国人人痛恨，欲铲除之。《京津泰晤士报》每日登载，提倡尤力。今日开会，应当如何进行？

饶伯森：美国极赞许中国禁烟办法，美国现在禁酒拟仿照中国禁烟手续进行。今日之会亦应效法中国禁烟、美国禁酒成例，不可不切实进行。但宜如何组织，是否即刻讨论，抑另开大会再行筹商？然大会不易商量，似应先将组织法决定。

孙仲英：各种药品参合吗啡者甚多，若祇注意吗啡，范围太狭，应将毒物全行包括在内。仿照北京已成立之拒毒会，推及各省，可否请徐大总统为会长，以期易于推行全国。至入会者，不分国界，无论何人悉可入会。

张伯苓：按照新刑律，本有专条，但未认真执行，故不祇中国人犯法，而外国人亦任意输运。欲使此会进行，有二大要义：（一）由舆论督促政府严行查禁，（二）教育人民不使染习。然非钱力补助人力不易收美满效果，但恐外国人借口中国各处因有军人保护，仍行种烟，运禁肆无忌惮。由中国官府交涉禁止

① 1月7日晚8点，张伯苓约集中外人士数十人，在青年会开会，讨论铲除毒物方法。本文摘自《天津发起拒毒会》一文，题目为编者所拟。

吗啡，未必有良好结果，非由报纸攻击不可。在国内方面，按照新法令，催促官府严禁。此时请讨论组织法，是否为北京拒毒会之分会？抑自行成立大会？

孟震侯：敝报已有意联络各界人士，开会人数多多益善，以期调查周密。但非得中外官府赞襄不易着手，亟宜由会中同人联名请求中外官府襄助一切，俾免发生障碍。否则，徒劳无益。就日本领事与敝报英文部之函，足征该领事维持人道，不愿彼国人有非法之营业也。若果请求各国官府帮忙，断不致不允许也。

张子权：成立斯会应注重事实。

王墨樵：天津应先自行成立大会，然后函询京会宗旨与津会是否相同，如果相同，再行研究联络方法。

张伯苓：严禁毒物方法暂不研究，请大家表决本会名称，请问郝瑞满先生北京之会组织法。

郝瑞满：宗旨与我会大同小异。

宋则久：名称可用“去毒”二字。

王右臣：可用“拒毒会”三字。

（共同表决为拒毒会。）

（《申报》，1919年1月11日）

访美感想[①]

（1919年1月25日）

在美读书，幸得与范、严二先生[②]常相讨论，下班后即将堂上所学之功课同二先生研究。夏天得以至各处参观，并常见新闻记者及至各处演说，又曾至英属加拿大二次，以详察其大学、中学里学校中行政是否与社会上结果相同。嗣因流行病阻碍，未能尽至所预定各处。

这一次到美国，看见他们物质上跟以前不同的，如长桥加多，建筑加高等等，亦颇不少。而其人民精神上之表现，于其对于战事上之行动，观之颇足感

---

① 本文原题为《校长张伯苓先生演讲教育记》，是张伯苓在教育厅河北高工礼堂召集的演说会上的演讲，听讲者为各校职教员，由幸蒙笔录。题目为编者所拟。

② 指范源廉与严修。

人。如其兵操之自由，公债逾所募之额，省面俭肉，定期禁火等事。在事前予等不知其须加若干巡警，以维持此种秩序。而一观其舆论，察其行动，则殊非始料所及。青年会及善团联合会捐款均逾额。向者以美人只知爱钱，今见其所给之数为前此历史所无。

再看联军给美国的责任，是教他挡着德国往巴黎进攻的要道，彼时美国每天都有图报以告联军进取的情形，大概都是美国先攻，法国随进，英国自然亦就进攻。在德国要求之时，德之势力并非全灭，德兵尚在法境，而其完全降服决计停战者，即自觉前此错看美国，而今事出意料之外，绝无恋战希望矣。在德人起初想美人性不好战，无所可虑，即彼愿战亦无预备，更不能远至欧洲，尤非德国敌手。此种观察原非无因，美人诚然不好打仗，亦诚然没有预备。但一经明白，便愿打仗，一经知道，即已预备。人一转，都为打仗的人，事一转，都成打仗的事，那等的专精注意，真是全国一致。美国此次送兵到欧洲，差不多有二百万人，其兵船为德潜艇所打沉的殊不多见，那就是因为他的口岸多，他的变化快（这些事都与教育有关系）。比起来德国是整齐，美国是散漫，然而美能胜德，其中不无原因。

德人为机械的，其脑筋为兵官，其灵魂为国，为大皇帝、为国魂。美人则一个算一个，如不打即不打，打则手脚打，脑筋亦打，灵魂亦打。这个分别，一个是机械的，一个是全体的。德国人是有头有户，美国人则纯然是民主的精神，个个人都为头，组织起来则整然有序，散之则各自为主。德人操练的好，而变之甚难，美人起首组织不如德国整齐，而逾长逾好，以其人好变。须知现在打仗，国内国外均须时时更变。

此外还有一项，就是世界的趋向，当年多半是少数管多数，而今民主精神日见增长，所以联军得胜。

此次战争打败了的固不待言，即非打败了的，间接受其影响的，亦有几国，如日本、英国。日本先仿中国，后仿美，后仿荷兰、法、英等国，又后则纯粹仿德，洎今已随德国跑了若干年。现在他们的老师已经倒了，他那举国识者不免有所忧虑。予由美返国过日时，有他本国人新都护氏，大学教授，唱民本主义，大家正在那儿同他辩论，若说英国在他本国民主的精神，本来很好，而这一次牺牲了不少，以后对于财政殖民地方法还需有所更变。

受好影响最大的是美国，他们的来历，本来就极清洁，他们就是英国的清教徒迁移到美洲的，其精神上最好之点为自由、信仰，而且无旧套。天产富，四邻都好，两面近大洋。他们自己常说，借着华盛顿建筑美国，林肯巩固美国，威尔逊找着美国在世界上的地位。他们最大的发达，就是财力，如今恐怕合世界的财力亦不敌美国。记得有天同范先生谈话说，看看美国建国百余年，他们乡村的路，便可行 automobile。吾们立国四千年，反倒无路走。他们岂是从欧洲带来的么？不是。是他们能各尽实力，分开极力发达自己，而同时又对于社会上负责任。今且合力建设，将来定有可观。当初有远见的人，便说将来美德必有战争，因为他两国的主义相去太远。今彼美人果因其主义牺牲财产生命，嗣是其国势必益昌盛，因为他们的主义高尚，又正合于世界的趋向。其次受益者为比、为法、为瑞士、为荷兰，再其次为中国。中国数千年来，迷迷糊糊可以说是未醒，而今一醒，正当其时，英文字可以说，中国人一睁眼，正在 Right track 上。而日本挣扎数十年，而一睁眼正背道而驰，可算真冤，吾国人可算真便宜。然而如此便宜即听之乎？抑当急起直追以图挽救。挽救之方何在？即在教育。故愿同诸君一商教育问题。

先时吾国教育目的，为尊君、尊孔、尚公、尚武、尚实，而今又当如何增减，予在途中同严、范二位先生谈，何为教育宗旨？当本其国情而定之。论中国古时教育，在三代以上甚好。予尝对美国同学及先生讨论学科目，一切均以切于现在生活为准。予告彼等中国上古教育之完美，并举一例，即当日孔子所用的学科目：诗、书、礼、乐、射、御、书、数，即达情之歌，纪事之史，礼节、乐谱、射击、驾御、做事、计算。在当日两千余年前，可以算很完全了。到后来就是因为君主专制，所以愈闹愈糟，列国时诸子思想奇特，颇有所现，因之后来君主愈发设法限制，甚至杀害。君主这种组织在世界上实在是很奇怪，大臣以孔子之道劝君使之爱民，君主以孔子之道教民，而使之不反。先时文人尚可随便说话，入后则君主制人方法日益进化，则限制人之思想乃愈严，直到清时八股，可谓极矣。幸工商尚未受骗，所以尚能支持至于今日。吾国历史上亦有革命，不过重翻旧篇，再作一遍而已。由唐改宋，以至元、明、清，都是照样文章的太祖、太宗，天子登殿，君臣称贺。直到清末，国人为世界潮流所激荡，遂成辛亥革命。这次革命以来，改头换面已经是旧篇历史上翻不得的了，所以捣了七八年的乱，由此以后，尚恐怕是不只七八年。外人问我将来中国怎么样？我简直不客气就说："不知道。"又有人问我中华民国可以保得住么？我说："二三十年以内，大概没人敢试君主。"袁世凯失败于前，张绍轩[①]失败于后，

① 张勋（1854—1923），字少轩、绍轩，江西省奉新县人。清末任云南、甘肃、江南提督，辛亥革命以后曾任江苏督军，长江巡阅使。1917 年发动政变，企图恢复帝制，失败后蛰居津门。

就明明的是个证据。究竟中国仍然捣乱的是因为甚么？就是无组织，无人组织。近世发明之最大者即归纳法，由万事万理以证明一理。先此多用演绎法，由一理演至万事万理。现在世界各国长进法，比之如生植物，非便畅遂其天然，使之茂盛，更加火生热，使所生长胜天然者百倍。而吾国则蹙其苗，害其穗，并天然者亦不畅遂，奈何？

予尝谓今后世界上有最大长进希望的国，除了美国，就是中国。国人不可不知。而吾民国在在都没到底。所以图救之道，既须信民国，尤须信教育。

今后教育当（一）尚实（勿虚）。（二）尚理想（勿妄）。（三）按科学法教之做事，即凡作一事，当先研究，后计划，然后执行，最后则批评之，以见短长。（四）当利用物质，利用科学。去岁大水物质害人，而人不能于事前制之，学科学当学其用法，如观察、试验、公式等，而其原理之价值甚有限。（五）当学组织。先时专制时代，“二人偶语弃市”，而如今人批评毫无实验，发不负责任的苛言，不知事理的难易，又是过当。（六）当学社会科学，即打破旧家族制度，而成国家。旧家族可以谓之一堆一块分不清楚，不成民国，今当将此制度打散了，使成个人，然后再合起来使成社会，使成国家。

若按如此进行起来，个人的进化，团体的进化，必当蒸蒸日上，民国的盛治，可以说后会有期。要想造新民国，不可仿造，当想造，创造。中国当年即非仿造，更当看活了，凡事都要问问是如么？

如是，则将来中国强，即于世界有关，因将来世界要缩小，中国要涨大。

（《校风》第116期，1919年3月11日）

以社会之进步为教育之目的[①]

（1919年2月12日）

开学之始，曾以活动长进四字相勉。而今合起来论此四字，不过单就个人的长进而言。

夫教育目的，不能仅在个人。当日多在造成个人为圣为贤，而今教育之最

① 本文原题为《二月十二日星期三修身班校长张伯苓先生演说志要》。由幸蒙笔录。

要目的，在谋全社会的进步。

诸生当听过进化诸说。下等动物长为高等动物，高等动物进而为人。人再长又分为二项，一为心理的长进（Psychologically），一为社会的或合群的长进（Sociologically）。

人同人组合起来，其效用能力之大，自非一人可比。现在世界何国最强？其原因何在？一至其国便可了然。其最大的原因就是比我们齐，亦如一家哥们兄弟均不相下。若一家只仗一人，则相差太多。社会国家同是一理。所以，近来教育家不仅注重个人长进，并注重社会的长进（Social end）。不仅在心理的长进，而在多数人的齐进。因为社会乃个人联合而成者，若社会不进，则居此间之个人亦绝难长进。是以个人强，可以助社会长，社会长，亦可以助个人强。是二者当相提并论，不容偏重者。

现在西洋人对于教育青年，均使之有一种社会的自觉心（Social consciousness），而吾国多数人尚未脱家族观念，遇公共事则淡然视之。

予前去北京，于车中见有以免票私相售受者，何其不知公共心一至于是耶？彼以铁路为公家者，但能自己得利，则虽损坏公共利益，亦无所顾忌，而旁坐诸人，亦以此非自己之事，故不过问，亦不关心。若此情形，实为社会流毒（Social Evils）。细考京奉、津浦各路间，此类事殊不少见，似此流毒，究竟责在谁人？吾以为虽有强政府，有能力之总统，严厉之法律，有组织之路局，亦不能铲除净尽也！惟有国民社会的自觉心可制此毒。舆语力攻，众目不容，以此对于公共事业之非理举动，即对吾等个个人之举动，有伤于吾个个之权利，则若斯流毒，无待总统法律，自然消灭于无形。国民社会自觉心，诚有不可及之效力。

在京见美国公使，谓国人近来能得钱者，发财后多退入租界，是诚可耻之事，而舆论亦不攻击，甚有争相仿效，以不及为可辱者，真是怪事。而予窃不为怪，因其所以如是者无他，国民的社会自觉心（Social Consciousness）未长起来耳。

今者时间有限，姑不多论。即就所以长进社会自觉心，而能谋全社会进步的方法上着想，则须于改换普通道德标准上有所商榷。

若不骂人、不偷、不怒、不谎、不得罪于人等事，先时多谓此为道德很高，然而此为消极的，于今不能谓此为道德。盖彼者不过无疵而已，于社会虽有若无。今因于社会进步上着想，吾等当另定道德标准，谓“凡人能于社会公共事业尽力愈大者，其道德愈高。否则，无道德可言。易言之，即凡于社会上有效劳之能力者（Social efficiency），则有道德，否则，无道德。”若斯数语，包含无限道理，愿诸生用为量人量己之尺，相染成风，使社会上渐渐均用此尺，度己亦用此尺，量入则去，所谓社会自觉心，社会进步者不远矣。

然而徒知此理，于社会毫无所用。先时教育多尚空谈，殊觉无用，若无实习，恐且有害。美国某教育博士会谈笑话，谓有函授学堂教人泅泳，学者毕业后投身水中，实行泅泳，竟至溺死。此喻仅知理论而无实验之害，诚足警人。诸生欲按此尺而为道德高尚之人，幸勿仅求理论，更当于己身所在之社会，实在有所效用。于此先小作练习，至大社会时，自然游刃有余。所谓己身所在之社会，对诸生言，如班、如会、如校、如各种组织均是。予此二次所言者，即教育着重个人的长进，更须着重社会的进步。

（《校风》第 117 期，1919 年 3 月 18 日）

国际联盟同志会缘起

（1919 年 2 月 13 日）

今兹世界大战经四年余之争持，牺牲生命过于千万，靡费财产不可胜数，诚为人类之浩劫，虽非亲历者，亦无不思之黯然。顾往事已矣，全世界之人心，大之忧念人类之前途，小之顾虑一己之子孙，殆莫不渴望和平建设告成，而战事自兹永免。诚以人类之科学知识、组织能力日进未已，他年复见战事者，其牵涉之广、屠杀之惨，必倍蓰于兹役也。

然欲和平之永久也，当先求各国之推诚相与，平等相待，而后战机乃不再发。往者，列强藉合纵连横之形势，以维持武装之和平，而从事于国际政策之竞争。世界大局有如厝火于积薪之下，燎原之灾，嗟咄可成。苟今兹媾和，不能以世界公共之组织代替危险之均势，则国际政治仍将不外乎以强凌弱，以暴易暴，战祸再燃，必难幸免。

各国识者有鉴于斯，故群以国际联盟为今之亟务，和平大会且立为提前讨论之议案，其深忧远虑，凡属人类宜无不赞同矣。然所谓国际联盟者，其内容当何若？犹未能举世一致也。试举一二例言之，国际联盟自当有法庭，以裁判国际之法律问题；有调处机关，以解决国际之政治争端。而是否尚应有所谓国家之名誉及生命问题不受国际之裁判，判词、决议设有抗违，应强制执行至何程度？皆疑问也。又如组织联盟之委员人数，各国一律，则大如英者将与小如海地者势力均等，若强国得遣派多数，而弱小者遣派少数，则又何以保其不以强权分宰天下，不流为中世纪欧洲之神圣同盟。是以国际联盟组织之事，必当周诹世界民意，而采集众长，庶不骛于空想，而又不偏于专制也。

国际联盟既成，亦非可任其自然也，当有全世界之舆论监督之，使其不有所偏；援助之，使其不失之弱。更当有以增进国际之友谊，鼓励联盟之发展，庶乎永久和平之可跻也。是以欧美人民今方组织团体，热心鼓吹，以尽舆论之责。如美国有强制和平联盟会（League to Enforce Peace），以前总统塔虎脱[①]为会长。又有自由国家联盟会（League of Free Nation Society），与威尔逊总统采同一之政策。英国有国际联盟社（League of Nations Society）及国际联盟协会（League of Nations Association），去冬合并为国际联盟联合会（League of Nations Union）。更有全国各派耶教徒代表之大会，由大主教召集之，以援助同盟，并与英国各属土及他国同志协力进行。法国有国际联盟会（Ligue Pour Une Societe des Nations），其会长布爵瓦（M. Leon Bourgeois）即为和会讨论联盟之法国专门委员。意大利北部之密兰[②]（Milan）于去冬发起大会，赞助联盟设立国民大会，以与他国同志提携。又如欧洲弱小民族之寓于英、法、意者，赞助亦皆甚力。世界民意之所趋，概可知已。

中国之政治思想，夙以大同为至善。大同者，天下一家，即国际联盟圆满之境也。中国民族好和平，恶战争，盖涵濡于数千年圣哲教训之所致，尤与国际联盟之精神相符也。故吾人之欢迎联盟，决不让于他国，顾仅欢迎之未为足也。国际联盟所以互保政治之独立、领土之完全，质言之，即所以保国家之权利也。中国与上古之希腊、罗马、巴比伦、埃及并时立国，迄今四千余年，以世界最古之国家，得与近世新国家共奠新世纪之基础，其国家之权利，孰能蔑视之？

国际联盟又所以谋人类之和平幸福也，中国民族之人口，过于世界人口五分之一，其安危之关系于人类者至大。以人口最广之国家，能与世界各族共谋人类之幸福，其国家之民族，即孰敢轻侮之。故吾人对于世界、对于本国，皆有拥护国际联盟之重大责任，当仁不让，此之谓也。

爰是集合同志，设立斯会，将对于国际联盟为积极之主张，并与他国同志

---

① 现通译为“塔夫脱”。

② 现通译为“米兰”。

互通声气，彼此提携，以期达我大同之理想。全国人士有奋起者，本会同人愿执鞭焉。

熊希龄 张 謇 蔡元培 汪大燮 梁启超 王宠惠 李盛铎 严 修
王揖唐 周自齐 王家襄 周树模 林长民 范源廉 梁士诒 张国淦
胡 适 蓝公武 李士伟 沈瑞麟 梁善济 张元奇 梁秋水 冯耿光
叶景莘 梁敬錞 林桐实 魏斯炅 汪 庚 宋春舫 陈汉第 刘道铿
金绍城 霍 坚 陶履恭 沈金鉴 王世澂 孙润宇 高而谦 刁敏谦
董显光 梁启勋 陈宝泉 王家驹 张煜全 金邦正 邓文藻 张伯苓
同启

附：国际联盟同志会章程

第一条 本会定名为国际联盟同志会。

第二条 本会以主张国际联盟及援助其实行，促进其发展为宗旨。

第三条 本会事务为左列三项：

（一）研究国际联盟各种问题，及其他问题与国际联盟有关系者。

（二）讲演或刊布中外文字，以鼓吹国际联盟之主张。

（三）与他国同类之团体互通声气，提携进行。

第四条 凡中华民国人民，经会员之介绍，得职员会通过者即为会员。

第五条 凡他国人士赞助本会者，皆得由职员会推举为本会名誉会员。

第六条 本会会员对于国际联盟之意见送交本会职员审定发表之。

第七条 会费得由会员随意捐纳。

第八条 本会设职员如左：

理事长一人，综理会务，代表本会。

理事十人，协理会务。

总务干事一人，执行本会事务。

文书部干事十人，掌理中外文牍事务。

编辑部干事十人，掌理编辑、撰译中外文件，及保管书籍事务。

会计部干事二人，掌理收发、保管欵项事务。

庶务部干事五人，掌理印刷购置及其他一切庶务。

第九条 各部干事中设主任一人，综理各本部事务。

第十条 本会得招用雇员，承职员之命办理一切事务。

第十一条 本会职员随时开职员会，执行一切会务。

第十二条 本会得随时派代表赴他国，与同类之团体交换意见，接洽事件。

（《申报》，1919 年 2 月 13 日）

办学校须有宗旨[①]

（1919 年 2 月 14 日）

题旨：一，中学之办法（活动长进），二，大学之筹备，三，实业之提倡。

每次开学均有演说，而此次与往者略有不同。

（一）予告假一年半，今方接任。

（二）正计划将来的进行。

前中学成立，在予同严先生由日调查教育后，今先生又极力帮同筹款设立大学，亦正在予同先生由美研究教育来。今方欲用半年功夫，审慎筹备此事。此时可谓为南开新纪元。

前二次办专科，无如今日之筹备，亦幸而未成，如果成立至今，亦须改变，以其有许多未妥处。而此次则较有把握。

今所欲言者分三项，其轻重繁简各有不同。

（一）关于中学之作法十之七。

（二）关于大学之筹备十之二。

（三）关于实业之提倡十之一。

一、关于中学之作法

办学校须有宗旨，亦犹盖房者，心中须先有草图，用何器具，得何成效。

先时尊君尊孔等，后来全个仿日本，均非其道。现在欲求宗旨，须从反面着想，如同（一）须造那类人；（二）当用何种方法。于此须知者：

（一）本国政体（须造那类人）；

（二）人民情形（当用何方法）。

知乎此，然后再定教育宗旨，是以教育宗旨不可仿造，当本其国情而定。

---

① 本文原题为《二月十四日第二学期始业式校长张伯苓先生演说纪要》，由幸蒙笔录。题目为编者所拟。

而所谓国情者，又太泛太 general，令人不易捉摸。兹再例述几项易于捉摸者。

①世界文明国多活泼，吾人太死。

②世界文明国多进取，吾人好保守（按，此当提倡自动）。

③吾人多知自己及家族，而思想眼光多不知社会之必要（按，此当提倡使国人有社会的自觉心（Social Consciousness））。

④国人好作消极的言论行动（当提倡积极精神）。

以上所言，不过四项，已经比徒言国情者易于领悟。然此不过是目的而已，目的使之自动进取等等。但欲达此目的，须用何种方法，如使学生有机会在学生中及团体中做事，即练习社会自觉心；又如使学生自谋其前途事业，即练习自动心，凡此愈说愈近，已经易于领悟多了。

凡此种种，予愿同诸位师生共同勉励，用南开作一个试验场，以长以进，就是民主的精神。

予末后告诉诸生易懂易记的四个字，就是“活—动—长—进”。按此四字去行，自然可以得着生命、经验、方法等等。

二、关于大学之筹划

前此办过专科二次，好批评者有谓为维持本校运动计而立专科；有谓为维持本校新剧计而立专科；又有谓为校长名誉计而立专科者。若此均不待辩论，识者自知。究竟办大学与不办大学比起来是难是易，于此亦可了然。予前给在美留学生将来本校大学教员凌冰去信，告诉他将来在这办大学是一个很不易的事。这因为予由美来华之先，即曾同凌君谈道办一件新事的困难，而此次无论如何必极力去作。意者或谓，南开中学已千余人，事业非不盛，主其事者何乐不可休息休息！抑知此种思想已十分腐旧，教育的事业乃进的，又安有止境一说?先时教育为扬名声，显父母，而今日则迥乎异矣！教育为社会谋进步，为公共谋幸福；教育为终身事业（life work），予于此至死为止。所以必立大学的原因：

（一）现在教育在别一方面言，即使青年合于将来社会的习惯，加大学即将其习惯加长，使造成益形坚固之习惯。

（二）中学毕业后，直接在社会上做事不足，故需有大学的培养。

此外，仍有一个次要的原因，即国中国立的、教会立的大学，虽是不少，然而真正民立的大学却不多见。须知今日中国所以幸存者，多半是因为世界的舆论帮助。然而吾们亦当教世界知道，吾们国民能作点事，所以这亦是旁边的原因。

至于大学的筹备：（一）人才方面，有凌冰先生，并转在美约请数人。（二）财政方面，予此次至京，各界均有意帮忙，并见南开旧同学尤极高兴。严先生已预备至各处捐款。本月十五日，为此事在校内开一乐贤会。

三、关于实业之提倡

先欲劝大家省钱，全力去作买卖。凡本校师生所用的东西，均由本校师生自己去做，自己经营，这个意思就是想引着大家省钱，并注意实业。以前有思想的人，多半不想实业，而办实业的人，又多半无思想，这样如何不贫？是以以后想有工场、有售品处，大家合作，人人有份。

予今日所言者，无不许如何、不准如何等消极的报告，惟望大家一齐努力，共跻于成。

（《校风》117期，1919年3月18日）

在南开乐贤会上对学生家长的演说[①]

（1919年2月15日）

今日开会，其宗旨，一方为欢迎校董，一方为得与学生家人联络，而其主要意思则在长进。今日次序，上午为展览会，此刻为乐贤会，晚有新剧以助余兴。予今藉此得与诸位家长谈谈。今日到会者千余人，若一一面谈，殊难周到，诸位若有所见，亦请随时指导，本校无任欢迎。

诸位已看过东楼上，其第一室为校中历史，表明本校当日如何渐渐长成；第二为学生手工室，极简单，不过学了半年，成绩颇不足观；三为出版室；四为体育室；五为学生之组织及学校办事法。此外有讲室、饭厅、宿舍、会所、义塾等等，诸位如有未看完者，明日下午二点仍可来。

当诸位看本校历史时，即知本校发起在严先生家里，现在中学已成立十四年半。再往前说，则在二十一年前，即戊戌变政时。彼时无所谓改良，严先生由贵州学政返津，倡议改科举，其时予即在先生家教其子侄六人英文、算术等。后又有王宅书房数人与此合并，遂于光绪三十年改为中学堂，堂中共有学生十

① 本文原题为《二月十五日本校乐贤会校长张伯苓先生对学生家长演说词》，由幸蒙笔录。题目为编者所拟。

三人[1]，此即十四年以前事也。后集款建此，学生渐加，现在有一千多人。此校纯是私人对于教育热心办起来者，起手捐款为严、王、徐诸先生。后渐长，乃加入省款，亦因有官立学校学生归并为此故也。

敝校办理不周之处在所难免。而敝校所最注意者，即教育方法。彼时学校初兴，办事多主严，至风潮迭起，此点本校主张稍有不同。盖纯严则压制学生使不得长，而学生此时正在长进之期，岂可阻制。孩童当五六岁时，多好跳跃奔走，如吓之不使动转，殊碍其生机，结果则一班人身体多不强健。或谓如任孩童随意奔跑，恐有损筋折骨之险，然而绝不当因此即使之不长，而当设法使之跳而不至损骨。盖如在此五六岁时不顺其天然使之长，则成人以后虽欲不能矣！近闻有因家中孩童由小学放学甚早，喧闹不堪，于小学功课以外，下班后仍送之于塾师，以图省心者，殊不合于生养之方。仅图省事，不顾幼孩之长进，贻害无穷。此关于教养幼童心理、生理二方之极简道理。

中学时之学生，正在发展集合性及做事心之际，是以多好动。教育家当于此时因其势而力导之，为之作种种预备，若竟图省事，则此时少年丢去许多长进的机会。何以国人外交屡屡失败，无团结力，即少时无练习之故，至长成做事，于社会为软弱，见外人则摔倒，如今亡羊补牢，正当使青年顺性发达，以练达其做事心及团结力。凡无害之事，则放心使之自由发达：而于坏习惯则丝毫不容，如烟酒、嫖赌等事，犯者绝不宽假，至二十〈岁〉以后理解可以胜嗜欲，自然可以无虑矣！外人每评论吾国人无团结力，如散沙，好自争，是固然。其原故因吾辈年幼之时即无此种练习，比长成至社会再去练习团结，抑亦晚矣！

向者，人多以到学校为念书，其实学校的意思不止于此。到学校当学生活之方，当学共同生活。如只念书而不会生活，则非徒无益，而且有害，是以当随时使之做事。起初亦有小争，以其幼时自私之念尚未消融，而渐渐则极有秩序。对于此点，予不能不感谢诸位（对学生家长言）。子弟之良善，予亦敢以此十四年之经验，证明吾国人可以往民国去做，更由此可以报告诸位，中国是有希望。

此外尚有关于学生之事数项，欲向诸位家长面谈。第一，即关于钱财。本校章程，入校时均使之写账。此种习惯极需养成，即便钱多，亦当知节俭之道。诸位可按报告与学生算账，于此亦可助学校之不周。天津地方，如三不管

① 应为 73 人，原文有误。

为最不清洁，本校特派人在彼处巡查，凡有犯校章者立即革除，于此不能不严。至二十以后，好习惯已成，即无须监督，自然亦不至错步。而家中人往往因子弟一星期在校用功，至星期日则纵之使消遣于恶劣之地，学校六日建筑之工，每因此一日遂至破坏，是以格外请诸位注意。又如娶亲一事。本校定章，不至二十一不得娶亲，违者革除。早婚本学问、进步、道德诸方面均是有损无益。其所以早婚的原因，大概多由于祖父母或父母欲多得一辈人，是固然。然而得一辈伤一辈，究竟何益？有时学生因早婚为本校察觉，即行革除，家长来言亦无法通融。或谓定亲已久，至今不能不娶，固属至理，而鄙意亦深望诸位家长勿早为子弟定亲。就中仍有琐事甚多，恐不能一一向诸位面谈。如学生告假一项，本校亦事事从严，用电话不能告假，必须有相当理由及信，如随便使学生告假，即使之多一说谎机会，于将来极有影响。本校如查得其人作假，亦无大罚，申斥之而使之知所悔改。盖犯过之人未必均是坏人，大多由于习惯或由于软弱。有病，所以当可怜，而不当过斥，过斥亦往往无效，如得其病源而告之使改，其人更爱服，往往流涕誓改，是以教育当防其有过，而于已经有过者，更勿记恨其过，当设法使之改悔。

此外，凡本校有不周之处，切请时时指示。前者有学生家长因学生所着大氅无处放置，特来相告，同人颇感其言，即于东楼旁设法匀一通学生存物室，虽多用一人、多占一屋，而为学生方便亦所不辞。然往往因经济的限制，不能事事满意，但能为者必尽力为之，若能得诸位经济上的辅助，尤极欢迎。

此次到美，愈觉现世为民主发达时代，而吾国所处与此主义正复相合。现在世界已将强权打消，当鄙人走时，东邻极强，诸多欺侮，而今世界帮助，当无多虑。然永仗他人帮助，绝非其道。是以须自造民国，而教育事业益不可缓。现在大家商议藉着南开作一大学。或谓左近已有北京、北洋，及教会所立大学，无须再多此一举。其实不然。教育无嫌其多者，但看学者多否，如学者多，则可加多。美国学校各有各性质，本校性质纯为私立，在作成由人民所立之学校，现在筹款筹地，著著进行，事事多仗人民私力，即徐菊人先生虽为总统，终为本校旧校董，亦系一人民资格。

诸位均知南开为私立学校，有先生，有东家，当日由严先生一人当东家，已有如此进步，若诸位者今日均为东家，则前途益觉光大。所以敝校对于诸君有无限欢迎。

（《校风》第116期，1919年3月11日）

做事之方法[①]

（1919年2月19日）

日前我们开展览会及乐贤会，会前大家说要教他成功。洎今回想，诸位师生及来宾均极满意，我们本校的人藉此亦可看看本校的真象，知道自己的短长。予初由外边回来，更可藉此振作振作精神。若论此会的效果，除经济的、社会的以外，对于我们个人做事的经验，实在长了不少。

上次吾说了两个题目，一个是教育对于个人的长进，一个是教育对于团体的进步。如今正在开会之后，回想这次做事的手续，颇可论论。个人可以由此得经验，团体可以因此有长进，故今日题目为“做事之方法”，盖此亦教育目的之一。

人必得做事，然后才有用。即无用之人，亦需做事，如同普通人人必行的吃饭、如厕种种琐事，均需自己去作。所以既为生人，便须做事。不过做事的法好，则效力大；做事的法坏，则效力小。吾们比别的国人相差的点就在此。

譬如将作某项事，事前想想如何作法才好。这时候所念过的书，所得过的经验，都要拿来放在心里作为参考，到底是怎样做法才好，这就是做事的第一步。顶到想出各方面的情形来，然后再想从那儿去作，这就是第二层。然后第三层就是实地去作。至作后反复思维，以见这个事的效果何如，便是第四层。是以做事当有四层手续，虽不必层层去分，或者并未想过这四层的道理，然而无形中这四层总须有的。不然这事便不易有好结果。这四层：

一研究、二计划、三执行、四评论。英文名词为①Study，②Plan，③Execute，④Judge。末后评论一层亦实在要紧，因为这就是专制与共和的分别。专制则只有遵命，共和则必按理去行，后复加以评论。

此次所言为如何去作，下文当言如何想。

（《校风》第118期，1919年3月24日）

① 本文原题为《二月十九日修身班校长张伯苓先生演说纪要》，由幸蒙笔录。题目为编者所拟。

本校教育政策[①]

（1919年3月5日）

上星期六晚曾到校内、校外各处宿舍看看，若干的少年人从远方来，在这里求学，要是有年纪长的人常常同他们谈谈，可以帮助他们长进，亦可使他们安慰快乐。可惜近来校中人太多，无法一一亲近。在当初二三百人时，予于全校学生都能认识，并可略道其家中事。该晚与学生谈时很乐，见他离家来此，颇有志气。以前所谓各省的学生，大半都是各省的人寄居京津的。而近来从安徽、山东、山西、广东、江浙、东省各处来的学生，多半是由本省一直投入本校。这些人都能舍家远游，必定有志气。家里肯供给到此来读书，必定有造就，所以愈看愈乐。我就问他们各处的学生，因为甚么到这儿来，有好些人就说，他本省学校办的不好。这些人既然来到本校，志气极高，将来必有为领袖的机会，其中虽有一二人目的未定，然而有目的实居多数，其目的都是很可尊重的。

诸生既到本校来，须知本校亦有本校目的。人类所以比他类强的，就是他能可以用方法去达到他的目的。本校要师生合起来，去达到两项相联属的目的，这就是本校的精神，亦可说是本校教育政策，这两项就是"理解"跟"自由"。

所谓"理解"者，即一切事不使学生专仗先生去推。当认清理解，自己去行。意在造出一班自动的人来。果能按理解去自动，即完全给以"自由"。近来自由几为社会的诟病，然而予不但不以为病，且欲多讲育，怕者无理解的自由，若有理解，何故不给人自由呢？

（《校风》第119期，1919年3月31日）

---

① 本文原题为《三月五日校长张伯苓先生修身演讲纪要》，由幸蒙笔录。题目为编者所拟。

吾之三次经历与认识①

（1919年4月24日）

此次修身班，予愿言迩来在各处所经历之事，末后略加批评，当于诸生有所裨益。

予第一次之经历，系在北京教育部所召集之教育调查会。与会均为当时教育界有声望者。会长为范静生先生，会副为蔡孑民先生，余如王、秦、蒋、赵、汤、金诸位及部中员司，共二十二人。讨论题目甚多，予则受益匪浅。因予本北人，性质颇钝，见与会诸先生之灵敏聪俊，固不尽思齐之慨焉。又如蔡、王诸先生之学问，沈、陈诸先生之经验，予均不及。所以，会毕后除想所讨论之事外，更觉自己各方均须长进。

第二次系在北京清华学校欧美留学生会。到会约百人，其精神之团聚活泼，其议事之明敏清晰，为予向来所仅见。予曾被委为讨论部主席，于讨论时进行极快，毫无废话。予想若全国人民均有此精神，国何思不强！可惜若此人数太少，聚起来虽然好看，分散开则甚无力气。

第三次系在山西。此次与前二次之经历迥乎不同。余年来亦颇见过些政客，然而从未见过头脑之清楚，办事之尽力如山西督军阎公者。阎公早年留学日本，专心致力于军事学。回国后掌军政，成绩极佳。据云自民国成立以来，自己即极力用功，先不干预政事，此兼省长则政才立显出人意外。其左右幕友颇有有才干者，然阎公之才力实出于幕友之上。每日早六时即办公，其励精图治之精神令人倾仰。予于晋省所刊之《来复报》中读其演说，晤面数次聆其言谈，益觉钦佩。与论各政，均言试办，此为科学的精神，而又极虚心。范孙先生谓山西办事人一年中办若干事，言词间毫不铺张，此其前途长进益无量矣。予等复蒙赠山西出版书籍甚多。日内当列之书报室中以备浏览。（中略）②

以上三次经历，第一见会员中都是有经验有才能之人，第二则见留学生之精神；第三见山西有一首领推行各政，即能以最少时期使全省都见刷新气象。

① 本文原题为《四月二十四日校长张伯苓先生修身讲演纪略》，由幸蒙笔录，题目为编者所拟。

② 原文如此。

吾所以说这三项经历者，一则使诸生知国事虽然纷乱危险，倘许多人才安心建筑，将来必有所成；二则诸生须知求学问当用之于实际，若无实用便是白学，更要能将新学识在本国消化。试读彼阎督军之演说，能不佩服？以山西土地之瘠，交通之塞，人才之寡，尚能如此推行，其他地尤肥，人才尤多，交通尤便之邻省，视之当何如耶。

（《校风》第 124 期，1919 年 5 月 5 日）

严先生的为人[①]

（1919 年 4 月 30 日）

因为严先生永没有演说过，所以今天先生仍然是不演说，兄弟遂不能不替先生说几句话。但是今天时间很短，我不敢说是替先生演说，因为我不知道先生的意思，要说什么，我可以把先生的为人，说给大家听。或者于你们少年，也有些益处。

严先生在前清的时候，是个翰林，在那个时代，就算得很高的学位了，差不多同外国的 Doctor 一样。先生曾做过贵州的学政，察看彼时的情形，知道八股文章，不能够应用的，所以首先提倡改革八股。他的意思，以为那个时候所需要的是一种人材，所造就的是另一种人材。所以不能适用，也就不能不谋改革[②]。及戊戌变政，因为先生道德高尚，不甚激烈，也就不做官归家了。庚子乱后，时势变迁，遂又出来做教育事业。当着做学部侍郎的时候，对于教育一面筹划的很多，以后往欧美考察教育回来，仍是做教育事业。如南开学校就是这位先生所创办的。并且他老先生所创办的学校，不只南开一个。在北方直隶一带地方，倡办很多。先生善于观察，并且“善变”，又不激烈，所以可说是我们的先觉先知的。因为变法须由渐而来，不能太急，太急就不容易成功了。无论

① 严修、张伯苓为筹办南开大学赴南京募捐并调查教育，于 4 月 30 日下午参观暨南学校，张伯苓应该校校长赵正平之邀，代表严修演讲，由申炳韶、戚烈庠记录。本文原题为《张伯苓先生讲演词》，标题为编者所拟。

② 着重号原文如此，本文下同。

什么事体都是这样的。诸君从外国回来，素愿研究国内的文明，这也是“变”的意思。严先生因为知道旧的不适用了，所以就要“变”。诸君是少年，更当该“变”了。并且应当效法严先生的“变”，按部就班向前进行，自然能够成功了。古人所说的“有志者事竟成”真是不错的。我再总一句说，我们处在这二十世纪上的难题目，是什么呢？就是要“与世界合式”。

当中国没有同外国交通时候，中国过中国的日子，外国过外国的日子。你们看看现在就不同了。自从欧战以后，我知道人与人的联络，是必要的，是重大的。当上古的时候，人的联络，不过一人和一人，一家和一家，或者一个部落和一个部落。近来就不同了，必须国与国联络起来，和人与人的联络是一样的。但是究竟应该持怎么的主义呢？我不能同诸君说，因为世界上的潮流，是变动不居的，所以我们的“变”，也是不能固定的。所以可以与诸君说的是什么呢？就是我们的“变”，第一必须是“科学的”（Scientific），不是新的全好，必须想一想对不对。第二必须要“诚实的”（Sincere），假使有一件事情是应该变的，就老老实实的去做，抱定宗旨，一贯到底。

我把严先生的为人，和他变的法子说给诸君，诸君如果能按照科学的方法，诚心的变去，庶几乎不至于因为一时的热度，就贸然从事，而有谬误的结果。照这样看起来，这番话或者与诸君有些益处了。时候不长了，可以再会罢。

（《中国与南洋》第六期第七期，1919年8月）

教育谭[①]

（1919年4月）

此次诸位由各县远来，鄙人应表欢迎，因太忙迫，不克如愿，殊为抱歉。兹承王厅长委托，与诸君作半日谈，亦一幸事。

从来办教育者，宜常研究教育上之改革。大都与会诸君，或经验十年二十年之久，必知教育当有目的，然须问目的果在何处，积年愈多，愈觉茫无头绪。

① 本文为张伯苓在直隶小学会议巡行讲习会的讲演，由傅青照笔录。

日日从事实上做去，理论一面置之不问，鄙人亦常犯此弊。因在小节上用心，大的题目照顾不到。小节目熟悉，好处固多，短处亦有。何谓短处，即不知变、不能改之谓也。所以实心办教育者，须抽出闲暇讨论方法之合否。鄙人此次往美游学，入哥伦比亚大学研究科，方行之时，友人皆谓如许年华，尚往彼求学，语中含有徒劳往返的意思。及至校，年长于鄙人者颇多。学至三月，于其学说理论格乎不入，继而思之。彼之学说为美国教育，吾所主张是中国教育，宜乎不同。及至详加考察，乃知其所主张为世界的，非浅见者所能领略也。鄙人从前所主张于是爽然若失，与初至时大不相同，对此教育目的，遂另具一种态度。若在校遇着好讲师，苟得其观察之点，再以之研究他事，无不迎刃而解。譬如戴眼镜，带一红者，则所视为红，带一绿者，则所视为绿。吾得其镜，则视察物体与之相同矣。Dore 笃爱之学说在美颇有势力，在全欧亦颇有势力，今日要述他的主张，时间甚短，恐不能详悉，请谅之。试问所谓教育者，何询之大家？各有所主，或本经验言之，或本学理言之，或本习惯言之，或本历史言之，可复杂言之，亦可简单言之。今试以教育目的为讨论之第一步。教育目的之说，虽有深有浅，究是一动体非一静体，盖教育与世界倾向有关系也。试问世界与人类以及社会是动体否？果是动的，则教育亦当以动为主。古代希拉［腊］大教育家亚力士多德等，其论教育，有以为求知识的者，此说行之现在不甚合宜。近代之哲学家，有以教育为发达人之本能者，有以授人以生活之需要为教育者，有谓教育即德育者，有谓教育可以保文化者，以上数者，皆不能概括教育之范围。教育者须研求以上各目的，详察世界之动势，俾所行教育，于社会上生出绝大效力。此说近颇通行。

欧洲自十六世纪，人民进步极速，因得政治自由、宗教自由，故个人能力始得发展，近三百年来欧之文化所以进步颇速也。近来一般教育家颇发明社会学理，以为一人进化不如团体进化，则教育之目的因之大变，必使儿童对于社会、国家能实行其应负之责务，为教育最终之结果。人民捐生命，耗金钱，悍然不恤，此其证也。

今之教育应使学生对公共或社会有觉悟心，有责任心。从前一切万法皆须更改，凡学生之不适用之好高务［骛］远心，皆宜遏止，当提倡公共动作为主要。近二三十年欧人皆知个人为团体之一，非团体有益之事不肯作也，办学之人，造就儿童之眼光，应注在社会。本此以行之，下一世纪之人必无自私之心。从前劝人或曰牺牲，或曰爱国，然不过高等人之口头禅，于实际上毫无裨益，以其力太薄也。苟社会中人皆作如是想，皆能如是行，厥效乃大。此目的外人可用，吾中国亦可用。

吾国近年屡受外界压迫，国内复纷乱如麻，推原其故，以国家组织非由社会组合而成，欲矫此弊，则非与外界比较不可。中国旧用家族制度，最重忍字，张公五世同居，后世传为美论，但此种组织与现今不合。兄弟不做事者，吾助之，道德虽可取，而有害于社会者极大，生之者众，五旬可为明证，吾国致乱之原，半由自私，为公共设想者尠。救弊补偏，端赖教育。寻常讲德育，多偏重私德一面，究不如在公德一面着想。此后观人者，凡能对于社会有益之事，勇往直前，见诸实行者，乃为道德之人。中国人无此觉悟，宜其乱也。清季预备立宪，当以教育预备之，当以社会教育预备之，乃不出此，致结最终之恶果。现今害公家者多，是目中无社会也，宜乎散漫而不能团结，吾国现在对于公字，正成一反比例，热心教育者当以身作法，使无数少年仿而行之也。又有所谓手段者，人无能力，手段何用？从前社会不良，因无教育，下一代社会如再不良，是吾辈之耻也。

教育当以教育为目的，教育即生命也。当日之教育以毕业为正鹄，以试验及格为结果。要知修业时期有限，天下事理无穷，安能以极短时期举儿童毕生事业而悉予之？儿童身体发育及量而止，而思想则随生命以俱延，故教育家之作育人材也，以发达儿童之思想为第一要义。往往见一老人思想甚新，年少者而思想反旧，此固由于禀赋之不同，而教育之良否亦大有关系。今后之教育者，宜利用种种机会，使儿童运用思想，为儿童立一能长之基础，方不陷于从前注入教育之弊，此教育方法所以尚改革也。欲革新教法，莫妙于采取自动主张，若猜谜之问答，呆板之记忆，此种方法皆不能养成适用之国民。所谓自动主义者，在引导儿童之自动，而不为彼动，凡某问题之推解判断皆儿童自用其思想，教育者不必为之代谋。至于训练管理各方面，凡儿童之行为不妨害个人与社会之进步者，即勿加禁止，准此以行，自能造成社会上有用之人物，以是知教育方法非一成而不变者也。前日之教育为静的，今则为动的，盖世界之潮流趋势变，教育亦不得不变焉，今日与会诸君子，有为巡行教员者，到处查视，宜如医者之审症，为之立一良方，尤必劝令服吾之药，果能如此，则对于社会裨益良多。然仍赖自求进益，方能令人进益，自能变化，方能令人变化，其道无他，阅书报，广游历，开讨论会，均最要事也。且不教而杀，仁者不为，诸君回籍后，对于各校教员宜有相当之指导、补助之效，终胜于责成也。诸君皆教育界领袖，予尚有数语贡献之。吾国现已改建共知［和］，而人民程度尚虞不及，然只能前进不能退却，复辟之说万不能再现于二十世纪之世界。惟欲造成真正之共和国民，则端赖教育。教育者当以教育为终身事业，努力行之，勿令吾将来国民落人后也。又人皆以教育为苦事，予以为教育中有乐地也。工厂之司机者，机动而心不动，不乐也，教育苟作到好处，则进益变化无已时，则吾之乐境亦无穷期。今日时间过短，语多不详，诸君子素有心得，当能印证予言也。

（天津档案馆档案）

报告南开大学有关事项①

（1919年6月25日）

（一）本校大学定可成立并有十分把握。

（二）招考大学生简章不日发表，考期在阳历九月五、六两日。

（三）本年毕业生凡欲入南开大学者，一律报名赴考。经审查会甄别，平日程度优良者，可给以免试。

（四）报告截止期在七月二十日，二十一日发表免试者与不免试者，不免试者随同新生一例赴考。

（五）大学教员凌冰博士已抵上海，现折赴广州成婚，结婚之后即行来津。抵津之期约在七月八日前后。凌先生在美时已物色大学教员八位，概系中国人，先后来津。

（六）大学开学时期在阳历九月中旬后，因如（各）种设备多未臻美。

（《南开日刊》第21号，1919年6月28日）

① 是日，张伯苓召集南开学校四年级同学报告大学筹备事宜，原载《校内新闻》栏，题目为编者所拟。

期考一项准予免除①

（1919年6月27日）

此次学生奔走呼号，纯系爱国之确证，于假期内犹复勤劳不休，其心可见，其志可钦。至若期考一项，本属验明学生所读之书是否心会，现所做之事，非心会于平素可得乎？故余意，及期考一项准予免除。

（《南开日刊》第21号，1919年6月28日）

与陈宝禾等呈北京政府大总统徐世昌请愿书②

（1919年8月29日）

具请愿书，天津绅商代表张伯苓、陈宝禾③、赵春亭、宋则久、郭芸夫、王梦臣、孙子文、杨增益④、王晋生⑤等为请愿事。

窃此次山东戒严令，实由济南马镇守使⑥朦请张督军⑦转呈颁布。其实山东

① 由于南开学生积极参加“五四运动”，本日张伯苓召集学校职教员会议，讨论本学期期末考试如何进行，张伯苓谈了以下意见，题目为编者所拟。

② 1919年7月山东济南马良逮捕杀害马云亭等人事件爆发后，全国各界人士纷纷向北京政府请愿，要求解除山东戒严，惩办马良。天津先后派出三批请愿代表赴京，在8月28日第三批请愿代表被北京政府逮捕后，张伯苓等为营救被捕代表，作为第4批天津绅商代表赴北京请愿，并向时任大总统的徐世昌呈递请愿书。题目为编者所拟。

③ 时任天津市商会会长。

④ 杨增益，字进德，河北蔚县人。人称二杨神父。曾任天津小修道院院长及望海楼副堂。

⑤ 王晋生（1885—1966），名健，以字行，原籍山西太谷，定居天津。先后毕业于上海圣约翰学校、天津高等工业学校。1917年创办华北制革公司，自任经理。1933年应聘为天津南开大学化学系教授。

⑥ 马良（1875—1945），字子贞，河北清苑人，回族。早年入北洋武备学堂学习，1911年任北洋陆军第五镇第九协协统。1912年后任中央陆军第五师第九旅旅长、山东第四十七混成旅旅长。1916年5月兼任济南镇守使。抗日战争时期降日，任济南维持会会长、汪伪山东省省长、汪伪华北政务委员会委员等职。

⑦ 张树元（1879—?），山东无棣人。字少卿。曾入北洋新建陆军德文学堂、日本陆军士官学校第三期炮兵科学习。1914年7月任第五师师长、山东军务帮办。1918年8月任山东督军。

省城各界公民痛外交失败，设法挽救，实为爱国之举动，并无他项乱事之发生。原无颁布戒严之必要，乃该镇守使张大其词，藉《昌言报》馆一案，无端朦请，以遂其摧残民气，惨杀无辜之谬举。查《昌言报》馆捏称十府三州公民名义，通电政府攻击沈前省长[1]，嗣由该省公民趋赴该报馆质问，见有数人在楼上吸食鸦片，聚赌麻雀，爰即扭送官厅，请求依法惩办。此等案件至大不过刑事诉讼，乃该镇守使藉端朦请戒严，已属欺饰；乃复逮捕马云亭[2]等非刑熬审，遍体鳞伤，诬称匪类，用刀将马某等三人[3]身脸割裂，鲜血迸流，体无完肤。查马云亭为回教人，年七十余岁，向在济南南关正觉寺街开设药店，行医卖药多年，又为南礼拜寺首领，则其行为端正可知。于旧六月中旬，《昌言报》馆事发后，马良在济南高等师范学堂带领技术队百余人，沿途强迫商民到场开会，经马良演说谓日本接济饷械有益吾国，理应感激，不宜反对等语，由马云亭当场驳辩后，复赴礼拜寺提议将马在寺内所立碑匾一概削毁，以示摒除马良之意。是以马良恼羞成怒，逮捕马云亭等十数人。其柔弱者请示保释，而马云亭等三人据理力争，强项不屈，更触其怒，两不相下，是以马良认定非致马云亭等于死地不能免其后患。爰用非刑逼认蛊惑国民、抢掠济南诸罪状，是以马云亭遍体鳞伤，趁昧爽无人，擅行枪决。行在半途，遇有拉粪者、提鸟者聚集十余人。马云亭对众宣言以上情形，并请解衣验看，无不泪下。且马良逮捕三人在《昌言报》馆案初发生之时，彼时尚未颁布戒严，依法应交司法衙门刑庭审讯。该镇守使不得越俎逮捕，乃既违法审讯，又复非刑逼供，既诬为匪，又擅枪决。似此惨无人道之行为，当为人类之公敌。绅商等于马良夙无恩怨，只以此等暴行，倘政府不加详查，诚恐激动众怒，将来惨剧实不忍言。绅商等俱有身家，休戚相关，为人道计，为国家安全计，本良心之主张，未敢知而不言。伏乞大总统俯查国民大多数公意之所在，未可以马良等片面之词认为事实，速请遴派妥员，前往山东彻底查究，秉公核办，以明真是真非之所在，而安天下之人心。哀哀苦苦，伏乞垂鉴。

（《益世报》，1919 年 9 月 4 日）

---

① 沈铭昌（1871—？），字冕士，浙江绍兴人。1919 年 2—7 月任山东省长。

② 马云亭（1855—1919），山东章丘人，回族。早年充任左宝贵军营的海里凡，1904 年随左宝贵赴朝鲜与日军作战。左宝贵牺牲后，返回山东济南，开设保安堂中药铺。1919 年五四运动爆发，发起组织“回教救国后援会”，被选为会长，揭露马良勾结日本的种种罪行。1919 年 7 月 21 日，马云亭组织回族青年等各界人士捣毁了安福系的《昌言报》馆，7 月 23 日，马良派人逮捕了马云亭等 3 人，随后又逮捕了要求释放马云亭等人的学生及各界请愿群众 300 余人。8 月 3 日，马云亭被马良杀害于济南城南圩子门外。

③ 另二人为朱春焘、朱春祥。

关于南开大学成立的反对派与赞成派[①]

（1919年9月25日）

南开中学开办至今已十五年，曾拟创办大学部，至第三次始成立，其一、二两次均因故停止，此次虽遇国家多事之秋，已然成立。查中学自成立以来，造就者达一千二百余名，均分赴各国，或已入他处大学者，彼等得南开大学部成立消息，已多数返津又投校肄业。中学学子之希望如此，惟将来能否发达，皆在职教员诸君进行。且关于大学部之组织，有反对与赞成两派。其反对派：（一）守旧，（二）执政，（三）社会新派，其反对者也均有理由；赞成者：（一）赞成国式大学，（二）民的大学。求学者当然注意，尤应时常并解释各种理由。

监督政府，本为国民之天职，而政府如是之不良，国会丝毫不闻，究其原因，实由选举时之失当，而选举之责任为谁？实由于大学学生也。所以，我盼望将来我们南开学生作。

（《大公报》，1919年9月26日）

本校设立留学顾问会[②]

（1919年11月13日）

本校同学中欲赴法国勤工俭学者近来颇有其人，赴英赴美者亦不少。中级班年龄较小者贸然前行实非所宜。有鉴于此，特在本校设留学顾问机关。同学欲留学者，须与委办委员讨论再定行止。

兹将各顾问先生姓名列左。

美国凌冰先生、李道南先生、余日章先生、孙丙炎先生、史译宣先生

---

① 本文为张伯苓在南开大学开学式上的演说，题目为编者所拟。

② 张伯苓在南开中学设立留学顾问会，为学生出国留学提供咨询服务。

法国史译宣先生、姜更生先生
英国张伯苓先生、时子周先生
日本马千里先生、凌钟先生

（《校风》第 129 期，1919 年 11 月 13 日）

中国学潮应于悲观中抱乐观[1]

（1919 年 11 月 15 日）

中国学潮应于悲观中抱乐观，因其调查国货、提倡国货等事，均能化虚就实，变为注重物质主义故。

又，中国历代革命，向例为循环线，现欲令之改趋直线，向前进步，其责实在办教育者。南开校教务得力于约翰[2]出身之教员为最多，今蒙赠与学位，此后系念更深。

（《申报》，1919 年 11 月 16 日）

学校当有独立之校风[3]

（1919 年 11 月 22 日）

南开创办十五年，变迁甚速，而教育精神从未改变。盖个人应具固有之人格，学校亦当有独立之校风。我等应付变迁，惟有思想活动，而不失本来精神。现在世界正值变迁甚亟之际，国家、社会不如此皆甚危险，愿南开学生以本校

① 11 月 15 日，上海圣约翰大学举行四十周年庆典，并授予张伯苓等 9 人名誉博士学位。本文为张伯苓在接受名誉博士学位时的演讲大意，摘自《约翰大学四十周年庆典纪》一文，题目为编者所拟。

② 指上海圣约翰大学。

③ 本文是张伯苓在南开学校十五周年纪念会上所致开会词，摘自王揆生《特别纪事・本校十五周年纪盛》，题目为编者所拟。

之精神为精神，以应付世界之变迁。

（《校风》第131期，1919年11月27日）

《民心周报》介绍①

（1919年12月6日）

《民心周报》系留美学生及国内学者素具言论救国之志愿者，所以其主旨健实、持论稳正、志愿坚苦，用敢乐为介绍于邦人。

（《民心周报》第1卷第1期，1919年12月，转引自范源廉著：《范源廉集》，湖南教育出版社，2009年，第182页）

对师生要求学校改革的答复②

（1919年12月24日）

一是全体学生出校调查日货，没有通知校长。

二是在校内阅报处张贴匿名文字，指称校董严修晋京保荐杨以德之事，此行为败坏学校名誉。

我自己恐怕不合乎现在的新潮流，从后天起我暂时请假休息几天，盼望职教员和学生重新把南开学校组织一番，改组后一定有校长的地位与权限，如果鄙人能做，就返校与诸君共同进行。

（北京《晨报》，1920年1月5日）

---

① 本文为张伯苓与范源廉、严修、张謇、余日章、王正廷、黄炎培等11人联名介绍。

② 本文为张伯苓在南开中学修身班上的讲话大意，摘自《天津南开学校改造风潮》一文，题目为编者所拟。

天津南开学校改组的意旨[①]

（1920年1月12日）

这次要改组的近因，确由于校中各种不如意的小问题集合而成，然向深处研究，则由于组织上的不合式。

以前的南开，是一种家庭制，由家长一人负责。现在的南开长的这般大，人数这般多，要归一人处理，实在不容易进行，所以必须向分工负责的方面去改造。

以前的南开由一人负执行、筹划和受批评的责任，这种起因，是由严氏家塾养成的。现在南开应该变为社会的“公司”制的学校了。

既要改革促进这个学校，就要请大家共同维持。现在可分两项来说。

对内。第一项，大家全知道学校的内情同困难的所在，能互相原谅，互相了解，意见就可渐渐一致了。第二，大家共同定一种组织，汇大家意思于一处，可以互相商榷，互相决定，事情就容易进行多了。

对外。精神物质两方面的赞助，全要有人负责去做。这种人的限度，不仅是校长，凡是南开的人同南开的好友，全有这种责任。我对于这次改组的办法，实在毫无成见。但我自信必定要有这种脱化（从旧制中产生出新的来）。

我现在觉得个人是很累，所以必定要我一个校长对他负责的地方，并且还要有汇大家意见的机关，我好容易向前进，也可以减轻我一点责任。

如大家有办法，我不领着大家向前走，算我道德上软弱。

大家应该知道浮在表面上的，是各种小变动，深在里头的，是旧的组织法不适用了。

如果南开在校出校的人，都认南开为教育上的机关，一定可以沉心为南开想一想，谋些建设的方法，为南开增无穷的进步，而将来的南开也可渐渐向进化方面走去。

就以这几次小的变象说，大家也都是为爱南开才这样做，不过手段的施行，没能够找着正当发表意见的地方。我愿大家共同设法，谋改组的道儿，努力

---

① 摘自章志的《天津南开中学校》一文，题目为编者所拟。

去做。

（《少年世界》第1卷第2期，1920年2月1日，原载1920年1月12日《时事新报》）

要打算进步必须改组[①]

（1920年1月31日）

改组的事情，我恐怕有些人误会，近来好像也没有了。在表面上看，似乎不必改组，若要打算work进步，必须改组。有人说恐怕太早，学生还没有到自治的程度。我却不然，所以前几天我拟出草案和宣言。周恩来大概都报告过了，不必再详细说了。咱这个学校是社会的，是大家的，不是我一人的。你们有意思尽管说，可是不必尽遂你们的意思，也不尽走你们的路。青年人思想太乱，必大人引导之，教他们仔细思想，才不致妄信和盲从。

我病的时候，八代表找我谈话，我问他们，这种浮气应该有吗？他们答，以后管保没有盲从。可是什么事情总要想应当作便作，不当作还作什么？他们所说的话，叫我很快乐。现在青年不是好问吗？就应该问干什么？为什么？结果在哪里？目的在哪里？大家要一同想想看。拿以前罢课来论，热心的人怎样？无论什么事情，总要想这事情可作则作，全体一齐作；不对，绝不可作。最要紧平常要有预备，临时才不致盲从。东来西遂，西来西遂，不是自觉、自治、自裁、自由的人。

学生自治——现在有许多讲学生自治的文。《新教育》蒋梦麟、杜威、陶知行三先生的说法大概差不许多，都是说要思想，要负责任。但是学生自治是很难一件事，若个个人有各人的意思那就散了。这就是德漠克拉西的毛病，所以解决现在的难题，惟有学生自觉。

可好，现在一般倡文学革命的，如胡适、陈独秀都是提倡新的。这一年学生长的很快，我们也不得不谢谢他们。

明年的计划——下学期打算做的事情很多。现在通用白话文了，可是现在

① 本文原题为《修身班校长的谈话》。题目为编者所拟。

的杂志，把批评和白话化而为一就不对了。白话文不独是写这一类的话，要翻译西洋的书，现在中国这样的新书实在很少，所以要紧要多翻译新书。明年利用博士——胡适、梅光迪——请他们讲演学术，咱们可以看看他两位的意思，也可以知道新思想是什么。新潮流是什么。

（《校风》第 137 期，1920 年 2 月）

以青年会宗旨创造理想之新中国①

（1920 年 4 月 1 日）

各地青年会皆热心公益者所组成，今日到会诸君，又皆平素勇于任事，名望素孚之人。今各省代表虽数仅及千人，不能代表全国，然亦足表示各省各城活泼之动机。藉此动机鼓舞，当此前途无量，欣幸良深。今日欣达二十五周年大会。聚首一堂，共策将来进行事宜，甚望以青年会宗旨创造理想之新中国。

今日到会诸君，可代表各处“动力”。人家以为青年会好多事，但好处就在好事，足见青年会会员热心较他人不同。人家以为青年会外行，要知民国人物，无一不外行，即如黎总统，民国以前，确非总统也。凡事法子在活动，极希望我等能创造一理想的国家。

（《申报》，1920 年 4 月 4 日）

① 4 月 1 日上午，基督教青年会第八次全国代表大会在天津召开，下午 4 时，天津青年会在老西开维斯理堂召开欢迎会，欢迎与会一千多名代表。欢迎会由天津青年会会长张伯苓主持。本文为张伯苓代表天津青年会在会上的所作欢迎词，题目为编者所拟。

论民国之现状[①]

（1920 年 4 月 2 日）

我中国自有历史以来，国之兴衰，更换朝廷，大兴大革者有几？现在我国虽改中华民国，然无中华民国之国民，守旧者责维新太快，维新者责守旧太钝。维新责守旧，守旧责维新。至今已民国九年，人民仍无民国之思想。吾国四万万人民，由专制而改共和，是全球上从来未有。如此之大国，一旦改良为共和国者，欲做民国之国民，必先由基督教倡始，而后乃有民国共和之真精神。

（《大公报》，1920 年 4 月 4 日）

社会之进化在人民[②]

（1920 年 5 月 12 日）

欲立民国之基础，在社会；社会之进化，在人民。我国之所以依然故我者，亦人民之缺乏常识与责任心，有以致此。教育、实业、公益、慈善等事，为建筑社会之要素，而其进行之原动力，则自国民人人能负责任始。望诸君于今日始，各人团结精神，从事社会事业，积极进行。青年会亦社会之一，故创办青年会，实当务之意，但须努力，事无不成。

（《申报》，1920 年 5 月 15 日）

---

① 基督教青年会第八次全国大会 4 月 2 日下午 7 时半在天津维斯理堂开会，到会者七八百人，张伯苓在会上演讲。题目为编者拟加的。

② 苏州城市基督教青年会开筹办会，张伯苓受邀参加，并在会上演讲。题目为编者所拟。

大学办理夏令学校及夜校之用意①

（1920年7月10日）

（一）使大学生练习建设及组织能力；

（二）使一般学龄儿童利用机会，不使长夏光阴等于虚掷；

（三）利用校舍，不使闲置；

（四）大学生中家境窘迫者，藉此可得经济上之补助。

夏令学校在吾国实为创举，此次同人所得经验非常满足，盖不但使学者能利用通常视为无用之时期，以增长其脑力，即教者于办事之经验及学识亦与学者俱进，一举两得，孰有其于此者。同人拟于明年大加扩充，增设英文、汉文各班，俾各中学高级生亦可藉此时机增长其英、汉文程度，庶几学习高深学科时，不致受文字上之困阻，则夏令学校之设，有益于学子更多矣。

（《校风》第139期，1920年9月）

青年人应有服务社会、服务国家之责任心②

（1920年9月18日）

今日为本会秋季大会，为暑假后首次聚会。此次聚会，为振刷精神，预备下半年工作。青年会之宗旨，以前为消极的，即保护青年不落于恶魔之境。昔青年会之在英国组织时，亦即此旨。现今之青年会为积极的，凡青年人应作之事，均宜负责。服务社会、服务国家，青年人应有此责任心。故今日之聚会，为预备本年之工作也，题目为个性与组织。

---

① 本文摘自《南开大学夏令补习学校的报告书》一文，题目为编者所拟。

② 9月18日，天津青年会开秋季大会，到会者1500余人，首由会正张伯苓报告开会宗旨，继由梁启超演说。本文摘自《天津通信·天津青年会秋季大会之盛况》一文，题目为编者所拟。

附：梁启超之演说

今日值青年会秋季大会，鄙人幸有此机会与诸君一谈。今日演说之题目，即张君方才报告之个性与组织。个性者，即个人之特性；组织者，乃多数人联络团体也。以表面观之，个性与组织，似极端相反，而其实个性与组织，有密切之关系。譬如织缎，由一丝而成尺、成丈，以至成疋，此即组织之能力。又如造楼房，由一砖至十百千万，以成若大之楼房，乃个性与组织之结果。既如是，吾人必须发挥个人之能力，以竞存于世界。今观吾国人民之特性，与各国人之特性比较，何尝不能与之战胜？譬如吾国之一兵，与各国之一兵相角赛，吾国之兵，可能占胜。吾国一学生与各国一学生，学业上竞争，中国学生亦能占优胜。故中国之个性，与各国之个性比较，中国均能占胜，若以中国四万万人民与各国比较，必更优胜矣。而确不然，乃因中国个性合起来，反不如一个个性力量大。外国是合起个个性来，能有极大力量。究其原因，我国实乏组织力也。中国今日何事不然，其最大原因，皆由于个性基础不良，即无组织之能力，而几于湮没者，不犹是耶。然吾国人亦非原来无组织之能力，但能使个性能力，由精神之发而为力，卒之一人如是，一国又如是，毫不染社会之弊端，其将来组织之结果可知矣。

在欧洲黑暗时代，亦与我国相同。不过彼邦人士，个性力能发达最早，故先脱离黑暗。吾国欲脱离黑暗，亦正在发展个性之力量。但人性之好逸恶劳，古今无异，然此最易发生倚赖性。倚赖与独立，乃极端之反对，即以万金委之于倚赖之子弟，亦终不能独立于世界。一人个性之发达，至十百千万人个性之发达，然后可组织社会团体。但个性能力大小不一，亦犹造房砖瓦，虽大小不一，而匠人善用之，故吾人第一要去倚赖性，再因自己之天性，近于某事，努力去作，必无不成。然后群策群力，何事不成。现在吾人之个性，已经发达，比五十年前已强百倍，如此急起直追，无论组织何事，皆有良好结果。所望诸君及吾族类，思所以共立于光明世界。

（《申报》，1920年9月21日）

在南开学校董事会上的报告①

（1920 年 9 月 19 日）

一、本学年开课后中学学生共一千一百五十四人，大学学生八十余人，新教员二十余人。中学收支可相抵，大学本年亏二万二千元。

二、在京访问罗氏基金管理人事。罗氏基金管理人谓，可担任补助理科教授事，补助次第：第一教员薪水，第二理科设备，第三教室、试验室，并谓愿先见现在担任理科诸教授，前星期五日由凌冰先生率教员三人往见该管理人，不知结果如何。

三、现托王儒堂先生请简照南②先生为校董，简先生允捐一万元。

又，李组绅先生拟办一矿科，每年可供给经费三万元，以后学生即请在矿场上做事。

四、矿科似须另组董事会，本董事会以严慈约先生为代表，商科亦似须另组董事会，以卞俶成先生为代表。

图书馆书籍拟请商务印书馆与中华书局捐助。

检验身体事已请北京协和医学教员来津检验。

西山养病处将有香山红十字会将来可用。

五、前同李组绅先生参观六河沟等矿时，见有旧汽机，拟索来为本校之用。

（南开大学档案馆藏）

---

① 是日午后 2 时，南开学校董事会在大学部开会，到会者有范源濂、王濬明、李芹香、卞俶成、陶孟和，校长张伯苓列席并报告以下事项。题目为编者所拟。

② 简照南（1870—1923），广东南海（今广州）人，名耀登，字肇章。1905 年与弟简玉阶在香港创办广东南洋烟草公司，1909 年更名为广东南洋兄弟烟草公司，任总司理。至 1919 年公司资本额达港币 1500 万元。1922 年创办上海东亚银行。曾任上海总商会会董和上海华侨联合会董事等职。

研究品格教育[①]

（1920年9月25日）

（一）关于校长的职务——上半年来，学校的经费非常之紧拙，所以今年暑假之后把对内的职务减轻了许多，交给各课的先生去办，自己专对外面发展，等到有点成效再回来尽力在校内就是。下星期内还得到别处去，大约十几日回来。

（二）募捐的款项——南洋烟草公司捐助各学校款项二十万元中，本校得着一万元。李卿襄先生允许每年助款三万元专办矿科，协和医学的 Rockefeller Foundation[②]也允许对于理科的经费、器械、教授，每年可以帮助全年经费的二分之一或四分之三（这些经费都是大学的）。

（三）研究品格教育——要想造成一种品格适合于本乡、适合于本城、适合于全省、适合于全世界，除非（1）不苟且，（2）真诚，（3）奋斗。

（《校风》第141期，1920年10月1日）

谈两个问题[③]

（1920年10月24日）

前几天我因为到南京去吊李秀督[④]的丧，本校十六周年纪念日我未能在校，所以今天召集全校师生聚在一起，一半是要和大家说几句话，一半也是要补祝我们学校的生日。我今天所谈的有两个题目：

---

① 本文张伯苓在全校修身班上的讲话，题目为编者所拟。

② 指美国洛克菲勒基金会。

③ 本文原题为《修身班纪事》。题目为编者所拟。

④ 李秀山（1874—1920），名纯，字秀山，天津人。时任江苏督军，在南开大学建校初期曾给予重要资助。

（一）关于李秀山督军的事。

李故督是一个尽力于我们学校的人。他在未弃世以前很替学校帮忙，对于学校的事情很关心。前次我由上海返津经过南京，先是知道他病着，特为下车想去看看，并和他陈说陈说南开现在的情形。后来因为他的病太重，请李石忱先生代见，谈到为学校筹款的事，李督极不以为难。我又想托他写一封信给南洋兄弟烟草公司——为筹款的事。从前该公司曾经答应捐助本校五万元，现在仅给了一万元，还想请他再捐上那已竟[经]答应的数。——谁知道我回津后靡〈没〉有几天功夫，来了一个惊人的电报，说李督因病魔自戕。我得着信极无疑意〈义〉。外人以为他是个督军，所以就拿着看平常督军的眼光看去，不信他会自杀，所以才生出许多谣言。李督军是天津人，年四十六岁（报载五十二岁，不对。），兄弟两人，秀督无嗣。这次他自杀确不是神经错乱所致。他早就安排妥帖，看他一步一步的手续何等细致。至于他死的缘故，不外丧心时事——南北不能统一，事事不如意；巡阅使的事，被陈光远反对；保荐财政厅，被江苏人反对；平生好名誉，不肯稍微玷辱。现因病魔误国家、误江苏人，倒不如一死，所以他方有此下策。外人说什么是被戕死，的确不对。因为他自戕的时候，外衣全解开，直接由皮肤打进去，伤处在右肋下，有我得来影相[像]一张可参看。至于论他的为人，实在高出这些执政的人百倍。

（二）关于学校方面。

今年学校的经济总算处处顺利，但是切不可松懈下去，仍应当用我们南开自幼那种坚卓不拔、有毅力、有奋斗的精神，来发展、来进取。我这次回来，听说学校里精神不如从前，我以为诸位确是受了新潮的鼓荡，无所适从，不知道那是那非。此次诸位切不可仅仅持消极的批评，作那种无精打采的样子，全要挺起身来，要具有奋斗的精神去作。诸位对于学校有不满意的地方，大家可以写在纸上，简单说明这件事的理由，学校可以改良的，没有不改良的。再说这次对于灾民的捐款，远不及人。我们处处要想人家的帮助，我们就应当处处去帮助人。我们学校有一千多人，照旁的沪江大学捐一千余元，比较起来总是算最底额了，以后得着机会，就量力的捐助。本星期六的新剧，诸位多多的代售才好，诸位对于灾民也尽点义务。

（《校风》第 145 期，1920 年 10 月 29 日）

在南开学校董事会上的报告[①]

（1920年11月7日）

一、大学部七、八、九月经费较预算有余四千元。中学部七、八、九月职教员支出有余，购置、修缮两项不足，两者可相抵。

二、李秀山督军遗捐基本金五十万，应有处置方法。

本校大学现在各科及将来计划。

大学本部，即文、理两科、商科、矿科，女子部、职业部。中学部明年拟设豫科，专为外间中学毕业生，因外间中学有程度稍低者，与本校毕业生程度不齐。然程度稍低之中学毕业生可入职业部，毕业后成为技手。据李组绅君云，中国最缺乏技手，将来南开造就此种人材，可不收学费。商科亦可造就此种中等人材，为司帐大写等事。

南开附近土地南有一百七十余亩，中学门前有五十余亩，本校应购得以备扩充。由基金管理员与董事会主任接洽，尽先购得。

（南开大学档案馆藏）

在南开学校董事会常会上的报告[②]

（1920年12月12日）

本次会议应解决之问题四项：

1. 李秀山督军遗捐之基本金至今尚未交到，当如何催促？

2. 南开附近地亩其在中学门前者已为私人所有，不能获到矣。其在校南者

① 是日午后2时，南开学校董事会在大学部开会，到会者有范源濂、严慈约、王濬明、孙子文、李芹香、蒋梦麟、陶孟和、刘芸生、卞俶成，校长张伯苓列席并报告以下事项。题目为编者所拟。

② 是日午后2时，南开学校董事会常会在大学部开会，到会者有范源濂、蒋梦麟、严慈约、孙子文、卞俶成、陶孟和，校长张伯苓列席并报告以下事项。题目为编者所拟。

曾往询问，尚无办法。

3. 女子中学应附属于中学？或大学？或独立？

4. 罗氏基金团允许如本校能自筹理科经费之半，则本校可省壹万伍千元，本校应如何办理？

议定：

1. 对于李督军遗捐基本金问题，众意以为不宜直接往催，只可待之。

2. 校南地亩俟新市公司有经营之消息时再往询问。

3. 女子中学于明年暑假后开班，财政上与中学合并。

4. 请校长将各处已允许本校各款，如徐总统七万元、南洋兄弟烟草公司一万元、湖北省五千元，指定与罗氏基金团接洽，询其何时可将补助本校之款交付。

（南开大学档案馆藏）

教育者之责任[①]

（1921 年 2 月 20 日）

吾国人现今对于日用物品，莫不好尚文明，喜言维新，究之使用之材料及货物，无非来自外洋，自己不求制造之法。以吾国天产物之富足，而国人因循成习，不于国民教育一节，详加研究，国家乌得不陷于贫弱。

教育者之责任，在于施行教育之目的与施行教育之方法相符合，然后教育上得活泼之精神，而不蹈呆板之旧习。

（《申报》，1921 年 3 月 2 日）

① 2 月 18 日，张伯苓到达福州，20 日福州城市青年会演讲，听讲者数百人。本文为张伯苓演讲大意，题目为编者所拟。

校务公开 责任分担[①]

（1921年3月4日）

余在各地学校常与人谈，中国教育越办越糊涂。吾常言：读书可赚钱，只不可赚混帐钱；读书可求个人之生活，〈更〉要求大众之生活。……如此作去，要自问是否与教育宗旨相合？是否与教育学生之目的相合？……试问学校之设施是否合乎国家之需要？对于学生之输入，是否合乎社会之需求？造就之人才，是否将来有转移风俗、刷新思潮、改良社会之能力？若曰不能，是自小视教育也。……若仅为个人增加智识技能而办教育，则教育神圣，亦不足称矣。吾人……实具一改良社会之希望，因此次休课之暇，乃举行香山会议，……以慈幼院为开会之所，列席者有本校各课主任及各班学生代表数人，藉此以征求各班学生之意见。

此一段话，说香山会议成立之历史。在香山前后一个礼拜，所讨论者凡四十议案。精思细想，得有此一大结果。吾不得不感谢诸列席者研究心之富，办事心之勇，为吾南开辟一新纪元，开一新道路，建一新楼台。

此四十议案中，有讨论有结果者，有讨论尚须审查者，有讨论未有结果，待此半年继续讨论者。其中最要之点：

（一）校务公开。学校一切事，不是校长一人号令，应大家共同商量，所以要大家同负责任。有了此种力量，才能一致的奋斗，况教育目的不是饭碗，要有高过此的意思。若要达到这种意思，非得全体一致的动作不可，所以校务要公开。

（二）责任分担。全校师生，既是都负责任，必须认定自己的责，尽了自己的职务才行。史梯芬有言："决无一时就好的事，非得除了自己病不可。"我们在教育界做事的，没有贪的机会，但觉努力犹小，要广造新青年才行。然而若造新青年去改良社会，绝不是在书本上就行的，非得以身作则，用精神感动不可。

---

① 本文是张伯苓在南开学校全体教职员会上之开会词，摘自陈文波《香山会议案之提要及我个人之感想》。题目为编者所拟。

（三）师生合作。此项决非空说即行，我们此次到西山，有学生十几人。当时学生中有说，学生同去，恐于说话不便。然既同往时，大家一齐讨论，一同饮食、居住，精神是非常之好。盖无形之中即能感动。此后即将此种精神推于全校师生。吾得有暇，以办筹款事务。至于师生校务研究等会，已有《香山会议报告书》，兹不赘书。

（《南开周刊》第 1 期，1921 年 4 月 1 日）

附：香山会议报告摘要

民国十年一月，我校因疫停课。校长以校务刷新诸待讨论，爰召集诸职员并学生数人，假京西香山慈幼院会议兴革事项，开会计六日，与会者约二十人，所议事项或由会员提出，或由校长交议，总计约四十余件，所议结果或即可见诸实施，或尚须征求众意，凡此种种，均与我校前途关系綦重也。爰将会议事件提要录出，登诸报端以供众览。

议题一：学校组织。讨论结果列下：

A 学校今后应取方针：

1. 校务公开；2. 责任分担；3. 师生合作。

B 教务课：

1. 组织仍旧；2. 教员告假，由教务课通知训育课派人到讲室看学生自修。庶务课印刷各种讲义应另留一份交教务课存查。

C 训育、斋务两课：

1. 训育课员得以在斋务上执行课员之职任，其任务、时间另定之。2.斋务员得以在训育上执行课员之职务，由训育主任委任之。3.学生每学期用度之预算，四年级平均数约百零三元，三年级约九十四元，二年级约九十元。一年级约九十八元，补习班约九十六元（附件一）。4.寄宿舍报名规则照旧。

D 庶务课组织照旧。

E 体育卫生课：

1. 改称体育课；2. 组织卫生委员会，以谋卫生改良事宜（附件二）。

F 图书馆：

1. 组织照旧；2. 组织图书委员会（附件三）。

G 各课书记改称事务员。

议题三：组织师生校务研究会案。

理由：一、促校务之进行；二、谋感情之联络。

讨论结果：公举起草员四人，草定简章付大会表决通过（附件四）

议题四：学生自治案。

理由：一、造成合于共和国之国民；二、养成自由独立之人格；三、发达个性；四、实行互助。

讨论结果：一、先从讲室、柔软操两项入手，俟有成效再图扩充；二、各班班长改为值周生，维持自治之事宜（附件五）。

议题五：各班添设辅导员案。

理由：一、扶助学生自治；二、为各班之顾问。

讨论结果：通过。民国十年春季实行。

议题六：废除班长制度案。

理由：一、与多数做事之机会；二、造成多数之领袖；三、发展民治之精神；四、表现真实之舆论。

讨论结果：班长制度取消，改设值周生，各班每周二人，挨次轮流，值周生职务一如班长，并维持讲室及柔软操之秩序。

议题十：扩充童子军案。

理由：一、现时在童子军者人数太少；二、童子军有教育上之价值，宜设法扩充。

讨论结果：以童子军实有扩充之必要，拟定扩充办法如左：一、一年级及补习班学生入童子军者免体操；二、学校添委教员办理童子军事宜；三、力求设备之完全；四、用文字及工作引人注意。

议题十三：改良浴室案。

理由：一、浴室窄小，复欠清洁；二、提倡多数人沐浴以重卫生。

讨论结果：举委办员二人计划改良办法，再交庶务课实行。

议题二十：组织各科研究会案。

讨论结果：师生共同发起组织课内课外各种学会，以备知识上之进境。

议题二十四：变通缺席降班办法案。

理由：按照现章，每学期学生缺席逾四分之一即行降班，时期未免过短，且所旷功课亦易补足，似宜稍加变通。

讨论结果：四分之一改为三分之一。

议题二十七：学生至少须入一会案。

讨论结果：通过。

议题二十八：中学学生人数不宜增多案。
理由：求精神之整齐；设备可望完善。
讨论结果：以一千名为标准，至多亦不过一千二百名。
议题二十九：学校概况应有全年报告案。
讨论结果：通过。
议题三十二：实行课程新制度案。
讨论结果：民国十年秋季试办。
议题三十四：大学教员兼任中学教员案。
讨论结果：大学教员宜兼任中学教员，惟教授法须合中学生之程度。
议题三十五：特材生办法案。
讨论结果：特别优长之门类，宜设法使之尽量发展。
议题三十六：各科教员宜注意劣等生案。
讨论结果：各科教员宜与劣等生以相当之帮助。
议题三十七：组织师生茶话会以联络感情案。
讨论结果：举委办二人回校组织。

（《南开周刊》第3、5期，1921年4月13、26日）

在南开青年会纪念会的演说①

（1921年3月19日）

吾信社会主义将来必能成功于世界，然纯物质的则不能长久，必须加以精神。基督之社会主义乃真完全无缺，世界所依赖者。又青年人，当此学说纷纭、茫无适从之际，宜以基督为效法，乃能得生命之真谛。

（《南开周刊》第5期，1921年4月26日）

---

① 是日，南开基督教青年会在南开学校礼堂开六周纪念大会，到会者约500余人，张伯苓在会上演说，本文为演说大意。题目为编者所拟。

在南开董事会常会上的报告[①]

（1921年3月27日）

一、报告

甲、本学期开学后中学学生已增至一千二百二十余人，大学学生仍如前。此次开学后大、中两部精神甚佳。

乙、九年（1920年）冬季，因附近灾民发生厉疫，师生受传染者甚多，不得已乃提前散放年假，假期中携同中学部职教员七人，学生十余人到北京参观学校，复到香山讨论校务，六日间共议决议案四十。回校后，复召集大学教职员讨论大学一切组织。经此两次大会，师生间颇表现一种协同奋进之精神，不到恰好处不止。故本学期校中行政多本此两次会议议决而行。

丙、学生所组之各省同学会，成立者甚多，学校拟利用此会使各同省学生彼此互助及劝勉，并可研究各省一切应兴应革问题，藉以征验识见而勉成练达之才。使各省同学会多注意在乡谊而不致分出省界。

丁、本学期拟组织时事研究会，鼓励学生阅报及研究世界各项问题，遇有机会，亦可请各名人到校演说，俾收亲切指点之效。

二、大、中两部十年七月至十一年六月之预算，中学部支出项共亏三千余元，又建筑寄宿舍临时费四万元。此项亏款设法捐募，如此款募足，即可建筑寄宿舍，校外寄宿舍即可招添女子中学一班。大学部支出项共亏五万三千余元，又建筑科学馆临时费八万元。

三、假期内在香山会议已议决中学人数以千名为标准，至多亦不得过一千二百人。惟开学以来学生多远地而来投考者，势不得不为取录，结果本学期人数增至一千二百二十余人。依此一观，中学人数是否应限制名额，抑再谋扩充，尚须讨论。

（全体赞成现时中学应限制名额。）

四、中学主任一时实难物色妥人，且经此次香山会议后，校中事务均由各

① 是日下午2时，南开董事会常会在大学部召开会议，王濬明、李琴湘、严慈约、孙子文、卞俶成出席，张伯苓列席并报告。题目为编者所拟。

课负担，按现在情形无设主任之必要。大学部将来共分四科，各科设主任一人，以主持本科事务，而事务之联络由主任或干事办理之。凌先生[①]暑假内赴欧，辞主任职，所遗职务暂由校长代理（全体赞成）。

（南开大学档案馆藏）

为何青年会受欢迎[②]

（1921年4月7日）

青年会之所以一日千里者，因各处欢迎之故，而各处之所以欢迎，又因其能供给人之需要故。且青年会有活动力，有变化性，能审机度势，以应付社会各方面之要求。

（《南开周刊》第4期，1921年4月20日）

中国一日不亡，吾人当尽责一日[③]

（1921年5月7日）

“五七”为国耻纪念日，我等应沉心想想民国四年当日情形。从今日起，吾人对于以前种种不用去问，中国一日不亡，吾人当尽责一日，努力奋斗，鞠躬尽瘁，死而后已。

（《南开周刊》第7期，1921年5月10日）

---

① 即时任南开学校大学部主任的凌冰。

② 本文张伯苓在上海中华基督教青年会全国协会新会所开幕式上的演说，原载《中学校闻》栏，题目为编者所拟。

③ 5月7日上午10时，南开学校师生在礼堂集会，纪念“五七”国耻纪念日，张伯苓在集会上演说，原文题为《本校国耻纪念日开会记略》，题目为编者所拟。

对南开学校舒城同乡会的演说[1]

（1921年5月19日）

一般学校，最怕的是学生中把省界分得太严，因而生起冲突。可是我们学校，不但说自有学校以来就极力提倡学生组织各省同乡会，并且到了现在我们还极力的在提倡组织各县同乡会。不过，我们学校的同乡会，不但没有因此生起省界的冲突，反面由这种小小的团体，他去介绍新同乡，帮助新同乡，由他们本会的动作，可以使全体会员变成优秀的分子。他们的力量可以超过本校的管理员。这种令人惊奇的成绩，我敢说是我们南开的特点，也可以说是南开的教育方法。

为什么我们要让一个学校分成这些小团体？不是说是教他“同乡相爱护，非同乡相排斥”，是因为我们学校太大了。团体越大，精神越易散漫，不易于谋团体中不同等的进行。假如我们要把他分成许多的小团体，他们的精神容易团聚，他们的责任也容易各个个人分担，他们的进行既快，可是他们要想变动，也是极容易的。

我们想想，为什么我们国家自改革以来，没有一点很好的进步让我们快乐？最大的原因，就是因为我们国家太大了。我们一省，就有欧洲一国的面积大。所以人数太多，精神散漫，并且人人都有推诿的余地，全不负责任，这是团体组织中一个最大的缺憾。现在我敢说，“没有一个人——无论他有多大的才能，多大的权利——他能够在最高的地位，动得了现在的中国。”要想使中国有进步，最好的方法，就是把全国分成许多的小部分，各自去地方自治。这么样才能够有负责任的人，有做事的人。如果要能如此做去，我恐怕中国不出十年，他的进步必要大见。

所以，我要使你们组织这个小团体的原因，并不是使你们只在学校里做一个好学生，也叫你到社会里做优秀的分子。不是徒让你个人做一个好国民，也要使你帮助旁人都有社会分子的资格。要知道，教育不是叫你在学校里敷衍考试就算完了，是叫你应用你所学的，做那些大的事情。你们全是从一县里来的，

[1] 本文原题为《校长对舒城同乡会演说纪略》，由皃农笔录。题目为编者所拟。

对于你们的本县，你们应该负责任。你们应该在本县里最先着手做那“改良”，“增进”、“振兴”负责任的事业。你们舒城县的教育怎么样？不好。不好就应该提倡。实业怎么样？不发达。不发达就应该振兴。交通怎么样？不便。不便就应该开造。社会风俗怎么样?太污浊。太污浊就应该改良。你们现在就应该做起，乘着暑假回家就去实地调查。用你们的脑筋想方法去进步，去改良。你们也学学张季直[①]先生，把本县办成一个模范县。这种社会服务的事业，不就是生活吗？这种都是最有益于社会，最有趣味而且成效最容易见的生活。我望你们要常常去用你们的思想，并且多多的互相讨论问题。人人都说现在的学生是中国的希望者，不过，如果你们要不向我说的这条路上去走，我恐怕你们要是中国的失望者了。

（《南开周刊》第 9 期，1921 年 5 月 24 日）

暑假中学生之作业[②]

（1921 年 5 月 31 日）

暑假将至，你们学生应做何事业？这是我的问题，欲你们想方法解决的。我说此问题有几层原因：

第一层，学生平日在学校里有各种功课及事务去做，能各本己力尽量发展。到暑假期内，日既久，家居又无事，遂将在学校所学的忘去大半。

第二层，想种种方法预先告知你们，以求免去第一层病，然终无甚大效果。以此是建议的、悬想的。

按以上两层说，第一层，学之后又失其所学是错误；第二层，虽有方法求免此弊病，然又难以见效，所以按这两层看，皆不能满足我们的期望。

---

① 张謇（1852—1926），字季直，江苏南通人。1894 年中状元，授翰林院编修。1901 年，著《变法平议》，主张君主立宪。此后陆续创办了十余家企业；在教育方面，开办了通州师范、女子师范和若干中小学校、职业学校及盲哑学校。创建更俗剧场、伶工学社、图书馆和博物馆，又协助外地创办复旦学院等大专科学校。1907 年在启东县创办大生二厂，资本达百万两。继又创办垦牧、盐业、渔业、轮船公司及榨油、面粉、炼铁厂。

② 本文由刘炽晶笔录。题目为编者所拟。

究竟有何善法能免去此弊？想在这暑假之中不惟能保其所学的不失，而又能利用这时机有所进呢？有人谓不放假。然现在教育与从前教育是大不相同，其不同的点可以分为两项：

（1）从前学校是私塾。学生成年读书，自早至晚很少休息的时候，所念的书是没现在这样多，速率也没现在这样快，所以终年不放假，于学生各方面不甚发生影响。现在则不然，如终年不休息，学生身体必觉疲乏，所学课程必无时去回想，去与社会相考证。此是对于学生方面说。

（2）教员方面也是相差甚多。从前私塾教员较现在学校教员担任课程少，用力也小。按这样看起来，学校不放假是做不到的。此外，尚有种种原因，必须采用暑假放假制度。

所以想利用这长期的暑假，必须另拟别法以求长进。如：

（1）在学校有各种会，你们可藉此作发展个性的机会，到暑假作可自己随意选择事做，不必拘于学校内的死格式。

（2）你们在学校所读的书，皆是离开物质来讲，无事实可见，无暇看社会中的一切组织，调查各地的风俗，以及看各处的美景、山川等。藉此暑假，你们可出学校，身临物质现象界，与平素所学的互相比较一番。

（3）社会服务。可在暑假期内帮助社会做事。中国社会应当改良或去做的事很多，今早校务会议关于此事略有讨论，提出暑假期内可在社会服务的事，材料非常丰富，可做的事非常的多。

你们有返里的，有在学校住的，有在乡间住或城市住的，有组织团体或竟由个人发起做事的。然无论如何去做，第一步必须先有一定的“计划”（Plan），然后再有何种“组织”（Organize），末尾看发生什么“效果”（Result），俟回校以后个人作成报告。这是于自己于社会双方面均有利益的。

（1）于学生自己方面——可藉此与在学校平日所学的联成一致，与课本相调和，又可借此明白一切事实。

（2）于社会方面——可为社会做少许事，又能藉此明了社会的真相，补助教育之所不及。

本以上种种，综合起来可分数项：

a. 曾做过何事；b. 有何经验；c. 有何理想——方法及组织。

在此时间内，可各发表意见，说明以前已具何种经验，或假期内想做何事业，以便彼此讨论。如住在乡间的，就教育方面说，可分为创办学校与帮助学校二项：

（1）创办学校——须视各地情形而有不同，如钱如何筹法，应与何人会商，如何求官费补助，以及聘请人员等，皆须一一虑及方可。

（2）帮助学校——如本村小学欠改良，即可视其应改良之某点多加帮助，如体育上的帮助，或补助学生课程等等。

此外可作的事尚多，如调查农人的状况，各处的风俗，有何景致可以描写，或各省现时的情形如何。就住在学校的说，温习功课，作通俗幻影演讲（如前年暑假期所作者），或参观本埠各工厂等，此皆是可作的事业。如自己不能作到，学校亦可代为介绍。要之，必须能“看”、“问”、“做”，方有进步。

不久学校发一种格式表，每人可照表填写己所欲做的事业。总之，我们生在世上，是要求活生命，不是求死生命。

（《南开周刊》第10期，1921年5月31日）

对南开学校出版部的希望[①]

（1921年6月2日）

香山会议后，全校各组织均向进步方向发展，而学校进行之目标，亦即欲经一次之变动，求一种之长进路程。在出版部方面，则比较帮助学校为多，此就以往事而言颇可满意者。若于未来则尚有一事，请诸君计划。即值此思想界革新之时，我校适经过此路程，此后即宜如何想方法使之进步，吾忆杜威先生曾说：“吾人在社会上须能应付环境，然后踏定足根，自己造新环境。”此所谓活人活组织。今日吾希望于出版部者，亦即能定准方针，向前去走。俟假期后，再合大、中两部新来教员及特材生想方法利用此出版部，领全校千余人以正路，不受外间之被动，寻自己之方法。

（《南开周刊》第11期，1921年6月9日）

① 本文是张伯苓在南开学校出版部联欢大会上的讲话。题目为编者所拟。

在南开学校董事会常会上的报告[①]

（1921年6月12日）

一、报告事项

甲、大学事项

1. 大学部下学期拟添招文、理、商一年级学生各一班，计文科三年级共三班，理科二年级共二班，商科三年级共三班。文科第三年级学生应各就性之所近专攻一门。本校拟暂分三门，如英文学、教育、政治经济，任学生各选其一。理科第三年级学生只有一人，不能单另开班，将来理科拟暂分医学预科及化学二门，任学生择选。商科既为专科，课程多系必修科，四年课程业经定准，其科目已详本年一览。

2. 大学部下学期添设矿科，拟暂招一班，其常年经费已于本月十日由李组绅先生交到。本年第一期经费一万元，将来矿科一切收支另用特别会计，不与他科相混。

3. 凌冰先生因一时不能赴欧，仍留大学充大学主任。

4. 大学部建筑科学馆八万元现仍无着。前拟向美柯公使要求捐款，因此数稍巨，未能成功，然非完全失败，现仍拟接续进行。

乙、中学事项

1. 中学部本学期精神甚佳，多因各课组织较前完善，办事亦各有专责。

2. 中学人数已达一千二百余人，下学期人数亦恐不能减少，而设备上实多不敷用，如宿舍在校外租赁者已有两处，下学期尚须添租一处。

3. 女子中学本拟在校外第二宿舍创设中学部，若不另建宿舍，已有者尚不敷用，恐不能再匀出第二宿舍添设女子中学。

（范先生主张女子中学最为重要，当设他法以谋进行。）

（校长谓）惟有另租校舍。中学部下学年预算已亏三千余元，女子中学尚不在预算内，若再另租校舍，所费甚多，当如何办法？

---

① 是日午后2时，南开学校董事会常会在大学部开会，到会者有范源濂、李琴湘（芹香）、孙子文、陶孟和、卞俶成，校长张伯苓列席并报告以下事项。题目为编者所拟。

二、此次会议应解决之问题

甲、校南墙子外广仁堂地亩数十顷有信出售，我校应否进行？

乙、元年公债现届折换十年公债之期，前曾询之卞白眉、聂管涔诸先生，均以速换为妙，并懋业银行亦来函催询此事，是否即时折换尚待讨论。

（范先生谓，若十年公债息亦不付，换之早晚无关紧要。若换成十年公债，票底已减为四成，而其息亦不付，莫若不换。）

（校长谓）十年公债若准付息，即换，否则不换。

（范先生谓，请函询懋业银行，十年公债是否即时付息，如即付息，即可折换。）

（校长谓，勿容函询，即请卞俶成先生同余前往该行接洽。）

（校长谓，如十年公债不付息，下学年经费如何办法？）

（范先生主张以公债向银行借款。）

丙、元年公债换成十年公债损失甚多，若用公债向银行透资，再以得款购买他种公债，如此可获利益。因向银行借款须出一分或一分二厘利息，公债所获利息至少亦可得二分，如此，可多得利八厘。若向银行借款十六万，年可得净利一万余元。

（范先生谓，办理此项事业，须先有能熟习银行情形之人才，即有人才，若将来处处须得董事部之同意，亦感不便。）

（校长谓，十年公债利息年得五万余元，下学年尚可敷用。来年及将来常年经费约需八万，如此年亏二三万元，每年加募此数亦非易事，若按以上办法运用之，基本金可以逐渐增加。如以此法为可行，拟请卞白眉、聂管涔[①]、许汉卿、武问泉诸先生会同董事部数人磋商此事。）

（范先生谓，运用基金限以购买公债为范围。）

（校长谓，此事进行即由基金管理员及董事部主席主持办理，毋庸召集董事会征求同意。）

丁、校舍须待建筑者甚多，而此种捐款较之捐募常年经费为易，所建之校舍即可以捐款者之名为名，或用他种方法纪念之。惟对于此事须组织一筹款委员会专行办理。

对于西国人有条件之捐款，当然不用，若无条件捐助者，应如何？

（范先生谓，无条件捐助者用之未为不可。）

---

① 查资料，应为聂管臣。

（陶先生谓，办理此事人才甚难得。）

（校长谓，此人不过专管搜集材料等事，一切方法均可代出。对外募捐可由校长或董事前往接洽，惟办理此事既另设一部，当然需费，如印刷、川资等，此项出款拟暂由大学部支发，但未列本年预算。）

戊、近来大学部教员多以薪水不等发生问题，拟于下学年采用一种薪水定格，请共同讨论定格如下：

（1）教员月薪一百八十元。

（2）主任教员月二百元。

（3）凡携眷者月加租房费二十五元。

（4）任职每逾一年加薪十元，但以五年为限。

巳、我校为私立学校，中学部开支学费占分三之二，清光绪三十年，我校成立，学费每月三元，十七年来，虽校款时告拮据，学费未常〈尝〉增加。今以中学部出款年有亏欠，且将来教员薪水定格尚须稍增，种种设备亦均待扩充，势不得不增加学费以补助之。

（南开大学档案馆藏）

我的梦想①

（1921年10月25日）

近日正计划筹巨款以建筑校舍事，得临此会，不胜欣喜。然而回想前次之失败，又不禁感慨。若非当日努力，曷至有今日之盛况。我为何如此去作，经几许困难，我认定救国在教育，说到共和国，尤以领袖人才为急务，故我梦想中，均以解决世界大难题，要在教育。而教育尤赖大众有团结之精神，努力奋斗。

（《南开周刊》第18期，1921年11月1日）

---

① 本文是张伯苓在南开学校欢迎新师长、新同学大会上的讲演，原题为《欢迎会开会详情志盛》。题目为编者所拟。

在南开学校董事会常会上的报告[①]

（1921年10月30日）

一、报告事项

甲、大学部事项

1. 九年（1920年）度决算。决算入款24471.73元，出款33558.235元，共亏洋7086.505元。八年（1919年）度羡余转入洋6155.587元，净亏洋2930.918元。本年校南垫地费9935.6元，未列在九年度预算。此款已由九年度决算开支6300元，下余3635.6元拟在十年（1921年）度内支发。

2. 大学部学生人数及班次。本学期大学学生共分十班，计文科三年级、二年级、一年级各一班，理科二年级、一年级各一班，商科三年级、二年级、一年级各一班，矿科一年级一班，补习班一班，共学生二百二十四名，内有女生十六名。

乙、中学事项

1. 九年度决算。决算入款105662.853元，出款97175.512元，除补足八年度决算亏欠洋253.141元外，净余8234.2元。本年七月临时建筑宿舍费15000元，因未列在九年预算，故未支领，拟归十年度内支发。十年度预算已列有临时建筑宿舍40000元之一款也。

2. 本学期学生分二十八班，计四年级四班，三年级五班，二年级七班，一年级八班，补习班四班，共学生一千三百二十二名。

3. 由本学期聘订张见庵先生代理中学部主任。

二、提出讨论事项

甲、元年公债已经折换成十年公债，惟内有二十万零四千元由经手人错购，迄未换出。屡函懋业银行从速办理，据覆正在进行之中，利息归伊负责。查现在已换得之十年公债七十八万三千六百元，年可得息四万七千六百十六元。该未换出之元年公债二十万零四千元，如一律换得十年公债，每年得息可增出四

① 是日下午2时，南开学校董事会常会在大学部开会，孙子文、卞俶成、陶孟和、严慈约出　席，校长张伯苓列席，并报告以下事项。题目为编者所拟。

千八百九十六元。按以上全数得息合算，自可与大学十年度预算之数相敷，不致亏欠。今十年公债不久便行抽签，中签每年平均约得八万七千元现款，如得此数，应如何处置？付讨论。

（众意此数既属基金，当然不能移作他用。中签所得之现款，或另购他项债券或股票，由基金管理员相宜办理。惟以后得息可归作经费应用。）

乙、上次中学部增加学宿费案，此次仍应继续讨论，并提出办法如左：

1. 学费每学期增加七元，全年应共纳学费五十元，自民国十一年秋季起，新生一律照增加数缴纳，旧生仍如旧。

2. 宿费每学期增加三元，全年应共缴三十元，自民国十一年秋季起，新旧学生一律实行。

（讨论结果，照提议办法。）

丙、上次议决由职教员组织筹款委员会，现已完全组成。该会以大学部仅有校地四十亩、楼房一座，欲事扩充，万难敷用，现时若图书馆、礼堂、宿舍、试验室等均借用中学，甚不适宜，似此情形，大学部不得不择地迁移，而中学部设备亦多有待增加者，拟定计划如下，至于筹款进行方法，请付讨论。

大学部

1. 购地需款约五万元。

2. 讲室及办公室需款约四万元。

3. 男学生宿舍需款约三万五千元。

4. 女学生宿舍需款约壹万元。

5. 科学馆需款约四万元。

6. 图书馆需款约四万元。

7. 礼堂需款约四万元。

8. 食堂需款约壹万元。

9. 沐浴室需款约六千元。

10. 工场及机器房需款约壹万二千元。

11. 练身房需款约壹万二千元。

12. 围墙需款约壹万五千元。

13. 垫地及修路需款约二万元。

右需款共三十三万元。

中学部

1. 讲室及宿舍需款约壹万五千元。

2. 扩充礼堂需款约壹万元。
3. 练身房需款约七千元。
4. 金木工场需款约八千元。
5. 教员宿舍需款约五千元。
6. 养病室需款约五千元。
右需款五万元。
大中两部各项建筑共需款三十八万元。

（讨论结果）

（1. 购地事仍请孙、严、王三先生与新市公司接洽，广仁堂地则由孙先生同校长接洽进行。如地已有成局，急于需款而款尚未筹足时，暂以基金一部分抵借。）

（2. 筹款事由校长计划之。至于如何进行，则请董事协同办理。报告书及捐启正在付印，将来拟请学生家长严范孙、熊秉山［三］、梁任公、黎宋卿诸公均可出名，并任公拟序。）

（南开大学档案馆藏）

实际教育调查社启事

（1921年12月16日）

敬启者：我国兴办学校已近廿稔。言实际者，概墨守成规；谈理论者，多不求甚解。欲二者融合无间，俾教育与社会相一致而合夫世界最新之潮流，尤不易觏也。曩者尚志学会、讲学社及北京各校曾迭约杜威、罗素诸先生公开讲演，促进文化。国人之思想界为之一振。教育理论方面其成效固昭然可睹，然此理论如何而可施诸实际，则非集合学识经验丰富之教育家为实际的调查研究不易为功，故同人等应时势之需要，组织实际教育调查社，首约美国孟禄博士来华共同担任其事。博士为哥伦比亚大学教育学院主任，教育实施成绩卓然可观，此次来华除自筹旅费外，并筹集捐款一万三千美金，拟驻我国四个月之久，其热心赞助我国教育至可感佩。本社自宜从速组织进行，以副友邦士人之希望。

进行方法：一，募集款项；二，预备招待及聘请译员；三，介绍社员及组织委员会；四，调查研究。此四者之中以募款一项尤关紧要，约计孟禄先生之酬金每月一千美金，调查旅费、译员费用及其他招待费、记录印刷费、杂费等约需二万元谱。贵校/贵会/先生热心教育，望开明认捐数目，以便汇齐，确定进行之计划。再，筹备事务所暂定北京琉璃厂北京高等师范学校。所有复函望寄该校实际教育调查社筹备处查收。除拟具章程草案再请公同研究外，先此奉达，即希

公鉴

发起人：
黄炎培 张 谨
张一麟 孙凤藻
范源濂 陈宝泉
严 修 张伯苓
梁启超 蒋梦麟
张 謇 金邦正
袁希涛 凌 冰
郭秉文 邓萃英

（《直隶教育旬报》第5卷第4期，1922年2月10日）

中等教育的改良[①]

（1921年12月21日）

孟禄博士对于中等教育不满意，现在新学制可改良它。好处在无效率的中学校，也可以归并几个为一个，以图改进，但坏处在没有人肯和他人归并。大学预科应该废止，那是非提高中学程度不可，提高程度，而高中教员又难得。

① 美国教育家孟禄（Paul Monroe）于1921年9月到中国，24日开始教育调查，至12月14日止，共调查了中国城市及乡村的98所学校及200余个教育机关。实际教育调查社于12月19日至21日邀集各省代表70余人，与孟禄共同讨论中国的教育问题。本文为张伯苓参加讨论时的发言，摘自《孟禄的中国教育讨论》一文。题目为编者所拟。

至于中学校并不是造成领袖，不过是造成领袖的帮助人。现在中学要照这样改良，请大家注意！

（《新教育》第 4 卷第 4 期，1922 年 4 月）

在与孟禄饯别会上的讲话[1]

（1921 年 12 月 23 日）

今晚时间太短，鄙人不敢多言，耽误大家时候，尚祈诸位原谅。孟禄博士此次来到中国，余亦系发起人之一，本来请他今年到中国来，复因政局不平，意欲暂缓，后博士因参与协和医学校开幕礼事，偕煤油大王之子同来，且路费不令本社担任，实在感激之至！博士之来适值我国政局纷扰不平，同人总以为不能得很好之结果，但就现在结果观之，实出人意料之外。博士此数月来，与我等讨论各种问题，到会者甚多，均觉得益不少。今晨讲演会到会者更多，得聆从所未闻之言语，余想学生之听此演讲者必由他科而转来习教育；已在教育界办事人听之，必喜自己择业之不错。所以余此次听讲之后，即定志以谋本社之发展。此次孟禄博士参观我国学校后，说我国小学尚有规模，惟中学缺点太多。余系办中学之人，愿先从自己之学校改起。至教法应当注意学生自助，科学教学，应当注意实用，鄙人均愿即刻改良，不过一人之智识恐有不足，尚祈诸君随时指教。

（《新教育》第 4 卷第 4 期，1922 年 4 月）

---

① 孟禄博士结束在华教育调查，准备回国，实际教育调查社在北京中央公园为其饯别，到会者 50 余人，餐毕，张伯苓致辞。本文摘自《孟禄与中国教育界同人在中央公园饯别会之言论》，题目为编者所拟。

贺利生制球厂开张[1]

（1921）

利应社会需要，制造体育用品；
生为人身健康，畅销运动器具。

（孙海麟主编：《中国奥运先驱张伯苓》，人民出版社，2008 年，第 203 页）

关于中国职业教育之设问[2]

（1922 年 2 月 1 日）

吾国数千年之旧生活，将渐变为新生活。职业的改变，全赖两手之创作。国人生活，以后如何改变乎？美国学校之设职业科者，全系工厂制。吾国徒弟制，能否改良，使一如欧美之职业教育乎？鄙人常与黄任之先生讨论，吾国现在之职业学校是否适当？招收工徒从事工作，是否可为完全职业教育？近来学校毕业者，是否能在社会谋生活欤？今后职业学校当设何种科目，使学生足以自力生活欤？吾国旧有之工徒，能否加以教育，而改良其工作品乎？以上诸问题，愿诸君讨论。

（《新教育》第 4 卷第 3 期，1922 年 3 月）

① 本年，原南开学校教师孙润生创办的利生制球厂开张，张伯苓拟此联祝贺。题目为编者所拟。

② 1922 年 1—7 日，中国第一届职业学校出品展览会在上海陆家浜中华职业学校举行，本文为张伯苓在展览会上演讲，摘自《第一届职业学校出品展览会纪要》一文，题目为编者所拟。

在南开学校董事会常会上的报告[①]

（1922年3月12日）

一、基金公债事项

甲、基金之元年公债，去岁折换十年整理公债，内有二十万四千元不能换出第一批公债，只换给十年整理第二批公债。此第二批公债十年后始能抽签，付息与否尚在不可知之数。

迭次与原购券之经手懋业银行交涉，该行以系伊之错误，无可卸责，允将二十万四千元应换得之第一批十年整理公债七万七千六百元，并抽签应得之现款四千元、两次付息应得之现款四千八百九十六元，一律归伊赔偿，惟烦学校写致财政部一函，要求将该行之二批公债换成第一批公债。该函现已脱稿，可否发给？付讨论。

（讨论结果：先令懋业银行来函声叙，然后照办。）

乙、第一次整理公债抽签，得银四万四千元，又续购十年公债四万四千元，补足原数，计共用银元一万九千三百零三元，所余二万四千六百九十七元，拟以一万元充李英威[②]铸像费，尚余一万四千六百九十七元，另储备用。（通过）

丙、基金公债因折换整理公债，损失甚钜，前由熊、严、周、范、梁五公两次函致财政部，请求补助，继由孙子文、严慈约两先生连次赴京接洽，于本月三日奉到财政部批文，允准酌拨整理债券六十五万元作为捐款。惟此款须俟债券由银行收回后方能拨给，为日方长，我校当如何进行催促？

（范先生谓，此事当俟熊秉山[③]先生回津时再为商议。众赞成。通过。）

二、本学期学校状况

本学期开学后，中学学生到者共一千二百八十三人，大学学生一百九十八人，内有女生十二人。此次开学后，大、中两部精神尚佳。

---

① 是日下午2时，南开学校董事会常会在大学部开会，卞俶成、陶孟和、孙子文、范源濂、严慈约出席，校长张伯苓列席，并报告以下事项。题目为编者所拟。

② 即李纯，字秀山，曾任英威将军。

③ 即熊秉三。

三、大、中两部预算

甲、中学十年（1921 年）预算出款较入款多三千六百四十四元，又，临时建筑费四万元，共亏洋四万三千六百四十四元。十年决算出款较入款约多二千元，又，建筑宿舍费一万五千元，统计中学十年决算，约亏洋一万七千元。

十一年（1922 年）预算出款一十一万七千十元，较入款多四千五百八十六元。又，十年决算亏洋一万七千元，统计中学十一年预算，共亏洋二万一千五百八十六元。以上亏欠应如何筹补？

乙、大学十年预算，出款六万二千六百四十元，入款六万二千元，出较入多六百四十元，又，临时垫地费一万元，共不敷洋一万六百四十元。十年决算因格外撙节，约可出入相抵。十一年预算共亏洋一万七千二百八元，此项亏欠应如何筹补？

（讨论结果：财政部拨捐之整理公债六十五万元如能早日拨下，其所得之利息约三万九千元，一部分用以补足大学亏款，并一部分借与中学补足亏款。通过。）

丙、十一年矿科预算出入相抵。

四、购得新校地

永租本埠城南八里台北公地两块共二百七十亩，倒租费七千元；又，南一百六十亩，费二千一百元。惟村北两地间有津浦废路一段，已由校长会同严董事慈约赴该路管理局商办，现尚未得回复。

五、建筑校舍

原拟在旧校南增建临时房舍数所，以应急需，估价约五万元。兹以地已购得，故将前议取消，改在新地建筑新校舍，计划如左：

甲、楼房一座，内有讲室、办公室、理化讲室、试验室、图书馆等，约需款七万元。

乙、楼房一座，内有男生宿舍、饭厅、沐浴室等，约需款三万五千元。

丙、教员宿舍。

丁、女生宿舍。

以上两项约需款二万五千元。

戊、挖河垫道、房基及筑河堤，约需款二万元。以上共用款十五万元，应如何措办？付讨论。

（讨论结果：先向银行透资借用，但利息至多月息一分，用以建筑校舍，同时向各处进行募捐。通过）

六、新地计划

新校地四界甚不整齐，地之西南有荣业公司地一百六十亩，东南有民地三十亩，此两项地亩均与校地形势大有关系，故拟设法并入，现正在进行之中。

七、中学拟采用三三学制，于本年秋季可否实行？付讨论。

（众赞成，通过。）

八、美国哈佛尔大学与理工科学生委员会议决，拟与中国大学联络设立工科，而有可联络之资格者，惟私立学校。私立学校一为南开，一为复旦，尤以南开为最适宜，该委员会来信报告，我校应如何答覆？

（讨论结果：请校长与之接洽）

九、前罗氏基金拟补助我校理科事，兹以我款未筹出，遂作罢论。年前孟禄博士来华赴协和医院落成会，并赴该校董事会（博士即该会之主席也），该董事会议决协和医学校拟不设预科，其预科经费用以补助中国两大学，一官立大学，一私立大学。私立大学我校颇有希望，本年四月罗氏基金会在美开会，孟禄博士当必提出此项问题也。

十、董事改选

本年董事范静生、陶孟和、刘芸生三先生均已期满，应进行改选。

（卞俶成先生提议仍推举范、陶、刘三先生连任，众赞成（通过）范、陶、刘三先生任期至民国十四年止。）

十一、修改董事会章程

第六条　学校经常费及临时费之支出，由校长于每年“夏”季编造预算书，夏季之“夏”字改为“春”字。

（南开大学档案馆藏）

暑期学校之课程

（1922年3月15日）

为传播学术促进教育起见，拟利用暑假，组织暑期学校。所设课程共分四组：（甲组）为小学职教员及地方办学人员而设；（乙组）为中学职教员及大学专门学术肄业生而设；（丙组）中学毕业生及预备投考大学专门者入之；（丁组）

高小毕业生及中学一二年级预备投考中学者入之。以上四组请梁启超、范源濂校董，此外尚有许多科学专家分期主讲，开学订于七月十号。

（《南开周刊》第30期，1922年3月15日）

附：喻传鉴《南开暑期学校概况》

课程分四组。甲组为小学职教员及北方办事人员而设；乙组为中学职教员及高等专门学校肄业生而设；丙组为中学毕业生及预备投考大学及专门生而设；丁组为高小毕业生及中学一二年级生预备投考中学者而设。开班之学科二十二种。

课程	讲员	听讲人数
中等以上作文教授法	梁任公	090
国语文学小史	胡适之	099
国语文法概论	胡适之	089
教育心理	张耀翔	051
心理测验	张耀翔	075
儿童心理学	凌　冰	076
教育统计	张见安	035
教授法原则	张见安	079
童子军教授法	章辑五 顾拯来	046
女子体育	陆礼华	013
教育社会学	陶孟和	034
英文演说法	罗素	030
高等英文作文	罗素　司徒月兰	061
英文作文法	谢湘秋等	121
西洋近世史	谢湘秋	036
化学	伉乃如	032
化学试验	伉乃如	030
物理	章辑五	032
英文	黄肇年　张辅林等	257
笔算	胡振名　华凤彩等	149
代数	赵克捷　华凤彩	007
几何	赵克捷	037

暑期学校学生共705人，以男女分则男626人，女79人。

以职业分则除丁组纯粹为学生外，余三组可分为学生、教员、职员，及地方办学人员四种。

暑期学校学生除规定课程以外，学校复又于晚间特请名人讲演。讲演分两种：一普通讲演，讨论关于教育各种普通问题；一特别讲演，则多属专门。讲演次数，每星期例定二次。地点多在南开操场。每次乘凉听讲者数为三四百人。讲员及讲题列表如下：

普通讲演

（一）中华教育改进社年会报告张见安

（二）美国教育之新趋势查良剑

（三）女子教育卢易斯（美国）

（四）时疫预防法沈先生

（五）公共卫生丁美英

（六）教育家之自家田地梁任公

特别讲演

（一）科学教授法推士（美国）

（二）教育之动力推士

（三）设计教学法推士

（四）单级教学法（二次）邓澄波

（五）体育教学法（六次）董守义

丁组学生每礼拜复聚会一次，由丁组主任与学生谈话。

（《南开周刊》第41期，1922年9月28日）

在南开学校董事会特别会上的报告[①]

（1922 年 5 月 21 日）

1. 基金公债事项

甲、不能换第一批整债之二十四万四千元两次付息应得之现款四千八百九十六元及抽签应得之现款四千元业由经手之懋业银行一律付讫，其应调换之第一批整债七万七千六百元，亦已办妥，不日即可交下。

乙、第一次整债抽签得银，除续购十年公债用款外，所余二万四千六百九十七元，一以充李英威铸像费一万元，一以八里台倒租及购买地亩用一万五千一百四十五元有奇，尚不敷数百元之谱。

丙、前由熊、严、周、范、梁五公函请财政部补偿换债损失，曾经蒙准拨整债六十五万元作为捐款，该款日前由〈财〉部通知天津交易所拨付，而交易所以该项债票经人带沪售卖，未能照办，业由本校呈覆财政部，请示办法。

2. 建筑校舍需款十五万元，本年三月十二日董事会议决，先向银行透资借用，至多月息一分。兹已于金城银行办妥五万元，月息七厘，嗣拟用此合同再向他行商办，其利息能否一律，尚难预定。

3. 哈佛大学之联络事，前因本校展拓规模，未有一定地点，故未覆商进行，今已有地可供扩充之用，当即设法与之接洽。

4. 罗氏基金团之补助事，前见北京协和医学胡校长，据云美罗氏基金团将派人到中国考查东南大学及南开大学，本年六月中便可抵津，届时应如何与之接洽？（众意请校长相宜办理。）

5. 此次建筑借款须设法补抵，此项补抵全赖募捐。前熊秉三先生已允为帮忙，拟再请李桂山先生捐建楼房二座，即以秀山、桂山名之。此外，尚有他种方法否？付讨论。

（众谓：具有充分财力可出资相助者颇不乏人，但须得相当之人劝募之。此后如有以上之机缘，或通知校长，或即由董事诸公互相设法办理，均无不可。）

---

① 是日下午 2 时，南开学校董事会在大学部开特别会，范源濂、卞俶成、王濬明、孙子文出席，校长张伯苓列席，并报告以下事项。题目为编者所拟。

6.（范先生提议女子教育应多注意，现大学部已收女生，女子中学若能早日组成方佳。校长谓：）此事早经董事部通过，徒以经费关系，故致迟迟。本年大学迁移后，财部补发基金有著时，董事部若允拨出一部分作为女子中学经费，当可组织成立。但暑假后恐不能开办，尚须再缓一年。（范先生谓，稍缓未为不可，惟希望早日成立。）

（南开大学档案馆藏）

为地质调查所拟考勤裁撤事，与蔡元培等上书北京政府农商部①

（1922年6月10日）

查地质调查，各国政府皆以为重要事业之一，不第以启发矿利，亦与学术研究有关。农商部地质调查所，自设立以来，关系调查矿产方面，固已成绩昭然，即关于学术研究方面，尤能于中国地质多所发明，几足与各国地质机关相颉颃。此非元培等之私言，实为中外专家所公认。该所所刊专门报告，交换远及欧美。本年万国地质学大会，亦已提出论文，由该会通告各国，不特为国内研究机关之嚆矢，亦实关国际文化之名誉，且该所用人极严，办事认真，洵为近时官立机关中所仅见。兹者政府机关裁员减政，自有权衡，惟该所办理有年，成绩昭著，似不应在裁减之列。元培等知闻所及，意见相同，用特合词证明，陈备鉴考，惟希有以维持而发展之，幸甚。

（北京《晨报》，1922年6月11日，转引自高平叔撰著：《蔡元培年谱长编》（中），人民教育出版社，1996年，第519—520页）

① 因北京政府欲裁员简政，农商部有裁撤地质调查所之议，遂与蔡元培、梁启超、张謇、张国淦、冯熙运（北洋大学校长）、俞同奎（北京工业专门学校校长）、郭秉文（东南大学校长）等上书农商部，反对裁撤地质调查所。

发展中国童子军事业建议案[①]

（1922 年 7 月上旬）

童子军是新教育事业中公认为有价值者，但数年以来，提倡之者愈多，谬误之点愈著，若不亟加矫正，则前途不知伊于胡底。同人本改进教育之旨，沥诚相见，贡其管窥之见，以谋开辟未来之建设，庶几此法美意善之童子军事业，不仅虚有其表。故同人以为童子军界目下最不满意之点有三，而亟须建议之点有七。

（1）忽视训练。童子军为精神教育，不重知识之灌输，而重人格之陶冶，教授之事项为轻，训练之事项为重。浅见者流，慕虚荣，轻实际，以致童子军之真精神，尚少表见。不特少所表见，且养成虚荣之恶习，此不满意之点一。

（2）师资缺乏。童子军训练事繁，课程尤多，教练员须有精深之学识，高尚之涵养，耐劳苦，绝嗜好，以身作则，树楷模。统观各地教练员，优良者固不乏人，而滥竽充数者又比比皆是，此不满意之点二。

（3）进行太速。上述不满意之点，非童子军事业本身之不善，乃同人措施之未当。但推求其故，则进行太速有以致之。社会上人，对于童子军真义，未能明了，教练之人才，成就过速，又因欲速之故，学校校长，遂均以教练之责，委之体育教员。学生方面，往往选富于财力能办美观之服装者充之，朝举而暮集，乌合之众，安见其能优秀也。此不满意之点三。

同人所以为不满意之点，而以为可以希望改进革新者，谨建议左之七项于大会，请加以讨论，付之公布。使童子军有联络，有研究，有督责，以改进于至善之途，是则童子军界所深幸也。

一，由本社公布本组同人所建言，使全国童子军有所遵循，以利进行。并敦促上海方面，筹备全国童子军联合会早日成立，使有合法之最高机关，以考察各地童子军，甄别各地童子军，鼓吹童子军事业，趋重训练人格方面，俾不

---

① 1922 年 7 月 3—8 日，中华教育改进社在济南召开第一届年会，到会教育家 300 多人，大会分成若干小组，讨论、研究改进中国教育问题。童子军教育组的学术会议由张伯苓主持，讨论、通过章辑五、顾拯来所提议案，并据此向中华教育改进社提出发展中国童子军事业的建议，由改进社再上报国民政府教育部。本文摘自《第十九组：童子军教育组》部分，题目为编者所拟。

致误入歧途。

二，本社建议于国内高级学校及师范学校加授童子军课程，或于体操学校附设童子军专科，于暑假期内设童子军讲习会，以培植教学人才。但须有相当之领袖人物，主持其事。

三，由本社建议各地各校使于童子军创办之始，慎重将事，以免贻误于将来。

四，童子军用书籍由训练童子军教练员之高级学校或各地教练员编辑之，须经全国联合会组织委员会详加审定，再行付印，通告各地童子军采用。

五，女童子军事业，方在萌芽，鉴于男童子军过去经营之困难，宜若特别慎重考虑，然后举办，此点请本社注意及之。

六，由本社请教育部通令各省区将童子军经营列入教育经费预算中。

七，由本社征求童子军成绩，发表于《新教育》杂志中，并供给国内外童子军参考资料。

建议人：张伯苓、雷家骏、顾拯来，沈继桢，李启藩，黄孟圭，章文瑞。

（《新教育》第5卷第3期，1922年10月）

在南开学校董事会例会上的报告[①]

（1922年9月10日）

一、财部前批准拨捐元年公债整理债券六十五万元，后经周子廙先生向财部交涉，复批准六十五万元，以补足一百三十万之损失。财部现存元债九十万元，俟财部有人负责，即行拨发。惟此项公债拨下后，利息尚无着落，应如何进行？付讨论。

（众意仍请校长向财部接洽。）

二、罗氏基金帮助理科事，现已得有罗氏基金团正式公函，内开该团董事会议决帮助条件四项列左：

（一）科学馆建筑费十五万至二十万，该团补足一半，自筹一半。

---

① 是日下午2时，南开学校董事会在中学部开例会，严慈约、孙子文、李琴湘、卞俶成出席，校长张伯苓列席，并报告以下事项。题目为编者所拟。

（二）理科设备五万元，该团补足一半，自筹一半。

（三）该团补助增加理科教员薪津之半数，以三年为限。

（四）每年加派美国理科专家来校协助，其薪津及旅费均由该团供给。

以上四项帮助条件有效期截至一九二三年十二月止。

（严先生谓，袁述之先生云，此事校中已向顾少川处接洽，如能有效最佳，否则，袁先生拟以个人私产押借六七万元，以助成此事。）

（校长谓，）此款先向徐总统接洽，后经周子廙先生介绍，请顾少川先向顾君岳父黄先生处捐募，前已由校中备节略二件，由顾君转去，至今尚未得复。袁述之先生早有帮助理科之意，前拟捐助十万元以兴办理科，此事本应先向袁先生接洽，兹以袁先生当时未在津，故向顾君接洽。

（众意先候黄先生回信，再定进行。）

三、建筑新校舍事

新校舍之建筑及他项设备需款列左：

讲室一座	六万八千元
寄宿舍一座	五万元
汽管及卫生器	三万元
屋内外电线	二千元
教员宿舍	一万六千元
门房大桥	一万元
窨子改作理化室及粉板	四千元
机器房、厨房、校役室	四千元
洋井	五千元
电机	三千元
铜像及座	九千元

以上各项共需款二十万二千元。

现已向银行定妥透支九万元，计金城银行五万元，懋业银行二万元，裕津二万元，复向大陆接洽，透支二万元，中国银行一万元，农商银行尚待进行。

建筑工程现已趱办，年后春季开学前大学即行迁移。

四、大、中学情形

大学部本学期学生约三百三十九人。

旧生	一百九十七人
新生（由本校中学部升学者）	六十人

转学学生	十人
第一次考取者	五十二人
第二次考取者	二十人

中学部本学期学生共一千三百十人。

旧生	八百五十七人
新生	四百二十四人
新旧附学学生	二十五人

五、大中两部主任问题

中学主任张见庵先生就北高师事辞职，后任实难得人，惟查中学若无主任，校务之进行尚无困难，中学部本年拟暂不设主任。

大学部主任凌冰先生拟就河南教育厅事，惟尚未向校中辞职，本学期凌先生如就教育厅职，本大学主任事拟仍由凌先生兼理，每月来津一次，其不在校时期，拟组织一委员会代行一切职务，该委员会由各科教员组织之，现拟定五人如下：邱宗岳、薛桂轮、凌司徒如坤、徐叔谟、石磊。

（众意中学可暂不设主任，大学主任既未辞职，当然无讨论之必要。如凌先生决就教育厅时，由校长再行酌量办理。）

六、十年（1921 年）度决算

大学部十年度共亏八千四百三十八元，惟以本年基金利息多收一次，计洋二万六千二百五十六元，故本年决算共结存一万七千八百十八元。

中学部十年度决算共亏洋一万九千五百零二元，除九年度盈余八千二百三十四元外，尚亏一万一千二百六十八元。

（南开大学档案馆藏）

南开大学成立之动机[①]

（1922 年 9 月 18 日）

今日为我校大学部成立第四年第一学期的始业式，吾略备数语与诸位同人

① 本文原题为《本校大学部始业式校长演说词纪略》，由刘炽晶笔录。题目为编者所拟。

和学生一述之如下：

南开大学系由中学部所产生。吾犹忆十数年前南开中学始成立时，天津中等校同时而起者不下七八处，如官中、新学、长芦、明德、私二、私三等，皆争胜于时，而至今存在者已无几。若发展由数十人、数百人，以至千三四百人者，则更希矣。此中消长情形，固有幸与不幸之分，而南中办事诸同人和学生笃信教育万能之梦，至处此经费极困难情形之下，仍能煞费苦心，竞争不息，亦可大增吾辈办学之信心矣。然非即以此为满足，中间亦屡次欲提高学生程度，如开办专门班二次，皆以经费无着与章程所限等原因而停止，致将学生转送他校，至今犹以为憾。现大学成立虽逾三年，而其始亦几经波折，始克继续发展，至有此小小之成功。此数年间，与吾校同时而起之大学，如东北、西南、东南、河北、鄂大及厦门等，皆耸动一时。而至今除东南、厦门与南大三校外，他将成为泡影，或至今尚未实现。东南与厦门两校学款尚裕，可望持久。吾校经此三年之试验，学生由数十人增至今三百数十人，与前相较，增且数倍。以学生言，可谓幸事者一。年前以校舍狭窄，难以扩充。今得津南八里台广地数百亩，以充建筑校舍之需，第一处楼房一二月即可告竣，则第一班毕业诸生，明春定可在新校址举行毕业典礼，当不至再有转送他校之虞。以校舍言，可谓幸事者二。吾校经费自中学既感困难，然从未以此而中止。今大学经费三年来亦不充足，不久将再事筹款，或可望有成效。且美国煤油大王前所捐之十二万五千元科学馆助费，亦可望领到；则今日理科诸生，明春当能得大科学馆之享受。以经费言，可谓幸事者三。此外，大学最要者即良教师。现在座诸教授皆一时之硕彦，从此教诲得人，诸生受益，当非浅显。以教师言，可谓幸事者四。

以上乃数年来吾校成立之历史与此后进行不已之计划也。然年复一年，茫然计此者何为？此即吾南开大学教育目的何在之问题。吾将借此机会为诸生约略陈之。

吾族自有历史以来，世世相传，从无过极困难之时期，如吾辈今日所身遇之甚者。盖前此所谓之困难，乃一族的，一事件的，甚或一二年的。今吾辈所身临者，乃外界潮流突来之打击，未及应付，即将吾固有之环境打破，以致标准丧失，是非混淆，社会泯纷之象日甚一日。究此原因，即所变者过急，国人莫能定其新环境以抗之也。故外潮一入，民气全失，长此以往，黄帝神明华胄，将何以堪？于是忧时之士，始也希冀袁氏帝制推翻后，则一切泯纷之象皆可迎刃而解，全国上下就可好了。既袁倒，而泯纷之象如故，于是又转其希冀之点于张勋复辟失败，于安福失败，于直奉战终……而前此泯纷之象至今仍如故。

“就好了”三字之梦，乃大失其信仰心。然则此问题将如何以解决？吾无以答之，惟求之于南开大学教育。

约翰·杜威（John Dewey）于其《民治与教育》（*Democracy and Education*）一书中，前四章论应付此种外力之法最精微。谓当一新环境之袭入，须先自定方策，即有一种“动机”，以应付外来环境之逼迫，以与之较胜负，继续不已以至终身，始克得胜。今吾华民族所最缺乏者，即此种有“动机”而能引领全族出此迷津之领袖。南开大学即造此领袖之所，望今日在座诸男男女女一秉此心，自强不息。

总以上所言，此次大学成立之动机，系第三次之试验，此后将打破艰难，永无止息。至成立之历史，则一由外界之帮助，二由内部之增长——校舍扩充，学生增加，教授得人。而教育之目的无他，在求此解决吾华困难问题之方而已。此问题吾知非一时所能解决者，然“百尺高楼从地起”，事无大小，全在精神。《圣经》有言：“对小事忠心者，对大事亦必忠心。”故吾敢语诸生，凡事不在成功，不在失败，只视其如何竞争。今吾辈既生此时艰，万勿轻视自身，须记汝“责任大”，“机会好”，志向一定，前途正远。人谓南开今日虽小，后望方长。他吾不知，吾惟知“穷家子弟咬紧牙”，“生于忧患，死于安乐”，“天将降大任于斯人也，必先苦其心志，劳其筋骨……”，望与诸生共勉之。

十一，九，十八。

（《南开周刊》第41期，1922年9月28日）

关于采用三三学制的意见[①]

（1922年9月21日）

美国施行六三三制者有一要点，即美国除中学外，无其他职业学校或实业学校。中等教育之目的，可分预备升学及学习职业二种，两者不同，均应注意。若采用三三制，后三年似应分科，但亦应有注意之点：（一）分科之要件，第一

① 9月21日，教育部学制会议召开第二次大会，本文为张伯苓在会上的发言，摘自《教育部学制会议续记——第二第三次大会》一文，题目为编者所拟。

如学校大，其次则为学生多。（二）如无此等要件，而用合并之法，则事实困难颇多。

（《申报》，1922年9月24日）

本着一个精神改造社会[①]

（1922年10月11日）

男女同校，外间颇有评论，这一般人只知妄加批评，不知思想及设法，我甚盼大众能本着一个精神来改造社会，将来一定可以成功，不但是本大学之幸，亦是中国之幸。

（《益世报》，1922年10月12日）

在美国演讲家艾迪博士演讲前的致辞[②]

（1922年10月15日）

今日极荣幸，蒙诸博士讲演。每日讲演，又必痛陈中国政治之不完善，而对于人民则实行亲善，以互相扶助为目的，其宗旨有二：（一）宣传宗教。（二）报告中国将来之希望。中国现在大势日趋险恶，自民国以来，频年兵祸，岁无

---

① 南开学校于11日上午9时，在学校礼堂开庆祝双十节大会，张伯苓在会上演说。题目为编者所拟。

② 美国讲演家艾迪博士（Dr. Sherwood Eddy）携其夫人与弟弟钟恩思博士于1922年10月12—16日莅津，并分别在天津青年会、南开中学、南开大学、北洋法政学院、天津商会、女师范学校、北洋大学、安徽会馆等处演讲。本文即为艾迪在安徽会馆演讲前，由张伯苓对到会的一千多听讲者致辞介绍。题目为编者所拟。

艾迪（1871—1963），生于美国堪萨斯州，美国新教传教士和作家，作为美国基督教青年全国委员会的干事，曾在中国、日本、朝鲜、近东及俄罗斯工作。

宁日，以致灾荒迭见，工业不兴，市廛萧条，致成为各国视线之中心点。鄙人游历美国时，见艾迪每日居住于大规模之图书馆内，各国书籍，无不披览，以供研究。故得如许之知识。又于欧战后遍游各国，饱阅世事，今能挟其所得，一为吾人详细发挥，吾人应如何感激，以答盛意？

附：艾迪在安徽会馆演讲词

鄙人昨日所谈之立国五大要诀，及世界各国比较表，以人口比较，中国最多，且开化最早。民德自古倚为立身之本，尤为注重。然世界大势日趋进化，中国文化与思想已有不能不急速刷新之势。兹有五种为今日之国家不可不注重者，（一）民生，（二）物质，（三）民治，（四）哲学，（五）宗教。个人不注重此五种，不能成为完全国民，一国不注重，不能为完全国家。现在世界上各国，凡为自主之国，无不有宗教之信仰，如不信宗教，而偏重于物质或哲学，其国家实难长久存在，必遭灭亡之惨祸。美国第一任大总统华盛顿临亡遗言云，“宗教道德为立国之根本”等语，今大总统威尔逊，亦云“宗教为立国之根本”云云。原世界各国有二种天然性，（一）自卫，（二）自保。一国设有官制，文官整理政治，武人御抗外侮。乃中国近来，官僚之营业为政治，武人之营业为养兵，心理不洁，行为乃污，国家险象万端，皆为彼等一手造成矣。

鄙人遍历世界，现今颇觉有一番新世界出现，如英国已将君主之国，改为民主共和政体，又如德国自欧战后，受极大之损伤，现亦已改建共和。他若捷克斯夫小国，刻已举出总统。如日本学生中间，亦有一种新空气发挥，如日政府对待中国之各种破坏，日学生视为不公平手段，极力反对，强迫中国二十一条，亦甚反抗。再如高丽国受日政府之种种虐待，其人民亦有一种新共和之思想。以上各国皆由被动而入实际。中国虽已改造，究竟能否有新中国之潮流，诸青年能否有新思想之兴起，极盼诸君努力前进，改革恶劣卑污之政府，铲除贪污舞弊官僚，人人化除私见，戒除嗜好（吸烟、饮酒、聚赌等事），则日后良好之新中国，与世界列强并驾齐驱，又何难哉！

（《益世报》，1922年10月16、17日）

《圣经全书汇编》序

（1922 年 12 月）

大叩大鸣，小叩小鸣者，钟也，今欲以书当之，尠不哑然笑者。不知芳芝圃先生所著《圣经全书汇编》，于新旧二约中含意各字句，条标缕注，指示綦详，任查经者依法叩求，罔弗应之如响，与钟无异，藉以阐播圣道，厥功至伟。凡我潜心圣道诸爱友，于所欲知之经文，必思求则得之，则置此一编，其庶几有左右逢源之乐也夫。

中华民国十一年岁次壬戌嘉平月

张伯苓叙于南开黉舍

（台湾南开校友会编，《张伯苓先生百年诞辰纪念册》（1975 年），第 173 页）

杜里舒博士演讲译文[①]

（1923 年 1 月 10 日）

汪伯唐：我们今天觉得非常荣幸，能够与世界学者杜里舒暨杜夫人同聚一堂，表示我们平民大学全体极诚恳的意思。平民大学创办才两年不到，而中国学术界请西方学者来讲学，也是近两年来的事，所以我们可以说平民大学之成立，与杜博士之东来，是一个潮流里的产物，因此我们更觉有欢迎杜博士的必要。我们欢迎杜博士有两种原因：第一、杜博士自己曾说过，"一切文化道德知识与美术，是不能为国家界限可限制的。"这正是我们中国文化的精神、大同主义的精粹。我们觉得杜博士之东来，便是这种理想的实现。国际最难得的是同情的了解，但是这相互的了解，亦只有从思想上才能做到。我们不但从杜博士

① 1 月 10 日下午 3 时，北京私立平民学校校长汪伯唐遍邀教育部高级司员及各专门学校校长，在北京中央公园来今雨轩开会欢迎德国杜里舒博士来到北京，到会百余人，首由汪伯唐致欢迎词，随之由杜里舒致答词，由张伯苓翻译。之后颜惠庆、邓萃英等相继讲话，杜里舒再次致答词，亦由张伯苓翻译。本文摘自《中央公园欢迎杜里舒纪》一文，题目为编者所拟。

讲演里得与西方思想接触，并希望杜博士亦能与东方的思想接触，为造成世界的新文化的先驱。第二、西洋文明近数百年来的一件大事，便是科学的发达。但是科学发达的结果，常有流于唯物主义与机械主义的危险，因而造成现在的西洋物质文明。我们知道杜博士的生机主义，虽是建筑在生物学上的，但是他的哲学，却是唯心论。现代唯物主义的危险，祇有唯心论可以救得，现代人生的悲哀，祇有唯心论是一条解脱的大路。其次更有两层希望：第一、研究学问最重要的是方法，笛卡儿、培根等辈，对于近代哲学的贡献，便是一种新方法，我们希望杜博士能将他们为学的方法传给我们，使我们能用他的方法，得到更好的结果。第二、孔子是我们中国文化的代表，他的过人之处，便是“诲人不倦”的精神。我们愿以这种精神贡献给杜博士，作为我们礼物，希望博士在这一点上，与孔子的精神相合。平民大学的校长、董事、教职员与学生，因为这几种原因与希望，所以特别欢迎杜博士与杜夫人，希望他们的指教。更乘这机会，敬祝杜博士和杜夫人的健康。

杜里舒：我来中国，初在南方，后来北京。后来北京，是我的一种好处，因为我在南方略略看到一点中国情形，此次到了北京，如同是中国的朋友到北京一样。方刚汪校长所说的西方长处，适如我心中所欲言，至于中国国家，从来在人生方面，是很考究的，要我在这一方面有所贡献，恐怕不能够。但是科学的方法却是很要紧。科学是什么呢？先要明白定义，定下界说。用他的方法，即可得他的结果，这却是可以贡献中国的。西洋的东西，能贡献于人的，可以说得只有这一种。物质文明的危险，刚才如汪校长所说，也是不错，但是由生机主义哲学证明出来，方法仍是要科学的方法，结果却不是机械主义。因为生机主义，是不能与机械主义相提并论的。我自己既来中国，愿把我所知道的竭诚贡献于中国。

颜惠庆：国际相接触，最初是侵略主义，如欧洲各国到南洋，侵占他的土地、奴隶他的人民、甚且殄灭他的种族。后来乃有经济主义，或称商务主义，纯从贸易一方面着手，使彼此相接触。比较侵略主义，固然是好些，但仍不能得有好结果。至最近乃从精神上知识上谋相互的接触，彼此交受其益，真是与从前大不相同，这一种却是最好的现象。

邓萃英：我是代表教育部彭总长到会，同时并蒙汪校长柬邀，得与于欢迎杜博士盛会，荣幸的很。从来哲学家研究哲学，多不免流于独断、流于杜撰、流于玄想。后来改用科学，乃一反其所为，固然是很好，不过用科学的结果，乃觉得人生愈形烦闷、愈形痛苦，竟把人生弄得零碎不完全，纯粹变成一个机械。中国目前固未到这个地步，但是亦不可不先事预防。我以为只有杜博士学说，可以救得这种的弊害。杜博士的生机主义，是以人生为本位，取科学的方法与态度来研究人生，这是最能拯救时弊的。照这样方法、这样态度做去，可以革新学术界，造成哲学上一个新局面。我可以说杜博士是学术界一颗明星。

杜里舒：颜氏之言，认为最适当。认欧洲各国因采用侵略主义与经济主义，吃亏不小。对于邓氏之言，亦极表同情。

（《申报》，1923 年 1 月 14 日）

南开师生的公共目的[①]

（1923 年 3 月 6 日）

在正文以前，我们必须先设两种假定：第一，南开学生的求学是有目的的，不是应酬先生的。这一点可用一种事实证明，即大多数南开学生皆系远道来此，不顾一切艰难，所以大概是些有志愿的青年。第二，南开教职员的做事也是有目的的，不是只为谋生的。这一点可用南开的历史证明。此两种假定既已成立，再谈南开师生的公共目的。这个目的简单说是“期望每人皆成一个人，不像草木一般，受了风虫的摧残就不能有充量的发展”。换句话就是“使个人皆得充分的发展他的本能”。

有目的的而无具体的方法，则此目的必等诸空言，而方法又必须随时改新，始能有不断的进步。本校本学期有专家拟对于管理、教授诸方面均大加改革，其细目则俟他日另谈。

欲求成功，尤必需有一种合作的精神，然后遇事才肯发生兴趣，不肯将改革视为多事。我们今岁改革的成功与否，也就在乎这一点。

本学期新生甚多，诸生皆在本校求学多年，务须处处谨慎，以作新生之表率。

（《南开周刊》第 56 期，1923 年 3 月 10 日）

---

① 本文是张伯苓在南开学校中学新学期第一次修身班上的讲话，原题为《校长修身班讲演》。题目为编者所拟。

在南开学校董事会常会上的报告①

（1923年3月11日）

一、报告事项

甲、科学馆事

因顾少川先生岳父黄先生久无答覆，故向袁述之先生接洽，袁先生允捐七万元，并本年本校公债中签得洋五万元，两项共洋十二万元，所差不过五千元，月前已函告罗氏基金团矣。据该团覆函云，该团已得美国覆电，允许先拨五万元，余俟袁先生捐款交出再行照数拨下。科学馆建筑图已与该团磋商妥协，大概四月内便可开工建筑矣。

乙、透支数目及基金

1. 已与各银行定妥透支数目表列如左：

透支起始日期	银行名称	透支款额	月利率	年限	押款及数目
十一年六月一日	金城银行	五万元	七厘	一年	整理六厘公债二十万元
六月十九日	懋业银行	三万元	一分	一年	整理六厘公债十五万元
十月十八日	大陆银行	二万元	九厘	一年	整理六厘公债十万元
十月十九日	农商银行	一万元	九厘	一年	整理六厘公债四万元
十一月四日	中国银行	一万元	七厘	一年	整理六厘公债四万元
十一月二十一日	中孚银行	一万元	九厘	一年	整理六厘公债四万元
十二月三十一日	中南银行	一万元	七厘	一年	整理六厘公债四万元
十二年三月九日	交通银行	一万元	八厘	一年	整理六厘公债四万元

以上共透支十五万元，仍需向他银行进行透支七八万元始足应用。惟抵押用之公债尚不敷分配。

2. 基金公债

（1）校中现存整理六厘公债十七万五千二百元，在银行抵押六十五万元，

---

① 是日下午2时，南开学校董事会常会在大学部开会，严慈约、孙子文出席，校长张伯苓列席，并报告以下事项。题目为编者所拟。

共存八十二万五千二百元。中签之五万元已拨为建筑科学馆支用，将来拟用公债利息补购整理六厘公债五万元，以凑足原数八十七万五千二百元。

（2）元年公债整理债券九十万元。

丙、工程报告

八里台新校舍建筑用款于十一年九月十日董事会例会报告二十万二千元外，复加建学生寄宿舍一所，教员住房四所，并垫土修马路等，约增出七万六千元。以上用款至少须二十五万元，拟定由本月起始向各方面筹捐，以补此亏款。

二、提议

张仲述先生现任中华教育改进社中学教育组主任，拟自本学期起，暂借地我校中学半年为实地研究中学教育。（通过）

按照董事部章程第四条，于每年三月应改选董事三分之一，本年董事满期者为王濬明、孙子文、卞俶成三先生。

（严慈约先生提议仍推举王、孙、卞三先生连任。通过。王、孙、卞三先生任期至民国十五年止。）

三、报告大学、中学两部预算

甲、大学部十一年（1922 年）预算亏洋一万八千四百零四元，十一年决算因格外撙节，约亏洋三千元。十二年（1923 年）预算出款十二万零五百九十五元，较入款多三万二千五百四十八元。又，十一年决算亏洋三千元。统计大学部十二年预算共亏洋三万五千五百四十八元。

乙、中学部十一年预算亏洋二万一千五百八十六元，十一年决算拟亏洋一万七千元。十二年预算出款十四万三千九百九十二元，较入款多四千五百七十八元。又，十一年决算亏洋一万七千元，又，临时建筑教员宿舍一所，一万二千元。统计中学十二年预算共亏三万三千五百七十八元。

四、提议女子中学部拟于本年七月开始招生，假定中学一年级两班，每班六十人，暂以第二宿舍为校舍。除收学费三千元外，现由校长张伯苓先生以办理丧葬节省之款一千元捐助，并有华午晴先生特捐二百元，均拟充作开办费，计十二年度经常费预算只亏洋四百元，可否设立？（议决先行成立。）

（南开大学档案馆藏）

接待来访女生讨论南开办女中[①]

（1923 年 3 月 18 日）

张伯苓： 上次我已向你们诸位说过，董事会议对于成办女子中学的希望，已有二年了，终不能成办的原因，就是没有钱。大学那边每年亏五万多元，中学这边亏三万多元。我把我们学校里的每年预算表给你们诸位看一看就知道了。（拿来后，我们略看了看）你们诸位对于天津开办女子中学的心虽如此热望，于是我们就又开了一次董事会议，结果是在今年暑假后开办。至于这笔款项，并不是已有了筹画，不过勉强对付现时，以后的办法再想法子筹画。

中学这边从前向别的学校借的钱，我们只可以从中学这边每年的费用里匀出一千元还给别校，从去年已还完，我们就还把中学这边的费用，依旧匀出一千元，供给女子中学校的通常费。华先生[②]捐助了二百元。又因我母亲死后，省出点钱，共作创办费。

暑假后大学移到八里台去，现在的大学地方，给中学这边作授课室，中学这边就可以多出宿舍了，于是就可以把校外的第二寄宿舍腾出，为女子中学校址。

第二寄宿舍的房子不很多，地方亦不很大，所以我们打算不招寄宿学生。

一则因为没有这么些钱、设备。

二则因为没有人管理。

只设立一班两组（初一）。我们亦很愿意多设几班，因为没有钱多设立了，钱固然是要素，教员亦不能再分担了。

教员都是这边的。课程你们诸位想怎么样？还有什么意思？

学生： 张先生如此耐□热心教育，且完成我等的要求，不但我等很感佩，凡是天津难得正当中学教育的诸姊妹们，定亦感佩你的热诚！不但如此，更是我们天津女界的庆幸！

---

① 本文为张伯苓与王文田等 8 位申请开办女子中学的女学生在南开中学接待室的谈话，摘自南羲的《与张伯苓先生的谈话》一文，题目为编者所拟。

② 指华午晴。

我等这次要求贵校开办女子中学的目的，就是要提高女子教育。对于课程方面，很希望同男校一样。

我等还有一点意思：对有班次似乎有点不合适，因为高小毕业的学生很多，据我们所知道的，前年同去年毕业的学生，有的在家里补课，有的在旁的学校上了一二年（因为没有中学），假若这些学生要是还考初一，未免太吃亏了。若能成立三班，当然不成问题。我们想一班两组的费用，同两班的费用差不多，与其这个样子，不如把两组就改成两班，初一和初二。（结果，是成立初一和初二了。）

末了还有个要求，希望对于学费减少，因为女子的环境同待遇的关系！

张伯苓：这也是一个问题，我暂不能答覆你们，诸位等我再想一想吧。

（《星火》，1923年，第2—3页）

在反对日本对我国提出“二十一条”报告会上的讲话[①]

（1923年3月19日）

无论何种问题，在办理教育者眼光中，皆先视其有无价值。今诸加入市民大会，万勿盲从，须认清目的，将来如何预备，如何立志，然后方有教育上之真价值。

（备述目睹旅大归日之历史后）又说：中国人非不多，地非不广，所患者在无多真实做事之人，苟诸生能立定心志，本自立、立人之精神以救将亡之国家，何患旅大之不归还。

（《南开周刊》第58期，1923年3月25日）

① 南开大学和中学两部学生1600余人，为反对日本对我国提出“二十一条”召开报告会，要求政府根本否认“二十一条”，收回中国旅顺大连，并拟加入天津市民大会。本文为讲话摘要，原载《校闻·本星期一同学之大游行》，题目是编辑者的。

废娼办法：舆论反对与法律禁止①

（1923年6月18日）

前日有两位女学生找我，说今天在此讨论废娼问题，吾以为今天是大家围桌讨论办法，不意是请吾演说，故没有什么预备。吾就将两女士找吾以后的感想，略说几句。

按两位女士不过中学程度，以若大问题，要来讨论，胆子不小，吾敢说他们未必知道这个题目之大，然其热心，令人钦佩。查娼妓在中国历史上有的，在中国法律上为不禁止的，虽在道德上为不许，然在现在道德堕落的时期，亦无甚问题。况际此经济压迫，生计艰难之时，多有贫家妇女堕落其中者，故娼妓日益加多。各国均有娼妓，有法律禁止的，有法律不禁止的。譬如英国为法律禁止的，然伦敦一埠，有一繁华地方，亦如天津之南市、日租界等类，暗娼之多，不可胜计，劫财害命之事，无日无之。

现在中国重要问题，极宜解决者极多，如内政外交等，此亦其一，其解决办法，（一）舆论反对。宜有舆论之反对，然后始有法律之禁止。（二）法律禁止。现在舆论并不反对，法律亦即不能禁止，再进一步说，法律上对于纳妾者，尚无禁止规定，况娼妓乎。纳妾者到妓馆者少，不纳妾者到妓馆者多。学校对于学生，防范极严，离开学校，受社会上之影响，藉联络为名亦不无损害其道德。以天津而论，南市一带为娼妓荟萃之区，假定以法令止之，而一转移，即到日本租界，能再取缔日租界，恐极难矣！现在若由根本上废除，宜先调查为妓之原来，如“买卖人口”，来源不清，不能废娼；“矫正风俗”，因风俗败坏，被人拐诱，以致堕落之女子极多，法律上宜加取缔也。亦有被人逼迫者，大概歌妓少，下等娼妓多。现在完全废娼，实不容易，然亦不能因不容易而就不作，想要作就作的到，现在娼妓之趋向，日见加多，吾们作废娼运动的，无论如何，亦必使之减少。

---

① 18日，天津学生同志会女权股约请多个团体在天津总商会开会，讨论废娼问题，到会者计80余人，张伯苓在会上演说。本文摘自《女权股约请各团体开会讨论废娼问题》一文，题目为编者所拟。

（原载《华北新闻》，1923 年 6 月 20 日。转引自中共天津市委党史资料征集委员会，天津市妇女联合会编：《邓颖超与天津早期妇女运动》，中国妇女出版社，1987 年，第 228—229 页）

教育为解决一切困难问题之妙物[①]

（1923 年 8 月 19 日）

现在我们开会了。今日之会是社务会议，会中所应讨论的事约分两项：即有几种须得报告的事，又有几种须得征求大众意思的事。今日因董事长熊秉三先生另有他事，不克来此，故特托予为临时主席。兹按开会程序，须我先说几句话。我本毫无预备，不过把我个人一点意思，随便说说罢了。改进社今年年会在北京举行，借清华学校地点为会址，承诸职员热心办理，使大会异常便利，我不胜感谢。

现在时局虽甚紊乱，天气虽甚炎热，而各处来此开会的代表却很踊跃，即此可知中国政局虽乱，令人多抱悲观，而教育界倒有团结力，很可乐观的。因观于诸位来此之热心及踊跃，即可见也。我们在教育上的努力，多非一时可得结果的。若要见着结果，近则须十年，远则须二十年，或者可以如愿。现在民国成立已十二年，国事仍毫无进步者，皆人民程度不够之故。而人民程度之所以不够，又皆教育不发达之故。吾人相信教育为解决一切困难问题之妙物，想早为诸位所承认。虽吾人现在所提倡之新教育仍然有人怀疑，然无论如何，将来俱能得到结果。至于将来结果之如何，即于诸位赴会的代表身上可以查出。这次会议，各组分得如此细密，对于诸位知识上，一定有所增进。而现在时局蜩螗，棼如乱丝，诸位还能不远千里而来，团结一气，这对于精神的团结一定愈加坚固。由这两点说起来，更可见将来一切困难问题，非靠教育解决不可了。此次所有的全体分组各种会议，诸位如有时间，务望均去按时出席。因诸位藉此可以互增知识，团结精神，对于我辈教育界前途非常有益。总之我们所最信仰之教育，将来无论时局如何变化，都要努力前进，毫不懈怠的。我深愿赴会

① 1923 年 8 月 20—25 日，中华教育改进社在清华学校召开第二次年会，张伯苓作为该社董事主持该社社务会议，并致开会词，由姚以齐记录。原题为《主席张伯苓先生致开会词》，题目为编者所拟。

诸君，俯鉴斯言，那就不胜荣幸了。

（《新教育》第7卷第2、3期合刊，1923年10月）

在中华教育改进社第二届年会第一次全体学术会议上的报告①

（1923年8月23日）

学术会议今天第一次，本会议系将各分组会议所得的结果加以承认，使为成立案。惟因时间局促，希勿如去年的空费枝节的、非必要的讨论，致重要案件不及从容会议。按章程本会议的法定人数为到会会员及邀请会员总数的过半数，现三十二组成组者已有二十余，在场人数尚未及法定，当先请殷芝龄先生报告世界教育会议的概况。

（《新教育》第7卷第2、3期合刊，1923年10月）

本学期之改革②

（1923年9月3日）

今日为本校第二十学年之第一日，而一切仪节，在本校旧职员看来，与最初实未有若何变更。……本校学生数目，就住宿者观之，在中国固尚未有，在世界亦属罕有之大。此后已决定学生数目不再增加。然办事者之初心，固未尝有希望学生今日之多，只因年来社会之需要过巨，致演成今日情形。……此次开学后，新生甚多，高二、三学生一切行动务须自检，以作新生之表率。责任之重大，正似以前之大学部学生。

① 23日上午，张伯苓主持中华教育改进社本届年会第一次学术会议，并做报告。本文摘自《全体学术会议记录》一文，题目为编者所拟。

② 本文是张伯苓在南开学校中学部二十学年始业式上的演说，摘自《始业式略志》。题目为编者所拟。

……本学期之改革，在教务上，注重学生自修，以期养成学生自己负责任之习惯，庶几当将来应事。不致如旧日未受此种训练之学生，只是能盲从，不能自动。……在训育上，本学期最注意之点，在使诸生养成沉毅之习惯。三十年前中国社会异常沉默，故有人倡说以动之。然只是破坏而不能以之建设。试观今日中国之现状，政体虽早由君主而改为共和，其实则进步甚寡。推究其源，亦不外国民缺乏沉毅之气。故本学期训育，多注意此点，以期将来国民之改善。

（《南开周刊》第 68 期，1923 年 9 月 21 日）

办大学之目的[①]

（1923 年 9 月 17 日）

办大学之目的，在信学以致大，学以易愚，学以救国，救世界，学能求真理又能改善人格。故欲达到此目的，须自大学时代做起。一学者终身从事于学理之研究，然作学者须先具以下五种善行：（一）立志；（二）敦品；（三）勤勉；（四）虚心；（五）诚意。

（《南开周刊》第 69 期，1923 年 9 月 21 日）

造就新人才，创造新中国[②]

（1923 年 9 月 21 日）

吾人平日所任之职务虽不同，但吾人之目的则一。目的维何？就是要造就新人才，去改造旧中国，创造新中国。因为吾人抱同一之目的，无论吾人所任

---

① 本文是张伯苓在南开学校大学部开学式上的开会词，原载《校闻·开学式补志》。题目为编者所拟。

② 本文是张伯苓在南开学校全体教职员会餐时的讲话。题目为编者所拟。

者为各课之职务，或各科之功课，随时随地都宜往同一方向走。力合则效力大，力散则效果微。望同人共体斯意。

任教育者当注重人格感化。人格感化之功效，较课堂讲授之力，相去不可以道里计。

（《南开周刊》第 69 期，1923 年 9 月 30 日）

在南开学校董事会常会上的报告[①]

（1923 年 9 月 23 日）

一、决算

甲、大学部决算。十一年（1922 年）度决算入款 84493.37 元，出款 85713.16 元，共亏洋 1219.79 元。十年（1921 年）度决算结存转入 17818.432 元，本年度净余 1598.642 元。

乙、中学部决算。十一年度决算入款 127864.39 元，出款 121639.68 元，共余洋 6224.71 元。十年度决算亏洋 11268.16 元，本年度净亏 5043.65 元。

二、学生人数

甲、大学部正科学生二百十二人，预科学生七十七人，内共有女生三十七人。

乙、中学部因实行三三学制，本学期特增出一年级学生，共一千五百八十一人。

丙、女子中学部本学期招取初一、初二两班，共学生六十一人。

三、建筑校舍用款

建筑校舍用款报告

工　　程	原估价	加活	共用款	支付款	未付款
1. 秀山堂	68,000	9,000	77,000	70,000	7,000
秀山堂汽炉电线	17,000	2,000	19,000	11,100	7,900

① 是日下午 2 时，南开学校董事会常会在大学部开会，孙子文、严慈约、卞俶成出席，校长张伯苓列席，并报告以下事项。题目为编者所拟。

秀山堂用铁筋	1,800		1,800	1,800	
2. 第一学生宿舍	50,000	6,000	56,000	50,000	6,000
第一学生宿舍用铁筋	1,200		1,200	600	600
第一学生宿舍汽炉	10,000		10,000	4,000	6,000
第一学生宿舍电线	450	50	500	500	
3. 第二学生宿舍	31,500	3,500	35,000	21,000	14,000
第二学生宿舍汽炉	6,000		6,000	1,500	4,500
第二学生宿舍电线	400		400	400	
4. 教员住宅、职员宿舍	32,480	2,277	34,757	34,757	
5. 厨房、沐浴室、厕所	9,200		9,200	9,200	
6. 大桥一座、小桥六座	8,100	1,400	9,500	5,500	4,000
7. 门房	1,400		1,400		1,400
8. 水电	7,750		7,750	4,500	3,250
9. 铜像	9,210		9,210	7,610	1,600
10. 购地、租地	29,306		29,306	29,281	25
11. 垫地	20,100		20,100	16,900	3,200
12. 修道	3,040		3,040	3,040	
13. 零星建筑	7,620		7,620	1,580	6,040
			338,783	273,268	65,515

建筑校舍出入款报告

	入款	出款
1. 靳翼青先生捐洋	10,000	
2. 许静仁先生捐洋	500	
3. 金伯屏先生捐洋	200	
4. 第一次公债抽签余款	23,000	
5. 银行透支	160,000	
6. 支付建筑费		273,268
7. 移用科学馆建筑费	79,568	
	273,268	273,268

以上建筑用款除支用各项捐款及抽签余款外，尚亏洋三十万零五千八十三元，此项亏款应如何筹补？付讨论。

（讨论结果：

甲、薛松坪先生现丁父忧，学校可备函劝其捐款为太翁作纪念，并请严慈约先生与薛先生接洽。

乙、王景杭先生现亦丁父忧，即请孙子文先生与之接洽。）

（南开大学档案馆藏）

中国的希望[①]

（1923年11月1日）

余近年来因为本校筹款，在校时日甚少，每以为恨。本星期幸得暇晷，曾巡视校中一切状况，见秩序极佳，诸君生活亦按部就班，无不合于规律，心中颇觉欣慰。近年来，余在社会中所见之现象，既多杂乱无章，又多悖不合理，心中蕴有无限忿恨悲观。而到校一视，辄觉心平气和。……余在外所历艰难甚多，然因之亦得有制止之法，今试为诸生言之。

其一，余为学校筹款，常因不成而不豫。然一般为个人私利者流，则终日奔走，未尝见其厌倦。于是念及孔子“吾未见好德如好色者也”之言，则知己尚有未足，不豫之情乃潜然消除矣。其二，近日时局混乱，对之每生悲愤之感。然细思之，此种混乱，非过去几种事实之当然结果乎？既属当然结果，尚何悲愤之足云。由是可知，吾之所以悲愤，得毋因不确知事理之缘因乎？念及此，则悲愤之气乃全归平静矣。总之，吾人对于外界一切事物，苟能责己，则一切不平之念，俱无发生之余地矣。

然则今后之中国，果尚有希望欤？悲观者视之，自非断定无希望不可。但试进一步思之，亡中国之道有何？统观之，不外两种。其一为因外力之侵略而灭亡，其二为自己不振而自杀。中国目下能为外力所灭乎？以言欧洲，则大战后一切异常凋敝，数十年内，彼辈自顾尚不暇，未必有余力以侵中国也。以言日本，则一面受美国之牵制，一面受此次天灾之损失，亦未必有力外侵。是可

① 本文是张伯苓在南开学校高级修身班上的演说，原题为《校长修身班演说纪略》。题目为编者所拟。

知中国之最近将来，固决无外侮之虞。而一切希望均在自理无疑。然反观国内一切情形，则使人既愤且悲。本无定乱之法，而想一不合理之法处理之，结果则现象愈混乱矣。……推测中国最近之乱源，厥在人才缺乏。固有数以人才名者，然以其非真人才，故不能赖以处置各事，故中国之将来希望，纯在人才之多寡。而本校办理之初衷，即以造就人才为目的。诸生须知，少年在今日，做事之机会最多，果尚不能负一责，未免太可惜也。愿诸生勉之。

（《南开周刊》第 74 期，1923 年 11 月 2 日）

纪念袁太夫人的意义[①]

（1923 年 12 月 2 日）

今日之追悼会，其意义凡三：

其一，为纪念袁太夫人[②]屡次对于本校之捐助。袁太夫人之捐助本校，非自建筑科学馆始。往日，大学部始成立时，缺乏理科仪器，述之先生即慨捐金一千磅，为本校购置理科仪器之用。此事诸生在理化教室所悬之影片，当可悉其梗概。后美国罗氏基金团欲捐助中国两大学，专为促进科学教育。受捐助者，一为东南大学，一为本校。基金团所应数目为二十五万元，但须以本国能捐其半为条件。彼时，述之先生秉承慈命立认捐七万元。此数固尚未及半，然余因之始敢应基金团之条件。大学部之科学馆亦因之而得成。现此馆已将竣工，特名之为“思袁堂”，即所以纪念袁太夫人也。

今日之追悼会其第二意义，为使女生得一模范之人格。本校成立以来，初仅中学，三年前成立大学，今岁复成立女学部。成立女学之宗旨，即为提高一般女子之人格。中国现在社会中，每谈及妇女参政，社交公开诸问题。然吾以为，妇女之知识苟能提高，则其能力、其人格自亦因之而增高，其他枝叶问题自均易解决矣。袁太夫人所受教育，本无一般新女子之多，尚其教育子女服务

① 本日下午 2 时，南开学校在中学礼堂举行袁太夫人追悼会，校长张伯苓在会上致辞，由《南开周刊》记者笔录。题目为编者所拟。

② 袁太夫人，即项城袁述之之母。在南开学校创办时期，她屡命其子捐款助校，特别在大学部筹建科学馆时，又捐助七万余元。该馆竣工后，命名为“思袁堂”，亦即“思源堂”。

社会之精神，则或为一般妇女所不及。现代女子其受教育之机会，既远多于袁太夫人，苟能获得袁太夫人之精神，则中国将来何患不强？

今天追悼会之第三种意义，为使社会得悉袁太夫人之精神。现在一般之教育子女，其唯一希望多属升官发财，而袁太夫人则绝不使其子为宦。此中原因固多，然袁太夫人实深悉在现在为官之非是矣。太夫人令诸子皆从事实业，既有所获，而自奉极俭，遇社会中之公共事业，则无不慨然捐助。此种精神，社会上苟能得之，实最为需要。

（《南开周刊》第79期，1923年12月7日）

中国现状之真相[1]

（1923年12月20日）

诸生近日阅报，虽或未能知中国现状之真象，然亦必得一极恶劣之印象。今试分四项略述之。首为立法。此为立国之本。然观近日来国会内部之捣乱，自身尚不能顾，又何能望其有余力以处置国事。其二曰财政。中国财政近日已可谓到山穷水尽之处。就外债观之，民国前外债计七万万元，至今日已达到二十二万〈万〉元，十二年间已借得十五万万元之外债。至于今日国家收入，只有盐税余款，而政府仍屡据以借外债。其三曰政争。其四曰内乱。综观民国十数年来，政争无时不有，而就中最显著之事实，即所谓武力统一政策，以致近年来经过无数兵队扰，已大有非武力统一不可之景况。彼主张此说者，或竟据以自称其所见之是。殊不知，此种局面固皆由彼辈所造成。统观中国近日情形，处处可使人悲观。青年处此时代，思之或谓为不幸，然亦可谓之大幸。盖当此种时代，凡意志能弱、庸庸碌碌、毫无作为之青年，皆必须失败，此不幸者也。然一般意志坚强、奋勇、欲有所为之青年，则皆可藉此时以遂其愿，此实大可幸者也。诸生来校求学，务须有大愿力，大魄力，以及持久之奋斗力，则将来以之应世必大有成就，而深幸得生于现代也。

（《南开周刊》第81期，1923年12月21日）

---

① 本文是张伯苓在南开学校高级修身班上的演说，原载《校闻·中学部·志高级修身班》。题目为编者所拟。

在南开学校董事会常会上的报告[①]

（1923年12月23日）

一、前财部批准拨捐元年公债整理债券百三十万元之尾数四十万元，已于十月间发下。此四十万元之利息，据财部批云，自十三年（1924年）一月起每月由该部支领二千元。届期能否领到，尚难预料。

二、大学每年入款约十五万元，计整理公债利息四万九千元，元年整债利息五万四千元，宿舍费约一万九千元，矿科捐款三万元。出款约十三万元，下余二万元，用以支付透支利息恐尚未足。

三、工程用款除科学馆外，净亏三十余万元。

四、本校支付各项需费用公债作押，已由各银行透支十九万五千元，至旧年前尚不足五万，就校中所存公债，尚可用向各银行通融，本年即可敷衍过去。惟极大难关当在明年科学馆告成时，因科学馆建筑费之一部份已为他校舍工程挪用矣。届时所欠约在五六万元之谱，校中公债已罄，故无抵押可再向各行透支之余地。

五、前拟请李桂山先生捐洋十一万元作为建筑秀山堂及铜像之费，现交涉尚无头绪。徐东海先生前交来八万支票，不能领取现款。此两处应如催法？付讨论。（众意俟严范老病复原后，请严范老向徐、李二先生接洽。）

六、现因学校经济困难，前十年六月十二月董事会议决之教员增薪问题可否变通？（众意请校长斟酌学校经济情形变通办理。）

七、学校工程亏款甚巨，应如何筹补？付讨论。

（严先生拟设法向简照南公子处劝募，藉为照南先生留一纪念。范先生仍拟开一筹款大会，在秀山堂或科学馆落成时举行。惟须预先组织一委员会筹备一切。）

（南开大学档案馆藏）

---

① 是日下午2时，南开学校董事会常会在大学部开会，严慈约、卞俶成、王濬明出席，校长张伯苓列席，并报告以下事项。题目为编者所拟。

最近时局和我的希望①

（1924年1月10日）

最近之时局，其混乱适可譬诸天气之昏暗。吾人无论如何乐观，对之亦不免暂时悲愤。日前，在京Dr. Tenny曾询余中国之现状如何，余即答：目下决无希望可言。盖此实不可掩之事实也。论政治，众院已实行改选，似足供吾人乐观，然就现状言之，将来之新国会果将何似？以言教育，则教育经费几已完全充军饷，维持尚难，又何言发展！且最近之教育界又发现两种恶趋势，其一为过重视金钱之商业化；其二为随事敷衍之官僚化。在此两种影响之下，能有何种教育可言？然在此时机，亦颇可获得极满人意之结果，即一班少年之醒觉是也。要知中国现状之恶劣，系过渡时期之必具者；以言之中国之将来，固无人不承认有绝大之希望也。盖在此种状况之下，柔弱者流自无侥幸成功之希望；而勇敢健全之少年，则无不能藉之以自奋者。且最近北京之教育界，从一方面观之，若美专、医专之风潮固极可悲，然从另一方面观之，若范静生之就任师大校长，江庸之就任法大校长，则不能不谓之为差强人意之事也。诸生苟能各自奋励，使中国得平安迅速渡此难关，而跻于光明之境，实余所切望者。

（《南开周刊》第83期，1924年1月10日）

南开为何继续进步②

（1924年2月14日）

本校自创立后，至今已历二十年之久。此二十年中，国内政局及社会上现

① 本文张伯苓在南开学校高级修身班上的演说，原载《校闻·中学部·志高级修身班》。题目为编者所拟。

② 本文是张伯苓在南开学校中学部始业式上的演说，原载《校闻·中学部·志始业式》。题目为编者所拟。

象虽异常混乱，且起伏不定，而吾校则总未因外界之影响，而不能向前继续进步。此点由二十年来校中各种统计不难一望而知。至去岁暑假，本校又发生一极巨变化，校址由一而化为三，此实南开学校发展历史上一最重要之事实也。改革伊始，同人之精神不免略有照顾不周之憾。然至于今日已历时半载，各事均渐宁静，乃能得间计划及各部之向前发展。以吾观之，现在男中学最紧要之问题，即团体过大。盖团体既大，因之乃发生两种困难：其一为经费之不足；其二为精神之散漫。前者纯在乎办事人之努力，而后者则非与诸生合作不为功。盖诸生苟皆能自爱，则学校全体精神自可团聚矣。

（《南开周刊》第 84 期，1924 年 3 月 1 日）

有智识即应实行[1]

（1924 年 2 月 20 日）

有道德之智识即应实行，否则，虽读仁义道德之书千轴万卷亦毫无济于事。当时诸生皆表现一种信仰和觉悟的态度，想此次修身班各人得益匪少，今后诸同学必于德育上增一番之进步。

（《南开周刊》第 84 期，1924 年 3 月 1 日）

改造南开[2]

（1924 年 2 月 21 日）

本校自逾千人后，因地址不足，总未召集全体集会。今日因要事不便分两

---

① 本文为张伯苓在南开女中第一次修身班上的讲演，原题为《校闻·女子中学部·第一次的修身班》，题目为编者所拟。

② 本文是张伯苓在南开男中学部全体特别集会上的谈话，原载《校闻·中学部·志全体特别集会》。题目为编者所拟。

次报告，乃召集一次全体集会。女中部已于昨日集会，明日尚拟至大学部作同样之集会。

此次集会之目的为“改造南开”。此语骤闻之似无甚意义，盖年来本校气象颇盛，尚何改造之可言？殊不知本校至本年十月十七，虽已届二十周年，此二十年中，本校虽已能排除一切困难而继续进步，而去岁暑假，遇前此未有之巨大变动，本校舍由一而分裂为三。去岁既分力于大学之建筑、迁徙及一切新组织，而女中学亦适于暑假后创始，其困难实较以前为更甚。盖辛亥学潮，直皖、直奉诸役，虽皆影响及于学校之发展，然其势力皆自外来，远不及此次因自身扩张而生者之重要也。至于今日，已历一学期，诸种困难幸均已平安渡过。以言经济，至去岁年关，虽亏款三十余万，自可陆续归还，即万不致入于无办法之途而已。至于精神方面，则实不如预料所期，今既已渡过经济难关，乃充多注意于精神之整顿。由此可知，南开学校之所以改造，其一，因有改造之余地；其二，因有改造之余力。日前曾有一学生家长对吾言，谓将学生送入南开，即答放心。吾即答以吾辈即因之不能放心矣。此亦可谓改造之一因，即永不自满，而使之常常在改造中也。

吾尝闻人言，学生对学校总不能满意，此语殊难索解。岂学生与职教员之利害正相冲突耶？吾以为教育之目的为一致的。学生与职教员，其利害苟一相对，则必系一方面认错此方向矣。试就学费一项言之，初似为学生与学校之利害冲突点。然苟能财政公开，则自能相谅矣！故吾以为改造之最重要方法，即开诚布公而已。盖冲突每起于误会，若学校办事之认真，教员授员之毫无假借等，每为学生所误会，以为故与彼等作对，然苟解明其故，自能涣然冰释矣。吾印成建议书数千份，当分之全校师生校役，以求收集思广益之功。诸生可各思有何种建议，即偶有错误亦无妨，盖吾藉此更可使诸生得一自省之机会也。女中学部因团体甚小，诸事多能自治，故一切情形均差强人意。男中学部团体虽甚大，然亦可分班组织自治会，不然固不能及女中部，且学校亦无能为力也！

吾前已言，改造之要点在“诚”。以吾之经验，人苟欲有所成就，盖亦无地不须借助于“诚”。本校中之青年学生，亦必因此字而得进步。且此种建议书可对学校，亦可对自身。例如思自身有何可改之处及改革之理由，再及于改革之方法，不自欺、不松懈，道德学业自皆可日进矣。总之，本学期全体师生，均能有一种改造之新精神，然后本校之前途乃克有绝大之希望。愿共勉之。

（《南开周刊》第84期，1924年3月1日）

开诚布公，根本改良[1]

（1924年2月22日）

以往一年为本校变动最多时期，经济上及精神上的困难都算勉强过来。但看本校以往历史，每过一层难关，必有一次长进。今又至改进之时，而学生中反不见活泼气象，故须立刻设法疗治此病。……[2]聚会之主要意义则在“开诚布公，根本改良”。

（《南开周刊》第84期，1924年3月1日）

对时局诸问题的看法[3]

（1924年3月6日）

余前日自京归，于火车中遇山东日照马君，谈及时局各问题，今特为诸生复述之。

余见马君携一巨册之书，询之，为《五代史》。盖马君以为今日之乱，颇似五代时也。余即以为中国之历史在闭关时代，不外一治一乱，而自海通以后，此种状态已不能复续。民国初年，国内现象颇乱，当时颇有以往日眼光观察者，而十余年来日乱一日，首洪宪，继复辟，其后直皖、直奉诸役，至于今日若闽孙、苏齐，几有一盘散沙无可收拾之概，又向何处往治？马君谓中国社会之基础在家族制度。中国之家族制度，至今日尚可继续保存乎？余以为今日中国社会道德之堕落，完全由于经济制度之变化。在欧美各国之工业中心，因机器发

---

① 本文是张伯苓在南开学校全体师生特别聚会时的谈话，原载《校闻·中学部·特别聚会》。题目为编者所拟。

② 此处为记录者言语，故略去。

③ 本文是张伯苓在南开学校高级修身班上的讲演，原载《校闻·中学部·志高级修身班》。题目为编者所拟。

达，男女既有同等之工作力。因之，即一夫一妻之小家庭亦有逐渐破裂之势。年来欧美此种工业文明传至中国，中国之经济制度突然变化，家族制度亦因之而动摇。夫家族制度为中国一切道德之发源点，源既动摇，其枝末自因之而不能稳固矣。因此而引起一最重要问题，即科学对于中国究竟有利与否是也。然此问题在此时殊不能为否定之解决。盖我辈虽能承认科学为有害，然吾辈果能拒绝之乎？故此际亦惟尽力与他国争衡而已。欲与他国争衡，最紧要之方法，亦惟归诸教育。至于教育是否一合宜之方法，固亦是一问题，然在今日，仍似一最善之途径，吾辈亦惟有努力而已。

（《南开周刊》第 85 期，1924 年 3 月 8 日）

对事业应抱改造之思想[①]

（1924 年 3 月 11 日）

凡人做事，须具活泼之脑筋，自出新见解，不固守前人之规律，抄袭他人之方法，始有新进步，好成功。不然，故步自封，人生光阴易过，能有何作为？虽然，仅有新见解，而不继之以实行，亦属无用。

此次二年级诸生能改变以前班会之故例，开全体级会，可谓有新见解，又予入场一观，颇有秩序，可谓能实行。吾甚望诸生对于任何事业皆抱改造之思想，而尤望诸生有努力合作之精神云。

（《南开周刊》第 87 期，1924 年 3 月 22 日）

① 本文是张伯苓在南开中初二年级会上讲演，原载《校闻·中学部·初二年级会志盛》，题目是编者加的。

振兴实业，增进物质文明[①]

（1924年3月13日）

近日在中学所收议案，其可行者已立刻实行，其尚有讨论之必要者，已交人分别整理，预备仔细讨论，故建议结至今日暂行停止。俟讨论完毕，作一结束，再重行征集，庶不迟延过久。惟此次议案中有一系提议将校后臭水塘填塞，恐系不明本校历史之故。

盖本校当未设立时，有德人汉那根者，与三数中国人在天津设地皮公司，其与地方官所订条约，系将天津城拆毁，而从西头掘河一道，经德租界地而达海。当时本校校址附近多系津人坟地，亦被该地皮公司划为己有，强迫将坟移徙。有郑姓者，虽以势不敌，将坟移走，但不甘心将地归该公司，即赠与学校。当时余以学生尚无球场，即以该地充之。德人闻之，出而阻挠，经过无数交涉，后余与该德人面议，结果德人另赠本校地一块，此即本校现在校址之一部分也。后该公司所预拟凿之河未能成功，乃将天津城中概造暗沟，天津城市之污水乃皆集于本校后之水坑。现三不管附近，昔因地中甚低，居民欲在其地建筑者，即藉掘鱼池为名，将地填高，盖所以避免官厅干涉也。结果各水池亦皆变成污水池矣。近闻津人正从事于运动，将与本校旁小河相通之河在海关[光]寺设闸，时时将污水换过。结果则本校后水坑之臭气或能减轻不少。总之，此水坑现时实无法使之填塞。吾校同人惟有练习忍耐之法，盖在此种情形下亦无可如何也。

本校大学部近日有几种极巨变化：其一为评议部[②]之成立；其二为商科学生之组织学生会。此会余对之颇尽力赞助，盖自吾从美洲回国，知中国现在之要，首在增进物质文明，不然，则为世界进化中之落伍者，欲图与之争衡不可也。然增进物质文明之法，吾以为不在提倡科学，而在振兴实业。财赋一足，则自能从容从事于科学之发明矣。此点由各国之历史及现状均可证明之。吾今岁因

① 本文是张伯苓在南开学校高级修身班上的演说，原载《校闻·中学部·志高级修身班》。题目为编者所拟。

② 这是南开学校大学部依照校长张伯苓“开诚布公，根本改造”的主旨，于1924年3月10日成立的一个评议全校一切大政方针的组织。该组织有校长、教务主任、各科主任、教授会议代表及教职员代表组成。

校中诸事均已妥协，乃努力于此。此商学会凡商科学生必须加入，出校后仍与此会发生关系。吾愿三十年后南开学校之商科学生在中国商界可逐渐减杀外人之势力也。

（《南开周刊》第86期，1924年3月15日）

青年的择业、婚姻和信仰①

（1924年3月28日）

日来，余征求诸生建议修身班之讲题，所收殊不甚多，望诸生多多建议。综观所收建议，偏于知识方面者为多，若金佛朗问题、承认苏俄问题等，而关于诸生自身之问题则殊不多见。以吾观之，二十岁上下之青年，问题实最多。惟以其经验甚少，常不肯使人知之。今试略举一二种：若择业问题，岂非现在个个少年之重要问题，且须立时解决者？此问题在甚紊乱之中国社会中尤不易解决。盖在中国社会中，稍有知识者，做事机会甚多，少年人每不易为适当之抉择，此其一。其次若婚姻问题，亦为现在中国青年之一最重要问题。现在青年，有未定婚者，自宜缓定为是。至其已定者，或即将定者，果当以何法处之？即退一步言，婚姻已可自由，果应如何审慎，始不致有以后之翻悔乎？此其二。再次如信仰问题。吾人生活于世，苟无确定之信仰、确定之人生观，则一切经营造诣必皆毫无根据，挫折一来，初志即可变易。故青年人对于自己之信仰，亦殊为一亟宜解决之问题，此其三。青年人之问题固不只此三种，而此三种，实可为每个青年人之问题。诸生此后务要将自己问题完全不加隐匿。余他日尚拟请若干学者专为诸生讲演此种问题，则诸生对于自己问题之解决或可获若干参考资料也。

（《南开周刊》第88期，1924年3月29日）

---

① 本文是张伯苓在南开学校大学部修身班上的演说，原载《校闻·中学部·志高级修身班》。题目为编者所拟。

在南开学校董事会常会上的报告[①]

（1924年3月30日）

一、报告预算案

甲、大学部。十二年度预算亏款三万五千五百四十八元，十二年预拟决算约亏二万七千元，十三年度预算出款十六万二千零十五元，较入款多二万二千三百四十五元。又，十二年度决算亏款二万七千元。统计大学部十三年预算，共亏洋四万九千三百四十五元。

乙、大学部矿科。十二年度预算出款五万一千六百四十元，入款三万七千零二十元，共亏洋一万四千六百二十元。

丙、中学部。十二年度预算亏洋三万三千五百七十八元，十二年预拟决算亏洋一万九千三百六十五元。十三年度预算出款十五万七千二百九十元，较入款多一万六千五百二十六元。又，十二年决算亏洋一万九千三百六十五元。统计中学部十三年预算，共亏洋三万五千八百九十一元。

丁、女子中学部。十三年度预算出款七千八百二十元，入款七千元，共亏洋八百二十元。

以上亏款拟由每年公债抽签所得之余款补助之。

二、提议：依据九年九月十九日本会议决，拟于本年进行组织商科董事会，即请卞俶成先生为本会代表。（通过）

三、提议：上次董事会议决，现在本校经济困难，对于教员增薪问题，应请校长斟酌学校情形变通办理。本年三月二十六日本校评议会开会，拟定一办法如左：

正教授　　月薪自二百四十元至三百三十元。

襄教授　　月薪自一百六十元至二百四十元。

助教　　　月薪自六十元至百五十元。

均不供膳宿。至于教员分级及待遇，均由校长审订。以上办法可否采纳？

---

① 是日下午2时，南开学校董事会常会在大学部开会，严慈约、陶孟和、卞俶成出席，校长张伯苓列席，并报告以下事项。题目为编者所拟。

付讨论。

（众意因此种办法较前定办法为佳，可由本年试行。通过）

四、提议：按照本会章程第四条，于每年三月应改选董事三分之一，本年满期者为严慈约、李琴湘、蒋梦麟三先生。陶孟和先生提议推举严慈约、李琴湘、丁在君三先生为董事。

（众赞成，通过。严、李、丁三先生任期至民国十六年三月止。）

（南开大学档案馆藏）

择交问题[①]

（1924 年 4 月 3 日）

照现在大、中两部统计，知本校之大学部学生，凡由中学部升入者，虽资质各不相同，而预备则多甚充足。至于由他校毕业直接考入预科者，程度或不能不稍差，而进步实甚速。盖因考入之学生天才生甚多也。照预拟计划，本系于今岁将大学部预科停办，但日前会商之结果，为收容他校程度稍差之天才生起见，预科暂仍继续办理。

吾曾得诸生若干对于修身班讲题之建议，系择交问题。以吾观之，此问题虽亦颇重要，但较之余上次所讲之择业问题、婚姻问题及信仰问题，则相去甚多。今试为诸友略一述择交之道。照现在眼光视之，今日之择交与古系之择交略异。古之择交，择之道甚严，而所友甚寡，友寡故过从甚密。至于今之择友则范围略广，即以诸生现在情形论之，凡属同学即皆谓之友亦无不可。古代诋多友为朋党，而今日交友范围虽广，然亦反对以小团体而影响于社会之福利。从此可见，择友之道古今实无根本上之差异。

中国古代之善友者，若三国时之刘（备）、关（羽）、张（飞）；战国时之管（仲）、鲍及俞（伯牙）、钟（子期），皆极为人所习知者也。孔子谓友有三种：若者直、若者谅、若者多闻，此实一交友之准绳也。今人每谓友之极密者曰知

① 本文是张伯苓在南开学校高级修身班上的讲演，原载《校闻·中学部·补志高级修身班》。题目为编者所拟。

己，所谓知己，即所以望友之赞己之长、慰己之苦。然若深一层思之，则人各有长短，苟只望人之称赞，而不欲人之规诫。且人皆欲人之赞，人之慰。然则赞人慰人者，果何人者。明乎此，则交友之道思过半矣。

（《南开周刊》第89期，1924年4月12日）

对于日本在我国办理文化事业之宣言

（1924年4月23日）

自从去年年底我国驻日汪公使与日当局交换意见之后，所谓文化事业才确定范围，决定次第办理图书馆、研究所、博物馆等。我们不独非常赞成，并且很钦佩日本朝野的虚怀远识，能采纳我国人士历来的意见。

但是这种重大事业范围虽然正当，要是入手之初办法尚欠斟酌，万一将来引起无谓的纠纷，实在可惜的很。所以我们总想有一种较为完善的办法，使文化事业不但不受丝毫障碍，并且格外发扬，两国人士达到真挚携手的地步。所以我们用极诚恳的态度，发表宣言。

现在日本对于文化事业的办法如何？就是在日本外务省里设一个对支文化事务局，有特定的官制，有特别会计，关于事业经费的预算须逐年通过日本国会。照此看来，无论在法律上，在政治上，这种办法，都是日本内政的一部分。若使文化事业设在日本领土以内，专由日本朝野经营，我们当然没有议论的余地。不过日本的好意，不愿意把这件事的范围缩小。并且要和我国携手去干这件大业。照此看来，两国人士当然发生休戚与共的关系。所以我们对于办法不能不有所陈述，希望两国朝野不求速成，郑重考虑，以期收到最好的效果。

我们用极诚挚的口吻，老实说，若照现在的办法，是不妥当的，免不了发生误会，并且使我国极愿意助成这件事业的人，有难于合作之苦。为什么呢？照日本现定的办法，无论何人，总觉得是日本的内政延伸到国外。这回服部博士及朝冈小村诸君到中国来向我们说："日本对华文化事业，是超越政治的。"我们很相信服部博士及朝冈小村诸君的诚意，并且很相信日本朝野的精神。但是他的形式方法既完全受政治的支配，无论如何，恐怕免不了多数人的怀疑，况且日本对于此事既完全是官办性质，将来我国朝野用什么资格、何等名义去参与这件事业，是客卿呢，是雇员呢，还是椽属？这也是很容易误会而难解决的问题。现在我们为免除这种误会，且期收到最好的效果起见，所希望的办法是：

由中日两国推选专门学者，组织文化事业理事会，筹画决定并管理日本以庚子赔款办理文化事业一切事务，理事人数中日各半，别设理事长一人，由中国人充之，这是最低的限度。

总之，此项文化事业，非中日两国通力合作不能成功，只要两国朝野意见融洽，彼此相信不使他留有现在或将来惹起纠纷的种子，是最紧要的。如果日本方面不能容纳我们上面所述的办法，我们决不愿参加这种事业。这就是我们的意见。

全国教育会联合会退还庚子赔款事宜委员会
中华教育改进社筹画全国教育经费委员会
中国科学社
中华学艺社
学术研究社
中国地质学会
留日大高同学教谊社

代表人：熊希龄　张国淦　颜惠庆　范源廉　黄炎培　袁希涛
蒋梦麟　张伯苓　马叙伦　丁文江　汤　中　邓萃英
秦　汾　陈宝泉　文缉熙　陶鸿焘　殷公武　盛沛东
文元模　屠孝实　王兆荣　朱念祖

四月二十三日

（《教育丛刊》第 5 卷第 2 集，1924 年，转引自范源廉著：《范源廉集》，湖南教育出版社，2009 年，第 269—271 页）

勿因体育之胜负损伤人格[①]

（1924年5月1日）

今日余所言者有二事：其一，关于本校近日内部情形，其二，关于国内近日欢迎与反对一著名人物之批评。言及本校近日内部情形，据余所见，精神殊甚好。若数日前英文演说之全胜，汉文演说之一胜一负，以及华北运动之球类比赛获胜，以及近日本校运动会加入者之多，均足以表示全校精神之佳。然余颇愿由此数事中择几点为诸生告：其一，吾人做事常须竭力求得经验。若本校在八里台开运动会，在今岁系第一次举行，诸事待改良者必甚多。于是当筹备之际，吾即谓诸办事人，各人皆宜留意自己所管理之事有何者应改进之处。预料日内聚会必有若干事提出，可免去明年重犯同一之错误。吾常谓，人之由做事而得经验，固可漫不注意，直使一种经验绝不能使人遗忘时，始可谓之为彼之经验。然由此路以得经验则未免太欠经济矣。此种注意力，在起首或不免觉其费力，但练习稍久而成为习惯，则将毫无所苦矣。其二，吾闻之本校此次华北运动会因吾校学生之助兴者，颇有人讥为精神未善。以吾观之，实属非是。盖吾以为本校助兴之学生，固为助本校运动员之兴，但绝非为扫他校运动员之兴也。且运动所争者胜负而已。苟一战而负，负而已矣，人格上固犹在也。若夫人格一有损伤，则虽胜又岂值得若许代价哉？此点诸生务须注意，运动员亦须特别注意。

日来印度诗人泰各尔[②]来华，各处多请之讲演。于是各界对之乃有赞成、反对二种论调。其赞成者谓彼为一著名诗人，且其人非顺应潮流者，且足以代表东方文化，故吾人对之应表示相当敬意。其持反对论调者谓泰各尔提倡东方文化，反对物质文明，恐青年学子受其影响而亦贱视自然科学。以吾观之，此两面皆未得其中。盖泰各尔既为一诗人，则固意迫其为形式之讲演，作形式之应酬殊为不可。若谓恐青年学子受其影响，则吾人固可更请注意自然科学之学者

① 本文为张伯苓在南开学校高级修身班上的演说，原载《校闻·中学部·志高级修身班》。题目为编者所拟。

② 现通译为“泰戈尔”。

讲演。且若果有此等无主见之学生毫无抉别能力，又何能望其将来有所成就？自然而静的生活吾亦非反对，吾年来亦常往西湖诸名胜地作一二日之游散，其目的在变化生活。若一味主张此种生活，则非吾所敢同意者矣。盖中国此际固决不应有此种闲散人民之存在故也。

（《南开周刊》第 92 期，1924 年 5 月 2 日）

愿诸生立志勤俭[1]

（1924 年 5 月 8 日）

昨日“五·七”国耻纪念日，诸生为表示对于此事之哀悼，上午在礼堂开会，作动人之演说，下午加入市民游行，其意甚善。余昨日亦曾自思，苟令吾当时作一演说，则上台后除将自己痛打一顿以外，几无话可讲。盖此种纪念日多过一次，则正是表示吾人尚未能自振。故吾人于是日除自责外，几无可说之话也。

吾尚忆去年之“五·七”正在青岛，彼处市民亦曾有游行之举。回校后即曾对诸生谓，青岛之收回在中国之体面上似极方便。然细思之，二十七年前，吾所见之青岛只一荒村，此次收回已俨然一小小之柏林。苟数年后更一变而为荒村，吾国之弱点由是乃大白于世界，是真吾国最不体面之事也。吾当时更谓，青岛既不能离山东而独立，而山东亦未克离中国而自治。他日青岛情形之恶劣几可确定。果也！至今时过一年，青岛情形竟真愈趋愈下。由此吾人亦可不必过甚希望旅顺、大连之收回，盖世界上固决无若是之便宜事也。

夫中国今日之病，在不统一，在内政不良。舍此不图，只以手持旗帜游行于街市为爱国，是亦不免过于肤浅矣。以余观之，吾人于是日最好存一“自我做起”之决心，以数事自衡，期于最近将来实行，则国耻纪念，庶有免除之一日。余今且举两事为诸生告：其一为自奉务求俭约，其二为养成勤劳之习惯。勤俭二字在中国已成老生常谈，而真能实行此二字者，则实不多睹。余甚愿诸

---

① 本文是张伯苓在南开中学高级修身班上的演说，原载《校闻·中学部·志高级修身班》。题目为编者所拟。

生于今日起，即立志将此二字实行。则昨日之游行固亦可因之而有意义，且此种国耻纪念日亦必有除去之一日也。

（《南开周刊》第 93 期，1924 年 5 月 9 日）

体育运动会的缘起和发展[①]

（1924 年 5 月 15 日）

数日余将赴武昌参与第三次全国运动会，往返需时两礼拜。诸生阅报，当知此次运动会亦曾有小小风波，故吾不得不早数日去。

原运动会之起由于欧西。欧洲四年举行一世界运动会（World Olympic），即每逢闰年一次。今年在法国，一九二〇年在比国，一九一六年在德国（因欧战而停），一九一二年在瑞典，一九〇八年在英国。东亚各国总未参与此会，而于十数年前，由中国、日本、菲律宾合组织一远东运动会。此会欲与世界运动会相接，故日期相错，且每二年举行一次，逢单举行。去年为第六次，在日本，第五次在中国，第四次在菲律宾，第三次在日本，第二次在中国，第一次在菲律宾，时一九一三年也。中国因地区甚广，不克常举行全国运动会，而每区则常年一举行。计中国共有华北、华东、华中、华南、华西诸区，其组织完善，以华北为最。华北括有直隶、山东、山西、陕西、甘肃、东三省、河南诸地。华北运动会之组织，由本区各省各举三人代表，代表中举八人（正、副会长各一，书记、会计各一，委员四）合称执行委员会（Executive Committee），任期一年。由此会定下年举行地点，由举行地之人自选职员，曰竞赛委员会（Contest Committee），照顾当场各事，此其略也。华东初只有东南、金陵、东吴、约翰、复旦、南洋、之江等八大学联合运动会，只括江浙两省。今岁已加扩充而成华东运动会。华中括安徽、湖北、湖南等省，亦自今岁始行组织。华南因交通不便，尚无一致组织。华西则尚未发达。

去岁吾国运动员在远东失败，各代表回国后，即诿罪于政府不为助，社会

① 本文是张伯苓在南开学校中学部高级修身班上的演说，原载《校闻·中学部·志高级修身班》。题目为编者所拟。

不肯提倡，以及代表人又为西人。于是在上海时报馆开会，开会拟组织中华体育协会，作为中国体育事业之总机关，对内则提倡，对外则代表。此次在武昌举行全国运动会，亦无非为提倡之意，而华东有一部分人颇有误会，谓中国之全国运动会不应由西人格莱（Gray）召集，此实误会。盖格莱不过一竞赛委员耳，此会固不能由彼召集也。闻此种误会现已成过去，诸生自能从报纸中得之。至于此次全国运动会果何因而称第三次，则因光绪末年时，端方正充南京总督，开全国展览会，乃藉时以开运动会焉。规模虽甚简陋，而实不能不谓之为中国全国运动会之嚆矢。第二次全国运动会于民国二年举行于天坛。此次举行第三次之目的，除去提倡国人之体育兴趣外，尚拟即促成中华教（体）育协进会。盖当时在上海开会，前两次尚有人到会，而至将通过会章时之第三次会，竟无多人到会。当时格莱君当与吾函谓："吾在会场中候三小时之久，竟未至一人。"吾闻之不禁深为叹息。吾人每谓与西人共事，彼辈常揽权，其实因非由西人之揽权，实由吾人之责任心太少耳。且明年在菲律宾举行远东运动会，吾人于事前当如何措置？下次在中国举行时，吾人又应如何？均需有极精密之思考，始克有济。而吾人却只愿作旁观之批评，而不肯实际做事，此亦未免太无责任心也。

（《南开周刊》第 94 期，1924 年 5 月 16 日）

报告全运会注意事项[①]

（1924 年 5 月 21 日）

此届因全国运动大会，得与诸君聚集一堂，深觉荣幸。

上二次大会举行之地点，一在北京，一在南京，今则在国之中央，交通便利，人才毕集，加之天气晴和，职员办事之允洽，故预料此届成绩，必为可观。惟望各省代表及选手领袖力加臂助，俾得成功。

会场应派之职员问题。会场秩序，最易搅乱，故场中职员，不宜多举，多

① 5 月 21 日下午 2 时，在武汉体育场会客室，本届全国运动会总裁判张伯苓主持召开各省选手领袖会议，并在会上讲话，并提出要求。题目为编者所拟。

则有碍观众视线，恐乱秩序。各省教练，非举为职员者，亦不得入场。

会场新闻记者所以置一人之原因，或恐公开之记录报告员，一人不敷应用，要求加增通信社员，或以已有公开之记录报告员，其他新闻记者，可照原议候在记者席上，不必入场，故原订之一人，亦可取消。

（《申报》，1924年5月25日）

全国运动会开幕礼致辞[①]

（1924年5月22日）

全国运动员，不分南北，来鄂举行大会，希望本此精神，促进全国统一。

（《申报》，1924年5月23日）

组织一完备之体育机关[②]

（1924年5月25日）

张伯苓：我国国民皆希望有人组织一提倡体育之机关，俾各省体育家能随时联络，使我国之体育日臻完美。以前因无机关组织，故每遇运动会等，即须请人扶助，如王正廷、唐少川等，皆曾办过此种事务。惟若辈多不能躬身督职，故干事一职，不得不请西人代之。余此次来鄂之目的，虽名义上为全国运动会之总裁判，但紧要职务，即欲与诸君讨论，组织一完备之体育机关。

往年远东运动之失败，咸归罪于办事人，余亦办事人之一，故愿负完全责任。至业余运动会，亦起于远东运动会之时，因迩时无体育机关担任召集各省

① 5月22日，第三届全国运动会在武昌举行开幕礼，张伯苓以总裁判长身份在开幕礼上致辞。题目为编者所拟。

② 5月25日下午2时，中华体育协会在武昌体育场会议室开发起会，到者有张伯苓、葛雷、麦克乐，及中华体育协会之各省代表共80余人，张伯苓在会上演说。题目为编者所拟。

选手等事，乃有此组织，余与郝伯阳、郭秉文、麦克乐、马德等君，皆为业余运动会之临时职员。余以事忙未负责，致使会务进行甚迟，后有加入远东运动会之选手，由日返国，告余对业余运动会之不满情形，余闻而颇惭。幸业余运动会，本属临时组织，可随时取消，余亦愿引退。非余无志提倡体育，实因惮见无意之争论。我国政府之不统一，亦由于争执私见。近闻有人组织中华体育协会，惟内中提议者，尚多误会，余深望发起诸君，勿以说不出之隐衷，酿成种种争执，致使各方误会。

卢炜昌：中华业余运动会，所以急需改组，因内中信宗教者太多，最易使人误会。

张伯苓：会中办事者，非尽系基督徒，且真正之基督徒，决无攘夺权位之行为，苟有之，余亦必辞退。

卢炜昌：我等因信任张先生、故请张先生仍须继任。

张伯苓：以前余任业余运动会之职员为临时，今有正式组织，理当引退。

（《申报》，1924年5月30日）

在中华职业教育社第七届年会的讲话[①]

（1924年5月26日）

职业教育之内容极广、须注重职业与教育之沟通。

（《申报》，1924年5月29日）

---

① 中华职业教育社第七届年会于5月26日在武昌青年会开幕，本文张伯苓在开幕礼上的演讲大意，题目为编者所拟。

请聂云台等任起草体育机关章程委员通告[①]

（1924 年 6 月 12 日）

启者，此次中华体育协会及业余运动会在武昌开会时，经十七省区代表议决合作，并推鄙人等为筹备中国华人体育总机关之委员，另行推选起草委员五位，草定章程，俾于七月三日在南京开成立会时提出。兹拟请先生等五位担任斯职，并订于本月十五日（星期日）上午九时起在上海北四川路横浜桥中央大会堂举行起草会议。素仰先生对于体育极有研究，定能出其心得，以建设我全国华人体育团体之基础也。届期尚祈准时惠临，勿却为幸。

（《申报》，1924 年 6 月 13 日）

在南开学校董事会常会上的报告[②]

（1924 年 6 月 15 日）

一、提议：大学毕业文凭原有董事会代表一人列名盖章，上年系严先生代表列名，本届毕业将近，仍应推举董事一人为代表。（严先生提议请范先生为本会代表，众赞成，通过。）

二、提议：现本校有大学、中学、女中学三部，各部名称颇不一致，应有规定，以示划一。

（丁、李、严三董事各有主张，范先生提议本校各部名称对外应分立，如南开大学（Nankai University），南开中学（Nankai High School），南开女子中学（Nankai Girls High School），对内仍用南开学校大学部、中学部、女子中学。众

---

① 中国华人体育总机关筹备委员长张伯苓、卢炜昌为订请聂云台、郝伯阳、柳伯英、沈嗣良、王壮飞五人为起草章程委员，特发通告。题目为编者所拟。

② 是日下午 2 时，南开学校董事会常会在大学部开会，范源濂、丁文江、李伯芝、严慈约、武问泉、卞俶成出席，校长张伯苓列席，并报告以下事项。题目为编者所拟。

赞成，通过。）

三、提议：本年三月三十日董事会常会议决教员分级案实行后，复对于襄教授之襄字不甚适宜，前已函请各董事，拟将此襄字删去，并已得严慈约、卞俶成、陶孟和、蒋梦麟、王濬明诸先生之同意，特提出大会，请追认。（众赞成，通过。）

四、报告本校经济状况

1. 大学部下年预算亏二万二千余元，连同本年决算亏款，共亏四万九千余元。财部第二次拨发元年公债整理债券四十万元之利息若能照发，或可补此亏款之一部分。

2. 矿科下年预算共亏一万四千余元，惟此款多亏在设备一方面，一二年后设备齐全，常年经费即足应用，不致亏款。

3. 中学部下年预算亏款一万六千余元，连同本年决算，共亏三万五千余元。

4. 女子中学部下年预算亏款不过八百二十元，惟民国十四年度该部校舍已不敷用，须另建校舍，需款须较多也。

5. 现大学部工程已陆续完竣，各项工程共用款三十五万余元，除收入捐款一万八千余元，及公债抽签余款与利息九万二千余元外，尚欠二十四万余元。

五、大学部于本年二月间起筹备呈请教育部立案，现报部手续均已完竣，惟尚未接到教育部正式批文，应设法催询。（众意请范、严两先生面催张总长。）

（南开大学档案馆藏）

中国大学毕业典礼上的演说[①]

（1924 年 6 月 18 日）

学生入社会后，宜实心做事，不宜专想吃社会，或在社会上找便宜。

（《申报》，1924 年 6 月 21 日）

---

① 中国大学于 6 月 18 日举行毕业典礼，张伯苓受邀参加，并演说。本文为张伯苓演说大意，题目为编者所拟。

教育改进社审查账目情形[①]

（1924 年 7 月 4 日）

收入由鄙人负责，支出由主任负责，关于账目，去年鄙人曾亲自查过，以无充分时间，未得一一审查。今年特请马寅初先生主持此事。马先生亦以无充分时间，遂采用抽查办法，抽查十三年六月收支各帐，马先生来信，证明（签名盖章负责）十三年六月各项账目，毫无错误。马先生并谓以后得详细审查自开会以至现在之账目。近来本社经济不甚充足，社员会费不敷开销，尚希诸位社员，设法帮忙，因经济充分，社务方可发达。

（《申报》，1924 年 7 月 6 日）

诸位说话时务求精要[②]

（1924 年 7 月 5 日）

为时间经济起见，诸位说话时，务求精要，勿多发议论。盖会章不过一纸空文，最重要者，为将来实际上之做事。

（《申报》，1924 年 7 月 7 日）

---

① 中华教育改进社于 7 月 4 日上午在东南大学礼堂召开社务会议，张伯苓被推为会议副主席，并报告该社账目审查情形。题目为编者所拟。

② 中华全国体育联合会于 7 月 5 日下午 4 时，在东南大学礼堂开成立大会。张伯苓为大会主席，并讲话。题目为编者所拟。

中华教育改进社第一次学术会议开会词[①]

（1924年7月7日）

今天为本届常会第一次学术会议，从前学术会议，乃报告分组会之结果，以二年经验，觉其不妥。今年办法略变，即以分组会议之结果，为全体之意思，如有甚大之争论，而两方赞成人数相差不远时，可以提出大会讨论，否则无须提出大会。今年尚未有此种议案提出。今日会议之事有三：（一）近来中日感情不良，中国人对于日本各方面之事，皆欠研究，故请范先生提出此问题，与大家讨论。（二）蒙古教育请陶先生[②]报告。（三）戒吸纸烟事。

（《申报》，1924年7月8日）

亟宜成立全国童子军联合会[③]

（1924年7月8日）

欲谋吾国童子军事业之统一与发展，全国童子军联合会亟宜组织成立。本社对于此举，宜与中华民国童子军联合会筹备委员会协作进行，俾早观成。

（《申报》，1924年7月10日）

---

① 中华教育改进社于7月7日在东南大学体育馆召开第一次学术会议，由张伯苓致开会词。题目为编者所拟。

② 指陶行知。

③ 7月8日，中华教育改进社童子军组召开第三次会议，由张伯苓主席。本文为张伯苓在会上的提议，题目为编者所拟。

在中华教育改进社第三届年会第一次学术会议上的报告[①]

（1924年7月上旬）

今日为第一次学术会议，每年惯例，学术会议为报告分组会议，结果始意以为如此办法，可称大会通过。现因各组报告仅能引起各组之注意，就经验观之，此种办法，殊觉潦草，故今年略有更改。凡分组会议讨论结果，即作为通过，如有争点，表决不下，可提出大会，征求大会意见。如无此情形，即不必提大会。今日尚未接到此种请求，惟有三事须讨论者：一，数年来我国对日感情极恶，惟中日两方进步情形为何，则未深研究。现请范静生先生演讲此事。二，蒙古教育方针，此次特由蒙古请来之郭先生演讲。三，讨论学界发起之戒吸卷烟问题。

（《新教育》第9卷第3期，1924年10月）

南开学校的教育方针[②]

（1924年9月3日）

本校于每学期之始必举行一始业式，藉以联络全校师生，以努力进行一学期之计划。近年来，师生数目逐渐增加，已不能于一日之内为实际之联络，只可称之为精神的联络而已。

开学后，旧生多已报到，新生投考者亦甚踊跃。本校以地址不足，未克尽量收入，对于未取诸生殊深抱歉。今年各省有患水灾者，有患兵灾者，诸生求学之心并不为之所阻，殊堪嘉许。国内人士对于近年之变乱，亦得有两种教训：

① 1924年7月3—10日，中华教育改进社在东南大学召开第三届年会，张伯苓作为该社董事，主持召开该社本届年会的第一次学术会议，并做报告。本文摘自《学术会议记录》，题目为编者所拟。

② 本文是张伯苓在 1924 年秋季南开学校中学部始业式上的讲话，原载《校闻·中学部·志本校中学部始业式》。题目为编者所拟。

其一，不因之妨碍正业；其二，不希望其得若何重要之结果。此可谓中国民智上之一进步也。最近江浙之事殆亦不可幸免，两省学校因经费无着，多不能开课；津地幸有《辛丑条约》，乃得一时未经变乱。不然，则我校当不止一次被兵占用矣。然试深思之，吾人果何必需受外人条约之保护而始得安宁？此种不合理之现象，果何因而能长久持续？此则吾人所当引以为教训者也。

本校开学前，各课主任及全体教职员均曾集会讨论本学期进行计划，内容甚多，后此或克陆续印布。今日愿为诸生告者，即本校之教育方针是也。吾尝思中国在今日混乱状况之下，果当需何种人才？建设者乎，抑破坏者乎？按常理言之，似专属前者。然细思之，中国今日需破坏之处，尚甚多也。以言当年之革命诸公，其所破坏者固多，然平心论之，则知彼辈之破坏多属无经验的，或竟谓之为盲目的破坏亦无不可，盖其能彻底者实寥寥无几也。故中国今日所最需要者，乃彻底的破坏人才，非冒失的破坏人才。甚愿全体师生皆向此目标渐近也。

（《南开周刊》第98期，1924年9月29日）

当前的时局及南开的训练方针[①]

（1924年9月11日）

近日时局不靖，国人因相习已久，未尝稍生恐惧，致妨事业之进行，此亦可谓民识之一进步。此次变乱之范围，果将如何扩大，此际尚不敢定。然无论如何，其均不足以解决中国之根本问题，则是吾人所敢断言者。江浙诸省及北京方面之教育界所受影响颇巨，言之可痛。再北京之私立大学，近日数目顿增，夷考是实，则大多数乃专为欲分润各国将退还我国之庚子赔款。但吾人从一方面观之，此种现象之存在，固由于各省中等教育之不良，或由于政府办理大学教育之不善，或范围过小；然深一步观之，则可知皆由于国内政治之不良，不然，则此种反常之事实万不能发现也。美国因退还中国庚子赔款余额，已派专

① 本文是张伯苓在南开学校高级修身班上的讲话，原载《校闻·中学部·高级修身班纪略（一）》。题目为编者所拟。

员孟禄博士来华。孟禄氏之预定，本拟速将管理此款之中美委员会举定，其中美国五人，中国九人。但现仍未能将人妥实举出（记者按：十八日《晨报》载此委员会名单，读者可参见之），此种迟延不决之习惯，真为中国人之病根矣。

国内武人颇有主张，以各国退还庚款筑路，然后再以路政收入充教育基金者，其言未尝不能成理。然按之国内已成各铁路，营业并不赔累，其赢余果归于何处？彼等又有谓筑路可以助国内统一者，然按之实际，京奉路固早已通车，何近仍与政府俨然成对乎？总之，年来武人盛倡武力统一，至于今日之情势，几非用武力不可解决，亦可悲矣。

值此等混乱之际，本校尚能安稳开课，实属大幸。然因之乃发生一最重要之问题，即解决中国之时局果需要何种人才是也。盖吾人于此际既不能决然助何方，则必须养成将来解决国事之人才，其事甚明。然训练之方法何为？中国最需要之人才系建设者乎？抑破坏者乎？以吾现在中国现状，一部分需破坏，一部需建设。于是本校训练之方针，乃专注意此两种人才所必具之基本性质。约言之可得三种：其一曰，志大而正；其二曰，具胜困难与试诱之毅力；其三，为永远进取之精神。此外尚有一种特质，曰创造的精神，其重要尤巨。然此种特质只能于少数特才者见之，殊不能如其三者之希望于每人也。日后得暇，当一详论之。

（《南开周刊》第98期，1924年9月29日）

在南开学校董事会例会上的报告①

（1924年9月14日）

一、基金

大学部基金现金报告表

收入			支出		
摘要	备考	银元	摘要	备考	银元
基金现洋		42.00	大学部经常费	由公债利息提用	192,392.00

① 是日下午2时，南开学校董事会常会在大学部开会，卞俶成、范源濂、李伯芝、武问泉出席，校长张伯苓列席，并报告以下事项。题目为编者所拟。

中签	（自民国十一年起） 第一次 44,000 第二次 50,000	94,000.00	购公债	补购整六公债 44000 元	19,303.00
公债利息	十年整六公债 179,792.00（自民国十年起） 七长公债 2,100.00 元（自民国十年起） 元整公债 05,000.00 元（自民国十一年起）	286,892.00	科学馆	罗氏基金团捐 125,000 袁述之先生捐 70,000 学校补助 55,000	55,000.00
十六年整六公债卖入现金	十年整六公债 825,200 元	686,428.80	大学部新校舍一切工程		350,449.51
			四银行储蓄会		400,000.00
			大中学及矿科欠款		50,218.29
		1,067,362.80			1,067,362.80

二、决算

甲、大学部决算。十二年度决算入款 92734.09 元，出款 134735.77 元，共亏洋 42001.68 元。十一年度结存转入 16598.642 元，本年度净亏 25403.03 元。

乙、中学部决算。十二年度入款 146348.26 元，出款 152078.84 元，共亏洋 5730.58 元。十一年度决算亏洋 5043.45 元，本年度净亏 10774.03 元。

丙、女子中学部决算。十二年度入款 6788.19 元，出款 4752.02 元，本年度净余 2036.17 元。

十二年度决算及公债售出后影响于十三年度预算者如下：

甲、大学部预算出款项下利息 20000 元可取消，十二年度决算预拟亏款应少 1596.962 元，共省出 21596.962 元。入款项下整六公债利息 49512 元应取消。基金现金 400000 元应得息 30000 元，两项相较，入款共少 19512 元。如此十三年度预算较原预算可少亏 5684.962 元。

乙、中学部预算出款项下十二年度决算预拟亏款应少 8590.97 元，如此十三年度预算较原预算可少亏 8590.97 元。

丙、女子中学部预算入款项下亏款 820.00 元，应取消并入。十二年度决算结存 2036.17 元，如此，十三年度预算无亏款，并净余 1216.17 元。

三、校舍

大学部现在校舍已勉强敷用，中学部尚缺学生宿舍一二所，现在仍租用民房权作宿舍，或可敷衍一时。惟女子中学部校舍完全租用民房，明年再添设高中，校舍即不敷用，故急待筹款赶建校舍，以备明年应用。

四、学生人数

大学部本年学生约三百六十余人，中学部约一千六百人，女子中学部一百十一人。

五、本年十月十七日为本校二十周年纪念日，拟于是日举行秀山先生铜像开幕典礼。

（南开大学档案馆藏）

中国革命与改造①

（1924年10月16日）

革命二字，始于汤、武之伐桀、纣，意即吊民伐罪，乃爱民主义的革命。其为改造属于政治一方面。殆近八九十年来，欧西物质文明日渐发达，近且远侵及于东方，影响所及，中国与日本首受其打击。中国自鸦片战后，每遇与外人战，辄归失败，割地赔款，国命几绝。于是有戊戌变政，庚子联军，至辛亥而起革命，改造政体。日本之革命始于日英战后，时德川氏执政，励精图治，国体维新。凡此二种之革命，乃对外的革命，爱国的革命，较之汤、武之爱民革命，不可同日语也。中国自革命以来已十三年，国内之纷争日裂，人民之病苦益深，政体虽更，国乱如故。近且东南、东北干戈叠起，实业停顿，教育破产，如以此为达到民主国家捍御外侮之目的、之方法则可；如其以此为真爱国，真爱民族，其谁信乎？最可病者，国人经过此多种之政变，忘其责任之所在，一任此辈军阀政客之妄为。趋炎附势，唯利是图，其有真心为国、为民族而革命而改造者，盖鲜有其人。诸君方在此受高等教育，吾今以此责任冀望于诸君。

诸君其以吾言为夸乎？今日中国之革命系根本于西欧势力之东侵。西欧自文艺复兴以来，经过几次之大改革，机器发明，为战胜物质界的大原因。其人民已由黑暗时代渐入光明。我则受此世界之潮流而亦改革。改革未终，人民已先放弃其责任，此种危险可虑殊深！诸君勿以中国革命已告结束。现在之政体、之民生，何处不待诸君起而革命、而改造？诸君生当今日，机会甚多，责任极

① 本文是张伯苓在南开学校修身班上的演说，原载《修身班校长演讲》。题目为编者所拟。

重，宜于此数年内，预备充分之学问、之能力，以期异日尽责于国家。苟能唤醒国人，明其所以，则子所负责已尽大半矣。如其因循不进，随波逐流，其有益于国家者盖鲜。孟子谓：“待文王而后兴者，凡民也。”吾深信世界惟有进步，绝无止境。愿与诸君共勉之。

（《南开周刊》第 101 期，1924 年 10 月 27 日）

学校如一小试验场[1]

（1924 年 10 月 17 日）

欧洲自十八世纪后人民有大觉悟，于是有种种之发明，物质文明日益进步。现中国亦承受此种潮流而改革未已，本校之创立，亦即期以教育人材为目的，期引全国人民皆能觉悟。学校正如一小试验场，场内之人皆有信心具改造社会之能力，将来入社会改造国家，必有成效。故本校二十年来应社会之环境而进行，方法有时而变，目的始终不更。今日之所庆祝，非在于现时之状况，乃在将来办学目的之能实现也。

（《南开周刊》第 101 期，1924 年 10 月 27 日）

《南开周刊》纪念专号发刊词[2]

（1924 年 10 月 17 日）

纪念者，返本思源，用志不忘之意也。鄙人对本校二十年来之经过，所有开始时规模如何狭小，中更多故，又有如何种种挫折，一回溯间，举不啻历历

① 本文是张伯苓在庆祝南开学校成立二十周年大会上的讲话，原载《志廿周年纪念庆祝大会》。题目为编者所拟。

② 10 月 17 日为南开学校建校二十周年，全校举行盛大庆祝活动，《南开周刊》特出《南开学校二十周年纪念专号》。本文是张伯苓为纪念专号撰写的发刊词。

在目。只以吾同人不因难而退，持以孟晋不已之力，实以自强不息之心，致有今日一切之进展，诚幸事也。以申庆祝，谁曰不宜！第二十年已往之努力既过，而二十年未来之努力方始，同人对改造国家前途应尽之职务，正自无穷，必懔懔焉。不遽以目前之可庆祝者为已足，则几矣。

（《南开周刊·南开学校二十周年纪念号》，1924 年 10 月 17 日）

办教育应当大家做①

（1924 年 10 月 18 日）

昨天在八里台大学召开纪念会，我没有到这里，……今天除了学生外，有许多来宾。……现在我要说一说这个廿周纪念会的意思。这“廿周年”是指旧制中学而言，至于新制男中学，只有二年，大学五年，女中学一年，所以今天的廿周年不是纪念大学部，也不是中学部，也不是女中部，是纪念所有一切南开之份子。所以廿年前的人也算，在南〈开〉只有一年的也算。如其要找一个廿年全在南开的，恐怕很少很少。……现在国内多事之秋，不能大大的做寿。……北京之旧同学要来上寿，当即去电阻止，……极力往小处做，但是人数太多，不得不分做二天。……年来因教职员、学生全忙，故未编演新剧。新剧人才又多往八里台去布大景，所以今天没有新剧。……但是学生很多，当然免不了有人才，所以，今天这个游艺会，把他们各种特技表演表演，或者比新剧好。……没有新剧对不住社会，但游艺也好。……

今天发的纪念品，上面印的是大学二十五万元的科学馆，男中学二十多〈万元〉讲室之楼房，还有一块白地，是女中学的，预备捐十五万元盖房子，这一点请来宾注意。

……男女是平等的，男中这样完备，女中哪能太坏？……我们提倡女子高等教育，非从女子中学起不可。……我希望二十一周年时，那块地上已有房子了。……这种事（指办教育）应当大家做，为什么我一个人做呢？……今天来

---

① 南开学校于 17、18 两日举行庆祝学校成立二十周年游艺会，张伯苓在 18 日的游艺会上讲话，本文为摘自《廿周年游艺会志盛》一文。文中省略号为原文如此，题目为编者所拟。

宾不少，本校学生也不少，希望出全力帮忙，……我想借此成功这件女中盖房子的事。

（《南开周刊》第101期，1924年10月27日）

教师职员要多接近学生[①]

（1924年10月30日）

请诸公课余多与诸生接近，藉收感化之效。寻常在班，课余得暇，亦望时加劝勉，整饬班风。

（《南开周刊》第102期，1924年11月3日）

本校经济问题[②]

（1924年11月27日）

我校二十周年纪念，已于慌乱中度过。华北水灾、东南战事，我校均未受直接之影响。东北战争，虽有多数学生因交通不便，家中未能寄款前来，致天寒尚未预备冬衣，然本校则幸未为兵占作病院，校中各事，照常进行，不可为非幸事。此难已过，今兹则最大难关临头，即本校经济问题是矣。今春董事部通过预算，本校三部皆有亏空：男中部计亏三万余，内有去年不敷之万余，净差二万余。本校岁入，计有学费、省款、地租等，然虽极力撙节，仍患不足。盖省款计二项：一为二万七千，每月发二千二百余，现已三四月未发；一为五千，分四季由省署令省银行拨付，年余未发，此男中部现时经济状况也。

大学部计亏四万。然以公债得利故，可少一万，再减去年所亏万余，今年

---

① 本文为张伯苓约集中学部各班辅导员，在思敏室讨论各班情形时的谈话，题目为编者所拟。

② 本文是张伯苓在南开学校第十次高级集会上的讲话，由张志基笔录。题目为编者所拟。

净亏二万余。现则入款减少，出款加多。即煤款而论，预算六千六，然大约须一万。而收入计每月盐余项下由汇理发四千五，二月未发。财政部之二千亦未付，故极感困难。

然则因此停学乎？否，决不！吾等决不能为经济所战败，上星期曾往北京，收效甚微，拟再往设法。若中央不能付款，则亦须设法借贷。总计自今至放寒假，本校三部共须约五万元。幸年来屡遇此等困难，今亦不觉其难。且以乐观而论，愈难愈佳，可增加办事之能力。总之无论如何，决不令同学失学。汝等尽可沉心静气，专心学业也。

民国十余年来，变乱滋多，然独于此次之变故，觉有更多之改善机会。吾拟趁此机会，为本校谋一大进展。大学须扩充，男中只扩充设备，如会堂、宿舍等。近来吾见学生用功，秩序甚佳，今后宜设法使之长进。欲使学生长进，设备方面不可不求扩充，图书馆、博物室、手工教室以及各课办公室等现均不敷用。凡此种扩充费用，约十余万。现拟筹基金五十万。

女中须款更急。现讲室已全满，明年如何，尚不得知。现女中所有经费，惟男中学补助之千余，及言仲远夫人遗嘱捐助之一千元。现拟筹基金十万，建筑校舍费五万。

大学图书馆尚无着落，前假秀山堂，今迁思源堂。现科学馆虽勉强敷用，而图书馆则必须另建。估计此项费用约需二十万。

总计我校拟筹之款约需二百三十五万。前数日曾开大会，计划出一南开状况报告，将南开历来情形、现时状况及将来计划和盘托出，报告社会，以求各界之援助。想政局澄清后，定不乏乐心好善者，以尽力于此种建设事业也。该项报告之末，拟附以所有捐助本校诸君之肖像，藉资表扬而留纪念。盖诸君皆能辅助本校以成此永久的建设事业也。

此次非武力战胜，国事虽尚未具体解决，然余观确日趋光明。此次改革气象，与民元同。然民元改革后，政局日趋纷乱，皆政客勾结军阀有以促成之。吾甚望今后政客不再挟军阀以自重，则和平或可实现，破坏或可较办。然即使政局不能如吾等所期，而吾等则仍须极力从事于吾等之建设事业也。

（《南开周刊》第 108 期，1924 年 12 月 15 日）

教育为改造中国之根本[1]

（1924年12月14日）

处于此等风雨飘摇之时局，欲求能平心静气从事于事业，实为不可能之事实。以本校论之，本年来已阅大险二次。其一，非直接关于时局者，为夏间之水患。其二，为东北战争。此二险皆幸得脱免，既未致受淹，又未致停课或被占为病院。此两险难方庆已过，而又有一尤关全校命脉之经济困窘问题临于吾人之眼前。考本校全部经费入源，昔皆赖学费、地租、省款、公债及财部之助款，与出路相抵，每年辄患不足，约亏数万元之多。现当如此时局，不仅设法筹款不可能，即应得之款项，亦受影响，较往日减少矣。处此艰难，办事人之苦痛当可想见。然吾人仍当积极设法，无论如何不能使学校陷入停薪之末路也。

此次政变之成绩，自表面观之，约有三项：

（一）历年来武力统一之迷梦，从此当稍警醒。今之执政者，曾因恃武力谋统一而遭失败。晦迹数年，回首前尘，必有所悔悟。且兹次得政，并非得自武力，其不主张以力征经营，实可断言。至于现之握军符者，鉴于某大军阀之前辙，亦必有所警惕，不致再轻用武力。即使尚有之，在实际上恐亦难办到。盖欲启战争，对于其部下必有所利诱，始能得其死力，此历年来内争所得之定理。现之奉军，固战胜矣，所得者几何？不徒无利可得，现且将从事于裁减矣。如此，尚望其能侵略南疆耶？

（二）吾国人素有不问国事之劣点，经此次大乱，当亦有所改正。内乱纷纭，虽非国家之好现象，但一班醉生梦死之国民，受如此苦痛切肤之刺激，当可醒悟矣。

（三）手握三民主义旗帜，奔走革命四十年之国民党魁孙逸仙，自满清末叶直至今日，即时立于国民前方，呐喊提倡国家改革，种族应自立。满清既已倒矣，军阀为国家之害虫，经此次战事，现已稍见铲除矣。目的稍达，而国家已糜烂如此，其方针岂不当变移？闻该党现已改变目的，由对内之改革，移为打

① 本文是张伯苓在南开学校初中第十四次集会上的讲话，原题为《校长初中第十四次集会记录》，由邵存民笔录。题目为编者所拟。

倒国际帝国主义之计划。为此，斯亦吾国前途之曙光也。

总之，此次政变所收之效果，消极方面，不过国民由此稍有所觉悟，积极方面之建设则未有也。然吾人决不能因有消极之觉悟，即自以为足，此后仍当合心努力于积极的建设。欲积极的刷新中国，根本方法，在先改变人民，欲改变人民，则必赖乎教育。信教育可救国者，非无其人，而至今无努力从事之者，其故有二：（一）处于国势紊乱，外国帝国主义侵凌之下，教育无发展之余地。（二）教育固属重要，然其为用甚缓，非旦夕所能获效者。虽然，此不过无志者之言。惟其艰难，惟其纡缓，吾人益当振奋斗之精神，刚毅之魄力，以从事之。盖一极重要而极难收效之事，欲不历种种艰险，而平易得之者，自古及今未之见也。

此上所言，为欲使国人觉悟教育为改造中国之根本办法。现缩小范围，论及本校。

本校之寿命，本年已届二十载。建设前六年，已为胚胎时代。余时在北洋水师，感触种种国耻，知我之不如彼者，由于我之个人不如彼之个人。故欲改革国家，必先改革个人。如何改革个人？唯一方法，厥为教育。

欲教育发生实效，必注意两点：（一）普遍，（二）专。然此等云云，在初行改革之幼稚国家欲能办到，谈何容易！苟欲行之，亦当先自小处做起。先做出良好成绩，使社会知教育之重要，然后始有普遍及专精之可能也。此等责任，私立学校当负之。此余之所以辛苦经营，而有本校之诞生。二十年来，时势屡有变更，吾校亦屡经困厄，而卒邀幸运，得不致停办。不徒不致停办，且蒸蒸进行，一日千里，此其发达原因不外以下三者：

（一）信——认定某一事业，始终以之，不半途放弃，此信之谓也。

（二）永变——方法不变，虽宗旨甚佳，亦不免于守旧，且有碍于进步。吾人宗旨固始终保持，不肯放弃；而进行方法则时时改变，务使其收利益多。

（三）专——此项为一切事业成功之要素。抱定某一目的，竭毕生之精神，振刚毅之魄力，猛勇赴之。虽以身殉，不惜也；虽以利诱，不顾也。此等精神，苟能得之，无论用于何种事业，其成功必甚伟大。

此三点，为本校能有今日之原因，为余办教育所持之利器，亦为办一切事业之必需条件也。

（《南开周刊》第 109 期，1924 年 12 月 22 日）

在南开学校董事会例会上的报告[①]

（1924年12月14日）

一、按照本年度预算，大、中、女中三部亏款本属有限，惟因战事发生以来，一切入款均行停顿，本学期应收入而未能得到者约分三项列左：

1. 中央款

汇理银行每月应拨之息共四个月（九月至十二月）未发，共洋一万八千元。

财政部每月应拨之息共八个月（五月至十二月）未发，共洋一万六千元。

以上共欠三万四千元，此款现已托屈文六先生代向财长李赞侯先生处关说，并由学校致函段执政，请其设法拨付。惟至今尚未得若何消息。

2. 省款

省公署分季补助费共七季（十二年夏、秋、冬三季，十三年全年）未发，共洋八千七百五十元。

财政厅每月补助费共六个月（七月至十二月）未发，共洋一万三千五百元。

以上共欠二万二千二百五十元。此款现已由学校致函杨敬林省长，请其设法拨付，未知能否有效。

3. 矿科经常费

十二年度应拨之款尚未交者洋一万五千元。

十三年度上学期应拨者洋一万五千元。

以上共欠三万元。

总以上三项，本学期入款共少八万六千三百五十元，此款应如何设法催索，付讨论。

（讨论结果：中央欠款，一方面请屈先生向当局接洽，一方面探询汇理不发款之原因，以便设法进行。省欠款即请李伯芝先生向省当局接洽。）

二、大、中两部截至旧年前尚需款五六万元，前已与金城银行周作民先生商妥，以基金作抵息借五万元，年前似可敷衍过去。惟年后一切入款若仍无着，

---

① 是日下午2时，南开学校董事会例会在大学部开会，范源濂、李伯芝、丁文江、孙子文、卞俶成、王濬明出席，校长张伯苓列席，并报告以下事项。题目为编者所拟。

是否仍照旧开学？付讨论。

（讨论结果：年后仍当照常开学，一切用款若势不得已，仍可向银行息借。）

三、女中学于十四年暑后校舍实不敷用，建筑校舍费最低限度亦须五万元，此款应如何筹法？付讨论。

（讨论结果：现在时局混沌，募款实非其时，惟待政局稍清明时再为设法进行。）

（南开大学档案馆藏）

《学术与教育杂志》祝词

（1924年）

学有奥窔，教亦多术。
旁征博引，日知所无。
法精编辑，智妙灌输。
以策以励，为德不孤。

（《学术与教育杂志》第1卷第1期，1924年）

关于师生合作问题[①]

（1925年2月19日）

我校大学、中学、女中三部，现已照常开课。虽时局日益紊乱，令人抱无限之悲观，然自校中观之，各种事项已归复原状，照常进行，实令同人等感觉无上之快乐者也。

上一学期，可谓在南开历史上一重要时期。若两次兵祸，若华北水灾，均

① 本文是张伯苓在南开学校高中第二次集会上的演说，由吴廷玮笔录。题目为编者所拟。

于此一学期侥幸渡过，未受若干直接之损失。而在学期末三星期内，不幸大学部又发生风潮，幸而解决甚速，结果尚佳。吾同人经此次风潮以后，回想其成因，与今后之计划，盖非本此次所得之经验，思一种完善办法，不足以改良吾校。此吾今日所欲与诸生讨论者。

此次大学风潮之起因，由于学生周刊内数次与事实不符之文字，又有数篇文章言辞过当者。吾曾召办周刊之学生来，告以以后周刊文字，所载事实应先调查详确，且批评尤不宜失当，致伤感情。迨下次周刊出，又有批评文字一篇，内载不满意学校者四项。吾遂召作此文之学生来，详为说明其文不符事实之点。……斯时，校中遂有人风传学校有革除多数学生之举，于是学生各科代表四人见吾，代作文者负责任，以为不应革除作文之学生。

斯时多数教员以学生谩骂彼等过烈，乃函求吾代为调查，此种论文系少数学生之意见，抑多数学生之意见？以为其辞职与否之取准。吾遂召集全体学生讨论此事，而学生佥言此种论文系全体之意见。……教员遂多数辞职。……后学生代表四人来，与吾谈判亦未得结果。而吾以事赴京，……学生之宣言出，以为此次风潮校长乃被教员迫走，岂非可笑！……其后经多数人居间调停，皆未有效果，而大学于是不能不停课矣。

数星期后，学生来请求吾开课。吾向彼等言，欲使吾复职，非实现吾之条件不可。条件维何？即以后师生亟应合作。盖学生对于学校，实应扶助其进行，不当随事挑剔。且于学校之行政、学校之措施，应先了解清楚，代学校着想一番，然后可以批评，可以说话，不当无的放矢。其后学生承认对于学生能力内可行之事，以后当竭力扶助学校进行。吾亦以为往事不必追究，遂使学生会向董事会、毕业同学会作一道歉信，以了结此椿公案。……现在大学已照常上课，正补作上学期考试也。

……学生应根本明瞭，为学校之一分子，对于校务有注意之责任。此次风潮之最大原因，可谓由于师生间太隔膜，换言之，即“不知道”三字所误也。故我以为“师生合作”问题，对于南开前途，有莫大之关系。

就吾校三部言，以女中情形为最佳，盖彼等本有师生合作之精神，且了解学校办事之困难，故年来办事极为顺适。……至于大学，人数较少，年龄亦较长，此师生合作问题，似亦较易解决。……惟中学历史较长，人数又多，施行上实甚为困难。然虽困难，亦当促其早日实现。盖非如此不能使学校进步改良也。

吾前次曾召高二、三学生各十余人，征其对于此问题之意见，佥主张慢慢进行。骤然改组，实有许多不适宜处。又有一部分学生，以为师生合作，为事实上所难能，徒增学校之纠纷——学生知识有限，经验毫无，对于学校，不见能有几何之效果也。

吾以为在学生能力内可行者，苟师生合作，已足为学校进行上之助力不少。譬如同学间之劝善规过，可以补学校训育方面之不逮。又如学生对于其课程有何困难，可以直告之教务课，则学校教务进行，得很好之标准等皆是也。

关于师生合作问题，进行详细办法，俟与严曾符先生等及学生研究后，再同大家讨论。

兹者自师生合作问题外，尚有一事欲与诸生言者：近日吾观中国大部分学生，率太肤浅，一知半解即率尔操觚。实学既无，焉能持久？故吾拟此后对于学生，应深深培养之，令其多读多看，久则蓄材自富，无竭蹶之患矣。

往岁南开毕业同学之一部分，有读书团之组织，成绩甚为优美。吾尝劝告彼等，将此读书团扩大之。每一次集会，使会员就职业者，将关于其职业方面之问题或情形，报告于大家。会员读书者，可将其读书之心得，亦报告于诸会员。其他会员或将时局情形作一批评或报告。吾以为此种组织亦可以实施于吾校。

但我近日得各教员之报告，与学生之谈话，知中学课程分量过重过多，使学生无余力以求课本外之知识。人谓南开高级中学毕业者，多系天才生，恐非谰言。其资质鲁钝者，皆中途降级或退学矣。故吾拟以后将中学课程酌量减轻，使适合于中材学生，而才有余者，则奖励其读书，以求深造。则此种浮嚣风气，或可渐瘳也。

（《南开周刊》第114期，1925年3月2日））

孙中山先生为一代伟人[①]

（1925年3月19日）

孙先生为一代伟人，百世师表。其主义虽不尽能与吾人强同，而其精神则耀日月，辉宇宙，万股不磨。今不幸先生目的未达，遽然长逝，留下如许责任，供吾人负担。吾人极应本先生之精神，认清目标干去，竟先生未竟之业，则先

① 本文为张伯苓在南开学校举行的孙中山追悼大会上的讲话大意，题目为编者所拟。

生虽死，亦当瞑目；而吾辈亦不愧为先生所手创之民国之国民。

（《南开周刊》第 117 期，1925 年 3 月 23 日）

在北京与张彭春谈教育[①]

（1925 年 2 月—5 月）

2 月 28 日

清华太肥，将来要受攻击。

南开没有钱，将来发展难，必须得着自己的特色。

3 月 20 日

南开比较的可以提得起来，有统率的可能，主要的把握就是校长筹经费的本领，有了钱学校才可以维持开门。在私立学校，校长弄钱的本领是必须有的。

（对于学生埋怨课程不专）不够专门，出校以后倒比较容易找职业，学的太专了，也许不容易得以实用。时局这样乱，能保守以待机会是非常好的政策，看着似乎消极，实在是不得已而为之。

物色好教员是当然的，有了好的教员，课程组织就不会太费力。

4 月 9 日

南开因为经济的关系，大学的发展一时不能期望富足，钱不够，要用精神来补助。

4 月 10 日

（张彭春与张伯苓谈到“不朽”说，行政事无聊，生时谨慎，不私，不贪，保全令名，然而死后人就忘了。）什么事人都会忘，写几本书人也忘，做事时不要太注意（这个）。运气好也许留下点（让）人不忘的，然而这也是好名。

5 月 7 日

过一两年，要到国外去一次，仍前回例，你代理校务。（我）从国外回来，就专去负责筹款，校内事让你去办。

（张彭春：《清华学校日程草案》（1923 年 1 月—1925 年 12 月））

---

① 本文为 1925 年春，张伯苓在北京与张彭春的几次谈话，由张彭春记录。题目为编者所拟。

在南开学校董事会例会上的报告[①]

（1925年3月29日）

一、大学部风潮业已结束，自二月二日即起始上课矣。教员辞职者二人，惟均与此次风潮无关。

二、大、中两部经济状况

（一）大学部。每月由财政部拨付之息洋二千元，业经财部批准，每月由汇理随按月拨付之，息洋四千五百元一同发放。上月已由汇理照拨一次，计洋六千五百元。

汇理银行每月应拨之息积欠四个月未发，计洋一万八千元。财部每月应拨之息积欠八个月未发，计洋一万六千元。以上两项共欠三万四千元。

（二）中学部。省款补助费除新年后发放两个月，计洋四千五百元外，尚积欠七个月未发，计洋一万五千七百五十元。省公署分季补助费积欠未发者共八季，计洋一万元。以上两项共欠二万五千七百五十元。

三、十四年（1925年）度预算

（一）大学部。十四年度预算出款较入款多三千零八十七元。又，十三年度因战事关系，中央应拨利息积欠甚多，预拟十三年度决算亏款约五万四千零四元。统计大学部十四年度预算，共亏五万七千零九十一元。

（二）大学部矿科。十四年度预算出款较入款多一万二千二百九十六元。又，十三年度决算预拟亏洋约六万元。统计矿科十四年度预算，共亏七万二千二百九十六元。

（三）中学部。十四年度预算出款较入款多二千零七十六元。又，十三年度因省款积欠未发者约二万余元，预拟十三年度决算亏款约三万五千二百五十元。统计中学部十四年度预算，共亏三万七千三百二十六元。

（四）女子中学部。十四年度预算亏款共洋七百五十元。

（以上四项预算均照原草案通过。）

---

① 是日下午2时，南开学校董事会例会在中学部开会，范源濂、卞俶成、李琴湘出席，校长张伯苓列席，并报告以下事项。题目为编者所拟。

五、女子中学部因校舍不敷应用，急待筹款以建筑校舍，传阅捐启底稿。

（众意，除捐启略加校正外，即可进行捐募。）

六、矿科每年常费约需四万七千元，除李先生年捐三万元及学生学宿等费外，每年尚不足一万五千元，此款应如何筹补？付讨论。

（众意，此款应向各矿业公司捐募，俟矿科董事会开会时，再行详细讨论。）

七、袁述之先生前捐科学馆之建筑费，因于上年九月间工程完竣时尚未交齐，当时曾以贾汪煤矿股票四万元烦学校向银行押借现款三万一千五百元，现借约期限已满，袁先生在沪未归，此事应如何应付？付讨论。

（众意，俟袁先生回津，请卞俶成先生与袁先生接洽。）

（南开大学档案馆藏）

附：关于访问天津南开大学的报告[①]（1925年3月16日）

今天上午我和张博士作了一次关于南开工作的长谈。他对学校的未来充满了希望。我恐怕他为了给新建立的几所学校在中国这个动荡的时期筹款，正承担着一副日益加剧的重担。眼下他正在为女子中学的筹款。

对大学部而言，他的资源看上去比过去任何一个时期都要好，他不仅还清了债务，而且每月从盐税中还有6500元的固定收入。他认为这主要归功于他一直的远离政治联盟，从而使他免于陷入各个政党的漩涡。他认为现在的固定收入将会继续，因为这来源于他所持有的债券。这是一些没有市场报价的债券。除此之外，他还从那些在市场价位最高时卖掉的债券中获取利息。比如，每年从10年期债券所获利的利息收入是40000元。另外，还有来自学生学费的23800元（340人，每人70元）。以上的收入基本上都有所保障，可基本满足学校运转的最低费用。工程系（矿科）的花费为45000元，主要来自于其他的来源，据他告诉我，很大程度来自于一个人的捐助，而那个人的生意现在不太好。这当然使工程系比学校整体更不稳定些。大学全年的预算大概是180000元，如果一切顺利的话，他希望能够大体维持这个数字。在我们的谈话中，张博士告诉我，他已经降低了自己的工资以提高一些教师的工资。

除了大学部180000元的财政开支，他还要为男子中学筹措同样数目的预算和为女子中学筹措10000元的预算。这些中学实际运营费用中较大的比例来自

① 这是北京协和医学院医学预科教育顾问祁天锡（N. Gist. Gee）访问南开大学后写的报告，其主要内容都是采自张伯苓的介绍。

于学生的学费，但是他需要政府另外的资助以应对实际的花费。他不能依靠不确定的政府以获得所需款项，所以他有一种经常性的压力，那就是钱到该花的时候，所需款项必须到位。他觉得如果有一个稳定的政府，他希望能从地方和中央政府都获得慷慨的资助。他也觉得只要商业恢复正常，很多商人，包括很多在校学生的家长，会很乐意帮助他。当时机成熟，他将在这些人中发动筹款以获得额外的资助用来建设和购买仪器。看上去他在现阶段不会对煤气厂有很大的投资，要等到更好的时机。他不希望今年秋天开始图书馆的建设，而不是像大学部主任凌冰认为的那样。凌博士四月时将到欧洲访问，回国后大概会为冯（玉祥）将军效力。我认为学生罢课事件使凌博士必须寻找新的工作。

文科系有 14 位教师，理科系包括数学有 8 位教师，名单及工资如下。

化学系 邱博士 275 或 250 元（张博士不记得准确数字了，他随身没有记录）

	徐教授	250 元
	杨教授	220 元
	赵先生	80 元
物理系	饶博士	240 或 250 元
	陈博士	200 元
生物系	应教授	245 或 250 元
数学系	姜博士	280 元
	助理	100 元

张博士认为比较明智的做法是当校董事会通过实际的预算后，再在此基础上讨论进一步合作的事项。董事会大概会在两周内开会，他会让我知道正式的决定，这样我们将能及时决定顾临先生六月访问时要讨论的事务。

过去三年的拨款是用于负担新增加教师工资的一半，而南开因为新聘教师缓慢只获得了所规划拨款的一小部分。我建议拨款的用途应当有所改变，我们可以负担 1925—1926 学年的财政支出的一部分，然后减少原来五年计划中每年计划的比例，以使南开得到实际规划的拨款。过去的三年里，他们没有得到这些拨款，仅仅因为他们不愿增加新聘教师过于迅速以超过他们所能承担的范围。

晚些时候，我会提出一个计划，和顾临先生讨论后，再发回纽约。

Gist Gee

医学预科教育顾问

（洛克菲勒指导）

奋斗即是生活的方法[①]

（1925年5月4日）

近几个月以来，我对于公众聚会，可以辞脱的总辞脱。因为我连月来都在解决零星片段的问题，心思也就不能联络一贯，说出话来恐怕也没甚意义，所以我不愿参加聚会演说。但有几次不能辞脱，不可不去说几句话的。如同在津的出校同学上次在国民饭店春宴，到的人数很多，主席马千里先生要我演讲，我就用了十分钟的功夫，谈了一会话。春假的时候，北京的南开同学会在京会宴，主席也叫我作了十五分钟的谈话。这两次的谈话，意旨都是一样的，不过字句间有不同。这两次谈话时间都很短，不能畅所欲言。我本想用几天的功夫，将那番谈话的意旨演绎出来，和你们谈谈，但这几天我仍然在解决着片段的问题，直到今天早晨，才抽暇想了一想，现在就和你们说。

我谈话意旨的大概是奋斗即是快乐，或者说奋斗即是生活的方法。当时在座的出校同学，都是已经脱离学校，在社会上寻生活的。他们既然在各界任事，顺逆也有不同，但是，假若一遇到逆意困难的事就精神颓丧，不高兴，那么，做事的能力也就一天一天减少，生活还有什么趣味。所以我对他们说："处世要有奋斗精神，要抱乐观态度。失败了，再继续着奋斗。我们并不是决一死战，一次失败，就永远失败了，没有进取的机会。我们应当仍然向前干去，努力，奋斗。即使偶尔侥幸胜了，也不要以此自骄自满，仍然本着奋斗的精神，向前途努力。但是还有一样很紧要的，就是抱乐观态度，不要对于生活和环境发生厌倦。比如你家庭中天天见面的陈设，年年如此，丝毫不改，久后就怕生厌了。那么你何不将陈设的地位改换一下，或者加些油漆，不也就焕然一新了么。讲个笑话吧，诸位结婚都已多年了，假如对于诸位的夫人感着太熟习，太平凡了，那么，何不给她做件新的衣服穿穿，不也就换了个样儿么。人的生活能够永新，他的精神也就永新，而他对于奋斗，也就自然感着兴趣了。"

我这番话，你们也许不懂，这因为你们还年青，还没有经验。在京的出校同学，大多都是四十岁内外了，他们踏进社会已有十几二十年，并且现在都有

① 本文是张伯苓在南开学校高中集会上的讲演，由张志基笔录。

职业，也经过些艰难困苦。我看他们都能了解我的意旨。他们在校的时候，我也曾和你们现在谈话一样和他们谈话，这次不过是在他们在人生的旅程的中途，我再提醒他们一句罢了。你们将来也是要走向人生的大道上去的，那么我何不现在就告诉你们，保持着你们的生活，使它永新；保持着你们的精神，使它永新；本着这个永新的精神，来应付这人生一切的问题呢？

我总以为，世界上的一切是人创造的。我们的生活是创造的生活。我们应该本着奋斗的精神，创造一切，解决一切。能够如此，你才能对于生活发生兴味。否则，虽然你年龄幼稚，而你的精神却已衰老了。我们更不应该对于现在感着满足，因为我们生活的目的是奋斗，不是成功；是长进，不是满足。我们能说，我们只要长进到某一地位，奋斗到某一步聚就行吗？我小时候曾见一富家子弟，那时他已二十多岁了，染了吸鸦片的嗜好，每天睡到下午五时才起身，冬天披了重裘还嫌冷。这种生活岂不是受罪吗？那来的快乐！我们那时批评他是没福享受。现在看来，原是他自己不能奋斗。而考察他不能奋斗的原因，却是他家富有，他对于当时的生活已感着满足，不想再上进。如此看来，多财的确是消磨青年人志气的大原因。青年志气一消磨，对于生活觉不出兴趣，事事都觉着呆板、单调，对于年年的花发，日夕的风雨，都怀着厌倦，那生活着又有什么意义呢？倒不如自杀了。其实，生活是那么无意义吗？是那么困难而枯燥吗？那却不然，只是他自己的没有志气，精神颓丧罢了。

那么，怎么可以使我们感着生活的兴趣呢？唯一的答案，就是奋斗！我们须放大眼光，勿对于一己的利害患得患失。我们应做有益于群众的事业，侥幸胜了，不足为喜，因为我们的目的只在一辈子的奋斗，而不在一时的胜利。假如败了，也不要失望，因为失望能使你精神颓丧，减少你奋进的勇气。有人批评我是苦命的牛，要拖一辈子的车。不错，让我拖一辈子的车，这就是我的希望，这就是我生活的目的。

近百年来，科学发达，知道人类是逐渐演进的。那么，我们的生活，当然要永远向前进步。我们应该认定：不断地长进，是我们生活的目的；永远地奋斗，是我们生活的方法。我们绝对不能故步自封，安于现状。我们须本着奋斗的精神，采取乐观的态度，从事于我们的创造的生活。

（《南开周刊》121 期，1925 年 5 月 4 日）

附：记者按

上期“特载”栏刊登《奋斗即是生活的方法》一稿，据校长与记者个人谈话云，除该稿所记各节外，尚有余意未申者，特为补录如下：

人类生活永新，则对于奋斗不致厌倦。惟更新生活之方法，亦须出以慎重。其能处之既久而增加吾人之奋斗能力与勇气者，斯为有益的、良善的变换。若处之久而反将吾人奋斗之能力与勇气消磨减少，则又何贵有此一变换哉？故当吾人更新生活之际，其最须注意之前提，即吾人所谓之新的生活，是否能增加吾人奋斗之能力与勇气。换言之，亦即是否能有益于吾人也。

（《南开周刊》第122期，1925年5月11日）

南开大学教职员告国人书

（1925年6月12日）

无辜同胞，连日在上海被英、日惨杀，全国愤动，同人谨随邦人君子之后，主持贯彻奋斗，并略抒浅见，供国人商榷。

第一，请认明这次关系的重要。英、日两国，欺侮我国家，蔑视我同胞，已经不是一朝一夕。往时攘夺我青岛，觊觎我西藏，迫我以二十一条件，国民奋起，不顾牺牲，以争公理。虽然收效有不同，然而外人才不敢轻视我民，将凉血动物比拟我们。这番更进一步，无告的工人，青年的学生，无寸铁、无尺兵，横遭轰击，死伤相比。上海是我国土，死者是我国民，本国人在本国土，而横受异族人钳制。钳制不已，继以手枪弹火，其视我国为何国？视我民为何民？是不特土地问题，不特主权问题，直是国民生存问题。凡我国民自认有应生存此世界权利者，有应尽人道保障之义务者，必一致兴起与残暴的强权奋斗。

但是如何奋斗呢？我的国家，没有他的国家强，我的海陆军，没有他的海陆军精，他有物质文明的大炮，他有科学昌明的毒气，武力抵抗是不成问题，况且我们为人权斗为公理斗，他虽以野蛮的手段待我，我却不肯以野蛮的手段待他，我们有一个奋斗的好法子，唯一的法子，就是经济的绝交。经济绝交是文明的手段，是在法律范围以内的行为，只要能全国一致，只要能坚持到底，是可致他们的死命，促他们的觉悟的。

实行的办法就是下列的几条。一，断绝交易，不买英、日货物，也不卖货物与英、日人民。二，不用英、日银行的钞票，不在英、日银行里存储款项。其已存者即速提出。三，不乘英、日公司的船，不用英、日公司的转运。四，不替英、日人做事，与他们断绝一切雇佣关系。公司的助手、商店的伙友、厂内的工人、船上的水手，以及宅第的各种佣工，一致拒绝工作。断绝交易，不买英、日货，若不持久，效力不生，若要持久，筹划当周。什么货物可以不用，什么货物应当觅代，什么货物本国能造（如香烟可以不吸，哔叽可以不穿，机器可从德买，草帽已有自造），一切须有详细的调查、具体的办法，才不至于以五分钟热度贻讥，徒自受很大的损失。同人不敏，愿尽绵薄，以调查研究自任，并请全国同志，全力从事，俾能与国内工商界合作，使商家的牺牲减轻，使工业能利用这发达的机会。

断绝雇佣关系，不为英、日人做事，弃职失业，牺牲极重，同胞应尽援助的责任，设立机关，介绍职业，在极短时间里，替他们谋相当的事务。同时应别立机关，筹划款项，慷慨捐资，以维持他们的生活，分担他们的牺牲。总而言之，凡为抵抗奋斗而牺牲的，我们尽力援助，以同尽国民的责任。我们尽量的牺牲，竭力的奋斗，是义不容辞的，但是有无谓的牺牲，有弊的举动，我们应当防止，应当避免。

当防的是：一，暴动的行为。我们为国民名誉斗，为人道尊崇斗，守法律、重生命，不要学冥顽无识的拳匪，也不要学自称文明，以枪炮对人的英、日大国民。不施暴动，不肆捣毁，不残生命，惟以文明手段、果毅精神坚持到底。二，无意义的排外举动。我们反抗强横的帝国主义，我们却不主持隘狭的国家主义。我们所与奋斗的是英、日残暴的当局，不是他的优秀分子。凡能为人道主持者，仍是我们的朋友。

不当做的是：三，学界之罢课。罢课可以作抗议，但学校若非英、日所主持的，抗议是对谁？罢课可以表牺牲，但牺牲为的是实效，若徒然荒弃求学的宝贵光阴，无益于事，无损于敌，便是无谓的牺牲。青年的同学呀，我们佩服你们的精神，我们赞助你们的举动，但劝你们莫作（自杀的）罢课。停课一二天以作宣传运动，以作抵抗表示，此后就应更加努力求学，以备他日根本的奋斗。四，商业之罢市。凡国民对外最要紧的是内部组织之完备，而商业与人生至有关系，决不可自先破坏。且此时期吾人正谋外人商业之消灭，图自己商业之振兴，吾人可逼外人停市，决不可自己停市。外人生意减一分，本国的生意应加一分，这才是正当办法。但罢市一二日以作抵抗之表示，同人认为正当。

尤其当防的是：五，自相纷纠的内讧。六，旁生枝节的党派利用。

四万万的同胞呀，万众一心，坚持勿懈，守法律的范围，毅行经济绝交的政策，不出几月，可看英、日的商业消灭于我东亚的大陆，银行闭门，公司停业，家常生活不能维持，那时强权无所肆其横暴，皇皇华胄以精神战胜，以文明战胜，为历史上之光荣。民国存亡，人权保障，在此举矣。同胞！同胞！勉旃！勉旃！

（《益世报》，1925年6月13日）

救国必须读书，读书即是救国[1]

——与北京师范大学查良钊教授谈“五卅惨案”

（1925年6月13日）

天津学界，自接到上海凶耗后，甚为愤慨，已由学生教职员两方决定罢课三日，以致哀悼。现三日已满，学生方面除每日轮流出外游行讲演，检查英、日货物外，仍照常上课。救国必须读书，读书即是救国，双方兼顾，方为上策。

（《益世报》，1925年6月13日）

①“五卅惨案”发生后，北京师范大学教授查良钊因事特来访问张伯苓，协商援助办法，以期一致。张伯苓谈了以下看法。题目为编者所拟。

查良钊（1897—1982），字勉仲，祖籍浙江海宁，生于天津。早年就读于南开大学、清华大学。1918年赴美国留学。回国后历任北平师范大学教授兼教务长、河南大学校长、河南省教育厅厅长、华北慈善联合会总干事、香山慈幼院副院长、西南联大教授兼训导长、国立昆明师范学院院长等职。

对“五卅”学生罢课态度[①]

（1925年6月14日）

诸生如果因爱国运动而被开革，敝校定予收容，并维持宿食。

（《申报》，1925年6月14日）

在南开学校董事会例会上的报告[②]

（1925年9月13日）

一、四部经济状况

1. 大学部十三年度决算较预算节省二万一千三百余元，实在出款较入款多二千五百六十余元，连同十二年度决算，共亏二万七千九百六十六元。

2. 矿科十三年度决算因李组绅先生应捐之三万元未交，又，十二年度决算亏款一万二千七百余元，本年决算共亏五万七千零四十八元。

3. 中学部十三年度决算较预算节省一万五千八百余元，实在出款较入款多九千二百余元，连同十二年决算，共亏一万九千九百九十六元。

4. 女子中学部十三年决算，除购地一段及储款四千二百余元外，只亏八十七元。

二、募捐等问题

1. 对于法国金佛郎问题，我校已得一万元，惟此款尚未领到，现又请求执

① 上海爆发“五卅运动”后，天津学生罢课声援，英国人设立之天津新学书院初不许学生罢课，该院学生大哗，并急派代表向南开学校校长张伯苓求援，张伯苓作以下表示。于是该校全体学生向校长提出条件：一、即日停课，俟沪案交涉胜利后上课；二、学生在外游行、宣讲，校长不得干涉。该校立即承认。

② 是日下午2时，南开学校董事会例会在大学部开会，范源濂、李伯芝、李琴湘、严慈约、丁文江出席，校长张伯苓列席，并报告以下事项。题目为编者所拟。

政及财长每月由盐余拨给补助费五千元，或一次捐助二十万元。此事已有头绪，现正进行。

2. 美国庚款已拨交于教育文化基金董事会，我校大学部、中学部均有请求书送往该会。

3. 教部立案事已于上月批准（传阅批文）。

4. 中学部与女中部补考大考已毕，已于七日开学上课矣。大学部定于明日补行大考，开学约在二十五日。

三、提议：中学部季款已欠二年余未发，应如何向省政府接洽，付讨论。

（丁先生谓，王璧侯先生现充直隶省银行行长，此款可先与王璧侯先生商议如何进行办法。众董事议决，请丁先生与校长分头与王璧侯先生磋商办法。）

（南开大学档案馆藏）

在南开女中新校舍奠基仪式上的讲话[①]

（1925年9月21日）

现在要将开这个会的意义和我的感想说一说。起始建筑房屋的时候，举行建立基石礼，是西国的风俗。其意义很深，起始好，基础坚固，差不多一半就成功了。后来的种种，也可以本着前进发展。这是女中学第一所校舍，故举行这会，可以说于女中前程，国家之教育前途，影响是很深的。可惜有一位热心教育的、提倡女学的张仲平先生，因事不能来，他对于女中学建筑新校舍，极表同情，允捐建筑费一万元，我们很感谢的！

世事似乎先有空中楼阁，然后渐渐实现。一般人看来不是容易的事，而在我们同人觉得不是很难的。二十余年来同人办理男中学，便是一个先例。大学在八里台建筑新校舍，也是一个明例。开办女中学的动机，首先，在十一年夏董事会，那时范静生先生曾提议添设女中学，当时议案虽通过，为了经费种种困难，却没有计划去做。其次，直到十二年春，天津各女校学生代表华冰如、王文田等十人，正式来要求我添设女中学。她们的理由是：（一）天津没有适当

① 21日下午4时，举行南开女中新校舍建立基石礼，张伯苓在会上讲话。本文摘自赵学荣、赵克慧、林懋志、黄宁馨的《女中学新校舍建立基石礼纪事》一文，题目为编者所拟。

的女中学；（二）南开大学已收女生，而没有好的女中学做预备，女子想进大学，仍是不行。故十二年秋，决意开办，招初级两班，计七十余人。校舍租用六德里住房，即男中学的第二校外宿舍。再捐到数千元开办费，男中学补助常年经费，女中幸告成立。可是后来人数增多，初中将毕业，女生又有添设高中之要求，外来要求寄宿者也日多，奈何经费竭蹶，校舍无法分配。因此，在去年秋，有募款十五万元之计划，以十万元为基金，以五万元在男中学操场之南，为新校舍建筑费。不料今日竟在此举行建立基石礼了，而空中楼阁，不久将为我们讲学读书的地方了。“有志者事竟成”一句话，真可鼓励我们呢！

我回想二十余年来的经过，凭着立志、冒险、前进的精神，方得到今日的情况，不过现在仍向前走着，力求进步。如果南开的学生，每人有这种精神，我想于社会、国家，总有些补益吧。

举行建立基石礼时，照例教职员、学生、来宾各推代表，垫一些灰，这是表示大家合作之意义，望诸位领会这点意义。

（《南开周刊》第1卷第3号，1925年9月28日）

基督教与爱国[①]

（1925年10月11日）

今天敝人很荣幸的，在诸君前说话，这次是很不容易凑巧的，因为前几天有朋友找我到烟台讲演，回来的时候，旅行不甚方便，先乘汽车，后坐骡车，到车站的时候，火车正要开行，若是再迟到五分钟，恐怕此次对诸君说话的机会失去了。

此次的讲演，敝人没有参考书籍，不过仅将我个人既往的经验和诸君讲一讲。

我信宗教的原因，就是发生于我的爱国心。二十几年以前，我在北洋水师学校，亲见旅顺、大连为日本割去，青岛为德人夺去。当我到刘公岛的时候，

① 本文是张伯苓应南开校友、北京协和医学校宗教部长朱友渔博士的邀请，在该校所作演讲，由郑兆龄笔录。

我看见两个人，一个是英国兵，一个是中国兵。那英兵身体魁伟，穿戴的很庄严，面上露着轻看中国人的样儿；但是吾们中国兵则大不然，他穿的衣服还不是现在的灰色军衣，乃是一件很破的衣服，胸前有一个“勇”字，面色憔悴，两肩高耸。这两个兵若是一比较，实有天地的分别。我当时觉得羞耻和痛心，所以我自受这次极大的激刺，直到现在还在我脑海里边很清楚的。我当时立志要改造我们的中国人，但是我并非要练陆军、海军同外国相周旋，我以为改造国民的方法，就是办教育。后来，我回到本城兴办学校，遇见种种的困难，并且有时候我还抱着一种悲观，我知道这种人生观没有什么意思，因为人终久要死。以后我常读《耶稣言行录》，看见耶稣的为人，很受感动。这一本书帮助我很多，我所以藉着他的鼓励总算是还没有半途中止，而打破各种的困难，还要办我的教育。换一句话说，就是要改造我们的中国人。我希望受改造的中国人，再和他们外国人比较的时候，就不在他们之下。我因为得着耶稣基督的帮助，我才起始信宗教。所以我说我的基督教的信仰，实在发生于我的爱国心。

我们更进一步讲，宗教是否与爱国互相冲突?我们若是平心而论，宗教毫不与爱国有冲突之点。在拳匪之乱以先，中国人信教者甚少，而当时多数人，还反对基督教。他们以为若是入了基督教，无论什么事情，都要学外国人，说外国话，穿外国衣服，甚至于还信仰外国的神仙，若是用外国的宗教，而爱吾们中国，这岂不是“南辕北辙”？这从前人的思想，我们公认是不对的。

现在又有人说：“基督教虽好，但是实行在中国，未必合宜。因为中国比他国弱，而基督教的宗旨，不外乎世界大同和博爱，毫无国家的观念，这岂能实行在吾们中国呢？”但是诸君要知道，敝人今天所谓的宗教，也就是宗教的真义，并非仅仅的讲演神灵，祷告上帝。我们还用这宗教的能力，改造社会，使国家的地位不在外国之下。

现在还有些人对于爱国的观念很注重，游行、讲演、开会、募捐，费了许多的力量，回头看一看国家的状况，与从前没有什么分别。所以非常的恼丧，而他的志向，一点一点的也就颓下了。诸君要知道，我们国家受病太久，并不是一天所能治好的，也并不是游行、讲演、开会就能治好大病的。还有一种人受了极大的激刺，痛恨外国人，要杀外国人，教他的爱国热心所鼓动。这个不仅对他自己并〈没〉有利益，即是对于国家也有害处。所以我以为爱国不要狭义的，乃要用一种广大的方法，去救你的国家。那方法是什么？就不外乎我所说过的用宗教去救国。我从前看见有人抱着爱国的热心，立志要救他的国家，后来因为困难将他围住，他就始而不敢前进，既而丢去他的大志，终乃灰心失望，甚或还有因灰心之后，而无恶不为者，这是因为他不知道用宗教的方法，去鼓励他自己。

这一次我到烟台的时候，三天之内，讲演几乎到十次，看见他们一般的青年男女学生，很有爱国的观念，所以我回来之后，有一种感想，还是要办教育，因为教育能够使得他们这样儿。我自己要勉励，今天还要用几句话勉励诸君：希望中国的兄弟姊妹们，你们若是要强你们国家，应当以宗教爱国，不是要狭义的。再就他一方面而言，加拉罕的言论很合公理，他是一个非基督徒，还说出这种的公理来。我们世界的基督徒，为什么还不快讲出公理，我希望世界的基督徒，将公理行在世界上边！

（《南开周刊》第1卷第5、6号，1925年10月17日）

总会有人力和天力来帮助我们办学[1]

（1925年10月17日）

卢老先生[2]为与本校历史很有关系的一人，他在前清时曾作直隶及奉天两省教育行政长官，对于教育界，贡献颇多。本校起建第一所校舍（东楼）时，曾承卢先生慨助万金，充建筑费，所以是与本校历史很有关系的一人。

崔先生[3]也是与本校有关系的人，他是美国人，在华已十八年，这次新由美国来津，本校特聘为英文指导。

才方报告有四位学生演说，而只有三位上了坛，定次序的尹先生和许多听众，一定很替我担忧，以为我报告错了。其实不然。还有一个大学生要来说话，这个学生不是别人，就是我自己。我也是学生，因为这二十一年间学会了许多

① 是日，在南开学校礼堂举行21周年庆祝会，张伯苓主席，午后介绍卢木斋、崔伯及学生叶叶琴、李涛、查良鉴演说，最后由张伯苓演说。本文摘自《本校二十一周年纪念会志盛》，题目为编者所拟。

② 卢木斋（1856—1948），名靖，以字行，湖北沔阳人。辛亥革命后专力于经营实业，兴办教育。在天津先后兴办的学校有卢氏蒙养园、幼稚园、卢氏小学、木斋中学。对南开中学曾多次资助，并捐款捐书兴办南开大学木斋图书馆和北京木斋图书馆。

③ 崔伯（Percy B. Tripp，1881—1947），字仰西，美国人。1924年任南开中学英文科顾，并和夫人一起创办天津模范英语夜校。

事情，所以今天也代表我这一类的学生说几句话。……（这二十一年中办学的各种困难艰苦）[①]因为有许多人力和天力的帮助，总算很有进步，所以以后的事也并不十分可忧，必定会有“人”和“天”来帮助我们的。

（《南开周刊》第1卷第7号，1925年10月）

熏陶人格是根本[②]

（1925年11月25日）

刚才主席说：“二年前，曾经有过商学会组织，这次不过中兴罢了。”大概那时时机未熟，所以未能顺利进行，现在时机看来熟了，希望你们立下个稳固的根基。

我们学校里，现有文、理、商、矿四科。文、理、商先立，矿科是后添的。但论起精神，矿科最好。它的原因是什么？据我想，矿科每个暑假有练习，同学得在一块儿玩耍或讨论，所以其乐融融，感情甚好。矿学会的组织，虽然也有教授帮助他们，确是个自动的组织，成绩最好。他的原因，也是我前面所说过的暑假有练习。你们商科这次组织商学会，联络校内外同学感情，为将来做事之备。我希望你们的成绩，不落矿科之后。

南开大学教育目的，简单地说，是在研究学问和练习做事。做事本就是应用学理，将平日所得来的公律、原则、经验应用出来到实事上去。

研究学问，固然要紧；而熏陶人格，尤其是根本。“君子不重则不威，学则不固。”个人人格是很要紧的。人格要与人合作才能表现，假使你孤居远处，隐居鸣高，那末就是你有高尚人格，也无由表现了。我希望你们同心协力地去合作，表现你们的人格，而达到你们的目的。

人不必怕穷，更不必要自私。我不信自私有济于人，我却信社会上各种事能对公私皆有利者，始有济于人。拿着公众利益的目的去做事，决不至于失败。假使真为公而失败，也不算失败。我几十年信此甚深，一意力行，始终未渝。

---

① 括号内为记录者转述张伯苓言语。

② 本文原题为《张校长在商学会成立大会演说辞》，由尹慎笔录。题目为编者所拟。

假使有人要在那一界，乘着机会发点财，先为自己谋温饱，这种发财的人，人家对于他固然不满意，就是他自己以财多受累，也不见得就痛快！

现代科学昌明，工、商、农界都有新的发明和新的组织。我希望南开大学能造出一班有组织能力之人，以发达中国的实业，而谋国家的富强。

现在风行一时的，不就是共产主义吗？它的发生的原因，就是分配不均。一个社会里，有几个资本家拥有大量的财产，群众对于他不满意，因而有罢工等事。但是这些事，是在西洋常见的。中国的现状，说不上有产，有的是些作工工具及机器，这些东西能帮助着人生产快，并且也不能为一个或几个人所独有。所以现在的中国不是产业的不平，是政治上的不平，政治上的糜乱。我理想中想造出一班人来，发达中国实业，为公的，而非为私的。这样一来，还怕挡不着共产主义吗？

我的理想，如何实现，在办教育。所恃靠的人，即你们商科的学生。你们今天开完成立大会后，起首去作，希望着达到你们章程上的目的，至于能否达到，要看你们做得如何。不过在现在的中国，为中国历来未有之时机，到处皆机会，不至有“英雄无用武之地”之憾，顶着头去干，快乐极了。

你们的智力、体力及家资都很够用，又有一个很安静的地方来读书。读书疲了，还有我这个“作梦家”替你们吹气，环境还不算好吗？现在时局扰乱到如此，一般醉心权利者失败必矣，恢复及最后成功的责任，端在你们预备中的青年。

有人说我厌谈政治，其实何尝如此。实在地讲，今日之政治，无所谓政治。中国现在之政治，一官僚政治，政客之政治耳！政客把身卖与军阀，是为饥寒所迫，不得不然，假使不出卖，就没有饭吃。我并不是不谈政治，是谈政治的机会没有到。我认为要人人有业后，始可谈到政治。现在一般在政界混饭吃之人，皆家无常产，没有饭吃，机会一到，乱喊乱咬，我尚忍心劝人去入此陷阱乎？所以我的方针，是先办实业，后谈政治。从实业中拿些钱出来，去办政治，不是从政治中拿些钱出来，去买议员。这种先实业而后政治，就是我的政治梦。少年人做事，要有眼光，要有合作的精神。有了合作的精神，才有同心一志的意向。一个人上去，不要总去骂人家出风头，中国人真正应当出的风头不去出，所以才闹得中国到这个地步。有人上去了，我们应该去帮助他，不要拆台。少年人固然有些是尖头，只想占便宜，不管闲事，只晓得找人家的错处，而自己又不去做。但是这种尖头的事，小的时候，固然觉不着什么，到了长大成人，出去做事，就不行了。假使有一个同学在某处有点建设，要用一个人，一提到尖头的影象，他就会拒绝引用，这种事确不是小的。眼光要远，有了远的眼光，才有发展的机会，中国现在到处是未开辟，此时不去作，何时去作？

我希望你们第一联络在校同学的感情，如同矿科一样，再联络出校同学及实业界各人，按部就班地望前去作，到后来就觉着快乐了。我的做事的秘诀，就在快乐。你们如能保持这种乐观的态度，成功如操左券。我在这个成立大会里，因未有预备，随便地说了些闲话，但是我很热烈地希望着你们努力合作，达到你们的高尚目的。

（《南大周刊》第 24 期，1925 年 12 月 7 日）

学行合一[①]

（1925 年 12 月 17 日）

上期周刊登了陶知行先生为本校教职员演讲的一篇稿子，题目是“教学合一”，大家想都看过了。陶先生的意思，说教学应当合一。他的理由是：一、先生的责任在教学，在教学生学；二、教的法子必须根据于学的法子；三、先生不只是教学生学，并且同时自己也要学。我对于他第一个理由还有些意见，陈先生已约略地写了几句登在周刊上。现在，用这几十分钟，我再和大家讲讲。

我的意思，以为以前的“教书”、“教学生”，固然是不对，但是“教学生学”就能说已经尽了教之能事了吗？这个，据我看，还是不够，应该再进一步，教学生行。中国古代的教育的特点，教学生行也可算是一个。我现在可以举几个例，来证明孔子的“教学生行”。

《论语·学而》章有几句话：

“子曰：弟子，入则孝，出则弟，谨而信，泛爱众，而亲仁。行有余力，则以学文。”

这里所谓的“孝”、“弟”、“谨”、“信”、“爱众”、“亲仁”，不都是关于“行”的方面的吗？你看他底下结一句说，“行有余力，则以学文。”他对于“行”，是何等的重视！反观现在的智识阶级里的人，多半是学有余力，则以求行；只顾

① 本文是张伯苓在南开学校高中周会上的演讲，由蔡昭明、张志基笔录。

求学求文，反把“行”一方面视为次要，甚且毫不注意。这是什么道理？难道说古人须讲“行”，而今人可以不顾吗？

再看《中庸》上的一段话：

“博学之，审问之，慎思之，明辨之，笃行之。”

这几句话将我们求学的步骤指点得清清楚楚。我们要博学，但是仅仅听受得很多，而不加以讨虑，他人怎样说，我们怎样听，没有丝毫怀疑、思索和辨明的功夫，那又有什么益处？所以那“审问”、“慎思”、“明辨”三步是必需的了。这几步功夫都有了之后，可以说声“知道了”就算完事吗？仅仅“知道了”有多大好处？所以“明辨之”之后，接着就是“笃行之”。着重还是在一个“行”字。

再举一个例来说吧，《论语·雍也》篇说：

“哀公问：‘弟子孰为好学？’孔子对曰：‘有颜回者好学，不迁怒，不贰过……’”

哀公问的是谁好学，孔子答了颜回好学，似乎就可接说“不幸短命死矣”。可是他却插入“不迁怒，不贰过”两句，这是论他的“行”的。由上可见孔子心目中的好学，乃学行并重，而不是死捧书本的。

有些人以为“教学生行”很困难，在现在这个时代，无从着手。譬如你教代数，教他行X呢？还是行Y呢？并且，现在学科这么繁多，顾功课还来不及呢！诚然，现在的社会，比从前的复杂得多。一个人的知识，也应当比前人的多，才能处在社会里头。所以“知”的方面的科学等等，应当多多教授。但是，仅仅得了许多的知识就能满足了吗？“学”的一方面即使十全十备，而“行”的一方面丝毫不注意，这样能算是个完人吗？这当然不对。所以，我以为最低限度，即使“行”不比“学”更重要，也应当“学”“行”并重，不可偏废。

学行并重，我们知道是应该的了。但是，怎么“行”呢？是否教工程学的除了课本上的知识而外，还教学生实地练习就叫做“行”？这个，并不是我所谓的“行”，也不是古人所谓的“行”。我所谓的“行”，是行为道德。提起道德，我又有些意见。近来一般人以为人类是动物的一种，他能够生存，他当然不免有欲望。可是一人能力有限，要合多少人，才能使生活的欲望满足，在这共同的努力的关系上，发生出公共的道德信条。这种说法，是从利害上着眼的，而不是从是非上着眼的。现在的人，可以说他们是智者，因为“仁者安仁，智者利仁”，他们都是从利害方法去观察的。这个，固然也是一时的潮流所趋，不易避免。但是我们既然觉出他的错误，就应该力自拯拔。像《论语》里曾子所说：

“吾日三省吾身：为人谋而不忠乎？与朋友交而不信乎？传不习乎？”那么自己监督着自己，一面对于学的一方面，也同样的重视努力，使学行两方平均发展。世界上的人全能如此，那么，现在的那些奇形怪状的事情，早就不致发现，而我们的生活也早就安宁而美满了。

时间匆促，不能多说。现在，让我把我的意思总结起来说吧：现在社会上的变迁很大，而多流于偏废，只重物质，不重道德。尽管“学富五车”，而行为可以丝毫不顾。这种错误，我们既已觉察出来，就应极力矫正，学行并重，才可免畸形发展的弊病。所以，现在的教育者，不但是不能以“教书”、“教学生”为满足，即使他能“教学生学”，还没有尽他的教之能事。他应该更进一步，“教学生行”。“行”些什么？简言之，就是行做人之道。这样，才能算是好的教育。

（《南开周刊》第1卷第16号，1925年12月28日）

在南开学校董事会例会上的报告[①]

（1926年3月21日）

一、十五年（1926年）度预算案

1. 大学部与男女两中学部因中央及省政府之补助费并李组绅先生之捐款均积欠未发，故截至本年六月底止，约亏十八万元，下年预算虽尽力撙节，连同女中学建筑费，至少须亏贰拾壹万元。

2. 本年所亏之款均以基金作抵，向各银行息借，若大局长此紊乱，入款均不能按期领下，恐基金将有耗尽之一日。暑假后是否仍照旧进行，付讨论。

（结果：1. 十五年度预算照原案通过。2. 暑假后仍照旧进行以维持现状，一切扩充事业暂缓发展。）

二、提议：凌主任于上年十二月间由欧回国，已于本年二月改就中华教育改进社学术主任职，本校大学部主任拟聘邱宗岳先生充任，并拟于任职二年后送往美国研究一年，一切用费即由文化教育基金会补助费正式开销。

① 是日下午2时，南开学校董事会例会在大学部开会，李伯芝、卞俶成、王濬明出席，校长张伯苓列席，并报告以下事项。题目为编者所拟。

（结果：众赞成，通过。）

（南开大学档案馆藏）

在南开学校董事会例会上的报告①

（1926年6月13日）

一、本月八日矿科董事会在北京李组绅先生宅召集开会，到会者李组绅、张翼后、严次瀹（慈约）、翁咏霓、慕元甫、张星五六先生，首由李先生提议，因经费关系，将矿科暂停一期（提议书附后），众无异议，通过。兹将该会议决对于矿科结束办法列后，请付讨论。

1. 矿科由下学年起暂停招生，在校矿科一、二年级学生送往他校转学，或改入本校他科，三年级学生三人，送往矿厂实习一年，即准予毕业。

2. 矿科已聘定之教授三人，请李组绅先生设法安置。

3. 矿科董事会与矿学会仍须照旧存立，暂不取消。

4. 矿科欠款八万四千元，由李先生担负，分期摊还。

（众意李先生既因经济关系提议暂停，只得将该科暂行结束，俟时局平静，李先生经济充裕时再行开办。）

二、经济状况及筹款办法

甲、经济状况

1. 大学部因入款不能照收，截至六月底约亏四万元。

2. 大学部矿科历年亏欠，截至六月底约亏八万四千元。

3. 中学部因省款不能照付，截至六月底约亏三万七千元。

4. 女子中学部建筑费约亏四万元。

以上共亏洋约二十万，本年七、八月间各银行透支借款到期，均须清偿，俟结清后基金尚余二十三万五千元。

乙、筹款办法

---

① 是日下午2时，南开学校董事会例会在大学部开会，李伯芝、范源濂、李琴湘、卞俶成出席，校长张伯苓列席，并报告以下事项。题目为编者所拟。

1. 三部学生学费拟每人每年增加十元。

2. 拟函请学生家长捐助维持费。

3. 拟进行筹募女中建筑费。

4. 拟进行办理各国庚款补助费。

按照以上办法，下学年男、女中学尚可继续维持，无甚困难。惟大学部每月盐余项下所拨之息洋六千五百元，若不能照发，下学年经济方面甚感困难。

（李先生报告各省盐余均被截留，稽核所方面只求各省摊汇若干以维持所中经费即足。此时应设法向稽核所洋人接洽，将此款加入该所经费项下之一目为最妥，否则，大学部此项收入实无希望。继续讨论许久，结果，拟先请范先生晋京时询问熊秉三先生慈幼院对于此款有何办法，并与熊先生接洽，对于此款之交涉，可取一致之进行。）

附：李组绅先生提议书

查天津南开大学之附设矿科，原以国内矿业日见发达，而矿学人员尚感缺乏，于是本人不揣冒昧，为造就专门人才计，遂有是项之组织，并与张校长提议，即在南开附设一科，俾作初办之基础。幸经张校长热心赞许，得告成立。计自成立以来，一切设置完备，成绩极佳，而经费一项，预算每年约需三万元。彼时时局承平，公司营业发展，因是本人又不自量力，即以全年红利之所得，先行独力担负。原冀徐议久策，俾得众擎易举，以维持是科于不敝。不意近年以来，国内战争不止，公司营业既久告停顿，本人经济即大感困难，前拟持久之策至此亦格而难行，遂致矿科经费积欠至数万元之多，若再因循坐误，不思急事筹措，不特无以对张校长，亦且无以对诸校友，而本人之负疚滋大。用是转辗思维，在此时局杌陧期内，惟有将矿科暂行结束之一法。所有本班毕业诸生，拟令其分赴各矿实习，其余未毕业者或即转送他校肄业，以免半途辍学，此后即不再招取新生。一俟将来筹有确实基金，再行继续开办。又，校中欠费仍由本人设法筹还。

以上各节，是否有当，用特提出议案，尚希公决是幸。

李组绅提议

（南开大学档案馆藏）

注重调查天津社会现象[①]

（1926年8月10日）

时局到今日，可称混乱已臻极点。北有讨赤之役，南有川湘之战。欲求和平安宁，在最近之将来，恐难达到目的。但吾人不能以混乱时局而消极，更不能以战争频仍而自馁。教育事业，既关国家百年大计，尤应督促进行，奋自勉励。吾人今固不能止武人之跋扈，无谓内争之循环，然吾人固足假教育青年之伟力，防后来之种种变乱也。是以时局愈混乱，吾人愈觉责任綦重，而于教育事业之信心，亦愈加深焉。

本校自成立迄今，已逾二十一载，人数合大、男、女中三部师生计之，亦已超过二千四百余人。校中财产、基金及经费，虽云拮据，然撙节省用，亦颇可勉强度日。此固非当年创办时所得梦想及也。校外各处人士，鉴于校中历年成绩，亦咸加赞誉及助益。吾人试披阅学生之籍贯，见其远如海外华侨，蒙、察各处居民，咸不惮跋涉，相继来此就学，可觇本校虚名久已远播。虽然，吾人即可以此自豪，妄自满足耶？若然者，则吾人之所得进展者，尽于此矣。吾人惟不甘以现状而即自满足，故时欲奋勉改进，藉臻完善之域。如关于学生生活问题，谙习社会情状问题等，先前虽稍曾置议，然并未实行解决。兹自暑假后，拟创一新组织，专解决上列各问题，而以调查或视察天津各界问题为其总纲目。此种新组织之目的，有下列数种：

一、培养学生实际上之观察力。吾国学生最大之缺点，即平日除获得书本上知识外，鲜谙社会真正情状。故一旦出校执业，常觉与社会隔阂，诸事束手。欲免此种弊病，最宜使学生常与社会接近，若调查或视察各种问题，不特可培养学生实际上之观察力，抑可以换课堂生活之拘郁空气也。

二、明瞭各界之真正情状。吾人今日虽处兹社会已久，实则其真相如何？吾人殊难详确置答。以若许广大之商埠，而无一详实之调查及记载，岂非大可耻叹？故吾人亟拟假此机会，作一精确详尽之统计，供国内外人士之借镜。

---

① 是日，张伯苓在寓所召集服务南开同学，报告关于本学期拟建立社会调查组织的情况。本文摘自赵漠野的《南开学校社会视察新组织》一文，题目为编者所拟。

三、使各问题有正当之解决。各问题既明瞭，然后指示国人以正当解决之途径。此种责任吾人应群起共负之。

上列各种目的，不过举其荦荦大端者。若云组织，则暂拟分三部进行：

1. 大学部；

2. 高中部；

3. 初中部。

大学部当由各科教授分类领导学生调查各问题，其调查之方针及办法概由委员会决定之。

高中部注重在各种社会制度及机关之调查（如法庭、大商行、工厂等等）。初中部则以年龄及学力关系，专注重在视察自然界现象。其组织纯照童子军组织法办理，藉利进行。视察或调查之方针及步骤，亦由一委员会定之。其委员之人选办法如下：

凡教职员之具下列资格之一者，由校长聘请为本会委员。

1. 熟于本地乡土情形者；

2. 于各科任有专职者（如博物、地理、历史诸专任教员）；

3. 对于调查事项具有兴趣，而愿代搜集各种参考材料者。

至于工作，以范围所涉太广，此时尚难一一具述。总之，当择其简而易并较重要者，先行试办，并拟先由初二、高一两级做起。

（《南中周刊》，南开学校二十二周年纪念号，1926 年 10 月 20 日）

养成奋斗的良习[①]

（1926 年 10 月 17 日）

大学、男中、女中，三部用这一天作纪念日，原因就是：因为这天是男中纪念日，大学、女中两处是由这一处里发达出来的，并非特立的，所以仍然要在这一天纪念。今天开的这个会，纯粹是庆祝会，不是游艺会。往年在那灯火

① 10 月 17 日上午，南开大学、南开中学、南开女中三部在南开中学礼堂举行南开学校 22 周年庆祝会，张伯苓在会上讲演。题目为编者所拟。

辉煌的晚间开游艺会，今年特在早晨开这个庆祝会，因此来宾来的很少，可是学生来的倒有一千多个，比起从前在严先生家的时候，学生不过一百多人，相差多少倍哪！

女中新校舍，是华午晴先生自己绘的建造图，盖得也很好，本我的经验，盖房有个四要素：（1）应用，（2）坚固，（3）美观，（4）省钱。华工程司对于这四样，算是全做到了，外人的工程司，对于第四项是办不到的。

南开亏款很多，可是捐助本校巨款的，也不乏其人，如美国炼油大王捐助建筑科学馆的费用。所以无论什么事，不要怕难，尽力的去做，努力往前奋斗，没有个不成功。咱南开二十二年的历史，就是奋斗与进步的结果，所以今天开这个会，一方面，是庆祝奋斗的成功，一方面，就是教你们养成奋斗的良习。要是多过几个庆祝会，相许你们把“难”这个字忘到九霄云外，恐怕连点影子也没有了。

（《南中周刊》第11期，1926年11月10日）

两江女子体育师范学校四周年纪念册题词

（1926年11月5日）

强我种族，体育为先；
平均男女，促进健全。
钦羡贵校，巾帼英贤。
懦弱之耻，以雪巨湔。
四载孟晋，奋迅无前。
起衰振靡，用广师传。
俚俗恭祝，寿考万年。

民国丙寅孟冬
两江女子体育师范学校四周纪念册

（张伯苓函稿）

悼红万字分会救护队员诔文[1]

（1926年11月20日）

维中华民国十五年十月十六日江永轮船于九江失慎，焚毙红万字分会赴战地救护队员四十人之多，将所谓大悲大勇，行菩萨道于修罗部中者，其此次殉难诸君之谓欤。敝校得耗，不胜哀悼，爰涕泣而为之诔曰：

劫运浩浩，天心茫茫。挽逦莫术，百姓罹殃。
枪急电扫，炮烈雷骧。此兴彼仆，强起弱僵。
江水悲咽，风色苍凉。城空野寂，鸟遁兽藏。
贯胸折肋，暴露道旁。老稚沟壑，妇孺郊塘。
呻吟号痛，惨卧星霜。负伤军士，颠仆相望。
亲亡友绝，待救彷徨。惟红万字，旂帜高飏。
队员奋勇，一苇是杭。联翩急难，直指战场。
祝融不吊，势挟风狂。同舟是爇，义众为戕。
造物用意，谁与测量。惊传噩耗，我用悲伤。
作善人死，终胜恶亡。哀哉尚飨，俎豆馨香。
愿众灵爽，助化欃枪。冥冥善气，山高水长。

（张伯苓函稿）

① 京师救济联合会拟于1926年11月28日为在九江江永轮船殉难的四十余名红万字分会救护队员开追悼会，张伯苓以南开学校的名义，奉上诔词一篇，藉表哀悼。题目为编者所拟。

关于中学教育实验性研究的资助申请[①]

（1926 年 11 月 26 日）

亲爱的先生们：

请允许我介绍一下由两位南开大学教授，即张伯苓和黄钰生指导下正在南开中学和南开大学本学年进行的中学教育的实验。我们将随后给予详细的报告，尽管这些实验活动目前尚属探索性质，但是已充满希望和影响深远的结果。因此，我们申请基金会的财政资助，用以拓展已经开始的项目，以期最终建立一个中学教育研究所。这个研究所的目的是开展中学教育的科研和用一种比现行更有效的方法来培训中学教师。

在报告现行实验和论述未来计划前，请允许我们阐述为什么我们觉得这个实验符合基金会分配基金理念的两点原因。第一，我们所进行的和将要推出的活动是被你们的理念之一所鼓励的关于教育的科学研究的独特尝试；第二，我们希望有序开展的实验第一阶段将为理科教师提供必要的基础和动力。为了解释清楚第二点，请允许我们说明，有经验和远见的教育家认为单独的课本教育，甚至实验室活动都不足以使中国学生产生用科学的方法和科学的观念探索生活的动力和热情。我们实验的第一阶段叫做系统地访问和调查自然和社会环境，当此活动有序的开展成为中学教育的一个部分将提供很多急需的动力。因此，我们认为我们正试图解决一个中国理科教育中关键性的问题。因为贵基金会志鼓励促进科学教育，因此我们提出这个计划，希望得到你们的考虑和支持。

I. 现行项目的描述

1. 系统地访问和调查自然和社会环境

根据西方科学文化的历史分析和实践中观察中国学生需要所得，我们提出一个假设，为了把中国青年培养成有创造力的现代公民，他们必须被赋予探索和开创精神，给予通过真实和系统的方式接触社会和自然环境的机会。在这个学年开始的时候，我们选择了两个班，一个来自初中，另一个来自高中。初中的学生通过短途和访问的方式接触自然环境以培养广阔的视野。高中的学生被

① 本文为张伯苓在北京参加中华教育文化基金会董事会上的讲话。

引入社会生活，由此第一次系统地接触实际生活。初中学生的流程比较易于安排，因为所有学生都正在参加童子军训练。童子军组织本身就极大地支持了我们所希望开展的活动。高中学生的活动计划需要简单描述一下。我们正在执行一个四周的循环计划，由此访问和调查各种社会活动或组织。第一周，负责老师和学生组长（一个组长负责一个 8～10 个男生的小组）在对目标社会活动有个总体调研后，进行实地全面观察。第二周，学生小组聚集在一起，听取关于社会活动的历史背景资料和集体访问的导向性介绍。第三周，学生小组在老师和组长（每次每个新问题都选出新的组长，以使更多学生有机会领导）带领下访问各种预先安排的地点。第四周，所有学生必须提交他们所作观察报告，在老师指导下对学生报告进行评论。

尽管有以上如此详细的活动安排，但不要能忽略这些调查和访问活动的主要目的，是使学生们对现实充满探索精神的接触，使之对所精心安排的自然和社会活动产生一个积极的兴趣。

2. 关于英语教学作为一个了解现代文明工具的教材和教法的研究

英语作为一个在今天中国中学教育中占有一个显著的地位科目。近几年来，关于提高英语教学效率的尝试已取得或多或少令人满意的效果。这些尝试结果是三或四套教材，特别是在英语学习的初级阶段。虽然如何更好掌握英语需要更深入的研究，我们认为当前迫切的问题是如何在六年制中学后三四年提供更好的课本。今年我们已对这个问题进行了初步调查，已经为不同年级准备好不同比例内容的教材，以为实验所用。我们定期组织编写教材的教师开会。我们将根据课堂的实际经验修改课本。

3. 一个合作性的教师培训计划

我们正在制定一个计划：给南开大学中对中学教育有兴趣的三四年级大学生安排一些教学工作。这个计划是合作性质的，因为这些大学生既获得了在南开中学教书的机会而同时又在南开大学学习。这个计划会占用学生总时间的五分之一。三年级学生的学习重点是追踪中国和西方中学教育发展的历史资料，以期产生一个符合国家转型时期需要的中学教育的理念。这个部分辅以访问天津各个中学和我们自己中学内不同的教学活动。第二年的训练活动是四年级大学生在中学教学实践活动，辅以偶尔在实践中所需的教育心理学的指导。

II. 拟拓展的实验活动以期建立中学教育研究所

1. 重建中国中学教育“知识体系”的三个基本研究

当我们确认了系统访问和调查自然和社会环境作为一种合适的方式来介绍

系统化知识体系，或通常称为自然社会科学的重要性，为解决中国中学教育问题的入门途径，我们建议成立关注三个基础问题的研究所作。这些问题是：

（1）调查和访问计划和流程的研究工作，目的在于产生为不同地方不同环境下学校的活动安排和整理在学校开展访问和调查的必要背景资料。

（2）逐渐地介绍系统化自然科学的研究工作，包括重新系统化构建满足中国国情实际需要的知识和原则；当前的课本和实验教材都必须从这个角度重新整理和构建。

（3）逐渐地介绍系统化所谓社会科学的研究工作。当前对社会科学教育的关注甚至比自然科学更为迫切。我们将以此观点为基础使得社会科学在学生的生活中起到真正的作用。

2. 关于两项如何运用“语言工具”的合理的教材和教法的研究工作

知识体系和语言工具是同等重要的。两者在形成真正的科学思维训练中都是不可或缺的。我们因此提出：

（1）继续英语教学的科研工作

（2）开始中文教学类似的工作。后者将回答一个非常重要的需求。目前为止，在这个问题上还没有真正的科学精神的研究工作。

3. 与科研工作结合的教师培训的“实习”概念

在今年开展的三个项目中，看上去最不令人满意的是给本科生提供教师培训的计划。主要的原因是本科生正常学业很繁忙，没有什么时间参与教师培训工作。而且，他们中很多人没有成熟的职业态度。通过“实习”的概念，我们希望借鉴医疗行业中实践。尽管在课堂教学中有优异表现，医学院的毕业生仍然被要求以很低的工资进入管理良好的医院作一或二年的实习生。这个方法可以被很好地借鉴，为教育行业做更好的准备。在大学中选教育课的学生将极大地得益于有良好管理的中学所获的实习经验。在此期间，他们能同时观摩，教学和科研。他们需要外部的支持，因此津贴或是奖学金的制度将会为他们的利益而设立。

我们认为，这个同时进行指导下的教学和科研工作的机会将受到那些服务了很多年但却没有机会重新充电，改进和激励教师的热情欢迎。实际上，即使没有一个完善的计划，一个四川中学的老师正花一年的时间在南开进行上述的活动。通过和一些有经验的教育工作者，比如国家教育促进委员会 W.T. Tao 先生和中国基督教育委员会秘书 E. W. Wallace 先生的交流，我们认为这方面的需求是很大的。

III. 所需财政支持

1. 三个知识体系研究者的工资（每人年薪约 3000 元） 9000 元

2. 两个语言工具体系研究者的工资（每人年薪约 3000 元）6000 元

3.（a）30～50 研究学生的津贴（根据经验和优秀程度，每人每年 150～500 元）10000 元

（b）调查旅行，特殊仪器和论文费用 6000 元

总计 30000 元

这是为了开展令人满意的实验所需的大约数目。如果每年的支持可以保证三年，一定会有一些确定的成果。

管理费用以及研究学生免除的学费和教室将由南开大学承担。

至于为什么我们认为南开是开展以上活动最佳的地方，我们提出以下几点：

（1）南开的学生群体来自中国各个省份和海外，是整个国家学生的代表。

（2）南开中学有超过 1800 学生，就实验目的而言，我们可以系挑选不同组别，这样实验结果的比较是可信的。

（3）南开坐落于天津，天津是一个既古老又具有现代政治，工业，商业条件的城市。因此是比较容易开展访问和调查活动的。

（4）南开逐渐和稳定的发展，从一个家庭私塾到他现在的规模，保障了虽然实验是理论上的，但它的结果的应用对于中国是有实践意义的。

以上我们简要提出的是真诚希望通过一个创新的方式试图解决中国巨大社会转型中的某一阶段的问题。我们有这样的意愿，而你们愿意提供资助么？你们的资助将有助于我们尽早地获得有益的成果，而这些结果将产生广泛的影响。我们因此期待你们认真的考虑和慷慨的资助。

（南开大学档案馆藏）

在南开学校董事会例会上的报告[①]

（1926年12月19日）

一、报告

甲、十四年（1925年）度决算

1. 大学部十四年度决算较预算节省一万七千元，实在出款较入款多一万二千一百四十元，连同十三年度决算亏款，共亏四万零九十六元。

2. 大学部矿科共亏八万二千零一元。

3. 中学部十四年度决算较预算节省三百余元，实在出款较入款多一万七千余元，连同十三年度决算亏款，共亏洋三万七千余元。

4. 女中学部十四年度决算共亏四千九百余元。

以上四项共亏一十六万四千零四十元。

乙、基金问题

基金原存现款四十万元，因亏款无着，曾用基金作抵，向各银行透支十六万元，截至本年七月，已清算一次，除提用基金二万外，并仍继续透支十四万元，以补历年之亏款。

丙、缩减十五年（1926年）度大学预算

大学部收入项下由盐余拨付之公债利息七万八千元，因盐款无余，恐无拨付之希望。十五年度预算不得不略事核减，除将前二年四行所付基金之红息三万六千元划归本年入款外，尚亏六万九千余元。

丁、女中学建筑校舍及购校地四亩，共费洋六万八千元，现已募集二万一千元，尚欠四万七千元。

戊、袁述之先生于十一月间在杭病故，前捐思源堂建筑费七万元，尚欠三万一千五百八十四元未付，十三年十月思源堂工程完竣时，袁先生送来贾汪煤矿股票四万元，请学校向银行息借三万一千五百元，暂付建筑之费，并许以最短时期拨付现款。惟银行方面，不承认贾汪股票作为抵押品，特由学校加添储蓄证四万元，方将此款借出。该项借款期满，数次均由袁先生声明转期，故至

---

① 19日下午2时，南开学校董事会例会在中学部开会，范源濂、孙子文、严慈约、卞俶成出席，校长张伯苓列席，并报告以下事项。题目为编者所拟。

今仍未归还。日前由华午晴先生面谒袁潜之先生询问办法，据潜之先生云：“请学校具一公函述明此事经过之情形，以备清理。”

二、由盐余应拨公债之利息七万八千元，现时完全停顿，恐无再发之希望，现正向各方面进行，拟请财政部将此款划归关余项下拨付，惟结果如何，殊难断定。此项收入之有无，对于大学部关系甚切，如此款不能得到，基金则日少一日，究竟大学部前途政策如何，是否应维持至基金全部耗尽为止，请付讨论。

（结果：勿论如何，须维持至明年六月，将来政策如何，俟下届董事会详细讨论再行决定。）

三、邱宗岳先生因性情对于教育行政缺少兴趣，拟请辞大学主任职。

（结果：按照大学部之现况，主任不宜更动，仍请校长恳切挽留。）

（南开大学档案馆藏）

郭母冯太夫人碑铭[①]

（1926年12月30日）

吾国素敦女教，代有女宗，仉范陶型，古今称美。郭母冯太夫人，系出奉天绥中县冯家屯望族，为冯纯厚公长女，生性淑温，无侃言礼度。年廿一适兴城郭公锦川为原配，于归后孝翁姑，和妯娌，相夫治家，以俭以勤，夫病则亲侍汤药，寝食俱废，闻者莫不贤之。未几，锦川公以咯血见背，时距母来归仅七阅月又二日，自身犹未有出，孑然只影，痛欲为殉。经亲族百般劝慰，始勉允以未亡之余息佐夫弟整理门楣。今之家境豫康，母实与有弟焉，次子承惠为母过继，沐母恩尤厚。该子在襁褓即体弱多病，一切哺育调养，殚尽母精神。及长又为之觅良师以培才，聘贤媛以授室，盖母之心固无一时不为此嗣子谋者。现承惠在北京中国大学毕业，已得商学士学位，其室并有子一女一。母以五十余年含冰茹蘖之身，一旦得此子孙满前之环境，其乐诚不待言。孰意昊天不吊，忽于本年夏历十一月初七日竟以瘀疾弃养，寿七十有二。噩耗所播，远近悼难。奉天政府为题赠“志洁行芳”匾额，并奖给白绥银质褒章。呜呼，山高水长，

① 冯太夫人为南开中学毕业生郭承惠（渥霖）之养母。题目为编者所拟。

母之徽音其永垂不朽也耶。爰为之铭。曰：

坤维淑气，于焉钟灵。卓哉贤母，来嫔兴城。锦川德匹，梁案同称。鸾镜团影，七阅月明。再更晨夕，夫逝仙瀛。柏舟砺节，乃冰其清。今幸继喆，名立学成。如何萱草，遽尔萎形。惟遗俎豆，万古流馨。徐刍一束，愧奠未能。俚文仅缀，藉表钦荣。

中华民国十五年丙寅夏历十一月　　敬撰

（张伯苓函稿）

在南开学校董事会例会上的报告[①]

（1927 年 3 月 13 日）

一、报告十六年（1927 年）度预算案

甲、十五年度预拟决算亏款列左：

1. 大学部亏款	五一四一七元
2. 大学部矿科亏款	八九四四七元
3. 中学部亏款	四〇〇〇〇元
4. 女子中学部亏款	五七〇〇〇元
以上共亏洋	二三七八六四元

乙、十六年度预算亏款列左

1. 大学部亏款	四五五〇七元
2. 大学部矿科亏款利息	八〇五〇元
3. 中学部亏款	八七〇二元
4. 女子中学部亏款	四九四元
以上共亏洋	六二七五三元
甲乙两项共亏洋	三〇〇六一七元

按照所拟之十六年度预算，截至民国十七年六月止，共亏洋三十万元有零，

① 是日下午 2 时，南开学校董事会例会开会，严慈约、孙子文、李琴湘、王濬明、陶孟和、丁文江、卞俶成出席，校长张伯苓列席，并报告以下事项。题目为编者所拟。

十五年度亏款已由基金项下提用，十六年度亏款是否仍用基金弥补？付讨论。

（结果：）

（1. 十六年度预算照原案通过。）

（2. 在此不得已时期，只可提用基金暂补亏款。）

二、小学基金问题

华南圭夫人曾捐助小学经费一千元，高旷生君曾有遗产现款一项存于孙子清君处生息，现因高宅无人接受此款，高君之老友数人如南开创办小学，拟将此款酌量提出作为基金。惟此项小学非待款项筹足，决不开办。（众赞成。）

三、卢木斋先生已允捐助本校图书馆一座，建筑费约八万元左右，现正请工程师绘图。如无变动，约本年夏间可以兴工。

（南开大学档案馆藏）

在南开中学丁卯班毕业前夕联欢会上讲话[①]

（1927 年 4 月 23 日）

注意职业。毕业以后无论升学或做事，都宜及早打算。我深信有真学问，有真本事，然后能解决生活问题，然后解救国家。

（《南开中学丁卯班毕业同学录》）

《中华全国体育协进会年刊》序

（1927 年 8 月 1 日）

处生存竞争时代，事事让人以我先，是自弃也。吾黄帝子孙，数千年看来，称强世界，晚近不知振作，致令种族日微，殊为可惜。同人等鉴于以前远东运动因人成事之种种失败，爰组成此会，冀协力促进体育事业，一雪懦弱不振之

① 题目为编者所拟。

耻。年余以还，对于全国运动预选，及赴菲律宾遴定选手、募集川资各事，举由本会筹备进行。同人等但有一分能力，即尽一分义务，以故虽在政局不稳之际，卒能使运动参加，于国际弗失信用，不可谓非幸事。所望嗣后，凡关体育一切，全国人皆负提倡之责。体育为造就健全国民要素，欲谋强种救国，端宜注重于此。况远东运动，系乎国际荣誉，无论任何各界，尤应共策共勉，群起而为竞胜之预备。兹值本会编订年刊，报告二年来全国体育事业发展之实况，爰识数语，是为序。

（《中华全国体育协进会年刊》第1期，1927年8月1日）

对第八届远东运动会的希望[①]

（1927年8月27日）

本会于一九一三年成立，其第一届大会，系在菲律宾举行，当时中日两国，均被邀请，遴派选手与会，其目的为提倡东亚人民之体育。热心发起者，为菲律宾青年会体育干事布朗氏，嗣后每二年开会一次，由三国分任筹备，轮流在各国举行之。本届为第八次大会，适在我国上海举行，中国选手及日菲两国选手，参加斯会者，均较前数届为夥，而会场之设置，亦较第五届在上海举行时为完备整齐。今日行开幕典礼，微凉新透，各选手亦皆精神焕发，其成绩必大有可观也。鄙人此次参与盛会，曷胜荣幸，惟望各项比赛，成绩优良者，能得锦标，不起无谓之争议，并望各项成绩，均较前为进步，庶几于最近之将来，我东亚各国，亦能有选手参加于世界运动会之机会，以发扬东亚民族之精神，予于此有厚望焉。

（《体育》第1卷第3期，1927年）

① 张伯苓时任第八届远东运动会的中国代表队总代表。题目是编者拟加的。

注重体育道德，增进国际感情①

（1927年8月27日）

今日举行开幕典礼，会长王正廷博士不在沪上，未能莅止。鄙人以副会长名义，谬居主席，谨进芜辞。此次第八届远东运动会在沪举行，三国之参加选手，殊为踊跃，而今日天朗气清，更属难得。鄙人深望如此盛会，各项运动之成绩，均能超过已往之成绩，而有新纪录。远东运动会之成立已十有四年，其促进远东各国之体育事业，厥功之伟，固不可没，而于联络中、日、菲三国国民之感情，更有莫大之关系，是以鄙人除谨祝大会八日，均能有今日良好之天气与饱满之精神外，尚有愚见两点，敢贡诸君，一希望比赛时，注重体育家之道德，即所谓 Sportsmanship 者是也；其二则希望因远东运动会而增进国际间之感情。

（《申报》，1927年8月28日）

远东运动会组织以提倡体育为宗旨②

（1927年8月29日）

现因会长王正廷缺席，由鄙人代庖。本届大会，承菲、日代表团十分欢迎，按远东运动会组织，以提倡体育为宗旨，即欲使三国人民身体康健，道德增加，友谊密切，争夺锦标，并不重要。

（《申报》，1927年9月1日）

① 第八届远东运动会于8月27日下午2时在上海中华棒球场举行开幕礼，到各国来宾5万余人，由张伯苓任开幕礼主席。本文为张伯苓在开幕礼上的致辞，题目为编者所拟。

② 8月29日上午10时，张伯苓在上海青年会主持召开第八届远东运动会第一次职员会议，菲律宾代表克松（大会名誉会长）、日本代表岸清一（大会第一副会长）、主任干事沈嗣良等人参加。本文为张伯苓在会上的讲话，题目为编者所拟。

诸君归国时，勿忘三国间之友谊与好感[①]

（1927年9月2日）

第八届远东运动会，转瞬将去，在此开会期内，虽不免有一二争执与误会，然率以合作之精神消弭之。远东运动会者，非仅为会规之施行而已，其目的在推展远东三国间青年之体育与德育，及三国间好感之建设。我侪在此欢宴诸君，其目的不仅为欢宴而已，乃在使诸君归去本国时，勿忘却远东三国间之友谊与好感。此次日本代表团人数为最多，更有女子选手，而菲岛犹未派遣女选手，予百思而不得其意。大约菲岛男选手惧菲女选（手）来后，或将效法我国女选手，竞举剪发，此点菲代表或可为吾侪解释也。

此会之成功，实由会中职员之出力，谨敬一杯，以祝健康。此会之成功，可在运动员表露其运动员风格之故，亦谨敬一杯，以祝健康。

（《申报》，1927年9月3日）

远东运动会情形[②]

（1927年9月26日）

远东运动会系于上月二十七日开会，九月三日闭会。查远东运动会系一九一三年菲律宾青年会体育干事发起，得中日青年会体育干事之赞助，遂于是年在马尼拉举行。目的在使远东诸国参加世界万国运动。其后每逢单年举行一次，至本年为第八届。主持运动会者，为远东体育协会推举之常务委员。下届定一九三〇年在日本举行。本届在中国举行，故由中华全国体育协进会主持，会长为王正廷博士，余为副会长，沈嗣良为干事。因王君至期不能赴会，由余代理

① 9月2日晚7时，在第八届远东运动会行将闭幕之时，中方在上海大东酒楼欢宴日、菲两国选手，到会约500余人，欢宴大会由张伯苓主席。本文为张伯苓所致开会词，题目为编者所拟。

② 本文是张伯苓在南开中学的讲演，原题为《张伯苓氏讲述远东运动会情形》。

主席。此次筹备颇为周至，先是开会地点系指定北京、上海两处任择一处，因北京天坛须加修理始能适用，又因时局关系，故仍在上海开会。经费共用去五万余元，江浙两省助二万五千元，其余均靠门票。开会结果，门票收入六万五千，出乎预料之外，亦可见国人对于体育之有兴趣也。参加选手计菲律宾一百六十人，日本一百八十人，中国一百三十人。上次在菲律宾开会时，因日本选手以田径赛裁判不公，临时退出，致全会精神不佳。此次日、菲改章程，请参加日、菲职员，中国未允，但准该两国派员为 Inspector。当第一日下午低栏预赛时，菲选手某因被罚，取消其资格，辩论颇久。夜间游泳比赛时，日本选手亦有微词，幸办事人调解得宜，未发生不良事件。

此次筹备事宜纯为中国人，不似前两次在中国比赛时有外人参加。统观全局，除足球比赛时稍起冲突外，均甚佳善。而我国选手之精神尤可钦仰。篮球锦标若我选手不怀急求胜利之心定可得到。闻比赛时，连罚菲五球，我方选手均未掷进，盖心慌之故也。田径赛我国非特不能得分，即预赛亦不能列名。吾在场时，只见日、菲选手，不见中国选手，殊为难过。我国人对于团体竞赛能得胜利，而于个人竞赛则否。有人谓我国人富于团体精神，此真自饰之辞耳。

以后远东运动会改为四年一次，藉符世界运动会期。现在中华全国体育协会选董事九人，内有常务董事五人，系住在上海者，以便进行一切，并计划提倡全国体育方法，废除以前省区制，提倡大城市体育。组织大城体育会，如上海、北京、天津、汉口等。至第四届全国运动会拟在广州举行。

（《大公报》，1927年9月27日）

在南开大学“双十节”庆祝会上的致辞

（1927年10月10日）

庆祝“双十节”要标以二意：一曰民治国，国民实质之培养，二曰国家观念之重新认定。欲适于前者，希望南开此后，男女同学均应有政治、经济之学识，庶几方能负民治国国民之责任；欲行于后者，自兹以后，重新立志，以全力谋国家之利益与光荣，虽死弗逮。

（《南大半月刊》第40期，1927年10月17日）

今后南开的新使命

（1927 年 10 月 17 日）

这次本校刊印二十三周年纪念特刊，承编辑诸君邀我为文，使我藉此机会与校内外诸同学略倾几句想说的话，心里很觉欣幸快慰！

我想诸位都知道我们南开学校过去二十三年的历史，是无日不在风雨飘摇之中。频年经费的困乏，几次灾害的侵迫，都足以致我们学校于死命，陷我们学校于停顿。然而这样辗转患难，卒能成立到现在，并且蓬勃滋长，前进未已，这实在一方面是靠社会诸公同情的扶助，一方面是靠本校同人热忱的奋斗。所以在此我先要对于他们诸位表示一番谢意！

本校成立到现在，在社会上所居地位若何？我想诸位在各方面当然可以听到看到。但是我们所以能负此时誉，决不是因为我们校舍比人大，或是学生比人多，实际还是靠我们所产的果子品质精良。因为诸君出校后在社会各方都能稳实从事，人格上、学问上又能奋斗向上，处处发扬南开的精神，随时怀着救国的志愿。这一点我以为正是本校对于社会的贡献，也就是诸君赐与母校的荣誉。所以在此我对于诸位离校同学也当深深表示感激！

我在三十年前肄业北洋水师，当时因为看到国是日非，外侮频亟，觉得要救中国非从教育入手不可。所以就与严范孙先生合创私塾，那时惨淡经营，校舍很是简陋，设备也极不完备。其后历经了几许患难，经了几许奋斗，才能扩张到现在这样。为斯缔造经营，无非要想达到教育救国之目的。不过我以前所采取的方式，与现在稍有不同，也可以说那时的方法是没有到十分彻底。因为我以前终以为中国之积弱，是只在我们个人没有能力，所以一切不能与外人并驾齐驱，并且想以我们四百兆之众，苟有一天能与外人一人敌一人，则中国之强就可翘足而待。故一向对于教育方式，都按此目标向前进行。迨至近来，因经多方观察，觉中国至深之病，实不在个人之没有能力，而在个人之缺乏合作精神。我们且从智力方面讲。许多留学外洋的学生智力何尝真比外人低，学校考试的时候，第一名还往往多属中国人。其次，再从实际方面看，多少经营贸易的商人，致富的本领有时只比外人来得大。然而一谈到国家，他们终是富强，我们终是贫弱，这原因究竟何在？难道仍是我们个人能力不逮的毛病吗？一经细察，就觉事非尽然。现在列强之所以能致富致强，实在是靠他们人民团结的能力，因此他们有强有力的政府，可以作他们一切事业的保障，并且可以凭此与外人抵抗。

反顾我们中国，人民虽众，只是一盘散沙，人各为己，凭什么力量能与外人抵抗？我们要以个个人的分的力量，与人家全人民团结的力量去折冲争御，这岂不是以卵击石，终归失败吗？所以在此我觉得我们中国现在实有训练团结的必要。我们全国人民现在最低限度的希望是要有一个独立的国家，一个良好的政府。所以我们现在一方是要使人民有组织的能力，合作的精神，负责任肯牺牲，没有名利之思，不作意气之事，什么事都以国家为前提，如此人材，将来组织政府，才能使政途清明，政治稳固。这正是我们现在训练的目标，也正是我们南开的新使命。所以现在本校对于此点已积极进行，凡校内各种组织都加以特别指导和辅助。此外，一方要使人民有政治常识，了然于世界大势，对于各种关系本国切身利害问题，尤当实地研究，如此做去，才能得到真正的补救方法。关于此点也正是我们南开重大的使命，所以本校现在也已在实地进行。学科方面，现都特别注重学生应有的根本常识。近来更要有满蒙研究会之组织，凭着我们去空谈、重实行的精神，我们要把满蒙问题能够实际解决。当然我们中国问题，不只满蒙一个，此外如关税、铁路等等，何尝不都是关于中国切身利害的问题呢！我希望我们将来都要把它们拿来细细研究，并且希望校内外同学能够互相联络，多多探讨，这样我们的教育方针，才不至于空虚，我们的救国目的，才不至于妄谈。最后我还要提醒大家一句话，就是我们应该通力合作，团结团体，实现我们最低限度的两个要求——一个独立的国家，一个良好的政府！

（《南开周刊》第31期，1927年10月17日）

南开今后的改革与方针[①]

（1927年10月17日）

南开以往奋斗历史是由一极规模狭小的私塾，初不过十余人，由此渐进始有今日。然大学部成立尚不过九年，女中成立亦只五年，则二十三周年纪念日之名目，非指此二部而言，乃包括南开之全体而言也。南开缔造之艰难，与南开有进无退之精神——以赤手空拳由十余人扩充而数百人而数千人，经费由无款而致常年费三十余万，则二十余年经历之险阻有非一时所能罄者，而南开不为各种险阻所困，乃有进无退之精神相与奋斗有以致之。二十余年来，无一日不在改革中，亦无一日不在奋斗中。南开以后之改革及以后之方针——昔日教育之注重只为个人，此后教育除个人养成完善而外，并应特别注重团体之训练与组织，将学校视为一缩小之社会，无事不练习也。此后南开依此目标进行，愿同学共勉之。

（《南大半月刊》第41期，1927年10月26日）

组织天津体育协进会之动机及宗旨[②]

（1927年10月18日）

鄙人月前赴沪参与第八届远东运动会，目睹日、菲两国田径赛运动选手之成绩，我国运动界真有望尘莫及之慨。远东运动会闭幕后，中华全国体育协进会即对鄙人及杜庭修、董守义诸先生表示，希望天津体育协进会早日成立，以

① 本文是在南开四部举行的23周年校庆纪念会上的致辞，题目为编者所拟。

② 18日下午，在南开中学会议厅召开天津体育协进会成立会，到会者22人。推举张伯苓、颜惠庆、胡政之、孙凤藻、卞白眉为名誉会长，选举章辑五为会长，杜庭修、唐逵为副会长，董守义任专职干事，并通过《天津体育协进会章程》。会址设在天津基督教青年会内。本文为张伯苓在会上所做报告，原题为《昨晚成立之天津体育协进会》，题目为编者所拟。

促体育之进步。又全国体育协进会因有种种理由，决定废除华北、华东、华南、华中等运动区域名称，而以城为单位，希望以后将“体育”二字由学校而推之一般城市，故特联合热心提倡体育诸君发起斯会，按时举行各项运动，庶几社会对于体育之兴趣增高，而下届远东运动会亦不至如本届之失败。

附：天津体育协进会章程

第一条，定名。天津体育协进会。

第二条，宗旨。（1）联系天津体育团体，促进体育之进步；（2）主持天津业余运动，并增进运动员仁侠之精神；（3）关于各城运动比赛时，由本会联合各团体负责进行。

第三条，会员。凡热心提倡体育，经本会会员二人以上之介绍，本会认可者，即为本会会员。

第四条，会费。每年纳会费壹元，特别捐无定数。

第五条，组织。会长一人，副会长二人，书记一人，会计一人，执行委员四人，名誉会长若干人。

第六条，会务。每年举行左列各项体育竞赛事宜，田径赛运动会、越野赛跑、足球、篮球、网球、队球、棒球、游泳、女子田径赛运动会、女子篮球、女子网球、垒球、司令球。

第七条，会期。全体会每年一次，讨论会务，改选委员。职员会每月一次。有全体会员三分之一以上之提议时，得召集特别会。

第八条，经费。本会经费由下列收入充之，一，特别捐，二，门票入款，三，会费，四，报名费。

第九条，修章。本章程经年会全体会员过半数到会，到会会员三分之二以上之通过，得修改之。

第十条，细则。本会各项办事细则，则各项委员会规定之。

（《大公报》，1927 年 10 月 21 日）

挽陈子山诗

（1927年10月20日）

民国十六年丁卯夏正三月三日，江苏南通县东社洲乡先达陈子山先生仙逝。噩耗传来，不胜愕悼。爰拟挽诗一首，藉表哀忱。诗曰：

中天一夕陨星芒，木坏山颓剧可伤。
周甲有花春不驻，倦尘化鹤月生凉。
莱衣竞爽芝兰秀，梓里销纷雀鼠藏。
习静一朝归正果，音容常在白云乡。

晚　张伯苓敬撰

（张伯苓函稿）

在南开学校董事会例会上的报告[1]

（1927年10月30日）

一、报告

甲、大学部主任邱宗岳先生两年来屡以性情不近教育行政辞职，校长始终慰留，未加允许。本学年开学后，复辞职甚坚，未便再行强留，只得允许。现请定黄子坚先生接充大学部主任席。

乙、十五年度决算

	十四年度决算	十五年度决算	结至十五年度共亏数
大学部	（亏）40097元	（余）936元	39161元
矿科	（亏）82002元	（亏）1115元	83117元

---

① 是日下午3时，南开学校董事会在中学部补开例会，范源濂、王濬明、李琴湘、陶孟和、卞俶成、李组绅出席，校长张伯苓列席，并报告以下事项。题目为编者所拟。

中学部	（亏）37007 元	（余）10335 元	26672 元
女中学	（亏）44934 元	（亏）48306 元	53240 元
四部共亏	164040 元	38150 元	202190 元

二、狮子林官地一段约四百亩，自客籍学校归并本校中学部后，即由本校直接收租。兹以租户时有空地建房，或由土房改建砖瓦房者，故租款年见增加，本年租款已增至四千四百余元。现省当局拟将该地全部售出，只与学校三万元作为基金，以便生息抵偿此项租款。官产清理处屡问严范老与学校交涉，范老与学校表示，不欲出售。此事究如何进行，付讨论。

（众意，恐此事终难抵抗，惟有仍请范老向省局交涉，若能得现款五万元，便任其自由处分。）

三、中学部因校舍不敷应用，拟起建科学馆一座，该项建筑费约需六万元。上年张叔诚先生已捐一万元，利息又得二千元，本年复向文化教育基金委员会请求协助三万元，如此，差不过一万八千元。此事是否可行，付讨论。

四、大连五湖嘴煤矿因扩充设备，拟借款百万元，月息约二分，我校基金之一部又否借与该矿以增收入？

（讨论结果：月内拟派华午晴先生前往调查，李组绅、卞俶成、孙子文三董事或亦同往。）

（南开大学档案馆藏）

东北研究会缘起

（1927 年 11 月 14 日）

世称地大物博天富之国者，中国居其首，而我东三省及热察各特别区，版图之辽阔，蕴藏之丰富，尤甲于全国。沿边万里，逼近邻疆，唇齿相依，国防要地。故东北神州之宝库，亦华夏之屏藩也。若国人及早注意，努力经营，则今日之东北当必不如是之危急也。惜委珠玉于泥途，弃珍馔如糟粕，坐视大好河山，供外人之染指。试思：鞍山之铁，抚顺之煤，经之营之者何人?中东路之近况如何?南满铁路，经之营之者又系何人?考外人之谋我也，必先审其地利，查其山川，物产之所宜，舟车之所至，形势险要之所在，人人习而知之，乃能长驱深入，如履堂奥。今东北各省陷于危局，而我国人士能言之、知之者实鲜。此东北之所以危而吾国之所以弱也。

近念余年来，东北一隅与日俄两国发生之关系，错综复杂，无以复加。若长此因循，不速谋彻底解决之方法，则后患不堪设想，盖此不特影响中日俄三国前途之安危，更或波及东亚与世界之和平。然吾人对于日俄国内情形，及中日中俄边疆状况，熟习或专门研究者，究有几人?即以东北内地情形而论，吾人对于东北之山川、道路、物产、风俗、政治、经济、社会情形之调查研究者又有几人?反观外人公私研究机关之林立，设备之完善，经费之雄厚，调查之周详，能不汗颜乎?

南开学校师生等顾念及此，爰匹夫有责之义，于民国十六年秋，相与立会研究，名曰东北研究会。拟先从学术方面，用教育的方法研究入手，然后再及其他，一俟专门研究得有结果，再行设法，以谋实行，尚望校内师生，及海内外博雅，协助进行，以匡不逮也。

（《南开大学向导》，1930 年 5 月）

附：东北研究会简介

我东三省及热、察、绥各特别区，版图辽阔，蕴藏丰富，实为神州之宝库，而沿边万里，逼近邻疆，尤为华夏之屏藩，今者外力侵入，得寸进尺，几有反客为主之势，而国人朦朦对此殊少注意，良堪痛心。本校有鉴于此，因于民国十六年秋成立东北研究会，拟先从学术方面，用教育的方法研究入手，然后渐及其他。该会之目的可分为二。

教育目的：调查、讲演、报告日俄两国国情，及其在我东北各种经营状况。

学术目的：搜集正确资料，分组分门，从事研究，期得彻底解决办法。

组织：该会之组织，暂分两部。

视察部：推行关于教育的诸般会务。

研究部：推行关于学术的诸般会务。

工作：该会之工作有三，大概如下。

校内工作：学习日俄语言文字，研究调查方法，听讲演，阅书报，注意以东北为中心之对内对外时事。

假期工作：先由本会拟定视察题目，择紧要者，分组实地调查，将其结果，详审报告，交由本会整理或印刷之。

临时工作：凡遇东北临时发生问题，及日俄国情有所变动时，随时布告或举行讲演，以资参考而促注意。

现在及最近将来之具体工作：

我国东北之铁道系统及海港之研究；

东北移民之研究及其运动；

金州境内我国人民之教育问题；

研究资料有足为教材者，编入史地教本中，作为教材之一部分。

（《天津南开学校一览》，1929年）

天津研究会成立会上的讲话[1]

（1927年11月22日）

本会系个人发起，故极乐观其成，尤希能善用科学方法，做脚踏实地的研究。

（《天津南开学校一览》，1929年）

应多多举行类似今日之联欢会[2]

（1927年12月28日）

本校团体太大，致师生之间常因缺联络而发生隔阂，欲救此病，应多多举行类似今日之联欢会，既可舒畅胸怀，复收联络之效。高三此举，实不愧为全校之老大哥，希望各班继起仿效。

（《南中周刊》第38期，1927年12月）

---

① 为使师生关心社会实际，研究天津问题，张伯苓发起成立天津研究会，并与会讲话。题目为编者所拟。

② 1928班高三全体同学，于28日下午3时在南开礼堂举办游艺会，参加师生达千余人，会上张伯苓演说。本文摘自《校闻·腊鼓声中度太平》一文，题目为编者所拟。

与记者谈辞职和复职①

（1927 年 11 月 30 日）

11 月 23 日学生代表会请愿事件发生，复因请愿者竟以代表全体学生名义有此行动。不啻全体学生不信任校长，遂认为无施行教育之可能，特向董事会提出辞职。外间不明真相，咸以为小题大做，实则南开学校向来提出“师生合作”、“大家事大家办”，“学校并非校长一人之学校”，故此次学生代表会以代表全体学生名义请愿，我②绝不愿反平日提倡学生自治之初意，而对之有所压迫，致引起无谓之纠纷，因特提辞职，俾学生能有真正觉悟。

现有多数学生不以代表会行动为然，则此次请愿事件非全体学生之公意可知。现在学校一切均由教职人员共同维持，我甚愿教职员及学生仍本“大家事大家办”及“师生合作”之精神做去。如全体学生果能有真正之自觉之心，董事会命我复职，为全体学生学业起见，即复职亦无不可。

（《大公报》，1927 年 12 月 1 日）

复职后的六项措施③

（1927 年 12 月 5 日）

一、周刊、平民教育股及贩卖股，均各由学校约请师生若干人为委员承办之。

二、自治励学会即日停办。

三、前次请愿诸人，即以全体名义，姑置不问。

① 11 月 30 日张伯苓由京返津，下午在私宅接受记者采访。题目为编者所拟。

② 原文为记者以第三人称“彼”叙述，为便于全文叙述，由编者改为第一人称“我”。本文 以下同。

③ 张伯苓复职回校后，于 12 月 5 日在南中礼堂对全师生发表演说，述说此次风潮之原因，并宣布针对此次学潮采取的六项措施，本文摘自慕禅的《本校风潮纪实》一文，题目为编者所拟。

四、同学之间，不准各怀私见，互相嫉视。

五、多数人如有意见，尽可用各种方法向学校建议，不得有旁敲侧击、冷刺热讽情事。

六、不准假借全体名义，自逞私图。

此次风潮肇因于师生间隔阂，隔阂既除，就是最大觉悟。从此固结团体，别令少数人利用。师生一同奋斗，谋新南中的实现好了！

（《南开周刊》第37期，1927年12月12日）

学校不是校长的学校，是大家的学校①

（1927年12月5日）

这次我们学校不幸，有这样一个风波，实在是南开历史上一个空前的纪录。这个“空前”的不幸，同时也希望他是“绝后”的不幸！

无论什么样的事，若细加思索，必有所因。即以我校这次风潮而言，也自有它所以发生的原因，这原因是什么？是师生间的隔阂。因为师生之间发生隔阂，彼此遂不相信而生疑。隔阂又怎样发生呢？这可以说完全是我的责任。因为我一个人，要兼顾三部的校务，同时又因经费关系，时常到别处去，结果同你们见面机会很少，谈话机会尤少。于是从前那精神的结合的学校，慢慢的竟变成了组织的结合，而学校也成了机械式的学校。这是教育上的大毛病，同时也是这次我校风潮的病根。

十几天前，在十八小时内——下午六时至次午十二时——有三件事情发生，使我受了极大刺激！

（一）有天下午六时，我到女中去，同几位先生谈话后，又同几位同学谈。有一位同学就对我说：“最好校长常常到这里来，因为有许多同学，很愿意同校长谈话。”

（二）次早十点到大学部去，傅恩龄先生对我说：“新请的日文教师何先生，平素极景仰校长，希望能得一个机会同校长谈话。”我当时心里很觉不

① 本文是1927年南开风潮后，张伯苓复职时的演讲，原题为《校长复职日之演讲》。题目为编者所拟。

安，因为何先生是来帮我们忙的，只有我先去拜访，那好倒先劳何先生的驾呢？

（三）当日十二点时候，又同黄子坚先生谈。黄先生又说，有许多同学愿意同校长谈话，希望能分出点时间来接见他们。

这三件事的发生，使我觉到自己的时间太匆忙，而个人精神也多照顾不到的地方，结果以精神为结合的原素的学校，竟成了组织的结合、机械式的结合。

有人建议，可以派代表接见。我觉得这种办法很不合适。校务的推行，请人代表还可，若接待同学，则非代表所克成。因为许多要同我谈话的同学，并不是有什么事要同我谈，只是要作个私人的谈话罢了，那末如果请那位先生代见，他们直无话可谈了。而且接见同学，也非我亲至接见不能收我理想中的效果。譬如暑假中的工作改革讨论会，聚师生于一堂，朝朝相处，结果那些同学对于学校及办事人非常明瞭、非常谅解。不幸少数同学竟对这些明瞭学校、能谅解学校办事人的同学加以种种激讽，或竟名之为“顺民”、为“保皇党”。这少数同学之不明瞭学校，对学校办事人之不能谅解，就起于同我谈话机会太少。所以如果我下一番功夫，直可使全校一千多人都变成“顺民”，都变成“保皇党”。也惟有由“顺民”、由“保皇党”组成的学校，才是精神的结合的学校。

所以归根结论，这次风潮实在是起于我太忙，不能常与同学交谈，至师生之间发生隔阂，由隔阂而生误会，而生猜疑。事已至此，我们应当要想一个补救办法，以防将来的再不幸。这补救办法，就是我暑假中常同诸位说的以学生为主。

暑假里的工作改革讨论会，我常拿以“以学生为主”这意思来同大家谈，意思就是我兼管三部，精力不能兼顾，希望大家自己动起来，我再从旁帮助。可惜彼时同学不能明瞭我的意思。现在可以明瞭了，而我的主张也可以实现了。

即如这次各班代表到我家挽留我去，他们都说：“请校长回去吧！同学都需要你帮忙，你要再不回去，同学要没有书读了。”好了！你们都觉悟了！你们都悟到学校不是校长的学校，是大家的学校，校长是来帮你们读书的，不是来欺骗你们的，不是来向你们使什么阴谋的！这是你们一个极大觉悟，同时也是我的主张的实现。所以这次我校风潮，固为不幸，但结果如此，在教育上实有极大价值，也予我精神上以无量愉快。希望从今以后本着这次的觉悟继续努力，另造一新南中——大家的新南中。

又，我离校前一天，适值全体职员例会，当时我就把我的辞职向全体职员宣布，并请勉力继续维持。后来全体职员给我一信，信中有“……[1]职员等自惭平日对于学生指导无方，致有此事发生，理应同时一致引咎辞职……”等语。我除感谢诸位职员过去一周中的维持外，实在不觉得诸位职员有什么咎可引。并且这次学生的大觉悟，实在是诸位职员平素指导之功！同时也使我感到南开的教育，是真有效果的。希望全体职员，大家一齐继续努力，不必灰心！

好了，一场风波，现在已经平平安安的过去了。这好像一个人得了一回伤寒病，现在已经出了一次大汗，大汗之后，百病痊愈，体力反因之而较强。南中也是如此，现在病已消除，同时也出了一身大汗，将来日趋康健，自在意料之中。所以今后的南中，应当要另辟一新纪录，作一新的纪元。

事情虽过，不能不有以处置之。关于处置办法，现在我分三层来说——

1. 风潮的原因；

2. 对于主动者之处罚；

3. 善后办法。

风潮起于师生间之隔阂，前已言之。这可以说是远因。至于近因，可得下列诸端——

一、同学对于暑假中工作改革讨论会之误解

有人说，南中之改革，完全是应付潮流，是敷衍门面。我以为说这样话的人，他完全是没有用脑想，没有用眼看。假若他想一想，或看一看，他一定可以觉到这南中的改革，并不是什么应付潮流，实在是南开固有的进步的精神之表现。因为南中的改革，已不止这一次，将来也还不止这一次，而且改革方案中，有许多是现在国内一般还没做到，是南中之改革，实负有领导全国的使命，何从说应付潮流？又应付什么潮流？

二、少数人对于热心校务的同学之不谅解

暑假开学后，学校气象，焕然一新。许多同学，也抱着很大的新的希望，来帮助学校推行新的施设。正在这时候，有少数不良分子，竟目那些同情于学校改革的同学为“保皇党”，为“顺民”，为“黄马褂”……以离间同学对他们的信任。同时又用尽方法，使他们不得不避除一切而立于旁观地位。这少数不良分子，不知是另有作用，抑是有所忌妒！

三、同学之误信谗言

同情于学校改革的同学们，既因少数人之不能谅解而退避，于是那些不良

---

① 文中省略号系皆原文如此。

分子认为有机可乘，竟处处妄造谣言，离间师生间感情。多数同学惯于不闻不问，谗言遂得乘机而入。结果是，一部分同学竟同学校立于相对地位。

四、学生会之停办

少数不良分子之不安心读书，学校不是不知道。不过认为这少数人只是走入迷途，所以处处还是善言开导，希望能感化他们，以不失教育的意义。可巧正这时候，省政府通令各校解散学生会。本校学生会自不能例外，于是也遵令停办。少数人于此，因活动无所凭藉，于是又抱怨学校，谓学校为“专制”。其实学生会之解散，乃出于省政府，且同时解散者，并不止南开一校，这于学校何关？另一方面说，现在的学生会，已失了真正学生会之目的了！你看在他们解散后的宣言，竟抱“反日运动”与“反对旷课扣分”，拿来做他们工作的目标。这两个天地悬殊的目标，怎么能相提并论？这不是他们已经忘却本身是什么了吗？

学生会又口口声声以“为同学谋利益”为口号，而所行所为，反日趋危险区域。是名虽为同学谋利益，实是妨害及你们的学业及安危！你们这么多人，就受他们几个人的骗吗？

五、少数人之借学生会以自逞私图

学生会既解散，我即派人去接不能停顿的平民学校及贩卖部。但还有少数人提出条件，就是非等我签字承认受他们的监督决不交出，并且说这是代表大会的决议。我不知道，代表大会何竟不明情理至此！试问你们每年交十几万元的学宿费给学校，你们也曾向学校要求签字承受你们监督吗？我因为他们这种举动，真等于不信任我，所以我拒绝签字，也不再向他们提接收事，而他们也就延不交出。

正在这时候，同学乐永庆、林受祜等因为看出了这事的内幕，发表了一个宣言，促同学注意。但因为字句之间及方法的欠妥，竟大遭攻击，被他们骂得闭口无言。可惜多数同学在那时候还不见及此，还受他们的愚弄！而少数人的政治手段，于此也私庆成功了！

六、少数人假全体名义肆意要挟

少数不良分子，见大多数同学都服服帖帖的受他们愚弄，于是又以反对旷课扣分为藉口，而假借全体名义，到校长办公室请愿。

提到旷课扣分问题，他们本早对我说过。我的答复是这样：“只要同学都可以不旷课，则扣分办法马上可取消！”他们又不敢保证，那末这种限制的办法，当然不能取消。

事前已经有这样的接洽，而那天他们还要聚些乌合之众，假借全体同学名义，跑到校长办公室去聚众要挟。那天我一早就到大学去了，所以由张仲述先生代见。张先生同他们处处以学者态度来谈话，而他们反同张先生怒目相待，出口恶言！相持了两小时，终于没结果而散。我回来听到这回事，使我心里非常难过，非常灰心。同时我以为既是全体同学都对我如此，那末我还有意味来帮助大家？所以我决定辞职，以让贤能。

我到北京后，许多关心南开的或南开老同学，都去找我。关于这次风潮的处置，有的以为应当用“力”去处置——把为首的开除；有的以为最好使一种巧计，把学生分成两派，使他们自己去淘汰；有的以为应当等全体同学之觉悟。第一方法不足以服人，第二个方法又非教育家所当采用，只有第三个方法为最上策。而现在我校风潮，也终于从第三种方法中解决了。这并不是偶然的，实在是我们南开一种特殊的现象。也是因为学校办事处处能开诚布公，所以外人虽谗言煽惑，也只是一时的，决不能成功。

又自治励学会出版的《励学》，谓南开为贵族学校，这真不知何所据而云然！假若说凡能入中等学校的都是贵族，那末不错，南开是贵族学校。不然的话，从那里见得南开是贵族学校，用钱多吗？设备华丽吗？学生奢华吗？请你们到别处去比比再来说。又有人说南开没出过人材，我也承认。因为直到现在，南开还没有造就出来一个军阀、一个政客。但在社会上服务的，南开学生却不少。你们出去问问，南开学生在那一个团体里会落人后？在那一个团体里不是人材？这种无的之矢，真不知是什么用意。

好了，以前过去的，满不追究。以后不许再有旁敲侧击、冷讥热嘲的事情发生。再要发生，定严办不贷！至于这次风潮主动人，我决不加以责罚，希望他们能自己觉悟，悔过自新。此外，《周刊》、平民学校及贩卖部，仍由前次约定的那些人接办。《励学》不准再出，自治励学会也暂时停办。同学之间，以后不许再存忌妒心，不准再妄呼“打倒”什么。请愿代表，也不加处罚。这是我的判决，也是这次风潮的处罚。

总之，我校事务纷繁，组织复杂，师生之间又多不能互相谅解，所以发生隔阂而造成这次风潮。现在风潮已息，隔阂也除。从今以后，希望大家本大家事大家办之原则，继续努力为学校牺牲，同时还要团结团体，不为少数人所利用，那末新南中的实现，当是意料中事了。望同学勉之。

（《南中周刊》第37期，1927年12月12日）

为戊辰同学会毕业同学赠言[①]

（1927 年 12 月 14 日）

一则投身社会须抱牺牲之精神，不存取利之观念；二则出外做事不畏低就，循序渐进，当可成功；三则离开学校，仍应保持已有之习惯，将所有学的方法应用于所做之事务，则收效必速。

（南开大学档案馆藏）

《渤海日报》创刊题词[②]

（1927 年 12 月 19 日）

诗歌日迈，铭重日新。
惟兹日报，宗旨正纯。
针砭政俗，棒喝国民。
发轫渤海，腾耀昆仑。
珍重致语，恭喜长春。

（张伯苓函稿）

---

① 12 月 14 日南开学校戊辰同学会召开，因该会将近毕业离校，张伯苓与各科主任依次赠予同学伞柄，并赠言。题目为编者所拟。

② 南开校友汝灏（1905—？），字润生，陕西富年人。1923 年前后在南开中学肄业。创办《渤海日报》，张伯苓应邀为其题词。

南开之已往与南开之将来

（1927年）

南开学校之历史，三十年来中国自新之缩影也。

中国维新，南开创办，其动机同起于甲午之败，其目的同在于求我民族之自存，凡所取法，始则同为日本，继则同为欧美，今则同趋于独立自创之途。故南开虽小，共发展之程序，适足以反映我国革新运动之趋向。

南开初立，仅一家塾，今则中学、大学、女中，次第设立。言人数，则学生之来自全国以及海外者，二千数百人；言校址，则三部合计，共八百余亩；言校誉，则国人交相嘉许。三十载艰难缔造，有此良好之结果，此诚创办时所未尝梦及，而执事诸君所当深自庆幸，更益努力者也。

今后南开努力之方针，因男中单位过大，不容再事发展；女中虽设备未足，以现时之财力人力，不易大事扩充；故男女两中学，今后当力求质的进步，而不求量的发展。在大学则质、量双方，均当设法增进，求其于国家之建设，有人材与学术之贡献。

以往之大学教育，概皆“洋货”。教员则为留学生，教材则来自外洋，讨论学术，则恒以欧美之历史与社会为背影。此类教育，既不合学生之需要，又不合中国之国情；即偶尔相合，亦不过无源之水，一吸即涸，小贩经商，行买行卖，中国将长此拾人之余矣。故南开大学之志愿，在谋学术之独立，在整理事实，以为建设之根据，在用科学方法，以解决中国之问题；简言之，在“认识中国”，在“服务中国”。根据此项原则，故南开注意研究中国国情，——中国北部之国情——如政治、经济、教育、商业、赋税、气象、天文、天然，以及农产之原料，能条理清楚，以为建设根据，又能培植此建设之人材，则其心愿固已足矣。

南开之抱此心愿者，且将数年，实行计划，亦渐有端绪：如减少教员钟点，俾得专心研究；设立满蒙研究会、天津研究会、社会经济调查委员会等，专事收集材料；各项组织，并皆请有专人任事，俾利进行；凡此诸项，造端虽微，收效必巨。惜南开校款拮据，计划虽具，推行难力，今后之发展，尚深有赖于邦人君子之赞助焉。

（《继续发展之南开学校》，1927年，第32页）

在范源廉追悼会上的悼词[①]

（1928 年 1 月 7 日）

范氏生平热心教育，而于南开尽力独多。范氏又深信教育可以救国，不特信之，且力行之。彼尝以不偏不私不假昭勉学生。范氏则为不偏不私不假之一人，足为学生之模范。

（《大公报》，1928 年 1 月 8 日）

挽范源廉联[②]

（1928 年 1 月 7 日）

天下之事，以后乐为归，自是君家风范；
平生所难，在尽职二字，公诚士类楷模。

为吾校助培力，欣然使无数青年。沾公泽惠
信教育能救国，忽焉而失一同志，痛我心肝。

（《东方时报》，1928 年 1 月 10 日，转引自范源廉著：《范源廉集》，湖南教育出版社，2009 年，第 617—618 页）

---

① 范源廉（1876—1927），字静生，湖南湘阴人。1916 年 7 月任段祺瑞内阁教育总长，后又兼任内务总长。1917 年 5 月与蔡元培等组织中华职业教育社。同年 11 月与严修一同赴美考察教育，对南开大学的成立赞助甚力，并长期担任南开大学校董。1920 年再任教育总长。1922 年赴美考察乡村教育。1923 年冬任北京师范大学第一任校长。1924 年 9 月任中华教育文化基金委员会董事，1926 年任该会董事长。原题为《范源廉氏追悼会纪》，题目为编者所拟。

② 张伯苓与严修、梁启超、颜惠庆等发起，1 月 7 日下午 2 时在南开中学礼堂举行范源廉追悼会，张伯苓撰写挽联，悼念老友。题目为编者所拟。

在南开学校董事会例会上的报告[①]

（1928 年 1 月 19 日）

1. 三部状况。男中学部风潮已息，学生中仍有不觉悟者七人亦已离校。大学及女中两部上学期精神特佳，以现在情形推测，下学期三部内部均平稳无事，所难者仍为经济问题。

2. 中学部主任。就事务方面而言，大学部比较简单，中学部非常繁杂。下学期拟请张仲述先生担任男、女两中学部代理主任，以减轻校长之职务，以便专心计划及进行筹款事项。

（众赞成通过。）

3. 经济状况

甲、校产

大学部	校地七百余亩	90,000 元
	校舍	710,000 元
	图书仪器	220,000 元
	共	1020,000 元
中学部	校地百亩	410,000 元
	校舍	210,000 元
	图书仪器	100,000 元
	共	720,000 元
女中学部	校地	21,000 元
	校舍	50,000 元
	图书仪器	7,500 元
	共	78,500 元

乙、基金。现存基金三十八万元，现时在各银行透支共二十万七千元。截至十七年六月三十日，预拟约亏二十万元。如此敷衍进行，此基金余款十八万元

① 是日下午 2 时，南开学校董事会在大学部召开例会，丁文江、卞俶成、李琴湘、孙子文、颜惠庆、严慈约参加会议，校长张伯苓列席，并报告以下事项。题目为编者所拟。

至多不过再支持二三年即全数耗尽，实非良策。是以本年有国内外大募款之议。

4. 募款目标

本国募基金　　　　　　　　1,000,000 元

美国募款

　购买书籍基金　　　　　　　美金 400,000 元

　教授赴欧美研究基金　　　美金 400,000 元

　建筑礼堂及练身房、女生宿舍　美金 200,000 元

　研究问题基金　　　　　　　美金 200,000 元

自本学期起，校内已组织一筹款委员会，对于募款工作约如下：

甲、多请外人或外人团体来校参观。

乙、多请本埠绅商来校参观，并到校外拜会。

丙、本年四月初间到满州各地作募款之接洽。

丁、本年秋间赴美募款。

5. 教育方法。我校三部今后教育方法均以问题为准，并注重实地之调查。现在校内对此已有三种组织，如满蒙研究会、天津研究会、社会视察等。

（南开大学档案馆藏）

南开大学发展方案①

（1928 年 2 月）

（一）发展方针之由来

南开之演化，实吾国革新运动历史之缩影。南开发展之程序，在均反映吾国革新运动之变迁。兹简略述之，以释南开发展之背景。

南开之创办与中国之革新，同以甲午之败为动机。甲午以后，旧日吾人所鄙视之倭寇，一跃而为吾人革新之模范。东渡留学，遂成一时之潮流。本校创办同人每有日本之游，严范老与张校长自东归后，南开之学制即参有日本风味。此南开演化之第一阶程，亦中国革新史之第一章也。

① 本文是《1928 年南开大学募款委员会计划书》的一部分。

日本之方法来自西洋。仿效日本不若直师西洋。本此觉悟，国人渐有弃日本而取西洋为革新模范之趋势。南开当局，受时潮之激动，亦有欧美之游，于是南开学制，又加欧美色彩矣。此南开演化之第二阶程，亦中国革新之第二章也。

但中国自有其天然特别环境，与夫传统特别文明，适于彼者，未见适于此。外人之法制能资吾人之借镜，不能当吾人之模范。革新运动必须“土货”化，而后能有充分之贡献。此中国革新运动应有之新精神，亦南开大学发展之根本方针也。

（二）何为土货的南开

以往大学之教育，半“洋货”也，学制来自西洋，教授多数系西洋留学生，教科书非洋文原本即英文译本，最优者亦不过参合数洋文书而编辑之土造洋货。大学学术，恒以西洋历史和西洋社会为背景。全校精神，几以解决西洋问题为目标。就社会科学论之，此种弊端，可不言而知。社会科学，根本必以某具体社会为背景，无所谓古今中外通用之原则。倘以纯粹洋货的社会科学为中国大学之教材，无心求学者，徒奉告故事，凑积学分，图毕业而已；有心求学者，则往往为抽象的定义或原则所迷，而置中国之历史与社会于不顾。自然科学稍异，然亦不能谓洋货均能适用，更不宜谓中国应永久仰给于洋货。地理、地质、气候、生物诸学无不对环境而立。中国人欲利用中国之天然环境，非有土产的科学不为功。此就科学之实用而言。但实用科学，倘无锐进的理论科学为后盾，其结果不异堵源而求流，且今日国人思想之急需，莫过于科学精神与方法，故吾人可断定，中国大学教育，目前之要务即“土货化”。吾人更可断定，土货化必须从学术之独立入手。

是故“土货化”者，非所谓东方精神文化，乃关于中国问题之科学知识，乃至中国问题之科学人才。吾人为新南开所抱之志愿，不外“知中国”、“服务中国”二语。吾人所谓土货的南开，即以中国历史、中国社会为学术背景，以解决中国问题为教育目标的大学。

（三）新方针实行之方案

中国学术所以不能独立者，非中国无可研究之问题或材料。论书籍，则吾国几千年来学者之著作及政府之编辑，不谓不多。论社会状况，则吾国乡村之自治、城市之同行公会、新工业之影响、人口问题、殖边问题、家庭问题等等，均有其特色，足供学者之研究。论自然界，吾国地藏地产之利用，河流之开导，气候之测量诸问题，均待科学家之考察。故中国学术之不能独立，不在材料之缺乏，而根本由于教育机关经费之短绌。

南开大学近数年来，在可能之范围内，已竭力提倡研究。教授有减少授课钟点，以便研究者，学生有以研究代听讲者。以南开之经济，此种努力不异杯水车薪，然南开犹决心于发展者，诚以中国大学若不努力于研究事业，则中国学术永无土货化之时期。正如商界欲从国货代洋货，则不能不提倡制造也。兹后惟有一面力图研究效率之增进，而一面恳求校友及爱国志士之协助。

南开研究之范围，即社会科学与自然科学。此范围犹嫌太泛，故定三项标准以求实效：（一）各种研究，必以一具体的问题为主；（二）此问题必须为现实社会所急需解决者；（三）此问题必须适宜于南开之地位。

南开大学将来之发展，即不外上文所定之方针与范围。举凡教材、设备、学制，皆以此为指归，经费充足，则循此以为尽量之发展，即经费拮据，亦当努力以“认识中国”、“服务中国”为鹄的也。

（南开大学档案馆藏）

在南开学校董事会例会上的报告[①]

（1928年3月18日）

一、民国十七年（1928年）度预算草案

1. 大学部

入款	108,500元
出款	188,404元
不敷	79,904元
十六年度决算亏款	96,000元
共亏	175,904元

由盐余拨付之公债利息七万八千元未列入，如能按期收到，十七年度预算即可出入相抵。

① 是日下午2时，南开学校董事会在女中学部召开例会，颜惠庆、卞俶成、李琴湘、孙子文、王濬明参加会议，校长张伯苓列席，并报告以下事项。题目为编者所拟。

2. 男中学部

入款	144,600 元
出款	163,253 元
不敷	18,653 元
十六年度亏款	39,000 元
共亏	57,653 元

省公署补助费五千元未列入，财政厅补助费二万七千元只列入半数一万三千五百元，两项如能全数收到，十七年度预算亦可出入相抵。

3. 女中学部

入款	23,880 元
出款	23,880 元
十六年度决算亏款	51,000 元

十七年度预算出入相抵，十六年度所亏之五万一千元，乃系女中部之建筑费。

4. 矿科

截至十七年六月，约亏 105,557 元。

全部预算付讨论。

（王濬明先生提议，孙子文先生附议，照原预算草案通过。众赞成，通过。）

二、筹款

1. 设立筹款顾问部

分请吴秋舫、张远伯、曹润田先生帮忙筹款或组织筹款顾问部。如叶玉虎、卞白眉、吴达诠、沈少兰、李组才、郑宗荫、李颂臣、范竹斋、王心容、魏信臣、李季之、赵聘卿、杜克臣诸先生亦可请其加入。

（结果：请孙子文先生率同校长先向上列诸先生处分头拜会，或请其到学校参观，俟接洽成熟时，再由严范孙、颜骏人两先生具名，在学校设宴，请上列诸先生到会，以便讨论筹款之进行。）

2. 对于美国筹款之筹备

甲、请美国人，如格林、顾林、精奇、安利德、孟禄诸先生帮忙，在各项刊物上或他处代学校宣传。

乙、在美国组织顾问部。

丙、设法与华北美国人联络。

丁、天津各洋行在纽约有总行者，应特别联络。

三、电灯电车公司经理拟由公司捐洋二万元，在各校设立免费学额若干名。本人曾建议可以此款由公司与我校合设一电工科，较免费学额获益殊多。该经理已首肯，前星期已将四年预算送去。该预算前四年共需洋九万余元，自第五年起，每年三万元。该经理允将该预算送往比国。提出董事会讨论。

（众意仍请校长直接函托我国驻比公使王石荪先生，请其代为设法。惟须先通知天津电车电灯公司经理，以免误会。）

四、南开小学

中学部已附设一贫民义塾，大学部在八里台村亦曾设一八里台小学。本年拟在中学附近成立一南开小学，经费及办法列后。

1. 开办时间，本年暑假后。

2. 校址。暂用中学校外宿舍，即女中部旧校址。

3. 班次。拟暂招国民一、二年级两班。

4. 创办费。华露存女士所捐之一千元。

5. 经常费。除学生学费外，由暑期学校余款拨捐一千元，小学部除将来建筑新校舍须特别筹款外，每年经常费出入约相抵，与全校经济无关。

（结果：众无异议，通过。小学新校舍事仍请孟琴襄先生向王心容先生接洽。）

（南开大学档案馆藏）

望大家合作[①]

（1928年4月12日）

今天我初次到贵校来，但是在未到贵校以前，我也曾听到贵校的成立，又见到贵校的出版物，很能使我脑筋中早日存有同泽中学的印象了。以鄙人所办的南开而论，由性质方面说：是私立的，贵校也是私立的，而在二三年中的工夫，能使我有今天的所见，已竟超乎鄙人所办的南开成立在二三年的成绩已（以）上了！我今天预祝同泽前途的进步。

差不多不论在那一个学校，他能成为一个好的学校，他的原因在那里？可

① 此文是张伯苓在同泽中学的讲演，由郝毓郇记，原题为《张伯苓先生讲演录》，题目为编者所拟。

分两方面言之：

一，要办事人做事认真——我今天得见着你们诸位办事者，看得到他们诸位作出来的成绩，足证同泽有特出惊人的地方，不无原因了。

二，学校中以学生为主——凡是一个学校的好坏，教职员不过作一些建设的工作了，要是切实履行他们建设的工作，还是得学生，所以说学生是学校的主人。

我对于上边那两项还有一个譬喻，凡是一个学校在社会欲得社会上一般人的承认，犹如一个工厂方才成立，世人并不知道他出品的好坏，他内中做事人的怎样，可也世人很为注意，当他出品才上世的时候，要好了，将来他的出品售卖上，因之增加，反之他出品所受的影响必很大，也足徵他工厂内的做事没有切实去做事——诸位是学校的先班，全校的声誉所系，所以要切实的前进，作建设事业的诸位，更要本初有的精神作去，两善合一，同泽前程定可无量。

这次我为什么要到东省来呢？差不多我有一个月的工夫到东省各处来，但是在这次以前，我已经来到东省几次所到的地方，如安东、大连、哈尔滨、奉天……等处，这次我来的原因，是鄙校那方面，师生合组一个会——满蒙研究会——要暑假的工夫到满蒙来看一看，我先到这边来接洽接洽，因为什么他们师生有这个会的组织呢？种种的原因很多，我且把他说一说。

在去年我赴上海第八届远东运动会，回来的时候，我曾到大连一次，我很有一些感触。大连这个地方，在三四年前我已经到过了，但是同去年我看见的不同了，大连以前本来是小小的几个渔村，后来经俄日几番的经营、建设乃有今日。去年我曾到南满会社去参观，看见他们那里的股份很多，就他们出版股所出的东西，也就是很足惊人了，他们的计划也可以想见一般了，因为什么缘故？本国人不去作，而甘叫外人去作，叫他们从中取利。

我经过青岛的时候看到很多的难民，在那里预备上船赴大连，同时我又到在大连的时候，我也曾看见很多的难民，形状自为可怜，全都是预备上吉、黑省垦荒的，有我们这很多的同胞跑到东省来求活，我们也要来看看他们。

同时我同船往大连时，有英国一个爵士（Sir Furiduly White），他此次到中国，是赴泛太平洋会议而来的。这一次的会议是在檀香山，开会的时候有人建议，愿欲解决中英问题。必须请他到中国来，我曾同他谈了一次话：

大家回头想想一九二七年间中国之南部，中英累起冲突。如同像租界问题，沙面……事情的发生，致引起中国人之排英运动，而他们的商民则藉词回国。诸位可要知道，他们的回国正是为他们国家作一个出兵的理由。我同他谈到中英问题，我说中国英国本来没有什么仇恨的，我们可以分析说来：“你们在中国是不是作买卖，既然是作买卖，你们是愿意将货物销售在中国，你们还有没有政治的关系呢？我想是没有的，即是商业的性质，两国彼此要好才对，不应当有一些武力的举动，不论买我们的，我们买你们的，那有买卖用武力举动的呢？”他说是对的。

因为什么原因英国要对中国有用武的举动呢？差不多在国际上说，英人来到中国很早，那时候正当中国人无知的时候，就任他们的便而行了。他们所见的，不过是厨夫仆役，他们以为中国人全都是那样了，这差不多是他们轻侮中国人的大部份的原因。

我举出两个例子来：

如同上海的花园门上有“惟犬与华人不得入”的字样。

我有一次在汉口江岸马路上去走，竟被一个巡捕将我逐出来，这是因为“那个马路上不许中国人走的”。

为此近日以来，他们的态度似乎改变了，或者中英间的问题可解决了，本来中英间是没有什么问题的。而东省的“中日问题”可就不同乎“中英问题”了，因为中英问题英国人将态度一变，便没有什么问题了，日本则不然，如同金州那边，算是租界吗？凡是说租界，理当中国人多，日本人少才对，而实事则不然——将来我们收回的时，当作如何的处理呢？而在租界里又不许中国人立学校，而犹其是在日本势力下铁路的旁边不许有中国铁路并行，他们的居心在那里，大家玩味一下子。

差不多日本人唱言要有二十几万人民移殖到东省来，大家想想他们的人工作不能吃苦，我们同他们论问题，首先就不要叫他们再往东省移了，如英人之初发现美洲时，初时不限制 任何人的移殖，后来限制黄人，今限制欧人，所以东省的空地，不要再叫外人来移殖，可以叫我们那一般受苦的同胞来开垦，所以我这次得到这些印像。回津后，我就提起这个组织。

（一）学生用暑假的时间到东省来——调查股。

（二）先生用他们的所学的来研究——研究股。

先生学生他们工作的预备——学生在校中他们先学好了日本文字，再经过一番的调查，得以明了日本人的背景，然后他们再去读书去。先生的方面他们要研究农林、开垦、移民的方法，领荒的方法，东省园艺的情形，汽车路的建设计划，调查东省的人数。大概工作的情形就像上边的那样，我们将来容或有补东省之万一。

不过你们在东省的人，犹其是满州人，你们的祖先建设性很大，你们受到的遗传性也很大。不过所以不能作改造建设事业大原因，是我们受了很大的束缚之后，身体自由了，但是总觉得不自然似的，又像大梦初醒，正在那里犹豫呢。所缺乏的是不会联合，所以不会联合的原因，大部份是一个字“私”，譬如一个家里，家长对于家庭里的人负责很大，然而他就不能为社会为国家去负责去，所以现在中国最需要的，也就是一个字“公”，我所希望大家的，应当从小的组织做起，来造成中国所缺乏的公字来，我还有几句话，是我在二十年前在奉天青年会说的：

我不信我们怕外人，所怕的，是我们自己不能去合作的。敝校此次的组织，也就是实现合作呢。我希望你们大家也要有一些组织，望大家合作。

一九二八。四。十二。

（《同泽半月刊》第 1 卷第 10 期，1928 年 4 月）

博爱[①]

（1928 年 4 月 29 日）

鄙人昨日下午到贵处，恰巧今天，就是主圣日。又蒙这边信主的弟兄姊妹写信，预备今天开会，让鄙人有机会与诸兄姊共同拜主，我们大家可以见面。我心里是非常的欢喜。鄙人就利用这个机会，藉《圣经》讨论最好的修身，也简单报告这次到贵地来的目的。

方才主席读的那章《圣经》，诸位信主的兄姊，都知道是保罗写的书信。其中所论的，是耶稣教根本的要道，也是基督教的精华。

耶稣高尚的人格，第一是博爱，第二是牺牲。诸位信主的兄姊，应当时时追随他，照他所要的去行。今天本题注重博爱。

主席所念的那章书，其中最要紧的是四至七节，也可以说是这一章书中的

① 4 月初，张伯苓携东北研究会主任傅恩龄等一行赴东北考察，并搜集研究资料，29 日到哈尔滨。哈尔滨中华基督教会协会，约集西门脸教会、道里教会、滨江教会、信义会、青年会等教会各团体共计 1400 余人，在西门脸礼拜堂举行联合大礼拜，并请张伯苓主讲。本文为张伯苓演讲词，由李毓麟笔记。

精华。若照平常的解释，粗心一想，父子、兄弟、夫妇、朋友的相爱，得谓之爱，但保罗说，须照四节后的话去行，才算是爱，他说：

“爱是恒久忍耐，又有恩慈，爱是不嫉妒，爱是不自夸，不张狂，不作害羞的事，不求自己的益处，不轻易发怒，不计算人的恶，不喜欢不义，只喜欢真理。”

——四至六节——

第七节四句，极有意思，都是“凡事”如何？遇事持何态度？他说：“包容—相信—盼望—忍耐。”

今天选这个题目，作我们修身，应当照样去“行”。行不动，就不算是“爱”。此非平常“爱”字的解释，乃真正“爱”字的解释。那真正的“爱”，必藉着“行”，才能表达出来。世人是重知不重行，实在是大谬了。

今天藉着圣日，同诸位聚会，我们各人反问，这几样的资格够不够？若是尚不及格，应当勉励进行，制我的身体——行为——罪欲，使之适合以上的几样资格。

诸位知道孔子教育，也是重“行”不在说空话。并不是念几句孔子书，就算是孔子门弟子了。试引几句书来证明：

“博学之，审问之，慎思之，明辨之，笃行之。”

“行”字在末尾，表示是要紧的意思。

“行有余力，则以学文。”

“行”字要重读。恐怕有人以为学文，就算是学孔子，那就不对了。由此证明，孔子教育也是重在行。保罗在本题也说的清楚。人虽自称是孔子门徒，或耶稣门徒，他的行为若不好，怎能算孔子或耶稣的门徒呢。

你说某教会有名字，出门拿《圣经》，甚至背过《圣经》，天天祷告，这都不算你是耶稣门徒的凭据。必须有爱。爱是甚么呢？保罗说的很清楚。我愿弟兄姊妹与我个人，藉圣日大家想想，怎能达到标准呢？基督徒是长进的，譬如运动会上跳高，铁球等等，都有一定资格，若不及格，就当习练教他及格。宗教比哲学高的地方在那里呢？

哲学，是指明那是当作的，那是不当作的。

宗教，不但指明当作与不当作的，并且给你力量，帮助你去作。

今天的题目，是注重在“行”。孔子是这样说，《圣经》也是这样说。人必有爱，其界说详列清楚，大家要按照而行。

人长进不长进，不在乎记名与受洗，只在乎行为及格，亦必有爱。保罗说的厉害："没有爱，算不得什么。"

我若指明说谁是不长进的，谁必定不乐意，说谁没有出息，谁必定不愿意。你要是想长进，就照以下的行罢。

一、"凡事包容"，即磊落大方。

二、"凡事相信"，疑惑人有作用，有诡计，就是人与人，国与国，失感情的媒介。故当凡事相信，免起争端。

三、"凡事盼望"，我前几年到东三省来，青年人都不高兴，就以为东三省将被人吞了。我们应当努力去作，不要悲观，应当抱乐观。乐观者何？就是有希望。世无不可为之事，尽人事，听天命而已。

四、"凡事忍耐"，事无大小，忍一分大一分。切勿急躁，急躁能使人偾事，也能使人堕落。持此种态度，就不算有爱。

保罗的解释，与常人不同，我以为是很好修身。基督徒固当注重博爱，然靠自己的力量去作，恐怕不能及格。保罗说："我所愿意的，我并不作；我所恨恶的，我倒去作。"（罗八 15）到这个时候，宗教有了力量，就是凭信心祷告。

多神教也祷告，没有钱，就祷告财神；没有儿子，就祷告甚么娘娘。这样的祷告，没有效力。我以为人对于当作的事，想要去作，因为自己软弱，作不动的时候，用祷告的工夫，是最有效力的，能使爱量增加，程序增高。

（《改进》第 3 卷第 8—9 期，1928 年）

第十三届华北运动会开幕词[①]

（1928 年 5 月 18 日）

际兹战云紧张外交悲痛之时，本运动会竟能如期举行，华北各校运动健儿亦皆踊跃参临，实觉荣庆兴奋之至。余在全国运动会时，曾经提议注重田径赛运动。今日之会，深望众位努力作出一番新成绩，尽量发扬一番新精神，方餍一般社会之热烈瞩望也。并望诸位勿因小节，致起争端，使同学间发生隔膜。

① 5 月 18 日至 19 日第十三届华北运动会在北京崇文门内船板胡同汇文学校举行。名誉会长为张学良，总裁判张伯苓致开会词。题目为编者所拟。

更望诸位职员各尽所能，赞助本会一切事宜顺利进行。

（《大公报》，1928 年 5 月 19 日）

满蒙问题谈[①]

（1928 年 5 月 23 日）

满蒙蕴藏甚富，日本蓄志侵略，视铁路如生命。我们能把路权保住，日人便无法发展。刻东三省有华人二千七百万，日人仅二十余万，再由直、鲁、豫移民二三千万去开垦，亦不嫌多。中国若不打仗，以造军火钱去辟三省利源，日人侵略，早已失败了。

（《申报》，1928 年 5 月 25 日）

东三省问题[②]

（1928 年 7 月 16 日）

现在北伐成功，全国统一，仅东三省一处，尚在将解决之中。但此乃时间问题耳。在本人未曾考察之前，与今日考察之后，前后感想，迥然不同。其初以为东三省者，似在日人掌握之中，无我人发展之余地。迨至考察之后，觉得非常乐观。盖今日之东三省，固仍为我国之东三省，日人决不能自我人手中夺为己有。引起斯事考察之原动力，亦颇有记忆之价值。缘本人自去年上海远东运动会闭幕后返北，顺路过天津，见无数男女老少自直隶、山东来此，专候船舶，往东三省谋食者甚多。后至大连，觉日人用东三省之财力，造成今日蔚然

① 天津基督教青年会联青社 5 月 23 日中午宴请张伯苓，席间张伯苓讲演满蒙问题。本文原题为《张伯苓之满蒙问题谈》。

② 工商部驻沪办事处于 7 月 16 日晚 7 时半，在上海总商会演讲厅请张伯苓演讲东三省问题。工商界领袖百余人参加。本文原题为《张伯苓讲东三省问题》。

可观之大连，于是发生对于东三省研究之兴趣。归至校内，即集合师生，组织满蒙研究会，从种种方面，分工研究，备他日实行考察之筹备。

二月前，本人至该省考察各项事业，今晚所述者，不过十之二三也。东三省包含奉天、吉林、黑龙江三省，人口奉天一千三百万，吉林六百五十万，黑龙江三百五十万。其中汉人占百分之九四强，满人占百分三，其他百分二强。日人在三省中，二十余年以来，不过二十余万人而已，其比例相差殊远。就面积论，奉天九万方英里，吉林八万方英里，黑龙江二十一万方英里。夫以奉天一千三百万人口，居九万方英里之内；以吉林六百五十万人口，居八万方英里之内；以黑龙江三百五十万人中，居二十一万方英里之内，两相比例，则吉林与黑龙江二省内，其未曾开垦之面积，尚居多数也。沿海省份之口岸，入口货类多于出口贷，惟独东三省，则出口货多于入口货也。所以然者，东三省农产品之特盛也，最著者大豆，小麦次之，高粱、小米、大米等出数亦多。矿产、丛林之丰富，实有俯拾皆是，用之不尽之概也。该省铁道，有外人独办，中外合办，借外债自办，及自办四种，均年有赢利。盖各地积货如山，专待运装也。日人对于东三省之政策，并不以殖民地视之，自知能力，不足与我人相争，于农工事业之中，但极力注意于操纵该省经济之权。查我人平昔视该省为畏途者，为其地处荒僻，天气严寒，苟我人前往小住数月，必觉渐成习惯，与南方诸省无异，甚望智识界认清东三省，实为我国之东三省。彼日人虽野心可畏，事实上决不能有所损害。今日之东三省，已蓬蓬勃勃，大有生气。但此仅为起点，来日希望，正无涯也。

（《申报》，1928 年 7 月 17 日）

李惠堂《足球》序文①

（1928年8月11日）

足球，中国自古有之，军戏也。近年经欧美各国人提倡，而吾族讲求体育者遂共兴起竞，认为有研究之必要。李君惠堂，对足球甚有心得，曾代表中华足球队出席远东运动会多次。我华在远东运动会屡次获优胜者，惟足球队。而李君又为该球队之健将，是故李君之有声于中国体育界，并知名于远东运动界也固宜。李君且不独足球技术上见优长，亦颇注重运动界仁侠之风。近编著此书，内容极为丰富，插图百余帧，凡关于足球技术、理论及其历史，搜罗详尽。在中文出版之各体育书中可称空前之作。予甚乐介绍于中国体育界，以为足球示范。

（张伯苓函稿）

南开学校四十九学期始业式训辞②

（1928年9月6日）

（一）研究中山主义，须澈底明了。

---

① 1928年李惠堂编著《足球》一书，由上海乐华体育书报社出版，张伯苓应邀为之作序。此文8月11日写就，8月13日寄出。

李惠堂（1905—1979），字光梁，号鲁卫。祖籍广东五华，生于香港。1922年入选南华足球队甲组，开始足球生涯。1923年入选中国队，分别于1923年、1925年、1930年、1934年参加了第六、七、九、十届远东运动会足球赛，4次都为中国队夺得冠军。在第七届远东运动会后被评为“亚洲球王”而名扬海内外。1936年作为中国队队长参加了第11届奥运会足球赛，同年当选为亚洲足球协会副会长。1947年后从事教练、裁判员工作。1948年作为教练率中国足球队参加第14届奥运会足球赛，同年获国际足联国际裁判证书，成为中国第一位获得国际裁判资格的人。1954、1955年率中国台北队夺得第2届、第3届亚运会足球赛冠军。1954年当选为亚洲足球联合会秘书长。1965年当选为国际足联副主席。

② 题目为编者所拟。

（二）严格训练建设人才，应国家需要。

（《申报》，1928年9月7日）

读书勿忘娱乐[①]

（1928年9月21日）

南开之教育目的，为造就活泼有为与奋发立志之青年，然读书勿忘娱乐。

（《张伯苓年谱长编》（中）梁吉生撰著，人民教育出版社，2009年，第321—32页）

在南开学校董事会例会上的报告[②]

（1928年9月30日）

一、十六年（1927年）度决算案

	结至十五年度决算	十六年度决算	结至十六年度决算亏款
大学部	（亏）39161元	（亏）59968元	99129元
矿科	（亏）83117元	（亏）7元*	83124元
中学部	（亏）26672元	（亏）8777元	35449元
女中部	（亏）53240元	（余）2155元	51085元
四部共亏	202190元	66598元	268787元

（*十五年、十六年度利息共一四八六〇元，尚未列入。）

本校基金除还亏款二十六万八千余元及代还袁述之先生欠款三万一千余元

① 张伯苓出席南开大学女同学会首次大会并讲演，本文为讲演大意，题目为编者所拟。

② 是日下午2时，南开学校董事会在大学部召开例会，颜惠庆、王澹明、孙子文、陶孟和参加会议，校长张伯苓列席，并报告以下事项。题目为编者所拟。

外，尚余八万元。此余款不过能维持一年之用，将来基金耗尽有何救济办法。付讨论。

（结果：十六年度决算照原草案通过。学校经济问题惟有向各方努力募款以救济之。）

二、报告事项

1. 本学期开学后，大学、中学、女中学、小学内部精神均甚佳，各部学生人数共二千二百余人，计：

大学	370 人	中学	1550 人
女中	280 人	小学	45 人

2. 中华文化教育基金会捐助图书费两万元，拟以一万元购书架，一万元购参考书。

3. 周寄梅先生曾代学校向亚细亚公司年捐一二万元，作购书之用，请求书亦已寄去，惟尚未得答覆，如果有成，将来对于美孚及英美烟草公司亦拟作同一请求。

4. 张雨亭遗款曾间接向张汉卿接洽一次，惟未能成功。拟于十二月间赴美时便道赴奉，再直接与汉卿接洽一次。

（南开大学档案馆藏）

如何扶持国货[1]

（1928 年 11 月 5 日）

昨天到此参观，主席委员请我来演讲。惟今天讲题很难，我因为来宾各界都有学识，经验都不同，措辞很难，不知用何种说话，可以使大家都明了。

这是一个国货展览会，是陈列了本国的货物，使大众来展览的。说到国货展览，大家自然知道，各物都是本国造的。再问诸君，为什么要展布起来，教各界来看呢？方才赵主席说了，就是要使大众认识和比较。我昨天问这里的委员，晓得这个会已经用了四万多块钱，这样一个会，这一点钱并不算多。

① 本文为张伯苓受邀在中华国货展览会上的演讲，题目为编者所拟。

二十年前，南京开了个南洋劝业会，费去了一百多万块钱，开会的意义就是在提倡工业。二十年前，我看过南洋劝业会，我在别处别国也见了不少的展览会，一比较下来，觉得中国二十年以来，无甚进步，与外国比较，相差甚多。这是因为中国二十年来，在革命期间，所以一切不能进步。现在开会，就为了以后的事。全国既经统一，最要的就是预备将来建设的计划。以前的不进步，是因为革命，以后吾们不能再有推托了。现在有三事要说，第一是取消不平等条约。不平等条约不除，本国货的税到比外国货的大，因之国货的价钱，反不如外国货的贱，所以首先要取消了他，使条约非但不阻碍吾们，而来保护吾们的工商业。第二，在座工友很多，在我生产落后的国家，要谋建设，先要使劳资合作，万万不能有工潮，常常闹罢工的事。一经罢工，小工业就失败了。加之我们的工业，尚有一层外资的压迫，最怕的是不愿意我们工业发达的人们，利用了工潮，来打倒我们的工业，工友为所利用。资本家一经破产，工友亦弄到没有饭吃了。第三层最要。第一层有政府负责，第二层工友们来负责，第三层应当人人负责。我们衣食住行的需要品，中国货也许不如外国货，然而为提倡起见，我们愿意多化钱买国货，来扶持他。

诸位要晓得，倡一种工业是很困难的，全靠大众的力量来维持。昨天我看到这里益中公司的电器，有人说，这是中国货，一定不如外国货。我们不要管他价钱大，只要是国货，就贵些不要紧，那才是真真的提倡。兄弟来此参观，又是喜欢，又是悲伤。在这种大难初平的时候，居然有人来办展览会，这是很欢喜的。而陈列的物品，还是手制的多，机制的少，万万不能与各国机器业抗衡，并且二十余年，无甚进步，很为悲观。

请诸位记清：第一，要取消不平等条约，第二，要劳资合作，第三，要靠全民众的力量，扶持这初萌芽的工商业。不要因为贵贱和美丽的关系，而去用外国货。第四层，我们不要提倡这种手工和小机合制的工业，要提倡机器制的大工业。

诸位要晓得，现在我们丝货的销路，是被日本人夺了去，茶是印度的了，中国最出名的磁器现在反而我们要用外国磁了，这是何等可悲！何等可耻！靠大众的力量来扶持他、来补救他。军阀倒了，建设开始。至建设的事业千头万绪，最重要的，是在提倡工业，在提倡新的工业，提倡机器的工业。

今天能有机会来此与诸君谈话，又蒙注鄙人的谈话[①]、很为感谢。

---

① 原文如此。

附：国货展览会主席赵晋卿介绍词

诸位到此地来，所抱的目的，一定是在要晓得展览的宗旨和原因。展览有二大原因：第一是要知道我们中国自己到底有多少国货。历来抵制声浪极高，如抵制日货、抵制英货等等，然而抵制了人家的，拿什么来替代呢？这是展览的第一个原因。是来替大众聚集了各厂、各处的国货，使大众有机会来认识。第二个原因，就是要使大众，因比较而得到改良的机会。我们本来预备要在展览的第二个月上，作种种国货的演讲，因为张博士是极有学问、极有经验和阅历的人，而他又是就要放洋出国的，第二个月不能再在此地了，所以请他来演讲。

张博士是国内外的名人，在北方各省提起他的大名，是没有一个不知道的。大约诸君都知道他的大名，可以毋庸鄙人介绍，今请张博士演讲。

（《申报》，1928 年 11 月 6 日）

在南开学校董事会上的报告[①]

（1928 年 12 月 2 日）

一、学校基金公债利息自民国十四年十二月起，迄今未发，曾于上月赴京向国民政府接洽此款，结果甚顺利，由张福运[②]先生竭力帮忙，已得财部宋部长批准，由长芦盐款直接按日拨付六百五十元。归津后，即与长芦盐运使接洽数次，均无效果。后复向其严重交涉，始允在伊任期内可以按月拨付，业于十一月二十五日发给一次，计六千五百元。

二、省政府财政厅积欠中学部补助费五万六千七百零一元，上月河北省教职员联合会曾向省政府索求欠薪，我校并未加入此事，应如何办法？付讨论。

① 是日下午 4 时，南开学校董事会在中学部开会，颜惠庆、王濬明、卞俶成、孙子文、李琴湘、严慈约、陶孟和参加会议，校长张伯苓列席，并报告以下事项。题目为编者所拟。

② 张福运（1890—1983），山东福山（今烟台）人。1910 年考取清华庚款留美预备班，次年赴美国哈佛大学学习，1917 年获哈佛大学法学士学位后回国。1922—1925 年间任交通大学校长。1927 年 1 月应宋子文之邀，担任国民政府财政部首任关务署署长兼国定税则委员会委员长，1932 年辞去了关务署署长的职务，转至全国经济委员会等机构工作。1949 年赴美国，供职于亚洲学会，直至退休。

（结果：欠款总额划为薪金及经常费两项，以六成计三万四千零二十一元为薪金，以四成计二万二千六百八十元为经常费，由学校备公函向教育厅声请，按照他校办法补发欠款。）

三、校长赴美期间校长之职权临时分担办法如左：

1. 大学部主要事项由评议会负责，碎琐事项由事务会议负全责。

2. 中学部、女中部各种事项由事务会议讨论，由主任负责执行。另由张仲述、华午晴、伉乃如三君组织一委员会，张仲述君为委员长，对外各问题即请张仲述君负全责，对外如有重大事项，请董事部颜骏人先生辅助一切。

四、中学部旁操场现借用鲍霆九先生之空地，前拟请其捐助或廉价出售，尚无结果，俟旧年终，鲍先生回津时，请颜骏人、王濬明、孙子文三先生设法接洽。

（南开大学档案馆藏）

《张伯苓全集》编委会

20世纪40年代的张伯苓

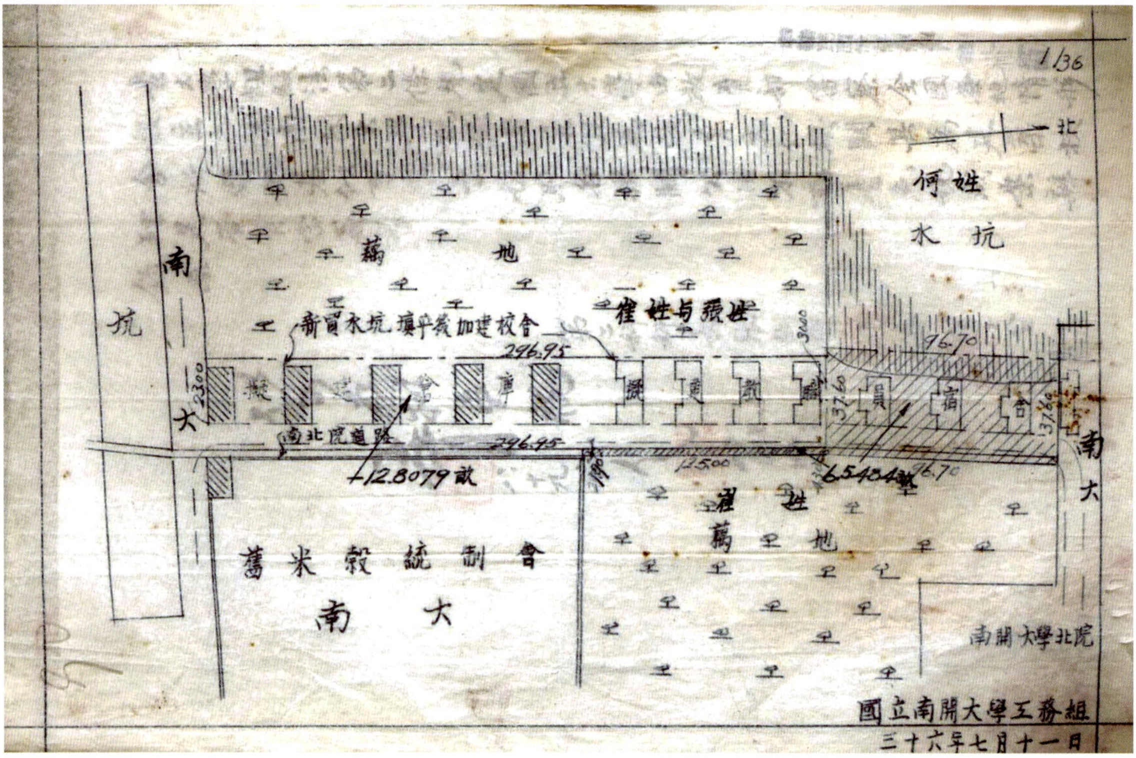

1947年，南开大学附近区域平面图

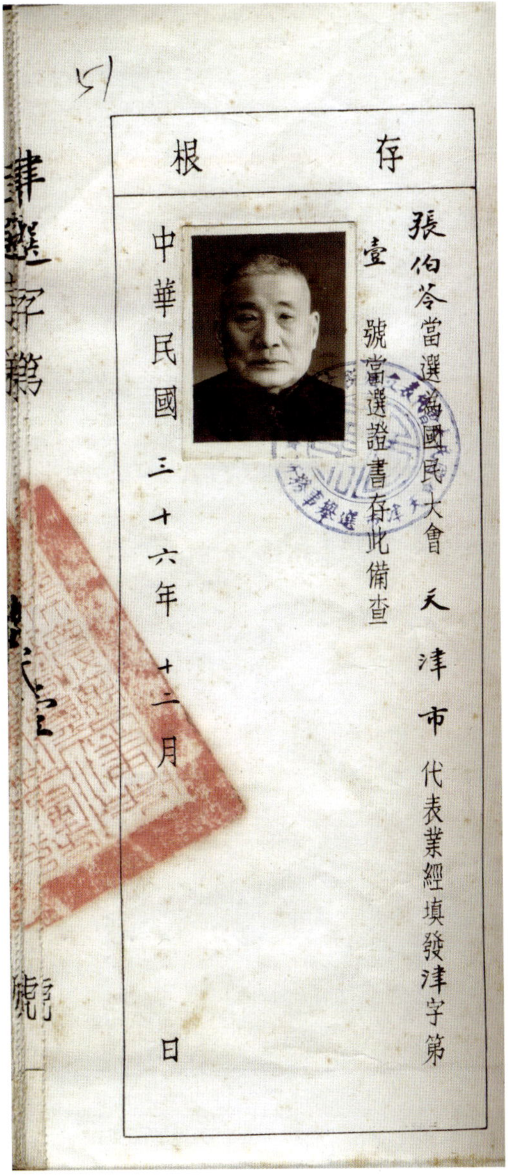

存根

張伯苓當選爲國民大會天津市代表業經填發津字第壹號當選證書存此備查

中華民國三十六年十二月日

1947年张伯苓当选国民大会代表证存根

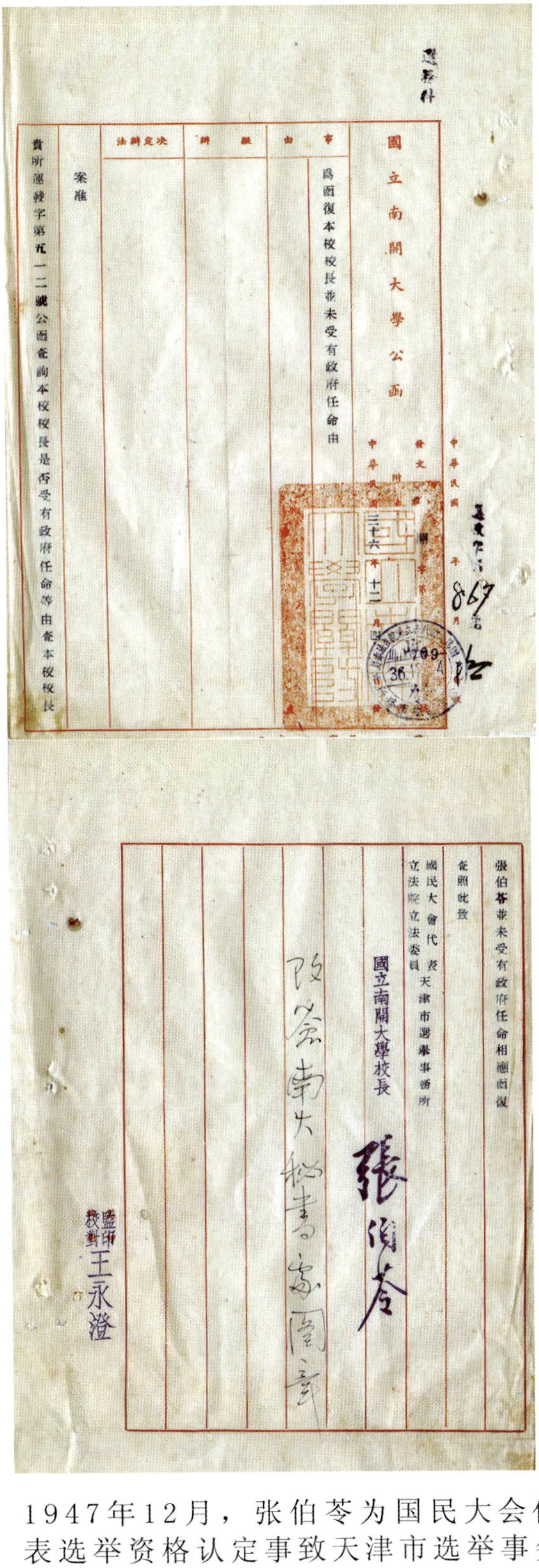

國立南開大學公函

事由：爲函復本校校長並未受有政府任命由

擬辦

決定辦法

案准

貴所運發字第九一二號公函查詢本校校長是否受有政府任命等由查本校校長張伯苓並未受有政府任命相應函復

查照此致

國民大會代表天津市選舉事務所

立法院立法委員

國立南開大學校長 張伯苓

中華民國三十六年十二月四日

監印 王永澄

校對

1947年12月，张伯苓为国民大会代表选举资格认定事致天津市选举事务所公函

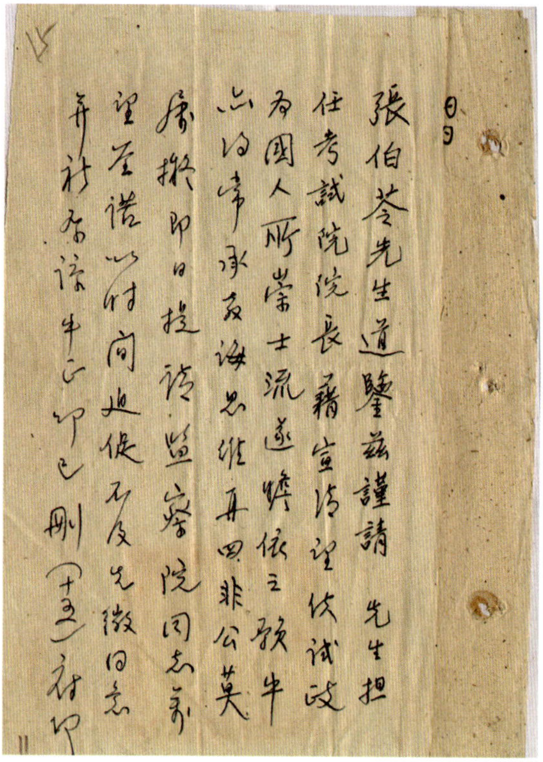
張伯苓先生道鑒茲謹請 先生担任考試院院長藉宣清望

1948年6月15日，蒋介石致函张伯苓，请他出任国民政府考试院院长

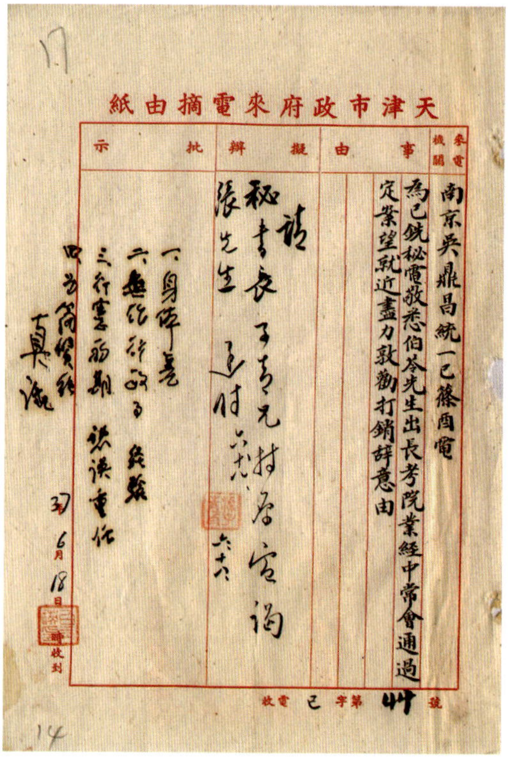
天津市政府來電摘由紙

來電機關：南京吳鼎昌 統一巳篠酉電

事由：為已統秘電敬悉伯苓先生出長考院業經中常會通過定案望就近盡力敦勸打銷辭意由

擬辦：請秘書長 張先生

批示：

1948年6月18日，张伯苓真诚地在电文上写了四条不能出任考试院院长的原因

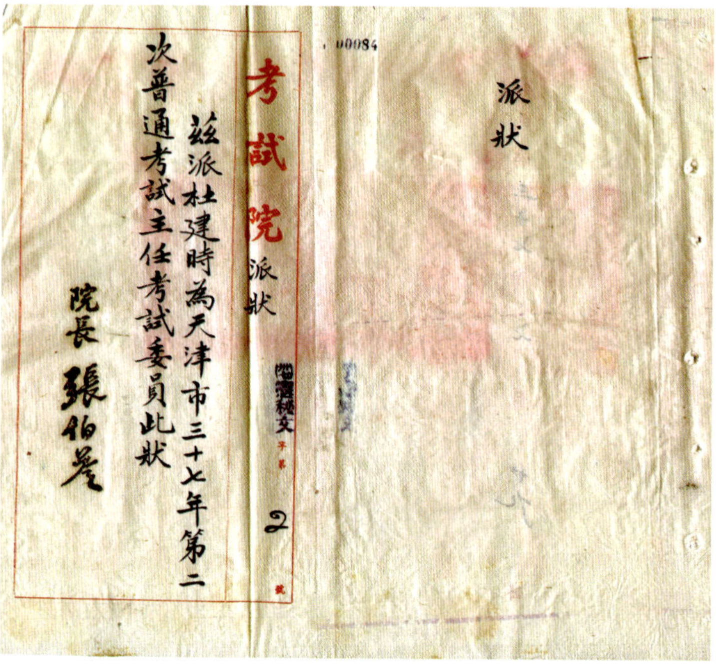
考試院派狀

茲派杜建時為天津市三十七年第二次普通考試主任考試委員此狀

院長 張伯苓

派狀

1948年，张伯苓任考试院院长期间签署的派状

1948年8月，张伯苓参加中央研究院院士选举大会

1948年，任考试院院长的张伯苓与戴季陶及贾德景合影

20世纪50年代初的张伯苓

张伯苓夫妇晚年合影

张伯苓夫妇与家人合影

南开大学1946至1948年在校部分校友捐资敬立的校训纪念碑

演讲中的张伯苓

1937年7月，被日军炸毁的南开大学

1937年，南开被炸后，南京校友开会讨论重建南开

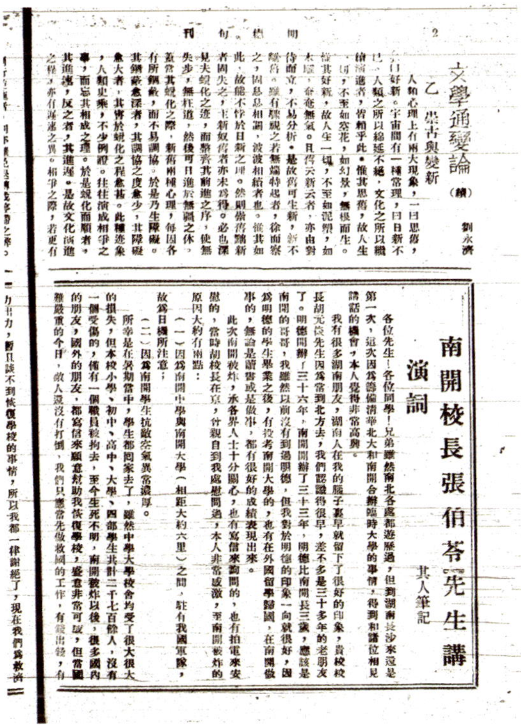

文學通變論（續） 劉永濟

乙 崇古與變新

人類心理上有兩大現象，一曰思舊，一曰好新。宇宙間有一種常理，曰日新不已。人類之所以綿延不絕，文化之所以繼續演進者，皆賴乎此。惟其思舊，故人生有根，不至如空花，如幻景，無根而生。惟其好新，故人生一切，不至如泥塑，如木雕，奄奄無氣。且舊云新云者，亦由對待而立，不易分析。是故舊可生新，新不離舊。雖有標舉之若無端特起者，徐而察之，固息息相關，波波相續者也。惟其如此，故能不悖於日新之理。然則崇舊黜新者固失之，主新奴舊者亦未爲得。必也深見夫蛻化之迹，而整齊其前進之序，使無失步，無枉道，然後可日進於無疆之休。蓋當其蛻化之際，新舊兩種心理，每因各有所偏蔽，而不易調協。於是乃生障礙。其偏蔽愈深者，其調協之度愈少，其障礙愈大者，其害於蛻化之程愈甚。此種迹象，人類史乘，不少例證。往往演成相爭之事，而忘其相成之理。於是蛻化而順者，其進速；反之者，其進遲。是故文化演進之程，亦有遲速之異。相爭之際，若更有

南開校長張伯苓先生講演詞 其人筆記

各位先生！各位同學！兄弟雖然南北各處都遊歷過，但到湖南長沙來還是第一次，這次因爲籌備清華北大和南開合辦臨時大學的事情，得到和諸位相見講話的機會，本人覺得非常高興。

我有很多湖南朋友，湖南人在我的腦子裏早就留下了很好的印象，貴校校長胡元倓先生因爲常到北方去，我們認識得很早，差不多是三十多年的老朋友了。明德開辦了三十六年，南開開辦了三十三年，明德比南開長三歲，應該是南開的哥哥，我雖然以前沒有到過明德，但我對於明德的印象一向就很好，因爲明德的學生畢業之後，有投考南開大學的，也有在外國留學歸國，在南開做事的，無論是讀書或是做事，都有很好的成績表現出來。

此次南開被炸，承各界人士十分關心，也有寫信來詢問的，也有拍電來安慰的，當時胡校長在京，曾親自到我處慰問過，本人非常感激，至南開被炸的原因大約有兩點：

（一）因爲南開中學與南開大學（相距大約六里）之間，駐有我國軍隊，故爲日機所注意；

（二）因爲南開學生抗敵空氣異常濃厚。

所幸是在暑期當中，學生都回家去了，雖然中學大學校舍均受了很大很大的損失，但本校小學、初中、高中、大學、四部學生共計二千七百餘人，沒有一個受傷的，僅有一個職員被拘去，至今生死不明，南開被炸以後，很多國內的朋友，國外的朋友，都寫信來願意幫助我恢復學校，盛意非常可感，但當國難嚴重的今日，敵人還沒有打倒，我們只應當先做救國的工作，有錢出錢，有力出力，暫且談不到恢復學校的事情，所以我都一律謝絕了，現在我們爲救濟

1937年9月，在明德中学的讲演词

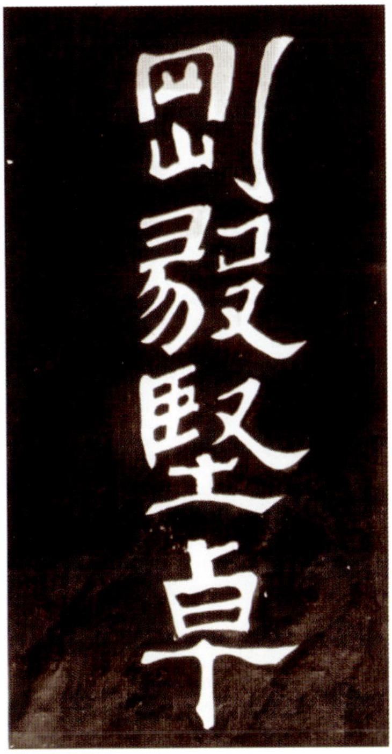

西南联合大学校训

张伯苓夫妇与黄钰生、张克忠夫妇合影

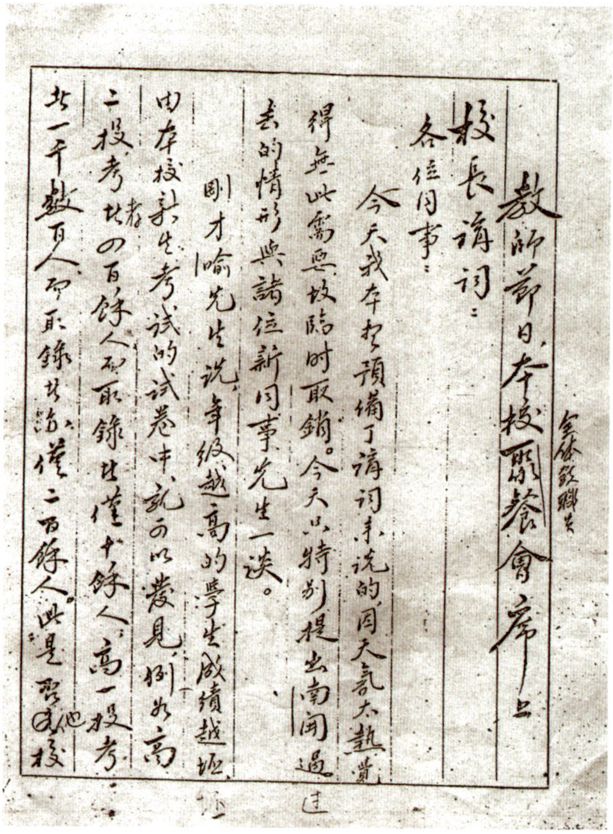
教師節日，本校職員餐會席上 全體教職員
校長講詞：
各位同事：
今天我本想預備了講詞來說的，因天氣太熱，實
得無此需要，故臨時取銷。今天只特別提出南開過
去的情形與諸位新同事先生一談。
剛才喻先生說，年級越高的學生成績越壞，
由本校新生考試的試卷中，就可以發見，例如高
二投考者共四百餘人，取錄生僅十餘人；高一投考
者共一千數百人，取錄者約僅二百餘人。此是 本校

1939年10月，在重庆南开中学教职员工庆祝教师节会上讲词

20世纪40年代，张伯苓夫妇在重庆南开中学津南村留影

1946年，张伯苓赴美治病期间与其弟张彭春合影

1946年，张伯苓在纽约访问期间居住的旅馆

1946年12月，张伯苓由美抵沪，时任上海市市长吴国桢等人至码头欢迎

1944年，张伯苓所著《南开四十年》书影

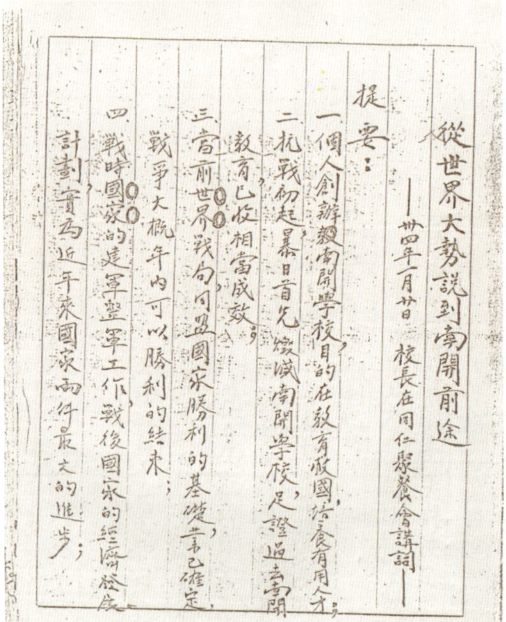
從世界大勢說到南開前途

——卅四年一月廿日 校長在同仁聚餐會講詞——

提要：

一 個人創辦南開學校目的在教育救國，培養有用人才，

二 抗戰初起暴日首先燬滅南開學校，足證過去南開教育已收相當成效，

三 當前世界戰局同盟國家勝利的基礎業已確定，戰爭大概年內可以勝利的結束；

四 戰時國家的建軍空軍工作，戰後國家的經濟發展計劃實為近年來國家所作最大的進步；

1945年1月.张伯苓演讲《从世界大势说到南开前途》提要一页

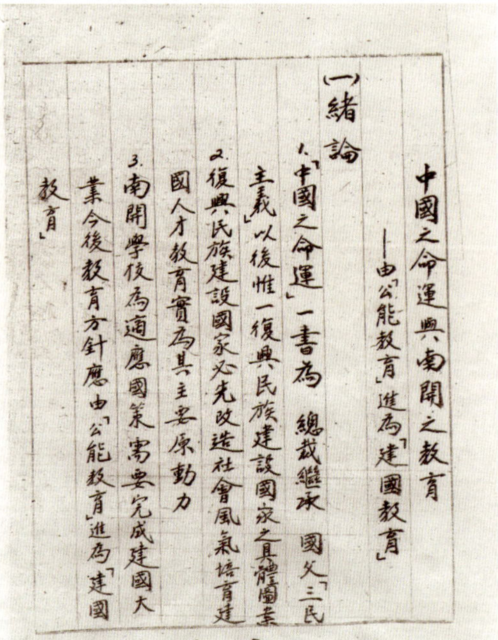
中國之命運與南開之教育

——由「公能教育」進為「建國教育」

(一)緒論

1.「中國之命運」一書為 總裁繼承 國父「三民主義」以後惟一復興民族建設國家之具體圖案

2.復興民族建設國家必先改造社會風氣培育建國人才教育實為其主要原動力

3.南開學校為適應國策需要完成建國大業今後教育方針應由「公能教育」進為「建國教育」

2

1944年5月，《中国之命运与南开之教育》一页

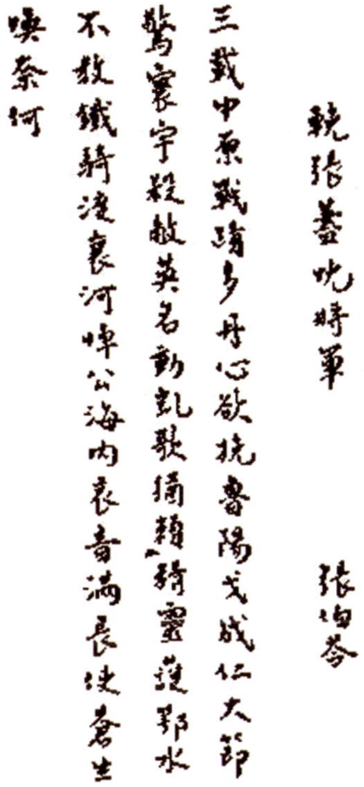

輓張藎忱將軍

三戰中原戰蹟多丹心欲挽魯陽戈成仁大節驚寰宇殺敵英名動凱歌猶賴精騎靈護郢水不教鐵騎渡襄河悼公海內哀音滿長使蒼生喚奈何

張伯苓

纪念张自忠将军抗战殉国之挽诗

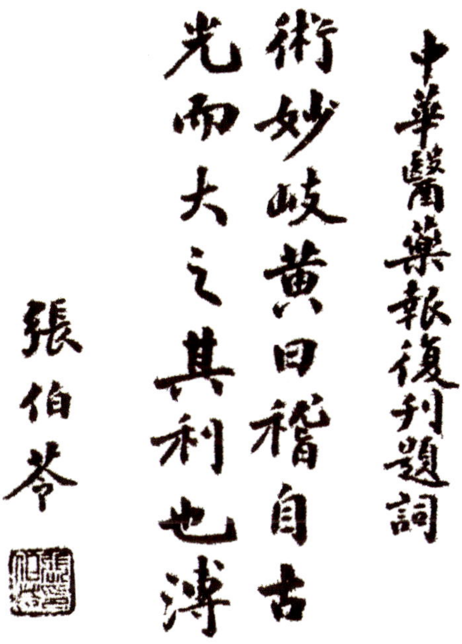

中華醫藥報復刊題詞

術妙岐黃自古光而大之其利也溥

張伯苓

1948年，为《中华医药报》复刊题词

晚年张伯苓夫妇与家人在重庆南开中学津南村合影

1951年2月23日，张伯苓逝世，此图为张伯苓之灵堂

1951年3月4日，张伯苓灵柩发引之送葬队伍

目　录

藉着新的转机，我们要振作起来[1]

（1937年1月3日）

这次去四川，感觉样样都好，真不知说什么好！

简单的说一说此次往返五十多天的经过，以后再说将来的希望。

（一）经过

我是十一月六日离津，先到上海，在上海参加全国体育协进会，会后去京，再去重庆。在京曾召集京地校友举行茶会，是借的周作民先生的新房舍。到会一百二三十人，校友很多，老教授如薛桂伦、徐谟诸先生，老校友如凌冰、凌太太、童冠贤等许多位都到会。谈谈往四川去的目的，大家谈得都很高兴，国事好转，南开同仁大家更要努力。

十六日由京坐飞机飞重庆，我坐飞机的次数多了，倒很舒服。南京至重庆间，天气常不大好，这次由南京到九江，到汉口，天气还很好，在汉口等了十多分钟，听宜昌的报告天气不好，汉口到宜昌，电波就乱了。幸而我早饭没多吃——每次坐飞机都少吃，只吃些牛奶、面包等等的，不知吃的少倒好，不怕颠覆。在宜昌又等，听说重庆的雾大，得等电报才敢飞去。

中航的飞机是美国飞机，天气好才敢飞。飞行的时候，须看着地，到重庆是沿着长江飞，由宜昌到重庆天气好转，重庆的山也看得见了。二点以后到重庆，实在是三点。重庆比京沪的时间差一点钟，因为太阳由东出来，所以东边是三点，西边才是两点。由上海到四川往回拨一点钟，由川去沪加一点钟。

到重庆下机，看见同学们及南渝的代表。事先我曾去电报阻止学生们去迎接，结果没阻止了，于是一同回学校。

由学校到重庆是三十里路，用时三十分钟，路面很好，在校学生均在校门前排队接我。我一看建筑真好，看照像，房、地都不错，看真的比图好！

南开的地是平的，南渝不平，可是亦不太不平，有小小的高，小小的低，看也很有趣，学校的地点真好！

我再补说设学的理由——去年华北很乱，我看到四川的前途很远，就选了

① 本文为张伯苓在天津南开校友会上的讲演。

四川，又选了重庆，遇见胡仲实，选了沙坪坝。南开以往开发东北，费事，近又因政治关系，不能努力；西北太穷，不行；西南的四川前途亦好。有人赞成在成都，可是重庆见长，只电灯进步的速度任何城市也比不上。

南渝地点在沙坪坝，一边是大江，一边是嘉陵江，这块地正在成渝路上——从重庆到成都的一条路上。沙坪坝距城三十里，由城到小龙坎，一拐就是磁器口，其中二十八九里是成渝路，三里多是巴县公路，南渝中学便是在巴县公路的旁边，有汽车可到，交通便利。

南渝中学现有地四百余亩，将来还想买。那儿的学生，据先生们说，比南开学生好，四川人都聪明、活泼、擅口才。可是有两种缺点，一是身体软弱，一是不沉着，不过经过训练之后，将来是很有希望的。

我看见那里的房、地、学生都那样好，教职员又那样努力，我真痛快。第一天睡觉很少，躺在那儿计划着怎样发展，怎样捐款。第二天早上六点，他们就起来了，起身后早操，教职员等都在一起，精神很好！到那儿的前三四天皆在校中，与教职员、学生们聚会。

沙坪坝距城很远，理想中可自成一村。南渝教职员们的家眷初到时都觉得闷，现在都好了。我去的时候，给他们带话匣子去，又买的新片子，又向华西公司借了一架收音机，因为那里是用的直流电，所以只借了一个适用的，虽然声音小一点，不过收听南京的播音，也听的清楚。我想每星期六有个会，或是同乐会，能演电影更好，慢慢的把那块地方造成新村。要想造新中国，应该在新的地方造起，这块地便可以造。今年那里有二百余学生，明年可有六百余人，后年可千人，到了第四年，可以有一千三百余人，男女学生既多，同人亦多。到那时，新村的生活，就可以实现。

前四五天，始终没出去，后来就出去到城里，由胡仲实校友陪着我，拜访各机关领袖。在回京时曾烦吴达铨部长，向四川行政长官刘湘及四川各银行、商会等去电介绍，后来大家想见后，都请吃饭，稍稍应酬，然后去成都。

这次去川，我打算捐款。四川与我有缘。四川这地方很有希望，川边亦可以发展。四川与云、贵、陕、甘接连，对于中国发展很有关系。上次由川回来，筹得十五万余元筹备南渝，现在都用完了。这次，我还打算捐十五万元，不过是想在四川当地捐。

捐法是，上次行政长官蒋院长捐五万元，此次打算请四川的行政长官刘主席也捐五万，商界捐五万，个人捐五万，同时组织董事会。这回川人看见南渝中学从建筑至开学，时期很短，用钱很省，这种“快”、“能”，予他们以很好的印象，又是给他们本地办学，大家很愿帮忙，且极信我。

成都去了八天，拜见刘主席，时刘卧病，扶病谈话。刘人很好，头脑很清楚，信我们为教育而办学，无些须别的意思，于是就答应帮忙。去的时候，由秘书长陪着见的，刘主席告诉秘书长跟各厅长商量着办，幸而那时胡仲实因为华西开董事会，也飞了去。那时财政厅长刘航琛在汉口，民政厅稽厅长，及建设厅长卢作孚，都没有办法，教育厅也没有款。当时胡仲实给大家建议，给刘航深去信，请他筹款。原来刘有学生在南渝读书，刘本人亦见过喻先生，对南渝甚为佩服。于是由财厅秘书、校友何九渊写了封信去，果然刘回信照办。

蒋教育厅长亦愿帮忙。他期望重庆有女子高中，请南渝代办，经常费按省立学校标准发给，不过建筑费不管，明年起委托南渝办女中。重庆女师原有两班，初二、高二，明年就是初三、高三，临时再招高一、二，初一、二，可成六班，约可二百多人，这是政府委托的。而南渝本身再招初一、高一五班，再合以旧有学生六班，明年男女学生将有十七组，比现在要加三倍，当然现有的建筑不够，不算买地，只算建筑费约计：

科学馆——三万五千元

男生宿舍——二万二千元

女生宿舍、饭厅——三万元

教员宿舍——一万五千元

图书馆——三万五千元

礼堂一座——五万元。

操场——运动场，在天津等地，看台等等须由平地往上起建，那边不用，就着地势起伏，自成天然运动场及看台，用费二万至三万元。

总共只建筑费需要二十万元左右，现在实有的是政府的五万元，其余大概亦有把握。

其余的简单的报告些。

由成都返回重庆，提议组织董事会，董事共设九位，南京二位，张群、吴达铨；成都二位，卢作孚、刘航琛；重庆五位，银行公会主席吴寿彤、美丰银行行长康心如、华西实业公司胡仲实及胡子昂、建设厅长卢作孚、公安局长何壮衡；还有财厅秘书何九渊是校友，就请他当董事会秘书，我不在重庆时，就请他替我跑跑。

开会时候，在京的二位自然不能到，成都卢作孚适在重庆，就在南渝中学开了一次会，领着全体看一看地、房子。

开会的时候，我告诉大家，这回想要捐款建筑校舍，于是把房图及计划，拿出来给他们看，并且说明数目（十五万）还不够，没想到大家都无难色。

同时有二位表示：一位是康心如先生，他说他有个哥哥，留学日本，回国后在北大教文学，存的书籍很多，现时已故去了。为纪念他的哥哥，打算把书捐了，并捐十万元建一图书馆，总想不出把这事交给谁。去年我头一次到四川去，借住在他那儿，他很招待。今年我去，又约他作南渝的董事，这次他打算把这事委托南渝代办，同时在南渝用三万五千元建图书馆，在重庆城里办一个图书馆，捐书，捐经常费。

一位是吴寿彤先生。道德很好，幼时没入过学校。他向胡仲实表示，他有四个子女，二男二女，每人留给他们三万，自己经营商事，死后，愿将全部财产捐助南渝。现答应捐一万五千元，并允再募一万五。教员宿舍旁有一块地是他们行里一个行员的，南渝想买过来，费了多少事，不成，跟他一提，他答应了，或者就许捐给我们，他说临死都捐了，大概有三四十万。

运动场是由胡仲实给杨子惠先生去信，请他拿三万元。

社会方面，如银行公会等，及个人的捐款，据说很有希望。所想的十五万的数目，或者可以超过了。

再说经常费，南渝除了蒋委员长捐五万元外，教育部今年拨给两万元，我打算明年请教部拨助四万，后年六万。

四川的校友，在重庆的有四十八位，在成都的有五十多位。重庆校友多服务华西实业公司，都是曾在国外及国内学专门的，将来的发展很大。重庆现在的灯、水都是归华西办，今年他们又添办了水泥厂，成绩很好。他们什么事都办，川大的工程是他们包的，这次又应了成渝铁路的石工、土工的工程，约一千几百万。

华西重要人有胡仲实、胡光镳，都是校友。胡光镳负责技术，胡仲实负责联络。华西的前途很大，用我们大学学生很多，都是商、电、矿科的，如章功叙、杨长骥、吴克斌等，还有位职员徐宗涑君，薪金每月七百，是负水电厂的责任的。

在成都有个小规模的新华公司，是张锡羊、敖世珍、钟端可、张灏、宋挚民同几位本地人合办的。宋挚民负责建筑，他最近又带了三十多工人去，将来这个公司是很有希望的。

四川的前途很大，现时政治稳定，校友们愿意去，可以去看一看。那里校友精神很好，前途很好。

这是到南渝及四川的经过情形。

（二）将来的希望

四川的建设刚兴起，有人的地方正多，于是我想起学生的出路，胡仲实跟我曾谈，如果成渝铁路起修，用工人很多，就用高中毕业生去练监工，回来再升学，专录用寒士，我想也是一个办法。

锡羊曾去川边，川边军政长官也拟发展川边实业。最近钟体正去川边视察，据报告说政军各情尚不大稳定。不过我想，全国稳定了，川边、西康也不能例外。假如稳定下去，那里实业的发展一定很大。

我们南开工厂造人材，本地销路少，别处多销也好。我们的货跟别的货一样，论到学术、技术都差不多；论负责，则胜过别人。能如此，工厂造人材，在社会有用，前途就很大了。四川成渝铁路起修，用人很多，请乃如在大学学生堆里想想，善忱在同学会里找一找。四川南开部份在华西实业公司，已有很大基础，银行界如王新华、李世林都在长着了，若干年后长起来，我们的货更容易销。我们以前想开发西北，西北太穷。西南却真好，据赵永来说，坐着汽车沿途经过各村庄，比北方村庄富丽，普通吃肉食不很特别，这还是经过军阀割据之后的。

南开学生能去在西南做事，四川的机会真多，聚住了别散，够咱做的，能在那销“货”，使人承认我们的“货”。塘沽永利、久大已经承认我们的货了，印象就很好，我们创出牌子去得叫人能用。

总之，想发展实业，告诉给学生，到四川到西康去，以先我们想向东北、西北去发展，都碰壁了。西南将来可以达到目的，这也是我个人的野心。校友们在四川下“子”很紧要，华西公司所有专门人材都需要。他们把重庆的水和电改良后，重庆人对他们很有信仰。去年计划组织洋灰厂，不久就可出灰，成渝铁路修成后发达更大。他们并且举我作董事，我已答应他们，为的是销销大学、中学的货。

南渝一长不要紧，南开到西南去有了根据地。

我在南渝住着很高兴，天天在院子里转。那儿的花匠跑到山里去拾花种子，把地分成畦，把南开的菊花单放一畦，插上签子，叫“南开菊”。任叔永到那去看见说：“南开菊都到南渝了！”在那里住得日子虽不多，可是我胸宽肚小了，皮带都进去一个眼，很想多住，周围净是山，远的山很高，近的丘陵起伏，本院里又平，非常之好。

正在痛快极了的时候，就不痛快了。十三日的早上，薛桂轮、孙瑞、胡光燕三人跑到我那里，告诉我蒋先生被扣的消息。原来那天，重庆校友足、篮球队跟南渝学生队比赛，我给他们预备的饭，买了一块钱四川特产的花生，一块钱小红橘——一块钱买一百七十个。他们三位一来，我脑子里的空中楼阁全散，我跟他们讨论这事的结果，结论是必得用兵。后来接到孔祥熙先生的电报，叫我迳赴西安或到京，于我准备赴京。

十七日乘机起飞，天气不好，又多住了一天，十八日到京。还是那样少吃东西，在飞机上看见山上下雨下雪。飞机顺着大江飞，过三峡，如同走在小胡同内，两边是山，下边的江似道水沟。有意思。这次我可得着一点新经验。飞机大的可坐十四人，地位最好在前右方，因为左前边有一个通司机室的门，司机人出来进去，很不方便，也不得看下边。前右方第一位，飞机的翅膀在后，颤动不很大，坐在那看着下雨下雪，联想到行雨、驾云。过汉口就有些饿了，越急越不到，人真是不知足，世界上最快的还嫌慢。到京见孔副院长，问一问我怎样到西安，代表谁，说何条件，他也没有具体办法，于是等一等吧。那天正是蒋鼎文回来。二十四日孔先生请我吃饭，他们很不着急，谈起来他们很乐观，后来我告诉他打算先回津，如用我马上就来。

二十五日搭车返津，二十六日到济南才看见报，说蒋先生脱险返洛阳，心上一块石头落了地。

在四川各处演说时，末了我常说笑话：

前次两广事变，是陈济棠哥哥陈维周，在南京看见蒋先生的相，说不成，又看蒋先生祖上的坟，说也不成了，于是才起事。事前扶乩，写出："蒋倒无人，机不可失"。结果，"倒"字去人旁，变成"到"字，蒋先生果然到了广东，广东的飞机全飞到南京，飞"机"正是不可失。可是我也会算命，我的算命是用科学方法——演绎和归纳。我们看：（一）福建的事如不发动，江西共党不会削平；（二）四川的事是也到危险关头而好转；（三）白银的事——浪人们在各处运出很凶，一赌气不用银，纸币也稳定了；（四）两广的事不起也很难统一；（五）近年外交的事一硬也顶住了。这是演绎法。我们归纳起来得四个字，"逢凶化吉"。我说这些话的意思是提起他们的高兴，告诉他们国事确实是真有长进！这次西安事变的解决，逢凶又化吉。如我到四川去，大家一定说我先知，我怎么说，我真不知道这出戏怎么导演法，转的太好。而最要紧的蒋先生的人格与道德，人格是一大关键！

我常对四川南开校友说："我这老头子在前头跑，青年人在后赶，你们怎么样？"大家说："努力努力"，都还不错。我们不只要聪明、能干，还要做事努力，信实；能继续着去作，推动国家，兼作个人事业。校友会派人各处跑一跑，南开学生断了联续的气，把他再联上，所谓打打气，叫他们振作起来。藉着国家气势好转的时候，学校的事，跟国家的事差不多。蒋先生为人公平正直，结果成功，由此看我们也没错。现在社会，好像认识了正义、好和坏，南开力量小，可是方向对，我们继续还去作，藉着机会，推行我们的为公、正明、诚实、远大的主张！

十三日惊醒我的梦，二十六日以后我又造了许多空中楼阁。

我们以前所顾虑的，现在都不必顾虑了，凡事很可乐观！不要落后，作吧，把脑子换换，换去老的，装上新的。现在可以算南开的新纪元，放开手做，大做，一定成功。

我们充实我们的工厂，造就学生到各处去，特别是西南。我们大家新点，重来，新点。详细的办法，我还没有想。校友方面，最好多多旅行。在南京的时候，校友们说，南京没有会所，这个学校可以帮忙。

总之，自己的本钱，不会利用，开小买卖就错了。我们要想新的路，新的法子，新的计划，用新的精神，往前猛进。

（《南开校友》第2卷第5期，1937年1月15日）

谈第七届全国运动会[①]

（1937年1月11日）

本届全国运动会，将于国庆日在京举行，余拟于二月下旬晋京，会同各方筹备一切。

目前我国关于体育上各项法规，已渐趋完备，今后希望即在各方如何切实推行，以期普及。尤望机关团体，对此多多注意。

（《竞乐画报》第11卷第3期，1937年1月16日）

① 本文为张伯苓在天津与《竞乐画报》记者的谈话，题目为编者所拟。

关于诚实①

（1937年1月19日）

中国民族最大的缺点是太取巧。这个弊病对复兴民族的工作上，是一个很大的“障碍”，“取巧”、“欺骗”是最傻的人所做的事。只有“诚实”，才是做事成功的秘诀。

你要是对社会诚实，社会对你也是诚实的。这次南渝中学的捐款并没有费很大的力气，这是我个人得的一点教训。

只要肯安心的苦干下去，在事业方面，失败是例外，大部失败的人都是因为取巧。青年人做事，要本着“不问收获，只问耕耘”的精神，是没有不成功的。至于对付事情的方法与态度，自然要经相当的训练，最要紧的是时常用新的方法、新的态度来应付旧的工作，使自己的兴趣永远不会减低。至于我个人是主张埋头苦干，不愿意叫外人宣扬的。

（《益世报》，1937年1月17—19日）

第七届全国运动会之筹备及川、渝体育之开展②

（1937年1月26日）

全运会每两年举行一次，每间一届在首都举行，余分由各单位负责筹备。上届系在沪举行，本届自应在京开会。筹委业由教育部聘定，中华全国体协会常董多被聘任。筹委会成立后，将推定各股负责人选，以后工作即可分工进行。

年来以南渝中学之开办，与四川教育界颇多接近，前在成都时，于教厅宴

① 本文摘自林冰《一位老少年张伯苓先生》一文，题目为编者所拟。

② 本文张伯苓即将出席第七届全国运动会筹备会前，与《大公报》记者的谈话内容，题目为编者所拟。

间谈及准备全运事宜，各方俱表欣愉。该省预选将在成都举行，入春即可进行。当地虽无佳成绩，惟一般民众近年对体育之兴趣则甚佳。重庆方面，近于各中等学校座谈会中，曾为市民之需要，而有关设体育场之议，惟市区内实无适宜地点，城外虽多山地，环境极佳，但地多崎岖，平填亦殊不易。我国体育目前已进展至相当阶段，推进工作较前颇易，"办"即能有收获，故"不动"之学校，难免将被淘汰。南渝学校居城外，环境幽静，所建校舍，目前尚足用，惟暑假后势须增筑，现正进行募款，数约二十万，最低亦须十六万余元。渝校体育空气极浓厚，师生感情融洽，如一家庭然。课余时组队作球类对抗。

（《大公报》，1937年1月27日）

本月异日新的精神，发挥无垠的前途[①]

（1937年2月22日）

吾人在去年以前在逆风中犹且挣扎前进，现在船遇顺风，吾人应本月异日新的精神，以发挥无垠的前途。

（《南开校友》2卷6期，1937年2月）

"三七"募款的缘起[②]

（1937年2月28日）

今天校友会天津分会开春季大会，到会人数与大会的盛况，都打破历来的纪录。校友会最近正在进行建筑首都会所的募款，我个人对这次募款非常赞成，

① 南开中学男中部于本日举行始业式，张伯苓训话。本文为训话大意，摘自《学校消息》栏，题目为编者所拟。

② 2月28日，南开学校校友会天津分会举行春宴大会，到会校友及来宾达千余人，校长张伯苓讲演。题目为编者所拟。

愿意把这事情的发起报告给今天到会的诸位校友。去年十二月底，我由四川回来，经过首都，旅京的校友与我谈话，都说南京的校友人数渐多，各地校友亦常常到首都来，首都实在有建一校友会所的必要。当时我个人因为国运好转，亦认为这种需要是必然的。等我回到天津，在校友总会讲演时，提到此议，总会的校友们也都十分的赞同，于是大家便决定进行这件事。

南开校友二年以前曾经举办过一次“三六募款”，希望捐三万六千元，结果捐到六万三千元，这足以证明了南开校友团结力是非常的大。这次募款，也正是给大家一个机会，实际表示校友们的“为公”的精神，并且实际表示校友们团结的力量。这次南开校友会首都会所募款，叫作“三七募款”，是由本人、南京校友分会及各地校友分会三方面，各募七千元。因为这个会所非常的急需，又甚盼望能快些建筑起来，所以我打算于三月三日搭平沪车去南京，给首都校友们帮帮忙，促其速成。希望今天到会的校友，都热烈的来参加这次募款的运动，表现出我们的“南开精神”。

（《大公报》，1937 年 3 月 1 日）

国运转机中之应有的努力[①]

（1937 年 3 月 8 日）

诸位，伯苓个人对于贵校关系很深。在贵校还没有发展如现在的时期，我就不断地到这里来，并且就住在对面园子那所房子里（按即现女生宿舍）。那时候贵校副校长文怀恩[②]先生与我是好朋友，所以一到南京就住在他家，因此有多量的机会同各教职员同学见面。近来以事务繁忙，即或到南京来，都是开会，两三天就走了，但是并不因为这样，而忘怀了金陵大学。而且现在贵校陈校长[③]

① 本文为张伯苓在金陵大学“总理纪念周”应邀发表的演讲。

② 文怀恩（Dr. John Elias Williams，1871—1927），美国北美长老会传教士，1899 年受北美长老会差遣来华，担任南京益智书院院长，1907 年去日本，在东京早稻田大学负责中国留学生工作。1908 年回到中国，任南京宏育书院副院长，1910 年宏育书院与汇文书院合并组建金陵大学，任副校长，1927 年 3 月 24 日，北伐期间进入南京城的军队进行激烈的排外活动，攻击焚烧抢劫一切外国目标，文怀恩被杀。

③ 陈裕光（1893—1989），字景唐，原籍浙江鄞县。1927 年任金陵大学校长。1932 年 8 月，中国化学会正式成立，被选为第一任会长。抗战爆发后，随金大迁至成都华西坝，任国民参政会参政员。

与伯苓感情素称莫逆，亦即知之最深，他在美国留学及在北平任师范大学行政时代，就交谊笃厚，我对他的学问人格都十分钦佩。刚才陈校长说我毕生从事教育，不遗余力，使我感觉惭惶。办教育这件事是不容易的，进展极其迟缓。古人说十年树木，百年树人，意即在此。所以办教育非得立志坚定，终身不移，不会见有成效。今天本人很愉快，前几年我到此地演讲，同学不多，现在听讲的楼上下都满了，可见大学教育已为人们重视。我们复兴民族，改造社会必要靠领袖来推行，大学生就是未来的领袖，学校是制造领袖的工厂，这也就是大学生责任之所以重大的原故。我今天同大家讲话，既不是讲很高的理论，也不说湛深的学术，仅将我最近几个月的经过略为一谈。

在前年十一月间曾到四川成都重庆去了一趟，我觉得四川希望很大，就在重庆创立一所南渝中学，承该地军政界及教育界同志要我讲话，我当时曾大意说过："……今年到四川来，与去年所见在精神上物质上都有长足进步，学生亦多穿制服。建设方面，政府也极努力。不仅四川如此，各地莫不有这种新的气象。因为最近五年来，自'九一八'后从民气消沉中现在才有一点转机……"的确，中国近来很好，我可以说个类似的笑话给大家听。现在我可给中国算个卦，不久以前也有人做这类事情。提起此人，就是大大有名的陈济棠的令兄陈维周，据说相面算卦颇多独到之处。在两广事件前，特为到南京来看看蒋先生，又到奉化看看蒋先生的祖坟，回到广州就同他老弟说，蒋某流年不利，祖坟欠佳，我们快动手吧。并且在扶乩上又得了八个字是"蒋倒无人，机不可失"，结果陈济棠就轻轻地离了广东。这八个字怎样讲呢？

蒋是指"蒋先生"，倒无人是"到"字，你看蒋先生不是到了广东么。"机不可失"是飞机不可失。但是广东空军全部归顺中央，于是大事（势）去矣。我如今对中国算的卦不能与陈维周的卦相提并论，我是用科学的方法来解求。诸位知道科学方法是先有事实，将这些事实归纳起来加以演绎，由演绎得了一个定论，这个定论就是从科学方法产生出来的。我们先将中国近几年来的事实检讨一下：

（一）前四年的闽变，至今回想起来，衷心十分难过。国难还未解除，自己先同自己打一战，但不过两个星期又能消灭下去，且因闽变的解决，以后国军能包围江西，使共产党西窜边区。假如福建事情不发生，十九路军还是存在，我相信江西共产党到现在也许赶不掉，最低限度亦有一条后路。

（二）共产党西窜，中央军始终不放松地追踪，看来很危险，结果又顺便将四川、云南、贵州节制到中央权力下，这两种不幸事件都能转危为安。

（三）白银问题。我们中国用银子当币制，外国作为货物，他们能尽量的收买，把我们金融弄乱。如果始终拿银子当币元用，人家就当货值去买，银价提的高，使本国货物成本贵，不独在海外不能运销，自己国内的购买力亦就日趋脆弱。虽然政府禁止私运，但有外国的浪人和中国的汉奸大批的偷买。因为一百元的现洋，能换一百三四十元的纸币，这个利益太大了。缉私的人当然感觉十分棘手，在济南车站朝鲜人运现洋，看见了仅仅只把他们赶走，还要给他们纸币才能没收。我们政府忍着痛不用现钱拿纸币改为法币，因之偷运白银事情也就敛迹。起初友邦以为法币政策一定不能通行，要知中国不是从前的中国，法币畅行无阻，否则整个中国经济必定大破产。现在不仅没有破产，金融反益趋稳定，并且在外汇上信用日增。前几天几个大列强都说中国法币已经成功了，这件不幸事情如果弄糟，不亚于亡国。

（四）去年六月两广事件，本来中央不想消灭他们，那知广东得了“蒋倒无人，机不可失”八个大字，就认为机不可失。假如那时中央下令讨伐两广，全国人是不容许的，偏偏他们自己消灭。我们知道广西贫瘠，广东是富沃，可是广东极其腐化，广东一解决，广西也就不能不就范。经过解决之后，中央军于是可以抽调一部分北上。然而九月间接连的成都、北海外交又起了，闹得有声有色，非叫中国答应他们的要求不成。这又是很可怕的事情，南京主事者没有办法，派人到广州见咱们的老总，老总这时只笑笑说：“要早一年不成，现在怕什么，两广的事解决了，我们的生命线又延长到了极南，还怕什么，随他打广东、击湖南都不怕。”诸位知道去年九月廿三有什么举动没有？他们听了那几句话，这件事早就完了，以后他们再不敢唬呼我们了。近几年一唬呼就失去了多少主权，这次可不成。接着绥东战争，这个战争很危险，如果绥东失守，西北就有燎原的可能。我们只有战，不是被动的抗战，而是自动的挺战。不但是百灵庙收回，就是他们汉奸也用不着。我们有句口号“中国人不打中国人”，那个以华制华的诡策，就滑在制华华不守制上面了。这个现象太好，并不是在夺回百灵庙，而是让咱们友邦知道不能再用以华制华的方法，在绥东、察北是如此，我们将来可以放心，东四省不用打就可解决。这件不幸的事以后又转好，用归纳法说起来，一切都是逢凶化吉，所有不幸一转就是有幸，这是国运转了。

去年十二月十二日我还没有离开重庆，十三号的早晨，有一位朋友告诉我蒋先生在西安被困，我听了这项消息，犹如晴天霹雳，中国国运转机及希望全盘都完了。我不敢在四川再演讲，十三四号想方法去增加一点营救的力量。蒋先生二十五号下午出险，我是在路途中，全国人都知道，惟有我不知道。后来有人打电报给我，才算晓得。晚上八点钟到天津，接了重庆电报，说我在四川讲的逢凶化吉的那些话确有原理，下次再来四川，他们将更加敬重。这个话我不敢当。不过最近几年来大家存了一种恐惧的心理，自己觉得自己国家不好，短处太多，因之精神上极不振作。最近始晓得，国家缺憾愈多我们愈要努力，所以现在大家心理沉着，小心翼翼地向着复〈兴〉民族路途上走，这次能够确实的统一，也可以说是大多数心理促成功的。我认为，一切的事情都可以算出来的。一个人要骄傲自满胡天胡地的，他自然就坏；反之，能自好虚心以求的就好了。

在前一月有一家大毛织公司（就是发明抵羊牌的毛绳）在天津开会，因为这个公司很发达，过去我们所用蜜蜂牌的毛绳，现在已经看不到了，当他们开会，我也参加，会后大家问我去年到各处的感想，有一位问我近来日本人的论调对中国如何，我想这是解释的一个好机会，我说："日本人的论调在报纸杂志上看显然是改了。"请问你，他们的论调为什么改了？是自动改的？还是别有原因？我们平时常挨打，现在人家不打了，反而同我们客客气气，这是什么原故？在早几年为什么不这样？因为我们如今国力充实，够得上和他干一下。由此看来我们不必管别人对我的论调如何，只要自己照着应该作的地方去作。有些人总喜欢问，看我好不好这类的话，就是不想学好。自己要好就好，要坏就坏，假如要靠别人说你好，自己作的是坏还是不好。我们从前靠国联靠各国势力均衡皆失败，惟有靠自己，世界舆论才有公平。现在要觉悟，中国前途始有希望。自"九一八"后，人人都怀着惶惶不可终日的心理，觉得中国早晚终是亡国奴，不亡是时间问题，心里顿觉难过。特别在北方的人，心里更觉得伤感，因为长城过来就是平津，平津过来就是黄河，黄河一过，扬子江到了，扬子江一溜，就是珠江，他们大陆政策成功。现在大家心里不是这样，尤其是近几个月认为中国有复兴的希望，东四省之收回，不过是时间问题。各处的人都有这种心理，南京当然不能例外。以前认为亡国是时间问题，现在认中国必能复兴，也是时间问题，这种心理太好，比我算卦还要好。我们既不自馁、不自弃、不等死、不怕苦，那还怕什么外患呢！不过我们话要说回来，中国好虽好，其实离好的程度差得很远。我就在此提出"难""险"二字，为我们青年今后报国的途径。我这次到四川，经过三峡，航行艰险，为各地罕见，中间有很多礁石，水流又湍急，稍一不慎，立时舟沉人没。贵校四川同学大概是知道的有拉纤这件事，我在船上用望远镜看见有五六十人在岸上肩着纤绳，弯了背，很艰辛吃重地用整齐的步伐，向目的地迈进，这正好像我们现在国家民族在光明路上共同努力向着一个方向前走一样，假如人各一志，你向东，他要向西，各行其是，那船就很危险，这时大家惟一的只能走一条路，不能够随便。所以我们现在全国上下一致地朝着复兴民族的大道上推进，正如纤夫艰辛吃重，众志齐一拉着船上行一样，上水行舟是“难”，下水却切“险”字，惟有赖着把舵的主持。这个把舵的不独要有娴巧的技术，还须有冷静的头脑，才能安然渡过。这次西安之变，蒋先生出险，全国的人都表示热烈欢腾，真是前无古人后无来者。在中国要说某一个人好确是不容易，当蒋先生到洛阳时，全国人听见这项消息莫不眉飞色舞，鞭炮之声，络绎不绝。这并不是党部派交际员授意的，却都是人民自动的。北方更来得热烈，这样我们是公认他是我们的领袖了，无论是中国人或外国人，对国事总得承认有一个把舵的。我们现在既培植出领袖，我们就当拥护他、爱惜他。我觉得中国人度量太浅，人家总是不好，只有自己是最好，自己的朋友好，兄弟好，同学好，别人总不好。在运动会里，甚至听说有人跳六尺，自己只能够跳四尺，也非候到由我代表出席，荣膺“全国第一”才好。我们中华民族最伟大，什么都比人家强，就是这个“私”字除不掉。敝校的校训便是“公”字、“能”字。我们看以赛足球而论，一个队长，五个先锋，三个中卫，两个后卫，一个守门，假如比赛的时候，能够踢进去赢几球，那是前锋的风头，输了一球，却是守门的触霉头，不由地有人嘘！嘘！实际这究竟是谁输的？谁赢的？是整个的。有许多人不知道，有的知道不肯说，大中华民族，哪一样不伟大，就是这点不够大。

我们中华民族由上面这些事实归纳起来，中国是必定不亡，但是要努力不懈，能雄飞宇宙。可惜就是自私。现在国运是转机了，心理改了，领袖造出来了，希望诸位在学校里多培养能力，以期待改造国家和民族。我不幸早生三十几年，不能与大家同岁，做复兴民族的工作。现在诸位能生逢其时，应该特别努力，这是本人对诸位远大的期望。

（《金陵大学校刊》第222、223、224期，1937年3月15、22、29日）

全运会的筹备与世运会的准备[①]

（1937 年 3 月 14 日）

此次全国体协在京举行第七次常务董事会议，所有决议各案俱经公布，惟董事名额略有变更，将由十二人改为十五人，每二年改选三分之一，常务董事则改为五人，于董事选出时互选之。本年十月全运期间开会时即实行。又，全国运动会筹备会议郝更生先生原提议提前举行，现因赶不及，仍决定于四月中旬在京开会，日期则未规定，本人届时当赴京出席。至此次世运会各项竞赛项目为我国所无者，此次筹委会亦拟提议酌量增加，俾作为参加下届世运准备，而全运会竞赛项目，除田径、球类等外，将注重于团体表演。关于经费问题，则由教育部编制，详细数目尚未规定。

全运会交通问题，以陵园附近道路狭窄，会期中车辆行人势必增加，难免拥挤，拟提议限制人力车、马车通行，多备公共汽车往来开驶，则时间上当可节省多多也。

（《大公报》，1937 年 3 月 16 日）

在严仁颖、李若兰婚礼上的致辞[②]

（1937 年 3 月 22 日）

本人与严、李两家有两代师生之谊，至为亲切。严君现为张彭春君之秘书，现在地位虽不算高，然从前为张君任秘书者三人，现皆在国府各部任职，将来严君发展正未可限。在此国家好转之时，国家之建设应以家庭为单位，严、李

① 14 日晚，张伯苓由南京到上海，接受《大公报》记者采访，介绍全国体育协进会第七次常务董事会大致议决事项。题目为编者所拟。

② 严仁颖（1913—1953），天津人，严修之孙。南开中学毕业。1936 年夏至上海《大公报》担任体育记者兼编体育版。

结婚后自当共同研究家庭组织法，至应如何组织，可待彼二人回家商量。

（《语美画刊》第2卷第5期）

在南开学校董事会例会上的报告[①]

（1937年3月28日）

一、各部学生人数统计：

本学期大学、中学、女中学、小学四部学生人数，总计共有二千六百五十二人，计大学部三百八十六人，中学部一千四百三十一人，女中部四百五十人，小学部三百八十五人。

二、南渝中学下年度计划：

南渝中学概况，上次开校董会时，曾经报告。下年度计划，再约略奉陈如左：

1. 添加班次：本年学生计六班，共二百二十余人，下年拟添招初一三班，高一两班，又女生高一年级一班，合共十二班，学生人数当为四百数十人。

2. 拟建校舍：

（1）科学馆，约需洋三万五千元。

（2）男生宿舍，约需洋二万二千元。

（3）女中校舍，约需洋三万五千元。

（4）教职员住宅（七所）约需洋一万五千元。

（5）图书馆，约需洋二万元。

（6）运动场及游泳池，约需洋二万五千元。

右各项共需洋约十五万余元。

3. 添购校地：学校附近有地约六十亩，为建筑及扩充所必需，已购妥一部，全数购入约费洋四千余元。

4. 建筑费来源：

① 是日中午，南开学校董事会在大学部秀山堂召开例会，颜惠庆、卞白眉、胡适、李琴湘、卞俶成、阎子亨参加会议，河北省教育厅长李琴湘、校长张伯苓列席，张伯苓报告以下事项。题目为编者所拟。

（1）四川省政府允助五万元。

（2）吴受彤先生允捐女生楼房，约三万元。

（3）康心如先生允捐图书馆，约二万元。

上列各项，款虽未到，大致可无问题。其他在私人方面接洽者，尚有数处，亦有成功希望。

5. 经常费：下学年南渝经常费约为四万数千元，已呈请教育部补助，可邀允准。

三、关于结束小站校田及补助费之抵偿办法：

查小站校田，自二十五年夏间，冀察绥靖公署饬令本校，遵照军分会原案，将该项稻田交出。本校即于二十六年二月四日，将校田经理处全部结束，移交驻在小站之营产管理局，接收清楚。至于补助费之抵偿办法：（一）原定之三年补助费，每年二万八千元之数，业由冀察绥靖公署，允于每年元月一日由绥靖公署拨付。（即二十六年度补助费，应于二十七年度元月拨付，余二年依此例推。）（二）三年以后之抵补费款，冀察绥靖公署亦允负责，并有公函通知本校。

（南开大学档案馆藏）

与上海《学校新闻》谈华北学生近况[①]

（1937 年 4 月 14 日）

华北学生……均极安静，埋头用功，情形殊为良好。查过去青年思想，每易左倾，并非完全由于了解马荀斯[②]之经济主张，自由于政治的刺激，加以早年革命，尚未彻底，青年不平之类，自无很易乘机发泄。去年百灵庙之收复，实予以青年最良好之了解与信仰。至过去华北学生运动亦为民气之表示，固未可厚非，然每易为外人所凭藉，致生意外事端。总之青年苟能明了安内攘外手段，即当努力用功。现在青年思想严重要者，厥为一致，一致建国，国匪外力自不

① 本文为张伯苓在上海对《学校新闻》记者的谈话，原题为《张伯苓氏抵沪谈华北学生近况》，题目为编者所拟。

② 即马克思。

能侵入。我国失地几及欧洲二国之多，再不努力，实对不起国家。惟目前匪患平定，及国际关系好转，我国复兴当期在不远。至华北教育问题，则在领导青年们学生们认清国家，共商建设。

（《学校新闻》第52期，1937年）

在体育研究会欢迎席上演词①

（1937年5月5日）

厅长，诸位：

去年十一月由重庆到成都，蒙厅长邀各学校校长及担任体育的诸位在沙利文聚餐，本人同诸位谈过一次话，我们分别到现在已经半年了，半年的时间虽不长，但我们国家的地位，在这半年之间，进步了不少。这个进步快的关系，并不是个个人在那里努力，实在是我们的领袖作了一件很大的事情，这就是在西安事变里表现了伟大的人格，这个很大的西安事变，虽然是我们全国人的难关，但是现在想起来，真是我们国家之福，因为要有这个西安事变，才证明我们国家是统一了，虽然有些地方到现在还不是真正的统一，但是全国人民，实在是统一了。这个人民的统一，从哪里看出来呢？就是去年蒋先生出来的时候，全国人民表现欢欣的这种精神，这即是表现全国人心的真正统一。这个统一，不在乎领袖的要来统一，而是在我们国民自动的统一，这一点实在是给世界各国一个很好的影响。因为这次事变的结果这样的好，不但把东北军问题解决，陕西军问题解决，甚至于红军问题也解决了。这就是领袖人格的感化，他的人格，能够使我们国家的地位提高和我们民族的精神振作，这是默默中有一个主宰，可以说是中华民族复兴的伟大转机。进一步，现在国家已经有了转机，应该怎样呢？我们大家庭应当更要努力向前去作，不要端靠一个领袖，要大家负责，我们人人都应当负责。人人负责，这是泛论。我们办教育的，在座的要负起我们的责任，应当负起我们的责任。各界的人，要负起各界的责任，这样，

① 四川省教育厅中小学体育研究会60余人于5月5日下午3时在成都市体育馆举行欢迎张伯苓大会，本文为张伯苓在欢迎会上的讲演词，原题为《张伯苓先生在体育研究会欢迎席上演词》。

国家自然会兴盛，不要尽靠领袖在那里努力，我们的责任是什么呢？现在就说我们所需要的东西！

什么东西是我们所需要的？我们在九一八以后，已经知道外力的侵略，我们不能抵御，应当集中我们的国力，才能够抵御外侮，国力是什么？最要紧的国力有两种，一个是国民的体力，一个是国民的团结力。体力是个人的，团结力是大家集合拢来的，仅是个人的强或个个分子强了都不算是我们的国力增加，因为强了，在国内纷争虽有力量，彼此消减，有什么用处？所以，我们还要想法子团结，这个团结的事从哪里作起？这就要靠我们办教育的，因为教育，是改造民众的根本办法。前几年，我们感觉国家衰弱，民族不振作，并不要紧，只要我们办教育的人不要悲观，要抱乐观。为什么要抱乐观？现在我们民族不强不要紧，他是会长的，已经老了的国民没有办法，而小孩子可以长的。我们抱定这个宗旨，所以对于教育有十二万分的欣喜，想改造我们的民族，非从教育办起不行。体育，是教育当中最要紧的，办教育的人不重体育，可以说是不懂教育，教育不单是教知识，而是和体育并重的，又不是单重体育，同时还要教他合作。合作是一个国的力量，教大家合作，我们的国力可以增强。所以振兴教育，就能改造国家。从前的教育不良，以后想法改革。“失之东隅，收之桑榆。”存这个心，教育必定办得好。现在全国人民对于办体育，都很注意，我们四川并不落后。何以说“我们四川”，因为去年我在重庆立了一个南渝中学，我就是四川的一个人，所以说我们四川哩！我对于四川的青年，觉得很有希望，因为四川的男女都聪明活泼，但是，因为聪明也有他的短处，就是不能深入，再有一样，就是体魄不好，所以四川非注重体育不可。四川的体育，是比各省要的紧，青年有聪明活泼好的天资，再加以好的体力，自然能跟国家社会多做事情。今天在座的人各省都有，就是本省的人也有出去过的，四川的学生，与外省的学生要是比较起来，纵是学问不弱，体育却差得多了。最近我得了一个很好的统计，这个统计虽不甚确实，但是，可以证实四川人的体力不及别省。这个统计，就是有个兴乐建筑公司，他们在外省带来的工人，无论是木匠、砖瓦匠，都要比四川人强。据他们说，本地的工人三个木匠，当他一个，砖瓦匠还不止。四川做砖瓦的工人，好的一天做三百，不好的做两百或一百几，外省人一天要做一千，由这样看来，我们学生的体力，不如外省，工人的体力，不如外省，普通人的体力，也不如外省，这是四川应当注意的。我们办教育的人，对于这一点更要注意，将来如果学校普及，我们在学校里能够把体魄改良，再推到一般人的体魄都好。中学把体魄锻炼好了，就是大学的根底，将来出来做事，也就很好。不然，就是学问很高，体力不能做事，也是枉然。一个人做事，学问诚然要紧，但最要紧的还是经验，经验是要个人亲身尝试，因为要如此，对于社会人群才有认识，要得这种经验，总要在四十五岁以上，西洋人，四十五岁以上才做事，要做到六十七十，中国人得经验也是一样，也得要四十五岁以上做事才有把握。但是因为体力不好，作一两年就不能作了，大家想一想，体魄不强，与事业的关系，是何等的重大。我们中华民族的体力不好，怎么与世界竞争。体力不好，是我们中华民族最大的弱点，四川人的体魄更坏。但是以整个中国来说，别省虽然稍好，也不过是五十与百步耳。

诸位都是研究体育的。刘慎旃先生同诸位组织这个体育研究会。这个会的关系大家都知道是很大的，大家务要一齐努力来作。我离开四川刚半年，诸位开了七次会，可见你们的努力了！今天招待兄弟，我觉得太高兴。我们办体育的人，重在作，没有话说的，作比说要紧得多。说的天花乱坠，而不去作，是不行的。要实在去做，这是第一。

第二，报告此次重庆市运动会所得的教训。我想运动会的大概情形，刘慎旃先生回来，必已同大家说过了。这次重庆市第一届运动会在未开幕以前两个月，李市长胡校长打电话给我，要我来当总裁判，我因为南渝中学要开董事会，所以就回电答应。我在运动会当中，得一个很好的经验。全国运动会的总裁判我当过，华北及各地的总裁判我也当过，惟有这次所得的经验最多。这个运动会，男女是分开的，男的有公开，有大专，有高中，有初中；女子有公开，高中，初中，共七组。运动的项目很多，所以经过五天时间才完结。这个运动会参加的人，非常的多，成绩也非常的好。闭幕以后，有人问我，感想怎样？我说很满意，中间虽然发生一点纠葛，但是很迅速的就解决了。刘慎旃先生曾参加万公尺的竞赛，当时我以为刘先生没有练习过，成绩必定不好。但我亲自与他计圈，确是跑了二十五圈，跑完了，精神还很好，这个可以作诸位一个很好的榜样。以后我们对于体育，不要光是说，而要自己来做。这个运动会闭幕以后几天就给奖，这回的奖品非常的多，有银盾、有旗子。给奖那一天，会长，裁判员，以及得奖的运动员，都非常的高兴。可惜刘先生回成都来了，没有看到。 我想借这个机会把这回开会的情形，及筹建渝市公共体育场的办法提出来向大家说说：在运动会未开幕的前一天，在重庆大学开裁判会，大家要我说话，我当时就这样的说：“重庆大学的职员，市政府的职员以及今天在座的各学校的体育教员，今天到这个运动会来服务，就是这个运动会的职员，我们当运动会的职员，最要紧的一句话就是诸位应当有一个公共目标，要把‘重庆市第一届运动会办好’，要达到这个公共目标，就要我们人人负责，同时不要自私，无论求精、川师、巴中，哪一个学校的教员，在此地来当职员，就要认定我不是学校的人了，而是运动会的职员了，对于会务要尽职。如诸位职员不负责，并存自私心，就很容易发生纠纷，譬如在比赛的时候，总裁判员没有注意，监察员也没有注意，同时，裁判员又帮助他自己的学校捣乱，这样怎么不起纠纷呢？这是我过去参加运动会得来的经验，要免去这个弊病，就要立定一个公共目标。公共的目标，就是不自私，大家要存着非把这次运动会办圆满不可的这个心，大家要立定这个志愿。”这是我在运动会开幕的头一天向运动会职员所说的话，第二天运动会开幕，五天以后才闭幕，这五天当中，所有的职员都是天天到了的，会长——李市长也住在重庆大学，天天早晨八点半钟升旗，九点钟开会，所有的职员的精神都贯注在运动会。开幕的头一天，会场的秩序，不甚大好，但是第二天便好了，参加运动会的及参观的都好了。这五天工夫完了以后，有人问我有什么感想，我说，我当过全国运动会及各地运动会的总裁判，同时又在各地看过很多运动会，四川人不必自馁，成绩比京沪广东，诚然要差一点，但其余则不一定了，陕西不如四川，山西不如四川，甘肃不如四川，山东相等。河南不如，安徽不如，湖北相等。湖南据说很好，但我没有亲眼看见，不能做比较。江西不如，江苏好，浙江相等，福建不如，广西不如，云南贵州不如，所以不可以自馁。我们办运动会只要是秩序好，精神好，就算是很好的，因为成绩是一天一天长进没有问题的，所以成绩不要紧，要紧的是精神和秩序，这次运动会的秩序非常好，所以我感觉得非常满意，给奖时我就说了这样一段话。其所以得到这样圆满结果的原因在哪里呢？就是一个“公”字，这个公字是大家的目标，大家存着非办到这个目标不可，大家下定这个决心，所以有这样好的结果。

此次运动会的地点在重庆沙坪坝重庆大学，重庆大学距重庆市有三十里路，重庆市各学校去来很费时间，因此我们感觉到以后要在城内想一个办法，城内没有公共体育场，召开市民大会，也就拿到没有办法，所以需得建筑一个扩大的公共体育场，我们有了这个感觉我们就干，跟到就开了一个会议，过了两天李市长、胡校长与刘先生便在城内看得一个地点：就是巴中联中市中三个学校的适中地点，至于经费的问题，则由大家想法劝募，办公共的事不比办私人的事，是有人帮忙的。于是，我们三个人出名柬请银行界及各学校开筹备会，这些银行界及各学校寻常是不容易到的，但是那一天差不多都到了，贺主任也来了，我们请贺主任说话，他说的话，我今天可以转告诸位听听，他说我在成都看看公共游览的地方，有武侯祠，有望江楼，有草堂寺，但都是破烂不堪的，而各大公馆里头哩？亭子、花园，讲究的很，可见大家只顾自己的“私”，而不管公共的“公”，公共的事，没有人管，重庆也是这样的，现在筹备建筑公共体育场，这件事情，是重庆市民公共的，大家一定要作，我也很愿意帮忙。他说的这一段话，我们四川人听着，一定难过，当时就把大家提醒了，大家都很愿意帮助，随即同大家商量妥定，第二天便正式开筹备会，推定总务组职务，由市政府担任，设计组由南渝 、市中担任，商会温少鹤、吴受彤两位就担负会计责任，我们计划以二十万或二十五万来建筑，那天开会完毕后，我们即请贺主任捐三万元，当时因为要向上峰请示，虽没有肯定的答应，但有八分把握。这次我同刘主席说，主席也答应捐三万元，希望我们大家贯彻这个为公共办事的精神，把重庆市的公共体育场办好了，推广到全川，把四川办好了，又推广到全国，如此做去，一定能把全国人体魄强壮起来。我们办教育的人起来领导吧，我们不只是训练学生的体魄，还要学生的团结，进一步要人民团结，我们要做到这个目的，有什么方法呢？就是要把握这一个“公”字，以公字来教人，定能团结大家的。

刘先生与诸位研究体育，我认为很好，我回南京去同全国体育协进会总干事沈嗣良说，请他将各种新的规则送一份给诸位，有了章程就好办了，以后请刘先生与沈嗣良多多接洽。

再者，有一件事情，我们不要忘记了，就是今年双十节开全国运动会。本人未离开南京以前就开了一次筹备会，有许多改革的事情，我很盼望四川有选手派出来，刚才蒋厅长说，不特要派选手，还要选派些体育人员同赴会参观。参观的人的用费，由省府补助一部分，学校补助一部分，个人拿出一部分，俾公私都没有损失而有利益，我认定这个办法是很好的。总而言之，我们要改造人民的体魄，我们在四川办教育，不要使四川人的体魄落后，我们不让领袖一个人来做强国的事情，我们人人负责任去作，我们以教育改造人民的体魄，我们要晓得做事情，科学固然要紧，但体育也是最重要的，我们提倡体育教育，四川人的体魄较一般省份的人坏，所以更应当提倡体育，又我们做事情要铲除自私的心，要以公字来做事，并且说做就做。大家把公字认识清楚，一切举动都合乎公字，那我们的国家民族一定兴盛起来。我们盼望教育的人，特别是办体育的人作一个榜样，怎样说，就怎样做，并领导学生来做，重做不重说。体育的精神，体育的价值，体育的内容很富丽。我的理想是以体育来管理学校，因为教体育中间可以振作学生的精神，规正学生的品德，内容富丽极了。教国文的人只有整理文字；教数学的人，只有公式和理论；教地理历史的，说不到品德上来；教物理化学的，也是一样。体育则不然，团结品德各方面的休养，都是体育课程里面的事情，要体育教员来教导的。诸位组织这个研究会就是四川体育发展的基础。今天谢谢诸位给我一个机会同诸位见面谈话，至说开会欢迎我，则不敢当，我盼望下次四川时，这个会更有进步！

（《四川教育》第 1 卷第 5 期，1937 年）

在南开校友“三七”募款庆成会上的讲话①

（1937 年 5 月 20 日）

（我）一个多月前由京入川，视察南渝中学校务，于本月 15 日离渝赴汉，小住三日。此次抵京，精神较前尤为饱满。

南渝中学自去年十一月成立以来，成绩日有猛进，这成绩也就是南开校友的成绩。“三七”募款于去年十二月二十五日由王恩东、丁文浩两校友动议筹募后，于今未及五个月，已经成功，可谓敏捷之至。这种精神如应用之于社会国家，则几年中可以建设一个新中国。中国不怕没有人，没有富源，就怕没有这种干的精神。此次在汉小住三天，眼看校友吴市长（国桢）、宁恩承、马奉琛、顾如等做事之努力，至为兴奋。在武汉参观了许多新建设，觉得进步真快。

南渝校舍工程落成典礼，将于本年十月三日举行，本人届时将亲自入川参加，然后来京参与双十节开幕之第七届全国运动会。希望在十月十七日（学校纪念日）那天，能够举行首都南开校友会会所落成典礼。

（《南开校友》第 2 卷第 9 期，1937 年 5 月）

---

① 为建筑首都（南京）南开校友会会所，南开校友会发起“三七”募款，即三个七千元。本日，在南京的南开校友举行“三七”募款庆成会，张伯苓在南京银行公会以茶点慰劳到会的南开校友，并讲话。本文摘自郭则虬的《“三七”募款庆成会记》一文，题目为编者所拟。

注重团体表演，养成合作精神①

（1937年5月31日）

昨天天气较热，为节省时间，减少大家受热起见，改用文字来发表对于此次运动会的感想。今天举行的是天津中小学运动会，天津提倡体育的历史虽然已有三十多年，但如今天这类性质的会，可以说是第一次，这应该归功于凌局长和教育局负责的诸位。以前运动会注重个人竞技，现在这个会并注重团体表演，我觉得这一点很值得称赞。个人竞技目的在强健个人身体，团体表演目的在养成合作精神，如果借着运动将全国人民训练得团结一致，我国的国力自然增强了。

现在注意团体表演的风气，流行全国，我最近自四川归来，前月重庆举办全市运动会，开会五天，盛况空前，团体表演的项目亦甚多。半月前我路过汉口，正值湖北全省运动会开会，性质亦同，这种趋势是很可喜的。本市运动会举行三日，我希望在此三日中，大家一齐保守秩序，做成一个空前的运动会。

（《大公报》，1937年6月1日）

用脑思考，用手实验②

（1937年6月13日）

科学社会化，社会科学化，为中国科学化运动协会之口号，希望到会者今

① 是日，天津市中小学春季运动会开幕，张伯苓任名誉副会长，因天气炎热，恐学生在会场站立过久，故未致词，仅将讲演稿送交大会。题目为编者所拟。

② 6月13日下午2时，中国科学化运动协会天津分会主办之“高级小学科学演说竞赛会”在特二区市立师范学校举行决赛，参加决赛学生15人，到场听众达600余人，凌勉之、张伯苓、齐璧亭、李书田等到会。五时半演说毕，先由凌勉之训话，继由张伯苓致词，讲毕，宣布竞赛成绩，并给参赛选手颁奖。题目为编者所拟。

后研究任何某一问题，更要抱着科学的态度用脑思考，用手实验。

（《大公报》，1937 年 6 月 14 日）

在南开大学毕业典礼上的训词①

（1937 年 6 月 23 日）

国事好转，待兴事业甚多，中国在国难时，深恐国人不做事，愿各生到社会里一本在校养成之“公”“能”精神，努力去干，切勿计较报酬之多寡，埋头苦干，立住脚跟，定有发展之一日。

（《南开校友》第 2 卷第 10 期，1937 年 6 月 15 日）

对南开中学初中毕业生的讲话②

（1937 年 6 月）

你们好比是要出厂的产品，我是工厂厂长，我要严格掌握质量，不准废品出厂，因为我不严格，对你们和国家都没好处。

（梁吉生撰著：《张伯苓年谱长编》中卷，人民教育出版社，2009 年，第 463 页）

① 23 日下午 4 时，南开大学在秀山堂举行毕业典礼，张伯苓训话。本文为张伯苓训话大意，摘自《南开大学近讯种种・毕业典礼纪盛》，题目为编者所拟。

② 题目为编者所拟。

在庐山仙岩饭店的谈话[①]

（1937年7月15日）

决不能向日本人屈服！打烂了南开可以再重建，国家一旦灭亡了，还谈教育？

（贺伟：《〈抗战宣言〉发表始末》，上海政协《联合时报》）

南开精神愈益奋励[②]

（1937年7月30日）

敌人此次轰炸南开，被毁者为南开之物质，而南开之精神，将因此挫折，而愈益奋励。故本人对于此次南开物质上所遭受之损失，绝不挂怀，更当本创校一贯精神，而重为南开树立一新生命。本人惟有凭此种精神，绝不稍馁，深信于短期内，不难建立一新的规模。现已在京成立南开办事处，对于下期开学一切事宜，正赶时筹划中。

（《中央日报》，1937年7月31日）

---

① 此是会聚庐山的各界人士齐集“仙岩饭店”畅抒国事时，张伯苓的发言。在座的有浙江大学校长竺可桢、北京大学校长蒋梦麟、北大文学院院长胡适、清华大学校长梅贻琦、广西大学校长马君武、金陵女子大学校长吴贻芳及梁实秋、梅思平、胡建中等。

② 1937年7月29、30日，日寇连续轰炸南开大学、男中、女中和小学后，30日下午，张伯苓在南京接受《中央日报》记者采访，发表讲话。

慷慨陈言抗战到底[①]

（1937年7月31日）

南开是被日军烧掉了。我几十年的努力都完了。但是只要国家有办法，能打下去，我头一个举手赞成。只要国家有办法，南开算什么？打完了仗，再办一个南开。

（吴桐湘著，《风云际会下的书生——中国近现代二十七位学人列传》，中国工人出版社，2009年，第131页）

在南渝中学全校师生大会上讲话[②]

（1937年8月下旬）

日军进攻平津，在七月二十八、二十九日两天接连轰炸学校，南开校园成了一片废墟。我相信抗战必胜。我们一定会打回老家去，收复平津，重建天津南开学校，而且要建设得比原来的更好。我们要记住"七·二八"、"七·二九"这两个日子，化悲痛为力量，为抗日救国事业努力学习，努力工作。

（重庆南开中学一九四二级编：《情系南开七十春》，2005年）

① "七七事变"爆发后，7月31日蒋介石发表《告抗战全军将士书》，中午，蒋介石约宴张伯苓、胡适、梅贻琦、陶希圣等人，本文为张伯苓在席间谈话。题目为编者所拟。

② 题目为编者所拟。

闻四子噩耗的哀衷[①]

（1937年8月）

吾早以此子许国，今日之事，自在意中，求仁得仁，复何恸为！

（喻传鉴编：《张伯苓先生七旬寿辰纪念册》，1945年）

要学得“创造的精神”[②]

（1937年9月6日）

各位先生！各位同学！兄弟虽然南北各处都游历过，但到湖南长沙来还是第一次，这次因为筹备清华、北大和南开合办临时大学的事情，得到和诸位相见讲话的机会，本人觉得非常高兴。

我有很多湖南朋友，湖南人在我的脑子里早就留下了很好的印象，贵校校长胡元倓先生因为常到北方去，我们认识得很早，差不多是三十多年的老朋友了。明德开办了三十六年，南开开办了三十三年，明德比南开长三岁，应该是南开的哥哥，我虽然以前没有到过明德，但我对于明德的印象一向就很好，因为明德的学生毕业之后，有投考南开大学的，也有在外国留学归国，在南开做事的，无论是读书或是做事，都有很好的成绩表现出来。

此次南开被炸，承各界人士十分关心，也有写信来询问的，也有拍电来安慰的，当时胡校长在京，曾亲自到我处慰问过，本人非常感激，至南开被炸的原因大约有两点：

（一）因为南开中学与南开大学（相距大约六里）之间，驻有我国军队，故

---

① 张伯苓四子张锡祜，空军飞行员，在江西吉安奉命驾机赴抗日前线，中途失事，机毁人亡，年仅25岁。张伯苓闻此噩耗作以下表示。题目为编者所拟。

② 1937年9月初，张伯苓赴长沙筹备国立长沙临时大学，6日到长沙明德学校参观，并发表演讲，原文题目为《南开校长张伯苓先生讲演词》。题目为编者所拟。

为日机所注意。

（二）因为南开学生抗敌空气异常浓厚。

所幸是在暑期当中，学者都回家去了，虽然中学、大学校舍均受了很大很大的损失，但本校小学、初中、高中、大学四部学生共计二千七百余人，没有一个受伤的，仅有一个职员被拘去，至今生死不明。南开被炸以后，很多国内的朋友，国外的朋友，都写信来愿意帮助我恢复学校，盛意非常可感。但当国难严重的今日，敌人还没有打倒，我们只应当先做救国的工作，有钱出钱，有力出力，暂且谈不到恢复学校的事情，所以我都一律谢绝了。现在我们为救济失学学生计，南开中学部学生预备与重庆南渝中学合校，大学部学生，则在长沙临时设立了一个联合大学容纳，现正在进行中，大约十一月一号，即可正式上课。中学部学生，因为年纪较小，肯到南方来就学的较少，大学部学生，则已来了二分之一。

前年冬天，兄弟因事到四川重庆，便感觉得四川这个地方，很有办法，很可发展，物产非常富饶，地势非常雄伟，外来敌人绝对不易侵入，就是飞机炸弹，也拿她没有办法。地方非常大，人口的确数虽不知道，有说是五千几百万，有说是七千几百万，但无论如何，总可以说是人多地大。重庆是四川的经济中心，将来中国的建设一天天发展，全国各项商业向内地扩张容易，上海因为是海口，易受外力侵凌，重庆这个地方，或者有成为全国经济中心的希望。同时又看到华北的军队虽是很好，而官很坏，个个都怀着升官发财的野心，做起事来，敷衍塞责，畏难怕死，当时我就料定战事一发，华北必失，华北一失，南开就不保，所以我决计在重庆办了一个南渝中学，做南开的后备，我的理想今天果然成为事实了，事先若没有这个基础，南开中学就一定会无形消灭，无法挽回的了。我们并不是要留了这个学校有什么利益，目的完全在大家求工作做。南渝的创设，得各界赞助之处很多，在四川省内捐了十五万元，在省外也捐了十五万元。去年还只有两百多学生，今年已有了六百多学生了。南开来合校的大约有一百六十余人，四川这个地方学生多，而学校少，到明年南渝或有七八百学生的希望。因为各位对于南开的情形很关心，所以我特地借这个机会来报告一下。

明德学校，是私立学校中最好的学校，你们既做了最好的私立学校的学生，当然要用心读书，努力求学，以备考入较好的大学。但我认为除了求达到这个目的之外，还有一椿最重要的事，就是要学得“创造的精神”。中国人向来缺乏这种精神，所以中国会贫穷至此，会被人欺侮至此。我们因为看清了，唯有教育才可以治这个民族的大病，才是改造国民复兴中国唯一有效的药。所以我们才努力来从事教育事业，我敢说办私立学校的人，没有一个是很有钱的，都是从艰苦的环境里奋斗出来的。物质方面，当然比不上公立学校，但教育不是物质的，教育是精神的，因为人不是物质的，人是精神的，所以学校之简陋与否，与我们读书毫无关系。中国非地不大，物不博，所以贫弱者，完全是因为国民缺乏精神，缺乏创造的精神。所谓“创造”者，就是不用现成的的意思，现成的事做起来没有劲，现成的事做起来觉得太老实了。你们试翻翻明德的历史，经过多少困难，多少挫折，但终没有放过去，随便怎样都不放手，这便是创造的精神。你们现在在好的私立学校读书，就应该学这种创造的精神，倘若单单读些死书去了，那你们的学费可以退十分之八。就是说，你们所学到的太微末了。所以兄弟认为惟有好的私立学校，才能造就好的人才出来，才能造就有创造精神的国民出来。

凡人有了志气，还要有热心，有了热心，还要有办法。志气要坚定如山，而办法要活泼如水。古人说：“仁者乐山，智者乐水”，我们现在要求仁智兼全的人才，就是要造成许多有志气有办法的人，决不敷衍，决不贪顽，决不因循苟且，件件事站在公的立场去做。一个人有了坚定的志向，有了活泼的办法，是无往而不利的，随便做什么事，都可以成功。我从前到欧西到日本的时候，看了人家的实业，确实比我国振兴，交通确实比我们便利，政治确实比我们昌明，就很觉得希奇，为什么人家这样好，而我们这样坏？想到这些，就时时刻刻踮起脚，延起颈，想往上爬。为什么人家比我们强，因为人家有创造的精神，有冒险的精神，有百折不回的精神，一般的国民都有志气有办法。现在我们中国的国民，也有些改变了：从前一班军人，多半是怕死，因循敷衍，保存实力，完全站在自私的立场上做事，稍为困难的事，就不愿干了。你们看这次前线抗战的将士，多么英勇！多么壮烈！虽然牺牲很大，而毫不顾恤，只知道有民族，只知道有国家，不知道有个人。可见中国的民族性，已经趋于好转。国是有办法的了，今日之中国，已不是那个老中国了，我们有很贤明很能干的领袖蒋委员长领导我们，我们不但不会亡国，而且一定会转弱为强！从前线的战士的英勇，以及南京各院部公务人员之静定，种种方面观察，中国的确是有了惊人的进步！不但是中国人自己这样觉得，外国人对我们也是刮目相看，非常佩服的了。我们今日所以力量仍不十分充足的原因，是因为以前所种的劣因太深，一时改革不及所收的劣果，其错误并不在现在。我对于今日的中国很抱乐观，这样的国家亡了我不信，现在武装同志的努力，确实是赶上了“文中子”。我们一班所谓之知识阶级的人，真是可怜得像金鱼一样的生存着，政府还可怜我们，养着我们，我们能不赶快觉悟吗？

胡校长今年六十六岁了，比我大四岁，我们这班人都老了，没有用了，中国强盛的时候，我们恐怕都看不到了，但我们只要看见她有点转机，就是教育的改造国民有了效果，不必看见成功，便非常高兴，便是我们的努力有了成绩，我们的牺牲有了代价，以后我们更应当尽我们的能力，忠心报国，负起打倒敌人，改造中国之重任来！

（《明德旬刊》1937 年第 16 期）

胜利终必归我①

（1937 年 9 月 16 日）

前年来四川，记得曾抽暇与诸位见过一次面。从那次以后，我觉得四川很是富庶，真当得起民族复兴的根据地。只可惜很多宝藏尚未开发，所以去年派人到这面来成立了一所南渝中学。一来站在发展教育的立场，感觉有此需要；再则万一北方有事，可以收容一部份南开学生。因为当时看看自己的国势，再看看日本的计划，都觉得中日终有大决斗的一天，现在果然不幸而言中。南渝校已收容了一部份南开学生，还收容了一批教习。这里所可引为遗憾的，报上载了一则中央通讯社稿子，略谓：“南渝校正在计划扩充地址，以备收容南开学生，将来接得通知后，即可转学。”等语。所以现在由南开转学来的学生并不多，想是等待通知的缘故。其实，那个稿子并不是南渝校发出去的。至于南开大学部学生，已同清华、北京等大学学生，由政府在长沙及西安两地设立了两所临时大学安置。

此次到重庆来，看见南渝校学生与职教员活跃情形，给了我很大的安慰。那里的教师与学生，完全是打成一片的。譬如早操，无论教员学生，都去参加。学生的一言一动，都在教师的指导中，把训练看得比学科更紧要。这样做起来，进步很快。这因为过去有几十年的办学经验，作起来可以省很多的力。诸位有

① 本文为张伯苓在卢作孚的民生公司的演讲词，由去名记录。

子女，可以送到那面去帮忙教育。

再谈谈南开校被炸情形，因为诸君亦是很关心南开的。这件事情，本来在意料之中，一有机会他决定要加毁坏的。该校建筑及教育设备等费，共约值二百余万元。这倒没有什么难过。在这全面抗战的时候，真是一件小事。南开校虽然被炸，但南开校的精神是永远存在的。例如上海中学，他是江苏省立学校，从前不知是办理的人不甚负责，还是旁人肯说闲话，总觉成绩不大好。自从南开校学生曾公朴接长该校后，因为他肯负责任，拿公立的学校当成私立的办，现在已经办得很有名，旁人不但不对我说闲话，还肯帮助他的钱了。只要南开校出来的学生都这样，只要各地办学校的人都这样，一个南开校被炸，简直算不得甚么。就是十个、百个南开被炸，也算不得甚么。中国的人数是很多的，可是向来没有计划，没有组织，于是一切皆归失败。今后只要全国人做事都有计划，都有胆识，对于一个南开之被炸，我是一点也不难过的。因为国家有，一切都有了。如果国家都没有了，岂止抗日最力的南开校没有，就是甚么也没有了。自从南开被炸后，每天都要收到许多慰问的信函和电报，还有问及计划怎样去恢复的，这种关心，我是非常感激，但在全面抗战的现在，暂时决不计划怎么去恢复它。

现在，谈谈国家情形。敌人此次下了决心要征服我们，我们为了生存，只有尽力抵抗。我们都晓得，敌人要比我国强盛，因为它预备了多年。所以蒋委员长说，我们只是应战，决不求战。中国这回抗战，可以说出乎日本人乃至全世界人意料之外。第一它比我强，中国决敌不过它。第二，中国人向重保守，只要保守住这一块，那一块失了都不要紧。它觑准了我们这种委曲求全的心理，于是逼着要分化我们的华北。如果我国肯委曲签了字，则华北就算亡了。但因为我们有很好的具有革命思想的领袖，在七月十七日发表了严正的庐山谈话（这在将来抗战有结果以后，可以看出是革命史上最重要的一页），于是举国一致的，都跟着领袖的国策走。领袖说，应该这样做，大家说好，就照这样做起来。这很特别，一切都为人所想不到。自从这个国策定过以后，中国在世界上的地位已经提高得不少了。

纵观南北战况，起初二十九军太坏，几天工夫就把北平失了。上海稳扎稳打，二月余来，还算不错。人都知道，日本是世界上第一等强国，现在与我们打了这样久，亦不过尔尔。足见我们还能够同他打。我到各地探听国人心理，亦说胜利终必归我。这真奇怪得很！原来决定战争之胜败，除军事之外，还有很多复杂问题，例如经济、政治、外交之类。

现在就从这三方面略加分析：

1. 经济。日本根本是穷的，如意、德等国一样。国为它穷，幅员又小，于是便向外拿出抢的手段。它平日财政很空虚，因为许多钱都被少壮派军人用尽方法去增涨军备预算，以便供给它的战争消耗，于是造成财政上不平衡状态。我前曾到日本去参观过，那般真正建国的人，其坚苦精神，真是伟大，真令人佩服。而这般少壮派军人，不但不能继承遗志，简直可说是那般建国的人的罪人。此次向我侵略，除了飞机大炮的数量上比我稍多外，其士气很坏。虽然哄着那些兵，说有飞机大炮保护，不会打死，但是掩不过眼前被打死的事实。并且是征兵制，没有钱就征不出来。其经济力量之薄弱，时间短还不觉得，久了就要显出来。反观我国是农业国家，关了门可以自给自足。虽然海口交通不便，但少来点外国货，我们乐得少流出去一点金钱，毫无关系。再则我们的士气很壮，一则因为有历年仇恨在心，再则我们的兵是招募来的，他的职业就是兵，可以一心杀敌，毫无牵挂。

2. 政治。日本虽在向我大举侵略，但其国内思想极不一致，都是些少壮军人造种种消息欺骗他们。如像说“应该快点下手，再不打就不得了”或者“等待中国强起来，就没有日本的份了”之类。因为它的兵都是被欺骗来的，又有妻室的系念，所以很怕死；而我们的兵士则十分的勇往直前。我们都知道，越勇敢死得越少。前天听见此间行营顾主任说，平均我们一个多一点换它一个人，照原来四个换它一个的预计还差得远。战事如果像这样延长下去，它国内一定要起变化。再看我们自己，过去都是内战，以致对消自己力量。现在不同了，南京各种重要会议，都一致拥护中央，都一致团结，拥护蒋委员长领导救国，这是中国向来所没有的。这个意义很深。这便是最好的教育。我们不怕天天打败仗，只要能够长期支持住。有人疑心说，恐怕蒋先生将要代表全国与它和平签字了吧，这是绝对没有的事，还要干！还要干！干久了，它国内就要起变化。

3. 外交。自从抗战发动以来，各国并未干涉，这是一种好现象。德国顾问仍然帮助我打日本，他说它太坏了。苏联看见我们还能抗战，所以与我们拉手，订立互不侵犯条约。如果我没有力量，它是决不肯与我拉手的。因为拉起手来，岂不把它一起拉倒了！还有，孔院长在欧洲借款活动，也甚如意，这还是因为我们有抗战的力量和事实表现的原故。如果没有势力，谈借钱决不行。你看那些穷人，不是出三分或四分的利息都借不到钱吗？

许多人说抗战必归我胜利，分析起来大约有上面这些因素。兼之我们的陆军很勇敢，空军尤其不弱。如像死守南口、宝山，虽一天死一千多人，但仍然前仆后继，毫不气馁。这真是民族复兴的一种表现！相信此次战争过后，国民一定要得一个大进步，把从前自私自利的脑筋都变正过来。

我刚才的一番话，不是故抱乐观，好比一个娃儿被打，早晚他必定会得生存。这个心理我们一定应该有的。我也不说这是中国生死关头，因为已经生了。我只说这是一个重大关头，应该谨慎从事。请诸位不要看见前方战事小小失利就灰心。以后还要坏，还要坏几倍，但是决不怕，因为我们思想既一致，又有很好的领袖蒋先生。自从西安事变后，张学良先生曾说蒋先生“当英雄又当圣贤”，这回是蒋先生领导民族救国，当民族唯一救星的好机会到了。

（《新世界》第 11 卷第 5 期，1937 年 10 月 1 日）

南开精神已布满全国[①]

（1937 年 9 月 26 日）

南开中、大学被日机轰炸时，余适未在校内，因庐山会议后，余过南京稍留，当时本欲行返津，以在京朋友之挽留，并劝告本人，谓日本人对南开及余个人均甚不高兴。其实吾人能得日本人之嫉视，已自足荣幸。友人更谓，至必要时，日本必将予南开以破坏，并将予本人以不利。余遂即暂留南京。

七月二十九日，余得到报告，谓南开被炸，时余并不惊讶，因此事已在意料之中。教育是立在精神上的，而不是立在物质上的。当晚中央社记者访余时，余已向彼等言之。当日轰炸南开学校时，幸未伤人，而在事前，校内仪器图书亦多已迁出。本人以为建立一个大学，精神难物质易，南开以经四十年来之经营，当去年政府计划接办时，估计全部校产已达二百七十万元之钜，在私立大学中，似已可观。如今牺牲掉，本人并不过分爱惜，因南开精神已散布于全国，愈毁坏，愈有更新发展之可能。

当日余接到被炸消息不久，教育部长王世杰曾到旅馆来慰问，并表示政府

---

① 26 日中午 12 时，张伯苓在武汉金城银行二楼公宴南开校友，市长吴国祯，市政府技正吴国柄，所得税驻鄂办公室主任宁恩承等 80 余人出席，张伯苓谈了以下内容。题目为编者所拟。

本次演说的相关内容在《布道杂志》第 10 卷第 12 期（1937 年 12 月）也有刊载，文词相同，不再重复。

必尽力帮助恢复南开。余当时答称，在此抗战期间，余绝不愿使政府分心。后蒋委员长亦向余有同样表示，亦如此答覆。现时南开中学已在南渝从新建立成功。本人于前年我已料到北方必要发生问题，当即开始向各方奔走募款，不久即募得三十余万元。进行能如此容易，实因南开之奋进创造精神，已布满全国。

吾于今后南开大学之恢复，若在平时，当然不成问题，但现时正在抗战期间，恢复工作须待后日缓谈。现时政府已在长沙设立临时大学，此校将容纳清华大学、北京大学、南开大学及中央大学研究院四校学生。现时该处所有之房屋及用品，均已备妥，一切亦均有办法。余此次赴长沙，即为办理校中各事。本校已决定将电工一部与湖南大学合作，化工一部与重庆大学合作，至于理、文、商三科，则设于长沙。

南渝中学方面，只有原来南开中学生数十人，现已开学，学生均甚好。至于其他一切，均较在天津时更有进步。因南渝方面一切都是有计划的。今年十月十七日本校纪念日，当扩大举行纪念，表示北方南开学校被毁，而南方之南开又展开其更伟大之生命。

论吾人对今日抗战之态度及认识一问题时，吾人应先理解今日之中国已为新中国，吾人已变成新中国人。以前吾人均有三大病：一为“怕”，二为“退”，三为“难”，即遇事来即怕，怕而退，退即觉所有各事都难，结果什么事都办不成。自从抗战爆发以后，可以证明国家是变了，第一因不怕日本凶，再即不因日本之用强力压迫而退却，三不顾一切艰难，向前迈进。

中国此种情形，较之昔日非改变而何？即吾人亦如之。中国现时之抗战，实占有绝对有利之条件，经济、政治、外交三方面，均有利于我，而无利于日本，中国只要打，一切都有办法。无论如何想，中国都不会亡国。中国历年来进步不易，其原因是中国是大国，故要亡中国，因其大，故亦不易亡之。余希望大家自己应了解已变为一新国民，便希望注意不要使身体成新的而留下一对旧成分或留下一条尾巴在身上。中国之领袖的进步，实一日千里，余已自己感觉追逐不上，希望全体同学当努力力追。

（《大公报》，1937 年 9 月 27 日）

日本破坏我教育机关经过事实声明[①]

（1937年11月5日）

北自北平，南迄广州，东起上海，西迄江西，我国教育机关被日方毁坏者，大学、专门学校有二十三处，中学、小学则不可胜数。谨以大学而论，其物质上之损失，按照一九三五年之估计，在六千七百万元以上。至文化上之损失，则无法计算。诚所谓中国三十年建设之不足，而日本一日毁之有余也。

日方此种举动，系有计划、有系统，故如中央大学即为日本空军所圈定之轰炸目标，嗣果陆续惨被轰炸四次。又如南开大学则轰炸不足，继以焚烧，全成焦土。日方此种举动，每以军事必要为藉口，殊不知此种教育机关分布各地，往往距军事区域非常辽远，且绝与军事无关。日人之蓄意破坏，殆即以其为教育机关而毁坏之，且毁坏之使其不能复兴，此外皆属遁辞耳。

日本此种举动，实为对于文明之大威胁，应请世界开明人士，协同我国一致谴责。如果此种威胁不能制止，则世界将无进步与和平之可言。迟疑不决，即不啻与侵略者以鼓励。惟有举世决心，实施有效制裁，始为保障文明最简便、最迅速之惟一方法。

（《申报》，1937年11月6日）

① 自卢沟桥事变后，三月以来，日本军队在我中国各地，利用飞机大炮，毁灭我各级教育机关，业已指不胜屈。此实为日方最恶之暴行，且亦为世界文明史上之最大污点。顷我国教育界巨子如中央研究院院长蔡元培、南开大学校长张伯苓、北京大学教授胡适、北平研究院院长李煜瀛、同济大学校长翁之龙、中山大学校长邹鲁、北京大学校长蒋梦麟、中央大学校长罗家伦、沪江大学校长刘湛恩、清华大学校长梅贻琦等一百〇二人，联合发表长篇之英文事实声明，历叙日本破坏我国教育机关之经过。本文为声明摘要，题目为编者所拟。

抗战前途的观察[①]

（1937 年 11 月 17 日）

近几天来东北两战场，我军阵线因战略的移动，是不会影响抗战前途的，一般对国内外情势不大明了的人，不免发生一种惶惑的情绪，于是有不少汉奸，便乘机散布谣言，企图扰乱人心，这都是应该加以纠正和制止的。目前军事上的小挫，不足忧虑，而最后胜利是有绝对把握的。中日战争就好像一场赛球，第一局中国输了，公正人将银角一吹，这算是中国输了么？不，这不算输，因为战局还要继续进行。中国抗战没有终止的日子，除非失地完全恢复。中国武器不如人，飞机大炮没有人家多，暂时的失利，这是我们自己早已料到的，也是世界各国早已明白的。但是我们精神好，明明知道武器不如人，还要争国格，求生存，不甘做亡国奴，一致奋起和侵略者对抗，并且决心长期抵抗，这一点就是中华民族的胜利，各友邦同情援助的原因。

上海抗战不到二星期，苏联和我们携手，订立互不侵犯条约了，罗斯福也在芝加哥作狮子吼了，国联通过谴责日本的决议了，接着九国公约签字国也开会议了，这是什么道理呢？理由很简单，就是因为中国争国格，下了抗战决心。有人对我说，九国会议依然是纸上谈兵，毫无成绩。我认为这种见解是错误的，日本不是始终诡辩对华侵略没有破坏九国公约么，不是主张中日争端两国直接解决么，但是九国会议宣言书中，坚决加以驳斥，郑重声言，中日争端不是两国间的问题，而是世界的问题。英法美等国能抱定了这一个观点，便是我们的胜利，九国公约的成就。中国当初决心应战的时候，本不打算靠别人来帮助，但是相信我们只要能继续抗战到六个月，世界上一定会起一个大变化，这个变化的严重，恐怕比 1914 年的时代还要惊人。中国人只要抱定了“最后胜利，必属于我”的决心，在三民主义和蒋委员长的领导之下，终能达到目的，什么军事上的失利，什么汉奸式的停战谣言，希望在座诸君，个个负起纠正的责任，同时随时宣传抗战的最后胜利，便算尽了知识分子应尽的责任。

（《南开校友》第 3 卷第 3 期）

---

① 此为在长沙临时大学南开校友聚会上发表讲演，参加者有梅贻琦、饶毓泰、江泽涵、杨石先、黄钰生、柳无忌、陈省身等。

必须要具备“公”“能”两件修养功夫[1]

（1937 年 11 月中旬）

我心里真愉快极了，绝不是许多关心南开的人们所料的那样。有什么值得伤心的呢？房子毁掉！算了！再盖更好的！他们毁掉天津的南开，许多更活泼更有希望的南开又开始在各处成长起来。在四川，我们又添了一个小妹妹——南渝中学——大家有机会都可以去看看，还不到一年的功夫，无论在物质方面，精神方面，一切都已经超过原来的南开多多了。事情只要去干，有什么不可以成功的呢？所以我说，如果中国人个个肯像我这样傻干，干什么都成。你说那一件我们中国人比不上人家？你说我们拼不过日本小鬼？

谈到国事，许多人都说我乐观派，后来我向他们一解释，他们也都信我的话了。前天我们几个人在学校开常会，散会后我又跟他们几位谈起来，我说这次抗战我们一定要胜利，毫无问题。上海失了算什么，太原失了算什么，难道这就像赛球的时候，裁判员的哨子一吹说：“The game is over。”不是的，完全不是的。我们这一回的“Game”还早着啦！打不完的！中国有这样大，这样多的人，就容他舒舒服服地进来霸占？系下一个圈子，说是中国人不许进去？没有这回事！绝没有这回事！而且现在我们又何尝失败了呢？这不正是我们预计得到的进展吗？我的弟弟张彭春说过：“和他干！不要紧！只要我们先支持六个月，一定有人出来讲话，有人出来帮助我们。”你们看，他的话果然应了。到现在还不足五个月，苏俄的远东军不已经在满州国的边境集中起来？我要提醒大家，目前的世界不是各人单开门独开户就行的，相互间都有着休戚相关的利害。法西斯有他们的集团，和平阵线也有着更广（泛）的联合，并不是除了中国世界上便只剩下一个日本，听他去胡搅胡闹……我这样一讲大家便都高兴起来了！蒋梦麟先生原来说他身上有病的，居然马上也好了。但是，我劝你们大家每人回去写十封信，告诉你们亲戚朋友，叫他们不要害怕，中国最后是一定要胜利的！……你们想，这不比给我们吃下一剂大补药更强得多吗？

---

① 本文为张伯苓在长沙临时大学所在地长沙圣经学校的演讲，摘自何懋勋的《张伯苓先生》一文，题目为编者所拟。

你们看！真是好现象！我一进门的时候，我看大家都像是在想心思，一脸颓丧的劲儿。现在你们各人再互相看看，多有精神！多有希望！……我在去年西安事变以前就跟你们说过，中国的确天天好转了，真能够逢凶化吉！果然，蒋先生出来了，到现在全国已经打成一片，共产党也放弃了他们的主张……周恩来是我的一个学生，前些年我很不赞成他，虽然那时他已经毕了业，我自己还暗暗地给他记下了三次大过，可是这一回他真不错，据说这一回竭力要保蒋先生出来的就是他，因此我也就马上把他那三个大过一次取消了。

我们必须要具备两件修养功夫：第一是“公”，第二是“能”。无论在学校、社会、国家，以至世界里，不公绝对不行，如果个个人都为私，那前途便只有黑暗！中国几千年来就是讲究“私”的人太多了，所以才弄得那样糟。还有，既做到“公”，自然也连带着做到“平”，无论做哪一件事，不平终归是不行的。目前的世界正在慢慢改进着，当然有一天总走到“公”的路上去。其次说到“能”。说“能”并不是希望要有多么大的技术的意思，我所说“能”是要“能”干，肯吃苦。一生肯吃苦，有什么不可以成就？

（《抗战周刊》（汉口）第1卷第15期，1937年12月18日）

苦干、硬干，努力不息

——在校友总会第一次临时大会上的讲话

（1937年12月24日）

诸位校友踊跃参加大会，实在值得庆幸！这种肯干求长进的精神是很好的。一个国家或一个团体，因为它是正在那里向上长进，敌人才想把它毁掉。但是事是这个道理，南开学校是这样，校友事业更是这样，它愈想毁灭我们，我们愈向上长进。在两年前，在此地若召集校友会，到会的至多也不过二十多人，而现在竟至如此之多。这固然一方面是由于时间的关系，但是另一方面也是向上长进的表现。我们学校现在希望大家也要本这种精神向前干，我们终归要逢凶化吉的，虽然敌人是步步进逼，但是我们不要怕，更不要颓唐，精神要贯注。小小的失败算什么！试问一个人若是老在那儿想成为琉球人，那不早就完了！

我们仍然是要干！最后希望大家本着南开精神，一致往前努力！

（《南开校友》第3卷第3期）

国际反侵略大会中国分会启事

（1938年1月22日）

敬启者：国际反侵略运动大会（原译为国际和平运动大会）中国分会业由发起人等筹备就绪，兹定于一月二十三日下午二时假汉口市总间会开中国分会成立大会，谨希各界人士准时惠临参加为荷。

蔡元培	宋庆龄	汪兆铭	马相伯	于右任	居正	冯玉祥	于　斌	萨镇冰	吴敬恒
张人杰	宋美龄	宋子文	李烈钧	李根源	戴传贤	张继	邹　鲁	邵力子	陈璧君
叶楚伧	朱家骅	沈钧儒	陈果夫	陈立夫	李济深	颜惠庆	孔　庚	彭泽民	陈　庆
萧佛成	宋霭龄	何香凝	毛泽东	孙科	李德全	周寿臣	何　键	赵戴文	保　东
石　瑛	陈嘉庚	黄文植	罗旭和	曾琦	马君武	王法勤	杜重远	胡文虎	严立三
张君劢	蒋梦麟	周恩来	萧吉珊	黄炎培	郭沫若	张伯苓	陈绍禹	黄琪翔	黄季陆
张厉生	张西曼	梅贻琦	王星拱	梁漱溟	刘健群	郭春涛	方　治	徐　谦	马超俊
吴国桢	王世杰	钟可托	陈友仁	贺耀祖	贺衷寒	胡适	杨　虎	张□先	覃　振
张知本	周鲠生	董必武	许德珩	邓颖超	曾仲鸣	许崇清	王懋恩	刘湛恩	陈　时
康　泽	潘宜之	吴开先	章伯钧	张冲	张默君	段锡朋	陶百川	董显光	曾庐白
□　悌	罗冀群	陈济棠	李登辉	秦邦宪	刘百闵	沈滋九	戴　笠	林云陔	谷正纲
孟庆树	钱俊瑞	雷沛鸿	徐恩曾	马占山	刘纪文	杭立武	罗隆基	张季鸾	邓文仪
田　汉	刘清扬	李杜	甘介侯	方振武	邹韬奋	胡宗铎	袁守谦	彭学沛	王德林
陈铭枢	张　文	杨锦昱	史　良	王昆仑	卢作孚	朱霁清	宣侠父	熊克武	梁寒操
罗文干	刘航深	罗克典	徐悲鸿	叶剑英	胡政之	刘守中	王致远	张定璠	林庚白
沙千里	蒋光鼐	蔡廷锴	何炳松	张绿村	付汝霖	许宝驹	邹　琳	邓初民	陈独真
江述之	胡先骕	鲍静安	方之桢	喻育之	王泉生	谢作民	周启刚	郭秉文	叶宗高
李　璜	张天翼	周星棠	谢维麟	左舜生	潘梓年	贺衡夫	成舍我	曹孟君	管翼贤
余蓉樵	葛建时	陆玄甫	萧同兹	李荐廷	张志让	汪伯奇	丁文安	盛静怡	马乃超

陈逸云 陈□岭 于　渊 张申府 潘汉年 张仲钧 方润泉 祝庸斋 麦朝枢 朱澄霞
梁　栋 温源宁 胡卓英 黄松龄 范予遂 吴贻芳 范长江 王造时 秉　志 唐槐树
柳　湜 杜冰坡 陈经畲 陆德泽 阳翰笙 徐淑希 叶溯中 管雪斋 骆美焕 陈博生
李尧卿 张北海 陈石泉 郑独步 安　娥 徐阁瑞 罗　刚 徐光英 吕□道 盛　成
余显华 王亚明 阎宝航 许友超 马荫良 徐寿轩 王芸生 林□侠 谢无量 彭乐善
冼星海 周剑云 应云卫 陈波儿 国联同志会 中国公教进行会
全国男青年协会 全国女青年协会 中国文化协会
中国国民外交协会 全国抗敌救亡总会 东北救亡总会
国际宣传委员会 中华海员工会 全国邮会工会
湖北省妇女慰劳总会 武汉文化界抗敌协会 汉口市间会 等同启

（《大公报》，1938 年 1 月 22 日）

关于临大近况及在川办理中学情形答记者问[①]

（1938 年 3 月 9 日）

张伯苓：自蒋梦麟诸先生来滇筹备后，深得贵省帮助，临大一切准备事项，均已大体就绪，诸如校址之选择，教职员学生之住宿，已获顺利进行，一俟筹备竣事，即可开学。

记者：开学日期是否预定于五月一日？

张伯苓：现正努力筹办，开学日期或可提早。

记者：教职员学生现抵滇者共有若干，梅贻琦、胡适之两先生何日来滇？

张伯苓：教职员学生现抵滇者共百余人，其余者，或步行，或乘车，不日亦可到达。梅贻琦先生尚在长沙办理善后，胡适之先生现在美国，将来回国，或将来滇讲学，至其他教授，因学校迁移，亦将陆续到滇。

记者：图书仪器如何补充？

---

① 长沙临时大学常委张伯苓乘欧亚机 15 号飞抵昆明，临大常委蒋梦麟、云南省教育厅长龚仲钧等到机场欢迎，下榻于昆明渝园，接受记者采访。题目为编者所拟。原题为《第一临大常委张伯苓抵滇》。

张伯苓：除将华北事变前所保留者设法运滇外，其必不可少者，自当徐图购置，以供教学之用。

记者：在川办理中学情形？

两年以前本人决定在重庆办一附中，男女兼收，定名南渝中学，取南开在重庆办学之义，由喻传鉴君充主任，预计分三年推广，第一年招收学生二百名，第二年而收学生竟达八百余人之多，似此情形，中学教育有再推广之必要，乃于自流井地方，将原设置蜀光中学接收，现在鸠工庇材建盖校舍，容纳学生以一千人为标准，约暑假即可开学。此校开学后培植学生不少，至于吾人应尽之中学教育责任，亦可稍释重负。

记者：对于战时教育之意见？

教育乃国家百年大计，国家不幸而发生战争，教育除照循序推进外，应侧重于精神讲话，以激起学生之爱国情绪与民族意识，至于后方之各种任务，如防空救护……[①]等，则正聘专家随时教授，俾其于所学之功课外，更学些战时技能，以增厚抗战力量。

记者：我国抗战前途如何？

暴日乃一等强国，我国乃弱国，弱国与强国战，非自吃苦不可，但我国抗战，系为争取国家民族之生存而战，为维持国际正义和平而战，持之以久，必得最后胜利。

记者：以后是否常驻本省？

今后常于昆滇之间来往，以便照料两地。本月尾，因有要公，尚须飞渝一行。

（《云南日报》，1938 年 3 月 10 日）

① 文中省略号系原文如此。

南渝中学办理情形①

（1938 年 5 月 9 日）

民国二十四年冬，蒋委员长曾在川召集禁烟会议，本人前往出席，乘便至渝、蓉各地参观。当时本人以我国虽日渐统一，努力建设，但敌方必愈益从事破坏，华北方面首当其冲，迟早必受敌方侵犯，深感经营三十年之南开学校，一旦被敌摧毁，难以推进，故决定在渝筹设一中学。校舍建成后，即决定三年招生计划，第一年为二百，第二年为四百，第三年为六百。嗣自抗战发动后，川省为后方重镇，人口增加，就学青年额数骤增，现虽尚未至第二年度，而学生已达九百余人，预料本年暑假后，约可增至一千五百余人。原有学校设备，原已不敷应用，将来学生额数苟激增，更难容纳，故本人此次来汉，将向各长官吁请补助经费，俾资发展内地教育，为国家多造就人才。

（《大公报》，1938 年 5 月 10 日）

南渝中学发展经过②

（1938 年 5 月 12 日）

民国二十五年，予因禁烟会议之便入川，当时在渝、蓉等地参观，默察敌寇野心欲望无穷，而教育事业不可一日终止，故即决意在渝另建中学，返京时谒蒋委员长建议。当时拟筹款十五万元，购地建筑校舍，当承蒋委员长采纳，首先捐助五万元。予既得最高领袖之鼓励，乃于是年二月间开始动工，五月间即有一部份完工。其后余款陆续募得，先后添建科学馆、体育馆，暑后即行开

① 张伯苓于 8 日晨由重庆飞抵汉口，面见蒋介石、汪精卫、孔祥熙、张群、陈立夫等，申请补助经费，发展南渝学校，并于 9 日接受中央通讯社记者的采访。题目为编者所拟。

② 本文为张伯苓与《大公报》记者的谈话，题目为编者所拟。

学，第一年招生二百人，第二年（即本年）原拟共招收四百人，而实际则已达九百人，第三年（即暑后）原定共六百人，但预料可达一千四百人，超过一半有余，故非增加设备及经费不可。现已承蒋委员长允拨建筑费八万元，每年常年经费七万元，现建筑已完工者，计芝琴堂（科学馆）、忠恕图书馆、受彤楼（女中部）、风雨操场兼礼堂、消费合作社及银行、校医院、电机房、津南村（教职员宿舍）及课堂大楼发、男女生宿舍及食堂、办公室等二十余座楼房。予对建筑之原则：（一）应用；（二）朴素美观；（三）坚固；（四）省钱。各项建筑幸均能达到以上目的。而工程之敏捷完成，各项计划之未雨绸缪，故能迅赴事机，切合需要，然非最高领袖之目光远大，热心扶植教育事业，亦不克臻此。

（《大公报》，1938 年 5 月 13 日）

在武汉南开校友欢迎会上的讲话[①]

（1938 年 5 月 13 日）

自敌人炮火开始摧毁南开学校，余愈觉精神振奋，不敢自认老大，不敢病，尤不敢死，今年六十三岁，信能自视如四十三岁，决继续为教育事业奋斗。现除重庆南渝中学外，尚拟在自流井创办一校，暑期后亦可开学。

敌寇志在亡我民族，吞我国土，全国应一致努力抗敌救亡工作。在领袖指导之下，共同奋斗，各尽国民天职，报效国家。

（《南开校友》第 3 卷第 9 期）

① 本文是张伯苓于 1938 年 5 月 13 日在汉口金城银行二楼举行的武汉校友会欢迎会的讲话。会上致词的还有周恩来。题目为编者所拟。

恽代英、周恩来是中华、南开两校的光荣[①]

（1938 年 5 月 14 日）

我和陈校长相比，自愧不如。办南开，我只是出了点力，陈校长办中华，既出力，又出钱。

我在北方，经常想到华中，想到华中，就想到“中华”。中华大学有恽代英，南开大学有周恩来，这都是杰出的人才，是我们两校的光荣！我们两校有许多共同点，正如陈校长所说，中华、南开是亲如姊妹。

最近，我乘船过三峡，过滩时，船上和坡上的人用心协力动手绞滩，平安渡过险关。我有感于此，回来写信给周恩来同学，我说国共两党只有同舟共济，协同努力，战胜恶浪，才能冲破难关，获得胜利。

（政协武汉市委员会文史资料研究会编：《武汉文史资料》1983 年第 3 辑，1983 年 8 月，第 119 页）

武汉归来[②]

（1938 年 5 月 20 日）

诸位校友，又有许多日子没有和诸位见面了，因为上个月到自流井去，最近又到汉口去，所以校友们的聚餐会，延期两次，今天才得开会。最近到汉口去，完全因为南渝补助费的关系。南渝第一期的建筑费同购地费一共是五十万元，第一个帮忙捐款的就是蒋先生，首先捐款五万元。最近完成之第二期建筑费，一共二十四万元，捐款收到的只有十一万元，不足十三万元，所以一时学

---

① 本文为张伯苓应中华大学校长陈时之邀，在该校做的演讲片断，摘自吴先铭的《陈时与中华大学的几个片断》一文，题目为编者所拟。

② 本文张伯苓在校友总会第四次聚餐会上的讲话，由严仁颖笔录。

校的经济感到十分的困苦。

遇到了这样的困苦，怎么办呢？我一点也不怕。我常常说：南开、南渝的孩子们，都是有福气的。比如说贫穷家的小孩子，他没有衣服穿了，家长没有钱给他做衣服，只得替他到布店里去赊布，把布赊来，先做上衣服，布钱家长以后再想办法清理。这个小孩子可以说是很有福气了。历来南开、南渝的学生，就和这个小孩子一样的有福气。负责任去赊布的是我，别人都还信任我。

我这次去汉口，先后见到张岳军先生、孔祥熙院长。我把所带的像片，校图给他们看，他们都非常赞美南渝的发展。孔院长说："你为什么好好的跑到四川重庆去开学校？"我说："不但我跑到四川来开学校，现在，连国民政府也跟我们一样的跑到四川来了。"张岳军是南渝的校董，他说："我虽然是南渝的校董，但是我很惭愧，因为我一点事也没有作。"我说："现在有事作了，请你这次多帮帮忙吧！"蒋先生这一次我也见着了，他约我吃午饭，只有陈布雷先生在座，我当时也提出了南渝补助费的问题，蒋先生便叫陈先生记下催促。

我对于中国最近的一句谚语，认为非常有理，哪句话呢？那就是"尽人事，听天命"。一切的事情，尽了人事，就不必管了，天命叫他成功，必能成功。这次募款，就是尽了人事，而天意又帮助成功的。

在我去汉口以前的十天里，南渝已经进了十万元的捐款。自流井盐务管理局的诸位先生，非常同情南渝的情形，特捐款五万元。行营方面有顾主任、贺主任的帮忙，特捐款三万元。再有就是中华教育基金董事会，也捐款两万元。这次是请周寄梅先生在会议席上提出的，显然我们希望的还多，不过在这种时期里，十天内能捐到十万元，我们是非常感谢各方面的。

去汉口的结果，也是十分的圆满。中央补助费八万元，是星期三见孔院长提到的，结果在下一个星期二的行政院的会议席上就通过了。孔院长在百忙之中，肯这样的帮忙实在令我们感谢。在三个星期之内，可以捐到十八万块钱，在南开过去的历史中，也是很少有过的。还有请求的经常费，每年七万元，昨天也接到何淬廉先生来信，说是已经交教育部与四川省政府办理，希望也能够成功。

南渝第二期建筑费，陪［赔］了十三、四万元，现在进了这几笔捐款，第二期的建筑费算是解决了。但是，还有第三期的建筑，现在也在开始了，把捐款用去，又不敷三、四万元，怎么办？不要紧，因为这群小孩子是有福气的，赊了布，先做衣服，我再去负责想办法。

谈到建筑，我常说要有四个要点：第一，要美观；第二，要坚固；第三，要速成；第四，要价廉。南渝的建筑就具有这几点优点，诸位可以看到南渝一座座的橙红色的大楼，用钢砖砌成的。但是，那是钢砖吗？不是的，那也是普通砖，不过用了红灰采填缝罢了，由此可以证明南渝建筑的优点。

这次在汉口，校友开了一次会，非常热闹，整整到了一百单八将。我们选了几个人讲话，第一位代表教职员校友们说话的，是徐谟先生；第二位是代表学生校友说话的，是周恩来先生；第三位是女校友刘清扬女士。最后，空军校友刘宗武君，也赶来与会。

周校友恩来，从前在某一个时期里，他的性命很值钱。政府曾经悬赏过，凡有人能拿到他的头颅的，要给赏十万块钱。这次我到汉口去募款，有些校友说笑话："校长可以领着周恩来到蒋先生那里，要几十万块钱，这不是很好募款的方法吗？"这是一个笑话，不过关系募款的事，我也已请他帮忙了。

刘宗武也讲了一段南开校友在空战中的损失，大家都非常动容。刘宗武很好，在最近武汉两次大空战里，他打下了很多架敌机。那天散会的时候，校友们纷纷请他签名，以作纪念。

今天，拉杂的讲了许多，下次再谈。

（《南开校友》第3卷第9期）

演剧与做人[①]

（1938年6月4日）

今天是本校怒潮剧社第二次公演，这种剧社组织我很赞成。因为到学校来念书，不单是要从书本上得学问，并且还要有课外的活动，从这里面得来的知识学问，比书本上好很多，所以一个人念书要念活的，不要念死的书。南开剧团有三十多年的历史，从这组织里面造就出不少的人才，现在社会上名人如周恩来、时子周、张彭春、万家宝等等，当年都是新剧团的中坚分子。从戏剧里还可以得做人的经验。会演戏的人将来在社会上必能做事，戏剧中有小丑、小生、老生等等，如果在戏剧中能扮什么像什么，将来在社会上也必能应付各环

① 这是张伯苓在南开怒潮剧社第二次公演时的演说词，由李若兰追记。

境。我不反对这种组织，因为在社会上做事正如演戏一般。这次怒潮剧社是由严仁颖、华静珊两位先生帮助不少，社员们也都非常努力。第一次公演成绩，在国语一方面不大好。这次的成绩一定比上次要有进步。

（《怒潮季刊》周年纪念特辑）

团结全国力量，努力抗战建国①

（1938年6月17日）

鄙人今晨阅报，始悉中央选任鄙人为国民参政会副议长。按参政会之目的，及政府在抗战期间为集思广益，团结全国力量，争取最后胜利。其职权得提出建议案于政府，听取政府施政报告，暨向政府提出询问案之权。故就其职责言之，非普通代议机关可比，责任重大而不繁难。盖现在全国意见，均趋一致，讨论时当无意见分歧之现象。今阅公布被选之参政员名单，实代表全国各方面。个人认为，参政会讨论之事虽不多，而其意义则极重大，更希望参政会开会后，代表全国意见为政府之一大助力，替政府负担责任。盖中国今日之局势，非全国共同一致奋斗，不足以挽救危亡。如川江木船上滩之艰难，端赖舟子共同努力推拉，方能平安渡过。非服从一个领袖之主张，不能挽狂澜于既倒。如川江木船下滩之凶险，端赖舵师之把舵，始免倾覆之虞。故鄙人希望开会后，团结全国力量，在领袖领导之下，努力抗战建国。七月一日开会时，鄙人决赴会出席，协助汪先生完成参政会之任务。

（《新华日报》（汉口），1938年6月18日）

附：国民政府文官处关于汪兆铭、张伯苓任国民参政会正副议长公函（1938年6月21日）

中央执行委员会二十七年六月十七日鄂感字第三五三号函，为本会第八十

① 本文为张伯苓知悉自己担任国民参政会副议长后，对汉口《新华日报》记者的谈话，题目为编者所拟。

一次常会会议，选任汪兆铭为国民参政会议长，张伯苓为副议长，函达查照。

（《国民政府公报》渝字第 59 号，转引自孟文涵主编，《国民参政会纪实》（上卷），重庆出版社，1985 年，第 65 页）

与记者谈国民参政会意义①

（1938 年 6 月 25 日）

此次参政会之举行，可以“重而不繁”四字说明之。即十分重要，而不繁碎。盖我政府当局为渡过目前国家危难局势，召集全国各方人士及各界领袖，共聚一堂，讨论国是，自属十分必要之举。此会既可巩固全国之团结，复可由各方人士尽量发表意见，据议具体办法，然后分配工作，分头进行。是以此会之作用，其一为使全国人士认清举行此会之意义，其二，各人士如有意见，可坦率在会中阐明，其三则由大家共同负责，分头作去。余个人此次并未准备任何提案，惟盼会后应以宣言形式，昭告国内外，说明今后全国团结御侮之决心。

（《宁波商报》，1938 年 6 月 26 日）

与南渝中学学生谈话②

（1938 年 6 月 26 日）

中华民族决不会亡，最后的胜利是我们的。

这还有什么可怀疑的呢？中国几百年来，不能说没有人才。但所有的人才，都是居于下位，不能充分发挥他们的才能。现在好了，这也是中国的国运，我

① 1938 年 6 月 25 日下午，张伯苓乘机飞抵武汉，在旅邸接受记者采访。题目为编者所拟。

② 本文是张伯苓 1938 年 6 月 26 日在重庆南渝中学欢送毕业同学会上的谈话辑录，原题目为《嘉陵江畔话南开》，由贤铭笔录。题目为编者所拟。

们有好的人才，他就能属于领导的地位，只要我们全民族信仰他，再献出我们的汗和血，去供他自由调遣与使用。敌人的炮火虽厉害，终是烤干不了我们的红红的血的，我们还有什么值得悲观的呢？我们有广大的土地，我们有众多的人民，只要力量能集中，精力不浪费，我们一定胜利。

可是，话又得说回来哪，日本也并非弱敌！中华民族要渡过这千钧一发的难关，也得花上相当的代价。我们现在固然已受到相当痛苦了，但我们要想着未来的更大的痛苦。我们要以安闲的心情，去接受去渡过这更苦难的日子。现在我们没有后悔，我们只有打下去，在战争中去创造新民族，去建设新国家。我们应当感谢日本，他给我们全民族指示了应走的道路。那就是日本以为对的，我们认为是不对的，日本认为不对的，我们认为是对的！

国民参政会的目的，在进一步团结整个民族，集中各方面的人才，以期收到集思广益的效果。此次参政会名单的发表和召集，还有两点值得注意：一、此次名单的提出，没有一个人是运动得来的；二、就是以本人的地位，想在议会中减少各党派的摩擦。我既然不想做官，我自然不会偏袒了某一方面。我只知道国家民族的利益，在民族利益第一的前提下，我既然负了这责任，当然有义务促进各党派更进一步之合作。不久我就要到汉口去了，也许就葬此身于敌人的炮弹片中。但，既然是中华民国的国民，政府又用到自己，当然应舍此身以报国。我老了，我还等待什么？我只求报国机会的到来。

你们都是南开的学生，你们都应爱护南开的精神！南开学校的创办人严范孙先生，他的伟大的人格与高远的见解，处处值得“南开的人”警醒！当满清末年政治腐败到极点的时候，严先生见到袁世凯是人才，但是满清政府不能用，当袁氏解甲归田的时候，所有的朋友都怕得罪清廷，不敢去送他，独严先生置个人私事于不顾，单个儿去送行。后袁氏上台了，找严先生任这样部长，那样部长，三番五次的催请，三番五次都拒绝了。严先生意思，他去送袁氏，只是爱惜真才，并无半点儿为自己留地步的打算。我得着严先生这一点启示，毕生奉行不倦，硬干去，死干去，终能为中华民族造出了一些人才，终能使日本人知道中华民族尚有些青年是不可侮的，是值得他们注意的。侥幸得很，南开学校的创办人是严范孙先生，你们是南开学生，你们得体会着南开的精神努力干去。抗战的最后胜利是我们的，中华民族的建国事业是你们的，你们努力干吧！

（《南开校友》第3卷第9期）

国民参政会二特点①

（1938年7月5日）

今日承行政院孔院长及各部会长官盛意招待，同人等甚为感激。此次国民参政会议之召集，其精神与方法，与各国议会制度不同。此次参政会议，乃由国民党召集，请各党各派共同参与政事，而各党各派，亦均应召前来，此在各国，殆无前例，纯为“中国的办法”，其办法至为确合目前需要，此第一点不同处。各国在作战时期，为集中政府力量，多缩小议会权力，中国反在抗战时期，建立参政会制度，容许各党派参与政事。各国议会，对政府措施，向抱一种指摘非难态度，此次参政会议，不但对政府措施，不加非难，反要来帮助政府，推动一切，凡事均以开诚布公，团结一致之态度商讨。此为第二点不同处。

现在代表参政员诸同人，致谢孔院长及各部会长官盛意，并约略说明同人此次之来意。

附：孔祥熙致辞

当此国难严重时期，国民参政会议宣布开会，集一国各界领袖、社会先进于一堂，筹商国家大计，共赴国难，兄弟等今特代表政府，表示极诚挚欢迎。现当国家民族遭遇空前艰难之际，兄弟及本院各部会长官，受命担任国家行政责任，深觉陨越，今幸参政会议开幕，全国各党各派领袖，均得借此共参国政，同人等不胜欣幸之至。望各位本精诚团结，共赴国难之旨，随时匡助政府之不逮。参政会议为代表民意机关，各位均是社会上众望所归。此次参政会产生方法，虽非直接民选，但各位一切意见，仍能代表国内大多数民众，政府能得各位之助力，不但可以增加实力，尤表现民众拥护政府之一般意趋，对内对外，均能表现统一合作精神，增加抗战复兴信念，希望在此后数日内，无论在开会

① 7月5日下午，行政院院长孔祥熙暨各部会长官招待国民参政会议全体参政员茶会，议长汪精卫，副议长张伯苓及参政员一百五十余人出席，席间由孔祥熙致欢迎词，并由张伯苓代表致答词。题目为编者所拟。

时，或私人谈话时，随时赐教。

（《申报》（汉口版），1938年7月6日）

在国民参政会第一届第一次会议上的致辞

（1938年7月6日）

国民参政会于今日开幕，伯苓学识浅陋，承选派为参政员，复蒙任充副议长。过去四十年均系从事教育，对政治初无经验之人，谬膺重任，深惧弗胜！当本人在渝见报载政府发表参政员名单，其中包涵各党派以及各界知名之士，亦有过去与政府政策及意见不无异同之点，以致发生误会者。深恐各方意见仍多，未必悉能融洽，乃到汉以后见诸先生集中意志，精神团结，共同致力于抗战建国，诚如蒋委员长所云："要全国一致积极的从事抗战建国，以争取最后胜利。"证诸于诸先生态度之诚挚，精神之热烈，深信本会前途必能达到光明圆满之目的！此则伯苓所引为忻慰者也。此次参政会之召集，足以表现我国历史上空前之统一。诸先生来自各地，希望代表民众公意，尽量向政府贡献意见，为今后树立民主政治之开端。在会期中，诸先生悉力研究抗战建国之大计；在闭会后，诸先生又须亲莅战区，协同抗战军民从事于激励将士，动员民众等重要工作。职责方殷，尤须努力！总之，本会使命，系为求达到抗战建国之成功，同人自应切实负责此艰巨，以赤忱为国，拥护中央，拥护领袖之一致精神，以鼓励全国民气，发动全国民力，再接再厉，愈战愈强！此则所愿与国人共勉之，亦即可告慰于国人者也。

（《国民参政论坛》第2期，1938年7月30日）

拥护国民政府实施《抗战建国纲领》提案[①]

（1938年7月10日）

一、案由。根据《国民参政会组织条例》第五条之规定，“在抗战期间政府对内对外之重要施政方针，于实施前应提交国民参政会决议”，而此次国民政府各部院之报告，均说明其施政方针系根据《抗战建国纲领》之规定，为表示全体参政员精诚团结，一致拥护国民政府，及其依据《抗战建国纲领》，而采取的对内对外施政方针起见，特提议国民参政会在政府各部院报告以后，立即一致通过左列之决议。

二、决议内容。国民参政会听了国民政府各部院报告之后，一致决议：（一）拥护国民政府，及其依据民国二十七年四月国民党临时全国代表大会通过的《抗战建国纲领》所采取的抗战期间的对内对外重要施政方针。（二）国民政府须在最短期内根据抗战建国纲领所规定的外交、政治、军事、经济、民众运动及教育各项原则，制定详明具体的实施办法，（除关于机密者外）公布全国。（三）全国军民应在蒋委员长领导之下，积极帮助政府，为实现全部抗战建国纲领而努力奋斗。

右案是否有当，敬祈公决。

提案人：陈绍禹，许德珩，秦邦宪，奚伦，章伯钧，邓颖超，吴贻芳，杨贤陶，吴玉章，伍智梅，林祖涵，陶玄，董必武，刘蘅静，姚仲良，邵从恩，黄炎培，王冠英，张伯苓，张澜，仇鳌，吴绪华，林虎，马乘风，徐柏园，刘叔模，王葆真，王幼侨，陈经畬，程希孟，杜秀升，韩克温，张炽章，张申府，陈启天，李鸿文，杜重远，褚辅成，李中襄，卢前，高惜冰，王造时，彭允彝，晏阳初，王又庸，邹韬奋，罗衡，范锐，胡景伊，宋渊源，秦望山，胡石青，江恒源，陆鼎揆，谢健，陈希豪，邓飞黄，史良，王志莘，王卓然，张肖梅，王云五，范予遂，周士观，马君武，曾琦，江庸。

（《申报》（汉口版），1938年7月14日）

---

① 国民参政会第一届第一次大会于1938年7月6日至15日在汉口召开，会议期间，张伯苓、陈绍禹等68人联合提出此提案。

附：拥护《抗战建国纲领》决议案（1938年7月12日）[①]

国民参政成立抗战周年之日，目击全国军民，浴血苦战，壮烈牺牲，忠愤满腔，如焚如裂，深感吾民族存亡，系于目前之奋斗，成则俱生，败则俱亡。吾整个民族，不分党派，不分职业，惟有精诚团结，艰苦奋斗，一面抗战，一面建国，始能免沦于奴隶灭亡之境，而跻于自由平等之域。爰郑重决议，拥护民国二十七年四月中国国民党临时全国代表大会所通过之《抗战建国纲领》。切望国民政府制定实施办法，督促各级政府，切实施行。同人当随全国国民之后，依据此项纲领，在最高统帅蒋委员长领导之下努力奋斗，以取得抗战最后之胜利，而达到建国之成功。

（《国民参政论坛》，1938年第2期）

国民参政会第一届第一次会议休会辞[②]

（1938年7月15日）

会议中精诚团结，意志之统一，实使人感奋。人家说我民族弱点，是在自私。从此次会议所表现之精神看来，实已反证此言之误。我们休会后，应将此次大会的新精神“诚”字，普遍传达到全国民众，来做团结的基础，勖勉全国民众，共同努力，一致拥护政府，拥护抗战建国纲领，拥护最高领袖与敌奋斗，以求国家民族之独立。

我总觉得中国地大人众，而到现在所以柔弱的原故，由于各个人的私心太重，人虽多，不能团结一致，就无法抵御外侮。这次会议所表现的精神，把我从前悲观的观念，完全打破。这次会议场上，曾发生了一些小小纠纷，各人对自己意见稍有争辩，这也是中国人小气的地方，往往个人的言论，不喜欢人家批评，同时自己一开口就容易得罪人。中国人做事自己不认错的毛病，是最不好的，希望参政会同人以后加以注意。今天大会宣言付表决时候，全体一致起

---

① 国民参政会第一届第一次大会合并本提议案，及郑震宇等28人所提《精诚团结，拥护〈抗战建国纲领〉案》，王家桢等21人提《拥护〈抗战建国纲领〉案》三案一并表决，全体一致通过，并形成此决议案。

② 本文为张伯苓所致休会辞之纪要。

立通过，这种精神，不是中国人以前所有的，而是一种新的精神，我真想不到中国人会有这样长足的进步。休会以后，我们要把这种精神扩展到全国国民。

（原载《国民参政会文献汇编》，1938年8月。转引自《国民参政会纪实》（上卷），重庆出版社，1985年，第178页。部分议院参考吴相湘著，《风云际会下的书生——中国近现代二十七位学人列传》，中国工人出版社，2009年，第132页）

川局今后可上轨道①

（1938年8月4日）

返蓉后，将赴昆明处理南大校务。

川局经此番调整，积极努力，使趋入轨道，不特为川省之福，亦国家之幸。

（《申报》（香港版），1938年8月4日）

国民参政会驻会委员会规则②

（1938年9月9日）

第一条　本规则依据《国民参政会组织条例》第九条第二项之规定订定之。

第二条　驻会委员会之事务如左：（一）听取政府各种报告，（二）听取国民参政会决议案之实施经过。

第三条　驻会委员会开会，应预期通知政府，俾便派员出席报告。

① 张伯苓8月3日上午携汤茂如等由成都乘车赴灌县，参观都江水利工程。本文为张伯苓行前对《申报》记者的谈话。

② 国民参政会驻会委员会9月9日上午9时开第一次会议，议长汪精卫、副议长张伯苓及驻会参政员13人出席，讨论通过驻会委员会规则，并议决送请政府备案。

第四条　驻会委员会对于特种问题，经议长之许可，得请政府派员出席报告。

第五条　驻会委员会为研究政府报告，应为左列之分组：（一）军事国防组，（二）外交组，（三）财政经济组，（四）内政及教育文化组。驻会委员为研究便利计，得向政府机关征求必要资料。

第六条　前条分组由驻会委员自任之，每人得兼二组，每组至少须有五人，每组互推一人为召集人。议长认为有必要时，对于各组人选，仍得酌量分配。

第七条　驻会委员会会议，以驻会委员过半数之出席行之。会议时以议长为主席，议长因事缺席时，由副议长代理之。

第八条　驻会委员会会议，每周一次，有必要时，得由议长召集临时会议。

第九条　会议仪式，遵照《国民参政会议事规则》第二条之规定。

第十条　《国民参政会议事规则》第廿五条、廿六条、廿七条、卅五条之规定，于会议时均适用之。

第十一条　驻会委员如因故不能出席会议，须以书面申明理由，向议长请假。

第十二条　驻会委员概不得以驻会委员会名义，对外发表文字。

第十三条　驻会委员对于《国民参政会议事规则》第八条、第九条之规定，均应遵守。

第十四条　本规则经驻会委员议决后，送请政府备案。

（《申报》（香港版），1938 年 9 月 10 日）

“南渝”是否改为“南开”？①

（1938 年 9 月 25 日）

本校创办之初，原拟定名为重庆南开中学，因按照部章，私立学校不准设立分校，始定名为南渝中学。抗战军兴，南开被敌摧毁，蒋先生曾云“有中国即有南开”，战后固可恢复南开固有规模。惟抗战已成长期，虽最后胜利必属于我，然欲于短期内在津恢复“南开”亦殊不易，故校友会有此建议。但南渝建筑费及常费方得政府机关补助，渝校缔造，又深赖川中人士捐资擘划，更名有无困难。再，更名后旧董事会及原有基金应如何处理，亦是问题。请讨论。

（董事会决议：本校更名为“南开学校”，于本年十月十七日举行第三十四周年纪念会时宣布。所有一切应办之手续及其他有关事项，统由校长办理。）

（南渝校董会记录）

附：南开校友总会执行委员会致张伯苓函（1938 年 9 月 20 日）

伯师校长道鉴：

敬肃者：慨自暴日入寇，我四十年文化先驱之母校，于“七·二九”横被摧毁。校友等既深痛国难之日益严重，复念母校恢复无期，缅怀津沽，徒切忧伤，每高歌“巍巍我南开精神”之校歌，心情为之奋发，我南开精神不死，我南开躯壳不灭之信念，因而更益坚决。

兹者母校卅四周年纪念转瞬即届，校友等对此佳辰，感怀万端，集议结果，决以复校运动而祝母校之复兴，决以母校卅四周年纪念，为母校复兴纪念日。当经校友总会执行委员会议一致公决，谨请校长俯准采纳，提请董事会议决，迅速将南渝中学更名为南开学校，此不但我万千校友之热望，实亦举国上下以及中外人士所同感也。

---

① 是上午十时，南渝中学第三次董事会召开，张伯苓、张群、何北衡、刘航琛、卢作孚、胡子昂、胡仲实、吴鼎昌（胡仲实代）等董事出席，喻传鉴、孟志孙列席，张群主持会议。会议讨论“南开校友建议更名案”，由张伯苓先述南开成立经过，次报告学校定名始末，并交由校董事会讨论。

校友等以为由南渝更名为南开，既存我南开躯壳之名，复副我南开精神之实。揆我校长创立南渝之始，原欲分播我南开精神于中国西部之初基，是故川中人士之视南渝也，初无南渝、南开之分。观乎两年来学生投考之踊跃，即其明证也。今我南开在天津之躯壳，被敌人摧毁矣！我南开在重庆之躯壳，正须发扬而光大之。忆我校长曾昭示我南开校友曰："我中华民族存在一日，我南开学校存在一日。"校友等每听校长训示，欢喜欲狂。惟念及我南开之躯壳，实为我南开精神之所寄托，用敢恳乞校长将南渝中学更名为南开，使名符其实，上慰我校父严范孙先生创立母校之本意，下慰社会人士暨万千校友之热望。此其一。

窃考母校创立历史，我校父严范孙先生与我校长鉴于甲午之役，中国失败者，由于教育不振之故。是以四十年来，我南开校友，靡不具有报仇雪耻之决心，一秉我校长"公"与"能"之校训，效忠国家，戮力复兴民族运动。因此我母校首遭敌人之摧毁。虽然，敌人能毁我有形之南开躯壳，而终不能毁我无形的南开教育所养成万千青年之抗敌精神。自抗战以来，我校长奔走万里，培植复兴民族根苗之苦心，早为社会人士所敬仰，及我万千校友所钦服。今为培育我南开继起之新生命，永续我南开历史的生命，使我南开精神生命与宇宙相终始，敢乞我校长将南渝正名为南开。一以纪念我校父严范孙先生创立南开之精神，一以承续我校长四十年来培植复兴民族根苗之新生命。此其二。

自母校之躯壳被敌人摧毁后，侧闻我校董诸公及我校长无时不以复校为念，然当此抗战最严重关头，再建南开，人力、财力势所不许。发展南渝，更属困难。虽我校董诸公，爱护备至，然际兹时会，募集巨款，亦不能咄嗟立办。与其分散力量，以复兴南开、发展南渝，勿宁集中力量，以光复我南开精神。此不特为异日光复母校之先声，且从此缔造南开之新生命。此其三。

最后谨由南开、南渝校友在社会地位而论，南开有四十年之历史，校友足迹遍天下，校友事业满全国，校友信用在社会上已奠定深厚之基础。今当抗战建国大业过程中，社会国家需要于我校友参加戮力者，范围至广。然而母校自今年起，已无毕业之校友，致令校友发生继起无人之感，而南渝校友欲在社会上建立信用，非十年、二十年不为功。今以南渝正名为南开，则两校校友合为一体，服务社会，效忠国家，共同为我国家民族作复兴之工作。上以慰范孙先生在天之灵，下以慰社会人士殷切之望。此其四。

校友等集议多次，佥以上述理由，实属恳切，用敢不避出位之讥，本我校长昭示校友惟公惟能之校训，谨陈于校长之前，提请董事会采纳，实为公便。

此上。敬请
道安！

南开学校校友总会执行委员会启
九月二十日
（南开大学档案馆藏）

长期抗战，誓不妥协①

（1938 年 10 月 5 日）

我国自决定长期抗战以来，全国上下无不一致悉力以求贯彻此项国策，中途誓不妥协，誓不屈服。因此敌人已感受绝大恐慌，敌国内已渐呈崩溃不支之象。全国无论处境如何艰苦，有此唯一最高领袖蒋委员长，领导全国抗战，吾人对于最后胜利之信念，已坚定不移。

自慕尼黑协定成立后，欧局已见缓和，暂时和平可保，张伯伦此种为和平而奔走之苦心与努力，实为钦佩。至我国抗战，系本自力更生之旨，无论世界大战爆发与否，所受其影响甚微。

本人此来，处理校务已毕，拟于本月十三日即飞重庆，盖国民参政会二次大会会期已迩，须前往从事筹备也。

（《云南日报》，1938 年 10 月 6 日）

请校友们帮助我发展学校②

——在第十届校友会代表大会上的讲话

（1938 年 10 月 17 日）

诸位校友！今天这会非常难得。大家从各地来，到此地后，时间很短，要

① 10 月 5 日晚，张伯苓在昆明旅邸接受《昆明日报》记者采访，纵谈国内外局势。题目为编者所拟。

② 本文由赵纯孝笔录。

办的事很多，所以我不预备多说话。我对这次的会很有感想，离津后第二年在此地庆祝学校，但是有各地代表，这还是第一次。

中国能抗战到一年零三个月，这是中国人以前所不知的。敌人计算三个月灭亡中国，可是我们失去许多地方仍能打，中国的力量如果能老是如此，大概不久我们可回天津了。日本人的力量，已使用到七八分了，我们越打越硬，虽为第二年，却是极有把握，现在再加上南方的战事，前途更光明！

中国人打了十五个月还能打，这种力量是我们自己以前所不知道的。我们不自馁，有这股劲儿，这力量藏埋着永没有发现过。

校友会以前不错，近来更好，现在负责校友会的郭荣生校友真肯干，很努力，很热心。校友对于学校的帮忙与关切比以前更加倍的好。南开各方面好，全国也是各方面都长进的好了。

我研究中国为什么能如此，是因中国人得到正义。孔曰成仁，孟曰取义。孟子叫成浩然之气，这浩然之气的养成是正义所生。日本人无故侵略，除汉奸外无人说他对，我想汉奸也不会说他对。

中人站在正义这方面，中国对，日本不对。中国人的气不顺，一年零三个月的抗战，就是因为我们憋住这口气出不出来。这浩然之气是与生俱来。也是中国的圣人所教给我们的，因压迫的太厉害，所以奋勇抗战。南开也是如此，敌人越压迫，我们越要起来。这气可以帮助国人抗战与建国。一年多建设的完全统一了，大家不要忽略，这是气的功绩。

去年 7 月 31 日我和蒋先生谈话也没想到这伟大的气，其他军政领袖也没有把气计算在数月里头，气的伟大力量现在显出来了。

中国及世界各国都有学校。学校的教员都教学生知道什么叫是，什么叫非。就是德国也不说日本对，不过因为国策的缘故和他联合罢了。这种不平之气，各国早晚要发泄一下。此刻只觉得日本不对，这在为自己计算利害。可是各国人民都对中国表同情，也是为这口气不顺。

你们看，日本的将士及伤兵也在问为什么打中国，稍有头脑的日本人他准要想想：小本商人与农人的死是为日本国的幸福而死吗?日本的知识分子受着压迫，不敢明白的反对，绕着弯子说中日战争百年化了。

日本的炮弹终有用完的一日，日本早晚必定要发生大的革命。你们想，日本胜了的话，他们如何恢复，打平了如何善后，日本人毫无办法。现在暴力压迫正义，迟早各国会起来反对他。

南开受压迫，特别的努力，中国人民也是如此。中国的兵不溃，全国有自信力，越打力量越强。最后胜利一定是我们的。我们借此机会建国，实在感谢日本人。从前以教育的方法给大家灌输民族意识，现在日本人打的大家都有民族意识了。

我看了各地的校友，非常高兴。校友也因受了这种压力时时关切学校，计划恢复学校。我正计划发展扩大学校，各地校友要帮助我扩大学校，以救我们的民族国家。在各界做事的校友，也要表现出这种精神，为民族国家做点有益的事。

（《南开校友》第4卷第1期）

抗战，只有战到底①

（1938年10月24日）

现在广州陷落了，将来武汉再丢了，我们是不是讲和的问题——这绝不会的，绝没有讲和的余地，后方的谣言不可信，就是有，我们参政会也绝通不过这种案子的。抗战的中途，绝没有讨论“抗”与“不抗”的余地，只有战，战到底。

（宋璞主编：《张伯苓在重庆》，重庆出版社2004年版，第41页）

在国民参政会第一届第二次会议开幕式上的致辞

（1938年10月28日）

今天国民参政会第二次开会，回想我们第一次在汉口开会时，迄今已历三月，刚才汪议长讲三个月来抗战的经过，我们听了，自然觉得有一种感触，今天又承林主席、蒋委员长给我们训词，指示许多好的方针，现在伯苓遵照训词，并略陈个人的意见，就教于全体参政员。

---

① 本文为张伯苓在青年记者举行招待会的讲话，题目为编者所拟。

上次开会时，伯苓曾经说过，我们这个会，不与一般的会相同，会员都是由政府选来的，各党各派，及各职业团体都有，虽非出于民选，而为全国人民的代表，大家都可以承认的。在各参政员之中，当初有与政府以兵戎相见的，或笔战的，或舌战的，政府在这个时候，把这些人都邀来，以国家大事，重相付托。当本会第一次开会，伯苓由重庆赴汉口时，非常担心，恐怕这样一个各党各派聚集一堂的会，不知将要出什么花样。岂意事实与想象竟大不然，我们开会后，大家非常的和衷共济，充分表示开诚布公团结一致的精神，这一点想为诸位来宾所已经知道的。后来会毕回到重庆，又有许多新闻记者来相探问，他们似乎不信报纸登载本会在汉开会时一种团结的精神为事实。我说报上所载是全体开会时之实情，可以说在会里面，大家都说实话，说公话。即使彼此意见稍有参差，大家也很留心。只看在散会之后，没有一个参政员发表过一点不满意的话，就可证明全体参政员看这个会是整个的，不是代表任何一党一派。所以我们实在团结，已经做到“精神无间”的地步，这尤其可以告慰于今天到会诸位来宾的。

有人说：参政员既由政府选定，或与公务员一样。但是我们参政员，不是各党各派的代表，就是各种职业的代表，虽系选定，都可以代表各部分的人民。所以我们也是代表民意的机关，不过这样的民意机关，完全是中国式的，不是各国式的，从我们上一次的成绩，可以看出来。还有一点，有人以为政府召集国民参政会，是政府应酬我们，这种话大概各参政员都知道是误会，尤其是驻会参政员更知道，因为汪议长常在驻会委员会报告政府对我们第一次大会议案实施的情形，凡能够实行的，都在进行，一时不能实行的，也有处理的办法来告诉我们，可见政府对于本会实在是诚意，绝不是应酬大家。所以政府召集我们这个参政会，不能算是骈枝机关，不是为应酬，而实是具有诚意！我们参政员，对于议案，都是诚意讨论，政府对于我们决议案，也是诚意施行，这过去的事实是如此。

现在我们开第二次大会，时局更趋严重，会中的讨论，究竟应该怎样进行呢？这我想代表全体参政员说几句话，就是要遵照林主席、蒋委员长刚才对我们的训示，去讨论我们目前要紧的事情。这“要紧”两个字，可以分开来讲，就是要把“要”而“紧”者，尽先讨论。其“要”而“不紧”者后讨论。目前最要而最紧者，当然是军事，及与军事有关的外交、交通、经济各项事情。这几项希望大家贡献意见，其余的事情，可以少讨论或不讨论。并且希望大家精诚团结，比上次更加充分，使各种议案，都能得到很妥当，很圆满的决议。

现在武汉我们自动放弃，广州已陷落，中外观感或不免动摇。但是我们政府固定的国策是绝不动摇。我们第一次大会已经有了一个宣言，我们仍旧要照着这个宣言，鼓励全国全民族一致奋发，向已定的方向走，在最近的将来，要把我们最要而最紧要的事情做到。

前天议长说："这次大会，大家尽量放言，尽量讨论。"我听了很高兴，不过我们要注意，不要因此就把"要而紧"和"要而不紧"的一样的尽量讨论，我们还是要把"要而紧"的，尽先讨论才是。

上次的会议讨论时，大家因为是初次会议，说话就不免很留神，这次可以尽量发言、辩论。但是我们一定以国家民族为前提，不固执个人的成见，致引起感情的误会。因为这时候，还是要和上次会议一样，和衷共济，开诚布公，尽量表示全体一致的意见。

在十天会议以后，一切议案，要有圆满的结果，有共同的宣言，告诉中外人士，说我们政府的国策，是全国国民所拥护的，也是本会代表全国国民所希望的，能够这样，我们才可不致辜负这样的开会，才可不致辜负政府与国民的期望。

（原载抗战文献社编，《国民参政会第二届大会纪要》。转引自孟广涵主编，《国民参政会纪实》（上卷），重庆出版社，1985年，第306—308页）

一致拥护蒋委员长抗战建国[①]

（1938年11月24日）

参政会二次会情形极佳，余个人极为乐观，劝国人一致拥护蒋委员长抗战建国，南开校友，推广"公""诚"二字，为国服务。

（《新华日报》，1938年11月25日）

---

① 24日晚，南开校友总会在重庆留春幄聚餐，欢迎张彭春归国。席间张伯苓致辞。摘自《南开校友会昨欢迎张彭春》一文，题目为编者所拟。

中国教育学术团体联合会开幕词[1]

（1938年11月27日）

教育是教与术所合成，教是科学而术是艺术，其所含成分艺术多而科学少。教育既多艺术，假使误用教育，必致为害于人类，人类最低的要求，是生存。我们是中华民族的人，所以我们也有此最低的生存要求。我们不想被人消灭而想生存下去，就必须要有力量。力量有二，其一是个人的求生存的力量，其二把各个力量团结起来成为一个大力量，就是国家的力量。至于教育，不惟要养成个人的力量，而且要团结成一大力量。我们现在弱就是启敌人侵略心的理由，所以我们要图强。假使我们强了，我们并不想去侵略别国，至少可以保护自己国家的生存而维护世界的和平。中国自古以来，是讲和平的国家，这种从和平中求生存，就是我们的教育哲学，也就是我们施教的方针。抗战以后，一般人对于教育期望殷切，《抗战建国纲领》中有教育部门的规定，以后参政会又加拥护通过。这个《抗战建国的教育纲领》，目的在增进我们的力量，今天开会后，教育界的团体对这抗战建国纲领要予实施，领导民族，教育界的力量很大，希望大家一致向这条大路迈进。中华民族的前途绝不是不光明的。

（《新华日报》，1938年11月28日）

抗战救国与南开精神

（1939年1月10日）

抗战十八个月来，我们已打下抗战必胜之基础，而在争取胜利中又奠定建国的基础，抗战前途极为乐观。南开传统的精神为抗日与民主，为苦干，实干

---

① 中国教育学术团体联会年会于27日上午在川东师范礼堂举行开幕式，参加会议的各学术团体代表500余人，张伯苓任大会主席并致词。题目为编者所拟。

与穷干。值此抗战转入第二期之际，望各校友发扬此种可贵的南开精神，为抗战而努力。

（宋璞主编：《张伯苓在重庆》，重庆出版社 2004 年版，第 51 页）

答蒋介石谈抗战前途[①]

（1939 年 1 月 14 日）

今日之事，在能战不能战。如能战，必抗战到底，义无反顾。

（《国民参政会纪实》上册）

会考制度应行废止案[②]

（1939 年 3 月 5 日）

理由：

一、会考不能作为评判学校优劣根据。评定一个学校，应以学校设备、教师资格、教学方法、训练方针，及行政效率等优劣为标准，不能以知识考查，作为评判学校唯一根据。

二、会考不能作为评判学生成绩根据。会考试题无标准，往往过于浅易，不能代表学生成绩。学生熟读《会考指南》、《考试必读》等书，亦可以敷衍及格。

三、会考妨碍学校正常工作。普通易见之流弊，为：1. 转移教学目标，事

① 是日，蒋介石与在渝的国民参政会参政员张君劢、左舜生、李璜、张伯苓在银行公会举行谈话会，垂询抗战前途，张伯苓表达了以下意见。题目为编者所拟。

② 第三次全国教育会议于 1939 年 3 月 1—9 日在川东师范大学召开，到会代表 200 余人，本文为张伯苓在大会中学教育组所提议案，大会最后决定“会考制度，应否保存？如保存，如何减少其流弊？由教育部组织一委员会研究之”。

事应付会考；2. 增加学生上课或温习时间；3. 停止或减轻不会考的学科工作；4. 提前结束正常工作预备会考。

四、会考妨碍官厅正常工作。教厅对于各级教育，应多注重于积极有效的指导，俾资改进，今大部时间及精力，为筹备会考而浪费，则其他应做之工作，必因是而受到影响。如一年会考两次，则所费尤多。

五、会考虚糜金钱。1. 官厅方面的糜费；2. 学校方面的糜费；3. 学生方面的糜费。

总之，会考制度，妨碍优良学校的工作，同时不能取缔或改进坏的学校，费时费事，实有百害而无一利，应即行废止。

办法：

一、规定一优良学校标准。关于 1. 行政，2. 教学，3. 辅导，4. 设备，5. 师资等，均由官厅详细釐定标准，作为考核根据。

二、改良视导制度。关于学校设施要项，如设备、教训等，均由视导员根据规定标准，分项视察，切实指导，优者予以鼓励，劣者予以纠正。

三、试行抽查制，由视导员随时举行。1. 抽校考试，2. 抽科考试，3. 抽级考试，4. 调阅平日作业。

（《第三次全国教育会议报告》，第 156 页）

现行中学课程应行修正案[①]

（1939 年 3 月 5 日）

现行中学课程，于民国二十五年公布施行以来，觉不便处殊多，特将应行修正之理由，列举于左：

一、科目太多。如初中一年科目有十三门，初二、初三有十一门，科目太多学生预备时间不足，精神不易集中，应酌行归并或减少。

二、分组太少。中学课程繁重，而程度则降低，原因则由于分组太少。今高中为适应个人兴趣及志愿，算学已分组，但理化课程，亦有分组之必要。同

① 本文为张伯苓在第三次全国教育会议中学教育组所提议案。

时对于习文科之学生，亦应多有选习之学科。

三、学科排列不当。初中先物理后化学，教者与学者均感困难。高中中外史地各为一年半授毕，教员工作不易分配。

四、艺术学科。高中图画、音乐都为必修，学生兴趣及教师人选，都有困难。

办法：

<u>初　中　部</u>

第一年	每周时数	第二年	每周时数	第三年	每周时数
公　民			1		2
国文	7		6		5
英语	5		5		5
算学	5		5		5
本国地理	3				
本国历史			4		
外国地理					4（上）
外国历史					4（下）
生理卫生	1				
动植物	3				
化　学			3		
物　理	$\frac{3}{24}$		$\frac{3}{24}$		$\frac{3}{24}$
体育童子军	4		4		4
劳　作	2		2		2
图　画	1		1		1
音　乐	$\frac{1}{8}$		$\frac{1}{8}$		$\frac{1}{8}$
总　计	32		32		32

高　中　部

第一年	每周时数	第二年	每周时数	第三年	每周时数
公　民			2		3
国　文	5		4		4
英　语	5		5		5
算　学	5		3		3
本国地理	2				
本国历史	4				
外国地理			2		
外国历史			3		
化　学	5				
物　理			5		
体　育	2		2		2
军训或看护	3				
甲组：算学、物理、化学、生物、机械画（上）、初步测量（下）、其他			3（1）		9（2）
乙组：国选、英选、生物、中国近世史、西洋近世史、其他			3（1）		9（2）
总　计	31		29		26

（1）第二年选修一科，计三小时。

（2）第三年选修三科，计九小时。

说明：

一、初中部：

1. 按右表，初中部每年学科，均为十门，而须要预备的不过六门，计二十四小时，每日平均须预备约三门，有二时至三时自修时间，定可足用。

2. 公民第一年注重实际团体训练，不用书本，不排钟点。

3. 国文第一年钟点加多，以后按能力递减。

4. 英语因现时小学不授英文，四小时嫌少，拟增加一小时，如不预备升学，则不妨比四小时再少，甚或完全不学。

5. 算学第一年加一小时，专为演习问难之用。

6. 中国史地，先学地理，后学历史，外国史地亦然。动植物，先学动物，后学植物。如是每年可以减少一二门。

7. 物理及化学两科，先化学后物理。

二、高中部：

1. 每周总时数，按年递减，使自动机会按学习能力而增加。

2. 自第二年起分甲乙两组。预备学习理科者选甲组，学文科者选乙组。

3. 甲组及乙组均设选科数种。第二年选一科，学甲组者应选算学，学乙组者，可选国文选读，或英语选读。第二年选三科，甲组学生，除算学应继续选习外，可再加选二科。乙组学生可任选三科。

4. 中国史地第一年修毕，外国史地第二年修毕，第三年添设近世史选科。

5. 化学及物理分在一年或第二年修毕，第三年设理化选科。

6. 生物改为选科，在第三年学习。

7. 在第三年应设何科，可随学生需要，学校设备，及社会环境而定。

8. 第三年如系女校，可酌设关于女子应选的特殊学科。

9. 如有一部学生，不能升学，则在第三年可酌设职业学科。

（《第三次全国教育会议报告》，第 146—149 页）

确立全国行政系统组织，加强推行力量案[1]

（1939年3月7日）

查体育不特为教育之重要部份，抑为国族永生之基本训练，过去虽于学校及社会教育中作相当之提倡，但力量终感不足，致国民体格，未能有长足之进步，种种缺点，且已从抗战中充分表现。故今后自宜迅速完成体育行政之系统组织俾能发为宏大之推动力，用达普及之目的，以利抗战建国大业之完成。

办法：

一、请教育部依据体育委员会通过之原则，将原有之体育组扩大为体育司，负全国体育及卫生教育推行之责任，并办理与童子军及学生军训有关事宜，俾能统筹并进，完成广义体育之使命。

二、请教育部订定办法，令各省市县教育行政机关增设体育科或课，完成一贯系统，执行教育部之法令，使广义体育之推行，确能普及于全国。

三、请教育部通令全国各级教育行政机关及行政督察区，一律增设体育督学及体育督导员，分区督察指导，藉免法令徒成具文。

四、各级体育行政人员，请教育部及各省教育厅分别举办体育行政人员训练班，切实训练，以求行政效能之增进。

（《第三次全国教育会议报告》，第336—337页）

请中央及地方政府增列体育经费案[2]

（1939年3月7日）

欧美体育之发达，虽由于行政组织之健全，与人才之众多，而经费充裕，

① 本文为张伯苓在第三次全国教育会议体育军训组所提议案，由审查会通过，大会通过。

② 本文为张伯苓在第三次全国教育会议体育军训组所提议案，审查会意见，请教育部部酌办。大会照审查意见通过。

亦一重大原因。兹值全国体育力求发展之际，诸如人才之培植、设备之扩充、事业之举办，与夫优良民众体育社团之津贴补助，莫不需要钜额之经费，故宜于中央及地方政府经常及临时经费预算中，增列体育经费一项，以利推行。

办法：

一、中央请由教育部，各地方由教育行政机关，根据需要，将体育经费列入正式预算项目，作举办体育事业，训练人员，扩充学校体育设备，增设体育场等之用。

二、请教育部会商主计处，将体育经费正式列入岁出预算科目。

（《第三次全国教育会议报告》，第 340 页）

汪精卫终将为小聪明误到死无葬身之地[1]

（1939 年 3 月 18 日）

国家大事，岂可以儿戏出之？你信这关于国家生死存亡的搏斗会有中途妥协的一天吗？我们以前在天津身受日阀的侮辱，你忘了吗？绝无妥协，妥协就是投降。汪精卫一生都是玩弄小聪明，他终将为小聪明误到死无葬身之地。经不起考验的终必跌倒！

（台湾南开校友会编：《张伯苓八旬诞辰纪念册》，1955 年，第 33 页）

---

① 3 月 18 日午后，张伯苓由重庆飞抵昆明。此间，人们对汪精卫变节投降日本，莫名其妙，人心惶惑。有一校友问张伯苓，汪精卫之出走，是否一苦肉计？张伯苓愤然作以下答复。本文摘自柳博我的《追思张伯苓校长》一文，题目为编者所拟。

国民参政会精神，是在表示全国一致团结①

（1939年3月18日）

记者：对于国民参政会感想如何？

张伯苓：国民参政会精神，是在表示全国一致团结。自抗战以来，敌人对我所采取之速战速决政策，总想分化我们统一局面，破坏我国团结力量。但每届参政会均表示一致团结到底。在抗战过程中，虽有不少无耻汉奸出现，然彼等昧于正义，力量极小，不足为虑。而参政员则是包括各党各派分子在内，均系国内名流时彦，实足为全国人士之代表。每届开会无不集思广益，竭诚拥护抗战建国纲领。愚以为参政会最大贡献，即是在国内表示一致团结，而每届个别的提案，反而可以说是次要之事。自从领袖蒋先生兼任议长后，精神更为振作，所有一切提案之执行，亦较前迅速。本届大会通过组织川康视察团，由参政员担任，视察事项为吏治、兵役、治安、民生诸方面，四川分为东西南北四区，西康一区，昨蒋先生与各视察员谈话，希望此去特别努力，将视察结果报告政府，俾将见诸实行。各视察员聆训之余，已于今日（十八日）欣然整队出发，预料必有一番好结果。

记者：最近捷克事件之演变于我国抗战有无影响？

张伯苓：捷克事件为德预定计划，惟今日始见诸实行耳。希特拉②此种不顾一切之行动，其结果惟有增加诸强国之加紧团结，最近英俄更为友好，即是一例。英俄接近，于我国英勇抗战更为有利。

（《南开校友》第4卷第6期，1939年4月15日）

① 是日午后，张伯苓由重庆飞抵昆明，晚间下榻于南开大学经济研究所。南开校友贾朴以《云南日报》记者身份对张伯苓进行采访。本文为编者根据贾朴的《昆明校友开欢迎校长大会》一文整理，题目为编者所拟。

② 现通译为“希特勒”。

南开校友与中国前途[①]

（1939 年 3 月 25 日）

诸位校友：

此次为重庆校友会给大家带个好来。校友总会自从迁到重庆后，工做成绩很好，原因是有一位干事郭荣生。郭君对于到重庆的校友们，招待极热心，对于散布在各地校友的住址、职业调查得很清楚，他一个人就记得两千多校友的名字与职业。我说这些话，为的是使大家今后更来多多的帮助他，促进校友会的工作。第二样，是校友月刊，近来也由郭君主编，严仁颖君的帮忙，办的很好。最先印行五百本，现在已增加至一千八百多本，在这方面更希望大家帮助与利用。

各学校校友会，抗战以来恢复最快的，怕是首推南开。有一次《时事新报》的经理崔唯吾先生说："中国组织最好的校友会，要算南开与黄埔军校的。"不过黄埔军校是国立的军事团体，而南开是私立的学校，多赖大家的帮忙互助。出校、在校的校友同学，要时时联络，向一个高的目标去努力。把（被）敌人打散后，我们的学校能很快的组织起来，校友会亦同时组织起来，效率且非常的大。这点表示出我们学校的精神，但要紧的还得大家帮助，常互通消息。总会在重庆，最大的分会在昆明，近来贵阳、桂林、西安、兰州各地的校友会卅六处也都逐渐成立了，证以离开学校的校友们都很努力。此后望大家对校友会多给一点帮忙，同时也可尽力利用校友会，大家有不知各地校友近况者，可写信向郭荣生干事探问。

个人最近九月来的情形，再稍为报告一下。

昆明，去年三月来过一回，九月底又来过一趟，这次是第三趟，按理说应常来，终因为南渝（现称南开）中学刚刚成立，募款设备都需要办理；四川自流井的蜀光中学，承盐务管理局缪剑霜局长之托，自接办后由初级改为高级，一切也都需整理，因此到昆明时候较少。到去年六月，政府组织国民参政会，我也在内，最初在汉口，第二次、三次开会是在重庆。蒋先生并任议长，因他

① 本文为张伯苓在昆明南开校友分会欢迎会上的演讲，由贾朴记录。

要公很多，每周常会需要个人担任主席，所以一年来多留在重庆，也是不能常来的一个原因。最近九个月来，政府各方面情形，知道的稍多一点，财政、外交、军政、教育、内政各部及行政、考试、监察各院负责者，每星期五都有周详的报告，因此内幕情形较前知道多一点。从负责者看，特别从蒋先生看，有真令人高兴，我可以说一说现在的情形。

最要紧的是军队方面。

自抗战以来，当汉奸的多是文人，未有军人。就是以前为大家所怀疑的军人，都转变过来，近来打得都很好。听何应钦先生的报告，抗战初起，全国军队共有×百×多万，而直属中央的×××万，其余多属地方性者。到第二期抗战开始，全国军队反增到×百×十多万，不但数目比前加多，同时经过一番重新整理，都归于中央来统辖，这可以说是打仗而同时整军。说到敌人所占领的地带，一年来仅是几个点与线，据行政院报告，河北、河南、山西、江、浙各省有许多县到如今仍在我手，敌人不敢离铁路、公路、航路一步，到晚上小站上的敌军，还得跑回到大站上聚集。敌人要胜我，非把我们的抗战力量消灭不可。但我们反而是越战越强。二期抗战分全国军队为三部份，×分之×军队在前方应战，×分之×到敌人后方做有计划的游击战，×分之×留在后方加强训练。按军事来说，军力不但未减少，反而较前加强。这次全国教育会议，曾讨论到敌人后方的军事、教育诸问题。说到参政会，最大的成绩，即是表示了全国一致的团结，二百多参政员，各党各派，无党无派者都包括在内，而且都是国内名流时彦，虽不是民选，实足为全国人士之代表，所以这次没有人批评过人选的不好，这实在是政府一件最大的成功。据张岳军先生告诉我，这一次的推选，经过政府五次的审查考虑才通过。

第一届大会在汉口举行，表示很好，全体一致通过拥护国民党五中全会内决定的抗战建国纲领，大家精神都很好，证明抗战期间，军队政治各党各派的意志统一。第二届大会，全体参政员代表全国人民，一致拥护蒋先生抗战到底。去年十二月廿二日近卫发表宣言后，蒋先生曾召集几位参政员谈话，询问关于今后抗战的意见，各人皆有所陈述。当时我的意见是这样：我们有力量打下去，就应继续打，中途与敌妥协，敌人决不会让我们来完成建国的工作，同时世界大战终不可避免，如果我们今日不为自己打，与敌妥协后，到世界大战的那天，敌人定要逼着我们为他打，我们会由自由的战士而变成人家的战马。现在屈服下去是不行的。只要我们全国能一致与敌英勇地继续抵抗，也许碰上了世界大战，那时我们中国不难变成多少国家的好友。

再看一看国内，抗战一年多，前方将士出生入死，为国为民尽了他们最大的力量，而做汉奸的反多是些无耻的文人，结果对于抗战是武人不怕，文人害怕，上前方的武装同志不害怕，留在后方的文人倒是害怕。我向来是乐观的，大家主要的是要认识清楚，敌人一年来在占领的区域中，不但不能获利，反而是赔本的。说到损失方面，农业国家恢复的最快，工业化的国家恢复最慢，这也是我们最大的便宜处。我国目前是全军统一，全民意志统一，抗战而又建国，我是乐观的，今日实在是千载难逢的好机会，要紧的是大家认识清楚了，一起来干。在后方苟且偷安要不得的。更幸运的是我们的最高领袖认识太清楚了，八年以前，我在北方就为蒋先生宣传，我并不是盲目的称道他，他实在使我们钦佩。现在世界的伟人有人说是希特勒、墨索里尼等，但这些人都是孤注一掷，将来究竟能成功与否不知道。蒋先生必能成功的，只看国民能不能认识他，跟随他。在参政会开会时，通过拥护蒋先生抗战到底的议案，全体会员都站起来一致表示赞成，当时使人看见非常高兴、乐观。可是领袖领导还得国民跟上走，现在全国的武装同志实在是跟着走。文人呢？智识阶级是不是跟着走呢？

这次在重庆举行全国教育会议，开会时蒋先生有一篇演说，他对于教育的认识，实在清楚。二十几年来，许多人到外国研究教育，读教育书，但觉得还是太浅不够，教育是改造国家最有效的方法，蒋先生这次的演说，以及我搜集到关于他以前对教育的见解主张，总起来看，他把过去各方面的情形如何改进都完全顾到，眼光实在是远大。

南开学校四十年来精神是一贯的。中日战争之后，严范孙先生看到我们不如人的原因，我当时在北洋水师学堂受到很大的刺激，所以决定了根本从教育方面着手计划，改造中国。我一向对于体育就极端重视，全国中学有科学仪器设置的，亦以南开为最早。改造中国的目的要复兴民族与国家。

南开的校训是“公”、“能”两个字。“能”的意思，就是对于身体的锻炼与智识的培植。“公”的意思，就是为公众，摒除自私自利。中国人向来犯这两种病，近来全国人士对南开已渐渐认识了。

近年来国人从西洋贩来许多不消化的东西——自由、平等，但目前主要的是如何撇开私人一切，来共同抵抗外力这回事。三年前我到四川办中学，蒋先生就很赞助。五年前我同蒋梦麟先生在北平去见蒋先生，他就主张教育须文武不分，他的眼光比我们远大的多。

中国现在是在难与险中争生存。难者，国家如同船行水上，逆水行舟，大家如同拉船的人，非一齐用力拉不行；险者，如同船行下水，惊涛骇浪，而且要一个人来把舵，目前蒋先生就是这个人。只要大家群策群力，向着一个目标向前走，不见得马上就好，然而前途不见得不光明。

愿南开校友，本住南开“公”“能”校训往前去，同时跟随最高领袖往前走。在目前环境之下，国家对教育界不薄，教育界应当表示出一种精神来。南开精神更应加倍表示出来。目前是我民族几千年来的非常时期，是一个捩转时期，亦是一个千载难逢的好机会。前些日子，蒋先生与蒋夫人公余后到南开中学参观，后来同学们将蒋先生蒋夫人包围起来，要求训话，蒋先生当时言简意赅的说：

“现在是一个好机会，青年应当坚定志向，期为民族国家尽个人之责，加强加深自己的认识……”

今天我愿再以此语赠给各位校友诸君。

南开有许多人在社会上已经给大家开了一条路，为国家为个人都很好。这时候我们所遭遇的，虽苦虽难，只要大家努力，真可乐，为几千年所遇不到的绝好机会。假如精神一颓唐，只有给人当奴隶，恐无复反身的时候。当战马给人打仗，不如当战士为自己的国家奋斗。南开学校是长的，学校本身如此，出校校友亦如此。抗战后，日本人将我赶回二十年，我今年才四十几岁。大家正在奋发时期，希望振作起来努力，加强力量，帮助领袖抗战建国。

（《南开校友》第4卷第6期，1939年4月15日）

教育事业尤须首由“公”“能”两字做起[①]

（1939年3月26日）

教育事业之对象，为青年学生，是活的，生长的，离开学校后，把教育功能更可遍及于社会上。特别在目前中国社会中，教育更为需要。盖人生最低限度的需要是求生，求生须有力量，但个人之肉体力量与智识力量还不够，还需要把每个人的力量团结起来，方可对外抵抗外力，对内求民族国家之生存发展。

① 是日午后3时半，张伯苓应西南联大师范学院公民训育学会之邀，进行公开演讲。本文根据贾朴的《昆明校友开欢迎校长大会》一文整理，题目为编者所拟。

惟欲达到此目的，尤须首由“公”“能”两字做起。近年教育界由西洋贩来许多不消化的东西，并未有裨益于实际。最近全国教育会议，蒋先生曾有两次演讲，他对教育之各方面都看得很远大，今后的教育应本斯旨，先要大家认识清楚，而后向着这个目标去努力。不但要如蒋先生所言，文武并重，更须注意精神的武装，诸君应在校如此，出校后更应本此努力。

（《南开校友》第4卷第6期，1939年4月15日）

用我们的知识能力，来为国家民族服务①

（1939年4月2日）

我老吗？我并不老！日本帝国主义这一战，叫我在年龄上倒退二十年。（校长指着在坐在喻传鉴说）你们说他多大年纪了，有人说他是才三十八岁②。别忘记我们的校训是“公”，是“能”。用我们的知识能力，来为国家民族服务。

黄子坚先生领着西南联合大学的学生，由长沙步行到昆明；查良钊先生领着华北失学青年一千多人，由凤翔步行到天水，来建立一个国立甘肃中学；去年暑假后，教育部在西南联合大学里创立一个师范学院，黄子坚先生任院长，查良钊先生任主任导师，努力数月，获得各方的荣誉。时子周和郑通和二位先生分别在宁夏和甘肃主掌教育，在艰苦的条件下，开辟荒地的教育事业。张锡羊先生办了新华兴业公司，虽然是“生意兴隆”，但目的不是在发财，而是在为国家作经济开发。

我一向是乐观的，我现在是更加乐观。干！只有干！我们学校就是不断的干所积累起来的。很简单，这有什么复杂呢？

（《南开校友》第4卷第6期，1939年4月15日）

① 本日，时子周、查良钊、喻传鉴、段茂澜、章辑五、李景清、勾适生、杜协民等64位校友到津南村提前为张伯苓祝寿，64人站成双圈听张伯苓讲话。摘自勾适生的《校友春季大会》一文，题目为编者所拟。

② 此时喻传鉴实龄51岁。

我们要干到底，顶到底[①]

（1939 年 5 月 6 日）

敌人想威胁我们屈服，我们偏不怕他们的威胁！我们规定要做的事，必须照着规定去做，我们要干到底，顶到底！

（李金荣，杨筱著：《烽火岁月——重庆大轰炸》，重庆出版社，2005 年，第 36—37 页）

蜀光中学应培养"公""能"的精神[②]

（1939 年 6 月 17 日）

创办南开宗旨——"教育救国"，即欲使国家民族独立存在，须由教育入手，创办新的学校，培养新的精神，造就新的人才。

南开精神，即南开训练目标，第一是"公"，第二是"能"。

蜀光应培养新的精神，新的校风，即造成"公"、"能"的精神。

更希望蜀光之风蔚为井风、川风而国风。

（自贡市档案馆档案）

① 1939 年 5 月 3—4 日，日本飞机对重庆市平民狂轰滥炸，民众死伤惨重，制造了震惊中外的"五三""五四"惨案。6、7 两日，重庆南开中学春季校际运动会按规定如期举行，张伯苓在开幕式上发表讲话。题目为编者所拟。

② 6 月中旬，张伯苓偕喻传鉴、徐谟、韩文信等来自贡，并会同谬剑霜视察蜀光中学，其间于 16、17 两日发表讲话，本文为 17 日讲话的要点，题目为编者所拟。

祝贺世界学生联合会代表大会闭幕广播词[①]

（1939年8月19日）

我国学生在蒋委员长领导之下，正努力于民主国家之建设，而我国学生所经历者，皆可在会场中为各代表详述之，俾使各国明了中国抗战精神之真相。希望在场各代表自由讨论，期在合作中获取和平之路。

（《大公报》，1939年8月20日）

与路透社记者谈南开校友祝宗梁、袁汉俊[②]

（1939年8月24日）

最近致函香港政府、自承为刺程凶手之祝宗梁及袁汉俊两人，均为以前天津南开大学之学生。天津沦陷后，二人仍因重要使命，留于该地，吾[③]虽不能积极证明二人为刺杀程锡庚之凶手，惟确有强力之偶然证据，足以表示此事之极为可能。二人皆为极好之学生。

吾与祝之祖父及父均属旧识，祝尚有一表姊，现在昆明清华大学担任助教。

袁汉俊系于一九三六年毕业于南开附中，时年十九岁，原籍浙江之上虞。当南开由津迁至川省之时，两生并未来渝，直至本年八月七日，始来重庆，至

---

① 世界学生联合会第三届代表大会于15日在巴黎召开，宋美龄、陈立夫、张伯苓被聘为该会名誉发起人。18日晚大会闭幕后，举行特别宴会，招待与会的中国代表团，并约中央广播电台播送特别节目，由法国电台向会场及全法国转播。本文即为张伯苓之广播词，摘自《巴黎日前举行世界学联大会，中央电台播送特别节目》一文，题目为编者所拟。

② 程锡庚（1893—1939），字莲士，江苏镇江人。1937年天津被日军占领后，加入北平伪临时政府，任“联银”经理。1939年4月9日被天津南开校友、抗日杀奸团成员祝宗梁、袁汉俊等人击杀。此事当时盛传一时，本文即张伯苓就此事对路透社记者的谈话，题目为编者所拟。

③ 此处原文为记者所用的第三人称“渠”，为行文方便，由编者改为第一人称“吾”。本文下同。

校访问各教授及同学等。二人对于彼等之活动，极守缄默，仅要求同学勿将彼等来渝之消息宣传于外。

吾之学生，皆决心为国家及学校泄恨，南开学生之牺牲于此次战事者，已逾八十余人。祝、袁两人，均属良好青年，极有为刺程真凶手之可能。因吾知现有南开以前之学生多人、现在天津及华北其他地方从事于爱国工作也。

（《申报》，1939 年 8 月 25 日）

汪精卫与国民参政会①

（1939 年 9 月 1 日）

今天所讲的题目，是汪精卫与国民参政会。那么国民参政会的由来，与他的任务，我先大略说一说。当然，全国的同胞，不少的人，是知道国民参政会为甚么而产生的，但有些同胞或者不知道的，我不怕琐□，再简单的叙述一下。国民参政会在去年三月间，由中国国民党临时全国代表大会决议，说：在非常时期，应设一国民参政会。四月里，中国国民党中央执行委员会就决议通过国民参政会的组织条例案，并各市所有参政员的名额表，奉总裁之核定，由国民政府在四月十二这一天，用明令公布了。那么国民参政会的组织，虽然说不是由国民直接选举来的，但所有男的女的参政员，是由四种资格选出来的，一是已在各省各市公私机关或团体服务三年以上，有信望之人员，八十八位；一是在蒙古、西藏公私机关或团体服务，或熟悉各该地方政府社会情形，有信望之人员，六位，蒙古四，西藏二；一是在海外侨民在居留地工作三年以上，或熟悉侨民生活情形，有信望之人员六位；一是在各重要文化团体服务三年以上，著有信望，或努力国事有信望之人员，一百位，一共二百位。所有参政员的团结一致，拥护领袖，拥护抗战建国的国策，全有以往的事实来作证明。

至于说汪精卫呢，他在第一次与第二次大会的时候，他曾作过议长，那时候听了他的演说，真以为他是个民族的先锋领导者。他在第一次国民参政大会里的演说，我简单引证，来对国内外的同胞说一下，他说：“我们知道国民参政

① 本文为张伯苓于 1939 年 9 月 1 日在中央广播电台的讲词。

员里头，对于政治上的见解，未必尽是同的，这里头有中国国民党党员，有无党派色彩而保持着自由思想独立评论的人，有其他党派，但是自从国难发生以来，精诚团结日益加坚。”最后，他又说：“我们并且要将全国精诚团结的意志，与切实沉着的精神，宣示于世界，并且对于侵略者及其所制造出来的傀儡，指出全国在此艰难困苦中，不折不挠的气概。这些意志，这些精神，这些气概，都是充分表示着我们全国不会屈服，不会灭亡，并且向着抗战必胜建国必成的大路而迈步前进。国民参政会在抗战期间开会，在全面抗战已经一年的时候开会，兄弟不才，忝随同人之后，深信凡我同人，必能共体此意，为此民主政治初步基础之国民参政会，造成空前未有之纪录。”

我们听了他这一番话，是何等的警醒透辟。不错，我们现在抗战已过两年多了，我们全国精诚团结的意志，与切实沉着的精神，随着最高领袖的指导，的的确确是已经明白宣示于世界了，侵略者及所制造出来的傀儡，我想已经晓得全国在此艰难困苦，不折不挠的当中，将这些精神，这些气概，已十二分的表示出来了。我们相信一定不会屈服，不会灭亡的了。但是自称兄弟不才，添随同人之后的那一个人，现在可是不是随着走了。不但不随着走，且归并到所谓制造出来的傀儡那一堆里去了。言与行不符如此，反复到如此，他将来的结局，我亦不愿再多说了。

至于参政会呢，第一次大会在去年七月六日在汉口开会，正是徐州失陷以后，武汉吃紧的时候，然而我们参政会决议的案件，计有一百三十余案，在这些决议案的当中，最要紧的，我约略说一说。有郑参政员震宇，陈参政员绍禹，王参政员家桢，周参政员士观，胡参政员景伊诸公，各提出拥护政府长期抗战的国策案，当时全体一致通过，并有宣言。宣言里要紧的话是，“绝对认清国家民族利益所在，以统一与团结为一切行动之准绳，彰吾族之决心，布敌阀之罪状，以增加世界公论之认识，而根本消灭敌阀在文明世界之一切阴谋。”这是第一次大会口，决定了我们始终抗战的途径。第二次大会，在去年十月十二日，正是武汉退出，广州失陷的时候，但是我们毫不动摇，各种提交大会的议案，计有八十余案，中间要紧的有胡参政员景伊等临时动议，拥护蒋委员长持久抗战宣言案；王参政员造时等临时动议，参政会应发表宣言，拥护蒋委员长《告全国国民书》，并号召全国同胞一致奋起，继续抗战，以争取最后胜利案；陈参政员绍禹等提拥护蒋委员长和国民政府加紧全民族团结，坚持持久抗战，争取最后胜利案；张参政员一麐等临时动议，为抗战到底，宜由本会决议宣言，请政府明令公布，以防反间，而定人心案；陈参政员嘉庚等提，日寇未退出我国土前，不得言和案。尤其是张一麐先生临时动议里说，敌人大放议和空气，谬称与某要人已有接触两句话，不知汪精卫当时心里，对于“某要人”三字，做何感想。这些案的决议，大家一致通过，并无二词，就是以下扼要的几句话，“一致拥护蒋委员长所宣示的全面抗战，持久抗战，争取主动，按政府既定方针，今后全国国民在蒋委员长领导之下，坚决抗战，决不屈服，共守弗渝，以完成抗战建国之任务。”这是何等表现我们始终一贯的精神。

等到今年二月开第三次大会的时候，汪精卫却事前秘密的逃走了，艳电响应近卫的宣言，到后来更进一步爽快去做傀儡。但是我们得蒋委员长来作议长，共通过议案九十余件，最要紧的有三案，一为褚参政员辅成等提，第二期抗战开始，本会应郑重宣言，重申拥护抗战国策案；王参政员卓然等提，切实拥护蒋委员长，驳斥近卫宣言案；林参政员祖涵等提，拥护蒋委员长，驳斥近卫声明，并以此作为今后抗战国策之惟一标准案。这三案亦经大会一致通过，决议里说：“兹特郑重决议，抗战既定方针，必须坚持到底，全国军民，应服膺蒋委员长在去年十二月二十六日宣言中所表示之大义，坚其信心，齐其步伐，一心一德，彻始彻终，以复我领土主权与行政之完整，而完成抗战建国之大业。”这是第三次大会中，热烈拥护抗战建国的情形。我末复归根再说几句话，两年来抗战的经过，军事是根本未动摇，愈战愈强，外交方面，同情我们的一天比一天多，日本的孤立，却是一天比一天显著。从前或者对于抗战有怀疑，到了今天，如果对于军事、外交方面少为留一点神的话，我想就是怀疑两个字，也可以涣然冰释无疑了。

（《国人皆曰——汉奸汪精卫》第4辑，正论出版社，1939年，第10—13页）

讨汪通电[①]

（1939年9月1日）

纵世间万恶有词可以文饰，惟作汉奸则绝对无词可以文饰。于民族抗战胜

① 9月1日，张伯苓等全国各大学及专科学校校长，联名电呈蒋介石，并致电全国各报馆，声讨汪精卫叛国投敌。题目为编者所拟。

利进行之时，背叛党国离弃首都，去此革命之大本营，而私奔敌方，腼颜事仇，安居于火焰甫熄血迹未干之虹口，奔走于劫灰遍地之南京广州，受敌人刺刀机枪之重重护卫，以作危害祖国，出卖民族之企图，历史上实罕有此种丧尽廉耻全无心肝之人。即令其有如簧之口，曲解降敌为言和，则上列之铁的事实，已能铸成慧剑，将其舌根割尽。至于妄欲成立伪组织，私树小朝廷，欲藉敌人卵翼以滋长，他日敌人退出，彼可偷生，则试问敌人岂有付八十余万将士，伤亡一百万之战事损失之代价，以为汪逆精卫及一般伪组织傀儡打天下，而令其坐享其成之理。此理至显，乳臭小儿可以知之。岂汪逆与一般伪组织傀儡竟至不悟，乃竟以此欺骗我沦陷区域之同胞，则其居心更不可问矣。汪逆有张邦昌、李克用之用心，而无洪承畴、钱谦益之才学，以此惑军人，则军人方枕戈待旦，惟有愤怒杀贼；以此愚民众，则民众方渥血推心，惟有复仇雪恨；以此欺青年，则纯洁爱国之青年早视之如矢橛，其伎俩至多不过为老辈汉奸添一辩护士而已。其人其事，本不足数，绝无重视之可言，惟校院长（同人）等，身司教育，以为是非顺逆不可不明，为此申电致讨，以发其奸。待见其明正典刑之日，正国人额手称庆之时。校院长（同人）等赤诚耿耿，惟知服从中央，拥护国策，在英明伟大领袖钧座（蒋委员长）领导之下，与敌国汉奸做殊死战。谨布衷诚，诸希鉴察，愿我全国同胞共起图之也。

（《新华日报》，1939 年 9 月 2 日）

在国民参政会第一届第四次大会开幕时的演词[①]

（1939 年 9 月 9 日）

各位来宾，各位同仁：

今天是国民参政会第四次开会的日期，记得去年在汉口第一次开会之日，正是抗战周年，徐州失守之时，大家受政府召集，代表各区域、各职业、各党派欢聚一堂，讨论国是，一种精诚团结，共赴国难的精神可以说是空前未有。这次会议最重要的议案，就是共同拥护政府既定的国策——抗战建国国策。当

① 张伯苓时任国民参政会副议长。

时许多同仁曾提出几个议案，以后归并成一个议案《拥护抗战建国纲领》，全场一致通过。这个议案，大足以表示我们举国一致团结的精神，拥护领袖的热忱，以及政府及人民抗战的决心。第二次开会是在重庆，当时正是武汉撤退，广州失陷以后，国内人心颇觉动摇，此时领袖正发表告全国国民书，坚决的表示政府既定国策，并无变更。同仁等在开会时读此，莫不兴奋，乃全体通过拥护领袖告国民书的议案，维护持久抗战国策，坚决抵抗，决不屈服。在这两次大会中，本会同仁，都充分表示出拥护政府、拥护领袖、拥护国策的决心，这于统一全国意志，增强抗战力量，是很有关系的。到第三次大会开会时，抗战进入了第二阶段，军事正于我有利，敌人知进攻不易，企图用政治手段诱我投降，乃有近卫的宣言，而前议长汪精卫心怀叵测，妄主和议，未免淆乱听闻。幸赖领袖对于近卫宣言，痛加驳斥，揭穿他诱降毒计。安定全国人心，澄清国际视听，端赖此举。同仁于是亦有拥护领袖驳斥近卫宣言的议案。这也正是表示全体同仁拥护政府，执行第二期抗战的决心。

综观三次以来的大会，同仁提案虽多，而精神表示完全一致，即对坚持抗战的决心，与夫抗战必胜的信念，毫不动摇，虽然有前议长的弃职潜逃，但于全会并无影响。现在参政会第四次又开了，同仁踊跃赴会精神，与前几次大会一样，而本次开会，时局形势，觉得更为复杂，更为严重。以内部言，有汪逆之叛党叛国，以国际言，欧战爆发，国际动态不可捉摸，我们在这时开会，觉得我们的责任亦更加重大。第一，敌人的军事上进展不易，改用经济的、政治的手段来进攻，我们要研究用什么方法来粉碎敌人的阴谋。第二，近来国际形势突变，外交应付急需熟筹，同人中对外交问题有研究者颇多，应多多研讨，把所得结果，供献于政府，用作政府决定对外方针之助。第三，在抗战建国同时进行中，后方建设非常重要，尤以川康建设关系最大。根据第三次大会决议，第三次休会期间，组成川康视察团，分组视察，借以明了后方实际情况。现考察已毕，各组报告甚为详尽，中有许多相同之点，正是后方普遍存在的事实，与必须解决的问题。现在这种报告，业经付印，经川康建设期成会根据报告，做成议案，希望在大会中详细研究，得到一些结果，供献政府，作为实施川康建设的根据。

上列三项，是我们在这次会议中必须注意的几点。此外我以为我们应该根据历次大会的宣言，针对目前敌人的阴谋，作一种严正表示，给国民一种正确的启示，使全国人信任政府，信赖领袖，必能获得最后胜利，求得国家之自由与独立。苟全国人均能认定这一点，抱坚定不移的信心，努力于抗战建国国策的推行，则敌人一切政治经济的阴谋皆无法得售，任何难关皆可渡过。

这是伯苓在开会的今天，所想说的几句话，用以贡献于同人。

（原载国民参政会秘书处编印，《国民参政会第四次大会纪录》，1939 年 11 月。转引自孟广涵主编，《国民参政会纪实》（上卷），重庆出版社，1985 年，第 557—558 页）

教师节教职员聚餐会上的讲词①

（1939 年 10 月 9 日）

各位同事：

今天我本想预备了讲词来说的，因天气太热，觉得无此需要，故临时取消。今天只特别提出南开过去的情形与诸位新同事先生一谈。

刚才喻先生说，年级越高的学生成绩越坏，由本校新生考试的试卷中就可以发见，例如高二投考者四百余人，而取录者仅十余人，高一投考者一千数百人，而取录者仅二百余人。此是否他校教师未曾大学毕业，抑或他们任教而不负责任呢？这儿的问题何在？诸位一定可以想见。经过考试竞争以后，本校的成绩显得比他校高出甚多，这完全由于本校同仁任事尽职的缘故。同样是从大学里面毕业出来的教师，何以在本校有如此之成绩，而在他校则否？这就又要看学校平日办理的方法如何了。

今天是教师节，做教师实在有做教师的乐趣。孟子说："人之患在好为人师。"他的意思叫人不要轻易的去为人师，但若是人师而没有乐趣，那才谁也不肯做了，何以做教师有乐趣呢？因为做教师对诸事认识得多，认识越多，乐趣就越浓厚。

今天诸位新同事加入南开这个大团体，从今以后即为团体的一份子，受着团体的影响。希望诸位任课的先生，每次在上课之前想想这一课的内容，这样常可以有新的发现，而自己由此亦可得到长进。学生对于这种教师也特别欢迎，

① 10 月 9 日为教师节，重庆南开中学全体教职员聚餐，张伯苓出席并讲话。本文由郭而毅笔录。题目为编者所拟。

因为功课虽旧而内容常新，学生对这功课就不厌倦而感觉兴趣了。“教学相长”之意即是教师以学生的反应来测量自己教学有进步，如果教学有进步，自己必定感觉快乐，吃饭也要多吃一碗。（诸位要是吃包饭的话，包饭的老板或因此要吃一点儿亏。）

专心致志于教育工作，不仅有乐趣，也不至于冻馁。有人或以为教书不如开汽车，殊不知一位教师需要训练多少年，一个开汽车的又需要训练多少时，二者实不可相提并论。除了那种醉心金钱与物质享受的人，我想谁也会以教育的乐趣来得高尚。

说到南开年年一次聚餐会，我便记起了在天津南开中学最后一次举行的聚餐会，当时时局虽然很紧张，但大家的精神仍很振奋。现在一霎眼就要回到那地方了，虽然那些物质已经毁坏，但这是很容易建设恢复的。我觉得世界上最快乐之事莫过于“天理恢恢”，我们天天看报，都可看到这种“天理恢恢”的事实，所以现在实在是盛世。诸位若遇盛世而不自知，那才真是可惜！以世界情形来说，大国和小国讲求平等，这以前何曾有过？以本国情形来说，也是空前的好——好到太好的地步，诸位或许不觉得，这是因为诸位不曾注意以前我国的情形。在对比之下，便可以知道我的话不假。国家和世界都好了，我们个人也要好起来。南开功课固然要好，同时体育、道德等等也都要好。团体训练中“公”字最要紧。例如班会中推举出来的代表能够讲“公”，则出校以后在乡镇社会服务也一定要讲“公”。“公”是最高的道德，“公”字的涵义甚多，诸位对于这个“公”字务须特别注意。我曾经看见几个学生课后打扫教室，我便对他们说，做这件事不仅是“小子当洒扫应对进退”的私德，而是讲公德。一个学生对教师敬礼，这亦不仅是讲“入则孝出则悌”的私德，而且是讲公德。现在的世界是一个好世界，经过一次战争以后，国际道德提高了不知多少，我们国家的政治也不知道进步了多少，现在真好比是天亮的时候。教育为建国大业，我们应当如何加倍的努力！诸位和其他学校的教师也同样是来自大学，并非来自研究院或别的地方，我们要干得比别人好，这全靠我们自己努力！

南开以前一贯的是提倡救国教育，抗战以后又提倡建国的教育。将来南开复校，一定仍在天津八里台，因为我国东南、西南和西北都有其利亦有其弊，惟有东北发展的希望最大，所以南开大学将来仍要在东北重建。英国有牛津、剑桥等校造就人才，帮助国家，我们南开大学也能造就人才，帮助国家。

南开大学现在国内也是有数的大学，而其最大的优点就是有优良的中学做基础，大学可自中学取材，这种以中学帮助大学发展的办法，实在是最好的方法。有人也曾对我说过，战事结束之后，大家都往川外跑，那时候南开中学岂不发生恐慌？但是不要紧，四川这样多人，难道会一齐都跑光？只要办理得好，将来南开中学在四川还是第一等的学校。我计划南开在战后要慢慢的向全国发展，在各个大地方都建立起我们的学校。现在的南开就是一个大本营，诸位暇时可多多留心本校的组织规章，将来有机会亦可仿照办理一个中学，如自流井的蜀光中学就是一个例子。我近年的经验以为教育是很容易的事，别的学校所以不好，就是不照着好的方法去做。诸位学会南开这一套方法之后将来出去办学便不成问题。

我觉得前途是无限光明的，我的年纪恐怕不会允许我再做什么，但是我决不停止！诸位能够认清我的意思继续努力，我个人虽死也没有关系。现在我们也成为四强之一，我希望诸位改正旧的观念，认真的往前去做！我个人数十年的经验就是不断努力，靠这点傻力量，就有成效。战事大概在一年内可以结束，一切苦痛也都快要完结，但是，不要高兴，还要努力！须知我国像诸位这样的程度的人还不多，过去的已经过去，新的更要负起责任。我个人就是死了，但诸位决不会跟着我死，所以我的希望仍很大。

今天我很高兴拉杂的说了这一些。明天就要开学，盼望诸位努力！

（重庆南开中学档案馆藏）

盼南开学生秉“公能”校训，奋发前进[①]

（1939年11月8日）

昨日为俄国十月革命二十二周年纪念。余被邀往苏联大使馆参加庆祝酒会，遂起无限感慨。尽管余在场中魁梧推第一，而吾国地广人众，立国且已二十八年，但一切尚难言有何成就可与人较量，此非国人能力不如，实不为而已。自私、贪婪、懒惰，使我民族长久停滞不进。抗战虽发挥吾人潜在能力，然则战后如无外力驱策，是否因此停顿？甚或倒退？抑是加速迈进？仍极成问题。盼

① 8日晨10时，重庆南开中学学生集会，纪念俄国十月革命22周年，张伯苓在集会上训话。本文摘自燕诒的《记重庆南开中学的集会》一文，题目为编者所拟。

吾南开学生均知秉“公能”之训，奋发前进，以创新中国。中山先生教学生立志做大事。然余认为不必人人做大事，但须做善事而使之精良耳。

（《南开校友通讯》复刊第 7 期，1985 年，第 47 页）

在昆明南开学校校友茶话会上的讲演[①]

（1939 年 11 月 26 日）

本人因身体关系到校时少。校务多由蒋梦麟、梅月涵两先生偏劳，梦麟先生系我的老朋友，我的表给他带着（意指他是我的代表），月涵与南开关系密切，所以我非常放心。我原先学海军，出身海军军官学校，后来看到国家的根本在教育，所以我改办学校。南开中学、大学，替国家造就不少人才。此次抗战，敌人虽然摧毁我们的学校，却毁不了我们复校的决心。行行出状元，你们各人所学不尽相同，有的念经济系，有的念历史……只要你在学校以及将来服务社会时，将你所学的这一门做到满分那就算是成功。各位同学今天在这里有继续求学的机会，但愿努力以赴，毋捣乱！我今天是这样的向大家宣布了，如果你们有些人不听我的话，我怎么办呢？我打你！

（《南开校友》第 4 卷第 6 期，1939 年 4 月 15 日）

学校训育问题[②]

——在中央训练团党政训练班的讲话

（1939 年 12 月）

今天兄弟觉得非常荣幸，能够和诸位讨论问题，特别难得的是和诸位办教

① 题目为编者所拟。

② 本文为张伯苓在中央训练团党政训练班的讲演，由黄煜源记录整理。

育的人来讨论我所最有兴趣的“训育问题”。诸位的学识经验本来都很丰富，现在到训练班来受训，彼此对于这个问题交换意见，必定感到研究兴趣，而且易于了解。训育，就广义说即为教育。受教育者或受训者自然能够长进，达到自立立人的目的。从前一般学校的教育方针不无错误，教员只是传授学生知识就了事，对于学生一切起居饮食言行举止毫不过问，现在这种缺陷已经切实的予以纠正，教育已呈现一种新的趋势，所以今天就研究过去教育的种种缺点和今后教育的新趋势，并讨论关于训育的几个重要问题。

在座各位大都负有教育的责任，将来各位回到地方机关里去，马上可以按照今天所讨论的去实施。本人曾担任学校职务多年，所见到的往往经过长时间才能实现，甚至直到现在还不能做到，使我感到今后教育有加紧改进的必要。今天对各位所讲的希望立刻就能见诸实行。

甲．过去教育的种种缺点和今后教育的新趋势

谈到教育问题，首先向各位问一句：我国目前最严重、最迫切的问题是什么？我想不是吃饭穿衣，也不是要成就个人的事业，而是每个国民都应该深切警惕的，今后怎样在蒋委员长领导之下，来努力完成抗建工作，使我们的国家永远生存在这个世界上。现在整个国家已到了危机存亡的最后关头，全国国民应该如何努力奋斗，在物质上克服困难，在精神上尤须力求振作，以期收复失地，复兴民族，免做敌寇的奴隶牛马，使中国成为世界上一等强国，这就是每个国民最大的任务。我们试想，中国为什么不能成一个强国呢？有一回，我这样地考问一般小学生：“你们是哪国的人？”都说“是中国人”。

“世界上有多少国家？”比较重要的国家，他们都说到了。

“哪几国家面积最大？”他们毫不迟疑的答：“中国、美国、英国、俄国……[1]”。

“哪个国家人口最多？”他们说：“中国、俄国、美国、英国。”

“哪个国家天产最富？”他们说：“中国、美国、俄国。”

“哪几个国家最强？”他们说：“英国、美国、法国、德国、日本。”最后的回答，我佯作没有听到，一再发问，他们初感到奇怪，后来不敢回答了，我就用严正的态度对他们说：“为什么说的没有中国呢？难道中国素称地大物博，人口众多，还不配为一个强国吗？”本人在欧美各国所见，其地理气候、物产并不比我国为优，甚至还比不上我国，尤其比不上我们四川。而且中国是世界人

① 文中省略号系原文如此。

口最多的国家，全国人口总数一般人都弄不清楚，普通说是四万万五千万，其实应该说是四万五千万或四万万另五千万，用数目字表示，是四五〇，〇〇〇，〇〇〇，用英语说就是 450 millions，可见其数目之大了。中国人口不但众多，还比外国人来得聪明，不像日本国民那么愚笨，从欧美诸国留学的中日学生加以比较，尤其显然。中国人不但比日本人聪明，还可以同欧美先进国家并媲美。但欧美各国都能臻于富强，而中国虽然人口众多，却缺乏国家观念，自私自利，不能振作进取、精诚团结，像一盘散沙，不能建立起一个强盛的国家，愈见贫弱，现在还要给蕞尔小国的日本来恣意欺侮、侵凌，使我们沦为奴隶牛马。我们为什么会陷于这个地步，这是本人一时一刻都不能忘记的问题，希望各位也细心考量一下，推究出来，又使我们不得不联想到过去教育的失败，而发生更进一步的疑问。

我们能否从教育去挽救危亡，使国家臻于强盛之境呢？如果认为是可能，我们教育界同人今后就应该认识清楚，努力从事。从前办教育的人，都不能透彻了解，向着这个途径去努力，以致徒劳无功，使整个教育走入歧途。所以，蒋委员长在军事化的教育上说："中国过去的教育，是卸除民族武装的教育。"本人当初听了很觉惊异，本来是促进社会的进化，增强人类自卫的工具，为什么现在说是卸除民族武装呢？然其事实表现如此，我们不必讳言。过去教育既然发现了种种缺陷，今后就不能不力图补救，那样，国家民族的前途才有一线转机。

我们数十年来办教育，对各国的教育制度、内容，及其课程配备、管理方法等等，大都很能知道清楚，但是对于教育最严重的问题，如教育应如何与其他各部门密切联系，对社会国家如何才有裨益等等，竟全然没有注意，否则为什么办了许多年的教育，却毫无成绩表现出来呢？至于诸位办教育的成绩如何虽不得而知，总之是没有达到理想的要求。这种说法，各位也许不大满意，但如各位真表现了相当的成绩，本人愿意接受各位的批评。

今后要收到学校教育的效果，首先就要纠正过去学校的积弊，过去一般办教育的人，除了授课以外就不注意学生的体格，这种错误的观念，必须根本改革，不要以为学生是以读书求学为目的，用不着讲究体格去改习武事，须知现在是生存竞争时代，尤其是在抗战建国期间，人人都有服兵役与工役的义务，无论办理任何事业，在士农工商各界服务，都非有强健的体格和饱满的精神不可！这是强种强国第一件要紧的事，可是除了一般小学教师对学生健康尚能稍加注意以外，到了中学尤其大学，教师都不能尽责，对学生的日常生活，总不过问，不能培养学生，使具有良好的习惯，这是今后所当切实注意的。

五年前，本人在北平，曾经和一个朋友去会见蒋先生，他说中国的教育已经到了这个地步，今后必须文武不分，才有办法。当时本人还不十分明了，以为文人讲究武事是办不到的，但是因为时代的需要，全国教育会议已决定文武合一的教育方针，我们要打破过去重文轻武的积习。日本敢于侵略中国，就是欺负我们不懂武事，今后要认清文武合一教育的重要性，从而加紧锻炼体格，总能担负教育救国的使命。

有些学校即使能够注重到学生的健康，却又不能使学生团结一致，切实合作，虽有强健的身体，仍是像一盘散沙不能发生丝毫力量。各位大都从学校来的，对于学校里面的散漫凌乱以及摩擦冲突的情形，一定知道得很清楚。一般学校的教育异常呆板，学生在学校里只知读死书，不知道怎样去活用，因为仪器设备不完善，只是空谈理论，并没有实际的实验，纵有也不过是教师自己动手，敷衍场面，学生根本还是莫明其妙，尤其是过去的教育制度，几乎全是模仿外国，而且只是学到一些皮毛，不能融会贯通，把舶来的教育方式，整个的搬到中国来，便认为很时髦。教师所讲的是那么高超，使学生可望而不可即，灌不进耳朵里去，以致中国的教育，从小学、中学而大学，每况愈下。从前专制时代科举的遗毒，和松懈、颓弱、随便苟且的恶习，还没有改变，和外国人比较起来就差得远。这种教育不特不会发生效力，而且贻害青年非浅，于社会国家毫无裨益，无怪总裁要批评这是卸除武装的教育。到了今日，我们不能造成一个强大的国家，已经是很可耻，更受日本小国的欺侮，使我们益觉惶愧。我们身为教育者，要知道学生的家长对于子女的期望是何等的恳切，国家事业需要学生负担，又是如何迫急，应该如何的警惕力图自拔！可是一般教育界仍只图敷衍，一切都表现不切实，不彻底，找不到正确的目标，即使找到了，进行仍是很迟缓或者根本走错方向，所以社会人士对教育的失败，都归咎到我们教育界的身上，是我们所不能不坦白自承，而应该要积极改进的。今后的教育，首先要廓清自由的思想，因为中国的国民本来就欢喜随便，加以误解欧美自由之说，更是毫无拘束，后来有些人逐渐觉悟，反对谈个人的自由，一时争论最为激烈。其实，这是显而易见的。总理遗嘱上昭示我们："余致力国民革命凡四十年，其目的在求中国之自由平等。"这就是说，必须求得国家的自由，才有个人的自由，如果国家失却了自由，那末个人也不能享受自由，所以我们要求个人自由，必须求中国的自由，如果只求个人的自由，而不顾国家的自由，那么个人的自由也不能存在。我们反观英美各国，虽说是最爱讲自由的国家，可是在宪法上都明白规定有服兵役和劳役的义务，所以我们尤其不能只讲个人自由，而忽略了团体的自由。从前我还好几次和别人辩论这个问题，可是，现在国家给敌寇欺侮到这个地步，国家已失了自由，我们还谈什么个人自由呢？这已是用不着辩论了。

今天我们必须团结一致，把日本鬼子赶出中国去，争取国家的独立自由，才能够谈到个人的自由，现在世界有强权无公理，只有从奋斗牺牲里去争取国家自由平等，才是合于真理，才算是了解自由的真意义。

以上所谈，要是在过去，大家听了也许不很明了，可是现在大家想都彻底觉悟了，这是日本人给我们的侵略所做成，而为日本人所梦想不到的，我们要不是这一次受到倭寇深刻的刺激和教训，根本就没有今日的精诚和团结。中国民族素称优秀，现在全国上下已经一致奋起，只要渡过这次难关，中国就可臻于强盛的地位。须知目前最急切的问题，就是求国家的生存独立，否则就只有做敌人的奴隶牛马。同时我们更要能够自信，中国有绝大的抗战力量。一个弱小的国家如阿比西尼亚，要想同强大的国家如意大利来抗争取胜，自然是不容易，可是在中国就不可同日而语，中国的力量，实在是太雄厚太伟大了，试想这次抗战，毫无准备的中国竟能和世界上一等强国的日本，作长期的斗争，两年以来我们的意志愈挫愈奋，我们的力量愈战愈强，而敌国则色厉内荏，愈战愈弱，速战速决的迷梦，已粉碎无余。如果我们当初有充分准备，那末今日抗战的力量，真是无可比拟。现在抗战已到了最严重的阶段，全国教育界应该如何振奋努力来增强我们抗战力量，挽救国家民族的危亡。

现在，中国的教育已随着国难的加重与感到欧美诸国教育的突飞猛进而产生一种新的趋势，一方面这是因为我们教育界同人的精诚合作，为国家民族而努力奋斗，同时也由于我们领袖蒋委员长在第三次全国教育会议中贤明的指示，新的训育方案正由教育部极力推行，通令各学校遵照实施，这是因为全国主管教育的人员以最高领袖已经洞悉过去教育观点的错误，而决定今后改进的途径。诸位负有教育责任的同志，对训育问题，就应该细心研究，深切了解如何去推动工作，才能得到良好的效果？大家不仅知道就算了事，还要照着总理“知难行易”的意旨去身体力行，不但不以编订课目就算尽了自己的责任，还要严切地训练一般学生，纠正其错误的思想与行动，使他循规蹈矩，养成良好的习惯。

乙．今后训育的要点

一、注重体育——伟大的事业，必须有健康的身体，乃能完成。所以体格对个人以至于国家社会之重大，已不待言。从前一般学者受了满清专政的遗毒，大都忽视体育，表现出文弱的态度，招致东亚病夫的讥评，中国学校之有体育还是从教会学校开始，可是在普通一般学校里就没有运动场，体育教员毫无常识，即是有了好的教师，要想提倡体育，学生既不感兴趣，校长或教职员又从中阻挠。社会人士对于体育，仍是不能切实了解，一般学生对于体育也不过视为一种竞赛，以夺取锦标为最大光荣，而学校也就迎合学生的心理，只注重训练少数选手，这些选手们尽可不读书不上课，也同样毕业。因为有这种错误观念，所以学校体育已提倡多年，却一无成效，社会人士对于体育，仍是不能切实了解。本人在美国所见纽约的小学校运动场，大都建筑在屋顶上层，而日本的一间小学里，也设有完善的运动场，至少也有一块空旷的地方供给儿童运动，因为儿童的天性好动，如不让他们运动，甚至拘束起来，不能助长儿童身心的发展，便是违反天性，失掉教育的本意，而且是很不好的习惯，所以中国学生在体格上就远不及外国青年的那么健美。记得本人在民国二十四年曾到四川来视察，感到一般学生的体格都很坏。听说蒋先生有一次对学生训话，不到多少时候，许多学生，就支持不住而晕倒下去，据教员说这些学生很不常到室外去运动，并且少见日光，不能在强烈的太阳光下久站，否则就不免发晕。其实夏天的太阳和暖而适于锻炼身体，但是一般学生都不肯在太阳光下来运动，所以体格都萎弱不振。此后各学校就相率提倡体育，到二十五年，蒋委员长再莅临四川阅兵时，看见一般青年及儿童在健康上大有进步，虽然严格说起来，还是不够。今后只要继续努力鼓励青年运动，必定收到更大的效果。有人说："四川人的体质羸弱，不易长大。"这是绝大的错误，我敢说只要有十年的时间，一定能够把青年过去软弱的病，锻炼成为健美的身躯。譬如南开大学和中学里，就有不少的四川学生，每个人的身体都很强健，这是本人特别注重体育的成绩。所以各位对于一般学生再不要像普通人一样，把小孩子关在家里，不让他们去活动，虽说是爱护，反致体弱多病。今后应该特别注重体育，以扫除过去的积弊。我们试看一般外国人，在四十五岁至七十岁的时期，正是经验丰富，成就事业的时候，中国人到了这时早已衰老，甚至死亡了，这是多么值得扼腕痛惜的一件事。似此中国虽有四万万人，而体格懦弱，就是有八万万人也没有用处。一个人的体格不好影响到精神萎靡，志气颓废，志向不坚，道德衰败，失掉人生乐趣，甚至悲观消极，不顾廉耻，做出汉奸的行为来。个人如此，整个国家也是如此。凡是受过体育训练的人，就可知体育的功用如何的宏大，必须身体强健，身心才会感到乐观，意志才能坚定，智识越加丰富，前途也格外有希望。否则意志消失，暮气沉沉，国家民族的前途也就非常危险！

教育界的同志更要知道，为父母者送儿女入学读书，是希望学校给他们教育成人，我们负教育之责者，不能使学生身体强健，那就对不住学生和他们的父母，更对不住社会和国家，因此各位办理教育，对于学生体格，不可不格外留意，使身体为将来事业的基础。如果没有健全的体格，事业就永远没有成功的希望。必须锻炼强健的身体，才能享受人生的乐趣，完成伟大的事业，所以强健体魄，实在是修身立业建国的第一要务。

现在教育部鉴于过去教育的失败，积极提倡体育，全国上下对于体育多有明确的认识。一位体育家曾告诉我，在四十年前提倡体育，实在不是一件容易的事，因为那时的学生，只知埋头读书，稍为好动的，只有教会学校的学生。可是现在这种顽固的风气已经转变，一般人对于体育的重要性已很能了解，而且感到普遍的兴趣了。各位到各学校应当设置宽敞的运动场，并且注重团体的而不是少数人的体育，其教材与设备，都要以全体学生为对象，不但学生必须参加运动，即校长、教职员，以至理化、国文教员，也要以身作则，极力赞助，以引起学生对体育的兴趣。如果教师自己体格强健，提倡体育，学生必乐于接受领导。除了教师要竭力提倡体育之外，今后在体育专科学校毕业的学生也要到各学校担任体育教员，阐明体育的要旨和发扬其功用，尤其是诸位回到各校去办教育，更应该力极提倡体育。须知如果忽视体育，教育就不成其为教育了。诚能急起直追，努力提倡体育，使国民体格臻于强健，对于抗战一定裨益匪浅。

二、讲究训导方法——过去因为训导方法不善，一般学生，对于功课，非常懈怠，今后应该严加训练。除了上讲堂以外，还可利用演讲会、辩论会、游艺会等机会，随时随地实施训导，使入正轨。尤其应该注重组织的教育，因为我国专制遗毒最深，民众不能团结一致，形成一盘散沙，现在要谋精诚团结，学校里对于组织的教育应当格外的重视，组织的教育从民权初步起头，领导学生开会，必须遵照民权初步的方式去实施，而教师从旁指导，使养成重秩序，守纪律之良好习惯。本人在外国看见一般教师，往往不用说话，而用暗示的方式来教导学生，使他自动去做，收到很好的效果，这是值得我们仿效的。例如学校的举行游艺，当局就在事前召集学生参加，开一个筹备会议，为要使学生受到会议的训练，不妨由学生中自己来担任主席，照规定仪式宣布开会理由，然后开始讨论，各人有意见就站起来发表，如果是容易解决的事项，立刻就可以表决通过，如果是不容易解决的，各人意见不同，必致互相辩论，结果只有从多数取决，即许有少数不赞成的也要绝对服从，这就是要养成少数服从多数的美德。中国人往往有一种固执的特性，以为议案虽然通过，仍是可加以反对以阻碍其推行，别人对我就简直没有办法。要革除这种恶习，就要从学校里切实训练，使学生了解会议的程序，损除个人的成见，尊重多数人的意见，这样一切事情，才能推行无阻，将来到社会上，就可实际应用。如果大家不守团体规则，各行其是，必致会议秩序紊乱，毫无结果，这种故意破坏秩序的人，最好送在专制国家里去，就不能不改变态度服从命令了。所以组织的训练，最为重要，也是今后学校教育所一刻不能忽视的！

三、励行政治训练——现在一般大学、中学里，关于党团的组织和训练均已有明文规定，在教育会议里讨论到训育问题也曾提出关于学校党团的运用问题。怎样使学生认识本党，国家为甚么要有党，党与国家有甚么关系，怎样为党国去努力奋斗，各位都是负有教育责任的党员，应该怎样来领导青年从事党的活动，推动党务工作，这些都是异常重要的问题。许多学生曾经和我谈起，现在就把本人的意见同样的告诉各位。现在一般国民，因为智识水准太低，对于党政关系大都不甚明了。须知我们的党，是中国最进步的组织，我们要想建立一个民主的国家，造成一个三民主义的新中国，必定要巩固党基，扩大党的组织和权威，实现民族、民权、民生的主义，推行五权宪法，要是不能实现主义，推行宪法，我们的党就根本失掉其存在的意义，这种重大的使命，诸位都是智识阶级，实在是责无旁贷。诸位肩负着这样重大的责任，应该如何策励切实干去，才能收到效果，这实在不是一件易事，需要大家十二万分的努力。如果诸位还不能了解党政关系，把握时机，认真从事，一再延缓，二三十年以后，前途自必更增困难，我们的主义将永无实现之日，三民主义的新国家，也永远建立不起来。关系国家前途至大且钜，所以诸位务须深切体认而有所警惕，教育界的人士更不可不注意研究党政问题。本人从前一向忽视党政的作用，不但从不参加党务活动，就是对于各党派的名称、背景及其领袖人物、政治主张也弄不清楚。譬如去年在汉口举行第一次国民参政会，其中参加的党派分子异常复杂，本人虽供职其间，对于一切党派的实际情形却是根本莫名其妙，这可见本人办理教育虽有四十年的历史，只知从事教育工作，以谋国家民族的生存发展，对于政治实在不感兴趣。可本人虽然抱着专办教育不问政治的方针，却因为政治紊乱，影响到整个教育计划，粉碎无遗，尽管再接再厉，埋头苦干，结果仍不免于失败。从这数十年来痛苦的经验，得到一个绝大的教训，就是要想获得办理教育的成效，非要理解政治不可，如果对政治取放任态度，毫不理会，结果还是要受政治的威胁干碍而归于失败，这是毫无疑义的。政治教育既如此重要，但这并不是说我们因此就要专心从事政治工作，我们至少应该对政治有一番理解，从而谋教育事业的发展，就可进行无阻了。我们更要认清必须安定政治，才能稳定国家，发展教育；必使政治稳定，国家才能稳定。我们怎样才能使国家稳定达到目标呢？我们国家就像是一只船，这只船要驶进一个三民主义的港口，所以我们必须实行民族、民权、民生的主义，建立三民主义的新中国，这只船才能进入三民主义的港口。但是现在国家尚未走上轨道，我们必须以党治国，全国人民应该一致爱护本党，有了党的中心力量，还有建国方略、建国大纲，及抗战建国纲领为我们的罗盘针，和全国富足的人力物力为其动力，更有英明的蒋委员长做我们的船主，这尤其是中外人士，及无论任何党派分子所共同热烈拥护的，我们的前路虽有狂风巨浪，只要全国同胞同心协力，奋勉迈进，必可乘风破浪，克服困难，我们的船主更能集中意志力量，指挥若定，使这船安然驶进三民主义的港口里去，我们建国的使命就可以达到，一切事业也就可以完成了。

最后我们要确切自信，中国民族数千年以来，还能继续存在，就是由于我国固有道德的力量，国家至上，民族至上，全体国民应认识自己责任的重大，恢复旧的道德观念，更要与党发生密切的关系，须知从前入党的使命是在推翻专制，而今后入党的任务是抗战建国，较前更为重大，每个国民都要为党而努力奋斗，使党的基础日趋稳固，建国事业才能成功。诸位认识了党政关系以后，就要在教育上使一般学生了解党政的重要性和党与国家的密切关系，一致加入本党，以抗战建国为共同努力的最大目标，建立了三民主义的新中国，完成教育界对国家民族所负的重大使命。

（《学校训育问题》中央训练团党政训练班，1939年版）

对美国的广播讲演

（1940年1月）

1. 中国为自由生存而战，准备一切牺牲，抗战到底；

2. 日本如无国外之军火供给，它对中国侵略力量，必大为减少；

3. 美国对于停止供给日本军火之任何行动，大有助于远东局势之安定，及全世界之和平；

4. 美国对中国有传统之友谊，且爱好自由和主持正义，深信中国必能得到美国之积极援助。

（喻传鉴编：《张伯苓先生七旬寿辰纪念册》，1945年）

教育部体育委员会第七届会议全体委员宣言[①]

（1940年2月5日）

自总裁领导我全民族，从事于神圣之抗战以来迄今已三十阅月，在此时期中，敌人虽竭其全力以饿虎贪狼之姿态，卑鄙无耻之手段，图消灭我兵力，破坏我经济，扰乱我政治，摧残我文化，以遂其独霸东亚征服世界之野心，而我之兵力则愈战愈趋坚强，经济则愈战愈趋稳定，政治愈见修明，文化愈趋进展，敌人之阴谋已遭粉碎，敌人之企图徒成梦幻。且已自食其恶果，自趋败亡。而我最后胜利之期愈近，建国成功之日愈速，是我国人所以信念弥坚，且以之自慰自励者也。

然而抗战之成功既有待于努力，建国大业现任尤为繁重，则检讨过去，策励来兹，要为我抗建进程中必不可少之工夫。其在过去经验中所得之教训，则最足令人警惕，而其间必须注意□□□力行矫正者，国民体格之健强问题是也。

夫以抗战而言。若使壮丁青年之体格不健全者，居其过半，则士兵之补充，飞机之驾驶，以及各种重兵器之使用，将遭极大困难。是国民体格之孱弱，足以减低兵力矣。又战时经济，端赖生产量之增加，在工具欠缺之我国，惟有增加工作时间之一法。假令农工民众体质不强，则加紧工作后因睡眠休息时间之不足，精神日盛，效率反减，是国民体格孱弱又足以影响经济也。夫兵力、经济为抗战之根本力量，国民体格而不强，影响若是其大，则我国民人人具有健强之体格，进可以效命于疆场，退可以致力于生产，使兵力与经济处绝对之优越地位，以早收抗战之胜利，实今日体育教育前途所必须实现之理想标的也。

更就建国工作而论，一切事业莫不仰赖人力以成。西谚有云："惟有头等之国民，方能造成头等之国家。"所谓头等之国民，要不过备具健全之思想，精深

---

① 2月1日至4日，教育部体育委员会委员张伯苓、张之江、杜心如、吴蕴瑞、郝更生等及重庆地区专科以上学校体育主任计40余人参加教育部体育委员会第七届会议，大会闭幕时，集体发表本宣言。

之智识，高尚之德性，雄厚之能力而已。凡此种种，又莫非基于健康之身体也。吾人现正负荷此抗战建国之重责，而期待其胜利与成功，是则健全体格为必不可忽之事。我总裁每以锻炼体格谆谆告诫于国人，旨在斯乎。此又在建国大业上国民体格之健强，为体育教育所属必须实现之标的也。

况以民族立场言，国民体格之健强关系尤至大也。我中华民族之体格本极健全，考之经史，身材则汤九尺，文王八尺，年寿文王九十七，武王九十三，穆王在位百年，足见古人之体格非今人所能及。问其所以退化者，古代文武并重，得锻炼之效；近世尚文弃武，无运动之机会耳。五千年间，我国人身材之高矮，寿命之修短，相去已如此其多，则更数千年我民族之后裔，其体格将更退化至何种地步，实不堪想象。处此弱肉强食之世界，以健强之国民，组成健强之国家，尚不免他族之侵凌，自听衰灭之民族，更将不待人之侵凌，而自亡。故为保存我民族永久之生存计，为维护我民族复兴之前途计，全国国民尤不可急起锻炼，以恢复我固有之体格，为亿万年子孙树立良好之基础，以世代相传而不替也。

同人等此次应教育部之召，会集行都，商讨国民体育问题，于供献意见备政府采纳施行之余，关于国民体格，关系抗战建国及民族前途之重大有不能已于言者，是用略举大□，以正告于国人，所期政府当局，运用政治教育之力量，将国民体育上应有之设施，全部予以实行，而全国同胞亦能憣然于体格锻炼之重要，勿再视运动为娱乐，积极参加，以达强国强种之目的。教育前途幸甚，国族前途幸甚。

（《大公报》，1940 年 2 月 5 日）

青年会目前的艰巨责任

（1940 年 2 月）

各位朋友，今天来参加全国总干事会议，非常荣幸，特别使我欣慰的是遇到许多旧友。

这次大会的总题是“抗战建国中青年会的机会及贡献”，换一句话说，即是青年会在这伟大时代中，应如何帮助中国抗战建国的工作。青年会在过去的历史中，对社会和国家都曾有很大的贡献，今后的责任将更伟大和艰巨，我们每一个人都应该充满奋斗前进的精神，上帝一定会成全我们的。

抗战已经二年半，在这期间中，我们各方面力量的增进信仰的坚强，这是我们任何人能看到的。当抗战之初，日人夸言数月内就可消灭中国，但抗战迄今已经二年余了，非但我国没有屈膝，反而一天一天的在增强力量，去争取最后的胜利，所以我们的前途，是光焰万丈的，这给予我们一个很大鼓励。

我再可以告诉诸位，最近的整军情形，目前的进步是非常神速，就数目来说，日首相阿部的估计，就有二百四十师。此外在敌人的前方后方，还有活跃的游击队以正规军作游击战，数目大约有一百万人，则合计就在三百余万人左右。现在我军的作战力量确已增强，只要在各主要战区的若干据点给日军以重创，日军的崩溃是很可能的。中日战事确已踏进了相持的阶段。在这时期，日军的力量，将日见削弱，而我军的战斗力将日见增强，中国胜利的时期将愈加接近，这是可以预料的。

湘北大战的成功，乃是军民合作的成效。譬如老百姓帮助军队拆毁公路，使敌人进退不易，陷于不可自拔的境地。老百姓将白米及用具完全运走损毁，墙垣上尽写标语，使敌军军心不安。这证明中国抗战从防御阶段已转入相持阶段，亦即是转入一个准备反攻的阶段。

从政治一方来讲，因为抗战而完成了“政治统一”。在这两年中，为了扫荡侵略势力，为了完成民族解放，我们的中心战术是十分明白的，这便是坚持抗战，反对妥协。现在各省的行政长官仍在各该省行使职权，绝不因点线的丧失而放弃了他的责任。各党各派都在参议会一致拥护领袖与国策，精诚团结的力量充分的表显出中国最后的胜利，是毫无问题的。

青年会一向是站在时代的前线，由青年会造就出来在社会国家任重职者不胜枚举，我们应该利用这个时机协助政府推行宪政及尽量吸收目前社会各阶级的青年，在青年会“非以役人，乃役于人”的主张下，直接间接参加抗战建国的工作。譬如在军人服务方面，青年会过去成绩昭彰，今后我们更应当扩大发扬，进行服务的工作。

贵会的郝瑞满先生，前些年就是与兄弟创办南开大学一位热忱的赞助者，梅贻琦、张彭春等是他的门生，他的精神很令我钦佩，我要继着郝先生那种精神，继续办教育。在我办学的四十一年中，其间屡遭毁灭，但是当毁灭一次，我终是不避艰难的复兴一次。以先我对政治绝不感丝毫兴趣，但以后逐渐感觉到它的重要。这次中日事起，南开首先牺牲，还是因为政治的关系，所以今后我要拿一部分工夫来帮助政治，要在个人的职务上拿出人力、物力来帮助政治。

这次三民主义青年团请我去讲话，我曾开诚布公的对他们说，加入青年团并不是预备做官，而是找一个机会服务。以后宪政颁布，宪法实行，不是六中全会或参议员来管理，这个责任乃是分担在每一个国民身上。

青年会向来不干预政治，但是我切盼青年会全体会员都能协助政府推行宪政，训练领袖去参加抗战建国的工作，增强抗战的力量。这对国家的贡献是极大的。

总之，中国抗战愈久，人民的抗战情绪愈见高涨，日本的情形却是相反，再加上人民的负担日重，政治之缺乏中心力量，国际关系之不能好转，国内危机四伏，终必有爆发的一天。

这样看来，今年是日军作茧自缚，愈加不能解决困难的一个年头，我国在这一年内将积极筹备实施宪政，推行民主政治，以完成抗建神圣任务。

希望青年会的诸领袖负起这艰巨的责任来帮助政府，推行宪政，训练领袖，吸收大量的青年来帮助抗建的工作。

希望诸位代表归去，能将这消息转告各地的友人，我们要愈艰苦的奋斗，中国确已踏进了胜利光明的前途了。

（《同工》第 187 期，1940 年 2 月）

在国民参政会第一届第五次大会开幕时的演词①

（1940 年 4 月 1 日）

议长、诸位长官、诸位同人：

今天是国民参政会第五次大会开会的日子，回想本会在汉口组织成立以来，已经开过四次大会。每次大会的议案，多的有一百三十余件，少的有八十余件，其中还有性质相同合并讨论的。通过的议案，合计不到四百件。这些议案经过大会决议后，送国防最高委员会分别转交有关各院部会施行或采择。关于政府的实施情形，驻会委员会另有详细报告，现在我不再赘述。不过有一点现在可以简单说明的，过去四次大会，情势容有不同，我们拥护政府、拥护国策、拥

① 张伯苓时任国民参政会副议长。

护领袖的精神，是一致的。刚才又听到议长对我们同仁有许多指示，深信在此次大会中，我们一定更能发扬一贯的精神，完成本会应负的使命。

（原载国民参政会秘书处编印，《国民参政会第五次大会纪录》，1940 年 8 月。转引自孟广涵主编，《国民参政会纪实》（上卷），重庆出版社，1985 年，第 670 页）

在国民参政会第一届会第五次大会闭幕时的演词

（1940 年 4 月 10 日）

今天是国民参政会第五次大会举行休会式。本会成立以来，差不多有两年。诸位还记得在汉口第一次大会的时候，本人曾有“在这抗战的时候，要聚集这么多思想不同的人在一堂，怎样来讨论国事呢”的怀疑。可是经过这两年来的五次大会，证明我的怀疑是完全错误了。在西洋各国，固然到了战争时期，政府要集中权力，我们中国的事情，却不能照西洋书的观念运用到中国来看。事实告诉我们，政府召集国民参政会，的确得到很好的结果。本会在五次大会之中，所讨论的议案共有四百五六十件之多。政府接到我们每次所议决的案件，并且很认真的把各案分送各主管机关切实研究，有些施行，有些采择，有些参考，并没有敷衍的地方。同时本会同仁一致的表示拥护《抗战建国纲领》，拥护领袖抗战到底。第一次大会如此，每次大会如此，到现在第五次大会还是如此。本会人数虽多，这种精神可以说始终未改。本人认为这一点，对于国内一般民众抗战建国的精神，对于国际上主张正义的舆论，确有相当的贡献，尤其是打破敌人在他国内的虚伪宣传，使日本国民明了中国的真相，更有很大的力量。

此次大会除了通过讨汪通电以外，重要的提案有二项。第一，关于宪政问题，议长已经说过，虽然我们对于宪政的意见，尚有若干没有完全相同的地方，但是有一点是完全相同的，就是大家认定中华民国是三民主义共和国，中华民国的宪法，是五权宪法。因为在大原则上没有问题，那些小的不同，无关重要。中国能够在抗战的环境中，有这样一个大原则的确定，在历史上是前所未有的，当然使我们对于中华民国的前途很抱乐观。

第二，同人对于经济问题，非常关心。本会此次所通过的，关于平定物价各项办法，大家希望政府赶快实行。刚才又听到议长说些办法，只要尽量做去，都可以办得到，他并以行政院院长的资格要各部会迅即实施。由此看来，我们今后对于物价问题不必过于担心。以后的困难，固然不能说没有，而一般衣食住行，大概不致成为严重问题。抗战将近三年，我们的困难，并不如何严重，这也是很可乐观的一件事。

总之，就开会以来经过的情形来看，本会对国家的贡献虽然不敢说怎样大，确实也有相当的成绩。闭会以后，同人回到各方必更能发扬本会精诚团结的精神，表现我们在开国时代的朝气与努力，完成我们建设国家的伟大事业，敬祝各位同人的成功。

（原载国民参政会秘书处编印，《国民参政会第五次大会纪录》，1940 年 8 月。转引自孟广涵主编，《国民参政会纪实》（上卷），重庆出版社，1985 年，第 688—689 页）

与南开干部同人的谈话[①]

（1940 年 9 月）

今夕谈话，与卅八年前，在天津召集干部同人谈话，情形相同。不过曩时在座之人，如华九先生、严大先生、严二先生、严三先生俱已殂谢！而今晚则多是第二代之人。我个人一生从事教育，此志不渝。虽近因参政会事，和政治发生关系，但绝不忘掉本身事业。近为病魔所扰，但自信体力甚强，不久必可恢复。国家前途光明，教育工作重要，希望大家为国为校，多多努力。

（喻传鉴编：《张伯苓先生七旬寿辰纪念册》，1945 年）

① 张伯苓患摄护腺肿大病，便道阻塞，尿血，即赴中央医院诊治。住院中与该院医师南开校友闻家驷谈抗战形势，说了不会亡的理由。“今夕谈话”是对校内干部同人的。题目为编者所拟。

谈政治、抗战与国家前途[1]

（1940年12月20日）

我对国家一点也不慌。摔倒了再爬起来，愈是倒霉的时候，愈要振作。

南开大学的特长是长，长，长，老在长！

学校常在改变中，要不改，我们就要完了。南开教育方向是一定的，数十年方向不改变，方法是科学的、前进的……年年革命。

敌人所能毁坏者，都是南开的物质，敌人所不能毁者，是南开的精神。南开的精神是开辟的，能创造的，永远不怕破坏。

老的毁坏了，新的起来了！你们在天津入学，在重庆毕业，用不着感慨，这是表示敌人永远打不倒我们！

抗战后，日本将我赶回二十年，我今年才四十岁。

最近几年，我有一个觉悟，知道一个国家一切皆是以政治为基础，教育、实业、学术等皆建筑在政治上面，基础不稳定，一切皆随之动摇。我们加入政治无其他作用，最大的作用是富强国家，求子孙不作奴隶，希望产生一个眼光远大、公正无私的议会，建国乃有希望。全国好人不管政治，一定让政客们把持，这样国运便不堪设想了。

中国实在万幸有这样好的领袖领导我们。蒋先生的力量大、快、好，中国有这样好的领袖，国家决不会亡。更幸运的是我们的最高领袖的认识十分清楚，八年以前，我在北方就为蒋先生宣传，我并不是盲目的称道他，他实在使我们钦佩。现在世界的伟人有人说是希特勒、墨索里尼，但这些人都是孤注一掷，将来能成功与否，还不知道。蒋先生必能成功的，只看国民能不能认识他，跟随他。在参政会开会时，通过拥护蒋先生抗战到底的议案，全体会员都站起来，表示赞成，当时使人看得非常高兴、乐观。

中途妥协，敌人决不会让我们完成建国工作，同时世界大战终于不可避免，如果我们不为自己打，与敌人妥协后，到世界大战那天，敌人定要迫我们为他打，我们会由自由的战士而变成人家的战马，现在屈服下去是不行的。

---

① 本文辑自若霞的《张伯苓先生》一文，题目为编者所拟。

（张伯苓对学生说）诸位不要希望短时期内回天津，时间短便只有屈服！

现在日本人进又困难，退又不好，他们的前途没有一点光明，他们才真苦呢！日本侵略中国决不成，他的眼光太小，用种种苛刻的手段压迫我们，我们坚决抵抗。我们这个民族，几千年来有一种大力量，对弱者可用这种力量溶化，对侵略者可用这种力量抵抗他。

（《战时中学生》第 2 卷第 12 期，1940 年 12 月 20 日）

国民参政会第二届第一次大会开幕词

（1941 年 3 月 1 日）

诸位先生：

今天是第二届国民参政会第一次开会的日期，伯苓被推为临时主席，愿意简单的讲几句话。

第一，我们回顾一下第一届本会的经过。政府在抗战期间，为集思广益，团结全国力量起见，召集了第一次国民参政会。参政员二百位，来自全国，代表各区域、各职业，欢聚一堂，共商国是。在此全民抗战期间，召集这种会议，意义极其重大。在事实上，第一届参政会，过去已有充分的表现。自从二十七年七月在汉口第一次会起，到去年五月在重庆开大会止，共开大会五次。对政府施政的方策，曾有过数百余提案。关于军事、外交、内政、财政、经济、教育、文化各方面的问题，都有过详尽的研究讨论，提供政府采择施行。在抗战建国的国策上，贡献非常之大。

三年以来，本会最好的现象是精神一致，团结无间。同人的提案，争辩虽多，但一经通过，则毫无问题。而各位参政员在交通困难之中，奔波赴会，精神极佳。对于抗战建国大业，以及领袖的主张，更都是热烈拥护，这确是一种新的力量。

最近政府因为国民代表大会筹备尚需时日，又召集了第二届国民参政会，第二届的参政员和第一届的参政员比较，产生的方法有些改变，这次的参政员，除丁项由政府指定外，十七省一市的代表，都是由临时参议会推选出来的，而且按照新的会章，取消了议长的制度，采用主席团制，由全体参政员推举主席团的人选。由以上两点看来，要比上届会议更富于民治的色彩。参政会本身是中国推行民主政治的奠基，而参政会里采取更民治的方法，这确是值得重视的一点，也是可喜的一点。

关于这一次会议中所讨论的问题，当然是要包括抗战建国各方面有关的大计。不过我个人的希望，凡所建议都要从积极方面着想，帮助政府，不可斤斤于消极方面的问题。伯苓常说：看事要用望远镜，向远看，向大看，不要用显微镜看，去寻找那些微小的东西。抗战以来，从远大处看中国，一切确是在进步，值得我们乐观。虽然有其欠缺的地方，也有法可以改善。所以希望我们的建议，多作积极的推动，而少作消极的批评。提案不求其多，而必须集中精神，详密讨论，期于必可实施。

本届大会开会的期间，正值我国外交好转的关头。谨祝本届会议所讨论的问题，要比上届会议更切实，更妥当，大会的精神，要比上届会议更团结，更集中。

（原载国民参政会秘书处编印，《国民参政会第二届第一次大会纪录》，1941年10月。转引自孟文涵主编，《国民参政会纪实》（下卷），重庆出版社，1985年，第814—815页）

第二届国民参政会第一次大会宣言[①]

（1941年3月10日）

本年三月一日第二届国民参政会第一次大会于重庆陪都，凡我膺选同人，鉴于国难严重，义应贡献其智能，故除有本身事实障碍者外，皆自全国及海外各地依期来会，计全额二百三十七人中，到会者二百〇三人，出席人数与总额之比率，为历次大会之冠。同人依法集会十日，接受国民政府各院部会之施政报告，议决行政院交议之三十年度政府对内对外一切方针，及同人关于政治、

① 3月10日上午，第二届国民参政会第一次大会闭幕，蒋介石、张伯苓、左舜生、张君劢、吴贻芳等主席团成员，王世杰秘书长、周炳琳副秘书长及178名参政员参加，国民政府党政军各机关及中央委员六十余人列席会议。蒋介石主持会议，并致闭幕辞，参政员莫德惠致答辞，张伯苓最后宣读大会宣言。

军事、财政、经济、外交、教育、文化、振济、侨务等各种提案，共一百十五余件，今当休会之日，同人应向全国同胞，综括报告本会同人之共同认识及其信念，故于个别发表各项决议案之外，更为下列之宣言。

本届国民参政会受命召集之日，我国之自卫抗战，已历三年又七个月，而欧洲大战已经年余，太平洋之大局方酝酿剧烈之变化，故同人以为此次参政会大会之使命，视第一届各次集会更为重要，而尤须首先切实检讨过去抗战建国方针及工作是否适宜？有无效果，再根据当前世界大势及敌我现状，决定今后工作重心，阐明抗战胜利，建国安全之障碍，及其前进之途径，以期全国同胞，共同努力。关于此点，同人先本其一致之认识与信念，谨举两义告我国民：

第一，中国抗战，确已得精神上之胜利，故国民政府抗战建国纲领内所昭示之方针政策，证明其适宜与有效。夫中国抗战，世界一大事也，回顾“九一八”变起之日，我国即警告世界，日本有征服世界之野心，是破坏和平祸首，凡有条约责任之各国，苟不能共伸正义予以以制裁，则世界将同受其祸殃。此理之明，本无虚饰，而世界漠视之，公论无倡，空言无益，惟赖全体将士，奋勇苦战，月复一月，年复一年，树天地之正气，除远东之狂暴。直至十年后之今日，全世界始恍然承认，苦战之中国，实远东大局之柱石。时机虽晚，仍将为中国之胜利也。中国承近世之衰微，为国际所轻视，日本以为不堪一击，友邦虑其不能自救。回顾本会第一届集会汉口之日，敌人方倾其全部兵力以进攻，岂不以为占领武汉，则足以屈服中国乎？然宁知中国民族确具抗战到底之决心，并有绝对不可征服之伟力，凡第一届本会第一次大会宣言之要旨，在此两年中，皆证明其正确。敌人今日野心愈猖，而自信愈少，敌有侵略之悲哀，而我益坚自卫之信仰。全世界今日应一致认识，中国决不至被征服而灭亡，此即皆中国精神的胜利，亦即三民主义之胜利，而永为我抗战军民为国流血之本者也。而胜利之道无他，其理由至正，其目的至纯，抗战为自卫自救，建国为自立自存。对于世界除守约崇信外无手段，除自由平等外无要求，以自我牺牲，贯彻抗战目的，以和平正义，接受国际合作。此等方针根据历史文化之精神，蔚为民族共同之信念。四年血战，不屈不挠，此在今日已证实其效大验，所愿我国民更笃信弗渝者也。

第二，据近时欧战之教训，更证明我自卫抗战方针，绝对正当，惟过去努力之程度标准，犹不足应时势之需求。此次本会开会之日，我全军统帅蒋委员长，特恳切致辞，希望国民有新的认识，新的觉悟，同人详加研讨，深表同情。夫一年以来，欧洲战败亡国及不战而丧失独立者不下十国，考其存亡之道，一言蔽之，能战则存，不能则亡，胜则存，败则亡。而同为文明国家，何以有能战与不能之分，则惟有统一之战志与充实之战备者能战亦能胜，反是则不能，而趋灭亡。现代欧洲为国际政治活动之中心，今则竭尽科学制造及一切组织之力量，集中于战争。世界演变至此，推其根源，与欧美诸大国过去放任日本侵略之失策，关系至钜。然今既成莫可制止燎原之火，谁能知其所届，我国在艰苦抗战之中，更痛切接受世界现实之教训，甚愿国民共同觉悟。我国幸而有统一坚强之战志，故能凭藉广土众民长期抗战，疲困强敌。然而世变方亟，祸患无穷，今后务须深励战志，永久弗衰，更须建设战备，绝对自保。不观欧洲有平日困于政争，安于现状，一朝应战，不匝月而互解者矣。虽有爱国人民及科学工业，倘误时机，尽归无用。且以今日军事技术之进步与战胜国统制经济之严酷，既亡之国不可复兴，既奴之民，不可自主。故愿我国民一致接受最高统帅之指示，务使全国更成为统一坚固的战斗体，扫除一切不适于民族战斗之意识、理论、思想、行为，以国防之需要，为万一之标准。凡我国民，务须觉悟，今日为中国民族争取百代子孙自由幸福之重要关头，惟有增强战斗力量，建立安全国防，始能独立之建国于永久，且以为争取抗战最后胜利之至道也。

此次大会议决各案，皆以上述两种认识为原则，内容浩瀚，不胜枚举，惟再简述具体要点，以期共同信行。

其一，关于政治者，主张全体国民更精诚团结，拥护国民政府抗战建国之政令，而一切政策，仍以抗战建国纲领为准。其次决议之三十年度政府对内对外重要方针及其他重要决议案，皆期其有效推行。本会同人依赖政府有实行宪政之诚意，并愿协力促成，而同时认识今后必须一致放弃党派之旧观念，而代以民族战斗体之新观念。三民主义中之民权主义、民生主义，皆以国防观念为中心，而使之实现。同人根据此种认识，希望中国共产党员实践二十六年九月之声明，拥护统一与团结，效忠国家，勿有歧义。同时希望政府注重一切政令之效率成绩，善用全体国民所付托之统治大权，使政令能收实效，并保障民权，使国人各得其所。

其二，关于军事者，依据抗战四年之成绩，证明军令军政绝对统一，为争取胜利之基础条件。今抗战仍在紧要关头，而因世界大势更需要，更亟须建设永久国防。所以希望政府之努力整饬军纪，此为国家民族兴亡成败所关，不得不郑重言之。至一般建军事业，本会信赖蒋委员长之措施，并愿绝对统一。

其三，关于经济者，我国自抗战第三年起，后方经济始渐受战事影响，故此次大会，对于一般物资物价及食粮诸问题，特加讨论。同人以为中国战时经济，与欧洲交战国本质不同，如民生最重要之食粮，即不应有匮乏之虞，乃至其他生活必需品，苟实行节约，亦必能自给。是以物价之演变，虽为战时必然之现象，而管理未善，为其一因。是以同人希望政府，妥善运用经济管制之方针，对于调节金融，改进运输，指导产销市场，统一管制机构等，务求切实有效之方法，并严申法纪，期其贯彻。尤望政府指导国民厉行物资节约，改进工农生产。一般国民，则务须锻炼刻苦，绝对实行战时生活。

其四，关于外交者，自敌人昌言“大东亚新秩序”以来，其危害中国之阴谋愈深，而中国之国际信誉，亦因而愈高。本会同人聆取政府报告之余，钦佩英美与苏联诸友邦对中国之关切，赞同政府方针，随时加强与诸大友邦之联系，以收互助合作之效。同时望政府更切实声明，苟有左袒日本亡华政策，承认汪逆兆铭伪组织之国家，即当认为中国之公敌。以上诸端，粗举大意，平实陈述，期其必行。

最后愿向全体同胞切实声明者：中国抗战本为历史之宿命，具必胜之条件，最要则为民族战志，四年以来，业已证明其效果矣。然而失地未复，责任未尽，敌军在境，逆奸未诛，况值世界非常之变局，加重中国抵抗侵略之责任，我国民诚能更坚凝战志，进而努力为战备之建设，以方兴之朝气，击既衰之敌寇，其成功必矣。然而决心一懈，危机随之。故今日实立于兴亡成败之歧路，其时机之重要，盖历史所未有也。本会同人，智能浅薄，不能多所贡献，惟掬至诚，尽忠竭力，随全国各界同胞之后，以求贯彻上述之旨趣。谨此宣言。

（《河南省政府公报》第 2367 期，第 4—10 页）

期望中华全国体育协进会对抗战建国有所贡献[①]

（1941 年 4 月 21 日）

本会自成立以来，已有三十年之历史，曾主办历届运动会，并选派代表参加远东及世界运动会。惟抗战以来，本会会所遗留沪滨，所有会务及计划，均

① 4 月 21 日下午 3 时，中华全国体育协会会董事在重庆新运模范区举行茶话会，到会董事张伯苓、王正廷、于斌、刘峙、洪友兰、吴国桢、郝更生等，茶话会由张伯苓主席并致辞。本文原题为《中华全国体育协进会举行茶会》，题目为编者所拟。

因处境困难，未能依照预定计划进行。现经董事会议决，在渝设立会所，积极负责筹划策进，期能在这大时代中，对于抗战建国有所贡献。

（《益世报》，1941 年 4 月 22 日）

启　事

（1941 年 10 月 13 日）

伯苓已于十月九日痊愈出院，辱承诸亲友殷殷慰问，敬此鸣谢。

（《大公报》，1941 年 10 月 13 日）

关于政府对日德意之宣战，及与反侵略国家合作互助案[①]

（1941 年 12 月 12 日）

驻会委员兹谨决议，认为政府对所有侵略国家之宣战，实代表全国之公意。凡属国民，必当不惜更大牺牲，以求远东以及全世界之真正合理的和平，而此项和平，必须先使侵略者全都退出所有武力侵占之土地。现中、美、英、荷已共同作战，必将患难相共，以获取最后之胜利，且将于战后和平之建设，继续平等之合作。惟望所有反侵略国家，迅采一致有效之联合步骤，庶几合作互助，用益臻密，而胜利可早临也。

（《新华日报》，1941 年 12 月 13 日）

① 国民参政会第二届第二次大会休会期间，驻会委员会于 12 日上午举行首次会议，由张伯苓任主席，主持通过该议案。

题张悲鹭百虎图长卷[①]

（1941 年）

逐逐眈眈各写真，拈来一串数家珍。
深山大海纵横跃，不信殊方尚有人。

（周文华主编：《乐山历代诗集》，乐山市市中区地方志办公室，1995 年，第 159 页）

题张悲鹭百蝶图

（1941 年）

蛱蝶纷纷次第来，赏心最是手中裁。
庄周阅尽人间世，笑问先生梦几回？

（周文华主编：《乐山历代诗集》，乐山市市中区地方志办公室，1995 年，第 159 页）

① 张悲鹭（1917—1993），回族，四川乐山人。1941 年前后，曾任重庆南开中学美术教师。1941 年 4 月，张悲鹭在重庆拜谒郭沫若时呈献其所画长卷《百虎图》一幅（高二尺、横长十八丈）。郭当即挥毫留下了壮丽沉郁的七言古体长诗八十八行。继后有田汉、茅盾、史良、沈钧儒、叶圣陶、梅兰芳、冯玉祥、于右任、张伯苓等一百多位全国知名人士在该图上题诗。

南开大学复校的筹备与方针[①]

（1942年2月17—3月7日）

对于复校问题，最近曾与蒋委员长面谈一次。蒋委员长仍本“有中国即有南开”之诺言，允对我校复校时，与国立大学同等待遇。

国内各大学纷纷改为国立，我校决定本以前奋斗之精神，仍维持私立。

学校内部组织文学院、理学院、法商学院与工学院。文学院设中文学系、英文学系、历史学系、教育学系；理学院设算学系、化学系、物理学系；法商学院设政治学系、经济学系、商学系；工学院设电工学系、化工学系、机械学系。

设法物色青年同志、学识甚深之人才，暂拟增聘十人至十五人，其经费向联大接洽。

组织聘任委员会。

复校时用款，除请政府协助外，并向国内国外捐募之。

学校内部除文、理、工、法商四院先行恢复外，师范学院拟缓设立，仍先在文学院设教育学系，农学院因无设立之必要，否则再行考虑。

人才问题，应注重在青年同志，南开学生或新由国外归来之学者。如将来急需之人才一时无从延聘，可请英、美籍之学者。

研究方面，暂就算学、经济、化工三方面发展之。其他学科之研究，俟得有主持之人才再行设立。

国内国外之捐款，现时即可起始计划，进行一切筹备之工作。国外捐款可分三方面：捐募现款、捐募仪器书籍、捐募讲座，以便邀请外籍之学者来校讲演。

蒋委员长之允诺设法具体化，先由何淬廉便中与陈布雷先生接洽办法。

筹款问题，甲、预备与政府接洽，乙、预备国内社会募款计划，丙、预备

① 1942年2月17日至3月7日，在重庆沙坪坝张伯苓寓所，张伯苓召集伉乃如、何廉、邱宗岳、杨石先、陈序经、李卓敏等，先后召开了四次南大复兴筹备会首次会议，讨论南开大学的复校事宜，会上张伯苓提出以下办法与意见。题目为编者所拟。

国外募款之计划。

国内捐款与政府协助由校长与何淬廉在渝进行。建筑、图书仪器、讲座易募捐，经常费请政府协助。

国外设立募款团，函请美国各大学校长为委员，并请中、美各一人为干事。社会人士如陈光甫、邹秉文、刘国钧、钱新之、范旭东、冀朝鼎等先生对南开甚热心，设法保持接触。

聘任委员会请黄子坚、杨石先、陈序经、邱宗岳、姜立夫、冯柳漪、孟广喆为委员，杨石先为召集人。

延揽人才以全校为准，不必拘于院系，并宜慎重，宁缺毋滥。

昆明南大一切校务仍请黄子坚、杨石先、陈序经三先生负总责。

为培养人才起见，应办好中学，多立分校，设立奖学金。

（南开大学档案馆藏）

观看曹禺话剧《北京人》的谈话①

（1942 年春）

我历来不主张读死书，主张在读书的同时要学生参加各种课外活动，锻炼身体，培养情操，学习组织工作能力。

演话剧是一种很好的活动，剧作者对于社会上各种现象进行了深刻地观察与分析，经过提炼，用少数角色把这些社会现象重现出来。演话剧不仅是玩玩而已，而且要学习剧作者观察与分析社会现象的方法，培养自己观察及分析的能力，培养自己善于处人处事的能力和做组织工作的能力。好多南开的毕业生，现在都在各界很有成就，而这些人在校时都是社会活动的积极分子，有许多人是演话剧的积极分子。由于他们在学校时有了一定的锻炼，离开校门后就比较容易了解社会，适应社会，就能比较快的做出成绩。我年纪大了，对学校的事

① 重庆南开中学排演曹禺话剧《北京人》，张伯苓观看演出后，邀请剧中学生演员王世泽到津南村寓所谈话。本文摘自王世泽的《追忆张伯苓校长的一次接见》一文，因系转述，为文意明了，故由编者改为第一人称，下同。题目为编者所拟。

情不能过问太多，但我每年都要挑一两位在某些方面表现不错的学生到家里来坐坐，谈谈，希望你继续好好学习，好好从事各种活动。

（宋璞主编：《张伯苓在重庆》，重庆出版社，2004 年，第 224—225 页）

重庆节储实践会缘起①

（1942 年 6 月初）

实践告诉我们：当抗战更加接近胜利之日，也便是我全国同胞尤须咬紧牙关、艰苦奋斗之时。我们不但不能因目前之稍感困苦，即萌畏缩不前之心，而且，还要预想到甚于此刻十倍、百倍、千倍之艰苦生活尚在后面，而无时无刻不准备于十倍、百倍、千倍于此刻之决心倍、百倍、千倍之艰苦生活，尚在后面，而无时无刻不准备于十倍、百倍、千倍于此刻之决心与勇气，去克服一切，战胜一切。即使在抗战胜利以后继续建国工作之时，也仍需要大家熬苦，不断奋斗，后可巩固我们的国防，保证我们的胜利之果，永远属于我们。

如今，节储工作，无疑地已有相当成就，节约建国储蓄的增额已超过三万元，自然是由于我全国同胞俱能仰体领袖倡导的深意，踊跃参加之结果。但因为一则过去节储工作尚未免局限于城市，未能普及于农村，再则过去响应参加者多属于社会上层份子，而社会基层民众尚少参加，致未能做到普遍而深入的地步，发挥更宏大而辉煌的结果。现在，节储实践会之发起组织，就是要补救这些缺点，务请人人实践刻苦节约的生活，实践储蓄建国的办法，而使这一运动，更迅速地朝着更高更新的阶段，作飞跃的发展。

当人人都成为节储实践会会员的时候，也就是抗战胜利庆祝建国成功的时候。

（穆家修，柳和城，穆伟杰编著：《穆藕初先生年谱》，上海古籍出版社，2006 年，第 672—673 页）

---

① 1942 年 6 月，重庆一批政界、工商界、社会名流等 80 余人发起成立重庆节储实践会，张伯苓作为该会发起人之一，与孙科、徐堪、宋汉章、何北衡、黄炎培、于右任、孔祥熙、吴稚晖、翁文灏、冯玉祥、钱新之、罗家伦、吴国桢、潘公展、杭立武、康心如、居正、陈布雷、穆藕初等 82 人共同发表本文。

办教育的人，必定要以教育为终身职务①

（1942年8月26日）

我一生与政治无缘，过去，我从来不愿意参加政治活动，更不愿意做官。当年在北方时，很多人都劝我做官，甚至三番五次的逼我，但都经我坚决的拒绝了。在那种黑暗恶劣的政治环境中，一个人是绝对不能起很大的作用，而且做了官反而不能自主，空增加许多麻烦，所以我决定办教育。我的目的就是为的救国，要使国家变好，必定要使每个人先变好，这就要靠教育的力量。

在那时，我办教育的情形好像一只戴了眼罩的马，不顾荆棘满途，拉着载重的车子，一直向前跑，数十年来都是向着一个不变的目标——救国。

现在国家的情形和以前的可不同了。现在的官，是人民的公仆，是要为人民服务，现在国内有着空前的统一——过去互相仇恨的，政见不同的，现在都团结在一起，这就是因为大家有着抗战这一个共同的的目标。蒋委员长的抗日国策是完全对的，而他能成为伟人，也就在此。

过去政治上的一些不良现象，是在慢慢的革除。以□粮一事来说，若不是在抗战的号召下实行起来，一定是非常困难的。但由于蒋委员长的决心与再三的昭示，使人民能踊跃输将，贫苦的在纳粮，富有的也得出粮。这都是中国政治上的进步。

在抗战五年中，虽然失去了大半土地，政府现在四川，然而国家是愈打愈强，并且得列为世界四大强国之一。中国一切都是有办法的，抗战的胜利是不成问题。

我已说过，我一向是不愿意过问政治的，可是我现在是当选为参政员，若能因此为国家多尽一份力量的话，也还好。但是我是不善于处理许多行政上的事务的，完全卷入政治漩涡也是我不愿意的。其实说起来，教育还是脱离不了

① 本文为张伯苓接受《新华日报》记者的专访，与记者的谈话，记者写道：“他四十年来献身教育……，抗战以来历任国民参政会副议长，对推进团结，树立民主政治基础。厥功甚伟。”“十年来，张先生已有些苍老，……然从体态上看，他仍然是一位强健的老人，他的谈话充满着对中国光明前途的信心，对教育事业的热望。”“在他内心是充满着因对中国前途乐观而感到的愉快。”本文摘自《张伯苓先生谈教育》一文，题目为编者所拟。

政治，教育事业是需要在贤明的政治的扶助之下，才能得到大量进展的。

我办教育是本着“公能”二字为目标（这是南开校训），这二字非常简单，含义也明确。“公”即是教人要为国民谋利，为国家做事，而不要只贪图私利；“能”即是要训练人的智力与技能，使每人能有现代技能，建立强盛国家。这个目标四十年都没有更变过，并且将来也不会变更的。

办教育的人，必定要以教育为终身职务，而忠于这职务，这样教育才能办得有成绩。绝不能以教育事业为暂时栖身之地，因为它不能帮助你图名获利，不然的话，就只有半途改行。南开学校今年已有三十八年的历史，我从来没有离开过，并且在这以前严范孙先生创办的六年中，我就和严先生在一起。南开的许多人员也大多数是十年前就在南开服务的。

另一个重要的问题就是：学校要有学风，比如南开的学风，便是表现在新生到校后不过一个星期，就会全熟悉和安于学校的环境，学生与学校之间，非常融洽，像是生活在自己的家庭一样。从每年来投考的报名额数，也可以看出大家对南开的景仰。去年投考来的学生有一千七八百人，今年的人数也不会少，现全学校的学生，有一千八百余人，这些学生从各省来的都有。

总之，以“公能”为目标，办教育的人员都能忠于职务，学校自然能办得好，这是现在许多人都想向南开学习的。

正因为南开有这特点，所以敌人非常仇视南开，当日寇一进占天津时，南开便首先被摧毁。那里我正在南京，曾有中央社记者问我的态度，我回答说：“我一定要复兴南开。”南开虽是费数十年精力经营起来的，但我决不愿意凭吊已往，或满足于过去的成就，我还要以我全部精力，恢复南开大学部、中学部，以至小学部。

至于，南开与清华、北大三校组成的西南联大，我敢保险在抗战时期，是决不会像其他学校一样中途分开的，但在抗战胜利后也一定要分开，因为这三校都有着不同的特点，这些优点是应该保留着的。

提起体育来，想当年我和几个年轻的人，在严先生的书房中，用两个凳子，中间架起一条鸡毛帚，大家跳来跳去，想升高一些，就在两边凳子上再加上两本书，这就是我们最初的体育。后来许多学校中虽增加了体育这一科，但仍未引起社会人士重视，所以过去在体育的推动上，要费很多气力。现在政府也注意体育了，在教育部下设有专门部门主管，并且为推广国民体育，特定名为国民体育委员会，将来还有改为体育司的可能，我现在仍任中华全国体育协会主席，社会上能重视这工作，我就放心了。

还有在科学的研究方法上，南开也会尽□倡导之力。我国最初的学堂上理化课时，都是老师自己拿了试验器具在讲台上试验，学生呆呆的坐在下面看着，听着，但当民国元年时，美哈佛大学校长到南开参观，看到这种情形就立刻对我说："你们不研究科学便罢，若要研究，用这种方法是不会学精的……"我听了这话，便立即把一排宿舍拆去，盖成一排试验室，使每个学生都能得到亲自研究的机会。后来各学校都这样做。南开毕业出来的学生，大部份都能升入大学，这与科学基础较好，有很大的关系。

现在的教育，体育都不成问题，将来会更进步的，对这些我都非常放心了。

（《新华日报》，1942年8月26日）

《重庆市第一届运动大会特刊》题词

（1942年9月9日）

锻炼个人体格
促进民族健康

张伯苓

（《大公报》，1942年9月9日）

南开大学等四校赠威尔基卷轴原词[1]

（1942年10月5日）

威尔基先生：

先生为增强同盟国之团结合作，及鼓励同盟国之战斗精神，代表罗斯福总统不辞劳瘁，远来中国，又能于短短旅期之中，辱临四校，足证先生关心战时教育，同仁等尤不胜欢欣鼓舞之至。先生所参观之四校，设备诚极简陋，但所堪告慰者，即同仁等俱能体念政府于战时维持教育之苦心，以尽培植青年、增进学术之职责，故数年来，日寇虽屡作有计划之轰炸，以达其摧残中国文化之目的，然吾人之物质损失及生命危险，不独不能动摇其奋斗精神，且能获得加倍之收获也。今世界各民主国家，在政治、经济、文化各方面本已发生密切之关系，形成一息息相关之伟大社会，也乃人类文明演进之奇迹。不幸德日意三轴心国家，竟谬唱种族优劣之学说，穷兵黩武，以达其支配整个世界之野心，致使人类遭遇空前之浩劫，此实人类历史上之一大悲剧也。今同盟国，戮力同心，与轴心国之暴力相周旋，其最后胜利必属诸同盟诸国无疑矣。但胜利之后，将如何建立人类之平等与互助，以奠定世界之永久和平，而顺应人类文明演进之需要，使罗斯福总统所倡导之大西洋宪章，得一新的心理保障，此则同仁等愿与贵国教育家共勉者也。兹单就太平洋之和平前途论之，同仁等以为中美两大国家，不仅战时需要相依为命，在战后尤需密切合作，共同维持中国战后之经济、复员、守势国防之建设，固赖于贵国之援助，而贵国欲保持在太平洋之一切权益，亦有赖于中国之富强，盖只有富强之中国，始足以安定东亚之秩序也。以中国之向来爱好和平，故深信今后绝对能作贵国之永久好友，此又同仁等所愿请先生归告贵国人民者也。

最后敬祝先生愉快与健康！

---

① 5日上午，美国共和党总统候选人温德尔·威尔基（Wendell Willkie）在教育部次长顾毓秀及美国情报协调局驻华首席代表费正清、美国驻华大使馆柯乐博陪同下，前往沙坪坝参观南开中学、中央大学、重庆大学和中央工业专科学校。威尔基抵达南开中学时，学校两千余名师生列队欢迎，威氏一行在张伯苓校长的陪同下，参观了南开中学的教室、图书馆、宿舍、体育场等处。当日，张伯苓以南开大学的名义与其他三校将致词书写在卷轴上，赠予威尔基。本文原题为《四校赠威氏卷轴原词》，题目为编者所拟。

国立中央大学、国立中央工业专科学校、四川省立重庆大学、私立南开大学全体教职员同仁敬赠。

中华民国三十一年十月

（《新华日报》，1942 年 10 月 6 日）

国民参政会第三届第一次大会开幕词[①]

（1942 年 10 月 22 日）

今天是第三届参政会第一次大会开会之日，溯自本会成立以来，为时已四载，开会已八次，觉得此次开会，按各方情势与第一届、第二届有许多不同之处，试简述之。

（一）按抗战形势来说，当第一届开会时，敌势猖獗，军事险恶，国家政策重在团结抗战，统一全国意志，集中各方力量，以期联合一致，与敌周旋。到第二届开会时，军事已入第二阶段，我们深信敌人决不能征服我们，又知此次战争系长期战争，为支持长期抗战，必须同时建国。今当第三届，抗战五年余，中日战争变为世界战争，我们得道多助，敌人势穷力蹙，军事确有把握，胜利毫无问题，今后问题当在如何建国，故在第一届及第二届时期，可以说抗战重于建国，今则建国重于抗战，此其一。

（二）按国际地位来说，本党总理从事革命四十年，目的在求中国之自由平等，取消不平等条约及脱离半殖民地地位，才为毕生努力奋斗目标。今因暴日入寇，志在灭华，中国为保卫自由，主持正义，奋起抗敌，独立苦战，五年有余，牺牲至巨，英勇可敬，我们友邦一方承认我民族固有道德及民族精神力量之崇厚，一方承认我对于世界战争、国际秩序贡献之伟大，引我为盟友，侪我于四强，国家荣誉日增，国际地位日高，是中国之自由平等业已得到。最近英美自动放弃在华特权，则不平等条约即有废除，百年耻辱洗于一旦，幸何如之。此其二。

（三）按民主政体来说，参政会为民主政治之基础，而民主政治之实施，较

① 张伯苓任此次大会主席团临时主席。

前二届更加积极与普遍。按在我国民主思想根源甚古，而民主制度机构则甚新，古书谓“天视自我民视，天听自我民听”；“顺天者昌，逆天者亡”，此天即民意，言民意之重要也。“民为邦本，本固邦宁”；“民为贵，社稷次之，君为轻”。此言人民地位之重要也。在昔为国者深明此理，欲求长治久安，必以“得民心”为归，惟因制度不立，为政在人，民心有向背，国家有治乱，遂致易姓改朝之事，史不绝书。今我国效法英美设立民意机关，在中央设参政会，在省设参议会，在县市设县市参议会，盖欲本诸我国历史国情，参照欧美先进国家政治经验，以新式政治机构进行，运用先哲政治理想，借以逐渐彻底实施民主政治，置国家于磐石之安，此正中国立国之要道。国人深知此民意机关之重要，各省县市参议会已次第设立，多已按期开会，并均能代表人民公意，发挥人民力量，是民主制度之实施，正在逐步推进中。民主政治之理想，较前已具体实现，此其三。

上述三项，系国人对于此次开会觉得与前二届不同之点。我们同人当此国势好转，胜利在望之时，举行会议，定必精神兴奋，心怀愉快。但我们同时须一方警惕自己检讨自己，善用当前局势，把握有利时机，充分发挥我们的精神能力，来完成抗建工作。我们应如何建议政府推行各种建设开发工作，应如何督促政府促进政治改进，应如何领导民众，使全国人民均能刻苦忍耐，加紧努力，为国家民族利益而奋斗，尤其要紧的应如何代表民意，监督政府，实现民主精神，以期完成三民主义之国家，这均是本届我们到会同人所应努力的。特贡愚见，供大会参考。

（原载国民参政会秘书处，《国民参政会第三届第一次大会记录》，转引自孟文涵主编，《国民参政会纪实》（下卷），重庆出版社，1985 年，第 1089—1090 页）

重庆南开中学等四校赠送英国议会访华团卷轴原词①

（1942年11月13日）

英国议会访华团艾尔文勋爵、泰弗亚勋爵、卫德波先生、劳森先生：

诸位先生，此次不辞长途艰险之苦，惠临敝邦，同仁等首应深致慰问之意。

诸位先生代表贵国议会出聘友邦，乃贵国有史以来之创举，同仁等于荣幸之余，尤不胜欢迎之至。敝邦抗战之始，即抱有两大目的，一为民族谋自身之解放，一为民主政治之崇高理想而奋斗。今贵国进入争战之途，亦逾三载，其目标亦在消灭暴力，维护自由，故贵我两国迩来共患难、谋合作之程度，实前所未有，此固诸先生所洞悉，亦敝邦人士所深引为快者也。此次战争胜利之后，贵我两国，必须彻底扫除一切足以引起战争之因素，不遗余力，以从事于世界和平之建设，故战后相辅相助之机会，必与日俱增，此则同仁等所深信不疑者。同仁等致力教育文化事业，深知贵我两国对于人类文化，均有伟大之贡献，而其风俗习惯与传统精神，又颇多相得益彰之处，今后尤应以文化之沟通，谋人类之谅解，以学术事业之合作，促进政治经济之密切联系，而奠定世界之永久和平，此又同仁等所私人祷望而愿与贵邦人士共同努力者也。

（《新华日报》，1942年11月14日）

南开复校必有望②

（1942年12月20日）

南开自“严馆”“王馆”创办而有今日，系本其“校务公开”、“责任公开”、

① 11月13日，英国议会访华团参观位于沙坪坝的中央大学、中央工校、重庆大学、重庆南开中学四校参观，四校共同赠送该团一幅卷轴，上书致词。本文原题为《四校赠送卷轴》，题目为编者所拟。

② 南开校友会于20日中午在中苏文化协会举行聚餐会，到会校友150余人，由张平群主持，张伯苓讲话。本文原题为《南开校友聚餐》，题目为编者所拟。

“师生合作”之一贯精神。南开虽惨遭敌人毁坏，但有中国即有南开，中国前途必光明，南开复校亦必有望。

（《新华日报》，1942 年 12 月 21 日）

重庆区专科以上学校联合运动会开会词[①]

（1943 年 5 月 8 日）

本会处于目前之物质条件下，而能在西南一隅举行，实在是件令人兴奋的事。今天的会虽然没有战前那样伟大精彩，也算是难能可贵的了。在意义上，今天这会，实在是我国战胜后的远东运动会或全国运动会之先声，这儿可算是一个预备会。

（《新华日报》，1943 年 5 月 9 日）

努力建设空军[②]

（1943 年 5 月 31 日）

我国虽号称四强之一，但陆上、海上，以及空中的武力，皆远不如人。为了增强国防，我们必须加强陆军、海军，特别是空军的力量。希望青年们多多来练习飞行，大家努力建设空军。

（《新华日报》，1943 年 5 月 31 日）

---

① 5 月 8 日上午 8 时，重庆区专科以上学校联合运动会在重庆南开中学举行，参加单位 24 个，运动员 790 余人，张伯苓致开会词。题目为编者所拟。

② 5 月 30 日下午，在重庆小龙坎周家湾举行滑翔场落成典礼，喻传鉴代表重庆南开中学和蜀光中学献滑翔机，张伯苓在典礼上讲话。题目为编者所拟。

国民参政会第三届第二次大会闭幕词[①]

（1943 年 9 月 27 日）

本会第三届第二次大会，在同人情绪热烈之中闭幕。此次开会，聚议十日，议决提案一百八十余件，同人精神均较历次大会更特别兴奋，始终不懈，一则以开会时适逢蒋委员长膺选为国民政府主席，深庆国家元首得人，从此国运必更为昌荣。一则以会前闻知意大利投降，轴心根本动摇，民主国家的共同胜利，为期已经不远，侵略的凶焰，快要从此熄灭，和平自由的基础，从此得着保障。不过胜利愈益接近的时候，国家尚须经过一度最艰难的时期，而同人的责任，因此愈益加重。故举凡宪政之促进、经济之建设、奠定战时及战后复兴的种种根本计划，同人莫不深切注意，详加讨论，期有所献替，不负政府与国民对于本会所具殷切的期望。

关于宪政之筹备，本会已有决议，行将商同政府，设立宪政的筹备机构，以便战时即能将宪政的预备工作做得很好，战后宪政的实施，更能够圆满的表现出来。在此，本席不能已于言者，本会为抗战期中协助政府的一个民意机构，本会即应努力树立民治的模范，蒋主席于此曾一再致其诚恳的期望，故同人对于民主的基本精神从不敢有所忽略，在讨论之时，则悉本知无不言，言无不尽之旨，期举集思广益之实，在决议之前，则对于政府报告，无不虚心听取，对于事实真相，无不竭诚研讨。五年以来，本会通过之决议虽多，但自信从无故意好高骛远，或抹煞事实之弊，今日自当本此精神，益加奋勉，至于团结全国一致抗战，协助政府，宣达政情，解决民困。在过去数年之中，同人更是不敢疏忽责任，有所努力。今后为促进宪政起见，当更加倍的努力做去，期不负于模范二字。

关于经济建设，本会先后曾有川康建设期成会及经济动员策进会的成立，对于战时的经济政策，协助政府有所推进，此次大会所通过交议之工业建设纲领，又将设立经济建设期成会，则今后同人全体对于战时经济困难的克复，与战后国家经济的复兴，当更能本其一贯精神，各尽所能，多所贡献。

---

① 张伯苓时任本次大会主席团主席。

此外政府此次交议之三十二年度施政方针，内容亦较过去为详尽，对战时战后的庶政设施，均能一一顾到。本会既悉心详为研讨，加以必要补充，深望政府于接受同人意见之后，按照方针认真进行。

本会同人际此国家艰危，而来预闻国家政事，颇觉责任重大，能力不胜。政府今又明令延长本届会期一年，以宪政筹备与经济建设相期勉，而今后一年之中，同人或聚商会议，或分别工作，其责任均较过去为更大，主席团同人愿与全体同人共勉之。

（原载国民参政会秘书处编印，《国民参政会第三届第二次大会纪录》，转引自孟文涵主编，《国民参政会纪实》（下卷），重庆出版社，1985 年，第 1219—1220 页）

南开学校成立三十九周年感言①

（1943 年 10 月 17 日）

南开之有今日，实诚不易。严馆开始时，学生仅五人，中学成立时学生亦只七十三人。经三十余年惨淡经营，教职员同人齐心协力，学生年年增加，设备逐年扩充，至重庆南开，创始于军兴之前，成长于抗战之中，规模设备，在后方中学中，亦称仅有。盖南开过去，无时不在奋斗中，亦无日不在发展中，南开学校如果算是成功的话，则一部南开史，实一部奋斗成功史也。

我过去工作，可分三个阶段：自中学创始至大学成立，为第一阶段；大学成立至南开被毁，为第二阶段；今后尽其余年，致力于教育及建国工作，当为第三阶段。第一阶段，惨淡经营，致力于中学；第二阶段，竭尽心力，多为大学奔走；至于计划复校，协助建国，则当为一生事业第三阶段中之主要工作。在第一阶段，学校创设伊始，规模虽小，费力实多。至第二阶段，学生日多，规模日宏，费力大成功亦大，今后到第三阶段，深信以同样之努力，定可得加倍之成功。

（喻传鉴编，《张伯苓先生七旬寿辰纪念册》，1945 年）

① 本文南开学校成立 39 周年之际，张伯苓自述感想，题目为编者所拟。

在欢送中国访英代表团茶会上的致辞①

（1943年11月11日）

去年秋间，英国议会组织议员团来中国访问，本会第三届第一次大会，也有“中国应组织访问团”的决议，并经大会授权主席团，会同政府商酌办理。最近英政府有希望中国组织访英团的表示，蒋主席曾向本会主席团征询意见，并曾征询立法院孙院长的意见，都极表赞同，因此，就决定组织“中国访英团”。

访英团团员共有五位，是就本会和立法院选派的，这五位团员对于英国情形素有研究，对于中英关系，素来极其关心。这次访问固然含有报聘的性质，中英两国都是民主国家，思想相同，经济合作，平时有如兄弟一般，现在中国抗战已逾六年，英国抗战已逾四年，经过如此长期间的苦斗，益以美苏等其他盟邦同心协力，共御暴敌，整个世界文明，转危为安。但胜利虽已在望，世界未来的难关，需待同盟国家携手合作以克服的正复不少，中英两国在这大时代中，要以“同舟共济”的心情，求得两国乃至全人类的安全与繁荣，我们访英国最大的任务，是想以“同舟”之雅，互谋“共济”之策。

敬祝访问团诸位健康及其使命之成功。

（《新华日报》，1943年11月12日）

《大公报》记者所记讲词

（1943年11月11日）

今天国民参政会全体同人欢送中国访英团，承政府长官、中外来宾惠临赐教，不胜荣幸。

---

① 国民参政会于11月11日举行茶会，欢送行将赴英的中国访英代表团，参加茶会的有王世杰、王云五、胡政之、杭立武、温源宁等代表团成员及嘉宾两百余人。茶会由张伯苓主持，并在会上讲话。本文原题为《参政会昨日举行茶会，欢送访英团出国》，题目为编者所拟。

去年秋间，英国议会组织议员团来中国访问，对于中英友谊之增进，有甚大之贡献。本会第三届第一次大会，也有“中国应组织访问团”之决议，并经大会授权于主席团，会同政府商酌办理。最近英政府有希望中国组织赴英团的表示，国民政府蒋主席曾向本会主席团征询意见，并曾征询立法院孙院长的意见，均极表赞同，因此，就决定组织“中国访英团”。

我们为什么要组织访英团呢？我在前面已经说过，这次访问团虽含有报聘的性质，但实在出于我国人民的自动和内心的需求。中国有一句成语叫做“同舟共济”，凡朋友处在危难的时候，就以这句话来互相勉励，以撑持危局，渡过难关。诸位想想，中英两国俱是民主国家，思想相同，经济合作，平时有如兄弟一般。近年东西两轴心戮力谋我，无所不用其极，因之战争一经爆发，中英两国即首当其冲，盖欲毁灭我之历史，奴役我之人民，侵占我之土地，囊括我之财产，以遂其各霸欧亚两大陆之野心。中英两国人民，洞悉其奸，在英明领袖领导之下，奋起抗战。此种神圣抗战，同是为争民族生存，也同是为人类文明而战。现在中国抗战已逾六年，英国抗战已逾四年，经过如此长期间的苦斗，益以美苏等其他盟邦同心协力，共御暴敌，于是整个世界文明，方可转危为安。但抗战胜利虽已在望，世界未来之难关，需待同盟国家携手合作，以克服者，正复不少，中英两国在这大时代中，要以“同舟共济”的心情，求得两国乃至全人类的安全与繁荣，我们访英国最大的任务，是想以“同舟”之雅，互谋“共济”之策。

末了敬祝访问团诸位健康，及其使命之成功。并感谢各位来宾之光临。

（《大公报》，1943年11月12日）

战时学生与战后世界①

（1943年11月17日）

在这一个纪念中，本人代表中国教育界，在重庆对世界学生在伦敦举行的

① 原期刊编者按：此文为我国老教育家张伯苓先生于世界学生日对英国伦敦世界学生日纪念大会广播全文，词意恳切，语重心长，不独代表中国民族数千年来爱好和平的教育思想，亦实给予世界青年以如何为和平而奋斗之正道。原文以“Youth and Security”标题刊载于十一月十九日重庆《自由西报》，特译出以献读者。译文如有与原意出入之处，概由编者负责。

集会广播讲演，感觉非常愉快，并致内心的敬意。学生俱有活泼、冒险、勇敢，与追求学问与真理的渴望，这些理想，使青年学生成为各个国家的生命骨干。因此本人参加世界学生日纪念大会，至为快慰。

中国学生，常是站在历史的前面。在中国历史上，学生常是爱国主义的象征。一九一一年十月的中国革命，其第一个领导与设计的人物，是我们的国父孙中山先生，而这种伟大计划的开始，却是在其求学时代。最近的对日抗战，唤起民众与领导民众，特别是沦陷区的游击战斗，领导与奋斗的，都是青年学生，其未参加直接抗战之中国青年，却都在大后方经常不断的敌机轰炸之下，受尽最大的折磨与营养不良的痛苦，在各个地带，致力于其学问研究的工作。

对于世界学生在战时的奋斗，本人不能不深致赞许。各国学生在战时热心于战时的服务，在战后即为建设的领导人物，因此本人今天特别选定广播的中心题目："战时学生与战后世界。"

最后胜利之期为时不远，民主国家战胜轴心势力，已有确实保证。今天已至奋斗的最高点，行将见敌人的完全失败即在明年之间，而吾人前所渴望之和平，亦将实现。国际情势之优越，实在以目前为尤最。

最近四强宣言对于国际安全的宣告，已重申有关国家对于世界和平与组织的一致的原则。此为这次战争最重要之文献。而可与《大西洋宪章》与"四项自由"同等并列。虽然此次宣言并未明白规定共同奋斗的细目，然其原则实认为国际的组织，将"基于一切爱好和平的国家的主权平等的原则，与夫维持国际和平与安全的大小国家的会员地位的公开"。该项宣言所述七点，皆我联合国的学生与人民所应竭诚拥戴。

以前学生在和平时代，不无自私之处。学生致力学问，多半为其个人利益，所求之专门知识，其目的只在于商业、法律，或其他专门职业之获得，以图个人之温饱。其中只少数有为青年，对于社会科学与国际事务的热心。这次的大战，刺激了青年人的爱国思想，因而均愿牺牲生命，以捍卫其国家，这种情形，各个战争皆然。但是，爱国主义固然需要，然而终不能认为是我们生活的最后目的。必须有更崇高的国际思想，以指导忠诚的青年。如果青年学生在战时准备为其祖国与世界的和平而奋斗牺牲，则在平时，同样应当准备为其祖国与国际的友好而努力。所以一个好的爱国青年，必须为世界和平的国际组织而继续奋斗，如此，亦可增高其本国之幸福与利益。

本人特别希望中英美苏签字国的青年学生，联合一致拥护四国宣言。同时，世界和平组织的事业，亦赖各有关国家的通力合作，即令是失败国家的青年，亦不应当听其孤立在未来的和平圈外。

假若我们要想避开其他世界的不幸之局，聪明与正确的步骤，必须注意所能发生于各个国家的冲突的原因的撤除。这种主要责任，不仅系于各国的政治家，亦系于各个国家的青年。世界青年应如何才能贡献其能力才智获得最后的和平？

第一，应致力于动员舆论，使一般人拥护真正的与有利于国际社会的国际组织的产生，以求得国际政治的安全，最低要做到为限制军备的国际协定而努力。

第二，青年学生应致力于本国的与国际的经济与社会两面的安全。假若我们要想维持国际和平的机构，必须如一九四二年正月联合国家的宣言与《大西洋宪章》的所示，而致力于国际经济的重建。去春国际粮食会议的召开，与目前正在美日举行的联合国家的救济会议与复员会议，可说是一种较好的开始。

第三，必须在心理上建立国际安全的基础。我敢断言，假若能很公开的为自身着想，一切青年学生均希望一种真正的政治与经济的民主。数千年中国社会的传统，即为一有力的引证。但是，即令在民主国家之中，假若对于文化沟通与国际友谊的任何障碍存在，仍足以增加其互相谅解的困难。文化知识的闭关主义，必须用国际教育的力量而予以消去。

本人就个人能力所及，在中国从事于教育事业，将近五十年，我可以说，中国将欢迎各国学生，来华研究学术。从其历史、哲学、艺术与建筑方面，中国必可以对于国际的文化与学术，可能有所贡献。就自然科学与社会科学而言，中国实为一丰富的园地。即在过去，这种趋势已经非常显明。中国学生，已至各国吸收其实际知识，而为其祖国建设而努力。我希望战后，各国间交换学生制度的普遍，其规模要较以前还要扩大。

上周在中国国民参政会欢送中国赴英代表答访去岁英国国会访华团的欢送席上，我即特别强调中英友谊关系。我希望各个国家的互示友谊的访问团体，将逐渐增加与普遍。在战后时代，甚至可以交换教授、研究人员，以及社会上著名的领导人物。这种聘访工作，实为一种真正的教育。

总之，世界学生在此次战争中实已负有很重大的任务，在战后亦须为合法与民主的政府而开始其无数的救济工作、复员工作、建设工作，与工人职业问题而致其最大的努力。为国际政治、经济、社会与文化的共同安全而工作，是各国青年学生份内的最大事业。假若能允许我说有任何一种的希望，那种希望便是希望我也能像你们一样的年青，参加这种公共的事业。

问题自然是多，但问题都是有办法解决。我们必须用望远镜瞭望远大的未来，而不要用显微镜仅仅注意到目前渺小的现在。各国的青年学生，应当运用你们的眼光、知识与忍耐，从事最多的贡献。假若你们缺乏一种极大的内在力量，达到我所希望的目的，也请不要灰心；只要你能忠实于上帝，任何事也不能阻止你们的。我极相信你们有这种能力，并祝努力猛进！

（《中国青年》（重庆）第9卷第6期，1943年）

对孔祥熙亲临祝寿的答谢词[①]

（1944年4月5日）

今承孔副院长亲临致训，无任荣幸，孔先生以建国相勖勉，本人四十年办学目的即在此。南开得政府与社会爱护始有此一点成就，领袖曾许本人“有中国必有南开”。时至今日，不仅有中国且希望有一强大之中国，故不仅有南开，必能有一大南开。余誓为南开复校，地址决仍在天津八里台，中国建国两大目标，一为实施宪政，一为科学生产。南开校友应本“公”“能”两字校训，为国努力，中国在蒋主席领导之下，已恢复“国魂”，胜利在望，不胜愉快。

附：孔祥熙祝寿词

张校长七十大庆，德、爵、齿三者俱全，为人生一大快事。四十年从事教育，经营南开，为复兴国家而奋斗，造成不少人才，功在党国。张先生有先见之明，“七七”以前来川办学，扩展南开爱国教育之精神，尤令人钦佩。今后建国需要大批人才，张先生为一大匠，但希望南开校友发扬母校精神，人人成为建筑国家之有用人才，写下建国史之光辉之一页，使私立之南开与英之牛津、剑桥，美之哈佛、雅礼并驾齐驱，祝贵校前途远大，张校长健康。

（重庆南开中学档案馆藏）

---

① 为庆祝张伯苓70岁寿辰，行政院副院长孔祥熙到会祝词，本文是张伯苓的谢词。题目是编者加的。

与《桃李春风》导演沈剡谈话剧[①]

（1944 年 4 月）

杂事缠身，拖到了今天才来聊聊，真抱歉！

戏还没有排完，我看到先生设计的布景草稿，几层台阶，几根柱子和一座大香炉，构成一座庙宇的前庭。辽阔、壮观、耐看，有气派，不凡，不凡！

我也是个演员呢！当年，清朝皇帝还统治着我们，我赴欧美考察，接触到西方话剧艺术，我动心了，觉得它是一种“创办新教育，造就新人才”的好武器。回国后，我自编、自导、自演了一出新剧《用非所学》。它挞伐了封建制度，也警示一些读书人休要与那个社会同流合污。

（《重庆南开中学校友通讯》第 4 期）

一切教育目标均以国家为前提[②]

（1944 年 5 月 5 日）

一切教育目标均以国家为前提，其方式固可多边化，或为日本式，或为美

---

① 根据沈剡《温馨的回忆》。沈剡时任重庆中国艺术剧社导演，为重庆南开中学排演老舍编剧的《桃李春风》一剧，名演员蓝马、黄宗江也来观看指导。张伯苓是在喻传鉴陪同下到排练场会见沈剡的。

② 1937 年春，中国教育协会、中华儿童教育社、中华职业教育社、中国社会教育社等 14 个教育学术团体在南京成立联合办事处。7 月，办事处召开紧急会议，就世界教育会议准许伪“满洲国”参加一事，中国教育团体决议向大会提出抗议并拒绝参加。1938 年各学术团体为密切合作，协同推行国家教育政策，沟通国际文化，共谋教育事业之发展，同意将办事处改为中国教育学术联合会，公推张伯苓任理事长。后该会随国民政府西迁入川，组织多次学术年会，紧密配合形势，商讨战时教育、三年教育建设计划、战后世界和平教育改造问题及加速教育的民主化等重大课题。并以倡导学术、给青年以进修机会、改善青年休闲生活为目的举办公开学术讲演。1944 年 5 月 5 日在重庆举行第三届联合年会，决议正式定名为中国教育学术团体联合会，张伯苓在年会上致开幕辞。题目为编者所拟。

国式，而其内容则绝对要求中国本位，方式亦渐趋中国化，由此而正式确定中国教育目标，而此目标应以三民主义为其最高准绳。如今胜利在望，国际不平等条约已废除，建国事业百废待兴，我教育界责任于焉奇重。同人等面对全国青年之期望与国家之迫切需要，应以淬励鼓舞之心情为国家作最大之努力。本届年会之中心问题“世界和平与教育改造及实业计划最初十年人才培养问题”，但此为大方向，详细方法当待诸君研讨。

（《大公报》，1944 年 5 月 6 日）

《中国教育学会年报》前言

（1944 年 5 月 5 日）

领袖在《中国之命运》书中，指示吾人以“建国的基本工作，在于教育、军事与经济的合一”。但是如何方能使每个国民都能致力于生产，献身于国防，手脑并用，德智双修，则教育之功为多。是则教育工作，实为建国的基本工作中之基本工作。现在抗战胜利在望，建国工作，不容或懈。本刊发行之旨趣，即在肩负起此时代使命，期于建国工作，能有实际之贡献。

本刊的总目标，简言之，求“一切教育为建国”。此一目标，悬为吾人今后努力唯一最高之鹄的。凡是有关建国的教育言论，本刊不惮连篇屡载，详加研讨。反之，问题尽管如何重大，而无关建国大政者，概在摒弃之列。实以建国为指导教育之中心，教育为完成建国之要政，为欲达到此目的，今后一切教育之理论与实施，要能处处配合国策之需要，时时适应建国之要求，脚踏实地，不尚空论，深信以此“建国教育”之精髓，定可完成“教育建国”之重任。

本刊研讨之内容，大概可分为二大部：一为国内教育之研究，例如教育政策与国策之配合问题，建国人才之训练、培养问题，各级教育之实际检讨，地方教育之调查报告等皆属之。一为国外教育之研究，例如战前各国教育之实施与发展，战后世界教育之演变与趋势，以及战时加强中外教授之交换，学生之派遣，书报之介绍，消息之报道等等皆属之。期由学术上之密切联系，获得文化上之美满交流，更进而对于建设新世界之新教育，有所贡献。

上述各节，为本刊发行之旨趣，努力之目标与夫研讨之内容，盖欲凭客观之见地，真诚之研究，一方阐发一般教育原理，使得教育实施，能有正确之理论做参考基础；一方研讨实际问题，搜集实际资料，冀能为建设国家复兴民族尽其前哨之义务。换言之，力求理论与实际融成一片，教育与建国取得配合，以期谋教育之发展，建国之完成。

本刊深感使命十分重大，工作十分艰巨，兹当发刊伊始，切盼我国内从事教育工作、注意教育问题之贤达，以及关系建国问题、参加建国工作的鸿博之士，多予批评指示，鼓励帮助。俾本刊克尽上述之任务，以贡献于国家。是岂本刊之幸，实亦国家之幸，民族之幸焉。

（《中国教育学会年报》，1944 年）

《中国之命运》与南开之教育

——由“公能教育”进为“建国教育”

（1944 年 5 月）

（一）绪论

总裁新著《中国之命运》，博大精深，计划周详，定国家百年建设之大政，勗国民以继往开来之重任，实为总裁继承国父“三民主义”以后惟一复兴民族、建设国家之具体图案。全书多处号召国民奋起建国，其一种爱国、爱民、爱世界、爱人类之热情，流露于字里行间，凡我国民，莫不万分振奋！

惟是建国大业，经纬万端，复兴重任，非可猝就。当前建国之基本工作，首在政治风气之转移，社会风气之改造，培育无穷有用之人才，充实建设国家之力量，而教育实为此种基本工作之主要原动力。须知学术之讲授，为国家命运之所系；教育之推行，乃风气改造之所关。史例繁多，无待赘述。

我南开学校在张伯苓校长主持之下，迄今已有四十年之历史。四十年来之教育方针，一贯的采用“公”“能”二义训练青年学子，已表现出相当之成效。际兹新约缔订，国运好转，胜利在望，建国迫切之时，总裁登高一呼，号召国人共起建设“国防、教育与经济合一之新中国”。千载良机，百年盛事，决不容许吾人稍事蹉跎过去。吾人为加强教育效能起见，为适应国策需要起见，对于南开过去“公能教育”之方针，应下一番忠实的检讨工作。对于今后“建国教育”之推行，尤应早作一番具体的实施方案。然后根据方案，向定目标，遵奉国父“行易”哲学之真理，与总裁革命“力行”之精义，笃实践履，至诚推行，但期实效，不求近功。深信“造成文化、国防与经济合一之国家大业，必能如期完成”。

（二）南开“公能教育”之检讨

在检讨南开“公能教育”之前，先将南开校史加以简略之介绍。南开学校为张伯苓校长于逊清末季光绪卅一年（公元一九〇三年）[①]在天津南开地方所创设，迄今已有卅九年之历史（若再加入南开前身严、王两馆之六年在内，实已有四十五年之历史）。先是校长毕业于北洋水师学堂，服务于威海卫同济兵轮。光绪廿四年（一八九五）[②]，英继俄、德之后，强租威海卫。清廷力不能拒，勉允其请。时该地因甲午兵败，尚为日军所占领。先一日，中国派轮前往接收，卸下日本国旗，升上中国国旗。第二日，又将中国国旗卸下，改悬英国国旗，将该地移交英国管理。其时校长正服务于此负责接交威海卫之兵轮上，目击中外国势之悬殊，心痛豆剖瓜分之祸急，因思中国地非不大，人非不众，物非不博，即人民之资质，亦非不聪明、不能干，但竟为外人所欺侮、凌辱、践踏、蹂躏，一至于如此惨痛之境地。推究原因，皆坐国人自私自利，一盘散沙，缺少国家观念，丧尽民族意识之所致。为挽救国家大难，为弥补民族危机，必先唤醒国家之灵魂，恢复民族之知觉。而教育实为独一不二之治本良药。于是校长离开水师，返回津沽，主办严氏（范孙严修先生）家塾。初仅生徒五人，继则人数增至七十三人。乃于津市南郊之南开地方，建筑新校舍，因以南开名校焉。及后因社会需求，陆续添办大学、女中、经济研究所，以及小学部，整个教育系统，至是完成。津变以前，四部学生，都计三千余人。以私人力量经营之学校，其事业之发展至如斯者，在国内尚不多觏。民国廿四年冬，校长因环境需要，另于四川重庆地方，筹办南渝中学。及后平津沦陷，津校首被敌人炸毁，同人相率入川，继续服务，因于廿七年秋更名南渝为南开，以示南开生命之不中断也。

由上南开略史，可知张校长献身教育事业，创办南开学校，完全系受严重国难之刺激，完全系受不平等条约之打击。是以教育目标，在“救国救民”；教

① 实为清光绪三十年，公元 1904 年。

② 应为 1898 年。

育方针，在“允公允能”。“公”以化私、化贪、化小；“能”以去贫、去弱、去愚。希望人人皆是德、智、体、群四育平均发展之国民，人人皆有国家至上，民族至上，牺牲小我，服务社会之美德。为社会而养成能力，献能力以服务社会，进而改造社会之风气，转移政治之风气，然后救国救民之最高目标，方可美满实现。四十年来，世局万变，惟南开之公能训练方针，始终一贯不变，平心检讨，已表现出相当之成效。诚以学生成绩言，则一般毕业校友，在校学生，大半皆学业优良，体魄坚强，能服务，能牺牲，志趣向上，爱好荣誉。至于组织能力，团结精神，尤为我南开学生所擅长。次以社会信仰言，则学生家长多愿送其子弟来学，青年学生多以考取本校为光荣，国内学者多愿在校服务。至于社会人士更多随时随地在精神上予以莫大之鼓励，在物质上予以莫大之援助。总括言之，四十年来之南开教育，其目标是正确的，其实施是切实的，因此产生之效果，也可以说是相当成功的。

最近，总裁发表《中国之命运》，提出建国教育之要求，以为国人努力之方向，确为革命建国适时紧急之呼吁。吾人为求教育目标更加明确，教育内容更加清晰起见，为求教育工作更能切实有效的配合国策需要起见，今后南开教育方针，实有由“公能教育”更进为“建国教育”之必要。以“建国”为教育之最后目标，以“公能”为训练之具体方针。彼此配合，相辅相成。深信教育效果自必格外扩大，建国大业亦可多有贡献焉。

（三）总裁“建国教育”之主张

总裁“建国教育”之主张，果何如乎？请于《中国之命运》一书，细心研讨之。总裁在第六章第二节上，批示我们说：“此次世界大战，最后之效果，无疑的归结于文化。所以此次战争，亦可说是文化战争。”“欧美三百五十年民族主义，民主主义，与社会主义之成败兴亡，皆在此一役。中国五千年悠久之文化，及其道德精神之兴废，亦以此役为试金石。此战若不失败于侵略主义者之魔手，则人类文明即将刮垢磨光，而中国文化亦必发扬光大。”盖以“今日实为我国文化继往开来、存亡绝续之最大关头”。溯自晚清推行新教育以来，已有五六十年之历史，论时间，不可谓短，论成效，则多难乐观。若深加考察，虽有不少的进步成分散在社会，然而真诚笃实之风气，终竟没有造成。结果是“治学的人士，不能实事求是，身体力行。或思而不学，闭目空谈，自逞胸臆，妄立门户。或学而不思，东涂西抹，人云亦云，无有定见”。“崇西学则舍己从人，尚国学则闭关自大。”流毒所至，致使“国家为之纷乱，民族因而衰亡”。推其所以至此之由，皆以教育者忘却人生以立国为第一义，建国以文化为中心点。

因学术与生活之脱节，文化与建国之无关，以致民族精神日渐堕落，国家地位日益降低也。此种教育上之病态，一日不根除，则革命建国之工作，将永无成功之希望。总裁在第六章第二节上，明白指示，今后教育之目标，“务使学术切于人生之日用，文化归本于建国之基业，以冀造成国防、文化与经济合一之新中国”。

挽近教育界之大病有三：一曰智、德未能并进。一般学校训练青年，大半只重知识之灌注，不顾德行之涵养。要知士子德行之训练，较之知识之累积，尤关重要。实以学者知识浅薄，而德行敦厚，虽于国家无大贡献，但亦无甚祸害。反之，有学无行，自私自利，其学徒为个人济恶之工具而已。对于社会，岂但无益，而又害之。甚至出卖民族利益，断送国家主权，亦可腼颜为之，皆德行未能与智识并重之故也。二曰文武未能合修。中国古代教育，以六艺教士子，小学教以技能，大学则教以义理。而义理并不是悬空幻想，而即从实际的技能上面体会寻求。具体言之，政治之学识，生产之技能，与军事之训练，皆从实际的技能，而上达于义理，由义理而融会贯通，以臻于“一以贯之”之境域，始可以为完全之学者。汉唐时代，“上马杀贼，下马草露布”，为学者生活之标准。即在北宋时期，文武合一之风气，尚未至完全泯灭。中经元、清两代，挟弓矢有禁，佩刀剑有罚，然后讲哲学则养成闭目垂眉，静坐兀立之风，讲科学亦流于训诂考据，烦琐支离之途。清末以来，屡经改革，而积弊仍然难返。即在今日，一般士子，仍多轻视劳动，贱看农工。所谓“知识份子”，所谓“文化人”，顾名思义，实予人以萎靡不振，文弱颓唐之不良印象。此种文武分途，手脑失调之积弊，实为建国工作一大阻力。三曰知行未能合一。“知之匪艰，行之惟艰”之古说，数千年来深中于我国人心，发生“知行分离”，与“以易为难”，“以难为易”之流弊。国父说：“如是不知者，固不欲行，而知之又不敢行，则天下事均可为者矣，此中国积弱衰败之原因也。”要知国民的心理建设，是革命成功之根本，是建国完成之动力。心理建设的要义，就是要一般国民明白“知难行易”的道理，发动革命建国之力量。但是挽近学者，仍多不明“行易”哲理，多好“坐而言”，而不能“起而行”。他们的知，多半是东抄西抹，人云亦云，反求诸心，无得于己，不得谓为“真知”。他们的行，多半是敷衍塞责，瞻顾迟疑，盲从附和，缺少勇气，不得谓为“力行”。知非真知，行非力行，皆中“知易行难”学说之大毒。因此，民国肇造，已逾卅载，而建国工作，仍未见效也。

总上三大病根，破坏建国大业。总裁高瞻远瞩，洞烛时弊，在《中国之命运》中，特别指出今后教育之方针，一定要能做到“智德兼修，文武相应，手脑并用，知行合一”之地步。此种方针，不独为建国之根本，抑且为救时之良药。

总裁在今年三民主义青年团第一次全国代表大会开幕词里面，指示今后青年团应有之任务和工作的重点，共有三项。其实此三项重点，亦可视为教育之重心。引述如下：第一，要推行经济建设运动，实现国父实业计划。尤其要将总裁最近手订的经济建设十年计划，决定具体实施方案，领导全国国民一致力行，期其必成。第二，要实行国防科学技术运动，建设国防科学。由各级学校领导全国青年，努力于科学知识之增进，与科学技术之发达。务须精益求精，实事求是。以造成真正国防科学技术人才，为发展建国事业之基干。第三，要实践新生活信条，以转移社会风气。改造青年生活，必须全国学生笃实践履新生活的规律。养成整洁简朴、迅速确实之习惯，发扬礼义廉耻之精神，而使全国国民的生活行动，与道德文化，皆能合乎时代之要求，适应建国之需要，俾克担负其实行三民主义、建设新中国的任务。

综上所述，总裁建国教育之主张，其目标在“建设国防、文化与经济合一之新中国”，其方针在“智德兼修，文武相应，手脑并用，知行合一”。至其教育重心，则在国防建设、社会建设，与经济建设。诚能认清重心，执行方针，对准目标，最后必能完成建设新中国之使命。

（四）建国教育与三民主义教育

国父手订《建国大纲》第一条，规定“国民政府根据革命的三民主义，五权宪法，建设中华民国”。民国廿五年公布的《五五宪草》第一条，规定“中华民国为三民主义共和国”。是则三民主义为中国立国精神之所寄托，为中国建国之最高指导原理，早成定论，无可置疑。要知国策赖教育力量而推行，同时教育亦为国策具体之反映。中国建国方式改为三民主义国家，教育为配合国策，亦必为三民主义之教育，彰彰明矣。总裁最近说过：“我们建国的目标，简单明白，摆在面前，我们是要建设中国为文化、经济与国防合一的新中国。”其实所谓“国防、文化与经济合一之新中国”，就其内容来说，就是民族、民权、民生的三民主义新中国。何以言之？所谓民族主义，其重心在国防问题，内以培养国民之道德，外以抵抗异族之侵略，以冀达到“民有”之理想。所谓民权主义，其重心在教育问题（广义的说，亦可称为文化或学术）。提高国民文化之水准，培养国民自治之能力，以冀达到“民治”之境域。所谓民生问题，其重心在经济问题，增进国民生活之知能，奠定国家建设之基石，以冀达到“民享”之标准。更由“民有、民治、民享”之小康之治，进为“共有、共治、共享”之大同世界，是为三民主义最高的、同时也是最后的奋斗的目标。是以“国防、文化与经济合一之中国”，就是“民族、民权、民生三民主义之中国”。换言之，国防、文化与经济合一之建国教育，就是民族、民权、民生的三民主义教育。再简单些说，建国教育就是三民主义教育。建国教育是三民主义教育的实行，三民主义教育是建国教育的理想。二者之关系，乃是一而二，二而一，两位一体，一体两面，中间绝无可以分离区别之处也。

（五）南开学校实施“建国教育”之计划

建国教育为复兴建国之基本工作，建国教育就是三民主义教育，上文已详加阐释。吾人为配合国策需要，加强教育效能起见，爰特根据需要，顾及事实，拟定具体实施方案，以为推行时期之参考。至于详细节目，因事涉烦碎，当另为文说明之。

1. 教育与民族主义（国防）之合一——民族主义的重心在国防问题。民族主义之国防建设，是本于“民有”之原理，最后目标在“国防科学化”。学校师生所授受研习锻炼者，在知识方面为国防科学，在体格方面为严肃整齐之生活习惯，在德行方面为尚武之精神，在群育方面为军事组织之能力。然后学校能供给国防建设之人材，为士兵、为飞行员、为将领、为军事学专家，各任其能力发展之所至。

2. 教育与民权主义（政治、文化或学术）之合一——政治之扩大就是文化或学术，文化或学术之缩小也就是政治。民权主义的重心在文化问题。民权主义之文化建设，是本于“民治”的原理，最后目标在“政权民有化”，“政治民主化”。学校师生授受研习锻炼者，在知识方面为政治科学，在体格方面为勤劳节俭之生活习惯，在德行方面为法治之精神，在群育方面为政治组织之能力。然后学校能供给文化建设之人材，为公务员、为乡社自治员、为中小学教师、为政治学专家，各任其能力发展之所至。

3. 教育与民生主义（经济）之合一——民生主义的重心，在经济问题。民生主义的经济建设，是本于“民享”的原理，最后目标，在“资本国有化”，“享受大众化”。学校师生所授受研习锻炼者，在知识方面为经济技能，在体格方面为刻苦耐劳之生活习惯，在德性方面为服务精神，在群育方面为企业组织能力。然后学校能供给经济建设之人材，为技工、为工程师、为屯恳员、为经济学专家，亦各任其能力发展之所至。

诚能教育事业随时随地与三民主义相配合，与国防、文化、经济相协调，然后学校始能供给多量有用之人才，奠定革命建国之基础，完成革命建国之大业也。

（六）结论

综合本文各节，吾人可以获得四点认识和信心，特再申述如左，以作本文之结束。

1. 我们深深的认识到南开学校系受国难刺激而产生，以“救国”为教育目标，以“公能”为训练方针，四十年来的艰苦奋斗，已有相当之成效。

2. 我们真诚的领略了“皮之不存，毛将焉附”之古训。因此，我们坚决的相信中国之命运即南开之命运，中国之前途即南开之前途。换言之，南开与中国同一命运，南开与中国同一前途。今后南开教育，应与国策完全配合，由“公能教育”更进为“建国教育”。

3. 我们要掉过头去看一看百年来国家所忍受的奇耻大辱，看一看百年来民族所遭遇的空前大难，真是教人气闷。我们要抬起头来看一看，百年耻辱，一笔勾销，国家前途，光明无限，又不免令人兴奋！我们再要低下头去想一想，当此新约订成，国运好转，胜利在望，建国迫切之千载时会，今后的工作，应当怎样再加一点劲，负起时代的重任，却又使人惊喜交集！我们更要埋下头去，认清目标，看定方向，立大志愿，下大决心，鼓大勇气，去苦干实干，快干硬干，自动的、热诚的做一个建国的“无名英雄”。那才是人生最高兴、最光荣的第一等大事。

4. 最后我们深深的相信，教育为国家百年之大事，建设乃中国命运之关头，只要国人全体奋起，共同努力，多费一分力量，多收一分效果，建国教育一定能够成功。复兴民族、建设国家的时代使命，一定能够在我们这一辈人的手里完成！这是我们一致的信念，也是国人共同的信心！

（重庆南开中学档案馆藏）

与来访的美国副总统华莱士的谈话[①]

（1944年6月21日）

华莱士（简称华氏）：贵校所注意之课程为何？
张伯苓（简称张）：一般科学、生物学及化学等。
华氏：有无外国文学课程？
张：英语为学生所必修。
华氏：学生用费如何？
张：在物价高涨情形下，学生目前之负担尚不甚重。
华氏：学生升大学之百分比率如何？
张：约有百分之九十五升入中央大学、西南联大及成都各大学等。
华氏：攻读农业之学生有多少？
张：约百分之五。（顾毓琇：中国约有五千余学生攻读农业学科。）
华氏：中国有若干人民从事于农事工作？
张：约有百分之十以上。
华氏：学生健康状况如何？
张：尚佳，惟学生患沙眼等疾病。

附：华莱士对全体学生的讲话：

我知道你们都很尊重师长，并且我也知道你们都可升入大学读书。我相信你们都是中国未来的社会领袖，因为你们均可升入大学，所以你们亦必能肩负重任。希望努力工作，将来中国可成为一世界上最强大的国家，我更希望中国将来能一跃而为工业化电气化的国家。中国为一历史悠久的古国，欲求工业化，自必须要西方的科学援助，我深信中国一定会成功一个很强盛很和平的国家。

（《大公报》，1944年6月22日）

① 6月21日下午，美国副总统华莱士在陈立夫、顾毓琇等陪同下访问重庆南开中学。张伯苓在会客室进茶并与华莱士谈话。题目为编者所拟。

国际大势与南开前途①

（1944年6月24日）

诸位先生：

今天是本学期同人末次聚餐会，我愿意利用这个机会，对当前国际大势及南开复校计划，向诸位先生作简单的报告，这是一件适时而需要的工作。

先从国际大势说起：

现在一般人最关心的问题，乃是“战事几时可以结束”？这个问题的解答，是相当繁难而且不必要的事。因为我们只要放开眼界，综观全局，从整个世界战局的发展看来，深信国际前途绝对光明。换言之，即轴心必败，盟国必胜，最后胜利必然属于同盟国家。事实摆在眼前，这是全世界稍有常识的人所能深信无疑的。至于最后胜利到来的或早或迟，那只是时间问题，而决定于今后同盟国家的共同努力。

我们先看欧洲战场：苏联在东线一串的空前胜利，把纳粹势力完全赶逐出境；南欧，盟军进占罗马，直捣欧洲堡垒。同时盟军又在西欧大举登陆，开辟了欧洲第二战场。最近纳粹本土每天在遭遇着数千架盟机的无情轰炸，物质上精神上的毁灭，无法加以估计。眼看希魔末日的到来，为期已不在远！

我们再看东方战场：日本更是一天一天的步入了恐惧悲哀、进退维谷的惨境！印度战场的日寇冒险，毫无收获，缅北、滇西中美英军的压力，反在加重。至于太平洋上的海陆空中优势，更是整个的在美国控制之中。虽然在中国大陆战场上，占些便宜，那不过是日寇在垂死以前的挣扎而已，对于他命中注定的全局惨败，依然丝毫不能有所补救。最近美国超级空中堡垒远袭日本本土，给予日寇心理上绝大的恐慌。接着美军又在塞班岛上登陆，把美机轰炸东京的航程，缩短得只剩下一千四百四十九哩，这一威胁，真是万里晴空，一声霹雳，吓得日寇魂不附体。尤其是本月十九日，太平洋上马里亚纳群岛大海战，美国第五十六特种混合大舰队，逼迫着躲避两年不敢露面的日本舰队，勉强地出来应战。可是未经交锋，掉头便跑，结果依然逃不了损兵折将，毁机沉舰的败衂。

① 本文是张伯苓在南开同人聚餐会的演讲词，由方慕韩记述。

假使当时日舰不肯认输，孤注一掷，恐怕此时所谓日本舰队，早已变成了永远不会上浮的海底游鱼艇了。到那时候，日本唯一赌本——海军全部毁灭之日，无疑的，同时也就是日本帝国整个崩溃之时！

我们听，东京广播用着凄怆的声调在说着："这一海战，对于太平洋战事将发生远大之影响！""当前战局，已入于严重而又严重的阶段！"这是日人的悲鸣，这是日人自悼！日本的前途，诚如罗斯福总统所言："除了整个自杀外，只有等候失败末日之到来。"这句评语，真是正确平允。

平时我们看到恶人受刑，每每引为快事。现在德日侵略者，在他们多年来闯下了惨杀人类，蹂躏文化，破坏和平的滔天大祸以后，到今天，才算正式的受到了正义和人道的刑罚，他们的今日受苦挨炸，乃是他们过去的作孽自受，自种恶因，自食其果，毫无宽恕的必要。我们只可希望德日受罚的时间尽量延长，绝对不应该盼望当前战事快快结束。不然，就要冒犯了纵容敌人的最大过失。

日本民族因受自然环境的影响，造成了一种胸怀狭隘，眼光短小，性情矫激，宁折不曲的民族特性。多年以前，听过西方朋友说过："日本民族前途，酷似樱花。（按，樱花春末盛开，五瓣，色淡红，最为艳丽，日本人尊为国花，惟当樱花最美的时候，正是它立刻就要凋谢的象征。）樱花速开速谢，日本命运将来一定也是快快兴起，快快灭亡。"当时骤听此言，不敢深信，可是现在从日本开国历史之短促（从明治维新到现在还不足八十年），以及当前日本命运之黯淡，体验起来，足征上述预言，完全与现实吻合相应了。

说到中华民族，却完全不同。她承受了悠久绵长的历史，她因袭了丰富敦厚的文化，因此在民族性上表现一种厚重远大，沉着耐久的大国民气概。七年来的英勇抗战，受尽了敌人的摧残，吃尽了人间辛酸，但是我们仍然愈战愈强，越苦越干，这种艰苦卓绝，厚重耐久的民族，怎能不教我们的盟友认为奇迹，我们的敌人交口称赞。从中日两国民族性的特质上比较看来，我们可以深信中华民族绝非日本强盗所能征服。换句话说，日本民族要想与中华民族搏斗，最后绝难逃出自掘坟墓自趋灭亡的末运。

早年读过一本英文历史名著，作者说"和平是聪明人的迷梦，惟有战争才是人类的历史"（Peace is the Dream of wise，but war is the history of man.）。从这句话，看出作者认为战争不可免，和平不可得。其实当吾人处理国际事件之时，真能开诚布公，审慎平允，则战争惨祸未尝不可以尽量减少，和平幸福亦未尝不可以尽量增多。当前同盟国家的共同政策，乃是毁灭侵略力量，计划永久和平。侵略者的力量一天不被彻底毁灭，则世界和平即一天无法加以建立。换言之，要想建立世界永久的和平，必先彻底毁灭侵略者的力量。此两大任务之完成，所有同盟国家，尤其是中美英苏四大强国，应负更多的责任，应尽更大的义务。因为美国为世界最富最强的国家，英国和苏联是两个有力量有决心的民族，至于中国更是有远见，有潜力，并且是具有高度韧性的国家，在上文业已说得明白。最近华莱士副总统在蒋主席欢宴会上曾经说："当沈阳事变之初，蒋委员〈长〉即谓日人之不顾信义而攻占沈阳，乃全世界法西斯主义侵略之开端……[①]惟世界各国，当时并无采取一致行动之准备。""卢沟桥事变以后，蒋委员长毅然接受日人之挑战，但各非侵略国家，仍不能组成联合之阵线。彼等似尚不知在中国境内给予法西斯侵略主义者之打击，即为对于全体法西斯主义之打击。"故"吾人自今日观之，深感蒋委员长所见之远大"。华氏继称"远东局面之日益光明，完全是中国蒋委员长之远大见解与英明领导的结果。"以中国之远见，美国之富强，以及英苏之有力，此四大强国在今后世界政策之推行上，无疑的应负最大的责任，亦唯有此四大强国观念正确，合作谅解，才能完成此人类的历史的光荣任务[②]。

现在胜利在望，和平待建，我们的精神格外振奋，我们的责任显得沉重，今后我们的工作，必须处处配合世界政策，时时推动世界政策，加倍振作，加紧努力，大家一齐向好处做，向前面进，自己能够做得好的，固然要把它继续做得更好，就是自己做不好的，也得想法把它做好了。因为当前整个世界，一天天在进步之中，绝对没有理由，希望任何国家，任何民族，或是任何个人，在一分钟内，在一件事上，还能因循松懈，退缩落伍的。不然你自己不肯做或是做不好，人家就要来"取而代之"，替你做，替你做好了。换句话说，你的国家和民族就要整个的被世界所淘汰了。只有人人努力，一齐长进，国家地位一定可以提高，就是改造世界，保障和平，解放人类的责任，也可与同盟国家共同担负起来。

现在我再谈谈南开今后复校计划。

南开学校具有四十年长期奋斗的历史，抗战以来，我们干部人员，分在重庆本校，西南联大，及蜀光中学，继续服务。生活尽管艰苦，工作虽然繁重，但是他们依然本着过去苦干实干的精神，坚守岗位，努力奋斗。这种艰苦卓绝

① 文中省略号系原文如此。

② 文中着重号系原文如此，下同。

献身教育的崇高精神，实在令人敬佩！因此，南开在事业上表现出很多的成就，在社会上获得了广大的信仰。尤其是今春个人七旬生辰，以及“四七奖助金”的推动，处处表现出十分美满的成绩，真使我精神上有无限的感奋！

回想抗战初起，津校被毁的时候，蒋先生曾经对我说过：“南开为中国而牺牲，有中国必有南开。”七年来艰苦英勇的抗战，给国家打出了一条新生大路。现在中国不但是已经有了，并且我们所有的还是一个极光明，极光亮，和极有希望的新中国。真是教人高兴透了！ 现在胜利在望，和平匪遥。关于南开今后整个复校的计划，此时似应早作准备，妥为安排，现在我把它分成校址、系统、组织、经费，以及训练方针等五项来说。

先说南开复校地址必在天津——翻开中国经济地图来看，天然的，中国可以分为东南，西南，西北，和东北华北等四大区。过去东南区工商发达，经济繁荣，但以缺乏工业原料，将来希望不大；西南区富有原料，但数量太少；西北区原料种类既多，数量亦多，但以交通艰阻，短期内恐难有何发展。惟有东北华北地区，沃野千里，气候适宜。言农林，则森林棉麦，大豆高粱，言矿产，则煤铁石油，食盐金矿。无论产量储量，皆占全国最高位置。战后中国非工业化不能立国世界，要工业化必先开发国防资源丰富之东北和华北，而北平实为主持此工业化事业之大本营。（按，时人讨论战后建都问题，有主张在武汉，西安，及兰州诸地者。其实北平地方，除具备普通国都之资格外，其他如气候之高燥，人民之健壮，语言之通行，及建筑之现成等等，决非其他任何都市所能比拟。战后如仍定都南京则已，不然实以建都北平为上策。凡是认识北平的人，没有不主张战后建都北平的。）天津地接北平，水陆冲要，工商荟萃，将来发展，希望极大，因此南开复校的地址，必在天津。

次说南开系统希望保持私立性质——南开学校，系属私人创办的教育事业。四十年的惨淡经营，例如经费之筹措，校务之推行，真是煞费苦心！个人曾经一度想把学校送交国家接办，记得有一次和蒋先生从杭州同车到南京，车中曾将此意表示，但蒋先生谦谢未允，以致未成事实。可是这几年来，我的看法有些变动，就是南开学校今后还要继续保持私立性质。为什么呢?第一，世界一天天的光明，国运一天天的好转，同时个人的精神体魄，也一天天在盛旺健壮，我要为国家多服务几年，我不能在此时委卸责任，告老山林；第二，私立学校只要有计划，有干部，有经费，尽可以按部就班，实现理想，所以我主张今后南开学校要能永远保持私立的性质。

再说南开组织。战后在天津设本部，各地设分校——战后南开学校，在天津设立校本部一所，包括自幼稚园，而小学、中学，以至大学、研究所，整个教育系统，至是完成。重庆南开，继续维持。首都所在地，增设一校。其他各大都会，如长沙，桂林，昆明，西安，兰州，以及东北之沈阳，如有需要，亦可分别先后，添设分校。以津校为根本，以分校为枝叶，由本部指挥分校，划分校隶属本部，系统分明，组织严密，然后才能运用灵活，发挥出居中驭外，拱卫根本之实效。

说到经费问题，战时愿受政府补助，战后则自筹自给——南开学校，为国内文化机关被敌人首先所毁灭的第一个。损失惨重，破坏殆尽，将来复校事业，如校舍之兴建，图书之购置，以及仪器设备之添办，所需款项，为数实不在少。个人有意请求政府，战后在敌人产业中拨出一部分，作为南开建筑费用，及教育基金。因南开为敌人所摧毁，应用敌人财产来复兴。此种处置办法，不独合情顺理，抑且寓有惩罚残暴之深长意义在内，想将来不难实现。至于经常费用，战时拟仍接受政府之补助，战后则自大学以下，所有经常费用，完全自己设法筹措。其办法，为特设机构，罗致人才，以主持生产事业。或则经营敌人矿产，或则垦殖绥远荒地，以及开发华北农田水利等等。各期学校经费，自筹自主，自给自足，藉以达到学校充分发展，国库不增负担之目的。

最后说到训练青年之目标，要能配合世界政策——战后南开训练青年之目标，应仍根据“公能”校训，配合世界政策，放大眼光，端定趋向，从厚重远大处着手，从高深广博处下力，务使中国青年，人人有远大的世界眼光，人人有广博的世界知识。换言之，即今后训练青年，不单仅仅希望他做一个中国青年，而自告满足，现在我们要更进一步，把中国青年训练得人人为世界的青年，人人为现代化的世界青年，为人类服务，为世界造福。到那时候，才是教育力量的最高发挥，才是世界和平的永久保障。

综合上面讲话，从国际大势，看到南开前途，真是处处光明，样样乐观。我们更要本着“日新月异”的精神，踏着“自强不息”的大道，再接再厉，向前迈进。以渝校为起点，向津校、向全国、向全世界去发展。一致为实现我们崇高的理想而奋斗，一致为保障世界永久的和平而努力！（完）

（重庆南开中学档案馆藏）

与南开同人谈话纪要[1]

（1944年7月1日）

一、世界局势，大可乐观；

二、中国在社会贤明领袖领导下，建国大业必能迈进；

三、“有中国即有南开”此领袖亲口对我所说；

四、天津在五十年内不致失北方大埠之地位，大学在天津恢复；

五、中学部分，除恢复天津本校，继续重庆南开中学外，另在国都设一中学；

六、东北之重要性，仍为南开所注意；

七、大学之为私立、为国立尚待考虑。即经费来自政府，亦可向外募捐；

八、天津复校校址地点尚须考虑；

九、委员长有拨天津敌产作为南开经费来源之意；

十、学校经费之筹，委员长处由我相机进行，各部院由淬廉活动。

（南开大学档案馆藏）

国民参政会第三届第三次大会开幕词[2]

（1944年9月5日）

蒋主席、主席团、全体同仁：

今天是国民参政会第三届第三次全体大会，同时也是参政会成立后跨进了第七个年头的一次大会，我想全体同仁在精神上一定感觉振奋，同时在责任上格外显得严重。

---

① 题目为编者所拟。

② 张伯苓时任大会主席团主席。

回想国民参政会成立的时期，是在抗战后一周年的时候。那时正是我国家处于风雨飘摇、艰苦困难的时候。第一次大会在汉口举行，有一次在蒋委员长召集的茶会上，苓曾经说过："中国现时正在'难'与'险'的环境中挣扎图存。这个'难'字，好比是一只木船在从宜昌到夔府的一段川江途中，波涛汹涌，逆流上行，拉纤的人多到五六十人（不像下江纤夫只有三五人），必须大家一齐出力，把纤绳拉得笔直，朝着一个方向用力拉，然后才能渡过难关。这个'险'字，好比是下水行船，水急滩多，万一不慎，随时有触礁遭沉覆之祸。此时必得掌舵的舵工很有经验，同时全船客人皆能信任舵工，服从舵工，不干涉他，不牵制他，然后舵工才能运用他的丰富的经验，发挥他的调度智慧，来拿稳船舵，渡过险滩。现在中国的环境正是如此，必须全国统一，拥护政府，服从领袖，然后中国方有渡过这空前国难的希望。"六年前所说的一段话，今天完全实现了。我们的艰苦作战，踏上了胜利大道，主要原因在有领袖的英明领导，将士的忠勇效命，与夫国人之精诚团结，贡献力量之所致。至于参政会全体同仁，七年以来始终在国家民族的利益下，意志坚定，步伐齐一，来拥护领袖，辅助政府，支持抗战，推动建国大业。对于抗建大政，不无多少贡献。这是我们全体同仁所可引以自慰的。

我们的抗战可以分为三个时期：第一期是中国独立作战。在这时期，我们对于世界的贡献最大。假使当年我们对敌屈服，或是中途与敌妥协，那么暴日的实力未消耗，暴日的危害将更烈，整个世界将另是一种局面，绝无今日盟国联合反攻之顺利。第二期是中国与世界共同作战。因为我们自身国防工业的落后，又因为沿海封锁，外援完全断绝的原故，我们的贡献自不能算大。第三期是中国与世界共同建设永久和平。因为我国地大人众，天产物相当丰富，并且这许多资源大半还没有开发。加之中国民族性酷爱和平，绝对没有侵略他人的意思。这许许多多的立国的优越条件，足以保证吾人对于世界和平能有很大的贡献，并且足以鼓舞吾人对于世界和平应当担负起更多更大和更光荣的责任来。

再，我们立国的最高指导原则，是包括民族、民权和民生的三民主义。民族主义目的在求得国家在国际上地位的平等。七年多的英勇抗战，废除了百年来的不平等条约，国际地位提高不少。现在胜利在望，光复在即，民族独立自主的工作，可以说做得非常圆满。说到民权主义，目的在实行宪政，把中国建设成一个民主国家。自从去年国防最高委员会议成立宪政实施协进会以后，倡导国人研讨宪章，该会同仁均能善尽职责，推进宪政，成绩可称满意。至于民生主义，目的在推动国民经济建设，以提高国民生活水准。参政会设立经济建设策进会，负责计划与推动之使命。惟以建设事业，万绪千头，目前工作尚在研讨计划之中，将来定可有完善之计划，一一付诸实施。

从上面各点看来，我们七年多的艰苦抗战，实给国家打出了一条光明大道，替世界铺出了一条康庄坦途。现在盟国胜利在望，全国光复在即，抗战结束后之一年内，政府当另召集国民大会，制定国家大法，完成宪政大业，以实现国父所留给我们的重大建国遗命。

此次大会中心议题，大半不外促进宪政与经济建设两大问题，实以二者均为立国之根本大政。但吾人希望此次大会，乃是参政会最后的或是接近最后的一次大会。希望我全体同仁一心一德，开诚布公，对于国家重要问题，各抱知无不言，言无不尽之精神，尽量发表意见，做成扼要、切实、简单可行之议案，贡献政府，辅助政府，以求提早胜利之来临，奠定建国之基础。这一点是苓愿与全体同仁共同勉励的。

（原载国民参政会秘书处，《国民参政会第三届第三次大会纪录》。转引自孟文涵主编，《国民参政会纪实》（下卷），重庆出版社，1985 年，第 1297—1299 页）

请明令确定数位，以万万为亿，藉资便利而正错误案[1]

（1944 年 9 月中旬）

理由：

按我国数用十进，数字大者，则以亿、兆、京、垓四字代之。而此四字之含义有二：（一）为：十万为亿，十亿为兆，十兆为京，十京为垓。（二）为：万万为亿，万亿为兆，万兆为京，万京为垓。现今人事进化，数字用途亦广，即如人口及货币两端而论，如以十万为亿，即有单位太小，不足敷用之虞，故宜以万万为亿，此其一。

国人对于数字不甚注意，故读数时生错误。例如我国人口向称四万万，有

① 国民参政会第三届第三次大会于 1944 年 9 月 5 日至 18 日在重庆召开，本提案由张伯苓等 21 位参政员在该次会议上提出。

谓应加五千万，故总数应为四万五千万。而国人常误读为四万万五千万，今如以万万为亿，则可读为四亿五千万。得免此种错误。此其二。

办法：

根据上述理由，请政府明令全国公私机关，凡有用万万者，避用万万二字，一律用亿字代之，庶可免不识数之讥。是否有当，敬请公决。

提案人：张伯苓

连署人：李中襄，钱永铭，张元夫，范　锐，钱端升，杭立武，达浦生，傅斯年，许德珩，王云五，周炳林，梅光迪，胡庶华，陶孟和，皮宗石，张国焘，马洗繁，胡　霖，孔　庚，杨子毅

（《国民参政会第三届第三次大会提案》原文）

战后航业政策亟应确定沿海及内河航业应奖励民营并从速公布，俾便早作准备案[①]

（1944年9月中旬）

理由：

一、航权既经收回，所有战前外籍轮船之在沿海及内河航行者达六十万吨以上，国籍轮船之牺牲于此次战争者又达四十万吨以上，战后均须填补，其总额达百万吨以上，如不早作准备，必有若干时间感受水运上之极大困难，致影响一切复员及建设计划。

二、战前数年民营航业不断改善，不断发展，已可与外籍轮船竞争，战事发生后，其轮船之大半，供填塞河流港口以防阻敌舰之用，余者负战时后方军运之责任，其供献与牺牲，均比其他各业为大。他种营业，或有利用物价高涨，渔取厚利者，航业独受物价高涨之影响，不断亏折。他种运输，因战前无充分之准备，或使作战部队军品及后方物资之接济感受困难，惟有航业始终完成运

① 国民参政会第三届第三次大会于1944年9月5日至18日在重庆召开，本提案由张伯苓等21位参政员在该次会议上连署提出。

输之任务。民营航业既在战时对国家有极大之裨助，非他类事业可比，应在战后获得国家特殊之奖励及扶助。

三、战前五十万吨之轮船，属于国营者不到十万吨，战时四十万吨以上之牺牲，属于国营者亦不过数万吨，其余牺牲及贡献，皆由民营航业任之，足证有组织之民营航业，在非常时期，甚易供国家缓急之需，而在平时，则因人事安定，并须自负赢亏责任，不为国家预算之累，故国家航业政策，除远洋航运因需资过钜，且有国际竞争关系，非民力所能胜任，不得不以国营为原则外，其沿海及内河航业，自应以民营为主。

办法：

一、确立航线发展及轮船配备之整个计划，并督促各轮船公司化零为整，妥为分配航线，使能避免如战前之无谓竞争，对整个航业建设计划为集中有效之贡献，平时成绩优良，战时贡献最大之公司尤应予更大之发展机会。

二、在整个计划的公允原则之下，保障轮船公司利益，遇有差运，宽给差费，邮件输送，优给运费，为鼓励定期航行起见，此等运件，应尽先交由航期准确，成绩优良之船只输送，其在整个计划下需要发展，而在目前无利可获之航运服务之船费，并应照吨位里程，酌予津贴。

三、确定轮船设备与服务之最低标准，严格监督其执行，并尽力排除机关检查之困难，维持各码头之秩序，藉以便利行旅，保护货运。

四、整理河道，改良港口，在沿江沿海水险地点普设标志，并督促各轮船公司或联系各地市政机关改进码头建筑及设备，藉以增进航运之安全与便利。

五、鼓励造船事业，必要时予以津贴，使在最短期间足以应付国家全部造船之需要。

六、航业建设初期，本国技术人员不敷应用，得登记原在沿海及内河服务之外籍船主及引港引水人员，给予一定限期之执照，在此限期内，准由各港各线或各公司沿用，但此等外籍人员之数额须有一定之限制及逐年减少办法，同时大量培养本国人材以资递补。

七、战前外国籍之原在沿海及内河航行者，在准许外人投资本国轮船公司之航线内（假如沿海）应明定限度，准其以轮船价值作为股本。在不准外人投资之航线内（假如内河）应准其以轮船估价作为借款，贷与本国轮船公司，分年还款。在借款期间应准其酌分红利，并在不妨害国家航权之限度内，派遣技术及稽核人员。

八、民营航业公司之组织良好，在国内外有稳固信用者，应准其利用外资，并应由政府确定原则，明白公布，俾资遵循，订立合同时，须经政府核准。

九、国营航业主力应集中于远洋航线之发展，其参加内河及沿海之力量，可以投资方式辅助民营事业，但为使民营航业少受政治上人事变迁及业务干涉之影响，应由国家银行投资，不由政府机关直接投资，且不必限定成分，藉使国家奖励民营航业之政策得以彻底实施。

提案人：钱永铭

连署人：黄炎培，薛明剑，冷遹，张元夫，王晓籁，褚辅成，章士钊，范锐，谢冰心，张伯苓，齐世英，江一平，陈霆锐，李永新，章桐，陈石泉，王云五，张振鹭，彭革陈，程希孟。

（《国民参政会第三届第三次大会提案》原文）

在校友大会的讲话①

（1944年10月6日）

胜利后，南开复校后将扩展。在天津，恢复大、中、女中、小学。拟在长春设一大学及一中学；北平设一初中；首都设一中学。昔日办教育以教育救国，今后办教育乃以教育建国为方针，切实配合建国步骤。建国之教育，大学重要，中学亦更重要。

（宋璞主编：《张伯苓在重庆》，重庆出版社，2004年，第60页）

① 是日上午，南开校友在上清寺美专街中宣部大礼堂开会，160余人参加，张伯苓在会上讲话。

从一副对联谈“长”的精神[①]

（1944年10月16日）

“长”的精神，即是奋斗精神，不是“校长”的“长”。惟其奋斗也，故日新月异。奋斗之准则，则为“公”为“能”。为“公”为“能”，则能增智，有为公服务之能力，以此种精神来复校也好，将来建国也好，决无不成之理。我还想干十五年，我极羡慕在做事时死了，最不喜欢养老等死。凡事决非顺利轻易成功的，必须经过若干挫折，若干困难，以及若干失败方能成功。几时自己承认失败才算真失败，如不承认失败，另想办法去“顶”去“干”，则无不战胜失败者。战后世界一定和平，国家一定统一，大家一致建国。

（宋璞主编：《张伯苓在重庆》，重庆出版社，2004年，第324页）

训练人人为世界的青年[②]

（1944年10月16日）

本年十月十七日，为南开学校四十周年校庆纪念日，回顾学校创立经过，由最初之学生五人至抗战前之学生三千余人，由最初之私人家塾，至抗战前成为包有大学、中学、小学、研究所之完备学校，而毕业或肄业之校友，分布于国内外者不下三万人。论成绩，不敢自诩成功；论规模，则发展堪称迅速。苓四十年来，个人做事宗旨，始终抱定“创”与“长”两字，惟“创”故年年求发展；惟“长”故时时求进步。虽在内忧外患重重压迫之中，而南开学校终不断在扩充在进步。此种不断创造日求长进之精神，遂以造成今日之南开。一按学

① 10月17日为南开学校成立40周年校庆日，16日，校友查良鉴、曹云夫妇送一副对联“正大经立大体赞天地之化育，顶到头干到底学校长的精神”以表祝贺。张伯苓对“长”的精神做了进一步的阐释。题目为编者所拟。

② 10月16日上午，南开全体校友大会在重庆上清寺美专街中宣部礼堂召开，张伯苓发表讲话。

校过去四十年之历史，可证余言之不谬。我全国学友在校时饱受此精神上之熏陶，出校后希望仍本此“创”、“长”二字，为个人做人做事之指针。

现在国势好转，大局光明，暴日崩溃，为期定在不远，今后苓之工作，厥为建国与复校。战后世界和平将产生一个新的世界。中国国内亦必须和平，建设一个新的国家。南开为国难而产生，因国难而毁灭，国家中兴，南开亦必复兴。凡我校友，当此胜利在望，建国迫切之际，务各坚定必胜信念，拥护最高领袖，一致奋起，加倍努力，参加建国，助战复校。战前南开学校在恶劣环境之中，尚能顺利发展，战后国家建设突飞猛进，南开亦必能与之适应，求更多更速之进步。深信津校恢复旧观，必能于不久时期内实现也。

（《大公报》，1944 年 10 月 16 日）

发扬南开精神，为建设新中国而奋斗[①]

（1944 年 10 月 17 日）

以坚定乐观的观察，认定中国抗战必胜，“有中国必有南开”，深信南开必能复校。全体同学发扬南开“公”、“能”精神，服务国家社会，为建设新中国而奋斗。

（梁吉生撰著：《张伯苓年谱长编》（下卷），人民教育出版社，2009 年，第 164 页）

① 10 月 17 日上午 8 时，重庆南开中学在运动场举行建校 40 周年盛大纪念会，来宾、校友、全体师生两千余人，张伯苓发表讲话。本文为讲话大意，题目为编者所拟。

四十年南开学校之回顾

（1944年10月17日）

绪言

本年十月十七日，为南开学校四十周年纪念日。校友及同人佥以胜利在望，复校有期，值此负有悠久光荣历史之纪念日，允宜特辑专刊，一以载过去艰难缔造之经过，一以示扩大庆祝之热忱！嘱苓为文纪念，爰撰斯篇，以寄所怀。

南开学校成立于逊清光绪三十年（公元一九〇四年），迄今已四十年矣！此四十年中，苓主持校务，擘划经营，始终未懈。以故校舍日益扩展，设备日益充实，学生日益众多，而毕业校友亦各能展其所长，为国服务。凡我同人同学，值此校庆佳节，衷心定多快慰！而对于四十年来，为学校服务之同人，爱护学校之校友，与夫赞助学校之政府长官及社会各方人士，尤应致其莫大之谢忱！盖私人经营之学校，其经济毫无来源，其事业毫无凭藉，非得教育同志之负责合作，在校或出校校友之热烈爱护，与夫政府及社会各方之赞助与扶持，决不能奠定基础而日渐滋长也！南开学校四十年之发展，岂偶然哉！

兹当南开四十周年校庆佳日，吾人回顾已往之奋斗陈迹，展望未来之复校工作，既感社会之厚我，倍觉职责之重大。爰将南开创校动机、办学目的及工作发展经过，做一总检讨，分述于左。

一、创校动机

南开学校之创办人，为严范孙先生。先生名修，字范孙，为清名翰林。为人持己清廉，守正不阿。戊戌政变前，任贵州学政，首以奏请废科举，开经济特科，有声于时。政变后，致仕家居。目击当时国势阽危，外侮日急，辄以为中国欲图自强，非变法维新不可，而变法维新，又非从创办新教育不可。其忧时悲世之怀，完全出乎至诚。凡与之交者，莫不为之感动。

光绪二十三年，英人继德、俄之后，强租我威海卫，清廷力不能拒，允之。威海卫于甲午战时，为日人占据，至是交还。政府派通济轮前往接收，移交英国。其时苓适毕业于北洋水师学堂，在通济轮上服务，亲身参与其事。目睹国帜三易（按接收时，先下日旗，后升国旗，隔一日，改悬英旗），悲愤填胸，深受刺激！念国家积弱至此，苟不自强，奚以图存，而自强之道，端在教育。创办新教育，造就新人才，及苓终身从事教育之救国志愿，即肇始于此时。

翌年，苓离船，接严先生之聘，主持严氏家塾。严先生与苓同受国难严重之刺戟，共发教育救国之宏愿。六年后（清光绪三十年十月），严氏家塾，乃扩充为中学。此南开学校创立之缘起也。

二、办学目的

南开学校系由国难而产生，故其办学目的，旨在痛矫时弊，育才救国。窃以为我中华民族之大病，约有五端：首曰“愚”。千余年来，国人深中八股文之余毒，民性保守，不求进步。又教育不普及，人民多愚昧无知，缺乏科学知识，充满迷信观念。次曰“弱”。重文轻武，鄙弃劳动。鸦片之毒流行，早婚之害未除，因之民族体魄衰弱，民族志气消沉。三曰“贫”。科学不兴，灾荒叠见，生产力弱，生计艰难。加以政治腐败，贪污流行，民生经济，濒于破产。四曰“散”。两千年来，国人蛰伏于专制淫威之下，不善组织，不能团结。因此个人主义畸形发展，团体观念极为薄弱。整个中华民族有如一盘散沙，而不悟“聚者力强，散者力弱”、“分则易折，合则难摧”之理。五曰“私”。此为中华民族之最大病根。国人自私心太重，公德心太弱。所见所谋，短小浅近，只顾眼前，忽视将来，知有个人，不知团体。其流弊所见遂至民族思想缺乏，国家观念薄弱，良可慨也。

右述五病，实为我民族衰弱招侮之主因。苓有见及此，深感国家缺乏积极奋发，振作有为之人才，故追随严范孙先生倡导教育救国，创办南开学校。其消极目的，在矫正上述民族五病；其积极目的，为培养救国建国人才，以雪国耻，以图自强。

三、训练方针

南开学校为实现教育救国之目的，对于学生训练方针，特注重下列五点：

一曰，重视体育。强国必先强种，强种必先强身。国民体魄衰弱，精神萎靡。工作效率低落，服务年龄短促。原因固属多端，要以国人不重体育为其主要原因。南开学校自成立以来，即以重视体育，为国人倡，以期个个学生有坚强之体魄，及健全之精神。故对于体育设备、运动场地，力求完善；体育组织、运动比赛，力求普遍。学生先后参加华北、全国及远东运动会者均有良好之成绩表现。但苓提倡运动目的，不仅在学校而在社会，不仅在少数选手，而在全体学生。学生在校，固应有良好运动习惯；学生出校，应能促进社会运动风气。少数学生之运动技术，固应提高；全体学生之身体锻炼，尤应注意。最要者学校体育不仅在技术之专长，尤重在体德之兼进，体与育并重，庶不致发生流弊。故体育、道德，及运动精神，尤三致意焉。

二曰，提倡科学。我国科学不发达，物质文明远不如人。故苓当办学之初，即竭力提倡科学。其目的在开启民智，破除迷信，借以引起国人对于科学研究之兴趣，促进物质文明之发达。今者科学与国防建设发生密切之关系，无科学无国防，无国防无国家，愈见提倡科学之重要。惟是科学精神，不重玄想而重观察，不重讲解而重实验，观察与实验又需有充分之设备。南开学校在成立之初，苓即从日本购回理化仪器多种。其后历年添置，令学生人人亲手从事实验。犹忆民国初年，美国哈佛大学校长伊利奥（Dr. Elliot）博士来校参观，见中学有如此设施，深为赞许。盖以尔时中学内有实验设备者，尚不多觏也。

三曰，团体组织。国人团结力薄弱，精神涣散，原因在不能合作，与无组织能力。因此学校对于学生课外组织，团体活动，无不协力赞助，切实倡导，使学生多有练习做事、参加活动之机会。而苓所竭力提倡之各种课外活动，有下列数种：

①学术研究。如东北研究会，天津研究会，科学研究会，数学研究会，以及政治经济研究会等。以大自然为教室，以全社会为教本，利用活的材料，来充实学生之知识，扩大学生之眼界。

②讲演。讲演目的，在练习学生说话之技术与发表思想之能力，并可进为推行民主政治之准备。其组织，或以年别，或以组分；其训练，由学校聘请有研究有兴趣之教员，为其导师。平时充分练习，定期公开比赛，其优胜者，则由学校加以奖励。

③出版。学校为练习学生写作之能力，增加学生发表思想之机会，自始即鼓励学生编辑刊物。会有会刊，校有校刊，或以周，或以季，种类甚多，于彼此观摩之中，寓公开竞赛之意。以是南开学校并未设有新闻学课程，亦未添设新闻学科系，但毕业校友之服务新闻界、通讯社，以及文化团体而卓有成绩者，为数尚不少。

④新剧。南开提倡新剧，早在宣统元年（一九〇九年）。最初目的，仅在藉演剧以练习演说，改良社会，及后方作纯艺术之研究。南开话剧第一次出台公演者，为《用非所学》一剧，由苓主编，亦由苓导演。继则由今中央委员时子

周君，前政治部副部长周恩来君，及本校职员伉乃如君等，合力编演《一元钱》、《新少年》、《一念差》及《新村正》等。每次公演成绩至佳。其后张彭春君自美归国，负责指导编译名剧多种，亲自精心导演。当《国民公敌》、《娜拉》及《争强》诸剧演出之时，艺术高超，大受观众欢迎。当时出演者，有今名编剧家万家宝（曹禺）君。而南开新剧团之名，已广播于海内矣。

⑤音乐研究会。南开提倡音乐，远在光绪三十一年（一九〇五年），当时设备不全，仅有军乐一项。其后会员增加，设备充实，增添口琴、提琴、钢琴及大提琴诸组，今名音乐家金律声先生，亦导师之一。前后举行演奏会多次，成绩甚为美满。

⑥体育。南开重视体育，提倡体育知识，提高普及，均所注重，除田径外，并辅导学生组织各项球队，如篮球、足球、棒球、排球、网球等。而尤以篮球队为国人所称羡。当时曾有“南开五虎将”之称，所向无敌，执全国篮球界之牛耳。其时负责教练者，即今名体育家董守义先生也。

⑦社团。南开学校为训练学生做事能力，服务精神，并培养社会领袖人才起见，鼓励学生自动组织各种社团，通力合作，团结负责。当年最早成立之学生社团，有自治励学会，由今中学部主任喻传鉴君主持之，有敬业乐群会，由周恩来君主持之，此外并有青年会，专以研究基督教义为任务，由张信天君主持之。皆各有定期出版刊物，彼此观摩竞赛，工做成绩颇足称道。

四曰，道德训练。教育为改造个人之工具。但教育范围，绝不可限于书本教育，知识教育，而应特别注重于人格教育，道德教育。是以苓当学校之初期，每于星期三课后，召集全体训话，名为修身班。阐述行己处世之方，及求学爱国之道，语多警惕，学生颇能服膺勿失。

苓鉴于民族精神颓废，个人习惯不良，欲力矫此弊，乃将饮酒、赌博、冶游、吸烟、早婚等事，悬为厉禁。犯者退学，绝不宽假。在校门侧，悬一大镜，镜旁镌有镜箴，俾学生出入，知所儆诫。箴词为：“面必净，发必理，衣必整，纽必结，头容正，肩容平，胸容宽，背容直；气象：勿傲，勿暴，勿怠；颜色：宜和，宜静，宜庄。”此与现时新生活运动所倡导者，若合符节。犹忆美国哈佛大学校长伊利奥博士来校参观，见南开学生仪态与在他校所见者不同，特加询问。苓乃引渠至镜旁，将镜上箴词，详加解释，伊始了然。后伊归国，告其邦人，罗氏基金团且派员来校摄影，寄回美国，刊诸报端，加以谀词。盖以当时国人对于国民体魄，身体姿势，甚少注意矫正之故也。

五曰，培养救国力量。南开学校系受外侮刺激而产生，故教育目的，旨在雪耻图存；训练方法，重在读书救国。关于国际形势，世界大事及中国积弱之由，与夫所以救济之方，时对学生剀切训话，藉以灌输民族意识及增强国家观念。但爱国可以出乎热情，救国必须依靠力量。学生在求学时期，必须充分准备救国能力，在服务时期，必须真切实行救国志愿。有爱国之心，兼有救国之力，然后始可实现救国之宏愿。在平津陷落以前，华北学生之爱国运动，大半由我南开学生所领导，因此深遭日人之嫉恨。因此我南开津校之惨遭炸毁，此殆其一因。

上述五项训练，一以“公能”二字为依归。目的在培养学生爱国爱群之公德，与夫服务社会之能力。故本校成立之初，即揭橥“公能”二义，作为校训。惟“公”故能化私，化散，爱护团体，有为公牺牲之精神；惟“能”故能去愚，去弱，团结合作，有为公服务之能力。此五项基本训练，以“公能”校训为指导原则。而“公能”校训，必赖此基本训练，方得实现。分之为五项训练，合之则“公能”二义。允公允能，足以治民族之大病，造建国之人才。四十年来，我南开学校之训练目标一贯，方法一致。根据教育理想，制定训练方案，彻底实施，认真推行，深信必能实现预期之效果，收到良好之成绩也。

四、学校略史

南开学校成立于光绪三十年，但在学校成立以前，尚有六年之胚胎时期，即严王两馆是也。此六年之胚胎时期若与南开四十年之历史合并计算，则南开学校已有四十六年之历史矣！此四十六年之历史可以分为四大时期：即一，胚胎时期；二，创业时期；三、发展时期；四、继兴时期。兹分述如次：

1. 胚胎时期（清光绪二十四年—三十年）

严、王二馆之成立

光绪二十四年，严范孙先生设立家塾，聘苓主讲，以英、算、理、化诸科，时号称“西学”，教其子侄。有学生五人。其后三年，邑绅王奎章亦聘苓教其子弟，有学生六人，取名“王馆”，盖所以别于“严馆”也。苓每日上午课严馆，下午课王馆，如是六年，迄于南开学校之成立。本期由严馆（光绪二十四年）而中学（光绪三十年），为期较短，发展亦少，是为南开之胚胎时期。

2. 创业时期（清光绪三十年—民国八年）

中学之成立及其发展

光绪三十年，苓与严范孙先生东渡日本，考察教育，知彼邦富强，实出于教育之振兴，益信欲救中国，须从教育着手。而中学居小学与大学之间，为培养救国干部人才之重要阶段，决定先行创办中学，徐图扩充。归国后，即将严王两馆合并，并招收新生，正式成立中学。校舍在严宅偏院，教室仅有小室数椽，学生七十余人，教员三四人，实一规模狭小，设备未完之南开雏型也。当时校名初称“私立中学堂”，后易名“敬业中学堂”，旋复改称“私立第一中学堂”，因私人设立之中学尚有数处也。中学成立后之四年，学生人数大增，以校舍逼仄，不能容纳，得邑绅郑菊如先生捐城西南名“南开”地十亩为校址，遂筹募经费，起建校舍。是年秋，乃由严宅迁入新校舍，校名改称“南开中学”，盖以地名也。

宣统三年，天津客籍学堂与长芦中学堂并入本校，学生人数增至五百人。

民国三年，直隶工业专门与法政学校两附属中学，亦归并本校，于是学生益多。四年，徇中学毕业生之请求，增设英语专门科。翌年，复设专门部及高等师范科各一班。卒因经费困难，人才缺乏，致先后停办。六年，中学日形发达，学生满千人。苓以办理高等教育两次失败，深感办学困难，乃于是年秋，第二次渡美，入哥伦比亚大学师范学院研究教育，并考察其国内私立大学教育之组织及其发展，为将来重办大学之借镜。七年冬，与严范孙、范静生、孙子文诸先生偕同归国，一方竭力充实中学，一方开始筹办大学。南开历史，从此乃进入于大学发展时期矣。

中学在此时期中，年年有新发展。如购置新地，建筑新舍，几无年无之。虽经费时感拮据，多承徐前大总统菊人，陈前直隶总督小石，朱前巡按使经白，与刘前民政长仲鲁诸先生，或则拨助常年经费，或则补助建筑费用，倡导教育，殊深感激！严范孙、王奎章二先生之捐助常年经费，郑菊如先生之捐助南开地亩，以及袁慰亭、严子均二先生等捐资起建校舍，均于南开学校基础之奠定，有莫大之助力也。

此期自中学创始（光绪三十年）至大学成立（民国八年），共十有五年。中心工作在发展中学，筹办大学，中间虽历经艰难挫折，仍能日在发展长进之中，可称为南开发轫时期，亦可称为南开之创业时期。

3. 发展时期（民国八年——民国二十六年）

大学部之成立及其发展，中学部之继续扩充，重庆南渝中学之创立

民国七年冬，苓自美归国，壹志创办大学，得前大总统徐公、黎公及李秀山先生之赞助，遂于八年春，建大学讲室于中学之南端隙地。是年秋，校舍落成，招生百余人，设文理商三科，于是大学部正式成立。九年，李秀山先生捐助遗产五十万为大学基金。十年，李组绅先生捐助矿科经费，于是大学又增设

矿科。十一年，在八里台得地七百余亩，起建新校舍。翌年迁入。至是南开学校，分为两部——中学部、大学部。全校学生合计一千八百人。十二年秋，因天津各小学毕业生之请求，添设女中部。招收学生八十余人，租用民房开学。于是南开学校扩充为三部——中学部、大学部、女中部，学生又多增百余人。十六年，苓以日寇觊觎东北甚急，特赴东北四省视察。归校后组织东北研究会，并派员前往实地调查，搜集资料，藉资研究。于是南开学校，深受日人之嫉视。

十七年，增设小学部，聘请美人阮芝仪博士为实验导师，从事设计教学法之实验。

大学成立既数年，基础渐固，设备亦完，为提高学术研究，并造就专门人才计，二十年，添设经济研究所，二十一年，设立化学研究所。二者除调查研究外，并着重于专门技术之训练。至是南开学校扩充为五部——中学部、大学部、女中部、小学部、研究所，学生总数乃达三千人矣。

二十四年冬，苓赴四川考察教育，深感津校事业，仅能维持现状，而川地教育，尚可积极发展。且华北局势，危急万状，一旦有变，学校必不保。为谋南开事业推广计，并为谋教育工作不因时局变化而中断计，决意在川设立分校，于二十五年秋，招生开学，于是南开学校在重庆复增设一部。

此期学校各部颇多进展，经费之需要甚巨，各方面人士热烈赞助，慷慨解囊者亦至多，在大学部，有李秀山、袁述之、卢木斋、陈芝琴、李组绅、傅宜生、李典臣、吴达铨先生，以及美国罗氏基金团等，或概捐基金，或资助常费，或出资建筑校舍，或解囊充实图书，尤以吴达铨先生所发起之“南大学生奖助金”运动，每生年得奖助金三百元，名额约三四十人，于清寒学生嘉惠尤多。在中学部，则有中华教育文化基金委员会之奖助经费，章瑞庭先生之独捐巨款建筑大礼堂，蔚为中学部最庄严最宏丽之建筑。而校友总会发起募捐运动，建筑科学馆，及奖助学生基金，成绩尤为圆满。至捐助女中及小学建筑经费者，此期有张仲平、王心容二先生；补助大学经济研究所常年经费者，则有美国罗氏基金团，中华教育文化基金董事会。

重庆南渝中学捐助开办费者，主席蒋公为第一人。其后有刘甫澄、吴受彤、康心如、陈芝琴与范旭东诸先生，捐助建筑费及仪器图书等。凡上所举，皆荦荦大者，其他热心捐助者为数尚多，不及备举，皆于南开学校各部之发展，赞助至多，此期工作，实可谓尽力大，收效亦至宏也。

4. 继兴时期（民国二十五——三十三年）

津校之毁灭，渝校之继兴，复校之准备

本期自民国二十五年迄于今，凡八年。在此期中，津校惨遭暴日炸毁已不存在，重庆南开逐年发展，继续南开生命。继旧兴新，此期可称为南开之“继兴”时期，亦即南开再造之准备时期也。

民国二十六年，“七七”变作，平津沦陷，南开于七月二十九日及三十日大部校舍惨被敌机轮番轰炸焚毁，是为国内教育文化机关之首遭牺牲者。时苓因公在京，以数十年惨淡经营之学校，毁于一旦，闻耗大恸！时主席蒋公慰苓曰：“南开为中国而牺牲，有中国即有南开”，语至明断而诚恳。蒋公对南开之爱护备至，即此可见。苓深受感动，自当益加奋勉，为南开前途而努力也。

当津校被毁之日，我重庆南渝中学，成立已一周年矣！民国二十四年冬，苓游川，既决定设一中学，乃于翌年春，派员来渝，选购校址，督造校舍，首蒙今国府主席蒋公，慨捐巨款，辅助开办费用，于是第一期校舍建筑，乃按预定计划完成。是年秋，招收新生二百余人，正式开学，命名为南渝中学，盖取南开在渝设校之意。二十五年秋，苓第二次入川，为学校筹募经费，组织董事会，聘请吴达铨、张岳军、吴受彤、刘航琛、康心如、何北衡、胡仲实、胡子昂、卢作孚诸先生为董事，又完成第二期校舍建筑计划。及后华北事变，津校被毁，而我南开学校，犹能屹立西南后方，弦诵弗辍，工作未断者，皆当年准备较早之故。社会一部人士，辄以为重庆南开学校系于津变后而迁川者，实误矣！惟因有南渝，津校一部员生于平、津战役序幕初展时，即相率南下，辗转来川，得照常工作，继续求学，而南开团体，得以维持不散，是则可谓不幸中之大幸也。

嗣后京沪沦陷，各校仓促迁川，痛苦万状。佥以南开学校于战前早有准备，树立基础，深为称羡！一致誉苓眼光远大，有先见之明。其实华北之岌岌可危，暴日之必然蠢动，举国皆知。不过苓认识日本较切，而南开校址又接近日本兵营。倘有变，津校之必不能保，自在意中，故乃早事准备，及时行动耳！但蒋公在抗战前，即认定四川为我民族复兴根据地，建设四川即所以建设中国，故乐于助苓在川设立分校，其眼光为何如哉！

南开大学被毁后，教育部命与北京大学及清华大学合并迁往长沙，称临时大学，后复迁至昆明，改称西南联合大学。苓与蒋梦麟及梅贻琦二校长共任常委，彼此通力合作，和衷共济，今西南联大已成为国内最负盛誉之学府矣！

二十七年，校友总会建议南渝更名南开，以示南开学校之生命并未中断，乃将南渝中学更名为重庆南开中学。是年因战区学生来川者纷请入校，学生人数增至一千五百余人。

二十八年，南开大学经济研究所在重庆复课，招收研究生十人，正式开始工作。

二十九年，重庆南开临时小学成立，学生百余人。

自二十八年至三十年，重庆受敌机威胁，惨遭轰炸，即教育机关亦难幸免。本校二次被敌机投弹，而以三十年八月为最烈，敌机以南开为目标，投落巨弹二十余枚，一部校舍或直接中弹，或震动被毁，损失颇巨，但事后即行修复，敌机威胁虽重，学校工作初不因之停顿。

三十三年，校友总会发起募集“伯苓四七奖助基金”运动，成绩美满，募得六百余万元。是年特设清寒优秀学生免费学额多名，青年学子受惠至大。

现在国运好转，胜利在望，建国治国，需才孔多。将来全国复员时，苓誓为南开复校，地点仍在天津，大学必设八里台，科系须增加；中学仍在旧址，力求设备充实。在北平及长春两地，并拟各设中学一所；至重庆南开，则仍继续办理。将来各地中学学生，经过严格基本训练后，再择优选送大学再求深造，定可为国家培养真正有用之人才。至于复校详细计划，尚在缜密研讨之中，惟念南开得有元首之奖掖，邦人之提携，将来复校工作，前途绝对乐观，可断言也。

总上所述，南开学校四十年来，由私塾而中学而大学，由全盛而毁灭，而继兴，中间经过多少困难，经过多少挫折，但复校之志愿未偿，南开之前途正远，兴念及此，不禁感慨系之！

五、工作检讨

南开四十年，不敢自诩成功，但征诸各方对南开之反应予苓以莫大之鼓励。兹分述之：

1. 学生成绩。南开创立，历史较久，学生亦众，且多优秀青年，任选任拔，以教以育，此实为我南开学校特具之优越条件，因此教学易而收效宏，费时少而成就多。出校校友，现在政府各部门、社会各阶层中服务者，为数亦至众。举凡党政外交，陆空部队、交通电信以及教育、新闻、戏剧、电影各界，无不有我校友厕身其间。其服务能力，负责精神，有足多者，以故社会人士时予好评，而政府长官亦深加器重。以学生成绩论，南开教育似已稍著成效，并已得社会之承认也。

2. 社会信仰。南开学校，历年来深得社会之信任与重视。家长每欲送其子女来南开，谓：“得入南开，便可放心。”以是每次招考，报名考生四五千人，而取录有限，欲入者众，学校每苦无以应付。学校每有所求，又深得学生家长与社会各方之赞助。在津有“三六”、“三七”两次募款，成绩均至佳。而今春校友总会发起之“伯苓四七奖助基金”运动，原定目标为四十加七十，即一百一十万，取庆祝南开四十周年与苓七十生辰之意。继增至二百八十万元，后改为四百七十万元，最后结束时，总数竟超过六百万元，此实完全出乎吾人之意料，创造了国内教育捐款之最高新纪录。此一事实，实足以验证社会人士对我南开有良好之反响与热烈之爱护。其所以能如此者，当由于吾人之工作，已深得社会人士之信任与重视耳！今后吾人更应如何加紧努力，加倍奋斗，以期无负社会之厚望也。

3. 政府奖励。南开系私立学校，各部经费历年受政府之奖励补助至多。“七七”变后，南开被毁，承政府重视，命与北大、清华合并，为西南联大之一部。重庆南开历年来参加毕业会考、大学升学考试、学生作业竞赛，均以成绩优美，屡受政府之褒奖与嘉勉。国际友人有来渝参观战时教育时，政府当局必令南开妥为招待，隐然认南开为中国战时中等教育之代表，实予学校以莫大之光荣。今年元旦国民政府以苓终身从事教育，为国造士，特颁一等景星勋章，深觉奖逾其分！然由此亦可证明政府对我南开教育之成就，寄以莫大之激励也。

六、发展原因

南开学校系私人经营之事业，经过四十年之奋斗，得有今日之发展，推厥原因，实有多端，例如吾人救国目标之正确，“公能”训练之适当，与夫学生之来源优秀，校风之纯实，皆为我校发展之重大因素，而尤觉重要者，约有三点：

1. 个人对教育之信心。苓于教育事业，极感兴趣，深具信心，故自誓终身为教育而努力。今服务南开，倏忽已四十年矣！忆昔北洋政府时代，武人专权，内战时起，学校遭遇之困难与挫折至多，深感政治不良，影响教育之苦。但苓艰苦奋斗，从不气馁。当十五六年之交，政府谬采虚声，拟畀苓以教育总长，及天津市市长等职，因志在教育不在政治，均力辞不就，仍一心办理南开。因是个人事业赖此得以保全，而南开校务，亦因此而得发展。及今思之，犹有余欢！迨后北伐告成，国内统一，全国国民在一个政府一个领袖之下，振奋团结，同心力强，实为我国五千年来未有之大团结，国运丕新，气象焕发，益信国家教育必能配合政治之进步，再以教育之力量推动政治，改进政治。更信南开教育事业，适应国家之要求，必能人才辈出，扶助国家，建设国家。此苓对教育之信心，亦多数同人所同抱之观念。是以数十年来孜孜矻矻，锲而不舍，卒有今日之小小成就，个人对教育之信心，遂以促进南开教育事业之发展，此其一。

2. 同人之负责合作。窃以筹办学校，厘定计划，其事易；至计划之如何求其全部实现，训练之如何求其发生效力，其事难。要非赖全体同人之负责合作，努力推动不为功。我南开同人，皆工作重，职务忙，待遇低薄，生活清苦。但念青年为民族之生命，教育为立国之大计，率能热心负责，通力合作。因此学校人事之更动少，计划之推行易，青年学生日处于此安定秩序，优美环境中，自必潜心默修，敦品励学，养成一种笃实好学之良好校风，因以增高学校教育之效果。此同人之负责合作，实有助于南开之发展者，此其二。

3. 社会之提携与赞助。私人经营之教育事业，必得社会人士之赞助与提携，方能发育滋长，而南开学校自成立以至于今，得社会赞助之力尤独多。回忆四十年来，我南开津渝两校之发展，例如校地之捐助，校舍之建筑，校费之补助，以及图书仪器之补充，奖助金额之设置等，无一非社会人士之赐。社会实可谓为南开之保姆，而南开实乃社会之产儿。过去南开发展，全赖社会之力，今后复校工作，更非赖社会人士之热烈赞助，加倍提携，绝难望其顺利进行，圆满成功。一部南开发展史，实乃社会赞助之纪录册也。此社会之提携赞助，有助于南开之发展者，此其三。

七、结论

南开学校四十年奋斗之史迹，略具于斯。当年创立，系受国难之刺戟，而办学目的，全在育才以救国。至于训练方针，在实施“公能”二义，藉以治民族大病。回忆严馆成立之初，学生仅五人，中学成立时，亦仅七十三人。经过四十年之惨淡经营，教职员同人齐心协力，学生逐年增加，设备逐年扩充，至抗战前，大学、中学、女中、小学、研究所学生，超过三千人，而规模之宏大，设备之充实，在国人自办之私立学校中尚不多觏。至重庆南开，创始于军兴之前，成长于抗战之中，规模设备，在后方各中学中，亦属仅见。盖南开过去无时不在奋斗中，亦无时不在发展中，日新月异，自强不息，为我南开师生特有之精神。南开学校在过去，如可认为对于救国事业稍著微绩；则在将来，对于建国工作，定可多有贡献也。

苓行年七十矣！但体力尚健，精神尚佳，不敢言老。今后为南开，为国家，当更尽其余年，致力于教育及建国工作，南开一日不复兴，建国一日不完成，苓誓一日不退休，此可为我全体校友明白昭告者也。

兹值南开四十周年校庆之辰，回顾既往奋斗之史迹，展望未来复校之大业，前途远大，光明满目。南开之事业无止境，南开之发展无穷期，所望我同人同学，今后更当精诚团结，淬厉奋发，抱百折不回之精神，怀勇往直前之气概，齐心协力，携手并进，务使我南开学校，能与英国之牛津、剑桥，美国之哈佛、雅礼并驾齐驱，东西称盛。是岂我南开一校一人之荣幸，实亦我华夏国家无疆之光辉也。

复校大业，千头万绪，工作至繁，需款尤多，届时苓拟另行发起募集“南开复校基金”运动，深望政府长官，社会人士，以及国际友人仍本以往爱护之热忱，多予积极之援助。斯则苓于回顾南开四十年发展史迹之余，所馨香企祷，虔诚期待者也。

（《南开四十周年纪念校庆特刊》，1944 年 10 月）

从世界大势说到南开前途

——在南开同仁聚餐会的讲话

（1945 年 1 月 20 日）

诸位同仁：

今天是学期结束的同仁聚餐会，我愿意借此机会说几句话。刚才听到喻主任报告本学期各方面工作的推动，业已圆满结束。因此，想到半年以来，诸位同仁的辛苦勤劳，我要代表学校，对诸位同仁，首先表示谢意。

一

说到南开学校的历史，到去年十月十七日，已经是四十周年了！其实在学校正式成立以前，尚有六年之严王二馆的胚胎时期，那么，南开历史，已经是四十多年了！在这四十多年的岁月之中，我打从第一天起，就主持着学校校务，到现在回想起来，好像一瞬时光，一切还在眼前！

我是学习海军的，并不是学习教育的，为什么我要办教育呢？原因是在晚清时，政治黑暗，外侮日亟，其故在教育不兴，人才缺乏，所以立定志向，终身办教育，造成新人才。我可以说，个人创办南开学校的目的在救国、在救整个的中国[①]。在这四十年之中，我亲身经历了多少艰苦困难，但是因为个人志愿的坚定，精神的不颓，始能克服了一切困难，创造出南开的前途，这是可以引以自慰的。

二

南开学校训练学生的方针，第一是锻炼学生要有强健的体魄，第二是培养学生要有浓厚的国家观念。二者兼具，然后方能担负起救国救民、复兴御侮的重任。此种训练方针，大遭日寇侵略者之嫉妒，他们认为南开学校为中国抗日的大本营，认为南开学校为日本侵华的眼中钉。是以津变初起，暴日首将南开津校全部焚毁，即此暴日仇恨南开之事实，足证过去南开教育在社会、在国家业已收得相当良好之效果。暴日毁我南开，其用心诚属毒辣！但日寇尚不知我南开学校，早在事变以前之一年半时期中，已在四川重庆地方，建立了中学基础。津校虽毁，但我同仁教育工作从未一日中断。至于南开大学，在抗战初起，即奉政府令，与北大、清华合并成立。初设长沙，后迁昆明，称为西南联合大学。现已蔚为国内外负有盛誉之最高学府！

我认为中学教育，在整个教育阶段中，占有极重要的地位。深信中学办不好，大学决办不好。我们南开学校，始终是以中学为基础的。中学办好以后，才去扩充大学和小学的。记得在“七二八”校难的时候，我因公在京，曾对中央社记者发表：“敌人能毁我南开的物质，但不能毁我南开精神，只要精神不颓，南开必能复兴”数语，以勖勉我全国校友。其后三日（七月卅一日），蒋委员长邀我餐叙（按，本事前约定者），同座有蒋梦麟、胡适之、梅贻琦诸先生。席中谈到南开被毁事，蒋公慨然言曰：“南开为中国而牺牲，有中国即有南开。”寥寥数语，极富意义，是则我南开前途，已与中国同一前途矣！我南开之命运，已与中国同一命运矣！以一私人力量经营之学校，竟能与整个国家共前途、同命运，是诚我南开学校全体师生最大之光荣也。唯是抗战初期，变幻莫测，胜负之数，毫无把握，将来中国是否能有前途，尚不敢说。那么，所谓“南开前途”云者，更是虚无缥缈，未可捉摸之事。可是，现在国家经过了八年多的苦

① 文中着重号系原稿如此。

战，不但是中国已经有着落了，并且未来的国家还是一个强大有力的新中国，这真是叫人太兴奋，太乐观了。

三

我们来看看当前世界大势：

本月十八日，英国下院辩论战局，丘吉尔首相首先发言，促德、日即时无条件投降，"俾于本年内免遭难言之痛苦"。这句话，说得真是时候，真有份量！料想德、日两个侵略国家，未必有此勇气，接受忠告，来放下屠刀，竖起白旗。但是我们从丘相这句话的乐观态度看来，预料当前世界战局大概在年内一定可以胜利的结束（按，丘相于去年十一月中旬，曾有"欧洲战事，可能于今夏结束"之预言），这是毫无疑问的。按丘相过去发言，非常稳重保守，今次竟作如是露骨的乐观的言论，为什么？据我看来，大概不出两点原因，一是西方德国最后反攻的失败，更可提早纳粹的崩溃。二是东方美军登陆吕宋，眼看日寇本土不保。这两件大事，确实可以奠定当前世界战局全盘胜利之基础。实以轴心必败、盟国必胜已成一定不变之局。现在盟国之人力、物力尚未完全动员，任凭轴心国家怎样反攻拼命，拖延时间，但是他们注定失败的命运，决非人力所能挽回改变，这是最清楚不过的事实。我们看到世界大势的光明无限，我们又想到南开前途的希望无穷。

四

世界是整个的，当前进行中之侵略战争与反侵略战争也是整个的。蒋委员长在抗战初起的第一天，就把这一点——"世界不可分，战争不可分"的基本意义，认识得最清楚，最透彻。他认为中国的抗战，一定先要自己能够顶到头，把握着最后胜利的左券。现在果然是一一实现了！记得抗战初期，蒋委员长约请南大教授张蓬春[①]君分赴英、美、苏联各国，作国民外交的宣传，告诉他们，中国对日抗战不是那一国对那一国的战争，他乃是整个世界反侵略战争的一部分，他乃是整个世界反侵略战争的序幕战。世界上一切反侵略的国家，应当一齐站在中国方面，反对世界侵略者，共同作战，没有徘徊的余地，更没有中立

① 即张彭春。

的可能。否则，世界绝对得不到和平，人类绝对得不到安宁。这是最简单的道理，可惜当时英、美一部分人士未能认识清楚，一直等到美国参战以后，他们才算是逐渐的明白了！回想当年，领袖的卓识远见，真是值得全世界人士的崇高敬佩！

世界是整个的，中国是世界各国中的一个国家，中国不是中国的一个国家。今后我们要想在世界上立足，能存在，有地位，最要紧的，是自己先能自强，然后才能自立。不然，就有被淘汰、被消灭的悲运。我有一次对郑道儒校友说过："现在的中国要好也罢，不要好也罢，但是非好不行。"这就是说，今后中国要想立足世界，必得自己时时向好处去做不可，因为世界上是不允许任何一个落伍退后的、不求长进的国家可以存在的。

最近我们国家有两件最大的进步事实。

第一件是知识青年从军运动。这一运动，乃是国家的唯一转机。这一运动，能够做得圆满成功，就可以提高士兵质素，可以充实作战力量，可以改正国民观感，更可以促进国际地位。假使不幸失败的话，那么中国的新生机，一切都完了！结果，因为领袖伟大人格的感召，青年国家意识的奋发，事实告诉我们，青年应征从军的，已经越过预定十万人数以上，这一运动的完全成功，真是我们近年来最大进步的第一件事！

第二件是战后国家经济建设计划的公布。上月廿九日，国防最高委员会通过了《我国第一期经济建设原则》，其目标在发展中国经济建设，造成一个富强康乐的新中国。因为在现代世界环境里，不是高度工业化的国家，就不够做一个现代化的国家。此次公布的建设计划，其精神，既非英美式放任主义的自由发展，因为自由发展的进步太慢，并且容易发生很严重的社会问题；又不是苏联式的社会主义的国家统制，因为统制政策下的经济建设，其发展也是很慢，并且全国的建设事业，由国家独立经营，恐怕有"力不从心"之苦。战后我们经济建设，有两大特点：一个是以计划经济来代替放任主义，把全国经济建设大业，定做全盘的、妥当的安排；一个是计划经济的国策之下，欢迎国际合作，同时并限制政府的干涉，缩小政府的权力。在国营、民营、合营，以及利用外资多方面合作之下，分头努力完成国家建设之大业。这真是一套计划周详、安排妥帖的战后中国经济建设大方案。一定可以获得中外大企业家之合作与努力。深信战后如能贯彻推行此一宝贵计划，一定可使中国高度工业化起来，也就是一定可以实现富强康乐的新中国，这是我们国家近年来最大进步的第二件事。

战时整军、建军工作的圆满成功，战后国家建设的周详计划，乃是国家两件最大的进步。现在我亲眼看到国家空前大进步，精神上真是高兴极了，真是痛快透了！

五

战后南开复校计划，大体上已有决定：重庆南开继续发展；天津南开，首先恢复；此外并拟在北平添设中学一所，在长春地方添办一个大规模的中学，以教育东北青年，以开发东北产业；至于南开大学，仍设天津旧址，而重在专门学术的研究工作。

至于复校经费，在去年校庆的前夕，蒋主席曾经面告，尽力帮忙。社会方面，由去岁“四七奖助金”之各方人士热烈赞助，想南开复校时，必有更大之帮助。说到国外友人，尤其是美国公私各方面，对我南开之认识最深，同情也最大。我现在可以说，今后南开复校工作业已获得政府、社会，以及国际友人之同情与援助，将来复校大业，一定能够顺利推行，这是毫无问题的。

至于南开教育方针，过去的训练标准和实施，是完全正确的，今后我们更要指示青年学生们，在未来新世界、新国家的新局面之下，怎样做好一个新国民，怎样担负起时代的新责任？人人要有科学的修养，人人要有维护世界永久和平的准备。从今以后，青年学生们万万不可再把自己，再把国家看得太弱、太小、太轻、太低，一定要把自己和国家看得强大些，看得重要些。人人要把建设新中国，创造新世界的重大责任担当起来。这一点，是我们南开学校今后训练学生，要加以特别注意的。

六

现在世界大势好转，国家进步极快，因此我南开前途真是光明无际，希望无穷。切盼我南开全体同人，一致认清自身责任，适应时代潮流，再接再厉，愈干愈奋，为南开、为国家、为世界，来共同担当起领导青年，建设国家，以及维护世界和平的光荣使命！

（重庆南开中学档案馆藏）

今后最好不要自称为“四强”之一了①

（1945年春）

英国名相狄斯累利（Benjamin Disraeli）的名言：“英国没有永久的朋友，也没有永久的敌人，永远考虑的只是英国的利益。”罗斯福和丘吉尔作为盟国领袖，此次在雅尔塔所以不惜出卖另一个盟国的主权和领土，就说明了无论过去、现在，还是将来，任何国家与国家的交往，即使结为盟国，都只能是以其各自国力为后盾，以首先考虑维护本国利益为前提。

一个雅尔塔密约，决定了战后中国和世界的命运。既然作为战胜国的中国仍然还是“弱国无外交”，既然蒋先生发现罗斯福和丘吉尔背着他拿中国的领土和主权作交易，竟然不敢公开提出抗议，为蒋先生着想，今后最好不要开口闭口就自称为“四强”之一，中央社也不要再自卖自夸，把蒋先生称为盟国“四大领袖”之一了。

（马平著：《张伯苓与二十世纪中国》，2006年，第138—139页）

创办《海鸥周刊》缘起

（1945年5月26日）

太平洋军兴，中英美三国并肩对日作战。初期战争中，盟国大军以距离过远调度不及，远东兵力遂形单薄。我国最高当局不顾中国战场本身局势之严重，慨然允诺盟友请求，抽调大军劲旅入缅，力图挽救危局。戴安澜（海鸥）将军统率第二百师声威素著，昔在广西战场收复昆仑关一役，令敌寇为之胆寒。三十一春奉调出国，在缅局已濒危殆之际，受命驰援同古（一作东瓜）。在该处以

① 本文是马平对其与张伯苓谈话的回忆，文中无确切时间，编者据雅尔塔会议召开于1945年2月，此谈话当在该会结束不久，故暂定为1945年春。题目为编者所拟。

寡敌众，坚守两星期敌人未得寸进。嗣后奉令配合盟军作战，于棠吉等役迭奏肤功，盟友对之赞美不已。将军历来作战，类多身先士卒，以此所向无敌，不幸于五月十八日在缅境督战时中弹伤肺，前方交通不便，医药尤欠周全，五月二十六日遂因伤重逝世。忠榇过昆转黔，沿途民众郊迎，皆为之悲痛不已。将军殉国两年余，我军收复缅北，国际交通路线不久即可再通。是则继起者有人，忠魂亦可告慰于九泉之下。

同人等与戴将军或系袍泽或忝交游，值兹胜利在望之日，深愿为此立功异域为国增辉之名将留一永久纪念，念将军夙有儒将之风，平日军书旁午之际，依然手不释卷，虽功在国家，举世同钦，仍常以未能读破万卷书为憾。为承将军遗志，拟创办周刊一种，名曰“海鸥”，内容提倡忠义，意在匡救颓风。对于此次抗战史实，尽量予以收集，各战场上官兵民众及公教人员忠勇事绩，尤拟予以宣扬，俾一般后方民众，得悉抗战力量所在。一方面并望此种刊物成为军民合作之桥梁，对于一般读者，供给大众所希望知悉之军事常识及军事消息；对于军队同仁，则供给关于政治、经济、教育等各方面之知识，以期提高军中文化水准。区区此意，尚希各界人士不吝指教，并恳鼎力赞助幸甚！

发起人：

龙　云　张伯苓　冯玉祥　许世英　李根源　陈树人　蒋梦麟　张治中　梁寒操　马超俊
褚辅成　鹿钟麟　张道藩　潘公展　王晓籁　周启刚　熊庆来　余协中　黄伯度　徐庭瑶
郭沫若　史　良　李俊龙　周兆棠　卫立煌　罗卓英　杜聿明　马金保　关麟征　宋希濂
方先觉　由云龙　万昌言　袁丕佑　白之瀚　盛士恒　陆崇仁　李培天　龚自知　杨文清
袁绩熙　李鸿谟　王泽民　刘咏尧　禄国藩　邱清泉　马　珍　马崇六　裴存藩　赵　澍
段克昌　梁华盛　罗佩荣　孙炽隆　余　韶　赵家骧　李朴生　李竹瞻　郑庭笈　黄　翔
高古人　李诚毅　周平远　李森春　龙秉灵　龙纯武　龙纯曾　陈庭壁　楼兆元　梁金山
伍启元　雷海宗　曾昭抡　张邦珍　吴之椿　张　洵　蔡维藩　潘光旦　庄文彬　刘少峰
严燮臣　李毓萱　温广彝　邓文僖　陈学顺　刘镇宇　高直青　陈荣明　龙滁波　古恒柏
李天元　胡醒黎　朱　鄂　张震华　高云棠　赵有为　由　道　王慧生　盛于夏　高家俊
周咏南　蒋瑞清　吴惕园　聂克雷　潘国屏　张止戈　邹凤石　杨钟龄　周新民　沈天骥
刘剑魂　戴扶青

（《海鸥周刊》增刊第 1 版，1945 年 5 月 26 日）

与《学生杂志》主编的谈话[1]

（1945年6月20日）

张伯苓：我很喜欢跟你们年轻人多谈谈，尤其是谈到教育的问题。至于将来战后如何复校的计划倒不必替我们宣传。今天我可以稍跟你们说一点几十年来我办教育的宗旨，以及最初草创南开的情形。

我起初是一员水师——海军——那时中国的海军居世界第四位，是聘英国人来帮我们训练的。刚刚甲午那年我从水师学堂毕业出来，中日之战就爆发了，我国海陆军俱大败，北洋水师几乎全军覆没。甲午战败之后国势日衰，遂启外人觊觎之心，旅顺、大连、胶州湾、广州湾，相继被列强租借以去，英国也在是年强租我威海卫（中日战时为日本所占）。我带了通济轮代表中国去接收威海卫，第一天先把日本国旗降下，乃升国旗，那时候还是满清的龙旗，隔一天又把国旗降下，换上英旗。当时亲眼看见这种情景，真是触目惊心，饱受刺激。我就想，中国是一个大国，地大物博人众，日本是一个小国，英国也是一个小小的岛国，为什么中国（大国）的地方从日本（小国）手里拿回来，又要交给英国（小国）呢？想来想去，最后才豁然发现中国虽说地大物博人众，而国势衰弱，受人侵略，原因是在无“人”——能真正为国牺牲奋斗的人。所以要挽救中国，非造就新人才不可，欲造就新人才，非举办新教育不可，于是我就立定了“教育救国”的志愿，那时我正是二十三岁的时候。

……

所教的课程有国文、英文、算学、物理、化学、博物、历史、地理等，还有一样在当时是最特别的，乃是体育。因为当时的风气是一般读书人讲究养长指甲，讲究弯腰驼背。这种风气非改不可，我就每天带着他们到院子里去跑跑跳跳，有时候就在书房里用一根鸡毛帚子架在两张小板凳上教他们跳高。严先生头脑很新，对于此种教授法颇以为然。

……

① 本文为张伯苓在重庆南开中学办公室与南开校友、《学生杂志》主编王学哲、潘大雄的谈话，摘自王学哲、潘大雄的《南开学校张校长伯苓访问记》一文，题目为编者所拟。

（对于将来国家前途）中国将来行也得行，不行也得行，非行不可！我们中国人的聪明才力决不在外人之下，我们中国的“先天”亦特别充足，但是由于数千年来专制政体的影响，使我们国人习于高压愚民政策之下，教育不能普及，人民多昏昧无知，亦因国人久蛰于专制淫威之下，严禁集会结社，故不善组织，不能团结，遂致个人私心太重，自私自利，不讲公德，只知个人，不知团体，整个民族有如一盘散沙。此乃我民族衰弱招致外侮之主因。因此当南开成立之初，即揭橥“公”“能”二义作为校训，惟“公”故能化“私”，惟“能”故能去“愚”，以治民族之大病，而作育建国之人材也。

（谈到教育）现在的一些人都不知道办教育，只知道说学生们腐化，学生们的意志消沉，成绩水准降低，又不安心读书。但是，试问在一个环境恶劣，没有适当的运动场、图书设备，没有一切卫生设备，吃不饱穿不暖，生活丝毫不能安定的情形下，学生们怎能安心读书，成绩水准怎能不降低？假如所有的学校都有优美的环境，有球场、跑道，有图书馆、实验室，舒适的宿舍、膳堂、洗浴室等等，使学生对于日常的生活不感觉困难，我绝对不相信，同学们会不安心读书！

现在眼看抗战即将胜利结束，将来南开不仅要在天津复校，重庆南开中学仍将继续，还要在北平设一个初中，在长春设立一个大规模的高初中，并将在哈尔滨设立一个大学分校。因为在沦陷区里的青年，尤其是在东北四省，这些年来暗无天日，受着敌人的奴化教育，将来我们收复失地，首先要使他们重新获得自由教育的机会，灌输他们国家民族的意识，使他们重新做一个健全的中国公民。

王学哲，潘大雄：校长恐怕您很累了罢！您应该休息一会儿了！

张伯苓：不累，一点儿都不累，时间还早，还可以再坐一会儿，我是很愿意跟你们年轻人多接触的。

（《学生杂志》第22卷第9期，1945年8月15日）

天津市复员协进会之组织及工作

——在中央广播电台对天津市民广播辞

（1945年6月25日）

天津市同胞们：

今天，伯苓藉着中央广播电台的便利，报告大家关于“天津市复员协进会的组织和工作”。在我没有说到本题之前，首先，我要对大家表示衷诚的慰问和崇高的敬意！

回想敌寇魔爪侵入津市以来，到今天已经快满八个年头了！在这八年悠长岁月之中，诸位的生活，在敌寇奸伪的双重压迫之下，吃尽了千辛万苦，受尽了污辱蹂躏。现在，胜利虽已在望，但是家乡至今尚未光复。这一点，是我们身居后方的人们，所万分痛心，寝馈不安而要对诸位表示衷诚慰问的！

八年以来，敌寇占据了我们天津国土，但是它决没有征服过我们天津人心！[①]我们看，许多热血青年，跋山涉水，不辞艰苦的投奔到自由的中国来！我们又看，无数的纯良同胞，羞愧悲愤的，暂留陷区，等待着最后报效国家的机会到来！因为他们大家具有一种共同的意愿，那就是不做敌伪顺民，保存民族正气。这种忍辱负重，忠贞谋国的志节，这种艰苦奋斗、不屈不挠的精神，实在是我中华国魂之最高表现，我全国同胞要向诸位表示无上的敬意！

为着配合反攻的需要，为着加速胜利的到来，我们在重庆地方的人士，最近组织了一个“天津市复员协进会”的机构，主要目标在协助国军和盟军，来完成光复天津，复兴天津，以及建设天津的工作。参加人士有张直卿、范旭东、胡政之、时子周、魏元光、施念元和伯苓等多人。至于具体工作，正在严密计划，积极准备之中。惟念是项复员工作，千头万绪，艰巨繁重，除应由协进会同人，加紧推动外，尤望我身居陷区的同胞们，奋起响应，挺身参加，来共同

① 文中着重号系原文如此。

肩负起驱逐倭寇，光复乡土，安辑流亡，以及复兴天津的光荣使命！

现在我们来看看当前世界大势和国家前途。

当前，整个世界大局处处充满着光明和希望。德意日轴心三个伙伴，两个已倒下。现在只剩下了一个孤苦伶仃的日本强盗。从现阶段的局势看来，日本强盗，真是到了一种山穷水尽，四面楚歌的悲惨境地！日本的前途，漆黑一团，除了无条件投降和彻底被毁灭外，绝无可以走得通的其他道路。盟国的空中战略轰炸，结果把日本五大都市的东京、名古屋、横滨、大阪、神户等地的精华，毁灭大半。这五大都市，今后已不复再为轰炸的目标了。最近美国对日战略轰炸，已经进入第二阶段，那就是开始轰炸日本次要的工业都会如鹿儿岛、松滨等地。美国宣称，今后一年，要在日本本土，投弹二百万吨，所有日本大小都市，不难一一炸成平地。最近琉球本岛敌寇有组织的抵抗，经过八十二天的撑持，业已宣告终止了。现在欧洲盟军，源源东调，对日压迫，一天严〈过〉一天，日本强盗，在今天，真是到了生死存亡，投降毁灭的最后关头了！假使日本强盗，还是执迷不悟，进行那已经绝望的战事，那么只有让她整个的给毁灭吧！所以我认为远东战事的时间不会拖延太久，一定可以迅速的胜利结束。这一点是我可以向大家确切保证的。

至于旧金山联合国会议，目的在制订战后世界安全和平大宪章。参加会员，有四十九国之多。会议时期，已达两月之久。大会成就，因国际间充分发挥了团结合作，妥协让步的精神，业已得到丰美收获，在本月即可宣告圆满闭幕了。

在这次世界大战中，我们不但可以赢得军事胜利，并且可以赢得世界和平，未来的世界前途真是充满着无限的光明和希望。

现在我们再看看国家前途吧，更是进步乐观令人兴奋！

第一，是眼看日本强盗之崩溃在即，中华民族解放有望——我们要知道，中华民族最大的，同时又是最后的敌人乃是日本帝国主义者。五十年来，日本强盗时时在破坏中华民族的生存、独立和发展，处处在阻挠中华民国的统一、团结和完整。日本帝国主义者一天不消灭，中华民族一天绝无翻身图强的希望。五十年来，我亲眼看到日本强盗压迫我们，奴役我们；现在我又亲眼看到日本强盗在挨打受罚，在等候处分，这叫做作孽自受，天理昭彰，真是教人高兴透了！现在我们政府正在充实作战力量，准备全面反攻，眼看日本强盗的失败，为期不远，铲除国家百年大患，奠定永久和平，我中华民族，一定可以享受独立自由的幸福。

第二，召开国民大会，实行民主政治——上月中国国民党六全代会及一中全会决议，在今年十一月十二日召开国民大会，结束训政，实行宪政，来完成“还政于民”的诺言。至于详细办法，现正交由即将召集的第四届国民参政会，去商讨决定。现在距离国民大会召集时期，不到五个月了，中国政治前途，已经是透露出无限光芒来。

第三，完成经济建设，提高国民生活——这次六全代会及一中全会，对于战后国家经济建设问题，业已制定既具体而又扼要的决议，目标在实现国家经济工业化，藉以提高国民生活。原则是采用“计划的自由经济”，汲取英美自由经济和苏联计划经济之所长，而尽去二者制度的所短。至于推动方面，则分国家经营与私人经营两种；同时更欢迎国际友人资本、技术、人才和机器之协助，来达到发展中国产业，促进世界繁荣的最后目的。务使我国父过去主张“国际投资共同开发中国”的理想，能于此次大战以后，分期推动，全部完成，这真是国家千载一时的大好机会。

总而言之，当前政府所领导的争取胜利，实行民主以及开发经济三大工作，实为建设国家，复兴民族的基本大业，国家进步极快，前途至可乐观。

最后我要在全面反攻即将发动，失土收复就在眼前之际，特别对于天津市同胞们，提出三点希望。

第一，希望大家彻底认识当前世界大势之光明，国家政治之进步与夫吾人责任之重大，今后更应紧守岗位，加倍努力，人人以报效国家、贡献民族为光荣，个个以放弃责任畏缩不前为耻辱。大家要知道，社会是不会遗忘肯努力的人们，国家也不辜负有功绩的人们，这是我可以向大家担保的。

第二，希望大家在国军、盟军收复天津时尽心尽力加以协助，如供给正确情报，向导行军路线，袭击敌寇奸伪等，务望多方响应，热烈协助，达到以最短的时间，最小的牺牲，来完成最大的解放天津的工作。

第三，希望大家于天津解放后，努力从事复兴事业，例如地方秩序之维持，水陆交通之恢复，流亡同胞之抚辑，社会人心之安定，以及地方各项事业之建设等。务望努力工作，热烈推行，使战后天津成为一个民主的、康乐的、现代化的新天津、大天津，这是我们“天津市复员协进会”的中心工作，同时也是诸位解放家乡、报效国家的努力目标，诸位同胞们，一致奋起，共同努力吧！

（重庆南开中学档案馆藏）

加强和平团结，实行民主政治[①]

（1945年7月7日）

蒋主席、诸位长官、来宾、全体同人：

今天是国民参政会第四届第一次全体大会，同时也是参政会成立以来的第十一次全体大会，恰恰在抗战第八周年纪念日举行。我们在这世界光明国运好转的时候，来召开此次大会，其意义之重大和责任之艰巨，可想而知。

回忆国民参政会最初成立之时期，在抗战后一周年纪念前一日，目的在集思广益，共赴国难，作为抗战时期沟通民意，协助政府的中心机构。七年以来，参政会中经三届改选，十次大会，同人多能意见一致，精神奋发，对于拥护抗战建国纲领，支持抗战到底国策，协助宪政实施工作以及促成国内和平团结，加强作战军事力量等等，无不兢兢业业，善尽职责。其于抗建大业，不无多少贡献，此为全国人士所尽知，其我全体同人所可引以自慰者也。

从第一届参政会开会以后至本届大会召开以前，为时已历七载，在此时间，无论从国内大局或从世界形势来看，变化虽有多端，但结果无不于我有利。当战争开始的时候，暴日多年阴谋一一暴露。举国上下都感觉到亡国灭种之祸迫在眉睫。当时伯苓曾谓中国所处局面异常“难”“险”。其“难”有如一只木船，在川江途中，逆流上行，苟拉纤之人力量分散，不能齐一步骤，必难渡过难关。其“险”有如下水行船，水急滩多，苟同舟之人不信任舵主，不能向一定方向迈进，必遭沉没惨祸。七年以来，我国家日在此“难”“险”交迫的环境中，挣扎奋斗，备尝艰苦。幸上有贤明领袖之领导，下得忠勇之军民之用命，卒能克服困难，化险为夷。兹当第四届大会开始之时，国家力量日在强大，反攻计划日在展开，各地捷报如雪片飞来，今后军事前途虽尚有一段艰

① 本文为张伯苓在国民参政会第四届第一次大会暨抗战建国八周年纪念会上的讲话。题目为编者所拟。

难险恶之途程，但胜利已定，目的在望，苟能上下一心，齐作最后之努力，定可达到彼岸，获得光荣胜利，这是可以完全自信的。

再从国际形势来看，当第一届大会开始之时，我国沿海被敌封锁，国外援助无法获得，其时我国乃系孤军抗日，独立作战。后西方纳粹掀起了第二次欧洲大战，不到十个月，全欧几被征服。而东方日寇为着配合西方侵略起见，终于偷袭珍珠港，发动了太平洋上大战。经联合国数年合力作战，德国现已无条件投降，欧洲战事已胜利结束，轴心三国已倒了两个。从现阶段的大势看来，日本强盗之投降，只是时间迟早问题，至于最近在旧金山召集之联合国会议，经过五十国代表的一致努力和六十二天的诚恳商会，业已制成了联合国大宪章，作为战后建立世界和平与安全及人类文明进步之伟大工具，是则吾人于此次世界大战中，不特可以赢得战时军事的胜利，并且可以赢得战后和平的胜利。我国因领导反侵略战争在先，贡献世界最大，业已获得联合国之一致钦佩，而公认我为世界五强之一，国家地位提高不少，民族声誉大为增进，推厥原因，皆全国军民八年来英勇牺牲，流血流汗所得来的宝贵收获。

综观参政会自第一届大会，至此次第四届大会，七年当中，国内和国际局势变化至多，展望世界大势，实令人兴奋，反观我国前途，更光明无量。但吾人现时急应努力者，尚有二事：

一、加强和平团结。欧战胜利，得助于盟国团结，世界和平，更有赖盟国合作。此次旧金山会议，出席者有五十国家之多，彼此语言、宗教、生活、习惯完全不同，但以各国对于团结合作，维持永久和平，具有共同信心及共同决心，遂能制定联合国大宪章，造成了辉煌的功业。以世界环境之复杂如斯，尚能和平团结，而我国家至今日，尚有内部和平团结问题，实属令人痛心。但只要人人有信心、有决心，抱定民族国家至上之目标，则团结御侮，和平建国之目的，也不难达到。此为吾人今后进行努力之第一点。

二、实行民主政治。政府已公布本年十一月十二日召集国民大会，结束训政，开始宪政，此后中国政治将步入民主正途，于国家未来之命运，关系至为重大。惟是国民大会之职权，代表之资格，宪法草案以及其他一切有关宪政实施事宜，均有待我同人审慎检讨，周密规划。此为吾人今后应行努力之第二点。

总括言之，自参政会第一届大会以来，世界从黑暗中走到光明，国家由难险中步入坦途。整个世界在变化，整个国家亦在变化，世界是新世界，国家是新国家，吾人对国家对世界，责任较前更为重大。为着配合时代的好转，为着适应国家的需要，希望我全体同人一本过去合作精神，对此加强团结，实行民主等问题，开诚布公，殚精竭虑，制一妥善方案，厘定实施办法，藉以奠定国家百年之基业。此为全国人士所希望，亦为本届我参政会同人应尽之责任也。

（原载国民参政会秘书处，《国民参政会第四届第一次大会纪录》。转引自孟文涵主编，《国民参政会纪实》（下卷），重庆出版社，1985 年，第 1443—1445 页）

陈纳德将军是我们真正的朋友[1]

——在重庆各界慰送陈纳德将军大会上的致辞

（1945 年 8 月 2 日）

我们最需要的时候，和我们做朋友的朋友才是真正的朋友。陈将军正是我们的真正的朋友。这一点，凡是受过敌机轰炸的中国人都会了解的。中美的合作可分三个阶段：第一是文化的合作；第二是军事的合作，这由陈纳德将军开其端。日寇就要在我们打击之下失败了，战后中美还要有经济的合作。

（《大公报》，1945 年 8 月 3 日）

① 是日，由重庆各界 168 个单位发起的慰送陈纳德将军大会在重庆新运动广场举行。主席台上高悬于右任亲书：“为自由而战，载荣誉以归”条幅。张伯苓任大会主席。大会向美国驻华第 14 航空队司令陈纳德将军献纪念品，包括金钥匙、荣誉伞、纪念册及纪念字画。并由张伯苓报告 168 个团体慰劳欢送陈纳德的意义。题目为编者所拟。

新国势与新希望[①]

（1945年8月27日）

诸位同事：

（一）

今天的聚餐会，比过去八年中任何一次的聚餐会，都来得有些不同，原因是胜利已经到来，复员亟待展开，因此格外显得出这次聚餐会意义的特别重大。

（二）

我国对日发动全面抗战，到今天已经八年多了。这一战，决定着中华国家的生死存亡；这一战，支配了中华民族的主奴荣辱。战而胜，则国存族兴，从此翻身；战而败，则国亡族灭，万世沉沦。中间绝对没有侥幸偷巧，妥协回旋的余地。这一战的关系，太重大了。真正是称得起国家的神圣抗战，民族的生死关头！这次抗战，如何才能把握着光荣胜利这一关头，如何才能顺利的安全渡过，诚然不是一件容易的事。但我们只要从整个的世界大局看来，今日同盟国家的胜利，和轴心国家的惨败，在大战开始之时吾人实在可以想像得到。因为“和平不可分”，“世界是整个”，实以现在交通工具发展迅速，把地球的面积缩小了，把世界的距离缩短了，从此国与国间的关系，格外显得联系密切。古人说“天涯咫尺”，“天下一家”，到今天已经证明绝非夸诞虚矫之词了！可是轴心国家偏偏野心勃勃，得意忘形，梦想称霸世界，奴役人群，毁灭文明，真是太不量力，自招耻辱，那如何不遭受当前无情的惨败！

（三）

中日抗战以来，我就断定日本必败，中国必胜。因为古人说得好：“国家将兴，必有祯祥，国家将亡，必有妖孽。”我们拿这两句名言，把中日两国在抗战开始时的大势比较一下，就足证明我国的判断是正确无误的。

---

① 本文张伯苓在8月27日教师节南开同仁聚餐会上的演讲。

先说日本必败吧。

日本国家，自从明治维新（按明治维新始于1868年，清同治七年）以来，民智开通，文化进步，国运日益兴盛，国格日益提高，俨然为我东亚新兴的强国。光绪二十九年（公元1903年）我初次到日本东京去，会见了它们国里许多有名的大教育家，他们那种刻苦的生活，实干的精神，以及奋斗的成就，真令人衷心佩服。接着我前后一共到日本去了十三次，在我每次踏上它们的国土的时候，总是感觉到日本国家在物质方面，不断的日新月异，长足进步。尤其是在民国十二年（公元1923年）大地震以后，在短期内恢复了当年的繁荣，种种实干苦干的精神，值得吾人效法。不过日本的物质文明，诚然是在进步，可是它的精神文化，反而是江河日下，崩溃堕落。尤其是最近五十年来，日本军阀夜郎自大，跋扈专横，招摇生事，到处闯祸，不守国法军纪，不顾信义责任，实在是国家的妖孽。我们看“五一五”事件发生之时，而犬养毅首相丧命，“二二六”事件踵继于后，而重臣多人，受伤的受伤，丧命的丧命（按铃木首相当时亦曾被乱兵……[①]沈阳事变，不顾国际条约，强占东北地方。接着有淞沪之役，长城血战，燃起了卢沟桥的烽火，逼起了全中国的抗战，破坏东亚和平，搅乱远东秩序，真是罪大恶极！记得有一位眼光远大的日本外相，名币原喜重郎者，说过：“日本占领满州，有如吞下一颗炸弹！”这是一句多么惊心动魄、发人深省的警告。可是日本军阀，不但不肯悔祸，反而变本加厉，在欧洲战局紧张之时，竟敢大胆的偷袭珍珠港，掀起太平洋大战，注定日本国的败亡。我们可以说，今天日本的失败，不失败于同盟军的压力，不败于本身外交之孤立，而失败于其内部国无纪纲、军无风纪，以至于国家陷于无政府状态，民族步入自杀的惨境，这叫做“国家将亡，必有妖孽”。所以我断定日本必败。

（四）

再说中国必兴。

中国近代史上，出了两位大伟人，一位是推翻满清，建立民国的孙中山先生，一位是完成统一，领导抗战的蒋中正先生。中国有此二大伟人，才能把衰老贫弱的国家，重新复兴强大起来。

孙先生受的是西洋教育，对于国外政治、经济、社会的研究最深，了解最大，心得最多，因此他发明三民主义，制定建国计划，给国家今后百年建设大

① 原文缺漏——编者。

业，整理出一个头绪来。蒋先生受的是东方教育，对于中国固有文化，如政治、哲学、伦理等，研究最广，用力最勤，见解最深，因此他在认识革命主义之后，就能够真诚信奉，终身力行，成为总理主义、中国革命最忠实的信徒。

中国国民革命，前有孙总理之领导，后有蒋总裁之笃行，为我国家民族奠定万世兴盛、巩固不拔之基业，孙、蒋二公，实为我革命维新，兴邦建国的最大功臣。以晚清时代，社会进步滞缓，国人惰性太深，一般人对于孙先生的认识，并不太深，但是国人对蒋先生的认识，却能慢慢的加多加深。有一次，我在蒋先生书斋内，看到一副对联，写道："穷理于事物始生之处，研几于心意初动之时。"这副对联的字句，是蒋先生亲自拟定，而请孙先生书写的。时间在民国十二年，到今天已经二十多年了。从这副对联的字义上，我们知道蒋先生平时观察事物，研究性理，并不在于事物行为既经发生之后，而在于一切事物行为初生始之时，所谓"见微知著"，"明往察来"就是这个意思。

因此蒋先生的见事极深，观察极细，故其对于一切事理之判断，大半精辟准确，而非常人之所能立刻了解者。但是事后验证，却毫无爽失。这几十年来来，蒋先生亲眼看到日本的兴起，亲眼看到日本的猖狂，并且还亲身的尝受了日本的侮和辱！因此他断定，假使日本发动对华战事，它一定要走上失败崩溃的惨境！当卢沟桥事变爆发之初，蒋先生经过深思熟虑以后，断然不顾一切，以自卫之决心，作全面之抗战，八年撑持，含苦茹辛，卒致迫令日本投降，获得光荣胜利。实以我国"得道多助"，日本"失道寡助"，胜败之数，早已决定于大战初起之时，而非决定于胜利来临之后。中国因有此二大伟人，中国遂能复兴强盛，这叫做"国家将兴，必有珍［祯］祥。"

（五）

……[1]者昌"，惟是中国今日之兴盛昌隆，尚在开始起头的阶段，假使中国从此埋头苦干，努力建国，深信未来的新中国，必能大大的兴盛起来。

现在世界各国，彼此来往频繁，关系密切。美国的世界主张，在推行四强政策，希望世界和平的建立，人类安全的保障，由四大强国多负责任，多尽义务。其目的在世界强国为弱小民族服务，而非统治弱小国家。中国为四强之一，负有重大责任。当前世界局势好转，侵略主义消灭，中国得能赶得上这个大时代，新时代，真是万分荣幸。

---

① 原文缺漏——编者。

中国抗战，分三阶段：第一期，为独力抗战。在此时期，以我疲敝之躯，当彼顽强之敌，作战艰苦，牺牲惨重，但是对于世界的贡献为最大。因为四年半的中国独力苦战，把敌人的主力，牵制在中国大陆之上，使他动弹不得，给世界民主国家，以充分认识“和平不可分”，“世界是整个的”，“侵略火焰必须扑灭”，“世界和平必须建立”的意义。并且还给民主国家，以改变观念，决定态度，准备力量，积极反攻的充分时间。这一贡献，真是太伟大了！假使当年中国对于日本之侵略，始终屈服，或是中途妥协，那么世界局面成何状态，真是不堪想象！所以我说，中国独力抗战时期，对于世界的贡献最大最多。第二期，为联合作战。此期因我作战时期太长，实力消耗太大，加以沿海被敌封锁，外援无法内运，中国对于世界的贡献，反而不多。第三期，为共同建设世界和平。因为中国地大人多，天产物相当丰富，加之民族爱好和平，有此种种立国之优点，深信战后的新中国，对于世界和平，人类幸福，定能更多更大、更光荣、更辉煌之贡献。这是毫无疑问的。

（六）

抗战胜利的结束了，国势步入新阶段，实为我国家民族五千年来空前盛世！吾人为着配合国家的需要，适应世界的潮流，提出五点新希望，作为今后吾人共同努力之目标。

（1）培养教育乐趣——青年为国家的灵魂，教育乃是百年之大政。教育工作，诚然清苦，但其乐趣亦至丰厚。古人说：“得天下之英才，而教育之，一乐也。”我从事教育工作，已经四十多年，自觉越做越有兴趣，越干越有精神。实以从事教育工作者，只要随时体验，到处观察，心中自然感到无限的快乐和高兴。今后训练学生，要能多做积极的领导，少做消极的干涉，因为学生乐意接受的训练，其效果，比较学生被动的敷衍，来得切实丰满的多。教育者能有“不厌不倦”“循循善诱”的风度，才能发挥教育的效能，才能增加教育的乐趣。

（2）重视现代科学——二十世纪为科学时代，无科学无国防，无国防，无国家。易言之，无科学即无国家。现代科学之重要，自经此次大战以后，益加为人所重视。今后吾人训练学生，应当特别重视现代科学，务使全体学生，人人明了物质，利用物质，并进而能创造物质。藉以奠立建国之基础，改善国民之生活，使战后的中国，成为一个真正现代化的新中国。

（3）发扬固有文化——中国固有文化，以儒家为正宗，而儒家思想，以孔子为大师。孔子生当君主专制时代，力主维持君统，推崇古往，实乃时代使然，未可加以厚非！我觉得孔子精神的宽大深厚处，在于指示吾人以修身做人之大道。有如“克己复礼”“忠（克己之谓忠）恕（推……[①]）。今后务使青年学生，对于中国固有文化，孔子特殊精神，深切认识，真诚信奉，并能终身力行之。

（4）讲求做事效率——国人平时做事，大半不讲效率，以致时间精力，浪费至多！抗战以还，国人从美国盟友处，学得经验不少，知道做事要有计划，有组织，有步骤，有方法，时间不可浪费，精力不应虚耗，做一事要求一事之效率，费一钱要得一钱的代价。诚能事事讲效率，时时求长进，然后训练之学生，方可担负建设的责任。

（5）力行“公能”校训——“公能”二字，为南开之校训，而“公”字训练，尤为南开校训中最重要之部分。“公”字训练，过去非常需要，今后尤为适合。能“公”，然后才能爱护团体，祛除私心，主持公理，服从公意。南开学生，今后不独要能认识“公”字，信奉“公”字，并且还要切实力行这个“公”字，然后“公”字训练，才有实效。“能”字的范围广大，包有体力，智力、组织力，以及团结力等各种能力，今后起要多方培养，随时训练。务使我南开学生，人人既有丰富的能力，又有服务的热忱，做一个国家真正有用的好公民。

总而言之，吾人在此新国势新时代之中，希望我全体同仁，认清时代责任，完成教育使命。负责训导工作的，固然要积极训练学生，就是专任教学工作的，也希望在教课之外，再能多多的担负领导青年的责任，使我南开学生，人人成为中国的好公民，世界的好公民，来一致担负起建设新中国，建设新世界的新责任。这是我在新国势、新时代中，对各位同仁的一点新要求和新希望！

（《南开校友》第 7 卷第 5 期，1945 年 10 月 15 日）

---

① 原文缺漏——编者。

周恩来是南开最好的学生[①]

（1945 年 9 月 10 日）

毛泽东先生和周恩来最近到学校看过我了，我心里非常高兴。周恩来是我的好学生，他是我最好的一个学生。可惜过去却被我把他开除出学校去了。现在，我要宣布，你们在座的每一位同学听着，只要你们像周恩来这么有出息，今后即使我把你开除了，我也会再发给你一张毕业文凭的。

（《重庆南开通讯》第 3 期）

南开学校四十一周年纪念告全国校友

（1945 年 10 月 17 日）

全国校友们：

今天——十月十七日，是南开学校四十一周年纪念，同时又是国家命运好转，南开复兴有望的时候，我想借着中央广播的机会，对大家报告南开过去奋斗的经过，和南开今后复校的前途。今天我是用广播对大家说话，虽然是彼此天各一方，不能见面，但是我觉得还是同过去每年校庆时候，在学校里对诸位说话的快乐一样。

南开学校到今天已经是四十一周年了！回想四十多年来奋斗的史迹，真是艰苦备尝，如在眼前！记得四十七年以前，我在天津严范孙先生家，成立私塾，那时只有五个学生。就是在四十一年前，我在严宅创办中学的时候，也不过七十三个学生。后来在民国八年办大学，民国十二年办女中，民国十七年办小学，

① 1945 年 9 月 6 日，正在重庆与国民党谈判的中共领导人毛泽东偕周恩来、王若飞前往重庆沙坪坝津南村看望时任国民参政会副议长的张伯苓。9 月 10 日，张伯苓在重庆南开中学全校集会上特别谈到此事。题目为编者所拟。

民国二十三年办研究所，抗战前一年的民国二十五年，又在四川重庆地方，添办南渝中学，当时各部学生，总计三千余人，教职员约达五百人，实为我南开抗战前之极盛时期。

天津南开学校，在抗战开始时，首先被敌人所炸毁，时期在民国二十六年七月二十八日，当时损失惨重，同人非常痛心，所以我在当年学校三十三周年纪念日前夕，讬由汉口《大公报》及中央社通电全国校友，说："敌人所能毁者，南开之物质；敌人所不能毁者，南开之精神。极望全国南开校友，纪念学校，本南开苦干之精神，为国家民族努力。"从那年起，到现在，已经是整整的八年年头了！我们今天亲眼看见敌人投降，抗战胜利，国家地位提高，学校复兴在即，我真是高兴极了！

所谓南开精神，到底是什么呢？我可以说，南开学校是一个长进的学校，南开精神，就是长进的精神，创造的精神，和奋斗苦干的精神。日新月异，自强不息，是我南开校友们人人应有的风格。南开四十多年的历史，一直在长，在创，在不断的长和不断的创之中，求对于国家民族有更大之贡献。我们看：天津南开学校，由最初成立时的七十多人，扩充到抗战开始时的三千人，长了四十倍。就是重庆南渝中学，在抗战万分艰苦，物质万分贫乏的当中，依然是从最初的二百人，发展到今天的近两千人，也长了十倍。这种长和创的精神，诸位校友们，一定要尽量的把他介绍到全国各地去，来发挥出更大、更多的效果！

说到南开复校计划，大体业已决定，工作亟待展开。今后计划，重庆南开中学，继续工作，天津大学、中学及女中三部，先行恢复，此外尚拟在北平设立一个初级中学，长春添办一个中学，并且南开大学工作要尽力充实，加深研究。配合国家需要，培植建设人才，增高学术贡献。大学将有五学院：文学院、理学院、法商学院、工学院，及医学院。至于复校经费，需要甚钜，干部人员，需要甚多，望我政府长官、社会人士、国外友人，以及全国各地校友们，仍本过去赞助之热忱，再做更大之努力，使我南开复兴计划顺利进行，期于最短时间完全实现。这是我对于社会各方面所热烈期待的。

这几年来各地校友们，对我健康问题，十分关切，或则驰函慰问，或则劳驾致意，使我非常感激。藉此机会，向各地校友们表示深切的谢意！在最近四年来，我患有摄护腺胀大病症，稍有劳动，便中即出血，中间曾经采用电火治疗，一时略见功效，但仍不时发作，影响精神工作不少，衷心至为恼闷！现在计划，在国民大会召开以后，大约在十二月中旬，赴美治疗，希望把旧病根本治好，并拟在美考察教育，以为将来南开校务改进发展之参考，大约在明春即可返国。

苓今年七十岁了，教育救国，为我过去最大之宏愿，教育建国，更为我今后坚定之信心，但如个人健康恢复，体力如常，愿再为国家、为民族、为南开，服务十五年，直至八十五岁时，方可退休。到那时候，我可以亲眼看到南开之永久基础，日益奠定，国家之建设，大□完成，我内心将□如何快乐啊！

四十年来，我南开学校训练学生之最高目标是“公”“能”二字。“公”字目的，在训练学生不自私，为大众，以养成其为国服务之公德；“能”字目的，在训练学生会做事，有才干，以养成为公服务之能力。学生既有干练的服务能力，又有丰富的服务热忱，然后对于国家民族，方有切实的贡献。抗战八年以来，我南开校友效命战场者，颇不乏人，就是服务后方者，亦皆各有其艰苦卓绝之成就。现在国势好转，希望我全国各地南开校友们，一本我南开长的、创的、奋斗的精神，为国为校，加倍努力，共求进步，这是我对全国校友们最大的最迫切的希望！

（《南开校友》第7卷第5期，1945年10月15日）

南开愈难愈顶[1]

（1945年10月17日）

南开就有难的遭遇，不怕难，更要顶过难。经过一番难，就进步一块；愈难愈顶，愈顶愈进步；愈进步愈不知足，愈不知足愈有进步。

（《南开校友》特刊，1945年10月17日）

---

① 本文摘自阎子亨《祝我母校四十一周年纪念》一文，题目为编者所拟。

学校教育为建国之本[①]

（1945 年 10 月 17 日）

今后南开教育以教育建国为宗旨。天津已开始复校招生。敌人恨南开，察于形势危急，所幸早有准备。廿五年来渝筹建南渝中学，得有此基地。南开大学复校后仍为私立，兹曾〈向〉蒋主席谈过，愿将南开交给政府，但彼时蒋先生表示即交政府亦无人来办，还是要我来主持。建国工作中，学校教育最为基本，我不能不致力也。复校后的董事已请定，有吴达铨、张岳军、翁文灏、莫德惠、张直卿、范旭东、胡适之。

（宋璞主编：《张伯苓在重庆》，重庆出版社，2004 年，第 84 页）

南开学校未来之计划[②]

（1945 年 10 月 17 日）

经过此次大战，最要者为建国，而建国之基在教育。南开过去已对国家、社会有贡献，今后更当本南开之地位与声望，对国家、民族作更进一步之努力。南开大学将于明年暑前迁返津门，中学则在短时期内希望即能开课，将来计划重庆南开照旧维持，天津南开恢复旧观，此外在首都设立一处，长春设立一处，以尽吾人之职责。惟天津大、中、女、小四部校舍，均为敌寇摧毁，一切设备亦荡然无遗，复校工作，至为艰巨，尚望诸位校友及社会各方人士，多方协助，使南开各部不惟恢复旧观，且益将发扬光大之。

（《南开校友》特刊，1945 年 10 月 17 日）

---

① 本文为南开学校 41 周年校庆之际，张伯苓在南开校友大会上的讲话。题目为编者所拟。

② 南开中学主任喻传鉴 1945 年自重庆返津时，代表张伯苓向记者作长篇谈话。本文摘自《重庆南开》一文，题目为编者所拟。

南开决不怕难[①]

（1945 年 10 月 21 日）

南开大学决定维持私立，不过战后疮痍满目，经济尚不能独立，仍需请求政府补助。明年度起，已呈请主席，在经费上与北大、清华相等，后年逐年减少十分之一，十年之后，完全自给。其中困难很多，但南开决不怕难，除创办医学院，添设新闻系，并拟在长春办中学一所。

（《世界日报》，1945 年 10 月 22 日）

南开大学在十年内暂改国立[②]

（1946 年 1 月 17 日）

南开损失重大，除向敌索赔外，已经蒋主席批准，在十年内暂改国立，以资恢复。

（《大公报》，1946 年 1 月 20 日）

① 本文为张伯苓答《世界日报》记者问，原题为《从昨日之新闻看昨日之南开》，题目为编者所拟。

② 本文为 1 月 17 日张伯苓在上海出席南开校友欢迎会时的讲话。题目为编者所拟。

青年人任何时候都要强[①]

（1946年1月中旬）

光霞： 校长，离开你后，时常惦念你，见报上有校长已来沪的消息，欢喜得很，特来拜见。

张伯苓： 我只希望青年学生们，能够对于事物，尽量的去观察、研究、探讨，这样，他们将会感到不够而求进步的，青年的本身是纯洁的、热忱的，他们自身没有什么毛病可言，最重要的是在领导青年的人。

光霞： 赴美后，什么时候回来？

张伯苓： 一定要在五月五日以前回来，好参加国民大会，我要亲眼看到祖国的复兴。

光霞： 校长，我在军队来，瞬已两年多的时间，现在——尤其是现在觉到更加的模糊了，对外界的一切，以及对于自己本身，都有些茫然看不清楚……

张伯苓： 世界上绝没有一个现存的你所满意的环境，因为这样，人类才会努力向前；因为不满于现状，才会努力去创造新的。

像你现在，离开了家庭，离开了学校，踏入了更广大的人群，一定有许多的事情，使你不满和憎恶。但这些是给予你的教训，现在你所不满的和你所憎恶的，将来就不□生存，切不可因为现在的不满而灰心颓丧下去，你必须要有坚定的意志，努力向上，尽量避免涉想到坏恨的方面去。

许多青年人，常因不满现状而烦闷、苦恼，那是因为他纯洁，看到丑恶的事情就愤恨、厌恶，但他又缺乏勇气去改变它，同时自己又看得太远，说是尚未得到适当的机会。因此，他烦闷，他苦恼。

常陷于苦恼烦闷的人是懦弱的，我们的志向应该要远大，便要一步步从小的地方做去，我不是时常告诉你们应当要强，不要忘记，要强！任何时候要强！只有坚定意志，努力向上的人那是永远快乐的。

还有一点，我要告诉你的，咱们国家是最缺乏小领袖，所以许多的事都弄

---

① 本文是张伯苓出国治病前在上海寓所与南开校友的谈话，摘自光霞的《一位教育界权威的训示：苦闷的青年应当怎样——拜见离国前的张伯苓校长》一文，题目为编者所拟。

不好，你们现在应该练习做小领袖，无形中领导着别人走向善的方面去。现在我们正是走向民主、建设新中国的时候，更需要各方面的小领袖，无论在科学、政治……任何方面。

光霞：今天在这里得见校长，感到非常温暖，好像回到了学校一样，又得到校长许多宝贵的训示，真快慰极了。再见，祝校长早日痊愈。

（《一周间》（长春）1946 年第 3 期，1946 年 7 月 22 日）

面对腐败莫消极气馁①

（1946 年 3 月 18 日）

目前很多中国人给当前环境的腐败冲昏了，也气馁了。我觉得当前环境故属腐败，然而决不致令人气馁。假如气馁而趋于消极，那才是真正的危机。我在满清专制政体下办教育，在北洋军阀横行下办教育，难关重重，尚且要一一越过。今而后定系康庄大道，何用暴弃！

（《上海文化》第 11 期，1946 年 12 月）

在洛克菲勒基金会谈中国教育与政治②

（1946 年 6 月 25 日）

我同意在座各位的观点，即建立一个连接中国旧教育与新教育的桥梁是很

① 张伯苓赴美治病前，上海南开校友会举行欢送会，张伯苓在欢送会讲话。题目为编者所拟。

② 1946 年 6 月 25 日，洛克菲勒基金会邀请张伯苓共进午餐，以表欢迎。该会出席的有雷蒙德、福斯迪克、罗格、伊文斯等 6 人。他们认为，张伯苓自 1908 年经饶伯森和格林介绍受洗入教后一直是一个乐天派，而今他对中国教育和政治前景表现出的悲观主义，更加令人信服。席间宾主畅谈中国教育和政治，美国朋友也对一些问题进行询问，张伯苓坦率地表达自己的观点。本文是从罗格·伊文斯有关午餐会的记录中摘编的，并拟加了题目。

重要的。至于你们问我，谁是中国教育强有力、有远见的引领者，我认为一个是张彭春。他现在在联合国工作，一旦我有什么不测，他会立即回到中国，并领导南开。一个是国立中央大学校长吴有训，另一个是金陵女子大学吴贻芳博士。你们让我评论其他人，包括胡适和清华的梅贻琦，真不好说，缺乏了解，比较“弱”。

关于中国政治体制，我坦率地讲，中国共产党是源有苏联并受苏联影响的，因此在当前情况下，能够融入中国政体的可能性很小。这些中国问题，也是世界性的，如果不重视这些问题，会引起误导，甚至是致命的。

（洛克菲勒基金会档案）

附：南开学校理科课程表

生物　中学第二年。每周 3 学时，包括植物学、动物学和少量生理学及矿物学。用中文讲授，教师是一个来自北京高等师范学校的毕业生。

物理　中学第三年。每周 5 学时，包括少量实验课。教师是天津高等工业学校毕业，用英语教学。

化学　中学第四年。每周 5 学时。有一个一次可共 20 名学生使用的实验室，试验课 2 学时，用英语教学。

（洛克菲勒基金会档案）

南开发展计划与中国时局前途[①]

（1946 年 12 月 18 日）

吾[②]计划十年以后，南开仍能改为私立。同时重庆之南开中学，预备加以扩充。上海方面，亦决定办一所南开中学，并将陆续扩充到其他各城市。

---

① 张伯苓氏乘“斯丹荷特号”（StagHound）自纽约返国，12 月 18 日下午 3 时 50 分到达上海。蒋介石代表吴国桢、朱家骅代表董守义、查良鉴、汪优生、黄钰生、何廉、李柏坚、方显庭等五六十人到码头迎接。张伯苓氏虽然满头白发，精神仍甚健旺，走下轮梯时，谢绝南开校友搀扶，拄着手杖走连声说：“我还行，我还行”。并对大家关心的问题作以下讲话。题目为编者所拟。

② 此处原为记者以第三人称“渠”叙述，为行文便利，由编者改为第一人称“吾”。

现在是千载一时之良机，我们的一切束缚，都解脱了。日本人已屈膝，不平等条约都已取消，东西南北都没有了敌人，中国要长大了！不过，困难也是有的，大家必须努力。

我们有这样一个伟大的领袖，努力为国，努力民主大业，他的身体和精神又都那样好，国事的前途，一定很光明。同时我们还有世界最大力量的美国之帮助，并且苏联态度亦相当和平，只要任何方面都本着爱国心做去，中国的和平建设，一定成功！

（《申报》，1946 年 12 月 19 日）

今后努力三件事[①]

（1946 年 12 月 23 日）

第一件事，发展南开。

我留沪五天，在南京五天，然后在天津住一月，因天津已九年多不去了。最后去重庆处理南开中学校务，约逗留二三星期，再回上海，这是第一个圈子。在沪拟办南开中学分校，故二月后返此，预备在此久居。

第二件事，致力体育。

教育里没有了体育，教育就不完全。我觉得体育比什么都重要。我觉得不懂体育的，不应该当校长。英美精神即是体育精神，民主政治亦即是体育精神。体验过体育中的竞争、团结、合作以后，推行民主政治要有力很多。

第三件事，中美文化。

我除了发展南开，致力体育外，我所要做的第三事是中美文化协会的工作。中美两国是奠定世界永久和平的基石，彼此的关系太密切。文化合作、民间友谊的交流，我认为比外交政治还要重要。

（原载《新闻报》（上海），1946 年 12 月 23 日，转摘自《南开校友》第 2 号，1947 年 2 月 15 日）

① 本文是 1946 年张伯苓由美国治病返国后，在上海与《新闻报》记者的谈话，原题为《张伯苓氏谈今后努力三件事》。

国家前途与南开学校发展[①]

（1946年12月29日）

余今日所说之话，即为从前在南开每星期三之修身班所讲者。此次余系第四次赴美，在国外观察所得深信国家前途与世界前途愈趋光明。我国前为一切不平等条约所束，如租界等等即为一致命之伤，加上日本压迫，民族深受苦难。此次战争结束后，压迫业已解除，当即须注重和平，谋国际之合作。今后，英美可大量借款，我国可乘此建设，所谓天下太平而后国家治。外交方面，可联合世界为一家，进而至于大同世界。关于学校方面，南大因为经济关系暂行改为国立，十年后仍将改为私立，中学分校现在除天津、重庆二校已设立外，上海将来拟设第三分校，东北拟设第四分校。

（《南开校友》第2号，1947年2月15日）

附：《申报》载张伯苓谈话[②]

中国前途光明，吾人各尽所能，即可使中国成为名实相符之强国。吾[③]拟以十分之一精力奔走国事。

吾决致力教育，誓以教育为终身事业。并拟与胡适等推动中美文化协进社华北分社之工作。吾定一月二日晋京，转飞渝、津两地处理校务后，再行来沪，筹设南开上海分校。将来并拟在东北设校。吾特别强调，希望各界人士惠予协助。

（《申报》，1946年12月30日）

---

① 上海南开校友在国际饭店举行欢迎会，欢迎张伯苓到沪，百余名校友出席，张伯苓即席讲话。本文摘自《校友刘菊淡十二月卅日自沪来函片段》，题目为编者所拟。

② 本文为《申报》所载张伯苓在上海南开校友欢迎会上的讲话，因内容不同，一并收录。

③ 此处原为记者以第三人称“渠”叙述，为行文便利，由编者改为第一人称“吾”。本文下同。

世界·中国·南开

（1947年1月1日）

本人最近第四次由美返国，各方友好及南开同学，每以世界现势、中国前途及南开复兴三事见询，兹简述所感如下：

本人自认是一个乐观者，南开同学又替我起过一个诨名，叫“不可救药的乐观者”。但我的乐观是有根据、有理由的。

古人说，“鉴往知来”。历史是未来的一面镜子。我们从人类的经济生活上看，撇开原始的社会形态不谈，封建制度是给资本主义制度清算了的，现在又有社会主义制度出来清算资本制度了。从人类的政治生活上看，与封建制度相配合的，是专制的政体；自从资本主义制度兴起，有些国家实行君主立宪，有些国家改为共和政体。尽管像德国、日本和意大利，这些国家实行法西斯蒂独裁政治，想把前进的历史拉回几十年，然而，事实俱在，暴力是扭不转历史发展的法则的。

历史发展的路线，尽管迂回曲折，但终结的方向，是自由平等与幸福。第二次世界大战结束迄今，已有一年又五个月，反法西斯蒂阵营中的反动分子，竟师承法西斯蒂的故技，或向弱小民族施虐，或在制造三次大战。然而，这股逆流在全世界爱好和平与民主的人士之前，也就是在浩浩荡荡主潮之前，已经渐渐低头了。本人离开纽约之前，曾经参观联合国大会，亲眼看见各国代表聚精会神地讨论世界的集体安全及永久和平，深信今后的世界必日趋于光明，使人类得享发表及信仰的自由，免于恐惧及匮乏的自由。本人在美时，曾受彼邦文化界领袖的嘱托，在华组织中美文化协会，希望胡适及司徒雷登诸氏参加，共商进行。本人深信，国与国之间文化的交流，可以促进互相了解，裨益世界和平。

现在我们把观察世界的目光移到中国。帝国主义对于中国的欺侮与压迫，已有百年之久，而本人年逾七十，国家所受的欺侮与压迫，我都一一身受，感触自然较一般人为深。百年以来，我们以积弱的地位，被逼而签订不平等条约，外国人可在我国开辟租界，行施治外法权，固属国家民族的奇耻大辱；尤应引为耻辱的，是不争气的中国人，包括失意的军阀政客及惟利是图的买办阶级，竟视租界为护身符，与外人狼狈为奸，这种人全无国家民族的观念。外人更通过并利用他们，控制我国政治经济的命脉。所以租界为害至大，简直是一个藏垢纳污之所。其次，我们关税不能自主，以至外货排山倒海而来，漏卮日大，民穷财尽。政府到了山穷水尽的时候，动辄大举外债，无异饮鸩止渴。因为每举一次外债，就招致丧权辱国的恶果。有一次政府为了兴建津浦铁路，向英、德两国借款，奇怪的是以英国的借款兴建北段，德国的借款兴建南段，以致同一线的铁路，南北两段的行政与管理制度，迥然不同。帝国主义的心肠真是狠毒，想以借款，分割我国的主权。翻开近百年史，我国吃尽帝国主义的亏。甲午一役。我国败于日本。而日本从此得寸进尺，直到"九一八"及"七七"事变，简直野心大得要亡我们的国，灭我们的种。八年艰苦抗战的结果，日本算是打垮了，然而，回想起来，我们付了多少代价，才赢得这一次胜利的果实呢？

第一次世界大战的结果，产生新的苏联；第二次世界大战的结果，应该产生新的中国。中国的政治哲学，根据《大学》上的一句话，是"修身、齐家、治国、平天下"[①]。现在，世界向寻求永久和平的路上走，天下可望日臻太平，正是我们治国的大好机会，千载难逢，不可再失！

中国就天、地、人三面而言，无不合大国的条件。人民能够刻苦耐劳以应付任何艰苦的环境，至于智力，不在任何人之下。就以南开的同学而言，留学国外，而获特殊荣誉者，颇不乏人。曾在南开毕业并任讲师的孙本旺君，现在美国纽约大学研究院专攻数学，某教授在高等数学分析班上出一题目，全班同学绞尽两星期的脑汁未能解答，连出题目的某教授也在内，终由孙君完成之。全校师生赞佩不置，当由某教授将孙君的解法，当众宣布，并加说明。孙君因慕芝加哥大学之名，拟转该校，而纽约大学不允其请，尤以两个著名德籍教授苦口劝留，这是一个实例。

最后一言南开。南开大学现在改为国立，限期十年，期满仍改私立。本人办学，为的就是国家。南开在津校舍于"七七"事变后，为敌机全部轰毁，当时本人在京，面谒蒋先生，报告学校遭难情形，蒋先生说："南开为国而牺牲，有中国即有南开。"现在，抗战胜利，南开暂时改为国立，正表示国家对南开负责。南开中学还是私立的，一、二两校分设成都与昆明，最近计划在上海添办南开第三中学，至于第四中学，拟设在东北，在敌人实施奴化教育达十四年之

---

① 见《大学》第一章，原文是"物格而后致知，致知而后意诚，意诚而后心正，心正而后身修，身修而后家齐，家齐而后国治，国治而后天下平。"

久的地方办学，意义特别深长。

南开同学及各方友好最近问我，究竟要办几个南开中学，我的答复是简简单单六个大字“一直办到我死”。四十多年以来，我好像一块石头，在崎岖不平的路上向前滚，不敢作片刻停留。南开在最困难的时候，八里台笼罩在愁云惨雾中，甚至每棵小树好像在向我哭，我也还是咬紧牙关未停一步。一块石头只需不断地滚，至少沾不上苔霉；我深信石头愈滚愈圆，路也愈走愈宽的。

（《上海文化》第12期，1947年1月1日）

今后国运之兴衰，系于吾人自身之努力[①]

（1947年1月3日）

抗战胜利，制宪成功，一切均渐走上轨道。今后国运之兴衰，系于吾人自身之努力。

（《申报》，1947年1月4日）

建国工作前途无限光明[②]

（1947年1月3日）

抗战胜利，制宪成功，一切均渐走上轨道，今后国运之兴衰，系于吾人自身之努力。就国际方面言，此次大战后世界各国莫不渴望和平。本人在纽约时曾出席联合国会议旁听，杜鲁门总统以及各国代表均竭诚致力于国际之和平，

① 1月3日下午，张伯苓乘车由上海抵达南京，南开在南京校友数十人到下关车站迎接。本文为张伯苓在车站对南开校友的讲话，题目为编者所拟。

② 张伯苓自美归来，于3日由上海乘车抵达南京，南开校友数十人前往车站迎接，张即对校友发表谈话。本文原题为《张伯苓抵京谈话》，文中叙述用第三人称“渠”处，为行文及阅读方便，由编者改为“吾”，题目为编者所拟。

相互让步，结果圆满，故本人对世界前途殊抱乐观。大学有修齐治平之道理，但时代变迁，本人深深虑觉“唯有天下平而后始能国治”。如今后世界太平，我国建国方有希望。

世界各国日趋工业化，尤以美苏两国，其不同之点虽多，而对高度工业化之努力则无二致。工业化之含义，非仅物质上应用科学于工业方面，同时精神上为训练人民管理政治，即所谓民主是也。我国在蒋主席领导之下，依据中山先生遗教，一方面实现其实业计划，促进全国工业化；另一方面结束训政，实行宪政。此次国大通过之宪法，适合国家需要，奠定民治初基，如各党一致努力，建国工作前途有无限光明。

关于校事，吾希望十年后南开仍改为私立，盖民主国家私立大学自具有其特殊价值。南开中学现仍为私立，重庆分校为第一分校，上海将设第二分校，如情况允许，东北将设第三分校。

美国有一华美协进社之设立，目的在促进中美文化之交流与合作，其中董事为中美分任，总干事为孟治博士（亦为南开校友）。该社现拟在中国设一分社，并推定胡适、李铭、司徒雷登及梯尔潘克及吾负责。

吾终身将致全力于教育事业与体育之提倡，愿以余力从事其他国家事务。参政会主席团则因时间关系，恐不能继任。下周将赴渝探视夫人病，约留两周即返天津。

（《大公报》，1947年1月4日）

国民参政会驻委会第三次临时会发言[①]

（1947年1月4日）

一、 缩减军费，照现列预算与人数不能配合。

二、 官兵人数太多，服秣费不敷应用。

三、 预算编列不在百分比问题及其数额之大小，而在内容之合理与否。

四、 非作战兵员应予减少。

---

① 国民参政会驻会委员会于1月4日上午9时举行第三次临时会，由国防部次长林蔚报告国防预算要点，参政员彭革陈，尹述贤，张伯苓等先后发言，提出以下质问。题目为编者所拟。

五、提高士兵待遇。
六、废止征军粮。
七、编余官兵，应有保障。
八、军费预算不必减少，但望不超过预算。
九、征兵流弊甚多，文武官员待遇悬殊。

（《申报》，1947年1月5日）

应有通盘计划将中国建设起来①

（1947年1月4日）

去年11月，联合国大会在纽约开会，曾经旁听数次。余今年72岁，深感百年来之中国，全在屈辱外交上费气力。自鸦片战争，五口通商至外国劳力进入中国，其中以租界、治外法权，诸不平等条约为害最大。尤以租界一项，造就中国之特殊人物。凡此种种均亲身经历。现经二次世界大战之后，已全部解除。而联合国之成立，便于各国可共同讨论世界之永久和平，至令人欣慰。

古话云："修身，齐家，治国，平天下。"在现世界中则有反过来说之必要，即："天下平，国而后能治。"

其次，谈及国内问题。过去忧惧两事：一为瓜分，一为亡国。现皆已不存在，且"七七事变"数年中，我国建设突飞猛进，由此可敢断言，吾人有建设之力量，现在为千载难逢之时机，盼全国能奋起合作，建设国家。又现代国家中，制度、统治之不同如美、苏两国，但其工业化则一，并且都以科学应用于工业上，我国应快快赶上。其次为民主化，在美时曾与杜威、赫金斯等诸老先生谈及，一致认为建设中国，非枝枝节节之问题，应有一通盘计划，由专家调查全国之情形，以中国固有之长处，如道德、美术、社会组织等，加上工业化之设施与民主政治，把中国建设起来。此一通盘筹划之建国大计，现正在进行中，暂不能公开宣布。

① 1月3日张伯苓由上海抵达南京，下榻何廉公馆，接受中央日报记者专访，畅谈国内观感。题目为编者所拟。

对于国民大会及制宪，是民主之最好表现，千余人之大会，铄石流金，难免意见复杂，但道不乱，且制定之宪法，极臻完美，希望能遵守实行。建国为大众之事，应由全国人民共同努力，故行宪前途，至为荣烈。

关于南开大学。出国前，曾向蒋主席请求二事：一发给恢复南开之经费；二经常费每年减少十分之一，十年后仍属私立。余此志仍始终不渝。预计十年后，中国前途必大放光明，则南开私立必如期实现。如国家仍未能上轨道，则其责任亦已尽矣。至于南开中学，重庆校极发达，天津校在复兴中，现在筹划在上海成立一校，在东北成立一校，作风仍一本南开以前之规制。

余个人以教育为终身事业。永不改变。此外，对体育极感兴趣，正极力提倡。参政会工作如能卸脱即卸脱。

（《中央日报》，1947 年 1 月 3 日）

南开学校的规划与国家发展目标①

（1947 年 1 月 5 日）

一、南开大学在复员初期，经济困难，势不能不改国立。现在预计以十年为期，十年后盼望仍改为私立，恢复战前面目。但中学仍维持私立。

二、天津及重庆两处拟定名为第一及第二南开中学。第三中学原计划在上海，但蒋主席嘱先在长春设校，所以第三也许在长春，或者第三，第四同时开办。

三、近期内的中国，应侧重两个目标：一为工业化，一为民主化。前者我们已有丰富的资源，后者我们也有了一部很好的宪法；前者为致富之道，后者为致强之图。目前，中国有好的领袖，又有好的朋友，所以国势更可乐观了。

四、天下平而后国可以治，而后家可以齐。现在天下趋于平，国治是绝无问题的。

（《南开校友》第 2 号，1947 年 2 月 15 日）

---

① 张伯苓校长偕黄钰生等出席南京校友 56 人借善后救济总署举行的欢迎会，救济总署副署长郑达如担任临时主席，张伯苓在欢迎会上讲话。本文摘自乐永庆的《南京通讯》，题目为编者所拟。

中华全国体育协进会常务理事会会务报告[①]

（1947年1月7日）

一、利用各机关复员，派总干事董守义等，赴华北、华南、华中、华东各地推行工作情形。

二、会务推动。除推动粤、港、东北、晋、预、青、汉、济、台、菲、加筹设分会及支会，现已有十九处成立。

三、渝总会已结束，会所已移交渝分会。

四、会所在首都筹建，政院准拨活动所屋三栋，京市府已拨地三亩。

五、十四届世运（一九四八）年在伦敦举行，其冬季各项比赛项目，在瑞士举行，本会不断与世运会联系，并计划筹备参加。

六、台维斯杯网球赛，我代表许承基、罗孝□、蔡惠全，于五月参加欧洲带比赛，现正电英催报比赛结果。

七、审定田径赛，男子篮球，女子篮球、排球、垒球、游泳、全能运动、羽球八种规则。

八、经费收支，帐略。

九、平津处所借用房屋情形。

十、上海会所接收情形。

（《申报》，1947年1月8日）

---

① 中华全国体育协进会于1月7日下午5时在中央饭店开还都后首次常务理事会，张伯苓、郝更生、董守义、吴蕴瑞等常务理事及列席理事四人出席会议，张伯苓任会议主席并报告会务。题目为编者所拟。

国立南开大学现状[①]

（1947年1月12日）

（一）南开大学改国立后，经济上的困难减少了一些，目前不必发起大规模的募款运动，以免增重校友负担。

（二）今后学校与校友会的关系当设法加强，盼望能有一专人负责联系。极愿到各地走走，同各地校友见见面。

（三）南开大学虽改国立，校董会仍存在。学校有什么困难，各位董事还可以帮忙。

（《南开校友》第2号，1947年2月15日）

南开国立以来教职员额设计[②]

（1947年2月1日）

本校改组国立以来，设备简略，按照各院系学生实际情形，呈奉核定教职员额二百人、工警八十名，数月以还，深感员额有限，未能发展。兹以三十六年度转瞬即届，本校四院十六系一切设施应更为完备，各系、年级循序势必增加，连同招考新生，学生名额约共二千人。按照学额比例，教职员额数拟请增加，改为三百人，工役改为一百十二名。此外，理、工学院试验室暨实习工厂另增技工二十五名。至于警卫方面，以原有校址僻在市郊，地区辽阔，原有警额实属不敷分配，拟请增至六十名，俾资护卫。计工警等合计共二百零五名。以上所请增加员工额数，均系依照本校发展计划实际需要情形比拟而定，较诸

① 南开学校南京校友分会临时执行委员会在张纯明家举行谈话会，张伯苓与黄钰生参加，本文为张伯苓在会上讲话要点，摘自乐永庆的《南京通讯》，题目为编者所拟。

② 此为呈教育部部长朱家骅文。题目为编者所拟。

平津国立各院校均为紧缩。伏乞俯赐核准，以便编造全部预算呈核。是否有当，理合呈请鉴核施行。

（南开大学档案馆藏）

1947年度平津区国立院校长谈话会第六次例会决定①

（1947年2月12日）

一、各院校经常费，再请教部依照卅六年度十二月底调整数至少增加五倍，并请速为发给。

二、请教部转催财政部，将调整生补费款速为拨发，以济急需。

三、各院校前向四联总处所借教职员冬煤贷款，已由冬季煤炭费内扣除，请教部速为补发，以便归垫。

四、请政院仍依向例，配售教职员每月每人两袋面粉，或配给面粉壹袋半（以原配给三斗米折计）。

五、再请行政院及教育部对文教机关免行裁员条例。

六、由院校长联合呈请行政院及教育部，准唐山工学院列入平津区。

七、请教部转请行政院，仍继续每月配售学生三人两袋面粉。

八、请教部转请四联总处，准各院校继续透支，其贷款数额，相当于各院校每月生补费及学生公费之总数。

九、下次谈话会，定于三月十日举行，由国立北平铁道管理学院召集。

（南开大学档案馆藏）

① 2月12日，平津区国立院校长谈话会第六次例会在北京大学孑民堂举行，张伯苓、袁同礼、杨光弼、李高傅、王华棠、李书华、牛文清、刘砥中、程忠元、袁敦礼、张含英、梅贻琦、张长江、徐泽昆出席，张伯苓任主席。题目为编者所拟。

南开近期复校工作[①]

（1947 年 3 月 18 日）

南开中学不难恢复旧观，大学部完全恢复不易，下学期因受设备限制，不能尽量招生。此次在美募款并无何结果。图书馆下学期可开工。关于教授方面，鲍觉民即自英返国，吴大业下期亦自美返校，参加经济研究所工作。新聘教授有萧彩瑜、潘孝硕、汪德熙等三人。

（《大公报》，1947 年 3 月 19 日）

中国需要管理人才[②]

（1947 年 3 月 19 日）

工商管理在南开是个新系，中国工业落后，将来迫切需要有管理人才。

（梁吉生撰著：《张伯苓年谱长编》（下卷），人民教育出版社，2009 年第 250 页）

① 张伯苓于 18 日下午由重庆飞抵北平，黄钰生、阎子亨等到机场迎接，本文为张伯苓与他们的谈话内容。题目为编者所拟。

② 本文是张伯苓与工商管理系新生韩诵裳之子的谈话。

中国前途极为光明①

（1947 年 3 月 19 日）

四十九年前，因感于帝国主义之压迫而决心从事教育。初与严范孙先生办学，学生不过五人，今日南开学生已不可胜计。中国经此次抗战，不平等条约终获解除，此即为余数十年前办学之目的。试想津市一地以前即有八国租界之多，经第一次世界大战，仅收回俄德奥三租界。战前由南开大学至南开中学，尚须经过海光寺日军营，感触殊难尽述。醉生梦死者，或不感租界之不平等，唯有心为国者，深知所受压迫，亦得知不平等条约解除之快乐。

余并深信中国前途极为光明，盖中国人有智慧，能吃苦，并具有老文化，此老文化与各国较，各有短长，我人决不能丢弃。

至此次抗战，大家当均知系赖何人所领导，蒋主席之伟大，我人今日或尚不能完全认识，然若干年后必可益见其崇伟。马歇尔使华最可宝贵者，即其已获认识蒋主席。返国后出任国务卿，尤属恰当。

至今日世界犹未至完全遵守公理之时期，故武力并非完全坏的东西，而在善于运用，如美国即具有最强大武力，然不以侵略为目的，是以有益于维持世界和平。

就国内言，政府亦拥有优势武力，然并未随意使用武力，故相信国内问题亦总可获得解决。

总之，中国前途极为光明，惟大家毋自暴自弃，努力为之，只要一切安定，基础稳固，中国之发展定可一日千里。

（《大公报》，1947 年 3 月 20 日）

① 本文是张伯苓返津后在南开大学胜利楼客厅会晤前来欢迎的校友及新闻记者时发表的讲话。原题为《张氏谈话》。题目为编者所拟。

要做这样的人[①]

（1947 年 3 月 22 日）

从今天起，我是训练你们，把你们个个都训练成风吹不倒、雨淋不透、钢铁一般的孩子！

记住，要做这样的人：第一身体要结实，好能站得稳。第二眼光要锐利，能够观察事物的丑恶。第三头脑要清晰，能够分辨真的是与非。第四意志要坚强，不为物诱，不被力迫。同时更应该有一个坚定的生活目标，它应该是有益于国家民族的。要知道南开三十多年来的一贯目标，就是为国家造人才，为民族培元气。它绝对不被任何人利用，也绝对不替任何人做事，所以南开走的是中庸的救国之道。

记住，将来你们入社会，要做个实际工作坚贞不渝的小卒。不要做任何个体的走卒。自己要有正大的主张，就是要为国家做好事，不要替小于国家民族的团体或个人做好事。你们要记住，要永远记住我这几句话。

（李溥，蔡勇剑，刘柯麟编：《百年风华：南开中学校园文学百年巡视》（上），中国文史出版社，2004 年，第 411 页）

振作起来，向建国大道去做[②]

（1947 年 3 月 23 日）

过去的苦难过去了。光复后又看到诸位校友，非常高兴。自严馆之五位学生，发展至今，校友遍全国，遍世界。以今日校友之活动，可证明学校的成功。

---

① 本文系张伯苓在南开中学师生欢迎会上讲话的一部分。转自孟高《要做这样的人——忆校长的话》。

② 南开学校校友于 23 日下午 1 时在南开中学举行欢迎张伯苓返校大会，张伯苓发表以下讲话。题目为编者所拟。

现在世界太平，我国要努力建设，自机器工业着手，要切实工作。

我国有几千年之历史、文化，人民又能吃苦耐劳，要准备过生活，望大家振作起来，向建国大道去做，发扬南开精神，由全国第二大都市天津着手。

（《大公报》，1947 年 3 月 24 日）

体育界应训练人去造一个民主国家[①]

（1947 年 4 月 1 日）

我[②]受了刺激，投身教育至今已经四十九年。我提倡体育，由领导家塾五个人，而中学、而大学、而社会，由天津而华北、而全国。中国人的身体和脑筋，都不落人后，只要合作团结，前途没有悲观的道理！

（对于国家大事），我们不要国际的干涉，只要大家一致反对，就是力量。我们自己的问题要自己来解决。

（天津市的体育）在杜市长和天津市各位体育界同志领导之下，体育的发展，一定不可限量！今天，我把天津的体育界的礼物——早操运动——收下，是我很大的荣耀。我将要告诉南京、上海、重庆各地的体育界，作同样的推动！

当我回到了天津的时候，租界收回来了，当年我每天必走过的海光寺日本兵营也收回来了，诸位想这该是多么样的松适！正是我们努力的机会。

现在体育界的责任，不只是训练人们的脑筋和身体了，而应当是训练人们去造一个民主的国家，惟有体育界的人才是训练负责任、守秩序的领导者。

今年的全国运动会决定举办，明年在伦敦举行的世界运动会，我国也一定派员参加。

（《大公报》，1947 年 4 月 2 日）

---

① 本文是张伯苓在中华体育协进会天津分会举办的市民晨操普及运动表演会暨欢迎中华全国体育协进会理事长张伯苓荣旋会上的讲话，系据颖《迎张侧记》辑录。题目为编者所拟。

② 本文此处原为第三人称，为便于叙述理解，由编者改为第一人称。本文以下同。

尽瘁教育感言[①]

（1947 年 4 月 3 日）

我为教育四十九年，走的全是不平的路。今后路平了，我要开始跑了。

（《大公报》，1947 年 4 月 4 日）

做事方法“十字诀”

（1947 年 4 月 4 日）

（1）为何做？（2）如何做？（3）做；（4）好不好？

（《南大今日》，国立南开大学联友服务社，1947 年）

在天津美国大学同学会上的讲话[②]

（1947 年 4 月 13 日）

离津十年，与各位见面很高兴。今有机会报告一件事情，本会中美关系很多。我因病在美住了八个月，时间大半是在纽约，那里有一个华美协进会，帮助中国学生入学，并给美国学生讲中国情形，他们愿意将工作扩充到中国来，特聘胡适博士、司徒雷登博士与我等为董事，在上海设分会。美国人学中国话

① 本文为张伯苓于 3 日上午 11 时在胜利楼召集南开大学全校七百同学的训话。题目为编者所拟。

② 美国大学同学会 13 日晚 7 时 30 分在天津利顺德饭店聚餐，欢迎张伯苓与胡适，张伯苓讲话。题目为编者所拟。

者很多，对中国问题极感兴趣。美国人愿到中国来，我们应尽地主之谊。我回国来亦办此事。蒋主席允拨部分敌产在沪成立分社。我本月底去京沪，亦将再办此事。盼望诸位多帮助。

（《大公报》，1947年4月14日）

只有青年人的爱国心是最圣洁的①

（1947年5月4日）

廿八年前之“五四”运动，乃爱国精神表现。由此可见中国人心未死，更可知抗战之所以必胜。现中国前途已极光明，尚望大家勿忘此爱国心，努力迈进。只有青年人的爱国心是最圣洁的。

（《时事公报》，1947年5月5日，部分内容引自《大公报》，1947年5月5日）

南开复员就绪，国家前途光明②

（1947年5月8日）

南开复员工作，已完全就绪，敌人占领天津，破坏南开最剧。现应用房屋均已修复，最缺乏者为图书仪器，经济研究所图书，幸免于难，已由南方运津。今年教部拨扩充改良费十亿元，惟添置设备为数仍微，教授亦亟须加聘，并须募款修建。现计划以八亿元修建大楼一幢，充图书馆大礼堂之用。工学院基础已备，现有化工、电机、机械三系，此次与教部洽商，正式增设工院。

---

①“五四”二十八周年纪念日，天津全市学生爱国团体联合会举行纪念活动，张伯苓应邀在会上讲话。题目为编者所拟。

② 本文为张伯苓离津出席国民参政会前，与《时事公报》记者的谈话，题目为编者所拟。

物价高涨，公教人员在“饿不死”情况下，参政会自应详细研究此一问题，但物价之严重，尚未至经济崩溃地步，国家前途，至为光明。因国际上已无压迫，国内有英明领袖领导，国家走向民主之道。

（谈及教授生活时，称）吾人惟有忍耐，始有出路，且国家支付教育经费甚钜也。

（《时事公报》，1947 年 5 月 9 日）

国立南开大学医学院[①]、天津中央医院合作办法草案

（1947 年 5 月）

一、国立南开大学医学院（以下简称甲方）与天津中央医院（以下简称乙方）为谋甲方学生实习便利，乙方设备可获充实，及双方人材得以增强起见，均感有合作之必要，特订定本办法，以为合作进行之准绳。

二、凡甲方学生之已届实习期者，得在乙方实习。

三、乙方设备得供甲方学生在乙方实习时使用。

四、甲方应尽量供给乙方所不备或备而不敷之各项设备及图书，以增进工作效能及智识。

五、医预科及医学前期课程所须设备及教员之聘任由甲方负责，临床课程所须设备及教员之聘任由乙方负责。

六、甲方教授、副教授、讲师等，乙方得加聘为乙方之主任或主治医师。

七、乙方主任、主治医师、住院医师等，甲方得加聘为甲方之教授、副教授、讲师或助教。

八、互聘人员在甲乙两方工作时，应受各该方章则之约束。但乙方在甲方任教者，得享受甲方教师之进修与休假之权利。

九、互聘人员除本职薪给不得兼领外，应视同各该方教职员享同等优遇。

---

① 1947 年 4 月 6 日张伯苓主持召开校务会议，报告南开大学医学院与卫生署中央医院合作事宜，经两次洽商，成立筹备委员会，起草合作条件编制计划书。又据 1991 年天津医学院院史载：南开大学校长张伯苓与当时的中央医院酝酿筹划创建医学院，南开大学医学院的牌子挂在中央医院的门前有两年多。

十、甲乙两方经费各自独立。

十一、甲乙两方均不得以任何藉词干预对方之行政措施。为便于合作，有应行改进事项，得提付连合委员会商讨之。

十二、凡本办法未经列明事项，由连合委员会商讨解决之。

十三、连合委员会组织法另订之。

十四、本办法以六年为有效期，以后甲乙两方如认为有继续合作之必要，本办法得继续生效。如任何一方认为无合作必要而拟解除合作时，应于一年前通知对方。

十五、本办法如有未尽事项，得经双方同意修订之。

十六、本办法自甲乙两方主管人签章之日起施行，并分别呈报教育部及卫生部备案。

（南开大学档案馆藏）

殷望本届参政会议促成和平实现[①]

（1947年5月20日）

今天是第四届国民参政会第三次大会集会的日子，伯苓得与同人重聚一堂，真是无限快慰。回忆自本会成立迄今，已九易寒暑，大会开过十二次之多，而伯苓除上次因病未能出席之外，皆身与其事。今幸病愈归来，又有参加机会，愿将个人的感想，略说一二，以就教于各位同人。

本会所以成立，是因为政府决定对日抗战的国策，需要全国一致精诚团结，集中力量，集中意志，以期得到最后的胜利。抗战期间，我国在蒋主席领导之下，将士效命，为国浴血，全国同胞茹苦含辛，卒能克服强寇，光复河山，本会同人，亦以风雨同舟的精神，对于政府的大政方针，以及应兴应革的事，知无不言，言无不尽。自问在职权之内，我们已尽了最大的努力，国民参政会在抗战史中，确是光荣的一页。

---

① 张伯苓时任国民参政会第四届第三次大会主席团主席，本文为其所致大会开幕词，同时刊载于重庆《中央日报》和《民意月刊》第六卷第一、二期合刊。

伯苓一生，前六十年几乎全在国耻国难中度过，这些国耻国难都是亲身经历，感痛万分。我想，年事稍长的同人，一定与我同感。伯苓生长在天津，天津旧日的租界，是不平等条约的具体表现，是万恶之薮。住在租界的中国人，可以渐渐不知有中国。有租界一日，中国便一日不能翻身。而现在呢，侵略我们的敌寇打倒了，租界收回了，不平等条约取消了。从此以后中国自己要怎么样好，就怎么样好，再也没有束缚和障碍了，中国已经得到了自由。

再说伯苓新近从外国回来，观察国际形势，虽然目前尚有许多未解决的纠纷，然避战求和，乃是列强一致的愿望。中国在国际的地位有人说又在下降，其实关于世界的问题，中国的意见仍为人所重视。中国自己的问题，我们反对国际干涉，国际就不能干涉，这比往日外人在中国予取予求随意划分势力范围的时候，真是不可同日而语。中国的地位比十年前二十年前三十年前四十年前高了不知多少。目前中国在国际的地位是五十年以来不曾有过的高峰，中国已经得到了平等。因此回想过去，展望将来，从大处看，往远处看，中国的前途实在有无限的光明。目前的困难是临时的，而前途的光明是毫无疑义的。

目前的困难使人苦闷，甚至于使人民失望的原故，在于我们希望过奢。胜利来得太快，我们没有准备胜利就到了。我们努力不够就得了胜利，我们没有把敌人赶出国境，敌人便投降了。这胜利太便宜了，便宜的胜利使我们有了许多错误的认识和妄想。我们以为我们胜利想必我们的努力够了，我们的努力足以换取胜利，这是认识的错误。我们以为胜利之后诸事自然迎刃而解，丝毫不消费力，胜利的收获自然会来；我们以为胜利后的和平与繁荣伸手可得，俯拾即是；我们以为抗战既已胜利，复员的工作不必费事，建国的工作自然就会开始；我们以为我们既然能攘外，一定能够安内，这都是我们的妄想。胜利之初，伯苓也是妄想者之一，如今才知道自己的错误。由胜利的便宜而引起妄想，妄想引起奢望，奢望引起失望。因为胜利来得便宜，我们觉得目前的一切困难都出意料之外。

目前的困难也诚然严重，最严重的莫过于经济困难的主因，大家都以为在于国内的战争。国家需要统一，而国内有武力的对抗。人民需要安定，而现有者只是扰攘与纷乱。国家为人民谋福利，这是应该的。国内的战争再继续下去，人民便活不了，这是实情。因此国内的和平成了当前最紧要的问题。国民参政会的职责在于表达民意，建议政府，伯苓以为我国这次开会，大可以将国内的和平作为主题，将和平问题广泛的讨论，彻底的讨论，将涉及和平的事实尽量的说出来，将促进和平、实现和平的方法，具体的提出来，将讨论的结果向政府建议，向人民宣布。如果经本会同人的努力，全国得到和平的曙光，那么，本会的使命可以完成，本会同人也有莫大的荣幸。

（《民意月刊》第6卷第1、2期合刊）

国家前途终有光明的一天[①]

（1947年6月8日）

本人对于国内局势，远不若过去之乐观矣。促进和平，系本届参政会之重要课题，先曾作详尽之讨论，然后建议政府。大会先后收到和平问题提案廿余件，特种委员会以一日两晚之时间，进行审查，并即以决议送达政府。

……这次和平的呼吁，虽未立见成就，但政治民主化，军队国家化，是全国人民的一致要求。参政会驻会委会即将开会，相信他们一定能遵循以上原则，继续对促成和平积极努力。

日本帝国主义的压力，已被击倒，便另有一种压力，则方兴未艾。我们必须继续作艰苦的抵抗。经济问题相当严重，关于此点，我们应认清世界没有和平，中国也不会有。和平未实现前，一切问题自难解决。因此大家只怀以不慌张、不悲观、不颓唐、坚苦忍耐的心情，挨过艰难，相信前途终有光明的一天。

（《时事公报》，1947年6月9日）

南开校友应以“国”为前提[②]

（1947年6月8日）

个人对目前情势，不如以前乐观，但并不就此悲观。国内需要和平安定，

① 本文为张伯苓在上海南开校友会对南开校友及《时事公报》记者的谈话，题目为编者所拟。

② 本文张伯苓在上海南开校友会对《申报》记者的谈话，题目为编者所拟。

为全国人民所诉求，此次参政会曾就此组织特种委员会，尽一日两晚之时间，对和平方案作详尽之研究与讨论，仍本“政治民主化，军队国家化”两点，拟定方案，送请政府参考，公告人民，并望中共人士来京，共谋和平之道。

国家为房屋，如墙倒屋塌，个人俱蒙受损害，（勉励）校友以“国”为前提，以镇静态度，共渡难关。对天津市政当局与参议会及在津各方面工作之南开校友，均能合作无间，引为欣慰。

此次学潮，不能说无背景，亦不能说全有背景，主要原因，系因物价高涨刺激而起，如各校当局事前均能为学生生活妥谋解决，学潮或不致如此扩大。

（《申报》，1947 年 6 月 9 日）

余仍将竭尽所能致力教育[①]

（1947 年 6 月 11 日）

国人如人人有爱国心，中国就是世界第一强国。现在一切情形，都由于大家爱国心太差。但余并不悲观，余仍将竭尽所能致力教育。

（《申报》，1947 年 6 月 12 日）

答《大公报》记者问[②]

（1947 年 6 月 11 日）

问：校长初自美返国时，对国家前途极抱乐观，现时国内情势似已改变，对于和平前途有何新看法？

① 本文为张伯苓对中央社记者的谈话，题目为编者所拟。

② 张伯苓参加国民参政会毕，于 11 日下午 7 时许回到天津，在寓所接受《大公报》记者采访。题目为编者所拟。

答：目前世界情势已改变，国内情势亦已改变，因此乐观程度亦不能不有所改变。但相信若全国人人都有爱国心，则国家必大有希望。“政治民主化，军队国家化”是全国一致的要求，和平也是全国人民的要求，有了和平才能谈别的建设。现在我仍不灰心，政府的和平之门仍然开放。

问：校长对于学生运动有什么看法？

答：学生运动不外反饥饿与反内战，现在公费已经增加了，饥饿的问题暂可解决。反内战是人民一致的希望……

问：南开大学有什么发展的新计划？

答：设立工学院事，教育部已批准，暑期后可以独立，与中央医院合办医学院事，已组成筹备委员会，开始工作，明年暑假可望成立。

（《大公报》，1947 年 6 月 12 日）

关于组织公能学会[①]

（1947 年 6 月 29 日）

诸位同学，今天请诸位来的时间，原是三点半，我在前十五分来到，同学已到十分之七，仍是当年准时上班情形，恪守期刻，很是可喜！

今天请诸位来，缘于前几天我个人和几位校友谈过的一个意思，得到他们强烈的反应，所以请诸位来简单谈谈。

学校在津成立已四十三年，我办教育起于为国，过去受日本压迫甚大，才又在重庆设立一校。抗战时期，困难更多。胜利以后，又生出种种困难，天方放晴，忽又转阴。我想，南开是颓唐下去？我想南开一向是顶着向前干的，今日不许颓唐，仍要向上，继续顶着向前干下去！

现在是民主国家，要做民主政治工作，我们应从学校发祥地——天津做起。本市政治工作人员，嗣后将由选举方式产生，要选好人担任。我们身在天津，

① 6 月 29 日下午，在津校友在甘肃路女中礼堂召集举行茶话会，并讨论组成“公能学会”事，到会校友有杜建时、卞俶成、陈芝琴、阎子亨等 300 余人。会议通过公能学会章程，选举理监事，推举张伯苓为名誉理事长，时子周等为名誉理事，杜建时、严仁颖、黎绍芬、潘世伦、鲍觉民、卞俶成、伉乃如等 20 余人为理事，黄钰生为常务监事。首先由张伯苓致辞，次由杜建时讲话。题目为编者所拟。

如选举不好，便身受其害。再说选举亦是我们的责任，希望大家不要放弃。民主政治给予大家选举权利，世界潮流亦是民主的，所以大家亦不应放弃，我们应该商议如何选举一切人物，如参议员、市长、立法委员、监察委员……这是请诸位来会的第一个意思。

另一个意思，今日现况，国内沉闷，世界沉闷，沉闷就是不动，我以为与其沉闷，不如动，动的就没有忧郁，颓唐就苦恼更多，南开一向顶着走，今日仍然要顶着向前走。今日虽然阴晦，将来一定光明。中国人最多，聪明智巧；地大，物虽不博而丰富，建国很容易。所以大家不要颓唐，不要苦闷，要提起精神来高高兴兴的做事。

再说，天津各团体召集几百人在同一目标参与民主工作很不容易，但南开出校同学团结起来，一定发生很大的效力。现在我们先从选举参议员入手。

我们参加选举，要仍本着南开公能精神，要选肯负责能做事的人出来任事，我的意思绝不是要大家选举某某人，更不是要造成一个机会给任何人运用。我请大家来，目的是使大家注意政治，选举好人。这个意思我曾和几位校友谈起，都很以为然。所以我们要组织公能学会，实现这种理想。

我国人从不干涉政治，以往我亦如此，但现在须要干涉政治。今天你不干涉它，它会来干涉你，政治不良，便身受其害。我们参加选举，不是竞选，不是争地位，目的是要选举贤能出来担任工作，这是选举的良好的真正意义。我们成立这个会，志在选举好的人出来做事，不是己谋其位，这是“公”；要能择贤选能，让他为大家做事，这是“能”。津市政治，至少能维持今日状况，甚且必能更有进步，这是我的一点小意思。

（《南开校友》第 5 号，1947 年 10 月 17 日）

谈国际大势[①]

（1947年7月13日）

欧洲现召开之西欧经济会议，世界上多数国家均已参加，对中国大局有益处。再美国即派特别使节团来华，魏德迈将军于抗战期间曾为蒋主席之参谋，与蒋主席最相得，此次美政府派魏为来华特别代表，对我国亦颇有裨益。我[②]对时局本表乐观，近曾一度略表悲观，现则又完全乐观。

（《大公报》，1947年7月14日）

政治不稳定，一切都作不好[③]

（1947年7月19日）

现在是时候了！我们应该团结起来，表示一下我们对政治的意见。

你不理政治，政治却要来毁你。过去我们迷信教育救国，结果政治的不断动荡，把我们办教育的全都摧毁了。所以近九十天，我有个大觉悟，即政治不稳定，一切都作不好。现在大家都自动的来参加这个会，足见长时间的教训，已使大家有了普遍的觉悟。

我们不是为的组党，而是为全国人民的，与大官和政党没有一丝关系。该会非党的组织，谨希望对全国国民有教育价值。

（《申报》，1947年7月20日，28日）

---

① 公能学会于13日下午3时在南开女中召开第二次理监事大会，张伯苓在会上讲话。题目为编者所拟。

② 此处原文为第三人称，为行文方便，由编者改为第一人称。

③ 平津教育界、实业界名流组织之市民自治促进会成立大会于7月19日下午4时在北平欧美同学会举行，天津会员十余人赶来参加，出席会员共60余人，大会由胡适、梅贻琦、张伯苓任主席团。本文为张伯苓在成立会上的致辞，辑自7月20日与28日的两篇报道文章，题目为编者所拟。

与记者谈市民治促进会[①]

（1947 年 7 月 21 日）

此次多数学者合组市民治促进会，为将来市民治奠一基础，本人极为赞同，特不辞炎暑，赴平参加成立会，结果非常圆满。想今后会中诸位专家，定能为我国市政前途放一异彩。

（《大公报》，1947 年 7 月 22 日）

对发展天津教育的三点意见[②]

（1947 年 8 月 3 日）

（一）平津人口相差无几，而北平教育发达，天津各级学校缺乏，今后请当局多注意发展天津教育。（二）国立学校修建费业经中央批准追加，南开需用孔亟，请先由国家银行借拨，以便从速修建校舍。（三）联总数月前捐助各院校仪器，当时因南开工学院未成立，故未领得，现请予补发。

（《益世报》，1947 年 8 月 4 日）

---

① 张伯苓 21 日参加市民治促进会成立会后由北平返津，接受《大公报》记者采访，作以下谈话。题目为编者所拟。

② 8 月 3 日，教育部次长杭立武视察南开大学，张伯苓校长备餐招待，席间向杭立武提出三点意见。题目为编者所拟。

与美国特使魏德迈的谈话①

（1947 年 8 月 5 日）

义和团之变，中国处瓜分危机，而美国深能主持正义，故希望美国能予中国以全面援助。

（《申报》，1947 年 8 月 6 日）

与美国总统特使魏德迈谈话后答记者问②

（1947 年 8 月 5 日）

余对于我国大局始终抱着乐观，余与魏使会谈时，未待发问，即将余个人意见一气说完。

（天津市档案馆藏）

① 美国特使魏德迈一行 8 月 5 日在天津分别会见天津知名人士。本文为张伯苓在与魏德迈会晤的谈话，题目为编者所拟。

② 8 月 4 日，美国总统特使魏德迈率使团一行七人抵达天津，5 日上午会见天津各界代表。与张伯苓谈话主要征求他对蒋介石及其政府的看法。题目为编者所拟。

助学运动符合公能精神[①]

（1947年8月17日）

我[②]对助学运动非常赞成，原以全力支援。助学运动与我所提倡的公能精神很符合，因为要有“能”才能募捐来助学金，助学金又是大家的，所以是为了“公”。

据我的经验，向社会人士募款兴学，相当困难，青年人挺身出来募助学金的精神，很值得赞许。这种经验也很有价值。

（此后张伯苓对“为谁募捐？怎样募捐？怎样分配？”询问颇详，与助学会负责人长谈了一个多小时，最后他说：）

我这个顾问，绝不是顾而不问。

（《大公报》，1947年8月18日）

南开不改国立实无法维持[③]

（1947年8月18日）

（1）南开如不改国立，实无法维持，本人对教部十分感激。

（2）学校对教部要求各事，已由本人转达。

（3）教职员待遇问题，教部已允平津一律。国步艰难，望大家努力，并盼教部重视北方教育界困难情形，给以支援。

（《大公报》，1947年8月19日）

---

① 面临失学危险的天津青年学生开展自救，发起助学运动，成立助学运动委员会，聘请张伯苓、李烛尘、金问洙等为名誉顾问。本文为张伯苓接收该委员会访问小组采访时的谈话。题目为编者所拟。

② 原文中为第三人称，为行文方便，由编者改为第一人称，本文下同。

③ 8月18日下午，教育部长朱家骅一行视察南开大学等校，本文为张伯苓在南开大学教授欢迎茶会上的欢迎词。题目为编者所拟。

支持开展助学运动[①]

（1947年8月19日）

对助学运动非常赞成，愿以全力支持。助学运动与我所提倡的公能精神很符合，因为要有“能”，才能募捐来助学金，助学又是为大家的，所以是为了“公”。

（《大公报》，1947年8月20日）

助学运动街头宣募注意事项[②]

（1947年8月26日）

此次助学运动的结果，天津是要胜过北平的。计划缜密，考虑周详，按部就班的实施，是“能”字的表现；但如何能使分配公允合理，还需要“公”的精神。

同学出发到街头，不要只看在钱上，因为竞争和获胜的心理，会逼出不择手段的情形。最好能各立标帜，向行人尽力宣扬助学意义及分配方法，而出以筹募方式，则结果得钱虽不多，而已得到一个练习做事的机会。且此二者又互为因果，做事的成功，钱也自会来到的。明日（廿七日）各机关放假，同学宜集中在影院、饭馆、市场门口，俾易收效。各小组财物保管，尤应特别注意。

合理合法的街头募捐，警察局是不能干涉的。

（《大公报》，1947年8月27日）

① 天津市各校学生发起助学运动，聘请张伯苓等五人为名誉顾问。在助学会负责人访问他时，谈了他对助学运动的意见。题目为编者所拟。

② 本文为张伯苓对天津市助学运动委员会同学的谈话。题目为编者所拟。

在天津体育界庆祝“九九”体育节时的讲话①

（1947年9月9日）

现在的体育已较四十九年前进步了许多，但比之世界各国又相差太远了。天津是华北体育的发源地，体育搞得有声有色，在全国也属领先地位，但诸位还要清醒地看到自己的差距，我们要走的路还很遥远，大家更应该抬起头，加急步子向前走。希望大家齐努力，挽回颓风，恢复燕赵健儿声誉，担起建国重任。

（《大公报》，1947年9月10日）

建设一个民主国②

（1947年9月21日）

今天请胡校长来给我们讲话，我觉得十分高兴。公能学会不过成立数月，其成立的主旨即在使民众对政治感兴趣，本来天津是最能训练国人有爱国心的地方，当不平等条约尚未废除以前，天津共有八国的租界（英、法、日、德、奥、意、俄、比），如此则最易激起爱国思潮，可也最易漠视国家民族。南开学校在这种情形下创办和生长，达四十年之久，所经历的困难不能言喻。“七七”事变起，天津便又被置于日寇的压迫下，而南开又首当其冲的被炸毁，而牺牲了，便迁校重庆，胜利后，这才恢复。为什么要积极的复校呢？因为我们的目的尚未达到，还有继续努力的必要。什么目的呢？抗战前，我们的目的是救国，现在我们的目的是建国——建设一个民主国。然而我们对政治不能只是批评，而不去实在的做，依我看，凡是有能力的，都应该出来参政，我们要大家一齐

① 天津市体育界为庆祝“九九”体育节，举办大型体育活动，计有越野比赛、球类比赛、武术表演等。晚，天津体育界人士在天津基督教青年会举行晚会和聚餐。参加者百余人，张伯苓和杜建时市长夫妇先后莅临，“空气为之一振”。散席后于青年会礼堂中请张伯苓讲话。题目为编者所拟。

② 9月21日下午4时，公能学会在南开女中礼堂举行第一次学术讲演会，请北京大学校长胡适前来讲演，张伯苓在胡适演讲前致词。本文摘自王鸿恩的《公能学会第一次讲演会》一文，题目为编者所拟。

来。办事的人多了，做起来就容易“公”，人少了，就容易“私”。所以我们应当使全天津市的市民都不背弃政治，而要大家一齐来参与政事，好人更应当不避不退，领导在先。本来一个真正的民主国都是全民参政的。因为唯有如此，做起事来，才能“大公无私”。

所以我们要全都起来练习，学习，更要不怕幼稚，不要羞涩地学习，反正我们只有一条路——民主政治，走的早，到的也早！今后，我们应当随时随地都要注意政事，这样一来，才能不致谈论欠妥当，批评欠正确。

附：胡适演讲词

我们能做些什么？

各位朋友：

今天我想和诸位讨论的题目是：我们能做些什么？方才主席的介绍，说我对政治的主张，很合乎“公能”——学会的名字，“公能”二字。关于这一点，我可以给诸位举一个例证。

在民国十一年到十二年，我和几位朋友自己拿钱办过一个杂志，名为《努力》。当时正在北洋军阀执政时期，政治非常腐败，在《努力》周报，我们的一个小杂志上，好像似第二期，我发表了一篇关于政治的文字。（在以前，我是不谈政治主义的）题是《我们的政府》，第一，我们要一个政府。第二，我们要一个好政府。为什么我有这样的主张呢？就是因为当时中央政令不出“京”门，不能到达全国各地。中国大部，似在无政府状态之下，所以我们主张要一个政府。又因为北洋政府太腐败，所以我们主张要一个好政府。因此别人也称我们的主义是“好政府主义”。不过什么政府才算好政府呢？第一条件是：要忠实可靠，第二条件是：有能力，一个部长对于他本行工作能胜任愉快，他本身是专家，是指挥所属工作，能担当他应做好的事。那么，政府里的人应当怎样才会如此呢？要人格高尚，忠诚可靠，还要有能力有才干有道德。这正好是公能的意思。那时候我们并不知道南开的校训是“公能”，想不到我们的意〈思〉和主张会不约而同。

我们一行六个人（崔书琴、张佛泉、谭炳训诸教授）来天津以前，在北平曾经参加北平投票，在自己投票选举以后，还参观了五个选举区。由这一次的参观，我们觉得现在的确需要学习，方才张先生说我们现在对参加政治是在训练，需要学习。由看了这次选举的情形，这更增强了公能学会和市民治促进会的主张。这种学习途径，还要从教育做起。先教育自己，后教育朋友、子弟，再教育执政当局。就拿北平这次选举来说，选举负责人很想做到好处，所以才非常公开。事前曾请了许多政治专家研究讨论，并聘专家们为选举顾问，当场还请了外国人来参观。不过就我们参观的结果发现几点缺陷，需要修正。这些缺陷就是“能”的问题，也是教育够不够的问题。

北平的这次选举是根据立法院各位先生所订定选举法来进行的。但是订定选举法和选举细则的各位先生都不是亲身参加过选举的，那么他们订定的选举细则实行起来便有缺陷，甚至有行不通的地方。关于这一点，宪法实赐予我们不少的困难。举例说明吧。这次北平选举场内设有代书处，包括代书人一位，监视人两位，若有不会写字的选民，可以请代书人代写。这是宪法所许可的。可是这样一做就将选民的秘密公开，一个选民要选的人，至少有三个人知道了。如此民选，选举自由也就失了确实的保障。这当然不是用势力压迫，然而难免发生弊病。那么这种弊病在哪儿呢？弊病就在宪法规定的不当。宪法规定的是普选，凡二十岁以上的国民，不分男女、阶级、职业，没有任何限制，一律参加投票选举。普选是一种最进步、最时髦的口号民，我们像是迎头赶上了，然而实行在现下的中国，便会发生弊病了。

当场我看见的两件事情是这样的：有一位老太太刚一进选举场，便有三个人向她竞选，递给她三张竞选人的名片。这位老太太拿着这三张竞选人的姓名片到代书处去。代书人问她选那一个人，她却忘记了，举着名片犹豫不决，她也不知道选谁为好。结果，她随便指了一个人就算了。又有一位瞎子，由他的一个小孩领着去投票。瞎子也来投票选举，太令人感动了。他也走到代书处去。代书人问他选谁，回答：“不知道。好像是姓王？”结果监视人令他儿子在候选人名单上随便点了一位。这不是用金钱来贿选，也不是用势力来强选，然而却发生了贿选和迫选同样的弊病。

这样的选举，连老婆瞎子都参加，可算是普选，但是却产生了毛病。

不过去年制宪的时候，我们无力反对“普选”这一条。然而今日之弊病，皆出之普选。我们制宪的代表应当负责，也为当局不能尽责之大罪。“无限制的普选”这个名词虽然很流行，可是无疑的又生了毛病。所以单有“公”的精神决不够，还要有“能”的实质。因而国人除了有专门知识以外，尚需有政治的知识。本来一种计划、一个办法，在决定之前，必须尽量地想出其可能产生之结果，还要研究对于这种结果是否能够负责。今日虽说要迎头赶上去，要普选，但是制宪的人却不能对今日之结果负起责任。

北平这次的普选，应当被视为是练习，是学习。在学习时期，我们要实地经验，还要各地参观。这次北大的政治系就派了十个高材生，到选举场去亲自观察，用意就在此。我们看：

市商会的选举和市教育会的选举情形，就和普通的选举情形较佳、较进步。在那里，并没有设代书人，这是教育程度高的好处。市商会用的选举方式是间接的，手续非常繁杂。市教育会用的选举方式是直接的，手续非常简便。所以教育程度高，手续简便，选举的成绩才会好。因为这是第一次的选举，人人都没有这个经验，所以便需要学习。我们可以以北平为天津之前鉴，以天津为他处之前鉴，一步一步的修正改善，这便是学习。

关于补救目前的缺陷，我想可以这样：第一，某一区的提名候选人，不应当多，不能随便就提出自己的候选人。在英国候选人提名，要交二百磅金，这表示事不能儿戏视之。第二，将候选人的姓名以姓之笔划为序印成名单，发给不会写字的选民们，让他们在名下划××便可以了。这样减去许多麻烦，不识字的人也可以不求人代书了。最后还是让选民远离监视人或以屏风遮之，使别人不得知其秘密，使选民可以有充分的自由。这样才能施行选民的选举权，他的自由才有保障。

现在回到本题，我们谈谈我们能做些甚么呢？以我们一个没有政党的学会在现在环境里能做些甚么呢？我认为有三条路可走：

第一，自民国六年至今，三十年当中，我曾说前二十年内，绝对不干政治，不问政治，后来实在不能忍耐了，同时，也逃不了了。你逃避政治，政治却要来找你。于是便办了《努力》，后来，连我同几位朋友办的《新月》杂志（本非政治刊物）里亦要刊登政治文章了。至今谈了十多年政治，我有一个理想的模范，我理想中的一位圣人，就是英国大思想家、大逻辑家、大政治家、大哲学家、大经济学家约翰·穆勒（J. G. Mill）。穆勒氏在社会上很有地位，著作最著名的是《群己权限论》。他一生专写文章发表著作，他五岁能以拉丁文作诗，七岁能以希腊文作诗。他的父亲也是一个很有名的经济学家，这位老人以为他的儿子非凡，便时常教他和社会名流来往。后来穆勒氏自己说他至少比别人少受二十五年的教育。他从不干政治，但他作政治的书，今人称他为现在英国自由党精神上的父亲，又为英国工党精神上的祖父。以文字谈论政治而能为自由党精神上的父亲，和工党精神上的祖父，岂不阔哉！岂不阔哉！不必一定要做部长、院长、国府委员，但靠公平和负责的态度来讨论政治，是可以做的，也是值得做的。批评、讨论政治，但不一定必须实际参与政治。在学会方面，英国还有一个费宾[①]学会，也叫缓进学会。平常讨论研究，出小册子。他们也相信经济改革的道路，不过他们不赞成激烈革命手段。他们平常只讨论些部分的小问题——例如铁路、工矿、生活等等。然而却为今日劳动党之前身，以费宾学会之理论为其理论之来源。我们若是也这样做，不也算尽了一部分责任了吗？所以假设我们要走这条路，可以个人以穆勒、团体以费宾学会为模范。

第二，这条路也是近于批评和讨论的，在政治史有个专名词叫着耙粪主义。二十〈世〉纪初叶，美国各都市城镇，各种大权皆操于各行老板之手，他们有力量、有工夫、有才干，他们操纵着各行事业。耙粪主义则是专对恶势力作有步骤、有计划、有知识的作战。他们认为天天专骂贪污，是没有用的。应该去找证据，布之于世。这正是中国所需要的。有贪污，我们去调查，不作无用的漫骂。美国有了这种运动以后，确是生效不少。这种主义就是要以侦探的精神去调查，以科学的方法去研究，向恶势力挑战的一种主义。这便是第二条路。

第三，这是一条新的路。为美国二大劳动组织之一，名 C. I. O.的，所组织之劳动组织联会 C. I. O. P. A. C.（C. I. O. Political Action Committee），可译名为政治行动委员会，原来美国是每两年选举一次国会议员，每四年选举一次总统。在一九四二年改选国会的时候，八千万人民中，只有三千万参加选举。原因是百姓对选举也不感兴趣，也不认识。那时 C. I. O. P. A. C.便出来提倡，主张每一个工人都要是一个选民，不过他选谁，则不干涉，如此，则在一九四四年总统改选的时候，便有五千万人民来投票。这种力量是多么伟大呀！他们的工作分两方面：一、引起百姓对选举之兴趣。二、将候选人的传记公布于世，不管为恶为善，皆公开发表之，让选民认识认识，谁好谁坏，以为自己投票之决定。因为这种工作非常收效，所以各地开明人士、教授、记者、作家也都帮助 C. I. O. P. A. C.来工作。

我个人所想到的便是这三条路，无论改革社会，改革政治，走那一条路也是可有很好的成绩。今后应当训练自己，以达“公能”之目的，以公能精神来创造公能的好政府！

（《南开校友》第 5 号，1947 年 10 月 17 日）

① 现通译为“费边”。

三点希望[1]

（1947 年 10 月 17 日）

表示三点希望：

第一、教育的方向是救国。

第二、教育的方法是要完成救国。

第三、要向教育的方向去努力。

（《大公报》，1947 年 10 月 18 日）

本爱国的精神去做事[2]

（1947 年 11 月 25 日）

国大代表的责任不繁而重，如果人民能抓住四种政权，民主政治也就差不多了。我[3]办教育五十多年，主要是为了爱国，这次担此重任，因为我对国家实在关切，此后要兢兢业业好好作。

这次国际局面，影响了中国内政，制成了混乱的情势。可是国人的爱国心太薄，而自私心太重。

诸位都爱国，本宪法的精神来参加投票，希望仍本爱国的精神去做事。诸位不要以为选了国大代表便算完了，诸位的真正爱国观念还要发出来，尽力去作，那样的话，国事才不怕，不怕。

（《益世报》，1947 年 11 月 26 日）

---

① 本文为张伯苓在南开校庆 43 周年南开中学庆祝会上的讲话。题目为编者所拟。

② 11 月 24 日，张伯苓当选天津市的国大代表，25 日下午，举行招待各界茶会，张伯苓在会上讲话。题目为编者所拟。

③ 此处原为记者的第三人称。

为当选无效答辩状[①]

（1947 年 12 月 10 日）

答辩人即被告：张伯苓
被答辩人即原告：富健康
应受判决事项之声明：请将原告之请求驳回，并将诉讼费用判由原告负担。
事实理由：

一、窃查天津私立南开大学，前于民国二十七年因被敌日损毁占据而迁移内地。待日军降伏后，该大学乃由内地复原迁回天津市八里台原址。嗣因原有校址被日军损毁破坏，不堪使用，急待修葺重建，因用款甚巨，无法筹划，乃向中央政府请求协助。当奉教育部 1946 年 5 月 2 日渝高字第 23976 号训令，令将该大学改为国立。该大学即遵命进行改革。迄今仍在过渡改变时期，犹未完全峻事。且因校中不可一日无人主持，答辩人即被告暂仍以私立校长资格代为维持该校校务，静候政府裁处。迄未奉到国民政府明令任派。此乃经过之事实也。原告起诉状所依据之法令（《国大代表选举罢免法》第 8 条）明文规定“现任官吏不得于其任所所在地之选举当选为国民大会代表”，乃指现任官吏而言。所谓现任官吏云者，乃指公务员受合法任命（参照《公务员任用法》）后，方可视为官吏。而答辩人既未受国民政府明令任命铨叙已如右述，自不受该《国大代表选举罢免法》第 8 条之限制，是不待言。

二、原告起诉状所依据本年 9 月 22 日《民国日报》所载新闻一则，该则是否《天津民国日报》尚未据原告明白陈述。观其文意似为《天津民国日报》第一版所载新闻栏内中央社南京 20 日电记载全国性职业妇女团体选举事务所选举委员会 19 日下午举行第四次会议，《纪闻议案》之（四）“有学校校长参加团体或区域选举是否须先行辞职问题”之议案。其结论为：校长之地位超然，不干政治，根本无辖区，依法官吏不得兼任省县参议员，即校长得兼参议员，

① 张伯苓被天津市提名为国大代表后，天津市国大代表候补人富健康（49 岁，医生）认为天津市本届国大代表区域选举违法，遂对主持选举工作的天津选举事务所和当选人张伯苓提起诉讼。本文是张伯苓的答辩状，原题为《张伯苓为当选无效答辩状》。为了解该事件前后情况，文后收入 4 篇附录。

足见非官吏。当经议决通过“请总所重加考虑”。是项新闻固不足为解释法令及裁判之根据，然原告竟以此解释与答辩人有利之记载，断章取义而误解为已受政府明令任命之校长应受《立委选举罢免法》第13条之限制。况答辩人乃国大代表，自不受该法第13条之限制，尤为未受国民政府合法任命之校长（已如右述），自亦不受该法第13条及《国大代表选举罢免法》第8条之限制，犹不能受全国性职业妇女团体选举事务所关于选举会议议案之拘束，是尤不待言也。

综上论结，原告之诉为无理由，应请如答辩人所请求予以判决。实为德便。

右答辩状谨呈河北高等法院第一分院公鉴

附录1：杜建时为当选无效答辩状（1947年12月15日）

答辩人：国大代表立法委员天津市选举事务所法定代理人　杜建时（主席委员）

对造（即原告）：富健康

为原告富健康诉请确认此次国大代表区域选举张伯苓当选无效一案，兹将辩诉主旨暨事实理由分别于左：

一、辩诉主旨：

请求驳回原告之诉讼，诉讼费用命原告负担。

二、事实：

查《国大代表选举罢免法》第十二条规定：“有被选举权而愿为候选人时，经500名以上选举人之签署或由政党提名，得登记为候选人。”张伯苓参加竞选，系由中国国民党天津市党部报经中央党部提名，送由国大代表立法委员选举总事务所（以下简称选举总所），发交本所公告，并未直接向本所声请登记。

原告于11月26日致函本所，以张伯苓系国立南开大学校长，应受《选举罢免法》第八条之限制。经查选举总所《法令释明》第一辑第22页，载有总所解答绥远省政府请解释参议会职员及公立学校校长竞选国大代表是否受任所所在地之限制一案，内称：“各级参议会职员及公立学校校长，凡受政府任命为委任以上之职级者，即系现任官吏，应受法定之限制，否则应不置议。”询据南开大学负责人复称：“仅接教育部令私立南开大学训令一件，令南开改为国立，但张校长并未奉到政府简派状或聘书。”当以戌感、戌俭两电，报请选举总所核示。旋奉选举总所（36）亥冬法电开：“戌感、戌俭两电悉，如果张伯苓未经政府委派，自不受国代选罢法第八条规定之限制。”

本所以张伯苓是否受有政府任命，仍须详查，俾资据复。经分函南开大学及国民党天津市党部查复去后，顷接南开大学复函：“查本校校长张伯苓并未受有政府任命。”又准市党部复函：“一、南开大学原系私立，此次改为国立，原订为期10年，期满仍恢复私立，与国立大学性质不同。二、张伯苓并未经国府任命为国立大学校长。目前仍以私立大学校长资格处理校务，并非公务员。”各等因。到所。

三、理由：查张伯苓参加竞选系国民党中央党部提名，送由选举总所发交本所公告，并非以500人签署声请本所。审核登记提名之权，掭于中央党部及选举总所。原告将本所列为共同被告，殊无理由。

又，查《国大代表选举罢免法》施行条例第六十八条：“选举总所对于《国大代表选举罢免法》之施行，有释明疑义之权。”而衡诸选举总所法令释明及(36)亥冬法电，本件张伯苓是否应受《国大代表选举罢免法》第八条之限制，完全以曾否受有“政府任命”为准。按《公务员任用法》第七条：“简任职公务员之任用，由国民政府交铨叙机关审查合格后任命之。”此为法定程序，国立大学校长依法应由国民政府简派，以完成此法定程序。今南开大学虽奉令改为国立，但校长张伯苓本人并未经国府简派，欠缺法定程序，自属尚未取得官吏之身份，应不受《国大代表选举罢免法》第八条之限制，其当选为本市国大代表自非无效。

基于上述事实及理由，应请判决如前述辩状主旨之所声明。

谨状河北高等法院第一分院

附录2：富健康为请求判决确认张伯苓当选国大代表无效事致河北高等法院第一分院诉状（1947年11月29日）

原告：富健康，49岁，天津人，住一区山西路77号，医生

被告：国民大会代表立法院立法委员天津市选举事务所

张伯苓，住本市国立南开大学校

为天津市本届国大代表区域选举违法提起选举诉讼事。谨将诉之声明及事实理由、立证方法开列如左：

一、诉之声明。请求判决确认天津市国大选举事务所，就津市国大代表张伯苓当选部分无效。诉讼费用由被告负担。

二、事实及理由。查此次国大代表区域选举，该张伯苓虽获当选，惟《国大代表选举罢免法》第八条之规定：现任官吏不得于其任所所在地之选举区当选为国大代表。查该当选人现任国立南开大学校长，校址既在天津市，且此项

有俸给之公职系属政府之任命现任官吏。

又据本年9月21日《民国日报》载：学校校长参加团体或区域选举，是否须先辞职问题，总所解释：凡由政府委派相当于委任以上文武职级人员，均视同官吏应受《国大与立委选举罢免法》第十三条之限制，原文“现任文武或军职之官职于其管辖区或任所所在地之选举区为候选人者，应于选举期前5个月辞职”。

依上开法条之规定及总所之解释，该张伯苓之获选当然无效。为此，遵据同法第三十九条“资格不符”之规定，提起选举诉讼。请求钧院判决确认张伯苓当选无效，并负担讼费。实为公便。

谨呈河北高等法院第一分院公鉴

附录3：富健康为诉张伯苓当选国大代表无效状（1947年12月25日）

谨呈者，为民诉被告等选举违法一案，补正理由追诉事请将被告之答辩驳回，并将诉讼费由被告负担。

事实理由：

一、被告国大立委天津市选举事务所违法事实追诉如左：

（甲）据《国代选举罢免法施行条例》第17条规定：“候选人名单应以登记之先后为序。”查由选民签署自9月起展期至10月终登记止，候选人按次登记共计郜杰三等19名，11月后始由政党提名张伯苓等3名。该所公布候选人名单理应郜杰三第1名，张伯苓应列第20名，该所不按次序，竟将张伯苓反列第1名。附呈民国三十六年11月26日《天津民国日报》第九版专刊为证。被告因列第1名，利用文盲均选额名，巧得选票当选。该所假公济私，实属有计划违法，是否公平。

（乙）《国代罢免法》第14条规定：“候选人之登记应于册内填明姓名、年龄、籍贯、职业、住址等。”查被告职业是现任国立南开大学校长，中外皆知。如云南大十年后仍改为私立，被告只好十年后才能竞选，现在已违犯《国代罢免法》第8条规定。该所既在未选前不加审查被告候选人资格不符，即应先向总所请示，选后经原告去函公开质问并已提出选举诉讼，该所始向总所请示，已经违法。据本年12月12日《天津新星报》四版载，该所总干事冯步洲对记者谈“本所已经奉到总选举所的指示，南开虽改为国立，但张伯苓校长并未经国府或教育部任命，所以张校长当选资格并无问题”。等词。查该员身为主持选政大员，违背杜市长对选举三公原则，竟发此公私不分谬论，显然早已有心违法。

要知选举法规并无明文规定，国立大学校长已执行职务领有俸给，准许在其现任所所在地当选国代。民主国家并不能以命令变更法律。初次普选必须办选政者洗心革面，绝对遵守法规。民选幸甚！行宪幸甚！请钧院裁之以法，以儆将来。

二、被告张伯苓当选无效，违法事实追诉如左：

（甲）中华民国三十六年8月6日出版《法令周刊》第十卷32期载，院解字第3512号三十六年7月3日司法院致国民大会代表选举总事务所函要旨:《国民大会代表选举罢免法》第8条及《立法院委员选举罢免法》第13条，所称之官吏在宪法施行前，系指委任以上文职及尉官以上之军职而言。

（乙）中华民国三十六年11月12日出版《法令周刊》第十卷第46期载，院解字第3609号三十六年11月21日司法院致国民大会代表立法院立法委员选举总事务所函要旨：现任国立大学校长或公立中等以上学校校长既系委任以上之文职，不得谓非立法院《立法委员选举罢免法》第13条所称之官吏（参照院解字第3512号解释），惟在同条之适用上，仅以学校所在地，为其任所在地而无所谓管辖区，如于学校所在地以外之区域为候选人，不在同条限制之列。

（丙）据民国三十六年12月14日天津《民国日报》二版载，司法院代电称所请解释一条，兹经本院统一解释法令会议议决候选人于投票时，以车辆接送选举人或为备餐，而约其为投票权一定之行使者，自属违法。查被告在11月21日至23日投票日期，曾发动大批公用汽车到处接送选举人，并发动多数文盲，骗云请选被告系奉政府命令，并配有面条。现有王金祥、戴文泉、宋文华等选民情愿作证，以致一般知识份子选民看着不公，多数弃权，当属违法。

（丁）据被告答辩状云，南开大学既以教育部令改为国立，即是私立名义完全取消；被告既称遵令改革，则是明知私立名义消除。又云，校中不可一日无人主持，被告暂仍以私立之校长资格代为维持，迄未奉到国民政府明令任派。等语。试问暂维校务，是否国立大学校务绝无私立可言？被告当时既未在事前有所声明不受政府任派，亦不承认自己是现任国立大学校长，又未声明辞职或维持数月即行交代。今已一年有余，每月俸给均按公教人员一切待遇，完全为国立大学校长之俸给待遇。被告既已享受权利，执行职务，对内对外早以国立大学校长自居的，是学府正式官吏，焉能不受《国代罢免法》第8条及立委第13条之限制？试以普通官吏到任行使职权作一比例，自不能既经莅任尚未接到委派，依然不承认为现任官吏或自居候补官吏，更不能以行使职权并领俸给有年，一旦发生违法事件而自己不承认为现任官吏，以图卸责者。更可证明，以私立学校校长资格维持大学校务，乃是意在脱却现任官吏违法当选所然耳！既不合法又不合理，亦为中外最高学府所未闻。被告在竞选前既未声明不是现任委任以上官吏，亦不承认是国立大学校长，更证明背理违法无可讳言，绝对应受前引两条之限制资格不符当选无效，无可驳辩，何能曲解？

总之，法令不可抗，事实胜强辩，原告在竞选专刊上早以明白声明：此次参加竞选不计得失，不怕毁誉，必须为我民选前途留一曙光（附呈专刊）。值此行宪在即，初次普选，如以身为最高学府的国立南开大学校长竟不遵守选举法规，违法当选，个人事小，法治事大。在此中外共睹隆重大选之下，实不能留此恶例。原告痛心国事如斯。为提倡民主，尊重法治，为国家百年大计，誓必主持正义，任何牺牲在所不计，区区苦衷，可质天日！特此诉请钧院，根据法理秉公判决，以维选政。国家幸甚！行宪幸甚！被告之诉无理请予驳回，诉费由被告负担。实为公便。右状。

谨呈河北高等法院第一分院公鉴

附录4：富健康为声请撤销选举诉讼呈河北高等法院天津分院文（1948年2月19日）

声请人即原先：富健康，49岁，吉林人，住一区山西路77号

被告：国民大会代表立法院立法委员天津市选举事务所，位于天津市民政处

张伯苓，住南开私立南开中学

为声请撤销选举诉讼事。窃民为提倡民主尊重法治，曾向钧院起诉国代立委天津市选举事务所及张伯苓当选请求确认无效事件在案。现经津市社会贤达靳云鹏、李廷玉等诸位先生出面热心劝解，民为体念时艰，顾全大局，尊重乡贤起见，情愿无条件将原案撤销，为此状请钧院鉴核，准予撤销。实为公便。

谨呈河北高等法院第一分院公鉴

（天津市档案馆藏）

节母词[①]

（1947 年）

乡人刘子楚青母，陈夫人静源，守节奉姑，教子女，办教育，垂三十余年。今已六旬，犹诲人不倦，爰为诗以赠。

津门多奇女，浩然赋正气。
近有烈女张，远有宫人费。
君子表其闾，妇孺知所贵。
其余扬芬芳，志乘列品汇。
予生赋至性，清浊分泾渭。
谁毁谁堪誉，咸酸具本味。
更若刘节母，艰辛不稍畏。
岂如石与席，辗转此心未。
高操松筠坚，霜雪傲凡卉。
母本生名门，诗礼谙经纬。
十五笄以嫁，静好期无既。
何竟赋柏舟，零仃谁存慰。
儿乳女娇痴，姑老泪潜沸。
惨绝极人生，闻者为歔欷。
教教事畜兼，自食力强毅。
化雨春风拂，童蒙叨培溉。
倏已六旬余，皋比声名蜚。
其子我小友，朴学宗汉魏。
孙枝欣长成，茁壮英华芾。

① 陈宝清（1888—1961），号静源，近代教育家陈宝泉之妹，15 岁结婚，20 岁丈夫去世，独自教子成人，先后受聘在普育女子小学堂、城隍庙小学、大王庄市立三十小学工作，并与友人开办过惠敏小学。其子刘楚青曾在南开大学经济研究所任职。1947 年秋冬之季，陈宝清拜访张伯苓，谈起故旧，张伯苓思绪万千，为之做《节母词》。

益宗河海灵，奇伟相映蔚。
天道无阿私，福善此之谓。
因果出自然，真实不可讳。

（李溥等编：《百年风华：南开中学校园文学百年巡礼》，中国文史出版社，2004 年，第 424 页）

南开的真精神是认真刻苦[①]

（1947 年）

学风不严肃，学业不严格，是不足以造就真正人才的。以前南开的真精神，是认真刻苦，现在更要发扬光大。南开虽老，而精神永久年青。

（《新上海》第 65 期，1947 年）

就传言竞选副总统事答《益世报》记者

（1948 年 1 月 3 日）

这消息我自己还不知道呢！老了，做一个民国的副总统，那得操多大心？干别的事虽累，那是走“脾经”，做副总统是走“心经”。

（《益世报》，1948 年 1 月 4 日）

① 对于南开大学对考试不及格的 88 名学生严重警告，勒令 25 名无故不参加考试的学生退学一事，张伯苓做以下表示。本文摘自大炮的《张伯苓认真办南开》一文，题目为编者所拟。

行宪建国之日，发扬勤俭美德[①]

（1948年1月18日）

勤俭为我中华民族传统美德，时时均应发扬光大，在行宪建国之今日，更应人人躬行实践。勤则尽量发挥人力；俭则尽量节省物力。如此以丰富之人力，配合适当之物力，戡乱建国必可底于成功。

（《中央日报周刊》1948年第1期，1948年1月18日）

谈南开近况[②]

（1948年2月19日）

南大自复员以来，一切均循序渐进，教授已由二十三人增至六十四人，本年暑假即有数系学生毕业。校中建筑虽有损失，但同时亦有增添，图书经长途跋涉，均已由后方运津，在海防失去者，最近业由日本收回。学校改国立后，各界关心人士仍不时予以协助，过去一年中，除收得多份数千万元之奖学金外，并有北平杨老太太祝寿节约金五亿捐为奖学金，津市开滦王崇植经理治丧节约金五亿元捐助经济研究所。总之学校当前情形，实较私立时减少许多困难。

（《申报》，1948年2月20日）

① 《中央日报周刊》编辑部为配合蒋介石发动的勤俭建国运动，特以“如何推行勤俭建国运动”为题举行一次名人笔谈，并作为该刊特辑刊载，本文为其中一部分。

② 本文为张伯苓与中央社记者的谈话。

与《申报》记者谈话[①]

（1948年3月25日）

张伯苓：吾[②]以年老多病，无意竞选副总统。

记者：报传北方人士甫视副总统籍贯问题，张氏不表同意。

张伯苓：既为竞选，则不分南北，不分文武，否则，即为不民主。

记者：请发表对于当时时局意见。

张伯苓：此次国大选举工作完成后，应乘机革新政治，美援虽为数不多，可以改善当前经济问题。目前最重要者在戡乱，余为华北人，实不忍见北方人民长此处于战火中，特建议政府加强华北军事力量，早日完成戡乱工作。

（南开大学经费问题称）目前各校均在闹穷，余是“穷而不闹”。南开改为国立后，经费全由教育部负担，不再对外劝募。惟各校友及私人，自动捐款者，当予接受。最近韩国工业家孙昌植君，捐助其私人在沪之土地三块，共十余亩，其中一块，并有房屋三十余栋，刻正在办理过户手续，将来变卖或如何处置，目前尚未决定。此外，孙君并捐赠工程机器百余套，刻正在沪装箱北运中。

目前北方学生一个共同而急需解决之公费问题，此次晋京将向教育部洽筹妥善办法。

（《申报》，1948年3月26日）

① 张伯苓、梅贻琦3月26日下午由北平飞抵上海，本文为张伯苓对《申报》记者的谈话，题目为编者所拟。

② 原文为记者叙述的第三人称“渠”，为行文便利，由编者改为第一人称“吾”。

国立南开大学概况[①]

（1948年3月25日）

一、学校沿革：民国七年冬，南开学校创办人严范孙、校长张伯苓自美归国，发起创办南开大学。得各方之赞助，于八年春，建大学讲室于南开中学之南端。是年秋，讲室落成，招生百余人，设文、理、商三科。九年，李秀山捐遗产五十万元为本校基金。李组绅捐助经费，增设矿科。以校舍湫隘，难期发表，于是年春，购地于南郊八里台，兴建讲堂楼房一座、男生宿舍二所、教员住宅九所。十二年三月，又得美国罗氏基金团及袁述之捐款，添建科学馆。九月，迁入新地，十月讲堂落成，题名曰秀山堂。十四年八月十日，经教育部核准立案。十月，科学馆竣工，颜之曰思源堂。于是校基始定，规模粗具，而来学者亦渐多。十六年，组织东北研究会，为日人所嫉视。十七年，卢木斋捐建图书馆落成。二十年，设经济研究所。二十一年，设应用化学研究所。二十六年，“七七”变作，二十九、三十两日，本校为敌机轮番轰炸，大部焚毁，是为国内文化教育机关之首遭牺牲者。旋奉教育部令，与北京、清华两大学同迁湖南长沙，合称临时大学，后迁昆明，改称西南联合大学。二十八年，本校经济研究所在重庆南开中学复课。胜利后，筹备复员，卅五年一月，首先收回八里台校舍，五月奉教育部令，改为国立，七月，与北大、清华两校联合招生。十月十七日本校校庆日，举行复校开学典礼。

二、现在校址：在天津市南郊八里台。抗战以前，有地八百余亩，主要建筑六幢，实习工厂三座，教员住宅卅余所。抗战军兴，敌人肆意破坏，主要建筑六毁其四，余者亦残破不堪。复员以来，已修复者，有思源堂科学馆、芝琴楼女生宿舍，实习工厂三栋、教职员住宅卅余所。其无法修复亟待重建者，有秀山堂、木斋图书馆、男生宿舍等。敌人建筑，经本校鸠工完成者，有胜利楼，现为授课及办公之用。敌设机关，经本校接收使用者，有北院男生宿舍，有综合运动场。总计旧有新收沿卫津河南北二里，东西一里许，均为本校范围，缔

① 本文为按照《教育部教育年鉴编审委员会征集公私立专科以上学校概况文稿办法》上报教育部的文件。

造经营，尚需时日。此外，校园树木战前不下万余株，八年沦陷，悉被摧残，非短期间内所能恢复，今后种植，期以十年。

三、历任校长：本校自开办以来，校长未尝更换。卅五年五月，奉令改为国立，政府仍任张伯苓为校长。

四、行政组织：校长以下，设（一）教务处，图书馆、注册组、出版组属之。（二）训导处，斋务组、体育组、课外活动组、校医室属之。（三）秘书处，文书、事务、工务、出纳四组属之。每周举行行政会议一次，商讨全校行政事宜。行政会议中，设财务委员会、聘任委员会、校舍修建分配委员会、图书仪器委员会、福利委员会，分别讨论该管事宜。关于全校大计者，如经费预算、院系设置，则取决于校务会议。有关学生课业与成绩者，则取决于教务会议。有关学校风纪与学生操行者，则取决于训育委员会。

五、院、系、科数：本校现有三学院十六学系，计：（一）文学院，设中国文学、外国语文、历史、哲学教育四系。（二）理学院，设算学、化学、物理、生物四系。（三）商学院，设政治、经济、银行会计、统计、商业管理五系。（四）工学院筹备设立，已有机械工程、化学工程、电机工程三系。

六、教职员人数：本校现有教职员二〇三人，其中一百卅三人为教员，七十人为职员。

七、学生人数：本校现有学生七九九人，计男六一五人，女一八四人。

八、经费：国库拨发。

九、图书设备：抗战前，本校图书馆藏书计西文六万余册，中文廿余万册（经济研究所在内）。抗战军兴，本校首遭轰炸，除事先移出一小部份外，其余完全散佚。劫余图书，廿九年由津运出，经沪、港、海防而达行滇，其三分之一留滞海防，未及内运。海防沦陷，悉数失去。现由昆明、重庆迁回天津者，西文二万余册，中文一万余册，经极力采购补充，新旧总计约六万册，现仍积极搜罗，总期先复旧观，再求发展。

设备方面，（一）理学院仪器、药物，当事变时，虽经移出一部份，以时间促迫，遗失甚多，历经香港、海防运至昆明，尤多损失。现自昆明运回者，已不及当年十分之一。复校以来，国内国外，尽力配置，本年内，普通物理、普通化学、普通生物诸实验室可以应用。有机化学、理论化学、定量分析、定性分析等实验室，光学、磁电、近代物理等实验室，动、植物等实验室，凡理学院各系二、三两年级必需设置者，年内尽量树立初步基础，再图充实。

（二）工程各系，现有化学工程、机械工程实验室各一所，电机工程实验室一所，锻铸实习厂一所。化工系在抗战期间未尝停顿，各项设备可以勉强应用。机工系设备均系新置，金工、热工两实验室年内亦可粗具规模。电工系设备几全毁于战时，磁电测验设备尚可应用，电机试验室则须重新设置。此外，工程各系公用之测量、水力、材料三实验室设备教育部已分配本校各一份。

十、研究工作：本校经济研究所，初名社会经济调查委员会，成立于民国十六年七月，所编“指数”周刊，颇受社会重视。此项工作虽在播迁之中，未尝间断。出版中英文刊物多种，最著者为《政治经济学报》，及英文《*Social Economic Quarterly*》。调查委员会后改为经济研究所，于廿四年开始招收研究生，廿八年奉部令改称商科研究所经济部，现仍为本校研究工作之一重要部门。

（二）应用化学研究所成立于民国廿一年，除学术研究之外，并受外界委托，代决化学工业上诸种问题，以及化学工厂之设计。廿六年奉部令改称理科研究所化工部，招收研究生。抗战期间，稍有停顿。复员以来，已与化工系相辅并行。

（三）文科各方面，边疆人文研究室成立于民国卅一年，彼时本校权设昆明，实地调查西南边疆之少数民族及其语文，所得资料经整理出版者，有定期刊物《边疆人文》三卷十八期，又专刊三种，报告一种。复员以后，本校仍继续是项工作，为文科研究所工作之一部。文、史、哲、教亦拟另辟部门从事研究。

（四）理学院数学、化学两系，以历史较长，人事稳定，虽无研究所之设，而教授个人研究工作未尝间断，研究结果在中外学术刊物发表者亦已多种。今后本校当充分利用理学院可有之人力、物力，以从事纯粹科学之研究。

中华民国三十七年三月廿五日

（南开大学档案馆藏）

谈北方局势[1]

（1948年3月27日）

自傅作义将军负责以来，军事情况已转佳，人心安定，对吾[2]有极大信心。

---

① 本文为张伯苓与《申报》记者的谈话。

② 原文为第三人称“渠”，为文意通顺，编者改为第一人称“吾”。

惟观共匪之态势，五月份内可能有大战展开，因共匪必取攻势也。

至华北局势。尚称稳定，然增加兵力则刻不容缓。

有人曾建议余与胡适之先生参加大总统之竞选，余曰："一个日头两支洋腊如何可行？"

（《申报》，1948 年 3 月 28 日）

在国民参政会结束茶会上的致辞与答词[1]

（1948 年 3 月 28 日）

参会十年来之工作喻为"拉船"，拉船工作必须大家团结，集中力量，乃得顺利到达目的地。今参政会十年工作，幸能正正当当将此船驶至目的地，未遇礁岩之险。回溯十年前成立之初，曾在蒋主席官邸茶会致辞，以"知难知险"为勉，今亦复适用。

振作精神，努力工作，前途必然光明。

（《申报》，1948 年 3 月 29 日）

拥戴蒋介石为总统

（1948 年 4 月 1 日）

兹依据国民政府三十六年三月三十一日公布《总统、副总统选举罢免法》第四条规定，连署提出现任国民政府主席蒋中正先生为本届总统候选人。

此上

第一届国民大会主席团

连署人：吴敬恒、于右任、张伯苓、胡适、梅贻琦、钮永建、周鲠生、顾

① 国民参政会在 3 月 28 日下午举行结束茶会，历届参政员出席百余人，张伯苓先以临时主席身份致辞，在蒋介石讲话后，又以临时主席身份致答词。题目为编者所拟。

毓琇、王星拱、陈裕光、朱经农、章益、姚从吾、陈明修、张洪沅、李寿雍、金曾澄、丁文渊、何鲁之、袁昌英、毛彦文、李祁、郑通和、王云五、吴蕴初、胡定安、徐寄庼、王晓籁、胡焕庸、刘季洪、王志远、朱国璋、王镜泊、陈联芬、唐得源、冯有真、李季谷、游弥坚、江学珠、陈石珍、章绳以、姜绍祖、蒋建白、祝平、周均时、周安成、丁宣孝、滕杰。

（《大公报》，1948 年 4 月 2 日）

期望青年“做个好人”“做个有用的人”①

（1948 年 4 月 2 日）

世界正在乱，中国也不安定，要想单把南开办好，当然是不可能的事。只要有进步，慢点不要紧。你看我们这学期就比上学期好，下学期自然可以比这学期更好。

对青年的期望是：“做个好人”和“做个有用的人”。因为人好而无用，仍然无用；有用而不好，还是不好。至于志趣与能力如何，尚在其次。

（谈到政治与时局），目前固然有点紧张，过几天自然会好的。

（《大公报》，1948 年 4 月 2 日）

只有蒋介石出任总统，中国才能渡过难关②

（1948 年 4 月 5 日）

中国局势甚困难，蒋主席如不愿竞选总统，将来国是如何，殊难预料。而

① 本文为张伯苓与《大公报》的谈话，辑自《访南大》（上），题目为编者所拟。

② 4 月 5 日，蒋介石不愿参加总统竞选消息传出，张伯苓对《申报》记者作以下表示。题目为编者所拟。

目前情势，任何人任总统均有困难，惟有由蒋主席出任，始可度此难关。

（《申报》，1948年4月6日）

附：北平《新民报》所载张伯苓相关谈话

蒋介石如不竞选总统，中国之局面将来更难预料有何结果。目前要做总统谁都感觉困难，蒋主席昨日所谓两年后国民党如不新生，则必更步进艰难局面一语诚属事实。

（北平《新民报》，1948年4月6日）

不参加总统、副总统之竞选①

（1948年4月7日）

以吾②于行政无经验，无兴趣，且精力渐衰，将不参加总统、副总统之竞选。

（《申报》，1948年4月8日）

挽救华北危局办法③

（1948年4月13日）

关于地方者，应事权统一，力量集中，其要点如下：

① 本文为张伯苓对中央社记者的谈话，题目为编者所拟。

② 原文为记者以第三人称叙述，为行文方便，由编者改为第一人称。

③ 4月13日晚7时，河北、北平、天津国大代表张伯苓、张荫梧、时子周等招待记者，报告华北局势，并提出本文的解决办法。题目为编者所拟。

（甲）中央应放宽法令尺度，在剿匪区内，可自定临时救急政策；（乙）在剿匪区内之省、市文官及武官均受剿匪总司令节制指挥，应予以制宜事权；（丙）中央各部会所属之机关、学校积极配合剿匪总部法令，执行任务，必要时得予以归并或撤销之。

河、平[①]为东北之后援，中央应编练新军三十师，专作黄河以北剿匪之用。

（《大公报》，1944 年 4 月 14 日）

各位校友日日长进[②]

（1948 年 4 月 25 日）

近年保养得法，饮食起居都有师母照应，加以很少用心政治，每日生活，看报纸和听无线电，有时与师母“顶牛”（南方话是接龙）。现已风烛残年，身体精神，今非昔比，平时行走须有侍者在侧，深恐跌跤。想在几年内将学校教务、行政一一托付给信任可靠的人。

各位校友日日生长俱进，有才干，不自私，充分发扬南开允公允能的精神。

（《四四通讯》第 2 卷第 8 期，1948 年）

运动会中的竞赛是有规则的争[③]

（1948 年 5 月 4 日）

此次全运会系在极度困难之环境下努力促成，而华侨参加单位视前为多，更

---

① 即河北省与北平市。

② 国民大会闭幕前，张伯苓携黄钰生赴杭州游览，杭州市社会名流和南开校友在青年会礼堂举行欢迎会，本文为张伯苓在会上的讲话大意，辑自黄昭实的《张伯苓先生》一文。题目为编者所拟。

③ 5 月 4 日下午 2 时，第七届全运会裁判组在中国银行四楼举行裁判会议，到全体裁判二百六十余人。本文为总裁判兼裁判委员会主席张伯苓在会议上的致辞，题目为编者所拟。

觉意义深长。国人体性太温弱，须藉教育改善，应从体育锻炼着手。运动会中的竞赛，是争名不争利，是有规则的争，即是守法的争，值兹行宪之始，尤具深长含义。明日大会开始，亦即各位困难的开始，希望大家要团结，负责任。

（《申报》，1948 年 5 月 5 日）

为徐良减刑呈证[①]

（1948 年 5 月 4 日）

为证明事。徐良被控汉奸一案，本人以与其家友好关系，对其家世，知之颇详：徐良之父徐勤，系戊戌维新钜子，五十年在海内外办报兴学，已毁其家（将广州七间□房变卖）以办国事，爱国之殷，老而弥笃。“九一八”事变，因受刺激太甚，以致病废。

徐良天性纯孝，确能继父之志，决非甘心附逆之辈。此次参加伪组织，实系被欺，误信汪逆与中央有默契，且被迫于日军部派员吉田忠太郎，完全非出本意。嗣后发现汪逆有叛国迹象，乃于三十二年春间自动辞职。其在任伪职期间，确能廉洁自持，家境极为清贫，在沦陷期内，对于爱国份子，亦能尽力掩护。其他有利证据甚夥，据其情节，似可予以宥恕，酌减其刑。

（《大公报》，1948 年 5 月 4 日）

第七届全运会观感[②]

（1948 年 5 月 5 日）

此次全运会，在如此环境下，经费又缺乏，竟能准时开幕，洵非易事，其

---

① 徐良因曾任汪伪政府驻日大使，被河北高等法院天津分院判处死刑，徐不服提出上诉。张伯苓、严仁颖、丁懋英等具状为徐良请求减刑。题目为编者所拟。

② 5 月 5 日第七届全运会开幕，本文为张伯苓接受《申报》记者采访时的谈话，题目为编者所拟。

意义异常重大。此次全运会在全国性的国民大会后，选举总统，实行新宪法后举行，国人素来文弱，运动能教我们竞争，别的竞争在“权”，在“利”，而运动会在争“名”。另一方面来说，运动会的竞争是有规则的竞争，任何比赛都要不犯规，人人守法，今天的大会便是建立民主国家，教人民如何守法的一种具体表现。

（《申报》，1948 年 5 月 6 日）

中国统一，体育进步[①]

（1948 年 5 月 13 日）

此次大会，全国皆有代表参加，证明中国是统一的。十余项节目，打破全国纪录，尤足以证明体育之进步。

（《申报》，1948 年 5 月 15 日）

第七次全国运动会感想[②]

（1948 年 5 月 14 日）

第一，新纪录出现很多，说明我们在不断的进步；第二，各地都有代表出席，表示中国是统一的；第三，运动员的争名不争利，和公正、合作的精神是行宪后政治上应该取法的。

（《大公报》，1948 年 5 月 15 日）

① 本文为张伯苓对《申报》记者谈对第七届全运会的感想，题目为编者所拟。

② 本文为第七次全运会结束，张伯苓由上海返回天津，接受《大公报》记者采访所谈内容。题目为编者所拟。

对南开大学学生的谈话[①]

（1948年5月14日）

你们既想缓和缓和，也很好，让我们再商量一下。我离校五十天，你们做的事太多了，学校需要一次澄清。十七日要送我弟弟（张彭春）去北平，十九日回来，过了二十日总统就职大典再说。

（《大公报》，1948年5月15日）

让爱国家好学问的学生有一个安心求学的场所[②]

（1948年5月18日）

本人前者到南京去参加国民代表大会，又到上海去襄助全国运动会，离开天津将近五十日。在这五十日之中，本校发生了几件事，都与学校的风纪有关。回校之后，详询经过，认为在本人离校期间，本校同人处理这些事，公允妥当。因此同人的决定，我决不更改。

本人办教育将近五十年，经验告诉我，这五十年来所采的方向，是正确的，而且南开在求进之中，也能作时代的前趋。本人到全国各地，看见南开的校友都能守着岗位努力工作，非常高兴，更坚定了自己的信念。

南开大学复员以后的校风，确不如从前的淳厚，一则由于时代的动荡，一则由于学生团体传统的中断。但是，南大的优良校风，我们必须恢复，我们也

① 南开大学学生因用餐问题，与校方发生矛盾，学生罢课，学校训导长傅恩龄、女舍监王文田请求辞职。校方为此决定开除两名学生。待张伯苓由上海刚返回天津，即有学生代表五六人与训导长傅恩龄去看望他，并请求“老校长像家长一样地宽大对待受处分的同学”，张伯苓发表以下谈话。题目为编者所拟。

② 1948年5月10日，南开大学开除在“反迫害、反饥饿”斗争中的进步学生李永钧、徐维廉。当晚，全体同学集合，要求学校收回成命，并宣布罢课。张伯苓对此发表谈话，题目为编者所拟。

必用全力去澄清南大，使爱国家好学问的学生有一个安心求学的处所。

（《大公报》，1948年5月19日）

与陈序经谈往任岭南大学校长事

（1948年5月中旬）

张伯苓：对于岭南大学的问题，你应考虑考虑，不必坚辞。岭南大学是有基础的学校，听说岭南大学在南方叫做南大，南开在北方也叫做南大，都是南大，而且已故的校长钟荣光是我的朋友，你在岭南大学又曾教过书，可以到岭南大学当校长。

陈序经（笑说）：“你是不是要赶我走？”

张伯苓（哈哈大笑地说）：你这样说也可以。你虽去岭南，但也绝不是离开南开，打定主意，做好准备，暑假就到南方去吧。

（陈其津著：《我的父亲陈序经》，广东人民出版社，1999年，第149—150页）

为国家办教育①

（1948年5月23日）

各位校友：

我先谢谢各位。七十三岁的贱辰，已经过了，还藉着返校节来补祝，各位的盛情我实在感谢。我这回，到过南京、杭州、上海三处，这三处的校友，都开会迎接我，我非常高兴。尤其使我高兴的是各处的校友个个守着岗位，努力工作。工作的性质纵或不同，然而大家都在努力，都在干在顶，在不断的进步，

① 5月23日南开校友总会召开校友返校节，由校友演剧补祝张伯苓七旬晋三诞辰，并在瑞庭礼堂开庆祝会，末由黄钰生代读张伯苓训话。题目为编者所拟。

看了真是使我感到无上的快慰。人到了老年，需要温暖，各地校友对我的情谊，是一种心的温暖，这是我所最为珍贵的。同时，校友们也鼓励了我，使我忘记我的年纪还不停止，还要继续工作，为国家办教育，办以国家为最高目的教育。

现在大局确是在好转。看眼前，自然困难重重；但是用望远镜一看，确是在好转。国际的局势，大家都放弃了胜利之初的许多幻想，由一度的失望，而转入了一种现实的观点。针对着现实，去想办法，能调协更好，纵使不能完全调协，也可能有个均衡小康的局面出来。

再说国内，我们国家目前的大事，是戡乱建国。戡乱在我想来只是个时间问题，建国的工作，久远艰巨，需要全民族的努力。我愿在这行宪开始的时候，提出两个意思，和校友诸君共勉。

第一，宪法必须实施。实施宪法，不仅是执政者的事，也不仅是各级政府的事，而是全国人的事。共产党所倡的共产，把产业共了它；民主宪政，是要共权。国家的政权，在每个国民手里，这权是我们共同有的，公共有的，平均有的，每人一份，不比任何人多，也不比任何人少。我们身为国民，必须善用此权，这是当仁不让的事，也是无法逃避的事。你可以不参加政治，不作公务员，你可以无党无派，但是你必须与全国国民共有此权、共用此权，宪政方能实施。一个民主的国家，方能建设起来。

第二，生产必须增加。我们所面临的种种困难，推求原因，主要的在于我们的生产不够。在此时而谈生产，确有许多困难，但是我们不能因为困难，就停止生产。生产物的分配，确有许多不公平之处，但是我们不能因为不公平，就不生产。等到分配公平得人人满意，那就没有时候能生产了。生产总比不生产好，生产多一点，国家就好一点……

此外，我对于公能学会，也有两点建议。

第一，我们可以设一种公能奖——奖状、奖金、奖品都可以。要紧的是，能表现公能精神最显著的人，大家赞扬他，鼓励他，使他更加努力，使别人学他。假使有一天，公能奖有 Nobel Prize（诺贝尔奖）那样的声望，那样，南开公能教育的力量，岂不又加了十倍、百倍。这是舍弟彭春的意思，我想很好，我也藉今天的机会，将这意思向在公能学会的校友提议，请各位考虑实行。我须要补充一点，推选的时候，不必求全责备，世界上没有完人，但能有一事一艺，表现公和能，分外的显著，就值得我们的推崇和鼓励。

第二，研究宪法。宪法是我们的根本大法。人人必须细读它，研究它。研究它并不是因为它是个尽善尽美的文件，而是因为它与人人都有切身的关系。

我们要随时，随地，遇事，追究它的意义，看它实行起来，有什么样的后果，有什么可能的含义。公能学会是个学会，我建议，我们以宪法的研究，作我们的主题。

我今天很高兴，能参加这个盛会，因为前天有点头昏，医生不让我在大会堂里说话，所以我把要说的话，口授给子坚，让他转说大家听。我和内人，再谢谢各位校友的盛意。

（《益世报》，1948 年 5 月 24 日）

与杨石先、陈序经等谈招生及聘任问题[①]

（1948 年 6 月 15 日）

一、首先表明两点

（一）本校各院系聘请教师，素有和衷共济之精神，今后当复如此。

（二）本校私立时代，节省人力，用人少而效率高。今改为国立，望仍保持传统精神。

二、招生

（一）下学年本校学生人数，新旧合计以一千二百人为限。

（二）下学年不设先修班。

（三）取录新生（一年级生、转学生、研究生均在内）以四百人为限。实际到校人数当较录取之数为少，此四百人之分配，约计文学院七十，理学院四十五，政经学院一百五十，工学院一百三十五（每系四十五人）。

三、聘任

六月五日教育部代电："自三十七年八月份起，增该校（指本校）员额四十名，由该校切实分配。"

（一）按本校原有名额为二百四十名（计职员九十六人，教员一百四十四人）。

（二）八月以后增加之四十名，拟作如下之分配，职员七人，教员三十三人。

① 是日下午，张伯苓召集邱宗岳、杨石先、陈序经、吴大任、冯文潜、刘晋年、鲍觉民、孟广喆、黄钰生等谈话，对于招生及聘任诸问题交换意见，本文为谈话要点。题目为编者所拟。

（三）至于教员三十三人，各院系应作如何之分配，经长时间之讨论，众意以为教员名额，原有、新增共一百七十七名，最好以各院系下学年课程上实际之需要，作为分配之标准。

附注：

（甲）必修学程，每年开设。选修学程以间年开设为原则。

（乙）教师任课，每人每周以九小时为原则。

（丙）每一教师应以一部分时间任必修学程，一部分时间任选修学程。

（四）请各院系将附件两表填就，由各院长汇齐交校长办公室，务请于二十四日以前填就交到，以利聘任。

（王文俊，梁吉生等编：《南开大学校史资料选》（1919—1949），南开大学出版社，1989 年，第 179—180 页）

年老多病，不能当此重任[1]

（1948 年 6 月 16 日）

年老多病，已不可能当此重任，倘在十五年前，当受命不辞。

（《申报》，1948 年 6 月 17 日）

自当拚老命一干[2]

（1948 年 6 月 19 日）

总裁是救国的，我是爱国的，身为国民党员，总裁有命，自当拚老命一

① 6 月 16 日上午，蒋介石在国民党中常会上提名张伯苓任考试院院长，并获得通过，张伯苓当日对《申报》记者作以下表示。题目为编者所拟。

② 在天津市市长杜建时于 6 月 19 日下午第四次持蒋介石电报促劝张伯苓就任考试院院长之位时，张伯苓作以下表示。题目为编者所拟。

干了！

（《申报》，1948 年 6 月 20 日）

南开的学生就是要好好学习[①]

（1948 年 6 月中旬）

到我南开来念书的都是好学生，差的考不进来。我办学这么多年，我们的老师强，学生好，我想许多办法给你们请最好的老师来教课。从我南开毕业的到英国、美国留学有成就的，我都想办法请来当你们的先生。你们在学校首先想到的、做到的就是安心好好地念书，成为有用之材。这点时刻不能忘记。

你们关心国家大事是应该的。你们反内战、反饥饿，咱们反对他们就不打了？反饥饿，你们谁没饭吃？有些同学会吃不饱，饿肚子上课，物价太贵了，通货膨胀得厉害，实实在在有困难，对特别困难的同学应该想办法帮助他们。许多同学靠公费吃不好吃不饱，课外找点活儿干维持一下是好样的。老师们的困难也挺大，教授们现在的收入和抗战前比，少多少倍，还不是都在兢兢业业的教书？八年抗战里在重庆在昆明，那时的学生会比你们现在还好吗？学校现在是国立的，不收学费，还有公费吃饭，学校的经费很困难，我去美国还不是为经费找校友有钱的，找美国的基金会尽量帮忙解决一点嘛！学生把书念好，成为国家栋梁之材，什么时候都要克服困难，中国将来要靠你们，你们是南开的希望，也是我的希望。

南开出去的有很多我的好学生。周恩来是最好的一个，他念书好，为国为民不辞辛劳。他是共产党的大人物，可他总说是我的学生，口口声声叫我老校长，尊重我，听我的话。在重庆开参政会，会上意见不一样，常常是吵吵闹闹，我发表意见，有的参政员不同意，邓颖超就常反驳我，弄的我挺为难，她不是我南开的学生嘛！周恩来就不一样，他听我的发言，同意的就笑眯眯地点头说：

① 1948 年 6 月中旬，张伯苓在天津南门里寓所接见南开大学学生自治会理事王纪泽、谭致，询问同学们对当时政局的看法和学习、生活中的困难与意见。王、谭汇报后，张伯苓谈了自己的看法。本文摘自谭致《努力学习，为国效劳——回忆张伯苓校长一九四八年春的一席话》，题目为编者所拟。

校长讲的好。有的时候就笑笑不发言，尊重我，他是我的好学生嘛，你们别把我的话当耳边风。

现在南开的学生在财政、工商业、银行系统里挺多，政府机关里也不少，还有的是大人物！天津市长杜建时，上海市长吴国桢都是我南开毕业的嘛！有人说：现在毕业就是失业。你（指王纪泽）怕毕业了找不到事儿干，也怕失业，我南开毕业的有几个失业的？书念好了，人品好不怕没人要。毕业前找熟人，找校友，天津的没办法就去找杜建时，南方来的同学回南方没工作的去找吴国桢，就说我张伯苓让你们去找他的。我不信念好书有本事的会失业！

说来说去简单得很，南开的学生就是要好好学习，我办学这么多年，国内国外跑，就为了培养建国人才，让中国从落后变成富强。南开是好学校，要克服经济困难，找好老师，你们是学生选出的代表，和同学一起个个努力学习，成为有出息的为国效劳的人才。

（《南开校友通讯》（复刊 19 期），1996 年，第 326—327 页）

学校为个人终身事业，决不脱离[①]

（1948 年 7 月 2 日）

奉蒋总统命，出长考试院，肯辞不获，只得应命，定七月五号晋京，三星期后仍回津，以后至少三分之一之时间在津。学校为个人终身事业，决不脱离，望同人仍本既往精神，合作一致，为校努力。在京期间，以杨石先先生、陈序经先生、黄钰生先生三人为校务委员，主持校务，并以杨石先先生为代理校长。

（南开大学档案馆藏）

① 1948 年 7 月 2 日，南开大学校务会议召开，张伯苓主持，杨石先、陈序经、邱宗岳、冯文潜、黄钰生、吴大任等出席。本文为张伯苓在会上的报告，题目为编者所拟。

在南京机场对欢迎者的谈话①

（1948年7月6日）

一星期前，开始与若干专家对于宪法作深入之研讨，目前心得尚少。考试委员须超出党派以外，依据法律独立行使职权，条文究应如何解释，尚待吾人考虑。可奉告诸君者，余本人为国民党员，想必诸君早已知悉矣。

关于考试制度，万分可能有突然的改变。目前文官考试初试及格人员集中训练时，军事化管理之特点，应予保持。盖中国文武分途已久，亟欲为之补救，故华北剿总傅作义将军曾提出口号，希望从政人员能“上马开枪作战，下马提笔为文”。

（《时事公报》，1948年7月7日）

“公能”精神与铨叙考试制度②

（1948年7月6日）

余从事教育工作，已五十年，从未担任行政职务。此次原拟谢辞重任，惟余信任蒋总统，总统要余出任考试院长，际此国家艰难之局面下，使余不得不接受。惟五十年来余视南开为本人之家庭，虽出长考试院，南开校务亦不忍摆脱，今后将奔走京津道上，院务校务兼而处理。关于考试院务，当本宪法规定做去，宪法上已有硬性规定，今后公务员，非经考试，不得任用。且该院二十年来在戴院长主持下，已奠定良好基础，余仅能负推动责任。至于成绩如何，尚仗大家努力，一切推行，自可顺利。如遇有阻碍，余将不顾一切，予以铲除，

① 7月6日，张伯苓乘机赴南京就任考试院院长，蒋介石的代表吴鼎昌、国府要员左舜生、陈启天、贾景德，雷法章，南开校友乐永庆等百余人到机场迎接，本文为张伯苓对机场欢迎人员的讲话，题目为编者所拟。

② 本文为张伯苓与新闻记者的谈话，摘自《外交部周报·国内时事》栏，题目为编者所拟。

而使考试制度，树立规模。

余办南开学校时，曾以“公”“能”两字为该校校训。公者，使人人处事无私，勇于负责；能者，系发掘每人能力，使渠有所表现。此所以考选用人，以铨叙考核成绩之谓也。余将推广此公能精神于政治上，并希望每一位公民亦有此无私有能之美德。年来政府用人，颇能与考选取得配合，此为政治上之进步。行宪之后，务将此项作风，发扬光大，使每用一人，均须经过考试。考试固然仅能考验对方之一部分，至于其热心程度，及工作兴趣，尚难考测，难称理想，惟考较不考为好。

一星期前开始与若干专家对于宪法作深入之研讨，目前心得尚少。“考试委员须超出党派之外，依据法律独立行使职权”条文究应如何解释，尚待吾人考虑。可奉告诸君者，余本人为国民党党员，想必诸君早已知悉矣。关于考试制度，不可能有突然的改变，目前文官考试制度初试及格人员集中训练时，军事化管理之特点应予保持，盖中国文武分途已久，亟欲为之补救，故傅作义将军曾提出口号，希望从政人员能“上马开枪作战，下马执笔为文”。

（《外交部周报》第 81 期，1948 年 7 月 14 日）

拟将“公”“能”精神推广至政治①

（1948 年 7 月 6 日）

从事教育事业凡五十余年，毕生未从政，此次因总统之嘱，尤在此种局势之下，不能推却，以是勉力而为。

在办理南开时，曾以“公”“能”二字为校训，“公”者处世无私，勇于负责，“能”者发展各个人之能力，求其有所表现。现余即拟以此精神，以此理想，推广至政治，使公务员亦能受到此种训练。将来政府用人，必需与考政配合，务使其非经考试不得任用。

至考试院之组织及考试制度等，决依据宪法实施，宪法如何规定，吾人如何展开工作。对南开之教务决不放弃，一俟院务处理就绪，仍须北返照料校

① 本文为 7 月 6 日下午 5 时张伯苓在寓所对《申报》记者的谈话，题目为编者所拟。

务，将来当有以求兼顾也。

（《申报》，1948 年 7 月 7 日）

启　事

（1948 年 7 月 9 日）

日昨伯苓飞京，辱承各界友好莅临送别，隆情厚爱，感篆莫名。谨此布谢，诸希鉴察。

张伯苓敬启

（《大公报》，1948 年 7 月 9 日）

在国民政府考试院院长交接时对全体职员的训词①

（1948 年 7 月 10 日）

本人七十三年来今为首次参加政府行政工作，对于考铨工作，一切外行，尚盼戴院长多多协助，并向诸位同事请教。

今后工作精神，务盼注重通力合作，吾人欲求进步，实非一蹴可就，但至少现在应保持一向之成绩，只可变好，不能变坏。

附：戴季陶致辞

本院自民国十七年传贤奉命就任，开始筹备，十九年一月正式成立，至今足二十年。此间上承中央指示，中蒙各院部会合作，下得各同事先生协助，在国家艰难期中，谨守国父遗教，尽力于廉洁勤慎，守法奉公，澹泊明志，宁静

① 7 月 10 日上午 10 时，欢迎张伯苓就任考试院院长大会暨与前考试院院长戴季陶交任、接任仪式在考试院铨叙部大礼堂举行，张伯苓向全体职员简单训词。题目为编者所拟。

志远，以期无负任命。此中虽先后十余次辞职，请选任贤能，迄未获许。今宪法实行，百废维新，我总统提任张伯苓先生继任行宪后之第一任考试院长。张先生为国内名教育家，道德、学问、事功为全国器重，今后一切建设必然有伟大成就。传贤敬以至愉快之心情，移交一切政务事务，敬祝考铨制度发展。诸位同事在张院长伯苓先生指示领导之下协力工作，以期实现我国父“教养有道，则天无枉生之材；鼓励以方，则野无抑郁之士；任使得法，则朝无倖进之徒”之遗教，上承先德，下显后人，为民国建立考铨行政巩固之规模，为中华开太平之新运，和衷共济，辅相总统，协助同寅。敬祝张院长健康，诸同事安吉。

（《大公报》，1948年7月11日）

希望大家在自身岗位努力做事[①]

（1948年7月11日）

吾已先后三次施用手术，身体已不如前，且考政责任重大，故对考院院长一职，曾恳切辞谢，后以各方催促，乃予接受，今后当努力作去。

北方情形，自傅作义将军出任剿总一职后，北方军事大为好转，盖傅将军之办法，扶助华北人民，以自身力量，保卫其家乡，定可制胜。

最近中原大捷为军事好转之开始，国家前途必定光明。就北方之矿产，与平津二地大学培育之人才，及北方人务实精神，说明希望仍在北方。大家在自身岗位，努力做事。

（《时事公报》，1948年7月12日）

① 张伯苓就任考试院院长后，于11日出席河北旅京同乡会举行的欢迎茶会，并在会上致答词。题目为编者所拟。

愿使中国传统之考试制度再迈进一步①

（1948年7月25日）

本人从事教育事业，迄今恰为五十年，得见诸校友能秉承校训自立自强，为社会服务，成绩斐然，衷心至感安慰，如个人对国家一生能有些许贡献，亦即全体校友成绩之结晶，尤为感奋。

生平矢志教育，未曾做官，此次应总统之邀，获监院同意，出长考试院，责任重大，诚恐力有未胜，惟念国家及元首既需要本人，故不敢再辞，终于勉任艰巨。幸有沈（鸿烈）、田（炯锦）两部长及雷（法章）秘书长协助，愿本戴院长之宏规，使中国传统之考试制度之建立再迈进一步。

（《申报》，1948年7月26日）

盼诸位继续在公能双方面努力②

（1948年8月7日）

国家前途困难虽多，但大家仍旧抱乐观态度，努力岗位上的工作。个人因受总统友情之感动，已入宦海，是功是过，在所不计。南大校务将由何廉先生主持。最近南中校务多艰，多蒙校友捐助。到于公能学会方面，盼诸位会员继续在“公”“能”双方面努力。

（《大公报》，1948年8月8日）

---

① 7月25日下午4时，在南京的200余位南开校友举行盛大欢迎茶会，欢迎校长张伯苓到南京就任考试院院长。本文为张伯苓在茶会上的讲话，题目为编者所拟。

② 7日晚8时，南开公能学会二百多会员在南开女中开会，张伯苓讲演。题目为编者所拟。

对中央社记者的谈话[①]

（1948年8月21日）

其确有证据者，政府自当依法处置，其无罪者政府亦自必予以释放，此事并非一重大问题。

（《申报》，1948年8月22日）

公祭卢木斋先生启事

（1948年9月1日）

沔阳卢木斋先生于上月十日逝世，享年九十有三。宗仁等以先生著述既多，尤于提倡新学、创办实业、热心公益、培植人才、桃李满天下为世人所共钦。闻先生溘然长逝，自必同深敬悼。兹定于本年九月五日下午四时在北平西单旧刑部街二十号木斋图书馆举行公祭，凡先生生前各界好友，敬希参加为盼。

发起人	傅作义	刘瑶章	许惠东	谨启
	李宗仁	张伯苓	梅贻琦	
	翁文灏	李嗣□	郑道儒	
	胡　适	杜建时	姬奠川	

三十七年九月一日

（《大公报》，1948年9月4日）

① 本文为张伯苓就国民政府传讯职业学生一事对中央社记者的谈话，题目为编者所拟。

注意研究，配合行宪①

（1948年9月2日）

考试院内部之组织及考试、铨叙两部之人事得宜，以及戴前院长之规范，故前虽留京仅三周，即一切安排妥当。一切循序力求改进，通力合作绝无问题。

考试院之工作须与各院部会配合，在此戡乱时期，要先注意研究，以谋将来配合行宪。如果各部门好，我们绝不能落后；如果各部门未能尽善，我们也要不断地研究，研究人家为什么批评我们的政府无能。

华北军事情势，较半年前进步了很多，经济改革后，北方的情形也不差。国家前途已经见到光亮。我们考试院所属全国各单位人员要特别警醒，睁开眼睛，支起耳朵，看清大势，随着好转，不准落伍。我还是以小学生的态度在不断的向院内老同事学习。

（《大公报》，1948年9月3日）

我是个爱国者②

（1948年9月3日）

去年在此开成立会，今已一年。推动虽慢一点，但我们全体都欠努力，至少我们要占百分之六十。

我今年的身分与去年不同了，我七十三年未作官，何以又就了考试院的任务？五十二年前，我在威海卫起就作爱国者，而蒋先生是我们的救国者，救国者叫爱国者作什么，不能够不作。又在七年前我本是无党无派的人，因为赞成

① 本文为张伯苓在冀鲁考铨处对全体工作人员及北平市中国考政学会会员的讲话，题目为编者所拟。

② 北平市民治促进会于3日上午在欧美同学会举行年会，到会者有胡适、毛彦文、李书华、胡先骕、严仁颖、赵乃抟等50余人，本文为该会常务监事张伯苓在会上的讲话。题目为编者所拟。

三民主义是建国最合适的主义，我入了国民党。这一次总裁要我个人出来，我也不能不作。这次回来休息了两个月，别人都说：你的身体好多了，既然能做事，又为什么不多作几年？民主是大家共同需要的，这次选举失败，下次再来。我在天津请他们，说明公能学会的宗旨，要公正，不要只看自己这一区，把天津忘掉；也不要为了天津又忘了华北。政府不良，你自己为什么不出来？我们要扩大，我们要配合行宪。要多收会员，像青年会一样，各角落都要。要来一个□发比赛。

我受的刺激最大，我办南开，天天过海光寺日本兵营。如今不平等条约取消了，日本不必怕了，苏联也不要紧，自己的事情家里办。军事已经好转，一切要用脑筋就行。

附：胡适讲话

张先生给我们打气，我都感动了，我希望今后每月开一次会。

（《大公报》，1948 年 9 月 4 日）

行宪后之考政

（1948 年 9 月 30 日）

分科取士为中国固有制度，创始距今，已二千余年。国民政府成立，本五权宪法之精神，设考试院主持全国考政，亦已达廿年，历年取录各项合格人员，数逾十六万。就目前情形言，制度已立，规模已具，顺利推进，可无疑义[1]。

宪法颁布实施后，本院组织愈加充实，增设考试委员，俾能集思广益，发展考政；又改组原有之考选委员会为考选部，使整个编制，愈臻合理。凡此皆足以见政府之重视考政，而本院所负之使命，亦将倍重于往昔。

本院主管业务，项目虽繁，举要言之，约有三事：一为人才之考选，二为考后之任用，三为合法之保障。兹三事如能切实推进，圆满完成，全国人事行

① 文中之着重号为原文如此。

政，庶可纳入正轨；而本院所负使命，亦得以圆满达成焉。

考选为政府公开取士之唯一途径，宪法中明定“公务人员……非经考试及格者，不得任用。”则今后各级政府任用人员，自应以考试及格为先决条件；惟是全国各级公务人员，数在二百万以上，而目前各项考试及格人员，为数不及十五分之一，吾人将如何加强考政，使全国各级公务人员之任用，皆能符合宪法规定，是今后亟待研讨之一大问题。本院职掌全国考政，宪法中又有明确之规定，自当排除任何困难，执行宪法上所赋予之职权。关于公务人员考试，宪法中复有“考试应按省区分别规定名额，分区举行”之规定，以目前各省教育水准参差不齐之情形，分区定额自有其意义。本年度第二次高考及普通考试，已依法按各省区人口数，规定各省区名额比例。惟我国人口尚未实行普查，兹事又系初创，技术上自须研讨逐步改进之道，是有待于实行后之经验也。

分发与任用为考政中之重要任务，亦考试及格人员应有之权利。过去人事制度间有未臻健全，兹宪法颁布，宪政实施，亟应养成法治精神，健全人事制度，凡考取分发人员，均应予以适当之任用，此为推行考政之必要条件，亦将以实现国父“人尽其才”之遗教。且政府业务随时代之演进，而日见繁复，需要专门技能与知识之处亦日多，将来考试种类势必逐年增加，俾可取录各类专门人才，担任日趋繁重与专门之政府业务，使发生新陈代谢作用，是故将来考选后之分发任用，工作亦必日趋繁剧与专门化，欲使管理妥善，非采用最进步之科学方法不为功。

其次，关于人事管理办法，目前所做到者，仅为消极的事后审核，至积极的事前审核，尚未能普遍推行。今后各级政府任用人员，应以考试及格及铨叙合格者为限，则任用前之审核，实应严格执行，盖非如此，不足以杜倖进，更非如此，不足以言法治也。

公务人员任用之后，应予以合法之保障，庶可使安于职位，更可因其久于职位，业务娴熟，而增进工作效能。前此人事行政尚未达理想境地，故保障一节，亦未克切实推行，宪法中已明定“保障”为本院职掌之一，自应切实做去。兹已拟定公务人员保障法草案，一俟完成立法程序，即可付诸实施。吾人不谈法治则已，欲谈法治，此节必须切实推行。

抑尤有进者。教育与考试原为一事之两面，前者为国家训练人才，后者为国家选拔人才，一为人才之储备，一为人才之选用，两者相互为用，关系密切。本人过去五十年中，集中全部精力于教育事业，兹奉命主持考政，愿藉此更加强两者间之关系，使两者更能发生相互作用，以树立健全之考试制度，进而促进中华民国之富强康乐。

（《辅导通讯》第18、19期，1948年）

如何推进考铨制度[①]

（1948年9月）

各位先生：

本人今天来出席会报，感到非常荣幸。本人办理教育事业五十余年，向未从事行政工作，故行政经验深感缺乏。此次因感时局危急，及领袖畀托之殷，不得不以残余之年，就任考试院长，冀对国是有所贡献。所幸几位助手均属贤能，第一位是铨叙部长沈先生，与本人同习海军，为二十余年老友。服务党政军各界四十余年，行政经验甚为丰富，学问道德尤极高尚。第二位是考试院秘书长雷先生，以往曾服务南开学校八年，精明干练，夙著能声。第三位是考选部长田先生，是南开学生，曾任教授，其充监察委员时，风骨廉介，人所推崇。还有各位次长均为优秀人才，故我虽是外行，没有经验，但还有这些帮手，所以敢于膺此大任，以期报效国家。

考试院成立已经二十年，规模已具，无待陈述，至行宪后考铨行政应如何推动，这是我们的责任。现在各部份均在积极规划，逐步实施，如沈部长到职时间虽暂，而于政务之革兴不遗余力，现在并拟作通盘的计划，确定实施步骤，以完成国家既定之政策。考选部亦有新的计划，力求迈进。所以行宪后的考试院，可以说是新院。考试院是依照孙中山先生五权宪法的遗教而成立的，意义非常重大。因为考试虽是我国固有的制度，但现在与过去不同，现在考试的范

① 本文为张伯苓在国民政府考试院铨叙部三十四次人事会报的讲词。

围比过去广博，种类较过去繁多。过去只要读几本书，就可参加考试，现在必须配合整个教育之设施，全部行政之规划，故无论办考者、应考者，均不若往时之简单。至目前的问题是在如何配合宪法及中央与地方之需要，以完成宪法所赋予之使命。各位都是各机关从事主管人员，对于今后人事制度的推动，责任非常重大。考试院虽然是新院，但一切措施仍不能与过去距离太远，必须一步一步的实施。现在沈部长正集中全力清理积案，开拓新政，积案不久即可肃清，新的规划亦可很快实施。在推动新政的过程中，各位都是主要的执行者，希望大家协助，以底于成。有人说，考试院是“冷衙门”，地位并不重要，其实这种观念是错误的。要矫正这种观念，须看自己如何努力。俗语云“死店活人开”，只要我们以活的和生动的方法，抱着不折不挠的志念，努力推动，我想“冷衙门”亦不难变为“热衙门”的。沈先生过去在青岛、山东、中央及浙江工作，中间经过极恶劣的环境，但对于政务之处理，能以活的方法来推动，故均有辉煌的成就。现在职掌铨政，人事制度的前途定多光明，各位在沈先生领导之下工作，亦必有良好的表现。

此外我认为国家之进步与政治之隆污，人事行政实为重要关键。我到职一天，看到考选部的横匾是“选贤任能”，我异常的感动。因为这是和南开校训“公”“能”两字是不约而同的。我办教育五十年，目的就在以至公至诚的精神，为国家培植贤能的人才，因此我以前是教育贤能，今后是选任贤能，前后为国服务的目的是一致的。我想如果我们能够选择贤能为国家服务，则政治必可修明，国家必可富强。目前考试虽尚未为人所重视，但事在人为，如果各位都能站住岗位，不自卑，不怠惰，则人事制度的健全不但可以立待，而且还可发挥高度的效能，奠国本于磐石之安。所以希望考试院全体工作人员，内部如院部同人，外面如各考铨处及各人事机构同人，均能切实合作。我国人最大的弊病就是不能合作，以我国人口之多，地方之大，物产之饶，本应列为世界富强之国，而现在不但国弱民穷，而且还时时受人欺凌，就是由于国人没有合作的精神。由大比小，情同一理，机关自亦不能例外，故望各位不论对纵的或横的方面均能合作，努力以赴，达成宪法所赋予之使命，这是我寄予各位深切的希望！

（《铨政月刊》第3卷第3期，1948年9月）

庆祝南开学校成立四十四周年和办学五十周年游艺会讲话[①]

（1948 年 10 月 15 日）

二十四岁时由教五个学生开始，现在无论国内外，都能看到我的学生，这是办教育五十年的最大快乐，最初的五个学生已经死去四个，还剩一个严智钟在台湾做医生。

我离不开教育，现在身体虽然离开，精神决不会离开的。

教育不只是叫学生读书，课外的修养更重要，只是有“能”，算不了什么，必须为“公”。

（《大公报》，1948 年 10 月 16 日）

请诸位不要忘掉“公”“能”理论[②]

（1948 年 10 月 17 日）

此次由何廉先生代我作校长，南开事业可谓继起得人，我是心甘情愿的。

教育是我青年时期的志愿，是我中年的生命，是我老年的安慰，使我老而不颓唐，仍然鼓勇前进的还是教育。

我今天觉得非常安慰，一个事业并不是属于私人的，如果举办事业的人离开了，或是死去了，而他的事业能有人切实维护，是极大的安慰。今天的安慰，就是我办学五十年所得到的快乐。

南开的历史指示了我们自身的道路。

我最近愈来愈觉得自己老了，在将来，请诸位要追念我们的创办人严范孙

---

① 题目为编者所拟。

② 10 月 17 日上午 9 时，在南开大学东院大礼堂，举行南开大学成立二十九周年校庆及何廉任南开大学校长就职典礼，张伯苓首先致词，《大公报》和《益世报》均作了报导，因词句有异，本处一并收录。题目为编者所拟。

先生，他的伟大是一般人不能理解的。四十年前，有人说我教育救国的论调太高，今天证明我的看法并不错误。在将来，要请诸位不要忘掉我的“公”“能”理论。

（《大公报》1948 年 10 月 18 日）

附：《益世报》载张伯苓讲话

五十年前因受了刺激，立志办教育，是因为我常在想，中国人和外国人比较心灵手巧，为什么这样倒霉呢？受穷受欺，吃不饱，穿不暖，就是因为没有教练，不上轨道。所以决心办教育，由私塾而中学而大学，而研究院，五十年的经验，觉得方向没有走错，并且看到了结果。凡是在南开上过学的人，对于学校都那么爱护，对于自己的职务那么忠心，我高兴极了。教育是我青年时期的志愿，是我中年的生命，是我老年的安慰，使我老而不颓唐，仍然鼓勇前进的还是教育。

五十年来不知道经过了多少艰难困苦，但是每经一次困难南开便长进一步。南开的历史指示了我们自身的道路。

因为参加政府工作，不能兼顾学校事务，决定请何廉先生主持校务。南开成立二十九年，何先生在南开有二十五年的历史，主持经济研究所蜚声中外，这次他勇敢担任这个教育人“利”最大的事业，我心里非常安慰，希望校内的同事都帮助何先生共同努力，发展南开，不辜负社会的期待。

（《益世报》，1948 年 10 月 18 日）

在中国工程师学会天津分会等学术团体年会上的讲话①

（1948 年 10 月 24 日）

五十年来科学进步得太快了，有使人追不上之感。我多年办学目的，不外

① 10月24日中国工程师学会天津分会第十五届年会暨九专门工程学会联合会年会在南开女中召开。天津工程师、水利、自动机、电机、卫生、纺织、市政、业余无线电等工程学会五百余名会员到会，由名誉会长张伯苓致开幕词。题目为编者所拟。

科学、体育、政治三点，如今只谈科学，对于改善人类生活的贡献实在太大了。这次九个工程师学术团体联合会开会，是大家团结的表现，希望诸位继续求进步。

（《大公报》，1948 年 10 月 25 日）

与《新民报》记者子敏的谈话[①]

（1948 年 11 月 14 日）

张伯苓：这次回来重庆，只是为了休息和看看学校。

记者：有人认为是为了迁校。

张伯苓：这是不可能的事情，我从未有这种考虑，何况与抗战的时候不同。从天津至上海、到南京，听到不少谣言，乱得很，乱得很。重庆好得多了。

记者：国内形势能否和平？

张伯苓：打到平手才可以和，否则要和就是一方面投降。

记者：南京情势？

张伯苓：（闪烁其词，又压低声音）这也想当然罢了。

记者：大局如何发展？

张伯苓：（沉思许久）目前局势转变的关键，一是军事，另一个是经济。前者取决于徐州之战，后者则要看新任财政部长徐堪的新经济办法。

大局太渺茫，太不敢想了，所以不愿多说。大局如是，还是那句老话，只好拼着这条老命了。

我政治不感兴趣，就说这回做考试院院长吧，也还是蒋先生再三的催促……出于“不得已”，或早该退休了。

我真正的兴趣，是终身从事教育事业，永远和学生们在一起。我刚来到这里，学生们都向我围拢来，我心里有说不出的快慰。

周恩来和邓颖超，他们两个都是我的好学生。几年前毛泽东到重庆，周恩

① 11 月 14 日北平《新民报》记者子敏赴重庆沙坪坝张伯苓的寓所访问张伯苓，本文为张伯苓与子敏的谈话，题目为编者所拟。

来曾陪毛泽东来这津南村拜访我。

记者：香港方面传说中共宣称邓颖超将任南开大学校长。

张伯苓：（笑了笑）真如此，我倒不怕。

（《新民报》，1948年11月19日）

与重庆南开中学学生代表座谈[①]

（1948年11月）

张伯苓：一年多没有回来看大家了。这次回来先找各班的代表们座谈，听听你们对学校和我本人的意见。

现在时局混乱，师生们都遭罪了！大家都有困难，学校面临的困难更多。可咱们南开这条“船”就一直是从困难中开过来的，今后还要在困难中开下去！

学生：听说老校长还要壮大咱们“南开系列船队”？

张伯苓：原先曾有过打算，再办几个南开中学。重庆这块宝地，人缘又好，将来也还可以办大学嘛！

谁会料到时局这么乱，比北洋军阀那时还要乱！现有的南开中学勉强维持，南开大学保不住，只得交给政府，算国立了！

学生：国立算升格了，跟北大、清华平起平坐了！听人说，北大“官”，清华“洋”，南开“土”。国立就不能自主了，私立也不是为私人！

张伯苓：说的对，咱们南开就是要自主办学，才能更好地为社会培养实用的人才。“土货”有什么不好，南开的毕业生到处都需要嘛！

你们看那些国立、省立的公办学校人浮于事、效率不高。公家办一个学校的钱，够我们办两三个南开！

学生：公办学校依赖上头发饷，用的人平庸无能，有的还搞贪污腐败。

张伯苓：咱们南开校训讲允公允能，就是要培养爱国爱群之公德，与服务

---

① 11月一天下午，重庆南开中学高中部主任薛溥海通知高二杨训伍、唐贤可、丁润生等学生代表到津南村见张伯苓。张在庭院与学生座谈。本文摘自丁润生《忆张校长1948年一席谈话的启示》一文，题目为编者所拟。

社会之能力。现在这个社会最大的弊病就是贪污腐败和无能。我们讲日新月异，就要革除掉这些旧东西！

学生：校长过去不是讲学校不要过问政治吗？

张伯苓：我是办教育的，本来不想过问政治，政治却要来过问我。从抗日时期在重庆参加国民参政会，就开始参政议政了嘛！

学生：听说您当考试院长才几个月，怎么就……

张伯苓：唉，跟着"跑龙套"罢了！原想给咱们南开多找些路子，多化点缘，早点把南开大学赎回来。其实那里也是无官不贪，无吏不污，快烂透了！

看来不服老是不行了，开过几次刀，跑不动了。可我还是乐观的。咱们南开有好几万毕业生呢，几十年前我就讲过，中国的希望在培养人才。南开学生应该成为中国的中流砥柱。如今我老头子在前面拉不动了，这未尽的事业以后还得靠你们年轻人啰！

（《南开校友通讯》（复刊 24 期），2001 年）

建议程砚秋再办小学[①]

（1948 年）

你办功德中学很好，可以再办一个小学，因为就你的人力、物力设想，办小学绰绰有余，办中学则需经费太钜，恐怕不是一时能够臻于理想境地的。

（《一四七画报》第 19 卷第 7 期，1948 年）

① 程砚秋在天津与张伯苓晤面，张对程在北京创办功德中学颇感欣慰，并提出以下建议。本文原题为《张伯苓先生的建议，程砚秋再办小学》。

挽张荩忱将军[1]

（1948 年）

三载中原战迹多，丹心欲挽鲁阳戈。
成仁大节惊寰宇，杀敌英名动凯歌。
犹赖精灵护鄂水，不教铁骑渡襄河。
悼公海内哀音满，长使苍生唤奈何。

（张上将自忠传记编纂委员会编辑：《张上将自忠纪念集》，1948 年，第 47 页）

《中华医药报》复刊题词

（1948 年）

《中华医药报》复刊题词

术妙岐黄，曰稽自古。
光而大之，其利也溥。

张伯苓

（《中华医药报》复刊 12 期，1948 年）

① 张自忠（1891—1940），字荩忱、荩臣，山东临清人，1936—1937 年侨天津市长，1940 年 5 月在襄河与日军作战中牺牲，被国民政府追授为陆军上将。

挽张继联

(1948年)

功在生民，华夏河山留伟业；
国先元老，秣陵风雨泣深宵。

(《张溥泉先生纪念册》，1948年)

与三儿媳谈节制生育[①]

(1949年3月)

你娘最喜欢孙子，你生了元龙，又有女儿嫒良，儿女双全，已经完成生育的历史任务了。不要像你大嫂、二嫂那样，生那么多孩子，一个人精力有限，孩子多，操心费神，全部精力用在孩子身上，再没有精力干其他事情了。人太多对国家也是一个沉重的负担。比如大嫂四个孩子要买八只鞋，二嫂六个孩子要买十二只鞋，你只有两个孩子，只要买四只鞋就行了。从经济上讲，孩子多负担也太重。我给你讲一个小故事：南大××教授夫妇二人带着四个孩子去美国工作，夫妇俩领着孩子逛街时，一位美国人用蔑视的口吻讥笑说："中国人什么也不会，就会生孩子，像个猪。"教授听后非常气恼，为了不再受他人耻笑，这次上街只带老大老二，下次再带老三老四。我讲这故事的意思是告诉你，生孩子要少而精，孩子生多少与人的思想素质有关。望你好自为之，坚决不再要第三胎，就此打住。

(龙飞、孔延庚著：《张伯苓与张彭春》，百花文艺出版社1997年，第240页)

---

① 本文张伯苓三儿媳瞿安贵的谈话，摘自瞿安贵《家事回忆》一文，题目为编者所拟。

成功在努力

——与初三毕业生崔化传一席谈

（1949 年 7 月初）

崔化传：家庭经济困难不能继续升学。

张伯苓：来来，先坐下，坐下。你学习成绩不错，可以申请奖学金嘛！

崔化传：我不上高中，主要是想帮家里挣点钱。

张伯苓：不能继续学习是很可惜的，但是离开学校后，只要自己有恒心，照样可以学到知识，这就要看自己的毅力了。

崔化传：我一定照校长的吩咐去做。

（说完，拿出带去的纪念册，请校长临别赠言）

张伯苓：我的眼睛和手都不太行了，写字有困难，可不可以我说你写，完了我签字，你看好吗？

崔化传：好，好。

张伯苓：伯苓面告化传弟：成功在努力！

（《南开校友通讯》，复刊 3 期，1990 年）

召见欧绪凡等的谈话纪要①

（1949 年 12 月上旬）

一、年轻时目睹国势危急，并亲历了威海卫“国帜三易”之耻，愤而创办教育，以图造就新人才，以救国家于危亡。数十年来，南开校友为国家民族做

① 1949 年 12 月上旬的一天晚上，张伯苓在重庆南开中学寓所召见 1950 级学生欧绪凡、李越等谈话。本文摘自欧绪凡的《忆张伯苓校长的召见》一文，题目为编者所拟。

出的贡献使他得遂初衷。

二、与蒋介石的私人关系很好，但政见并不一致。国民党贪污无能，南开校训是允公允能。他对国民党的腐败是深恶痛绝的。因此，1948 年就来重庆南开。解放前夕，蒋介石父子几次来校邀（我）[①]去台湾，（我）都拒绝了。

三、寄希望于共产党和新中国。

（对新中国已任命邓颖超为南开大学校长传言，张伯苓说）周恩来是南开的学生，（我）对南开交给新中国很高兴。

（宋璞主编：《张伯苓在重庆》，重庆出版社，2004 年，第 226 页）

张伯苓告别重庆南开师生时的演讲

（1949 年）

伯苓此次来渝，倏逾一载有半，兹将北归，因身体衰弱，不克与我全校师生晤谈，一述所怀，实深怅惘，特草此数语，聊志话别。

重庆南开于民国二十五年（1936）秋成立，承校友及各界人士之协助，于最短期内，筹备完成。在抗战期间，发展甚速，对于国家，不无贡献。解放以后，旧制更新，而本校仍为西南区规模最大之一中学，本人对此尤感兴奋！深信新时代的新南开，前途无限，特愿以三事相劝：

苓创办南开，目的在教育建国。盖惟藉教育之力，才能造就新人材，建设新中国，五十年来，孜孜矻矻，此志不懈，此愿未偿。今幸全国解放，政府重视教育，在经济建设高潮之后，必有文化建设高潮，希望今后南开，能与国家政策相配合，个个学生均为社会有用之人材，使对于新中国之建设，能多有所贡献，此其一。

南开教育，特重“公”“能”。惟“公”故能牺牲小我，完成大我。惟“能”方克事无不举，举无不成。今新民主主义教育，目的乃“为人民服务”，而欲为人民服务，自必须要有服务之本领，则“公”“能”训练，与新教育之主旨，亦相符合。现当社会组织、教育制度全面改造之时，希望将此“公”“能”二字，

① 原文为第三人称“他”，为行文方便，由编者改为第一人称“我”，本文下同。

加以新的诠释，并求彻底实施，藉以提高学生之政治水准及文化程度，此其二。

南开学校自天津成立迄今，已四十有六载，由数十人而数千人，由私塾而中学而大学，数经挫折，卒能不断扩充者，考其原因，不外全体师生能精诚团结，通力合作脚踏实地，埋头苦干日新月异，时□进步三点。本一贯之精神，为教育而努力，故能克服困难，稳步前进。过去如此，今后亦然。务望我全体师生能保持此优点，继续努力，共图发展，藉以完成新时代的新使命，此其三。

苓一生热爱祖国，立志教育。数十年来，觉建设事业之易于推进，殆莫有过于此时者。今得目睹伟大革命事业之成功，及南开大中三校前途之光明，衷心喜悦，不可言喻。倘身体许可，拟一年一度来此，藉观重庆新南开之新成绩。倚装待发，欲言不尽，敬祝进步。

张伯苓

（重庆南开中学藏）

告本校全体同仁及同学书

（1950年1月5日）

本校过去师生感情至为融洽，不意于上月二十六日晚，一部学生因考试细故，不满韩主任，竟发生侮辱师长不幸事件，殊深痛心。事后，接到署名“全体南开学生”来书，陈述韩主任种种措施失当处。细加察阅与调查，觉其中所述各点非彼一人所应负责者，如学米合价太高、工友工资太低等；有与事实不符者，如操纵校务会议，阻止膳委会订米等；有于事实无根据者，如歧视贫穷，得助学金须作种种工务等，大概多由于误会或传闻失实所致。但由此可知师生间之隔阂殊深，学校应行改进之处亦多，否则，当不致有此意外。惟学校固应改革，是非不可不明。欲谋此事之适当解决，应使全体师生有共同商讨之机会。如韩主任平日措施果有不当，自应承认，而学生此次行动错误严重，亦当纠正。查韩主任在南开与蜀光服务几近二十年，任劳任怨，热心负责，在本校举创时期，擘划经营，厥功尤巨，今因一部学生之不谅，身受不白之冤屈，申请辞职，自难应允。兹以韩主任受刺激过甚，特准暂行休假。在休假期中，派往京津一带视察学习，藉求进步。

今为安定学校，图谋改进起见，尚有数语愿奉告我全体同仁及全校同学：

（一）学生行动错误，实时代转变中难免之现象，如自认过错，知能悔改，亦可原谅。惟学生对于学校有误解处，观点有不正确处，务请先生予以解释及指正。此次事件，学生所印发各印刷品，有涉及先生处，使先生消极灰心，亦望俯念此系少数人所为，决非出于学生之公意，而仍本爱护学生，维持学校之初衷，照常负责，积极领导，驶入正轨。

（二）学生爱护学校，要求改进，此实好现象，但对学校的建议，如实是善意的与积极性的，应按正当之手续作合理之解决。乃不求此之图，竟利用机会恶意宣传，使同学不明事实真象，酿成此可痛之一举，殊深遗憾。望同学对此事件加以冷静分析检讨，藉明自己过错之所在，过而能改，实学校前途之幸。既往不谏，来者可追，望同学其三思之。

总之，新时代已开始，南开学校允宜为实现新民主主义教育而努力，改弦更张，正在此时。回顾以往，以具四十五年之光荣史，瞻望将来，定有更光明灿烂之前途，渴望我全体师生员工亲爱精诚、通力合作，共同负起建设新南开的责任。兹为谋实施改进起见，特由师生员工组织校务革新会议，广征意见，详加检讨，俾所提善良建议均能付诸实施，藉以适应时代要求，配合国家政策。本校幸甚，教育幸甚。

一九五〇年一月五日

（韩永年主编：《韩叔信：张伯苓教育思想忠诚实践者》，2009 年，第 171—173 页）

在重庆南开中学校务革新会议上的讲话[①]

（1950 年 1 月 16 日）

本人为国办教育，总希望能救国……现政府施行许多善政，民意复蓬勃异常，此实为建国之良好时机，为余从事教育数十年来所未遇见者，心中极为高兴。

（重庆南开中学编《重庆南开中学建校六十周年纪念专辑》）

① 题目为编者所拟。

在津南村与学生的谈话

（1950年2月）

我从来不想做官，当考试院院长是在无可奈何中就任的。我在南京几个月，亲眼看到国民党无官不贪，无吏不污，所以他们要失败。

积半个世纪办学之经验，我更加相信，在学生中提倡“公能”是没有错的。

（梁吉生撰著：《张伯苓年谱长编》（下卷），人民教育出版社，2009年，第373页）

遗嘱[①]

（1951年2月23日）

一八九七年，余愤于帝国主义之侵略，因严范孙先生之启发，从事教育，五十年来，矢志未渝。凡余所尝致力而未逮之科学教育、健康教育、爱国教育，以允公允能、日新月异，与我同学共勉者，今将在人民政府之下，一一见诸实施。余所尝效力之南开大学，南开中学，重庆南开中学，在人民政府之下，亦将积极改造，迅速发展。今日之人民政府为中国前所未有之廉洁良好政府，其发展生产、友好苏联之政策，实为高瞻远瞩，英明正确之政策。凡我友好同学，尤宜竭尽所能，合群团结，为公为国，拥护人民政府，以建设富强康乐之新中国。无限光明远景，余将含笑待之。友好同学，务共努力。

张伯苓

一九五一年二月二十三日

（《天津日报》，1951年2月26日）

① 张伯苓于1951年2月23日下午6时半在天津病逝。26日，《天津日报》以《前南开学校校长张伯苓病逝，遗嘱友好同学拥护人民政府》为题，全文发表了这个遗嘱。该遗嘱由时任南开大学秘书长的黄钰生在张伯苓生前代拟。

附录 A：张伯苓题词、祝词

1. 由美归国后对学生的训词（1919 年春）
作何事时作何事，凡人做事心须热而脑须凉
做事之手序：研究、计划、执行、评论
活动，长进
由学生记录于《南开学校一览》（1919 年春）底页。
2. 南开学校童子军开幕式祝词（1919 年 8 月 2 日）
自动服务，团结精神，为吾国之所缺，童子军各勉厥责任
（《南开日刊》1919 年 8 月 3 日）
3. 为中华国民拒毒会题词（1928 年 5 月 30 日）
除之务尽
4. 为菲律宾华英学校十周年纪念册题词（1930 年 6 月 19 日）
华英学校十周纪念
十年化雨菲岛之南
光我祖国蔚起英贤
张伯苓敬祝
5. 为《中国体育》创刊号题词（1931 年 7 月 3 日）
中国体育创刊号
这等裨益体育前途的刊物　祝你风行全国
张伯苓敬题
6. 为《中国卫生杂志》题词（1931 年）
惩忿窒欲是卫生第一要义
7. 为河北省保定省立第六中学校二十七周年纪念册题词（1933 年 7 月 28 日）
乐育无极
8. 为南京信行救国十人团刊物题词（1933 年 8 月 11 日）
博爱竞存

9. 为第十届奥林匹克运动会题词（1933 年 8 月 21 日）

智力竞新，强国之鉴

10. 为南开女中毕业班题词（1934 年 6 月）

自强不息

11. 南开校训（1934 年）

允公允能，日新月异

12. 为天津工商学院 1935 年班题词（1935 年 6 月）

富国英多

13. 为天津基督教青年会四十周年纪念赠辞（1935 年 10 月 5 日，《大公报》）

利济为怀其德斯溥，共忠立体与天同流

14.《出席第十一届世界运动会中华代表团报告书》题词（1936 年）

急起直追

15. 为《南开童子军创刊号》题词（1936 年 10 月）

人生以服务为目的

16. 为西南联大法律学系法学会题词

人权保障

17. 为自贡蜀光中学第一届高中毕业班题词（1941 年 6 月）

好学力行知耻

18. 为重庆南开中学参加印度、缅甸远征军的同学题词（1944 年 11 月上旬）

保卫祖国

19. 为《公能报》题词（1945 年）

恭宽信敏惠

20. 为重庆南开中学学生纪念册题词（1946）

凡事豫则立

21. 为天津东亚毛纺厂题词（1947 年 6 月 28 日）

工业救国

22. 为重庆南开中学学生崔化传题词（1949 年夏）

成功在努力

（宋璞主编：《张伯苓在重庆》，重庆出版社，2004 年，第 237 页）

附录 B：张伯苓语录

1. 一个人要踏实于其生命，就必须要能吸收新知识，发挥新思想，并能予以实行。

（雷法章：《伟大的教育家张伯苓先生》，《张伯苓先生逝世纪念专辑》，1951 年）

2. 我们要创造，要努力奋斗，要继续不断的求改进。

（雷法章：《伟大的教育家张伯苓先生》，《张伯苓先生逝世纪念专辑》，1951 年）

3. 一个人只有到死的时候，才会腐化，活人是不应当腐化的。

（雷法章：《伟大的教育家张伯苓先生》，《张伯苓先生逝世纪念专辑》，1951 年）

4.（1941 年 1 月对由甘肃回重庆的南开校友施奎龄说）南开学校是你们校友的家，你向各地跑了几年，应该回来休息休息了，快把眷属接来，住在津南村罢，休息些时，再出去为国效力。

（施奎龄：《怀忆张伯苓校长》，《张伯苓先生逝世纪念专辑》，1951 年）

5. 我既无天才，又无特长，我终身努力小小的成就，无非因为我对于教育有信仰有兴趣而已。

（胡适著，昂若译：《张伯苓传》，《张伯苓八旬诞辰纪念册》，1956 年）

6. 我在那里（威海卫）亲眼目睹两日之间三次易帜，取下太阳旗，挂起黄龙旗；第二次，我又看见取了黄龙旗，挂起米字旗。当时说不出的悲愤交集，乃深深觉得，我国欲在现代世界求生存，全靠新式教育，创造一代新人，我乃决计献身于教育救国事业。

（胡适著，昂若译：《张伯苓传》，《张伯苓八旬诞辰纪念册》，1956 年）

7. 一个教育机关应当常常欠债，任何学校的经费，如在年终，在银行里还有存款，那就是守财奴，失去了用钱做事的机会。

（胡适著，昂若译：《张伯苓传》，《张伯苓八旬诞辰纪念册》，1956 年）

8.（针对办学经费的窘迫，他说）我有方法自骗自。

（胡适著，昂若译:《张伯苓传》,《张伯苓八旬诞辰纪念册》，1956年）

9.（对于第四子锡祜在对日作战中牺牲，他说）我把这个儿子为国牺牲，他已经尽了他的责任了。

（胡适著，昂若译:《张伯苓传》,《张伯苓八旬诞辰纪念册》，1956年）

10. 回顾南开以往的战斗史，展望未来复校的艰巨事功，我见前途充满光明的希望。南开的工作无止境，南开的发展无穷尽，愿以同样勇气，同样坚韧，共同前进，俾使南开在复兴国家的时期占一更重要地位。

（胡适著，昂若译:《张伯苓传》,《张伯苓八旬诞辰纪念册》，1956年）

11. 南开精神就是长进和创造的精神。

（清辑:《校长嘉言录》,《张伯苓八旬诞辰纪念册》，1956年）

12. 蒋公在，吾等无忧。

（清辑:《校长嘉言录》,《张伯苓八旬诞辰纪念册》，1956年）

13. 我们要关心政治，你不管政治，政治会来管你。

（清辑:《校长嘉言录》,《张伯苓八旬诞辰纪念册》，1956年）

14. 有我在，中国不亡。

（清辑:《校长嘉言录》,《张伯苓八旬诞辰纪念册》，1956年）

15. 青年应前进，时时吸收新知识，继续不断求改进，但必须重实际，戒空谈，要认清目标，脚踏实地，一步一步去做，万不可操之过急，好高骛远，旷废学业。一旦走错道路，终生后悔无穷。

（雷法章:《我所认识的张伯苓先生》,《张伯苓八旬诞辰纪念册》，1956年）

16. 健全精神寓于健全身体，健康为成功之母。一个人或一个民族，如体格软弱，必被淘汰的。强种必先强身。

（《祝步唐:《伟大的伯苓先生》,《张伯苓八旬诞辰纪念册》，1956年）

17. 比赛固然要求胜利，但体育道德和精神，较之胜利尤为重要。如胜利得来不以其道，虽胜利亦耻。

（《祝步唐:《伟大的伯苓先生》,《张伯苓八旬诞辰纪念册》，1956年）

18.（在比赛中）即对方不守规则，吾们必要守规则，即裁判不公，吾们亦要服从裁判。否则虽胜不武。如再比赛，谁不服从，我不准其参加。

（《祝步唐:《伟大的伯苓先生》,《张伯苓八旬诞辰纪念册》，1956年）

19. 吾南开精神在最后五分钟。

（《祝步唐:《伟大的伯苓先生》,《张伯苓八旬诞辰纪念册》，1956年）

20. 在社会上，主张公道，提倡公德，不是一件容易事，一定会遇见困难的，甚至危险的。吾人要不怕困难，不怕危险，要做到一个“顶”字。

（《祝步唐：《伟大的伯苓先生》，《张伯苓八旬诞辰纪念册》，1956 年）

21. 一个人除好之外，还必须有能。即所谓有用。一个人好而有用，然后方可以有为。如此，穷可独善其身，达可兼善天下。同时立国于二十世纪，第一要能自卫，第二要能自足自给。然而吾国在物质文明方面，一切落后，即不能自卫，亦不能自足自给。凡现代化军需民用的物资，莫不仰赖外人，真是危险万分。如长此下去，不急起直追，即令无敌国外患，而吾们国家亦必因破产而亡国的。埃及印度前车可鉴。吾们要，长，长，长，要日新又新。在物质文明方面，吾们要效法其他先进国家，要赶上他们。如果吾们有长进的话，而且要超越他们。

（《祝步唐：《伟大的伯苓先生》，《张伯苓八旬诞辰纪念册》，1956 年）

22.（南开大学成立之初，对于归国的教授挑剔的种种不足，他说：）我深知吾们不如外国远甚，但是吾们要知道，好是人家的。不是吾们自己的，有本领的要自己有，要自己创造。否则一切尽说人家好，所有尽用人家的，不惟可耻，而且危险，吾们办学教学就是要迎头赶上人家，一切最好能自己创造，俾能自卫，自足自给，这是吾们的责任，大家应先苦干，促其实现，不应怨天尤人，不负责任啊。

（《祝步唐：《伟大的伯苓先生》，《张伯苓八旬诞辰纪念册》，1956 年）

23. 南开学校均能各自奋斗，为社会服务，为国家效劳，衷心弥觉快慰。

（杨景曾：《纪念故张校长八旬寿》，《张伯苓八旬诞辰纪念册》，1956 年）

24. 中国在变，这个变固然是慢的，但是却万急不得，譬如烤面包，中国是一大块生酵面，须慢慢地，长时间地烤，才可以逐渐熟透；若用急火，结果外边乌焦了，而里面还是生的。

（柳博我：《追思张伯苓校长》，《张伯苓八旬诞辰纪念册》，1956 年）

25.（汪精卫在南京成立汉奸政府，有校友问张伯苓这是否是一苦肉计，张伯苓愤慨地说）国家大事岂可以儿戏出之？你信这关于国家生死存亡的搏斗会有中途妥协的一天吗？我们以前在天津深受日阀的侮辱，你忘记了吗？绝无妥协。妥协就是投降。汪精卫一生都是玩弄小聪明，他终将为小聪明误到死无葬身之地。经不起考验的终必跌倒。

（柳博我：《追思张伯苓校长》，《张伯苓八旬诞辰纪念册》，1956 年）

26.（九一八事变后，他安慰推了光头的东北籍学生刘珍说）家乡丢了，还留什么发，你推光头对了，最低你比我强，因为你每月比我少化二分！

（刘珍：《忘不了伯苓校长》，《张伯苓八旬诞辰纪念册》，1956 年）

27. 体育无论在学校与社会，必须德智体群四育并重，不可偏于求知的智育；而且更应注意学用相长，不可再像科举时代去读死书。若专就体育而言，则当力求普遍均衡发展，目前大家只知着力培植选手，仍然不能达到促进国民健康的目的，无法取消东亚病夫的恶名。

（周立中：《我所知道的张伯苓先生事迹》，《张伯苓八旬诞辰纪念册》，1956 年）

28. 咱们国家的前途，用望远镜看是美丽的，用显微镜看，内部有许多糜烂的问题，如何化腐朽为神奇，全靠咱们自己，天真的美国人帮不了多少忙。（1946 年春）

（丁履进：《"南开先生"张伯苓》，《张伯苓先生百年诞辰纪念册》，1975 年）

29. 北大、清华已经复校，归还建制，我决定摆脱政治，回来办理复校的工作，继续从事教育。（1946 年春）

（丁履进：《"南开先生"张伯苓》，《张伯苓先生百年诞辰纪念册》，1975 年）

30. 南开学生要长，要乐，要互助。

（李清廉：《伯苓先生之教育哲学及施教方针》，《张伯苓先生百年诞辰纪念册》，1975 年）

31. 我们国家虽处于衰弱困难，各方落后之际，但不要悲观，咬着后槽牙，快乐着往前干。南开的学生在工作之中，不要哭丧着脸，皱着眉头去作，要高高兴兴带着趣味往前进。我们要日日乐。

（李清廉：《伯苓先生之教育哲学及施教方针》，《张伯苓先生百年诞辰纪念册》，1975 年）

32. 我们不要学三花脸所作之丑事，要学长坂坡之赵子龙。

（李清廉：《伯苓先生之教育哲学及施教方针》，《张伯苓先生百年诞辰纪念册》，1975 年）

33. 学校经费经费仍然不够，南开是私立学校，全校总支出超过学费收入甚多，可是南开要长！长！长！日日新，必须要扩充建筑及设备，所以南开之"南"字，也许是困难之难字，不过我总是乐观，不怕困难，缺乏经费，决不能阻止南开之发展。

（周兆元：《怀念张伯苓校长》，《张伯苓先生百年诞辰纪念册》，1975 年）

34. 方才我来大礼堂，听见有位同学说：大家肃静些，校长来了。我听了心里有个感想，事事要校长来了才能做好，这南开学校我根本未曾办好，要校长不在，你们做得更好，南开才算办得好。

（周兆元：《怀念张伯苓校长》，《张伯苓先生百年诞辰纪念册》，1975 年）

35. 吾少年时，颇喜赌博，且极精，其要诀为如察知牌风不顺，必须沉着镇静，以极少赌注，稍与周旋。切忌激动赌气，面红耳赤，以大宗资本作孤注一掷，则全军覆没，不可收拾矣。人生亦如博弈，一帆风顺，左右逢源者，实非尽人皆然，如遇坎坷，一如牌风不利之时，必须稳健应付，切勿负气，当可转危为安。

（段茂澜：《处世圭臬》，《张伯苓先生百年诞辰纪念册》，1975 年）

36.（南开毕业生张兹闿原在北平工作，有人邀其去煤矿工作，他去向张伯苓请教）张问：

“你看哪件事难做？”

答：“当然煤矿较难，自己从未学过，而且交游也不同，在北平可说谈笑有鸿儒，到了煤矿免不了要与‘煤黑子’打交道。不止此也，到煤矿的待遇，只有北平三分之二。”

问：“你今年几岁？”

答：“三十一。”

说：“如此年轻，大不该畏难就易。容易做的事，就算成功了，你的满足也就小了；难做的事，做到成功，那才能得到莫大的满足。”

（张兹闿：《回念四位老师》，《张伯苓先生百年诞辰纪念册》，1975 年）

37. 我深信要救中国，非从改革教育着手不可。我的成功在于“骗自己”，不管怎样困难，仍然告诉自己“还有希望”。我几十年来，一直是一手拿着望远镜，一手拿着显微镜，望远镜是向前看远景用的，显微镜就是就近做分析用的。（勉励）同学永远往前看，同时要随时随地仔细观察。

（郭旭明：《平凡的伟人》，《张伯苓先生百年诞辰纪念册》，1975 年）

38. 第一，毕业之后不要指望校长给找工作，要自己去闯，在社会上经过一段时期的磨炼之后，再去找我。第二，离开学校仍然要读书，（反复强调）要为社会国家负起重要责任，非多读书不可。

（郭旭明：《平凡的伟人》，《张伯苓先生百年诞辰纪念册》，1975 年）

39. 有的中国人太自私，常为自己一点小利，就能作出不顾大体、祸国害国的事。

（郭荣生:《张伯苓校长的“公”“能”教育》,《张伯苓先生百年诞辰纪念册》,1975 年）

40. 中国人只知道，你的是你的，我的是我的，而把公家的事物认为是不属任何人，大家随便可以拿，有机会偷就偷，有机会贪就贪。只要是公家的，大家不去给他加东西，不爱惜他，结果把他摧残了、毁坏了。今后要以“公”教育大家，使大家知道“公家的”是你我大家所共有的，大家只能给他加东西上去，互相监督，谁也不能拿，谁也不许偷，这样国家才能建设起来。

（郭荣生:《张伯苓校长的“公”“能”教育》,《张伯苓先生百年诞辰纪念册》,1975 年）

41. 你要是名士，你须有名士的智慧学识，假若你没有名士的条件，而你肮脏恶臭硬要学名士，学校绝对不允许。

（郭荣生:《张伯苓校长的“公”“能”教育》,《张伯苓先生百年诞辰纪念册》,1975 年）

42. 人可以有霉运，不可以有霉相，越是倒霉，越要面净发理，衣整鞋净，让人一看就有清新明爽、舒适的感觉，霉运很快就可以好转。

（郭荣生:《张伯苓校长的“公”“能”教育》,《张伯苓先生百年诞辰纪念册》,1975 年）

43.“能者多劳”这句话，在教育上和对中国发奋图强上，有不利的影响，若上下掉换一下，说成“劳者多能”，就能发挥更大的功效。“能者多劳”是懒人的说法，推卸责任的说法。自己说我不是能者，于是把建国、负责、改造社会的使命，都推给能者去做。现在改为“劳者多能”就不同了，让每个劳者努力去作，不断的去作，他就会变成能者。这样建设国家、改造社会的干部就大批的训练出来了。

（郭荣生:《张伯苓校长的“公”“能”教育》,《张伯苓先生百年诞辰纪念册》,1975 年）

44. 燉肉要慢火，长燉，不能心急，到时自然会燉的又烂又好吃；你要是心急，不能忍耐，一会儿揭开看看，一会儿揭开看看，这锅肉不难燉好的。

（郭荣生:《张伯苓校长的“公”“能”教育》,《张伯苓先生百年诞辰纪念册》,1975 年）

45. 有米人人可作炊，何用巧妇。没有米，能想法弄来米做成炊，才是巧妇。

（郭荣生:《张伯苓校长的“公”“能”教育》,《张伯苓先生百年诞辰纪念册》，1975 年）

46. 我们要“顶”、“顶”，冲破我们的困难。

（彭善承:《南开与我——纪念张伯苓先生百年冥诞》,《张伯苓先生百年诞辰纪念册》，1975 年）

47.（对于学生冬季早晨不肯起床）你要光臀由床上跳起来。当你光着身站在床上，你急于穿衣，急于下床，就起来了。反之如躲在被窝里，越躲越懒，就起不来了。

（宁恩承:《中国现代伟大的教育家张伯苓先生》,《张伯苓先生百年诞辰纪念册》，1975 年）

48. 勤梳头勤洗脸，就是倒霉也不显。

（宁恩承:《中国现代伟大的教育家张伯苓先生》,《张伯苓先生百年诞辰纪念册》，1975 年）

49. 中国人每说“没法子”、“没办法”，是不通的。世上没有没办法的事。任何事全有办法。死，也是一个办法呢。

（宁恩承:《中国现代伟大的教育家张伯苓先生》,《张伯苓先生百年诞辰纪念册》，1975 年）

50. 我们南开没有受过这些人（曹锐、李景林之流）的损害。而且我还由他们身上弄点好处。

（宁恩承:《中国现代伟大的教育家张伯苓先生》,《张伯苓先生百年诞辰纪念册》，1975 年）

51.（对南开大学的“轮回教育”事件）两个孩子摔交，摔倒了，爬起来，拍拍灰，回家吃饭。

（宁恩承:《中国现代伟大的教育家张伯苓先生》,《张伯苓先生百年诞辰纪念册》，1975 年）

52.（对南开女中学生）你们将来结婚，相夫教子，要襄助丈夫为公、为国。不要要求丈夫升官发财。男人升官发财以后，第一个看着不顺眼的人就是你（他的原配太太）。

（宁恩承:《中国现代伟大的教育家张伯苓先生》,《张伯苓先生百年诞辰纪念册》，1975 年）

53.（对于婚姻）旧式婚姻一半好一半坏，新式自由结婚也是一半好一半坏。

以前结婚不自由，离婚也不自由。现在自由结婚，自由打架。五奶奶（指校长夫人）是旧式婚姻经父母之命媒妁之言，而终生和好。九先生（张彭春）自由结婚，自由吵嘴。

（宁恩承：《中国现代伟大的教育家张伯苓先生》，《张伯苓先生百年诞辰纪念册》，1975 年）

54. 年轻时尿可憋得住，话憋不住。老了，话可憋得住，尿憋不住。

（宁恩承：《中国现代伟大的教育家张伯苓先生》，《张伯苓先生百年诞辰纪念册》，1975 年）

55. 不可把结论放在前边，先说人糊涂然后举证明。要先把糊涂的事实逐渐摆出来，然后再作结论。

（宁恩承：《中国现代伟大的教育家张伯苓先生》，《张伯苓先生百年诞辰纪念册》，1975 年）

56.（对于张学良推宁恩承任东北大学校长）大学中的困难可以想见，而且是免不了的。但是既然汉卿有求人的困难，找不着另外人选，人家有困难……由个人方面讲，人家对咱有好意，咱应以好意报之。以国士待我，我以国士报之。

57.（对于南开毕业生请他向外交部次长徐谟推荐职位）阿！我明白了。是，我同徐次长校友很熟，我俩常见面，明后天并且还要见，你要我介绍，可是你离开南开已有四、五年之久，你从前在南开的情形——书读得怎么样？操行如何？我也不清楚，还得去调查，去查卷。你在政大读书的情形我也不知道，我还要问果夫先生。我不能茫然地写信介绍人，弄得一无信用。你的事我要好好查一查再说。

（赵金镛：《恩师张校长伯公》，《张伯苓先生百年诞辰纪念册》，1975 年）

58. 我觉得办学校是我对青年的责任，也是我对贡献国家的唯一兴趣。虽然是关山阻隔，离开天津有数千里，但是在兴学精神和用人行政方面，和你们当日在南开时一般无二。这是我唯一认为足以自慰的。

（齐崧：《对老校长的怀感》，《张伯苓先生百年诞辰纪念册》，1975 年）

59. 建时（天津市长杜建时）刚走，他还谈到您。我对他说，各行各界那儿没有我们南开同学，别的不敢说，实心任事，负责到底，这是各位南开服务精神，所以不论在那一界，任何一个岗位上，你们都会胜任愉快。关于这一点我是一百个放心。

（齐崧：《对老校长的怀感》，《张伯苓先生百年诞辰纪念册》，1975 年）

60. 九一八以后，尤其何梅协定签字以来，平津一带随时可有战祸。同学们固应爱护母校，但尤应爱国。天津如被侵袭，早受日人嫉视的南开学校，其遭遇破坏，自属必然。但我们不可因此对抗日有所顾虑，南开学校与整个国家比，实不算得顶重要。为救国而抗日，当不可顾虑本校之可能遭受破坏。甚至以此使南开学校片瓦不存，亦不足惜。有中华民国则南开纵使遭敌毁坏，何患不能恢复。如没有了国家，即使学校幸存，徒为敌人利用，以愚弄我国民，办南开学校，又有什么意义？

（田炯锦：《追念张校长伯苓先生》，《张伯苓先生百年诞辰纪念册》，1975年）

61.（与蒋介石、胡适、梅贻琦、陶希圣等谈话）南开是被日军烧掉了，我几十年的努力都完了。但是只要国家有办法，能打下去，我头一个举手赞成。只要国家有办法，南开算什么？打完了仗，再办一个南开！

（吴相湘：《张伯苓彭春兄倡弟随》，《张伯苓先生百年诞辰纪念册》，1975年）

62. 回顾南开以往的战斗史，展望未来复校的艰巨事功，我见前途充满光明的希望。南开的工作无止境，南开的发展无穷尽，愿以同样勇气，同样坚韧，共同前进，俾使南开在复兴国家的时期占一更重要的地位。

（吴相湘：《张伯苓彭春兄倡弟随》，《张伯苓先生百年诞辰纪念册》，1975年）

附录 C：张伯苓著作、言论存目

1. 与天津私立中学堂学生讲“修身”（1904 年 12 月 15 日）

2. 在天津基督教青年会演讲《学生的义务和责任》（1906 年 11 月 22 日）

3. 在天津基督教青年会特别体育演说会演讲（1907 年 11 月 14 日）

4. 为欢迎道学博士明华德在私立南开中学堂讲德育，致开会词、闭会词（1908 年 5 月 31）

5. 在美国基督教青年会华盛顿分会演讲（1908 年秋）

6. 为美国普林斯顿大学学生演讲（1908 年 10 月）

7. 在天津宣讲所为学生演讲《宇宙祈祷日的意义和祈祷的价值》（1909 年 2 月 26 日）

8. 在天津新学书院演讲《我为什么变成基督徒》（1909 年 3 月 7 日）

9. 在中华基督教青年会中国北方学生大会讲《基督徒对国家的义务》（1909 年 6 月）

10. 在天津学校第五届年度运动会颁奖会上报告伦敦第四届奥林匹克运动会盛况（1909 年 10 月 13 日）

11. 为基督教教众演讲（1910 年 4 月）

12. 天津基督教青年会德育部春季德育第三讲，讲《悌道》（1910 年 5 月 1 日）

13. 在南开中学堂与官立中学堂联合运动会作主持词（1910 年 5 月 21 日）

14. 在中华基督教青年会中国北方学生大会演讲（1910 年 6 月）

15. 在天津基督教青年会演讲《〈圣经〉为立宪之本》（1910 年 9 月 18 日）

16. 主持南开中学堂校庆六周年纪念会（1910 年 10 月 10 日）

17. 在南京第一次全国学界运动会（即第一次全国运动会）演讲（1910 年 10 月 18 日）

18. 在南京演讲《全国第一届运动会对中国的意义》（1910 年 10 月 21 日）

19. 在祝贺北洋大学堂在南京运动会取得优异成绩大会上致开会词（1910 年 11 月 12 日）

20. 在直隶省绅界挽救被捕的温世霖商讨会上做报告（1911 年 1 月 8 日）

21. 在中华基督教青年会北方学生大会上，发表关于教师演讲（1911 年 7 月）

22. 向清华学堂学生讲教务事宜（1911 年 8 月 18 日）

23. 在中华基督教青年会北方学生大会演讲（1912 年 7 月）

24. 在中华民国临时政府教育部召开的全国临时教育会议上演讲（1912 年 7 月 10 日）

25. 在南开学校校庆八周年纪念会致辞（1912 年 10 月 17 日）

26. 在天津学校运动会致主持词（1912 年 10 月 19 日）

27. 在中华基督教青年会第六次大会上演讲《青年与国家》（1912 年 12 月 13 日）

28. 在南开学校举行第三次毕业式上致主持词（1912 年 12 月 24 日）

29. 在天津基督教会礼拜上演讲（1913 年 4 月 24 日）

30. 在南开学校严智惺追悼会讲话（1913 年 5 月 28 日）

31. 在天津浙江会馆严智惺追悼会上致开会词及闭会词(1913 年 5 月 31 日）

32. 在基督教青年会北方学生大会开幕式上演讲（1913 年 7 月 3 日）

33. 在天津圣经学会讲《〈圣经〉与社会》（1913 年秋）

34. 在南开学校校庆九周年纪念会致辞（1913 年 10 月 17 日）

35. 在南开学校始业式上发表训词（1914 年 1 月 8 日）

36. 在天津基督教青年会第二次学生部训练会上演讲（1914 年 1 月 17 日）

37. 在南开敬业乐群会成立大会上讲话（1914 年 3 月 14 日）

38. 在欢迎严修从欧洲归来大会上致欢迎词（1914 年 6 月 24 日）

39. 在中华基督教青年会中国北方学生大会演讲（1914 年 6 月 29 日）

40. 在南开学校校庆十周年纪念会讲话（1914 年 10 月 17 日）

41. 在南开学校甲一班、甲二班毕业式上演讲（1914 年 12 月 23 日）

42. 应清华学校教员之约发表演讲（1915 年 2 月 1 日）

43. 与北京大学校长胡仁源谈话（1915 年 2 月 2 日）

44. 与陈宝泉等晤谈（1915 年 2 月 3 日）

45. 在南开学校修身班演讲（1915 年 2 月 10 日）

46. 在南开学校演讲（1915 年 3 月 3 日）

47. 在南开学校修身班演讲（1915 年 3 月 29 日）

48. 约出席直隶教育会议代表来南开学校，发表演讲（1915 年 3 月 30 日）

49. 主持南开中学美籍教师崔伯结婚仪式并致辞（1915 年 4 月 5 日）
50. 在上海基督教青年会演讲《基督教之体育主义》（1915 年 5 月 14 日）
51. 在南开学校第六次毕业式上致辞（1915 年 6 月 26 日）
52. 在南开学校始业式上讲话（1915 年 8 月 20 日）
53. 在南开自治励学会讲该会历史及将来进行之方法（1915 年 8 月 30 日）
54. 在南开学校修身班演讲（1915 年 9 月 15 日）
55. 在南开学校演讲（1915 年 9 月 26 日）
56. 与南开校足球队员谈话（1915 年 10 月 7 日）
57. 在天津基督教青年会演讲（1915 年 10 月 14 日）
58. 在南开学校校庆十一周年纪念会上讲话（1915 年 10 月 17 日）
59. 在北京南开同学会成立大会上致辞（1915 年 10 月 24 日）
60. 在南开学校修身班报告各班学生品学优劣情况及各班班风（1915 年 11 月 3 日）
61. 在南开学校教师张仲鸿追悼会致悼词（1915 年 12 月 3 日）
62. 在南开学校毕业式讲演（1915 年 12 月 20 日）
63. 在北洋女子师范学校毕业典礼上演讲（1915 年 12 月 27 日）
64. 在南开学校始业式上讲话（1916 年 1 月 10 日）
65. 在南开学校讲英文读音（1916 年 1 月 29 日）
66. 在清华学校演讲教育问题（1916 年 3 月 17 日）
67. 在南开学校基督教青年会交际大会上演讲
68. 在欢迎参加直隶学务会联合会会议代表的新剧演出会上致欢迎词（1916 年 4 月 1 日）
69. 在南开学校自治励学会演讲《近日吾国各方面之情形》（1916 年 4 月 14 日）
70. 在南开学校修身班演讲（1916 年 4 月 19 日）
71. 在南开学校河南旅津留学南开同志会成立大会讲话（1916 年 4 月 25 日）
72. 参加南开学校三年四组运动会发奖会讲话（1916 年 4 月 26 日）
73. 在南开学校修身班讲话（1916 年 5 月 10 日）
74. 在北京汇文学校第四届华北运动会期间演讲《中国急宜讲求体育》（1916 年 5 月中旬）
75. 与南开学校 1916 年班同学谈话（1916 年 5 月）
76. 在南开学校教员茶话会及欢迎新入校教职员会上讲话（1916 年 8 月 30

日）

77. 在天津西讲演所通俗教育讲演练习所开幕式上演讲（1916 年 11 月 11 日）

78. 南开敬业乐群会讲演部召开讲演大会，讲《东游见闻》（1916 年 11 月 18 日）

79. 在南开学校开学典礼上讲“以德育为万事之本”（1917 年 1 月 8 日）

80. 在南开学校教职员夫妇茶话会上讲话（1917 年 1 月 27 日）

81. 在南开学校欢迎新同学会上讲话（1917 年 2 月 4 日）

82. 在南开学校修身班讲话（1917 年 3 月 14 日）

83. 在南开敬业乐群会举办的华北运动会辽宁运动员欢迎会上讲话（1917 年 4 月 19 日）

84. 在黑龙江省籍南开学生举办的华北运动会黑龙江省运动员欢迎会上讲话（1917 年 4 月 20 日）

85. 在东京中国青年会为前来参加第三届远东运动会的中国运动员举行的欢迎会上致答词（1917 年 5 月 3 日）

86. 在东京出席直隶同乡会欢迎会上演讲（1917 年 5 月 4 日）

87. 出席东京留东学生总会欢迎会上讲话（1917 年 5 月 6 日）

88. 在第三届远东运动会中国运动员大会上致辞（1917 年 5 月 7 日）

89. 在第三届远东运动会开幕式上讲话（1917 年 5 月 8 日）

90. 在东京南开同学会茶话会上致辞（1917 年 5 月 13 日）

91. 在釜山中国领事招待会上致答谢词（1917 年 5 月 19 日）

92. 在韩国为韩人演讲（1917 年 5 月）

93. 在韩国为英美传教士演讲（1917 年 5 月）

94. 为韩国中国基督教徒团体演讲（1917 年 5 月）

95. 在南开学校召开蔡元培、李石曾、吴玉章欢迎会上致辞（1917 年 5 月 23 日）

96. 在直隶女子师范学院演讲《满洲、朝鲜之现状》（1917 年 5 月 26 日）

97. 在南开学校第十次毕业式上致开会词（1917 年 6 月 26 日）

98. 在日本东京中国人教会演讲（1917 年 8 月 19 日）

99. 在东京基督教青年会欢送赴美会上答谢词（1917 年 8 月 19 日）

100. 向留日中国学生讲《中国青年之前途》（1917 年 8 月 19 日）

101. 在东京基督教青年会演讲（1917 年 8 月 20 日）

102. 在帕塞伊克（Passaic）中学演讲（1918年6月6日）
103. 与严修谈教育和实业问题（1918年7月4日）
104. 为严修讲课（1918年7月8日）
105. 为严修讲在哥伦比亚大学听课内容（1918年7月9日）
106. 为严修讲课（1918年7月10日）
107. 为严修讲课（1918年7月11日）
108. 为严修讲课（1918年7月12日）
109. 为严修继讲在哥伦比亚大学听课内容（1918年7月15日）
110. 为严修讲课（1918年7月16日）
111. 为严修讲课（1918年7月17日）
112. 为严修讲课（1918年7月18日）
113. 为严修讲课（1918年7月19日）
114. 为严修讲课（1918年7月22日）
115. 为严修讲课（1918年7月23、24日）
116. 为严修、范源濂讲课（1918年7月25日）
117. 为严修讲课（1918年7月29日）
118. 为严修讲课（1918年7月30日）
119. 为严修讲课（1918年8月2日）
120. 为严修、范源濂讲课（1918年8月5日）
121. 为严修等人讲课（1918年8月6日）
122. 为严修讲课（1918年8月8日）
123. 为严修、张信天夫妇讲课（1918年8月9日）
124. 为严修、张信天夫妇讲课（1918年8月13日）
125. 为严修、范源濂讲课（1918年8月15日）
126. 在哥伦比亚大学师范学院中国留学生会致临别赠言（1918年10月9日）
127. 在哥伦比亚大学中国留学生举办的中华民国国庆纪念会演讲（1918年10月10日）
128. 在格林奈尔大学发表《中国学制之变迁及其将来与中美关系》（1918年11月6日）
129. 在格林奈尔一中学演讲（1918年11月7日）
130. 出席格林奈尔教堂讲《中美国交及中国之前途》（1918年11月7日）

131. 在招待格林奈尔市长餐会上演讲（1918年11月8日）
132. 在格林奈尔会见南开留学生致训词（1918年11月8日）
133. 在格林奈尔商会招待餐会上演讲（1918年11月8日）
134. 在东京南开留学生招待晚餐上演讲（1918年12月14日）
135. 在东京中国留学生欢迎会上演讲（1918年12月15日）
136. 在东京中国基督教青年会会馆演讲（1918年12月18日）
137. 在南开学校师生欢迎会上演讲（1918年12月24日）
138. 在南开学校基督教青年会圣餐会上演讲（1918年12月24日）
139. 在天津基督教青年会桥梓会上作《桥梓会之精义及其作用》演讲（1918年12月末）
140. 在北洋女子师范学校演讲"美国之行"（1919年1月19日）
141. 在北京高等师范学校演讲（1919年2月8日）
142. 在南开学校留京同学会演讲（1919年2月8日）
143. 在南开敬业乐群会举行的欢迎新同学会上演讲（1919年2月27日）
144. 在山西省学界欢迎会上演讲（1919年4月17日）
145. 在金陵大学南开校友欢迎会上演讲（1919年4月30日）
146. 在南开学校纪念"五七"国耻日讲演会上演说（1919年5月7日）
147. 在直隶教育总会召开的追悼北京大学学生郭钦光大会上讲话（1919年5月12日）
148. 在山西省垣学生联合会大会上作《中国前途之希望》演讲（1919年7月10日）
149. 在严氏女学毕业式上演讲（1919年7月14日）
150. 在南开学校欢迎留欧同学会上演讲（1919年10月16日）
151. 在沈阳多次演讲（1919年10月28—31日）
152. 吊熊希龄母祭词（1919年12月2日）
153. 在南开学校基督教青年会交谊会上演讲（1919年12月11日）
154. 在基督教青年会第八次全国代表大会上报告开会宗旨（1920年4月2日）
155. 在基督教青年会第八次全国代表大会上报告开会秩序（1920年4月5日）
156. 在天津基督教青年会特别大会致开会词（1920年5月22日）
157. 在天津基督教青年会秋季大会致辞（1920年9月18日）

158. 吊李纯祭词（1920年10月中旬）

159. 在南开学校教职员追悼李纯会上致悼词（1920年11月16日）

160. 在南开学校师生校务研究会上讲话（1921年3月17日）

161. 在南开学校师生校务研究会茶话会上报告南开大学、中学工作（1921年3月22日）

162. 在孟禄博士南开大学演讲会上致辞（1921年5月18日）

163. 在南开中学四年级修身班演讲《升学问题及南开大学种种注意事项》（1921年5月25日）

164. 在南开中学始业式上致开会词（1921年9月1日）

165. 在南开大学纪念国庆邀请黎元洪演讲会上致辞（1921年10月10日）

166. 欢迎新从欧洲回国的全希伯来校演讲主持词（1921年11月17日）

167. 在北京欢送孟禄博士回国的饯别宴上致辞（1921年12月23日）

168. 在直隶高等工业专门学校报告中华教育改进社成立情况（1921年12月28日）

169. 主持南开学校开学典礼发表讲话（1922年2月6日）

170. 在天津各校教职员报告会上介绍中华教育改进社开会情形（1922年2月25日）

171. 在中华教育改进社事务所成立会上发言（1922年4月12日）

172. 主持天津基督教青年会"卫生教育周"活动开幕式（1922年5月30日）

173. 在天津女医局欢迎自美国归来的丁懋英女士会上演讲（1922年6月17日）

174. 南开学校毕业式主持词（1922年6月27日）

175. 主持南开中学始业式并讲话（1922年9月4日）

176. 在曹丽云大夫追悼会致辞（1922年9月17日）

177. 主持日本经济学家福田德之在南开大学报告会（1922年9月25日）

178. 在南开学校教职员会上报告北京学制会议情况（1922年9月27日）

179. 主持南开大、中学校全体师生国庆纪念会（1922年10月10日）

180. 主持讲演家艾迪博士来南开大学演讲会（1922年10月13日）

181. 在南开大学欢迎新师长新同学会上演讲（1922年10月16日）

182. 主持天津科学教育研究讨论会，请美国教育科学家推士博士演讲（1922年10月27日）

183. 主持天津科学教育研究讨论会（1922 年 11 月 5 日）
184. 在南开大学开学典礼上致开会词（1923 年 2 月 26 日）
185. 天津《新民意报》发表《关于办女子中学的谈话》（1923 年 3 月 22 日）
186. 在安东（丹东）、奉天（沈阳）两地基督教青年会演讲（1923 年 3 月底 4 月初）
187. 在南开中学修身班谈赴安东、奉天两地演讲经过（1923 年 4 月 10 日）
188. 在南开大学商科经济学会演讲（1923 年 4 月）
189. 在南开大学首届毕业生典礼大会致辞（1923 年 6 月 28 日）
190. 主持南开中学水灾纪念会致辞（1923 年 9 月 23 日）
191. 与南开女中学生谈世界各国需要教育的原因及教育的意义（1923 年 10 月 8 日）
192. 在南开大学毕业同学会演讲《学校对于该会前途之希望及母校与毕业生联络之方法》（1923 年 11 月 3 日）
193. 在山东烟台基督教青年会的三天演讲（1923 年 12 月 4—6 日）
194. 就军阀争战和天津形势与留校学生谈话（1924 年 3 月 2 日）
195. 分别召集南开中学高级班和初级班学生讲话（1924 年 3 月 3 日）
196. 在中华职业教育会第七届年会演讲（1924 年 5 月 26 日）
197. 在直隶省教育会第二次预备会的主持词（1924 年 5 月下旬）
198. 为毛彦文与朱君毅解除婚约主持词（1924 年 7 月 6 日）
199. 在南开女中演讲《女子应有之觉悟》（1924 年 11 月 17 日）
200. 在南开大学师生大会上讲话（1924 年 12 月 23 日）
201. 在南开学校基督教青年会演讲《实行派之宗教人生观》（1925 年 3 月 1 日）
202. 在南开出校同学会春宴会演讲（1925 年 3 月 21 日）
203. 在南开学校师生会上报告学校情况（1925 年 4 月 16 日）
204. 在北京南开同学会公宴会上演讲（1925 年 4 月）
205. 在南开大学国耻纪念会演讲（1925 年 5 月 7 日）
206. 与南开大学毕业生郭凤鸣女士谈小学教育（1925 年 7 月）
207. 在南开学校校庆纪念会致辞（1925 年 10 月 17 日）
208. 南开大学科学馆（思源堂）落成开幕式主持词（1925 年 10 月 17 日）
209. 在南开大学商科谈话会演讲（1925 年 11 月 15 日）
210. 在南开大学理科同乐会上讲《大学理科与中国科学之关系及科学事业

之将来》（1925 年 11 月 27 日）

211. 在南开学校基督教青年会演讲（1925 年 12 月 13 日）

212. 在南开中学学生集会演讲（1926 年 1 月 6 日）

213. 在南开大学开学式上主持并报告人事（1926 年 1 月 24 日）

214. 南开中学开学式主持词（1926 年 2 月 23 日）

215. 在烟台基督教青年会演讲“公民教育”（1926 年 2 月）

216. 在南开大学第四次毕业典礼上讲话（1926 年 6 月 22 日）

217. 与颜惠庆关于南开大学募基金问题的谈话（1926 年 12 月 11 日）

218. 在南开新年联欢会上演讲（1927 年 2 月 6 日）

219. 在天津基督教青年会演讲（1927 年 4 月 22 日）

220. 南开学校春季运动会主持词（1927 年 4 月 30 日）

221. 在北京聋哑学校学生表演发音习语上致开会词（1927 年 5 月 21 日）

222. 第八届远东运动会开幕式主持词（1927 年 8 月 27 日）

223. 与黄炎培谈南洋问题（1927 年 9 月 21 日）

224. 出席南开中学童子军十二周年纪念会致辞（1927 年 10 月 12 日）

225. 在天津体育协进会选举会上做报告（1927 年 10 月 22 日）

226. 与南开中学英文教员谈话（1927 年 10 月 26 日）

227. 出席南开大学教务会议并讲话（1927 年 10 月 28 日）

228. 在学生举办的模仿议会活动会上讲话（1927 年 11 月 4 日）

229. 在教授及夫人、大学四年级全体同学茶话联欢会上致辞（1927 年 11 月 18 日）

230. 召开南开中学学生大会，就停办自治励学会事讲话（1927 年 12 月 14 日）

231. 在南开大、中学教职员、各班及各室长会上就学校风潮讲话（1927 年 12 月 23 日）

232. 在南开中学初二七班联欢会演讲（1927 年 12 月 29 日）

233. 在南开大学开学式上做报告（1928 年 1 月 31 日）

234. 与颜惠庆谈南开大学社会科学与政治科学研究院事（1928 年 2 月 1 日）

235. 与颜惠庆、任鸿隽谈话（1928 年 2 月 2 日）

236. 在南开中学开学式上演讲（1928 年 2 月 10 日）

237. 在上海圣约翰同学会午宴上致辞（1928 年 2 月 24 日）

238. 在南开大学预科同学会周年纪念会演讲（1928 年 3 月 30 日）

239. 在南开大学国耻纪念会演讲《东北归来对旅途情形及东北现状的感想》（1928 年 5 月 7 日）
240. 在南开中学演讲东北问题（1928 年 5 月 9 日）
241. 在华北联合运动会年会上做报告（1928 年 5 月 18 日）
242. 在第 13 届华北运动会闭幕式讲话（1928 年 5 月 19 日）
243. 在南开大学开学式致辞（1928 年 9 月 12 日）
244. 在南开大学女同学会演讲（1928 年 9 月 21 日）
245. 在南开大学商学会迎新会上演讲（1928 年 9 月 23 日）
246. 在南开中学集会上演讲（1928 年 10 月 4 日）
247. 在南开学校国庆庆祝会演讲（1928 年 10 月 9 日）
248. 在南开学校 24 周年校庆纪念会上演讲（1928 年 10 月 17 日）
249. 在南京南开校友欢迎宴会致辞（1928 年 11 月 6 日）
250. 发表《论满州及其殖民地化》（《颜惠庆日记》）（1928 年 11 月 15 日）
251. 在南开大学女同学会欢送张伯苓赴美会上演讲（1928 年 11 月 23 日）
252. 在南开校董会及教职员为张伯苓赴美饯行会演讲(1928 年 11 月 24 日）
253. 在天津南开出校同学会公宴会演讲（1928 年 11 月 24 日）
254. 在北平南开出校同学会饯行会上演讲（1928 年 11 月 27 日）
255. 在南开大、中学篮球比赛式上致辞（1928 年 12 月 2 日）
256. 在沈阳与邹岳楼军长谈兴安岭屯垦（1928 年 12 月 16 日）
257. 在沈阳与常瀚勷省长谈东北交通及移民问题（1928 年 12 月 16 日）
258. 在沈阳南开校友午宴上致辞（1928 年 12 月 16 日）
259. 在沈阳南开校友晚宴上讲话（1928 年 12 月 16 日）
260. 在奉天省教育会会长宴席致辞（1928 年 12 月 17 日）
261. 在奉天省教育会演讲（1928 年 12 月 17 日）
262. 在南开留日同学会欢迎会上致辞（1928 年 12 月 22 日）
263. 在东京中华同学会公开演讲（1928 年 12 月 23 日）
264. 在东京日本贵族院议长德川公爵主持的午宴上致辞（1928 年 12 月 24 日）
265. 在东京中华基督教青年会新会员欢迎会上演讲（1928 年 12 月 24 日）
266. 在美国旧金山基督教青年会为华侨用英语演讲（1929 年 1 月 10 日）
267. 在南开校友会留美分会成立会上演讲（1929 年 4 月 3 日）
268. 应美国费城中国同学会邀请演讲（1929 年 4 月 19 日）

269. 在出席美国南开校友纽约聚餐会上致辞（1929 年 4 月 21 日）
270. 在芝加哥中国同学会演讲（1929 年 5 月 11 日）
271. 在密歇根大学教授晚宴上演讲（1929 年 5 月 13 日）
272. 在密歇根大学中国学生会演讲（1929 年 5 月 13 日）
273. 对底特律教育界人士演讲（1929 年 5 月 14 日）
274. 在底特律中国学生会演讲（1929 年 5 月 14 日）
275. 在美国色利加斯为西拉古（叙拉古）大学师生演讲（1929 年 5 月 16 日）
276. 为西拉古大学中国学生演讲（1929 年 5 月 16 日）
277. 在美国康奈尔大学中国学生欢迎会上讲话（1929 年 5 月 17 日）
278. 在纽约宴请南开校友会上讲话（1929 年 5 月 20 日）
279. 在南开校友及中外友人召开的欢送会上致辞（1929 年 5 月 30 日）
280. 对旅英中国学生讲话（1929 年 6 月 22 日）
281. 在英国无线电广播电台演讲《将来科学教育之需要》（1929 年 6 月 30 日）
282. 在南开大学演讲太平洋国际学会会议情形（1929 年 11 月 19 日）
283. 在《南大周刊》复刊编辑委员会联欢会上演讲（1929 年 11 月 19 日）
284. 在欢迎国际联盟卫生部部长剌西曼演讲会上致辞（1929 年 11 月 29 日）
285. 在南开大学女同学会第二周年纪念会讲话（1929 年 12 月 20 日）
286. 在南开大学毕业同学会新年同乐会致辞（1929 年 12 月 31 日）
287. 在南开中学集会上报告校务（1930 年 1 月 5 日）
288. 在南开学校基督教青年会成立十六周年纪念会上讲话（1930 年 4 月 19 日）
289. 在东京南开校友会欢迎会致辞（1930 年 5 月 19 日）
290. 在上海成志会聚餐会上报告在日本参加远东运动会情况（1930 年 6 月 7 日）
291. 在天津基督教青年会欢迎运动员大会上致辞（1930 年 6 月 14 日）
292. 在南开校友会聚餐欢迎会上讲话（1930 年 6 月 22 日）
293. 在南开女中出校同学会成立会上演讲（1930 年 7 月 26 日）
294. 在南开中学二千人检阅大会上训话（1930 年 10 月 10 日）
295. 在欢迎新任天津市公安局局长张学铭宴会上，报告本校经济状况（1930 年 10 月 15 日）

296. 在天津市市长宴请辽宁水灾急赈会人员会上致答词（1930 年 10 月 15 日）

297. 在宴请天津电车电灯公司工程师宴会上讲话（1930 年 11 月 4 日）

298. 在南开大学女同学谈话会上讲话（1930 年 11 月 7 日）

299. 在南开大学全体大会上讲话（1930 年 11 月 11 日）

300. 约集天津报界友好，报告个人对蒋介石之认识（1930 年 12 月末）

301. 在南开大学理科学会的讲话（1931 年 1 月 16 日）

302. 在南开中学师生集会上做报告（1931 年 2 月 19 日）

303. 在东北大学校务委员会讲话（1931 年 3 月）

304. 与画家徐悲鸿的谈话（1931 年 3 月 31 日）

305. 在南开中学、南开女中毕业典礼致开会词（1931 年 6 月 28 日）

306. 对南开大学学生讲话（1931 年 9 月 17 日）

307. 在天津市中小学教员集会上演讲（1931 年 9 月 18 日）

308. 在南开大学经济学院成立大会演讲（1931 年 10 月 8 日）

309. 在为美国演说家艾迪博士宴请会上致辞（1931 年 10 月 9 日）

310. 在迎宴国际联盟教育考察团的致辞（1931 年 10 月 9 日）

311. 答国际联盟莱顿（李顿）爵士问（1932 年 4 月 9 日）

312. 在北平政务委员会全体委员大会上的发言（1932 年 7 月 29 日）

313. 为上海陈立庭题书签（1932 年 8 月）

314. 为调节韩复榘与刘珍年部冲突与韩复榘的谈话（1932 年 9 月 24 日）

315. 在废止内战大同盟天津分会招待新闻界茶话会上的报告（1932 年 10 月 15 日）

316. 在南开学校各部主任及体育课负责人聚餐谈话会上讲话（1932 年 11 月 1 日）

317. 在废止内战大同盟天津分会常委会议上的致辞（1932 年 11 月 2 日）

318. 在天津地方协会动员大会上的主持词（1933 年 1 月 17 日）

319. 在天津地方协会募捐委员会成立会上的报告及演讲词（1933 年 2 月 8 日）

320. 在北平出席东北热河后援会成立大会上演讲（1933 年 2 月 16 日）

321. 为中央国术馆五周年特刊题词（1933 年 2 月）

322. 为山东烟台基督教青年会三十周年纪念刊题词（1933 年 3 月）

323. 为青岛市私立崇德中学题词（1933 年 3 月）

324. 在天津基督教青年会国民自新大会演讲（1933 年 3 月 21 日）
325. 出席天津市教育会召开的林墨青追悼会致辞（1933 年 5 月 21 日）
326. 在南开大学同学会举办的毕业同学欢送会致辞（1933 年 6 月 9 日）
327. 为北平徐一达父亲逝世三周年纪念题诗（1933 年 6 月 9 日）
328. 为厦门许玉孙、陈淑妹珠婚纪念拟诗一首（1933 年 6 月 20 日）
329. 为上海江南大学体育协会历届成绩报告书题词（1933 年 6 月 22 日）
330. 主持天津地方协会结束会（1933 年 7 月 3 日）
331. 在青岛南开校友欢迎参加华北运动会的南开运动员会上演讲（1933 年 7 月 10 日）
332. 在北平召开的东北体育协进会成立大会讲话（1933 年 8 月 4 日）
333. 在南开学校教员聚餐会上发表《南开教育今后应注意各点》（1933 年 9 月 16 日）
334. 应司徒雷登之邀在燕京大学演讲（1933 年 9 月 26 日）
335. 在南京金陵大学演讲（1933 年 10 月 16 日）
336. 为行政院褚民谊体育演讲文集作序（1933 年 11 月 21 日）
337. 应司徒雷登之邀在燕京大学演讲（1933 年 11 月）
338. 在南开女中对高年级同学讲话（1933 年 11 月 25 日）
339. 在中国科学化运动协会天津分会第一次大会上报告通俗科学演讲经过（1934 年 3 月 29 日）
340. 在南开校友祝寿公宴上致答谢词（1934 年 4 月 4 日）
341. 在斐陶斐名誉学会南开大学分会成立会上致辞（1934 年 5 月 26 日）
342. 在天津基督教会仓门口堂献堂礼拜上主持词（1934 年 7 月）
343. 在南开校友总会庆祝六十寿辰游艺会上演讲（1935 年 4 月 3 日）
344. 在天津市拒毒宣传周发表广播演讲（1935 年 4 月中旬）
345. 在天津基督教青年会新生活运动周演讲《如何提倡新生活运动》（1935 年 5 月 6 日）
346. 出席南开小学劳作课工作室落成致辞（1935 年 6 月 15 日）
347. 在南开中学毕业式讲话（1935 年 6 月 24 日）
348. 在中华体育协进会暑期体育讨论会致辞并报告（1935 年 7 月 29 日）
349. 在中华体育协进会暑期体育讨论会谈对现有体育组织之意见（1935 年 7 月 30 日）
350. 在中华体育协进会暑期体育讨论会就中国舞蹈及改革问题发表意见

（1935 年 7 月 30 日）

351. 在青岛市体协、体委两会联合宴请会上致答词（1935 年 7 月 30 日）

352. 在代表中华国全国体育协进会举行的答谢宴会上致辞（1935 年 8 月 1 日）

353. 在南开大学文学院迎新晚会上讲话（1935 年 9 月 17 日）

354. 在天津市救济水灾联合会做报告（1935 年 9 月 27 日）

355. 在天津市救济水灾联合会第二十四次常委会主持词（1935 年 9 月 30 日）

356. 天津市救济水灾联合会第二十五次常委会主持词（1935 年 10 月 2 日）

357. 天津市救济水灾联合会第二十六次常委会主持词（1935 年 10 月 4 日）

358. 在上海南开校友欢迎会上讲话（1935 年 10 月 17 日）

359. 在中华全国体育协进会全国代表大会致开会词（1935 年 10 月 18 日）

360. 在金陵大学二十周年校庆纪念会演讲（1935 年 10 月 31 日）

361. 在约请南京南开校友的茶点会上演讲《教育工作之现实应努力的方向》（1935 年 11 月 3 日）

362. 在天津基督教青年会四十周年纪念大会上演讲（1935 年 11 月 16 日）

363. 与来南京请愿的南开女中代表谈话（1935 年 12 月 29 日）

364. 在教育部天津各院院长及教职员代表会商会上发言（1936 年 1 月 14 日）

365. 在蒋介石召集的中等以上学校校长及学生代表座谈会上发言（1936 年 1 月 15 日）

366. 在南京公祭国民革命军阵亡将士及淞沪阵亡将士公墓上的主祭词（1936 年 1 月 17 日）

367. 在南开大学毕业同学会演讲（1936 年 2 月 23 日）

368. 在北平南开校友会春宴会致辞（1936 年 3 月 28 日）

369. 在天津美国同学会聚餐会上演讲（1936 年 4 月 8 日）

370. 在南开男女中学、小学三部教职同人聚餐会上讲话（1936 年 4 月 23 日）

371. 在南开中学高中部全体学生集会上讲话（1936 年 4 月 27 日）

372. 著文《有我在，中国不亡》（1936 年 4 月）

373. 在南开大学第十四届毕业典礼的训话（1936 年 6 月 26 日）

374. 南开中学开学典礼主持词（1936 年 8 月 31 日）

375. 在周作民新寓所召集南京校友茶话会讲话（1936 年 11 月中旬）
376. 在重庆南渝中学国语演讲比赛会上的讲话（1936 年 12 月 5 日）
377. 在重庆市政府教育科举办的报告会上演讲（1936 年 12 月 10 日）
378. 在南开中学庆祝蒋介石返京游艺会上演讲（1936 年 12 月 28 日）
379. 在天津基督教青年会联青社演讲（1936 年 12 月底）
380. 在南开校友会南京分会成立会讲话（1937 年 3 月 7 日）
381. 在中华全国体育协会进会第七次常务董事会报告（1937 年 3 月 10 日）
382. 在南开大学毕业同学会第三次年会演讲（1937 年 3 月 21 日）
383. 在南开大学经济研究所第一届研究生毕业及南开大学第十五届毕业式致辞（1937 年 6 月 23 日）
384. 在庐山暑期训练团授课（1937 年 7 月 6 日）
385. 出席“庐山谈话会”，对国是发表意见（1937 年 7 月 16 日）
386. 在“庐山谈话会”教育组谈话会上发言（1937 年 7 月 20 日）
387. 为宜昌各界人士作抗战形势演讲（1937 年 8 月下旬）
388. 在重庆南渝中学礼堂落成典礼讲话（1937 年 10 月）
389. 电告国际奥委会谢寿康为中国奥委会代表（英文函）（1938 年 3 月 2 日）
390. 与南渝中学学生谈话（1938 年 5 月 20 日）
391. 与蒋梦麟、梅贻琦等全国各大学校长联合通电各国，呼吁制止日机滥炸中国平民（1938 年 7 月 12 日）
392. 在昆明与南开同人晚餐时讲话（1938 年 9 月 27 日）
393. 在昆明分别与杨石先、冯文潜谈话（1938 年 10 月 5 日）
394. 在重庆南开校友第七次聚会上谈第二次参政会经过和感想（1938 年 11 月 24 日）
395. 在第一届中国教育学术团体联合会上的主持词（1938 年 11 月）
396. 致王云五电（1938 年 12 月 20 日）
397. 在重庆南开中学周三学生集会上训话（1938 年 12 月 21 日）
398. 在成都南开校友会欢迎宴会上讲话（1938 年冬）
399. 在重庆南开中学周三学生集会上发表斥责汪精卫讲话（1939 年 1 月 4 日）
400. 周恩来在重庆南开中学做报告前的介绍词（1939 年 1 月 9 日）
401. 在第一届国民参政会第三次大会上致辞（1939 年 2 月 12 日）

402. 在四川自贡蜀光中学师生大会上报告国民参政会最近情形（1939 年 6 月 16 日）

403. 在南开中学暑期补习班周会上讲话（1939 年夏）

404. 在重庆南开中学讲《我怎么办南开》（1939 年 9 月 3 日）

405. 在重庆南开中学集会上训话（1939 年 9 月 27 日）

406. 在重庆南开中学集会上谈募捐寒衣（1939 年 11 月 1 日）

407. 在重庆南开中学谈“军事管理”问题（1940 年 2 月 19 日）

408. 在重庆南开中学发表训话（1940 年 3 月 18 日）

409. 在国民参政会提出关于“声讨汪逆兆铭伪组织”的动议（1940 年 4 月 2 日）

410. 在昆明调解西南联大社团联欢会事件的谈话（1940 年 5 月 16 日）

411. 主持中华全国体育协进会董事会议（1941 年 2 月 1 日）

412. 在国民参政会预备会议的主持词（1941 年 3 月 2 日）

413. 在蒋介石招宴全体参政员餐会上致答词（1941 年 3 月 5 日）

414. 在重庆与美国孟禄博士谈话（1941 年 4 月下旬）

415. 中华全国体育协进会向国民政府社会部备案呈文（1941 年 5 月 6 日）

416. 在津南村寓所与梅贻琦谈话（1941 年 5 月 21 日）

417. 日机轰炸重庆大惨案后的谈话（1941 年 6 月）

418. 在重庆沙磁区各界纪念“九一八”大会上的演讲:《九一八的感想》(喻传鉴代)（1941 年 9 月 18 日）

419. 致贺冯玉祥 60 诞辰的寿联（1941 年 11 月 6 日）

420. 拜见蒋介石谈南开复校（1942 年 2 月 13 日）

421. 赴蒋介石宴，致答谢词（《黄炎培日记》八）（1943 年 9 月 20 日）

422. 在教师节纪念会演讲（1943 年 9 月 25 日）

423. 以中国学术团体联合会主席名义在中央与国际广播电台的中英文讲词（1944 年 5 月 5 日）

424. 中国教育学术团体联合会宣言（1944 年 5 月 7 日）

425. 国民参政会驻会委员会第三次会议主持词（1944 年 11 月 17 日）

426. 与胡适、蒋梦麟等 21 人发表宣言（1944 年 12 月 17 日）

427. 国民参政会驻会委员会第七次会议主持词（1944 年 12 月 29 日）

428. 关于创设中央教育研究所的建议（1945 年 1 月 9 日）（参查《中国教育学会 1944 年度报告》）

429. 在中国教育学术团体联合会教育座谈会主持词（1945年4月6日）（参查中国教育学术团体联合会刊物）

430. 在中国教育学会教育座谈会主持词（1945年4月14日）（参查中国教育学会刊物）

431. 在重庆南开中学第八届运动会上讲话（1945年4月27日）

432. 与王正廷等提出的“第十五届奥林匹克运动会（1952年）在我国举行案”（1945年6月11日）

433. 国民参政会驻会委员会第十八次会议主持词（1945年6月18日）

434. 第四届国民参政会第一次大会第十三次会议主持词（1945年7月16日）

435. 第四届国民参政会第一次大会第十八次会议主持词（1945年7月20日）

436. 中华全国体育协进会常务理事会主持词（1945年9月7日）

437. 在重庆中央广播电台对海外校友发表广播讲话（1945年10月6日）

438. 在重庆中央广播电台发表向全国校友祝贺南开四十一周年讲话（1945年10月17日）

439. 在上海南开校友会欢迎宴会上讲话（1946年1月16日）（据颜惠庆日记整理）

440. 在上海基督教青年会晚宴上讲话（1946年1月31日）（据颜惠庆日记整理）

441. 出席华美协进社在罗斯福旅馆为他举办的宴会上致辞（1946年6月5日）

442. 旅美南开校友会在纽约华美协进社召开的校庆纪念会讲话（1946年10月17日）

443. 返国后在蒋介石宴请时的谈话（1947年1月3日）

444. 在重庆南开校友会欢迎回国聚餐会讲话（1947年1月14日）

445. 在天津基督教青年会欢迎会上讲话（1947年3月）

446. 在南开大学毕业同学会欢迎聚餐会上讲话（1947年4月12日）

447. 在美裔华籍崔伯葬礼上致悼词（1947年7月18日）

448. 在南开学校毕业同学会年会上致辞（1947年12月7日）

449. 在南京宴请记者时的讲话（1948年4月13日）

450. 与国大代表所提《制定动员戡乱临时条例案》（1948年4月15日）

451. 在南开大学庆祝蒋介石当选总统集会上讲话（1948年5月20日）
452. 在公能学会第六次晚会上讲话（1948年8月7日）
453. 在公能学会第七次晚会上讲话（1948年8月14日）
454. 在公能学会第八次晚会上致辞（1948年8月21日）
455. 在何廉就职南开大学代理校长仪式上讲话（1948年10月14日）

附录 D：近人引述张伯苓话语汇抄

1. 向严修谈测远的方法：“昔在（水）师船曾与人赌赛，如船左有一山，或曰距八里，或曰距十里。姑前行视历若干时，船与山得四十五度角，再以速率算之，则得里数矣。按此法虽未确中而颇悟算理。”（1898 年 12 月 26 日，《严修日记》）

2. 赴日本参观大阪博览会归来，严修及王馆王益孙（王奎章之子）前往车站欢迎，严、王两馆学生“共设宴敬迓”。宴毕对学生说：“吾今而后，乃知办学之事，非可以率而为也。”（1903 年 6 月，《严修日记》）

3. 与严修同赴同乡会于清风亭，与讲演者谈话。后众人赴一桥附属小学校，观父兄恳话会。“此校学生之父兄大都有学问，否则有资本，其知识皆已开通，此会不过讨论约束子弟之法耳。若町村间学校，父兄惟鲁者多，恳话会时不特论教导子弟之法，乃并其父兄而教之。”张伯苓认为此种形式“乃适合于吾国情事也”。（1904 年 6 月 12 日，《严修日记》）

4. 学堂师生宜有高尚适当之运动。（1907 年 10 月 20 日，《严修家书》）

5. 在北戴河参加美国基督徒格林等祷告会，祈祷表示：“主，我在心智上明白了，但请让我在精神上也明白它吧。” （1908 年 7 月 24 日，美国基督教青年会档案《每年的报告书（1907—1908）》）

6. 向严修表示：“严先生，我可以为您放弃世上任何其他东西，但我不能放弃耶稣及其教义。”（1908 年 7 月，美国基督教青年会档案《每年的报告书（1907—1908）》）

7. 在西沽基督教公理会教堂受洗会，说：“天津市以前认识一位叫张伯苓的先生。那不过是一个旧的张伯苓，但是旧的张伯苓现在没有了。我要他们有机会发现新的张伯苓是什么样的人。”（1909 年，美国基督教青年会档案《每年的报告书（1908—1909）》）

8. 武昌爆发后，清华学堂师生人心恐慌，张伯苓教务长对学生言：“君等居此毋虑，事急时，当送诸君至天津南开中学暂居避难。”（1911 年 11 月 5 日，《吴宓日记》）

9. 周恩来等汇报成立了学生社团“敬业乐群会”，嘱曰：“诸生其尽心竭力，勿贻他人口实，各事手续亦宜斟酌，以期归于完善。”（1914 年 3 月 5 日，《敬业》第 1 期）

10. 以“自动”二字勉励学生，冀人人可以自重，养成完全独立之人格。针对梅贻琦初到清华学校担任教堂工作情况，指出：“你才教了半年书就不愿干了，怎么知道没有兴趣？青年人要能忍耐，回去教书！”（1915 年 9 月，韩咏华：《同甘共苦四十年》，北京《文史资料选编》第 18 辑）

11. 在南开学校河南旅津留学南开同志会成立大会讲：“南开各省同学，有乡谊而无省界，其斯之谓欤。”（1916 年 4 月 25 日《校风》第 27 期）

12. 与学生谈：“凡事忌误会，误会则疑生。”（1916 年 5 月，《南开学校训育课》）

13. 向参加第三届远东运动会的中国运动员提出：“比赛应以道德为根本，毋伤运动员之资格，而保我国之体面。”（1917 年 5 月 7 日，施奎龄：《东游撮要》）

14. 在韩国对韩人说：“如精神不亡，国亡不足畏。”（1917 年 5 月，《校风》第六十九期）

15. 在韩国为英美传教士讲演：“日本者，造文明之试验室也，试之合宜，然后输行于大陆之上。”（1917 年 5 月，《校风》第六十九期）

16. 在韩国为中国基督教徒团体讲演：“宗教应自作。”（1917 年 5 月，《校风》第六十九期）

17. 在日本长崎讲演：“大意为欲强中国莫责人，先问己。”（1917 年 8 月 19 日，《校风》第七十四期）

18. 在美国格林奈尔参观小学后评论：“三所小学的教学方法仍为旧式。”（1918 年 11 月 8 日，《严修日记》）

19. 在美国格林奈尔对中国留学生说：“以后南开教育方针，亦宜趋重物质，藉免蹈空之敝。”（1918 年 11 月 8 日，《严修日记》）

20. 在南开师生欢迎会上介绍访美感想，其中谈到美国社会民主情况，高呼 Democracy，并介绍美国科学技术发展情况。（1918 年 12 月 24 日，《校风》第一一四期）

21. 为严修医病推荐海军医校法国医师，并谓“伊手术擅长”。（1920 年 6 月 4 日，《严修日记》）

22. 与张彭春谈中学新课程试验，说：“不想出人太远。现在已经为人称许又何必大改造。然小改造一定欢迎。”“试验应在试验室里做，不应到大工场里做试验。”（1923 年 3 月 28 日，张彭春:《清华学校日程草案》）

23. 与张彭春谈话：“我的精神渐老，不如上次回国后有精神。思想较前渐老一些，然而精神不应渐老。”（1923 年 4 月 12 日，张彭春:《清华学校日程草案》）

24. “美拨庚款为兴教育文化事业者，现经委员会商定，本数（款）拟购善后借款债票，其利息及税司有另拨之款，均归我沪行经理。将经过情形函告汉章及两座。”（1925 年 7 月 31 日,《卞白眉日记》）

25. 与张彭春谈话，说：“人被打击一次，以后很难再有同样的信心。”（1925 年 9 月 26 日,《清华学校日程草案》）

26. 就谣传南开学校被当局查抄之说，在《大公报》表示：“并未发生事故，学生亦无被捕，更无停课之事实。”（1927 年 3 月 10 日,《大公报》）

27. 张伯苓出席远东运动会后，经东北回校谈话：“见山东贫民赴满洲开垦荒地谋生者，为数极众，扶老携幼，露宿街头，困苦颠连，举怡然无戚，并闻有步行沿西伯利亚铁路，专赴欧洲者，其精神之强健远大如此，谓吾民族而可亡国，无是理也。”（1927 年 9 月 24 日,《北洋画报》第一二九期）

28. 为天津当局禁止南开话剧团演出易卜生《国民公敌》，表示：“今年因时局关系，不能表演游艺，实南开有纪念日以来第一次。”（1927 年 10 月 17 日,《南中周刊》第三十一期）

29. 勉励在美国康奈尔大学留学的中国学生：“本着求学的精神，不要涣散，读书即系救国，此刻专心求学，造就专才，以备将来建设新中国。”（1929 年 5 月 17 日,《南开双周》第 4 卷第 1 期）

30. 对旅英中国学生讲话：“在国外读书不要忘记祖国。”（1929 年 6 月 22 日,《南开双周》第 4 卷第 4 期）

31. 在巴黎对南开校友谈话：“我在美国，他们也都为我订了房间，还带一间大客厅，其实我不需要，我总是对南开学生说：你们来住吧！”

周仲铮用法文致欢迎词，张校长说：“你的法文真好。”周说：“校长你不懂法文，怎能说我法文好呢？”张说：“你的发音很好听，那一定是法文不错。”

“环球有南开学生，环球就有南开校友会。南开学生不是孤独的，有什么困难，校友都会来帮助你。”

又对周仲铮说：“南开女中是你的，你回国来要负责的。”

又说，“曾经过意大利，谁要想家，就到意大利去看看，又脏又乱，很像回国似的。”

周问他：“在美国化了多少缘呀？”张答说：“如不化缘，我们南开何易大发展。”（1929 年 7 月 3 日，周仲铮著：《海外心声》，北岳文艺出版社 1988 年版）

32. 在由侯致本讲演《今年蒸汽锅（炉）之进步》，谓：“侯先生所讲美国今日蒸汽锅为三吋厚纯钢所制，其气压每方吋为三千二百磅，他们无论怎样进步，一定有个基点，反正到连汽锅都能烧化的时候就不能再长了。”（1930 年 3 月 4 日，《南开双周》第 5 卷第 2 期）

33. 与教育部视察官员戴应观说：“南开在十年内，大学生决不扩张至五百名以上，庶良好之校风易于培养，而基础可以稳固也。”（1930 年 5 月 15 日，天津《庸报》）

34. 在日本神户答记者问：“华选手于球类有自信力，余多不及日，但当合力求此后进步。”（1930 年 5 月 18 日《大公报》）

35. 出席辽宁水灾急赈会招待宴上说：“我们现在已有饭吃，勿忘灾民无衣穿。”（1930 年 10 月 15 日，《南大周刊》第 92 期）

36. 在南开大学全体大会上谈现代学生应具备之条件说：即有狮子般魄力，猴子般敏捷，骆驼般精神始足称现代学生，但还要有志向，“望我等都作一个公狮子或母狮子努力有为”。（1930 年 11 月 11 日午后，《南大周刊》第 115 期）

37. 在南开大学经济学院成立大会上，提出四字训勉词：“不腐，不私。”

38. 参加第十七届华北运动会，离青岛时，临行前在车站表示：谈此次大会“殊可忭慰，惟愿大家努力倡导，下届必更有长足之进展”。（1933 年 7 月 18 日，《大公报》）

39. 对于下届华北运动会的设想：“拟于下届筹委会成立后，提前组织球类及田径运动训练委员会，以作长期之准备。”（1933 年 8 月 20 日，《大公报》）

40. 在欢迎美国经济考察团招待会上致辞：“希望中美间永远维持友爱互助精神，共谋经济之发展。”（1935 年 5 月 9 日）

41. 在南开大学举行第十四届毕业典礼上训话，晓以出校后仍应遵照“不要自私”之学训，认真去做。（1936 年 6 月 27 日，《大公报》）

42. 谈西安事变后与孔祥熙会晤：“那天正是蒋鼎文回来，孔先生请我吃饭，他们很不着急，谈起来他们很乐观，后来我告诉他打算先回天津，如用我马上就来。”（1936 年 12 月 24 日，《南开校友》第二卷第五期）

43. 在宜昌各界人士讲演会指出：“我国地大物博，人口众多，加上国共两党共同合作，抗战必胜。”（1937 年 8 月下旬，南开大学校长办公室编：《张伯苓纪念文集》，南开大学出版社 1986 年版）

44. 1937 年 9 月 12 日《大公报》刊载张元济《我国现在和将来教育的职责》一文，谈战时教育资源和对战时新教育的主张，文中引用张伯苓的话，谓：“我国教育（尤其大学教育），不太适宜中国实际环境，今既被敌炮火所毁，大可藉此机会，将以往教育上之错误，从新彻底改革。”张元济说：“这真是金玉名言。”（《东方杂志》第三十四卷第十六、十七号）

45. 与重庆南渝中学徐淡庐谈话：“南开从来是学术思想很自由。譬如说，学生中有许多在国民党内当官，共产党内有周恩来。”（1937 年 12 月 8 日，《重庆南开校友通讯》第二十九期）

46. 为南渝中学英语教师张镜潭结婚送喜联：“同舟人结同心结，解语花开解语时。”次日，他又到张镜潭新房致贺，并且说：“现在是国难时期，大家都要振奋精神。你们两人的喜事，也是咱们南开的喜事。”（1938 年 1 月，《南开校友通讯》复刊第六期）

47. 就南开在四川办学答孔祥熙、张群：

孔祥熙问：“你为什么好好地跑到四川重庆去开学校？”

张伯苓答：“不但我跑到四川来开学校，现在连国民政府也跟我们一样的跑到四川来了。”

张群说：“我虽然是南渝的校董，但是我很惭愧，因为我一点事情也没做。”

张伯苓回答：“现在有事做了，请你这次多帮帮忙吧。”（1938 年 5 月 8 日，《南开校友》第三卷第九期）

48. 在国民参政会介绍推荐驻会委员名单时说：“因为参政员里面不但有党派之分，地域之别，而且还有男女之分，所以很难介绍。”（1938 年 7 月 16 日，汉口《新华日报》）

49. 在成都南开校友欢迎会上说：“服从蒋委员长的领导，最后胜利必属于我们。”

周恩来来重庆南开中学《抗战形势》报告，张伯苓介绍说，“周恩来校友是南开的优秀学生，离校后，奔走国事，卓著勋劳。今天，请他来给大家谈谈抗战形势。”（1939 年 1 月 11 日，《重庆南开校友通讯》第二十六期）

50. 在重庆南开中学暑期补习班的周会上发表讲话，以筷子比喻团结，说：“把筷子一根根地撅断，极容易一下子撅断十几根，但是十几根筷子捆在一起，还能那么容易撅断吗？”（1939 年夏）

51. 周恩来在津南村与吴国桢辩论，张伯苓从中调和，说："我看多晚你们两个人不吵了，中国就好了。"（1941 年 1 月）

52. 与重庆南开中学高中女同学章葆娟谈"日新月异"四个字的意义，说："这四个字是说每个人要接受新事物，而且能成为新事物的创始者，不但赶上新时代，而且还要走在时代的前列，这是南开精神。"（1942 年 4 月，重庆南开中学《四三通迅》第十一期）

53. 在寿辰纪念的谈话，表示"为国家，为南开，当再努力十二年，至八十岁再退休"，并告诫在校服务的学生，说："我未老，汝辈不得言老。"（1943 年 4 月 5 日，《张伯苓先生七旬寿辰纪念册》）

54. 与谢冰心谈其父亲："她的父亲是我同班！"（1943 年 8 月）

55. 与南开毕业生章葆娟谈 "镜箴"，说："记住这些字，这就是南开的校风。""我就好像嫁闺女一样，把你们一个一个地送走了。"（1944 年 6 月，重庆南开中学《四三通讯》第十一期）

56. 与失学青年张婕谈话，说："你愿不愿意到津南村小学去教书？""不要怕教不好，可以边教边学嘛！只要认真、仔细、虚心学习，就会教学相长，在实践中锻炼才干。"（1944 年夏）

57. 与郝寿臣谈排演京剧《荆轲传》，说："就目前形势来说，这出戏在唤起群众、反抗侵略方面，很有现实意义。"（1944 年 8 月 30 日，北京戏曲学校主编：《郝寿臣传》，北京中国戏剧出版社 1985 年版）

58. 与杜建时及蒋介石谈抗战形势，说："外面传说广西部队一枪没放就跑了，我以为是过甚其词，如你所说，外面的话都是真的，这样不打就退行吗？这不是几天就可以打到贵阳吗？"

杜建时解释说："敌军主力是指向南宁方面，企图打通大陆上的南北通路，无意进攻贵阳。魏德迈已下令美国空军即将空运现在西安汤恩伯部队去贵州，并已将现在缅甸的远征军新六军精锐部队空运贵阳附近。如果敌人向贵阳进攻，我们有充分力量防守贵州，请校长安心。"

张伯苓问："桂林守军不打就跑，贵阳守军就不跑吗？"

其后，杜建时将张伯苓对于桂、柳迅速撤退表示不满的情况告诉蒋介石。蒋说："过两天我去看看张先生。"几天后，蒋介石偕杜建时到津南村向张伯苓强调："自太平洋战争爆发后，日本已捉襟见肘，现已无力侵入贵州。我们与美国合作，确有攻击日本的力量，请张先生安心。"并笑谈："不会太久就可以使张先生回天津了。"张伯苓回答："我对抗日前途始终是乐观的。"（1944 年 11

月 10 日，《天津文史资料选辑》第八辑）

59. 就日军占领黔等地，对南开中学全体学生讲话："退学可以，请假不准。""咱们南开已从天津退到重庆，现在不能再退。敌人当真来，南开只能与大重庆同存同亡。"与丁辅仁谈回天津筹备南开中学复校，说："你们只扛着南开这面大旗去干吧！"

60. 与施奎龄品尝北京特产的谈话："好极啦，这次大家一齐回到我们的故乡去团聚吧！"

61. 颜惠庆拜访在上海的张伯苓，其日记云：张"崇拜领袖，但认为老百姓应大胆说话"。（1946 年 2 月 18 日，《颜惠庆日记 三》）

62. 马平《走错了一着棋的张伯苓》文中所引张伯苓语："逢凶化吉，并且是逢大凶化大吉。中国的事情要用望远镜看，而不能用显微镜看。""推翻满清是孙先生之功，统一中国，实蒋先生之力。蒋先生实在是中国的大伟人，民族的大救星！"（1946 年 11 月 10 日，《新闻天地》第十七期刊载马平《走错了一着棋的张伯苓》）

63. 谈到政治，说："你不问政治，政治会来问你；你不管政治，政治会来管你。"（1947 年，《南大今日》，国立南开大学联友服务社 1947 年版）

64. 喻传鉴在《南开校友》所载张伯苓在重庆生活片断中的话：

"欲求中国之治，必先得世界之平，故天下治而后国平。"

"喻先生应抢做我做之事，诸位即应抢做喻先生所做之事。"

"好，应有改动，我们学校应时时在改进中。"

"对世事应抱乐观态度。不必用显微镜从小处细处看，应带望远镜，向远处大处看。"

"做事错了不要紧，下次再改，得一次经验，多一次长进。"

"我不老，你们不得言老。"

"凡事预则立"，"欲速则不达"，"大器晚成"，"干到底"，"顶到头"，"Soon ripe soon rotten"，"Don't follow the line of the least resistance"。

以"十字训"勉勖学生，即："为何做？如何做？做；好不好？"

离津前与王文田谈话，说："我离津去南京，你们都要努力的干吧。"（1948 年 10 月 27 日，《张伯苓与南开》）

65. 与重庆《新民报》记者谈话："中国的货币计量单位不断增高，提出了千、万之后，应用亿、兆、京来定位。"（1948 年冬，《张伯苓在重庆》）

66. 与重庆南开中学初中毕业生萧琦谈南开校训"公能"："允公允能，公

能就是共产主义！”（1949 年 12 月 3 日，《重庆南开校友通讯》第十八期）

67. 与南开校友钟晋山谈话，说：“你不是许桂英的小老四嘛！”“蒋介石要我去台湾。到了重庆，周恩来给我写来一封信，要我不要随蒋去台湾，于是我决定留下来了。”（1949 年 12 月，《情系南开七十春》）

68. 与次子张锡羊谈话，表示：“一是对共产党和人民政府还不了解，需要多看一看；二是共产党可以骂蒋介石是人民公敌，可他（我）不应该才和蒋先生分手就和共产党一样骂蒋先生，需要多想一想。”（1950 年，1954 年初张锡羊在北京与马平的谈话。转引自马平著《析所谓“张伯苓先生遗嘱真件”》）

《张伯苓全集》编委会

1919年，张伯苓接受上海圣约翰大学授予博士学位

1928年4月，南开大学东北研究会在黑龙江省考察合影

20世纪20年代，南开大学师生在思源堂前合影

1929年春，张伯苓在美国考察教育，与哥伦比亚大学师范学院克伯屈教授及南开大学校友会留美分会代表合影

1929年夏，张伯苓在欧洲考察教育与校友合影

1929年9月，张伯苓从美国和欧洲考察教育归来，在天津车站与家人合影

1930年6月，张伯苓与参加第九届远东运动会的中华代表团合影

1931年7月，南开暑期旅行团与海圻舰官兵合影

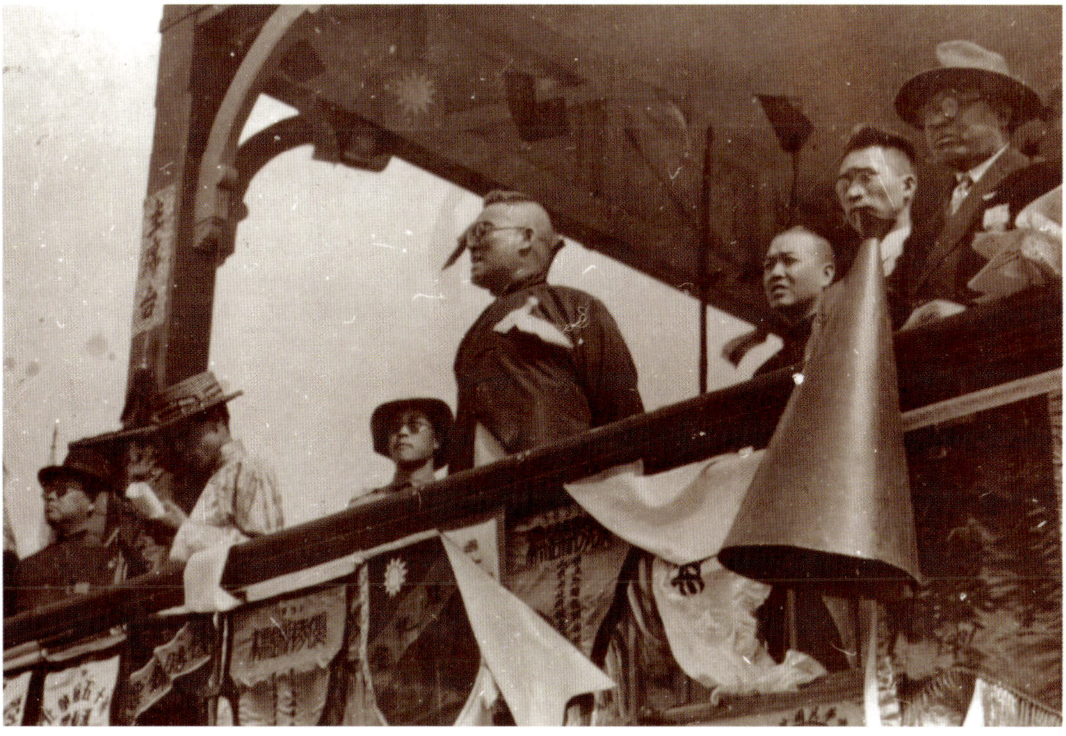

1931年，张伯苓在第十五届华北运动会主席台上留影

张伯苓在天津东亚毛纺公司职员年会上演讲

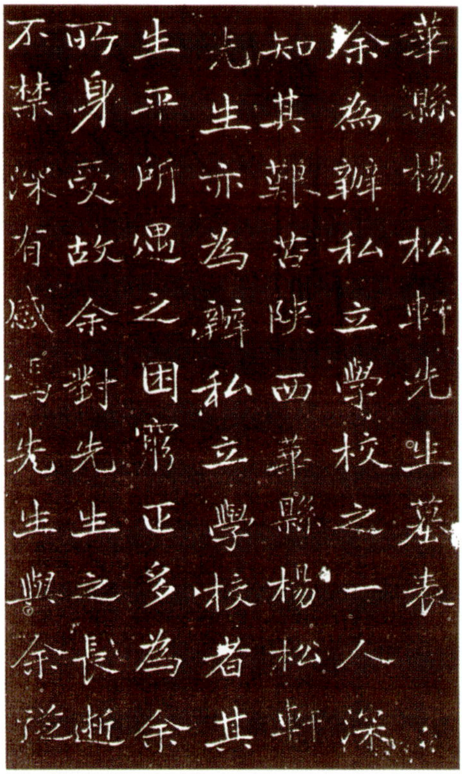

张伯苓为教育家杨松轩墓碑撰文（于右任书丹）

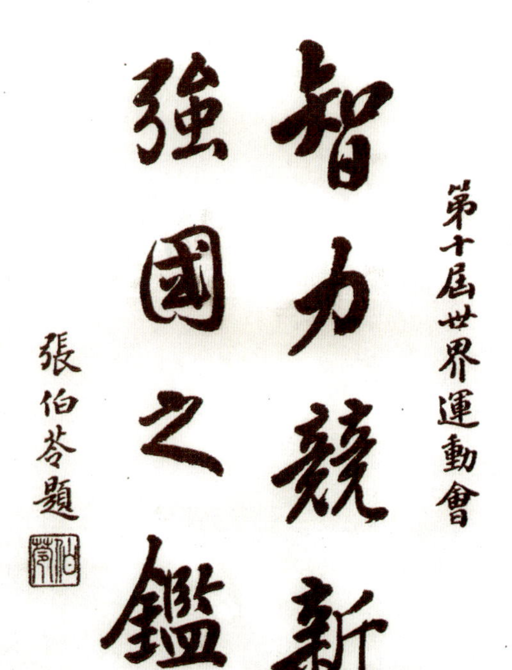

张伯苓为参加美国洛杉矶第十届奥运会的中国运动员题词

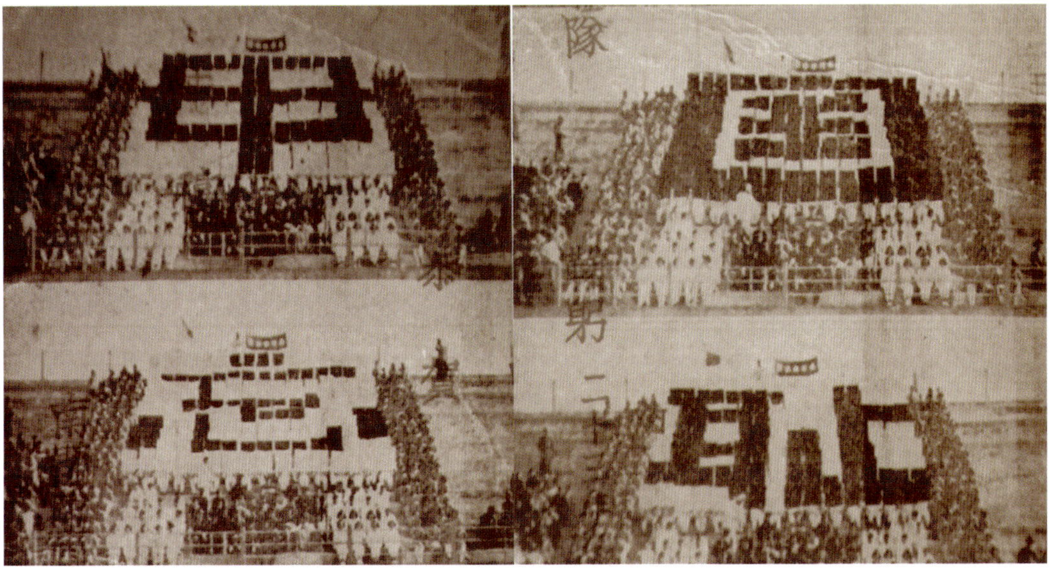

1934年10月，在天津举行的第十八届华北运动会上，南开啦啦队在运动场看台打出“毋忘国耻”

1934年，与南开大学经济学院毕业生合影

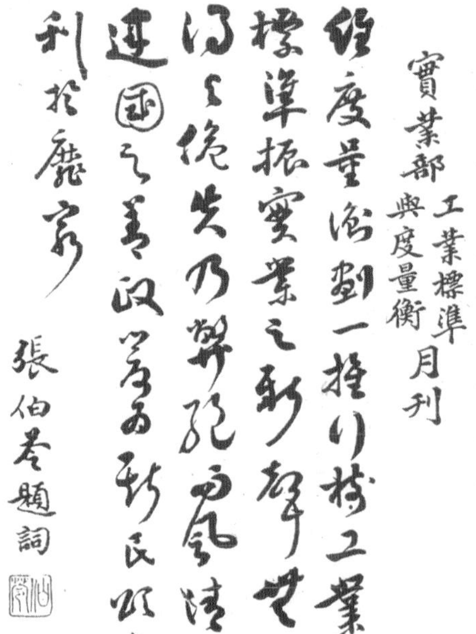

1936年3月，为《工业标准与度量衡》月刊题词

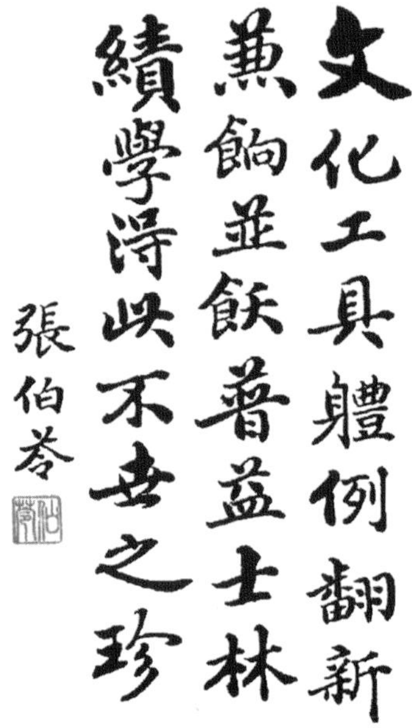

1936年夏，为詹文浒主编《英汉四用辞典》题词

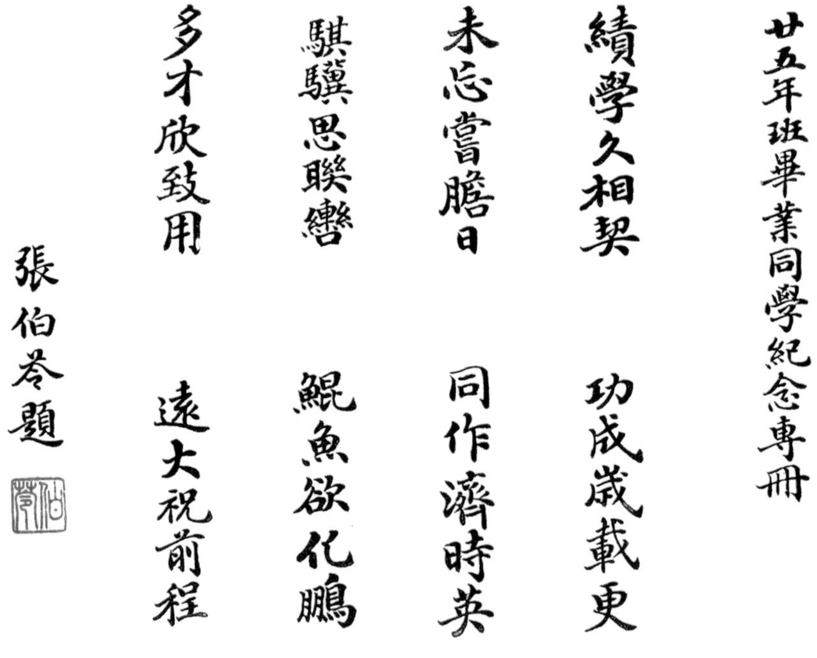

为南开中学1936年班毕业同学纪念册题词

目 录

新中国[①]

（1929年1月6日）

余今已第三次来美矣。屈指而计，距第二次只历十三四年耳。然贵邦一切景象，俱已大非昔比，实业之进步，市政之改良，信有一日千里之势，令人钦慕万分。我中国自此次国民革命成功，全国统一以来，建设上之猛进，虽不敢曰一日千里，但已略具成绩矣。考中国昔日腐败之原因，约言之，有二端：一因旧军阀之跋扈；一因社会中脑筋陈腐之份子过多，从不做一分一毫革新之想，是以国家则日渐衰弱，社会则日渐退化矣。今革命幸告成功，不啻去云翳而见天日，全国气象焕然一新。各省执掌军政者，如冯玉祥总司令等，无不彻底打破地盘主义，先后入京办事，而其他党政各部办事员，亦复人人振作，扫尽旧日之暮气，此诚新中国之曙光也。至于教育方面，则中央更有确切之计划，将尽量发展。今日贵校（指司丹福[②]）有胡佛先生当选为全美总统，焉知他日南开校中无人能为新中国之大伟人耶！

（《大公报》，1929年2月20日）

接受弗兰克·B. 楞次采访的谈话[③]

（1929年2月）

作为一个年轻人，我曾经是一个悲观主义者。我的人民的苦难与贫穷，令人感到耻辱的外国势力的侵略，以及正常生活中无耻的腐败，曾深深打击着我。

---

① 1929年1月5日，张伯苓抵旧金山。6日，斯坦福大学校长韦尔伯（Ray Lyman Wilbur）邀至该校大礼堂讲演，听众三千人之多。此文系据1月7日旧金山通讯。《大公报》标题为《张伯苓在旧金山谈新中国》。今题目为编者所拟。

② 现通译为“斯坦福”。

③ 本文系从弗兰克·B. 楞次著《张伯苓之人格魅力》一文中辑出，题目为编者所拟。

我一度身处绝望，幻想破灭，看不到任何的希望、任何的出路，甚至考虑过自杀。

我曾经是一个年轻的海军军官。不久，我发现一个国家的强盛要依靠其全体人民，而不能仅仅依靠几个斗士，于是放弃了军旅生涯转而献身于教育。我相信教育可以改造人民，使其获得新生，所以我联合一位卓越的学者兼官员严修先生，在天津他的家里建立起一所现代教育机构。那是在 31 年前，当时这些现代的方法在中国并不普遍。然而，我当时仍是悲观的，直到基督教走进了我的生活，是基督教使我成为一个乐观主义者。

我是从两个基督教青年会的干事——C. H. 饶伯森和罗伯特 •盖来先生那里第一次听说基督教的，他们不久前从美国来到天津。我十分钦佩他们的精神，我想我如果能拥有那样的精神，我将终生报以真诚的服务。然后我开始十分虔诚地研究基督教，发现基督突出的品质是他特有的人格和牺牲精神。这深深地打动了我。

……[①]

我们创办的学校是由家馆而来，一开始什么都没有。没有钱，没有地，没有房子，没有设备，甚至没有家具。我们什么都没有，但是有精神。今天我们拥有了 120 英亩的大学校园，20 英亩的中学校园和价值 125 万元校舍和设备等。但是我不过多地看重物质，我更看重精神，赋予学校生命的精神。我希望南开的学生们能保持这种非常富有美国特色的精神，我欣赏你们的进取心和干劲。我不希望学生们拈轻怕重，我经常告诫他们：不总期待从你们的祖先那里继承什么东西。

楞次说：你从你的工作中得到了巨大的满足。面对当今中国如此多的不利条件，你所表现出的勇气深深地打动了我。你为什么会去做这一切，什么是你生活和工作的动力？

张伯苓回答说：不为自己而为大众活着。你看，我母亲是一位佛教徒，而我父亲是一位儒者，他们给了我某些为别人服务的精神。当我信奉了基督，生活才有了真正的意义。迷惘和悲观主义都没有了，一切都焕然一新。基督教是一种生活方式，我正努力用这种方式来展现我自己。我既不希望我们的年轻人自私自利，也不希望我们的国家被狭隘的民族主义驱使。我不相信孤立，中国处在国际大家庭之中，不久必将对现代文明做出其自己的贡献。

（*Association Men*，1929 年 5 月）

---

① 此处省略的内容为楞次叙述语。

满洲现状谈[1]

（1929 年 3 月 15 日）

（吾）[2]之初意，仅拟与少数中国学界中之友人，略作谈话。今见有甚多美国友人在座，中心至以为乐。然（吾）携来之壁图，幅员太小，不无遗憾。自（吾）两日前到达旧金山以来，常觉美国人士关心东方之心理，日就浓厚。（吾）初次观光美国，离今已二十一年，在该时期内，美国与美人态度之变迁，诚堪惊人。当时美人尚坚持地方主义之思想，而今日则彼等之注意力，不仅及于欧洲一隅，且扩充至于远东矣。譬如（吾）在旧金山时，曾蒙当地领事之招宴，最初预料与宴之宾客，不过百人，熟知参加者，竟在二百以上。

东三省

美国报馆之访员，不能以中国真相，贡诸美国群众，甚可扼腕。例如《纽约时报》在最近数日内所载之访员通信，即不能谓之十分真确。（吾）有华友多人，今已去函更正，且深信若干美友，亦有公正之鉴别也。此种大报馆之访员类皆养尊处优，其所居之逆旅亦必为巍巍大厦，中国情形与彼等相隔绝远，则即有捏造事实之处，亦不能为若辈责也。

“满州”[3]一名，早归废弃，中国人士，不欲再用之矣。今日所谓满州者，仅指中国东三省，即辽宁、吉林、黑龙江一部而已。

东三省之面积人口，约如下数：

---

① 本文为张伯苓在美国纽约国际馆（International House）对南开校友及美国友人所做的讲演，摘自美国人 J. D. Monro 的文章《张伯苓博士之满州现状谈》，由陈彬龢译。题目为编者所拟。

② 原文中张伯苓为第三人称“彼”“其”或“张博士”，为行文方便，由编者改为第一人称“吾”，并加“()”以标明。

③ 原文如此，下文相同情况不再一一标注。

	面积（方哩）	人口
辽宁	90,000[①]	13,000,000
吉林	81,000	6,500,000
黑龙江	211,000	3,500,000

黑龙江之面积较辽、吉二省之总数为大，而其人口，则只当辽宁一省之二成有半。

再就满州之人民而言，普通人士以“满州”为满州人居地之观念，必须迅即打破。（吾）近时曾在长春一中学校中，亲加调查，结果在四百学生中，百分之九十四，系出山东与直隶两省；百分之二，由辽宁北迁；属于满州族者，仅有百分之三而已。而长春一带尚为满人在满州之荟萃地也。惟就全中国观之，今日满人，大部居于北平之周围。在最近数年中，华人之移殖满州者，一九二三年，有四十万人，至一九二七年，即增至一百万人，增加之速率，逐年递进而未有间断。

（有人质问张博士：何以彼个人对于东三省特具研究之兴味。）因与南开大学学生时有接触之故。盖南开全体学生中约有十分之一，乃来自该处者。南开大学有中国各地之学生，甚至有旅美华侨之子弟，奉其父兄之命而负笈入学者。但（吾）常觉自满州而来之学生，其体格之强壮魁梧，每较他处学生为胜；而其性情之刚毅与活泼，亦显然为内地学生所不能几及者。乃以此种歧异之点质诸该处学生，始知彼等之父母，大半来自山东、河南及河北等省，辛苦耐劳，勇于冒险，可与美国昔日时之殖边人士相比较。

满州之现状

数年前，（吾）尝乘火车自天津至哈尔滨，见沿线物产山积，候车待运。此种丰年大熟之气象，为中国内地所不经见者。两年后，（吾）出席上海远东运动会，事毕北上，路次青岛，又目击山东移民，成千累万，俺卧埠头，等待驶往大连之汽船。（吾）旋至大连，又见多数移民，沿街露宿，等待火车北上。

经此次观察以后，（吾）乃有着手研究满州经济状况之意。迨遄归天津，即纠合教员学生，组织满蒙研究会，其目的在搜寻满州之真相。该会对于满州地域内之种种事实，拟有一定之研究程序，各教员亦被强迫作参考搜罗之工作。

① 原文表中数字为汉字，为直观起见，由编者改为阿拉伯数字。本文下同。

去年春季，（吾）本人赴满旅行，至夏秋，有若干教员，亦追踪而往，开始作初步之调查。教员中有一人，今以全日光阴，消磨于此。（吾）等近方预备论文一篇，拟在明年十一月间举行于日本西京之太平洋邦交讨论大会中，宣读于众。

东三省之面积（三十八万二千方哩），约当中国本部总面积（三百九十万方哩）十分之一而弱。而其人口中，约有华人二千三百万，日人二十一万四千，鲜人五十万，俄人二十五万。

三省已耕或可耕之地，以英亩计，有如下数：

	已耕地（英亩）	可耕地
辽宁	12,000,000	19,000,000
吉林	8,000,000	15,000,000
黑龙江	7,000,000	20,000,000

来自河北、山东两省之移民，并不以沈阳城为终止点。彼等皆由此至滨江（哈尔滨），而若干且自滨江，而向东、北两方移动。

河北、山东民众北迁之理由

何以河北、山东人民有北迁满州之事实？（吾）以为彼等不能安居故土，固有他种之原因在，今姑舍之而不论。则其间主要之理由，厥为满州与河北、山东两省几有同样之产物是也。双方气候与温度之差异，不如其纬度差异之甚。每当一岁农产品收获之时，满州之气候，必较平时炎热，实可欣喜。兹将各处气候（以摄氏寒暑表计）与雨量（以粑计）列表如后：

气候	六月	七月	八月
青岛	20	23	24
天津	23	26	25
沈阳	21	24	23
吉林（城）	19	22	22
哈尔滨	18	22	21

雨量	六月	七月	八月
青岛	91	195	145
天津	60	148	154
沈阳	120	152	158
吉林（城）	137	215	118
哈尔滨	106	170	106

吾人一观上表，即可想见河北、山东之谷类，亦能种植于满州而无所难。其间最堪注意者，即辽、吉两省，尚能产生食米是也。近有大批鲜人，特因此事而移居该处。

满州之实业亦在迅速发展之中，其管理实权，大半操诸华人手。近日约有华人自办之榨油厂四十所，面粉厂二十所，其余如纺织（内分丝、棉、毛三种）、酿酒、硝皮、制裘、玻璃、采矿、冶金诸业，亦有华人工厂多所。

满蒙研究会特为罗致中国青年对于东三省实业感有兴趣者而组织。（吾）有公子[①]，去年暑期毕业于南开大学之商科[②]，亦尝至满州游历，追归，遍访其友，且曰："君等愿面团团作富家翁乎？"友人曰："何问也？"答曰："若君等愿屈驾至哈尔滨服务二十年，则彼苍者天，当不吝使君等个个腰缠十万贯也！"

满州之铁道

诸君欲彻底了解东三省，不得不明了其铁道之情形。自俄国大陆而来之铁道，最初接触满州境内者，地名满州里，是为中东铁路之西端。该路东南行，横越吉林省，而至绥芬县。中途有哈尔滨城自西徂东，其距离约当全线三分之二。中东路又有支线自此南行至大连，与干线相交作丁字形，支线之半，有地曰长春，亦大埠也。支干二线，皆为俄人所造。日俄战争以后，自长春至大连一段，为日人所有，其余各段，因俄国革命之结果，今由中俄两国共同管理之。

除上述二线以外，尚有路线多支，正在鸠工兴筑。筑路款项，有自省库拨给者，有向南满铁道会社借贷者。按南满铁道，乃日本人之经营，中国在满州铁道事业之发展，该路实为其最大之阻碍。然华人仍能不顾日本之激烈反抗，尽力筑路，使彼等得自牛庄（该港为日本大连港之劲敌）经沈阳城而至黑龙江

① 即张伯苓之次子张锡羊。

② 张锡羊于1928年6月毕业于南开大学，初任黑龙江第一中学教员。

省省会齐齐哈尔，毋庸再仰日人丝毫之鼻息。吉〈林〉敦〈化〉路之完成，为近日显著之成绩，惟吉海〈龙〉路大半因日人之阻挠，致全功尚未告竣。南满铁道不允为该线运输材料，中国乃不得不摒弃预定自北而南之计划，先自南端着手。至于跨越松花江之铁道，亦已完工，其经费由黑龙江省政府支出之。近日华人为便利辽、黑交通及抵制日本铁道起见，又筑一支路至敦辽（译音）①，而假道打虎山（译音）②之奉黑路线亦自成系统，不与日本铁道相接触。此外尚有一线，经过法库门而直趋齐齐哈尔者，亦在计划之中。葫芦岛之港湾设计工程，如能顺利进行，则大连之商业，必将受其重大之剥夺也。

上列种种事实，皆有重大之关系，不应漠视。世人有以今日满州完全受日本控制为念者，吾人必须牢记上列事实，而为彼等解释。此种观念，即在华人中亦往往有之，而其为完全谬误之观念，则无疑也。满州华人并未因日人之竞争而自馁，彼等甚知竞争之方法，且已达胜利之域矣。

满州之河流

满州之河流在北部西伯利亚与黑龙江省之交界处者，曰黑龙江，东流经吉、黑两省之边境者，曰松花江，南流至牛庄而注入直隶湾③者，曰辽河。晚近有人拟议，开一陆上运河，使辽河与松花江得联络一气。此河凿成，则中国农产品可以享受运输之便利，嗣后只须经过牛庄，而不必如现时东向假道于日人统治下之金州矣。惟满州河流一入冬季即有长时期之结冰封锁，是其唯一不幸之处也。

（张博士演说即毕，听众即提出若干政治性质之问题，要求答覆。其中有一问题，即为张博士对于东三省政府与国民政府间之关系，有何感想。张博士当举克伯屈博士之言，以为答覆。）克博士在上次游历中国时，尝觉中国各处之学生，皆一致对国民政府表示同情，甚至军阀之子弟，亦不偏向其父兄等所抱之尚武主义。故中国舆论界之威权，虽不及若干西方国家之强，而中国之统一，非由武力而获得，实由舆论界督促而来者也。去年（吾）逗留辽宁，尝晤张学良将军。（吾）以东三省易帜一事，质问张学良之意见，并明告之曰：“苟君以

① 应为通辽。

② 应为大虎山。

③ 即渤海。

易帜为换得国民政府优越条件之手段，则不应有此一举。”张学良答曰：“吾人希望易帜，其理由并不如是之浅薄。”盖此举纯因全国内部意见之督促而发生者也。当（吾）行抵檀香山之时已闻东三省实行易帜。其后，至旧金山，满州政局，更有激烈之变化，是即杨宇霆与其随从之反动派，引颈受戮之时也。（吾）不惟不以此次之变化为憾，且甚幸国民政府之旗帜能飞扬于今日之东三省。

（《新纪元周报》，1929年第11期）

中国之现状[①]

（1929年4月19日）

尝闻人谓中国学生较美国学生多沉思，此乃自然之理。

（一）中国学生负改造中国之责任。国中人士负政治社会之责者多无智识，其有智识者又无经验。国人百分之八十不识字，而能识外国文者尤少。诸君旅外读书，负改造社会之重任，自当与美国学生之享受太平极乐者不可同日语。今诸君有最好之机会来此读书，就应利用此机会负将来改造社会之重任。

（二）预备。诸君就学读书须自己审识情形以别取舍。中外国学校如大工厂，学生如工厂之出品。彼学校视社会之需要而定教育之方针，适于此者有时不适于彼。中国情形与美国不同，故诸君就学亦应审择其于中国情形相合者学之，否则舍之。此取舍之中，即视诸君之审变力如何以为别耳。

（三）审变。年来国情变化非常之速，诸君须能应此潮流之变化，推测变换之趋势与其因果，而后方能应付此变换之国情。近世思想之变迁，行为之变迁，以及政府组织之变迁等，皆由于科学进化之影响所演生。结果遂有资产、社会、经济之冲突。中国处此变换之时代，求之应付自如实非易易。概以缓变则应付易，速变则应付难。年来中国之乱亦遂原因于此。

究以上之变迁将如何以应付耶？不解释此问题，必须推究根本方能解决。如政治问题由改君主为共和起，十八年来变乱相寻，至今始渐渐入轨道。中山

① 本文是张伯苓在美国费城各学校参观后，对留美中国同学会发表的演讲。本文同时刊载《南开双周》第4卷第4期。

先生之建国大纲由军政而训政，再次为宪政，步骤井然，如能行之不误定能进入承平之世。此外，经济问题尤为目前之所最要者。国中一般共产党员高倡资产贫富之不均，殊不知国之大病不在产业之不均，而在生产之不得其法。东三省地处边隅，北有赤俄，南有日本，中东、南满二铁路实为经济侵略之最要工具。然近二十五年来利用中国之人工，日俄得开发此富庶之区，每年生产之粮米等项除供给三省人民外，尚有余剩运销国外。回视内地各省，百分之八十人民务农，尚年年待赈。今且饿莩载途，不计其数。生产工具之应改良，结果有如是者。国人痛骂满清之腐败，熟知满清时代国土尚有增加，今则就此区区之内地数省尚不知如何利用，徒待饿莩。与欧美各国同生存之今日而有此不进化之现象，真其愧死！

中国旧观念士农工商四类，士为最高。数千年来就是重士轻工之观念，致养成一般空谈而不做事之腐败阶级，高倡精神文明，而不知改良社会，提高生活程度。二十世纪文明之下尚有受饿之民族，精神文明价值何在?今诸君皆为国人之英俊，负重任，有好机会当如何免去空谈之弊病，而务实际之做事以为全国人民之模范耶?在校时应多讨论有关中国切要之问题，俾日后做事不致茫然无所措手足。此吾之所愿与诸君共勉者也。

（《益世报》，1929 年 12 月 9 日）

来美目的[①]

（1929 年 5 月 17 日）

来此之目的有三，一为休息，一为稍募外资，补充南开经费，一为考察教育，并与留美诸同学交换意见。现休息之目的可谓已经达到，募捐之目的不过为初步进行，至于考察教育之目的，曾与各名教育家详为研究，盖以参观各大学所得之经验，所历愈多，愈感中国教育之幼稚。余遍历各处，中外人士多以中国近况相询，余去国亦已半载，政局瞬息万变，在华所闻者已经陈旧，现所知者与诸君相同，皆由美报上得来。余不属任何党派，仅就个人观测，现时之

---

① 17 日下午，张伯苓赴康乃尔大学参观，并在中国学生欢迎会上阐述来美目的。题目为编者所拟。

国府，可谓近数年来最有精神者，但人才济济，意见上难免小有纷歧，至于如报纸所传分裂情形（美报载冯、张反蒋），或属谣言。总之，无论国内情形如何变化，诸君之求学精神，不可涣散，读书即系救国，此刻专心求学，造就长才，以备将来建设新中国。

（《益世报》，1929年12月12日）

旅英讲话[①]

（1929年6月8—21日）

（一）吾日夜所努力所希望者，欲二三十年内之世界史中，有一章曰《新中国之觉悟与崛起》，而此新中国之觉悟与崛起之工作，吾南开同人亦有一部分也，余愿足矣。

（二）六月八日，在英国伦敦，张伯苓受到留英南开同学的欢迎，在上海楼会餐时的讲话：

三四年来之南开，无日不在风雨飘摇中，幸全体师生，共抱合作无畏之精神，奋斗到今，虽中间亦不免稍有波折，然大体则无妨碍，不但维持原状，而且日有长进。如经济系之调查平津生活状况，生物系之研究日光与稻麦之生长等，此种实际问题之解决，利益普遍于全国。现在国内力图建设，吾人之责任，日益重大，甚望留英同学能有许多贡献。校内发展，由中而大，由大而女中，由女中而小学，现在小学已成立，并请定美国某女士为指导员，使女中学生服务小学而造成一模范学校。在英同学有何建议？

（三）六月十五日，赴伦敦寇园（植物园）参观后，张伯苓与南开同学共餐时的插话：

校长问同学曰："今日之游乐乎？"同学皆曰："乐。"校长又曰："独乐乐，与众乐乐，孰乐？"同学皆曰："与众乐乐。"校长大喜，曰："作今日之游记者，

---

① 张伯苓于1929年赴美、法、英等国家参观、募款。本文是从留英南开同学赵言昌、龚安明、郦堃厚三人所记《校长旅英纪事》一文中辑出的有关张伯苓的谈话。题目为编者所拟。

务必将此数语加入。”于是众推舒会长[①]作记，立刻寄往母校。

（四）六月十六日，留英基督教学生欢迎张校长，在大英基督教学生运动总所的讲话。

校长述中国教育之进步，与竭力吸收西方文明，应用科学工化中国[②]增加民食，一方节制生育、改良人种，以及此次革命后之希望与前途之乐观云云，讲毕付讨论。有华侨某神学博士以南京政府大兴土木，是否虚糜金钱为问。校长起谓，孙中山先生在中国历史上之地位，至少可说是最近四百年来第一人。无论用多少金钱，以纪念孙先生者，十分正当，十分应该。国府要人多属周知世界大势之辈，故作事高掌越跖，具有世界观念。孙先生坟墓，至少当可表现中国人民之心理之一部分而壮世界之观瞻。目下国内亟求建设，经费为难，政府日夜掬劳，未能万全，凡我内外同胞，当与政府通力合作，以达到国民革命之成功，而共图新中国之建设。

民族之强健，不在乎体格之伟大，要有饱满之精神与充分之智慧。若徒言躯壳，则予有儿子三人，最高者六尺五寸，最低者亦有六尺二寸，予六尺三寸居第三。

英人富保守性，不知时代而改变，急应环境。现在国民政府先后解决桂系、冯军问题，足见其已有统一中国之能力。庚子赔款，不管其作任何用途，应立即退还国民政府，国民政府以此款筑路，而此路款收入，拨作教育经费，中国人民断无反对之理由。然无论如何，英国政府应有立刻退回赔款之决心与事实，以敦睦两国之友谊。

（五）六月二十一日，张伯苓在爱丁堡大学与南开同学共餐时的讲话。

国外读书，不当仅以考试过去了事，须认真努力，以国外所得到者为工具，回过头来救中国。学经济者应努力研究及与教授讨救穷之术，盖穷为中国现代最大病症之一。再，中国教育最大之缺点，为只知用脑而不知用手，故为纸上谈兵。现在中国所需要的人材，是须有手脑齐全者。

在国外读书，不要忘记祖国，更要多观察留学国情形，与外国人多往来而资切磋。

校长再三申述之一段，则为中国人口问题，意谓科学发达固可增加民食，然而中国人数多而质弱，以之抵御外侮，努力改造，颇难胜任，是以校长竭力

---

① 即老舍，时任伦敦南开校友会会长。

② 原文如此，似应为“应用科学化种田”，可能是当初排版有误。

主张生育节制与改良人种云。并说得在英购买生育节制仪器全副，以备回国宣传与实验之用。

（《南开双周》第4卷第5期，1929年11月9日）

不奋斗即不能生存[①]

（1929年9月16日）

自沪出发，由奉天而日本，而旧金山，在美居四月，所至各地，无不有南开同学，各同学无不极力招待，这是很感觉愉快的事。至于此次出国的感想，今天乘此机会来报告一下，余赴欧洲此为第二次，赴美则为第三次，觉得一切的事，比较从前懂得多，也许是年岁的关系，也许是在本国阅历得多，一到外国，看他们怎样，回想中国，觉得更清楚一点。现在的世界，还是争存的世界，不奋斗即不能生存，要生存，一定要奋斗，但是生存的方法虽多，行之颇觉不易。先就美国而言，近二十年来，物质进步一日千里，令人闻之而生羡。究其物质发达之故：一、本国天产物富饶，大有取之不竭之慨。二、美国所在地好，东西临海，南北无强邻，无战争之设备（如炮台等），所以百年来国内无战事，即与西班牙之战及欧洲大战，亦均在国外，得此好机会，所以易于发展。三、该国一切用世界上最新的方法，所以他的生产力高。

欧洲即不如美，比较起来要老一些。例如欧洲用旧法装成电话，费了金钱不少，一旦见了新法，就不肯贸然改良，虽然用起来，不及新的好，但是亦能敷衍下去。美国则不然，无论何物，择新者而用之，不惜牺牲重大金钱。由是观之，物质是愈考究愈发达的。至于美国的社会领袖如安迪生[②]，他的干事精神，为任何人所不及的。现在他八十余岁了，还是继续不断的努力干下去。中国人虽以小成，稍有成效即故步自封，不求精进，物质永无发达之一日。安迪生的努力去干，并不是要金钱，他是要做事的，要求物质发达的。综上原因，所以

① 张伯苓考察国外归来，上海南开校友会假上海一品香饭店开欢迎会，此为张伯苓在欢迎会上的演说，同时刊载于《大公报》与《益世报》。题目为编者所拟。

② 现通译为“爱迪生”。

美国物质日渐发达，国家富强。中国欲求得其十分之一，且不可得，安得不贫而且弱也。

英国人做事极彻底，有把握，绝不冒险，虽然也有些守旧，但是做事彻底即有长处。不过他的国小，发展很困难，英国乡下，没农人，除了种点青草饲牛，以取新鲜牛乳外，麦稻皆取给予加拿大、丹麦等国，因为该国是工业化的，国人几于尽入工界。工业国家首先要有销场，该国之唯一销场，即为我国与印度，英国现在与我欲求敦睦，其目的即在保持其销场，印度甘地发起不穿英布，将来英之前途，未可乐观。现在目前最大问题，即是失业工人太多，政府补助制度一行，流弊滋多，许多人竟因受补助已可自治，不愿做工，甚至拿政府的补助金，复往法国做工，此为英国目前最危险之事。

至于法国，则不敢表同情，该国人虽聪明，但甚浪漫，办学成绩不甚佳，情形不如英，再不如美。法人做事甚慢，例如至某银行持支票付款，必须守候许久，其他事业亦莫不如此。法国自欧战后，至今尚未恢复原状，现其佛朗价低落可以知之。以余度之，恢复甚非易事，因该国人无奋斗精神，在此争存世界中一定不成。

意大利则非常振作。德国自欧战后，所负国债甚多，从前工人工作八小时，现改为十小时，亦为工业化之国家，人民皆有奋斗精神，前途正未可限量。其余各国未及前往。

中国地大物博，只要国人努力奋斗，将来自能富强。人民奋斗精神之养成，在教育界之努力。希望南开校友，本着力行的精神做去。

（《益世报》，1929年9月21、22日）

出国之目的与吾国今后努力之方针[①]

（1929年9月16日）

出国之目的：

---

① 张伯苓在上海南开校友会演讲后，又应上海中学校长、南开校友郑通和的邀请，在上海中学发表演讲，本文为其演讲大意，题目为编者所拟。

一、改变生活，二、募集校款，三、增长个人知识。

吾国今后努力之方针：

一、提倡工业，二、开辟边地，三、实行优生政策。

（《益世报》，1929年9月21日）

附：《申报》载在上海中学的演讲[①]

（1929年9月16日）

余此次费半载余之光阴，而游历欧美各国，除出席世界教育会议外，其目的有三：（一）改变生活。（二）为南开大学募捐基金。（三）增加新的智识。

此三种目的中，与余之关系最密切者，厥为南开大学之募捐基金问题。因南开大学，虽有多年历史，但限于私立之地位，故基金不甚充足。且南开为余一手创办，余欲南开校务之蒸蒸日上，而为大学之冠军者，不得不募捐基金，使南开之基础安如泰山也。

余至美国后，每遇知友，辄先以募捐之事告。友人皆美国富翁也，故所求无不应。应者或与万金，或与千百金不等，其慷慨之精神，殊令人拜服焉。在美国募捐，虽属易举，但非有募捐之秘法，恐亦不得要领。因美人性虽慷慨，而于募捐者之办事能力颇重视，设募捐者之办事能力稍缺乏，且过去无相当成绩者，则募捐时，必婉言谢绝。是盖美人之特性也。故在美国不欲募捐则已，欲募捐，须有秘法，秘法者何？即募捐之先，须详述本人办事之经过，及一切进行计划，美人闻之，始乐而解囊矣。

（《申报》，1929年9月28日）

① 本文为《申报》所载张伯苓在上海中学所做演讲，摘自《张伯苓博士之募捐方法趣谈》一文。

附：《中国学生》载在上海中学的演讲[①]

此次出国之目的有三：（1）观察欧洲之一切，以调剂生活；（2）为学校募款，以冀发展；（3）择各国之善而采之，以增个人知识。

最近英美德意等国猛进，与中国之比较，以证中国贫弱之因，及此后应当努力之方针：（1）中国工业问题之振兴，实刻不容缓。（2）四万万人民，待食嗷嗷，米珠薪桂，生计日艰，惟有垦植荒田，以赡粮食。（3）优胜劣败，天演公理，故须用优生政策，以与竞争之也。

（《中国学生》，1929年第1卷第10期）

救中国贫弱当注意之事[②]

（1929年9月17日）

自古有志之士，必先具健强之体格，方能成大功、立大业。考诸史乘，毫发不爽。故欲为当国救命，以求中国之衰弱计，非提倡体育不为功。南开有二生，在欧工读，此次晤余曰，欧人体格远过华人，生等在南开时，未尝不锻炼体魄，今与之比，每觉相形见绌，望教□□□□□□提倡体育。由是观之，锻炼身体，实为救弱之金丹。不然，我国之欲与列强并驾齐驱也难矣。

“团结”二字，亦为救弱之要素。我国地非不大，民非不众，然不免不强邻所鱼肉者，无团体故也。苟能万众一心，一致对外，肝脑涂地，在所不避，必至外交胜利而后已，则外人焉有不望而生畏哉。然后向各国抗议，废除不平等条约，实易如反掌矣。今中国四万万亿国〈民〉具四万万颗心，知有己而不知有国，国已自侮，宜人之侮之也。有人告余曰，今有英美人民七人开一会议，其议决之案，皆共同导行之。十个日本人开会，中有一人最具势力，一切言论，皆为操纵，他人几无置喙之余地，然九人亦能遵言履行。至于中国，十人开会，虽有议决权，然一至散会，即人各一心，互相谤诽，事业因之难成。此中国人

---

① 本文摘自张萱三《张伯苓先生回国》一文，题目为编者所拟。

② 本文为张伯苓由欧美考察教育归国，途经上海，应上海中华职业教育社之请，在该社所做讲话，摘自张萱三《张伯苓先生回国》一文，题目为编者所拟。

无团结心之一证，盖亦致弱之由也。

至于救贫，须将一切制造品，用科学方法，及有效力之机器，庶几出品精良，销路日广。古人之所谓工欲善其事，必先利其器，非虚语也。然于□□□□□□□□□□□□□□□□□□□□□□□□□□□主，则外货输入，增加税额，以其所入，奖励本国商品，则工业不难蒸蒸日上矣。上古之时，一夫授地百亩，尚有“乐岁终身苦，凶年不免于死亡”之虞。据最近统计，中国中部，每人平均十亩，北部，每人二十余亩，米珠薪桂，何以自赡，唯有移民于东北、西北，以垦植荒田之一法耳。除以上方法外，则求贫药石，唯有节制生育。中国社会，领袖过多，大有狐裘龙茸，一国三公之慨。意见即异，不能立出条例，使人民公守之。苟能于身体不健全者禁止婚嫁，则以后之国民，皆体格健全，然后因材而教导之，则中国之富强，当有厚望矣。

（《中国学生》，1929 年第 1 卷第 10 期）

未出国时愿望皆已达到[①]

（1929 年 9 月 22 日）

本人此行，虽物质上不免于劳顿，但从另一方面说，身体于劳顿中颇能获得利益，盖在先在校办公时，行动之机会甚少，则不免安于舒适，身体反不能强健。在外洋则行动之机会甚多，对于身体上反得一种锻炼，目下身体，自觉更当健壮。

未出国时所有愿望，现在可谓皆已到达，虽不能尽属十分满意，然亦在及格分以上。

（《益世报》，1929 年 9 月 23 日）

① 张伯苓于 9 月 22 日上午由上海回到天津，下午接受《益世报》记者采访，本文即为张伯苓与记者谈话大意。题目为编者所拟。

中国的富强之路[①]

（1929 年 9 月 23 日）

九个多月的功夫，诸位一定很想念我的，但我也很想念诸位。一个人离开了他的故乡，便有所谓 Homesick，我这次却犯了 Schoolsick。现在来到学校了，这病亦好了。

所感谢大家的，第一便是今天诸位的到站欢迎。我在欧洲时即有函致学校，请大家不必太隆重，可是在上海有许多人欢迎，来到天津又是如此。第二便是同人们维持学校的进行。我离国九个多月的工夫，各事都照样的进行，在这种混乱时期，大家还能继续向前，的确是一件不容易的事。大家的力量真不小，无怪外人称我们为家庭学校了。中国人的家族观念未除，对于家庭总是有一种爱护的心理。

余自前次出国至今已十年。在此时期中不得休息，大学、女中学、小学的成立，三个学校的向前发展，一切经济的筹措都是我亲手经营。并且经费都是向人捐来的，私立学校的办理不象官立学校那么容易，我们须用款少而做事多。好在我们的运气还不错，总算过去了。经过了国内的几次政潮，我们不但要应付政潮，还得要力谋发展；当着现在北伐成功的一段落，政局必有小安，故假此机会出国一行。此行目的有三：第一为休息，第二为捐款，第三为研究欧美之教育状况。

第一，先论到休息。我所谓的休息，不是躺下或坐下身心全部的休息，乃是根据心理学家的说法，是改变环境而工作。以前是在学校里办事，到了外国便不然了，地方不同了，所交接的朋友也不一样了，所用的语言更是不同，以前所常运动的几个机关休息了，换了机关去操作一切。休息的结果，我的腿是时常用了，外国的道路很好，短的距离都是步行。以前在中国走长路便腿痛，现在练习的能走路了。手也是时常用，外国旅馆里的仆人很少，行动时一切行李的收拾，轻便物件的携带都是自己下手。并且我的衣服除衬衣硬领外都是自

① 本文为张伯苓赴欧美考察后，在南开学校游艺委员会欢迎会上发表的讲演，由马步英、王锡钧笔录，原题为《欢迎席上校长之演说辞》。题目为编者所拟。

己去洗，省钱还是小事，这倒是件睡前的 Exercise。我以前久坐腰痛，现在九个月未犯了。我的身体是较前强健了，思想脑筋都较以前活动，对这一项的结果可以算是圆满。

第二，捐款。这的确不是一件容易的事，向外国人捐款更不容易。欧洲人自顾尚不及，所以只有在美国捐款。美国人的财产都是自身赚来的钱，不易拿出。无故的绝不帮助，必须理由充足。再有便是美国立国百余年，而今土地肥沃，工商业的发达，都是自己努力创造出来的，并没有任何人的帮忙，自由的精神，独立的精神是美国人所特有的。我们向他们捐款时，他们要问到中国的财富为什么不自己去发展，我们是莫可以对的。用可怜的态度，Beggar 的手段，美国人是绝不与以同情的，所以不能这样说法，必须有正当的理由。我这次的理由是中国从前怎样好，将来预备怎样发展，现在虽然不好，乃是因为内政的纷扰，故经济紊乱，所以需款办教育，造就有为的青年，因此我也要请你们稍帮忙，不是用你们的钱作基金，乃是在这过渡时期几年中的经费。使他们看看我们南开的以往，他们便可以晓得我们是时时刻刻在困难中争斗的。三十年的以往我们绝不是 Follow the least resistance。容易的道路越走越狭，难走的道路才可以发达前进。他们给我们钱很小心，可是我们用之也不是随便，因为我们有我们的自立精神。世界上再强也没有能自立的人强了。又因为中国的问题是未来的世界大问题，助我们解决这个问题，也是他们所应该的。

在美因时间关系不能久住，许多友人之维持有委员会（committee）之组织，委员多系各界名人，由彼等介绍富户而资助。如经友人之介绍，曾到 New York 见一位富翁 Mason，彼则允许每年捐款二千美金，以五年为限。又有 Chicago 的一位太太也允每年捐助一千美金，以五年为限。此外，尚有每年允一千美金者一位，现来中国在燕京大学开会。总之，捐款注意点有二，第一便是须有人介绍，第二须有充足之理由。此次因日期短促，日后尚须仲述先生一行，办理一切尚须进行之事。

第三，关于我研究教育的状况。教育的考查以前是注意学校的组织、外形，现在的考查不应如此了，因为我看过的学校不知有多少了。现在的考查教育便是考查社会。教育是解决社会问题的，各国的情形如何？一切政治经济的状况如何？教育怎样解决他们这些问题，所以教育与社会很有关系。

这次与各国的教育家、社会重要人物讨论他们国家的重要问题，如何解决这些问题，教育怎样解决这些问题。各国都有许多通病，这种通病于我们很有帮忙。以后我们若是犯了某种的病，我们可以相对照，而不致恐慌，这样才可以解决中国的问题。一个学校并不是上课读书便完了，须有活的感觉。我们中国现在一切教育的倒乱那更是不成话。这次在美，最助我的便是克伯屈博士，他在美国的地位较次于杜威，经验学识都是很丰富的。我以前在美时，他是我的教授，那时他发表思想，我只有听，现在我可以问他问题，所以得到他不少的帮忙。在英国也是用这样的法子去研究一切。如英国的失业问题，我便找研究专家去讨论，凡一切重要问题都是用这种法子解决。

前两次出国不善观察，此次则较前圆满。田地的耕作，工厂的生活，我都有相当的观察。总合起来便是知识，不重呆板，不存固定之成见，这才是真的Knowledge，所以年岁越大，经验越丰，而Knowledge也就越充实。

我所观察的总结果，生在这个世界的人不奋斗、不竞争是不能存在的。Miserable life[①]是无意义而可怜的，所以我们必须奋斗。这的确不是件易懂的事，中山先生所提倡的“知难行易”很好，所谓“知”乃是切实的认识并彻底的了解。

我所观察的世界各国，好的国家是“富”而“强”，不好的国家便是“贫”而“弱”。我们中国便是贫而弱的国家，人民的一切苦楚都基于贫弱的原因。我们若是打算强，解决我们的最大问题，只有按着以下的步骤去做。

提到强，便有一种联想，就是军队、军火等，其实不然，乃是关于我们个人身体的锻炼。这次在美，有几个大学矿科毕业生与我谈话，他们都是在美国Ford车厂作工的，并且在我们大学时身体非常强壮，中国人中之较健者。这次他们都感到体力的缺乏，身体不如外国人，工作的效率不能与外人相较。这不是个人的不健全，乃是我们的历史使然，一代一代的传下来形成了我们危弱的身体，所以我们身体的健壮是要紧的。我们的身体强不见得是要打仗，就是做事也很要紧。外国人四五十岁是正当工作的时间，我们中国人三十岁以后便作整寿，大概四十岁便入黄土了。体力、脑力不充足，作事的效果如何能好？我们在学校里绝不应该像现在一般人一样。再就是众人的强。许多人能联合才有力量，能联合才能致胜，才有势力。中国人既是弱，但是能联合还好，可是还是四分五裂，自私自利，合作的精神丝毫没有。这是中国人的大病，治这种病必须在学校做起，我们要练习团结，练习合作。我们南开的师生要彻底的、努力的做下去，锻炼我们的身体强壮起来，一代不行，可以往下传，终有强健之时。还要联合，我们的团体要坚固，以便增加我们的力量。

---

① 即“悲惨的生活”。

再次，论到中国的贫。我们的确是太贫。中国现在是吃社会的人太多，生产的人太少，社会的现象是不生产的人更可享乐，这样下去焉得不贫，焉得不弱？至于贫的原因，第一便是工业的缺乏。我们穿的衣服、平素用的东西多半是外洋运来的。就以布而论，我们是否不会织布？“男耕女织”是我国古时社会的现象，而今怎么竟穿的外国布呢？乃是因了不进步，不改良，所以就被外人压倒了。中国人曾发明造纸，可是到现在处处用的都是外国纸。更有可耻的，瓷器的命名为 china，乃是因为中国的特产。可是现在如何？Foreign china is imported to China，外国的瓷器运到中国来卖。中国以前的社会职业有所谓“士农工商”，现在只有三种人，一是官吏，二是军人，三是农夫，工商已经提不到了，工人无工作，商人发售外国的货物还算什么商人？第二是人民的聚居，中国的农业是发达的，比任何国家的农田都好。因为我国人是特别吃苦耐劳的，而勤俭又为农民们的天性，所以有这样好的成绩。可是中国的农民特别的穷，原因乃是中国农民所占的土地太少，不能尽量的发展。所以以后我们要提倡移民。可以移民到东北及西北各省，开垦我们的广大平原。第三，便是我们中国人口的众多。以后我们要用优生学的方法，产生强壮的人民，要制止人口的特别增加。总起来说，要切记这三项：第一提倡工商业，第二移民边界，第三节制生育。

愿我们南开的学生要本奋斗的精神，努力向前，使我们的身体强健，不要自私，不要自利，各大城市都有我们南开的毕业生，都能表现一种特殊精神。无论什么事情，越练习越上进。我愿大家本着“大家事大家办”的精神努力一切。

（《南开双周》第 4 卷第 2、3 期合刊，1929 年 10 月）

能竞争始能生存[1]

（1929年9月23日）

我此次出国之目的有三种：其一，自前次远游欧美后，已十年未克远游，身心均感疲劳，亟思换一环境，藉资休养。奔劳九个月，幸各种疾病，均已去除。其二，为学校筹募款项。在美国募款，甚属难事，盖美国为新兴之国，虽富裕，但均为个人努力之结果，故对于金钱，均甚爱惜重视，绝无肯不究询理由而即捐助者。如果直接告以筹募款项，彼等必反诘，以中国幅员之大，宝藏之富，如何不自开垦发展，而转求诸人，届时募捐者当必默然无语矣。故予行前对此问题，即甚为顾虑，事前转托人介绍，到美后请各教育家及热心教育事业者，组织委员会，代为宣传介绍筹款理由。先为解释中国现时之混乱情形，当非永久，将来之希望甚大。为达到未来之希望，现时须造就人才。然我绝不希望筹一笔巨款作为基金，盖基金须由自己设法，决不能永久依赖他人，自己亦深信无筹基金之必要，如果渡过几年之过渡时期的难关，一切均又上轨道，届时不难筹基金也。此说甚中美国人士之怀抱，益承克伯屈博士等之热心代为介绍，庶得将本校自私塾以至大学、小学之奋斗历史，披露于美国人士之前，告以在中国亦有此类自创艰难之事业。美国人士聆言后，均甚感动，先后募得海京地毯工厂经理某君及寡妇等之资助，成绩尚称及格。其三，观察各国之情形，藉增知识。我觉得自去新大陆后，即觉感富强贫弱之分，甚为显然。美国可代表世界之富强者，中国则为世界之贫弱者，美国之富，非系祖先遗产。当移民由苏格兰迁至美洲时，未曾带有金钱财宝，然至现时则已遍地均成宝藏，农田之收获，以能用机器，出品剧增，而农用之整理，则尚不如中国。至于工业之发达，益不待言。在海内外吸收低价之原料品，经机器之转动，已成制造品，运输各地销售。无怪其日益繁富也。中国二字之英译为China，意即磁器，中国以产磁器而出名，今则每年外国机器制造，物美价廉之磁器，乃充满于全国市场，国家安得不日趋于弱。

---

[1] 23日下午1时，南开学校中学部全体师生在该校大礼堂开欢迎张伯苓归国游艺大会，席间张伯苓报告出国经过，由《益世报》记者记其大意。

外人对我关税屡阻挠不允自立，及英国之不肯令印度完全独立自由，无非便于经济侵略，为海外觅工业品之销路耳。至于“强”之一字，予在美时感受最深。觉得其国民挺身壁立，个个均系强健样子，不若吾国年到三十即做整寿，过四十即萎靡不振，有如老翁矣。在地屈劳[1]看福特工厂之数学生，彼等均告以请我回校多注重体育，予闻之甚为愕然。盖注重体育，南开总可无愧于国内各校，彼等亦系强壮之学生应无异议，乃询以究竟。据云，初去时即感觉体力不如美国之工人远甚，故效率不如美国之工人等语。予闻言甚为感动，此后对于体育，非多注重不可。此外觉得吾国人士之缺欠者即团结力与服从多数之习惯。有以欧、日、中三国人士以开会议为比喻者，其言曰，欧美人士之于会议，论一事件，初各提出异见，经往返驳辩商议，复以多数之表决，会众对于议决案即根据实行，提议失败者毫无怨恨之色。在日本则当会议之际，强者之提案终可通过，其余较弱势小者亦唯有一致服从，不敢另生异议，故事之进行，亦可预料。在中国则当会议之际，即议论之纷纷，驳辩之时，亦多数人以我之私见，故喧扰多时，会散后，毫无结果。互相多种私怨深仇，事仍无成。情多如此，又安望政治之能上轨道也。此后如果欲求国家之富强，大家须认清国家之需要，毋争向官吏上奔走，须知发展工业，亦为国家之一重要事业，对于此类直接生产者，应多加鼓励也。

对于“强”字，除由学校提倡体育外，根本办法在实行，优生学、节制生育、留强汰弱，最后之结论则为“能竞争者必生存，不竞争者终被淘汰。竞争更甚者，生活更舒适，不然者惟有过其惨苦苟延残喘的生活而已”。此为吾游欧美各国后所得感想之结晶耳，望诸生其志之。

（《益世报》，1929 年 9 月 24 日）

① 现通译为“底特律”。

出国之目的[①]

（1929 年 9 月 23 日）

此次漫游美欧目的有三：（1）休息，改变环境及工作就是休息。（2）筹款。在美国的朋友和同学为吾校组成一筹款委员会，会内多美国社会知名之士。（3）考查教育。曩者所谓考查教育，大者考查学校之设备，或学制之改进。此行则考查外国一切情形，以求明了其经济和政治状况，然后再考查其如何用教育方法解决一切问题。

（《南开双周》第 2、3 期合刊，1929 年 10 月）

注重“做”字[②]

（1929 年 9 月 24 日）

此次出洋归来，颇感觉欧美各国之富强，我国之贫弱。推其富强贫弱之因，实因为欧美人对于“做”上颇下功夫，而我国则不加注意。盖做事须有力量，力量可分身体之力量，及精神之力量二种，身体的即是个人身体之强健，可以承受辛苦；精神的，即是做事之天赋。从前我国教育，甚为呆板，将幼童束缚威吓，幼童之本能，不能发展，及其成人，亦呆滞而不活泼，对于“做”之精神，斫丧殆尽，所以现在之教育，要改造中国人，新的国民，则须由小孩教起。

此次在外洋聘有教员一名，三两周内即可到津，到津后，即与黄子坚及张仲述诸先生会商，用新的方法，发展儿童的天赋，使儿童得自然之增进。现在女中学生，对研究教育，我认为非常要紧。按女子现在职业之范围，以在教育

① 南开学校于 23 日在南中礼堂举行欢迎张伯苓校长游艺会，张伯苓在会上演讲，此为演讲大意，题目为编者所拟。

② 是日下午，南开女中及小学在女中敬思堂召开欢迎会，两部全体学生皆到会，张伯苓在会上发表讲演，分别由《益世报》和《大公报》记者记其大意。题目为编者所拟。

界上之为合适，故我希望，女中学生亦可练习去作发展幼童天赋之工作，由小学实行新法教育，由小学而中学，由中学而大学，由大学而至社会，总在“做”上用功，在学校中即行练习“做”。此种计划，拟即于两三周内实行，且女子中学，原为学生所发起，女中的事，更应由学生与师长共同去做，由根本做起。即是在小学实行新法，由我校之小规模，而达于全国，使全国各校，皆仿效之。我希望达到目的，并敢认为必可成功也。

（《益世报》，1929 年 9 月 25 日）

附：《大公报》载张伯苓演说词

我从前入的是旧书房，你们现在入的是新学校，在书房里先生打学生的手，你们现在自己打自己的手，并且还觉得快乐。

你们大概都没有离开国，后边的女生或者有住校的，恐怕免不掉想家。我这次离开学校亦想家，就是想我们学校。大家知道想家英文文字是 HomeSick，在外边有人问我，我说，我 SchoolSick。在学校时常和大家见面，忽然分开了，所以有时很想，现在回来了，可以不想了。可是学生们又像在家里看见有人在外边回来，伸手要东西，我这次回来，不能给你们一人带一件物质的东西，回来却带来一个新的方法。为什么要这新的方法呢？此次我在外国看出中国的短处，就是穷、弱、懒、笨，带来这个方法，就是拿来改造我们中国的国民。改造国民为的是教男男女女的都有力量。做事力量，可分两种，一是身体的力量，二是精神上的力量。增长身体的力量，是在锻炼，精神的力量，要怎样长呢？是要有人引导，使天赋的能力都发展无余，这就是新的教育。改造新的国民，从那里起，从小孩子起。所以此次请来一位先生，他很懂这个方法，他不只和我们研究过教育的一同研究，并且就拿你们小孩子来试验，希望女中的学生有些人来研究教育。我以为教育非常要紧。为什么中国这样穷？就是因为当日教育不能发展的原因。做事情不能空谈而已，应当注重实作。不只教育，无论什么事全应当实作。看看外国将土地收拾得那样好，看我们中国人一堆一堆，衣食住全不能维持，那么为什么人家能作我们不能作呢？能改不能改呢？能改！教育能帮忙，我们改！就从中学教育改起。现在女子的职业很少，最适当的是教育，希望大家共同研究。

（《大公报》，1929 年 9 月 25 日）

新的教育[①]

（1929年9月25日）

我感谢三部同人，在我出国之时间，维持学校事务，此次更希望一同合作。本人在三十余年前，在北洋水师目睹中国受侮于外人，感觉救国强族，须由教育入手。甲午后，即与严范孙先生，同致力于教育事业，此可认为我之最好机会。南开中学校，由家塾而成立，此为二十五年前事。四年以后，本人即出洋，回国后，为提高中学程度，经过二次之失败。逾十年，又赴美，在美国学于哥伦比亚师范院，而得于教授开洛挚颓[②]者甚多。归国本拟以教授之法，施诸中学内部，但结果创办大学、女中、小学三部，则皆用开氏之法。此次赴美，每与开教授谈，所获益多。我以为原理易知，而实现甚难。办教育如用学校为试验，则较读书为易。按新教育原理之发明者为卢梭，今距卢死已多年，而新法尚未尽能实行，由此可知原理与事实不同，使原理实现亦非易易。询诸开氏，教授亦以为然。教授又谓有兰根[③]者，亦有志于新教育，今年可以卒业，开氏为我介绍，我即约其来华，兰亦乐从，日内来津，可与之合力去做。

女中学生毕业后，职业范围较小，更可研究新教育。研究教育由小学做起，校外如有热心者，亦可允其参加旁观。男中学则更应改善。现在国人缺点，即务虚而不务实，对于“做”上，太不注重。英国有一中学，以为机器为世界之需要，学生乃制造机器，我校中学，亦将仿效，实地去做。现在学生思想甚乱，或入共党，或致堕落，皆因学生不致力“做”，而务空想，乃至误入歧途。苟教育者时与以问题令其解决，使其脑筋与五官两手一致于“做”上，则必可不出正轨。

此次游洋，感觉世上民族，上焉者可以创作，中焉者可以仿作，下焉者则

---

① 9月25日下午，南开男女中学及小学部三部全体教职员，在南开女中敬思堂举行欢迎张伯苓大会，张伯苓在会上演讲，由《益世报》记者记其大略。原题为《南开三部教职员欢迎会上，张伯苓昨讲演新的教育》，题目为编者所拟。

② 即美国教育家，哥伦比亚大学师范学院教授基尔帕特里克（William Heard Kilpatrick），民国时译为“克伯屈”。

③ 即阮芝仪（Rankin）。

不作，中国民族，现在可谓“不作”。其实我族祖先，以创作名，而子孙如此不肖，可认为民族已有一种病态。我曾过日本十次，日本情形每次必现进步，乡间房屋，甚为齐整，一切建筑法，皆合建筑学。似此学而能应用，中国则迥不然矣。故解决中国此种“不作”之病态，必须由教育入手。盖中国民族性，本能创作，如发展其天赋，由小学作起，使活泼小孩，充分发展其“做”的本能，则民族病态可除。

有人说南中学生较为活泼，在中国则可，与外国较，则相距甚远。外洋人身体之强健，凡留学生皆知之，华人之瘦小软弱，实觉惭愧。我国团体方面，甚不能合作，每一开会，会议半晌，必致无结果而散。又近来国人更不虚心求实际之富强，而嚣张过甚，动辄打倒。此种情形，实足令人愤慨。幸而我们有此小团体，实地去作新教育，造就新国民，使国民身体要强，做事亦要强。我们现在要不务高深，只实地去做去。日后拟立一教育图书馆，凡一切教育图书器具，及自己发明之教育用品皆搜集之，以备研究教育之用。以后将同心合力去做此种工作。

（《益世报》，1929年9月26日）

周游世界见闻随感[①]

（1929年9月26日）

去年余在津时，曾有一与今日同样之盛会为余饯别。十月之间，余已绕行世界一周而归矣。兹就此行所见之要者报告之。

客冬余自津起程赴辽，同学会招待周备，在该处逗留数日。东北为我国之一大问题。日本之侵略，为国人所尽知者。余自辽经朝鲜赴日，抵下关时，气象为之一变。盖在辽及朝鲜，天气严寒，冬雪侵人，其苦难堪。至下关则天气和暖，颇为舒适。此时余之心情，为之一爽。何则？爰日人以人多地少，为求

① 本文是张伯苓在南开校友于福禄林饭店为其举行的欢迎会上的讲话，《新纪元周报》第1卷第30号刊载了本次讲话。此外，次日《益世报》和《大公报》亦有报道，因所记文词有别，故一并收录，附于本文之后。

生存计，不得不向外发展。其发展之方向，因英美之拒绝而趋之于东省。日人以此向欧美宣传，亦博得彼等之同情。此次余所得之经验，即日人欲据东省为己有之野心不能实现，盖日人不能耐苦也。自一九〇五年以后，二十四年来，日政府虽鼓励其人民殖移东省，然为数不过二十万。年来吾国政局变乱，山东、河北之农民，自动而往者，每年达百万之众。以耐冷耐苦言，日人固不能与冀鲁之农民相角衡。观此则日人之侵略东省，实无足为深忧也。余在东京之同学欢迎会席上，公开言之，日政府对于移民东省，虽于鼓励之余继以补助，但其人民不能如我国农民之耐苦忍寒，亦无可如之何也。

余抵横滨时，同学会作热烈之欢迎。同车赴东京，在东京共住四日，每日有日本军政教育各界及同学会之欢宴。所用者为中餐。在中国用西餐，至外国则喜用中国饭，此中心情，有令人不能言喻者。据老友日人谈，东京一处，中餐馆有两千家之多，盖中国饭以人工贱而价低，且味美，此其所以受人欢迎也。

由东京乘船赴檀香山，途遇南开同学相伴，颇不寂寞。檀香山一小岛也，天气不分冬夏，岛中人口不多，彼处虽无同学欢迎，有老友郝君招待，后余返上海时，郝君已早归。余绕世界一周归又遇郝君，不禁有世界何其小也之感焉！

由檀香山赴美旧金山，有同学及各界欢迎。余在该处住三天，曾赴青年会演讲。旋即东去，故意绕道南行。因余前虽二次游美，南部未得一游，该处荒地甚多，此行藉察其如何辟荒为田也。该处废地甚多，不若吾国田亩之整齐，以其地广人工贵，产量以人计而不以亩计也。以机器与人工之不同，其产量亦自相差异。余于途中，尝由车窗中观察到处之景物与地方风情，从各处居民之“衣”“住”上观察，可推见地方之穷富。全世界各国田亩之整齐，无过于中国者，吾国农民之勤，更何待言。但其所享受之“衣”“住”，为何如耶？

他置不论，即以素称最富之江浙两省而言，除种食粮之外，尚有茶蚕之产，而农人所享受之“衣”“住”实惠，则较美国人相差有天渊之别，斯诚所谓“乐岁终身苦，凶年不免于死亡”也。试观美国农民生活情形为何如乎？普通农人之居所，田间起屋，前为汽车室，后为家畜豢养场，左为草粮之蓄处，右为马棚等。农民于种田之余暇，与妻子进城游乐，此美国普通农民之生活也。法国农民不如美国之富，机器之利用，亦不若美国之普遍。人口亦较多，渐成村落之形势，农民生活，比美不及，然较之我国，则仍在美备之列，不若我国农民困苦也。英国全国几无农民，即有之，亦不过刈草饲牛而取牛乳，盖以其国家工业发达，全国皆工也。五谷多由加拿大运来，其余食品，则多取自荷兰者。

余在美国南部时，天气已暖，旋赴纽约。复至各大城市参观，并赴各处演讲。到处均有同学欢迎招待，备极周密。同学中余竟有不相识者，颇觉自愧，及再返纽约而渡欧洲时，为六月一日。由纽约至伦敦，为期仅五日许，故该处同学以约期稍迟，未及赴码头相迎，相遇于饭馆中，备极欢洽。余在伦敦，共住四星期，赴各处参观，余所特别注意者，为英国工业区，如满加斯特（曼彻斯特）及利物浦等处。

英国工业极为发达，全国皆工，余前已言之，但因工业国发达而发生之危机，即工人失业问题是也。国家工业发达，产品必多，产品既多，则必求售于国外市场。英国之市场，最先为美洲，现已不能与美国争，转而至印度、中国及其属地。由此可见英国之对外侵略为经济的。惟其如是，其苦亦可想而知矣。工业发达，须寻觅销售之商场，各国逐渐自觉，商场则日渐减少，积货既多，工人失业，乃必然之结果也。英政府虽图补救，并无彻底办法，或谓可向属地作移民政策，但英国本身为工业国家，其属地则为农业区域，奈工人不能变为农民何。现在英国失业工人之数目，达百五十十万之众，此为英国本省之一大问题。

余在英国住一月之后，即赴法。至巴黎时，有同学十余人欢迎。余在巴黎与教育界会晤后即赴义大利，参观古迹及火山。当游至历史上著名之邦贝[1]城时，见其房屋与街道，和我国现在相仿佛。换言之，今日之中国，犹千年前之邦贝也。后复至世界息争地点之日内瓦。返法后，以中俄事件发生，致原定途程中之德、比、俄等国，均未能前往。即改道由法赴埃及经印度、新嘉坡[2]、西贡[3]、香港赴上海转南京而回。余抵埃及时，景象又为之一变，由埃及至西贡途中，余所得之印象，为“穷”“脏”“弱”，殆亦东方民族之特征乎！

总之，西方之富强，因其人强。回视吾国之情形为何如乎？其最要者，体弱、道德弱、思想弱。体弱则作事效率小，道德弱则遇事无勇往直前之精神，再加以思想薄弱，于“穷”之环境中，无团体合作之精神，国弱民困者，良有以也。

济贫之道，人皆知为提倡工业，但提倡工业，亦非如所谈之轻而易举。前者因关税不自主而国货不能与外货争。现在关税既自主，又苦于无资本，即有小资，又因工潮时起而不敢投资。查现在吾国鼓励工潮之人有两种，一俄国，

① 现通译为“庞贝”。

② 今称为新加坡。

③ 今胡志明市。

二外国资本家，意在使我国工业不能振兴而求诸舶来品也。

工业一时不能振兴，则国家济贫之道绝，国穷则乱，无以自息。意大利全国无煤而尤称强国，吾国则原料充足而不能出以自给，此真令人所最痛心者。国家几时始有富强之转机，终吾生不知能否视及也。

一言以蔽之，中国之贫乱原因，在首领人才之缺乏。然则如之何可，惟教育有以造成之。故余始终不变，本南开精神勇往前进。愿吾在校同事及同学共勉之！

（《新纪元周报》第1卷第30号，1929年10月6日）

附1：津南开校友宴张记

南开校友会津分会，于昨晚七时在福禄林，举行欢宴该校张伯苓校长大会，到会者共计校友一百零五人。张氏在席间之演说，略谓自东省出国后，历经东京、檀香山、旧金山、芝加哥、纽欧林[①]、壁芝堡[②]、纽约、华盛顿、波斯顿[③]、伦敦、曼撒斯脱[④]、里芝[⑤]、巴黎、罗马、邦贝、日内瓦诸地，均承各地之校友欢迎，至感盛意。丹、德、俄、比诸国以时间关系，不克前往。回国深觉外邦之富强，而我之瘠弱。美国工农业俱发达，而农业尤能利用机器以代人工，故地土广而贱，人工贵而缺少，故美国农人之工作，不以田亩为标准，而以一人之力能耕种若干为计算，故其农事粗而草率，不若吾国田地之整齐。美国之农夫生活至为舒适，自置汽车田舍，一切物质文明，均可享受，不若吾国农夫终年劳碌，尚不多获温饱，生活亦系苟延残喘。英国为工业国，因生产力果强大，而销场均有限，现在国内失业工人已有一百五十万。此等工人既不能去加拿大、纽西兰[⑥]各地从事农业，故惟有束手待政府之救济，故除海军军缩问题外，以失业为惟一之重要问题矣。故谓各国无困难问题者，绝非确实。中国宝藏既富幅圆又大，西北东北各地，均待开垦，民族以勤苦耐劳著于世，将来发展最有希望。现时之时局混乱，不足虑也，惟最要者在养成真正之领袖人才，领导社会

① 现通译为“新奥尔良”。

② 现通译为“匹兹堡”。

③ 现通译为“波士顿”。

④ 现通译为“曼彻斯特”。

⑤ 现通译为“利兹”。

⑥ 现通译为“新西兰”。

入于正轨耳。本人以二十年来之经验，仍抱定造就国家领袖人才之主张，而认定学校为造就人才之地方，故仍当努力于教育事业。学校方面诸承学友帮助，甚可感谢，望继续努力等语。张氏又曾言同人之智识、体质、道德之薄弱点，与日本向东北寒带移民之难能，前曾在男女中学演讲，本报已有志载，兹不赘，次有马千里报告校友消息，及唱校歌而散。

（《益世报》，1929 年 9 月 27 日）

附 2：张伯苓游欧美之感想

南开校长张伯苓自二十二日回津以来，迭受该校各部学生之欢迎，已志前报，昨晚南开校友会天津分会假福禄林饭店开欢迎会，到者二百余人，七时入席，餐毕，主席马千里即请张伯苓演说。张首述去冬离津赴辽，受该地校友会之招待，由辽取道朝鲜赴日。东省地方气候寒冷，日人二十四年来移民东省者不过二十余万，而我山东河北等省近年因兵灾水旱之故，移居东省者每年达一百万，耐劳精神，日人决不能及，日政府虽宣传该国地少人多，势非移民东省不可，然东省天气之寒与日本比较，日人决不能耐。在东京时曾讨论此问题，以为日本农工不能到东省，故日人移民实不可畏。由日乘船渡洋赴美抵旧金山，取道南部诸省入东部，沿途考察美人昔时所开辟之荒地，见其田地不如中国之整齐，盖美国人贵地贱，且用机器种地，故以人为单位，即一人能用机器种若干亩地。而中国人贱地贵，以地为单位，即每亩地能种若干。至于欧洲田地论整齐无一国能及中国，而农民之勤谨亦不如中国。中国农民日出而作日入而息，终岁辛苦，江浙农民在我国素称富有，每年除粮食之外，尚有桑茶可种，然较之西洋农民生活相去悬殊，所谓“乐岁终身苦，凶年不免于死亡”者是也。美国农民每至星期六下午全家驾汽车入城看电影，其生活至为愉快。英国无农人、无田地，粮食则仰仗加拿大之输入，牛乳鸡蛋系由荷兰供给。法国农人虽不如美，然比中国好。张氏次述在美及由美赴英、赴法受各地南开校友之欢迎情形，又述游意大利及赴日内瓦参加世界教育会议后，本取道德国入俄，自西伯利亚回国，因中俄事件发生，遂由法乘船回国，经新加坡、西贡、香港等埠回国，觉得中国人身体上、道德上、思想上均属软弱，而团体之不能合作，尤为国家危弱之一大病根，故中国现在仍系缺乏领袖人才，愿诸校友努力前进云云。

张氏演说毕即由陆钟元报告校友会会务、摄影散会，时已十时余矣。

（《大公报》，1929 年 9 月 27 日）

深刻的印象

（1929 年 10 月 6 日）

这次出国到欧洲是第二次，到美国是第三次，这二十年内每十年去一次，他们的进步很快，尤其是最近的十年。我此次游历各处所得的最深刻的印象，是随处使我觉得在这个世界上要求生存的一定要奋斗，不去奋斗就不能生存，要生存就要努力奋斗[①]。回到中国来看看，觉得我们中国最大的病是穷，有人说他们在物质上诚然进步，精神上如何？其实精神和物质是不能强分的。孔子有个高足颜回，孔子因为他能“一箪食，一瓢饮，人不堪其忧，回也不改其乐”，便赞他“贤哉，回也”；但我们只要听他说“人不堪其忧”，可见即在当时孔子的门弟子中能像颜回那样的已经只有他一人，那里能望以一人难能可贵的事情责之于一般人？在一般人，物质穷乏得厉害，安望享得到什么精神上的快乐？所以我们必先有物质上的快乐，而后才能有精神上的快乐，必先有物质上的进步，而后才能有精神上的进步，精神和物质是不能强分的。

美国之所以发达，原因很多，我可以把他概括为四点：第一是土地广大天产物丰富，取之不竭，用之不尽，欧洲各国的农产差不多都要人家供给，美国自己用了有余，还可以供给人家。第二是他的地势好：东西隔着两大洋，太平洋和大西洋，南北无强邻，南墨西哥，北坎拿大[②]，都及不到他，所以边境连炮台都没有，他们简直不预备打仗。三十几年来的两次大战，第一次西班牙大战，第二次欧洲大战，都没有打到美国的地域。国内常有战事的国家总是弄不好的，美境既没有战事的发生，于是更易发达了。第三是工业发达，因为他们富，所以能用新的机器和科学的新方法从事制造，结果生产率高而品质精良，并且成本能够减轻。欧洲即不如美，因财力所限，旧机器和旧设备也只得勉强用下去。讲到第四，那是最教人佩服的，也是我们中国顶顶学不来的，就是社会上的那

① 文中着重号为原文所加。

② 现译为“加拿大”。

些为群服务力行不懈的领袖，像爱迪生和福特那些人都是七八十岁了，仍然在那里努力的干，他们是拜金主义吗？他们的金钱赚得用不完了，如为金钱而干，大可以不干了，但是他们还是干，他们的乐不是在赚钱，就在乎干。讲到这里，我们不得不佩服他们的体格，他们的体格好，所以六七十岁还能干，美国人的精神真令人佩服。我们说美国人崇拜金钱，要知道他们真会用金钱。

后来到英国去，从前我对于英国因为她和中国在历史上的关系，所以我的感想不大好。此次我去看看，真是教人万分佩服。她的好处在做事彻底，处处彻底；一点不肯随便敷衍。房子街道公园地道无一不整齐，真令人佩服。房子不高，但是很整齐，比美国整齐得多。美国的房子很高，二十几层，三十几层，顶高的有六七十层；伦敦的房子只有五六层，六七层。英国重保守，有把握，他们虽然不猛进如美国，但保守而渐进的不懈的精神亦真令人佩服。这种彻底的精神在英国随处可以看得出。我现在随便举一件和我自己有关系的事情谈谈。有一次他们的无线电播音台托人介绍请我约期演讲些关于中国教育的事情，派了一个年约三十几岁的办事员来接洽。他要我先把演稿写好，我说我事情忙得很，那里有工夫写演稿，他见我自己没有工夫写，不慌不忙的叫我说给他听，由他打了八张纸，预备二十分钟讲完。既而又要我先到他公司里去试一下，看时间讲得准不准，我初有难色，后被他麻烦不过，也就答应随他去走一趟。到了那里，坐在一间小房间里试讲，旁有两个书记把我所讲的记下来，又有一个看好时间。总之虽是试讲，他们仍是十分郑重的做。演词打好共七张半，那天我就照它讲完，刚刚二十分钟。由此一件小事就可以看见英国人做事按部就班，不慌不乱，非做到不休。我对他说没有工夫，他并不就走，却锲而不舍的和你慢慢的讲，慢慢的使你终于就范，一点不肯随随便便的放过去。

我们国内有许多难以解决的困难问题，到外国去研究研究别国，也各有各的困难问题，不过不及我国之甚罢了。英国的困难是他们的国度太工业化了。我坐火车看见外面田里没有一个农人，农人到哪里去？都做工去了。因此有地也没有人种。他们的粮食都从坎拿大来的，奶油鸡蛋从丹麦来的，英国乡下除去种点青草喂喂牛，出些新鲜牛乳，没有人种粮食，大家都做工去了。工业发达的国家一定要有销货的商场，推销英国货最大的商场就是中国同印度。但现在印度天天在那里闹革命，甘地要提倡土货抵制英货，英国的前途恐怕不能乐观。

现在英国最大的问题就是失业问题。因欧战后失业工人的激增，政府就行了一种补助制度，发给失业工人生活费，但流弊就生出来了，甚至于有些工人竟藉此偷懒不愿意做工，到政府领津贴，领来钱就换成法郎带到法国去住。这怎么了！由农而工容易，由工而农不容易，这是英国最困难的问题。

再说法国。法国人太随便了，讲到个人还好，但是说到全体便不大行。他们的人民虽是聪明，但是太空泛，太浪漫，太理想，太浮华，所以在欧战后至今尚未恢复元气。

德国最教我佩服，顶顶的佩服。欧战以后，德国一败涂地，赔款虽赔不起，前途虽是黑暗，但是还要穷干，硬气的干，不赖债，不宣告破产，还是干着准备还债。从前有的殖民地都被人家夺去了，但他们不因此气馁，还是干。从前德国工人每日做八点钟工作，现在做十点钟，他们要增加生产力，把货卖去了还债。全国一致的往前干，不怕苦的干去。我问他们你们的前途怎样，他们说我们的前途看去当然不大亮，但是我们总是要努力前进，除了努力前进又有什么办法？这样的精神真是不可及！我们中国只要有德国十分之一的精神，中国前途就不怕了。中国的现况要比德国好万倍，但是一点精神也没有。

我们中国最苦的最大的病症是穷和弱，若要富要强，要学美国的猛进，英国的彻底，德国的坚毅，那末一切的事情都可以不成问题了。

十八，十，六

（邹韬奋编：《深刻的印象》，上海生活书店，1932年）

在南开学校董事会例会上的报告[①]

（1929年10月6日）

一、报告事项

1. 在美由美人贾特、孟禄、克伯屈、韦鲁伯、巴乐满等组织一募款协会辅助进行，拟募之款数暂定为美金二十万元，计每年四万元，共五年。在美时不

① 是日下午2时，南开学校董事会在大学部召开例会，颜惠庆、李组绅、李琴湘、王濬明、严慈约、卞俶成、孙子文参加会议，校长张伯苓列席，并报告以下所列事项。题目为编者所拟。

过向各方面接洽数次，然尚未正式进行。本年十一月间拟请张仲述先生赴美起始此项工作，一年后或可得到相当之结果。

2. 由盐款拨付之基金利息已发至八月份。

3. 中华教育文化基金董事会本年六月议定补助本校理科洋六万元，分三年支付，第一年三万元，第二年二万元，第三年一万元。

4. 校友会已募得范孙楼建筑费四万六千余元，现拟继续努力，以便于学校纪念日作一结束。

5. 市教育局补助女中学部经常费年约七千四百四十元，业已批准，惟尚未得到正式批文。

二、十七年度决算

	结至十六年度决算	十七年度决算	结至十七年度决算总亏数
大学部	（亏）99,129 元	（亏）25,076 元	124,205 元
中学部	（亏）35,449 元	（余）7,817 元	27,632 元
女中部	（亏）51,085 元	（余）4,522 元	46,563 元
矿科	（亏）83,124 元		*83,124 元
四部共亏	268,787 元	12,737 元	281,524 元

（*十五年度至十七年度利息洋二二,三四一元尚未列入。）

（结果：（1）十七年度决算照原草案，通过。（2）矿科结至十四年度共亏八三,一二四元，此后该科亏款即作为此数，历年利息可毋庸计算。）

三、追加十八年（1929 年）度预算案

1. 大学部教授增加薪水洋七千元。

2. 中学部教员增加薪水洋五千元。

3. 女中学部增加一美国教员，薪水及旅费洋四千元。

共洋一万六千元。（通过）

（南开大学档案馆藏）

要务实，不尚空谈[①]

（1929年10月17日）

今天开会为本校二十五周年纪念会，在今天不得不想起本校成立时第一次开会的情形。那时在本校创办人严先生家内，教员、学生、校役一共不到百人。现在教职员、学生合计起来有二千五百多人，可证二十五年来的进步。但进步是世界的潮流，不只我们进步，世界各国全是进步。如日本的庆应、早稻田等著名的大学，二十六年前我曾经参观过，去年赴美，路经日本，再去参观，较前进步很多。美国哈佛、耶鲁等大学，从前我亦参观过，现在再看，进步很大。就如英国是守旧的国家，学校如牛津等亦是守旧的学校，但亦有许多进步。世界进步，学校亦随着进步；学校进步，世界亦随着进步。单就中国而说，虽连年战争，许多学校也是进步，固不独南开如此。再说创办人严范孙先生，是中国一个有学问的人。但是他所以能为人佩服，是因为他能够务实。他念书是把书念在身上，不是念在嘴上或手上的。我们学校能从他的家里建起，就是能务实。世界所以能进步，亦是因为能务实。所谓科学方法者，亦就是能务实，不尚空谈的。学校离开他的家里以后，进步依然如旧，是因为借着严先生的精神，所以才有今日。此外，还有应该感谢的是社会。社会上帮我们忙的人很多，或以人力，或以财力，无不竭力帮助，使南开继续发展。但是我们所以有今日，其他的原因还是很多，一样一样的来说，亦说不完。不过担任职务学科的诸位先生，时时想法使学校进步，及全体学生之爱护学校，亦是学校进步的主要原因。

现在学风很不好。学校时有风潮发生，独南开没有，并不是没有，就近来大学、中学的两次风潮，全是学生自己引起，而自己察觉出自己的错误，能够立刻自己来补救的，这就是有自觉自治的精神。总之我们所以进步而至今日的，全由以上这几点。最近出去九个月回来，不误这个会期，所以今天很高兴。不过有一件事最难过的，就是严老先生的故去。不过，死是人人免不掉的，他七十岁死，不算是夭亡，希望大家继续他的精神去做，以谋下个二十五年的进步。

（《南开双周·南开学校廿五周年纪念庆祝纪实》，1929年10月）

---

① 本文是张伯苓在南开建校二十五周年纪念会上的讲演。题目为编者所拟。

附：严仁颖《刻世纪四部联合庆祝纪念志盛》中所记“张伯苓致开会词”

南开今日庆祝二十五周年纪念，不禁回忆本校开办时之情形。彼时学生人数与今日之教员人数相差无几。今日四部学生人数已达二千五百余名，具征进步。在欧美各国学校恒与社会相附而进，此乃世界之潮流，原无足异。南开之在中国，而仍能随此潮流，实赖严范孙先生之躬行实践精神，与社会各方面之援助。犹有言者，本校诸同人咸能不计薪水多寡，兢业自强，本校学生更能深明事理，努力合作。以上二者亦系绝大助力。望仍本严先生之精神，进而谋下二十五年之进步！

（《南开双周》第4卷第4期，1929年11月4日）

范孙楼奠基之意义[①]

（1929年10月19日）

余对此次范孙楼奠基有二意义：（一）闻校友会之建筑范孙楼，将于落成后，内设校友总会会所，望诸君继严先生之建设精神；（二）此次建筑费纯系诸校友通力合作而得来，此种合助精神，希达于久远，而助南开学校发展于无极。预计明年纪念日之落成礼，更当隆盛。而校友会之发展尤有一日千里之势。

（《南开双周》第4卷第4期，1929年11月4日）

南开学校创自严范孙先生，二十余年来严先生于学校发展之进程方面，厥功殊伟，而于精神上之督促，成绩尤钜。不幸严先生病故，今后之南开，确惟出校生是赖。

（《南开大学向导》，1930年5月）

---

① 为纪念南开学校创办人严范孙先生，由南开校友捐款建筑范孙楼，并于南开学校二十五周年纪念期间举行奠基仪式。10月19日下午4时，在南开中学中楼南举行奠基，“基石以大理石为之，高3英尺，宽2英尺半”，上刻“范孙楼基石”字样，到会400余人。本文是张伯苓在奠基仪式上的讲话，辑录于两种刊物。

在校友秋宴会上的演讲①

（1929年10月19日）

本人游历各地时见诸校友，均极热心招待，以此次远游欧美而论，到处均有校友招待，而诸校友在国外曾把晤者，今日又在此会面，可见南开出校生散布各地之广，反衬世界之小。不过南开二十五年来所以有此发达者，实赖严范孙先生之力。不幸范孙先生已逝世，学校之助力损失。兹幸各地校友会逐次成立，对母校颇能帮忙。今日又成立校友总会，并举行诸校友所募建之范孙楼，希望日后担负严先生所遗之重责。

（《南开双周》第4卷第4期，1929年11月4日）

太平洋国交讨论会之经过、性质及责任②

（1929年10月22日）

第三届太平洋国交讨论会，关系东省存亡至为重要，关系中国前途及世界和平尤为密切，故吾东省青年亟宜注意及之。前适值我国代表张伯苓先生，便道由沈赴会，特请到校讲演，盖以东北三千万人民生命所系，中国前途增进所关，世界和平维持基重，是则张先生之来校，自有重大意义，而张先生不殚劳瘁，能于风尘饱尝中，为吾详述太平洋国交讨论会之经过性质，及责任，想诸同学早能深入脑际。今以该讲会已告结束，而讨论结果，我国收获未见圆满，瞻前思往，至可浩叹！想诸同学对张先生之热诚讲演，或有所感乎？故特为刊布之。

记者识。

① 本文是张伯苓在北京、唐山、山海关、黑龙江等地校友在津举行的秋宴会上的讲演，题目为编者所拟。

② 本文是张伯苓在同泽中学的演讲，由梁孝植笔记，原题为《张伯苓先生讲演纪》，题目为编者所拟。

今天蒙贵校职教员的约会，来和诸君谈话，觉得很荣幸。我当愿同青年人谈话，因为青年有很大的希望。敝人此次便道过奉，已由贵校长报告，不过此次到日本，是赴太平洋国交讨论会，在这会的讨论中，有一个问题就是“东北问题”。诸位对东北问题，当能很注意，今天因为时间的限制，简单的说说，有不清楚的地方，多乞原谅。

此次在日本西京开太平洋国交讨论会，这个会每二年开一次，此次是第三次，前两次是在檀香山。此会的组织是沿太平洋各国中的几个人，愿意发起这个会，讨论一切问题。此话很囫囵，或者也是我有意这样说，因为这个会是囫囵的，他的组成是由中国、美国、日本……的几个人，想用人民意识来讨论一切问题。此种组织在历史上是未有的，从前国际问题都是国家代表，秉承政府的训令来讨论，说话是负责的，有分寸的。因为是政府的代表，所以商议的事，都受政府限制，若是越过一步，便置而不议，命为悬案。此会的组织，是一些梦想家（Dreamers）不愿由政府的代表来讨论，要由人民来讨论，看看世界是不是可以用这个办法，若是有效，不是人民的福吗？也是世界和平的进步。但这是新的事，没有经验，所以这新的组织，需有科学的精神、试验的态度，办事人总要由试验态度，发明好的方法，来解决问题。旧的方法由政府派，新的方法是不是由人民选呢？不是，因为：

第一，各国的人民众多。

第二，新的事，总是少数领导多数。

从前的两次会，是各国有兴趣有研究的赴会，不是政府的代表，不是人民的代表，既不是政府的代表，又不是人民的代表，讨论的事谁负责，谁执行？不过这个会是学术的研究，研究的结果不是就执行。所以讨论问题用科学方法，和学者态度。若是政府代表所讨论的，是官面文章而已！此种组织的会，虽然没有优点，但是也可造成强大的舆论，如同好的国家，组织完备的，不只一个政党（Party）。然而对于代表的选举，也不一定依法，不过靠着舆论，至于组织不好的国家，连舆论的利用都谈不到。所以政府的代表也不能代表民意，因此这个会的结果是造成舆论，在民众势力特别大，组织完善的，更能获得很大势力。这就叫做太平洋国交讨论会。

太平洋国交讨论会的性质和组织已如上说，而他的经过历史，——也略加说明：

第一次各国代表不多。

第二次各国代表较多些，结果也收点效力，便是解决中英间的问题。——

从前中英感情很恶，上届英国出席的会员 Sir Furiduly White 和其他出席会员，共同讨论中英问题，从前彼此感情恶的时候，不愿说话，所以彼此不相了解，不过赴会的人头脑冷静些，可以推诚相见。其实中英间没有什么不可解决的，何必常此僵持？闭会后 Sir Furiduly White 跑到中国南北观察一遍，回国给人民解释很多，自彼此感情遂日臻亲密。最近国府又请该氏作中国顾问，已蒙答覆。

赴会资格：各国赴会的会员，全是学者的资格，不要官吏，如同上届美国代表中有一个是 San Francisco 的学校校长，此次 Hoover 当选总统，该氏（指校长）被选为内务总长，所以本届没有资格与会。又如上届日本代表井上，今年就滨口内阁的财政大臣，所以也没有资格与会。由此可知这个会的组织，纯是人民集合的，客观的，不负责任的。本年是第三次会，其中重要的问题，就是“东北问题”，我在会前很怀疑，因为这个会的组织人，是一些梦想家（Dreamers），不希望从战事来解决一切，不过此次东北问题，双方——中日——都觉束手无法，像这样仅有六年历史的小会，若是经过这样雷大的打击，难免不吓坏梦想家的迷梦，因此各国代表对此次会都很注意，盼望不要隔于僵局。虽然如此，但对于这个问题也不可不留神。

昨日青年会欢送席上，希望我重视这个问题，我当时说：

1. 我不叫代表，——是不负责任的说话。

2. 这些问题不是会员解决的，没有商议的条件。——须由两国外交代表来解决。

固然这个会不能直接发生效力，但可以造成强大舆论，让世界舆论对我们表同情，所以应当了解出席会员的心理，这个会的出席会员国，有美国、日本、中国、菲律宾，及沿太平洋各国的殖民地，共同组织的，不是一个衙门，不是我们吐冤气的地方，如同日本在东北的横行暴举，我们要击鼓鸣冤，他们别个国一定说：“你们诺大的软弱国家，没有出息，应当欺负你……”所以在会议席上，绝不应当说软弱话，向人诉苦，向人声冤，自有旁人来说，来打不平。可是像中国这样地位，如何能占第三者的地位？更如何能叫旁人来摆脱自己的事？

日本在东省的侵占肆行，我们固默然无言，但是他要掩世界的耳目，遂向世界各国说：“我们地少人多，南美西欧既不许殖民，让我们往那里去？所以必定要开发‘满蒙’，因为是我们的特权（Special Right）。”因此他最近的行为，益无所顾忌。在欧战后的华会上的九国签字，都承认中国有主权，没有承认任何国有特权，我此次出国，向外人解释，现在中国的混乱，是历史的过程，不要从显微镜下观察，要在望远镜下观察，中国近来或者是进步的。所以中国的现状：

从小处观察，是混乱的。

按历史眼光，是进步的。

我们利用孔子“忠恕之道”，己所不欲，勿施于人，来向国际宣传，日本虽然标出“特权”两个字，想也无济于事？——他们（日本）所谓特权，是对世界各国而言，非对中国而言也。可利用这一点，叫他们彼此相争！此种方法，是外交的尝试，可惜中国很难占在第三者地位。

日人普通常喊：“满州，是满州人的满州。”可是我们每年总有几万人来开垦，自然在这境地有开垦权，但也当取稳重态度，不能在这个会上来告状。应当彼此从感情上作起，告诉他们：“田中对中国侵略的毒辣，以至下台自杀。”可以警惕他们，改变方法，并且指示他们日本侨民在东省的种种行为，这也算亲善吗？——话可以如此说，若是日本反问一句：“如果南满铁路撤销后，能保持不发生意外吗？”中国自己不知自强，几个会员有什么办法？我在国外总不忍说国内的坏处，可是回国后仔细观察，真不忍言，道德缺乏，自私自利心重，……或者要亡国？

差不多外国人身体都是很强，反观中国则弱不胜衣，那里会和人家比效率（Efficiency）。有人说：“工厂做工的人身体可以强，工事房的人身体可以弱。”更是大错。无论任何人若是身体弱，他智力一定不强，志愿一定不坚，所以中国总是混乱，而每个人是嫉妒纷争，不合作，闹意见，无时无地不把“我”字放在前边。有人说个笑话，希望诸君要过细想，进而改正之。

1. 有十个西洋人组织一个会，讨论问题，你说我驳，……丢掉自己，尊照公共意见，讨论结果便分头去做。

2. 有十个日本人组织一个会，讨论问题，你说我驳，谁意见最强，便共同遵照去做。

3. 有十个中国人组织一个会，讨论问题，你说我驳，讨论结果，你是你，我是我，不相为谋，又谁管做！

若是中国人总是自私自利，胆怯，不认识做人的意味，不懂得合作，没有强的一天。这有什么希望？完全是明哲保身的一派人物！真叫我悲观！可是终认为不必悲观，当从教育作起，使学生：

1. 练教育，

2. 要合作，

3. 牺牲自己，

4. 练习组织能力。

每当开会前我们也要有个祷告，像读遗嘱是的，应当说："我绝对要牺牲我自己，一心为公谋利益，……不再把我放在前边。"若是每个人都怀为公的旨趣，都怀为公谋利益不顾一切的精神，则中国自易有望，现在舞台上的人是无望的，要看下代（Next Generation）如何，希望诸君要从新组织，从新做起，若肯信我的话，去掉弱点（Weak Point），未来的希望，正无可限量。不过无论如何，"国家若是弱的，说什么也是假的"。

一八，十，二十二晚

（《同泽半月刊》第3卷第3期，1929年）

与《大公报》记者谈太平洋会议经过①

（1929年11月14日）

此次太平洋国交讨论会在日本开会，日人招待极为殷勤。会议消息因禁止新闻记者旁听，特由美人罗韦尔（Rowell）及日人头本接待新闻记者，发表会议消息，故日报所载，与事实多有出入之处。

此次会议最为各国注目者为满洲问题及法权问题，而日本对此两种问题亦竭力与中国代表周旋，开会数次，我方代表为徐淑希、余日章、吴鼎昌、周天放及余五人，惟因日方无诚意，殊不愿多作无谓周旋。不过经此会议后，日本青年均有相当了解，自觉其侵略政策之不当。至领判权问题，均表示在中国内战未息，政局不宁之际，不能及时撤废，然均相信中国在最短期间，必有良好之政治实现，故撤废领判权，不过时间问题耳。此次会议时，各组圆桌会议，只不过宣读论文及报告问题而已，初无多少议论，惟食堂聚餐时之自由谈论颇形紧张。中日两方屡于此际作激烈之争论。我方代表中以徐淑希君说话最多，资料最富，日方每为所窘，转移空气不少。日方所倾注全力者，厥为满洲问题，

① 是日下午4时，张伯苓参加完在日本举行的太平洋国交讨论会后返回天津，接受记者采访。题目为编者所拟。

至若领判权问题，初不坚持，且表示相当好意，以转移视线。日代表多谓愿撤销领判权，惟以内地杂居为交换条件。其目光所在，大堪玩味也。

日本工商业发达已臻极点，然日人尚孜孜力求进步。但日本商品销路恃吾国为尾闾，日人若不觉悟，仍持侵略主义，则中国对日感情终无恢复之望，排货乃当然结果。本人屡与日本代表谈到此问题，彼等亦有相当了解。

（《大公报》，1929 年 11 月 15 日）

太平洋国交讨论会之经过

（1929 年 11 月 16 日）

今天青年会约我对于此次太平洋国交讨论会经过作一报告，在未说此题目以前，先说一说此会的缘起。

此会发起于檀香山，参加者为太平洋沿岸各国。各国代表，并非政治官吏，均为社会闻人，相聚讨论国际间的问题。向例讨论国际问题，均由政府所派之外交官吏，他们所说的话，有限度，有责任，故难得圆满的结果。至于此会之集议，讨论完了，并不表决，只将要点宣布于世，以代表舆论。但其力量，常比政府外交官所讨论的还大，因为他们说话不自由。在这会里，各国代表均可随意发言，不负什么责任，故彼此可互相明白，这就是此会的特长。

此次会议为第三届，前两次均在檀香山火奴鲁鲁开会，此次在日本西京开会。前两次到会人数不甚多，此次人数甚多，此后恐将更多，或须加以限制，因为人数过多，讨论和组织均不方便。欧战以后，各国均惧战争再发，故国际间防止战争的组织很多。若使各国人常聚在一处，感情当然逐渐融洽，自然可以减少战争之原素。否则互相在报纸上鼓吹，此国攻击彼国，彼国攻击此国，结果使两国人士神经激越，战争因而发生，此乃以前经验。所以有了此种组织，彼此可以互相认识，此种组织据说有数百种之多，有的成功，有的半途中止，但全有增进国际谅解之可能。太平洋国交讨论会亦为此种组织之一。但此种组织虽多，而对讨论政治问题，恐怕不生效力，所以多不讨论，而太平洋国交讨论会则是专讨论国际政治的，且结果很好。前两次开会，我亦曾被邀，但因不能离开，所以未能赴会。听说第二次开会的结果很好，对中英国际间的误会，揭穿了很多。此次开会的情形，各国代表共分数组，开圆桌会议。大家随便发言，有主席领导，这是表面的情形，而真有力量的在会外的讨论。第二次开会时，中国代表有余日章博士，英国代表有怀德爵士，彼时中英感情极恶，会外中英代表在一小学校教室内讨论，据说他在英国时，对中国情形，不过看看报纸上的电报或通信，完全是片面的，所以对中国情形非常的隔膜。彼时大家一谈话，始知中国的实际情形，并不若报纸所载，所以他在会后，便亲自到中国来，始知在中国的西洋人有两种：一、是商人；二、是教员教士。教员教士常与中国青年相处；至于商人所接近的是中国的仆役厨房等，所以商人常说教士教员袒护中国人，怀德明白此种情形，回国宣布，于是英国政府的对华政策，便受到许多影响。

此次在西京开会经过情形。最详细的莫过于《大公报》，有七次通信，大概都说过了。我再把此外的情形说一说。此次到会代表，有英、美、中、日、加拿大、澳大利亚、纽西兰，以前不许非独立国加入，此次许可朝鲜加入，余如南美洲等国，虽亦在太平洋沿岸，但无代表加入，欧洲的荷兰、苏俄，派代表旁听，但无发言权。讨论程序，文化问题在最前，关于此问题，无甚争执，讨论的题目是“机械文明与传统文明的关系”，其次为“关于中国法权、租界与东三省问题”，最后为“太平洋外交问题”。关于机械文明与传统文明的关系，各国很表同情。现在世界变化非常之快，因为科学发达，跟不上的便觉得不是好现象，各国皆然，所以各国代表的见解全差不多，又从工业问题讨论到人口、粮食、节育、殖民等问题；其次讨论“领判权问题”，纯粹是关于中国的问题。但与租界问题分开讨论，国民政府已经宣布明年撤销领判权，英、美代表均不为然。中国的理由各国代表亦均承认，不过如何能担保有势力的人不干涉法律，因中国司法尚未完全独立，他们亦有一部分理由。美国代表薛特维尔提议，领判权可以撤销，在各大城市设特殊法庭，雇用外国法官，审理华洋诉讼案件。中国代表当然不赞成，但认为有商量的余地。

至于租界问题，美国代表费信惇很替上海租界辩护，不过此次会议中，各国代表学者居多，可以讲些学理。我和他们说，租界之弊，我有很好的经验，前几年汉口举行运动会，约我去做总裁判，租界巡捕禁止我在租界里走，在伦敦、巴黎、纽约等各国的大城的路我全能走，何以在我本国领土里反不能走呢！于是大家对于取消租界，都很承认。不过如何收回，却是问题。第二星期开始讨论东三省问题，给日本人一个很大的刺激。中国代表态度都很郑重。日本方面的理由，不外东三省是从俄国手中夺来，牺牲极大，不能放弃。但中国代表述说日人在东三省的种种不法行为，日本代表对此亦不加辩白，总是希望政府制止，而实行亲善。

日本对取消领判权，非常赞成，而于东三省放弃领判权，尤其赞成。原因在《二十一条》中，有一条日本在东三省有商租权，但我们根本未承认《二十一条》，最近因为国民政府曾与五个小国订约，准其在内地杂居，以日人愿意放弃领判权，而取得内地杂居权。但我方代表，则谓一切问题须一齐解决。最后讨论东三省问题，完全没有结果。但在另外讨论时，中日代表关于东三省问题谈过许多次。日代表中之小村俊三郎极热诚，对华主张向极开明，最近张继氏到日本，他曾提议，中日两国应定不侵犯之条约。彼以为中日两国感情恶劣，系因互相猜忌，订立此条约，可免两国的猜忌。此次又在会议中提出。大阪《每日新闻》和他很表同情。政友会时代的南满会社副社长松岗，对此提议很不赞成。我们亦以为无须此条约，因为中日两国皆为国际联盟的会员，加入非战公约的国家，日人承认中国是不能侵略日本的，而日人欲表示不侵略中国，又非订此条约便可敷衍的。第二次我们又讨论，我对他们说，我们有的是老朋友，不客气地说，近来中日两国感情非常坏，我自己是办教育的，我的希望是在将来，但现在的中国青年，非常恨日本，然而我亦知道，中日是相依为命的，所以我们此代的人，应当设法解决这个大问题。中日纠纷的种因，在《二十一条》，中国虽根本未承认，但因此对日本印象甚坏。我又问他们，日本的目的是否系单纯经济的，现在东三省的收获较其余各地的收获如何，彼等答以东三省较多。我说若中国不打仗，结果如何？他们说或者长江一带要比东三省好些。我便说，如果日本的目的是经济的，最好把《二十一条》完全弃掉，使中国对日本发生好感，否则，吃亏很多。另一日本代表，对抵制日货有所提议，并引证中国曾抵制美货与英货，以抨击中国之不当。但我谓，因美国退回庚子赔款，英国对华政策改变，均能得中国好感，而不再抵制，若日本能撤东三省驻兵，使南满单纯商业化，旅大早日退回，则中国自可不抵制日货。日本代表又谓南满驻军，系防止俄国，并谓日本对南满之牺牲极大，一旦放弃，恐国民反对。但我又谓俄国已非昔日之比，且少数驻军，亦不足防。最后双方均已疲倦，毫无结果。下届大会，决定在中国，已指定南京、杭州、北平三处，但以北平为最方便。此次会议，日人招待始终周到，对欧美代表尤其有礼，态度亦极佳。

（《第三届太平洋国交讨论会纪要》，附录四，1930 年）

南开之精神即在于无论多难亦开[①]

（1929年12月10日）

张、凌二先生均为与南大有深切关系者，一为创立南大之计划人，一为自本校开办以来之老教授。此次放洋恰值同时，其目的俱不外为我校“扬名增誉”，同时或可藉此宣传工作，以谋南开之发展。

“南开”之精神即在于“无论多难，亦开”。其在中国教育上之地位亦以此精神而树立。

（《南大周刊》第75期，1929年12月17日）

男女青年相处之道

（1929年12月20日）

在南开大学女同学会第二周年纪念会，向女同学反复说明：“男女青年应彼此了解，互相尊重人格。现在中国社会变化太快，男女青年不知如何自处，因此男女社交应慎重，彼此应当研究男女的关系。同时，希望女同学应有正当的社交和恋爱。”

（1929年12月20日，《南大周刊》第79期）

---

① 南开大学文科学会和女同学会于10日下午在秀山堂举行聚餐会及欢送会，欢送张彭春及凌冰、司徒如坤赴美，会上张伯苓演说。本文摘自“校闻”栏，题目为编者所拟。

服务新闻界者必须以引导民众为心[①]

（1929 年 12 月 21 日）

本校本无新闻科之设，而出校同学之服务新闻界者，颇不乏人，实为出乎意料之外。现余以为学校方面，对同学应有帮助。盖服务新闻界者，对世界某一问题，每有无暇顾及而研究之者。学校方面，拟为设备书报杂志，或代聘名人讲演，以期服务新闻界者，不仅作干燥之生活，且可以得学识之增进，精神与事业日新而为不致落伍，进而可负引导社会之责。且本人以为学校教育，仅能教育青年，而不能教育民众，新闻界负指导舆论之责，则可直接教育民众矣。今服务新闻界者既负此任，则本身道德，亦宜注意，必须忠于职务，以引导民众为心，不仅为谋生而已也。至本校内出版部同学，亦可以与新闻界交换意见，互相切磋，以为将来之预备。

（《益世报》，1929 年 12 月 21 日）

在南开学校董事会例会上的报告[②]

（1929 年 12 月 22 日）

一、张仲述先生已于十二日赴沪，约于一月初旬即放洋赴美矣。昨接买特先生函云，捐款事须候至下半年方能起始。

二、上月由基金项下购得七年长期公债六万元，海关二五库券二万一千五百元。

三、小学部建筑新校舍事

---

① 12 月 21 日下午 4 时半，张伯苓召集在新闻界服务的南开毕业生及南开大学、中学校出版部负责人谈话，题目为编者所拟。

② 12 月 22 日下午 2 时，南开学校董事会在中学部召开例会，颜惠庆、孙子文、严慈约、李琴湘、卞俶成参加会议，校长张伯苓列席，并报告以下事项。题目为编者所拟。

小学部建筑费约需洋三万元，自下学期起，由大学、中学、女中、小学四部在校学生每人捐助十元，分四次交纳，约洋二万四千元，连同王心容先生前认捐之五千元，共二万九千元，建筑费相差无几，拟于明春动工，明年暑假后便可竣事。

（通过）

（南开大学档案馆藏）

西人、日人与华人[①]

（1930 年 1 月 5 日）

华人往昔致力于筋骨之锻炼与精神之修养，故身材多不高大。惟近年风气大开，运动勃兴，体格日伟，已非昔比。鄙人日常努力运动，故身材较伟。惟鄙人有子三人[②]，长者长五尺六寸，幼者长五尺四寸，鄙人仅长五尺三寸，故在家中，退列第三。于此可见中国青年运动之勤，与华人体伟增进之速。

西人努力创造，日人努力仿造，中国则故步自封，逸优称快，即仿造且谈不到，遑论创造。

（《申报》，1930 年 1 月 5 日）

与宁恩承谈任职东北大学事[③]

（1930 年 2 月 2 日）

现在的问题，不是你爱惜羽毛的时候，而是张汉卿有了困难，找不着合适

① 本文为申报记者转述张伯苓之谈话，原文题为《记张伯苓氏之妙语》，题目为编者所拟。

② 原文如此，张伯苓实际共有四子。

③ 2 月 2 日晨，校友宁恩承因张学良命其代理东北大学校长事，赴张伯苓宅请教，向张说明他不愿承担如此重任的原委，张伯苓与宁做了以下谈话。题目为编者所拟。

的人选，士为知己者死。处世之道不是为自己而是为人承担责任，为人解决问题。人家既然有了困难，咱应硬着头皮为人解决，不可顾虑自己，而且办事的成功与不成功，一大半由于咱的用心和努力，只要咱存心良善，努力作去，不会有什么错误，就是有了错误，人们会原谅咱的。

先把孟琴襄先生借给你半年，先把事务整理好了，再加强教授的阵容。

（宁恩承著：《百年回首》，东北大学出版社，1999 年）

日本研究谈

（1930 年 2 月）

许多人会以为中国人是在怕日本，其实是看错了。如果中国人真个怕日本的话，那便好了，何致对于日本到现在还是这样朦胧呢？反之，日本人为甚么对于中国研究得这样清楚明了？就为的是怕中国的原故。

稍为明白国际情势的，都知道今后中日两国间无论感情是好是坏，但关系必较前更深，交涉必较前愈密；而中日两国为求各自国家的生命能够在世界存续计，必须相互扶助，不能相互猜忌。若果是相互猜忌，便是相杀，也就是自杀。所以，想得到两者相互扶助的真精神，在日本首先要努力设法消融中国人对于日本的嫌恶心理，进而使中国达到能谅解程度。在中国便要努力设法了解日本的全内容，欲求了解，惟有研究。

（《日本研究》第 1 卷第 2 期，1930 年 2 月）

学校应努力于教学之研究与改进[①]

（1930年3月5日）

今年社会上热心教育人士，对于本校之图书、经济各方面，多有自动协助者。不久天暖后，即可起筑四种楼房，即范孙楼（科学馆或校友楼），新礼堂，体育馆，及小学新校舍。数年以来，本校命运可谓以今年为最佳，同时吾等即宜利用此种佳运，努力于内部之充实。本年吾校宜进行者约有五端：（1）努力于教学之研究与改进，（2）增加设备，（3）添购图书，（4）改良并加重手工科，（5）社会视察益须努力。此外，道德行为之训练，在中等教育中尤占重要地位，吾侪同人即负此等训练之责者，深望诸先生分工合作，共策进行。

（《南开双周》第5卷第2期）

与杨吉孚谈东北问题[②]

（1930年春）

张伯苓：君自辽东来，有何感想？

杨吉孚：感想诚有之，惟觉无从说起。此行所见，则东北经济完全已入日人掌握之中，日人固无须再加以政治武力之侵略。譬诸屋中陈设之器物，以及箱箧中所藏金银财货，已尽为其所有，曷贵乎洒扫之事。东北政事正如此，日人苟欲并此而夺去之，无异自寻烦恼。然而东北灭亡，仅仅二十四小时可耳。

张伯苓：岂特东北如此，二十四小时直可亡中国耳。君拭目以视全国海口，有无警备乎？

（《申报》，1931年10月22日）

---

① 本文是张伯苓在南开中小学部全体职教员本学期第一次大会上的演说，题目为编者所拟。

② 1930年春，杨吉孚从东北入关过津，参观南开大学，会晤张伯苓，就东北所见所闻，双方有以下谈话。题目为编者所拟。

在范孙楼开工典礼上的讲演[①]

（1930年4月4日）

南开建筑颇多，而最有意义者，当推此之范孙楼。严先生既系本校创办人，南开之精神，即是严先生的精神。而为纪念严先生起见，出校在校诸同学，值得为此帮忙，并得出校同学阎子亨[②]君热心赞助，包办本楼工程，足征南开出校同学之热心，对于母校之爱护，南开学生有如此精神，颇为安慰。

（《南大周刊》第82期）

向南开大学学生的谈话[③]

（1930年4月18日）

余本拟于全国教育会议开幕前赴南京参加该会，适中学部四大建筑只动其二，礼堂及体育馆因建筑费不足，尚须稍待，乃不得不留津筹画，以便早日动工。加以日来正在进行某项校务，为防夜长梦多，中途生变，故辞去全国教育会议专门委员职，以便在此力行，期能早日成功。

国中大局，日来又将有剧变之势，殊为可虑。近尝觉中国今日之病在缺乏真正领袖，在量太多而质太坏，在一般之散、之弱、之贫、之愚。欲求此病，舍教育外无他术。故今后教育之目标当注重在：（一）造成量大、眼光远之青年；（二）造成真正之领袖人才；（三）养成勇敢、果断、有定力、有魄力之国民。

教育责任既如是重大，我校又居最高学府之地位，则今后振作精神，继续

---

① 4月4日下午4时，南开学校范孙楼举行开工典礼，有南开大学、中学、女中三部代表参加，张伯苓在典礼上致辞。题目为编者所拟。

② 阎子亨（1890—1973），字书通，天津人。早年毕业于天津南开中学。后创办中国工程公司，从事房屋、桥梁、闸坝等设计施工业务，其任经理兼工程师。

③ 本文是张伯苓在南开大学礼堂向全体同学发表的第二次谈话大要。题目为编者所拟。

努力，自不容缓。惟要在能力行师生合作，以谋校务之发展，养成团体之精神。若并此小团体而不能和衷共济，则将来置身社会，其散漫如故，无疑也。

今春在京，曾向教部请由俄国庚子赔款项下年拨二十四万元，补助本校经费之不足。近得复讯，以分配困难，只拨十二万元，月付万元。我校大学部每年亏数约十万元，今得此款，虽折扣稍大，究不无小补，今后当再谋发展矣。

现计划自暑假后起，理学院添电气工程和医预两系，作今后发展之第一声。此本系数年前之计划，以经费关系，迟至今年始克兑现。至文、商学院，今后亦当不惜巨款，力求质之精，量之发展则须待诸来日也。

教部于春假前派员来校视察，《周刊》曾报告之。其上教部报告措词，现尚不知。彼等参观某物理班时，正值该班举行小考，彼等似甚注意。盖一般大学，素少考试之说，教者更不敢以考试评学生。余告以考试在南大实家常便饭，无足为奇，承其称慕不置。国中大学如此，将来何以谈救国？

我校行男女同校已十余年，至今男女之间似仍不能相谅，殊非佳象。甚至有视女同学为可奇，而生种种之揣测及行动，更为失当，且遗女同学以轻视之机，望力矫正之。

（《南大周刊》第 83 期，1930 年 4 月 22 日）

宜注意团体教育[①]

（1930 年 4 月 24 日）

1. 集会之历史——讲修身要义，报告校务，请人讲演。

2. 建筑屋宇首须地基巩固，屋宇之大小与地基之坚固状况成正比例。诸生亦有地基，即身体的健康，良好的习惯，知识，技能是也。上为个人的教育。

3. 中国人个人有健全者，但全体则极软弱无能，以贫弱关系致使民族退化。为今之计，宜注意团体教育，所谓领袖教育是也。

4. 下学期本校各部之计划。大学暑假后，拟将文、理、商三科改为文、理、商三院，以统计经济较大，理学院除原有化学、物理、生物、算学外，特加电气工程、医预二科，电气工程科以天津电车电灯公司作补习厂，一、二年级学

① 本文是张伯苓在南开中学高级集会上的讲演，题目为编者所拟。

法文，至三年级即用法文教授。中学部注重科学，将来科学馆落成，则其方便必多也。女中教务副主任，暑假拟与喻先生去美国及欧洲研究教育，俾为将来改革女中之借镜。至于小学，则全系采用启发教学法。

原五月一日集会因官厅禁止各校于是日开会，暂停一次。

（《南开双周》，第5卷第5期）

在日本欢迎中国远东运动会代表团宴会上的答辞[①]

（1930年5月17日）

此次于东京举行之极东运动大会，吾人得以与日本、印度、菲列滨[②]等选手诸君参加该会，诚堪欣幸。回忆第七次大会时，中日两国选手间曾发生纷扰，吾人对之实为遗憾。对于此次大会，希望互相以运动精神临之，不再发生此种不祥问题。中国选手深信以合力奋斗，可以获得最后胜利。至于我国以为最有希望者，即足球、排球及篮球。

（《大公报》，1930年5月18日）

① 是日，中国远东运动会代表选手一行抵横滨，旋赴招待宴。日本岸清一博士代表主人致欢迎辞，张伯苓致答辞。题目为编者所拟。

② 即菲律宾。

在第九届远东运动会开幕式上的致辞[①]

（1930 年 5 月 24 日）

余代表中华全国体育协会，谨祝本届第九回远东大会之成功。余等自抵日本以来，承招待委员及日本国民招待优渥，衷心感谢。本会自发起至今，已历九次，于日本开会此次算为第三次。此次之用意周到及规模宏大之点，胜过前回甚远，实敢断言，此次大会优秀之竞技定必甚多，而参加之各代表间之竞技精神与敦睦友交之念，将乘大会之机会而益加发挥，此为余所最切望之处。

（《大公报》，1930 年 5 月 25 日）

少说空话，埋首奋斗[②]

（1930 年 5 月 31 日）

此次远东大会，中国失败之原因，代表选手方面除自承技术不良外，殊觉无话可说。吾人今后惟自承不是，埋首奋斗，努力练习而已。至于裁判不公，政治不良，其言固非无当，然余以为中国人多说话，少做事，此后应少说空话，多做实事。中国之病在根本基础不够、体魄不强，与各国较，实觉汗颜。日本体育从小学根本练起，中国则惟恃个人天才，安得不败？世界无偶然之事，非做不可，做且为未定成功，中国人不做而惟望偶然，又安得不败？故今后应：第一，从小学校起，根本改造体育。第二，训练应不仅为个人的训练，切实作

① 5 月 24 日，第九届远东运动会在日本东京开幕，共有 500 余名运动员参加，岸清一博士致开会辞，滨口首相致欢迎辞，嘉纳治五郎述大会精神。次为中国代表张伯苓等相继致答辞。题目为编者所拟。

② 第九届远东运动会结束，东京侨胞的重要团体于 31 日开茶话会欢送中国体育代表团回国，中国代表团总代表张伯苓在会上演说，随行记者邹韬奋有感录其讲话，并认为“这一段话实在值得全国人人读一百遍，不但关于体育方面；无论从事那一种事业的人，都值得他们读一百遍”。原题为《张伯苓氏之沉痛演说》，题目为编者所拟。

团体的整个的计划；依科学方法，精密分析。如足球重在那里？篮球重在那里？中国篮球之失败，实以投球不准为最大原因。中国人一切只听其自然，不知努力，若侥幸而胜，将来更坏。此次败战，可为一严重教训，应各彻底觉悟，从根本起改造体育，从根本起注重训练。不特体育如此，一切应以科学方法，切实努力。日本人虽偏狭，其努力精神却可佩服。中国如能由此少说空话，自己努力，则此次败战，方为不虚。

（邹韬奋著，中国韬奋基金会韬奋著作编辑部编：《韬奋全集》(3)，上海人民出版社，1995 年）

与黄钰生谈南开教育方针①

（1930 年 5 月）

南开之方针尽宣于其三十年来之历史，读南开之历史者，即知其方针之所指，且方针易谈，实事难做，事实有成，其昭信之程度远过于事前之健谈也。

促进中华体育方法②

（1930 年 6 月 7 日）

一、日本进步可畏。

此次赴日后，感想极多，对日本百事之进步，殊令人可钦可畏。体育其一端也，田径赛、游泳，已足与世界各国相抗衡，即以足球、篮球而论，三年前之今日，实力相去不啻天渊。此种奋斗不懈之精神，实足为吾人取法。

二、兹后裁判问题。

① 为学生出版部刊印《南开大学向导专号》，大学秘书长黄钰生以南开教育方针呈询张伯苓。题目为编者所拟。

② 第九届远东运动会结束后，《申报》特派记者钱华与张伯苓同船返国，在船上二人进行了多次长时间谈话，讨论促进中国体育之方法。

此次大会中，对于裁判员之缺少经验，多少有偏袒之处，殊令人不快。关于此点，我国代表曾于三国代表会议时提出，请各国注意。讨论结果，议决下届大会举行时，裁判员应先征求其他二国同意。但因此条有关日本体面问题，在大会记录上并未载明。得三国同意谅解而止。

三、根本救济办法。

关于根本补救中国体育不振办法，体育协进会曾于五日晨在龙田丸船中开会讨论，议决治本与治标两种办法，治本办法，即正式向教育部建议，自小学迄大学，增加体育必修课，再由适宜指导员负责指导，分门别类，以渐进的方法，从事练习，但此非短期内所能奏效也。

四、南北分区练习。

至治标办法，是日所议决者：（一）足球以港、沪两队为中心，从事训练，并于短期内资遣至欧洲比赛，以增长其经验。（二）排球责成港粤两队继续练习，聘请优良教练，以最新科学方法，力求进步。（三）篮球以天津、北平为中心从事训练，且时时作分区比赛，以售券所得，充两队旅费。（四）经赛[费]全国同时努力，在各学校中训练，设法多建运动场。游泳及棒球，为我国最幼稚最困难之运动，建造最新式之五十米游泳〈馆〉，耗款极巨，但体协会仍当努力设法，以谋进步。至各种运动练习，暂以明年全国运动会为目标，庶能格外奋后（发）。

五、改组体育协会。

有人曾提议改组体协会，组织强有力之体育中心机关。余亦深觉体协之不完全，体协原分东、南、中、西、北五区，以华北较有历史，较有团结。但余深信体协要有一个中心势力，可以支配全国，而地点亦以上海为最适宜。苟无上海机关，第七届即不能赴马尼拉参加大会，第八届即不能在上海举行，本届即不能成行，且前届中国体育事业均由外人主持，自第七届后，迄今完全由华人自主，不得不谓进步。诸事均要逐渐进步，操之过急，反易生阻力，故余主张应暂维持现状，俟明年全国运动会时，乘便召集全国体育家讨论完善之改组。又有主张体协会亦以省市〈为〉单位者，恐更难召集全国，殊非计之得也。

六、南开学校体育。

此次受感触极深，返津后，即当以南开学校为模范，开始进行体育训练，自小学迄大学，以体育为必修课，聘请良好教练，分门训练，并拟建筑大、中学篮球房各一座，以明年全国运动会为目标，保持天津篮球队之名誉。进一步言，即增进全国篮球一分之力量也。

（《申报》，1930 年 6 月 7 日）

东游兴感

（1930年6月10日）

第九届远东运动大会，我国总代表张伯苓氏六月六号率着一部分健儿回到上海来，七号晚入京，十号朝再回到上海来，同日下午三时乘通州船离开上海，回天津去。我们因为他年来几度远游，对于最近国际情势体验精透，这次又新从邻国吸了另一番空气回来，自然有很珍贵的鲜感表示，所以在十号那天上午趁着空儿作长时间的谈话，并且同时要求他把扼要的谈话在本志发表，他很客气的不愿意，但终于被逼而应允了。我以为他所谈的虽未必尽关日本，但总是因这次东游而起的感慨，请读者特别注意。

乐素识

我到日本，连去欧美而道经的，这次便是第十三次了。这十三次自然不是在同一短期间内履行，而是每次都相隔着短者至少数月，长者或数年的光阴，而唯其如是，所以每次踏进去就受了不同的印象，跨出来就有了异样的感想。是的，日本自然不算做一个大国，若他们和我们站在欧美人面前，鉴貌辨色，也许说我们还要来得精灵些，但是在无论相隔着怎样短的期间内，他们总表显出多少进步，有时那进步的神速，真值得赞美，不比我们五年也是依然故我，十年也是依然故我；而且他们的进步是整个的均衡的进步，就这一点说便可以看出他们一致努力了。然而以前的十二次我所受的刺激，总比不上这一次来得深切凶猛，所以有这种征象的原因，大约是神经受了尖锐而杂博的袭击而起，现在要把他们从新分析解说，自然做不到，只好把那扼要的几点来谈谈。

我们在神户上岸，虽然匆匆的就到火车站赶入东京去，对于神户虽没有机会领略，但也就平平罢了，不会有什么可以兴奋的。东京却就不然，太好了！巴黎虽有壮丽的凯旋门，纽约虽有七十几层的入云建筑，然而你要找一个划一均平齐齐整整的都市，除了这刚刚复兴完成的东京外，在世界任何地方都找不到的，所以说东京是世界第一的新兴都市，并不算过言。是的，我们到了东京没几天，他们正庆祝复兴完成，他们的狂热安慰，很惹我们这些异国人羡慕，然而朝野多年一致联合努力苦斗的精神确是值得有今日的啊！回想当年空前地震的大灾，虽则是他们的大不幸，但在另一面说，那正是他们所以能造成今日的绝大机会，不过，还得像他们那般奋斗，才有今日的成功，绝不是快意空谈或一时的努力可以梦想得到的啊！

这一次运动会我们虽则是失败了，但是以我们自身论，今年的成绩确较以前进步，不过自己进步得慢些而人家的进步又太过快了，所以才太相形见绌。大会未开之先，他们的预测，自然不免太夸，但结果相去还不远，而且确造成好几种新纪录。老早接到他们种种充分准备与训练的消息，便深知是我们的劲敌了；我一到会场，看见他们的设备，就知道他们对于体育的提倡，下了很大的决心，只想想若果为这一次运动会，他们断不肯轻费多量的金钱与精神去做这样大规模的完美建筑，可知他们对于将来的注意看来远比较现在厉害。看啊！他们虽然夸大，然而他们不肯存自满之心，而着着的顾虑将来。这种精神，愿我国民万勿忽视！

因为这次受了好几种刺激，所以在归途中就起了无穷感慨，在体育方面就和同行的几位朋友作详细的讨论，我以为治标治本的两方面都应该一样注重，所谓治标，简单点说就是全国应多找机会来集合训练与比赛，不可困守一个地方，所以能够常常到国外去更好（详见六月七日《申报》教育消息栏）。至于治本方法，七号晚我曾晋京和蒋教育部部长商谈，请教部通令全国各校，自小学起对于体育便应定为必修科目，而且规定体育上的必要设备，那将来才可以产生多量的杰出人材，不似前此临时抱佛脚的在很窄的范围里勉强抽调；此外对于唤起全国民众对于体育上增加兴趣也是一件很重要的工作。当时蒋部长和我说在进行上最困难的问题便是没有经费。是的，这实在是件最为难的事情啊！我这次东游最大的感想便是他们无论在各种社会事业上、在体育上都能上下一致的努力，而最后一步还实实在在的望着政局的安定。所以一提起讨论任何建设，为了政局不能安定，便真是束手无策，甚么话都说不下去。

日本，我们姑勿论他们的政治好坏，然而自明治维新以来，最早有中日之战，继而有日俄之战，继而有欧洲大战，都是唤起全国一致对外的绝好机会，所以这是他们的幸运。

在国外说中国的出洋留学生和日本的出洋留学生成绩比较，至少可以说不相上下，然而他们回来大多数可以献身社会工作，而我们就大有人浮于事之叹；国外回来的如此，国内学校出身的又怎样？更不堪提了，一个大学生他读书的时候每月至少要卅块钱的用度，然而毕了业跑进社会去几多想廿块钱一月的薪金也一筹莫展，这是不是真的我们人材太盛的原故呢？太滑稽了吧！怎样人家如此，而我们又相反的如此？无他，最大的还是一个和社会相容，一个和社会相拒罢了，而社会之能够勃兴，我以为首先要靠政治力量。

说到政治，就联想到政途，中国学生稍微聪明而有点材干的就每每认做官是最好的出路，有些简直认做官是一种营业，所以便如蚁附膻的跑这条最窄的门路，这真是一个最危险的现象！英国驻美大使白拉爱斯说：美国第一流脚色都置身于工商业，在政治上活动的多是第二流人物，请大家注意这句话吧！

有安稳的政治，各种事业才能有发展机会，才能进步，这是一定的；不过我们万不能把做官当作营业，更万不能都跑去做官；所以我们今后的努力应该一致设法使政治安稳！至于用甚么方法可以使他安定？那就要大家尽力去考虑，为国家谋幸福！

（《日本研究》第1卷第5号，1930年6月）

我国体育之改进方案①

（1930年6月13日）

本人在宁时，曾向教育当局对于今后我国体育之改进略有具体之建议，当经容纳，并拟不日通令全国一体遵照办理。此项方案计分两项：

一为治本，即日令全国中小学实行强迫体育之教育，使各中小学校俱有体育之设备，如游戏场等，并须聘请良好体育教师，以训练青年学生，使若辈养成体育之爱好，此事势在必行，否则取消其学校之资格。盖以我国体育界，仅有少数天才份子而已，而日人举国皆为运动员，我国虽国大，而体育之人才决不多于日本也。今也自小学中学即输入体育之爱好，故此事实为治本之策。

二为治标。此事将责成我国体育协进会办理，其方法如次：一，常比试。全国各处可作长时期多次数之互相竞赛。二，常与外国队比试。以此可以增进经验，是后遇国际竞赛时，庶不致却阵。三，送队赴各国比赛。以上三项，即为治标之策。此次日本之胜利，实因日本长进太快，菲律宾之失败，实以菲已

① 本文为张伯苓与《大公报》记者的谈话，原题为《张伯苓昨日归津，谈中国的体育》，题目为编者所拟。

进步到相当程度，菲又属小国，不克有所发展。我国按最近成绩，实有进步，而较日则望尘莫及也。故望今后教育界，对于体育应加十分之注意，盖体育实为最要之教育也。

（《大公报》，1930年6月13日）

日本何以强，中国何以弱①

（1930年6月19日）

此次赴日参加远东运动会，所受刺激极深。诸君均知我国运动员计男女一百三十余人，北至哈尔滨，南至广东，皆有选手，可谓代表全国。然结果大败而归，田径赛是一无所得，球类只得一排球，足球不分胜负。至失败之原因，裁判员裁判不公成分甚少，我方运动员及职员精神非不奋发，各种运动亦非不进步，不过日本进步极速，我方进步较缓，此为失败之惟一原因。日本人事事肯认真研究，肯实地去干。即如足球一类，要诀自在踢准、跑快、合作三事，日本人则用科学方法分开研究，结果进步异常神速，又曾派队至美国与强球队比赛，且不时请德、法名队到其国内比赛，总期精益求精。

至我国内战运动方酣，自无暇顾及学校体育，个人又只靠天才，听其自然，不求深造，以少数与其全国多数比，焉有不败之理？故讲求运动须从小学起。此次在南京与教育当局讨论治本、治标两种办法：治本则从小学注重体育，各学校必须有运动场，并须有好教员训导；治标则由体育协进会提倡，请各省运动员到上海与外国队比赛，以资练习。

至余此次因受刺激，常私自研究日本何以强，我国何以弱。以学校作譬喻，日本似已大学毕业，而我犹以小学降级，其原故何在？按日本未维新以前，德川握有政权，天皇无力过问，人民受内忧外患之激迫，当然先将握有政权者推倒，组织新政府，对天皇负责，但天皇并无权力。由小范围做起，如一部小机器，其初亦有困难，及一战胜中国，遂将机器换大，并求坚固；再战又胜俄国，遂更加坚固；最后又参加世界大战，益以四十余年之普及教育，遂成今日之真

① 本文是张伯苓在天津基督教青年会联青社的演讲。

正国会内阁，为世界组织最良之国家。

返观吾国，当辛亥革命之时，适君主握有政权，因政治腐败，外患日亟，遂不得不将君主推倒，不幸又有种族观念，不能发生替代方法，只得根本推翻，改为共和政体。我国这样大，人民程度这样不齐，十余年来，总走不通。前年国民党北伐成功，统一全国，前途极有希望，乃曾几何时，又呈分裂之局。急思不得出路，言之至可痛心。

盖国人最大毛病在于自私，缺乏合作性。所以，个人天资体格，均不弱于日本，至于体团工作，则凡事不如日本。吾人应彻底觉悟，改变自己心理，灭除遗传劣性。

余于此二十余年内，前后赴日凡十三次，每次无不惊讶其进步之速！如一部大机器，昼夜转运不息，且牵引各种机器一齐动作，以致全国无旷土、无游民。吾国所缺少者，只此一部机器，所以全国陷于停顿。举凡工商业均谈不到，教育救国亦等空谈，武力统一，势必演成循环战争之公例。国家如何方有出路，此实中国最大之问题也。

余感觉建筑运用政治之机器，为吾人共有之责任，不能放任亦不能坐享其成，应自行答复下列三问题，一，中国病在何处，二，治法如何，三，我应怎么样。余饱受刺激，言语未免感情用事，尚请诸君原谅。

（《益世报》，1930年6月20日）

人生之快乐，非安适之谓①

（1930年6月28日）

诸君在校最少四年，多者殆达十年，诸君砥砺学生（问），叠经考试，今日学成毕业，实足欣慰。顾诸君在此早晨上课，晚间用功，养成此种习惯，非一朝一夕之功，而此后诸君欲求继续进步，则已往习惯与精神，千万不可放松，不可丢弃。这更须认定人生观快乐之者，非安适之谓，凡经过困苦奋斗者，所

---

① 是日，在八里台大学部礼堂举行南开学校大学、中学、女中三部毕业式。由大学部黄钰生主持，张伯苓对毕业生致训词。题目为编者所拟。

得之快乐始有价值，希望诸君对此种功夫继续做去，使成为生活的方法。诸君能终身维持此种精神，则于本身、社会均有裨益。当此临别之际，谨以此与诸君相勉勖。

（《大公报》，1930 年 6 月 29 日）

祭校董王益孙先生文

（1930 年 7 月 4 日）

维中华民国十九年七月四日，南开学校全体师生谨以清酌香花致祭于校董王益孙先生之灵，曰：

于戏先生，析津之英。痌瘝在抱，金玉其行。而细数其平生之功业，尤在乎南开之经营。胡昊天之不吊，遽使返驾乎蓉城。岂修短之有数耶，抑造物之不情。栋折兮榱崩。前哭范老兮，不图今又吊夫先生。斗山失仰兮，大厦谁撑。桃李含悲兮，弦歌发为变徵之声。虽暂聚者形，不朽者名，睹南开方兴未艾，先生亦必含笑于九京。滴泪和墨聊以慰情，魂兮归来鉴我衷诚。

（《广智馆星期报》，广字第 79 期，1930 年 7 月 20 日）

远东运动会裁判问题①

（1930 年 8 月 4 日）

最适当者，应组织三国裁判委员会，从事于裁判员之训练。同时凡两国比赛时，应请第三国裁判员裁判，庶双方毫无间言。否则，纠纷将无已时，或将动摇大会之根本。

（《申报》，1930 年 8 月 4 日）

---

① 针对在日本举行的远东运动会上出现的裁判问题，《申报》记者钱华与张伯苓进行了讨论。本文为张伯苓对记者表示的意见，摘自钱华的文章《东游心影》。题目为编者所拟。

感想与感谢

（1930年8月）

本年第九届远东运动会，日本全胜，中国惨败，而究其所以然之故，并非日本有何异术，不过一国之内政治良，凡百方面皆发达，故体育亦因有卓绝之进步。观于东京地震后之新设备，无一不见奋斗精神。吾国此次赴赛者，均由苓偕同自沪启程，北极哈尔滨，南极广东、香港，中而北平、天津，各地人皆有，男女都百三十余，非不精神踊跃。查其所得训练成绩，虽不及日人之卓绝，而较以前诸运动，进步多多。但在分崩离析之局势下，内争不止，国不稳固，民气凋敝已尽，欲求体育大发展，而实不可能。以此欲大发展体育不能之民族，而与国势蒸蒸之日人较，不待比赛而胜败之数已决。此固吾所一为感想而一为太息者也。所冀经此一番惨败后，人人皆有特殊之觉悟。果能同起奋斗，则吾国体育前途，当不无绝大欣幸之可言。即如此次筹备远东运动会，虽未获全国大多数之协赞，然经费由政商界帮忙，训练由专家助理，一切进行组织，则借重郝伯阳总干事之力居多，此吾至今所为犹感谢于心，而不能或已者也。

（《中华代表团参加第九届远东运动会特刊》，1930年8月）

观察世界大势，脚踏实地工作[①]

（1930年9月1日）

吾校当此遍地天灾人祸，交通阻隔之际，而国内各处来校投考之考生，犹如此踊跃，今与诸生——中国有为之青年——相聚一堂，实觉前途光明，愉快万分。吾人在南开服务或求学，应本着“抬起头来观察世界之大势，低下头去脚踏实地工作”之目标，勇往前进。至本学年之工作可报告者甚多，兹举其大

① 9月1日上午10时，南开中学在礼堂举行第53次开学式，张伯苓发表演说。题目为编者所拟。

者，则为筹办学术观摩会，以谋增加诸生之课外生活之兴趣。

（《南开双周》第6卷第1期，1930年10月6日）

团结一致，努力工作①

（1930年9月10日）

本会之目的固甚善，惜实施方面，尚嫌有欠周之处，此后宜力谋内容之充实，以增高同人之兴趣。

中国目前时局之乱，为从来所未有，吾人欲解目前烦闷，除超脱时局，努力工作外，无他路可走，亟望全体同人团结一致，共同奋斗是幸。

（《南开双周》第6卷第1期，1930年10月6日）

人贵立志，不可畏难②

（1930年9月18日）

（1）人贵立志，诸生于一学年始业之际，正宜立志。

（2）青年人不可畏难，应有进取奋斗之精神，亦即南开之历史所昭示吾人者。

（《南开双周》第6卷第1期，1930年10月6日）

---

① 是日下午五时半，在南开女中礼堂举行南开男女中学部及小学部全体职教员会，首先由会议主席陈筼谷致开会词，略谓该会的三个目的为：一，联络感情，二，欣赏游艺，三，研究学术。次由张伯苓演说。题目为编者所拟。

② 18日下午，张伯苓召集初三各班同学在礼堂集会，并演讲。本文为其演讲大意，摘自“校闻”栏，题目为编者所拟。

南开学校之宗旨及学生应注重之三要事[①]

（1930年9月23日）

远方学生不惮跋涉，来此求学，非专为师长良好，设备较优，实以南开的教育宗旨在使学生“自动”“自觉”，自负责任以求上进，于是造成一种良好校风，而全校学生于不觉不知中随之亦好。所要者，诸生在校能自立，到社会里去更须不为环境所动移。值此求学时期，诸生当以道德、身体、知识三事为自立基础。

青年在预备时期，如知识之增进，身体之锻炼，道德之修养，三者须同时并进。深望诸生勿以等闲视之。

（《南开双周》第6卷第2期，1930年10月20日）

在南开学校董事会例会上的报告[②]

（1930年9月28日）

一、十八年（1929年）度决算草案

大学部实亏	144,599.29元
中学部实亏	42,233.21元
女子中学部实亏	38,323.81元
矿科	83,124.18元
总亏款	308,280.49元

（结果：十八年度决算原案通过。）

二、其他事项

① 23日下午6时，南开中学初一、初二年级在礼堂集会，张伯苓发表演讲。本文摘自“校闻”栏。

② 是日下午2时，南开学校董事会在中学部召开例会，颜惠庆、孙子文、严慈约、李琴湘、卞俶成参加会议，校长张伯苓列席，并报告以下所列事项。题目为编者所拟。

1. 大学、中学、女中、小学四部开学后，精神均甚佳，学生总数约为二千六百零八人，计大学部四百零二人，中学部一千七百六十四人，女中部三百零八人，小学部一百三十四人。

2. 小学部校舍已落成，建筑费共洋四万一千六百三十五元。购地垫土等费约二万六千九百九十二元。除地价分期摊还外，余尚亏洋二万六千三百十七元。

3. 本年三月间，曾由中俄庚款委员会批准，每月拨付大学补助费一万元。此款由四月起本可照拨，以战事至今停顿未发，现在时局已有转机，前已连同慈幼院等处向财、教两部电催，想不久或能拨到。

4. 市政府自本年起，由皮毛牙税项下年拨四万元补助中学部，现已领到一万元。

5. 数月前，傅宜生[①]先生曾电请阎百川[②]先生，将小站营田捐归大学作为学田，以战事搁置未决，现正在进行之中。

6. 美国兵营拟会同我校购地起建健身房事，已接洽二次，现对方正筹备具体办法，俟有结果，再向学校提出讨论。

（南开大学档案馆藏）

南开还有更大的进步[③]

（1930 年 10 月 17 日）

每年我们学校的纪念会，我说的话很多，今年我希望不说才好。今年虽然仍把我的开会词，规定在秩序单中，我想还是按我原来的意思要少说，今年是我们学校成立二十六年的纪念日，每年的纪念会都在中学来开会，原因就是中学是我们学校的起源。这二十六年过得很快，期间可以说有些小小的进步，不过这还是学校的起首，将来还有更大的进步。以前是预备的功夫，以后要实地的做去。现在回想过去这些年，运气还算不坏，再想以后的计划，希望能继续

① 即傅作义。

② 即阎锡山。

③ 10 月 17 日上午九时，南开大学、中学、女中、小学四部及出校校友在南开中学礼堂举行庆祝南开学校成立二十六周年，会上张伯苓致开会词，《大公报》与《益世报》分别予以报道，但词句有别，本处一并收录。题目为编者所拟。

下去，但是我不愿藉此说些好听的话，像时髦人开空头支票一般，我们是要让事实来表现，不愿意拿宣传做幌子，能本这种精神做去，不变方向，所用的方法，随着时代而应付。

至于范孙楼的落成，纪念已故严先生对于我校悠久的历史，若是他老先生能多活几年，我们学校相信一定还要好得多。严先生之死，使我们精神上少了一位领导的人，不过严先生虽已经和我们永别，但我们深信和他的精神永远仍在一处。

（《大公报》，1930 年 10 月 18 日）

附：《益世报》载张伯苓开会词

每届纪念会期，本人例须发言，此次本拟不发言，但于规定程序时，各位令我发言，故本人仅述数语。

我校成立，已届二十六年，每逢纪念，四部均在中学开会，因中学部为我校发源之地，此念六载，转瞬已过，在此过程，略有进步。然此仅肇起，将来前途尚远，因以先为预备时期，以后即须努力工作，希望各位本立学之宗旨，与教育救国之精神，在社会上作事。又于每次开会，以为从前成绩不错，故对将来之期望亦因之而生，本人不欲仿时髦人之口吻，开许多空头支票，最好须事成于先，而言发于后，方能进步。故余意学校之宗旨始终不易，则进行之方法可依环境随时改变。

此外尚有房一座，亦于近日落成，颇值纪念，即为本校创办人严范孙先生之纪念楼。因本校初在严宅成立，规模甚小，以后渐次发展，始有今日。不幸严范孙先生于客岁与世长辞，极觉精神上领导乏人，校友等为追念先生之精神，特集资为先生建纪念楼一座于中学，以志不忘。

（《益世报》，1930 年 10 月 18 日）

众擎易举①

（1930年10月17日）

本校各部新建筑物颇多，而小学校舍性质独异。盖此校舍为全校学生所捐募，捐款人数达二千五百余人，此事意义甚深，以后更赖大众扶持。按欧美各国私立学校多赖校友，今日南开举行典礼，一为在校学生捐建之小学校舍，一为出校同学捐建之范孙楼，简言之，亦可谓为由少数负担之责任，渐移诸多数人之身，此即众擎易举之谓也。外界捐款更有王心容先生慨捐一万元，故小学之成功，王先生实有功绩，敬致谢意。

（《大公报》，1930年10月18日）

附：《益世报》载张伯苓开会词

今日为小学部落成典礼，我校四部，校舍甚多，但此处与他处迥不相同，因此舍为大家帮助而建者，约有二千五百余人，人人为在校学生，其意至深。我校发起于严宅，首中学，后大学，再后为女中，最后为小学。以往仅由严先生及各位帮助，今则人多，得由大众扶助，继续发展。众擎易举，故有此舍之成，希望大家人人养成互相帮忙之习惯，出校后，亦能担负责任，可免人存政举，人亡政息之虞。

（《益世报》，1930年10月18日）

① 10月17日下午3时，举行南开小学部校舍落成典礼，到会者除小学部全体外，还有南开中学、女中学生，及来宾教育局长邓庆澜、女子师范学院院长齐璧亭等，会上张伯苓致开会词，《大公报》与《益世报》分别予以报道，但词句有别，本处一并收录。题目为编者所拟。

学习严修做人的精神①

（1930年10月19日）

本人对于今日大会，有极深刻之感想，以此楼为纪念本校创办人严范孙先生之纪念楼，因联想到本校成立迄今二十六载，合以往在严宅私塾数年，共计三十二年，在此过程中，国家变化无止，有变而进步者，有变而退步者。但在此二十余年中，有一奇事，为目今社会人士，对旧有人事，均极愤恨，而对新兴各事，不加审查，均认为良好，南开学校，竟能于此新潮流中，纪念这位老先生，故想来甚奇。又在最近二三十年中，革命风行，处处破坏，南开竟能建设，亦足为奇。但本人以为今日纪念，非仅为此楼与严先生个人，乃纪念其平生之道德，严先生平生以“温良恭俭让”五字为箴，博学、慎思、审问、明辨、笃行，处事能代表中国文化之“作人”，并对新旧思潮，均极力研究，能保持我国固有之文化，而吸收世界新知识。希望大家以先生之精神前进，不独南开得以发达，即国家前途，亦可得以进步。

（《益世报》，1930年10月20日）

附：《大公报》报道张伯苓在范孙楼典礼上之演讲要旨

严先生之道德，为温良恭俭让；其行为则博学、审问、慎思、明辨、笃行，当之而无愧。我人纪念严氏，应效法其做人的精神。

（《大公报》，1930年10月20日）

---

① 10月19日上午10时，在南开中学礼堂举行范孙楼（校友楼）落成典礼，参加典礼的有颜惠庆、王树常、严智怡、陈宝泉、全绍清、杨豹灵，南开学校各校董，以及各地南开校友五百余人，会上张伯苓致辞，《大公报》与《益世报》分别予以报道，但词句有别，本处一并收录。题目为编者所拟。

在天津青年会第三十五周年纪念会上的讲演[1]

（1930 年 11 月 15 日）

天津青年会，自庚子后即行办理，虽经多少波折，而能至今不息，因其精神为人服务，替大众牺牲，为社会服务，故经阻碍，其组织益固。今日开会，为追纪以往之事迹，而发展将来之前程。

（《天津基督教青年会三十五周年纪念册》）

在张学良视察南开大学欢迎会上的致辞[2]

（1930 年 12 月 16 日）

此次内战结束，国内顿呈一番新气象，亦实民国以来最有希望之最后一次机会，而汉卿先生能不顾自身利害，替国家前途打算，毅然赴南京，足见救国救民之诚意。我们均应以国民之地位表示热诚希望。

附：张学良之训词

鄙之所以有今日，亦实南开之赐。因十四五年前感东北受日俄之侵略，内乱频频，自觉毫无希望，只好坐待为亡国奴耳！对于世事，极其灰心。后聆有名人赴东北讲演《中国之希望》，奇而往听，志气为之大振。此即贵校校长张伯苓先生是也。

（《南大周刊》第 100 期，1930 年 12 月 18 日）

---

① 是日下午，天津基督教青年会第三十五周年纪念会在青年会大礼堂举行。臧启芳、雍剑秋等 200 余人参加，有美军乐队到场助兴。张伯苓发表讲演。题目为编者所拟。

② 16 日，海陆空军副司令张学良偕夫人于凤至及随员十余人分乘八辆汽车来南开大学视察。上午十时半，全校师生在礼堂举行隆重欢迎会，首由黄钰生主任主持开会式，次由张伯苓致欢迎辞。本文摘自《张学良先生来校演讲》一文，题目为编者所拟。

《南洋中学三十五周年纪念汇刊》题词

（1930年）

南洋中学三十五周年纪念汇刊

精神缔造，卅五经年。

中学之冠，蔚起英贤。

张伯苓敬题

（上海市南洋中学编：《南洋中学珍藏名人书画集》（1896—2006），2006年）

在王正廷、徐谟演讲后的发言[①]

（1931年1月14日）

本人办学有年，近忽愈变愈胖，如早聆儒堂先生相人之名论，叫早改习商贾，为富家翁矣。最奇者，徐谟先生忽而尖尖在本校充教授，忽而又长长登政治舞台，今日重临南开，固仍谆谆教育家也。至儒堂先生二十年来对体育之努力提倡，无论在政与否，始终如一。至近年来在内战频起中，一心谋外交之胜利，亦多足称道。至收回比租界，与南开关系尤繁。以前交涉接收者，为本校教授凌冰先生，今日实行接收者，又为本校董事王儒堂先生及前教授徐谟先生、应尚德先生，希望嗣后收回一切租界，皆与南开发生关系也。

① 1931年1月14日下午3时，国民政府外交部部长王正廷和前南开大学政治学教授、时任外交部美欧司司长的徐谟来津收回天津比利时租界地，并在南开学校演讲。本文系王、徐讲演后张伯苓的发言，题目为编者所拟。

附1：王正廷在南开大学的演讲（1931年1月14日）

这次到南开大学来演讲，已是第二次，南开的进步，的确可以佩服。刚才在南中看见新建的范孙楼，足见南开对严先生的追慕。的确，严先生对南开的功绩实在值得永久纪念的，但纪念严先生，最重要还在发扬南开的精神，为保持善良的校风，及提高南开毕业生在社会的地位等等。今天所要和诸位谈的，便是本个人的经验，对□方面，向诸君贡献几点。国民政府对教育极重视，所以蒋主席在百忙中，自己亲任教育部长，并一再申令严饬□□。南开的学风，其优美早为全国所知，相信以后一定能永久保持着，这是我们引为快慰的。

今天拟贡献给诸位的：

第一，在学生时代，最应注意的是健康体格的养成，因为一个人在社会上最贵的基础，便是身体。就民族全体来说，要整个民族的兴盛，自然全靠各个分子的健全。政府已计划将来在每一个省及市里，设立一所完备的医学院，因为要民族健全，积极要提倡体育，消极要发展医学科学。

第二，在学生时代，首应明白自己的长处和短处，仿佛记得有一位心理学家，将人分作三类，(一)执行者。能处理各种事务头头是道的，如各大公司的经理，以及一个国家的元首，都应具这种天才。(二)学问家。宜于研究各种学问。(三)发明者。生性多近怪僻，与人格格不入，如美之爱迭生[①]，曾屡被黜职，第一次在电报局任发报员，因修理一天的机器，把全城的报遗误了，而被辞退。第二次在大公司任售货员，一天晚上他想法把公司所有的老鼠处死了，致满地狼藉，亦被黜退了。他这样怪僻，正不失其为发明家的特性。在社会上做事，最怕“不适合”(Misfit)，如以发明家充当领袖等，即是不适合。所以在学生时代，先要自己反省属于哪一类的，然后发展其所长，补充其所短，量才自用。

第三，要知人。在学生时代，先应练习知人。以前看见Brakefort所著的《相学》，说得很有趣，如看见来人的头是上圆下尖，可以断定他是一位教育家之类；如脸圆圆的，一定能理财致富；面凹的性情多缓滞，面凸的性情多急躁。凭此原则，十中八九。用人时如冲锋陷阵，应用性情急躁一类的人；运筹帷幄，应用性情缓滞一类的人。说句笑话，个人考试外交官面试时，往往应用这个原则，去评校人才。所以诸位亦不妨在学校里，先就同学间练习于人的认识。

第四，应注意国家大事。学生时代，固不可参与政治，但应当随时注意，

① 今译“爱迪生”。

随时研究，随时考量。政治是永久存在的，现在能评考其得失，则将来亲身参与时可以得一鉴镜。

最后关于外交情形，亦拟和诸君简单的抽象谈一谈。因为现在虽然谈不到什么秘密外交，但未办竣及在进行中的交涉，如说得太笼统，则诸位必觉得隔靴搔痒，太率真了，怕有失外交官的身分，今天只能抽象的说一说，请诸位自己去猜测。关于现政府外交的方针政策，短短的总理遗嘱内，多完全包括在里面了，如我们要求独立，自然应该和以平等待我之民族共同奋斗。而遗嘱内所昭示我们，尤须于最短时间促其实现者，厥为开国民会议与废除不平等条约。关于国民会议，四中全会已决定今年五月内召开，废除不平等条约一项，如关税自主，仰赖总理在天之灵，和全国朝野一致的努力，已不成问题。目前所努力者为：

领事裁判权之取消。在中国享有领事裁判权者原有十九国，共中如德、奥已因战事而取消，苏俄及墨西哥自动放弃，比、义、西班牙、葡萄牙、丹麦已另订平等新约，所余英、美、法、日诸国，政府已抱大决心，非最短期间使其取消不可。我们可以负责的说，在五月五号国民会议召集期前，亦必使此项交涉完全达到废除之目的。此并非对友邦之恐吓，实乃表示我们的决心。现在世界上有领事裁判权存在的，只有我们中国一国，这种耻辱，一天不涤除，我们便一天不能忍受。希望全国能一心一德，为政府后盾。此外租界及租界地之收回，内地航权之完整，外国驻军之撤退，均当随时考量国势如何，努力使其早日实现。

附 2：徐谟在南开大学的演讲（1931 年 1 月 14 日）

离开八里台四年，今日复得重来与诸君聚晤，其快慰可知。现在中国最缺少者厥为纪律，如秩序之遵守，及权利之保持等，普通人均极忽视，且多以破坏秩序为自雄，唾面自干为美德，此实异常谬误。南开校风，最重秩序，学校行政及平日学生生活均井井有条，且对应享权利，虽极微亦必力争，实可为社会模范。

（《大公报》，1931 年 1 月 15 日）

在南开学校董事会例会上的报告[①]

（1931年2月9日）

一、小站营田自划归学校管理后，更名为南开大学校田局，委郑达如、华午晴、孟琴襄三君为校田局委员，学校于接收该局后已呈省政府备案。去年十二月间已奉到省府准予备案批文，并于接收后已开始征收租金，结至现时，共收租洋约四万元。除开支该局经费四千元，前营田局预征一千四百元，及河工六千元外，实收洋二万九千元。该营田局曾有年拨三千元补助天津县教养院之例，惟在前二年营田局在警备司令部管理之时已停止补助，且教养院现已划归天津市管理，更无补助之根据。日昨县公署特派县署财务局、教育局两局长来校，要求照原案年拨三千元，以作县教育经费，并要求将前二年停发之款一律补拨。当即答以此款前由警备司令部停止补助，并现时校款异常拮据，俟稍裕时再行设法。此事将来如县署再派人前来交涉，应如何应付？请讨论。

（结果：此租款已划归学校作为经费，该补助当然不能再付。且该补助费已经前局停止拨给，而教养院又复划归市府管理，县署要求照原案拨助事已无根据，便中由校董向县署解释，以免误会。）

二、前市府允准补助中学每年四万元，现以市府经济支绌，已减为一万元，现复去函交涉，尚无结果。

三、前庚款委员会允由俄款项下月拨万元事，现由铁道部以反对动用庚款母金之理由驳复，月前在南京与蒋主席接洽一次，蒋主席表示极愿补助南开，惟补助方法须待研究，故一时尚无具体之结果。

四、前具呈省政府请求补助费每月万元案，已经提交委员会第二一八次会议议决，交由财政厅核议矣。

五、章瑞廷先生前捐款五万元作为建筑礼堂之用，因礼堂建筑费至少需款八万元，故一时未能进行。前商之与（于）章先生，章先生表示，礼堂暂缓建筑，该五万元改作基金，以增学校之收入。

① 是日下午7时，南开学校董事会在大华饭店召开例会，颜惠庆、严慈约、李琴湘、孙子文、卞俶成参加会议，校长张伯苓列席，并报告以下所列事项。题目为编者所拟。

六、范竹斋先生允捐四万元以建筑中学宿舍及图书馆，为乃翁作纪念。

七、陈雪暄先生捐助女中宿舍事，经项子和先生接洽一次，据云颇有希望。

八、王心容先生捐助小学万元，前由校董会具呈教育部请奖，上月教部已将奖状发下，拟于日内率同教职员及学生代表送往王宅。

九、陈芝琴先生允捐万元充作建筑体育馆之用。

（议决：由校董会具函申谢。）

十、张叔诚先生与电车电灯公司各捐万元建筑范孙楼，亦应照例由校董会具呈教育部请奖。

（议决：即由校董会具呈教部，为张叔诚先生与电车电灯公司援例请奖。）

（南开大学档案馆藏）

以教育之力量使中国现代化[①]

（1931年2月26日）

1. 余上次赴京时所得印象极佳。

2. 本校以力谋扩充之故，经费时感不足。现在四部合计，本年度约亏十余万元，历年积欠至暑假时恐即将达四十万元，但余见校务之蒸蒸日上，亦乐于多方奔走。此次赴京，即为此事，结果虽未敢预卜，但余深信“有志者事竟成”。……

3. 日前瓦士邦博士（Dr. Washburne）来校时，曾叩余以“教育之目的为何”？余答：“我之教育目的，在以教育之力量使我中国现代化，俾我中国民族能在世界上得到适当的地位，不至受淘汰。欲达此目的，务须对症下药，即：A. 注重体育，锻炼健强之国民；B. 注重科学，培养丰富之现代知识；C. 注意精神的修养……向深处培，向厚处培……；整理中国固有之文化，摘其适合于现代潮流者，阐扬而光大之，奉为国魂，并推而广之，以求贡献于全世界。”……昔孔子删诗书、定礼乐，亦此旨耳……。此种删定重任，愿与诸先生勉之。……

（《南开双周》第7卷第1期，1931年2月）

① 本文是张伯苓在南开男、女中及小学三部全体会议上的演说。题目为编者所拟。

如何发展中国体育①

（1931年3月3日）

此次全国运动会，余未参加筹备，想近来积极工作，前途必有可观。余以为发展中国体育，应从“普遍”二字作起，在全国中学、小学中间，对于体育运动方面，应有完善的设备，在提倡之中，应注意者有二点：即体育的道德和体育的技术。有了体育道德，方不至于野蛮。吾人身强力壮，并非用去打仗，因为打仗不一定要有很大力气才可以拿得起枪，我们力大强壮的身体，是要拿到办公处里去用的。因为有了很好的身体，才可以耐久的工作，我们谈体育，不仅是知，而且要精，譬如踢足球，不仅是踢得来两足便行了，是要从技术上用功夫，合乎科学的做去，才有进步。近几年来，中国的体育比较进步的多，自然是一般热心体育的人在那里提倡，然而报界的力量，还要占大多数呢。不过体育的进步，还是在几个大地方，尚未普及全国。好在内地各省，什么都是照外面的学，希望热心体育的人和报界，还是加紧热心的提倡和宣传，使内地各处，都急起猛进，则救国救种，其庶几矣。中国人最大的弱点，就是“无勇”“苟安”，什么事情，当作而不敢作，遇事苟且偷安，毫无见义勇为之气，这种恶习，实在是身心太弱所致。我们有了强健身体，不但上面的恶习可以除去，即什么事情，都有勇气去做了。

（《大公报》，1931年3月7日）

① 张伯苓在南京接受《大公报》记者采访，记者以张伯苓“为提倡体育最热心之人，特询以对全国运动会意见，及今后应如何发展中国体育”为题刊出。题目为编者所拟。

对发展体育的三点意见[①]

（1931 年 3 月 30 日）

此次开会未能到场，故于闭会时赶到，昨晚始行到平。此次华北足篮球赛在北平举行，尚有田径赛大会、排球、网球、棒球、垒球等，定于五月间在济南举行，俱由济、平两地体育界负责筹备。华北体联会在中国较有历史，华中、华南、华东、华西皆无此组织，且无此长久，办事之困难，会中人皆辛苦备偿。在昔对体育认识者极少，今日举国已视为重要，教育界、体育界努力提倡，报界尤甚，故进步乃一日千里。虽然试观世界、东亚之进步情形，吾人当仍只觉其迟慢，姑就最近两次远东运动会观之，第八届大会在我国上海举行，结果我国失败，彼时余任大会总裁判，失败之时，个人所见甚清，非运动员不努力，实练习者太少，以及技术之不如人所由致。故该届大会后，个人有以下三点意见：（一）不应只限制学校体育，应注意校外，学校之范围太趋狭义。学生在校有一定期间，出校后，即不能再谋进步，故必须提倡业余运动。（二）请舆论界协助。八届大会以前，报界甚鲜注意，会后本人曾在上海招待报界说明。（三）每举行比赛，将一般体育兴趣提高。以上三事，在八届、九届大会之间确已办到，现在国内数大城市，俱有业余组织，报界帮忙尤力，各报皆有体育栏。至九届大会，今日在座诸君不乏当日参加者，但结果仍归失败。按本国成绩观之，确属进步，然三国比较观之，人之进步实较我尤速。此后，除一方希大家努力外，个人仍有两项提议：一治标的，一治本的。中国提倡体育，系数城、数校、数人的，与日本之全国的，相差甚远。治本之办法，即全民注重体育是[事]，此事应先从小学起，一洗全恃天才之弊。小学中学若全能注重，进大学后，挑为选手，自易成功。本人自日本归来后，即请教部协助，使体育为教育中之必修科，以图根本之发展。此次全国教育会议，关于体育，并无若何议案，实为最大缺欠。有好学而无强身体，终归无用也。提倡办法，每小学内，必须有一运动场，且须有相当指导，更须由师范学校毕业者充之，方有成效。待遇应与

① 1931 年 3 月 30 日 12 时华北足篮球赛大会举行闭会式，由袁敦礼主持。张学良夫人于凤至、北平市长王韬、北平市教育局长王捷侠、华北体育联合会会长张伯苓等出席，张伯苓发表演说。原文题为《闭幕发奖大会》，题目为编者所拟。

其他教授相同，不应稍存歧视。友朋中之在小学教授体育者，每谓小学体育，既无操场，又乏助力，困难异常等语，观其确有改革之必要。此外，外国中〈学〉俱设有体育馆，我国中学则甚至操场亦无，此后应务令添设中学体育教习，应由高等师范体育科毕业者充之，更非只能玩球而已，待遇亦应与旁科教授相同。本人曾向教育行政负责人谈商一事，未蒙采纳，大意凡一学校，苟无运动场，即不及格，予以处分。对体育教员资格亦加以检查，如此体育方能注重。治本办法如此。治标办法，玩球即须玩好，日本对此颇下功夫。远东足球，历届中华冠军，此次竟与日本踢平，其平日研究，概可想见。日人练习跑跳，皆用科学方法，各项动作，俱有电影拍照，慢摇放映，自可窥见他人方法，从事研究。至各家讲演、延请各队或出国比赛，俱是研究办法。此后吾人除一方注重根本办法外，一方更应注重技术。现在非但学校注重、社会注重，政府对此亦极关切。本届全国运动会已由政府筹备，实为良好现象。不客气讲，关于此次足篮球比赛，有人批评设备不好，此事应承认，但事实上，亦有困难在。第一无钱，第二人太多，致场内发生事故，下次定可改善，此次尚望社会鉴原。从前华北球赛以学校为单位，竞争极烈，现在省市为争，学校之争化除，将来则盼能替国家来争，深愿选手诸君眼光放远。三年后之远东运动会即在目前，现在一切不过练习准备，好手愈多愈好。此外观众方面，大部只来好看。须知体育注重普遍及优劣，胜负不计，窃愿观众从此点势力协助发展，收效尤宏。现在体育比较发达，沪盛大足球赛，每场收入皆达数千元，此虽好现象，然行之不谨，亦难免弊害，以其易于商业化，故道德训练，尤为要事。以上俱望举国一致努力，诸君见外人之强，即见我之弱，充强办事效率自大，国家自强，非有枪杆即谓之强。认清此题目，提倡自易。困难虽有，但不能不做，吾人固不因噎废食。最后尚有一笑话。此次球赛，大家俱非争夺锦标，观今日与会人之不多，即能说明不以胜负为可念，诚属好现象。

（《大公报》，1931 年 3 月 31 日）

南开大学经济学院缘起

（1931 年 4 月中旬）

本校经济学院之设立，以原有之社会经济研究委员会及文学院经济系合组而成，设立之宗旨，欲使教学与研究相辅而行，藉以训练人才，及促进吾国学术之发达。本校社会经济研究委员会之创设也，始于民国十六年秋，数载以来，关于工作方面趋重实地研究，所有各种工业调查之报告，及各种重要经济统计之编制相继梓行者颇多，其他零星讨论学术之著作亦时有所刊布。然因专事研究，未能兼顾教学，似与促进学术、训练人材之旨尚未尽善，故此后改与文学院经济系合并为一，庶可收补偏救弊之效。此本院成立之原因也。

本院施教与治学之要旨，可分为二：（一）因各国之经济背景不同，故本院教授经济学，以使之本国化为目的。（二）因社会科学之性质变而不已，故本院注重研究，使教者得获教学相长之益。就第一点，本院拟多用本国教材，不专采用西籍。就第二点，本院拟减少教课钟点，使教授得在其教课范围内作个别有系统之研究。要之，中心目标即在完成一本国化之经济学，而非其所以亟亟于是者，则欲有以适应今日各方面之需要耳。

所谓各方面之需要者，约可分为三点：（一）课材方面。吾国大学中之经济课本多为欧美学者所编著之原文，亦间有专用译料者，殊多可议。盖经济研究系以社会为对象，社会情形不同，故经济学亦往往具有国别。西人之著作，其取材、立论自以其国情为根据，吾国学生读之，则常有与实际不符之感。而教之者明知其所教与本国实况不合，然因缺乏研究机会，致不能为之改正，结果教、读两方均感缺憾。欲求此弊，惟予教授以研究之机会，使之可自抒所得，成为专书。（二）学术方面。教学之道苟不健全，则积而久之，不健全之治学习惯因而养成。就吾国现状而论，各大学训练学生时，能使之对于其本人所认为真实及感觉兴趣之具体经济问题加以探讨者，为数绝少。故承学之士次者无论，即上焉者能得西籍之概要，亦以昧于国情之故，思想常流于抽象独断，好为空论，而于实际有补之事，反视为琐屑不足为，华而不实，遂因之蔚为风尚。补救之法，宜使学生对于本国之经济、历史及现况有所了解，庶能注重实际，不致再趋空玄也。（三）国家方面。吾国目前方事建设，急需有训练之人才以任行政。而今日经济建设人才之缺乏尤为显著，训练以应须要，不可斯须稍缓。且此后数十年间吾国将经一绝大之改变，其影响所及，恐非以前任何时期所能比拟。此项改变之来，其性质之属于经济者，有为世界潮流之簸荡所致，其发动由于外力，有为改革家构思之结果，其动力可由人驭。至改变之善否，则视形成者之如何以为断。使其果为蠢动，成见或感情用事之结果，则非社会之福。使为有科学智识，以社会福利为目的者所造成，则固社会之利。然此须赖有洞习国情、富有训练之经济人才以为之主持，故就国家方面言，此种工作亦为今日之急务也。

本院成立之原因，及施教与治学之旨，业已粗述如上，此种组织在今日之中国尚为创举。本院为集思广益计，特组织一董事会，敦聘海内学术界之先进以负指导、计划之责。就正有人，庶可易臻完善也。

欲使体育普遍发达，必先使全民族了解其意义①

（1931 年 5 月 12 日）

本人于本月一日出津启程，三日到京，四日即出席实业博览会董事会议，于孔祥熙部长外室中，于京小住三日，至七日复出席中山陵办公处之二十年全国运动大会之竞赛会议，当时到会者有王儒堂部长、全运会场干事张信孚、夏光宇、陈晓山、杜庭修，及由沪赶来与会之全国体育协进会总干事沈嗣良君，当日开会讨论之重要方案有二：（一）为省市代表界限问题。议决决定按照本届大会竞赛规程上所规定之以所在地为标准，至学校所属之机关（国立、省立、市立或私立）均无影响。（二）聘请裁判员事，曾经长时间之讨论。此会开罢，本人复于本月十日参加中央运动场奠基礼。该场规模宏大，堪称国内仅有，位于中山陵园之附近，距陵园可二三里，惟距城稍远，所幸马路直达，将来首都建设发展及此时，该场当有益南京全市。当日举行奠基礼时，蒋主席亲到致训词，本人也略有意见发表，兹特述之如后。

以前国人提倡体育，其责任均由社会人士担负，故其进行也甚迟。迩来国内体育事业接近政府，故能勃然兴起，一日千里，进行甚速。此诚为我国体育界之良好现象。惟近来于猛进之中，发生流弊甚多，其最大者为国人对之不甚了解，故吾辈欲有普遍发达，必先由使全民族了解其意义始。况国人所误解者大致为二，今特解释如下：（一）普通一般人常因体育而联想于军事，以为发达体育，将来可兵强将勇，如古时将领之能持若干斤重之大刀，若干斤重之铜剑，又如现代大将赴阵时，须以手提过山炮然。熟知近代之军人，无须若干体力，欲兵强将勇，必须科学发达，然后始得船坚炮利。而用体力者，则在于士农工商各界人士之身。盖体力弱，则生产效率小，生产效率既小，国家未有不贫且

① 1931 年 5 月 12 日下午 4 时，张伯苓在南开女中接受《大公报》记者采访，谈出席三会情形。题目为编者所拟。

弱者也。此第一之解释。（二）一般人对体育之第二误会，常以体育为专门锻炼肌肉之发展为意义。此种观念，亦应修正，兹特申述如下。第一，运动之争胜负，非以受刺激或感应，而后始有动机，盖欲决胜于将来，必先有长时间之充分预备，尤须有素日之涵养，养成坚忍耐苦之心，始克□为奋斗，然后始能成功。第二，为合作之精神。我国民族最缺此种精神，自私太甚。譬如足球队登场十一人，而有机会射门者，仅前锋五人，故一局之胜利，决非前锋五人之功、个人之风头，其功绩则在乎全队。设后卫不利，前锋虽胜有何益乎！国人训练此种合作大公之精神，必须于运动场中得之。中山先生所谓知难行易，国人欲行其事，必须对此有充分之了解。

（《大公报》，1931 年 5 月 14 日）

注重高尚道德之养成①

（1931 年 5 月 14 日）

在京时所得关于时局之消息，多揣度之词，直谣言耳。人心厌乱，渴望和平，为今日中国一般之论调，事实亦实如此。违乎此者，即违反民意，国人必不容之。当局皆见及此，聪明者必不自蹈覆辙。故关于时局一切消息在未成事实之前，最好暂置脑后，视如悬案。最近关于广东之消息，亦应如此处置，慎毋庸人自扰。国民会议正在开会，在京时因忙于会务竟未暇往一视，然从报纸上观察，此举对目前之中国实大有裨益也。

月来，虽东西南北四处奔走，然对个人应负责任亦未尝稍息。现时有可谓告诸同学者，即学校负债虽达四十余万，然尚未至不能维持之时。且就目前事实推测，下学年尚可小谈发展也。

今后本校除注意知识及身体锻炼之外，更拟多加注重高尚道德之养成，此目前中国之所急需、亦我校应做之工作。有以“南开之风”作全国之模范相勉者，吾人殊不敢自承，但愿努力于此，以副社会一般之厚望我校也。

关于青年问题。读《大公报》之“摩登”，可见中国青年问题多么重要。就

① 5 月 12 日张伯苓由南京返校，14 日召开南开大学全体同学大会发表讲话。题目为编者所拟。

中婚姻问题尤占多数，亦中国新旧社会交替中之必然现象也。同学遇此问题不能解决时，望据实来信，予当有以助之，必要时尚拟于学校中组织婚姻介绍部，以助男女同学之于终身大事无法解决者。

（《南大周刊》第110期，1931年5月19日）

为稻农陈情，俾小站稻田免于灾荒[①]

（1931年5月25日）

据敝校小站校田经理处呈称：本月二十二日忽有佃民代表王明海、李连弟等四十余名来处声称，佃民以栽种稻田为生活，而种稻以水为命脉，现节届小满，正栽种稻田需水孔急之时，而九宣闸忽将闸板闭塞，致减河水势日落，各区稻田无水灌溉。无论未栽之秧不能及时栽种，即已栽之秧亦因无水枯槁。佃民终岁勤劳，一线生机皆系此时，过此以往，虽有水亦不能补救。今九宣闸不照章提板放水，致佃民皆陷于死地，群情忿激，欲自动赴九宣闸强提闸板，以便放水栽种。代表等恐人多杂乱，生出意外之事，特来处请求设法向九宣闸交涉放水。如能使水无缺，则佃民得以栽种，复有何求。否则，佃民衣食所系，生命攸关，恐激成他变等语。环恳终日，情殊哀切。当经职处婉切开导，允其即为交涉放水，并令转告各佃民切勿轨外行动，各代表始行散去。复经派员分赴各区视察稻田，确系无水栽种，佃民三五成群，坐守陇畔，愁容满面，情殊堪怜。

卷查旧案，每年小站稻田栽秧之时，九宣闸即提板尽量放水，以稻田是用为度，历经照案办理，有卷可稽。复查十九年建设厅规定，《九宣闸启闭章程》第十二项并理由内载，芒种节前后各七日小站稻田需水正亟，可早启晚闭，合小站稻田得水三分之二等语。查现距芒种节前七日仅三五日耳，正稻田需水最亟之时，九宣闸应照章提板畅流，以便佃民栽种事。仍将闸板封闭，致稻田缺水，俱行荒芜，不惟有违定章，而且贻误农时，加害群黎，致佃民营生无路，忿激万分。群欲自动扒闸，冀免坐以待毙。为此呈请鉴核等情，据此，查此案

① 本文为写给河北省政府主席王树常的报告。题目为编者所拟。

前因稻田乏水，群情恐慌，业经函请南运河河务局，令饬九宣闸照章提板放水在案，兹据前情所称各节，委系实在情形，理合呈请钧府鉴核，迅令建设厅转令南运河河务局饬九宣闸管理员立提闸板，尽量放水，俾小站稻田免于灾荒，敝校得收租课以维教育经费，则感戴无既矣。

（南开大学档案馆藏）

在第十五届华北运动会职员联席会上的讲话①

（1931年5月26日）

此次大会筹备周到，设备缜密，较以前完善万分，现大会开会，各部职员对于各负之责任，务须尽职，一遵时间，二裁判公允，违者提出大会，取消其体育资格，永不承认为运动人员。

（《大公报》，1931年5月27日）

运动要在提倡精神②

（1931年5月27日）

华北体育联合会，组织已二十余年。在各处开联合运动会，这是第十五次。此次承山东诸位先生帮忙，很感谢！最初在各地开会，社会对开会意义多不明了，不能得到同情，政府也不提倡。近二三年来，在党之指导下，政府极力提倡，社会努力赞助。全国各地，对于体育异常感觉兴趣，所以有今日的发展。不过请诸位注意：运动不仅是表现技能，要在提倡精神，使观众有好的印象，

① 26日下午3时，华北运动大会各职员、裁判员及各队总领导召开联席会议，总裁判张伯苓在会上讲话。题目为编者所拟。

② 5月27日上午8时，第十五届华北运动会在山东济南举行开幕式，本文为总裁判长张伯苓在开幕式上的讲话。题目为编者所拟。

然后可以希望运动更有发展。

最后，兄弟希望在此次大会竞赛中，诸位于和风煦日中，比赛完毕，不发生意外，是所至望。

（《第十五届华北运动会总报告》，1931年6月）

体育必须讲道德与科学①

（1931年5月30日）

本届运动会闭幕，趁机回想到本届以前的情形。诸位知道此运动会场于短时期内筑成，皆山东诸位热心体育者，如韩主席、各厅长、各机关帮忙所以致之。开会时，个人感想，看着很高兴，参观民众数日来有二十万之众，受影响不少。韩主席个人亦谓受感动，兄弟以为韩主席自己就很高兴，本不受本会影响。观众受影响，那是真的。复次我们为什么开这个会？不是跑跑跳跳算完。记得第九届远东〈运动会〉，兄弟同日、菲人讲，我们要好好办成此会，因为关系三国青年体育者甚大。决不是马戏班耍马猴象一样。本届大会亦如是，各位不远千里而来，由政府之热心帮助来此参加，既不是为得奖而来，亦不是象要戏耍象，跑跑跳跳算完。观参的民众，既受我们的影响不少，我们自己也要反想运动会的意义。各位回去的时候，应该想想是不是要完就这运动会，全国帮忙为的什么。我们的国家太弱，人口不增加，我们要强国强种，只是提倡体育，使现有人口个个都强健起来就行。人口在精不在多，强国强种，不一定要增加。所以大会中，当地民众既受感动，我们自己要认识对于体育的意义。此次大会中各指导员多有不尽职者，殊属非是。指导员应知领导青年运动，要养成道德。明乎此，方足以言体育。现在体育联合会新组织成立，以后体育之推动进行，要比以往容易得多。不过运动第一必须讲道德，否则便是野蛮。技术不要取巧，要讲求道德，用科学的研究。上届远东〈运动会〉日本足球胜菲律宾，与中国平衡，那就是科学的研究。中国体育也要这样，那才是真长进。世界上没有取

① 1931年5月30日下午5时半，第十五届华北运动会举行闭幕式及发奖会，全体筹备员、各地选手、职员，及大会评判职员等一千余人出席，张伯苓作为大会总裁判长最后演说。题目为编者所拟。

巧的成功，功夫到了就行。大家费了很多的力量参加大会，应该想不是耍马戏，而要明白这种意义。过去三十年前，大家都不明白这种意义，现在大家还是有点不明白，希望大家要明白，好负责推动体育。本年全国运动会，我们还要看见华北的运动员，那时表演好、精神好，才不负政府、社会、人民提倡体育的意义。最后，兄弟代表诸位向山东政府诸位以及各方民众，敬谢对于本会之帮忙。

（《大公报》，1931 年 6 月 1 日）

提倡体育道德，维持体育风纪①

（1931 年 6 月 4 日）

本届华北运动会大会，本人最满〈意〉者为招待方面，非独余个人，即各地选手，亦当有同感。此番各种成绩甚佳，余望一般体育家将来更求发展，精益求精，尤须对体育道德再求修养。本届会中常有一部运动员不遵大会规章，肆意捣乱，此责固在其领队者之身，而其队员之无体育道德之修养，亦最大原因也。近观报载黑龙江省又有欧辱裁判员事，诚使感触万端。长此以往，提倡体育将生极大弊端，甚至变营业化。体育道德沦丧若此，诚属体育前途之大不幸，故本人意见，拟于将来华北体联常委开会时，将提出规定提倡体育道德，维持体育风纪之条例，请共同决定。将来无论何人，对裁判员无礼藐视之罚例，务期令好体育者明了体育之真意义。真义既明，庶将来不致再生已往之笑话矣。

（《大公报》，1931 年 6 月 5 日）

① 本文为张伯苓对《大公报》记者所谈对于第十五届华北运动会之感想，题目为编者所拟。

为纪念伍达逝世廿周年题词①

（1931 年 6 月 8 日）

博纯先生逝世廿周年纪念
同志旧雨，瞬别廿年，民众教育，提倡最先。
精神不死，道貌依然，爱之敬之，昊其监旃。

张伯苓拜题

（南开大学档案馆藏）

在南开大学第九届毕业班毕业式上的致辞②

（1931 年 6 月 20 日）

（一）所谓仁者乐山，智者乐水，智识乃系流动的，要随机应付环境。但是道德方面，决难变更。（二）无论对于任何事项，须抱一种乐观态度，不可自甘暴弃。（三）处事接物，须具大公无私之精神与忍耐之毅力。

（《大公报》，1931 年 6 月 21 日）

① 伍达（1880—1913），江苏常州人。字博纯，仲良。辛亥革命后，入南京临时政府教育部。不久辞职，全力从事社教工作，组织中华全国通俗教育研究会，推动创设通俗图书馆，发行白话报，改良戏曲等社会通俗教育工作。著有《通俗教育设施法》等。1931 年，《民众教育》月刊拟出版纪念伍达逝世二十周年专号，来函邀张伯苓题词。张同时接到伍达之侄伍受真的邀约函，故题以下数语。题目为编者所拟。

② 题目为编者所拟。

在南开大、中学校乘舰旅行团出发前的讲话①

（1931年7月4日）

一、此次旅行，当可视青年学子之求知欲；
二、受此番刺激而决定诸君之志向；
三、此次为初次试办，注意纪律；
四、在日本势力范围内，务须特别注意。

（南开校友总会编：《南开校友通讯》（复19期），1996年）

为创办特种奖学金答记者②

（1931年7月6日）

问：听说贵校最近创办特种奖学金，专为培植勤学的寒士，可否请您把这件事情的原委说一说？

答：敝友吴达铨③先生平素最爱惜人才，常常感觉到真能坚忍耐劳，努力于学问或事业的人，比较总是寒士出身多。可惜在中国得一受大学教育的机会极不容易，一般聪俊有志的寒家子弟，或家道中衰的勤勉青年，全都因为经济供

① 南开大、中学校乘舰旅行团一行50余人于1931年7月4日至8月6日，乘“海圻”军舰作沿海口岸旅行，先后参观沿海大连、旅顺、葫芦岛、秦皇岛、刘公岛、威海卫、石岛、青岛、烟台、塘沽等22个口岸，登上中、日、英、美、法五国军舰，参观海军实弹演习，参观各地文化，考察各港湾形势。此为旅行团临行前，张伯苓对学生的讲话，本文摘自卢会敏《从南开历史上暑期举办乘舰旅行团看张伯苓的教育思想》，题目为编者所拟。

②《大公报》记者认为南开大学新设立的特种奖学金制度，是适应中国社会的一种新事业，遂对张伯苓进行了访问，本文即为张伯苓与记者的问答。

③ 吴鼎昌（1884—1950），字达铨，亦作达诠，原籍吴兴，四川人，清末秀才。1910年毕业于东京高等商业学校，在日本加入中国同盟会。辛亥革命后，任中国银行监督，拟订中国银行条例。1926年以后，先后任国防设计委员、实业部长。

给不足，虽有向上之心，只好望洋兴叹。从另一方面看，那幸而受过高等教育，比较富裕的大学学生，既已得着很好机会，却往往不会利用，无所成就。在这种情形之下，为国家前途计，为社会幸福计，奖励勤苦力学寒士的事真是迫不及待，于是他就首先跟我商量在敝校创办特种奖学金，并且很热心的从各方面帮助这件事的成功。

问：所谓“特种奖学金”，这“特种”二字怎么讲？

答：这特种奖学金与普通奖学金不同，有的学校可以使优秀学生免纳学宿费，那就是普通的奖学金。按照那个办法，如果得奖金的学生其余费用没有资助，仍是不能维持。敝校这特种奖学金办法是，每一学生每年三百五十元，若能撙节，除学宿费外，吃饭、穿衣、买书、零用等差不多全够了。并且假使得奖金的学生入校以后，成绩优良，可以照章连得四年，换句话说，这个学生可以不靠家庭分毫的资助就在大学毕业了。

问：贵校受奖金的名额有多少？

答：第一年（今年）暂定二十名。

问：这种奖学金是永久的呢？还是一时的呢？

答：第一年作为试办，如试办顺利，以后再由负责募捐的奖金委员会计划推进之。好在敝友吴达铨先生和我曾共同计议过，“这种办法用钱本不甚多，如果推行着有效，得着社会人士的同情，募集起来总比让人家捐成万的钱兴学容易得多。中国虽穷，一年节省一点奢靡费用，出三百多元供给一个学生的人，这可以说到处都有。进一步说，与其供给自己庸才子弟劳而无功，还不如援助一不认识的高才青年的效果大些。因为人才的养成，对于我们民族的盛衰、国家的兴亡很有关系。”所以这种办法是一时的还是永久的，全看试办情形和社会响应的结果而定。

（《大公报》，1931 年 7 月 7 日）

附：前溪《南开大学特种奖学金章程》序

语云：“人材出于寒士。”就中国一部历史之人材言，鲜有越此例者，当为世人所共知。即专就吾人每个所识现代之人士，其名位学识，略可称述者，亦必十九皆寒士出身，尤必目睹之明证。故培植社会之寒士，即所以造就国家之人材，在中国历史上，殆为不刊之名论。虽然，此作所论于现今之教育制度。盖按今制，凡入大学学习至少年非自备费用三百元以上不可，中产之家，已不胜其力，中产以下，更不待论。故寒士欲受高等教育，在今之世，殆不可能。此制不改，国家人材，将从何造就，此实中国现今教育制度上一大问题。不独大学，推而至于中小学亦然。无钱之人，即为无学之人，国家人材其不破产者几希哉！故吾人切盼政府在教育制度上予以改革，为寒士特设地位者久矣。虽然，在未改革之前，社会人士，亦应各尽其力，以资免救。鄙人素持此义，欲与有力人士，共倡义举。先在大学创设补费（在校一切费用全免，家族毋庸补助分厘）名额若干名，俾无力进大学之高材生，即得一受高等教育之机会。南开大学校长张伯苓先生首先愿任其难，负其承办，与鄙人一再磋商，拟定各项章程发布，即于本年起在南开大学试办免费名额二十名，以伯苓先生在社会上之人格，必可昭大信于捐款之人，不待论矣。夫以中国之大，区区年设免费名额二十名，何济于事！所希望者，南开发起之后各地大学能仿行之，各地中小学能推广之，甚至政府因而设法改善其教育制度，使天下寒士，得尽量免费求学，所谓历史上“人材出于寒士”一语，能保持其传统精神于不坠，中国人材，其庶几兴起乎？！伯苓先生属鄙人略述数语，请求各方予以赞助。鄙人深知现在社会上有力人士，大都寒士出身，勿待鄙人赘陈，必人人表示同情，共成义举也。中华民国二十年七月四日前溪谨序。

（南开大学档案馆藏）

在南开学校董事会例会上的报告①

（1931年7月12日）

一、十九年（1930年）度决算案

各部	预算亏款	决算亏款
大学部	216,602元	139,284元
中学部	73,355元	76,018元
女中学部	45,441元	41,872元

① 是日下午1时，南开学校董事会在大华饭店召开例会，颜惠庆、严慈约、李琴湘、王濬明参加会议，校长张伯苓列席，并报告以下所列事项。题目为编者所拟。

小学部		赢余7角4分
矿科		83,124元
共计	418,522元	337,299元

（照原案通过）

二、章瑞廷先生交入之捐款及章氏小学半年之决算报告如左

礼堂建筑

实收现金四万五千元。

利息二千四百六十三元七角六分。

二十一年（1932年）十月期支票一纸计二千元。

二十二年（1933年）十月期支票一纸计三千元。

以上共收五万二千四百六十三元七角六分。

基金利息

北洋纺织公司股票利息洋五百元。

章氏小学

收入项下

一月七日收恒源纺织公司由二十年一月至六月底存款利息五百元。

三月三十一日收恒源纺织公司股票利息九百六十六元。

六月二十一日金城银行活期存款利息十一元一角四分。

以上共收一千四百七十七元一角四分。

支出项下

由一月至六月共支经常费洋一千一百四十元。

一月份支文具图书价洋八十七元六角六分。

四月份支篮球牌一对、铁环一付洋二十元。

五月份支新教员二员截日薪水十四元五角。

又，支盖小厕所用工料二十七元三角四分。

以上共支一千二百八十九元五角。

结余洋一百八十七元六角四分。

章瑞廷先生捐款请奖事由学校先行筹办。

三、张叔诚先生及电车电灯公司捐助万元奖状已颁发到校，即由学校派代表送往。

四、大学女生宿舍已不敷用，现已计划建筑楼房一所，约需二万元。该项建筑费拟请陈芝琴先生捐助，仍由卞俶成、伉乃如、孟琴襄三先生进行接洽。

五、吴达铨先生发起在大学部设立特种奖学金，本年暂定二十名，每名年资助三百五十元。

六、中国银行卞白眉先生发起为大学商学院捐募讲座基金三万元，按月息一分计算，每月可得三百元。

（南开大学档案馆藏）

在南开航海旅行团总结会上的讲话[①]

（1931 年 8 月 7 日）

别来将及一月，想此行所得一定很多，今天又蒙姚先生奉命点交，我来验收，外表上个个还是从前的样子，在里面我想诸位一定不像一个月以前一样了。你们所得的很多，此后要看如何利用，善利用者，可用之终身。再有，现在青年常为长者所重视，如沈司令[②]、姚先生等都是这样说，国家将来的希望，都在青年身上。所以肯对青年下功夫的人，乃是真的爱国的人。他们所期望于你们的，甚于你们的父母和你们自己，父母只希望子女作官发财，而这些人希望你们做大事业，改造国家。他们所以这样，不是为你们，也不是为南开，更不是为我，乃是为我们的国家。你们在各地都可看见国人受外人的欺负，和外人的长进，这种比较的看法，可以使你们感动，使你们精神上有长进。我在威海卫受一次刺激，一生不忘，使我在死前不能腐化。你们看我们自己并不是不能作事，何以不如人家？这次承沈司令招待你们，所耗费的很多，意思是多给你们机会，究竟几万块钱不算什么事，只要是精神上真能得到什么非金钱所能量的东西。以前只听说沈鸿烈司令是如何的好，看这次招待你们的恳切，与期望的殷勤，才知道他的为人。不过在现在中国的情况，好像有英雄无用武之地，只以努力于青年的提携。一般军阀都去争这个腐败了的饭碗，是英雄应该在开辟新的路，我们大家应该替沈司令宣传，把海军介绍给全国的民众。这一次出去

① 1931 年 8 月 7 日上午 10 时，张伯苓出席南开航海旅行团在南开中学范孙楼 105 室所开结束会并致辞，出席会议的还有东北海军司令秘书长姚秋武、南开学校训练课主任雷法章、东北研究会傅恩龄等，会议由旅行团领队唐炳亮主持，先由姚秋武与张伯苓按次点名，以示全员回校。

② 指沈鸿烈。

听说你们很守纪律，不过在整齐严肃上还稍差些，此后训练要严格一点。

（《大公报》，1931 年 8 月 8 日）

提高体育技术，增进体育道德①

（1931 年 9 月 9 日）

此次天津记者同仁发起排球比赛，所获成绩极佳，见报载每次比赛情形，极为高兴。全国运动会虽在兵祸天灾之后，依然定于双十节在首都举行，足见中央提倡体育之热烈。本人于第八次远东运动会后，因鉴于中国之失败，故曾提议：（一）提倡业余运动；（二）多举行比赛；（三）各报努力宣传。此三项希望现在均已如愿，惟本人此后希望各运动员本致力体育之热诚，求技术之进步，增道法[德]之涵养，来日中国或能于世界上有一相当地位。

（《大公报》，1931 年 9 月 10 日）

全运会实为目前对症发药之良方②

（1931 年 9 月 12 日）

全运会停开，本人极不以为然。运动会实为一整个教育问题，在此天灾人祸、内忧外患之秋，正应鼓舞青年及全体国民，勿使萎靡不振，是以全运会实为目前对症发药之良方。

（《大公报》，1931 年 9 月 14 日）

① 9 月 9 日下午 5 时，天津市记者杯排球比赛在法租界维斯理堂开发奖会，张伯苓在会上致训词。题目为编者所拟。

② 12 日，针对传言本年全运会停开之说，张伯苓接受《大公报》记者采访。题目为编者所拟。

体育为中国的救命汤①

（1931 年 9 月 13 日）

今天为二十年全运会之预选会，去年参加全运者，人数甚少，今年则较去年有十倍之多。今天有机会同大家讲话，本人有两个意思：

一，前报载全运会将因水灾改期，移建筑费充赈。在不明白真象的人，或将信以为真，实际上全国运动场，在去年本人到京时，即已建筑大半，即或现在停止修建，也省不下多少钱。或者说以现在中国的状况，不应用百余万元去建运动场，这实在是错误。在本人看来，越是中国这种样子，才越需要体育，这好像是我国的救命汤。而且这样大的国家，用这一点钱来建一个全国的运动场，实不算多。并且大家要明白，这个运动场也不是为少数选手所建，全运会场在南京城外，离中山陵很近，就是南京的学生去练习，都不方便，所以要造这个运动场，是为提倡体育。例如今天开会，虽然少数选手在那里运动，而旁边看的小孩子，也都跃跃欲试，这才是开会的意义。

二，从前有人说提倡体育怕起争端，据本人的观察，这种事近来已很少。本人带着选手到外国去有两次，到那时不管是那一省的选手，能给国家争光就好，现在是选河北省的选手去和其他地方的选手比赛，所以比赛的结果如何[果]失败，只要你想无论谁能给河北省争光就好，这样还有什么争端呢？

（《大公报》，1931 年 9 月 14 日）

① 9 月 13 日上午，在南开中学操场举行河北省参加 1931 年全运会选手预选赛，张伯苓任比赛总裁判长。本文为张伯苓在赛前的致辞，题目为编者所拟。

东北事件与吾人应持之态度①

（1931年9月20日）

东北问题发生以后，余曾以冷静态度观察各方情形，而发现有人对此忽然发生之事，有不知何所适从之概，适如当地雷爆发之后，烟雾弥漫，往往不能辨认其中之景物，而常希望能有人指示迷途于此烟雾中代为辨别方物者。

凡南开学生无论其人已、未毕业，对此事件似尤为注意。二日之间，就余询问者接踵而至。然吾人一观外间情况，则迩来方届华商赛马，余住宅旁每日皆车马往来甚盛，络绎于途，其盛况几令人不信国家之有事变。外间商人，亦各仍其业，熙攘如故，令人不感丝毫异样。当今晨余过冀北会时，有日人在内跑马，国人约有十数正围而观之，有持鸟笼之逸士，有抱婴孩购蔬果之妇女。总余所观，今日对此事加以深切注意者，唯学校中之教师、同学耳。社会一般固犹在不知不觉之中，而更有醉生梦死者在也。

自此事发生以后，余个人实无何难堪之感，但觉无心追求娱乐而已。实际上此事不但使余忧闷，更使余甚感快慰。诸君聆此，或甚诧异，然决非余之故意自炫也。东北事件发生乃一极可能之事实，盖门户洞开，外人随时可入，日本邻我，相处最近，彼强我弱，侵入之事，自在意料之中，一旦发生，岂有惊异之必要？国家之弱，民族之懦，内政之腐，人民之庸，种种使余烦闷忧愁之事甚多。余亦无时不在与此种忧愁烦闷作战斗也。故此事之发生，于余并不增加忧戚之感。而人之惊异忧戚者，未认清情形与平日未尝知国难故也。吾国既无能在今之世界建国，则南京之被掠取，亦亟理之当然。而吾人犹以为日人之不取南京，令国人一尝真正亡国趣味为可恨耳。

余之忧国疾世之心，当为君所共谅。十七日曾对诸君演说，勉以努力振作，求知国疾之所在，以图挽救之方。为时不久，诸君当复能忆及。十八日晚更对中小学教职员百余人言及此后吾人之责任与自救之道。然在平日余总深感单调之痛苦，而以不能引起诸君热烈同情自疚。今国人既一致奋起，余之同志陡然增

① 本文是九一八事变爆发后，张伯苓召集南开大学全体同学的训话，由洪长倬及《南大周刊》编者合记。

多，愉快可知。但望今后不再如六月暴雨，一扫而过，为时稍久，热情即减也。

中国之前途较日本有为，吾不应畏日人。而中国人之所以畏之者，自私自怯之心所以致也。今此种事件之发生，一方面为奇耻大辱，一方面则“若药不瞑眩，厥疾不瘳”。设中国之沉痛因此种刺激而疗，反为好事。日本此事，据个人推测，乃出自军阀，而与内阁无涉。往年之“五三”济案及皇姑屯炸张案亦莫不如是。然此种事件皆直接间接与中国有相当利益，如“五三”案后北军即自动撤退，促进我国南北之联合。而皇姑屯一案，实予张汉卿以内附中央之机会，及促进东北南京之结合。故此次之事，虽死人不少，损失甚大，较之国人在内战中之死伤损失，实甚微小。设国人从此自奋，能利用此种机会，则此次日人之侵入东北，实不但于中国无害，且有利也。个人自中日甲午战败，在威海卫目击英军之升旗及恣肆跋扈之状，认为奇耻，未尝或忘。而一生以来，所兢兢努力者为雪此次受炸之耻辱也。余非自清，设国人皆能如是，中国即能有为。所可危者，上下大小，无不自私，武人政客，眼光如豆，知识阶级，骛于虚玄。言救国者，每每轻举妄动，意气嚣张。例如排货运动，由来十年，几乎无年无之。而当今国难再起，又依然以排货相号召，是诚可嚎亦可痛者也。故吾敢曰：设因此次事件，刺激特深，武人能因之彻底团结，青年能因之抱为国奋斗至死不腐之志，诚堪为中国前途庆幸，而吾人应铭感彼日人矣。余不以此指望全国青年，但望我南开同学共奋勉之。

此次之事日本过于强暴，想不到列国能主张正义，即彼邦人民，亦能制止军人之妄动。然余望国人万事求己，切忌倚人为助。天下之强者，自重自强之民族也。

兹在为我同学一述此后应处之态度，以指示诸君烟雾中之迷径：（1）将问题观察透彻，认识清楚，沉着精进，从事准备工作，不为扩大暴嚣之举，以授人口实。（2）不贴标语、发传单及作其他无谓之举。（3）将此事件之印象与对此事件之感想铭诸心坎，以为一生言行之本，抱永志不忘，致死不腐之志。“失之东隅，收之桑榆”，“亡羊而补牢，未为迟也”。我南开同学共勉！

（《南大周刊》第 114 期，1931 年 10 月 6 日）

盼望美政府及人民为世界和平主持公道[①]

（1931年9月24日）

吾人为世界和平正义起见，电请美政府及人民，注意日本之公然破坏《凯洛克非战公约》，满洲日军，无端启衅，十九日占据沈阳，旋复轰击占领沈西，以达鲜境之各城市，毁坏生命财产，残害无辜居民。损失详情，现尚未明，或将永久不明，盖日军已将一切电讯机关捣毁矣。日方初则借口国军毁断南满铁轨，突向我军袭击，继复改变前说，谓南满路铁桥，被我军炸毁。最近东京电讯，又称日军进据东省，系因一般激烈下级军官不满政府对华之"懦弱"政策，致敢自由行动。然吾人深信日本此次行动，与一九〇五年日政府之行动，同出一辙。是时日本乘欧战之机会，迫使中国承认残酷之二十一条件，此时西方各国，正困于经济问题，中国复忙于拯灾剿共，日本乘人之危，谋图加害友邦，占据土地。中国领土被占者甚广。日军行动，事前显有筹备，无可讳饰。至于事件暴发原因，日方于两日之间，三易其辞，其不足信可知矣。日本之无端袭击中国，实属违反《凯洛克非战公约》，倘该约不能制止强国侵略弱邻，则无保障世界和平之效能，如此，则世界人类将永久沦于战祸，同归灭亡。非战公约，已经世界各国签字生效，日政府甘心破坏公约条文与精神，不啻对于各签字国之信义，加以藐视。吾辈盼望赞助该约之美政府及人民，为世界和平主持公道。

（《申报》，1931年9月24日）

① 本文为与张嘉璈、胡适、顾维钧、颜惠庆、陈光甫、郭秉文、刘湛恩、余日章、晏阳初、史量才、董显光、刘鸿生等二十余人共同签署。

在南开学校董事会例会上的报告①

（1931年9月27日）

一、中央政府补助费自本年七月起由河北省财政特派员公署每月拨给两万元——前基金公债利息每年七万八千元在内——每年实增十六万二千元，按照各部亏款，暂行分配如左：

大学部每年十万二千元。

中学部每年四万元。

女中学部每年二万元。

将来学校经济稍裕，拟投资东北或西北方面办理实业，如开垦、养羊等。

（陶、丁两校董均以运筹经济仍以危险性较小者为宜，投资东北或西北，获利虽厚，而危险较大也。）

二、章瑞廷先生请奖事，因手续未清，须暂缓进行。

三、前在小站驻防之军队现已回防，如时局无大变动，地租由下月起即可起始征收。

四、大学部女生宿舍工程已竣，建筑费共两万元，前向陈芝琴先生接洽捐款事，已蒙陈先生面允捐助一万五千元，交款办法尚未规定。

五、本年各部学生均较去年为多，其数目如左：

大学部	四五五
中学部	一八四一
女中部	四一七
小学部	一六三
共	二八七六人

六、中国银行卞白眉先生为商学院讲座已募得基金一万八千元。

七、吴达铨先生代募特种奖学金二十四额，本年因宣布较迟，投考者不多，只取录合格者二名，其余二十二额奖学金留备明年应用。

① 是日下午2时，南开学校董事会在大华饭店召开例会，颜惠庆、丁文江、陶孟和、李琴湘、严伯符（代表严慈约）参加会议，校长张伯苓列席，并报告以下所列事项。题目为编者所拟。

八、本年开滦矿局捐煤事，拟请赵君达先生帮忙，日内即由学校派人向赵先生接洽。

九、中学部卫生问题

男女中学部各备房数间，充作病院，学生患病在未入医院或回家以先，可在该病房调养。如遇传染病流行时，该病院作为隔离之用。

十、女中学宿舍问题

女中学学生人数日增，宿舍已不敷用，前拟向陈雪暄①主席捐募建筑费，惟始终未得接洽，恐现时亦不易进行。娄鲁青②先生前为建筑女宿舍事，颇具热诚，即由学校请娄先生帮忙代为捐募建筑费。

十一、教育文化基金会补助费问题

基金会自十八年（1929年）度起，至二十年（1931年）度止，共补助大学理学院六万元，我校拟于明年期满后，继续请求每年五万元，并请陶、丁二校董向该会董事方面预为斡旋。

（南开大学档案馆藏）

在艾迪博士演讲会上的致辞③

（1931年10月7日）

老友艾迪博士此次重游中国，再到津地，今晚其到津地之第一次公开演说。博士之演说非但在中国闻名，世界上亦极著名，博士年已渐老，精力仍佳，读

---

① 陈调元（1886—1943），字雪暄，河北安新人。1925年为皖军总司令、安徽省督办。1927年任国民革命军第三十七军军长，又任武汉国民政府委员。1928年后相继任安徽、山东省政府主席。1934年调任南京军事参议院参议长。

② 娄鲁青（1880—1945），名裕焘，以字行，浙江绍兴人，出生于天津。曾就读于天津新学书院，后毕业于北洋大学。1915年被派为出席巴拿马博览会直隶省代表。1918年任参议院议员。1941年从开滦矿务局退职后任该局顾问。曾投资于天津中原公司、天津造胰公司、启新洋灰公司、耀华玻璃公司、辅中物产贸易公司、华北制革厂、华北造纸厂、大喜酿酒公司、大陆银行、浙江兴业银行等，并分别担任董事及董事长。

③ 美国讲演家艾迪博士（Dr. Eddy. George Sherwood）10月7日晚7时半在青年会讲演，听众以学生为最多，约达千人，讲演会由张伯苓主持，并由张伯苓向听众做简略介绍。题目为编者所拟。

书之外，更时作世界之旅行，每年并组织团体，前往欧洲各国，最近则本年之欧游甫罢也。听博士之演讲，较看书为新，较阅报为早，以其身历目睹，所告于吾人者极有系统，今日讲题为《现今世界大势对于中国之关系》，自上月十八日、十九日问题发生后，举国烦闷，今日之题，定能帮助解决不少。以博士之世界眼光，与目前情形相比较，吾人从中参考，决定意志，获益非鲜。

（《大公报》，1931 年 10 月 8 日）

用教育改造国民，改造国家[①]

（1931 年 10 月 17 日）

今天是本校二十七周年纪念，二十七年前的今天，本校中学部正式成立后，大学、女中、小学始相继成立。本校的历史，凡本校的学生，皆应知道。本校的起源，原为三十三年前在严范孙先生家中的一个私塾，学生仅有数人，以后逐渐增加，二十七年前中学正式成立。至于本学校成立的动机，非常要紧，盼望南开学生都要晓得，因为这就是南开的生命，也就是南开学生的使命。

本校创办的动机，即本校的创办人严范孙先生与承办人的我，皆因受刺激而发奋办教育。我们所受的刺激，就是外侮，受了刺激后知道自己的弱点，才想用教育的方法解决这个困难，用教育改造国民，不但不使再受外侮，而且能适应时代的潮流而生存，这就是南开的生命。而南开学生的使命，也就是凡在本校读书的人，全应抱此目的改造国家。

本校成立二十余年来，由小而大，由低而高，宗旨始终未变，尤其在近几年来，迭经事变，使我们对于我们的信仰更牢靠，知道二十几年来所走的路没有错，今后更当本此精神努力做去。今天的二十七周年纪念会，在东北事件还未解决的中间举行，使我很高兴，并且抱很大的乐观。我所以抱乐观，为学校、为国家都有我的理由的。

刚才我已经说过，本校是有目的的，而用的方法也不错，所以历年推行，

① 天津南开中学于 10 月 17 日上午 9 时举行成立二十七周年纪念会及秋季运动会，张伯苓在会上致辞。题目为编者所拟。

进步的特别快，期间最使人高兴的有以下几点：第一就是进步太快。二十几年来，学校的经济无时不在紧张中，因为时时有进步，所以时时感觉设备不周，如女中部原在六德里，后来借资建筑现在的校舍。设备已有，而学生亦随之增多，最近大学女生宿舍芝琴楼，在开始建筑时还觉得够用，到开学后，原定每屋住三人的，现已改为四人。中学部的范孙楼，在初建时，以为可用几年，而落成后一年，又觉不敷应用。诸如此类的事很多，因为进步的太快，自然渐渐的扩大。第二，是社会的帮忙。最初帮助本校的是严先生，后来有王先生，再后政府也来帮忙，由是渐渐加多。出校同学建筑范孙楼，在校同学建筑小学校舍，由少数而多数，最近更有人许为我们学校改造礼堂，钱已交到，也有人许为建筑图书馆、宿舍。暑假前因为有本校学生到中国银行做事，成绩很好，所以中国银行的副理许为在大学捐一个讲座，就是捐一笔基金，用利息请一个教授，现在仍在捐募中。外国人也来帮助，我们最近大学成立经济学院，美国罗氏基金团来校参观，允为本年冬季该会开会时提出。第三，最使人高兴的，就是学生确实明了学校的宗旨。在东北事件发生后，在中学部学生自动组织刻苦团，女中部也有人想组织团体，戒除奢华的修饰，大学部想添设军事训练，全是自动的，所以我非常高兴。中国现在所需要的，就是刺激，日本人正是刺激我们一下。

最近国际教育考察团和许多外国人到中国来，他们本来想看北平，然而必要到天津留几天，就为的是看看南开。承他们诸位不弃，对这个学校特别垂青，就因为这个学校是中国人自己办的。特别有个英国人淘尼，在英国很有名望，去年来天津在八里台住一个多月，今年又同国际考察团来津，他替我们学校宣传，很帮忙，就是因为是中国人自己办自己的事。

在北平有个英国各大学的 Committee，想同大学交换教授或者学生到英国去留学，从这些事看来，我们学校二十几年来量上的加多，质上的提高，多赖自动的向前。社会帮助，政府的帮助，外人的帮助，我希望今后二十八年的起头进步更多，所在我在乐观中度过这二十七年的纪念。

（《大公报》，1931 年 10 月 17 日）

在天津青年会健身房开幕礼上的讲演①

（1931年10月17日）

青年会提倡本市体育，有悠久之历史，先有饶伯森，继有罗克理致力于本市体育之提倡，不遗余力。健身房地板至今已将二十年，今始翻修，务望在座诸君努力运动，地板常修，则体育更有进益矣。

（《大公报》，1931年10月17日）

《体育丛书》序言

（1931年10月24日）

中国称病夫，久矣！近年中国人始知推求吾族致病之原，与夫其他民族所以健全之由来，思设法而为救药，实一绝好现象。鄙人前此赴日参与第九届远东运动会事，目睹彼族对体育进步，真足惊人，迥非吾族一蹴可能几及。但有志者事竟成，故不揣冒昧，当为今后吾国体育改进，拟有治标治本二法。治本即自中小学起施行强迫体育教育，养成青年体育之爱好；治标即常与本国或外国队作长时间多次数之比赛，藉增经验，而免怯阵。二者并进，再益以精良训练，将来自不无成效可言。兹之体育丛书所载，皆不啻吾药笼中物，治标治本，随在可以取材者也。有功于体育前途之发达，之改进，为益甚大，故乐为之序，一为吾国关心体育者正告焉！

（《体育周刊》创刊号，1931年10月24日）

① 10月17日晚7时，天津基督教青年会体育部健身房因地板装修完毕，举行开幕礼，张伯苓讲演，本文为讲演大意。题目为编者所拟。

对于东北问题的感想[①]

（1931 年 10 月 31 日）

大夏的诸位同学：

今天很荣幸能和诸位同学见面并且说几句话，不过我希望不要以为我有许多高论，我来是为与诸位见面和参观贵校新校舍的。近来因为开会，非常之忙，即有意见，亦未组织，很容易使诸位同学失望，但是我的目的已达啦。我和欧先生[②]很熟，这里的教授我熟的又多，在胶州路时，我曾去过，也讲演过，那时贵校设备稍简单，但是精神很好。这次搬过来，一切都比从前好得多了。我的目的，是多看中国长进，看中国有希望，不愿看中国退步，看了不高兴。我这次来，一方面想得一点 Inspiration，一方面是看看中国青年男女将来的希望。我如此时走吧，未免太自私。则才欧先生叫我讲近来的感想，因为这很容易，有什么说什么，不要预备。不过个个人都有感想，现在有思想的人，都要难过，或者生出许多不高兴。但是究竟我们怎样办呢？

上月十九上午十点钟，我在办公室里，忽然来电话，是由火车站来的，是一位研究东北问题的傅恩龄先生打来的。他是日本留学生，是南开老同学，请他回来研究东北的。他来电话，说："许多中外记者，都要到辽宁去，也要我同去，因为辽宁被日本占了，我能去吗？"我在电话中回他："最好等一天，看有什么动静。"从皇姑屯到天津，有火车的，消息比较快，上海得到消息，怕是第三天了。十九以后，报纸天天有号外，许多同学，都很关切，问我的意思怎样。我说："现在我不敢有什么意思。"看看十九、廿过去，礼拜一敝校四部[③]同时上纪念周，同事都说到这事的出现，与我们以后的态度。现在我借此机会讲一讲我们的感想与态度，供给诸位研究。我说："此事出来，中国人大都惊慌，以为

① 1931 年 10 月下旬，张伯苓赴上海出席第四届太平洋国际学会会议，会后，到上海大夏大学参观并演讲。由朱艺记录。

② 欧元怀（1893—1978），字愧安，福建莆田人。美国哥伦比亚大学硕士、美国西南大学博士。1928 年任大夏大学副校长。

③ 即南开大学、南开中学、南开女子中学、南开小学的内部称呼。时四校一体，统称南开学校，对内各部称为大学部、中学部、女中部和小学部，由张伯苓任校长。

是意外，但在研究东北的人，都认为是意中之事。谈到这，我们即要谈到数月前的事。这件事在数月前就酝酿了，我们没有预备，他们向我们进攻，我们应当防卫，但是实际上不能防御，如防御更要吃亏，没有那样充足的预备，所以只有退。”又说：“你们看号外上说沈阳被占，又要占吉林了，如果号外上说占领南京，这是可能吗？这个是可能的。我们的海防，一点没有，还不是听他们随所欲为吗？我们是太没有预备了，我们中国是和平的民族，是不备战的，不过中国养兵数百万，如不好战，要兵做什么？每年用了上万万的兵费，有什么用？如说专为自己打自己，看外国人来即让，太说不过去！我记得在上一个礼拜说过，中国在廿世纪没有立足的资格，政治、经济、武备一切都没有，你们看今日是都应了我的话了。我们应当藉此时机彻底觉悟，根本来解决一下。我看近数年来，中国轰轰的闹，自己不晓得闹的什么，好像交易所的买卖，这个涨，那个也涨，其实值不了这许多。我们藉此机会想一想，为什么拖到这样？”

“我们受了日本的欺侮，大家出去演讲，抑制日货，但看一看，有什么用处？有什么效果？人云亦云，这样的民族是没有希望的！我们要去对那些领袖演讲，对他们讲才有用，他们是有责任的。这是谈演讲一样。再谈抵制日货。Dr. Franklin Hoo（何廉）统计抵制日货，共有九次，抵后又抵，买后又买，日本并没有吃亏，中国商人又没有吃亏，吃亏的是中国消费者。我不是经济家，我不会说经济，我拿常识来讲，我以为抵制日货，有二方面：一是自己做，无论中国货如何坏，如何贵，我们还是买他。二是本国不能做，多化几文买西洋货。但是这两个结果都没有。我说句笑话，抵制日货，是为下次再抵制的。我们抵制过九次，一点用处没有，一声闹了，全国如狂，一声日兵来，又完全跑了。这样中华民族是有志气的吗？我实在痛心。日本小鬼这些都不知道吗？我们这一次不要再傻了。你们抵制，我很希望，但不要预备下次了！我们要从根柢上想。”他们都说：“行！”

这次闹事正是天津跑马，我家至校必经跑马之处，星期五、星期六、星期日三天，看跑马的多极，他们是不管的。做苦力的，没有看号外的，又没有人说给他们听，他们也不管的。只有少数学生，是清醒的。国家这样大，清醒的人这样少，真是没有希望。咱们这次不要骂别人。要坐静想一想，我们思想的不彻底，行动轻狂，这都是最大的缺陷。中国今日之所以如此，研究一下，可得两个原因：一是中国没有稳固政府，昨天与上海教育界诸位朋友谈到：“中国与日本同时学西洋，犹如同时上小学，看人家大学毕业，我们小学还在降班，这是什么原故呢？诸位有留学日本的，有在西洋留学而与日本人同学的，日本人聪明吗？日本人又小又矮，怎么他能够毕业呢？”我常和日本人说：“你们真是万幸。”一个国家的改变，什么都变的，但政治最要紧，日本从前幕府有权，皇帝无权，握权的领袖是不愿改革的，但日本运气好，明治皇帝又好，幕府让权，政治机器一开，就弄好了。中国的政治机器，完全没有经验去管，所以愈弄愈坏。一八九四年，日本同中国打，胜了，机器坚固了一点；一九〇四年，同俄国打，又胜了，机器又坚固了一点；后来加入世界大战，又胜了，因此成了世界的强国。

日本人从外国留学回来，加入机器工作，即开动了。中国不幸，皇帝是外族人，如果是汉族，那就是兄弟或同族来顶替（我并不是保皇党）。但是不然，中国革命，把皇帝打掉，伍廷芳和唐少川在上海会议，决定用共和正[政]体，但想一想中国多么大，交通、经济、人民智识等等都够不上共和，欲用君主吧，又是外人，孔家又不做皇帝，朱洪武家已老，于是他们就这样做了。这样的机器一开，也就散了。直到现在，还是散的！我昨天又说：“我在教育界卅年，我永不问政治，你把小机器弄好，朝大机器上一摆，马上又散了。中国人政治的意识幼稚，真是没有希望。看英国的首相是那一党？现在怎样？英国在有党治的国家中，真要算是老大哥了。人家为国而牺牲党，是多么可敬！今年春天，我在南京，正是胡蒋不能合作，两下相碰。假使在英国，一转就过来了！现在又碰了，最好要请英国人来教一教。唉！这真是不容易呀！我们看天天讲民族，民族将来是不是行？再看看国内，天津是这样，天津是不怕的。我常说：“天津有不平等的条约，所以不怕。”但是内地呢？内地没有租界呀！兵多得不得了，怎么办呢？假设托给某某将军吧，但他是不是能把机器弄好。恐怕没有希望吧！我劝南开同学，我也劝劝你们。

近来太平洋国际学会开会，他们已出了许多书籍，都是从中国实地调查的，我们看国内大学用书，都从外国来的，外国的情形，不合中国用，我们要从本国去研究，要从实际去研究。已过去的都承认错吧！以后要注意的：第一，各大学要注意本国的事。我们要知道我们中国的短处，我们去监督政治，干涉政治，如果弄错，则格外坏。我们要找我们的一条出路。第二，我们中国人什么都不行，精神、体格，在在落人后，我们要一生一世不腐化！不尽责就是腐化，责备人和希望人，都是没有用的！我们都要借此机会觉悟，要终身不腐化！中国多大就有多大势力，我常说：“不怕，有我”，别人都疑惑，我说，你也说一个“不怕”“有我”，不是已有两个人吗？再者中国人太自私，不配做现代的国民，如不痛改前非，即没有法子了。大家都说一个人不行，但不管他，从一人做起好了！天天如曾子吾日三省吾身，“我们是堕落吗？自私吗？腐化吗？”不过，看这句话很容易，但难做到的，可是难虽难，终是有希望的！你们的校长欧先生和几位创办人，他们努力，努力，现在成功了。有志愿，即有法子！（There is will, There is way.）不是尽量空谈理论不顾实际，也不是尽顾事实与理论背驰的。我们要从今以后，不随随便便，不腐化，不自私！

（《大夏周报》1931 年第 6 期）

学生对于抗日救国应抱之态度[①]

（1931 年 10 月）

诸位先生，诸位同学，鄙人前几年到上海中学来，有时与高中诸同学谈话，有时与初中诸同学谈话，却没有和全体同学谈过话。此次的情形就和从前截然不同了，这里已经有个很大的聚会场所，合了高中、初中两部同学在一起开会，显见是贵校数年来的进步，我个人很钦佩！

昨天郑校长对我说，自东北事变之后，大家的生活感到不安定，对于这件事十分注意，尤其是学生，以全部的精神集中于这件事。并且说，已经和诸位同学谈过几回话，现在再无话可说了，所以要请外边人来说。郑校长究竟说了些什么，我当然不知道，今天我说的话是否和他所说的一样，我也不知道。我不过把上月十九日得到了这个消息以后，对南开学生谈的话，再向诸位申说一下！

南开是在天津，所以在上月十九日上午十时就得到了日本人在东北暴行的消息，于是南开在星期一第一课同时开了几个会，和各部——大学、中学，男生、女生——学生谈东北的事情。因为学生多，所以分三四处举行，所谈的话，大致是相同的。现在说其大意如后：

当事变开头的几天——十九日、二十日，天津正在举行跑马，有许多人去参加这个盛会，实在的目的并不是看，却是在赌博。自日本暴行后，去的人依

① 1931 年 10 月，张伯苓赴上海参加太平洋国际学会会议，其间在上海中学发表演讲，由张乃聪、石昭明记录。

然很多。可见社会上一般人仍旧漠不关心，对于这件事一点不注意。至于街市上的苦力小卒，根本上就不知道有这么一回事。所最关怀者，就只有学生。我们的国家虽大，人口虽多，对于国家的事情留意者却就这样少，简直只可称为一个小国！然而国家真个小，负的责任倒也小；但我们的国家的的确确是一个大国，人口又明明是很多的，负责任的人却又特别少，那么我们的责任不是更重大了么？！做买卖的人尽管做买卖，看跑马的人尽管看跑马，国事与他不相干似的；学生总算还能去注意，可知中国办了几年教育，还有这一点成绩！

此次事件的发生，诸位不可听迷信，切勿以为日本最近来了许多兵，所以能够把东三省夺去。我想凡是到过东北的，都知道不是偶然发生，实在东北方面不堪抵抗，所以造成了这样的局面。明白了这一点，就可不必大惊小怪了。假使日本来打天津，也是可能的，这因为没有抵抗没有预备。即再退一步说，前天有张小报的号外说日军攻陷南京，当然你们也容易听信的。实在说起来，日本人到中国来，用不着摩拳擦掌，只要轻轻的三指一抓，便可以亡我们了。我认为这是可能的！当然的！

自然，日本这样欺侮我们，我们心里很难过。我们如果对外国人说，日本人不讲公理，破坏世界和平，用武力压迫我国，这真岂有此理？中国是个酷爱和平的国家，最讲公理与文明，不喜战争，所以不抵抗，请你们来主持公道。这种话我们说得出口么？外国人听了会相信么！他们易对我表同情么？世界上各国养兵数以我国为最多，有二百万的常备军，而对国防上一点没有准备，每年把许多钱去买枪械子弹，连年的内战，这能够说和平吗？自己内战是可以的，外侮一来，抱起无抵抗主义，便算和平，有谁来相信？

所以，我们要借了这个机会有彻底觉悟，再不要莫名其妙地过去，否则国家惟有亡！永远没有办法！我们要知道，前几次国难时做的工作完全是错误的。一向做惯了的工作：第一，拿了旗子向民众演讲，喊口号，贴标语；第二，抵制日货。据我所知道，抵制日货的把戏，几年来已经演过九次了。

所谓对民众演讲，究竟要紧否？我们何不考虑？国家为什么不强？为什么怯弱？自然因为内政不良，执政者又不得其人，往往内哄，不能合作。那么我们应该向负责的领袖讲。如果对一般民众讲，一则他们不大懂；二则不能负责。又有什么用呢？至于抵制日货，过去九次的成效等于零，这回我们仍旧用这老法子。最低的限度，有两层可以做到：第一，自己不买日货；第二，价钱宁贵，买别国货。那么为什么做一次不休，二次不休，却要做九〈次〉呢？一次受辱，便言抵制，不久，就时过境迁了。二次受辱，便再言抵制，兵一退，又买日货。

是否因为实力打不过日本，留得下回做。这回的结果，只怕仍旧如此！中国人做事是这样的不彻底！不受外人贻笑么？我以为几年来中国人的脑筋混乱，思想不彻底，举动孩子气。听到日本占领东北，便如晴天霹雳，如疯如狂！一听到日兵来了，便跑的跑，逃的逃，这不是孩子气么？也可说成了中国的民族性。此后非彻底觉悟，中国就不可救药！

按南开有位教授的调查，九次的抵货声中，日本丝毫没有吃亏，贩卖者也仍获得大利，直接吃亏者乃为买客。这不是笑话么？上面所说的两项工作完全没有做到。日本诚然可恨，但为什么自己不能自强？又退缩，又软弱。这就所谓“贪藏贿赂”。我们应该设法从根本上去求解决，别人既然漠不关心，就只有学生来注意，若学生再不能觉悟，中国就永远没有希望！此次的刺激，实不可谓小了，我们就要借这个机会彻底觉悟，终身不忘，永远继续的做去。究竟怎样做，我可以稍为贡献些意见。

第一，先说我个人的历史，我起初并不是办的教育，原是进的北洋水师学堂。当年幼时，听得国家孱弱，列强又有瓜分的野心，就难过万分，像诸位现在的一样。甲午之战，中国打败仗，日本强占辽东半岛，后来俄德法三国出来干涉，偿款三千万而归还；可是又占据威海卫，偿款后亦归还，当接收时我亦代表水师参加，那时我还只二十二岁。但不幸得很，第一天日本占去，第二天要回来，第三天却又给英国了。这不是太滑稽了么？记得有一次，给我的刺激最深刻：威海卫有一个海军衙门，自水师提督丁汝昌自尽后，空无人居，日兵让出后，英水兵驻此。我道经这个衙门，看见站岗着英水兵，高高的木立在门口，体格魁梧，穿着红的上衣，黑的下裤，神气活现，整洁干净。同时又来了一个华兵，服装破旧而不洁，前后钉起了一个“兵”字，身材矮小，精神萎靡，同英国兵一比，使我难过极了，好像自己照了镜子，丑态毕露！在这一幕活剧之下，回忆在校读地理，中国地大物博，人口众多，然而像这样的病夫，又有什么用呢？便立志办教育，认定要想拯救你的民族，惟有根本改变你的民族，中国人身体太差，其他更不必谈了。从那天起，到如今已三十三年了，致力于教育事业；成效如何，我自己不知道。但我确是认定了这个目标去努力的！犹记得当初办学时，大家还不知道什么是体育，现在当然进步了。

对于这回的事，我们要抓住这个刺激，要真的爱国，便要忍苦耐劳，立定志向，为国家办一些事业，无论办教育、政治、经济、商业……都可以，只要向着这个大目标做去，彻底的觉悟，终身到老，一心一德的做去，此次我们实不能不“塞翁失马”的做去了。

南开的学生很受我感动，大家便立定志向，先从自己做起，组织“刻苦团”，每天早起，锻炼身体，不浪费钱，不盲从，能负责，有纪律，有毅力。有人以为这种是小地方，但我以为就应从这些小处着手，中国人只希望别人做，却不愿意自己先做起，我们一定得自己做，因为盼望别人都是远的，靠不住的！所以我向他们建议两种努力的目标：

一、不腐化。今天的责任尽了么？做事不努力么？做过坏事么？像这样的问题，每天必定自省几次。如果能够养成了习惯，将来出来就可做很好的领袖，感化别人，自然也容易了。

二、不自私。中国人往往不知团体生活，不能牺牲自己，所以弄得糟糕。日本比我们小，天资也未必比我们聪明，但为什么他们〈有〉今日的地位，而我们弄得如此破碎呢？就是因为他们能合作，不自私，所以我们也得切实的做去，国事也就有办法。大家以为这太远么？要知道倒是真正的出路！

现在若是与日宣战，可谓毫无办法，过去已经没有办法，只有从现在起，三年五年后才有办法。也许诸位以为太远，但要是你自己能够奋发，不腐化，不自私，立定志向，绝不至做饭桶；将来多少有些成绩！惟有趁这个机会，把怯弱、自私、愚笨的心理改掉，万不可抱悲观，因为悲观也是无用的。中国看来很有希望呢，日本人那里比得上我们？就是日本人也何常不这样说？所以我希望诸位从这个观点看，我们要看得前程远大，从此能有彻底的觉悟，不专责人，应该责自己，希望人家不成，一定得自己做，不腐化，不自私，那么中国真正有希望了。

此次我到上海来参加太平洋国际学会，有时为自己中国而争得很利[厉]害，就是自己也觉得丢脸。这回讨论到发展中国经济问题，讨论得很详细，但若国家地位不稳固，年年内乱，什么也不能做好！收回租界，上次也提出，但听说一有事，许多人明明又要向租界上跑，租界上的房金又要涨起来，又没有话说了。所以还是自己不好，讨论之后，终究要归到这个字。治本的方法，只有自己做去；治标的方法可藉外国舆论。

我从前年轻时，听说列强侵略中国，自然难过。现在是五六十岁了，差不多一生要过去了。有希望的还是诸位，诸位万勿胆怯、消极、悲观，未来的一切希望，正待诸位去开展！

（《江苏省立上海中学半月刊》，1931 年第 58 期）

蹴球与政治[①]

（1931 年 11 月 5 日）

蹴球之目的，在于蹴入对方之球门，但绝非一球员单刀匹马所可长驱直入，一脚蹴进。必全队球员互相传递，协力其进，使能破除阻力，攻入敌门。为政之道，正复如斯，力不必出诸一己，功不必自我独成。

（《申报》，1931 年 11 月 5 日）

我对时局的感想[②]

（1931 年 11 月 9 日）

一、不要怕难——只可努力去作，不要检选容易的去作，认准一个有力的方针，亦不妨先试作一次。在平时每日作十小时的工作，现在为国难方殷，而自己先要增加一小时。工作如有进境，盼望将来全国一致出动。

在昔日我很怕瓜分我们中国，就目下看：各国大概已没有这种思想存于脑海，他们的态度不像以前见了中国人就有凶气，这亦是中国人民有进步的铁证。

二、远东运动会所见——外人比我们中国人进步快，若是个人与日人较，不但体育比他强，其他一切，亦胜于日人。中国人多半吃亏于全体，因为合群性、信仰性薄弱于日人。这样无团体性，怎么不受人的耻辱！既无团体性，又无丝毫的准备，怎么与人争胜？日人为什么这样呢？我有几个问题：

甲、我问是否中国人种与他们是怎样不同？

乙、我们的身体小？

丙、我们的知识不如人？

---

① 本文摘自《申报》的“时评”栏《绝食呼吁和平》一文，标题为编者所拟。

② 本文是正值天津事变时，张伯苓在法租界维斯理堂所做演讲。

丁、我们的土地小？

戊、我们中国人学西文逊于日人？

己、我国人材不如日本人材？

按这次国联会施肇基氏，在外交界，虽非首屈一指，然以各方面看，都远胜于日本的芳泽，若说中国人进步，不如西人，我常看中人与西人一同到一个学校去读书，那西人已经毕业，我中人还在那里退班，可见人比我进步快。

三、政治之改革——政治乃国家的命脉，国家强弱，视乎政治良否。东邻日本自民治［明治］维新，改革政治以君主专制，组织强有力的中枢。人民亦个个的精强，所以民富国强。国家如同一个机器，政治乃运用机器之法，法则不良，机器必受极大的损坏，非请技师修理之，改革之，则不能运用。

中国前清时代，君主专制，倒行逆施，以至民不受命，群起推倒满清，逐出异族，那时亦不知道满清非异族，推倒满清，不啻将机器完全铲除。机器动摇，我们人民也随之颠覆。那时我们人民应该请有名的大技师，来修理这破坏的大机器，倘能得着开机器的好法子，中国亦早成了世界最大的强国，非今日眼目中之中国。

四、国民党——我非任何党派，我是很赞成国民党的，中国人向来的大毛病，什么事都不实地去作，先要有所指摘，而以中山先生为特别人不可伦比，想这样还有进步没有？

我们不论怎样，要实地去作，努力竞争，不可只有批评，没有实行。我现在再说这个，亦恐于事无济，只可预备将来。我们中国是有希望的，倘能将固有毛病除去，中国人个人的醒了，国势危亡，当可脱免。

如颜骏人、顾少川两先生，论他的学识，比我们强的多，他曾亲口说："我们最要紧的，是好好的念书，好好的作事，不要自私自利，腐化下去。"凡事要讲实力，自从现在起，事事注重实力，我们中国是有希望的。

我们现在的悲观，都是因为太空想，没作过事，自私、虚假乃是最可怕的事。凡事要从自己作起，中国的前途，不逊于日本。

以上是我个人的理想，而不能勉强诸位来信我的理想，也许有与我表同情的，请诸位细细的想想中国是怎样！

（《天津女青年会季刊》，1931 年）

湖北汉口《信义报》二十周年纪念特刊题词

（1931 年 11 月 25 日）

《信义报》廿周年纪念
长江中部，信义风行。
开我民智，宏我汉青。
懿欤盛哉，悠久光荣。

（南开大学档案馆藏）

对内团结，打倒松懒自私[①]

（1931 年 12 月 15 日）

前几日，天津市情形逐渐平靖，本人即主张复课，闻诸生亦多系自愿回校，使本校得以立时恢复旧观。似此精神，以之改造国家，改造社会，均属宝贵，而校内诸师生当横逆之来，不乱不慌，得以未蒙重大损失，亦是足以自慰之处。至于救国关键，要对内能团结，打倒松懒自私，方能有为。

（《益世报》，1931 年 12 月 17）

① 题目为编者所拟。

学生会应立即解散[①]

（1931 年 12 月 15 日）

正当合法学生会之组织，学校自当积极提掖而扶植之，不过汝等此次所发起之学生会，（一）既未遵照中央党部《学生自治会组织条例》，“事前征得学校同意”。（二）复在与学校表示不合作情况下所组织，可谓降生不辰，此会应即日解散，停止活动。

（《大公报》，1931 年 12 月 17 日）

辞职布告

（1931 年 12 月 16 日）

查学生自治会之组织程序，中央党部业有明令颁布，故对于合法组成之学生自治会，本校长将扶植诱掖之不遑，决无限制压抑之存心。本校所组织之学生自治会（未得本校允许），不特未遵照中央党部所公布之条例，且在与学校表示不合作情况下所组成，本校长职司领导，应示诸生以正当途径，故关于诸生已组织不合法之学生会，本校长誓具纠正决心。奈经多方劝导，诸生仍一意孤行，竟以谆谆之言，而藐藐听之，本校长惟有辞去校长一职，即日不到校视事。此后虽缔造经营三十年之南开，即从此解散，本校长亦爱莫能助。此布。本校长谨白。十二月十六日。

（《大公报》，1931 年 12 月 17 日）

① 11 月初，南开中学学生以抗日救国为名，在礼堂召集大会，并发起组织学生会，为此与学校发生纠纷，张伯苓召集学生代表谈话。题目为编者所拟。

附 1：南开中学全体教职员辞职声明（1931 年 12 月 17 日）

本月十六日，本校为学生会问题致校长辞职，教职员等念本身职务系受校长委托，校长既经辞职，本应同时告退，惟冀事势或可转圜，未忍遽然出此，乃于当日下午开全体大会，商定：一面明日暂维持现状，一面公推代表五人，即向该学生会劝告，以作最后努力。劝告大意为："希望将该会组织能依照校长旨意，酌加变更，以全师生合作精神。"无如该会犹谓"须请校长追认学生会"，职教员等自愧诚信未孚，挽救乏策，当于十七日下午两点再开全体会议，佥以校长既经辞职，在工作系统上，职教员等本已无从负责，事势如此，更难转圜，迫不获已，只有出于全体辞职之一途。谨布区区，知者谅不至以"罢教"视之也。除专函向校长辞职外，特此声明，即希公鉴。

（《大公报》，1931 年 12 月 18 日）

附 2：南开中学部分学生挽留校长宣言（1931 年 12 月 17 日）

国难当头，吾青年学子正当积极读书，以为救国之用。乃近来学校忽起风潮，引起校长辞职，以致青年学子失其读书之所。现学校处于风雨飘摇之中，敝人等不忍坐视，特发宣言如左。查学生会之组织手续有不合法者数点如下：（一）学生会以抗日救国之名，又变而为学生会，是其名义不合。（二）学生会利用群众之感情冲动而表决成立，非全体真实意见。（三）学生会于表决事项时，利用威迫手段，使相反意见不能提出。学生会产出既不合法，其工作又不能代表全体同学意见，特举二点如下。一、学生会之主旨为师生合作，辅助学校，学生会竟于学校处于对立地位，非全体意见。二、学生会感情用事，发表激烈宣言，诽谤学校，引起风潮，致青年学子失其读书之所，此非全体同学之意见。据此，敝人等不得已退出学生会，为挽回学校大局计，决起挽留校长，以使青年学子不致失其读书救国之机会。特此宣言。附：一、各组同学有赞成敝意者，请发布告，以便招集一议。二、请各班速选代表，于今日午后到东楼上一号开全体代表大会，商议挽留校长办法。发起人陈家珍、叶馨浓等十七人。

（《大公报》，1931 年 12 月 18 日）

附 3：南开中学学生会布告（1931 年 12 月 17 日）

我学生会于千八百同学之拥护，师长赞助，得有今日，乃有少数同学在学生会成立之初举手赞成，现有他们亲手写的签名。乃在某方无意义的恫吓之下，魂飞魄散，为甘言诱惑所屈服，背叛我一千八百同学之公意，丧心病狂，无过于此。本会于痛惜之余，兹驳斥如左：一、查学生会乃在会场中有同学临时动议，俟经主席征求附议，将议案正式成立后，由全体同学一致通过，何得妄谓不合法耶！二、学生会经全体举手、全体签名，乃谓利用群众感情，实属侮辱我全体同学之人格。我同学皆为知识分子，岂能任人利用耶！想我同学当不容此野蛮詈骂有半分钟之存在也。三、学生会处理事件，完全取公开讨论，每次开会，事实俱在，决不致受一部分同学恶的挑拨所蒙蔽也。关于驳斥之点，即如上述，真相自当大白。且我校并未停课，一切校务皆安然进行，我同学又何必惊慌乃尔。且现在诸位师长正在进行调解办法，而一部同学不顾师长体面、自己之人格，乃作摇尾乞怜之丑态，实属可笑可悯。至云诽谤学校，声明已见报端，用付公判。况且反动请功皆限于一年级一地域，是久令人可疑者也。我校同学明达，谨具真象，据理驳斥如上。

（《大公报》，1931 年 12 月 18 日）

附 4：南开中学全体教职员根据学生会布告发表的声明（1931 年 12 月 17 日）

顷阅本日学生会布告，有涉及教职员两点与事实不符，兹特声明如下：（一）学生会布告谓“师长赞助”，查学生会组织前后并未曾与任何教职员有何接洽，“赞助”二字无从说起。（二）学生会布告谓“继续上课”，须加以解释。本日上课，系属暂行维持性质，本日以后是否继续维持，须待本日下午开职教员全体大会商决。全体职教员同启。十二月十七日。

（《大公报》，1931 年 12 月 18 日）

附 5：南开中学学生会执行委员会主席张敬载对新闻界的谈话（1931 年 12 月 18 日）

此次敝校发生学潮，使社会同为南中担心，今日报载敝校校长及教职员总辞职，教务无形停顿，均欲知其究竟，特约请诸君莅会，对南中现状，特别是学生会组织经过略为报告。

学生会成立经过，自十一月二日东北事变后，全国青年狂热，敝校以特殊情形，未有表示，后同学提请组织抗日救国会，遂召集全体同学大会，会中有人提出组织学生会之临时动议，当经全体通过，现筹备手续已完备。不幸会中有打倒某某之口号，此系事实，不能否认，学校不满意学生会，恐亦在此。后经再三解释，幸告无事，校长亦承认学生会为合法，并经中央党部颁布《学生会组织大纲》等件，校长恐明白反对即反中央或反革命，故谓为不合法，并表示有学生会即无校长。未几津变发生，事遂搁置。复课之第二日，校长招集全体同学谈话，散会前，教务兼训育主任雷法章报告简单，坚决的表示学生会应即停止工作，遂即散会。此无异于严令解散。时本会执委亦在场，未与争执，次日发表声明，校长认为不满，即行扯去，敝会再贴启事询问，不意校长竟辞职。学校以学生会为不合法，既未得学校承认，不与学校合作，并以此为其辞职理由。校长辞职后，本会代表曾至女中面见校长，惟校长表示极坚决，认为无商量余地，并谓组织学生会须得其同意。此点在原则理论上必争，否则失却其根本意义及价值，亦即失却学生会存在之理由。本会为一千八百同学所公选，是合法的，故无解散必要。本会希望今晚或明晨恢复原状。学校现状，今晨召集全体学生大会，群情激昂，惟须郑重声明，本校学生是为读书而来的，完全立于南开中学之地位，其中绝无任何色彩。关于此点，敢向社会表白。同学公意，认为在师生合作原则下，组织自治会，务须坚持到底，并望执委万勿顾忌，本执委会同人受同学重托，亦决努力进行，虽赴汤蹈火，亦所不辞。今日大会议案，决维持现状。

（《大公报》，1931 年 12 月 19 日）

附 6：南开中学训育主任雷法章接受《大公报》记者采访（1931 年 12 月 18 日）

此次发生校潮，校长及教职员之辞职，决非消极，实系积极的。校长每日仍赴南大及女中、小学各部办公，教职员亦决不离校。教务虽已停顿，关于学生生活之斋务及庶务课应有人负责，此可证明学校当局总希望学生能得觉悟，即董事部亦有同此表示。目前一部学生已有觉悟，声明退出学生会，故于短时期中，或能有转圜办法。本校学生组织学生会时，校长及大部负责职员均未在校，本人曾对学生劝导，学生来校求学，实为社会给予之便利，应以得之于社会者，供献于社会。学校向以维持同学之学业，多方帮忙，同学中竟有谓“即已辞职，何仍恋栈不去”之批评，要知教职员辞职，尚未批准，即谓批准，仍须办理交代，亦不能马虎去任，而负弃职潜逃之责。今日情势虽僵，仍希望同学渐能觉悟，不出数日之内，希望能有相当办法。

（《大公报》，1931 年 12 月 19 日）

附 7：退出学生会学生发表的《泣告同学书》（1931 年 12 月 20 日）

自从“九一八”以来，国家危如累卵，回视外交内政，无不令人焦头烂额，百孔千疮之中国，似乎与吾人以绝望了。但是我们青年人口口声声说国家的至宝，不是以挽回狂澜为任务吗？不是以唤醒一般醉生梦死的人为职责吗？日本人强占我们的地方，杀戮我们的人民，我们呼了“中国青年快觉悟”“要彻底觉悟”“誓雪一切国耻”“杀尽倭寇”“恢复国土”，同时我们又说了“政府无能力”“国民又勇于私斗”。这多么光明、多么雄壮，中国前途的光明都在我们肩上，这是多么大的责任呵！然而可怜呵，过去的事实给我们的教训，我们完全没有听从，我们仍然作的是无益的、虚浮的、感情的、无谓的工作，离着救国的道儿还不知有几千里。唉！“救国”，谈何容易。南京学生在打毁中央党部的时候，日本人是在东北作建设的工作，我们的青年只有作“气的发泄”的事，其他号叫两声而已。我们与日本人比起来，真是自命不如，令人汗颜。

“号叫”亡不了日本，“捣毁破坏”也救不了中国呵。要救中国，需要的是人才呵。中国目前就没有人才吗？这话不敢说。怎么中国如斯之坏呢？还有，要人才有良心，我们要知道要作一个二十世纪的人根本就不容易呵。“良心”这两个字许会有人认为是不摩登，要知道中国的乱，就乱在“无良心”呵。教育是造就人才的，我们都是来想造就“人才”的，我们读书不是我们正当救国的工作吗？“救国不忘读书”“读书不忘救国”，这是千真万诚的话，为什么竟有人说打倒“读书救国论”呢？丧心病狂何至于此？朋友，我们请你摸着心想想，你们的父母送你们来学校是不是来读书？来求知识？你们是不是也想救国家呢？

唉，你本着良心，你清夜自思，对于你的国家、社会、家庭、你个人，甚至于自父母用血汗挣来的整百的给你花的洋钱，能说无愧于心吗？诚然，这种责任不该我们青年人独自负担，但是很明白的两条路，谁是谁非，你们都不知道吗？你们回头细细想想，南开现在的学生会是否合法，千万不要先入为主。

我们本着要求读书的良心，我们不顾一切的非难，匹马单枪杀入敌队去，我们要达到挽回校长复课的目的，这是反动吗？我们大家都有眼睛，都有脑子，你们也都看报，还不知道目前国家的情形，一天一天的紧吗！日本的“哀的美敦书”眼看着要发了，还不醒！还不醒！究竟勇于私斗的，是不是我们呵？现在市党部已经下了训令，令现存的学生会改组，我们很希望现存学生会当局诸公觉醒！觉醒！觉醒！何必基于“气的发泄”，以同学的光阴为牺牲品呵？

同学们，你们要“冷静了你们的头脑”，本着了你们的“良心”，当着这冬夜静寂的时候，卧床细想，趁早回头，则国家幸甚。临书涕泣，不尽所言，伏乞采纳。南开中学挽留校长同学会筹备会上。二十日。

（《大公报》，1931 年 12 月 21 日）

附 8：南开中学学生会致南开中学诸校董函（1931 年 12 月 21 日）

我校因组织学生会事，校长竟率然自动辞职，乃诸位师长不察，竟致罢教。生等无法，只得照常上课，以俟诸位师长早做深一步的观察与思维，俾得克日复教，使我一千八百求知如渴之青年，解除无师之苦。想诸位师长为教育青年而教育青年，当不再踌躇矣。谨将血赤之微诚，上达诸公，即希照鉴。无任感激。

（《大公报》，1931 年 12 月 22 日）

复职布告

（1931 年 12 月 24 日）

查南开成立以来，向重合作精神，历年各种团体活动之进行，素赖师生共同之努力，其能日新月异，获得今日些许之成绩者，亦正此种精神所促成。欲图校务前途之发展，当尤赖此种精神之扩充而光大。准此言之，学生会之组成，亦应本此师生合作之精神，以求事效之逐渐昭著，固毫无疑义也。顾此次组织之学生会，事前既未征求学校同意，复与中央所颁布之《学生自治会组织条例》不合，故本校长自始即未允许其存在，迭经劝导，予以适当之纠正，以期其依法改组。无奈该会执委等坚不服从指导，不得已遂出于辞职之一途。惟董事会坚不准辞，各处校友及诸生家长等又多方敦请复职，近查多数学生，亦皆觉悟此举之非是，而学生会执委亦经呈函承认该会当依法改组，以此师生合作之障碍既除，本校长自当即日复职视事，现有之学生会着即取消。将来学生会应如何组织，静候市党部派员指导进行可也。兹定于二十八日起照常上课，以示除旧布新之意。些小波折，于兹告一段落，此后望诸生深明师生合作之意义，共谋校务之发展，是为至要。此布。

（《大公报》，1931 年 12 月 24 日）

附 1：南开中学学生会发表改组宣言（1931 年 12 月 25 日）

（一）所谓“与中央党部颁布之《学生自治会组织条例》不合”，前经市党部来员调查，承认本会在组织上与其他之学生自治会相同，足见本会之组织并不违法。（二）“未经学校之许可”，校长现既承认学生有组织学生会之意志、权能与自由，则校长以前所持之未经学校允许一点已根本推翻。……[①]现在因校长已承认学生有组织学生会之意志、权能与自由，则学生会之性质，当不容受何方面之干涉或侵犯，故吾人承认改组。今日之改组，非校长所指之改组，亦非市党部所指之改组，乃在校长承认原则后，方才改组。在学生会自动改组未完成期间内，现有之学生会照常负责，继续工作。

（《大公报》，1931 年 12 月 26 日）

附 2：南开中学教职员复课布告（1931 年 12 月 28 日）

启者：本部教职员等，前以校长辞职，在工作系统上无从负责，并以劝告学生会改组无效，深愧诚信未孚，迫不得已，于十八日专函向校长辞职。乃昨接校长函知，谓：“伯苓经校董会极力挽留，各处校友及诸生家长等又多方敦请复职，而多数学生亦多大有觉悟，请求早日返校。窃鉴各方之敦促，未便坚持原议，特订于即日回校视事。恳诸先生本一向合作之精神，均行即日复职，以利校务进行。”同时学生方面，亦复推举代表请求打消辞意，早日复职。教职员等念学生会改组问题既告解决，校长亦经复职，复荷校长之敦促，多数学生之请求，对于前请辞职一节，自未便坚执成见，爰经共同商决，于二十八日复课之日一律复职，用符师生合作之精神。特此声明，即希公鉴。

（《大公报》，1931 年 12 月 29 日）

① 文中省略处为记者语，故略去。

与《大公报》记者的谈话①

（1931 年 12 月 24 日）

本人对于学生会之组织极为赞成，对现在学生会所不满者，只在产生学生会之全体大会中，有“打倒某人”之口号一点，其他均不成问题。

（《大公报》，1931 年 12 月 24 日）

《电业季刊》题词②

（1931 年 12 月 28 日）

天津市电业监理处《电业季刊》出版
能倡导全市电气化，吾于是刊之风行卜之。

（南开大学档案馆藏）

青年人的立身处世③

（1931 年）

（1）不赞成“巧妇难为无米之炊”这句话。有米人人可作炊，何用巧妇。没有米，能想法弄来米作成炊，才是巧妇。“巧妇难为无米之炊”这句话是给没

① 题目为编者所拟。

② 天津市电业监理处拟出版发行《电业季刊》，本文为张伯苓为该刊题词，题目为编者所拟。

③ 本文是从台湾郭荣生的几篇回忆文章中辑录出的张伯苓谈话。这些文章包括《南开大学校长张伯苓的立身处世》《遵从校长训导服务社会》《张伯苓校长的“公”“能”教育》等。题目为编者所拟。郭荣生于 1931—1935 年在南开大学哲学教育学系读书。这些谈话应在这一时间。标题时间及文末出处仅标其一，特此说明。

有奋斗意志的人及不想法子战胜环境的人，用为推却责任的藉口。成功的人，他们能在没办法时想法子解决问题。在环境困难时，努力奋斗，鼓起勇气，以求战胜环垅，完成使命。在历史上，成大功、立大业的人，都是具有能作无米之炊巧妇精神的人。青年人要当作无米之炊的巧妇，在极困难、极艰苦的情况下，想出解救之道，去为国家社会担当重任。

（2）努力工作，不要嫌恶皇亲国舅。一般人在各机关工作，把与这机构主管或东家有关系的人，称之为皇亲国舅。这些皇亲国舅，居高位，领高薪。而自己觉得在这机构里，位卑职低，薪给微薄，满腹经纶，不得施展，于是闷闷不乐，对那些皇亲国舅，产生厌恶憎恨。这时得自己想想，不要管什么皇亲国舅，这机构的事务，必须推动，你只要努力工作，机构一定就要你，你有成绩，机构不会亏待你。另外，机构的主管或东家，他希望得到几个有能力的同事，发展他的事业，扩展他的业务。你如能提出改进办法，将来必会升迁。你升迁到高位时，我反而惟恐，你没有高超能力，没有更好的办法。

（3）人可以有霉运，不可以有霉气。人的一生，不可能一帆风顺，步步高升，一定会时好时坏，忽高忽低。人会遇灾祸、遭失业、受伤害、丢钱财、丧人口、有疾病，这些都是时运不佳，霉运当头。走霉运的人，常会垂头丧气，萎靡不振，精神颓唐，邋遢肮脏，一身霉气，给人恶劣的印象，结果弄得更加倒霉。人在走霉运时，要振作精神，心情愉快，言谈豪爽。容面如悦喜笑，衣服整齐清洁。发理须修，动作敏捷，予人以清新愉快的印象。不久即可时来运转，接获佳音。

（4）职分内应办该办的事，不可迁延推拖。华北早晨很冷，早晨六点起床铃打过了，在被窝里很暖，很舒服，被子外边的室内很冷，衣服也冰凉，想到这些不敢起来，推三推四，不肯起来，但是时间又不允许迟延，查夜的老师，即刻就来，起晚了要受处罚。最后只得鼓起勇气，跳出被窝，赶快穿那冰冷的衣裳；只须有勇气从被窝里跳出来，问题便解决了。所以说，职分以内，应作的事，不可迁延，不可推拖，办完心情就轻松了，精神也就没有负担了。该办的事，不赶快办，越推拖，堆积的越多。有时间性的事情，不可忘记，不可贻误。一个人，经常忘事，误事，会受到处罚，也会被开革，也不会有任何成就。

（5）任劳任怨。青年学生，将来在社会服务，要有任劳任怨的精神。所谓任劳，就是勤劳负责，努力工作，不计名利，埋头苦干。更要不虚假，不偷巧，不夸言，不自饰。所谓任怨，就是胸怀宽大，性情温和，能接受批评，不重视无理谣言，能容忍恶意诽谤。任劳一般人都能作到，任怨则许多不能接受。要息止批评诽谤，应从自己本身作起。不良习惯，自己戒绝。酗酒豪赌，绝不沾染。金钱往来，结算清楚。不批评他人，不嘲笑同事。自己本身端正无邪，言语态度，公正大方，自然不怕流言蜚语，批评诽谤。

（6）学什么，作什么；作什么，学什么。举例来说，学教育，在教育机关作事，这是学什么，作什么；学银行，在交通机关作事，在作事期间，一方面作事，同时求取交通知识，学习交通技术，这也是作什么，学什么。社会上有很多人，从事于外行工作，在“学寓于作”的情形下，求取该职业知识，学习该职业的技术，专心工作，最后也能成功。

（《遵从校长训导服务社会》，《南开校友通讯》1995 年）

《天津志略》介绍

（1931 年）

敬启者，我国幅员辽阔，各地情形隔阂，非有文字沟通，难得感情联络。友人宋君蕴璞，遍游南北，创兴实业，每于游历之暇，辄拟编辑各地志略，贡献国人。原拟编辑国内外各地志略三十四部，计已出版者，第一部为《南洋英属海峡殖民地志略》，读之不觉神往。其第三十三部《北平志略》已改摄活动电影，至于第二十六部《库伦》、第五部《暹罗》正在编辑中。兹因天津为华北重镇、商业中心，拟提前编辑，早观厥成。惟事关天津文化，非集思广益、群策群力难期完善，鄙等久居津地，见闻较详，自应广为搜集介绍材料。夙仰〇〇热心公益，务祈鼎力赞助，希将惠赐，以便汇编成册，想亦仁人所乐为也。肃此介绍。

杨西国 杨致焕 杨晓林 王文典
刘不同 刘宸章 孙士琛 王凤鸣
介绍人 王贤宾 陆文郁 陆善忱 刘孟扬
邓庆澜 林兆翰 张伯苓 张仲元
李金藻 严智怡 刘道平 王赐纶

（宋蕴璞辑：《天津志略》，民国二十年铅印本，第 376 页）

教育界中人应努力革新，在教育上求光明[①]

（1932年1月15日）

自己二三十年来办教育，对于政治完全外行，但以为四五十年前，中日两国，同受西洋文化洗礼，而当年之同学一（日本）已在大学毕业，一（中国）尚在小学降级，故前途实难乐观。惟我辈教育界中人，应努力于一分子之革新工作，积极在教育上求光明。现本校张仲述、喻传鉴二先生，分往欧美考察教育，日内即将返国，希望我校全体师生，亦各尽所知搜集材料，以备二君来校时，共同讨论改善本校办法。

（《益世报》，1932年1月16日）

附：罗隆基演讲词：《我为什么反对一党专政》[②]

我今天所讲的，并非批评三民主义或五权宪法，是对于国民党一党专制的办法不赞同。我的理由如下：

（一）就政治道德上看，我们反对一党专政——我们皆知，国家之为物，其本身非最后之目的（End），国家乃一工具（Means），藉以达到其他目的。我们问，国家之目的究竟是什么？行一党专制，能否达到此种目的？我们的回答是不能。英儒拉斯基氏（Laski）主张国家的目的是要人人有机会"成为至善之我"（To be the best of his best），我们试看在一党专政之下，能否达到此种目的。普通说，国家要达此项目的，应有下列三项职务，即（甲）维持和平与秩序，（乙）发展，（丙）保护。然在一党专政之国家内能否将此等事作到？譬如教育为一发展之事业，在一党专政之下，自有其党的思想做教育的标准，凡出此范围或与之不相符合者，则禁止人民去想。所谓统一思想者，即此之谓。日久，人民由

① 1月15日晚7时，南开大学文学会邀请天津《益世报》主笔罗隆基在南开大学秀山堂讲演，同时召开南开大学文学会末次大会，张伯苓在会上发表讲演。题目为编者所拟。

② 本文由王聿修记录。

不许想而不敢想，而不愿想，由不愿想而永不能想。如此，则国家虽有教育，而所造就者皆为无思想之国民，于国何补？由此我们可知在一党专政之下，即此一小目的亦不能作到。再就国家保护人民权利之目的一层言，有人谓在一党专政之下些目的易于作到。我个人亦以为此层可作到，不过，党之所保护者，不一定是我们所需要的权利；人民所需要的权利，党却未必全加保护。如人民之权利与党的利益冲突时，则党将不加保护。换言之，党政府对人民的权利，所保护者，总以与党的权利不相冲突为限度。密纳氏（J. S. Mill）曾谓自由须自己保护，他人不能代我保护我之自由，他人代我保护之自由，是我自己不自由。主张阶级战争的人，他们就说执政的阶级，其所谋者多为其本阶级之利益。然此非仅资本阶级与劳动阶级之纷争为然。举一近事为例，美国的国家银行在法律上，农人无借贷的机会，原因就在当日创立国家银行时，工业阶级占政治上之实权，故忽略了农人的权利。如今美国农人反对这种法制，美总统才另外划出五万万元资，另创银行，以为救济。

（二）就行政效率上看，我们反对一党专政——有人谓一党专政，政权集中，行政效率可高。但我们要问，是在一党专制下行政效率高？抑或在民主政治下行政效率高？我个人以为一党专政是不会有行政效率的。个人独裁，须靠有天才之独裁者，天才岂能常有，故常常为三数领袖所指挥，一旦此少数之领袖推动多数人的拥护，则以前工作之效果尽将消灭。中国国民党党员不过廿余万，中国全人民将及五万万，此占全国人民少数之国民党所以能维持他们政治上的特权，是靠军队作后盾，此即十分危险。此种站在武力上的政治，最易引起革命。革命为最不经济之事，中国数十年来循环革命，损失过巨。现在国民党许多领袖，日以打倒军阀相号召。但他们的党治，仍靠军队维持。人民对党治不满意时，忍无可忍时，无路可走，只得出于革命一途。国家有继续不断的革命，是真太不经济。我们皆知，现代之国家与一大公司无异，今日英美等国之大公司为求高效率，在管理方面尚舍弃独裁，力谋上下充力的合作，何况一个国家，焉能藉独裁以得政治效率。

（三）从训政的意义上，我们反对一党专制——有人谓中国人民知识太低，政治知识尤缺乏，故在行宪政之先，须有训政。我们要问，中国是否要训政？即使需要训政，我们又问，如何去训政？何人去训政？训到何时？我个人以为，人民之政治知识须由日常参加政治之经验得来，政治与实际生活最接近，当根据实际生活之需要以定政治之需要。我们皆知英国政治最好，但英国人民的训政，是起手就让人民参加政治，让人民在政治经验上去求政治知识。有人谓中国曾行宪政而失败，殊不知此正为中国达到完美宪政之必经途径。最良好之训政即寓训政于实际参加政治之经验中，绝非能从教室得来。我个人非反对训政，乃反对国民党训政之方法，国民党党员二十万，仅占全国人民二千分之一，在党员中知识阶级又占少数，何人敢谓在中国只有国民党党员政治知识最丰富？何人敢谓仅国民党党员合格去办训政？且国家为永久继续的，国民党定训政期为五年，过此即行宪政，然后代之人民未受此种训政亦可参加宪政，是反可证明政治知识可从实际参加政治之经验中得来，训政时期非为必要。

（四）从国民党的主义上看，不能有一党专政——国民党本身之主义，即在倡导民权。召集一方面空唱民主政治，一方面却实行独裁，思想上政策上自相矛盾，以致今日政治上失去重心。例如在上海开统一和会时，蒋介石氏曾谓在上海参加会议诸人，不过为党员中之一部分，何能决定党的整个大事？于是我们党外人就可说国民党为中国人民二千分之一，占极少数，何能操纵全国人民共有之政府？以子之矛，陷子之盾，国民党之词穷矣。胡汉民氏主张“党外无党，党内无派”，汪精卫氏以“民主集权”以号召。岂知党外无党，党内即生派，党内无派，党外即须有党。“民主”与“集权”又为两不相干的事。分权集权，是指划分中央与地方之治权而言，所谓集权，非指集权，并不可当作一党代行政权而言。一党代行政权，即非民主，若为民主，即不可集权于一党。这一切即为国民党思想上、言论上自相矛盾之现象。

（五）从实际上看，是否现在仍为党治——中国国民党所谓党治，即不容纳与以前北〈洋〉政府有关系之份子及与帝国主义有勾结者参加政治之谓。然现在情势已变，当时国民党所要打倒者，武人如吴佩孚，文人如颜惠庆、顾维钧等，吴则早已与蒋有谅解，颜、顾在最近皆任要职。如是，则党治之下，所谓不许参加政治者究如何人？今日的党治，凡握军权占地盘者，皆可握有政权，操纵大政，不得参加政治者，只我辈无势力的平民，故今日之党治实际上已无党治，只有民众之政权无辜被剥夺而已！

（六）国民党能否再行一党专政？——此数年之经过，国民党已完全暴露其失败。言抗帝国主义，则国耻连篇；言建设内政，则民不聊生。党已失人民信仰，根基已摇，何能再行一党专政？进而言之，国民党之本身，思想上不能统一，何能统一全国之思想，国民党一班领袖不能合作，何能号召民众，一致合作？国民党本身，亦已失去专政的能力。再进而言之，在目前国难之下，正宜集中全国人的智慧才力，以谋一致对外，又何能各分门户，一致独裁？

国民党之失败既如上述，然何以不坦白的公开的表示取消一党专政，还政权与全体人民，此亦有二原故：

（一）即国民党之领袖要维持脸面。一般国民党之领袖虽明知一党专政，已走不通，但为顾全颜面计，宁肯设法暗地通融，不愿公开承认取消党禁。

（二）一般党员要维持个人地位。中国自国民党执政以来，即形成双重政府（Dual Government），中央政府及各地方〈政府〉是一重政府，中央党部及〈各〉地党部又为一重政府。党员在党的机关中作党官，吃党饭。彼等唯恐党禁一除，生活即无着落，党即为其谋生之道，所以坚持不放。

总之，我以为一国之政治，无论行何种制度，亦不能尽美尽善，无丝毫之弊端。中国国民党一般党员应知，即废除一党专政，党员为国家服务，份内之报酬，亦决不会取消，无须恐惧。至于国民党领袖诸君更当具远大之眼光，公开承认一党专政之失败，取消党禁，集中全国人材，归政权于全国人民，此时尚不为晚，然后全国人民同衷共济，实现民主宪政。

（《益世报》，1932 年 1 月 17 日）

今后之我国体育

（1932 年 2 月 6 日）

时代永久向前的迈进着。恕我用句术语，世界各国又是努力着创造各种事业的新纪录。可悲的是我老大的祖国，年年是混乱，样样是不长进，真真令人惭愧！

别的不说，只谈体育。因为它是多少和我发生过关系的。自民元到现在，中国有志之士，天天呐喊着“提倡体育”“振兴体育”“介绍运动”，——到得时局一紧张，国势一危急，连“体育救国”的口号，亦高声的叫起来了，但从另外方面，看看事实的证据，又是怎样呢？

好，且提今春在美举行的沃灵匹克[1]世界运动会来说罢，英、法、美、德的努力，不用说了。新兴的东邻，亦在报章上大宣特宣的预想着他们可以夺定的几种锦标呢！中国很自傲的，意谓足球是有把握的，但连报名却还没有资格，

① 即奥林匹克。

遑论比赛了。

但话又得说回来了，体育事业的办得没有成绩，并不是我国“唯一”的乏脸事体，但我们终得常常追念往事，才能成功于将来呢！所以要谈到“今后之中国体育”，非把年来观察所及，各种认为缺憾的地方，提出来讨论不可：

第一，我意以为，运动的范围，不宜限于学校，应该推而广之，须普遍于全社会，使它有社会性才对。换句话说，即是社会的农工商各界，都要自己出些款，皆凑和人才来，组织业余团体，常比赛，多练习。

第二，我意以为，运动的标准，不应该集中在“大会”的竞赛和锦标的夺得。应当视若日常生活的一种习惯，常常练习，使技术精绝出众。对身心两方面，应当同时注重。

第三，我既把运动的标准，这样严格的定了，反之，我对于它的宗旨，读者一定也可想见是极单纯而明显的，就是尽己之所能，不断地求技术的烂熟，按部就班，脚踏实地的去做。对于现下青年男女，以此当作一种“时髦”或“虚浮”，我是绝断不赞成的。

第四，去了运动的范围、标准和宗旨，再从微细的方面考察，觉得观众的程度，却实在太浅薄了，给甲方助兴的观众，常常在乙方失败的时候，加以恶意的喝彩（所谓喊倒好）。加之，国内近年，竟发现了许多观众殴打裁判员的事，这更是中国体育界的不幸。我们应当注意和改正才好。

第五，末了，我意以为运动之振兴，虽赖人民的自动奋发，但正确的宣传，是更不可少的。现在天津几位热心体育同志，倡办是刊，想对于这点，认识一定非常清楚。希望大家努力，为我国体育界放一异彩。最后，我对于各种运动员，希望他们要身脑兼用，道德和技术并重，则将来中国的体育发达，是非常有希望的。

（《体育周报》创刊号，1932 年 2 月）

中国前途，希望很大①

（1932年2月17日）

今日举行始业式，并欢迎张欢送雷②。近来事变，即本人初未曾经过，此时最感痛苦者，乃是智识阶级，不过本人仍抱乐观。日本进步虽快，然世界思想已变。欧战前，列强曾有瓜分中国计划，幸未实现。日本侵占东北，若在二十年前，定有极大危险，而现在则各国反多出面调停，故日本已成“老赶”，将来一定失败。至于中国，前途希望很大，惟看怎样去利用，就是现在我们办教育，也是向那上面去走。不过有些不快的事就是雷先生为青岛市长沈鸿烈约去，此事乃为公而非私，我本想候张、喻二先生回国后，容他休息。此次沈先生约他也好，藉此给南开宣传。

（《大公报》，1932年2月18日）

拟向国难会议所提内政外交议案③

（1932年3月17日）

一、对日作正当防御，抵抗到底。

甲、收复东北失地，讨伐叛逆。

乙、驱逐淞沪日军出境。

丙、绝对不得承认或缔结丧权辱国之条约。

二、从速结束党治，实施民治。

---

① 本日南开中学举行开学式，并欢迎中学部主任张彭春回国，欢送雷法章出任青岛市教育局长。题目为编者所拟。

② 雷法章（1903—1986），湖北汉川人。1923年毕业于华中大学文学院教育系，旋即应聘入天津南开学校服务。1932年，任青岛教育局局长，曾任山东省政府委员兼秘书长、兼民政厅厅长。

③ 本文为平津国难会议会员拟向国难会议所提的建议案，题目为编者所拟。

甲、政府即宣布政权或统治权在民之原则，并励行之。尤应首先声明，国民党党部决议案对国民不生效力。

乙、停止由国库或公款支经之党费。

丙、讨论出版及政治结社自由，不得限制。其违背此原则，一切废止之。

丁、限六个月内制定民治主义之宪法，办法另定之。

联署者：章炳麟、吴鼎昌、张君劢、张东荪、左舜生、徐佛苏、王造时、熊希龄、任鸿隽、刘哲、张伯苓等。

（《申报》，1932 年 3 月 18 日）

在南开学校董事会例会上的报告[①]

（1932 年 4 月 24 日）

一、二十一年（1932 年）度预算草案

甲、二十一年度出入款项及亏款表

	入款	出款	本年度亏款
大学部	388,520 元	414,035 元	25,515 元
中学部	159,900 元	199,742 元	39，842 元
女中部	36,990 元	41,132 元	4,142 元
小学部	6,400 元	7,995 元	1,595 元
总计	591,810 元	662,904 元	71,094 元

乙、历年亏款总表

	二十一年度亏款	二十年度预拟亏款	总亏款
大学部	25,515 元	154,990 元	180,505 元
中学部	39,841 元	87,500 元	127,342 元
女中部	4,142 元	24,122 元	28,264 元
小学部	1,595 元	0 元	1,595 元
总计	71,094 元	266,612 元	337,706 元

① 是日下午 2 时，南开学校董事会在大华饭店召开例会，卞俶成、孙子文、李琴湘、王濬明参加会议，校长张伯苓列席，并报告以下所列事项。题目为编者所拟。

（讨论结果：照原草案通过。）

二、报告事项

1. 中学部学生人数过多，拟由下学年起，只招一年级学生，停招编级生。

2. 前校中所存之七长及二五公债多已中签，现拟继续购买裁兵公债拾万元。

3. 下列各款另在银行含蓄，计共洋九万四千六百二十三元二角五分。

（1）张汉卿先生捐款本息	31,708.49 元
（2）美国捐款（5,932.43 美金）	24,775.39 元
（3）分期储蓄本息	4,139.37 元
（4）商学院讲座基金	25,000.00 元
（5）英文系基金	9,000.00 元
共计	94,623.25 元

（南开大学档案馆藏）

谈宁园的兴建①

（1932 年 5 月 26 日）

国难之起，在于国人不知努力于建设，果皆能如诸君之努力路政及建设此园之成绩，则外人何敢侵凌，国难何致发生。大凡建设事业当视是否有此需要，如此园者，乃天津真正之需要，虽投资较此更多，又有何害。

（《大公报》，1932 年 5 月 27 日）

① 是日，张伯苓等人参观由北宁路局新建成之宁园。路局人员对张伯苓说，外间颇有议该局不应在此国难时期，经营园林者，张谈了以下看法。原题为《张伯苓博士赞赏宁园》，题目为编者所拟。

废止内战为全民公意[①]

（1932 年 5 月 27 日）

废止内战为全国人民之公意，饱尝内战苦痛之中国人，在此一致对外之时，良心上可判定无一个人不表示赞成，所怀疑者，为此项运动之效力若何。但可断定，只要人人加入，效力立见，无所用其怀疑。盖四万万人均加入废止内战大同盟，表示不合作之决心，试问谁敢内战，自成独夫？故亟盼全国人士一致加入，不可因怀疑而却步。天津为北方通商大埠，各界尤应首先提倡，参加发起，现正在向各界知友接洽中，日内必可得美满之结果。

（《大公报》，1932 年 5 月 28 日）

华县杨松轩先生墓表[②]

（1932 年 5 月）

余为办私立学校之一人，深知其艰苦。陕西华县杨松轩先生，亦为办私立学校者，其生平所遇之困穷，正多为余所身受，故余对先生之长逝，不禁深有感焉！先生与余从事教育事业，均远在二十余年前，时风气未开，新学为人所反对，社会上对于办学之阻挠，诚有吾人今日梦想弗及者。幸余所办学校在通

---

① 上海各界成立废止内战大同盟，并通电全国，天津各界人士纷纷发表意见，本文为张伯苓对《大公报》记者的谈话，题目为编者所拟。

② 该墓表由张伯苓撰文，李叔华撰铭，马衡题额，于右任书丹，白廷锡刻石。碑文 22 行，满行 47 字，楷书。由其子杨钟健等后人立石。此碑现存陕西省西安碑林博物馆。

杨松轩（1872—1928），字鹤年。陕西华阴人。先后肄业于少华书院、味经书院。曾与人组织友仁学会、集义学社。创办天足会，并助父在龙潭堡创设蒙养学堂。发起团体兴学之举，成立华州教育研究会，附设两等小学堂，当选教育研究会会长，兼州立学堂堂长。民国初任教育司次官。1913 年当选陕西省议会议员，期满回故里专办学校。常以“视学校如家，视学生如命”自勉。1916 年筹设私立咸林中学。1927 年合并两所学校，增设师范、职业二部，并附设咸林医院、公储局、合作社、园艺部等。

商口岸，地方平靖，风气较易转移；而先生僻处西陲，只身奋斗，其所遇之艰难困苦，实百倍于余，此事之所必然也。溯先生之初办教育也，发起教育研究会为研究之机关，附设两等小学校为试验之场所。当初办时，无校址，无学生，经费仅有二金，忠实同志无一人，所历艰险，不可胜举。继而应地方需要，倡办咸林中学校，规模既大，阻力亦多；然先生卒能于是非不明、变乱相寻之社会中，再接再厉，百折不回。每遇艰险，辄曰："阻力即助力"，任劳任怨，终不少懈。十六年春，为发展校务计，合并两校，增设师范、职业二部，在陕东造成一中小教育兼备之咸林学校，并附有咸林医院、公储局、合作社、园艺部等组织，蔚为大观；凡亲受先生教泽者，咸多有所成就，其成绩诚足令人惊异！设先生办教育不在县城而在省会，不在西北而在东南，以先生之精神毅力，其成效当不止此。先生为人精明刚毅，守正不阿，输身教育数十年如一日，为学校而忘家忘身，每当地方不靖，兵匪逼临，辄独自留校支撑一切。先生自谓："视学校如家，爱学生如命"，诚非虚语。然先生一生事业固在教育，而其他事迹如省长教育司副省议会，筹办振务及处理地方上各种兴革事业，虽因阻力之多少，而有成效之差别，然其规模组织，已足为后起楷模。总观先生生平言行，实不愧为时代之先驱，其治事才干，尤为人所难能。惜其毕生困斗于腐朽固陋之环境中，事事不能达其志愿，诚可慨也！十七年夏，先生正在县擘划校务，家中陡遭劫匪，房屋被焚，二弟遇害，先生于策进校务外，又忍痛谋家事善后，只身支持危局，艰劳备尝。同年十二月三十日，竟以脑溢血疾终于校，距生于民国纪元前四十年八月二十二日，享寿五十有七。

先生讳鹤年，父讳增龙。安葬于县东南龙潭堡北祖茔。呜呼！先生之死，在西北失一办理教育之领袖，在中国丧一服务社会之人才，而在余则少一教育救国之同志矣。痛哉！

（陕西省地方志编纂委员会编：《杨松轩先生墓表》，三秦出版社，1985 年）

高楼大厦不足以代表南开精神[①]

（1932年6月3日）

今秋起，南大将完全注重在学业之实习，广增著名教授。高楼大厦不为荣，亦不足以代表南开精神。

（《中华画报》，1932年6月13日）

废止内战之运动乃挽回国运切要办法[②]

（1932年6月5日）

国人已饱尝内战苦痛，在此国难当头，一致对外之时，共作废止内战之运动，自属切要之图。有人怀疑将来效力有限，本人则谓只看国民是否真爱国、真觉悟，如其真爱国、真觉悟，则全国人民均下决心一致加入，而效力自然伟大。

廿年来，政治无办法，教育停顿，工商凋敝，今日之外侮，乃是内乱所造成。何以国人竟坐视不管，我想这是人民自以为无能力，纵然呼吁，亦属无效。然今已到民族生死关头，能消除内乱则生，不能消除内乱则死。吾人既明切认识中国万不容再有内战政争，则国人应当联合起来，作废止内战大运动。倘人人加入，力量自厚，虽有少数野心者，恐亦不敢再倡乱。现在上海各界发起废止内战运动，此乃挽回国运切要办法，亦人人应作之运动。天津为华北通商大埠，爱国运动，向不后人，盼望大家联合起来，表示真正民意，消除内争，维持和平。

（《申报》，1932年6月5日）

---

① 6月3日，南开大学学生会举行欢送本届毕业同学游艺会，张伯苓到会演说。题目为编者所拟。

② 本文为张伯苓对于上海各界发起废止内战大同盟之意见，摘自《津各界同情废止内战运动》一文，题目为编者所拟。

诸君毕业后，须注意如何贡献社会[①]

（1932年6月27日）

南开学校之目的，在为民族为国家有所补助。惟自国难发生以来，在实力上毫无补助，惭愧无既，不知出路何在。惟念今日国家所受者，皆为已往自种之因，故今后国强之道，须从自己做起，努力于发现社会及个人之短处，从而改善。诸君自学校毕业，须似升火待发之机车，循轨而前。至于职业，不应计较薪水之多寡，须注意本身求学，是否足当其任，如何贡献社会。

（《大公报》，1932年6月28日）

教育与政治之关系[②]

（1932年7月17日）

曩日我办南开，欲划一小范围与政治隔离，以为如此则学生可以不卷入政治之漩涡。嗣乃知此种方针实为大错，盖事实上既绝无可以离政治而独立之教育，抑且政治如不上轨道，则教育亦将永无整理之可能。学生平时既不知政治为何物，毕业后自惟有为恶政治所支配，而无力改革政治。

（《申报》，1932年7月17日）

① 6月27日上午10时，在八里台大学部礼堂，举行大学部第十次、中学部第二十五次、女子中学部第五次毕业式，教育厅长陈宝泉、天津市政府秘书张锐及卢木斋等到场观礼，校长张伯苓致辞。题目为编者所拟。

② 本文辑自署名彬的《改革高等教育之管见》一文中引述的张伯苓的话，题目为编者所拟。

北平政务委员会全体委员大会宣言①

（1932年8月1日）

本会此次召集大会，全体委员对于华北政治、军事共加研考，咸以为本会职责，首重监督指导所属各省市之行政。乃自“九一八”以来，因亟亟共赴国难，致内政兴革未免迟滞，本大会认为，长期御侮，应以改善内政为根本之图，所有本会及各省当局皆应亲身巡视，或派员调查地方应兴应革事宜，克期实施，以纾民困而谋建设。对于所属地方官吏，务须随时考核，严加甄别。至军事负责人员，在此国难期中，整理军政责无旁贷，所有恢复失地、巩固国防诸端，自为全国军人之专责，而华北军人负责尤重，更应遵照中央命令，同心努力，共谋捍卫，精诚团结，生死相倚，以身许国，义无反顾。此次本大会全体委员倾诚会商之结果，决定按照上列两项方针切实施行，同时恳盼社会人士尽力协助，同心合作，藉纾国难。谨此宣言。

北平政务委员会大会出席委员张学良、张继、李石曾、韩复榘、徐永昌、汤玉麟、傅作义、宋哲元、庞炳勋、张群、于学忠、孙殿英、方本仁、万福麟、张作相、蒋伯诚、吴鼎昌、周作民、鲁荡平、张伯苓、熊希龄、王树翰等。

（《大公报》，1932年8月1日）

在此国难时期，努力振奋精神②

（1932年8月22日）

今日非讲演，系代表南开师生表示欢迎，但亦有一点感想。现在国难期中，

① 《大公报》8月1日发表宣言全文及发表宣言人员，8月2日，再次以通电形式提及大会宣言，其参与人员除1日所列人员外，尚有商震、门致中、刘哲、孙魁元诸人。

② 本日中国工程师学会年会在南开大学秀山堂开幕，张伯苓到会致辞，《大公报》与《益世报》记者分别做了报道，因文词有别，本处均予以收录。题目为编者所拟。

自“九一八”至今日差不多一年的时光，特别是有思想的人觉得难过，将来尚不知有多少难过的日子，亦是吾人猛醒觉悟的一个好机会。十余年来，大家心理太复杂，太荒乱，说话不实在，忘却了自己，所以说，在此时期应有觉悟，去想如何方能成一个国家？如何始够国民资格？怎样才能生活，而生活才有意思？如并此思想而无之，则此次所用学费太多，代价太大，效力都算没了。日本此次侵略我国，所凭藉者为武器，试问我们有武器没有？袁世凯时代亦曾练兵兴学，视为二大要政，到现在变成病症之症，二大“要症”了。说起来余亦为罪人之一，日本有武器，而我没有，所以有思想的人受欺侮，应该不说话，而去努力准备抵御，否则必死亡无疑。所以乘此机会，应当指出以往错误，将领导吾人之不踏实者摒除，而向真实方面努力。中国病在穷弱，然欧美何以能富强？简言之，即以科学方法而生产，彼能利用，我独不能乎？诸位在外留学，其脑力、精神并不次于西人，而日人且不如我，何以中国仍旧穷弱？其原因由于无机会作事，因政治之扰□，不但国事不能办，即私人事业亦当受其阻力。留学时所有志愿及抱负，回国后则到处碰壁，政治不上轨道，连年战事，遂至英雄亦无用武之地。甚有在国外学工程，而回国教读英文，并数学而不能教授者。所以说国基不稳固，教育事业均不能进行。个人以往曾抱定主旨，专办教育，对一切均不过问，而今渐有觉悟，就是政治这种东西，你不去干涉他，他亦会来干涉你。我想工程师在国内不能作大事业，实由根基之不稳固。如地震一样，方一排列好，他那里一摇即散，以致不能有大计划。美国哈斯城所建大河大桥，中国工程师岂无此种思想，徒政治不良，环境迫人，故不敢作此想。要知胡佛亦为工程师，吾人即不说参加政治，但因了你不理他，他会干涉你的缘故，所以应当团结起来而联合一种力量，虽不要发表宣言，拍发通电，亦应当说几句话，不要使他们太负责任，吾们太不负责任了，阿斗有时亦要说话的。其实作政治的人，有时亦喜欢吾人说话，因为大家说话，方有真正舆论，他们亦好作。如均置而不说，反有许多困难。此外，精神颓败亦为国弱的一大原因。国家的财政经济破产，并不要紧，若是精神破产，实国家民族灭亡之先声。故在此国难时期，应努力振奋精神。当余尚梳小辫时，先父曾有言“人愈倒霉，愈应当勤剃头、勤打扮”，这就是说总当洁净光滑，表示精神。希望诸位所领导从事建设而振奋，使国人因而振奋，开辟中国之新生命，前途不可限量。

（《大公报》1932年8月23日）

附：《益世报》载张伯苓演讲词

自“九一八”以来，国人十分难过，惟此确系一绝好机会，可以觉悟，可以得到许多教训。中国现在毛病，在说空话，不切实作事，清末主张练兵兴学，但成绩何在，救中国非力矫此弊不可。工程会员，非政客，非官僚，只知研究学问及诚实作事，不会玩手段，说空话。东西洋各国强盛，是因为能以科学方法生产，中国人智力非不如人，工程师亦并非无志愿，惟因政治之不良，一切不上轨道，故一切工程无从说起，工程师空负所学，竟致英雄无用武之地，在此兵连祸结之时，尚有何人敢作计划，敢谈建设。本人在数十年前，誓以办教育为终身事业，国家政治，绝不过问，近来始感觉政治不良，此路绝难顺利通行，环境如此，不容不过问。工程师学会年会意义极重大，团结联合，自能生出大力量，故对于国事亦不可绝对缄默，实应将以前不管闲事之态度改变，使政治渐上轨道，一切自易着手，故深望诸君能有切实具体表示，振作精神，为中国找一新生命。盖精神破产，其国必亡，诸君之责固极重大，国家一线光明，亦即在此。

（《益世报》，1932 年 8 月 23 日）

国难当前，决不容再有内战发生[①]

（1932 年 9 月 21 日）

国难当前，国人均应矢志对外，决不容再有内战发生。不幸胶东战事竟于外患迫切之中发动，本人承废战大同盟之命，决赴济一行，恳请即时停止军事行动。待津中事务稍事整理后，即于明晚搭平浦车赴济。

（《大公报》，1932 年 9 月 22 日）

① 1932 年 9 月，山东韩复榘部与刘珍年部军队发生战事，废止内战大同盟在上海开会，公推张伯苓赴山东进行调解。张伯苓行前对《大公报》记者谈了以下内容。题目为编者所拟。

与《申报》记者谈山东韩、刘之争

（1932年9月22日）

余接上海废止内战同盟来电，嘱调停韩刘冲突。余先到济南，打听真相，再到青岛谋与韩晤面。余意双方如认为剿匪，则军队不应开火，如认为讨伐叛逆，则应有中央讨伐令，否则，即系内战。现在国危累卵，民困倒悬，为国为民设想，应悬崖勒马，停止军事行动。一切善后应听中央处置。余代表民众，以血忱呼吁停战。余忖韩主席素极爱国，当能适可而止也。

（《申报》，1932年9月23日）

谈来鲁和解战事[1]

（1932年9月23日）

奉废止内战会派来鲁和解战事，赴潍与否尚未定。商会、银钱两公会接沪废止内战会电，请对鲁东战事设法消弭。

（《申报》，1932年9月24日）

---

① 9月23日晨，张伯苓由天津到济南，济南商会银钱两公会代表均到站欢迎。本文为张伯苓在车站的谈话，题目为编者所拟。

争端可和平解决[①]

（1932年9月26日）

此次代表废战会晤韩斡旋，适韩于二十四日晚返济，二十五日晨与韩详谈后，韩允决停止军事行动，听命中央。前方军队将陆续撤退，争端可和平解决。本人已将晤韩经过，电达沪废战后，在青勾留二三日，即返津。

（《大公报》，1932年9月27日）

在国立青岛大学演讲废战运动[②]

（1932年9月28日）

历年内战不息，造成东北事变之惨局，瞬息经年，不堪回首。当此国难时期，山东所处地位至关重要，何堪再启兵戎，授人以可乘之隙。废战同盟会成立以来，首试之于广东两陈，竟遭失败。今仍继续努力，故毅然来鲁，幸韩氏尚明大义，使同盟会的废战运动，亦得到相当的功效。今后盼国人警醒，将自己的应负责任，尽量担负起来，庶可望补救危亡于万一。

（《国立青岛大学周刊》第64期，1932年10月3日）

---

① 9月26日晨，张伯苓由济南抵青岛，在寓所对《大公报》记者发表谈话。题目为编者所拟。

② 张伯苓在调解山东军阀韩复榘、刘珍年的军事冲突后赴青岛，并于28日应青岛大学之约，作公开演讲。本文为张伯苓演讲大意，原题为《张伯苓先生来校演讲废战运动》，题目为编者所拟。

在青岛火车站对记者的谈话[①]

（1932 年 9 月 29 日）

此来接洽废战分会事，颇圆满，商界领袖均极赞成，沈市长[②]亦极愿帮忙，不久当可组织成立。

（《大公报》，1932 年 9 月 30 日）

山东之行经过[③]

（1932 年 9 月 30 日）

抵济时，适值韩主席已赴前方，当拟赴前方晤韩，适遇蒋伯诚氏方晤韩归，谓韩即返济，不必往访。在济询悉韩、刘冲突伏因已久，理由简单，并无复杂之内容，遂较放心，决在济候韩会晤。见韩之后，韩表示遗憾，谓前方停进，一切听候中央命令处理。现中央已有人抵济办理此事，自当静候政府处置。至刘珍年军据掖县、莱阳、栖霞等县城，据闻屯粮充足，似确早有坚守准备。一般意见，如能调刘军离鲁，当不致发生其他枝节。青、济各界反对内战大同盟之组织极表同情，不日将有表示。青岛市长沈鸿烈在青对市政建设政绩极佳，本人受反对内战大同盟之委托赴济晤韩，现已将晤韩经过情形电沪报告。

（《大公报》，1932 年 10 月 1 日）

---

① 是日晨，张伯苓乘火车由青岛去济南，沈鸿烈等暨南开校友多人到车站送行。在青岛车站接受《大公报》记者采访，题目为编者所拟。

② 沈市长即沈鸿烈。

③ 1932 年 9 月 30 日张伯苓由济南返回天津，接受《大公报》记者采访。题目为编者所拟。

严修铜像征启

（1932年10月2日）

严范孙先生道德、学问、文章久已万流仰镜，吾人亲炙最久。其生存时，英雄见惯似乎无异常人，迨至没世，觉先生之嘉言懿行可以为人之楷模者，口难尽宣亦笔难尽述，慨慕之忱，久而弥笃，感人之深。先生不自知而吾人有不能忍然置之者，固有同情也。先生诗集、文集、日记、书牍之属，哲嗣慈约君将谋陆续付梓，俾免湮没。上年夏秋间，同人聚金建范孙楼于南开学校，用志不忘，经始观成，极为踊跃。今值留法美术大家王君如九来津，永怀先生之遗风，甚愿稍尽义务为先生铸一铜像，用作千秋瞻仰。惟工资用费为数不赀，谨拟征求同志幸解囊成斯盛举，约计为期一月，汇集成数再作全像或半身以及安奉地点之决定，届时登报公告。行见丝绣平原，金铸范蠡，不让古人专美于前度，亦诸君子思贤尚友之夙心，所欣契者也。王劭廉、张伯苓、邓庆澜、赵德珍、刘鸿翔、赵元礼、陈宝泉、娄裕寿、周岐、李金藻、林兆翰、卞肇新。

（南开大学档案馆藏）

为民族争生存，干就干到底[①]

（1932年10月10日）

今天开废战成立大会，到各界代表很多，实在是本会前途进行顺利的预兆。兹先将筹备经过大略报告一下，再请雍剑秋先生报告参加上海总会情形，然后讨论会内章程。在上海各界人士发起组织废战总会时，同时天津也有几个人出来，发起组织废战天津分会，并推雍剑秋等去上海总会出席。今日天津分会已

① 是日下午3时，废止内战大同盟天津分会在南开中学大礼堂开成立大会，各界参加者二百余人，张伯苓、卞白眉、茅以升、吴鼎昌、雍剑秋等出席，张伯苓任主席并讲话，《益世报》与《大公报》均做了报道，因词句有异，本处一并收录。题目为编者所拟。

宣告成立，国人对于内战之感想如何，不必赘述，惟关于如何废止内战，实为一最要问题，请各位详细讨论，俾资进行。

本人受总会之命令，赴鲁谒韩，劝止军事行动。适韩正在前方，即由该地各界约至旅馆谈话。询及胶东以往情形，据答称，胶东刘军势力范围内之十二县，横征暴敛，惨痛至极。例如地丁一项，韩主席每两银征四元，刘军则征廿一元七角五分，又如烟案罚款，韩罚三十元，刘则罚三十元至三十万，或五十万不等，刘军军饷，自七月份起，中央每月拨十万，鲁政府补助十二万，共二十二万，刘犹以为不足，要求每月补助十五万，嗣经人调处，减至十四万五千。类此之事，不一而足，此亦两军冲突之远因。

本人离济赴青，晤沈市长，对废战会表示极度赞成，并邀各界交换意见，想青市废战分会刻已筹备，此足见国民爱国之心一斑矣。这个会组织的意义，可以高声说："我们没有色彩"，不干就不干，干就干到底。此次鲁省一行，更较有决心，尚望舆论界作前锋，特别赞助。

（《益世报》，1932 年 10 月 11 日）

附：《大公报》载张伯苓讲话

废战同盟总会，原为上海各界发起，天津各界对之深表同情，故于总会成立时，此间曾推举吴达铨、雍剑秋两先生代表参加，继由总会派定张品题、雍剑秋、王文典、卞白眉及本人等五人为天津分会筹备委员，经多日之筹备，今已正式成立。至于吾人对于内战作何感想，想为大家所厌闻，亦不必本人赘述。但此后如何防止内战发生，此种办法实最重要。按本会会章所规定，极为简单明切。如第一条所载，本会认为外侮纷来，源于内乱，内乱靡已，由于内战，特集合全国人民为废止内战之运动，倘依据进行，自无内战之发生，惟如何组织起来，共同防止内战，须恃各界领袖人物领导进行。卒以一般领袖者，未能尽其职守，以致全国人民，难于集合，内战当然永无已日。吾人觉内战涂炭生灵，已属至极，今复有外侮之紧迫，为图生存谋出路，自不得不有所表示。此废止内战运动之起因也。按国人习惯，素抱不多事主义，每当内战发生，如于本身无直接妨害，即不过问，但事机临头，亦只俯首忍受。今后应该大家共同联合起来，努力宣传，俾全国人民尽知内战为首者乃全国罪人，不与合作，总期消靡内战于无形。

胶东战事发生，本人奉总会委托，赴济敦劝息争。临行前，外间传说此事内幕复杂，故余在旅途中，即诸多审慎，到后晤该地商会长及各方代表，探询真相，始知此事并无何种背景，实因刘珍年盘踞胶东，祸害甚烈，惹起韩之反感而拟解决之也。但刘亦早有准备，事前即积谷堆草于掖县城内，韩出动以前，外间殊少知之者。更闻韩之主鲁数载，未向商民索借一文，为彼处人士所赞誉，而如刘之横征暴敛则为胶东商民所切齿。斯时中央早已派蒋伯诚氏调查一切，适蒋由前线晤韩归来，余曾与晤，彼称韩即返济，嘱余稍候。果于次日韩即返省署，并在省府设宴招待，余当恳笃敦劝，并谓值兹外侮紧迫之际，由种种方面看来，讨刘似非其时，请其毅然停止军事行动。韩表示接受，并称此乃局部问题，于国事无关，前方均已中止战事，静候中央处置。不过依此事看来，彼辈各有是非，人民方面却决无过错，乃竟遭斯劫，实可痛心。本人过去对于政治上之诸项问题，概不过问。然今已感觉我等毫无色彩者，倘再缄默不言，中国前途，将益不堪设想。今既站在国民的立场上喊嚷，作正当运动，无所谓畏惧，且干即干到底，为民族争生存。并闻有人说过废战同盟会成立以来，已经两度失败，一为广东二陈之战，一为山东韩刘之争，但是我等决不怕失败，惟有失败则倍增我等之勇气，往前努力。本人此次发起成立天津分会，及组织青岛分会，即因受这两次打击，觉得实非可以观望之时。至于人民觉悟者，并非无有，实因无人领导及尽力唤醒。故必须吾人有以提倡，同时更须深晤，欲求废战运动之见功效，尤须敦请清廉在野之非现役军政要人参加，如段祺瑞先生等约出几位来，请彼等设法唤醒一般军人，不参加私斗，或可收获相当实效。

日前本人去平，闻胡适之先生等亦筹备分会而努力废战工作。

（《大公报》，1932 年 10 月 11 日）

废止内战大同盟会会内经过

（1932 年 10 月 10 日）

一、废战同盟会发起于上海，沪总会开会时，天津派有代表参加，后由沪总会派筹备委员 5 人，筹备组织分会。

今天开会，分会成立。

对内战，全晓得不对，章程简单极了。如第一条文：本会认为外侮纷来，源于内乱，内乱靡已，由于内战……

今天与会者，多为各界领袖，可以说未尽国民天职，所以全国人民不能制止内乱。内乱不息，就令未有外侮，我国还能忍受？

按第二条，废内战方法可分为三：

1. 平时——平时吾认为在那喊：谁在那起内战，谁就是大家的敌人。靠新闻的舆论，一致鼓吹，新闻界就是我们先锋。

2. 要打仗时——民意机关——全国人民集合起来，平时不闻不问，临头时要忍受，如果人民大家起来，谁还敢起内战。

3. 真打时——大家表示不与合作，经济不借给钱，不给运兵，不合作。

最好是用第一条新闻界鼓吹。

会章第三条文：……怕人利用会的名义作别的活动。别人要利用时给多少钱，本会用不着。

分会的章程计 8 条，现在的分会，总会常务委员张品题、张伯苓、雍剑秋，加派卞白眉、王文典，计 5 人组成筹备分会委员，分会的常务委员，总会常委 3 人，为当然委员。会所或借商会，或借其他机关。经费，经常或临时总会补助，或由本地筹，或兼尚有之。在本地捐，非由总会许可不可，并不得用分会名义，须用总会名义募集。

最近韩刘之争，总会派吾去，劝息战，校事虽忙，因为既加入会，不能不遵总会命令去，在未去之先，个人听的与各报载的，全说内部很复杂。在火车着想，如何去劝息争，在未离津时，津商会与沪商会均有电报致济市商会及银行界。到济在旅馆与渠等谈，据云，刘在胶东十二县，横征暴敛，虐政频施，如在韩境，地丁每两四元多，而在刘方面合二十一元七毛五分。鸦片烟罚款，韩罚三十元钞，在刘罚三十元——几十万，再打听韩施政情形，均云在这几年未与商界借用分文，人民称颂。韩出动前，省委均不知晓，事前未讨论。刘珍年之在胶东怨声载道，由七月份起中央补助十万，省补助十二万，而刘欲省补助加多至十五万，省委了事，刘索十八万五千。先韩敷眼［衍］，后不得已到济见民政厅长李荫轩，据云刘在掖县，韩在沙河，头天专电韩未得复，适中央代表蒋伯诚自沙河归，告以不要到前线去，韩就归来，想办法，果然韩归。意以事小而旷大驾。韩说刘珍年聚草屯粮，驻于掖县，韩在外掘六尺深坑，约一丈宽，以困之。并说：这个不得谓之内战。这面善政，彼施虐政，不过手续上错，刘反张反褚，韩去山西到山东时候，刘不替中央作，后中央亦不处置刘，是不是位在胶东监视吾？再小处说，救人民倒悬，韩说，此次中央错五成，自错五成，刘亦错了。可是人民没错，为什么这样，各地绅商，能说话者，多与官府同气，后到青岛去，在去前请绅商学组织分会，众以为现非其时，恐生误会，在青岛，沈市长甚赞成，并代约绅商，组织分会。

余半生以来，对于政治毫无兴趣，吾们没有色彩，吾们联合起来干，为民族争点气，干就干，德不孤，必有邻，大家起来干！

1. 全国新闻界唱同样调。

再联合下野军阀等，请其唤醒新军阀，不参加内战。

2. 军官及士卒全加入废战会。

废战会成立以来，已经有两次失败，一为广东二陈之战，一为山东韩刘之争。

宋哲元看山西，刘珍年看山东，中央是不对，可是看着亦好，去年若未有九一八，恐怕内战仍不能停？可是事过方及一年，武人又跃跃欲试？在此时没有色彩的人应当起来，大家联合起来，找没有作用的人，他们说吾们怎样。前到平，晤胡适先生等数人，亦筹备组织分会。以后讨论会务。

（天津市档案馆藏）

调停鲁战经过[①]

（1932年10月15日）

韩复榘谓，刘珍年在胶东把持政权，截留税款，不服从省府政令。余为省主席，自然有权处置。但余应先呈明国府，然后讨伐。兹余承认系手续错误，而绝非内战，故无调停之必要。然在中央方面，另有理由。谓刘系中央军队，关于驻地，中央自有权衡。假如某省不愿客军驻在境内，则中央军队，置于何处乎？本人拟请段合肥[②]出面调停，以资望论或可收效。段已允派员赴鲁。

（《申报》，1932年10月16日）

---

① 10月15日晚，张伯苓在大华饭店宴请中外记者。本文为张伯苓在宴会上的报告，题目为编者所拟。

② 指段祺瑞。

与新声社记者谈鲁战事及前途[①]

（1932年10月23日）

盘据胶东，刘珍年部虽号称一师，实则兵卒数万，数年来盘踞胶东十二县，任免地方官吏，其饷糈即就地取给。韩复榘主省政后，竭力统一全省行政，胶东地方长官，虽逐渐由省政府任命，至刘军月饷，经军政部何部长核定为十七万元，每月由中央拨发十万元，鲁省协饷七万元。后鲁省府复允增至十万元，但刘珍年则坚持须鲁省协饷十五万元，几经磋商，仅允减至十四万五千元，否则仍就防地取给，于是战祸起矣。

集中三县，刘珍年部对战事早有准备，在掖县、莱阳、即墨三县屯聚粮秣，建筑防御工程。故战事一起，刘军即放弃其他各地，退守三县。韩军则取包围形势。余抵济南时，韩复榘已在潍县，即发电告将前往会晤。翌日蒋伯诚自潍县回，谓不必前往，韩氏即将返济矣。乃在济候韩返，会晤时劝以在此国难严重时期，万不宜内战，以资敌国借口。韩亦深以为然。惟为忝主省政，不能任胶东人民为刘氏蹂躏而已。会中央派范、李二委亦抵鲁调查，而实际上亦已入相持局面，余即离鲁。

解决关键，平心而论，韩复榘治鲁政绩及军纪，尚有足称，与刘珍年在胶东之所为，自不能相提并论。然不请命于中央，遽动干戈，而启战祸，吾人亦不能为韩氏恕也。现韩复榘坚主刘部离开鲁省，以常理而言，刘部既为国军，刘驻防何地，中央自有权衡，万不容地方长官有所爱恶。其问题所在，应以不干民政为关键，始为正当。将来解决办法，当亦以刘部缩小防区，不干民政为依归也。

明日北返。此次南下，为出席教育部召集之体育会议，（二十日闭幕）在沪作四日勾留，除出席废止内战大同盟会及体育协进会会议外，上海中学（前日）、务本女中（今日）立校纪念，均请演讲。南开大学校友会，昨午在八仙桥青年会欢宴，酬酢演讲，甚为忙碌。明日下午，即行北返。

（《申报》，1932年10月24日）

---

① 张伯苓到上海，向废止内战大同盟会报告赴鲁调停韩、刘战事之经过，于23日在惠中旅舍接受新声社记者采访。本文张伯苓与记者谈话，题目为编者所拟。

赴鲁请愿息争情形[①]

（1932年10月25日）

本人奉令抵济南，与各方接洽后，觉鲁人对韩复榘影响甚好，以鲁民处张宗昌、褚玉璞、陈调元等虐政之后，韩氏政绩较好，故颂声载道，此孟子所谓"民之憔悴于虐政，未有甚于今日者也，饥者易为食，渴者亦为饮也"。时韩方在前线，故与省府各委员晤谈，悉战事之起，由于刘部协饷，韩一时愤怒，驰赴前线，省政委员事前无一人得悉，足证并非预定计划。济南方面，亦无一代表降临，想战祸当不致蔓延。韩氏返省面晤时，韩首述刘师虐民情形，与不得已用兵之原因，并谓此举恐不能认为内战。本人答以刘珍年既属国军，当然即为内战，且在此国际视线集中远东问题之际，尤不能轻启阋墙之争，两害相权，务取其轻，万不宜此时轻启战端，韩氏谓现已停止军事行动，听候中央解决。本人在济，即乘此时机，与各界领袖接洽组织分会事，众均赞成，惟须稍缓时日，以免误会。后赴青岛，与市长沈鸿烈会谈。沈市长人极豪爽，立即代邀各界领袖，商议组织分会事，各界均甚踊跃。

嗣本人由青返津，即着手组织天津分会于双十节成立，参加者甚踊跃，首先提议组织宣传特种委员会，并即招待各报馆及通讯社，求请三点：（一）废止内战，为全国民众公意，但大多数人民，对此无办法，亦不能说话，应请新闻界代表发言。（二）请天津新闻界联合全国新闻界，一致赞助。（三）征求废止内战之有效办法，新闻界极为帮忙，对分会消息，尽量登载，时王揖唐亦在座，本人约同段芝泉，请其发起在职军人，共同签名，从此不预内战，王亦首肯，废止内战为全国一致之要求，正可以为毫无政治训练之国人作绝好教材。

吾国中上阶级之人，自私之心甚深，如非痛苦切身，决不轻发一言，致造成今日之现象，殊不知庸医虽或杀人，然比束手待毙，较胜一筹。本人自甲午战后，深觉国势危殆，既脱离水师，专办教育，数十年来不问政治，但常为政

---

① 废止内战大同盟总会于10月25日下午5时在上海香港路4号举行在沪常务委员谈话会，由张伯苓报告赴山东调解韩、刘战事经过，出席会议的有王晓籁、林康侯、李登辉、陈立廷、陈蔗青、秦禊卿、杜月笙、李公朴、张啸林、张絅伯、潘公展、王延松、潘序伦等二十余人。本文摘自《欢迎张伯苓来沪详纪》一文，题目为编者所拟。

治所过问，故本会发起，即行加入。现在本会初创，虽于广东二陈之战，山东韩刘之战，一再碰壁，然实际上已生绝大影响。吾人非仅此不以灰心，且益积极进行，今后不怕二十次三十〈次〉之失败，必可抵于成功。

（废止内战大同盟总会编：《山东韩刘内战详记》，1932 年）

附：王晓籁主席欢迎辞

内战如时疫，本会为时疫医院。时疫医院虽不能一定医好每个患时疫病者，然时疫发生后，医院不能复顾虑有效无效，总应尽力诊治。此次山东发生争执，如时疫骤发，总会同人以自量仅堪担任看护打杂，乃请张伯苓先生赴鲁出诊。张先生道德文章，毋庸鄙人赘述，今日乘张先生来沪，得聆出诊医生之治疗报告，无任欣幸。总会亦拟一小小药方，致电中央，请速定解决鲁事办法，及贡献解决之原则，以就正于诸君。

（《申报》，1932 年 10 月 27 日）

新闻界应唤起国人作废战运动①

（1932 年 10 月 27 日）

废战会对胶东事电中央，省政应统一，各军防地由中央定。蒋、汪、戴等均表示反对内战。新闻界应唤起国人，拥护强有力之政府，作废战运动，则效力自大，失败不足辱。

（《申报》，1932 年 10 月 28 日）

① 本文为张伯苓在济南对记者的谈话，题目为编者所拟。

在南开学校董事会例会上的报告[①]

（1932年10月30日）

一、二十（1931）年度决算草案

	二十年度预算亏款	二十年度决算亏款
大学部	263,154.00元	99,395.08元
中学部	107,458.00元	73,418.66元
女中部	44,421.00元	19,703.67元
小学部		406元
共计	415,033.00元	192,521.47元

（结果：照原草案通过）

二、校董孙子文先生逝世，应补选校董一人以代之。

（陶孟和先生提议，卞俶成先生附议，举胡适之先生为校董，众赞成，通过。胡适之校董任期至民国二十四年三月止。）

三、章瑞廷先生捐款报告

1. 章氏小学除第一、第二两小学外，又拟增设三校，此五处小学章瑞廷先生拟一同向教育局立案，并拟组织一校董会，以董其事。

（结果：第一、第二章氏小学前向教育局立案时，曾由本会出名呈报，如拟另组校董会，须按下列二原则办理，并请李琴湘先生向章瑞廷先生当面接洽进行。）

（甲、章氏小学如与南开大学校董会发生关系，该章氏小学校董会校董须由本会聘请，至校董人选，可按照章瑞廷先生所拟之名单。）

（乙、章氏小学如与南开大学校董会不发生关系，该章氏小学校董会可自由组织，本会不必表示意见。）

2. 捐款数目

章瑞廷先生捐款数目与前在本会报告者略有不同，且有数项未划分清楚者，

① 是日下午2时，南开学校董事会在大华饭店召开例会，陶孟和、李琴湘、卞俶成、王濬明参加会议，校长张伯苓列席，并报告以下所列事项。题目为编者所拟。

如捐南开之金城银行存扎壹万元，抬头则为南开学校基金，与章氏小学基金并名，北洋纱厂息单额壹万元，则抬头为章氏小学，且此项捐款只交到息单，股票尚未交到。

（结果：请李琴湘、卞俶成、华午晴三先生向章瑞廷先生接洽捐款数目及将该捐款划分清楚。）

四、恒德堂王捐地问题

结果：恒德堂王愿以坐落梁家嘴村河南北出租各租户之田园地共二顷有余，附有条件捐赠南开作为校产。因念南开自创办以来，仰蒙恒德堂王大惠处已多，今复得此，益深感乐善不倦之热诚，将来地售出时，得价并可使恒德堂两房得以分瞻，亦属本校极所乐为之事。不过年来对于狮子林官拨之校产尚苦不时发生纠葛，而梁家嘴田园地在佃户手经年已久，接收尤为非易，又兼在此时局之下办理，自必倍形棘手，故本会对是项捐地事接收与否，得慎重考虑后再为决定。

（南开大学档案馆藏）

谈《南中学生》之停刊[①]

（1932年12月17日）

近来本人因专心致力于较重大事务，如筹划经济，充实设备，及遇危险时学生之安全等问题，各部内部事务，遂无暇顾及。不图中学部竟有人在此时想利用机会，鼓动风潮，实属出人意料之外。按本人舍身教育，于兹已三十年，南开学校为与我共事多年之学生及同志所苦心经营之事业，在此国难期间，均希望加倍努力，为民族争生存。本人向来办事以诚，虽有人造谣中伤，但此种欺骗短时间易，长时间难，对外人易，对近人难。个人所作所为，在座诸同人均可证明。乃三数学生忘却学校教育机关，所谓压迫，统治阶级等名词，不知从何说起。须知诸位来此，系希望受师长指导，决不是纳学费甘心来受统治。

① 张伯苓为停办南开中学学生会所编辑之刊物《南中学生》，特于本日早8时召集全校师生开会，并发表演讲。题目是编者所拟。

本人对全体学生负安全责任，凡有藉名煽动破坏学校秩序者，定予以相当制裁。自即日起，学生会暂时停止活动，《南中学生》停刊。昨日之事，因一部分学生受三数人利用操纵，既往不咎。今后望全体师生大家合作，为民族前途努力。

（《大公报》，1932 年 12 月 18 日）

要帮助学生有真正组织之能力①

（1932 年 12 月 21 日）

近数日来所发生之事，实出意外，幸多数学生均有辨别是非能力，秩序始终不乱，殊堪欣慰。此次捣乱学生，想假借学生名义玩弄群众，结果乃不容于大众。有人说我作事太"宽"，我承认，因为我的立场是教育的，我常思以宽大之态度感化学生，但彼等误解以此为"弱"则非是。我舍身为学校，我亦诚心爱护学生，我总想使全校工作，得安心进行。南开学校致有今日，多赖于全体师生之合作，倘有人蓄意破坏，校方至不得已时，亦只好命彼等离校。至于学生组织问题，二十七年前我曾领导学生组织"自治励学会"，练习各种开会手续。我并不是反对学生组织，不过近来学生不按正当手续办事，单学会玩把戏，如近两日之会，不但强迫人到会，既到会复不准人出场，如此干涉他人自由，是直等于暴民专制。我们须知，凡是个会第一是团体，不是群众。第二大家有话，能当场说，不许阴谋。第三不受少数人操纵。此次一部分学生不但受操纵，且大受压迫，此实反常之举。上次我曾宣布学生自治会因不遵章办事，破坏学校，故令其暂停活动，并非将其解散。空气安静后，我愿提倡大家新组织。于此期间，我们应研究以往中病之所在，加以纠正。大家若有意见，或书面或口头，均所欢迎。我对于学生会一定提倡，我要帮助诸生有真正组织会之能力。至于此次破坏秩序之少数学生，若说其另有背景，则余意以为非是。并盼望大家以后不要厚诬他人。

（《大公报》，1932 年 12 月 22 日）

---

① 南开中学风潮平息，本日上午 9 时，张伯苓再次召集全体师生谈话，题目为编者所拟。

以一子献诸国家，理当然也[①]

（1933年1月）

吾有四子，以一子献诸国家，理当然也。既有壮志，其速行。

（《北洋画报》，1933年1月）

人民应特别竭力共赴国难[②]

（1933年2月16日）

北方人个儿大，动作慢，爱国精神亦然。今黄、宋、张[③]三氏之言，不啻为北方人打一针，希望北方人动作虽慢，精神应能持久。且政府既表示决心，人民自应特别竭力，以共赴国难。

（《申报》，1933年2月18日）

① 中央航空学校在华北招收空军学员，张伯苓之第四子张锡祜报名参加，并被录取。张伯苓对此曾发表看法。题目为编者所拟。

② 东北热河后援会2月16日下午在北平外交大楼开成立大会，到会的有宋子文、张学良、朱庆澜、蒋梦麟、周作民、平津各界领袖、沪地方协会代表及义军代表等百余人。大会由张伯苓任主席并发言。题目为编者所拟。

③ 分指黄炎培、宋子文、张学良。

《航空世界》（甲篇）序

（1933 年 3 月 11 日）

国家无国防，退不足以图自身之存在，进不足以求国际之平等，此“九一八”事变以来我国人之所觉悟者也。国防之道，将士之忠勇与武器之精良，二者缺一不可，此淞、榆两役以来我国民之所深知者也。顷者各地民众，方纷纷募款购置飞机，风气所及几遍全国。苟能贯彻始终，缜密筹画，则空军之建设，国防之基础，即将树立于此时矣。

卢君南生殷忧国难，于国人共倡航空之际，新编《航空世界》一书，举凡飞机之沿革、构造、种类，列强空军之设备，民间航空之盛况，以及飞行之原理，防空纲要等，皆分别论述，详实而精审，清显而通俗，国人一读此书，则不但对于航空之事业更感其重要，即航空之政策亦可得一南针也。

三月十一日　张伯苓

（卢南生编译：《航空世界（甲编）》，大公报馆，1933 年 4 月）

谈华北近况[①]

（1933 年 4 月 15 日）

日本兵不血刃，继续占我东北四省，趾高气扬。原欲侵入长城，以张西侵察、绥之威势。但经我宋哲元及商震部一致奋勇抵抗，夺回已失要口数处，于是士气大振，敌人亦为之胆寒。现在长城一带之防务，大致古北口为□□□[②]部及□□□部，喜峰口为□□□部，冷口、滦河、迁安一带为□□部，张家口、多伦一带为□□□部，沽源为□□□部，类皆军纪严明，深得当地人民之协助。

① 本文为张伯苓接受《申报》特派记者赓雅采访时的谈话。

② 本文中“□”为原文如此，相当于现在行文中的“某”。

天津虽因《辛丑条约》，驻有日军，然以河道浅而易淤，兵舰不易驶入，且国军于学忠部，早有准备，敌军果来进犯，必受坚强抵抗。北宁路由塘沽至临榆一段铁路沿线，因在日军舰炮火威胁之下，故何柱国军由石门寨撤防至滦东，但非因战败也。日本亦以该地带有英人办之开滦煤矿公司在，恐惹起国际上之反感，故将攻取滦东责任，完全委卸于伪组织李际春部。至于北平则以张学良之下野，目前似较为和缓，逆料将来战争之中心，将渐多于多伦、独石口各地，以期完成日本侵略政策中怂恿蒙人建立“蒙古国”之迷梦。但恐喜峰口等各地之我军，断其归路，故日军成将由平榆大道向西推进，与我长城之守军，迂回周旋，亦未可定也。

我人对此严重局势，仅有三路可行：一为直接交涉，二为收复失地，三为誓死抵抗。然以目前国际之恶劣局面，纵政府欲迁就交涉，人民亦必坚决反对。至于收复失地，在军事上、经济上，均尚无充分之准备，无从谈起，殆无可讳。故唯一之康庄大道，厥惟拚命抵抗而已。为自卫而抵抗，为正义而战争，终必有博得最后胜利之一日。

过去张学良之不抵抗，为功为罪，事实昭然，毋庸烦言。汤玉麟因万福麟违抗命令，不退承德，而退喜峰口，因亦放弃承德，致为众矢之的。实际上应负热河失守之责任者，不止汤一人，罪恶浮于汤者，亦大有人在。若辈藉口政府对日态度模糊，都观望不前，欲保全实力，且莫不振振有词。抑知外侮非若内争，内争而保全实力，或可如愿以偿，若外侮之来而欲保全实力，不惜揖盗入门，结果终必为人所共弃。反之，若能抱定牺牲主义，坚决抗日，必能博得国人之同情。此与《新约》上所谓“欲得尔之生命，必舍去尔之生命”之意义绝相类似。

政府因政治上之特殊关系，渎职之军人，无法惩办，以致军纪之败坏，有如江河之日下。倘政府能有严明之赏罚，不但根本不致产生此辈无耻军人，且日军亦绝不敢肆无忌惮，一至于此。今政府既无严明赏罚，人民之责任无形中自更加重。换言之，即对前方将士奋勇杀敌，成绩卓著者，亟应以可能的予以人力物力上之援助，捐助钱财，不拘一元半毛，都能表示一种重大意义。即每一人每一份之乐捐，不异对前方为争民族生存之英勇将士，投一最荣誉之选举票。一面既可表示民众热烈之同情，一面更足以鼓励将士之勇气，彻底认识反帝斗争为极有价值之光荣战争。

复次，将士遗族之抚恤与教育，亦应较内战遗族，更加优待，始合情理。人民果能如此主持公道，隐寓劝惩深意于援助之中，吾知将士之勇者必因此而加勉，怯者亦必因此而知儆，一扫以往之颓风，而振新兴之士气。

此外尚有二事：军民亟应彻底自觉，军队必须先和人民谋得亲切诚恳之合作，然后始可制胜于疆场之外。汤玉麟军平日以稗政积怨于百姓，致招失地误国之大祸，是即最近之殷鉴。

再国人最普通之毛病，厥为凡事总务虚名，不求实际，结果往往无一事能真成功。望国人等一致痛医此病，国家民族之前途，庶几有豸。

（《申报》，1933 年 4 月 15 日）

在南开学校董事会例会上的报告①

（1933 年 4 月 22 日）

一、章瑞廷先生捐款及章氏小学校董会问题

甲、章氏小学校董会按照章瑞廷先生拟定之校董（除陈筱庄、邓澄波两先生外）由本会聘请之。

乙、章瑞廷先生捐款数目仍请李琴湘、卞俶成、华午晴三先生向章瑞廷先生接洽。

二、二十二年（1933 年）度预算草案

	大学部	中学部	女中部	小学部	总计
入款	374,700 元	177,400 元	34,600 元	6,410 元	593,110 元
出款	376,240 元	168,060 元	37,468 元	8,748 元	590,516 元
本年盈余		9,340 元			9,340 元
本年亏款	1,540 元		2,868 元	2,338 元	6,746 元
上年预算亏款	97,700 元	66,630 元	800 元	1,800 元	166,930 元
共亏款	99,240 元	57,290 元	3,668 元	4,138 元	164,336 元

（结果：）

① 是日中午 12 时，南开学校董事会在北平致美楼召开例会，丁文江、李琴湘、李组绅、胡适、陶孟和参加会议，校长张伯苓列席，并报告以下所列事项。题目为编者所拟。

（1. 二十二年度预算案照原草案通过。）

（2. 刘鸿生先生每年捐款五千元，迄今二年未付，请丁在君、胡适之两校董专函向刘鸿生先生催询。）

三、改选校董事

丁在君、李琴湘、严莊玥（慈约）三校董截至本年三月期满，照章须改选。

（结果：李琴湘先生提议，陶孟和先生附议，仍请丁、李、严三校董连任。通过。丁在君、李琴湘、严莊玥三校董任期至民国二十五年三月止。）

（南开大学档案馆藏）

处置严重时局为当前最急要务①

（1933年5月17日）

黄氏②应亟赴平，先以安靖平津人心。处置严重时局为当前最急要务，委员会之组织成立，似可稍缓一步。自前年十三票对一票，今年二月四十二票对一票之国际裁判，以后于日本外交已陷孤立，惟实际上我国亦未得有国际间实力上之援助。质言之，即盼国联对日经济绝交，实难办到。□谓日人假想敌之美、俄两国，亦显有不顾遽与日本起恶感之趋势。此等处即我国对西洋之失望，亦即日人之成功。盖彼甚冀我国认识西洋不可靠，仍须转而与彼共谋所谓东亚合作，中日亲善之道也。然非日本放大眼光，一变其侵略政策，我国势难委曲迁就，结果必至中国无路走，日本亦无路走，而世界和平，更将有最大之波涛发生。

至于目前津市安危问题，闻汉奸数约二三千人，原思日军进逼，彼即蠢动，否则彼因先已得有孽钱之故，日内似亦不得不伺机骚扰，造一报销机会。然我军警，早已严密防范矣。

（《申报》，1933年5月21日）

---

① 5月17日，《申报》特派记者赓雅访张伯苓于南开中学，本文为张伯苓对记者的谈话。题目为编者所拟。

② 指黄郛，时任北平政务委员会委员长。

菲律宾《公理报》廿二周年纪念刊题词

（1933 年 5 月 30 日）

菲律宾《公理报》廿二周年纪念刊
声教风行，无远弗届，斯文之光，自他有耀。

张伯苓题

（张伯苓函稿）

不图儌幸，只管做事[①]

（1933 年 6 月 26 日）

打破烦闷，惟赖自己奋斗。不求速效，不图儌幸，只管做事，并从小事一步步做起，克己牺牲，一切责备自己，而不怨天尤人。如此脚踏实地做去，失败是意外，成功乃在意中。

附：任鸿隽在毕业式上的演说

大凡有机体之生物，俱有感觉烦闷之时，而烦闷约有两种：一为季节的，如春天的烦闷、桃色的烦闷等是。一为非季节的。一般动植物之烦闷，多属于季节的，惟人类与国家则两种烦闷兼而有之，如职业的烦闷及内乱外患等烦闷，则属于后者。大学教育便是打破烦闷的方法。毕业诸生〈应重〉以人格的修养，苟无健全人格，大学教育对于国家社会将有害而无益。〈诸生〉离校后，益当求师、交友及读书。

（《大公报》，1933 年 6 月 27 日）

---

① 本日下午 3 时，南开大学第十一届毕业式在秀山堂举行，除全校师生参加外，又邀各界名流与会，本文为张伯苓在毕业式上所致训词。题目为编者所拟。

裁判员、领队、新闻记者之合作，必使大会尽善尽美[①]

（1933年7月10日）

适才沈会长向大家征求意见，如何能使本会更为圆满，我愿发表我倾听后之感想。

现在举行之第十七届大会，实为举行第一届时所不及料，盖二十年来国家连年遭逢内乱外侮之不幸，而体育独能年年有显著之进步，实为可幸之事。在当年初办时，社会人士多不能了解，办事人乃发生以下之困难：

一，捐款奇难。学校如举办运动会，须先当地捐款，而现在捐款有人负责，且绝不费事，大非昔比。二，会场不好，观众不多。今则华北各省多已建筑广大之体育场，因会场之精美，而体育之精神，亦日益增大。今日到会诸领队，皆当年运动健将，试问当时谁有今日选手之幸福。现在参加大会之选手，如本届已在千人以上，实已超出当年观众之数，大为可喜。三，以前开会，时有风潮，所以然者，皆不解体育之故，且当时学校多格外优待运动家，选手亦只志在夺得锦标为学校扬名。现在各学校，绝不许长于运动之学生不守规则，大会更明订条文限制，可随时取消选手资格，此皆大进步。

诸位试思，二十年来，中国有何事更比体育进步。但又不可自满，还须再求进境达到健体魄、养道德、富学识之最后的体育目的。体育实包括智德两育，如球队联合攻守，须重合作，此即系德育。技术方面，贵在纯熟，此亦系智育。前此，领队、队员之自分畛域而自私，皆系错误，而年来风潮甚少，即可知体育界之情形不可同年而语。廿年来国家多难，考其原因，多系领袖之自私心重，喜争执而成，亦即未曾受好体育训练之故。至体育界独能踊跃进步，并非无因。实在说来，欲求解决一切忧患，必以体育之发展为基础，目下体育教育，方入正轨，可知我民族已能利用此种方法，为强身健族之准备。

本届青岛市约诸位来此参加大会，沈会长及诸筹备人员，实尽最大之努力，

① 10日下午6时，青岛市长沈鸿烈在汇泉“青岛咖啡”设宴招待参加第十七届华北运动会的裁判员、各省区领队、新闻记者、大会筹备委员等共计三百余人，总裁判长张伯苓在宴会上讲话。本文摘自《第十七届华北运动大会详纪》一文，题目为编者所拟。

吾人只须看其规画之详尽，设备之完善，招待之周到，待遇之丰厚，便可了然。一到济南，便见在途招待之代表，一到青岛，便见一切努力之设备，我等真应向沈市长，胶济路葛委员长，深致其十分之谢意。现在沈、葛诸先生应尽之责任已得完美之结果，尚言请教，真觉太歉，益使人钦佩。以我个人言，除觉满意外，复觉因此可使世人知中国民族尚大有可为。至此后一段落之如何，即在大会职员之努力，裁判员、领队、新闻记者亦即为负此重责之人物，会之成功与否，亦即将取决于此三种人物。

一，裁判员定明日开会，当分派各人之责任，务须努力作去，且须认定本人是大会职员，并非个人或一省一市之职员，处处须为大会努力，因公而忘私。按往年例，裁判如有错误，总裁判最感困难，希望各裁判不使我总裁判为难方好。

二，诸位领队，不可仅注意锦标之获得，尤应使选手不存此种心理，如为锦标银盾而来，何不省下旅费，自制标盾，岂不省事？故必须使选手了解体育另有体育之重要意义，成绩好者，不得标盾，亦得有实在之进步；成绩稍差者，正可借此观摩以资进益。总之，大家不必斤斤于分数，体育精神之培养，实较诸技术，更为紧要。

三，新闻记者实为运动会之一种问题。体育无新闻不能作广大宣传，但报纸因体育消息，亦能增长其销路，此为一有趣之事实。本人在第八届大会时，曾因成绩不甚佳而生以下感想：一，体育不应仅限于学校以内，各种社会，均应注重体育。二，须社会帮忙而后大会可完善。三，新闻界之努力。今以上三事均已不成问题，故所望于各报记者，不过更希望更多说好话，少说坏话，努力一齐帮忙而已。有此三种人之合作，则大会之尽美尽善，必能做到无疑。

（天津《体育周报》第2卷第25期，1933年7月29日）

在沈鸿烈招待宴上趣谈裁判事①

（1933年7月11日）

我当总裁判亦有十余次，最怕会场中因裁判不公致起争执，叫我左右为难，说谁的不是都不好。此次大家不要叫我作难。

前几次运动会，各领队常因运动员之名次，致起争执，甲领队说甲之运动员第一，乙领队说乙之运动员第一，各不相下，其实各有所偏。盖甲乙领队各人专注意于自己队中之运动员，故虽有其他运动员已越终点界线，毫未察觉，迨自己队中之运动员越过界限，始注意及之，遂误认为第一。

（《益世报》，1933年7月18日）

努力合作，使大会圆满完成②

（1933年7月12日）

开会时间已久，诸位运动员所立之处酷热，虽本人代表华北体联会与个人所欲说者甚多，原以十句结束。第一，代表华北体育联合会对于筹备委员会筹备之周至致谢。第二，个人以总裁判之地位，希望大会职员、评判员及各领队，努力合作，使大会圆满完成，并希望运动员造出新纪录。

（天津《体育周报》第2卷第25期，1933年7月29日）

---

① 7月11日，青岛市长沈鸿烈宴请参加华北运动会的全体职员及新闻界，张伯苓席间起立演讲。题目为编者所拟。

② 7月12日，第十七届华北运动会在青岛开幕，张伯苓作为总裁判长在开幕式上讲话。本文摘自《第十七届华北运动大会详纪》一文，题目为编者所拟。

体育技术与体育道德都有进步[1]

（1933年7月15日）

各位来宾、各位职员、各位运动员：

今天第十七界华北运动会算闭幕了。前次开会的时候，兄弟说过开会的意义，是要提高国民体育的程度。这次运动的结果，打破全国纪录的八项，打破华北记录的十二项，我们要求的目的是已经达到了。还有这次团结精神的表现，也是很为圆满，固然在竞技激烈的时候，不免有感情上冲动的时候，但是各个单位，都抱着牺牲小团体，拥护大团体的精神，所有感情极为融洽一致，足见技术、道德两方面，都有了进步了。盼望诸位运动同志，勉励自己，并且勉励未来的同志，使下次大会有十项二十项，以至于一百项打破全华北记录之记录。

（《大公报》，1933年7月19日）

在青岛市记者公会宴会上的讲话[2]

（1933年7月15日）

昨天我正在大会主席台上，忽然见来了二十余人，就把我吓了一跳，我以为又因裁判不公起了甚么争执，及至仔细一看，都是些长袍先生，我才放下了心。迨众人将来意说明，才知道是青岛人民来请我代表挽留沈市长的。我说，我此次是来裁判大会中各项比赛，这事情我裁判不了。大家环请不已，我才答应必力加挽留，并向各方证明青岛民意。

（此间有济南记者李江秋起立请沈鸿烈向大家声明打消辞意，沈微笑不语，

---

① 本日下午5时，第十七届华北运动会举行闭幕式，总裁判长张伯苓在闭幕式上致训词。题目为编者所拟。

② 本日，第十七届华北运动会闭幕，青岛市记者公会在迎宾馆宴请外地记者，并请沈鸿烈与张伯苓作陪。席间有记者报告沈鸿烈请辞青岛市长一职事，张伯苓发表谈话。题目为编者所拟。

张伯苓又说）不用管他打消不打消辞意，只要我们意旨坚决，那时还看他辞不辞。

（《益世报》，1933 年 7 月 18 日）

为第十七届华北运动会题词

（1933 年 8 月 5 日）

锐撼山岳，迅夺雷霆，
猛勇竞逐，强国先声。

（张伯苓函稿）

对于农村复兴之意见[①]

（1933 年 8 月 25 日）

现政府注意改进农村生计，希有负责执行，不要官僚化仅具形式，余对此会提案，（一）使农村有组织，（二）注重合作事业，（三）使农民科学化，（四）便利交通，（五）疏浚水利，（六）调查粮食，（七）注重治安，（八）减轻农民担负。

（《中国经济》第 1 卷第 4、5 期合刊，1933 年 8 月 25 日）

① 摘自《关于农村复兴之方案与意见》一文，标题是编者加的。

运动会与比赛里的三部分人应有何任务及精神[①]

（1933 年 9 月）

开一个运动会就好比唱一出戏。运动员、裁判员和观众，也就如同生、旦、净三种角色。譬如唱《二进宫》的三个人，一个是生，一个是旦，一个是净。三个人都要各卖其力，希望得到圆满结果。如果有一个角色，松松懈懈不好好的唱，那么全剧便要因他一人而失败！所以三方面的人，都要团结合作，全力悉敌，才能达到成功的目的！一个运动会或比赛，便合唱一出戏是一般无二。运动员、裁判员和观众，都要各尽其职，以期有良好的收获。

（《天津体育协进会年刊（1933 年）》，1933 年 9 月）

对第五届全国运动会裁判工作之意见[②]

（1933 年 10 月 9 日）

1. 裁判员因语言文字之误会引起纠纷，宜便宜结束，毋使扩大。
2. 裁判员因观察错误，宜开会讨论，由总裁判签字决定。
3. 全国运动会之意义在提倡体育，树立民族自强之基础，故宜着眼于团结之精神。
4. 大会限于经费，不能多聘人员，凡负有裁判之责者，务慎始善终。

（《第五届全国运动大会总报告》，1933 年）

① 题目为编者所拟。

② 10 月 9 日下午 2 时，张伯苓在南京励志社礼堂主持召开第五届全国运动会竞赛委员与裁判员联席会议，末尾张伯苓做以下报告。题目为编者所拟。

附：《益世报》载张伯苓报告内容[①]

本人任裁判长重责，有三事须报告，一望同人慎始善终，〈二应〉应团结一致，毋使发生事端，事若观察如有歧误，应提交裁判会解决，三应倡导运动，毋存争胜之心。

（一）因语言文字引起之误会，须便宜结束。（二）裁判不能取决时，宜开会讨论，由总裁判签字决定。并盼运动员勿为虚荣，裁判员慎始善终。

（《益世报》，1933年10月10日）

对于全运会之感想[②]

（1933年10月17日）

在此国难严重，灾祲未已之际，政府举行全运会，参加者有三十三单位，运动员有二千五六百名，观者平均每日有四五万人。而所得结果，如就径赛论，最好成绩，若刘长春跑百米，不过比其平日，仅少跑十分之一秒，政府及民众，用巨大之代价，易此区区，殊不值得，然而有重大之意义在。中国所以至此地步，其病有二，一体格不健全，二自私。体格不健全，则作事效率低微，此人所共知。至于自私，则不能团结合作。夫一矢易折，十矢难摧，此理至显。运动不但能强健身体，且能使人守规则，摒弃自私之心，譬如足球，每队十一人，五人在前攻，六人在后守，通力合作，其胜利，不曰某人，而曰某队，其失败，亦不曰某人，而曰某队。倘不如是，而谓某某人胜利，则谁愿为守门？因守门者，有输无赢也。于是一关面前，门户洞开，敌队前来，真入无人之境矣。然而无一球队如此者，即运动员能祛除自私心，能团结一致，有合作精神也。向在北方，常闻有不满政府之言论，此不足为怪，各国在野者，往往如是。及来首都，晤当局者，当局对当局，亦往往如是，殊为诧异。事至今日，非锻炼身体，振作精神，祛除自私，团结一致，不足以救中国。

（《金陵女子文理学院校刊》，1933年第2卷）

① 本文为《益世报》就同一件事所作记载，因文词有异，一并收录。

② 1933年10月，张伯苓赴上海担任第五届全运会总裁判，期间，受金陵女子文理学院之邀，于17日在该校发表演讲，原文为《张伯苓先生莅校演讲》，本文内容由编者摘录整理。

吾人自当格外努力①

（1933 年 10 月 17 日）

此次政府于经济困难之时，尚能筹巨款，促成此次全运大会，吾体育界同人，自当了解政府提倡体育之苦心，而躬自反省平日工作之成绩，按吾国家之受人欺凌，皆因“无团结”“不守纪律”“不紧张”等种种恶习，深入民间，酿成牢不可破之民族劣性故也。提倡体育，寓“团结”“紧张”“守秩序”之精神，以早夕熏陶之，俾国民能日趋健全坚强之途，则国家何患不强。今晚承汪院长热烈招待，并恳切致辞，吾人自当格外努力。

（《二十二年全国运动大会总报告》）

中国应有一种体育大运动②

（1933 年 10 月 18 日）

本届全运会打破纪录之项甚多，证明我国体育已有显著之进步，尤以运动员与职员均能谨守会章，无所纷争，重视运动道德之精神，深堪钦佩。惟尚有沪、辽足球以及沪、粤男篮球均未赛毕，此为大会最不应有之事。运动员遇任何困难，务须忍辱奋斗到底，此为应有之精神。不意前日辽、沪足球纠纷之后，本日粤、沪篮球，又遭不欢而散，前后两项纠纷，均据裁判员报告，在比赛时，因竞争甚烈，两队互有争持，此乃常事，不料在旁观众及冒充观众之选手，有怪声叫打等表示，扰乱运动员之精神与观念，致比赛不能终局。

此足证明中国民众尚未了解比赛性质，对于运动观念幼稚，故本人于汪院

① 10 月 17 日，行政院长汪精卫在励志社招待本届全运会职员和各省市出席代表，到会者朱家骅、王正廷、褚民谊、钮永键、张道藩、王世杰及全国体育界人士百余人，张伯苓代表全体职员及出席代表致答辞。题目为编者所拟。

② 本文为张伯苓与记者的谈话，原题为《张伯苓谈话主张有体育大运动》，题目为编者所拟。

长宴会席上，极力主张中国应有一种体育大运动，使一般民众能深切了解运动之重要与性质后，发生运动兴趣，则十年之后，中华民族体格之健康，定有相当之进步。现在政府方面，由教部体育委员会用政治力量，令各省市政府提倡体育，民众方面又有全国体育协进会及分区体育协会之组织，如此双方并进，将来之进步，当可预祝。

下届全运会，民国二十四年，仍在中央体育场举行，定可与四年一次之远东运动会，间隔举行。至各区运动会，如华北年举一次，由各省市新筑完备宏大之体育场后，始有邀请在该省市举行之资格，如此逐年提倡，若干年后，各省市均有完备之体育建筑。明年之华北运动会，在津举行，津市亟亟进行体育之建设，希望华中、华东等仿效华北办法，逐年推广体育设备。

至全国体育协会对于参加明年远东大会之筹备，已决定由该会董事常务会另组委员会主持一切筹备事宜。中国出席选手之选派，将由该委员会征集各方意见，审慎选择。体协会之经常费，为数甚微，每单位年纳二十五元之外，拟向教部接洽，请其予以相当之补助。惟体协会之临时费，则为数颇巨，如明年出席远东及一九三六年出席世界运动会之一切费用，刻下正在设法筹措中。

（《二十二年全国运动大会总报告》）

去私[1]

（1933 年 10 月）

汝辈肄业澄校，除技能、体育、德育外，所得者尚有一物，为他校所不及者在，即精神，即大公无私之精神。盖发自澄衷先生，因先生能以一己之巨资，为诸君辟一求学场所，即足表扬此精神也！

诸君试回忆“一二八”时，我国曾发生何事耶？中日上海之战也！此战孰强耶？日本也！夫日人之体格、智慧、国土、物产以及其他种种皆不若我国，而独强于我国，何也？！则吾人不能运用之也。所以不能者，因国人“自私”之通弊致之故也。此“自私”之通弊，蔓延全国，故国势日以浸弱！民力日以

---

① 本文为张伯苓在上海澄衷中学所做演讲。

涣散！

不观夫瑞士日内瓦之国际联盟乎，正讨论中日问题，而国内则川中二刘相搏战，山东韩、刘之冲突以起，相持不下。其他暗潮不知几许，要不出口战、兵战、心战之三方式，而程度互有高低已耳，其皆自私也则一！又回顾北方，彼不抵抗军队固不能抵抗乎？若以十九路军血战淞沪之成绩誉之于前，当能予以极深之反影，何哉？以其面子相关，畏人言南方军队较北方军队善战，遂能一反其往日之所为。凡此种种，皆“自私”致之。而此“自私”之所自养成，则中国数千年来专制政体养成之。惟知重私利，轻社会、国家，中国遂造成今日贫穷之状态，受弱于己者之凌侮矣！

再请言二事喻：赛足球者双对垒方，十一人，一守门，二后卫，三中锋，五前锋。中锋、前锋所以攻者，他则守矣。得球能胜之机会也，然则全师皆前进以争荣誉耶？必曰：不可！盖后顾有忧也。且得球亦赖全队分工合作之成绩，守者勿使敌入内，攻者转相传递，然后有一人焉，以机遇之巧，而球得攻入矣。是球之得攻入，非一人之荣，盖全队之荣也，以个人为团体之一部分故也。又拔河：中日犹拔河之双方。中国以地大、物博、人众、智巧而败于情形反是之日本，无他，不能万众一心，用力于同方耳！此即“自私”之弊也！

故时当今日，外患固可恨，内哄尤可恨。甚望我亲爱之青年，能多加“大公”之训练！化个人一己为全国之一部分！训练处在学校，而贵校尤宜，盖有澄衷先生能为诸君范也！

（《澄衷半年刊》，1933 年第 10 期）

《华北实业股份有限公司志略》序

（1933 年 12 月 10 日）

中国西北，幅员辽阔，地广人稀，物产丰富，宝藏未启，其亟待开发，固举国皆知。有志之士，且组织团体，躬往调查。顾十余年来，徒闻开发之声，未闻开发之实；而与西北唇齿之外蒙，已早被侵占，东北四省，相继沦陷。由是知我不急起直追，人将代我而图之，可不惧哉！遭此时变，非力行实践，庸有济乎？今华北实业公司，以倡办垦牧，投资绥远，因时制宜，因地制利，以图逐步进展；则行远自而[迩]，登高自卑，西北前途，实利赖之。顷该公司以其内容及绥远概况，辑纂成书，公诸社会，实足以唤起国人之注意。深愿继华北实业公司而起者，踵趾相接；庶几国无游民，地无旷土，调协经济，充实边隅，胥由于此。是为序。

民国二十二年十二月十日张伯苓序于南开大学

（《华北实业股份有限公司志略》）

国术练习必须使之教育化、科学化①

（1933 年 12 月 19 日）

“国术”二字名称似有欠妥，暂且从众叫去，望大家以后想一较妥名称。至学校练习国术，必须使之教育化，即使之含带教育意义，又必使之科学化，即利用科学方法以图发展。换句话说，即当使之科学化，盖在现代不科学化，万难发展。今年在南京作国术比赛时，汪精卫、朱家骅两先生即以其不科学，表示不赞成。我以为不妨研究改良使之科学化。

（《大公报》，1933 年 12 月 20 日）

① 是日下午，天津各学校国术协进会在工业学院中山堂召开成立大会，教育厅长赵文藻，市党部李湘如，省国术馆莫子瑞，市国术馆郭汉之，国术家张兆东、李子廉，南开大学校长张伯苓及各院校校长，各校体育教员、国术教员，本市体育专家、各报记者，共六十余人出席会议，张伯苓最后致辞。题目为编者所拟。

使天津体育得到均衡发展①

（1933 年 12 月 19 日）

时代之演进，优胜劣败已成定律，我国所以落后之最大病源，即在“私”字，因之一切组织均不健全。日人曾在国联大会谓中国为无组织之国家，言之深为痛心，故吾人益当解除私心图存。兹值我国百业不振，如英报主笔般奈尔所言，中国尚有一线曙光者，则惟体育而已。回想本人六年前曾发表使体育社会化，多比赛，重宣传之意见，均经实现。又三年前，治标与治本之方针亦在施行，此足证体育在前进中，这正是予吾人之一种机会，但做的方法，即需有规则的团结，凡事离开自己的本身，注视于事业方面，同时要有正确的认识和努力的推进，庶使天津的体育得到均衡的发展。

（《大公报》，1933 年 12 月 20 日）

附：《益世报》载张伯苓讲话

今晚请各位到此，一者互相欢聚，使各位感情增加，二者即本人目睹国内纷扰不已，外侮迭来，推其原因，不外国人私心太大，毫无团结力量，以致如此。惟现下国内体育事业，尚比较任何团体为佳，嗣后工作应以公平二字为原则，大加努力。

（《益世报》，1933 年 12 月 20 日）

---

① 12 月 19 日晚，张伯苓在南开学校校友会宴请天津市各学校体育教员、各报馆体育记者，及各体育专家，交换开展津市体育的意见，张伯苓在会上发言，《大公报》与《益世报》均予以刊载，因词句有别，此处一并收录。题目为编者所拟。

在南开学校董事会例会上的报告①

（1933 年 12 月 24 日）

一、二十一年（1932 年）度决算案

	大学部	中学部	女中部	小学部	总计
入款	382,489 元	181,239 元	53,503 元	6,567 元	623,798 元
出款	274,953 元	171,129 元	32,956 元	7,585 元	586,263 元
本年盈余	7,536 元	10,109 元	20,907 元		38,552 元
本年亏款				1,018 元	1,018 元
上年预算亏款	99,395 元	73,418 元	19,703 元	4 元	192,520 元
共亏款	91,859 元	63,308 元		1,022 元	156,189 元
共盈款			1,204 元		1,204 元
总亏款					154,985 元

（结果：二十一年度决算案照原案通过。）

二、报告事项

1. 本年四部情形甚佳。

2. 中学礼堂已起始动工，明年五六月间即可落成。

3. 经济学院现正向罗氏基金团接洽补助费，拟每年请该团补助二万美金，按一比四兑换，合洋八万元，以十年为限。

4. 国防委员会每年补助经济学院四千元。

三、医学院问题

（卞俶成校董报告：前刘瑞恒先生在津时，曾云，海军医学院原址尚余地约二十四亩，按时价出售，可得洋五十至七十万元，拟以此款重建医学院，常年经费由财政部设法筹拨，并该医学院即请南开大学按“联立”－Affiliation－性质接办。）

（校长以为接办该学院有下列诸难点：）

① 是日中午 12 时，南开学校董事会在北平致美楼召开例会，丁文江、卞俶成、李琴湘、胡适、陶孟和参加会议，校长张伯苓列席，并报告以下所列事项。题目为编者所拟。

1. 医学院之人才难得。

2. 前海军医学院一切欠薪等问题难清理。

3. 将来政局一变，经济摇动，恐累及本校。

4. 该学院薪水标准当较本校各学院现行者为高，如此，对于本学院精神上恐受损失。

（丁在君校董谓：如按“联立”性质接办，会计方面可独立，对方对于经费如有办法，即可接办。）

（胡适之校董谓：暂作一计划，向中央政府、省政府、经济委员会及卫生署等机关接洽。）

（结果：该医学院接办与否，即由校长酌斟各方面情形办理之。通过。）

四、中华教育文化基金会补助费问题

本年该会补助本校三万元，明年拟请该会再为增加，并请胡适之校董帮忙。

（南开大学档案馆藏）

严范老精神不死，人格永存[①]

（1933 年 12 月 25 日）

平生最感佩范老之公清二字，惟年老后不克躬身参加积极之活动，仅从消极方面仍为社会人类做事，女医局得其帮忙不少。今幸得丁大夫承其遗志继续为公共事业努力，当出范老生前之预料，希望丁大夫此种精神能影响于所有社会人士，实为范老之精神不死，人格永存也。

（《大公报》，1933 年 12 月 26 日）

① 为感念严修生前对公立女医局帮助甚多，该局局长丁懋英发起筹建的严范孙儿科医院竣工，并于 25 日举行开幕庆祝会，张伯苓在会上演讲。本文摘自《严范公儿科医院启幕》一文，题目为编者所拟。

天津利生工厂国货出品

（1933 年）

中国民族懦弱，由来已久，要想挽救，必须注重体育。不过体育固须注重，而体育用品也是提倡体育的人所不可忽略的。天津东马路利生工厂创办人孙润生先生，曾在南开中学充任教员，看着学校提倡学生体育，所用的皮球等类大都全属舶来品，实是一大漏卮，遂立志设厂研究创造，结果得到良好的成绩。后又得齐守愚先生——先亦是南中教员——赴美学制革归，入工厂为之指导，出品更较前精美，而作价仍取低廉。但求便于众、利于国，个人利益皆非所计。这种牺牲精神是很可佩服的，故乐代为全国介绍焉。

张伯苓题识。

（南开大学档案馆藏）

《江南大学体育协会七载成绩报告书》题词[①]

（1933 年）

江南大学体育协会七载成绩报告
积渐为雄，孟晋七载。
奋发峥嵘，光彪薄海。

张伯苓题

（彭文余主编：《江南大学体育协会七载成绩报告书》，1933 年）

① 题目为编者所拟。

团结与民族存亡①

（1934年1月5日）

一般思深虑远之士，目睹时艰莫不忧心如捣，以为民族之灭亡，殆不可幸免。因为从任何方面看来，殊少不亡之道。事机的危迫，固然不容否认，但遽然断定偌大的一个民族便将从此澌灭，我们以为这是悲观派消极的论调，没有看清民族积弱所以对外不竞之主因。倘使找出它的主因，而知道不是没有方法可以挽救的，人们自会抛却消极的徒然的悲叹，而积极的向事实方面做去。

那末，这对外不竞的主因是甚么？就是不能团结！

《诗经》上说，“兄弟阋于墙，外御其侮。”平时虽小有意气之争，一旦外侮临头，总可以嫌消忿释，同心抵御。因为不如此，便为敌人所乘而不能以自存，此在稍有常识的人都该知道罢！然而痛心的很，我们竟不御侮，只阋墙。日本人在国联会议上公然讥笑我们说，“中国是一个无组织的国家”。现放着许多实例，可以给他拿去作强有利的证据，我们有什么方法可以辩驳！有人说：“中国人的不能团结，是几千年专制政治改造成的。”例如，秦始皇治下的人民偶语者弃市，谁还敢提倡组织、高谈合作！又有人说：“中国人家族观念过深，所以大家不肯为国家为民族团结起来，谋公共的幸福。”我以为这都不是不能团结的主因。不能团结的主因，只是一个恶魔为祟——就是“私”。

胡适之先生说：“中国有五大恶魔，穷、乱、愚、弱、私。”私是五大魔之首，因为私可以使人穷、使人乱、使人愚、使人弱。私能破坏一切。它能使你忘了民族，忘了国家；它能使你灭掉良心，摒弃人格；它能使你甘心为恶而可以悍然不顾一切；它能使你只知有个人不知有团体。所以敌人的炸弹尽自在上海轰炸个土平，长城的抗敌志士尽管叠尸喋血，而逍遥租界和距离战区稍远的人们依然隔岸观火，一般不经意。比及战事刚住手，内争便立刻起来，致使爱我者痛心，而仇我者快意。野心强敌之敢于肆然无忌地既陷东北三省，复占我热河，侵及华北，西窥朔宁，外寇之日深，又何尝不是早看透了我们只顾自私，不能团结么！

---

① 本文是张伯苓与南开同人的几次谈话，由关健南、陆善忱笔录并整理。

中国人之聪明、体力并不见得不如外人，唯其“私”之一念，牢不可拔，所以演成这种局面。可是私之所以养成至此牢不可拔之地步的究属何故？分析起来，约有数端：

甲、个人心理养成的私。

一、由于公私之辨不明。有一般人对于公私在道德上之评价，原亦明了，也知道人在社会里应当公而忘私，不过对公私的概念认识不清，明明是损及公众的事，他却视为故常而不经意。譬如在公共集会场所任意妨害别人观听，以及随便动用公物以利私人，都是对于公私的概念认识不清的结果。推究起来，都是只知有己，不知有人的心理所演成。

二、视损公利己之以为小节。更有一等人，原也知道公私之辨，也知道私为不道德，但终以为系属小节，无伤大体，以为小有出入，又有何妨。殊不知大恶乃由许多小过积累而成。起初对于小过不加检点，久之习惯养成，便公然作恶而不以为非了。

三、公私之辨虽明，但与行为不发生影响。其次是对于公私的概念虽说认识得清楚，但不过认识而已，对于行为上并不发生影响，所以尽管嘴里说得很响，但一考究他的行为，依然充满私字，这又是一个原因。

四、只顾自己不管团体。还有一种最坏的心理就是固执成见，不顾公议。有人说：“十个英美人开会，虽然会场上意见纷歧，会后大家必一致去推行所通过的议案。十个日本人开会，会场上有一强有力者发言，结果大家按他所说的通过了，十个人一齐努力推行。十个中国人开会，会场上有许多的争执，会后各行其是。”这很可说明我们中国人的固执成见和不顾公议的心理，差不多成了民族性。

乙、于社会风气不良养成的私。

五、缺乏社会制裁。以上所说仅是个人心理上所造成的私。假使社会上有相当的制裁，也可使私消灭于无形。不过秩序紊乱的社会失去了这种制裁的力量，善良分子充其量不过抱着独善其身的主见，作一个“自了汉”。其下焉者又皆随波逐流的下去，所以别一个人的行为如何损及公众。只要与我无干，便可拿“休管他人瓦上霜”的态度对待他。个人营私利己的行为既不见得有旁人来干涉，又怎不大胆妄为，公然无忌呢！

六、过去社会无团结的成绩。社会道德之养成，在消极方面需要有一种有力的制裁，在积极方面尤需有一种善良的成绩作为榜样。但事实上真叫我们惭愧得很，打开我们民族的历史，试检查一检查，真找不出一件团结的事实来，所有的只是个人修养，个人找出路，全是个人独善其身的事实。那末生长在现在环境之下的人们，又那能会有团结的精神！

有以上各种原因，结果遂养成一般人只知为个人找出路的普遍心理，而整个的民族遂如散沙一般不能团结。

但我要问，不管整个的民族团结，专找个人的出路，果真找得着出路么？那我可以断然地说：绝对的不能！

这可以拿两件譬喻来说明。

一件是西洋某名家小说所描写的故事。

某一个地方正在闹着很凶烈的传染病，一个富翁的家宅，正居这地方的中央，环绕他周围的各家都在被传染病蔓延着。富翁为了一家安全起见，并不答应公众的请求联合起来做全区防疫的工作，却在他自己家宅的周围筑起高墙来，以为任他传染病多厉害，高墙总会挡住病菌的传播，而自己便可免除危害。殊不知墙外的民众因为得不到富翁的帮助，无力防疫，结果全区死亡过半，而富翁全家亦终被传染，尽数死亡。

一件是，一只帆船航驶在大洋之中，忽然遇着暴风。船上的人们不去帮着水手下帆稳舵，却先去抢救生圈，得不到救生圈的，便纷纷的争着去攫取船上的木板，好防备船覆之后，可以浮在水上得保暂时不死。暴风之来，原不一定就会把船吹翻，但因为船上的人只顾各图谋生，纷乱争夺，先已把船闹翻，结果葬身海底，无一幸免。

以上两例都是专为自己找出路，而忽视团体的出路，结果团体没有出路，个人出路的机会因之断绝，与团体同归于尽。反过来说，假使富翁当传染病初起，答应民众之请求，协同设法防疫，不但己家不会被波及，同时并先已救济了一般民众。在船上的人们当暴风初起的时候，如果群众一心知道保护自己所托命的孤舟，帮同水手整帆理舵，也许可以抵抗过惊涛骇浪而保全了阖船的生命。此中道理原极明显，但人们卒然遇到了祸患，自私之心便主宰了一切，任你大声呼喊，至于舌敝唇焦，他只是图个人的安全，而置若罔闻。请想，一个民族的分子都是这种心理，怎能免于死亡？

所以我们要挽救民族之危亡，只有团结；要团结，只有先去私；去私之过在个人方面：

（一）对于公私的概念先须有明确的认识，以严公私之辨。

（二）知识与行为要发生影响，既已明白公私之辨，便要身体力行，丝毫不能通融假借。

（三）遇事应为团体设想，要处处替事业的前途打算，不可存心专为自己。希特拉说："凡事须把全体利益放在个人利益之前。"这是看清个人与社会关系的结论，不是独裁的宣传口号。

在社会方面：

（四）要养成社会的制裁。须知个人之不道德，会影响到团体。你是团体的一分子，团体的利害与个人自然息息相通，遇到别人因私而危及团体的行为，便须以维护自己福利的态度来制裁它。

倘人人都能照这样做去，在个人养成善良的分子，在团体自具有善良的组织，我想一定会把不能团结的病根拔去。须知生物进化的原则是适者生存。人类也是生物，自然逃不出这优胜劣败的公例。如何能"适"？怎样才算"优"？就各个来说，那个也不优，那个也不适。不过各个分子合了起来，成为团体，他的生存力便强大起来而成了能适应环境的优胜者，而不致为天演公例所淘汰。所以一个民族要逃出危亡的命运，非有组织、能团结，不能适应环境以谋生存。

不过单是空知团结也是不行的，必须从团结事实上做去。具体的讲，团结的实作，以走教育这一条路为最容易而有效。青年们大概都没有染上社会的恶习，我们现在使青年们彻底了解此中的意义，等到这一般新分子走入社会时，前一代受毒——私——最深的旧分子已经死亡，这样新陈代谢，就可以拔去中华民族的病根。至于如何着手去做，最好从体育方面下手。因为体育方面有两个很好的训练：一个是合作（Team-Work），一个是公平（Fair-Play）。譬如足球比赛，胜负决不能只靠前锋的进攻或门将的守卫，必须赖全体队员的共同努力。这种共同的努力便是合作。再如田径赛，自以守规则者为上乘，偷巧的比赛者一定不为人所尊敬，这一点便是公平。如果全国青年都能努力发挥这种合作与公平精神，并且能 Transfer（触类旁通）到一切行为上，所谓团结自不成为问题。

还有一点，政治上每有主义之争、派别之争，然而事实上很显然地证明，无论奉行甚么主义，或那一个派别，如果不团结，结果必定失败。须知团结是超主义的。我们国家无论采用何种主义或政纲，如不把"私"字排出中华人群以外，以谋整个民族之大团结，却来希望民族有出路，国家不亡，那真是梦想!

中华民族的危机已到了最后的地步，无论从任何立场来看，唯一的救亡策只有团结。如果专为个人找出路，那可以说和"筑墙防疫""毁船救生"一般，算是立下灭亡的铁券了。

（《南开高中学生》第 1 卷第 4、5 期，1934 年 1 月 5 日）

训练学生为国家、为社会、不自私[①]

（1934 年 1 月 11 日）

在“九一八”以后，恨敌人无理劫夺我们的东北，然其实则咎由自取。以后又有《塘沽协定》的城下之盟，在这种辱国条约签定之后，我们应当全国上下一致卧薪尝胆，共谋国是。不想，不几天的功夫，而内乱又起。这种事实，使人没有脸面去见外国朋友，因为恐怕人家来问，我们无话回答。我个人是这样想，我想在座诸位也都作如此想。中国人的根病在自私，故胡适之先生说过中国有五大魔，魔头是“私”。日本人看透了我们是无组织的国家，上下都私，所以乘机来劫夺我们。这种永不能合作的民族，在二十世纪能否存在，很是问题。人群的进化，是优胜劣败，凡是能团结的，都能制止和抵抗强者的侵略。

教育的哲学是根据民族情形、历史的背景而成。中国现在教育哲学，恐怕最要紧的就是治“私”。治“私”就是应当训练怎样团结。在去年全国运动会全体委员在南京励志社开会的时候，我曾对大家说，体育不尽是在体魄强健，精神紧张，最要紧的是团结，这种在体育上有无上之价值，吾们可以用之治“私”。中国人在古书上公字甚少，孙中山先生常引用《礼记》上之“天下为公”，但那上所说的“公”，是公的结果，没有说过如何可以达到“公”的道路。前者曾与胡适之先生谈中国人的生活，多是个人的玩艺，少有团体的合作。说到合作，总要数体育精神，譬如玩足球十一个人，每个人有每个人的职务，伶俐的人都想占前锋，傻子作后卫，这种是错误的，因为足球是团体的，胜负是大家的，所以要使他有这种觉悟。如以此法教学生，足球前锋只知传递好，会避人，大家合作。以上诸点都很容易，所难者就是要把这种精神移到他们的生活上所有各方面。当年体育界常打架，现在有了规则，不许欺人，要公正，所以比当年进步多了。本来这样训练，使他们守规则、守秩序，在体育界本身都不尽能做到，但是近来各大城的体育界，确多进步。又有社会的制裁，这样与我们好大的帮助。

会议制度是要服从多数，中国人的短处，就是少数人也不听从议决案。十

① 1 月 11 日晚，张伯苓在南开学校校友会，欢宴天津市各院校之院校长及新闻界，并请体育界闻人作陪。与会者共四十余人，张伯苓在席间讲话，《大公报》与《益世报》均予以刊载，因词句有别，此处一并收录。题目为编者所拟。

个英国人开会，其先尽管意见纷纭，表决了，就是大家公同的意见。十个中国人开会，大多数都有主见，任你表决，还是坚持己见，这就是私心过强的原故。这种民族，各人过各人的日子，彼此都没有团结的可能，结果非打即散。中国人不能作大事，领袖自私不能作大事，一切无成，原因在此。学校应教学生合作，所以我常请敝校各课主任想法子使学生知道团结。《京津泰晤士报》主笔潘尼尔说："看中国报，惟体育一事为中国的一线曙光。"所以全运会的时候，外国人去看的很多，此种原因，即是青年人好动，政府稍稍一提倡，就可以发达起来。我们要藉着这种机会来鼓动，必定有良好的效果。此次教育部设立体育委员会，聘请体育督学，都是这种意思。人民要明白政府提倡的意思，即须从这条路达到合作、守秩序、能团结的目的。

今天请诸位院长、校长到这里，盼□要对体育精神特别引用，训练学生为国家、为社会不自私。最后并请报界领导社会人士去做。

（《大公报》，1934 年 1 月 12 日）

附：《益世报》载张伯苓讲话

鄙人于客岁十一月间曾约请各体育家，商谈努力团结普及体育事，此次约请各院校长等来此，亦为商榷如何注意团结事。据余个人感想，体育应作为教育之工具，此意上次开会时，即想与各位讨论，惟以各院校长多未在津，迟至今日，始请诸位来此。在"九一八"之后，国内人心沸腾，然而转想，此果实内乱之因，故可说自己招取。而塘沽协定以后，国乱频仍，以余个人想来，其主因即在国人私心过大，日人讥为无组织之国家，信不诬也。此种自私民族，如不自行觉悟，绝不能永久存在。此种私心，现时殆成为国人之劣根性矣。吾辈从事教育者，若谈到教育哲学，应本何种目标而走，最紧要者，即将私心除净，团结合作，所以教育界应由本身去作，更须训练青年学子。最近国内之体育事业，已略见曙光，此□以踢足球之事实以训练学生，而更应将此种观念，使学生转到生活之任何方面，然后社会自必有良好现象，教育界实应负起此种责任，更请诸位多提倡，多偏重于合作。此外如新闻界，应负领导工作。总之，希望国人除净私心，普及体育，一切均应团结合作。

（《益世报》，1934 年 1 月 12 日）

合作救国[①]

（1934年1月24日）

各位，这次大会以“合作建国”为题，以鄙人看来，这是一个最要紧的题目。今天在座的有外国朋友，我们的心中有说不出的难过。自“九一八”事变以来，我们一直觉得难过，直到《塘沽协定》签字，我们更觉难过。最近自闽变发生，我就不愿意见外国的朋友，连几十年的朋友都不愿意见面，无他，心中难过而已。

但是这几年虽然难过，总也有些好处。在志得气扬的时候，一切是虚空的，经过一点困难，也许会感到深刻一点。日本人虽然横暴，但我们也得自省一下。这次闽变的发生，把种种丑态完全暴露出来了。外国的朋友不肯说不好，在座的外国人也替我们说好，但现在所呈现的事实，任凭怎样，不能辩护。所以，我们还得彻底的想一想，究竟我们的病根在哪里？

数年前，胡适之先生说到中国有五个魔鬼在作祟，就是贫、病、愚、乱、私。今天我要说到五魔中的头脑——那个“私”字。我从“私”字的眼光来看，觉得从政治方面起，人人都免不了受它的支配。我甚至于想，要是那个魔鬼不除，我们民族的前途，怕真要完了。进化论虽非人人所信，但自然淘汰却是一个事实。人与兽的分别，即在于能否合作。能合作则存，不能合作则亡。你要生存而不合作，那就是私。从政治方面言，譬如说，国民党不行，国家主义就行？你们信不信？国家主义也许太右了，共产党可就行？你们会这样想吗？别的且不说，共产党内部的派别就先弄不清楚。我们看看人家，再来看看自己，就会明白一点。美国和苏俄是主义绝对不同的国家，但是因为日本一斗，这两个主义不同的国家，就联合起来了。我们没听见美国或俄国人士为了主义不同的理由而反对两国复交，更没有听见为了对于这件事的意见不同而起内哄。我国吃了日本这样大的亏，国民党和共产党的内部，还是差一点也不行，国人的心理真是难懂。

---

① 中华基督教青年会第十二届全国大会上于1934年1月23—28日在上海圣约翰大学举行，本文是张伯苓在大会第二日所做的演讲，由袁访赉笔记。

所以，我在一年前，已经把南开中学的教育宗旨改订一下。诸君知道，各国的教育学说很不一致，都是随环境的需要而改变的。一国有一国的需要，一时代又有一时代的需要，现在我国最大的需要，是要把“私”字去了。所以我们新定的教育宗旨是两个字，一曰“公”，一曰“能”。现在青年会也把这个题目抓住了，我实在非常高兴。青年会向来是以“能”字著称的，现在又提出一个合作的口号，来作努力的目标。如果国人能够渐渐的觉悟起来，力除自私自利的积习，偌大的一个民族是没有可以恐惧的。

去年在南京开第五次全国运动大会，一般人都说精神很好。不但运动的成绩好，全国人士都予以极大的注意，各大城市的报纸用很大的篇幅登载全运的消息。这是很好的现象。但其所以致此，乃是数十年来热烈提倡的结果，决非一朝一夕之故。青年会是提倡体育最早的一个团体。从前饶伯森先生说，西方有奥林匹克，东方也应该有。所以后来就有远东运动会的成立。与远东运动会的成立有关系的，菲律宾和日本有两位 Brown 先生，中国有一位 Gray 先生，都是青年会的领袖。经过二十年的提倡训练，才有今日的进步。现在国难当头，飞机大炮不够，还要有强健的体魄，有强健的体魄不够，还要大家能够合作。就拿足球来说，一个守门，两个后卫，三个中卫，五个前锋，人人各尽其责，互相联络，才能取得胜利，个中充分包含着合作的精神。其他棒球、篮球等无不如此。在南京时，汪精卫先生请全运的领袖们会餐，派我说几句话。我就说，现在咬牙忍耐也不够，最要紧的是合作。

日本人讥吾国人无组织，吾国人不是没有组织的方法，患在于有法而不能守。中山先生为要训练国人组织的能力，著了一本《民权初步》，教国人怎样开会，怎样表决问题，表决了，大家就当服从。可惜没有人竭诚提倡，所以还不能发生效力。二十年前，我同严范孙先生在哥伦比亚大学研究教育，曾与克伯屈教授谈到共和政体的问题。他说，“共和制度的最要原则，是要少数服从多数”。守规则和服从多数是中国人所最短，这是由于数千年来政治和社会制度所养成的。现在骤然采用共和制度，所以就有许多问题。

然则应当怎样办呢？唯一的办法，在于长时间的提倡和训练。这是青年会一个极大的机会。青年会一向在社会方面干，不从政治方面干，这就是好方法。从前有一位青年，抱定一个宏愿，要从政治方面把中国弄好。现在他握了政权了，但仍是无办法，为什么？你要前进，社会不跟你走，你就没法。助促社会前进的方法，一是教育，二是书报，三是戏剧和艺术。在西方又有宗教上的礼拜，其效力也很大。青年会对于这些都能有所贡献。

近日内我虽然忙，但一听见青年会选了这个题目，我就非常高兴，很愿意来向诸君讲几句。我现在趁这个机会，向诸君鞠躬请愿，愿诸君努力的用种种方法提倡，教国人去私合作，用以前提倡体育的方法，领导国民前进。一二十年后，就会发生很大的效力了。

（《中华基督教青年会第十二届全国代表大会报告》，1934 年）

谈华北农业合作[①]

（1934 年 1 月末）

救济华北战区，政府拨款一百万元，当时因所需甚巨，一百万元不敷支配，乃有发行公债四百万元之议，但终未成为事实，结果向银行界借款二百万元，连同政府所拨之一百万元，共计三百万元，以办理战区救济。此三百万元之款，以一百五十万元办理急赈，其余一百五十万元，办理农赈。急赈之款，目前尚有一部分余额，已规定移办工赈，将来拨用于开掘河道之需。农赈方面，连同各方捐款在内，共为一百五十五万元，截至该会结束时止，共贷出一百四十三万，此时尚余十二万，其贷款利息为四厘。

战区委员会结束后，为扶植农民，提倡合作起见，乃成立华北农业合作委员会，盖贷出之款，应仍有机关从事收回，对于农村事业，仍应设法救济，使农产品得以流通无阻，农民生计，得告无虞。此种救济方法，惟有提倡农业合作，本委员会之组织目的即在于斯。欲训练农民，教以合作方法，务使能自动组织合作社，互相辅助，办理农产品之生产，与运输事业，华北农村前途，必得因此而逐渐发展。

战区农民对于合作事业，颇能善意认识，自合作委员会成立后，各地纷纷组织互助社，目下为数已达四千余。是项互助社，为合作社之基本组织，使该团体先事练习互助工作，一俟时期成熟，即成立为合作社，选善于计算之农民，

① 1 月 20 日，张伯苓参加华北战区救济委员会常委会，会议结束后，为训练合作人才，又组织华北农业合作事业委员会，张伯苓任该会主席，本文为张伯苓与《农业周报》记者的谈话，原题为《张伯苓谈华北农业合作》。

担任合作职务。农民前向救济会所贷得之借款，因利息甚微，十九均能偿还。将来偿还之后，仍可向合作委员会续借，且华北银行界，对农民合作事业，颇能热心扶助，愿以八厘利息放款，故农民对此，颇为乐意，合作社之组织，诚为农民经济中一大善举，本人希望全国各地，群起提倡。

（《农业周报》第3卷第31期，1934年1月）

高梓体育译著序[①]

（1934年2月）

今之世界，一强存弱亡之世界也。中国人只以体魄不强，缺乏奋斗精神，故事事皆落人后。近为补救计，各方提倡体育之声洋洋盈耳，甚盛！甚盛！但良法美意不能无所取材，而高仰桥女士译此书适成。女士为教育部体育督学郝更生先生夫人，亦留美体育学者，归国后曾任体育教授，对训练学子最称努力。鉴于是书有关全国体育发展之需要，故不惜辛勤，成此数万言工作，其用心良苦。现在行将出版，吾深愿有志体育强国者在得先睹为快，故不计工拙，特为草叙数语，用当介绍云。

中华民国二十三年二月
津门张伯苓谨识

（张伯苓函稿）

① 高梓（1901—1997），字仰乔，原籍安徽贵池，生于江苏南通，1919年毕业于上海女青年会体育师范学校，后应聘北京女子高等师范学校。1934年应聘中央大学教授，抗战爆发后随校迁至重庆任教。

远东运动会与世界运动会之准备[①]

（1934年3月6日）

本人月初接会方[②]通知，已准备赴会。将于七日午前起程，在沪拟下榻于青年会，约留四五日即北返，至迟十六日当可抵津。董事会方面除主席王正廷外，为褚民谊、袁敦礼、马约翰、郝更生、吴蕴瑞、高梓、沈嗣良及本人等九人。副会长朱家骅、吴铁城二氏亦将与会。开会议程，多关行政事项，出席远东事件，亦将有所讨论，经费及选手大体已均有成议，赴会代表团已定三人，并推王正廷为总代表，赴会时当由政府另派代表二人。至预选之进行，各单位似均在准备，篮球一项，华北体联会业接受体协之请托，在津举行华北预选，在沪经正式选拔后，再会同他项运动代表队出席远东。又，关于参加下届世界运动大会问题，于前月之全国体委会议席上亦曾论及，拟组织世界运动会委员会，负责准备，成立后并召集全国选手，于一定时期加紧特别训练。

（《大公报》，1934年3月7日）

日本难辞违背规章之咎[③]

（1934年3月29日）

日方现正主动在沪召开中、日、菲三国会议，但恐颇难乐观。我国已一再声明坚决反对，而日方仍甘为伪国作伥，实难辞违背远东大会规章之咎，想菲方决不以日方之游说而变更初衷。

（《大公报》，1934年3月30日）

① 张伯苓在离津赴沪出席全国体育协进会董事会前，接受《大公报》记者采访。题目为编者所拟。

② 指全国体育协进会董事会。

③ 对于日本准备在上海中、日、菲三国圆桌会议上力挺伪满洲国代表参加远东运动会一事，《大公报》记者赴南开中学采访张伯苓，张作了以下谈话。题目为编者所拟。

伪满洲国参加远东运动会问题及南开大学接办海军医校事[①]

（1934年4月2日）

远东运动会章程，不问讨论何项问题，须经过全体通过，方为有效，有一会员国不同意，即作否决。向来议决事体是从全体不是从多数。这次日本提出伪国[②]参加问题，菲律宾方面答复日本很有意思，他说要参加时节，可问中国去，暗里已表示此一问题，根据会章，须得全体通过。日本来问我国，我们已经拒绝。后来日本又提议开圆桌会议，我们表示开圆桌会议，原则上不反对，惟只能讨论大会章程及关于运动进行事件，中国当然出席，若为谈伪国参加问题，则中国不需要出席此会。现在此事最感困难的是菲律宾。在这圆桌会议开成时，态度实在难拿。假使此次大会，在日本举行，或在我国举行都不成问题。在日本举行，日本可强拉伪国加入，我国可拒绝出席；在我国举行，则一口回绝不许伪国加入。偏生本届在菲举行，遂多出如许问题，日本想借此机会来诱致承认伪国，我们先不谈能否作到，要先看看世界情势。世界各国对伪国情形是那样，我们中国事实关系，又较世界各国为要，中国不能说看世界各国态度，世界各国也不能说看中国态度。总之，现在承认伪国问题尚远，藉此会体为承认伪国问题亦远，而会体承认伪国问题更远。如此解释，可以晓得伪国参加大会前途结果如何。

这几年我们的体育成绩，有可以量出来的，如同田径赛，有的量不出来，如同球类，无论量出来和量不出来的，我们觉得都有进步。不过我们进步，人家也在进步。所以这次大会得点不得点，我们倒不必计较，只问我们肯练不肯练。要是肯练，我们中国人又都不是劣种，怎能赶不上人？肯练，尚可“望尘追及”；不肯练，休说“望尘莫及”，就是尘也是不能望见。所以我想这次运动会，我们不能斤斤计较胜负。

---

① 4月3日，《益世报》记者专访张伯苓，询以伪满洲国参加远东运动会及南开大学接办天津海军学校二事。题目为编者所拟。

② 即伪满洲国。

海军医校一事，去年刘瑞恒[①]先生到津，彼此因为同属天津人，大家谈到医校办法。刘先生表示最好归由南大兼办，仿照美国大学联立学院办法。我当时说，未办此事之先，须得量量我的力量。譬如我的力量，仅仅能办现在的学校，又何必多贪此事来办，况且北平有协和，济南有齐鲁，天津距这两地很近，办来也不见得有出路。刘先生彼时说，要办时节，就得注重“公众卫生”上面，这话倒也不错。北平协和偏于医理研究，济南齐鲁注意人材造就，要是天津办起，检这公众卫生途径走，倒是办法。所以我又表示，如果同乡和社会人士，要我来办，我也只好勉为其难，不过我全听其自然，要我办，我就办；不要我办，我不强办，拖泥带水的办法，我也不办。一些人说我办教育好，其实这有什么稀奇，一个人要肯做，什么事也不会弄坏。种花得花，种树发芽，这是一定的理。假使你种树而不发芽，那怨你水未浇到。凡事全是如此。我的意思，果然使我来办，因陋就简我是不办，既办就得像回事。学校校舍是要有，医院也得有。法租界那块地皮卖出以后，单用建筑医院校舍，倒还够用，以后的经费得有办法，以前该校经费每年只六万元，未免太少，北平协和每年一百多万，未免太浪费，我想三十多万，也就可以了。不过，还是这话，要我办我来办，不要我办，我不强办。

（《益世报》，1934 年 4 月 3 日）

南开学校体育场建设计划[②]

（1934 年 4 月 4 日）

体育场早于客岁设计竣事，原拟建于田径场之北部，当时因限于经费，迄

---

① 刘瑞恒（1890—1961），字月如，天津人。1915 年北洋大学肄业，留学美国，获哈佛大学医学博士学位。毕业后一度在美国开业应诊。归国后，得美国洛克菲勒基金会的推荐，任北京协和医学校副教授、副校长、协和医院院长、上海红十字会医院院长。后参加南京国民政府医疗卫生行政工作，历任中央医院院长、中央大学医学院院长、军事委员会军医处处长、全国经济委员会卫生实验处处长、卫生部常务次长、部长。后卫生部改制为卫生署，继续任署长。七七事变后，赴港建立协和医药公司，并在重庆设办事处，从事大规模医药运销业务。

② 本文为张伯苓对《大公报》记者就南开学校各部体育场地建设计划等事项的谈话，题目为编者所拟。

未动工。继以礼堂兴工改筑，体育场遂暂行搁置。现正进行购买运动场外邻西之空地，大部已经购妥，并开工填垫。至南部暂作棒球场之地，仅约二十亩，非我校所有，但亦在进行商洽，想当无问题。将来体育场之地脚，拟即立于该空地之南部，届是并将现有运动场扩大，围墙拆除，使成东西圆形，直径可达二百米。至南部所余之地，则尽归女中部运动场。

（《大公报》，1934 年 4 月 4 日）

与《申报》记者谈新疆经济发展与南开学校教育[①]

（1934 年 4 月 4 日）

赴新亟应注意之点，就新省环境言，首为交通实况，次经济状况，复次政情以及其他。盖交通便捷，经济活泼，然后政治以及其他，始有办法。所谓经济为万事之先决条件，亦即一切问题之核心问题。将来之世界，必更演进而为经济之世界也无疑。

〈南开学校〉学生人数，大学部四百余人，男中千三百五十人，女中三百人，女附小二百余人。经费年需六十多万元，大学占四十万元。其来源，一本校基金，二社会捐助，三政府补助。往年既皆不敷用，将来亦必难免拮据。学校愈发达，需费愈浩大。主因在于一本教育要旨，顾虑学生程度，不能多收投考生，妄冀学费收入之增加。个中情形，殆无异新闻界。为欲尽社会教育职责，即不能不有所牺牲。

（《申报》，1934 年 4 月 4 日）

① 本文为张伯苓与《申报》记者赓雅的谈话，题目为编者所拟。

河北省新生活运动之信条与戒条[①]

（1934 年 4 月 14 日）

信条：

一、清洁整齐，二、简单朴素，三、迅速实在，四，明礼义、知廉耻，五、负责任、守纪律，六、服要国货，七、锻炼体魄，八、刻苦耐劳，九、公暇读书，十、为国牺牲。

戒条：

一、不赌博，二、不冶游，三、不吸用毒品，四、不酗酒，五、不失时失约，六、不去赌场、马场、舞场，七、宴会庆吊应酬，不铺张奢侈。

（《益世报》，1934 年 4 月 15 日）

中国近年来失败的原因[②]

（1934 年 4 月 30 日）

我们看中国自“九一八”以后，可以说是一切的失败弱点都暴露出来了，而最大的毛病就是“自私”。大家所抱的观念依然还是三国时候的观念，大家因循散漫，只要有自己的利害，不惜力争，都没有以大家的利害为利害，以致“九一八”事起，日本稍一用力，我们立刻就倾覆了！现在当此痛苦经验以后，大家都碰了钉子，似要知道从前的毛病，现在也是有了觉悟想要改革了。这正是好的趋势。我们不要责备任何人，好像是射箭一样，箭没有中在靶子上，不要怪人家把箭靶子没有摆正，要看一看自己的按箭的手背正不正，我国人民应有

① 4 月 14 日下午，河北省新生活运动促进会在省府会议厅召开第二次筹备会议，张伯苓与于学忠、魏鉴、童耀华、陈宝泉、王韬等筹备委员讨论制定了河北省新生活运动的信条和戒条，并于 5 月 5 日召开的河北省新生活运动促进会成立会上通过。题目为编者所拟。

② 本文为张伯苓在天津基督教青年会基本会员退休会上的演讲。题目为编者所拟。

这种精神。

中国近年来的失败，不外三点：一、因自私而不能有组织；二、家族观念太重；三、太穷。欲改以上的毛病，非大家努力起来不可。中国近来国难以后，一切都稍有转机，自知努力，其实就是要能团结起来，就可以强起。

（《天津青年》，第 69 期）

在天津基督教青年会基本会员退休会演讲词[①]

（1934 年 4 月 30 日）

诸位今天在这里开会，兄弟未得过来招待，很是抱歉[②]。好在大家都是熟人——兄弟与青年会有三十多年的关系，不过近来因为学校的事情给兄弟的责任太加重，所以对于青年会就常不尽职了。记得也曾一再向津会方面请辞董事职务，可是会中倒也原谅我的忙，好像还是因为大家都是熟人，所以偶尔有些忽略起来，也是可以过去的。

此次上海全国大会总题是“合作救国”，题目很是时髦，兄弟在大会也曾说过一些意见。我们看中国自“九一八”以后，可以说一切的失败弱点都暴露出来了，而最大的毛病就是“自私”。大家所抱的观念依然还是三国时候的观念，大家因寻散漫，只要有自己的利害，不惜力争，都没有以大家的利害为利害，以致“九一八”事起，日本稍一用力，我们立刻就倾覆了！——现在当此苦经验以后，大家都碰了钉子，似要知道从前的毛病，现在也是有了觉悟想要改革了。这正是好的趋势。我们不要责备任何人，好像是射箭一样，箭没有中在靶子上，不要怪人家把箭靶子没有摆正，要看一看自己的按箭的手背正不正。我国人民正应有这种精神。

年来国中你争我打，迄无宁息，政治的不良，军阀的跋扈，官绅的自私，在政治的人都有些不闻不问，竟至演成割地丢权。现在的政府是很好了，我们

① 本文原题为《张伯苓博士在本会基本会员退修会演讲词》。原编者按：“伯苓先生加入青年会三十余年之久，襄助会务不遗余力。此次为我会基本会员退修会演讲，语多忠诚切要。”

② 是日大会地点在南开大学校，故云。

蒋主席新生活运动的发起，这都是改革民族弱点的最好策略。大家似乎都想向好处走了，因为中国近年来的失败，不外三点——一，因自私而不能有组织；二，大家族观念太重；三，太穷。——欲改以上的毛病，非大家努力起来不可。我常用“拔河”的游戏，来和学生们试验，比方用六根绳子，一头总结起来一人握住，一头分开来六个人拉住，这六个人若全不相顾的不集中力量拉起，那是不会拉过那边一个人的。因为那一头虽然是一个人，因为力量集中，这头虽然是人多，力量散漫。更有兄弟也常说踢足球，无论是前锋，或是守门失了球，那不是一个人的关系，是大家的关系。即是前锋一脚攻入敌方一球，这功劳也是大家的。因为若没有后卫们把球送来，也是不成功的。——中国近来国难以后，一切都稍有转机，自知努力，其实就是要能团结起来，就可以强起。正好上海全国大会即以“合作救国”为总题，可以说是巧极了。兄弟最佩服青年会的组织，以基督的精神，推行社会服务事业，决不是我一个人上了天堂，不管别人。我们见过一个基督徒自私吗？——所以我们要放弃了自己的幸福，若有一个人不得到幸福，我们都不先自幸福才行，我们正可由自己做起。人人都这样，那力量一定不小了。

（《天津青年》第69期，1934年4月30日）

《徐文定公逝世三百年纪念文汇编》题词

（1934年4月）

信天乐道，先觉一人。
历年三百，生气犹存。
科学泰斗，西化梁津。
瞻彼日月，光景常新。
绳绳蛰蛰，世泽无垠。

张伯苓撰祝

（徐宗泽编：《徐文定公逝世三百年纪念文汇编》，圣教杂志社，1934年4月）

从小处作起，脚踏实地去造新生活

（1934年5月5日）

新生活运动自经蒋委员长发起后，各地响应，纷纷成立分会，河北省比较稍晚，直到今天才开成立大会。我以为只要我们对于这个运动能彻底的作，持久的作，开会时间虽晚亦不妨事，将来所收的效果一定不比旁的地方小。所以这件事从表面上看仿佛是北方人性情迟钝的关系，其实未尝不是北方人遇事审慎，不轻易决定，一经决定便毅然去干。

近几年来，国人对于“运动”这个名词每发生疑虑，甚或觉得讨厌。再为所谓“运动”者，只贴标语、喊口号、闹打倒，都是些只知责人不知责己的不收实效举动。新生活运动或许是受了外侮刺激的影响，却不是这样，从找自己缺点上下工夫，来引咎自责，勉励本身。正如古人说：“失诸正鹄，反求诸其身。”射箭不能中，不要怪罪靶子放的地方不正，应该反躬自问射箭人身体站的姿势是否适宜。这种自己改良本身的缺点，才是真觉悟。这种觉悟，可以说是新生活运动最有价值的意义。

想到自己的短处，以前虚矫之气便立刻减少。不禁生下列两种心理：第一是“耻”。耻我之不如人。试看日本人除去压迫中国使我们愤恨外，那一样不让我们佩服。何以人家能作，我们中国人不能作？

第二是“惧”。惧我之不能生存。在这廿世纪世界中，人家欧美各国那样强盛，为生存问题还千方百计昼夜苦干，我国这种情形又怎能苟延残喘？

不过“耻”“惧”之下，我们不能自馁，必须发愤努力去作。因为新生活在个人方面的是改习惯，团体方面是易风俗。照心理学说，改坏习惯不是一件容易事，应该多用改正工夫，须较养成习惯时加一倍力量，常常的作，屡屡的作，方可成功。所幸“耻”“惧”两种心理是很好的动力，我们明白此中真义，个人改习惯，团体换风俗，并非难事，正如孙中山先生说的“知难行易”。

新生活的实作，是从小处作起，大家不要轻看小事，积小可以成大。刘先主对阿斗说，“勿以善小而不为，勿以恶小而为之”，正可以作一个很好的注释。这次本会所开的十个信条、七个戒条都很简单，大家若是彻底的而且持久的作，将来的成功，定可预卜。有人说这些信条、戒条已经有许多人逐条行过，然而新生活运动是民族的，一二人或少数人，独善其身没有用，必得大家一齐来作。今天在座诸位都是各界领袖，正好由诸位以身作则，来领导这个运动。古人说："君子之德，风也；小人之德，草也。草上之风必偃。"

在新生活运动中大家万不可自暴自弃，以为我们造新生活是不可能。最近有友人自南昌来说，那里大街小巷全都整齐洁净，路上行人极有秩序。由是可见新生活不是不可能。

最后我盼望河北省方面的新生活运动，最好由政界担负监督责任，学界担负讲演责任，报界担负宣传责任，大家深切了解我们的"耻"和"惧"，从小处作起，一步一步彻底地、持久地、脚踏实地去造新生活！

（《南开高中学生》，1934 年春第 3 期）

附：《益世报》载张伯苓演说

新生活运动，为近年来最饶兴味之一种运动，因从先之标语口号，均为"责人"的，今则一改而为"责己"，实属至可庆幸之觉悟。孔子曰"反求诸其身"，斯得圣人之道，"改良自己"诚为得策。中山先生曾譬喻吾人民为阿斗，考之史乘，阿斗为刘先主之子，刘先主死之前，曾语阿斗曰，"毋因善小而不为，毋因恶小而为之"，新生活运动所宣示吾人之戒条与信条，原则方面，亦正如是。际此外侮日亟，国家垂危，切宜各怀知耻知惧之心，厉行新生活运动，以期死里求活，务戒轻浮，应一步一步去实做。

（《益世报》，1934 年 5 月 6 日）

在南开学校董事会例会上的报告[①]

（1934 年 5 月 6 日）

一、二十三年（1934 年）度预算案

① 是日中午，南开学校董事会在大华饭店召开例会，颜惠庆、胡适、陶孟和、严慈约、卞俶成、李琴湘、王濬明参加会议，校长张伯苓列席，并报告以下所列事项。题目为编者所拟。

	大学部	中学部	女中部	小学部	总计
入款	380,880 元	178,890 元	54,760 元	8,420 元	623,040 元
出款	443,422 元	177,640 元	62,129 元	9,690 元	692,881 元
盈余		1,340 元			1,340 元
亏款	62,542 元		7,369 元	1,270 元	71,181 元
上年预算亏款	97,700 元	45,000 元	2,000 元	1,650 元	146,350 元
共亏款	160,242 元	43,660 元	9,369 元	2,920 元	216,191 元

（结果：二十三年度预算案照原草案通过。）

二、报告事项

1. 医学院问题自上届校董会后，并未进行，亦无人向校方接洽。

2. 天津市府补助事，当崔市长在任时，曾许每年补助中学四万元，由皮毛牙税项下拨给。嗣因该税另有他用，改由政费中每年暂拨一万元。曾经领过一次，后因市府经费拮据，由继任市长秉承北平财政整理委员会意旨，将此项助款完全取消。现复向王市长请求，蒙市府会议通过，准每年仍拨一万元为助，惟由学校为天津市籍清贫学生留免费额六名，现已定案。

3. 李长泰[①]先生令郎李壮飞、李雄飞两先生为纪念其尊翁起见，捐助在津房产一处作为中学部奖学基金。该房产每年可得租金一千五百元，以每额每名一百五十元计，足供奖学金十额之用。

三、改选校董案

校董颜骏人（惠庆）、李组绅、陶孟和三校董任期至本年三月届满，应改选。

（胡适之校董提议，卞俶成校董附议，仍请颜、李、陶三校董连任。）

（结果：颜骏人、李组绅、陶孟和三校董仍连任，至民国二十六年三月止。）

四、章瑞廷先生捐款事，除建筑礼堂外，其余数项捐赠应如何进行接洽？

（结果：俟瑞廷礼堂落成后，即请校长酌量情形，再与章瑞廷先生商议办法。）

（南开大学档案馆藏）

---

① 李长泰（1862—1922），字阶平，天津武清人。天津北洋武备学堂毕业。1895 年起任新建陆军工程营领官、管带、工兵参领、留直副将、第六镇协统，署理直隶大名镇总兵。1912 年升任冀南镇守使。1914 年任第八师师长。1917 年张勋复辟时，任讨逆军东路副总司令。同年任步军统领，督办京畿八旗官产处清理事宜。1919 年去职，后授将军府泰威将军。在天津长居，从事工商企业。

与陕西华县教育考察团德崇论办教育①

（1934年6月5日）

张伯苓：汝万不可求效太速，欲速则不达，过急必遭摧折，吾校（指南开而言）过去数次小风波，全由长进太快所致，这是我多次的经验，每试不爽，汝万不可再蹈覆辙。

汝万不可急欲成立大学，先从充实中学、小学做起，务须办成西北上第一个中小学校。我办大学的经验，真觉努力多而成效少，有时我后悔当日多此一举。办大学全靠钱，大学设备真不易，非有十分准备，万不可轻于尝试。这是我给你告诉的极重要的话，切不可忽。

汝现在得此工作机会，就算很好，人生能有机会为社会服务，为人群做一点有益的事情，就是无上的幸福，这犹如一棵树，长在能够发荣滋长的地方，是很幸运的。

德崇：我自觉常犯两种最大的罪过：第一过于积极，对任何事，一见到是应当做的，两天的事，总想一天做完，甚至不顾人力不谅人情，因此常遇中途偾事。第二过于消极，对任何事，一遇到不如意，有困难，或无法进行时，即思洁身以退，隐居读书，不再过问世事。先生教训我的话，“不要过急”，恰中我第一种病；“有机会服务，就是幸福”，恰中我第二种病，我以后定要依先生的话，竭力做去。

（在德崇向张伯苓辞别时，张伯苓正翻阅德崇带来的咸阳中学的照片册。）

德崇：此种摄制，全系仿效校长。

张伯苓：现在你不要来学我们，我们要学你来办。

如有任何需要帮助之处，可即来信，（吾）②当竭力帮助。（吾）不久即来西

---

① 南开校友德崇随陕西华县教育考察团于5—6月间到南北各省参观，本文为德崇到天津时，张伯苓校长与他的谈话。在聆听张伯苓的谈话后，德崇谓：“先生此种褒语，真令我惭愧，无地自容，我只有本着先生的教训，永远不忘的继续努力，以至于死。惟有如此，始不负先生以往对余培养，及今日对余之多方鼓励与谆谆告诫也。”“仅此数小时之相聚，在余生命史上，亦留一极深印象，而当发生极大力量也。”题目为编者所拟。

② 本文中张伯苓为第三人称，为文意顺通，由编者改为第一人称“吾”，并加“()”以标明，下同。

北，见面非遥，后会有期。

（德崇：《江浙冀鲁教育考究记》，第25—28页）

在南开大学女同学会上的讲演[①]

（1934年6月6日）

你们青年人现在正是在做梦的时候，我不愿说些极沉痛的话惊醒了你们青春的梦。可是在将别离的时候，不说也许你们就永远这样子的睡下去了。今天只把我一生的经验所得，用几个简单的字表示出来。你们要牢记，这些对于你们到社会服务都是有帮助的。孔子有一句话说："人无远虑，必有近忧。"这话真是饱尝人生风味的经验语。你们若愿作醉生梦死的人，那就不提啦；若不愿意，而愿为国家做点有用的事，仍希望诸位往"远""大""高""深"处去着眼。这样你的出路就宽了。你不会太计较眼前的失败，看的远，望的深，你的前途无阻碍，能使你一直的向前，达到光明平坦的大路。你若眼光所见的范围狭小，眼前的失败，会使你颓废，灰心，不起劲。这样的一个人是没出息的，更不能望他去给国家做事。所以在今日别离的会中，我赠你四个字"远""大""高""深"。希望你们时时刻刻去注意放开你们的眼光。这就是我给你们的纪念品。

（《南大副刊》，第47期）

---

① 题目为编者所拟。

盼民众联合起来应付国难[1]

（1934 年 6 月 14 日）

粤港记者考察团诸位先生，今天来到敝校参观，敝校学生闻听，非常欢迎。诸位这次考察，经过扬子江岸各大城市，当然有很好的印象，来到平津以后，料想必更有深的印象。因为敝省河北省，在从前东北四省未丢，我们河北省虽然滨海，并不算是边省，东北四省丢后，河北省直成了边省，我们住在这地方的人，时时感觉着敌人势力压迫。塘沽协定，谁都知道是城下之盟，但是在那种情形下，那种时节，除此以外又有什么办法，城下之盟也罢。可是我们民众要是卧薪尝胆雪这耻辱，暂忍一时，也未为不可。怎奈我们民众太不争气，太已丢脸，自私自利，勇于私斗，怯于公战。我常说中国这么大，日本能吞了东北，还能吞了全中国么？只要中国人心不死，卧薪尝胆，团结起来，别看它把东北四省吞掉，弄什么满洲国，那不能久远，终久还得为我们拿回来。可是照我们这种不争气民众看来，到什么时候还不是绝望？日本所希望的，是分化我们的势力，七零八落，一段一段吞去。我们民众要不争气，岂不正落日本下怀。诸位没来到北方以前，以为是北方已竟距亡不远，到了北方以后，可以知道，我们处这种环境下，还是照常的干。就拿我们南开大学和中学，中间距离六里，隔着一处日本海光寺兵营，每处各距有三里，在津变时节，中学那边，门外就是火线，玻璃被打碎不少，战事过去，立时上课。大学这边，一天没停。去年有人劝我，说可惜南开学校，办到如此地步，与其将来牺牲，何不挪往山西。我说中国人如不争气，人能挪，学校能挪，中国还能挪么？所以我们到如今还是照常的作。中国看现在情形，亦比较好些，也较有些希望，这是我们值得欢喜的。诸位由西南方面来，是报界代表，应当回去对西南民众说，我们北方民众需要一个统一的政府，我们民众要联合起来，西南是我们民众的西南，不是一两个人的西南。最后我们盼望西南当局与民众联合起来，准备应付现在及未

① 由香港与广州报界代表温星拱、梁玉璋、胡秩五等组成的粤港记者考察团一行，于 6 月 14 日下午 5 时许抵南开大学，由校长张伯苓偕经济学院院长何廉、秘书长黄钰生等人招待，引导参观思源堂、图书馆、电工实验室等处，后在图书馆楼上阅览亭招待茶点，张伯苓即席演说。题目为编者所拟。

来之大难。

（《益世报》，1934年6月15日）

南开的精神就是“傻干”①

（1934年6月25日）

学校造就学生，就是要学生改造社会。以前的毕业生，已经在前线上争斗了，今天你们毕业，就是把你们从后防调到前线。你们不要怨社会不给你们好位置，不要烦闷，要自己有多少力量，就用多少力量，周厅长说“国家乱，但很公道，帮忙你的比你值的多”，这话是真知道中国社会的人，才能说得出来的。只要有真学问，不要计较薪水，不必计较权力，不必非要高地位不可。现在的病，就是都想高地位，我们不怕地位低，只要做得好，把那地位抬高，就是爱国。若是高地位，而不能做好，则是小才大用，是误国害民。我们要记住，不是为高地位，不是为薪水多，是为改造社会而作事。今天就是我把你们带到前线改造社会。最后一句话，你们出去之后，要人人脑子中，印上一个“南开”，南开的精神，就是“傻干”。

（《益世报》，1934年6月26日）

附：《大公报》载张伯苓训词

大学毕业生已供过于求，希望不造就过多，社会上并应予大学生以任事之机会，此二点希望政府当局注意。

对毕业生之希望，第一须自己自承不好，自图努力，万勿倚赖旁人。要知目前虽有第三国助我打倒强敌，但我依然不好，故须自图振作。诸君要知学校办教育之目的，乃要请君离校后负改造社会国家之责任，诸君在校四年之久矣，

① 6月25日下午4时，南开大学第十二次毕业典礼在学校大礼堂举行，天津市市长王韬、河北省教育厅厅长周炳琳等学政要人出席，张伯苓致训词。题目为编者所拟。因《益世报》与《大公报》二报记者所记述言词多少出入，故一并收录于此。

在至十年，今日一旦离校，各方期望甚殷，特以苦干、傻干一语奉赠，希望诸君进入社会，万勿以地位报酬为念，专以负责任事为务，庶不负学校及社会之期望。

（《大公报》，1934年6月26日）

政府注意体育，全国体协不迁南京①

（1934年8月7日）

此次董事会议结果甚为圆满，汪院长及王教长②对此深为注意，均到会致辞。汪院长表示，对于将来本会一切推行事务，政府当竭力补助，以促其成。关于全国体协迁京问题，现因该会在沪协助当地体育关系，故有多量之收入，藉以推行各地之体育，该会如果迁京，此项收入势必断绝，反于会务不利，故此议已作罢论。

（《大公报》，1934年8月7日）

中国五病③

（1934年8月27日）

中央规定今天是孔子诞辰纪念，提倡尊孔，因为孔子的学说正能治现在中国的病。中国的病究竟是什么呢？是穷、私、弱、愚、乱。这几种病，除去穷和乱是病的结果，先说私，就是自私，大家如不自私，中国决不会到现在这样

---

① 全国体育协进会会长张伯苓在上海参加完全国体协董事会议后返津，《大公报》记者登门采访，张谈了以下事项。题目为编者所拟。

② 指行政院长汪精卫和教育部长王世杰。

③ 本日为孔子诞辰。河北省与天津市当局奉中央令，于上午9时在天津东门内文庙举行纪念大会，各机关团体均放假一日，派代表参加。计省市各属官员、五十一军军部官长、省会公安局各科长各分局长、各大中学校校长教员，本市名流绅士等共约千人。张伯苓在大会上发表《中国五病》之演讲，《大公报》与《益世报》记者分别做了报道，因词句不同，本处均予收录。题目为编者所拟。

软弱，所以颜渊对孔子问仁，孔子说："克己复礼为仁。"这是孔子学说里最要紧的一句话。克己是什么呢？就是自己要改过，先要自己知道短处。但是克己复礼要怎样去做才对？孔子说要"非礼勿视、非礼勿听、非礼勿言、非礼勿动"。勿视勿听是要自己创造新环境，勿言勿动是言动不可随便，应该把心管住。如果大家不能照这样去改，今天的会就算白开了。国家到这样地步，自己还不努力，真对不住先师孔子。这是自私。其次是弱、愚。孔子在《大学》告诉我们，要"智、仁、勇"，"好学近乎智"，叫我们要博学。但博学的方法是什么呢？又告诉我们要"审问之，慎思之，明辨之，笃行之"。就是这样还不足，还要"人一能之己百之"，就是说世界各国所能行的，我们也要行。如果这样做去，"虽愚必能，虽弱必强。"我们得到这样好的教训，而不能遵守，觉得非常惭愧。今天开会纪念，不是仪式，是要抓住精神。试看孔子的学说与科学并没有反对，大家尊重孔子的教训，是目今民族危亡的极大转机，应该有这种觉悟。

（《大公报》，1934 年 8 月 28 日）

附：《益世报》载张伯苓演说词

今日开会纪念孔子诞辰，在津尚为第一次，今日全国一致举行，亦为第一次，但相信国民对兹之感想，绝不一致。北平等报昨日社论中，曾谈及国民政府成立，曾明令废止祀孔，乃几何时，向之主张废孔者，今又厉行尊孔，变之又变，栖扰不遑。该报感想可认为主张不宜常变之一种，本人以为人事之改变，由乱而定，由动而静，是好的改变，故于政府此次之祀孔，默察国人仍以赞成者占大多数，但其中又可分为两类，第一类人以为孔子学说，无论经何变动，及至社会稍一沉静，仍然认为孔子学说为有用，于是积渐乃恢复尊孔。再一类则为目今一般愤时忧国之士，鉴及国家民族之如此衰弱，想借此机会，恢复固有之国魂。虽其感想不一，而其对于孔子学说所感之需要，则同处兹二十世纪，吾人有何方法，立足于世界，本人以为只有实行孔子之学说，自能败者转胜，弱者成强。有人以为孔氏之学说，未必合于现代，实则孔氏学说中，合于中国现代之病症者甚多，果能对症下药，必能沉疴立起。兹略举中国之大症数则如次：一曰穷，二曰乱，三曰私，四曰弱，五曰愚。穷乱弱愚，兹不具论，即以自私一项而言，实为中国百症之母，太自私，太寡耻，太无团结，不治此症，国家地位只有堕落，民族前途，仅有危亡。在兹天演进化之际，强存弱亡，优胜劣败，实为颠扑不破之至理。不团结则无以御外侮，但何以革除自私，方才主席讲过，孔子答子张之问，曰“救私以仁”，诸君当多熟读四书，孔曰成仁，孟曰取义，何谓仁，颜渊曾问仁于孔子，子曰“克己复礼为仁”，能克己能复礼，则私欲自除。蒋委员长提倡新生活，但以旧道德为之准，力倡孝悌忠信礼义廉耻，礼即约而不过之意，孔弟子曾问礼曰“请问其目”，子曰“非礼勿视，非礼勿听，非礼勿言，非礼勿动”。视听二者关于环境，为被动的，言动则为自动的去私，知礼努力以将事，而后始可以纪念孔子。纪念孔子，不宜只重形式，应切实了解孔子学说之精义，欲达此目的，必须努力求学，以研究孔子之学说。关于孔子之求学方法，《中庸》志载极详，子曰，“博学之，审问之，慎思之，明辨之”，又曰“人一之己百之，人十之己千之”，诚能如是，孔子下断语曰“固能此道矣，虽愚必明，虽柔必强”，果能以此精神，发奋有为，以孔子之方法治现在中国之沉疴，必能霍然而起，谓其不能挽救民族之衰颓，吾不信也。

（《益世报》，1934年8月28日）

“公”的道德和“能”的力量[①]

（1934年8月）

我国人现在最大毛病，是一味模仿人家，不顾国情。谚云“食古不化”，我说“食欧不化”。物理学上力合则大，力分则小，集合多数的力量，便成强大的力量。力分就细微不足抗了。这力学上力与力自己相消的道理，大家都会明白；若把这种道理说到做事上去，恐怕很少有人能明了。但我们要想在二十世纪生存，不但需要明了学理，更需透彻做事。敌国就利用这种道理来分散我们的力量，不要我们结合；而我同胞也是私心太大，不能合作。

我们要把旧有道德如“孝顺父母”的观念，扩充到爱国家的思想，从前“万恶淫为首”的说法应改为“万恶私为首”。能将“私”字改为公字，才是最好道德。达尔文进化论，主优胜劣败。我们的种族，并不是比别的种族恶劣，他国人民也不比我们的人优秀，不过他国人民是有好的政治教育，经过良好团体训练，把一切的私心都能除去，把为国为民，无偏无私的公心养成，所以才有今

① 本文摘录自张伯苓在教育部童子军教练员训练班上的演讲。

日之科学昌明，文物进步，国家强盛的结果。返观我国人民，多是自私自利，终日营营，都为自己打算。我们要改造中国，第一要把人民最普遍化的“私心”打破，养成“天下为公”的最好道德；第二要养成我们的“能”。有了“公”的道德，“能”的力量，再进一步训练他们合作的能力。

（《京沪杭甬铁路日刊》第1052期，1934年8月）

南开的目的与南开的精神[①]

（1934年9月17日）

各位同事、各位学生：

今天是南开大学第十七学年开始的日子。南开的历史，不从大学起，而从中学起。从中学起现在已有三十年。十月十七日就是三十周年的纪念日。这三十年来，南开各部，联续的发展，我的感想甚多，特来和各位谈谈。

三十年前，中学正式成立。彼时还在严范孙先生家里。在这以前，还有六年的历史，也在严宅，那是个家塾，后来才成正式的中学。中学成立之后，添设大学、又添女中，又添小学。所以南开的历史可说三十年，也可以说三十六年。无论三十或三十六罢，在此三十或三十六年中，翻看或回想中国历史的人，一定觉得变化真多。学校的历史，也恰恰在这变故极多时期。学校之所以成立，确有它的目的。这目的，旧同事和老学生大概知道，其余的人，或者不知道。

天津有个有名的学者严范孙先生，他读的是旧书，是中国书，但是他的见解确不限于中国的旧学。他把时局看得极清楚。他以为中国非改弦更张不可。他作贵州学政的时候，所考的是八股，而所教的是新学。现在在本校贵州学生的父或祖，就许是严先生的门生。严先生倡改科举，改取士的方法，触了彼时朝廷——西太后——之怒，便不作官，回到天津来。戊戌年，个人万幸，遇到严先生。自己本来是学海军的，甲午之后，在海军里实习，彼时年纪二十三四岁，就看中国上下交争利，地大物博，人民众多，而不会利用。彼时自己的国家观念很强。眼看列强要瓜分中国，于是立志要救中国，也可以说自不量力。

① 本文是张伯苓在1934年南开大学秋季始业式上的演说词，由黄钰生笔录。

本着匹夫有责之意，要救国，救法是教育。救国须改造中国，改造中国，先改造人，这是总方针。方法与组织，可以随时变更，方针是不变的。中国人的道德坏、智识陋、身体弱，以这样的民族，处这样的时局，如何能存在？这样的民族，受人欺凌是应当的。再想，自己是这族人中之一个，于是离开海军，想从教育入手。真万幸，遇到严先生，让我去教家塾。严先生之清与明，给我极大的教训。严先生作事勇，而又不慌不忙。有人说，旁人读书读到手上来了，能写能作，或是读到嘴上来了，能背能说。而严先生读书，真能见诸实行。我们称赞人，往往说某某是今之古人，严先生可以说是今之圣人。他那道德之高，而不露痕迹，未尝以为自是好人，总把自己当学生。可惜身体弱——也难怪，书房的环境，身体如何能好——七十岁便故去了。死前也有几年步履不灵，然而心之热，是真热，对国家对教育都热心。我们学校真幸会由严先生发起，我个人真万幸，在严先生指导之下作事。

发起是如此发起，目的是要救国。方法是以教育来改造中国。改造什么？改造他的道德，改造他的知识，改造他的体魄。如此作法，已有三十年。这三十年，时时继续努力，除非有战事，是不停学的。如辛亥革命，局面太乱，停顿几月。记得那是过了旧历九月七日——学校原来的纪念日，后来才改为阳历十月十七日——纪念日过了不久，就停学，下年正月才能开学。以后便未这样长期的停顿。如直皖之战，李景林[①]与张之江[②]在天津附近打仗，奉直之战，不得已停几天，但凡可以，就开学。在座的旧学生旧同事，都还记得，两次津变，不得已停学，不几天又开课，开课就要求进步！

今年的进步，从物质方面说，有中学的新礼堂，女中的新宿舍，小学也有添置，大学也新添教员住宅和化工系的试验室。有人说，华北的局面危险如此，你们疯了，添盖七万四千多块钱的房子。我说，要作，这时候就作，要怕，这三十年就作不成一件事。有人说，南开应该在内地预备退身的地方，我引《左传》上的话回答：“我能往，寇亦能往。”

不错，盖了些房子，然而房子算什么，书籍算什么，设备算什么，如果你们有真精神，到哪里都可以建设起来。学校发达，国难也深，比以前深的多，

---

① 李景林（1885—1931），字芳宸。河北枣强人。清末毕业于保定讲武堂。1924 年第二次直奉战争期间升任军长，战后任直隶军务督办、直鲁联军总司令。1927 年脱离军界，与张之江等创建国术研究馆于南京，翌年改组为中央国术馆，李任副馆长。

② 张之江（1882—1969），字紫珉，号子茳，教名保罗，河北盐山人。1903 年入伍从北洋常备军。1928 年至 1948 年长期担任南京中央国术馆馆长。曾创办武术专科学校，致力于体育教育。

不怕。所怕者，教育不好、不当，不能教育青年得着这种精神。你们也要这样，不把物质放在眼中。物质是精神造的，精神用的。在这一年以内，增加许多设备，人家看来，一则以为糊涂，二则惊讶。钱从哪里来的？想法去弄的。只要精神专注，样样事都可以成功。前星期有个朋友曾仰丰来看我，他是我第一次到美国的一个同船。他说他未到过中学，我便陪他去看，看见那里的建筑，他问，哪儿来的钱？我说，变戏法来的。反正不是抢来的。要是抢来的，现在早已犯案了。他问我学校一共有多少产业，我算了算，房子有一百多万，地皮七八十万，再连书籍、设备，大约有二三百万。我也不知钱怎样来的。我也不计算，我就知道向前进，我决不望一望，自己说："成了，可以乐一乐了。"作完一件事，再往前进。赌博的人不是风头顺就下大注么？我也如此往前进。能如此的秘诀是什么？公、诚，未有别的。用绕弯方法不成，骗人不成，骗人还会骗几十年？谁有这样大的本领？事情本来是容易，都让人给弄难了。曾先生听我的话，点点头。我又说，我一人要有这样大的产业，我身旁就要些人保镖了，还能坐辆破洋车满处跑？

这并不是说我好。我只是说，如果公，如果诚，事就能成功。我的成就太小太小，你们的成就一定比我的大得多。成就的要诀，我告诉你，先把你自己打倒。当初我受了刺激，留下的疤很大，难道你们受了伤，不起疤么？受了刺激，不要嚷。咬牙，放在心里，干！南开的目的是对的，公与诚是有力的，干！近来全国渐觉以往的浮气无用，渐要在实地上下功夫，要硬干，要苦干。我们的道理，可以说是应时了。我看见国人这样的觉悟，我就死了也喜欢。我受了刺激，我不恨外国人，我恨我自己为甚么不争气。近来国人也知道自责了。所谓新生活运动，就是回头看看自己的作法，孔子教人"失诸正鹄，反求诸己"。射箭射的不好，不要怨靶子不正，怨自己！我给你们说个笑话。当初考武考讲究弓、刀、步、马、剑。有一次县考，一个生员射箭，本事不好，一射射到一个卖面的大腿上去了，县官大怒，要罚考生。卖面的说，大老爷请您不要动怒，这算小的腿站错了地方，如果小的腿正站在靶子那儿，这位爷不就不会射上了？

前些年，国人太浮，嚷嚷打倒"帝国主义"，嚷什么？这么大的国，还受人欺负，是自己太没出息。好了，现在也不嚷嚷了，当初领着学生们嚷嚷的人，也作官了。全国人的态度转变，与我们所见的相同，不责旁人责自己，近来新生活运动的规律，同旧日中学镜子上的话很相同。当初中学的大门口，有一面穿衣镜，为的是让学生出入的时候，自己照照自己。镜子上刻着几句话："面必净，发必理，纽必结，胸容宽，肩容平……"我还常教学生，站不正的时候，把胳臂肘向外，就立刻站直了。此外，烟酒绝禁，嫖赌一查出就革除。我以为发挥我们的旧章，认真执行，就是新生活。近来看着全国有觉悟，看到自己不行自己改。凡是一个人、除了死囚之外，都有机会改自己，都有希望。现在中国要脚踏实地，我认为这真是最要的觉悟，最大的进步。全国的趋势如此，我们也不落人后，发挥南开旧有的精神，认真实行。

再说，你们的先生，我的同事，真不容易请来。钱少，工作重，这是大家都知道的。别的学校用大薪水来请，也请不去。这种精神，是旁处少有的，实在可以作青年的榜样。新来的学生，也知道这里的功课紧，学费重，然而为什么来？不是要得点什么？近来的大学生毕业之后，就有职业慌，而我们今年的毕业生，七十几人，十成里有九成以上都是找着事了。为什么？不是因为他们肯干么！先生热心，学生肯干，我们正好再求长进。以后要想侥幸，是未有的事，托个人，穿个门子，不成，未有真本事不成。

今天是开学之始，又近三十周年的纪念日。我们学校已进了一个新阶段，还作，再作。前三十年的进步太少了，此后要求更大的进步。人常说，学生们是国家的主人翁，主人翁是享福的吗？主人翁是受罪的。我说过不知多少次，奴隶容易当，主人难当。作奴隶的，听人的调度，自己不要操心；作主人就要独立，要自主，要负责任。然而有思想的人，宁可身体不安逸，也要精神自主。你们都是主人翁，就得操心，就得受罪，你趁早把这一项打在你的预算里头罢。

我们国难日深，然而还有机会，还有希望，就怕自己不发良心，不努力。我快六十岁了，我还干，一直到死，就决不留一点气力在我死的时候后悔，“哎哟，我还有一点气力未用”。我希望你们人人如此，中国人人人如此。学校三十周年，而国难日深，所可幸者，国人已知回头，向我们这边来了。都要苦干，穷干，硬干。我们看国人这样，一则以喜，一则以惧。喜的是志同道合，惧的是坚持不久。不管别人，我们自己还是咬定牙根去做。

这次天津的学生，到韩柳墅去受军事训练，我以为很好。中国人向来松懒，乱七八糟，受军事训练，使他们紧张。我常说中国人的大病在自私，近来又加上一种外国的病——自由。你也自由，我也自由。不自由，勿宁死。我有个比喻，一边三个人，一边五个人，两下拉绳子，如果五个人的一边，五个人向各方面拉，三个人那一边，三个向一面拉，三个人的那一边必定得胜。这是我教人团结，教人合作的老比喻。中国人的病，就是各拉各的，拉不动了，还怨别人为什么不往他那一边拉。自私！打倒你自己。说什么自由，汉奸也要自由，自由的去作汉奸。孙中山先生的遗嘱，说：“余致力国民革命，其目的，在求中国之自由平等。”是要中国自由，现在中国动都动不得，你还讲什么个人自由？求团体的自由！不要个人的自由！从今日起，你说“我要这样”，不行；一个学校如此说，也不行。要求整个国家的自由，个人未有自由，小团体未有自由。我们从外国又学来一种毛病——批评，人家的社会已入轨道，怕他硬化，所以要时常批评。我们全国的建设什么都未有，要什么批评？要批评，等作出些事来了再批评。要批评，先批评自己。最要紧的批评是批评自己。现在有许多人，在那里希望日本和苏俄快开战，愿意他们两国拼一下。你呢？你不干就会好了么？孔子的话是真好，颜渊是孔子的大弟子，颜渊所问的，孔子还不将全副本事教他？颜渊问仁——孔子答到：“克己复礼。”好个克己！你最大的仇敌，是你们自己。中国人，私、偏、虚、空，非将这些毛病克了不可。孔子答子张的话也好，“先事后得”。作你的事，不管别的。现在的人还未作事，先打算盘。小！你把你自己撇开。我们要作新人，我们要为民族找出路。这是我们的最后的机会了。再不争气，惟有灭亡。我们学校，今年要发挥旧有的精神，更加努力，先生肯牺牲，学生不怕难。你们不要空来，要得点精神，要振作精神，打倒自己。你一定行。参加军事训练的学生，先觉难受，后来也行了。行也行，不行也行，也就行了。逼你自〈己〉去作事，你对自己一定有许多新发现。日本人就是这样去干，他们的方法，总是置之死地而后生。我总想中国人的筋肉太松，我恨不得打什么针，教他紧张起来！本来就松，又讲什么浪漫，愈不成话。

前者有学生的家长，赞成军事训练，并且以为女生也应当学看护，这见解是对的。女生也要救国，救国不专是男子的责任。我以上的话，也不专是对男生说的。好，我们大家努力起，全国在振作精神，我们不能落后，好容易他们入了正路，我们更当作国民的前驱。

（《南大半月刊》第15期，1934年10月17日）

振作民气，合作不私[①]

（1934 年 10 月 9 日）

运动会之举行，与体育有密切之关系。有人以为两者并无关系，实属错误。设如一人独作运动，缺乏兴趣，倘相观摩竞技，生趣多多。是以运动会之目的，在提供运动兴趣。华北运动会已举行十七次，本届大会与往年情形，略有不同，兹举二点，申请注意：（一）华北近年民气消沉，吾人可藉大会振作之。（二）际兹国难未已，情势紧张，而群众缺乏爱国思想及团体意识，藉大会之力，可使国民团结，合作不私，表现合作之精神。便吾人欲求做到以上二点，则应：（一）职员小心职务，避免错误，给予观众、运动员以良好印象，盖体育亦含有教育之旨，盼诸君不仅专以训练体格为己任，于精神方面之训导下由职员本身作起，以团体无个人之精神，促大会于至善。（二）倘裁判万一发生错误，则经大会证明宣布重行比赛，盖错即是错，切无含混。此外对参加大会所望：（一）职员努力负责，（二）运动员听从裁判命令，（三）观众来宾守秩序。如此则大会可有成绩矣。

（《大公报》，1934 年 10 月 10 日）

振精神，练合作[②]

（1934 年 10 月 9 日）

华北运动会举行已十余次，其目的完全在提倡体育。不过此次第十八届在天津举行，另外有一目的，是因为华北的精神颓唐，不能振作。最近鄙人在平

---

① 本日上午 9 时，第十八届华北运动会筹备委员会在宁园礼堂召集大会全体职员、裁判员会议，由总裁判长张伯苓主持，并做讲话。题目为编者所拟。

② 本日下午 2 时，在宁园礼堂召开第十八届华北运动会各单位代表联席会议，各单位男女代表八十余人出席，总裁判长张伯苓在会上致辞。题目为编者所拟。

参加政整会议，出席有各省市主席、市长，大家佥以为现时情形虽不好，但如能一致努力，国事尚不致不可为。对内是要一致谋建设，现全国均求进步，南几省均甚好，北几省民气太颓唐。因临战区过近，现在藉此会以求振作，所以意义比往次不同。国人最坏是自私，应力求合作。若说私人团体中历史最长的，要算体育界，大家一定要注意团体合作。第十八届在河北，我们总想作的极圆满，表现中国人作事能合作，使得这次会不白开。我们要振精神练合作，国难虽深，实不足惧。希望各单位代表转告选手，严守秩序，使运动员成绩高，精神高，但奖品则要薄。人人负责，一致努力，表现十二分好的精神，是本人所希望的。

（《大公报》，1934 年 10 月 10 日）

物质建设，身体建设，精神建设[①]

（1934 年 10 月 10 日）

主席、诸位来宾、诸位选手：

今天是国庆纪念日，同时为十八届华北运动会开幕日，在国庆日的表现，是要予国家有力的贡献，希望本届华北会，能有几点建设。第一，值此河北省及天津市政府财政困窘之际，醵集 40 万元巨款，筹备此次大会是难能可贵。这是物质上的建设，也是对于国庆日贡献的寿礼。第二，今各单位选手全体参加大会，表现合作，望全国男女运动员，都应注意运动，这是身体的建设。第三，是精神的建设，这是本届大会最应注意的一点。盼此次会进行圆满，而免纠葛发生，则是较前更重大的一点意义。

（《大公报》，1934 年 10 月 11 日）

① 10 月 10 日上午 8 时，河北体育场落成礼暨第十八届华北运动会开幕典礼举行，参加者有察哈尔、青岛、山东、北平、山西、辽宁、吉林、黑龙江、热河、哈尔滨、绥远、河南、河北等省市代表一千余人，大会职员一百五十余人，及观众两万余人，总裁判长张伯苓在开幕式上讲话。题目为编者所拟。

在第十八届华北运动会闭幕式上的讲话[①]

（1934年10月14日）

主席、各位来宾、各位选手：

今天是第十八届华北运动会闭幕典礼，在开会那天，鄙人曾说开会正值国庆纪念日，我们要送一点礼物，就是建设事业。河北省财政困难，送了很大的一个礼物，就是运动场。第一个建设就是华北运动场的物质建设，第二个是全体运动员的精神建设，第三个原希望大家严守秩序，使大会得有完美的结果。本来这种精神建设，事前我不敢确定，现在居然一点问题亦没有发生，已经达到圆满的结果。这种原因，第一样是事前各筹备员，把各种事情筹备得很周密，第二样是各职员各裁判员全都负责任事，第三样是运动员的精神太佳，所以一点问题亦没有发生。

这次大会的结果，不只在各项运动成绩能打破华北及全国纪录，是在第十八届华北运动会能达到圆满的目的，我们的希望要进一步的把我们的国家，亦如十八届华北运动会治理的这样好。

（《益世报》，1934年10月15日）

附：《大公报》载张伯苓讲话

本人过去曾任华北运动会总裁判，会期中会有无限烦恼事件发生，故本人甚为恢心。本届华北会，又请由本人任裁判之职，屡辞不获，勉强担任。今日大会闭幕，经过良好，在会期中未曾发生任何纠纷，确属得未曾有。此次经过良好原因，可分三项：（一）因本会筹备人员本过去经验，努力一切，并予改良，令人满意。（二）裁判员亦能负责任事。（三）运动员精神甚佳，均能顾及大体。此次大会所得，决非只运动成绩，实为真正体育精神。

（《大公报》，1934年10月15日）

① 10月14日下午5时，第十八届华北运动会举行闭幕礼，张伯苓发表讲话，《益世报》与《大公报》同时予以报道，因词句有异，本处一并收录。题目为编者所拟。

在南开学校三十周年纪念日暨瑞廷礼堂落成典礼上的致辞①

（1934年10月17日）

今日为敝校三十周年纪念日，同时为瑞廷礼堂举行落成典礼。按近来各种建筑举行落成礼，均仿西式临时启门，今日因来宾过多，故取变通办法。章瑞廷先生为津市实业家，自愿为敝校筹募巨款，敝校因学生增加，旧礼堂不敷应用，乃有改建之议，建筑费用即系拨用章氏捐款之一部，故名之曰瑞廷礼堂。新屋自去年八月间开始建筑，今方落成，关颂声兄弟二人设计绘图，需款七万余元，工程家均谓甚便宜。新屋较旧礼堂大五分之二，可容千七百人，听音颇为清晰，实一大幸事。新屋工程由校友宋鸿藻先生包建，宋对学校用款力求节省，致有今日之成功，今借此机会对诸先生为公众之努力，极表感谢。章氏（瑞廷）父子不自居功，尤见其道德之高尚。

本校三十年前在西北城角严宅开学，经严范孙先生提倡，以及三十年社会人士之赞助，同人之努力，始有今日。惟严老先生功绩最大，现严先生虽已逝世，仍当秉承其意旨办理。本校承中外人士之捐助，日臻发展，现已有四部学生共一千余人，将来仍须费力费钱，仍请大家竭力帮忙，俾后三十年，一如前三十年之进步。谢谢来宾不吝指教。

（《大公报》，1934年10月18日）

在中央航空学校第三期毕业生恳亲会上的致谢辞②

（1934年12月17日）

昔年岳母忧于外侮，勖子尽忠报国，今日外患甚于往昔，吾辈家长当效法

① 是日下午，南开学校庆祝瑞廷礼堂落成，张伯苓致辞。题目为编者所拟。

② 12月17日，张伯苓第四子张锡祜在杭州笕桥中央航空学校第三期毕业，张伯苓出席毕业典礼并在下午的恳亲会上代表毕业生家长向蒋介石致谢辞。题目为编者所拟。

岳母，毕业同学当追从武穆，人人应以捍卫国家，抵制外寇为职志。

（喻传鉴编：《张伯苓先生七旬寿辰纪念册》，1945年）

干和干的方法[①]

（1935年1月3日）

去年贵校举行落成典礼，承贵校长用汽车迎我，意思要请我在贵校住几天。可是杭州航空学校也在这天举行毕业典礼，我的小儿子和十几位南开毕业生，都在该校肄业，我也必须参加。结果，一个人无法兼顾两件事，幸而贵校接我的汽车，中途“抛锚”，得过沪赴杭。后来在杭州又接到请我来校的电报。今天我本不预备说话，但既来后，又不得不说。

贵校长是我们南开的学生，回国后不久，即主持上海中学校务。经过了七年的努力，才完成迁校计划，我们觉得很是高兴，从这件事情上，我们可以得到一个教训，就是我们必先有了创造的精神，然后有物质的表现。诸位在学校里，除了读书的工作以外，更要养成不安于现状的创造精神，时时想前进！

我们晓得有精神才有物质，物质是由精神造出来的。中国最坏的习惯，是一般书生，只说而不行。我们要拿出事实来，才算得是成功。郑校长现在已经表显事实出来，南开如有一二百个像郑校长一样的人，中国人说空话的恶习惯一定可以减少些！

现在诸位已生活在一个新环境里，就应该计划如何去做一个好学生？那就是无论何事，都应该埋头“干”去！现在我们要说而即行，把手和脑合作起来，并且不畏惧困难，方可建设国家，复兴民族！

我今天比任何人高兴得多，很希望诸位像郑校长一样的去埋头苦“干”，我想中国是一定会有希望的！

在纽约开饭馆的中国人，赚了钱，还送回中国来。但有许多外国的留学生，只把国家的钱换得了食而不化的东西，回来骗钱骗人，所以造成中国这样混乱的局面。我最恨痛这些留学生不消化的东西有二种：

① 本文是张伯苓在江苏省立上海中学的演讲，由沈春鸿、周鉴文记录。

（一）批评。留学生回国后，往往信口乱说，这不好，那不对。好像我们送他们出去，是要叫他们回来骂人的。他们非但不做，而只知批评。例如郑校长在进行计划时，一定有人批评的。好批评的人，往往把中国要建设的事，使他人也不敢去做。我说外国提倡批评是有理由的。因为他们国家的一切进步很快，恐怕不再进步，故以批评迫之。我们中国一切都不进步，送留学生出国看看就想使他们回来做点建设的工作的啊！

（二）自由。近来为自由之争，可谓讨厌已极。中国人往往以自由达自私之目的。中国自己尚不能自由，我们还能在民族大难临头的时候，只说风凉话吗？中国最大之弊病在自私。从前美国教育家来华演讲，他说中国最大的短处，是“没有批评自己”，只知批评他人而不知自己去做。这就是自私啊！

近来体育很发达，其目的，除了在锻炼身体健康以外，还在训练团结合作的精神。例如踢足球，运球时全持合作。阵线精明者胜，阵线散乱者败。足球之胜败，是在全体，不在个人。技术之优越是次要的问题，最重要的是要合作去干，故以团体的意志为意志。

国人只知自私，不知团体，处处现出散漫杂乱之现象。再举一个拔河的例子，假使一端四个人，向同一方向拉，可以操胜在另一端有二个人不向同一方向拉的六个人。踢足球和拉绳的例子，是在说明合作的重要性和自由的范围。自由必须有限止，汉奸是决没有自由权的。中山先生为求中国之自由平等，已努力了四十年，国家还没有得到自由，所以我们应人人努力，使得国家有自由后，才能求个人自由。

中国现在尚未除去旧有恶习：不合作、不团结、自私、自利。诸位在新环境中读书，要养成合作的埋头苦干的创造的精神，脚踏实地的做去，先求国家之自由，再谈个人的自由，那末中国是一定有希望的！

二四、一、三

（《江苏省立上海中学半月刊》，1935 年第 89、90 期合刊）

车中漫谈[①]

（1935年1月4日）

记者：张先生！好吗？好久不见，您还认〈得〉我吗？

张伯苓：好久不见，认得，认得。从那里来？

记者：请坐！请坐！我从杭州来。

张伯苓：啊！我们昨天也从杭州来，航空学校举行毕业典礼，南开学生有三十多人在那里学航空，我的最小的儿子也是这次毕业。

记者：张先生多高兴啊！将来看着你的令郎和高徒们去为国出力！

张伯苓：哈哈哈，将来我们是对准我们的目的物去干！

记者：张先生有几位小姐少爷？

张伯苓：我有四个儿子，没有女儿，大的在厦门大学，作理学院的院长。二的在绥远省政府作事，三的有肺病，在西山养病，四的就是学航空的这个。

记者：张先生好，子女的教育责任都尽了……

张伯苓：我完全没管，都是内人教训出来的，孩子们也省心，自己都知道要好，没用我操心。

我的内人虽没入过学堂，但聪明，伶俐，能干，真是少见！

我是十九岁结婚，他长我三岁，二十二岁到我家。我母亲脾气不大好，他总是忍着，一声不响。就是对我也向不提起。他的算盘打的太精了。他说："我不把家的事告述你，告述你你也不好怎样管，反而弄得大家不高兴。"你看！这算盘打的真清楚！

他对于小孩子的训育有三个要点：饭菜弄的很好，但不许吃零嘴；不许乱用钱；不许说谎话。最扼要这三点，他捉着了，所以一点也不用我费心。

他对于我，出了全副精神。怎样使〈我〉感到舒服快乐，便怎样作。我每回到家，他便把小孩们赶开，让我休息、看书。管孩子向来不当着我的面，等

---

① 本文是张伯苓与《妇女共鸣》记者在从杭州开往南京的火车中的一段谈话，由编者摘自《张伯苓先生车中漫谈》一文，题目为编者所拟。在与张伯苓交谈结束后，记者在文章末尾评述道："张先生是六十岁的老头，对于两性问题的见解，却是完全平等。比一切自命不凡的新青年要坦白的多。我们平日只知道张先生是教育家，没想到他竟是事无大小都有正确的见解。"

我不在家时才管，怕我操心。实在说，我一生的事业，应该分一半功劳给他。

我们的互信很坚固，我东跑西跑，甚至于外国也跑过好几次，他对我完全信任，有人固[故]意的说闲话他都不信。

他用钱向来没同我要过，到时候我就把钱交给他，我完全信任他，他支配的很好。

今年我六十岁了，他已六十三岁，你看，我这小褂还是他亲的[手]作的。

我们结婚，到旧历正月二十日整整四十年了，我想开一个茶会，把我内人的生平，以及我们的结合，家庭的乐趣，向亲友们报告报告。

我两个大的儿子都结了婚，都是他们自己执柯，我全没管。结婚时，我仅送了两百块钱的礼。我曾嘱咐他们："我给你们定的亲，你们可以说不好。现在你们自己定的，可不能有离婚的事情，如果说你的媳妇不好，第一条要承认你自己'混'！"

我家里，有两间客房，预备儿子媳妇回家住的。他们回来是作客，大家都极客气，所以我的家庭是极欢愉的家庭。

我常给我的学生证婚。我在证婚时就和他们说：我证婚可不许离婚，不许开后门，两人要努力向前。遇见什么困难，两人去奋斗，去解决，不可往退缩离婚的道上想。有快乐的事，两人说说，双方都快乐，其乐等于拿二乘两倍的快乐。有什么忧愁的事，一个说，一个劝解，等于拿二除，一反一正是四倍，这就是两性结合的乐趣。

我常和我们的南开同事说：两口人不许打架吵嘴。中学、大学的同事一百多位，背地也许有些小不高兴，明地里却是没有打架的。

我们生平就不打算欺侮人，又何必欺侮女子？更何必欺负自己的妻子。如果说妻子不好，你可以教导他，感化他。我常说的四个字，我认为这四个字很好，就是"防微杜渐"。两个人中间有了不好现象，应早想法解决，何必等到争吵或离婚的时候呢？

我常和我的同事或亲友这样说："屋子里的家具老是一个样子摆着，久了就看厌了，再移转一下，变换变换，又新鲜了。你们如果对于妻子看厌了，可以给他作一个'新袄'！"居然有个朋友实行我的话。"新袄"里面包含着很多的文章呢！

男子最不要脸，不守贞操。刑法当然应绝对平等。我是个绝对守贞操主义者，或者有人不相信，有同事可以给我作证。

凡事要节制。有节制就事事有节制，没有节制就事事没有节制。对于性的问题没有节制的人，对于金钱也会贪污。狂嫖乱赌的人那有不贪污的，对于事业职务也难望其负责。

仁者“安”人，智者“利”人。我常和我们的学生说：要自己洁身自守，才能享着家庭的乐趣。家庭的乐趣是永久，故洁身自守是有“利”的。

（在看了记者给的《妇女共鸣》第三卷第十一、十二两期中的《怎样驾驭丈夫》一文，张伯苓又说：）谈这话的人是谁？很有点见解。不过我不赞成给男子留出路的办法。男子也应绝对的守贞操，一留出路就糟了。至于对付浪漫男子，不必取报复手段。如果女的取报复手段，自己也错了，但离婚再嫁是可以的。

（《妇女共鸣》第4卷第1期，1935年1月）

在新民学会成立会上的致辞①

（1935年1月16日）

文化工作，为中国当前急不容缓之工作，诸君如极有火力之煤块，若单独置一块，其燃烧力甚微，若聚多数煤块于一炉，则燃烧力必将伟大。

（《大公报》，1935年1月16日）

在南开学校董事会例会上的报告②

（1935年2月8日）

一、小站学田问题

去春北平军分会根据十七年军政部令，决定将小站全部学田收回。经学校

① 天津学者陈先舟等人为促进天津文化事业，发起组织新民学会，于16日晚在国民饭店举行成立会，张伯苓在会上讲话。题目为编者所拟。

② 是日中午，南开学校董事会在大华饭店召开例会，颜惠庆、李琴湘、严慈约、王潜明、陶孟和、卞俶成参加会议，校长张伯苓列席，并报告下面所列事项。题目为编者所拟。

多方设法向军分会接洽，均未得圆满之结果。本年一月在京曾与汪院长[①]接洽一次，嗣经汪院长提交行政院会议。据闻该会议议定，交军政、教育两部会商办法。据教育部意见，该地主权收归军政部，租款仍拨归学校以作补助费。前赴平谒何部长[②]，表示亦可按教部办法办理，惟须先派员详查一次再定。昨已将该学田出入款目及收租情形均详报何部长矣。

二、大学部拟请收归国立问题

1. 大学用款过巨，维持尚难，发展更属不易。

2. 政府补助费为数已不少，再求增加恐甚难。

3. 政府补助费过多，何名为私立。

4. 据中国现状而言，向私人方面捐募巨款恐不可能。

根据以上情形，并拟求大学部前途之发展，惟有请政府将大学收归国办。前谒汪院长、王部长[③]曾言及此事，王部长表示，此事须缓缓办理，如校董会可先由教育部、教育厅各加入代表一人，以便部、厅方面明了校中情形，然后再缓缓向此方向进行。

（讨论结果：请教育部、教育厅各出代表一人加入校董会，是否即为校董，俟征得部方意见再定。）

（南开大学档案馆藏）

尽量多予选手参加世界运动会之机会[④]

（1935年2月9日）

此次会议是常委会议，本人无须参加。会中议案甚多，夏令营、训练世界运动〈会〉选手及参加“台杯”网球代表人选，亦包括在内，然此亦早经决定者。对参加此次世界运动会之人数，尚不能决定，如以田径赛而论，若选手之

① 即汪精卫，时任国民政府行政院院长。

② 即何应钦。

③ 即王世杰，时任国民政府教育部部长。

④ 是日，张伯苓接受《大公报》记者采访，发表对次日召开的中华体育协进会拟讨论的重要方案的意见。题目为编者所拟。

成绩佳，当可多送，劣则少送，而亦须视当时经济情形如何。倘田径选手成绩可取者多，当尽力多筹款项，多选送几人。足球代表选送一队已决定，而篮球是否选送，尚须看当时经济情形。游泳代表亦选送，如杨秀琼等如能继续努力，当亦可代表出席。总之，各选手如能努力求进，体协方面与教部，定设法筹划经费，以多予选手参加之机会为原则。但一切详细办法，当由会中详细决定。

（《大公报》，1935 年 2 月 10 日）

谈婚姻问题[①]

（1935 年 2 月 14 日）

不自由的婚姻——就是旧式的婚姻——未必不自由，不快乐。所谓自由的婚姻——由恋爱而成功的——未必就能真自由。自由的是先恋爱，后结婚，不自由的是先结婚，后恋爱。我觉得后者的味也许比前者还好。

选择配偶，的确是要小心，如果嫁一个不好的丈夫，不如不嫁，娶一个不好的太太，不如不娶，所以独身主义在这一点上，是不无理由的。

在订婚以前，时间越长越好，因为可以彼此考察；订婚以后，结婚以前，时间越短越好，因为可以省得夜长梦多。结婚以后，最好一年之内，就生小孩，有了小孩，夫妇间便有了一层保障。

夫妇要“两好合一好”，感情不是一方面发生的，你觉着她好，她当然会觉着你好，越好越好，越不好越不好。

无论什么都怕絮烦，太太也是如此，无论她怎么美，也会觉得看腻了，这不要紧，你可以为你的夫人多做几件新花袄，换上一件新袄，就不会感觉到絮烦了！朋友们谁夫妇不和，我就劝他们用花袄政策。

我内人从年轻就不算俊，但有一点，就是禁得住老！有许多妇女是美而禁不得老，我觉得还是不太美而禁得住老的好些！

我内人对于我，有三点足以使我纪念：一是应付旧式家庭之得当。二是教

① 2 月 14 日天津《益世报》刊载《张伯苓先生伉俪将举行结婚四十年纪念》，引述张伯苓谈婚姻问题的讲话。题目为编者所拟。

子之有方。三是对于我一切的安慰。我有四子，长在厦门大学任理学院长；次在绥远省政府任秘书；四初入航空界，他们都受了母亲的教育不少；三现养病西山，他的命，那更简直是他母亲给予的。

我内人常识非常丰富，发出理论也很清楚，儿、媳们对于这不识字的母亲，都非常尊敬。

我第四个儿子在杭州航校读书时，某次举行恳亲会，我曾以家长资格致训词说："杭州有一名人之墓，那便是岳武穆将军。岳氏年少的时候，他的母亲，曾以'精忠报国'四字，刺之臂上。我们作家长的，也应当以此四字，刺诸诸生之心。如将来为国御侮，万一失败，简直就不必再回到家去！……"我们教育儿子，的确是这样的！

南开有位同事，娶了一位旧式太太，夫妻原是不大和睦的。某次听了我的讲演，我主张夫妇和美是最大的幸福，他竟因此而情如胶漆，真是一件出人意料的事。

这一次要举行四十年纪念的茶会，意思只是我向我内人表示一下谢意。只能说是表示，决不敢说表扬，或是表彰。更不敢说足以为人的榜样，不过希望到那天来参加的朋友，夫妇原来好的，因此而更好一层，夫妻原来不大好的，能够好了，夫妇原来像是仇人的呢，顶好也就马上化敌为友。

茶会被约请的人，只打算限于南开同事和南开一部分校友，其余就都不敢惊动，大家只是很有趣的很有意义的一聚而已。那天来参加的朋友，当然希望是一对一对的。

茶会由我们俩具名来请，这也可以说是一种创格，因为这既不是金婚，也不是银婚，这只可以说是"包金婚"。一切都不要铺张，尤其希望你们记载要实在，千万不要过分，不要过分的揄扬。对于一个人或是一件事适当的叙述，是很重要的，许多人写这样文字，总觉得不能恰如其分，把一个人恭维成一个事实上不会有的人，那太滑稽了！

（《益世报》，1935 年 2 月 14 日）

大家努力去做，复兴民族[①]

（1935年2月19日）

诸位，今天举行新生活运动周年纪念市民大会，新生活运动是蒋委员长发起，很有意义的。几十年来，国家遭遇种种困难，这是我们自己不好，我们要责备自己，不要责备外人。我们既不如人，应当先看一看自己的短处，现在自己的短处很多，不能成为现代的国家。蒋委员长看到这一点，所以提倡新生活运动，这是很有意义的。新生活运动内容很简单，诸位全懂，但最要紧的是懂了之后，就要脚踏实地去做。今天开会，不是请诸位来听高论的，方才于主席说过，要从自己做起，为诸位做榜样，好像宣誓一般。希望诸位也要立志从自己做起，为一切人做榜样。

今天大风，诸位来此参加大会，是很苦的，但是将来建设国家的时候，一定还要更苦，诸位正好藉今天的大风，作一番锻炼的工夫。现在新生活运动，风行全国，我们大家要追随蒋委员长努力去做，复兴民族，在此一举。

（《益世报》，1935年2月20日）

我真幸运有这么一位太太[②]

（1935年2月23日）

我本是出身于寒士家庭中的一个子弟，父亲是一个教书的先生，教书的和穷字向来不分家，所以同时我的母亲，还要用十指来帮忙他的丈夫，去接收一

---

① 1935年2月19日上午9时，在天津宁园举行河北省新生活运动周年纪念会，参加者3万余人，童子军与警察共维交通秩序。宁园门前高搭彩坊，张伯苓、于学忠、张廷谔、郑道儒、李东园等为主席团成员。大会主席李东园报告开会意义，于学忠致训词，刘宸章宣读新生活标语，张伯苓致辞。

② 在张伯苓夫妇举行结婚四十周年庆祝前夕，《益世报》记者登门采访张伯苓，张伯苓对记者盛赞王夫人对家庭的贡献。题目为编者所拟。

点外活来做做。我有两个妹妹，一位嫁了马千里，一位嫁了一个姓黄的。一个弟弟，那便是仲述。当然完全是一个旧家庭。

在我十九岁的时候，我就结婚了。也就在那年冬天，我第一个太太就死去了，从结婚到断弦，中间不过十八天的功夫。那十八天，就从糊里糊涂中过去。我常想假若我是一个女人，而又是在旧环境中，过了糊里糊涂的十八天，便要一辈子糊里糊涂的守节守了下去，岂不是一件笑话。但我们可以想到这种笑话中的主人，是随时随地不难找到的。

我到二十一岁的阴历正月二十一日，又和现在的太太结了婚，向来续弦，一定丈夫比妻子要大，但我们却是例外，她却比我大了三岁。她的父亲和我的父亲的职业是一样的，也是教书的，这正称得起是门当户对。

她到我家的时候，我的弟弟仲述，才不过四岁，她常把他背在身上的。

我的母亲，是一个心地很慈善的老太太，不过喜欢爽快，脾气有点燥。家里又没有钱。那个环境，确实是不大容易对付。但是她向来没和我说过一句话，关于她的任何困难。家里实在没钱用了，我的母亲有时就拿自己和她的东西去当。她知道家里的贫乏和婆母的苦心，她为安慰老人，假作不知。她向来不看重物质，所以也并不寻找，而母亲等到有钱的时候，便又悄悄的赎出来，给她放在原处。例如这种事，她并不告诉我知道。到了后来家境稍为充裕了，她并不再感觉任何困难了，才渐渐的当闲话，偶而和我谈谈。我才知道过去母亲和她都曾经受过许多艰难。

我那时正在北洋水师学堂，常在船上，不能常回家。如果回家的时候，她尽说许多足以使我愁烦的家庭琐事，岂不两个人就减少了快乐，反觉得索然了吗？要是她再哭一场，我真不知将何以自处，但她并不如此，她始终认定了只有夫妇俩的情感要紧，其余都可以不管，所以便一切索性不说。这算盘打的我以为顶对，顶对！我觉得她最可以称道的，就是她应付旧家庭甚为得体而又不使我知道一点的这一点。

我自己是一个办教育的人，办教育自然也就是教书，教书不能发财，办教育也就不能发财。当我自己开始养家时，我就告诉她，钱不要花过了头，尤其不要使我分心去想家里的钱不够花，所以几十年之内，我家里在极经济的支付状况下，是无时无钱的，说不定，也许是我给的过多了罢？的确，她向来就不曾和我提过一个钱字。这一点，帮助我很大。假使她不能不向我提钱，而我又时时为家里用钱打算，我也就不会专心于我的教育事业了，特别是在赚钱还不多的时候。钱，这个东西，是没个够的，那要看你怎么用。

她持家当然十分节俭，但对我却很优厚，例如，她在这四十年中就时常为我预备些好吃的食品，孩子们却并不在内。

我对于孩子们，没有功夫去看管他们，都是由她看管大的，她不识字，不能教育，但是常识却十分丰富，而且理解非常清晰，孩子们对于他们的母亲，都是十分的敬爱。

她教育小孩子有三种规定：一、宁肯饭食做得好些，但绝不许买零嘴吃。二、绝对不许说谎话。三、用钱只要有理由，准给；没理由，准不给。

孩子们都穿布衣服，就是现在他们作了事，这种良好的习惯还存在着。向例老大的衣服，再留给老二穿，老二的衣服留给老三穿。但是后来长成了人，我的三儿子却比二儿子高，四儿子又比三儿子高，这却成了一个有趣的问题。记得有一次老四同他的母亲要求："来件新棉袍罢！我穿完了再给三哥，再给二哥，大哥，倒着穿回去不一样吗？"我想起来就要笑，从这里，也可以看出她教子、持家之一斑。

孩子们小的时候，当然爱闹，所以当我在家时，他们的母亲怕惊扰了我，便领了他们到别处去。她对于孩子们是不常说的，她觉到总说并不好，那样会减去了孩子们的羞愧心和改过。我对他们，偶而打过，但次数极少，也可以说因为他有了好母亲，也就用不着我去管教了。

我的四个儿子，在她的管教之下，如今都成了人，大的是又作了教书的先生，二的本来经商，现在是从政了。四的在中央航校，现在也毕了业，总算都有了相当的成就。三的现在是正在养病时间，他生的是肺病，多少名医都不治了，而且几乎认定了命运已无可挽回，而他的母亲却自信母爱一定可以使他起死回生。果然，她那伟大的母爱，就使他日渐壮健起来。这四十年中。她为了四个儿子真不知费了多少心血！

她最使我满意的，就是四十年来对我时时、事事的安慰。我最近这几年，命运的确不错，但前几年，有许多时候是遭着失败，也不知碰了多少钉子。我每次〈碰〉到钉子来的时候，总抱着不说话的态度，在我沉默的期间，她每次是如何的安慰我，劝我！她总爱说："不要紧，什么事情过去就好了！"这话的确对！的确有真理！在我每次碰了钉子被她劝解以后，接着便是另一个新的开展，回回都如了她的预料："过去就好了。"她增加了我的勇气和自信心。

家庭本是一个人工作后回来休息的地方，当然应该有一个愉快的环境才对。如果家庭是一个蹩扭的家庭，那就一定不能增加他工作的效率。我在家里，四十年来向来不曾生过一点气，这便是她最大的功绩，我最大的安慰。因为这样，我做事的心，才不被分化，才永远是个整个的。她的确帮助我工作增加了不少效率，但她不像一切新式女太太一样，只会安慰丈夫而并不负其他的一切家庭责任。

我对于自己的衣服，向来是不会想的，什么都是她替我预备。现在钱稍微松动了，还好办，从前量入为出的时候，她也都预备得很周全，熨帖。我向来却不曾注意过她的一切事。她又不合新式的太太们意见一样，对于丈夫并没有“你本应当伺候我”的观念。

四十年来，我们未曾打过一次架，就是偶而有见解不同的地方，一会儿也就过去了。

就她的常识论，我觉得比读过书的妇女还要高一点。我真幸运有这么一位太太，如果不是这样一个人，恐怕这一生，我什么也作不成了。

四十年里，我每天回到家中，是完全休息着，十分舒服，十分安慰。因为有了她，不知省了我多少事。父母，她替我侍奉了；子女，她替我抚养了。我真应该对她表示十二分的谢意。

我尊敬她，我佩服她，佩服她的算盘打得的确不错！

（《益世报》，1935 年 2 月 24 日）

从家庭建设、夫妇和美作起①

（1935 年 2 月 24 日）

今天的会，本来只打算请四部的同事聚聚，被校友会知道了，便主张校友也来参加，恐怕我的请帖下不周全，所以校友会又登了启事，因为报纸的刊载，又惊动了不少的外宾，真使我感觉不安，校友还有从外埠赶来的，我更觉过意不去。这会是越闹越大了，于是有几位校友便主张办一个游艺会，更有人预备着送礼，我并不是想打抽丰，收福禄寿喜的份子，当时便主张不收；不过有的

① 1935 年 2 月 24 日下午 2 时半，张伯苓夫妇结婚四十周年纪念会在南开中学礼堂举行，南开学校四部同人、南开校友及社会各界来宾近千人。在纪念会上，张伯苓接受天津《益世报》（社会服务版）记者采访，结合自己的婚姻生活发表谈话。纪念会持续到晚 6 时半，后，校友等赴登瀛楼饭庄设宴为张伯苓夫妇庆祝。《中央时事周报》1935 年第 4 卷第 9 期也刊载了本文的主要内容。

字写在纸上，或是刻在银上了，而且放下就走，这却难为了我的太太，不过我们不能因为这事，便打破了四十年来的和气，所以结果只好把这种的收下。所以我对于收下你们礼的朋友们，觉得真是便宜了你们，未曾收下你们礼的朋友，可又觉得有点不好意思。

我们南开，每年春天，是有一次团拜的，我还记得严范孙先生在世的时候，有一年，曾为了团拜，送过学校“一千元”，这“一千元”并不是钱，只是“元”字下面还有个“宵”字。我今年，本不过也只想着预备“一千元”，借我们结婚四十周年的机会，和大家谈一谈内人帮助我的经过而已。

现在的社会，我觉得有的地方，是不如从前，是人学坏了呢？还是好的自然而然的丢失了呢？这是应该注意的。

我本来是寒士，直到现在还是寒士，从小，我便立定了志向要办教育。我明知教育是绝不易致富的，然而还要达到自己的志愿，那我这个伙伴，可就要紧极了。我四十年来，精神完全贯注在学校上，家里又没有钱，这局面，就完全由她支撑。父母的孝养，孩子的教育，完全都靠了她，我个人一切的安慰，那更完全是她给我的。一个人，不如意事自然常八九，如果认为社会上什么事都可以使得自己痛快，那就是错认了社会，那就容易气馁。一个人想不气馁，只有妻子的安慰、鼓励，可以使他复兴。

近来新式的太太，虚荣心似乎要比旧式的妇人高得多！她们不能帮助自己的丈夫，有的还使她的丈夫，不能不为了她，而去竭力地在经济上想方法，去想不劳而获的方法。我以为那是太傻了。要作成一件事，成为一个有用的人，总是先要受困难，先要吃苦的，绝没有现成的事在那儿等着你。我希望能帮助丈夫的太太，就要同丈夫先吃苦，先从难处作起。不然，只让他找便宜，可知道找便宜就一定是吃亏。像这样的太太，在现在的中国是很有几位的！要说到能帮助丈夫吃亏，帮助丈夫往远处看的，那真是少而又少了！说到旧人物，他们并不自己觉得什么贤惠不贤惠，他们只知道对于丈夫，儿子应如此！他们没有什么理论，也可以说是不知道，但是不知道的人，是要比什么都知道的，能说的，能写的人们要好得多，这也可以说是新教育的一种失败。我们服务教育的人，是应当想法纠正她们，受过教育的女子，也应当特别注意这一点。

我的内人，她并不催促我作官，不催促我盖多高的楼，多大的汽车，所以我才能慢慢的去做我所要做的事。钱少，她就有钱少的过法，一个家庭的快乐，绝不全在钱上，而且可以说钱多准不乐。家庭里只要和美，那才比什么都乐，就是只喝凉水，也是快活的。同时，越有钱的人，就越容易不和美，不快活。

我常对年青的女子说："你可别盼着你的丈夫发财，他一发财，第一个看着不顺眼的，就是你！趁早别让他出去发财了！"夫妇的团结，只要在精神，并不在物质上，再说，衣食之费，也根本就用不了多少，何必发财？我希望这个秘诀，今天夫妇同来的，要记住，太太们没来的，就请先生们给带个话。

夫妇和好的责任，平心说，男人应当占六成五到七成，女人只占三成到三成五。我现在要说一说夫妇和好之道，其实今天来的夫妇本来都是好的，又何必我说？但是也许有稍微不大好的，听了我的话，也许可以有一点帮助。

第一，太太做事有可以称赞的地方，你便应该快称赞一声好，妻子被丈夫称赞了以后，她的工作，至少就会好上两倍。好是要从两面来的，如果你的太太有好处，你假作不懂，那过错就在你了。现在结了婚的人觉着不合适，马上可以离婚，有后门可走；旧式结婚，却是此路不通，所以在刚一结婚的时候，便不能不想着怎么就能和美的这个问题。

第二，容貌问题。无论谁，到了年纪总会老的，而且无论多美的人，看久了也会觉着不美，这都应该知道，而且更应该看看自己又生得是什么样子，千万不可高抬身价，双方都降格一点，那自然便会和美了。

第三，你如果能常常为你太太买点东西——不一定要值钱的——表示你一点意思，那是增进和美的更好的方法。

第四，要能忍，能让。譬如说，两个中的一个，你偶尔有点不高兴，或是对于某事，一时间意见不能统一，最好先搁起不谈，先说别的，千万不可打架，请问打了架明天还过不过？夫妇两个人中有一个不打架，那一个就自然打不起来。除了有种真不讲理的女人是例外，丈夫对于妻子是该忍一忍的。

一个男人，在社会所遇到的事，是不能完全痛快的，他回到家，当然应该是一个最好的休息的所在，回家如果憋扭，当然也就不愿意回家。譬如说太太应该为丈夫预备一把舒适的椅子，而不可存"我为么伺候他"的观念。同时，丈夫也应该称赞自己的夫人，那还有不好的吗？家，本来是休息的地方，男人，也真需要在家庭中休息，你对你的夫人，在她整理得家庭井然有序的时候，你应当说："你弄着小孩，又收拾屋子，这屋子收拾得这么好，可真不易啊！"你为夫妇的和美而说点谎话，并不要紧，多说一点谎话，也不要紧！因为人生本来是戏剧啊！

你要知道夫妇是两个人，也可以说是一个人，男人对于夫妇，是要多负一点责任的。你在无论什么时候，都应往远处想，因为夫妇是一辈子的事！

我记得旧戏里有一句："少年夫妻老年伴"，这真是一句至理名言。有人说，夫妇不和，是有机会可以离婚的，但我很盼望中国最好少出这种事。我们不可为了新鲜而自己找苦吃，中国的经济状况，尤其是历史，不允许我们如此。除了女的是泼妇，男的无所不为的以外，我觉得都不应该想离婚。

夫妇间应该多体贴，在前几年的时候，我的孩子们都很小，但我在家时，就不曾感觉到他们闹过，不是他们不闹，是我内人怕我烦，早给领开了。她想的的确够周密的，她决不想："不是男女平权吗？为什么我得把孩子领开？"但是我也不能这么想："我在外头挣钱，你正应该把孩子们领开！"总之是越彼此体贴，家庭才越和美。

今天来的朋友们，有好些夫妇，都是在社会上做事的，例如黄子坚先生和夫人就是一对，白天两个人都不在家，晚上回去彼此提出些事情谈谈，那才更亲切有味呢！

我希望中国人还是少染外国味，多用老套子好。老套子用起来又容易，又快，外国离中国太远了，法子抄过来用，总觉得不大容易。人人都不学外国，只有一两个人独唱高调，又有什么意思。

忍和让，都是中国的美德，有人也许说国家这么危弱，还能忍让吗？但是忍让用在夫妇之间，是不算丢人的。诸位以为如何？

今天谈的很多，不再说下去了。我们希望大家都得到快乐，也都注意这快乐的出发点便是家庭，便是夫妇。大家要希望终身快乐，目标可还不能定的太高。万一两个人有什么意见，不可守着第三者抬杠，太太如果未读书，或读书不多，不要见人就说，也不要随便批评。因为她也是人！而且你和她又是一个人！太太有什么可以劝导的地方，你千万不可过甚，过甚了，她会羞恼变怒，偏要那样，你又怎办呢？

我希望今天来吃茶点的先生们，都像我一样的捧太太，回家去都捧太太！社会一天天的演变，将来的社会经济状况，一定更要困难，快乐决不在钱上，要使夫妇间有真乐，要用自己的力量建设起家庭来。家为国之单位，家齐自然国治。要知道一切的国民，都就生长在不同的家庭中，国家现在正受着试探，所以一切都应从家庭建设起，也就是从夫妇和美起！中华民族的有无希望，也就可以从这看出来，家原来并不是私有的！

教育界对于民族等大问题，向来是很注意的。谁知多大的问题，都是从这夫妇的小问题生出的呢？

我同内人仅致十二分的谢意于参加这个茶会的朋友之前。

（《益世报》，1935 年 2 月 25 日）

祝“三六”募款运动成功①

（1935 年 3 月 3 日）

此次校友会募款，我曾一再劝阻。我以为个人现正在继续求进之际，殊不足以纪念，乃校友会方面屡改计划，志在必行。幸会中所捐之款用于助贫寒学子之奖学金，及校友学术增进与教育推广事业，此乃为“公”，不便再加阻止。上月杪阎子亨、陆善忱二君奔走京、沪、杭、济、平各地，积极活动，具见校友之热心斯举，我亦愿从旁帮助其成。最后我谨预祝“三六”募款运动成功！

（《大公报》1935 年 3 月 4 日）

“父母之命”与自由结婚②

（1935 年 3 月 22 日）

张伯苓：（我）③愿意《独立评论》的读者们知道，（我）绝对没有提倡“父母之命”的意思。我的两个大儿子都是自由结婚的，那难道还不够证明我并不是在提倡“父母之命”吗？

陈衡哲：我们决不敢说张先生有意在提倡“父母之命”。不过以德高望重如张先生的人，说出来的话，很容易被一般守旧的人断章取义，或者甚至于故意把它误解了，以为压迫青年的藉口。我之所以写那篇文章，也无非是为了这一

① 3 月 3 日，南开校友举行春宴大会，为纪念南开学校成立 30 周年，张伯苓 60 大寿，特决定进行“三六”募款，数额目标定为 3 万 6 千元。会上首由校友会主席阎子亨致开会词。继由张伯苓演讲。题目为编者所拟。

② 本文是摘自张伯苓与陈衡哲及其友人在天津大华饭店的谈话，原题为《关于“父母之命”的一段谈话：张伯苓先生的一个申明》，本文题目由编者摘自文中。

③ 此处原文中用的是第三人称“他”，为行文方便，本文以下相同情况，由编者改为第一人称“我”，并加“（ ）”标明。

点。今得张先生自己的申明，更是难得之至。

张伯苓： 要是有人那样做，那真是糟糕。我绝对没有提倡“父母之命”的意思。不过我相信旧式婚姻也不一定坏，新式婚姻也不一定好。并且在我的同事中，旧式结婚的很多很多。您瞧！

陈衡哲： 我完全明白张先生的苦心。不过，对于这整个问题的看法，我却和张先生有一点根本上的不同，那便是，张先生注意的，是现在和过去，我所注意的，却是将来，换句话说，即是，张先生所希望的，是已结婚者的快乐；我则以为已经结婚的人，让他们去吧，好也好，坏也好，用不着我们去管。可是对于不曾结婚的青年们，我们却不能这样的用冷眼去瞧着他们。

陈衡哲友： 我想你的这句话是对的，张先生眼中所见的，是已结婚的夫妇，你眼中所见的却是青年们。

陈衡哲： 至于关于新旧婚姻的问题，我的意见有一部份是与张先生相同的，那便是，婚姻无论新旧，都是一种冒险的行为。不过我还是相信原则高于一切的。假如有一个人，从前反抗了代办婚姻，后来自由的结了婚，现在又因为两人绝对不能共同生活，想要离婚，我仍旧相信他或她是不错的，也是可以不必后悔从前的反抗的。因为自由结婚与不得已的离婚，都是我所赞成的原则。在痛苦的婚姻中，离婚是比不离婚还要道德一点，虽然离婚的本身也不是社会上的一个康健现象。并且一个青年对于代办婚姻的反抗，他的目的也不一定是为着要自由结婚。女子是与男子不一样的，假如她对于不愿意的婚姻不能反抗，她的一生便完了，那还能说到事业与学问？张先生可相信，我也是曾经反抗过代办婚姻的一个人？

张伯苓： 要是那时我知道您的反抗，我一定来帮您的忙。

陈衡哲： 谢谢您，所以我希望您现在能帮帮青年们的忙，不要使他们的家长藉口于张先生的主张而再加压迫于他们。

张伯苓： 那真是笑话了，藉口于我来压迫青年，真糟！

陈衡哲友： 我也是反抗过来的人。在我十六岁的那一年，我的父亲把我许配了一个没出息的男孩子。我求我的父亲给我把婚约解除，我用种种的方法来求他，可是丝毫没有用。我想，现在只有自杀的一条路可走了，吞鸦片烟呢，还是上吊？幸亏我有一位哥哥，他同情于我，他说：“为什么要死呢？逃呀！”所以结果我们逃走了。

陈衡哲： 张先生，您瞧，在我们这一辈的女子中，假如能成就一点什么的话，都是非先从代办婚姻的毒爪中逃出来不可的。现在在您面前的，就只有两个女子，却便有两个这样的经验，这还不足以证明，这个反抗在有志气的女子中有很普遍的吗？

张伯苓：这是怎么说的，像您们这二位，那……那……这么办吧：请您再在《独立评论》上写一点什么，说，我张伯苓决不提倡“父母之命”。我不愿守旧的人来误解我的意思，利用它来压迫青年，尤其是女子。

陈衡哲：真是感谢不尽，张先生肯自己这样的申明。我可以说是张先生要我那样写的吗？

张伯苓：可以，可以。您务必申明，我决没有提倡“父母之命”的意思。不能使守旧的人来误引我的话呀！这是怎么说的？您务必要说明白这一层。

陈衡哲：一定！一定！

张伯苓：尤其是青年女子，是的，尤其是有智识有志气的青年女子，像您们这二位似的。

陈衡哲：真是多谢了。我也知道，婚姻不是人生的唯一大事，但正因其如此，故我不愿意看见青年们再为这种事来奋斗，再为这种事来吃苦。青年们的精力应该用在救国的大事上的，不应该让他这样的浪费了。

（《独立评论》第148号，1935年4月28日）

儿童是将来国家民族的基础①

（1935年4月4日）

儿童节纪念，自中央颁令以来，数年内未能普遍实行。本年为第一次扩大纪念会，参加各界应注意者，即凡有健全之儿童，始有健全之国民，有健全之国民，然后始有健全之国家。大家都知道中国最大的富源是人多，可是国家还是不强盛，其原因在人虽多而无训练。近来政府与社会都有觉悟，认为富强国家、复兴民族，非从儿童身上作起不可，所以都应设法为儿童谋幸福，因儿童就是将来的国民、国家的基础，是民族生存的继承人。今天开会的意义，也即在此。

（《大公报》，1935年4月5日）

① 是日，在河北省体育场举行天津市儿童节纪念大会，到会人员包括市长张廷谔、民政厅长张厚琬，及各机关代表、各界市民。参加小学150所，学生3000余人。张伯苓在会上致训词。题目为编者所拟。

筹办严持约先生纪念启事①

（1935年4月7日）

敬启者：严持约先生逝世，同人等以持约先生服务社会著有成绩应作纪念以垂永久，爰拟集资为持约先生筹办相当纪念，视集成数目就社会公益中而为持约先生未竟之志者酌办一二，期为裨益社会兼以纪念个人。为此，登报广为奉告，凡赞成此举者，皆可随意乐捐，先交后列代收地点妥存，一俟拟办纪念事项确定，再为报告。再者，据闻严宅为持约先生治丧仍循往例，不收奠仪。敝同人等现有集资筹办纪念之举，如有持约先生之亲戚故旧拟送奠仪而无从致送，并赞成敝同人等所拟集资筹办纪念办法者，敢请即以奠仪折银，不拘数目，赐交代收地点，加入筹办纪念之内，至希垂察为祷。

代收地点：（天津）天津市立师范学校会计处
南开中学会计处
（北平）琉璃厂中华书局

发起人：

陈筱庄	赵幼梅	李琴湘	姚品侯	宋则久	张伯苓	刘芸生	华午晴
郑达如	丁懋英	刘孟扬	徐善伯	娄鲁青	喻传鉴	赵聘卿	韩诵裳
陶孟和	杨子若	张少元	梅悦韩	李圣章	范莲青	林次和	杨冠如
尹劭勋	周绍曦	孙宪也	张建堂	杨鹿宾	陈嵩若	伉乃如	周少勋
黄子坚	阎子亨	袁心武	袁进菴	袁铸厚	时子周	孟琴襄	吴象贤
姚书诚	李少轩	王明甫	纪卫瞻	周支山	邓澄波	王晓岩	王仲刘
陈范有	曹幼占	朱洽黎	俞品三	卢开瑗	李淑扬	金仲藩	卞俶成

（《大公报》，1935年4月3日）

① 严持约（1882—1935），名智怡，字慈约、持约，严修次子。日本高等工业学校毕业，历任直隶商品陈列所所长、农商部工商司司长、直隶省实业厅厅长、国务院参议、河北省政府委员及教育厅厅长等职。河北博物院及前身的天津博物院、河北第一博物院“为公首创”。

教育应以“能”“公”二字为最后目标[①]

（1935年4月16日）

南开三十几年总在改善以求进步，此次喻先生等赴平汉线视察，得悉河北内地各校均能俭朴吃苦，诚属甚好。但应付新时代环境，俭朴吃苦绝不够，尤须有时代精神。南开学生生长都市，俭朴二字固属难言，但论及知识精神，或较乡村学校稍胜。倘一方面发扬其活泼精神，一方面再加吃苦耐劳、合作为公的训练，以补齐缺陷，则两全矣。所以，吾人从事教育，应以“能”“公”两字为最后目标矣。

（《南开女中》第4卷第2期，1935年）

对于南开校友的展望——燃起了复兴民族之火

（1935年4月28日）

这次“三六”募款运动，赖诸位校友的共同努力，不但没有失败，结果还能超过原定募款数字三分之一以上，足征诸位校友的热心劝募，社会人士对于南开的爱护与赞助，我们实在觉得很可庆幸。

“三六”的用途，当初议定的总数三分之一作为南开大学的奖学金；三分之一作为南开中学的奖学金；其余的三分之一，作为南开校友会的发展及社会教育事业的推广。募款的用途既经规定，此后利用该款的效率如何，就在乎我们支配的方法是否得当。

我对于校友会这宗款项究应如何利用，曾同校友会阎子亨主席谈过。我们

---

① 3月下旬，喻传鉴、黄钰生被邀请参加河北省教育视察团，到保定、博野、定县、石门（石家庄）、易县等地视察学校。本日下午，张伯苓邀集全体教员茶话会，听喻、黄报告视察情况。最后，张伯苓讲话。题目为编者所拟。

的用款目的，不只求有益于校友自身，应当将范围扩大，还求有利于国家。我国自遭“九一八”的严重困难，暴露了国家的弱点，民族的颓唐，几乎国将不国。在这国势阽危的时候，凡我国民，均应奋发精神，为民族争生存，尤其是我们知识分子，更应“先天下之忧而忧”。我个人是主张教育救国的。南开学校，永远是随着时代进展的。以后对于学生之如何训练，课程之如何切实，当然更要与时俱进。我是我们南开的校友，也不能为朝代之落伍者。诸位校友或在中学毕业，或在大学毕业，在学校的时候，固然都能努力求学，但是出了学校置身社会，因职业与环境的关系，恐怕对于求学的志趣没有象在学校时那样浓厚，所以想引起校友的读书兴趣，比在校的学生困难。好在我们南开的校友，都有一种所谓“南开精神”，并且诸位在社会上，也全有相当地位，只要不甘安逸，作起来也很容易。

近来新文化运动，提倡读书，注重充实人民的知识，这确是一个很好办法。孔子与子路论六言六蔽说：“好仁，不好学，其蔽也愚。好智，不好学，其蔽也荡。好信，不好学，其蔽也贼。好直，不好学，其蔽也绞。好勇，不好学，其蔽也乱。好刚，不好学，其蔽也狂。”可见人生于世，要想成个有知识的完人，非求学不能做到。所以我盼望南开的校友都能随时求学，“日新月异”。古时的事理简单，如果读了书经，就可博通历史，学了易经，就算研究哲学。今世则不然，中外历史浩如烟海，哲学的玄奥，有“天演”“相对”等论。诸位校友，或服务于教育界，或任职于海关、邮政、银行……[1]究竟应求某种学问，充实哪样知识，现在据我看，在诸位校友的进程中，应有下列的认识：

1. 求怎样作人的知识。诸位校友一方面做事，一方面须不堕落、不颓唐，能够“束身自好”，在社会上才能有进取的展望。孔子说：“不学诗，无以言。不学礼，无以立……”所以诸位校友，要多读关于身心修养的书。

2. 要有团体组织。诸位校友如果每人能以余暇的工夫十分之一或二十分之一联合起来，成为一整个健全的单位，共同努力于有益团体及国家的事业，一定能有充分的力量与显著的成效。近来多“结党营私”，我们南开校友要“结党营公”。

3. 求知识的方式。就个人说，每日必看日报。在北方有价值的报章，如《大公报》《北平晨报》《益世报》等……每位至少须订阅一份。关于杂志类，如《独立评论》《国闻周报》……内容都颇丰富。以团体言应有组织，如“演说会”，

① 文中省略号皆系原文如此。

聘请专家演讲；“座谈会”，彼此讨论问题；及创设小规模“图书室”，俾校友们便于参考和探讨。

4. 努力于有益国家的事业。求知识，不仅限于个人方面，应当扩而大之。凡对于国家有益的事业，我们校友们就要通力合作，多所贡献。因为我们是知识阶级的领导者，应自负是复兴国家一支最强劲的生力军。本南开的“硬干精神”先由天津总会做起，再逐渐推及于全国各分会。固然是“言之非艰，行之维难”，如果诸位校友能以“三六”募款那样的热心，不断地努力工作，对于现社会的“愚”与现社会的“穷”，一定能有相当的补救。现在就燃烧的煤球作比喻，如将煤球密集一处，则火光熊熊，燃烧力大。若将煤球散放，则光焰微弱，燃烧力小。我盼望诸位校友要将“三六”募款的热力，仍继续着燃烧，并且要与一煤球般的密集，使燃烧力更为强大永久。若只募款三万六千元，那不是我们唯一目的。我们希望“三六”募款燃烧力，蔓延到各处，它的热量散布到全国！我们南开学校，这三十年来，永远是燃烧着。现在各处都起了火光，南开的火光，能否冲天，而烛照万里，就看我们南开今后供给燃物的质量如何！

中国的民族，能否复兴，就在最近这几年内判断。试看东邻的日本，无论工业、武备，没有一样不现代化，真令人佩服！我们中国的民气，消沉、颓唐，这真是朽老民族的特征。我希望我们南开的校友一齐燃烧起来，做事“不自私”“肯为公”“持之以诚”“继之以勇”，个人成功，社会蒙庥！同时我更希望能将校友楼扩大利用，方不辜负阎子亨主席设计建筑校友楼的一番苦心。

（《南开校友》第6期，）

天津春合工厂体育用品宣传词[①]

（1935年4月）

春合工厂自成立以来，专制体育用品，凡所营造，俱见匠心，论质则不减

① 天津春合体育用品厂于1924年由傅泊泉、傅泊川、傅清淮、傅清波、傅万安、傅子金合资创办，由傅泊泉任总经理，前店后厂，地址在当时南开中学对过，以生产足球、篮球、排球为主，后该厂发展到球拍、球鞋、体育服装等，其生产出的产品多由南开中学试用，至1935年已有职工一百三四十人。与当时的天津利生体育用品厂成为天津的两大体育用品品牌。题目为编者所拟。

于舶来货物，而合于应用；论价则较为低廉而易于购置，此其抵塞漏卮推广体育之功，当不在小也。吾人年来提倡体育，每多利赖于体育用具之价廉物美，春合出品堪当此语。特志数言，以为介绍。

中华民国廿四年四月 张伯苓

（《天津体育协进会年刊（1936）》）

三个问题[1]

（1935年5月2日）

现在我们有这么大的一个礼堂，我们可以常常用它，像今天男女两校同时在这里集会，礼堂的效用，更显着伟大。方才开会时大家一同唱校歌，合起来唱，使我们感觉到是一致的。这种会在精神上很有帮助。

这一次本校举行春季运动会，各位先生都很费事的去筹备，像修理运动场、准备奖品，这些事都得照顾到了，这在学校也是一个很要紧的节。那天的天气特别晴和，是近几年来所没有的，精神也特别好，运动员们造了许多新纪录，职员们都能尽责，来参观的人也秩序井然。这给与我们一个很好的教训，就是如果在场的人，每人都肯尽一点责任，全局一定会好，假使全国能一齐合作呢，则“外侮”决不能有。在学校之所以能这么容易，就因为那天在场的都是本校的学生，受过相当教育，平日你们先生都告诉你们，要“各尽其责、各守其职”。每个人都是这样，在那天都运用他所学的，各尽其责，所以就好了。在国家呢？地大人多，思想复杂，就不像那么容易了。必得人人认识这个道理，人人肯做事，人人肯负责，这最好咱们领导着国人一同去做。

日本之所以能比中国强，就因为他们的“教育普及”，国民能合作。我曾同你们说过“拉绳”的比喻，好些人拉绳不知道向那一方面拉，知道向一方面，不知道如何向一方面拉。所以我今天希望大家，记着当日运动场里的情形，做一个很深刻的印象，不要忘记！

① 本文是张伯苓在南开学校男女中全体集会上的演讲词，由徐兴让笔录。

从前打败拿破仑的威尔逊将军的 Watchword（经典名言）就是："英国国家，希望她的国民，都能各尽其责，如果人人能够尽责，那力量一定大。"这非教育普及不可，那天因为去的全是南开学生，才能有那样的结果。

第二个问题，就是男女合校的问题。咱们这里大学合校，小学合校，惟有中学分校。今天利用大礼堂，把男女生聚在一起，同堂开会，谈一谈男女问题。这个问题，在北平讨论的很热烈。今天（五月二日）北平《晨报》的社论也特别著有专文评载。我藉着这个机会，来同你们说一说。

女子为国民之母，是不是？人小的时候知识未开，所谓"两小无猜"。我们看小学五六年级，男生女生渐渐的就不在一起了，为什么？特别是在生理上，一点一点的就分了。这个关口应注意，如何才能不把自己堕落，仍旧能往上长。所以有的学校特别讲这个问题。你们这个岁数，我敢同你们这么说，因为我承认我是你们的领导者，我应当指示你们一个正当的运动。近年与当年不同，因为我是男的，所以我常好说男的不好。在我结婚四十年纪念时，我说："夫妇要是和睦，男的将占六成以上，男人须要时时自重。因为这一辈子很长了，需要做得事很多，不能为现在的欲望，妨害将来的成就。"我们要知道，"天下之大勇者才能自己打倒自己"。你们现在正是练习自己、管理自己的时候，我常说"自治"就是"治自"，凡是能有成就的人，甚至于成就一点小事，都是能自己管理自己的，按肉体说是一回事，按精神说又是一回事，你们必须"精神能管住肉体"，放肆、浪漫、私心、懒惰，我都不赞成。只有自己能管理自己的人将来才有成就。孔子说过："吾未见能见其过，而内自讼者也。"就是说，青年人自己不能管束自己。

我再说女生这一方面。常有媒妁介绍婚姻时，问我们这里的女生怎么样，我说，"我们这里好学生不谈这个，坏学生才谈这个呢！"本来好学生竟忙功课了，坏学生成天没事，才讲恋爱呢！如果有男生问你，向你讲恋爱，你先问他："你有什么成就？没有成就，快躲开！"

上一次我举行结婚四十年之后，有一位老朋友陈衡哲女士在《独立评论》上发表了一篇文章——《父母之命与自由结婚》。她说她不赞成父母之命。恰巧某日她来天津，我在大华饭店遇见了她，还有一位丁大夫，我就向她说："我并不是很守旧的，你看我自己两个儿子，都没有父母之命呀。"但是现在，论到自由选择，确是很困难，因为机会太少了。在中国现在这种情形之下，最好由父母兄弟，或是朋友给介绍。像陈女士与丁大夫他们都是父母之命，他们要早些时认识我，我一定要帮他们的忙。现在惟一的困难就是如何帮助女子选择。男女结婚，是决不可避免的，既想有正当的结婚，就得有正当的办法。丁大夫同陈女士都同为父母之命而不愿意结婚。丁大夫是研究医学的，陈女士同任先生是在美国留学时认识的。在国内普通大学男女同校，选择还容易一些，在社会社交上，这种机会就少了。

熊秉三先生续弦的太太为毛女士。查女士在十年以前和她的表兄解除婚约时，请我主席，是时有许多人旁听，女的都抱不平，我就同他们说：现在自由结婚也很险，男女之认识，感情很盛，脑筋很热，于是理解力因而薄弱，初相认识，男女两方面都竭力把各人的短处掩藏起来，感情一盛，眼也花了，心也跳了，这样结合我不信他是对的。无论做什么事情，须有经验，试问订婚结婚谁有多少次经验？现在只有如何叫他明白，叫他能自治。我证婚时常说："结婚是一辈子的事，不是三天两朝，我看他好就结婚，不好，咱俩散了吧！"中国现在的经济状况与风俗人情等不许你这样。再说，人生的终身的大事，不只就是为娶媳妇，将来的终身大事多着呢！所以我有一个 Law，认识长一点再订婚，不要"冷手抓热馒头"，烫了怎么办？订婚到结婚愈短愈好，结婚之后夫妇得要和衷共济。像逯明这一次在法律上诚然无罪，但是在道德上他的罪却是很大。现在我若同你们说父母之命，你们一定不愿意。自由结婚——近来的风气——以前又没有，你们的父母是自由结婚吗？你们的祖父母是自由结婚吗？所以现在只有做师长的可以告诉你们，可以给你们讲，自由结婚可以，但决不是终身大事，大事很多了！国家等着我们救，许多不幸福的同胞也等着我们去扶持。

有的女生常说家里太干涉她们。你们也应当体贴做长者的心理，与社会的舆论。不要忘了，女子还是女子，对于朋友要正大磊落，男女生如果都能如是，则同校与否，自无大分别，有的学校藉男女同校以广招徕，他的动机根本不良，自当予以取缔！我很郑重、很大胆的同你们说这些话，你们自然觉得是很 Serious，那决不致于被批评为妨害风化。

再有就是白银问题，现在白银流出，奸商偷运固然是原因之一，便主要的原因并不在此，而在每年海关上的贸易差额。据海关的统计，本年入超达九万万之多，最少数时亦达五万万。如想解决此问题，则只有减少入超的数目，换句话说，就是多用国货。

总之，我们要时时记着，要人人尽职，现在做事仅是些热心的领袖们，其余的人，不是反对，就是不闻不问。假使国人都知道"公"之重要，训练为 Like mindedness，则实为国家之福。

关于男女的行为，你们要记着，用自己的精神管理住你们的肉体。自由结婚我不反对，但须有人正当的介绍。

白银问题，源于入超的增多，只有减低入超的数目，就是多用国货，才能解决这个问题。

（《南开高中学生》第2期，1935年5月29日）

招待美国经济考察团欢迎辞①

（1935年5月9日）

中美间商务日渐进步，不过中国人买美国货，向来比美国人买中国货为多。希望美国方面也设法多买中国货，庶中国人更能多买美国货。

（《申报》，1935年5月10日）

在南开学校董事会例会上的报告②

（1935年6月23日）

一、请政府将本校改归国办之经过。

前拟请政府将本校改归国办之事，苓去年到京数次面谒王部长，均请教育部接收本校，以维根本。王部长表示，本校完全改为国立，似可不必，但教育部对于本校可妥谋巩固基础办法。本年五月十六日奉到教育部第六一一二号训令，略开："该校在国人自办之私立大学中，成绩较著。近年以来，该校经费受国库之补助亦特巨。复查该校财政状况，今后仍须继续补助，兹为巩固该校基

① 9日上午，美国经济考察团访问南开大学，校长张伯苓在木斋图书馆招待该团，并致欢迎辞。题目为编者所拟。

② 6月23日中午，南开学校董事会在思源堂召开例会，王濬明、陶孟和、胡适、李琴湘、卞俶成、阎子亨参加会议，教育部代表蒋梦麟、河北省教育厅代表郑达如、校长张伯苓列席，张伯苓报告以下所列事项。题目为编者所拟。

础起见，特规定办法三项如下：（一）嗣后政府对于该校仍按年予以补助；（二）嗣后该校每届举行校董会议，由本部派代表一人，会同所在省教育厅厅长参加会议，惟不参加表决；（三）该校每年度收支详况及预算应报部备核，其每年度岁出详况应于该年度终了后三个月内造送；每年度预算应于该年度开始前两个月造送。”上述三项办法，为教育部巩固本校基础三项办法。

二、各部学生人数统计报告。

就在校学生，大学、中学、女中学、小学四部学生人数总核计之，共有学生二千三百四十五人，分部计之，则大学学生有三百七十五人，中学学生有一千三百三十七人，女中学生有三百三十六人，小学学生有二百九十七人。就本年各部毕业生人数计之，则四部共有五百二十九人，分部计之，则大学毕业生有一百零九人，中学初中毕业生一百六十九人，高中毕业生有一百四十三人，女中学初中毕业生四十四人，高中毕业生二十九人，小学毕业生有三十五人。

三、各部资产统计报告。

本校资产，依其性质，约分仪器、建筑、垫土、地基、图书馆、器具、教科书七项。就各部资产金额言之，大学共洋一百八十五万七千零五十九元二角六分一厘，中学共洋六十九万二千二百三十三元，女中学共洋一十三万零五百三十二元八角五分，小学共洋四万五千四百七十九元六角四分，总计四部资产金额，共值洋二百七十二万五千三百零四元七角五分一厘。至就上述各部各项资产论之，请参阅各部资产报告表。

四、修正预算案

民国二十四年三月，编制预算时，其入款项内有教育部补助费四万元，中华文化教育基金董事会补助费三万元。后以奉到部令，此项补助费须另案呈报，不得列入经常预算之内。又，中华文化教育基金董事会二十四年度之补助费已由三万元减至二万元，是则二十四年度之预算，其入款项下应少五万元，连带论之，出款项下受教育部补助之部分，如化学研究所之设备费，物理系之教席费，经济研究所之图书费三项出款，均不能列入预算出款项内。受中华文化教育基金董事会补助之部分，如理学院之图书、仪器、试验药品三项出款，亦应减少。特此提请修正。

（决议：照修正案通过。）

（南开大学档案馆藏）

为国为公，傻做实做①

（1935 年 6 月 23 日）

此次会②有甚大意义，教育部长本拟亲来参加，因公不克分身，乃派蒋梦麟先生代表出席。南开经过多年之艰苦奋斗，得至今日，诚属不易，本人感觉此后捐款愈难，设或不幸，将来继续乏人，亦一极大问题。今年南开在各方面成绩较往年均好，下年度之经费预算，亦收支适合，乘此时交给政府，可知非因办理不善，始交给公家。同时社会亦应改变凡事一归国家办理即变坏之错误思想。本人前次赴京，面谒汪院长、王部长，曾商谈此问题，未即蒙应允，深盼此次蒋梦麟代表返京时，将实情报告教部，请政府细加斟酌，勿再推辞。

南开创办人严范孙先生因鉴于国人之病在“私”字，力倡教育救国，彼之国家观念，我人今日尚未能追及。严氏指给我人之方向，即是教育须为国为公，〈诸生〉将来是为国？抑为私？来宾中或有诸生之家长，必以为供给子弟十数年之费用，今日毕业后，宜略为家庭打算。但试问若无国，何能有家？常见青年发牢骚，此即是私。若全为公着想，便无牢骚可发。诸生功课已毕业，此后应思如何为国为公，方不愧为南开学生，方不悖严老先生办教育之意。同学出校后，切勿急想做大事，即给以好事，亦应谦谢。曾有人于大学毕业之后，即谋充大学讲师者，炫耀一时，结果失败，痛苦益甚。诸生于离校后，勿图报酬之多，先学会花钱，并非好事，应牢记先从小事切实做起。登高跑快，一时机遇患得患失，何等苦痛。谋事时，务使自己能力胜任，所谓游刃有余，实精神上大愉快。勿图名利，切实干去，获得成绩，名利自然而至。诸生须放远眼光，做上五年十年，再来见我，必信吾言。故事事只须大方傻做实做，即是最好方法。临别以此秘诀相赠。

（《大公报》，1935 年 6 月 24 日）

① 6 月 23 日下午 3 时，南开大学在秀山堂举行第十三届毕业典礼。本校师生及商震、曹汝霖、王揖唐等出席，张伯苓面授训词并发表讲话。题目为编者所拟。

② 指刚刚结束的南开大学校董会例会。

附：《益世报》载张伯苓演讲词

本校创办系严范孙先生，主张教育救国，故办理本校，规定努力方向。诸位毕业勿忘改造环境，改造国家，不得存有自私心。现在一般青年不时牢骚，烦闷，皆是自私心所致，如化私为公，一辈绝无悲哀。要负起责任，肯去牺牲，不要妄想，抱定宗旨五年、十年去做，定有成功，这是最明巧的方法，最压箱底的方法。告诉你们，临别赠言，大家记住。

（《益世报》，1935年6月25日）

在“三六”募款庆成会上的致辞[①]

（1935年6月23日）

我一向主张要公不要私，三六募款之所以成功，一方面是校友诸君热心母校，同时也是公而不私的缘故。比如，诸位要是募三万六千元钱来纪念我六十岁，我相信结果一定不是如此；假如这笔款的用途不是用之于为公的奖学金，结果也不会如此。

（《南开校友》第1卷第1、2期合刊，1935年10月15日）

造成有用人才，对国家尽责[②]

（1935年6月24日）

今日中国政府已大有进步，过去之官吏自私贪污，大体已渐铲除，国人应即力行拥护政府，以促其迅速改善。一般学生应即努力用功，以造成有用之人

① 6月23日南开校友在大学部举行“三六”募款庆成会，本文为张伯苓在会上的讲话，摘自《纪“三六”募款庆成会》一文，题目为编者所拟。

② 6月24日上午9时，南开男女中学在南开中学礼堂举行毕业典礼，张伯苓在典礼上讲话。题目为编者所拟。

才，而尽其对国家之责任。

（《益世报》，1935年6月25日）

守住南开的精神干下去，没有可怕的[①]

（1935年6月）

你们俩是化工系第一班毕业生，刚走出学校，永利就要你们去，我觉得很高兴。初进社会，对于学习方面，因为你们已经有从南中到南大的经验，我不担心。我所担心的是心理方面的，你们一定有个“怕”字。社会的陷阱、坏人，处处可以碰到，只有守住原有南开“干”的精神干下去，没有可怕的，这是我在你们离开学校之前，送给你们的几句话。

（台湾南开校友会编印：《张伯苓先生百年诞辰纪念册》，1976年）

华北运动会，应每两年举行一次[②]

（1935年7月29日）

以后华北运动会，最好每两年举行一次，与全国运动会相间，俾时间与财力均可减省。并希望每逢开会，一切务求节俭。费少数之代价，而收实施。至于原来主张华北运动会每年轮流在华北各省市举行，系希望各省市均可乘机建筑一有规模之体育场。在现在之情况，似可转变目标，只就已有体育场之各省市，请其略加消费，亦足应用。至下届问题，乘华北体联委员在青之机，或将

① 这是南开大学化学工程学系应届毕业生朱先栽、郭保国去天津永利化学工业公司工作前，张伯苓约二人去校长办公室谈话的内容。本文摘自朱先栽《忆恩师》一文，题目为编者所拟。

② 是日，由全国体育协进会主办的体育讨论会在青岛开幕，张伯苓、郝更生、沈嗣良、袁敦礼等体育专家及各省市代表、讲习会全体学员出席会议。午后，沈鸿烈偕张伯苓、郝更生等赴山东大学运动场，参观训练会田径及篮球选手练习。在运动场，张伯苓接受《大公报》记者采访。题目为编者所拟。

加以会商，以便进行。因如决定每两年举行一次，明年即必须筹办。

（《大公报》，1935 年 7 月 31 日）

从教育立场谈中国体育①

（1935 年 7 月底）

现在将我三十年前和现在对于中国体育的感想说说：三十二年前我在北洋水师学校时，正值中日甲午战争以后，中国的国势已经全被外国人窥破，所以各国全想在中国得个好口岸做根据地，向中国内地扩张他们的势力。威海卫是我国很好的军港，在甲午战后即被日人夺去，后又被英国占有（至今已经归还），时当地的水师衙门也被英人占管，当时得着这种深刻的刺激，心中非常的惆怅。有一天经过被英人强占的水师衙门门前，看见一个中国的兵士正与守门的英国兵士交谈，英国兵穿红色的上衣，黑色的长裤，光亮的皮鞋，趁[衬]着一条白皮的腰带，衣裳不只是美观，而且是非常的清洁，再与他强健的身体配合起来，那种英勇的气概，令人视之生畏。转看我们中国兵，瘦弱的身躯，再加上那肥大而污秽的服装，那种萎弱的形象，与外国兵真是没法比较。中国不如外国最大的原因是体质柔弱，当时已经被我查觉了。所以后来回到天津，初办学校时，在课余之暇尽量使学生运动，后来青年会有些位热心体育提倡，中国体育才渐渐的有进步。可是与外国相较，还是相差悬殊，要知道外国的富强，全是由于人民体质健全。他们做大事业的年龄全在四十五岁以后，中国人在四十岁以后，身体衰老，没有精神来作事，创造力更行缺乏，这正是中国在世界上占不到地位的最大原因。要想中国以后富强，必须锻炼民族的体魄。近二三年来中国的体育可谓一日千里，但是国难的严重，却和体育的进展成了正比例。推其原因，可知一般先觉的民众已经明白救国之道必先强身，国难愈严重，我们愈是要格外努力锻炼体魄，以备将来为国宣劳，来重新发扬我们民族光辉。忧患可以兴

① 1935 年 7 月 15 日至 8 月 17 日，中华全国体育协进会于青岛开办“暑期训练会”，训练参加第十一届奥运会的运动员。期间，7 月 29 日至 8 月 3 日中华全国体育协进会假山东大学召开体育讨论会，张伯苓发表该讲话。题目为编者所拟。

国，这实在是一个最好的教训。望我体育界同志，抱定坚决的意志领导民众，努力不懈的向趋于富强的光明大道迈进！

（《勤奋体育月刊》，第2卷第12期）

拟请组织中华全国体育协进会学术组案[①]

（1935年8月1日）

（一）凡在体育界服务者，得为会员，每人每年交纳会费若干元，得享协进会体育季刊阅读之权。

（二）本会讨论会参加人员，均得为发起人，于此讨论开会期间，举行发起人会议，推定筹备人员，于明年暑假期间开成立大会及讨论会，并拟定讨论会讨论中心问题，推定委员负责筹备。

提案人：张伯苓、郝更生、朱影波、张士灿、李雪琴、董守义、章辑五、马约翰、李仲三、陈丽霞、夏翔、赵逢珠、尚树梅、向忠殷、袁敦礼、沈嗣良、谢树声、吴励吾、毛鸿烈。

（南开大学档案馆藏）

体育之提倡，务求普遍[②]

（1935年8月3日）

本届大会之举行，集全国体育家于一堂，作学理之研讨，实为我国创举。同人等于会议之后，将发表宣言，申述意见。此番所决定者，体育不必单另成

① 本文是张伯苓等在全国体育协进会主办的体育讨论会上的提案，题目为编者所拟。

② 是日晨6时40分，张伯苓由青岛返抵天津。当天对《大公报》记者谈此次体育讨论情况，题目为编者所拟。

一科目，其与教育以及社会一切，均有联带关系，不必视同化外，此为体育界同人一种新的觉悟。至少今后教育体育可打成一片。次以体育之提倡，务求普遍，以全体国民为对象，单独造就少数选手，固不能视为体育之进步也。又关于体育学会之组织，据称系为研究学理之学术团体，附设于全国体协。今后治体育者，各就所长，研讨学理，而于开会时公之于众，共同研究，于今后国家体育发展颇多利益。

（《大公报》，1935 年 8 月 4 日）

望各界同胞量力解囊，共襄义举①

（1935 年 8 月 21 日）

本年水灾，较诸历年泛滥之地域皆广，此空前惨灾，又适逢国危民穷之际，实为我民族之最大难关，为国生存，舍自救别无他道。夫今日我国民所遭遇之一切，莫非历年因循怠逸之结果，以吾人对事敷衍成性，治水工作向不认真，致使淤泥久塞，江河日浅，雨量稍多，辄成巨灾。举凡今日政治社会之内忧外患，皆为此种慵懒习性之孽债。处此情况，嗟叹无益，各人惟有本无畏精神，抱同舟共济之心，互相扶助，了清宿债，庶民族有复兴之一日。当此市面不景气，国民经济疲衰之际，募巨款以济急赈，原非易事，然本市各界同胞苟具决心，募捐前途仍极乐观。本会注重工作之实效，故会章仅具简要之形式，而不尚繁琐。此次济灾工作，务期迅速，以免使被灾同胞久待。募款范围，以普遍为原则，使各界同胞皆能量力解囊，共襄义举。其力能多捐者，则盼其踊跃输将，以示提倡。盖民族前途之一线光明，仅系于一般国民私己心理之消除也。兹趁此救灾工作，吾人正可一涤素来之陋习，而兼收社会教育之功效。

（《大公报》，1935 年 8 月 22 日）

① 是日下午 4 时半，张伯苓出席天津市救济水灾联合会在英租界银行公会举行的第一次全体大会，任大会主席，讨论赈救水灾进行事宜，并在大会上致辞。题目为编者所拟。

待新闻界诸君之协助，共谋推进[①]

（1935 年 8 月 25 日）

本会成立伊始，救济工作亟待进行，为谋市民全体动员救济水灾计，实有扩大宣传之必要。现虽有宣传委员会之设置，然尚有待于诸君之协助，尚望群策群力，共谋推进。

（《大公报》，1935 年 8 月 26 日）

爱护母校，但尤应爱国[②]

（1935 年 9 月 7 日）

“九一八”以后，尤其《何梅协定》签字以来，平津一带随时可有战祸。同学们固应爱护母校，但尤应爱国。天津如被侵袭，早受日人嫉视的南开学校，其遭遇破坏，自属必然。但我们不可因此对抗日有所顾虑。南开学校与整个国家比，实不算得顶重要。为救国而抗日，当不可顾虑本校之可能遭受破坏，甚至以此使南开学校片瓦不存，亦不足惜。有中华民国，则南开纵使遭敌毁坏，何患不能恢复。如没有了国家，即使学校幸存，徒为敌人利用，以愚弄我国民，办南开学校，又有什么意义。

（台湾南开校友会编：《张伯苓先生百年诞辰纪念册》，1975 年）

---

① 是日下午 4 时半，天津市救济水灾联合会招待本市新闻界，由该会常委张伯苓、王韬、雍剑秋等分别招待。首由张伯苓致辞。题目为编者所拟。

② 9 月 6 日，张伯苓为小站校田事，赴南京晋谒教育部长王世杰，7 日南京南开校友七八十人举行欢迎会。张伯苓发表讲演。本为摘自田炯锦《追念张校长伯苓先生》一文，题目为编者所拟。

认识环境，努力干去

（1935 年 9 月 17 日）

开学那几天，因为学校的事到南京去，所以没得和大家谈话。今天藉这个机会，和新旧学生稍微谈谈现在的情形，看看本学期咱们应当怎样做法。

这一次始业式是许多次始业式的一次，可是环境有了许多的变化。我们先要认识环境，再说怎么样应付环境。不能应付环境，要被淘汰。教育是帮助人应付环境的。既然要认识环境，今天就把个人所认识的、所感想的说一说。最近几年，特别是最近几个月，有个很不安全的感觉。我们自以为是一个国，而这个国可是没有门，没有墙，这怎么好！以前我们住在什么环境里呢？以前的环境，四面的墙一齐倒，彼此互相支持住，没有倒下，我们就在这个环境下住了多少年，觉得很安全。大家在底下还要乱打乱闹，你看该死不该死！现在几面墙都塌了，有一面墙要整个地倒下去，自己又没有柱子支着，让它倒又受不了。早也不知干什么去了，抬头睁眼一看，各方面的势力都跑了，只有一个大势力来啦，如“冰山之释”，这是多么不安全！中国人真有这不安全感觉了吗？不完全都有。我希望我们南开的人，都有这个感觉。以前的事，不能说，也不必说了，在墙下胡闹的机会，再没有啦。以前的事情，人人都应该负责，我也是应该负责的。

有这不安全的感觉，应该怎样呢？第一，不要像从前说孩子话，什么痛快说什么。回想前几年，小孩子气到万分。学生固然如此，甚至执政者也这样。现在这种举动万万不要有。快快想法子盖墙、盖门（要是懂得这个话，就是国防）。院子太大，不能都盖，那怕盖一个角呢，也比不盖好。记住啦，在这个不安全的情形这下，第一，不要随便说话；第二，快快盖自己的墙，挡住那猛扑回来的势力。墙倒下来，大家一同都要死的。以前闹私的感情，闹意见，现在不要这样了。

这几个月以来，我的第二个感想，就是以前做的事情，满不彻底。我觉得我自己做的事情，也不彻底。这并不是谦虚。我盼望南开的人，此刻都大彻大悟，万不要因为小小的成功和进步而得意。我常想，我们提倡体育已有三十多年，体育比以前进步得多了。以前，长指甲，走路都走不稳。以前跳高跳四尺多就了不得啦，现在差不多到了六尺了。跑啦、篮球啦，都比以前进步多了。我们在国里觉得自己的进步，到了一开远东运动会、世界运动会，一比就不成了。我们进步，人家进步得更快。你要知道，自己进步是没有用的，有一点不如人，全局输了，自己的一切进步都没用了。所以彻底还要彻底，紧还要紧。自己认为小的进步不算，非彻底不行。说是比从前好得多了，等于白说，试看别人的进步怎么样。现在情形这么险，我们应当怎么样做？上一次我对中学说话，提出了三个要点，我现在也给你们说。

第一，中国人太自私，不能合作。无论什么时候，什么事情，人人都可以看到自私的现象。我常坐在一旁，自己不说话，听人谈论，很少有人说到为公为国。例如做买卖吧，买卖是大家的，人人都要入股才行，人人都要提款，那岂不是坏了，岂不是糊涂么？又例如一个航海的船，全船要沉了，还有些人只管坐在舱里守着自己的财宝，看得太小太近。我们这些人不有总名称么？分开说罢，你姓这个，他姓那个，你是这省人，他是那省人，你是南开，我是北洋，但是这些人有总名儿，就是中华民国。总的东西要叫他存在，自己才能存在。要想叫他存在，看为他努力的人有多少。想着真险呀，向公家添煤添油的人太少，揩油的人太多，这如何能好！

年长的人快死了，不要管他们，希望都在青年人身上。我在中学礼堂讲演，看着男女中学学生一千七八百人，真精神，我高兴。我今天看见你们，我也高兴。青年人要顾公，不要净顾自己，从自己起，每天想三回——

“我真爱国么？我自己对公家有好处吗？我自己对公家有害处吗？”

你自己这样问你自己，你们都这么大的人，也用不着我给你们说什么是“好处”，什么是坏处。

中国人的自私心比各国人都大。就知道为子孙、为家族，可是不知道为国。中山先生说知难行易，做着容易，就是这个“知”真难。中国人几时才知道为国，知道无私就是公？我有一个比喻，旧学生听过多次了，新学生还未听过。我到各处学校讲演，用拉绳来比划。绳子一共是六根，一个气力大的人拉一头，那五个人要向一处拉，就拉过来了；五个人分向各处拉，就拉不过来了。这样浅的理，何以不懂呢？懂，为嘛不做呢？就是太私。要下修养工夫，练习公。这次在南京给遗族学校讲演，学生都是七八岁的小孩子。我问他们，你是那一国人？他们说是中国人。有没有没人的国？他们说没有。中国人多不多？他们说多。中国强不强？他们说不强。为什么不强呢？小孩子说，不能团结。小孩子都懂。我痛快极啦。可惜的不是真知，不能做。拉绳懂了，别的事还是不懂。

中国的事很简单，只要懂得这个道理，就易如反掌。中国人多，又不傻，地又大，何以不好？由于不能团结，太自私。公由那里起？由一班、一个学校起下工夫，练习为公。

中国人还有一种特性，小孩大人一样，总不愿别人好。大家在一块谈，谈到别人的坏处，大家精神百倍；说人好处，就不高兴了，好象不愿中国有好人。这就是亡国的根源。我在南京，提议组织一个会，长写匿名信。匿名信本是骂人的，我们以为一骂他，他就可以做点好事，其实，他更不做好事。所以要写捧人的匿名信，叫他今天接一封，明天接一封，日子长了，他高起兴来，尽力做好事。我常听人家说别人坏，大家都来了，再加点东西，这如何能好。我头一句话，总想为他辩护。孟子说："纣之不善，不如是之甚也。天下之恶皆归焉。"中国人愿意国家好，可是不愿意有好人，这都是自私，度量不大。现在，我给你们想几句话：

你是中国人吗？　　是。

你爱中国吗？　　爱。

你愿意中国好吗？　　愿意。

那么，你就要得愿意中国人全都是好人。

不要太狭隘，彼此要往上长，不要往下长。总是批评人，那就是往下长。譬如开一个运动会，有人代表南开跳高，你愿意他折坏腿吗？愿意人好，还是愿意人坏，你们可以拿这个试验自己，试验别人。现在倒霉时候，不愿别人好吗？要改，非改不成。

第二个要点，论个人聪明，中国人比日本人高，这是浮聪明。凡是有打算盘的事，中国都有小聪明。聪明是生来的好处，不是自己的，努力才是真正自己的。个人聪明，中国人高，可是团体的聪明，就不如日本了。中国人没有至诚，不恳挚。做事没至诚，不恳挚，是不成的。有的先生告诉我说，有些学生很聪明，就是不用功。我说，有这样的学生，你告诉我是谁，我把他找来，我打他因为他暴殄天物，辜负老天的好意（听众笑）。

你看人家外国人，都那么诚诚恳恳的，中国人总是那么飘飘摇摇的，我想给中国人加上点重量，中国人要傻不济济的干。中国人一事无成，要傻干。中国人没有份量，一吹就跑了。我给你们每人加上三十磅，各个人都加份量，沉住了气，不要说风凉话。说嘛就是嘛，要实做。中国人不如人的，不能合作，不能诚诚恳恳地干一下子；知难而退，浅尝则[辄]止。应当"继续努力，以为贯彻"。你不是学过力学吗？力学上一个物体，加上一个力量，力量不断地加在物体上才怎么样？才有加速度，越加越快。假如浅尝则止，就不能有成就。中国人不能咬牙干。要诚，要皮戆肉厚，脑筋迟钝，不成功，就要死。现在要改造国家社会，非有傻干的人不行。如有人露小聪明，我不爱。假如有傻不济济的，我说这孩子好，结果一定好，将来能为国家作事。中国人好象个个是大少爷，穿得漂亮，说话漂亮，一遇到难处，就担不住了。也不能受冻，不能挨饿，都是大少爷、大小姐，少爷国是站不住的。你们人人都这么嘱咐自己，“别看我傻，我干，干出个样子来看。”国难到这个地步，你们都是大学生，你们要不成，这个国就没有希望了。所以要恳切、诚挚。

第三个要点，就是努力。要自个上弦，要拿住劲儿，不要上着上着又脱辘脱辘的松。又像打气，噗！扁了。中国人到时候就拿不住了。长江流域的人清秀有余，而敦厚不足。我以为长江流域的学生，应该到北方来上学，十一二月北风刮的顶厉害的时候，顶着北风走，这样顶下来，才能做大事。谈到努力，我真佩服日本人。中国人为什么不行，中国人皮松肉厚。你们都要咬定牙根，紧张又紧张向前努力。

以上所说的三样，就是公、诚、努力。同学里有这样的人，你们要鼓励他，互相鼓励作这样的人。要恳切，在诚，不要净说笑话松话：“瞧这小样干嘛，有什么用处！”南开不要这种说缺德话俏皮话的人。南开要的是傻子，不要聪明的。学厚、学傻，要钝。譬如刀吧，磨得很快的，锋刃太尖，这时候不要用。得把他那个尖磨去了，再用就行了。锋利的容易挫，傻的长，可以做事。中国人不如西洋人、日本人的，就是傻和诚不够，太轻飘。弦要自己上，自己打气。现在局面这样，不用先生们讲，你们还不懂吗？这用我说吗？你们认识了环境，努力干。

（《南开校友》第1卷第1、2期合刊，1935年10月15日）

在天津市救济水灾联合会会员大会上的致辞[①]

（1935年9月22日）

本会于上月二十三日成立，办理江河水灾急赈，原定期限为一月，今已届满，故全市各届总动员救灾，现正开始推动，虽所发捐启收回者不及一半，而成绩已大可观，甚望到会诸君继续努力，推动进行，以救灾民于水深火热之中。

（《大公报》，1935年9月24日）

在南开学校董事会例会上的报告[②]

（1935年9月29日）

一、各部学生人数统计报告

就在校学生，大学、中学、女中学、小学四部学生人数总核计之，共有二千六百十八人，分部计之，则大学学生有四百零九人，中学学生有一千四百五十二人，女中学生有四百三十二人，小学学生有三百二十五人。就各部新生人数计之，则四部共有九百一十二人，分部计之，则大学新生有一百八十九人，中学新生四百五十八人，女中新生有一百七十八人，小学新生八十七人。

二、经济研究所与其他团体合作事业

1. 罗氏基金团本年委托本所添招研究生，以训练农村工作之人才。

2. 中央农业试验所委托本所调查冀、鲁、豫三省运销事业，特别对于麦、米、杂粮三项。

---

① 9月22日下午4时，天津市救济水灾联合会在英租界银行公会举行会员大会，到会常委及会员有雍剑秋、王韬、张廷谔、钟锷、赵聘卿、陈锡三、李厚基、陈宝泉、阎子亨、王文典、陈中岳、李书田及各机关代表300余人，由张伯苓任大会主席并致辞。题目为编者所拟。

② 是日中午，南开学校董事会在大学部秀山堂召开例会，胡适之、卞俶成、阎子亨参加会议，教育部代表蒋梦麟、河北省教育厅长何海秋、校长张伯苓列席，张伯苓报告以下所列事项。题目为编者所拟。

3. 金成[城]银行总经理处设立天津调查分部，委托本所计划与指导。

4.《大公报·经济界》由本所主编。

三、永利公司请化工系主任张子丹[①]先生协助该公司南北两厂之设计及研究工作，同时该公司允许化工系学生在假期内赴该公司各工场实习，并为充实化工系起见，拟增添讲席一二人。

四、前为章玉荪、章绍廷捐筑中学部礼堂，呈请教育部褒奖，业蒙于本年七月颁给一等奖状一纸，随于九月六日上午由李琴湘、卞俶成校董及中学部同人送往章宅。

（南开大学档案馆藏）

体育与教育

（1935年9月）

诸位，今天我所说的题目是“体育与教育”，天气非常热，所要说的，以简单为原则。以我个人经验，来申述体育原理，是好是坏，是否合理，还请诸位指教。我最初为海军学生，在北洋水师求学。当三十七八年前甲午之役，中国各海口被外人侵占，此时正当予卒业赴舰实习，目睹各海口之被外人侵占。德人以教士在山东被害为由，强占青岛，英人亦强借威海卫作避暑之地。是时予年甫二十三岁，目击当时国内官吏之腐败，人民之无国家观念，实足伤心。反观外人体格之雄伟，回视国人之螳螂体式，更觉失望。默察中国之国土、天产，无一不及外人，所以不如人者，只有人的陶铸。所以发志办教育。

自认教育与体育，绝对不能分离。宗旨以训练团结、合作、健全之身心为目的。三十七年前，予回天津从事教育工作，当时只教学生五人。在教室中授以跳高等运动，以期改进其体格。继之经过二三次出洋考察，更深悉体育之重要。人民体格及合作精神关系之切要，故仍本以往主张，从事教育，以期改造国内青年。当时，有外人在国内所办之教会学校，彼等尚提倡体育，然中国之官立学校，仍对体育非常漠视。诸位，试想体育不好，如何能改进体格？如何

---

① 即张克忠。

能有好的体格？无好的体格，何以能作事？故经过数十年的奋斗，达到现在的光景。顾今思前，似有进步，应感知足。然详察之，不但不敢知足，反觉应加倍努力。何者？国内体育虽见进步，然较诸其他各国进步之速，实足令人不寒而栗。我国体育之瞠乎人后，诚堪伤心而惭愧者也。故我们不能自足，仍须继续努力，此为全民族之问题，并非只造就几个好体格的运动员而已。所以，我们应以最后的努力，使大家体格强健。此次我国准备明年派遣选手赴德参加世运会，此是一种提倡体育的手段，并非目的。即如国内举办各种运动之银盾、锦标等，亦系借此为工具，用作提倡体育之手段。若以手段为目的，岂不大谬！国内各种学科，有学科讨论组织者很多，体育本年度亦仿照他种学科组织举行讨论会，希望大家分别担任，起来提倡，使这种组织长久下去，使教育当局、各校长明了体育。

中国人最大的毛病，是自私心太大。国人的智识，无团体、无国家观念。体育可以灌输此种观念，以训练其团结、互助、合作之精神。例如十人拉绳，六人据绳之一端，四人据绳之另一端。如四人合作，共力拉之，其另端之六人不能合作，则四人之一端定能取胜于六人者。故体育不教合作，乃为不懂体育，不能合作，乃可亡国。（他日设余执教育权衡，当试各校校长之体育主见，以评定其是否懂教育。）义务教育之推进，乃当今之要途，其中包括体育，并不应与体育分开。训练受教者，不但使其识字，更当使其活动。执教者，须知几种基本活动，以训练学生身心之健全。一方采取他人之成方，另一方更当速自研究，以期有较速之进步。诸君俱有责焉！

（《勤奋体育月刊》第 2 卷第 12 期，1935 年 9 月）

全国运动会应注重精神，振奋民气[①]

（1935 年 10 月 4 日）

本届运动会已参加者计有三十八个单位之多，尚有宁夏、青海，及国外之

① 本文是张伯苓在离津南下上海参加第六届全国运动会前，与《益世报》记者的谈话。题目为编者所拟。10 月 5 日，张伯苓对《大公报》记者亦有类似谈话，因内容大致相同，不再收入。

檀香山亦将赴沪参加。健儿到会者，男子为千六百余人，女子亦达六百余人，实为可喜现象。吾人以为大会之举行，原注重精神，振奋民气，是以其功效颇大，此点最为各方所宜注重者。

复次，大会之举行既注重精神，如总锦标之有无，殊乏意义，现已有一部人士主张取消，将来体协在沪开会当可通过。至于举行年限，余主张宜适应时代情形，如果吾人以为财政所限，不妨延长年限，此点将来以体协多数意见为依归，俟到沪后即可讨论决定。

本年夏在青岛举行暑期体育讨论会时，体育界诸君等发起组织“中华体育学会”，当时宣言，注重于普遍的提倡，与学理之钻研，已于大会宣言述及，今乘全国运动会举行，各体育家聚集沪上之际，开成立大会，研讨工作步骤。

到沪后定九日召集裁判员会议，会商诸事，减少将来纠纷。

（《益世报》，1935 年 10 月 6 日）

全国运动会宜四年举办一次①

（1935 年 10 月 6 日）

下届华北运动会，举行地点，除北平外，绥远、青岛均可承办。查大会之举行，原重精神而不在物质，是以绥远财政困难，若愿承办，固不必按他省市之先例，广设规模宏壮之运动场，以及若干近乎奢侈之开销也。复次全国运动会，亦不必二年举行一次，余主张分区运动会，如华北区之类，可每二年举行一次，全国不妨四年。盖聚全国健儿于一堂，不过鼓舞民众之兴趣，欲求普及，实有赖于大家之提倡。

（《大公报》，1935 年 10 月 7 日）

① 是日晚 10 时 40 分，张伯苓乘火车南下赴上海。行前，张伯苓对《大公报》记者谈话。题目为编者所拟。

中国人所缺乏的两种力

（1935年10月21日）

国际的风云如此的恶劣，中国的前途又何等的危险，这是谁都不能否认的事实，除醉生梦死之徒外，我想谁都想自救，而且谁都要自救！

要自救，就应该先知道自己病根之所在，而后才能谋自救的方策，我以为中国人最大的劣根性，有以下的两种：

（一）没有团结力——太自私。

在我们南开大学里，有一种最普遍的而且我所最赞成的运动，就是拉绳，绳子的一端有许多人拉，绳子的那端也有许多人拉，大家在一条直线上比胜负，倘使现在的一条绳子是由许多细绳卷成的，譬如一方许多人在一条绳上拉，另一方则把一条绳分开为数条细绳，每人各拉一条细绳，分散着各拉自己的一条，试问：连在一起拉的一方胜呢，还是散开来拉的一方胜？事理是无疑的：那连在一起拉的一定要胜，这原因就是团结的力量比分散的力量要伟大，要巩固。

不团结的原因就是太自私，中国衰弱的致命伤，是中国人太自私，只顾一己的利禄、名誉，毫没有社会观念，更没有国家观念，根本谈不到什么爱国或救国，一般无廉耻的人，都是被这自私心所驱使，弄得中国不能团结，一盘散沙。

但是中国的人民正染着这个恶习，这是最可深惜的恶习，如果国人对此恶习不除，则一切救亡图存的打算，都是白费！

（二）没有前进力——不彻底。

世界是动的，不是静的，是前进的，不是后退的，这是千古不灭的定例，所以生存在二十世纪的国家，应该进一再进，长一再长，不断地迎着时代的轮子往前跑，不进则退，退则被人家淘汰，但是我国人习惯，遇事不肯迎头赶上去，一切的都做得不彻底，有一小小的结果，就以为是登峰造极，自鸣得意，就不想再长进，这里有一个很显明的例子：

第六届全运会，有许多选手们因为得了锦标，就满足了甚至骄傲起来，其实这种种都要被人家笑话的。因为你在中国虽然得了冠军或打破了纪录，但是比起远东的记录，就相差得很远，比起世界的记录，相差得更远，你在这种小的狭小的笼子里，虽然得了冠军或亚军，但是你如果看看远东，望望世界，那你有何面目自大呢，有何勇气骄傲呢？

曾忆：在第九届的远东运动会，我担任中国的总领队到日本去参加竞赛，当赛终领奖的时候，日本的选手虽然名列前茅，却仍保持着日本故有的朴素，布衣布鞋，笑容满面很客气的去领奖。中国的选手呢？则不然，虽然得的名次末后，但领奖的时候，却神气活现，而且毫无礼貌。由这一些，可见中国的运动不进步，就是因为中国人太骄傲，骄则必败，无怪中国永远停留在这"止水似的下层"！这亦是前例之一种。

凡事大抵如此，古今同出一辙：越王勾践卧薪尝胆，卒灭强吴，这足征"骄则必败"，不彻底，不想前进者终得淘汰！

予上所述，虽属小道，亦有可观者焉，国人对此病如不治，则复仇雪耻，一切都是梦呓！

二四，十，二一

（《中国学生》（上海）第1卷第10期，1935年）

第六届全国运动会观感[①]

（1935年10月22日）

本届全运会参加三十八单位，远达新疆、西康、蒙古以及菲岛、马来各地华侨，在收获上言，其成绩较历届固有进步，但其表现我国民族团结精神尤为重要，十日来虽不无纠纷，但均立即排解，亦足欣慰。在沪时，每日与王部长谈及下届全国运动会举行地点，决照前定在京举行，因中央曾规定每二年举行全运会一次，每隔四年则在京举行，故下届自不必另觅他处地点。全国体协开会，负责人员已重新选定，参加世界运动会事宜，公款确定十七万元，中央已决定如数颁发。项目如足篮球、田径赛等正由选拔委员分别挑选中。除本届全运各优秀分子外，新进人才自亦选派，明春当可全部发表。十月十七日曾召开

① 第六届全国运动会闭幕，10月22日晨张伯苓返抵天津，《大公报》记者往访，本文为张伯苓对该记者的谈话。题目为编者所拟。

华北体联会谈话会，接洽下届华北运动会举行地点，现以各方均限于经济，无承办之意，由会决定向陕省接洽，以节省经济为原则。吾人用意在鼓舞内地人士对体育之认识，如陕省仍无承办意，则仍由青岛负责。中华体育学会已成立，今后专作学理之研讨。

（《大公报》1935 年 10 月 23 日）

对于全运之感想[①]

（1935 年 10 月 25 日）

这次全国运动会在上海举行，是为第六次。第一次是在民国前宣统年间，是藉一个博览会在南京举行，当时人民对于这个会很少有认识，所以参加的也很少。第二次是在北京举行，为教育部所举办。第三次是民国十三年在武昌举行。这次的时间距离以前很长，就是因为国内发生战事的缘故。第四次是在四年前，亦是藉博览会在杭州举行。第五次是二年前，在南京举行，现在就是第六次。在这六次中，我共参加了五次，只是第四次未去。这六次一次比一次的人多，成绩也一次比一次的好。这次参加人数约有三千人，比第一次举行时候看运动会的人和职员还要多。在第一次举行的时候，我带去一位孙宝信去参加比赛跳高，相信准可以夺得第一的，但是因为那时人人皆有小辫，所以当他跳时辫梢扫了竿子，以致失败，锦标为上海夺去，这是多么可惜。

本届全运参加共有三十八单位，正当着国里闹水灾的时候，上海方面建这个运动场费去了一百多万元，并不是把这运动会举行就算完了，以后上海还可藉这个运动场，多多提倡体育。至于每单位旅费方面，计北平市八千元，河北省八千元，其他单位也有三千元五千元不等，共用去约十余万元。此外招待费用去约十数万元，以前有人主张为什么不把这许多款去捐到灾区呢？但是实地的看起来，这是很有意义的，他的意义可分两方面来说。

第一是此数年中国民气不振的时候，藉这个运动会可以振发全国国民精神，

① 本文是张伯苓在南开中学的讲演，由学生记录。先刊载于《益世报》，后又刊载于《勤奋体育月报》1935 年第 2 期。

看见这个大运动场，是如何的振作，年长的给青年一种奋发振作精神，好叫他们以后改造国家。全国人民虽然不能一个一个的全部去看，但是也可看报纸上，以后还可以看活动电影，这是很有教育的价值。第二个意义是国虽然不统一，但是藉这个运动会，全国人民，如同新疆、西藏、蒙古，各地方的人，都聚在一起，大家都可互相观摩砥砺。这一方面是给青年一种奋发，一方面是叫青年们看看全国人民之多。由以上两点看来，所以说他是很有价值的。

这次成绩创许多新的纪录，但还未达到期望，秩序方面还可以，只是琐碎的事情太多，共有七八次抗议之多，口头抗议也甚多。以前有人戏谑我，说是我将要是终身的裁判，但是按这次的情形，我将永远要不任这总裁判的职务。

这次竞赛规定有一条规定很不清楚，就是选手资格问题，原先的规定是以现在选手所在的地为定，因为这句发生问题很多，如同吴必显、郝春德等资格的问题发生，以后开会讨论。竟有人解释选手资格的规定，谓以现在全国选手，皆在上海。所以其所在地就是上海。要按这么一解释，那不是全国选手全成了上海的吗？那何必又称作全国运动会呢！真是笑话！由这错误的规定，所以发生一代表代两单位之问题，各单位互争较好的运动员，失去体育道德，使运动为商业化。以后经过数次会议，才决定凡是运动员参加两单位的比赛，就取消他的资格。所以后来有许多运动员被淘汰，除此而外，就是女子四百米接力，当比赛后，广东队抗议说上海队跑错道，应取消其资格。但一问检查员，他们也都未注意。这真难断极了，后有人提醒言看像片，及至一看，果然上海跑错道，乃按章程取消其资格。此外琐碎的事情很多，费了许多的周折。至于这麻烦的原因，第一是因为竞赛规程未定好，第二是有人藉此捣乱。所以经过这次纷乱，下一次我当不当总裁判还是一个疑问。假若是当，我必须首先要把竞赛定规看一看，因为这是法律，法律若是不清楚，那还怎么裁判呢？

总观这次大会情形，真如盛况非常，第一日约有十数万人参观，筹备员也很努力，所以有此良好的成绩。有人问我对于此次运动会的感想，我觉得若是用显微镜来看，里面空隙太多，纷乱异常。但是如果望远镜来看，全局大致还算不错。

（《益世报》，1935 年 10 月 26 日）

全运会之盛况与感想①

（1935 年 10 月 30 日）

此次裁判甚不易当，麻烦之至。类如选手之双栖（即跨籍），径赛之跑错路线，诸如此类之问题，多不胜举。所幸全体皆知大义，故遇事不难解决。兹再举一例，即可见纠纷之五光十色。缘（吾）②为田径裁判长，王正廷氏为游泳裁判长，当游泳比赛时，上海市民对于游泳兴趣特浓，故售票由一元至三元，大会亦可藉此得一笔收入。然以看台座位有限，若选手三千余人，皆容入内，则坐满且恐不足；倘只许职员入内，又欠公平。故除游泳比赛员外，一律皆须购票入座。惟青年人无不要看美人鱼者，裁判员亦皆三十来岁之"小伙子"，焉能例外？故向（吾）力争，谓王正廷以下之一干游泳裁判员，每日必来田径场，何以田径裁判员，不得到游泳场参观？（吾）乃答以："田径场大，游泳场小，我能容彼，彼不能容我。田径裁判员之度量，应与田径场之大，不与计较。"以敷衍之。裁判员仍以看"鱼"心切，力争不已。大会方面，恐伤"田裁员"之心，因许之，而游泳池畔"田裁员"遂得其所哉。

此次所得之意义有二：一为振奋人心，二为通力合作。大会本定两年一次，初嫌其太快，但下次在南京亦有场所，费力无多。闻再下次，广东有承办意，虽须筑场，我亦赞成，因大家可以到广东一行，更可感觉振奋人心，通力合作之意义。故希望在座诸君于职务之外，振起精神，大家合力，为社会谋幸福。

（《北洋画报》第 1317 期，1935 年 11 月 2 日）

① 本文摘自张伯苓在天津基督教青年会联青社聚餐会上的讲演，由四方记录，原题为《张伯苓口中之全运会轶闻》，题目为编者所拟。

② 此处原为第三人称，为方便行文，由编者改为第一人称"吾"，并加"()"标明，本文中下同。

中日两国国民应有真正的认识和了解[①]

（1935年11月2日）

今年六月间，工政会主事海口守三先生经驻日本领事岸伟一先生的介绍，到敝校来接洽一件事，说是日本工政会及其他各工业团体代表，如果到天津来的时候，打算与敝校的同事作学术上之讨论，问问我们的意见如何。彼时我认为这件事情很有他的意义，所以我就答应了，说是我们很愿意日本的学者和敝校的同事来谈谈。后来日本领事永井洵一先生又来接洽过，天津市政府亦曾委托敝校办理招待的一切事情。我们与永井领事作了几番的商量，又征求了些中国人士的意见，才酌定了现在一个办法，除了敝校的同事之外，还邀请天津学界以及工商业界的领袖和工政会诸位作一日的联欢，一日的讨论。

在天津开会的日子，前后改了好几次，最初本来订妥了十月十四，彼时我正在上海，参与中国全国运动会，天津这会可就来不及参加，颇为惆怅。后来听说改在二十三日，于是我就打算十九日从上海坐飞机，特为赶回来开会。准备起身的时候，上海市长吴铁城先生告诉我，说是会期又改了，故此我才改坐火车回来的。这件事情的经过，永井领事很知道的。十一月三日，也就是这个会的第二天，早晨八点钟，南京女子金陵大学举行二十周年纪念会，差不多一个月以前，他们就约我到那里去讲演，而且我已经答应了他们，所以十月三十一日晚上，就得离开天津到南京去，这样一来，十一月二日这个会我就不能参加，并且亦不能招待，很觉着抱歉。我虽然不在天津，我已托付敝校同事及其他天津的学者及工商业家，共同招待日本来宾。我想这些位定能竭力来欢迎各位，我也就放心了。

日本国家的富强，可以说完全是由于工业之发达，日本工政会的信条“邦家发达之基础在于工业”这句话实在含有至理。贵国工业利用现代化的科学方法、最新的工作技术，在东方各国之中，真是首屈一指。敝国工业的现状，无

① 是日上午，日本工政会及工业学术团体代表等一行24人赴南开大学招待会。中国方面到有王揖唐、曹汝霖、卞白眉、王文典、纪华及各类专家。日方代表中有工学博士7人，文学博士1人，其他亦皆为科学技术界之权威。会上由南开大学秘书长、文学院院长黄钰生代表校长张伯苓致欢迎辞，由傅恩龄译述。题目为编者所拟。

论在组织上或技术上，自愧不如贵国远甚。日本工政会及其他各工业团体代表这一次到敝国来，我想对于敝国工业一定给一个很大很好的影响。敝国工业界趁这种好机会，时间虽然很短，受了诸位的启迪，我想一定很有感动，得着诸位工业上的经验和技术，此后敝国工业界所获的益处，一定很大，所以盼望诸位多多指教。

东亚的和平，理应由中日两国来担负这个责任。不过如果打算达到日华共同维持东亚和平的这个目的，除了两国政府之外，两国国民之间，非有真正的认识和了解不可。这是诸位都很知道的。当然这种真正的认识和了解，应该是双方的。中日两国之间，近来曾经发生过不少令人不快的事，这是不可讳言的。不过，倘若是中日两国国民有了真正的认识和了解，而且这种真正的认识和了解普遍于中日两国的国民，不幸的事件当然可就无再发生之余地了。要打算真正的认识和了解，像这种的会合时常开会，对于东亚和平与两国国民的福利一定很有好处。像诸位这样的贵宾来到敝校来，我们很觉得荣幸，就怕我们的筹备不善，招待不周。如有缺礼的地方，还请诸位原谅。我敬祝这个会的成功和来会诸位的健康。

（《大公报》，1935 年 11 月 3 日）

教育的目的是在造就学生服务国家[①]

（1935 年 11 月 3 日）

金陵女子文理学院是私立大学，南开大学也是私立大学，办私立学校的人，知道办私立学校的难处，今逢金女大二十周年纪念，特来代表拜寿。对于前任校长德本康夫人，现任校长吴贻芳博士办学的精神及人格的高洁，极表钦佩。金女大创办人及历任职教员，有宗教信仰，以宗教精神办学校，南开大学虽非宗教学校，然余系宗教中人，仍本宗教的精神做去。办学校总需要钱，除掉触犯法律偷盗抢夺欺骗外，其他正当弄钱的方法，均可使用。诸位，是不是有钱

① 1935 年 11 月 3 日上午，金陵女子文理学院举行成立二十周年纪念会，张伯苓应邀在会上做演讲，由钱在天记录其大意。题目是编者加的。

就可以办学校呢？有钱可以买地基建房舍，究竟学校是地基房产吗？人说学校非钱不办，办教育就在钱吗？现在我们需要的教育，是否妆饰品？教育是要应用，是要解决国家重要问题耶！建筑壮丽，设备善美，这不过是工具，是方法，却不是目的。目的是在造就学生去服务国家，帮助社会国家作事。受大学教育的人，负国家责任更加好几倍喇。一切伟大似皇宫的建筑，是物质的，是小事，惟有高尚的人格，属乎精神的，乃是大事。现在我国所处环境怨谁？怨自己！中国人缺点很多，我只提出两个大缺点：

（一）自私。因为自私，贪小利，忘大事，有自私只知道自己，晓得有利益家族观念的人就少，对于社会国家的观念更薄弱，因此不能合作，不能团结，作救国救民的事业。

（二）敷衍。抱着得过且过，苟且偷安的心理，那还了得！当充其量咬着牙往前干，进步再进步，没有止境的。

以上提出两大缺点，深信基督教能补充圆满。你们（指在座学生）要看办学者所表现的基督化人格，勿看房子。房子是小事（谁都知道金女大皇宫式的建筑），学好往前做不客气，他能做一尺，我能一丈。上帝给你们这样才能，你们要用，越用越有。耶稣说，分银与仆人的比喻，凡有的要加给他，叫他有余，没有的，连他所有的，也要夺过来。我国现象如此，靠别人是可耻的。我们大家做社会上可做的事多了，中国问题，就是自己问题，我们有四万万人民，世界那有恁多人民的国家。我们要开人矿，使人人天赋的能力发扬出来。我们的火炬，将四万万人的心燃烧起来，四万万人的势力，何等大而可畏呢！中国不是没有办法，就是自己不办。耶稣基督的大量，大人格，大牺牲，大无畏的精神，学校造就学生帮助同胞。诸位，要想得着烈火般的心，在耶稣基督精神上得着。

（《通问报》第44号，1935年11月）

附：《金陵女子文理学院校刊》所载演讲词[①]

九月间曾来南一次，十月因全国运动会赴上海，两月间离本校三次，殊多未便，但亦有非来不可之原因。盖同立在私立学校地位，颇了解办事之困难，

① 本文摘自《二十周纪念礼拜，南开大学张伯苓校长演讲》一文，因与《通问报》所载内容不尽相同，一并收录。

有德前校长之奋斗，又有吴校长以继之，此精神可羡可佩，故不能不来一贺此二十周纪念也。更加以宗教之精神，基督之爱心而办教育，尤不得不称扬二先生之力，故此来岂虚行哉？欲代表南开而来道贺也。

昨日下午之二十周纪念仪式中有孙哲生先生及罗家伦先生皆谓私立学校之难办，诚非欺人之语。私立学校之一切经费颇难筹划，今南开及金陵虽不能称华丽，但亦堂皇考究。而在物质之考究，非真教育，故私立学校之难办，固在金钱，然亦决不在金钱。办私立学校者有两种政策：（一）非钱不办，或是非钱不得，凡非盗抢不法之道路无不走尽，而求物质之设备。（二）惟钱不办，单独有钱而不能举者，此人才之培植也。南开及金陵同为私立学校，外国、国内捐款皆有，而捐钱之目的岂只求学校之多添物质设备而已，其用心固极深远，欲求受学之人将来能改造社会，为人类求幸福也。

今日之中国人民文化进步迟钝，何者？一在自私心之大，不能团结，不能抵抗，国人之大欠缺也；二在自满自安心之浓厚，故不求进而苟且偷安。如德、吴两校长之办此学校也，乃不自私，不偷安，为社会之模范也。若来校读书学徒，知享受建筑设备之完美而不有其他者，大误大谬者也。当知教育之目的并非在几幢之华屋，而在德师母、吴校长两位之精神，不折不挠之志向，及其诲人不倦之爱心也。今国人往往有依赖性，以为国之求存，在外国之援助，或者少数要人之力量，而不知此责任之在每人本身也。当牺牲个人，力求自救。若能每人自救自醒，则国不救而救矣。在学校之有宗教教育者，当此自救之精神，且有两先生之为模范也，诸君其幸矣！中国有办法而只苦国人不办，望在学校之同学能本此精神，少得耶稣之大人格大精神，诸位前途，及中国前途皆有望也。

今者，鄙人谨以此意贺贵校二十周纪念，并示佩服两校长之诚意焉。

（《金陵女子文理学院校刊》1935 年第 35 期，1935 年 11 月 6 日）

《童子军二十周年纪念增刊》祝词[1]

（1935年11月11日）

南开中学童子军第七七七团成立廿周年纪念：

胜衣就傅，童亦能军。
舞象舞勺，尚武精神。
益以训练，无风不春。
法良意美，智勇慈仁。
廿载迈进，敬业乐群。
军容肃穆，日月长新。

校长张伯苓撰祝

（《南开初中》童子军二十周年纪念增刊，1935年11月）

在天津体育协进会会员交谊会上的演讲

（1935年11月12日）

现代之一般教育系“读死书，造病鬼”，体育人才在我国尤感缺乏。天津同志人人负责，努力体育。

（《天津体育协进会年刊·会员交谊会盛况》（1936年））

① 题目为编者所拟。

参加全国运动会之感想[①]

（1935年11月15日）

全国运动会闭幕以后，我在南京要回来的时候，教育部王部长问我有什么感想，我说可以分两样看，用望远镜看，觉得很满意，用显微镜看，缺点很多。

用望远镜看整的，用显微镜看细的，整的看有好处，细处看，短处很多。后来吃饭的时候，教育部长把大家所谈的短处，让几个人写出来收集起来，以备日后改良，我以为很好。

这次全运会总起来看还不错。在没有去以前，接到从内地写给我的信，有人以为化费这么多的钱不对，应该拿这笔钱赈灾。建筑运动场的费用是上海市所担任，各地化上旅费、时间，虽比运动场的费用少，可是现在是国难时期，又有水灾，以这种眼光看，在这时候举行运动会像是不对。但是举行起来，大家的批评，以为对的多，以为不对的少。至于运动员和社会上的人，也不见得说不对，舆论界也为运动会辟一专栏，特别派记者参观大会，他们各有他们自己的看法，我的看法和他们相同。我不以为这次运动会是多余的，我看从这里头可以得很好的效果，我们分析分析，看究竟有什么好处。

在国难时候，大家都颓唐，失掉自信力，不奋发，没有挣扎精神。运动会是使人努力，向前，挣扎。这回运动会除了集合了全国青年外，还有华侨。这种努力向前的精神，在这时候很需要，社会上的人，和当时在场的人，都感觉有这样的需要。

在运动会场激起人的反省：这个国，有这么多的人，有这么大的地方，为什么国不会好？我以为办完运动会让人有这种想法就好的多，这比他说“无办法”好的多。使人起一种感想，国不好是“不为”，不是“不能”，只要在场的人有这种感想，运动会的举行便值得，尤其在这种情形之下，不说化几十万，化几百万也值得。但是看过去便忘记了，那才不值。可是也不至于忘了吧？这种刺激还忘了，中国人要受什么刺激才不忘呢？空空的有一种感想就完了吗？一定想以后应该怎么作，有这结果便值得，化几十万，几百万也值。人们素日

① 本文为在南开校友第一期学术增进运动上的第二次公开讲演记录。

也有这种感想，不过在这时候，这样环境下，比其他时候更亲切。

中国人向来是消极，不努力、敷衍，不进步，居小成功，这种病不改，总没有办法。敷衍对付，不能有进步。运动会提倡动，挣扎，作了又作，如果全民族能得到这种精神那才好。运动员同看的人，过后能作了又作，动了又动，总不停止，运动会的价值更大了。就运动员说，如果运动的时候努力，离了运动场又用老的哲理、老的心理，作事不努力，那就坏了。但是我想，看过运动会的人，参加过运动会的人，准有一点所得。

中国人不推不动，无论什么事，应该早预备早作。孙中山先生说："凡事要迎头赶上！"这句话真好，能从运动会得到这精神，值几万万。中国人如能都努力，都动，因动所生出的财富大的多。

中国人没有大团体，只有身家，藉运动会提倡合作，球类运动就是团结好的教训。运动会有许多好处。不好处是费钱费时，可是这些人，不开运动会也是闲着，中国人做事太少，藉此多做一点事也好。

在没有到南京以前，觉得两年开一次全国运动会太多，但是开过会一看，对于有的几省又嫌不够，所以这意见只是对教育部长说了说。下次运动会在南京开，每四年在南京开一次。全国运动会对华北说两年一次便太多，可是有几省才开始有运动的组织。所以应不应两年开会一次，以后再说。在首都开运动会还可以开几次，美国常使各州青年到华盛顿去认识他们的国家。中国人国家观念太薄弱，学校举行升旗礼为的叫青年养成爱国心。现在南京运动场在陵园，以后只用经常费和旅费，不用建筑费了。

"总锦标"只是大城市才可以得，上海人多，学校给运动员许多好处向各方面拉运动员，以前北平还可以争一气，现在只有上海一处，每次总是一个地方得总锦标，有总锦标也等于没有了。

运动会场，天津的场子在全国最好，场内有栏杆，里边的秩序也不乱，出入的门也很多。上次在南京开全国运动会时，褚先生很热心提倡太极操，叫三千小学生在开会的第一天上午表演，上午小孩子进去表演，完了以后小孩子不出来，下午别项运动开始时，会场秩序因之很乱。我看以后各地开运动会时大概都要有太极操，不过时间应该安排好了。

运动员的住处床铺预备的很好，因为这回去的人太多，床铺不够。全国运动会开过六次，有五次是我作总裁判，这次因选手代表籍发生了几度纠纷，都当时答覆了。所有的纠纷都临时定法去裁判，公断完就没有事了，不过公断完如果不服也没有上诉的机会（众笑）。以后再有纠纷，把两造请来当面说，说完就完事了，如果书面答覆，这样太费事，因为他接到信再来信，又得答覆，那就麻烦的多了。

这回学校三十一周年纪念，我在上海，上海校友开会欢迎，主席是郑西谷，郑西谷在上海替南开争了很好的名誉。郑西谷当上海中学的校长，这个中学是省立的，去年郑君把学校旧地址卖了，在上海郊外又买了新地址盖的新校舍，这八年来作的很好，整理的也很好。从前党部和他不十分合作，现在也合作了，吴市长也非常称赞他，吴市长说他能吃苦作事，穿的衣服也不像留美学生，这是因为南开的根底打的好！

十七号我在上海中学给学生演说，我说团结有什么收获，团结就是力量。另外还须努力，在这国难时期要卧薪尝胆的努力。越王勾践的父亲为吴国所杀，越王勾践卧薪尝胆，同时又送给吴王美女让他腐化。

现在中国人努力了，日本人更努力，中国人应该调查日本人怎样的卧薪尝胆，而更努力作去。远东运动会的头几次日本人不如中国，现在日本比中国好的多，在世界也有地位。每次全国运动会的记录，在报上和世界运动会的纪录相比着登出，自己看看世界运动会的纪录，自己就认为反正中国不如人，也就自认了。没有志气，不努力！

近几年的纪录好一点，但和日本比也差，是不是中国人的骨头不如日本人硬，也还是志向不如人？我看不是骨头不如人，是志向不如人。现在各处抢运动员，运动员自己一臭美便不努力了，不努力便没有新纪录，这一点是天生劣种。中国人卧薪尝胆，日本人更卧薪尝胆，中国进步，日本更进步的快。中国人卧薪尝胆也许薪上边铺着被子。

以后大家仍须努力，咬住牙，干了又干，世界是进步的，你不进步便受淘汰。抵抗我们的敌人要以力量去抵抗，个人不能咬牙，团体不能团结，那有力量？我说你们还好，有你们的校长（上海中学校长）为学校努力而不停止，现在又计划设立工厂，这样个人便可硬，团体可以加力量，不然不能抵抗敌人的侵略。

十月十九号是上海中学的纪念日，郑先生又请我给学生演说，我说前两天是我们学校的周年纪念，今天是你们学校的几十年纪念，你们学校八年来物质的进步真可怕，你们八年校址就有四百亩，我们卅一年校址才一百亩（指中学），就显微镜说，你们有廿八架，我们才有廿四架，你们的礼堂坐一千三百人，我们的礼堂坐一千八百人，这样的进步，我们赶不上。

这些物质的进步我们比不过你们，咱们按学生的成绩说，我们学校学生的成绩比你们的好。学生出去作事，为公为国，从这些上比，你们永远不如南开。学生听到这里很惊讶，我说你们的校长就是我们的学生，你们怎么也赶不过我们，学生哈哈大笑。我说教育不尽是在学校里，要看在外边作事的成绩如何。

我说完，郑先生对学生说，我本着老校长教我的三样事去作事，我（校长）也不知道什么时候教他的，郑先生说他本着的三样：一是为公不自私，二是行为品行要站得住，不予人攻击的口实，三是不怕难。当郑先生说这样话的时候，吴市长正挨着吾坐着，他拿臂碰我说："张先生请客。"我真高兴，一生就有这一个学生也高兴，然而南开的学生如郑先生的多的多，在座的不都是吗？

这回在南边，听法律界的人说，查良鉴法理清楚，道德也很好。他们的上司说，法界这样的人很少，也非常虚心。查良鉴年纪不大，现在就这样，将来更不得了。上海魏文翰（魏大律师）也是很有名的，他的兄弟新近从外国回来，他预备把律师事务交给他兄弟办，他自己要作社会事业，这很好！

现在国家的首领真好，真努力，可是要改良政治，要从改良社会作起，人人努力，人人负责，不然就把几个首领累死也不成，人人要改私为公，先别讲理，干了再说，有傻气，有混气，扛起来就干，道德能立住，南开校友本着郑先生所说的三样去作，干就干起来了。

这回天津市救济水灾的事情，我和雍剑秋、胡政之先生们在大学湖心亭商量如何召集大家，怎么办法，当时胡政之先生笑着说咱们计划捐二十万，大家也当笑话说。大家从那天谈完，回来就作，就开会，两个月的工夫，虽不到廿万也有十七八万，从这看来，中国不是不行，是短领袖。

凡事情要迎头赶上，不要说明儿见，要现在就干。"三六"募款的成绩好，校友把时间容出来为公家干事，校友就能动起来。结果捐到六万三千元，社会缺乏领袖，脚步立得正就有人跟随。南开造就领袖，造就干的人，说干，就干，有错不要紧，改！为公家作事，不是自私，日子长了怕什么。

中国现在存亡未卜，要大家都动起来，不然把汪蒋这班人累死也不成。人是挤着过的，越挤越有，不然闲着也是打盹，为公家作事忙点能长寿，这样国家也能长，南开校友也能长。大家都拍一下胸脯作去，堆起煤来就成火了，南开校友要做引火的东西，一点就着起来，至诚为公，真正为社会为国家便能引起人来。人人都拿出点力来为公家作事，救水灾也是如此，能多拿的多拿点，不能多拿的少拿点。

这回我在南京请校友茶点，我就催他们动，人活着干吗？必定要干。中上人最能成事，郑西谷在学校的时候并不太好，也不过是中上学生。但是他肯干，他的成功就比别人大，聪明的人不为公家作事，闲着作坏事。我希望南开校友都干，像疯子似的干，要大家都干，这样社会的领袖更有力量，南开校友要造成这种风气。

（《南开校友》第 1 卷第 2 期，1935 年 11 月 15 日）

要革除自私和自满的旧观念①

（1935 年 11 月 26 日）

各位同学：

鄙人在一年前，因参加贵校三期生毕业典礼时，曾和各位见过面，也谈过一次话，以后回到北方，就没有同各位谈话的机会，这次来杭，本来时间很短促，昨天到杭州，预备今天就要返沪，但蒙贵校蒋主任再三要我来同各位谈话，照时间上说是不能来的，为要同各位讲话，即丢弃一切别的事情不做，内心上也是感觉愉快的。

今天到贵校来参观，看看一切的情形，又比一年前有进步了。刚才蒋主任领导参观贵校新建筑的运动场，蒋主任或者知道我素来对于运动是很感兴趣的，现在我就对于运动方面有一些意见要和各位讲讲：

上月在上海举行的第六届全国运动大会，当大会未开幕之前，我就听见许多人说："现在国难这样严重，国内黄河长江两流域水灾又闹很凶，农村是普遍的陷于破产，百业凋敝，在这种情况之下，要费去很多的金钱，耗去很大的精神，来举行这次运动大会，不如移去救灾之为愈。"这种言论，到处也可听到的。但是我们仔细去研究一下，运动会究竟是不是应当举行呢？诚然，这次运动大会所费的钱不少，单就建筑运动会场费用而论，已在一百多万元，至于开会时，各省市派送运动员参加大会的旅费估计也有二三十万元。在一般人看来，如果这要拿这一笔钱去救济灾民，不是很好吗？可不知道运动大会本身的意义甚大，倘使大会的秩序成绩很好，则所得的效果恐怕要比所费的还要多些。

在大会开幕之时，综计参加运动的，连海外的侨胞在内共有三十八个单位，

① 本文是张伯苓在杭州中央航空学校的演讲。

运动员的数额，居然达三千多人，观众亦有十余万人，真是空前未有的盛况。我何以说这次大会所得的代价比所费的金钱还要多？第一，在这内忧外侮，水灾匪患交相燃迫的时候，全国人民都陷于极端困苦忧急的氛围里，大家精神都很颓唐，不但老年人如此，就是本来精神焕发的青年，也被这社会颓废的风气所渲染，这真是国家莫大的损失，正可以藉运动会的机会来鼓舞青年的精神，使之回复为焕发的，有朝气的。第二，这次参加运动的共有三十八个单位，全国各方的健儿都聚首于一场，这正可以宣示国家团结的象征，大会良好的印象，亦可以由各方健儿带回传播于各地，这种收获就很可观了。

现在一般民众，对于体育渐渐的引起兴趣，社会的舆论亦很努力的提倡体育，只要看现在各种报纸，对于体育的消息，无不尽量的揭载，同时社会上一般人阅报的心理，倘若没有体育新闻的报纸就不易推销，这就可以证明社会上一般人已知体育之重要和发生兴趣了。在大会开幕以及运动比赛的时候均有拍摄活动电影，以后随时可以在全国各地放映，可以振衰立儒，所以我认为这次运动会的意义很大。

运动会的意义，不但是可以振作青年的精神，同时也可以医治中国人两种根本的毛病。据胡适之先生说：中国人有五大病，就是贫、穷、愚、病、弱。但是依我个人的观察，中国人有两个基本的毛病，这两种毛病如果没有医好，可以致中国于死亡！

第一个病，是只有私的观念，没有公的观念。换句话说，就是中国人的私心太重，只有个人、家族的观念，而没有团体和民族的观念。中国人口有四万万五千万之多，世界任何国家都不能并比的。如果这些人民大家能够团结起来，世界上还有比中国再大的国家吗？现在中国国力衰弱得可怜，以致招致外侮侵凌，我们反躬自省，就是因为过去大家太自私自利，没有国有和团体的观念，所以人数虽多，但力量就结不起来，如何能谈得上建设？更如何能抗御外侮？

第二个病，就是做事容易自足自满，不求进步，不求彻底。譬如做一件事，中国人往往只做二三分，最多只做到四五分就心满意足，没有精益求精，进步益求进步的精神。现在的世界，一切都是直线前进的，绝对不是绕圈式的，而中国人就不知道这种哲理，所以无论是做事或求学，只是因循、敷衍，将就从事，不肯努力彻底的学仿，有时虽能学到一点皮毛，就自以为是难能可贵，就不再求进步了。我以为自私和自满这是我们中国人两个基本的病根，至于穷、愚、弱等等病态，都是跟这两个病根而来的。

我同青年们讲话，时常用很粗浅很简单的比喻，譬如以拉绳（或称为拔河，英文名 Tug of war）来讲，一头是四人拉而方向是一致的，而另一头是分六根绳用六人拉，方向是不一致的，对拉的结果，是四人的一方胜，六人的一方负。因为六个人的一面方向不一致，所以所表示的力量就不如那四个人拉而方向是一致的力量之大了，这是什么道理？学过力学的人总可以知道的，就是直线的力量大，而横线的力量小，横的角度愈大，则力量愈弱，所以四个人一面的因为目标是一致的，能够团结，所以力量就大，而六个人一面的因为目标不一致，力量就分散了。我有一次对中学生小学生也这样的测验过，大家看见六个人方面的方向不一致所以输，都嚷起来，叫那六个人站在一起拉，可见就是小学生也懂得团结才有力量的道理。后来我就问他们，你们做事的时候，是不是知道合力的力量大呢？谁也不回答什么。因此我想人类或者明知故犯的本性，聪明的人，往往做出很笨的事情来。再以踢足球来讲，双方队员都是十一人，其分配是守门一人，后卫二人，前卫三人，前锋五人，交锋的结果，双方一定有赢输，那么输球是守门人之过吗？赢球是前锋之功吗？都不是的，因为球的输赢不是一个人的功过，而是全体的功过，假使前锋很出力的话，球就不会被对方的队员盘进来，所以输球不能归过于守门人。同样的，赢球亦决非一人之力所能包办的，前锋必须互相联络传递，然后才能寻机攻入球门，所以赢球也不是单靠一个人之力。有的球员欢喜出风头，不愿意将球传递给别人，而想单独建功，往往球被对方所裁攫，所以团结与合力，以运动来做比喻，是再适当没有了。我们看凡是参加运动的时候，各个人都忘了自己，而用全副的精神为团体出力来求得胜利，中国人自私不团结的恶习惯，是需要运动时那种功不自居，过不推诿的精神来矫正的。所以运动的精神，是一帖可以医治中国人自私不团结的对症药剂，其意义非常重大。这是第一点。

其次：在运动的时候，时常可以听到打破纪录这句话，甚么叫做打破纪录呢？就是成绩比以前好，比以前有进步之谓。你看世界上运动的记录，天天有人在那里打破，你跳得高，还有人跳比你更高，你跑得快，还有人跑比你更快，这可以启示我们的，使我们知道世界天天是在进步的过程之中，不可以有自足自满的观念，自足自满就是落伍的象征，所以运动会第二个意义是提醒我们世界是天天不断进步的，也可以纠正中国人自满自足的旧观念旧思想。运动会的精神，可以医愈我们中国人思想上两大病症——自私和自满，所以值得我们提倡的。

谈到时局的问题，现在中国的处境，真是最坏的时期，然而也可以谈是最好的时期，也是我生平——六十年来未曾遇到的时期。以前是我们自己打自己，我们邻居他都不来干涉，袖手旁观，冷眼看你自相残杀。可是现在他就不然了，他看见你慢慢好起来，样样都要来干涉你，这大家都清楚极了，用不着我多说。我在过去对于一般军阀官僚所主持的政治，是非常的不满意，要说建设吧，钱都是藏在私人的荷包里去。近来决不是那样的，虽然不能说是十分的好，但比以前是进步得多了。蒋中正先生这几年来他个人对于修养方面有非常的进步，任何人没有不受他感动的，这几年来蒋先生真是抱着埋头苦干的精神，替国家做事，一扫从前军阀为私人争权夺利的恶习惯旧观念。要是站在公的方面讲，没有一个人不佩服他的，对他另有私心的人，那是又当别论！

我曾经遇到一位欧洲人，他对我说："如果我们欧洲任何国家里，有像你们蒋委员长这样的人，我们早已拥护他了，你们中国人为什么不需要一个领袖呢？"我也很爽直回答他说："我们中国人的私心太重，没有团体观念，所以不知道拥护领袖。有力量宁可分散，而不愿意交给领袖去运用，所以国事愈弄愈糟。"其次，我遇到一位日本人，他在南满铁道会社服务，他问我说："你们中国人现在最崇拜的是谁？" 我说"是蒋中正先生"。他又问我是什么道理？我说，"第一理由是他在这几年来真是努力替国家做事，第二理由是你们日本人告诉我们要崇拜他的，在你们心目中认为最坏的人，就是我们认为最好的人。"

这次五全大会的结果，精诚团结的精神的确比以前大有进步，而全国非党员的国民爱戴蒋先生的热忱，也是我生平所未见的。蒋先生真是现在中国的救星，我不是党员，我也不希望做官，我对蒋先生的观念，是从事实里证明得来的，蒋先生那种公忠体国的精神，我是受他感动最深的一人，现在我希望大家要睁眼看看国家的处境，大家再不好有不团结争意气之事发生。现在我们国家正需要有一个领袖，而事实上我们也有一个领袖天天在那里埋头苦干，我们该当如何的拥护他才好。

现在我们国家正是要休养生息、埋头建设的时期，我们需要和平，任何人都不愿意同他争闹，能够求全的，我们不妨委曲求全，到委曲都不能求全之时，建设也不许你建设之时，只有出诸孤注一掷，蒋先生在五全大会里发表对外关系一文，我真佩服蒋先生苦心孤诣为国的精神。现在国家遭着空前的难关，有了蒋先生那样热烈的心肠，冷静的头脑，把住方舵，全国人民大家都应该信任他，拿出和衷共济的精神来渡过这个难关。

现在要想建设国防武力，建设海军则所费的太巨，而且时间也不许可的，惟有建设空军、陆军，时间上比较可能，而收效也比较显著。各位是国家的干城，各位好比是立在前方做障壁，使后方的人民能够从事于建设工作，国家民族之复兴，各位的功绩亦可以垂诸不朽。我说现在国家的环境是最坏的时期，因为我们连生存都受人家的压迫。但也可以说是最好的时期，因为我们民族国家有五千年光荣的历史，决不是偶然得来的，现在虽然危难，只要大家人人能够觉悟，人人能够团结，人人能够把自己的力量贡献给国家，服从领袖的指挥，国家必定在我手里挽救过来，民族一定在我们眼前复兴起来。各位都是爱国的志士，有为的青年，大家要记住，国家是我们的，领土是我们的，时间也是我们的，努力！前进！奋斗！相信我们国家的前途是光明灿烂的。

（《空军》第158期）

七绝[①]

（1935年12月2日）

大江东去我西来，北地愁云何日开？
盼到蜀中寻乐土，为酬素志育英才。

（《南开校友》第1卷第3期，1935年12月15日）

与鄂西女子中学体育教员谈体育问题[②]

（1935年12月3日）

无论在学校与社会，必须德、智、体、群四育并重，不可偏于求知的智育，而且更应该注意学用相长，不可再像科举时代去读死书。

专就体育而言，则当力求普遍均衡发展。目前，大家只知着力培植选手，

① 1935年11月底，张伯苓携王九苓，搭乘民生轮船公司民权轮入川，以全国禁烟委员会委员身份赴重庆出席全国禁烟会议。12月2日，船过湖北石首，有感而作。

② 是日，张伯苓到达宜昌，因为换轮船，在此逗留三日。下午，由宜昌鄂西女子中学校长安梦华校友陪同参观，并应该校教员周立中之请，与中学体育教员谈体育问题。题目为编者所拟。

仍然不能达到促进国民健康的目的，无法取消东亚病夫的恶名。

（《张伯苓先生百年诞辰纪念册》，1975）

吾人应有之认识与努力[①]

（1935年12月4日）

校长去岁入川，十二月三日道经宜昌，以换轮之故，逗留三日。在宜期间应各方之请，为宜昌各校学生讲话，勉青年多从事血汗工作，并建议自动建造宜昌公共体育场（宜昌无公共体育场）。该讲演由宜昌鄂西女子中学校长安梦华校友笔出，安先生努力教育，成绩斐然。安先生最近奉函校长，谓东山公园，已遵照校长建议，由各校学生担任建造校路校林等工作，现已粗具规模。在安先生领导下该校女生所修筑之三百米长之女中路，亦已竣工矣。

编者识

诸位先生，诸位同学：

鄙人这一次路过宜昌，要到四川去看一看。本来不打算在这里逗留，因为换船的原故，我便很乐得到岸上来看一看宜昌的市容。昨天（三日）下午到女子中学参观了一下，我曾对他们初中部的学生讲了一次话。今天（四日）我正散步到昭忠祠的时候，金科长正在那里等候，约我向各位同学讲几句话，我觉得在船上十来天的工夫很疲倦了，而且也没有什么话可说，不敢耽误大家的宝贵光阴。不过金科长不肯把我放过去，那只好答应了。我刚才所说的话，大家都听懂了吗？在座的同学有一千人左右，后边的同学也都能听得见吗？（有三五个学生回答说“听不清白”）我所说的话，是北方话，也可以说是普通官话。那么我慢一些说，大家一定都会听得懂的。

我昨天坐着“人力车”往女中去的时候，很注意的看到街上非常的干净，“人力车”你们知道是什么东西吗？你们也许喊它“洋车”或“东洋车”，都明

① 张伯苓于1935年入川，12月3日途经宜昌，逗留3日。在宜昌期间，应各方之请，为各校学生讲话。该讲演由宜昌鄂西女子中学校长安梦华校友笔录。

白了吧？哈哈！又看见各铺家的门前都很整齐清洁，你们看这个院子里面也非常清洁的。国内许多的大城市我倒去过，我看都不如宜昌干净。这话怎么讲呢，比方上海、南京以及其他的大都市，因为有特殊的环境，是应当干净的，并不足奇怪。唯独我一看见宜昌这个小城，竟是这样的清洁，好象一座新城一样，我很诧异，我十分的诧异！昨天我就仔细的想一想，我知道这一定是最近一种改变，前几年绝对不是这样的。我刚才没有到讲台上来的时候，曾问过民生公司的几位先生，宜昌为什么这样的清洁？他们的答案，我暂且不向大家说。我再问一问诸位同学，你们说宜昌为什么这样的干净？你们有在宜昌住了十多年，也有的住了几年，到底是什么时候才如此干净起来，前几年就是这样吗？前十年就是这样吗？你们都注意这件事情吗？你们都想一想。谁能回答我？川中某同学说："行辕设立在这里以后，近两月来才这样的干净。"大家说对不对？全体同学回答说，"对！对！"好！好！我为什么不嫌麻烦的这样问你们呢？我注意这些零碎的事情有什么用处呢？我觉得有很深切很重要的教训在里面。民生公司几位先生的答案和刚才大家回答我的话是相同的，不过回答时时间的前后有点不同罢了。

我又仔细的看一看街上的行人，又使我得到一个很深的教训。街上的行人有军人，有学生，还有其他各界的人。我最高兴的就是看见军人和学生的精神特别振作，制服都很整齐，面色都是健康的样子，我高兴极了！我特别的注意到这一点，因为国家前途的光明从这里就可以看出来。平平常常的人是不注意这些事情的，也可以说是有许多人根本想不到这些事。我处处注意到中国到底有没有办法这个问题，现在我们眼看一个污秽不堪的城市，居然很快的成为新城了。有提倡就有人肯干，这不很好嘛！受过教育的学生和军人是社会的中坚份子，他们会进步，也肯进步。他们能找到好的办法，他们能想出新的办法，这不是越改越好了嘛！我认为一般人染了恶习不容易改，也不容易向新的方向求进步。只有受过教育的学生和军人，才是最有希望的人。

我今年整整的六十岁了。我在前三十年左右的时候，对于国家的前途，也是和现在一部分青年人同样的抱悲观。前三十年和现在比较起来，实在是大大的不同了。当时我觉得军政商各界都是腐败不堪，一切都是坏的。我痛恨极了，我悲观极了！我细细的看一看，政界的人贪赃卖法，贿赂公行，真是无法无天，黑暗极了！军界的人仗势欺人，扰民害民，可以说是无恶不作。社会上大多数的人也都是垂头丧气，醉生梦死的样子，简直是暗无天日，一点生气也没有。我真悲观极了！

最近三四年来，我仔细的思量：现在中国，无论从那一方面看起来，比从前进步得很多很多了，而且一切的一切都在不住的向前进步。近来的政治比从前好了许多倍，自然还免不了有少数的人仍是贪污，但是很少很少了。再看一看军事长官和士兵们，因为受了新式的训练，他们那种爱国爱民的精神，处处都可以从他们有纪律的行动上表现出来。拿现在的军人和从前的军人比一比，简直是无法开比例了。这是什么原故呢？因为有领袖在前边领着干，大家都认清了路子，所以就都努力干起来了。现在全国的风气实在是大大的改变了，与从前大大的不同了。这位领导民众，复兴民族的唯一领袖，便是蒋委员长！你们知道我是怎样的一个人吗？我专门办教育有三十七年了，我以后还是要努力办我的教育事业。我唯一的指望，就是盼望中国富强起来。

我现在亲眼看见这种复兴的气象，又看见现在的军人和学生都是很振作的，这就好像宜昌城忽然改变了一个新样子似的。我想到这里，快活极了！

我再举一个例子：现在民生公司是一个新式的公司，民生公司里有几位先生虽然在这里，我可不是故意的要夸奖他们。他们用人、行政都是非常的合理化。工作人员都很有精神，非常的有志气。他们下了最大的决心，要振兴航业，所以他们就努力苦干。大家都知道中国的航业远不如外国，要是打算使外人的航权不侵入到中国来，喊口号、散传单都是没有用处的，政府的命令也是办不到的，必须有人肯脚踏实地的去干，这才能和外人争胜。这是一个小例子。社会的团结也是如此，必须大家合起来去实地的办事情才能发生效力。

有一次我到杭州航空学校去讲话，教职员、学生有一千多人听讲，精神十分的好。讲完了话以后，又参观他们内部的组织，完全是一个新的样子。组织非常严密，有系统，有纪律。他们有一个标语是“我们要与敌人一同拼命”。这种新的气象是从前不能够看得见的。我是个学海军的人，我从北洋水师学堂毕了业以后，亲眼看见个个海军都是萎靡不振，都自暴自弃，没有国家观念，只知道发财升官，整天价在娼寮赌场里面过生活，真是令人痛心！我因为看不过这种腐败样子才决志办教育。你们想一想，拿现在航空学校的学生和从前的海军比一比，岂不是有天渊之别吗？

我从航空学校回去的时候，在杭州车站看见站房的各部办公室以及货房、候客室都建筑得非常壮丽，不但是很坚固，而且也很合乎卫生的原理。售票处有一排一排的旅客从门口鱼贯的出入，秩序一点也不乱。从前车站上没有这样好的秩序，铁路上的职员可以任意带着自己的亲友坐火车，狡猾的旅客会用补票的方法把票价折作两三成，通融过去。这种好坏的分别，谁都会看得到的。

可是不好了！我又看见一个客人很坦然的在干干净净的地板上任意吐唾。有了很好的东西，有一种人竟不配享用，不但不会享用，还要公然的给人家毁坏，这种人可说是应该打倒了（听众一笑）。我们把刚才所说的这些例子统计起来，所得的这个结果，并不是现在的事情比从前的事情好到多少倍的“倍数问题”，乃是“好”与“坏”之间的“正负问题”。你们都学过算术代数，加一和减一有什么分别？一个是“正一”，表明有一个“一”在这里；一个是“负一”，表明不但没有一个“一”，而且还欠着一个“一”。我这样一说，大家都明白了。从前的社会是黑幕重重，千疮百孔，现在有领袖有人材，大家都努力求进步。你们想一想，现在驾着飞机飞行在空中，看一看全国的新气象，到处都有新兴的事业，也就是到处都有点点的亮光，好像宜昌这样的清洁一样，从这里就可以看见中国前途的光明了。

在这里大家要特别注意这一点，就是因为中国有了这种进步的成绩，要努力自强，所以才惹起敌人的嫉妒，国难便临到头上了。假若中国人仍是醉生梦死的样子，不肯要好，我相信敌人不会这样积极的来压迫我们的。我这话的意思，你们也许听不懂。我在航空学校里曾拿这话对飞行科的主任曹文炳先生说过，他说：“你这话真正一点也不错。”你们或者说现在中国是最坏的时候了，但是我说这是极好的时候。正是因为如此，才弄到国难临头了。这一次在南京举行的“六中全会”和“五全代会”，可以表现出一种空前的团结精神来，大家开诚布公的决定要把国难顶过去，这真好极了。你们也都愿意拼命的应付国难吗？你们或者要问我，现在到底怎么办呢？我不敢说我完全知道，但我略知一二（听众大笑）。我向大家说了之后，不要从左耳朵里听进去，随着就从右耳朵里跑出来。你们或者要说，如果能实行的话，我们愿意努力去做。

我现在要先问你们，女中的学生不要回答，因为昨天我问过了。

你们是那一国的人？

答：“我们是中国人。”

世界上还有那几国？

某生回答：“英、法、日、俄、美几个强国，还有其他的弱国。”

是的，世界上有很多的国家。那一国的人最多？

答：“中国。”

世界上那一国的领土最大？

答：“中国。”

那么，中国是一个强国还是一个弱国？（多数学生不禁的哈哈一笑）这有什么可笑的，真可怜！

答："弱国。"

中国人口又多，领土又大，为甚么是一个弱国？

答："因为许多人都是自私自利，不能团结，好像一盘散沙。"

是的，是的！我现在不问旁人，我问一问你们自己自私不自私？你们个人拍拍良心：你自己自私不自私？

"自私"实在是中国民族一种最大的劣根性。这种"劣根性"若是不从根本上铲除了，中国人非当亡国奴不可！在前不多几年的时候，自己还在打自己，自己还在杀自己，现在都觉悟了。

在古时候，"先王以孝治天下"，所以有"国泰民安"的景象。因此有人提倡读《孝经》，利用"忠""孝"的观念去维系人民，去改良国政。我看我们中国人最需要的就是一个"公"字。我们都应当读"公经"。因为中国人没有团体观念，没有国家观念，就是没有认识清楚这一个"公"字。所以凡是一个公共机关的职员都会千方百计的刮油，公家越闹越穷，私人反倒肥起来了。这种行为正是亡国奴。国家还能不灭亡吗？若是不打算救亡那就不用说了，若是肯救亡的话，那么，第一件最要紧的事情，就是先养成大家"为公"的精神，使全国的风气，都由"私"转到"公"，先公而后私。比方一个大公司，大家都喜欢买它的股票，这个公司一定要发财了。一个国家的人民都除掉自私自利的心，一致的为国努力，这个国家一定要富强起来的。

现在我们不恨我们的敌人，我们应当自己恨自己。你们或者说中国人觉悟的并不算快，但是时候到了，自然就会有办法的。提到"公"，你先问一问你自己是不是"公"。提到"自私"，你先问一问你自己是不是"自私"。

在宜昌有没有为水灾募捐的事情？

答："有。"

你们都捐钱来没有？

答："捐了钱的。"

那么，捐钱少的岂不是聪明学生，捐钱多了，不就是"傻小子"一个吗？这话好像是很合理的，是不是？

答："不是。"

你们又到别处劝别人捐钱来没有？

答："去了的。"

现在正是我们努力做工的时候，应当多多的做工。中央规定了有征做工的办法，你们做来没有？

答："在宜昌还未施行。"

宜昌有没有"公共体育场"？

答："没有。"

那么，你们各校的学生为什么不肯一齐动手，建筑一个"公共体育场"？大家合作，这不是件很容易的事情吗？你们仔细的想一想，应当做的事情太多太多了，为什么不大家合作呢？我们常常说，中国有四千多年的文化，但是在这种古老的文化里面，并没有一种很好的出路可走，这有什么用处呢？青年人应当多多的做事情，越多出血汗，多多做工，自己精力也越大，这是个很真切的道理。

我拉拉杂杂的说了"半天"，总结起来，中国人第一个劣根性是"敷衍"，现在应当深深的认识我们自己，积极的向前面求进步。第一件事情必须先有"为公"的精神；第二件事情就是努力死干。你们应当知道智识能力是越用越增加。在北方有一句话，"能者多劳"，我看不如说是"劳者多能"。因为越是多受劳苦的人，越能有机会增加他的能力。

我明天就要走了，下次回来的时候，我盼望能看见你们自己建筑成功的"公共体育场"。你们把"公共体育场"造成之后，就明白建立一个国家是多么艰难了。青年人在别人指导之下能把一件事情做到成功，就可以增加他的自信力。孟子说过："以齐王，犹反手也。"我可以说，大家若共同努力，以中国王，犹反手也。我没有什么深妙的道理讲给你们听。救国也不算什么难事。有领袖在前面引路，大家都齐心团结，努力向前硬干，这就是出路。只知道压迫着学生读死书的学校，结果不过是造出一群"病鬼"来，一点用处也没有。你们这个时候应当站在国家的立场上抓住大体，要知道这些公共的事情就是爱国。你们的家长也许说，在学校里不念书，管这些闲事，不是白白耽误功课吗？这种看法是大大的错误了。假若人人都能为公共的事情热心去干，那就好极了。你们正在年青力强的时候，应当善用你们的天才能力为国努力，你们不愿当亡国奴的人，就应当誓死团结，高高兴兴的努力前进。

（《南开校友》第1卷第8、9期，1936年6月15日）

振作精神去干①

（1935 年 12 月 13 日）

张伯苓：余到四川，一面为参加本月二十日之禁烟会议，一面因未到过四川，故特来考察，一俟禁烟会议完毕，即首途赴蓉。

记者：南开大学是否有移川之说？

张伯苓：此刻尚未决定。

记者：对如此严重之北方时局作何感想？

张伯苓：今日之中国，不管是政治、军事、社会，比二三十年以前均大有进步，以现时中国环境观察，对外来说，实是坏的现象，对内来说，却是好的现象。最要紧的在现时大家须要振作精神去干。华北暂时虽然危险，其他的机会尚多，这是根据个人的经验而谈，决非壮胆之语。

（《益世报》，1935 年 12 月 14 日）

四川人的优点②

（1935 年 12 月 30 日）

珠江流域的人活泼，长江流域的人聪敏，黄河流域的人沉着，四川人兼有这几种优点，足以担负复兴民族的重任。

（《四川县训》第 2 卷第 8 号，1935 年 12 月 30 日）

---

① 12 月 13 日，张伯苓偕丁辅仁与任鸿隽一家乘轮船同抵重庆，接受《益世报》记者采访。题目为编者所拟。

② 本文摘自谢明霄的《张伯苓与四川人》一文，题目为编者所拟。

干学校不是为赚钱[①]

（1936年1月1日）

（有人问张伯苓：假使有一千万块钱在这里，兴办一个像南开这么健全的学府，可以吗？）

建筑是可以的，但在社会的认识，和教育的水准上，就差得多了。

人就怕不干，干了就行。（他以天津水灾救济会的成绩为例）水灾会才干，谁想到有这样成绩？两个月有十几万块钱捐款收入！可见人就怕不干，干了就行！

（当记者问到他建议将南开大学收归国立的结果）造就人才，也是替国家造就的，觉得由一个人负责，不如归国家整个负责为佳，所以这么建议。但当局却认为我办得还不错，教我继续干下去，我也只好干下去。

（当记者提到他办学一生勤劳时）人是应当勤劳的，何况举办一种事业？困难两字，是必经的阶段，以往所受困难，固然有些，但都因不觉其苦而忘记了。

（张伯苓与记者谈起人生观）我从二十三岁起办学校，到如今已三十七年。三十三岁以后，信仰基督教，得宗教的帮助最大。自觉基督教对于我个人的生活，十分合适，因为耶稣便是牺牲为众，不自私，不为己的，这种印象盘固在我的脑里最深。再则孔子诲人“改过”之道，和“忠恕”二字之理，在我心里亦有极深刻的领悟。幼年读孔孟之书，得到益处很多，信奉基督教以后，越发努力自勉往前干去。

我的年事日长，觉得孔子垂教万世，基督教牺牲为人，总都是很好的道路，值得信仰，不是欺人的，不会令人上当或吃亏的。就我个人的经验来说，有这样的信仰，才是生活上最好的方法。

干学校不是为赚钱，我个人又不去沽名钓誉，名利两字既没有，嫉妒我的人，自然很少，只好听他。

（《实报半月刊》第6期，1936年1月1日）

---

① 本文摘自墨农的《张伯苓》一文中引述的张伯苓的谈话，文中括号内文字为编者为文意表述清晰所加。题目为编者所拟。

筹设重庆南开中学分校计划草案

（1936年1月14日）

一、编制

1. 分初中及高中两部，各三年毕业。

2. 高中拟分设普通及职业两科。

二、课程

1. 初中部：继续实施小学基础训练，授以各科基本智识，课程按照部颁标准办理。

2. 高中部分设：

甲、普通科为升学预备，注重基本训练，课程遵照部颁课程标准办理。

乙、职业科拟暂设商科及工科，为职业预备，注重生活技能，课程按照职业性质、社会需要，随时制定。

三、学生

1. 第一年，初中部先招初一、初二两年级，每级两组，共四组，学生约一八〇人；高中部先招高一年级两组，共约九十人。

2. 第二年，初中部三个年级计六组，学生给二七〇人；高中部二个年级计四组，学生约一七〇人。

高、初中共十组，学生约四四〇人。

3. 第三年，初中部三个年级计六组，学生约二七〇人；高中部三个年级计六组，学生约二三〇人。

高、初中共十二组，学生约五〇〇人。

按照上列计算，三年内高、初中各有三个年级，学生总数暂定为五〇〇人，如半来有必要时，再行扩充名额。

四、设备

1. 校地二百亩	约二万元
2. 讲室及办公楼房两座	六万元
3. 学生宿舍	八千元
4. 礼堂并风雨操场	五千元

5. 厨房、饭厅等	五千元
6. 盥洗室、浴室、厕所等	二千元
7. 书籍仪器等	一千五百元
8. 寝室卧具、讲室桌椅、试验室及办公室等处器具	七千元
9. 教职员住宅十所	一万元
10. 劳作、体育及其他设备	八千元
11. 工科及商科设备	一万元

以上十一项，共需款约十五万元。

五、经常费

按河北省中等学校经常费支配标准为初中部每组每年三六〇〇元，高中部每组五四〇〇元，内薪津占十之七，设备占十之二，行政占十之一。兹暂按此标准，预算每年应需经常费如左：

第一年

初中部四组	一万四千四百元
高中部两组	一万〇八百元
右共需洋	二万五千二百元

第二年

初中部六组	二万一千六百元
高中部四组	二万一千六百元
右共需洋	四万三千二百元

第三年

初中部六组	二万一千六百元
高中部六组	三万二千四百元
右共需洋	五万四千元

出席教育部谈话会之专科以上学校校长及中学校长宣言[①]

（1936年1月17日）

我们十八省市专科以上学校校长及中等学校校长一百六十四人，兹一致郑重宣言：（一）拥护国家领土主权之完整，信任政府，并反对任何分离运动。（二）尽力实施切合国难时期需要之教育。（三）保持教育的生命，主张裁制罢课及破坏纪律之举动。

（《大公报》1936年1月18日）

学生所作爱国表示，应适可而止[②]

（1936年1月17日）

本人此次参加会谈，印象良好，各代表对于维护国家意见，已尽量向蒋院长陈述。蒋院长除以极恳挚态度逐项予以剀切说明外，对于政府方针，尤能开诚宣示，代表等极满意。本人返校后，即将此次会谈结果，详告校内同人及学生，俾达共同救国之目的。

近来学生所作爱国表示，本人深信全国人士莫不予以同情。但此种表示，亦有限度，应知适可而止。若抛弃学业而忽略培植自己学力，殊非救国之道。

（《申报》，1936年1月18日）

---

① 是日，专科以上学校及中学校长百余人出席教育部谈话会，会后发表宣言。题目为编者所拟。

② 本文为张伯苓参加完蒋介石召集的全国各校校长代表座谈会后，与《申报》记者的谈话，题目为编者所拟。

禁烟委员会会议宣言①

（1936年2月6日）

鸦片遗毒垂九十余年，屡次倡禁，未底于成。此次政府下最大决心，作最后奋斗，立六年禁绝之划，绝无犹疑余地。本会同人奉军委会委员长兼禁烟总监之命，于二月一日开会首都，计期三日，详研方案，确定步骤。兹会期已毕，特标三项，昭告国人。（一）政府确已下最大决心，务于六年内禁绝烟毒。（二）政府决不因少数禁烟税收，而改变其六年禁绝烟毒计划。（三）各界民众应作政府后盾，并督促其进行，使政府力量与民众力量结而为一，务必禁绝烟毒。总之，我民族存亡已到最后关头，望全国民众急起以与此恶势力作殊死战，坚忍不挠，务达目的而后已。谨此宣言。

（《大公报》1936年2月7日）

望南开校友在复兴民族工作上有所助力与贡献②

（1936年3月1日）

中国前途非常乐观，国家领袖及全国各地皆努力建设，各地民众精神非常振作。中国已走上新生的途径，然今日到会校友中，颇有呈现老态而精神不振者。从此各人宜收起老态，希望南开校友在复兴民族工作上有所助力与贡献。

（《南开校友》第1卷第4、5期，1936年2月15日）

---

① 是日，张伯苓参加禁烟委员会会议，会后发表宣言，题目为编者所拟。

② 本日南开校友会天津分会在法租界六国饭店举行春季大会，到会校友一百五十余人，张伯苓在会上讲话。题目为编者所拟。

在南开学校董事会例会上的报告①

（1936年3月15日）

一、各部学生人数统计报告

本学期大学、中学、女中学、小学四部学生人数总计共有二千五百二十六人，计大学部三百八十二人，中学部一千四百一十四人，女中部四百零七人，小学部三百二十五人。

二、经济研究所与其他团体合作事业

1. 罗氏基金团为训练农村工作人才起见，本年度捐助该所一万元，用以添招研究生十名。下年度拟定仍招研究生十名，并由该团捐助二万元，作为调查旅费及研究生奖学金之用。

2. 该所拟定派员赴赣调查，并研究江西经济状况，对于财务行政方面特别注意。

3. 该所组织四川经济调查团，前往川省，调查川省经济状况，调查期间暂定一年。

三、南渝中学之设立

近以华北环境日见恶劣，支撑现状已属困难，实难再求发展。又，查四川地理上为西部要区，历史上号称天府，绾毂滇、黔、湘、鄂、陕、甘等省，将来发展，未可限量。以如此首要之区，实有设立中学需要，爰定在重庆设立南渝中学，现已由南开中学主任喻传鉴同建筑课课员严伯符等赴川筹备一切。兹将暂定办法列左：

1. 建筑设备费约需十五万元。

业蒙行政院拨助五万元（款已发到）。

2. 第一年经常费二万五千二百元。

业蒙行政院允助经常费二万元。

3. 勘定地址：拟在重庆小温泉或沙坪坝。

---

① 3月15日中午，南开学校董事会在大华饭店召开例会，胡适、阎子亨参加会议，教育部代表蒋梦麟、河北省教育厅长李琴湘、校长张伯苓列席，张伯苓报告以下所列事项。题目为编者所拟。

4. 筹设董事会：拟约请四川人士组织校董会，以便协助该校进行。

（胡适之先生提议：对于南渝中学校董会事，请校长积极筹备组织，并于下届例会时报告。无异议，通过。）

四、二十五年（1936年）度预算草案

	大学部	中学部	女中部	小学部	总计
入款	447,700元	155,950元	35,260元	10,644元	649,554元
出款	445,237元	156,560元	38,699元	11,094元	651,590元
本年盈余	2,463元				2,463元
本年亏款		610元	3,439元	450元	4,499元
上年预算存数			150元		150元
上年预算亏款	88,000元	11,600元		2,794元	102,394元
共亏款	85,537元	12,210元	3,289元	3,244元	104,280元

（胡适之先生提议，李琴湘先生附议，二十五年度预算照原草案接收。无异议，通过。）

五、改选校董

李琴湘、丁在君、阎子亨三校董任期已满，照章应于本届例会改选。

（胡适之先生提议：仍推李、阎二校董连任，并请范旭东先生为校董。通过。李琴湘、阎子亨、范旭东三先生任期至民国二十八年三月止。）

六、李组绅先生因职务关系，在汉口不能来津参加校董会，来函请辞校董职。

（胡适之先生提议，李琴湘先生附议，请卞白眉先生为校董，并由本会函覆李组绅先生，以申谢意。无异议，通过。）

（卞白眉先生任期至民国二十六年三月止。）

（南开大学档案馆藏）

《工业标准与度量衡》月刊题词

（1936年3月15日）

实业部《工业标准与度量衡》月刊

维度量衡划一推行，树工业之标准，振实业之新声。无佹得与佹失，乃弊绝而风清；诚建国之善政，爰为新民颂乐，利于无穷。

张伯苓题词

（《工业标准与度量衡》月刊，1936年第2卷第9期，1936年3月15日）

挽余日章联[1]

（1936年4月1日）

成德一生，笃护青年，顾此精神诚未死。

论交廿载，缅怀道义，怆闻殂落不胜情。

张伯苓

（《同工》第151期，1936年4月1日）

天津私立南开大学向教育部申请补助书

（1936年4月）

一、申请补助之理由

（一）仪器设备为理工科之必要条件，属校之经费虽属有限，而对于各种设备，则历年以来，未偿稍遗余力。钧部宣布补助私立学校大纲，以理工医农为重心，以设备之充实为系念。属校既自庆其以往之不误，此后更当依此方针，继续努力。惟工学各系学生之人数日多，设备之数量必须增加；课程之科目日繁，仪器之种类必须多备；理工之学术日精，设备与仪器之品质必须提高。凡

① 余日章（1992—1936），湖北蒲圻人，1905年毕业于上海圣约翰大学，后毕业美国哈佛大学，获教育学博士学位。1911年回国，曾长期担任中华基督教青年会全国协会总干事一职。余日章于1936年1月去世，《同工》特辟一期纪念专集，张伯苓作为余日章的老朋友，特撰挽联。标题为编者所拟。

此皆非属校之财力所能兼顾，故特申请补助，以求设备与仪器之更加充实。

（二）高等教育，重质不重量。属校创立之始，即限定人数。十五年来，无论经费之困难若何，亦不肯以多招学生、多设大班为解决困难之方法。各科亦以私立之学校，有限之财力，维持此重质不重量之标准，十五年来，固已屡感竭蹶矣。故特申请补助，俾能继续维持。

二、经济收支概况（详细预算见附录一（略）[①]）

兹将下年度预算各款之中，摘记左列各项以备查核。

（一）收入

1. 学宿等费	三四,八八〇元
2. 资产及基金利息	六三,七〇〇元
3. 各项捐款	二五,一〇〇元
4. 中央政府补助	二四〇,〇〇〇元
5. 中华文化教育基金补助（理学院）	三〇,〇〇〇元
6. 太平洋国际学会补助(经济研究所）	一五，〇〇〇元
7. 罗氏基金补助（经济研究所）	六〇,〇〇〇元
8. 河北省教育厅补助（英文系）	六,〇〇〇元
9. 其他	六,二〇〇元

（二）支出

1. 俸给	二三三,一二〇元
2. 设备	一〇二,三〇二元
3. 办公费	五七,七〇〇元
4. 特别费	五〇,三〇〇元
5. 补助男女中学部	六〇,〇〇〇元
6. 历年亏款	九七,七〇〇元

凡属校本年所请求者，大部分皆有关于设备之充实，他种需要，概不列入。即设备之中，亦必选其已有根基，需要孔急，而又为属校财力所不逮者，始行申请补助。以上附钧部规定之原则，下应属校实际之急需。总括申请补助之部分，计为电工系、化工系，及图书馆三者。共请帮助十万元，按下表以为分配：

电工系　　　　　　三万五千元

① 原文如此，以下相同情况不再一一标注。

化工系　　　　　　三万五千元

图书馆　　　　　　三万元

三、申请补助之部分

甲、化工系

（一）教学与设备概况

化学工程系之成立，才及三年。初，南大同人鉴于化学工业之重要，又鉴于化学家之必有工程的训练，始能应付实际问题，屡议设立化学工程系，终以经费之困难，迟至民国二十一年始告成立。

化工系教学之方针，简单言之，在于以实际问题之研究，训练建设人材，进而求我国化工学术之独立，化工物品之自制，化工人材之自给。左列各端，即此方针之表现：

1. 本系课程，前二年注重基本知识与技能，后二年专习化工课程教材，在可能范围以内，尽量采用本国问题，搜集结果，编为课本。近将脱稿者，有《工业化学》及《化学工程》二书。

2. 本系课程，特重实习。除普通课程，在校内实习之外，更有工厂见习一科，以资训练。本年之三年级学生，即将于暑假之中，在塘沽永利化学公厂见习，此其实例。

3. 本系设备，多为自制，举凡用具之设计与监制，皆使学生参加，此即本系之绝好教材。

4. 本系第四级学生，必须在教授指导之下，研究一实际化工问题，以当毕业论文。

5. 本系附设“应用化学研究所”。其主要目的，在扶助国内制造事业，代为解决其化学以及工程上之困难。然如此吸收之问题，亦即本系之教材。应用化学研究所随时招收大学毕业生，以为专任研究员，经过相当训练之后，推荐于工业机关以为实用。如天津利中酸厂之设计，本为应用化学研究所所主持，建筑既成，原来参与此事之研究员，即被聘为该厂之驻厂技师。此亦本所训练人材之一端也。

6. 制造方法，往往施之实验室，则结果优良，一旦施之工厂，则横生波折。于是本系同人，纠合本校校友，组织“南开化学工业社”，使本系研究所得之方法，先有半商业性之小规模的实验，然后问世。此亦本系研究化工技术之一法。而同时亦予学生以印证之机会。

（二）教员人数及其主要教授姓名、资历、待遇

姓名	职责	资历	待遇
张克忠	本系主任兼专任教授	麻省理工大学博士	三〇〇元
张洪沅	本系专任教授	麻省理工大学博士	二八〇元
邱宗岳	本系与化学系合聘教授	美国克拉克大学博士	三六〇元
杨石先	本系与化学系合聘教授	美国耶鲁大学博士	三三〇元
蒋东升	本系研究员	南开大学理学士	一一〇元
谢明山	本系研究员	中央大学工学士	九〇元
苏光复	本系助理研究员	国立浙江大学工学士	八〇元
张志基	本系与化学系合聘教员	南开大学理学士	一二〇元

（三）学生。本系创设不过三年，最初学生皆由化学系转来。本系单招之学生，其年级最高者，今年才三年级，合计学生总数为十五人。

年级	男	女	总计
一年级	8		8
二年级	4	1	5
三年级	2		2
四年级			
总计	14	1	15

（四）本年课程

	上学期每周时数		下学期每周时数	
第一学年	讲授	试验	讲授	试验
物理一—二（普通物理学）	四	四	四	四
化学一—二（普通化学）	三	三	三	三
算学五—六（初等微积）	三		三	
电工五十一—五十二（图形几何机械画）	三			三
国文一—二（第一年国文）	三		三	
英文一—二（第一年英文）	三		三	
化学八十一（化学概要）	半			
共	十九半	七	十六	十

第二学年	讲授	试验	讲授	试验
电工三十一—三十二（应用力学，静力学，动力学）	三		三	
算学七—十（高等微积，微分方程）	三		三	
电工三十四—四十二（机械原理，铸工实习）	三			二
化学十三—十四（定量分析）	一	六	一	六
化学十一—十二或十一甲—十二甲（定性分析）	二	六或三	二	六或三
德文一—二（第一年德文）	三		三	
共	十五	十二或九	十二	十四或十一

第三学年	讲授	试验	讲授	试验
化学三十一—三十二或三十一甲—三十二甲（有机化学）	三	六或三	三	六或三
化学五十一—五十二（理论化学）	三		三	
化学七十一—七十二（工业化学）	二	三	二	三
化学七十三—七十四（工业化学计算）	一		一	
化学八十三—八十四（化学工程）	二		二	
电工三十五—三十六（热工学）	三		三	
电工三十三—四十四（应用力学，材料力学，机工试验）	三			四
电工四十一（煅工试验）		二		
德文三—四（第二年德文）	三		三	
共	二十	十一或八	十七	十三或十

附注：在三年级及四年级之间须有化学工厂实习一暑假。

第四学年（拟授课程）	讲授	试验	讲授	试验
化学八十五—八十六（化学工程（二））	三		三	
电工四十三（金工实习）		三		
电工十一—十二（电工学）	三		三	

电工二十七—二十八（电工试验）		三		三
化学二十九—三十（特种分析）	一	三	一	三
化学一〇一—一〇二（化工问题研究）		六		六
经济一—二（经济学）	三		三	
选修课程				
论文				
共	十	十五	十	十二

（五）图书价值。本系历年购置之图书已有多种，关于化学工程及工业化学之书籍，纯粹化学书籍（共二千册）除外，亦有五百余册，约值一万余元，其中部册较大者有下列各书。（略）①

（六）仪器机械。本系所用之普通仪器及设备，多暂借于化学系所有者，尚能敷用。其专属化工者，计有二十余件，约值国币四万元，兹将较为重要仪器机械分列于下。（略）②

（七）房屋。本系成立之初，学生尚少，故多借用化学系实验室，且其普通课程，均与化学系同班教授，故无须特有设备。然以年来学生增加，且四年级学生须有化工实验及研究工作，即同人等自行研究，亦甚感地位拥挤，于是决计建造化工实验室一所，今年暑假即可完工应用。此实验占地约五千方呎，备有化工单仪器室二、工业分析室一、工业化学实验室一，及专题研究室三。

（八）申请补助之项目：

1. 购置过期成套之专门期刊。　　一万元

专门杂志，为治学之利器。本系所有之图书，虽可勉强敷用，而成套之杂志则以需费甚昂，未敢过问。兹拟以一万元尽先酌量购置下列诸杂志之全套或一部。（略）③

2. 添聘教席。　　五千元

本系拟添聘教授一人及助教一人，担任工业分析、燃料工业及化学工程之一部课程。燃料问题，关系国防及交通者至巨，本系亦知此问题，业已起始工作。初步结果，已见报告于《应用化学研究所报告书》第二册。惟须有专人负

① 因书目内容过多，篇幅过长，故略去。

② 因仪器目录内容过多，篇幅过长，故略去。

③ 因书目内容过多，篇幅过长，故略去。

责，继续研究，方能有所成就。兹拟以五千元增设燃料工业之讲座。

3. 充实设备。　　二万五千元

本系已有设备，已略为报告。现拟以二万〈五千〉元充实机械设备，以利实验及研究之进行。下列各种设备，在可能范围内，均拟自行设计，在津埠监制，故所估价值，当远在直接自外洋购置之下也。

（略）[①]

乙、电工系

（一）教学与设备概况

电工系现隶属理学院，创办已有四年，各项设备粗具规模。种种设施，在可能范围内均尽量利用理学院所原有者。各项课程及实验，除关于电工专门科目，系由本系自行设立外，其余各辅助学程，亦均由理学院其他各系及文、商诸学院分别襄成之。

课程方面，理论与实验齐重。四年学程之中，第一年注重基本科目，为物理、化学、算学等。第二年教授普通电学原理，及机械原理，并佐以相当实习。第三、四年级则全属专门课程。第二年及第三年之暑假，例有工厂实习及测量实习各一月。其余寒假及春假期间，得因学生之要求，而代为设法到各大工厂做短期之实习，以增经验而为平日课本之印证。

本系因经费及设备关系，现暂不分门，惟第四年级酌设选科，以供学生选习。

设备方面，除物理试验、化学试验系利用物理系及化学系之设备外，本系现有电机实验室、机械实验室、金工实习室、锻铸工场，及作图室各一所。电机实验室分直流、交流二部，机械实验室分原动力试验及材料试验二部。电磁测定及无线电试验，现暂假物理系电磁试验室及发电室举行之。

（二）本学年教员之姓名、资历、待遇

姓名	担任课程	资历	待遇
卢祖诒	电工问题，工业应用电力学，交流电量测定法，电工原理	麻省理工大学硕士	二九〇元
王会宾	机械画	麻省理工大学硕士	六〇元（兼任）
罗幼敏	电工问题，无线电学，电工原理	美国哈佛大学硕士	二五〇元

① 因设备目录内容过多，篇幅过长，故略去。

续表

孟广喆	发电厂，机械工程，热力学，应用力学	美国普渡大学硕士	二六〇元
金奎	电工问题，电报与电话	交通部上海工业学校电机科毕业，现任天津电话局技士	六〇元（兼任）
陈荫穀	机械工程，交流电量测定法，电机工程实验	浙江大学工学士	一〇〇元
姚崇实	铸工实习，锻工实习	河北省工业学院毕业	七五元
昝宝澄[1]	无线电试验，交流电量测定法	南开大学理学士	八〇元

（三）本学年各年级学生人数

年级	男	女	总计
一年级	24	1	25
二年级	14		14
三年级	26	1	27
四年级	13	2	15
总　计	77	4	81

（四）本学年所授课程

（略）[2]

（五）图书价值

电工系创建伊始，专门书籍较形缺乏，年来逐渐添置，始稍稍完备。现计各参考书约值国币六〇〇〇元，旧藏之重要专门杂志，约值国币四〇〇〇元，新订杂志每年约二〇〇元。

类别		种数	册数	价值
参考书	电力工程	二〇〇	三〇〇	二五〇〇
	电讯工程	八〇	一〇〇	八〇〇
	机械工程	一二〇	一五〇	一〇〇〇
	土木及一般工程	二〇〇	二五〇	二〇〇〇
志杂	旧藏而较完备者	五		四〇〇〇
	新订者	一五		每年二〇〇

---

① 昝宝澄（1907—1978），天津人。1925 年南开中学毕业，同年考入南开大学矿科。毕业后留校任教。1938 年任西南联大讲师。1946 年任南开大学副教授。中华人民共和国成立后，历任南开大学、天津大学、北京邮电学院教授，中国科学院河北分院电子所副所长，中国电子学会理事。著有《电工量计》，译有《无线电技术基础》等。

② 原文如此。

（六）仪器机器价值，及其主要仪器、机器目录

本系机件仪器等，或由购置，或由捐赠，自置者约占十分之九，捐赠者约十分之一。计其价值，电机试验室约三七〇〇〇元，机械试验室约一四五〇〇元，金工实习室约六五〇〇元，锻铸工场约六〇〇元，无线电仪器约六〇〇〇元，测量仪器约五〇〇〇元，共计约七〇〇〇〇元。详见附录二（略）。

（七）房屋及其他设备

本校讲室，大别为两部，理学院之基本课程，多在思源堂各讲室教授，文、商诸学院之课程，多在秀山堂各讲室教授。故电工系之课程，凡属于专门方面者，多在思源堂，其余辅助课程，属于社会科学者，则均在秀山堂举行之。

本系新建之实验室，共有四所。电机实验室计 75×50 平方呎，机械实验室计 50×50 平方呎，金工实习室计 50×25 平方呎，总计建筑费用，约国币一六〇〇〇元。锻铸工场系就旧矿科实验室改造者，占地约 40×46 平方呎。作图室现设秀山堂，作图用桌椅及图板等，均系本系特制，每次同时可容四十人。

办公室现设思源堂，邻近讲室，以便学生随时咨询课业，并接洽其他事件。此外，各实验室均有办公室一间或二间，则为查考核成绩，收存精细工具、仪器及图书之所。

（八）申请补助，充实设备

本系创办以来，已四年于兹，惨淡经营，未敢或息。惟以本校之经费有限，锐意进展，殊多困难。欲求扩充，端赖补助。

本系设备，已略如前节所陈述，雏型初具，缺陷尚多，亟须充实，自不待言。而年来本系学生日渐增加，旧有设备已有不敷应用之势。故添购机件仪器，尤属刻不容缓。

扩充金工实习室及添设电机制造工厂，为本系年来认为最急之务。诚以此两工场设备完善，则不但可供给学生之实验，以与学理相映证，且可利用此设备，制配零件，而使工场趋于生产化。发展步骤，拟尽先购制重要机件，然后逐渐扩充，以臻完备。

根据以上之计划，本系本年度拟申请补助三万五千元，为充实原有设备，并添设工场之用，其分配略如下表（略）。

丙、图书馆

（一）概况。南开大学成立之始，即注重图书之备置。民国十六年，津绅卢木斋捐国币十万元，建筑图书馆，于是书库、阅览厅，及各研究室，遂得集中于一独立之建筑。书库共四层，现正设置钢质书架者二层，可容书十六万册。

其余两层，限于经费，尚未设备完全。阅览厅二，可容读者四百人。研究室十余，为各科教授与学生研究学问之所。统计馆藏，现有中文书籍十万余册，外国文书籍三万余册。每年购置图书之经费，关于经济学及其他社会科学者约一万元，关于自然科学者约一万元，关于文语及普通书籍者约一万元。此图书馆之概况也。

（二）需要及申请补助之项目

1. 各国重要书目之购置。　　九千元

书目为一切学问之工具，现拟增购下列数种，以资应用。（略）

2. 普通参考书之充实。　　四千元

馆中现有之普通参考书，皆陈列阅览厅中，共约一千册，价约二万元。是项书籍，虽每年皆有添置，然为财力所限，至今仍感缺乏。且津市较大之图书馆，只有本馆一处，举凡机关、报馆，以及市内中外居民有所查询，皆类利赖本馆，故本馆之普通参考书籍，实有充实之必要。拟购各书，名目颇繁，左列各种（略），特举例耳。将来如得补助，再当斟酌需要，广为罗致。

3. 各国政府或学校、机关出版物中有关于中国之书籍。　　一万元

此类书籍之重要，自不待言。其中关于经济之部分，已由经济研究所开始搜集，今后继续，须待特款。其他部分，除最近出版者，可以交换或函索之外，皆须自行购置。今拟以一万元之所得，作一基础，此后当决定以是项书之购置，为本馆方针之一。（略）

4. 清朝名臣奏议及名人专集。　　二千元

此项书籍，为治近代史者不可缺少之资料。本馆之从事搜集亦已数年，惟限于财力，至今始得数十种。而此数十种，几无一日不在应用中，此其价值，可以概见，今后如有的款，当广为收罗，以期完构。

四、总结

总结右列各种，申请补助之部分计为：

化工系

购置专门期刊		一〇〇〇〇元
赠设教席		五〇〇〇元
充实设备		二五〇〇〇元
	共计	四〇〇〇〇元

电工系

电机制造厂初步创设费	五〇〇〇元

电机实验室扩充费		五五〇〇元
机械及金工实习室扩充费		一一〇〇〇元
无线电实验室扩充费		七五〇〇元
电话电报试验室创设费		六〇〇〇元
	共计	三五〇〇〇元
图书馆		
普通参考书		四〇〇〇元
各国重要书目		九〇〇〇元
各国政府及学术机关出版物中有关中国之书籍		一〇〇〇〇元
清朝名臣奏稿及名人专集		二〇〇〇元
	共计	二五〇〇〇元
总共		一〇〇〇〇〇元

（南开大学档案馆藏）

胡汉民有三种美德①

（1936年5月25日）

胡先生有三种美德，一曰志向坚定，二曰廉洁自守，三曰努力不息往前干。今胡先生虽死，而胡先生精神未死，希望国人均本胡先生未死之精神，向前作去。

（《大公报》，1936年5月26日）

① 本日上午10时，天津市各界举行公祭胡汉民追悼大会。参加追悼会者有天津市长萧振瀛、工务局长刘玉书、公安局长孙维栋、财政局长常鸿钧等，以及各学校、机关代表六百余人。张伯苓代表天津各界发表演说。题目为编者所拟。

在全国禁烟总会“六三”纪念会上的讲话[①]

（1936年6月3日）

（详述昔时我国拒毒运动之决心，与后来失败之原因。）于禁政废弛之际，蒋总监毅然担负肃绝烟毒之责，七阅月来，办理结果，成绩惊人。蒋先生以此种教育者态度改造邦国、复兴民族，则国家前途，膺有厚望。

（《申报》，1936年6月4日）

南开中学《民国廿五年班毕业同学纪念专册》题词[②]

（1936年6月）

绩学久相契，功成岁载更。
未忘尝胆日，同作济时英。
骐骥思联辔，鲲鱼欲化鹏。
多才欣致用，远大祝前程。

（《廿五年班毕业同学纪念专册》，1936年6月）

① 6月3日上午，张伯苓等全国禁烟总会委员及各地代表四百余人参加全国禁烟总会“六三”纪念会，并在会上讲话。题目为编者所拟。

② 题目为编者所拟。

李典臣捐资兴学简况

（1936 年 7 月 25 日）

津绅李典臣先生（名宝训），于十九年三月将家藏经、史、子、集书籍捐赠属校木斋图书馆。自收到该项书籍后，即着手整理，因卷帙浩繁，历时五载方得编定，现时经、史、子、集等六种七万三千九百零二册，业已分别编目，成上、下两册。所有该项书籍亦已分别装套编号，陈列于该馆楼上书库，计占有双面书架十二架，单面书架二架（如照一，其中双面书架，单面书架各一架未能照出），每架共四行，每行六格（如照二），计每格可陈十五函至二十函不等，以每函十册至十五册计算，每面书架可陈列约计五千册，全体书架陈列七万余册。

在南开学校董事会例会上的报告[①]

（1936 年 10 月 4 日）

一、各部学生人数统计报告

本学期大学、中学、女中学、小学四部学生人数总计共有二千七百六十人，计大学部四百一十七人，中学部一千四百八十二人，女中部四百六十九人，小学部三百九十二人。

二、商学院院长何廉因就行政院政务处处长职，辞院长职，该院院长即由方显廷教授充任。

三、小站校田经理处已由冀察政务委员会派人接收，惟本年校田租款仍由学校催收，自明年起，该校田即由冀察政务会派人接管，并该会允许自明年起，

① 是日中午，南开学校董事会在大学部秀山堂召开例会，颜惠庆、卞白眉、卞俶成、阎子亨参加会议，教育部代表蒋梦麟、河北省教育厅长李琴湘、校长张伯苓列席，张伯苓报告以下所列事项。题目为编者所拟。

每年拨助学校二万八千元，以三年为期。

四、南渝中学校舍均已落成，于九月十日开学，十一日正式上课矣。南渝中学概况约如后：

1. 校址：南渝位在重庆市外，离城约三十余里，地名沙坪坝，当巴磁要道，距城虽远，交通尚便。校址广约四百亩，地势平坦，风景殊美，无城市之喧嚣，有山水之清幽，用建校舍，实属最宜。

2. 校舍——现时已告成者：

甲、二层楼房一座，有讲室二十二间，因现时班次不多，讲室有余，举凡办公室、图书室、仪器室、实验室等，悉由普通教室改用。

乙、礼堂兼风雨操场一座，可容学生八百余人。

丙、宿舍楼房一座，可容学生约三百余人。

丁、食堂一所，足容学生四百余人。

戊、盥洗室、浴室、厕所等一座。

己、教职员住宅七所。

按现时该校学生人数仅二百数十人，现有校舍，差足敷用，如再增加，当感不敷。

3. 学生：南渝现有学生六班，计初中四班，高中两班，共二百二十余人。

4. 教职员：教员共十一人，一部系南开旧同人，特约去渝帮忙，一部系新聘，或由南开大学毕业，或在他校任职有年，皆系专任。职员一部，亦由天津南开旧同人中调任。

5. 设备：设备方面，因南渝创办伊始，忙于校舍建筑，内容设备，未遑顾及。图书仪器，为临时应用起见，一部先由南开学校捐赠，一部系零星购置，稍假时日，教学设备，当力求充实。

6. 南渝中学校舍用费约如后：

（1）校地约四百亩，约洋三万余元。

（2）讲室楼房一座，约洋二万八千余元。

（3）礼堂兼风雨操场一座，约洋一万一千余元。

（4）宿舍楼房一座，约洋一万四千余元。

（5）食堂一所，约洋五千余元。

（6）教职员住宅七所，约洋一万七千余元。

共约洋十万余元。

7. 南渝中学创办费：

（1）行政院拨助五万元。

（2）范旭东先生捐购理化仪器洋六千元。

（3）津绅陈芝琴捐西门内房产若干所，约值洋三万五千元，现该房产由大学基金购入，每年所收房租，较银行利率稍高，该三万五千元之捐款，将来在南渝建芝琴楼一座，以资纪念。其不足之款，拟向川省各界捐募。

8. 南渝经常费本年需二万数千元，除由教育部本年拨助二万元，所差不多，当无问题。明年添招新班，经费必须增加，拟向川省省政府请求补助。

（南开大学档案馆藏）

继续努力，达到教育救国的夙志[①]

（1936年10月17日）

南开成立今已三十二年，本校前身本是两个家塾，所谓严王二馆，后来改组成中学，赖社会人士赞助，才得发展到今日的规模，本校现有小学、中学、女中、大学四部，经济、化工两研究所，另外还有附设的广开平民小学，总计学生人数在2700人以上。本校成立之初，便是为了感到国势危急，想用教育的力量来作挽救的工作，三十二年来无时或忘，今幸南开已得到相当的发展，国际亦已大见进步。国人都知道自强，我们民族便不致灭亡。我南开师生决不以现状自满，一定要继续努力，好达到教育救国的夙志。

本校创办人严范孙先生道德学问最是为吾人矜式。前年天津青年会总干事美人格林先生曾对我说："严范孙先生一望便知是一位道德君子。我们彼此虽因语言关系不得多谈，但从他的平常举止行动的彬彬有礼，我们就可以了解了大部分的东方文化。"这次铜像揭幕礼，他听见了以后，立刻写了一封信给我，教我在行礼时诵读，藉以表示他的敬意。

今天是母校三十二周年纪念，举行体育表演，因为人数极多，希望大家在

① 10月17日，南开中学举行成立三十二周年庆祝会暨严修像落成典礼，张伯苓讲话。题目为编者所拟。

团体和个人方面都要有良好的表现，尤其是要合作一致，才会有大的收效，最后愿意大家不计胜败，努力的去表演，来表现出我们南开的精神。

（《南开高中》第11期，1936年11月18日）

望同人对于学生善为领导①

（1936年11月5日）

吾人对内一切已有信心，对外亦足表现有自力更生能力，希望同人对于学生善为领导，应沉着，勿妄动，以蓄养力量，为国大用。

（《南开高中》第11期，1936年11月18日）

中华全国体育协进会董事会三次会议决议②

（1936年11月8日）

（一）具函申谢参加世运德国顾问考特及劳也甫。

（二）通过草拟参加世运报告书目录，推沈、袁、郝编辑。

（三）决参加一九三七年台维斯杯国际网球欧洲带比赛，并预选许承基、郑兆佳为出席代表。

（四）函复高级足球队于耶诞来沪比赛，但不负旅费。

（五）否决参加一九三七年国际学生运动会。

（六）继续租用申园运动场地一年。

（七）决定提议下届代表大会修改会章。

---

① 本日下午5时，南开中学、女中、小学全体同人举行本学期第二次聚餐会，张伯苓在会上演讲，此为演讲大意。题目为编者所拟。

② 11月8日晨，张伯苓出席中华全国体育协进会董事会三次会议，议决本文所述各事项。出席会议的还有王正廷、褚民谊、沈嗣良、郝更生、袁敦礼、吴蕴瑞等。题目为编者所拟。

（八）建议政府设立体育最高机关。

（九）呈请政府津贴准备参加十二届世运会经费及本年常年经费。

（十）决定停止继续远东运动会组织进行。

（十一）参加一九四〇年世运会准备事，交总干事拟具办法，请常务董事会核办。

（十二）准王正廷董事辞去主席职，推张伯苓董事接任。

（十三）选定留英华侨何爱瑛在可能时加入台维斯杯网球队，赴各国参加比赛。

（《大公报》，1936 年 11 月 9 日）

我的办学动机和体育追求[①]

（1936 年 11 月 21 日）

关于南开学校的历史，想喻主任已对大家说过，喻主任是南开中学第一班的毕业生，但是我们创办南开中学以前，还有六年历史，喻主任知道的却不详细，现在我将我办学的动机及起始情形报告大家：在前三十八年，我那时是二十三岁，在我国北洋水师学堂充当海军学生，那时正是中日甲午之战的时候，我天天看报，见中国失败的情形，心中非常难过！结果中国海军完全失败，日本便占据了威海卫，后来威海卫租借给英国，租借的办法是日本先交还给中国，中国再交给英国。我那时便是去接收威海卫的人中的一个，我曾亲眼看见中国国旗降下来，外国国旗升上去，我当时受的刺激很大，心中觉得非常地伤痛，这种刺激使我一生永也不能忘掉！我那时便想中国土地广大，人口众多，何以不如外国那般强盛，这个原因就是那时中国人民无知、政府腐败，国家没有力量。我那时便立志想用教育来改造中华民族！复兴中华民国！过了一年我的目的达到了：当时在天津有一位翰林严范孙先生看到当时科举制度的腐败，因欲创办学校，便聘我为教师，便在严先生家里开办，这便是南开中学的开始。

① 本文是张伯苓在重庆南渝中学学生集会上的讲话，摘自杜博民的《张校长第二次来川》。题目为编者所拟。

我因见到中国人的体质都非常衰弱，在办学开始便极注重体育！记得，从前因为没有体育设备，我便带领学生围着严先生家的一颗大槐树跑。跳高时便用两个板凳和一个鸡毛掸子搭起来跳。后来成立南开中学时，更极注重体育，但是最初天津开运动会时，南开总不上名，但是学生仍不灰心，努力的锻炼！以后无论是天津运动会，华北运动会，全国运动会，南开学生都踊跃参加，有良好成绩。我提倡体育，由学校而社会，由社会而全国。我国共开六次全国运动会，我曾有五次任总裁判。最近世界运动大会，中国完全失败，但是我们不要灰心，这正是给我们一个刺激，使我们此后更加努力锻炼！我曾说过："失败不怕！只要不是世界末日，我们总有希望。"我国健儿此后自当努力干去！希望四年后在日本东京举行的世界运动大会，我们能将锦标夺来！我们应一致依照这种精神努力向前！我中华民族一定能复兴！

（《南开高中》第12期，1936年12月15日）

御侮救国之精神[①]

（1936年12月1日）

去年十二月，本人在此地同许多学生谈话，转瞬就是一年了，这次又来四川，来四川的原因，就是因为南开学校在四川重庆，成立一个中学，名为南渝中学。南渝中学是今年二月间开始筹办的，九月开学，内分初中、高中，共有学生二百一十七人，因为学校的事情而来四川重庆，并来成都拜望各长官及社会要人，请他们帮忙。来到成都以后，许多学校都函约说话，因为在此地只住八天，时间短促，不能分赴各校说话，觉得很抱歉。但是南渝中学既已成立了，以后每年都要到四川一次，到四川，成都当然是必到的地方，以后的机会很多，谈话的时间也不少，今天没有到的学生，下次再来同他们谈话。今天来的学生，据说皆是省立学校的男女学生，人数共有二千二百多名，我看你们，就想到我的家。我的家在天津，那里的大学、中学、小学的青年男女学生，有二千七百多人，较今天这一堂的学生多五百，看看你们青年男女学生，就想到天津的学

① 本文为张伯苓应四川省教育厅之请，在四川省党部礼堂对成都市省立6个中学的学生的演讲词。

生，同时看看你们的精神，与去年不一样了，很有进步，感觉高兴，我想到天津学生的情形，向诸位讲一下。察绥现在的战事，非常剧烈。

北平天津两市情形。我想诸位必很愿意知道北平、天津两市的情形。华北有日本驻屯军数千人，又闻说一万人，分驻天津各地，那里的情形也许诸位分外愿意知道，因为学生对于现在的情势，很愿意知道的原因，就是我们处到现在，究竟应该怎样做。国家多难的现在，与外人奋斗，甚至于拼命的时候，我们做学生的应当怎样做。这个心理，是很好的。今天这个机会，即向诸位报告天津南开学校的学生，现在还没有作什么事情，但所抱的态度，很可以作诸位的参考。以前东北没有被人侵占的时候，华北是腹地，自东北失守以后，华北便成为边界，为国防的重要地方，而天津尤其重要。因为天津是华北很大的市场，人口现在有一百多万，比成都重庆合笼来的人口，还多十多万。但是那里现在的重要地方，都驻得有日本兵，日本驻在那里的军队有六千之多，他的兵营，就扎在海光寺大庙宇里面。南开学校分为两部，一部是大学，一部是中小学，两部的距离，有六华里之远，这里有几位先生曾经去过，知道那里的形势，日本的兵营，就在当中，距大学三里，中小学亦三里，这些军队演习射击，虽是不能到学校里来，但打枪的声音，听得很清楚。学生们的怎样，那里的学生，不全是天津的人，全国各省都有人，就是四川籍的学生，也是很多，因为天津是一个大商埠，远道来经商求学的很多，自华北陷于危险的状态当中，而日本的兵又驻在大学与中学之间，想来求学的人，应该少一些吗。

但实际不但不少，反源源的增加，由此就可以证明中国的学生不害怕，他们决不能因为华北很危险，不到华北来求学，也因为南开学校距日本驻屯军很近，害怕去得，没有丝毫畏怯心。所以比往年来求学的人，还多几十名，那里的学生，因为距日本驻屯军很近，同时又常常听到日驻屯军演习的机枪声音，所以对国家的观念，爱国的情绪，要比各地浓厚。从此可以证明中国青年，不但不是亡国的气象，而惟是有兴国气象了。大家不怕日本，最近对于绥远的战事，大家不但不怕，大学部并派同学五人，到前线慰劳。那个时候，百灵庙尚没有收复。

前线军士很有决心。回来报告前线的军士，很有决心。充分表现奋勇拼命的气慨[概]，各同学听到非常高兴，中学部男女学生二千多人，对于慰劳绥远将士的捐款三千元，并自己派人到张家口，购买皮背心，他们捐钱慰劳前线的军队虽这样踊跃，至于他们在天津学校里，却非常安静，决没有张惶的举动，所有常没有游行示威，及到处讲习的情形，这也是因为先生常常同他们说游行示威这些妄动是空的，没有用处，我们现在要想方法实地去作，所以大家现在还是很安静的埋着头在那里求学，有时因为受外人的欺侮，非常着急，要出来讲演示威，我就对他们说，我们青年应当要紧的有一样事，大家要时时记着。社会上的人，有热心的，对社会一切事情很热心去做，这是好人；有凉血的，这些人不作公益事情，自私自利的，就是坏人。这是心至于脑筋，有些人思想很细密，对世事看得很清楚，作事情有计划，有步骤，这种脑筋，就叫冷静的脑筋，简称作冷脑，是很好的。与此相反的，就是热脑。热脑筋的人，看到什么事情就去做，听到什么事情就信，人家说东就说东，说西就说西，这种作事不思索的人，是糊里糊涂，很容易被人利用说服的。这两种心，两种脑，分晰社会上的人为四类，一冷心冷脑，这种人是极坏的人，社会上这种人很多；二是冷心热脑，心不好，脑筋也糊涂，这是愚人。冷心冷脑与冷心热脑这两类人都不好。还有两类人，一是热心热脑，听到什么事情就去做，这种人的心很好，但不能分晰事情，脑筋就不好，这种人还是不对；二是热心冷脑，心是热的，乐于为社会国家作事情，脑筋是冷静的，很能够分晰事情，这类人算是最好的了。

热心热脑是不好的。青年人热心热脑是不好的，是因为心虽热，但有了作事情不假思索的热脑筋，便容易受人的利用，有好心肠而每日做糊闹的事情来，所以不好。我们为人，最要紧的就是心要热，为社会国家作一切事情，但是脑筋要冷静，对于事情要分晰思索过后才作。南开的学生，就受过这种训练，所以想作一件事情，要思索去作的方法，不糊里糊涂去作。若是真有热心有冷静的脑筋，遇到一件事情，就游行示威，瞎说一阵，这有什么用处。今天向诸位说这种话的意思，是要使诸位知道在前线的青年，比此地的学生还多些，我们训练他，教他把气忍到去努力作应作的事情。我们中国在前几年，因为在世界列强均势之下，如东边的枪要倒下来打我们，同时西边的枪也要倒下来，南边北边的枪也要倒下来，好像四方的枪都要倒下来，而结果互相架住，都倒不下来。所以我们国家虽然懦弱，而尚能保全者，就是在这个均势之下。这是二三十年以前的情形，在列强架住的枪尖之下，其危险有如累卵，但多数人都毫无觉悟，只知自私自利，不但不以为畏惧，并还致力于内战，实因为列强的枪互相架住在没有倒下来，遂没有感觉得。五年以前九一八事变，日本侵占东北四省以后，世界均衡之势，忽然打破，因为谁也不愿意同日本直接冲突，因此东边，对我们的枪就倒下来，这一吓把中国人骇坏了。因此也就觉悟起来，中国古书说“无敌国外患者国恒亡”，所以这几年的中国人马上就变更为很有觉悟，很有进步的国民，而自私自利的人，因此也就渐渐的减少了。大家晓得今年六月发生西南问题，就是两广声言抗日而出兵。

单独行动即是扰乱。在国难严重当中，单独行动，可以说是扰乱。他们说怎样才抗日，不晓得国家一日不统一，抗日就一日不能实行。国家为什么不能统一，就是不听中央的命令。何时统一，何时才可抗日。因不统一，就没有力量去抗日。西南的事件，中央若是用兵力去征服他，就要损失许多国力，但中央蒋委员长，始终以和平对付，诚能动人，故结果得以和平解决。委员长这种态度，可以说真真是中国的领袖，不用力量来统一国家，这种功劳，就在世界方面说来，恐怕也是最大的功劳，不费国力，而能团结中国。经过这次事件以后，日本看见中国要复兴了，他的要求也来了，想来诸位早知道，就是要我们与他共同防共，并划华北为特殊区域，而我们中国是怎样对付呢，要是前几年，他要这样的要求我们对付，真是困难，因为，答应他，他就要来骚扰，若是不抗争，国家便失去了独立的精神，幸而现在全国统一了，不答应他这种要求，无非实行他的一贯政策，骚扰或战争罢了。

纵然骚扰和战争，我们也有力量抵抗的。关于最近嗾使匪徒，侵我绥远，我们一战，就把百灵收复，这样看来，一方面是得国家统一的力量，一方面更是领袖处置得宜，指导有方所至。这个领袖，真是我们的领袖，作文章说话不算数，作出实事与国人看，是要紧的。现在国家怎样，全国一致，尤其是舆论界，一致拥护中央，抑制外侮，其他唱异议，论异调，不是有别的意思，就是有成见，若是真心为国家民族着想的人，没有那个不赞成统一的。全国统一，就是抵抗外侮的着手点。四川现在，要出兵与国效力，前天我在军分校听得唐军长说，四川人向来是自己同自己作战，没有为国家出过力，这次出兵，真是四川军人为国家效忠，做有益于国的事情。我听到过后，心里非常高兴，四川以前纷乱，耗费自己的国力，现在一反从前，直上新的道路，可以说是全路的一个转机。

谁能御侮谁就得名。谁能够御侮，谁就得名。诸位看到绥远前战抵抗敌人的，就是傅作义主席。他实在是军人的模范，民族的领袖。

昨天我到川大讲演，有几位先生请我说一说傅作义的情形。傅作义同我很好，曾到绥远去看过他。他这个人有几点好处，第一不怕死，第二不要钱。这样的军人，现在恐怕还是很少吧。很多的人，又是拿钱，又怕死。傅作义不但不要钱，不怕死，并且遇事又很负责，很有办法。不要钱，不怕死，就是刚才所说的热心，遇事有办法，就是有脑筋。绥远是边省，教育是最不发达的，傅作义到绥远以后，极力整顿，近来绥远的教育，非常之好。我们在报上看见绥远的学生，到前线去诚恳的服务各种事务，若在前几年，那有这种好现象。他对于鸦片烟，也很严厉禁止，一切的经费建设事宜，也无不努力，他之所以能够御侮，自然因他素来有修养。一个人要平素有修养，事情来了，才能应付，不然事情来了，一定就会茫然无措。自然世上有修养而后有机会用出来的人是很多，假若傅作义这回没有遇到伪匪犯边的事情，全国还不知道他的能力，他的精神。至于素日没有修养的人，遇着事情必定会失败的。我们从傅作义能够应付非常事情看来，我们国家民族的英雄，也渐渐的出来了。

现在来说一般的人。现在来说社会一般的人。前几天中国银行一个董事冯耿光，到昆明过此地，我会着他，同时又会到新华银行总经理王志华等三人，我问他们在这个局面里，我们应该怎样，他答覆我说，现在全国的人，无论如何都要干，只有干才是出路。我又问他，你们银行界怎样，诸位晓得银行界是最富于保守性的，能够妥协就妥协，向来是以保护资本为目的，不愿意做冒险事情的。但冯耿光前日答覆我说，我们现在没有办法，只有背城一战。他这个话，只是有拼命作战，才有生机的意思。银行界尚且如此的说，就可以证明全国人的意志一致了，能深深表现一致的动作。我又想到去年入川看见一件事情，就是诸位知道的大江两边的拉船，下江的水，没有上江这样的急烈，拉船的人，只需三个或五个，但是上江就要四十或五十个人，他们用力是很一致的，一致向前挣，所以能够拖起走。假使我们不一致，有些向左，有些向右，或向后，那怎能把船拖走呢。因为他们一致的，所以能够把船拖起向前。因此感觉全国的人，若是一致的把我们这只中华民国的船向前拖，我们的难关，必定可以渡过。同时看见船放下水的时候，水很紧很危险，一不留心，船就会碰滥，那时的吉凶，只操于掌舵一人，必须这个掌舵的人，脑筋冷静，不慌不忙，便会安然渡过危险，是以又感觉到掌舵的必定只要一个人，大家听他的指挥。假使在危险的时候，大家不听他的指挥，互相吵闹，必定蹈于危险。现在我们国家的困难，比上水船下水船要危险得多，幸而好，全国统一了，至于人民，不惟学生有觉悟，各级人民都有觉悟，银行界也有觉悟，同时又找出一个领袖蒋委员长来掌舵，这次外交事件，诸位知道，日本各界负责的人，不惟在国内开会，在国外也开会，秘密在开会，公开也在开会，而我们中国没有开过一次会。

一人主持说动就动。只听我们领袖一个人主持，说动就动，这种的效果，是多么的大啊。如果再进一步，大家明白这个道理，一齐救国，我们这个国，就会不怕危险，一定可以救的。现在我们全国的人联合起来，必定能够渡过难关。现在正在挣扎，很险的，要紧的不但是要求学的青年，有热心为国的冷脑筋，全国人都要有热心为国的冷脑筋，通过将力量交给政府领袖，集中我们的力量，一致对外才行。现在是我们国家民族最危急的时候，大家一致努力，渡过这个难关以后，我们国家就一点问题没有，不但前途进步无量，而且会光明伟大起来，就是在努力的当中遇有小的失败也不要紧，只要民众能有真正觉悟，大家能够真正团结，听一个领袖的指挥，收复失地，容易极了。听说前方有许多匪军反正，这是中国人被外国人利用以后的觉悟。只要一齐有觉悟，元气足，一个外侮不足怕的。譬如一个人元气足，什么病都侵袭不到，现在维持我们的元气，大家对于国家，尊重爱国观念，怎样爱国，除一切事都负责在领袖指导之下干而外，就是刚才说的，心要热，脑筋要冷，同时要注重体魄。至于诸位的身体以至一切，我看比去年都有进步，就是这样去作吧。前双十节在天津检阅全国的童子军，蒋院长说，你们不忙，流血的机会就来了，所以南开受检阅的童军回来，高兴极了。今大家听到这个话高兴，是以为我们爱国救国的机会到了，愿意〈今〉天来的男女学生，人人抱定我誓为我的国家牺牲我的一切及性命。南开的学生，早就注意及此，锻炼体魄很强， 不是我自己说好，事实却是如此。所以航空学校，南开去的很多，里面当队长和学员的很多，前后死了两个，一个在贵州剿匪死的，一个在学校里死的，但他们不怕，以后去投考的还更多。这次驾蜀一、蜀二、蜀三三架飞机来川的司机生，有两个是南开的学生。空军的危险，比陆军多得多，陆军要上火线才有危险，空军随时都有危险。但是大家不怕，这样看来，中国青年有血性，我们民族有希望，我们希望大家提起这种精神，同时又希望我们年壮办教育的，应当以身作则，领导青年去做，领导青年共同表现爱国的情绪。我看四川学生不比外面懦弱，四川的人很聪明，在南开求学的很多，很活泼，不弱于各省的人，不过身体稍差一点，但不要紧，只要注重体育，几年工夫，就可以强盛起来的。只要活泼聪明，作事不弱于人，其他是不足为虑的。现在最高的道德是爱国。

大家都作有为国民。很想大家都作这样有为的国民，就是要担负起有我在国家不会亡的责任。我十六年前到奉天对青年讲演，就说得有这个话，张学良当时也是听讲人之一，他现在还记得这句话。我敢说大家有这样志气，不惟国家不会亡，并能马上复兴起来。盼望今天在这里的青年，从今以后，为国家民族切实服务，最要条件，就是涤掉自私自利的心。大家要知道现在国家不是以前的纷乱了，以前坏可以得到金钱得到地位，现在不然了。现在是优胜劣取的时候了，谁个好谁个就得社会地位，所以希望大〈家〉向正路走去。我愿意大家在这国难严重当中有觉悟有转机，大家有热心冷脑，大家说有我在国家不亡，不要说全国作到这样，就是四川，就是今天在这里的诸位有这种自信心，我们国家都有希望。就怕我们志气不足，做不到。盼望诸位眼光放大一点，看看国家民族的前途，不应当糊里糊涂，随随便便完结人生。只要大家有志向，将来恢复国家的领土，是不难的。提起志气，提起爱国心，就是我的希望，也是国家的盼望。

（《四川教育》创刊号，1937 年 1 月）

创办南渝中学募款经过[①]

（1936 年 12 月 4 日）

我去年第一次来到四川，看到四川非常重要，是我国西部文化的中心，尤其是四川的青年，资质聪颖，精神很奋发。我当时看了觉得非常兴奋！便决定在四川设立学校。后来我到南京，见了蒋委员长，谈到发展四川，必先从教育、实业、交通各方面着手，尤其是教育，很是重要。我便谈到在四川设校的动机，当时蒋先生便捐助五万元，又在平津等地捐募十万一千二百余元，一共捐得十五万一千余元，做为南渝中学开办的费用。所有一切地皮、建筑、设备等费都包括在内，自开学到现在已支出十五万余元，这便是我第一期募款，现在已将用完。

我起初不知道需要这样大，想起从前南开刚一成立，才有七十余人，南渝还没有成立，便有近千人来考，现在校中已有学生二百数十人，想起明年人数增加，但校舍不敷应用，所以我便想办第二期的捐款。这次我来到四川，便想借此机会，在四川也捐募十五万元，以为下学年扩充校舍之用。日前到成都，谒刘主席请求捐助，刘主席已允捐五万元。余十万元请重庆银行公会及各界捐助，将来校董会成立，再进行募款。现在四川教育厅更委托我校在重庆添办女中，已允每年拨助经常费，明年男女中又要增加十几班，比较南开初办的情形，

① 本文是张伯苓 1936 年 12 月 3 日第二次入川时，在重庆南渝中学讲话的报道。原题为《张校长第二次的来川》。本文收录张伯苓讲话的一部分，由杜博民笔录。题目为编者所拟。

真是不能相比了！这便是我为南渝募捐的经过。

这次绥远抗战，前线节节胜利，全国人民更团结一致，共同对外，这便是因为敌人压迫我国太甚，我国人民才有了国家的观念，充实了抗战能力，去争取中华民族的解放！前几天接到我四子张锡祜从洛阳来信，说蒋委员长对抗战已有充实准备，全国空军也已准备参战，我四子便是中央空军的一个队长，我不因为我儿子赴前敌作战，凶多吉少而悲哀，我反觉得非常地高兴！这正是中国空军历史上光荣的第一页，但望他们能把这一页给写好了！

（《南开校友》第 2 卷第 5 期，1937 年 1 月 15 日）

在南渝中学第一次校董会上的报告①

（1936 年 12 月 8 日）

本人因去冬来川游历，经各方之建议，拟在渝创办中学一所。返津后，复感觉国际情势日非，南开大学及男、女中学暨小学各部均只能在津维持现状，不能继续发展。川中重庆为我国商业、政治中心，势应依照南开规模，改在川中发展。旋经南开董事会赞许此议，本人乃从事筹划一切，迄本年 2 月派南开中学部主任喻传鉴来渝，觅定沙坪坝为校址，购地建筑校舍。幸赖各方赞助，校友努力，越 3 月之久，校舍即赶修完成。旋在渝、蓉两地分别招考新生，共取录学生 200 余人，分设高中一年级及初中一、二年两级。此本校创设经过。至开办费用，共支 15.1 万元，所有地皮、建筑、设备等费均包括在内。此已由本人在川外先行募足，除蒋委员长捐助 5 万元外，余向各方捐募足额。今后常年经费计自民国二十五年下期起，迄明年上期止，共需 3.3 万元，除学生学费约收 1.3 万元外，余 2 万元已在京向教育部洽妥，由部补助两万元。以后各年度若须发展，教部对每年加增经常费，并可额外增加补助。所有本校经常费最近三数年内尽可设法由本人捐募足数，当不生何问题。惟本校现为初创，以后

① 12 月 8 日下午 3 时，南渝中学成立校董会，董事有外交部部长张群、实业部长吴鼎昌、四川建设厅长卢作孚、华西公司经理胡子昂、重庆银行公会主席吴受彤、川康殖业银行总经理何北衡、美丰银行总经理康心如、四川财政厅长刘航琛、华西公司董事胡仲实等 9 人。当日，在南渝中学校长办公室召开第一次校董会，出席的有卢作孚、胡仲实、康心如、何北衡、吴受彤、胡子昂。张伯苓为会议主席，并作以下报告，题目为编者所拟。

续建校舍、添设图书馆、礼堂、科学馆、学生宿舍，及购置仪器、添设图书等在在需款，预计在民国二十六年度内至少应须事业费 15 万至 20 万元，甚望各位董事共同负责，分别设法捐募。又，本校现有学生仅 200 余人，明年暑后加招新生，现有宿舍仅一所，已不敷用，即需另建。图书馆、礼堂等亦非即刻建筑不可。本人旬前赴蓉，又承教育厅蒋厅长志澄委托，请本校于明年暑假后添设女中部，计分高中、初中两部，共计五六组，所有经常费概由政府照官立学校每组经费预算，全数由公家补助。但对校舍、设备等项建设费用，则不负责，须由本校自行设法。本人在蓉因感重庆缺乏女高中，对教厅要求已慨然承认，同人等在下年度内不特须筹划现有男中之发展，并须另筹划女中部份之开办费用。

（《南开校友》第 2 卷第 5 期，1937 年 1 月 15 日）

南渝中学初中二年级童子军营火会上的讲演[①]

（1936 年 12 月 12 日）

刚才我看了看你们的营地和营帐，又吃了你们一顿饭，看到你们一切布置很好，饭也做得很好，这足以表示你们童子军的精神！现在你们吃饭是自己烧火，自己煮饭；睡觉是露宿在野外的土地上，住的房子也是自己搭成的，这些刻苦、耐劳、创造、开拓、互助的精神，便是童子军的真精神！你们不仅现在做童子军时应当具有这种精神；等到将来退出了童子军团，你们仍要本着此种精神干下去！做一个终身的童子军！终身童子军的精神和心灵，为社会服务！为国效劳！

（《南开校友》第 2 卷第 5 期，1937 年 1 月 15 日）

① 题目为编者所拟。

南渝中学之前途与西安事变之预言①

（1936年12月26日）

关于南渝方面者：

一，南渝中学校董事会已经成立。

二，南渝学生情形之佳，远出我预想之上。当我初次到南渝时，见学生之精神兴奋已极，曾数夜未眠。

三，南渝捐款，各方认捐者为数颇多，将来收齐当超过十五万元以上，前途极抱乐观。

关于西安事变之观感：

余在十三日在渝，即已知西安事变消息，当时悲愤已极。当地学生并举行全市演说。在十六日得孔部长电约赴京，原拟十七日赴京，但因故未能成行，至十八日始飞京。在渝时诸校友对蒋委员长留驻西安，咸抱殷忧。余当即历举闽变及白银流出诸问题之解决，均属国运，俟后当能逢凶化吉。此次事变亦终必化吉。余之逢凶化吉预言，又灵验矣！

（《益世报》，1936年12月27日）

我恢复周恩来校友的学籍②

（1936年12月27日）

西安事变解决得这么好，咱们的校友周恩来起了很大作用，立了大功。过去我把他开除了，现在我恢复他的学籍。

（中国人民政治协商会议天津市委员会文史资料研究委员会编:《天津文史资料选辑》(第八辑)，天津人民出版社，1980年）

① 12月26日张伯苓从南京回到天津，接受了《大公报》和《益世报》记者的采访，因内容相同，只收录一处。题目为编者所拟。

② 为庆祝西安事变和平解决，蒋介石等安全返回南京，南开学校师生举行庆祝游艺会，张伯苓在会上讲话。本文摘自梁杨的《张伯苓二三事》（一）一文，题目为编者所拟。

南渝中学近况及今后发展计划[①]

（1936 年 12 月 29 日）

南渝中学在当地颇为各方所重视，捐助者颇多，虽有欲捐十五万元之数，然据现在各方认捐者情形看来，将来收齐恐怕将要三十余万元。再有是那方面董事会已克成立，为的是日后能有人接办。至于学生方面，现在有二百多人，精神都很好，每早六时便起床做晨操，秩序整齐。四川人多半聪明活泼，惟身体软弱及无沉着心，视事容易，而无钻研心。这两个缺点都是可以补救的。下学年要再添五组男生，女中因为有许多人要求，是定要办的，要办六组女生，连同十一组男生约六百余人，进步总算是很快，前途是很光明的。

“西安事变”事实之解决，此事可使吾民族地位增高，为中国的转机，由此可证明各各人务须胸襟扩大，眼光要看的远，要以心服人，人对人最大的力量为诚字，要光明磊落，这都是你们应注意各点。

（《益世报》，1936 年 12 月 30 日）

悼傅作义部抗日阵亡将士挽联[②]

（1936 年 12 月底）

翘首望云中，回忆昨年，洒热血无边，完兹瓯脱；
敛魂归塞上，忠心千古，奠精诚不泯，守我河山。

（梁吉生撰著：《张伯苓年谱长编》（中卷），人民教育出版社，2008 年）

① 12 月 29 日上午 9 时，张伯苓在南开中学礼堂对男女中全体学生讲话，题目为编者所拟。

② 为傅作义抗战驱敌出境举行抗日阵亡将士追悼会而作。题目为编者所拟。

为《英汉四用辞典》题词[①]

（1936 年）

文化工具，体例翻新。兼饷并饫，普益士林。绩学得此，不世之珍。

张伯苓

（《英汉求解、作文、文法、辨义四用辞典》，世界书局，1936 年）

做大事[②]

（1936 年）

诸位刚才读宣誓词上说：“遵奉总理立志做大事之遗训。”对于这个问题，我有一点意见。我先要问什么是大事？固然青年时候，有的还不能看出他适宜于做什么工作？但无论如何，必须做大事是对的。大字作什么讲？往往有人说“大”字指救世界的大事。这太空洞了。想得太大，而做不到，那是没有意义的。救国的工作很多，一个人不能每样工作都去做，有人想学航空，或海陆军，有人想研究农村复兴的问题，有人想从事教育事业，救国方法虽然不同，目标是一样的。“做大事”的意义，我以为就是说：“你有多大力量，做多大的事，尽你能力，做你能做的事。”

第二现在要谈的是：做大事不是等事情来做，是要你去找事情做。你们预备了吗？做大事做你能做的大事。你先要把身体锻炼得很强健，在年青时候，最应该培养卫生习惯，与运动兴味，因为身体不好是将来做大事的障碍。身体不强健的人，工作不能很多，做的很久。所以年青时候最重要的一件事是培养

① 该辞典由詹文浒主编，前有蔡元培、梅贻琦、黎照寰、张伯苓题词，于 1936 年由世界书局出版，到 1947 年，已印到 21 版。题目为编者所拟。

② 本文是张伯苓在江苏省立上海中学的演讲，由周鉴文记录。

强健的身体。其次各人要知道自己的长处与短处，确定志向，作为努力的目标。

凡成功事情最重要的一个因素是“时间”，一时做不了，终身去做，一辈子去做。……诸位都读过物理学，可以知道，一个物体，受着一个力的作用会产生加速度，力量愈大，速率愈大，同时阻力也愈大，时间愈长，动量愈大。做事情也是如此。你没有把你的力量集中起来急需去做，是不会成功的。立志的人很多，可是达到目的的人很少，就是这道理。

今天诸位立志，希望你们确定一个目标，把最大的力量继续去做，做事情不免遇到困难，但是不要灰心，三十年五十年后一定有成绩。大家晓得，自以为聪明的人，做了二三天就松弛不干的人，永远不会得到成功。运动会万米赛跑的优胜，是要继续的不灰心不怕难的向前跑去的！

（《江苏省立上海中学半月刊》，1936 年第 112、113 期合刊）

目　录

呈天津市教育局局长郝任夫

（1947年1月1日）

事由：为遵令查填各项有关学校军训表册各三份，呈请鉴核由。

拟办：拟录转。

批示：十一·三。

案奉钧局教二字第二〇三八号训令，略以先后奉准市政府令发及冀北师管区司令部函送军训干部人数现员、缺员调查表等各项有关学校军训表册，限即查填具报。等由。并附发各项表册式样各一份，奉此当即依照格式查填三份，理合备文呈请鉴核。谨呈

天津市政府教育局局长郝。

天津市私立女子中学校长张伯苓

南开大学复校捐款收据

（1947年1月4日）

今收到贡井盐场捐款国币1200万元整。

校长张伯苓

附：川康盐务管理局财务科致贡井场署周场长（1947年2月20日）

查贵场长前募天津南开大学复校捐款1200万元，业经如数转交该校核收。兹将该校所出收据一纸随函附送，即希查收为荷。此致

贡井场署周场长。

附收据一纸。

川康盐务管理局财务科启

致教育部特设北平临时大学补习班

（1947 年 1 月 5 日）

案准贵补习班卅五年十二月十二日文字第三六零号函送分发学生等入学证件贰包，共计贰百五拾叁件，嘱查照等由，准此。经查该项证件短少，政治系一年级学生李世瑞、刘琢琪两人证件并未在内，仅有李世瑞卒业证明书一纸。相应函达，即希查照见复为荷。此致

教育部特设北平临时大学补习班。

国立南开大学校长张伯苓

中华民国三十六年一月五日

（南开大学档案馆藏）

附：教育部特设北平临时大学补习班致南开大学（1946 年 12 月 12 日）

教育部特设北平临时大学补习班公函　　文第三六〇号

函送分发学生入学证件由。

查本班补习期满结业考试及格学生，前经北平临时大学补习班补习期满结业考试分发委员会决定名单，分发贵校共计贰百伍拾叁名在案。兹将该分发学生等入学证件贰包，共计贰百伍拾叁件随函送上，即请查收呈核为荷。此致

南开大学。

附分发学生入学证件二包计二五三件，证件清单一纸。

主任陈雪屏[①]

中华民国三十五年十二月十二日

（南开大学档案馆藏）

① 陈雪屏（1901—1999），江苏宜兴人。1926 年毕业于北京大学，后赴美国哥伦比亚大学研究心理学，1930 年回国后，先后任教于东北大学、北京师范大学、北京大学、西南联合大学。1947 年任国民党中央青年部部长，1948 年任教育部政务次长，代理部务。1949 年赴台。

致电朱家骅

（1947 年 1 月 7 日）

南京教育部部长朱钧鉴：案奉三十五年十二月廿六日总字第四一三五二号代电，为准财政部函请纠正存款案，转电知照等由。奉此，查本校在重庆银行昆明分行向无存款，奉电前因或系西南联大办理三校复员迁移费之款，如确属该款，当亦早经用罄。谨电奉复，敬请鉴察。国立南开大学校长张伯苓叩。子鱼。印。

（南开大学档案馆藏）

致电朱家骅

（1947 年 1 月 7 日）

南京教育部部长朱钧鉴：案查本校教员学术研究补助费前后曾经奉拨两次，计共国币壹仟叁百万元，本校实发该项补助费卅五年八月份支出叁百零伍万元，九至十一各月份各支出叁百零玖万元，总计四个月共支出壹千贰百叁拾贰万元，十二月份应发叁百肆拾肆万元，以所余无几，无法垫办，迄今未能支付。刻以年度终了，急待筹发，拟请钧部体念艰难，迅予拨款，俾济急需，无任迫切待命之至。国立南开大学校长张伯苓叩。子虞。印。

（南开大学档案馆藏）

附：教育部致电南开大学（1947 年 1 月 20 日）

教育部代电　　发文高字第〇四八三六号

国立南开大学：子虞开字第六号代电悉。该校卅五年度教员学术研究补助费不敷数，俟请领名册报部后再行核发。教育部。印。

（南开大学档案馆藏）

致电朱家骅

（1947 年 1 月 7 日）

南京教育部部长朱钧鉴：亥铣总 39434 电奉悉。查本学期新旧生总人数计七九八名，三十五年九至十二各月份米价已准天津市社会局函送到校，谨抄单附呈。关于学生膳费，前曾奉拨三十五年度九、十两月份各壹千万元。现又拨到三十六年度一月份壹千万元，其上年度十一、十二两月份并未奉发。值兹经费奇紧，实感无法筹垫。按目前每月拨数已属不敷分配，如再中间隔越，益觉难以维持。敬乞体念艰情，迅予查明补发，并盼将历月拨数酌为加增，俾符实际支用。不胜迫切待命之至。国立南开大学校长张伯苓叩。子虞。印。

附呈学生人数表一份，米价表一份。

（南开大学档案馆藏）

附：教育部致电南开大学（1947 年 1 月 23 日）

教育部代电　　发文总字第〇三四八六号

国立南开大学：一月七日开字第 11 号代电暨附件均悉。查上年九至十二月粮价证明单应将天津市政府原证明单呈部，以符规定。又，十一、十二月学生膳费已分别各垫壹千万元，暨八至本年元月先后并各加垫捌百万元在案。仰即知照。件存。教育部。印。

（南开大学档案馆藏）

呈教育部

（1947 年 1 月 7 日）

案奉钧部卅五年十一月十四日总字第三一一九七号训令，为转发关防、官章各一颗，饬遵照启用具报，并将原用钤记、官章截角缴部验销等由，奉此。附发关防、官章各一颗，遵即祗领，并于三十六年一月一日敬谨启用。除将原

用钤记、官章截角，另文缴销外，理合检同印模三纸，备文呈请鉴核备查。谨呈
教育部。

附呈印模三纸。

国立南开大学校长张伯苓
中华民国三十六年一月七日
（南开大学档案馆藏）

附：教育部令南开大学（1947 年 1 月 31 日）

教育部指令　　发文总定第〇五一〇一号

令国立南开大学：

卅六年一月六日开字第三号呈一件——为奉颁发关防、官章呈报启用日期，请鉴核备查由。

呈悉。已据情呈请行政院转请国民政府备案矣。此令。

部长朱家骅
中华民国卅六年正月卅一日
（南开大学档案馆藏）

致国立昆明师范学院

（1947 年 1 月 7 日）

案准贵学院卅五年十二月廿日师字第二二八号函，嘱将本校各学系主任薪额等项待遇情形详复，以供参考等由。准此，查本校各学系主任薪额支给自三百六十元起，最高至六百元止，其生活补助费及基数概照中央规定办理。至于学术研究补助特别办公费支数，均与贵学院现支数额相等，此外并无其他津贴。相应函复，即希查照为荷。此致
国立昆明师范学院。

国立南开大学校长张伯苓
中华民国三十六年一月七日
（南开大学档案馆藏）

附：国立昆明师范学院致南开大学（1946年12月20日）

国立昆明师范学院公函　　师字第二二八号

径启者：本学院前以独立设置，经依照与贵大学暨北京、清华两大学协订合作办法，敬聘蔡维藩先生为本学院史地学系教授兼主任，罗庸先生为本学院国文学系教授兼主任，胡毅先生为本学院英语学系教授兼主任，杨武之先生为本学院数学系教授兼主任。数月以来，诸先生教泽覃敷，勋勤懋著，同声相应，纫荷弥深。查本学院系主任待遇，自本年八月份调整后，遵照中央规定，昆明区每月生活补助费基数为七万五千元，薪金加成数为四百四十倍。此外月支学术研究补助费五万元，特别办公费三万元。

迩来各地物价增涨无已，各校情况亦间有不同。为适应需要及合理调整起见，拟请将贵大学系主任薪额及各项津贴或补助费暨目前有关调整待遇等事项，详以示及，藉供参考，至为感幸。除另函北京、清华两大学外，相应函达，即希查照见复为荷。此致

国立南开大学。

国立昆明师范学院院长查良钊

中华民国三十五年十二月廿日

（南开大学档案馆藏）

呈教育部

（1947年1月10日）

查本校三十五年度校历业经拟定，并提报本校第二次教务会议审核，照案通过，纪录在卷。除公布外，理合检附校历两份，备文呈请鉴核备案施行。谨呈

教育部。

附呈三十五年度校历两份。

国立南开大学校长张伯苓

中华民国三十六年一月十日

（南开大学档案馆藏）

附1：国立南开大学民国三十五年度校历

第一学期实计上课共十五周。				
民国三十五年	十月	五日	星期六	复原学生报到开始。
民国三十五年	十月	十日	星期四	国庆纪念日（放假一天）。
民国三十五年	十月	十五日	星期二	临时大学补习班分发本校第一批学生报到。
民国三十五年	十月	十七日	星期四	校庆复校，本学年开学典礼。
民国三十五年	十月	二十五日	星期五	临时大学补习班第二批学生报到。
民国三十五年	十月	二十六日	星期六	复员学生及临时大学补习班学生注册。
民国三十五年	十一月	五日	星期二	二年级转学新生、一年级新生及先修班新生报到开始。
民国三十五年	十一月	十二日	星期二	总理诞辰纪念日（放假一天）。
民国三十五年	十一月	十五日	星期五	新生报到截止。
民国三十五年	十一月	十六日	星期六	先修班学生甄别试验。
民国三十五年	十一月	十八日	星期一	二年级以上学生选课。 上午先修班学生甄别试验发榜，下午新生注册选课。
民国三十五年	十一月	十九日	星期二	全校学生注册选课。
民国三十五年	十一月	二十日	星期三	二年级以上学生开始上课。
民国三十五年	十一月	二十五日	星期一	一年级新生及先修班生开始上课。
民国三十五年	十二月	十一日	星期三	选课功课截止。
民国三十六年	一月	一日	星期三	中华民国成立纪念日（放假一天）。
民国三十六年	一月	廿日至廿二日	星期一至三	春假。
民国三十六年	三月	十日至十五日	星期一至六	第一学期考试。
民国三十六年	三月	十七日至廿二日	星期一至六	学期更始，休假一周。
第二学期实计上课共计十六周。				
民国三十六年	三月	二十四日	星期一	开学。
民国三十六年	三月	廿四日至廿九日	星期一至六	补考。

续表

民国三十六年	三月	廿四日至廿五日	星期一至二	注册。
民国三十六年	三月	廿七日至廿八日	星期四至五	选课。
民国三十六年	三月	廿九日	星期六	黄花冈纪念日（放假一天）。
民国三十六年	三月	三十一日	星期一	第二学期始业。
民国三十六年	四月	五日	星期六	退选第二学期新开科目截止。
民国三十六年	七月	五日	星期六	交毕业论文最后期限。
民国三十六年	七月	廿一日至廿六日	星期一至六	学年及毕业考试。
民国三十六年	七月	二十八日	星期一	暑假开始。

附2：教育部致电南开大学（1947年2月1日）

教育部代电　　发文高字第〇五四六六号

国立南开大学：据三十六年一月十日开字第十四号呈送三十五年度校历，除标题“年度”上应加“学”字，“校历”应改为“学校历”外，余准备查，仰即知照。件存。教育部。印。

（南开大学档案馆藏）

致中央信托局天津分局

（1947年1月15日）

开字第21号

案准贵局地发字第1557号函，送本校购用家具21件估价单，嘱发款，以清手续。等由。附送估价单一纸。准此。

查单列总值国币97.1万元。按所购家具概系残破，均须加工，逐渐修理始能应用。值兹经费奇绌之际，原为节省财力，始向各方搜购旧具，以期利用。乃查此次估价数额，较诸贵局历次拍卖价格有显提高。以残破状况论，贵局纵不欲惠予全部捐赠协助复校，亦似应查酌实际情形优于折扣。至深纫感。用再函商，即希查照核夺见复为荷。此致

中央信托局天津分局。

国立南开大学校长张伯苓

附：中央信托局天津分局致河北平津区敌伪产业处理局天津办公处（津处地36字第0358号）（1947年1月28日）

准南开大学一月十五日函略：以前购用家具21件，估价为国币97.1万元。该项家具概系残破，均须加工处理始能应用。嘱优于折扣。等由。相应抄同原函，检附原家具估价单副本一份，转请查核见复为荷。此致
河北平津区敌伪产业处理局天津办公处。

附件。

中央信托局天津分局经理恽里

（天津市档案馆藏）

致天津市市长杜建时、副市长张子奇

（1947年1月23日）

敬复者：昨奉大函祇悉，一一承示。商由冬令救济委员会拨赠寿丰次粉150袋，嘉惠学子，无任感佩。除由学生另函致谢，并派代表前往祇领外，特此函复，藉表谢忱，敬希亮察为荷。此致
杜市长、张副市长。

张伯苓谨启

附：南开大学学生自治会致天津市政府（1947年1月25日）

敬启者：向承关垂，无任感戴，兹更蒙慨惠面粉，尤深铭感。除敬谨受领外，并特呈芜笺，用申谢悃。专此，并颂
公绥！

国立南开大学学生自治会谨启

致电南京军事委员会青年军复员管理处陈处长

（1947年1月30日）

南京军事委员会青年军复员管理处陈兼处长勋鉴：（卅五）京青管四需字第二六六号亥迴代电附发《各大学补习班及夏令营学生饷项发放办法》一份，均经奉悉。当经转饬各复员学生遵照，备具领授，以凭汇转。兹查填报学生倪民有等共计十六名，依限加备名册一并随电奉达，敬请鉴核饬发为荷。国立南开大学校长张伯苓叩。子陷。印。

附送学生名册四本，领授六十四纸。

（南开大学档案馆藏）

致天津市财政局、国营招商局天津分局

（1947年2月1日）

查西南联大业经结束，关于三校复员公物计柒拾柒件，现由蔡锷轮承运抵津。兹以急待起运，相应函达查照，即希惠予免纳码头捐税，免缴栈租费，实纫公谊。此致

天津市政府财政局、国营招商局天津分局。

国立南开大学校长张伯苓

中华民国三十六年二月一日

（南开大学档案馆藏）

致天津市财政局、国营招商局天津分局

（1947 年 2 月 1 日）

查西南联合大学业经结束，关于三校复员图书、仪器计壹仟零零捌件，现由永兴轮承运抵津。兹以急待起运，相应函请查照，即希惠予免纳堆积费，免缴栈租费，实纫公谊。此致

天津市政府财政局、国营招商局天津分局。

国立南开大学校长张伯苓

中华民国三十六年二月一日

（南开大学档案馆藏）

致河北平津区敌伪产业处理局天津办公处

（1947 年 2 月 1 日）

案准贵处卅六年一月廿日津理房字第一九三二五号函，为调查接收中日中学清册内关于八里台徐湖圈地之记载情形，嘱查复等由。准此，查本校接收上项地亩契证俱全，所有该王雨霖声请发还上开圈地是否呈有证件堪资证明，拟请贵处查明，检送证件过校，以凭核办。相应函复，即希查照见复为荷。此致

河北平津区敌伪产业处理局天津办公处。

国立南开大学校长张伯苓

中华民国三十六年二月一日

（南开大学档案馆藏）

附：河北平津区敌伪产业处理局天津办公处致南开大学（1947 年 1 月 20 日）

河北平津区敌伪产业处理局天津办事处公函　　津理房字第一九三二五号

函请于接收中日中学清册内关于八里台徐湖圈地之记载情形，查明见复由。

案据王雨霖呈称，本市八里台徐湖圈地卅八亩三分零五毫三丝九忽，事变

前被敌中日中学所占，胜利后又被认作敌产，由南开大学接收，恳请准予发还等情。据此，相应函请于接收该中学清册内关于该地之记载情形查明见复，以便核办为荷。此致

南开大学。

处长齐崧

中华民国卅六年一月廿日

（南开大学档案馆藏）

致电朱家骅

（1947年2月3日）

南京教育部部长朱钧鉴：三十六年一月高字第一四九号代电奉悉。查本校沿用英译名称为National Nankai University，谨电奉闻，敬请鉴察。国立南开大学校长张伯苓叩。丑江。印。

（南开大学档案馆藏）

附：教育部致电南开大学（1947年1月）

教育部代电　　发文高字第〇〇一四九号

国立南开大学：兹为规定本部所属专科以上学校英译名称，仰将该校沿用英译校名迅予具报为要。教育部。印。

（南开大学档案馆藏）

致电朱家骅

（1947年2月3日）

南京教育部部长朱钧鉴：卅六年一月廿三日总字第三四八六号代电奉悉。查天津市政府社会局原送上年九至十二月份粮价证明单遵即随电寄呈。又，奉拨上年十一、十二月份学生膳费共贰仟万元，暨各月加垫捌百万元，共四千万

元，两共陆仟万元，均经照收。惟按奉电尾开加垫八百万元系八至本年元月份，如照六个月核计，应拨四千八百万元，其中有无笔误，尚乞鉴察电示，以凭遵办。国立南开大学校长张伯苓叩。丑江。印。

附呈原粮价证明单一纸。

（南开大学档案馆藏）

呈教育部

（1947 年 2 月 4 日）

案查前奉钧部转发国民政府颁发国立南开大学关防、官章各一颗等因。业将祗领、启用日期检同印模具报在案，所有原用钧部刊制木质钤记、官章兹已截角，理合备文呈缴，仰乞鉴核验销，实为公便。谨呈

教育部。

附缴钤记、官章各一颗。

国立南开大学校长张伯苓

中华民国三十六年二月四日

（南开大学档案馆藏）

致天津海关税务司

（1947 年 2 月 4 日）

查西南联合大学业经结束，兹有北京、清华、南开三大学迁运复员公物七十七件已由蔡谔轮承运抵津，祗以提货单甫经寄到，未能早日提取。所有过期一切费用，拟请援照运送复员公物办法惠予免收，至感公谊。相应函请查照办理为荷。此致

天津海关税务司。

国立南开大学校长张伯苓

中华民国三十六年二月四日

（南开大学档案馆藏）

致天津市社会局

（1947年2月6日）

事由：为核发学生1月份公费，请赐掷粮价证明书，嗣后并希按月办理请查照由。

案查本校为核发学生公费，亟须调查逐月粮价，以凭参证。前承贵局填发1946年度9至12月各月份粮价表，至深纫感。兹以急待分发1月份公费，仍请贵局迅将本年度1月份本市中等米价详为统计，掷发粮价证明书两份，以便参考转报。嗣后尚盼赐予按月发给，俾资依据核算。相应函达，即希查照办理见复为荷。此致

天津市政府社会局。

国立南开大学校长张伯苓

拟办：拟予证明列表函复。2月15日。

决定办法：可。2月17日。

附：天津市社会局致南开大学（1947年3月4日）

事由：为函送本年1月粮价证明单，复请查照由。

案准贵校开字第49号大函，嘱将本年1月米价予以查填证明，俾资依据核算。等由。准此，兹经查填竣事，相应检同证明单二份，随函奉上，即希查照为荷。此致

国立南开大学。

附：粮价证明单（1947年1月30日）。

1月份	中等米
上旬	11840元（市斗）
中旬	12800元（市斗）
下旬	15200元（市斗）
平均价	
备注	

致天津市政府统计处

（1947年2月6日）

市计（卅六）字第155号

案查本校为核发学生公费，亟须调查逐月粮价，以凭参证。兹以急待分发一月份公费，拟请贵处迅将本年一月份本市中等米价，详为统计，掷发粮价证明书两份，以便参考转报。嗣后尚盼赐予按月发给，俾资依据核算。相应函达，即希查照见复为荷。此致

天津市政府统计处。

国立南开大学校长张伯苓

附：天津市政府致南开大学（笺函　勇统字第81号）（1947年2月17日）

准贵校1947年2月6日函嘱发给本市一月份粮价证明书，俾资依据核发学生公费。等由。准此，兹经派员调查完竣，相应检同一月份粮价证明书两份，复请查照为荷。此致

国立南开大学。

附天津市一月份粮价证明书两份。

（府戳）启

附：天津市一月份粮价证明书

一月份	上旬	中旬	下旬	平均价	备注
中等米价（单价斗）	11200.00元	12162.00元	13760.00元	12373.33元	每市斗以十六市斤合之
中等面价（单价斤）	800.00元	900.00元	1000.00元	900.00元	
证明机关　天津市政府 市长　杜建时 副市长　张子奇 1947年　月　日					

（天津市档案馆藏）

呈天津市教育局局长郝任夫

（1947年2月6日）

事由：为遵令查填各项有关学校军训表册各三份，呈请鉴核由。

拟办：拟录转。

批示：录办。

案奉钧局教二字第二〇三八号训令，略以先后奉准市政府令发及冀北师管区司令部函送军训干部人数现员、缺员调查表等各项有关学校军训表册，限即查填具报。等由。并附发各项表册式样各一份，当即依照格式查填三份，理合备文呈请鉴核。谨呈

天津市政府教育局局长郝。

天津市私立女子中学校长张伯苓

附：天津市教育局所属高中以上应行实施军训学校及军训干部人数现员缺员调查表（无时间）

天津市私立南开女子中学：军训干部人员数现员、缺员调查表，军训教官现职录，受军（看）训人数统计表，受军（看）训学生名册

学校名称	别立	校长姓名	高中学生人数	现/缺员	上校	中校	少校	上尉	中尉	少尉	合计	备考
天津市南开女子中学	私立	张伯苓		缺员								

（天津市档案馆藏）

致袁同礼等

（1947 年 2 月 7 日）

敬启者：兹订于二月十二日（星期三）正午十二时假北京大学总办事处（松公府夹道）举行平津国立各院校长谈话会第六次例会，届时务请台端拨冗出席为荷。此致

袁馆长守和①——国立北平图书馆
黎锦熙——北平中国大辞典编纂处
徐院长②——北平铁道管理学院
徐院长悲鸿——北平艺术学院
袁院长③——北平国立师范学院
李校长圣章——北平国立中法大学
梅校长月涵——国立清华大学
金校长通尹——天津西沽北洋大学
胡校长适之——北平松公府夹道北京大学
陈院长荩民——北平端王府夹道北洋大学工学院
李院长④——北平国立研究院。

张伯苓拜订
三十六年二月七日
（南开大学档案馆藏）

① 即袁同礼。
② 即徐佩琨。
③ 即袁敦礼。
④ 即李书华。

致交通部平津区铁路管理局天津东站

（1947 年 2 月 7 日）

查西南联大结，三校复员，运回图书、仪器共计壹仟零捌拾伍件，刻已抵津。除本校检收壹百壹拾柒件，其余玖百陆拾捌件急待运平，分交清华、北大两校。相应备函证明，即希查照，迅予转运为荷。此致

交通部平津区铁路管理局天津东站。

国立南开大学校长张伯苓

中华民国三十六年二月七日

（南开大学档案馆藏）

致电朱家骅

（1947 年 2 月 17 日）

南京教育部部长朱钧鉴：查本校在美国中央科学公司定购普通化学课程试验用玻璃仪器及器械，第一批共计六箱，业于本年一月十五日由美起运，约于二月底即可到达。谨遵照钧部前发《教育用品免税规则》第三条规定，备具请领护照表六份，电请鉴察，迅赐转咨财政部，克日填发护照，以凭免税验放，实为公便。国立南开大学校长张伯苓叩。丑篠。印。

附请领护照表六份。

中华民国三十六年二月十七日

（南开大学档案馆藏）

呈教育部

（1947年2月17日）

案奉财政部普拨字第四四五七二号支付书，拨付追加三十五年度八至十二月份员役生活补助费国币壹亿玖仟肆百肆拾万元等因。该款业向国库天津分库如数领讫，谨补具印授一纸，备文呈请鉴核备查。谨呈
教育部。

附呈印授一纸。

国立南开大学校长张伯苓
中华民国三十六年二月十七日
（南开大学档案馆藏）

呈教育部

（1947年2月17日）

案奉财政部普拨字第三零八二七号支付书，拨付追加三十六年度一至三月份员役生活补助费国币壹亿玖仟陆百伍拾陆万元等因。该款业向国库天津分库如数领讫，谨补具印授一纸，备文呈请鉴核备查。谨呈
教育部。

附呈印授一纸。

国立南开大学校长张伯苓
中华民国三十六年二月十七日
（南开大学档案馆藏）

呈教育部

（1947年2月17日）

案奉财政部普拨字第五八七三号支付书，拨付追加三十五年度八至十二月份员役生活补助费国币壹亿柒仟伍百捌拾肆万元等因。该款业向国库天津分库如数领讫，谨补具印授一纸，备文呈请鉴核备查。谨呈

教育部。

附呈印授一纸。

国立南开大学校长张伯苓

中华民国三十六年二月十七日

（南开大学档案馆藏）

致空军第二军区司令部

（1947年2月18日）

案准贵部卅六年二月十三日法丁平字第七四号函，嘱转饬方复、何焕生二生来案应讯。等由，准此。查本校学生并无方复、何焕生两人，无法转饬。相应函复，即希查照为荷。此致

空军第二军区司令部。

国立南开大学校长张伯苓

中华民国三十六年二月十八日

（南开大学档案馆藏）

附：空军第二军区司令部致南开大学（1947年2月13日）

为函请转饬方复、何焕生二生来案应讯由。

查本军留美B24－46组领航生方复、何焕生二名，于卅四年九月二日在四川双流待命出国期间，不假潜逃，及行使伪造公文书一案，前据其保人陶葆楷

（前西南联合大学工学院教授）略称，方、何二生持有军委会电讯总台证明书，证明渠等已向航委会请准长假，本校根据此项证明，准该生等复学等语。究竟方复、何焕生二生现在是否在贵校肄业，亟待查讯。相应函请查照，惠予查明，转饬来案（北平西直门华北中学后院空军第二军区司令部军法科）应讯，以凭核办为荷。此致
国立南开大学。

司令徐康良
中华民国卅六年二月十三日
（南开大学档案馆藏）

致电朱家骅

（1947年2月21日）

南京教育部部长朱钧鉴：卅六年一月十日社字第一二六三号代电奉悉。查本校教职员拟请美国《读者文摘》月刊社赠阅月刊者共计八十七员，谨开具中英文姓名、住址、职业单一份随电呈请鉴察，以备汇转。国立南开大学校长张伯苓叩。丑马。印。

附呈中英文名单一份。

（南开大学档案馆藏）

致天津市教育局

（1947年2月21日）

案准贵局教二字第九九六号函，为奉教育部代电，以美国《读者文摘》月刊社拟免费赠阅，嘱开单过局，以便汇转等由，准此。查本案前奉教育部径电到校，遵即开列名单呈部备转，准函前因，相应复请查照为荷。此致
天津市政府教育局。

国立南开大学校长张伯苓

中华民国三十六年二月二十一日

（南开大学档案馆藏）

附：天津市教育局致南开大学（1947年1月31日）

天津市政府教育局公函　　教二字第九九六号

为奉教育部代电，以美国《读者文摘》公司索取名单，以便赠阅美国《读者文摘》月刊等因，函请调查有社会地位且通晓英语人士见复，以便汇转由。

案奉教育部社字第一二六三号代电内开："美国《读者文摘》(Readers Digest)月刊社为促进邦交，沟通文化起见，拟将该刊免费经常分赠我国之有社会地位且通晓英语人士贰万份，仰即迅将合于上列条件人士之中英文姓名、住址、职业开列呈部，以便于二十日以前汇转径寄为要。"等因；奉此，自应遵办，除分函外，相应函达，并检附表格乙纸，即希查照，惠予调查有社会地位且通晓英语人士函复过局，以便汇转为荷。此致

国立南开大学。

局长郝任夫

中华民国三十六年元月三十一日

（南开大学档案馆藏）

致台湾省图书馆

（1947年2月21日）

案准图采字第五五八号大函，嘱按期寄送书刊资料。等由。准此，查本校复校以来，关于各种刊物尚未恢复出版，容后出刊，当必按期奉赠。承示接收书目，如有余帧，敬请惠赠，俾增庋藏。相应函复，即希查照为荷。此致

台湾省图书馆。

国立南开大学校长张伯苓

中华民国三十六年二月廿一日

（南开大学档案馆藏）

附：台湾省图书馆致南开大学（1946 年 12 月 26 日）

台湾省图书馆公函　　图采字第五五八号

为请按期惠赠书刊资料由。

径启者：本馆原系接收日本台湾总督府图书馆改设，所藏图书向以日文为主，中西文书籍为数甚少，尤以民国以来出版之中文图书绝无仅有。而本国政府机关公布之法令、规章、报告、刊物等尤感缺乏。兹为介绍本国文化，宣扬本国政令起见，拟多方搜集，以供公众阅览。贵学所出各项书刊、各种资料，务祈按期惠赐贰份，以资陈列。所需书款及寄费，尚祈示知，当即奉上。又，本馆接收书刊甚多，贵处如有需要，亦可寄赠。书目附后。此致

南开大学。

附书目乙份。

馆长吴克刚

中华民国三十五年十二月廿六日

（南开大学档案馆藏）

致天津海关

（1947 年 2 月 21 日）

查西南联大结束，三校联合迁运图书、仪器尚有八件在津，急待运赴北平交国立北京大学。相应备函证明，即希查照免验放行为荷。此致

天津海关。

国立南开大学校长张伯苓

中华民国三十六年二月廿一日

（南开大学档案馆藏）

致天津市地政局

（1947年2月22日）

案查前准贵局本年一月廿七日测字第四号函知，定于二月一日勘测第七区八里台南、聂公碑西一带地段，嘱派员指明界限。等由。准此，当经本校派员如期会同勘查，发现校南旧津浦路基地段与农林部接收敌伪地及天津县政府管辖地互有纠纷，本校以复校伊始，原存契据、证件尚未全部运津，无法提证，拟请贵局转知农林部驻津办事处及天津县政府，对本案暂行保留，容俟本校证件到齐，再请会同丈量，确定界限。相应函达，即希查照办理见复为荷。此致天津市政府地政局。

国立南开大学校长张伯苓
中华民国三十六年二月廿二日
（南开大学档案馆藏）

附1：天津市地政局致南开大学（1947年1月27日）

本局为整理地籍，厘清经界，确定产权，特举办户地测量。兹定于二月一日十一、十二时派员勘测第七区八里台南聂公碑西街马姓大院一带旧津浦路基号房地，查系贵校使用，相应函达查照，届时派员到场，指明界限，以便丈量。至纫公谊。此致

南开大学。

天津市政府地政局启
一月廿七日
（南开大学档案馆藏）

附2：天津市地政局复南开大学（1947年3月5日）

天津市政府地政局公函　　地队字第六八六号

关于旧津浦路基纠纷一案，应俟证件到齐，再行转知会勘，复请查照由。

案准贵校本年二月二十二日开字第七八号公函，为校南旧津浦路基地段，与农林部接收敌伪地及天津县政府管理地互有纠纷，现以原存契证尚未全部运

津，无法提证，嘱将本案暂行保留，俟证件到齐，再请会同丈量，等因。查农林部接收敌伪地，及天津县政府管辖地，均经勘测完竣，关于纠纷之点，应暂保留，一俟贵校契据、证件到齐，函知本局，再行分别转知定期会勘。相应复请查照为荷。此致

国立南开大学。

局长吴惠和

中华民国卅六年三月五日

（南开大学档案馆藏）

致中央信托局天津分局

（1947 年 2 月 28 日）

查本市八里台村南敌建火葬场地段，原系本校在事变前由天津县政府承领官地，永久租用。事变后，经敌占用，改建火葬场，并建筑房屋。迨经胜利复校，为收回产权，迭经函请天津市政府核办，嗣准卅五年七月八日丙秘肆字第一八一六号函复，已指令地政局将该地段全部交还，当经本校接收在案。兹承贵局接收组齐君志文来校洽勘，所有该地段确系校产以及经过情形，除面达外，相应备函声明，即希查明为荷。此致

中央信托局天津分局。

国立南开大学校长张伯苓

中华民国三十六年二月廿八日

（南开大学档案馆藏）

附：行政院河北平津区敌伪产业处理局复南开大学（1947 年 4 月 25 日）

行政院河北平津区敌伪产业处理局公函　　局三处第四六五五五号

为准中信局函知贵校八里台南火葬场地亩一案，复请提供有关证件，以便核办由。

案准中央信托局天津分局函准南开大学函，声明八里台村南敌建火葬场地段系本校永久租用官地，业经天津市政府核准该校收回等情，转请查照等由。准此，查贵校所称该地系承领天津县政府官地永久租用一节，应请提供有关证

件，以便核办。除函请市府查复本案办理经过外，相应函请查照办理见复为荷。此致

国立南开大学。

局长张子奇

中华民国卅六年四月廿五日

（南开大学档案馆藏）

与平津国立各院校长致电朱家骅①

（1947年2月下旬）

南京教育部部长朱钧鉴：查近年出版之原本各科教科书，国内既无代售，又无翻本，非向国外直接订购无法购置。现在第二学期业已开始，下学年学生所用之教科用书不得不预为准备。平津各院校兹经分别估计，约需叁拾叁万美元，计开：北大拾万元、北洋陆万元、清华伍万柒仟元、师院叁万肆仟元、南开贰万贰仟元、铁道贰万元、唐山贰万元、中法壹万元、艺专柒仟元，共计叁拾叁万美元。拟请钧部给予外汇，以便即向国外订购。专此电请，敬希鉴核示遵。（各院校联署，院校以外非院校机构除外。）

（南开大学档案馆藏）

与平津国立各院校长致电朱家骅

（1947年2月下旬）

南京教育部部长朱钧鉴：唐山工学院地处偏僻，教职员已难罗致，又以该

① 此电及以下三电是根据平津国立各院校长谈话会第六次例会提出的问题，由各院校长联合署名致朱家骅电。参加联合署名的有：北京大学校长胡适、北洋大学校长金问洙、北平师范学院院长袁敦礼、清华大学校长梅贻琦、北平艺术专科学校校长徐悲鸿、南开大学校长张伯苓、北平铁道管理学院院长徐佩琨、北平研究院李书华、北平图书馆袁同礼、中国大辞典编纂处黎锦熙、唐山工学院院长顾宜孙、中法大学李圣章、国术体育师范专科学校校长张之江。

处生活程度奇高，在校教职员亦不安于位。查唐山隶属中央各机关，如铁路局及资委会、电力厂等，自上年八月份起即照平津区同样待遇。基于已往即有例可援，权之目前物价，尤宜亟待调整。本大学等与该校地处密迩，知之较稔，用敢代为吁请，敬祈钧部俯予采纳，即将该校员工待遇比照平津区标准发给，不胜感祷之至。（各院校联署，除唐山工学院。）

（南开大学档案馆藏）

与平津国立各院校长致电朱家骅

（1947 年 2 月下旬）

南京教育部部长朱钧鉴：窃公教人员待遇标准自去年十二月调整后，年关物价波动，生活指数已跃升壹倍。此次金融风潮，又使物价昂腾不已，各种日用必需品之市价较之调整时已增加贰叁倍不等，生活之艰苦远甚于调整以前。现在政府颁布经济紧急措施方案，今后金融当不致波动，物价亦可渐趋稳定。惟是按照目前生活指数及平津四周情势，苟不将待遇标准重事调整，日常必需品按期配给，则公教人员之生活仍无法维持。近悉京沪贰地即将薪津提高，并有若干必需品配给之规定，平津与京沪原无轩轾，而最近平津处境远较京沪为艰苦，敬乞钧部转呈行政院，迅将平津区公教人员待遇仍照成例与京沪同时调整，并予以实物配给。临电不胜迫切待命之至。（各院校联署。）

（南开大学档案馆藏）

与平津国立各院校长致电朱家骅

（1947 年 2 月下旬）

南京教育部部长朱钧鉴：查院校长特别办公费规定已久，现在薪津标准业经数度提高，该项办公费似亦应予以调整。又，该项经费向在经常费项下开支，近以物价腾涨不已，经常开支均感入不敷出，拟请将该项特别办公费另拨专款支给，以免影响经常开支。是否有当，祇乞电令祇遵。（院校长联署）

（南开大学档案馆藏）

致林颂和、王子健

（1947年3月1日）

上海北京东路三〇〇号茂华银行
上海北京路四四四号庆丰纱厂

汉甫、子健两弟足下：

顷接来函，备悉一是。华美协进社房屋承协助，甚感。此房似以由该社派人接收为宜，请将房屋坐落地点及建筑情形绘一草图寄来，以理转达为盼。此复，即颂

时绥！

张〇〇启

三、一

（南开大学档案馆藏）

致孟治

（1947年3月1日）

君平弟鉴：

华美协进社房屋上海中信局已允拨交，请速指派人员汇款到沪接收，修理布置，以便早日成立勿延是盼。专此，即颂

春祺！

附抄上海原函。

张〇〇启

三、一

（南开大学档案馆藏）

附 1：孟治致张伯苓（1948 年 3 月 30 日）

张校长我师勋鉴：

顷奉手谕，欣悉上海房屋已允拨交，惟不知林汉甫、王子建两先生地址，兹委托知友刘世芳先生，拟与林汉甫、王子建两先生接头，特函希陆兄介绍刘先生谋面。然恐希陆兄离沪，故敢烦我师将刘先生地址转告林、王两先生为盼。

刘世芳先生地址为："上海圆明圆［园］路一三三号秉公法律事务所"。刘先生为我国著名律师，清华老学友，与治知交。俟刘先生接洽后，当有所建议也。刘先生现在返国途中。治原拟今春返国，现因 Smith Munt Act 已经通过，对奖学金及人员交换方面有很大影响。再者，治正拟推动美国组织教育考查团赴中国，现在时机已到，不能错过，故目前不能返国。如国际交换人员可以实行，上海房屋甚为需要也。肃此。并候

钧安！

孟治

三月卅日

（南开大学档案馆藏）

附 2：孟治致张伯苓英文函（1948 年 3 月 30 日）

March 30, 1948

Dr. Chang Poling

c/o National Assembly

Nanking, China

My dear President:

Attached herewith is a copy of a letter which I sent to you recently at Tientsin. Since I see by the press that you are now in Nanking it occurs to me that this copy may reach you before the Assembly adjourns.

All of us over here were greatly pleased to receive your letter telling us about the house in Shanghai. We would like to know more details about the house if you can give them to us. As I said in my other letter, things have been going rather slowly at this end. If there is any way by which we can keep the house without incurring expenses we would like very much to have you arrange it.

The New York Times yesterday mentioned your presence in Nanking. It is very reassuring to know that at this critical time you are working tirelessly for our

country.

This coming Saturday evening the Nankai Alumni are meeting at China House to celebrate your birthday. Many happy returns whenever this may reach you.

with warmest regards,

Yours sincerely
晚　治
Chih Meng
Director

（南开大学档案馆藏）

致特种考试税务人员考试北平区考试委员会

（1947年3月12日）

案准贵会考平二字第一九号函，嘱检寄本校印鉴，以便审查应考人学历证件核对之用等由。准此，兹备具印鉴一份，随函送达，即希查照为荷。此致

特种考试税务人员考试北平区考试委员会。

附送印鉴一份。

国立南开大学校长张伯苓
中华民国三十六年三月十二日
（南开大学档案馆藏）

附：特种考试税务人员考试北平区考试委员会致南开大学（1947年3月6日）

特种考试税务人员考试北平区考试委员会公函　　考平二字第十九号

为函请检寄贵校学校印鉴，以便审查应考人员学历证件核对之用，希惠赐照办见复由。

查本年度第一次特种考试税务人员考试定于四月二十日举行。报名日期自三月十五日起，至三月三十一日止，本会为对于应考人之学历证件慎重审查起见，用特函请贵校将学校印鉴惠赐，检送一份，以备核对而利工作。即希查照办理，并祈见复。至纫公谊。此致

南开大学。

兼主任委员翟维淇
民国三十六年三月六日
（南开大学档案馆藏）

致电朱家骅

（1947 年 3 月 13 日）

南京教育部部长朱钧鉴：查本校在美国中央科学公司定购化学试验用各项器材第一批装运六箱，业经遵章备具请领护照表，电请核咨财政部填发护照在案。兹复接该公司函，知第二批计装十五箱，系有机化学课程试验用玻璃仪器、器械及药品，于本年一月起运，约于三月中旬即可。谨再备具请领护照表六份，电请鉴察，俯赐转咨财政部，克日填发护照，以凭免税验放，实为公便。国立南开大学校长张伯苓叩。寅元。印。

附请领护照表六份。

中华民国三十六年三月十三日
（南开大学档案馆藏）

附：教育部致电南开大学（1947 年 4 月 29 日）

教育部代电　　发文总字第二三〇二七号

国立南开大学览：查前据呈请核发购运有机化学玻璃仪器等免税护照，当经转电在案。兹准财政部电复，略开："已饬由关务署代电海关总税务司署转饬有关各关免税验放，兹填送护照乙纸，请查收转发应用。另请转知于护照上黏贴印花税票五十元，以符规定。至于申请输入手续，应由该校径向输入临时管理委员会（上海外滩中央银行十五号转）洽办。统希一并转知等由过部，合行转发收执，并仰知照。教育部。印。

计发护照乙纸（教济字第〇〇四八号）。

（南开大学档案馆藏）

呈教育部部长朱家骅

（1947 年 3 月 14 日）

案奉钧部第七八三六号汇款申请书，拨付三十六年度三月份学生膳费国币肆仟万元等因。查该款业向国库天津分库如数领讫，谨补具印授一纸，备文呈请鉴核备查。谨呈
教育部部长朱。

附呈印授一纸。

国立南开大学校长张伯苓
中华民国三十六年三月十四日
（南开大学档案馆藏）

附：教育部总务司第四科致南开大学（1947 年 2 月 18 日）

径启者：本部拨发贵校加垫三十六年度三月份学生膳费国币共肆仟万元已于二月十七日交由国库汇上，即希查照洽取，并填原额领款书送科为荷。此致
南开大学。

教育部总务司第四科启
三十六年二月十八日
（南开大学档案馆藏）

致空军第一飞机制造厂

（1947 年 3 月 14 日）

案准贵厂人丁昆字第四五六号函，嘱介绍机械、航空、电机等系毕业生，以便择优录用等由，准此。查本校本届尚无上开各系毕业生，无从介绍。相应函复，即希查照为荷。此致
空军第一飞机制造厂。

国立南开大学校长张伯苓
中华民国三十六年三月十四日
（南开大学档案馆藏）

附：空军第一飞机制造厂致南开大学（1947 年 3 月 6 日）

空军第一飞机制造厂公函　　人丁昆字第〇四五六号

本厂现因工作关系，需要各项设计人员颇多。贵大学机械、电机、航空、土木，及无线电各系毕业生，其成绩部分在七十五分以上者，希烦查照介绍来厂，以便择优录用。如何，并祈示复为荷！此致

南开大学。

厂长朱家仁
中华民国卅六年三月六日
（南开大学档案馆藏）

致国立沈阳博物院筹备委员会

（1947 年 3 月 14 日）

案奉教育部社字第九二二四号代电，内开："查本部在东北接收之《清实录》，……并具报为要。"等因。奉此，查分配本校《清实录》一部，应用何种手续承领，相应函请查照，即希惠示为荷。此致

国立沈阳博物院筹备委员会。

国立南开大学校长张伯苓
中华民国三十六年三月十四日
（南开大学档案馆藏）

致天津海关、交通部平津区铁路管理局

（1947年3月18日）

查西南联大结束，三校复员，并教育部分配运到图书、仪器、化学药品一部分，分拨本校计七箱，兹经派员赴平起运来津，相应函请查照，准予检验放行饬站备车，免费运津为荷。此致
天津海关、交通部平津区铁路管理局。

国立南开大学校长张伯苓
中华民国三十六年三月十八日
（南开大学档案馆藏）

致交通部湘桂黔铁路工程局

（1947年3月20日）

案准贵局柳人三六字第二〇五〇号公函，嘱即检寄历届毕业同学录等由。查本校毕业同学录尚未印制，一俟印就，即当寄奉。相应函请查照。此致
交通部湘桂黔铁路工程局。

国立南开大学校长张伯苓
中华民国三十六年三月廿日
（南开大学档案馆藏）

附：交通部湘桂黔铁路工程局致南开大学（1947年3月1日）

交通部湘桂黔铁路工程局公函　　柳人三六字第二〇五〇号

函请惠赐历届毕业同学录由。

查本局录用各大学毕业生颇多，为便于查考学历起见，拟请惠赐贵校历届毕业同学录一份为荷。此致
南开大学。

局长袁梦鸿
中华民国三十六年三月一日
（南开大学档案馆藏）

致天津海关

（1947年3月22日）

查西南联大结束，三校复员，分拨本校图书、仪器、化学药品一部份，计七箱，兹经派员由平起运来津，相应函请查照，希即准予免税免验放行是荷。此致
天津海关。

国立南开大学校长张伯苓
中华民国三十六年三月廿二日
（南开大学档案馆藏）

致电军事委员会青年军复员管理处

（1947年3月23日）

南京军事委员会青年军复员管理处公鉴：丑感代电敬悉。汇发复员学生葛运炎等十一名卅五年饷项拾贰万元业经转发领讫，特电复，请查照。国立南开大学校长张伯苓。寅梗。印。附清单一份。

（南开大学档案馆藏）

致国立中央研究院

（1947 年 3 月 24 日）

按准贵院人字 211 号函索本校教职员名录，兹检寄一份，希即查收是荷。此致
国立中央研究院。

附教职员名录一份。

国立南开大学校长张伯苓
中华民国三十六年三月廿四日
（南开大学档案馆藏）

附：国立中央研究院致南开大学校长室（1947 年 2 月 13 日）

敬启者：本院为便于接洽起见，亟需各教育学术机关教职员名录，藉便参考，用特函请贵处惠寄贵校最近教职员名录一册为荷。此致
国立南开大学校长室。

国立中央研究院启
中华民国三十六年二月拾三日
（南开大学档案馆藏）

致电教育部

（1947 年 3 月 26 日）

南京教育部钧鉴：寅元高 14340 号电奉悉。本校本学期教员一百三十人，职员七十三人，校工八十名，学生八百〇四人。谨电复，请鉴核。附呈学生统计表乙份。国立南开大学校长张伯苓叩。寅宥。印。

中华民国三十六年三月廿六日
（南开大学档案馆藏）

附：教育部致电南开大学（1947年3月13日）

南开大学：迅将员工分配实情及现有各系班学生数列报。教育部。寅元。高14340。印。

（南开大学档案馆藏）

致交通部天津电信局

（1947年3月27日）

案准贵局人字第一二二八号公函，附招考大学毕业生简则，嘱即查照办理见复等由。查本校复校未久，尚无电信、电工毕业生。相应函请查照。此致
交通部天津电信局。

国立南开大学校长张伯苓
中华民国三十六年三月廿七日
（南开大学档案馆藏）

附：交通部天津电信局致南开大学（1947年3月21日）

交通部天津电信局公函　　电人字第一二二八号

案奉电信总局三月二四九八号删人甲代电内开："兹拟于本年暑期分在南京、上海、汉口、北平、重庆、天津、长沙、桂林、杭州、厦门、西安（或南郑）、昆明、广州、沈阳等地招考大学毕业生共壹百五十人，录取后分别集中南京、上海、汉口、广州、北平实习。附发招考简则一份，应由各承办局检附招考简则分函附近设有电信系或电机系之大学查照，并查明：（一）各该系历年所授课程。（二）本年暑期该两系拟报考人数及各大学毕业考试日期，至迟于四月底前具复，以凭筹办。此项简则俟至暑期再由本局通饬登报招考。关于命题、阅卷，均由本局办理。监场人员届时由本局指定。仰各遵办具复。"等因。奉此，自应遵办，相应检奉招考简则一份，函请查照见复。至纫公谊。此致
国立南开大学。

附招考简则一份。

局长黄如祖
副局长兼总工程师胡命谟

中华民国卅六年三月廿一日

（南开大学档案馆藏）

与平津国立各院校长致电朱家骅[1]

（1947年3月下旬）

教育部部长朱钧鉴：各院校经常费因物价增涨不已，与实际支付相差甚巨，虽力求撙节，仍无法避免超支。现在国营事业，如水、电、邮、信等与钧部核定各院校经常费时已涨至五倍至十倍，而平津一般物价指数与一年前亦已增加十倍至十五倍不等，故预算所列，实际已不足什一之用。各院校咸因经费竭蹶，致各种预定计划无法实现。上学期尚有一部分复员费流用，已觉捉襟见肘，本学期已无可以借垫之款，应付尤属困难。拟请将各院校经常费，除俸给费外，先行增加五倍，以资弥补。以后比照物价指数与俸给费同时调整。

又，特别办公费及教员学术研究费二种，原系补助教职员收入，以安定其生活，亦应与生活补助费比例增加。谨此电陈，伏乞钧核。（各院校联署）

（南开大学档案馆藏）

与平津国立各院校长致电朱家骅

（1947年3月下旬）

教育部部长朱钧鉴：前奉人字第〇七六四一号钧电，略开：“教职员子女入国立大学肄业，得由校核给公费”等因。奉此，查教职员生活清苦，各地皆然，而子女教育费之匆克负担，大、中、小学视同一律。且有任职于甲地，其子女

① 此电及以下三电是根据平津国立各院校长谈话会第七次例会提出的问题，由各院校长联合署名致朱家骅电。参加联合署名的有：北京大学校长胡适、北洋大学校长金问洙、北平师范学院院长袁敦礼、清华大学校长梅贻琦、北平艺术专科学校校长徐悲鸿、南开大学校长张伯苓等（参加人员同第六次例会，后文情况相同，不再一一标注）。

在乙地就学者，或父若母任职于甲校，其子女在乙校肄业者。又以子女环境与志趣不同，而在省市立学校肄业者。拟请钧部通令全国，凡教职员之子女在公立各级学校肄业，一律免缴各种费用，并由校核给公费，庶几教育工作人员本身之子女不以生活压迫而失去享受教育之机会。谨此电呈，敬乞俯察。（各院校联署。）

（南开大学档案馆藏）

与平津国立各院校长致电朱家骅

（1947年3月下旬）

教育部部长朱钧鉴：平津各院校校舍、设备向称完善，经此浩劫，尽失旧观。去岁复员之初，虽各有巨额复员费，因物价继涨增高，每次设计招标莫不超过预算，遂不得不紧缩工事，因陋就简。惟是下年度招收新生，房屋、设备皆有问题，图书、仪器亟待补充，敬不早为之计，困难益多。钧部经以百亿扩充改良费分配各级学校，每校所得为数甚微，扩充改良难以为役。大学为培训建国干部之最后关头，似不宜常此简陋，以削弱教育之效率。用敢联名环请，仰祈对于平津各院校之扩充、改良费视实际需要另行增拨，不胜盼切待命之至。（各院校联署）

（南开大学档案馆藏）

与平津国立各院校长致电朱家骅

（1947年3月下旬）

教育部朱部长钧鉴：窃教育事业本极清苦，抗战期间，以学校内迁，生活日蹙而改业者年有增加。胜利以后，政府还都，需才孔亟，因而转入仕途或报身实业者更比比皆是。在此十余年中，随校往复，千里奔波，不辞艰苦，始终如一者，其卓绝纯笃之志行，不仅可为青年楷模，亦足为一般教员法式。查在抗战期间，政府对于久任教员原有奖金之给予，际此举世滔滔人竞利禄之时，

士气之扶植、专业之奖掖仍为当务之急。敬乞钧部恢复久任教员奖金办法，并调整奖金数目，使安贫自守之老教员得免生活之窒息，而优秀后起之教育人才亦可安于其位，不致见异思迁。披沥上陈，伏希垂察。(各校院联署。)

（南开大学档案馆藏）

致天津市财政局、国营招商局天津分局

（1947年4月1日）

查西南联大业经结束，关于三校复员公物计八百四十七箱，重六十五吨，现由海甬轮承运抵津。兹以急待起运，相应函达查照，即希惠予免纳码头捐税，免缴栈租费，实纫公谊。此致

天津市政府财政局、国营招商局天津分局。

国立南开大学校长张伯苓

中华民国三十六年四月一日

（南开大学档案馆藏）

致陈荫榖[①]

（1947年4月2日）

荫榖先生：

前以训导长未能到校视事，致有训导事宜均由生活辅导委员会权行办理。先生主持其事，备极贤劳。兹以训导处负责有人，经行政会议决议，学生生活辅导委员会即行取消。台端数月贤劳，特此函谢。顺颂

① 陈荫榖（1907—1977），字稔之。江苏南通人。1931年毕业于浙江大学，任南开大学电机工程系教员。后任西南联合大学副教授，南开大学电机系主任、工学院院长。1952年院系调整后，先后任天津大学教授、电力系主任、工程物理系主任、无线电工程系主任兼中国科学院河北分院原子能研究所副所长。

教绥！

张〇〇 拜启

附：陈荫穀致行政会议（1947年4月2日）

敝会之成立，原系秉承钧会之委托，在训导长未到校以前暂代执行训导处职务而设。现本校训导长已到职，敝会之任务即已完成。爰特提呈钧会，恳即日正式宣布解散学生生活辅导委员会为感。此呈

行政会议钧鉴。

国立南开大学学生生活辅导委员会

陈荫穀谨上

四、二

（南开大学档案馆藏）

致交通部平津区铁路管理局天津办事处

（1947年4月2日）

查西南联大结束，关于三校复员公物八百四十七箱，现由招商局海甬轮装运抵津，除将本校各件留津外，其余均属北大、清华两校之物，因开学已久，图书、仪器均急待运平，以资应用。相应函请查照，即希惠拨四十吨篷车两辆，在天津东站装货，并请饬站妥为照料，以便启运是荷。此致

交通部平津区铁路管理局天津办事处徐副局长。

国立南开大学校长张伯苓

中华民国三十六年四月二日

（南开大学档案馆藏）

呈教育部

（1947年4月3日）

查本校各院系图书仪器于战时损失甚多，亟待补充。兹由美国采购理化仪器、药品一部分，业经启运来华，约于三月下旬可以抵津。理合填具请领免税护照表，检同物品清单，呈请鉴核，俯赐转请照发。谨呈
教育部。

附呈请领免税护照表六份，物品清单六份。

国立南开大学校长张伯苓
中华民国三十六年四月三日
（南开大学档案馆藏）

致特种考试税务人员考试北平区考试委员会

（1947年4月3日）

案查，前准贵会考平一字第二一号，函送特种考试税务人员考试通告及应考须知，嘱即转知等由，当经公布在案。兹据本校四年级学生刘原祁等四人声请报名前来，相应造具名册，函请查照办理。此致
特种考试税务人员考试北平区考试委员会。

附名册一份。

国立南开大学校长张伯苓
中华民国三十六年四月三日
（南开大学档案馆藏）

附：特种考试税务人员考试北平区考试委员会致南开大学（1947年3月6日）

特种考试税务人员考试北平区考试委员会公函　　考平一字第二一号

函送税务人员考试通告及应考须知，请代公告或张贴，俾广周知由。

查本会奉令办理特种考试税务人员考试第一次高级税务人员货物税组及直接税组，于四月二十日在北平举行。相应检同本年第一次考试报名通告及应考须知各二份，函请贵校查照。即希惠予代为公告或张贴。如贵校四年级第二学期学生愿参与考试，请汇造名册，注明年龄、籍贯，及所读院系，正式备文见示，亦可暂准报名应考，俟考后补缴毕业证书，并请另行通知各该年级学生为荷！此致

南开大学。

附报名通知暨应考须知各一份。

兼主任委员翟维淇

民国三十六年三月六日

（南开大学档案馆藏）

致天津海关

（1947年4月3日）

本校教授萧采瑜[①]先生日前由美回国，有行李木箱八个，交由 MARINE LEOPARD 装运来华，现已抵津。箱内所装均系书籍、标本暨日用衣物等项，均系旧物，并无商品及违禁之物。相应开列清单，函请查照，希准免税免验放行是荷。此致

天津海关。

附清单一份。

国立南开大学校长张伯苓

中华民国三十六年四月三日

（南开大学档案馆藏）

① 萧采瑜（1903—1978），山东胶南人。18 岁于济南师范毕业后，入北京师范大学外语系。大学毕业后，先后在青岛市立中学和女子中学任英语教员。1933 年，重入北京师范大学生物系学习。毕业后，被聘任为济南乡村师范校长。1936 年，留学美国，1941 年在艾奥瓦州立大学获博士学位。1946 年冬，与夫人綦秀惠一起回国，任南开大学生物系主任兼天津市自然博物馆馆长。

致天津海关

（1947 年 4 月 4 日）

本校教授汪德熙[①]先生现自美国运回参考图书六箱，交由“S. S. Scott E. Land”船装运抵津，箱内均系用过之旧书及笔记，并无商品。兹因开学亟需应用，相应函请查照，希准免税免验放行是荷。此致
天津海关。

国立南开大学校长张伯苓
中华民国三十六年四月四日
（南开大学档案馆藏）

致天津市财政局、国营招商局天津分局

（1947 年 4 月 5 日）

查西南联大三校复员公物八百四十七箱，重六十五吨，由海甬轮装运抵津，亟待起运。业经函请免纳码头捐税、栈租费在案，兹查尚有堆积卸力费一项，相应函请查照，希准一并免缴是荷。此致
天津市政府财政局、国营招商局天津分局。

国立南开大学校长张伯苓
中华民国三十六年四月五日
（南开大学档案馆藏）

① 汪德熙（1913—2006），祖籍江苏灌云，生于北京。1935 年毕业于清华大学化学系。1935—1937 年清华大学研究生。1946 年获美国麻省理工学院博士学位。1938—1941 年先后在中国大学化学系、西南联合大学化工系任教。1947 年后，历任南开大学、天津大学化工系教授、系主任，核工业部原子能研究所副所长、所科技委主任，核工业部科技委常委及研究生部主任、中国核学会理事长等职。

附：国营招商局天津分局复南开大学（1947 年 4 月 8 日）

准函嘱将西南联大公物卸力费免收，复请鉴亮由。

准四月五日开字第一六〇号大函，对于西南联大复员公物卸力费商请免缴一节，本当照办。惟本局所有来轮货物均由码头工人起卸，上项卸力费原为工人应得之报酬，本局仅为代收转付性质，未便径允免缴。准函前由，相应函复，诸希鉴亮为荷。此致

南开大学。

经理张庆枏

中华民国卅六年四月八日

（南开大学档案馆藏）

致天津县政府

（1947 年 4 月 8 日）

南开字第 169 号公函

案准贵府财字第 195 号公函，嘱将本校所租学地段落面积四至，绘图并抄同有关证件函送参考，应纳租金迅予清缴。等由。

查应纳租金已由杨起祥代交至二十七年，上次执有收据。胜利以后，租金自当照缴。准函前因，相应检同地界蓝图、租金收据照片，函请查照。此致

天津县政府。

附蓝图一份照片一份。

国立南开大学校长张伯苓

批：存查。4 月 9 日。

附：天津县政府复南开大学（1946 年 3 月 27 日）

天津县政府公函　财字 36 字第 195 号

案查前准贵校函，嘱继续租用本府经管坐落八里台学地，业经函复照办在案。惟查此项地亩，前于沦陷期间，租户多有变迁，所有接收伪组织账册各项记载，是否属实，殊难依据。兹为整顿起见，相应函请查照，将租用是项学地段落面积四至，绘制成图并抄同有关证件，检送过县，以凭参考。其应纳租金

亦希迅予清缴。至感公谊。此致
国立南开大学校

县长刘〇〇

附租户名单。

致交通部平津区铁路管理局

（1947年4月10日）

案准贵局人字第八四三号公函，嘱即查复本年度毕业生志愿就业铁路人数等由。查本校本年度尚无机械、电工、土木等系毕业生。相应函复，即希查照。此致
交通部平津区铁路管理局。

国立南开大学校长张伯苓
中华民国三十六年四月十日
（南开大学档案馆藏）

附：交通部平津区铁路管理局致南开大学（1947年4月4日）

交通部平津区铁路管理局公函　　发文人36字第八四三号

查贵大学本年度毕业试验在即，所有土木、机械、电工各系毕业生志愿就业铁路者，约计人数若干，拟请见示，以便参考为荷。此致
天津国立南开大学。

局长石志仁
中华民国卅六年四月四日
（南开大学档案馆藏）

致联合勤务总司令部天津营缮材料补给库

（1947 年 4 月 10 日）

案准贵库津玉字第三二九号公函，以集中红砖，拟借用本校空地一段临时应用等由。查此案前准联合勤务总司令部第五补给区司令部代电，业经函复允借在案。兹经会同贵库来员勘明，此项空地计南北八十弓，东西五十弓，当将界限划定，相应函请查照，希于用毕后交还是荷。此致
联合勤务总司令部天津营缮材料补给库。

国立南开大学校长张伯苓
中华民国三十六年四月十日
（南开大学档案馆藏）

附：联合勤务总司令部天津营缮材料补给库致南开大学附属中学校（1947 年 4 月 5 日）

联合勤务总司令部天津营缮材料补给库公函　　（卅六）津玉字第三二九号

为函请借用贵校管理之空地一块，请查照由。

径启者：查本库建材军用红砖一项，系散存各窑厂。迭奉第五补给区司令耿电令，饬速集中一地，以便保管拨发，等因。当经派员前往津郊，按照各窑厂地址、方向详细查勘去后，兹据报告，查得津市西南隅有空地一块，原系敌军运输红砖临时卸船集中待运地点，距市区不远，又与各砖窑同一方向，运集便利，拨发尤为适宜，现为南开大学附属中学管理，等情。前来查本库军用红砖奉令集中一案，限期甚严，急待举办。此项空地既由贵校管理，拟请临时借用，一面集中，一面拨发，俟拨发完竣，即行归还。相应函达，即希查照惠借赐复，无任感祷。此致
国立天津南开大学附属中学校。

库长萧廷玉
中华民国卅六年四月五日
（南开大学档案馆藏）

致安徽省教育厅

（1947 年 4 月 10 日）

案准贵厅国中高字第二七七三号函，附《公私立大学及学院科、系、班调查表》，嘱即填注见复等由，兹经依式填注清楚，相应检同原表，函请查照。此致

安徽省政府教育厅。

附调查表一份。

国立南开大学校长张伯苓

中华民国三十六年四月十日

（南开大学档案馆藏）

附：安徽省教育厅致南开大学（1947 年 3 月）

安徽省政府教育厅公函　　国中高字第二七七三号

请填送调查表，以便本省高中毕业生报考由。

查本厅为明了省内外各公私立大学及独立学院本年暑期招收学生情形，以便本省高中毕业生报考起见，特制订调查表式一种，相应检同该表随函送达，即希查照，惠予填注见复，以凭办理为荷。此致

国立南开大学。

附调查表式一份。

厅长汪少伦

民国三十六年三月

（南开大学档案馆藏）

致天津海关东站支所

（1947 年 4 月 11 日）

案查西南联大复员图书、仪器七百八十七件，共重五十九吨，前经函请贵关准予免验在案。兹因路局改拨车辆，为体积所限，仅能装载七百五十四件，尚余卅三件，改由负责车运平。相应函请查照，希即免验放行是荷。此致
津海关东站支所。

国立南开大学校长张伯苓
中华民国三十六年四月十一日
（南开大学档案馆藏）

致电教育部

（1947 年 4 月 14 日）

南京教育部钧鉴：训字第三八一八四号代电奉悉。遵将本校训导人员简历造册呈报，谨此电请鉴核。名册附呈。国立南开大学校长张伯苓叩。印齐。印。

（南开大学档案馆藏）

与王正廷致电杜建时[1]

（1947年4月15日）

际平市长先生勋鉴：全国体育协会自清宣间成立迄今，垂30余年历史。沪上会所经历年经营，装置设备粗具规模。沪战发生，本会内迁。抗战既胜，凯旋返沪，而会所已毁于兵燹。拟遵中央规定，设会所于首都。值兹承平启世，各国筹备下届世运之际，本会复员尤急不容缓。本会既为全国统一机构，经费之集成，当有待各省办理将，庶几各出其力，互观其成。募款目标定国币5亿元。拟请由贵省库资助1000万元，俾集腋成裘，则本会复员早观乐成。不仅本会之发展体育永耀史乘，而钧座亦将同垂千秋。希奏有成数，赐汇交通银行总行转本会。至为企祷。

中华全国体育协进会理事长张伯苓
王正廷 同叩
（天津市档案馆藏）

致电教育部

（1947年4月17日）

南京教育部钧鉴：卯灰高19383电奉悉。青军生[2]到校一五人，保留学籍六人，谨复。国立南开大学校长张伯苓叩。印。印。

（南开大学档案馆藏）

---

① 杜建时（1906—1989），天津武清人。13岁在天津南开中学读书，1931年入国民党陆军大学。后获美国加州大学法学博士学位。抗战胜利后，任天津市副市长兼北宁铁路护路司令。1946年任天津市市长，直至天津解放。建国后任全国政协委员。

② 即青年军学生。

附：教育部致电南开大学（1947 年 4 月 10 日）

南开大学：本部分发该校青年军退役学生，应将到校人数查明电复。教育部，卯灰。高 19383。

（南开大学档案馆藏）

致电朱家骅[①]

（1947 年 4 月 18 日）

教育部部长朱钧鉴：兹悉中学课程已由钧部指聘专家拟成草案，想大学课程亦将随之改订。平津公私立各大学近有大学课程研究委员会之组织，研讨结果，佥谓兹事体大，牵涉尤多。

盖大学课程须与中学课程贯通，而改订课程又必先重厘学制。现行学制是否可以配合新生中国教育之需求，与中学三三制对于当前中国情况是否适合，早已引起大多数人之怀疑，若无统[通]盘计划一贯目标，则将来各阶段之鸿沟益深，程度之参差益甚，而教育上之浪费将益大。以此缘由，平津各大学对于大学课程不敢擅作片断主张，以免增加未来新教育之纷歧。惟际兹年度将届，在新制度、新课程未经确定以前，先行贡献二项暂时补救办法：

（一）大学必修科学分及选修科科目应予各校以较大之活动。

（二）一年级新生经入学甄别考试，如国文或外国文合于大学一年级标准，得免修一年级国文或外国文。

以上云云，仅从目前各大学感到急切纠正之消极主张，倘蒙采纳，敬请通令全国各大学，俾在年度更始以前各校得有充分调整之机会。谨此电呈，祇悉垂察。

（南开大学档案馆藏）

---

① 此电为平津各院校长联名。

致电喻传鉴

（1947 年 4 月 18 日）

重庆南开中学喻传鉴弟：请托金城银行将汽车运津备用。苓。

四月十八日

（南开大学档案馆藏）

致教育部高等教育司

（1947 年 4 月 18 日）

径复者：按准贵司函送专科以上校院主要人员调查表，嘱即填寄等由。兹经依式填齐，相应检同原表函复查照。此致

教育部高等教育司。

附调查表一份。

国立南开大学校长张伯苓

中华民国三十六年四月十八日

（南开大学档案馆藏）

附 1：国立南开大学三十五年度第一学期主要人员调查表

职别	姓名	别号	到职年月	说明
校长	张伯苓		三十五年五月	
教务长	陈序经		三十五年八月	
代理训导长	鲍觉民		同前	
秘书长	黄钰生	子坚	同前	
文学院院长	冯文潜	柳漪	同前	
理学院院长	邱崇彦	宗岳	同前	
商学院院长	陈序经		同前	

续表

职别	姓名	别号	到职年月	说明
工学院筹备主任	孟广喆		同前	
中国文学系主任	彭仲铎	啸咸	同前	
外国语文学系代理主任	司徒月兰		同前	
哲学教育学系代理主任	冯文潜	柳漪	同前	
历史学系代理主任	冯文潜	柳漪	同前	
算学系代理主任	刘晋年	伯蕃	同前	
物理学系主任	潘孝硕		三十六年一月	
化学系主任	邱崇彦	宗岳	三十五年八月	
生物学系主任	萧采瑜		同前	
政治学系主任	王赣愚		同前	
经济学系主任	袁贤能		同前	
机械工程系主任	孟广喆		同前	
电机工程学系代理主任	陈荫穀	稔之	同前	
化学工业学系主任	张克忠	子丹	三十六年一月	

附2：教育部高等教育司致南开大学（1947年3月）

径启者：本部近常处有关方面查询各专科以校院主要负责人，因学校呈报各项表册之时间不一，每学期人事上或亦有变动。兹为便捷起见，特附调查表一张，请即查填寄送本司为荷。此致

国立南开大学。

教育部高等教育司

中华民国三十六年三月

（**南开大学档案馆藏**）

致国立广西大学

（1947年4月18日）

案准贵校教字第一一一号公函，以借读学生毕业手续仍由原校报部核办，

嘱即查照办理见复等由。查本校并无贵校借读学生，相应函请查照。此致
国立广西大学。

国立南开大学校长张伯苓
中华民国三十六年四月十八日
（南开大学档案馆藏）

附：国立广西大学致南开大学（1947 年 3 月 27 日）

函为本大学学生如尚在贵大学借读，未改为正式生者，请准继续借读，并请将借读各项成绩移送本校，以便办理毕业呈报手续由。

径启者：查本大学各院系、年级学生抗战期间因故未能随校疏迁，借读各大学学生自抗战胜利后本应回校肄业，惟因交通及经济困难，确未能返校者，拟继续借读，并保留本校学籍，将来毕业呈报手续仍由本校办理一案，业经呈奉教育部。卅六年三月四日高字第一二四一九号指令开：“该校学生在各大学借读，因情形特殊，不能返原校肄业，姑准继续借读，原校学籍准予保留。惟毕业手续照章仍由该校报部核办，可由校径与借读学校接洽。”等因，自应遵办。本大学学生如有在贵大学借读，尚未改为正式生者，请惠予继续借读，各项成绩仍请移送本校，以便办理毕业呈报手续。相应备函洽商，至希查照办理，并乞见复为荷。此致

国立南开大学。

校长陈剑脩[①]
中华民国卅六年三月廿七日
（南开大学档案馆藏）

① 陈剑脩（1896—?），名宝锷，字剑修，江西遂川人。毕业于北京大学，后赴英国留学，就读于伦敦大学，获硕士学位。回国后任北京大学、北京女子大学、北京中国大学教授。1927 年任南京市政府教育局局长。1928 年 4 月任国民政府大学院社会教育处处长，1929 年 11 月任教育部蒙藏教育司司长。1930 年任教育部社会教育司司长。后任国立中央大学、国立武汉大学教授。1931 年 12 月任江西省政府委员兼教育厅厅长。1946 年 10 月任国立广西大学校长。

致欧阳尔彬等

（1947 年 4 月 19 日）

尔彬、子郁、策名先生大鉴：

四月十三日尊书敬悉，蜀光校长一职，苓本诸先生之意，曾向韩君叔信征求同意。兹韩君以材轻责重，恐难胜任辞，而苓处又无适当人选可以派充，用特奉请诸先生即向各方物色，另选贤能，免致贻误校务。无任拜祷，专此，敬请

大安！

（韩永年主编：《韩叔信：张伯苓教育思想忠诚实践者》，2009 年，第 266 页）

致杭立武

（1947 年 4 月 20 日）

立武先生惠鉴：

顷奉手示，并抄附孟治先生来函，敬悉一一。关于美款一时即不易利用，前拟聘请 Prof. Counts 来华调查一事拟即暂行作罢。拟下月初晋京再行趋候。匆匆拜复，祗颂

公绥！

张〇〇启

（南开大学档案馆藏）

附：杭立武致张伯苓（1947 年 4 月 15 日）

伯苓先生道席：

久违光仪，时切驰企，敬维道履绥胜为颂。

兹敬启者：关于先生前此建议洽聘美国 Prof. Counts 组织调查团来华一事，经于二月间电请孟治先生洽办，兹接复函，特为抄奉。敬祈赐阅示复为幸。专

渤。敬颂

道安！

杭立武拜上

四、十五

（南开大学档案馆藏）

致北京大学

（1947年4月22日）

案准贵校校函询曾否收到文化协会分配之microfilmed reading machines等由。查本校曾由西南联大移交中国文化供应会分发影片阅读器八具，内六具中国制，两具美国制者，相应函复查照。此致

国立北京大学。

国立南开大学校长张伯苓

中华民国三十六年四月廿二日

（南开大学档案馆藏）

呈教育部

（1947年4月23日）

案奉钧部统字第二三九九三号训令开："查公私立专科以上学校，……此令。"等因。奉此，遵将三十五学年度招考新生试题等件检齐。惟因本学年招生系〈北大〉、清华、南开三校联合办理，未录取成绩部分已由北京大学汇呈，是以本校无从检送。理合备文呈请鉴核。谨呈

教育部。

附呈：卅五学年度招考新生各科试题乙册。

卅五学年度录取各区正式生、试读生名册乙本。

卅五学年度录取各区先修班名册乙本。

卅五学年度录取第二次招考正式生、试读生及先修班名册乙本。
卅五学年度录取各区正式生、试读生名单乙本。
卅五学年度录取各区先修班单（一至三册）三本。
卅五学年度第二次招考录取正式生、试读生及先修班报名单乙本。
卅五学年度录取先修班甄别试验名册乙本。

国立南开大学校长张伯苓
中华民国三十六年四月廿三日
（南开大学档案馆藏）

附：教育部令南开大学（1947年5月8日）

教育部指令　　发文高字第二五一二八号

令国立南开大学：

三十六年四月二十二日开字第二〇五号呈一件，为遵令呈送三十五年度招考新生试题等件，请鉴核由。

呈件均悉。准予备查。仰仍将未录取学生报名单报部，俾汇编统计。件存。此令。

部长朱家骅
中华民国三十六年五月初八日
（南开大学档案馆藏）

致行政院河北平津区敌伪产业处理局零星物资处理事务所

（1947年4月24日）

查本校迤北旧有水坑多处，在抗战期间经天津日本居留民团征购填平，辟为综合运动场一处、苗圃一区，及米谷统制会仓库，尚有空地未及利用，即行降伏。胜利后，本校复员，以校址不敷，经函请天津市政府，准予借用，并代保管仓库物资在案，正在会同接收间，该米谷统制会房屋、仓库等项即为河北省田赋粮食管理处完全占用，本校仅先将综合运动场、苗圃、空地等接管。兹查该仓库内并无河北粮田处物品，仅代贵所保存一部份物资。本校现拟接收该项房屋，扩充校舍。相应函请查照，希将所存物资尽先处理，如或皆不处理，

可否改由本校代为保管。如承惠允，尚希转函河北田粮处，并盼见复是荷。此致
行政院河北平津区敌伪产业处理局零星物资处理事务所。

国立南开大学校长张伯苓
中华民国三十六年四月廿四日
（南开大学档案馆藏）

致平津铁路局天津东站

（1947年4月25日）

本校学生一百六十人拟于本月廿七日赴塘沽新港参观，相应函请查照，希即惠允团体购票，指定车辆是荷。此致
平津铁路局天津东站。

国立南开大学校长张伯苓
中华民国三十六年四月廿五日
（南开大学档案馆藏）

致河北田赋粮食管理处天津区储运处

（1947年4月26日）

查卫津路八十二号卫津北桥贵处所用之房屋及仓库，原为敌米谷统制会旧址，前于胜利后本校复员时已由天津市政府将该项房舍拨归本校，作为扩充校舍之用。敌伪产业处理局成立后亦经认可在案，正在会同接收，即为贵处所用。

兹查该处仓库内仅有河北平津区敌伪产业处理局零星物资处理事务所寄存物品，本校现在急待接收该处房屋扩充校舍，除函请零星物资处理事务所提前处理该项物资，如最近不能处理，可以委托本校代为保管外，相应函请查照，希将该项房舍交还本校接管，并盼见复是荷。此致
河北田赋粮食管理处天津区储运处。

国立南开大学校长张伯苓
中华民国三十六年四月廿六日
（南开大学档案馆藏）

致电教育部

（1947年4月29日）

南京教育部钧鉴：案奉总字一八九七九号代电。颁发教密电本，遵即依式填编，于五月一日应用。谨此电请鉴核备查。国立南开大学校长张伯苓叩。卬卅。印。

（南开大学档案馆藏）

附：教育部致电南开大学（**1947年4月7日**）

教育部代电　　发文总字第一八九七九号

国立南开大学：兹编发该校“教”密一册、《横直角码表》、《通用学校名称表》各一份，电仰查收，依式填编备用，并将启用日期电复备查，“庠”密本作废，自行销毁，“保”密仍续用。教育部。总一机。印。

（南开大学档案馆藏）

致天津市公用局

（1947年4月29日）

案准贵局用三字第一〇〇〇号公函，嘱将南郊聂公桥前敌军火葬场拨交接管等由。查该场地原为本校校产，被敌强占，胜利后始行收回。事关产权，碍难拨交接管。相应函复，即希查照。此致

天津市公用局。

国立南开大学校长张伯苓
中华民国三十六年四月二十九日
（南开大学档案馆藏）

附：天津市公用局致南开大学（1947年4月21日）

天津市公用局公函　　用三（36）字第一〇〇〇号

为函请拨交南郊火葬场址，以便筹设天津市火葬场，希查照见复由。

案奉天津市政府卅六年四月十七日义秘肆字第一三九七号训令内开："查设立火葬场一案，前据该局随同殡仪馆及公墓案，拟具计划及管理规则呈报到府，业经提交市政会议议决修正通过，纪录在案。兹查该火葬场筹办在即，亟应先行接收整理，以备应用。合行令仰该局遵照，迅速前往接洽办理具报为要。此令。"等因。奉此，查本市南郊聂公桥现有前敌军火葬场一处，内部设备颇为合用，闻前由贵校接管，尚在闲置。兹以本局奉令设置火葬场，筹办在即，特商请贵校准予拨交接管，以便着手办理。事关社会公益，谅承赞许。除派员前来接洽外，相应函达查照，并希见复为荷。此致

国立南开大学校。

局长张锡羊

中华民国卅六年四月廿一日

（南开大学档案馆藏）

呈教育部

（1947年4月29日）

本校兹由美国普通生物仪器公司订购理化试验用药品一批，即将装运来华，理合填具输入申请书，备文呈请鉴核，转请准予输入。谨呈

教育部。

附呈申请书四份，附物品单四份。

国立南开大学校长张伯苓

中华民国三十六年四月廿九日

（南开大学档案馆藏）

致北京大学

（1947 年 4 月 30 日）

案准贵校北字第三二八号公函，嘱即归还前借西南联大迁运费伍千万元等由。查本校经手之迁运费现正整理，稍有清结，即行归还。相应函请查照。此致
国立北京大学。

国立南开大学校长张伯苓
中华民国三十六年四月卅日
（南开大学档案馆藏）

附：北京大学致南开大学（1947 年 4 月 15 日）
北字第三二八号
案查贵校前借西南联合大学迁运费伍千万元，事隔甚久，尚未结案，相应函请查照。赐予归还，是为至祷。此致
国立南开大学。

校长胡适
中华民国卅六年四月十五日
（南开大学档案馆藏）

致天津市公用局

（1947 年 5 月 2 日）

案准贵局用三字第 1121 号公函，以南郊聂公桥前敌军火葬场原属校产，未便接管，拟请借用，嘱即见复等由。该地产贵局拟为租借，自可办理，希即派员来校商定租借办法及手续。相应函请查照办理。此致
天津市政府公用局。

国立南开大学校长张伯苓
中华民国三十六年五月二日
（南开大学档案馆藏）

附：天津市公用局致南开大学（1947 年 5 月 1 日）

天津市政府公用局公函　　用三（36）字第一一二一号

为再函商请借用火葬场，以利社会需要，希查照见复由。

接准三十六年四月二十九日开字第二二一号大函，以前准本局函请拨交前敌军火葬场一案。查该场地原属校产，被敌军强占，胜利后始行收回，事关产权，碍难照办，嘱即查照等由。查该场地既属贵校校产，本局自未便接管。惟以该场设备尚属完整，在贵校除改建外，并无需要，在本局实正可利用。可否请暂借本局整理，以利社会之处，特再函请查照，并希见覆。实纫公谊。此致国立南开大学。

局长张锡羊
中华民国卅六年五月一日
（南开大学档案馆藏）

致国库天津分库、审计部河北省审计处驻津办公处

（1947 年 5 月 7 日）

查本校学生膳费向系根据天津市社会局粮价表计算，按月发放。该项粮价表须俟一月终了不能造送，是以无法预造膳费清册，而学生膳食不能一日停顿。部款汇拨需时，以致深感困难。四月份膳费即系设法借款垫发，迄尚未能归垫。现值粮价飞涨，需款尤为迫切。拟于五月份起，在学生膳费项下每月借支国币四千万元，先行垫发，俟粮价清册造送，即行扣算，俾资救济。除函达审计部河北省审计处驻津办公处、国库天津分库外，相应函请查照，希即惠予见复是荷。此致

国库天津分库、审计部河北省审计处驻津办公处。

国立南开大学校长张伯苓
中华民国三十六年五月七日
（南开大学档案馆藏）

致天津市教育局局长郝任夫

（1947年5月7日）

任夫局长勋鉴：

到津即闻政躬违和，甚念。顷有凌家庄代表凌振声等请求设立小学，具呈请为转达。兹将原呈奉上，希卓裁办理为荷。专此，敬颂

台祺！

附原呈。

张伯苓 拜启

附1：凌家庄等村公民代表凌振声等呈张伯苓（1947年5月）

谨陈者：窃以国家之盛衰关乎人才，而人才之培养端赖教育。本市第七区六十保地瘠民贫，富室甚少，数村庄竟无小学一处之设立，而就近亦无一可以就学之地点。刻下失学儿童约一百数十名之众，诚为当前之急务。同人等拟添设国民小学一处，无如公私两方面均力有未逮，而各村又乏公共地址可作校用，乃不得已暂筹房舍十大间，延请教师一人，为简易识字之举，然终非长久之策。我公泰山北斗，万流镜［景］仰，热心教育，一视同仁，用敢掬诚，奉恳于大雅之前。可否呈请教育局增设一国民小学，抑或由当局遴派校长、教员五六位，以为补助。所有学童皆为一二年级，只好因陋就简，以待扩充。敬祈指示方针，赐予成全，俾敝保失学儿童同霑春风化雨之恩，不胜感盼待命之至。肃此上陈。伏维垂鉴。

凌家庄等村公民代表凌振声、赵宝善谨上

附2：郝任夫复张伯苓（1947年5月12日）

伯苓校长钧鉴：

日前文旗旋津，适抱病，未克趋前恭迎，怅望歉甚。顷奉五月七日大函，敬悉一是，所嘱自当照办，已饬属径与该凌家庄村民代表凌振声等洽办矣。肃此敬复。即颂

时绥！

郝〇〇谨启

附3：天津市教育局令第七区第五十九保国民学校校长王捷三（1947年5月12日）

令第七区第五十九保国民学校校长王捷三：

案准国立南开大学函：以据本市凌家庄村民代表凌振声等呈请在该村增设国民学校，检附原呈，请核办。等由。准此，查该村失学儿童情形如何，现有房舍是否足敷设立国民学校之用，合行抄发原呈，令仰遵照就近查明，并分别接洽办理具报为要！

此令。

附抄发原呈一件。

（天津市档案馆藏）

致杜建时

（1947年5月7日）

建时贤弟足下：

自返津门，备承关爱，多方照拂，感曷可言。蒙假汽车，兹因赴京已无需要，敬以奉还并谢盛谊。侧闻该车系处理局没收物品，最近将有拍卖之举，不审确否。倘能进行洽购，则将来代步有车，似多便利。可否鼎力代谋，尚盼卓裁示复为荷。专此奉谢，即颂

政祺！

张伯苓 启

附：天津市政府致河北平津区敌伪产业处理局（义总字第3166号）（1947年6月5日）

案准贵局局四甲字第41190号公函，为本府前借汉奸嫌疑犯苏侨索士宁案内之别克汽车，因该案尚未确定，上项汽车仍请送还，以便封存保管，俾符功令。等由。自应照办，先行奉还。惟本府车辆缺乏，如仍有需用之时，尚祈惠

予继续借，用以应急需。再该部汽车如办理拍卖时，并请贵局优先售与南开大学校长张伯苓先生，以便乘用。除将原汽车随函附送外，相应函复即希查照为荷。此致

河北平津区敌伪产业处理局。

附函送汽车一部。

市长　杜建时

副市长　张子奇

批：此车现由张校长借用，拟俟用毕再行送还，可否请示。8月8日。

批：可否即先照此函复□□处？请示！8月9日。

批：先派员与张校长洽请，或另筹借一部。　（梁）子青。8月9日。

批：该车业经请示，仍由张校长借用。本件暂存查。8月13日。

（天津市档案馆藏）

呈教育部

（1947年5月9日）

查卅五年度第一学期应行造报各种学籍册表，兹已编造齐全，理合检同原件开列清单，备文呈请鉴核备查。谨呈

教育部。

附呈：名册及附表卅五本，证件七百五十七份，清单一纸。

国立南开大学校长张伯苓

中华民国三十六年五月九日

（南开大学档案馆藏）

呈教育部

（1947年5月12日）

案奉钧部一二一八四号汇款申请书，拨发卅六年四月份学生膳费国币四千

万元。又，奉财政部普拨字第零四六八八号，支付至拨发卅六年度建筑及扩充改良费国币三千一百万元，均经向国库天津分库如数领讫，理合开具收据两份，备文呈请鉴核存转。谨呈

教育部。

附呈：收据两份，南字廿五号、三十号。

国立南开大学校长张伯苓

中华民国三十六年五月十二日

（南开大学档案馆藏）

呈教育部

（1947年5月12日）

案奉钧部总字第二二二九四号指令开："呈签附据均悉。……，此令。"等因，附发还南第十七号收据两联。奉此，遵即改填收据两份，并将原据注销。理合备文呈请鉴核存转。谨呈

教育部。

附呈：收据两份，南字廿八号、廿九号。

国立南开大学校长张伯苓

中华民国三十六年五月十二日

（南开大学档案馆藏）

呈教育部

（1947年5月12日）

查津市地居水陆交通要冲，商业繁盛，人口在百八十万，行旅往来尚不在内，实为华北第二都市，医药卫生极关重要。虽有多数公、私立医院，而造就医师人才之学校迄尚阙如，社会舆论时有论及，深以为憾。本校复原后，地方人士即屡以设立医学院，造就人才纷相督促。嗣卫生部天津中央医院陈院长亦

数度来校商洽，力促本校设立医学院，并允以天津中央医院为实习医院。复经草拟合作办法十六条。窃以为教学、实习相辅而行，可收事半功倍之效，对于津市将来卫生事业以及医药学术裨益良非浅鲜。事关添设学校是否可行，理合呈请鉴核示遵。谨呈
教育部。

国立南开大学校长张伯苓
中华民国三十六年五月十二日
（南开大学档案馆藏）

呈教育部

（1947 年 5 月 12 日）

查本校设立工学院一案，历经呈奉钧部卅五年五月廿一日高字第〇一九九八号暨卅六年二月十日高字第〇七四六四号两代电饬，于设备俱全后再行扩充及仍从缓议等因，遵查本校战前即有电机工程、化学工程两学系。机械工程学系正拟添设，即因抗战内迁。在西南联合大学时期，本校教师亦有参加工程学系者，历届毕业生服务各地尚有成绩。本年度化工系应毕业学生七人，在一学期前已由各机关预务约定，其他公私机关仍多来函，请送毕业生前往服务，足征各地需要工程人才之多与迫切。本校设备论工程各系已可勉强供一、二年级试验实习之用，陆续充实尚无不可克服之困难。得查胜利复员以来，各大学或应原有工院添加学系，或竟完全新设。私立大学添设工科亦有蒙核准者。本校请维持原有学系，想钧部经长时期之考虑，尚能仍本卅五年五月廿一日训令而赐予充准也。理合再行呈请鉴核示遵。谨呈
教育部。

国立南开大学校长张伯苓
中华民国三十六年五月十二日
（南开大学档案馆藏）

附：教育部致电南开大学（1947 年 6 月 23 日）
教育部代电　发文高字三五〇八八号

电知所请设立工学院应予照准，至增设医学院应暂缓议，仰知照由。

国立南开大学：开字第二五二、四号两呈均悉。所请设立工学院一节，应予照准，并仍暂设电机工程及化学工程两学系。至增设医学院，非有充足之经费与设备不易办理完善，该校现有院系尚未完全充实，拟请有应暂缓议。统仰知照。教育部。叩。

中华民国卅六年六月廿三日

（南开大学档案馆藏）

呈教育部

（1947 年 5 月 12 日）

查本校所有图书、仪器、药品等项，在抗战期间损失甚多。复员后经积极购置补充一部分，仍多缺短，必须向国外采办。兹经详加估计，本年度应向美国购买之图书、仪器等项约需美金拾贰万元，所有应需外汇，自应照章先行呈请核准，理合备文呈请鉴核转请示遵。谨呈
教育部。

国立南开大学校长张伯苓

中华民国三十六年五月十二日

（南开大学档案馆藏）

附：教育部令南开大学（1947 年 6 月 9 日）

教育部指令　发文总三一六九二号

令国立南开大学：

五月十二日开字第二五〇号呈一件，为本年度拟向美购买图书、仪器等项约需美金拾贰万元，请鉴核转请示遵由。

呈悉。查规定请购外汇应填具输入申请书四份以凭核转。兹检发该项申请书表格一份，仰即遵照办理。

此令。

附表格一份。

部长朱家骅

中华民国卅六年六月初九日

（南开大学档案馆藏）

呈教育部

（1947年5月12日）

查本校战前共有学生四百人，此次复员后有学生八百人，奉令核定教职员二百人，校工八十名，虽有种种困难，教职员人数并未超过定额。惟以校址辽阔，事务殷繁，管理需人，额外雇用校工，工资自筹，并未列报。本年暑假招生，预计学生将增至一千六百人，教职员工额数应请按照规定准予增加，以免困难。

又，查部颁定章，共同必修科目应列额外教师。本校前以班级未齐，共同必修各科均由各系教授担任。本年暑假添招新生，班级增多，自应添设共同必修科教师。且因学程进展，各系专门学科亦须加增教师人数，俾资因应。以上三项均为本年暑假后应行增加之员额，拟请准照规定，将教职员名额增改为二百六十人，公役改为一百六十人。除增加班级另案呈请外，理合呈请鉴核示遵。谨呈

教育部。

国立南开大学校长张伯苓

中华民国三十六年五月十二日

（南开大学档案馆藏）

附：教育部致电南开大学（1947年7月25日）

教育部代电　　发文高字四一七九八号

电知自八月份起，增加员额四十人，先修班准办两班，工役名额业已呈院，请增加廿名，并仰知照由。

国立南开大学：开字第二四六、二九一、二五五号三呈暨件均悉。准自本年八月份起增加员额四十人，先修班准先办两班，化学工程研究所准自下学年起设立。至工役名额，业已呈院，请求增加廿名，俟奉准后再行饬知。并仰遵照。教育部。印。

（南开大学档案馆藏）

呈教育部

（1947 年 5 月 12 日）

查卅五学年度第一学期应送各种学籍表册业经呈送在案。兹将第二学期复学生名册及学生人数统计表均已填齐，理合备文呈请鉴核备查。谨呈
教育部。

附呈：卅五学年度第二学期复学生名册乙本。
卅五学年度第二学期学生人数统计表一份。

国立南开大学校长张伯苓
中华民国三十六年五月十二日
（南开大学档案馆藏）

附：教育部令南开大学（1947 年 12 月 11 日）

教育部指令　　发文高字第六六七七六号
令国立南开大学：

卅六年五月十二日开字第 251 号呈乙件，为呈送卅五年度第二学期复学生名册、人数统计表，请鉴核备查由。

呈件均悉。准予备查。惟如该生转学资格仍应专案报部审核。册、表存。

此令。

部长朱家骅
中华民国卅六年十二月十一日
（南开大学档案馆藏）

致国立广西大学

（1947 年 5 月 12 日）

案准贵校教字第一八一号公函，附送学生李耘廷补考投影几何试题，嘱即

代为补考等由。兹经补考完毕，相应检同试卷及原题，函请查照评阅，并将成绩见复是荷。此致

国立广西大学。

附试卷一份。

国立南开大学校长张伯苓

中华民国三十六年五月十二日

（南开大学档案馆藏）

附：国立广西大学致南开大学（1947年4月14日）

为据学生李耘廷请补考，兹特将试题附送，请代办由。

径启者：案据本大学借读贵大学化工学系学生李耘廷呈请命题，函托代读学校代为补考三十二年度第二学期未考之投影几何一科目，并请给予工程画一科目成绩等情。查该生该学期所修工程画成绩为七十分，兹将投影几何补考试题附送，希烦查照，惠予代为补考，仍盼将补考成绩送校登记为荷。此致

国立南开大学。

附送补考试题一份。

校长陈剑脩

中华民国卅六年四月十四日

（南开大学档案馆藏）

致河北平津区敌伪产业处理局第一组

（1947年5月12日）

案查本校函请借用宫岛街日本国民学校与日本高等女校旧址一案，业经贵局卅五年二月廿七日平三字第一二四一号代电，允俟盟军迁移后准予暂行借用在案。除高等女校旧址盟军迁出后已由天津市私立南开女子中学迁入使用外，其国民学校（包括商业学校）尚待腾让。查其四至，系北临旧淡路街（现名甘肃路），西至旧宫岛街（现名迪化道），南至武道场，东至松岛高等女校（即南开女中现在校址）。复查民国卅四年十月廿二日天津日本居留民团移交书第三项学校关系内载，淡路国民学校及商业学校地址均为淡路街四号、三岛街一号，

足征该两学校实为一处，其建筑亦系一所楼房，稽考天津日本租界地图，亦属相符。本校所请借用者，确为该学校建筑之全部（四至见前）。为免误会起见，特再郑重声明，除电呈行政院，请准拨用外，相应照绘该部份地图，函请查照，希即查明见复是荷。此致

行政院河北平津区敌伪产业处理局第一组。

附图一份。

国立南开大学校长张伯苓

中华民国三十六年五月二日

（南开大学档案馆藏）

呈教育部

（1947 年 5 月 15 日）

案奉钧部高字第二二四二五号训令开：“查本部……，此令。”等因。奉此，遵查本校卅五学年度下学期并未招收先修班学生，其上学期先修班学生大部分均系考取入学，其少数特殊情形，如侨生等，业经造具名册呈送在案。奉令前因，理合呈请鉴核。谨呈

教育部。

国立南开大学校长张伯苓

中华民国三十六年五月十五日

（南开大学档案馆藏）

致广东省立广雅中学

（1947 年 5 月 15 日）

接准大函，拟保送本年度高中优秀毕业生入本校肄业等由。查本校本年度招生仍与清华、北大两校联合办理，在粤设有联合招生办事处，拟入本校学生可以就近报考。相应复请查照。此致

广东省立广雅中学。

国立南开大学校长张伯苓
中华民国三十六年五月十五日
（南开大学档案馆藏）

附：广东省立广雅中学致南开大学（1947年4月27日）

函请准予本校保送高中优秀毕业生免试入学由。

查本校原名广东省立第一中学，其前身为广雅书院。广雅书院为清末两广总督张之洞所手创，民国元年改办中学，故本校成立至今已历三十有六载，在广东中等学校中向称为历史悠久而办理完善者。

本校历届毕业生大多升学深造，全国各大学莫不有其踪迹。本年夏应届高中普通科毕业生百余人，据其所填报志愿书，其欲升学贵校者殆占多数。惟因目前时局未靖，交通阻梗，诚恐所志未就，徒劳往返，辄踌躇而不敢前。用特专函奉商，拟请从三十六年度起，准由本校挑选高中优秀毕业生若干名，保送贵校免试入学，俾诸生得就升学之愿，而霑春风之化，亦与诸公作育人材之至意相符合也。如何之处，仍乞裁复为祷。谨致
国立南开大学。

广东省立广雅中学校长王兴瑞
中华民国三十六年四月二十七日
（南开大学档案馆藏）

致全国水力发电工程总处

（1947年5月15日）

按准贵处工字第一八六五号函，嘱开送土木、机械、电机系应届毕业生名单。查本校本年度尚无该项毕业学生。相应函复查照。此致
全国水力发电工程总处。

国立南开大学校长张伯苓
中华民国三十六年五月十五日
（南开大学档案馆藏）

附：全国水力发电工程总处致南开大学（1947年5月3日）

全国水力发电工程总处公函　　工（卅六）字第一八六五号

径启者：本处兹以业务需要，拟延用实习人员若干人，拟请贵校将应届土木、机械、电机系毕业生愿来本处及各地附发机构服务者，开列名单及成绩见复，以凭甄用。再，本处此次征用上项人才，系本处直接洽定，不再由资源委员会分发。合并声明。此致

南开大学。

资源委员会全国水力发电工程总处

五月三日

（南开大学档案馆藏）

致资源委员会电业管理处

（1947年5月15日）

接准大函，嘱将本年度电机、机械两系毕业生列表函复等由。查本校本年度尚无该两系毕业学生。相应复请查照。此致

资源委员会电业管理处。

国立南开大学校长张伯苓

中华民国三十六年五月十五日

（南开大学档案馆藏）

附：资源委员会电业管理处致南开大学（1947年5月10日）

查本会所属各电业机关，尚需电机及机械工程人材。素仰贵校作育青年声誉久著，用特备函征询，至希惠将志愿参加本会之本年度电机及机械两系毕业生姓名、成绩，及希望工作地点等项迅速列表寄处，以凭选用。相应函请查照办理见复为荷。此致

南开大学。

资源委员会电业管理处启

36年5月1日

（南开大学档案馆藏）

致河北邮政管理局

（1947 年 5 月 15 日）

查本校学生家庭汇款每因汇票票根未到，不能兑取，颇感不便。可否予以通融，凭汇票及学生证付款，俾资便利。相应函请查照见复。此致
河北邮政管理局。

国立南开大学校长张伯苓
中华民国三十六年五月十五日
（南开大学档案馆藏）

附：河北邮政管理局复南开大学（1947 年 5 月 31 日）

准贵校本年五月十五日开字第二六九号来函祗悉。查汇票核对据（即票根）未到，取款人可凭保先行兑款，历经本局及各属局办理有年。来函所示不能兑取一节，经饬本局及各属局主管部门，报称无案可稽等语。兹为彻底便利贵校学生兑款起见，拟请指定兑款邮局，并将贵校钤记连同负责人名章盖具印鉴单一纸函送过局，俾便嗣后对于贵校学生之汇票概行饬由该有关邮局凭上述印鉴单核验兑付。相应函复，即希查照为荷。此致
国立南开大学。

河北邮政管理局启
卅六年五月卅一日
（南开大学档案馆藏）

致电杜建时

（1947 年 5 月 18 日）

事由：为经处理局拨归之中央医院院址，（一〇三）后方医院拟占用，恳赐维护由。

天津杜市长建时弟勋鉴：迪化道新公立医院院址已经敌产处理局拨归中央医院为永久院址，近美军迁出，第（一〇三）后方医院拟占用，恳赐维护为祷。函详。张伯苓。铣印。

附：杜建时复电张伯苓（1947 年 5 月 20 日）

事由：电复新公立医院已饬警协助中央医院接收由。

南京参政会转张校长伯苓先生赐鉴：铣电奉悉。津新公立医院院址前准中央医院函知，已请准处理局拨用，业经令饬警察局协助接收。谨电奉复。

受业 杜〇〇 叩 辰□秘二印

（天津市档案馆藏）

致资源委员会沈阳机车厂等

（1947 年 5 月 22 日）

本校工学院张兴耀、王绍祖、顾福兴、赵骥[①]四君拟于本年八月三日至五日/七日至十一日/十三日至廿日/二十二日至廿五日赴贵〈厂〉参观，务恳俯允指导。关于食宿等项，并希惠予便利。相应函请查照见复是荷。此致

资委会沈阳机车厂

资委会抚顺煤矿

资委会鞍山钢铁公司

资委会东北电力局小丰满发电厂

资委会东北电力局抚顺发电厂。

国立南开大学校长张伯苓

中华民国三十六年五月廿二日

（南开大学档案馆藏）

附 1：资源委员会沈阳机车车辆制造有限公司复南开大学（1947 年 6 月 3 日）

资源委员会沈阳机车车辆制造有限公司公函　　沈机发总（36）字第 1062 号

① 赵骥，1946 年南开大学电机工程系毕业，旋即被聘为南开大学电机工程系助教。

为贵属工院助教张兴耀等四君前来参观，至所欢迎，复请察照由。

五月二十二日贵大学开字第二七七号大函奉悉。承示贵属工学院助教张兴耀等四君前来参观一节，至所欢迎。关于食宿等项，届时当予便利。特函复请察照为荷。此致

国立南开大学。

总经理刘史瓒

中华民国卅六年六月三日

（南开大学档案馆藏）

附2：资源委员会抚顺矿务局复南开大学（1947年6月5日）

资源委员会抚顺矿务局公函　顺（36）总字第2130号

准函以工学院助教张兴耀等四君来矿参观，嘱予便利等由，复请查照由。

准贵校五月廿二日开字第二七七号公函敬悉。张兴耀君等四人拟于本年八月七日前来本局参观，至表欢迎。承嘱对于食宿等项予以便利一节，自当尽力协助。相应函复，即希查照为荷。此致

国立南开大学。

局长谢树英

中华民国卅六年六月五日

（南开大学档案馆藏）

附3：资源委员会鞍山钢铁有限公司复南开大学（1947年6月6日）

资源委员会鞍山钢铁有限公司公函　（36）总字第2429号

为函复贵校助教张兴耀等来鞍参观，本公司自表欢迎。

案准贵校开字第二七七号大函，略开：本校工学院助教张兴耀等四君拟来鞍参观，请予便利等，自表欢迎。相应复请查照。此致

国立南开大学。

总经理邵安周

中华民国卅六年六月六日

（南开大学档案馆藏）

附4：资源委员会东北电力局抚顺发电区管理处复南开大学（1947年6月10日）

案准贵校开字第二七七号公函，略开："本校工学院助教张兴耀等四君拟来

参观，关于食宿希予便利，并请见复。”等由。准此，自可照办，住宿问题并予便利。相应函复查照为荷。此致

国立南开大学。

资源委员会东北电力局抚顺发电区管理处启

中华民国卅六年六月十日

（南开大学档案馆藏）

附5：资源委员会东北电力局丰满发电区管理处复南开大学（1947年6月17日）

为复莅丰参观，须事先洽办手续，希查照由。

径复者：兹准贵校开字第二七七号函，为工学院助教张兴耀等四君拟来参观，于食宿希予便利，请查照见复等因。准此，查各界莅丰满参观人员须事先获得长官部或吉林省主席许可始能前来。希于事先径向上述机关洽办参观手续，俾符规定。相应函请，即希查照为荷。此致

国立南开大学。

处长张德恒

中华民国卅六年六月十七日

（南开大学档案馆藏）

呈教育部

（1947年5月23日）

案奉钧部第二五一六号指令开：“呈件均悉。……，此令。”等因。奉此，遵查卅五年度招生系与北大、清华两校联合办理，设总招考处于北京大学。所有未录取学生之报名单均由该大学汇总呈报。奉令前因，理合呈请鉴核。谨呈

教育部。

国立南开大学校长张伯苓

中华民国三十六年五月廿三日

（南开大学档案馆藏）

呈教育部

（1947年5月23日）

案查，本校由国外采购图书、仪器、药品等项历经呈请发给免税护照，以便输入。嗣经叠奉卅六年三月廿六日总字第一七二六一号、四月廿九日总字第二三三二七号两代电，转财政部电饬径向输入临时管理委员会洽办输入手续等因，当时正由美采购理化仪器一批，即经遵照钧部卅六年三月廿七日总字第一七〇一〇号训令，颁发“政府机关输入申请书”格式，填具申请书，检同货品单，函请输入临时管理委员会办理。兹准该会复称“查前项输入申请书应由申请人径向行政院呈请核准”等由，并将原件退还，理合检同原件备文呈请鉴核，俯赐转请核准。谨呈

教育部。

附呈申请书四份，货品单四份。

国立南开大学校长张伯苓

中华民国三十六年五月廿三日

（南开大学档案馆藏）

致杭立武

（1947年5月25日）

立武次长勋鉴：

顷奉大函，敬悉种切。以研究中美文化关系为名，邀请哥大教授Counts及专家来华考察教育，甚表赞同。惟尊函中华协会是否即指华美协进社而言，如系另一机构，尚乞示以英文译名，是所至祷。专此，复颂

政绥！

张〇〇 拜启

五月廿五日

（南开大学档案馆藏）

致重庆南开中学、蜀光中学

（1947 年 5 月 26 日）

径启者：本校卅六学年度招生现已会同北大、清华两校联合招考，所有各校保送至本校升学学生自应一并办理。惟关于贵校及蜀光中学保送学生事，除该两校另有规定办法外，相应检同保送高中毕业生升学办法、招生院系名称表暨升学名册格式，函请查照办理。此致

重庆南开中学、蜀光中学。

附办法一份，表一份，名册一份。

国立南开大学校长张伯苓

中华民国三十六年五月廿六日

（南开大学档案馆藏）

附：蜀光中学复南开大学（1947 年 6 月 11 日）

径启者：本校本期高中毕业学生志愿升学贵校而合于贵校所定标准者有胡诗可等廿一名，兹填就各生五期成绩单廿一份，保送升学名册一份，随函寄上，即希查收赐复为荷。此致

国立南开大学。

附成绩单廿一份，升学名册一份。

私立蜀光中学启

卅六、六、十一

（南开大学档案馆藏）

致天津市耀华中学

（1947 年 5 月 26 日）

径复者：接准大函，附调查表，嘱即填复等由。查本校现有贵校毕业生四

十人，兹照填表式，复请查照。此致
天津市私立耀华中学校。
附表三纸。

国立南开大学校长张伯苓
中华民国三十六年五月廿六日
（南开大学档案馆藏）

附：天津市耀华中学致南开中学（1947 年 4 月 25 日收到）

径启者：本校历年毕业学生多已升入国内外各大学，兹为明了真相，作一统计起见，特制订调查表，函送贵校，敢请赐察填掷，至深感荷。此致
南开大学。
附调查表。

天津市私立耀华中学校启
中华民国卅六年四月廿五日
（南开大学档案馆藏）

致中央电工器材厂分厂

（1947 年 5 月 26 日）

案准贵厂津字第〇八五八号公函，以现需化工系甲种实习员一名，嘱于本年暑期（卅五年度）化工系毕业优秀同学中介绍一人到厂服务等由。查本校化工系应届毕业女生汪仲兰，成绩优良，兹特予以介绍。除该生历年成绩表俟由昆寄到，再行补送外，相应函请查照。此致
中央电工器材厂天津分厂。

国立南开大学校长张伯苓
中华民国三十六年五月廿六日
（南开大学档案馆藏）

附：中央电工器材厂天津分厂致南开大学（1947 年 5 月 7 日）

资源委员会中央电工器材厂天津分厂公函　　津（36）字第〇八五八号

径启者：本厂现需化工系甲种实习员一名，拟请于贵校工学院化工学系本

年暑期（三十五年度）毕业优秀同学中介绍一人来厂服务。相应函达，即希查照惠允，并希先将毕业同学姓名及历届考试分数见复为荷！此致
南开大学。

厂长　王宗素
中华民国卅六年五月七日
（南开大学档案馆藏）

致贵阳青年中学

（1947年5月26日）

径复者：顷准大函，附送学校概况调查表，嘱即填复等由。兹检同本校概况一册，函复查照。此致
贵阳青年中学。

附概况一册。

国立南开大学校长张伯苓
中华民国三十六年五月廿六日
（南开大学档案馆藏）

分致永利公司、天津造纸厂、天津化学公司

（1947年5月27日）

本校为使学生获得实习经验起见，定于本年暑假内介绍理学系化工系二、三年级学生至各大工厂实习。除分函外，相应函请查照。如承惠允，并希见复是荷。此致
永利公司（塘沽、浦口）、天津化学公司、天津造纸厂。

国立南开大学校长张伯苓
中华民国三十六年五月廿七日
（南开大学档案馆藏）

附 1：永利化学工业公司碱厂复南开大学（1947 年 5 月 29 日）

径覆者：兹准贵校开字第二九三号大函奉悉。关于介绍化工系二、三年级学生拟于暑假来厂实习一节，查敝厂复员经年，所有战前机件、厂屋多遭日敌粗使滥用，破坏不堪，虽经竭力赶修，而房屋尚不敷用。至来厂实习，难以奉命，祈为鉴谅。相应函复，即请查照为荷。此致

国立南开大学。

永利化学工业公司碱厂

卅六年五月二十九日

（南开大学档案馆藏）

附 2：永利化学工业公司铔厂复南开大学（1947 年 6 月 11 日）

铔总字第四五〇号

准本年五月廿七日开字第二九三号大函，以拟介理学院化工系二、三年级学生于本年暑假期内来厂实习，并嘱函复等由。查便利青年学子，增进学验，原为敝公司素所主张，惟敝厂因遭受敌寇八年蹂躏，损失綦重，即宿舍设备一项，供给现有员工居住已感不敷，限于事实，无法应命。歉愧之忱，尚希鉴谅，是幸。此致

国立南开大学。

永利化学工业公司铔厂启

卅六年六月十一日

（南开大学档案馆藏）

致天厨味精厂

（1947 年 5 月 27 日）

本校为充实学生实习经验起见，定于本年暑假内介绍学生赴各工厂实习。素谂贵厂规模宏大，设备完善，拟介绍本校理学院化工系三年级学生丁惠华[①]于

① 丁惠华（1927—？），上海人。1944—1946 年就读于西南联合大学，1948 年毕业于南开大学化工系。1949 年 8 月至 1950 年 7 月在清华大学任教，1950 年 7 月至 1982 年 6 月在大连工学院工作。1982 年 6 月后任青岛化工学院副教授、教授。

本年暑期到厂实习。相应函请查照，如承惠允，并希见复是荷。此致
天厨味精厂。

国立南开大学校长张伯苓
中华民国三十六年五月廿七日
（南开大学档案馆藏）

附：天厨味精厂复南开大学（1947年5月30日）

敬复者：接准贵校开字第二九二号公函，介绍贵校理学院化工系学生丁惠华来厂实习一节，本应遵命办理。惟以敝厂抗战时期南市工场均被敌毁，现在正值建筑新厂，将临时工场迁移期间暂难招待。用特专函奉复，并希鉴谅为荷。此致
国立南开大学。

天厨味精制造厂股份有限公司上海工厂启
中华民国卅六年五月卅日
（南开大学档案馆藏）

呈教育部

（1947年5月28日）

本校现由美国中央科学公司采购化学仪器一批，价值美金六百一十五元九角四分，业经在美付讫。此项物品已交“木湖胜利号”轮船自旧金山装运来华，约于五月上旬可以抵达天津。理合填具请领护照表、输入申请书，备文呈请鉴核，俯赐转请行政院核发输入许可通知，并分咨财政部填发免税护照，以凭输入。实为公便。谨呈
教育部。

附呈申请书四份，附单四份；请领护照表六份，附单六份。

国立南开大学校长张伯苓
中华民国三十六年五月廿八日
（南开大学档案馆藏）

呈教育部

（1947 年 5 月 28 日）

案查，前奉钧部卅五年十二月六日高字第三六三五三号训令开，颁发毕业在校研究生名册格式，饬即按时报核等因，当以历年档案分由昆明、重庆运回，尚未到齐，无从查填。正拟呈复间，复奉本年四月十六日第二〇六一四号代电催报，适值档案运到，兹经遵照奉发格式将历年毕业研究生名册及在校研究生名册填造齐全，理合备文呈请鉴核备案。谨呈
教育部。

附呈名册八份。

国立南开大学校长张伯苓
中华民国三十六年五月廿八日
（南开大学档案馆藏）

呈行政院院长张群

（1947 年 5 月 29 日）

按南开大学以校舍遭敌破坏，于胜利之初，申请政府于天津敌产之中拨给相当房屋以充校舍，当蒙钧院前秘书长转达主席面谕，饬河北平津区敌伪产业处理局办理在案。

又，按河北平津区敌伪产业处理局于卅五年二月廿九日答覆本校，允俟盟军撤退，即将前淡路街国民学校等处房舍拨借本校使用在案。

顷闻驻扎美军即将撤退，本校亦准备使用其所退出之房舍。惟须声明者，前淡路街国民学校与前商业学校均为日人在天津所设立之学校（计北临甘肃路，即前淡路街，西临迪化道，即前宫岛〈街〉，南至前武道场，东至松岛女校），本校与处理局来往公文中所谓青年学校，即系商业学校之别称。且前所谓国民学校与商业学校，在建筑上本为一座楼房，本校之所请求者，为此楼房

（计北临甘肃路，即前淡路街，西临迪化道，即前宫岛街，南至前武道场，东至前松岛女校）之全部，决非此其中之一部份。

河北平津区敌伪产业处理局以该处房屋之名称与四界关系，以及拨给敌产作为国立大学校舍关系，须俟院令方能据以处理。按敌产天津新公立医院之址，最近已由院令处理局拨归天津中央医院使用有案，用特呈请钧院依例电饬河北平津区敌伪产业处理局，将前淡路国民学校及前商业学校共有之楼房全座拨给本校充校舍，实为德便。谨呈
行政院长张[①]。

国立南开大学校长张伯苓
卅六、五、廿九
（南开大学档案馆藏）

附1：黄钰生致张伯苓（1947年5月中旬）

上海麦阳路一八一号

张校长伯苓钧鉴：

迪化道房美军未退，有纠纷，拟先占或分羹者颇多。请即电行政院长张，电饬平津敌伪产业处理局根据去年初该局所得行政院秘书处转达主席面谕，拨给敌产以偿南开损失之意旨，及该局覆南大卅五年二月廿七代电二文，将座落旧日租界敌产前淡路国民学校及商业学校（计北至前淡路街、南至学校武道场、面临前宫岛街、后界前松岛女校）之全座楼房拨归南开大学充作校舍。此事处理局颇棘手，亟待院令定案。

钰生叩
（南开大学档案馆藏）

附2：张群复张伯苓（1947年6月5日）

伯苓先生道席：

日前面交南开大学请拨敌产房屋节略一件，敬悉，并另据贵校呈院。查此案早由行政院于去年二月先后饬河北平津区敌伪产业处理局核办，顷已再由院电饬该局张局长将敌产前淡路国民学校及前商业学校共有之楼房前座，准于美军撤退时，如产权并无纠纷，即行全部价拨贵校应用。专复。敬颂

---

① 张群（1898—1991），字岳军，四川成都人。时任行政院院长。

道安！

弟　张群 拜启

六月五日

（南开大学档案馆藏）

附 3：国民政府行政院批文（1947 年 6 月 5 日）

行政院批　发文从辰字二一三三七号

具呈人国立南开大学三十六年五月廿九日京字第一号，呈请饬河北平津区敌伪产业处理局将敌产前淡路国民学校及商业学校校舍拨归本校应用由。

呈悉。已电河北平津区敌伪产业处理局准于美军撤退时，若产权并无纠纷，即将该项全部校舍价拨该校应用，仰即知照。

此令。

国民政府行政院

中华民国卅六年六月五日

（南开大学档案馆藏）

呈教育部

（1947 年 5 月 29 日）

案奉钧部统字第二三六一号指令开："呈件均悉。……，此令。附发还班数报告简表一纸。"等因。奉此，遵查班数简表，中国文学系一年级十六班系因中文为全校学生必修课程，计分十六组上课，故填为十六班。兹经遵令更正，除令示二、三、四各点另文呈复外，理合检同更正学生数报告简表及班报告简表备文呈请鉴核。谨呈

教育部。

附呈表二份。

国立南开大学校长张伯苓签呈

中华民国三十六年五月廿九日

（南开大学档案馆藏）

致台湾省立台北高级中学毕业生指导委员会

（1947 年 5 月 30 日）

径复者：接准大函，备悉一切。本校本年招生系与北大、清华两校联合办理考区，均经议决，未便单独设立。请于毕业生中保送成绩优良者数名，经本校审查决定是否录取。特函奉复，即希查照。此致

台湾省立台北高级中学毕业生指导委员会。

国立南开大学校长张伯苓

中华民国三十六年五月卅日

（南开大学档案馆藏）

致四川大学、华西协合大学

（1947 年 5 月 31 日）

径启者：本校暨北京、清华三校三十六年度联合招生，成都考区由本校负责考试办理，订于七月廿五日至廿七日为报名日期，八月五日至八日为考试日期。届时拟假贵校为招生考试办公地址，兹特奉商，倘承俞允，即行派员前往筹备。相应函请查照见复为荷。此致

四川大学、华西大学。

国立南开大学校长张伯苓

中华民国三十六年五月三十一日

（南开大学档案馆藏）

附 1：四川大学复南开大学（1947 年 6 月 12 日）

案准贵大学五月三十一日开字第三〇九号笺函，以贵校暨北京、清华三校三十六年度联合招生，成都考区拟假本校为招生考试办公地址，嘱为查照见复等由。准此，查函叙考试日期适与本大学招生考期冲突，在此时期内，歉难照

借。相应函复，敬希鉴谅为荷。此致
国立南开大学。

国立四川大学启
三十六年六月十二日
（南开大学档案馆藏）

附 2：华西大学复南开大学（1947 年 6 月 10 日）

径复者：顷准贵校函，以与北京、清华三校三十六年度联合招生，成都区考试办公地址拟假本校应用等由，本应遵诺。惟以本校房舍早经决议于暑假期内培修，无法挪让为歉。兹准前由，相应复请谅察为荷。此致
国立南开大学。

华西协合大学谨复
六月十日
（南开大学档案馆藏）

致社会部天津职业介绍所

（1947 年 5 月 31 日）

案准贵所津指字第〇二一八及〇二一九号公函，附送毕业生状况调查表、学校概况调查表，嘱即填复等由。兹将毕业生状况调查表填注清楚，检同本校概况一份，函请查照。此致
社会部天津职业介绍所。

附表一份，概况一册。

国立南开大学校长张伯苓
中华民国三十六年五月卅一日
（南开大学档案馆藏）

附 1：社会部天津职业介绍所致南开大学（1947 年 5 月 10 日）

社会部天津职业介绍所公函　　津指字第〇二一八号

为函送《中等以上学校毕业生状况调查表》一种，请烦查填赐还，以便参

考而利进行由。

敬启者：本所为辅导国民就业，调剂人才供需起见，特印制《中等以上学校毕业生状况调查表》一种，随函奉达，敬希查照，将贵校本年度毕业生依照附表分别查填赐还，以便参考而利进行。此致

国立南开大学。

附《中等以上学校毕业生调查表》乙份。

中华民国卅六年五月拾日

（南开大学档案馆藏）

附2：社会部天津职业介绍所致南开大学（1947年5月10日）

社会部天津职业介绍所公函　　津指字第〇二一九号

为函送《中等以上学校概况调查表》一种，请烦查填赐还，以便举办升学辅导由。

敬启者：本所为举办升学辅导，亟需明了河北平津区中等以上学校概况，兹特随函奉上调查表一种，敬希查照，赐予饬填赐还，此外如有有关资料，并祈尽量见赐为祷。此致

国立南开大学。

附《中等以上学校概况调查表》乙份。

中华民国卅六年五月拾日

（南开大学档案馆藏）

与平津国立各院校长致电朱家骅[①]

（1947年5月下旬）

教育部部长朱钧鉴：查各校经常费原系日常支付，与物价息息相关。溯自年度开始至今，一般物价提升已愈十倍，而经常费迄未增加。即使尽量紧缩，亦无法应付。流用即无余款，息借又不胜负担，而职员之特别办公费、学生之

① 此电及以下二电是根据平津国立各院校长谈话会第九次例会提出的问题，由各院校长联合署名致朱家骅电。

实验费又须在经常费内开支，无米为炊，终难持久。除特别办公费已于三月电请比照教员研究费增加，另拨专款外，所有各校经常费请自五月份起，至少增加六倍。致实验费，为数颇巨，经常费项下无法开支，拟请另拨专款，俾行政效率不致无限降低，学生实验亦可免于停顿。谨此电陈，敬祈钧夺。（各院校长联署。）

（南开大学档案馆藏）

与平津国立各院校长致电朱家骅

（1947 年 5 月下旬）

教育部部长朱钧鉴：自调整待遇之消息传布后，甫经静止之物价又复腾，各校教职员原无隔宿之粮，公费学生之经济来源又多断绝，如不早为发给，调整之实惠未沾，生活之威胁加重，殊非政府调整之本意。为求减少员生生活艰苦计，拟请钧部将调整后增加各费迅予拨汇，俾可提前发给。无任企祷之至。（各院校长联署。）

（南开大学档案馆藏）

与平津国立各院校长致电朱家骅

（1947 年 5 月下旬）

教育部部长朱钧鉴：窃各校教职员生活向称清苦，近以物价波动益烈，生活艰苦益甚，待遇虽数经调整，而与生活指数之距离益远。最近物价二度涨风较之五月前提高四五倍至七八倍不等，待遇增加不过百分之八十五，以最高薪额陆佰元计，月入壹佰肆拾贰万元，相等于待遇优厚机关之低级职员，若以日前物价指数折算，仅合战前肆拾伍元。月薪贰叁佰元者，只贰叁拾元耳。而况物价指数常一月数变，待遇标准经四五月始得调整，故时至今日，教职员欲求清苦生活而不可得，此实当前最大之隐忧。挽救之法，自以根据生活指数，每月调整最为合理，不得已而求其次，普遍提高各级教职员最高薪额，以求各人

收入与生活指数不致距离过远，亦可于一时。查教育工作人员大多慎思明辨、爱国忧时之士，只求免于冻馁，咸能共体时艰。况当兹国事严重、学潮澎湃之秋，安定教职员生活似尤为需要。校长等与教职员朝夕相处，知之较深，管见所及，未敢缄默。临电惶恐，谨候钧裁。（各院校长联署。）

（南开大学档案馆藏）

呈教育部部长朱家骅

（1947年5月）

一、查南开学校平津沪捐款，共不足二亿元，业经全部用作恢复私立南开中学高、初中、女中各部被敌军事摧毁之校舍处理费用，尚苦不敷，并未用之于大学。

二、接收敌产，虽经拟定数处，现仅将六里台旧中日中学房舍接收（该校以前只有学生三百人）并经支出巨款修理，始克使用；其他各处，或因盟军未撤，或被他机关占用未迁，尚待处理局拨交，何时接收，不能预定，即使可以接收，而整理修葺及内部设备，亦非巨款不可。

三、奉准三六年度建筑及扩充改良费十亿元，前拨三亿元，业经支用，下余七亿元，奉会字第二二九〇〇号代电，奉令分三、五、六月份拨发，五月份之款，尚未奉到，际兹物价波动剧烈时期，原计划预算，超出数倍之多，已不克维持原议，再迟一月，更不知如何变动矣。

四、本校战前计有学生四百人，主要建筑六座，遭敌轰炸，六毁其四，损失惨重。前者部长莅津视察，业蒙鉴及。所有残存之思源堂、芝琴楼二所，亦均损毁不堪，复员后，经大加修理，始能应用，现为理学院讲堂及女生宿舍。

此外，虽接收敌人未完工楼房一座，继续修建完成，而文、商两院授课办公，暨秘书、教务、训导三处全部职员办公，均跼处一楼之内，且战前藏书二十万册之图书馆，已经夷为瓦砾，现在学生八百人，课外阅览与图书陈列编目各项工作，仅占二楼数间，其困难拥挤情形，可以想见。现在学生八百人住校，教职员一百七十余人，校工八十余人，以目前之校舍授课、办公、住宿，已经拥挤不堪，至本年暑假招生增加班级以后，学生有增至一千六百人之可能，教职员工均将比例增加，更将无法容纳。尤迫切者，以如是众多之学生，若不施

以团体训练，将何以养成集团生活之习惯，维持以往良好之学风。但现在校舍，实无堪以供应用之所，长此因陋就简，不加改进，既违大部定章，且失校长督导职责，夙夜思维，实深悚惧。

现拟于本年内修建可容一千二百人之会堂一座，以作团体训练之所，兼作临时图书阅览室之用。此项建筑及设备，按现时物价估计，约需国币十亿元。招工购料，因物价波动过甚，均非现款不可，校长虽以恢复学校为当前急务，而以深知国库艰难，自当仰体主席、部长复兴教育苦心，以实有迫切需要者为先，决不敢稍有铺张，致违指示。前请二十八亿元，均为最先最要建筑设备之款，仰恳体念本校实在情形，准予拨发，并请于扩充改良费之外提前先拨十亿元，以为建筑大会堂及临时图书馆之需，实所企祷。

呈教育部

（1947年6月2日）

查本校前由美国普通生物食品公司订购理学院生物系用药品一批，均已先后启运来华，急待提取，经本校开字第二一六及二七九号呈恳转请准予输入各在案，谨再缮具请领免税护照表及清单各六份，备文呈请俯准转资财政部填发免税护照，以凭验放，实为公便。谨呈
教育部。

附呈请领免税护照表十二份，附清单十二份。

国立南开大学校长张伯苓
中华民国三十六年六月二日
（南开大学档案馆藏）

致国营招商局天津分局

（1947 年 6 月 2 日）

本校化学系助教何炳林[①]兹因暑假回籍，希即惠允优先购票是荷。此致国营招商局天津分局。

国立南开大学校长张伯苓
中华民国三十六年八月二日
（南开大学档案馆藏）

致电杜建时

（1947 年 6 月 2 日）

收文信字第 5818 号

天津市政府杜市长勋鉴：参政会经过颇好，日内闭会，约 10 日返津，届时电告。祈派车到站一接，至感。伯苓。冬。

批：借原车使用，届时派员去接，并先转知南大及张局长。

批：已办理完毕，拟请存卷。

① 何炳林（1918—2007），广东番禺人。1942 年毕业于西南联合大学化学系后留校任教。1947 年赴美，1952 年获印第安纳大学博士学位。1956 年回国，任南开大学化学系教授。1986 年当选为中国科学院学部委员（院士）。

致台湾电力有限公司

（1947年6月3日）

兹准管总发字第一一六一号笺函，嘱介绍电、机各学系毕业生赴台工作等由，附送履历表及电力系统图等件，准此。查本校机械工程及电机工程两系本年度均无应届毕业生。相应函复，查照为荷。此致
台湾电力有限公司。

国立南开大学校长张伯苓
中华民国三十六年六月三日
（南开大学档案馆藏）

附：台湾电力有限公司致南开大学（1947年5月21日）

笺函（卅六）管总发字第一一六一号

兹为补充干部人员起见，对于贵校电机、机械、土木、管理等科系本届毕业生，本公司拟酌收若干人，即请贵校介绍优秀学生，开列名单，填具履历表，并附成绩单，掷寄来台，以便审核挑选后，呈请资源委员会分发。应选来台工作各生必须能吃苦耐劳，愿意担任下层工作，以获得实际经验，且对台湾具有兴趣与热诚，准备长期服务。兹特检附空白履历表拾份，本公司全省电力系统图五份，函请查照见复为荷！此致
南开大学。

附空白履历表拾份，全省电力系统图伍份。

台湾电力有限公司启
中华民国卅六年五月廿一日
（南开大学档案馆藏）

呈教育部

（1947 年 6 月 4 日）

本校自美购普通生物试验用仪器、标本一批，业经转运抵津，函付提取，谨填具请领购运教育用品免税护照表，附同清单同式六份，备文呈请俯准转资财政部填发免税护照，以凭验放，实为公便。谨呈

教育部。

附呈请领免税护照表及清单六份。

国立南开大学校长张伯苓

中华民国三十六年六月四日

（南开大学档案馆藏）

致天津市教育局

（1947 年 6 月 4 日）

兹准贵局教秘字第一三四九号公函，以市立一中校舍业经商由敌伪产业处理局将第一区迪化道一〇一号、一〇三号、一〇五号、一〇七号四号房舍拨为市立一中新址之用，关于游泳池部分经商洽结束，惠准由本校使用。至一〇一及一〇三两号房舍，俟一中迁入正式校舍时，亦拨归本校使用，嘱查照见复等由。查前项商定办法本校业经同意，相应函复查照为荷。此致

天津市教育局

国立南开大学校长张伯苓

中华民国三十六年六月四日

（南开大学档案馆藏）

附：天津市教育局致南开大学（1947 年 5 月 30 日）

天津市政府教育局公函　　教秘字第一三四九号

为市立第一中学校舍已商由敌伪产业处理局将迪化道一〇一号、一〇三号、一〇五号、一〇七号拨归使用，关于游泳池部分暂由贵校使用，请查照由。

径启者：查市立第一中学本年暑假必须迁移，兹经商由敌伪产业处理局，将第一区迪化道一〇一号、一〇三号、一〇五号、一〇七号四号房舍，拨归市立一中，作为新校址之用。关于游泳池部分，经本局派员与贵校商洽结果，暂准由贵校使用。其一〇一号及一〇三号房舍，如市立一中迁入本局指定正式校舍时，仍将该一〇一号及一〇三号房舍，拨归贵校使用。既经商洽同意，相应函达，即希查照见复为荷！此致

南开大学。

局长郝任夫

中华民国卅六年五月三十日

（南开大学档案馆藏）

致国立昆明师范学院

（1947年6月4日）

兹准师字第四二〇号函询关于教员分级情形等由。查本校刻仍照前西南联大五级核定，至教员之学术研究补助费，系比照讲师支给。相应函复查照为荷。

此致

国立昆明师范学院。

国立南开大学校长张伯苓

中华民国三十六年六月四日

（南开大学档案馆藏）

附：国立昆明师范学院致南开大学（1947年5月27日）

国立昆明师范学院公函　　师字第四二〇号

径启者：查本学院教师，现时仍照前西南联大规定，分为教授、副教授、讲师、教员、助教等五级。兹以教部规定，仅分四级（无教员一级），以致教员一级之学术研究补助费数额无所根据。贵大学教师分级是否仍照旧制？其各级学术研究补助费数额如何规定？相应函请查照见复为荷。此致

国立南开大学。

民国三十六年五月廿七日
（南开大学档案馆藏）

致中央电工器材厂天津分厂

（1947年6月4日）

兹准津（36）字第九八九号函，以女生执行职务诸多不便，嘱改介男性甲种实习员，俾利工作等由。兹改介化工学系毕业男生张法文前往，除转知外，相应函复查照赐洽为荷。此致
资源委员会中央电工器材厂天津分厂。

国立南开大学校长张伯苓
中华民国三十六年六月四日
（南开大学档案馆藏）

附1：资源委员会中央电工器材厂天津分厂复南开大学（1947年5月29日）

函复为职务上关系，请改为介绍男生，希查照见复由。

案准贵校本年五月二十四日开字第二八九号公函，以介绍化工系（三十五年度）毕业女生汪仲兰实习服务等由，准此。查本厂应用甲种实习员，其工作地点系在工场，兼管工人。承示介绍汪君，于执行职务上诸多不便，尚希贵校改介男性甲种实习员一名，俾利工作。相应函达，即希查照办理见复为荷。此致
国立南开大学。

厂长王宗春
中华民国卅六年五月廿九日
（南开大学档案馆藏）

附2：资源委员会中央电工器材厂天津分厂复南开大学（1947年6月14日）

函复为化工系张法文君业已来厂面谈，复请查照由。

案准贵校本年六月三日开字第三一三号公函，以改介绍男生张法文前来，

嘱为接洽等由，准此。查张君法文业经面谈一次，除在本厂甲种实习员名额内予以登记，并报请总管理处核备外，相应函复，即希查照为荷。此致
国立南开大学。

厂长王宗春
中华民国卅六年六月十四日
（南开大学档案馆藏）

附3：资源委员会中央电工器材厂天津分厂致南开大学（1947年7月4日）

函复接总处电，停用甲种实习员，请转知张法文君，并希见谅由。

径启者：顷接本厂总管理处（一〇三一）（〇八三）电，以奉资源委员会通知，因时事多艰，本年度甲种实习员暂停录用，等因。查前承贵校介绍本届毕业同学张法文君来厂工作，逢此变更，殊出意外，除径函张君外，相应函达，即请查照转知，并希见谅为荷。此致
南开大学。

厂长王宗春
中华民国卅六年七月四日
（南开大学档案馆藏）

致交通部电信总局

（1947年6月5日）

兹准人字第五九三二号函询简玉麟是否本校廿六年六月电机科毕业，嘱查明见复等由。查本校电机工程学系历届毕业生并无简玉麟其人，相应函复，查照为荷。此致
交通部电信总局。

国立南开大学校长张伯苓
中华民国三十六年六月五日
（南开大学档案馆藏）

附：交通部电信总局致南开大学（1947 年 5 月 29 日）

函请查复简玉麟是否确在电机科毕业。

兹据简玉麟呈验贵校所发“遗失毕业证书证明书”证明该员前在贵校电机科廿六年六月卒业，是否确实，相应函请贵校查明见示，以便办理为荷。此致

南开大学。

交通部电信总局

中华民国卅六年五月廿九日

（南开大学档案馆藏）

致资源委员会天津造纸公司

（1947 年 6 月 7 日）

本校化学工程学系学生假暑期赴各厂实习，素仰贵公司规模宏大，设备完善，可否招待学生实习，倘承俞允，并乞将可能容纳学生数额见示，尤为纫感。此致

资源委员会天津造纸公司。

国立南开大学校长张伯苓

中华民国三十六年六月七日

（南开大学档案馆藏）

附：资源委员会天津纸浆造纸有限公司复南开大学（1947 年 6 月 16 日）

资源委员会天津纸浆造纸有限公司公函　　总字第一二〇四号

为准函介绍暑期实习生一案，复请查照由。

案准贵校开字第三二二号公函，为本校化工系学生拟假暑期到厂实习，嘱函复等由。准此，查学生暑期实习原属必要，本应竭力赞同。惟以本公司目前限于环境，歉难接受。用特函复，即请查照为荷。此致

国立南开大学。

总经理聂汤谷

中华民国卅六年六月十六日

（南开大学档案馆藏）

致喻传鉴

（1947年6月9日）

传鉴弟鉴：

本年暑假大学在渝招生，决定不另派人，由吾弟全权主持办理，前已函达。所需一切费用可由拟拨津校款内动支二亿元，以免汇兑之烦。俟事竣后当由大学如数拨还中学也。专此。即颂

□绥！

张〇〇启

六、九

（南开大学档案馆藏）

致电杜建时

（1947年6月10日）

收文信字第6355号

急。天津市政府杜市长勋鉴：10日飞平，11日早8点赴津。伯苓。

批：已报告市座，并分电张局长、南大陈序经。

呈教育部

（1947年6月10日）

查本校四年级学生及经济研究所研究生本年度均已应届毕业，理合造具统计表、名册，检同考试科目表、试验委员名单一并备文呈请鉴核备案。谨呈

教育部。

附呈：卅五学年度第二学期应届毕业生名册一份，附统计表。
卅五学年度第二学期应届毕业生考试科目表一份。
卅五学年度第二学期毕业试验委员名单一纸。
卅五年度应受硕士学位考试研究生名册一份，附统计表。
卅五年度第二学期经济研究生应受硕士学位考试委员名单一纸。

国立南开大学校长张伯苓
中华民国三十六年六月十日
（南开大学档案馆藏）

附：教育部致电南开大学（1947年7月14日）

教育部代电　发文高字三九一四二号

国立南开大学：三十六年开字第三二八号呈暨附件均悉。该校卅五年度第二学期应届毕业生原系北平临时大学补习班经部分发该校学生，其转学资格仍应专案呈部备核。至由西南联合大学转入者，其入学资格核准年月及文号，应于呈报毕业时查填补报。张法文一名，既因转系关系列入化工系三年级，不应列入本年度应届毕业生内。又，该校研究生张本懿等六名学籍，以往未据西南联合大学呈报有案，应即补报，并将各该生大学毕业证书呈部或申复该生等大学毕业资格经部核准年月及文号，以凭核办。嗣后关于研究所事项，应专案呈报，以便审核。仰即知照。册存。教育部。印。

（南开大学档案馆藏）

致电朱家骅

（1947年6月10日）

南京教育部部长朱钧鉴：前奉总字第二七一二六号代电附发教□字第〇〇五七号免税护照一纸，并附清单一份。查本校原请所附清单两份，此次奉附护照漏发一份，津海关转奉财政部关务署通知，亦漏发清单一份，以致无法验放。理合电请迅赐转请财政部补发漏发清单，以凭验放提取为叩。国立南开大学校长张伯苓叩。巳灰。印。

中华民国三十六年六月十日
（南开大学档案馆藏）

致上海天源电化厂

（1947年6月10日）

本校为充实学生课业起见，定于本年暑期介绍学生至各大工厂实习，素谂贵厂规模宏大，设备精良，拟介绍本校化工系三年级学生丁惠华于本年暑期内前来实习。相应函请查照，尚希惠允见复为荷。此致
天源电化厂。

国立南开大学校长张伯苓
中华民国三十六年六月十日
（南开大学档案馆藏）

致河北邮政管理局

（1947年6月10日）

案准贵局函，以便利学生兑款，嘱即指定兑款邮局，并送印鉴单，以凭办理等由。查本校学生汇款系由训导处斋务组及女生指导办公室证明，并拟指定罗斯福路十五局为兑款邮局。相应检同印鉴，函请查照办理。此致
河北邮政管理局。

附印鉴乙份。

国立南开大学校长张伯苓
中华民国三十六年六月十日
（南开大学档案馆藏）

致特种考试税务人员考试北平区考试委员会

（1947年6月11日）

贵会考平二字第一四二号函略开：关于贵校现在第四年级第二学期肄业学生报考本年度第一次税务人员考试各生，为确定录取资格，兹开列名单，希将各该生毕业证明书汇送来会，以凭补验核转等由。兹将单列各生毕业证书送请查照，并希准予补验核转为荷。此致
特种考试税务人员考试北平区考试委员会。

附毕业证明书二纸。

国立南开大学校长张伯苓
中华民国三十六年六月十一日
（南开大学档案馆藏）

附：特种考试税务人员考试北平区考试委员会致南开大学（1947年5月19日）

特种考试税务人员考试北平区考试委员会公函　　考平二字第一四二号

为随函检送名单一纸，希于六月底以前将各该生毕业证明书汇送来会，以凭补验，请查照由。

案奉特种考试税务人员考试委员会本年五月七日京财试字第八七号快邮代电，略开：“准考选委员会本年四月廿二日京会任字第一九五四七号函，以依照税务人员考试规则规定，如以学历应考高级税务人员考试，须专科以上学校有关科系毕业得有证书者，方准报考。大学四年级第二学期肄业学生，既尚未毕业，核与规定不符，嘱转知等由。当以第一次税务人员考试已于四月二十日起分区举行竣事，各该区试卷亦已陆续集中，正依规定分别评阅。除由会函复考选委员会将来成绩合格，查无毕业证明书者，本会当不予列册，函请转陈核发及格证书外，仰即迅洽有关各校，在本年六月底以前将暂准应考学生毕业证明书送交该会办理补验手续为要。”等因。奉此，自应遵照。

兹将贵校现在第四年级第二学期肄业学生报考本年度第一次税务人员考试各生开列名单一纸，随函送请查照，希于六月底以前将各该生毕业证明书汇送

来会，以凭补验核转。事关各该应考学生录取资格之确定，务请如期办理见复为荷。此致

国立南开大学。

附名单一纸。

兼主任委员翟维淇

民国三十六年五月十九日

（南开大学档案馆藏）

呈教育部

（1947年6月12日）

本校现由美国中央科学公司采购生物、物理、化学领主批，价值美金三千六百五十六元六角八分，业经在美付讫。此项物品已由该公司托国际运输行启运来津，理合备文呈请俯准转资财政部填发免税护照，以便由海关验放，实为公便。谨呈

教育部。

附请领护照表六份，附单六份。

国立南开大学校长张伯苓

中华民国三十六年六月十二日

（南开大学档案馆藏）

致平津青年复学就业辅导处

（1947年6月12日）

案准贵处平津业字第〇八三九号函，略以为切实调查各专科以上学校实况，检同调查表，函请详填等由。兹检本校各院系学生人数统计表一纸，本校概况一份，连同原表，一并随函复请查照为荷。此致

平津青年复学就业辅导处。

附学生人数统计表一纸，本校概况一份，原表乙份。

国立南开大学校长张伯苓

中华民国三十六年六月十二日

（南开大学档案馆藏）

附：教育部平津青年复学就业辅导处致南开大学（1947年5月28日）

教育部平津青年复学就业辅导处公函　　平津业字第〇八三九号

案奉教育部青年复学就业辅导委员会京导招字第五〇一九号代电内开："查本会本年度中心工作着重于加强直接辅导，实施普遍救济等项，其实施纲要与有关各项办法业经以京导秘字第3895号、京导招字第4455、4375号训令先后颁发饬遵在案，现为切实明了各地学校、军政及公用事业主办之各种训练机构、机关、团体及公用事业之需才情形，与社会公私救济事业等实况，并期于本年上半年完成全面调查一次，以便作一确切统计而资推展业务起见，特再仰该处按照上颁各项训令、办法等所规定之各项工作，迅即确切详为调查，务于短期内完成此项工作，具报勿延为要。"等因。奉此，兹为切实调查各专科以上学校实况起见，除分函外，相应检同调查表一纸，函请查照，惠予详填为荷。此致国立南开大学。

附调查表一纸。

主任王任远

副主任史泰安

中华民国三十六年五月廿八日

（南开大学档案馆藏）

致中国航空公司天津办事处

（1947年6月13日）

径启者：本校出版组主任张志铨[①]先生赴渝办理本年度招生事宜，尚希惠允

① 张志铨（1899—？），天津人。天津私立商业学校毕业。曾任北京亚细亚火油公司司账。1922年8月始任职于南开学校，七七事变后，随南开大学南迁，任西南联大教务员。1946年南开大学复校，随校北返，任南开大学注册组事务员。

优先购票是荷。此致
中国航空公司天津办事处。

国立南开大学校长张伯苓
中华民国三十六年六月十三日
（南开大学档案馆藏）

致北平海关[①]

（1947年6月14日）

兹有本校出版组主任张志铨赴蓉办理本年度北大、清华、南开三校联合招生事宜，随带行李□件，内系招考试题及衣物，并无货物及违禁品。相应函请查照，希准免验放行是荷。此致
北平海关。

国立南开大学校长张伯苓
中华民国三十六年六月十四日
（南开大学档案馆藏）

致国立沈阳博物院筹备委员会

（1947年6月16日）

案准贵会沈字第九八号函附寄《清实录》一部业已收讫，相应函复查照为荷。此致
国立沈阳博物院筹备委员会。

国立南开大学校长张伯苓
中华民国三十六年六月十六日
（南开大学档案馆藏）

① 此函同时致重庆、成都海关。

附：国立沈阳院博物院筹备委员会致南开大学（1947年6月6日）

国立沈阳博物院筹备委员会公函　　沈字第九八号

为照发《清实录》一部，请查照由。

案查本会应寄贵校之《清实录》一部业已交邮，相应函请查收赐复。至寄费方面，一俟清结后，再行函达。此致

南开大学。

主任委员金毓黻

中华民国三六年六月六日

（南开大学档案馆藏）

致电教育部

（1947年6月17日）

南京教育部钧鉴：奉钧部第25330号汇款申请书，拨发卅六年度一至六月份教员学术研究补助费五千七百六十万元及17669、22975、23462号汇款申请书，拨发卅六年度五、六、七月份学生膳费共一亿二千万元，又，奉财政部普拨字第34780号呈支付书拨发卅六年度四至六月份员役生活补助费三亿九千零三十九万六千元，普拨字第05131号支付书拨发卅六年度建筑及扩充改良费三亿三千一百万元，普拨字第2881号支付书拨发卅六年度四至六月份经常费三千万元，并拨一至三月补发尾数二千五百九十二万元。除补发之尾数已另具南字第24号收据领讫外，均经分别向国库天津分库如数领讫，理合检同收据七纸，电呈核备为祷。国立南开大学校长张伯苓。巳铣。叩。

附南字第34、35、31、32、27、33、26号收据七纸。

（南开大学档案馆藏）

致电教育部

（1947 年 6 月 17 日）

南京教育部钧鉴：查本校卅五年度第一学期应行造报各学籍学生名册及复员生学历、证件，业于卅六年五月八日以开字第 242 号呈请备查在案。兹查呈报之新生部分内有姓名不符者三名及应补报复员生学历证件者一名，谨分别造册电请，准予更正备查为祷。国立南开大学校长张伯苓。巳铣。叩。

附新生更正名册及补报学历证件名册各一册。

（南开大学档案馆藏）

致电教育部

（1947 年 6 月 17 日）

南京教育部钧鉴：查本校卅五年度第一学期各学籍学生相片册及各学籍学生成绩册兹已编造齐全，理合检同原件开列清单，备文呈请鉴核。惟关于成绩之核算，系依据本校学则有关成绩一项之规定“凡全年之课程必须修满一年始给学分，如在第一学期有不及格者，得以第二学期学年之成绩平均核算，及格后得补给其第一学期不及格之学分。”办法办理，并乞准予备案为祷。国立南开大学校长张伯苓。巳铣。叩。

附学生相片册、成绩册七册，清单二纸。

（南开大学档案馆藏）

致天津市工务局

（1947年6月17日）

查本市迪化道敌淡路国民学校及商业学校房舍，现经河北平津区敌伪产业处理局价拨本校，作为校舍，业经接管在案。惟查该房系由敌福昌公司包工建筑，所有全部兰图已由贵局接收。本校为明了该房建筑情形，以便施工起见，兹派员持函面洽，希将该房全部兰图赐交来人带回，俾资应用是荷。此致

天津市工务局。

国立南开大学校长张伯苓

中华民国三十六年六月十七日

（南开大学档案馆藏）

附：河北平津区敌伪产业处理局致南开大学（1947年6月12日）

行政院河北平津区敌伪产业处理局公函　　局一字第四八〇〇六号

为函请派员会同本局周专员乃森[1]于六月十三日前往接收日本淡路国民学校等见复由。

案奉行政院巳支七13电开：“南开大学请拨敌产前淡路国民学校及前商业学校共有之楼房全座，准于美军撤退时，如产权并无纠纷，即行全部价拨应用，并将办理情形具报。”等因，并准美军供应处六月二日函请派员于六月十三日派员前往接管等由。查该淡路国民学校等并无原始移交清册，除分函中信局派员来局会同本局周专员乃森前往接取清册点交，由贵校保管，即将点交清册送局以凭估价，办理价拨手续，并呈复外，相应函请查照，即予派员会同迅往接收清点见覆为荷。此致

南开大学。

局长张子奇

中华民国卅六年六月十二日

（南开大学档案馆藏）

---

① 周乃森（1917—？），字啸泉，天津人。1931—1936年在南开中学肄业。

致国立西北师范学院附属中学

（1947 年 6 月 24 日）

兹准发字第六三八号函，拟以审查成绩办法，保送高中毕业生来校肄业，嘱查照见复等由。查本年度联合招生，贵处既未设考区，应准保送成绩最优毕业生三名，开具详细成绩单送校审查后，再行决定录取与否。相应函复，即希查照为荷。此致

国立西北师范学院附属中学。

国立南开大学校长张伯苓

中华民国三十六年六月廿四日

（南开大学档案馆藏）

附：国立师范学院附属中学致南开大学（1947 年 5 月 24 日）

本校高中毕业生拟以审查成绩办法，由校保送贵校肄业，请查照见复由。

查部令公私立各院校有审查成绩保送入学之规定，本校高中毕业生拟依是项办法，由校保送贵校肄业。可否之处，相应函请查照见复，并将办法详示是荷。此致

南开大学。

代理校长张柏林

中华民国卅六年五月廿四日

（南开大学档案馆藏）

致天津海关、天津海关北平分关

（1947 年 6 月 25 日）

兹有前西南联合大学复员公物计图书、仪器六百二十八件，约五十二公吨，由招商局海杭轮承运抵津，拟交平津路局直运北平，分交北京、清华两大学，应请贵关准予援案免验放行，至感公谊。此致

天津海关、天津海关北平分关。

国立南开大学校长张伯苓
中华民国三十六年六月廿五日
（南开大学档案馆藏）

致教育部国际文化教育事业处

（1947年6月27日）

兹准六月六日第三一〇二〇号函送卅五年度录取自费留学生张镜潭等十人核报表，嘱即填注寄部等因，兹经依式填造核报表壹份，送祈查照为荷。此致
教育部国际文化教育事业处

附核报表一份。

国立南开大学校长张伯苓
中华民国三十六年六月廿七日
（南开大学档案馆藏）

附：教育部三十五年度自费留学生大学毕业资格原校核报表：国立南开大学

姓名	毕业院系	毕业年月	毕业资格报部年月及审核情形	未报者注明未报字样，其学分已否修足并应注明
张镜潭	文学院英文学系	二十五年六月		
吴连胜	商学院商学系	二十九年六月		
傅梦笔	文学院历史学系	三十年六月		
郭沛元	文学院英文学系	三十三年六月		
张振义	商学院经济学系	二十五年六月		
钱华年	理学院化学系	三十年六月		
周华章				此名字或许有误，无从查考。
陈龙章	文学院哲学教育学系	二十八年六月		
吴知	商学院商学系	十七年六月		
鲁光恒	文学院	十八年六月		此名字不符，恒字系桓字。
备注：（一）凡在二十九年以前毕业者，其毕业资格均经呈报核准。惟关于毕业资格报部年月因急于呈报，一时难以查注。 （二）三十年毕业者，因入学及毕业资格均应由西南联合大学呈报。 （三）以上毕业各生学分已修足。				

致天津市政府财政局码头使用费稽征所

（1947 年 6 月 28 日）

兹有前西南联合大学复员公物，计图书、仪器六百二十八件，约五十二吨，由招商局海杭轮承运抵津，拟交平津路局直运北平，分交北京、清华两大学。相应函请准予援案免征码头捐税，即希查照为荷。此致
天津市政府财政局码头使用费稽征所。

国立南开大学校长张伯苓
中华民国三十六年六月廿八日
（南开大学档案馆藏）

呈教育部

（1947 年 6 月 29 日）

案查本校三十五年度八至十二月份学生公费应发数计国币五一七三一一〇〇元，业经出帐编造三十五年度临时费决算表，呈请核备在案。嗣查学生张执侯等四名应领公费计国币三六七二〇〇元，因退学未领，致原发八至十二月份学生公费印领清册核与原表列数不符。兹为清结帐项起见，拟将该项未领数收回，移作三十六年度学生公费之用，是否有当，理合检同核发三十五年度学生公费表一纸，呈请鉴核示遵。谨呈
教育部。

附三十五年度学生公费表一纸。

国立南开大学校长张伯苓
中华民国三十六年六月廿九日
（南开大学档案馆藏）

附：教育部致电南开大学（1947 年 7 月 22 日）

教育部代电　　发文会字四一〇九九号

电催速造报卅五年八至十二月份学生膳费请领清册等件，至收回未领之款，一俟表册到部后，再行核办由。

国立南开大学：六月廿九日开字第 377 号呈件均悉。该校卅五年八至十二月份学生膳费之请领清册及报销表册（收支对照表印领清册）等均未据报部，应迅编呈核。至收回未领数三六七二〇〇元，应俟表册到部后再行核办。并仰知照，附件暂存。教育部。印。

（南开大学档案馆藏）

呈教育部

（1947 年 6 月 29 日）

查本校学生张德文于卅一年度入学，于哲学心理学系一年级修得廿八学分，卅二年度核准转系，入化学工程学系一年级，修得廿四学分，卅三年度升入化学工程学系二年级，修复十四学分，卅四年度因上年度有三分之一不及格，仍留级化学工程学系二年级，修得四十三学分（以上四年系在西南联合大学肄业）。卅五年度三校复员，该生分发南开大学，继续在化学工程学系三年级肄业一年，至第二学期终了，可修得四十三学分。按该生在以上五年内共计修习一百五十二学分，并关于化学工程学系所规定必修之学程及党义、体育等应习之课程均已修习完毕，现经提本校第六次教务会议议决，审查合格。只以该生确系因中途转系关系，致年级列入三年级，而查该生所应修习之学程与学分等，对于该学系所规定毕业之章则均无不合，拟请钧部准予该生毕业。除将该生列入本年度应届毕业生名册外，理合填具该生历年成绩表一纸，备文呈请鉴核示遵。谨呈

教育部。

附学生张德文历年成绩表一纸。

国立南开大学校长张伯苓

中华民国三十六年六月廿九日

（南开大学档案馆藏）

附：教育部令南开大学（1947年11月20日）

教育部指令　　发文高字第六二五一八号

令国立南开大学：

卅六年六月廿九日开字第三七六号乙件，为三年级学生张德文应修习之学程与学分与规定毕业章则均无不合，呈请准予毕业，祈鉴核由。

呈件均悉。该生既系化学工程学系三年级学生，照章不得即予毕业。所呈成绩单内并缺三年级下学期及四年级上、下学期成绩。已修之电工学尚缺三学分，三年级上学期体育亦不及格，所主乙节，应无庸议。仰知照，表册存。

此令。

部长朱家骅

中华民国卅六年十一月廿日

（南开大学档案馆藏）

致蜀光中学

（1947年6月29日）

径复者：接准台函，附送学生名册暨成绩单均悉。此外，倘有成绩及格、志愿入本校肄业之学生，仍请开送成绩单，一并送校审查后，以便决定取录与否。相应函复查照为荷。此致

蜀光中学。

国立南开大学校长张伯苓

中华民国三十六年六月廿九日

（南开大学档案馆藏）

致天津市警察局

（1947年6月29日）

本校东院（迪化道西口，前美军驻所）于接收时检查各处，均有美军遗留

各种枪弹若干，拟请贵局饬属派员来校检明，以策安全。相应函请查照办理为荷。此致
天津市警察局。

国立南开大学校长张伯苓
中华民国三十六年六月廿九日
（南开大学档案馆藏）

呈教育部

（1947年6月30日）

查本校三十六学年度学校历业经编造完竣，祇以北地冬季严寒，本校每年需煤甚多，购运极感困难，是以所拟校历寒假期限特予延长，以资救济。理合检同三十六学年度学校历一式三份备文呈请鉴核。谨呈
教育部。

附三十六学年度学校历一式三份。

国立南开大学校长张伯苓
中华民国三十六年六月三十日
（南开大学档案馆藏）

附1：教育部复电南开大学（1947年7月19日）

教育部代电　　发文高字第四〇三七二号

电知三十六学年度寒暑假期仍应遵照规定，不得延长寒假期限由。

国立南开大学：本年开字第三八〇号呈件均悉。该校三十六学年度寒暑假日期仍应遵照规定，暑假自七月四日开始，九月十日终止，寒假自二月一日开始，至二月廿一日终止。至天津冬季气候，当无延长寒假期限之必要，所请特予延长寒假期限一节，未便照准。余准备查，仰即知照。件存。教育部。

（南开大学档案馆藏）

附2：教育部复电南开大学（1947年10月3日）

国立南开大学：本年开字第四七三号呈悉。所请延长寒假一节姑予照准，

惟暑假应切实缩短。仰即遵照。教育部。印。

（南开大学档案馆藏）

至国营招商局天津分局

（1947年7月1日）

本校教员康洪元[①]因暑假赴沪，相应函请贵局准予优先购买船票，以便启行，即希查照为荷。此致

国营招商局天津分局。

国立南开大学校长张伯苓

中华民国三十六年七月一日

（南开大学档案馆藏）

至国营招商局天津分局

（1947年7月1日）

本校教员蒋相泽[②]因暑假携眷赴沪，相应函请贵局准予优先购买船票，以便启行，即希查照为荷。此致

国营招商局天津分局。

国立南开大学校长张伯苓

中华民国三十六年七月一日

（南开大学档案馆藏）

---

① 康洪元（1921—？），湖北黄陂县人。中央大学理学院数学系毕业，美国堪萨斯州立师范学院科学硕士。时任教南开大学。

② 蒋相泽（1916—？），贵州安龙人，1946年南开大学复员后，任历史系教员。

致国营招商局天津分局

（1947 年 7 月 1 日）

本校文学院教授卞之琳[①]先生急拟返沪出国研究，拟请准予优先购买大餐间甲等房间船票，以利遄行。即希查照为荷。此致

国营招商局天津分局。

国立南开大学校长张伯苓

中华民国三十六年七月一日

（南开大学档案馆藏）

致上海国营招商局

（1947 年 7 月 1 日）

本校讲师何启拔[②]因暑假来沪，近以暑假期满，亟待返校任教，相应函请贵局准予优先购买船票，以便启行，即希查照为荷。此致

上海国营招商局。

国立南开大学校长张伯苓

中华民国三十六年七月一日

（南开大学档案馆藏）

---

① 卞之琳（1910—2000），著名诗人、翻译家、文学研究家。1933 年毕业于北平北京大学英文系，1949—1952 年任北京大学西语系教授，其间，1946 年至天津南开大学任职一年。

② 何启拔（1914—2008），海南省文昌人。1947—1958 年为南开大学讲师、副教授。

致国营招商局天津分局

（1947 年 7 月 1 日）

本校副教授陈荫穀先生眷属陈程等四人赴沪，相应函请贵局准予优先购买船票，以便启行，即希查照为荷。此致

国营招商局天津分局。

国立南开大学校长张伯苓

中华民国三十六年七月一日

（南开大学档案馆藏）

致国营招商局天津分局

（1947 年 7 月 1 日）

本校助教张世英[①]先生因暑假携眷赴沪，相应函请贵局准予优先购买船票，以便启行，即希查照为荷。此致

国营招商局天津分局。

国立南开大学校长张伯苓

中华民国三十六年七月一日

（南开大学档案馆藏）

① 张世英（1921—？），湖北省武汉市人。1946 年毕业于西南联合大学哲学系。后在南开大学任教。1952 年后任北京大学教授。

致国营招商局天津分局

（1947 年 7 月 1 日）

本校讲师何启拔因暑假赴沪，相应函请贵局准予优先购买船票，以便启行，即希查照为荷。此致
国营招商局天津分局。

国立南开大学校长张伯苓
中华民国三十六年七月一日
（南开大学档案馆藏）

致北平中国航空公司

（1947 年 7 月 2 日）

本校助教周基堃[1]先生因暑假携眷属一人拟回汉口原籍，相应函请贵公司准予优先购买飞机票，以利遄行，即希查照为荷。此致
北平中国航空公司。

国立南开大学校长张伯苓
中华民国三十六年七月二日
（南开大学档案馆藏）

---

① 周基堃（1917—　），湖北宣恩人。1937 年毕业于武昌育杰中学高中部，1943 年毕业于西南联合大学哲学系，1943 年 9 月至 1945 年 8 月在云南大学附中任英文教员，1946 年以后在南开大学任教。

致交通部平津区铁路管理局天津办事处

（1947 年 7 月 2 日）

查运交北平北大、清华两大学之西南联合大学复员公物六十吨，前经贵局拨给车皮二辆，业经启运。惟因该项公物体积关系，尚余图书箱二百件未能运出。兹以急待装运，相应函请查照，即希提前拨给三十吨棚车一辆，以便早日运平。至纫公谊。此致
平津区铁路管理局天津办事处。

国立南开大学校长张伯苓
中华民国三十六年七月二日
（南开大学档案馆藏）

呈教育部

（1947 年 7 月 3 日）

案奉钧部第二六三八九号及二〇三二八号、二〇一六〇号汇款申请书，核发三十六年度五、六、七月份学生膳费共计二亿六千万元。又奉财政部普拨字第四六八〇九号支付书，拨发三十六年度建筑及扩充改良费三亿三千八百万元，及普拨字第〇六二一一号支付书，拨发三十六年度一至六月份经常费一亿五千万元，均经分别向国库天津分库如数领讫，理合检同以上各款领据五份，呈请鉴核。谨呈
教育部。

附南字第 36、37、38、41、39 号领据五份。

国立南开大学校长张伯苓
中华民国三十六年七月三日
（南开大学档案馆藏）

分致陕西、山东、河南省教育厅

（1947 年 7 月 3 日）

案准贵厅教二字第二〇九（教一字第一五二一，汴二字第二二一三巳马汴二代电）号函，嘱在汉中、济南、开封分设考区等由。查本校与北大、清华两大学联合招考，业经决定分设考区九处，计北平、天津、沈阳、上海、汉口、广州、昆明、成都、南京，所嘱在汉中、济南、开封分设考区一节未便照办，如有成绩优良之学生，可由贵厅保送数名，附送成绩单，经审查后再行决定能否取录。准函（电）前由，相应函复查照为荷。此致

陕西省教育厅、山东省教育厅、河南省教育厅。

国立南开大学校长张伯苓

中华民国三十六年七月三日

（南开大学档案馆藏）

致任觉五[①]

（1947 年 7 月 4 日）

觉五厅长仁弟大鉴：

违教至念。兹有恳者：本校与北京、清华两大学本年度联合招生，成都由本校暂行应用，办公处所及试场原拟借用四川或华西大学校址，业经派员前往重庆，帮同本校成都考区主任委员喻传鉴先生接洽办理。嗣据函称，以该两大学招考日期与本校拟定日期冲突，洽借未果，以致考试地址无法解决。刻以考期即届，用特函请惠予协助，代为设法借用招考办公处所及试场，以资应用。

---

① 任觉五（1900—1994 年），四川省都江堰市人。1922 年考入南开大学，两年后转入东南大学就读。1925 年投笔从戎，入黄埔军官学校第四期。1927 年到日本留学。1933 年，担任南京《中国日报》社副社长。抗日时期，主要从事三民主义青年团工作。1947 年 5 月任四川省政府委员兼教育厅长。1950 年赴台。

并请迅即赐示，至为企盼。专此奉恳，顺颂
时绥！

张〇〇 拜启
七月　日[①]
（南开大学档案馆藏）

致天津市社会局

（1947 年 7 月 5 日）

径启者：关于配售公教人员面粉一案，本校业经造册，于 6 月 24 日开字第 366 号公函送请查照在案。顷阅贵局勤经字第 17 号公告，兹特具函证明，计本校教职员 182 人，校工 106 人，学生 510 人，请即查照，填发通知以便办理缴款、提面手续为荷。此致
天津市政府社会局。

国立南开大学校长张伯苓 启

附：南开大学为补填配售面粉通知书请赐章的便函（1947 年 7 月 11 日）

查该院前因不慎将通知书遗失，以致未能缴款，除饬其登报声明作废外，兹为补填一份，敬请赐章。

致电任觉五

（1947 年 7 月 7 日）

成都教育厅任厅长觉五贤弟鉴：支日函请协助借地办理本年联合招考，亟盼决定地址，乞速进行，并先电复。张伯苓。午。虞。

七月七日下午
（南开大学档案馆藏）

① 原文如此。

致圣功女子中学校

（1947年7月7日）

准贵校七月一日函，略以本学年毕业生吴丽娟等廿人愿投考贵校，特函保送，希准参与考试等由。自应照办，相应函复查照。此致
圣功女子中学校。

国立南开大学校长张伯苓
中华民国三十六年七月七日
（南开大学档案馆藏）

附：圣功女子中学校致南开大学（1947年7月1日）

敬启者：素仰贵校教导有方，管训严明，本爱国之热忱，树作人之懿范，达材成德，陶冶一炉，后学实利赖之。敝校本学年高中毕业生吴丽娟等二十人，志愿前赴贵校投考，借资深造。兹特开具该生等名单，备函保送。即希查照，准按保送条例参与考试，是所至荷。如蒙俯允，恳祈赐覆，即将该生等分数表专函奉上。此致
南开大学。

圣功女子中学启
七月一日
（南开大学档案馆藏）

致国营招商局天津分局

（1947年7月7日）

本校政经学院助教刘国光[1]兹因暑假赴京，相应函请查照，希即惠允优先购

① 刘国光（1923— ），江苏省南京市人。西南联合大学经济系毕业，时任天津南开大学经济系助教。

买赴沪船票是荷。此致
国营招商局天津分局。

国立南开大学校长张伯苓
中华民国三十六年七月七日
（南开大学档案馆藏）

致永利化学工业公司铔厂

（1947年7月9日）

准贵厂铔总字第495号函，嘱将到厂实习生姓名、学级及到厂日期先行函复，并附实习规则一份等由。兹选派本校三年级学生潘承馨、张景晖，二年级学生王育琪、李善培四人前往，至到厂日期，自应遵照规定日期。惟交通困难，报到或稍有迟误，尚希惠予便利。准函前由，相应函复查照为荷。此致
永利化学工业公司铔厂。

国立南开大学校长张伯苓
中华民国三十六年七月九日
（南开大学档案馆藏）

附1：永利化学工业公司铔厂致南开大学（1947年7月2日）

铔总字第四九五号

查前准大函，拟介绍化工系学生于暑期内来厂实习一节，当以住室困难，未能应命，复函至歉在卷。兹因腾让住室，商有办法，贵校本届实习生，请以派遣四名为限，在实习期内不给酬金，往返川资及膳费亦须自理，并规定自七月十五日起，至八月卅日止为实习期间，余照敝厂实习规则办理。特函检发实习规则一份，即希察照，如荷同意，请将实习生姓名、学级，及到厂日期，先行见示，为盼。此致
国立南开大学。

永利化学工业公司铔厂

附实习规则一份。

卅六年七月二日
（南开大学档案馆藏）

附 2：永利化学工业公司铔厂复南开大学（1947 年 8 月 19 日）

铔总字第六七七号

径启者：前承贵校介绍学生潘承馨、李善培、王育琪三君至敝厂实习，潘君于七月三十日到厂，八月十日离厂，计实习十一天。李、王二君于七月二十三日到厂，八月十六日离厂，计实习二十三天，相应奉告，即请查照是荷。此致

南开大学。

永利化学工业公司铔厂启

卅六年八月十九日

（南开大学档案馆藏）

致国营招商局天津分局

（1947 年 7 月 9 日）

兹有本校电机系助教赵骥于暑假期内携眷属四人返闽，尚希惠允优先购赴沪船票，相应函达，即希查照。此致

国营招商局天津分局。

国立南开大学校长张伯苓

中华民国三十六年七月九日

（南开大学档案馆藏）

致天津市警察局

（1947 年 7 月 9 日）

查本校教职员工应领之国民身份证前于六月中旬办理完竣，送交贵局八里台派出所转送在案，现将一月，尚未发下。兹见报载本月十日施行检查，本校教职员工多人均未领到，实多不便。相应函请查照，希即早日检发，并盼见复是荷。此致

天津市警察局。

国立南开大学校长张伯苓
中华民国三十六年七月九日
（南开大学档案馆藏）

附：天津市警察局复南开大学（1947 年 7 月 19 日）

天津市政府警察局公函　　行三字第五七〇〇号

为函复关于教职员工申请国民身份证已饬迅与区公所联络转发，请查照由。

案准本年七月九日大函祗悉。经饬查明关于贵校教职员工申请国民身份证二百八十三份，本局已办理完竣，由分局转送七区公所登记矣。准函前由，除饬迅速联络，即日转发外，相应函复，即希查照。此致

国立南开大学。

局长李汉元
副局长齐庆斌
民国三十六年七月十九日
（南开大学档案馆藏）

致联勤总部天津营缮材料补给库

（1947 年 7 月 11 日）

案查本年四月间贵库借用本校空地一段作为集中红砖之用，当经会同划定界限在案。兹已数月之久，计已使用完毕。本校现拟使用该地，相应函请查照，希将该地退还，以便派工整理是荷。此致

联勤总部天津营缮材料补给库。

国立南开大学校长张伯苓
中华民国三十六年七月十一日
（南开大学档案馆藏）

致中国航空公司

（1947年7月11日）

本校注册组主任王植庚[①]赴重庆办理本校与北京、清华三大学联合招考事宜，必须于本月十六日前动身。相应函请贵公司准予优先购买机票，以利遄行，即希查照为荷。此致
中国航空公司。

国立南开大学校长张伯苓
中华民国三十六年七月十一日
（南开大学档案馆藏）

致天津市教育局

（1947年7月12日）

案准贵局教人字第一四一八号公函，附《天津市各大学院系负责人姓名表》，嘱即填送等由，兹经依式填竣，相应函请查照汇转。此致
天津市教育局。

附表二份。

国立南开大学校长张伯苓
中华民国三十六年七月十二日
（南开大学档案馆藏）

① 王植庚（1902—？），名兆祥，字植庚，天津人。河北省立第一中学毕业。1920年始在南开大学注册组任职。七七事变后，随校南迁，先后任西南联大注册组事务员、教务处干事，西南联大师范学院附中教务处主任。1946年南开大学复校后，任南开大学注册组副主任。

附 1：国立南开大学院系负责人姓名表

职　　别	姓　名	别号
校长	张伯苓	
秘书长	黄钰生	子坚
教务长	陈序经	
训导长	鲍觉民	
秘书	伉乃如	
文学院院长	冯文潜	柳漪
中国文学系主任	彭仲铎	
外国语文学系代主任	司徒月兰	
哲学教育学系主任	冯文潜	柳漪
历史学系代主任	冯文潜	柳漪
理学院院长	邱崇彦	宗岳
数学系代主任	刘晋年	
物理学系主任	潘孝硕	
化学系主任	邱崇彦	宗岳
生物学系主任	萧采瑜	
工学院院长	孟广喆	
机械工程学系主任	孟广喆	
电机工程学系代主任	陈荫穀	
化学工程学系主任	张克忠	子丹
政经学院院长	陈序经	
政治学系主任	王赣愚	
经济学系代主任	袁贤能	

附 2：天津市教育局致南开大学（1947 年 6 月 19 日）

天津市政府教育局公函　　教人字第一四一八号

准市政府人事处函索各大学院系负责人员姓名表，转请查照填送由。

案准天津市政府人事处处人字第七二五号公函内开："案准北平行辕总务处总办（卅六）字第二〇八六号公函：为便于联络起见，嘱将本府所属各单位及各大学院系负责人职别、姓名、别号列表见复等由到府，相应函请查照，迅将

所属各大学院系负责人列表，克日送处，以凭汇转。”等由。准此，除分函外，相应检送表格一份，函请查照，依式填写送局汇转为荷。此致

国立南开大学。

附表一份。

局长郝任夫

中华民国三十六年六月十九日

（南开大学档案馆藏）

致输入管理委员会天津办事处

（1947年7月15日）

为偿付民国二十六年欠付美国、荷兰两国书价，请核给外汇由。

本校前于民国二十六年由美国 Stechert-Hafner 购买图书共计美金八百四十八元五角五分，又由 F. W. Faxon 购买图书共计美金卅一元一角五分，又由荷兰 Swets & Zeitinger 购买图书共计英磅三百卅八磅十三先令六便士，未及汇付，即值“七七”事变，本校内迁。兹接各该公司来函，催索上项书价，自应如数付清，以维国际信用。相应填具外汇申请书，检同原账单，函请查照，希予转请核给外汇是荷。此致

输入管理委员会天津办事处。

附申请书十八份，原账单三份，抄单十五份。

国立南开大学校长张伯苓

中华民国卅六年七月十五日

（南开大学档案馆藏）

致天津市民政局

（1947年7月15日）

查本校职员杨嘉年、技工周德才等均已达到应服兵役年龄，惟各该员工等

负担家庭生活费用，及技术工人，自应照章声请缓征。相应开列清单，函请查照，希准各该员工等缓役，并转饬该管区知照是荷。此致
天津市民政局。

附清单一纸。

国立南开大学校长张伯苓
中华民国三十六年七月十五日
（南开大学档案馆藏）

附：国立南开大学职员请求缓征名单

国立南开大学请求缓征名单		
姓名	年　龄	住　　　址
杨嘉年	二十三岁	第二区金汤三马路九号（第二区第五保三十八甲）
刘　俊	二十三岁	第二区河北电灯房前盐官厅大街六号（二区二十四保廿八甲）
高麟珠	二十五岁	第六区挂甲寺街卅四号（六区二十七保四甲）
邢焕贤	二十三岁	第七区八里台魁发里一号
周德才	二十二岁	第七区八里台魁发里二号

致考试院云南贵州考铨处

（1947年7月16日）

案准贵处滇二试字第二八一号公函，查询张维周入学资格、修业年限，嘱即函复等由。查西南联合大学工学院电讯专修科前于卅四年北迁时即经移交国立云南大学接办，请向该校查询。相应函复查照。此致
考试院云南贵州考铨处。

校长张伯苓
中华民国三十六年七月十六日
（南开大学档案馆藏）

附：考试院云南贵州考铨处致南开大学（1947年7月9日）

为查询报考人张维周学历是否属实，希即查案见覆由。

案据张维周报考本年第一次司法人员考试称，系湖北省武昌县人，男性，现年三十一岁，曾于民国三十一年十月在前西南联合大学工学院电讯专修科肄业。所称是否属实，该员修业年限几年，入学资格是否为高级中学毕业，本处无案可稽，相应函请查照，迅予查案见覆为荷。此致
私立南开大学。

处长周毓瑄

中华民国卅六年七月九日

（南开大学档案馆藏）

致电桂永清[①]

（1947年7月19日12时）

南京海军总司令部桂总司令勋鉴：篠电敬悉，所嘱遵办，惟本校招生考期定为午微午鱼，务请错让，以免冲突。张伯苓。午皓。

（南开大学档案馆藏）

附：桂永清致电南开大学（1947年4月17日）

南开大学张校长伯苓先生勋鉴：海军军官学校及机械学校在天津区招考本年度新生，素仰贵校为本区闻名学府，恳请代办初试，并定七月三十日开始报名，除招生通告及办法另文航再（寄）外，兹已电令本部海防舰队卢参谋东阁前来面洽，特先奉闻，并希电复为荷。代海军总司令桂永清，滕璧、傅罗华，午篠。

（南开大学档案馆藏）

① 桂永清（1901—1954），字率真，江西贵溪人。黄埔军校第一期毕业。抗战胜利后，出任海军副总司令，1947年升任海军总司令。

致河北平津区敌伪产业处理局

（1947年7月21日）

案准局三处字第五五六九七号函，嘱将王雨霖申请发还八里台徐湖圈地契证检送过局，以凭审核等由，兹将该项地契抄件备函送请查核。

再，契内业主崇德堂张，即系前中日中学校教务主任张庭芝之堂名，足资证明系价购而非强占。合并声明。此致

行政院河北平津区敌伪产业处理局。

附契证抄件一份。

国立南开大学校长张伯苓

中华民国三十六年七月廿一日

（南开大学档案馆藏）

附：河北平津区敌伪产业处理局致南开大学（1947年7月15日）

行政院河北平津区敌伪产业处理局公函　　局三处字第五五六九七号

为函请将王雨霖申请发还八里台徐湖圈地契证检送过局，以凭审核，逾期即行处理由。

案准贵校二月一日开字第三二号函祇悉。查王雨霖申请发还前被敌中日中学校强占八里台徐湖圈地卅八亩三分零五毫三丝九忽一案，该项契证既由贵校接收，本局亟待参阅，相应函请查照，希于文到五日内将该项契证或抄件检送过局，以资审核。逾期即行依法处理。幸勿延误为荷。此致

国立南开大学。

局长　张子奇

中华民国卅六年七月十五日

（南开大学档案馆藏）

致电桂永清

（1947年7月21日）

南京海军总部桂总司令勋鉴：兹准篠电。嘱由本校代办招生，业经皓电复允在案。惟本校招生考期为八月五、六两日，北洋大学亦定于八月十至十二日借用本校考场，事先洽准，特电奉闻，即希查照为荷。国立南开大学校长张伯苓。午马。

（南开大学档案馆藏）

附：桂永清复电张伯苓（1947年7月28日）

天津南开大学张校长伯苓先生勋鉴：查本年度海军军官学校及海军机械学校招考新生案，奉层峰电准，全国分七区同时招考，各区报考学生经初试录取后，再集合南京复试。预定七月卅日至八月十五日为报名期，天津区计包括冀、鲁、热、察各地。

夙稔贵校为区内著名学府，对于办理考试事宜尤以严明闻。兹为慎重举行计，敬恳贵校代为办理初试，并市立海军招生处。本部除派第一舰队参谋主任卢东阁前来面洽，并负责协办一切外，兹随电检送《招生通告》登报稿、《招生处组织及各省名额分配表》各一份，敬恳查照办理见复为荷。海军总司桂永清、腾璧、傅罗华36午（皓）。

附《招生通告》《招生处组织名额表》乙份。

（南开大学档案馆藏）

呈教育部

（1947年7月21日）

案奉钧部第二二四二九号汇款申请书，拨发卅六年度四月至七月份教员学术研究补助费计国币贰仟陆佰万元正，业经向国库天津分库如数领讫，理合检

同领据一份，呈请鉴核。谨呈
教育部。

附呈南字第四十二号领据一份。

国立南开大学校长张伯苓
中华民国三十六年七月廿一日
（南开大学档案馆藏）

致北洋大学

（1947年7月22日）

案准校总字第八八九号大函，拟于八月十日至十二日借用本校迪化道东院校舍为卅六年度招考新生试场，嘱查照见复等由。自应遵嘱照办，相应函复，查照为荷。此致
国立北洋大学。

国立南开大学校长张伯苓
中华民国三十六年七月廿二日
（南开大学档案馆藏）

附：北洋大学致南开大学（1947年7月19日）

为拟借用第一区迪化道贵校东院为本年本校招生试场，请查照惠允见覆由。

查本校三十六年度招考新生定于八月十日至十二日举行。为考生赴考便利起见，拟借用第一区迪化道贵校东院为本校招考新生试场，连考期前布置，为期仅五、六日。相应函请查照惠允见复，实纫公谊。此致
国立南开大学。

代理校长　金问洙[①]

① 金问洙（1891—1964），字通尹，号率楼。原籍浙江嘉兴，出生浙江平湖。1915年北洋大学毕业，后任复旦大学教授、理学院院长、校秘书长、代理教务长等职。抗战胜利后，曾任北洋大学教务长、代理校长，一年后辞职，回复旦任土木工程系教授。新中国成立后，任复旦大学校务委员会委员、土木工程系主任、理工学院院长。翌年夏，调任青岛工学院院长。1956年夏，改任武汉测绘学院副院长。

训导长　钟世铭[①]代行
中华民国三十六年七月十九日
（南开大学档案馆藏）

致电任觉五

（1947 年 7 月 23 日）

成都教育厅任厅长觉五弟勋鉴：巧电悉。三校招生考区由蓉改渝，系三校共同决定，且经公告。时期迫切，无法再行变更。特复，函详。张伯○。梗。

（南开大学档案馆藏）

附：任觉五致电南开大学（1947 年 7 月 18 日）

南开大学张校长赐鉴：文电敬悉。省府同仁及数千高中学生仍请联大在蓉设考区，试场已借妥，务恳赈允。伫候电示。生任觉五叩。巧。

（南开大学档案馆藏）

致任觉五

（1947 年 7 月 25 日）

觉五厅长贤弟惠鉴：

接读巧电，即覆一梗电，文曰："巧电悉……特复，函详。"

兹须说明者：原北大、清华、南开三校联合招生，成都本为一考区。该区招生事宜，议定由南开负责。决议之后，当即于五月卅一日同时函华西大学及

① 钟世铭（1879—？），字蕙生，天津人。北洋大学堂毕业，1906 年赴美国留学，入哈佛大学法政研究院攻读，获得法政学硕士学位。回国后，赐予进士头衔，后经殿试中翰林。曾任直隶高等工业学校教授、翰林院编修、北洋政府财政部财政次长兼盐务署长、稽核总所总办、盐务学校校长、北洋大学教授等职，后又应聘出任北洋大学伦理学教授兼训导长。1947 年 8 月，北洋大学校长金问洙辞职，9 月，为训导长兼代理校长职务。数月后辞职。

四川大学，借用试场。旋于六月十六日得华西大学复函，谓早经决议，趁暑假期内，培修校舍，无法挪让。又于六月廿四日，得四川大学覆函，谓“考试日期，适与本大学（川大自称）执行考期冲突，在此时间内，歉难照借。”两处覆函，既不能借用试场，乃于七月四日发一函，七月七日发一电，请足下协助，借用试场。在得足下覆电之前，赴川办事招生人员，急催决定考区地点。

又悉，川大借用重庆南开中学招生之日期，并非八月五、六等日，前覆冲突云云，想有用意。故不待覆音，即与北大、清华商定，决将试场由蓉改渝，并电饬赴川人员照办，即行在各处公布。及得覆电，允为筹借试场，时各项电函已发，无法追回。且时间迫促，再行由渝改蓉，既不可能，蓉、渝两地，均设试场，又为势所不许。巧电所嘱，实难设法。有负盛情，尚祈谅察是幸。顺候

时绥！

张○○ 拜启

七月廿五日

（南开大学档案馆藏）

附：四川省政府致电张伯苓（1947年7月25日）

南开大学张校长鉴：准省参会函，转请贵校仍在蓉设区招生，并悉华大已允借试场，希转知总办事处，仍在蓉招生，便利升学。四川省政府。午。教。

（南开大学档案馆藏）

致上官云相

（1947年7月25日）

济清[①]主任先生惠鉴：

敬恳者：上月本市因防务关系，本校迪化道东院接天津警备司令部通知，由交通警察第十大队师法部队暂时借驻，刻以该队大部分士兵又复他调，仅余

① 上官云相（1895—1969），字济青。河南商河人。1917年入保定陆军军官学校第六期步兵科。1947年任保定绥靖公署副主任。

少数眷属仍驻该处。现以本校会同北京、清华三大学津区联合招生，事先决定公布即在该处举行，且秋季开学预计该处住宿学生六百余人，教职员住宅廿余户，原有房舍均须整理修葺，亟待动工。拟请我公俯准转饬该留驻部队克日腾让，并嗣后时局日见平定，该处勿予再驻军队，以资维护，至深纫感。专此奉悉。祇颂

勋绥！

张〇〇 拜启

七月廿五日

附：上官云相复张伯苓（1947 年 7 月 26 日）

伯苓先生赐鉴：

顷奉大函，敬悉一是。承嘱已令知警备部转饬该交警大队，迅予腾空矣。敬请荃照，专复，并颂

大安！

上官云相 拜启

七、廿六

（南开大学档案馆藏）

呈教育部

（1947 年 7 月 31 日）

案奉财政部普拨字第零零玖贰陆号支付书拨发卅六年一至三月追加经常费国币五百零捌万元。又，普拨字第三三四八二号支付书拨发卅六年一至三月员役生活补助费国币一亿九千三百九十二万元。又，奉钧部第一九八四号汇款申请书拨发卅六年度八月份学生膳费国币一亿六千万元。以上三款均经领讫，理合填具收据，备文呈请鉴核备查。谨呈

教育部。

附呈收据三纸。

国立南开大学校长张伯苓

中华民国三十六年七月三十一日

（南开大学档案馆藏）

致傅冰芝[①]

（1947年7月）

冰芝先生大鉴：

接奉大函，展诵种切。承蒙云谊，惠允本校学生前往实习，殊深感谢。兹选派学生潘承馨、王育琪、李善培、张景晖等四人前往，至请赐予指导，并希推爱，诸多照拂，不胜企感。专此奉复，顺颂

时绥！

张〇〇　拜启

七月　日[②]

附：傅冰芝致张伯苓（1947年6月25日）

伯苓先生道席：

睽违多年，维道履康泰为祝。近者贵校来函介绍化工学生前来实习，以住室奇缺，未能应命，有函奉报。窃思先生与敝公司故总经理范旭老以下交好数十年。旭老在时，常谓南开、《大公报》馆与敝公司谊若一体，今于贵校实习之托如未能协助，于心殊觉不安。经与主管事务诸君磋商，更为贵校力图方便，拟请选派学生至多四名前来，照敝厂《实习规则》第四条甲之规定，不给酬金，谅荷同意。兹附奉《实习规则》一份，敬祈酌夺办理是幸。

再，先生来京之便，倘荷莅教，无任欢迎。专肃，恭候

道安！

后学　傅□谨上

卅六年六月廿五日

附《实习规则》一份。

（南开大学档案馆藏）

---

① 傅冰芝（1886—1948），名尔攽，字冰芝，江西南昌人。1915年日本帝国大学毕业，获工学士学位。1916年赴美国哈佛大学留学。学成回国后，任职于天津永利碱厂。后在永利碱厂管理工程和人事，与范旭东、侯德榜鼎足而三。

② 原文如此。

致天津市社会局

（1947 年 7 月）

为注明事。查本校原报可领前项配售面粉学生 510 人，现住宿自费生交款购面者 284 人，连同教职员工共计 572 人，计应缴面价国帑 91520000 元。

特此注明。

国立南开大学校长张伯苓

致农工银行

（1947 年 8 月 6 日）

敬启者：南开大学现为建筑工程需款，经向四联总处天津分处□借国币一亿二千万元，已请贵行承兑在案，至期该校如不能本利偿还，鄙人愿负完全责任。专此奉达，即希查照。此致

农工银行。

张〇〇 拜启

八月六日

（南开大学档案馆藏）

致工业协会

（1947 年 8 月 6 日）

摘由：为订于 8 月 9 日下午准 3 时假银行公会举行第一次座谈会，题为“对日通商问题”，请届时推派专家参加，发表宏论由。

敬启者：敝会订于 8 月 9 日（星期六）下午准 3 时假银行公会举行第一次

座谈会，题为“对日通商问题”，久仰贵会会员中颇多经济专家，对此问题必有深切研究，敬乞届时推派专家参加，发表宏论。（时间以 20 分钟为限）俾能综合各方宝贵意见，得出正确结论，提供政府参考。是为正祷。此致

工业协会。

市民治促进会常务监事 张伯苓 启

（天津市档案馆藏）

致棉纺织业公会

（1947 年 8 月 6 日）

敬启者：敝会订于 8 月 9 日（星期六）下午准 3 时假银行公会举行第一次座谈会，题为“对日通商问题”。久仰贵会会员中颇多经济专家，对此问题必有深切研究。敬乞届时推派专家参加，发表宏论（时间以 20 分钟为限），俾能综合各方宝贵意见，得出正确结论，提供政府参考。是为至祷。此致

棉纺织业公会。

市民治促进会常务监事 张伯苓 启

致中国航空公司济南分公司

（1947 年 8 月 7 日）

本校历史学系讲师杨志玖[1]先生眷属二人拟由济南来津，请惠予优先购票便利是荷。此致

中国航空公司济南分公司。

国立南开大学校长张伯苓

① 杨志玖（1915—2002），字佩之，回族，山东淄博人。1938 年毕业于云南大学历史系。1941 年从北京大学文科研究所毕业后，留西南联合大学暨南开大学历史系任教，曾借调到中央研究院历史语言研究所工作两年。抗战后回到南开大学历史系工作。

中华民国三十六年八月七日
（南开大学档案馆藏）

致杜建时

（1947年8月8日）

建时贤弟惠鉴：

返津以来，承假汽车代步，深感便利。兹以校中汽车修竣可以应用，当即奉还，敬此致谢。并有恳者：前谈陈芝琴先生河北三马路、宿纬路转角住宅现为警察占用，务恳鼎力设法予以腾让，俾陈先生收回居住，得以略为安定。

芝琴先生信道素笃，热心社会事业，大学芝琴楼、中学芝琴里平房、重庆中学芝琴馆均为陈先生所捐赠，个人捐款可谓巨矣。经过八年抗战，先生产业衰落，目前仅供饘粥。老境如此，想吾弟必能赐以同情之援助也。如何之处，尚盼示复。专此□恳，顺颂

政祺！

张〇〇启
八、八
（南开大学档案馆藏）

致电胡适转朱家骅

（1947年8月上旬）

北平北京大学胡校长[1]转朱部长钧鉴：闻驾抵平，莫名欢忭。兹派本校秘书长黄钰生赴平，恭迓钧座莅津视察，正深盼祷。张伯苓叩。

（南开大学档案馆藏）

① 即胡适。

致考试院铨叙部

（1947 年 8 月 11 日）

案准贵部甄任字第 6732 号公函，查询毛仲直在南开大学经济研究所曾任职务，及任卸年月，嘱即见复等因。查该员确曾于廿八年三月至卅一年三月在本校经济研究所任事务组组长，相应检同原证明书，函请查照。此致
铨叙部。

附原证明书乙件。

国立南开大学校长张伯苓
中华民国三十六年八月十一日
（南开大学档案馆藏）

附：考试院铨叙部致南开大学（1947 年 5 月 31 日）

铨叙部公函　　甄任字第六七三二号

查本部办理公务员任用审查案，内有毛仲直一员，现年二十九岁，江西省丰城县人，表填于二十八年三月至卅一年三月曾任贵校研究所秘书室事务组长，其所任职务及任卸年月是否属实，相应函请查明见复为荷。此致
南开大学。

附送毛仲直证明书一件。

部长贾景德
中华民国卅六年五月卅一日
（南开大学档案馆藏）

致陆军军官学校招考二十二期学生北平区办事处

（1947 年 8 月 11 日）

兹准政字第四一号函询赵国年学历，嘱查照见复等由。查赵国年确系本校

政经学院经济学系二年级学生，已于本年三月十三日核准休学一年，相应复请查照。此致

陆军军官学校招考二十二期学生北平区办事处。

国立南开大学校长张伯苓

中华民国三十六年八月十一日

（南开大学档案馆藏）

呈教育部部长朱家骅[1]

（1947年8月13日）

窃查本校自上年复员以来，校舍残毁，设备奇缺，三十五、六年度奉拨复员修建费，先后祇共二十亿元，撙节支用，仍感不敷，惨淡经营，规模粗具。谨将本校现实困难情形，亟待充实各项分别为部长缕晰陈之：

一、查本校复员迄今，图书馆舍尚付阙如。如暑假开学后，学生教职员比例增加，宿舍、家俱均须修整、添置。前请拨发修建费十五亿元及三十亿元两款，先后奉令一俟紧急措施经费奉准追加，即行拨发各等因。现以开学期近，教室、桌椅及修缮工程或经勘估，或已招标，待款兴工刻不容缓，请迅赐如数饬拨，以便兴工，至为迫切。

二、查本校校舍辽阔，校舍分居各处，北方气候较寒，预计冬季用煤至少须在两千吨以上。即以现在公售价格计算，亦需十余亿元。深恐冬季煤缺不易购买，价格必更高昂。兹为未雨绸缪计，拟请援照北平各院校成例，准由钧部担保，向国家银行息贷两亿元，以便购储备用。

三、本校工学院业经奉准设立，惟机械工程学系未蒙核准。复查本校该系于战前正值筹设即逢事变，内迁并入西南联大。上年复员即经筹备成立，招收一年级学生三十余人。所有金工、木工、锻铸各工厂亦经次第装设，勉可应用，亦尚可观。拟恳体念事实，俯准追认。再，查联合救济总署分发各校工学院机械一批，本校未获分配，拟请饬知主管部分统筹支配，酌发若干，以免向隅，藉备实习之需。

① 此文系在北平面呈。

四、本校政治学系业经奉准恢复，以现有之经济学系、商业管理学系、银行会计学系及统计学系并组，改称政治经济学院，于学术研究、行政系统均较合宜，且于大学组织规程亦无不合，拟恳仍准改称并组，俾符实际。

以上各项均属切要急需，是否有当，理合签请鉴核指示祗尊。谨呈

部长朱。

国立南开大学校长张伯苓谨签

八月十三日

（南开大学档案馆藏）

致电孙连仲

（1947 年 8 月 16 日）

保定绥靖公署孙主任仿鲁勋鉴：敝校开学在即，津市迪化道房屋前为交通警察第十大队印江部队借驻，现大部他调，仅住少数眷属。请饬克日腾让，是所企祷，并希电复。张伯苓。未铣。印。

（南开大学档案馆藏）

附：孙连仲复电张伯苓（1947 年 8 月 20 日）

南开大学张校长伯苓先生勋鉴：未铣（16 日）电诵悉。已电本署天津指挥所查明督饬腾让。特复。孙连仲。未哿。继书。

（南开大学档案馆藏）

呈教育部部长朱家骅

（1947 年 8 月 18 日）

敬陈者：关于本校校务，前签之外，谨再陈三事：

一、请增加本校员工名额

理由：

甲、班级增加（上学年除商业管理系、化工系之外，其余十四系之中，五系有一、二年级学生，九系只有一年级学生。本学年度学生随班升级，自应增加班级）。

乙、工学院奉令成立。

按部令核准三十六年度本校教职员名额为二百四十人，公役一百人。揆之实际需要，不敷甚巨。请比照他校成例，将本校本学年教职员增至二百八十人，公役增至一百四十人。

二、请专案呈请增加本校建筑及设备费

理由：抗战期间，本校损失，在全国各大学之中，最为惨重。通案请款，本校此次所得之修建及扩充改良费款十五亿元，仅为修缮及添置木器尚感不敷，而增加房舍与设备，又为本校刻不容缓之需要，用敢恳请俯察本校特殊情形，专案转呈政府拨给本校。

一、图书馆建筑费　　二十亿

二、教职员宿舍建筑费　　三十亿

三、学生宿舍建筑费　　二十亿

四、图书仪器设备费　　二十四亿

以上增加员工名额，专案发款二事，皆本校迫切之需要，并祈核准，实为德便。至于

三、员工生活之清苦，北平院校，已有所陈述，平津情形相同，谅在洞悉之中，亦恳体察实情，予以改善。谨呈

部长朱。

国立南开大学校长张伯苓

三十六年八月十八日

（南开大学档案馆藏）

致重庆私立明诚中学

（1947 年 8 月 19 日）

案准贵校渝教字第七八号公函，附送学生余宗虎毕业成绩表，嘱即函复等由。查本年三校联合招生，原定考区设在成都。嗣以借地困难，改在重庆举行。

渝市学生自可就近报考，未便再收保送学生。相应函复查照。此致
重庆私立明诚中学。

国立南开大学校长张伯苓
中华民国三十六年八月十九日
（南开大学档案馆藏）

附：重庆私立明诚中学致南开大学（1947 年 7 月 30 日）

案奉重庆市教育局教二字第三九七号训令节开，“案准国立南开大学本年五月三十日开字第三〇五号代电节开：‘希保送成绩优良学生数名。’”等由。兹特将该生成绩单送校，希迅予赐复为荷。此致
国立南开大学。

校长刘维洋
中华民国三十六年七月卅日
（南开大学档案馆藏）

致陆军军官学校招考二十二期学生北平区办事处

（1947 年 8 月 23 日）

兹准第二一九号函询杨维中肄业证书，嘱查明函复等由。查杨维中确系本校文学院中国文学系学生，特复查照。此致
陆军军官学校招考二十二期学生北平区办事处。

国立南开大学校长张伯苓
中华民国三十六年八月廿三日
（南开大学档案馆藏）

附：陆军军官学校招考二十二期学生北平区办事处致南开大学（1974 年 8 月）

为证明毕业证书，请函复函。

径启者：本处招考二十二期军官学生，兹有杨维中持贵校颁发肄业证书来处报名，为审核起见，请证明函覆，以便真伪，务于八月十五日以前赐覆是幸。相应函达，即希查照为荷。此致

天津南开大学中文系。

主任　程政

中华民国卅六年八月

（南开大学档案馆藏）

关于借用南开小学校舍的立约书

（1947年8月25日）

天津市政府教育局因七区二十保国民学校校舍交还卫理公会，恢复汇文小学，承张伯苓校长慨允，将南开小学校舍借与教育局作为七区二十保国民学校校舍，借用期限为　　年，到期归还。在借用期间，教育局对校舍负保护修缮之责。

特立此约，各执一份为证。

南开大学校长　张伯苓

天津市政府教育局局长　郝任夫

附1：天津南开四马路53号房舍调查草单

楼下：教室7间、礼堂1间、门口23个、窗户43个

楼上：教室7间、礼堂1间、门口24个、窗户47个

以上墙皮脱落，洋灰顶乱破不堪，楼板失油，地板皆无，楼栏杆未有，电料未有，门槛窗户皆无，玻璃无。

教育宿舍21间、男女厕所各1间、仓库房一大间，有架无顶无窗门。

地基约10亩左右。

附2：天津市教育局局长致安梦华督学便函（1947年8月23日）

安主任督学：

据贺玉清校长面称：南开张校长已允借给旧南开小学校址，充作七区二十保校舍，其详细经过情形，希与张校长一谈。

致电桂永清

（1947年8月30日）

南京海军总司令部桂总司令勋鉴：（36）未佳代电敬悉，海军留美招考可以代办，报名定九月六、七两日，考试十三至十五日，余正办理中，特复。国立南开大学校长张伯苓。未卅。印。

（南开大学档案馆藏）

附：桂永清致电张伯苓（1947年8月9日）

天津南开大学张校长伯苓先生勋鉴：（卅六）未齐壁傅端电计达，兹奉上海军招考留美学生简章一份，并恳：（一）由海军招生办事处出通告张贴报名处；（二）请代命题及办理初试。以上各项敬祈赐予协助办理为祷。代海军总司令桂永清，（卅六）未佳壁傅端。

附件如文。

（南开大学档案馆藏）

致上官云相

（1947年9月1日）

济清主任先生勋鉴：

关于交警大队借住本校校舍案，前经函奉，覆示承转饬迁让。至感！惟该队眷属至今仍未迁出，以致本校原定九月一日开学一切无法进行，因而延误。尚乞再为转催，克日腾让，是所企祷。屡渎至歉，并希亮鉴。专此，即颂
勋绥！

张〇〇 拜启

九、一

（南开大学档案馆藏）

致电孙连仲

（1947年9月1日）

保定绥靖公署孙主任勋鉴：咨电敬悉。借驻本校交警队迄未迁移，亟待开学，仍请严饬克日腾清，是所感盼。张伯苓。申东。印。

（南开大学档案馆藏）

附1：孙连仲复电张伯苓（1947年9月4日）

南开大学张校长伯苓先生：申东（1日）电诵悉。已再电催本署天津指挥所及交警支队郭司令，促饬迅予迁腾，请就近洽收。特复。孙连仲。申支。继一保。

（南开大学档案馆藏）

附2：孙连仲复电张伯苓（1947年9月25日）

南开大学张校长伯苓先生：天津迪化道一〇三号校舍已饬驻用部队于申灰全部腾让，用特电请查照。孙连仲。申有继一钧。保。印。

（南开大学档案馆藏）

致北平海关、交通部平津区铁路管理局

（1947年9月2日）

本校现由昆明西南联大运来复员公物——旧书籍及仪器六箱，由平运津，相应函请查照免税免验放行，惠予运费六折优待是荷。此致

北平海关、交通部平津区铁路管理局。

国立南开大学校长张伯苓

中华民国三十六年九月二日

（南开大学档案馆藏）

呈教育部

（1947年9月3日）

查《专科以上学校工役人数暂行标准》第二项规定，“专科以上学校工役人数应以教职员人数四分之一与学生人数二十分之一之和为最高额。”等因。本校卅六学年度教职员人数业奉钧部本年七月廿五日高字第四一七八九号代电核定，增加员额四十人，共为二百四十人。学生人数本年度招生后亦达一千二百人。按上项标准，工役应为一百廿名。上年度核定工役七十九名，奉到电令增加廿名，共为九十九名，实属不敷分配。应请自八月份起，依照规定标准，增为一百廿名。

又，同标准第四项规定，“专科以上学校附设农场、工场及医院等，所用技工人数应专案呈请教育部核定。”等因。本校工学院设有木工、金工、锻铸实习工厂三座及电工、化工试验室各一所，其机械之管理，动力之使用，以及随时修理等项，在在均需技术熟练之工人，始克运转裕如。且本校僻处市郊，南、北两院距离二里，近又添设迪化道东院，所有教室、办公、住宅、宿舍、仓库、工厂房屋八九百间，对于电灯、电话、锅炉、水管、卫生、暖气、门窗、车辆、用具等项之修理与保送均须自办，是以必须雇用常□之木工、铁工、电工、管匠等随时工作。原奉核定技工仅止一名，实在无法应付此多数之工作。为适合实际需要，充实学生实地经验起见，最少亦须再有技工廿名始敷分配。拟请准自八月份起，增加技工廿名，以免困难。理合呈请鉴核，俯赐依照规定标准，比较其他国立各校工役技工名额，准如所请，指令祗遵。谨呈
教育部。

国立南开大学校长张伯苓
中华民国三十六年九月三日
（南开大学档案馆藏）

附1：教育部致电南开大学（1947年9月13日）

教育部代电　　发文总五〇三四五号

电知所请自八月份起，增加工役廿名，碍难照准。又，技工应在名额内统

筹由。

国立南开大学：九月三日开字第五〇一号呈悉。查本年度工役名额业已分配无余，所请自八月份起增加工役廿名一节碍难照准。又，技工应在规定名额内统筹匀拨。并仰知照。教育部。印。

（南开大学档案馆藏）

附2：教育部令南开大学（1947年12月17日）

令国立南开大学：

查前据该校呈请增加工役二十名前来，以本部统筹工役名额分配无余，经专案呈奉行政院十二月一日（卅六）会二字第四七七〇一号通知，准自本年八月份起照数追加，饬即转行知照等因。奉此，除所需生活补助费转请拨发外，合行令仰知照。

此令。

部长朱家骅

中华民国三十六年十二月十七日

（南开大学档案馆藏）

呈天津市社会局

（1947年9月5日）

为申请许可事。窃民等拟成立公能学会，谨遵钧局定章，填具天津市人民团体申请许可书暨发起人略历表二份，恳请鉴核，发给许可书，以便筹备。谨呈

天津市社会局。

公能学会发起人代表　张伯苓

公能学会发起人略历表

姓名	性别	别号	年龄	籍贯	出身	略历	现职	住所或通讯处	签名盖章	备考
张伯苓	男		72	天津	海军	校长	校长	南开大学		
阎子亨	男		56	天津	香港大学	工程师	中国工程司总工程师	第十区岳阳道104号		
杜建时	男		39	武清	美国陆军大学	天津市长	市长	天津市政府		
伉乃如	男		58	天津	高等工业学校	南开大学	南开大学秘书	八里台南开大学		
黄珏生	男	子坚	48	湖北沔阳	南开大学美国哥伦比亚大学	南开大学	南开大学秘书长	南开大学		
卢毅仁			38	湖北沔阳	南开大学	木斋中学校长	校长	第二区木斋中学校		
严仁颖			34	天津	美国纽约大学毕业	大公报馆副理	同上	第一区迪化道63号		
张家玉			40	天津	美国密西根大学	工商学院教授	同上	同上		
赵季扬	男		49	天津	南开大学	寿丰面粉公司	同上	同上		
冯步洲	男		39	徐州	南开大学研究院	天津市民政处长	同上	同上		
张宝光	男	剑锋	30	天津	中国大学毕业	树人学校校长	教育局职员	七区南门西刘家胡同6号		
穆祥淑	女		40	天津	南开大学毕业	四友小学校长	同上	十区常德道72号		
马荃	女	馥清	40	河间	朝阳学院毕业	律师	南大女生指导	十区重庆道257号		
丁辅仁	男		50	临榆	优级师范	教育	南开中学主任	南开中学		
黎绍芬	女		40	湖北黄陂	美国哥伦比亚大学毕业	天津市女子中学校长	同上	同上		
张隽英	男		38	天津	南开大学毕业	公用局科长	同上	一区林森路聊璧里1号		
刘豁轩	男		45	河北	南开大学	燕京大学教授	益世报社长	天津《益世报》社		
朱秉镛	男		41	天津	南开大学	邮政局	同上	邮政管理局		
朱世英	男		55	天津	医大	医师	行医	一区天增里7号		

续表

公能学会发起人略历表										
姓名	性别	别号	年龄	籍贯	出身	略历	现职	住所或通讯处	签名盖章	备考
卞俶成	男		59	天津	美国纽约大学	中央银行经理	中央银行设计委员	十区镇南道 169 号		
陈靖宇	男		46	天津	上海交通大学毕业	仁立纺织厂工程师	进口商	中正路 193 号 3 楼 5 号		
田大文	男		50	天津	北洋医学校	防盲医院	同上	一区赤峰道 141 号		
孙凯文	男	越周	42	天津	南开大学	邮政局	罗斯福路邮局局长	一区拉萨道信义里 2 号		
崔书贞	女		37	北平	南开大学	直隶女中教员	同上	十区北平道 84 号李木书屋		
李子英	男		37	北平	南开大学	南开中学教员	同上	十区北平道 84 号		
沈希咏	女		37	天津	南开大学	教界	教育界	十区常德道 72 号		
冯紫墀	男		46	天津	南开大学	平安影业公司	平安影业公司经理	十区长沙路九福里 5 号		
杨肖彭	男		41	天津	燕京大学	青年会	天津青年会总干事	十区沙市道德善里 4 号		
凌北麟	男	绣绂	43	天津	纽约大学研究院	律师	律师	一区赤峰道 132 号		
赵光宸	男		46	天津	留法	公教人员	工商学院教授	兴安路 132 号		

附 1：天津市社会局致市执行委员会（1947 年 9 月 13 日）

案据张伯苓等申请组织天津市公能学会，以发扬公能精神，促进民主政治为宗旨，会址设于第一区甘肃路 175 号，查该会可否准其成立，相应检附发起人略历表，函请查核见复为荷。此致

中国国民党天津特别市执行委员会。

附公能学会发起人略历表一份。

局长　胡○○

附 2：国民党天津特别市执行委员会复市社会局（1947 年 9 月 18 日）

案准贵局勤组字第 1159 号函略开：以据张伯苓等发起组织公能学会，嘱查核见复。等由。附发起人略历表一份。准此。经核尚无不合，拟应准予成立。相应函复查照为荷。此致

社会局。

主任委员 郭孝峻

呈教育部

（1947 年 9 月 5 日）

查本校商学院拟改称为政治经济学院一案叠经呈请，未奉核准，而实际情形如学科之性质、行政之便利均有改称之必要。兹拟将商学院改称政治经济学院，所有学系，政治、经济两系照旧，其银行会计学系改为货币银行学系，商业管理学系改为工商管理学系，统计系改为会计统计学系，以符名实而利课业。是否有当，理合备文呈请鉴核示遵。谨呈

教育部。

国立南开大学校长张伯苓

中华民国三十六年九月五日

（南开大学档案馆藏）

致朱家骅

（1947 年 9 月 5 日）

骝先部长赐鉴：

日前台旆莅津，深以接待未周为愧。乃蒙视察之后加以奖励，并对同人多所慰勉，全体同人虽日处艰难困苦中，闻之亦均感奋。联教开会苓与黄〇〇[1]同

① 指黄钰生。

奉电召，以值大、中两校开学，事务纷繁，不克同时离校，而叠奉电催，遂由黄钰生晋京出席，并面陈一切，务请赐见为祷。

并有请者：本校建设亟待充实，在津业经面陈签呈，所请多款实为当前迫切需要。深知库帑拮据，而迫于事实，不得不为此格外之请。仰恳俛赐体察，准如所请，是所企祷。专此。敬颂

政绥！

国立南开大学校长张伯苓

九月五日

（南开大学档案馆藏）

致田培林[1]

（1947 年 9 月 5 日）

培林次长惠鉴：

久违光霁，时切驰依，辰维政履多绥为颂。

兹有恳者：本校建设亟待充实，前者部长莅校，业经详陈，并将实需各款签呈在案。此项请求均为当前迫切需要，虽知国库拮据，亦不得不作此请，务恳鼎力主持，早赐拨发，是所企祷。其余有关校务各节，统由黄君面陈，兹不再赘。专此，敬颂

勋绥！

张〇〇 拜启

九、五

（南开大学档案馆藏）

---

① 田培林（1893—1975），字伯巷，河南襄城人。1920 年北京大学哲学系毕业。1935 年赴德国柏林大学就读，获哲学博士学位。回国后曾任河南大学校长，西北农学院院长。当选国民参政会参政员，国民政府教育部次长。

致杭立武

（1947 年 9 月 5 日）

立武次长惠鉴：

日前台从莅津，深以招待未周为歉。联教开会，奉电召出席，以正值开学需人主持，兹由黄秘书长钰生晋京参加矣。

兹有恳者：本校建设亟待充实，前已面陈。追部长莅校时并经详述一切，签呈请拨专款。虽深知库帑拮据，而迫于事实需要，不得不作此请。此中困难为台端所深悉，尚恳鼎力主持，早日拨发，是所企祷。至于有关校务各节，统由黄君面陈，兹不再赘。专此，敬颂

勋绥！

张〇〇　拜启

九、五

（南开大学档案馆藏）

致北平海关、交通部平津区铁路管理局

（1947 年 9 月 5 日）

兹有本校由平运津前西南联大复员公物，计物理仪器（　　）箱，请准援案免税免验放行，按照六折优待办法启运为荷。此致

北平海关、交通部平津区铁路管理局。

国立南开大学校长张伯苓

中华民国三十六年九月五日

（南开大学档案馆藏）

致天津海关

（1947年9月5日）

本校教授赵希文[①]先生由香港来津，到校任教，携有行李箱三件，均系赵先生自用衣物等件，请予免验放行是荷。此致
津海关。

国立南开大学校长张伯苓
中华民国三十六年九月五日
（南开大学档案馆藏）

致天津海关

（1947年9月8日）

本校理学院生物学系教授萧采瑜先生由美运到行李木箱五件，内装书籍、笔记、杂志、玻璃切片、动植物标本，以及零星日用物品等，并无商品及违禁物品，特予备函证明，请惠允免税免验放行，至感公谊。此致
津海关。

国立南开大学校长张伯苓
中华民国三十六年九月八日
（南开大学档案馆藏）

① 赵希文（1919—？），广东人。美国麻省理工学院博士。1942年任美国密歇根大学助教，1946年至1947年任麻省理工学院研究员。1947年回国，任南开大学化工系教授。

致河北平津区敌伪产业处理局

（1947 年 9 月 11 日）

兹准局三处字第五九五八九号公函，关于本校收回火葬场地段一案，派员来洽等因，查该项地亩事变前原系本校由天津县政府承领官地，永久租用。沦陷后，经敌占用，改建火葬场。胜利复校，经函准天津市政府卅五年七月八日丙秘肆字第一八一六号函复，又指令地政局将该地段全部交还接收在案，除将确系校产及经过情形面达来员外，相应备函声明，即希查照是荷。此致
河北平津区敌伪产业处理局。

国立南开大学校长张伯苓
中华民国三十六年九月十一日
（南开大学档案馆藏）

附：河北平津区敌伪产业处理局致南开大学（1947 年 8 月 19 日）

行政院河北平津区敌伪产业处理局公函　　局三处字第五九五八九号

为八里台村南敌建火葬场地段系贵校承领天津县政府官地永久租用一节，兹派员持函往洽，希查照由。

案查八里台村南敌建火葬场地段系贵校承领天津县政府官地永久租用一节，曾经本局于四月廿六日以局三处四六五五五号函请提供有关证件，以凭核办在案，迄今已逾三月，尚未准复。本案亟待结束，兹派员持函往洽，即希查照为荷。此致
国立南开大学。

局长张子奇
中华民国卅六年八月十九日
（南开大学档案馆藏）

呈教育部

（1947 年 9 月 11 日）

案奉钧部第八四二九号汇款申请书，核发卅六年度九月份学生膳费国币乙亿贰仟捌百万元。又奉财政部普拨字第一一五二一号支付书，拨发卅六年度建筑及扩充改良费国币拾伍亿元。均经向国库天津分库如数领讫。理合检同领据贰份，呈请鉴核存转。谨呈
教育部。

附呈南字第 46、47 号领据贰份。

国立南开大学校长张伯苓
中华民国三十六年九月十一日
（南开大学档案馆藏）

呈教育部部长朱家骅

（1947 年 9 月 12 日）

查三十五年度八至十二月份学生公费及教员学术研究补助费印领清册均经整理完竣，兹检具上项清册二册及收支对照表二份，呈祈鉴核。谨呈
部长朱。

附呈：学生公费印领清册一册。
教员学术研究补助费印领清册一册。
学生公费收支对照表一份。
教员学术研究补助费收支对照表一份。

国立南开大学校长张伯苓
中华民国三十六年九月十二日
（南开大学档案馆藏）

呈教育部部长朱家骅

（1947 年 9 月 15 日）

案奉钧部本年九月四日会字第四八零六二号训令，略以会计主任沙居元[①]借支旅费 150 万元，准予抵充本年九月份学生膳费，饬补具印领等因，奉此，除转帐外，兹补具印领乙纸，呈乞鉴核备查。谨呈
部长朱。

附九月份学生膳费印领乙纸。

国立南开大学校长张伯苓
中华民国三十六年九月十五日
（南开大学档案馆藏）

致天津海关

（1947 年 9 月 15 日）

本校兹有西南联大复员分配物理仪器七箱由平运津，相应函请查照，免税免验放行是荷。此致
天津海关。

国立南开大学校长张伯苓
中华民国三十六年九月十五日
（南开大学档案馆藏）

① 沙居元（1916—？），江苏铜山人。1947 年 8 月到南开大学担任会计室主任，负责全校岁计及会计事务。

致考试院考选委员会

（1947 年 9 月 17 日）

按准大函，嘱填应卅五年高等考试学生刘柄寅等在校成绩调查表，兹将来表填注清楚，随函奉上，希即查照。此致

考试院考选委员会。

附表乙份。

国立南开大学校长张伯苓

中华民国三十六年九月十七日

（南开大学档案馆藏）

附：考试院考选委员会致南开大学（1947 年 7 月 14 日）

查三十五年高等考试各类人员考试初试应考人刘柄寅等三名，系以贵校毕业资格应考。兹为明了各该生在校成绩起见，特制就调查表一种，相应检同原表随函送达，即希惠予查填见复为荷。此致

国立南开大学。

附送三十五年高等考试各类人员考试应考人在校成绩调查表一份。

考选委员会启

七月十四日

（南开大学档案馆藏）

致北京大学

（1947 年 9 月 22 日）

案准考试院云南贵州考铨处（昆明）滇一检字第三三九一号公函开：“案据杨为松，……见复为荷。”等由。查西南联大法律系本校无案可稽，相应函请查照，希即查照径复该处是荷。此致

国立北京大学。

国立南开大学校长张伯苓
中华民国三十六年九月廿二日
（南开大学档案馆藏）

附：考试院云南贵州考铨处致南开大学（1947 年 9 月 9 日）

为查询报考人杨为松学历是否属实，希即查案见覆由。

案据杨为松报考三十六年第一次司法人员考试称，系云南省河西县人，男性，现年二十八岁，曾于民国三十二年八月在国立西南联合大学法律系毕业。所称是否属实，该员修业年限几年，入学资格是否为高级中学毕业，本处无案可稽，相应函请查照，迅予查案见覆为荷。此致。
私立南开大学。

处长　周毓瑄（公出）
代行拆　周锡年
中华民国卅六年九月九日
（南开大学档案馆藏）

致天津市教育局

（1947 年 9 月 22 日）

兹阅贵局□□华石斧[①]先生著《文字系》多部，拟请惠拨四部，以充本校图书馆浏览之需，至为纫感。此致
天津市教育局。

国立南开大学校长张伯苓
中华民国三十六年九月廿二日
（南开大学档案馆藏）

① 华学涑（1872—1927），字实甫，号石斧，天津人。1912 年任工商会议直隶代表，1913 年任直隶商品陈列所调查员，旋改编辑主任。1916 年与严智怡、陆文郁等人创设天津博物院，任副院长。晚年致力于金石甲骨文字之学，著有《文字系》等书。

致天津市工务局

（1947年9月25日）

查本校前者函请借用迪化道敌产淡路国民学校及商业学校全部建筑腊图底计张，当承惠允，业经派员取到应用。兹以该项房产已由河北平津区敌伪产业处理局奉令拨交本校，现正动工修理，时需该图作为参考，尚需随时应用。一俟工程完竣，即缴还。特再函达，即希查照。此致

天津市工务局。

国立南开大学校长张伯苓

中华民国三十六年九月廿五日

（南开大学档案馆藏）

附：天津市工务局复南开大学（1947年10月2日）

天津市政府工务局公函　　务技字第一三九五号

为准函前借本局迪化道敌产淡路国民学校等项腊图二十八张，希能早日赐还由。

案准贵校开字第五五二号来函，略以前借用本局迪化道敌产淡路国民学校及商业学校一部建筑图底二十八张，现尚需用，俟工程完竣缴还，等由。准此，自可照办，惟望能早日赐还，以清手续，用特函复，即希查照为荷！此致

国立南开大学。

局长　刘如松[①]

中华民国卅六年十月二日

（南开大学档案馆藏）

① 刘如松（1900—？），北京人。1921年毕业于北平燕京大学理科。1923年赴美国入密歇根大学土木工程系。1945年抗战胜利后，任天津市政府工务局局长。

呈教育部

（1947 年 9 月 30 日）

案奉钧部汇款通知书第一三二二六号，饬拨卅六年度十月份学生膳费壹亿陆仟万元，又，第一三五九〇号，饬拨卅六年度八、九月份教员学术研究补助费贰仟万元。以上两款均经午后向国库天津分库如数领讫，理合填具收据，备文呈送鉴核存转。谨呈
教育部。

附呈南字第四九及五〇号印据两纸。

国立南开大学校长张伯苓
中华民国三十六年九月卅日
（南开大学档案馆藏）

致海鹰轮船公司

（1947 年 9 月 30 日）

关于本校卅六年度京沪九考区新生尚多在沪候轮北上，兹为便利该生等集体北上起见，拟委托贵公司指导一切，代为办理登记购票等事项，并拟即假贵公司为登记地点，成立“国立南开大学新生上海问询处”。倘承俞允，并拟在沪登报公告，费用由本校负担。相应派员函商，希即查照见复，至深纫感。此致
海鹰轮船公司。

国立南开大学校长张伯苓
中华民国三十六年九月卅日
（南开大学档案馆藏）

附：海鹰轮船公司复南开大学（1947 年 10 月 15 日）

径启者：接准贵校九月卅日来函，以贵校卅六年度在京沪各地新生尚多在

沪候轮北上，兹为便利该生等集体北上起见，特委托敝公司代为办理登记购票事项，并假敝公司地点成立“国立南开大学新生上海问询处”，暨在沪登报公告，所有费用由贵校负担等语。嗣敝董事长魏文翰先生由津返沪，奉面谕迅即办理，遵经在敝公司成立“国立南开大学新生问询处”，并于十月八、九两日同时在沪登载《新闻报》《大公报》《申报》公告（登报条另纸附奉），限至本月十五日前来登记。现届至十四日为止，已登记新生只有五名，一俟今日（十五日）截止登记后，即当汇集登记新生，接洽船票，遣送北上。至登报公告之广告费用，容俟广告公司开具发票前来收款时再将数目奉告，请为归垫。特此先行函达，即希查照为荷。此致

国立南开大学。

附件详函。

海鹰轮船有限公司

中华民国卅六年十月十五日

（南开大学档案馆藏）

致电朱家骅

（1947年10月2日）

南京教育部部长朱钧鉴：本校文学院哲教系学生是否可与师范生视同一律，受全公费待遇。谨电请鉴核示遵。国立南开大学校长张伯苓叩。酉东。

（南开大学档案馆藏）

附：教育部复电南开大学（**1947年10月25日**）

教育部代电　　发文总字第五七五八一号

电知所请哲教系学生比照师范生待遇案，如将应修课程及实习等项齐备，即可准予照办。

国立南开大学：十月二日开字第562号代电悉。查哲教系学生如修满教育专业训练课程，并照师范生填具志愿书，受实习限制者，准予比照师范生待遇办理。仰即知照。教育部。印。

（南开大学档案馆藏）

致天津市地政局

（1947年10月6日）

案准贵局地登字第一七五三号通知，第六区五九三一号土地，又地登字第二九二一号通知（第十一区二段九九二号、一二四二号、一二四七号土地），嘱即携带证件、印章及登记费，办理登记手续，等由。查本校于抗战时期内迁昆明，复员后档案北运，经时甚久，前项证件现正清查中，一俟检齐，即行办理登记手续。相应函请查照。此致
天津市政府地政局。

国立南开大学校长张伯苓
中华民国三十六年十月十六日
（南开大学档案馆藏）

附1：天津市政府地政局通知（1947年6月5日）

地登字第一七五三号

查该户所有坐落本市第六区□段第五九三一号土地，应在本局规定期限，由六月一日至七月三十一日内，携带所执管业契证文件与原契所盖印章及登记费等，前来本局土地登记处声请登记，逾期不履行登记，依法即视为无主土地，予以公告十二个月。公告期间补行登记者，即依照规定分期累进加罚。无主土地，公告期满仍不来局登记，即为国有土地登记，收归公有。本局为顾念该户产权计，用特通知，务希从速如期办理登记，万勿观望，以免逾期坐失权利为要。

右通知　南开大学。

天津市政府地政局
中华民国卅六年六月五日
（南开大学档案馆藏）

附2：天津市政府地政局通知（1947年9月15日）

地登字第二九二一号

查该户所有坐落本市第十一区二段第九九二号土地，应在本局规定期限，

由九月十五日至十一月十四日内，携带所执管业契证文件与原契所盖印章及登记费等，前来本局土地登记处声请登记，逾期不履行登记，依法即视为无主土地，予以公告两个月。公告期间补行登记者，照应缴登记费加罚百分之五十。无主土地公告期满仍不来局登记，即为国有土地登记，收归公有。本局为顾念该户产权计，用特通知，务希从速如期办理登记，万勿观望，以免逾期坐失权利为要。

右通知　南开大学。

天津市政府地政局

中华民国卅六年九月十五日

（南开大学档案馆藏）

附 3：天津市政府地政局通知（1947 年 9 月 15 日）

地登字第二九二一号

查该户所有坐落本市第十一区二段第一二四二号土地，应在本局规定期限，由九月十五日至十一月十四日内，携带所执管业契证文件与原契所盖印章及登记费等，前来本局土地登记处声请登记，逾期不履行登记，依法即视为无主土地，予以公告两个月。公告期间补行登记者，照应缴登记费加罚百分之五十。无主土地公告期满仍不来局登记，即为国有土地登记，收归公有。本局为顾念该户产权计，用特通知，务希从速如期办理登记，万勿观望，以免逾期坐失权利为要。

右通知　南开大学。

天津市政府地政局

中华民国卅六年九月十五日

（南开大学档案馆藏）

附 4：天津市政府地政局通知（1947 年 9 月 15 日）

地登字第二九二一号

查该户所有坐落本市第十一区二段第一二四七号土地，应在本局规定期限，由九月十五日至十一月十四日内，携带所执管业契证文件与原契所盖印章及登记费等，前来本局土地登记处声请登记，逾期不履行登记，依法即视为无主土地，予以公告两个月。公告期间补行登记者，照应缴登记费加罚百分之五十。无主土地公告期满仍不来局登记，即为国有土地登记，收归公有。本局为顾念

该户产权计，用特通知，务希从速如期办理登记，万勿观望，以免逾期坐失权利为要。

右通知　南开大学。

天津市政府地政局
中华民国卅六年九月十五日
（南开大学档案馆藏）

分致中央信托局、行政院河北平津区敌伪产业处理局

（1947年10月6日）

案据本校事务组主任孟琴襄呈称，窃前在救济总署供职时，曾租有敌伪房屋一所，坐落第一区嫩江路一一三号，按日交租，有案可稽。惟以每月交租仍须烦由平津善救分署转付，殊多麻烦。等情。前来，经查，所称尚属实在，除分函处理局、中央信托局外，相应函请贵局俯准，直接办理交租手续为荷。此致

中央信托局、行政院河北平津区敌伪产业处理局。

国立南开大学校长张伯苓
中华民国三十六年十月六日
（南开大学档案馆藏）

致海军总司令部

（1947年10月7日）

本校代办贵部海军留美招考事宜，兹已竣事。除录取各生于本月卅日以前自行赴京报到外，相应开列清单，检同全部文件函请查照。此致

海军总司令部。

附清单一份，初试有关文件一份。

国立南开大学校长张伯苓

中华民国三十六年十月七日

（南开大学档案馆藏）

附：桂永清复电张伯苓（1947 年 10 月 30 日）

南开大学张校长伯苓先生勋鉴：卅六年十月八日开字第 569 号公函及留美初试有关文件敬悉，承蒙协助，留美初试得以顺利完成，至深铭感，敬向贵校教职同仁表致谢忱。桂永清。酉（有）壁傅罗灼。

（南开大学档案馆藏）

致考试院云南贵州考铨处

（1947 年 10 月 11 日）

案准贵处昆试字第十四号公函，查询何纲是否卅五年五月在本校文学系毕业等由。查本校毕业生并无何纲其人，惟本校抗战时期系与北大、清华两校联合办理，请径向该两校查询。相应函复查照。此致

考试院云南贵州考铨处。

国立南开大学校长张伯苓

中华民国三十六年十月十一日

（南开大学档案馆藏）

附：考试院云南贵州考铨处致南开大学（1947 年 9 月 25 日）

为查询报考人何纲学历是否属实，希即查案见覆由。

案据何纲报考本年高等考试称，系云南省云龙县人，男性，现年卅一岁，曾于民国卅五年五月在贵校文学系毕业。所称是否属实，本处无案可稽，相应函请查照，迅予查案见复为荷。此致

国立南开大学。

处长周毓瑄

中华民国卅六年九月廿五日

（南开大学档案馆藏）

致海军总司令部

（1947年10月16日）

查本校代办贵部海军留美初试，业将全部文件函送在案。兹查录取五人，仅有三人来校呈缴证件，声请赴京参加复试。除每人发给赴京旅费国币五十万元，饬于本月卅日以前到京报到外，相应检同初试揭晓通告及各该生等所缴证件，函请查照。此致
海军总司令部。

附初试揭晓通告一纸，志愿书三份，保证书六份，学历证件三份。

国立南开大学校长张伯苓
中华民国三十六年十月十六日
（南开大学档案馆藏）

附：桂永清复南开大学（1947年11月3日）
海军总司令部公函　　（卅六）壁罗字第二八六〇三号

案准贵校卅六年十月十六、十八日开字第五九三、六〇〇号先后公函，为检送代办海军留美初试录取生赴京参加复试文件及苏立仁等三人照片各三张，嘱查照等由。查苏立仁等三员业经抵部报到，相应复请查照为荷。此致
南开大学。

代海军总司令桂永清
中华民国三十六年十一月三日
（南开大学档案馆藏）

呈教育部

（1947年10月18日）

案奉钧部第一七七九一号汇款申请书拨到卅六年八至十二月份员役生活补

助费国币乙亿玖仟陆佰万元，业经向国库天津分库如数领讫，理合填具收据二纸，送呈鉴核存转。谨呈

教育部。

附南字第五一号收据二纸。

国立南开大学校长张伯苓

中华民国三十六年十月十八日

（南开大学档案馆藏）

致清华大学

（1947 年 10 月 18 日）

兹准三十六年高等考试初试试务处昆明办事处十月六日昆试字第三二号，函询侯绍邦系云南省江川县人，曾于民国三十三年八月在前西南联大哲学心理学系毕业，是否属实，请查复等因。本校无案可稽，除抄复外，相应转函贵校查明径复该处为荷。此致

国立清华大学。

国立南开大学校长张伯苓

中华民国三十六年十月十八日

（南开大学档案馆藏）

附：三十六年高等考试初试试务处昆明办事处致南开大学（**1947 年 10 月 6 日**）

为查询报考人何绍邦学历是否属实，希即查案见覆由。

案据侯绍帮报考本年高等考试称，系云南省江川县人，男性，现年二十九岁，曾于民国卅三年八月在前国立西南联合大学哲学心理学系毕业。所称是否属实，本处无案可稽，相应函请查照，迅予查案见复为荷。此致

国立南开大学。

处长周毓瑄

中华民国卅六年十月六日

（南开大学档案馆藏）

致天津炼钢厂

（1947 年 10 月 18 日）

本校复员伊始，工厂设施简略，素仰贵厂规模宏大，设备精良，足资观摩，兹有本校工学院教授率领学生共计三十五人，拟于贵厂全部工休之日，前往参观。相应函请惠允，并指定日期见示，至感公谊。此致
资源委员会天津炼钢厂。

国立南开大学校长张伯苓
中华民国三十六年十月十八日
（南开大学档案馆藏）

附：资源委员会华北钢铁公司天津炼钢厂复南开大学（1947 年 10 月 20 日）

为函复本厂于十一月后再函请参观由。

案准贵校开字第五九七号函，略以贵校师生三十五人拟来厂参观一节，自应欢迎。惟以目前津市电力供应不足，本厂工作不能照常，更以马丁炉亦须稍加修理，拟于十一月以后再函邀参观，冀希指导。特此函复，即希查照为荷。此致
国立南开大学。

厂长李公达
中华民国卅六年十月廿日
（南开大学档案馆藏）

致国立北平图书馆

（1947 年 10 月 21 日）

昨准大函，嘱检寄教授名单及课程表，兹随函奉上，希即查收。此致
国立北平图书馆。

附教授名册乙份，课程表一份。

国立南开大学校长张伯苓
中华民国三十六年十月廿一日
（南开大学档案馆藏）

附：国立北平图书馆致南开大学（1947 年 10 月 11 日收到）

径启者：查敝馆现因需用贵校教授名单及课程一览以供参考，即希查照，以航寄检赠一份，无任盼祷。此致
国立南开大学。

国立北平图书馆启
民国三十六年十月十一日（收到）
（南开大学档案馆藏）

致邵力子

（1947 年 10 月 23 日）

南京国民参政会秘书处

力子先生道鉴：

顷奉大函，附竞选调查表，敬悉一切。已于天津市参加国大代表竞选矣。知注特复，叩颂
台绥！

张〇〇 拜启
十、廿三

附表乙份。

（南开大学档案馆藏）

致张溥泉

（1947年10月25日）

南京党史编纂委员会　中山路431号

溥泉先生道鉴：

顷奉大函，备悉一是。承嘱学生谢望慰借读一节，查本校向无借读规定，实苦无法通融。该生果有困难，可以申请保留学籍一年，尚希转知为盼。有方台命，歉仄良深，务乞亮察为幸。此复，即颂

秋绥！

张〇〇 拜启

十、廿五

（南开大学档案馆藏）

致胡仲实

（1947年10月25日）

上海北京路盐业大楼□西公司

仲实贤弟足下：

来函备悉。本校开学已久，学生名额已满。对于转学学生实难再为容纳，尚望转知前途，仍在原校就读，以待来年是盼。此复，即颂

秋祺！

张〇〇 拜启

十、廿五

（南开大学档案馆藏）

致黎重光

（1947年10月25日）

重光贤弟足下：

久未通函，时殷驰念。兹有恳者：学生戴云堂，毕业南大政经系以后，历在各地任职，颇著声誉。近闻贵公司扩充需人，拟谋一职。兹将履历寄上，尚希推爱，予以栽培为盼。至于戴君品学如何，可以就近询之张振翥弟，当能得其备细也。专此。即颂

秋祉

张〇〇启

十、廿五

（南开大学档案馆藏）

致吴奇伟[①]

（1947年10月25日）

北平行辕

奇伟主任勋鉴：

顷奉大函，敬悉一切。承嘱黄生入学一节，本校开学已久，注册时间已过，且学生名额已满，实在无法收容。方命至感歉仄，尚希亮鉴为幸。此复。即颂

勋绥！

张〇〇 拜启

十、廿五

（南开大学档案馆藏）

---

① 吴奇伟（1891—1953），字晴云，别号梧生，广东大埔人。陆军中将。曾担任过军长、长江上游江防司令官、战区副司令长官、湖南省主席等要职。1949年参与和策划了粤东起义。

致全华化学工业公司董事会

（1947年10月26日）

径启者：接准三十六年十月十三日京总字第三九六号通函，祇悉本公司定于十月二十九日上午九时开股东临时会，兹因故不能出席，特委托贵公司钟经理到会全权代表。相应函复，即希查照为荷。此致
全华化学工业社股份有限公司董事会。

股东南开大学校长张伯苓
（南开大学档案馆藏）

附：全华化学工业公司董事会致南开大学（1947年10月13日）

敬启者：兹定于本年十月廿九日（星期三）上午在南京城左营三山里十九号本公司召开股东临时会，报告卅四、卅五年度业务，改选董事、监察人及发股息，务祈贵股东届时出席。如有因故不克莅会，即请缮具委托书，委托其他股东代表到会。相应函达，统希察照为荷。此致
南开大学股东。

全华化学工业公司董事会启
中华民国三十六年十月十三日
（南开大学档案馆藏）

致河北平津区敌伪产业处理局

（1947年10月27日）

径启者：案据本校职员常镇华本月廿日签称，以该员现住第一区宁夏路卅二号房，原系该员前于河北省农垦局服务时，经该局函准贵局本年二月十八日津理房字第二〇六〇三号函，准予由该员与张书香二人名义租用，已在中央信托局立有租约，各在案。兹以住用便利起见，该员经与张书香协议，拟照章价

购。除张书香已另由其服务机关出函证明外，请出函证明等情。据此，查该员为本校职员，特予证明，即请查照，按公务员优待办法惠予价购，至感公谊。

此致

河北平津区敌伪产业处理局。

国立南开大学校长张伯苓

中华民国三十六年十月廿七日

（南开大学档案馆藏）

致天津市警察局

（1947年10月27日）

本月廿五日下午四时，有本市学生朱毓玲持函件来校注册。查其所持函件信纸、信封及所盖南开大学秘书处处长戳均系伪造，当予扣留。询据该生声称，此项文件系由北平友人、中国大学学生高树仁来函介绍，住居新旅行社二二一号之吴春林为之代办者，尚有行李等物已被吴春林携走，只剩脸盆一个及吴某托其代送之纸包一个，云内系法币三百余万元，寻人不着，始行来校等语。经加检查，包内仅系点心，并无法币。似此伪造文件，假名行骗，致使失学青年受害，诚堪痛心。相应检同原件，函请查照，希即惠予侦缉法办，见复是荷。

此致

天津市警察局。

附伪造函件一份，计五件。

国立南开大学校长张伯苓

中华民国三十六年十月廿七日

（南开大学档案馆藏）

呈教育部

（1947年10月28日）

案奉钧部第二〇〇九八号汇款申请书拨到卅六年十一月份学生膳费国币一亿六千万元业经如数领讫，理合填具收据，备文呈请鉴核备查。谨呈
教育部。

附呈收据一份。

国立南开大学校长张伯苓
中华民国三十六年十月廿八日
（南开大学档案馆藏）

致中央研究院历史语言研究所

（1947年10月28日）

本校现需赵元任先生编《方言调查详表》为教学上之参考，相应函请查照，希即惠赐该书二部，径寄本校文学院收是荷。此致
中央研究院历史语言研究所。

国立南开大学校长张伯苓
中华民国三十六年十月廿八日
（南开大学档案馆藏）

附：中央研究院历史语言研究所复南开大学（1947年11月26日）

敬复者：开字第六二一号大函奉悉。查本所赵元任先生所编《方言调查详表》现已无存，容俟再版后再行检奉。准函前由，特此奉复，即希查照是荷。此致
南开大学。

国立中央研究院历史语言研究所启

中华民国卅六年十一月廿六日
（南开大学档案馆藏）

致河北邮政管理局

（1947年10月29日）

按准大函，查询化学系第一学期课本及参考书籍，兹检奉书名表一份，即希检收。此致
河北邮政管理局。

附表一纸。

国立南开大学校长张伯苓
中华民国三十六年十月廿九日
（南开大学档案馆藏）

附：河北邮政管理局致南开大学（1947年10月20日）

兹为考核本局员工请求子女就学教育补助费起见，拟请贵校将化学系第一年第一学期所需课本及参考书籍名称分别函示，以便查核为感。此致
国立南开大学。

河北邮政管理局启
卅六年十月廿日
（南开大学档案馆藏）

呈教育部

（1947年10月31日）

案查前奉钧部高字第五〇八一七号训令，颁发《回国升学华侨学生奖学金办法》，饬即遵办等因。兹据学生陈卓等六人照章申请前来本校复核属实，理合造具名册，检同成绩表备文呈请鉴核示遵。谨呈

教育部。

附呈名册一份，成绩单六份。

国立南开大学校长张伯苓
中华民国三十六年十月卅一日
（南开大学档案馆藏）

呈天津市教育局局长郝任夫

（1947年11月1日）

事由：为遵令查填各项有关学校军训表册各三份，呈请鉴核由。

案奉钧局教二字第二〇三八号训令，略以先后奉准市政府令发及冀北师管区司令部函送军训干部人数，现员、缺员调查表等各项有关学校军训表册，限即查填具报。等由。并附发各项表册式样各一份。奉此。当即依照格式查填三份，理合备文，呈请鉴核。谨呈
天津市政府教育局局长郝。

天津市私立南开女子中学校长张伯苓

附：天津市私立南开女子中学军训干部人员数现员缺员调查表。

军训教官现职录。

受军（看）训人数统计表。

受军（看）训学生名册。

致山东省教育厅

（1947年11月3日）

案准贵厅（36）教一甲字第二四八七号公函，以据学生杨毓和、张德玲家长呈请转函入学，嘱即查照办理等由。查学生杨毓和、张德玲二人已于十月十五日到校注册上课矣。相应函复查照。此致

山东省政府教育厅。

国立南开大学校长张伯苓
中华民国三十六年十一月三日
（南开大学档案馆藏）

附：山东省教育厅致南开大学（1947年10月20日）

案查前准贵校函，嘱保送学生数名，并附成绩单，再行决定录取，等由。当经本厅于本年八月十六日以（36）教一甲字第一九四八号公函，附送学生张德玲等六名，及九月十二日以（36）教一甲字第八一六号代电，附送学生杨毓和成绩单一纸，请予收录，各在案。兹据该生等家长呈，以贵校开学数日，尚未接奉通知，惶急万分，恳请转函速予通知该生等入学上课等情到厅。除批示外，相应函请查照办理为荷。此致
国立南开大学。

厅长　李泰华[1]
中华民国三十六年十月廿日
（南开大学档案馆藏）

致天津市政府

（1947年11月4日）

查公教人员配售实物一案，国立各院校教职员及公役系由贵府社会局负责办理。惟该局核发面粉系根据上学期核定之人数，本校自本年八月份起，教职员已增至240人，公役99名。业经奉有教育部高字第41798号代电核准。现在实物面粉少发教职员40人，公役21名，共计101袋。致分发大感困难，相应抄录原电，函请查照。希即转饬该局，先行如数补发，并转报更正人数是荷。此致
天津市政府。

① 李泰华（1901—？），河北邱县人。清华大学、英国剑桥大学毕业，1931—1933年任泰安中学校长，后任重庆中央大学教授。1945年10月任山东省政府委员兼教育厅长。

附抄电一份。

国立南开大学校长张伯苓
（天津市档案馆藏）

致大城县政府

（1947年11月6日）

案准贵府教字第一四一号公函，查询学生邓乃港学籍，嘱即函复等由。学生邓乃港现在本校经济学系肄业，相应函复查照。此致
大城县政府。

国立南开大学校长张伯苓
中华民国三十六年十一月六日
（南开大学档案馆藏）

附：大城县政府致南开大学（1947年10月27日）

为函请调查邓乃港是否在贵校读书，暨其在校所报籍贯，希查照见覆由。

案据学生邓乃港呈称："学生邓乃港，系河北省大城县白杨桥镇人，现于天津南开大学经济系二年级读书。因家乡沦为匪区，经济来源断绝，每月只靠由亲友处挪借款项以维膳宿。但此终非长久之计，现教育部于各大学中设立公费生，限定家在匪区者，并须有本县县政府之证明方可核准。为此，恳请钧府鉴核，赐予证明书，俾便继续就学。"等情。据此，查该生邓乃港是否在贵校经济系二年级读书，暨其在校所报籍贯，实有调查之必要。相应函请查照，并希见覆为荷。此致
天津南开大学。

县长沙世清
中华民国卅六年十月二十七日
（南开大学档案馆藏）

致交通部新港工程局人事室

（1947 年 11 月 6 日）

接准大函，查询张利民学籍。查本校大学部成立于民国八年，第一班学生于民国十二年毕业，并无其人。该员如果缴有证件，尚希惠寄，以便查验，再行寄还。相应复请查照办理。此致

交通部新港工程局人事室。

国立南开大学校长张伯苓

中华民国三十六年十一月六日

（南开大学档案馆藏）

附：交通部塘沽新港工程局人事室致南开大学（1947 年 10 月 31 日）

查本室经办任用审查案内有张利民一员，系河北省昌黎县人，现年四十四岁，据报称于民国九年六月曾毕业于贵校。兹为慎重起见，相应函请贵校查核是否属实，见复为荷。此致

南开大学。

交通部塘沽新港工程局人事室启

民国卅六年十月卅一日

（南开大学档案馆藏）

致胡政之

（1947 年 11 月 7 日）

上海南京路二一二号《大公报》馆

政之先生惠鉴：

久未通函，驰念无似。近维道履绥和为颂。前者诚克兄嘱仁颖面告代□办

理会计及总务人才，兹有徐君琪麟[①]，于本校商学院经济系毕业以后，历在各地任职，最近服务行总善求分署行将结束，特为介绍，尚希惠予录用为感。专此。即颂
著祺！

张〇〇 拜启
十一、七

附履历一份。

（南开大学档案馆藏）

致张廷谔

（1947年11月7日）

北平西郊颐和园写秋轩

直卿吾兄惠鉴：

顷奉赐函，诵悉种切。于月前为友送殓，哀悼之余，被晚风所袭，成急性肺炎，经医用盘尼西林注射，始梗痊愈，兹已行动如常矣。远荷注念，感谢！

吾兄名园颐养，珍摄得宜，前与尊夫人谈及，欣悉贵体康复，腰脚日健，甚为忭慰。总期身体复元，方可为国家服务，仍望加意珍卫是祷。承询李案，现经督察团彻查，毫无实据，不但当道友好均所明悉，更为主席所深知，敬为吾兄贺。至于对策，拟俟大旆返津再为面谈。假馆尊居已久，现以宁家大楼修理工竣，定于下星期内移居，并此附忱，并申谢悃。专此。复请
台安！

张〇〇 拜启
十一、七
（南开大学档案馆藏）

① 徐琪麟，字钦石，天津武清人。1936年南开大学商学院毕业。

致谭仲逵

（1947年11月7日）

上海巨鹿路景华新村十一号

仲逵先生惠鉴：

昨奉手示，备悉一切。于月前往送陈芝琴先生大殓，为风寒所中，至患急性肺炎，经医用盘尼西林注射，极见卓效，调治多日，幸获痊愈。远蒙注念，纫感曷极。谢谢！

前承尊嘱张生达三奖学金事，已交教务处办理，惜为时已晚，恐难得审核委员会之通过耳。吾兄竞选事，兹得张、吴、陈诸先生复函，附呈台阅。专此复谢。即颂

台绥！

弟 张〇〇 拜启

十一、七

（南开大学档案馆藏）

呈教育部

（1947年11月10日）

案奉钧部第二二三七九号汇款申请书拨到卅六年八、九两月份学生膳费国币六千万元，业经如数领讫，理合填具收据，备文呈请鉴核备查。谨呈

教育部。

附呈收据乙纸。

国立南开大学校长张伯苓

中华民国三十六年十一月十日

（南开大学档案馆藏）

呈教育部

（1947年11月10日）

案奉钧部第二一六八一号汇款申请书拨发卅五年度教员学术研究补助费不敷数国币一百八十一万元。又第二一六九七号汇款申请书拨发卅六年十至十二月教员学术研究补助费国币四千万元。以上两款业经如数领讫，理合备文呈请鉴核备查，谨呈

教育部。

附呈收据二纸。

国立南开大学校长张伯苓

中华民国三十六年十一月十日

（南开大学档案馆藏）

呈教育部

（1947年11月10日）

查卅五年度第二学期休学、退学学生名册兹经遵式造齐，理合备文呈请鉴核备查。谨呈

教育部。

附呈名册贰份。

国立南开大学校长张伯苓

中华民国三十六年十一月十日

（南开大学档案馆藏）

呈教育部

（1947 年 11 月 10 日）

案查卅五学年度第一学期入学新生名册上、证件前经呈送在案，兹据学生辛光华等六人补缴证件前来，经予复核属实，理合造具名册，检同原件备文呈请鉴核。谨呈
教育部。

附呈名册一份，证件六份。

国立南开大学校长张伯苓
中华民国三十六年十一月十日
（南开大学档案馆藏）

致侨务委员会

（1947 年 11 月 11 日）

本校教授陈序经先生系新加坡华侨，最近拟回新加坡探视亲友，相应函请查照，填发华侨身份证书是荷。此致
侨务委员会。

国立南开大学校长张伯苓
中华民国三十六年十一月十一日
（南开大学档案馆藏）

致魏振武

（1947 年 11 月 14 日）

台湾高雄陆军训练司令部

振武先生惠鉴：

顷奉大函，备悉种切。欣悉随同孙将军[①]赴台治军，当能本诸所学以求发展，实为不可多得之机会。敬贺！敬贺！前承鼎介王君家锆等，成绩均颇优良，尚希释念。专此奉覆。即颂

台绥！

张○○ 拜启

十一、十四

（南开大学档案馆藏）

致顾敬曾

（1947 年 11 月 14 日）

敬曾贤弟惠鉴：

兹有恳者：老友陈君洁清[②]开设华新织染厂于西头古皇庵大街五号，机器早经装竣，只待电力即可开工。业经遵奉申请，尚乞推爱，于可能范围内予以核准，是所至祷。专此。即颂

时祺！

张○○启

十一月十四日

---

① 孙立人（1900—1990），字抚民，号仲能，安徽庐江人。先后毕业于清华大学、美国弗吉尼亚军事学院，有“丛林之狐”“东方隆美尔”之誉。

② 即陈洁卿（1896—　），字德裕，河北安新人。1920 年任华新织染股份有限公司经理。

致陈洁清

（1947年11月14日）

侯家后中街二一七号华新织染有限公司

洁清先生大鉴：

顷奉华函，备悉一切。兹将致顾经理函奉上，希即转致为盼。此覆。即颂时祺！

张〇〇 拜启

十一、十四

（南开大学档案馆藏）

致唐山工学院

（1947年11月15日）

接准大函，嘱寄学生入学志愿书、保证书式样。本校新生入学，并不填具志愿书及保证书，无可检寄。专此奉复，即希查照。此致

国立唐山工学院。

国立南开大学校长张伯苓

中华民国三十六年十一月十五日

（南开大学档案馆藏）

致张廷谔

（1947年11月21日）

直卿先生惠鉴：

前奉一函，计邀阅及矣。苓于本月十六日移至南关大街宁家大楼，设备粗具，此后可以久居。自假馆潭府，晦经八月，一切均承照拂，并蒙尊夫人及公子时时过访，老友深情，五中铭篆，敬此致谢。

前者忻闻尊体日见康复，甚以为慰。冬寒，不悉近况如何，尚希加意珍卫，以其早日复元为国服务，是所企盼。至于李案，纤毫无损于高明，俟台旆旋津，再为面罄。专此布谢。即颂

冬绥！

张〇〇　拜启

十一、廿一

（南开大学档案馆藏）

呈教育部

（1947 年 11 月 24 日）

查转学生在原校领有公费者，转学以后是否仍可领受公费并无明文规定。本校卅六学年度考取转学生姜鼎铭等十八人均曾在原校领有公费，兹据缴呈证件前来，经核属实。是否继续发给公费，未敢擅便，理合造具名册，检同证件备文呈请鉴核示遵。谨呈

教育部。

附呈名册二份，证件十八份。

国立南开大学校长张伯苓

中华民国三十六年十一月廿四日

（南开大学档案馆藏）

呈教育部

（1947 年 11 月 24 日）

查《国立暨省立专科以上学校家在匪区学生救济办法》前经钧部公布在案，兹据学生翟乾祥等五十四人依照规定申请救济前来，经核属实，理合造具名册，检同原缴证件备文呈请鉴核示遵。谨呈

教育部。

附呈名册二份，证件五十四份（请于审核后发还）。

国立南开大学校长张伯苓

中华民国三十六年十一月廿四日

（南开大学档案馆藏）

呈教育部

（1947 年 11 月 26 日）

查国立各校工役名额向由钧部汇兑编列预算，本校工学院现已奉准成立，并将商学院各学系及先修班迁至新设之迪化道东院上课，原有工役九十八名，技工一名，实在不敷分配。前经呈请增加，未蒙核准。兹值编定卅七年度预算之期，拟请准将工役名额增至二百八十名，技工名额增至廿名，俾免困难。是否可行，理合备文呈请鉴核示遵。谨呈

教育部。

国立南开大学校长张伯苓

中华民国三十六年十一月廿六日

（南开大学档案馆藏）

呈教育部

（1947 年 11 月 26 日）

查国立各校预算向由钧部汇总编列，本校卅六学年度第二学期因学程进展，事务增加，教职员名额必须增至四百六十人始敷分配。理合呈请鉴核，俯赐如数编列，以资因应而免困难。谨呈
教育部。

国立南开大学校长张伯苓
中华民国三十六年十一月廿六日
（南开大学档案馆藏）

附：教育部复电南开大学（1947 年 12 月 13 日）

国立南开大学：三十六年十一月廿六日开字第 688 号呈悉。该校本年度已增加员额四十名，所请于下年度将教职员按四百六十人编列一节，未便照准，仰知照。教育部。印。

（南开大学档案馆藏）

致季泽晋[①]

（1947 年 11 月 28 日）

康甫先生勋鉴：

昨奉大函，备悉一是。本校被劫书物续有发现，前见报载，曾函驻日代表团查询，仰承关注，感激奚如。兹已如嘱呈请教部转函办理矣。专此复谢。即颂
政绥！

---

① 季泽晋（1898—？），别号康甫，江苏江阴人。时为国民政府外交部驻平津特派员公署特派员。

张○○ 拜启
十一、廿八

再恳者：本校教授姚玉林[①]之夫人张明女士系加拿大出生之华侨，兹拟回加省亲，向贵署请领护照，尚乞惠予关照为感。苓又及。

（南开大学档案馆藏）

附：季泽晋致南开大学（1947 年 11 月 14 日）

伯苓校长尊鉴：

久违尘教，仰念曷殷。兹敬启者：本署顷奉部令，转据驻日代表团报称，在沦陷期间曾有贵校书物被日人强劫，现存东京世田谷仓库之内。未识贵校已得有该项消息否。如尚未办理手续，似可由贵校转请教部径行申请，或改函本署，必当转陈本部，以便转饬驻日代表团迅为洽办也。时序骤寒，诸祈珍摄为祷。专此奉陈。敬候

崇安！

晚季泽晋敬启
十一月十四日

（南开大学档案馆藏）

致熊述匋

（1947 年 11 月 28 日）

二区和平道廿六号

述匋先生道鉴；

顷奉惠书，诵悉种切。以衰朽缪承邦人推重，选为国大代表，桑梓义务，不敢不勉。惟宪法规定代表责简而重，与国会议员稍有不同。而最要者，为代表人民执行选举、罢免、创制、复决四政权。当于应负责任内谨慎从事，以期

---

① 姚玉林（1914—？），江苏六合人。毕业于浙江大学。曾在南开大学、西南联合大学化学系工作。后赴加拿大、美国留学，获博士学位。回国后执教于南开大学。旋再次远渡加拿大从事金属物理及热力学研究。著有英文专著《不可逆过程力学》。

上副邦人君子之雅望。尚希不吝珠玉，时加以鞭策，俾免陨越为祷。范老为吾乡一代完人，辉教迄今在人耳目，何人期敢希继武，承教各节，愧不敢当。专此复谢。即颂

台绥！

张〇〇 拜启

十一、廿八

（南开大学档案馆藏）

呈教育部

（1947 年 11 月 29 日）

查本校在抗战期间遭受敌寇轰炸，全校设备、图书、教具除事先运出一小部份外，其余多数损毁，未损毁者均为敌寇掠夺。而运出图书之一部，又因敌寇侵入海防，再度被掠。前由驻日代表团追回图书一百九十箱，业经收讫。嗣见报载，被劫书籍续有发现，当函驻日代表团查询。兹准外交部驻平津季特派员泽晋函称，"奉部转据驻日代表团报称，在沦陷期间曾有贵校书物被日人强劫，现存东京世田谷仓库之内。"等由。除函复外，理合呈请鉴核，俯赐转函外交部，令饬驻日代表团代为追索，以免损失。谨呈

教育部。

国立南开大学校长张伯苓

中华民国三十六年十一月廿九日

（南开大学档案馆藏）

呈教育部

（1947 年 11 月 29 日）

案奉钧部第二六〇〇七号汇款申请书拨发卅六年度八至十月教员学术研究补助费国币四千万元业经如数领讫，理合填具收据，呈请鉴核备查。谨呈

教育部。

附呈收据一份。

国立南开大学校长张伯苓
中华民国三十六年十一月廿九日
（南开大学档案馆藏）

呈教育部

（1947年11月29日）

案奉钧部第二六九五三号汇款申请书拨发卅六年度十至十一月学生膳费国币八千万元。又奉第二八八〇五号汇款申请书拨发卅六年度十二月份学生膳费国币二亿元。以上两款均经如数领讫，理合填具收据，呈请鉴核备查。谨呈
教育部。

附呈收据两份。

国立南开大学校长张伯苓
中华民国三十六年十一月廿九日
（南开大学档案馆藏）

致交通部平津区铁路管理局员工福利委员会

（1947年12月3日）

接准大函，附《员工子女就学调查表》，嘱即查填等由，兹经依式查填清楚，相应函送查照。此致
交通部平津区铁路管理局员工福利委员会。

附表一份。

国立南开大学校长张伯苓
中华民国三十六年十二月三日
（南开大学档案馆藏）

致张彭春

（1947年12月5日）

九弟如晤：

昨接电报，知杨石先业已回国，甚为喜慰。兹将一切状况详述于后。

学校现为文、理、商、工四院，学生一千二百余人。文、理、工均在八里台，商学院及先修班在旧日租界。迪化道东院住有学生六百余人，六里台北院住学生四百余人，女生百余人分住芝琴楼及东院。经济及化工两研究所已奉准恢复，本年教授延聘颇为整齐，尤以化工系为最。

自改国立以后，经济方面兄之负担减轻，可以稍息心力。校舍修缮工程迄今未停，用款数十亿元，均由国库支给。虽以各地学潮影响，学生情绪不安，经各教授极为劝导，并以学术讲演转移其思想，最近已告平稳。中学男、女两校学生一千一百余人。女校本学期迁入甘肃路校舍（旧日本松岛女高），一切均有进展。

惟陈芝琴先生于九月廿九日仙逝，至堪伤痛。不惟失一知己，且生前对大、中两校及重庆南开中每所捐赠，实令人思念无已。

中学主任丁辅仁突于十月一日以心脏扩大症逝去。复校以来对于收回校址、扩充校舍、接收物资、恢复建设多赖辅仁努力，一旦溘逝，诚为学校一大损失。

讵意伉乃如又于十月廿八日相继身故，同事卅余年，竟先我而去，追念往昔，能勿悽然。兄两月之间，遽失三友，虽伤痛异常，而念及人生，事业如能常久存在，可谓精神不死，尚能勉作达观。

传鉴因辅仁之逝来津四十日，昨始回渝。渝校现有学生一千九百余人，一切均有进展。

华北各省市奸匪日益猖獗，最近傅作义将军主持五省剿匪军事，必能遏止乱源。津市城防甚固，更无可虑。

日前国大代表选举，兄参加竞选，以十三万余票当选。惟因立委选举改期，大会恐须迟至明年三月召集，届时兄当赴京出席。

自今春返津以后，全眷由渝飞津，先在南海路暂居，上月移至南关大街二六八号宁家大楼。此房为校友宁君谦捐赠，经修理后迁入居住。五嫂身体亦健，

移居劳累虽患脚肿，近已痊愈。希陆现调北平大中银行经理，儿女在津上学。锡羊供职公用局，亦能勤慎自爱。锡祚与兄同居，因今年闰月，为五嫂制作寿衣，绣花材料极佳，颇为五嫂所喜。

三妹仍在渝。桂官上月订婚，三妹儿女五人，婚嫁大事已完，晚境可称顺适。

兄自美归后，即注意休养，现已逐渐恢复。前为芝琴先生送殓，哭泣之后为风寒所中，致患急性肺炎，经医用盘尼西林注射三四十次始愈。近日自觉精神甚佳，虽遇冬雪亦不觉冷。如非身体复元，即系药物之力，深为欣慰。

前者曾保诒来津接眷，曾买地毯带去，嗣丁大夫处送来兰色地毯三块，云系吾弟所存，以后遇便再为寄美。

吾弟近况如何，几时可以回国，尚望详以告我。闻曾君言，侄辈功课极佳，兄实为之欣慰不置也。专此。即问
近好！

兄苓手启
十二、五

弟妹及侄辈好。

（南开大学档案馆藏）

致长记轮船公司天津分公司

（1947年12月5日）

案准贵公司津公字一〇六号公函，附送化学物品样子一包，嘱为化验，等由。查本校复员后，化学仪器大部向美订购，现在尚未完全运到，对于精密之化验与分析，歉难照办。如承以该物品之来源及用途见示，或能介绍适当机关代办。相应函复查照。此致
长记轮船公司天津分公司。

国立南开大学校长张伯苓
中华民国三十六年十二月五日
（南开大学档案馆藏）

附：长记轮船股份有限公司天津分公司致南开大学（1947年11月21日）

长记轮船股份有限公司公函　　津公字第一〇六号

敬启者：兹以发见不明性理之化学物品一宗，急欲明了其性质。夙仰贵校师生莫不学术精深，乐于研究，今特送上样子一裹，敬祈拨发贵化学院系，分神为化验分析内中含有若干并何种燃烧性物质。尚冀赐覆指知为幸。所有费用，自必照缴不误。此致

南开大学校长钧鉴。

长记轮船股份有限公司天津分公司王立斋　启

中华民国卅六年十一月廿一日

（南开大学档案馆藏）

致川康盐务管理局

（1947年12月6日）

经字第346号

事由：为两场井灶应担经费，仍请照扩大会议决自10月份予以补扣，并将自场及补价仿照贡场办理，以资简捷而免纷歧，以维校务。

径启者：案准贵局发来本年令两场署处财联（1947）字第1685号令副本过会。兹查：

一、贡场盐卤价应扣千分之三经费，虽蒙自11月下期起代扣，但本会10月及11月上期开支均系借款济用，并经扩大会议决自10月份起实行，所有贡场10月及11月上期未扣经费，应请查明补扣。

二、自贡两场性质相同，贡场既可由井灶双方按照规定比率自行摊算，自场当可同样办理，以资简捷。况此办法已由自场场商处主任熊佐周代表认可，应请自10月起仿照贡场代扣，并资一致。

三、票盐部分除照扩大会议决自10月份起外，仍请照贡场办法，卤盐并扣，以免纷歧。

四、两场搭篾补价系在盐卤价外补助井方，过去均系照担经费，此次议决亦包在内，并盼近日核发该价款时将10及11月应担数目一并扣交。

右四项，相应函请贵局烦为查照，予以扶助，而维校务。此致

川康盐务管理局。

蜀光中学校董会　董事长 张伯苓 假
董　事 曾子郁
兼会计 侯策名

呈教育部

（1947 年 12 月 10 日）

案据学生和俊民等卅二人缴呈证件申请公费，当经本校公费及奖学金审查委员会加以审查，各该生等尚合于《国立中等以上学校及省立专科以上学校学生公费给予办法》第三条暨《公费制度八项原则》第二项之规定，理合检同所缴证件，造具名册，备文呈请鉴核示遵。谨呈

教育部。

附呈名册二份，证件卅一份。

国立南开大学校长张伯苓
中华民国三十六年十二月十日
（南开大学档案馆藏）

致黄河水利工程总局

（1947 年 12 月 10 日）

案准贵局工字第六三六三号公函，查询日人所拟黄河工程计划有关资料书目，嘱即见复等由。查本校系于胜利后始行复员，并未备有该书目。相应函请查照。此致

黄河水利工程总局。

国立南开大学校长张伯苓
中华民国三十六年十二月十日
（南开大学档案馆藏）

附：黄河水利工程总局致南开大学（1947年11月25日）

黄河水利工程总局公函　　卅六局工字第6363号

函请查示日人所拟黄河工程计划有关资料书目由。

查日人于侵入我国时，所拟黄河工程计划，其目的虽为加强其经济统制与榨取我资源，然其所调查搜集之资料及分析研究结果仍不失为吾人研拟黄河治本计划之参考。素仰贵校搜罗该项有关资料甚多，拟请查照，惠予开示书名、著者、出版日期、出版地及各该书章节目录与附录中所列参考书目等项，俾资参考。至纫公谊。此致

南开大学！

总局长陈泮岭

中华民国三十六年十一月廿五日

（南开大学档案馆藏）

致《大公报》馆

（1947年12月11日）

接准第三十三号大函，催缴《南大周刊》第五期结欠印费一百八十万元。查《南大周刊》系本校前学生自治会江德萍负责办理，除饬即往缴清欠款外，特函复，请查照。此致

《大公报》馆。

国立南开大学校长张伯苓

中华民国三十六年十二月十一日

（南开大学档案馆藏）

附：《大公报》馆致南开大学（1947年11月23日）

敬启者：贵校《南大周刊》社曾委印第五期周刊两千册，结欠国币一百八十万元正。曾经贵校电知敝馆严副理声称："关于该社结欠之印刷费由校方负责等情。"并曾于九月十七日以第三十号公函催询贵校，惟迄今又逾两月，仍未蒙掷还。特再函达，即祈鉴察惠下，并希见覆为荷。此致

南开大学。

天津《大公报》承印课 启
中华民国三十六年十一月二十三日
（南开大学档案馆藏）

呈教育部

（1947 年 12 月 12 日）

案奉钧部第三〇八八七号汇款申请书拨发卅六年度十一至十二月教员学术研究补助费国币二千万元业经如数领讫，理合填具收据，呈请鉴核备查。谨呈教育部。

附收据一份。

国立南开大学校长张伯苓
中华民国三十六年十二月十二日
（南开大学档案馆藏）

致中国教育学术团体联合会

（1947 年 12 月 12 日）

南京太平路红花地廿二号

敬复者：顷奉大函，附寄提案纪录等件均奉悉。原拟国大会议召集以前晋京，兹因开会延期，已行中止。本会如于廿日左右开会，即不克出席矣。特复，即请查照。此致
中国教育学术团体联合会。

张〇〇 拜启
十二、十二
（南开大学档案馆藏）

呈教育部部长朱家骅

（1947年12月13日）

查本校三十六年度一至五月份学生公费收支对照表、印领清册及粮价证明书均经编整完竣，兹检同原件，呈祈鉴核存转。谨呈
部长朱。

附呈：三十六年度一至五月份学生公费收支对照表二份。
三十六年度一至五月份学生公费印领清册三十二册。
三十六年度一至五月份粮价证明书五份。

国立南开大学校长张伯苓
中华民国三十六年十二月十三日
（南开大学档案馆藏）

致陆礼华

（1947年12月17日）

上海江湾魏德迈路五一号浙江体育专科学校

礼华校长惠鉴：

顷奉大函，诵悉种切。竞选国大代表承地方人士不弃，以十三万余票当选。惟任重道远，时深悚惕，只有本诸宪法规定之责任慎重从事，以期无负地方之期望耳。承示校务进行情形，至为忻慰。战后各地教育复员均有困难，而恢复之程度胥视当事人努力如何而定。本校能于短期中逐渐修复，皆为台端及诸同仁辛苦经营之表现，此后发展更可期待矣。明年三月晋京开会时当至沪奉访。先此奉闻。即颂
教绥！

张〇〇　拜启
十二、十七
（南开大学档案馆藏）

分致黎重光、林汉甫

（1947 年 12 月 17 日）

上海四川中路九江路口 261 号五楼中兴轮船公司、北京路三〇〇号茂华商业银行

重光、汉甫弟鉴：

昨接舍弟电报，杨石先先生由美返国，乘 general meig 轮船于十二月廿九日到沪，请约集在沪大学校友同往欢迎，并照料一切为盼。专此。即颂

时绥！

张〇〇启

十二、十七

（南开大学档案馆藏）

致电李登辉[①]治丧委员会

（1947 年 12 月 17 日）

上海常德路五七四号李登辉先生治丧委员会鉴：登辉先生尽瘁教育，举国同钦。遽闻仙逝，悼痛无已，敬致唁忱。请转先生家属为叩。张〇〇。亥。篠。

（南开大学档案馆藏）

① 李登辉（1873—1947），字腾飞，福建厦门人。毕业于美国耶鲁大学。1905 年受聘任复旦公学教授兼教务长。1912 年后任校长，1936 年退休。后曾任中华书局英文总编辑。

致郑达如[①]

（1947年12月19日）

达如贤弟惠鉴：

久未通讯，甚念。顷闻行总结束，政府决定成立善后事业委员会继续办理善后事宜，吾弟已发表为该委员会委员，无任欣慰。

李建昌[②]弟系本校研究院第一届毕业生，学验俱优，服务地方及中央事业机关十有余年，客岁入行总任专门委员，派兼财务厅平津区办事处代表，办理善后救济物资之配销与工矿之复兴事宜，年来颇得社会人士好评。其为人公忠，办事干练，当为吾弟所知。善后事业委员会如在平津成立分支机构，似可由该员负责主办其事，以期驾轻就熟。尚望予以嘘植为盼。专此。顺颂

公绥！

张伯苓启

三十六年十二月十九日

（南开大学档案馆藏）

---

① 郑道如（1898—1980），字达如，天津人。1918年毕业于天津南开中学，后赴美留学。1930年任绥远省政府委员兼财政厅厅长，同年，调任河北省政府委员兼教育厅厅长。1937年任贵州省政府委员兼秘书长。1945年任行政院善后救济总署副署长。抗战胜利后任吉林省政府主席。1947年，任华北“剿总”秘书长兼中央银行平津区行主任。1949年后去台湾。

② 李建昌（1911—?），广东从仙人。1935年武汉大学经济系毕业，1937年南开大学经济研究所财政学专业研究生毕业。毕业后先后任职于南昌大学、重庆建业银行柳州分行、行政院善后救济总署。1947年后历任天津工商学院、南开大学、河北财经学院、天津财经学院等校教授。

致王云五[1]

（1947 年 12 月 19 日）

云五仁兄副院长勋鉴：

冬寒，维起居佳胜为颂。顷见中央发表吾兄兼任善后事业委员会主委，宏才重望，深庆为国得人，欣贺！欣贺！

兹有恳者：李建昌弟系南开大学研究院第一届毕业生，学验俱优，曾服务地方及中央事业机关十有余年，客岁入行总任专门委员兼财务厅平津办事处代表，办理救济物资之配销与工矿之复兴事宜，年来颇得社会人士好评。其为人公忠，办事干练。贵会在平津成立分支机构时似可由其负责，以期驾轻就熟。因知吾兄求贤若渴，用特专函推荐，务希推爱予以栽培，是所盼祷，并希惠复为感。专此奉恳。顺颂

勋安！

弟张伯苓 拜启

三十六年十二月十九日

（南开大学档案馆藏）

致邓仲芝

（1947 年 12 月 20 日）

北平司法部街河北高等法院

仲芝仁兄院长勋鉴：

津门快聚，深慰积私，近维政躬多蕃为颂。兹有请者：老友徐勤，致力革命工作数十年，兴学办报，毁家不惜，不幸于“九一八”后病废。其子徐良，天性纯孝，继述为志。讵以误信汪逆与中央具有默契，又为日人所迫，参加伪

① 王云五（1888—?），广东中山人。名鸿桢，字日祥，号岫庐。著名出版人。时任行政院副院长。

组织，胜利后以汉奸罪被逮，知者均惋惜之。兹闻该案发回更审，此间人士联名具呈津分院，请求减刑。弟与之谊属世交，不忍袖手，倘能略迹原心，似可仰邀末减。用特专函奉恳，尚希惠予酌办为感。专此。即颂
勋绥！

弟张〇〇 拜启
十二、廿

附抄件一份。

（南开大学档案馆藏）

分致行政院河北平津区敌伪产业处理局、中央信托局

（1947年12月20日）

查本校事务组主任孟琴襄，拟请继承租前在救济总署供职时所租、现仍居住之第一区嫩江路一一三号敌伪房屋一所，业经函达在案，兹以本校教职员宿舍不敷分配，该主任现住之房如经处理，由他人价购，则将感受无房可住之困难。拟请准予按照居住人优先价购定章，由该主任孟琴襄备价承购，或按其他方式及办法亦可遵办。除分函中央信托局、处理局外，相应函请查照。尚希惠允见复为荷。此致
行政院河北平津区敌伪产业处理局、中央信托局。

国立南开大学校长张伯苓
中华民国三十六年十二月廿日
（南开大学档案馆藏）

附：中央信托局天津分局复南开大学（1947年12月27日）

查该房既经处理局核准租用，且已订立租约有案，在该租约有效期间，自可径行来局缴租。至拟请价购一节，即请径洽处理局办理。特复查照。此致
国立南开大学。

中央信托局天津分局
中华民国卅六年十二月廿七日
（南开大学档案馆藏）

致中央执行委员会秘书处、人事处

（1947 年 12 月 22 日）

顷奉大函，敬悉一切。兹检奉像片两张，国币一万元，希查收是荷。此致中国国民党中央执行委员会秘书处、人事处。

张〇〇启

十二、廿二

附像片两张，国币一万元。

（南开大学档案馆藏）

呈教育部部长朱家骅

（1947 年 12 月 22 日）

查本校三十六年度教员学术研究补助费业经钧部先后拨付计 1 亿 8360 万元，已由央行收讫。惟一至十一月份业经核发计 2 亿 169 万元，收支相抵后已超支 1809 万元。嗣奉钧部高字第五九七七零号代电，核准自八月份起依原核发数增加一倍，故八至十月份应补发数计 7200 万元。又，十二月份约计 5000 万元，各项合计尚差 1 亿 4009 万元。拟请准予拨付外，兹造具该项一至十一月份收支对照表二份及印领清册十六册，送呈鉴核备查。谨呈
部长朱。

附呈：三十六年度一至十一月份学术研究补助费收支对照表二份。

三十六年度一至十一月份学术研究补助费印领清册十六册。

国立南开大学校长张伯苓

中华民国三十六年度十二月廿二日

（南开大学档案馆藏）

呈教育部部长朱家骅

（1947 年 12 月 22 日）

查本校卅六年度学生公费收支对照表及印领清册业经呈送至五月份止，六至十月份业经转发，惟查自九月份起学生公费发放办法原应遵钧部本年十一月三日总字第五九一二三号代电，主食费饬自九月份起照配售面粉价格报领，本校因奉令较迟，故九至十一月份已援以往办法核发。除由训导处通告各生之已按照市价报领公费，并曾以平售价格领购面粉者，其差额应于卅七年二、三两月发给公费时照数扣缴外，兹造具六至十月份上项表册，呈祈鉴核。谨呈
部长朱。

附呈：卅六年度六至十月份学生公费收支对照表二份。

卅六年度六至十月份学生公费印领清册六册。

国立南开大学校长张伯苓

中华民国三十六年十二月二十二日

（南开大学档案馆藏）

呈教育部部长朱家骅

（1947 年 12 月 23 日）

案奉钧部本年八月三十日会字第四七一二二号训令，略以公教人员生活补助费准自本年八月份起调整。又，平津两地粮食缺乏情形特殊，应即筹备配售公教员工日用必需品，在实施以前折发配售实物差额金 20 万元等因，奉此，自应遵办。查本校教职员 240 名，每名 20 万元，计 4800 万元，工役 99 名，每名 10 万元，计 990 万元，两项合计 5790 万元，业经垫发八月份一个月。刻年终将届，各帐项尚待清结，拟请将差额早日拨付，借便结帐为祷。谨呈
部长朱。

国立南开大学校长张伯苓

中华民国三十六年十二月廿三日
（南开大学档案馆藏）

呈教育部

（1947年12月24日）

案奉钧部高字第六六七七六号指令开："呈件均悉。……，表存，此令。"等因。奉此，遵查复学生王淑华、赵筱贞两名系于卅五学年度第一学期由北平临时大学补习班分发本校，所有转学证件业于本年六月十七日开字第三四七号呈文汇送在案，奉令前因，理合造具名册，呈请鉴核备查。谨呈
教育部。

附呈名册一份。

国立南开大学校长张伯苓
中华民国三十六年十二月廿四日
（南开大学档案馆藏）

呈教育部

（1947年12月24日）

案奉钧部第二四〇七九号汇款申请书拨发卅六年度八至十二月份员役生补费国币一亿七千三百廿八万元，遵经如数领讫，理合填具收据，呈请鉴核备查。谨呈
教育部。

附呈收据一纸。

国立南开大学校长张伯苓
中华民国三十六年十二月廿四日
（南开大学档案馆藏）

致施奎龄[1]

（1947年12月24日）

念远贤弟惠鉴：

校友周君乃森，毕业南中以后即入燕大深造，毕业后历在津市各机关供职，现充处理局专员兼零星物资处理事务所后勤室主任，颇著成绩。近以该所行将结束，别谋枝栖，闻金融管理局将于卅七年元旦成立，尚望推爱予以位置是盼。此颂

时祺！

张〇〇启

十二、廿四

（南开大学档案馆藏）

致孟治

（1947年12月24日）

君平贤弟鉴：

本校学生张建侯[2]官费留美，近以本科教授令其实习，须延期半年至一年始能呈交毕业论文。惟官费期满停止后，经济方面极感恐慌。此人毕业后本校将予聘用，尚望就近设法予以维持，俾使完成学业。其通讯处如下：Chang C. H. M. T. % Chem. Eng. Dept.。

再，本校下学期拟聘化工教授一人，须专攻化学工程，成绩优良，得有博

① 施奎龄（1897—1960），字念远，天津人。1916年天津南开中学毕业，入南京金陵大学，获学士学位，继赴美国留学，获哥伦比亚大学博士学位。1947年任全国经济委员会专任委员。1948年兼任驻天津华北地区金融管理局局长。

② 张建侯（1914—　），江苏泰兴人。1939年毕业于西南联合大学化工系。1950年获美国马萨诸塞理工学院科学博士学位。同年回国，任南开大学教授，1952年起任天津大学教授。

士学位者。可于留美毕业同学中详加物色，开具履历寄回，以便函聘是盼。此颂
时绥！

张伯苓启
三十六年十二月二十四日
（南开大学档案馆藏）

致《中央日报》

（1947年12月25日）

顷奉大函，敬悉。兹检奉照片一纸，简历一份，希查收为荷。此致
《中央日报》。

张〇〇启
十二、廿五

附照片一纸，简历一份。

（南开大学档案馆藏）

致丁懋英[①]

（1947年12月25日）

东门外水阁天津女医院

懋英大夫惠鉴：

昨奉大函及毛袜、棉鞋，均领悉。吴君盛意，极为可感，惜尺寸稍小耳。请代致谢意为祷。承赠毛袜，甚佳，谢谢！专此。复颂

① 丁懋英（1891—1969），上海人。民国初年来天津，入严氏女学读书，后赴英国留学习医。1945年日本投降后，在联合国救济总署、国民政府行政院善后救济总署华北国际救济会工作。曾担任天津女青年会董事。

台绥！

张○○ 拜启

十二、廿五

（南开大学档案馆藏）

致张伟学[1]

（1947 年 12 月 25 日）

热河承德县政府

伟学贤弟惠鉴：

昨奉来函，附承德新闻，备悉一切。际此戡乱时间，行政、教育各方面工作困难甚多，认清目标以苦干精神为之，自可有所成就。吾弟如此努力，深堪欣慰。仍望继续迈进，是所至盼。蓬一弟并代致意。此复。即颂

时祺！

张○○启

十二、廿五

（南开大学档案馆藏）

呈教育部

（1947 年 12 月 27 日）

案奉钧部总字第六七四九一号训令，饬即查填卅二年度十二月廿七日总字第六三三九七号令发之“国有财产调查表”等因。查卅二年本校尚未复员，该表格式亦未奉发，无从填送。奉令前因，理合呈请鉴核，俯赐补发表式，以便查填，实为公便。谨呈

教育部。

① 张伟学（1908—？），吉林扶余人。1925—1927 年在南开中学肄业。

国立南开大学校长张伯苓
中华民国三十六年十二月廿七日
（南开大学档案馆藏）

呈教育部

（1947 年 12 月 27 日）

查卅五学年度各项报告简表业经造送在案，兹将《毕业生数报告简表》遵式填齐，理合呈请鉴核备查。谨呈
教育部。

附呈《毕业生数报告简表》一份。

国立南开大学校长张伯苓
中华民国三十六年十二月廿七日
（南开大学档案馆藏）

呈天津市地政局

（1947 年 12 月 31 日）

具声请书人南开中学张伯苓，年 72 岁，天津市人，现住南门外宁家大楼 268 号。为本市第十一区四马路门牌 2 号一段，地号第 2714 号土地，因划清地界之故，情愿遵章缴费并附填具邻地关系人姓名，恳祈赐定日期派员复丈，并通知邻地关系人届期到场指界。实为公便。谨呈
天津市政府地政局。

（天津市档案馆藏）

呈教育部

（1947年12月）

今领到钧部社字第六四〇一七号代电，配发本校交流收音机壹架价款收据（教字第六二号）。此上

教育部。

国立南开大学校长张伯苓

中华民国三十六年十二月

（南开大学档案馆藏）

附：教育部复电南开大学（1947年11月27日）

发文社字第六四〇一七号

国立南开大学：戌鱼开字第六四〇号代电悉。查本部核定配发该校交流收音机壹架之价款壹百五十万元业已如数收讫，兹随电寄发收音机价款收据一纸，仰即查收。教育部。戌。印。

附收音机价款收据乙纸。

（南开大学档案馆藏）

致电律鸿起转傅恩龄

（1947年12月）

沈阳　中央通讯社律鸿起弟转傅锡永弟：梗电悉，校友热心，至感慰。望弟先回津。苓。

（南开大学档案馆藏）

致蒋介石等

（1947年）

总裁睿鉴（或〇〇先生赐鉴）：

谭熙鸿同志早岁加入同盟，宣统末年在京津同盟会主持南北秘密情报及策动栾州及京津等处革命工作。民国成立，在南京临时大总统府任秘书之职。至中山先生下野，由稽勋局派赴法国研究农学。民八归国，任北大教授，助孑民先生发动新文化运动。民十五，孑民先生创办浙江大学，被聘任该校农学院院长，旋转任中央林垦署署长。至经济部成立，改任该部技监现职。谭同志对于农业建设及蚕丝业改进工作贡献特多，为本党推行农业政策生色不少。弟与谭同志相交数十年，知之极深，此次参加江苏农会竞选，拟请总裁（或〇〇先生）予以有力之支持，使其对于吾党将来建国工作能得更多供献之机会。曷胜盼祷。

（南开大学档案馆藏）

致律鸿起

（1948年1月5日）

沈阳和平区南京街八十七号中央通讯社沈阳分社

鸿起贤弟惠鉴：

十二月十八日来函均悉。校友分会暨建校委员会举行联席会议，拟先接办沈阳军人子弟小学，具征弟等发扬南开精神之热诚、毅力，至感欣慰。惟苓意创设东北分校仍以先由中学入手为宜，若先办小学，观感所系，似有未便。仍望弟等对于筹设中学相机进行是盼。匆此。即颂

年绥！

张伯〇 启

一月五日

（南开大学档案馆藏）

呈教育部

（1948年1月6日）

查本校三十六年度学生公费收支对照表、印领清册及粮价证明书业经呈送至五月份止在案，兹造具六至八月份上项表册，备文呈送鉴核备查。谨呈
教育部。

附呈：三十六年度六至八月份学生公费收支对照表二份。
三十六年度六至八月份学生公费印领清册四册。
三十六年度六至八月份粮价证明书三份。

国立南开大学校长张伯苓
中华民国三十七年一月六日
（南开大学档案馆藏）

致天津市警察局

（1948年1月6日）

本校现奉教育部令，技工比照警察待遇。惟津市警察之薪饷、生补费及实物配给等项本校无案可稽，兹派员持函面洽，希即惠予指示为荷。此致
天津市警察局。

国立南开大学校长张伯苓
中华民国三十七年一月六日
（南开大学档案馆藏）

致天津各校校长[1]

（1948年1月6日）

先生惠鉴：

顷奉朱部长加急密电，以蒋梦麟先生奉命参加专科以上学校教员团体立委竞选，须得平、津、冀、唐各校同人一致之推选始有把握，嘱为就近设法支持，除分函外，特函奉达，希即转致全体同仁，一致协力是荷。此颂

教绥！

张伯苓 拜启

一、六

（南开大学档案馆藏）

附：朱家骅致电张伯苓（1948年1月4日）

天津南开大学张校长伯苓先生：民密。蒋梦麟兄奉命参加专科以上学校教员团体立委竞选，需得平、津、冀及唐山各校一致之推选方有绝对把握，务请就近特别设法支持，并为布置一切是感。弟朱家骅。子支。印。

（南开大学档案馆藏）

致电教育部

（1948年1月7日）

教育部钧鉴：查学生膳费自卅六年九月以来，除旧生已核定给予公费者外，迭经奉令，新生按照规定给予奖学金，嗣复奉令办理匪区救济金及师范生准给公费等项，名额月有增加，奉发膳费仍按旧额估计，以致不敷分配。现余

① 此函分别寄给唐山工学院、北洋大学、河北省立工学院、国术体育专科学校、河北省立女子师范学院、水产专科学校的校长。

公费、奖学金、救济金之学生约计相当于全公费学生五百名之多，配售面粉十二月份尚未到津，核发膳费势须按照津市面粉市价计算，一月份膳费共需七亿元，除前余二亿元外，仰恳迅赐拨发五亿元，以济急需而免困难。并乞电复。国立南开大学校长张伯苓叩。子虞。印。

（南开大学档案馆藏）

致杭州青年中学

（1948 年 1 月 7 日）

案准贵校青教字第六五号公函，查询春季班招生日期，并嘱寄暑期招生试题等件。查本校春季并不招生，相应检同暑期招生试题，函请查照。此致

国防部预干局杭州青年中学。

附试题一份。

国立南开大学校长张伯苓

中华民国三十七年一月七日

（南开大学档案馆藏）

致马肃

（1948 年 1 月 7 日）

西安东大街中国银行

敬予贤弟足下：

昨接来函，备悉一是。汇款二百万元并已照收。屡承厚贶，深为感谢。○[①]生活依旧寒素，每月所入差堪自给。儿辈亦均自立，需要无多。此次愧领，以后尚望勿再寄款。虽盛意极为可感，而○受之实觉不安也。专此复谢，顺颂

时祉！

① 文稿中张伯苓姓名的省略写法。

张〇〇 拜启
一月七日
（南开大学档案馆藏）

致何应钦①

（1948 年 1 月 7 日）

纽约

敬之先生勋鉴：

顷奉惠函，诵悉种切，藉谂筹祺备福，鼎祉延厘为颂。归国以还，即致力于复校工作，去岁参政会开会，一度晋京出席，返津后承地方人士不弃，举为国大代表，深有任重道远之感。三月内当赴京报到。国步方艰，民生疾苦，论者方以为忧，内忧外患正为促成团结一致走上民主宪政之原动力，亦视吾人之努力如何耳。高明以为否，鸿便尚希时惠教言，是所盼祷。此复。即颂

勋绥！

张〇〇 拜启
一月七日
（南开大学档案馆藏）

致中国教育学术团体联合会

（1948 年 1 月 7 日）

南京太平路红花地 42 号

敬复者：顷准大函，备悉一是。承嘱委托代理人，兹请常道直先生为代理人，特函奉达，即希查照。此致

中国教育学术团体联合会。

---

① 何应钦（1890—1987），字敬之，贵州兴义人。1948 年接任国防部长。

张〇〇 拜启
一月七日
（南开大学档案馆藏）

致天津市财政局

（1948 年 1 月 7 日）

案准天津市政府义会字第二〇二一六号公函，以卅六年八月份实物差额金已由财政部拨到，嘱即造册洽领等由。查本校原有员额计教职员二百人、公役七十八名、技工一名。卅六年七月奉教育部高字第四一七九八号代电，准自八月份起增加员额四十人，故上项差额金实发教职员二百卅九人、公役七十八名、技工一名，共计国币五千五百卅二万元。惟新增员额由部呈院追加，尚未奉到院令，自应先行保留，俟奉令准，再为补领。除全部名册拟俟补领时送交外，兹先具领教职员二百人、公役七十八人、技工一人之差额金国币四千七百事二万元。相应函请查照。此致
天津市财政局。

国立南开大学校长张伯苓
中华民国三十七年一月七日
（南开大学档案馆藏）

附：天津市财政局复南开大学（1948 年 1 月 27 日）

为函请造送三十六年八月份实物差额金职员、夫役清册送局，以凭核办由。

案准贵校本年一月二十一日[①]大字十八号函开："以准天津市政府函：'以三十六年八月份实物差额金业经拨到，嘱即造册洽领。'等由。查本校员额奉准增加，拟先保留，俟奉院令补领，并送名册，请先照旧额具领。"等由。准此，查本局奉令饬办核发实物差额金，均系遵照府令规定办理。惟贵校应造名册，既未造送，本局格于规定，歉难照办。准函前由，相应函请查照，迅将实领员役名册造送本局，以凭核办为荷。

① 应为七日——整理者注。

再，盖章如有困难，经领人员及同人均可代为盖章。此致
国立南开大学校。

局长李金洲[①]
中华民国三十七年一月二十七日
（南开大学档案馆藏）

致审计部河北省审计处驻库办公室

（1948年1月7日）

本校兹为垫发本年一月份学生膳费一部份，拟由教职员生补费项下暂行借支国币四亿元，一俟部款拨到，即行归垫。相应函请查照惠允是荷。此致
审计部河北省审计处驻库办公室。

国立南开大学校长张伯苓
中华民国三十七年一月七日
（南开大学档案馆藏）

致审计部河北省审计处驻库办公室

（1948年1月7日）

查卅六年教职员冬季煤炭费前奉核准，向四联总处息贷，嗣由部拨煤炭费内如数扣还。惟该项贷款内有教职员同人煤款二亿四千万元，一并扣去。而本校早经垫发，同人无需由校负担。曾经电奉教育部高字第六九三五八号代电，另开："电平津各院校，……俟获准后即行令知。"等因。现以需款孔急，兹拟暂由教职员生补费项下借支国币二亿四千万元，先行归垫。除另函外，相应函请查照惠允是荷。此致

① 李金洲，又名少珊，河北深县人。北平朝阳大学毕业。历任北平市警察局司法科长、河北民军参议、重庆行政院谘议等。1945年8月任天津市财政局局长。

审计部河北省审计处驻库办公室。

国立南开大学校长张伯苓
中华民国三十七年一月七日
（南开大学档案馆藏）

致国防部预备干部局

（1948年1月7日）

案准贵局（卅六）序藻自字第七二八号公函，附送青年军学生就读调查表，嘱即填复等由，兹经查填清楚，相应检同原表，函请查照。此致
国防部预备干部局。

附表一份。

国立南开大学校长张伯苓
中华民国三十七年一月七日
（南开大学档案馆藏）

致中和有限公司

（1948年1月7日）

本校奉教育部分配三十六年度美金四千五百元，由中央银行业务局洽办手续，并准该局业电1412、1125代电，嘱送物品清单。兹拟购置仪器、工具及书籍等项，均委托贵公司代为定购，附列清单，计共美金三,二七一.九五元，除于亥卅开字第八〇一号代电业务局知照外，相应函请查照，径向中央银行业务局洽办，见复为荷。此致
中和有限公司。

附清单。

国立南开大学校长张伯苓
中华民国卅七年一月七日
（南开大学档案馆藏）

附：中和有限公司复南开大学（1948年1月9日）

径复者：顷奉一月七日贵校大字第十六号函暨附仪器、书籍清单一份，祗悉种切。

按，向中央银行业务局领取是项美金之手续，贵校须㈠送呈物品清单存案（贵校清单已送呈）。㈡向中央银行业务局外币财务科领取“领款收据”三联单一份，加盖关防及负责人签署，并将户名、用途、金额等栏一一填妥。㈢将此三联单之第一联“存根”撕下留存备查。㈣将其第二联及第三联并另备公函声请，将该款开具纽约敝分公司 CHUN HO CO.（U.S.A.）LTD.抬头之汇票，一并送呈中央银行业务局国外汇兑科换取美金汇票。

以上手续敝公司俱可就近代办，敝公司于取得是项汇票后即寄纽约敝分公司，开立专户，存放银行。同时即将贵校拟购仪器、图书按单订购，将来凭美国厂商发票分批代为支付，实报实结。倘有余款，仍可由贵校另开清单，添购其他仪器、书籍，敝公司于任何情形下不能任意动用该款。兹将领款收据三联单一份随函附上，至祈察收赐办为感。此致

国立南开大学。

中和有限公司工程教育科学器材部 启

一月九日

（南开大学档案馆藏）

致天津海关

（1948年1月8日）

本校由美 S. S. Vito 轮船运到生物仪器一箱，尚希惠予免验放行是荷。此致津海关。

国立南开大学校长张伯苓

中华民国三十七年一月八日

（南开大学档案馆藏）

致天津市政府

（1948 年 1 月 8 日）

大字第 22 号

案准贵府义秘三字第 20368 号公函，以本校九、十两月借拨面粉，虽经教育部证明，在未奉中央核准前，自应先行扣还等由。查本校增加名额业经一再电请核定，现又分电部院在案。此项借拨面粉，拟请暂缓扣还配发，十二月份面粉仍照原案办理。相应函请查照惠允是荷。此致

天津市政府。

国立南开大学校长张伯苓

杜建时批：再向行政院令请补发。

致天津市政府

（1948 年 1 月 8 日）

大字第 23 号

查配发公教人员实物一案，本校自卅六年八月起增加教职员 40 人共为 240 人。前以配发面粉，名额不符，历经抄送核准原电，并经教育部专函证明在案。兹以配发煤斤布匹在即，如仍按 200 人配发，益感困难。本校员额业经由部证明，且有每月实发薪俸名册可资核对，自无冒领之疑。相应函请查照，希即转饬社会局配发实物煤布，按照实有人数发给并盼见复是荷。此致

天津市政府。

国立南开大学校长张伯苓

致杜建时

（1948 年 1 月 8 日）

建时贤弟惠鉴：

本校自卅六年八月起教职员增额为 240 人，而配发实物仍按旧预算 200 人发给，致感不敷分配。历经抄送核准原电，并由教部具函证明。而贵府仍以未奉院令，不但不允按照实有人数配发，且欲将借拨九、十两月面粉扣还。虽云限于规定，主管方面似不无执行过于严格。函请缓予扣还，并按实有人数配发煤斤布匹。外特函奉达务，希转饬经办及社会局通融办理，是所企盼。专此。

即颂

政祺！

张伯苓

杜建时批：与黄先生面洽，不必函复。

附 1：孔令明签呈（1948 年 1 月 12 日）

南开大学借拨面粉一案，奉谕与黄子坚先生说明，本府办理本案经过并允继续借拨。惟社局以借拨面粉，必须本府正式命令，方可办理。是否可予令行之处，敬乞鉴核。

职 孔令明 签

批：提审。

附 2：天津市社会局局长胡梦华呈天津市市长（1948 年 1 月 12 日）

案奉钧府义秘叁字第 19450 号及平秘叁字第 1450 号指令，为据呈复借发南开大学 9、10 月份面粉一案。饬遵前令办理，于配售 11 月份面粉内扣还。等因。查本案前奉钧府义秘叁字第 19105 号令示，业将办理情形于三十六年 12 月 30 日以勤经字第 2807 号文呈复，并函河北田粮处天津储运处查照在卷。奉令前因，理合备文复请鉴核备查。谨呈

市长杜、副市长张。

天津市政府社会局局长 胡梦华

附3：杜建时致行政院（平秘三字第1177号）（1948年1月13日）

南京行政院院长张钧鉴：本市办理公教人员配售实物案内，南开大学教职员人数200，技工一员，工役78名。于九月份面粉配售后，准该校来函谓事，准于八月间增加教职员40人，工役21名，尚少发面粉101袋。经即暂先照数借发，并电请财政部查复旋准。复以工役名额虽已准增为99名，教职员人数迄未核完。嗣又准教育部来函证明，该校确已增加教职员40人，薪俸系于事业费内支付。当以此次公教人员配售实物，其薪饷以国库预算为标准。则该校增加教职员人数须先呈请钧院核定，方可依据办理。经即电复教部，尚未准复。刻该校十月份面粉早经按照溢额先予借发。近又准迭函，坚请借发十一、十二两月溢额面粉，并恳配售煤斤布匹，均按实有人数发给等由。查该校教职员生活困窘，固属实情，□以格于规定办理，颇感困难。除□准将十一、十二两月份面粉先予通融借发外，关于该校增加教职员名额一节，尚乞迅赐核定训示遵行为祷。天津市市长杜〇〇叩。

子删平秘三。印。

附4：孔令明呈文（1948年1月16日）

查南开大学请借拨增加教职员40人实物配给一案。关于面粉部分，业经市政会议决定续借在案。本府前向政院请示，尚未奉复。顷由黄子坚先生介绍孙君来恰请援例，按240人配给煤布。是否可行，敬乞签核。

职 孔令明 谨签

附5：天津市政府令社会局（平秘三字第1693号）（1948年1月16日）

令社会局：

成经字第64号呈一件。为奉令饬扣南开大学九、十月份借粉案，复请鉴核备查由。呈悉。

此令。

批：请人事处会核。

附6：天津市政府通知单（1948年1月16日）

为本市南开大学教职员配发实物员额，前准财政部核定为200人。惟据该校函称，现有员额为240人，请照实有员额配发。等情。兹以12月份面粉配发在即，应如何办理，提请公决案。

决议：1. 9、10 两月份已发面粉暂不扣还；

2. 12 月份面粉暂按 240 人配发。

（天津市档案馆藏）

附 7：天津市政府令社会局（平秘字第 1480 号）（1948 年 1 月 19 日）

令社会局：

案函关于南开大学教职员配售面粉，十二月份暂拨 240 人配售一案，业经市政会议决议在案。兹复，据该大学申请援例按 240 人配售煤布等情，到府，除以电呈行政院核市[实]外，合行令仰该局遵照，暂准先行援面粉例，办理具报为要。

此令。

批：请人事处会核。

（天津市档案馆藏）

呈教育部

（1948 年 1 月 9 日）

案奉钧部三字第六八九三三号训令，颁发修正《公私立专科以上学校经费稽核委员会组织办法》第五条及第七条条文，饬即知照等因。查民国卅二年四月廿七日颁布之上项办法本校无案可稽，应请抄发，俾便遵办。奉令前因，理合呈请鉴核示遵。谨呈

教育部。

国立南开大学校长张伯苓

中华民国三十七年一月九日

（南开大学档案馆藏）

致教育器材接运处

（1948 年 1 月 9 日）

案奉教育部高字第七〇七一一号训令开：“查第一批日本赔偿工具机，……此令。”附清单一份等因。奉此，除准备接收外，兹由本校工学院孟院长广喆于赴沪办公之便就近面洽，相应函请查照。此致
教育器材接运处。

国立南开大学校长张伯苓
中华民国三十七年一月九日
（南开大学档案馆藏）

致季泽晋

（1948 年 1 月 10 日）

六区威尔逊路六七号外交部平津特派员公署

康甫先生惠鉴：

兹得朱部长函复，送请一阅。此颂
台绥！

张〇〇　拜启
一月十日

附原函。

（南开大学档案馆藏）

致马师亮

（1948 年 1 月 10 日）

资委会平津办事处

师亮贤弟惠鉴：

东北四矿同人眷属借住本校东院迪化道一〇三号楼房现已数月，兹以下学期必须使用该项房屋，亟待修理，拟即收回，尚希转嘱早日迁移交还为感。此颂

时绥！

张〇〇 拜启

一月十日

（南开大学档案馆藏）

呈教育部

（1948 年 1 月 12 日）

案奉钧部总字第六五七八〇号训令开：“查本部本年九月六日……此令。”等因。奉此，兹据学生吴景和等八十一人申请前来，理合检同证件，造具名册，备文呈请鉴核示遵。再，此项救济金应由何月起发给，并乞指示，以便遵办。谨呈

教育部。

附呈名册二份，证件九十件。

国立南开大学校长张伯苓

中华民国三十七年一月十二日

（南开大学档案馆藏）

致苏宗哲

（1948 年 1 月 12 日）

台湾台北市重庆南路汉口街三八三号台湾医疗物品有限公司

宗哲贤弟惠鉴：

顷接来函，备悉一是。藉悉努力事业，甚慰。在台校友如能组织校友会，团结精神力量，与内地校友增进联系，实有必要，尚望早日促其实现。校务极忙，来台尚不可能，开设分校当俟上海及东北两校成立以后，再为进行了。此复。即颂

时祺！

张〇〇启

一月十二日

（南开大学档案馆藏）

呈教育部

（1948 年 1 月 14 日）

案奉钧部总字第五七五八一号代电开："十月二日开字五六二号代电悉。……仰即知照。"等因。奉此。除遵办并取具各该生等志愿书存校备查外，理合造具名册，检同保证书，备文呈请鉴核示遵。谨呈

教育部。

附呈名册二份，保证书卅二份。

国立南开大学校长张伯苓

中华民国三十七年一月十四日

（南开大学档案馆藏）

致北洋大学

（1948年1月14日）

昨准大函，查询小学办理情形，查本校附设之小学名为私立百树小学，校教职员由本校同人担任，每学期酌收极少学费以为办公之用，现正向教育局进行立案中。特函奉复，即希查照。此致
国立北洋大学。

国立南开大学校长张伯苓
中华民国三十七年一月十四日
（南开大学档案馆藏）

附：北洋大学致南开大学（1948年1月5日）

本校附设之北洋同人子弟小学，一切尚属草创。素仰贵校附设之同人子弟小学组织完善，成绩卓著，亟需借镜。相应函请将贵校附设之同人子弟小学之名称、经费来源、已否向天津市教育局立案。又，立案手续有无困难等情详细示知，以备参考。即希查照见复为荷。此致
国立南开大学。

国立北洋大学启
一月五日
（南开大学档案馆藏）

致南开大学同仁

（1948年1月15日）

先生惠鉴：

前接朱部长加急密电，以蒋梦麟先生参加专科以上学校教员团体立法委员竞选，须得各校同仁一致之推选始有把握，嘱为就近设法支持，等因。苓意梦

麟先生为教育界先进，此次参加竞选，似应一致推戴。本市立委选举于本月廿一、二、三日上午九时至下午四时举行，本校同仁投票地点在万德庄大街西头育德小学内第五十五号投票所。届时务请台端携带选举权证前往投票，至为企感。专此奉恳。祗颂

教绥！

张伯苓 拜启

一月十五日

（南开大学档案馆藏）

呈教育部

（1948年1月16日）

案查本校自卅五年八月份起发给学生膳费，所有逐月学生膳费印领清册业经呈送在案。兹将卅五年八至十二月份请领学生膳费清册及十至十二月份人数异动清册遵式分别缮造齐全，理合备文呈请鉴核备查。谨呈

教育部。

附呈：卅五年八至十二月份请领学生膳费清册五份。

卅五年十至十二月份请领膳费人数异动清册三份。

国立南开大学校长张伯苓

中华民国三十七年一月十六日

（南开大学档案馆藏）

呈教育部部长朱家骅

（1948年1月19日）

案奉钧部本年元月十日会字第零一五四七号代电略，以垫发本校三十六年度二月份学生膳费计1800万元，该项收支对照表内列收1470万元，应查明更

正。又，三十五年度八至十二月份及三十六年度学生膳费请领清册应补送勿延，等因。奉此，查三十六年度二月份学生膳费业经分列原收支对照表内收入项下，首项两格合计 1800 万元，与核拨数相符。又，三十五年度八至十二月份与三十六年度一至八月份学生膳费请领清册，本校业于元月十六日分别以大字第五十二、五十三号呈报在案，理合检同原对照表一份呈复鉴核。谨呈
部长朱。

附呈三十六年一至五月份学生公费收支对照表乙份。

国立南开大学校长张伯苓
中华民国三十七年一月十九日
（南开大学档案馆藏）

致河北省天津县农业善后推广辅导工作队

（1948 年 1 月 19 日）

兹准元月十五日津队字第三五号台函，以拟配发小型农具——单畜用犁铲，嘱将所属农场面积及饲养马牛骡头数函复，等因。查本校所属农场面积约为五百八十余亩，饲骡两头，拟请配发犁铲两套，以便应用。相应复请查照为荷。此致
河北省天津县农业善后推广辅导工作队。

国立南开大学校长张伯苓启
卅七年一月十九日
（南开大学档案馆藏）

附：河北省天津县农业善后推广辅导工作队致南开大学（1948 年 1 月 15 日）

河北省天津县农业善后推广辅导工作队公函　津队字第 35 号

为配发小型农具，请将所属农场面积及饲养牲畜头数函队，以便分配由。

查本队即将领到小型农具——单畜用犁铲数十套，因数目过少，及内多缺少零件等故，拟配发各农业机关及附有农场之学校自行修配使用。为特函请贵校将所属农场面积及饲养马牛骡头数函复本队，以便统筹分配。相应函请查照办理，并希于本月廿五日前见复为荷。此致

国立南开大学。

队长刘厚
中华民国卅七年元月十五日
（南开大学档案馆藏）

致中和有限公司

（1948年1月19日）

兹准一月九日（卅七）总科教工1－1四号公函附寄领款收据三联单，均悉。查本校三十六年度分配美金共四千五百元，除已函美国 F. W. Faxton Co., 83 Franinis Street, Back Bay, Boston 15 Mass U.S.A.订购各项杂志一批，共美金一,一九一.八六元外，其余尚有美金三,三〇八.一四元，拟均交由贵公司代购仪器、图书之用，将来仍凭美国厂商发票实报实结。兹备致中央银行业务局代电一件，附填领款收据一份，请其分开美金汇票两纸，均请贵公司代收代转。相应复请查照办理，见复为荷。此致

中和有限公司。

附致业务局代电并领款收据全份。

国立南开大学校长张伯苓启
中华民国卅七年一月十九日
（南开大学档案馆藏）

附：中和有限公司致南开大学（1948年1月24日）

径复者：接诵一月十九日贵校大字第六二号大函暨附至业务局代电，并领款收据全份，祇悉种切。敝公司即凭领款收据向业务局领得美国 F. W. Faxon Co. 台头之汇票 No.SH 48/255，计美金一,一九一.八六及纽约敝分公司台头之汇票 No.SH 48/254，计美金三,三〇八.一四元，共计美金四,五〇〇元正。上项汇票已寄纽约敝分公司，其正式收据由上二公司分别开具，容接获后再行寄奉。

关于货品订购事，其仪器部份清单已直接寄交芝加哥美国中央科学公司登记配制，尽速交货，随配随装，分批自美径运天津交贵校检收。其图书部份清单则交纽约敝分公司汇转办理，按尊示办法以挂号邮包径寄贵校。以上处理办

法若贵校认有未妥之处，即希示知。附致纽约敝公司函副本一份及订购单副本二份，至希察照示复为荷。此致

国立南开大学。

中和有限公司工程教育科学器材部启

一月廿四日

（南开大学档案馆藏）

呈教育部

（1948年1月23日）

查本校三十六年度员工生活补助费收支对照表业经呈送至六月份止在案，所有七至十一月份上项表册业编整完竣，除印领清册径送审计部河北省审计处外，兹将该项收支对照表二份呈祈鉴核存转。又自八月份起追加部份另案结报，合并附陈。谨呈

教育部。

附呈三十六年度七至十一月份生活补助费收支对照表二份。

国立南开大学校长张伯苓

中华民国三十七年一月廿三日

（南开大学档案馆藏）

致审计部河北省审计处

（1948年1月23日）

查本校三十六年度员工生活补助费收支对照表及印领清册均经送至六月份止。兹造具上项七至十一月份收支对照表及印领清册，送请查核，见复为荷。此致

审计部河北省审计处。

附送三十六年七至十一月份生活补助费收支对照表乙份。

三十六年七至十一月份生活补助费印领清册十九册。

国立南开大学校长张伯苓
中华民国三十七年一月廿三日
（南开大学档案馆藏）

致审计部河北省审计处驻库办公室

（1948年1月26日）

查《公教人员调整待遇办法》业经本月九日国务会议拟定，自本月份起实行在案。刻以春节伊迩，物价高昂，本校教职员工薪饷亟应按新调整办法发放，以资挹注。在库款未到以前，拟请援照北平各院校成例，由卅七年度一至六月份生补费项下拨借国币拾贰亿元。相应函请查照惠允。至感公谊。此致

审计部河北省审计处驻库办公室。

国立南开大学校长张伯苓
中华民国三十七年一月廿六日
（南开大学档案馆藏）

致北平海关、北平西站站长

（1948年1月29日）

本校现有复员仪器三箱由平运津，相应函请查照免税免验放行，惠予六折优待是荷。此致

北平海关、北平西站站长。

国立南开大学校长张伯苓
中华民国卅七年一月廿九日
（南开大学档案馆藏）

致电教育部

（1948年1月30日）

南京教育部钧鉴：关于本校自上年八月份起增加员额一案，顷准行政院秘书处□□会五第四一六七号代电，以无案可稽，查询核准年月、文号等，本校遵将上年七月廿五日钧部高字第四一七九八号代电抄送在案。此项增额之实物配售及差额金问题，久悬不决，困难万分，伏祈迅赐呈院转行为叩。国立南开大学校长张伯苓叩。子卅。印。

（南开大学档案馆藏）

致中和有限公司

（1948年1月30日）

兹准贵公司总杂字第一二三号公函，附寄印鉴卡片三纸，嘱签盖寄还等由，业经照盖两份，备函附还，即希查照是荷。此致

中和有限公司。

附卡片两纸。

国立南开大学校长张伯苓

中华民国卅七年一月卅日

（南开大学档案馆藏）

附：中和有限公司致南开大学（1948年1月24日）

径启者：前承贵校委办仪器、文具等实验、教育用品，曷胜感祷。兹附奉空白印鉴卡三份，祈签盖后以二份寄还敝公司，一份暂存备查，俾嗣后贵校与敝公司间之往来文件或清算帐目时便以查对，且有所依据。敬希察洽办理为荷。此致

国立南开大学。

中和有限公司工程教育科学器材部启
一月廿四日
（南开大学档案馆藏）

致天津海关

（1948 年 2 月 2 日）

本校教授朱剑寒[①]先生自美运来旧书籍一箱，相应函请惠允免验放行为荷。此致
天津海关。

国立南开大学校长张伯苓
中华民国三十七年二月二日
（南开大学档案馆藏）

致江海关

（1948 年 2 月 2 日）

本校承美国新英格兰公司捐赠物理系电冰箱壹架，无线电壹只，已运抵上海。本校在津已领得输入许可证，同时无线电亦领有交通部津字第一八〇号护照。相应函请惠允转口运津应用，至感公谊。此致
江海关。

国立南开大学校长张伯苓
中华民国三十七年二月二日
（南开大学档案馆藏）

① 朱剑寒（1906—1978），江苏省江阴市人。1939 年在美国密歇根大学物理化学专业研究生毕业获硕士学位，1943 年获博士学位，留校任化学系副研究员。1947 年起历任南开大学化学系教授、物理化学教研室主任。

致电教育部

（1948年2月4日）

南京教育部钧鉴：本校学生膳费一项，卅七年一月份计全公费五三九人，半公费一三三人，副食费按照新规定合计二九八,五一一,五〇〇元，主食费按四六斤面粉，市价核算合计六〇五,五〇〇,〇〇〇元，共需九〇四,〇一一,五〇〇元。如学生配售面粉照给，则应减除面价差额，计三七七,八五五,〇〇〇元，仍需五二六,一五六,五〇〇元。现每月奉垫拨膳费两亿元，相差过巨，而配售面粉不能如时领到，每届月初，生活所需刻不容缓。本校无款可垫，万分困难，仰悉俯赐如数补发，以资挹注。迫切陈词，并乞电示为叩。国立南开大学校长张伯苓。丑支。印。

（南开大学档案馆藏）

致商震

（1948年2月5日）

启予先生大鉴：

久疏笺候，驰念为劳。辰维台候清嘉为颂。

兹有恳者：敝校于抗战期内被日寇盗去大钟一口，重壹万叁千余斤，此钟具有历史价值，系德国克虏伯厂制，赠李文忠公寿辰纪念，铸有全部《金刚经》文。李公施于海光寺，庚子之乱，曾为英军取作警钟，嗣经该寺下院收回，捐赠南开作为校钟。不幸竟为日寇盗去，深堪惋惜。近闻在日发现掠夺我国文物甚多，特函奉达，仰恳鼎力转嘱调查人员代为详加搜访，倘使此历史性之古钟原璧返还，岂惟敝校之幸，亦中华文物之光也。如何之处，并乞示复。专此，敬颂

台绥！

张伯苓 拜启

卅七年二月廿五日

（南开大学档案馆藏）

附1：商震复张伯苓（1948年6月23日）

伯苓先生道鉴：

二月廿五日台示奉悉。关于贵校战时被敌劫夺校钟一案，业经迭次向此间盟军总部交涉归还在案。兹准盟总复函，略开：维经加以调查，但未能获得结果，等语。兹附抄原函，敬希察照。如有其他有力证件或被劫详情，以及劫夺之人名及所属部队等等，均盼随时赐知，以便续洽。专复。敬请

道安！

弟商震 拜启

六月廿三日

附抄件一份。

（南开大学档案馆藏）

附2：商震复张伯苓（1948年9月21日）

伯苓先生道鉴：

六月廿二日曾奉一笺，谅邀察阅。关于贵校校钟战时被敌劫夺一案，兹续准盟总覆函，略开：所有劫自中国之寺钟已于本年八月十六日由日本政府全数归还，等语。兹特抄附原函，敬希察照。又，查前存此间被劫物资仓库中之我国无主劫物，包括寺钟四件在内，已于本年八月十六日经我方接收，并已由归还船永源轮装运返国，交上海中信局暂为接管，不久将在沪公开招领。惟该项劫物均由盟总负责装运，有无贵校寺钟不得而知，敬希径函查询。如无所获，当续向盟总交涉归还。专此奉陈，顺颂

道绥！

弟商震 拜启

九月廿一日

附抄盟总来文一份全。

（南开大学档案馆藏）

呈天津市教育局局长郝任夫

（1948年2月6日）

事由：为遵令查填各项有关学校军训表册各三份，呈请鉴核由。

案奉钧局教二字第二〇三八号训令，略以先后奉准市政府令发及冀北师管区司令部函送军训干部人数，现员、缺员调查表等各项有关学校军训表册，限即查填具报。等由。并附发各项表册式样各一份。当即依照格式查填三份，理合备文，呈请鉴核。谨呈

天津市政府教育局局长郝。

天津市私立南开中学校长张伯苓

附：天津私立南开中学军训干部人员数现员缺员调查表。

军训教官现职录。

受军（看）训人数统计表。

受军（看）训学生名册。

（天津市档案馆藏）

致天津海关东站分所

（1948年2月12日）

兹有本校复员仪器三箱，由北平运津。相应函请查照，希即免税免验放行是荷。此致

津海关东站分所。

国立南开大学校长张伯苓启

中华民国卅七年二月十二日

（南开大学档案馆藏）

致输入临时管理委员会

（1948年2月16日）

本校兹由美国运到仪器一批，价值美金六百一十七元零四分，业由本校在美存款付讫。相应填具申请书，检同物品清单，函请查照，惠允输入许可是荷。此致

输入临时管理委员会。

附申请书乙份，物品清单乙份。

国立南开大学校长张伯苓

中华民国三十七年二月十六日

（南开大学档案馆藏）

呈教育部

（1948年2月17日）

查卅五学年度第一学期招收新生、转学生、试读生，及北平临时大学补习班分发生、复员生、先修班学生暨复学、转院、转系、保留学籍、退学、休学各生名册，兹经遵式造齐，理合检同证件一并备文呈请鉴核。谨呈

教育部。

附呈：

卅五学年度第一学期一年级正式生名册一本，附证件一号至八十一号。

卅五学年度第一学期一年级试读生名册一本，附证件八十二号至二百八十九号。

卅五学年度第一学期一年级转学正式生名册一本，附证件二百九十号至三百一十号。

卅五学年度第一学期一年级转学试读生名册一本，附证件三百一十一号至三百一十三号。

北平临时大学补习班分发学生名册一本，附证件三百一十四号至五百卅六号。

卅五学年度第一学期复员生名册一本，附证件五百卅七号至五百八十六号。

卅五学年度第一学期复学生名册一本。

卅五学年度第一学期先修班学生名册一本，附证件五百八十七号至七百五十七号。

转院、转系学生名册一本。休学生名册一本。

保留学籍学生名册一本。退学生名册一本。

以上附件业于卅六年六月十六日开字第三四七号呈文呈送在案。

国立南开大学校长张伯苓

中华民国三十七年二月十七日

（南开大学档案馆藏）

呈教育部

（1948年2月18日）

查本校文学院外国语文学系四年级学生周福成[①]，原在西南联大肄业，领有全公费。兹据检呈证件，申请发给公费前来，理合造具名册，检同证件，备文呈请鉴核示遵。谨呈

教育部。

附呈名册一份，证件一纸。

国立南开大学校长张伯苓

中华民国三十七年二月十八日

（南开大学档案馆藏）

① 周福成，又名周毅之（1919—1997），福建厦门人，越南华侨。1948年南开大学外语系毕业。在平津战役期间与夫人傅冬菊一起从事地下党工作。新中国成立后，任《人民日报》社驻香港首席记者。

致教育部平津区图书处理委员会

（1948年2月18日）

兹收到贵会分配之日文书籍，由大帝康熙至魏晋南北朝经济史共计叁百八拾壹种，伍百贰拾壹册（详见附目）。此致
教育部平津区图书处理委员会。

校长张伯苓
中华民国三十七年二月十八日
（南开大学档案馆藏）

致教育部平津区图书处理委员会

（1948年2月18日）

兹收到贵会分配之第二批日文书籍，由札か支那な至支那历史の话，共计贰百零肆种，贰百壹拾贰册（详见贵会第二批分配日文书目）。此致
教育部平津区图书处理委员会。

校长张伯苓
中华民国三十七年二月十八日
（南开大学档案馆藏）

呈教育部

（1948年2月21日）

案奉钧部总字第六八二八七号代电，饬送学生郭养绪、潘荣庭两名原校正式公费证明书等因。遵查，郭养绪一名，证件前经补送，已奉总字第〇五三三

九号代电核准在案。兹据学生潘荣庭、王雨苍呈送国立暨南大学公函，请求继续发给公费前来，应否发给，及自何月起始，未敢擅便，理合造具名册，检同证件，呈请鉴核示遵。谨呈
教育部。

附呈名册一份，证函一件。

国立南开大学校长张伯苓
中华民国三十七年二月廿一日
（南开大学档案馆藏）

呈教育部

（1948年2月21日）

案奉钧部总字〇〇四七〇号代电，以学生周国栋等申请公费，所缴证件核与规定不合，未便给予公费等因。遵查，学生周国栋一名，系奉钧部三十六年九月廿四日高字第三二一二八号代电分发之青年军复员生。兹据缴呈青年军服役证书前来，理合造具名册，检同证件，呈请鉴核示遵。谨呈
教育部。

附呈名册一份，证书一件。

国立南开大学校长张伯苓
中华民国三十七年二月廿一日
（南开大学档案馆藏）

致天津市财政局

（1948年2月23日）

本校现由万里轮船（号为1/81）运来在上海所购科学用品乙箱，相应函请查照，惠免码头捐放行是荷。此致
天津市财政局。

国立南开大学校长张伯苓
中华民国三十七年二月廿三日
（南开大学档案馆藏）

呈教育部

（1948 年 2 月 25 日）

案奉钧部第三八三五号汇款申请书拨发卅七年一月份教员学术研究补助费国币二千万元，业经如数领讫，理合填具收据，呈请鉴核备查。谨呈
教育部。

附呈收据一纸。

国立南开大学校长张伯苓
中华民国三十七年二月廿五日
（南开大学档案馆藏）

呈教育部

（1948 年 2 月 26 日）

案奉钧部总字第二五五二号指令开：“呈件均悉。……仰即知照。件存。此令。”等因。奉此，遵将原册补正，理合呈请鉴核示遵。谨呈
教育部。

附呈《国立南开大学回国升学华侨学生申请给奖名册》一份。

国立南开大学校长张伯苓
中华民国三十七年二月廿六日
（南开大学档案馆藏）

致输入临时管理委员会

（1948年2月26日）

本校兹由美国订购化学仪器共计三箱，价值美金一千零七十八元六角三分，业由在美存款付讫。相应填具申请书，检附物品单，函请查照，惠允许可输入是荷。此致
输入临时管理委员会。

附申请书一份，物品单一份。

国立南开大学校长张伯苓
中华民国三十七年二月廿六日
（南开大学档案馆藏）

致天津市政府

（1948年2月28日）

案查本校借发公教人员配发实物面粉一案。历将本校自上年8月份起增加员额经过函达在案。兹经呈奉教育部会字第10592号代电开：查该校自上年8月份起增加员额48，请配发实物一案。前经电请天津市政府查照办理在案。除再函请行政院秘书处转行知照，迅予配发外，仰速径向市政府再洽办理为要。教育部印。等因。奉此，相应函请查照，希即转饬社会局按月补发，并将原借面粉扣抵是荷。此致
天津市政府。

国立南开大学校长张伯苓

附：天津市社会局局长胡梦华呈天津市市长（1948年3月4日）

案查南开大学配售实物名额兹经财政部核定为教职员200名，公役99名，该校上年九、十月份超借部份及12月份配粉均经遵令办理，并以成经字第227

号呈复在案。兹查该校三十七年1月份申请配粉名册业经造送到局，申请人数为教职员237人，公役99人，教职员部份仍超过财政部核定名额，是否即按所请额数予以配售，未便擅专，理合具文呈请鉴核，迅令祇遵。谨呈
市长杜、副市长张。

天津市政府社会局局长 胡梦华

呈教育部

（1948年3月2日）

案奉钧部第一零五五五号汇款申请书拨发卅七年三月份学生膳费国币伍亿元，业经如数领讫，理合填具收据，呈请鉴核备查。谨呈
教育部。

附呈收据乙纸。

国立南开大学校长张伯苓
中华民国三十七年三月二日
（南开大学档案馆藏）

呈教育部

（1948年3月2日）

案奉钧部第一零三一七号汇款申请书拨发卅七年二月份教员学术研究补助费国币贰千万元业经如数领讫，理合填据，呈请鉴核备查。谨呈
教育部。

附呈收据乙纸。

国立南开大学校长张伯苓
中华民国三十七年三月二日
（南开大学档案馆藏）

致输入临时管理委员会

（1948 年 3 月 2 日）

本校兹由美国购到化学实验用吹风机三具，价值美金二百六十六元六角五分，业由在美存款付讫，相应填具申请书，函请查照，惠允许可输入是荷。此致

输入临时管理委员会。

附申请书一份。

国立南开大学校长张伯苓

中华民国三十七年三月二日

（南开大学档案馆藏）

致输入临时管理委员会

（1948 年 3 月 3 日）

案查前由美国捐赠本校无线电收音机及电冰箱各乙具，业经照章申请贵会签发 111/928 输入许可在案。兹以该项物品由美起运稍迟，且须经由上海转口，以致延误日期，相应检同原许可证，函请查照，希即惠予展期一月，俾便进口是荷。此致

输入临时管理委员会。

附 111/928 许可证乙份。

国立南开大学校长张伯苓

中华民国三十七年三月三日

（南开大学档案馆藏）

致天津市社会局

（1948年3月5日）

兹奉教育部总字第〇三四八六号代电，饬检送卅五年八月份学生公费米价及十一月份面价证明单等因。查该项粮价证明单前承贵局开送，系自九至十二月份，尚缺八月份，而十一月份仅有米价，并无面价，以致无从检送。本校核发该两月份公费系比照北洋大学八月份米价，每斗一万三千六百五十元，十一月份面价每斤七百十七元办理。奉电前因，相应函请查照，希将该两月份米面价证明单惠予开送过校，俾便转呈是荷。此致

天津市社会局。

国立南开大学校长张伯苓

中华民国三十七年三月五日

（南开大学档案馆藏）

附：天津市社会局致南开大学（1948年3月24日）

天津市政府社会局公函　发文成经字第四九六号

案准贵校卅七年三月五日大字第一六六号公函内开："兹奉教育部总字第〇三四八六号代电，饬检送卅五年八月份学生公费米价及十一月份面价证明单等因。查该项粮价证明单前承贵局开送，系自九至十二月份，尚缺八月份，而十一月份仅有米价，并无面价，以致无从检送。本校核发该两月份公费系比照北洋大学八月份米价，每斗一万三千六百五十元，十一月份面价每斤七百十七元办理。奉电前因，相应函请查照，希将该两月份米面价证明单惠予开送过校，俾便转呈是荷。"等因。准此，相应检同卅五年八、十一两月份粮价证明单各乙纸随函附送，即希查收为荷。此致

国立南开大学。

附八、十一两月份粮价证明单各乙纸。

局长胡梦华①

① 胡梦华（1900—1983），字昭佐，安徽绩溪人。1945年抗战胜利后，任天津市社会局局长，兼民食调配处处长，及国民党天津市党部委员。

中华民国卅七年三月二十四日
（南开大学档案馆藏）

致江海关

（1948 年 3 月 5 日）

案查前由美国新英格兰公司捐赠本校物理系电冰箱乙具、无线电收音机乙具，当由本校物理系主任鲍家善[①]在美领受，交船运华。本校业经在津请得输管会 111/928 输入许可证及交通部津字第一八〇号无线电收音机护照，嗣以该项物品须由上海转口，当于本年二月二日函请贵关查照，准予转口在案。兹接 A. P. Pattison Co.转到正字三六八号处分通知书，将此项物品没收，并准于十五日内声明异议，等由。查此项物品系国外捐赠，并非普通商货，本校业经请有输入许可与护照。虽因转口关系迟延日期，现经天津输入临时管理委员会准予展期，相应检同原许可证，函请查照，希即惠允转口是荷。此致
江海关。

附输管会 111/928 许可证一份。

国立南开大学校长张伯苓
中华民国三十七年三月五日
（南开大学档案馆藏）

致教育部驻沪图书仪器接运清理处

（1948 年 3 月 5 日）

案奉教育部高字第九九一九号代电，分配本校英文名著三百册，饬即洽领等因。相应备具收据，函请查照，希将该项书籍径寄本校是荷。此致

---

① 鲍家善（1918—2003），字济民，祖籍江苏苏州，生于北京。1940 年毕业于北京燕京大学物理系，获学士学位。1943 年获美国华盛顿大学博士学位。1946 年回国，任南开大学物理系教授、系主任。

教育部驻沪图书仪器接运清理处。

附收据一纸。

校长张伯苓

中华民国三十七年三月五日

（南开大学档案馆藏）

致朱家骅

（1948 年 3 月 8 日）

骝先部长钧鉴：

本校自卅六年八月起奉准增加员额四十人，以追加预算未经呈院确定，致每月生补费及实物配售等项均有问题。曾经一再呈电请求，迄尚未奉院令，已感甚多之困难。兹奉钧部会字第一一四八八号代电，附发卅七年度预算清单，仍按二百人开列，饬编分配预算呈核。奉电之余，殊滋惶，是上年度之困难犹未解除，本年度又将继续矣。倘不加以更正，不惟一部分教职员之薪饷每月将烦大部之尽筹，而配售实物之手续亦将增加许多之纷扰。增额有案可稽，一误岂容再误。用特专函奉陈，仰恳饬查更正，以免困难。并恳示复是叩。此颂

政祺！

张伯苓 拜启

卅七年三月八日

（南开大学档案馆藏）

附：朱家骅复张伯苓（1948 年 3 月 23 日）

伯苓先生勋鉴：

三月八日手教诵悉。上年八月起核准增加员额肆拾人，系由本部建训班名额内匀拨，本年度起拟另由各校增班员工统筹部份分配拨发，正在汇案呈院核办中。至应需生补费，希先提用库存支付。

又，此项员额购配实物已准行政院秘书处三月十三日会五字一一九八七号函复，业经转知津市府照办。专此奉复，顺颂

勋绥！

弟朱家骅 拜启
三月廿三日
（南开大学档案馆藏）

致天津海关

（1948年3月8日）

本校英籍教授史宾凯[①]及其夫人自英来华任教，携来自用男女自行车各一辆，相应函请查照，希即免税放行是荷。此致
津海关。

国立南开大学校长张伯苓
中华民国三十七年三月八日
（南开大学档案馆藏）

致输入临时管理委员会

（1948年3月8日）

本校现由美国中央科学公司购到化学仪器一批（计装三箱），共价美金六百六十九元七角，业由在美存款付讫。相应填具申请书，检同物品单，函请查照惠允输入许可是荷。此致
输入临时管理委员会。

附申请书一份，物品单一份。

国立南开大学校长张伯苓
中华民国三十七年三月八日
（南开大学档案馆藏）

① 史宾凯（Van Der Sprenkel，1907—？），英国人。1948年1月经英国文化委员会介绍，到南开大学任英文教授，教授小说、文学评论、戏剧等课程，1949年8月退职。

致天津海关

（1948年3月11日）

本校兹由美国购到化学[化学物理]仪器三[七]箱，由S. S. Linfield Victory[M. S. Vioja]船装运抵津。相应函请查照，惠予免验免税放行是荷。此致

津海关。

国立南开大学校长张伯苓

中华民国三十七年三月十一日

（南开大学档案馆藏）

呈教育部

（1948年3月15日）

案查粮价证明书业经呈送至卅六年十二月份止在案。谨将三十七年元、二两月份粮价证明书二份呈送鉴核备查。谨呈

教育部。

附呈三十七年度元、二月份粮价证明书二份。

国立南开大学校长张伯苓

中华民国三十七年三月十五日

（南开大学档案馆藏）

呈教育部

（1948年3月15日）

案奉钧部本年三月六日总字第一二五一七号代电略，以垫发本校学生膳费

三月份伍亿元、增垫二月份贰亿元业由国库转汇在案。又，卅六年一至十二月份粮价证明书尚未据报，并伴同年九至十二月份请领膳费清册及公费生每月所领到配售面粉数量一并报部等因。查三十六年一至八月份粮价证明书业以开字第七四二号及大字第五号呈文，分别附入印领清册呈报在案。除九至十二月份请领清册等另文呈送外，□今检具同年九至十二月份市府粮价证明书先行呈送鉴核备查。谨呈

教育部。

附呈三十六年度九、十、十一、十二月份粮价证明书四件。

国立南开大学校长张伯苓

中华民国三十七年三月十五日

（南开大学档案馆藏）

呈教育部

（1948 年 3 月 15 日）

案奉钧部文字第五九三七九号训令略，以分配《大英百科全书》饬于收到后呈复等因。遵查，该项《大英百科全书》一部业经收到，理合呈请鉴核备查。谨呈

教育部。

国立南开大学校长张伯苓

中华民国三十七年三月十五日

（南开大学档案馆藏）

致天津海关

（1948 年 3 月 16 日）

本校兹由美国购到化学仪器三箱，交 S. S. Lakewood Victory 轮船装运抵津，相应函请查照，希即免验放行是荷。此致

津海关。

国立南开大学校长张伯苓
中华民国三十七年三月十六日
（南开大学档案馆藏）

致输入临时管理委员会

（1948 年 3 月 16 日）

本校化学系教授杨石先先生最近由美返校，承美国友人捐赠本校老式洗涤机器两架，附有变压器等零件，以随身携带不便，当在纽约交托转运公司直接运津。此项机器共计约值美金三百〇二元〇一角，因系捐赠之品，故无从取得发票。相应函请查照惠允输入许可是荷。此致
输入临时管理委员会。

国立南开大学校长张伯苓
中华民国三十七年三月十六日
（南开大学档案馆藏）

致国库天津分库

（1948 年 3 月 17 日）

查本校教职员生补费国库系按旧额二百人拨发，自卅六年八月份起奉教育部令，准增加员额四十人，其每月生补费由部拨发。本年一、二、三月份之款尚未拨到，以致应发三月份薪饷尚缺八亿四千万元。拟请暂由四、五两月份生补费项下借支，一俟部款拨到，即行归垫。相应函请查照。此致
国库天津分库。

国立南开大学校长张伯苓
中华民国三十七年三月十七日
（南开大学档案馆藏）

呈教育部

（1948年3月17日）

查卅六学年度招收一年级新生、先修班生及转学生等，本校仍系联合国立北京大学、国立清华大学两校共同办理。兹将应造各项名册填齐，除未录取部份应送各件统由国立北京大学汇总呈报外，理合检同名单、名册、试题备文呈请鉴核备查。谨呈
教育部。

附呈报名单三册，成绩名册三份，试题一份。

国立南开大学校长张伯苓
中华民国三十七年三月十七日
（南开大学档案馆藏）

附：教育部令南开大学（1948年4月6日）

令国立南开大学：

卅七年三月十七日大字第二〇四号呈一件，为呈报卅六年度招收新生、先修班、转学生等检同单册、试题，请核备由。

呈件均悉。准予备查。件存。

此令。

教育部
中华民国三十七年四月
（南开大学档案馆藏）

呈教育部

（1948年3月17日）

查卅六学年度本校经济研究所共计招收新生八名，化工研究所招收新生二

名，理合造具成绩名册，检同报名单，备文呈请鉴核备案。谨呈
教育部。

附呈名册一份，报名单一册。

国立南开大学校长张伯苓
中华民国三十七年三月十七日
（南开大学档案馆藏）

国立南开大学三十六年度招考研究生录取名册

姓名	性别	学院	学系
王宏昌[①]	男	商	经济
杨世清	男	同	同上
聂宝璋[②]	男	同	同上
吴兆契[③]	男	同	同上
曹宗坎[④]	男	同	同上
苏绍智[⑤]	男	同	同上
陈泽昆[⑥]	男	同	同上
吴庆和	男	同	同上
黄金生	男	工	化学工程
张存浩[⑦]	男	工	化学工程

① 王宏昌（1923—？），江苏镇江人。曾先后就读于上海商学院和厦门大学。1947 年考入南开大学经济研究所，读研究生。

② 聂宝璋（1922— ），天津蓟县人。1945 年初就读于西南联大。翌年抗战胜利，西南联大复校，遂转读于天津南开大学。1949 年毕业，后任中国社会科学院研究员及南开大学兼任教授。

③ 吴兆契（1922— ），1949 年毕业于南开大学经济研究所，获硕士学位。后任中科院经济研究所研究员，中国社会科学院西亚非洲研究所研究员。

④ 曹宗坎（1922—？），山东济南人。北平辅仁大学毕业。1948 年秋考入南开大学经济研究所读研究生。

⑤ 苏绍智（1923— ），北京人。1949 年 6 月毕业于南开大学经济研究所，获硕士学位。

⑥ 陈泽昆（1921—？），四川永川人。复旦大学本科毕业，1947 年 9 月考入南开大学经济研究所。

⑦ 张存浩（1928— ），山东无棣人，生于天津。中国科学院院士。

呈教育部

（1948年3月18日）

案查本校经发学生膳费主食面粉四十六斤向系依照天津市社会局每月开送粮价单所列面粉价格计算。前奉钧部卅六年总字第五九一二三号代电，饬自九月份起按照配售价格报领学生膳费等因，当以奉令过迟，九至十一月份膳费业经发放完竣，遵于十二月份起遵照办理。计全公费学生一人每月应发主食面粉四十六斤，其中廿九斤按配售价格计算，发给面价八万元（配售面粉三人共购二袋，每人计廿九斤），其余十七斤，仍照社会局报价格发。半公费学生发给廿三斤，面价六万三千五百元。奖学金及匪区救济金与公费同。除应送请领清册暨印领清册另行呈送外，理合呈请鉴核备案。谨呈
教育部。

国立南开大学校长张伯苓
中华民国三十七年三月十八日
（南开大学档案馆藏）

呈教育部

（1948年3月18日）

案奉钧部总字第一二五一七号代电略开："又，卅六年一至十二月份粮价证明单，……，膳费尾数。"等因。除粮价证明单另文呈送外，理合造具卅六年九至十二月份请领膳费清册，注明公费生所领配售面粉数量，备文呈请鉴核赐发。谨呈
教育部。

附呈清册四份，附异动清册三份。

国立南开大学校长张伯苓
中华民国三十七年三月十八日
（南开大学档案馆藏）

呈教育部

（1948 年 3 月 18 日）

案奉钧部第一五二八一号汇款申请书拨发卅七年四月份学生膳费国币五亿元，遵经如数领讫，理合填据，呈请鉴核备查。谨呈
教育部。

附呈收据一份。

国立南开大学校长张伯苓
中华民国三十七年三月十八日
（南开大学档案馆藏）

致天津海关

（1948 年 3 月 19 日）

本校兹由美国订购化学系试验用吹风机三架及零件共三箱，由 S. S. Gertrude Masske 轮船装运抵津，相应函请查照，免验放行是荷。此致
津海关。

国立南开大学校长张伯苓
中华民国三十七年三月十九日
（南开大学档案馆藏）

给天津市政府单据

（1948 年 3 月 22 日）

兹收到天津市政府发给赴京单程旅费国币 1100 万元整。

张伯苓 具
（天津市档案馆藏）

致教育部国际文化教育事业处

（1948 年 3 月 24 日）

履历表

姓名：张伯苓

年龄：七十二岁

籍贯：天津市

学历：北洋水师学堂毕业，上海圣约翰大学名誉博士，美国哥伦比亚大学教育学院研究院哥伦比亚大学名誉博士，美国加利福尼亚大学名誉博士。

经历：历任天津私立南开中学校长，北京清华学校教务长，天津私立南开大学校长，国立西南联合大学主任委员，中国国民党中央党部监察委员，国民参政会参政员、主席团主席，国立南开大学校长。

Name: Chang Po-ling

Age: Seventy-two

Place of Birth: Tientsin, China

Degrees, etc.: Graduate of Peiyang Naval Academy

Honorary degree of Litt. D.

(St. John's University, Shanghai)

Columbia University Teacher's College, U. S. A.

Honorary degree of Ph. D.

(Columbia University, U. S. A.)

Honorary degree of Ph. D.

(University of California, U. S. A.)

Present and previous appointments held:

Principle of Nankai Middle School, Tientsin

Dean of National Tsing Hwa University, Peking

President of Nankai University, Tientsin

Chairman of the Presidium of National Southwest
Associated Universtiy, Kunmin
Member of the Supervisory Committee of the
Contral Kuomingtang Headquarters
Chairman of the presidium of the member of
the People's Political Council
President of National Nankai University
Address: National Nankai University, Tientsin

（南开大学档案馆藏）

附 1：教育部国际文化教育事业处致张伯苓（1948 年 3 月 4 日）

查联教组织中国委员会成立大会报告英文本亟待付印，报告中拟附各委员学历、资历及通讯处，用特函请，迅予用英文开寄本处，以便汇编付印为荷。此致

张委员伯苓。

教育部国际文化教育事业处启

三月四日

（南开大学档案馆藏）

附 2：教育部国际文化教育事业处致张伯苓（1948 年 4 月 1 日）

查联教组织中国委员会成立大会报告英文本拟附各委员学历、资历及通讯处一节，前以文字第一二二二三号函请台端将上述各项用英文开寄本处，以便汇编在案。兹以该项报告付印在即，特再函请迅赐办理，以利进行为荷。此致

张委员伯苓。

教育部国际文化教育事业处启

四月一日

（南开大学档案馆藏）

呈教育部

（1948年3月25日）

案据转学学生姜鼎铭检送东北大学证件，请求继续发给公费前来，经核属实，理合造具名册，检则证件，呈请鉴核示遵。谨呈
教育部。

附呈名册二份，证件一纸。

国立南开大学校长张伯苓
中华民国三十七年三月廿五日
（南开大学档案馆藏）

附：教育部复电南开大学（1948年4月12日收到）

国立南开大学：三月廿五日大字第232号呈件均悉。查学生姜鼎铭转入该校肄业，如未降级或留级，仍准继续核给原享受公费待遇。仰即知照。件还。教育部。印。附还公费证一纸。

（南开大学档案馆藏）

致电教育部

（1948年3月25日）

南京教育部钧鉴：资字第六六四一号代电奉悉，遵将本校概况文稿撰就，径寄资料研究室。谨电复，请鉴核备案。国立南开大学校长张伯苓叩。寅有。印。

（南开大学档案馆藏）

附1：教育部教育资料研究室致南开大学（1948年3月11日）

径启者：前于本年二月以资字第六六四一号代电检送《教育部教育年鉴编审委员会征集公私立专科以上学校概况文稿办法》乙份，谅荷察阅。各校稿件

近来已陆续寄到，正待汇编。关于贵校概况，尚希于日内即行撰就掷下，俾年鉴内容完整充实，殊纫公谊。此致
国立南开大学。

教育部教育资料研究室启
三月十一日
（南开大学档案馆藏）

附2：教育部教育资料研究室复南开大学（1948年3月31日）

径启者：本年三月廿五日所寄贵校概况文稿全份已照收到。除转教育年鉴编审委员会汇编外，相应函覆，即希查照为荷。此致
国立南开大学。

教育部教育资料研究室启
三月卅一日
（南开大学档案馆藏）

呈教育部

（1948年3月26日）

案奉钧部三十六年十月二日会字第五三三三九号代电，垫发本校增加教职员四十名八至十二月份生活补助费计1亿9600万元。又，同年十二月十日会字第六六六一五号代电，增垫不敷费数计1亿7326万元。先后以转总字第一七七九一及三四〇七九号汇款通知书拨汇到校，均经领收无误。谨将上项八至十二月份生活补助费收支对照表及印领清册编整完竣，理合检同原件呈祈鉴核备查。谨呈
教育部。

附呈：三十六年八至十二月份生活补助费收支对照表二份。
三十六年八至十二月份生活补助费印领清册五册。

国立南开大学校长张伯苓
中华民国三十七年三月廿六日
（南开大学档案馆藏）

呈教育部

（1948 年 3 月 26 日）

案查本校三十六年度员工生活补助费收支对照表业经呈送至十一月份止在案，谨将十二月份上项表册编整完竣，除印领清册径寄审计部河北省审计处外，理合检同十二月份收支对照表二份，呈祈鉴核备查。谨呈
教育部。

附呈：三十六年度十二月份生活补助费收支对照表二份。

国立南开大学校长张伯苓
中华民国三十七年三月廿六日
（南开大学档案馆藏）

致审计部河北省审计处

（1948 年 3 月 26 日）

查本校三十六年度生活补助费收支对照表及印领清册业经函送至十一月份止在案。兹将上项十二月份收支表及印领清册送请查核为荷。此致
审计部河北省审计处。

附送：三十六年度十二月份生活补助费收支对照表一份。
三十六年度十二月份生活补助费印领清册廿册。

国立南开大学校长张伯苓
中华民国三十七年三月廿六日
（南开大学档案馆藏）

致天津海关

（1948 年 3 月 31 日）

查本校自美购到化学仪器三箱，内有化学试验保暖用真空管两个，原名为 Vocuum tubes（Dewas），其用法与暖水瓶相类，并非无线电所用之真空管。相应函达，即希查照。此致

津海关。

国立南开大学校长张伯苓

中华民国三十七年三月卅一日

（南开大学档案馆藏）

致甘肃省政府

（1948 年 3 月 31 日）

案准贵府高寅字第一四一九号公函，以高中毕业生升学远地投考困难，拟予保送，嘱即检办见复等由。查本校下学年不收各省市保送学生，歉难照办。相应函请查照。此致

甘肃省政府。

国立南开大学校长张伯苓

中华民国三十七年三月卅一日

（南开大学档案馆藏）

附：甘肃省政府致南开大学（1948 年 3 月 15 日）

甘肃省政府公函　　教一高（37）寅字第 1419 号

函为拟于本年暑假选择成绩最优高中毕业学生保送升学，请查照见复保送名额由。

查近年以来本省高中毕业学生投考国内各大学院校者逐渐增多，惟以关山

阻隔，远道求学不易，除已经考取者外，其未考取者往往流落省外，欲归不得。借贷无门，情殊堪悯。兹为鼓励学生深造及避免前述困难计，拟于本年暑假由本省选拔成绩最优之高中毕业生若干名保送贵校升学深造。素谂贵校对于培植边远学生颇具热忱，特先奉商。如蒙惠允，请即预告允许名额，以便准备选送。相应函达，即希查照办理见复为荷！此致
国立南开大学。

主席□□□
教育厅厅长宋恪
中华民国三十七年三月十五日
（南开大学档案馆藏）

呈教育部

（1948年4月1日）

查本校工役名额过少，不敷分配，并因设有实习工厂及试验室等，必须技工，历经陈明实际需要情形，请求按照定章增加工役及技工名额，未奉全部核准。仅自上年八月份起增加工役廿名，并饬于规定名额内统筹匀拨技工薪饷，业经遵办在案。

惟查本年暑假以后，卅七学年度开招四院十六学系，内有十三学系必须增班，且添新生，学生人数增加，教职员亦当比例增额。现有工役九十八名，技工一名，实在不敷分配。拟请准予自卅七学年度起增加工役八十名，共为一百七十九名，并将技工名额规定为廿名，以资应付而免困难。是否可行，理合呈请鉴核示遵。谨呈
教育部。

国立南开大学校长张伯苓
中华民国三十七年四月一日
（南开大学档案馆藏）

附：教育部复电南开大学（1948年5月5日）

国立南开大学：四月一日大字第二五七号呈悉。查该校本年度已核定工役

九十八名，技工一名，兹准加工役贰拾名，由该校统筹雇用。仰即知照。教育部。印。

（南开大学档案馆藏）

致东北大学留平同学会

（1948 年 4 月 1 日）

前接来呈，附名册一份，均悉。查本校开课已逾月，此时来校，授课、听讲均有困难，且按本校《学则》规定及课室容量无法收容，至以为歉。相应函复查照转知为荷。此致

国立东北大学留平同学会。

国立南开大学校长张伯苓

中华民国三十七年四月一日

（南开大学档案馆藏）

附：东北大学留平同学会致张伯苓（1948 年 3 月 25 日）

呈请速准予东北大学学生借读，藉免失学痛苦由。

案据《世界日报》三十七年三月二十三日教育讯载，及三月二十三日午后二时生等抄来教育部给北京大学令，内开："查东北各专科以上学校学生入关转学者为数日众，为免该项学生失学起见，各该校对于该项学生申请入学者，应核验证件后，尽量收录寄读。除他电外，合亟令仰遵照。教育部。"等因。奉此。本会代表前来，并执名册一份，敬仰钧座向能爱护青年，培育后进，刻生等终日徘徊街头，思学若渴。伏祈速准予生等入学借〈读〉，藉维学业，实为德便。谨呈

南开大学校长张。

国立东北大学留平同学会叩

中华民国三十七年三月二十五日

（南开大学档案馆藏）

呈教育部

（1948 年 4 月 2 日）

查本校三十六年度员工生活补助费共收计 38 亿 4754 万 2000 元，共支计 30 亿 5367 万 6580 元，收支相抵，节余 7 亿 9386 万 5420 元。依钧部本年三月十三日总字第一三五九三号训令略，以院校三十六年度生活补助费节余准移作教职员私人冬煤费用等因，查本校于第五十九次行政会议议决，将上项节余遵令已以 7 亿 3624 万 1180 元移作福利金、分配员工奖金及工役膳津，其印领清册已函送审计部河北省审计处。余 5762 万 4240 元为数过微，未便购煤分配，且时令已过，决扫数归作教职员医药补助费。该项预算除另案造报外，兹将三十六年度全年度生活补助费收支对照表及同年度员工福利费收支对照表送呈鉴核存转。谨呈
教育部。

附呈：三十六年度全年度生活补助费收支对照表二份。
三十六年度一至十二月份员工福利费收支对照表二份。

国立南开大学校长张伯苓
中华民国三十七年四月二日
（南开大学档案馆藏）

致平津铁路天津运输段

（1948 年 4 月 2 日）

本校工学院机械工程学生二十二人由助教顾福兴先生率领于四月三日至六日赴平参观。相应函请查照，按照团体优待办法准予购票乘车为荷。此致
平津铁路天津运输段。

国立南开大学校长张伯苓

中华民国三十七年四月二日

（南开大学档案馆藏）

致天津团管区司令

（1948 年 4 月 2 日）

案准贵部津三干字第八五三号代电，嘱造送青年军调查名册等由，兹检奉名册一份，希即查照。此致

天津团管区司令部

附名册一份。

国立南开大学校长张伯苓

中华民国三十七年四月二日

（南开大学档案馆藏）

附：天津团管区司令部致南开大学（1948 年 3 月 24 日）

为调查第一期复员青年军。

国立南开大学：

一、曾奉国防部（36）序壁自字第一一二一号代电，预备干部管理业务第一期工作极待展开，并发第一期工作推展纲要一份，已由本部津三干字第〇〇一〇〇号代电转发。

二、本部津三干字第〇〇一〇〇号代电所制复员青年军调查名册格式一份，希将该学校所有复员青年军依照格式填册送部。

三、该学校若无青年军时，希即电复。

司令　张庆□

民国三十七年三月廿四日

（南开大学档案馆藏）

致考选委员会

（1948 年 4 月 3 日）

案准贵会京专会字第六三六号函，查询朱恩贵[1]学籍。查该生系本校银行学系廿五年六月毕业。相应函请查照。此致
考选委员会。

国立南开大学校长张伯苓
中华民国三十七年四月三日
（南开大学档案馆藏）

附：考选委员会秘书处致南开大学（1948 年 3 月 20 日）

京专会字第 636 号

案据朱恩贵声请会计师检核，称系河北省天津县人，现年三十七岁，男性，于二十五年六月在贵校银行系毕业。所称是否属实，相应函请查案见复，并希于复文上加盖关防为荷。此致
国立南开大学。

考选委员会秘书处启
三十七年三月廿日
（南开大学档案馆藏）

致输入临时管理委员会

（1948 年 4 月 3 日）

本校理学院化学系由美购到试验用吹风机器乙套，价值美金七十二元七角二分，业经在美付讫。相应填具申请书，函请查照，惠允输入许可为荷。此致

① 朱恩贵（1911—？），天津人。1932 年考入南开大学商学院银行系，1936 年毕业。

输入临时管理委员会。

附申请书一份。

国立南开大学校长张伯苓
中华民国三十七年四月三日
（南开大学档案馆藏）

致江海关

（1948年4月3日）

案查美国捐赠本校电冰箱及收音机经由上海转口，前经在津请准输入许可展期，业经函请惠予转口在案。惟查该项物品虽因津沪函件往返迟期甚久，但系国外捐赠本校研究之用，并非普通商品，相应函请查照，希即惠允免纳过期费是荷。此致
江海关。

国立南开大学校长张伯苓
中华民国三十七年四月三日
（南开大学档案馆藏）

呈教育部

（1948年4月8日）

案奉钧部第一八三七五号汇款申请书拨发卅七年三月份教员学术研究补助费国币三千万元，业经如数领讫，理合填据，呈请鉴核备查。谨呈
教育部。

附呈收据一纸。

国立南开大学校长张伯苓
中华民国三十七年四月八日
（南开大学档案馆藏）

呈教育部部长朱家骅

（1948 年 4 月 9 日）

京字第十一号

关于本校呈请增加教职员一案，前奉赐书，“倘果有确实需要，本部仍当设法酌增”。又奉部令，许俟暑期核办。兹经各院系遵照部颁课程详细核算，所需教员人数，总计全校三十七年度，除原有教员一百四十四人之外，须增加一百人，各院系课程方能顺利进行。谨制《三十七学年度应设课程及应添教员表》随签附呈，伏祈鉴核。

职员方面，当谨遵指示，力求节俭。徒以校舍分散，事务繁多，不得不请求于原有九十六人之外增加十人。所请如蒙全部核准，全校教职员亦不过三百五十人。顷者暑期即至，三十七学年度诸事均待计划，用特恳请由钧部主管各校增班增加员工统筹部份预算项下，核准本校于本年八月起增加教职员一百一十名，实为德便。谨呈
部长朱。

张伯苓谨签
中华民国卅七年四月九日
（南开大学档案馆藏）

附 1：朱家骅致张伯苓（1948 年 2 月 3 日）

伯苓先生大鉴：

接奉元月十四日惠书，承示南开教授建议各事，甚感。今日国家财政之困难实较抗战期间为尤甚，弟年来为筹划各校经费煞费心机，因物价波动不已，以致未能适应实际需要，私衷至觉耿耿。

去年部管各级教育，包括省立、私立建筑及扩充、改良费虽两次追加，但总数不过二千六百五十亿元。关于国外购赠图书、仪器及其他医疗药械之接运费与各校紧急应变费等，均须在此款内统筹匀支。现部属学校、机关众多，即高等教育部份，国立专科以上学校及研究编译机关有八十一单位，省、私立专科以上学校一百二十八单位。各校规模固有大小之别，然其建筑、设备之急待

补充与请款之迫切并无轩轾。

南开于复员之初仅设文、理、商三学院十三学系，学生三百零四人。近年迭有增加，亦仅一千二百一十五人。现北大设六院卅系科，清华设五院廿七系。即学生人数，南开亦较北大、清华为少。本部卅五年分配南开复员费十亿元，去年建筑及扩充、改良费四十亿元，较之规模相似之学校并不为少。北洋前年复校实同新创，其基础之薄弱似不亚于南开，但去年所分配之建筑及扩充、改良费亦为四十一亿元。包括北平之工学院在内，外传曾得百余亿元，绝无此事。本部对各项经费之支配向有一定标准可循，慎重将事务求公允合理，历次款项各校分配数字均系列表呈院，转饬国库拨发，并经审计手续，原无秘密可言。惟按行政惯例，对所属学校机关自无一一宣布之必要。

南开教授建议第一项，“各项基本需要，宜先使其满足，后再求均衡发展”，极佩卓见，本部早已注意及之。复员以来，历次经费之支配，均一再指示各校应先求基本需要之充实。前年联总补助之收复区学校农、工、医基本设备，本部即系依据此项原则，延聘专家及美国籍顾问再四研讨，开列清单，送请订购，以期各校教学必须之设备不虞匮乏。惟联总对于此项设备之购置与分配常多意见，且时有变更。至员工名额各国立学校确有浪费之处，本部屡图逐渐纠正。南开在私立时代经费不多而事业扩展，此种传统特殊优点至盼继续保持，蔚为风气。倘果有确实需要，本部仍当设法酌增。

今年上半年预算最近甫奉核定，惟与本部去年原请概算相差尚远。南开诸教授希望各点当于分配时留意。

关于图书、仪器、设备之分配，本部对南开亦异常重视，在国外订购与捐送之图书、期刊已从优配拨。捐赠部份向设有委员会分开分配。至仪器、设备，前由联大购置者已令北大具领，与清华、南开会商分配。所谓分发各校不及南开者，当非事实。联总补助教育设备，本部前年原已将南开列入分配，嗣后以联总规定，此项设备仅以工、农、医各科系为限。其时南开工学院尚未成立，故为联总剔除，但经本部一再力争，终将工学院补列。理学院所需修理仪器工具机此次业就日本赔偿物资中配拨，不久均可运达。至去年美金设备费预算，高教部份仅列四十五万元，为数之少可以想见。本部经就各校所设科系性质与范围订定标准，妥慎支配，绝无畸轻畸重之事。北洋所设各系全系理工，依照规定之标准，其分配之美金因之较南开略多。

总之，当前国库奇窘，各校建筑、设备势非短期内所能臻于完善之境。今后对教育经费之增筹，本部职责所在，自当努力以赴，尚祈我教育界同仁深体

时艰，勉渡难关。南开诸多教授对本部实际情形或有未尽了解之处，务请先生婉为转达，是所企盼。专此奉复，顺颂

教祺！

弟 朱家骅 拜启

二月三日

（南开大学档案馆藏）

附 2：南开大学教授致朱家骅（1948 年 3 月 22 日）

伯苓校长转骝先部长钧鉴：

拜读二月三日致伯苓校长大函，答覆同人一月十四日上书中建议各点，并说明过去钧部对各校支配款项及图书、设备之情形，苦心筹措，大公无私，曷胜欣佩。

大函对前书所提“各校基本需要宜先满足，然后再求均衡发展”之原则，表示赞同，且对本校教职员名额，允于必要时酌增，对前书所提其他各点，亦允于分配时留意，尤感欣幸。南开战时损失过巨，已如前书所述。复员至今，大半院系，只有一、二年级学生，以目前简陋之设备，疏落分散之校舍，及少数之教职员，勉强应付，已感困难万状。嗣后年级增加，继续维持，势有难能。兹经再四研讨，缜密估计，谨乘伯苓校长晋京之便，续陈希望三点，敬恳惠予同情之考虑：

一、教职员名额，仍如前请，增加至四百人以上。

二、赐拨专款，以为修建图书馆、试验室、教职员宿舍，及学生宿舍之用。

三、赐拨专款法币五百捌拾陆亿壹千柒百叁拾万元，美金玖万零贰百陆拾贰元，以为重新购置实验器材及补充图书之用。

至于详细节目，当由校方具列，兹不复赘。

“南开在私立时代，经费不多，而专业扩展。”诚如尊论。然“工欲善其事，必先利其器”，今器既不利，事安得善？且改为国立之后，课程有一定标准，办事有不易程序，伸缩性过少，效率自减，需人自多，与私立时代，未可相提并论。更平心言之，各校有相同之人力、物力，效率之高下，始可衡量。若基础有参差，则“方寸之木，可使高于岑楼”，成绩何由比较？同人今所企求者，唯在获得必不可少之基本设备与校舍，及与学生课班成比例之教职员名额。此三者苟能满足，南开之表现，必不落后。同人固有此自信，熟稔南开之朝野人士，谅亦皆为之首肯也。

侧闻北大近获专款百亿，对于需要迫切不止十倍之南开，钧部岂无以慰其饥渴乎？率直陈辞，伫候明教。敬颂
道绥！

谨上
卅七年三月二十一日
（南开大学档案馆藏）

附3：朱家骅复张伯苓（1948年5月27日）

伯苓先生大鉴：

承惠转南开教授三月廿二[一]日来书，诵悉一一。关于南开经费、员额，前次黄钰生兄到京已一再谈及，国立学校与私立学校除经费来源不同外，其余课程标准与行政组织并无多大区别。南开现有员工名额远较私立时代为多，目前中央正裁员减政，学校人员经迭次力争，始得免予裁减，此时如大量请增员额，势难邀准。至下半年因增班所需员额，部中自当力为筹拨，另令知照。

至今年上半年部管建设经费，总数不过叁千亿元，其中高教部份尚不及贰千亿元。复员以来部属学校机关较前大增，国立专科以上学校及研究、编译机关即有八十余单位，前函业已奉达。南开两次分配四十五亿元，几占总数四十分之一，南开诸教授所请建设专款，就实际需要言，原不为多。惟本部当前财政万分困难，实无法一次拨足。北大之壹百亿元系政院特准拨发，本部事前一无所闻。美金设备费今年上半年预算仅列廿五万元，且迄今尚未奉准动支。弟对南开经费困难情形极为关切，只以预算所限，一时无法求其圆满解决，私衷至为焦虑。现行宪政府成立，将来教育文化预算倘能照宪法规定列支，部中当尽力为南开设法宽拨。尚祈先生转知诸教授为荷。专此。顺颂
教绥！

弟　朱家骅　敬启
五月廿七日
（南开大学档案馆藏）

附4：南开大学教授致朱家骅（1948年6月26日）

伯苓校长转骝先部长钧鉴：

顷奉读五月廿七日致伯苓校长大札，敬悉钧座对南开经济困难情形，极为关切，感慰何如！蒙准增拨员额四十名，虽去希望仍远，不无顾此失彼之感，

已可勉济急需。惟明年添班时，员工名额尚望再予酌加，俾各院系课程，皆能按照部订标准设立。

至于同人屡次请发专款，始终未邀俯允，则深觉失望。南开校舍与设备，目前已不敷用，增班之后，应付尤难。前书所陈各事，如图书馆、试验室、教职员宿舍、学生宿舍，以及校方详单开列之图书、仪器，无一非迫切需要所请款项，钧座亦认为并不过多。今宪政实行，重编预算，教育经费，当占全国总收入之百分之十五。敢恳依照南开实际需要迅予赐拨专款国币及美金各苦干，以济燃眉之急。如一次不易拨足，亦盼分批拨发。

前者中大、北大、浙大、武大四校曾由钧部担保，向中华教育文化基金董事会各借得美金五万至十万元。南开兹为购置基本之图书、仪器，亦拟筹借美金十万元，至希钧部援例担保。以上各节，统乞予以同情之考虑，并赐覆示。专此。敬颂

公绥！

谨启

卅七年六月廿六日

（南开大学档案馆藏）

附 5：朱家骅复南开大学教授（1948 年 7 月 10 日）

伯苓校长请转诸教授先生公鉴：

接奉上月廿六日惠书，敬聆种切。本部对于南开困难情形向所关切，此次编列下半年预算时已于南开实际需要特加注意。其中建筑扩充改良费一项，即列七百余亿，希望能得通过。美金一项，上半年核定之数尚未收到，以后分配自当注意。至员工名额，俟明年增班时，亦设法增加。

南开拟向中华教育文化基金董事会借款一层，此乃校、会两方径行洽商之事，本部仅处于赞助地位，如能与基金会商妥数目，本部自亦乐助也。专此奉覆。

顺颂

教绥！

朱家骅 敬启

七月十日

（南开大学档案馆藏）

呈教育部部长朱家骅

（1948年4月9日）

京字第十号

按奉钧部民国三十五年八月廿六日高字第一五五五〇号代电，“呈悉。所请指拨天津迪化道敌产日本工业学校充作校舍一节，业转呈行政院核拨，俟奉令再行饬知。”等因。比以该工业学校为钧部青年复学就业指导委员会所办之中学补习班所用，本校不便再事请拨。近闻该班行将结束，而本校需要校舍至为迫切，该班所用迪化道前日本工业学校之校舍及空场，恳请拨归本校，并饬该班径交本校，以免周折，实为德便。谨呈
部长朱。

张〇〇谨签

中华民国卅七年四月九日

（南开大学档案馆藏）

附：黄钰生致教育部次长田培林（1948年4月）

伯苍次长我兄勋鉴：

天津迪化道前日本工业学校校舍拨交南大一事，张校长已面陈部长，并承部长允为即办，又承指示，行政院方面由张校长亲向岳军院长陈述，张校长自当遵办。窃以为此事可分事实与法理两层，双管齐下，以节省时间。

事实：部长批示南大，准予拨用；并饬补习班径交南大以免周折。俾南大工学院下学期即能使用该处房舍。

法理：部呈院准将该处校舍拨归南大以确定产权，王任远先生处弟于离津之前，曾托郝局长致意，郝谓张处说通，王处自可说通。王先生与张校长在天津合作之处甚多，想无不可说通之处。张先生方面郝局长允为尽力，想不致有若何问题。

至于培英、力行两中学并为一校，乃郝局长之主张，郝曾嘱弟要求部长及吾兄之谅解，归并之时在人事上，若有困难，张校长亦愿从旁帮忙，协助解决。弟之所哓哓者，欲吾兄知此内情，转陈部长耳。签呈已由张校长面呈部长，兹

抄一份，随函附呈。专此。敬候
政安！

弟 黄钰生 谨启

（南开大学档案馆藏）

呈教育部部长朱家骅

（1948年4月10日）

京字第二十号

本校图书仪器，极感缺乏，虽经于历届复员修建费、扩充改良费，以及钧部分配外汇项下尽量拨支，以求补充，然理、工各系设备仅足以应付一、二年级之教学，至于三、四年级，则一切尚待制置。经各院系详细核计，卅七年度所需设备需用，下表所列，实为必要：

院别	国币	美金	附注
文学院四系		一〇〇〇元	
理学院四系	三一〇〇〇万元	四二二七二元	
商学院五系	七〇〇〇万元	一二〇〇〇元	
工学院三系	一二三九〇〇万元	一六二七六〇元	建筑及消耗未列入。
全校共同			
煤气	三〇〇〇〇〇万元		
图书		二五〇〇〇元	
总共	四六一九〇〇万元	二四三四三二元	

兹谨列本年度各院系设备费，详表随签附呈，伏祈鉴核。

按设备诸费，理工两院占总数八分之七，除建筑及扩充、改良费项下请宽予拨给之外，务恳俯念理、工两院与建设人才之培养有密切关系，特准在建设技术人员训练费项下拨给的款，以补扩充改良费之不足。务求上列国币及美金全数，今年上半年可以拨到一半，俾本校之设备，得以渐近充实，本校之计划，得以逐渐实现。

以上所陈，是否可行之处，敬祈批示祗遵。谨呈
部长朱。

张伯苓谨呈
卅七年度四月十日
（南开大学档案馆藏）

呈行政院

（1948年4月10日）

案查前于卅五年七月曾以校舍不敷应用，拟请拨给天津市迪化道敌设日本工业学校全部房屋设备，充作理、工各系校舍，当经呈奉教育部高字第一五五五〇号代电开："七月十九日明字六九号呈悉，……，教育部。印。"等因，经时年余，迄未奉到明令。现在本校学生已逾一千二百人，本年暑假更将增加数百人。而工学奉准成立，亦在加速进展，不但现有校舍、教室十分拥挤，应有之实习工厂尚不敷用。际兹物价日高，建筑房舍请拨巨款既非国库所允许，亦不便任其残缺，有误学生之课业。前项请拨房屋地居本校东南两院之间，一切设备极合工科教育之用，仰乞准予指拨本校接收，作为工学院校舍。是否可行，除呈教育部外，理合呈请鉴核示遵。谨呈
行政院。

国立南开大学校长张伯苓
中华民国三十七年四月十日
（南开大学档案馆藏）

呈教育部

（1948年4月10日）

案查本校复校之初，曾于卅五年七月呈请拨给天津市迪化道敌设日本工业学校全部房屋、设备作为本校理、工各系校舍，旋奉钧部高字第一五五五〇号

代电开："七月十九日明字六九号呈悉。……。教育部。印。"等因。经时年余，迄未奉到明令。现在本校学生增至一千二百余人，本年暑假招生至少亦将再增数百人，且工学院奉准成立，正在积极扩充设备，加速进展之中。不但现有校舍、教室均甚拥挤，而应设之实习工厂尚多因陋就简，亟需改善。际兹物价日高之时，建筑房舍动辄巨万，实无此项财力，更不便抱残守阙，致误学生之课业。

伏查前请拨用之日本工业学校设在迪化道西段，门牌三六四号，地居本校南院、东院之间，原有楼房两栋，平房两间，实习工场两座，装有水道、电气及动力设备，极合工科教育之用。该项房屋胜利后即由三民主义青年团借作中学进修班校舍，现在设有天津青年训导班，仍归该团管理（其中之一部份为新兴路十三号，则为私立培英中学所占用），并未经过敌伪产业处理局处理。拟请仍照前案拨归本校接收，作为工学院校舍。除径呈行政院外，理合抄录原移交清册，呈请鉴核转请示遵。谨呈
教育部。

附呈抄册一份。

国立南开大学校长张伯苓
中华民国三十七年四月十日
（南开大学档案馆藏）

附：教育部复电南开大学（1948年5月15日）

国立南开大学张校长：卅七年四月十日大字第二九二号呈件均悉。关于天津迪化道日本工业学校校舍一案，兹经函复，径与河北省立学院洽商解决在案，仰即知照。教育部。印。

中华民国卅七年五月十五日
（南开大学档案馆藏）

致河北平津区敌伪产业处理局零星物资处理事务所

（1948年4月10日）

本校现需购用纸张文具及打字机等项，贵所处理物资中，如有出售上项物品时，尚希事前通知，以便洽购。相应函达，即希查照见复是荷。此致

行政院河北平津区敌伪产业处理局零星物资处理事务所。

国立南开大学校长张伯苓

中华民国卅六年四月十日

（南开大学档案馆藏）

呈教育部

（1948年4月13日）

案查本校政治学系拟并入商学院，改称政治经济学院一案迭经呈请，未蒙核准。覆查本校复员年余以来，考察实际情形，因学科上之性质以及行政上之便利，在在均有改隶改称之必要。谨拟将商学院改称为政治经济学院，内设五学系，计：政治学系、经济学系、原称银行会计学系改为货币银行学系、商业管理学系改为工商管理学系、统计学系改为会计统计学系，以符名实而利课业。理合再行呈祈鉴核示遵。谨呈

教育部。

国立南开大学校长张伯苓

中华民国三十七年四月十三日

（南开大学档案馆藏）

致国库天津分库

（1948年4月13日）

案奉教育部会字第一七〇五四号令，颁《文武人员待遇调整办法》，自四月份起按月调整，暂照三月份加倍发给各等因。查本校教职员工薪饷亟待发放，拟表预支五月份库拨生补费计一,六七九,六九〇,〇〇〇元，不足之数并拟在扩充改良建筑费项下拨借一,〇〇〇,〇〇〇,〇〇〇元，俟生补费汇到，即可拨还，藉资挹注。相应函请查照惠允。至感公谊。此致
国库天津分库。

国立南开大学校长张伯苓
中华民国三十七年四月十三日
（南开大学档案馆藏）

致天津海关

（1948年4月13日）

本校自美购到理学院化学系试验用吹风机器乙箱，由 Flying Claud 船装运抵津。相应函请查照免验放行是荷。此致
津海关。

国立南开大学校长张伯苓
中华民国三十七年四月十三日
（南开大学档案馆藏）

致天津海关

（1948 年 4 月 13 日）

本校兹由美装 Flying Enterprise 轮船运到理工学院试验用洗涤机器共二箱，该机器系美国友人捐赠，故无从取得发票。相应函请查照免验放行是荷。此致津海关。

国立南开大学校长张伯苓
中华民国三十七年四月十三日
（南开大学档案馆藏）

致天津市政府

（1948 年 4 月 15 日）

大字第 312 号

案准贵府平秘三字第 7190 号公函略开：兹准将贵大学上年十一月未发应领增加教员之面粉，先行补发。其预借本年一月份之粉，尚因员额变更发生问题，时则须由二月份配粉数额内扣还，以清手续。除分行社会局遵照办理外，相应函请查照派员径向该局洽办。至关于本年度员额核定事项，尚祈贵大学迅速呈部，请核定示复，以便办理为荷。等由。查此项增额人员应领卅七年度各项配给实物，本校业经呈请教育部，转请行政院援案照发在案。在未奉令以前，仍请贵府转饬暂作借发，俾免向隅而减困难。并希见复是荷。此致
天津市政府。

国立南开大学校长 张伯苓

杜建时批：本案似已奉准，查案复。

附：天津市政府致南开大学（和字第 8810 号）（1948 年 4 月 21 日）

案准贵大学本年 4 月 15 日大字第 312 号公函，为增额人员应领配实之呈部

转请援案照发，在未奉令前，仍请皆作借发。等由。准此，刻查本市公教人员本年二、三、四各月份面粉，拟于近期一并配发。田粮处津区储运处存粉本已不敷分配，此案自应早日确定，始易办理。仍请查照前函，电部催请院速予核准，俾负有误。相应函复，跂希查照为荷。此致

国立南开大学。

批：请人事处会核。

（天津市档案馆藏）

呈教育部

（1948年4月16日）

查本校经济研究所卅四学年度考取研究生张本懿等六名，前经呈报在案，各该生等现于卅五学年度第二学期修学期满，考试成绩及格，应准毕业，依法授予硕士学位。理合造具名册、成绩表，填具证书，检同论文、像片等件呈请鉴核示遵。谨呈

教育部。

附呈名册一本，成绩表一册，论文六本，提要五本，证书六张，像片乙册。

国立南开大学校长张伯苓

中华民国三十七年四月十六日

（南开大学档案馆藏）

附：教育部致电南开大学（1948年6月14日）

教育部代电　　发文高字第三二六九七号

国立南开大学：卅七年四月十六日大字第三一六号呈件均悉。该校研究生张本懿等六名毕业论文准予付审，审查结果另令饬知。件存。仰知照。教育部。印。

中华民国三十七年六月十四日

（南开大学档案馆藏）

呈教育部

（1948年4月16日）

案奉钧部第二一一五四号汇款申请书拨发职教员久任奖金国币一千六百廿一万元，业经如数领讫，理合填据，呈请鉴核备查。谨呈

教育部。

附呈收据乙纸。

国立南开大学校长张伯苓

中华民国三十七年四月十六日

（南开大学档案馆藏）

附：教育部令南开大学（1948年4月3日）

教育部训令　　发文人字第一七二九六号

令国立南开大学：

兹发给该校张伯苓等三十六年度中央公教人员久任奖金共计国币壹千陆百弍拾壹万捌千元，款由中央银行专汇。仰照附开清册，分别给领，并依附发印领清册格式，造具二份，连同印领一并呈核为要。

此令。

附发奖金清册及印领清册格式各一份。

部长朱家骅

中华民国三十七年四月

（南开大学档案馆藏）

呈教育部

（1948年4月16日）

案奉钧部第二一一八四号汇款申请书拨发卅七年四月份学生膳费国币二亿

四千万元，业经如数领讫，理合填据，呈请鉴核备查。谨呈
教育部。

附呈收据一纸。

国立南开大学校长张伯苓
中华民国三十七年四月十六日
（南开大学档案馆藏）

致国库天津分库

（1948 年 4 月 16 日）

兹为预发五月份学生膳费之一部份，拟暂由扩建费项下借支国币伍亿元，部款拨到即行归垫。相应函请查照，希即惠允是荷。此致
国库天津分库。

国立南开大学校长张伯苓
中华民国三十七年四月十六日
（南开大学档案馆藏）

致输入临时管理委员会

（1948 年 4 月 16 日）

查本校由美订购理学院化学系试验用仪器壹箱，共计价值美金捌拾玖元柒角叁分正，业经在美付讫。相应填具申请书，函请查照，惠允输入许可是荷。此致
输入临时管理委员会。

附申请书乙份。

国立南开大学校长张伯苓
中华民国三十七年四月十六日
（南开大学档案馆藏）

致输入临时管理委员会

（1948 年 4 月 19 日）

本校工学院电机学系由美国通用无线公司购到试验用仪器一箱，价值美金一千〇一十四元二角，业经在美付讫。相应填具申请书，检同清单，函请查照，惠允输入许可是荷。此致

输入临时管理委员会。

附书、单各一份。

国立南开大学校长张伯苓

中华民国三十七年四月十九日

（南开大学档案馆藏）

致朱家骅

（1948 年 4 月 20 日）

骝先部长勋鉴：

南开校务，迩来所呈请者，约有三端：一、校舍，一、员工，一、设备。

新建校舍，势不可能。天津迪化道日本工业学校校舍之让渡问题，除与河北省立工学院路院长商洽之外，仍望大部作主，以期其成。

员工名额，屡承指示。欲以南开用人之少，为其他大学树立楷模，蔚为风气，此固苓所赞同而自勉者也。全校员工人数，但求其足以担任工作，决不强求其与他校相等（按，其他大学学生人数与教职员人数为三.五与一之比）。

设备一层，最为迫切。南开损失之大，人所共知。复员扩、改诸费之分配，似未尝及。南开同人之努力，为部长所嘉许，然在分配特款之时，努力与否，似未曾列为因素。南开教授同仁，每有微言，苓皆力为解说。惟涉及设备，苓实无辞以对。

同仁之所希冀者，并非所拨之款，足以使南开之设备立即齐全，同仁但求

大部于分配特款之时，念及南开之损失，与同仁之努力耳。同仁目前之所请求者，并非于预算之外另为设法，但请大部于主管范围以内保留数之中增拨员额与设备费耳。

前上签呈呈文，计有：

关于校舍者签呈乙件（京字十号，面呈）；

关于员额者签呈乙件（京字十一号，交高教司）；

关于工额者代电乙件（交总务司）；

关于设备费者签呈乙件（京字十二号，交高教司）；

关于美金者（京字第十三号）；

以上五件，敬祈早为批示，俾得有所遵循。不胜盼祷。专此。敬候

政祺！

张伯苓 谨启

四月廿日

呈教育部部长朱家骅

（1948 年 4 月 20 日）

京字第十三号

按国立各级学校及研究机关建筑及扩充改良费项下有美金二十五万元，闻内定分配本校三千五百美元，此不但不足以应本校之需要，而在国立大学之中为数亦属最小。复闻是项美金分配之后，钧部尚有保留之数，仰恳由此保留数中特拨本校美金五千元，联前共八千五百元，以应本校设备之急需，并以慰本校同仁之殷望。谨呈

部长朱。

四月二十日

（南开大学档案馆藏）

附：朱家骅复张伯苓（1948 年 4 月 27 日）

伯苓先生大鉴：

本月廿三日惠札并件均经奉悉。南开战时损失之大，弟所深知；校内同仁

之努力，亦极敬佩。每次分配特款时无不特加留意，终以一般学校情形之困难更有甚于南开者，未能多所特殊，爱莫能助。奈何！奈何！

尊示各节分复如下：

关于员额工额等项，已交高等、总务两司从优酌加。

关于设备者，亦交高等司特加注意。至再拨美金五千元一节，因先生所指前次分配总数之美金廿五万元，则除全国专科以上院校外，尚包括文化机关在内，早经分配无余。分配南开之数与清华大学相同，并非最小，致难报命。只有于下半年预算内再当特别注意。

关于迪化道日本工业学校校舍拨归南开一案，在弟自甚赞同。乃该项校舍早经拨给河北省立工学院，至卅五年南开请呈院准拨，曾为转呈，迄今未奉指复。顷又接河北省国大代表孙宪铸、于华峰等五十八人签名函，谓“查敝省省立工学院在天津设立已四十余年，毕业生千余人，在各工厂、机关服务颇著成绩。抗战期间该学院被敌人强行占据，所有图书、设备损失一空。胜利后，奉令复员，适台旌于卅四年十一月间赴平津视察，目睹该院损失惨重，遂批将天津迪化道西口之日本工业学校拨归该院接收，以便充实设备，增添科系。该院除已将机械、图书照原始清册点收外，其原有校舍、家具则暂由教育部天津进修班短期借用，已分别在河北省政府及河北平津敌伪产业处理局备案。今忽闻南开大学校校长张伯苓拟向贵部请求将该处校舍拨归南开，按，该日本工业学校校址已拨交敝省省立工学院，且悉该院目下需房迫切，此房万无再拨予南开之理，并请贵部令知天津进修班速予腾让，以使敝省省立工学院派员点收。不胜企盼之至。事关敝省公产，不敢缄默，敬希查照。”等语。遂使本部无法作硬性决定，惟有仍请先生径与该校洽商解决较为合适。知注敬复。顺颂

教绥！

弟　朱家骅　拜启

四月二十七日

（南开大学档案馆藏）

呈教育部

（1948 年 4 月 21 日）

案据本校工学院化工系学生袁作礼[①]声称，前于卅五年九月考入江苏省立江苏学院数理系肄业，曾经领有公费。兹于本学年考入本校化工系一年级，取具原校证件，申请继续发给公费前来。经核属实，理合检同原件，呈请鉴核示遵。再，该生公费应于何月份发给，并请批示。谨呈
教育部。

附呈名册二份，证件一纸。

国立南开大学校长张伯苓
中华民国三十七年四月廿一日
（南开大学档案馆藏）

呈教育部

（1948 年 4 月 21 日）

案奉钧部第二二二七六号汇款申请书拨发卅七年五月份学生膳费国币七亿四千万元，业经如数领讫，理合填据，呈请鉴核备查。谨呈
教育部。

附呈收据一纸。

国立南开大学校长张伯苓
中华民国三十七年四月廿一日
（南开大学档案馆藏）

① 袁作礼（1929—？），浙江杭州人。1947 年 9 月考入南开大学化工系。毕业后任教于大连理工大学。

呈教育部

（1948 年 4 月 21 日）

案查，前奉钧部总字第一二三四五号代电开："二月十八日大字第二三号呈件均悉。……，件还。教育部。印。附还证件一纸。"等因。遵经转饬遵办法后，兹据补正前来，理合检同原件，呈请鉴核示遵。谨呈

教育部。

附呈证件一份。

国立南开大学校长张伯苓

中华民国三十七年四月廿一日

（南开大学档案馆藏）

呈教育部

（1948 年 4 月 21 日）

案据本校文学院哲学教育学系学生宋正春[①]填具志愿书，取具保证书，声请师范生公费待遇（包括制服、书籍等费）前来，经核属实，除志愿书存校备查外，理合造具名册，检同保证书，呈请鉴核示遵。再，该生公费待遇应自何月给发，并乞批示。谨呈

教育部。

附呈名册二份，保证书一份。

国立南开大学校长张伯苓

中华民国三十七年四月廿一日

（南开大学档案馆藏）

---

① 宋正春（1928—？），天津人。1946 年考入南开大学哲学教育系试读。

附：教育部复电南开大学（1948年5月8日）

国立南开大学：四月廿一日大字第三四二号呈件均悉。查该校学生宋正春入学时既非师范生，所请中途核给公费及制服、书籍等费一节未便照准。仰即知照。件还。教育部。印。附还原呈各件。

（南开大学档案馆藏）

呈教育部

（1948年4月21日）

案查卅六学年度第一学期各项报告简表业经造送在案，兹将第二学期各项简表填齐，理合呈请鉴核备查。谨呈
教育部。

附呈简表七份。

国立南开大学校长张伯苓
中华民国三十七年四月廿一日
（南开大学档案馆藏）

呈教育部

（1948年4月26日）

案查本校教员资历审查一案，先后呈奉钧部，卅六年十一月十三日学字第六一〇一九号指令，卅七年一月七日学字第〇〇七五〇号指令，及二月廿一日学字第一〇〇一三号训令，饬即转知补缴证件，业经遵办在案。兹据教授高振衡[①]等十人先后补缴前来，除其余应缴证件俟据送到再行呈送外，理合检同原件，

① 高振衡（1911—1989），浙江绍兴人，生于北京。有机化学家。1934年毕业于清华大学，1941年赴美国从事有机化学研究，1946年毕业于哈佛大学，获博士学位。同年回国任南开大学教授，曾任化学系主任、中国化学学会理事、国家科委化学学科组成员。1980年当选为中国科学院学部委员（院士）。

呈请鉴核示遵。谨呈
教育部。

附呈证件十份。

国立南开大学校长张伯苓
中华民国三十七年四月廿六日
（南开大学档案馆藏）

呈教育部

（1948 年 4 月 26 日）

案查本校教员资历审查一案历业呈送在案，兹据副教授杨曾武[①]等五人检呈证件，送请审查前来，理合检同原件，备文呈请鉴核示遵。谨呈
教育部。

附呈证件五份。

国立南开大学校长张日伯苓
中华民国三十七年四月廿六
（南开大学档案馆藏）

致输入临时管理委员会

（1948 年 5 月 4 日）

本校兹由美国订购图书一批，共价美金九百七十九元八角四分，业经在美付讫。相应函请填具申请书，检同书单，函请查照，惠允输入许可是荷。此致

① 杨曾武（1916—？），北京市人。1939 年燕京大学经济系毕业，获学士学位。1941 年任北京私立中国大学讲师，1944 年晋升为副教授。1947 年任南开大学副教授，1952 年晋升为教授。1958 年任河北财经学院统计系主任和教研室主任。1970 年任天津财经学院统计系主任，曾任第一、第二、第三届中国统计学会常务理事，天津市统计学会副会长。

输入临时管理委员会。

附申请书一份，书单一份。

校长张伯苓
中华民国三十七年五月四日
（南开大学档案馆藏）

致电周邦道[1]

（1948年5月5日）

江西省政府教育厅周厅长勋鉴：育字七三九七号代电奉悉。本校本学年新生名额无多，决在津、沪、渝、汉四区招考。嘱在赣招生及委托代办，歉难照办。特复。张伯苓。辰徵。印。

（南开大学档案馆藏）

附：周邦道致电张伯苓（1948年4月27日）

江西省政府教育厅代电　育字第七三九七号

国立南开大学张校长勋鉴：查本省本年高中毕业生暨上年毕业尚未升学之学生约计六千余人。本年虽有中正大学及中正医学院两校，然收容名额有限，多数学生均须赴省外各地投考。惟值此物价高涨、交通困难之际，家境清贫者实难筹措此项投考费用，势将坐失升学之机，殊非国家作育人才之至意。本厅以青年学生求知心切，自应力为设法解除其困难，以资成全，用特电请贵校（院）于本年暑假内派员来省招生，或依照向例，委托本省专科以上学校代办招考手续，以利投考，并希见复为荷。江西省教育厅厅长周邦道叩。印。

（南开大学档案馆藏）

---

① 周邦道（1898—？），字庆光，江西瑞金人。南京高等师范毕业。历任教育部督学、铜仁县国立第十九中学校长、江西省教育厅厅长、暨南大学教授，后去台湾。

呈教育部

（1948年5月14日）

案奉钧部第二七八八四号汇款申请书拨发卅七年三至四月份教员学术研究补助费国币九千万元，业经如数领讫，理合填据，呈请鉴核示遵。

谨呈

教育部。

附呈收据乙份。

国立南开大学校长张伯苓

中华民国三十七年五月十四日

（南开大学档案馆藏）

致中央执行委员会青年部

（1948年5月14日）

案准贵部文字第三〇七号公函，附调查表，嘱即填复等由。兹将原表填注清楚，相应复请查照。此致

中国国民党中央执行委员会青年部

附调查表一份，概况一份。

国立南开大学校长张伯苓

中华民国三十七年五月十四日

（南开大学档案馆藏）

附：中央执行委员会青年部致南开大学（1948年3月8日）

中国国民党中央执行委员会青年部公函　　文字第三〇七号

再函送学校总要表二份，务希填复，俾便汇编，以利辅导由。

敬启者：本部前为明了全国专科以上学校概况，以便辅导青年升学起见，经于去年十二月五日以（36）青年三字第二七五号函送该项调查表两份，请予

查填惠寄在案。兹查贵校概况表尚未寄下，特再补送该项调查表两份，务希迅赐查照填复，俾便早日汇编付梓，以利辅导为荷！此致
国立南开大学校。

附概况调查表二份。

民国卅七年三月八日
（南开大学档案馆藏）

致行政院新闻局

（1948年5月14日）

案准贵局新三字第三四〇六号公函，嘱寄资料及刊物等由，除已出版之《边疆人文》径寄资料科外，相应检同概况函请查照。此致
行政院新闻局。

附概况一份。

国立南开大学校长张伯苓
中华民国三十七年五月十四日
（南开大学档案馆藏）

呈教育部

（1948年5月17日）

案奉钧部第二九四三一号汇款申请书拨发卅七年六月份学生膳费国币十三亿八千万元，业经如数领讫，理合填据，呈请鉴核备查。谨呈
教育部。

附呈收据乙纸。

国立南开大学校长张伯苓
中华民国三十七年五月十七日
（南开大学档案馆藏）

致输入临时管理委员会

（1948年5月17日）

本校前由美国中央科学公司购到化学系试验用仪器一批，输入许可III/2109，免税护照四二四号，内有直流电动搅拌器一具，因本校仅有交流电源，无法使用，决将该器退回美国中央科学公司，以该项价款改购其他仪器。该项美金原系本校自备，在美所付。除函津海关外，相应函请查照。此致

输入临时管理委员会。

国立南开大学校长张伯苓

中华民国三十七年五月十七日

（南开大学档案馆藏）

致杜建时

（1948年5月18日）

建时贤弟市长惠鉴：

顷接来函，备悉一是。市训委员苓可担任，惟遇不克出席时当由子坚弟代表。此复。即颂

政祺！

张伯苓　启

附1：杜建时致张伯苓（1947年10月25日）

伯翁师座钧鉴：

市府为加强行政效率，配合宪政实施起见，于本年4月特设天津市训练团。对市属各单位及人民团体基层干部人员施以短期训练。业经举办三期，深赖各方匡助。第四期现正筹备中，不日即可开学。该团另设有训练委员会，担任一切训练计划之审议，至为重要。刻为增强训练效能，并使学术与行政研究相互

沟通，打成一片计，拟再参照中央规定，增聘各院校长为该会委员，俾资改进。一切谅在钧察。兹拟恳请吾师，并敦聘刘迺仁、齐璧亭、路秀三诸先生，及北洋大学校长担任该团训练委员会委员，藉聆教导。

再，该团教学亦亟待充实，并乞推荐专题讲演人选，以便延聘。此节容再由该团趋洽办理。特函奉照，敬请钧诺赐授为祷。肃此。恭叩

福安！

（附言）如钧座为克担任，亦盼指定校方代表一人，惠与参加。

又书

生 杜〇〇 谨肃

附2：杜建时致张伯苓（1948年4月8日）

伯翁师座钧右：

本市府为提高行政效率，配合局势需要起见，特于客岁4月间筹设天津市训团，对本市行政干部暨基层自治人员施以短期训练。业经举办五期，深赖各方匡助。第六期正在筹备中，不日即可开学。该团另设有训练委员会，担任一切训练计划之审议，至为重要。前为增进训练效能，并使学术与行政研究相互沟通成一片计，曾参照中央规定，增聘各院校长为该会委员，俾资策进，并于去冬函恳吾师担任一席，藉聆教导。未奉复示。谨再重申前请。如钧座不克顾及，拟聘黄秘书长子坚先生担任，敬请代为先容，并乞酌洽赐复为祷。肃此。恭叩钧安。

再，本市工商学院刘院长、河北工学院路院长及北洋大学张校长均经复允担任训练委员会委员，并已加聘，谨以附陈。

生 杜〇〇 谨上

附3：杜建时致张伯苓（履总第844号）（1948年5月22日）

兹敦聘台端为本团训练委员会委员。此致

张伯苓先生。

（天津市档案馆藏）

附4：杜建时致张伯苓（1948年8月18日）

伯公师座钧鉴：

谨肃此市训团为配合战乱需要，即于第七期（8月18日开学）开始，训练

民众自卫干部与防护干部。各门课程讲师均经聘定。惟防护班关于原子能、镭[雷]达及防毒常识（三次六小时）专题讲演人选，尚付阙为。拟恳吾师赐予推荐，俾便延聘，借广见闻。如何之处，尚祈钧裁示复为祷。肃此。敬请
钧安！

生 杜○○ 谨上

附 5：黄钰生致杜建时（收文践字第 1512 号）（1948 年 9 月 10 日）

建时市长勋鉴：

月前，张校长交下尊函，嘱为推荐市训团防护班专题讲演人选，各节敬悉。兹经商之本校理工两学院，关于讲述“雷达”，物理系教授鲍家善先生可以担任。讲述“防毒常识”，化工系教授汪德熙先生可以担任。敬为介绍，倘拟延聘，应请贵团另备专函敦请，以昭郑重。即希台察为荷。专此布复。祇颂
勋绥！

黄钰生 拜启

批：在本期团训前，唯恐不易聘请此项人选，故同时函北洋、南大两校长。现已由北洋张、徐、萧三教授担任，并已讲毕。对于南大来函推荐人选，去函谢之。

（天津市档案馆藏）

致刘如松[①]

（1948 年 5 月 19 日）

如松局长惠鉴：

苓游京沪，瞬逾五十日。日昨归来，忙于校务，未遑奉访。比想政务贤劳为念。兹有恳者，苓日来自寓赴校办公，行经南开二纬路及四马路一带，察见马路失修，颇多坎坷，尤以二纬路自福安桥至四马路一段、四马路自二纬路至三纬路一段损坏更甚。而下水道不通，每遇阴雨，积潦成淖，居民复横掘马路，以图泄水，路面破坏尤为不堪。查此路为交通要衢，公共汽车、载重运货车及其他车辆每均病苦。夙仰先生对于工务建设不遗余力，用敢略述所见，上陈左右，敬希派员查勘，早赐翻修，俾利交通而便市民。曷胜盼祷，专此借颂

① 时任天津市政府工务局局长。

勋祺！

张伯苓 拜启

附：天津市工务局副局长过祖源复张伯苓（1948年7月1日）

伯苓先生校长赐鉴：

顷奉华函，敬悉一是。承嘱派工修理南开二纬路及四马路道路一节，遵已饬由本局七区工程处速办。现正平垫二纬路，一俟工竣，当继续平垫四马路。至修建二纬路及四马路下水道工程，已列入工赈计划内，仅二纬路计划已邀核准，俟公款拨到后即可兴工。知关廑注，谨此奉阅，敬颂

崇绥！

过祖〇 拜启

呈教育部

（1948年5月25日）

查卅六学年度第一学期应招研究生证件、相片册兹已备齐，理合造具名册，检同原件，呈请鉴核备案。谨呈

教育部。

附呈名册一本，相片一册，证件七份。

国立南开大学校长张伯苓

中华民国三十七年五月廿五日

（南开大学档案馆藏）

呈教育部

（1948年5月25日）

查卅六学年度第一学期录取一年级正式生、先修班学生、转学生、保送生

及先修班升入大一学生，暨本学期复学生应送证件，兹经备齐，理合造具名册、统计表，检同相片册、证件，一并备文呈请鉴核备案。谨呈
教育部。

附呈名册十一份（附统计表），相片十一册，证件五百四十二份。

国立南开大学校长张伯苓
中华民国三十七年五月廿五日
（南开大学档案馆藏）

致空军总司令部

（1948年5月25日）

案准贵部第三四五号公函，嘱保送学生等由。查本校今年机械、电工两系并无毕业生，特函奉复，即希查照。此致
空军总司令部。

国立南开大学校长张伯苓
中华民国三十七年五月廿五日
（南开大学档案馆藏）

附：空军总司令周至柔致南开大学（1948年5月15日）

为请保送毕业生入空军机校受训由。

国立南开大学：

一、素仰贵校声誉宏著，教学优良。本军为发展航空工业储备人才计，特请遴选本届航空工程、机械、电工三系品行端正，每学期平均成绩均在70分以上之毕业生（男性），择优惠予保送三人—五人。

二、保送学生经本部录选及体检合格后，即按录用大学毕业生办法办理，叙同空军少尉三级，带薪（每月照政府规定调整）送入伍生总队。入伍期满，编入空军机械学校高级班受训。

三、希将选送学生在校各学期平均成绩列单检送本部，以凭办理。

四、请查照办理见复。

总司令　周至柔

中华民国三十七年五月十五日
（南开大学档案馆藏）

致华北剿匪总司令部武管会北平第三修械所

（1948年5月25日）

兹准贵所总字第三五一号公函，以本校旧存万能铣床一部，嘱为价让等因，当经本校工学院核议，按照国币一亿五千万元可以让售，并希于两星期内款货两清。相应函复，即希查照为荷。此致
华北剿匪总司令部武管会北平第三修械所。

国立南开大学校长张伯苓
中华民国卅七年五月廿五日
（南开大学档案馆藏）

附：华北剿匪总司令部武管会北平第三修械所致南开大学（**1948年5月18日**）

华北剿匪总司令部武管会北平第三修械所公函　　总字第三五一号

为函请将存有铣车一部价让，并将出让价格见覆由。

径启者：查本所奉命代各县团队赶制武器，急需铣车数部。顷闻贵校存有大号万能铣车一部，拟请价让，以利工作。相应函请查照，并将出让价格见覆为荷！此致
南开大学。

所长　邹荣光
中华民国卅七年五月十八日
（南开大学档案馆藏）

致北平海关

（1948 年 5 月 27 日）

本校复员仪器一箱由平运津，相应函达查照，惠予免验免税放行是荷。此致
北平海关。

国立南开大学校长张伯苓
中华民国卅七年五月廿七日
（南开大学档案馆藏）

致北平车站

（1948 年 5 月 27 日）

本校兹有复员仪器一箱由平运津，相应函请查照，惠予运费优待是荷。此致
北平车站。

国立南开大学校长张伯苓
中华民国卅七年五月廿七日
（南开大学档案馆藏）

呈天津市教育局局长郝任夫

（1948 年 5 月 27 日）

事由：为遵令具报教授联合国教材办理经过，敬祈鉴核，以凭汇转由。
案奉钧局教二字第 211 号训令，以奉教育部代电，略以：全国各大中学校，

须于历史、伦理、公民等课内兼授联合国教材，或特设一科专门讲述联合国。等由。饬转令全国各大中学遵照。饬即遵照办理具报。等因。奉此，查本校于上年12月6日奉钧局教二字第2200号训令，饬即教授有关联合国教材后，即召集本校公民、历史教员开会，研究实施教授联合国教材办法，当经决定：一、在公民学科内兼授。二、搜集教材。三、编定教程。四、自1947年度第二学期开始教授。兹奉前因，合亟将办理经过备文呈报，并缮具教程表一份附呈。敬祈鉴核，以凭汇转。谨呈
天津市教育局局长郝。

天津市私立南开中学校长张伯苓
（天津市档案馆藏）

致天津海关邮局支所

（1948年5月28日）

本校前由美国中央科学公司购到化学系试验仪器一批，输入许可III/2109，免税护照四二四号，内有直流电动搅拌器一具，因本校仅有交流电源，不能适用，决将该器退回换取交流电动搅拌器。除将该器交由邮局寄美外，相应函请查照，惠予备案是荷。此致
津海关邮局支所。

国立南开大学校长张伯苓
中华民国三十七年五月廿八日
（南开大学档案馆藏）

呈教育部

（1948年6月1日）

案查申请匪区救济金第三次名册、证件前经呈送在案，兹据学生韩丽莉等七十二人申请前来，理合造具名册，检同证件，呈请鉴核示遵。谨呈

教育部。

附呈名册二份，证件七十一份。

国立南开大学校长张伯苓
中华民国三十七年六月一日
（南开大学档案馆藏）

致山东省教育厅

（1948 年 6 月 1 日）

案准贵厅教一甲字第一〇三〇号公函，以本年度招生是否委托代办招考或保送名额等由，本校本年度招生名额无多，不拟在山东招考，变不接受各省教育厅保送学生。相应函请查照。此致
山东省教育厅。

国立南开大学校长张伯苓
中华民国三十七年六月一日
（南开大学档案馆藏）

附：山东省教育厅致南开大学（1948 年 5 月 22 日）

山东省政府教育厅公函　　（37）教一甲字第一〇三〇号

为函询贵校本年暑期是否委托本厅代招新生及有无保送名额，请查照见复由。

查历年暑假，各大学及独立学院等校，例有委托本厅代招新生或嘱由本厅保送名额者，兹以三十七年暑期临迩，贵校是否委托本厅代办该项招考事宜？有无保送名额？除分函外，相应函请查照，务希早日示复，俾作统筹准备为荷！此致
国立南开大学。

厅长李泰春
中华民国三十七年五月廿二日
（南开大学档案馆藏）

呈教育部

（1948年6月2日）

案奉钧部高字第六五一三号训令略，以空军总司令部函请保送航空工程、机械、电工三系毕业学生三至五人，饬即办理具报等因，查此案前准空军总司令部公函，当以本年并无机械、电工毕业学生函复在案，奉令前因，理合呈复鉴核。谨呈
教育部。

国立南开大学校长张伯苓
中华民国三十七年六月二日
（南开大学档案馆藏）

呈教育部

（1948年6月3日）

案查本校转学生姜鼎铭申请继续发给公费一案，前于本年四月十二日钧部一八五七五号代电核准，遵于三月份起发给在案。兹据呈缴国立东北大学证明书，内载该生公费系领至卅六年六月底止。该生于是年九月转学本校，奉准发给公费，似应于入学之月起发。惟查卅六年九至十二月及卅七年一、二两月公费请领清册、异动册等均经呈送，无从补列此项补发之款，拟请准予专案呈报。理合开列清单，检同证件，呈请鉴核示遵。谨呈
教育部。

附呈清单一纸，证件一份。

国立南开大学校长张伯苓
中华民国三十七年六月三日
（南开大学档案馆藏）

致电教育部

（1948 年 6 月 3 日）

南京教育部钧鉴：京字第十一号签呈，请由卅七学年度起增加教员百人，职员十人，迄今未奉示复。学年不久开始，教员均须预先聘定，可否按照上项人数聘用，乞速示遵。国立南开大学校长张伯苓。巳支。印。

（南开大学档案馆藏）

附：教育部复电南开大学（1948 年 6 月 5 日）

教育部代电　　发文高字第三〇八九八号

国立南开大学：三十七年四月九日京字第十一号呈件均悉。查所呈科目表，①各共同必修科及选修科分组均属过多。②各系选修科目不必同时开设。③所列课程学分亦未尽依照规定。至该校现设四院十六系，依照设置教员及普通职员人数标准，本年度预算核列员额二四〇名，已为不少。该校现班级未全，下学年度尚须增班，兹准从宽，自三十七年八月份起增加该校员额四十名，由校切实统筹支配，仍候呈院核定，再行饬知。仰即知照。教育部。印。

（南开大学档案馆藏）

致台湾银行总行

（1948 年 6 月 4 日）

案准贵行秘字第一九二九号公函，嘱送经济及银行会计两系应届毕业生二名。兹选送王之均[①]、刘国元[②]两名，相应检同成绩表、体格检查表、相片等件，函请查照。此致

---

① 王之均（1917—？），天津人。1948 年南开大学商学院毕业。

② 刘国元（1925—？），河北滦县人。1948 年南开大学商学院经济系毕业。

台湾银行总行

附成绩表二份、体格检查表三纸、相片四纸。

国立南开大学校长张伯苓

中华民国三十七年六月四日

（南开大学档案馆藏）

附：台湾银行总行致南开大学（1948 年 5 月 15 日）

台湾银行总行公函　　叁柒辰册银秘字第一九二九号

函请选送应届经济系及银行会计系毕业生由。

敬启者：本行因扩展业务，需用优秀干部。拟请贵校就应届经济学系及银行会计学系选送成绩在八十分以上、操行列甲等、体格健全之男性毕业生二名，并检同各科成绩、操行成绩、体格检查表及半身四寸相片二张送凭审查，合格后另行函约。如经选用，由所在地来台之旅费先由本人自备，俟至本行报到后，按照规定报支旅费。相应函请查照见复为荷。此致

国立南开大学。

台湾银行总行

中华民国卅七年五月十五日

（南开大学档案馆藏）

致福建省政府

（1948 年 6 月 4 日）

案准贵府露丑巧府教丙一九〇三四号代电，以在榕设区招生，嘱即酌办见复等由。查本校卅七学年度招生名额无多，考区已定，不便再为增加。相应函请查照。此致

福建省政府。

国立南开大学校长张伯苓

中华民国三十七年六月四日

（南开大学档案馆藏）

附：福建省政府致南开大学（1948 年 2 月）

福建省政府代电　露丑巧府丙一九〇三四号

事由：据福州市政府电送该市参议会提案一件，转请酌照办理，并见复由。

国立南开大学：案据福州市政府电送该市参议会提议，转请省外各大学在榕设区案，请核转前来。查本省历届高中毕业生有志升学省外各大学者为数尚多，目前以交通尚未完全规复，各校在榕设区招考确属需要。除分电外，相应电请查照，希于三十七年度第一学期招生时在闽酌设考区，以宏造就，并见复为荷。福建省政府。教三露丑。印。

中华民国三十七年二月

（南开大学档案馆藏）

呈教育部

（1948 年 6 月 5 日）

案奉钧部第三二八一九号申请书，汇发卅七年三至五月教员学术研究补助费国币三亿六千万元，业经如数领讫，理合填据，呈请鉴核备查。谨呈

教育部。

附呈收据一纸。

国立南开大学校长张伯苓

中华民国三十七年六月五日

（南开大学档案馆藏）

致输入临时管理委员会

（1948 年 6 月 7 日）

本校工学院电机工程学系由美订购试验用仪器一批，价值美金四百〇五元，业经在美付讫。相应填具申请书，检同货品清单，函请查照，惠允输入许可是荷。此致

输入临时管理委员会。

附申请书一份，货品单一份。

国立南开大学校长张伯苓
中华民国三十七年六月七日
（南开大学档案馆藏）

致中央银行天津分行

（1948年6月8日）

本校现向浙江省立图书馆订购图书，书价寄费共计国币肆百陆拾叁万捌千元，拟即汇寄。相应函请查照，希即惠允优待是荷。此致
中央银行天津分行。

校长张伯苓
中华民国三十七年六月八日
（南开大学档案馆藏）

致输入临时管理委员会

（1948年6月9日）

本校理学院化学系、物理系、生物系由美订购试验用仪器一批，价值美金七千六百五十三元零四分，业经在美付讫。相应填具申请书，检同物品单，函请查照，惠允输入许可是荷。此致
输入临时管理委员会。

附申请书一份，物品单一份。

国立南开大学校长张伯苓
中华民国三十七年六月九日
（南开大学档案馆藏）

致天津海关

（1948 年 6 月 9 日）

本校理学院由美订购仪器一批，价值美金七千六百五十三元零四分，业经在美付讫，共装十六箱，交由 M. S. Sven Salon 装运来津。相应函请查照，惠予免验放行是荷。此致
津海关。

国立南开大学校长张伯苓
中华民国三十七年六月九日
（南开大学档案馆藏）

致四川省教育厅

（1948 年 6 月 9 日）

案准贵厅厅二字第六一四四号公函，以本年度招生，嘱在成都设区，或委托代办等由，并准四川省政府电同前因，本校决在成都增设考区，委托贵厅代办，不另派人。除试题等项另寄并电覆省府外，相应函请查照。此致
四川省教育厅。

国立南开大学校长张伯苓
中华民国三十七年六月九日
（南开大学档案馆藏）

附 1：四川省教育厅致南开大学（1948 年 5 月 21 日）

四川省政府教育厅公函　　三十七年厅二字第六一四四号

为请于本年暑假在成都设立招生分处，以救济本省失学青年由。

径启者：查本省前于抗战期中国内专科以上学校迁入川境内办理者近二十所，其时本省各中等学校毕业学生之投考升学至为便利。迨胜利以后，内迁各

校相继复员，而本省公、私立中等学校现已达七百七十三所，每年毕业学生人数逾一万人以上，投考升学机会因之减少，至令高中毕业生历年相积，而失学者以数万记。除极少数环境特优者尚能赴省外投考外，余多以路费不资，裹足省门，彷徨困惑，莫此为甚。此国家之重大损失，亦教育之严重危机。本省参议会迭经决议，请中央增设大学以储备人才，均未获教育部同意。省参议会因建议诸省外各公、私立学校于每年暑假在成都招收新生一次，以为救济之策。社会人士亦同具愿望，而青年学子更闻风雀跃。

素稔贵校海内名重，士林景仰，发展教育，为国储才，定必乐于赞助。爰特奉函，请于本年暑假招考新生时，务在成都设立招生分处。如贵校能委派专员前来主持，本厅愿尽事务上一切协助之责。倘不能派员，即径委托此间公、私立大学校代为办理，本厅亦可负代办事务部分之责。再不然，本厅以往代办历届高等考试尚无任何流弊发生，如承委托代主持一切招生事宜，当亦无陨越之虞。惟试题一项，拟请仍由贵校密封赐寄。考试完竣，试卷即行固封航寄亲阅，所需费用即在报名费内，决节省开支，余款照数汇还。如蒙赐允，不胜感盼！相应函请查照赐复！此致

私立南开大学。

厅长任觉五

中华民国三十七年五月二十一日

（南开大学档案馆藏）

附2：四川省教育厅复南开大学（1948年6月24日）

四川省政府教育厅公函　　教考字第八〇〇四号

为准函复本年决在成都增设考区，委托本厅代办一案，函请先将招生简章寄厅以凭公告由。

案准贵大学三十七年六月九日大字第五二九号公函，为本年决在成都增设考区，委托本厅代办等由，自应照办。即希先将本年招生简章迅寄本厅，以凭公告。相应函请查照见复为荷。此致

国立南开大学。

厅长任觉五

中华民国三十七年六月廿四日

（南开大学档案馆藏）

致天津电信局

（1948 年 6 月 12 日）

本校工学院电机工程学系由美国购到试验用仪器一批，计有真空管□□等件，共价美金四百〇五元，虽系无线电公司出品，但系试验用仪器，并非装置无线电器材。相应检同货单，函请查照，希即惠予证明，俾便办理海关手续是荷。此致

交通部天津电信局。

附货单一份。

国立南开大学校长张伯苓
中华民国三十七年六月十二日
（南开大学档案馆藏）

致电卫立煌[1]

（1948 年 6 月 17 日）

沈阳东北政委会卫主委俊如先生勋鉴：元电奉悉，敝校因宿舍、课室限制，本年招生取录名额无多，考区已定，不便增设。至歉，特覆，张〇〇上。印。

附：卫立煌致电张伯苓（1948 年 6 月 13 日）

南开大学张校长伯苓先生道鉴：本年度沈阳高中毕业生千余人，渴望应贵校新生考试，务恳垂爱东北青年，筹设沈阳考区。倘感经济困难，敝会情愿补助。如肯委托代办，敝会亦情愿效劳，但命题、阅卷等事仍请由贵校自行办理。

---

① 卫立煌（1896—1960），字俊如，安徽合肥人。抗战时期，1940 年 10 月曾指挥忻口战役。1943 年奉命出任中国远征军司令官。解放战争后期，担任国民党东北“剿总”总司令。

如何之处，并恳迅予电复为祷。弟卫立煌。师。元。沈。

（南开大学档案馆藏）

呈教育部

（1948年6月18日）

查卅六学年度第二学期复学生名册兹经遵式造齐，理合呈请鉴核备查。谨呈

教育部。

附名册一份。

国立南开大学校长张伯苓

中华民国三十七年六月十八日

（南开大学档案馆藏）

致电朱家骅

（1948年6月18日）

南京教育部部长朱钧鉴：前奉总字第二四〇〇一号代电，核定本校本年度准加工役二十名，由本校统筹雇用等因，遵于本年六月份起增雇工役二十名，所需工饷由库拨生补费项下匀支。至应领配发实物，拟请钧部呈院转行天津市政府，按月照发，以资因应而免困难。谨电请鉴核施行。国立南开大学校长张伯苓叩。巳巧。印。

中华民国三十七年六月十八日

（南开大学档案馆藏）

致开滦矿务总局

（1948年6月18日）

本校复员，理、工两院试验需用之理化仪器虽经向美订购，陆续运到，仍感缺乏，尤以本年暑假后之四年学程开始，益滋困难。刻闻贵局存有接收理化仪器十八箱，拟请贵局准由本校暂行借用，以应需要。检同清单一份，相应函请查照惠允见复为荷。此致
开滦矿务总局。

附清单一份。

国立南开大学校长张伯苓
中华民国卅七年六月十八日
（南开大学档案馆藏）

致北平警备司令部、北平海关、交通部平津区铁路管理局

（1948年6月19日）

本校工学院为工厂实习用，向北平利成工厂价购蒸汽机壹部，即由该厂运津交货，特其具函证明，即请惠允查照放行/免税放行/优待早日装运，至感公谊。此致
北平警备司令部、北平海关、交通部平津区铁路局。

国立南开大学校长张伯苓
中华民国卅七年六月十九日
（南开大学档案馆藏）

呈教育部

（1948年6月21日）

查本校三十六年度八月份学生公费收支对照表、印领清册及九至十一月份粮价证明书业经呈送在案。谨将九至十一月份收支对照表暨印领清册填造齐全，理合检呈鉴核备查。谨呈
教育部。

附呈：卅六年度九至十一月份学生公费收支对照表二份。
卅六年度九至十一月份学生公费印领清册廿一册。

国立南开大学校长张伯苓
中华民国三十七年六月廿一日
（南开大学档案馆藏）

呈教育部

（1948年6月22日）

案奉钧部第三七〇〇五号申请书，汇发卅七年七月份学生膳费国币拾陆亿元，业经如数领讫，理合填据，呈请鉴核备查。谨呈
教育部。

附呈收据一纸。

国立南开大学校长张伯苓
中华民国三十七年六月廿二日
（南开大学档案馆藏）

致甘肃省政府

（1948 年 6 月 22 日）

案准贵府教一字第三一一八号公函，嘱在甘省设区招生等由。本校今年招生名额无多，以经济、人力种种关系，未便增设考区。相应函复查照。此致甘肃省政府。

国立南开大学校长张伯苓
中华民国三十七年六月廿二日
（南开大学档案馆藏）

附：甘肃省政府致南开大学（1948 年 5 月）

甘肃省政府公函　教一 37 辰字第 3118 号

函请在兰分设考区。

国立南开大学：

一、查本省各项建设人才均甚缺乏，曾以种种方法鼓励倡导学生升学深造，以应需要。惟本省地瘠民贫，学生出外升学甚为不易。现陆路交通梗阻，空行需费过巨，远道求学尤属困难。即令勉强出外投考，设若不中，以限于经济，势必流落难归。为此，特希贵校（院）体念本省及西北需才殷切，交通困难，惠予依照《卅七年度公、私立专科以上学校招生办法》，在兰州设立招生分处，或采用成绩审查方式，在兰招生，俾西北各省学生均得有投考深造枕念。

二、请查照俞允，并希见复。

主席郭□□
教育厅厅长宋恪
中华民国三十七年五月
（南开大学档案馆藏）

致陕西省教育厅

（1948年6月22日）

案准贵厅教二字第三一八九号代电，嘱在陕设区招生等由。本校今年招生名额无多，以经济、人力种种关系，未便增设考区。相应函复查照。此致
陕西省教育厅。

国立南开大学校长张伯苓
中华民国三十七年六月廿二日
（南开大学档案馆藏）

附：陕西省教育厅致电南开大学（1948年5月）

陕西省教育厅代电　教二字第三一八九号

南开大学公鉴：查本省本年暑期各高中毕业学生为数甚多，只以交通不便，赴外投考升学诸感困难，纷请转函贵校在陕分设考区，联合招生，俾资就近报考，藉免荒废。事关奖掖后进，成全有志上进青年，谅亦贵校所赞同也。除分电外，相应电请查照，并希见复为荷。陕西省教育厅。二辰宥。印。

（南开大学档案馆藏）

致西安国立第一中学

（1948年6月22日）

案准贵校发字第一六六二号代电，嘱在西安设区招生等由。本校今年招生名额无多，以经济、人力种种关系，未便增设考区。相应函复查照。此致
国立第一中学。

国立南开大学校长张伯苓
中华民国三十七年六月廿二日
（南开大学档案馆藏）

附：西安国立第一中学致电南开大学（1948年6月3日）

国立第一中学代电　发字第一六六二号

为本校本届高中毕业生经济困难，无力远道升学，拟请贵校本届在西安设置招生区，俾能就近投考，敬希查照办理见复由。

南开大学公鉴：查本校本年暑期有高中毕业生两班计百名，多志愿升入贵校以求深造。惟该生等自抗战期间逃亡后方，经济绝源已久。胜利已还，家乡复为匪据，接济益形艰窘。揆诸目前交通情形，用费浩繁，均感无力远道升学。抗战后华北各省市较完善之中等学校多有迁至西北者，教训谨严，成绩卓著，历届毕业生中不乏优秀份子。惟均限于经济状况，莫不以此为苦。为解除此项困难，拟请贵校本届在西安设置招生区，俾能就近投考，嘉惠学子，两称便利。敬希查照办理见复为荷。国立第一中学。巳江。

（南开大学档案馆藏）

呈教育部

（1948年6月23日）

查卅六学年度各院系必修及选修科目表兹经填齐，理合呈请鉴核备案。谨呈

教育部。

附呈表一册。

国立南开大学校长张伯苓

中华民国三十七年六月廿三日

（南开大学档案馆藏）

呈教育部

（1948年6月23日）

查卅六学年度第一学期各种学生名册兹已遵式填齐，理合呈请鉴核备案。

谨呈
教育部。

附呈：卅六学年度第一学期特别改正式生名册乙份（附卅五学年度成绩单一册）。

卅六学年度第一学期转院或转系生名册乙份。

卅六学年度第一学期休学生名册一份。

卅六学年度第一学期退学生名册一份。

国立南开大学校长张伯苓
中华民国三十七年六月廿三日
（南开大学档案馆藏）

呈教育部

（1948年6月23日）

查本校三十七年度一至五月份生活补助费收支对照表及印领清册均经编整完竣，除印领清册函送审计部河北省审计处外，理合将上项收支对照表送呈鉴核存转。谨呈
教育部。

附呈卅七年度一至五月份生活补助费收支表对照表二份。

国立南开大学校长张伯苓
中华民国三十七年六月廿三日
（南开大学档案馆藏）

致审计部河北省审计处

（1948年6月23日）

查本校三十七年度一至五月份生活补助费收支对照表及印领清册均经编整完竣，除上项收支表呈送教育部外，兹检同该项表册送请查核，见复为荷。此

致
审计部河北省审计处。

附呈：卅七年度一至五月份生活补助费收支对照表一份。
卅七年度一至五月份生活补助费印领清册十三册。

国立南开大学校长张伯苓
中华民国三十七年六月廿三日
（南开大学档案馆藏）

呈天津市教育局局长郝任夫

（1948年6月23日）

事由：为保送本校初三毕业生牛兴华深造体育由。

案奉钧局1948年4月25日教四字第431号训令，以奉部令1948年度，由各省市教育厅、局暨国立各中学遴拔有志体育学生，分别保送较近体育师资训练机关，予以五年或二年之训练，并抄发保送办法、学生分配表、学生术科及格标准各一份。等因。奉此，查本校初三毕业生牛兴华有志体育，极思深造，且各项成绩亦合标准，理合缮造该生学业、操行、体育测验成绩各二份，送请鉴核，惠予保送。谨呈
天津市教育局局长郝。

附呈送本校初中毕业生牛兴华学业操行成绩表二份、本校初中毕业生牛兴华体育术科测验结果二份。

天津市私立南开中学校长张伯苓
（天津市档案馆藏）

呈教育部

（1948年6月24日）

查本校三十七年度一至五月份教员学术研究补助费经钧部拨付收帐者计5亿2000万元，支出计7亿320万元，收支相较，计超支1亿8320万元，已由临时费项下垫付。其超支数请予追拨，藉以归垫。前将一至五月份收支对照表及印领清册编整完竣，理合检同原件，一并呈送鉴核存转。谨呈
教育部。

附呈卅七年度一至五月份学术研究费收支对照表二份，印领清册六册。

国立南开大学校长张伯苓
中华民国三十七年六月廿四日
（南开大学档案馆藏）

呈教育部

（1948年6月24日）

案查卅五学年度第一、二两学期各种学生成绩册业经呈送在案，惟查卅六年四月七日奉钧部高字第一七〇〇〇号训令，颁发《学生学籍规则》第七章成绩第卅四条内有“学期试验成绩与平时成绩合并核计作为学期成绩”之规定，前送卅五学年度一、二两学期成绩系照学则规定全年计算，业于卅六年六月十七日开字三四七号呈文，请予备案。核与部颁学籍规则之规定不符，自应加以更正。兹将该两学期各生成绩重行核算，补造名册，理合呈请鉴核备查。谨呈
教育部。

附呈卅五学年度第一、二两学期各级学生成绩册十四本。

国立南开大学校长张伯苓
中华民国三十七年六月廿四日
（南开大学档案馆藏）

呈教育部

（1948年6月25日）

案奉钧部总字第三三七三九号代电，饬查本年二、四各月份匪区救济生及奖学金学生有无异动，并送卅五年八月份粮价证明单等因。遵查，本年二月份匪区救济生，二、四两月份奖学金学生均无异动，理合检同卅五年八月份粮价证明单，呈请鉴核。谨呈
教育部。

附呈粮价证明单一纸。

国立南开大学校长张伯苓
中华民国三十七年六月廿五日
（南开大学档案馆藏）

呈教育部

（1948年6月26日）

案奉钧部文字第三二八六五号训令，饬查配发联教组织转赠之《大英百科全书》已否收到，并饬径函致谢具报等因。遵查，前项《大英百科全书》一部系于本年三月廿五日收到。除遵令并函径谢外，理合呈请鉴核备案。谨呈
教育部。

国立南开大学校长张伯苓
中华民国三十七年六月廿六日
（南开大学档案馆藏）

致国库天津分库

（1948年6月28日）

查本校学年即将结束，已放暑假，大部分教职员急于返里，需款孔急。且以物价暴腾，员工、学生生活困苦已极，必须设法维持。拟请由生补费项下暂行借支国币八十亿元，提前借发七月份员工生补费，俾济眉急。

再，本校七至九月份员工生补费一八,九八六,〇〇〇,〇〇〇元业奉财政部普拨字第四四三四八号支付书拨到，并希惠予收帐，并准借支是荷。此致
国库天津分库。

国立南开大学校长张伯苓
中华民国三十七年六月廿八日
（南开大学档案馆藏）

致中央银行天津分行

（1948年6月28日）

本校图书馆曾向上海中亚书局订购书籍共价国币二,〇七一万元，又向商务印刷所订购图书卡片共价国币一,五〇〇万元，拟请惠予分别免费承汇，至为公感。此致
中央银行天津分行。

校长张伯苓
中华民国三十七年六月廿八日
（南开大学档案馆藏）

致国库天津分库

（1948 年 6 月 30 日）

本校兹为建筑热工实验厂及化工实验室，应付第一期工程费国币四十四亿五千万元，因部拨建筑费未到，拟由生补费项下暂行借支，一俟部款拨到，即行归垫。相应函请查照惠允是荷。此致

国库天津分库。

国立南开大学校长张伯苓

中华民国三十七年六月卅日

（南开大学档案馆藏）

致陈著常

（1948 年 6 月）

敦聘陈著常先生代理中学部校长。

此订。

蜀光中学校董会　董事长　张〇〇　假

董　事　曾〇〇

兼会计　侯〇〇

呈教育部

（1948 年 7 月 1 日）

案奉钧部总字第二四六九三号代电开：“四月廿一日大字第三四二号呈件均悉。……原呈各件。”等因。查该生宋正春，入学时即在文学院哲教系教育组，

复学以后并未变更。拟请准照教育组各生成例，予以师范生待遇。应由何月起始，并请指示，奉电前因，理合检同名册、保证书，呈请鉴核示遵。谨呈
教育部。

附呈名册一份，保证书一纸。

国立南开大学校长张伯苓
中华民国三十七年七月一日
（南开大学档案馆藏）

致天津市市立商科职业学校

（1948年7月1日）

案准本校文字第六十七号公函查询保送升学办法等由。查本校本年招生，本市设有考区，未便再收保送生。相应复请查照。此致
天津市市立商科职业学校。

国立南开大学校长张伯苓
中华民国三十七年七月一日
（南开大学档案馆藏）

附：天津市市立商科职业学校校长邵铁汉等致南开大学（1948年5月26日）

径启者：敝校等为奖掖品学兼优之学生，及鼓舞青年向学志趣起见，拟将本届毕业学生择其学行兼优者分别保送免试投入各大学肄业。素仰贵校名闻中外，成绩优异，对于奖掖优秀青年尤具热心，谅必乐于矜全也。倘蒙俯允，请将准予保送免试学生名额及成绩标准核定见覆为荷。此致
南开大学。

天津市市立学校校长韩秋圃
天津市市立女子中学校校长何肇葆
天津市市立商科职业学校校长邵铁汉
中华民国三十七年五月二十六日
（南开大学档案馆藏）

致山西省教育厅

（1948 年 7 月 1 日）

案准贵厅巳元代电，查询学生谌百钧是否本校学生等由。查该生现在本校文学院历史系一年级肄业。相应函请查照。此致
山西省教育厅。

国立南开大学校长张伯苓
中华民国三十七年七月一日
（南开大学档案馆藏）

附：山西省教育厅致电南开大学（1948 年 6 月 13 日）

天津国立南开大学公鉴：晋籍学生谌百钧是否在贵校历史系一年级肄业，相应电请查复为荷。山西省政府教育厅。（37）巳元高。印。

（南开大学档案馆藏）

致湖南私立广益中学

（1948 年 7 月 1 日）

案准贵校益文字第二七八号公函，查询有无保送升学规定等由。查本年招生汉口设有考区，保送时间已过，相应复请查照。此致
湖南私立广益中学。

国立南开大学校长张伯苓
中华民国三十七年七月一日
（南开大学档案馆藏）

致贵州省政府

（1948年7月1日）

案准贵府教三字第四八九号公函，嘱在筑市设区招生等由，本校本年招生名额颇无多，经费困难，未便增设考区。相应复请查照。此致
贵州省政府。

国立南开大学校长张伯苓
中华民国三十七年七月一日
（南开大学档案馆藏）

附：贵州省政府致南开大学（1948年6月7日）

贵州省政府公函　　（卅七）教叁字第四八九号

据本省贵阳市本届高中毕业生请求增设考区联合会呈请函转各大学在筑设立考区，以利升学一案，函请查照办理见复由。

案据本省贵阳市本届高中毕业生请求增设考区联合会本年五月二十六日呈略称，“吾黔交通梗阻，地瘠民贫，出省升学不但时间短促，劳于奔走，且多经济窘迫，不能达其目的。复查本省所有大学仅只三所，而贵阳师院与医学院又属专业性质，即令三大学尽量招收，亦未能完全容纳。又况三大学所有系科并未能全符考生学习之目的与兴趣。兹值本年大学入学考试行将举办之时，生等多欲投考以求深造，庶几将来有所服务于家国。然以上述之故，恐难遂其微志，用特具文恳请钧长函转各大学于筑添设考区，俾生等实获投考之便。素仰钧长爱护学子，嘉惠士林，而于树人大计尤为关切。倘蒙鉴原悃，予以扶持，使生等得遂投考之目的，实不胜感戴之至。”等情。据此，查该会所呈各节确属实情，果能于筑增设考区，以利本省高中毕业生就近投考升学，则嘉惠士林、裨益教育良非浅鲜。除已由本府教育厅呈请教育部核办并分函外，相应函请查照办理见复为荷。此致
私立南开大学。

主席谷正伦[1]
中华民国三十七年六月七日
（南开大学档案馆藏）

致广州市教育局

（1948年7月1日）

案准贵局教三甲字第四一四二号公函，查询保送学生办法等由。查本年招生已在广州设立考区，不便再收保送生。相应复请查照。此致
广州市教育局。

国立南开大学校长张伯苓
中华民国三十七年七月一日
（南开大学档案馆藏）

附：广州市教育局致南开大学（1947年6月11日）

广州市政府教育局公函　教（37）三甲字第四一四二号

查国内大学及专科学校招生多有保送高中毕业生入学办法，兹三十七年度招生之期将届，本市优良中学本年度应届毕业生颇众，倘贵校有保送学生成案，希烦惠赐一份，俾资择优选送。至纫公谊。此致
国立南开大学。

局长祝秀侠[2]
中华民国三十七年六月十一日
（南开大学档案馆藏）

---

① 谷正伦（1889—1953），字纪常，贵州安顺人。1948年5月，任贵州省主席兼保安司令，后又任贵州省绥靖上将主任。

② 祝秀侠（1907—1986），原名祝庚明，笔名秀侠等，广东人。1929年毕业于复旦大学，留校任教。后任中山大学、广西大学中文系教授。抗战胜利后，任广州市政府秘书长、教育局长兼广州文化大学教授。

呈教育部

（1948 年 7 月 2 日）

查本校前由敌伪产业处理局价购永大洋行工厂全部厂房、生财机器等项，一俟接收清楚，另文呈报外，内有旧铣床一部，旧车床八部，旧钻床三部，因破损不堪使用，经联勤修械所洽购估价共计八七〇〇〇万元，拟即出售以充工学院机械、电机二系设备实习用品及机器修理等费用（如预算所列），谨造具收支预算，呈送鉴核示遵。谨呈
教育部。

附呈：三十七年度价售机器收入预算表七份
　　　三十七年度工学院设备实习费预算表七份。

国立南开大学校长张伯苓
中华民国三十七年七月二日
（南开大学档案馆藏）

致电教育部

（1948 年 7 月 3 日）

南京教育部钧鉴：伯苓因公晋京，离校期间校务由化学系教授杨石先代理。谨请鉴核备案。国立南开大学校长张伯苓叩。午江。印。

（南开大学档案馆藏）

致输入临时管理委员会天津办事处

（1948 年 7 月 7 日）

本校理学院物理学系本年四月九日曾向美国支加哥中央科学公司订购教学试验用仪器一批，共价美金二百四十六元二角七分，外加装箱、运输、保险费用百分之二十，约美金四十九元五角二分，共计美金二百九十五元七角九分。上项订货单现已到津，但结汇办法现已变更，兹检同定购仪器清单一纸，拟请惠允仍按牌价结汇，至感公谊。此致

输入临时管理委员会天津办事处。

附清单一纸。

国立南开大学校长张伯苓（杨石先代）

中华民国三十七年七月七日

（南开大学档案馆藏）

呈教育部

（1948 年 7 月 13 日）

查本校三十六年度学生公费收支对照表及印领清册业经呈送至十一月份止，兹将上项十二月份及本年一至三月收支对照表及印领〈清册〉业经编整完竣，理合检具原件，送呈鉴核存转。谨呈

教育部。

附呈：卅六年度十二月份学生公费收支表二份，印领册七册。

卅七年度一至三月份学生公费收支表二份，印领册十册。

国立南开大学校长张伯苓

中华民国三十七年七月十三日

（南开大学档案馆藏）

呈教育部

（1948年7月13日）

案奉钧部本年二月四日高字第〇七〇三二号指令，略以本校卅六学年度哲教系学生刘立华等三十二名准比照师范生待遇办法，发给制服、津贴，本学年每名四十万元，计一二,八〇〇,〇〇〇万元，本学期零用金每名十万元，计三,二〇〇,〇〇〇元，合计一六,〇〇〇,〇〇〇元，饬转发，补呈印领清册等因，遵将该生等应领制服、津贴及零用金计一六,〇〇〇,〇〇〇元业经转发在案，兹检具该项印领清册，送呈鉴核备查。谨呈
教育部。

附呈：哲教系学生制服、津贴、零用金收支表二份。
哲教系学生制服、津贴、零用金印领册一册。

国立南开大学校长张伯苓
中华民国三十七年七月十三日
（南开大学档案馆藏）

致自贡自流井场区炭巴引盐工业同业公会

（1948年7月21日）

总第406号

事由：为本会校董按担负经费数字分配案，函请照决定人数推出，以便定期召集。

径启者：卷查本年6月16日扩大会议决定，各团体推举校董名额，应依所担经费数字分配案。兹以本年1至4月为准，各团体所担经费数字及百分比已分别算明，复经本年7月15日扩大会议决。本会校董除聘请者外，各担负经费团体共推举29人，计行商8人，盐崖井3人，东黄黑井2人，东瓦斯2人，东炭巴2人，东炭花2人，枧公会1人，东票灶1人，西黄井1人，西黑井2人，

西瓦斯 1 人，西炭花 1 人，西炭巴 2 人，西票灶 1 人。等语。记录在卷。兹查贵会应推举校董 2 人，除分函外，相应函请于一周内推出，连同履历表迅赐过会，以便定期召集，俾利进行是荷！此致

自贡自流井场区炭巴引盐工业同业公会。

蜀光中学校董会 董事长 张伯苓 假

董 事 曾子郁

兼会计 侯策名

呈教育部

（1948 年 7 月 23 日）

案奉钧部第六〇二号汇款申请书汇发卅七年六、七两月份学生膳费国币陆亿元，又奉第四〇五二九号汇款申请书汇发卅七年七月份教员学术研究补助费国币壹亿陆仟万元，均经如数领讫，理合填据，呈请鉴核备查。谨呈

教育部。

附呈收据二纸。

国立南开大学校长张伯苓

中华民国三十七年七月廿三日

（南开大学档案馆藏）

致教育部驻沪图书仪器接运清理处

（1948 年 7 月 23 日）

准贵处卅七年七月十五日事字第〇〇一三九三号函送美赠图书四册，附目录一纸，嘱盖印寄还，以凭报部，等由。准此，查此项书籍业经本校照收，兹将目录盖印寄还，即希查照为荷。此致

教育部驻沪图书仪器接运清理处。

附目录单一纸。

国立南开大学校长张伯苓
中华民国三十七年七月廿三日
（南开大学档案馆藏）

附：教育部驻沪图书仪器接运清理处致南开大学（1948 年 7 月 15 日）

径启者：贵校应领分配美赠书籍四册，经本处装成乙包，于本月十四日交邮挂号寄上。兹检送该项目录乙纸，即希查收，加盖印信，迅予寄还，以凭报部为荷。此致
国立南开大学。

附目录乙纸。

教育部驻沪图书仪器接运清理处启
卅七、七、十五
（南开大学档案馆藏）

呈教育部

（1948 年 7 月 26 日）

查本校三十六年度教员学术研究补助费收支对照表及印领清册业经呈送至十一月份止，谨将十二月份上项表册编整完竣，理合检具原件，送呈鉴核存转。谨呈
教育部。

附呈：卅六年度十二月份学术研究补助费收支对照表二份。
卅六年度十二月份学术研究补助费印领清册二份。

国立南开大学校长张伯苓
中华民国三十七年七月廿六日
（南开大学档案馆藏）

呈教育部

（1948 年 7 月 28 日）

查本校卅七年度五月份教员学术研究补助费收支对照表及印领清册业经呈报在案。谨将上项六月份表册业经编整完竣，理合检同原件，送呈鉴核存转。谨呈

教育部。

附呈：卅七年度学术研究补助费收支对照表二份。

卅七年度学术研究补助费印领清册一册。

国立南开大学校长张伯苓

中华民国三十七年七月廿八日

（南开大学档案馆藏）

呈教育部

（1948 年 7 月 30 日）

案奉钧部颁发第三七二〇号汇款申请书，汇发三十七年八月份学生膳费国币壹拾玖亿元整，业经如数领讫，理合填据，呈请鉴核备查。谨呈

教育部。

附收据一纸。

国立南开大学校长张伯苓

中华民国三十七年七月卅日

（南开大学档案馆藏）

致董天运

（1948年7月）

敦聘董天运先生继续担任小学校长。

此订。

蜀光中学董事会 董事长 张〇〇 假

董　事 曾〇〇

兼会计 侯〇〇

呈教育部

（1948年8月2日）

案奉钧部五月十二日会字第二五五四三号代电，略以“……”等因，自应遵照办理。惟本校曾奉部本年三月十三日总字第一三五九三号训令，略以各院校三十六年度教职员私人冬煤费追加一案，未便照准，惟准于三十六年度生活补助费节余项下支用等因。奉此，本校业经以第五十九次行政会议议决，将该项节余购煤分与教职员。查前令既准将生活补助费节余悉数购煤分配，则自不受《员工福利费实施办法》第三条规定之限制，各月生补费收支报告表及节余核计表似亦无再编报之必要，以节人力物力。

惟为完成法案，清理帐目计，兹依照规定，编具三十六年度全年度生补费计算表及总收支对照表各三份，并将员工福利费与教职员冬季煤炭费分别于收支对照表内列明，一并送呈鉴核存转。谨呈

教育部。

附呈：卅六年度全年度生活补助费计算表三份。

卅六年度全年度生活补助费总收支对照表三份。

国立南开大学校长张伯苓

中华民国三十七年八月二日

（南开大学档案馆藏）

附：教育部致电南开大学（1948年5月12日）

教育部代电　　发文会字第二五五四三号

国立南开大学：四月二日大学第二七〇号呈件均悉。查各机关学校卅六度节余薪俸及生活补助费移充员工福利用费，应依照实施办法第三条之规定，不得超过原核定预算数百分之二十。并应编具各月生补费收支报告表及节余核计表，每月五份，连同员工福利费用名册三份，一并呈部核转。兹查来呈仅附其收支对照表，无从核办，仰迅依规定编齐呈核为要。表暂存。教育部。印。

（南开大学档案馆藏）

呈教育部

（1948年8月6日）

查本校三十七年度员工生活补助费收支对照表业经呈送至五月份止在案，谨将上项六月份收支对照表及印领清册编整完竣，除印领清册函送审计部河北省审计处外，理合检具原件，送呈鉴核存转。谨呈

教育部。

附呈卅七年度六月份生补费收支对照表二份。

国立南开大学校长张伯苓

中华民国三十七年八月六日

（南开大学档案馆藏）

致审计部河北省审计处

（1948年8月6日）

查本校三十七年度五月份员工生活补助费收支对照表及印领清册业经函送在案。兹将上项六月份收支对照表及印领清册业经编整完竣，除收支对照表已呈送教育部外，兹检同上项表册，函请查核见复为荷。此致

审计部河北省审计处。

附送：卅七年度六月份生补费收支表一份。

卅七年度六月份生补费印领清册十一册。

国立南开大学校长张伯苓

中华民国三十七年八月六日

（南开大学档案馆藏）

致天津市政府人事处

（1948 年 8 月 9 日）

发文大字第 725 号

兹准贵处人字第 1924 号函，嘱将历届所发毕业证书盖用之校印、校长钤章及其他特备之戳记检送印模一份，俾资参证等由。查本校自复校以来，所有以前印章均经缴销。兹将现用之校印钢印、校长钤章印模一份送请查照为荷。此致

天津市政府人事处。

附印模钤模一份。

国立南开大学校长张伯苓

（天津市档案馆藏）

呈天津市政府人事处

（1948 年 8 月 11 日）

南中教字第 683 号

准 8 月 6 日贵处处人字第 1924 号公函，略以办理各种考试审查学历证件，嘱检送所发毕业证书盖用之钤章印模等由。准此，查（三十七年）复校后，第一届毕业班证书盖用钤记系奉天津市教育局刊发于本年 7 月 24 日启用。准函前由，相应检同印模一份附奉，即希查照参证为荷。此致

天津市政府人事处。

附印模一份。

私立南开中学校长张伯苓

呈天津市政府人事处

（1948 年 8 月 11 日）

南女事字第 30 号

准 8 月 6 日贵处处人字第 1924 号公函，略以办理各种考试审查学历证件，嘱检送所发毕业证书盖用之钤章印模等由。准此，查本校战前毕业证书所盖钤章，已于战乱期中销毁。本年（三十七年）复校后，第一届毕业班证书盖用钤记系奉天津市教育局刊发于本年 7 月 24 日启用。准函前由，相应检同印模一份附奉，即希查照参证为荷。此致

天津市政府人事处。

附印模一份（略）。

私立南开女子中学校长 张伯苓

（天津市档案馆藏）

致陈著常

（1948 年 8 月 12 日）

径复者：接准 8 月 8 日大函，近以清恙在躯，短期难望复元，对蜀光校长一席，嘱为另觅人员代理，藉便休假一期，以资调养。本会同人，以事关校政进行，情节重大，尤以本期开校在即，不可一日主铎无人，曾于 8 月 11 日午后 2 钟借座自井场联处，约集自场各盐业团体负责人暨与盐业关系重大人士开会商讨。佥谓台端前自韩校长出国后代理校长，及过去主教蜀光，先后已届八年，地方人士与莘莘学子相得益彰，韩君归国之期为时或亦不久，公情私谊，应请勉予继续主持一期，并经决议通过，一致挽留，以台端之爱护蜀校，必蒙慨允，俾尽事功。准函前由，相应函请查照。在韩君未返校前，仍盼主持代理，幸勿

遽萌辞意。是所同感。此致
陈校长著常。

蜀光中学校董会 全衔 董事长 张〇〇 假
董 事 曾〇〇
兼会计 侯〇〇

附1：陈著常致蜀光中学校董会（1948年8月13日）

径启者：顷奉贵会大函敬悉。对常函请辞卸代理校长，遵章休假一期，未予照准。等由。查常前函所请实非故设矫词，藉图好逸。良以病躯狼狈，学校当前困难重重，无法应付，为学校计，厥唯退让之一途。今者距秋季开学不远，暑假中应办之事大都了结，瓜代手续颇为便利。用特再函，仍请准予休假，校长一职请选聘校中德望素孚之先生暂行代理。如是则校务不废，常可休养病躯，再图报效。一举而公私两利，当必为贵会所亮鉴，而予以准如所请也。临颖不胜迫切待命之至。此致
蜀光中学校董会。

陈著常

附2：陈著常致蜀光中学校董会（1948年8月19日）

径启者：常对代理本校校长事业已迭上芜函，坚决辞谢，均未蒙贵会谅解，予以照准。然常以病恙缠绵，息肩调摄刻不容缓，值兹休假期届，正宜憩养之时，用特再函，恳辞现职，并仍推本校孙柏蔚先生代理，以利进行。常窥今日本校问题，固不在校政代理人之谁何，而实在乎先生待遇之彻底改善。倘贵会果能注意及此，学校前途绝无他虑，常短期内即离井休息，下期不日开学，瓜代人选务希迅速决定。如贵会再有挽留之议，决不接受，虽离校后主管无人，亦不负任何责任。要之，常在本校服务前后达十一年，平时兢兢业业，未敢或懈，本次为对贵会惟一之合理请求，务恳照准，不胜待命之至。此致
蜀光中学校董会。

陈著常

附3：陈著常致蜀光中学校董会（1948年8月28日）

径启者：窃常近以学校问题重重，而身体健康又日趋恶化，恐难胜繁剧，贻误校政，故月来叠次上书贵会，恳予辞去代理校长，藉资休憩，并请贵会另

简贤能，推动校务。乃贵会对常之请辞始终未予核准，昨又承侯、王两校董莅校劝勉，责以大义，并嘱继续代理。常非木石，能不感激？且常服务蜀光先后十有一载，对蜀光前途固无时不在期其发扬光大，苟能贡其一得之愚，对学校有些微帮助，自当竭尽驽骀，贡献绵薄。唯念暑后自贵会议决，改发实物，每人每月一石一斗碛米，消息传来，群情惶惑。盖过去待遇，食指较多之家庭如常者已感生计不易，今贵会不但不思有所改善，反忽然予以降低，而假期中发薪修缮甚至小如茶水等事亦发生问题，致令留校同仁精神甚感不快。月来原已应聘之教师因而各奔前程，纷纷求去者大有人在（已有17位离校）。似此情形，前途充满荆棘，常一介书生，能力薄弱，自当顺天应人，知难而退。贵会诸公均属明达，想能予以鉴谅也。如贵会以时间迫促，必欲令常继续负责，则常愿对贵会谨提出一诚恳迫切而合理之请求，即暑后教职员待遇，务请贵会恢复以前中央公教人员办法，庶几人心安定，校务得以顺利推动，否则常效力有心，维持乏术，只有仍持原议，辞卸代理职务，依章休假半年。至对贵会之情谊殷殷，一再慰留，自当铭感五中，永矢不忘也。临池惶悚，不胜迫切待命。此致蜀光中学校董会。

陈著常　谨启

呈教育部

（1948年8月13日）

案奉钧部本年七月卅日总字第四二七五一号代电，略以加垫本校七、八月份学生公费各贰拾亿元款收补据，并将三至六月粮价证明书检呈送核办等因。查垫发本校七、八月份学生公费各贰拾亿元印收业于八月四日以大字第七一一号呈文附送在案。又，谨检三至七月份粮价证明书五份，备文呈送鉴核存查。谨呈

教育部。

附呈卅七年三至七月份粮价证明书月各一份。

国立南开大学校长张伯苓

中华民国三十七年八月十三日

（南开大学档案馆藏）

致自贡自流井场区炭巴引盐工业同业公会

（1948年8月17日）

经字第408号

事由：为贡场各公会停担经费，致决算不敷，请于一周内将旭川经费通过见复由。

案查关于贡井场商处及各公会呈请川康盐管局将代扣贡井场担负本会经常费千分之三移作自救案，经本会于2月17日以经字第388号函录请查议见复，正候办间。复准川康局财普（37）字第216号函转贡井场商处及各公会协请对蜀光中学经费自2月份起，暂行停扣。各等由。到会。随即由本会分别洽商，并于6月16日假裕商银行召集扩大会议，提付讨论。佥以两场关系密切相联，过去盐场一切事务皆协同推进，从无分乎西东，即私人井灶基业亦互相牵连，证诸已往，公益文化提倡捐助，均步调一致。况贡场值淡泊停止以后，产量锐减，其经费来源实已短少，以贡场独担旭川、育材两校，自见力拙。我自场同人好义急公，维护教育从不后人，当不愿视其动摇，更不愿因此而使两场隔阂。况兴学育才本属盛事，其余捐助方法均系末节微技[枝]，无关重要。爰经议决：尊重贡场意见，请自场各井灶公会负责人于短期内各自召开会议，劝导会员对于旭川担负从价千分之一，通过后函复本会办理。等语。记录在案。不觉时逾两月，春季告终，本会收付概算截至7〈月〉底已不敷38亿元，连同追补7月份生活指数，共达80亿元，再加算至8〈月〉底，息金为数更大。若贡场问题早获解决，能按时收入，虽有不敷，当不致如此之巨。本会鉴于近顷市息极高，深虑积累加重，将来收拾困难，乃于本月11、□两日先后约集自场各团体及盐业关系重大人士开座谈会议，佥认贡场担负蜀光经费不能放弃，关于旭川经费支绌亦义当协助。切冀自场各团体负责人于一周内各自召开会议，对于会员多事劝导，俾协助旭日之案务获通过，以利进行。等语。相应函达，请烦查照，迅赐办理，并盼见复为荷！此致

自贡自流井场区炭巴引盐工业同业公会。

蜀光中学校董会 董事长 张伯苓 假

董　事 曾子郁

兼会计 侯策名

致杜建时

（1948 年 8 月 19 日）

建时学弟左右：

本院所属河北山东考铨处业务向承赞助，得以推展。兹该处处长马国琳已调任考选部次长，另调本院参事朱汉生前往继任，尚祈惠予协助，俾利考铨进行。是为感盼。专布。祇颂

公祺！

张伯苓 启

（天津市档案馆藏）

致商震[1]

（1948 年 8 月 25 日）

启予先生勋鉴：

日前转奉惠书，以校钟被劫一案，承示向各方调查寻觅情形，虽原物未能归赵，盛意隆情弥足纫感。

兹有恳者：敝校教授傅恩龄先生系本校校友，复留日多年，归国后即在本校任教，关于日本问题颇有研究，本校拟于明年加开“现代日本”一课，以便研究将来对日政策。为明了战后日本现状计，傅先生拟往实地考察。惟中日尚未复交，私人旅行至感不便，可否由贵团予以名义，以便出国，藉获较长时间之研究。谨检傅先生简历两份，送请察核。见示为荷。专此。祇颂

勋绥！

张伯苓 拜启

中华民国卅七年八月廿五日

① 时任国民政府驻日代表团团长。

附 1：傅恩龄中文简历

履　　历

1	姓　名	傅恩龄
2	性　别	男
3	年　龄	四十九岁
4	籍　贯	河北顺义
5	学　历	日本东京庆应大学经济学部毕业，日本东京庆应大学研究院肄业，专门研究交通经济，曾在日本铁道省（部）实习。
6	经　历	曾任私立南开大学东北研究会主任，校长室秘书，文学院讲师及教授。国立西南联合大学文学院教授等职。
7	编译著述	1 《东北经济地理教本》 2 《日本经济史纲要》 3 《日本对英美之国外贸易》 4 《旅行业浅说》 5 《中国运输建设计划资料》 6 《日文初步》 7 《日文华译法》 8 《日本口语文法教本》 9 《日本口语文法作业簿》 10 《日本现代文学选》

附 2：傅恩龄英文简历

Qualification

(1) Name: Mr. Fu Enling

(2) Age: 49

(3) Native Province: Shun-yi District, Hopeh. Near Marco Polo Bridge

(4) Education Course: Studied Transportation at Keio University, Tokyo, Japan

1. Keizai Gakushi(B. A. in Economics)1927

	2. Kenkyusei(Postgraduate student)1928
(5)Practical Experience:	Worked in the Bureau of Transportation, The Japanese Ministry of Railway, Tokyo.
(6) Career:	1. Director of the Society of Study of the Chinese North-Eastern Provinces (Manchuria), 1927.
	2. Secretary of President Chang Po-ling of Nankai University, Tientsin, 1929.
	3. Professor of Japanese Language and Literature:
	(a) Nankai University, Tientsin, 1937
	(b) National Southwest Associated University, Kunming, 1938
	4. Adviser to the Chinese Privy Secretariat, American Volunteer Group, 1942.
	5. Adviser to The Szchwan-Yunnan East Highway Transportation Bureau, 1942.
(7) Writings: a. In Chinese	1. Text-book on the Political Economic Geography of the North-Eastern Provinces of China. 1929.
	2. Outlines of Economic History of Japan, 1932.
	3. The British and American Trade of Japan, 1940.
	4. An analytic study of the Various Industries of "Manchukuo", 1942.
b. In Japanese	5. A Scheme of Postwar Reconstruction of Transportation in China, 1943.
	6. Five text-books on Japanese Language and literature for Chinese College students.

附 3. 傅恩龄简历表

履历						
姓名	傅　恩　龄		西文拼音	Fu En ling	别号	锡　永
性别	男	出生地	河北 顺义	年龄	公元 1898 年 7 月生	

学历	学　校　名　称	院系别	修业时间	学　位
	日本东京庆应大学	经济学部	公元 1922—1927 年	经济学博士
	日本东京庆应大学研究院	交通经济	公元 1929 年	

经历	服务机关	职别	服务期间
	私立南开大学东北研究会	主任干事	公元 1927 年—1937 年
	私立南开大学校长室	秘　　书	公元 1929 年—1937 年
	私立南开大学文学院	讲　　师	公元 1930 年—1937 年
	私立南开大学文学院	教　　授	公元 1937 年—1938 年
	国立西南联合大学文学院	教　　授	公元 1938 年—1946 年
	国立南开大学文学院	教　　授	公元 1946 年
	国立南开大学	训 导 长	公元 1948 年 2—8 月

学术团体	学术团体名称	职务	参加年月
	中国运输学会	永久会员	公元 1944 年

专长	配合运输 旅行业务	正在研究科目	中国运输建设计划 中央旅行委员会之设立

著作译述	书名或文题	出版处所	出版年月
	1.《东北经济地理教本》	天津私立南开中学	公元 1928 年
	2.《日文初步》	天津惜微学社	公元 1933 年
	3.《日文华译法》	天津惜微学社	公元 1933 年
	4.《日本口语文法教本》	天津惜微学社	公元 1933 年
	5.《日本口语文法作业簿》	天津惜微学社	公元 1933 年
	6.《日本现代文学选》(日文原稿附加注释)		
	7. 本庄荣治郎《日本经济史纲要》(译稿)		
	8. 日本对英美国外贸易(手稿)		
	9. 旅行业浅说(手稿)		
	10. 中国运输建设计划(手稿)		

(南开大学档案馆藏)

致自流井场炭巴引盐工业同业公会

（1948年9月4日）

总字第415号

事由：为催请将推举校董姓名速送过会，以便召集成立筹商进行。

径启者：卷查本会此次改组，由各团体推举校董，请于一周内见复，以便定期召集案。经于7月21日以总字第406号函请查照在卷。现逾期一月有余，除大部分团体业已推举过会外，贵会迄今未蒙赐办，以致无法召集成立，有关校务亦难进行。现时已推校董团体，复函询究竟，除分别函复外，相应函请贵会速赐查照前函，将应推校董姓名即予见复，以凭办理是荷。此致
自流井场炭巴引盐工业同业公会。

蜀光中学校董会 董事长 张伯苓 假
董　事 曾子郁
兼会计 侯策名

批：提会。9.4。

致天津海关

（1948年9月9日）

本校前承美国Iowa大学捐赠关于数学及电机论文影片四卷，由邮包寄递到津（第四一二九号包裹单）。查此项影片系由美大学捐赠，为研究学术之用，并非商品。除已呈部转请免税（倘于四个月内不能获准，再行补纳）外，相应检抄原来函及清单，函请惠允先行提取放行为荷。此致
天津海关。

附抄原函及清单各一份。

国立南开大学校长张伯苓
中华民国卅七年九月九日
（南开大学档案馆藏）

致陈著常

（1948年9月12日）

径启者：案准台端9月9日大函，以准辞代理校长职务，退还聘书，嘱派人代理。等由。过会，经于10日及11日提出紧急会议报告，各列席公会负责人及校董等均以台端主教本校历时十载，莘莘学子受益良多，应当恳切慰留以维校政。等语。除纪录外，相应检同聘书，随函送请查收，继续代理是荷。此致

陈代校长著常。

附聘书一件。

蜀光中学董事会 董事长 张○○ 假

董　事 曾○○ 假

兼会计 侯○○

附：陈著常致蜀光中学校董会（1948年9月9日）

径启者：常迭函贵会，恳请准予辞去代理本校校长一职，均未蒙照准。刻因病恙转剧，特随函送还聘书一件，请烦克日派人前来代理，否则常一离校，无人主管，发生事端，概不负责。此致

蜀光中学校董会。

陈著常

致电任鸿隽

（1948年9月16日）

上海外滩花旗银行楼上中华教育文化基金委员会干事长任叔永先生惠鉴：南开大学遭敌破坏，图书仪器荡然无存。拟请援照上年北大等四校先例，商借美金伍万圆，以资补充为盼。张伯苓、何廉。申铣。印。

（南开大学档案馆藏）

附：任鸿隽复南开大学（1948 年 9 月 29 日）

伯苓、淬廉先生左右：

敬启者：前奉京发巧电，略以抗战期中，贵校图书仪器遭敌破坏，急待补充，嘱援照上年四校先例，拨借美币五万元，以资应用，等因，敬悉一是。该案经提出本会九月十八日举行之第二十一次董事会年会讨论，出席各董事对贵校设备需要补充情形深表同情。惟以上届年会通过之借款专案，因有关本会基金之移转与寻常补助不同，故当时即经决定暂以一次为限。在此项办法未经证明其确实有效以前，自难赓续办理。为此，尊嘱之件，一时实无从应命，曷胜歉仄。特缄奉复，至希朗察为幸。专此。祇颂

铎安！

弟 任鸿隽 敬启

三十七年九月二十九日

（南开大学档案馆藏）

呈教育部

（1948 年 9 月 16 日）

查本校垫发教员学术研究补助费，卅六年度终了计 1 亿 2304 万元，又，卅七年度上半年度终了计 2 亿 2440 万元，两项合计 3 亿 4744 万元，折合金圆卷计 115 元 81 分。所有各月份收支对照表及印领清册均经呈核在案，上项垫款拟请迅赐核发，俾便归垫，实为公便。谨呈

教育部。

国立南开大学校长张伯苓

中华民国三十七年九月十六日

（南开大学档案馆藏）

呈教育部

（1948 年 9 月 18 日）

查本校粮价证明书业经呈送至本年七月份止在案，谨检具八月份该项证明书一份，送呈鉴核存查。谨呈
教育部。

附呈八月份粮价证明书一份。

国立南开大学校长张伯苓
中华民国三十七年九月十八日
（南开大学档案馆藏）

致联合国救济总署上海办事处

（1948 年 9 月 18 日）

本校工学院承贵处捐赠机械工程及电机工程各项机件、仪器多件，业经陆续运津，至为企感。刻闻尊处存有化学工业用分析仪器多种，如 Polariscope, Vircosimeter, Colorimeter 等，乃本校工学院化工系所必需而自身经济能力又不能购买者，可否惠予捐赠若干，以备充实本校化学工程之设备，以利教学。至感公谊，并盼见复为荷。此致
联合国救济总署上海办事处。

国立南开大学校长张伯苓启
中华民国卅七年九月十八日
（南开大学档案馆藏）

致陈著常

（1948 年 9 月 18 日）

径启者：接准台端本月 15 日来示，以身体屡病，而学校前途又多荆棘，郑重辞退代理校长职务等由。经于 17 日提付各团体负责人、各校董扩大会议讨论，佥以：台端以前服务本校为时甚久，对学校建树之多，无容赘陈，近年来代行校政，际此时会，偏劳更多，尤以本期待遇问题，几经波折，更为同仁等所感，现对待遇，已尊重教师意见，则今后一切问题，当不难解决。应恳切慰留，务盼打消辞意。等语。用特录请查照，继续主持，以维校政是荷！此致

陈代校长著常。

蜀光中学董事会　董事长　张〇〇　假

董　事　曾〇〇

兼会计　侯〇〇

呈教育部

（1948 年 10 月 12 日）

案查本校本学年考取转学生申请继续发给公费，前经造具名册，检同证件呈请核示在案。兹又据学生蔡汝南、郭养绪二人呈请前来，理合检同证件备文呈请鉴核示遵。谨呈

教育部。

附呈名册二份，证件二件。

国立南开大学校长张伯苓

中华民国三十七年十月十二日

（南开大学档案馆藏）

呈教育部

（1948年10月12日）

案查，本校本学年学生申请公费名册、证件业经呈送在案。兹据学生吴厚贵申请前来，理合检同证件，造具名册，呈请鉴核示遵。谨呈
教育部。

附呈名册二份，证件一件，申请书四份。

国立南开大学校长张伯苓
中华民国三十七年十月十二日
（南开大学档案馆藏）

致自流井场区炭巴引盐工业同业公会

（1948年11月6日）

总字第427号

事由：再请将出席校董推举过会，并请于本月13日以前见复，以便定期成立，俾利进行。

径启者：查本届董事会改组，前于7月21日以总字第406号函请推举董事2人，并于9月4日以总字第415号函催！迄今又逾两月，仍未蒙赐复，以致改组无法进行，因之有关会务、校务各项严重问题均难解决，长此拖延贻误匪浅。用特函请贵会查照先今各案，迅即将出席董事姓名、履历，务于本月13日前惠予见复，以便成立，而利进行是荷！此致
自流井场区炭巴引盐工业同业公会。

蜀光中学校董会 董事长 张伯苓 假
董　事 曾子郁
兼会计 侯策名

批：定期本月9号召开理监联席会决定。11.6。

致自流井盐场公署

（1948 年 11 月 27 日）

经字第 431 号

事由：函请将自场票盐 10 及 11 月份应担经费分别计收签会。

径启者：接准贵署 11 月 4 日普产字第 874 号函，将代扣票盐 8、9 两月应担本会经费 713.28 元签附农民行支票一纸过会，业已如数收讫，相应函复。查 11 月份已终，本会负债甚巨，急需收款济用，并以偿清负债，免受息累起见，并经自场场商处召集会议追认，将 11 月份应收经费重收一次。等议。用特函请贵署，将自场票盐分别 10 月份按千分之四，11 月份独按千分之八从价计收，随即签会，俾济支付，而维校务是荷！此致

自流井盐场公署。

蜀光中学校董会　董事长　张伯苓　假

董　事　曾子郁

兼会计　侯策名

致川康盐务管理局

（1948 年 11 月 29 日）

经字第 432 号

事由：函请将自场票盐 11 月份应担负经费及重收一次，共款 18802.04 元，径予代收签会。

径启者：查自场票盐应担本会经费历由自井场署代收，惟以 11 月份票盐价款经向场署接洽，尚未蒙贵局签发到署，无处代收，而本会以中央待遇调整，急需支付，加以本月半期已负债甚大，市息又高，借贷无方，若待签到，必需时日，情势迫切，万难稍缓。并为偿债起见，议决将 11 月份重收一次，用特函请贵局，径将 11 月份自场票盐实产 43116.03 担，从价每担 54.51 元，按千分之

八，应担经费18802.04元，惠予代收，即签过会，以急济需，而维校务是荷！此致

川康盐务管理局。

蜀光中学校董会 董事长 张伯苓 假

董 事 曾子郁

兼会计 侯策名

批：已与舒理事长香远及侯董事策名洽妥，先在公大盐号应缴本局盐价内抵扣，仍于将来清发10月份票盐补价时扣还。11.30。

致电南开大学教授会议

（1948年12月16日）

天津南开大学教授会议：请石先、子坚、觉民[①]代执校长职务，并请贵会协助。伯苓。

（南开大学档案馆藏）

附：何廉致电黄钰生等（1948年12月16日）

南开大学黄子坚、杨石先两兄，并转行政会议：元电奉悉。班机停止，无法飞津，局面如此，至感不安。一切请兄等费神主持。廉。

中华民国三十七年十二月十六日到

（南开大学档案馆藏）

① 鲍觉民（1909—1994），1933年毕业于南京中央大学地理系，同年任教于南开大学。1947年任职于南开大学经济系和经济研究所，兼南开大学训导长。

致李清濂

（1949年4月9日）

清濂先生大鉴：

久违清诲，为念！顷奉惠书，藉悉年来佳况，至慰；承索之服务证件兹随函奉上，即希台收。先生学识渊博，经验宏富，此次远赴泗水，主持华侨中学，深为侨胞教育前途庆！专此奉复，敬请
大安！

张伯苓敬启

四月九日

（《张伯苓先生百年诞辰纪念册》，台湾南开校友会编印，1975年）

致张学良

（？年11月24日）

张汉卿副总司令钧鉴：旌麾过津时，南开大学师生开会欢迎，务请贲临并赐训词为祷。

张伯苓

张学良批：即报：如有暇，必去。

致夏琴西

（？年8月10日）

琴西先生赐鉴：

敬启者：前敝校教授汤君趋谒台端，蒙接见赐教，并允代向各行商函为介

绍，非常感激。惟介绍函件至今尚未奉到，本应静候，曷可再渎，只以敝校对于工商业之调查时期，预算在暑假内办理完竣，不得已敢请特别费神将介绍书早日赐下，以便于最短时间应用，感谢无量。此颂大安。（函件如缮毕，即交去人带下。尤感。）

弟 张伯苓 拜上

（天津市档案馆藏）

致天津市社会局

（无时间）

查该院前因不慎将通知书遗失，以致未能缴款，除余其登报声明作废外，兹考补填一份，敬请赐章。

可。七十一。为注明事，查本校原报可领前项配售麦粉学生五一〇人，现住宿自费生交款购麦者二八四人，连同教职员工，共计五七二人，计应缴麦价国帑九一，五二〇，〇〇〇元。特此注明。

国立南开大学校长张伯苓

径启者：关于配售公教人员面粉一案，本校业经造册，于六月二十四日开字第三六六号公函，送请查照。在案顷阅贵局勤经字第一七号公告，兹特具函证明，计本校教职员一八二人，校工一〇六人，学生五一〇人，请即查照，填发通知，以便办理缴款、提面手续为荷。此致

天津市政府社会局。

国立南开大学 校长张伯苓 启

附：张伯苓信函存目

1. 陈哲甫致张伯苓函（1903 年 11 月）
2. 刘竺生致张伯苓函（1903 年 11 月）
3. 致严修贺柬（1906 年 4 月 5 日）
4. 严修收阅张伯苓函，并回函（1906 年 4 月 9 日）
5. 严修收阅张伯苓函（1906 年 6 月 19 日）
6. 严修致张伯苓函（1906 年 6 月 20 日）
7. 严修收阅张伯苓来函，并复函（1906 年 7 月 24 日）
8. 严修收到张伯苓来函（1906 年 7 月 26 日）
9. 严修收到张伯苓来函（1906 年 8 月 5 日）
10. 严修复函张伯苓（1906 年 8 月 7 日）
11. 严修收到张伯苓两封来信（1906 年 9 月 20 日）
12. 严修收到张伯苓来函（1906 年 9 月 25 日）
13. 严修接张伯苓来函（1906 年 10 月 2 日）
14. 严修收到张伯苓来函（1906 年 10 月 18 日）
15. 严修收阅张伯苓来函，并当日复函（1906 年 12 月 5 日）
16. 严修阅张伯苓来函（1907 年 4 月 12 日）
17. 严修致函张伯苓（1907 年 4 月 14 日）
18. 严修阅张伯苓来函（1908 年 5 月 24 日）
19. 严修接张伯苓来函，并即复函（1908 年 6 月 9 日）
20. 温世霖自西安写信给张伯苓（1911 年 1 月 30 日）
21. 严修致函张伯苓（1912 年 7 月 23 日）
22. 分别致函严修、卢木斋、王少泉（1912 年 11 月 13 日）
23. 严修电召张伯苓（1913 年 1 月 28 日）
24. 严修电给张伯苓致严宅（1913 年 2 月 8 日）
25. 严修致函张伯苓（1913 年 6 月 20 日）
26. 严修自瑞士日内瓦写信给张伯苓（1913 年 8 月 29 日）

27. 严修在英国接张伯苓函（1914 年 1 月 3 日）
28. 严修复函张伯苓（1914 年 1 月 5 日）
29. 以英文致函严修（1914 年 2 月 27 日）
30. 严修致函张伯苓（1914 年 3 月 17 日）
31. 严修收阅张伯苓来函，晚，严修即写邮片寄张伯苓（1914 年 7 月 26 日）
32. 严修收到张伯苓来函及所拟筹建河南大学的办法（1915 年 1 月 5 日）
33. 严修致函张伯苓（1915 年 1 月 25 日）
34. 严修致函张伯苓（1916 年 4 月 13 日）
35. 函邀保定中学校美籍体育教员克拉克来校（1916 年 4 月）
36. 美人格里瑞（Greene）致函张伯苓（1916 年 4 月）
37. 严修致函张伯苓（1916 年 6 月 11 日）
38. 严修致函张伯苓（1916 年 6 月 17 日）
39. 随严修致南通张謇函，附赠对联（1916 年 10 月 9 日）
40. 致函南开学校董事（1916 年 12 月初）
41. 美国哥伦比亚大学师范学院孟禄博士（Dr. Paul Monroe）致函张伯苓（1917 年 4 月 18 日）
42. 严修写明信片致张伯苓（1917 年 4 月 20 日）
43. 自上海致函严修（1917 年 8 月 8 日）
44. 在日本长崎邮局寄信（1917 年 8 月 15 日）
45. 致函严修（1917 年 8 月 15 日）
46. 严修致函张伯苓（1918 年 5 月 6 日）
47. 严修致函张伯苓（1918 年 5 月 12 日）
48. 哥伦比亚大学师范学院致函张伯苓（1918 年 8 月）
49. 分致华盛顿至旧金山各地谢函（1918 年 11 月 26 日）
50. 马千里致函张伯苓（1919 年 1 月 4 日）
51. 致函美国警探瓦厝（1919 年 1 月 22 日）
52. 收到上海圣约翰大学函（1919 年 3 月 7 日）
53. 严修致函张伯苓（1919 年 10 月 3 日）
54. 复颜惠庆函（1921 年 6 月 26 日）
55. 致袁述之两函（1921 年 12 月 8 日）
56. 中华教育改进社来函（1923 年 3 月 7 日）
57. 致袁述之函（1923 年 4 月）

58. 对东南大学火灾慰问电（1923 年 12 月 21 日）

59. 严修致函张伯苓（1925 年 12 月 26 日）

60. 南开中学学生乐永庆《上张校长书》（1926 年 1 月 17 日）

61. 南开大学校长办公室收到张伯苓交来近日所收信函若干（1926 年 5 月 9 日）：

（1）秦诚来函，报告在日本学陆军并述及感于困难处。

（2）张伟斌来函，请求为王保华补密歇根大学奖学金向马太太求通融办理。

（3）韩诵裳来函，介绍周传鼎入大学。

（4）郭凤鸣来函，报告近况及述创作事业不易处。

（5）刘德烨来函，报告在日本学陆军情形。

（6）刘申光来函，报告赴奉天与张作霖接洽情形并感谢代谋位置。

（7）刘蓂章来函，报告在中州大学充任教员及豫省现近景况。

（8）梅光迪来函，荐波士顿女士鲍尔斯（M. E. Bowles）充任教员事。

（9）莫震旦①来函，感谢赠纪念册并希将各种影片寄去制作铜版刊于《世界日报》上。

（10）段茂澜来函，报告安抵日本并希代收邮件。

（11）吴国柄来函，报告近况及述因时局多事学校多停顿。

（12）吴翰涛来函，报告在芝加哥的南开同学姓名并述晤面情形。

（13）郭秉文来函，感谢在基金会通过东南大学补助费 35 万元案。

（14）山东琅琊道尹周仁寿（敬甫）来函，述因时局多事，该署数月未发饷，请将认捐女中 1000 元展期三月。

（15）胡述曾来函，附巴黎学院章程一份。

（16）刘梯崖来函，借洋 400 元并祈代谋位置，因其在比利时借款归国也。

（17）白眉初来函，因著《中华民国省区全志》请基金会补助费 4 000 元，求为援助。

（18）宋祖庠来函，请为其弟宋祖序求缓交学宿费。

（19）有田八郎来函，赠古籀篇书一部，另附刊行趣旨书。

（20）烟台青年会来函，寄来公民教育特刊一本，内载张伯苓演说。

（21）中华教育文化基金董事会来函，通知 6 月 24 日在京举行第二届年会，请赴会。

① 莫震旦，后改名张报。

（22）丁文江来函，寄来孟禄董事致纽约社会宗教研究会会长函抄本一份。

（23）中华教育文化基金董事会来函，寄来各处请求分配款项书三件。

（24）中华教育改进社来函，请赶造送美展览品并附英文说明书等。

（25）中华教育改进社来函，商借章太炎有关系之高足之著书。

（26）中华基督教青年会全国协会来函，请代募会款并祈助款。

（27）济南基督教青年会张达忱来函，请作序文以冠其著之《欧美调查记》。

（28）天津基督教青年会来函，5 月 15 日举行队长队员宴会，请莅会主席。

（29）北京基督徒学生灵修会来函，请于 7 月 2 日到会演讲。

（30）中华基督教青年会全国协会附设学生立志传道团本部来函，调查毕业生中有若干基督徒及传道团团员并告第二届全国大会在济南举行，8 月间派代表赴会。

（31）本部学生会执行委员会来函，请于本月 22 日赴庆祝天津联合运动会优胜游艺会并请演说。

（32）中华全国基督教协进会来函，告以寄来《穆德会议专载》，内有七项重要问题可在第四届年会根据提出草案列为议题。

（33）天津基督教青年会来函，请于 5 月 17 日到该会之卫生运动大会充当主席。

62. 1926 年 7 月 21 日所收近日来函：

（1）王宝璐来函，请介绍其子到香山慈幼院读书并告近况。

（2）张学良来函，告以派梁岩在本部秘书处办事。

（3）张学良来函，告以委潘景武为本部少校秘书事。

（4）陶孟和来函，介绍刘良湛投考大学预科。

（5）陈宇来函，建议理科设立地质学系。

63. 靳云鹏来函（1926 年 8 月初）

64. 陈宝泉来函（1926 年 8 月初）

65. 陶行知来函（1926 年 11 月初）

66. 陶孟和来函（1926 年 11 月初）

67. 徐谟来函（1926 年 11 月初）

68. 张学良来函（1927 年 2 月上旬）

69. 齐璧亭来函（1927 年 2 月上旬）

70. 天津电车电灯监理处来函（1927 年 2 月中旬）

71. 任鸿隽来函（1927 年 2 月中旬）

72. 天津基督教女青年会来函（1927 年 2 月中旬）
73. 周诒春来函（1927 年 2 月中旬）
74. 张贻惠来函（1927 年 2 月中旬）
75. 中华图书馆协会董事部来函（1927 年 3 月中旬）
76. 刘大钧来函（1927 年 3 月中旬）
77. 陈达来函（1927 年 3 月中旬）
78. 侯汝勋来函（1927 年 4 月）
79. 莫震旦来函（1927 年 4 月）
80. 郦堃厚来函（1927 年 4 月）
81. 严修致张伯苓函（1927 年 12 月 8 日）
82. 复函严修，当日严修回函（1927 年 12 月 9 日）
83. 近日所收信函（1927 年 12 月 30 日）

（1）中国华洋义赈会来函，请于 12 月 24 日到会作讲习会演讲。

（2）段茂澜来函，报告在美已得博士学位，所著论文已付梓。

（3）沈嗣良来函，寄来轮船公司船费 200 元，并告运动场已得顾临许可续租两年。

（4）国立京师大学师范部来函，请寄相片一张用以悬挂在礼堂。

84. 致函陈嘉庚（1928 年 10 月）
85. 天津特别市政府来函（1928 年 11 月 12 日）
86. 吉林省长公署来函（1928 年 11 月 12 日）
87. 财政部来函（1928 年 11 月）
88. 平奉铁路局来函（1928 年 11 月）
89. 中华国货展览会筹备委员会来函（1928 年 11 月）
90. 颜惠庆为张伯苓致函王正廷（1928 年 12 月 10 日）
91. 美国檀香山戴维斯（Davis）来电（1929 年 1 月 1 日）
92. 美国斯坦福大学校长来电（1929 年 1 月初）
93. 北平大学区教育行政院来函（4 封）（1929 年 2 月 8 日）
94. 河北省财政厅来电（1929 年 2 月 8 日）
95. 北平大学区教育行政院来电（1929 年 3 月 9 日）
96. 通过美国哥伦比亚大学克伯屈发南开大学募捐函及电报（1929 年 5 月 5 日）
97. 北平大学区教育行政院来函（1929 年 5 月 15 日）

98. 克伯屈致函张伯苓（1929 年 9 月 29 日）
99. 克伯屈致函张伯苓（1929 年 9 月 30 日）
100. 由张彭春转交致克伯屈函（1929 年 10 月 12 日）

长梅〇〇，国立南开大学校长张〇〇，国立北洋大学代理校长金〇〇，国立北平师范学院院长袁〇〇，国立北平艺术专科学校校长徐〇〇，国立北京大学校长胡〇〇。申。印。

（南开大学档案馆藏）

名手续各等由，奉此。兹查本校会计主任孟宪侨等三员均愿遵章报名，除已填具报名单随文附呈外，理合备文呈请鉴核。谨呈
教育部。

附呈报名单三份。

国立南开大学校长张伯苓
中华民国卅五年十二月卅日
（南开大学档案馆藏）

附：教育部令南开大学（1946 年 10 月 22 日）

教育部训令　　发文参字第二四二〇八号

令国立南开大学：

查本部为辅助本部暨所属机关职员对于法律及教育学科之进修，藉以奠立法治基础，增进行政效能起见，特设立教育部暨所属机关职员进修函授班，现已筹备就绪，开始招收学员。合亟检发简章十份，报名单式样五份，令仰该[校]转饬所属职员依章报名，并限于十月二十日以前造册呈报，以凭汇办。除分令外，仰即遵照。

此令。

计检发职员进修函授班简章十份，报名单式样五份。

部长朱家骅
中华民国卅五年十月廿二日
（南开大学档案馆藏）

与平津国立各院大学校长致电朱家骅

（1946 年）

为请将北平临时大学补习班分发本校学生公费及半公费名额各按百分之四十发给，电请鉴核由。

南京教育部部长朱钧鉴：查北平临时大学补习班公费名额，并未分配，该班学生补习期满，分发各校院后，其公费生及半公费生名额，拟请各按百分之四十发给，由各校分别审查核定。是否可行，理合电请示遵。国立清华大学校

12各月份本市米面价额详为统计掷发，上月各月份粮价证明书各一份，以凭参考。嗣后尚盼赐予按月发给，俾资根据核算。特再函达，即希查照惠复为荷。此致

天津市政府社会局。

国立南开大学校长 张伯苓

拟办：拟查照其他各校函请证明粮价，列表函复。12月28日。

决定办法：可。12月30日。

呈教育部

（1946年12月30日）

案查本校复员以来，学生率系远道随此就读，招考新生又多籍隶外县。值兹交通梗阻，生活奇昂，兼或家乡遭匪洗劫，如斯接济隔绝，自属贫苦难支，环顾艰情，未容漠视。拟请钧部于公费生规定名额三三四之外，酌予增加，俾资救济。再，全公费每人应发国币若干，如以米面折价，则米或面如何定量。又，副食如何支给，均未便擅专，理合备文，并请核示遵行。谨呈

教育部。

国立南开大学校长张伯苓

中华民国卅五年十二月卅日

（南开大学档案馆藏）

呈教育部

（1946年12月30日）

案奉钧部卅五年十月廿二日参字第二四二零八号训令，内开：为办理职员进修函授班，检发简章、报名单式样，限期造册呈报，仰遵照。正通传办理间，复奉钧部卅五年十一月十八日参字第三二零四五号训令，饬速办理所属职员报

满额，承嘱歉难收容。相应检还原证件，函请查照为荷。此致
天津市政府教育局。

附缴还原证件三种。

南开大学校长张伯苓
中华民国卅五年十二月廿六日
（南开大学档案馆藏）

附：天津市教育局致南开大学（1946年12月18日）
天津市政府教育局公函　　发文教二字第八七三号

据青年军二〇七师退役军人冯伏耕呈请保送升入贵校先修班肄业等情，检附证件三种，函请查照见复由。

案据青年军二〇七师退役军人冯伏耕呈请保送升入贵校先修班继续深造，并附呈证件三种，祈鉴核函转等情，据此，经核该员曾肄业于河南省洛阳私立明德中学高中部第二学年第二学期，后因中原事变，洛阳沦陷，遂考入西安中央战干团受训，毕业后响应领袖号召知识青年从军而至二〇七师入伍，胜利后奉命退役。今仍拟继续升学深造，似应予以援助。相应检附原呈证件三种，函请查照办理，并希见复为荷。此致
国立南开大学。

附证件三种。

局长郝任夫
中华民国卅五年十二月十八日
（南开大学档案馆藏）

致天津市社会局

（1946年12月27日）

事由：为请掷发本年9至12各月份粮价证明书嗣后并盼按月办理以资参证由。

案查本校前为核发学生公费，亟须调查逐月粮价以凭参证，曾于本月10日以南字第239号函请查照办理在案。兹以急待需用，拟请贵局迅将本年度9至

《张伯苓全集》编委会

20世纪40年代的张伯苓

20世纪40年代，张伯苓与家人在重庆津南村合影

20世纪40年代，张伯苓与孙辈在重庆津南村合影

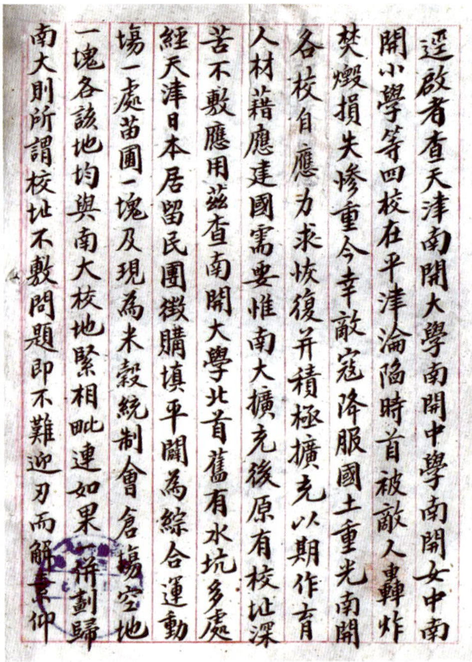

逕啟者查天津南開大學南開中學南開女中南
開小學等四校在平津淪陷時首被敵人轟炸
焚燬損失慘重今幸敵寇降服國土重光南開
各校自應力求恢復并積極擴充以期作育
人材藉應建國需要惟南大擴充後原有校址深
苦不敷應用茲查南開大學北首舊有水坑多處
經天津日本居留民團徵購填平闢為綜合運動
場一處苗圃一塊及現為米穀統制會倉場空地
一塊各該地均與南大校地緊相毗連如果一併劃歸
南大則所謂校址不敷問題即不難迎刃而解仰

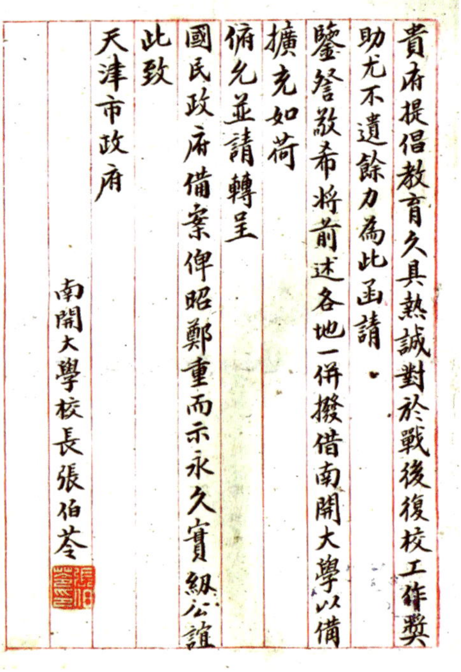

貴府提倡教育久具熱誠對於戰後復校工作獎
助尤不遺餘力為此函請
鑒詧敬希將前述各地一併撥借南開大學以備
擴充如荷
俯允並請轉呈
國民政府備案俾昭鄭重而示永久實級公誼
此致
天津市政府
南開大學校長張伯苓

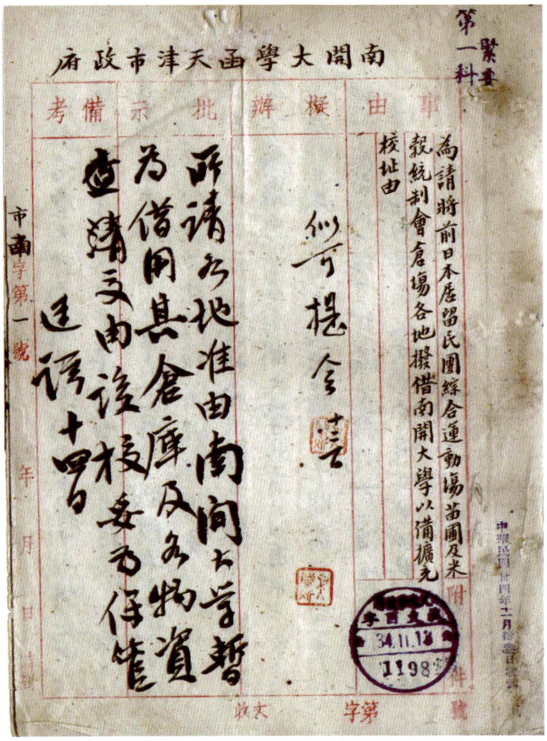

南開大學函天津市政府

第一科 緊要

事由	擬辦	批示	備考
為請將前日本居留民團綜合運動場苗圃及米穀統制會倉場各地撥借南開大學以備擴充校址由	似可擬令 十三	所請各地准由南開大學暫為借用其倉庫及各物資速請交由該校妥為保管 迳諭 十四	

1945年11月13日，张伯苓为请将前日本居留民团运动场等地拨借南开大学事致天津市政府函及天津市政府批复

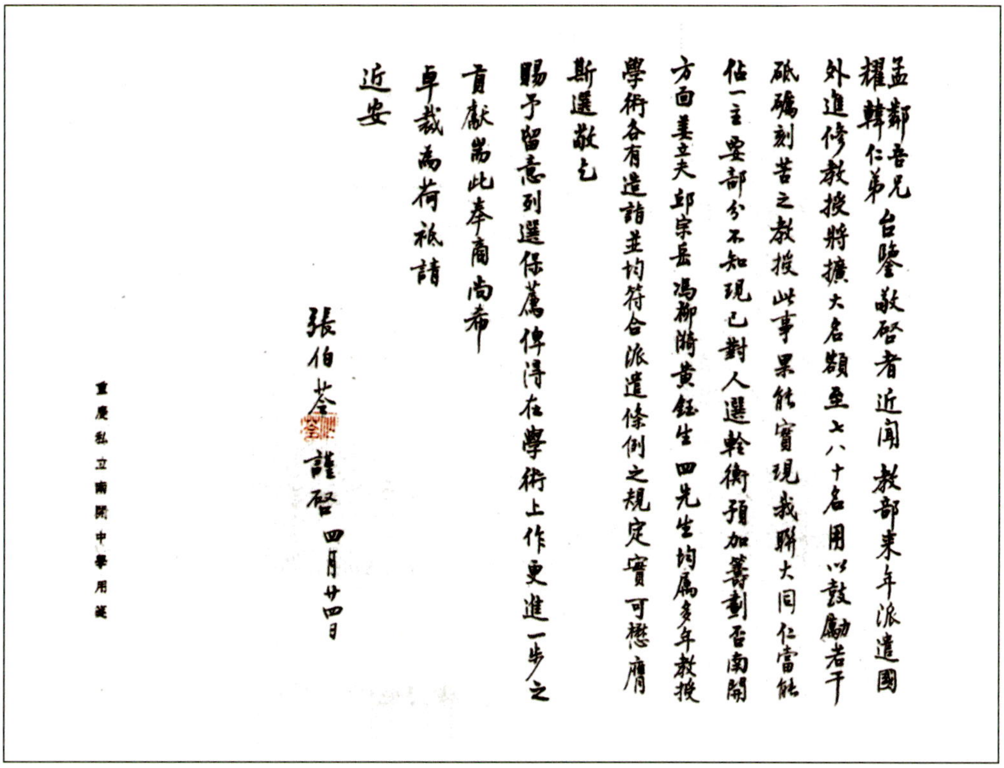
孟鄰吾兄
耀韓仁弟 台鑒 敬啓者 近聞 教部來年派遣國
外進修教授將擴大名額至七八十名用以鼓勵若干
砥礪刻苦之教授 此事果能實現我聯大同 仁當能
佔一主要部分不知現已對人選幹衡預加籌劃否南開
方面姜立夫 邱宗岳 馮柳漪 黃鈺生 四先生均屬多年教授
學術各有造詣並均符合派遣條例之規定實可懋膺
斯選 敬乞
賜予留意列選保薦俾得在學術上作更進一步之
貢獻 爲此奉商 尚希
卓裁爲荷 祗請
近安
張伯苓 謹啓 四月廿四日
重慶私立南開中學用箋

1945年4月24日，张伯苓致西南联大蒋梦麟、梅贻琦二人函

1945年，重庆南开中学校刊《南开高中》创刊，刊名为张伯苓题写

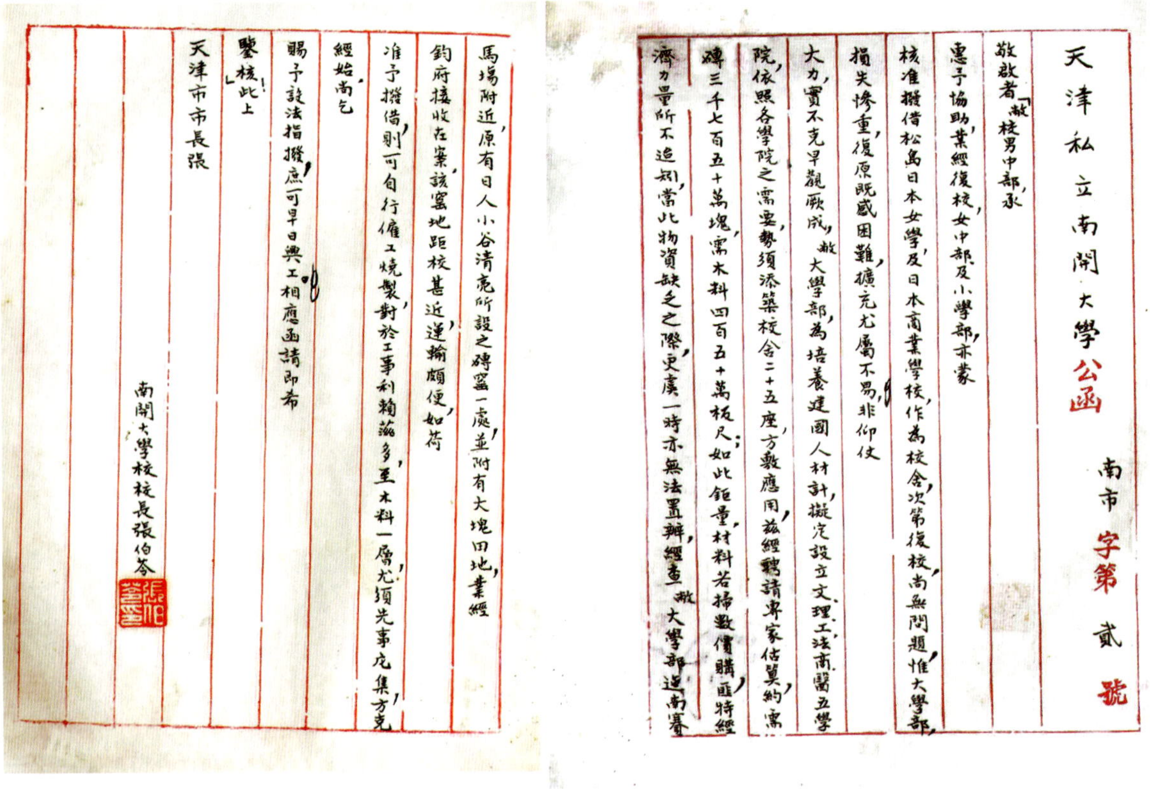

天津私立南開大學公函

南市字第貳號

敬啟者：敝校男中部承
惠予協助，業經復校，女中部及小學部亦蒙
核准撥借松島日本女學及日本商業學校，作為校舍，次第復校，尚無問題，惟大學部
損失慘重，復原既感困難，擴充尤屬不易，非仰仗
大力，實不克早覩厥成，敝大學部為培養建國人材計，擬定設立文、理、工、法商、醫五學
院，依照各學院之需要，勢須添築校舍二十五座，方敷應用，茲經聘請專家估算，約需
磚三千七百五十萬塊，需木料四百五十萬板尺，如此鉅量材料，若摒數價購，匪特經
濟力量所不逮，矧當此物資缺乏之際，更屬一時亦無法置辦，經查敝大學部迤南賽
馬場附近，原有日人小谷清亮所設之磚窰一處，並附有大塊田地，業經
鈞府接收在案，該窰地距校甚近，運輸頗便，如荷
准予撥借，則可自行僱工燒製，對於工事利賴滋多，至木料一層，尤須先事庀集，方克
經始，尚乞
賜予設法指撥，庶可早日興工，相應函請，即希
鑒核，此上！
天津市市長張

南開大學校校長張伯苓

張伯苓

1946年1月31日，张伯苓为请借日本人遗留下的窑厂扩充校舍事致天津市长张廷谔函

1946年4月，旅美南开校友为庆祝张伯苓七十寿辰举行晚宴，到者有张彭春、严仁颖、陈省身、陈序经、老舍等

旅美治病期间，张伯苓与张彭春一家合影

旅美期间，与张彭春家人合影

旅美期间，与友人聚会留影

1946年10月17日，国立南开大学校庆日开学复校纪念留影

目　录

致电卢作孚①

（1936 年 1 月 2 日）

成都　建设厅卢厅长：在川蒙招拂，谢谢！弟月中赴京，尊驾何时东下，电复。伯苓。

（南开大学档案馆藏）

呈行政院院长蒋介石、教育部部长王世杰

（1936 年 1 月 14 日）

案查中等教育为高等教育之基础，又为从事各种职业之预备，学生学业根柢之培植、道德精神之训练，及生活技能之增进，胥为良好之中等教育是赖。

职有鉴于此，三十年来办理天津南开中学校，维日孜孜，不敢告劳，以期实现中等教育理想，造就国家中坚人才。承各方不弃，多予赞助，使南开中学日有进展，虽不敢自诩成绩，要亦不失为全国设备最完之一中学。后更益以女中、小学、大学三部，学生由数十人而至二千七百余人，事业日新，规模日大，初不因遭遇困难而工作稍有停顿。今后仍当本诸以往奋斗精神，力求进步。特近者，华北环境恶劣，支撑现状，事已非易，再求扩充，势所难能。而国难严重，决非个人贪图安逸之时。足迹所至，又深觉全国优良中学之缺乏，用特贾其余勇，另谋发展，拟一方将现时各部工作，竭力维持，同时并择适宜地点，筹设南开中学分校，藉便实施适合现状之教育，以资培植复兴民族之人才。

因查四川省在地理上为西部要区，在历史上夙称天府，绾毂滇、黔、湘、鄂、陕、甘各省，将来发达，未可限量。窃不自揣，拟在重庆购地建屋，先开

① 卢作孚（1893—1952），原名魁先，别名思。重庆合川市人。1926 年 6 月，在重庆集资创办民生实业股份有限公司，任总经理。1929 年后，曾先后担任四川省建设厅长、交通部次长、全国粮食管理局局长、全国船舶调配委员会副主任委员等职。

办南开中学第一分校，并预定于本年暑假后开学。预算购地建屋及其他设备等费，共需国币约十五万元，常年经费第一年约二万余元。惟时至暑假，为期不过半载，一切计划急待进行，而所需款项，尚无着落，敬仰钧部院对于南开中学在重庆设立分校一事，必邀赞许，用敢附呈计划书一件，

敬请钧院转饬教育部钧部赐予补助，俾南开分校能克期实现，藉宏教育，实为公便。谨呈

行政院院长蒋、教育部部长王。

南中校长张伯苓

二十五年一月十四日

（南开大学档案馆藏）

致常小川[①]

（1936年1月27日）

市财政局

小川先生赐鉴：

久违风范，时深旧雨之思。顷闻荣膺津财局长一职，不胜为阖市财政前途幸贺，幸贺。兹敬恳者：市政府向有敝中学部补助费壹万元，每年分两次拨发。廿四年度第一学期业经过五千在案，现值第二学期开学伊始，诸多需款，敢请将本届应领之五千元拨下，以维目前应用。叨在旧好，幸乞特别关照，即予如请施行。至所感盼。祇颂

勋安！

张伯苓谨上

廿五年一月廿七日

① 常小川（1895—1979），名鸿钧，以字行，天津宁河人。1910年入天津成美学堂。1925年获密执安大学研究院硕士学位。1935年任天津市商品检验局局长、财政局局长。1937年日本侵华后在家赋闲。1945年日本投降后，创办天津《新生晚报》，自任社长。

附：常小川复张伯苓（1936年1月29日）

伯苓先生校长伟鉴：

睽隔光风，每殷企慕。奉诵大札，猥以承乏局事，藻饰有加，曷胜惭感。敬维道履安和，颂祝无量。尊嘱贵校中学部补助费一节，已饬科照发。知注谨布，专请

台安！

常鸿钧拜启

一月廿九日

（南开大学档案馆藏）

从南京致电喻传鉴

（1936年1月31日）

天津　南开中学喻主任：院长①批拨五万元为补助费，教长②允筹常费，请速进行。苓。

（南开大学档案馆藏）

附：喻传鉴复电张伯苓（1936年2月3日）

南京　中央饭店张伯苓先生：电悉，偕严宋鱼行。喻。

（南开大学档案馆藏）

呈教育部

（1936年2月4日）

呈为呈送补助费民国二十四年十月至十二月单据贴存簿壹册，支出结算表

① 指时任行政院长的蒋介石。

② 指时任教育部长的王世杰。

一份，请鉴核事。窃属校民国二十四年十月至十二月三个月补助费各项支出业经造成结算表一份，并将各项单据汇齐，贴存成簿，理合随文奉上，仰乞鉴核，实为公便。谨呈
教育部。

天津私立南开大学校长张伯苓
廿五年二月四日
（南开大学档案馆藏）

呈教育部

（1936年2月4日）

呈为呈送二十五年一月补助费收据事。窃属校民国二十五年一月份补助费国币叁仟伍佰捌拾肆元伍角捌分，经于本年一月二十一日领到，谨填就第二联收据、第三联报核一份，随文呈上，伏乞赐收，实为公便。谨呈
教育部。

天津私立南开大学校长张伯苓
廿五年二月四日
（南开大学档案馆藏）

附：教育部令南开大学（1936年1月17日）
教育部训令　　廿五年发私拾玖26第五四四号
令私立南开大学：

兹发给该校本年一月份补助费贰千九百卅七元八角三分，暨补发上年度短发数一部分六百四十六元七角五分，共计叁千五百八十四元五角八分，除由银行转汇外，仰于取款后，并填一月份印收呈部。此令。

部长王世杰
中华民国廿五年一月十七日
（南开大学档案馆藏）

南开中学领1935年度第二期补助费5000元领单

（1936年2月6日）

河北省私立南开中学校为印领事。今领到天津市财政局拨发本年度补助费银洋5000元整。

中华民国廿五年贰月初六日付讫。

校 长 张伯苓

领款人 周贵生

附：天津市财政局发款凭单（1936年2月6日）

天津市财政局发款凭单			
中华民国廿五年二月六日。 此联由会庶股于发款后填送出纳股注帐。	右款业于二月六日照数发讫，兹将领款机构印据送请查照注帐。 局 长 盖章 科 长 盖章 会庶股长 盖章	实发大洋5000元整	南开中学校二十四年度补助费

呈教育部

（1936年2月11日）

案奉钧部二十五年发私拾玖26第〇一二六二号密令，内开："兹奉蒋院长拨发该校所拟筹设之南渝中学补助费伍万元，除转汇外，仰于取款后，填具印收呈部，此令。"等因，奉此。续经中央银行将该项补助费伍万元汇到，业经如数照收。钧部提倡教育，策励属校同人之致意，不胜感激！兹已派遣属校中学

部主任喻传鉴、建筑课课员严仁绪于二月九日首途赴渝，勘定南渝中学校址，并进行建筑校舍事宜。合并呈明，谨填具印收一件，呈请鉴核。谨呈
教育部。

二十五、二、十一
（南开大学档案馆藏）

呈行政院院长蒋介石

（1936年2月11日）

案奉教育部廿五年发私拾玖26第〇一二六二号密令，略开：奉到钧座拨发职校拟筹设之南渝中学补助费伍万元，已经转汇，并饬于取款后，填具印收呈部等因。奉此，该项补助费伍万元，业经如数照收。钧座提倡教育，策励职校同人之致意，不胜感激！除填具印收呈请教育部鉴核外，理合呈报，伏乞钧鉴。谨呈
行政院院长蒋介石。

廿五、二、十一
（南开大学档案馆藏）

从南京致电华午晴

（1936年2月18日）

南开中学华午晴先生：号（20日）晨抵津。苓。

（南开大学档案馆藏）

致李琴湘

（1936年2月26日）

琴湘先生惠鉴：

敬启者：现择于三月十五日正午在天津大华饭店开校董会，借以讨论预算，并改选校董。事关重要，届时务请台端特别匀暇光临为盼。此订，祇颂

勋安！

张伯苓敬启

二十五年二月廿六日

（南开大学档案馆藏）

呈教育部

（1936年3月6日）

呈为近在重庆设立之中学，拟以重庆南开中学命名，呈请鉴核事。窃属校前奉到钧部二十五年发私拾玖26第〇一二六二号密令，发到蒋院长拨下南渝中学补助费伍万元，经于十月十一日填具印收，呈奉钧部。查南渝中学本为暂拟之名，今拟改名为重庆南开中学，既可别于天津南开中学，又能不违钧部禁止设立分校之定章。是否有当，理合备文呈请鉴核示遵，实为公便。谨呈

教育部。

二十五、三、六

（南开大学档案馆藏）

致电喻传鉴

（1936 年 3 月 15 日）

四川　重庆青年会喻传鉴弟：沙坪坝较佳。平学潮已息，四部均平静，勿念，希在川多留。苓。

（南开大学档案馆藏）

致电喻传鉴

（1936 年 3 月 21 日）

四川　重庆青年会喻传鉴弟：请商同仲实①弟速购买杜家坪地址，急建校舍。因近重大，日后发展有种种便利。苓。

（南开大学档案馆藏）

致周作民

（1936 年 3 月 22 日）

作民仁兄先生大鉴：

年来我兄提倡华北棉业，不遗余力，嘉惠农民，发展农村经济，规宏利溥，景佩良深！

惟华北春季少雨，棉不能及时下种，影响收成，至为可虑！敝校南开工厂现研究有救济方法，即新式灌溉机，连同凿井工料费用，约计壹百元。凿井成

① 胡仲实（1895—1950），名光杰，四川广安县人。毕业于天津南开学校工科。1932 年投资组建“华西兴业股份有限公司”，相继承建重庆电力厂、重庆自来水厂改建工程、四川水泥厂、华兴机器厂等。

功之后，安设此机，每机用一马工作，每日可浇地四亩，较之用旧式井可增效率八倍（旧式井每日仅能满地半亩），而费用亦较省。刻当春始，敝校极愿得机试验，希对农事有所贡献，有敢奉恳我兄费神介绍与各棉业机关，派员莅临敝工厂参观。如以为果属确有功效，再请设法介绍推广，以期普及。区区微意，未审高明以为如何？专此奉恳，顺颂
时绥！

弟张伯苓启

三月廿二日

附凿井机器及吸水马力照片各一张。

（上海市档案馆藏）

致电雷法章

（1936 年 3 月 31 日）

青岛　青岛大学路廿二号雷法章先生鉴：太夫人仙游，不胜惊悼，望节哀顺变，勉应大事，上慰慈灵，特此电唁。张伯苓、华午晴、孟琴襄、伉乃如同叩。

（南开大学档案馆藏）

致电李琴湘

（1936 年 4 月 1 日）

保定　河北省教育厅李琴湘厅长：电悉，军事考官事详函。伯苓。

（南开大学档案馆藏）

附：河北省教育厅致电南开中学（1936 年 3 月 28 日）

南开中学览：该校考官已否离校，并何日离校，盼即电复。河北省教育厅。勘。印。

（南开大学档案馆藏）

致电喻传鉴

（1936年4月12日）

重庆青年会喻传鉴先生：接函，欣悉购地成功，遥念贤劳，特此电贺。苓，诸同人。

（南开大学档案馆藏）

呈教育部

（1936年4月13日）

呈为呈奉补助费收据事。窃属校于四月五日奉到钧部发下民国二十五年三月份补助费国币叁仟伍佰捌拾肆元伍角捌分正，经如数收到，遵即填具第二联收据、第三联报核，随文呈上，伏乞赐收，实为公便。谨呈
教育部。

天津私立南开大学校长张伯苓
廿五年四月十三日
（南开大学档案馆藏）

附：教育部令南开大学（1936年4月3日）

教育部训令　　廿五年发私拾玖26第四三一四号

令私立南开大学：

兹发给该校本年三月份补助费贰千九百卅七元八角三分，暨补发上年度短发数一部分六百四十六元七角五分，共计叁千五百八十四元五角八分，除由银行转汇外，仰于取款后，并填三月份印收呈部。

此令。

部长王世杰
中华民国廿五年四月三日
（南开大学档案馆藏）

呈教育部

（1936 年 4 月 20 日）

呈为呈奉补助费收据事。窃属校于三月二日奉到钧部廿五年发私拾玖 26 第二四三五号训令，发下民国廿五年二月份补助费三千五百八十四元五角八分正，早经如数领到，并已填具第二联收据、第三联报核，兹随文呈上该项收据一份，伏乞赐收。实为公便。谨呈
教育部。

天津私立南开大学校长张伯苓
廿五年四月二十日
（南开大学档案馆藏）

附：教育部令南开大学（1936 年 2 月 28 日）
教育部训令　　廿五年发私拾玖 26 第二四三五号
令私立南开大学：

兹发给该校本年二月份补助费二千九百三十七元八角三分，暨补发上年度短发数一部分六百四十六元七角五分，共计三千五百八十四元五角八分，除由银行转汇外，仰于取款后，并填二月份印收呈部。

此令。

部长王世杰
中华民国廿五年二月二十八日
（南开大学档案馆藏）

致电喻传鉴

（1936 年 4 月 26 日）

重庆青年会喻传鉴先生：图、函均悉，请先到蓉谒教厅长，再飞西安，乘

车归津，候复。苓。

（南开大学档案馆藏）

呈教育部

（1936年4月27日）

呈为呈奉二十五年度补助费申请书表，仰恳鉴核，准予补助事。窃属校前奉到钧部廿五年发高壹21第三七一六号训令，略开：“二十五年度设备费或特种教度费之申请，须于四月底以前，将申请书详确造送，以凭汇案核办。该办法大纲暨申请书表式附发，申请书表须油印十六份送部。”等因。奉此，属校将下年度拟请补助之各院系：理学院化学工程学系与应用化学研究所、商科研究所经济部及理学院物理系三部份填就之申请书表、申请书及附件等，一并呈奉钧部，伏乞赐予审核，准予补助，实为公便。谨呈

教育部。

天津私立南开大学校长张伯苓

二十五、四、廿七

（南开大学档案馆藏）

呈教育部

（1936年5月2日）

呈为造送二十五年度一月至三月补助费支出结算及单据事。窃属校本年一月至三月补助费支出结算，业经核算完毕，其有关之单据等件，亦经汇齐粘贴成册，谨遵照部令补助费支给办法第八项之规定，将该项结算表及单据一并呈奉钧部，伏乞鉴核，以符政令。谨呈

教育部。

天津私立南开大学校长张伯苓

廿五年五月二日

（南开大学档案馆藏）

附：教育部令南开大学（1936年5月9日）

教育部指令　　廿五年发私拾玖25第六四七八号

令私立南开大学：

廿五年五月二日呈一件——呈报二十五年一月至三月补助费支出结算表并单据一册，请鉴核由。

呈悉。单据粘存簿发还，仰遵照本部第六〇四八号训令，并案造具报销送核。结算表存。

此令。

发还单据粘存簿一册。

部长王世杰

中华民国廿五年五月九日

（南开大学档案馆藏）

呈教育部

（1936年5月8日）

呈为呈奉补助费收据事。窃属校于五月二日奉到钧部廿五年发私拾玖26第五八五四号训令，发下民国廿五年四月份补助费国币叁仟伍佰捌拾肆元伍角捌分（内有上年度短发数一部份陆佰肆陆元柒角五分），业经如数领到，遵即填具第二联收据、第三联报核，随文呈上，伏乞赐收。三联收据现已用罄，即请发下，以资应用，实为公便。谨呈

教育部。

廿五年五月八日

（南开大学档案馆藏）

附：教育部令南开大学（1936年4月30日）

教育部训令　　廿五年发私拾玖26第五八五四号

令私立南开大学：

兹发给该校本年四月份补助费贰千玖百叁拾柒元捌角叁分，暨补发上年度短发数一部分，陆百肆拾陆元柒角伍分，共计叁千伍百捌拾肆元伍角捌分，除

由银行转汇外，仰于取款后，并填四月份印收呈部。

此令。

部长王世杰

中华民国廿五年四月三十日

（南开大学档案馆藏）

致电程砚秋[1]

（1936年5月9日）

重庆探投程艺员砚秋：祝贵团在川成功。因事缓期赴渝。伯苓。

（南开大学档案馆藏）

致电张锡羊

（1936年5月9日）

成都　四川大学校长转张锡羊：佳（9日）生女，母女均安。苓。

（南开大学档案馆藏）

呈教育部

（1936年5月11日）

呈为呈请褒奖事。窃以天津延古堂李君典臣，旧藏古书甚多，曾于十九年三月捐助属校木斋图书馆经、史、子、集丛书，及碑帖等，总计七万三千九百

① 程砚秋（1904—1958），字玉霜，满族，北京人。中国京剧四大名旦之一，世称“程派”。新中国成立后，曾任中国戏曲研究院副院长。

零二册，共值价洋八万四千九百四十一元一角。查李君典臣以收藏书帖捐归属校，非但热心兴学，且属保存文化，立意远大，行为可法。谨遵照国民政府颁布之《捐资兴学褒奖条例》，将所捐书帖编为目录上、下二册，并注明价值，呈奉钧部，伏乞鉴核，准予褒奖，以资鼓励，实为公便。谨呈
教育部。

二十五、五、十一
（南开大学档案馆藏）

附：教育部令南开大学（1936年5月20日）

教育部指令　　廿五年发奖叁第七〇〇二号
令天津私立南开大学：
　　中华民国二十五年五月十〈一〉日第一八二号呈一件——为呈请褒奖李典臣捐助旧藏经、史、子、集等书，以彰义举由。
　　呈及目录均悉。仰即依照《捐资兴学褒奖条例》第四条规定，开具事实表，并依照本部二十二年第一一八四七号通令，检具受捐实证（如该馆陈列是项图书大概状况之摄影等）一并呈送来部，以凭核办。除检发捐资兴学事实表式一份，俾资依照办理外，合行指令知照。目录暂存。
　　此令。
　　附发捐资兴学事实表式一份。

部长王世杰
中华民国廿五年五月二十日
（南开大学档案馆藏）

呈教育部

（1936年5月27日）

呈为呈报事。窃属校于五月五日奉到钧部廿五年发机叁11第六〇六九号训令一件，饬将属校二十二、三两年度毕业生之失业者，按（一）姓名、（二）年龄、（三）性别、（四）籍贯、（五）学科、（六）最近通讯处等项造册，限五月底以前，呈报钧部，以凭筹谋通盘救济办法在案。兹奉前因，谨将二十二、三

年度失业毕业生调查完毕，理合遵照开示各项，填造名册一份，随文奉呈，伏乞鉴核，实为公便。谨呈
教育部。

天津私立南开大学校长张伯苓
二十五、五、廿七
（南开大学档案馆藏）

致电王恩东

（1936年5月28日）

南京 太平路金城银行王震孟先生鉴：艳（29日）晚平沪车抵京，请在中央[1]定房。伯苓。

（南开大学档案馆藏）

呈教育部

（1936年6月3日）

呈为呈奉事。窃属校于六月二日奉到钧部廿五年发私拾玖26第七五四二号训令，饬知本年五月份补助费贰千九百三十七元八角三分，暨补发上年度短发数一部分六百四十六元七角五，共计三千五百八十四元五角八分，业经如数照收，理合填具第二联收据、第三联报核，随文呈上，伏乞鉴核赐收，实为公便。谨呈
教育部。

天津私立南开大学校长张伯苓
廿五年六月三日
（南开大学档案馆藏）

① 即中央饭店。

附：教育部令南开大学（1936年5月30日）

教育部训令　　廿五年发私拾玖26第七五四二号

令私立南开大学：

兹发给该校本年五月份补助费贰千九百三十七元八角三分，暨补发上年度短发数一部分，六百四十六元七角五分，共计三千五百八十四元五角八分，除由银行转汇外，仰于取款后，并填五月份印收呈部。

此令。

部长王世杰

中华民国廿五年五月三十日

（南开大学档案馆藏）

从南京致电华午晴

（1936年6月4日）

天津　南开中学华午晴先生：内子何时赴杭，乞电覆。苓。

（南开大学档案馆藏）

附：华午晴致电张伯苓（1936年6月4日）

南京　中央饭店张伯苓先生：师母支（4日）平沪车赴京。午晴。

（南开大学档案馆藏）

致李清濂[1]

（1936年6月4日）

北平甘面胡同廿七号 Peking American School

清濂先生大鉴：

① 曾任南开中学数学教员。

敬启者：敝校长伯苓先生于上月杪因公赴京，接奉尊函，当即转为寄去。顷得复函，嘱寄还先生垫款七元三角，关于购物劳神，并嘱谢谢。兹特遵嘱肃代致意，希查鉴是幸。此颂

台安！

附汇票七元三角。

校长办公室

六月四日

（南开大学档案馆藏）

从杭州致电史学曾

（1936 年 6 月 8 日）

天津　南开中学史学曾先生：祐[①]将出差，函电径寄蝶来饭店。苓。

（南开大学档案馆藏）

呈教育部

（1936 年 7 月 6 日）

呈为呈请事。窃属校于七月六日奉到钧部廿五年发高壹 26 第九五五二号训令，令知二十五年度私立专科以上学校补助费核定项目数额，并颁下《补助费支给细则》一册，《设施计划总表》五张，《教席费表》十张，《设备费表》一五〇张，限于文到半个月内填具设施计划各表，快邮或航运呈请鉴核，等因。奉此，属校本应遵照令知限期呈报应行填报各项表册，以符政令。

惟以此时正值暑假期间，各部负责主要人员，均不在校，为此不得不一面呈请钧部准予展缓限期，一面转饬校内各部负责人员，从速拟定各项计划，以便早日呈部核夺，实为公便。谨呈

① 即张锡祐，张伯苓四子。

教育部。

天津私立南开大学校长张伯苓

廿五年七月六日

（南开大学档案馆藏）

附：教育部令南开大学（1936年7月4日）

教育部训令　　廿五年发高壹26第九五五二号

查私立专科以上学校二十五年度补助费各校申请案件，业由本部照章召集私立专科以上学校补助费审查委员会审核决定，计共补助四十校，经呈奉行政院第二四一四号指令开："准予备案，并已转呈国民政府备案暨登报公布矣。"等因。除俟再奉国民政府正式公布外，特将各该补助项目及数额先行分别令知。

再，《私立专科以上学校补助费支给办法》业由部略加修订，定为支给细则，随令颁发。依照该项细则规定，各校应于文到半个月内填具设施计划各表，快邮或航运呈部核定。表格并予印发，除分行外，合行令仰遵照。该校补助项目及数额核定如下表：

<table>
<tr><th rowspan="2">校别</th><th rowspan="2">校补助数</th><th colspan="2">各科补助数</th><th colspan="3">补助项目及数额</th></tr>
<tr><th>科别</th><th>额</th><th>费别</th><th>项目</th><th>数额</th></tr>
<tr><td rowspan="4">南开大学</td><td rowspan="4">四〇〇〇〇</td><td rowspan="2">理学院</td><td rowspan="2">三二〇〇〇</td><td>教席</td><td>化学工程系教席
物理系教席</td><td>四〇〇〇
四〇〇〇</td></tr>
<tr><td>设备</td><td>（一）应用化学研究所设备
（二）理学院设备</td><td>一〇〇〇〇
一四〇〇〇</td></tr>
<tr><td rowspan="2">商科研究所经济部</td><td rowspan="2">八〇〇〇</td><td>教席</td><td>农业经济教席</td><td>四〇〇〇</td></tr>
<tr><td>设备</td><td>图书</td><td>四〇〇〇</td></tr>
</table>

此令。

计发《补助费支给细则》一册，《设施计划表》五张，《教席费表》十张，《设备费表》一张。

部长王世杰

中华民国廿五年七月四月

（南开大学档案馆藏）

致王世杰

（1936年7月9日）

雪艇部长勋鉴：

日前得晤教，畅甚！溽暑苦热，维公务贤劳为念。南渝中学筹备事项，一切均依预定程限进行，校舍建筑计有讲室大楼、礼堂、风雨操场、宿舍、食堂等，八月底均可竣工。所有设备，如图书、仪器、校具等亦已分别由津渝两地置办。职教员亦已聘定，大部均系津校旧人调任。全部人员即将于八月初旬赴渝，着手办理开学应行准备事项。招考新生订于八月廿三、四两日，在蓉、渝两地同时举行。开学日期订为九月十日，届时弟当先期前往主持。此南渝筹备之大概情形也。

按照私立学校立案规程，第一为校董会立案，第二呈报开办，第三学校立案。而学校呈请立案，须在开学后一年行之。南渝立案，未知是否可以提前呈请。现南渝正在进行组织校董会，不日当呈请立案。开学后校董会成立，即当赶为办理呈报开办事项。惟南渝中学筹备事务，进行颇速，需款亦殷，即建筑、购地两项，所费已逾十万元。前承大部允予补助之廿五年度经常费两万元，敬恳早赐转饬核发，无任感盼！肃此，敬请

勋安！

张伯苓敬启

二十五年七月九日

（南开大学档案馆藏）

附：王世杰复张伯苓（1936年9月30日）

伯苓先生惠鉴：

接奉七月九日华翰，承示筹备南渝中学情形，甚佩贤劳。关于校董会暨学校立案手续，俟呈报到部时当饬科提前办理。至廿五年度本部补助经常费两万元，业已先行令发壹万元，径汇学校矣。专此布复，即希察照为荷。顺颂

时祺！

弟王世杰启

九月卅日

（南开大学档案馆藏）

呈教育部

（1936年7月15日）

案奉钧部廿五年发私拾玖26第九四七九号训令内开："兹发给该校本年六月份补助费二千九百三十七元八角七分，暨补发上年度短发数一部分，六百四十六元七角五分，共计三千五百八十四元六角二分，除由银行转汇外，仰于取款后，并填六月份印收呈部。此令。"等因。奉此，属校业将该项补助费如数照收，谨填就第二联收据、第三联报核，随文呈奉，伏乞赐收，实为公便。谨呈教育部。

天津私立南开大学校长张伯苓

廿五年七月十五日

（南开大学档案馆藏）

附：教育部令南开大学（1936年7月2日）

教育部训令　　廿五年发私拾玖26第九四七九号

令私立南开大学：

兹发给该校本年六月份补助费贰千九百三十七元八角七分，暨补发上年度短发数一部分，六百四十六元七角五分，共计三千五百八十四元六角二分，除由银行转汇外，仰于取款后，并填六月份印收呈部。

此令。

部长王世杰

中华民国廿五年七月二日

（南开大学档案馆藏）

呈报教育部

（1936年7月25日）

案奉钧部廿五年度发奖叁第七〇〇二号指令，内开："呈及目录均悉。仰即依照《兴学褒奖条例》第四条规定，开具事实表，并依照本部二十二年第二八四七号通令，检具收捐实证（如该馆陈列是项图书大概状况之摄影等）一并呈送来部，以凭核办。除检发捐资兴学事实表一份，俾资依照办理外，合行指令知照。目录暂存。此令。"等因，奉此。尊即开呈事实表一份，并检呈受捐实证——图书陈列摄影二张，伏乞鉴核，准予按照褒奖条例给奖，以彰义举，实为公便。谨呈

教育部。

二十五、七、廿五

致电吴国桢

（1936年8月3日）

汉口　吴市长[①]勋鉴：南渝中学教员十余位冬（2日）自京乘民权轮赴渝，过汉请照料。伯苓。

（南开大学档案馆藏）

① 吴国桢（1903—1984），字峙之，湖北建始人。早年先后入南开中学、清华大学学习，毕业后赴美留学，获普林斯顿大学哲学博士学位。回国后历任湖北省财政厅长、汉口市长、重庆市长、国民党政府外交部政务次长、国民党中央宣传部副部长、部长、上海市长。

致电王恩东

（1936年8月7日）

南京 金城银行王震孟弟：川树德中学男女师生廿六人灰（10日）搭津浦赴京，拟借宿学校，请设法。苓。

另，有陆公航空快一件附。

（南开大学档案馆藏）

附：王恩东复电张伯苓（1936年8月9日）

天津 南开大学张校长钧鉴：函电谨悉。东今晚回京，借宿可设法。东。

（南开大学档案馆藏）

呈教育部

（1936年8月8日）

案奉钧部廿五年发私拾玖26第一一〇九三号训令内开："兹发该校本年七月份补助费银叁仟叁佰叁拾叁元，除转汇外，仰于取款后，填具印收呈部。此令。"等因。奉此，该项补助费业经属校如数照收，谨填就第二联收据、第三联报核，随文呈奉，伏乞赐收，实为公便。谨呈

教育部。

天津私立南开大学校长张〇〇

廿五年八月八日

（南开大学档案馆藏）

附：教育部令南开大学（1936年7月31日）

教育部训令　　廿五年发私拾玖26第一一〇九三号

令私立南开大学：

兹发该校本年七月份补助费银叁千叁佰叁拾叁元，除转汇外，仰于取款后，填具印收呈部。

此令。

部长王世杰

中华民国廿五年七月三十一日

（南开大学档案馆藏）

致电关吉玉[①]

（1936年8月17日）

重庆　财政特派员公署关吉玉先生鉴：黄邦桢留美习经济，如有机缘，请位置。伯苓。

（南开大学档案馆藏）

附：关吉玉致电张伯苓（1936年8月20日）

南开大学张校长伯苓勋鉴：电悉。遵，已请黄邦桢兄任本署课长，祈代速驾。关吉玉叩。

（南开大学档案馆藏）

呈教育部

（1936年8月23日）

呈为呈请俯准展缓呈报廿五年度补助费设施计划各表事。窃属校前奉到钧部廿五年发高壹26第九五五二号训令，令知私立专科以上学校二十五年补助费属校之项目及数额，并限于文到半个月内填具设施计划各表，快邮或航邮呈部

① 关吉玉（1899—1975），字佩恒，辽宁人。1924年入北京朝阳大学，毕业后留学德国柏林大学。1932年回国，历任财政部天津统税查验所查验员、主任、所长。

核定。

属校于奉到部令后，即对教席之延聘，仪器及图书之斟酌选择赶为着手办理，俾望如期计划完毕，呈请核定。惟以物色教席，及检选仪器或图书，均须相当时日，更以负责人员于暑假期内时常因事离校，以致未能遵于限定期间内呈报各项表册。现在除赶填设施计划各表，预计自即日起一星期内可造齐呈奉外，谨将延期呈报实情呈明钧部，伏乞垂察，实为公便。

廿五、八、廿三

（南开大学档案馆藏）

致张自忠

（1936年8月29日）

荩忱市长钧鉴：

顷奉赐食品多珍，深感厚意，却之不恭，谨领敬谢。

日前文庙演礼，得晤台教，谈及敝校情形，时促未及详叙。兹附上学校概况二册（该刊系数年前编印，与现时情形稍有出入，大致尚略具梗概），便请察览。苓本习水师，未谙教育，徒以感于世变，知欲振兴中国，非从教育入手不可，乃于庚子后从严范孙先生之后，献身教育事业，经卅余年之努力，乃得稍稍成就。敝校大、中、女、小四部不下二千五百余人，经费甚巨。苓独立经营，担负重大困难，实不堪言状。幸贵政府每年补助敝校男中学部万元，分两季支付，因是特为市属小学每年级设免费学生六名，行之已有数年，于敝校经费不无小补。本年上半季应领之款五千元早已到期，敢请饬知财政局即日予以照拨，实深感铭。

兹又有请者：南开中学每月由省库补助二千二百五十元零七角五分，按月支领，已垂卅年。近因敝校及其他觉民等六校已划归天津市管辖，该校补助款已不再拨付，闻已由河北省政府与贵政府商妥，嗣后应向贵政府请领七月份之款。待需孔殷，务望转饬负责机关早日拨助，以济眉急。不胜盼祷之至。

月之卅一日上午十时，敝校男中学部举行开学典礼，本拟恳届时莅临敝校对学生训话。兹因旌麾已于昨日去平，何日得便，还望莅校参观，赐予指导。不胜欣盼。专此，敬请

勋安！

张〇〇 敬启

廿五年八月廿九日

附 1：张自忠复张伯苓（1936 年 9 月 11 日）

伯苓先生道席：

顷拜惠书，敬悉一是。前奉微物，不足将诚，猥荷齿芬，益滋颜汗。比谛道履绥愉，声华懋著，至为欣忭。贵校男中经费每年补助万元，到期应拨之款遵即饬知财局，迅予照拨。至省库每月补助一款，查自本年五月间划归市辖后，曾准省方函请，并其他觉民等六校统由市库协款项下拨补。当以此项协款本府早经声明停解，未便指拨。又因市库积亏甚巨，无力另筹补助，仍请省方照拨。函复有案，所云如此商妥尚非事实。现既需款孔亟，仍请台端径向省方接洽，以免贻误要需。贵校规模久所景仰，开学盛典未及参加，一俟得暇，必当前往参观，藉詹盛美。

《概况》二册拜领，谢谢！专复，敬颂

台绥。惟照不备。

弟 张自忠 拜启

九月十一日

（南开大学档案馆藏）

附 2：程克致张伯苓（1936 年 9 月 6 日）

伯苓仁兄大鉴：

久违芝范，驰系弥殷。顷奉惠书，敬谂教祉贤劳，尊候安胜，至为欣慰。贱恙业已告痊，辱劳存问，感谢无既。承属拨发贵校中学补助费一节，遵当按照向例转饬办理，即请释注为荷。专复，祗颂

著祺！

弟 程克 拜启

九、六

（南开大学档案馆藏）

呈教育部

（1936 年 8 月）

呈为呈报事。窃属校前奉到钧部廿五年发高壹 26 第九五五二号训令，令知廿五年度私立专科以上学校补助费核定项目及数额，并饬填具设施计划各表，呈请核定在案。属校现已将应填各表造齐，计：

一、关于设置特种教席者。（1）理学院化学工程系教席，下年度为高长庚（本年申请补助时，已呈明在案）。（2）物理系教席张绍忠已于本年度去浙江大学任教，新聘之教席正在由欧洲归国中，今拟请祁开智担任（二十三年度曾任特种教席）。（3）商科研究所经济部农业经济教席，则以正在多方物色，俟延聘后，再为呈请核夺。

二、关于添置设备者。（1）应用化学研究所，有仪器设备及杂志及专刊二项。（2）理学院设备有近代物理、电学，及化学三项。（3）商科研究所经济部有图书一项。

上述一、二两种项目，除商科研究所经济部农业经济教席尚未聘妥、未填计划表外，其余各项目，均经遵照钧部颁发之《私立专科以上学校补助费支给细则》分别填具《设施计划总表》、《设置特种教席计划表》及《添置设备计划详册》各二份，随文呈奉，伏乞鉴察，俯赐核定，实为公便。谨呈
教育部。

天津私立南开大学校长张伯苓
廿五年八月底
（南开大学档案馆藏）

致电教育部

（1936 年 9 月 9 日）

南京教育部钧鉴：微电敬悉。属校大、中、女、小各部皆已上课，精神甚

佳，请释念。私立南开大学校长张伯苓。佳。

二十五年九月九日

（南开大学档案馆藏）

致电宋哲元

（1936 年 9 月 9 日）

北平 冀察政务委员会宋委员长钧鉴：前蒙面允敝校中学部津贴在未决定办法以前仍由省库拨发，昨派人赴保未能领得，特电恳即嘱省府照发，是祷。张伯苓叩。佳。

（南开大学档案馆藏）

附：宋哲元复电张伯苓（1936 年 9 月 11 日）

天津 南开大学张校长伯苓先生台鉴：佳（9 日）电敬悉。贵校中学部津贴已饬省府照发矣，特复。宋哲元。真。印。

（南开大学档案馆藏）

致张自忠

（1936 年 9 月 14 日）

荩忱市长赐鉴：

日前奉到钧座九月十一日手谕，敬已领悉。苓在平谒宋委员长[①]，蒙准将敝中学部每月之省款补助仍暂省照发，现已将七八两月份如数领到，谨此奉闻。关于到期应领之市款，亦乞俯赐，即于日内饬知财政局迅予查案拨下，以济急用。到所感荷。祇颂

勋安！

① 即宋哲元。

张伯苓谨上
廿五年九月十四日
（南开大学档案馆藏）

附：张自忠致张伯苓（1936年9月19日）

伯苓先生赐鉴：

顷奉手翰，敬审一是。贵校应支之款已饬令财局即为拨发，请即派员前往支领以济教需为盼。专此奉复。敬颂

教祺！

张自忠拜启
九月十九日
（南开大学档案馆藏）

致电教育部

（1936年9月15日）

南京教育部鉴：寒电奉悉。各部照常上课，学生被捕并无其事，请饬报更正。张伯苓。删。

（南开大学档案馆藏）

附：教育部致电张伯苓（1936年9月14日）

天津　南开大学张校长鉴：学。密。报载该校学生有廿余人被捕之事，实情如何，盼电复。教育部。寒。

（南开大学档案馆藏）

致严仁颖

（1936 年 9 月 17 日）

上海《大公报》

仁颖先生台鉴：

前函谅邀鉴及。顷奉校长谕：据报载，旧金山工人罢工，胡佛总统〈号〉轮船启碇无期。先生在南所患皮肤恙，久居既不相宜，似此情形，请先生早作归计，勿庸在沪候九先生晤面也。专此。顺颂

旅安！

史学曾

九月十七日

（南开大学档案馆藏）

致电蔡元培

（1936 年 9 月 21 日）

南京行政院转蔡孑民先生鉴：校务羁身，不克出席故宫理事会。张伯苓。

（南开大学档案馆藏）

附：蔡元培致电张伯苓（1936 年 9 月 21 日）

天津　南开大学张理事伯苓鉴：兹定九月二十五日下午三时在行政院开故宫博物院第二届理事会第二次常务会议，务希驾京莅会为荷。蔡元培叩。马。印。

（南开大学档案馆藏）

呈教育部

（1936年9月23日）

呈为呈奉廿五年八月份补助费印收事。窃属校二十五年八月份补助费叁仟叁佰叁拾叁元正，业经如数领收，遵即填具第二联收据、第三联报核一份，随文呈奉，伏乞赐收，实为公便。谨呈
教育部。

天津私立南开大学校长张〇〇
廿五年九月廿三日
（南开大学档案馆藏）

附：教育部令南开大学（1936年9月7日）
教育部训令　　廿五年发私拾玖26第一三三一六号
令私立南开大学：

兹发该校本年八月份补助费银叁千叁佰叁拾叁元，除转汇外，仰于取款后，填具印收呈部。

此令。

部长王世杰
中华民国廿五年九月七日
（南开大学档案馆藏）

致电喻传鉴

（1936年9月25日）

重庆磁器口沙平[坪]坝　南渝中学喻主任：刊稿妥善。顷以时局关系，未便离津前往参与典礼为歉。深望师生努力实现“公能”教育，校友诸君多方协助，表现南开精神殊为欣慰。政府及各界关受逾恒，望代申谢，并恳以后多予

援助为祷。苓。有。

（南开大学档案馆藏）

致张自忠

（1936年9月29日）

天津市政府

荩忱市长赐鉴：

敝校中学部应领之本季补助费五千元，于九月十一日蒙函允饬财局迅拨后，随即派员持据走领。只以局方尚未奉到公事，未得领到，不获已复肃上一械。旋奉十九日谕覆，有已饬财局即为拨发等语。苓捧读之下，非常感激。爰急派员前往接洽，惟财局仍因未奉饬令，未予照拨。用特再肃陈明，恳乞钧座特别关爱，俯赐饬令查案照拨。至所祷盼。祗颂

勋安！

廿五年九月廿九日

（南开大学档案馆藏）

附：张自忠复张伯苓（1936年10月6日）

伯苓先生赐鉴：

顷展翰示，敬悉种切。承示贵校应支之款已催财局拨发，请即派员前往支领为荷。特复，祗颂

教祺！

张自忠拜启

十月六日

（南开大学档案馆藏）

南开中学领1936年度补助费5000元领单

（1936年9月□日）

河北省私立南开中学校为印领事。今领到天津市财政局拨发本年度补助费国币5000元整。

校　长 张伯苓
领款人 周贵生

附1：南开中学致天津市财政局（中字第237号）（1936年9月14日）

案查敝校中学部向曾仰蒙市政府准予每年补助经费1万元，分两季拨发在案。本年份本季应拨之补助费5000元现届请领之期，即乞于日内查案照拨以济应用。实为公便。此致

天津市财政局。

批：筹拨。9月15日。

附2：天津市政府训令（乙字第1791号）（1936年10月3日）

令财政局：

案准南开大学校校长张伯苓二十五年九月二十九日函，以本校中学部本季补助费5000元，请查照迅予饬拨。等因。准此。除函复外，合行令仰该局即便照案核发。

此令。

市长 张自忠

批：核发。10月5日。

批：查案相符。10月22日。

批：发。10月22日。

附 3：天津市财政局发款凭单（1936 年 10 月 22 日）

天津市财政局发款凭单			
中华民国廿四年十月廿二日。 此联由会庶股于发款后填送出纳股注帐。	右款业于十月廿三日照数发讫，兹将领款机构印据送请查照注帐。 局　　长　　盖章 科　　长　　盖章 会计主任　　盖章	实发大洋 5000 元整	南开中学校本年秋季补助费

呈教育部

（1936 年 10 月 7 日）

呈为呈奉印收事。窃属校于十月三日奉到钧部廿五年发私拾玖 26 第一四八一二号训令，内开："兹发该本年九月份补助费银叁仟叁佰叁拾叁元，除转汇外，仰于取款后，填具印收呈部。此令。"等因。奉此，属校业将该款如数照收，遵即填具印收壹份，随文奉呈，伏乞赐收，实为公便。谨呈

教育部。

廿五年十月七日

（南开大学档案馆藏）

附：教育部令南开大学（1936 年 10 月 1 日）

教育部训令　　廿五年发私拾玖 26 第一四八一二号

令私立南开大学：

兹发该校本年九月份补助费银叁仟叁佰叁拾叁元，除转汇外，仰于取款后，填具印收呈部。

此令。

部长王世杰

中华民国廿五年十月一日

（南开大学档案馆藏）

致宋哲元

（1936年10月13日）

敬略者：南开学校附设工厂一处，招收贫寒聪颖子弟，为将来谋生计，习学木、铁及画图各项工作已三年有余，除对学校医院用具及军用铁床等均有相当成绩外，又研究得新式凿井方法，极利农田。查华北一带春间少雨，播种不得，辄成旱荒，近定县试行挖井灌田，颇称有效。不过旧法挖井，工资很多，冬令且不能为。若新法则于农隙时可成，用时以新式水磅抽取即足以供灌溉。工、费俱省，得水实与旧井无殊。现天津本厂有一井，而定县河北棉改进会农场、高阳县高阳南关职业学校亦各凿一井，用备随在比较。倘蒙派员查验适宜，即请俯赐提倡，普及施用，华北农田幸甚。谨略

附像片七张，说明书一份。

附：新法凿井说明书

农田耕耘，以水为命。凿井防旱，农所必须。惟旧法太费，每掘一井，最少亦需七十元，如用水车，又需百元。且掘时常虞伤人，冬季无法下水，皆为施行之碍。兹将新法省费及优点列后。

一、普通土地泉源较浅，用新凿井机每日三人可成三丈深井一口，内放十寸见圆柳木桶，工料约需九元，井凿成后，用新式水磅下安一寸六分铁管四条，每条长二丈五尺，用一马之力挽拉水磅将水吸出，每日约可灌田三、四亩。水磅（上用铁制大盘齿轮运转，龙头四个）每架八十元，一寸六分铁管共需一百尺，每尺三毛六分，共用三十六元，总共约需一百廿五元之谱。

二、若遇泉源较深之地，三丈深井水量不足或水质不佳，用西式捣井方法继续在三丈十寸见圆桶内往深加捣五寸见圆之孔，内放四寸内径柳木桶，每加捣十丈，工料约需卅元，加捣廿丈约需七十元，加捣卅丈约需一百一十元，但水磅上吸水铁管无须加长。

三、凿井机每架二十元，可用十余年。

四、新法无掘砌之劳、伤人之险，且冬季可凿，以省农时。

五、一口井可灌周围之田二十亩，井上按[安]置之水磅可移至另一井口上

照样工作。

六、运费按路途远近计算。

七、用新式水磅，利用河水灌田亦可。

廿五、十、十三

（南开大学档案馆藏）

致傅华亭[①]

（1936年10月14日）

市财政局

华亭局长赐鉴：

敬启者：敝校中学部应领本届之补助费五千元目下急待应用，不得已，恳乞我局长特别关照，无论如何，务予尽先拨下，最所感激。不胜翘企盼祷之至。祗颂

勋安！

张伯苓谨启

廿五年十月十四日

（南开大学档案馆藏）

致电宋哲元

（1936年10月24日）

北平　冀察政务委员会宋委员长勋鉴：顷闻省校九月份教育费均已领到，惟敝中学应领之九月补助费尚未赐发，恳乞俯赐知教厅速拨，并请嗣后每月随

① 傅华亭（1898—1954），原名正舜，山东巨野人。曾任冯玉祥部军需处处长、兵站总监、河南省财政厅厅长、天津市财政局局长、北京市财政局局长、面粉厂总经理。新中国成立后，历任华北行政委员会委员、北京市人民政府委员、中国民主建国会中央委员会常务委员等。

省校同时拨发为祷。张伯苓叩。

（南开大学档案馆藏）

附：宋哲元复电张伯苓（1936年10月26日）

天津　南开学校张校长台鉴：来电敬悉。嘱饬教厅速拨九月份补助费，已转电照办矣。知念特复。哲元。敬。印。

（南开大学档案馆藏）

致蒋介石

（1936年10月25日）

委员长钧鉴：

全国统一，伟业告成，仰佩荩筹，欢祝无似。客冬重庆禁烟会议，苓奉召到渝，嗣以会议改在首都，延期举行，苓遂乘便视察川中教育情况。因念四川为西陲要区，足为国族复兴根据地，而中等教育尤为培植复兴人才之基础，爰拟在渝筹设南渝中学，冀对国家地方有所贡献。荷蒙委座赞许，拨助建筑费五万元，俾策进行，当于本月三月派南开中学主任喻传鉴到渝，在重庆市外沙坪坝购定校址约计四百亩，费洋二万八千余元。四月中兴工，建筑校舍七座，八月底工事告成，计费洋八万余元。又，图书、仪器、家具等计洋二万元，三项合计共费洋约十三万元。八月下旬举行招考，录取新生二百数十人，而投考者近千人，实予苓以莫大兴奋。九月十日正式开学，各部工作业已就绪，以后对于教、训两方面，自当力求功课认真，管理严格，以期养成复兴民族之人才，蔚为国用，庶得上副委座奖掖之至意。

关于南渝设备及校舍，现时因学生仅二百数十人，勉足敷用。惟今年投考学生既如是之众，明年学额势必大增。因是建筑费及经常费亦必急须早行筹措。十一月中旬苓拟首途去渝，希望川省人士热心教育者，对于南渝能予以积极赞助□。兹谨奉呈南渝中学成立纪念册一本，照片五帧，祇祈钧览，肃请

钧安！

张伯苓谨上

二十五年十月廿五日

（南开大学档案馆藏）

致宋哲元

（1936 年 10 月）

谨节略者：窃属校南开中学成立已三十二年，现有学生一千四百余人，经费甚巨，时感拮据。幸赖省库按年补助两万七千元有奇，自前清末年起，以至今日，未尝间断，使敝校得以支撑难局，徐谋发展，实深感地方当局维持敝校之盛意。惟本年五月五日敝校与觉民普育职商等受省款补助七校奉河北省政府令，移归天津市管辖。同月三十日复奉天津市社会局令知，敝校等七校，市府已实行接管，惟补助费则仍由省库拨给，并令知除请领补助费文件，仍行呈请省府外，其余案件，则径呈市府办理，是敝校与觉民等校所受补助款项，理合照案仍向省会请领。

兹查省立各校七月份经费，均已如期发放，敝受省款补助之七校，尚未蒙河北省教育厅通知具领。窃思省款补助为敝校等命脉所关，现秋季开学伊始，需款孔亟，用特节陈经过，吁请钧座令行河北省教育厅查案，将敝校等该项补助经费，仍予照常拨发，以资维持。迫切陈词，不胜待命之至。谨略。敬呈
冀察政务委员会委员长宋。

河北省私立南开中学校校长张伯苓
廿五年十月　日
（南开大学档案馆藏）

致电严伯符、宋挚民

（1936 年 11 月 4 日）

汉口　民生公司转民元轮严伯符、宋挚民弟：灰（10 日）前在沪新亚，候晤。伯苓。

（南开大学档案馆藏）

呈教育部

（1936年11月7日）

呈为呈奉印收事。窃属校前奉到钧部廿五年发拾玖 26 第一六三二三号训令，内开："兹发该校本年十月份补助费国币叁仟叁佰叁拾叁元，除转汇外，仰于取款后，填具印收呈部。此令。"等因。奉此，现此项补助费，业经中央银行汇到，并已如数照领，遵即填呈印收一份，伏乞钧核，实为公便。谨呈
教育部。

天津私立南开大学校长张〇〇
廿五年十一月七日
（南开大学档案馆藏）

附：教育部令南开大学（9136年10月27日）

教育部训令　　廿五年发私拾玖 26 第一六三二三号

令私立南开大学：

兹发该校本年十月份补助费国币叁仟叁佰叁拾叁元，除转汇外，仰于取款后，填具印收呈部。

此令。

部长王世杰
中华民国廿五年十月二十七日
（南开大学档案馆藏）

呈教育部

（1936年11月23日）

呈报二十五年度补助费近代物理仪器、书籍、零件及应用化学研究所仪器、图书表之工厂刊物设施计划详表，俯赐鉴核由。

呈为呈报事。窃属校前奉到钧部廿五年发私拾玖26第一五五二九号指令，内开：“呈件均悉。近代物理仪器书籍表内所列书籍、零件一千元，暨应用化学研究所仪器、图书表内所列工厂刊物五百元，均应分别造具详表呈核。余准如拟办理。农业经济教席，迄未据报，仰即一并造表送核。此令。”等因。奉此，遵即将近代物理仪器、书籍表所列书籍、零件，暨应用化学研究所仪器、图书表内所列工厂刊物，分别造具详表，呈奉钧部核夺，俾资遵循，至农业经济教席，现已多方物色，正在接洽聘请中，一俟聘定，即行呈报，以符政令。谨呈教育部。

廿五、十一月、三日

（南开大学档案馆藏）

附：教育部令南开大学（1936年10月14日）

教育部指令　　廿五年发私拾玖26第一五五二九号

令私立南开大学：

呈二件——呈拟二十五年度补助费设施计划书，请俯赐鉴核由。

呈件均悉。近代物理仪器书籍表内所列书籍、零件一千元，暨应用化学研究所仪器、图书表内所列工厂刊物五百元，均应分别造具详表呈核。余准如拟办理。农业经济教席，迄未据报，仰即一并造表送核。

此令。

部长王世杰

中华民国廿五年十月十四日

（南开大学档案馆藏）

呈教育部

（1936年12月上旬）

案奉钧部廿五年发私拾伍26第一八五三三号训令，内开：“兹发该校本年十一月份补助费国币叁仟叁佰叁拾叁元，除转汇外，仰于取款后，填具印收呈部。此令。”等因。奉此，兹查此款已于十二月一日由中央银行汇到，业经属校如数领讫，遵即填具第二联收据、第三联报核，备文一并呈送钧部，伏乞鉴核

赐收，实为公便。谨呈

教育部。

（南开大学档案馆藏）

附：教育部令南开大学（1936 年 12 月 2 日）

教育部训令　　廿五年发私拾伍 26 第一八五三三号

令私立南开大学：

兹发该校本年十一月份补助费国币叁千叁佰叁拾叁元，除转汇外，仰于取款后，填具印收呈部。

此令。

部长王世杰

中华民国廿五年十二月二日

（南开大学档案馆藏）

致电华午晴[①]

（1936 年 12 月 16 日）

天津　南开中学华午晴君：恐通转不灵，汇回十万，还透支川省五万，财厅允拨，致张电已发。皓（19 日）飞京。苓。

（南开大学档案馆藏）

致电华午晴

（1936 年 12 月 17 日）

天津　南开中学华午晴君：陆续向中国行收十万，改篠（17 日）飞京。苓。

（南开大学档案馆藏）

① 华午晴（1879—1939），号光霁，天津人。1908 年南开中学毕业后被聘为学校会计，后又参与南开大学、南开中学、南开女中及重庆南开中学庶务、财务、建筑等总务后勤工作，是张伯苓得力助手。1939 年逝世于重庆。

附：华午晴致电张伯苓（1936 年 12 月 18 日）

南京　金城银行王震孟兄转伯师鉴：已到京否？抱安，中行收三万。华。哿。

（南开大学档案馆藏）

致电蒋介石

（1936 年 12 月 26 日）

南京　蒋委员长钧鉴：我公平安抵京，举国腾欢，同伸庆祷，特此慰问。张伯苓。宥。

（南开大学档案馆藏）

附：蒋介石复电张伯苓（1936 年 12 月 29 日）

天津　南开大学张校长百[伯]苓鉴，陕变发生后，贵校师生备极关念，甚为感慰，特谢！中正。艳。

（南开大学档案馆藏）

致郭家麟①

（1936 年 12 月 31 日）

太原新民南正街一号

少澄贤弟大鉴：

顷由伯冕弟转来函一件，得悉明年一月廿二日吾弟在天津举行婚礼，关于证婚一节，届时苓如无特别外出事，可以担任。此复，顺颂

年祉！

① 郭家麟（1910—1987），字少澄，山西忻州人。1929 年南开中学毕业，1933 年南开大学毕业。先后在上海商学院、济南大学、之江大学、上海财经学院任教授。

张伯苓拜启
廿五、十二、卅一

致电 J. B. 格兰特博士

（1937 年 1 月 1 日）

Dr. J. B. Grant
Rockfound Shanghai
Congratulations your sevice in china well deserves official recognition.
Chang Poling

（南开大学档案馆藏）

致吴瑞波

（1937 年 1 月 1 日）

河东小关振德里廿号

瑞波先生大鉴：

迭承枉顾，均未获躬迓为歉。读廿九日来函，关于尊况目下困难情形已经明了，极愿代为设法，以尽绵薄，所惜学校中一时既无可位置机缘，而本身亦徒抱爱莫能助之感，有辜嘱托，惭愧万分，尚希高明格外见谅是幸。复颂
台安！

张伯苓拜启
廿六、一、一

致南渝各董事

（1937年1月5日）

先生台鉴：

此次在渝奉晤，饫聆清诲，至为快慰！南渝董事会成立及募捐事项，一切多承鼎力帮忙，诸端顺利，尤深感纫。

西安事变突发，接京友电邀，匆促离渝晋京，不克走辞为歉。在都小住一周，又以津校诸务待理，遂于廿五日首途归津，途中得悉蒋委员长平安返京，陕事遂得顺利解决。际此新春肇始，国运丕转，凡百事业均随国运日益昌隆。南渝始基初创，诸待发展，尤宜乘时扩充，以副社会期许。归津后，即与同人昕夕筹议，今年暑假后男生班次增多，并须添招女生，现在讲室、宿舍，及其他设备自感不敷。现拟添建校舍，各项建筑及预算，拟议如次：

1. 男生宿舍需款约二万二千元。

2. 女生楼房约三万元（此数仅敷下□年之用，如能多筹足敷三年级招足五百人时之用更佳）。

3. 科学馆约三万五千元。

4. 图书馆约三万五千元。

5. 教员住宅七所约一万五千元。

6. 运动场约三万元。

7. 大礼堂约五万元。

以上建筑七项，共需款二十一万七千元。各建筑图正在赶绘中，工程人员业已到川，希望三月中开工。惟各项建筑，除大礼堂或可捎[稍]缓外，其余均须于暑假中竣工。关于建筑所需款项，待用甚亟，用特奉恳鼎力积极筹募，俾利进行，不胜企盼！专此，顺请

台安！

张伯苓敬启

廿六、一、五

（南开大学档案馆藏）

致何廉

（1937年1月6日）

南京行政院

淬廉贤弟大鉴：

年前过京，蒙招待，感谢之至。上星期接读来函，得悉介公[①]出险后一切情形，甚为欣慰。关于罗某[②]事曾与镜轩[③]弟详商，据伊意以为罗现在既已就平《晨报》职，对于我校功课，亦只得徐徐再作理会。好在至迟亦不过下学期，未知有合尊意否，详情显廷[④]赴京当面谈也。专此布达。顺颂

年绥！

张伯苓拜启

廿六、一、六

致胡仲实

（1937年1月6日）

重庆华西公司

仲实贤弟大鉴：

---

① 指蒋介石。

② 罗隆基（1896—1965），江西省安福县人。清华大学毕业。曾任光华、暨南、南开、西南联大等大学教授，《新月》主编，时任北京《晨报》社社长。

③ 张纯明（1902—1984），字镜轩，河南洛宁人，美国耶鲁大学博士。回国后曾任南开大学政治系教授兼文学院院长，后转广州岭南大学任教。抗战初期曾任国民党行政院简任秘书，1941—1944年任河南省政府委员，1948年选为立法院立法委员，1949年后去台湾。

④ 方显廷（1903—1985），浙江鄞县人。美国耶鲁大学经济学博士。1929年1月受聘于南开大学，任社会经济研究委员会（1931年后改为经济研究所）的研究主任兼文学院经济系经济史教授，1936年继何廉任南开大学经济研究所代理所长。1946年，赴上海中国经济研究所任执行所长。1947年底，受聘参加联合国亚洲及远东经济委员会工作，任经济调查研究室主任。1968年退休后应新加坡南洋大学之请，重返教学第一线。1971年退休，为该校首席荣誉教授。

年前回津，年假中休息数日，现时与大、中各部[1]职员筹商南开新的发展，业经筹有端倪。二月底拟去京向政府当局请求补助，对于南渝募款等事，函请大家积极筹集建筑费，三月中开工，望我弟主持一切。蒋委员长脱险后，觉国家前途发展有把握，天助中国，国人自当努力前进。苓办教育卅余年，目的是教育救国，现国家有转机，自增加无限兴奋，益不知老之将至。四川前途发展，如政局稳定，进步定速，华西公司前途无量，望弟等努力为之。宋挚民偕工人去川，想已到达矣。新华公司即将开始□□，请弟等诱掖，俾能努力服务社会。日前汇去二千元，请按比期存储，抬头用贞记，尚有余款陆续汇去，到时亦请费神代为存储。是所至托。顺颂
年绥！

张伯苓拜启
廿六、一、六

致姜朴亭[2]

（1937年1月7日）

北平西城机械街廿一号

朴亭贤弟大鉴：

久未晤叙，接来函，知改岁以来凡百佳胜为慰。函中所言事不无可取。苓二月底去南京，与前途相晤，当面谈。此复，顺颂
年绥！

张伯苓拜启
一、七

① 指南开大学和南开中学。

② 姜萃俭（1903—？），字朴亭，山东单县人。1924年南开中学毕业。1928年任河北省永清县县长。

致卞白眉

（1937 年 1 月 8 日）

白眉先生大鉴：

敬启者：我校高中部毕业生马君家祺去夏投考贵行，被录后未及匝月，奉调太原办事处练习。讵抵该处十余日，接家电母病危，因而假归，嗣以母病牵缠，而久假又有违行章，暂行请退。现伊因谋生不易，仍愿归行，听从录用，浼苓代为说项。苓查该生前为感于孝思，未忍恝然于母病，确实情非得已。兹既据请求前来，用特代为陈恳，倘蒙关照，俯赐原情，允其仍回行待命，出自栽培逾格。专此。不胜祷盼。祇颂

勋安！

张伯苓 敬启

附：卞白眉复张伯苓（1937 年 1 月 11 日）

伯苓先生大鉴：

奉读手书，祇悉一是。查马家祺君投考敝行时曾询其能否离津远游，据称可出远门，敝行□行录取，讵派往太原。后忽因母病返津，到津后敝行又经询其一俟母病就痊，是否仍可赴晋。马君说即使母病就愈，亦不愿遽行离津等语。旋即来函辞职。查敝行征用员生，向以随时可以派出为原则，马君投考时既称愿意出门，乃入行以后又不欲离津。如竟允其照办，恐此例一开，以后敝行调动人员将感困难，且马君辞职业经敝处转报总行，现在复令入行，亦难自圆其说。用特奉复，即祈转达，鉴谅为荷。此颂

多绥！

弟 卞〇〇 拜启

致王瓒臣[①]

（1937 年 1 月 9 日）

津浦路天津医院

瓒臣贤弟大鉴：

来函读悉。代法女学士李太太介绍之事，现无相当位置，俟后遇有机缘，再为借重。所有暂时不能如命之处，希原谅是幸。顺颂

时祉！

张伯苓拜启

廿六、一、九

致傅作义

（1937 年 1 月 11 日）

宜生先生大鉴：

敬启者：苓于去年十一月初间入川，为南渝中学筹画募款扩充事。闻百灵庙攻下，非常高兴，并见苓素日崇拜先生，到临事真能显出特殊盛绩，实在痛快！

陕变消息到川，乍闻极为难过。庸之部长电约至京，商讨营救委座事。十八日飞京后，见局面好转，廿五日，蒋先生果然脱险，全国腾欢，苓爰转忧为喜。盖国家年来，遇事每逢凶化吉，历验不爽，民族前途，实在有绝大希望。

先生为民族英雄，保土而外，阅报又知有掘井计画，为民救灾兴利，真不愧仁者措施。果尔，则敝校有工程师葛君泮珍，人极诚实，对机械事讲求甚有心得，现研究得北边掘井方法，说明另纸附上。宋明轩主席已令葛在南苑掘成十井作样子，最好请派员到彼一观也。祇颂

① 王祖德（1890—？），字瓒臣，浙江秀水人。1916 年南开中学毕业，入海军医学校肄业。后从医。

捷安。并贺
年祺！

附说明书一纸。

张伯苓拜启
（南开大学档案馆藏）

致程砚秋

（1937年1月12日）

北平什锦花园六号

玉霜先生大鉴：

年前十月在故都晤谈，甚快。十一月苓赴川筹划南渝中学扩充班次及添建校舍事，进行颇顺利。□□□□，陕变发生，京友人电约返南京。即于十八日飞京，到后，见局面好转，廿五日蒋先生果然出险，国事年来每每逢凶化吉，民族前途实在有绝大希望。昨接来函，知拟到欧为国家宣传文化，甚善！甚善！委代介绍舍弟彭春，业将专书交阅。舍弟极愿与玉霜晤谈，月底廿七、八、九等日到平讲演，届时请偕周支山先生同往一会可也。覆颂
时绥！

张伯苓拜启
一月十二日

致尤扬祖[1]

（1937年1月12日）

万鸦佬中华小学

扬祖先生大鉴：

接读来函，如亲光霁。敝校前所举办之募捐运动，现已截止，成绩甚好。起初目的在募三万六千，结果合七万三千，约增多一倍，受益实非浅鲜。倾由令友华北实业公司经理黄大良先生转来尊捐之奖学金国币百元，已如数收到。除将收据仍交黄先生代达外，专此肃覆鸣谢，希惟爱照是幸。祇颂
台祺！

张伯苓拜启
一、十二

呈王世杰

（1937年1月13日）

窃苓在四川重庆设立南渝中学，荷蒙钧部于本年补助经常费两万元，其中一万元，业承拨发具领在案。现南渝中学董事会业经遵章于廿五年十二月组织成立，并经呈请四川省教育厅立案。俟邀批准后，即行继续办理学校立案手续，届时当再呈报钧部察核。

惟查南渝中学于去秋招生，报考学生竟达千人，祇以开办伊始，经费所限，设备未周，未能多招学生，仅设高一两班、初二一班、初一三班，共六班，学

① 尤扬祖（1892—1982），福建永春县人。1915年赴印尼谋生，1923年起，在万鸦佬经营土产，1924年出资创办万鸦佬中华学校。1941年太平洋战争爆发后，任印尼万鸦佬筹赈会主席，支援中国国内抗战。1952年，在家乡创办延清小学，1953年回国定居，创办猛虎华侨垦殖场。曾当选全国人大第二、三、五届代表，历任福建省副省长、省政协副主席、全国侨联副主席等职。

生合共二百数十人。上年十一月，苓去川视察，川中人士群请设法扩充班次，又以重庆无女子中学，并要求添招女生。为徇川中人士之请，及应实际需要起见，爰拟本年暑假后，除现有学生俱各升级外，添招男生五班，女生六班，男女两部合计约共十七班，人数当达六百余人。关于南渝现有校舍及设备等用费，已达十五万余元。本年添建校舍及增加设备，所需当在十五万元以上。幸川人士热心赞助，该项建筑费，已有着落。建筑工事现正设计绘图，三月初即行开工，俾能于暑假中完成。惟学生班数既经加多，经常费一层势须增加，方克进行。关于女生经常费，已承川教育厅允予补助，惟男生经常费不敷亦甚，用特拟恳钧部，按照上年十一月十四日所请第二年补助费四万三千二百元如数拨助，以便按照计划从事扩充而应需要。可否之处，敬候钧裁。谨呈

教育部部长王。

二十六年一月十三日

（南开大学档案馆藏）

致王世杰

（1937 年 1 月 14 日）

雪艇部长赐鉴：

在京晤教甚快。新岁肇始，惟政猷日新为祝。苓为重庆南渝中学事，曾于本年一月十三日具呈，将该校自开学招生至成立后情形，并徇川人士之请，暑后添招男、女班次，增加设备及募款添建校舍等计划，均已约为陈报。需款方面，除建筑费由川人士赞助，已有着落，女生经常费，承以教育厅允为补助外，其男生班数既已加多，经常费不敷自必甚巨。特恳请钧部自下学年始，按照上年一月十四日所请第二年补助费四万三千二百元，如数拨助。事关扩充需要，实非得已，务乞格外援手，即予俯准如请施行，至所感盼。祗颂

勋安！

张伯苓谨上

廿六年一月十四日

（南开大学档案馆藏）

致陆礼华

（1937年1月14日）

上海江宁翔殷路两江女子体育师范[1]

礼华先生大鉴：

接诵来函，祗悉壹是。关于聘请各省主席各市市长及各教厅、教局长等担任名誉董事，俾校务得益进展，具见计划周至。不过苓以为此项办法必须有人先容方可，若冒然投函，似觉唐突，亦难生效。苓与各方面多不相识，只得据情陈明，请先生再加以斟酌。此覆。敬颂

时绥！

张伯苓拜启

一月十四日

致电宋美龄

（1937年1月16日）

南京　行政院何淬廉处长转蒋夫人[2]：日本妇女协会委托北平崇真女校教务长清水郁子代表该会去京晋谒，表示敬意，如承接见，请赐知时间与地点为祷。张伯苓。

（南开大学档案馆藏）

① 即两江女子体育师范学校。

② 即宋美龄。

致杨森[①]

（1937年1月17日）

子惠将军麾下：

久仰云旌，殊殷景慕，只以关山修阻，瞻见无由，为怅。比年以来，随全国体育协会诸君子后，从事体育促进工作，而台旆以国民体魄于强国保种，所关甚巨，对于体育尤提倡不遗余力，喜得同志，殊深欣慰！乃者在重庆沙坪坝设立南渝中学，期藉教育事业为川中人士有所尽力，幸得各方赞助，于去春购定校址，五月间开始建筑校舍，九月初依预定计划开学。当时新生报考者，竟达千人，惜始基初创，校舍无多，仅得收录二百二十余人。比来川中人士，群请增筑校舍，增加学额。关于扩充费用，各方均允力为赞助。当经设计，本年暑假后添招男女学生十一班，与旧生合计，共为十七班，学生总数当达六百余人。学生既多，校舍固须亟行添筑，而辟建大运动场，尤为急需。现添建校舍经费，业已筹有端倪，惟辟建大运动场款项，尚无着落。

夙仰麾下为体育界先进，对于教育事业夙具热心，用特恳请捐助修建大运动场经费，一切烦胡仲实弟代为转陈。倘蒙慨允，不胜感祷！临风布臆，诸维荃照不尽，顺请

大安！

二十六年一月十七日

（南开大学档案馆藏）

① 杨森（1884—1977），号子惠。四川广安人。1922年，任中央军第十六师师长、四川省省长等职。1926年任国民革命军第二十军军长兼川鄂边防司令等职。1937年任第六军团军团长，率部参加淞沪抗战。

致刘德晔

（1937年1月18日）

北平西山同仁疗养院

德晔贤弟大鉴：

接来函，承示在西山养疴极见功效，不久便当出院，甚为欣慰。国家正在需人，尚望愈后多多为国努力，是所至盼。覆颂

痊祺！

张伯苓拜启

廿六、一、一八

致曹京实

（1937年1月19日）

由胡隽吟[1]转

京实贤弟大鉴：

去年十一月初间苓赴川筹划南渝中学扩充事，勾留很久，十二月十三日得陕变消息，非常忧愤，当函张汉卿劝其反省。旋接孔部长[2]电，约至京商救委座办法。十八日飞京，到达后见局面好转，廿五日委座果然出险，全国欢腾。回津展吾弟手书，知在山养疴时尚关心国事，如此，诚所谓爱国之至者。但劳神恐非所宜，仍以多加静摄为是。此复。顺颂

年绥！

张伯苓拜启

廿六、一、十九

---

① 胡隽吟，安徽寿县人。1933年南开大学文科毕业。1945年与德国汉学家傅吾康结婚，译述颇丰。

② 即孔祥熙。

致日本菊池门也

（1937 年 1 月 19 日）

日本千叶县市川市，二，三七三

菊池先生惠鉴：

别后驰神无似，兹逢改岁，辱承贺柬遥颁，深感不遗在远。先生新年纳祜，轻裘缓带，逸兴遄飞，定多佳句。海天翘企，艳羡奚如，谨此恭候麾安。并颂年禧。不备。

张伯苓拜启

廿六、一、一九

致秉志[①]

（1937 年 1 月 19 日）

南京成贤街文德里中国科学社生物研究所

农山先生大鉴：

敬启者：上年十一月初间苓赴川筹划南渝中学扩充事，先闻百灵庙胜利，甚喜，嗣于十二月十三日得陕变消息，非常忧愤，当函张汉卿，劝其反省，旋接孔部长电约，至南京商救委座办法。十八日飞京，到达后见局面好转，廿五日委座果然出险，全国欢腾，苓彼时不知台端有来函事，故未就近造访，回津始展手书，深恨裁答稽迟，尚希原谅是幸！覆颂

台安！

张伯苓拜启

廿六、一、十九

① 秉志（1886—1965），原名翟秉志，曾用名秉农山、翟际潜。满族。中国动物学家。

致汪澈[①]

（1937年1月19日）

Che Wang
422, International House
500, Riverside Drive
New York City
U. S. A.

静波贤弟大鉴：

接读来函，知吾弟身虽在美，而时时关心国事，可谓爱国之至。在纽约同学组全美同学会，甚好。孟治弟现已来津，拟在南大小住数日，藉可畅谈。吾弟今年暑假亦返国，握晤有期，深喜相叙不远也。此复。顺颂

学祉！

张伯苓拜启
廿六、一、十九

呈教育部

（1937年1月19日）

呈为呈奉印收事。窃属校二十五年十二月份补助费国币参仟参佰参拾参元整，已由中央银行汇到，业经如数照收，遵即填具第二联收据，第三联报核各一份，并加盖钤记图章，随文呈奉钧部，伏乞赐收，实为公便。谨呈

教育部。

廿六年一月十九日
（南开大学档案馆藏）

① 汪澈（1910—？），字静波，辽宁沈阳人。1935年南开大学毕业。

附：教育部令南开大学（1936年12月30日）

教育部训令　　廿五年发私拾玖26第二〇三七九号

令私立南开大学：

兹发该校本年十二月份补助费国币参仟参佰参拾参元，除转汇外，仰于取款后，填具印收呈部。

此令。

部长王世杰

中华民国廿五年十二月三十日

（南开大学档案馆藏）

致孙家莹[①]

（1937年1月20日）

J. Y. Sun
71, Henry Ave. East
Delmont, Michigan
U. S. A.

家莹女士大鉴：

来函读悉。舍弟彭春上年已曾由美归来，归未久又赴我国南方讲演，年后亦已言旋，刻尚在津。美国对儿童教育注意，处处设婴儿研究所，深可羡慕。女士既在出名专门婴儿学校研究，多有所获，将来回国贡献，是极有价值的。关于该种出版书籍，极愿得一些阅览，所惜事忙，二月间尚须赴川张罗南渝中学进行各项扩充事宜，归来尚不免需时日耳。覆颂

学祉！

张伯苓拜启

廿六、一、廿

① 孙家莹，天津人。1932年南开大学毕业。

致易和甫

（1937年1月20日）

江北县立女子小学校

和甫先生大鉴：

来函奉悉。台端文学既有多年根柢，今将更求深造，可谓好学不厌，钦佩之至。惟敝南开大学自开办以来，文学院中向无中文专系，且凡来学，无论有何资格，均必须先受试验，不考而转学者，亦为章程所无。此覆，希惟亮察是幸。顺颂

教安！

张伯苓拜启

廿六、一、廿

致王怀琪

（1937年1月20日）

怀祺[①]先生大鉴：

接诵手书，得悉台驾海外归来，嫂夫人已先期仙逝，真称痛事，惟望勉抑哀忱，以培才救国为前提。兹附上题诗二首，藉当唁慰而致追悼。并祝

达观。不尽一一。

附题诗一纸。

张伯苓拜启

廿六、一、廿

① 王怀琪（1892—1963），字思梅，江苏吴县人，1910年毕业于中国体操学校，后历任上海商团公立尚武小学、中国体操学校等校的体育教师，体育部主任。1958年受聘于上海教育学院，任体育教研室主任。

致张崇恩

（1937 年 1 月 20 日）

河北三马路永丰里四号

崇恩[1]先生大鉴：

手书奉悉。承赠《华英双解法政辞典》一部，感惠之至。谨领，谢谢。售书传单四份已分别粘贴，介绍学生周知矣。女政学院讼事蒙关照帮忙，同此铭谢不尽。祇颂

台安！

张伯苓拜启

廿六、一、廿

致张志坚

（1937 年 1 月 20 日）

南京国立中央大学

子白[2]贤弟大鉴：

来函读悉。关于所入机械研究班，既经过四个学期研究与实习，则奉派何方服务，为期当不在远，将来建功立业，希望甚大，堪为贺贺。苓从事教育救国，为国培才，不敢少懈。四川辽远，而上年南渝中学既已成立，今年三月间尚须前往张罗，进行各项扩充事宜。席暖不暇，无非是有一分力量即为国事努一分力量，区区此志，愿与吾弟共勉之。覆颂

时祉！

张伯苓拜启

廿六、一、廿

---

① 张崇恩，1916 年北洋大学法科毕业，1936 年编纂《华英双解法政辞典》一书，由天津百城书局出版。

② 张志坚（1910—？），字子白，1935 年南开大学理科毕业。

致凌勉之

（1937年1月21日）

勉之贤弟大鉴：

启者：现有女生马翠官，本年寒假在河北省立第一女师学院附中部毕业，该生为已故马君千里令爱，系苓之甥女。千里身后萧条，子女学成，急须作事，今翠官拟在市立小校中谋一教员席面，幸乞吾弟关照，即相宜予以位置。至所感盼。此恳。顺颂

勋绥！

附履历片一件。

张伯苓拜启

廿六、一、廿一

致张序伦

（1937年1月22日）

朝鲜，中华民国驻京城总领事馆

序伦先生大鉴：

来函诵悉。敝校为贫寒子弟确有奖学金之设，不过名额已满，现时恐难补入。尊处学生□□愿入何年级，如果自度功课尚有把握，如来报考，尚可取录，可请于下年来校报考后，倘成绩优良，愿为设法补一免费名额，用副先生之雅望也。

兹附本季招生简章一份，藉作参考。覆颂

台安！

张伯苓拜启

廿六、一、廿二

致郑宝照

（1937年1月26日）

上海小河渡路五三四号粮食运销局

宝照贤弟大鉴：

来函读悉。现在寒假，南大经济研究所主任方先生[①]因事赴京，关于吾弟所询无人可以代答。一时报命不得，尚希吾弟有以谅之。覆颂

时祉！

张伯苓拜启

廿六年一月廿六日

致高梓

（1937年1月27日）

南京教育部郝更生转

仰桥先生大鉴：

来函读悉。嘱在南渝中学位置沈不孚先生一节，极应遵照。不过年假后该校原有各席均不更动，容俟暑假时，如有可以借重机缘，再为函约可也。覆颂

时绥！

张伯苓拜启

廿六年一月廿七日

---

① 即方显廷。

致电报、电话冬赈联合游艺会

（1937年1月27日）

电报局内

径复者：来函奉悉。贵会为冬赈演剧，热心义举，甚佩甚佩。所惜二月一日苓适有事不暇分身往观，特捐洋贰元附上，并缴还参观券六纸，到请一并查收，并赐收条为盼。此致

电报、电话冬赈联合游艺会。

附洋贰元，参观券六张。

张伯苓启

廿六年一月廿七日

致傅作义

（1937年1月29日）

绥远省政府

宜生先生勋鉴：

接奉赐函，得悉仰承先志，增设乡校，现已落成，恨不克趋往致贺。兹谨以生涩笔墨，撰挥数行附上，藉申景仰而表微忱。惟文字均拙，并小有错误，惭愧惭愧。到希哂入为荷。祇颂

钧安！

附挥就文字一纸。

张伯苓拜启

26年1月29日

致青年会责任会员诸君

（1937 年 1 月 30 日）

青年会责任会员诸君均鉴：

敬启者：苓滥竽青年会董事已经有年，会中开会自应依照法定人数，而事忙如苓南北奔驰，行踪无定，每每不能到会，惭愧万分。现日又届选举之期，凡我知交幸赐体谅，尽将能到会者推举，后如有需苓之处，自当竭力赞助之。此托。祇颂

公绥！

张伯苓拜启

26 年 1 月 30 日

致林祖培①

（1937 年 1 月 30 日）

谪君贤弟大鉴：

来函读悉。嘱代谋之事，业为致函徐叔谟先生作谆切之恳托矣。尤扬祖先生捐款百元早经收到，知注附及，并希代为致谢为荷。顺颂

时祉！

张伯苓拜启

26 年 1 月 30 日

① 林祖培（1903—1961），福建永春人，字有衿，号谪君，笔名西河氏，印尼华侨领袖之一。1921 年考入天津南开大学生物系。1926 年毕业后，南渡马来西亚，历任安顺州督学，麻坡华侨中学校长等职。1929 年春自南洋返乡就职永春县长。后举家迁居印尼。历任华校校长。抗战胜利后弃教从商。1957 年捐资建永春三中校舍。所遗诗文收入《林祖培先生纪念集》。

致徐谟

（1937年1月30日）

南京外交部

叔谟先生大鉴：

敬启者：顷接我校大学第四次毕业学生林君祖培来函，详述其出校后历年经过情形。该生英语、英文甚好，居南洋既久，于该地风土人情均极习熟，现充荷属万鸦佬中华学校校长。以本年六月即届瓜代期，为求增学识起见，拟不再执教鞭，浼苓代恳先生设法荐充南洋领馆之随员或主事等职，以资练习而求进步。幸春风始终有以嘘植之。附该生来函及履历，希便赐察阅为荷。顺颂

勋安！

张伯苓拜启

26年1月30日

致张序伦

（1937年1月31日）

中华民国驻〈朝鲜〉京城总领事馆

序伦先生大鉴：

接一月廿六日惠函，得悉令郎学龄现年已满廿岁，查敝校招生章程凡入初中第一学年者，皆以十三四岁为限，今令郎年岁太大，实在无法收入。事关格于定章，尚希高明格外谅之。此复。祗颂

台祺！

张伯苓拜启

26年1月31日

致周伯英

（1937年1月下旬）[1]

青岛金城银行

伯英先生大鉴：

来函奉悉。二月七日令郎与黄燕生[2]女士结婚，极愿前往观礼。关于证婚一席，苓届时如无必要事外出，当可担任，不致有误也。此复。祇颂

台安！

张伯苓拜启

致汪澈

（1937年2月2日）

422, International House
500, Riverside Drive
New York City

静波贤弟大鉴：

来函读悉。嘱代请救济之事，业致函救济处李纶三校友，作恳挚说项，请其多多关照矣。此复。顺颂

学祺！

张伯苓拜启
二月二日

① 此函未标明具体日期，时间当在上函1月22日与下函1月26日之间。

② 黄燕生，湖北沔阳人，1935年南开大学文科毕业。

致李锡恩

（1937年2月2日）

北平教育部东北青年教育救济处

纶三贤弟大鉴：

启者：现有我校毕业东北籍学生汪澈，留学美国已经数年，去岁在美见《大公报》载贵救济处通告后，于去岁十二月卅日曾先以电致贵处达申请之意，随即将纽约大学银行教授之推荐书、成绩单，及申请书等径由美寄呈贵处察核在案。查该生家非素封，对其出洋学费皆由亲友贷给，时虞接济不到，或致业废半途，实有仰赖救济之必要。苓知之甚深，用特代为函恳。中国正在需才，如此等有志青年，幸予关照，如请核准，为玉成之，是为至托。顺颂

时安！

张伯苓拜启

二月二日

致孙瑜①

（1937年2月3日）

上海徐家汇三角街三号联华影业公司

理伯贤弟大鉴：

① 孙瑜（1900—1990），字理伯，祖籍四川自贡，生于重庆。1914—1919年就读于天津南开中学，后考入清华大学文学系，毕业后去美国留学，先后在威斯康星大学、哥伦比亚大学和纽约摄影学院学习文学戏剧、电影编导、电影摄影等。1927年学成回国后，执导了《故都春梦》《野草闲花》《野玫瑰》和《共赴国难》等。抗日战争爆发后，孙瑜转移到重庆，担任中国电影制片厂编导委员，编导了影片《长空万里》和《火的洗礼》。1945年，去美国考察。1948年回国，加入昆仑影业公司。翌年，筹备拍摄《武训传》，于新中国成立后完成，1951年上映。1952年后历任上海联合电影制片厂、上海电影制片厂编导。他是上海市政协第一至五届委员，是中国文联第三、四届委员，第一至四次全国文代会代表，中国影协第一届委员，第二、三届常务理事，影协上海分会副主席。

年前在沪晤聚甚快。在贵公司拍照影片，便希代洗一份寄下。费神容谢。此托。顺颂
时祉！

张伯苓拜启
二月三日

致凌勉之

（1937年2月4日）

市教育局

勉之贤弟大鉴：

启者：现有我中学部第二次毕业老校友郃君兰波[①]，字燕臣，自在我校毕业后，即归教育界服务，历充小学、中学、女师等校教员，武清县署教育股员，劝学所长兼视学，京北区教育会代表，东省特别区小学校长，民众学校校长等职，为人办学老成，富有经验。本市正在发展民众教育，果令得一相当位置，必能胜任愉快。苓知之甚深，特代介绍，幸吾弟即予以委用为盼。顺颂
时安！

附履历单。

张伯苓拜启
二月四日

致张承谟

（1937年2月5日）

保定河北省政府
河北区刊社

① 郃兰波，字燕臣，天津武清人。1911年天津南开中学毕业。

承谟贤弟大鉴：

来函读悉。令姪下期学费因弟所入不多，筹措为难，自是实情。惟查令姪成绩本学期曾受两次警告，无法补入免费学额。近来学校因经济关系，又设有各种奖金及免费学额，贷费办法亦已取消。倘本学期令姪能多多努力，成绩特佳，暑后当酌予帮忙也。此复。顺颂

时绥！

张伯苓启

二月五日

与何廉致塞尔斯卡·M. 冈恩博士[①]

（1937年2月9日）

February 9th, 1937

Dr. Selskar M. Gunn
Rockefeller Foundation
Hamilton House
170 Kiangse Road
Shanghai

Dear Mr. Gunn:

In reference to our letter dated the 15th and 20th of January, in which we submitted to you the Institute's application to the Foundation for a seven-year grant of $60,000 per year for the period July 1, 1937 to June 30, 1944, together with a statement of means by which the University plans to raise another $60,000 for the Institute in order to match the Foundation's grant of $60,000, we wish to take the present opportunity of giving you further details in support of the said application.

We wish to state at the outset that the new appropriation of $40,000 per year from the general budget of the University to the Institute for the seven-year period

① 塞尔斯卡·M. 冈恩（Dr. Selskar M. Gunn，1883—1944），美国洛克菲勒基金会国际健康部具有影响力的成员。

beginning July 1 of 1937, as referred to in our letter dated the 20th of January, is an addition to the sum which the University will spend towards the support of the Institute during the present academic year 1936-37. The latter sum, on the basis of what the Institute has already expended during the last seven months of the present academic year (July 1, 1936 to January 31, 1937), will amount approximately to $20,000 in the University's ordinary budget according to the following distribution of the sources of income of the Institute during the present academic year.

Grant from the Rockefeller Foundation			$94,435
Local funds			$57434
University appropriation		$33,334	
From ordinary budget	$20,000		
From Extraordinary bedget	$13,334		
Contribution from banks		$10,000	
Grant from Ministry of Education		$ 8,000	
Endowment Proceeds		$ 2,400	
Sale of publications		$ 2,500	
Royalty for publications from Ta Kung Pao		$ 1,2000	
Grand total			$151,869

In view of what has been said above, we wish to assure you that the appropriation from the ordinary budget of the University for each of the seven years beginning July 1, 1937 will amount to $60,000, in order to match the Foundation's grant of $60,000 per year for the said period of seven years. Meantime, the University will, in the course of the seven years, be looking for other sources of support besides its own annual appropriation, so that the institute can be placed on a self-surporting basis when the Foundation's grant will have to cease at the expiration of the seven-year period. Our application to the British Boxer Indemnity Fund for a five-year grant of $40,000 per year may for instance bring us additional revenue which, if not designated for specific needs requiring extra appropriation in addition to the Institute's ordinary budget, may be used to replace a part of the Foundation's grant to the Institute's ordinary budget; similarly, a continuation of the grant-in-aid of $8,000 which the Institute is receiving from the Ministry of Education during the present academic year 1936-37 will achieve the same object in view. It is sincerely

hoped, however, that whatever additional sources of revenue which the University may thus be able to secure for the Institute and thereby to reduce the share of the Foundation's grant to the Institute's ordinary budget during the coming seven years may, with the approval of the Foundation, be set aside as an endowment fund the proceeds form which may partly help to finance the Institute on a self-supporting basis at the expiration of the Foundation's seven-year grant.

In respect to the junior and senior fellowships we wish to make a few changes in our original application as presented to you in our letter dated the 15th of January. Dr. H. D. Fong wishes voluntarily to withdraw his application for a senior traveling fellowship on account of his heavy administrative duties at the Institute, but we wish to reserve for him meantime the privilege of availing the opportunity when such duties can be released. For Mr. C. C. Yeh who is now studying co-operative marketing on a junior fellowship at the Cornell University during the present academic year 1936-1937, we hope that he can be permitted to return to the Institute this fall for service in in the rural field by way of Europe, in order to enable him to visit the co-operative societies in various European countries. We suggest that Mr. Yeh be granted a period of travel of two and a half month for the European trip, so that he can return to the Institute before the middle of September when the classwork begins at the Institute. For Messrs, H. T. Fong and Y. T. Ku, who are applying respectively for a junior fellowship for advanced study in local finance and agricultural economics during the coming academic year 1937-1938, we sincerely request that their application be favorably considered by the Foundation.

With cordial regards, we remain

Yours sincerely,
Poling Chang
President, Nankai University
Franklin L. Ho
Director, Nankai Institute of Economics

（《南开大学经济研究所与美国罗氏基金团往来文件》，梁吉生藏英文打字存稿）

致魏文翰[①]

（1937年2月9日）

上海宁波路四十号上海银行一楼房一〇五

白如贤弟大鉴：

来函读悉。委件业代致函周、吴二先生，作切实之说项矣。函稿附上一阅，惟检入是幸。覆颂

时祉！

附函稿一纸。

张伯苓拜启

26年二月九日

分致吴鼎昌、周寄梅

（1937年2月9日）

南京实业部

寄梅我哥、达铨先生赐鉴：

兹有请者，魏君文翰，系我校中学部民国四年第七次毕业生，家素贫寒，纯谨好学，克自振励。嗣毕业于金陵大学，后又赴美研究法律，学成归国，业律师于沪上有年。其为人办事，练达忠诚，为时推重。又系寒士出身，刻志自立，卒达成功之途。魏君居沪，久对航业界及保险业皆极习熟，并曾著有关之书籍四种，确有过人之见地，于所职或可练达。顷沪埠保险公会对保险事业法

① 魏文翰（1896—？），天津武清人。1915年南开中学毕业，美国哈佛大学博士。曾在上海任海事大律师，海鹰轮船公司董事长，民安产物保险公司常务董事。1948年在上海创办海兴保险公司，任董事长。中华人民共和国成立后去美国。著有《中华民国海商法》《海上保险法要论》等。

施行在即，而保险监督人选关系重要，闻未定，因思该项职务非真能精熟法律，了解欧美情者弗克胜任，苓为荐才有裨于公务起见，故不避瞻徇，特为函介该生上闻，倘蒙察鉴委用，于保险事业前途幸甚。专肃。祇颂
勋安！

张伯苓拜启
26年二月九日

致马秋官

（1937年2月9日）

秋官贤甥如晤：

兹附去致胡君仲实及胡君叔潜一函，收到后即望赴渝一行，持以往谒。见面时请伊等指教。前曾致函胡氏弟兄，托伊等为尔帮忙也。顺问
时佳！

附函一件。

舅 伯苓手启
二月九日

致胡仲实、胡叔潜[①]

（1937年2月9日）

仲实、叔潜二位贤弟均鉴：

前致一椷，曾以舍亲马千里君令郎马秋官奉托，想蒙察览。马秋官系唐山交通大学毕业生，因功课好，被举斐陶斐名誉学会会员，现充成渝路测量队队员，在川作事，无多历练，务请弟等推爱，设法予以照拂。兹令持函面谒，到乞俯赐晋而教之，至以为荷。顺颂

① 胡叔潜，字光彪，天津南开中学毕业，与其兄胡仲实共同创办华西公司，任总会计师。

时绥！

张伯苓拜启

26 年二月九日

致胡仲实

（1937 年 2 月 9 日）

重庆华西兴业公司

仲实贤弟如握：

日前接二月一日大札，得悉公私甚忙，并知拟约高中毕业或大学修业校友往为助理，当即按照所拟条件与喻主任讨论。不过目下或已升学，或已就事，或差半年毕业，不肯功亏一篑，得人甚难。且弟处待遇薄，伊等将来如有闻者，亦恐怕不愿应募。现值津校寒假，关南渝增建校舍事，喻主任与午晴弟及严伯符君正在进行赶办，图样决定后，三月中即开工。省府补助五万元，请弟致意刘航琛①董事早拨应用。前谈之舍甥马秋官，即马千里君世兄，曾毕业于唐山交大，因成绩优卓，被举斐陶斐名誉学会会员。但学术虽好，而应事尚少历练，现充成渝路测量队队员，队长对其不甚重视，尚乞吾弟与叔潜弟随事多加指导。前汇之款蒙按比期付储，感甚！据折均请暂代收存。喻主任二月底去渝，苓三月底如不克成行，四月初亦将前往。一切劳神，统容晤谢。临颖不尽欲言。顺颂

时祉！

张伯苓拜启

26 年二月九日

① 刘航琛（1896—1975），四川泸县人。1923 年毕业于北京大学经济系，是年秋任四川泸县中学校长。时任四川省财政厅长。

致宁恩承

（1937 年 2 月上旬）[①]

汉口兰陵路驻鄂所得税所办事处

树棠贤弟大鉴：

启者：现有东北旧生张君龄佳由马约翰君介绍于美国春田体育学校，补得奖学金一份，是留学一绝好机会。不过伊欲前往，除学费不计外，其余本身一切费用尚多，均苦无力自筹。向者张汉卿先生曾允过帮忙，吾弟若能予以协助，或别为设法，早早资其赴学，将来学成归国，俾吾华族多增一健全体育人才，吾弟亦与有荣焉。专此，不胜代盼代祷之至。顺颂

时绥！

张伯苓拜启

26 年二月　日[②]

致贺耀祖

（1937 年 2 月 13 日）

四川　重庆行营贺参谋长钧鉴：顷得南渝中学来电，称军政部兵工署为炼钢厂修路经过南渝中学校地，于学校建筑计划有碍，敢恳电嘱该厂将路线酌为远移，无任拜祷。张伯苓叩。

（南开大学档案馆藏）

① 本函未标具体日期，其时间当在上函 2 月 5 日至下函 2 月 9 日之间。

② 原文如此。

致谢喜安

（1937 年 2 月 14 日）

南京大方巷兵工署

喜安先生台鉴：

手教敬悉。前经任觉五[①]弟介绍，深愿一接光仪。尊驾几时来津，务请先期示知，俾便招待。校中下榻，亦极方便。谨候光临。此复。顺颂

大安！

张伯苓拜启

二月十四日

致安瀞亭

（1937 年 2 月 15 日）

三河头杨家河

瀞亭先生大鉴：

接读来函，知台端救国心切，谋由改良教科书入手，培道德，化冥顽，根本以文化转移厄运见地，苓甚赞同，不胜钦佩。所惜三中全会，苓无出席资格，无法提案付诸公决。覆颂

台安！

张伯苓拜启

二月十五日

---

① 任觉五（1900—1994），四川省都江堰市人。1922 年考入南开大学，两年后转入东南大学就读。1925 年投笔从戎，入黄埔军官学校第四期。1927 年到日本留学。1933 年担任南京《中国日报》社副社长。抗日时期，主要从事三民主义青年团工作。1947 年 5 月任四川省政府委员兼教育厅长。1950 年赴台。

致王元德[①]

（1937年2月15日）

青岛普集路十三号华北商行

宣忱先生大鉴：

来函奉悉。承介李森女士，闻名之下，极所景仰。惟目前尚无机缘，容俟几时遇有可代谋处，再为尽力推荐。未能即时报命，尚希格外谅之。覆颂

台安！

张伯苓拜启

二月十五日

致中国科学化运动协会第一届董事会常务董事

（1937年2月16日）

南京蓝家庄阑园十二号

敬覆者：来函奉悉。本月二十五日开会，于时适值敝校学期之始，有待躬亲督率，弗克离校远出，不得已，特委托张董事北海届期代表出席。相应据情函覆以闻，即希查照为荷。此致

第一届董事会常务董事。

附致张北海先生函，请转交。

张伯苓覆启

26年2月16日

① 王元德，字宣忱，山东基督教自立会长老。1904年登州文会馆毕业，先后在广文学堂教书，任济南基督教青年干事、齐鲁大学教习等。曾协助狄考文翻译《圣经》，1930年独立重译《新约圣经》。

致张北海

（1937年2月16日）

南京蓝家庄阑园十二号中国科学化运动协会

北海先生大鉴：

敬启者：二月廿五日举行第二届董事会第一次会议，时敝校适值学期之始，有待躬亲督率，弗克离校远出，不得已，拟恳烦台端届期兼作苓代表出席，分神，容晤谢。此托。祗颂

台安！

张伯苓拜启

2月16日

致何九渊[①]

（1937年2月19日）

重庆四川省财政厅驻渝办事处

九渊贤弟：

接读二月九日手书，得悉各方募款进行情形，深用快慰！此次南渝筹款，承吾弟热心协助，为苓分劳不小，大深感荷！

南渝校舍建筑图，现正在绘制中，工程不久可以开始，而各方捐款准数若干，现时尚无把握，深望弟积极进行为荷！康君前曾允捐十万元，在南渝及市内各建筑图书馆一座，为伊兄留纪念。今如来书所云，则康君计划，似有变更。至在南渝□图书室及捐赠图书事，容喻先生去后再商可也。现时南渝所急需者为校舍，省政府允捐之款五万元，及希望刘航琛先生捐助之款二万二千元，更

① 何恩容（？—1939），字九渊，四川罗江人，1924年南开中学毕业，1927年上海商业大学毕业，曾任四川省财政厅驻重庆办事处主任、重庆川盐银行代董事长等。

须早为设法，刘厅长归时，务望弟相机进行，俾期早得结果。不胜盼祷！专此。
顺颂
时祉！

张伯苓拜启
二月十九日

致贺耀祖

（1937年2月19日）

四川　重庆行营贺参谋长钧鉴：顷读尊电，深承关照，路线更改既有困难，敬乃遵命。特复。张伯苓叩。

（南开大学档案馆藏）

致电陆礼华

（1937年2月19日）

上海江湾两江女子体育学校陆校长：南开女中急需一体育教员，薪六十五，有经验者七十四，有即来，恳电复。张伯苓。

（南开大学档案馆藏）

致陈芝琴

（1937年2月20日）

芝琴先生台鉴：

敬启者：承捐西门内房地，经敝校略加修筑，业经竣工，并已将大部份租出。知关锦注，特呈一览表一份，敬希检察为荷。专此。顺颂
时祺！

附表一份。

张伯苓敬启
26年2月20日

致中国文化建设协会

（1937年2月20日）

上海

敬覆者：迭奉来函，均经领悉。统一救国，深所赞同，兹将敝中学部签名录寄上，其所以迟迟奉缴者，因半月前适值寒假，同人多已罢教也。大学部同人签署之名册日前已寄去，谅已查入。其余向外征求者，俟签署汇齐再付快邮。此覆。惟鉴谅是幸。此致
中国文化建设协会理事长诸位先生。

附签名录一册。

张伯苓敬启
二月廿日

致马肃[1]

（1937年2月21日）

开封中国银行

敬予贤弟大鉴：

接来函，得悉清恙全愈，甚慰。一年来贵行业务发达，同人虽加忙碌，想亦高兴也。校友会常开会，近况甚好。关于南渝方面，本年拟添女中部，先招高中一班，刻正计划建筑女宿舍、讲室及图书室等，三月间即将开工。苓约三月杪或四月初前往一视。附去南渝纪念册，阅之可得其概状。弟处不知曾接有校友月刊否，如无之，希见示，以便照寄。南开一切顺适，舍下亦皆平安。锡祜昨来津省母，少住便南返。知注附及，统惟爱照不尽。覆颂

时祉！

张伯苓拜启

二月廿一日

致孙瑜

（1937年2月22日）

上海徐家汇三角街联华影业有限公司总制片厂

理伯贤弟大鉴：

来函读悉。惠赠之参观照片已收到，谢谢。所赠时先生一帧，业由邮代转矣。此复。惟爱照是幸。顺颂

时绥！

张伯苓拜启

二月廿二日

① 马肃（1905—？），字敬予，吉林东宁人。1927年南开中学毕业，1931年南开大学毕业。

致金祖懋[1]

（1937 年 2 月 23 日）

南京高门楼二十号

祖懋贤弟大鉴：

接来函，为令尊与令堂寿辰征文，兹遵拟得七言祝诗一首，用来笺写就附上，藉当桃敬，希惟检入是幸。顺颂

时祉！

附诗牋一纸。

张伯苓拜启

廿六、二、廿三

致林祖培

（1937 年 2 月 24 日）

祖培贤弟大鉴：

前接来函后，随即致函叔谟先生，作恳切之说项，顷得其覆械，允为设法。兹将原信附上一阅，想如遇有相当机缘，不久或有佳音也。顺颂

时祉！

附函一件。

张伯苓拜启

二月廿四日

---

① 金祖懋（1902—1973），字功先，浙江义乌人。1926 年南开大学毕业，历任中央大学、金陵大学、金陵女子文理学院教授，私立重辉商业专科学校校长。抗战期间曾任国民党社会部、海外部专门委员。1949 年后，任东北商专、扬州师院教授。

致魏文翰

（1937年2月24日）

上海宁波路上海银行一楼

文翰贤弟大鉴：

前接来函后，随即依照所嘱措词，致函周寄梅先生。顷得其覆械，谓部中对保险业管理问题正在研究，兹将原械附上，请吾弟一为查阅。顺颂
时祉！

附函一件。

张伯苓拜启
二月廿四日

致黄恕堂

（1937年2月25日）

南京朱雀路新亚饭店

恕堂贤弟大鉴：

来函已悉。内附中央银行函及申请书二份，均收到。兹如嘱在两申请书上将图章盖讫，连同中行原函共三件一并附还，即希检入为荷。顺颂
时佳！

附函一件，申请书二件。

张伯苓拜启
2月25日

致韩博仁

（1937 年 2 月 26 日）

广州东山保安北横街三号

博仁女士大鉴：

贺年片及二月六日函均收到，《国际评论》创刊号亦于日昨收到。展读手书，关于近况聆悉一一。凡人处家庭甚难，如欲达到家人和睦之目的，须下一番功夫，努一番力，且记勿存疑心，以坦怀处之，方为得法。世界教育会议欲往参加，当代留意，容觅得机会，再函达。苓为首都建筑校友会所募款事，拟于三月初间南下去京，四川之行当推缓在五月初旬。日来遵医嘱修养体气，想已渐臻康复。广州社风恶劣，惟有暂耐心处之，幸勿过忧郁为要。顺颂

时绥！

张伯苓拜启

二月廿六日

致中华教育文化基金董事会

（1937 年 2 月 27 日）

敬启者：敝校理学院迭承贵会资助，至为感激。该院下年度事业仍拟请求贵会予以有力之扶持。兹由该院造具请款书，随函奉上，即希本提倡科学之宗旨，惠予审查，予以资助，无任盼祷之至。此致

中华教育文化基金董事会。

张〇〇谨启

廿六年二月廿七日

（南开大学档案馆藏）

附：南开大学理学院请款书

敬启者：敝院自民国十五年以来，历承贵会予以补助，举凡仪器设备之购

置，教学研究之进行，其稍有成就者，多赖于贵会之提挈，此敝院同人之所感荷不置者也。惟敝校性属私立，内部各院系之经费，多来自不同之资源，敝院下年度之事业，则仍须仰给于贵会之补助。

敝院于民国廿一年曾拟一计划，吁恳贵会，以五〈年〉为期，每年补助国币八万元，俾敝院各项工作得以积极进展。是项计划，雅蒙赞许，惟以大局不安，故特展缓实行。在过渡期间，暂许每年补助三万元，以资维持。此三万元之数目，至民国廿五年，又复减为二万元。敝院同人竭力撙节，全院事务始得勉强支持。此种经过，当为贵会所谅察。敝院默察目前情形，廿一年原拟计划之实施，恐尚非其时，故本届祇请贵会补助三万元，以应最低限度之急需。其分配项目，则有下列三者：

一、究仪器设备及材料费壹万三千元

二、图书杂志补充费壹万元

三、教授与助教薪给柒仟元

以上三项，薪给项下者用以维持贵会已往补助费中聘请之教授与助教；图书杂志项下者，用以续订已购之长期科学刊物，及酌量补充旧期杂志及新出图书；研究仪器项下者，用以策进已经着手之各项研究，俾于应用方面，不至过苦拮据。敬请贵会据实审核，准予照数补助，是为至祷。此上

中华教育文化基金董事会。

南开大学理学院院长杨石先谨启

附表：

科目	小计	总计	说明
图书杂志		10000	
杂志	5000		
新书	5000		
试验设备		12920	
仪器	6000		
药品	3000		
杂费	3920		
增聘教员薪金		7080	
算学教授	2880		
物理教授	3120		
算学教员	1080		
总计		30000	

（南开大学档案馆藏）

致王恩东

（1937年2月28日）

南京金城银行

震孟贤弟大鉴：

启者：苓现拟于三月三日晚乘平沪车赴京，帮理京校友会募款事宜，请费神预在中央饭店代定房一小间，平沪车抵京适在深夜，而车站附近租赁汽车亦便，请我弟勿到站迎候为盼。握晤匪遥。此颂

时绥！

张〇〇

二月廿八日

致魏文翰

（1937年3月1日）

上海

文翰贤弟大鉴：

顷接来函，读悉。苓拟三日晚乘平沪车赴京，四日晚可到，在京住中央饭店，有十日之勾留。弟如愿得一晤，即请匀暇到京面叙可也。复颂

时祉！

张伯苓拜启

三月一日

致郝更生

（1937 年 3 月 1 日）

南京教育部

更生先生大鉴：

睽教弥久，驰神之至。现拟于月之三、四日由津启程赴京，十三、四日言旋，聆诲不远，特此预布以闻，希惟爱照是幸。祇颂

春安！

张伯苓拜启

三月一日

致张淑娣[①]

（1937 年 3 月 1 日）

南京红庙

淑娣先生大鉴：

手书奉悉。旌从行时因有事未得往送，甚以为歉。现拟于月之三、四日由津启程赴京，拟留十日，届时当抽暇趋府望看贤伉俪，藉以畅叙也。此复。敬颂

双绥！

张伯苓拜启

三月一日

① 张淑娣，江苏栗水人。北平大学女子学院毕业，长期任南开女中体育教员，20 世纪 30 年代兼任天津体育协进会执委。1935 年 12 月与南开四部体育主任、天津体育协进会会长章辑五结婚。1949 年后，随夫移居香港，1957 年定居美国。

致傅华亭

（1937 年 3 月 1 日）

市财政局

华亭局长赐鉴：

敬启者：敝校中学部向蒙市府允准，每年补助壹万元，分两期拨发在案。兹除将廿五年度第一期款前已领讫外，其第二期五千元敢乞查案，于日内即予如数拨下，以济应用。出自关照逾格，此恳，不胜企盼。祗颂

勋安！

廿六年三月一日

（南开大学档案馆藏）

附：傅华亭复张伯苓（1937 年 3 月 5 日）

伯苓校长勋鉴：

顷奉瑶章，敬悉一是。承嘱贵校中学部二十五年度第二期补助费事，自当照办。惟查以往拨款成案，向系根据府令办理，本期之款一俟奉到市政府饬拨命令，即行尽力提前筹发，用副台命。专先奉复，敬颂

勋安！

傅正舜拜复

三、五

（南开大学档案馆藏）

致电沈嗣良

（1937 年 3 月 1 日）

上海　圣约翰大学沈嗣良先生鉴：江（3 日）赴津，文（12 日）归津，如须会议，请筹备。伯苓。

（南开大学档案馆藏）

呈实业部

（1937 年 3 月 3 日）

案查国民政府公布《奖励工业技术条例》第一条，“凡中华民国人民对工业上物品或方法首先发明者，得依本条例呈请奖励。”第二条，“依本条受奖励者享有专利权十年或五年。”又，部颁《工业奖励法》第一条第三项，“应用在本国享有专利权之发明，在国内制造者。”又，第二条第三项，“减低国营交通事业之运输费”等语，国内照此实行已久。

职办理天津南开学校工厂一处，自兼厂长。工程师葛泮珍[①]在厂服务，精研机械，擅有特别技能，发明南开水磅，并改进砖井为木井。用该水磅取水灌田，均经试验成功，且较购用外洋机器效力大而价值省，于我国农民最为适宜。请求大部按照《奖励工业技术暂行条例》予以奖励，并准十年专利。且目下国内各方购用日多，即请准照《工业奖励法》减低交通运费，实为公便。谨呈
实业部。

天津南开学校工厂厂长张伯苓
中华民国二十六年三月三日
（南开大学档案馆藏）

呈行政院院长蒋介石

（1937 年 3 月 3 日）

请饬教育部照拨南渝中学第二年度补助费四万三千二百元。

谨节略者：窃苓于民国廿四年十一月赴四川重庆出席禁烟会议，便中调查川中教育情况，谂知川省优良之中等学校尚属不多，同时在渝南开毕业学生及地方人士又群请在渝筹设中学一处，以为培植高等人才之基础。

---

① 葛泮珍，山东平度人。日本近江工业学校毕业，长期担任南开学校校办工厂工程师。

几经考虑，义不容辞，过京时，曾将设立南渝中学计划面陈钧座，承赐予鼓励，补助开办费五万元，益增感奋！乃于二十五年三月派员到渝，定购校地四百余亩，建筑校舍七座，计购置设备等，共费洋约十五万元。九月初，如期开学，报考学生竟达千人，惜以校舍关系，仅录取二百余人。本年暑假后，旧生升级，新生入校，同时更徇地方人士之请，招收女生，学生人数势必大增。校舍及一切设备，又感不敷，现正进行在四川本省筹十余万元，以备添建校舍，增加设备。建筑费用，因南渝成立时期虽短，颇得社会信仰，筹募已有头绪。所困难者，实为常费，私立学校常费，多出之于基金，南渝无基金，势不得不请政府补助。

上年南渝开办时，曾呈请教育部补助常年经费第一年二万元，第二年四万三千二百元，第三年五万四千元，业承钧座转饬教部，将第一年补助费如数照拨。现第二年度扩充计划诸待进行，敬恳钧座转饬教育部，将第二年度补助南渝常费四万三千二百元，按数照拨，不胜感盼之至！谨略。敬呈
国民政府行政院院长蒋。

南渝中学校长张〇〇（面呈）
二十六年三月三日
（南开大学档案馆藏）

附：翁文灏代蒋介石复张伯苓（1937年3月15日）

奉院长谕，“重庆私立南渝中学校长张伯苓呈，为该校第二年扩充计划，诸待进行，请转饬教育部将第二年补助常年经费，按数照拨一案，已由院以对于该校自应切实予以协助，令饬教育部查照办理，应由秘书处函知张校长。”等因。相应函达查照。此致
张校长伯苓。

行政院秘书长翁文灏
中华民国二十六年三月十五日
（南开大学档案馆藏）

呈教育部

（1937年3月9日）

案奉钧部廿六年发私拾玖26第三七三六号训令，内开："兹发该校本年二月份补助费国币叁仟叁佰叁拾叁元，除转汇外，应于取款后，填具印收呈部。此令。"等因。奉此，现查该项补助费国币叁仟叁佰叁拾叁元，业由中央银行汇到，经属校如数照收，遵即填具印收壹份，特以呈奉，仰乞鉴核，实为公便。谨呈

教育部。

廿六年三月九日

（南开大学档案馆藏）

附：教育部令南开大学（1937年3月4日）

教育部训令　　廿六年发私拾玖26第三七三六号

令私立南开大学：

兹发该校本年二月份补助费国币叁仟叁佰叁拾叁元，除转汇外，应于取款后，填具印收呈部。

此令。

部长王世杰

中华民国廿六年三月四日

（南开大学档案馆藏）

致张自忠

（1937年3月10日）

天津市政府

荩忱市长赐鉴：

敬启者：敝校南开中学部向蒙钧府每年由财政局拨补助费一万元，分两期颁发在案。现在廿五年度款除第一期已于去岁领讫外，其第二期五千元目下尚未蒙发给。敢请俯饬财政局，即予查案照拨，以济应用。出自关爱逾格，无任翘盼叩祷之至。祇颂

勋安！

张伯苓谨上

廿六年三月十日

附：张自忠复张伯苓（1937年4月）

伯苓先生台鉴：

翰示敬悉。贵校应支二十五年度第二期之款已转饬财政局照拨。请即派员径向该局领取为荷。特复，祇颂

教祺！

张自忠启

廿六、四交下

（南开大学档案馆藏）

致电陆善忱

（1937年3月13日）

天津 南开中学陆善忱君，募款甚顺利，接电速来京，铣（16日）离沪北返。苓。元。

（南开大学档案馆藏）

致蒋志澄[①]

（1937年3月22日）

成都四川省教育厅

养春厅长先生大鉴：

昨日归津，得读由南渝转来钧函，及委办重庆女子中学班暂行办法，敬已领悉。

南渝草创伊始，设备不敷，增设多班，颇有困难。且按钧厅所拟办法，与苓前在蓉所谈者不同，而于南渝自身进行，亦多不便。为此，敢恳钧厅将委办女子中学事，暂行缓议是幸。专复，敬请

公安！

张伯苓敬启

廿六年三月廿二日

（南开大学档案馆藏）

致电孔祥熙

（1937年3月23日）

南京　行政院孔部长钧鉴：在京面恳捐助南开校友会二千元，请即交淬廉弟为盼。伯苓。

（南开大学档案馆藏）

---

① 蒋志澄（1893—？），字养春，浙江诸暨县人。毕业于北京大学，赴德国柏林大学留学。曾任浙江嘉兴县县长、重庆市市长、代理重庆大学校长、四川省政府委员兼教育厅厅长、教育部总务司司长等职。

致沈寯淇①、陈同度②、周启源③

（1937 年 3 月 23 日）

北平协和

寯淇、同度、启源三位贤弟大鉴：

来函读悉。承约于三月念七日下午七钟在颐园饭店一聚，苓届时可以到会。欢晤不远，合亟奉覆以闻，希惟查照是幸。顺颂
时绥！

张伯苓拜启
三月廿三日

① 沈寯淇（1894—1969），后亦写作隽淇，天津人。1916 年毕业于清华学堂，后留学美国获医学博士学位。回国后，曾任协和医学院、贵阳医学院教授，北京大学医学院生理科主任、院长。中华人民共和国成立后，历任北京医学院生理教研组主任、院务委员。

② 陈同度（1904—1969），字叔炎，天津武清县人。1926 年毕业于南开大学化学系后，任清华大学化学系助教，1927 年改就北京协和医学院生物化学科助教，1930 年赴美国约翰·霍普金斯大学留学，1933 年获得博士学位。同年回国，仍返协和医学院工作。1943—1946 年先后在天津化学厂、药厂等单位工作。1946 年任北京大学医学院药学系生物化学教授兼生化科主任，1953 年秋改任天津医学院生物化学教授，同时兼任天津师范学院化学系教授，1957 年春回北京大学生物系生物化学教研室任教授，直至 1969 年去世。

③ 周启源（1903—1986），河北省涿县人。1928 年从南开大学化学系毕业后，留校任助教和教员。1933 年获得北京协和医学院奖学金，在生物化学系做研究生，以后任助教、教员、副教授。1939—1940 年在美国纽约洛克菲勒医学研究所任客座研究员，1944 年在重庆参加中央卫生实验院工作，协助吴宪创建营养系并任研究员。中华人民共和国成立后，任中国预防医学科学院卫生研究所研究员，兼任中国营养学会荣誉理事、国际营养科学联合会监测委员会委员，是早期中国营养学会创始人之一。

致何廉

（1937 年 3 月 23 日）

京行政院

淬廉贤弟大鉴：

在京蒙照拂，感甚，谢谢！兹拍致孔部长一电，文为“南京行政院孔部长钧鉴：在京面恳捐助南开校友会贰千元，请即交淬廉弟为盼”等语，请烦查照，便为吹嘘，将款领下。再，向教部调查文件，亦请速进行。一切费神，心铭不尽。顺颂

勋安！

张伯苓拜启

三月廿三日

致郝秉让

（1937 年 3 月 24 日）

秉让贤弟大鉴：

来函读悉。委代介绍绥省傅主席函现已缮就，兹随信附上，到请检入，便自投用可也。覆颂

时祉！

张伯苓拜启

三月廿四日

致傅作义

（1937 年 3 月 24 日）

宜生先生赐鉴：

日前尊处举行追悼挺战阵亡军民大会，敝校委派代表黄秘书长子坚前往参加，渥承招待，深为感谢。兹敬恳者，现有敝大学前本科肄业生郝君秉让，山西代县人，现年三十四岁，北平中国大学毕业，历充军事政治学校教官及晋、绥两省党委秘书等职，并蒙检定为合格县长，关于政治党务方面，均极富有经验。苓因该生报效情殷，特为介绍，倘蒙相宜就近赐以提挈，出自推爱逾格。专此。不胜代盼代祷之至。祇颂

勋安！

附履历一件。

张伯苓谨上

三月廿四日

致蒋善国

（1937 年 3 月 24 日）

省政府民政厅①

化普贤弟大鉴：

接来函，得悉年来在房邑一切情形，可见为地方官甚是不易。如吾弟平时任职之小心翼翼，结果得洁身以去，极属幸事。今蒙派民厅新事，脱却旧累，必增益佳况不少，堪为贺贺。苓为求推展校务，南北奔驰，几于席不暇暖，好在进行均尚称顺利，知注附以告慰。此复。惟爱照不尽。顺颂

时绥！

① 即河北省民政厅。

张伯苓拜启
三月廿四日

致李涛

（1937年3月24日）

南京小金台青年会

观澜贤弟大鉴：

接手书，得悉在南昌一切情形，甚为欣慰。惟县长一官在今日亦甚不易为，吾弟如果得此，务以小心翼翼从事，断不可稍为大意也。近日研究《圣经》贤传，更有心得否？我校在京募建校友会所，并创设二南小学，目下正在相互进行中，知注特附以闻，惟爱照是幸。顺询

时佳！

张伯苓拜覆
三月廿四日

致刘志明

（1937年3月24日）

上海江西路金城银行总经理处

志明贤弟大鉴：

来函读悉。别后于上星期六日即已平安抵津，辱承关注，特以奉闻。附寄相片共十张，均收到。去年十一月所寄亦已由严伯符君如数收讫，同此谢谢！叶逸芬女士前亦请代为致意，孙渝君所照以后再说可也。覆颂

时祉！

张伯苓拜启
三月廿四日

致刘季洪[1]

（1937 年 3 月 24 日）

开封河南大学

季洪先生大鉴：

惠函奉悉。承以讲演见约，极应如命。所惜年来苓为校事南北奔驰，几于席不暇暖。日前方自南省言旋，略事屏当，不久仍将有去京沪，并转四川之行。不得分身践约，深为抱歉，尚希多多原谅是幸。覆颂

道安！

张伯苓拜启

三月廿四日

呈教育部

（1937 年 3 月 24 日）

呈为呈报事。窃属校二十五年度补助费第一期（二十五年七月至九月）、第二期（二十五年十月至十二月）收支情形，业经遵照《私立专科以上学校补助费支给细则》第六项之规定，填造分期收支报告表二份，理合备文呈送，仰乞鉴核备案，实为公便。谨呈

教育部。

天津私立南开大学校长张〇〇

廿六年三月廿四日

（南开大学档案馆藏）

① 刘季洪（1903—1989），江苏丰县人。时任河南大学校长。

附：教育部令南开大学（1937年4月10日）

教育部指令　　廿六年发私拾玖26第六二八七号

令私立南开大学：

二十六年三月二十四日呈一件——为呈报二十五年度第一、二两期收支报告表，乞鉴核由。

呈件均悉。两期收支不宜合并报告。原件发还，应即分期重造送核。

此令。

附发还原报告表二份。

部长王世杰

中华民国廿六年四月十日

（南开大学档案馆藏）

呈教育部

（1937年3月24日）

案奉钧部廿五年发私拾玖26第一九四四一号指令，饬令将近代物理设备表内书籍费五百元，再照章补具详单；工厂刊物之印刷费、装订费一百五十六元，应予剔除。遵即将近代物理设备表内之书籍费五百元补造计划详册一份共八页，惟拟购之书籍约值国币一千〇十元五角，超出钧部核定预算甚多，其不敷之数，当由属校自行筹划，谨此呈明，仰乞鉴核，赐予备案，实为公便。谨呈

教育部。

廿六年三月廿四日

（南开大学档案馆藏）

附1：教育部令南开大学（1936年12月17日）

教育部指令　　廿五年发私拾玖26第一九四四一号

令私立南开大学：

二十五年十一月廿三日呈一件——呈报本年度补助费近代物理仪器书籍零件等项详表，请鉴核由。

呈件均悉。近代物理设备表内，书籍费五百元，应再照章补具详单；工厂

刊物之印刷费、装订费一百五十六元，应予剔除。各表应再照章补送一份。

此令。

部长王世杰

中华民国廿五年十二月十七日

（南开大学档案馆藏）

附2：教育部令南开大学（1937年4月10日）

教育部指令　　廿六年发私拾玖26第六二七四号

令私立南开大学：

二十六年三月三十日呈一件——为呈报二十五年度补助费近代物理设备书籍详册一份，祈鉴核由。

呈件均悉。准予如拟办理。惟详册应再遵章补填一份，连同廿五年十二月十七日发一九四四一号指令饬即照章补送之各表，一并送部核备。件存。

此令。

部长王世杰

中华民国廿六年四月十日

（南开大学档案馆藏）

致日本丸山傅太郎

（1937年3月25日）

东京市牛込区山顺町二丁目七七

丸山先生、太太惠鉴：

正切葭思，接瑶函，如亲光霁。并承附玉照，尤深感谢。贤伉俪信道诚笃，渥沐天恩，病恙得早占勿药有喜，堪为贺贺。近来玉体想均已复元。翘企东瀛，曷胜神往。此覆。敬颂

双绥。诸惟爱照不宣。

张伯苓拜启

三月廿五日

致韩博仁

（1937年3月25日）

博仁女士大鉴：

苓日来南北奔驰，以致尊函不能按时收到，顷读三月十一日来札，具悉最近情形，深以为慰。前在京曾又参加教育学会一次，惟未讨论到如何选员赴日参加世界教育会事。嗣后遇有机缘，定当推荐，以副所望。苓下月六日当再赴京，十二日飞重庆，在川约有月余之勾留。舍弟彭春现在粤讲学，想必晤面矣。此复。顺颂

时祉！

张伯苓拜启

三月廿五日

致刘航琛

（1937年3月26日）

南京王震孟转

航琛仁兄厅长勋鉴：

年前去川，适值台从因公晋京，未获面领教益，至以为怅！比谂茀履时吉，荩猷益楙为祝！

川省西南要区，川省青年，才质优秀，苓爱四川，尤爱四川青年，爰有南渝之设，思为川省少尽棉薄，以期养成人才，蔚为国用。乃承各方不弃，赐以赞助，得早观成；而投考学生之多，社会期望之切，实远出豫想以上，苓殊引以为慰。年前组织董事会，蒙慨允担任董事，此次省府捐款，更承鼎力助成，尤为感谢。

本年暑假后，南渝学生增多，校舍亟须添建。开工在即，需款甚急，敢恳先生特为设法，将省府捐款五万元，迅赐拨下，俾得早日兴工，不误暑后开学，

不胜盼祷之至！哲嗣在南渝肄业，闻进步颇速，堪以告慰。专恳，顺颂
勋绥！

弟张伯苓谨启
廿六年三月廿六日
（南开大学档案馆藏）

呈教育部

（1937年3月26日）

案奉钧部廿五年发私拾玖26第一五五二九号指令，内开："呈件均悉，近代物理仪器、书籍表内所列书籍、零件一千元，暨应用化学研究所仪器、图书表内所列工厂刊物五百元，均应分别造具详表呈核，余准如拟办理。农业经济教席，迄未据报，仰即一并造表送核。此令。"等因，奉此。属校曾于廿五年十一月廿三日呈奉近代物理书籍、零件一千元及工厂刊物五百元详表，并呈复农业经济教席正在多方物色聘请中，一俟聘定，再行呈报，各在案。窃查农业经济教席业已聘妥符致逵，并自本学期来校供职，兹奉前因，理合造填设置特种教席计划表二份，随文奉呈，仰乞鉴核，准予备案，实为公便。

廿六、三、廿六
（南开大学档案馆藏）

附：教育部令南开大学（1937年4月8日）

教育部指令　　廿六年发私拾玖26第六一九四号

令私立南开大学：

二十六年三月二十七日呈一件——为呈报商科研究所经济部农业经济教席计划表，祈鉴核由。

呈件均悉。农业经济教席准予如拟聘定。惟所列其余八百八十元作为购置农业经济图书用费，应俟补填添置设备计划详表二份呈部后，再行核办。件存。

此令。

部长王世杰
中华民国廿六年四月八月
（南开大学档案馆藏）

致王恩东

（1937年3月29日）

南京金城银行

震孟贤弟大鉴：

日前自京归，诸事待理者甚多，极感忙碌。顷一切稍见就绪，乃作去川打算。兹拟于四月十二日由京启程赴重庆，恳烦吾弟预将飞机座位代为定妥。再，金城周先生[①]允捐助南大壹万元，据华午晴先生言，尚未收到，便请代为一查。诸承费神，统容晤谢。顺颂

时祉！

张伯苓拜启

三月廿九日

致电吴鼎昌

（1937年3月31日）

成都　四川省政府转吴部长达铨钧鉴：南渝添筑校舍开工在即，省府曾允捐五万元，请代恳刘主席迅予赐拨。过渝时并请莅校指导为荷。张伯苓叩。

（南开大学档案馆藏）

---

① 指周作民。

致军事委员会办公厅机要室

（1937年3月31日）

南京

敬覆者：代电奉悉。陌密专用密本一册，谨已收到，除密藏留备应用外，合亟快覆以闻，希惟查鉴是幸。此致
军事委员会办公厅机要室。

张伯苓拜覆
三月卅一日

致卞白眉

（1937年3月31日）

上海中国银行总管理处

白眉先生赐鉴：

敬启者：现在南大女校友韩博仁女士丈夫姜君炳麟，曾留学美国，现在广州办理合作社之组织，及推广稻种各事，工作发展极速，甚感兴趣，惟苦不谙粤语，有时作迁地为良之想。日前在沪贵行束副经验为请冀省农村贷款主任事，与姜君晤谈颇洽。苓亦深知姜君之为人与学识极可任用，故乐代介绍于我公，幸推爱多多予以关照为荷。祇颂
时绥！

张伯苓拜启
三月卅一日

致赵亚夫

（1937 年 4 月 1 日）

保定河北省教育厅

亚夫先生大鉴：

顷接来函，承示本年春季在保举行第一届全省运动大会，业经议决，苓极愿前往参加。不过苓因事已定于四月初间赴京，四月半由京飞川，在重庆约须有月余之勾留，计期至五月中旬恐不能赶回。相应据覆以闻，希惟亮察是幸。敬颂

台安！

张伯苓拜启

四月一日

致韩博仁

（1937 年 4 月 1 日）

广州东山保安北横街三号

博仁女士鉴：

来函读悉。前航寄及王恩东所转两信均经收到，承示粤校友聚餐情形，并欢迎舍弟事，慰甚！感甚！嘱代姜先生介绍于中国银行卞总理函已缮发，兹将底稿钞附一阅。贱辰蒙惠寿星为祝，心铭无似，谢谢！覆颂

时祉！

姜先生前同此致候，不另。

附函稿一件。

张伯苓拜启

四月一日

致电韩叔信

（1937 年 4 月 1 日）

四川重庆　南渝中学韩主任：吴部长①过渝时，请派生代表赴机场迎迓，并请莅校参观，阳（7 日）到渝。苓。

（南开大学档案馆藏）

致傅华亭

（1937 年 4 月 2 日）

华亭局长赐鉴：

敬启者：敝校中学部廿五年度应领之市府补助费第二期五千元待用孔急，敬请贵局查案，尽先即予拨发。出自关照逾格，无任迫切盼祷之至。祗颂

勋安！

张伯苓敬启

廿六年四月二日

附：傅华亭复张伯苓（1937 **年** 4 **月** 2 **日**）

伯苓先生勋鉴：

顷奉华翰，诵悉一是。嘱拨贵校中学部二十五年度应领之补助费第二期五千元，本应照办，惟刻值淡月，税收锐减，库款奇绌，实难周转。容俟筹有成数，即当尽先拨发，以副雅嘱也。肃复，祗颂

勋安！

傅正舜拜启

四、二

（南开大学档案馆藏）

---

① 即吴鼎昌。

致郭家麟

（1937 年 4 月 3 日）

少澄贤弟大鉴：

来函读悉。贱辰蒙惠花毯致祝，感甚！谢谢！令亲王宅对我校募捐迭番惠助，爱护我校有加无已，我校友总会拟敬聘王军长担任名誉校友，藉增荣光。聘函除附烦转致外，并请向其太夫人前一为代申谢意为托。此覆。顺颂
时祉！

附聘函一件。

张伯苓拜启
四月三日

致北平市社会局

（1937 年 4 月 4 日）

敬启者：北平崇贞女学前曾具呈，恳请贵局备案。伯苓系属该校董事之一，除呈文已经列名外，合再函为证明，即希查照为荷。此致
北平市社会局。

张伯苓谨启
四月四日

致沈嗣良

（1937 年 4 月 6 日）

上海圣约翰大学

嗣良先生大鉴：

敬启者：苓于本日晚由津启程赴京，抵京后住中央饭店，约有五日之勾留，十二日晨由京飞川，参与重庆春季运动会大会，担任总裁判事宜，恳烦费神将体协会最近出版之球类及田径赛等规则各检一份，汇寄中央饭店鄙人收，以便查阅。琐事奉渎，不情之至，容面再为申谢！祇颂

时绥！

张伯苓拜启

四月六日

南开中学领1936年度第二期补助费5000元领单

（1937年4月27日）

河北省私立南开中学校为印领事。今领到天津市财政局拨发本年度补助费（二十五年第二期）国币5000元整。

校　长 张伯苓

领款人 王体仁

附1：天津市政府训令（丙字第1196号）（1937年3月17日）

令财政局：

案准南开大学校校长张伯苓二十六年三月十日函，以本校中学部二十五年度第二期补助费5000元，请查照迅予饬拨。等因。准此。除函复外，合行令仰该局即便照案核发。

此令。

市长 张自忠

批：筹发。3月18日。

批：查案相符。3月22日。

批：发。4月27日。

附 2：天津市财政局发款凭单（1937 年 4 月 24 日）

天津市财政局发款凭单			
中华民国廿六年四月廿四日。 此联由会庶股于发款后填送出纳股注帐。	右款业于四月廿七日照数发讫，兹将领款机构印据送请查照注帐。 局　　长　　盖章 科　　长　　盖章 会计主任　　盖章	实发大洋 5000 元整	南开中学校本年度第二期补助费

（天津市档案馆藏）

呈教育部

（1937 年 4 月 28 日）

呈为呈奉事。窃属校二十三、二十四两年度补助费单据现经粘册完毕，计为七本。惟内中有物理系教席及设备余款应购之仪器及书籍之单据尚有一部未到，暂付缺如，俟到齐再为补粘呈报。理合检奉该项单据簿七本，呈奉钧部，仰乞鉴核，实为公便。谨呈
教育部。

廿六、四、廿八

（南开大学档案馆藏）

呈教育部

（1937 年 4 月 28 日）

呈为呈奉事。窃属校于本年三月十三日奉到钧部二十六年发高壹 26 第四一一五号训令，略开：各校如欲申请补助二十六年度之设备费或教席费，务须照

章于本年四月底以前将申请补助书核实造送，以凭汇案核办。该办法大纲暨申请书表式，造表说明附发。申请书表须缮（或印）就十二份送部，除分令外，合行令即知照。此令。等因，奉此。属校遵即依照钧部颁发之《私立专科以上学校补助费支给办法大纲》，及申请书表式，按照现在实况缮就申请补助书表十二份，随文呈奉，伏乞审核，给予补助，实为公便。谨呈
教育部。

廿六、四、廿八
（南开大学档案馆藏）

致南开校友

（1937 年 4 月 29 日）

敬启者：顷闻校友会建筑首都会所之“三七”募款，募得款数业已超过定额，为时仅及匝月，而有如是结果，设非诸校友努力募集，曷克臻此。而台端对南开之热心眷注，尤令人感佩无似。爰修寸笺，藉表钦敬。此致
校友。

张伯苓启
四月二十九日

呈教育部

（1937 年 4 月 30 日）

呈为补呈农业经济教席费余款拟作为添置图书设备计划详册二份，仰乞鉴核事。窃属校商科研究所经济部农业经济教席费余款，拟请作为购置农业经济图书用费，曾于本年三月廿六日呈报钧部在案。旋于本年四月初十日奉到廿六发私拾玖 26 第六一九四号指令，饬补填添置设备计划详册二份，理合检奉农业经济教席费余款添置图书计划详册二份。

又，查属校商科研究所经济部所聘农业经济教席系自本年一月起薪，至本

年六月，为期半年，应付薪俸壹千伍百陆拾元，余款应为贰仟肆百肆拾元。并此陈明，伏乞鉴核，准予备案，实为公便。谨呈
教育部。

廿六、四、三十
（南开大学档案馆藏）

致马彦翀[①]

（1937年5月5日）

天津市政府
彦翀秘书长先生勋鉴：

敬启者：本市狮子林一带地亩由敝校管理收租，迄今将近卅年，并无变更。兹闻省政府派员邀同市官产处协助标卖敝校所有狮子林内官报局土地情事，逖听之下，殊深骇异。素仰先生热心教育，爱护南开，恭恳鼎力维持，俾敝校经费不至发生影响，则教育之前途幸甚。除另呈节略以备鉴核外，其他有关证明文件如蒙赐阅，即祈饬呈为祷。专此拜恳。顺颂
勋祺！

张伯苓谨启
五月五日

① 马彦翀（1886—1964），名骧，字彦翀。陕西商州人。童年入私塾读书，1906年考中秀才，后西安陕西高等学堂毕业，出任健本学堂教习。1912年3月当选陕西省参议院议员，后又被推选为中华民国众议院议员。与抗日名将张自忠交好谊深。1935年华北事变后，张自忠出任察哈尔省主席、冀察政务委员会委员长兼天津市市长，力邀马彦翀担任察哈尔省秘书长及天津市政府秘书长。中华人民共和国成立后，回陕出任西安红十字会会长。

呈教育部

（1937年5月7日）

呈：为呈奉事。窃属校补助费二十五年度第三期收支报告情形，业经编制完毕，遵即填就二份，随文呈奉，伏乞鉴核，实为公便。谨呈
教育部。

廿六、五、七

（南开大学档案馆藏）

致电卢王棘瑜

（1937年5月25日）

南京　厚载巷厚生幼稚园卢王棘瑜先生：衣料如未买，可作罢。苓。

（南开大学档案馆藏）

致朱经农

（1937年5月27日）

长沙湖南省教育厅

经农厅长先生勋鉴：

久睽教范，维禔履多绥为颂。兹敬启者：现有湘籍学生何基君，为前敝大学商学院院长何淬廉令弟，曾在敝大学肄业一年，后考入清华，在历史学系毕业，成绩优美，为苓所深知。今有志于最近前赴日本，入东京帝国大学研究院东洋史科研究宋史，兼习中日文化关系史，预定期四年。因自力不足，拟恳请我公关照，予以资助。出自栽培逾格，不胜代祝代祷之至。祗颂

钧安！

张伯苓拜上

五月廿七日

（南开大学档案馆藏）

致沈嗣良

（1937年5月28日）

嗣良先生大鉴：

敬启者：日前由川飞汉，乘轮返京小住即北归。此番离津约五十日，校事待理者不一而足，故近日甚忙碌也。向自渝电教育部更生兄催询补助费事，现无结果，拟再致函王部长。世运代表团报告序文实在无暇执笔，不能应命，抱歉之至。四川体育最近甚发达，乞将各项规则寄与成都教育厅刘慎旃君数份。该价若干，容当由苓代付也。祇颂

时安！

张伯苓拜启

五月廿八日

（南开大学档案馆藏）

致黄次咸[1]、高毓嵩

（1937年5月28日）

次咸、毓嵩二位先生大鉴：

敬启者：前在渝承委之件，飞汉后因事忙未得赴沪与前途晤面即行转京，匆匆作北归计。月之廿四日业已安抵津门，随于次日即备函，连同委交各件快邮寄上海银行交陈总经理，对所事力代吹嘘，容几时得到回音，再行函达。先此覆闻，希惟查照是幸。顺颂

① 黄次咸，重庆青年会总干事。生活教育社监事。生活教育社重庆分社理事长。

道绥！

张伯苓拜启
五月廿八日
（南开大学档案馆藏）

致郝更生

（1937年5月28日）

更生先生大鉴：

敬启者：苓在重庆未赴京以前，黄中孚[①]君交有洋纸体育测验纪录空白表格二张，并夹四川体育情况草底薄纸，托为转呈台端，到京后竟尔忘却。兹随函寄上，即请查入为荷。顺颂

时祺！

张伯苓拜启
五月廿八日

附折叠表格一份。

（南开大学档案馆藏）

致陈光甫

（1937年5月28日）

光甫先生惠鉴：

敬启者：重庆中华基督教青年会黄次咸、高毓嵩二君为拟建重庆市正式青年会所事，函托苓代向先生吹嘘贵行投资或允许透支。兹谨将其原函并计划书、

① 黄中孚，广东梅县人。1928年考入清华大学地质系，1934年毕业留校任体育助教。1935年赴美国春田学院专攻体育。1938年任重庆南开中学体育主任，1939年任西南联大体育主任。抗战胜利后，任行政院善后救济总署广东分署监察专员及广东省文理学院体育系主任。

房图等随信寄呈察阅，是否有可商量，即请裁酌示覆，俾便转达为荷。祇颂
时安！

张伯苓拜启
五月廿八日

附原函、计划书、房图各一件。

（南开大学档案馆藏）

致郑兆琛[1]

（1937年5月29日）

兆琛贤弟大鉴：

接来函，对于十年以还在政界及教育界各方服务情形，备已聆悉。所谈愿来我校就事一节，业代向喻传鉴主任关说，惟苦于一时未有机会可以安插，特此覆闻，希惟亮察是幸。顺颂
时祉！

张伯苓拜启
五月廿九日
（南开大学档案馆藏）

致吴国柄[2]

（1937年5月29日）

国柄贤弟如握：

① 郑兆琛（1914—？），字豫曾，天津人。1929—1932年在南开中学肄业。

② 吴国柄（1898—1987），字拱辰，湖北建始人，系吴国桢之胞兄。1917年南开中学毕业，1920年留学英国等国学习建筑设计专业，1925年获博士学位。1926年学成返国，先在唐山车厂工作，1929年赴武汉在工程局任工程师，后应英国军方之聘，赴香港任英国皇家工程师，1952年应在台湾任省主席的吴国桢的邀请去台，曾主持台湾的市政建设。著有《江山万里行》等书。

日前过汉，蒙招待，感甚！参观吾弟成绩，非常佩慰。如南开校友都能有此同样成绩，则我国固不患不强也。像片均收到，留作游汉纪念。苓离津约五十日，校事待理者极多，故日来颇觉忙碌。书此短简，聊以致谢意耳，希惟爱照是幸。顺颂

时祉！

张伯苓拜启

五月廿九日

（南开大学档案馆藏）

致孙洪芬

（1937年5月29日）

洪芬先生大鉴：

来函奉悉，孟禄博士约期将行来津见访，极所欢迎。六月中旬如果苓未有要事，定当如宗岳先生言，在津恭候也。祇颂

台安！

张伯苓拜启

五月廿九日

（南开大学档案馆藏）

致义达

（1937年5月29日）

义达女士惠鉴：

接奉来函，承示为丁立美[①]牧师作纪念册，嘱苓题点文字，现已题就，兹随

① 丁立美（约1875—1936），山东胶州人。毕业于美国北长老会在山东登州（今蓬莱）开办的文会馆，后担任中华基督教青年会全国协会学生立志布道团巡回干事，晚年在天津神学院主持工作，直至去世。

函送上，乞检入。

再，苓前受洗入教，系在公理会，并非由丁牧师代为行礼。合附以闻，希查照为荷。顺颂

道绥！

张伯苓拜启

五月廿九日

附题字一纸。

（南开大学档案馆藏）

致王文田

（1937年5月31日）

文田女士大鉴：

苓离津约五十日，在川住一月余，筹二期建筑费颇顺利，现已动工矣。南京校友会所款已筹过定额，现正作购地建筑计划，拟十月十七日落成。苓虽忙碌，但精神异常焕发，想为各方校友所乐闻者。

月之廿四日回津后，读来函得悉女士一切近况，并知对欠校款甚关心，如经济实不充裕，目下暂缓归还无妨。为国服务是吾等人人应有之目的，望努力作去为要。覆颂

时祉！

张伯苓拜启

五月卅一日

（南开大学档案馆藏）

致卞白眉

（1937 年 6 月 1 日）

白眉先生台鉴：

敬启者：兹订于 6 月 6 日（星期日）中午在敝校举行毕业试验委员会，审查毕业生试题及商讨有关毕业考试事宜，特此奉达，即请届时惠临，是所盼祷！专此顺颂

时绥！

张伯苓 敬约

附：卞白眉致张伯苓（1937 年 6 月 5 日）

伯苓先生大鉴：

接奉台函祗悉。6 月 6 日中午贵校召集毕业试验委员会，弟因适为他事未克分身，特函请假，即请惠洽。再星期一下午 4 时台端召集前地方协会各委员开会，查是日同时为商会常委例会之期，弟与王文典、王晓岩诸君须俟商会常委会议后始能到会，时间恐须略迟，并祈□洽为荷。此颂

台绥！

弟 卞〇〇 拜启

（天津市档案馆藏）

致沈嗣良

（1937 年 6 月 4 日）

嗣良先生大鉴：

来函奉悉。讲题已酌定为《国运好转中青年对于国家之新认识》，稿尚未拟就，苓乘平沪车二十六日早抵沪。此复，顺颂

时祺！

张伯苓拜启

六月四日

（南开大学档案馆藏）

致吴鼎昌

（1937年6月4日）

达铨先生赐鉴：

手教敬悉。关于令郎元德事，业面询其功课情形，并向教务课调察，其各项成绩均属平平，而算学一门尚有缺欠，当与商令约人补习。据云考期迫近，已来不及，如此惟有待考试以后再看。成绩如果皆能及格固好，否则，另为设法补考，再作一番希望。

南开工厂事务甚忙，挖井机器现正赶做，做成运京时当向何人接洽，并安置何地试验，均乞费神预示，俾便遵照为盼。祇颂

勋安！

张伯苓拜启

六月四日

（南开大学档案馆藏）

致赐安

（1937年6月5日）

赐安先生大鉴：

尊函奉悉。大作二册均收到，谢谢！日前文达分会开会时得瞻风采，快慰奚如。苓与先生虽未晤面，然闻名久矣。今先生既在津服务，以后聆教机会正多也。专此奉覆，顺颂

著安！

张伯苓拜启

六月五日

（南开大学档案馆藏）

致华通斋

（1937年6月5日）

通斋先生惠鉴：

手教奉悉。承介绍苏君开明在敝大学任教职，甚为感谢。惟苓近询文学院院长有聘请苏君之需要否，据云下学年已新聘定教授皮君担任功课，与苏君所能担任者大约相同，本年内在文学院方面似不能再增聘苏君。以后如有须借重苏君处，容当函达，届时再请代介绍为盼。覆颂

公绥！

张伯苓拜启

六月五日

（南开大学档案馆藏）

致电陈裕光

（1937年6月5日）

南京金陵大学陈裕光校长鉴：遥祝先生任职十周年纪念，并贺举行学生毕业典礼，临风拜手，无任神驰。伯苓。

（南开大学档案馆藏）

致沈嗣良

（1937年6月7日）

嗣良先生大鉴：

日前裁覆一械，报告廿六日抵沪，想蒙察悉。但讲演毕，当日晚即须返津。缘廿八日下午华北水利委员会开会，苓尚须出席。奉烦先生预为代购廿六日晚平沪车头等下铺睡票一张，以备应用。劳神容谢，顺颂

时绥！

附题词一纸。

张伯苓拜启

六月七日

（南开大学档案馆藏）

致上海新亚酒店

（1937年6月7日）

径启者：前为失迷钞票事曾寄一椷，请代察找。讵尊覆到时，鄙人已由渝返津，日前方从渝校改递前来。展读得悉贵店为区区之事煞费搜寻，现已悟得该失物所在。对贵店之多方劳神极所以感，特具寸函鸣谢，希惟查照是幸。此致

上海新亚酒店。

张伯苓手启

六月七日

（南开大学档案馆藏）

致玉祥

（1937年6月9日）

玉祥贤弟大鉴：

来函读悉。欲投考税务学校内勤训练班，甚好。关于年龄方面，吾弟仅差一岁，若委婉向之关说，请求通融，或可得其允许。苓办教育三十余年，对于代人证明事向取真实，所委变写年龄一节，深愧难以报命，尚希原谅是幸。覆颂

时祉！

附缴空白介绍书一纸。

张伯苓拜启

六月九日

（南开大学档案馆藏）

致国立北平故宫博物院理事会

（1937年6月9日）

敬复者：接奉来函，示以六月廿一日开会，谨以聆悉。惟尔时适值学期末尾，校务羁身，无法摆脱，实不能离津远出。用特据情声覆请假，希惟鉴谅是幸。此致

国立北平故宫博物院理事会。

张伯苓敬启

六月九日

（南开大学档案馆藏）

致吴芷洲

（1937年6月10日）

芷洲砚兄先生大鉴：

前在津欢聚，甚快。所摄影片已经洗好，兹检出二帧，连同校旗一面随函寄呈台端，请赐惠存为荷。顺颂
公绥！

外附影片二帧、校旗一面。

弟张伯苓拜上

六月十日

（南开大学档案馆藏）

致卢作孚

（1937年6月上旬）

成都四川建设厅

作孚吾兄先生：

顷读吾兄及蒋厅长赐函，敬悉一是。南渝诸承赞助，实深铭感。惟苓仍希望男生经常费由中央补助，女生经常费由省府补助。今按尊函所提办法，每两班补助一班，则将来班次增加时，必多困难。今拟于本年暑后暂招高一女生一组，经费尚勉可维持，将来扩充，仍望吾兄多多予以帮助也。专复，即请
大安！

张伯苓敬启

（南开大学档案馆藏）

致蒋志澄

（1937年6月上旬）

成都教育厅

养春先生大鉴：

顷奉手示，敬悉一是。南渝招收女生，承允依照省立学校经费支付标准，每两班补助一班，甚感！甚感！惟苓仍希望男生经常费由中央补助，女生经常费由省政府补助。本年因系第一次添招女生，拟暂设高中一班，所需经费，勉可维持，将来班次加增，经费加多时，仍望钧厅加以维持，幸甚。幸甚。专此，敬请

公安！

张伯苓敬启

（南开大学档案馆藏）

附：卢作孚、蒋志澄致张伯苓（1937年6月15日）

伯苓先生左右：

前奉台示，领悉一是。南渝中学女生部请予补助事，业经教厅签奉主席核准，依照省立学校经费支付标准，分别高、初中，每两班中补助一班（每班每年高中四四七六元，初中三一九二元）。惟查渝地女子升学情形，似高中尤较初中切要。

又，二十六年度省教育经费情形，最高额当可补助高中二班，初中一班，诸请台洽为荷。专此布达，敬颂

教祺！

卢作孚、蒋志澄谨启

六月十五日

（南开大学档案馆藏）

致王世杰

（1937 年 6 月 12 日）

雪艇部长赐鉴：

六月五日手谕，敬悉一一。因赴平有开会事，裁答稽迟为歉。

川大之事蒙介公[①]谅解，得作罢论，甚为释然。苓所以始终不愿脱离南开原因，委以在先与严范孙先生有誓约，愿终身办理南开。区区苦衷，自不能不请求公谅。日后如有相需处，但能不背初衷，无不愿效驽骀。便中仍请代转介公为幸。

南渝补费承示本年度已汇清，下年度亦已经中央核定，感谢之至。南渝所募建筑费，得数极为满意，知注并闻。覆颂

勋安！

张伯苓谨上

六月十二日

（南开大学档案馆藏）

致沈嗣良

（1937 年 6 月 13 日）

嗣良先生大鉴：

前寄奉一椷，报告苓于廿六日晨抵沪，并言明当日即返，请烦于晚间代定头等车睡铺一个，想蒙鉴及。现苓抵沪仍准在廿六日晨，但北返时间已有更动，所有前恳代定睡铺一节，即请作为罢论可也。此布，顺颂

时祉！

张伯苓拜启

---

① 即蒋介石。

六月十三日
（南开大学档案馆藏）

致唐邦勋[①]

（1937年6月17日）

克明贤弟大鉴：

来函读悉。惠赠之照片甚好，已收到。敬谢！敬谢！目下距暑期不远，工作之余有何佳况，遇便北来，尚望不惜以数行示我为盼。此覆，顺颂
时祉！

张伯苓拜启
六月十七日
（南开大学档案馆藏）

致李琴湘

（1937年6月17日）

孟琴十哥大鉴：

敬启者：我校中学部社会作业委员会主任干事兼公民教员陆钟元君，河北省天津县人，现年三十四岁，在我中学毕业，嗣于民国十四年又毕业于南大文科，毕业后即归中学部服务，已历十有余年。该生品学兼优，并对办事上多有经验，现有志前赴欧美就所学再加以研究。查本省考选国外留学生章程第三条："本省资送国外留学生，分考试与选派两种。"又第五条："本省选派留学生须籍隶河北省，并在国内外公立或已立案之私立专科以上学校毕业，具有下列资格之一者：①本省省政府及各厅荐任职员，服务连续在三年以上，确有成绩者。②本省中等以上学校充任校长、专任教员主任，连续在一校服务至五年以上，

① 唐邦勋（1902—？），字克明，安徽合肥人。1920年南开中学毕业，1924年南开大学毕业。

确有成绩者。”查该陆钟元之出身及任事经过，均与选派条所载尚无不符，恳请我哥关照，即在选派名额中将其尽先补入，俾得遂其学术深造志愿。出自栽培逾格，不胜代盼代祷之至。祇颂
勋安！

弟张伯苓谨上
六月十七日
（南开大学档案馆藏）

致天放

（1937年6月17日）

天放贤弟大鉴：

苓前者曾为银行服务诸同学作保，后因人数过多，担负过重，不得已乃通知退保。现在弟如愿苓作保，可用速环保证书。办法见附条，请与孟汝楫、范士奎、张英元[①]、俞凤歧、马肃等五人商洽加入可也。

西安中行为吾弟事与苓寄来之空白保证书皆在苓处收存。此布，顺颂
时祉！

附五人所具保证书样稿一纸。

张伯苓拜启
六月十七日
（南开大学档案馆藏）

① 张英元（1910—？），广东南海人。1932年南开大学商学院银行学系毕业。

致沈嗣良

（1937年6月18日）

嗣良先生大鉴：

迭上二椷，想均已察悉。顷接中国旅行社通知，谓已由尊处为苓购定头等车来回票一张，三等车来回票一张。此次南去，尚须赴斐陶斐会，七月初尚有庐山演讲等事，并不是专为践尊处之约。今先生竟为购来回车票所费甚多，心实不安。该项票价拟请即作为尊处暂垫，苓到后再为清算可也。敬颂

台安！

张伯苓拜启

六月十八日

（南开大学档案馆藏）

致凌勉之①

（1937年6月22日）

勉之贤弟大鉴：

兹启者：现有田冲霄君，本市人，年二十六岁，国立中央体育专科学校毕业，历充首都集中训练队体育干事，浙江第三区社会军事干部训练班班本部少校体育教官，对体育训练富有经验。我市现正需用是项训练人才，拟容一相宜位置，特备函介往晋谒，到时即请予以接见为荷。顺颂

---

① 凌勉之（1901—1986），名钟，字勉之，凌冰之弟，河南固始人。1917年毕业于南开中学后，赴日本留学，1919年回国，在天津参加五四运动被捕。出狱后考入南开大学政经系。1923年毕业后，到河南大学任教。后历任潼关、陕州两县县长，河南省教育厅厅长，济南市市长，西北军总司令部参议及国民党海陆军总司令部参议。1936年任天津市教育局局长。抗战胜利后，任北平市公用局局长。新中国成立后，在天津组织中国国民党革命委员会，曾任天津民革副主任委员、天津市政协常委、民革中央顾问等。

时绥！

附履历一件。

张伯苓拜启
六月廿二日
（南开大学档案馆藏）

致王恩东

（1937年6月22日）

震孟贤弟大鉴：

接来函，得悉贵汽车公司扩大组织，目下业已就结，可贺之至。关于董监方面，蒙公推苓为首席监察人，苓想此项职席于苓似不甚合适，并非故示谦逊，委实无以克当，幸原谅，另选承充为要。本月廿四日晚苓搭平沪车南去，廿五日晚过京，弟如有暇，便请届时到站一谈可也。覆颂
公绥！

张伯苓拜启
六月廿二日
（南开大学档案馆藏）

致雷法章

（1937年6月23日）

法章先生大鉴：

暌久，念甚。兹敬启者：现有田冲霄君，天津市人，现年二十六岁，国立中央体育专科学校毕业，历充首都集中训练队体育干事，浙江第三区社会军事干部训练班班本部少校体育教官，对体育训练富有经验。贵市注重体育，素所钦仰，想必有需用是项训练人才处，特代介绍以闻。倘蒙关照，聘得一试，所

甚盼也。祗颂
勋安！
　　附履历一件。

张伯苓拜启
六月廿三日
（南开大学档案馆藏）

致汪丰、吴蔼庄

（1937年6月23日）

平仲贤弟、蔼庄女士均鉴：

　　顷由绍周弟转到来函一件，藉悉动定多佳，欣喜之至。惠赠之皮夹已收到，谢谢！苓年来为教育事南北奔驰，几于席不暇暖，好在贱躯托庇顽健如故，而诸事亦皆顺利，堪慰远怀。去岁在川所办之南渝中学现有学生二百余人，本年秋房屋扩充，学生人数可再增加一半，并添设女中班。知注附及。惟关于南渝发展情形，详载《校友》月刊，另为寄上，不详赘述，希检收一阅是幸。顺颂
俪安！

张伯苓拜启
六月廿三日
（南开大学档案馆藏）

致袁敦礼

（1937年6月23日）

志仁先生大鉴：

　　敬启者：现有张尧年君，江苏溧水人，年廿八岁，燕京大学毕业，文学士。毕业后即就职于天津省立女师学院，在英文系充任教授三年。嗣因求深造，赴

英留学，在理治大学得硕士学位，本年暑期归国。查张君未出国前，其对英文教授早经博得美评。兹将归来，贵大学如有位置予以延聘，其能胜任愉快可断言也。苓知张君深，故乐为代谋，幸先生鼎力玉成，勿令良好师资失之交臂，是为至盼。祇颂
夏安！

张伯苓拜启
六月廿三日
（南开大学档案馆藏）

致田树滋

（1937年6月23日）

北平东城立达中学

树滋先生台鉴：

接奉惠书并履历介函等件，均敬读悉。先生为经济学大家，对教授上且富有经验，深所佩仰。承示拟行转校一节，所惜为时已晚。敝校教席均有定人，聘书已皆发讫，无复更有位置，借重机会容缓自当代为留意。苓日来尘忙特甚，后天即行南下，在南尚须有相当时间之勾留，返津期一时亦无法预定。合亟据情布复以闻，并颂
著安，不备。

张伯苓拜启
六月廿三日
（南开大学档案馆藏）

致王文田

（1937年6月24日）

文田女士大鉴：

接来函，知视察毕，已安返汴垣，甚慰。校款稍迟归缴无妨，勿庸总挂在心上。苓年来为教育事，尘忙特甚，几于席不暇暖。所幸校务均顺利，贱躯与家人一律皆托庇平安，堪慰远怀。今天下午又搭车起程南下，匆匆写此，恕不多及。顺颂

夏绥！

张伯苓拜启

六月廿四日

（南开大学档案馆藏）

呈教育部

（1937年6月29日）

呈为呈请发给留学证书事。窃属校文学院政治系毕业生王聿修，现拟自费留美专攻政治制度四年，以资深造。该生现已填就履历书一纸，并觅妥保证人填具保证书一纸，连同像片三张、证书及印花费法币三元，一并呈奉钧部，伏乞鉴核，准予发给留学证书，以凭前往，实为公便。谨呈

教育部。

廿六、六、廿九

（南开大学档案馆藏）

附：教育部令南开大学（1937年7月8日）

教育部指令　　捌2第一三一八〇号

令私立南开大学：

二十六年六月二十九日呈一件——请核发王聿修自费赴美国留学证书由。

呈件均悉。准给该生自费赴美国留学证书一纸，附件分别存还。

此令。

附发留学证书一纸，发还毕业证书一件，履历书一件，相片一张。

部长王世杰

中华民国廿六年七月八日

（南开大学档案馆藏）

致电傅恩龄

（1937 年 7 月 14 日）

Fu Enling C/O Chinese Legation
Tokio
Return by plane.
Chang Poling

（南开大学档案馆藏）

致电华午晴

（1937 年 7 月 14 日）

南开中学华午晴：喻晨北返，校款陆续汇渝，苓，寓仙岩饭店。

（南开大学档案馆藏）

附：华午晴致电张伯苓（1937 年 7 月 18 日）

牯岭仙岩饭店张伯苓师：津表安，彭春皓（19 日）去京面陈。巧。

（南开大学档案馆藏）

呈教育部

（1937 年 7 月 16 日）

呈为呈请事。窃属校本年度毕业生杨天一[①]，现拟自费赴美国留学，专攻外

① 杨天一（1913—？），浙江金山人。1933 年南开中学毕业。1937 年南开大学毕业。

交四年，以资深造。兹奉上该生毕业证明书、保证书各一件，相片二张、证书及印花费参元，伏乞鉴核，准予发给留学证书一件，以凭出国，实为公便。谨呈
教育部。

廿六年七月十六日
（南开大学档案馆藏）

呈教育部

（1937 年 7 月 23 日）

呈为请发免税护照事。窃属校理学院现购置试验用灯炮[泡]等一批，经由天津三和公司向外国定购，约于本年十一月间取道航运，运抵天津。兹奉上《中英文表单》各六份，印花费壹元（河北邮局汇发第 114 号汇票一纸），伏乞鉴核，准予转咨财政部发给免税护照一纸，并行知津海关届时验照放行，实为公便！谨呈
教育部。

天津私立南开大学校长张伯苓
中华民国二十六年七月二十三日

附：财政部复教育部（关字第 41592 号）（1937 年 9 月 3 日）

案准私拾玖 27 第一三九三二及一五四二七号咨开，以私立南开大学购置四冲程汽油等及灯泡等计三批，即将由天津进口运至该校起卸，检同原呈表单三批各六份，印花税费三元，咨请核发护照，并饬关放行，等因。

查平津沦陷，该大学业被日军轰炸焚毁无遗，前项仪器用品，势必不再订购。如必须继续购置，似亦应于该大学复校确有定期时，再行呈由贵部核转过部，以凭办理。相应检还各件咨复，即希查照转饬知照为荷。此咨
教育部。

附表单三批各六份，印花税费三元。

部长孔祥熙
政务次长邹琳代拆代行

中华民国二十六年九月三日

（重庆南开中学藏）

致电宋哲元

（1937年7月29日）

第二期谈话会开始之际，奉读感电，敬悉我忠勇将士御寇决心，至深钦佩。读阅战报，尤切激昂。顷闻移节保定，切盼与中央所派各军同心戮力，抗战到底。同仁等不敏，竭心力以从诸公之后。中国每一块土地，皆布满每一个公民之血迹。宁使人地都成灰烬，决不任敌人从容践踏而过。谨布精诚，遥祝胜利。任启珊、吴康、许仕廉、王芸生、洪深、章益、蒋百里、张季鸾、沈钧儒、吴南轩、潘序论、刘彦、戴修瓒、周北峰、张凌高、萧一山、王亚明、朱庆澜、杜重远、李剑农、陶希圣、杨公达、潘公展、段锡朋、经亨颐、叶楚伧、张伯苓、蒋梦麟、胡适等。

（《炎黄纵横》，2007年第6期）

致韩叔信

（1937年8月11日）

叔信先生如晤：

日前接到8月5日航信，慰悉。南渝各项建筑已加速进行，捐款虽一时未能收齐，建筑费可暂为垫付，要在各舍屋能早日完成，愈快愈好。不日此间当能接到由津来款，到后即将汇上。至于将来在渝接到款项，应如何存放，请与华西公司田先生商量。

南开男女中学各级学生现已决定在南渝继续上课，生员到渝时请为照料一切，南开男女中学生克赴川续读人数暂时估计为十分之一，约一百八九十人。

在津同仁均安。月前尚未能南下，望其能早日安全离津。据闻内子已由津搭轮南下，到京后拟赴渝。郑新庭君现在京，日内将搭轮赴渝，孝贯一君亦被

约赴渝。余本人拟于本月底或下月初由京飞渝。大学上课事宜在筹划中，地点大约在湖南。

约再叙，顺询

近安！

张伯苓　启

致缪剑霜

（1937 年 9 月 11 日）

自流井盐务管理局

剑霜局长仁兄先生：

苓昨日到渝，得读八月廿日手书，敬悉种切。苓终身从事教育，对于培育青年，为国造才，苟可为力，无不乐效驰驱。

蜀光中校成立已久，规模想已大具，极愿前往参观，俾便晤教。苓在渝约有旬日留，旬日后，即拟赴湘筹备联立大学事。兹拟于十七、八日偕南大化工系主任张子丹、南渝中学主任喻传鉴前往尊处，便否，即望电示为幸。专布，即请

公安！

张伯苓敬启

九月十一日

（重庆南开中学藏）

致蜀光中学董事会

（1937 年 9 月 27 日）

（字第 22 号）

敬复者：苓不才，谬承贵会推举为蜀光中学董事会董事长。责专任重，深恐勿胜。且蜀光已有十余年历史，改组整顿，亦惧繁琐，深望贵会重加讨论。

俾苓备位董事，藉贡刍荛，不胜拜祷。此致
蜀光中学董事会。

张伯苓 敬启

呈教育部部长王世杰

（1937年9月）

呈。案奉钧部二十六年九月十六日文参4第一六八九五号训令内开："兹刊发该大学筹备委员会木质关防一颗，文曰：'长沙临时大学筹备委员会关防'，附发印鉴用纸五张，希即领收，并将启用关防日期连同印鉴，报部备查。此令"等因。计附发木质关防一颗，印鉴纸五张。奉此，遵于本月二十八日启用关防，理合检同印鉴，备文呈报钧部，仰祈鉴核。谨呈
教育部部长王。

常务委员张、蒋、梅
（清华大学档案馆藏）

致贺元靖

（1937年10月9日）

元靖仁兄主任勋鉴：

敬启者：顷奉大函，敬悉。贵行营夏总参议之女公子孟英拟来敝校女中部初中三年级□科业。敝校女中部系本学期开始成立，只有高一暨初一两年级，并无初中三年级班次，与孟英女士程度均未能相合。惟孟英女士现既来渝，如欲在敝校借读，可否暂在初一年级复习。如何之处，即希转达夏总参议为荷。专此，顺颂
勋祺！

张〇〇 谨启

致汉口《大公报》通电

（1937年10月17日）

南开被毁，精神未死，本月十七日为南开中学三十三周年，南大十八周年，南开女中十五周年，南开小学九周年，及南渝中学一周年纪念，均在重庆南渝中学盛大举行。南渝本年有学生七百余人，新建校舍有女生楼、科学馆及宿舍等，前途发展，甚有希望。

教育报国，苓之夙志。此身未死，此志未泯。敌人所能毁者，南开之物质，敌人所未能毁者，南开之精神。兹当南开学校周年纪念之日，极望全国南开校友纪念学校，本南开苦干之精神，为国家民族努力。现敌焰仍炽，国难严重，我全国民众均应有前方将士壮烈牺牲之精神，一致奋起，共同抗敌。矧正义人道自在人心。国际情势已呈好转，倘我能真诚团结，继续奋斗，任何牺牲在所不惜，则最后胜利，必属我国。中国之自由平等，必可得到。津校复兴，深信亦必能于最短期间内实现也。

苓新自湘归，精神甚兴奋，极欲借贵报之力，将此意转达全国校友，不胜拜祷。

（《大公报》，1937年10月17日）

附：汉口《大公报》致电张伯苓（1937年10月16日）

今日值贵校复兴纪念盛会，敝同人谨祝南开精神昌盛永久，愿随先生及贵校师生校友之后，共同努力，效忠祖国；归津之日，再另为南开复兴致贺。

与蒋梦麟、梅贻琦致长沙市警察局

（1937年10月18日）

本校于四十九标附近龙洞坡地方，掘有防空洞三十个，专备本校员生使用，乃遇空袭警报时被市民所占据。将来本校学生日多，纠纷必不能免，非特有碍

防空秩序，且实危及公众安全，用特专函贵局，祈以设岗保护，是为至荷。

蒋、梅、张

（北京大学、清华大学、南开大学、云南师范大学编：《国立西南联合大学史料》（六），云南教育出版社，1998年）

致廷杰先生

（1937年10月21日）

廷杰先生鉴：

启者：接诵大函暨履历表，敬悉。台端经历学识俱甚鸿富，辱荷不弃，愿为臂助，实深感荷。惟敝校系普通中学尚未设有商业学科，矧开学已将两月，所有职教各员，业经聘有专人担任。兹曾延揽有意，惜无屈容之地，无任抱歉。此复。顺颂

时祺！

张〇〇 启

致卢作孚

（1937年10月24日）

南京莫干路十一号

作孚吾兄先生：

九月卅日及十月十一日手示敬悉。琐事劳神，实深铭感！兹有请者，九月卅日尊书所开款数稍有错误，特奉陈如左：

一、校友会系二〇〇〇〇.〇〇元，非二六〇〇.〇〇元。

二、房租系五〇〇〇.〇〇元，非五〇〇.〇〇元。

三、暑期学校五四〇二.九九元。

合上三数，应为三〇四〇二.九九元，非三六四〇二.九九元。

四、现时所收到者，系三三三五七.九八元，非三六四〇二.九九元。

上列各数不知由于何方错误，便恳一查为荷。再，本月五日尊处汇交喻主任之款三二六〇元，款尚未到，不知系何款，望示及。又，暑期学校一一〇〇〇.〇〇元尚未收到，惟日前由金城[1]汇到二五〇六六.二五元，未知此款是否在内。又，中央补助之一三〇〇〇. 〇〇元是否亦在内，请示知。尊函二件附奉，并请察照。种种费神，容后谢，不具。敬请

大安！

十月廿四日

（重庆南开中学藏）

附1：卢作孚致张伯苓（1937年9月30日）

伯苓先生：

尊款计暑期校五四〇二.九九元，校友会二六〇〇.〇〇元，房租五〇〇.〇〇元，共三六四〇二.九九元，业已与恩东兄洽妥，仍由金城汇上，在渝付现。汇□不收，如到渝改存他行亦可，现正办理取款手续，一二日后即可汇去。至于暑期校一一〇〇〇.〇〇元，到十月八日期满，即行提出照汇，请释念。上次金城汇款，据恩东兄云：因值金融吃紧时期，重庆各行均限制取现，金城未便独异，且以款额较巨，一次付出颇有困难，故拟商请作存，继续支付。此种拟议，实不得已，嘱为函达，请予鉴谅。专此，敬请

健康！

卢作孚

九月卅日

附2：卢作孚致张伯苓（1937年10月11日）

伯苓先生：

贵校存款，上月曾由金城汇上三笔，计三六四〇二.九九元，谅已到达。十月八日到期之暑期校款一一〇〇〇.〇〇元，亦于日前取出汇上，连前三笔，共计汇款四七四〇二.九九元正。尊款业已全数汇清，特为函达，请查收赐复为荷。

敬祝

健康！

卢作孚

① 即金城银行。

十月十一日
（重庆南开中学藏）

致何廉

（1937 年 10 月 28 日）

廉贤弟大鉴：

启者：苓于本月 9 日自长沙返渝即筹备南开、南渝两校周年纪念会事宜。当开会之日，天气晴朗，来宾颇多，贺主任国光及李市长□运使均莅会致词，倍承奖饬。苓此后更当奋勉力求进展。惟南渝建筑费迄今尚亏六七万元，刻正设法筹募中。令郎等病已痊愈，尊夫人常携之院内散步。潭第均吉，请勿挂虑。我国抗战三月国内外情状均呈好转，最终胜利终必我属。惟望弟努力赞襄蒋公，为国宣劳，以期达最后之目的。顷有朱君懋澄应美国社团志邀渡美演讲，顾旅费稍感不敷，闻曾函请惠弟转恳蒋公，酌予资助。兹复请苓代为说项。按朱君此行，事关对外宣传，如政府能酌加补助旅费，即请吾弟便中向蒋公道及，以便早日成行。

再，苓定于下月初赴长沙，特并附闻。专此。顺颂
时祺！

小兄 张伯苓 启

与蒋梦麟、梅贻琦致南开大学

（1937 年 10 月 30 日）

敬启者：查本校八月份筹备费参万元，依照三校经费比例分担，贵校应摊拨参仟玖百零贰元肆角肆分。兹查前由教育部拨来款参万元内，按照此比例额计算，已由贵校应领经费项下扣拨柒仟陆百拾玖元，核计应退还参仟柒百拾陆元伍角陆分；兹准清华大学拨来该校应摊费到会；相应拨还上项应退款参仟柒百拾陆元伍角陆分，送请查收见覆为荷。此致

南开大学。

附中央银行参仟柒百拾陆元伍角陆分支票壹纸。

长沙临时大学筹备委员会常务委员张伯苓、蒋梦麟、梅贻琦

中华民国二十六年十月三十日

（南开大学档案馆藏）

致谭仲达

（1937 年 11 月 10 日）

仲达先生大鉴：

启者：顷接自长沙转来大函，诵悉一切。敝眷现寓南渝，均甚平安，堪慰锦注。如宝眷不便在京居留，请即莅渝暂住为荷。苓定于本月 12 日赴长沙，对于临时大学事宜摒挡后，并拟转道广西视察，约一月后仍返渝。此复，顺颂

时祺！

张伯苓　启

致林同济

（1937 年 11 月 10 日）

同济贤弟鉴：

接读大函，敬悉一切。我弟能发扬南开精神于云山滇水间，无任钦佩。现在南渝各项设置，均已逐渐完成，新添筑之校舍约于本月底即可竣工。川中人士对于南渝亦有深切之认识与赞助，前途颇有希望。苓定于本月 12 日赴长沙，然后拟转道广西视察，约一月后方能返渝。云南之行，恐年内不克前往，以后何时能行，当再电达。辱荷熊校长殷殷电邀，实深感谢。除已另行电复外，尚请我弟代致谢忱为盼。此复。顺颂

大安！

张伯苓　启

致颜爱博

（1937年12月10日）

爱博先生鉴：

启者：顷读大函，敬悉一切。苓于上月因公赴长沙，本月初旬始返渝，未能早复，歉甚。承赠尊批《孟子》样本一册，尚未接阅，或系邮寄所误，将来如披读大著，苓当获益非鲜也。此复。顺颂
时祺！

张伯苓 启

致周恩来

（1937年12月16日）

翔宇贤弟大鉴：

兹有南开校友杨作舟[①]君，原任所得税事务处湖北办事处收发主任，近以国家危急，拟投笔杀敌，赴陕北工作。用特专函介绍，即请酌为委用为荷。专此，即请
刻安！

张伯苓

廿六年十二月十六日

（宋璞主编：《张伯苓在重庆》，重庆出版社，2004年）

① 杨作舟（1905—？），字巨川，辽宁沈阳人。1922年前后在南开中学肄业。

致杨芳毓

（1938 年 1 月 3 日）

芳毓先生勋鉴：

启者：顷奉大函，辱荷爱重，愧曷敢当。苓近日稍受感冒，喉咙不便发言。尊嘱为受战训学生讲演一事，实难如期前往，有方召命，不胜抱歉之至，惟希鉴谅是幸。敬复，顺颂

勋安！

张伯苓 谨启

致齐璧亭

（1938 年 1 月 4 日）

望亭贤弟鉴：

久别辱承系念，无任感荷！文旌明日莅渝，极望把晤，畅叙离衷！现因国府移渝，市街顿呈繁荣。惟现时涂翳，尚无敌机空袭情事，春暖天晴，则不敢保敌机不克□矣。南开大学仍在长沙授课，学生共约 1300 余人，由黄君子坚在彼负责办理。南渝中学男女学生已达 700 余人，川中人士，颇予赞助，前途甚可乐观。知函注存转并附函。专此，顺颂

时绥！

张伯苓 启

致张治中[①]

（1938 年 1 月 10 日）

文白先生赐览：

率军抗战，全民景仰。主政后方，三湘喁望。近维政履绥和，为国宣劳，是所祝祷。

敬恳者：门人巩君思文[②]，民国廿三年毕业于敝校英文系，为人诚实，勤于学问，历充敝校助教及南开中学教员，皆能称稳。平津失守，即受贵乡安徽省立黄麓乡村师范学校之聘。数月以来，颇为校方所依重。顷以巢县已入战区，遂转途来湘，若蒙携提，予以相当工作，俾此有用之青年，得一报效国家之机会，则不胜感激之至矣。专此，即颂

政祺！

张伯苓谨启

廿七、一、十

（南开大学档案馆藏）

---

① 张治中（1890—1969），原名本尧，字文白，安徽巢湖市人。1916 年毕业于保定军官学校第三期步兵科。1926 年 7 月参加北伐战争。1928 年 7 月后历任国民党中央陆军军官学校训练部主任、教育长等。1932 年 1 月兼任第五军军长，率部参加上海“一·二八”之役。抗日战争爆发后，任第九集团军总司令兼左翼军总司令，参加上海“八一三”抗战。1937 年 11 月任湖南省主席。1940 年任国民政府军事委员会政治部部长，兼三民主义青年团书记长。1949 年 4 月任国民党政府和平谈判代表团首席代表。中华人民共和国建立后，历任西北军政委员会副主席、全国人民代表大会常务委员会副委员长、中华人民共和国国防委员会副主席、政协全国委员会委员、中国国民党革命委员会中央副主席等职。

② 巩思文（1904—？），字配天，河北定县人，1934 年南开大学毕业，著有《现代英美戏剧家》（1939 年出版）一书。

致郑达如

（1938 年 1 月 11 日）

达如贤弟鉴：

启者：兹有南开女校友黄宁馨女士之夫何绍周君，系何敬之部长之侄。当达铨主席莅渝之时，何君曾托贺主任元靖向达铨主席荐举，委以黔省保安处长一职。顷黄女士复请苓代为探询，情难推却，除另函达铨主席请分析转递外，并希裁复为盼。

旧年返渝度岁否？室眷均吉，希释念！专此，顺颂
时祺！

张伯苓 启

致周恩来

（1938 年 1 月 16 日）

翔宇贤弟鉴：

兹有南开校友罗君沛霖[①]愿到贵军作无线电设计制造及修理工作。查罗君于一九三一年由南开中学毕业后考入上海交大电机工程科。一九三五年在交大毕业后即服务广西第四集团军无线电工厂，旋入上海中国无线电业公司工程部工作。为人聪颖干练，学力极佳。爰驰书介绍，希酌予任用是幸。专此，为颂
时绥！

张伯苓

---

① 罗沛霖（1913—2011），天津市人。1931 年南开中学毕业，1935 年上海交通大学毕业。1952 年获美国加州理工学院哲学博士学位。中国科学院及中国工程院院士。曾任中国工程院主席团成员、中国计算机学会及中国系统工程学会荣誉理事、中国电子学会荣誉会员。北京大学、南京大学等八个院校名誉、兼职教授。中国工程院六个倡建人之一。曾任多届全国人大代表、全国政协委员。

廿七年一月十六日

（宋璞主编：《张伯苓在重庆》，重庆出版社，2004 年）

致马敬予

（1938 年 2 月 2 日）

敬予贤弟鉴：

华翰敬悉。调陕服务甚佳，以后仍望本母校精神，努力发展。敝眷于去岁 9 月间来渝，一切平安，堪慰注念。此复。顺颂

时绥！

张伯苓 启

致林森[①]

（1938 年 2 月 15 日）

主席钧鉴：

敬肃者：职校在重庆老鹰崖山洞旁陈姓地内租有田土一段，拟建筑房屋数间，作为教职员暑假期间休息处所。不意方当起建之际，钧府某副官在彼处加以阻止，未审何故？用敢恭恳主席转饬所属，妥予保护，俾得动工，不胜感祷之至！此上，敬请

钧安！

南渝中学校长张伯苓谨启

二月十五日

（宋璞主编：《张伯苓在重庆》，重庆出版社，2004 年）

① 林森（1868—1943），字长仁，号子超，晚年自号青芝老人，福建闽侯县人。早年加入同盟会。1931 年，任国民政府主席。

与蒋梦麟致龚自知①

（1938年3月6日）

仲钧先生厅长道席：

此次临大迁滇，情承照拂，毋任感幸！敝校校址本拟全部设在昆明，嗣以校舍赶筑不及，日前在蒙自方面，租赁海关及商店旧屋，暂资文、法两院之用；理、工两院及其他部分，尚须设在昆明，并仍按照原定计划，在昆明赶筑全部校舍。然经营需时，而员生图籍均在途中，一部分日来且已陆续到达。预计建筑工程约一年始克告竣，一时无地栖止，殊为困难。不得已拟恳请设法拨借昆华农业学校、昆华工业学校及昆华师范学校三处校舍之一部分，暂资应用，以一年为期，俟建筑工竣，当即交还。如承惠允，将来迁入之后，关于敝校学生之管理及一切措置，当令各部分严密注意，以不妨碍原校一切设施为原则，期能和衷共济，彼此相安，谅亦为先生之乐许。谨函奉恳，诸维鼎成，相关各方并迄转达。屏营待命，即祈鉴察。蒋、张。

（北京大学、清华大学、南开大学、云南师范大学编：《国立西南联合大学史料》（六），云南教育出版社，1998年）

附：云南省教育厅复张伯苓、蒋梦麟（1938年3月21日）

孟邻、伯苓先生校长道席：

顷按（接）贵大学商借校舍来函一件，敬悉种切。又日昨贵校长会晤省政府龙主席，面商借用校舍事宜。兹奉到龙主席条谕：内开："现临大迁滇，在该校校舍未建筑完成以前，准由教育厅将省立农、师、工三校校舍，各予暂行借用一部，以应急需。至借用时期，应并由该厅与临大商定可也。"等因，自应照办。兹根据与贵处面商之结果，体察农、师、工三校校舍可以奉借之限度，特

① 龚自知（1894—1967），字仲钧，云南大关县人。北京大学毕业。1928年任云南省政府秘书长。1929年至1945年任云南省政府委员、教育厅厅长。1945年后任云南省参议会议长、国民党中央执行委员、国民党立法院立法委员。新中国成立后任云南省人民政府委员会副主席、民革云南省委主席、民革中央委员等职。

拟定借用事项如下：

一、农校将东偏寝室楼上下房屋全部暨农场办公室房屋全部借用。

二、师校将现办附属小学之雷祖殿房屋全部暨校内第二院东偏教室全部借用。

三、工校将新建之工场房屋全部借用。

四、借用期限自现在起，至二十八年一月底止。

除照录台函暨省政府主席条谕，转饬农、师、工三校长遵照，并饬于文到三日内腾空以备借用外，谨此奉复。

（北京大学、清华大学、南开大学、云南师范大学编：《国立西南联合大学史料》（六），云南教育出版社，1998年）

重庆沙坪坝文化区自治委员会公函[①]

（1938年3月30日）

查沙坪坝地方，现以时事要求，学校林立，机关荟集，因之市面骤形发展，人口日渐稠密。于公共秩序之维护、住民生活之改善、文化事业之促进，势必加以整理及改进。爰由中央大学、中央电台、重庆大学、炼钢厂、教育学院、南渝中学及巴县第一区署等机关学校于二月六日假重庆大学会同成立"重庆沙坪坝文化区自治委员会"，以便实施治理，并推定庶华、伯苓、显鉴等为正副主任干事，随即开始办公。

（《四川省立重庆女子职业学校全宗》第155卷，重庆市档案馆）

---

① 张伯苓时任该委员会副主任干事，本函为与该委员会主任干事胡庶华、副主任干事高显鉴联合署名。

致龙云[①]

（1938 年 3 月 31 日）

志舟主席勋鉴：

敬启者：苓日前赴滇，筹办临时大学事宜，蒙鼎立赞助，得借用省立高级各校之舍，是临大能早日移滇皆台端所赐也。将来临大校址仍恳帮忙为感。现临大师生已陆续就道，分批去滇，大抵四月底即可开学。苓拟五月间赴滇一行，届时当晋谒台端，藉聆教益。专此奉布，顺颂

勋祺！

南渝中学校长张伯苓谨启

三月三十一日

（宋璞主编：《张伯苓在重庆》，重庆出版社，2004 年）

致龚仲钧

（1938 年 3 月 31 日）

仲钧厅长勋鉴：

敬启者：苓日前赴滇筹办临时大学事宜，蒙鼎力赞助，得借用省立高级各校校舍，无任铭感。将来关于临大事宜，尚希多予指导为荷。专此，顺颂

勋祺！

---

① 龙云（1884—1962 年），原名登云，字志舟，云南昭通人，彝族。1914 年毕业于云南陆军讲武堂，1927 年后，任云南省主席、国民党云南省党部主任委员等职。抗日战争时期，任第一集团军总司令、陆军副总司令、昆明行营主任等职。1950 年到北京，历任中央人民政府委员、国防委员会副主席、全国人大常委、全国政协常委、民革中央副主席等职。

致中华教育文化基金委员会

（1938 年 4 月 20 日）

敬启者：苓于民国二十五年春，目击时艰，愤暴敌侵我日急，深恐南开学校不能继续维持，乃在重庆沙坪坝，购地四百亩，起建校舍，设立南渝中学。是年秋，招收二百数十人，正式开学。

自卢沟桥事变发生，平津沦陷，南开学校果不幸首遭敌人轰炸！三十余年惨淡经营之南开四部毁于一旦，言之痛心！幸有南渝中学，南开教育事业仍得继续，一部师生暂时得有所归依。惟预定计划，南渝中学第一年招收学生二百余人，第二年四百余人，第三年六百余人。自全面抗战开始，战区学校相继停课，战区学生纷请入学。南渝为救济失学青年，不得不增加班次，扩充学额。现时全校学生已骤增至九百人，较预定几多一倍。暑后开学，恐非增至一千数百人不足以应付目前需要。学校发展过速，校舍、设备均觉不敷，经费筹募时感困难。计自开办迄今不及二年，南渝购地、建筑及设备等，所费已达四十余万元，各方募捐所得二十余万元，不足之数尚有二十余万元。当此抗战期间，青年失学至众，经费募集不易，而全国中学规模略具者已多不存，用敢吁请贵会，对于南渝建筑经费，特予补助八万元，俾得尽量收容战区学生，藉资救济，不胜拜祷！附奉南渝中学校舍全图一幅及说明一纸，并希鉴核是幸。此致
中华教育文化基金委员会。

重庆市南渝中学校长张 谨启

（宋璞主编：《张伯苓在重庆》，重庆出版社，2004 年）

致重庆市防空司令部

（1938 年 4 月 22 日）

敬启者：顷奉大函，嘱苓于本月 28 日担任播音演讲一事，本当如期前往，奈是日苓已离渝赴自流井参加蜀光中学董事会事宜，有方尊命，殊深抱歉，尚

希鉴谅是幸。此致
重庆市防空司令部公鉴。

致周恩来

（1938年4月22日）

翔宇贤弟鉴承：

赠玉照业经何先生转交收到，谢谢。兹有南开大学毕业生傅大龄君，曾担任母校物理助教数年，人极诚笃，作事努力。现拟赴陕投效，俾积极参加救国工作。苓特为介绍，即望赐予接洽，并酌量委派工作，是所至盼。专此，顺颂
近祺！

张伯苓
廿七年四月廿二日

（宋璞主编：《张伯苓在重庆》，重庆出版社，2004年）

致蒋梦麟

（1938年4月25日）

梦麟先生惠鉴：

大函敬悉。月涵、金甫、光旦[①]诸君平安抵滇，甚慰。联大事宜诸承偏劳，谢谢。惟五月二日联大开学之际，苓恐届时不能赴滇参加，歉甚。再，联大租用及借用之校舍诸多不便，现在校地既经择定，款已筹妥，最好即时开工建筑。如有需苓之处，即当抽暇前往，或烦黄子坚君来渝面谈亦可。苓定于四月廿五日晨赴自流井出席蜀光中学董事会，商洽该校建筑事宜，约五月初返渝。特此奉复，顺颂
近祺！

① 月涵指梅贻琦，金甫指杨振声，光旦指潘光旦。

诸同事均请致意，不另。

年四月廿五日[①]
（重庆南开中学藏）

致李惟远

（1938 年 5 月 3 日）

惟远先生惠鉴：

大函敬悉。辱承远道注存，无任感荷。前标敝校童军教练马君声称，有张春惠君愿就敝校体育指导一席，初不知张君即系贵校童军教练也。兹敝校体育指导业经聘就到校任职，张君问题当勿庸议。专此奉复，顺颂
教祺！

致重庆市防空司令部宣传委员会

（1938 年 5 月 7 日）

敬复者：顷奉大函，嘱苓于本月 10 日午后 6 钟担任防空播音讲演一事。本当如期前往，奈苓已定于本月 7 日乘机飞汉，有方尊命，实深抱歉。尚希鉴谅是幸。此致
重庆市防空司令部宣传委员会。

① 原文如此。

致缪剑霜

（1938 年 5 月 19 日）

剑霜局长先生大鉴：

多日未晤，教甚念！兹有南开校友张思海君，学历经验均颇丰富，以不甘附和伪满，携眷来渝，据称系台端掌理淮北盐政时旧属员，现仍愿投效，俾得一枝栖，特请苓代为介绍。除将张君原函及履历书一并附奉，用资鉴察外，专此布达。顺颂

台祺！

致黄秋浦

（1938 年 5 月 20 日）

秋浦先生大鉴：

华翰敬悉。贵校 6 月 13 日举行毕业会，拟邀苓参加演讲，实为荣幸！惟苓以校务猬集，诸待擘画，届时能否在汉，或赴滇，或往自流井，现均难确定。有方台命，实为抱歉，尚希鉴谅为祷。专此奉复，顺颂

教祺！

致陈诵洛

（1938 年 5 月 27 日）

诵洛先生惠鉴：

大函敬悉。关于自贡设市事，台端论列各点，缜密周详，均极扼要，无任钦佩。日前何厅长北衡莅渝，谈及台端从政经验，亦备极推许。顷由新华公司

带来消息，藉稔台端代表缪局长赴五通桥考察，想一切问题当能迎刃而解。苓何日赴滇或去蓉，行期尚未确定。知关注念，特并附闻。此复，顺颂
时绥！

伯平校友祈代致意。

（南开大学档案馆藏）

致周恩来

（1938年6月9日）

汉口政治部

翔宇贤弟大鉴：

前在汉畅叙，甚快。兹有刘君念悌，为上海实业界闻人刘君鸿生之公子，曾在日本留学，又在四川水泥厂供职，现有志赴陕北工作，故特为介绍，乞抽暇接见为盼。专此，顺颂
公安！

颖超女士祈致意，不另。

附刘念悌君履历书一纸。

张伯苓

廿七年六月九日

（宋璞主编：《张伯苓在重庆》，重庆出版社，2004年）

致中央广播事业管理处

（1938年6月12日）

敬复者：顷奉大函，嘱苓于本月21日担任贵电台播音讲演一事。本当如期前往，奈是日下午6时半为本市青年会董事会开会之期，有方尊命，实为抱歉之至。尚希鉴谅是幸。此复，顺颂
公绥！

与蒋梦麟、梅贻琦致龚自知

（1938年6月13日）

仲钧先生厅长道席：

前奉三月二十一日惠书，并承录示龙主席条谕暨转饬农、师、工三校照借校舍一部分令文一件，祇悉一是。诸荷周全，至深感幸。自敝校迁入以来，日常关于学生之训管已严令注意，期不发生妨碍原校训导情事。并为便利起见，已由双方勘定地界，由本校出资建筑隔离物，各自出入。其关于借用校舍方面，经与三校当局商洽结果，与原议稍有不同，本校所借用者计为：

一、农校，原定借东宿舍全部及农场办公室，但该校因需自用，于东宿舍楼下保留八间，作该校学生寝室，另借予中9甲教室一间，并将该校图书馆、饭厅及中3甲教室作为两校公用。

二、师范，因自身需要与原定有变更，计承借予图书馆（该校保留楼下东面四小间）、第六院及前工程处全部。

三、工校，借予原定之工场一所。

以上三处，已与各原校当局商妥，惟视前议有变更之处，应附声明，即祈查照。此后在借用期内，对于校舍、路面以及原有花木等项，当令尽力保护。万一因教学设施之必要，对所借校舍内部建筑及门窗有所变动或致损坏，将来俟交还时倘各校以为有修复之必要，本校自当负担该项修理工料费用。再，于所借校址内，因房屋不敷，本校须添建时，建筑位置及面积大小，亦必双方商定后再行动之。此项建筑于交还时，如原校认为有移去之必要者，亦当由本校拆去。其他如本校在借用房屋范围之内新装电灯、水管，装置费用以及逐日水电所耗，皆由本校负担。一面本校当就觅定地址，赶速兴工，建筑校舍，期于明年一月底如约腾还。设使届时工程未能全部竣事，亦必先期奉知，再商办法。缕陈所见，并致谢忱。

蒋、梅、张

（北京大学、清华大学、南开大学、云南师范大学编：《国立西南联合大学史料》（六），云南教育出版社，1998年）

附：云南省教育厅训令（1938 年 3 月 21 日）

案准临时大学函开：“此次临大迁滇，情承照拂，毋任感幸！敝校校址本拟全部设在昆明，嗣以校舍赶筑不及，日前在蒙自方面，租赁海关及商店旧屋，暂资文、法两院之用；理、工两院及其他部分尚须设在昆明，并仍按照原定计划，在昆明赶筑全部校舍。然经营需时，而员生图籍均在途中，一部分日来且已陆续到达。预计建筑工程约一年始克告竣，一时无地栖止，殊为困难。不得已拟恳请设法拨借昆华农业学校、昆华工业学校及昆华师范学校三处校舍之一部分，暂资应用，以一年为期，俟建筑工竣，当即交还。如承惠允，将来迁入之后，关于敝校学生之管理及一切措置，当令各部分严密注意，以不妨碍原校一切设施为原则，期能和衷共济，彼此相安，谅亦为先生之乐许。谨函奉恳，诸维鼎成，相关各方并迄转达。屏营待命，即祈鉴察。”等由。准此，又奉省政府主席龙条谕，内开：“现临大迁滇，在该校校舍未建筑完成以前，准由教育厅将省立农、师、工三校校舍，各予暂行借用一部，以应急需。至借用时期，应并由该厅与临大商定可也。”等因。奉此，兹经遵照省政府主席条谕，根据与临大筹备处会勘面商之结果，体察各该学校可能酌借之房屋，制定借用事项四条，函复临大查照办理去讫。

查临时大学，为延续保存数十年来惨淡经营、硕果仅存之国家学术教育命脉，流离转徙，间关跋涉，不远万里，移设吾滇。洵已煞费苦心，备尝艰阻。且悉该校大多数同学，正在湘黔途次，徒步旅行来滇。凡我学界师生，对此宜如何深致同情，尽力援助。现临大决定在滇中赶筑全部校舍，惟预计工程非短期所能完工，特商得省政府同意，暂就各该校借用校舍一部，以应急需，而免无所投止。明知各该学校校舍无多，各有用途，借用之余，必感局促不敷与设施不便之苦。惟以大义所关，同情所寄，在理在势，均不得不慨然相假。就中尤以农校所借较多，不便益甚。惟试一平心计较，借诚诸有不便，然绝不至因此而致各该校学生失学，更不致因此而致各该校师生失所。以吾人立场，又何能坐视千百被难远来之同胞同学一任失学失所不为之？凡此所述，在我各校师生，深明大体，自可无待烦言。时际非常，事非得已，切盼共喻斯义，慷慨奉行，有厚望焉！兹制定借用事项四条如下：

一、农校将东偏寝室楼上下房屋全部暨农场办公室房屋全部借用。

二、师校将现办附属小学之雷祖殿房屋全部暨校内第二院东偏教室全部借用。

三、工校将新建之工场房屋全部借用。

四、借用期限自现在起，至二十八年一月底止。

仰即遵照，于文到后三日之内，将上述指定房屋腾空，移交临大筹备处借用。望有与学校管理相关事项，仰各该校长分别径向临大协商办理。切切此令。

兼厅长　龚自知

（北京大学、清华大学、南开大学、云南师范大学编：《国立西南联合大学史料》（六），云南教育出版社，1998年）

致胡安素

（1938年6月14日）

安素女士：

来书已悉。此间发展虽速，而事少人多，苦难一一罗致。女士对于教育经验丰富，愿来帮忙，极表欢迎！惟现时在此之同学，尚有多人无相当工作。如女士西来，一时恐无位置。为歉！专复，即询

近好！

与汪精卫致电林森①

（1938年7月7日）

重庆国民政府林主席钧鉴：会议开始，接奉赐电，勗勉周挚，感悚同深。寇焰方张，时艰孔殷，愿竭棉薄，共效□□，伏祈集训时颁，藉资典型，谨电肃谢，并颂钧安。国民参政会议长汪兆铭，副议长张伯苓暨全体参政员同叩。阳。

（《申报》（汉口版），1938年7月9日）

① 1938年7月6日，国民参政会举行第一次会议，副议长张伯苓被选为大会主席，大会以国民参政会正、副议长汪精卫、张伯苓的名义，致电慰问国民政府主席林森。

致朱一民

（1938 年 7 月 23 日）

甘肃兰州省政府

一民主席勋鉴：

久慕芝宇，惜未瞻□，伏维勋猷日隆，德业昭著，幸甚，幸甚！兹有恳者：前任贵省省立医院院长韩立民君，系苓十五年前之学生，人极诚实，忠于职守，闻在西北办理卫生事业颇著成绩，曾得国际联盟代表、中英庚款董事会及教育部督学等之嘉许，实现在卫生专门人员中不可多得之人材也。祇以工作认真，易招怨尤，又系技术人材，对于行政事务非所擅长，纵办事手续容有未合之处，亦不无情有可原。当此抗战日期，前方需医务人员甚急，韩君情殷报国，拟即赴前方效劳，用特敬恳台端，关于韩君应行交代事宜，设法予以早日解决，实不胜企祷之至。

令媛素兰、梦兰在敝校肄业，本学期大考因学业成绩过差，未能随班，下学年似仍应在初一年级继续肄业，俾免躐等。又，令媛岫兰此次报考敝校高中一年级，有数科未考，致未录取。如第二次再行报考，或入高一或归初三，当特予设法，并闻。专此奉布，顺颂

勋祺！

廿七年七月廿三日

（重庆南开中学藏）

致黄钰生

（1938 年 7 月 27 日）

子坚贤弟如握：

在汉接长函，本拟即时裁答，嗣因会事忙碌，天气炎热，未能实行。回渝后，又接七月廿一日函，兹将所询事简略件答之。

明日赴蓉，彼处天气凉爽，稍息后再相函商各项。通讯处为：成都南沟头巷二十三号新华公司。苓偕内子在彼处拟住二三星期。因重庆天气近日异常炎热，苓时觉头晕，故迁地以避之。但汉口要人近又逐渐来此，苓又不能不少尽地主之谊，是以数日后仍须来渝也。

南渝中学发达甚速，自流井之中学亦在进行建筑、招生，筹备下学期开学事宜。传鉴弟精神焕发，计划周详，伊今年五十岁矣，视之不过三十岁人，身体强健，可比苓之右臂。中学部传鉴负全责，可无忧也。

南大与北大、清华合作，我弟代表愚兄与彼等周旋，且由各方得来报告，皆称我弟在联大为最能干之职员，苓闻之甚慰，实南大之光荣也。弟对于南开之贡献，不为小矣。

前在汉晤章司长，详谈款项事，补助私立学校款已发去，维持费不日可发，望转汇渝。

邱、姜暑后须加入联大，文侯缓商，宗岱亦从缓。总之，我校不欲揩油，故当慎重。书店欠款可照付，荷兰领事亦有函致苓。毕业生已由传鉴弟酌用矣，余容再续。顺颂

暑安！

尊夫人、诸同事均乞致意，不另。

兄苓上

七月廿七日

致蒋廷黻

（1938年8月8日）

行政院

廷黻先生赐鉴：

手示奉悉。仲述舍弟既决定返国，请代为致电，促伊早回，以便出席参会（九月七日开会）为□。令爱志仁，拟入南开女中，甚善，兹特奉上招生简章及报名书各一纸，请即查收。此复，顺颂

大安！

年八月八日[1]

（重庆南开中学藏）

致寿毅成

（1938年9月1日）

南京鼓楼忠实里六号

毅成仁弟大鉴：

顷奉手书，藉悉一是。查本校向不收借读学生，新生入学必须经过入学考试。而本期两次入学试验均已过期。因报考人多，各级取录学生皆超过预定额数。徐君欲来入学，为时稍晚，恐难设法为歉！专此布复，顺候

大安！

年九月一日[2]

（重庆南开中学藏）

致教育部统一招生委员会

（1938年9月）

案准国立各院校昆明招生委员会办事处函开："查本届国产各院校统一招生，圣于本届平津高中毕业生之成绩特优者，曾草拟变通办法函重庆统一招生委员会核办在案，迄未见复。现因为时已促，且近来平津中学毕业来滇而未及参加本届入学考试者颇多，该生等曾来要求补考，本处以成绩业经送部未便通融，然其情不无可原，为此拟请贵校径函重庆统一招委会要求保留一年级学额七十名，以便设法补救，其办法当另由本处径与统一招生委员会详商。又查云南省教育厅保送本届免试升学学生，其中第一志愿大部皆为国立西南联合大学，

① 原文如此。

② 原文如此。

故此并希贵校函达该会再予保留一年级学额三十名，连前共一百名。”等因。准此，查该会函开各节与本校本年度新生名额有关，如不早为之计，恐届时拒绝入学则碍于章程，全体收留则无法容纳，倘能预为保留若干名额，则可免上述困难。相应函达，即希查照为荷。此致

教育部统一招生委员会。

常务委员　梅贻琦、蒋梦麟、张伯苓

（中国第二历史档案馆藏）

与蒋梦麟、梅贻琦致电孙洪芬

（1938 年 10 月 4 日）

上海九江路中华文化教育基金会孙洪芬先生道鉴：中基会补助本校设备费十万元，除三万七千五百元已承代购美金六千七百九十六元交来外。余款恳扫数代购美金，由纽约付款，以西南联大名义汇交香港中国银行郑铁如先生收，至补助建设费 5 万元，仍请以国币留存。

（北京大学、清华大学、南开大学、云南师范大学编：《国立西南联合大学史料》（六），云南教育出版社，1998 年）

与蒋梦麟、梅贻琦呈教育部

（1938 年 10 月 26 日）

敬陈者：查本校自移设昆明以来，所有校务进行情形，业经随时呈报在案。当本校初迁来时，学生仅一千一百人，物价也颇低廉，每月经费已足敷开支。嗣后各机关纷纷移设此间，避难人民亦麇集于此，于是房价、工资以及日常用品，莫不增价。本校文法学院迁滇后原设蒙自，因空军军官学校需用该地房屋，于本学年迁回昆明。适当物价高涨之际，本学年新生又骤增多名，全校学生达二千二百余人，较前已加一倍，一切开支，莫不随之增大。最感困难者，厥维校舍之修缮及家具之添置。本校校舍，除租用本地学校房屋，仅费租金外，所

租民房及会馆，不加修葺，不能应用，而此种房屋，大多年久失修，修理估价，往往超出预计。至于家具，亦复类似。本校初迁来滇，购大批汽油木箱以代床铺桌椅，其时每具仅值国币一角，以后总价增多，每具竟达国币一元。它如万不可少之教室、桌椅等，因昆市工料、木匠不足用，须至外县采购、觅雇，其值更较前倍蓰，致家具费超支三万四千余元，再加薪工超支八千余元。复因学生骤增，添聘教职员、雇工友薪工超支。自二十七年七月至十二月，半年之中共计超支六万七千余元，曾就预算内其他各项目力加撙节，超支及余额两抵，不敷仍达六万元之巨。本年度如仍照原来预算，万难敷用，业已历陈详情。请自二十八年一月份起，增加一成经费，计一万九千八百三十三元三角三分。至上年度七至十二月超支之六万元，因时值非常，事实所迫，非人力所能左右。兹谨缮陈，仰祈特予通融，照数拨六万，实为公便。

蒋、梅、张

（北京大学、清华大学、南开大学、云南师范大学编：《国立西南联合大学史料》（六），云南教育出版社，1998 年）

与汪精卫致电毛泽东

（1938 年 11 月 2 日）

急。延安八路军司令部毛泽东先生勋鉴：勘电诵悉。除向大会报告外，东，大会已通过决议，拥护蒋委员长所宣示全面抗战、持久抗战、争取主动之政府既定方针。特复。汪兆铭、张伯苓同叩。冬。

附：毛泽东致电汪精卫、张伯苓（1938 年 10 月 28 日）

汪议长、张副议长惠鉴：当全国抗战进入最严重之新阶段，我国民参政会适于此时举行第二次大会，献可替否，弼助国家民族，诚转弱为强之关键，开展胜利局面之枢纽也。窃以为驱逐日本军阀出中国，奠定抗战最后胜利基础，首在坚持抗战，坚持持久战，坚持举国上下精诚团结之民族统一战线。泽东因事羁身，未能出席本届大会，特电请假并贡愚见，伏乞垂察。毛泽东。勘。

（孟广涵主编：《国民参政会纪实》（续编），重庆出版社，1987 年）

致黄钰生

（1938年11月3日）

子坚贤弟鉴：

别来五日，想必一路平顺，安抵昆明矣。兹有北方南来学生戚志芬等五十三人，另耀华毕业女生刘毓华等四人，均因到滇期晚，未得参与教部统一考试，来函求苓设法。前闻吾弟在渝谈，对此类学生已有相当办法，不知确否。苓已函该生等往谒，吾弟请即尽量设法为感。

又，三十一日由中央银行汇去国币七千元，未知已收到否。专此。敬请

大安！

张伯苓启

十一月三日

（南开大学档案馆藏）

呈教育部

（1938年11月24日）

案查属校天津南开大学化学工程系，原设重庆南渝中学校内，自本年度迁至昆明，所有图书、仪器、药品等共装五箱，拟于日内迁往昆明。理合备文恳请钧部转咨财政部，发给免税护照，以利运输，实为公便！谨呈

教育部

计呈图书、仪器、药品单五种，每种十二份。

南开大学校长张伯苓

中华民国廿七年十一月廿四日

（王文俊、梁吉生等编：《南开大学校史资料选》（1919—1949），南开大学出版社，1989年）

与蒋梦麟、梅贻琦致李书华

（1938 年 11 月）

接准十月四日大函略开：“中法教育基金委员会选送留法公费生，本年以情形特殊，暂由北平中法大学、上海震旦大学、西南联合大学各选派一名。西南联合大学应就最优良之毕业生中，选派算学一名。请将选派之学生姓名、年龄、籍贯、通讯处、学历及各种成绩开示，以便转达中法教育基金委员会。”等由。准此，本校应选派之算学系毕业生一名，业经公开考试，录取北京大学二十五年算学系毕业生、曾在该系继续充任助教二年之樊土畿一名，相应函复，并开具该生履历表及成绩表，随函附送，即希察收转达为荷。此致

李书华先生。

国立西南联合大学常务委员　蒋梦麟、梅贻琦、张伯苓

（北京大学、清华大学、南开大学、云南师范大学编：《国立西南联合大学史料》（三），云南教育出版社，1998 年）

致黄钰生

（1938 年 12 月 8 日）

子坚贤弟惠鉴：

别后乘机来渝，即于当日午后平安到达，请勿远念。

联大一年级学生张世斌，系天津南开女中学生张海惕之弟，该生父母俱亡，依其姊为生。近其姊失业，学费无着，请求贷金。其情可悯，其志可嘉，即希招该生一谈，并为设法为盼。专此，即候

时绥！

张伯苓启

十二月八日

（南开大学档案馆藏）

与蒋梦麟、梅贻琦致袁同礼[①]

（1938年12月17日）

守和先生惠鉴：

大函奉悉。中日战事史料征集委员会，本校方面，已请钱端升、冯友兰、姚从吾、刘崇鋐四先生代表参加。特此函达，即希查照为荷。专此，顺颂

教绥！

弟 蒋梦麟、梅贻琦、张伯苓 敬启

附1：袁同礼致张伯苓等（1938年12月12日）

月涵、梦麟先生尊鉴：

九日大示，奉悉一一。关于征辑中日战事史料所陈各项办法，敝馆完全同意，极盼分工合作，早日观成。专此布复，顺颂

台绥！

袁同礼再拜

十二月十二日

（清华大学档案馆藏）

附2：国立西南联合大学、国立北平图书馆合组中日战争史料征辑会办法

第一条 国立西南联合大学（以下称甲方）及国立北平图书馆（以下称乙方）为征辑抗战史料起见，共同组织中日战争史料征辑会。

第二条 本会设立委员会主持会务，委员七人由甲乙两方共同组织之。

第三条 为办事便利起见，得设常务委员会，下设助理员分组办事。

第四条 关于中文及日文之资料，由甲方担任；关于欧美资料，由乙方担任。

① 袁同礼（1895—1965），字守和，祖籍河北徐水，生于北京。1916年毕业于北京大学。1917年任清华学校图书馆主任。1918年当选为北京图书馆协会会长。1920年赴美，在哥伦比亚大学、纽约州立图书馆专科学校学习。1924年回国，在北京大学讲授目录学，兼图书馆主任。1929年任北平图书馆副馆长，1942年升任馆长。1949年赴美，先后在美国国会图书馆和斯坦福大学研究所工作。

各立财产簿，分别登录。

第五条 关于征集采访，由甲方图书馆及乙方分别办理。

第六条 关于整理编辑，由甲方历史社会学系教授督同学生担任之。

第七条 除文具纸张傢具由甲方担任外，购置费暂定一万元，由甲乙两方各认半数。

第八条 助理员之薪金由原派机关分别担任，遇必要时得接受其他机关之补助费。

（清华大学档案馆藏）

呈国民政府行政院①

（1938年）

查前参加在美在德举行之两届世运大会，已深得国际间之注意与好评。成绩虽较落后，但对于提高国家荣誉与友邦邦交之间获益洵属非浅。当兹全面抗战期内，得能参加此种盛会，扬国旗于举世睽视之广大场中，不独有以揭破世界之障翳，亦且昭示我国自强不息之精神，复有利于我国抗战之国策，固深得切焉。是故敝会自经议决以来，昕昔筹划，勿使陨越，以冀在此大时代中各尽国民本位之天职。惟预计选送代表及职员四十五至五十人赴芬兰参加大会，全部经费需国币二十五万元之数。往者有国内热心人士捐款之助，可得减轻一部分负担，现在国难期中捐募艰难，复以敝会资力之不及，殊感筹措无从，素仰钧院注重体育，对于此次负有全国使命、宣扬国策之派遣，当更乐于赞助、提携。

（王晓华、张庆军著:《百年中国奥运》，河南文艺出版社，2007年）

① 1938年3月，国际奥林匹克委员会在埃及开罗召开会议，决定第12届奥运会于1940年7—8月在芬兰举行，中华全国体育协进会张伯苓等人为此呈文国民政府行政院。

致某某

（1938 年）

当时雷兄捐万元，已交 5000 元，其余 5000 未知现时可否进行，恳吾弟斟酌，妥为办理，无任翘盼！

再，航深先生未知何日返渝？苓深望彼能鼎力相助，或彼自己，或向人代募。望吾弟于彼归时，代为转陈也。专此，敬请

公安！

致自乾主任

（1938 年）

自乾主任：

伯苓日前台从□渝，荣就新职，未获招待，良用怅然。此维政猷日新，勋务懋着，幸甚！幸甚！客岁在荣，晋谒左右，曾以南渝补助事相应，尊承慨见，殊深感荷！顷敝校校董胡子昂先生自荣归，可言[①]

致电蒋贺

（1939 年 1 月 23 日）

本日接到国民政府文官处致本会公函，诸谂中央业已推定我公为本会议长，闻讯之余，莫名欢忭，伯苓谨代表本会全体同人，虔致欢迎之忱，特电布臆，敬祈鉴察。

（孟广涵主编：《国民参政会纪实》（上），重庆出版社，1985 年）

① 以下文字缺失。

致杨石先[①]、黄钰生、陈序经[②]

（1939年1月30日）

石先、子坚、序经贤弟大鉴：

久疏音问，念甚。日前有牛津大学斯保灵先生（Mr. Spaling）来函，对于我国大学捐书事非常热心，除向牛津教授募集书仪外，斯君并自行捐款。前西南联大方面曾寄有征集书籍清单，斯君已代购齐，不日当可寄到。兹附上斯君寄来之援助我国大学生书仪及其他办法，与斯君致牛津大学副校长信各二份，敢请弟等与联大负责人共同商讨对于斯君所拟各种办法有何意见，请示知，再由苓转达斯君可也。

苓原拟客岁十二月间到滇一行，因汪先生离渝，参会驻委每周开会，苓须主席，未克分身。最近中央又发表委座兼任议长，对于会内常务苓较前须多负责任，故更难离渝。参会订二月中旬开第三次大会，会后苓当抽暇于三月初旬赴滇一行也。联大及南开方面之各种事项，希弟等代为料理，并随时法知为盼。专此，顺颂

教安！

---

① 杨石先（1897—1985），名绍曾，以字行。安徽怀宁人，蒙古族。1910—1918年就读于清华学校。1918—1923年在美国康奈尔大学学习。1923—1928年任南开大学化学系教授。1928年兼任理学院院长。1929—1931年任美国耶鲁大学研究院研究员。1931年获有机化学博士学位。1931—1937年继任南开大学教授，兼理学院院长。1937—1938年任长沙临时大学化学系教授，兼化学系主任。1938—1945年任昆明西南联合大学化学系教授，兼化学系主任，并兼昆明师范学院理化系主任。1943年兼任西南联合大学教务长。1945—1947年任美国印第安纳大学访问教授兼研究员。1947年回国后任南开大学教务长、代理校长。新中国成立后，历任全国人大代表、全国政协委员、中国科学院学部委员、中国化学会理事长和天津科学技术协会主席、南开大学副校长、校长、代理校长等职。

② 陈序经（1903—1967），海南文昌县人。早年先后就学于上海沪江大学生物系和复旦大学社会学系。1927年获美国伊利诺伊大学博士学位。1928年回国任教于广州岭南大学社会学系。1934年任南开大学经济研究所研究教授。抗战爆发后，任西南联合大学教授兼法商学院院长。1946年8月南开大学复校，任南开大学教务长兼经济学院院长及经济研究所研究主任，主持复校后的教学与研究工作。1948年8月出任岭南大学校长。1952年院系调整时，岭南大学与中山大学合并，任中山大学筹委会主任。1956年任中山大学副校长，1962年暨南大学在广州复校后兼任该校校长。1964年8月任南开大学副校长。

张伯苓谨启

一月卅日

（南开大学档案馆藏）

与梅贻琦、蒋梦麟致国立云南大学

（1939年3月3日）

事由：函为拟向贵校借用空地建筑理化实验室，附上蓝色地图一份请查照惠允赐复由。

径启者：查本校须在昆明建筑校舍，惟征收之三分寺地亩不敷应用，拟借用位于该处附近之贵校空地一段，建筑理化实验室22间，相应函达，并附上蓝色地图一份，即希查照，惠允赐复为荷。此致

国立云南大学。

附蓝色地图一份。

常务委员　梅贻琦、蒋梦麟、张伯苓

拟办：拟留待校长返校再为函复。3月6日。

批：照允函复。期以抗战时为限。4月13日。

附：国立云南大学复国立西南联合大学（1939年4月17日）

事由：函复西南联大，本校空地可照借，期以抗战时为限，请查照由。

径启者：顷准贵校公函，以建筑校舍地面不敷应用，拟商借敝校空地一段，附蓝色地图一份。等由。准此，查划界地段，目前敝校尚未应用，自应暂时照借，借期以抗战时为限，除蓝色地图留备查考外，相应函复，即希查照为荷。此致

国立西南联合大学常务委员梅、蒋、张。

校长　熊○○

致电重庆外交部、财政部

（1939 年 3 月 29 日）

重庆外交部、财政部公鉴：查南开大学存津图书贰百玖拾壹箱，仪器壹百伍拾参箱，前已运抵香港，拟于最近期内，经由海防，运来昆明，供本校应用。又，本校在港新购之仪器四十六箱，亦拟同时起运，合共四百玖拾箱，已函由贵部、外交部云南特派员办事处向滇越铁路公司办就吾国境内自河口至昆明之半价运单。惟是项图书、仪器属于南开大学者，系于七七事变时，迁地密存，设法运港，事出仓卒，并无簿籍载某箱装置某物，无从列单请领免税护照。属于本校者，订购之初，俱已照章请领护照，但尚未颁到。

又，购买有先后，起运则同时，且系托人办理，亦无法分析某箱所装仪器于某时请领护照。而仪器构造精细，装箱綦难，倘于运输途中，经过关卡，重重启验，必致毁损。又，教育用品虽照章可免关税，但无护照，或不在本国境内，亦难邀免。而本校此次拟运之新旧图书、仪器，合计几达五百箱，如须完纳关税，实非本校所能负担。为此拟恳贵部商请法国驻华大使馆转电安南境内关卡饬令蒙自海关于本校是项图书、仪器过境时，免验免税放行，无任公感。除电财政部、外交部外，相应电达，敬希查照见覆为荷。国立西南联合大学常务委员蒋梦麟、梅贻琦、张伯苓叩。艳。印。

（南开大学档案馆藏）

致孔祥熙

（1939 年 3 月 29 日）

庸之我哥部长大鉴：

敝校于七七事变时，将图书、仪器分装四百余箱，迁地密存，陆续运至香港。最近拟起运来昆，供西南联合大学应用，连同联大在港新购之仪器数十箱，共约四百玖拾箱。属于敝校者，因事出仓卒，并未著籍，无从列单，请领免税

护照。属于联大者，已照章请领免税护照，尚未颁到。而仪器构造精细，装箱綦难，倘于运输途中，经过关卡，重重启验，必致毁损。

又，似此大批图书、仪器，如须完纳关税，亦非敝校及联大所克负荷，不得已，由联大沥述原委，电请贵部饬令蒙自关免验免税放行。此举于常例或有未合，惟念敝校劫余物之须运来昆会，本因非常事变，今莘莘学子，寄跡山城，欲善其事，而乏其器，企望之殷，甚于饥渴。如蒙俯察此情，特予通融，感荷厚赐，岂有既极。专此奉恳，敬颂

勋祺！

弟张伯苓拜启

三月二十九日

（南开大学档案馆藏）

致士乡

（1939 年 3 月 30 日）

士乡先生大鉴：

时值初夏，诸益胜常为颂。兹敬恳者：云南大学教授林同济[①]先生夫人林葛黛南女士（Mrs. Adeline Gray Lin）系美国加利福尼亚大学学士，曾任南开大学英文教员，南开经济研究所英文秘书，《南开社会经济英文季刊》秘书。侧闻贵校尚需英文教员，爰为绍介。如有机缘，敢请赐予位置，实深盼祷。专肃，顺候

台安！

张伯苓拜启

三月卅日

（南开大学档案馆藏）

---

① 林同济（1906—1980），福建福州人。1928 年起，先后获得密西根大学学士学位、加利福尼亚大学硕士、博士学位。1934 年回国后，先后在天津南开大学、西南联大和复旦大学任教。1945 年应美国国务院文化部之邀，赴美讲学。新中国成立以后，任复旦大学外文系教授。

呈教育部

（1939年5月）

案奉钧部私拾玖26字一三九六〇号训令内开：“案查该校本年六月廿八日呈送员生救济费保管费概算、教职员名单等件，业经由汉教字第五八一〇号指令发还在案。关于该校留津教职员救济费及保管费，复经本部重行分配，一月至六月分计九千元，除由该校长先已领去八千元外，兹再汇发一千元，仰填送九千元收据。至救济费及保管费用途，并应造具计算呈核。此令。”等因；奉此。查汇发一千元迄今仍未收到，一俟收到之，自当填送九千元印领，并造具计算呈核。谨呈

教育部。

私立南开大学校长张伯苓

（南开大学档案馆藏）

附：教育部令南开大学（1939年5月8日）

教育部指令　　私拾玖26字〇一〇六三七号

令私立南开大学：

拟呈请发该校留津教职员二十七年度一至六月份救济费及保管费未领余款壹千元案，指令照办。

廿八年三月二十八日呈一件，呈请补发本校留津教职员廿七年度一至六月份救济费及保管费未领余款壹千元由，呈悉。该款已由该校张校长向部领去，仰即造具计算呈核。

此令。

部长陈立夫

二十八年五月八日

（南开大学档案馆藏）

与梅贻琦、蒋梦麟致北京大学办事处

（1939年6月12日）

查本校本届毕业生成绩，仍由各原校分别审查。惟本校规定课程，与各原校所定，间不相同。拟请贵校将来审查时，尽量注意本校本年度之课程标准，以资划一，而免分歧。除分函外，相应函达，即希查照为荷。此致

北京大学办事处。

常务委员　梅贻琦、蒋梦麟、张伯苓

（北京大学档案馆藏）

呈教育部部长陈立夫

（1939年6月28日）

案奉由国立西南联合大学转来钧部汉文电，略开："奉院令，《平津沪战区专科以上学校整理方案》业奉国防最高会议核定。依照该项整理方案，该校经费应按北京、清华两校原预算及南开原有补助费移拨四成。至员生救济费，奉国防最高会议议决，应另案呈核。各该校每月改支员生救济费及保管费若干，希开列概算，并将应予救济之教职员名单一并航邮呈核，以便转呈核给。"等因。奉此，当遵造概算及应予救济之教职员名单，随文奉呈，伏乞核鉴。救济费及保管费每月四千元，并祈准予发给，实为德便。谨呈

教育部部长陈。

附呈：《员生救济费及保管费概算》一份。

《应予救济教职员名单》一份。

私立天津南开大学校长张伯苓

（重庆南开中学藏）

附：教育部令南开大学（1939年7月15日）

指令　　汉教字第五八一〇号

令私立南开大学：

六月廿八日呈一件——为遵令开列《员生救济费、保管费概算》及《应予救济教职员名单》，呈请鉴核，并请准予发给由。

呈及概算表均悉。查平津六校院救济及保管费奉核定为十二万元，按照比例匀支。该校自本年一月至六月份，祇应领八千余元。兹准拨八千五百元，由该校自行分配。至于学生贷金部份，准由西南联合大学汇案呈请，再行核办。概算表发还。

此令。

（重庆南开中学藏）

致宋子良[①]、龚伯循[②]、吴琢之[③]

（1939年7月8日）

子良、伯循、琢之先生道席：

敬启者：敝校学生及校友约二十人，拟利用暑期休假之便组织“南友访问侨胞团”，前往缅甸各处访问侨胞，并以话剧、漫画、歌咏、讲演等方式宣传国内抗战将获胜利情势。定于七月底赴仰光，约于九月中旬回滇。往返途中，敢祈贵处予以搭车之便，实为欣感。倘蒙俯允，敬希示覆为荷。专肃，顺颂

大安！

张伯苓拜启

七月八日

（南开大学档案馆藏）

---

① 宋子良（1899—1983），广东文昌人，时任西南运输处主任。

② 龚学遂（1895—1968），号伯循，江西金溪人。时任西南运输处副主任。

③ 吴琢之（1897—1967），号叔屏，江苏太仓人。时任西南运输处副主任。

致南开校友会贵阳分会全体校友

（1939年8月8日）

校友诸君：

顷读手书，欣慰无量。诸君于颠沛流亡之际，不忘国，不忘母校，推南开固有之精神，以任抗建艰巨之伟业，幸甚，幸甚！伯苓拟于秋间赴西南各省一游，欢聚之期，当不远也。此复，顺祝

健康，学祺！

廿八年八月八日

（重庆南开中学藏）

致周恩来

（1939年8月18日）

翔宇贤弟惠鉴：

顷接覆电，悉尊伤未能即愈，不胜惋惜，惟远祝吉人天相，早日获痊。并祈好自摄护，为国珍重。颖超闻已前往，谅早到达。伤势日来如何，请随时示知，以免悬注。兹有李梦九君，曾在南中任教，不日将有陕北之行。李君对于贤弟，心仪已久，届时拟踵寓晋谒，藉聆謦欬，特为绍介，希即进而教之是幸。专此。顺祝

健康！

廿八年八月十八日

（宋璞主编：《张伯苓在重庆》，重庆出版社，2004年）

讨汪通电[①]

（1939年9月1日）

纵世间万恶有词可以文饰，惟作汉奸则绝对无词可以文饰。于民族抗战胜利进行之时，背叛党国离弃首都，去此革命之大本营，而私奔敌方，腼颜事仇，安居于火焰甫熄血迹未干之虹口，奔走于劫灰遍地之南京广州，受敌人刺刀机枪之重重护卫，以作危害祖国，出卖民族之企图，历史上实罕有此种丧尽廉耻全无心肝之人。即令其有如簧之口，曲解降敌为言和，则上列之铁的事实，已能铸成慧剑，将其舌根割尽。至于妄欲成立伪组织，私树小朝廷，欲藉敌人卵翼以滋长，他日敌人退出，彼可偷生，则试问敌人岂有付八十余万将士，伤亡一百万之战事损失之代价，以为汪逆精卫及一般伪组织傀儡打天下，而令其坐享其成之理。此理至显，乳臭小儿可以知之。岂汪逆与一般伪组织傀儡竟至不悟，乃竟以此欺骗我沦陷区域之同胞，则其居心更不可问矣。汪逆有张邦昌、李克用之用心，而无洪承畴、钱谦益之才学，以此惑军人，则军人方枕戈待旦，惟有愤怒杀贼；以此愚民众，则民众方渥血推心，惟有复仇雪恨；以此欺青年，则纯洁爱国之青年早视之如矢橛，其伎俩至多不过为老辈汉奸添一辩护士而已。其人其事，本不足数，绝无重视之可言，惟校院长（同人）等，身司教育，以为是非顺逆不可不明，为此申电致讨，以发其奸。待见其明正典刑之日，正国人额手称庆之时。校院长（同人）等赤诚耿耿，惟知服从中央，拥护国策，在英明伟大领袖钧座（蒋委员长）领导之下，与敌国汉奸做殊死战。谨布衷诚，诸希鉴察，愿我全国同胞共起图之也。

国立中央大学校长罗家伦 国立中山大学校长邹鲁 国立西南联合大学常务委员
国立北京大学校长蒋梦麟 国立清华大学校长梅贻琦 南开大学校长张伯苓
国立武汉大学校长王星拱 国立四川大学校长程天放 国立浙江大学校长竺可桢
国立西北大学校长胡庶华 国立东北大学校长臧启芳 国立湖南大学校长皮宗石
国立云南大学校长熊庆来 国立同济大学校长赵士卿 国立厦门大学校长萨本栋

---

① 1939年9月1日，张伯苓等全国各大学及专科学校校长，联名电呈蒋介石，并致电全国各报馆，声讨汪精卫叛国投敌。

国立广西大学校长马君武　国立西北农学院院长辛树帜　国立西北工学院院长赖琏
国立师范学院院长廖世承　国立西北师范学院院长李蒸　国立贵阳医学院院长李宗恩
国立中正医学院院长王子澳　国立江苏医学院院长胡定安
国立药学专科学校校长陈思义　省立重庆大学校长叶元龙　省立河南大学校长王广庆
省立四川教育学院院长高显鉴　华西协和大学校长陈凌高　金陵大学校长陈裕光
金陵女子文理学院院长吴贻芳　复旦大学校长吴南轩　大夏大学校长王伯群
光华大学校长张寿镛　中华大学校长陈时

（《新华日报》，1939 年 9 月 2 日）

呈教育部

（1939 年 9 月 1 日）

查属校于二十六年一月至六月间曾向国外书商订购书籍多种，至今尚有一部分书价未曾偿付，属校于四月间呈请钧部准按法价购买外汇偿付该项欠款。俟奉钧令，属校须按财政部规定请购外汇应行注意事项申请。兹缮具外汇申请书正副页八纸，及各书商来函抄本一并附呈，至于该项书籍之发单，因七七事变在津被毁，无由奉呈。兹将所欠各书商金额开列如左：

N. V. Swets & Zeitinger	Amsterdam, Holland	Stg £ 321-5-0
G. E. Stechert & Co,.	New York	U. S. $852.87
W. & G. Foyle, Ltd.	London	Stg £ 24-17-6
Otto Harrassowitz	Leipzig, Germany	RM 298.16 Stg £ 6-9-11

以上四项共计英金三百五十二磅十二先令五便士，美金八百五十二元八角七分，马克二百九十八元一角六分。再者，前次呈文所列数目美金为一千〇五十四元八角五分，俟接 G. E. Stechert 公司来函，承认最后一批书籍业已退回，书价减少美金二百〇一元九角八分，故此次所列仅为美金八百五十二元八角七

分。特此奉呈，仰祈鉴核转咨财政部准予如数购买外汇，以便偿付各该书商，实为公便。谨呈
教育部。

附件：申请书正副张八纸，各书商往来函件九件，各书商账单四张。

私立南开大学校长张伯苓
中华民国二十八年九月一日
（南开大学档案馆藏）

与梅贻琦、蒋梦麟致云南省民政厅

（1939 年 9 月 8 日）

事由：为本校近成立一行政研究室，拟请惠寄各种公报、统计、报告及其他期刊等以为研究之资料由。

径启者：查本校近成立一行政研究室，进行研究我国行政各项问题。拟征集各官府文书以为研究之资料。为此拟请贵厅惠赐各种公报、统计、报告及其他期刊（如年鉴、月刊等）专刊。径寄昆明本校行政研究室收。未出版者，请俟出版后寄送。至各刊物如系卖品，即请开示价目，以便照购。相应函达，统希查照为荷。此致
云南省民政厅。

国立西南联合大学常务委员 梅贻琦、蒋梦麟、张伯苓

拟办：拟赠《民政概况》一本，并函复。是否？乞示。9 月 9 日。

批：照赠。9 月 11 日。

附：云南省民政厅复国立西南联合大学（1939 年 9 月 12 日）

事由：函复国立西南联合大学函索各种刊物一案，检寄《云南民政概况》一本，请查收见复由。

径复者：顷准大函，嘱寄各种公报、统计报告及其他期刊等，以作研究之资料，等由。查敝厅仅存有《云南民政概况》一种，兹捡取一本，随函奉上，即希查收见复为荷。此致

国立西南联合大学。

附送《云南民政概况》一本。

（盖厅章）启

致张洪沅[1]

（1939年9月22日）

上月二十八日夜，敌机扫顾本校，所投十余弹都未命中，我校除玻璃多被震破外，余无损失，可谓大幸。本月三日夜，敌机复袭沙坪坝，中大、重大虽有落弹，亦无损失。

（重庆南开中学藏）

致杨石先、黄钰生

（1939年10月12日）

石先先生、子坚贤弟均鉴：

寘电敬悉。我校物理系增聘教授事甚善，惟庚款补助办法苓未深悉，兹已托方显廷先生转请何醉帘先生代向杭君立武[2]一询，俟覆函到后，当再作决定。苓于参政会闭幕前二日即染流行性感冒，体热退后，又患腹泻，在蓉数日，病更加剧。今腹泻虽止，身体尚未复原。本拟月底去滇，以体力不胜，已改至下

① 张洪沅（1902—1992），字佛宁，四川华阳县（今成都市）人。1930年，获美国麻省理工学院博士学位，1932年到南开大学化工系任教授。1937年到四川大学任教授兼化学系主任、理学院院长。1942—1950年出任重庆大学校长兼化工系主任。1952年任四川化学工业学院教授，1956年调任成都工学院教授。1978年任国家科委化学工程学科组成员。

② 杭立武（1904—1991），生于安徽滁州，原籍浙江杭州。1929年获伦敦大学政治学博士学位。回国后任国立中央大学政治系教授，兼系主任。1931年任中英庚款董事会总干事，1932年创立中国政治学会并兼任总干事。抗战期间，任国民参政会参议员、美国联合援华会会长。1944年任国民政府教育部常务次长，1946年转任政务次长，1949年任教育部部长。1949年后赴台湾。

月。并闻。专此奉覆，顺候
时祺！

张伯苓启
十月十二日
（南开大学档案馆藏）

致重庆市临时参议会

（1939 年 11 月 20 日）

径启者：顷奉大函，嘱参加重庆市地方自治促成会成立大会，以事须往昆明一行，届时或不克赶回出席。特先函达，即希查照为荷。此致
重庆市临时参议会。

张伯苓 启

呈自贡市政府

（1939 年 11 月 20 日）

案查属会前于本年 5 月曾以遵令呈报张筱波等捐资兴学，恳予转呈给奖等词，具呈钧府在案。嗣于 6 月 4 日奉教字第 396 号指令后开：仰即遵照教育厅 1933 年第 1491 号通令规定，将捐资人之收据及捐置仪器等清册缮具三份，一并赍呈前来，转请给奖。等因。奉此，属会遵即函知张筱波，嘱其将前此收据检送到会，并一面缮具捐置仪器清册三本，籍贯事实表三张。除曾品珊捐建图书馆案，俟其将收据送会，及图书馆落成再行摄影专案赍呈外，案奉前因，理合将捐置仪器清册，连同籍贯事实表及收据，具文赍呈钧府，恳赐鉴核，分别存转请奖。实沾德便。谨呈
自贡市政府。

计呈清册三本，籍贯事实表三张，收据一张。

蜀光中学董事会 董事长 张伯苓 假
董事 欧阳尔彬[①]代
曾子郁[②] 代
董事兼会计 侯策名[③]

致喻传鉴

（1939年11月23日）

字第48号

径启者：案准财政部川康盐务管理局公益费保管委员会公字第23号公函开：查本市各中校函请保送光华免费生，手续多欠完备，为求办法划一，并为清寒勤奋学子得有向学造就之机起见，经本会于1939年11月8日召开常务会议议决，以后各校函请保送光华免费生，应由蜀光、培德、旭川三中校于毕业时举行会考，除富有者虽经取录仍应剔除外，如遇确实清寒又能勤奋，堪以造就者，保由本会评定名次保送。除照录议决案附奏存查并分函外，相应函达，请即查照办理为荷。等由。准此。相应函请贵校长烦为查照办理为企。此致
本校校长喻。

私立蜀光中学校董会 董事长 张伯苓 假
校董 欧阳尔彬 代

---

① 欧阳尔彬（？—1946），早年留学日本，加入同盟会。1930年至四川自流井经营盐业，由于热心教育，不久即被推为蜀光中学董事长，1938年积极奔走接洽由张伯苓接办、扩充蜀光中学，并在其后多方支持蜀光中学的存续与发展。1946年10月6日去世。

② 曾子郁（1893—1952），四川自贡人。毕业于四川高等工业专门学校。1934年10月任第一任私立蜀光初级中学校校长，并任蜀光中学第一届至第四届校董会常务校董。

③ 侯策名（1886—1977），四川自贡人。1899年，到淮源井当学徒，开始积资经营盐号，至1936年，侯个人拥有火灶100余口。抗日战争开始，沿海盐区沦陷，急需川盐供应，侯趁机大力发展，企业财产超过100万元（以银元计），成为自贡的新兴的大盐商之一。担任蜀光中学校董期间，主管财务，积极扩建校舍，协助校方聘请优秀教师。1945年，曾任自贡市参议会参议员，在蜀光中学设“策名奖学金”。

曾子郁　代
校董兼会计 侯策名

致侯洛荀[1]

（1939 年 12 月 20 日）

径启者：自本年十一月起，敬请台端为校体育课主任。相应函达，即希查照。此致
侯洛荀先生。

张伯苓
廿八年十二月廿日
（南开大学档案馆藏）

致财政部川康盐务管理局

（1940 年 1 月 23 日）

字第 5 号

事由：函请令知东西两场官煎处追认去岁已捆盐载，按载担任行灶商中学捐各 4 元，并代井商垫缴学捐 2 元，以昭公允而维学款，请烦查照见复由。

径启者：窃维国家之强盛专资乎人材，而人材之造成又赖于学校，且富、荣两场乃为产盐特区，其他别无所产，故本校学款向由东西两场井灶行商各同业公会联席会议决，于每盐一载比例摊定，行灶两商各担任 4 元，井商担任 2 元，共得 10 元，以作常年经费。兹官煎处，其初虽属为考核增产炭花盐价而设，在理论上似不应与营业谋利者同样担任税捐，但此项学捐乃系专为国家深造人材之用，原不同其他捐款等于虚掷也。伏查国立学校，国家且列入预算，即私

① 侯洛荀（1901—1986），曾名侯文英，浙江平湖人。1924 年东南大学体育系毕业后，来南开中学任体育教员，1926 年任南开大学体育教员。抗战期间，任西南联合大学副教授。抗战胜利，南开大学复校后，任南开大学教授兼体育部主任。

立学校，政府亦有补助费之规定，兼值此抗战期间，后方教育与前方作战一样并重，若将此项学捐列为报销，亦属以公济公，暗寓补助之意。况前此同为煎盐，性质等于灶商，今又为运盐份子，兼属行商，若不令其追认担任学捐，则其他炭花组与行商等群起引为口实，掯捐不缴，似此经费动摇，将何以策学校之进行。为此迫恳贵局，本维护中学教育之素忱，准予令知东西两官煎处追认去岁已捆盐载，按载分别担任行灶商中学捐各4元，并代井商垫缴中学捐2元，在所交水价内迭扣归还，并自此以后仍继续分别担任，以昭公允而维学款。请烦查照，并希见复为荷。此致

财政部川康盐务管理局。

董事长　张伯苓　假

校董　欧阳尔彬　代

曾子郁　代

校董兼会计　侯策名

批：官煎处照付。1月24。

致登辉先生

（1940年2月9日）

登辉先生台鉴：

查救国御侮为国民之天职，抚伤恤亡更人群之同情。值此前线将士浴血抗战，弹及所披，肢体断丧，呻吟奄息，触目酸怀，谊属同胞，情等骨肉，为国牺牲，义当共肩，都此情形，能无有动于衷。兹有新运总会在渝提倡组织伤兵之友社，普及各省。凡各界参加该社为社友者，莫不慨捐巨款，并为负伤将士作种种服务工作。似此义举不特负伤将士身受者为之感奋，即各方将领及中外人士亦靡不表同情，热诚赞助。立夫等现担任伤兵之友社教育界队长，为扩大征求社友普遍起见，拟请台端担任该社分队长，务祈转知贵同仁一体踊跃参加该社为社友。在征求期间凡属学生及贫寒之士入社费1元以上，其余为5元以上。入社后按时寄送工作报告并各奉精美社徽一枚以为纪念。兹随函附寄伤兵之友社问答社章及征求社员办法各一份，请予提倡，广为宣传，并希于一周内征求完竣，示知为感。至于社徽、收据、志愿书等正在印刷中，容后另寄。专

此布臆，顺颂
时绥！

队　长　陈立夫
副队长　张伯苓 吴国桢
谨启

教务处征求各教职员加入。1940年2月19日。
训育处征求各学生加入。1940年2月24日。

致巴尔弗博士

（1940年2月29日）

February 29, 1940

Dear Dr. Balfour:

Dr. Fong has handed over your letter dated February 13th to me for consideration, in which you have raised certain questions with regard to the application for a five-year grant from the Nankai Institute of Economics to the Rockefeller Foundation during the period beginning July 1, 1940, with the respective amounts of local currency dollars 50,000, 55,000, 50,000, 45,000 and 40,000 for the respective years, and a uniform request of US$3,000 for each of the five years. The application had my complete approval and support, and would have been presented in my name but for the usual practice that such application in the past had all along been handled by both Dr. Ho and Dr. Fong.

In reply to the specific questions raised in your letter re (1) other sources of financial support to the Institute, and (2) future location of Nankai, I wish to assure you again in the affirmative, as I had in my conversation with you during your last visit to Chungking. The total budget for the Nankai Institute for the five-year period, amounting to CN$590,680 and US$15,000, is to be derived from various sources as fellows:

Rockefeller Foundation	CN$240,000	US$15,000
British Boxer Fund	100,000	

Banks & Individuals	60,000	
Nankai University	190,680	
total	CN$590,680	US$15,000

Preliminary conversations by Dr. Ho with Dr. Chu Chia-hua and Dr. Han Lih-wu, respectively Chairman and Secretary of the Sino-British Boxer indemnity Fund Board, have brought us the unofficial assurance that the Board would continue to support the work of the Institute and we are presenting to the Board as we did to the Foundation a similar application for a five-year grant towards the support of the Institute's budget.

Judging from past experience, and in view of the connections already made, is seems that the amounts from banks and individuals of CN$60,000 for the five year period, are as mentioned in your letter, "conservative estimates of what may be expected without having definite pledges."

As before, I shall be responsible for raising the total sum of CN$190,680 as share of contribution from the Nankai University during the five-year period. This will cover largely the expenditures to be incurred in respect of salaries and overhead expenses.

Your question respecting future location of Nankai has long been uppermost in my mind. In view of the great potentialities for development in Southwest China, especially Szechuen Province, I have deemed it worthwhile to put the work of the Nankai Institute of Economics here on a permanent basis.

I hope that the above comments will answer the questions as raised in your letter dated Feb. 13th, hand that they will receive due consideration by the authorities of the Rockefeller Foundation in connection with our Institute's application for a five-year grant.

Yours sincerely,

Chang Poling
President
Nankai University

Dr. M. C. Balfour
Rockefeller Foundation
Cathay mansions, Room 115

Rue Cardinal Mercier
Shanghai

致许平

（1940年3月1日）

兹聘请许平先生为本校化学工程学系助教，月薪国币捌拾元（除五十元为基本生活费外，其余暂按八折发给），限期自廿九年三月一日起至卅年七月三十一日止。

南开大学校长张
中华民国廿九年三月一日
（南开大学档案馆藏）

呈自贡市政府

（1940年4月12日）

事由：为缮具校董会简章及校董会立案呈报事项表，并检呈经费证书照片，恳请立案由。

窃维国民教育首重普及，本市中心区域虽有适量之小学，但比较偏僻之处每付阙如；而关外东新寺一带，则迄无小学之设，一般学龄儿童均感求学之困难。自本市厉行疏散以来，市民移居附近者日见加多，学童数量亦随之与日俱增。使彼等远道就学市内，已感往返之不便；而市内小学复多以疏散之故停办或迁移，更感无校得入之苦。坐令若干学童失学，诚属社会上一大憾事。伯苓等有鉴及此，爰应社会之需要，遵照私立学校规程，组织私立蜀光小学校董会，筹集经费，即在东新寺觅定校址，创设私立蜀光小学并附幼稚园，以资教育附近之学童。理合将本会章程、立案呈报事项表及经费证明书备文呈送，敬恳钧府鉴核，俯准立案并祈指令祗遵。谨呈
自贡市市政府。

附：校董会章程二份。

校董会立案呈报事项表二份。

川康盐务管理局发给之经费证书照片二张。

私立蜀光小学校董会董事长张伯苓

拟办：一、补助费不能当作基金。

附：私立蜀光小学校董会立案呈报事项表

校董会立案呈报事项表								
名称		私立蜀光小学校董会						
目的		本会鉴于本市东新寺一带向无小学设置，自市民疏散以来，移住附近者日见增多，若干学龄儿童咸感无校读书之苦。爰应社会需求，于东新寺蜀光中学旧址创设蜀光小学一所，并附设幼稚园，俾附近学童皆有读书之机会。						
事务所所在地		自贡市裕商银行内						
资产资金或其他收入详细项目		（一）川康盐务管理局每年由公益捐项下拨付补助费1万元。 （二）第一年约收学生学费900元，美术劳作材料费200元，共1100元。						
校董	姓名	张伯苓	张绣文	毛蜀梧	宋席九	侯策名	李南僧	黄幼庄
	性别	男	男	男	男	男	男	男
	年龄	64	51	26	36	55	43	38
	籍贯	河北天津	江苏江阴	四川富顺	同	四川荣县	四川富顺	四川荣县
	职业	学界	政界	井商	同	灶商	同	同
	经历	北洋水师学校毕业，天津南开大学、南开中学、重庆南开中学校长	川康盐务管理局局长	杭州之江文理学院毕业	四川志诚法政学校毕业	历任自贡初中校董兼会计，自贡商业夜课学校董事长，昌平小学校董	四川法政学校毕业，三多寨宝善小学校长	四川志诚法政学校毕业，中央驻豫军官教育团毕业，曾任女小校董
	担任职务							
	住址	重庆沙坪坝南开中学	四川自贡市盐务管理局	自贡市公园口	贡井小溪裕如枧	自井是洪井	自井牛氏巷	贡井黄宜堂
	姓名	刘圣瞻	曾子郁	余厚钦	杨泽寰	欧阳尔彬	诸子言	罗筱元
	性别	男	男	男	男	男	男	男
	年龄	38	49	29	66	62	46	50
	籍贯	四川荣县	四川富荣	同	四川西充	四川简阳	四川江津	四川乐山
	职业	灶商	炭灶商	同	运商	同	同	同
	经历	四川志诚法政学校毕业	四川高等工业采矿科毕业，曾任本校校长及井区女子小学校长	国立中央大学毕业，曾任小溪私立育材小学校长	四川优级师范毕业，历任顺庆联中校教职员及学务管理员	日本实业学校毕业，历任本校校董会董事长	重庆旧制中学毕业，历任昌平小学校董	前任自贡商业□□学校校董，东场灶商同业公会主席
	担任职务							
	住址	贡井塘湾	自井三台寺	贡井小溪栗园	自井长生街	自井牛氏巷	自井老君庙	自井张家沱
	姓名	邓筱舫						
	性别	男						
	年龄	54						
	籍贯	四川巴中						
	职业	运商						
	经历	历任自贡昌平小学校校董						
	担任职务							
	住址	自井牛氏巷						
备考		盐管局补助费1万元，本年度以5千元作开办费，以5千元作经常费。自1940年度起，即全数作为经常开支。						
说明		一、此表照修正私立学校规程第15条之规定，凡校董会呈请立案时用之。 二、第四栏收入一项包括学费、政府补助费及个人捐赠等，无论常年、临时均应列入，但属临时者应并声明。						

致蒋介石

（1940 年 6 月 20 日）

委员长钧鉴：

敬启者：昨奉侍从室来函，略谓六月十日询悉韩克温等参政员有不法情事，已由张治中、王世杰两先生密查，并加监视等语，至深诧异。查伯苓于六月十日并未上书，委座对韩君等不法行为亦毫不知情，该函当系冒名陷害，敬恳澈查，藉明真相。该函原文并祈转饬赐抄一份，不胜拜祷。肃此奉陈。敬请
钧安！

（宋璞主编：《张伯苓在重庆》，重庆出版社，2004 年）

致唁电张自忠家属

（1940 年 7 月 11 日）

军事委员会转张总司令荩忱先生家属礼鉴：襄东之役，荩忱先生为国捐躯，精忠义气，将永为吾民族军人之模范。用特专电奉唁，藉申同人等对于张总司令敬仰之忱，至希鉴察。国民参政会副议长张伯苓，暨驻会委员孔庚、陈博生、李中襄、邓飞黄、许孝炎、林虎、杭立武、陶玄、高惜冰、范予遂、董必武、左舜生、张君劢、刘叔模、黄炎培、莫德惠、卢前、胡石青、张澜、秦邦宪、章伯钧、许德珩、李璜、诸辅成、王造时叩。真。

（《申报》，1940 年 7 月 12 日）

致蜀光本校

（1940年10月28日）

字第13号

径启者：查本会第一届校董任期限满改选，依照法定15人，除仍于政学界中函聘曾仰丰、汪时中及伯苓三人外，余由盐业九团体分别推举欧阳尔彬、曾子郁、李秉熙、侯策名、刘圣瞻、诸子言、宋席九、王天铎、余厚钦、胡少权、王绩良、侯性涵等十二人前来，经于本月19日假本市裕商银行地点，欢迎第二届各校董就职，同时举行选举董事长，由十五人中结果，互推选伯苓续任董事长，策名续任会计，除于是日敬谨就职外，相应函达，敬烦查照为荷！此致

蜀光本校。

私立蜀光中学校董会　董事长　张伯苓　假
董事　欧阳尔彬　代
曾子郁　代
董事兼会计　侯策名

致陈布雷[①]

（1940年10月）

布雷先生：

洪君奇元，苓不识其人，近以所著《中国之前途》一书见寄，略阅一过，

① 陈布雷（1890—1948），浙江慈溪人。号畏垒，字彦及。1911年毕业于浙江高等学校。1912年3月加入同盟会。1920年赴上海，任《商报》主编。1927年加入国民党。历任浙江省政府秘书长、省政府委员兼教育厅长，国民党中央党部秘书长，《时事新报》主编，国民政府教育部副部长，国民党中央宣传部副部长等职。1935年后历任蒋介石侍从室第二处主任、国民党中央政治会议副秘书长、国民政府军事委员会副秘书长、最高国防委员会副秘书长等职。

觉其所论关于政治、经济、文化诸问题颇多独到之处。洪君另寄该书一本，嘱为转呈委座，苓不知有无进呈价值，特将该书奉寄左右，请先为审阅，倘以为可，再行进呈。诸希寄截为幸。

（宋璞主编：《张伯苓在重庆》，重庆出版社，2004 年）

致蜀光本校

（1940 年 11 月 15 日）

函字第 41 号

事由：为 1940 年度及 1941 年度预决算案，经会议决，彻底审查，检还特支单据，函请查照一案由。

径启者：查 1940 年度决算及 1941 年度预算案，经第六次董事会提付审核，结果推定校董曾子郁、余厚钦、欧阳尔彬、王天铎四君于下星期二（18 日）到校并案彻底审查。惟前经检送本会之各项特支单据或有咨询之处，相应先行检还贵校，敬烦查收，用备审核为荷！此致

蜀光本校。

计检送特支单据 275 张。

私立蜀光中学校董会 董事长 张伯苓 假

董事 欧阳尔彬

曾子郁

董事兼会计 侯策名

致邓颖超①

（1940 年 11 月 20 日）

昨晨阅报，惊悉令堂仙逝，无任痛悼。令堂一生，襄助革命工作，对中国人民之自由解放，不遗余力。今不幸谢世，实堪为国家一大损失。惟逝者已矣，女士鬓龄失恃，母女相依为命，尚望节哀顺变，善自珍慑，以应时艰。

（重庆南开中学藏）

致蜀光本校

（1940 年 12 月 5 日）

字第 22 号

径启者：案奉自贡市政府教字第 7488 号训令开：案奉四川省政府 1940 年教字第 16198 号训令开：教育厅案呈：据督学蒋融呈送视导该市私立蜀光中学表报，请予鉴核。等情。到府，业经审核。查该校管教不严，学生气习浮嚣，应切实矫正，余准照该督学所拟改进意见办理。除指令并分令外，合行抄发改进意见一纸，令仰该市府督饬办理具报。此令。等因。计抄发原改进意见一纸。奉此。相应录令并抄同原件，函请查照办理，并希见复以凭具报为荷！此致蜀光本校。

计抄发原改进意见一纸。

私立蜀光中学校董会　董事长　张伯苓　假
董事　欧阳尔彬　代
曾子郁　代
董事兼会计　侯策名

① 11 月 19 日重庆《新华日报》刊出以“女婿周恩来”和“女儿邓颖超”署名的讣告：母亲杨振德于 11 月 18 日病逝，19 日上午举行葬仪。此为校长办公室唁函存稿。

致蜀光本校

（1940 年）

字第 19 号

径启者：查本会钤记被炸焚毁，借用校印各情，前经呈请四川省政府教育厅从新颁发，并分函各团体在案。兹奉四川省政府教字第 15662 号令，颁钤记一颗，文曰“私立蜀光中学校董会钤记”，遵于是日敬谨启用。除分别呈函外，相应连同印模函请贵校敬烦查照为荷！此致

蜀光本校。

计附印模一纸。

私立蜀光中学校董会 董事长 张伯苓 假

董事 欧阳尔彬

董事 曾子郁

董事兼会计 侯策名

致各校董

（1941 年 1 月）

×××校董先生：

敬启者：本学期结束在即，学校各方事务例应开会报告，藉请指示。惟以校董诸先生或因公忙，或已离渝，召开会议颇有困难。用特先将学校现时状况、关于学生及经济各项酌要奉陈。一俟开会有便，当再举行正式会议报告一切也。

再伯苓月前曾患摄护腺发炎，入院两次，虽根本治疗尚须施用手术，而饮食起居业已恢复如常，并以奉闻。专此，敬请

大安！

张伯苓 拜启

致蜀光本校

（1941 年 1 月 15 日）

字第 25 号

径启者：案查前准贵校先后函嘱增加 1941 年春季教职员津贴，及修订 1941 年春季各级学生征费数目。等由。过会。经于本月 13 日召开第二次董事会议议决：（一）（甲）中学部教员及高级职员自 1941 年 2 月份起，每月另增加津贴 50 元外，书记加 40 元。（乙）小学教员除主任外，月薪按 70 元、75 元、80 元三级，同时自 2 月份起支给，其小学教师之米津贴即照市立小学办理。（一）各级学生春季征费按照原征各费修正外，分别高初中每名另征临时特别费 20 元，小学及幼稚园每人 10 元。等语。记录在卷。除附送征费详表外，相应函请贵校敬烦查照办理为荷！此致

蜀光本校。

计送春季征费表一份。

私立蜀光中学校董会　董事长　张伯苓　假

董事　欧阳尔彬　代

曾子郁　代

董事兼会计　侯策名

致蜀光本校

（1941 年 2 月）

字第 32 号

径启者：案查本会前于奉颁钤记，补缴工本，呈报启用日期，随即恳请颁发学校钤记，呈由教育厅案呈去讫。兹奉四川省政府本年 2 月 11 日教一字第 2228 号指令开：呈件均悉。准予备查。至该校钤记，并准随令颁发，文曰“私立蜀光中学钤记”，仰即承领转发启用，取具印摹报查。解到工本费 6 元，已予

核收，件存。等因。计发钤记一颗，收据一张。奉此，相应检同钤记，函请贵校烦为查收；并祈将启用日期印摹及截角原初中钤记一并径行呈报缴销，赐复为荷！此致

蜀光中学本校。

附送钤记一颗（已由学校径收）。

私立蜀光中学校董会 董事长 张伯苓 假
董事 欧阳尔彬 代
曾子郁 假
董事兼会计 侯策名

致久大公司

（1941 年 3 月 24 日）

第 31 号

径启者：查本会经收蜀光中学常年经费，历由井灶行引盐各公会呈请立案，照收数目则分“井二”“灶四”“行四”□份，每载收经费 10 元，拨作本校经常经用。自抗战建国以来，生活逐渐增高，物价飞涨，遂致收付相抵，截至1940年止，经常费不敷，已达6万余元。事关经费问题，应向负担本校之引盐各公会团体筹商补救，曾于3月15日，经本会第三次董事会约同引盐、井灶、行商各团体联席会议议决：自 1941 年 1 月份起，每载增加 20 元，连前共成 30 元，仍照原有比例负担，并函咨各公会团体查照。等语。记录正卷。除分函外，相应函请贵公司请烦查照为荷！此致

久大公司。

私立蜀光中学校董会 董事长 张伯苓 假
董事 欧阳尔彬 代
曾子郁 假
董事兼会计 侯策名

致欧阳尔彬等

（1941 年 4 月 7 日）

策名、尔彬、子郁诸先生大鉴：

日前奉手教，适苓卧病医院，致稽裁答，深用歉仄。喻君担任蜀光校长三年已满。彼因南开职务关系，自不能常川住校，而另行派人，又苦于无适当人选。如先生等认韩君叔信可以继任，韩君本人并同意接替，苓无不赞同也。专此奉复，即请

大安！

张伯苓　敬启

致欧阳尔彬等

（1941 年 4 月 18 日）

尔彬、子郁、策名先生大鉴：

4 月 13 日尊书敬悉。蜀光校长一职苓本诸先生之意，曾向韩君叔信征求同意。兹韩君以才轻责重，恐难胜任辞，而苓处又无适当人选可以派充。用特奉请诸先生即向各方物色，另选贤能，免致贻误校务。无任拜祷。专此敬请

大安！

张伯苓　敬启

致蜀光中学

（1941年5月14日）

<上缺>[①]

先生等所深知。如令继长蜀光，定可驾轻就熟，使校务顺利进行也。特此推荐。如荷同意，即望定聘，俾得早事筹划。聘书已签名盖章，余希代填为荷。专此布复，顺请

大安！

张伯苓 谨启

附：欧阳尔彬等致张伯苓（1941年5月）

伯苓董事长惠察：

近接喻校长来函，以蜀光学校续约之期已满，提请辞职甚坚。同人等以过去办理以来，学校经费收付虽感支绌，然尔彬等责无旁贷，应当负责筹维，至于教育行政之领导，则有望于董事长之主持，而校务进行，更有赖于喻君之擘画。年来自喻君参长本校，而一般学子蒙惠实多，故于校长人选，关系甚巨，决非同人所能僭越其间。本会自接喻君请辞函件，曾召开会议，结果仍本续约原则，一致挽留，但喻君请辞甚坚，校务需人筹进。兹特函请董事长主持，如喻君能于勉难胜任，则仍续约两期，如果喻君不能继任，或另遴选，亦盼衡裁。兹将预印聘书随书奉上，敬请察收，于酌定之后并盼饬填致送。是所至祷。专此，敬颂

崇安！

欧〇〇、曾〇〇、侯〇〇

---

① 文字缺失。

致电侯策名等

（1941 年 5 月）

自井裕商银行

侯策名、欧阳尔彬、曾子郁先生钧鉴：

函悉。三年期满，喻校长请辞，因无相当旧人，仍勉请喻君继续二年，在此期间，请韩叔信君多多负责，以便届时接替。

张伯苓

致吴俊升

（1941 年 6 月 28 日）

俊升先生大鉴：

敬启者：顷接昆明联大黄院长钰生来函，谓大部拨给南开大学之建置费每月两千五百元，自本年一月起未曾领到。查敝校经费素称支绌，际兹物价高涨，更感维持为艰。拟恳鼎力向部方催询，即为续发，藉资维持。不胜拜祷。专此，敬请

大安！

张伯苓敬启

六月廿八日

（重庆南开中学藏）

呈行政院院长蒋介石、副院长孔祥熙

（1941 年 9 月 9 日）

案奉钧院秘书处勇字第 11572 号笺函略开：关于本会呈送 1941 年度工作计划，请核拨经费一案，已奉钧座谕：计划书第六项，举行体育讲习会应由教育行政机关或其指定之体育师资训练机关办理经费，俟编下年预算时再议。等因。奉此。自应遵示，仰候核办。惟本会鉴于体育之推进关系民族之强弱綦巨，值此抗建期间，尤为增国力之要图，乃本协进体育之宗旨。早于 3 月间开始工作，且所有会务已先后按照原拟 1941 年度工作计划逐步实现。如刻以经费无着而令会务中辍，势将影响各分会工作之推行，何以谋国民体育之发展，更无以副钧座创导六艺教育与精神总动员之至意。本会职责所在，自应勉为维持，爰敢冒渎复陈，肯准予本年内赐拨补助费五万元，以赓会务之推进，而维国民体育之发展。民族前途实深利赖，理合备文，呈请鉴核祇遵。曷胜企祷！谨呈
行政院院长蒋、副院长孔。

中华全国体育协进会主席董事张伯苓

致某议长

（1941 年 9 月 20 日）

字第 31 号

议长钧鉴：

敬肃者：苓偶染感冒，未克终会，有愧职守，至深惶恐。复蒙枉顾，盖增感愧。今苓体热已退，尚不可以风，特遵医嘱家居静养，想数日内当可复原，请释锦注是幸。钧座如有所命，致请嘱王秘书长转知。不胜拜祷，肃此。敬请
钧安！

〇〇〇 敬启

致李国祺[1]

（1941 年 9 月）

李教官：

本校军训，得台端负责，慰为欣幸。兹有数事，尚请多多帮忙，特奉陈于左，即希察核是为幸！

一、教官为管理学生方便起见，与学生接触机会须多，故请除例假日外，寄住于学生宿舍内。

二、时值冬令，学生每有晏起恶习，请每晨督促学生闻号音即行起床。

三、每晚学生就寝时请帮同点名查齐。晨操站队时并请帮助照料。

四、内务请负责每日检查，如有不整洁者，请随时予以纠正，再由负责辅导人员会同检查一次。

五、食堂学生开饭时，请共同维护秩序。

六、遇有空袭时，警报发出后，请即前赴高中区照料一切。

以上各端，为使学生之管理要求纪律化起见，拟请多予赞助，以后如有何等事实上之困难，请随时与孟（志孙）[2]、丁（辅仁）二位接洽是幸！专此，颂请

教安！

三十年九月

（宋璞主编：《张伯苓在重庆》，重庆出版社 2004 年）

① 重庆南开中学自 1941 年起，由教育部及政治部指定为实验军训学校，并委派教官 10 名到校负责学校的军事学科及军事管理，校长张伯苓为此致函教官李国祺，提出上述希望。

② 孟昭聃（1901—1978），字志孙、志荪，天津人。1915—1918 年在南开中学肄业，1926 年毕业于南京金陵大学。先后任天津南开中学、重庆南开中学国文老师，南开大学中文教授。

致蜀光本校

（1941 年 10 月 16 日）

字第 39 号

案准川康盐务管理局公益费管理委员会先后函开：（略）查建筑中学防空洞早经完竣，所有代垫之工程工款，两共实用 10656.35 元，随函检同单表，并已在本校应领 1941 年下期补助费内照扣归垫。等由。查此项建筑工款属于特别开支，仍须统一加入前第 37 号函请办理各节，并案报销，用昭一致。惟本会开会在即，有关各项报销亟待提付审核。除检同原送单表外，相应函请查照，并希于函到三日以内汇造完竣，速赐过会，以凭办理为荷！此致

蜀光本校。

附送原工程表 1 份，单据 38 张。

私立蜀光中学校董会 董事长 张伯苓 假

董事 欧阳尔彬 假

曾子郁

董事兼会计 侯策名

致熊迪之

（1941 年 10 月 21 日）

案准大函，为贵校学生约 6 人，拟来本校随班听冯芝生先生讲授哲学史，嘱查照见复。等由。准此。查此案已征得冯芝生先生同意，自可照办。相应函复，即希查照为荷。此致

熊迪之先生。

梅贻琦、蒋梦麟、张伯苓 启

致郑达如

（1941 年 10 月 27 日）

字第 3 号

达如仁弟台鉴：

顷奉华翰，并惠赠银耳及大头菜等物，领谢！领谢！苓疾虽愈，迄未恢复原状，尚须长时间之休养，约于下月初或可出门也。有劳锦注，至感！黔省政声，全国称颂，此实由吾弟大力臂助吴主席所致，不尽为弟贺，幸奋勉焉！专此，顺颂

公绥！

张伯苓 手启

致盐业银行驻渝办事处

（1941 年 11 月 3 日）

字第 9 号

敬复者：顷准贵处渝字第 308 号大函，以开源兴业公司张锡羊向贵行借款五万元，系由鄙人担保，是否属实。等由。查上项借款，确由鄙人具名担保无讹，特函证明，即希查照为荷。此致

盐业银行驻渝办事处。

张伯苓 启

致刘康丞

（1941 年 11 月 5 日）

字第 14 号

康丞先生大鉴：

接奉大函及承转徐公使来电，敬悉。谢谢！致徐公使复电如左：“病愈已出院，现在休养中，请释念！伯苓。”敬请费神译发。贵学生县学证书及成绩单，遵嘱备妥，随函附奉，即希查收为荷。专此布复，顺颂

勋绥！

张伯苓 谨启

致蜀光本校

（1941 年 11 月 27 日）

函 46

事由：为 1941 年度中小学预算案，业经审查通过，函复查照由。

径启者：查 1941 年度制送之中小学部收支预算案，经由本会提付审查通过，相应函请贵校烦为查照是荷！此致

蜀光本校。

私立蜀光中学校董会 董事长 张伯苓 假

董事 欧阳尔彬

曾子郁

董事兼会计 侯策名

致中央大学基督教青年会

（1941 年 12 月 2 日）

字第 42 号

敬复者：顷奉大函，嘱为贵校同学作一公开演讲等由。惟苓以病躯，尚未十分恢复，暂不拟作校外讲演，违约至歉，尚希鉴谅为荷！此致

张伯苓 谨启

致中国童子军总会

（1941 年 12 月 11 日）

字第 46 号

敬复者：接准贵会荣字第 1 号公函，嘱苓担任中国童子军荣誉评判委员会委员等由。附中国童子军总章及荣誉评判委员会组织规程各一份。准此，自当接受。兹将应聘书填就奉上，即希查照为荷。此致

中国童子军总会。

附应聘书一份。

致黄钰生

（1941 年 12 月 23 日）

子坚吾弟：

兹有启者：南大学生徐钟尧函请复学，前以逾限未获校方允准，但示以下次教务会议时，仍可提出讨论，是复学尚有希望。查该生向学情殷，殊堪嘉尚，兹将该生来函及南大办事处复函奉上，尚希吾弟费神提出教务会议，予以通融，

准其复学为盼！专此，顺颂
教祺！

张伯苓 谨启
十二月廿三日

附1：南开大学昆明办事处复徐钟尧（1941年9月18日）

径复者：前于五月间接到来函，请复学，经本校教务会议提出讨论，以休学业已超过本校规定二年期限未予通过，曾经函复，连同证件一并邮寄甘肃平凉中学转交。俟于本月五日又接西安来函，兹以阁下励志向学，于下次教务会议将再提出讨论。是否核准，再行函复。此致
徐钟尧君。

南开大学昆明办事处启
中华民国三十年九月拾八日

附2：徐钟尧致张伯苓（1941年12月13日）

伯苓校长吾师赐鉴：

违教数年，时萦慕念。近接校友刊讯，欣悉政躬康复，为颂为慰。

兹有恳者：生原读本校大学部外文系一年级，抗战后辗转长沙临大。旋因时局变化，临大迁滇，生家乡沦陷，接济断绝，迁滇旅膳费用，无力自给，乃呈请长沙临大保留学籍，保送武汉中央政治学校特训班受训。旋奉令并入军委会战干第一团，毕业后分发甘肃参加战时工作，以迄于今。

岁月不留，春华难再。时念济世谋生，均需深造，因是复学之志，油然而生。迨教部实施贷金办法，战区学子已有接济，复明令凡高中以上学生参加战时服务者，得随时请求复学，是不啻给予战时失学青年复活之机。生思人生最快乐之生活，厥惟在校，今时机来到，我美满之南开学校生活。形将重度，实乃个人之大幸。遂一面辞职，一面向本校昆明办事处屡函请求复学。今秋由甘来渝，正拟转道赴滇间，奉昆明办事处函覆，以休学已逾年限，碍难复学，但允保留至下次教务会议讨论，是否核准，再行函告，迄今三月，未获音讯。

渝市生活高涨，闲留非宜，暂由同学介绍在此服务。今寒假瞬届，生在校学期适相衔接，拟于彼时南去入校。惟连月未奉核准函件，深以为虑，万一果不获准，前途又将何怅？吾师为青年导，新旧同学咸在雨化之下成功立业。生不敏，抗战后，失学痛苦，业已饱尝，幸今自觉尚早，愿藉吾师反掌之力，赐

函联大或本校办事处，体念生系由校保送受训参加战时服务，情形特殊，准予适用《联大教务通则》所载“特许”复学之规定，从权核准。生复学之后，定将勉力向学，以报吾师爱护之至意。临书惶恐，伏候裁示。肃此。敬请
金安！

受业 徐钟尧谨上
十二月十三日于重庆

（赐示处：复兴门中训团音干班）
又，附呈本校昆明办事处覆函乙件，敬请参阅。

（南开大学档案馆藏）

致中美文化协会等

（1941年12月25日）

字第64号

敬复者：12月22日大函敬悉。苓病愈后，迄未恢复健康，不克遵约前往演讲。深用歉仄，即希鉴谅为荷！此致
中美文化协会、中国国联同志会、中英文化协会、中苏文化协会、中国国民外交协会、反侵略运动中国分会。

张伯苓 谨启

致赵丹文

（1941年12月29日）

字第70号

丹文吾弟台鉴：

大札阅悉。干虾二斤已收到，谢谢！吾弟对于推动工合工作，不遗余力，前途发展，正未可量。远道闻之，殊深欣慰！苓日来身体甚好，精神亦愉快，尚希释念为荷。专此，顺颂

公绥！

张伯苓 手启

呈教育部部长陈立夫

（1942 年 1 月 7 日）

顷奉钧部高字三三六八三号训令内开：“案查该校二十七、八、九三年度所支补助费，均未据报使用情形，三十年度又未据申请，故未予分配。兹据该校报告经费支绌，维持艰难，仍请继续补助等情，查本年度省私立专科以上学校补助费，仅余二九五〇一.五〇元，准予扫数分期拨给，着先拨发两万元，余待年底再行拨发，仰即派员携据赴重庆本部洽领，并将使用情形具报为要。”

高字四七七一二号内开：“查该校三十年度应支补助费二九五〇一.五〇元，先发二万元，经以三三六八三号训令饬知在案。兹再拨发余款九千五百零一元五角，仰即派员携据即赴重庆本部洽领，并将使用情形具报核备。此令。”等因。奉此，自应遵办。先后钧部拨发贰万九千五百零一元五角，业经具领在案。查属校参加国立西南联合大学合作，为诚实工作，关于俸给费预算以外，所聘教职员俸薪由属校担任。又，属校昆明办事处办理有关师生课内外事宜及整理由津运滇图书、仪器，所费不赀。兹将属校使用情形奉陈如后：

收入项下：

钧部拨发二十七年度补助费一四,〇〇〇.〇〇元

二十八年度补助费三〇,八〇〇.〇〇元

二十九年度补助费三〇,八〇〇.〇〇元

三十年度补助费二九,五〇一.五〇元

总共收入一〇五,一〇一.五〇元

支出项下：

二十七年度支出一五,七二二.二九元

俸给费　一三,〇五二.五〇元（内参加西南联合大学教职员工作俸薪一〇,八一六.〇〇元）

办公费　一,九五九.九五元

购置费　四一七.六〇元

特别费　二九二.二四元

二十八年度支出三三,一七六.二三元

倖给费　二八,八一九.九六元（内参加西南联合大学教职员工作倖薪二六,七六九.二〇元）

办公费　三,二九六.二七元

购置费　六二一.三九元

特别费　四三八.六一元

二十九年度支出三〇,一五一.一〇元

倖给费　二二,八〇〇.〇〇元（内参加西南联合大学教职员工作倖薪二〇,三三八.〇〇元）

办公费　三,八七七.一七元

购置费　七六〇.一三元

特别费　二,六三三.八〇元

三十年度支出四九,二四三.九六元

倖给费　三四,四七四.〇〇元（内参加西南联合大学教职员工作倖薪二九,三七〇.〇〇元）

办公费　四,一三九.五七元

购置费　一〇三.〇〇元

特别费　一〇,五二七.三九元

总共支出一二八,二九三.五八元

奉令前因，理合将二十七、八、九年度及三十年度开支情形备文，随同报告表四纸呈请鉴核备案，实为公便。谨呈

教育部长陈。

私立南开大学校长张伯苓谨启

中华民国三十一年一月七日

（南开大学档案馆藏）

附 1：教育部令南开大学（1941 年 9 月 6 日）

教育部训令　　高字三三六八三号

令私立南开大学：

准予分期拨给三十年度补助费二九，五〇一.五〇元，仰即知照。

案查该校二十七、八、九三年度所支补助费，均未呈据报使用情形，三十

年度又未据申请，故未予分配。兹据该校报告经费支绌，维持艰难，仍请继续补助等情，查本年度省私立专科以上学校补助费，仅余二九五〇一.五〇元，准予扫数分期拨给，着先拨发两万元，余待年底再行拨发，仰即派员携据赴重庆本部洽领，并将使用情形具报为要。

此令。

部长陈立夫

中华民国三十年九月六日

（南开大学档案馆藏）

附 2：教育部令南开大学（1941 年 12 月 8 日）

教育部指令　　高字第四七七一二号

令私立南开大学：

查该校三十年度应支补助费二九五〇一.五〇元，先发二万元，经以三三六八三号训令饬知在案。兹再拨发余款九千五百零一元五角，仰即派员携据即赴重庆本部洽领，并将使用情形具报备核。

此令。

部长陈立夫

中华民国三十年十二月八日

（南开大学档案馆藏）

致中国教育学会

（1942 年 1 月 9 日）

字第 75 号

敬复者：顷奉贵会大函，嘱苓于本月 11 日下午 2 时参加开会等由。是日，苓因事并须参加其他会议，不克出席，为歉。专此布复。此致[1]

张伯苓 谨启

① 原文如此。

致中央广播电台

（1942 年 1 月 16 日）

字第 86 号

敬复者：接奉贵台渝中字第 1979 号大函，敬悉一是。苓病愈后，迄未恢复健康，不克遵约赴贵台播讲，深用歉仄，敬希鉴谅为荷。此致

中央广播电台。

张伯苓 谨启

致熊庆来[1]

（1942 年 1 月 28 日）

迪之校长先生道席：

一月十七日华翰拜悉。王贡予[2]先生讲学贵校，于今四载。楚材晋用，翕然相得。顷者敝校以内部空虚，需材孔殷，爰有邀其销假回校之举。贡予为南

---

① 熊庆来（1893—1969），字迪之，云南弥勒人。1920 获法国蒙柏里耶大学理科硕士学位。1921 年任云南工业学校、云南路政学校教员。同年秋天，东南大学聘请他为新设立的算学系（即数学系）教授兼系主任。1926 年秋，任清华学校教授。1934 年荣获法国国家博士学位。1935 年中国数学会在上海成立，其为发起人之一，并任首届理事。1937 年夏，任云南大学校长，1957 年 6 月，返回北京，任中国科学院数学研究所研究员。1959 年，以无党派民主人士的身份被推举为第三届、第四届全国政治协商会议委员。1964 年底继续担任第四届全国政治协商会议委员，并于次年 1 月任常务委员。

② 王赣愚（1906—1997），原名王家茂，字贡予，祖籍江西，生于福建省福州市。1925 年考入清华大学政治学系。1929 年赴美国哈佛大学留学，获政治学硕士和博士学位。1933 年底回国，在南京中央政治学院任教授；1935 年来南开大学任教，1937 年南开大学遭日军轰炸，随校南迁；后被借聘为云南大学教授；1941 年又返西南联大政治系任教，直至 1946 年联大结束，1946 年应聘到美国州立华盛顿大学政治系、远东系执教；1949 年再度回国任南开大学财经学院院长；1952 年院系调整后任经济系教授；1985 年后任国际经济系教授。

大旧人，想先生亦能体谅此情也。至于销假时日之为今春今夏，则请商之贡予，苓当乐从也。专此奉覆，敬候
教祺！

弟张伯苓拜启
中华民国卅一年壹月廿八日
（南开大学档案馆藏）

附1：王赣愚致张伯苓（1942年1月12日）

伯苓校长先生赐鉴：

承召返校，谨当遵命。决自本月起即辞却云大一切职务。敬覆，顺请
钧安！

晚王赣愚谨上
三十一年一月十二日
（南开大学档案馆藏）

附2：熊庆来致张伯苓（1942年1月17日）

伯苓校长先生勋鉴：

去夏在渝日亲謦欬，至以为幸。近想起居冲和，当如所祝也。

兹有启者：王贡予兄在敝校任教已逾四载，一年来政治系赖其主持，借重尤殷。最近闻先生迭函邀渠仍回南开。渠系告假来此，固不应强其久留。惟本学年聘约已定，计划亟待完成。且贡予兄深得学生信仰，举足轻重，中途离去，影响至大。用特函达台端，于本学年任其仍留敝校，暑假后必欲其回南开工作，由来处可早事准备，至时当不复强留。恳切就商，务祈俯允同意是荷。专此，敬颂
道安！

熊庆来敬启
一月十七日
（南开大学档案馆藏）

呈教育部

（1942 年 2 月 27 日）

呈为呈报毕业生事。窃属校自廿六年奉令参加长沙临时大学，属校本部各院一、二、三、四各年级学生均经〈长沙临〉时大学造册呈部备案。廿七年迁滇，当年暑假四年级学生肄业期满，本应即行呈报。惟因当时迁滇不久，各种文件未能齐备，以致迁延，未能呈报。后于廿九年三月奉到高字〇七六四〇号训令称：“在西南联合大学未成立以前（长沙临时大学时期包括在内）原在北大、清大、南大等校肄业学生毕业时，一律发给各该原校毕业证书。”等因。奉此，理合连同廿七、廿八两年度毕业生名册、成绩表以及结业证书一并呈部候核。计开：

廿六年度卅三名

文学院政治学系王鸿章等二名，英文学系王慧敏一名。

理学院算学系伉铁健等二名，化学系徐璋等二名，生物系喻娴令等二名。

工学院电机工程学系傅梦罴等九名，机械工程学系张光汉等二名，化学工程学系杨瑾珣一名。

商学院经济学系李盛普等八名，商学系孙炎福等四名。

廿七年度四十四名

文学院政治学系宁谨菴一名，英文学系李相崇等五名，哲学教育学系陈龙章等四名。

理学院算学系刘玉佩一名，物理学系黄金生一名，化学系王绶昌等二名，生物系祝家岭一名。

工学院电机工程学系潘志英等二名，机械工程学系胡传颂一名，化学工程学系张建侯等五名。

商学院商学系刘谟仙等十一名，经济学系宋澥贤等十名。

廿八年度卅二名

文学院历史学系郭则拱一名。

理学院物理学系陈家麟一名，化学系申泮文等三名。

工学院电机工程学系□光泉等七名。

商学院商学系刘藜辉等五名，经济学系张芳谔等十五名。

以上三年各院毕业生共计一百〇九名，均经属校教授会审查，认为肄业期满，成绩及格，记录在卷。兹谨遵章呈报，统祈鉴核，准予毕业，授予学位，实为德便。谨呈

教育部。

附件一：学生姓名、履历清册（内入学资格标年月及号数一项指令，卷宗在天津失陷时失落，无从查出）。

附件二：学生成绩清册。

附件三：毕业证书一百〇九张（内伉铁健、徐璋、周寿珍、易懽联、潘志英、管琳生、张建侯、范柏林、王端骝、蔡子定、金绍端、刘崇怡、丁泽雷等十三名，因本人不在昆明或无法通讯，尚缺照片）。

私立南开大学校长张伯苓谨呈

中华民国卅一年二月廿七日

（南开大学档案馆藏）

附：教育部令南开大学（1942 年 4 月 17 日）

教育部指令　　高字第一四三三〇号

令私立南开大学：

三十一年二月二十七日呈一件，为呈报二十六、七、八年度毕业生名册、成绩表及证书由。

呈件均悉。查喻娴令、李盛普据报系二十三年九月入学，经查该班新生名册，并无该二生姓名。汤衍瑞、刘永理、马芳芸等三名入学时系试读，该生曾否参加中学毕业会考补试及格，改为正式生。张昌明一名，籍贯入学证件所载与该校册报不符，曾经本部令饬查复在案，尚未据复。杨瑾珣一名，入学时年龄册报填作二十五岁，毕业册报填作二十四岁，殊有未合。胡淑贞、刘佩锦、张建侯等三名，或缺党义成绩，或缺国文成绩，应即分别查明申复，以凭核办。

胡致英、赵锡龄、周寿珍、李相崇、刘佩锦、胡光泰、刘崇怡、邵曾炎、丁泽雷等九名，均未据借读学校呈报该生等参加毕业试验，应将借读成绩单呈部备核。

以上各生毕业证书不验印，发还。

其余册报二十六、七、八年年度毕业生王鸿章等九十一名毕业资……

部长陈立夫

中华民国卅一年四月十七日
（南开大学档案馆藏）

致陈立夫

（1942年3月31日）

立夫先生惠鉴：

久违芝守，时深怀念。敬维道履时绥，勋祺日楙为颂。谨启者：本校经济研究所创设迄今，已十有六载，其主要工作除研究当前之各种经济问题外，并招收大学毕业生加以训导培植，使其成为经济建设之专门人才。频年以还，宗旨一贯，努力不懈。至于经费来源，多赖国内外各社团之赞助。近年以时值非常，各团体均有其自身之困苦，资助减少。且迩来百物高涨，生活奇昂，支出更形浩大，而维持遂倍感困难。故于月前签请行政院补助该所经费拾万元，顷已蒙照准，并行知大部在省立私立专科以上学校补助费项下拨发，各员生闻悉，均深感奋。伏念先生本学术救国之德意，此笔款项敬恳赐予早日指拨，俾该所工作得赓续进行，则感荷隆施，实无涯矣。专此拜恳，并颂

勋绥！

弟张伯苓谨上
三月卅一日
（重庆南开中学藏）

呈行政院院长蒋介石、副院长孔祥熙

（1942年3月）

谨签者：本校经济研究所自民国十五年创设以来，已十有六载，其主要工作为研究与训练两部门。前者研究当前各种专门之经济问题，曾先后刊行专刊五十八种，大学丛书七种，中英文季刊各一种；后者则招收大学毕业生加以训导培植，使成为各种经济建设之专门人才。十余年还，宗旨一贯，努力不懈。

前以经费困难，曾于卅年五月间缕陈该所工作计划及经费亏拆情形，苓奉核准由国库一次拨助国币八万元，上年度该所教学工作之得以继续不辍者，悉系出自钧长之维护，员生感奋弥有已止。

兹自太平洋战事爆发，该所历年经费大部份仰赖国外团体之捐助，本年度经费接济因之益感困难。际兹非常时期，国内法团亦各自有其本身之困苦，鲜能予以资助。近日来物价高涨，生活奇昂，该所支用更形浩大，倘不予设法维持，将使具有此十六年历史之学术机关无由继续。又查该所当前工作，除训练研究生照常进行外，其于研究方面且正编制《重庆市之批发与零售物价指数》，上溯民国廿四年，以迄于最近，藉供朝野参考。而后方工业之选样调查，物价、工资与利率关系之研究，金融问题之探讨，经济史料之搜辑，工业区位之研究，均在积极进行之中。唯是该所国内外捐款既有困难，经常费用万分支绌，用特陈明处境，伏恳钧长本学术救国之德意，曲加维护，准予本年度续饬国库拨助国币十万元，俾得继续教学，则为幸甚。谨呈
院长蒋、副院长孔。

附：蒋介石复教育部（1942年3月27日）

私立南开大学校长张伯苓呈为该校经济研究所本年度经费万分支绌，请准予续拨补助费十万元一案，准予照拨。除饬知该校外，合行抄发原呈，令仰该部在省立私立专科以上学校补助费项下匀拨。

（重庆市档案馆藏）

致蒋梦麟、梅贻琦

（1942年3月）

梦麟、月涵先生台鉴：

敬启者：苓年来宿疾时发，又加参政会驻会委员会不时开会，未能赴昆明协助校务，不胜歉仄。诸蒙偏劳，心感！心感！

太平洋战争爆发，暴日徒自速其败云，我与同盟国之最后胜利为期当不在远。而我抗战停止之日，亦即我三校复校之时。展望将来，弥感兴奋。

关于敝校复校事，拟先作人事上之准备。现时敝校教授人数在西南联大占

全数不及十五分之一，较之敝校战前相去悬殊，将来复校必感才荒。前此因无急需，敝校遂未多聘新人。滋为复校计，不得不有所增聘，以为复校之准备。

先生爱护敝校素所铭感，且我三校本以往一贯合作之精神及将来互相协助之友谊，区区之意，定荷赞助。除详情请杨石先、黄子坚、陈序经三教授面商外，特此函达，至祈鼎力玉成，不胜感祷。专此，顺颂
教安！

（南开大学档案馆藏）

与蒋梦麟、梅贻琦致陈立夫、余井塘[①]、顾毓琇[②]

（1942年4月23日）

西南联大自师范学院成立后，为便利学生实习及应地方需要，曾于二十九年秋季添设附属中小学，因主持得人，及当地缺乏良好之中小学，故为时虽暂，成绩已有可观。本年度设有小学六班，初中四班，学生已达四百五十人，全年经费约需十五万余元。此次大部核定补助该校经费七万五千元，不敷达半数以上，联大经费本已支绌，又值物价日涨，委实无力自支。数月来由联大垫支该校费用已深感困难，如无大量补助，恐暑假后将有停办之虑。牙角才见，遽虑夭折，实逼此处，情非得已。除由联大呈请增拨附校补助费外，谨将该校情况缕陈左右。冀丈鼎力，俾得维持。

（北京大学、清华大学、南开大学、云南师范大学编：《国立西南联合大学史料》（六），云南教育出版社，1998年）

---

① 余井塘（1896—1985），江苏兴化人。复旦大学毕业。留学美国，获爱荷华大学经济学硕士学位。1925年回国。曾任国民党中央组织部秘书、中央政治学校教务主任、江苏省民政厅厅长、国民党政府教育部常务次长、国民党中央组织部副部长。1949后赴台。

② 顾毓琇（1902—2002），字一樵，江苏无锡人，后入美籍。1915—1923年就读于清华学校，毕业后赴美，获麻省理工学院科学博士学位。1935年以后历任国民政府教育部政务次长、国立音乐学院院长、中央大学校长、上海教育局局长、政治大学校长，1945年创办上海戏剧专科学校（现上海戏剧学院）。1946年9月，当选为国际理论与应用力学会个人理事（连任至1992年）。1950年赴美。

致杨若愚

（1942 年 5 月 18 日）

字第 72 号

若愚先生大鉴：

日昨承宠召奉，陪志希先生。苓因抱病未克遵约前往，至以为歉，特函申谢。顺请

大安！

致王雄伯

（1942 年 5 月）

事由：为派本会干事马振銮前往筹组体育协进会，函请不吝指导，并祈鼎助进行由。

兹为推展川省各县社会体育事业计，特派本会干事马振銮前往贵县筹组体育协进会，素仰执事关怀民众健康，热心体育事业，用特介绍马君晋谒台阶，敬恳不吝指导，并祈鼎助进行，是所至荷。此致

王市长雄伯。

主席董事 张伯苓

总干事 董守义

决定办法：移送社会科核办。6 月 28 日。

批：查体育协进会各地分会，本府前奉四川省政府社一字第 31 号训令：如未经中央明令许可前，不准组织。依照上项规定，本市体育协进分会，应缓予成立。7.2。

致缪云台①

(1942年7月)

云台先生大鉴:

前由查勉中先生转示龚仲钧厅长四月廿六日函,谓石佛铁路拟设石佛铁路社会经济调查队,委托敝校文学院边疆人文研究室代为组织,以便从事调查工作,并承允补助年额国币参万元。敝校边疆人文研究室成立伊始,主持人员尚堪胜任,受此厚托,贵路既可应用调查所得之资料,敝校亦可得遂其研究边疆社会之宿愿。一举两得,无任欣幸。惟左列数端尚祈裁夺赐复,以利进行。

一、名义。是项工作在石佛一带实际调查时用"石佛铁路社会经济调查队"名义,其在学术界对内对外均用"南开大学文学院边疆人文研究室"名义。

二、经费。工作人员之薪金由南开大学担负,调查工作之费用,如旅费、设备等由石佛铁路所补助之年额国币参万元中开支。此项补助费由石佛铁路一次拨交付。

三、材料。调查及研究所得材料与结果由研究室整理编辑,以供石佛铁路主管人员之应用。其有关学术者,研究室自行发表,但须声明研究经费出自石佛铁路。其有关国防机要者,应由双方相约,不予发表。

四、约聘。调查工作应积极筹备,于本年六月开始。南开大学文学院边疆人文研究室主任应由石佛铁路加聘为"石佛铁路社会经济调查队调查主任",以利进行。专此奉达,即颂

政祺!

张伯苓拜启

卅一、七

(南开大学档案馆藏)

---

① 缪云台(1894—1988),原名缪嘉铭。云南昆明人。1913年留学美国,1919年毕业于明尼苏达大学矿冶系。回国后曾任国民党云南省政府委员兼农矿厅厅长等职。抗战期间,任国民参政会参政员、云南省经济委员会主任。1947年任国民政府行政院政务委员、国大代表、立法委员,美援救济物资处理委员会主任委员。1949年去香港。1979年回国定居。1983—1988年任全国政协副主席。

致国立湖南师范学院

（1942年8月7日）

自重庆中央大学教育学系转存

事由：函请惠允参加本会为团体会员由。

径启者：本会为全国教育学术界之共同组织，依据总章，除个人会员外，凡地方教育行政机关及学术研究机关均得为本会团体会员。师范学院为教育学术生命寄托所在，而本会研究事业之开展，无往不有赖于各师范学院之赞助。本会第五次年会议决：设置中国教育调查所。业经教育部核准补助经费，此后实地调查进行研究，彼此相须互助之处行见日增。务希惠见参加本会为团体会员，共策进行为幸。此致

国立湖南师范学院。

附本会总章及团体会员会费通知单各一份。

中国教育学会常务理事 许恪士、艾伟、张伯苓、吴俊升、常道直

批：函允为团体会员。8.28。

致薛岳[①]

（1942年9月9日）

伯陵先生台鉴：

顷拜惠言，猥以菲材，荷蒙奖饰，无任忻幸。

敬启者：苓早岁目睹国势之阽危，毅然以教育救国为己任，创办南开学校。

① 薛岳（1896—1998），又名仰岳，字伯陵，广东乐昌人。11岁，考入广东黄浦陆军小学。14岁加入同盟会。1926年，作为北伐军第一军第一师师长，率部参加北伐。1939年9月，为第九战区司令长官，在三次长沙与日军会战中，给日军以极大杀伤。

四十年来，惨淡经营，始终弗懈，以期作育人材，储为国用。对于政治，素未娴谙，年来参与国民参政会，上承领袖之督导，下受国民之托付，竭尽绵薄，差未陨越。然较将军之转战三湘，殊勋屡建，自愧莫及于万一。当重发扬精忠救国的精神，再接再厉，挫彼顽敌，为全世界反侵略阵线，争取最后之胜利，实不胜切祷之至！民主之基初奠，抗建之业万端，敢请遇事指陈，用匡不逮。专此奉布，敬请

勋安！

重庆南开中学校长张伯苓谨启

（宋璞主编：《张伯苓在重庆》，重庆出版社，2004）

致常导之

（1942年9月22日）

字第122号

导之先生：

顷奉手书敬悉。中国教育学会于本日上午10时在川东师范举行。惟苓日来因参政会开会，颇形劳累，未能出席。深以为歉，特函请假，即希查鉴为荷。专此，顺颂

公绥！

致陈冠雄

（1942年9月23日）

字第121号

冠雄先生：

大函奉悉。哲嗣、国兴拟入本校高三年级旁听，嘱为设法一节，因高三年级明年暑假即将毕业，例不收旁听生，实难应命。深以为歉，至希鉴原为荷。专复，顺颂

公绥！

校长 张

致电英国议会访华团

（1942年10月4日）

英国议会访华团诸公钧鉴：遥闻贵团将莅中土，敝国士庶，深为欣幸。协谋胜利，永固邦交，贵团实象征之。谨□欢迎，伫候光降。参政员张伯苓、左舜生、陈博生、黄炎培、杭立武、许孝炎、李中襄、董必武。

（《新华日报》，1942年10月4日）

致王东原

（1942年11月16日）

字第173号

东原先生大鉴：

顷奉东邀，至为感荷！惟苓以日前出席参政会及招待英国议会访华团等事宜，过于劳顿，致又患便血症，遵医嘱须静养。尊邀及19日对团员演讲均不克遵命前往，深用歉仄！专此布达，敬希鉴谅为荷。顺请

道安！

致东林煤矿公司

（1942年11月19日）

敬启者：查迩来市上岚炭价值奇昂，且不易购得，本校教职员处境清苦，购炭颇感困难，为此函请贵公司准予售给岚炭10吨，俾分诸同人等燃用，其价

格并希特别低廉，无任感祷！此致
东林煤矿公司。

张伯苓 谨启

致李中襄

（1942 年 12 月 12 日）

字第 1 号

立侯先生大鉴：

惠书拜悉。纯如先生追悼会，苓可列名为发起人，特此函复，敬希查照为荷。专此，顺颂
公绥！

致自流井场场商联合办事处

（1943 年 1 月 31 日）

事由：为自 1942 年 8 月份起，变更收取中学捐方式，用资划一，而免分歧一案，请查照由。

径启者：查本会经常收入中学捐一项，其井灶部份应交之数向系由行商代付，于应交盐价内扣除。嗣以盐制变迁，所有官收自运及交商代运各盐，则井灶部分应捐之六成改由本会径向场商收取，而边计岸仍由行商代付，似此已不免纷繁，难于勾稽。加以场商办事处于去年 8 月份起已东西各别，及委托商运办事处亦于去年梢函请自本年 1 月份起，将所有井灶应捐部分改向场商径收，并经提出第 11 次董事会议定，由会按产径向场商收取。各在卷。用特决定将本案延伸，即自去年 8 月份起改变收取方式，至于 8 月份始行出关之 7 月份盐斤井灶应捐部分，则查照七底存仓数量一次收取，用资划一，而免纷歧。除分函外，相应函请贵处敬烦查照为荷！

再井灶捐款数目照引数分摊，计花盐每引 2 元，巴盐每引 1.5 元，并祈查

照。此致

自流井场场商联合办事处。

私立蜀光中学校董会 董事长 张伯苓 假

董事 欧阳尔彬

曾子郁

董事兼会计 侯策名

致孔祥熙

（1943年2月17日）

庸之院长吾兄勋鉴：

查中华全国体育协进会乃奥林匹克大会会员之一，为吾国国内唯一民众体育团体，成立以来垂20年，历由儒堂兄及弟主持会务。我国历届全国运动会之举办，以及参加远东及世界运动大会代表之选拔，率由本会主持，我国体育事业之发展，及在国际上得有相当地位者，本会不无微功。惟自抗战军兴，会所留于沪滨，因处境及经济关系，会务不克继续推进。爰于1941年2月在渝召开董事会议，当经决定在渝恢复工作。诚以国民体育之推进关乎民族强弱綦巨，值此抗建期间，尤为增强国力之要图，本会本诸斯旨，继续努力。客岁曾蒙政院补助经费20万元，会务赖以开展。本年度以发展业务及受物价波动之影响，编具经费概算计756320元，呈请行政院予以补助。当经院令发交财政、教育、社会三部会核，嗣由三部签拟核减为46万元，除社教两部各负担5万元外，余数36万元由国库开支，呈复在案。现社教两部虽奉院令酌予补助，但该两部均以预算有限，除原承认之5万元外，未能追加，致所余36万元补助费尚无着落。阁下综理万端，政务纷繁，本不应再以琐事渎神。惟以本会经费来源有限，业务又复繁重，故除社教两部之补助费外，至少再需30余万元始克勉强维持会务。素审吾兄关怀民族健康，热心体育事业，用敢函恳设法尽量筹拨补助费，以维会务而利国民体育之推行。无任企祷之至。专此奉恳。敬颂

政祺！

弟 张伯苓 拜启

附：孔祥熙复张伯苓（1943 年）

伯苓吾兄大鉴：

奉 2 月 17 日台函，特悉一是。承嘱补助中华体育协进会 1943 年度经费一节，已饬财部增拨 20 万元，并分行各机关知照矣。专复。敬颂

台绥！

弟 孔〇〇 敬启

致陈汝铨[①]

（1943 年 2 月 19 日）

径启者：年以来先生在本校襄助教学，贤劳并著。昨接来函，知已考中公费留学英国。先生有此深造之机会，本校亦感欣慰。辞职一节，自当照准。先生在南开服务有年，去国以后，仍望维持关系，一俟学成归来，本校再为倚重。此覆

陈汝铨先生。

张〇〇拜启

卅二年二月十九日

（南开大学档案馆藏）

致曾子郁等

（1943 年 5 月 14 日）

字第 71 号

子郁、尔彬、策名诸先生大鉴：

① 陈汝铨（1914—2002），浙江金华人。1937 年毕业于浙江大学化工系，1940—1943 年任西南联大化学系助教、教员。1943 年赴英国曼彻斯特大学理工学院纺织化学系攻读研究生，1945 年获理工硕士学位。1947 年 5 月回国，任教浙江大学。

顷奉尊函，敬悉一一。先生等一致挽留喻君继长蜀光盛意，至感。惟查喻君接长蜀光已 5 年，于兹对于校务之推进极感贤劳，且按续约规定业已满期，理应准其辞职，藉可稍卸仔肩。

至继任人选，苓意以韩君叔信，为最适宜。韩君任职重庆□□副主任，□资侨界后，调职蜀光，已历五载。其为人如何，想先生等所深知，长蜀光定可驾轻就熟，使校务顺利进行也。特此推荐。如何，即望定聘，俾得早□□。聘书已签盖公章，余希代体□□。专此布复，顺请
大安！

呈教育部部长陈立夫

（1943 年 5 月 31 日）

发文第 413 号

呈为呈请发给出国护照事。顷据属校电工系教授，现任西南联合大学电机系教授兼电讯专修科主任张友熙声称。拟于今夏前赴美国继续研究超短波无线电学。查该教授曾经参加中训团党政训练班第廿五期，业经受训完毕。上此次赴美所研究科目，为超短波无线电，对于国防与学术均有裨益，理合代为呈请。钧部转咨外交部发约出国护照，以便办理赴美手续，实为公便。谨呈
教育部长陈。

南开大学校长张伯苓

（南开大学档案馆藏）

呈教育部部长陈立夫

（1943 年 6 月 30 日）

呈为呈报毕业生事。窃查属校廿九年度各院四年级学生已经修业期满，参加毕业考试，计：

文学院历史学系傅梦笔等二名，教育学系李良庄一名。

理学院化学系俞运川等四名，地质地理气象学系王宪钊等二名，生物学系黄伯义一名。

法商学院商学系徐元之等十九名，经济学系向学刚等七名。

工学院土木学系杨毓玮一名，机械工程学系彭泽民等四名，电机工程学系齐植樑等四名，航空工程学系董寿莘等二名，化学工程学系韩业镕一名。

以上各院共计学生四十九名，经属校教务会议审查，认为肄业期满，考试成绩及格，准予毕业。兹遵章呈报，统祈鉴核，准予毕业，并将附呈证书验印发还，以便转发祗领，实为公便。谨呈

教育部长陈。

附学生姓名、履历清册一本，学生历年成绩表一册，毕业证书四十九张。

私立南开大学校长张伯苓谨启

中华民国卅二年六月卅日

（南开大学档案馆藏）

附：教育部令南开大学（1943年9月6日）

教育部指令　　高字四三一一五号

令私立南开大学：

三十二年六月三十日呈一件，为呈报二十九年度第二学期毕业生，祈准予毕业由。

呈件均悉。查册报各生多系二十六年暑期以后入学，依照本部前定国立北京大学、清华大学，及私立南开大学合组为国立西南联合大学，以及毕业生之毕业证书发给办法，此项学生毕业手续应由西南联合大学办理，何以仍由该校呈报。其余二十六年度以前入该校肄业学生入学资格经部核准文号，未据填报，亦有未合，应即查明申复，以凭核办。附件暂存。

此令。

部长陈立夫

中华民国卅二年九月六日

（南开大学档案馆藏）

与各大学校长致电蒋介石[①]

（1943年7月6日）

全国慰劳总会请转呈委员长蒋钧鉴：溯自我国发动全面抗战，六载于兹，赖钧座之宵旰忧勤，内率军民，外协盟邦，制敌机先，指挥若定，我则愈战愈强，胜利在望，敌如深陷泥淖，欲拔不能。最近鄂西之捷，遐迩振奋，中外同钦，最后胜利，日益接近，缅怀德威，曷胜景仰。兹当抗建六周年纪念之期，谨电致敬，伏惟垂察。

国立中央大学教育长朱经农
国立西南联合大学常委蒋梦麟、梅贻琦、张伯苓
国立中山大学代理校长金曾澄
国立武汉大学校长王星拱
国立浙江大学校长竺可桢
国立交通大学代理校长吴保丰
国立同济大学校长丁文渊
国立四川大学校长黄季陆
国立暨南大学校长何炳松
国立湖南大学校长胡庶华
国立厦门大学校长萨本栋
国立西北大学校长赖琏
国立东北大学校长臧启芳
国立云南大学校长熊庆来
国立广西大学校长李蒿华
国立中正大学校长胡先骕
国立复旦大学校长章益

① 1943年，在全国抗战6周年之际，全国各界纷纷致电向委员长蒋介石及全体将士致敬，张伯苓等24位国立大学校长联名致电蒋介石。

国立河南大学校长王广庆
国立贵州大学校长张廷休
国立重庆大学校长张洪沅
国立山西大学校长王怀明
国立英士大学校长杜佐周

率全体教职员学生敬叩

（《新华日报》，1943 年 7 月 6 日）

致黄钰生

（1943 年 7 月 17 日）

子坚贤弟台鉴：

前复张友熙君之函，谅已阅过。顷复接到张君来函，仍请校方通融五千元，以为资助。查张君正薪除政府所给补助外，年不过四千余元，此次请求，与前函之申述，无多差别。如校方予以通融，实无以对蔡、傅两君。且校方经济拮据，而又无此先例，张君之请，实有所难。请弟向张君婉言谢之，苓不另函奉复矣。此颂

台安！

张伯苓启

七月十七日

附张君函稿一件，英文函一件。

附 1：张友熙致张伯苓（1943 年 7 月 9 日）

伯苓校长钧鉴：

敬肃者：顷由子坚兄转来钧示，谨谛一切。承允指导办理赴美手续，至深感泐。惟以现时赴美旅费颇巨，需日亦久，若于经济上无充实准备，诚恐中途发生艰窘。故拟请求校方通融五千元以为资助，其中一部份作为校方津贴，余数作为由熙借用，俟回国后如数归还。如何办理，仍请钧座酌量情形，准予所请。专此肃恳。谨叩

崇安！

受业 张友熙谨肃

七月九日

附2：张友熙简历

姓名：张友熙（Chang You-hsi）

职业：前在国内任南开大学教授，在美曾服务美国作战部工程研究所，及哥伦比亚大学附设战时科学研究所，现考察无线电最新设施。

研究科目：无线电工程。

请购数目：美金两千二百元。

用途：六个月考察用费壹千元，归国旅费壹千二百元。

附前研究机关函件抄本各一份。

（南开大学档案馆藏）

致孔祥熙

（1943年7月25日）

庸之院长吾兄勋鉴：

前为中华全国体育协进会1943年度经费事曾经修函阁下，当蒙慨予协助，赐拨一次补助费20万元，不胜铭感。惟以迩来本会工作日趋开展，仅年余之倡导分会已遍全国。举凡国内各地之大小体育活动，类由本会领导主持，姑以重庆一隅而论，只此半年中之体育表演等活动，已逾百数十次，观众近百万人，其经过情形想早为我兄洞察，不拟繁渎。刻因工作之逐渐扩大，加之物价波动甚烈，致本会经费困窘万状，弟虽具爱护本会之至诚，无奈力之不及。久仰兄乃党国元勋、社会领导，尤于体育之推进素多匡助，想对本会目前之遭遇定必同情，故敢再渎清神，祈能惠予为力，设法追加本会1943年度补助费35万元，用维会务之进展，实深感盼。

又政府1944年度概算编造伊始，本会为求工作之顺利进展，俾谋满足社会需要，特为拟具1944年度工作计划大纲及经费概算各一份，随函奉上，务希惠予设法。此不仅本会同仁及全国体育界幸甚，实亦我中华民族之福也。内中详情，想于本会总干事董守义先生趋谒时当可面罄，恕不赘陈。惟盼一本爱护本

会工作及扶助体育事业之热忱，鼎力惠助，则感戴无涯矣。肃此奉陈，敬颂
勋绥！

弟 张伯苓 拜启

拟办：关于1944年度工作计划及预算，乞主管科审核。属生。10月18日。

附：孔祥熙复张伯苓（1943年11月13日）

伯苓吾兄惠鉴：

7月25日手书奉悉，中华全国体育协进会1943年度补助费兹已增拨10万元，并加入1944年度预算。除由院转送核定外，特此奉复。祗颂
台绥！

弟 孔祥熙 敬启

批：十万未收到，近又请，共拨35万。

呈教育部部长陈立夫

（1943年8月17日）

呈为呈请核发本年度补助费事。窃查属校卅一年度补助费三万零八百元业经如数领讫。本年度补助费属校应领若干尚未奉训示。兹特呈请钧部转咨财政部，将属校应领本年度补助费饬库按月拨发，以便具领而资维持。实为公便！
谨呈
教育部长陈。

中华民国卅二年八月十七日

（南开大学档案馆藏）

附：教育部复电南开大学（1943年9月17日）

教育部代电 总字45726号

私立南开大学：本年八月十七日呈悉。查该校本年度补助费为三〇,八〇〇元，分四、十月两期由国库径拨该校具领。已再函财政部国库署催拨，仰即知

照。教育部。印。

中华民国卅二年九月十七日

（南开大学档案馆藏）

致冯文潜

（1943年8月23日）

柳漪贤弟：

两函均经收悉，微躯备承关怀，至深感激。半年来健康日增，旧疾许久未发，祈释锦念为幸。寄来之语言研究工作报告业阅悉。内容详实，蔚为大观，足徵吾弟对于研究工作计划周详，始有此良好成绩。尚望继续努力，俾能对于我国文化多有贡献。国势好转，盟国胜利指日可期。建国大业当能突飞猛进。思念及此，精神感觉异常振奋，想弟亦同之也。苓现正擘划复兴南开工作与扩展南开事业范围，急宜预储人才。闻吾弟身体较前康壮，尚希加意珍摄，将来仰赖吾弟大力臂助之处正多也。一昨孔云卿弟令媛祥兰自平来此，述及云卿近状甚详，谓云卿始终不为敌伪利用，生活颇艰窘，志节实堪钦佩，并闻。顺请台绥！

张伯苓手启

八月二十三日

（冯承柏著：《冯承柏文集》（下），南开大学出版社，2009年）

致严仁荫[①]

（1943 年 8 月 30 日）

径启者：顷由杨石先先生转来尊电，获悉台端拟请假一年，当可照准。惟希假满回校，共襄校务，是所致盼。此覆，顺颂
时祺！

张伯苓
卅二、八、卅
（南开大学档案馆藏）

呈教育部部长陈立夫

（1943 年 10 月 9 日）

呈为呈复廿六年入学学生毕业呈报手续及廿六年以前学生经部核准文号。

呈为呈复事。窃属校接奉钧部九月六日高字四三一一五号令开："册报各生多系二十六年暑期以后入学，此项学生毕业手续应由西南联合大学办理，何以仍由该校呈报。又，二十六年以前入该校肄业学生入学资格，经部核准文号，未据填报，亦有未合，应即查明申复"等因奉此。查属校于二十六年五月，准南开中〈学〉、汇文中学、扬州中学等校将届毕业之学生，参加属校甄别试验，其成绩及格者免试入学。在当年七月平津陷落，属校奉令迁湘，合组临时大学，前项学生逃来后方，即以甄试录取资格，仍以南开学籍参加临时大学肄业，故此项学生毕业时仍由属校册报。

又，二十六年以前学生入学资格经钧部核准之文号，因属校当事变时，将

① 严仁荫（1908—1977），天津人。1927 年毕业于天津南开中学，1931 年毕业于清华大学化学系。1937 年获美国威斯康辛大学哲学博士学位。曾任贵阳医学院讲师、副教授，西南联合大学、清华大学教授。新中国成立后，历任清华大学教授、北京大学教授，九三学社社员。

各项档案均封存在津，昆明办事处无案可稽，以故该栏未据填注。兹据实呈复，即祈鉴核，准予各该生等毕业，实为公便。谨呈
教育部长陈。

私立南开大学校长张伯苓谨呈
民国卅二年十月九日
（南开大学档案馆藏）

呈教育部部长陈立夫

（1943 年 11 月 5 日）

呈为呈复事。案奉钧部三十一年四月十七日高字一四三三〇号指令，略开"喻娴令、李盛普等各生毕业证书不验印发还"。等因，奉此。兹特遵照查明，分别详陈于后：

喻娴令、李盛普二名，因该生等新生报部名册底本封存在津，属校昆明办事处无案可稽。查该生等系属校中学毕业升入大学之学生，事变后，随校来昆，读满四年，所有必修课程均已及格，特为呈请准予毕业。

汤衍瑞、刘永理、马芳芸等三名，前经钧部批准为试读生，后经补考及格，已改为正式生，至其中学会考之补试及格证件，封存在津，特为证明。汤、刘、马三生亦请准其毕业。

张昌明一名，查该生在昆各项表册，皆填注为河南永城县籍，属校所报即系按其所填者呈报。按，永城县现已划归安徽省。指令所示籍贯不符一节，想为省界更易所致。

杨瑾珣一名，毕业证书年龄误填作二十四岁，兹经更正为二十七岁。胡淑贞、刘佩锦、张建侯等三名，成绩表内无党义、国文成绩。查党义、国文为必修课程，自应修读。表内所缺，乃由津抄录带昆之成绩单遗漏所致，且张建侯在校成绩特优，在该班毕业生中名列第一，特申复详情，请准予该生等毕业。

冯致英、赵锡龄、周寿珍、李相崇、刘佩锦、胡光泰、刘崇怡、邵曾炎、丁泽雷等九名，借读学校均在平沪两地，该校曾将各该生等借读成绩寄交属校存查，兹将原件附呈，请予查核。

所有以上列各生情形，已分别查明，谨此陈复，请准予各该生等毕业，实

为公便。谨呈
教育部长陈。

私立南开大学校长张伯苓谨启
卅二年十一月五日
（南开大学档案馆藏）

致电蒋介石

（1943 年 12 月 3 日）

军事委员会蒋委员长钧鉴：并请转电陈司令长官、薛司令长官、孙副司令长官[①]，暨湘鄂前线全体将士钧鉴：倭寇穷蹙，图挽颓势，一月以来，窜扰湖滨，狼奔豕突，大肆猖獗，我最高统帅指挥若定，全体将士忠勇奋发，所在堵截，歼灭无算，湘北鄂西，叠告胜捷，现在此役虽未终了，而已造成辉煌战果，涤荡腥秽，指顾可期。同人等顷聆何总长报告，无任感佩，谨以敬意，特致慰问，肃电奉达，惟希赐察。张伯苓、江庸、莫德惠、孔庚、王普涵、李永新、许德珩、何葆仁、陈博生、陈启天、许孝炎、郭仲隗、董必武、黄炎培、李中襄、王启江叩。肴。

（《新华日报》，1943 年 12 月 4 日）

致蒋梦麟、梅贻琦

（1944 年 4 月 24 日）

孟麟吾兄、耀韩仁弟台鉴：

敬启者：近闻教部来年派遣国外进修教授，将扩大名额至七八十名，用以鼓励若干砥砺刻苦之教授。此事果能实现，我联大同仁当能占一主要部分。不

① 分别为陈诚、薛岳、孙连仲。

知现已对人选轻衡预加筹划否？南开方面姜立夫[①]、邱宗岳[②]、冯柳漪[③]、黄钰生四先生均属多年教授，学术各有造诣，并均符合派遣条例之规定，实可懋膺斯选。敬乞赐予留意列选保荐，俾得在学术上作更进一步之贡献。专此奉商，尚希卓裁为荷。祇请

近安！

张伯苓谨启

四月廿四日

（宋璞主编：《张伯苓在重庆》，重庆出版社 2004 年）

致黄钰生

（1944 年 4 月 24 日）

子坚贤弟：

四月九日手书奉悉。美国务院邀请我校大学一人去美讲学，已商定请陈君序经前往。石先事已致函陈部长，请准彼休假出国进修。前苓晤孟邻及月涵二君，以教部来年派遣国外进修教授将扩大名额，曾为立夫、宗岳、柳漪及弟四人声请登记，并已有公函致联大请为列选保荐。年来南大在昆，深承弟等坚苦主持，倘有机会，极望均能出国一游，俾将来在学术上，及对南开复校工作，

---

① 姜立夫（1890—1978），名卓，字立夫，1920 年后改字为名。浙江平阳人。国民政府第一届中央研究院院士。1919 年获哈佛大学哲学博士学位。回国后历任南开大学算学系第一任主任，中央研究院数学研究所所长，岭南大学、中山大学教授，中国科学院专门委员。

② 邱宗岳（1890—1975），名崇彦，以字行。浙江诸暨人。1911 年公费赴美国留学，获克拉克大学哲学博士。1921 年来任南开大学化学系教授、系主任。1928—1929 年任厦门大学化学系教授。1929 年后又回南开大学任教授、化学系主任、理学院院长。1938—1946 年任西南联合大学教授。抗战胜利后回天津，任南开大学化学系教授兼系主任。新中国成立后，曾当选为全国人大代表，天津市政协委员。

③ 冯文潜（1896—1962），字柳漪，天津人。1912 年至 1917 年在天津南开中学和南开学校高等预备班学习。毕业后赴美国，又赴德国，入柏林大学研究哲学、美学。1929—1930 年任南京中央大学副教授。1930 年任南开大学哲学教授。抗战后随学校南迁，自 1938 年至 1946 年任西南联合大学哲学系教授，代理系主任。1946 年南开大学复校后，任南开大学文学院院长。新中国成立后，任南开大学图书馆馆长，兼任天津历史博物馆馆长、天津市政协委员。

有更多之贡献也。勉仲作事负责，又系南开学生，将来定约彼为南开服务。如须现时决定，请即以此意告之为幸！

弟辞师院事，月涵谈过。弟如决心摆脱，梅、蒋二君自当另为设法，不至强弟所难也。

苓近来身体甚好，对于国事、校事深为乐观。此次贱辰，辱承各方祝贺，热闹异常，实觉荣幸！而尤使苓欣慰者，是日返校校友甚多，且在事业上均有相当成就。“四七奖金”运动截至现在止，已超过预定之数若干倍。南开在今日得政府领袖之认识，及社会各方面之信仰，面大学、中学复有充实之干部，将来复校定非难事。苓窃以此自喜，想弟等闻之，必同以为然也。专此奉复，顺请

近安！

张伯苓手启

四月廿四日

（南开大学档案馆藏）

附：伉乃如致黄钰生（1944 年 11 月 22 日）

子坚兄：

大函敬悉。伯师函已面交，并伯师面嘱函复如下：

立夫兄出国研究，伯师极表赞同。石先兄按照《教师休假条例》出国研究事，本星期一日伯师有函致陈立夫部长，由何廉兄面交。现以调整党政，陈部长已去职，朱骝仙（先）任新部长，此事进行或不难也。下星期一日何廉兄返校时，校长再与何廉兄商量，以便再与朱部长商办。结果如何，现尚不能确定，俟有确信，当再飞函报告。匆匆，此复。顺颂

台安！

弟乃如拜启

十一月廿二日

姜、杨二兄同时出国事，兄有无其他两全办法？姜、杨二兄意见如何，乃甚愿知其详情也。

（重庆南开中学藏）

致云南省警务处

（1944年4月27日）

事由：请核发本校国滇2691自备小汽车新通行证由。

径启者：查本校自备小汽车牌照国滇2691，引擎IH46998，现需更换本年上半年新通行证，兹持将专字第185号原领通行证缴销，即希查照核发新通行证为荷。此致

云南省警务处。

国立西南联合大学常务委员　梅贻琦、蒋梦麟、张伯苓

致黄钰生

（1944年5月24日）

子坚贤弟：

兹有穆木天[①]君愿去联大任教，附奉穆君履历及著作一纸，如便，请为介绍是荷。专此。顺颂

教绥！

张伯苓手启

五月廿四日

附：穆木天履历

穆木天，吉林伊通。

日本东京帝国大学卒业，南开中学毕业。历任孔德学院、吉林省立大学、上海复旦、暨南、国立中山大学等校教授，中法文化出版委员会编译，现任国

---

① 穆木天（1900—1971），吉林伊通人。1918年毕业于南开中学。1926年毕业于日本东京大学。回国曾任中山大学、吉林省立大学教授，1931年在上海参加左联。后历任桂林师范学院、同济大学教授，暨南大学、复旦大学兼职教授，东北师范大学、北京师范大学教授。著有诗集《旅心》《流亡者之歌》《新的旅途》，译著有《幻灭》（[法] 巴尔扎克著）、《青铜骑士》（[俄] 普希金著）、《绝对之探求》等。

立桂林师范学院教授。

著作（主要的）：

（一）论著：

《法国文学史》（世界）、《怎样学习诗歌》（生活）、外散篇论文

（二）诗集

《旅心》《流亡者之歌》《新的旅途》

（三）译品

巴尔扎克选集

《欧贞尼·葛朗代》（商）（中法文化出版委员会编）

《从妹贝德》（商）（中法文化出版委员会编）

《从兄逢斯》（丝文）

《勿利尤老头子》（未出版）

《绝对之探求》（未出版）

《幻灭》（耕耘）

《巴氏短篇集》（三户）

莱芒托夫《恶魔》（文林）

（南开大学档案馆藏）

致柳亚子[①]

（1944年6月11日）

亚子惠鉴：

兹敬恳者：本校高中学生所举行文言文作文比赛一次，经初选后得稍佳者二十一份，拟请先生从诸卷中选拔五份排列名次于本周掷还，并将结果示知。无任盼祷。专此奉恳，顺请

大安！

（宋璞主编：《张伯苓在重庆》，重庆出版社，2004年）

---

① 柳亚子（1887—1958），原名慰高，字安如，后改名人权，字亚卢，再更名弃疾，字亚子。著名诗人。抗战后期在重庆，住沙坪坝南开中学，与张伯苓多有过从。

致川康盐务管理局

（1944 年 8 月 31 日）

字第 178 号

事由：为请将修复被炸贷款向两场联处扣回日期、本金及息金数目惠予抄单，连同借款并赐过会，俾资清结一案由。

径启者：卷查本会先后由两场联处担保，出具借据，向贵局贷借被炸修复款 120 万元，函请分向扣还，业准 1943 年 5 月 3 日财务普字第 706 号函赐办在案。兹查此款已逾归还期间，谅蒙本息扣清，用特函请贵局将向两场处扣回日期、本金及息金数目惠予抄单，连同该借据二纸，并赐过会，俾分向计算，而资清结。是为至感。此致

川康盐务管理局。

私立蜀光中学校董事会 董事长 张伯苓 假

董事 欧阳尔彬 假

曾子郁

董事兼会计 侯策名

与梅贻琦、蒋梦麟致吴达元

（1944 年 10 月 6 日）

径启者：本校文学院外国语文学系暨师范学院英语学系代理主任莫泮芹先生，因事离校赴美，关于该两系系务，拟请台端暂行代理，特函奉达，即希查照惠允为荷。此致

吴达元先生。

梅、蒋、张

（清华大学档案馆藏）

与国民参政会同人致电美国总统罗斯福

（1944 年 11 月 17 日）

欣闻阁下第四次当选总统，具见贵国民意所归，热烈拥护，以期在阁下继续执政期内，完成同盟国之彻底胜利，树立有效的世界安全组织，促进全世界民主政治之发扬。本会同人，谨以最大热诚，向阁下致敬。

中华民国国民参政会主席团主席张伯苓、莫德惠、吴贻芳、李璜、王宠惠、王世杰、江庸。驻会委员褚辅成、林虎、孔庚、王云五、冷遹、董必武、杭立武、李中襄、王启江、张君劢、左舜生、陈博生、许孝炎、胡政之、钱公来、郭仲隗、江一平、王普涵、许德珩、李永新、罗衡、陈启天、朱贯三、胡健中、黄炎培同叩。

（《大公报》，1944 年 11 月 21 日）

致教育部

（1944 年）

闻贵部印有会计人员手册一种，兹敝大学及中学部拟价购一部，以作参考之用，特函请购，敬希鉴核赐准为荷。此致

教育部。

致国民参政会秘书处

（1945 年 1 月 8 日）

字第 154 号

敬启者：苓订于本月 12 日由渝启程赴美就医，约须在 4 月底返国。在出国

期间，苓应领之俸给请赐送沙坪坝南开中学校内津南村 3 号，敝宅收为荷。此致
国民参政会秘书处。

致李惠堂

（1945 年 1 月 9 日）

字第 145 号

惠堂先生：

顷承宠召，本当奉陪末座。惟以事冗，未克遵约前往，至以为歉，特函申谢。顺请
大安！

与蒋梦麟、梅贻琦致吴宓

（1945 年 5 月 9 日）

雨僧先生大鉴：

本校顷奉教育部留字第二一八三三号代电，为援武汉大学，呈请调派台端为该校教授，特电转知。仰即电复。等因。查台端在本校外国语文学系主讲有年，同人钦敬，诸生景仰。暑假后，正待文旌归来，重主讲席，武大之议，当难同意。除电复教部外，特函奉达，务希荃察惠允，早日返校，不胜盼祷。专此，顺颂
时祺！

蒋、梅、张同启

（清华大学档案馆藏）

致贡井盐场公署

（1945 年 6 月 23 日）

第 224 号

事由：函复代扣贡场票盐应担 1 至 3 月经费 320251.23 元，已如数照收，请予查照。

径启者：案准贵署本年贡函字第 816 号大函，扣交本年 1 至 3 月票盐应担负经费 320251.23 元，附央行第 661840 号支票一纸过会。兹已如数收讫，除志账外，相应函复，烦为查照是荷！此致

贡井盐场公署。

蜀光中学校董会　董事长　张伯苓　假

董　事　曾子郁

致杨石先

（1945 年 7 月 3 日）

石先先生惠鉴：

胜利在望，南大复校工作亟待进行。关于理学院各系教师，即烦先生及立夫先生积极物色。据估计，复校之时数学系需三人至五人，物理系三人至五人，化学系三人至五人，生物系二人。有优良人才，即乞负责接洽，全权办理。受聘者或参加联大，或从事研究，均无不可。我校待遇在战时以联大为准则，战后则与北大、清华两校相等。

先生与立夫先生在美期间想必时常通讯，凡两先生所同意者，苓亦必同意也。闻赴美即将成行，两载研究，成就必多，可为预祝。回国之时，当在天津欢迎也。专此，敬候

旅祺！

张伯苓谨启

卅四年七月三日

（南开大学档案馆藏）

与梅贻琦、蒋梦麟致云南省警务处

（1945年7月5日）

事由：请照原数换发本校常委汽车通行证由。

径启者：本校派职员章灏前往贵处换领三常务委员汽车通行证，顷据复称：查本校原领有汽车通行证三份，计蒋常委、梅常委、张常委各一份，此次换领通行证手续系凭警务处发出之通知单先领取登记表，填好盖章后再连同旧通行证交还，始能领取。惟送本校梅、张两常委之通知单警务处写成才盛巷2号“西南联合大学北京大学公启”，蒋常委之通知单写成军分校第五分校“蒋校长梦麟”，且未送出。北大办事处接到“西南联合大学北京大学”字样，换领汽车通行证二张之通知，即派员将蒋校长汽车通行证换妥。职到警务处接洽换领通行证时始查知上述情形，职以蒋校长换领通行证虽误用联大之通知单，而蒋校长个人之通知亦经在警务处查到，当仍可凭此通知办理换领通行证一份。总之原领三份，换领仍是三份，应不成问题，不意该处第三科经办人员称蒋校长已调任行政院秘书长，应予停发。职与再三解释，如“蒋校长并未辞去联大常委以及寄发通知单错误之责任与实际蒋校长之汽车通行证业经换领”，该员最后答复联大此次共可换领通行证两份，除已领取一份外，只能再领一份。

兹以期限迫促，请备函说明，以便换领。等情。查本校蒋常委现虽任行政院秘书长，但并未辞去本校常委职务。据呈前情，相应备函证明，即希查照，准予仍照原数换发本校常委汽车通行证为荷。此致

云南省警务处。

国立西南联合大学常务委员　梅贻琦、蒋梦麟、张伯苓

批：查明仍照原数换发。第三科照办。

致云南省民政厅

（1945 年 7 月 12 日）

事由：为本校学生黎永昭等拟赴澄江等处参观地方行政，函请惠予协助由。

径启者：本校法学院学生黎永昭、陈佩寰、陈绍业、王衡岳、林玉屏、萧志坚等 40 人拟赴澄江等处参观地方行政，特组织一本校法学院地方行政研究会，特函奉达，即希查照，惠予协助，毋任公感。此致

云南省民政厅。

国立西南联合大学常务委员　梅贻琦、蒋梦麟、张伯苓

拟转：查此案昨准到厅面述，当经电令澄江县长刘承功，并函嘱徐家渡路警分局长徐永昌随事切实协助在案。

呈国民政府主席蒋介石

（1945 年 8 月 11 日）

窃南开学校成立愈四十年，幸赖政府扶持，社会赞助，薄具成绩。“七七”事变，天津沦陷，南开数十年惨淡经营之校舍、设备、图书、仪器，荡然全毁。伯苓于二十六年，晋谒钧座，备承温语赐慰，并蒙训示“有中国即有南开”传谕师生，咸为感泣！

今者胜利已临，还京有期，南开复校，急需筹划，而最要者乃为经费问题。按南开现与北大、清华合并为西南联大之一部，经常经费年来均承政府全数拨付。战争结束后，联大各部，势必各自分立，恢复原校。关于南开部分，拟请求于政府者三事：

1. 南开大学未来之发展，需费颇巨，在最初十年所需之款，拟请按照北大、清华经费数目，由政府拨付。

2. 南开原有之校舍、设备，均被敌人破坏无余，兹拟请政府就华北敌产中，

指定相当财产，予以赔偿，并作学校永久基金。

3. 上项敌产，在未能奉拨变价以前，并请准先由政府拨借相当款项，以便赶工兴建校舍，并积极进行复校工作。

上列三点，主旨在使南开由敌人侵略而毁灭者，得由敌人产业之赔偿而复兴。如荷核定，恳饬由行政院遵照办理。伯苓年事虽高，仍当竭其全力，重建南开，以符为国育才之私衷，上报钧座频年赐勉之至意。谨呈
主席蒋。

私立南开大学校长张伯苓谨呈
卅四年八月十一日
（南开大学档案馆藏）

呈国民政府主席蒋介石

（1945年8月）

窃南开大学所急需各项费用，及复校后每年经常费，筹措维艰，前曾面陈实情。兹幸胜利已届，举国复员，南开大学自应积极筹备，进行复校。惟南开原有之校舍、设备、图书、仪器，在战前勉足敷用，均系逐渐添置，经数十年积累而成，自遭敌毁，荡然无存。今欲恢复原状，一时骤难筹集巨款，实非政府资助不克有济。因思南开过去数十年，备承政府扶植，今愿仍以人民社团立场，继续努力，以贯彻为国服务之初衷，上酬钧座爱护之盛意。所有前项复校费用，及经常费，拟恳准照下列办法办理：

一、南开校舍及设备遭敌破坏，自应责由敌国赔偿，拟请就接收华北敌产中，指拨相当价值之产业，作为重建校舍及购置设备费，并以部份留作学校基金。在敌产未能处理变价以前，其急需支用部分，并恳准由政府先行垫借，俾资迅行复校。

二、南开在战前由政府每年拨给之补助费，约占全部经费三分之一。抗战开始，南开与国立北京、清华两大学合组为西南联合大学后，其经费全由政府拨发。战后三校分别恢复，而南开居于私立地位，又当八年苦战方告结束之时，疮痍满目，各方募款不易进行，复校殊感困难。拟请政府成全始终，对于南开复校第一年所需经费，准照北京、清华两校经费比例，由政府全数补助，嗣后

逐年递减十分之一，至第十一年，即全由南开自行筹措。

以上所陈，如蒙核定，即祈行知行政院办理。谨呈
主席蒋。

私立南开大学校长张伯苓谨呈
卅四年八月

呈天津市市长张廷谔

（1945 年 10 月 15 日）

呈为学校被敌炸毁，恳请赐拨敌产以资赔偿，并准暂借中日中学以便先行开学事。

窃天津南开学校于“七·二九”天津事变时，首被敌机轰炸炮击。昨经勘察，大中女小四部校舍，或夷为平地，或残毁不堪，校具、图书、仪器等均荡然无存，损失之巨，实难估量，欲事恢复，深感艰困。惟南开在抗战之初为教育而牺牲，今抗战胜利，更应为建国而努力。用敢恳请以敌人之校产赔偿学校之损失，俾得早日复课。兹查有宫岛街日本国民学校（即日本商业学校）、松岛街日本高等女学、芙蓉街日本小学堪作南开学校男中、女中、小学各部校舍之用，惟以上各处或现住盟军，或收容敌侨，一时未能腾出，拟恳于腾出时准予拨用。今为即日复课计，闻中日中学已经教育局接收，拟恳暂为拨借，俾利进行。至关于南开大学部分，拟请于可能时，将海光寺日军兵营拨作南开大学校舍。是否有当，理合备文，呈请钧核示遵。谨呈
天津市政府市长张。

私立南开学校校长张伯苓

批：准将中日中学校址拨归南开，先行复校，其他地址俟接收后再为核办。
指令该校知照。

（天津市档案馆藏）

致川康盐务管理局

（1945年10月26日）

第231号

事由：请将本年春秋两季公益费项下补助中小学经费各55000元径交过会，以维原案而平收付由。

径启者：查本校经常费来源中，前径由贵局公益费项下拨给中小学补助费一项，从1942年自贡市补助私立学校经费管理委员会成立后，即由该会统领转给，同时即发给每期中学部45000元，小学部10000元，领至去年秋季无异。惟查该会自本年春季起无形停顿，故此项经费即未领转给，用特函请贵局径将本年春秋两季应给补助费各55000元，惠赐签会，用维原案，借平收付为荷！此致

川康盐务管理局。

蜀光中学校董事会 董事长 张伯苓 假
董　事 曾子郁
兼会计 侯策名

批：拟函复：由公益费项下拨补经费之机构，曾奉发财政部公益费管理委员会1944年12月7日谕（公通52号电）饬：因公益费收不敷支，所有补助费用应即日起停止。等因。曾经发川康区分会函达自贡市私立教育经费保管委员会在案。请即查照。10月30日。

致天津市政府

（1945年11月4日）

敬启者：查天津南开大学、南开中学、南开女中、南开小学等四校，在平津沦陷时，首被敌人焚毁，损失惨重。今敌寇降伏，国土重光，南开各校自应力求恢复，并积极扩充，以期作育人才，藉应建国需要。惟南大扩充后，原有校址深苦不敷应用，兹查南开大学北首旧有水坑多处，经天津日本居留民团征

购填平，辟为综合运动场一处、苗圃一块及现为米谷统制会仓场空地一块。各该地均与南大校地紧相毗连，如果一并划归南大，则所谓校址不敷问题即不难迎刃而解。素仰贵府提倡教育，久具热诚，对于战后复校工作奖助，尤不遗余力。为此函请鉴察，敬希将前述各地一并拨借南开大学，以备扩充。如荷俯允，并请转呈国民政府备案，俾昭郑重而示永久，实纫公谊。此致
天津市政府。

天津南开大学校长张伯苓

三十四年十一月四日

（王文俊、梁吉生等编：《南开大学校史资料》（1919—1949），南开大学出版社，1989 年）

致贡井盐场公署

（1945 年 11 月 11 日）

字第 235 号

事由：续请代扣贡场票盐应担本年 4 至 6 月经费 448016.16 元，随送正副收据及数目表，烦为查照，签扣交会。

径启者：查贡场票盐应担本会经费截至 3 月止已蒙扣赐，并经函复在案。兹查本年 4 至 6 月份照产量核价计算，应扣经费 448016.16 元，除分检数目表函该票公会查照外，相应制定收据连同数目表，函请贵署于近日支付票盐价款内如数提扣，赐签过会，以济需用为荷！此致
贡井盐场公署。

附第 50 号正副收据二纸、数目表一份。

蜀光中学校董事会　董事长　张伯苓　假

董　事　曾子郁

兼会计　侯策名

批：核办。11.13。

附：收据（1945 年 11 月）

今收到副张贡井盐场公署代扣贡场票盐担负本年 4 至 6 月经常费，共计法

币 448016.16 元。

此据。

董事兼会计 侯策名

致教育部平津区特派员办公处

（1945 年 12 月 18 日）

径启者：敝校八里台校舍前已奉到教育部令，准由敝校秘书长黄钰生负责接收，当即在津设立天津南开大学复校筹备处，进行筹备复校工作，并拟接收残存校舍。除已函请津市军政各机关与以协助外，用特专函奉达，即请鉴察照准，并请贵处转饬驻津委员予以指导，至纫公谊。此致

教育部平津区特派员办公处。

天津南开大学校长张伯苓

三十四年十二月十八日

（王文俊、梁吉生等编：《南开大学校史资料》（1919—1949），南开大学出版社，1989 年）

致第十一战区长官部

（1945 年 12 月 18 日）

径启者：敝校现已进行筹备复校，对于八里台残存校舍及住宅，决即自行接收保管，该处现尚住有徒手日兵，拟请贵部饬令该日兵即日迁移他处，俾便接收而卫校产，至纫公谊。此致

第十一战区长官部。

天津南开大学校长张伯苓

三十四年十二月十八日

（王文俊、梁吉生等编：《南开大学校史资料》（1919—1949），南开大学出版社，1989 年）

致咏霓部长

（1945 年 12 月 25 日）

咏霓部长吾兄勋鉴：

兹启者：本校主持之开源机器厂年来迭承关照，公私均感。现该厂已行结束，其主持人员亦急待北返办理复校，所存器材一时不易脱手，而该厂遣散工资等项支出最低尚需 1500 万元之谱将能了结。拟请推爱援照收购厂商器材作为救济之办法，将该厂器材一次予以收购，俾早日清结而利复校，弟亦如释重负也。除已由该厂径呈生产局外，特此函恳，务希赐予援手，则公私均感无量矣。专此，顺请

勋安！

张伯苓 谨启

致张廷谔

（1945 年 12 月 26 日）

径启者：敝校男中部已承赐拨敌人所设中日中学校舍，于 10 月 17 日复校招生，并于 10 月 31 日开学上课。惟津市女生请求入学者甚多，各界亦复督促从速恢复南开女中。查南开女中原有校舍已被敌人炸毁，现已夷为平地，从[重]新修建，不惟无力且时间亦不允许。前请准予赐拨日本松岛高等女学校、日本青年学校及芙蓉街小学，已蒙批示。俟美军或日本难民腾出，即予办理。兹者，第一学期行将结束，敝校现正计划于第二学期开始时恢复南开女中。兹闻日本芙蓉街小学所住日本难民，行将遣送回国。爰请俯准，先将日本芙蓉街小学拨给敝校，以便使南开女中得早日恢复。至日本松岛高等女学及日本青年学校，亦请于美军腾出后，赐予拨借。不胜企盼。谨上

天津市长张。

南开大学校长张伯苓

为确定数位提案

（1945 年）

审四字第 21 号

张参议员伯苓等 21 人提。

理由：按我国数用十进数字，大者则以亿兆京垓四字代之，而此四字之含义有二：（一）为十万为亿，十亿为兆，十兆为京，十京为垓。（二）为万万为亿，万亿为兆，万兆为京，万京为垓。现今人事进化，数字用途亦广，即如人口及货币两端而论，如以十万为亿，即有单位大小不足敷用之虞，故宜以万万为亿，此其一。国人对于数字不甚注意，故读数时生错误。例如我国人口向称四万万，有谓应加五千万，故总数应为四万五千万，而国人常误读为四万万五千万，今如以万万为亿，则可读为四亿五千万，得免此种错误，此其二。

办法：根据上述理由，请政府明令全国公私机关，凡有用万万者避用万万二字，一律用亿字代之，庶可免不识数之讥。是否有当，敬请公决。

提案人：张伯苓
连署人：李仲襄 钱永铭 张元夫 范　锐 钱端生
杭立武 达浦生 傅斯年 许德珩 王云五
周炳琳 梅光迪 胡庶华 陶孟和 皮宗右
张国焘 马洗繁 胡　霖 孔　庚 杨子毅

附：川康盐务管理局通令（卤会通字第 106 号）（1945 年 2 月 22 日）

简明事由：转令确定数位以万万元为亿，仰注意由。

奉总局卤会通第 106 号通令：层奉院令，确定数位以万万元为亿，通饬注意。等因。合行抄发原令及原建议案各一份，令仰一体注意。

此令。

附抄誊原令及原建议案各一份。

致云南省主席卢汉

（1946年1月5日）

事由：南开大学校长张伯苓拟派教授陈序经等二人赴海防查寻该校图书仪器，因交通不便，请特别协助，并恳赐复。

永衡主席吾兄赐鉴：

敬启者：敝大学于平津事变时曾抢出图书仪器三百余箱，迨运至海防时正值军事紧张，交通断绝，乃暂存于海防仓库托为保管。今相隔已数年，不知该项箱只有无遗失。兹敝大学复校在即，图书仪器深感需要，拟即派遣教授陈序经等二人赴海防查寻，因交通不便，拟恳钧座特别协助，俾便前往办理。无任感祷，专此奉恳，敬希俞允示复为荷。专此，顺请

勋安！

张伯苓　谨启

批：函复可也。河内部份电河内马参谋长协助，在昆购飞机票事由省府协助代其证明。

附1：云南省主席卢汉复张伯苓（1946年1月11日）

伯苓校长先生惠鉴：

奉读大函，敬悉贵校拟派员赴海防查寻图书仪器，因交通不便，承嘱特别协助。自应照办。已电河内马参谋长尽力协助，并饬省府秘书处第四科。对于在昆购买飞机票事，代为证明，希即转嘱陈教授等分别洽办为盼。专此布复。顺颂

时绥！

弟　卢〇　谨复

附2：云南省主席卢汉致电河内第一方面军马参谋长（1946年1月11日）

河内第一方面军马参谋长：顷接南开大学张伯苓校长函，拟派教授二人赴海防查寻该校图书仪器，因交通不便，嘱特别协助等由。特此电达，俟该教授等到时尽力予以协助为要。卢〇。子（尤）省秘印。

致天津市地政局

（1946年1月7日）

公函南地字第1号

案查本校函准天津市政府民国34年11月17日第136号函开：案准贵校函请将前日本居留民团综合运动场、苗圃及米谷统治会仓场各地拨借本校以备扩充校址。等因。所请各地暂准借用，除函达党政接收委员会，并分令所属各局、处知照外，相应函复查照。等由。准此。本校当即派员接收到综合运动场及苗圃各地契共计55部。惟查米谷统治会仓场地契1部及日本青少年团地契2部均尚付缺如，用特函请贵局，准将米谷统治会仓场地契1部及日本青少年团地契2部，补送过校，俾便存案，即希查照办理为荷。此致
天津市地政局。

天津私立南开大学校长张伯苓

批办：查该案既经市府核准暂行借用在案。产权尚未确定，对于有关契据，自应由政府存查。□念该校为关育才，政府自应竭力协助，但□□□敌伪产业之处理均□均由敌伪产业处理局主办，本局无权过问。拟函复该校依照法令规定，径向处理局天津办事处洽商办理，俟行政院核准后，再将有关证件全部移交，当否？乞示。

批：可即函复。1月11日。

致河北平津区敌伪产业处理局天津办事处

（1946年1月25日）

南处字第1号

敬启者：查南开中学前承故李长泰将军家属，将管业本市河北二马路钟山里房地产26所，共平房90间捐赠南开中学。即以历年收得之房租，作为李氏兄弟姊妹纪念李将军之奖学金。自七七祸起，南开中学首被敌人摧毁。为保存校产计，当时权将该里房地产契纸送还李氏，请代为保管。不意于民国三十二

年间，日本居留民团认为，该里房地产与南开中学有关，即由敌人宪兵队长池上建一，威迫李氏将所存该里房地产契纸全部交出。李氏处敌人炎威之下，莫可奈何，只得任其强占。

又，敌人于民国三十三年间借口防空设施，复将该里房屋拆毁9所，计38间，致现存有房屋仅余52间。

兹者，国土重光，南开中学业经复校前，横被敌人攫夺之校产，亟待追还。俾仍用作奖学金之基金而彰李将军热心教育之至意。为此，函请贵处将该里房地产发还，并指拨敌产之一部，作为被拆毁房屋38间之赔偿。至纫公谊。此致
河北平津区敌伪产业处理局天津办事处。

天津私立南开大学校长张伯苓

附：河北平津区敌伪产业处理局天津办事处致河北平津区敌伪产业处理局（1946年1月30日）

案准天津私立南开大学校长张伯苓南处字第1号函开：径启者，云云。至纫公谊。等由。准此。查该校现正办理复校，此项房地产业似应迅予发还，以重教育。至损失部分应如何赔偿，理合具文报请核示祇遵。谨呈
河北平津区敌伪产业处理局。

全衔　名

致张廷谔

（1946年1月28日）

直卿先生勋席：

敬启者：天津银行公会会长王锡文[①]，字毅灵，四川人，忠诚朴直，热心

① 王锡文（1881—1953），字毅灵，以字行。四川内江人。日本山口高等商业学校毕业。曾任北洋政府财政部佥事、金城银行汉口银行经理、汉口银行同业公会会长等。1934年来天津，任金城银行天津分行经理，在南开大学经济研究所协助下，从事华北棉花、天津粮食、皮毛等行业的调查工作。自1935年至1945年任天津银行同业公会理事长，还先后担任由金城银行投资的永利、久大、四川民生、诚孚等公司的董事或常董。1945年日本投降后，离津去沪，任金城银行总行协理兼董事会常董。新中国成立前随董事会去香港，后在香港病殁。

公益，至老不懈，弟知之甚稔。平津沦陷，王君以不合作精神抵抗敌伪，掩护爱国青年，南开留津工作同志亦多承其庇助。用曾被敌宪兵指为反动，于前年拘捕入狱，凡阅六旬始获开释。今兹国土光复，允宜彰其潜行。据闻津市人士不明真象，蜚语时生，良堪扼腕。窃念王君受性方严，待人接物不免无所开罪，万一因是而有蹉跌，将何以正人心而慰忠悃？用除沥情呈报主席蒋，并蒙批传谕主管机关对于王君加以保护外，特再专函奉达，敬烦察照，不胜感幸。并颂

勋祺！

弟 张伯苓 拜启

致张廷谔

（1946 年 1 月 31 日）

公函南市字第 2 号

敬启者：敝校男中部呈惠于协助，业经复校；女中部及小学部亦蒙核准拨借松岛日本女学及日本商业学校作为校舍，次第复校，尚无问题；惟大学部损失惨重，复原既感困难，扩充尤属不易，非仰仗大力，实不克早观厥成。敝大学部为培养建国人才，计拟定设立文、理工、法、商、医五学院，依照各学院之需要，势须添筑校舍 25 座，方敷应用。兹经聘请专家估算，约需砖 3750 万块，需木料 450 万板尺。如此巨量材料，若扫数价购，匪特经济力量所不迨，矧当此物资缺乏之际，更虞一时亦无法置办。经查敝大学部迤南赛马场附近，原有日人小谷清亮所设之砖窑一处，并附有大块田地，业经钧府接收在案。该窑地距校甚近，运输颇便，如荷准予拨借，则可自行雇工烧制，对于工事利赖滋多。至木料一层，尤须先事庀集，方克经始。尚乞赐予，设法指拨，庶可早日兴工。相应函请，即希鉴核。此上

天津市市长张。

南开大学校校长张伯苓

致天津市警察局

（1946 年 2 月 9 日）

敬启者：敝校南开大学、南女中学两部校舍，于七七祸起均首被敌人摧毁，损失惨重。兹者，国土光复，敝校正积极筹备复校。惟以校址附近居民复杂，良莠不齐，致校内门窗砖瓦等项时被宵小拆毁盗取，如不从速设法保卫，深恐仅存之残余校舍，亦有夷为平地之虞。为此函请贵局酌派警察数名分住敝校南开大学、南女中学两部，藉资保卫以策安全。对于复校工作利赖滋多，相应函请，即希感允为荷。此致

天津市警察局。

校长张伯苓

二月九日

（王文俊、梁吉生等编：《南开大学校史资料》（1919—1949），南开大学出版社，1989 年）

致天津市地政局

（1946 年 2 月 11 日）

公函南地字第 2 号

径启者：敝校前承天津市政府拨借八里台附近日人创设之综合运动场、苗圃、米谷统治会及青少年团各土地，作为复校扩充之需。除综合运动场及苗圃等处地契业经敝校接收保管外，至米谷统治会仓场各地契及青少年团地契尚在贵局保存。兹敝校为勘测地界，清查产权起见，拟暂借米谷统治会及青少年团全部地契一用，俾资参考，相应函请，即希查照拨借为荷。此致

天津市政府地政局。

天津私立南开大学校长张伯苓

钟馀农拟办：查南开大学为勘测拨用旧日本居留民团综合运动场、青少年团等地经界，函需暂借各项契据，自可照办。拟查明有关各项契据，函复南开大学克日派员具据来取，当否？祈示。2 月 14 日。

局长吴惠和批：如拟。

曹文彭批：请史办事员泮生拟办。2 月 15 日。

致电张廷谔

（1946 年 2 月 13 日）

张市长直卿勋鉴：齐电奉悉。苓于1月元13日飞沪，俭渝函莫忆所指，请将原函航寄沪国际饭店，以备查复。

伯苓 文

致电张廷谔[①]

（1946 年 2 月 13 日）

蒸（10 日）电敬悉。苓患癃闭，小溲全阻，经医从小腹启穴，以皮管插入膀胱，暂使小溲改道，俟体力复原，赴美割治摄护，以期根除宿疾。承存问，感荷无既。

（天津市档案馆藏）

① 准备去美国治病的张伯苓于 1946 年 2 月 4 日在上海旧病复发，住院治疗。天津市市长张廷谔闻讯于 2 月 10 日致电问候。这是张伯苓的回电。

致河北平津区敌伪产业处理局天津办事处

（1946年2月15日）

南处字第2号

案查本校于民国三十五年一月二十四日，曾函请贵处发还前故李长泰将军家属捐赠本校坐落本市河北宿纬路钟山里房地产，以便早日接管出租，而维校款。等由。在案。兹为迅请发还校产，以免稽延，而利教育进行计，特补送李将军捐赠本校钟山里房地产印契照片两张。该印契照片上所载之业主李永祺者，即系李将军哲嗣李雄飞姓名，足征钟山里之房地产确为李雄飞氏所有。极为明显。自七七祸起，本校首被敌人摧毁，为保存校产计，不得已于二十六年九月十日，派本校事务主任孟琴襄赉函，暨钟山里房地产印契两张交还李氏请暂代保管，并委托经租，俾免被敌人查觉予以没收（附委托代管原函一件）。于同年九月十九日接得李氏复函，声称允暂代保管已经捐赠本校之钟山里房地产印契及经租等事宜（附承认代管原函一件）。

依据上述事实及附送之各项证明文件，可见本市河北宿纬路钟山里房地产确为李氏捐赠本校管业之校产，亦毫无疑议。为此，特再函请贵处查核，迅准发还，以维校产。至纫公谊。

再，附送之各项证明文件经审核完竣后，并请赐还，俾便存案为荷。此致河北平津区敌伪产业处理局天津办事处。

天津私立南开大学校长张伯苓

附件：钟山里房地产印契照片两张。
委托李雄飞暂代保管房地产印契及经租函一件。
李雄飞承认暂代保管房地产印契及经租函一件。

附：河北平津区敌伪产业处理局天津办事处致河北平津区敌伪产业处理局（1946年2月23日）

案准天津私立南开大学南处字第2号函，为补送本校河北宿纬路钟山里房

屋地产各项证明件，请查照，迅予发还，以维产权。等由。

查此案前经该校来函申请，当于元月30日，以津理房字第344号，呈请钧局核示在案。兹复准该校补送证件前来，可否准予发还，理合抄同原函并检附证件。敬祈鉴核并案示遵。谨呈

河北平津区敌伪产业处理局。

附抄原函一件。

检附证件四纸（计照片两张信两封）。

致河北平津区敌伪产业处理局天津办事处

（1946年2月16日）

南处字第3号

查本校于民国十七年，价购天津南门外西马厂道嘉树堂巢鹏云所有空地一段，计5亩整。又承俭堂陆孟孚空地一段，计5亩整。以上两块空地共计10亩整，均有印契，暨随带老契为凭。本校即拟以该项空地作为建筑南开小学之用，嗣以该项空地不敷应用，乃另购南开中学对面空地，建筑南开小学。遂将马厂道西原购巢陆二姓空地建筑南开铁工厂一所，内分机器、木样、翻砂三部，规模尚属可观。该铁工厂，一面作为本校男高中部学生实习之需，一面并承做各种铁器。创设以来，收效颇宏。本校经费亦利赖滋多。

自七七祸起，本校首被敌人摧毁，损失惨重，南开铁工厂亦横被敌人强占，改为焦炭工厂，内部旧存机械搬运一空。兹者，国土重光，本校业经开始复校，前被敌人攫夺之南开铁工厂，闻已由经济部冀热察绥特派员接收，后转移贵处接管、处理。为此，函请贵处将南开铁工厂即现在之焦炭工厂，迅即发还，以维校产。实纫公谊。此致

河北省平津敌伪产业处理局天津办事处。

天津南开大学校长张伯苓

批：拟函复，厂名不清，厂址不明，须另提详细呈文来示。2月19日。

批：一面向经济部查明对该焦炭工厂接收情形，一面函复该校检送该厂之有关证件，以便转报。2月19日。

借用地政局青少年团训练地地契借据

（1946 年 2 月 22 日）

兹借到前日本旧居留民团所有青少年团训练地地契 5 套，计开：

契号	业主姓名	购置年月日	土地坐落	共有契证	面积	备考
天民地 370、371	义德堂马少春	1942 年 11 月 27 日	八里台徐胡圈南	草契 1 份、老契 1 份、借约 1 份、铃木证 1 份	高地 11 亩 1 分 2 厘 8 毫，坑地 31 亩 5 分 6 厘 2	
天民地 372	武慧泉	1942 年 11 月 25 日	八里台徐胡圈南	草契 1 份、财政局证书 1 份	29 亩 3 厘 3 毫	
天民地 385	有余堂岳乾斋	1943 年 7 月 20 日	八里台北	草契 1 份、老契 1 份	14 亩 1 分 9 厘 2 毫	
天民地 386	有余堂岳乾斋	1943 年 7 月 20 日	六里台河西地	草契 1 份、老契 2 份、委托书 2 份、声请查测书 3 联、天津地院委托书 2 份	20 亩 5 分	
天民地 387、388、389	荣德堂杨植民	1943 年 7 月 28 日	八里台西	草契 1 份、老契 2 份、登记证明书存根 1 份、声请查测书 3 联、天津地院委托书 1 份	52 亩 2 分 5 厘	

此致

天津市政府地政局。

天津私立南开大学校长张伯苓

致天津市地政局

（1946年2月25日）

公函南地字第3号

案准贵局本年2月21日地权审字第167号公函略开为：前日人米谷统治会地契贵局并未接收，无从拨借；其青少年团全部地契共5份，准予照借，并嘱派员持据领取。等由。准此，相应派员持据洽领，即希查照拨借为荷。此致
天津市政府地政局。

天津私立南开大学校长张伯苓

拟办：拟由地权科存查。

局长吴惠和批：可。2月23日。

致天津县政府

（1946年3月2日）

公函南县字第1号

敬启者：案查本校前承租贵府经管之学产小圈地两段：一段计四十八亩五分，坐落八里台村南，系自民国十一年起承租；另一段计十九亩八分一厘六毫六丝，坐落八里台村南庙前，系自民国十六年发起承租。该项承租学产均至民国二十五年期满。本校函请继续承租并延长租地年限增加租款。当蒙贵府核准延长租期30年，即自民国二十五年起至民国五十四年年终止，并发给租据一纸，以资凭证。不幸于七七祸起，本校首被敌人摧毁，华北沦陷，本校南迁，所承租贵府经管之学产小圈地两段，在非常情势之下，事实上殊难出面经营。兹者，国土重光，本校业经开始复校，所有以前贵府发给之租据，理应继续有效。惟查该项地亩已经由贵府暂代接管，为此，函请查照，赐予发还，以维租权，而利复校。至纫公谊。此致

河北省天津县政府。

附租据抄件一份。

天津南开大学校长张伯苓

附：租据抄件（1936年1月21日）

天津县政府为发给租据事。案查本府经征处捐物股经管之学产，内有坐落八里台村南及庙前等地，向由南开大学承租，定有年限。兹准函开：以该地今届期满请续租并取消年限，俾利建筑。等因。当经派员接洽延长租地年限，增加租款，并经提交第244次县政会议议决：照办并呈报教育所备案。等语。记录在卷。除呈报外，兹将议定条款列后，望包租人遵照办理。

此据。

计开：

第一条　小圈地二段及四十八亩五分坐落村南，又地十九亩八分一厘六毫六丝坐落庙前。

第二条　承租时期均由民国二十五年起至民国五十四年终止共计三十年，如无欠缴租款情事期满号应准继续承租。

第三条　租款每年共洋八十三元六角七分（内计小圈地四十八亩五分原案全年租洋四十元又庙前地十九亩八分一厘六毫六丝原案每亩租洋一元五角合全年租洋二十九元七角二分五厘均各租加百分之二十合算）。

第四条　交租时期每年按一月一次交清不得拖欠，如违将地收回另行指租。

第五条　该地如建筑房间在承租期限之内所有每年之租款仍应照数缴纳不另增租。

第六条　本租据自发给之日发生效力。

右给承租人天津私立南开大学。

准此。

批：查该校所陈前订租约一节，核与原卷尚属相符，该项地产既经本县接管，似应准予发还继续承租。拟即函复查照并交纳租金。3月19日。

批：可。3月19日。

致天津市政府

（1946年3月12日）

公函南市字第4号

案查南开大学以原有校址深苦不敷应用，前曾请准贵府将天津前日本居留民团经营之综合运动场、苗圃及米谷统治会仓场各地拨给南开大学，以备扩充校址之需。又，南开中学及南开女中两校舍，均于抗战之初，即首被敌人炸毁，复承贵府拨给天津日人创设之中日中学作为南开中学校舍，芙蓉日本小学作为女中校舍。除南开大学业将准予拨给前日人居留民团经营之综合运动场及苗圃等地接管，并积极计划兴建校舍，筹备复校，南开中学业将准予拨给之中日中学接管，招生上课外，其余业经准予拨给之米谷统治会仓场各地，因所积存之米谷迄未迁移，芙蓉小学校舍为教育部天津青年复学就业辅导处所占用，尚均未能接管，于复校进行上，殊有延迟之虑。倘该米谷统治会积存米谷能早迁罄，及教育部天津青年复学就业辅导处结束后，敬请迅即饬交接管，以便统筹而利复校。兹为郑重起见，相应先行函请贵府准将所有拨给各土地暨校舍，先予一并转呈国民政府行政院备案，以示永久。附奉准予拨给南开大学之综合运动场、苗圃、米谷统治会仓场各地，暨拨给南开中学之中日中学连合绘制蓝图一份（无），并希转呈为荷。此致
天津市政府。

天津私立南开大学校长张伯苓

附：天津市政府归档文件（1946年6月29日）

6月29日奉谕：准南开大学函请，准将南开大学、中学及女中等三校土地及校舍转呈行政院备案，以示永久一案。奉批：可。等因。遵将拨借南开大学、中学及女中等土地及校舍经过情形胪陈如次：

一、南开大学。曾于上年11月13日函请拨借前日本居留民团综合运动场、苗圃及米谷统治会仓场各地，以备扩充校址一案。当经暂准借用，其仓库及各项物资即交由该校负责保管，并令饬工务局将所借各地查勘绘具详图呈府，以凭转报去后。旋据呈复，该地因积水甚多，无法确认，施测困难。等情。复经

令饬公用、地政两局会同该局办理。同年 11 月 29 日，据公用局呈报，将接收前日本居留民团综合体运动场地契契纸共 55 部，已交由南开大学办事处喻传鉴点收，已令准备案。本年 1 月 9 日，据公用局呈报，奉令勘测拨借南开大学之前日本居留民团综合运动场等地一案。经派员会同地政、工务两局及南开大学负责人，前往实地勘测，因该地业由美军部派日人驻守，未便施测。又据地政局呈同前情，并声叙该地系由前日本居留民团征购民地改建而成之场地，其被征购各业主，尚有少数迄未缴契领价，地权似有纠纷。等语。至本年 2 月 8 日复，据该局呈报召集公用、教育、工务各局及南开大学负责会商纪录：（一）南开大学拨用前日本居留民团综合运动场、苗圃及仓场各地，究应如何会勘案议决：定于本月 20 日上午 10 时，由教育、工务、地政各局会同南开大学负责人前往勘测。（二）关于该运动场、苗圃及仓场等地范围以内之属于私人所有者，如何解决案议决：由南开大学自行商洽办理。等语。业经指令仍将办理情形具报，各在案。

二、南开中学。本府曾拨给日人创设之中日中学作为校舍，现在该校已接管招生上课。

三、女中部份。曾拨给芙蓉街日本小学校作为校舍。前经令据教育局呈复，芙蓉街小学校系由教育部特派员天津接收委员办事处接收保管，尚未拨交本局。等语。已转复南开大学查照。

兹查该校来函，对于奉准拨借之综合运动场、苗圃、米谷统治会仓场各地，连同拨给中学部分之中日中学，绘制蓝图一份，请先行转呈备案，以示永久。惟查所送蓝图系中国工程司绘制，并未声叙系会同工务、地政、教育三局勘测，应否候工务等局勘制蓝图呈府，再行核转。至米谷统治会仓库所存米谷尚未迁移，究由何处接管搬运，理合一并签请钧示。

致天津市工务局

（1946 年 3 月 13 日）

径启者：前案准天津市政府，已秘字第一三六号函开：“案准贵校函请，将前日本居留民团综合运动场、苗圃、及米谷统制会仓场各地，拨借本校，以备扩充校址等因；所请各地，暂准借用。其仓库及各项物资，即由贵校负责妥为

保管。除函达党政接收委员会，并分令所属各局、处知照外，相应函复查照为荷。”等由。准此，本校当即将准予拨借各地分别接管，并着手勘测制图，以便积极复校。且经函请天津市政府，准将拨借各地一并转呈国民政府行政院备案，以昭着重而当永久在案。

惟查业经准予拨借南开大学地段内之苗圃地亩及其各项物资，已均由贵局暂行接管。为此，特函请贵局迅将已接管之苗圃地亩及其各项物资，即全部移交本校保管，俾便作扩充栏之统筹。相应函请查照办理为荷！此致

天津市政府工务局。

天津私立南开大学校长张伯苓

中华民国卅五年三月十三日

（南开大学档案馆藏）

附：天津市工务局致南开大学（1946 年 3 月 21 日）

天津市政府工务局公函　　工专字第二七二号

为函送移交六里台苗圃、树株及各项物资，请查照点收，见复汇报由。

前准贵校函请移交六里台苗圃、树株及其他各项物资等因，准此。查本年度市内植树计划业经规定，所需工具材料，及树株等项，须由六里台苗圃内取用一部分。准函前因，当经造具六里台苗圃移交与酌留树株及各项物资清册，签呈市长批示准如所拟，等因，奉此，相应抄附清册，即希查照点收见复，以凭汇报为荷。至所留用之各种树株，俟届移植时期再行取运。特此附陈。此致

天津私立南开大学。

附清册一份。

局长阎子亨

副局长梁锦宣

中华民国三十五年三月二十一日

（南开大学档案馆藏）

致天津市政府

（1946年3月14日）

公函南市字第5号

敬启者：查南开大学于华北沦陷之初，即首被敌人炸毁，损失惨重。兹者国土光复，南开大学自应力求恢复，以期作育人材，藉应建国需要。惟限于经费支绌、物资缺乏，致影响积极复校。兹仅估修一部分教授住宅，其最低标额竟达4800万元之巨，只木料一项即占法币2000万元之谱。若将残存校舍全部修复，恐最少亦须法币2.5亿元，而木料用款几达半数。故目前修复校舍工作，其最感困难者实为木料一项。如能有大批木料拨助应用，则南开大学修建用费即可减轻二分之一，复校困难问题庶可迅得解决。兹查本市土城南陈唐庄北海大道路南卫生工程处材料场内，存有没收敌人之道木7000根，卫生工程处方面，对于没收之该项道木似无积极需要。素仰市长提倡教育，久具热忱，对于战后复校工作，尤奖助不遗余力。且以没收敌人之木料，拨助首被敌人炸毁最惨之学校，揆之情理尤属允当。为此函请市长准将卫生工程处材料场内现存没收敌人之道木7000根，先行扫数拨助南开大学，作为修复校舍急需。倘荷？俯允，并请转饬卫生工程处，即将该项没收敌人之道木，拨交运校以便早日兴工而利复校。实纫公谊。此致
天津市政府。

天津私立南开大学校长张伯苓

市政府第二科第二股批：工务局及各卫生工程处不积极需要，可暂借与南开学校应用。4月22日。

致傅作义

（1946年3月19日）

宜生主席长官台鉴：

抗战八年，麾下抗敌卫土，功在国家，举国人民同声敬佩，敝校学子尤思一瞻风采，藉表景仰之忱。兹闻麾下因公来渝，敢恳拨冗，惠临敝校演讲。时间拟请在下星期一（廿五日）上午十一时起，如有不便，下午三时半后，何日均可，还望早日赐教为幸。专此，顺请

勋安！

张伯苓

（宋璞主编：《张伯苓在重庆》，重庆出版社，2004年）

致天津市政府

（1946年3月23日）

公函南市字第6号

敬启者：敝校案准河北平津区敌伪产业处理局，平三字第1241号代电开：南开大学公鉴：1月5日校字第20号公函敬悉。贵校拟借用天津宫岛街日本国民学校与日本高等女校旧址及其设备一节，需俟盟军迁移后，准予暂行借用，并径洽天津中央信托局办理借用手续。等由。准此。敝校即已径向天津中央信托局办理借用手续。惟查敝校女中部及小学部均拟于下学期开始恢复，而盟军究能于何时迁移，殊难确定。敝校不得不暂时另行设法筹备开学，但目前最感困难者，厥为学生所用之桌椅及仪器、标本、图书等项。为此，函请贵府转令外事处，分函占用该两校之盟军长官，请准将该两校内一切设备暂先拨借应用，以便积极复校而利教育。如承俯允，即希转令外事处查照办理为荷。此致

天津市政府。

天津私立南开大学校长张伯苓

附 1：天津市政府训令（训令丙秘壹字第 1695 号）（1946 年 3 月 27 日）

令外事处：

案准天津私立南开大学校函，为天津前日本国民学校与日本松岛高等女校及其设备，业经河北平津区敌伪产业处理局拨借本校使用。请转令外事处，分函占用该两校盟军，在未迁移前先将该两校内设备拨交应用。等因。除函复外，合行照抄原函，令仰该处查照办理具报。

此令。

附抄原函一件。

附 2：天津市政府致南开大学（公函丙秘壹字第 755 号）（1946 年 3 月 27 日）

案准贵校南市字第 6 号公函，为天津前日本国民学校与日本松岛高等女校及其设备，业经河北平津区敌伪产业处理局拨借使用。请转令外事处，分函占用该两校盟军，在未迁移前先将该两校内设备拨交应用。等因。除令外事处查照办理外，相应函复查照为荷。此致

天津私立南开大学校。

致天津市工务局

（1946 年 3 月 26 日）

案准贵局工专字第二七二号函开，以敝校函请移交六里台苗圃、树株及其他各项物资，业经贵局签呈市长批示，准如所拟，并抄附清册，嘱为查照点收见复，以凭汇报等由，准此，兹查敝校业已照册点收无误，相应函复，即希查照汇报是荷。此致

天津市政府工务局。

天津私立南开大学校长张伯苓

卅五、三、廿六

（南开大学档案馆藏）

致天津县政府

（1946年3月27日）

公函南县字第2号

案准贵府财字第86号函开：以敝校承租县管八里台学产，既于民国二十五年订有租约，自应继续有效，至历年欠缴之租金，亟待完纳，以清手续。等由。准此，敝校兹派职员李丹忱前往贵府，完纳历年欠缴租金，以清手续，即希鉴收赐据。实纫公谊。此致

天津县政府。

天津私立南开大学校长张伯苓

批：业于李丹忱通知办理完竣。原函拟存。4月2日。

批：可。4月3日。

致天津市地政局

（1946年4月9日）

公函南地字第4号

案查天津市政府已秘字第 136 号公函略开："将前日本居留民团综合运动场、苗圃、青少年团及米谷统治会仓场各地拨借本校以备扩充校址之需。"等由在案。除前日本居留民团综合运动场、苗圃及青少年团等全部地契，本校均经借领外，兹查米谷统治会仓场各地全部地契尚在贵局保存。为此，函请准将该米谷统治会仓场各地全部地契一并准予借用，实纫公谊。此致

天津市政府地政局。

天津私立南开大学校长张伯苓

拟办：查该项契证业由南开大学丁辅仁先生于本月 10 日来局具借据亲领去讫。本件

及该校借据壹纸拟存卷备查。

局长吴批：可。4月10日。

附：天津市工务局呈天津市政府（工专字第274号）（1946年4月12日）

查前准天津私立南开大学函请拨借六里台苗圃地亩及其他各项物资一案。经造具交接清册，签奉钧座批示：准如所拟。等因。奉此，遵于本年3月22日派员前往，照册移交在案。兹准该校函复业已照册点收无误，希查照汇报。等由。理合缮具交接清册备文，呈请鉴核备案。谨上

市长张、副市长杜。

计呈送交接清册二本。

天津市政府工务局局长 阎子亨

天津市政府工务局副局长 梁锦萱

市政府第二科第二股批：该局拨交苗圃地亩一案，原奉市座批准之答呈，已通知工务局孙专员，补报呈府备查。4月17日。

致河北平津区敌伪产业处理局天津办事处

（1946年4月12日）

查本校前曾以南处字第五号函请贵局准将本市八里台村南赛马场附近日人小古清亮所创设之砖窑暨其附属田地一并拨给本校，俾得自行雇工烧制砖瓦，以便早日兴工复校等由在案。兹以天气暖和，本校大学、男中、女中及小学各部校舍均须积极修建，则下学期方不至有贻误开学之虞。惟以本校损失惨重，恢复旧观，经济力量殊感困难。不得已，特再函请贵局，准将敌产合义砖窑暨其附属田地一并拨给本校应用，实纫公宜。此致

河北平津区敌伪产业处理局天津办事处。

南大校长张〇〇

四月十二日

（南开大学档案馆藏）

致善后救济总署冀热平津分署

（1946年4月15日）

案准贵署发文第四〇一号函开：“径启者：准贵校函请修缮校舍援照清华大学例，予以资助等由，准此。第不审贵校来源及是否已由政府予以修建资助，并重新修缮详细计划如何。统希具体开列明晰，以凭审核办理等由，准此。”

查本校原属私立，所需经费统由自筹。惟本校于抗战伊始，即首被敌人炸毁，损失惨重。今也欲图恢复旧观已感困难，兹谋积极扩充，更属匪易。迫不得已，乃呈准政府，改为国立，是以本校今后之经费来源当由政府拨发。至修建用费，业经教育部核准，补助八亿元，而清华则为十二亿元。按照损失实际情形论，则本校原有之办公楼、课室楼、图书馆、科学馆，及学生宿舍等五座大楼现只剩一座，而图书及设备等项更荡然无存，一切物资损失较之清华大学实超过多多。政府仅允补助本校八亿元之修建费，深苦不敷应用。

兹查清华大学既承贵署准予资助，对于本校首被敌人炸毁，且损失如斯之惨重者，谅贵署必更能寄予莫大之同情。关于重新修缮详细计划，只载附奉之工程估价单内，用备查核。准函前由，相应函复查照，并请援照清华大学例，准予资助,至纫公宜。此致
善后救济总署冀热平津分署。

南大校长张〇〇
三十五、四、十五
（南开大学档案馆藏）

致善后救济总署冀热平津分署

（1946年4月15日）

查本校男中、女中及小学三部校舍于华北沦陷之初，即首被敌人炸毁，损失惨重。兹者国土光复，本校各部应即力谋恢复，以便培育人材，藉应建国需

要。惟以校舍兴复工程浩大，不仅器材鸠庀不易，即人工所费亦属不资。本校虽经勉筹捐募，终感款少工巨，举办维艰。且本年暑假不久到临，若不及早兴修，则下学期即有贻误开学之虞。为此，特函请贵署对于本校修建之工资予以充分补助，俾便迅速经始，早观厥成。除将各部修建校舍估工单附奉查核外，敬请允予补助，实纫公宜。此致
善后救济总署冀热平津分署。

南大校长张〇〇
三十五、四、十五
（南开大学档案馆藏）

致军政部华北呢革被服总厂管理处

（1946 年 4 月 16 日）

案查本校小学部全部校舍业被贵处所属之第二硝皮分场占用。本校以小学部全部校舍毁损过巨，势非彻底修建，实不堪应用，曾于本年一月十八日及二月十九日两次函请贵处，转令腾让，各在案。惟迄今数月仍未交还，致本校小学部校舍修建工程遂迟迟无法进行。兹已将届春末，转瞬雨季到临，若不及早兴修，则暑假后即有不能开学之虞。为国家培育人才计，迫不得已，用再函请贵处，转令所属之第二硝皮分场务于四月底以前将占用本校小学部全部校舍予以腾让，至纫公宜。此致
军政部华北呢革被服总厂管理处。

南大校长张〇〇
三十五、四、十六
（南开大学档案馆藏）

致天津市政府

（1946 年 4 月 22 日）

案查本校前曾函请贵府准将本市海大道卫生工程处材料场内所存没收敌人

之道木七千根扫数拨借本校，俾便修建被敌炸毁之各校舍及设备。仰承贵府批示："如卫生工程处不积极需要，可暂借与南开大学应用。"等由，在案，准此。本校正拟派员向卫生工程处洽接间，旋闻卫生工程处业将该项道木转拨工务局接管。若工务局对于接管之该项道木目前亦无积极需要，仍请贵府再转令该局将接管之道木暂先扫数借与本校应用，以济急需而利复校，至纫公宜。此致

天津市政府。

南大校长张〇〇

四、廿二

（南开大学档案馆藏）

致天津市政府

（1946年4月22日）

公函南市字第8号

案查本市前日本国民学校与日本松岛女学等，全部校舍及其一切设备，业经河北平津区敌伪产业处理局拨借本校使用。惟现以该两校全部校舍均为美军占用。本校曾函请贵府转令外事处，分函占用该两校美军，在未迁移前，先将该两校内所有设备全数拨交本校应用。等因。在案兹查拨借本校之松岛女学桌椅共约500余套，已由警察局及所属之第一分局运去。按该项桌椅均甚矮小，颇适于初中部及小学部学生使用。本校小学部，暑后决定恢复，初中部亦计划扩充，深苦学生桌椅不敷应用，尚希贵府俯念本校各部校舍及设备皆被敌炸毁，损失惨重，复校不易。准予转令警察局将运去之松岛女学桌椅归还本校，以备初中部及小学部学生应用。实纫公谊。此致

天津市政府。

南开大学校长张伯苓

天津市政府第二科第一股批：如警察局不适用，即拨借南开学校。1946年4月23日。

附1：天津市政府训令（训令丙秘贰（1）字第2387号）（1946年4月24日）

令警察局：

案准南开大学本年4月22日南市字第8号公函内开：案查本市前日本国民学校云云。实纫公谊。等因。准此，查上项桌椅，该局是否需用，应速即查明。如不适应用时，仰即拨给该校具领，并呈报备查为要。

此令。

附2：天津市警察局呈天津市政府（呈文总四字第2403号）（1946年5月2日）

案奉钧府丙秘贰（1）字第2387号训令略开：准南开大学函请转令警察局，将运去松岛女学桌椅归还。等因。准此。查上项桌椅该局是否需用，应速即查明，如不适应用时，仰即拨给该校具领，并呈报备查。等因。奉此。查本局并未由该松岛女学运取桌椅，仅于淡路学校自美军手内取有桌子430张、椅子350把，但约三分之一残破不堪，其较完整者，已分拨各分局、队应用。现各分局之讲堂对于是项桌椅亦属需要，事实上不能交出。奉令前因，理合备文呈复鉴核。谨上

市长张、副市长杜。

天津市政府警察局局长　李汉元

天津市政府警察局副局长　毛文佐

附3：天津市政府致南开大学（公函丙秘贰（1）字第1312号）（1946年5月15日）

案查前准贵校4月22日南市字第8号公函，嘱饬警察局，将运去之日本松岛女学桌椅全数归还本校。等由。准此。当径令行警察局查复去后。兹据呈复内称：查本局并未由该松岛女学。云云。已分拨各分局、队应用。等情。据此，相应函复，即希查照为荷。此致

南开大学。

附4：天津市政府训令（训令丙秘贰（1）字第3498号）（1946年5月15日）

令警察局：

呈一件。为呈复并未运取松岛女学桌椅，仅于淡路学校自美军手内取其桌椅，已分拨应用各情形。请鉴核由。呈悉。仰候转函查照。

此令。

致启新洋灰公司

（1946 年 4 月 23 日）

敬启者：敝校大学、男中、女中及小学四部校舍于天津沦陷之初，即首被敌人炸毁，损失惨重。大学部原有之办公楼、课室楼、图书馆、科学馆及学生宿舍等五座大楼，现仅剩一所。女中部之课室楼、办公楼及礼堂等全遭焚毁，现只余宿舍楼之一部。男中及小学两部校舍或已夷为平地，或四壁仅存。毁损之巨，较之任何被毁学校为重。兹幸国土光复，敝校各部应即力求恢复，俾便培育人才，藉应建国需要。现正鸠庀器材，计划早日经始。惟以所需洋灰一项，据估计至少须三百吨之谱。因限于经济力量，殊感购置维艰。

素仰贵公司对于扶植战后教育不遗余力，尚希俯念敝校各部损失綦重，关于所需洋灰，敬恳惠予捐助，俾得早观厥成而利复校，实不胜感祷之至。此致启新洋灰公司。

南大校长张〇〇

四月廿三日

（南开大学档案馆藏）

致天津市政府

（1946 年 4 月 24 日）

公函南市字第 9 号

查本校在八里台村南、卫津河东西两岸共有稻田 200 余亩。该项稻田原系天津县之学田，于民国 11 年即拨归本校管业在案。历年所得之祖[租]金作为本校经费之一部。惟自华北沦陷后，该项稻田中有 50 余亩横被敌人强占，辟为苗圃及火葬场。除栽植树木千余株外，并建筑房屋数间。兹者国土光复，本校业经开始复校，所有前被敌人强占之稻田，亟须收回以维校产。经查敌人在强占稻田上所辟之苗圃，已由工务局接管，建筑之火葬场另被社会局接收。本

校产权所在，相应函请贵府分令公务、社会各局迅将接管之苗圃及火葬场交还本校管。至敌人在强占本校田地上所种之树株及建筑之房屋，并请移交，俾作为强占8年之赔偿。实纫公谊。此致
天津市政府。

南开大学校长张伯苓

天津市政府第二科第一股批：奉批，令社会、公务两局查明呈复，以凭核夺。1946年4月26日。

附：天津市政府训令（训令丙秘贰（2）字第2646号）（1946年5月6日）
令社会、工务局：

案准南开大学函开：查本校在八里台村南、卫津河东西两岸共有稻田200余亩。云云。并请移交，俾作为强占8年之赔偿。实纫公谊。等因。准此。除分令外，合行令仰该局遵照迅速查明具复，以凭核夺。

此令。

致第十一战区司令长官部

（1946年4月25日）

案查贵部接收前日本司令部参谋处书籍内所有敝校图书，业经先后派员前往贵部接洽。兹查明该项书籍内确有敝校图书四百七十五部，并经与参谋处第三科郑参谋商妥，准由敝校赶速设法运津。兹特委托敝校北平校友朱子才先生负责办理装运事宜，即希查照协助，至纫公谊。此致
第十一战区司令长官部。

南大校长张伯苓
四月廿五日
（南开大学档案馆藏）

致天津县政府

（1946年4月25日）

案查本校于民国十一年即承租贵府管辖坐落八里台村迤南卫津河东西两岸之学田共计二百余亩，并承贵府发给该承租地亩测制详图一份，用资凭证。惟自华北沦陷，本校南迁，所承租之学田即横被敌人强占，改为农场。兹幸国土光复，本校业经复校，所有以前之承租权依法理应继续有效。为此函请贵府将完纳租金办法见复，俾便照缴，以符手续。至纫公谊。此致
天津县政府。

南大校长张〇〇

（南开大学档案馆藏）

致中央银行

（1946年4月27日）

案查前天津私立南开大学业经行政院决议，改为国立南开大学，并以张伯苓为校长在案。兹经中央核准之复员修建等费国币八亿圆已汇到贵行转发，谨依照公库支票使用办法，签具国库河北分库印鉴卡片二张，送请贵行存查。

惟在鄙人出国期间，特将本人印鉴委交秘书伉乃如负责保管。至主管会计人员，在主计处尚未派定专人到职视事前，暂委梅松樵代理。本校原任出纳人员尚留昆明，在未北来前。暂由韩茂之代理。合并声明，即希查照为荷。此致
中央银行。

附印鉴卡片贰张。

南大校长张伯苓

四月廿七日

（南开大学档案馆藏）

呈教育部部长朱家骅

（1946年4月30日）

呈送理工各系急需之仪器、图书、设备清单。

按奉钧部电，各大学呈送理、工、医、农各科所需之图书、仪器清册等因。奉此，自应遵办。兹谨将本校理工各系所急需之图书、仪器分列清册，送请鉴核。并请指拨的款，俾得从速订购，以利教学，实为德便。谨呈

教育部长朱。

附清册一份。

南开大学校长张伯苓

卅五年四月卅日

（南开大学档案馆藏）

致河北平津区敌伪产业处理局

（1946年5月1日）

查本校于华北沦陷之初，即首被敌人炸毁，原有之办公楼、图书馆及学生宿舍等五座大楼，现仅存一幢，一切设备亦荡然无存，损失惨重。兹幸国土光复，本校应即力谋恢复，俾便培育人材，藉资建国需要。

惟以修建器材庀集困难，如不积极进行，则暑后则将有误开学。经查，天津小孙庄前日人株式会社福昌公司仓库内储有木料、砖瓦、缸管及铁筋等材料，颇合于修建校舍及制造桌椅之用。兹该项物资业由经济部冀热察绥区特派员驻津办公处接收，并正赶缮清册，准备移交贵局接管。但移交接管势须数月，若待依照处理程序办理，转瞬雨季到临，复校前途即将大受影响。迫不得已，爰请准予迅函经济部驻津办公处，将接收尚未议价之敌产建筑器材先行直接拨让本校应用。至拨让之手续暨数量，如荷俯允，径与经济部驻津办公处洽办，则更可捷便省时，然后经济部驻津办公处即可根据拨让器材之类别与数量，转报

贵局查核，俟将来议价确定后，本校再补缴价款。此种权宜办法，既不违乎处理敌产之原则，而本校之复校工作实利赖滋多。相应函请，即希查照为荷。此致

河北平津区敌伪产业处理局。

南大校长张〇〇

三十五、五、一

（南开大学档案馆藏）

致经济部冀热察绥区特派员驻津办公处

（1946年5月2日）

查本校于民国十七年即价购天津南开女中学以南马厂道迤西空地一段，计十亩整。复于民国廿二年在价购之该空地上建筑铁工厂一所，并装设大小旋床五架、铯床、钻床及洗床各一架，专备男高中学生工作之用，藉以实施心力同劳教育。

自天津沦陷，本校遭敌人炸毁，该铁工厂亦即被敌人攫夺，改为三隆炼炭场。兹幸国土光复，本校业经开始复校，对于横被敌人强占之铁工厂，亦拟力谋扩充，俾便培育建国人材。惟查该三隆炼炭厂，即本校原有之铁工厂，业由贵处接收，为此函请贵处准将接收本校铁工场之房地产及全部机器克日交还，俾便接管，至纫公谊。此致

经济部冀热察绥区特派员驻津办公处。

南大校长张伯苓

五月二日

（南开大学档案馆藏）

致河北平津区敌伪产业清查委员会天津分会

（1946年5月6日）

径复者：兹准卅五年四月廿二日请字第六四号台函，据报有敌产座落六里台空地一段，计十一顷七十七亩，业经本校接收。嘱将接收情形见复等因，准此。

查本校前遭敌人摧毁，于胜利后积极筹备复校，收回八里台原有校址，当以毗连日本居留民团综合运动场及米谷统制会各地段均系敌产，堪充扩展校址之需。经即商承天津市政府，并准三十四年十一月十七日乙秘字第一三六号函，允将前项毗连地段拨交本校应用，并饬由公用、地政两局检齐该前项地契图件，一并由本校接收。迨本校接收后，经分函市府及河北平津区敌伪产业处理局，转呈行政院核准备案在案。准函前因，相应函复查照为荷。此致

河北平津区敌伪产业清查委员会天津分会。

南大校长

五月六日

（南开大学档案馆藏）

致河北平津区敌伪产业清查委员会天津分会

（1946年5月6日）

南清字第1号

敬复者：兹准三十五年四月二十二日清字第64号台函，以据报有敌产坐落六里台空地一段计11顷77亩业经本校接收，嘱将接收情形见复。等因。准此。

查本校前遭敌人摧毁，于胜利后积极筹备复校，收回八里台原有校址，当以毗连日本居留民团综合运动场及米谷统制会各地段均系敌产，堪充扩展校址之需。经即商承天津市政府并准三十四年十一月十七日乙秘字第136号函，允将前项毗连地段拨交本校收用，并饬由公用、地政两局检齐前项地契、图件，

一并由本校接收。迨本校接收后，经分函市府及河北平津区敌伪产业处理局，转呈行政院核准备案有案。准函前因，相应函复查照为荷。此致

河北平津区敌伪产业清查委员会天津分会。

南开大学校长　张伯苓

批：原案在二科，拟将该案办理。5 月 29 日。

批：周镕生查卷办。6 月 2 日。

（天津市档案馆藏）

致资源委员会华北钢铁公司天津炼钢厂

（1946 年 5 月 7 日）

查本校于沦陷期间，各部校舍首遭轰炸，所有各项校具亦复损毁一空。兹幸国土重光，刻正积极筹备复校。关于修复各部礼堂、教室、铁架、桌椅，需用生铁数量较巨。当兹物资缺乏之际，市间不易觅购。闻贵公厂接收、存有前项生铁尚多，拟请惠予拨借敝校六吨，以备添制桌椅、铁架之需。倘承俞允，则敝校复校工作得以顺利进行，嘉惠士林，曷胜企感。相应函请查照见复为荷。此致

资源委员会华北钢铁公司天津炼钢厂。

南大校长

五月七日

（南开大学档案馆藏）

致杜建时

（1946 年 5 月 7 日）

建时贤弟足下：

自返津门，备承关爱，多方照拂，感曷可言。蒙假汽车，兹因赴京，已无需要，敬以奉还，并谢盛谊。侧闻该车系处理局没收物品，最近将有拍卖之举，

不审确否？倘能进行洽购，则将来代步有车，似多便利，可否鼎力代谋，尚盼卓裁示复为荷。专此奉谢，即颂
政祺！

张伯苓 启

（天津市档案馆藏）

致弗兰克·D. 费肯藻[①]

（1946年5月8日）

Harness Pavilion,
180 Fort Washington Avenue,
New York 32, N.Y.
May 8, 1946

Acting president Frank D. Fackenthal,
President's Room,
Columbia University,
New York City,

My dear President Fackenthal:

Please accept my profound appreciation for the high honor which the Trustees of Columbia University have voted to confer upon me at the commencement of 1946. The honorary degree of Doctor of Letters will be beyond my personal deserve. I take it that the Trustees must have in mind the encouragement of constructive educational efforts in the building of modern China in which I have attempted my very humble part. I shall bring back the significant action on the part of your great University as

① 弗兰克·D. 费肯藻（Frank Diehl Fackenthal，1883—1968），美国教育家，生于美国宾夕法尼亚州，1906年毕业于哥伦比亚大学，1906—1910年任哥伦比亚大学主任职员，1910—1937年任秘书，1937—1948年任教务长，在1945年尼古拉斯·默里·巴特勒校长退休后和1948年艾森豪威尔将军来该校担任校长之前，费肯藻博士担任哥伦比亚大学的代理校长，兼任教务长。1948年在大学退休后，担任卡内基公司的教育顾问，直至1952年。1953—1958年，任哥伦比亚大学出版社社长。

an expression of sympathy and support for the task of reconstruction in my homeland.

I shall be very much pleased to avail myself of the great privilege of attending the dinner on the evening of Monday, June 3, at eight o'clock, at President's House, 60 Morningside Drive.

Again, with hearfelt thanks for your gracious courtesies, I am.

Yours very cordially,

Chang Poling

致孙连仲[①]

（1946 年 5 月 8 日）

查本校前以积极筹备复校，拟请将天津井陉矿务局煤厂所有残损红砖约三十万块，又小长方木三百余根，及小薄木板一百余捆惠予捐赠，或廉价让售敝校，以助修复校舍之需。曾于三月卅一日南省字第一号函请台警在案，刻以各部修缮工程〈业〉经开始，前项材料需用孔亟，拟请迅赐查案，饬知该管煤厂，以便早日起运备用，至感公谊。此上

河北省政府主席孙。

南大校长张〇〇

三十五、五、八

（南开大学档案馆藏）

① 孙连仲（1893—1990），原名席儒，从军后更名连仲，字仿鲁，河北省雄县人。1938 年，参加台儿庄会战。1938 年 8 月，参加武汉保卫战。1945 年 6 月转任第十一战区司令长官，并任河北省主席。10 月 10 日他在故宫太和殿主持华北日军受降仪式。抗战胜利后，主持华北军政，任保定绥靖公署主任，北平行辕副主任。1949 年后去台湾。

致天津市政府

（1946 年 5 月 17 日）

查本市旧宫岛街前日本国民学校（即日本青年学校与商业学校旧址）及淡路街前日本松岛女子高等学校两处校舍及其设备，业经贵府及河北平津区敌伪产业处理局准予拨给本校初中部与女中部应用，俾便积极复校在案。惟查该两处校舍现均被盟军占用，本校深恐一旦盟军迁出，该两处校舍或有被其他机关占用之虞。为此函请贵府转令外事处，分函占用旧宫岛街前日本国民学校及淡路街前日本松岛女子高等学校两处盟军，在未将校舍腾让前，先准本校悬挂南开初中部暨南开女中部木牌于该两处校舍大门之首，并于将来腾让前三日径告本校（本市第十区重庆道南开大学筹备处），俾便派员接管，以利复校，至纫公谊。此致
天津市政府。

南大校长张〇〇
五月十七日
（南开大学档案馆藏）

致天津市卫生工程处

（1946 年 5 月 17 日）

查本校各部筹备复校，均在积极进行。关于添制校具，需用木料甚多。前闻贵处接收敌伪产业物资有枕木一项，拟请惠予拨借三百根，以备添制校具之需。除分函陈明市府外，相应函请誉照见复为荷。此致
天津市卫生工程处。

南大校长张〇〇
（南开大学档案馆藏）

致河北平津区敌伪产业处理局天津办公处

（1946年5月21日）

本校于上年秋季筹备复校，准美最时洋行来函捐赠本校卫生器具贰拾套，迄未取出，刻仍封存该行。兹闻该行物资即将由贵处启封处理，相应抄附该行来函，送请查照，予以登记，以便提取为荷。此致
河北平津区敌伪产业处理局天津办公处。

附抄函一件。

南大校长张
五月廿一日
（南开大学档案馆藏）

致耀华玻璃股份有限公司

（1946年5月31日）

查本校各部校舍于沦陷期间遭敌摧毁，刻因复校工作，需用玻璃约计五百箱之谱。只以校款支绌，拟由敝校价购二百五十箱，并请贵公司惠予捐赠二百五十箱。倘承俞允，至感公谊。此致
耀华玻璃股份有限公司。

南大校长
五月卅一日
（南开大学档案馆藏）

致天津市公营事业管理处

（1946年6月3日）

查本校各部校舍、校具于沦陷期间遭敌摧毁，损失惨重。刻以修复校舍并整理校具需用各种钉子数量甚多。兹闻贵处制钉厂出品精良，拟请惠予廉价让购，以助复校之需。相应检同需用钉子种类、数量清单一纸，函请查照见复为荷。此致

天津市公营事业管理处。

附清单一纸。

南大校长

六月三日

（南开大学档案馆藏）

致上海中央银行外汇科

（1946年6月6日）

查本校复校添购图书、仪器及聘请国外教授旅费，拟请结购美金伍万元一案，业经呈奉行政院核准，并准贵总行业总字第一五八一号函知，由津行于六月五日以汇总字一一一〇呈电号，四四二号汇款单，汇交贵科核转在案。兹将收款人姓名及住址另纸附奉，即请查照办理见复为荷。此致

上海中央银行外汇科。

附收款人姓名住址单一纸。

南大校长

六月六日

（南开大学档案馆藏）

致河北平津区敌伪产业处理局

（1946年6月6日）

案准贵局卅五年六月一日平一字第七七九九号函，以拨让福昌公司建筑器材一案，嘱将需要数量列单送核等由准此，本应遵办。无如本校各部遭敌摧毁，损失至为惨重。关于修补添建需要各项器材，尤极繁多。专经派员前往该仓库实地查勘，所有品类杂繁，均属需要。即使尽数拨交本校，戋戋之数量，仍恐不敷应用。兹为权宜便利计，拟请俯允将该仓库存料全部拨让，俾利复校进行，至为纫感。相应函请查照，见复为荷。此致

河北平津区敌伪产业处理局。

南大校长

六月六日

（南开大学档案馆藏）

致天津市工务局

（1946年6月6日）

查本校中学部校舍旧址于华北沦陷之初，即首被敌人之炸毁，损失惨重。兹为恢复旧观计，拟积极兴工，俾便暑假后开学急需。惟查旧校址门前马路年久失修，多坑坎不平，而附近之水坑尤污秽不堪，实有碍卫生。若不及时修补，转瞬雨季莅临，则施工将更感困难。查校内存有破碎砖瓦及积土颇多，如能利用该项破碎砖瓦及积土平垫校门前之马路与附近之水坑，一举两得，双方均便。为此，特函请贵局迅派修路工人从事工作，如承赞同，即希查照见复为荷。此致

天津市政府工务局。

南大校长

六月六日

（南开大学档案馆藏）

致韩叔信全衔聘书

（1946 年 6 月 7 日）

总字第 259 号

敦聘台端继续担任本校校长，自 1946 年度第一学期秋季起至 1947 年度第二学期（1948 年春季）止。此致
韩校长叔信。

蜀光中学董事会　董事长　张○○　假
董　事　曾○○
兼会计　侯○○

致天津市地政局

（1946 年 6 月 13 日）

案查本校收回八里台村南敌建火葬场校产案，经函准市政府丙秘贰（1）字第一五四三号函，以饬查业经地政局接收，除令查明交还外，嘱查照洽办等因，准此。相应函请查照，见复为荷。此致
天津市政府地政局。

南大校长
六月十三日
（南开大学档案馆藏）

附：天津市地政局致南开大学（地权审字第 617 号）（1946 年 6 月 21 日）

案准贵校 35 年 6 月 13 日南地字第 6 号函，为收回八里台村南敌建火葬场校产一案。前准市政府复函，以业经地政局接收并饬查明发还，嘱查照见复。等由。准此，查本局前接收日居留民团房地产清册内，只注有八里台新火葬场房屋面积 142 坪 941、苗圃管理公事房房屋面积 20 坪，并无强占贵校校田总面

积之记载，且该两处校产之有关契证本局亦未接收，故无从依据发还。准函前由，除呈复市政府外，相应函复，即希查照，提出该两处校产之有关契证，径向处理局请求发还为荷。此致
国立南开大学。

局长 吴○○

致天津市教育局

（1946年6月14日）

案查本校女中部校舍遭敌摧毁，拟请将敌设芙蓉街小学校舍拨给南开女中，俾早恢复一案，前经函准市府卅四年　月　日[1]丙秘壹字第二九九号复函，准予照办，并转行贵局，一俟该小学内所住日本难民遣送完毕，先将此处拨交本校应用各案。查该处校舍原住日本难民遣送完毕，由教育部辅导处职业训练班占用。刻闻该班系短期训练，不久结束，应交贵局接收。拟请查照前案，惠予拨交本校女中部复校之用，至感公谊。相应函请查照见复为荷。此致
天津市教育局。

南大校长
六月十四日
（南开大学档案馆藏）

致善后救济总署冀热平津分署

（1946年6月15日）

案准贵署三十五年六月五日冀振字第二七九八号公函，以关于修复本校各部校舍一案业奉总署令准，钧拨工人面粉，嘱与天津办事处商洽合约等由，准此。当经本校派员与天津办事处几经商讨，并实施查勘，拟就草约，业于六月十四日签字。惟本校大学暨中学两部修缮工程业经开工月余，兹将已往各部各

① 原文如此。

项已用工人数目开列清单一纸，拟请贵署惠予补发，以资救济。

再，草约既经签定，并请提前实施，至为纫感。相应函请查照见复为荷。此致

善后救济总署冀热平津分署。

南大校长○○○
六月十五日
（南开大学档案馆藏）

致交通部天津电话局

（1946年6月22日）

查本校中学部南开学堂大街旧址业经兴工修葺，复校在即，所有校长办公室、教务课、训导课、事务课、校友会各需用电话壹具，计共五具。为此函请贵局派人查勘，即予安装，以利办公。至感公谊。此致

交通部天津电话局。

南大校长○○○
六月廿二日
（南开大学档案馆藏）

致善后救济总署冀热平津分署

（1946年7月3日）

兹准卅五年七月二日冀振字第三六二四号合函附送商订工振合约草案六份，嘱盖印送还三份等因，准此。兹经分别签印，除留三份存查外，相应检同合约三份，函请查收存转为荷。此致

善后救济总署冀热平津分署。

南大校长
七月三日

附合约三份。

（南开大学档案馆藏）

致后勤总部第五补给区司令部

（1946 年 7 月 3 日）

兹准贵校卅五年六月廿五日补运字第二九四六号，已有运车代电奉令拨发本校载重车二辆，嘱即备据，径向第八汽车修理厂洽领等因。准此。兹派本校持据前往洽领。相应函请查照饬拨。至感公谊。此致

后勤总部第五补给区司令部。

南大校长

七月三日

（南开大学档案馆藏）

致某某

（1946 年 7 月 4 日）

今年奉伯云嘱□，往成都主持三校招生事宜，□以事□□□，恐致既越，云应另派专人，□邀察鉴。成都学风败坏，全国皆知，各校每年招生，概已事竣。近□，联大在渝招考，□几□□总动员，予以□□□□及方便，□□常事，今现仍照旧招生，□仍由南开定夺。□考□□改考后，□□□□，实今人在解。今闻□□□问题，倘招考学生众多，报名、监考及□□筹备事项，非及早预备□专人帮他不可。□去成都，人地生疏。□□确又克负北□责，如南开无人可派、可去，再商经北大、清华，假如清华总务长沈□□□□□。川大教务长□□川人，如致能来，□易进行也。

致天津市地政局

（1946年7月8日）

南地字第7号

查本市河北二马路钟山里房地产原系本校校产，于华北沦陷后即被敌人天津居留民团强占作为职员宿舍，并将该里房地产印契强由保管人手中威迫攫去。兹幸国土光复，本校业经请准河北平津区敌伪产业处理局填发权字第1009号发还许可证，并经本校接管在案。查天津居留民团所有契证均由贵局接管，为此特函请贵局，准将本校河北二马路钟山里房地产印契借用，俾便办理税契登记手续。相应函请，即希查照为荷。此致

天津市政府地政局。

国立南开大学校长张伯苓

（天津市档案馆藏）

致经济部冀热察绥区特派员驻津办事处

（1946年7月8日）

案查前准贵属津总字第二八七一号函，略以案准河北平津区敌伪产业处理局天津办公处津理工字第一四四〇号函，以本校请交还南开铁工厂房地产及原有全部机器一案，须将该铁工厂一切有关产权之证件提候转请发还。等因。准此。本校除将该铁工厂一切有关产权之证件业经检送处理局天津办公处，请予核准发还外，兹以本校铁工厂势须积极修复，以备下学期学生实习急需。惟时距下季开学为期仅有一月，若静待处理局核准发还，恐怕非数月莫办，则学生实习工作将无法进行，影响教学进展，损失滋巨。为此函请贵处转饬炼炭事务所，先将占用本校之铁工厂房地产提前交还，俾便早日整理。事虽权宜，但揆之处理规程实程实际，尚无抵触，而嘉惠本校学生，蒙庥至大。相应函请，即希查照见复为荷。此致

经济部冀热察绥区特派员驻津办事处。

南大校长

（南开大学档案馆藏）

致河北平津区敌伪产业处理局天津日用品处理委员会

（1946年7月18日）

查本校复员职教同仁陆续返津，需用白市布若干疋。前经派员洽购，前承公允，准予廉价售给五福集棉四千号市布三百匹，每匹国币伍万参仟壹百元。刻以校款支绌，拟先购用壹百疋，余额并请保留，至为纫感。相应函请，检同中国农工银行支票一纸，计国币伍百参拾壹万元正，即希查照赐据，以凭提取为荷。此致

河北平津区敌伪产业处理局天津日用品处理委员会。

南大校长

七月十八日

（南开大学档案馆藏）

致天津市警察局

（1946年7月18日）

案准贵局总四字第二二一〇号函，为借用本校各项家具，拟系本校下学期开学前即行归还等由。查本校下学期扩充班次，校具至感缺乏，前贵局借用本校之各项家具早经列入预算之内。兹本校规定下学期于八月廿九日开学，并须于开学前半月即将应用各项家具整理布置齐备，为此函请贵局务将借用之各项家具于八月十日以前全部交还本校。相应函请，即希查照见复为荷。此致

天津市政府警察局。

南大校长

七月十八日

（南开大学档案馆藏）

致经济部冀热察绥区特派员驻津办事处

（1946年7月19日）

查本校大学、中学各部修缮工程正在积极进行，需用油漆数量甚多，只以校款支绌，需费不赀。刻闻贵处接收中华油脂工厂及东亚油漆公司，出品颇丰，兹附需用种类、数量清单一纸，拟请贵处惠予按照平售价七折让购，以利复校工作之进行。相应列单，函请查照见复，至感公谊。此致

经济部冀热察绥区特派员驻津办事处。

南大校长

七月十九日

（南开大学档案馆藏）

致天津警备司令部

（1946年7月20日）

查本校西南城隅学堂大街旧中学部校舍业经兴工修缮，时有军民人等入校骚扰情事。为此函请贵部赐予颁发布告五张，晓谕军民人等不准入校逗留，并随意取携各项材料，以维校产。至感公谊。此致

天津警备司令部。

南大校长

七月廿日

（南开大学档案馆藏）

与梅贻琦、傅斯年致查良钊

（1946 年 7 月 23 日）

敬启者：查本校前奉教育部总高字第 04122 号训令，为决定将本校师范学院自本年八月起，在昆明独立设置，改称“国立昆明师范学院”，并已聘请台端为该院院长，附发《国立昆明师范学院设置办法》一份，饬遵照办理具报等因。奉此，自应遵办。除关于校产部份按照部颁《国立昆明师范学院设置办法》第五条之规定另行定期交待外，兹先将本校历年与师范学院有关文卷暨与本校校舍有关文卷计　　宗　　份[①]造附清册，备函移交尊处。尚希台察点收，并希见复为荷。此致

查良钊[②]先生。

常务委员梅贻琦、傅斯年[③]、张伯苓

中华民国卅五年七月二十三日

（云南师范大学藏）

附：教育部令南开大学（1946 年 6 月 7 日）

教育部训令　　总高字第〇四一二二号

令国立西南联合大学：

本部为培植西南各省中学师资起见，业经决定将该校师范学院自本年八月起在昆明独立设置，改称“国立昆明师范学院”，并已聘查良钊为该院院长。兹检发《国立昆明师范学院设置办法》一份，仰即遵照办理具报。

---

① 原文如此。

② 查良钊（1897—1982），字勉仲。生于天津。1914 年南开中学毕业。1918 年赴美留学，1922 年回国，历任北京师范大学教授兼教务长、河南大学校长、河南省教育厅长。后任西南联合大学教授兼训导长。抗战胜利后，任南开大学教授、昆明师范学院院长。1954 年到台湾，任台湾大学教授兼训导长。

③ 傅斯年（1896—1950），字孟真，山东聊城人，1909 年就读天津府立中学堂。1916 年入北京大学国文门。1918 年与罗家伦等组织新潮社，创办《新潮》月刊。1926 年 10 月，应聘为中山大学教授、文科学长。1928 年筹划并负责创建中央研究院历史语言研究所。后任中央研究院总干事。1945—1946 年任北京大学代理校长。1949 年后赴台。

此令。

附发《国立昆明师范学院设置办法》一份。

部长朱家骅

中华民国卅五年六月七日

（云南师范大学藏）

致后勤总部天津建筑材料库

（1946年8月1日）

查本校复校工作正在进行，前以资材缺乏，承张市长手谕，饬拨本市八里台村南双会砖窑存砖四十五万块，业经本校接收应用。相应函达，即希查照为荷。此致

后勤总部天津建筑材料库。

南大校长

八月一日

（南开大学档案馆藏）

致河北平津区敌伪产业处理局

（1946年8月1日）

兹准贵局平二第一一六六八号函，以接收敌伪物资内有化学用原料及仪器等项，为普遍供应各大学购用起见，定于八月六日上午九时半在会议室开会，共同商讨价拨分配办法。嘱即派员参加，并填表见复等因。准此。兹派本大学

工学院代理院长孟广喆[1]代表出席与议，并负责洽购事宜。相应函复，查照为荷。此致

河北平津区敌伪产业处理局。

南大校长

八月一日

（南开大学档案馆藏）

致河北平津区敌伪产业处理局天津办公处

（1946年8月9日）

南处字第16号

查本校于民国十七年价购天津南门外西马场道嘉树堂巢鹏云名下空地一段，计地5市亩。又承俭堂陆孟孚名下空地一段，计地5市亩。以上空地两块共计10市亩，均立有杜绝卖地印契为凭。本校原拟以该项空地作为建筑南开小学之用，嗣以该项空地不敷应用，乃将所购巢、陆两姓空地改建南开铁工厂（占地4亩余），作为学生实习之用。毗连铁工厂迤东空地约5亩余，另建平房三间，由南二区警察派出所借住。

自七七祸起，本校首被敌人炸毁，本校原有之铁工厂即横被敌人强行占据，改为三隆炼炭厂。其迤东空地及房屋亦被敌人汽车修配厂强占。兹幸国土重光，本校业经复校，所有前被敌人强占之房地产相应检同证件，函请贵局迅予发还，以维校产，而利复校。至纫公谊。此致

河北平津区敌伪产业处理局天津办公处。

附件：嘉树堂巢鹏云承俭堂陆孟孚杜绝卖地印契、抄件各一纸。

国立南开大学校长张伯苓

① 孟广喆（1906—1988），北京人。1925年考入清华大学土木工程系，1929年毕业留校任教，一年后留美，1932年获普渡大学工程硕士。1933年任南开大学电机系教授。抗战期间，任长沙临时大学、西南联合大学机械工程系教授。1946年后，任南开大学工学院院长，机械系主任。1952年高等学校院系调整，转任天津大学机械工程系教授。

附 1：南开大学买承俭堂陆孟孚地杜绝卖地印契（1946 年 8 月 7 日）

立杜绝卖地契约人：承俭堂陆。今因正用，将自置坐落天津县南门外迤西马场道计地 5 亩整，弓口四至列后，烦中友人说合，情愿卖与南开小学名下，永远为业，时值卖价银洋壹万元整。其洋笔下交足并不短少，亦无零星私债折准等弊。自卖之后，倘有本族人等以及地邻争竞违碍者，有卖主一面承管，不与买主相干。此系两家情愿，各无反悔。恐后无凭，立此卖地契约为证。

每亩去马路一分陆厘。

此批。

随带新市公司印契壹纸、登记书贰纸。

附：买契（1946 年 8 月 7 日）

买　契

买字第 5053 号

买主姓名	不动产种类	坐落	面积	四至				卖价	应纳税额	原契几张	立契年月日			
南开小学部	地	南门外迤西马场道	五亩	东	南	西	北	洋一万元	免	一张	民国十七年八月二十七日	卖主承俭堂陆孟孚	官中	中华民国十七年九月十二日绘

	四至		弓口		中友人		
天津佩文齐制	西至	嘉树堂巢 徐襄周	西长	46 弓 6 分	徐树卿	王泮桥	中华民国十七年八月廿七日立杜绝卖地契约人承俭堂陆孟孚
	东至	王筱舟	东长	46 弓 6 分			
	北至	马路	北宽	21 弓 7 分			
	南至	恒德堂 陈丽泉	南宽	21 弓 7 分			

附 2：南开大学买嘉树堂巢鹏云地杜绝卖地印契（1946 年 8 月 7 日）

立杜绝卖地契约人：嘉树堂巢。今因正用，将自置坐落天津县南门外迤西马场道计地五亩整，弓口四至列后，烦中友人说合，情愿卖与南开小学部名下，永远为业，时值卖价银洋壹万壹仟元整。其洋笔下交足并不短少，亦无零星私债折准等弊。自卖之后，倘有本族人等及地邻争竞违碍者，有卖主一面承管，不与买主相干。此系两家情愿，各无反悔。恐后无凭，立此卖地契约为证。

每亩去马路一分陆厘。

此批。

随带新市公司印契壹纸、登记书贰纸。

附：买契（1946 年 8 月 7 日）

买　契　买字第 5054 号														
买主姓名	不动产种类	坐落	面积	四至				卖价	应纳税额	原契几张	立契年月日			
南开小学部	地	南门外迤西马场道	五亩	东	南	西	北	洋 1.1 万元	免	一张	民国十七年八月二十七日	卖主嘉树堂巢鹏云	官中	中华民国十七年九月十二日绘

天津佩文齐制	四　至		弓　口		中友人		中华民国十七年八月廿七日立杜绝卖地契约人嘉树堂巢鹏云
	西至	马路	西长	26 弓 6 分	徐树卿	王洋桥	
	东至	陆孟孚	东长	26 弓 6 分			
	北至	马路	北宽	38 弓 4 分			
	南至	徐襄周	南宽	37 弓 4 分			

致河北平津区敌伪产业处理局

（1946年8月11日）

查本校于民国廿六年三月，承市绅宁彩轩先生将自置座落本市南门外南关大街楼房一所，计楼上下五十四间，附厦三十一条，共占地基三亩四分零四厘，全部捐赠本校中学部，作为奖学基金，并将捐赠之房地印契及蓝图等有关房权证件移交本校，用资凭证。

不幸“七七”祸起，华北沦陷。本校首遭敌人摧毁。该宁彩轩先生捐赠本校之全部楼房亦横被敌人强行占据。兹者，国土重光，本校业经复校，谨将前宁彩轩先生捐赠之全部楼房房地产印契及蓝图等件送请贵局审议，迅予发还，以维校产而利复校。至纫公谊。此致

河北平津区敌伪产业处理局。

八月十一日

（南开大学档案馆藏）

致河北平津区敌伪产业处理局药品器材清理委员会

（1946年8月11日）

前准贵局第二组资字第一六七四号函送配售接收敌伪化学用原料及仪器会议记录一份，希查照等因。准此。兹经依照议决第二项分配办法，按本校需用填具申请书一式四份，共　张，备函送请查收，并希见复为荷。此致

河北平津区敌伪产业处理局药品器材清理委员会。

附申请书。

南大校长

八月十一日

（南开大学档案馆藏）

致天津市警察训练所

（1946年8月12日）

案准天津市警察局总保字第五九四四号函开：“案准贵校南警字第陆号公函，嘱将借用之家具于八月十日以前全部交还等由。准此。除令饬警察训练所遵照移交外，相应函复查照，希即派员前往洽取。”等由。准此。本校即派员前往贵所洽取借用之全部家具，即希按照原借用家具清单拨交，至纫公谊。此致天津市政府警察训练所。

八月十二日

（南开大学档案馆藏）

致河北平津区敌伪产业处理局

（1946年8月13日）

查本校上年胜利后，接收大学校址，系由敌寇手中接收天津日本中学校校址，东南隅抵卫津河，并筑有围墙，以及附近毗连综合运动场，及米谷统制会苗圃等，均为大学校址。前阅报载贵局房字第十七号公告，关于发还房地产案内第二十三项，有马玉发请求发还八里台住房一所。查此项房地产，计地一亩三分，房九间，系在本校接收校址围墙之内。于敌人征用时，此之综合运动场及苗圃等大段地亩前例，并以接收蓝图为证，当已付给价款。手续或有未清，恰值敌寇降伏，此中情形，亟须调查，方能确定。拟请贵处转局申明情形，暂缓处理，以免后日纠纷。

再，围墙内有王云汉地约五亩，余情形大致相同，亦须一并详细调查，暂缓处理。相应检同蓝图一纸，备函声请异议，即希查照办理，见复为荷。此致河北平津区敌伪产业处理局。

附蓝图一纸，验毕请即发还。

南大校长

八月十三日

（南开大学档案馆藏）

致天津市警察局

（1946年8月19日）

查本校坐落南门外南开大街女中部校舍于本年四月间即经贵局暂借，作为警察训练所。当时约定于七月底即将借用全部房屋交还，俾免有误开学。兹已逾期二旬，贵训练所尚未结束。本校需要该女中部校舍亟为迫切，为此函请贵局务于八月底前将借用之校舍全部腾让，以利复校。至纫公谊。此致

天津市政府警察局。

南大校长

八月十九日

（南开大学档案馆藏）

致教育部清理战时文物损失委员会

（1946年8月20日）

兹准文字第一三四号大函，以调查战时文物损失一案，嘱将本校损失详细经过列单填报，以凭交涉等因，准此。查本校文物损失卷宗记载均在昆明办事处。关于损失情形，迭经该处列表呈报大部有案，准函前因。除转知该处查案补报外，相应函复查照为荷。此致

教育部清理战时文物损失委员会。

南大校长

八月廿日

（南开大学档案馆藏）

致陈诚[1]

（1946 年 8 月 23 日）

辞修部长吾兄勋鉴：

敬复者：承示美国胡佛图书馆征集有关中国革命及抗战史料，嘱为搜集，以便整理递转各节，自应照办。惟本校刻正办理迁校，一俟全部抵津，即当搜集汇奉，以副台命。先此布复，顺颂

勋祺！

弟张〇〇谨复

三十五年八月廿三日

（南开大学档案馆藏）

致天津市警察局

（1946 年 8 月 29 日）

查本校复校筹备处秘书张皋羽[2]，现寓第六区绍兴道九十五号楼上，于本月十九日晨六时发见楼上饭厅通平台之门大开，平台电网绞断。室内所存箱内大衣、外套、毛衣，及单袄、棉衣等共约八十余件，外有皮鞋、白鞋等零星物品多件，均被窃盗，损失甚重。除已在该管派出所报案外，相应函请贵局转饬该管局从速严予查缉，并祈见复。至感公谊。此致

天津市警察局。

南大校长

八月廿九日

（南开大学档案馆藏）

---

① 陈诚（1898—1965），字辞修，浙江青田人。1922 年毕业于保定陆军军官学校第八期炮科。1947 年升任一级上将，参谋总长兼任东北行辕主任等职。1949 年赴台。

② 张鸿翱（1897—？），字皋羽，河北永清人。1915 年南开中学毕业。后长期在该校任职。

致天津警备司令部

（1946年8月31日）

查本校中学部由六里台中日中学旧址移往南开中学原址，所遗六里台校舍刻正兴工修葺，以备大学法商学院之用。惟在兴工期内，卸存材料甚多，时有军民人等随意出入，无法制止，损失堪虞。拟请贵部颁发严禁军民人等入校布告五张，以便张贴而肃门禁。相应函请查照办理为荷。此致
天津警备司令部。

南大校长
八月卅一日
（南开大学档案馆藏）

致天津市警察局

（1946年8月31日）

查本校上年胜利后，接收大学校址，系由敌寇手中接收天津日本中学校校址。东南隅抵卫津河，并筑有围墙，以及附近毗连之综合运动场，及米谷统制会苗圃等均改为大学校址。前以河北平津区敌伪产业处理局七月廿九日在各报公告关于发还房地产案，内有马玉发请求发还八里台住房一所。

查此项房地产系在本校接收校址围墙之内，于敌人征用之时，比之综合运动场及苗圃等大段地亩前例，并以接收蓝图为证。当已付给价款，容或手续未清，恰值降伏，亟须调查方能确定。当将此中情形并函送蓝图内该局天津办公处，声请异议，暂缓处理，静俟详细调查。

乃该马玉发在产权尚未确定之际，竟派人将本校围墙拆开，派工修理房舍，校工阻止无效。刻当本校各处工程正在进行，院内各种材料零星堆积甚多，盗窃堪虞。为此函请贵局饬属严予制止，并将所拆之墙修复，静俟处理局调查解决，以策安全，藉维校产。相应函请查照办理，并希见复为荷。此致

天津市政府警察局。

南大校长
八月卅一日
（南开大学档案馆藏）

致张凤举

（1946年8月）

凤举先生道席：

顷奉部电，略开：“仰迅将该校被日人劫掠书目径寄东京中国驻日代表团张凤举先生，以便交涉收回”等因。兹特附上中文书目三册，至祈鼎力交涉，俾得收回。至深感祷，专此，敬颂

道安！

附中文书目三册。

张○○谨上
（南开大学档案馆藏）

致天津市政府

（1946年9月24日）

公函事字第88号

查本校复校伊始，经费极为拮据。所有前被敌人摧毁之校舍，现虽修复一部，仍感不敷应用。其余残破校舍尚待继续鸠工兴建。俾得早日恢复旧观，惟以运输建筑材料，所费脚力颇巨，支付维艰。兹闻贵府总务处存有破旧卡车多辆，拟请准予拨借一辆，由本校出资自行修理，藉应急需。如承俯允，裨益复校利赖滋多。相应函请即希查照，见复为荷。此致

天津市政府。

天津南开中学校长 张伯苓

附 1：汽车管理队长勘德禄呈王科长、冯处长（1946 年 9 月 27 日）

为签报事奉交下天津私立南开中学事字第 88 号公函一件，为拟请准予拨借破旧卡车一辆。经职查明，有本府前接收伪食粮办事处之道济卡车一部，引擎号“4122340”。此车尚可拨借该校，自行修理是否可行，理令检。同原去函一件，签报。谨呈

科长王、处长冯。

附原去函一件。

汽车管理 勘德禄

批：转呈秘书长、市长、副市长批示。

梁子青批：似可，但应有借期。9 月 27 日。

批：交勘队长告知南开。

附 2：天津市政府致南开中学（丙总字第 2604 号）（1946 年 10 月 2 日）

案准贵校 9 月 24 日字第 88 号函：为请准予拨借破旧卡车一轮辆，俾便运输建筑材料，以利复校，并嘱见复。等因。准此。自应照办。兹将道济牌卡车一部，引擎 4122340 号，拨借应用。惟自拨借之日起，以六个月为期，期满请即交换，并派员持据来取。相应复请查照办理为荷。此致

天津私立南开中学校。

致重庆市工务局

（1946 年 9 月 24 日）

渝总字第 2971 号

径启者：本会大门首前有地民未得本会同意，将原有石梯建盖房舍，本会函请贵局令其停工在案。近查该建筑全部均已完工，该地民又向本会商妥将本会之石梯另行改做，关于基地方面已有市立中学代表负责外，用特函请贵局注销原案，实为公感！此致

重庆市政府工务局。

理事长 张伯苓

总干事 董守义

批：着建主取得市中租佃证明，方可复工。章道平洽办。9.25。

附：呈重庆市工务局张科长文（1946年9月9日）

查体协会大门入口下面有一大涵洞，在左侧无照兴建之业主田云龙确挪有三半块涵洞上侧之条石为柱基，虽与涵洞无影响，但该举动甚为可恶。除已口头饬令即刻补整外，是否应另予处分。该处又有业主吴学尺无照兴工，建穿达二层，已饬令停工，并已监理。特此具报。谨呈
科长张。

职 呈

批：并案通知停工。函警区。9.9。

致重庆市工务局

（1946年9月）

渝总字第2874号

径启者：本会大门首沿马路一带（郎大田湾282号政治报对面）近有地民冒借市立中学名义，在该处建筑房舍，侵占本会地权。本会经数度警告，均无法制止。刻向法院依法起诉外，用特函请贵局即日派员收回营造执照，一面拟请函知两路口派出所令其停工，以免第三者受无谓之损失。至希惠予迅速办理，毋任感荷。此致
重庆市政府工务局。

附地形图一纸。

中华全国体育协进会理事长 张伯苓
总干事 董守义

致欧阳尔彬

（1946年10月4日）

尔彬先生大鉴：

日前晤谈为欢。兹有陈者，南开调往蜀光服务之教职员，计有韩校长等五

人尚留井，暑前政府发给各私立中学教职员复员费时，该员等因未在渝，未能与南开同人同样获得政府优待，深以为憾。屡来函嘱转恳蜀光校董会以彼等服务年限较久，不无微劳足录，可否援照政府发给之标准，由蜀光发给复员费。按政府之标准，韩校长等五人应得复员费合计为二百二十一万元，昨弟为此事曾专访策名先生，惜彼外出，未得晤商为怅。兹烦请晤侯君时，便将此事一谈，彼对此事意见如何，并望示知为荷。专此奉恳，顺请
大安！

（韩永年主编：《韩叔信：张伯苓教育思想忠诚实践者》，2009年）

致韩叔信等[①]

（1946年10月7日）

叔信、欢方、峻乾、画熺、希文诸兄：

日前接奉手书，藉悉兄等以复员费无着，嘱向蜀光中学校董会代为呼吁，自当尊办。日前侯策名先生等来校，当时以人多未果，次日又亲访侯君一次，因外出未遇，当致彼一函，以代面谈。昨又致函欧阳先生，托为向侯君商谈。又，昨晤王轶能君，因彼系校董之一，亦曾以此事奉托，转遗蜀光校董会，已蒙彼热心赞助。按此项复员费照政府标准合计不过二百二十一万元，数目并不甚庞大，想不难达到目的也。一俟回复，即行转告。

蜀光所购之理化仪器药品，已交朱式宽君代为分头洽购，一俟购置齐全，即交中□盐号带井，所需款约百四十余万元。专此，顺请
教安！

（韩永年主编：《韩叔信：张伯苓教育思想忠诚实践者》，2009年）

---

① 韩叔信（1904—1965），山东潍县（今潍坊市）人。1931年北平燕京大学历史系毕业，即来天津南开中学任历史教师，后任教务主任。1936年8月，任南渝中学副教务主任兼训导主任，1938年张伯苓接办自贡蜀光中学，同年7月起，韩先后任蜀光中学教务主任、代理校长、校长。1949年3月至1950年2月任重庆南开中学校务主任，后因此次复员费风潮辞职，赴北京华北人民革命大学政治研究院学习，结业后到西安西北军事委员会教育部工作，主管中学教育，1956年9月至陕西师范大学历史系任教，直到逝世。另四位南开在蜀光教员为：欢方、峻乾、画熺、希文。此款于1947年3月由侯策名个人备款三百万元，以蜀光校董会名义支付南开五教员复员费。

致善后救济总署冀热平津分署

（1946 年 10 月 7 日）

案查本校前与贵署签订工振（赈）合约配发工人面粉，实行以来尚无不便。惟自十月份起，所发面粉品质过于恶劣，掺杂色黑且有水渍□出，发酵气味，不堪食用，以至工人有拒绝接受情事，时起纠纷，影响工作。显与贵署以工代振（赈）救济之旨不符，究应如何调整纠正，俾利复校工程之进行，相应函请查照办理见复为荷。此致
中国善后救济总署冀热平津分署。

南开大学校长张伯苓
中华民国卅五年十月七日
（南开大学档案馆藏）

致电樊平章

（1946 年 10 月 10 日）

江苏崇明城内花园街五号樊宅平章兄礼鉴：伯母仙逝，不克亲往执绋，望节哀顺变，以竟大事。张伯苓、伉乃如、刘晋年。

（南开大学档案馆藏）

致电教育部

（1946 年 10 月 11 日）

南京教育部钧鉴：本校八、九、十等三个月员工生活补助费约二亿六千万元恳即赐发。国立南开大学校长张伯苓叩，戌真。

（南开大学档案馆藏）

致交通部天津电信局

（1946 年 10 月 11 日）

本校复员开学在即，八里台及六里台各部办公室距离实远，需用按装电话机多具，以资联络。拟请贵局即日饬工先在八里台本校校长办公室及秘书处按装电话两具，以利办公。至感公谊。此致
交通部天津电信局。

南开大学校长张伯苓
中华民国卅五年十月十一日
（南开大学档案馆藏）

致善后救济总署冀热平津分署

（1946 年 10 月 11 日）

本校复员后，西南联合大学复员学生业经陆续抵津到校者计三十人，阅贵署对于北平各大学复员学生有发给面粉之规定，该生等援例请求相应函请贵署查照饬发，以资救济，至深纫感。此致
中国善后救济总署冀热平津分署。

南开大学校长张伯苓
中华民国卅五年十月十一日
（南开大学档案馆藏）

附：善后救济总署冀热平津分署复南开大学（1946 年 10 月 19 日）

中国善后救济总署冀热平津分署公函　　发文冀振字第七八一四号

准函嘱救济复员到津学生，复请查照由。

案准贵大学本年十月十一日南字第 126 号函，为复员学生到津，嘱援北平例发给面粉等由，准此。除由本署遣送来津复员学生已经救济者未便重予救济

外，其余复员贫苦学生自可照例办理。相应复请查照，造具名册，派员来署洽办为荷。此致
国立南开大学。

署长童冠贤
中华民国卅五年十月十九日
（南开大学档案馆藏）

致善后救济总署冀热平津分署

（1946年10月19日）

径启者：顷据玉记、顺兴两工厂经理来称，贵署对该两厂经理等十六人认为与工赈对像[象]不合，应停止面粉分配，并追缴已领去之面粉等语。查玉记、顺兴两厂除经理外，其余均系临时雇工，核与工赈对象当无不合。为此，具函代为证明，敬祈免予追缴，源源分配以资救济，至纫公谊。此致
善后救济总署冀热平津分署。

南开大学校长张伯苓
中华民国卅五年十月十九日
（南开大学档案馆藏）

致交通部天津电信局

（1946年10月21日）

本校复员，各办公室及宿舍、工厂等处距离辽阔，必须按[安]装交换台，以便内部联络，正在洽购之中。拟请贵局预留自动五联号线五号，以便将来装置交换台之用。相应函请查照见复为荷。此致
交通部天津电信局。

南开大学校长张伯苓
中华民国卅五年十月廿一日
（南开大学档案馆藏）

附：交通部天津电信局复南开大学（1946年10月26日）

径复者：顷准贵校南字第一三四号公函祇悉。查本局机线不敷负荷，空额奇缺，奉令限制装机。所嘱预留五联号线五号一节歉难照办，除登记外，一俟机线扩充许可装设时，在可能范围自应预以便利。先此函复，即希查照为荷。此致

国立南开大学校。

交通部天津电信局启

十月廿六日

（南开大学档案馆藏）

致善后救济总署冀热平津分署

（1946年10月22日）

本校复员学生前后共计二七一人，拟请援例救济，前经函准贵署冀振字第七八一四号函，嘱造册洽办等因。相应开具名册一份，函请查照饬发为荷。此致

善后救济总署冀热平津分署。

附学生名册一份。

南开大学校长张伯苓

中华民国卅五年十月廿二日

（南开大学档案馆藏）

致电朱家骅

（1946年10月31日）

南京教育部部长朱钧鉴：查本校奉令改组国立，所需关防暨小官章前曾呈请颁发在案，兹以复员完成，开课期近，拟请迅予刊发，俾资信守。谨电奉陈，仰祈鉴核示遵。国立南开大学校长张伯苓叩。世。印。

（南开大学档案馆藏）

附：教育部令南开大学（1946 年 11 月 14 日）

教育部训令　　发文总字第 31197 号

令国立南开大学：

案奉行政院节京人字第 17855 号训令开：“案准国民政府文官处卅五年十月十四日局二字三七〇六号公函开，‘奉国民政府颁发国立南开大学官章各乙颗，相应送请查收转发，并饬将雇用日期呈转备查。’等由。准此。合行检发原件，令仰遵照。”等因。计检发关防官章各乙颗，奉此，合行检发原件，令仰遵照启用具报，并将原用钤记官章截角缴部验销。

此令。

附发关防、官章各一颗。

部长朱家骅

中华民国卅五年十月十四日

（南开大学档案馆藏）

致川康盐务管理处

（1946 年 11 月 1 日）

字第 278 号

事由：为提供保证，请转向四联处洽贷建筑设备费 9000 万元，以济急需而维校务。

径启者：查本会中学部自 1940 年建筑完成以来，当时预算容纳学生数百名，嗣以社会需要，逐年增加班次，近来学生已达 1200 名，班次达 27 组之多，加之本校远处郊外，而学生籍贯邻近十数县份及外省者均属甚伙，不仅客籍学生必住校中，即本市生徒亦须住校，原建宿舍已不能容纳，更兼系属完全中学，遵令高中各生应全部住校，故宿舍之增建势难稍缓。再本校位临釜水之滨，而游泳又为最佳体育，往时各生常到河中游泳，以深度情形难于明晰，时生危险，乃经负责担负经费各团体决议，增建宿舍及游泳池，以资完备。此项修建费用经确切预算实需 9000 余万元，即就井灶枧运商原担数目，增加比率，逐月收集，以备支付。惟以事实迫切，而工程已行开始，需用浩大，缓难济急，并一直协议，函请贵局担保，转洽四联处予以轻息贷款 9000 万元，备济急支。至此项贷

款本息即由本会逐月收集该项经费，以作保证，分期偿还。所有一切手续，待后商承办理外，相应函请贵局惠予允诺，转向办理，以利建筑，而维校务是荷！此致

川康盐务管理处。

蜀光中学校董事会　董事长 张伯苓 假
董　事 曾子郁
兼会计 侯策名

批：先函井四联，请参照工专借款案办理。利息二分四，六个月后每月还 500 万。一面报请总局核准。11 月 2 日。

致中央银行天津分行

（1946 年 11 月 1 日）

案奉教育部卅五年十月廿三日高字第二七一一二号代电开："准增拨该校复员费贰亿元款即另文拨发，仰即知照"等因。奉此，查该项增拨复员费贰亿元已拨到贵行，即希开立本校复员费户内以凭支用。相应函达查照办理为荷。此致

中央银行天津分行。

南开大学校长张伯苓
中华民国卅五年十一月一日
（南开大学档案馆藏）

致天津市青年军复员委员会

（1946 年 11 月 2 日）

案准贵会函送复员青年军李绍广等七名入校攻读，嘱按照部颁优待办法免

试入学等由。准此。查分发肄业学生须报经教育部转送，相应函复，即希查照办理为荷。此致
天津市青年军复员委员会。

南开大学校长张伯苓
中华民国卅五年十一月二日
（南开大学档案馆藏）

附：天津市青年军复员委员会致南开大学（1946年7月）

为函请按照部颁《志愿从军学生学业优待办法》，准予李绍广等七名免试入学，并见复由。

案查教育部颁《志愿从军学生学业优待办法》业经函达贵校，兹有复员青年军李绍广等七名，皆欲入贵校攻读，务祈按照部颁优待办法准予免试入学，并见复为荷。此致
国立南开大学。

附学生名单一纸。

姓名	性别	年龄	籍贯	升学志愿	备考
李绍广	男	23	云南嵩县	南大政治系	
郭嘉让	男	23	西康西川	南大工商学院	
胡维兴	男	22	山东利津	南大文学院教育系	
于序堂	男	23	山东日照	南大文学院中文系	
周振铮	男	24	天津	南开大学	
郑宝文	男	25	天津	南大经济系	
马复庆	男	24	山东泰安	南大工商管理系	

兼主任委员张廷谔
兼副主任委员邵华
中华民国卅五年七月
（南开大学档案馆藏）

致外交部驻滇特派专员公署

（1946年11月2日）

查本校现任地理教员黎国彬[①]向住越南，亟待由昆赴越，转道来津任职。该员原籍广西梧州，为驻越华侨，特函证明。即希贵公署准予填发护照，俾利遄行为荷。此致

外交部驻滇特派专员公署。

南开大学校长张伯苓

中华民国卅五年十一月二日

（南开大学档案馆藏）

致海外部侨务委员会昆明办事处

（1946年11月2日）

查本校现任地理教员黎国彬拟由昆明赴越南，亟待来津任职。该员为驻越华侨，兹将其身份列左。

一、 原籍广西梧州，向驻越南。

二、住址 Qete Langson, Tonking（dete de l'lndo-Chine Francaize de hand Par Paslede-Langson ）。

三、 在越亲属 madame Viliene de lete。

四、 在越南东京之出生证件于一九四四年筑昆途中覆车遗失。

特为具函证明，即希查照签证，俾利遄行为荷。此致

海外部侨务委员会昆明办事处。

南开大学校长张伯苓

---

① 黎国彬（1920—2003），广西梧州人，1942年西南联大毕业，即留南开大学任教，曾任南开大学教授、图书馆馆长。

中华民国卅五年十一月二日
（南开大学档案馆藏）

致河北平津敌伪产业处理局事业单位监理委员会

（1946 年 11 月 2 日）

查本校本学期开课在迩，关于工学院需用器材现正筹备。闻贵会存在经济部接收日本电工工场自动式及□□式电话交换机模型各一部，拟请惠予借用，以供学生试验，藉增识能。相应函达，即希查照见复为荷。此致
河北平津区敌伪产业处理局事业单位监理委员会。

南开大学校长张伯苓
中华民国卅五年十一月二日
（南开大学档案馆藏）

致青年军第三大学补习班

（1946 年 11 月 2 日）

案准贵补习班卅五年八月十九日函送学生傅鹤亭等十一名，嘱入校肄业等由，准此。查分发肄业学生须报经教育部转送，相应函复，即希查照办理为荷。此致
青年军第三大学补习班。

南开大学校长张伯苓
中华民国卅五年十一月二日
（南开大学档案馆藏）

附：青年军第三大学补习班致南开大学（1946 年 8 月 19 日）

查本班学生傅鹤亭等十一名业经奉令分发（或曙光及通讯周刊发表）升学（或复学）贵校肄业，现该生等在本班业已补习期满，前来入学，相应检同名单

一份，随函送请查照，惠予收容为荷。此致
南开大学。

兼主任萧劲
副主任郁士光
中华民国卅五年八月十九日
（南开大学档案馆藏）

致电考选委员会

（1946年11月5日）

南京考选委员会赐鉴：案奉教育部三十五年十月八日人字第二四一五二号训令，内开："案准考选委员会……此令。"等因。奉此，查部颁该项省县公职候选人考试法及检核办法，前因本校正值复员，以致漏未奉到，兹奉前因，谨电请鉴察，即祈准予另行检发上项考试法及检核办法各三份，以凭遵办。国立南开大学校长张伯苓叩。戌微。印。

（南开大学档案馆藏）

致河北邮务管理局

（1946年11月5日）

查本校现已复校，迁入八里台原址内办公，并定期开课。在七七事变前，贵局为便利邮汇起见，曾设驻校办事处，兹拟请仍恢复以前办法。惟校内房舍刻正兴修，尚未竣工，在未恢复办事处以前，拟请于八里台本校内暨卫津路八十号本校北院（即中日中学旧址）内各设信箱及信筒数具，以资便利。再，嗣后所有寄递本校邮件，请饬差径送八里台本校，以免遗失。相应函达，即希查照办理并见复为荷。此致
河北邮务管理局。

南开大学校长张伯苓

中华民国卅五年十一月五日
（南开大学档案馆藏）

致天津市社会局

（1946年11月6日）

案准贵局1946年11月4日会文字第1609号函嘱：指派教授一员于11月16日下午8时5分至20分在天津广播电台讲演。等由。附会议记录一份。准此。查本校教授尚未到齐，无法邀请，兼以校址远在市郊，每晚八时以后军警布防，停止出进，市中心区之交通往来复感不便。承嘱实未能遵办，有负约订，至为抱歉。相应函复，即希查照为荷。此致
天津市政府社会局。

国立南开大学校长　张伯苓

拟办：拟改请阎局长（原定19日讲演）于16日讲演。

（天津市档案馆藏）

致天津市教育局

（1946年11月7日）

案准贵局卅五年十月卅日教一字第七二一号函开：为准善后救济总署冀热平津分署函，以统筹发放各学校教职员寒衣制就表式，嘱分转填送等由，附送表式一纸，准此。查本校虽已复校，而各教职员尚未到齐，兹按现有人数依式造具清册二份，送备贵局汇转。其未到各教职员拟恳转请予以保留。相应函复，即希查照办理为荷。此致
天津市政府教育局。

附清册二份。

南开大学校长张伯苓
中华民国卅五年十一月七日
（南开大学档案馆藏）

附：天津市教育局致南开大学（1946年10月30日）

天津市教育局公函　　发文教一字第七二一号

为准善后救济总署冀热平津分署函以统筹发放各学校教职员寒衣制就表式，嘱分转填送等由，函送查照由。

案准中国善后救济总署冀热平津分署冀振字第八〇〇八号公函内开："现值寒冬将届，本署为统筹发放区内各级学校教职员寒衣，特规定办法如下：（一）凡已立案之公、私立大、中、小学校专任教职员（已经本署前次办理急振（赈），发给旧衣之教职员除外。）每人发给冬衣一套。（二）由各学校造具专任教职员名册（已经受本署前次振（赈）发旧衣者不得再行列入。）送经本署覆核后通知具领。（三）如各校所送名册经覆查不实或查明列有已领旧衣者，该校应领旧衣之全部均予停发。兹制就表式一纸，随函附送。所有校址在本市已立案公、私立大、中、小各学校均请分转照填，由贵局汇送本署，以便办理。相应函达，即希查照为荷。"等由，附表式一纸，准此。除分别函令外，相应少同原表式一纸随函送达，即希查照，速填二份，于文到三日内函送过局，以凭汇转为荷！

此致

国立南开大学。

附送表式一纸。

局长　郝任夫[①]

中华民国卅五年十月三十日

（南开大学档案馆藏）

致袁同礼

（1946年11月8日）

守和先生座右：

敬恳者：查本校复校伊始，原有图书早已荡然无存，刻正各方搜集，以备充实。兹闻教育部平津特派员公署接收日本图书保存会存储图书四十二万册，

---

① 郝任夫（1900—1982），原名家麒，山东历城人。1925年毕业于北京师范大学。1946—1948年任天津市教育局局长。新中国成立后，曾任民革北京市委员会委员、山东农学院教授。

已交贵馆保存。该项图书想已整理就绪，其中或不乏复本，拟请惠赐本校，以供浏览。

再，先生前次赴美各方奔走，获得图书珍品颇多，可否酌予分赠。倘承协助，实拜嘉惠无涯矣。特函奉恳，诸希鉴察是幸。敬颂

公绥！

张〇〇拜启

十一、八

（南开大学档案馆藏）

致河北平津区敌伪产业处理局工业器材处理委员会

（1946年11月9日）

案准贵会卅五年十一月七日工字第三六八号函开，为准函拟购万能铣床等器材，希派员来会径洽等由。准此。查本校拟购磨床壹架，七尺重旋床二架，万能铣床二架，兹请由本校工学院机械系教授杨颐桂先生前往商订，即希赐洽，并按廉价售给为荷。此致

河北平津区敌伪产业处理局工业器材处理委员会。

南开大学校长张伯苓

中华民国卅五年十一月九日

（南开大学档案馆藏）

附1：河北平津区敌伪产业处理局工业器材处理委员会致南开大学（1946年11月7日）

接准贵校本年十一月二日南字第一五六号公函，为拟购万能铣床等，希查照定期卸货等由，准此。相应函复，即希查照派员来会径洽为荷。此致

国立南开大学。

河北平津区敌伪产业处理局工业器材处理委员会启

三十五年十一月七日

（南开大学档案馆藏）

附 2：河北平津区敌伪产业处理局工业器材处理委员会致南开大学（1946 年 11 月 19 日）

查发号第三五六一号购用书，贵校申购磨床、铣床等器材一案，业经本会审核完竣，即希于接到此函后即日派员来会洽取议定后之购用书，以便办理交款提货手续为荷。此致

南开大学。

河北平津区敌伪产业处理局工业器材处理委员会启

三十五年十一月十九日

（南开大学档案馆藏）

致国库河北分库

（1946 年 11 月 9 日）

案奉教育部令示，凡学校经、临各费，应分别立户支用，以符法令等因。查本校前立一七零号经、临费户，以各款合存，似与部定未合。兹拟分别改划清楚，另立新户。计：教员学术研究补助费户存壹千参百万元；经常费户存参百贰拾玖万参仟参佰元；生活补助费户存柒百四拾参万陆仟捌百伍拾伍元。所有前立一七零号户款以及印鉴请即一并注销。除随函附送支票三纸、印鉴六份外，即希查照办理。再，嗣后部发各款拨到时，即请按照新立户科目内分别入帐为荷。此致

国库河北分库。

南开大学校长张伯苓

中华民国卅五年十一月九日

（南开大学档案馆藏）

致电朱家骅

（1946年11月12日）

南京教育部部长朱钧鉴：卅五年十月十九日总字第二六四二二号代电奉悉。加发复员经费贰亿元业经拨到领讫。除分配预算另文呈报外，谨备具印领一纸，随电呈请鉴核。国立南开大学校长张伯苓叩，成文印。附印领一纸。

（南开大学档案馆藏）

附：教育部致电南开大学（1946年10月19日）

教育部代电　　发文总字第二六四二二号

国立南开大学：兹加发该校复员经费贰亿元款即汇发，仰于款到后补呈印领，并连同前次核定数并编分配预算七份呈部为要。教育部。印。

中华民国卅五年十月十九日

（南开大学档案馆藏）

致天津市教育局

（1946年11月13日）

案准贵局卅五年十一月九日教督字第七五八号函开："为复员青年军张文明等十二名奉令分发肄业，并已报到，嘱准予免纳预偿各费，候部令处理，以资救济。"等由，附名单一纸，准此。除据情并抄附名单，转请教育部核示外，相应函复，即希查照为荷。此致

天津市政府教育局。

南开大学校长张伯苓

中华民国卅五年十一月十三日

（南开大学档案馆藏）

附 1：天津市教育局致南开大学（1946 年 1 月 19 日）

天津市教育局公函　　发文教督字七五八号

为复员青年军张文明、何世荣等十二人恳祈专函贵校，准予免缴预偿各费，即希查照由。

查复员青年军张文明、何世荣等十二人奉令分发贵校肄业，已经报到入学。兹据该生等来局声称，负笈异乡，经济无援，请专函贵校准予免缴预偿各费等情，据此，查该生等自复员来津，即寄宿市立第二中学，衣食困难，情殊可悯。相应函请贵校准予免纳预偿各费，候部令处理，以资救济为荷。此致

国立南开大学。

局长郝任夫

中华民国卅五年十一月九日

附 2：青年军第二〇六师分发南开大学学生姓名册

青年军第二〇六师分发南开大学学生姓名册						
姓名	年龄	性别	籍　　贯	所属部队	学历	备考
张文明	二二	男	甘肃天水	炮兵营第三连	甘肃省立天水中学高中部毕业	
何世荣	二一	男	甘肃康乐	六一六团战炮连	甘肃省立临洮后期师范毕业	
傅鹤亭	二一	男	河北易县	二〇六师		
黄家本	二一	男	山东德县	二〇六师		
段金声	二二	男	河南修武	炮兵营第二连	甘肃省立兰州中学毕业	
马元良	二二	男	河南偃师	炮兵营第三连	国立十中毕业	
和俊民	二〇	男	河北蠡县	二〇六师	四存中学毕业	
刘文田	二〇	男	河北安国	二〇六师	四存中学毕业	
朱金瑞	二二	男	天津	新闻班	西北农学院肄业	
贺乾	二三	男	河北易县	二〇六师	文治中学毕业	
戴岚	二一	男	河南陕县	二〇六师	国立十中毕业	
卢光臣	二二	男	河南	二〇六师	省立中学毕业	

（南开大学档案馆藏）

呈教育部部长朱家骅

（1946 年 11 月 13 日）

案准天津市教育局三十五年十一月九日教督字第七五八号函开："查复员青年军张文明等十二名奉令分发肄业，并已报到，嘱准予免纳预偿各费，候部令处理，以资救济。"等由，附名单一纸。复据复员青年军张文明等呈请补助公费，俾得安心求学等情前来，覆查该生等困难情形，均属实情。可否准其免缴预偿各费暨补助公费之处，谨抄附原名单、原呈备文呈请鉴核示遵。谨呈
教育部部长朱。

附呈名单、原呈各一件。

南开大学校长张伯苓
中华民国卅五年十一月十三日
（南开大学档案馆藏）

附：张文明等致张伯苓等（1946 年 11 月 8 日）

窃生等系二零六师复员之青年兵，蒙教育部分发在学校求学，现已行过报到注册手续。惟目前及以后之吃饭问题尚未解决，故心时在悬殊。生等本是寒家，且皆自甘肃边地及匪区来者至此，家庭不特因交通阻塞而不易接济，实乃贫不能接济。地疏人生，极感困难，不仰赖国家之救助，势必失学，有陷落乞讨之忧。是以恳请钧座转请教育部准补助公费，俾得安心求学，则感鸿恩于无涯矣。谨呈
南开大学校长张、南开大学教务长陈。

二零六师复员青年军　马元良　张文明　何世荣
刘文田　黄家本　和俊明
傅鹤亭　朱金瑞　段金声
军政部汽车技术训练班复员青年军　马复庆呈
中华民国卅五年十一月八日
（南开大学档案馆藏）

致善后救济总署冀热平津分署

(1946年11月13日)

案准天津市教育局函送《举办各学校罐头食品供应暂行办法》等因。本校当即依照办法规定，组织罐头食品领发委员会，由学生推举代表三人，会同教职员代表三人，共同组成.，按照该办法第二、五、六各条之规定，造具清册三本，并加盖名章。另有贫苦学生董锡玉等六名，缺乏营养，由医师出具证明六件，总计请领人数共教职员、学生四百五十名。拟请酌予拨发罐头食品及营养品，以资供应。除复员尚未报到教职员、学生容后到齐另案请领外，相应检附名册三本、证明书六件，一并随函送请查照办理。再，此次所送册列名额，按照本校组织人数，均未满百分之八十，合并声明。此致

善后救济总署冀热平津分署。

附送名册三本，证明书六件。

南开大学校长张伯苓

中华民国卅五年十一月十三日

(南开大学档案馆藏)

附：天津市教育局致南开大学(1946年10月24日)

天津市教育局公函　　发文教一字第七〇五号

为准善后救济分署函送《举办各学校罐头食品供应暂行办法》，转函查照由。

案准中国善后救济总署冀热平津分署冀振字第七六二一号公函内开：“兹本分署为改进区内各学校员生营养起见，经订定《举办各学校罐头食品供应暂行办法》一种，除分行遵办外，相应检同该办法一份，函请查照，惠予协助，分别转知津市各公立及已立案之私立大、中、小学校，迅为照办为荷。”等由，附办法一份；准此。除分别函令外，相应抄同原办法一份，函达查照办理。为荷。此致

国立南开大学。

附抄送办法一纸。

局长郝任夫

中华民国卅五年十月廿四日

善后救济总署冀热平津分署举办各学校罐头食品供应暂行办法

一、本办法依据本分署“举办营养工作暂行办法”订定之。

二、本办法对于罐头食品之供应，以各公立及已立案之私立大、中、小学贫苦教职员、学生为范围。

三、罐头食品暂以本分署运存全数百分之六十配发，但得随时斟酌物资运存数量及实际供应情形，予以变通办理或停止配发。

四、各学校关于办理前项罐头食品之请领、配发等事项，应由学生代表三人至五人会同教职员代表三人至五人组织罐头食品领发委员会办理之。

五、各学校贫苦教职员、学生需要罐头食品者，应由各该校罐头食品领发委员会缮具清册，注明职别、年级、姓名、性别、年龄、籍贯、经济状况等，并分别加盖名章或按印指纹（左食指）送由本分署复查属实后，按每人每月五磅拨发。并由各该校罐头食品领发委员会开具收据，负责汇领，转发食用，并将食毕空罐如数缴回，以便查考。第一次空罐如不缴回，下次再举办时，即停止其供应。

六、各学校请领罐头食品人数不得超过第二条指定各该校总人数百分之八十。

七、各学校于领得罐头食品转发各领受者食用后，应将配发食用情形报告本分署查核，并应接受本分署之指导。如本分署对其配发食用情形认为不满时，得随时停止其供应。如发现有转卖或其他情弊事宜，除停止其供应外，并得将已发之营养品予以追回。

八、各该校应于公告牌专辟一栏，由罐头食品领发委员会随时将罐头食品之供应分配情形公告周知。

九、本办法得由本署察酌实际情形，随时修正之。

（南开大学档案馆藏）

致北洋大学

（1946年11月14日）

查学生李隆宝前在本校电机工程系一年级肄业期满，兹因复校伊始，电工系二年级暂不设班，曾经该生洽商贵校暂为借读，业承允许，曷胜纫感。特函证明，即希查照，准其入校上课为荷。此致
北洋大学。

南开大学校长张伯苓
中华民国卅五年十一月十四日
（南开大学档案馆藏）

致电朱家骅

（1946年11月15日）

南京教育部部长朱钧鉴：案查钧部分发来校之复员青年军学生，是否均按全公费待遇，谨电请迅予核示，以便遵办。国立南开大学校长张伯苓叩。戌。寒。印。

中华民国卅五年十一月十五日
（南开大学档案馆藏）

呈教育部部长朱家骅

（1946年11月16日）

案奉钧部卅五年九月五日总字第一七三八七号训令，内开："兹刊发该校木质钤记一颗，文曰'国立南开大学钤记'，角质官章一颗，文曰'国立南开大学

校长'，随附印鉴纸，令仰查收启用，并将启用日期连同印鉴报部备查。此令。”等因，附钤记一颗，官章一颗，印鉴纸二张，奉此，遵于本月十五日敬谨启用。除分函外，理合检附印鉴二纸备文呈报鉴核备查。谨呈
教育部部长朱。

附呈印鉴二纸。

国立南开大学校长张伯苓
中华民国卅五年十一月十六日
（南开大学档案馆藏）

分致北京大学等

（1946年11月16日）

案奉教育部卅五年九月五日总字第一七三八七号训令，内开：“兹刊发该校木质钤记一颗，文曰‘国立南开大学钤记’，角质官章一颗，文曰‘国立南开大学校长’，随附印鉴纸，令仰查收启用，并将启用日期连同印鉴报部备查。此令。”等因，附钤记一颗，官章一颗，印鉴纸二张，奉此，遵于本月十五日敬谨启用。除呈报外，并分函相应函达，即希查照为荷。此致
国立北京大学、国立清华大学、国立师范大学、国立艺专学校、国立北洋大学、天津市政府、天津市政府教育局。

国立南开大学校长张伯苓
中华民国卅五年十一月十六日
（南开大学档案馆藏）

致善后救济总署冀热平津分署

（1946年11月16日）

案准贵分署卅五年十月十九日冀振字第七八一四号函，为复员学生，除由署遣送来津复员学生已经救济者未便重予救济外，其余复员贫苦学生自可照例

办理，嘱查照造册，派员洽办等由，准此。查现已到校复员学生计六十五名，除造具名册随函送达外，即希赐予救济，按数拨发面粉为荷。此致
中国善后救济总署冀热平津分署。
附送学生名册二份。

南开大学校长张伯苓
中华民国卅五年十一月十六日
（南开大学档案馆藏）

致中央信托局天津分公司

（1946年11月18日）

查本校前在筹备期间曾借用贵局接收第十区重庆道二一四德侨住宅家具计五十四项，并承贵局派员会同点验编号在案。兹以该项家具仍有继续使用必要，除另函河北平津区敌伪产业处理局天津办公处申请评价让售外，相应检附家具编号单，连同原交保管证（已加盖保证图章）一并送请查照，即希登记为荷。此致
中央信托局天津分局。

附送家具编号清单及保管证一份。

南开大学校长张伯苓
中华民国卅五年十一月十八日
（南开大学档案馆藏）

致河北平津区敌伪产业处理局天津办公处

（1946年11月18日）

案准贵处卅五年十月廿一日津理房字第一三零四二号函送《政府机关申请定价洽购敌伪房屋地产及家具暂行办法》抄附原令及定购单，嘱查照等由，准此。查本校前在筹备期间曾借用第十区重庆道二一四德侨住宅家具共五十四项，

已承中央信托局天津分局派员会同点验编号，登记在案。兹以该项家具仍有继续使用必要，相应填具附定购单，并家具编号单，随函送请查照，即希登记、评价让售为荷。此致

河北平津区敌伪产业处理局天津办公处。

南开大学校长张伯苓

中华民国卅五年十一月十八日

（南开大学档案馆藏）

附：河北平津区敌伪产业处理局天津办公处复南开大学（1946 年 12 月 6 日）

案准贵校十一月十八日南字第二〇〇号函，以前借用重庆道二一四号德侨住宅家俱共五十四件，请予评价、让售等由，准此。查德侨家俱尚未奉令处理，所请让售一节歉难照办。相应复请查照为荷。此致

国立南开大学。

处长齐崧[1]

中华民国三十五年十二月六日

（南开大学档案馆藏）

致国立北平师范学院

（1946 年 11 月 23 日）

顷准大函，并附寄电教育部印稿，均经祇悉。仰见关怀服务人员，痛陈疾苦，并承北大絜衔共同呼吁，敝校极表赞同，特复致谢，即希查照为盼。此致

国立北平师范学院。

中华民国三十五年十一月廿三日

（南开大学档案馆藏）

① 齐崧（1912—？），吉林伊通人，1924 年考入南开中学初中，1930 年南开中学高中毕业，保送入燕京大学。后赴美留学。

附1：国立北平师范学院致张伯苓（1946年11月18日）

敬启者：本月十三日平津院校谈话会议决上教育部快邮代电一事，公推敝院拟稿。稿拟就后，经北大、北洋两校核阅，并由北大领衔盖印毕，即行发出。兹奉上印稿，敬乞鉴核为荷。此致

国立南开大学张校长。

中华民国卅五年十一月十八日

附2：平津国立各院校长谈话会致电朱家骅（1946年11月13日）

教育部朱部长钧鉴：查近日平津区物价高涨，视京沪两地尤甚。今仅就占生活费最高额食粮一项而言，京沪米价每斤约二百元，而平津则高达千元，京沪面粉约三万元一袋，而平津则将近四万元。其余生活必须品价格，向例均随食粮价而俱增，故各种物价超过京沪两地之上者，尚不胜枚举。是平津区实际生活之指数，视京沪为高，而行政院颁布生活补助费之基数与倍数，反较京沪为少。近日报载京沪服务人员犹屡呼困窘，则阨[厄]于平津者，其生活之苦况可知。京沪近在咫尺，视察易周，平津远处北方，疾苦难达，致待遇标准与实际不符，若长此不加改善，其影响于个人生活者固深，而影响于教育之效率者尤巨。属校等深感及此，不忍缄默，用敢据实上陈，伏乞钧部依据平津区生活实际情形，速谋合理之调整，则教育幸甚。无任迫切待命之至！国立北京大学等院校同叩。戌元。印。

国立北京大学
国立清华大学
国立北洋大学
国立南开大学
北平中法大学
国立北平铁道管理学院
国立北平艺术专科学校
国立北平研究院
中国大辞典编纂处
国立北平师范学院

致交通部天津电信局

（1946年11月26日）

查本校业经复校开课，值兹事务纷繁，亟需按装交换台，以便内部连络。前请预留联号，荷承登记，拟请迅即施工装设私用交换机之干线四联号四对，俾利公务。相应函达，即希查照办理为荷。此致
交通部天津电信局。

南开大学校长张伯苓
中华民国卅五年十一月廿六日
（南开大学档案馆藏）

致善后救济总署冀热平津分署

（1946年11月27日）

查本校各教职员、学生请领罐头食品业经造具名册，加盖名章，于本月十三日第一八八号函送在案。兹以学生陆续到校者复有一百三十八名，内有贫苦学生郭自强一名，因伤寒初愈，缺乏营养，已由医师出具证明。除备具名册一并随函送达外，即希查照拨发罐头食品及营养品，以资供应。再，前后两次所送册列名额，按照本校组织人数仍未满百分之八十，合并声明。此致
善后救济总署冀热平津分署。

附送学生名册一份，证明书一纸。

南开大学校长张伯苓
中华民国卅五年十一月廿七日
（南开大学档案馆藏）

致天津海关

（1946年11月28日）

案查本校前由河北平津区敌伪产业处理局定购磨床壹件，七尺重旋床贰件，万能铣床贰件，现已领到提货证，亟待提取。相应函达，即希查照免验免税放行为荷。此致
天津海关。

南开大学校长张伯苓
中华民国卅五年十一月廿八日
（南开大学档案馆藏）

呈教育部部长朱家骅

（1946年11月30日）

案查本校复员及新录取学生名额约为壹仟贰百名，每月应发学生公费为数颇巨。值兹款项短绌，实感无法筹垫。拟请钧部先行借拨国币贰仟万元，俾应急需。除俟审查核定，另造学生名册具报外，理合备文呈请鉴核示遵。谨呈
教育部部长朱。

国立南开大学校长张伯苓
中华民国卅五年十一月卅日
（南开大学档案馆藏）

致善后救济总署冀热平津分署

（1946年12月3日）

查本校前以复员贫苦学生六十五人，请援例救济，拨发面粉，业于上月十六日南字第一九七号函请核发在案。兹复有陆续报到复员贫苦学生张松年等五名，相应备具名册随函送达。即希查照援案救济，准予按数拨发面粉，实纫公谊。此致

中国善后救济总署冀热平津分署。

附送名册二份。

南开大学校长张伯苓

中华民国卅五年十二月三日

（南开大学档案馆藏）

致善后救济总署冀热平津分署

（1946年12月5日）

查本校业经复课，到校学生按目前统计约八百余名。详察各学生家庭状况，率多寒素。兼以远道负笈来此就读，原籍或在匪区边区，时值交通梗阻，希冀家庭接济实感乏望，甚或能通音讯，而劫后乡村亦属贫困无力供给。刻届严冬，学生衣履均不齐全，处此艰难环境，势须设法救济。闻贵署对于北大、清华等校学生曾有寒衣补助。维护本校学生情出一致，相应函达，即希量予施惠。倘蒙慨允，自当另行造具名册，送请核察。盼速见复为荷。此致

中国善后救济总署冀热平津分署。

南开大学校长张伯苓

中华民国卅五年十二月五日

（南开大学档案馆藏）

呈教育部

（1946 年 12 月 9 日）

案查前奉钧部高字第一六五九九号代电节开，姑准恢复政治学系，并入文学院等因。兹以本校为学术接近，便利行政起见，拟将商学院所辖经济系、工商管理系、银行系、会计统计系等四系，连同政治系并组为政治经济学院，俾合实际，藉一事搉。所拟是否有当，理合备文呈请鉴核示遵。谨呈

教育部。

国立南开大学校长张伯苓

中华民国卅五年十二月九日

（南开大学档案馆藏）

呈教育部

（1946 年 12 月 9 日）

案奉钧部卅五年九月六日高字第一八零一八号代电，为垫发本年度八至九月份教员学术研究补助费国币伍百万元等因。查该款业经如数领讫，谨补具印领一纸，备文呈请鉴核备查。谨呈

教育部。

附呈印领一纸。

国立南开大学校长张伯苓

中华民国卅五年十二月九日

（南开大学档案馆藏）

呈教育部

（1946年12月9日）

案奉钧部卅五年十一月廿一日总字第三二八四五号代电，为垫发本年度九、十两月份学生膳费各壹千万元，合共贰千万元等因。查该款业经如数领讫，谨补具印领一纸，备文呈请鉴核备查。谨呈
教育部。

附呈印领一纸。

国立南开大学校长张伯苓
中华民国卅五年十二月九日
（南开大学档案馆藏）

附：教育部致电南开大学（1946年11月21日）
教育部代电　　发文高字三二八四五号

国立南开大学：十一月四日南字第一五八号呈悉。兹垫发九、十两月份学生膳费各壹千万元，合共贰千万元款即另汇，仰于收到后分别补据呈部，并按月造具清册呈报，以凭核发。教育部。印。

中华民国卅五年十一月廿一日
（南开大学档案馆藏）

呈教育部

（1946年12月9日）

案奉钧部卅五年十月十一日高字第二四九一九号代电，为垫发本年度十至十二月份专任教员学术研究补助费国币捌百万元等因。查此款业经如数祗领，谨补具印领一纸，备文呈请鉴核备查。谨呈
教育部。

附呈印领一纸。

国立南开大学校长张伯苓
中华民国卅五年十二月九日
（南开大学档案馆藏）

附：教育部致电南开大学（1946 年 10 月 11 日）

教育部代电　　发文高字二四九一九号

国立南开大学：

兹垫发本年度十至十二月份专任教员、研究人员学术研究补助费捌百万元，仰专款存储，依照规定，按月转发，如请领名册尚未造报，应于十月底以前具报凭核，并于年度终了时造具印领清册报核。如逾期不报，此后即行停垫。教育部。印。

中华民国卅五年十月十一日
（南开大学档案馆藏）

致国库天津分库

（1946 年 12 月 9 日）

案奉教育部总务司第四科通知，拨发本校三十五年度九至十月份学生膳费国币贰仟万元等因。查此款现已由贵分库拨到，即请照上列名称开户立折，以凭支用。相应函达，即希查照办理为荷。此致

国库天津分库。

南开大学校长张伯苓
中华民国卅五年十二月九日
（南开大学档案馆藏）

致交通部天津电信局

（1946年12月10日）

查本校内部装设分机交换台，业经完妥。兹为便利八里台本校与六里台北院通话起见，拟租用贵局专用电话线四对，以资简捷。相应函请查照惠允见复为荷。此致

交通部天津电信局。

南开大学校长张伯苓

中华民国卅五年十二月十日

（南开大学档案馆藏）

致电朱家骅

（1946年12月12日）

南京教育部部长朱钧鉴：亥佳总电敬悉。查本校教职员二百人，校工八十人，已奉钧部卅五年十一月廿五日会字第三三五四二号代电核定在案。现查到校学生共八百三十名，谨电奉复，仰祈鉴核。国立南开大学校长张伯苓叩。亥真。印。

（南开大学档案馆藏）

附：教育部致电南开大学（1946年12月10日）

国立南开大学：酉世戌齐<141><174>号两呈填涛电暨高等、总务两司案呈戌、沁两电均悉。所请垫发生活助费一节，仰迅将该校实有员、生人数电报，再核办。教育部。亥佳。总。

（南开大学档案馆藏）

致天津市社会局

（1946年12月12日）

事由：为请将本年9至12月各月份中等米价数目开单见示由。

查本校为核发学生公费支付米价，亟应调查逐月物指数额，以凭参证。兹拟请贵局将本年度9至12月各月份本市中等白米价格详为开单掷下，俾便根据核算。相应函达，即希查照惠复为荷。此致

天津市政府社会局。

国立南开大学校长　张伯苓

拟办：拟参照前复国立北洋大学各月份米价分旬列表函复。12月13日。

决定办法：可。12月13日。

致天津市工务局

（1946年12月13日）

案准贵局卅五年九月九日工专字第一零二一号函，嘱将接收六里台苗圃物资造具清册，径送市府，并见复。正核办间，复准贵局卅五年十月廿五日工专字第一二三八号函嘱造具接收清册三份送局备转各等由。准此。查本校接收六里台苗圃工具材料，以及建筑物、树苗各种类数量核与原移交数量均尚符合，兹造具接收清册三份，随函送达，即希查照，分别转送为荷。此致

天津市政府工务局。

附送接收清册三份。

天津私立南开大学校长张伯苓

中华民国卅五年十二月十三日

（南开大学档案馆藏）

致交通部天津电信局

（1946年12月13日）

查本校为便利内部办公起见，特装设自用交换分机，业经完竣。兹备具说明及蓝图各一份，随函送达。即请查照为荷。此致
交通部天津电信局。

附送说明及蓝图一份。

南开大学校长张伯苓
中华民国卅五年十二月十三日
（南开大学档案馆藏）

致善后救济总署冀热平津分署

（1946年12月14日）

案查前准天津市教育局函开，以准贵分署函送《举办各学校罐头食品供应暂行办法》转嘱照办等由。准此。当经本校先后两次函送教职员、学生名册，请核发罐头及营养食品各在案。并曾依据该项办法第四条规定，组织罐头食品领发委员会，于十一月九日开成立会，推定教职员代表张皋羽、侯洛荀、顾福兴等三人，学生代表王万里、张景晖、赵楷等三人为委员，共同负责。关于办事手续悉依原发办法为准则，相应函达，即希查照指导为荷。此致
中国善后救济总署冀热平津分署。

南开大学校长张伯苓
中华民国卅五年十二月十四日
（南开大学档案馆藏）

呈教育部

（1946年12月16日）

查卅六学年度第一学期应行填报之班数报告简表等件，兹经遵式填列清楚，理合呈请鉴核备查。谨呈
教育部。

附呈：卅六年度第一学期班数报告简表一份。
卅六年度第一学期学生数报告简表二份。
卅六年度第一学期教职员数报告简表二份。
卅六年度第一学期先修班概况报告简表一份。
卅六年度第一学期研究所概况报告简表一份。
卅六年度第一学期经费报告简表二份。

国立南开大学校长张伯苓
中华民国卅六年十二月十六日
（南开大学档案馆藏）

致善后救济总署冀热平津分署

（1946年12月16日）

案查本校各教职员、学生请领罐头食品业经先后造具名册，函请核办在案。兹以教职员、学生陆续到校者复有二九二名，除补具名册，随函送达外，即希查照，并予核发。再，前后三次所送册列名额，按照本校组织人数仍未满百分之八十，合特声明。此致
中国善后救济总署冀热平津分署。

附送名册三份（计九本），诊断书十四纸。

南开大学校长张伯苓
中华民国卅五年十二月十六日
（南开大学档案馆藏）

致电朱家骅

（1946年12月20日）

南京教育部部长朱钧鉴：案奉本年十一月二十七日会字第三三八九六号代电节开："特别办公费增支部份仰于追加经费内匀支，不另拨款。"等因。查本校复校伊始，关于各大学教职员特别办公费支给标准迄未奉示，究应自何级起支，依照何种数额核算，谨电请鉴查，迅予检赐支给标准、办法，以凭遵办，实为公便。国立南开大学校长张伯苓叩。亥。印。

中华民国三十五年十二月廿日

（南开大学档案馆藏）

附：教育部致电南开大学（1947年1月17日）

教育部代电　　发文会字第〇二八二一号

国立南开大学：三十五年十二月廿日南字第二六三号代电悉。兹抄发国立大学主管及部份主管人员特别办公费支给数额表一份，仰即知照。教育部。印。

国立大学主管及部分主管人员特别办公费支给数额表		
职别	每月支给额	备考
(一)校长	八万元	
(二)教务长，训导长，总务长，各学院院长及研究院院长	五万元	
(三)科系主任，会计主任，研究所(或部)主任及秘书，实习工厂厂长，农场场长及附设医院院长(比照科系主任支给)	三万元	
(四)各组、馆主任	一万五千元	
附注：上项数额自卅五年四月起实行。		

（南开大学档案馆藏）

致电教育部总务司

（1946年12月20日）

南京教育部总务司勋鉴：前奉本年十二月二日总字第三四七九一号部令，内开："该校关防、官章业奉国民政府铸颁转发在案。原有私立南开大学钤记及部颁钤记、官章仰遵前令缴销。"等因。奉此，查新铸本校关防、官章迄今未奉颁到，系由何处转发，拟请饬查赐示为感。国立南开大学校长张伯苓叩。亥号。印。

（南开大学档案馆藏）

附：教育部令南开大学（1946年12月2日）

教育部指令　　发文总字第三四七九一号

令国立南开大学：

本年十一月十六日南字第一九五号呈一件，为奉发钤记、官章遵即启用，检附印鉴呈请鉴核备查由。

呈件均悉。该校关防、官章业奉国民政府铸颁转发在案。原有私立南开大学钤记及部颁钤记、官章仰遵前令缴销为要。

此令。

部长朱家骅

中华民国卅五年十二月二日

（南开大学档案馆藏）

致资源委员会材料供应所[1]

（1946年12月20日）

查本校复校伊始，一切设备诸感缺乏。兹以工学院需用交流三相 380V 或 220V 马达卅八部，采购颇感困难，闻贵所接收存品甚多，拟请惠予廉价让售。除将所需品类、马力附单随函送达外，即希查照见复为荷。此致
资源委员会材料供应所。

南开大学校长张伯苓
中华民国卅五年十二月二十日
（南开大学档案馆藏）

致国库天津分库

（1946年12月23日）

案奉财政部普拨字第九五一二号支付书通知，拨给本校研究院、所三十五年度补助费国币参拾万元。又，普拨字第九五三二号支付书通知，追加本校研究院、所三十五年度补助费国币玖拾万元等因。查上开两款现已拨到，即希查照开户立折，以凭支用为荷。此致
国库天津分库。

南开大学校长张伯苓
中华民国卅五年十二月廿三日
（南开大学档案馆藏）

① 此函还分别致河北平津区敌伪产业处理局事业单位监理委员会和河北平津区敌伪产业处理局工业器材处理委员会。

致善后救济总署冀热平津分署

（1946 年 12 月 24 日）

案准贵分署卅五年十二月二十一日冀振字第一零三七零号，函送具领罐头食品名册及印领格式，嘱查照办理等由。准此。当经依照来式造具名册两份及印领一纸，派员持函前往洽领，即希赐予拨发。再，本校教职员计实到校者共一百五十三人，到校注册学生共八百人。按照规定组织人数，均未满百分之八十，且尽系贫苦。核计此项所领罐头食品不敷每人发给三磅数量。此后如承惠予续办，务请查照实有人数分配，至为感荷。此致
中国善后救济总署冀热平津分署。

附送名册两份，印领一纸。

南开大学校长张伯苓
中华民国卅五年十二月廿四日
（南开大学档案馆藏）

致善后救济总署冀热平津分署

（1946 年 12 月 25 日）

案查前准贵分署卅五年十二月二十一日冀振字第一零三七零号函知，本月廿四日发给本校教职员、学生罐头食品七百四十三份，每份三磅，合计二千二百二十九磅，嘱派员持函备具名册、印领到署具领等因，当经派员如期前往领讫。查所发罐头计四十九箱半，每箱六听，每听六.五磅，合共一九三〇.五磅。按照请领数量，尚差二百九十八磅半。相应函请查照，赐予补发，实纫公谊。此致
中国善后救济总署冀热平津分署。

南开大学校长张伯苓
中华民国卅五年十二月廿五日
（南开大学档案馆藏）

致电朱家骅

（1946年12月26日）

南京教育部部长朱钧鉴：三十五年十二月十四日高字第三八九一六号代电奉悉。查本校学生注册早经截止，奉发学生李树中等五名以为期过迟，且名额已满，实感无法收容。拟请保留至下学年再行遵办。再，历次分发学生，成绩较低，开课已久，想难追随。合并附陈，谨电奉复，敬祈鉴察。国立南开大学校长张伯苓叩，亥寝，印。

中华民国卅五年十二月廿六日

（南开大学档案馆藏）

附：教育部致电南开大学（1946年12月14日）

教育部代电　　发文高字第三八九一六号

国立南开大学：顷据青年复学就业辅导委员会呈，略以学生李树中、胡毓峥、慕长江、阎凤文、杨增志等五名，抗战期间均在东北区担任特殊工作，先后被捕入狱失学，并经各派出机构证明属实。请准念其爱国热忱，分发大学肄业等情，查该生等既曾参加陷区地下工作，特准以全公费分发该校肄业，应由校核验证件后编入相当学系、年级。除通知各生等外，合行电仰知照。教育部。印。

（南开大学档案馆藏）

致天津市教育局

（1946年12月26日）

案准贵局卅五年十二月十八日教二字第八七三号函送青年军二〇七师退役军人冯伏耕拟入先修班肄业，检附证件三种，嘱查复等由。准此。查青年军退役转学生均系经奉教育部核准分发始能入校，且本校学生注册早经截止，亦复

《张伯苓全集》编委会

20世纪30年代的张伯苓

1935年4月8日，第六届全国运动会筹备委员会召开第一次会议，图为全体与会委员的合影

1935年4月，教育部体育委员会在上海召开会议，图为部分与会委员合影

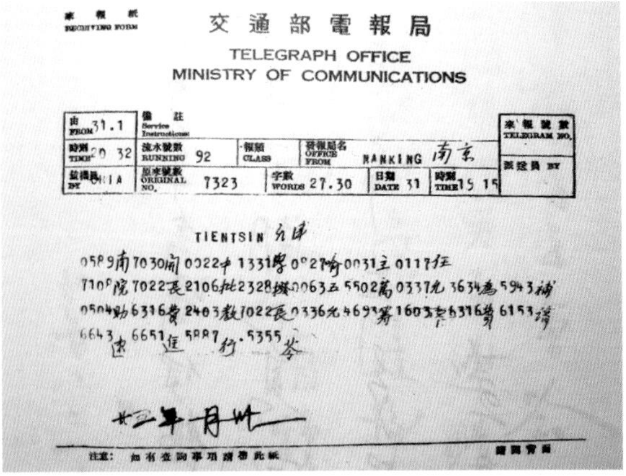

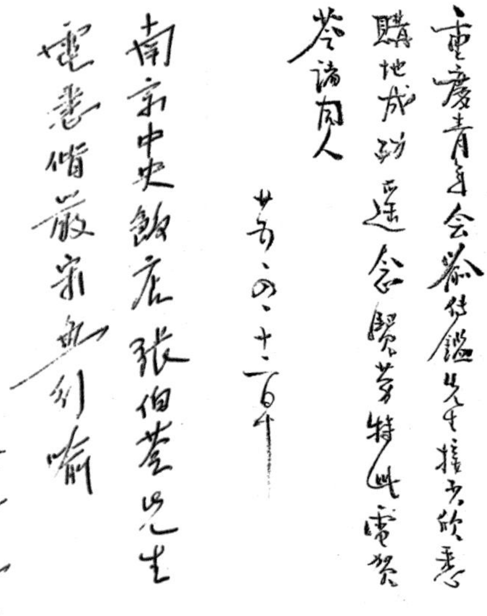

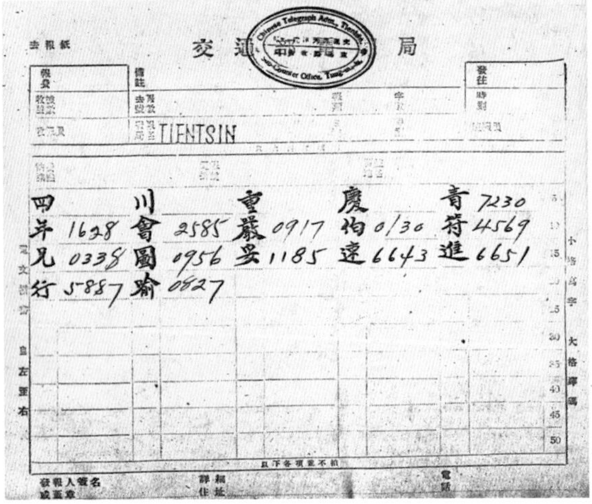

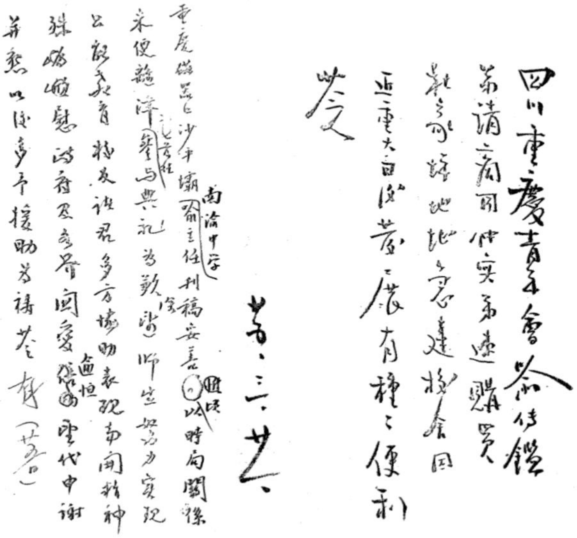

1936年，张伯苓与喻传鉴的六封电报，见证了重庆南开中学从筹划到建成之过程

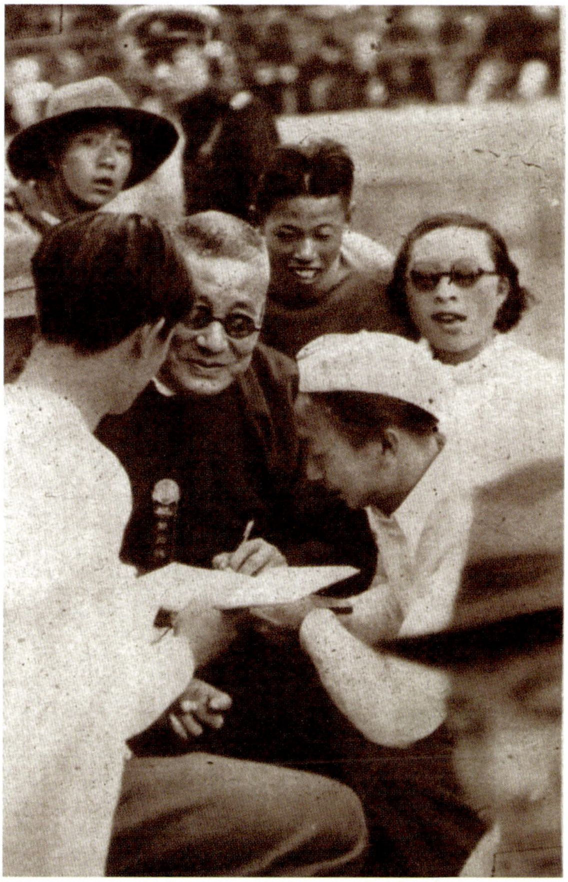

1935年10月，在第六届全运会上张伯苓为运动员签名

1936年，南开重庆校友欢迎张伯苓校长留影

南开学校一向重视体育教学，此图为张伯苓与学生一同参加运动会入场式

20世纪40年代，重庆南开中学以冬青编成校训“允公允能，日新月异”

1938年时的重庆
南开中学校门

20世纪30年代的重庆
南开中学午晴堂

1936年，重庆南开
中学全体教师合影

20世纪40年代，张伯苓在西南联大食堂与师生交谈

20世纪40年代，在重庆时期的张伯苓

张伯苓在重庆南开中学津南村与他人合影

目　录

致电何艾龄

（1932 年 1 月 3 日）

IRENE HO
LONGEVITY
HONG KONG
NO ADMISSION.
CHANG POLIN[①].

（南开大学档案馆藏）

附：何艾龄致电张伯苓（1931 年 12 月 30 日）

President Chang Polin, Nankai University, Tientsin

Letter received. Could you probably permit student come now try senior two. wire reply. Irene Ho（何艾龄）. Longevity.

Hong Kong

（南开大学档案馆藏）

致郑华基[②]

（1932 年 1 月 4 日）

广州中华书局

华基贤弟大鉴：

接来函，一切辱承关注，感谢之至！查此次津变，我南开男女两中学及小

① 张伯苓多封电报均署名为 POLIN。

② 郑华基（1902—？），字若南，广东香山人。1924 年南开中学毕业，1928 年南开大学毕业。后长期任职于中华书局，曾任香港中华书局经理。

学实当其冲，所幸师生等均设法他避，得告无恙。大学部地势较远稍好，但亦停课多日。统计各部损失，除诸生求学时间外，其余尚不甚大。十二月初间，地面形势和缓，大学部遂于七日首先复课，十四日男中学、十七日女中及小学亦皆复课。

惟男中学生于前苓赴太平洋会议，在沪未归时，曾组一学生会。归后查其不甚合法，当为阻止。伊等未即能服指导，苓曾经一度辞职，校务又复停顿。嗣因各生觉悟，迎苓回校，风潮得告平息，遂于十二月二十八日复课如初。此等波折传闻，知不免劳系念，附此告慰，诸希爱照不尽。顺颂
时祺！

张〇〇拜启
二十一年一月四日

附《津变中我校之经过》报告一纸。

（南开大学档案馆藏）

致驻檀香山领事梅

（1932年1月5日）

敬覆者：接奉贵馆第八四号公函，得悉在檀华侨子女，年来由大学或高等学校毕业人数甚众，且多优秀分子，以充教职，各员均有余裕，殊极钦羡。惟现敝校教职各方面尚无缺席处，容俟将来有须聘约补充时，再为函请，赐以介绍，用资借重可也。此致
驻檀香山领事梅。

张伯苓启
〈二十一年〉一月五日
（南开大学档案馆藏）

致吴达诠

（1932 年 1 月 5 日）

达诠先生赐鉴：

顷闻旌从荣旋，惟履祉增绥为颂。向所保荐之敝毕业生陈君德纯，前者曾经晋谒，蒙诲良多。该生目下犹在津闲居，深盼得有栖托。兹令持函趋叩，倘荷俯予即日赐以安插，则感惠又宁有尽极。

再者，敝中学部日前曾小有风潮，想台端已有所闻。其原因系由学生等前乘苓赴太平洋会议在沪未归时，组一学生会，归后查其不甚合法，当为阻止。伊等未能即服指导，苓曾经一度辞职。嗣以该各生均有觉悟，迎苓回校，风潮得告平息，遂于年前二十八日复课如初。知注附以告慰，诸希爱照是幸。祗颂

钧安！并贺

年禧！不一。

张〇〇拜启

二十一年一月五日

（南开大学档案馆藏）

致林健民

（1932 年 1 月 5 日）

青岛蒙阴路五号

健民贤弟大鉴：

顷接十二月卅一日发寄之函，备悉种切。委代向叶誉虎部长介绍一节，理应照办。不过苓与叶公向不曾通过尺素，兹突然致书，恐未必即能邀其注意。欲为转托进行，一时又别无相当之人。思报命而不得，惟有临风徒呼负负而已。尚祈吾弟格外谅之。覆颂

时祺！

张〇〇启
二十一年一月五日
（南开大学档案馆藏）

致苏开明[①]

（1932 年 1 月 5 日）

烦华通斋先生转交

开明先生惠鉴：

久仰高风，未获一亲雅教为怅。顷由华通斋先生处闻知台端在哈佛大学，研究倍常精进，未悉工作几时可以完毕。敝大学历史教授方面尚虚一席，极愿有所借重。引企文旌，不胜欢迎盼祷之至。祗颂

教安！

张伯苓启
二十一年一月五日
（南开大学档案馆藏）

致于凤至[②]

（1932 年 1 月 8 日）

凤至女士惠鉴：

敬启者：前宁太太代述尊意，嘱为令郎觅一师资。苓闻命之后，赶即遵照向敝大学理科毕业生中遍为访询。无如堪任斯席者均经早有所就，以外别无可

① 苏开明（1904—1988），又名弗兰克·苏开明，河南汲县人。清华大学毕业后赴美国留学，获世界历史硕士学位。1929 年加入美国共产党。新中国成立后回国。在中国对外联络委员会担任宣传和翻译工作。

② 于凤至（1897—1990），辽宁公主岭人。1913 年与张学良结婚。

荐引。苓目下仍在加意物色，容俟几时得有相当人选，再行肃函驰达。先此布覆，仰祈察鉴为荷。祗颂
钧安！

张○○谨上
二十一年一月八日
（南开大学档案馆藏）

致徐叔谟

（1932 年 1 月 9 日）

叔谟先生雅鉴：

手书奉悉。台端前在我校教授之热心，我全校人等至今均感不去怀。此次中央政府改组，先生决意挂冠，方共以得再侍绛帐为幸。兹承示以中央政校之事，并有蒋介公与罗志希先生致函陈述相需之殷，又读尊致乃如信，知值此时局，兼有眷属顾虑，委实有诸多困难之点。苓与先生既托知交，自应互相体爱。故对文旌北上一时未便过于相强，惟拟暂认先生作为请假一年，假满后则“春风相识复归来”之句不能不为先生咏矣。欢会有期，临颖神驰不尽。覆颂
教绥！

张伯苓拜启
二十一年一月九日
（南开大学档案馆藏）

致罗志希[1]

（1932 年 1 月 9 日）

南京中央政治学校

① 即罗家伦。

志希先生惠鉴：

接奉大函，敬悉一一。徐叔谟先生前在敝大学极资得力，后因政府相需甚殷，故不得已听其暂行离校。然自闻其有交卸部务之信，早经约定，仍回教授原席，全校人等方共以复得良好师资相庆。

兹承示贵校有借重之必要，实非意料所及。但反覆一思，既重以介公及台端之谆嘱，而值此时局，在徐先生北来又兼不免有顾虑眷属之困难。似此情形，则以前定约自未便过于固执，应即请其暂缓莅校。惟其复任敝校教授名义不能销除，权拟作为请假一年，假满当请贵校即予相让。特此据情奉覆，诸惟亮察是幸。祇颂

教安！

张伯苓启

二十一年一月九日

（南开大学档案馆藏）

致杜庭修

（1932年1月9日）

南京青年会

庭修先生、南京青年会诸位先生均鉴：

敬启者：现有秦君诚玉，前曾在敝校中学部毕业，毕业后留学日本士官学校，由日归来，刻在南京训练总监部任职，未携带家眷，仅伊一人，将于贵会觅一榻之地作为寓所。该生人极诚实，性颇与会中所讲之道德相近。用特函代介绍，幸祈关照，即予赐以接洽为荷。祇颂

道安！

张伯苓启

〈二十一年〉一月九日

（南开大学档案馆藏）

致北平香山慈幼院第一校教保院

（1932年1月11日）

敬覆者：接奉大函，知前寄缴之张远峰、张晨钟[①]廿年下学期所欠贵院垫洋六十七元六角一分已蒙照收，附来收条一纸、单据卅八纸均已如数收到无误。现该张远峰、张晨钟二人之父母来电，将于二月五日回国抵上海，二月中旬北来，届时或接伊等回家。所有廿一年上期应缴之学、宿、膳、杂及服装等费，与牛奶费各若干，拟请准暂缓缴还。一俟伊父母归后，由其自赴贵院结算清付可也。此致

北平香山慈幼院第一校教保院。

张伯苓启

二十一年一月十一日

（南开大学档案馆藏）

致陈筱庄

（1932年1月19日）

筱庄先生雅鉴：

敬启者：敝校历年同学录之封面向请国内名流法书，藉光册籍。本年度者（民国廿年）拟恳先生费神赐书，如承惠允，无任企盼。再，印刷事宜即将告竣，如蒙于本星期内书妥掷下，俾便制版赶印，尤深盼祷。专此奉恳，敬希察照是荷。顺颂

时绥！

张伯苓谨启

中华民国廿一年一月十九日

---

① 张远峰、张晨钟均为张伯苓胞弟张彭春之子。

附启：尺寸大小，可比照十九年度者。随奉一本，并希鉴收。

（南开大学档案馆藏）

致陈筱庄

（1932年1月19日）

筱庄先生惠鉴：

敬启者：现有郑君祥茂，字勉哉，向在冯庸大学襄理校务，顷因避难来津。日前到敝校参观，谈及对教育极感兴趣，素慕河北学风甚好，浼代介绍台端，意在请先生介向各校瞻仰，俾增办学知识。谨此肃以上闻，幸乞查鉴，多多关照为荷。祗颂

勋安！

张伯苓谨启

中华民国廿一年一月十九日

（南开大学档案馆藏）

致范竹斋

（1932年1月20日）

竹斋先生赐鉴：

津乱诸生过扰，辱承殷勤接待，一切代为张罗，至今感谢莫忘。目下乱已平息，各业均渐复旧观。敬维福履与时俱新，为颂无量。

去岁十月间曾肃一函，烦由令郎带上，拟对于前慨允惠捐之款四万元（计金城股票二万，裕津股票一万六，现款四千）遵照先生原议，接洽过交办法。嗣得令郎口覆，谓股票现有押出去者，年终方可取回，取回时即予拨交，云云。现在为期已近，甚盼如言办讫，开春便可计划工程之进行。倘先生不欲令外人有所闻知，则苓与敝同人等自当谨守秘密，可请无过虑也。兹肃寸楮，仍烦令郎带上，仰即俯赐亮察示遵，不胜企盼。祗颂

钧安！

张伯苓谨启

中华民国廿一年一月廿日

（南开大学档案馆藏）

致郑勉哉

（1932年1月21日）

本市黄纬路八号

勉哉先生大鉴：

日前蒙枉驾参观，荣幸之至。惟关于校务一切办理容有未善处，先生如见到，深望多多赐以指教，无任欢迎。嘱代介绍陈厅长一函现已遵照缮就，兹特附函送上，即希查鉴检入为荷。祗颂

台安！

张伯苓谨启

中华民国廿一年一月廿一日

附函一件。

（南开大学档案馆藏）

致梅耀韩

（1932年1月21日）

北平清华大学

耀韩贤弟大鉴：

启者：现有王君捷侠，字一新，辽宁人，才识卓荦，为我校友中之杰出者，曾任教育厅长、教育局长，及东北边防司令长官公署秘书等职。顷在北平，鉴于时事日非，乃思于最短期间不作政治活动，专于国内各大学讲授东北问题一科。该科材料伊年来搜集颇夥，并拟藉此讲演机会编辑成书，以饷国

人。现已有数校订好工作，惟钟点尚不甚多。弟处如有意，尽可与伊当面商洽。我南开大、中两部添授此项科目已有数年，故望吾弟于此加以注意。兹代王君介绍，即希多多予以关照为荷。顺颂

时绥！

张〇〇启

中华民国廿一年一月廿一日

（南开大学档案馆藏）

致王一新

（1932年1月21日）

北平大红罗厂十一号

一新贤弟大鉴：

前在平晤谭，快甚。兹接来函，读悉。东北问题在国内各大学中讲授，实为今日不可少之课程。我大、中两部业于前数年增添此项科目，担此席者为傅君恩龄，现仍照旧。吾弟在平既已有数校订好工作，而所余钟点对清华方面或可商量。兹将代弟介绍梅校长之函缮就附上，即希查照，持往接洽可也。覆颂

著祺！

附函一件。

张〇〇启

中华民国廿一年一月廿一日

（南开大学档案馆藏）

致周子彬

（1932年1月21日）

哈尔滨东省特别区区立第一民众教育馆

子彬贤弟大鉴：

迭接手书，见吾弟爱校之忱溢于言表，慰甚！感甚！我中学风波目下已完全平息，现诸生正在赶补功课，而苓与同人等除策勉诸生，俾加意学业处之求脚踏实地外，而对于学校之缺陷，亦无时不加省察，力求改良，以善乎后。智虑在己容有未周处，则得外人为纠正，苓实异常欢迎。《天风报》之对苓不满，正可无庸介意。总编辑陈君既与雷先生同乡，容请雷先生设法一与联络之。诸承吾弟关切抚念，铭诲不尽。此覆，惟希爱照为荷。顺颂

时绥！

张〇〇启

中华民国廿一年一月廿一日

（南开大学档案馆藏）

致何艾龄

（1932年1月21日）

广州私立岭南大学文理学院教育系

艾龄女士大鉴：

来函奉悉。前者通电，为费极属有限，已由敝处代付。似此些须小数，请勿置意也。原汇票八元谨附缴还，到乞查入。

敝中学部学生前曾乘苓赴太平洋会议在沪未归时，组织一学生会；归后因其不甚合法，当为阻止。该生等一时未服指导，故苓经一度辞职。好在不久即都发生觉悟，迎苓回校复课，而风潮遂告平息。远承关切，特以概略布闻，藉慰悬念。诸惟爱照是幸。复颂

教祺！

附原汇票一纸。

张〇〇启

中华民国廿一年一月廿一日

（南开大学档案馆藏）

致严季聪[1]

（1932年1月22日）

本市河北中山公园美术馆

季聪贤弟大鉴：

来函读悉。承荐张女士充任国画教席，极所欢迎。无如敝女中学部原担任此项教授之人本学期并无更动，对张女士虽欲有所借重，而苦无位置，亦惟有徒深景仰而已。专此布复，希惟亮察是幸。顺颂

时绥！

张〇〇启

二十一年一月二十二日

（南开大学档案馆藏）

致韩周伯

（1932年1月23日）

上海中南银行

周伯先生大鉴：

暌教八载，忽奉朵云，如亲光霁。就稔福履增绥，为颂无量。目下天津地面形势确渐稳和，敝大学部已于十二月七日复课，男中学部十四日复课，女中及小学均于十七日复课。现在复课已经多日，各部学生大多数均已到校。其未来者，如[为]数极属寥寥。令爱此时补习功课最好。津埠如从此平靖，届时来津与新生同考亦甚合宜。附上简章一份，惟查照是幸。祗颂

① 严季聪，名智开（1894—1942），字季聪，天津人，严修第五子。早年留学日本、美国。回国后，任北京国立美术学校教务长、主任、教授。后任北京师范大学教授、天津市政府顾问、天津市美术馆馆长。

台安！

附简章一份。

张〇〇启
二十一年一月廿三日
（南开大学档案馆藏）

致侯汝勋[①]

（1932 年 1 月 23 日）

北平旧刑部街八十二号

汝勋贤弟大鉴：

接读来函，备悉一是。学成者，将来必可以致用，虽以时局关系暂时不能发展，可勿虑也。嘱代介绍开滦矿一节，极应照办。不过苓与开滦当局素不相识，若骤然去函介绍，殊形唐突，甚不便也。所有未能如命之处，尚望多多原谅是幸。复颂

时绥！

张〇〇启
廿一年一月二十三日
（南开大学档案馆藏）

致扈殿昌

（1932 年 1 月 23 日）

青岛金城银行

殿昌贤弟大鉴：

来函读悉。附赠之贵行日历牌二件、开幕赠品五份均收到，谢谢！吾弟日

① 侯汝勋，字子彬，河北丰润人。1922 年南开中学毕业。1926 年南开大学毕业。

来工作想必甚忙，但能多振奋一分精神，自必多增进一分谙练，获益非浅也。前途宏达，幸时时不忘努力为盼。此颂
近祺！

张〇〇启
中华民国二十一年一月二十三日
（南开大学档案馆藏）

致郑西谷

（1932 年 1 月 25 日）

上海上海中学

西谷贤弟大鉴：

改岁以来，维校务益多进步为颂。天津市面形势日来亦颇良好，各学院均已复课。我校风潮平息后，一切悉托顺平。知注特以告慰。

舍弟仲述于二月四日乘俄皇后船抵申，附此奉闻。外有致魏文翰弟一函，希费神即日予以代转为荷。此托，顺颂
时祺！

附函一件。

张〇〇启
二十一年一月二十五日
（南开大学档案馆藏）

致魏文翰[①]

（1932年1月25日）

文翰贤弟大鉴：

久未握谈，改岁以来想动定多佳，凡百迪吉，如颂为慰。兹有恳者：舍弟仲述二月四日乘俄皇后船抵申，并携有眷属。吾弟倘能匀暇，拟烦就近一为招待。费神容晤谢也。此托，顺颂

时祺！

张〇〇启

二十一年一月廿五日

（南开大学档案馆藏）

致董竹贤

（1932年2月2日）

本市法租界五十六号路双合里十七号

竹贤先生大鉴：

接来函，嘱代维持目下窘况，极应照办。不过敝处受时局影响，经济亦深感困难，对故人而爱莫能助，想高明自必有以谅我也。覆颂

台安！

张〇〇启

廿一年二月二日

（南开大学档案馆藏）

① 魏文翰（1896—？），天津武清人。1917年前后曾在南开学校肄业。后赴美留学，获哈佛大学博士学位。曾任海鹰轮船公司董事长。

致王化一[1]

（1932年2月2日）

北平西单牌楼皮库胡同东北学院中学部

化一先生大鉴：

来函奉悉。所委之件定当照办。不过现值寒假期间，学生多已离校，无法收取，容俟开学归来，再出布告征集。届时集有成数，即当付邮寄上也。覆颂

台安！

张〇〇启

廿一年二月二日

（南开大学档案馆藏）

致李国珍

（1932年2月2日）

北平东郊朝外花闸二十二号

国珍贤弟大鉴：

接读来函，得悉近日所处景况，不胜代为扼腕。我校现亦感经济困难，实行减员减薪，不能为吾弟安插，只好俟他处遇有机缘，再为设法。所有目前之爱莫能助，想吾弟高明，当必能见原于格外也。覆颂

时绥！

张〇〇启

廿一年二月二日

附还原当票一纸。

（南开大学档案馆藏）

---

① 王化一（1899—1965），字德华，曾用名王一华、王若愚。辽宁辽中人。九一八事变后，潜赴北平，积极组织和参加东北救亡运动。

致吴葆明

（1932年2月4日）

芜湖私立励德学校女中部

葆明女士大鉴：

接读来函，祇悉一是。令弟来津就学，恐非全策。按萃文中学之用费表，综计每学期用费七十元即足，而我校高级中学约需百五十余元。况津市变乱初定，人心惶惶。最近上海事件发生之后，津市是否仍受影响，犹在未知，不若附近家乡诸多便利也。

我校中学部之教员均系各大学毕业生，且为专任。女士欲藉此半工半读，事实上恐难办到。目今国难危急，他处谋事亦非易，仍以别途设法为佳。兹将令弟成绩报告单及我校中学部学生用费单各一纸寄上，即希查收为荷。专此，顺颂

时祺！

张○○启

廿一年二月四日

（南开大学档案馆藏）

致何莘访

（1932年2月6日）

本市法界

莘访先生大鉴：

接读来函，承示尊况目下艰窘情形，不胜代为扼腕。所惜敝处此时经济亦感困难，深愧爱莫能助，尚乞格外谅之。覆颂

台安！

张○○启

廿一年二月六日

（南开大学档案馆藏）

致电郑西谷

（1932年2月7日）

上海上海中学郑校长，沪变，贵校及宝眷安否？仲述抵沪否？请复。伯苓。

（南开大学档案馆藏）

附：郑西谷复电张伯苓（1932年2月8日）

南开大学张校长，仲述微到校，眷均安和。

（南开大学档案馆藏）

致周伯澄

（1932年2月9日[①]）

本市地方法院

伯澄先生惠鉴：

日前得接光仪，快聆麈教，为之心佩无似。兹敬启者：敝大学寒假后中国商法科教授尚缺一席，商法为商学院最要科目，极愿得法学精深如先生者一为指导，未审肯屈就否？讲授钟点每周三小时，修金以私校经费不足，故谨月奉国币陆拾元。想先生对教育素抱热心，定必不以酬薄见斥也。专此奉约，敬候概诺，无任欢迎。

再者，麈涧[②]先生自欧洲改由海道归国，约于三月初抵津。知注特以附闻，诸维爱照是幸。祇颂

---

① 原信落款缺日期。此日期依发文簿号顺序而定，前后均为2月9日。

② 即喻传鉴。

钧安！

张○○启

（南开大学档案馆藏）

致北平东北外交研究委员会

（1932年2月9日）

敬覆者：前接贵会一月廿六日第一次所发之赐函，并附说明书一本，委苓按照说明书所载之第十八及第三十两题，担任撰拟说帖文稿，供给国联调查材料。苓极愿勉为应命，不过事关重要，未敢草草轻于执笔，又适忙预备学校招考开学，分神处极多，尤无下笔之可能。环顾同人，又皆对外交素鲜研究，苦难庖代。似此情形，恐致误事。本拟不日陈明，用谢不敏。讵料当此肃函未发时际，于昨忽又奉到示谕，嘱将拟稿尽十日前送会。苓捧读之下，殊感不安。不得已，惟有赶将不能报命缘由据实肃覆上闻，恳请贵会特别予以见原，是为至盼。此上

东北外交研究委员会。

张○○谨上

廿一年二月九日

（南开大学档案馆藏）

致马恩华

（1932年2月9日）

威海卫公立刘公岛小学校

恩华贤弟大鉴：

来函读悉。阅刘公岛小学创办经过概状，具见吾弟对该校缔造精神日增月益，努进不已。至于目下成绩卓然可观，真令人佩慰无似。但盼勉愈加勉，持久不怠，非特该小学之福，亦威埠文化前途之幸也。不胜于吾弟冀望深之。覆

颂
时祉！

张〇〇启
廿一年二月九日
（南开大学档案馆藏）

致周市长二为

（1932年2月13日）

本市

二为市长赐鉴：

敬启者：天津一市居民繁夥，于卫生上最关紧要，所有清洁防疫诸事，年来蒙贵政府饬属讲求不遗余力，地方受福实非浅鲜。

敝校南开附近向有潴水坑一处。该坑为城厢内外暗沟秽流之所归，冬令结冰尚无气味之可言，一逢开春，则恶臭蒸腾，最易酿生疠疫。目下坑水已经解冻，秽气远近皆闻。而敝校地当其冲，欲避不得，于卫生万分危险。查该坑水每年皆由官府饬工用机抽入墙子河，以资宣泄。现正值急需宣泄之期，不得已，敢请市长饬该管即日开工办理，并务令根本净尽，以清疠源，实属莫大之惠。此恳，不胜祷盼。祇颂

勋安！

张〇〇谨上
廿一年二月十三日
（南开大学档案馆藏）

致北平东北外交研究委员会

（1932年2月13日）

敬肃者：电谕谨悉。国事急于校事，苓诚不得过于诿谢。但欲轻心从事，

或致有所贻误，自问终非所敢当。现在寒假将满，开学在即，与何廉教授晤面时，当恳切相与一商。陈教授钦仁顷仍在北平，贵会可就近面与接洽。至于敝校功课，苓当设法另倩人暂为代理也。此上
东北外交研究委员会。

张〇〇谨启
廿一年二月十三日
（南开大学档案馆藏）

致梅畹华[①]

（1932 年 2 月 15 日）

北平无量大人胡同

畹华先生台鉴：

大札读悉。舍弟仲述二月五日到沪，九日搭太古船北归，十三日安抵津埠。现在忙敝校开学事，少迟即将赴平一行，届时当造访握叙。台端此时即可无庸命驾来津也。此覆，顺颂
春绥！

张〇〇启
廿一年二月十五日
（南开大学档案馆藏）

致黄绍章

（1932 年 2 月 15 日）

菲律宾亚吧里华侨启智学校

绍章先生惠鉴：

接奉来函，承示贵校十周年纪念刊付印在即，所征集之论著需用已迫，本

① 即梅兰芳。

应赶为一拟，不过敝校日来待理之事繁夥，非常忙碌，实无时可以握管。所有未能如命之处，尚祈多多予以原谅是幸。覆颂
道安！

张〇〇启
廿一年二月十五日
（南开大学档案馆藏）

致关勋荣

（1932年2月15日）

勋荣先生大鉴：

手书奉悉。前天津变乱，敝校适当火线，幸赶设法将在校男女各生并二令郎尽数移避他处，得庆无恙，堪以告慰。附上变乱经过报告一纸，请查阅。目下津中市面形势确已和缓，敝校早经复课。刻寒假又过，不久即举行春季始业。令郎二人均极平安，交纳学、宿等费钱尚够用，惟零费钱已无多，甚望尊处汇款，一为接济也。舍弟仲述于二月五日抵上海，十三日已平安到津，特附奉闻，统为爱照为荷。顺颂
台绥！

附报告书一纸。

张〇〇启
廿一年二月十五日
（南开大学档案馆藏）

致周伯澄

（1932年2月16日）

本市地方法院

伯澄先生惠鉴：

接奉赐覆，蒙对商法教授一席慨允担任，不胜为之雀跃。时间分配，以前三时本不在一次，兹先生既以一次为宜，亦无不可。但无论星期几日，均须排在下午。以前所授系欧美商法，本学期应授中国商法，所需讲义若何，拟请先生自行酌定。不过此项功课须预算尽一学期授毕。谨此布达，统希察照为荷。
祗颂
教安！

张〇〇拜启
廿一年二月十六日
（南开大学档案馆藏）

致温秉乾

（1932年2月17日）

本市只家胡同勤昌号

秉乾砚兄大人阁下：

正切溯洄，接来函，甚慰渴想。令亲所带来之测量机，诚学校必需之品。但敝处原有早先购置者足敷应用，尚无添备之必要。专此布覆，惟希鉴谅是幸。顺颂
大安！

弟张〇〇拜启
廿一年二月十七日
（南开大学档案馆藏）

致胡适之

（1932年2月18日）

北平南长街中华教育文化基金董事会编辑所

适之先生惠鉴：

敬启者：现有敝大学部文学院政治学系毕业生王君文光，湖北人，现年二十五岁。该生文笔甚优，颇有志于编译工作。特代介绍，敬请推爱，俯准赐以录用，不胜待命翘祷之至。祇颂
大安！

张〇〇拜启
廿一年二月十八日
（南开大学档案馆藏）

致郑勉哉

（1932年2月22日）

本市黄纬路八号

勉哉先生大鉴：

手书奉悉。舍弟仲述自海外归来，即忙校内开学事，现诸事粗见就绪。一、二日尚须赴北平一行，在平勾留两三天方能言旋。先生欲枉驾赐教，容俟伊自平〈归〉津后再行订期，一领麈谈可也。覆颂
台绥！

张〇〇启
二十一年二月廿二日
（南开大学档案馆藏）

致王桂馨

（1932年2月22日）

南京鼓楼四条巷何宅

桂馨女士大鉴：

手书奉悉。受战事影响，各机关裁员减薪本属临时不得已之举，若时局稍定，自不无恢复原状希望。先生学识淹博，以任教授诚不愧良好师资。委事谨

留意，但目前尚乏相当机缘，容几时觅得，再行函达可也。覆颂
时绥！

张〇〇启
二十一年二月廿二日
（南开大学档案馆藏）

致傅宜生

（1932年2月23日）

绥远主席

宜生先生钧鉴：

敬启者：现有敝大学部第一次毕业生邱君凤翙，热河阜新人，为人极有才干，毕业后曾任大、中学校及师范学校各要职，并历充阜新教育局局长、北平学务局视学，与热河行政人员考试委员、热河教育厅第三科科长等。作事富有经验而操行恂谨老成，又有苓所深知，刻因热河环境恶劣，拟即行离去。苓甚以该生有用人才，一时竟不能得地而处为歉。

先生在绥举行新政不遗余力，用人孔多，而平素又称爱才若渴，爰特肃函代该生一为介绍。附上履历一纸，即请俯赐垂察，临颖不胜神往。祗颂
勋安！

张〇〇谨上
廿一年二月廿三日

附履历一纸。

（南开大学档案馆藏）

致陈筱庄

（1932年2月23日）

本市教育厅

筱庄先生惠鉴：

手谕敬悉。安超先生既属良好师资，极愿奉约。不过敝中学部各科教席本学期均未有更动，一时苦乏位置可补，深愧无以报命，尚祈多多原谅是幸。覆颂

勋绥！

张〇〇拜启

二十一年二月廿三日

（南开大学档案馆藏）

致吴葆明

（1932年2月23日）

芜湖私立励德女子中学校

葆明女士大鉴：

来函读悉。年来敝校经济困难已达极点，每学期资助令弟之学费就原数而言已属万分勉强，实无法再为增加，尚祈多多原谅是幸。覆颂

学祉！

张〇〇启

廿一年二月廿三日

（南开大学档案馆藏）

致张本政

（1932年2月23日）

大连政记轮船股份有限公司

本政先生大鉴：

律转春和，接来函，就稔福与日增，为颂无量。令甥王君赞烈欲来敝大学借读，与他照章报名投考不同，自应免予试验，准其来校入相当班次随同听

讲，以遂其继续向学之志。此复，即希查照。并颂
春绥！不一。

张〇〇拜启
廿一年二月廿三日
（南开大学档案馆藏）

致韩周伯

（1932年2月24日）

上海中南银行

周伯先生大鉴：

来函奉悉。韩豁、韩亮误期考试，又未能如期补考，既皆出于情不得已，自应特别予以原谅，以后车船有便，即可前来入学。至该生等应有位置，但得以保留，定不令其向隅也。覆颂
时绥！

张〇〇启
二十一年二月廿四日
（南开大学档案馆藏）

致张本政

（1932年2月25日）

大连政记轮船股份有限公司

本政先生大鉴：

律转春和，接来函，就稔福与日增，为颂无量。令甥王君赞烈欲来敝大学借读，自当容匀一席，准其入校随同听讲。不过此项借读生只可与正生同学功课，不能与正生同考而得绩点，纳费亦较加多，未识令甥曾了悉此章程否？即请费神转知为荷。此覆，祗颂

春绥！

张〇〇拜启
廿一年二月廿五日
（南开大学档案馆藏）

致卢永春

（1932 年 2 月 25 日）

北平西城养蜂夹道天然疗养院

永春先生台鉴：

大函奉悉。前为小儿锡祚诊治肺疾，铭感非常！更自来书得知先生筹划之疗养院业已成立多日，尤为欣慰。敝校近年经费奇窘，一俟稍有余裕，定当勉力奉助，以期此项社会事业得以逐渐发展。嗣后敝校学生有染此项病症者，亦必介绍至贵院疗养也。所询尊处二女生转入敝校之事，照章寒假后向不收录任何新生。今既由先生介绍，兹特通融，准许该二女生入学作旁听生。旁听生不能参加学期考试，故无成绩，且纳费较正生须多一倍。

再，敝校历史尚未成立专系。一并奉闻，即请转知前途是幸。专此，敬颂时祺！

张〇〇谨启
廿一年二月廿五日
（南开大学档案馆藏）

致孙子文

（1932 年 2 月 26 日）

唐山开滦矿务局

子文先生赐鉴：

敬启者：前奉大示，敬悉种切。关于令嫒家莹[①]拟请求拔伯奖金事，因时间已晚，本年已不可能。按请求该项奖金之信件必须在每年一月前寄到，三月开会决定。我校历年办理此项函件，均在秋季开学后九、十月间发出，尊函来到时已为本年二月，故请求本年度之奖金已不可能。请俟本年秋季再行办理可也。耑此奉复，即颂

时安！

伉乃如附笔问候。

张伯苓谨启

廿一年二月廿六日

（南开大学档案馆藏）

致吕晋珊

（1932 年 2 月 27 日）

北平东四八条十六号

晋珊砚兄大鉴：

手书奉悉。承询敝校中学部历史教授韩叔信君家世一切情形，现已遵照调查，得其概略。韩君，山东潍县人，现年廿八岁，前在燕京大学读书时成绩甚优，去年毕业后来敝校担任历史讲席。其为人性行颇佳，教授亦甚得法。家中父母均健在，兄弟共三人，伊年最幼，尚未定亲。其兄二人皆在济南任职，经济上皆有相当收入。所得概略如此，爰据实覆布以闻，即希查鉴为荷。顺颂

春安！

弟张〇〇拜启

二十一年二月廿七日

（南开大学档案馆藏）

① 孙家莹，天津人。1932 年南开大学毕业。

致雷法章[1]

（1932年2月27日）

青岛

法章先生大鉴：

敬启者：青岛圣功女学校黄校长系林凤苞先生令弟林凤琪君之太太，现向贵局办理该校立案事宜，请关照，费神予以指导为荷。此颂

勋安！

张〇〇启

廿一年二月廿七日

伉乃如附笔致候！

（南开大学档案馆藏）

致吴芝洲

（1932年2月29日）

本市华洋书庄

芝洲仁哥大鉴：

来函读悉。承委之件，弟接信后赶即向各方面设法进行，诚以我弟兄交谊非同泛泛，对此些须缓急小事，理应尽力所为。所惜试行筹商数处，均未能有成。近而自弟本身，以至交好诸同人，一经环顾，俱是寒素依然，当为我哥所深信。其他如各银行号、各富有家虽不无与之交往者，但值此时局紧张之际，办事均极慎缩，殊无接洽之可能。用是左右踌躇，歉仄万状。人生于世，所贵乎有朋友者为何？今受尊托，竟以限于力故，百思而不得一，当真愧煞我也！

① 雷法章（1903—？），湖北汉川人，1923年毕业于华中大学文学院教育系，旋即应聘入天津南开学校服务。1932年，任青岛市教育局局长。

吾哥高明，其能格外有以谅我乎？幸甚！幸甚！此覆，祗颂
春安！

弟张〇〇拜启
二十一年二月廿九日
（南开大学档案馆藏）

致王桂馨

（1932 年 2 月 29 日）

南京鼓楼四条巷何宅

桂馨女士大鉴：

日前复上一械，想蒙察悉。兹又奉手示，嘱代谋于谭仲逵君，即应遵照。惟苓对何先生履历知不甚真，希开清作速寄下为盼。顺颂
时祺！

张〇〇启
二十一年二月廿九日
（南开大学档案馆藏）

致詹步光

（1932 年 2 月 29 日）

安徽光明大马路基督医院

步光先生大鉴：

来函敬悉。吴葆恬本学期学费六十元业于日内寄交其令姊葆明查收矣。特此奉告。

再者，前吴葆明女士曾经来函，陈说其弟欲来津就学，伊亦欲随同来津谋一半工半读机会。敝处接信后当即代为考虑，因查得葆恬在萃文中学每学期用费不过七十元即足，而敝南开高级中学约需百五十余元方能敷用，相差太多。

且津市形势尚未大定，风鹤时惊，诚不若附近家乡为便。至于葆明欲谋机会，亦无可能。盖我校中学教员均系各大学毕业生，且为专任。彼所谓半工半读者，事实上碍难办到。况际此国难危急，他处谋事亦非易易，只好另向别途设法。苓业将以上各等情径覆该女士查照，恐台端未知底细，爰为附布以闻，即希亮察为荷。顺颂
时绥！

张〇〇启
二十一年二月廿九日
（南开大学档案馆藏）

致吴葆明

（1932年2月29日）

芜湖私立励德女子中学校

葆明女士大鉴：

日前复上一椷，想已察悉。前将补助令弟本学期学费六十元如数汇上，到请查收。收讫后并祈便中见复为荷。顺颂
时祺！

张〇〇启
二十一年二月廿九日

附六十元汇票一纸。

（南开大学档案馆藏）

致杨允中

（1932年3月1日）

上海亚尔培路

允中先生大鉴：

来函奉悉。代李仪祉[①]先生令郎与令侄汇来之银洋一百五十元，业由上海银行寄到，现已转交李赋宁、李赋丰二人照收应用矣。覆颂
台安！

张〇〇启
二十一年三月一日
（南开大学档案馆藏）

致李仪祉

（1932年3月1日）

陕西省建设厅
仪祉先生大鉴：

手书敬悉。承示烦上海科学社杨允中先生为令郎与令侄汇来之银洋一百五十元，业由杨先生代托上海银行寄送到校，现已如数交二位公子照收应用矣。二位公子在校一切均甚平安，请勿系念。此复，祇颂
台安！

张〇〇启
二十一年三月一日
（南开大学档案馆藏）

致章瑞廷

（1932年3月3日）

瑞廷先生大鉴：

---

① 李仪祉（1882—1938），原名协，字宜之，陕西蒲城人。曾留学德国。历任陕西省教育厅长、西北大学校长、上海港务局局长、陕西省建设厅厅长，为中国水利工程学会首任会长。著有《中国水利事业之前途》《治理黄河工作纲要》等。

敬启者：去岁十二月稍直口小学有毕业者三人，苓偕同人华君午晴、孟君琴襄及南开小学钱伯超主任前往参与毕业典礼，就便连同疙疸村小校各视察一番，并分别拍照两校全影以为纪念。兹各奉上一张，希俯赐惠存为荷。祗颂
台安！

张〇〇拜启

二十一年三月三日

外附影片二张。

（南开大学档案馆藏）

致扈殿昌

（1932 年 3 月 4 日）

青岛金城银行

殿昌贤弟大鉴：

来函读悉。嘱代托青大校长杨今甫先生关照，业已缮就，兹特附上，即希便中转致可也。覆颂
时佳！

张〇〇启

二十一年三月四日

附函一件。

（南开大学档案馆藏）

致杨今甫

（1932 年 3 月 4 日）

今甫先生惠鉴：

暌教许久，不获时接光仪为怅。顷者，青岛金城银行曾在贵校分设办事处一处，办理储蓄存款、学费保管、汇兑等事。其办事员扈殿昌系前敝大学毕业

生，该生人极老成，办理亦颇恂谨，今在贵校再默受以熏陶，益增多谙练不少，可为该生得所庆。以后遇事，尚祈格外关照，不吝时加指导，是为至荷。
祇颂
教安！

弟张〇〇拜启
二十一年三月四日
（南开大学档案馆藏）

复交通部天津广播电台

（1932 年 3 月 4 日）

敬覆者：接奉大函，嘱对贵台播音方面新添之特别讲演一门有所发表，极应遵照。不过苓抚躬自问，学术上知识既惭谫陋，而在此时局紧张之际，欲发抒救国意见，又苦难于措词。且兼校务繁忙，投身匪易，不得已，谨此据情覆闻。所有未能如命之处，尚祈格外见原是幸。此致
交通部天津广播电台。

张〇〇谨启
二十一年三月四日
（南开大学档案馆藏）

致小站绅商农学诸先生

（1932 年 3 月 4 日）

敬启者：前据敝校小站经租处董主任声称，公众对鄙人将有馈赠之举。鄙人当即谆托代为恳辞。前者谬蒙过爱，竟于日前惠送银盾一座到校，并宠以奖语，鄙人实非敢当。但雅意所关，却之又恐不恭，谨拜登受。专肃鸣谢，临颖不尽神驰。此致
小站绅商农学诸先生。

张〇〇拜启
二十一年三月四日
（南开大学档案馆藏）

致张揆一

（1932年3月7日）

天津县政府

揆一县长先生赐鉴：

瞻言紫宇，积日钦迟，比维勋望日隆，为颂无量。兹敬启者：敝校政治学系侯厔昌[①]教授现正从事研究中国之县政。兹为就近参考实际情形起见，拟先应天津县政府之组织概况，及与其所属之关系作一初步之研究。未悉先生能否拨冗，先予接见侯君一谈，以为研究之预备。设先生不能亲予接见，请派员代为指导亦可。如蒙赐允，务希示知时间、地点，以便转告侯君进谒为祷。专此，敬颂

公绥！

张伯苓谨启
二十一年三月七日
（南开大学档案馆藏）

致续克昌

（1932年3月10日）

南京外交部

克昌贤弟大鉴：

① 侯厔昌，浙江定海人。燕京大学毕业，1928年获美国哥伦比亚大学硕士。1932年2—6月任南开大学教授，教授政治学。

来函读悉。嘱代向徐次长推荐一节，业已遵照将函件缮就，付邮寄往矣。特此奉告。顺颂
时绥！

张伯苓拜启
二十一年三月十日
（南开大学档案馆藏）

致徐叔谟

（1932 年 3 月 10 日）

南京外交部

叔谟先生大鉴：

敬启者：前敝校毕业学生续君克昌，吉林人，曾在美国留学，回国后先在东大充当教授，后归外部任职，去岁又随邹岳楼去欧游一次，归来仍返外部原职供差。该生操行悃谨，办事亦颇具才干。台端遇有可以提挈之机会，尚望推爱，多多予以关照，是为至荷。祗颂
勋安！

张△△拜启
二十一年三月十日
（南开大学档案馆藏）

致王一新

（1932 年 3 月 10 日）

一新贤弟大鉴：

手书读悉。天津法商学院风潮仍在争持，一时尚无法解决。刘百昭先生学识与经验，苓亦深知，欲谋继长法商，容俟遇有可进言时，代向陈厅长一为推毂可也。此覆。顺颂

时祉！

张伯苓拜启
二十一年三月十日
（南开大学档案馆藏）

致周作民

（1932 年 3 月 12 日）

北平金城

作民仁哥先生大鉴：

不晤有日，驰神綦切。顷者：闻北平研究院成立经济研究会，其筹备主任兼常务委员聘定吾哥充任，想该会将来定可望特别发达。

敝同人华君午晴之大公子俊明，系我南大商学院毕业生，现正在研究院服务。该生对经济学研究有素，俾在经济会部办事最为适宜。倘蒙我哥关照，于研究方面之助理、行政方面之干事两职任间酌一以为提挈，尤属非常感激。华君午晴为南开最得力人员，故弟极愿其令郎有相当之成就。专肃上恳，无任祷切盼切之至。祇颂
春安！

弟张伯苓谨上
二十一年三月十二日
（南开大学档案馆藏）

致王拱北[1]

（1932 年 3 月 17 日）

北平燕京大学

① 王拱北（1910—？），山西太原人。1930 年南开中学毕业，考入燕京大学。

拱北贤弟大鉴：

来函读悉。现附上一椷，代向熊秉三先生介绍，希查入，以备趋谒时应用可也。此颂
学祺！

附函一件。

张△△启
三月十七日
（南开大学档案馆藏）

致熊秉三

（1932 年 3 月 17 日）

秉三先生赐鉴：

敬启者：敝校中学部第廿三次毕业生王君拱北，现在燕京大学肄业。前闻尊驾在该校演说，极为佩悦，浼代介绍赴谒，到乞进而教之是幸。祗颂
钧安！

张△△拜上
三月十七日
（南开大学档案馆藏）

致陈德纯

（1932 年 3 月 17 日）

四行储蓄会

德纯贤弟大鉴：

顷由赵君松鹤转来手书，已经读悉。大洋廿四元如数收到，暂在校存储，容后作奖励勤苦学生应用可也。覆询
时佳！

张△△启
三月十七日
（南开大学档案馆藏）

致吕晋珊

（1932年3月18日）

北平东四八条十六号

晋珊砚兄大鉴：

手示敬悉。委代执柯之事，日前试向前途达意，惜其现正努力研究学问，精神有所专注，对婚姻事最近无意进行。谨此覆布以闻，希惟亮察是幸。顺颂
时绥！

弟张伯苓拜启
三月十八日
（南开大学档案馆藏）

致王桂馨

（1932年3月19日）

南京鼓楼四条巷五号

桂馨女士惠鉴：

接手书，并何先生履历，均敬领悉。委代致荐函于谭君仲逵，业已遵照缮就，连同履历一并付邮寄往矣。此覆，惟查照是幸。顺颂
时祺！

张伯苓拜启
廿一年三月十九日
（南开大学档案馆藏）

致谭仲逵

（1932 年 3 月 19 日）

南京实业部

仲逵我哥大鉴：

顷闻荣膺实业部之职，不胜为该部得人庆。兹者有友人何君畏冷，向在美国留学农艺，毕业归国后先任各校教员，后乃入贵部充技正，学识当为实业中所需要，特此推荐。我公爱才，幸关照预留一位置，是为至荷。祗颂
勋安！

张伯苓拜启
廿一年三月十九日

附履历一件。

（南开大学档案馆藏）

致本市金城银行

（1932 年 3 月 21 日）

敬启者：原认贵行准字第一号，抬头范竹斋，票面百股，计洋一万元；又，准字第五百三十三号，抬头范竹斋，票面百股，计洋一万元；又，权字第二百二十号，抬头宝记，票面十股，计洋一千元。以上股票计共洋二万一千元，连同息单于本年三月份一并捐助敝校，现已由原股东分别交由敝校接收。所有各该票抬头处，均请费神改注为“南开学校”字样，嗣后遇有转移等事，概由敝校校长签字为照。除将签字式样列后，用备查存外，即请贵行按照过户章程，于日内办理清析为荷。此致
金城银行。

南开学校（戳记）启　校长（签字）
二十一年三月廿一日

照抄范竹斋先生致金城银行函

敬启者：贵行准字第一号，抬头范竹斋，票面百股，计洋一万元；准字第五百三十三号，抬头范竹斋，票面百股，计洋一万元；权字第二百二十号，抬头宝记，票面十股，计洋一千元。以上股票计共洋二万一千元，连同息单于本年三月份一并捐助南开学校，即请查照过户，以便该校收执为荷。此致
金城银行。

范竹斋拜启
二月二十九日

外附股票计共洋二万一〈千〉元正。

（南开大学档案馆藏）

致梅耀韩

（1932年3月22日）

北平清华大学

耀韩贤弟大鉴：

日前在平所谈南大电工科转学贵校事，究应如何？极望吾弟从速予一覆音。缘南开办理下年预算克期进行，对此事解决是以不能不急急也。专此，不胜企盼。顺颂
时绥！

张伯苓拜启
廿一年三月廿二日
（南开大学档案馆藏）

复天津市政府

（1932年3月23日）

敬覆者：顷接钧府第二一三号公函，谨已领悉。招待规则一份亦经收到。

惟对于赴洛参与国难会议启程日期，目下尚在未定。谨先附上像片一张，请赐检收为荷。此上
天津市政府。

张△△谨上
二十一年三月廿三日

附像片一张。

（南开大学档案馆藏）

致雷法章

（1932年3月24日）

青岛市教育局

法章先生大鉴：

前接惠椷，因冗未得裁答，歉甚！顷奉朵云，承示整理青市教育办法，如何着手视察；次如何去劣改良，条序井然，力图振作，真令人钦佩无似。嘱代聘实验小学校长，经向各方访询，欲求得一能胜任务，而符人选标准者，一时实无其人，亦惟有徒发才难之叹而已。专肃覆闻，幸祈查鉴，别为设法物色可也。祗颂
勋安！

张△△拜启
二十一年三月廿四日
（南开大学档案馆藏）

致卞白眉

（1932年3月26日）

本市中国银行

白眉先生台鉴：

接奉惠示，悉以徐生纯固返校事见商。按照敝校规则，自请退学，已领肄业证书之学生不得重行返校。兹重以先生之嘱，又姑念该生向学綦切，准予特别通融。惟该生上学期既无大考成绩，且其平常分数亦均欠佳，碍难仍作正式学生，返校时随同旁听可也。旁听生徼[缴]费与正生同，惟不得参与学期考试。仅此奉复，即请台察，并转知徐生为荷。原掷该生证书，兹并奉还，并希台收。此颂
时祺！

附证书一纸。

张△△拜启
二十一年三月廿六日
（南开大学档案馆藏）

致陈锡三[①]

（1932年3月26日）

本市青年会

锡三先生大鉴：

手示读悉。四月二十三日令友曾君举行婚礼，嘱苓代为证婚，极愿前往。不过苓于四月间因公或须离津，届时恐不能言旋，致有贻误。用特据实覆闻，希惟原谅是幸。祇颂
台安！

张△△拜启
二十一年三月廿六日
（南开大学档案馆藏）

① 陈锡三，名鸿恩，（1897—1967），字锡三，天津人。1916年南开中学毕业。

致佟锦标[①]

（1932 年 3 月 26 日）

济南

锦标贤弟大鉴：

接来函，承示四月十一日为吾弟结婚良辰，委苓代为证婚，极愿前往。不过，苓拟赴洛参与四月七日国难会议，届时恐不能归来。欲如命而弗得，尚祈多原谅是幸。覆颂

时佳！

张△△启

二十一年三月廿六日

（南开大学档案馆藏）

致顾先耀[②]

（1932 年 3 月 28 日）

德国

先耀贤弟大鉴：

手书读悉。出洋留学系为将来应祖国需要，目的甚大，前途甚远，万勿因小不如意遽自隳其光明磊落之志愿。尊大人处，顷据令妹先瑜谈称：已于月之十八日为弟去一电报，告以款随即汇到。想弟处已得此佳音。所托鄙人之事，业烦令妹代致意于尊大人，并将弟之来函亦交令妹转尊大人阅看，俾明吾弟在外情况，以后对于费用供给上或不致再有忽略也。吾弟在外安心努力学业为要。此覆，顺颂

① 佟锦标，山东莒县人。曾任山东省政府顾问。1948 年当选为第一届国民大会代表。

② 顾先耀（1906—？），字道雄，江苏苏州人。1927 年南开中学毕业。

进步！

张△△启

二十一年三月廿八日

（南开大学档案馆藏）

致郭灿然

（1932 年 3 月 28 日）

山西太谷铭贤学校

灿然先生大鉴：

正切溯洄，接来函甚以为快。承示在铭贤担任事务情形，具见台端对促进教育热心之一班[斑]，不胜钦佩之至。惠赠刊表各项及《新文学目录》一书，均经收到，增益鄙人知识不少。谢谢！七月一日至八日夏令会讲演之事，极愿遵嘱如期前往。不过苓预定外出，届时浮踪所寄当在南省，实属无法分身。有负宠召，良非得已，千祈垂察，多多予以原谅是幸。祇颂

台安！

张△△拜启

二十一年三月二十八日

（南开大学档案馆藏）

复山西学生夏令会委员会

（1932 年 3 月 28 日）

山西太原基督教青年会

径覆者：来函奉悉。七月一日至八日贵处举办学生夏令会，嘱苓前往担任讲演，苓极愿如期趋赴。不过，苓预定外出，届时浮踪所寄当在南省，实属无法分身。有负宠召，惟希多多原谅是幸。此覆

山西学生夏令会委员会。

张△△拜启
二十一年三月二十八日
（南开大学档案馆藏）

致谈丹崖

（1932 年 3 月 29 日）

本市（交高生持呈）

丹崖先生惠鉴：

榑辉久隔，驰慕弥虔。敬维履祉春和，为颂无量。去岁九月九日曾上一械，为敝大学肄业生高崇禄介绍，想蒙阅悉。按高生虽属前国务院高总理之子，但毫无贵族习气，且其向在敝校商科所学，成绩甚佳，而入银行界服务，志愿又极殷切，故苓特予推荐。现因该生极盼早得练习处所，爰再肃函，交其持以上谒，务请我公破格关爱，即予从速赐以安插，不胜感谢盼祷之至。祇颂台祺！

张△△拜启
二十一年三月廿九日
（南开大学档案馆藏）

致蒋廷黻

（1932 年 3 月 29 日）

北平清华大学

廷黻先生大鉴：

手示及《国难期中一致御侮案》稿均收到，谢谢！吾人提案被彼等修改，已失原意，虽出意料之外，然彼等心理与吾等不同。彼等曾被国民党压迫，一旦有发言机会，将尽力争自由之权，亦人情之常，不必过于悲观。苓赴会与否，尚未大定。如无他变，仍拟一行。特此奉闻，顺问

近佳！

伯苓上言
二十一年三月二十九日
（南开大学档案馆藏）

致陈其田

（1932 年 3 月 29 日）

北平燕京大学

其田先生赐鉴：

敬覆者：接奉来函，敬悉贵校学生将乘春假之便到津塘一带参观，拟在敝校寄宿，极所欢迎。不过，敝校男女中部春假之期，系由四月十一日起始，六、七两日各部仍照常上课，苦无余地可以招待。谨此据情覆闻，望祈多多原谅是幸。专此，顺颂
文绥！

张△△拜启
二十一年三月二十九日
（南开大学档案馆藏）

复王桓

（1932 年 3 月 30 日）

王桓君鉴：

接来函，嘱代谋枝栖，极所愿为。不过，敝校以内一时既不需人，而电话局及铁路方面亦无相当机会。欲位置而无法，惟有据实覆闻，尚希原谅是幸。
顺颂
时佳！

张△△覆启

二十一年三月三十日
（南开大学档案馆藏）

呈请按月拨款补助核准加入预算支配施行

（1932年3月30日）

为呈请事。窃敝校因经费亏欠甚巨，曾于前年十二月间据情陈明，恳乞钧府按月拨资以为救济。查敝大学为河北惟一之私立大学，从未曾得省款补助。迫而出于以上之呼吁，实非得已。现因时局关系，有待维持，尤属势不容缓。为是不揣冒昧，用再据情上渎。无论如何，务请钧府本平素爱护敝校之热心，速予如请核准加入预算支配施行，不胜盼企祝祷之至。谨呈
河北省政府主席王。

南大校长张○○
廿一年三月卅日
（南开大学档案馆藏）

致本市市政府

（1932年3月31日）

敬启者：顷奉贵府二二七号公函，业已领悉。赴国难会议护照一纸亦已收到。现拟定四月三日晚附津浦车启程前往，随行有差役赵永来一名。合亟预布上闻，即请转达，并祈先期颁发乘车执照为荷。此上
天津市政府。

张△△肃上
三月三十一日
（南开大学档案馆藏）

致冯叔安

（1932年4月2日）

交赵子元先生

叔安先生惠鉴：

敬启者：南开敝女子中学部后有鲍宅空地一区，因女学欲扩充宿舍，业蒙鲍宅以事属公益特让归敝校管理。其详情如何，想尊处早已有闻。其与鲍地毗连之二十余亩为府上公产，亦为女校建筑所必须，前由赵子元先生与台端接洽，当蒙热心愿予推让，实深感谢！且蒙允代向公中关说办理，尤为心铭无似。现因需地孔急，特肃寸槭，仍烦赵先生趋谒洽商，幸祈鼎力玉成，俾共襄义克，期以全地相让，至所祷盼。祇颂

大安！

张△△拜启

二十一年四月二日

（南开大学档案馆藏）

致张子岷

（1932年4月5日）

江苏绥靖公署

子岷先生惠鉴：

接奉手示，并《团章草案》《电稿》等，均敬领悉。先哲云：“天下溺，援之以道。”先生以为此正其时。苓亦谓惟此时为然。尊组织之中华基督徒信行救国十人团，本乎《经》云“信必有行，行根于信”二语，非平时体道有素，真能以救世为心者，断不能发挥若此。诚不胜钦佩之至。附骥发起，谨为承认。《简章》《电文》均极允当，对于备纾国难，自卫、生活、注意点类，都先得我心。先生真我师哉！覆颂

道安！诸惟爱照，不尽。

张△△拜上

二十一年四月五日

（南开大学档案馆藏）

致宋朝义

（1932 年 4 月 5 日）

本市河北

朝义先生：

敬复者：接奉惠函，敬悉一是。刘生宝鑫寒假前未与学期大考；寒假后又未到校补考，照章应行退学。且本学期开课已久，各门功课均已进行很多，而该生平日成绩亦非优越，回校随班，事实上亦甚困难。如欲归来，姑准降入初中三年可也。谨以奉覆，即希台鉴是荷。此颂

时祺！

张△△启

二十一年四月五日

（南开大学档案馆藏）

致电褚民谊

（1932 年 4 月 5 日）

洛阳国难会议秘书处褚民谊[1]先生鉴：苓被推为津市民总代表招待国联调查团，不克赴洛出席为歉！张伯苓。

廿一年四月五日

（南开大学档案馆藏）

① 褚民谊（1884—1946），原名明遗，字重行，别署乐天居士。浙江吴兴县（今湖州市）人。时任行政院秘书长。1946 年以汉奸罪被枪决。

致陈铎士

（1932 年 4 月 6 日）

北平大羊毛胡同 23 号

铎士先生大鉴：

顷奉手书，承示不克如约光临缘由，并致歉意。先生抑何周至乃尔。敝文学会此次虽不获聆大教，犹可期诸异日（以后何时再行开会，本无一定，惟有酌准，再为恭函奉达）。不过阖校仰慕先生风采由来已久，而校务有待指正处甚多。尊驾几时可能匀暇来津一行，藉便移玉敝校参观，极所欢迎。此覆，不胜企盼。祗颂

文安！

张△△拜启

二十一年四月六日

（南开大学档案馆藏）

与卞白眉等致电顾少川

（1932 年 4 月 6 日）

徐州津浦路站长请转交调查团专车顾少川先生鉴：黄约三先生代表同人现在济候迎，黄君对津变事知之甚详，特电奉闻，请赐接洽。张伯苓、卞白眉、王文典、胡霖同叩。鱼。

二十一年四月六日午四时半

（南开大学档案馆藏）

致王藻虞

（1932年4月7日）

兰州南府街

藻虞先生大鉴：

顷奉惠函，藉稔履祉增绥为颂。敝校本学期早经开学，令郎并未到校。现在上课多日，补入已无余额。令郎如仍欲来校肄业，最好请其俟暑假招生时，再报名随新生同考。此时对于功课，先在外多多预备可也。复颂

台安！

张△△拜启

二十一年四月七日

（南开大学档案馆藏）

致王少田

（1932年4月11日）

本市鼓楼西镇署西箭道

少田学兄阁下：

接奉惠书，嘱代觅枝栖，极愿为力。不过，值此地面紧张，减人节费，各处皆同。对于台端一时实无法位置，尚祈多多原谅是幸。顺颂

台绥！

弟张△△拜覆

二十一年四月十一日

（南开大学档案馆藏）

致齐守愚

（1932年4月16日）

美国

守愚先生大鉴：

接奉手书，承示在美改学实业，将来学成定于我国实业化上裨益不少，不胜佩羡之至。委代谋官费补助事，业已与陈教育厅长谈过，在陈公亦颇赞美台端之好学。不过，河北省现正经济困难，恐对于补助留学，力不从心。谨此据覆以闻，尚祈多多原谅是幸。顺颂

学祺！

张△△启

中华民国廿一年四月十六日

（南开大学档案馆藏）

致王一民①

（1932年4月16日）

本市公安局

一民局长先生惠鉴：

顷奉覆示，敬承慨允派队驻防保护，良深感激。专肃鸣谢！伏惟爱照。并颂

勋安！不备。

张△△谨启

中华民国廿一年四月十六日

（南开大学档案馆藏）

① 王一民（1898—？），辽宁新宾人。日本陆军步兵专门学校毕业。时任天津市公安局局长。

致严莊玥

（1932 年 4 月 16 日）

本市文昌宫西

莊玥仁弟大鉴：

接手示，并冯叔安函抄稿，均已读悉。冯君既谓其地目前推让有所碍难，亦只得俟诸异日。不过，将来几时或有可以出让之意，深盼尽先与我校相商。幸祈费神，预代致意为祷！此颂

时祺！

张△△拜启

中华民国廿一年四月十六日

（南开大学档案馆藏）

致冯叔安

（1932 年 4 月 16 日）

本市宇纬路

叔安先生大鉴：

接奉惠覆，承以尊地暂难推让原因见示，敬已领悉。不过，将来尊府几时或以该地为无甚需要，有意出让，恳请尽先赐敝校通知，是为至祷。敝校此时因运动场不敷应用，仍暂假用该地，合附声报，并以鸣谢不尽。祗颂

台安！

张△△拜启

中华民国廿一年四月十六日

（南开大学档案馆藏）

致何艾龄

（1932年4月16日）

广州河南私立岭南大学

艾龄女士大鉴：

来函读悉。尊大人赴欧美旅行，随侍甚好，敬祝一路福星。欧阳康君暑假后如不得入航空学校，即北来入敝中学肄业，极所欢迎。不过，敝中学暑假后只招考初级一年新生，其他年级概不招。合预据情覆闻，即希查鉴为荷。顺颂时祉！

张△△启

（南开大学档案馆藏）

致李仲三

（1932年4月19日）

德国

仲三贤弟大鉴：

接来函，得悉到德后已正式入学，甚以为慰。所示学校内之一切情形，并该国人所注重之训练，以及市政之修明、人民知识之高尚、社会组织之有方、科学之昌明、实业之发达、警察办理之良善，俱得藉以一闻其概略，不胜为神往者久之。吾弟正在英年，若再多受些健全、文明之熏陶，将来成就定不可限量。所拟用假期余暇，今年专心德文，明年到各工厂实习，后年或入警察所研究，按序进行，不使光阴虚度，甚善！甚善！勉之！勉之！

我校日来诸务尚称平顺，惟经费受乱事影响，支绌殊甚不免令人难堪耳。知注特附以闻，统惟爱照是幸。顺颂

学佳！

张△△启

二十一年四月十九日
（南开大学档案馆藏）

致赵鉴平、韩向方、吴绍周、雷子安

（1932年4月19日）

济南

鉴平参谋长
向方主席
绍周团长
子安旅长惠鉴：

敬启者：此次敝校军事训练班学生三十人，由张锋伯先生率往
贵旅团营中，麾下军营、
贵旅团营中
贵团营中见习，承弗以无端过扰拒却，已属深幸。乃复蒙优予招待，并为指导多方来复，虽仅一周，获益实难指数。稠情厚谊，感激莫名。专肃，谢谢！敬请
勋安！

张△△谨上
二十一年四月十九日
（南开大学档案馆藏）

致穆藕初[1]

（1932年4月19日）

郑州豫丰纱厂

藕初先生大鉴：

久暌风范，良切神驰。顷闻旌从不日北来，欣喜无量。抵津时望勿他觅寓所，即请设榻于本大学部，既可藉资畅叙，并可便为诸生演讲。慕教孔殷，不胜伫盼翘企之至。祇颂

台安！

张△△拜启

二十一年四月十九日

（南开大学档案馆藏）

致徐悲鸿

（1932年4月20日）

南京国立中央大学出版组

悲鸿先生赐览：

来示读悉。附惠三画均称神品，苓宝其一，余二已代转，均此拜谢不尽。前演讲，学生获益无算，至今犹感。所惜当时招待上多有未周方，引为歉事。兹惠函竟蒙齿及，真令人愧煞也。

尊驾几时再行到津，深盼即来本大学居住，勿以辎亵为嫌则幸甚矣。此覆，顺颂

① 穆藕初，名湘玥（1876—1943），字藕初，上海浦东人。1909年夏赴美留学。获农学硕士学位。先后创建德大纱厂、上海厚生纱厂、郑州豫丰纱厂。1928年任南京国民政府工商部常务次长。1932年和史量才、黄炎培等设立上海地方维持会，支援十九路军抗日。

时安！

张△△拜启

二十一年四月二十日

（南开大学档案馆藏）

致纪景苏

（1932 年 4 月 21 日）

文安县城内

景苏先生大鉴：

来函并建议书均敬读悉。裁答迟迟，深为抱歉，乞原谅。此次国难会议，苓本拟前往参与，嗣因国联调查团北来，于接待人员中，被推为华北民众代表，是以不克分身赴洛。先生建议胥中肯綮，将来遇机当为提出，对于补救国难诚有足多者。不胜拜教钦仰之至。覆颂

台安！

张△△拜启

二十一年四月二十一日

（南开大学档案馆藏）

致吴蔼宸

（1932 年 4 月 27 日）

英租界求志里六号

蔼宸先生赐鉴：

奉惠书，承示种种，深拜嘉言。敝校因学生众多，经费复困难，卫生设施力欲求备，深苦未周。诚以社会各方不讲公共卫生，而学校又不能与社会隔离，一有接触，随在足为致病之媒也。此次军事训练团诸生赴济参观，郑生不幸竟以罹疫致死，痛悼曷极。闻贵学生亦遭传染，幸发觉早，得化险为夷，同深庆

幸！望嘱彼安心调养，毋以学科为念。同行中有三人亦颇疑似，今已逐渐痊可，并以奉闻。敝校对于体育、卫生，素极注意。特津地医院林立，良医众多，一校之内学生数千人，欲求一校医，能得学生永久之信仰，事颇匪易。此非学校欲图卸职，亦非为校医辩护。事实上困难实如是也。不过学校在可能范围内自当尽其应尽之责任。今已令校医特去北平购到抗毒素若干，有疑似者拟即加以注射。又，解毒素 toxaoc 若干，注射后二年内可免传染。如有疑似者，即令在校内疗养室隔离，同时并施喉部细菌检查。本星期内幸无新发现，嗣后天气渐热，斯症当可渐减，不至影响全校之安全也。承厚爱，用敢缕陈，诸维鉴照为幸。专此，顺颂

台安！

张△△拜启

二十一年四月廿七日

（南开大学档案馆藏）

致李圣章[1]

（1932 年 4 月 30 日）

北平中海怀仁堂

圣章贤弟/仁兄惠览：

接读大札，领悉种切。小站稻田挖掘新河事，绍希弟/同学曾来函道及，谓系贵校苏君托付。查全小站稻田各河工程均已竣事，惟此区尚未议妥。此区上游地亩约占百余顷，如顺旧河挖掘，下游佃户必不摊费。如改掘新河，上游佃户势难应允。我校虽司经理稻田之责，对于此事不能冒然处理。日前招集佃户代表会议多次，将有折中办法从事解决。一俟办法获得多数之赞成，此事即可圆满结束，希纾锦念。目下关于新掘之地价租户筹款事，各租户正在商议中。贵校苏君如能有力设法维持，使其早日解决，不致百数十顷稻田荒废，亦为我校所切盼也。专此奉复，即颂

① 李圣章（1889—1975），名麟玉，以字行。李叔同之侄。南开中学首届毕业生。早年曾留法，回国后，先后在北京大学、中法大学等校任教。

时绥！

兄张△△/弟华△△[1]谨上

二十一年四月三十日

（南开大学档案馆藏）

致陈筱庄

（1932年5月3日）

本市〈河北省〉教育厅

筱庄先生赐鉴：

敬启者：近来体育之重要，已为世界所公认。我国顾势急追，尤不肯稍遗余力。日前中等师范教育会议特经提出体育一案，其对此重视可想。惟提倡体育端赖人才。而我国体育人材求能理论、技术、道德三种兼备者，殊不多有。

兹查敝校体育主任章辑五君，任事以来成绩优卓。十余年，自大学以及男女两中学，得其诱掖。学生体育进步，人人属耳目焉！其为人，不仅对体育技术有深刻之认识；其道德高尚、理论精深，尤为人所共称，实我国体育界不可多得之兼全人才。章君曾从美国名体育家麦克洛研究有年，颇多心得，犹自以未尽海外新学识输入中国为憾。敝校为我国体育前途计，久思助其赴美更资深造，无如经费支绌，不克果行。因念贵厅对于补助学生出洋留学向有成例，谨将章君履历随函附上，敢祈援案列入章君之名。即令未有余额，亦请特别设法加入。将来待其学成归国，定于公家多所供献，不徒有裨敝校已也。幸先生为成就之，不胜感祷。祇颂

勋安！

张△△拜上

二十一年五月三日

附章君履历一纸

章辑五，字济武，天津人。毕业于直隶高等工业学校机器科，毕业后即在

① 即华午晴。

南开学校服务。历充天津学校体育联合会会长、中华童子军联合会名誉总干事。民国十二年赴东南大学随美国体育名家麦克乐研究体育。民国十三年仍返天津南开学校服务，充南开大学、中学、女中、小学四部体育课主任，并历充华北体育联合会书记、天津体育协进会会长、天津万国童子军指导员、天津市公共体育场委员，及青年会体育委办等职。

（南开大学档案馆藏）

致孙德厚

（1932 年 5 月 4 日）

吉林宁安县裕东大矿公司

德厚学弟如谈：

展读华函，惊悉尊府罹劫，不胜骇叹。所谓覆巢之下无完卵，亡国之惨可以见矣。承嘱代觅息所，自当效我棉薄。惟现值国情若斯，各方紧缩，本校尤在缩减中，急切恐不易为。来日遇有机缘，当有以奉驾也。此覆，即候

时益！

张△△启

二十一年五月四日

（南开大学档案馆藏）

致冯焕章

（1932 年 5 月 4 日）

山东泰安

焕章先生勋鉴：

正念旌节，适奉教言，展诵之余，深感关垂教育之至意。游君已经晤谈，学识兼擅，乐仁前途，实未可量，倘遇需之处，至当尽我所知，互为研益，以副雅嘱，而利教育。肃此奉覆，敬颂

韬祺！

张△△敬覆
二十一年五月四日
（南开大学档案馆藏）

致郑楷森

（1932年5月5日）

上海中国银行总管理处国外部

楷森学弟左右：

华翰及保证书均收悉。我弟得入中国银行，实属企陇而得蜀，至足庆幸。贵行经张公整饬，自当日臻上理，裨益国计民生，均非浅鲜。我弟追随张公奋勉向前。本其精粹之学，出为裕财之略，前途浩浩，正未可量，岂惟一身之荣，当亦母校之光也。勉旃！勉旃！此覆，顺候

时益！

张△△启
二十一年五月五日
（南开大学档案馆藏）

致邓仲芝

（1932年5月5日）

本市英租界四十一号路都伯里一号

仲芝先生惠鉴：

承嘱为焕公代聘国文教员一事，经向各方征求，实感才难之叹。即敝校方面亦感同样困难。据此情形，谅非一时所能觅得，容当随时随地代为物色，一遇相当人材，立以报闻。尚祈将目前情形转达为祷。此达，并候，敬颂

时祺！

张△△拜启
二十一年五月五日
（南开大学档案馆藏）

致王一民

（1932 年 5 月 5 日）

本市公安局

一民局长勋鉴：

敬启者：于四月三十日下午有敝校中学部学生张信达、胡思猷二人，闻因涉共党嫌疑，经钧局拘捕在案。查张、胡二生在校肄业，尚能安分读书，并无越轨行动。此次虽弗自检束，涉嫌被捕，不无可原之处。为此，敝校拟请钧局准予保释，以便将该生等分交其家长严加管束，并限即日离津，用昭警惕。所请是否可行，统祈鉴核，实为公便。专此，顺颂

勋祺！

南开大学校校长张△△谨启
二十一年五月五日
（南开大学档案馆藏）

致卞白眉

（1932 年 5 月 6 日）

本市中国银行

白眉先生惠鉴：

前承面允为华俊驰设法一事，未识机缘何如？念华为敝校会计主任午晴先生之公子，午晴居敝校最久，酬薄任重，劳毅可钦。

先生于敝校爱护极深，俊驰倘得啖饭处，午晴即减一担负，是不啻予敝校一惠助也。至苓之感荷，更不待言。夙忝爱末，不避叨叨，幸垂鉴之。此恳，

敬颂
时祺！

弟张△△谨启
二十一年五月六日
（南开大学档案馆藏）

致宁树棠

（1932 年 5 月 6 日）

北平东北大学驻平办事处

树棠学弟雅鉴：

示及名单均悉。所列尽一时名流，教授国学绰有余裕，惟冯公用意，以注重于苓之朋侪。兹弟所举均与苓无素，恐非冯公所洽，有所推托，容俟婉转图之，徐为筹商可也。特此奉覆。顺候
公□，诸维亮察。

张△△谨启
二十一年五月六日
（南开大学档案馆藏）

致傅伯元

（1932 年 5 月 7 日）

四川丰都后街美丰

伯元学弟左右：

接读大札，悉到处为母校扬誉，并奔走范孙楼事，具见热诚。本校因学生过多，教学两方均苦不便。现议定下学年除初一外，高、初各年级概不招收编级生。尊处学生最好另行设法，免致跋涉。《南开一览》另邮寄奉。此覆，即候
时绥！

张△△启
二十一年五月七日
（南开大学档案馆藏）

致北平校友分会

（1932 年 5 月 10 日）

北平校友分会诸位校友均鉴：

函悉。十五日集会决当抽暇参加，藉图晤聚，互倾衷愫。把晤在迩，诸俟面谈。此覆，即候

筹祺！

张伯苓覆启
廿一年五月十日
（南开大学档案馆藏）

致张再兴

（1932 年 5 月 11 日）

太原山西专科学校

再兴先生雅鉴：

接读大札，不胜景慕。在经济困难中，而能奋志向学，更能有所发明，以供献于社会。揆之国人，实鲜其俦。惟欲得一研究物理机械，兼可谋生之位置，计之，敝校殊难其事。一时无以报命。惟期将来遇有良机，庶或有以成所志耶。复此，顺颂

公祺！

张△△启
二十一年五月十一日
（南开大学档案馆藏）

致石孟平

（1932年5月11日）

安徽泗县青阳镇第一小学校

孟平学弟左右：

接读华函，备悉一是。我国古物频向外流，殊为可惜。故国府曾有明令，予以保存。前山东售书外商尽被扣留，载之报端，谅曾见之。贵处铜佛必系古物，最好妥为保存，另谋筹款之道。教育既兴，古物亦存，有益无损，方为妥善。弟意若何？幸详筹之。《同学录》另寄。此复，顺候

时祉！

张△△启

二十一年五月十一日

（南开大学档案馆藏）

致丁在君

（1932年5月11日）

在君吾兄台鉴：

顷奉大函及胡思猷之函，均已诵悉。兹附上覆胡君一函，即希转交是祷。专此，敬颂

台祺！

弟张伯苓

廿一年五月十一日

（南开大学档案馆藏）

致胡思猷

（1932年5月11日）

思猷贤弟鉴：

顷经丁在君先生转到足下来函一件，诵阅之下，情恳意挚，感我良深。足下毕业在即，功亏一篑，殊为可惜。惟以日前足下涉嫌被捕，经苓多方设法，公安局始许具函保释，但限令一经开释，须即刻离。此等办法，均形诸公牍存案备查。若一旦视同具文藐不履行，实亦官方之所不许。足下达人，对此定能谅解。所有碍难之处，统希亮察是荷。专此，顺颂

学祺！

张伯苓启

廿一年五月十一日

（南开大学档案馆藏）

呈复许武魁呈控强迫纳款由呈河北省政府主席王

（1932年5月11日）

呈为呈覆事。案奉钧府训令第一七四一号，内开："据天津县民许武魁呈为更改向章强迫纳款，恳请转饬将廿年五千余元用途开单宣布一案，饬查明核办具报"等因，奉此，遵饬小站校田经理处查明核办去后。

兹据函称，查此案去年春间挑挖惠元闸、四丈河时，该许武魁声称挑挖该河该公款不足，仍由佃户按亩均摊，请查核办理等情，当按向例准其照办，及至河工报竣，需款发给工费，该许武魁忽而反覆，延至去秋。据承办该河佃户代表张华荣、张作云、李连第等十数人一再连名报称，许武魁反覆前案，延不至付贴河费，致代表等筹垫挑挖该河借款至今无法偿还等情，当以该案系佃户贴款挖河纠葛，本处不便干预，经据情函达天津市公安局乡区第八所核办，至以后如何办理，本处无从悬揣。

又，许武魁原呈内称：十九年经张振东等挑挖该河有侵吞官款情事等语。查系前营田整理局经管之事，究竟内情如何？事隔数年，无从查悉。本处亦不便过问。

再，查小站校田界内共有五道耳河，每年浚疏向由利害较深之各该河佃户代表承办，至佃户所贴挖河费多寡，亦由各该河代表查勘各河情形，商同各佃户自行筹办，数十年来已成定例。本处接管以来，仍照向章由春租项下筹发五道耳河公款共六千元左右，至佃户所贴河费多寡，听其自便，向不过问。该许武魁亦未将款交付本处。究竟该四丈河去年挑挖需款若干，除本处所发公款外，各佃户每亩应贴若干，系该河佃户与其代表自行核算办理。本处除将应发该河公款照章如数发给外，因该河淤塞过甚，又请准钧校[府]为之增加二百余元，使其认真挑挖。对于该河佃户所贴费用并未经手办理，无从开单宣布。该许武魁不谙事实、不明情理，反呈请转饬本处将二十年五千余元用途开单宣布，并谓本处合谋藉端暴敛。似此信口雌黄、无端诬蔑，实属不合。奉饬查报，理合将经过情形报请查核办理等情，查所称各节确系实情，理合呈请钧府查核办理，实为公便。谨呈

河北省政府主席王。

南大校长张〇〇

廿一年五月十一日

（南开大学档案馆藏）

致李典臣

（1932 年 5 月 12 日）

交严伯符先生转交

典臣先生台鉴：

久违雅教，至深仰念。承介绍贵戚恽君宝润，无任欣幸。惟不知恽君前在中央大学时专习何科何系，何年毕业，以及毕业后服务何校，担任何科？如蒙详细示知，至为感荷。敝校以经济困难，对于同人之报酬较薄，且暑假后为谋教法之改进，拟将班次、人数缩减，有无适当钟点，现在未能确定。但如有机会，定当尽先藉重恽君也。谨此奉覆，敬希鉴察是荷。顺颂

时祺！

张△△拜启
二十一年五月十二日
（南开大学档案馆藏）

致徐叔谟

（1932年5月18日）

南京外交部

叔谟先生大鉴：

久未晤教，比维政履绥和，如祝为慰。兹有恳者：学生汪平仲在部服务为时已久，据闻照章应派赴国外使领馆工作。该生希望甚殷。恳请先生（在部对于调动员属，目下握有全权敢请）设法相宜外放，一遂该生之志愿，使前在学校受先生教诲者，今又受先生之栽培，其感德又宁有既耶？专此代恳，无任企盼祝祷之至。祇颂

勋安！

张△△日拜启
二十一年五月十八
（南开大学档案馆藏）

致凌济东

（1932年5月19日）

古巴领使馆

济东贤弟大鉴：

两接来函，均已读悉。承示近况拮据情形，不胜代为扼腕。中国目下患贫已达极点，自政府以及各机关，均窘苦万状，不知何法可以救济。我校自去岁经过变乱后，经济益感困难。日来为维持现状计，在在力求缩减，真令人难以

为情。

令亲司徒月兰先生处前曾致函，请其回校教授。当接来电，嘱将旅费汇往。但我校正苦经费不足，无法筹措，不得已，电复难遵办，并请其来否赐一回函，以慰〈悬〉企。惟迄今尚未接有消息耳。顺颂

时祺！

张△△拜启

二十一年五月十九日

（南开大学档案馆藏）

致凌司徒如坤

（1932年5月19日）

美国

如坤先生惠鉴：

接奉来函，敬已领悉。承示济东在古巴拮据情形，不胜代为扼腕。先生与公子等日来想均甚安适，如祝为慰。我校自去岁经过变乱后，经济益感困难，为维持现状计，校中事事只得力求缩减，真令人难以为情。令妹月兰先生处前曾致函请其回校教授。当接电覆，嘱将旅费汇往。但我校正苦经费不足，无法筹措，不得已，电复难遵办，并请其来否，赐一回函，以慰悬企。惟迄今尚未接有消息耳。顺颂

时祺！

张△△拜启

二十一年五月十九日

（南开大学档案馆藏）

致戴志骞[1]

（1932年5月20日）

志骞我哥大鉴：

日前台驾过津，光临敝小学部参观，藉得畅叙，快慰无似。所谈借重阮芝仪先生一节，想日来尊处甚忙，未审对此事曾否已经议及。现闻北平燕大下学期亦有聘约阮先生之说，尊处欲借重，如能即行商定，于日内见示一音，最所欣盼。缘阮先生对燕大刻正听候尊处之信，以定行止也。此颂

时祺！

张伯苓拜启

五月廿日

（南开大学档案馆藏）

致电戴志骞

（1932年5月21日）

上海中国银行戴志骞先生：阮先生事急待定，乞即电复。苓。

廿一年五月廿一日

（南开大学档案馆藏）

① 戴志骞，名超（1888—？），字志骞，江苏青浦人。早年留美。曾任上海圣约翰大学图书馆主任、清华大学图书馆馆长、中央大学图书馆馆长、中央大学副校长。

致凌济东

（1932年5月23日）

古巴

济东贤弟大鉴：

日前覆上一械，未审已经达览否。顷又接来札，附外部公文一件，业遵嘱交黄君肇年收讫矣。承示夏秋间回国，快晤有期。日来动履惟加意珍摄。顺颂时祺！不一。

张△△拜启

二十一年五月廿三日

（南开大学档案馆藏）

致钱承绪

（1932年5月26日）

上海北京路中华工业总联合会

承绪先生惠鉴：

奉到大函，并附《工业经济状况》（甲编）十册，深钦渊博，刻已遵嘱分赠同人矣。专此奉覆，并申谢悃。敬颂

撰祺！不备。

张△△拜启

二十一年五月廿六日

（南开大学档案馆藏）

复刘菊淡

（1932年5月26日）

君坦女士大鉴：

接来函，因冗未即回答，歉歉！承示功课甚忙，日来学识上必更增进多多矣，至为颂慰。嘱假给美金一百五十元，已函纽约莫利孙先生处请为就近借拨，想此时已经接到矣。昨闻顾女士友如谈尊归国后愿多任教课，甚好。所虑我男女两部中未必能恰与合适，且学校正在紧缩时期，亦深愧无以副尊望。

现雷法章先生充任青岛教育局长，昨特烦伉先生与去函询问有机会否？据覆谓有女中校长一缺，每周尚须担任教授六小时，月薪一百八十元。就我国内目下情形而言，如此等机会一时极不易逢，愿就与否，务请斟酌速覆。雷先生处用人甚急，对君坦颇表欢迎，如有意，甚盼早日回国，以便作接任之计划也。

舍下自鄙人以次，均极安好。拙荆喘总未犯。锡禄结婚后赴厦门大学任职。锡羊就事哈尔滨，亦已成家，刻二人均已抱子矣。锡祚病已愈，气体完全恢复，在西山稍再休养，即当归校复课。锡祜近在中学，亦多进步。知注特以附闻，统惟爱照是幸。顺颂

学祉！

张△△拜泐

二十一年五月廿六日

（南开大学档案馆藏）

致晏阳初

（1932年5月27日）

定县中华平民教育促进会实验区

阳初先生惠鉴：

奉示祗悉。六月十八日集会，苓拟拨冗出席。惟适来校务纷繁，久离不便，

届期希能于早车去平，晚车返津，是所切愿。把握匪遥，诸俟面罄。此复，即颂

筹祺！

张△△拜启

二十一年五月廿七日

（南开大学档案馆藏）

张伯苓、吴鼎昌致各界

（1932年5月27日）

敬启者：上海各界发起废止内战大同盟，并定章程十条，纷载各报，谅经鉴及。似此遏源治本办法，吾津人士极当闻风兴起参加，发起并筹设分所，以利要图。肃念阁下救国情殷，用特函征同意，如荷赞同，敢请即复，或函或电，均所企待。

此致　　先生

吴鼎昌、张伯苓同启

函掷大公报馆、南开中学收转

电知五局0649（南开中学）、

三局0555（大公报馆）

附：吴鼎昌为废战运动名单等事致张伯苓（1932年6月10日）

伯苓先生阁下：

日昨厚扰畅游，谢谢！兹有两事奉陈。

一、津埠赞成废战运动，愿加入发起者除前日电报所列名人外，又有三人来函加入：一严智开君，二宋则久君，三刘守荣君，谨以奉闻。（想尊处或尚有未闻者。）请尊处嘱人汇开一单保存（连前电中人及后来加入者），以备将来之用。（能见赐一纸更好，因上海将开发起人会也。）

二、特种奖学金事。王一堂（揖唐）君曾捐一名，兹交弟手洋1400元，兹将附上（支票一纸）。请交所司开一收条（王君抬头）交下，以便转交，清此手续。匆此。即颂

大安！

附上支票一纸。

弟吴鼎昌启

（严智开，字季聪，美术馆馆长，中山公园内；宋则久，售品所经理，北马路；刘守荣，字俊卿，益世报馆总理。）

致陈彬龢

（1932年5月28日）

上海虹口塘山路澄衷中学校

彬龢先生大鉴：

久未握叙，奉手书，甚以为慰。承示赵叔雍君有意捐助大学特种奖金一名，所需费用欲一次汇下。似此加[嘉]惠后学，真令人莫名钦感，希代谢谢！附上章程一本，转致为荷。《〈申报〉评论选》尚未到，想邮潮既已平息，不日当寄来也。澄衷校务自接办后一切谅皆顺利，日来经努力促进，较前必益见完美。为祝无量。覆颂

时祺！

张△△启

二十一年五月廿八日

附章程一纸。

（南开大学档案馆藏）

致朱少屏

（1932年5月30日）

上海英租界卡德路九十五号寰球中国学生会

少屏先生大鉴：

两奉来函，均敬领悉。承介柳君无忌于中外文学均极优美，如此师资，敝

校非常欢迎。不过，敝校原有英文教员司徒月兰回往美国从事研究，现已去函，请其于下学年返校。惟其准能归来与否，尚在未定，三四星期后当有确音。如伊果能回归，自无他说，否则，敝校即当借重柳君，届时再为函达可也。覆颂
台安！

张△△拜启
二十一年五月卅日
（南开大学档案馆藏）

致戴志骞

（1932 年 5 月 31 日）

上海中国银行总管理处

志骞先生大鉴：

接奉廿四日来函，谨已读悉。尊处拟聘阮先生充任校长一节，业遵向阮先生谈商，邀其同意。惟据阮先生答称，伊在南开系任指导师名义，今易地而为校长，非其所愿，且以上海语音与北方不同，伊未曾习过，不能学说，将来即任指导，亦恐多有未便，务请善为我辞云云。似此情形，伊不敢就尊聘，实属有所畏难而非得已。谨特据覆上闻，希惟鉴谅是幸。顺颂
台安！

张△△拜启
二十一年五月卅一日
（南开大学档案馆藏）

致傅立鱼

（1932 年 6 月 1 日）

本市

立鱼先生大鉴：

日前观运动，藉得握谈，甚快。顷奉手书，承介黄君秀铭，极愿遵以位置。不过，本年暑假后敝校因经费拮据，事事拟紧缩，并在职人员且将从事裁减，苦无席面可为黄君安插，殊深抱歉。尚望台端多多原谅是幸。祗颂
台安！

张△△启
二十一年六月一日
（南开大学档案馆藏）

致刘馨庭

（1932 年 6 月 2 日）

本市汇文中学校

馨庭先生大鉴：

接来函，承示六月十九日在南关会堂预开本年毕业学生毕业训词，嘱苓往为演讲，极愿遵照。不过，北平晏阳初先生所办之平民教育促进会定于六月十八日在平开董事会，苓须赴会，十九日或尚不克回津，恐致有误。谨据情布覆以闻，敬请多多原谅，届期另约他人莅会演讲可也。祗颂
台绥！

弟张△△拜启
二十一年六月二日
（南开大学档案馆藏）

致陈乐桥[①]

（1932 年 6 月 3 日）

平西清华大学二院七十四号

① 陈乐桥（1909—？），福建闽侯人。1931 年南开中学毕业。

乐桥贤弟大鉴：

接来函，得悉在清华将无力继续攻读，不胜代为扼腕。暑假后欲来南开工作，如有机会，自无不乐安插。所惜我校年来经费拮据，正在紧缩，职教员席面有减无增，欲位置力苦未能，良深抱歉。临风而呼负负，尚祈格外谅之。覆颂

文祉！

张△△启

二十一年六月三日

（南开大学档案馆藏）

致高俊乾

（1932年6月4日）

吉林毓文中学校

俊乾贤弟大鉴：

来函读悉。吾弟自民国九年至吉林毓文服务，偻指已十载有余，知于教育上已饱有经验。今为势所迫，欲来我校有所襄助，非常欢迎。不过，我校目下因经费拮据，正在力求紧缩，职教员席面有减无增，机会实不易得。虽关爱而无法位置，亦惟有临风徒呼负负已耳。我弟高明，尚祈格外谅之。覆颂

时祉！

张△△启

二十一年六月四日

（南开大学档案馆藏）

致严曾符

（1932 年 6 月 7 日）

本市文昌宫西

曾符贤世台大鉴：

顷由令弟伯符[①]持来李典臣先生函一件，并附恽君履历，均经奉悉。恽君之事理应即行设法位置。不过，我校本年暑假后计划停招插班生，减去三百人，班次亦自然缩少。原有之职教员尚须裁退若干，殊无法为恽君安插一席。兹将履历暂存，容俟几时得有机缘，再为函达。即请转代致意为荷。顺询

时佳！

张△△启

二十一年六月七日

（南开大学档案馆藏）

致郝叔贤

（1932 年 6 月 7 日）

本市北宁铁路局会计课

叔贤先生大鉴：

接奉手教，承询敝大学基金有无保管办法。查敝大学自接收前李督军捐款作为基金，即归由校董会保管，并未另备章程。谨据情裁覆以闻，即希察照为荷。祇颂

台安！

张△△拜启

---

① 严伯符，名仁绪（1903—1974），字伯符，严修长孙。1923 年南开中学毕业。后曾任南开学校建筑课、庶务课课员。

二十一年六月七日
（南开大学档案馆藏）

致吴达诠

（1932年6月11日）

达诠先生赐鉴：

接奉手示，藉悉一切。日前驾临欢聚，招待多有未周，辱承言谢，益令增惭无似。严智开、宋则久、刘守荣三君加入废战运动发起，已遵嘱续列单内，兹抄上总单一纸，请查照。王一堂先生所捐特奖学金一千四百元支票已收到，交所司入账。谨将谢函及收条缮就，随函呈上，希费神转致为荷。祗颂
大安！

张△△拜启
二十一年六月十一日

附总单一纸，谢函一件（在大学留底）。

（南开大学档案馆藏）

致王儒堂

（1932年6月14日）

北平中国学院

儒堂我哥大鉴：

日昨台从过津，藉得畅叙，甚以为快。惟饯别我哥后，弟回家未久，忽接沈君嗣良拍来电报，有一事相商。兹将电文抄呈查阅，应如何应复之处，即请我哥酌定，径达沈君，弟无不赞同也。顺颂
时祉！

弟张△△拜上
二十一年六月十四日

附抄复文一纸。

（南开大学档案馆藏）

致林济青[1]

（1932年6月16日）

济南齐鲁大学

济青先生大鉴：

接奉来函，承询阮芝仪先生将脱离敝校原因。查阮先生在敝校相处极为融洽。今将去职，委因敝校经费支绌关系，不得已而出此。阮先生现在敝校每月报酬中华银币三百七十元，来往美国川资尚不在内。谨此据以覆布，即希查照为荷。祇颂

台安！

张△△拜启

二十一年六月十六日

（南开大学档案馆藏）

致张月波

（1932年6月16日）

本市英租界四十四号康宁里九号

月波先生大鉴：

敬启者：敝校年来为矫学生不知用功之弊，特取严格办法。凡考不及格者，即令退学。兹接来函，嘱对令郎桐孙维耀、令侄孙树藩、令外孙王清福等严为管教，恰与敝校宗旨相同，自应遵照。不过查四人平素功课均甚平平，现值大

---

① 林济青（1885—？），又名林志衣，山东莱阳人。20世纪30年代曾任山东省政府委员、齐鲁大学校长、山东大学校长。

考期近，除由校特加策励外，尚望先生在外切实为之训喻，俾各努力，是为至盼。覆颂
台绥！

张△△拜启
二十一年六月十六日
（南开大学档案馆藏）

致许桂英[1]女士

（1932年6月17日）

安徽安庆安徽大学

桂英女士大鉴：

接来函，对安大腐败情形详述无遗，读之可为一叹。所谈上海现有之机会，苓极愿代为一谋。但地处辽远，须多费周折，终恐不易收效。郑西谷在上海人地通熟，最好就近烦其一与为力，或可望有成也。覆询
时佳！

张△△启
二十一年六月十七日
（南开大学档案馆藏）

致河北省基督徒学生团体联合会

（1932年6月17日）

北平米市大街青年会学生部

敬覆者：接来函，并分期主讲名单及讲题等，均经奉悉。苓拟于七月四日搭早车北上，晚间可到山演讲，五日早因有事，即须下山，对于该上午之演讲，

① 许桂英，字若云，1924年南开大学毕业。

势难如约，希原谅。讲题原属二，兹拟合为一，即作为《中国民族之弱点及改造》。统惟查照是幸。此致

河北省基督徒学生团体联合会。

张△△启

二十一年六月十七日

（南开大学档案馆藏）

致河北省基督徒学生团体联合会

（1932 年 6 月 20 日）

北平米市大街青年会学生部

敬启者：本月十七日覆上一函，曾奉告以七月四日早车北上，晚到山演讲，想蒙鉴及。现因七月四日有敝校同人结婚，约苓证婚，对于赴平一节不克成行。兹不得已改于七月五日早车北上，晚到山演讲。恳请尊处费神将原订之会序略为更动，是所至盼。此致

河北省基督徒学生团体联合会。

张△△拜启

二十一年六月十七日

（南开大学档案馆藏）

致沈嗣良

（1932 年 6 月 20 日）

上海圣约翰书院

嗣良先生大鉴：

日前接来电后，随即函儒堂先生商议。顷接复函，谓伊处亦已奉到尊电。伊对派员出席世运会事早曾与本会董事会讨论过，已公同决定暂停派员出席，似不必因伪国有所举动而忽变更原议。况为期已迫，对于筹费亦非三五日所能

办到，云云。苓对此亦深以为然。谨复布闻，希惟亮察是幸。祇颂
时安！

张△△拜启
二十一年六月廿日
（南开大学档案馆藏）

致朱少屏

（1932年6月20日）

上海

少屏先生大鉴：

接来函，谨悉。敝校下学期决议聘约柳先生无忌，祈代定。一切借重情形及聘书等均交由敝同人杨君石先转致。辱承先生关爱敝校，介绍良师，感激之至。谢谢！祇颂
台安！

张△△拜启
二十一年六月二十日
（南开大学档案馆藏）

致朱经农、杨今甫

（1932年6月21日）

分致济南齐鲁大学、青岛青岛大学

○○[①]先生惠鉴：

敬启者：现有敝大学肄业女生韩仁，吉林人，由海外留学归来，得有爱丁堡大学硕士及日内瓦大学博士学位，在欧洲六七年，对于教育伦理、心理等学

① 原文如此。

均极有心得，以充国内各大学教授，定能胜任愉快。贵校规模宏大，谅不无相当机会。如蒙延聘，甚所愿也。专肃介绍，不胜企盼。附上履历一份，仰祈查照是幸。祗颂

大安！

附履历一份。

张△△拜启

二十一年六月廿一日

（南开大学档案馆藏）

致河北省基督徒学生团体联合会

（1932年6月23日）

敬启者：日前对赴约到山演讲事，先订七月四日，嗣以四日有事，改订五日晚间，并附陈明将二题合作一题，由快邮奉达。委因四日有所牵绊，实在不能动身。兹接十九日来函，嘱仍于五日晨在山演讲，则时间定赶不及，惟有恳贵会准将苓之演讲钟点七月四日者取消，并归列在五日晚间。苓迩来为筹虑校务，不暇预备演说材料，腹内空灵，无甚发挥之可能。此次改订五日晚间赴约，亦恐不足以餍诸君子之听闻，又因变易时间，有劳重排会序，报愧万分。尚望多多原谅是幸。此致

河北省基督徒学生团体联合会。

张△△启

二十一年六月廿三日

（南开大学档案馆藏）

致支道三[1]

（1932年6月23日）

本市英租界敦桥路福顺里

道三贤弟大鉴：

接来函，承示对于抵抗飞机拟创制一种气体。此等构思，纯为破坏强敌杀人之利器，真足令人佩服。容与化学系诸教授相商，俾各努力，以期有所成就也。覆颂

时祉！

张△△拜启

二十一年六月二十三日

（南开大学档案馆藏）

致韩博仁[2]女士

（1932年6月24日）

北平西四姚家胡同三号

博仁女士大鉴：

前接来函后，随即向齐鲁、青岛两大学各致一槭，分代介绍，冀得遇相当机缘。惟现在阅报，知青岛目下微有风潮，恐日内尚难望有覆音，容几时得到消息，再为函达。顷已接齐鲁朱经农校长答复，谓该学院教席均经订妥，现无延聘新人才之可能。兹将原函附上，希查阅。顺颂

时祉！

① 支道三，名恒贵（1903—？），字道三，江苏镇江人。1923年南开中学毕业。曾在黑龙江省建设厅任职，著有《日本侵略满蒙史》一书。

② 韩博仁，名仁，字博仁，吉林人。1922年考入南开大学。

附函一件。

张△△拜启
二十一年六月二十四日
（南开大学档案馆藏）

致罗光道[①]

（1932年6月28日）

本埠法界四号路弘德商科职业学校
光道先生大鉴：

接手示，嘱代介绍英文教员一人。兹遵照，特介敝校商学院毕业优等生张女士英元前往。惟该生所学系商科，能于英文外再令担任一些关于商学功课尤妙。此布，尚希查酌见覆。即颂
时安！

张△△拜启
二十一年六月二十八日
（南开大学档案馆藏）

致唐有壬[②]

（1932年6月30日）

南京丁家桥中央政治会议秘书处
有壬先生大鉴：

接奉手示，并汪院长函，均敬悉。汪院长为国事将不惜询于刍荛，但如苓

① 罗光道（1894—1946），原名罗鉴龙，广东四会人。1926年，在津创办弘德高等商业学校。九一八事变后，组织“弘德同志会”，开展抗日救国活动。

② 唐有壬（1894—1935），原名林，湖南浏阳人。时任外交部常务次长、交通部次长。

知识谫陋，自问深愧无可供献。惟既承宠召，兼念匹夫有责之义，则趋命亦胡可或怠。目下正在筹备敝校暑假中应办各务，及下期开学等事宜，约七月十日方能告蒇，十一、十二日由津启程赴京，合预布覆，希查鉴。汪院长处祈代致意。附函一件，并请转达为荷。祗颂
台安！

附函一件。

张△△拜启
二十一年六月三十日
（南开大学档案馆藏）

致汪精卫

（1932年6月30日）

附致唐有壬函内

精卫院长钧鉴：

顷由唐君有壬转来谕函一件，敬已领悉。我公为国事将不惜询于刍荛，真令人倾佩无似。不过，草茅一介如伯苓，自问无甚知识，殊乏供献可以仰赞高深。惟既辱承宠召，并顾念匹夫有责之义，则趋命亦胡可或怠。目下敝校学生毕业式方过，正在筹备暑假中应行各务，及下期开学等事宜，约至七月十日方能告蒇，十一、十二日启程南下。谒教不远，谨预覆闻，仰祈查鉴是幸。祗颂
伟安！

张△△谨上
二十一年六月三十日
（南开大学档案馆藏）

致李实忱[①]

（1932 年 7 月 1 日）

本市河东义租界五马路

实忱先生大鉴：

明日尊处茶会，苓极愿如嘱前往与会。不过敝校现在考试既毕，正忙审查学生成绩，非苓在场不可，明日午后恐尚不能分身。特此布达，希查照。

再，前谈之敝校国文教授二人，敝校亦已查明，其不克胜任，将其职席撤销矣。附以奉闻，并颂

台祺，不备。

弟张△△拜启

二十一年七月一日

（南开大学档案馆藏）

致张子岷

（1932 年 7 月 1 日）

南京廖家巷一号

子岷先生大鉴：

顷奉手教，何胜驰念。先生努力国术数载，于兹壮志耿耿，莫不深佩弘毅也。救国十人团事，刻已筹备就绪，尤佩荩谋。承示呈文三份，均已盖章，附函寄上，即祈查照。惟第三版修正之缘起、简章草案及国术与国难各百册尚未收到。一俟邮递到校，即当分赠大、中、小各部图书馆及诸同道，藉资倡率，以期勿陨雅意，而裨社会人心。专此奉覆，顺颂

① 李廷玉（1869—1952），字实忱，天津人。1928 年被各界公推为天津绅商临时委员会委员长，维持市面治安。1932 年在天津创立国学研究社，自任社长，出版《国学月刊》。

道祺！

附还盖章呈文三件。

张△△拜覆

二十一年七月一日

（南开大学档案馆藏）

致徐善伯[①]

（1932年7月2日）

中原公司

善伯先生惠鉴：

顷读大示，敬悉一切。敝校近因经费支绌，所提彭君电灯机器不能购买，至以为歉。先生所赠书籍因敝校图书馆职员正在放假期中，须俟下学期一、二日始能开列正式收据寄奉，谨此先行志谢。

菊淡[②]女士曾由苓荐至青岛教育局，将任青岛女子中学校校长之职，本年暑假中即可回国。知关锦注，附此奉闻。专此，即颂

台安！

张伯苓谨上

廿一年七月二日

附还函二件。

（南开大学档案馆藏）

---

① 徐良（1892—1951），字善伯，广东山水人。初就学于广东高等学堂，又留学日本。1905年入美国华盛顿大学及哥伦比亚大学，1913年返国。20世纪30年代来天津，任中原公司董事和中原银行经理。

② 刘菊淡，早年湖郡女校肄业。1924年南开大学英文系毕业，曾任南开大学女生宿舍管理员。

致刘瑞恒

（1932 年 7 月 10 日）

南京卫生署

月如署长先生大鉴：

敬启者：敝校每年需用各种疫苗、抗毒素等甚多，拟向北平中央防疫处购买，恳请贵署转知该处备案。俟后敝校如购买该项物品时，均请按半价收费。事关学校卫生，想先生当必赞助也。顺颂

台绥！

张△△拜启

二十一年七月十日

（南开大学档案馆藏）

致王一民

（1932 年 7 月 10 日）

本市公安局

一民局长先生大鉴：

接奉来函并哀启，惊悉太翁遽赋仙游，不胜为痛悼者久之。在先生纯孝性成，自必异常哀毁。但礼无过情，古有明训，尚希少节皋鱼之痛，是为至盼。附上像赞一纸，明知于太翁美德善，未能稍阐万一，不过略志景慕云尔。覆候素履，不备。

附像赞一纸。

张△△拜启

二十一年七月十日

（南开大学档案馆藏）

致傅若愚

（1932年7月10日）

上海博物院路廿号中华基督教青年会干事联合会

若愚先生大鉴：

来函读悉。八月十八日演讲之事，极愿如嘱前往。不过教育部招集体育会议亦在八月中旬，苓须赴南京出席，届时恐不克分身到会，希原谅是幸。此复，祗颂

道安！

张△△拜启

二十一年七月十日

（南开大学档案馆藏）

致林健民

（1932年7月11日）

本市河北黄纬路诚安里十五号苏宅

健民贤弟大鉴：

来函读悉。农林意见书甚好。嘱代介绍高局长，苓与其不甚相熟，似有未便。惟北宁花园主理者为徐秘书长，与苓有一面之识。弟如愿以建议书与其一阅，苓当为介绍也。是否，望示知为盼。覆颂

时祉！

建议书暂存。

张△△拜启

二十一年七月十一日

（南开大学档案馆藏）

致天津市政府

（1932年7月11日）

本市市政府：

敬覆者：接奉钧府第四六二号公函，谨已领悉。关于改组疏浚金钟河委员会事，承宠以委员一席，光荣无似，理应敬即承认。不过苓自维谫陋，办教育已愧滥竽，而对其他政务均极茫然，毫无一赞末议之可能。兼之校事繁忙，委实欲再分身不得。所有碍难如命之处，谨据情奉覆以闻，仰祈查鉴，并多多予以原谅是幸。此上

天津市政府。

张△△谨启

二十一年七月十一日

（南开大学档案馆藏）

致吴鼎昌

（1932年7月14日）

北戴河海滨公益会对过

达诠先生惠鉴：

顷接签名废战同盟之宋朝义君等数人来函，相询八月六日之沪上代表大会所有推举代表人之手续应如何办理。用特照抄原函，奉请察阅，并望指示一切，以便转致，是为至盼。专此，敬颂

暑祺！

张△△拜启

二十一年七月十四日

附照抄宋朝义来函。

（南开大学档案馆藏）

致宋朝义等

（1932 年 7 月 15 日）

本市河北三马路宇纬路商民救国会

朝义、芝安、仙舫、书贤、馥山诸位先生惠鉴：

奉示祗悉。废战会代表之推选办法现正与吴达诠先生筹议中，一俟规定妥备，即以报闻。先此奉覆，顺颂

台祺！

张△△拜启

二十一年七月十五日

（南开大学档案馆藏）

致宁恩承

（1932 年 7 月 15 日）

北平

树棠贤弟大鉴：

接手书，并张君函，均已读悉。张君系属有志之士，苓对此等人才素极钦佩，但能得有机会，自无不乐为挈引。不过我应用化学研究所现在已有研究员三位，教授二位，业经人满，实不克再为张君安插一席。所有碍难如命之处，用特据情覆陈，祈亮察，并希转代致意，俾多多见原是幸。顺颂

时绥！

张△△拜启

二十一年七月十五日

（南开大学档案馆藏）

致周作民

（1932 年 7 月 20 日）

北平金城银行

作民我哥大鉴：

敬启者：本年三月向曾肃上一械，为华生俊明介绍。嗣闻该生在平晤教，蒙允设法提挈，非常感激。现该生盼望綦切，虽在研究院仍未失枝栖，但所事非其本志，殊无进步之可能。我哥此时能于贵行中为位置一席，最所欣祷。否则，亦请相宜在贵行附业中一为安插。

华生系敝同人华午晴君之令郎，曾在我大学部商学院毕业，操行悃谨，作事诚朴耐劳，有乃父风。乃父午晴既为南开最得力人员，故弟极愿该生早得有相当之成就。幸我哥推屋乌之爱，即特予以栽培而提携之，不胜翘企叩恳之至。祗颂

时祺！

弟张△△谨上

二十一年七月二十日

（南开大学档案馆藏）

致李云亭

（1932 年 7 月 20 日）

北平师范大学

云亭先生大鉴：

顷阅报，得悉北平师大由先生出为担任校长，阖校均极表欢迎。德辉所被，纷扰一清，为之忭贺无量。

兹敬有恳者：前敝校肄业女生韩仁[①]，吉林人，曾在北师学校及上海体育女师学校毕业，并曾任北京女师大及南开大学女生部体育主任等职，嗣又赴欧留学，得英国爱丁保大学文学硕士学位，并瑞士日内瓦大学哲学博士学位。该女士学识优美，教授亦有经验，已于本年春间回国，甚愿在教育界服务，借以实验所学。顷闻贵校附属女中主任一席尚在需人，该女士足以胜任。用特函介前往承充，幸祈关照，即予赐以延接为盼。祗颂

道安！

张△△拜启

二十一年七月二十日

附履历一纸。

（南开大学档案馆藏）

致高任旃

（1932 年 7 月 30 日）

北平铁路管理局

任旃局长先生大鉴：

许久未接光仪，弥殷驰慕，辰维勋望日隆为颂。兹敬启者：敝校前蒙开滦矿局捐助煤斤非止一次，均承贵局帮忙派车代运，至今感谢莫忘。惟敝校每岁用煤甚多，本年尚需红煤五百吨，因采买不甚得法，闻贵局每年冬季为贵员司购买红煤，拟烦贵局就便代为一办。或由自购，溢额之数，转售应用，均无不可。购妥后，并祈代运到津。路费拟恳慨允照正太、平汉两路减价运费算给。至需用贵路车皮，并分神代运之外。作为贵局之乐善不倦之捐助。专肃商恳，敬候俯议如请施行，不胜企盼。祗叩

台安！

张△△拜启

二十一年七月卅日

（南开大学档案馆藏）

① 即韩博仁。

致宋朝义等

（1932 年 7 月）

先生惠鉴：

奉函祇悉。废战会之推举代表办法现正与吴达诠先生筹议中，一俟规定妥备，定以报闻。先此奉复，敬颂

时祺！

张〇〇拜复

致吴鼎昌

（1932 年 7 月）

达诠先生惠鉴：

顷据已签名废战同盟[①]之宋朝义君等来函，相询 8 月 6 日之上海代表大会其推选代表办法应如何办理。兹特抄附原函奉阅，敬请指示一切，以便转复。专此，敬颂

暑祺！

张〇〇拜启

---

① 废止内战大同盟（简称废战同盟）：1932 年 5 月由上海、天津等地的一些工商界上层人士在上海发起组织的民族资产阶级的救国团体。1932 年 5 月 25 日，上海全国商会联合会、沪市商会、银行公会联合通电发起废止内战大同盟，8 月 27 日在上海召开了废止内战大同盟全国代表大会，宣布废止内战大同盟正式成立。大会通过了《废止内战大同盟章程》。在上海设立总事务所，在必要地点设分事务处。该会成立年限为 5 年。大会推选了常务委员和名誉委员。常务委员有吴鼎昌、林康侯、刘堪思等 57 人。名誉委员有马相伯、段祺瑞、熊希龄等 15 人。废战同盟总会成立后，天津、青岛等地也成立了若干分会。总会曾委派张伯苓出面为山东军阀韩复榘和刘珍年为争夺地盘而进行的火并调解。

附 1：宋朝义等致吴鼎昌、张伯苓等（1932 年 7 月 12 日）

鼎昌、伯苓两先生大鉴：

敬启者：义日前接上海废止内战大同盟会筹备会寄来一函，云在 8 月 6 日举行大同盟会代表大会，惟此项推进究应如何办法，当须指示一切。义等拟推选先生等外，尚欲加选别人，未知如何推举，敬请赐教，以便照办。无任感盼，即颂

台祺！

天津市民宋朝义、刘仙舫、
林芝安、马书贤、刘馥山鞠躬
废战大同盟会天津分所

附 2：宋则久致张伯苓（1932 年 7 月 13 日）

伯苓兄鉴：

前得发起废止内战运动通函，当即复函赞同。今因得见上海废止内战大同盟会筹备会通函及会章，觉此会无益，今愿退出，祈代除愚名。又因□复上海大同盟会筹备会有意见供献，今亦另纸抄录供献于贵发起人。特此奉达，顺颂

时绥！

宋则久谨启

对于废止内战运动的供献（1932 年 7 月 13 日）

窃查我国内战原因虽似复杂，而根本问题实由政治不良与先总理主义背道而驰之所致。现在政治是打着“天下为公”的旗号，而实在为私；喊着打倒贪污的口号，□而贪污尤甚。若此现象屡次有人揭破，无待列举，而当局亦皆默然承认，无可掩饰。不平则鸣，理之自然。鄙意倘当局能翻然改辙，真正的天下为公，真正的打倒贪污，真正的实行先总理主义，内战当不问自废。否则虽有此大同盟运动，亦难有效。鄙人以为与其组织废止内战大同盟运动，莫若组织改良政治大同盟运动之为愈□。组织改良政治大同盟运动则省组省同盟，县组县同盟，各自推进，各自监督本省本县之政治，得寸进寸，得尺进尺，能改良一分即有一分之效，能改良一县或一省即有一县或一省之效。县〈改〉良省，省则中央，即欲不良而不能，何战之有？如政治永如此恶劣，不能改良，纵无内战何益之有？莫若内战还有改良之期望也。

附 3：刘芳致张伯苓（1932 年 7 月 18 日）

伯苓校长仁兄惠鉴：

昨接电话，承示本星期三下午 4 时半召开废止内战同盟会，嘱届时出席。等由。弟刻因紧急事故，今日（18 日）晚车赴济，预计届时不能返津，敢请我兄代表赞同会议中一切决议案。专此奉达，顺颂

暑安！

弟刘芳谨启

（天津私立汇文中学校）

附 4：张仲元致张伯苓（1932 年 8 月 30 日）

伯苓仁兄先生惠鉴：

顷承尊处转到废止内战大同盟会艳电，借悉大会开幕谬举仲元担任常委，事关公益，讵容固辞。但迩以国难当头，敝会事务异常繁重，常委诸君除因公外出及抱病者外，现仅王晓岩兄及弟二人常川到会，处理一切，倘弟再行他去，会务将有停顿之虞，更以大新公司王经理出洋未归，号务尤须弟不时照管。基此种种，关于 9 月 6 日同盟会之常务会议实难抽身出席。兹幸吾兄同被推举，届期当可赴沪，用敢不揣冒昧，专函奉恳，拟请分神，就便替弟代表，与议一切。兹特随函附上恳托书一件，尚祈俯允勿却为感，诸承偏劳，容当面谢。专此奉恳，敬请台安，并盼赐复。不尽。

附恳托书一件。

弟张仲元谨启

（天津市商会）

致吴鼎昌

（1932 年 7 月）

达诠先生惠鉴：

此间参加废战发起人于 20 日下午 4 时半集会，决议四项办法如下：

一、联合铁路职工，拒绝内战之军事运输。

二、广纳军人会员，不作内战工具。

三、监视并援助财界，勿供内战债款。

四、作相当之宣传（外患当头，若宣传过当，恐贻忽外对内之讥）。

以上四端，鄙意以为稍具实际效力，如叨同意，尚请提出沪上大会，以资公决。至8月27日之沪会代表，亦经推定，个人方面为先生及雍剑秋先生，团体方面为市商会一人，银行公会一人，由各该团体另会推举，刻尚未定。即祷计时赴沪，勿误会期可也。所有此间会议情形，统此奉达，敬希鉴察，并颂

暑祺！

张○○拜启

致废止内战大同盟会筹备会

（1932年7月）

敬启者：此间于7月20日开会讨论废战办法及推举代表事宜，除议案另由代表等带呈外，所有出席8月27日代表大会之代表业经推定吴达诠、雍剑秋两先生不日启程来沪，即请照填代表证为祷。此外市商会及银行公会各推代表一人，闻亦拟由吴、雍两代表兼任，是否确定容再奉报。此致

废止内战大同盟会筹备会。

张○○启

附1：天津市废战发起人会议记录

废止内战大同盟津市发起人第一次会议

一、时间：（1932年）7月20日下午□时30分

二、地点：南开中学礼堂

三、主席：张伯苓

四、纪录：苏□伯

五、出席人：娄鲁青、鲁嗣香、康牖民、刘秉纯、刘曜菴、陈裕祺（许汉卿代）、茅以升、雍涛、杜克臣、黎绍芬、姚萝元、刘仙舫、吴秋尘、陈锡三、卞白眉、林芝安、宋朝义、姚书诚、周少勋、李蕃侯、卞俶成、严台孙、王文典、王贵山、李彩轩（王福顺代）、马书贤、阎子亨、王镂水、张周新

六、旁听席：俞志厚（新天津）、杨剑□（益世）、马惠卿（午报）、于锦章（新大华通讯社）

会议

主席：今日开会要有二事。一、欲废内战，研应如何始能发生实际效力。二、八月中沪上代表大会趁此推举代表。

卞白眉：废战重在预防，勿待既发而后止之。

李藩侯：要点二项。一、用政治力解纠纷，勿用武力。二、财界勿消公债，根本？其我资。

宋朝义：一、全国民联合起来。二、路工不为开车。三、兵士不为钱。

雍剑秋：重宣传。

鲁嗣香：不使军人主政，不许军人居繁华区，应居偏僻。

雍剑秋：一、监督财政使当局无私利可图，即不打仗抢地盘。二、实行三民主义，运用民检。三、人人使有饭吃。

鲁嗣香：监督财政应由自治做起，否则无权力依三民主义，吾辈须力争自治。

主席：现是训政时期，恐不易办。

卞白眉 ：雍、鲁两先生所说甚好，但若当局者不给此项权力，反用武力来打，岂不又是内战？

刘秉纯：捐税十分之七用来养兵，但兵不是保国卫民，反专作内战工具，现在废战运动是吾民觉悟表现，会中宜成仲裁机关，遇内战时劝告双方止战，如不能，吾会当实行吾民权。

茅以升：将政军界全纳入为会员，如遇两会员斗争，大家便可根据会章制止之。

主席：吴达诠先生曾请段芝泉先生欲将全体军人、工人完全纳入，似此用意。

宋朝义：一、勿说过便罢。二、广纳各界。三、强迫自治。

刘馥山：全国尽愿废战，在此发起时期宜广事宣传，粘贴标语。

王文典：大家意思宜归纳为数项，以便提出沪会。

娄鲁青：使国无贫人便无人去当兵。

张周新：拟有意见□，大概为募集巨款兴办实业。

主席：总汇众议，纳为四项，提付表决，全体通过。张周新意见径行缮提沪上代表大会。

（一）联合铁路职工，拒绝内战运输。

（二）广纳军人为会员，不作内战工具。

（三）援助并监视财界，不供内战债款。

（四）作相当之宣传。

主席：八月中沪上代表大会津方代表如何推举?

结果：本会议推举二人，吴达诠、雍剑秋。

市商会一人另举。

银业公会一人另举。

散会：六时半。

附 2：废止内战大同盟会津市发起人启事（分登各报）（1932 年）

兹订于 7 月 20 日（星期三）下午 4 时 30 分，假南开中学礼堂开会，讨论废战实效办法及推举代表出席沪上 8 月 6 日之代表大会，凡已参加发起人士，务希亲自出席，其属团体者推举代表出席。

附 3：分致市商会、银行公会、钱业公会（1932 年）

敬启者：为废战会事。拟于 7 月 20 日（星期三）下午 4 时半，在南开中学礼堂召开津市发起人会议，讨论选派代表赴上海大会事宜，除登报外，特此奉闻，至希推举代表出席为祷。

此致

附 4：废止内战大同盟会津市发起人公提议案（1932 年 7 月）

津市废战发起人于 7 月 20 日集会时讨论废战实效办法，当经表决四项，今谨提请代表大会公决。

一、联合铁路职工拒绝内战运输。

近年战事大半沿铁路线发动，原因不外希图运输之便利，若职工不为利用，自可与以极大阻力，但非全体怠工不可。往昔因特种原因，亦有司机不为开车之事，结果不能阻止其进行，故必须全体团结一致，怠工始克有济。

二、广纳军人为会员，不作内战工具。

军旅提倡绝对服从，无研究是非之余地，故不难驱群众之命，满一人之欲。今若高标废止内战之义，俾不供内战之士兵，无不服从之罪，而有识大义之名；俾野心不戢之长官，畏部属之离，怵舆论之诛，如是欲有所戒，凶无由逞，庶

几有豸。

三、援助并监视财界，不供内战债款。

内战之款或属抵押借贷，或为派销债券，要皆以银钱业为取款渊薮，若银钱业不供债款，自是遏源之道。但或屈于暴力，或诱于重利，难期该业之独立抗拒，故本会须援助并监视之。

四、作相当之宣传。

国人厌乱，渴望和平，一倡废战，当望风景从，造成一代风尚，何惧军阀专横。第际此外患日亟，正须国人御侮，若界限不清，混淆外内，或措词不当，忽外忌内，轻贻口实，重滋祸患，故宜慎度行之。

附 5：罗光道致废止内战大同盟会天津筹备会（1932 年 7 月 19 日）

敬启者：鄙人因事赴平，不克出席，特请王文典先生为全权代表，除分函外，相应函达，即希查照为荷。此致

废止内战同盟会天津筹备会。

罗光道启

附 6：王一凡致废止内战大同盟会天津筹备会（1932 年 7 月 20 日）

敬启者：一凡今日有要事羁身，不能出席，敬托吴秋尘先生代表一切，所有决议一凡无不诚实履行。如推代表南下，鄙意以吴达诠、张伯苓、卞白眉、王文典诸先生为最适宜。并此布达，即颂诸先生

暑安！

王一凡敬启

（天津民国日报社）

分致胡政之、罗隆基

（1932 年 7 月）

政之、隆基先生惠鉴：

顷接到沪上废战筹备会公布一件，兹特抄附奉阅，并恳刊布三日为荷。此渎。敬颂

著祺！

附抄公告一纸。

张〇〇拜启

附 1：废止内战大同盟会筹备会致张伯苓（1932 年 7 月 4 日）

伯苓先生大鉴：

接吴达诠先生函示，知津地废止内战运动得台端主持其事，既佩热忱，并庆得人，前途进展当可预卜。现此间加入团体已近两百，踊跃热烈状况甚可乐观，刻经第三次筹备员会议议决，登报征求废止内战方案，期集爱国忧时者之心力，收集思广益之宏效。沪报广告已经登出，平津方面亦拟刊登三天。兹附呈原稿，恳请代发。有劳清神，不胜公感。专此奉达，顺颂

公祺！

附广告稿一份。

废止内战大同盟会筹备会启

附 2：废止内战大同盟会筹备会征求废止内战具体方案（1932 年 7 月）

安内对外，人同此心，而有效之实行，必先赖完善之方案。兹经第三次筹备会议决，自即日起至 7 月底止，征求废止内战具体方案，以供 8 月 6 日代表大会讨论之根据。切盼爱国忧时之士不吝指示，俾集伟见以竟大业。惠件即寄上海香港路 4 号 3 楼。

废止内战大同盟会筹备会启

附 3：废止内战大同盟会筹备会致张伯苓（1932 年 7 月）

伯苓先生惠鉴：

废止内战运动自四团体通电发起，拟组大同盟会，后各地闻风响应，均表同情。截至本月 13 日为止，计加入发起团体已有 185，以个人名义加入者 374。论职业则遍工商教育，论区域则粤南燕北，远及侨胞，均属异地同心。现代表大会已定 8 月 6 日下午 2 时假上海市商会举行，进行方针胥赖大会讨论，而救国大计之是否收效亦于是决，关系之巨非言可喻。念及事体重大，端赖群策群力，而各地代表必须准期来会，尤属先决问题。盖必如是方足以表示民众自动团结之力量也。兹经本月 13 日第 7 次筹备会议议决，公推台端与天津各团体接洽，务祈届时推派代表来沪与会，并希预示代表姓名及行期，以便准备注册。

夙仰热忱，当荷首肯，进行状况若何，尤盼随时告知，藉慰企念。专此布达，顺颂
公祺！

废止内战大同盟会筹备会谨启
王晓□　林康侯　钱新□
徐方顾　陈蔗青　秦□师

附 4：废止内战大同盟会筹备会致电张伯苓（1932 年 7 月 20 日）

南开大学张伯苓先生、达铨代表：大会因人多，期促改 8 月感（27）日举行。余函详。沪废止内战大同盟会筹备会叩。马。

附 5：废止内战大同盟会筹备会致张伯苓（1932 年 7 月 21 日）

伯苓先生惠鉴：

废止内战大同盟会代表大会原定 8 月 6 日举行，现因远地代表不能如期赶到，经第八次筹备会议决，改于 8 月 27 日在沪举行，会期暂定两天，除已发登上海申、新两报公告并通函外，贵地报纸广告仍恳转致照登三天，俾可周知。毋任企祷，专颂
公绥！

附广告稿一纸。

废止内战大同盟会筹备会启

致郑勉哉

（1932 年 8 月 1 日）

本市日租界松岛街新德里三号王宅转

勉哉先生大鉴：

顷接惠函，承介令亲徐君树言前来读书，理应如嘱准予收入。不过敝中学此次招生，考期虽尚未过，但只招初级一年新生，其余各年级均不招生，苦无相当班次可为令亲安插，合亟据情奉覆以闻，即希亮察是幸。祇颂
台绥！

张△△拜启

二十一年八月一日

（南开大学档案馆藏）

致陈立庭

（1932 年 8 月 1 日）

上海

立庭先生大鉴：

接奉来函，祗悉壹是。嘱代题书签数字，业已遵照来样另纸题就，未审合用否。拙笔涂鸦，希惟教正是幸。顺颂

道安！

张△△拜启

（南开大学档案馆藏）

致郑璧光

（1932 年 8 月 1 日）

广州丝业银行

璧光贤弟大鉴：

接读来函，得悉现在广州丝业银行服务，一切极为安适，甚慰！甚慰！此次遭遇变乱，损失虽所不免，但人口既皆无恙，而又得南返就相当职业，借以领略故乡风景，不可谓非颠沛中之一快事。且并有同学校友十数人，得以时相聚会切磋，盍簪有喜，益不胜为吾弟庆贺焉。我校感时局之尚未大定，支持极为困难。所幸职教员与学生等均如常向前努力，仍时时对教育预定方针进行，所谓穷且益坚者，此也。知注特以告慰。

目下弟处环境一新，日来想必益多佳况。公余之暇，尚望不惜以数行示我为盼。覆颂

暑祉！并祝

阖弟均吉，不一。

张△△拜泐
二十一年八月一日
（南开大学档案馆藏）

致钱博泉

（1932 年 8 月 2 日）

浦口津浦铁路管理局

博泉先生大鉴：

久未晤教，驰神之至。兹敬启者：现有张君延誉[①]，天津人，曾在敝中学部毕业，嗣后毕业于北京大学理工科。毕业后部送开滦煤矿练习，期满，派充林西矿场井下工程司。翌年，改就京绥路局工务员。二十年七月又改充洮昂路局兼齐克路局工务员。自遭辽吉变乱，遂以失事，至今犹赋闲居。其人才具干练，在路局办事极有经验，现拟在贵局谋一枝栖，特代介绍。幸祈关照，即予赐以录用，不胜企盼。祇颂

台祺！

附履历一纸。

张△△拜启
二十一年八月二日
（南开大学档案馆藏）

致电蒋介石等

（1932 年 8 月 8 日）

汉口蒋委员长、南京国民政府钧鉴：
南京财政部宋部长、行政院汪院长勋鉴：

① 张延誉（1894—？），天津人。1917 年南开中学毕业。

查热河财政，本极艰窘，政费既多有积亏，军费尤苦无的款。当此强敌窥边之际，该省军队已迭奉训令，作种种防御准备，所有军实饷项，需款益巨。现由该省府提经本会详加讨论，以事关国防，确有准照该省府所请，恳中央速予筹济之必要。除公推李委员煜瀛，率同主管人员诣京详陈切外，谨电奉陈，转饬迅筹救济办法为祷。特电奉达，敬恳迅筹救济办法。无任盼切。

平政务委员会大会出席委员张学良、李煜瀛、张继、韩复榘、徐永昌、周作民、吴鼎昌、王树翰、于学忠、张伯苓、张作相、蒋伯诚、商震、宋哲元、傅作义、庞炳勋、万福麟、门致中、汤玉麟、熊希龄、方本仁、刘哲、鲁荡平、孙魁元。叩。印。

（《申报》，1932年8月13日）

致教育部

（1932年8月13日）

敬启者：接奉钧部第五一六九号聘书，聘苓为全国体育会议会员，理应遵照。不过目下距会议日期已经届近，而平津适呈危险状况，苓若前往与会，恐地方纷乱再起，学校将无人负责。用是不得已，爰将一时未便南出赴命情形谨据实肃覆以闻，仰祈鉴谅是幸。此上

教育部。

张△△拜启

二十一年八月十三日

（南开大学档案馆藏）

致中国工程师学会天津分会

（1932年8月15日）

本市北宁路厂务处

敬覆者：接奉大函，承示本月廿二日上午贵会在敝校举行开会典礼，苓得

就近躬与观光，曷胜荣幸。届时谨当代表敝同人等致词欢迎。专此奉覆，仰惟查照为荷。此致
中国工程师学会天津分会。

张△△启
二十一年八月十五日
（南开大学档案馆藏）

致赵仲和

（1932 年 8 月 17 日）

济南城内县西巷中亚旅社三号

仲和贤弟大鉴：

来函读悉。宦海日月，际此时会，甚不易度。承示在济空囊旅居，不胜代为扼腕。委件本应照办，不过苓与前途虽有一面之识，并无深交，通函请托似有未便。方命幸格外谅之。古之人固有为贫而任者，但今非其时。君子处世贵乎变通，未审吾弟以为如何。〈吾弟〉之才华卓出，苟易一途而作雄飞计划，则骥足未必别无可展也。覆颂
时祉！

张△△拜启
二十一年八月十七日
（南开大学档案馆藏）

致姜朴亭[1]

（1932 年 8 月 17 日）

北平前内大中府廿九号

① 姜萃俭（1903—？），字朴亭，山东单县人。1924 年南开中学毕业。1928 年任河北省永清县县长。

朴亭贤弟大鉴：

接来函，得悉清恙现已痊可，甚慰！承示考试班回省，县长省议决，择优任用，名列第一，尤为忭贺无量。嘱代函王主席一节，本应照办。不过苓与王虽称认识，并无深交。年来除关于校事有时通函外，为他项请托向未致过寸札。此次若突代吾弟说话，似嫌未便。吾弟高明，想必不以方命见责也。覆颂

时祉！

张△△拜启

二十一年八月十七日

（南开大学档案馆藏）

致何思源

（1932年8月23日）

济南教育厅长

仙槎厅长大鉴：

接奉手示，敬悉一一。尊约黄子坚先生前往参与筹议举办中小学生会考事宜，极应如嘱趋赴。不过现在八月垂尽，暑假期将行届满，敝大学部筹备开学各事，忙碌异常，子坚实无法投身。谨此据情奉覆，想先生高明，定不〈以〉方命见责也。祇颂

勋安！

张△△拜启

二十一年八月廿三日

（南开大学档案馆藏）

致徐传保

（1932年8月24日）

苏州十梓街一六五号

传保先生大鉴：

正切溯回，接手书，如承光霁。蒙赠大著《先秦国际法之遗迹》，已收到。谢谢！先生学贯中西，等身著作，居今稽古，探本穷源，成期巨制鸿编，益人智慧不少。容当代为游扬，俾是书得大光显于学界，以志倾佩。此复，祗颂

著祺！

张△△拜启

二十一年八月廿四日

令岳处同此致候，不另。

（南开大学档案馆藏）

致王一民

（1932年8月27日）

本市公安局长

一民局长大鉴：

敬启者：本市城南八里台村海光、望海寺废庙，前曾仰蒙市政府批拨归该村私立小学作扩充校舍应用在案。现又有东北大学学生多人来敝大学寄读，因校内无地设榻，拟与该小学匀用废庙作临时住宿处所，原有庙中偶像即将设法一律迁移。敝校诚恐迷信村民或有出而阻止情事，特肃函陈明，请准备案，并饬该管区所派警，届时予以照拂，是为至荷。祗颂

勋安！

张△△拜启

二十一年八月廿七日

（南开大学档案馆藏）

致电废止内战大同盟会

（1932年8月31日）

上海废止内战大同盟会鉴：因开学事繁，不能离校，请吴达诠先生代表。伯苓。

（南开大学档案馆藏）

附：废止内战大同盟会致电张伯苓（1932年8月30日）

南开大学张伯苓先生并转张品题先生鉴：代表大会推选台端为本会常委，现定九月六日开常务会议，务请届期来沪。万〈不〉得已时，希委托在沪常委代表出席，以利进行。电复废止内战大同盟会，艳。

（南开大学档案馆藏）

致电雷法章转刘菊淡

（1932年9月2日）

青岛雷教育局长转刘菊淡：速来津，有事商。苓。

（南开大学档案馆藏）

致吴鼎昌

（1932年9月15日）

达诠先生大鉴：

手书奉悉。废止内战大同盟会日前在沪开会，蒙偏劳代表，感谢之至。现沪会已将第一第二两次常会情形及讨论议决、各项来函通告，雍先生回津亦经

晤谈，伊对在津组织分会极表热心赞同，苓等已遵照沪会指派，互相接洽筹商过一次，分会大纲已具，再过三五日，加一番讨论便可声告成立。其详细章程俟得到沪章即当参考进行办理。苓等均视是项分会为责无旁贷，自应努力期与沪会相呼应，请先生勿念。此复。祇颂

时祺！

张伯苓拜上

附1：吴鼎昌致张伯苓（1932年9月9日）

伯苓仁兄先生大鉴：

废止内战同盟会在沪成立后，津市提案已通过，交常务会议分别执行，一切详情由剑秋兄回津报告，因弟归期或在二三个月后，尚不定。又常会承委托代表，亦经遵办，所有会议情形另由秘书处奉达，不再赘述。全体会员甚盼天津组织分会，已有函另达矣。特此奉闻，顺颂

大祉！

弟吴鼎昌启

附2：吴鼎昌复张伯苓（1932年9月13日）

伯苓仁兄先生大鉴：

顷接达诠兄来函，据云上海全体会员甚盼天津组织分会，更云伊须二三月后方能返津云云。昨又接上海废战会秘书处来函，津分会由公领衔组织，想已接到通知矣。特此奉闻，敬请

道安！

弟　吴达诠

致废止内战大同盟会

（1932年9月15日）

敬复者：迭奉大函，承寄示常委会第一次记录及二次开会讨论筹设分会，议决各情形，均已领悉。苓与张品题、卞白眉、王文典、雍剑秋诸君辱承见推，在津筹组分会，谨当遵照进行。日昨互接洽筹商，已将分会大纲拟定，不日便可成立。恳请贵会将所有章程与记录等各检惠数份，俾便分阅，藉作编拟详章之参考，庶办理有互相呼应之精神，是为至盼。此致

废止内战大同盟会。

张伯苓

附1：废止内战大同盟会总会为各地接洽筹组事致张伯苓函（1932年9月）

敬启者：本会第二次常务委员会议在沪举行，经讨论筹设各地分会，案当议决：南京、天津、北平、汉口、广州、重庆等地分会即行推员接洽筹组，其余各地应次第进行，并即推定南京等地分会负责接洽筹备委员（名单另附）。用特专函奉达，务祈察照办理，即予按照简章接洽进行。并希将进行情形随时函示，毋任企盼。此致

张委员伯苓。

附名单一纸。

废止内战大同盟会总会启

附2：废止内战大同盟会各地分会筹备委员名单（1932年9月）

一、天津

推张伯苓、张品题、卞白眉、王文典、雍剑秋五人接洽筹组。

二、北平

推胡适之、周寄梅、章元善、周作民、冷展其五人接洽筹组。

三、汉口

推余蓉樵、余涤尘、浦心雅、王毅灵、苏汰余、周星堂、贺衡夫、李德齐、刘少严、蓝希周、叶观生、曹延祥十二人接洽筹组。

四、重庆

推李奎安接洽筹组。

五、南京

推濮仰山、李公朴、吴贻芳接洽筹组。

六、广州

推蔡昌、马文辉接洽筹组。

致电废止内战大同盟会

（1932年9月22日）

废止内战大同盟会鉴：马电敬悉。委赴鲁，祃日起程。谨复。伯苓。

（《申报》，1932年9月23日）

附1：废止内战大同盟会总会致电张伯苓（1932年9月21日）

南开大学张伯苓先生鉴：鲁战爆发，亟须设法消弭，除已电劝韩刘并电托沈市长调解外，事机日迫，恐不能专凭文电陈说。夙仰台端热诚重望，谨一致公推先生就近克日赴鲁，代表本会面向当局剀切陈述，俾收临崖勒马之效。除电告韩主席外，特电奉恳。盼复。废止内战大同盟会总会叩。马。

附2：废止内战大同盟会总会复电（1932年9月22日）

天津南开大学张伯苓先生鉴：电悉。热诚至恳，谨预祝成功。此间已电达韩主席接纳，并济南各团体迎洽。情形如何，乞随时电示。废止内战大同盟会总会。叩。祃。

（废止内战大同盟总会编：《山东韩刘内战详记》，1932年12月，第122—123页）

致电韩复榘

（1932年9月22日）

济南省政府转韩主席鉴：战事请暂停。苓奉上海废止内战同盟总会电，推往谒钧座，祃日起程，谨预达。

张伯苓

附：韩复榘复电张伯苓（1932年9月23日）

伯苓兄勋鉴：尊电奉悉。大驾前来，无任欢躬。特复。弟韩复榘叩。养酉参。

致电废止内战大同盟会总会[①]

（1932年9月24日）

梗抵济，与各方接谈，得悉此次事变，内容并不复杂，非如外闻所传，不致扩大。现由李厅长电前方，定会晤期。张伯苓。

附1：废止内战大同盟会总会复电张伯苓（1932年9月24日）

济南商会急转张伯苓先生大鉴：敬电悉。顷接韩电云。先生来鲁。无任欢迎。本人不日回济。当可畅谈一切等语，特闻。同人等认为事机急迫，恳公即赴前方晤韩，期早获消弭之法，祈酌行。电复。废止内战大同盟会总会。敬。

附2：韩复榘复电废止内战大同盟会总会（1932年9月23日）

急。废止内战大同盟会总会勋鉴：祃电敬悉。张伯苓先生来鲁，无任欢迎，本人不日即回济南，当可畅谈一切也。特复。韩复榘叩。梗。酉。参。

附3：济南团体复电废止内战大同盟会总会（1932年9月24日）

马、祃两电敬悉。张伯苓先生于昨晨抵济，现正候韩主席回电，拟赴前方面谈。查此次军事原因，并不复杂，当可有和平希望。济南商会，银行公会，钱业公会。敬。

附4：沈鸿烈复电废止内战大同盟会总会（1932年9月24日）

废止内战大同盟会总会公鉴：奉漾电，借悉贵会委托常委张伯苓先生代表赴鲁，设法劝解。热忱毅力，感佩良深。伯苓先生道德事功，素为国人景仰，一言九鼎，收效必多。弟与张先生相知有素，定当竭诚协助，冀副期望。祈释

① 此电于1932年9月24日上午9时10分发。

锦注。

又烟台、龙口中外杂处，人心浮动，稍有不慎，难免牵涉外交。昨日龙口刘军撤退，公安局长警，亦复引去，地方各以负责无人，环恳敝军保护，已令驻泊该处之永翔、楚豫两舰，临时派兵登陆，维持地方，保护外侨。对于政治、财政，概不过问，一俟接替有人，即行撤防回舰。现幸地方敉平，中外翕然。至烟台地方商会，及美国领袖领事亦请敝军驻烟之肇和军舰派兵协防，当以刘军尚有少数军队驻烟，虽允尽力保护，未便遽尔登陆。

以上两节，为最近情形，除分电韩、刘两军知照，以免误会外，知关锦注，并以奉闻。沈鸿烈叩。漾。

（《申报》，1932 年 9 月 25 日）

致电废止内战大同盟会总会[①]

（1932 年 9 月 24 日）

敬电悉。韩主席敬晚七时回济，定径晨会晤。余再陈。张伯苓。敬。

（废止内战大同盟总会编：《山东韩刘内战详记》，1932 年 12 月，第 129 页）

附：韩复榘致电废止内战大同盟会总会

张伯苓先生昨日到济，晤谈甚洽。胶东军事行动，内本良心主张，外应人民呼吁，出于万不得已。既奉中央明令，遂当立即停止。复榘在鲁二年，平日硁硁自守，惟知绥靖地方，过蒙藻饰，惭感交萦。特电奉达，伏希鉴察。韩复榘叩。有。印。

（《申报》，1932 年 9 月 27 日）

① 此电于 1932 年 9 月 24 日下午 2 时 45 分发。

致电废止内战大同盟会总会[①]

（1932年9月25日）

今晨晤韩主席，劝请停战。据云，前方相持，静候中央处置。苓今晚宴各界领袖，筹组废战分会。夜赴青岛，并在青亦拟筹组分会。张伯苓。径。

附1：废止内战大同盟会总会致电济南团体

济南市商会、银钱两公会均鉴：顷接张伯苓先生径电称，在济筹组分会等语，至为欣慰。声气既通，收效更宏，务祈协商积极进行，并将拟推筹委姓名及近状随时示知。至盼。分会简章，快邮另寄。废止内战大同盟会总会叩。宥。

附2：沈鸿烈致电废止内战大同盟会总会

废止内战大同盟会总会公鉴：敬电奉悉。前奉马电，当即切电双方，竭诚呼吁。本日接韩主席漾电，谓已遵院令停止军事行动，并已于本日遄返济垣。似此情形，和平大致有望。惟欲谋根本解决，端赖中央迅筹具体方案，始可永久消弭一切。业将管见所及电达伯苓先生，借供参考。贵会诸公，望重识卓，九鼎一言，定能设法转圜，以慰同人之望。

今晨据烟台肇和军舰王舰长电称，烟台刘军全部撤退，地方负责无人，当地商会及美国领袖领事，迭恳军舰派队上陆，维持治安。并称，驻烟外国军舰，亦有于必要时，自行派兵保护侨民之表示。为尊重国权，维护地方起见，已准令肇和、海琛等舰，临时派队登岸，只尽保护地方之责，对于政治财政，概不过问，一俟接替有人，即行撤回原舰。顷接烟台商会敬电称，海军陆队于今日登陆，维持治安，全市无惊，人心大定，阖埠中外人民，无不欣慰，特电鸣谢各等语，知关锦注，并以附陈。沈鸿烈叩。敬。

（《申报》，1932年9月27日）

① 此电于1932年9月25日下午4时20分发。

致废止内战大同盟会总会

（1932年9月30日）

敬启者：此次关于苓蒙推代表赴鲁事，所有在津与在鲁拍奉各电，想均仰蒙接悉矣，兹再将经过，肃函一为报告。

苓自七月禡日，由津启程，抵鲁后，本拟赴前方，恰遇韩主席回济，遂得晤谈，结果允即停止军事行动，静候中央处置。由此看来，战事虽不能完全消融，逆料亦不致过于扩大，此稍可以告慰者。苓晤韩毕，拟往青岛一行，在未行前，曾宴会济南各界领袖，筹商组织同盟分会，到者十八人，均表赞同。惟立时进行，恐致误会，拟稍缓从事办理。廿六晨，由济抵青，苓蒙沈市长招待，对于组分会事，由沈市长招集各界，与苓接谈甚洽，即将筹画进行。苓现在已离青，三十日晨安抵津埠。此番奉委，深自愧成绩不甚圆满，但两地分会，果能成立，亦庶差强人意，恳祈费神即将组织章程，各寄一份，与济南、青岛两商会，俾备参考，是为至盼。天津分会，不日即开成立会，合并附闻。

附：废止内战大同盟会总会复张伯苓（1932年9月）

顷准大函，为报告赴鲁劝解经过，及接洽组织济、青两处分会等由，准此。查此次台端赴鲁，备亟贤劳，鲁事虽未能完全解决，然已停止扩大，微台端之力，曷克臻此。本会同人，均深感祷，相应函复台端查照，并至谢忱。至嗣后如何继续进行，俾达完全消弭目的之处，仍祈随时设法赐示，至以为感。

（废止内战大同盟总会编：《山东韩刘内战详记》，1932年12月，第131—132页）

致电开封华北运动会

（1932 年 10 月 5 日）

开封华北运动会鉴：实难脱身，请郝更生君代，函详。伯苓。

（南开大学档案馆藏）

致电刘峙[①]

（1932 年 10 月 6 日）

开封　河南刘主席钧鉴：微电敬悉，苓以天津废战分会已定灰（10 日）开成立会，苦难脱身，前已电达运动会声请郝更生君代任总裁判，方命乞原谅。张伯苓谨复。

（南开大学档案馆藏）

附：刘峙致电张伯苓（1932 年 10 月 5 日）

南开大学张伯苓先生鉴：华北体育素赖主持，本届大会尤资借重，务希先生拨冗惠临，指示一切，是所盼祷。刘峙叩。微。印。

（南开大学档案馆藏）

① 刘峙（1892—1971），字经扶。江西吉安人。保定军校第二期毕业。1927 年后任国民革命军第一军军长、第二军团总指挥兼河南省政府主席等职。

致废止内战大同盟会总会

（1932年10月11日）

敬启者：天津市废止内战大同盟分会已于10月10日下午3钟半在敝南开中学部开成立大会，参加会员及来宾共约百余人，由苓主席首述筹备津分会之经过，并将前赴济南调解鲁战与至青岛提组分会各情形一一均略有报告。报告后，依据分会简章，推定张品题、雍剑秋、王文典、卞白眉、黎绍芬、杨豹灵及苓等七人为常务委员，会地即设天津北马路市商会内。预定本月15日请津市新闻界组织特种委员会，并请其联络全国同业公同进行，作废战会先锋，其余各特委会亦有逐渐组织之计划。16日苓启程赴南京参加教育部体育委员会，会毕拟二十二、三日赴沪一行，届时当趋会陈述一切。先此奉达，仰祈查鉴为荷。此上

废止内战大同盟总会。

附大公报文一份。

张〇〇谨上

致刘豁轩、张季鸾、罗努生、胡政之、蒋光堂、王镂冰

（1932年10月13日）

〇〇先生大鉴：

敬启者：废止内战大同盟会天津分会现已组织就绪，定于10月10日下午3钟在敝中学部开正式成立大会。送上通告文稿一纸，希赐查照。自7日起至10日止，代登贵报四日为祷。外附章程二份，是否有在报中披露之必要，乞斟酌。10日开会时并请惠然贲临，一为参加，无任荣幸。此订，恕不另柬。祇颂撰安。

附通告稿一纸，章程二份。

张伯苓拜启

附 1：废止内战大同盟会天津分会筹备委员会召开成立大会布告（1932 年 9 月）

废止内战大同盟会天津分会定于 10 月 10 日下午 3 钟在南开中学校开成立大会，凡已报名入会诸君，届期务请惠临。如临时有介绍参加者亦极表欢迎。

此布。

废止内战大同盟会天津分会筹备委员会启

附 2：废止内战大同盟会天津分会会议记录

时间：1932 年 10 月 10 日下午 3 时

地点：南开中学校礼堂

主席：张伯苓

到会者：75 人（姓氏见签到簿）

首由主席作简单报告会内经过，然后请雍剑秋先生报告出席沪上大会情形，以后再讨论章程。

雍剑秋先生报告：

上次蒙大会推鄙人代表出席沪总会，9 月 22 日同吴达诠先生去，去时很怀疑，27 日开会，到会各地代表非常踊跃，第一天开会，第二天讨论，提案计共 88 件，64 件采纳。吴达诠先生在大会甚为忙碌，帮忙处很多，大会组织，商多政少，后探听会内重要份子，均系心出热诚，激于爱国，毫无背景，能造成中坚力量，抱无限乐观。再看南方风俗实较北方怀而爱国，较北方为热，甚至工人、车夫无不尽然。总会方面，希望各地分会早为组织，共同努力。会内人才很多，再纷争，与国家非常危险。这会不自私，实为我国忧。

主席——讨论会所地点。

宋朝义——赞成商会为会所。

多数赞成——通过。

主席——选常务委员。

宋提——王文典、卞白眉仍可加入。

又常务委员可再加 6 人。

△——赞成 7 人，人多不宜聚。

宋——赞成 9 人，自治加入 1 人。

大家付表决。

赞成 7 位者 33 人，通过。

宋提——王墨林

△——宋朝义

雍剑秋提——杨豹灵

杨豹灵提——黎绍芬

大家付表决：

王得17票；宋得25票；杨得31票；黎得29票。

杨、黎当选。

5时半散会。

特委以后再选。

散会后常委开会讨论选特委。

附3：张伯苓主持废止内战大同盟会天津分会成立会（1932年10月10日）

一、废战同盟会发起于上海，沪总会开会时，天津派有代表参加，后由沪总会派筹备委员5人，筹备组织分会。

今天开会，分会成立。

对内战，全晓得不对，章程简单极了。如第一条文：本会认为外侮纷来，源于内乱，内乱靡已，由于内战……

今天与会者，多为各界领袖，可以说未尽国民天职，所以全国人民不能制止内乱。内乱不息，就令未有外侮，我国还能忍受？

按第二条，废内战方法可分为三：

1. 平时——平时吾认为在那喊：谁在那起内战，谁就是大家的敌人。靠新闻的舆论，一致鼓吹，新闻界就是我们先锋。

2. 要打仗时——民意机关——全国人民集合起来，平时不闻不问，临头时要忍受，如果人民大家起来，谁还敢起内战。

3. 真打时——大家表示不与合作，经济不借给钱，不给运兵，不合作。

最好是用第一条新闻界鼓吹。

会章第三条文：……怕人利用会的名义作别的活动。别人要利用时给多少钱，本会用不着。

分会的章程计8条，现在的分会，总会常务委员张品题、张伯苓、雍剑秋，加派卞白眉、王文典，计5人组成筹备分会委员，分会的常务委员，总会常委3人，为当然委员。会所或借商会，或借其他机关。经费，经常或临时总会补助，或由本地筹，或兼尚有之。在本地捐，非由总会许可不可，并不得用分会名义，须用总会名义募集。

最近韩刘之争，总会派吾去，劝息战，校事虽忙，因为既加入会，不能不遵总会命令去，在未去之先，个人听的与各报载的，全说内部很复杂。在火车着想，如何去劝息争，在未离津时，津商会与沪商会均有电报致济市商会及银行界。到济在旅馆与渠等谈，据云，刘在胶东十二县，横征暴敛，虐政频施，如在韩境，地丁每两4元多，而在刘方面合22元7毛5分。鸦片烟罚款，韩罚30元钞，在刘罚30元至几万，再打听韩施政情形，均云在这几年未与商界借用分文，人民称颂。韩出动前，省委均不知晓，事前未讨论。刘珍年之在胶东怨声载道，由7月份起中央补助10万，省补助12万，而刘欲省补助加多至15万，省委了事，刘索18万5千。先韩敷眼［衍］，后不得已到济见民政□长李荫轩，据云刘在掖县，韩在沙河，头天专电韩未得复，适中央代表蒋伯诚自沙河归，告以不要到前线去，韩就归来，想办法，果然韩归。意以事小而旷大驾。韩说刘珍年聚草屯粮，驻于掖县，韩在外掘6尺深坑，约1丈宽，以困之。并说：这个不得谓之内战。这面善政，彼施虐政，不过手续上错，刘反张反褚，韩去山西到山东时候，刘不替中央作，后中央亦不处置刘，是不是位在胶东监视吾？再小处说，救人民倒悬，韩说，此次中央错五成，自错五成，刘亦错了。可是人民没错，为什么这样，各地绅商，能说话者，多与官府同气，后到青岛去，在去前请绅商学组织分会，众以为现非其时，恐生误会，在青岛，沈市长甚赞成，并代约绅商，组织分会。

余半生以来，对于政治毫无兴趣，吾们没有色彩，吾们联合起来干，为民族争点气，干就干，德不孤，必有邻，大家起来干！

1. 全国新闻界唱同样调。

再联合下野军阀等，请其唤醒新军阀，不参加内战。

2. 军官及士卒全加入废战会。

废战会成立以来，已经有两次失败，一为广东二陈之战，一为山东韩刘之争。

宋哲元看山西，刘珍年看山东，中央是不对，可是看着亦好，去年若未有九一八，恐怕内战仍不能停？可是事过方及一年，武人又跃跃欲试？在此时没有色彩的人应当起来，大家联合起来，找没有作用的人，他们说吾们怎样。前到平，晤胡适先生等数人，亦筹备组织分会。以后讨论会务。

附4：参会记者名片（1932年）

天津民益通信社记者 王质仁 天津法租界大庆里

大陆新闻社记者 张穆尧 社址侯家后老君堂胡同老五号 电话二局3298 总局1583

天津旭日报记者 孙新源 社址南市广兴大街 电话二局3653

天津国风新闻社社长 百福广告公司经理 张化南 社址南市建物大街清平巷门牌9号

附5：废止内战大同盟会天津分会成立会签名簿（1932年10月10日）

周玉清 河北脚行胡同老茂生

胡鲁□ 海河委员会黄二南先生转

张子翔 法界海军医院

王仪堂 河北西窑洼

胡□

章以吴 英中街大陆银行

周树基 广东学校

李叔尊 大公报

王汉卿 市商民救国会

平民社 何平

王文典

俞志□子 中华新闻社

李彩轩

卞白眉

吕世明

高尔瞻

余少泉

杨西园（王慧生代表）

高少洲

郑□岑

张浩□ 汽水公会

张□生、王文□ 旅栈公会

卢宠之、岳□吾、王□□、王揖唐、阎子亨、姚书诚

沈劳吾 东北民众抗日救国第三指导部主任兼军廿五路总司令赵大中代表

高而安、牛两田 本市特三区九经路景安里3号

毕荫轩、毕泽民　南关汇文里□□
贾翊庭、王彩华　天津河东特别一区寿安街船业公会
郑锡□　庸报
曹鸿翥　河北省国民推□会
李子英　大公报
瓜尔西村　东北
雍剑秋
宋朝义　三马路宇纬路
马幼波　西窑洼包子铺
庞执中　西窑洼大街东张家胡同1号
王墨林　天后宫
冯守义　大红桥北塘子旁裕顺铁铺
朱传□　河北无线电后登云里
罗隆基
刘麟阁　天津益世报
严智开
张□体　住西开永源里后楼
李著复　市一中
卞俶成
刘髯公　新天津报（刘一达代）
刘仙舫
姚梦元
江□秋　住广开大街振兴里
刘芳华　住法界天顺鞋铺
李子清　市商民救国会
孙钰坡、张鸿林、梁其骥、井时新、林芝安
郭云孙（林芝安介绍）
周拂尘、王贵山、雷□民、杨□□、李惠南、张雅轩、黎绍芬
陈裕祺
于□江　新大华电讯社记者

附 6：废战同盟总会致电天津分会（1932 年 10 月 11 日）

南开大学张伯苓先生转废止内战会分会鉴：贵地分会成立，毋任欣慰，谨致贺忱，并祝共同努力。总会。真。

（天津市档案馆藏）

附 7：废战同盟天津分会致电上海总会（1932 年 10 月 16 日）

上海 4154。外侮日急，国联即将讨论远东问题，当此严重关头，何堪再有内战。天津分会现已成立，各界踊跃赞助，新闻界并愿联络全国报界一致鼓吹，人民如能觉悟，军阀野心终可裁制。事机危迫，望总会速电全国，促立分会，借利进行。幸甚。

天津分会

附 8：废战同盟天津分会常务委员会致王镂冰（1932 年 11 月 1 日）

镂冰先生大鉴：

敬启者：兹有致通讯社函 25 份，敢请费神代为填注分送为盼。此颂

著祺！

废止内战大同盟会天津分会常务委员会启

附 9：废战同盟天津分会常务委员会致董秋谱（1932 年 11 月 1 日）

秋谱先生大鉴：

敬启者：兹有致贵业函 26 份，敢请费神填注，代为分送。专此拜恳，顺颂著绥！

废止内战大同盟会天津分会常务委员会启

附 10：废战同盟天津分会常务委员会致各报馆通讯社（1932 年 11 月 1 日）

敬启者：前天津新闻界公推刘俊卿先生编拟之通电全国新闻界文稿现已拟就，除附上一份请察阅外，并订于 11 月 4 日即本星期五下午 5 时在银行公会集合同仁，对于该文稿再详加以讨论。特此奉约，届时务祈台驾卑光为盼。此致〇〇报馆、〇〇通讯社。

废止内战大同盟会天津分会常务委员会启

附 11：废止内战大同盟会北平分会召开成立大会通告（1932 年 10 月）

定于 10 月 30 日（星期日）下午 2 时在西珠市口北平市商会开成立大会，

凡已加入本会团体会员暨个人会员届时请务惠临，并请介绍赞成本会宗旨之同志参加。

谨此通告。

北平分会筹备委员会启

致电罗文干[1]

（1932年10月15日）

外交部罗部长钧鉴：真（11日）电敬悉，华北形势险恶，校务须苓主持，无法脱身出国，幸乞另委他人。弟张伯苓。删。叩。

（南开大学档案馆藏）

附：罗文干致张伯苓电（1932年10月11日）

天津南开大学张伯苓兄密鉴：将来国联开会讨论《李顿报告书》时，拟请兄赴日内瓦任华北民众代表，以便指导舆论而赞助颜、顾、郭三政府代表，如何，乞电复。弟罗文干叩。真。

（南开大学档案馆藏）

致天津市市立第六通俗图书馆

（1932年11月29日）

敬复者：顷接来函，示以贵新馆舍不日举行落成典礼，征集书绘，鄙人极愿有所贡献，不过自问最抱歉处，生平极不善于涂鸦，非故惜墨如金，实拙于

① 罗文干（1880—1941），字钧任，广东番禺人。早年留学英国，获牛津大学法学硕士学位。回国后曾任清政府广东审判厅厅长。1912年后历任北京政府总检察厅检察长、北京大学法学教授、大理院院长、财政总长等职。1931年任国民党政府司法行政部长，1932年兼外交部长。1938年任国防参议会参议员、国防参政会参政员、西南联大教授。

无法应命也。谅之谅之。此致
天津市市立第六通俗图书馆。

张伯苓 启

（天津市档案馆藏）

呈河北省政府

（1932年11月）

为呈报校田清册，恳请鉴核备案，转饬官产处查照，并请印发一本以便管理事。

窃敝校创办以来，端赖公私捐助。迩来扩充校务，需费浩繁，虽多方撙节，仍无法支持。前蒙将小站营田局所辖各田产捐助敝校充作校田，得租补助经费，接管之时，因地段散漫，调查需日，未能造报田亩清册，业将接收情形呈报钧府备查。

前营田整理局经管时，仅照佃户花名租册征收租款，并无田亩坐落清册。敝校接管后，因该项田产散处四乡，地段繁多，与官荒民地犬牙相错，若无地亩清册，日后恐有疆界纠纷，无从查悉，理合造具清册三本，呈请鉴核，存案备查。附册转饬官产处查照，并请加盖印信，发还一本，以便照册管理，实为公便。谨呈
河北省政府。

附呈校田清册三本。

南大校长张伯苓

二十一年十一月　日[①]

（南开大学档案馆藏）

① 原文如此。

致电朱家骅

（1932 年 12 月 20 日）

南京教育部朱部长勋鉴：敝校中学部学生会出版之《南中学生》因有色彩，着令停刊，少数学生假学生会名义起而反对，当令该会亦暂停止活动。此事虽告段落，一时尚难脱身赴会，请见谅，并希转达稚晖先生及诸委员。张伯苓叩。

（南开大学档案馆藏）

致周作民

（1932 年 12 月 23 日）

作民我哥大鉴：

敬启者：现有敝大学商学院二年修业学生孟壮，系敝校庶务主任孟琴襄之令郎，孟君为敝校最得力人员，任职多年，劳苦功高，弟极愿代为成全其子，俾得有以分其家庭之负担。查孟壮少年老成，行端而才敏，饶有父风，且其平素对于保险事业颇感兴趣，为是不揣冒昧，敢请吾哥关照，在南京贵保险公司内为该生安置一席，俾即日得入往实习。栽培大惠，弟当身与共之。专此。不胜祷盼。祇颂

钧安！

弟张伯苓谨上

十二月廿三日

附：周作民复张伯苓（1933 年 1 月）

伯苓先生大鉴：

奉诵台翰，祗悉一是。孟生事以太平公司录用员生均须考试。承嘱派往京公司实习一节，格于定章，现在只好方命，俟招考时，当再通知应试。尚乞原宥为幸。专覆，敬颂

时祺！

弟周作民谨启

一月 日[①]

（上海市档案馆藏）

致电谭仲逵

（1932 年 12 月 30 日）

南京实业部谭仲逵先生鉴：敝中学风潮早息，报载苓被殴系谣传，请释念。伯苓。

（南开大学档案馆藏）

附：谭仲逵致电张伯苓（1932 年 12 月 29 日）

南开张伯苓先生鉴：报载先生被欧[殴]，不胜惊念，安否，乞覆。实业部谭仲逵，艳。

（南开大学档案馆藏）

致电吴铁城[②]

（1932 年 12 月 31 日）

上海吴市长鉴：顷由平归，展读尊电，敬悉元旦就职典礼，计时已赶不及，甚歉，希见谅。伯苓。世。

（南开大学档案馆藏）

① 原文如此。

② 吴铁城（1888—1953），原籍广东中山市，生于江西九江。1909 年加入同盟会，1914 年加入中华革命党。1927 年 6 月任广东省政府委员兼建设厅厅长。1929 年当选为国民党中央执委、国民政府立法委员，南京总理陵管理委员会委员。1932 年 1 月任上海市长兼淞沪警备司令。1937 年调任广东省政府主席。

附：吴铁城代中华航空救国会筹委会致电张伯苓（1932年12月29日）

急。天津　南开大学张伯苓先生勋鉴：本会定于元旦午刻假外交大楼举行理事就职典礼，届时务希出席，并盼覆为荷。中华航空救国会筹委会。艳。铁城代。

（南开大学档案馆藏）

致电朱家骅、段锡朋

（1932年12月31日）

南京　教育部朱、段部长钧鉴：敝中学出版《南中学生》因故令停刊，少数学生铳假学生会名义借端反抗，苓篠召集全体学生剀切谈话，以期感导。不料皓有学生复起鼓动，当即斥退念二人，风潮遂息。此次纠纷共三日，始终未停课。沪报载津感（27日）电所述与事实不符，苓被殴事更属子虚，该电不知用意何在。希费神将此电公布，借释群疑。伯苓叩。

（南开大学档案馆藏）

附：朱家骅、段锡朋致电张伯苓（1932年12月29日）

南开大学校长张伯苓先生鉴：报载贵校发生逾越绳检，为之愤疾，特电奉慰，并盼严厉处置，毋存姑息。朱家骅、段锡朋叩，艳。

（南开大学档案馆藏）

致电萧承慎[①]并转南京校友会

（1932年12月31日）

南京　中央大学萧承慎先生并转校友会，风潮早息，沪报载津电苓被殴事

① 萧承慎（？—1970），湖北江陵人。1926年南开中学毕业，后考入中央大学。先后任复旦大学、华东师范大学等校教授。

完全子虚，希释念。苓。

（南开大学档案馆藏）

附1：萧承慎从南京致电张伯苓（1932年12月29日）

南开中学张校长鉴：报载师受惊，特电候安，生萧承慎。

（南开大学档案馆藏）

附2：南京校友会致电南开中学（1932年12月30日）

天津，南开中学，报载伯苓师再度受伤，京同学甚念，乞函详告经过。京校友会。

（南开大学档案馆藏）

致电《申报》馆、《时报》馆

（1932年12月31日）

上海《申报》馆、《时报》馆鉴：敝中学因学生出版事，曾于皓（19日）日发生纠纷，后即平息，全校秩序如常，终未停课。贵报津感（27日）电所载与事实不符，苓被欧[殴]事更属子虚。该电不知来自何方，请查询并将此电公布为幸。伯苓。

（南开大学档案馆藏）

中国航空协会理事就职通电[①]

（1933年1月1日）

南京中央党部、各院、各部、会，

① 1933年元旦，中国航空协会开成立大会，张伯苓与王晓籁、史量才、王正廷、杜月笙、虞洽卿、林康侯、陈光甫、张公权、朱庆澜、熊希龄、翁照垣、张惠长、刘沛泉、戴愧生、胡筠庄、胡文虎、李馥荪、黄秉衡、林我将、王志远等21位理事宣誓就职，并发表就职通电。

林主席、蒋委员长、北平张副委员长，
各省党部、政府，
各市党部、政府，
各军、师、团，
各法团、各报馆、海外党部、海外各界、团体均鉴：

窃惟航空事业，为现代国防最重要之武器，尤为交通运输之利器，已成为一切事业之重心，世界各国，进步甚速。而我国兴办十余年来，尚无显著之成绩，自应遵行总理航空救国遗训，集合全国民众力量，补助政府，并指导国内及侨外民众，发展航空，充实国防，统一民众一切航空事业，急起直追，力图发展，爰有组织中华航空救国会之发起。业经呈奉国民政府核准备案，并蒙国民政府聘任晓籁等为本会理事，已于本年元旦，假上海枫林桥外交大楼敬谨宣誓就职，当即举行第一次理事会，议决改本会名称为中国航空协会。除呈请国民政府备案外，特电奉闻。

中国航空协会理事（名略）
（《申报》，1933 年 1 月 7 日）

致孔祥熙

（1933 年 1 月 2 日）

南京财政部

庸之我哥赐鉴：

敬启者：敝校经费每月两万元，向由河北财政特派员公署每月按廿五日左右拨发在案。本年十月份款于时正在将行照拨，讵于十月廿三日忽奉财政部公文饬令结束。该公署不得已，遂暂停发给。敝校自欠此一个月入款后，至今于应用上实属万分竭蹶。兹思维再四，惟有恳请我哥特别关爱，即予饬知冀晋察绥四省统税局，将敝校十月份两万元于日内如数补拨，免再延缓，以济眉急。不胜迫切盼祷之至。祗叩
勋安！

弟张伯苓谨上
一月二日

（南开大学档案馆藏）

致雷法章

（1933 年 1 月 3 日）

法章先生赐鉴：

敬启者：日来屡有浼苓向尊处谋栖之事，颇嫌烦渎。此后拟请先生遇苓泛泛介绍函，尽可淡漠置之。如有关切要者，自当详为陈恳。现梁君化成前往，持苓介绍函，即请我公查照，相宜对待可也。函颂

勋绥！

张伯苓拜启

二十二年一月三日

（南开大学档案馆藏）

致徐仁甫[①]

（1933 年 1 月 3 日）

无锡国医专门学院

仁甫贤弟鉴：

来函已悉。此次我校风潮，载闻有不实者，兹将经过真相一略陈之。

学生自治会出版有《南中学生》一种，因其中有带色彩处，曾受教育部密令警告，已嘱该刊负责人特别注意。寻又接上海市政府情报处来函指责，只得谕令暂行停刊，或不然将稿件交阅后再行付印。不意少数学生竟借此为由，散传单、贴标语，不按合法手续擅开大会，致扰乱上班秩序。时鄙人为开导计，特召集全体学生于礼堂，报告《南中学生》停刊理由，并因学生会有鼓动风潮事实，令暂停活动，至一切越轨行为既往不咎，惟以后如仍有人蓄意捣乱，决

① 此函同时致外交部的郑西谷和中央政治学校的孙理甫、彭善承。

不宽宥。讵有少数学生毫不觉悟，隔二日后复乘初二、三集会时突然冲入会场肆行叫嚣，继复拥围办公室，挤毁门窗玻璃，向鄙人请愿。看当时情势，几于不可理喻。卒因大多数学生反对该等行为，仍将其引赴礼堂，由鄙人再三训诰，始皆缄默无言。现风潮已告平息，除择少数偏激分子惩令离校外，余皆安读如常。此经过之大略也。

至沪报所载，时与事均不符，显系别有作用。至鄙人受伤一说更属子虚，承询感谢。凡我在南友朋，均祈代达是托。顺颂

公绥！

张伯苓启

二十二年一月三日

（南开大学档案馆藏）

致刘志静

（1933年1月3日）

南京铁道部

志静贤弟大鉴：

手示读悉。免费运煤事由吾弟力予疏通，特准援案，并承托主管提早电办，非常感激。专复，谢谢！顺颂

时祺，不宣。

张伯苓拜启

二十二年一月三日

（南开大学档案馆藏）

分致各地校友

（1933年1月3日）

南开校友会诸君鉴：

此次我中校突起风潮，不知真相者居多，兹将经过为诸君一略陈之。

学生自治会出版有《南中学生》一种，因其中有带色彩处，曾受教育部密令警告，已嘱该刊负责人特别注意。又接上海市政府情报处来函指责，只得谕令暂行停刊，或不然将稿件交阅后再行付印。不意少数学生竟借此为由，散传单、贴标语，不按合法手续擅开大会，致扰乱上班秩序。时鄙人为开导计，特召集全体学生于礼堂，报告《南中学生》停刊理由，并因学生会有鼓动风潮事实，至一切越轨行为既往不咎。惟以后如仍有人蓄意捣乱，决不宽宥。讵有少数学生毫不觉悟，隔二日后复乘初二、三集会时突然冲入会场，肆行叫嚣，继复拥围办公室，挤毁门窗玻璃，向鄙人请愿。看当时情势，几于不可理喻。卒因大多数学生反对该等行为，仍将其引赴礼堂，由鄙人再三训诂，始皆缄默无言。现风潮已告平息，除择少数偏激分子惩令离校外，余皆安读如常。此经过之大略也。

至沪报所载，时与事均不符，显系别有作用。至鄙人受伤一说更属子虚，知注特以奉布，请释廑。顺颂

公绥！

张伯苓拜启

一月三日

（南开大学档案馆藏）

致徐谟

（1933年1月5日）

叔谟先生大鉴：

久未通候，驰神无似。日前敝中学突起风潮，我公阅报当为惊骇，但竞相传播多失真相，知蒙悬系，谨将经过为台端一略陈之。

查学生自治会出版有《南中学生》一种，因其中有带色彩处，曾受教育部密令警告，已嘱该刊负责人特别注意。又接上海市政府情报处来函指责，只得谕令暂行停刊，或不然，将稿件交阅后再行付印。不意少数学生竟借此为由，散传单贴标语，不按合法手续擅开大会，致扰乱上班秩序。时鄙人为开导计，特召集全体学生于礼堂报告《南中学生》停刊理由，并因学生会有鼓动风潮事

实，至一切越轨行为既往不咎。惟以后如仍有人蓄意捣乱，决不宽宥。讵有少数学生毫不觉悟，隔二日后复乘初二、三集会时突然冲入会场，肆行叫嚣，继复拥围办公室，挤毁门窗玻璃，向鄙人请愿。看当时情势，几于不可理喻。卒因大多数学生反对该等行为，仍将其引赴礼堂，由鄙人再三训诂，始皆缄默无言。现风潮已告平息，除择少数偏激分子惩令离校外，余皆安读如常。此经过之大略也。

至沪报所载，时与事均不符，显系别有作用。至鄙人受伤一说更属子虚。专此告慰，仰惟爱照是幸。顺颂

勋绥！

张伯苓拜启

二十二年一月五日

（南开大学档案馆藏）

致李风

（1933 年 1 月 5 日）

上海西摩路东吴法学院

李先生大鉴：

居隔南北，深以不曾一接光仪为怅。顷奉来札，蒙对敝中校此次风潮殷殷垂询，感谢！感谢！惟事之真相外传多误，兹将经过为台端一略陈之。

查学生自治会出版有《南中学生》一种，因其中有带色彩处，曾受教育部密令警告，已嘱该刊负责人特别注意。又接上海市政府情报处来函指责，只得谕令暂行停刊，或不然，将稿件交阅后再行付印。不意少数学生竟借此为由，散传单贴标语，不按合法手续擅开大会，致扰乱上班秩序。时鄙人为开导计，特召集全体学生于礼堂，报告《南中学生》停刊理由。并因学生会有鼓动风潮事实，至一切越轨行为既往不咎。惟以后如仍有人蓄意捣乱，决不宽宥。讵有少数学生毫不觉悟，隔二日后复乘初二、三集会时突然冲入会场，肆行叫嚣，继复拥围办公室，挤毁门窗玻璃，向鄙人请愿。看当时情势，几于不可理喻。卒因大多数学生反对该等行为，仍将其引赴礼堂，由鄙人再三训诂，始皆缄默无言。现风潮已告平息，除择少数偏激分子惩令离校外，余皆安读如常。此经

过之大略也。

至沪报所载，时与事均不符，显系别有作用。至敝人受伤一说更属子虚。专此告慰，仰惟爱照是幸。顺颂
勋绥！

张伯苓启
二十二年一月五日
（南开大学档案馆藏）

致毛彦文、刘湛恩[①]

（1933 年 1 月 5 日）

彦文、湛恩先生大鉴：

接奉手教，对此次敝中校此次风潮殷殷慰问，感谢！感谢！惟事之真相外传多误，兹谨将经过为我公一略陈之。

查学生自治会出版有《南中学生》一种，因其中有带色彩处，曾受教育部密令警告，已嘱该刊负责人特别注意。又接上海市政府情报处来函指责，只得谕令暂行停刊，或不然，将稿件交阅后再行付印。不意少数学生竟借此为由，散传单贴标语，不按合法手续擅开大会，致扰乱上班秩序。时鄙人为开导计，特召集全体学生于礼堂，报告《南中学生》停刊理由。并因学生会有鼓动风潮事实，至一切越轨行为既往不咎。惟以后如仍有人蓄意捣乱，决不宽宥。讵有少数学生毫不觉悟，隔二日后复乘初二、三集会时突然冲入会场，肆行叫嚣，继复拥围办公室，挤毁门窗玻璃，向鄙人请愿。看当时情势，几于不可理喻。卒因大多数学生反对该等行为，仍将其引赴礼堂，由鄙人再三训诘，始皆缄默无言。现风潮已告平息，除择少数偏激分子惩令离校外，余皆安读如常，此经过之大略也。

至沪报所载，时与事均不符，显系别有作用。至鄙人受伤一说更属子虚。知注特以覆布，请释廑悬。顺颂
时绥！

① 毛彦文时在复旦大学任职，刘湛恩时在上海沪江大学任职。

张伯苓拜启
二十二年一月五日
（南开大学档案馆藏）

致雷法章

（1933 年 1 月 6 日）

青岛

法章先生大鉴：

敬启者：现梁君成化，前在我校肄业，后在师大毕业。日来避乱燕京，极思觅一机会以行其所学。因闻贵市百政具[俱]举，需才孔多，特浼苓代向沈市长及先生处推毂，倘蒙关照，设法一为位置，实深感激于此介绍，不胜企盼。祇颂
勋安！

张伯苓拜启
二十二年一月六日
北平石驸马大街
（南开大学档案馆藏）

致熊希龄

（1933 年 1 月 8 日）

秉三先生赐鉴：

昨日晤谈甚畅，今晨电询尊寓，闻先生业已离津。现时局紧张，敝校亦不得不筹应付之方策。兹悉津埠英租界尊寓一时尚不应用，拟请赐借或租予敝校，藉作紧急时办公之用，谅必为先生所乐许也。专此奉达，敬候回示，并颂
道祺！

张伯苓谨上

廿二年一月八日

（南开大学档案馆藏）

致王乃宽、张松龄

（1933年1月9日）

湖北湛家矶六河沟煤矿公司炼铁厂

乃宽、松龄二位贤弟大鉴：

接来函，承对我校此次风潮殷殷慰问，感谢！汉口英文《楚报》所载有累及鄙人等语，与事实颇不相符，爰将经过情形为弟等一略陈之。

查学生自治会出版有《南中学生》一种，因其中有带色彩处，曾受教育部密令警告，已嘱该刊负责人特别注意。又接上海市政府情报处来函指责，只得谕令暂行停刊，或不然，将稿件交阅后再行付印。不意少数学生竟借此为由，散传单贴标语，不按合法手续擅开大会，致扰乱上班秩序。时鄙人为开导计，特召集全体学生于礼堂，报告《南中学生》停刊理由。并因学生会有鼓动风潮事实，至一切越轨行为既往不咎。惟以后如仍有人蓄意捣乱，决不宽宥。讵有少数学生毫不觉悟，隔二日后复乘初二、三集会时突然冲入会场，肆行叫嚣，继复拥围办公室，挤毁门窗玻璃，向鄙人请愿。看当时情势，几于不可理喻。卒因大多数学生反对该等行为，仍将其引赴礼堂，由鄙人再三训诰，始皆缄默无言。现风潮已告平息，除择少数偏激分子惩令离校外，余皆安读如常，此经过之大略也。

至《楚报》所载累及鄙人等语，实属不明真相，倘竟任其传播，恐亲故阅者多致垂悬。望乞我弟就近代函该报馆速予更正，最所欣感，其他多报亦请转知，免再误会为盼。顺颂

公绥！

张伯苓

二十二年一月九日

（南开大学档案馆藏）

致电万福麟

（1933 年 1 月 9 日）

北平军委会万寿山先生鉴：请速将榆关阵亡安营长及连长等遗像及履历赐下备作宣扬，藉以鼓励前方将士。伯苓叩。

（南开大学档案馆藏）

附：万福麟复电张伯苓（1933 年 1 月 16 日晚）

南开大学张伯苓先生鉴：前奉大电，索榆关阵亡官长像片、履历，当即饬员调取，刻始查清，已将像片饬工翻印，不日封寄尊处。惟以调查气[求]详致稽，肃籍罪，甚乞谅。万福麟叩。铣。

（南开大学档案馆藏）

致何柱国[①]

（1933 年 1 月 10 日）

柱国司令大鉴：

榆关失陷，全国震惊，苟不速图抵抗，则大河以北将立非我有。我司令负全国重望，当守土大任，努力杀敌，为国争光，曷胜钦敬。兹特由敝校师生代表王九苓等师生四人，赍呈麾下卫国勇士毛巾千条，肥皂千块，糖果三百斤，聊表慰劳微忱。不腆之物，敬乞哂收，并祝胜利。再，此次榆关死难之安葬，兹及连长等遗像及事迹请赐寄一份，俾资宣扬。专布，敬请

① 何柱国（1897—1985），别号铸戈，广西容县人。1917 年考入保定陆军军官学校，毕业后留学日本军士官学校。1931 年任陆军步兵独立第九旅中将旅长，率部在山海关参加抗日。1933 年任第五十七军军长，参加长城抗战。1937 年任骑兵第二军军长，会同八路军协同华北抗日。1943 年 10 月，获三等宝鼎勋章。1945 年 1 月 5 日任第十战区副司令长官。1945 年 10 月，获胜利勋章，新中国成立后，曾先后当选为政协全国委员会委员、常务委员，民革中央委员、常务委员等职。

伟安！

张伯苓拜启
二十二年一月十日
（南开大学档案馆藏）

致电何柱国

（1933年1月10日）

临榆县探投何柱国司令鉴：敝校代表王九苓等灰（10日）晨前往慰劳，希予接洽。张伯苓。

（南开大学档案馆藏）

附：何柱国复电张伯苓（1933年1月10日晚）

南开大学校长张伯苓先生鉴：承派王君等远劳战士，甚感。敝部已准备欢迎，特复。何柱国。午。密。

（南开大学档案馆藏）

致刘瑞华[①]

（1933年1月11日）

协和
祝三先生赐鉴：

敬启者：舍甥马秋官前患耳症，蒙疗治痊愈后，久未趋谒申谢，抚念殊为

① 刘瑞华（1892—1963），字祝三，天津人。1915年毕业于北洋医学堂。1917年至1931年先后到美国纽约耳鼻喉医院、哈佛大学及奥地利维也纳医学院学习，获医学博士学位。回国后，曾任协和医学院耳鼻喉科主任、北平大学医学院教授。新中国成立后，历任北京市耳鼻喉科医院研究室主任、北京市耳鼻喉科研究所所长、中华医学会耳鼻喉科学会名誉主任委员。

歉然。日来伊耳又复生脓，特为肃函，令再持往就诊，到时幸乞关照，多多费神，为设法一清其源，是所切祷。祇颂
时安！

张伯苓拜启
一月十一日
（南开大学档案馆藏）

致何柱国

（1933年1月15日）

柱国司令大鉴：

敝校第二次慰劳队代表丁辅仁[①]、曹京实、周季奎[②]偕学生马溥荫[③]携带纸烟、咸菜等品赴前线慰劳。到时希赐予接见是幸。祇颂
伟安！

张伯苓拜启
二十二年一月十五日
（南开大学档案馆藏）

致张体乾[④]

（1933年1月20日）

体乾贤弟大鉴：

来函读悉。现将代向宁树棠弟介绍函缮就，随函附上，希查入，以便欲往

---

① 丁辅仁，河北临榆人。河北第三师范毕业，长期在南开中学任职。

② 周季奎（1909—1958），江苏宜兴人，宜兴中学第一届毕业生，后又在哈尔滨东北商船学校驾驶班毕业，葫芦岛东北海军学校将校班毕业。20世纪30年代初在南开中学任职，负责军事训练。

③ 马溥荫（1913—？），字念祖，河北临榆人。1937年南开大学商学院经济学系毕业。

④ 张培元（1894—？），字体乾，浙江人。1923年南开大学第一届毕业生。

接见，先将此函投递可也。覆颂
时祉！

附函一件。

张伯苓拜启
一月廿日
（南开大学档案馆藏）

致宁恩承

（1933年1月20日）

北平

树棠贤弟大鉴：

顷接张培元弟来函，言与吾弟既属前后同砚，而会面仅有过一次，殊嫌疏阔。目下欲径往造访，又恐迹近冒然，特浼苓代函介绍。伊现在北平任民国、铁路两大学会计教授，兼任天津法商学院商科讲师，往来职务颇忙。要其所以亟亟愿与吾弟一图良晤者，盖纯乎为欢联学谊事耳。到时希即予以接见是幸。顺颂
时绥！

张伯苓拜启
二十二年一月廿日
（南开大学档案馆藏）

致宁向南①

（1933年1月21日）

本市

向南局长赐鉴：

敬启者：前小儿锡羊受黑龙江官银号委派，来津调查文有三住址，曾将其住房会同该管警士查封。嗣因事隔已久，而该房东翟庆波以事由小儿经手，特来烦为请求启封，苓当代修节略声恳，业蒙核准，如请施行，曷胜感谢。惟据文有三家人来言，房虽启封，而家具不准搬出，疑为移局保管。倘竟如此，实不能再成人家。仍烦更一恳求云云。苓查文有三本系寒素，其家人所云委属实在情形，倘蒙格外体恤，饬警准其即将家具领取，惠莫大焉。肃此，无任代祝代祷之至。祇颂

勋安！

张伯苓拜启

二十二年一月廿一日

（南开大学档案馆藏）

致谭仲逵

（1933年1月21日）

南京实业部

仲逵先生大鉴：

① 宁向南（1904—1989），辽宁复县人。中国公学大学部银行系毕业。曾任镇威陆军三四方面军军团部秘书、东北边防司令部长官公署秘书、天津公安局长。后被派往英国牛津大学学习，归国后任重庆行营少将参议、中国农业银行专员、嫩江省财政厅长、善后救济总署空运大队业务经理等职。新中国成立后，先后任中国实业银行郑州分行副经理、遵义食品公司副经理、北京市人民委员会专员、北京市人民政府参事、北京市人民政府参事室副主任。

手示读悉。前敝中校风潮多承关注，早已铭谢心版。顷以榆案发生，平津见逼，又复仰劳廑系，公之见爱如此，感刻真莫可名言。好在校中各部均已提前散放寒假，大考至转春开学再说。男女生多已回家，减轻许多责任。现时腾出身来，为地方维持事，及慰劳前敌将士事，正在与各团体公同努力，至目下平津均尚平静如恒。

藐躬及家人皆托庇安好，舍下亦未移居。每日与担任要职各同人尚时常到校，计划开学一切事宜。虽国难迫在眉睫，而仍不敢不勉也。谨此告慰，请释垂息，衹叩勋绥！兼颂

嫂夫人坤吉，并补贺得麟之喜，拙荆同此致祝，不另。

弟张伯苓拜上

二十二年一月廿一日

（南开大学档案馆藏）

分致商震[①]、宋哲元[②]

（1933年1月24日）

北平军事委员会急转

启予、明轩先生惠鉴：

敬启者：敝校慰劳队现拟于本星期五日，即一月廿七日作第三次出发，所

---

① 商震（1884—1978），字启予，一作起予，原籍绍兴，生于河北大城县。早年入保定陆军速成学堂，后东渡日本留学，加入同盟会。回国后，参与孙中山“二次革命”。1933年5月任平津警备司令兼天津市市长。1935年6月任河北省政府主席。1936年1月，任河南省政府主席。1937年7月抗战爆发，历任第一战区第二十集团军总司令、第六战区司令长官、国民政府军事委员会办公厅主任兼任外事局局长。1945年9月，任委员长侍从室第一处主任。不久改任国民政府参军长。日本投降后，任中国驻日本代表团团长。1949年弃政从商，定居日本。

② 宋哲元（1885—1940），字明轩，山东乐陵县人。1907年从军，入北洋陆军随营武备学堂毕业。1931年6月，任国民革命军陆军第二十九军军长，后任军事委员会北平分会委员兼察哈尔省政府主席。曾指挥第29军将士在长城要隘喜峰口、罗文峪与日军展开血战，消灭日军6000余人，获喜峰口大捷而震动全国。1935年被授为陆军二级上将，任平津卫戍司令、冀察绥靖主任和冀察政务委员会委员长兼河北省政府主席。

赴地点为滦县、玉田、迁安、丰润等处，由队长吴敬敷偕同队员十人携带慰劳品前往。为此恳请费神，即予通知各该处贵军最高长官赐予接洽，是为至盼。
祇颂
勋安！

张伯苓拜启
二十二年一月廿四日
（南开大学档案馆藏）

致北平军委分会交际委员会

（1933 年 1 月 24 日）

北平东城铁狮子胡同

敬启者：敝校慰劳队第三队日内即将继续出发，所赴地点为玉田、迁安、丰润、滦县等处，各该处驻军最高长官姓名为何，兵士若干，现驻何地，均极愿预为闻知，以便筹备一切。为此恳请贵会查明，予以详示，是为至盼。此致北平军委分会交际委员会。

张伯苓
一月廿四日
（南开大学档案馆藏）

致燕京大学学生抗日会

（1933 年 1 月 25 日）

北平

敬复者：接奉来函，承示从事救国工作，留校诸君尚每日努力各等项目，真令人倾佩无似。苓现在天津为地方维持会常委，并进行其他一切关于挽救时局事，每天亦均有会议，忙碌异常。欲赴平到贵会一谈，实苦分身不得。有负函嘱，当祈格外谅之。此致

燕京大学学生抗日会。

张伯苓拜启
二十二年一月廿五日
（南开大学档案馆藏）

致冯司直[①]

（1933年1月25日）

山西师范学校

敬复者：接奉惠函，领悉一是。李君怀琛以冯大停办，故欲转敝校，以免废学，极应收入。不过敝大学在学期间，向不招收插班生，此章行之已久。目前其他以转学荐者已有数起，均未敢照收。兹李君事同一律，有辜尊命，实属情不得已，尚祈高明格外谅之。祗颂
钧安！

张伯苓拜启
二十二年一月廿五日
（南开大学档案馆藏）

与张彭春[②]致电郑通和

（1933年1月27日）

上海　上海中学郑西谷鉴：校务羁身，不克赴会，遥祝成功。伯苓、蓬春。
（南开大学档案馆藏）

① 冯司直，1932—1936年任山西国民师范学校校长，曾任山西省教育厅厅长和日伪山西省省长。
② 张彭春，即张蓬春。

致雷法章

（1933 年 2 月 1 日）

青岛

法章先生惠鉴：

拜聆手教，维新禧百益为颂。津市形势日来不见特别紧张，我校诸部决即各按原定日期开学，大学六日，女中七日、男中学八日，小学十三日，不再推缓。辱承垂询，谨复布以闻，请释廑怀为盼。顺颂

勋绥！

张伯苓拜启

二十二年二月一日

（南开大学档案馆藏）

致电宋哲元

（1933 年 2 月 1 日）

北平西单丰盛胡同廿九军办公处　宋总指挥明轩兄勋鉴：敝校师生廿四人携带物品前赴贵军慰劳，江（3 日）晨六时半起程赴平转通，托张锋伯先生领队，祈予接洽照料，不胜盼祷。张伯苓叩。

（南开大学档案馆藏）

附：宋哲元复电张伯苓（1933 年 2 月 2 日）

伯苓先生赐鉴：东电敬悉。贵校同仁不惮跋涉集临敝部，爱国热诚，钦佩万分，除已电通州张参谋长妥为招待外，电复。弟宋哲元叩，冬。

（南开大学档案馆藏）

致宋哲元

（1933 年 2 月 2 日）

明轩主席勋鉴：

敝校慰劳队师生二十四人由张锋伯[①]先生率领，携带慰劳品饼干壹仟磅，毛巾叁仟条，胰皂三仟块，赴通州一带慰劳贵军，到时希即赐予接见是幸。祗颂

伟安！

张伯苓拜启

二十二年二月二日

（南开大学档案馆藏）

致邱振中

（1933 年 2 月 6 日）

林西县政府

振中贤弟大鉴：

接手书，得悉现荣任林西县长，不胜为该地得人庆。吾弟志意高远，本不限于百里才，但藉此小试经猷，自必为地方造福不浅。目下创办乡村师范为根本培才计，并拟将来扩充，一切具见筹画之周备。嘱代介绍朱子桥诸先生俾为帮忙，极所乐为。不过朱先生等刻正急急设法襄助义勇军，以图救国家危亡，恐一时无力再行他顾。吾弟高明，想亦能见及。此覆，即颂政绥。诸维

亮察不戬！

张伯苓拜启

---

① 张锋伯，南开中学国文教师，中共地下党员。1938 年春初任临潼县县长。新中国成立后，任西安市副市长、陕西省民盟主委。

二十二年二月六日
（南开大学档案馆藏）

致刘聘卿

（1933 年 2 月 6 日）

东光车站

聘卿先生大鉴：

惠函敬悉。敝校年来因学生肄业者过多，一切规则特取严格主义。令郎受完善之家教有素，本无荡越防检之可虞，但既仰承尊嘱，自当对之特别注意，用副先生雅望。此复，祗颂

台祺！

张伯苓拜启
二十二年二月六日
（南开大学档案馆藏）

致中华慈幼协会诸位执事先生

（1933 年 2 月 7 日）

上海

敬复者：接奉赐函，示以第四届年会讨论增进儿童幸福办法，热心慈幼如此，真令莫名钦羡。兹辱承以名誉董事见推，谨当承认。所惜寡浅，如苓忝附诸公骥尾，将来对会务发展或终不克有些须补助之为愧耳。此致

中华慈幼协会诸位执事先生。

张伯苓拜启
二十二年二月七日
（南开大学档案馆藏）

致黄炎培、杜重远

（1933年2月8日）

任之、重远先生暨诸同仁公鉴：

前晤二公，畅聆麈教，至为钦佩。判袂后时深云树之怀，顷展琅函，敬稔诸君子热忱爱国，声气相孚，敝会前荷提倡，得以成立，仍盼时锡南针，俾无陨越。

承示全盘计划，具征宏谟毅力。诸君子愿与敝会合作，同人等得所矜式，无任欢迎，自当竭其驽钝，以追随诸君子之后。

蒲轮何日北上，祈先电知，以便欢迎。前方军用物品，敝会因时有接洽，得悉急需钢板，台从在沪如能筹划若干，尤有裨益。良觌非遥，不既觇缕。专此，敬颂

公绥！

张伯苓等启

二月八日

附：黄炎培、杜重远致张伯苓等（1933年2月2日）

伯苓、文典、孟杨、剑秋、子周先生即同仁公鉴：

月前得亲丰采，饫聆谠言，别后萦怀，辄深驰仰。炎培、重远返沪后，即向同人报告，佥以诸君子精神团结，组织健全，深为佩慰。敝会公意，以热河战事在一、二月内情势自更紧张，非仅一隅之得失，实系全局之安危，亟须筹划者，除军事指挥应向政府陈说外，如接济义军、调节粮食、运输车辆、救护医药均关重要。几经集议，粗有端倪，只以战区广远，需用浩繁，上海残破之余，势难尽量供给，惟愿与贵会共同合作，互相策应，庶遇事变之来，不致有措手不及之虞，谅诸君子亦具有同情。炎培、重远拟于日内再行北上，届时当另函奉闻。专此，敬请

公安！

黄炎培、杜重远启

二二、二、二

（《天津地方协会报告书》，1933年，第71—72页）

致郑勉哉

（1933 年 2 月 9 日）

本市月纬路大吉里二号

勉哉先生大鉴：

迭承枉顾，失迓歉甚。台端博学宏识，久所钦仰。兹奉手翰，示以欲拾起已掷之教鞭，在各校闻之自无不欢迎者。所惜目下本市公私各校多已开学，因在学期间对教授席面一时多不更动，即敝〈校〉亦然。嘱代推毂一节，只得俟遇机再行为力。所有目前无法报命之处，尚惟高明格外见谅是幸。祇颂

时绥！

张伯苓拜启

二十二年二月九日

（南开大学档案馆藏）

致何艾龄

（1933 年 2 月 9 日）

英国伦敦

艾龄女士大鉴：

尊去年十二月函已收到，蒙对敝校及苓殷殷之垂注，感甚。榆关失守后，平津震动，敝校各部曾提前散放寒假，现已期满，又经开学，学生报到者甚形踊跃，堪已告慰。致舍弟函已转交，伊现在大学任教授，在中学任主任职，对教育工作颇感兴趣，附以奉闻。接王君锡钧弟来函，谓枉蒙照顾，谢谢。此复，顺颂

时祉！

张伯苓拜启

二十二年二月九日

（南开大学档案馆藏）

致裘仲侣[1]

（1933年2月10日）

杭州航空学校

仲侣贤弟大鉴：

接来函，因冗未能即答，歉歉！此次航校招生，我校报考录取者前数日偕同南下，想已晤面。请吾弟于伊等多多加以指导，俾不失南开整肃之精神，最所欣盼。小儿锡祜性素浮动，不好用功，望特别推爱，费神管教，是为至托。

顺颂

时绥！

张伯苓拜启

二十二年二月十日

（南开大学档案馆藏）

① 裘仲侣（1891—？），字景仲，浙江嵊县人。1916年南开中学毕业，后就读于齐鲁大学医科。曾任笕桥中央航空学校医官。

分致香河张自忠[①]、三河冯治安[②]、通县张维藩[③]

（1933年2月11日）

荩忱师长、仰之师长、价人参谋长钧鉴：

敬启者：日前第四批慰劳队前往贵处，蒙费神招待，感曷可言。肃此鸣谢，祗颂

勋安！

张伯苓拜启

二月十一日

（南开大学档案馆藏）

---

① 张自忠（1891—1940），字荩忱，山东临清人。1908—1914年在临清高小、天津、济南法政学校就读。1914年秋赴奉天投车震部。1916年由车震推荐至冯玉祥第十六混成旅任排长。1919年至1930年由排长升任连长、营长、团长、师长。1931年1—5月为喜峰口前线总指挥，大败日军。1935年6月至1937年任察哈两省主席、天津市长、北平市长。1937年9月3日化装潜离北平，11月代理第五十九军军长。1938年任第三十三集团军总司令兼第五十九军军长。1939年晋升为第五战区右翼兵团总指挥、陆军上将。1940年5月16日与日军浴血奋战，殉国于宜城境内十里长山。

② 冯治安（1896—1954），字仰之。直隶（今河北）故城人。早年入冯玉祥部当兵。1937年七七事变爆发时，指挥所部与日军激战于卢沟桥及北京西南郊。1938年参加台儿庄战役，后升任第十九军团军团长。1939、1940年，协助张自忠率部参加鄂北随枣、宜昌等战役。张自忠殉国后，接任第三十三集团军总司令。

③ 张维藩（1890—1963），字价人。河北省丰润县人。15岁外出求学，先后在陆军小学、陆军中学、保定军官学校六期及陆军大学毕业。1930年第二十九军成立，任参谋长，1933年在喜峰口抗日，协助宋哲元指挥全军。1936年改任平绥铁路管理局局长兼第二十九军中将参议。中华人民共和国成立后，加入中国国民党革命委员会。

致天津市慈善事业委员会

（1933年2月12日）

敬覆者：前奉大函，并附冬赈募捐启一份，事关慈善，极愿相助为理。所惜近来对于国难募捐事过多，如苓绵薄，深苦应付难以遍及。兹承函示冬赈行将结束，谨将前掷交之九四号捐启原件奉缴，希查入。此次报命未能，实属力不从心，万分抱歉。尚祈格外谅之。此致
天津市慈善事业委员会。

张伯苓敬启
二月十二日
（南开大学档案馆藏）

致宋则久

（1933年2月14日）

烦售品所转平

则久先生大鉴：

正在思念，接手教，如亲光霁。敝校中学风潮前系由少数不良分子而起，嗣经查明，悉令离校，该潮遂即平息。承注谨以告慰。苓近来校务烦冗，并加以外事，昕夕忙碌异常。对于救国十人团，虽附名发起，深愧无力再行顾及。事关救国，我公能否归来，设法一为促进，最所企盼。此复，顺颂
春绥！

张伯苓拜启
二月十四日
（南开大学档案馆藏）

致张絅白

（1933年2月14日）

上海北京路河南路明华商业储蓄银行

絅白先生赐鉴：

手教奉悉。定令事既承厚嘱，自当遵命。惟上次敝校风潮性质严重，苓不敏，未能感格青年，致有此变，深自内疚。事后由各级辅导会议分别首从，决定立时除名者若干人，于学期之末应停学者若干人。此为整个团体计，实万不得已办法。尊函到时，苓之友好亦有为他学生说项者，因提出会议复令审查，终以同样情形退学者不止一人，一有通融，援例必多。定令事，苓遂不便多有主张。深知我公为子弟求学事深具苦心，而在此种环境中办理学校，处境之难，亦有非我公意料者也。方命实歉，尚希鉴宥是幸。专复，祇颂

时祉！

张伯苓拜启

二月十四日

（南开大学档案馆藏）

致陆礼华

（1933年2月15日）

上海两江女子体育学校

赴美赛篮球可称壮举，闻之不胜雀跃。敬祝前途胜利。此致

陆礼华先生。

张伯苓敬上

二月十五日

（南开大学档案馆藏）

分致祁大鹏[1]、邹御风

（1933 年 2 月 15 日）

北平中国学院
河北省政府

大鹏、御风贤弟大鉴：

手示读悉。李生振华因过休学，现既悔悟，自应予以自新。惟上次风潮性质严重，而性[这]样情形经辅导会决定，退学者又不止李生一人，若予通融，援例必多，深恐无法应付。是等困难情形，想吾弟高明，必能见及。所有此项未便准令该生回校之处，良非得已，尚祈转代致意，俾多多原谅是幸。覆颂
时绥！

张伯苓启
二十二年二月十五日
（南开大学档案馆藏）

分致陶孟和、胡适、任鸿隽、丁文江、李组绅

（1933 年 2 月 15 日）

北平

先生赐鉴：

敬启者：月之十八日（星期六）十二时三刻假北平煤市致美楼便酌候教，“并报告我校近况”（叔永先生无此句），届时敬请光临。席中有诸先生并以奉闻，统希爱照。专此拜订，顺请
时安！

---

① 祁大鹏（1896—1958），名鹏，以字行，辽宁康平人。北平私立中国大学毕业。1923 年被聘为北京政府国务院顾问，1932 年任中国大学总务长、代理校长。

张伯苓拜启
二十二年二月十五日
（南开大学档案馆藏）

致河南民众教育演讲团

（1933年2月16日）

河南开封法院街路北

敬复者：接奉贵团第六一号公函，并附捐启一册，嘱代募捐，极应遵照。不过苓现正谋应付国难，关于募捐事力已殚竭，深苦棉薄，无法再为偏[遍]及。有负大命，抱歉良多，尚希格外见谅是幸。此致
河南民众教育演讲团。

附还原捐启一册。

张伯苓启
二十二年二月十六日
（南开大学档案馆藏）

致天津电车电灯公司

（1933年2月16日）

敬启者：敝校教员蒋应荣[1]住南开寿里一号，已将电表押款收据遗失，望付还押款，由鄙人负责担保一切。此致
天津电车电灯公司。

张伯苓敬启
二月十六日
（南开大学档案馆藏）

① 蒋应荣，字荫楼，河北博野人。河北通县协和大学毕业，20世纪30年代在天津南开中学任史地教员。

致邹文瑞

（1933 年 2 月 22 日）

香河三十八师特务团

敬覆者：顷由《大公报》馆转来惠函一件，谨已领悉。指示数条，深佩极有见地，凡我爱国同志自当藉为参考。辱承南针见锡，感谢！感谢！覆颂
勋安！

张伯苓拜启
二十二年二月廿二日
（南开大学档案馆藏）

致樊清宇

（1933 年 2 月 22 日）

本市市政府

清宇先生大鉴：

手书敬悉。嘱件极应遵照，不过朱子桥将军虽同在组织后援会之列，而关于军事一切，不在其应管范围。此覆，希惟亮察是幸。祇颂
崇安！

张伯苓拜启
二十二年二月廿二日
（南开大学档案馆藏）

致华北体育联合会常务委员

（1933 年 2 月 22 日）

北平

敬覆者：来函奉悉。原议本年四月间足、篮球比赛会事，以时局关系，决即遵按函开第一办法停止举行，希惟查照是幸。此致

华北体育联合会常务委员。

张伯苓拜上

二十二年二月廿二日

（南开大学档案馆藏）

致吴滌愆

（1933 年 2 月 22 日）

北平

滌愆贤弟大鉴：

来函读悉。汇洋贰百元已收到无误。关于时局事，极所原闻，承示下月初拟来津过我一谈，欣盼之至。复颂

时祉！

张伯苓拜启

二十二年二月廿二日

（南开大学档案馆藏）

致阎道生[①]

（1933 年 2 月 22 日）

青海

道生贤弟大鉴：

来函得悉。现在青海乐都中学任职，一切均称顺序，甚以为慰。我校以时局故提前散放寒假，二月八日假满开学，校务进行如常。知注特以附闻。不过热河方面日来形势紧张，天津治安恐被牵动，不免时作杞忧耳。覆颂

文祉！

张伯苓拜启

二十二年二月廿二日

（南开大学档案馆藏）

致宋则久

（1933 年 2 月 24 日）

北平香山北辛村一棵松

则久仁兄先生大鉴：

接来函，承示王慧颖女士现在处境困难，嘱为代觅枝栖，极所乐为。不过在此学期中途，苦于未有机会。欲报命而愿不从心，深滋歉疚，尚祈格外见谅。俟后如有法安置，再为奉达。覆颂

大安！

弟张伯苓拜启

二十二年二月廿四日

（南开大学档案馆藏）

① 阎道生（1913—？），陕西三原人。1931 年入南开中学高中一年级肄业。

致谢颂羔

（1933 年 2 月 27 日）

上海博物院路十九号

颂羔先生大鉴：

接奉来函，并《明灯》一册，均已读悉。贵会热心阐扬圣道，至深钦仰。嘱代撰《我的人生观》，理应遵照。所惜苓向来拙于为文，实在未敢执笔。有负大命，惭歉无似。千祈原谅是幸。顺颂

道安！

张伯苓拜启

二十二年二月廿七日

（南开大学档案馆藏）

致邓中林

（1933 年 2 月 27 日）

所询中国文字与亚[阿]拉伯文字之比较，查中国文字创始时，有指事、象形、谐声、会意、转注、假借等六书之分别，若夫亚[阿]拉伯文字，不过即取乎六书中之谐声而已。取知如此，是否有当，希教正。鄙人素对各方惠送物品向不敢妄领，尊赠碑帖事同一律，谨原件奉缴，惟查入为荷。

（南开大学档案馆藏）

与朱庆澜等发起成立东北热河后援协会通电

（1933年2月28日）

南京中央党部、各部院会，各省市党部、各市政府，北平、天津、济南、徐州、蚌埠、南京、苏州、上海、保定、郑州、开封、汉口、武昌、长沙、南宁、广东、太原、西安、兰州、成都、云南、贵阳、安庆、芜湖、南昌、九江、福州、杭州、张家口、归化、包头镇各商会、银行公会、教育会、报界公会转各团体、各界同胞公鉴：同人等因国难日亟，于巧日在北平成立东北热河后援协会，以期集中民众抗日力量，为前方战士作后盾，曾于巧日经通电奉达在案。惟关于援助各事，顾名思义，在在非款莫办，而兹事体大，实非一手一足之劳所能奏功。现热边军事情势万分紧张，供应急如烈火，尚望一致兴起，慷慨助捐。当此一发千钧之际，正我国人输财纾难之时，迫切陈词，伫候鸿施。捐款请交各地中央、中国、交通、金城、上海各银行转汇，并以附陈。东北热河后援协会常务理事朱庆澜、周作民、张伯苓、朱启钤、熊希龄、蒋梦麟、周诒春、胡适、王廖奉献同叩。俭。印。

致中华慈幼协会孔会长、吴总干事

（1933年2月28日）

敬复者：接奉大函，承示贵会副总干事陈铁生先生将亲来平津有所工作，实属罹国难如家诸儿童之福音。惟现在尚未抵埠，临时到来，苓自当如嘱躬往招待，藉表欢迎也。此致

中华慈幼协会会长孔、总干事吴。

张伯苓拜启

二十二年二月廿八日

（南开大学档案馆藏）

致石磊

（1933年2月28日）

敬覆者：接诵大函，奉悉一是。计政学院之筹备，日来想已就绪，贤劳如此，钦慕奚如。简章五份接到后即代向诸生揭示矣。此覆，顺颂
勋安！

张伯苓拜启
二十二年二月廿八日
（南开大学档案馆藏）

致张子岷

（1933年2月28日）

南京西华门头条巷中央国术馆

子岷先生大鉴：

接奉惠函，敬悉三月廿四日为中央国术馆五周纪念，将发行纪念特刊。现谨另纸遵题数字，藉表贺忱，希惟教正是幸。顺颂
道绥！

附题字一纸。

张伯苓拜启
二月廿八日
（南开大学档案馆藏）

致张君劢[①]

（1933年2月28日）

北平宣内九十二号转交

君劢先生大鉴：

手书敬悉。敝校寒假后，现已开学上课。辱乘关注，感谢，感谢。尊介罗夫人学识精博，备极钦仰。所惜大中两部一时均无相当席面，欲行借重，只得仍容后遇有机会再为通知罗夫人可也。此复，即颂
时绥，诸希亮察是幸。

张伯苓拜启

二十二年二月廿八日

（南开大学档案馆藏）

---

① 张君劢（1887—1969年），名嘉森，以字行。幼时入震旦学校，1902年中秀才。1907年入早稻田大学，创办《宪政新志》。1910年回国，授庶吉士。辛亥革命后，任宝山县议长。1912年组织共和建设讨论会和民主党。次年留学德国柏林大学。回国后，历任浙江交涉署长、《时事新报》总编辑、冯国璋总统府秘书。去职后，受聘为北大教授，并组织“松社”。1924年任上海国立自治学院（后改国立政治大学）院长。1927年与李璜合办《新路》，执教暨南大学经济系。1931年任燕京大学教授，着手筹建国家社会党，发行《再生》月刊。1933年4月当选中国国家社会党中央委员兼总秘书，并任教中山大学，组办学海书院，主办《宇宙周刊》。七七事变后被聘为历届国民参政员。1939年加入“统一建国同志会”（后改组为“中国民主政团同盟”）任中央常委，并任民族文化院院长。1945年为中国出席联合国成立大会代表团成员，参与起草《联合国宪章》。1946年出席政治协商会议，参与起草《宪法（草案）》。旋将国家社会党与海外华侨中的民主宪政党合并，成立中国民主社会党，任主席。1949年初，移居澳门。

致毛承恩

（1933 年 2 月 28 日）

南宫县城内鲍家街

承恩贤弟大鉴：

来函读悉。南大经济学院招考农村经济调查员，由该院院长何廉先生主持，投考者必须具有农村专门学识方为合格。吾弟未曾应考，但令为留一缺，愧难办到。目前校中教员席面亦无可借重处。来函谓数次寄函，永未获诺等语，并非鄙人不愿诺，实在是未有机会。覆询

时佳！

张伯苓拜启

二十二年二月廿八日

（南开大学档案馆藏）

东北热河后援会致电北平市各公团

（1933 年 3 月 1 日）

同胞公鉴：

同人等因国难日亟，于巧日在北平成立东北热河后援协会，以期集中民众抗日力量，为前方战士作后盾。曾于巧日经通电奉达在案，惟关系援助各事，顾名思义，在在非款莫举，而兹事体大，实非一手一足之劳所能奏功。现热边军事情势万分紧张，供应急如烈火，尚望一致兴起，慷慨捐助。当此千钧一发之际，正我国人输财纾难之时，迫切陈词，鹄候鸿施。捐后请交各地中央、中国、交通、金城、大陆、上海各银行转汇，并以附陈。

东北热河后援协会常务理事朱庆澜、周作民、张伯苓、朱启钤、熊希龄、蒋梦麟、周诒春、胡适、王廖奉献同叩。俭。

（《申报》外号，1933 年 3 月 2 日）

致教育部体育委员会

（1933 年 3 月 8 日）

径覆者：顷准贵函开本月十五日在教部开全国运动会筹备会第一次会议，嘱苓届时出席，等因。兹以北方时局关系，不克分身赴会，即请查照为荷。此致

教育部体育委员会。

张伯苓谨启

廿二年三月八日

（南开大学档案馆藏）

附：教育部体育委员会致张伯苓（1933 年 3 月 4 日）

径启者：本月十五日上午十时教部开全国运动会筹备会第一次会议，经教部函聘先生为筹备委员，并请准时出席在案。现在为期已近，兹特专函奉达，即希查照出席为荷。此致

张伯苓委员。

教育部体育委员会启

三月四日

（南开大学档案馆藏）

致朱庆澜

（1933 年 3 月 10 日）

北平西单报子街七十四号国民政府赈务委员会驻平办事处

子桥先生大鉴：

手谕敬悉。承介绍王生来敝大学附课，理应遵照收入。不过，敝大学在第二学期间不招插班生。此章行之已久（在本期开学伊始，其他以转学籍者，已

有多起，均未敢照收）。兹王生甫在中学毕业，按其程度尚多缺欠，欲入大学直接听讲，亦恐无法随班。为该生计，最好请其暂在外补习功课，俟暑假再随新生投考。区区之意，敬祈代转该生查照。所有目前未克如命之处，尚希格外原谅是幸。覆颂

钧安！

张伯苓拜启

二十二年三月十日

（南开大学档案馆藏）

致石毓彬[①]

（1933 年 3 月 11 日）

南京军政部首都航空修理工厂

毓彬贤弟大鉴：

手示并序文均已读悉。序文甚好，可付版印。但若能再稍缩短尤妙。苓本不能文，又兼尘忙，更属无暇执笔。兹如嘱签名盖章，另纸附上，惟查照是幸。复颂

文祉！

附原译文一件，签名条一纸。

张伯苓拜启

三月十一日

（南开大学档案馆藏）

① 石毓彬（1902—？），字文渊，江西九江人。1920 年前后在南开中学肄业。

致卢南生

（1933年3月11日）

义（意大利）租界小马路

南生先生大鉴：

手示读悉，兹送上叙文一纸，笔墨拙涩，深愧对于尊编无所增重，亦不过聊藉以伸佩仰而已。字句如有未妥处，尚望予以教正是幸。此颂
文祉！

附叙文一纸。

张伯苓拜启
三月十一日
（南开大学档案馆藏）

致烟台基督教青年会

（1933年3月11日）

敬启者：顷接来函，承示四月八日为贵会三十周年纪念之期，并将发行刊物，嘱为题词。兹另纸题就，藉表庆贺，希查照是幸。此致
烟台基督教青年会。

附题词一纸。

张伯苓拜启
三月十一日
（南开大学档案馆藏）

致青岛市私立崇德中学校

（1933年3月11日）

敬覆者：接奉来函，承示贵校将编印校刊，嘱为题词。兹就来纸题讫附上，借申佩仰，惟爱照是幸。此致

青岛市私立崇德中学校。

附题字一纸。

张伯苓拜启

三月十一日

（南开大学档案馆藏）

致宁向南

（1933年3月13日）

本市公安局

向南局长大鉴：

敬启者：现有舍表侄张克明，年二十五岁，曾在河北省两等模范小学校毕业。其为人性极好学，操行亦颇恂谨。本拟继续读书，只因家境贫寒，急须做事以谋生活，故弃学而归警界。先曾充本市特别第三分局三等警长，嗣因病休假，病愈后于去年二月改为第一区第四所补充警士，从此生活益感困难。兹不得已，谨代恳我局长推屋乌之爱，特别予以成全。倘蒙立赐提拔，感惠尤有同身受。专肃，不胜企盼。祇颂

勋安！

附张克明履历一件。

张伯苓拜上

二十二年三月十三日

（南开大学档案馆藏）

致李仲三

（1933 年 3 月 14 日）

法国

仲三贤弟大鉴：

前接来函，曾于去年九月五日即答复一缄，陈述爱莫能助情形。兹又接手书，得悉前复至吾弟此次发信时犹未达到，不知何迟迟乃尔。现吾弟在法国固有学款不继之忧，而我校值此狂风骇浪、迫在眉睫时期，尤有颠覆不支之虑。目下热河既失，政局又变，平津形势益见紧张，军需急于星火。学校补助费受其影响，或将不免动摇。苓正在夙夜焦思，实无能再行他顾。有负谆托，良非得已。想吾弟高明，定能原情格外也。覆颂

学祉！

张伯苓拜启

三月十四日

（南开大学档案馆藏）

致高忠清

（1933 年 3 月 14 日）

彰德富兴楼

忠清先生大鉴：

来函敬悉。敝校慰劳团体之组织，系自一月中旬由在校师生等公同发起，各自随意报名加入，并非学校指派。该团体工作系利用寒假余暇，分赴各方慰劳军队。虽出发已有数起，均已经归来。此后是否再有出发，尚在未定。令弟桂清在校照常上课，并未去热河。尊函已交令弟阅看，俾知慎重矣。即颂

潭祺！

附令弟亲笔函一件，统惟查照是幸。

张伯苓拜启

二十二年三月十四日

附函一件。

（南开大学档案馆藏）

致中华基督教会执事诸位先生

（1933年3月15日）

鼓楼东

敬覆者：接奉来函，读悉一是。河北高等法院对方君卓陈事既有信开庭审理，想届时或能查情代为昭雪冤，抑亦未可知。苓于法院，目前无一熟识之人，深愧莫由为力。且事关司法，局外人似未便冒为置喙。欲报命而不得，尚乞多多见谅是幸。此致

中华基督教会执事诸位先生。

张伯苓拜启

二十二年三月十五日

（南开大学档案馆藏）

致陆军第二十九军办公处

（1933年3月16日）

交张锋伯带交北平

敬启者：贵军喜峰报捷，全国光荣。敝校逖听风声，尤为忭跃无似。兹由敝校张锋伯先生偕同学生二人北上，一探贵军进展佳音，藉作慰劳准备。到时即请赐以接洽为盼。此致

陆军第二十九军办公处。

张伯苓拜启

二十二年三月十六日
（南开大学档案馆藏）

致厦门大学教职员救国会

（1933 年 3 月 17 日）

厦门

敬启者：来电奉悉。中行汇洋四百元已收到，遵嘱购办适当物品，拟慰劳喜峰口宋哲元第二十九军将士，俟办理完毕，再详单寄呈台览。先此布复以闻，即希查照为荷。此致
厦门大学教职员救国会。

张伯苓拜启
二十二年三月十七日
（南开大学档案馆藏）

附：厦门大学教职员救国会致电张伯苓（1933 年 3 月 15 日）

南开大学张校长鉴：兹由中行汇上四百元，请代购适当物品慰劳前言战士，费神，感感。厦大教职员救国会叩。

（南开大学档案馆藏）

致章元善[①]

（1933 年 3 月 21 日）

北平

元善先生大鉴：

寄下传观之议录一宗已收到无误。兹者，广州东山私立培正中学黄启明君来函，谓伊校曾于本月六日将员生捐得毫洋壹仟元电汇北平中国银行，交朱子桥先生收转东北热河后援会，接济义勇军，未审已否收到，向苓询问。兹恳烦台端一代调查，是否如何，即请由会径复该培正中学查照可也。此托，并颂公绥！

附来函一件，阅毕请赐还为荷。

张伯苓拜启

二十二年三月廿一日

（南开大学档案馆藏）

致山西学生夏令会委员会

（1933 年 3 月 21 日）

山西太原基督教青年会转

敬覆者：接奉来函，示以将于七月间在太原举行第十八次学生夏令会，嘱苓前往与会，理应遵照。惟暑假中预订待办之事甚多，恐益加忙，分身不得。有辜宠约，尚希予以原谅是幸。此致

① 章元善（1892—1987），江苏苏州人。美国康奈尔大学文理学院毕业。长期任中国华洋赈救灾总会总干事，倡办农村信用合作社。后任国民政府实业部合作司司长，经济部商业司长，中国国际救济委员会常委。1945 年参与发起成立中国民主建国会，任常务理事。1949 年作为民建代表出席中国人民政治协商会议第一届全体会议。新中国成立后，任政务院参事，民建中央常务委员，第二至六届全国政协委员。

山西学生夏令会委员会。

张伯苓拜启

二十二年三月廿一日

（南开大学档案馆藏）

致宋哲元

（1933 年 3 月 22 日）

明轩总司令勋鉴：

敬启者：贵军捍御强敌，为国宣勤，丰功伟烈，至足钦佩。敝校师生特组织慰劳救护队一队，共四十五人，由张锋伯先生率领，前往战地担任救护工作，并携带救护应用器具暨慰劳物品等项，外附清单一纸，即请查收为荷。专此，即颂

勋绥！

张伯苓谨启

三月廿二日

（南开大学档案馆藏）

致宋哲元

（1933 年 3 月 22 日）

明轩总司令勋鉴：

敬启者：敝校顷接厦门大学教职员救国会汇来洋肆百元，嘱代购适当物品慰劳前方战士。兹经敝校代购白布裤褂 400 套，计 800 件，随同敝校慰劳各物品一并送呈，请即查收为荷。专此，顺颂

勋祺！

张伯苓谨启

二十二年三月廿二日

附裤褂四百套。

（南开大学档案馆藏）

附：宋哲元致厦门大学教职员救国会

顷接张伯苓先生来函，得悉贵会惠助大洋四百元，嘱其代购适当物品慰劳前方将士，远荷高谊，钦感曷既。此款已由张君代购裤褂四百套送交到部，业经照领矣。

致黄启明

（1933年3月25日）

启明先生大鉴：

敬覆者：日前接奉来函后，随即向后援会查询。据会中覆称，贵校员生所捐毫洋壹仟元，朱子桥先生业于三月九日由北平中国银行接到，并已将收条径向尊处寄去矣。此复，祗颂

教安！

张伯苓拜启

二十二年三月廿五日

（南开大学档案馆藏）

致祝步唐[①]

（1933年3月25日）

石家庄河北统税石家庄管理所

步唐贤弟大鉴：

手书读悉。在石〈家〉庄任职甚好，练习国术，身体转弱为强，可喜可贺。仆日来，诸事加忙，幸贱躯如常粗适，承注堪以告慰。我校国术旧有广武学会，由蒋致中先生教授，已经有年。学生练习者亦颇不少，所惜未能普及，实当特别为鼓励之。关于中日问题，目前实无法解决。欲恢复失地，既非空言所能；欲作李鸿章，亦恐不易其选。就现在情形而言，惟有敌来即击之，公同矢志抵抗到底。但求人心弗散，中国事或不致竟不可为也。吾弟以为如何？覆颂时祉！

张伯苓拜启

二十二年三月廿五日

（南开大学档案馆藏）

致陈芝琴[②]

（1933年3月27日）

意租界工部局对过小马路二十四号

芝琴先生大鉴：

---

① 祝步唐（1895—1989），名瀛洲，字步唐。1917年南开中学毕业后任吉林毓文中学教员。1919年考入南开大学，为南开大学第一期学生，1923年毕业，复回毓文中学任教。1927年调任吉林女子中学校长。1928年赴美国威斯康星大学留学，获经济学硕士学位。1932年回国，先在北平大学经济系任教授，后在财政界任职二十多年。1949年去台湾，1985年回大陆定居。1987年被聘为中央文史研究馆馆员。

② 陈芝琴（？—1947），天津人。早年做洋行买办生意，家资富有。笃信基督教，为天津仓门口基督教自立会执事之一。20年代初南开大学在八里台兴建新校舍时，慨捐女生宿舍建筑费三万元，建成后命名为芝琴楼。后又为重庆南开中学捐建“芝琴楼”。晚年境况不佳。

今早枉驾，适苓未在校，有失倒屣相迎，歉仄无似。惠捐之款又收到五仟元，已收齐。义气高于岑楼，先生芳名从此千秋不朽矣。专肃鸣谢，附上收据一纸，祈检入为荷。祗颂

崇安！

弟张伯苓拜上

二十二年三月廿七日

附收据一纸。

（南开大学档案馆藏）

致许仕廉

（1933 年 3 月 28 日）

北平燕京大学社会学系

仕廉先生台鉴：

手书读悉。杨生肖彭[①]谋中学教职事，业嘱敝校务课予以注意，如遇有相当机会，再为奉函通知可也。此复，祗颂

台安！

张伯苓拜启

二十二年三月廿八日

（南开大学档案馆藏）

① 杨肖彭（1906—?），直隶霸县人。天津南开中学毕业。1929 年入北京燕京大学主修社会学，辅修新闻学。1933 年毕业后参加基督教全国协会主办的青年会干事训练班，并重入燕京大学研究班肄业一年。新中国成立后，任天津青年会总干事、天津青联副主任、天津基督教三自爱国会名誉主席、市人大常委。

致沈友眉

（1933年3月28日）

本市法租界一一一号天津义品放款银行

友眉先生鉴：

来函奉悉。贵学生尔朋携交药品六件已如数收到。贵同仁牺牲春酒筵席费，助前敌救护工作，似此居心慈善，真令人钦佩莫名。明日即可随同敝校慰劳队以贵同仁名义带往通县廿九军，交其应用也。此颂

公安！

诸同仁均此，不另。

张伯苓拜启

二十二年三月廿八日

（南开大学档案馆藏）

致宋哲元

（1933年3月29日）

明轩军长勋鉴：

敬启者：敝校顷接天津义品放款银行同人送来药品、纱布等三箱，嘱送贵军为救护伤兵之用。兹由敝校慰劳救护队携呈奉上，即请查收为荷。专此，顺颂

勋绥！

张伯苓谨启

三月廿九日

原送来六件，由敝校改装三木箱，另附药单六纸。

（南开大学档案馆藏）

致厦门大学教职员救国会

（1933 年 3 月 29 日）

厦门

敬启者：前接尊电，汇洋肆百元，嘱代购买适当物品慰劳前方战士。当即遵照酌购白布裤褂肆百套，业经送交宋明轩总指挥部收用。兹将购置裤褂收据并宋总指挥致贵会谢函（内附收据）一并寄呈，统希查收为荷。此致

厦门大学教职员救国会。

张伯苓拜启

二十二年三月廿九日

附收据一件，函一件。

（南开大学档案馆藏）

致黄勖志

（1933 年 3 月 31 日）

新会县立第二中学

勖志女士大鉴：

接来函，得悉令尊病已痊可，勖新小学如旧，现又就县立第二中学事，闻之〈不〉胜欣慰。从此努力工作去，藉多博些金钞，以备升学需，用偿年来热望上进、未偿之初志，是一绝好机会。前挪鄙及学校款即作购销，勿再置意可也。

华北军情吃紧，平津时惊风鹤，但事先预防，地方政府及绅民等已商有相当维持办法，故人心尚不致大形恐慌，我校及他校一概上课如恒。在寒假时，我校师生曾组织一国难工作团，募捐购物，分往前线慰劳杀敌将士，已经过多次出发。现虽开课已久，而该项工作仍未停止。鄙又参与津市地方协会事，尤感昕夕不遑宁处。好在我校各部诸务顺平，贱躯及家人等亦均托庇粗适，堪以

告慰廑系耳。上后有何佳况，尚望不时示我数行为盼。覆颂
时祉！

张伯苓拜启
二十二年三月卅一日
（南开大学档案馆藏）

致北平政务委员会秘书厅总务处

（1933年4月1日）

北平

敬启者：来函谨悉。附二十一年十二月及二十二年壹月份车马费大洋贰百元已收到。查二十一年十、十一二个车马费贰百元亦均收到无误，合并复闻，统希亮鉴是幸。此致
北平政务委员会秘书厅总务处。

张伯苓启
二十二年四月一日
（南开大学档案馆藏）

致张湘生

（1933年4月2日）

实业部天津商品检验局

湘生先生大鉴：

接奉手书，承示欲加入华北工业社，有所贡献，非常欢迎。该社工作得高明如先生者为之促进，将来定于实际上增无限光荣。除如嘱径函平介绍外，合亟肃复以闻，即希查照为荷。顺颂
时绥！

张伯苓谨启

二十二年四月二日
（南开大学档案馆藏）

致刘子楷

（1933年4月4日）

北平外交大楼

子楷次长勋鉴：

接奉手教，敬已领悉。瑞士马丹教授三日到津，除为敝大学、中学讲演外，并谒于主席。当晚苓会同中央银行行长李宏章先生设宴招待，并约名流作陪，宴毕送其启程赴沪矣。合并覆闻，希惟查照是幸。祗颂
钧安！

张伯苓谨上
二十二年四月四日
（南开大学档案馆藏）

致于学忠[①]

（1933年4月4日）

孝侯主席勋鉴：

---

① 于学忠（1890—1964），字孝侯，山东蓬莱人。1911年毕业于通州速成随营学堂步兵科，入毅军任排长、连长等职，1914年任热河镇守使公署中校副官长。1917年起历任北洋陆军营长、团长、旅长、师长、军长等。1930年任平津卫戍司令，1932年8月任河北省主席兼北平军分会委员，1933年6月兼任天津市市长。1935年11月任甘肃省主席。西安事变后，全权负责东北军。1938年3月率部参加淮河战役、台儿庄战役及武汉保卫战，同年改任第五集团军总司令。1939年1月任苏鲁战区总司令。1941年底任山东省主席。1944年3月任国民政府军事参议院副院长。1952年12月，任河北省人民政府委员。1954年8月，当选为第一届全国人民代表大会代表；9月任国防委员会委员。1955年2月任河北省人民委员会委员兼河北省体育运动委员会主任。1956年被选为中国国民党革命委员会第三届中央委员。

敬启者：敝门生尹荣琨，现年四十六，系河北省平乡籍，曾毕业于北洋大学土木工科。其为人才具优长，办事稳练。历任交河公署秘书、军署谘议，工校校长、县知事等，并充任西陵、黄河工务主任科长各要职。测量制图均有经验，而对放淤事尤称熟习。平素志在有为，极愿遇一机一尽所学。苓于该生知之甚深，特肃此一为介绍。我主席爱才若渴，刻值兴修庶政，倘蒙栽培，庆际会于风云，不胜代祝代企之至。祗颂
钧安！

张伯苓谨上
二十二年四月四日

附履历一件。

（南开大学档案馆藏）

致北平南开校友分会

（1933年4月8日）

北平中法大学范莲青先生收转

敬启者：来函读悉。所拟四月廿三日正午假西车站食堂春宴，时间、地点鄙人均甚赞同，届期躬往参与，借资欢叙不误。此致
北平南开校友分会。

张伯苓拜启
二十二年四月八日
（南开大学档案馆藏）

致宋哲元

（1933年4月10日）

明轩总指挥勋鉴：

敝校慰劳救护队前赴贵军并未出何等微力，反为贵军于接待上添忙，而些

须物品并蒙惠函称谢，实觉莫名愧赧。兹敬启者：现有《申报》特派员陈赓雅记者专诚北上往前视察，希望探得贵军此次胜敌详情，一为披露。按《申报》为南方最老、最有价值报纸，故对采录要闻极为认真，用特代函介绍。该记者到时，幸祈俯赐接见，并费神多多予以指导，是为至荷。祇颂
捷安！

张伯苓拜上
二十二年四月十日
（南开大学档案馆藏）

致商震

（1933年4月10日）

启予总指挥勋鉴：

前线战情迭于敝天津地方协会接奉报告，知贵军杀敌致果，一往胜利，为之忭慰无似。兹敬启者：现有《申报》特派员陈赓雅记者专诚北上视察，希望探得贵军此次胜敌详情，一为披露。按《申报》为南方最老、最有价值报纸，故对采要闻极为认真，用特代函介绍。该记者到时，幸祈俯赐接见，并费神多多予以指导，是为至荷。祇颂
捷安！

张伯苓拜启
四月十日
（南开大学档案馆藏）

致嵩阳中学

（1933年4月15日）

开封宋门大街

敬启者：来函奉悉。贵校办理完善，久所钦仰。十周年纪念特刊题词现已

如嘱拟就，不计工拙，附函以来纸录上，藉表庆祝，希查入为荷。此致
嵩阳中学校。

张伯苓手启
二十二年四月十五日

附题词一纸。

（南开大学档案馆藏）

致王正廷

（1933年4月15日）

上海福煦路一七六号六河沟煤矿公司总管理处

儒堂我哥大鉴：

手教敬悉。成志同人定本月廿二、三两日在杭举行年会，极愿前往参加。不过北平敝南开校友分会招集春宴，亦定廿三日，弟已早允与会，届时并将有重要谈话，似再爽约不得。所有此次不克分身赴命之处，委因约期冲突，无法兼顾使然，殊觉万分抱歉，尚乞格外谅之。覆颂
近祉！

张伯苓谨上
四月十五日
（南开大学档案馆藏）

致王克敏[①]

（1933 年 4 月 15 日）

北平西城嘎哩胡同三号

叔鲁先生惠鉴：

顷由令侄转来手教，谨已领悉。苓拟于本星期三日早车北上，抵平后住前门外施家胡同北京旅馆。晤叙在即，先以覆布，惟希爰照是幸。祇颂

大安！

弟张伯苓拜上

二十二年四月十七日

（南开大学档案馆藏）

致叶葵南[②]

（1933 年 4 月 18 日）

英租界

葵南贤弟大鉴：

① 王克敏（1873—1945），字叔鲁，浙江杭县（今余杭）人。清末任留日学生监督。北洋政府时期，任中法实业银行、中国银行总裁，财政总长。1935 年任冀察政务委员会委员。抗日战争爆发后，在北平成立伪华北临时政府，任行政委员会委员长和汉奸组织“新民会”会长，后又两度任伪华北政务委员会委员长。抗战胜利后被捕，畏罪自杀。

② 叶香芹（1898—1981），字葵南，辽宁兴京人。1920 年南开中学毕业。同年赴美留学，先后入伊利诺伊大学、密苏里大学学习新闻，密歇根大学学习财政经济，艾奥瓦大学学习土木工程，获得土木工程、财政经济硕士学位。1930 年回国，任教于东北大学工学院，兼任国民政府工商部驻东北专员。1931 年九一八事变后，任外交部专员兼北宁铁路管理局材料处处长，外交部华北五矿煤铁运销惠通公司经理。后筹建上海利达工程公司，承建了多条铁路及钱塘江大桥等工程。抗日战争期间，利达公司先后修造了昆明、遂川等飞机场。

接来函，得悉吾弟现已准乎时宜，辞去北宁路课长之职，拟愿效力地方协会，极表赞同，俟开会时当为提出。不过该会事务现除募捐外，他事甚属寥寥。此复，惟查照是幸。顺颂

时祉！

张伯苓拜启

二十二年四月十八日

（南开大学档案馆藏）

致雷华熙

（1933 年 4 月 18 日）

南京参谋本部

华熙贤弟大鉴：

暌别已久，接来函，知留美已十有二载，今春始毕业归来，归后即在参谋部受任今职，忭贺无似。我校年来扩充，除八里台大学部外，而女子中学及小学部皆在南开附近建有新校舍，来学均极踊跃，吾弟已早有所闻。只以时局关系，近于经济上颇感困难。好在鄙人与同人等向来作事均不悲观，对校无时而弗努力进行，目下一切尚称顺利。知注特以告慰。瞻望南天，以后弟处有何佳况，尚望不惜数行示我为盼。复颂

时祉！

张伯苓拜启

二十二年四月十八日

（南开大学档案馆藏）

致林成秀

（1933 年 4 月 19 日）

本市河北省建设厅

浥尘厅长勋鉴：

敬启者：日前因宁紫垣欲在小站减河上游设涵引水开荒，与敝校校田甚有妨碍，曾经函恳制止。现又有自称常流庄及刘唐庄等数村代表崔毓蒙等，在朝家桥东减河北岸借名为饮料朦混破土安设大涵，多量取水，于校田实属不利。除正式函请查禁外，谨再肃恳特别赐以关照。每届春季多有此项争水情事发生，历承我厅长对校田力予维持，感谢大惠实无涯涘。专此，祇颂

钧安！

张伯苓拜启

二十二年四月十九日

（南开大学档案馆藏）

致陈宝泉

（1933 年 4 月 19 日）

本市河北省教育厅

筱庄先生大鉴：

敬启者：为范公铸像事，所得捐款均暂在金城银行存储，现连同该行活期利息一十八元三角四分在内计算，共已集有成数二千六百四十四元三角四分。刻值时事紧张，是项捐款并收据等极应预为设法安放一妥善地方，俾保存不致有失。我公意中有何办法，幸祈指示，以便遵照，是为至盼。祇颂

勋安！

张伯苓拜启

二十二年四月十九日

附清单一纸。

（南开大学档案馆藏）

致林我将

（1933 年 4 月 19 日）

上海极司非而路九十九号中国航空协会

我将先生大鉴：

日前史鹤雏君来，奉到手简，领悉一切。组织航空救国分会，苓甚赞同。不过敝处现值时局紧张，待办事件纷至沓来，公私交迫，为学校谋、为地方社会谋均属责无旁贷，永朝永夕不遑暇食，苦不克匀时再顾他事。在津筹设分会，只得暂从缓商，尚希亮察为荷。复颂

台祺！

张伯苓拜启

二十二年四月十九日

（南开大学档案馆藏）

致范士奎

（1933 年 4 月 24 日）

上海四川路六号开滦矿务局

士奎贤弟大鉴：

迭拣来函，欣悉凡百顺利为慰。津埠目下尚安静，我校虽地邻日租界，而景况一切如恒，学生皆安然上课。苓日来除设法维持学校外，即为地方协会奔忙，几于昕夕不遑。好在鄙躬尚称顽健，家人皆亦托庇平安。诸荷垂悬，藉堪告慰。希惟爱照是幸。顺颂

时祉！

张伯苓拜启

二十二年四月廿四日

（南开大学档案馆藏）

致袁伯樵

（1933 年 4 月 24 日）

芜湖凤凰山安徽私立萃文中学

伯樵校长先生大鉴：

顷接来函，示以贵校将出一成立第三十周年纪念刊，嘱为题词。现遵照题就数语，另纸附上，希教正为荷。顺颂

台安！

张伯苓敬启

二十二年四月廿四日

附题词一纸。

（南开大学档案馆藏）

致张幼山

（1933 年 4 月 26 日）

山东省建设厅

幼山仁兄先生大鉴：

许久未得晤教，驰神綦切。现在建设宣勤定卜，新猷日楙，贤劳远企，忭贺莫名。苓栗鹿如恒，乏善可述。顷有素识之友郜君仲雄在贵厅充水利专员，其人学识优长，作事老成练达，幸祈推爱，多多予以提挈。至托！至托！祗颂

勋安！

张伯苓拜上

二十二年四月廿六日

附略历一件。

（南开大学档案馆藏）

致电汪精卫

（1933 年 4 月 26 日）

南京行政院汪院长：承电邀参加农村复兴委员会，苓当如期赴京，特复。张伯苓叩。

（南开大学档案馆藏）

附：汪精卫致电张伯苓等（1933 年 4 月 25 日）

盐业银行吴达诠先生、南开大学张伯苓先生大鉴：我国农村凋敝，产物衰微，赣鄂则匪患连绵，陕甘则赤地千里，沟壑辗转，惨不忍言。以此抗攒则实力不济，以此剿匪则滋蔓离图。兹拟于行政院设立农村复兴委员会，集中朝野力量筹集巨款，分途救济，充实金融，改建技术，发展交通，调剂粮食，期于抗日为巩固后方之图，于剿匪收釜底抽薪之效。于本日行政院会议决定敦聘先生等为委员，并定于五月五日在南京开第一次会议，务望高轩不我遐弃，届期惠然肯临，共筹治本之方，以救沦胥之迫。敢为国民再请。汪兆铭，径。

（南开大学档案馆藏）

致陶犀然

（1933 年 4 月 28 日）

本市河北省政府秘书处

犀然先生大鉴：

接奉手教，并寄怀诗，仰蒙青视，曷胜惭感。先生著作等身，久所钦仰。兹收到沈南丛书第二辑至第七辑预约卷各一张，业于敝校广告栏中代向全体师生等介绍，俾为查照矣。此复，祗颂

著祺！

张伯苓拜启

四月廿八日

（南开大学档案馆藏）

致天津市政府

（1933年4月29日）

本市

敬覆者：顷奉聘函，俾附骥于本市经济调查委员会委员之列，谨当如命。不过苓日来事务繁忙，南北奔驰无定，或不克随时到会尽职，为可愧耳。此上天津市政府。

张伯苓谨上

二十二年四月廿九日

（南开大学档案馆藏）

致秀子文

（1933年5月2日）

河南焦作中原有限股份公司

子文吾兄大鉴：

不获握叙者有年，正切葭思，忽奉遥函，欣如觌面。就审兴居多祜，为颂无量。令世侄名过冉者，在敝校肄业尚属中才，兹承嘱托，自当随时加以策励。该生果知特别努进，将来或不难有成就也。此复，顺候

时绥！

弟张伯苓拜启

二十二年五月二日

（南开大学档案馆藏）

致韩博仁

（1933 年 5 月 2 日）

青岛市立女子中学校

博仁女士大鉴：

接来函，一切荷承关注，感甚！时局变幻难测，好在平津两处均有地方协会维持，以故人心颇安。我校与其他学校皆照常上课。苓迩来凛乎匹夫有责之义，益自不遑安处，除校务外，而对地方事及国事南北奔走，忙碌异常。今晚又须赴南京参与农村会议。欲稍将息不得，是真所谓劳人草草者也。臂痛少见轻减，现仍在治疗中，想经热汽之汗蒸或可告痊愈也。此时精神尚顽健如昔，堪以告慰。青市近况如何，贵校添班计划进行当甚顺利，暇时尚望不惜数行示我为盼。复颂

时祉！

张伯苓启

二十二年五月二日

（南开大学档案馆藏）

致北平政务委员会秘书厅总务处

（1933 年 5 月 9 日）

北平

敬启者：接奉来函，敬悉种切。汇下贰月份车马费壹百元已如数收讫，特此具复，即祈查照是荷。此致

北平政务委员会秘书厅总务处。

张伯苓启

二十二年五月九日

（南开大学档案馆藏）

致阎道生

（1933年5月11日）

青海乐都中学校

道生贤弟大鉴：

接来函，得悉凡百顺利，欣悦之至。所谭各项问题，关于青海风土人情、物产、行政诸状况宛然毕露，增益吾人西北研究资料不少。惟惜时局紧张，苓对国事与地方事有诸多应尽义务，忙碌异常，一时苦无暇分心他及。好在津中市面尚安，学校照旧上课，差堪告慰廑系耳。我弟欲投笔从戎，为志甚壮，但目前尚无可以介绍处，容俟遇有相当机缘，再为函达可也。复颂

时祉！

张伯苓启

二十二年五月十一日

（南开大学档案馆藏）

致徐谟

（1933年5月16日）

南京外交部

叔谟先生大鉴：

日前为参与农村会议赴京，藉得晤教，甚快。下车之始辱承迎接照拂，已极感。嗣并蒙醉以嘉醴，饱以珍馐，苓等何德，可以堪此。迄今迴念盛情，固犹觉齿颊留芳而有余味也。拜别言返，贤夫妇复偕同相送，益令铭心无已。肃此鸣谢，并颂

俪安。诸惟爱照不尽。

弟张伯苓、伉乃如谨上

二十二年五月十六日

（南开大学档案馆藏）

致天津市公安局第四区周署长

（1933 年 5 月 16 日）

敬启者：韩人金基贞，朝鲜京城世富兰偲专门医校毕业，来华业医，在津设溥仁医院已久。由民国六年起，并曾在敝校担任校医四载。今据其来言，谓该医院已由南市迁移河北元纬路黄氏胡同二号，正在向公安局办领新照，烦代证明。查该医士以前在敝校任校医属实。相应函证以闻，即希查照为荷。此致天津市公安局第四区周署长。

张伯苓谨启

二十二年五月十六日

（南开大学档案馆藏）

致电商震

（1933 年 5 月 16 日）

通县商总指挥勋鉴：兹派员赍上慰劳品，洽午抵通，祈照拂。张伯苓。

（南开大学档案馆藏）

致朱培德[1]、葛敬恩

（1933年5月17日）

南京全国航空建设会

益之、湛侯先生钧鉴：

敬启者：接奉铣电，得悉我航空建设会于本月二十日在京开成立会，极愿遵照，届期前往出席。不过平津目下敌锋逼处，人心正感恐慌，又适值行政院驻平政整委会黄委员长北来开会在即，苓须候参末议，并兼有校务牵系，一时实欲远离不得。所有此次未能赴会各缘由，合亟据实布覆以闻，幸祈俯赐亮察为荷。祗颂

公绥！

张伯苓谨上

二十二年五月十七日

（南开大学档案馆藏）

附：朱培德等从南京致电张伯苓等（1933年5月16日）

天津南开大学张委员伯苓、北平宣内石驸马大街二二号熊委员希龄、金城银行周委员作民、蒋委员梦麟勋鉴：本会定于本月二十日在京华侨招待所开成立大会，业经函达，请准时出席，并将提案先期寄京在案，用再电达，务请察照，准时出席。旅费到京由会补发。全国航空建设会朱培德、葛敬恩叩。铣。印。

（南开大学档案馆藏）

---

① 朱培德（1889—1937），字益之，云南盐兴人。早年毕业于云南讲武堂。护法战争中任滇军师长。1921年，任中央直辖滇军总司令。1922年春，随孙中山北伐，任中路前敌总指挥。陈炯明叛变，朱培德率部回师讨伐，因失利退至湘边，后入桂，参与东征讨伐。任军长兼大本营参军长并代军政部长。1924年，孙中山二次北伐，朱培德任中路总指挥。1925年，任国民政府委员，军委会委员及第三军军长，二次东征，任南路总指挥。1926年7月，北伐时任右翼总指挥。次年，任江西省主席，1928年，历任第一集团军预备队总指挥、前敌总指挥、湘赣“剿匪”总指挥。1929年后，任参谋总长、军委会办公厅主任兼代训练总监。1934年代理参谋总长。

致商震[1]

（1933 年 5 月 17 日）

贵军冷口血战，杀敌致果，敝校教职员逖闻风声，钦迟无既，对于受伤诸将士尤所系念，用特各捐薪水购置抬架二十八副，手术台十架，棉花一百一十磅，绷布十匹，药箱二十只，派员送上，聊表寸衷。即祈查照叱收应用为荷。

（南开大学档案馆藏）

致电陈彬龢

（1933 年 5 月 17 日）

上海《申报》馆转陈彬龢先生：各部师生照常上课，不拟迁移，请释念。伯苓。

（南开大学档案馆藏）

附：陈彬龢致电张伯苓（1933 年 5 月 16 日）

南开学校张校长：时局严重，准备如何？标念。彬龢。

（南开大学档案馆藏）

① 这是给通县商震总指挥的信。

致卢南生

（1933 年 5 月 18 日）

本市意租界北小马路二号

南生先生大鉴：

手示读悉。四小儿锡祐①前因对航空感有兴趣，故投考航校，幸被录取。尊处需用关于国内航空章程及定价表、线路图等，业已函知小儿俾为代觅矣。葛署长苓与不熟，通函似觉唐突，请题之事请台端另行设法。赠书已付邮转去，敝合作社代销之书，件嘱介绍于一般学子，当为留意。此复，顺颂

著祺！

张伯苓拜启

二十二年五月十八日

（南开大学档案馆藏）

致郑通和

（1933 年 5 月 19 日）

上海上海中学

西谷贤弟大鉴：

久未晤叙，甚念。顷者，有我大学商科一九三一毕业穆祥淑女士往沪大中银行任职，该女士从未出过远门，此次就事沪上，深感一切生疏。特此代为介绍，幸祈费神随时予以照拂。至托！至托！顺颂

近祉！

① 张锡祐（1913—1937），天津人，张伯苓四子。中学就读于南开中学。上高中二年级时，考入国民政府在杭州笕桥的空军学校，1934 年毕业。1937 年奉命执行轰炸日本侵略军的出云舰的战斗任务，虽然胜利地完成了任务，但机毁人亡，牺牲在江西南昌。

张伯苓启
二十二年五月十九日
（南开大学档案馆藏）

致王恩东

（1933年5月19日）

南京金城银行

震孟贤弟大鉴：

日前在京多蒙照拂厚待，感甚，谢谢！顷者，向与吾弟同班之穆祥淑女士往沪大中银行任事，伊未曾出过远门，此次南下过京晤面时，望一切费神予以指导。至托！至托！顺颂

时佳！

张伯苓启
二十二年五月十九日
（南开大学档案馆藏）

中国航空建设会全体委员通电[①]

（1933年5月20日）

航空事业，国防要图，吾国国势阽危，交通阻滞，无论平时战时，其需要航空，尤为迫切。兹者政府为求航空事业之增进，爰有全国航空建设会之设立，并聘子文等四十人为委员，遵于五月二十日开会成立，敬谨就职。窃维航空建设，万绪千端，子文等谬膺重寄，深虞陨越，尚望国内贤达，各抒宏议，海外侨胞，悉予匡助，合政府人民为一体，期智力财力之集中，航空前途，实利赖之。特此奉陈，敬希鉴察。

---

① 中国航空建设会5月20日开成立大会，张伯苓等40人被选为该会委员，会后全体委员发表通电。

全国航空建设会委员宋子文、朱培德、钱新之、史量才、葛敬恩等全体委员叩。舸。

（《申报》，1933 年 5 月 21 日）

致英、法、意各国驻津总领事

（1933 年 5 月 23 日）

径启者：敝会现为救济津市难民起见，特联合本市八自治区红十字会、红卍字会、基督教救济会等各团体组织联会救济集团，共同从事救护工作，业将详细计划拟定，并在特别一区设立收容所数处在案，以后设遇有紧急事变时，如有下列各团体之旗帜或标志救护难民通过贵国租界时，拟请贵领事予以便利放行，俾利工作。为此相应函请查照，转饬贵工部局知照为荷。此致

英总领事翟兰思、法代正领事李毕丽、意国驻津总领事。

天津地方协会常务委员张伯苓启

五月二十三日

（《天津地方协会报告书》，1933 年，第 83 页）

致雷法章

（1933 年 5 月 24 日）

青岛市教育局

法章先生大鉴：

接奉手书，蒙以时局关系，对敝校多为系念，感甚！此次津埠骚乱，仍以城南一带为起点。本月廿日夜十一时许，突有十数便衣队到八里台，将护校保安警察数人缴械。翌晨，因其尚无别项动作，学生照常上班。不过以地面戒严故，由廿二日起暂宣布休课三天，廿五日即行复课。苓与诸同人每日到校酌商维持学校办法，不敢稍有怠忽，但求托庇，长此安谧，则幸甚矣。知注合亟据覆以闻，希释廑悬为盼。祇颂

勋绥！

张伯苓拜启
二十二年五月廿四日
（南开大学档案馆藏）

致孙理甫

（1933年5月24日）

南京外交部情报司

理甫贤弟大鉴：

接来函，承对我被扰情形多多关切，感甚！此次扰乱发生仍以城南一带为起点。本月廿日夜十一时许，突有十余便衣队到八里台，将护校保安警察数人缴械。翌晨，因其尚无别项动作，学生照常上班。不过以地面戒严故，由廿二日暂宣布休课三天，廿五日即行复课。苓与诸同人每日到校酌商维持办法，不敢稍有懈怠，但求托庇，长此安谧，则幸甚矣。敝宅未迁居，均无恙，伉先生家亦安好。承询，同此谢谢。顺颂
时祉！

张伯苓启
二十二年五月廿四日
（南开大学档案馆藏）

致陈扈生[1]

（1933年5月28日）

杭州浙江大学工学院

扈生贤弟大鉴：

---

① 应为陈承弼，字沪基。

接手书，诸承关切，感甚！时局紧张已久，我校诸务照常进行。突于本月廿日夜十一时许，有便衣队十数人至八里台，将护校保安警察数人缴械。翌日，因其并无别项骚扰，诸生依旧上班。不过以地方戒严关系，自廿二日起，暂休课三天，至廿五日即行复课。知注特为复布以闻，请释垂悬是幸。顺询
时佳！

张伯苓启
二十二年五月廿八日
（南开大学档案馆藏）

致汪伯庄、曾宪雄[①]

（1933年5月30日）

青岛市教育局

伯庄、宪雄二位贤弟大鉴：

接来函，蒙对我校关切，谢谢！此次天津纷扰，系由五月廿日夜十一时许，突闻枪声，当有便衣队十余人至八里台，将我护校保安警察数名缴械而去，并未入校内骚扰。翌日，我大、中各部照常上课。自二十二日起因地方戒严关系，暂休课，至廿五日后复课，校务进行未稍停止。目下市面情形略见松缓，不若以先之严重矣。特复布闻，藉慰廑系。顺颂
时祉！

张伯苓启
二十二年五月卅日
（南开大学档案馆藏）

① 曾宪雄（1907—？），湖北宜昌人。1932年南开大学毕业。

致黄勖志

（1933年5月30日）

广东新会县立第二中学校

勖志女士大鉴：

来函读悉。所称暑假后将再行升学，努力前途等语，闻之不胜欣慰。时局自失滦东后，告风云益见紧张，津埠地当冲要，恐慌特甚。学校宣布停课者居多，惟我校师生等气尚沉静。五月廿日夜十一时许，突发生变乱，便衣队十余人至八里台，将我护校保安警察数名缴械，沿城南一带形势极为严重。好在我校均未受有骚扰，翌日皆照常上课。仅自廿二日起暂休课三天，以观动静，廿五日即行复课。目下校务一切顺平，鄙躬及家人亦皆托庇无恙，请释远怀。日来所事种种实地工作有何佳况，得暇仍望不惜数行示我为盼。复颂

时祉！

张伯苓启

二十二年五月卅日

华、伉二先生暨各位先生同此致颂进步，不另。

（南开大学档案馆藏）

致电王世杰[①]

（1933年5月下旬）

南京教育部王部长钧鉴：电悉，皓（19日）晚便衣队十数人解除校门警察五人武装，未入校内骚扰，号（20日）仍上课。知关锦注，特复。张伯苓。

（南开大学档案馆藏）

① 王世杰（1891—1981），字雪艇，湖北崇阳县人。幼读私塾，毕业于湖北优级师范、天津北洋大学。1929年就任国立武汉大学校长。1933年任教育部部长，后任宣传部长及外交部长等职。

附：王世杰致电张伯苓（1933 年 5 月 20 日）

南开大学张校长鉴：据报载该大学于皓（19 日）晚颇受扰乱，有无损失，念甚，盼电复。弟王世杰叩。号。印。

（南开大学档案馆藏）

致电陈彬龢

（1933 年 5 月下旬）

上海《申报》馆陈彬龢：勾[①]不能往。苓。

（南开大学档案馆藏）

附：陈彬龢致电张伯苓（1933 年 5 月下旬）

南开学校张校长，调查团日内出发，勾君能否赶到，电复。彬。

（南开大学档案馆藏）

致顾介眉

（1933 年 6 月 1 日）

南京下关华东煤矿公司

介眉贤弟大鉴：

日前到京，握叙甚快。归时并承相送，感何可言。所谈刘鸿生[②]先生允捐助

---

① 即勾适生。

② 刘鸿生（1888—1956），名克定，祖籍浙江定海（今宁波），生于上海。以经营开滦煤炭起家，被称为“煤炭大王”。此后，投资于火柴、水泥、毛织等业。1920 年起陆续创办上海水泥厂、上海章华毛绒纺织公司、大中华火柴公司等企业，还投资码头、搪瓷、航运、金融及保险等业。被称为“中国火柴大王”和“毛纺业大王”。抗日战争时期，在香港、重庆和兰州投资创办中国火柴原料股份有限公司、中国毛纺织公司、西北毛纺公司等。抗战胜利后，任国民政府行政院善后救济总署执行长兼上海分署署长、轮船招商局理事长等职。新中国建立后，历任上海市人民政府委员、华东军政委员会委员、中国人民政

之讲座金每年五千元事，历二年尚未拨下，现在相需甚殷。前蒙允代吹嘘，欣幸无俟。兹附上致鸿生先生函一件，希转交。能特别说项，得早日将款如数拨给，最所企盼。费神容晤谢。顺颂
时祉！

张伯苓启
二十二年六月一日

附函一件。

（南开大学档案馆藏）

致刘鸿生

（1933年6月1日）

交顾介眉烦转交

鸿生先生大鉴：

不接光仪又已多日，高风遥企，驰慕弥虔。敬启者：前蒙慨允捐助敝校讲座金每年五千元，事关乐善专款，铭感曷极。惟迄今已历二年，尚未蒙拨给应用，想系公忙，偶为忽略所致。日前在京匆匆晤教，亦未敢冒为道及。现在待用甚殷，倘蒙即日予以赐拨，实深感激。专此，不胜祷盼。祗颂
时祺！

张伯苓拜启
二十二年六月一日
（南开大学档案馆藏）

治协商会议全国委员会委员、全国人民代表大会代表、全国工商业联合会常务委员、中国民主建国会中央常委等职。

致厦门大学筹购钢盔捐助抗日将士游艺大会

（1933年6月1日）

厦门

敬启者：来函奉悉，汇大洋二千四百九十四元九角八分已收到。委代购钢盔事，业与《大公报》经理胡政之先生相商，佥以为目下战事已经停顿，似无再置钢盔之必要。现在拟有两样办法：一专用以慰劳徐廷瑶、商震、傅作义等军，因其出力多而所受之慰劳尚少，故藉此以补；一或专以充救济伤兵等用。日前《大公报》曾接到四川成都大学寄来捐款两千二百元，尚在存储，将与尊款合并用出。尊处赞同以上何样办法，务请速与见示，用快邮或用电报，希酌量。不胜盼盼。此覆

厦门大学筹购钢盔捐助抗日将士游艺大会。

张伯苓

二十二年六月一日

（南开大学档案馆藏）

附：厦门大学救国会致电张伯苓（1933年6月16日）

南开大学张校长鉴：函悉，敝校捐款，请救济伤兵。厦大救国会。

（南开大学档案馆藏）

致中国教育学会

（1933年6月2日）

南京国立中央大学教育学院

敬复者：接奉来函，示以《征员办法》，并附以年刊及不定期刊物征稿简章，均已领悉。遇相识中有愿加入何项研究而为会员者，苓自当代为介绍。至于对各种稿件亦极愿有所贡献，不过平素既不善为文，此时又值事忙，更苦无暇执

笔。一词莫赞，惭愧万分。尚希鉴谅是幸。此致
中国教育学会。

张伯苓拜启
二十二年六月二日
（南开大学档案馆藏）

致中国社会教育社理事会

（1933 年 6 月 2 日）

江苏无锡江苏省立教育学院

径启者：来函奉悉。徐秩民等三十余人苓已逐名审核完毕，均承认其加入本社作为新社员。此复
中国社会教育社理事会。

张伯苓启
二十二年六月二日

附还新社员名单一份。

（南开大学档案馆藏）

致李润章

（1933 年 6 月 6 日）

北平天然博物院

润章先生大鉴：

敬启者：现有王生士敏[①]，天津人，年卅四岁，民国十一年曾在保定农业专门学校本科毕业，十八年又在敝大学文科政治系毕业。该生资质稍钝而极知力学，作事亦颇诚恳。兹拟向贵院假一枝栖，藉以实验所学而资历练。伊并无甚

① 王士敏（1899—？），字捷生，天津人。1929 年南开大学毕业。

奢望，但令小有就绪，即当感激成全。专此介绍，幸祈特别推爱，相宜予以位置，不胜祷盼。祗颂
台绥！

张伯苓拜上
二十二年六月六日
（南开大学档案馆藏）

致梁士诒纪念事务筹备会

（1933年6月6日）

上海泗泾路二十七号

敬覆者：接奉来函，承示筹集资金办理梁燕老纪念事务，并已拟有助学、奖学各法，俾垂久远，计划可称至善。又为收效宏大计，组织奖助学术委员会，切磋进行。事关教育，苓不敏，既忝蒙委厕一席，谨当承认，附诸公之骥尾。专肃布复，即希查照为荷。此致
梁燕孙先生纪念事务筹备会。

张伯苓拜启
六月六日
（南开大学档案馆藏）

致卞白眉

（1933年6月6日）

白眉先生台鉴：

前奉5月31日大示，敬悉一是。查敝校本年毕业生中并无隶籍高邑、邯郸等处学生，惟隶籍本省其他各县者尚不乏人。兹将河北籍毕业生开列详单一纸，送请查鉴。即希酌予定夺，不胜感盼。专此。顺颂
大安！

张伯苓谨启

附 1：中国银行致张伯苓等各大学校长（1933 年 5 月 31 日）

雷川、贻琦、伯苓先生大鉴：

敬启者：近年以来我国农村经济日趋衰落，亟须设法救济。政府现拟有复兴农村计划，各银行并已在沪成立农村金融调剂委员会，筹拟救济办法。将来敝行对于辅助农村各事，自应酌量进引。惟办理此项业务须有熟悉当地农村情形，并具有相当新知识之人材，方能胜任愉快。兹为储材备用起见，拟请台端于贵校学生内代为留意，如有籍隶高邑、邯郸、定县等处，熟悉各该地农村情形，具有相当学识并愿入敝行服务，以致力于辅助农村事业者，请同时赐予介绍，以便按照敝总行规定之征用人员办法予以征用。特函奉达，敬祈惠察为荷。专布。顺颂

教绥！

弟 卞〇〇 拜启

附 2：南开学校致天津中国银行（1933 年 6 月 24 日）

敬启者：现有学生赵文波一名，在敝中学部高级商科毕业，成绩颇佳。现闻贵行有添人消息，该生极愿投入贵行，借资实习。特肃介绍，幸祈关照，即予赐以收录为荷。此致

天津中国银行。

天津南开学校 启

附 3：南开大学致中国银行（1933 年 7 月）

敬启者：兹有敝校毕业生李维观、张蔚生、董文焕三人，有志农村事业，愿应贵行征用，特令其持函往谒，即祈接见赐教是幸。此致

中国银行。

天津南开大学 启

附 4：南开大学致中国银行（1933 年 7 月 3 日）

敬启者：兹有敝校毕业生李廷桢、张宗淮、严先准、支福镐四人有志农村事业，愿应贵行征用，特令其持函往谒，即祈接见赐教是幸。此致

中国银行。

天津南开大学 启

附 5：中国银行复南开大学（1933 年 7 月 8 日）

敬复者：接奉台函，祗悉一是。承介绍贵校河北省籍毕业生，请转嘱于本月 14 日至 16 日（星期五至星期日）上午 10 时，分三批来行晤谈为盼。此致

南开大学。

拜启

附 6：南开大学复中国银行（1933 年 7 月 11 日）

敬复者：接奉文字第 65 号尊函，祗悉一是。敝校本届毕业生中籍隶河北者，除已有他就者之外，有志农村事业，自愿应贵行之征用者计有 5 人，又上届毕业生张蔚生（天津）、董文焕（天津）二人亦愿应征。以上 7 人已令其分为二组，于本月 14、15 两日携带敝校函件，前赴贵行。即祈接见赐教是幸。此致

中国银行。

天津南开大学　启

附 7：南开大学致中国银行（1933 年 7 月 25 日）

径启者：兹有敝校去年毕业女生张家印拟报名投考贵行之行员考试，张生在校时专攻经济，品学均优，兹特专函绍介，即希准许该生报名投考，并请赐知考试日期及详细办法，俾便转知该生，不胜感荷。此致

中国银行。

天津南开大学　启

附 8：中国银行复南开大学（1933 年 7 月 29 日）

径复者：接准台函，祗悉一是。承示贵校上年毕业女生张家印拟报名投考敝行之行员考试一节，查敝行此次征用大学生报名业已截止。重以台嘱，当许其临时加入应试。敝行兹定于 8 月 4 日上午 10 时起举行该项考试。即祈转达张家印女士届时来行应考。又附上调查表二纸，并请转嘱填妥，并粘附 4 寸半身照片，于考试期前送行为盼。此致

南开大学。

附表二纸。

启

附9：南开大学致中国银行（1933年8月1日）

径启者：前奉台函，蒙准敝校毕业生张家印投考，不胜感荷。兹复有前年毕业生孙庆范、本年毕业生张尔莲均愿乘机一试，恳为介绍。查孙、张二生均系敝校商学院银行系毕业生，久有投考贵行之心，奈以最近始得知此项消息，致误报名，务请贵行特允通融，赐予该生此项机会，不胜感盼之至。此致

中国银行。

天津南开大学 启

附10：南开大学致中国银行（1933年8月3日）

径启者：兹有敝校去年商学院银行系毕业生郑毓傑亦愿报名投考贵行之行员考试，特为专函介绍。即希准予投考，不胜感纫。此致

中国银行。

天津南开大学 启

附11：中国银行致张伯苓等（1933年8月9日）

○○大鉴：

敝行（处）现拟考用练习生，定于本月20日举行考试。前承介绍×××来敝行应考，即祈示知，以便登记后届时通知来行应试，并带4寸半身照片二张。特此奉达，即祈察照为荷。此颂

多绥！

（天津市档案馆藏）

致陈宝泉

（1933年6月7日）

筱庄先生大鉴：

敬启者：现有敝门生尹荣琨，现年四十六岁，河北省平乡籍。曾毕业于北洋大学土木工科，历任交涉公署秘书、军署谘议、县知事，及工校校长等职。其为人学识优长，办事稳练，苓知之甚深，用特函介上闻。人才难得，尚希我公俯予留意是幸。祗颂

勋绥！

张伯苓拜上

六月七日

（南开大学档案馆藏）

致陶孟和

（1933年6月7日）

北平社会调查所

孟和贤弟台鉴：

顷奉六月五日大函，敬悉一是。蒙代署名于催美庚款之电，甚感。其应摊之电费业遵照地质调查所来单照付矣。知关锦注，特此奉闻。并颂

时安！

张伯苓谨启

廿二年六月七日

（南开大学档案馆藏）

附1：陶孟和致张伯苓（1933年6月5日）

伯苓先生赐鉴：

今日秉农山翁、咏霓两先生约请金时初、任叔永、孙洪芬、丁在君、胡步曾、袁守和、梅月涵诸公（梦麟因病未到）讨论英庚款事，皆主张致电宋子文，请其即刻放出该款。当即决议将南开大学之名列入，原电文附呈，特邀先生同意，谅蒙许可。此电现由咏霓拍发，电费即由各署名机关分摊。特此奉闻，并颂

公绥！

孟和谨启

六、五

闰三月份庚款，宋子文已电令财政部放出。惟此款尚未到平，至三月以后之款如何，宋迄今尚无表示也。

又及

再者，署名各机关更拟致函中基会，祈财政之困难，以便请该会美籍董事将此情形转达英使，届时如须署名，和当代为署名也。

附2：实业部地质调查所致南开大学校长办公室（1933年6月6日）

径启者：昨由敝所垫发十机关联名伦敦电报一通，共计电费洋六十二圆五角四分，十机关公摊，每份摊洋六圆二角五分四厘。兹附奉收款据一纸，敬希将该款赐汇敝所，俾清垫费为荷。此致

南开大学校长办公室。

附收款据一纸。

实业部地质调查所敬启

六、六

（南开大学档案馆藏）

致河北省宪法草案联合研究会

（1933年6月9日）

本市省政府

敬覆者：接奉来函，示以本月十日下午开第一次大会，嘱为莅会，极应遵照。所惜适有要事，须亲往北平一行，开会时恐不在津。合亟据覆以闻，即希查鉴为荷。此致

河北省宪法草案联合研究会。

张伯苓谨启

二十二年六月九日

（南开大学档案馆藏）

致徐一达

（1933年6月9日）

北平府右街达子巷三十七号

一达先生大鉴：

来函奉悉。太翁仙逝倏已三年，遗爱在人，殊深怀想。苓不敏，谨另纸题五古一首，藉彰懿生。希查照为荷。覆颂

时绥！

张伯苓拜启

六月九日

附题诗一首。

（南开大学档案馆藏）

致北平政务整理委员会

（1933年6月12日）

北平

敬启者：电示奉悉。苓准于十六日早车赴平，仍住北京旅馆。特肃布覆，祈查鉴为荷。此上

北平政务整理委员会。

张伯苓谨启

二十二年六月十二日

（南开大学档案馆藏）

附：行政院驻平政务整理委员会致电张伯苓（1933年6月10日）

南开大学张委员伯苓先生勋鉴：本会现定于六月十七日成立，并开第一次会议，敬希大旆先期来平，共策进行，无任翘跂。行政院驻平政务整理委员会。

灰。印。

（南开大学档案馆藏）

致第十七届华北运动会筹备委员会

（1933年6月13日）

青岛市教育局

敬覆者：顷接来函，示以第十七届华北运动会定于七月十二日开始在青岛举行，公决以鄙人担任竞赛委员并总裁判之职，事关促进体育，谨当承认。特肃布覆，希惟查照是幸。此致

第十七届华北运动会筹备委员会。

张伯苓启

二十二年六月十三日

（南开大学档案馆藏）

致蒋介石

（1933年6月13日）

南昌国民政府军事委员会

介石委员长钧鉴：

顷奉谕函，征求俾益时局之见闻，仰见我公无时不以谋国为心。一柱擎天，而虚怀若谷，不胜为之钦佩。华北事由何、黄[①]二先生在平主持，措置均甚得宜。苓遇事勉竭愚蒙，用供采择，但不欲以一知半解动扰聪听。兹承颁给电本，谨当密藏待用。不过知识谫陋，虑无以仰赞高深为汗颜耳，肃复。祗颂勋安！

张伯苓谨上

① 何指何应钦，黄指黄郛。

二十二年六月十三日

（南开大学档案馆藏）

致陈宝泉

（1933 年 6 月 14 日）

筱庄先生大鉴：

敬启者：六月十八日，即本星期日下午三钟半敝校举行本年男、女两中学部毕业式，拟请尊驾惠临训话，藉增光宠，未审我公届时可能匀暇否。恳乞函复，或以电见示为盼。祗颂

勋安！

张伯苓谨上

二十二年六月十四日

（南开大学档案馆藏）

致电沈鸿烈

（1933 年 6 月 14 日）

青岛沈市长勋鉴：真电敬悉。敝校学生四十人订七月一日赴青接受军事训练，在贵处借宿，食价照付。敝校章辑五先生不日赴青面洽一切，费神铭感。张伯苓叩复。

（南开大学档案馆藏）

附 1：沈鸿烈致电张伯苓（1933 年 6 月 11 日）

宁，密。译送。南开学校张校长伯苓先生勋鉴：前接贵校军事教官周季奎函称，“暑期赴青岛海军兵营受军事训练可否照准，乞示”等语，当复，“以此事关系学生行动，应请示张校长核准商办”。迄今尚未见复，未知如何办理。查锻炼青年本属我辈职责，且彼此一体。惟此间兵营现只能容四十人，如决会该

生等来青，拟请指教选派。关于人员食宿等事，可由敝处供给。为期已迫，敬乞查明电示为祷。沈鸿烈叩。真。印。

（南开大学档案馆藏）

附2：沈鸿烈复电张伯苓（1933年6月19日）

南开大学张伯苓先生惠鉴：尊电及函均奉悉。贵校学生来青参加军事训练，至所欢迎。食宿一切已由此间预备，请毋客气。张[章]辑五先生来青，自当妥为接洽。此次华北运动会开会辱荷准于来青指导，此间体育界同仁极为兴奋，并此领谢。沈鸿烈叩。效。印。

（南开大学档案馆藏）

致宋则久

（1933年6月15日）

北平

则久先生鉴：

手示读悉。叶君仲篪事当在意。王颖慧出阁后情形如何，不知犹无碍作事否。暑假后在敝小学部或可得一位置，但机会终不敢说一定，最好请转知，令其有暇先来敝小学与钱伯超主任一谈。驻平政务整理委员会苓虽备名委员，亦不过每月遇开会时到会而已，并无其他任务。复颂

时祉！

张伯苓拜启

二十二年六月十五日

（南开大学档案馆藏）

致杨光藻

（1933年6月15日）

青岛市广西路十九号

光藻贤弟鉴：

来函读悉。苓与青岛沈市长不甚相熟，兹缮就一函，代向雷法章先生介绍，望即持往晋谒可也。此询

时祺！

张伯苓启

二十二年六月十五日

附函一件。

（南开大学档案馆藏）

致胡效参

（1933年6月15日）

北平

效参先生大鉴：

手书读悉。臂恙日来稍见轻减，辱承垂询，感谢！感谢！委代向中法大学推荐，业遵照缮就一函，兹附上，请阅看，并就近投递可也。顺颂

时祉，并祝

尊夫人坤吉。

张伯苓拜启

二十二年六月十五日

（南开大学档案馆藏）

致李圣章

（1933 年 6 月 15 日）

北平

圣章贤弟大鉴：

启者：现有胡君效参，天津人，曾在省立工专化学工程科毕业，历充今是学校教务主任，平大农学院化学讲师，学识、经验均有足多。顷平大功课停顿，伊无事作，因弟校为所素仰，并且与弟相熟，极乐就觅一席，以为继续工作地。但自作毛遂又非所愿，苓知其人甚深，用特代为介绍。倘蒙延聘，定有相当报称。务请特别推爱，相宜予以位置，不胜企盼。此颂

时绥！

张伯苓拜启

二十二年六月十五日

附履历一纸。

（南开大学档案馆藏）

致沈鸿烈

（1933 年 6 月 15 日）

青岛

成章先生赐鉴：

真电奉悉。本年暑假敝校学生就贵海军教导队请受训练事，蒙允准前往，并蒙对各事多多关切，感甚。现选定人数为四十名，训练已由敝校周教官先往与贵军教练官商洽。食宿请勿另待，与士兵一律最好，食费当照缴。年来屡有过扰事，均承爱拂有加，真令五中铭篆莫忘。所有此次承询之关于赴青人员情形，除电复外，合再函布以闻。敝校体育主任章辑五君即将由津启程，谒教不远，一切容代面述。临颖神驰不尽。祇颂

勋安！

张伯苓拜上

二十二年六月十五日

（南开大学档案馆藏）

致雷法章

（1933年6月16日）

青岛

法章先生大鉴：

敬启者：现有我中学部旧毕业生杨君光藻，在津市学校中办理校务亦颇有经验，今愿在青岛市谋一相当位置，因人地生疏，特浼苓代向先生介绍。兹肃函交其持上，到时敬请俯赐接见，并相宜予以栽培为荷。祇颂

勋安！

张伯苓谨启

二十二年六月十六日

（南开大学档案馆藏）

致电晏阳初

（1933年6月18日）

定县平教会晏阳初先生：漾（23日）晨赴平与会，午后返津。苓。

（南开大学档案馆藏）

致河北省基督徒学生团体联合会

（1933 年 6 月 19 日）

北平米市大街青年会学生部

覆启者：来函奉悉。夏令会苓极愿前往参与，所惜六月卅至七月七日皆有预定事件，无法匀暇。草草劳人，惟有容后遇机再图与诸君畅叙也。此次不克到会，尚希原谅是幸。此致

河北省基督徒学生团体联合会。

张伯苓敬启

二十二年六月十九日

（南开大学档案馆藏）

致许玉孙、陈淑妹珠婚纪念筹备处

（1933 年 6 月 20 日）

厦门台九基华丰号二楼八闽画室

敬启者：来函奉悉。许玉孙先生、陈淑妹女士结婚三十年，现在又逢佳期，举行珠婚典礼，可称盛事。苓不敏，谨拙拟一诗，用当庆祝。兹以原笺挥就附上，希检入为荷。

张伯苓启

六月廿日

附诗笺一件。

（南开大学档案馆藏）

致穆祥淑

（1933年6月22日）

上海大中银行

祥淑女士大鉴：

来函读悉。路间遇楼兆馗夫妇，得由其介绍，与魏君文翰相识，在沪多得照拂，闻之不胜欣慰。过京游名胜，为旅况中增加兴趣不少，堪为羡羡。入行办公后日来有何佳况？我校各部进行均尚顺利，知注特闻。顺祝
时祉！

张伯苓启

二十二年六月廿二日

（南开大学档案馆藏）

致彭文余

（1933年6月22日）

上海大西路光华大学

敬启者：接奉来函，示以贵会将编辑历届成绩报告书。苓知贵会年来对于体育之促进日新月异，谨题数语另纸附上，用志钦仰。即希查鉴为荷。此致
江南大学体育协会。

张伯苓启

二十二年六月廿二日

附题字一纸。

（南开大学档案馆藏）

致魏菊峰

（1933 年 6 月 24 日）

青岛广西路十九号大昌实业公司

菊峰贤弟大鉴：

来函读悉。此次津市经有强敌压境之恐慌，承吾弟与诸校友多多关切，感甚，谢谢！现在时局粗定，青市协会犹努力于卧薪生聚之工作，真令人钦佩无似。我校本届暑期中赴青之团体，计：一、军事训练团团员四十人，由曹洪规、周季奎二先生率领。周先生因接洽事务，已先到青。该团定于六月廿六日在塘沽乘楚豫军舰前往，到后宿海军陆战队营。二、社会视察团团员二十八人，由刘百高、王维华、吴大业①、刘荣恩四先生率领，于六月二十八日前往，到后由青市教育局代备住地，留青约三、四星期。三、地形测量班，男女学生十六人，由陈戈平先生率领，于七月三日前往，七月二十四日返津。四、运动员选手，大学及男、女两中学三部共五十四人，七月八日由河北省教育厅派人领导，随同其他选手前往。苓事忙，行期尚未一定。先此布复。顺颂

公绥！

张伯苓启

二十二年六月廿四日

（南开大学档案馆藏）

致电南京航空署葛署长

（1933 年 6 月 25 日）

南京航空署葛署长鉴：闻航空修理工厂厂长石毓彬因故被拘，石君系航界

① 吴大业（1907—？），广东高要人。1926 年南开中学毕业，1930 年南开大学毕业。曾任南开大学经济研究所教授，联合国远东经济委员会统计主任等。

专才，新归国，疏于事务，倘有可原，敬希关照。张伯苓。

（南开大学档案馆藏）

致宁恩承

（1933年6月26日）

北平财政部河北财政特派员公署

树棠贤弟大鉴：

手示读悉。年来为各方证婚事时所常有，在苓颇觉乐此不疲。兹袁先生与胡女士举行嘉礼，亦深以得与其盛为荣耀。所惜华北运动会开会期迫，苓至迟八月七日必须启程赴青，距喜期虽仅一日之差，而实在无法稍待，观礼不得，怅惘奚如，尚祈代致歉忱，请其多予原谅。再，吾弟届时如能匀暇出任该证婚一席，最为相宜。区区之意，惟查照是幸。顺颂

勋绥！

张伯苓拜启

二十二年六月廿六日

（南开大学档案馆藏）

致傅作义

（1933年6月26日）

北平西四牌楼小酱房胡同

宜生先生钧鉴：

日前政整委会在平开会，匆匆一接光仪，未得畅领教言为歉。兹敬启者：现有敝大学经济学院教授李适生君[①]，系美国留学生，得有博士学位，对于农村研究甚感兴趣，将乘暑假余暇赴绥远、宁夏一带从事调查农村经济状况，借

① 李庆麟（1895—1978），字适生，安徽和县人。1929年留学美国，1933年获伊利诺伊大学农业哲学博士学位。同年回国，任南开大学经济研究所研究导师兼商学院教授。

资研究。惟路辽阔，人地生疏，恐于工作上有所未便，恳请我公襄助，多多赐以介函，俾为持往。李君拟于本星期四五趋平奉谒，到时幸祈关照，俯赐接见一谈为荷。祗颂

勋安！

张伯苓谨上

二十二年六月廿六日

（南开大学档案馆藏）

致彭学沛[1]

（1933 年 6 月 26 日）

南京国民政府行政院政务处

学沛先生赐鉴：

敬复者：接奉惠函，承示农村复兴委员会拟组米麦棉丝茶改良保护计划委员会，并约敝校何、方[2]两教授会同研究，附来聘书二件，业已代为分别转致，并代劝驾矣。复颂

勋祺！

张伯苓拜启

二十二年六月廿六日

（南开大学档案馆藏）

① 彭学沛（1896—1948），字浩徐，江西安福县人。毕业于日本京都帝国大学，回国后任北京大学教授。1928 年任《中央日报》主笔。1932 年 3 月起，先后任代理内政部长、全国经济委员会委员、交通部常务次长、交通部政务次长、战时生产局副局长等。1946 年 5 月任国民党中央宣传部长，1947 年为行政院政务委员。

② 即何廉、方显庭。

致江问渔

（1933年6月26日）

上海华龙路环龙路口中华职业教育社

问渔先生大鉴：

来函谨拜悉。贵社同仁仍照常努力，定不无良好结果，深以为羡。苓对办补习教育曾与何淬帘先生议过，因变乱未暇顾及。承赠中华第一、第二两补校一览，披读见办理周密，万分钦佩。并附职校十五年新出版报告一册，俾得藉资观摩，获益非浅，敬颂！敬颂！舍弟主持设立中学试验班，不过小小作为试验，因时间短促，尚无成绩可言。渠于月之初旬赴檀香山应夏威夏［夷］大学之聘，暑假后当归来时以奉一闻。专此复颂

暑安！

任之先生前化名致候，不另。

弟张伯苓谨上

二十二年六月廿六日

（南开大学档案馆藏）

致志一

（1933年6月26日）

志一先生台鉴：

敬启者：关于小站校田事，日前曾经由苓面呈恳请备案文一件，想蒙鉴及。查该项田地自开辟以来即归直隶省公署管辖，设局命官经理其事，征收租款报解省库，故虽名为营田，实非营产。

民国十九年，敝校因经费不足，请省署补助，当蒙经前天津警备司令傅司令作义代请阎百川总司令批准，捐归敝校作为校田，以得租补助大学教育经费。敝校奉令后，随即派员接收，设处经理。于时因河内乏水，荒废稻田七十

余顷，减免租款六千九百余元，逃户欠租一千二百余元。该年计收租四万八千三百一十一元，内除疏浚河道、修理桥闸、房屋开支九千一百七十余元，经理处员役薪伙、灯油、煤、柴、文具、邮电及各闸闸夫与催租员役等津贴六千二百九十余元，及长芦丰财场并天津县粮赋五百三十一元，地方汛学会费两千三百余元各项开支外，仅余三万元补助教费。

又，民国二十年，因乏水荒废稻田九十余顷，减免租款八千一百余元，逃户欠租七百余元。计是年收租四万七千七百七十一元，内除挑挖河道及修理桥闸、房屋九千八百六十六元，地方汛学会费两千三百八十余元，经理处员役薪伙、灯油、煤、柴、文具、邮电公费及各闸闸夫暨催租员役等津贴七千八百四十余元，天津县钱粮六百八十一元等项开支外，仅余两万七千元补助教费。

又，民国二十一年，复因河内乏水，荒废稻田七十余顷，减免租款六千六百余元，逃户欠租七百余元。计是年收租四万九千一百九十余元，内除疏浚河道及修理桥闸、房屋、家具等项八千八百三十四元，地方汛学会费二千九百九十余元，经理处员役薪伙、灯油、煤、柴、文具、邮电公费及各闸闸夫与催租员役等津贴七千四百九十余元，长芦丰财场并天津县十八年、二十一年粮赋一千二百七十九元有余等项开支外，仅余两万八千六百二十元补助教费。

至二十二年度，因各项租款正在严催，尚未结束，究余若干，暂不能定。总之，敝校每年所得田租补助之概况已略具于此，为数虽不甚巨，但在经济困难时期颇资以为维持。敝校成立有年，以私立性质，基础薄弱，故藉重群策群力之处居多。夙仰先生扶助教育倍极热心，敢请关照，对此次备案即赐核准如请施行，不胜感惠盼企之至。祇颂

勋安！

张伯苓拜启

廿二年六月二十六日

（南开大学档案馆藏）

致电沈鸿烈

（1933年6月26日）

青岛沈市长勋鉴：阅报载，遇匪行刺无恙，特慰。张伯苓。

（南开大学档案馆藏）

附：沈鸿烈复电张伯苓（1933年6月26日18点30分）

南开大学张伯苓先生惠鉴：尊电奉悉。厚意慰问，感荷至深，谨此复谢。弟沈鸿烈叩。宥。印。

（南开大学档案馆藏）

致傅作义

（1933年6月27日）

交李适生带呈

宜生先生勋鉴：

昨由邮寄奉一械，想蒙察及。现李适生君赴平晋谒，合再肃函介绍，到时幸祈俯赐接见，并多多予以指导为荷。祇颂

钧安！

张伯苓谨上

二十二年六月廿七日

（南开大学档案馆藏）

呈天津市教育局

（1933年6月27日）

为呈送学生毕业清册，仰祈查鉴事。窃属校第六年级学生喻娴士等廿七名，至本年六月间修业期满，理合缮造清册，备文送呈查鉴，即乞检入为荷。谨呈

天津市教育局。

天津私立南开学校小学部校长张伯苓

廿二年六月廿七日

（南开大学档案馆藏）

致汪精卫

（1933年6月29日）

兹有华北实业公司，为此间热心农牧之士与南洋华侨所创办，专以提倡农、垦改良畜牧为宗旨，在绥远之萨拉齐县购田凿渠，改良农作物，并以澳种美利奴羊与蒙种羊交配而改良羊种，兼以新法造林，建设新农村，以期开发边疆而利民生。敝校小学部基金亦曾加入二千元，其大部资本则集自小吕宋华侨，业经遵照中央颁定《华侨回国兴办实业奖励条例》呈由侨务委员会咨请铁道部对该公司农牧产品之粮食、羊毛由萨县包头运输至天津，于限定产额及期间内予以运费减半之便利，以示奖励。

夙仰我公注重农村之复兴、农业之改进，敢祈鼎力扶植，为铁道部顾部长一言之，俾获早蒙批准，则该公司固沾惠良多，而中国农牧前途亦蒙利匪浅也。

（南开大学档案馆藏）

致范旭东

（1933年7月1日）

旭东先生大鉴：

敬启者：学生李振铠[①]前曾作工于贵精盐公司，后因感学识缺乏，于十八年秋考入敝中学部，今已在高级肄业期满，得有毕业证书。该生成绩优异，操行恂谨，并极好学，可称有志青年。不过家境所迫，弗克益求上达，现浼苓代向贵永利公司谋假一枝。缘制盐、制卤等二业皆为其平素志愿所在，苓知该生较深，用特函为介绍，幸祈推爱，即准予易地成全，至所企盼。祇颂

暑安！

① 李振铠（1910—？），河北盐山人。1933年南开中学毕业。

张伯苓拜上

二十二年七月一日

（南开大学档案馆藏）

致沈鸿烈

（1933 年 7 月 3 日）

青岛市

成章先生钧鉴：

闻我公因海军事辞职，不胜惊骇。此等风潮想尚不难解决，幸我公打销辞意，暂以忍性二字应之。刻中央从事建设正在需人，凡慕公勋劳者，咸愿逢人说项，借达为国留贤之志意，并非苓独有私于公，盖公道固常在人心也。运动会期不远，苓会前赶到，届时畅领教诲，肃布区区。仰祈爱照是幸。祗颂

勋安！

张伯苓谨上

七月三日

（南开大学档案馆藏）

致蒋介石

（1933 年 7 月 3 日）

南昌

介石委员长钧鉴：

敬启者：日前青岛海军事变，沈司令辞职，苓闻之不胜愕惋。缘沈君办理青岛市政卓著成效，有口皆碑，其对中央竭诚拥戴，亦昭昭在人耳目。此次部下风潮，诚不能不令灰心。不过国家正在从事建设，若沈君之勇于任事，相助为理，万不宜听其高蹈远引以去。贡献愚诚，伏乞垂察。祗叩

勋安！

张伯苓谨上
二十二年七月三日
（南开大学档案馆藏）

致汪精卫

（1933 年 7 月 3 日）

南京国民政府行政院

精卫院长钧鉴：

敬启者：闻青岛沈司令因此次海军事变辞职，按沈君办理青岛市政卓著成效，有口皆碑，其对中央竭诚拥戴，亦昭昭在人耳目。现国家从事建设，正在需人助理，若沈君之勇于任事，万不宜令其高蹈。管见所及，敢以贡其愚诚，伏希垂察。祗颂

勋安！

张伯苓谨上
二十二年七月三日
（南开大学档案馆藏）

致何应钦

（1933 年 7 月 3 日）

北平军分会

敬之委员长钧鉴：

肃启者：闻青岛沈司令因此次海军事变辞职，按沈君办理青岛市政卓著成效，有口皆碑，现因国家从事建设，正在需人助理，若沈君之勇于任事，万不宜听其高蹈。管见所及，敢以贡其愚诚，伏希垂察。祗颂

勋安！

张伯苓谨启

二十二年七月三日
（南开大学档案馆藏）

致黄郛[①]

（1933年7月3日）

北平

膺白委员长钧鉴：

敬启者：闻青岛沈司令因此次海军事变辞职，按沈君办理青岛市政卓著成效，有口皆碑，现国家从事建设，各地政务胥待有得力人分助整理，若沈君之勇于任事，万不宜令其高蹈。管见所及，敢以贡其愚诚，伏祈垂察。祇颂
勋安！

张伯苓谨上
二十二年七月三日
（南开大学档案馆藏）

致于学忠

（1933年7月6日）

本市市政府

孝侯市长钧鉴：

日前荣接兼席，万民齐贺。新政首先治路，将使王道平平不久见于今日，尤为欢忭莫名。兹敬有恳者：城西南原有马路一条，自电车站起，南至马场道

① 黄郛（1880—1936），原名绍麟，字膺白，浙江绍兴人。1904年留学日本，次年加入同盟会。1915年在上海参与谋划浙江反袁军事，后定居天津。1921年出任北洋政府参加华盛顿会议的代表团顾问。1923年后任北洋政府外交总长、教育总长，代理内阁总理等。1927年以后，先后任上海特别市市长、外交部长、行政院驻北平政务整理委员会委员长。

止，每日敝校师生往来所必经。刻因失修，难行殊甚，如遇积雨，则泥淖当道，交通尤感危险。苓不揣冒昧，敢请我公派人一察，倘蒙令市政新猷准为饬工修筑坚实，实属莫大之惠。专肃，不胜祷盼。祗叩
勋安！

张伯苓谨上
二十二年七月六日
（南开大学档案馆藏）

致电雷法章转星樵[①]

（1933年7月7日）

青岛教育局长雷转星樵：偕选手准佳（9日）夜到青。苓。

（南开大学档案馆藏）

致祝步唐

（1933年7月8日）

河北统税石家庄管理所

步唐贤弟大鉴：

睽别许久，接手书，深承关注，感甚！萧文彤[②]弟事极愿设法安置，但目前对于市府要人鲜有来往，介绍恐难生效，高明如吾弟，谅能见及。惟有几时遇有机缘，自当代为吹嘘，断不置之度外也。复颂
暑绥！

张伯苓拜启
二十二年七月八日
（南开大学档案馆藏）

---

① 即朱星樵，南开中学职员。
② 萧文彤（1898—？），字锡昭，吉林五常人。1917年前后在南开中学肄业。

致沈祖寿[①]

（1933年7月8日）

上海四川路中国信托公司转

祖寿贤弟大鉴：

手书具悉。委代向蔡孑民先生介绍一事，业遵照缮就一函，兹附上，请查阅晋谒可也。复颂

时绥！

张伯苓启

七月

（南开大学档案馆藏）

致蔡元培

（1933年7月8日）

孑民先生赐鉴：

敬启者：现有沈君祖寿，浙江桐乡人，曾毕业于敝大学文学系，历充上海建国中学教员，顷为继续求知起见，拟在贵中央研究院社会科学研究所谋一相当职务。该生学行优美，苓所深知，兹浼代介绍，合肃函交其持上，到时敬乞关照，即予俯赐进而教之，至以为荷。祗颂

勋安！

附履历片一件。

张伯苓谨上

（南开大学档案馆藏）

① 沈祖寿（1903—？），字叔年，浙江桐乡人。1926年南开大学毕业，曾任上海建国中学教员。

致行政院驻平政务整理委员会

（1933年7月11日）

敬复者：接奉贵会第一七号公函，领悉一是。附发华北战区救济委员会委员简派状一件，谨已收到，合亟肃以奉复，即请查鉴为荷。此致
行政院驻平政务整理委员会。

张伯苓谨启
七月十一日
（南开大学档案馆藏）

致郝更生

（1933年7月20日）

青岛国立山东大学

更生先生大鉴：

手示读悉。归蒙莅送，感曷可言。而行李［色］匆匆，竟未得候一晤，殊为歉仄。二次大会期已不远，苓返校后以事牵绊，不克再行南下，谨恳托尊驾代表出席，附致筹委会声明一函，即希转达。诸承偏劳费神，容晤再图申谢也。顺颂
暑安！

张伯苓拜启
二十二年七月廿日
（南开大学档案馆藏）

致廿二年全国运动大会筹备委员会

（1933 年 7 月 20 日）

南京

敬覆者：接奉来函，示以本月廿九日在教育部礼堂举行第二次大会，苓极愿遵照赴会。不过适自青岛归来未久，校中积压公事甚多，正在清理，势难再抽身远出。现约定郝更生君代表出席，特覆奉闻，仰祈查照为荷。此致

二十二年全国运动大会筹备委员会。

张伯苓启

二十二年七月廿日

（南开大学档案馆藏）

致电沈鸿烈

（1933 年 7 月 22 日）

青岛沈市长钧鉴：阅报，见公俯从民意返青，市政仍仰维持，忭庆无似。经一番折挫，中央藉得深知公之为人，以后办事可少困难，幸公继续为民努力。前运动大会时，在青蒙特别招待，至今犹感，谢谢。伯苓叩。

（南开大学档案馆藏）

附：沈鸿烈复电张伯苓（1933 年 7 月 25 日）

敬。密。译送。南开学校张校长伯苓先生赐鉴：尊电奉悉。台驾莅青，诸多简慢，辱承齿及，弥增愧赧。弟因此间前途荆棘，用特毅然赴威，以示决绝。讵青市民众重要领袖廿余人，及胶东各地代表追踪齐集，环绕泣求，寝食俱废。百方解释，坚不独回。适蒋、汪、黄诸公慰留之电频至，益为彼等口实，竟于此间海军善后办法尚未确定之际迫令返青，不独有违素志，且症结仍在，未易进行，深为可痛。现仍卧病修养，以待海军各事如何进行再定行止，并已再电

蒋公，仍请其曲赐成全，俾免一误再误矣。知注谨闻，并鸣谢。沈鸿烈叩。有。印。

（南开大学档案馆藏）

致廿二年全国运动大会筹备委员会

（1933年7月24日）

敬复者：接奉贵会第二号并第十二号两聘函，一嘱充竞赛委员会委员，一嘱充审判委员会委员长，事关促进全国体育，苓谨当承认。组织规程已收到，合亟肃布奉复，希惟查鉴是幸。此致
廿二年全国运动大会筹备委员会。

张伯苓谨启
七月廿四日
（南开大学档案馆藏）

致焦菊隐[①]

（1933年7月24日）

北平崇文门外木厂胡同中华戏曲专科学校

菊隐先生大鉴：

前车中匆匆一晤，未获畅叙为歉。兹接手书，敬已领悉。惠赠夜戏籍票四纸，收到无误。不过苓星期二夜车方能到平，看戏恐赶不及，参观盛剧亦只好期诸异日耳。原票谨附缴，并致谢意。不尽。顺颂
暑绥！

① 焦菊隐（1905—1975），原名承志，笔名居颖，艺名菊影，后改菊隐，天津人。早年在天津读中小学，后入燕京大学，1928年任北平第二中学校长。1931年参加筹办北平戏曲专科学校（后改名中华戏曲专科学校），为第一任校长。

张伯苓拜启
二十二年七月廿四日

附缴夜剧厢票四纸。

（南开大学档案馆藏）

致华北战区救济委员会

（1933年7月24日）

敬覆者：来函奉悉。本月廿九日举行第一次常委会，苓极愿如期赴会。所惜适值校务甚忙，苦于不克抽身，现特浼章元善君代表。谨覆奉闻，希惟查鉴是幸。此致
华北战区救济委员会。

张伯苓拜启
（南开大学档案馆藏）

致学斌

（1933年7月24日）

学斌先生大鉴：

日前在青得接光仪，欣幸无似。兹奉手书，示以欲谋教席，查敝大学、中学两部目前均未有位置，借重不得，殊为抱歉，尚祈格外谅之。覆颂
台安！

张伯苓拜启
（南开大学档案馆藏）

致益信

（1933年7月24日）

益信同学大鉴：

手示读悉。台端学识宏博，并富经验，敝校深所佩仰。不过暑后教授均已有人，以外别无相当机缘，欲借重而不得，殊为抱歉，尚希亮察是幸。覆颂

文祉！

张伯苓拜启

（南开大学档案馆藏）

致马景森

（1933年7月25日）

南京内政部卫生署

景森先生大鉴：

接奉手示，敬已领悉。卫生署工作日来当增益佳境不少，如颂为慰。贵同事德人函亦收到，其令友既曾在德执教多年，富有经验，洵不愧为良好师资。所惜敝大学部应需教授目下聘约已齐，无法再为借重，谨覆奉闻，希亮察。贵同事德人前不另作复，乞代致意为荷。祗颂

暑安！

张伯苓拜启

七月廿五日

（南开大学档案馆藏）

呈河北省政府

（1933 年 7 月 27 日）

为呈复事。案查前奉贵府函开："据天津县县长徐国桓呈，以保管小站营房夫役工资既未便久悬不发，更无款挪垫，究应如何办理，请核示遵行等情，嘱查照办理见复。"等因，计抄送原呈一纸，奉此。查该县小站区公所于本年六月十五日成立保卫团一队，已有团丁数十名，对于保卫营房，可以派遣团丁协同军警保管，无再雇夫之必要。至六月以前所有雇夫费用，既不能动用公款，即由敝校设法筹措亦无不可。惟该县区公所现有团丁数十名，足敷分配，对于协同军警保管营房便可改派团丁，取消雇夫，以资樽节。否则，长此雇夫，费用甚巨，敝校亦不能担任。奉函前因，理合呈复，即希查照，令行天津县转饬第八区公所，由七月份起改派团丁，取消雇夫，以免额外开支为荷。谨呈
河北省政府。

南大校长〇〇〇
廿二年七月廿七日
（南开大学档案馆藏）

致黄际蒙

（1933 年 7 月 28 日）

保定省立第六中学校

际蒙先生大鉴：

来函奉悉。本年九月廿八日为贵校成立廿七周年纪念日，将刊印学校一览。兹谨遵照来纸为题数字，用为庆祝，希惟爱照是幸。顺颂
台安！

张伯苓拜启

二十二年七月廿八日

附题字一纸：乐育无极。

（南开大学档案馆藏）

致陈本端

（1933年7月28日）

南京铁汤池全国经济委员会公路处

本端贤弟大鉴：

来函读悉。中英庚款保管委员会招考留英学生，吾弟投考，正一绝好机缘。不过鄙并非该会中委员之一，对其中详细情形不甚明了，承询无以为答，尚希原谅是幸。顺颂

时绥！

张伯苓拜启

二十二年七月廿八日

（南开大学档案馆藏）

致电蒋介石

（1933年7月29日）

江西牯岭　蒋委员长钧鉴：密。苓日前参与华北运动会赴青，见该市人民挽留沈市长备极热诚，具征该市长平素得民之深，但沈辞职亦自有其不得已苦衷。顷阅报载，青市市长将有人接替之说，甚盼中央处置此事加以审慎，免致激出意外，用敢将目睹情形据以奉闻。张伯苓叩。

（南开大学档案馆藏）

附：蒋介石复电张伯苓（1933 年 8 月 1 日）

天津　南开大学张校长伯苓先生：艳（29 日）电悉，伯密。沈市长由威返青复任，乃中央恳切慰留之结果，报载易人之说不足据也。中正。先。机。牯。印。

（南开大学档案馆藏）

致冯敩棠[①]

（1933 年 7 月 30 日）

July 30, 1933
Dr. H. T. Feng,
Cheng Hong,
Wusih,
Kiangsu,
Dear Dr. Feng:

Your letter of July 17 was duly received. Let me congratulate you on you academic success.

It gives me great pleasure to ask you to join again our faculty. Enclosed please find two forms of a contract. Kindly sign the proper form and return it at your earliest convenience.

Anticipating the please of seeing you again.

Sincerely yours.

附：冯敩棠致张伯苓英文函（1933 年 7 月 17 日）

Cheng Hong
Wusih, Kiangsu,
July 17th, 1933

① 冯敩棠，字季梁，1924 年获东吴大学学士。1925—1929 年在南开大学任教。后赴美留学。1931 年获美国康奈尔大学硕士，1933 年获康奈尔大学博士。同年回国，仍执教南开大学。

President P. L. Chang
President's Office,
Nankai University
Tientsin,
Dear Dr. Chang,

I must apologize for my long silence.

I have successfully passed my Ph. D. examination at Cornell at the first part of May and reached home safely on S. S. "Empress of Russia" which sailed from Vancouver on July 1st and arrived at Shanghai the 16th.

I have once communicated with Dean Yang of the Science Department when at Cornell with regard to my teaching position at Nankai after my returning, and now wish to know definitely your plan for the opening of the school for the coming year at your convenience.

With kind regards, I am,

Yours very sincerely
H. T. Feng

（南开大学档案馆藏）

致尚树梅

（1933 年 7 月 31 日）

济南山东省进德会

树梅先生大鉴：

手示读悉。荐佟复然君充青岛市体育场场长，苓极表赞同，兹缮就介绍函一件，致教育局雷局长，附希便为代转是荷。顺颂
台安！

张伯苓拜启
二十二年七月卅一日

附函一件。

（南开大学档案馆藏）

致雷法章

（1933 年 7 月 31 日）

法章先生大鉴：

此次华北运动大会在青得以圆满告成，皆赖先生帮同，沈市长与他执事诸人事先筹备尽善尽美所致。苓得参与其盛，私衷方庆幸万分。顷奉来函，除蒙对沈市长事见告外，并以苓冒暑远行有劳廑注，真令铭感无似。兹者，闻青岛体育场场长尚无任人，苓意前中国大学体育主任佟复然君为人诚恳，作事极有毅力，以担任青场职务适符其才。事关青岛市体育前途者甚大，特用介绍以闻，不胜代祝代祷之至。祇颂

勋安！

张伯苓拜启

七月卅一日

（南开大学档案馆藏）

致韩文佑

（1933 年 7 月 31 日）

文佑先生：

兹奉上聘书及应聘书各一纸，倘承同意，即希将应聘书签字寄还为荷。再，敝校初中部订于八月廿八日开课，小学部订于八月廿日开课，望台端于八月十五日到校，俾便接洽一切。无任拜祷，专此，即请

大安！

张〇〇敬启

廿二年七月卅一日

附 1：聘书

兹聘请韩文佑先生为天津南开学校小学部兼初中部国文教员，订得如左：

修业：每周教二十二小时。

学科：小学部兼初中部国文。

薪金：月六十元，供住宿。

天津南开学校校长张伯苓

中华民国二十二年七月卅一日

附 2：应聘书格式

具应聘书　　　　　今承天津南开学校延聘为国文教员，订得如左：

修业：每周教二十二小时。

学科：小学部兼初中部国文。

薪金：月六十元，供住宿。

教员　　　　具

中华民国二十二年　月　日

（1－DZ－01－99）

致孟振华

（1933 年 7 月 31 日）

振华先生：

兹奉上聘书及应聘书各一纸，如承同意，即希将应聘书签字寄还为荷。再，敝校小学部订于八月二十日开学，望台端于八月十五日前莅校。专布，即请大安！

张伯苓启

廿二年七月卅一日

附 1：聘书

兹聘请孟振华先生为天津南开学校小学部级任教员，订得如左：

1. 时间：每日上午八时至下午四时授课，绩点每周得二十二小时。
2. 担任学科：国语、算术、社会学科等。
3. 薪金：每月五十五元，不供膳宿。

天津南开学校小学部校长张伯苓
中华民国二十二年七月卅一日

附 2：应聘书格式

具应聘书　　　　　　今承天津南开学校小学部延聘为级任教员，订得如左：

1. 校时间：每日上午八时至下午四时授课，绩点每周得二十二小时。
2. 担任学科：国语、算术、社会学科等。
3. 薪金：每月五十五元，不供膳宿。

教员　　　　具
中华民国二十二年　月　日
（1－DZ－01－99）

致张子岷

（1933 年 8 月 1 日）

南京游府西街廖家巷二号

子岷先生大鉴：

接奉惠函，承示我信行救国十人团团务日渐发达，亟应发行刊物以资互励，目下首期特刊出版在即，嘱为题词，兹谨遵照，另纸题就数字，附呈察鉴，即希检入为荷。祗颂
道安！

张伯苓拜上
八月一日

附题字一纸：博爱竞存。

（南开大学档案馆藏）

致何千里[①]

（1933年8月1日）

千里先生大鉴：

许久未领麈谈，引企高风，弥殷神往。兹敬启者：现有施君奎龄，先曾在敝中学部毕业，继又毕业于金陵大学，旋负笈出洋，在美国威斯康新大学复得农科硕士学位，归国后受河北省立法商学院聘约，充担教务主任兼商科主任之职，成绩卓著，仍以未尽得行所学为憾。顷闻贵局棉检部主任需人，与施君最为相宜，倘以承充，定获相当报称。特代介绍，幸先生进而试之，至以为盼。

祇颂

勋安！

张伯苓拜启

二十二年八月一日

附履历单一纸。

（南开大学档案馆藏）

致朱孔阳[②]

（1933年8月2日）

南京军政部军需署

孔阳署长勋鉴：

七月廿七日大札敬悉。汇款仟元亦已代收照转，除四联收据另由邮君径寄

---

① 何千里（1894—？），原名家驹，浙江杭县人。1916年保定军校毕业，1928年赴日本东京大学留学，后毕业于该校政治经济科。1933年任财政部天津市商品检验局局长。

② 朱孔阳（1885—1941），原名鹤年，字守梅，浙江奉化人。1925年任黄埔军校军需处副处长，1929年任南京政府军政部军需署副署长兼陆海空军总司令部经理处处长，1931年1月升任署长。

外，特此复闻。敬颂
勋祺！

弟张伯苓敬启
二十二年八月二日
（南开大学档案馆藏）

致中国航空协会总会

（1933 年 8 月 7 日）

上海

敬覆者：贵总会所颁秘字第一一四六号公函并聘书一件均谨收到。嘱缴还前发之航空救国会理事聘书，兹遵照附上，到乞查入为荷。此致
中国航空协会总会。

张伯苓拜上
二十二年八月七日
（南开大学档案馆藏）

致陈宝泉

（1933 年 8 月 7 日）

河北省教育厅

筱庄先生赐鉴：

接奉手教，蒙以王汉升为介，极愿遵照有所借重，不过敝校下学期各科教授均经有人担任，无复更有余席，对于王君之位置只好俟后遇机缘再图有以报命，尚乞格外原谅是幸。祗颂
勋安！

张伯苓谨上
二十二年八月七日
（南开大学档案馆藏）

致军武

（1933 年 8 月 7 日）

军武先生台鉴：

接奉大函，敬已领悉。附来扇面一件，嘱代写画，极愿遵照。不过苓对书、绘二者平素实拙，无一之可言。应命未能，良深惭恧，尚望高明勿以不文见笑也。顺颂

暑安！

张伯苓敬启

二十二年八月七日

附还原扇面一件。

（南开大学档案馆藏）

致天津体育协进会

（1933 年 8 月 9 日）

敬覆者：来函奉悉。八月十三日游泳比赛，鄙人愿助银杯一座，藉表微意。兹随函送上，即希查入为荷。此致

天津体育协进会。

张伯苓拜启

二十二年八月九日

外附银杯一座。

（南开大学档案馆藏）

致黄福民

（1933年8月9日）

檀香山华美银行

福民先生大鉴：

多年未晤，驰神綦切。接七月十八日来函，得知境况多佳，为颂无量。舍弟在檀讲学，承示备受欢迎，甚慰。闻定下学年仍留擅一年，想中国文化由此藉以宣传，俾外国人多有闻知，更可免东西之隔阂。尊捐敝图书馆《魏尔士全集》书一部，师生等闻讯异常感惠，谢谢！便请寄下。敝校大、中、女、小四部年来虽处国难期间，仍如旧力谋发展，未敢稍为懈怠，知注特闻。另邮附上前二年概况册一本，请赐收指教，容后续印新册，再寄奉。此复，祇颂

勋安！

张伯苓拜启

二十二年八月九日

（南开大学档案馆藏）

致王卓然

（1933年8月9日）

回波先生大鉴：

手示读悉。郑生玉田已到，业令其照章报名投考，考后成绩如相差不多，定当录取，以副该生求学之殷愿。兹附有恳者：前东三省参加华北运动会，筹备委员会为募集补助东北士子赴赛费用事，曾寄交苓第八十五号捐册一本，当因彼时公私忙碌，未得顾及。日前筹委会函催，未曾代募一钞，有负委托，真觉惭愧无地。兹随函附上，恳烦费神转交该会查销，并代鸣谢悃，请委员长诸公多多原谅。琐事附恳，心铭不尽。祇颂

勋安！

张伯苓拜上
二十二年八月九日

附捐册一本。

（南开大学档案馆藏）

致马鸿逵①

（1933年8月11日）

宁夏省

少云主席钧鉴：

久暌光仪，驰神綦切。雄韬伟略，敷政咸宜，固西陲于金瓯，播隆誉于全国。风声遥企，忭颂奚如。

兹敬启者：现有孔君宪章，安东县人，先曾在敝校高级中学部肄业，嗣毕业于电信专门学校，并毕业于东北大学法律专修科，历充东北电务各要职，现任天津电话局工程师。该生才具优长，志量宏远，虽在今任，而对国家开发西北素极感有兴趣。顷闻钧座建设新猷，日前拓展正在需人，用特代为介绍，倘蒙相宜录用，俾有以副其愿，伊定当竭长图效，断不致如羊公之鹤也。专此，不胜待命伫祷之至。祗颂
勋安！

张伯苓谨上
十一日

附履历一份。

（南开大学档案馆藏）

---

① 马鸿逵（1892—1970），字少云，肃河州（今临夏市）人。回族，笃信伊斯兰教。毕业于兰州陆军学校，后历任马福祥部营长、宁夏新军统领、混成旅旅长等职。后投靠冯玉祥。1933年任宁夏省政府主席，直至1949年。

致唐邦植[①]

（1933 年 8 月 11 日）

邦植贤弟大鉴：

来函读悉。令子侄投考，自当特别关照，倘所考成绩相差不多，定录取以副雅望。贵旅部现移驻济南，想细柳军容日来必益饶胜概，为之忭祝无量。顺颂

时祉！

张伯苓拜启

二十二年八月十一日

（南开大学档案馆藏）

致卢王棘瑜

（1933 年 8 月 12 日）

通州女子第六师范

王棘瑜女士大鉴：

来示读悉。关于延聘数理教员事，业由伉乃如先生奉覆，兹不赘。附来贵辞退教员与学生告别书已阅，如此等事最好置之不理。承示到校学生平靖，甚以为慰。覆颂

道祺！

张伯苓拜启

八月十二日

（南开大学档案馆藏）

① 唐邦植（1897—1966），字树东，安徽合肥人。保定陆军军官学校第九期步科毕业。早年在西北军任职，任反蒋联军第四方面军参谋长，参加中原大战。后投效蒋介石，官至第十二军中将副军长。抗战胜利后曾任联勤总部第八补给区副司令，1949 年 12 月在重庆投诚。后任甘肃省人民委员会参事。

致叶松年

（1933年8月12日）

松年姻贤侄大鉴：

手书读悉。汪工务局长已来覆函，兹附上一阅。观其语气，则尊处欲求墙基不动，倘未在可通融范围以内，似办不到。如此等事，在他地方亦时常有之，真令人无可如何。覆颂

时祉！

张伯苓拜启

八月十二日

附函一件。

（南开大学档案馆藏）

致景祁

（1933年8月14日）

景祁先生大鉴：

接奉来函，承示此次中华图书协会在平将举行年会，台端拟北上出席，并顺道枉驾见访，就便参观职处各图书馆，甚为欢迎。住宿地可随意选择，如愿屈榻敝校，亦无不便，请酌之。苓在南开大学系任校长，并非担任图书馆长，北平开会可不到会。此复，顺颂

台安！

张伯苓拜启

二十二年八月十四日

（南开大学档案馆藏）

致沈嗣良

（1933年8月15日）

嗣良先生大鉴：

手教奉悉。委件极愿照办，所惜公私忙碌，一时苦欲着想不得，草草劳人，即笔墨亦无能自由，真亦莫可如何之事。尊处待用此文，惟有请另烦他人办理，至于苓之未能报命，尚乞特别多多予以原谅是幸。祇颂

时绥！

弟张伯苓拜上

八月十五日

（南开大学档案馆藏）

致彭学沛

（1933年8月16日）

浩徐先生大鉴：

前苓赴京参与农村复兴委员会，辱蒙招待，至今犹感。关于印刷品目前均已接到，阅读甚快。战区救济委员会苓附骥常委，在平已开会数次，现担任农赈组，正与陶孟和、章元善诸同人计划进行一切，知注特以奉闻。兹敬有恳者，敝大学应用化学研究所主任张君子丹顷拟在未开学以前赴京一行，参观国立关于科学各机关，借增进益。因人地不熟，特肃函交其持往晋谒，到时敬请赐以接见，并费神多多代为介绍，至所感荷。祇颂

勋安！

张伯苓拜上

二十二年八月十六日

（南开大学档案馆藏）

致王晓籁[①]

（1933 年 8 月 16 日）

晓籁先生大鉴：

许久未接光仪，时殷企仰。上月苓在青岛参与华北运动会，并值该市举行国货展览会，闻沈市长云，先生有莅会消息，本思稍事勾留，藉便一图良晤。率因事多言旋，未果得候驾临，深以为歉。我公提倡国货最具热心，此次货展闻极得好评，将来塞漏卮以挽利权端视乎此，不胜为之忭慰。兹敬有恳者，敝大学应用化学研究所主任张君子丹拟在未开学以前赴沪一行，参观关于科学各机关，借增进益。因人地不熟，特肃函交其持往晋谒，到时敬请赐以接见，并费神多多代为介绍，至所感荷。祇颂

勋安！

张伯苓拜上

二十二年八月十六日

（南开大学档案馆藏）

致黄炎培

（1933 年 8 月 16 日）

任之我哥赐鉴：

敬启者：现有敝大学应用化学研究所主任张君子丹，拟在秋季未开学以前

① 王晓籁（1886—1967），名孝赉，别号得天，后改号晓来，浙江嵊县人。1907 年开始商事活动。1924 年当选上海总商会会董。1927 年春，上海工人第三次武装起义胜利，被推为上海临时市政委员会主席委员。从“九一八”事变到全面抗战爆发，先后出任上海各界抗日会常委、中国航空协会总会理事长、胶济铁路理事长、上海市临时参议会参议长。抗日战争时期，任中央赈济委员会常委，第二至四届国民参政员等。抗战胜利后，出任全国商会联合会理事长、上海市商会理事长。新中国成立前夕，离沪去香港。1950 年初返沪，后当选为上海市人民代表、上海市政协委员。

赴沪一行，参观关于科学各机关，以资借镜。因人地不熟悉，特肃函交其持往晋谒，到时敬请接见，并费神多多予以指导。如蒙代函介绍，尤为感激。祇颂
时祉！

弟张伯苓拜上
二十二年八月十六日
（南开大学档案馆藏）

致刘熙众

（1933年8月16日）

历城山东全省车照管理局

熙众贤弟大鉴：

来函读悉。令郎壮图才十三龄即在高小毕业，具见资禀聪明，甚为可喜。现来我初中投考，倘成绩相差不多，定录取，以副雅望。即嘱令郎好好预备可也。复询
时佳！

张伯苓拜启
八月十六日
（南开大学档案馆藏）

致穆祥淑

（1933年8月16日）

上海大中银行

祥淑女士大鉴：

接读来函，得悉在沪各同学均有关照，甚慰。任储蓄部助理事正是一练习机会，能对于部中各种手续在最短时间内学得，将来用着不尽。承示尊大人七月十七日仙逝，极为惊愕，是诚深堪悲悼之事。但节哀顺变，古人有言，出外

作事人不可不知。千祈勿过伤感为要。覆询
近好！

张伯苓拜启
二十二年八月
（南开大学档案馆藏）

致李观澜

（1933年8月16日）

观澜贤弟大鉴：

来函读悉。委代谋之事极愿为力，不过鄙与梁漱溟[①]先生虽曾相识，并无深交，恐介绍亦不易生效。兹为吾弟计，最好投考金城银行，该行招考行员试期八月廿八日，报名截止八月廿七日，为期已迫，吾弟如有意而趱程北上，在路无稍耽搁，或者尚赶得及。附裁报一条，上载招考详情，希查阅。覆询
时祉！

张伯苓拜启
八月十六日
（南开大学档案馆藏）

① 梁漱溟（1893—1988），原名焕鼎，字寿铭、萧名、漱溟，后以字行，广西桂林人。早年参加同盟会，投身辛亥革命，后潜心研究佛学。1917年后，应聘于北京大学主讲印度哲学。曾在南开大学演讲《孔子真面目》。1924年辞去教职，到山东自办教育，从事乡村建设，任山东乡村建设研究院院长。抗战爆发后，任最高国防参议会参议员，国民参政会参政员。新中国成立后，历任全国政治协商委员会委员、常委等。

致齐璧亭

（1933年8月17日）

璧亭我弟大鉴：

敬启者：前敝校女中部毕业生孟昭美[1]，系敝校庶务主任孟琴襄之令媛，毕业后即升入大学部肄业二年，嗣于民国廿一年因事休学。兹以该生对于国文一科特感兴趣，复知贵院设有国文系，故拟转入贵院肄业，藉求深造。务恳特别关照，准予免试入学，不胜感祷。专此，顺颂

时祺！

张伯苓

二十二年八月十七日

（南开大学档案馆藏）

致沈嗣良

（1933年8月21日）

嗣良先生大鉴：

手教奉悉。序文忙无以应命，蒙高明原谅，欣幸之至。兹以题字见委，谨遵照题就附上，希检入为荷。复颂

台安！

张伯苓拜启

二十二年八月廿一日

附题纸一纸：

参加第十届世界运动会报告

智力竞新

① 孟昭美，天津人。1930年南开女中毕业。

强国之鉴。

（南开大学档案馆藏）

致卞白眉

（1933 年 8 月 22 日）

白眉先生大鉴：

手示奉悉。兴隆洋行高经理令郎欲来我校中学部插入高一肄业，理应收入。不过我中学部本年照章不招高级生，只招初级一、二年级生，合亟据以复闻，即请费神转致高经理，多多见谅是幸。祗颂

时绥！

张伯苓拜启

二十二年八月廿二日

（南开大学档案馆藏）

附：卞白眉致张伯苓（1933 年 8 月 18 日）

伯苓先生大鉴：

敬启者：本市兴隆洋行经理高少洲先生令郎宗庆原在天津公学肄业，现拟插入贵校高中一年级，嘱为转恳收录。用特奉恳，务祈惠赐设法准其插入肄业，以遂其向学之忱。是所感祷。此颂

教绥！

弟 卞〇〇 拜启

致胡海门[1]

（1933 年 8 月 25 日）

河北省政府

海门先生大鉴：

手教奉悉。令郎金锐世兄此次来考敝中学部，重以谆托，自应特别通融收录。不过审查所考成绩，实在相差太远，即令勉强取入，亦必听讲茫然，随班不得。最好先请在外择相当处所多多补习功课，补好后如愿来校，年终投考插班亦未为晚，实比此时以模糊充数为胜。苓恐有误世兄进步，特布区区，希惟亮察是幸。覆颂

时祉！

张伯苓拜启

八月二十五日

附列所考成绩：国文 33，英文 4.5，算学 47，常识 74。

（南开大学档案馆藏）

致章元善

（1933 年 8 月 26 日）

华北战区救济委员会农赈组

元善先生赐鉴：

迭奉英汉文函，均敬领悉。苓目下正忙中学部新生及开学事，不克分身，九月二日（星期六）如果开委会，苓届时或可匀暇，于先一日（星期五）附车北上，前往参与也。刻电魏厅长，据复称已经派人赴平接洽提粮事，滦、榆两

① 胡海门（1896—？），名源汇，字海门，以字行，河北永年人。早年曾留学日本早稻田大学。1933 年任河北省政府委员，1934 年兼河北省建设厅厅长。抗战期间在北平做寓公。1947 年任国民政府委员。

处急赈业有专员往为发放，余亦继续办理。此复，祇颂
台安！

张伯苓拜启
八月廿六日
（南开大学档案馆藏）

致温联中[1]

（1933 年 8 月 26 日）

北平地安门三眼井横栅栏一号贺宅转
联中先生大鉴：

敬启者：蒙担任敝校教席，非常感激。应聘书已接到，惟所任功课急待商订，拟请一、二日内命驾来校一行，不胜企盼。专此，顺颂
教安！

张伯苓拜启
八月廿六日
（南开大学档案馆藏）

① 温联中，四川南溪人。美国俄亥俄州大学博士，1933 年任南开大学教育学教授。

致袁敦礼、董守义[①]

（1933 年 8 月 26 日）

北平师范大学

志仁、守义先生惠鉴：

敬启者：兹有敝中学毕业生张蕴藻[②]投考贵校体育系，闻第一试已蒙取录，现复应第二试。该生对体育极感兴趣，志在深造，务乞关照收入，将来设有成就，匪特华北体育人才，即敝校亦与有荣焉。此恳，敬颂

公绥！

张伯苓拜启

二十二年八月廿六日

（南开大学档案馆藏）

① 董守义（1895—1978），河北蠡县人。早年毕业于北京通州协和书院。1923 年任天津青年会体育干事，同时兼任南开中学体育指导。后到美国斯普林菲尔德学院（旧译春田体育学院）留学。回国后任天津青年会体育部主任，并先后任华北体育联合会理事、中华全国体育协进会总干事、教育部体育委员会常委，并曾在北平师范大学、北平民国大学、北平女子文理学院、西北联合大学、浙江大学等校体育系任教授。1947 年被选为国际奥林匹克委员会委员。新中国成立后，被选为中国篮球协会主席，中华全国体育总会委员、副主席。先后担任国家体育运动委员会技术委员会主任、运动司副司长等职。

② 张蕴藻（1912—？），字蘋蘩，河北清苑人。1933 年南开中学毕业。

致陈立夫①

（1933年8月26日）

南京鼓楼黄泥岗《时事月报》社

立夫社长大鉴：

接奉来函，承以撰述《中国体育教育发展史略》见委，极应遵照。不过鄙人素不能文，又兼日来公私冗忙，益苦无暇顾及嘱件，敢请另请高明为之。报命不得，深滋惭恧，尚望多多原谅是幸。覆颂

著安！

张伯苓敬启

二十二年八月廿六日

（南开大学档案馆藏）

---

① 陈立夫（1900—2001年），名祖燕，号立夫，浙江省吴兴县（现湖州市）人。1922年毕业于天津北洋大学采矿系，1925年获美国匹兹堡大学采矿学硕士学位。1925年9月回国，任黄埔陆军军官学校校长办公厅机要秘书，随侍蒋介石。1928年任国民党中央组织部调查科主任。以后任国民党中央党部秘书长、国民党中央组织部部长、教育部部长。1949年去台湾。1951年去美国定居。1969年返回台湾定居。

致吴景濂[①]、程克[②]

（1933 年 8 月 28 日）

英租界十七号路一百五十五号

莲伯、仲渔先生均鉴：

接奉来函，敬已领悉。金宗文投考未取，查其成绩，确系相差太多。兹承示伊愿附学，免致弟兄分读，业交教务课记名，惟是否可令附入初二或初一，暂不能定，开学后尚须试一试再说。敝校求为该生适宜起见，实在不得不然。即请费神转知该生，俾过三日候信来校可也。此复，祇颂

公绥！

张伯苓拜启

二十二年八月廿八日

（南开大学档案馆藏）

致于学忠

（1933 年 8 月 30 日）

省主席

孝侯主席钧鉴：

敬启者：现有周君仁寿，前曾任胶东道尹并烟台交涉使，苓彼时因事赴

① 吴景濂（1873—1944），字莲伯，号述唐，别号晦庐，今辽宁兴城人。1902 年考入北京京师大学堂师范馆，五年毕业后去日本留学。归国后先后任奉天教育总会会长、奉天咨议局议长、北京组织临时参议会议长。1916 年当选众议院议长，后寓居天津。

② 程克（1878—1936），字仲渔，河南开封人。河南大学堂毕业，日本东京帝国大学法学士。同盟会会员。1912 年任内务部参议、总统府咨议。1914 年任陕西汉中道道尹。1915 年任阿尔泰办事长官。1918 年被选为安福国会议员。1923 年任司法总长兼修订法律馆总裁。1924 年任内务总长，同年 9 月辞职，居天津。1935 年 7 月至 1935 年 11 月任天津市市长。

烟，获与相识。查该员赋性仁慈，操行廉洁，居官惟以救患活人为念，以故在鲁年久，博得极好声誉，想主席亦曾有所闻。年来客居北平，该员办理公益，虽年老犹热心不懈。现因闻我河北省整顿吏治，将使为官者皆知廉洁，皆知爱民，欣然愿出而投效，以身为倡。苓知其志向所在，特用代为介绍，幸祈俯赐察鉴为荷。祇颂
勋安！

张伯苓拜上
八月卅日

附履历一件。

（南开大学档案馆藏）

致周敬甫

（1933年8月30日）

北平宣外老墙根廿七号

敬甫先生大鉴：

许久未接芝颜，时深驰系。顷奉手教，忻悉履缋增绥，为颂无量。承示在平客居情形，知先生以乐善家，尽博得一囊秋水，天果有知，定当锡福以济其穷，可勿虑也。嘱件业遵照具函，连同履历密达前途，不过力薄如苓，能否生效，深愧未有把握。缘苓平素矢志专办教育，近虽于国务时亦参预，但俱属虚名，与政界诸巨公究不切实联络。若吴玉帅[①]胜苓力多多，果得其推荐，自无难达到目的，苓窃不胜为我公望之。此覆，惟一切亮察是幸。祇颂
台安！

张伯苓拜启
二十二年八月卅日
（南开大学档案馆藏）

① 即吴佩孚（1874—1939），字子玉，山东人，直系军阀首领。故后，国民政府追认陆军一级上将。

致电郑通和

（1933年8月30日）

上海　上海中学郑校长鉴：电悉。李父不欲其赴沪，意详伉函。伯苓。

（南开大学档案馆藏）

附1：郑通和致电张伯苓（1933年8月26日）

南开学校张校长：此间情形极好，恳劝李杏瑛[1]勿辞。通和。

（南开大学档案馆藏）

附2：郑通和致电张伯苓（1933年8月30日）

南开学校张校长：此间已开学，事极易，恳劝李速来。和。

（南开大学档案馆藏）

致齐燮元

（1933年8月31日）

抚万先生大鉴：

日前叨扰，盛馔兼得畅叙，感慰无似。几时获有机会，尚当趋谒崇阶相就，一舒快谈也。二十五日之手教并令郎照片两帧均收到，当即转交慈约持回家中阅看。顷据覆称，伊嫂极为满意，以询本人，则志仍坚欲继续求学，不愿订婚，家中当以系其终身大事，未便过于违拗，嘱苓婉代致意请辞。苓念潇史必得弄玉之仙姝乃成双美，如令郎之仪表玉立，或者月下翁以严女非其配耦，而别有红线之系亦未可知。以后容觅得相当缔合之良缘，执柯一事仍不敢委为异人任，届时再为恭函奉达。祗颂

钧安！

张伯苓拜启

① 李杏瑛（1910—？），字季文，江苏兴化人。1933年南开大学理学院毕业。

二十二年八月卅一日

附缴照片两帧。

（南开大学档案馆藏）

呈天津市教育局

（1933年8月）

为呈报事。窃属校第六级学生毕业考试业已竣事，计成绩及格，准予毕业者齐曼云等廿七名，理合将毕业证书送呈钧局盖印，以符定章。附毕业生成绩表二份，敬请鉴核。谨呈
天津市教育局。

南小校长张〇〇

廿二年八月　日[1]

附毕业证书廿七纸，毕业生姓氏成绩表二份。

（南开大学档案馆藏）

致天津市公共体育场

（1933年9月5日）

敬复者：来函奉悉。九月廿三、四两日贵场举行第二届民众业余运动会，鄙人极愿往为襄助办理。不过届时有预订之外出事，不克在津，至于名誉会长一职，嘱为担任，谨当遵照。所惜会期不免缺席，深为抱歉耳。《规程》一份已照收，合并复闻。此致
天津市公共体育场。

张伯苓拜启

九月五日

（南开大学档案馆藏）

① 原文如此。

致《东方》杂志社执事先生

（1933 年 9 月 5 日）

上海辣斐德路五五三弄二号

敬覆者：来函奉悉。贵杂志将于第三十卷第十九号多载研计体育文章，嘱苓投稿，极应遵照。不过苓本不能文，又兼近来公私繁忙，不遑宁处，益苦荒于笔墨，报命不得，抱歉万分。此覆

《东方》杂志社执事先生台照。

张伯苓拜启

二十二年九月五日

（南开大学档案馆藏）

致袁敦礼、董守义

（1933 年 9 月 6 日）

北平师范大学

志仁、守义先生均鉴：

敬恳者：现有敝校中学毕业生张蕴藻，于今年暑期投考贵校体育系，第一试业经取录，第二试未取。该生习体育之志愿甚坚，落第异常懊丧。现各校多已开学，欲另择地投考，实非容易。可否设法通融，勉为收入，俾暂充体育系旁听生，容后考试及格时再行改为正科生，以成其才。敬希斟酌赐复，以便转知遵照，是为至恳。此颂

教安！

张伯苓、章辑五启

二十二年九月六日

（南开大学档案馆藏）

致张伟斌[1]

（1933年9月7日）

北平高射炮队部

伟斌贤弟大鉴：

手示并喜柬均接到，证婚事当如约。苓拟十五日晚车北上，至迟则十六日早车亦定能赶到，不致有误也。派人迎迓一节，可以无庸。覆颂
时祉！

张伯苓拜启
二十二年九月七日
（南开大学档案馆藏）

致沈立荪

（1933年9月7日）

北平平绥铁路管理局

立荪先生大鉴：

手教奉悉。行车表已收到，蒙对上下站名均加红线表出，费神感甚，谢谢！现拟于九月中旬起程赴绥，特此预闻，希惟爱照是幸。覆颂
时祉！

张伯苓拜启
二十二年九月七日
（南开大学档案馆藏）

① 张伟斌（1898—约1960），吉林扶余人，1921年南开中学毕业。后自费留学美国，1929年毕业回国，参加东北军。1932年晋中校军衔，调往北平绥靖公署，受张学良委托任国联调查团麦考易将军的翻译官。同年晋上校军衔，并调任陆军一〇五师高炮团团长，参加长城抗战。

致担保任职银行者

（1933年9月7日）

〇〇贤弟大鉴：

启者：我校毕业诸君历年入银行界作事之人不一而足，多有烦苓担保者。而担保条件关系银钞，虽所保如弟等俱属高尚青年，本可无虞失足，不过近来人数加多（已保者廿余人），如果有意外事发生，苓经济上深惧难以应付，以故不愿再作担保。兹拟自廿二年九月五日在校通布之日起，除对新入银行浼苓担保者一概谢却外，并望以前凡由苓承认担保任职银行诸君，在未满期间赶速另觅他人于期满后继续负责。特此函达，即请吾弟查照办理，并多多原谅为荷。顺询

时佳！

张伯苓启

二十二年九月七日

（南开大学档案馆藏）

致上海商务印书馆股份有限公司

（1933年9月8日）

敬覆者：接奉来函，承示选择与敝校有关系之出版丛书三十七种，并附清单及书目各一件，敬已聆悉。现周少勋君先送到二十七种计共三十一册，业经照收。至应如何采用，容俟匀暇与各学院主任会同逐样审读后再为核定。此致上海商务印书馆股份有限公司。

张伯苓敬启

二十二年九月八日

（南开大学档案馆藏）

分致陈宝泉、程克

（1933 年 9 月 8 日）

河北省教育厅
义租界三马路

筱庄仲渔先生惠鉴：

顷奉大函，敬悉一切。查敝大学部本年取录新生业已逾额，而敝校中学部合格升入大学未及报名之学生尚有多人，请求入学均未允准。倘将来学额有余时，须就本校中学部之合格学生。〈至于旁听生〉，本校并不招收。承示胡、程二生令媛之事，不能照办，实深歉

仄。尚请转知前途，不胜感盼。专此此复敬颂

公祺！

张伯苓拜启
九月八日
（南开大学档案馆藏）

致桂健盦

（1933 年 9 月 9 日）

河北天津地方法院

健盦先生大鉴：

日前枉驾二次，均未获敬迓，抱歉无似。关于尊处学生事，陈筱庄厅长已代来函道及，敝校当因大学部本年取录新生业经逾额，敝中学部有合格升入大学未及报名之学生，多人请求入学，一时均未允准。倘将来学额有余时，尚须就本中学合格学生尽先递补，至于旁听生，本年并不招收，业据情覆烦陈厅长转达，合再略述以闻，希惟原谅是幸。祗颂

钧安！

张伯苓拜启
二十二年九月九日
（南开大学档案馆藏）

致王静斋[1]

（1933年9月9日）

三义庄清真寺

静斋先生大鉴：

许久未接光仪。日前马明道君来，适苓未在校，由敝同人延见。谈及先生，称有门徒在土耳其留学十二年归国者，日内路过天津，苓闻之甚为景慕。所惜开学伊始，诸务繁忙，且时常因事远出，不获匀暇一为请教。容俟几时得有机会，再请烦介绍，俾诸生藉瞻风采可也。祗颂
时绥！

张伯苓拜启
二十二年九月九日
（南开大学档案馆藏）

致廿二年全国运动大会筹备委员会

（1933年9月9日）

南京中央体育场

敬覆者：接奉来函，承示本月十五日（星期五）上午八时开第一次竞赛委员会，嘱苓到会出席，极应遵照。不过日来为敝大学筹备开学事宜，甚为忙碌，深恐仍难如期报到，歉仄无似。兹特据情布复以闻，仰惟亮察是幸。此致

---

① 王静斋（1879—1948），中国伊斯兰教学者，名文清，回族，天津人。曾在埃及爱资哈尔大学进修。在天津创办中阿大学，在河南参与创建中国回教抗日救国协会，后脱离该会，专事译经工作。

廿二年全国运动大会筹备委员会。

张伯苓启
二十二年九月九日
（南开大学档案馆藏）

致廿二年全国运动大会筹备委员会

（1933 年 9 月 9 日）

敬覆者：接奉来函，示以将编印特刊，征刊提倡运动之著作，唤起民众奋发之精神，苓甚表赞同。所嘱为文一节，极应照办。不过苓对文字上素惭拙涩，年来又以诸事忙碌，荒疏已久，益苦无能执笔。报命不得，实深歉仄。尚希原谅是幸。此致
廿二年全国运动大会筹备委员会。

张伯苓启
二十二年九月九日
（南开大学档案馆藏）

致廿二年全国运动大会筹备委员会

（1933 年 9 月 11 日）

敬覆者：来函奉悉。兹遵以四寸半身照片附上，到乞检入为荷。此致
廿二年全国运动大会筹备委员会。

张伯苓敬启
二十二年九月十一日
（南开大学档案馆藏）

致沈立荪

（1933年9月13日）

平绥局长

立荪先生大鉴：

日前覆上一械，想蒙察悉矣。兹敬恳者：现有华北实业公司，为小吕宋爪哇华侨及天津实业名家所组办，专以开发西北、提倡农垦、改良畜牧为宗旨，设农业部于绥远萨拉齐县，设毛业部于包头，为华商回国兴办实业、开发西北之首创。绥远省政府以其宗旨正大，特减税捐以示奖励。盖我国西北地旷人稀，宝藏内蕴，亟待开发。值国内资本缺乏之今日，正宜鼓励侨胞投资内向。

该华北实业公司既为侨商经营西北之滥觞，则其将来之发达与否关系继起而兴者，至为重要，允宜由公家设法奖励保护，以助其成也。今特介绍该公司常务董事张周新君趋谒崇阶，敬祈俯赐指导，予以便利，至所感祷。专此敬恳。顺颂

台祺！

张伯苓拜启

二十二年九月十三日

（南开大学档案馆藏）

致赵漠野

（1933年9月13日）

南京淮海路三益里六号《益世报》驻京办事处

漠野贤弟大鉴：

来函读悉。《新民报》将为全运会刊发专幅，藉鼓吹全国民众体育之发达，俾为文以弁篇首，极应遵照。不过苓素不能文，兼年来多事增忙，笔墨以久荒，益形拙涩。兹对该报无法应命，实觉惭愧万分。尚祈婉代致意，请多予原谅为

荷。覆颂
时祉！

张伯苓拜启
二十二年九月十三日
（南开大学档案馆藏）

致顾湛然

（1933 年 9 月 15 日）

开滦

湛然先生赐鉴：

久睽光仪，驰神綦切。顷闻荣膺开滦重任，长才克展，立焕新猷，忭贺曷似。往年敝校在北宁路运煤，蒙从中主持，受惠良多，私衷感谢，迄今未忘。兹者天气渐寒，又届用煤之时，惟比年以来，敝校各部增建校舍，所需煤量较前增多，而校款拮据异常，在贵局捐助煤斤数量以外，实无力多为添购。不得已，除仍祈准予依照历年办法拨赐外，并破格多予捐助，俾资御寒，无任感荷。现嘱敝校庶务主任孟琴襄君持函趋谒崇阶，尚希赐予接见。素谂我公热心教育，爱护敝校，定必乐予扶助也。专此奉恳。祗颂
勋安！

张伯苓启
二十二年九月十五日
（南开大学档案馆藏）

致东北大学秘书处

（1933 年 9 月 15 日）

北平

敬启者：学生闫树田去岁曾在敝校高级中学部毕业，当因经济关系未克升

学。查该生家境贫寒，确属实在情形，兹闻报考贵校，已蒙录取，特此代为证明，请烦查照为荷。此致

东北大学秘书处。

张伯苓、喻传鉴同启

二十二年九月十五日

（南开大学档案馆藏）

致天津中国实业银行

（1933 年 9 月 16 日）

敬启者：学生叶馨浓[①]于民国廿一年曾在敝校高中部普通工商科毕业，兹愿投入贵行练习，特代介绍，即请准予与考为荷。此致

天津中国实业银行。

张伯苓启

九月十六日

（南开大学档案馆藏）

致刘筱斋

（1933 年 9 月 18 日）

恒源纱厂

筱斋先生大鉴：

久企抃辉，未获趋领麈谈为歉。兹启者：为关于章氏小学经费事，特派敝同人史学曾[②]君前往，有所请教，到时幸乞俯赐接见为荷。祇颂

台安！

---

① 叶馨浓（1911—？），天津人。1932 年南开中学毕业。

② 史学曾，天津人。自 20 世纪 20 年代起，一直任南开中学事务员。

张伯苓拜启
二十二年九月十八日
（南开大学档案馆藏）

致电司徒雷登[①]

（1933 年 9 月中旬）

President Stuart
Yenching University
Peiping
Better postpone till november.
Chang Poling

（南开大学档案馆藏）

附：司徒雷登致电张伯苓（1933 年 9 月 14 日）
President Chang Poling
Nankai University
Tientsin

Can you conveniently postpone address here until Tuesday (twenty six), otherwise come on original date. Please telegraph reply.
Stuart

（南开大学档案馆藏）

① 司徒雷登（John Leighton Stuart，1876—1962），美国传教士。1919 年被聘为燕京大学校长，1927 年燕京大学与哈佛大学合作组成了著名的哈佛燕京学社。1946 年 7 月出任美国驻华大使。1949 年 4 月返回美国。

致雷法章

（1933 年 9 月 25 日）

青市[①]教育局

法章先生大鉴：

敬启者：现有我校校友阎子亨[②]君，为设计建筑下届华北运动会体育场赴青，参观贵市体育场，藉资借鉴。特代介绍，恳请俯赐接见，并多多予以指导为荷。

祇颂

勋绥！

张伯苓拜启

九月廿五日

（南开大学档案馆藏）

致韩博仁

（1933 年 9 月 26 日）

青岛市立第一女子学〈校〉

博仁女士大鉴：

苓在绥远一星期之久，昨下午始归，披读快函，备悉种切。德修谤兴，自古已然，但得行吾心之所安，对于含沙射影事自可不必介意。市长方面之意见

① 即青岛市。

② 阎子亨（1891—1973），字书通，天津人。天津南开中学、香港大学土木工程系毕业。在天津经营中国工程司，任总工程师兼经理。1933 年任北洋大学、河北工业学院讲师和天津工商学院教授。1937 年七七事变后，任南开学校校友会主席。抗战胜利后，出任天津工务局局长，兼任城市规划委员会主任。1947 年去职，仍任中国工程司总工程师。解放后，任天津市、河北省人民代表，河北省政府委员，河北省建设工程厅副厅长，天津市建筑工程局副局长，天津市建工学院院长。在天津设计了百余处楼房，主要有和平路上的寿德大楼、常德道上的茂根大楼、解放北路上的久安大楼、南开中学的范孙楼、新华路上的元隆孙旧宅等。

容与雷法章先生函，烦其探明究竟如何再说。苓本月卅日尚须赴平一行，一、二日归来。下月七日去南京，约十月底言旋。精神上如感有不适，最好抽暇到津小住数日，稍资排遣，幸勿过于灰心也。覆颂

时祉！

张伯苓启

九月廿六日

（南开大学档案馆藏）

致傅作义

（1933年9月27日）

绥远省政府

宜生先生大鉴：

此次到绥一行，非常满意。辱蒙招待周至，感谢万分。当今天下滔滔，能知振作者有几！先生与诸僚友努力前途方兴未艾，此最可钦慕事。尊处兴创黄河水利办法，即请开示。苓行将为参与全运会事赴京见汪、宋诸公当面谭。如遇开农村委员会及经济委员会时，当代提出。

前谈派生赴华北工业社练习一节，苓归过平时业与道及，据云男生额可收五人，女生亦可容四、五人，请尊处酌量派遣。如先已有毛织知识者，或专习染工一门，毕业可以缩短时间。附上简章一份，请查阅。敝同人等对于研究西北诸问题兴味方浓，所拟派专研牧畜之崔君病已全愈，不日往萨拉齐。过绥时，尊处选实习生事可与一谭，或与新农试验场任君接洽亦可（缘崔君将设牧畜试验所于新农试验场内）。此后敝同人为研究西北问题，过绥时很多，诸希关照。

现有工业化学系主任、同人张子丹君前往参观物产竞赛会，将于本星期五日搭车赴绥，到时晋谒，并请俯赐接见为荷。衹颂

勋安！

张伯苓拜上

九月廿七日

附简章一份。

（南开大学档案馆藏）

致马士仪

（1933 年 9 月 27 日）

士仪先生鉴：

苓日前始自绥远回津，来函已经阅悉，甚愿与阁下见面一谈。明日（即星期四日）上午九钟在本校中学部敬候，是否准能惠临，尚望酌定见复为荷。祇颂

时绥！

张伯苓启

九月廿七日

（南开大学档案馆藏）

致周敬甫

（1933 年 9 月 27 日）

北平

敬甫先生大鉴：

前为肃复寸椷，想蒙察悉矣。顷接于孝侯主席复函，附呈一阅，即请检入为荷。顺颂

时祉！

张伯苓拜上

二十二年九月廿七日

附函一件。

（南开大学档案馆藏）

致雷法章

（1933 年 9 月 27 日）

法章先生大鉴：

敬启者：日前接韩仁[1]女士来函，备述伊为公受谤情形，对于先生予以安慰深为感激。不过因闻沈市长别有意见，心颇为之踌躇。苓当复令少[稍]安勿躁，容俟探得沈市长意见究意如何再说。兹敬肃以奉询，如先生于沈市长意见知之甚真，即请速函见示，俾便苓代该女士解决应付办法。此恳，顺颂

勋祺！

张伯苓拜启

二十二年九月廿七日

（南开大学档案馆藏）

致青岛市救济东北难民月捐会

（1933 年 9 月 27 日）

青岛浙江路五号

敬覆者：苓日前始由绥远归来，展读大函，祇悉一是。尊款欲归善团作为救济难民应用，苓思之至再，以为是等款项向既因东北有战事募集，此时似乎仍尽用于东北罹兵祸之同胞，方为不失本旨。本月卅日苓有事须赴北平一行，容俟归后调查，果有何相当之善团可以信托，再为专函奉告可也。此复

青岛市救济东北难民月捐会。

张伯苓敬启

二十二年九月廿七日

（南开大学档案馆藏）

---

① 即韩博仁。

致顾湛然

（1933年9月27日）

开滦矿务局

湛然先生大鉴：

苓日前曾赴绥远一行，昨始言旋。展读覆椷，祗悉一是。慨允于今年为敝校赠煤四百吨，在此营业不甚畅旺时期，异常可感，谢谢！

贵局规模鸿大，更得先生以长才整理，不久当可复旧观，以后敝校仰沐厚惠之日方长，实属无穷庆幸。专肃，敬请

勋安。诸惟爰照，不备。

张伯苓拜上

二十二年九月廿七日

（南开大学档案馆藏）

致张子岷

（1933年9月28日）

南京中央国术馆

子岷先生鉴：

接奉大函，谨已领悉。十月二十日举行本年第二届国术考试，嘱为担任委员，苓极愿遵照，以附骥于诸先生之后。不过在十月一月内，上半月须到南京参与全运会事，下半月（十七日）又适值敝校第二十九周〈年〉纪念，有当躬亲之事甚多，不待全运会终局，即须言返，恐对帮忙国考再行回赶不及，有志趋命而愿不从心，实属万分抱歉，尚乞格外谅之。覆颂

勋祺！

张伯苓拜启

二十二年九月廿八日

（南开大学档案馆藏）

致马士仪

（1933年9月28日）

南市广生医院转

士仪先生大鉴：

适阁下枉驾来谈，苓当将敝校教务课课员渠君苁华，在校供职若干年，及向无作过犯法越理事一切情形相告，想已明了渠君之为人，非匪徒可比。至于阁下犹指出可疑之点，一为伊在电影院不认自己衣服，一为在法案杂以身同高矮之人，由尊府人指认，皆不错。苓现对此两层亦已向渠君查询明白。据渠君言，在电院不认衣服，道无其事，早经电影院经理在法院代为证明。所云尊府人皆指认不错一节，闻渠君在公安局时，尊府人全去看过，均已眼熟，即再杂列数十人或数百人，亦断无认错之理。此等试验法，渠君在法院曾经声明失效，法官亦已承认。总之，渠君在敝校多年，是一极安分之人，苓知之甚真，望阁下勿再怀疑。至于渠君无故受此诬蔑，实在令人不平。专此布告，顺询
日祉！

张伯苓启
二十二年九月廿八日
（南开大学档案馆藏）

致马鸿逵

（1933年9月29日）

宁夏省主席

少云主席赐鉴：

接奉覆谕，关于孔君宪章事，蒙允为相当位置，俾尽所学，出自推爱逾格，欣感无似。兹肃函交其持往投谒，到时幸乞晋而教之，至以为荷。祇颂
勋安！

张伯苓敬上
二十二年九月廿九日
（南开大学档案馆藏）

致顾介眉

（1933年9月29日）

介眉贤弟大鉴：

久未握晤，甚以为念。兹有恳者：华君俊明，字尊民，系午晴先生令郎，曾在我大学部商学系毕业，为人朴诚恂谨，作事亦极隐练。毕业后先去天津利济公司任事，并在天津水产学校充过会计主任（尊民长于会计），均有相当成绩。嗣因北平研究院多有亲友照顾，乃改就该院庶务员之职，至目下已历二年余。只以所事不足尽其所学，故心中常为郁郁。弟处用人机会甚多，如能假给一枝，在伊最所欣感，而尤为午晴先生所极翘企祝祷者。幸关照即行予以安插为盼。顺颂

时祉！

张伯苓拜启
二十二年九月廿九日
（南开大学档案馆藏）

致邓照藜

（1933年9月29日）

日本东京淀桥区诹访百六十番涩谷方邓ヨリ

照藜贤弟大鉴：

来函读悉。仆生欲来我中学部附学，理应收入。不过现在开学多日，班额已满，无复再有余席。侯生如必欲来肄业，请其在外将功课多多预备，俟年终再报考插班最为适宜。此复，希即转代致意可也。顺颂

学祉！

张伯苓拜启

二十二年九月廿九日

（南开大学档案馆藏）

致祝步唐

（1933 年 9 月 29 日）

石家庄河北统税石家庄管理所

步唐贤弟大鉴：

接手书，得悉已与何柱国军长会晤，并欢宴过一次，甚善！甚善！现代吾弟介绍函已付邮，附上底稿一阅，此后遇事或能获有相当之关照。吾弟如果为尽临时翻译义务，想接近更无难也。仆十月六七日由津启程，赴津[京]参与双十节，全运会事不得终局，十七日（学校周年纪念）尚须赶回。南北奔驰，真所谓劳人草草者。好在风尘习惯，心意中尚不感觉有所畏难。知注特以告慰。

覆颂

时祉！

张伯苓拜启

二十二年九月廿九日

附函稿一件。

（南开大学档案馆藏）

致王际荣

（1933 年 9 月 29 日）

接读来函，具悉一一。查此次所考成绩（国文 42，英文 20，常识 10，算学 23）相差太多，故未录取。现在开学已久，班额已满，无法再容附学。贵女士如必欲来肄业，请暂在外将功课多多补习，俟年终再考插班最为适宜。但年

若稍大，与年少者同班亦有未便，请届时自行酌量可也。此覆
际荣女士。

张伯苓启
九月廿九日
（南开大学档案馆藏）

致何柱国

（1933 年 9 月 29 日）

丰台五十七军司令部

柱国军长先生大鉴：

日前在平晤教甚快。闻贵军南移，麾从驻扎石家庄，作平汉路中坚之保障，不胜为该地居民贺。兹敬有恳者：前所谈之祝君瀛洲，字步唐，系敝校大学部第一班毕业生，为人操行恂谨，办事亦备极稳练。先曾在吉林办学数年，颇负声誉。嗣以学问尚有深造之必要，又复负笈留美，加意研究。归国后未久即蒙财政特派员公署委派管理丰台税务事宜，今年又调充河北统税石家庄管理所所长。现贵军既到达该地，用特肃函代为介绍，以后遇事务请推爱，多多予以照拂，是为至托。祗颂
勋安！

张伯苓拜启
二十二年九月廿九日
（南开大学档案馆藏）

致陈裕光

（1933 年 9 月 29 日）

南京金陵大学

裕光先生大鉴：

接奉惠函，敬已领悉。苓拟十月六七日由津启程南下，承约讲演一节，在全运会开幕期内如有可以抽身机会，极愿趋赴贵校，与诸位一谈。至于时间以何为宜，容临近酌准再为通知。先此布复，希查照为荷。顺颂
公祺！

张伯苓拜启
二十二年九月廿九日
（南开大学档案馆藏）

致电张士培及绥远南开校友会

（1933年9月29）

绥远 教育厅张士培君及南开校友会鉴：张子丹博士艳（29日）快车赴绥，请招待。苓。

（南开大学档案馆藏）

致祝李秀山[1]冥寿者

（1933年10月1日）

○○先生大鉴：

敬启者：十月四日恭逢英威将军秀山先生冥寿之期，追维伟范，怀想殊深。爰于是日下午假座敝校大学部秀山堂，略治素餐，届时敬请命驾惠临，同申忆祝。不胜盼祷。专肃，顺颂
时祉！

① 李纯（1874—1920），字秀山，天津人。天津武备学堂第二期毕业，后参加淮军，历任北洋常备军提调、陆军第六镇十一协统领、第六师师长、九江镇守使、江西护军使、江西都督，授昌武将军督理江西军务。1917年任江苏督军。去世后捐助南开大学五十万元，建“秀山堂”教学楼，并曾创办秀山小学三所。

张伯苓拜订
二十二年十月一日
（南开大学档案馆藏）

致沈嗣良

（1933 年 10 月 2 日）

上海

嗣良先生大鉴：

顷接中华体育协进会来函，并附函、单各一件，均已领悉。苓拟于十月五日晚由津启程，搭车南下，七日抵京参与全代大会，不致有误。此复，请查照代转全会诸公知悉为荷。顺颂

台祺！

张伯苓拜启
十月二日
（南开大学档案馆藏）

致孙光祖[1]

（1933 年 10 月 2 日）

光祖贤弟大鉴：

来函读悉。令友拟于明夏送其公子来我中学部投考初一，甚善！甚善！惟教育部颁布规则，中学学生必须小学毕业，如无高小文凭，我校未尝不可准其报名应试，惟考入后如教育厅方面弗予承认，学校不能负责。千请代致意令友，俾自行酌量可也。覆颂

时祉！

① 孙光祖（1904—？），字耀先，山西人。1922 年前后在南开中学肄业。

张伯苓拜启
二十二年十月二日
（南开大学档案馆藏）

致丁荫

（1933 年 10 月 2 日）

北平华北工程学校

丁荫先生大鉴：

许久未接光仪，驰神綦切。兹敬启者：敝校本届高级中学部普通科毕业生吴柏林[①]，天津人，现年廿一岁。该生对机械工科颇感兴趣，身体亦健壮耐劳。闻贵校注重实地工作，伊极愿投列门墙，藉偿夙愿。特代介绍，倘蒙关照，允准收录，至所感荷。专此，敬颂
教祺，并希见覆为盼。

张伯苓拜启
（南开大学档案馆藏）

致沈鸿烈

（1933 年 10 月 2 日）

青岛

成章市长先生大鉴：

睽教许久，维政履增绥为颂。兹敬启者：天津浙江兴业银行襄理朱君文龙，与其父作舟两代先后均曾受业于敝门，与苓交谊颇厚。现奉派兼任青岛支行经理，不日赴青筹备开办。特代介绍，到时敬请推爱，遇事多多予以关照，至所

① 吴柏林（1912—？），天津人。1933 年南开中学毕业，考入南开大学商学院。

感荷。祇颂[1]

张伯苓拜启

（南开大学档案馆藏）

致于学忠

（1933 年 10 月 3 日）

孝侯主席钧鉴：

前肃函介绍之周君仁寿，辱蒙覆允遇事提挈，非常感激。该员曾于九月五日呈南京诸当道代电一函，陈述整顿吏治意见，现伊特将该函稿另纸清缮，嘱为代呈我主席一阅。兹敬附上，幸乞俯赐查鉴为荷。祇颂

勋安！

张伯苓谨上

二十二年十月三日

附代电函告一件。

（南开大学档案馆藏）

致周敬甫

（1933 年 10 月 3 日）

北平

敬甫先生大鉴：

手书并函呈南京诸当道代电清稿一份，均敬领悉。现已遵嘱将原稿为函转于主席察阅。特此复布以闻，惟荃照是幸。顺颂

时祉！

张伯苓敬上

① 原文如此。

二十二年十月三日
（南开大学档案馆藏）

致青岛市救济东北难民月捐会

（1933年10月3日）

敬启者：日前覆上一槭，谅蒙察悉。昨赴北平，闻该市有新立小学一处，专收东北难民子弟，如贵会愿将存余款项捐助此等义举，即请尽数寄送北平东北大学，交秘书长王回波先生代转，不致有误。希贵同志酌办是幸。此致
青岛市救济东北难民月捐会。

张伯苓启
二十二年十月三日
（南开大学档案馆藏）

致电 Flamingo Ho

（1933年10月3日）

Flamingo
Nanking
Preferring october sixteenth.
Subject: *Athletics and character building.*
Chang Poling

（南开大学档案馆藏）

致缪传心[①]

（1933 年 10 月 5 日）

本市大刘家胡同

传心贤弟鉴：

来函读悉。此次大学登报招考办事员，额仅一名，日前录取已经有人矣。覆询

时佳！

张伯苓手启

二十二年十月五日

（南开大学档案馆藏）

致天津中国实业银行

（1933 年 10 月 5 日）

敬启者：敝校中学部本届毕业生刘同春[②]，深愿投入贵行练习，借验所学。除遵章报名与考外，特代介绍，请俯赐关照为荷。此致

天津中国实业银行。

张伯苓启

二十二年十月五日

（南开大学档案馆藏）

① 缪传心（1911—？），天津人。1930 年前南开中学学生。

② 刘同春（1912—？），山东人。1933 年南开中学毕业。

致电韩博仁

（1933 年 10 月 6 日）

青岛女中韩校长：无人请，另觅。苓。

（南开大学档案馆藏）

分致于学忠、林成秀

（1933 年 10 月 10 日）

河北省政府
河北省建设厅

孝侯主席、浥尘厅长赐鉴：

敬启者：顷由敝校校田经理处寄来小站农商会烦转之呈文一件。查该农商等纯为保全该处旧有之减河水利，藉以维持各家生活，实与出力为敝校校产维持岁收无异，合亟附函代转，敬乞检入，即予关照，俯赐鉴核施行，至以为荷。祗颂

勋安！

张伯苓谨上
二十二年十月十日

附呈文一件。

（南开大学档案馆藏）

致中山文化教育馆

（1933 年 10 月 23 日）

敬覆者：来函奉悉。聘书并附件均收到。蒙以中山文库审订委员会委员见委，谨当承认，附其他委员诸公之骥尾。特覆布闻，希惟查鉴是幸。此致
中山文化教育馆。

张伯苓敬启
二十二年十月廿三日
（南开大学档案馆藏）

致万福麟

（1933 年 10 月 23 日）

寿山先生台鉴：

日前承赐《黑龙江省志稿》一部，恰值苓赴京参加全国运动会，致稽裁答，深滋歉仄。现已将该书送交敝校图书馆保藏，除由该馆另函鸣谢外，兹特函达，以伸谢悃。专此，敬颂
勋祺！

张伯苓谨启
二十二年十月廿三日

附：万福麟致张伯苓（1933 年 10 月 4 日）

伯苓仁兄校长惠鉴：

暌违清范，企慕良殷。即维道履绥和，为无量颂。弟前主龙江省政时，以省志迄未成书，颇以政治沿革关系綦巨，几费经营，获成斯稿如干卷，今幸装印蒇事。谨检全部奉上，以厕贵校图书之室。尚希大雅不吝赐教为荷。专颂
教祺！

弟万福麟拜
十月四日

附《黑龙江省志稿》一部。

（南开大学档案馆藏）

致刘炽晶[①]

（1933年10月25日）

南京铁道部

志静贤弟大鉴：

日前赴京，辱承雅意招待，别时又蒙殷殷相送，感谢无似。兹更有恳者：我校近年以来蒙开滦矿局捐助烟煤，蒙铁道部饬北宁路局拨车代运，运费即作捐款，历年均经照办在案。今年该矿局又允赠烟煤四百吨，因念运费即无从出，惟有恳请铁道部援案仍饬北宁路局为查照成例，协助办理。附上缮就之致铁道部及孟馀先生函各一件，烦代转呈，并望费神从中吹嘘，速予批准转饬如请施行，以济急需。至所切盼。顺颂
时祉！

张伯苓启
十月廿五日

附函二件。

（南开大学档案馆藏）

① 刘炽晶（1899—1996），字志静，河北滦县人。先后就读于天津南开中学和南开大学，1925年大学毕业后到清华任教，1929年赴美留学，先后获得宾夕法尼亚大学硕士和哥伦比亚大学博士。1931年回国后任交通部专员等职，1941年任交通大学教授，1949年9月任国立北平铁道管理学院院务维持委员会主任委员，1950年任院长。

致顾孟馀①

（1933 年 10 月 25 日）

南京铁道部

孟馀先生大鉴：

久暌光仪，驰怀无似。日前赴京，原思一图谒教，只以下车后即忙参与全运会事，苦于匀暇不得，良用歉然。现在匆匆返津，又复忙于校务。查本校近年以来经费竭蹶，仰赖各方襄助处甚多。即如用煤之事，由开滦矿务局捐赠，蒙贵部饬北宁路局拨车代运，运费即作捐款，历年均经照办在案。今年该矿局又允赠烟煤四百吨，因念运费既无法从出，惟有仍恳贵部援案饬路局照旧一为帮忙。除正式备函呈部外，合再肃此，敬乞我公特别关照，即予赐以批准如请施行，感惠实无涯涘（矣）。祗颂

勋安！

张伯苓谨上

十月廿五日

（南开大学档案馆藏）

致张达忱

（1933 年 10 月 25 日）

济南中华基督〈教青年会〉

达忱先生大鉴：

① 顾孟馀（1888—1973），名兆熊，字梦渔，后改孟馀，浙江上虞人。1906 年赴德国留学。1916 年起先后任北京大学文科教授、法科经济系主任、教务长。1925 年 12 月任广东大学校长。1927 年 3 月任国民党中央宣传部部长。1932 年 3 月任铁道部部长。1935 年 12 月任交通部部长。1941 年 7 月任中央大学校长。1948 年 4 月迁居香港。

接奉来函，敬悉本年十一月十八日为贵会第廿周年纪念日，届时将举行纪念大会并印制纪念特刊，嘱为题词。兹谨就来纸撰题数语附上，藉当庆祝，希查鉴为荷。复颂

道祺！

张伯苓拜启

十月廿五日

（南开大学档案馆藏）

致宋子文[①]

（1933年10月26日）

南京财政部

子文部长先生勋鉴：

日前赴京，下车后即忙参与全运会事，卒不获一往谒教，至今犹为歉然。顷者，接河北省财政特派员公署代电，函谓该署现已裁撤，所有按月拨发敝校之二万元经费，截至九月份止，嗣后改由贵部径接核发。敝校奉此，因念年来仰承体贴，准就近由特派员拨款无误应用，心铭无似。今后既改蒙贵部核发，仍乞我公特别关爱，对此项经费即为指定相当机关，由十月份起按月尽先予以赐拨，俾资接济。至所感荷。祗颂

钧安！

张伯苓谨启

二十二年十月廿六日

（南开大学档案馆藏）

① 宋子文（1894—1971），原籍广东文昌（今海南文昌），生于上海。早年于上海圣约翰大学，后留学美国，获哥伦比亚大学博士。时任国民政府财政部长兼行政院副院长。

致陈光甫、邹秉文[①]

（1933 年 10 月 27 日）

上海上海银行

光甫、秉文先生台鉴：

敬启者：前嘱代为征询方显廷[②]先生是否原[愿]就棉业统制委员会统计主任职务一事，返津后业已面询方君。方君因此间研究工作正在中途，未便抛弃，不能往就。苓复就商于敝校经济学院院长何淬廉先生，冀能得一两全办法。商洽之结果，认为贵会如愿将统计事务委托敝校经济学院代办，而予以相当之津贴，则双方互助，未非一妥善之办法，不悉台端以为如何。专此函复，即候回示。顺颂

日祺！

张伯苓谨上

十月廿七日

（南开大学档案馆藏）

① 邹秉文（1893—1985），原名应崧，祖籍江苏苏州市，生于广东广州。1910 年留学美国，1915 年毕业康奈尔大学。1916 年回国，历任金陵大学教授、中央大学农学院教授兼院长。

② 方显廷（1903—1985），浙江鄞县人。美国耶鲁大学经济学博士。1929 年 1 月受聘于南开大学，任社会经济研究委员会（1931 年后改为经济研究所）的研究主任兼文学院经济系经济史教授，1936 年继何廉任南开大学经济研究所代理所长。1946 年，赴上海中国经济研究所任执行所长。1947 年底，受聘参加联合国亚洲及远东经济委员会工作，任经济调查研究室主任。1968 年退休后应新加坡南洋大学之请，重返教学第一线。1971 年退休，为该校首席荣誉教授。

致刘筱斋

（1933年10月28日）

恒源[1]

筱斋先生大鉴：

日前敝同人史君学曾趋谒台端，请对章氏小学经费特别予以维持，辱蒙接见，示以贵纱厂目下困难情形，苓闻史君归述，具已领悉。不过此项经费实关该小学之命脉，一断接济，校务将即废止，势必至令多数贫苦村家子弟从此失学。想热心教育如先生，自必有所不忍。苓感棉薄，无法为继，不得已，惟有仍恳先生于中力予维持。先生为贵厂董事所信任，则一言九鼎，断非他人所能及，倘蒙恳挚说项，匀款以济，俾该小学残喘获延，实属莫大功德。专此，不胜盼祷待命之至。祇颂

善安！

张伯苓拜上

二十二年十月廿八日

（南开大学档案馆藏）

致黄勖志

（1933年10月28日）

勖志女士大鉴：

来函读悉。六月所寄信已早收到，在彼时本拟代为酌一相当升学办法，用副雅望，不意适值参办地方协会，兼应付其他义务，忙碌异常，于席不暇暖中，遂将所托之事忽略，迄今回忆，真觉歉仄无似。顷承示仍在二中任职，而校中经济亦不致如往年拮据，甚为欣慰。升学求深造，想此后再图机会，尚不为迟。

① 即天津恒源纱厂。

苓日来对校内校外仍苦忙无停晷，好在诸务一切顺平，而身体亦顽健如昔，差堪告慰锦注耳。尊翁吉人天相，目下想病已霍然，甚为念念。此复。顺颂
时祉！

张伯苓拜启
二十二年十月廿八日
（南开大学档案馆藏）

致郑祥茂

（1933年10月30日）

祥茂先生大鉴：

手示读悉。尊办远东新闻社，宗旨正大，极为钦佩。来画一帧已递到，苓对于字画等向来不甚讲究，兹既仰承雅馈，拜领，谢谢！现由南归，适购得椅垫四片，敬以奉赠。非敢云报，略表微忱而已，希惟哂纳是幸。顺颂
时绥！

张伯苓拜启
二十二年十月卅日

外附椅垫四片。

（南开大学档案馆藏）

致刘炽晶

（1933年10月）①

志静贤弟大鉴：

来函读悉，嘱代函顾部长，现已将函缮就附上，即希吾弟自行呈交可也。复颂

① 此日期为编者根据相关信函内容推断。

时祉！

张伯苓拜启

年 月 日①

附函一件。

（南开大学档案馆藏）

致顾孟馀

（1933 年 10 月）②

孟馀部长赐鉴：

敬启者：贵部专员兼货物负责运输委员会委员、法规委员会委员刘君炽晶，曾在敝大学商科毕业，又在美国本薛文尼亚大学铁路管理学院毕业，并曾在本薛文尼亚铁路公司车务处及纽约铁路总公司总局实习，且考察过英国大西铁路公司，对路务多有心得。归国后，任职贵部三年，幸无陨越。

顷闻京沪路车务处及湘鄂路局均有易人管理消息，极思藉机一出宣勤。当以志愿函告，苓想该生在部既知努力自好，倘此时蒙相宜外派，亦未始非予以实验所学之机也。谨代陈恳，幸乞关照，酌准俯赐如请成全为盼。祗颂

勋安！

张伯苓拜启

年 月 日

（南开大学档案馆藏）

① 原文如此。

② 此日期为编者根据相关信函内容推断。

致孔祥熙

（1933年11月3日）

南京财政部

庸之我哥赐鉴：

月前赴京，为忙参与全运会事，未得晤谈，歉甚。顷闻荣转财长兼行政副院长，新猷楙树，指顾可期，不胜为之忭贺。

兹有恳者：日前接河北省财政特派员公署代电，内开："案奉财政部宋部长号电开，'查北平河北各机关经费先后令饬该特派员拨发，现在该署既经裁撤，所有各款应即由本部直接核发。仰将截至最近止已拨及未拨数目克日开单具报，'等因。奉此，自应遵照办理，嗣后贵校应领经费径由财政部核发。除将截至现在止已拨月份业由本署呈复外，相应录电奉闻，并希查照为荷。"等因。敝校遵此，因念财政特派员公署向为华北税入总汇，历年为敝校拨款颇感便利。今税入既改集于中央银行，则敝校经费每月弍万元自以就近改由天津中央银行拨发为宜。除日前业已函请贵部查鉴，为指定天津中央银行按月照办外，谨再肃乞我哥，即予赐以批准。出自关爱逾格，临颍无任翘盼祝祷之至。祗颂

勋安！

弟张伯苓谨上

二十二年十一月三日

（南开大学档案馆藏）

致涂奇峦[1]

（1933 年 11 月 3 日）

奇峦先生大鉴：

接奉来函，藉悉台端到达目的地，甚为欣慰。动定一切嘉善，新知日益增多，遥企云程，为之颂慰无量。苓近来除对校内各部事务极力维持进行外，余如关于地方及国家之各项公益，亦勉效匹夫有责之义，相与南北奔走，几于席暖不暇。现又值我中学部兴办工程，改建新礼堂，兼筹划创筑体育馆，更觉忙上加忙，真所谓劳人草草者。好在鄙躬顽健如恒，家人亦托庇粗安，差堪告慰廑系耳。

章辑五先生久怀出洋之志，目下始得有机会，已于十一月八日由津赴启程赴沪，抵沪后不久即行放洋。先至义，再往德，匀暇更分赴欧洲其他各部及美国等地，加意考查体育新方法，以备归国多有新贡献，为中国促进体育之发达。时限期以二年。在外如遇机缘会晤，则旧两谈心，亦不可谓非一时佳话也。此覆，顺颂

学祺！诸惟爱照不宣。

张伯苓拜启

二十二年十一月

（南开大学档案馆藏）

① 涂文（1896—？），字奇峦，湖南浏阳人。南京东南大学体育科毕业。曾任江苏省立第四中学、第五中学、河南第一师范等校体育主任，东南大学、女子师范大学、中法大学体育教员。1926 年任清华学校体育部教员。

致河北省民政厅

（1933 年 11 月 4 日）

敝校静海县乡村建设实验区，事前已由敝校经济学院院长何淬廉君面商一切，当荷俯允赞助，具见台端关怀民瘼之切，忻感无似。窃敝校此次创办静海县乡村建设实验区之目的，纯在洞悉民情实况，及实地训练人材两点，度已早蒙垂察。此种进行，在此高唱农村建设之中国，实为先决问题，惟创始之初，不免时有挂碍发生，关于地方政府方面，敬乞令饬就地予以赞助，驻军方面，并恳转商省府，通令维护。琐细奉扰，至为感激。

附：何廉致河北省民政厅

以静海县乡村建设实验区，本县城内租妥之房屋，现正修理。该地驻军兵士，时有占住之意，嘱转请通令当地驻军妥予保护，以免纠纷。

（《益世报》，1933 年 11 月 4 日）

致电孔祥熙

（1933 年 11 月 5 日）

南京财政部孔部长勋鉴：前函谅达，恳乞指令津中央银行由十月份起按月将敝校经费拨付，以济急需为祷。张伯苓。

（南开大学档案馆藏）

附：财政部复电张伯苓（1933 年 11 月 14 日）

南开大学张校长勋鉴：来电奉悉。贵校补助费应由教育部按月具领转发，业函复查照在案，希即向教育部接洽办理为荷。财政部，盐。

致烟台私立芝罘中学校董会

（1933 年 11 月 6 日）

烟台

敬覆者：接奉来函，并附纪念照片一件，俾得藉以观光，无任欣羡。谨祝贵校前途日益发达。至于承约鄙人担任贵校名誉董长一席，实在愧弗敢当，希惟鉴谅是幸。此致

烟台私立芝罘中学校董会。

张伯苓拜启

十一月六日

（南开大学档案馆藏）

致王世杰

（1933 年 11 月 13 日）

南京教育部

雪艇部长钧鉴：

敬启者：敝大学自成立以来，原有基金公债一百卅万元，历蒙财政部指由河北省盐款内每月拨发息金六千五百元作为经费。嗣因学校扩充，亏款甚巨，请求前国府主席兼教育部长蒋补助，蒙准每月增加一万三千五百元，共两万元。并蒙前海陆空军副司令及财政部指由河北财政特派员公署就近按月拨发，敝校历经遵领在案。

现自特派员公署改组，除九月份款已蒙发讫外，而十月份尚未领得。旋接该公署来函，谓敝校每月经费二万元自十月份起应改由财政部径接核发。奉此，随即具函财政部，请为照拨。顷得部覆库字第八五号函，称“贵校补助费每月弍万元应由教育部按月代领转发，即希查照洽办。”等语。敝校遵此，除正式呈请贵部查照办理外，谨再将敝校经费向来如何拨领一切情形详述以闻，恳乞我

公费神将敝校十月份款即予赐以代为领转，俾济急用。出自逾格关照，不胜感盼。祗颂
勋安！

张伯苓谨上
二十二年十一月十三日
（南开大学档案馆藏）

呈教育部

（1933年11月13日）

案奉财政部库字第八五号公函，内开："案查接管卷内，准贵校函，以河北财政特派员裁撤，所有按月拨发属校之两万元，请指定相当机关，由十月份起，尽先赐拨，等由。查贵校补助费，每月二万元，应由教育部按月代领转发。相应函复，即希查照洽办为荷！此致　南开大学校长张。"等因。奉此，理合备文陈明，恳请钧部费神，将属校十月份款，即予以领转施行，俾应急需。出自关爱逾格。谨呈
教育部。

南大校长张〇〇
十一月十三日
（南开大学档案馆藏）

致汪精卫

（1933年11月14日）

精卫院长钧鉴：

月前为参与全运会事赴京，藉得一领麈诲，荣忭无似。兹敬启者：居今而谈建设，以教育为最关重要。所虑经费不继，即不免停顿堪虞。查河北省教育费年来由河北财政特派员公署按月拨发，赖资维持。现自该署改组，款已压欠

三个月，各校院深感困难。日前省立学校联合会电财政部请愿，想钧座已有所闻。务请赐以援手，吹嘘孔部长速予救济，不胜代祝代祷之至。祇颂
勋安！

张伯苓拜启
二十二年十一月十四日
（南开大学档案馆藏）

致何艾龄

（1933年11月15日）

艾龄女士大鉴：

接来函，得悉清恙已占勿药，欣慰之至。所谈欧阳康君及唐松籀君均为好学之士，不过该二人如果明年暑假时要来投考敝校，最好请其自现在起将功课多多预备，免致成绩太差，届时或徒劳往返，是为至要。复颂
痊祉！

张伯苓拜启
二十二年十一月十五日
（南开大学档案馆藏）

致中山文化教育馆

（1933年11月15日）

敬复者：来函奉悉。第一期选译书目本已收到，惟苓为参与全运会事曾于十月五日由津启程赴京，在京勾留多日始得归来。归后事忙，耽延至于目下。对所颁书目尚未详阅，选择无从着手，殊属有所贻误，深为抱歉。兹各委员选件既已交齐，苓赶办不及，只得俟下期应行从事工作时再图有以报命。此次之未能如约，尚希原谅是幸。此致
中山文化教育馆。

张伯苓拜启
二十二年十一月十五日
（南开大学档案馆藏）

致傅若愚

（1933年11月15日）

若愚先生大鉴：

接来函，示以明年一月在圣约翰大学开第十二次全国大会，嘱苓于廿四日晚担讲《成人与青年的合作》一题，届时如无其他要事牵绊，定当赴沪一行，以应尊约。覆颂

道绥！

张伯苓敬启
二十二年十一月十五日
（南开大学档案馆藏）

附：傅若愚致张伯苓（1934年1月9日）

伯苓先生大鉴：

敬启者：关于青年会第十二届全国大会之举行，前请阁下届时出席，演讲《成人与青年之合作》一题，当蒙俯允，无任欢感。阁下演讲时间现定于廿四日（星期三）晚七时半，用再专函奉达，务乞准时出席赐教为荷。专布，祇颂

大安！

第十二届全国大会执行干事傅若愚敬启
廿三、一、九
（南开大学档案馆藏）

致电王世杰

（1933年11月15日）

南京　教育部王部长钧鉴：嘱转智开[①]电由电话达平，想已电复。兹奉财政部盐（14日）电，敝校补助费两万元应由贵部代领转发，恳速向财部代领十月份补助费拨下，藉应急需为盼。张伯苓。

（南开大学档案馆藏）

致宋棐卿[②]

（1933年11月20日）

东亚[③]

棐卿先生大鉴：

来函奉悉。张汉文君枉驾敝校，适值苓有会议，未得接晤，甚以为歉。委代介绍半工学院事，极应遵照。不过苓与该院向来不甚相熟，遽行投函荐人，殊嫌唐突，是以如命不得，尚希高明谅之。覆颂

台安！

张伯苓拜启

二十二年十一月廿日

（南开大学档案馆藏）

---

① 即严智开。

② 宋棐卿（1898—1956），名显忱，山东益都（今青州）人。1932年任天津东亚毛呢纺织股份有限公司董事长兼经理，生产“抵羊牌”毛线畅销全国。新中国成立后，任第一届全国政协委员、国务院财政经济委员会委员。1950年去香港。

③ 即天津东亚毛纺厂。

致褚民谊

（1933年11月21日）

南京行政院

民谊先生大鉴：

接奉手示，知将集印平素关于体育演讲各文，藉资传播，殊深钦佩。嘱作序文，勉草数行，录呈教正，知不足为论文增重，亦不过聊以塞责云耳。祇颂勋安！

张伯苓拜启

二十二年十一月廿一日

附序一篇。

（南开大学档案馆藏）

致电孔祥熙

（1933年11月22日）

南京　财政部孔部长钧鉴：敝校十月份补助费两万元请速发下，以后请按月就近由平津财政机关拨发，是所祷盼。弟伯苓叩。

（南开大学档案馆藏）

附：孔祥熙复电张伯苓（1933年11月30日）

天津　南开大学张校长鉴：来电奉悉。贵校十一月份补助费二万元已由部照数□汇，请察洽。弟孔祥熙。陷。

（南开大学档案馆藏）

致电张希陆

（1933年11月26日）

厦门　厦门大学张希陆：如已停课，可速返津。苓。

（南开大学档案馆藏）

致王正廷

（1933年11月28日）

北平国立大学转

儒堂我哥大鉴：

敬启者：顷接嗣良先生来函，附呈文二件，俾为察阅盖章，并嘱转送吾兄盖章，再由弟处直接邮部，云云。弟想在这时候向政府请求补助似非其时，事前是否曾经董事会议通过，在弟不得而知，未审吾兄知之否。且该呈文文意亦似不佳，弟已如其函嘱将章盖讫，送请吾兄一阅。如兄与弟所见相同，即乞便为带沪交嗣良先生再加讨论，如以为可，即祈直接寄部可也。祇颂

日祺！

弟张伯苓谨上

二十二年十一月廿八日

附呈文二件。

（南开大学档案馆藏）

致于学忠

（1933年11月29日）

孝侯主席钧鉴：

敬启者：敝校小站校田向依南运河水利以为生活，历年已久。现因静海县农民争夺水利，致起凶殴。究厥由来，确缘南运河河务局局长及南运河第六工巡段长营私朦蔽，违反成案之所致。而段长孟昭信吸食鸦片，嗜好甚深，此等人员最易有贪脏[赃]舞弊情事，尤属难服民心，敢请我主席将其调省察看。刻闻小站民众请愿，惩撤该局长、段长，取销伊等私相允许已设之涵洞、水闸，实为争生命财产迫不得已之举。敝校以校田所在，未能漠视，用特肃恳我主席对该民众请求即予赐以施行，俾小站旧有水利不致从此荒失，藉维学产而戢争端，实为德便。祇颂

勋安！

张伯苓谨上

二十二年十一月廿九日

（南开大学档案馆藏）

致周敬甫

（1933年11月29日）

敬甫先生大鉴：

接惠函，承示上国府第三次呈文蒙批，甚好，不胜代为欣慰。《国鉴》四十册如数收到，除留自阅，并分备诸人披览外，如不敷时，再当函达。肃此鸣谢，顺颂

颐安！

张伯苓拜覆

二十二年十一月廿九日

（南开大学档案馆藏）

致项乃登

（1933 年 11 月 29 日）

本市交通银行

乃登先生大鉴：

顷接惠函，辱蒙对敝校所植菊花于观赏后并作长歌，以为奖誉，花如有知，真觉莫名荣感。兹除将尊咏珍藏用垂纪念外，特检所摄菊片八张，随函奉赠，即希哂存为荷。顺颂

台安！

张伯苓拜启

二十二年十一月廿九日

附菊片八张。

（南开大学档案馆藏）

致王乃宽

（1933 年 11 月 29 日）

杭州

乃宽贤弟大鉴：

接来函，得悉现已脱离扬子厂，在航空署任职，明春又将往赴吴敬直先生之约，似此鸣飞遇顺，为之忭贺无量。我校各部目下一切均称顺平，而鄙躬亦顽健如常，堪以告慰。不过日来对内对外事务增多，几于席不暇暖，本日又附车入南京一行，到京后无多勾留，即须北返，欲至杭州与弟等一聚，恐尚未能如愿。容复几时有可抽身机会，再行函告可也。覆颂

公绥！

张伯苓拜启

二十二年十一月廿九日

（南开大学档案馆藏）

致孔祥熙

（1933 年 11 月 29 日）

天津私立南开大学自成立以来，原有基金公债一百卅万元，历蒙财政部指由河北省盐款内每月拨发息金六千五百元作为经费。嗣因学校扩充，亏款甚巨，请求前国府主席兼教育部长蒋补助。蒙准每月增加一万三千五百元，连前项息金，每月共计两万元。复蒙前海陆空军副司令张[①]及财政部指由前河北省财政特派员公署，就近按月拨发。自民国廿年七月份起，至本年九月份均已领到。每届月底即由敝校派员赴平领取。本年十月底正拟派员赴平往领十月份经费，忽接特派员公署十月廿三日快电，略称该署已经财部明令裁撤，嗣后各机关由该署拨发之经费，应由财政部直接核拨。敝校得此电后，当即具函财部，请为照拨。十一月廿五日天津中央银行送到十一月份经费洋式万元，十月份之经费，并未提及。谨将敝校此项经费来源及其经过情形节略如上。

廿二年十一月廿九日

（南开大学档案馆藏）

致电王恩东

（1933 年 12 月 10 日）

金城银行　南京王恩东先生：何淬廉真（11 日）午后抵浦，请招待。苓。

（南开大学档案馆藏）

① 即张学良。

致电孔祥熙

（1933 年 12 月 11 日）

南京　财政部孔部长庸之我哥勋鉴：敝校十月份经费前曾面允设法补发，请赐迅办。弟伯苓。

（南开大学档案馆藏）

致陶孟和

（1933 年 12 月 13 日）

北平西安门内文津街社会调查所

孟和贤弟大鉴：

来函敬悉。欧美同学会既已租去，校董会只好改地举行。现拟改在煤市街致美楼，日期仍旧，不悉阁下以为如何，倘亦同意，即烦代为先期定座，定妥后尚盼即示，以便速函诸校董更正也。专此。顺颂

时祺！

张伯苓谨启

廿二年十二月十三日

附：陶孟和致张伯苓（1933 年 12 月 11 日）

伯苓先生：

顷在欧美同学会定座，据云本月廿四、五两日皆有结婚，饭所、客所皆已租出。南大董事会应改在何处举行，祈示知，以便代定。专此

敬颂！

孟和上

十二、十一

（南开大学档案馆藏）

致周支山

（1933 年 12 月中旬）

支山先生大鉴：

接来函，得悉段绳武[①]师长不日将来津公干，并拟就便枉驾赐教，苓极端欢迎。

尊代购之小说垫款若干，请示知。苓拟月之廿三日赴平，特附以闻，希查鉴为荷。顺颂

时安！

张伯苓拜启

二十二年十二月中旬

（南开大学档案馆藏）

附：周岐致张伯苓（1933 年 12 月 14 日）

伯苓先生道鉴：

顷包头段绳武先生承泽来平，云不日去津公干，拟趋谒台从，领教一切。段君曾任师长，下野后即从事西北开发，头脑崭新，又富毅力，实武人不可多得之才也。前次先生旅行西北，岐曾作函介绍，当时未得晤见，此番见面，尚希对于西北兴革各端详为研讨。贵校何淬廉君、方显廷君能代为介绍，尤为彼所希望。冒昧之求，尚请鉴宥为盼，专此，顺颂

教祺百益！

后学周岐谨状

廿二、十二、十四

（南开大学档案馆藏）

---

① 段绳武（1897—1940），名承泽，以字行，河北省定县人。1911 年入伍，逐渐升至旅长、师长、军长。1927 年辞职离开军界，到西北移民垦边。1938 年到武汉任军委会后勤部政治部中将主任，负责全军伤兵工作。后到重庆，设立了后方医院、重伤兵医院，创办残废军人教育委员会。首创“荣誉军人”称号，并在各地设“荣军之友社”“荣军职业协导会”等，被称作“中国荣军之父”。

致电雷法章

（1933 年 12 月中旬）

青岛　雷教育局长鉴：欢迎来津，请求确期。伯苓。

（南开大学档案馆藏）

致马鸿逵

（1933 年）[1]

少云主席钧鉴：

顷接孔君宪章来函，得悉仰承推爱，已蒙委充电话局副局长，感谢无似。此后仍望多多予以教诲提挈为幸。孔生代达，嘱代觅一、二男女教育人材，以待来年委用，谨当留意。惟未审所担任工作性质及每月待遇若何，均望预为示知，俾便遵照物色，较有准则，是所切盼。祇颂

勋安！

张伯苓拜启

年　月　日[2]

（南开大学档案馆藏）

① 此日期为编者根据相关信函内容推断。

② 原文如此。

致孔宪章

（1933年）[①]

文衡贤弟大鉴：

接来示，知现已蒙委充电话局副局长，甚以为慰。兹除如嘱致函马主席申明谢意，并言对男女教育人材当留意代为物色外，特此函复以闻，希惟查照是幸。顺颂

时绥！

张伯苓拜启

年　月　日[②]

（南开大学档案馆藏）

呈教育部

（1934年1月4日）

窃查敝校学生陈受乌[③]请发留学证书一案，前奉钧部第一三五五七号指令，内开："呈件均悉。俟该生毕业后再由该校转呈核发可也。原件发还。此令。"等因，当即遵令转告。惟据该生声称："在英入学手续均已办妥，下学期即须赶到。故于二月初动身，如候毕业证书，尚须待至本年暑假方能前往，下学期将行延误。"等语。窃查该生在校成绩尚称优良，前以病未能按时毕业，情有可恕。除将该生历年学业成绩另列详表呈请予鉴核外，尚乞钧部念其向学之殷，准予通融，先行发给留学英国证书，以便速行办理出国手续，实为德便。谨呈

① 此日期为编者根据相关信函内容推断。

② 原文如此。

③ 陈受乌（1909—2007），曾名陈己同，祖籍湖南衡山，生于四川奉节。1928年考入南开大学，后留学德国、英国。1939年回国后，先后任教于四川乐山国立技艺专科学校、武汉大学、四川大学。1952年后，任南开大学教授。

教育部。

附证书费二元，印花税一元，保证书一纸，相片二张，成绩表一纸。

天津私立南开大学校长张伯苓

二十三年一月四日

（南开大学档案馆藏）

附：教育部令南开大学（1934年1月12日）

教育部指令　　教第三一三号

令私立南开大学：

呈乙件——请发陈受鸟留学证书由。

呈件均悉。准给陈受鸟自费留学英国证书一纸，仰即转给。

此令。

计发陈受鸟留学证书一乙纸。

部长王世杰

中华民国廿三年一月十二日

（南开大学档案馆藏）

致库仲英

（1934年1月6日）

仲英[①]贤弟大鉴：

二十三年一月廿日恭逢尊翁七旬正寿，不计工拙，谨挥就七律一首借当桃祝，先此寄上。该对联已烦张远伯先生书写，俟几时写就，再为邮寄可也。顺颂

侍祺！

张伯苓拜启

① 库耆隽（1894—1973），字仲英，绥远归绥（今内蒙古呼和浩特）人。1918年南开中学毕业，后留美康奈尔大学。归国后，任教绥远省立第一中学、省立职业学校。后任教育部蒙藏教育司科长。1929年12月任国民政府文官处参事。1948年当选第一届国民大会代表。

廿三年一月六日

外附诗联一件。

（南开大学档案馆藏）

致张远伯[①]

（1934年1月6日）

远伯先生赐鉴：

敬启者：现有国民政府库仲英参事之尊翁介臣先生，绥远名家，索伦望族（本属通儒，独留正气），中年由书院讲师调办乌里雅苏台军务，授兵部主事，兼外蒙新政处总办。晚岁戢影山林，于地方教育、慈善事业及其他公益事倡导靡遗。二十三年一月廿日为先生七十生辰，国府主席林公预题“硕德遐龄”扁额以旌其门，并由黎逐福、周仲良、刘冕执[②]、许静芝、李鸿文诸君等三十人发起代征名家墨宝，藉光祝典。兹送上联纸一幅，代恳赐以法书。倘蒙先期挥就，交苓转致，感荷无既。此恳，即颂

钧安！

张伯苓拜启

一月六日

附对联一幅。

（南开大学档案馆藏）

---

① 张志潭（1877—？），字远伯，河北丰润人。北洋政府时期曾任内务部次长、国务院秘书长、陆军次长、内务总长、交通总长、财政整理会会长等职。后隐居天津英租界。1933年任行政院驻平政务委员会委员。

② 刘冕执（1872—1944），字闻畏，湖南湘潭人。先被选入京师大学堂学习。1904年被派往日本留学，1909年毕业于东京帝国大学。回国后授翰林院编修，任度支部币制调查局编译帮办。1913年任北洋政府财政部币制委员会专门委员。后任财政部参事、参议院议员、国民政府文官剑参事等职。抗日战争爆发后回湘。

致黄郛

（1934 年 1 月 10 日）

北平政务整理委员会

膺白先生惠鉴：

日前在平，畅叙为快。所谈段君茂澜[①]以先系敝中学部毕业生，嗣复毕业于清华大学，蒙资送留美，曾得纽约大学文学士，哥伦比亚大学经济学硕士，又经济科哲学博士各学位。归国后历充特派考察欧美各国政治专使随员，交通部参事上行走，外交部佥事，天津警备司令部外交秘书，北平女大、民大暨俄文、法政专门、天津南开大学等校教员，绥、察各省府顾问参议，天津电话局局长等职，现仍在南大授课。夙仰我公爱才，拟于寒假赴平躬谒崇阶。段君学识宏通，才具谙练，办事精敏而律身又极廉洁，实为当今不可多得之青年志士。苓知之有素，用特函介上闻。晋谒时倘蒙推爱青视，俾得获特达知遇，苓实与有荣焉。祗颂

勋安！

张伯苓谨上

廿三年一月十日

附履历一件。

（南开大学档案馆藏）

---

① 段茂澜（1899—1980），字观海。祖籍安徽合肥，生于济南。1917 年毕业于天津南开中学，继考入清华大学。毕业后赴美国留学，获博士学位。后赴法国，在巴黎大学及法国文学院进修。1928 年回国，任天津电话局局长。1936 年入国民政府外交部，初任秘书兼交际科长，后升任美洲司司长、驻英大使馆公使。抗战胜利后，调任驻马尼拉公使兼总领事。1949 年 10 月，任驻法国“使馆公使代办”。后在台湾东吴大学、淡江文理学院及中国文化学院任教。

致傅若愚

（1934 年 1 月 12 日）

上海梵王渡圣约翰大学

若愚先生大鉴：

来函敬悉。苓将于本月二十日左右动身赴沪，寓八仙桥青年会或新惠中旅馆，准于廿四日晚出席。特此函达，即颂

时祺！

张伯苓启

二十三年一月十二日

（南开大学档案馆藏）

致沈嗣良

（1934 年 1 月 12 日）

上海圣约翰大学

嗣良先生台鉴：

敬启者：苓将于本月廿日赴沪，应中华基督教全国青年大会之约，前往演讲。曩谈上海建筑大运动场，拟发市债事，未悉已否与王儒堂先生商妥。倘时机已至，需苓帮忙，则以乘苓在沪期间举办最为适宜，不悉先生以为如何。专此，即颂

时绥！

张伯苓谨上

二十三年一月十二日

（南开大学档案馆藏）

呈教育部部长王世杰

（1934年1月）

呈为恳请拨款资助经费，借维会务，发展体育事。窃敝会于1924年正式成立，为民众体育组织最高之机关，最先之倡导。十载以还，赖政府之指导，社会之协赞，对于国内体育事业之推进，与夫国际体育竞赛之联络，具有相当成绩，宇内咸所闻知。综计关于国内体育事项，则为协助各地体育组织及解答关于运动比赛上各项疑难问题；并审定各项运动比赛规则及全国业余运动规则，全国田径及游泳最高纪录；以及主办1924年全国第一次运动大会；并主办全国分区足球比赛，每年一次，现已主办7次之多。其在上海方面，所主办之各项运动比赛尤为不胜枚举。至关于国际体育事项，则为主办1927年远东运动大会，及组织中华代表团参加远东运动大会。1925年在菲律宾，1927年在本国，1930年在日本，计共三届。并1928年组织中华代表团参加台维司杯世界网球比赛，与1932年组织中华代表团在美参加世界运动大会。他如加入世界运动会会员，若万国足球协会等类，共计五会会员。举凡国际体育运动，均为极名誉之参加。总之，敝会成立迄今，凡属国内国外各项体育事业，无弗努力孟晋，以期增进国民之体育，发挥民族之精神，假使经费充足，措置余裕，则会务发展正难限量。无如既缺基金，又乏协助，捉襟见肘，时虞竭蹶，以致仅在江南一带力谋推进，而各省体育事业未能派遣专员亲加指导，惟凭书面为之提示，效率不宏，殊多抱憾。窃维体育事业，关系民族之强弱，国家之盛衰，世界各国莫不尽力提倡，上下共进，至以国家体育之设备为占国民程度之标准。吾国民族精神不振已极，端资促进体育，借为挽救之方。迩者大部鉴于体育之重要，设立委员会以资提倡，讦谟宏远，至深钦佩。惟是敝会既有深长之历史，又有昭著之成绩，全国体育领袖最先，因势利导，其效易宏。现敝会组织，业经全国第二次代表大会改选，此后进行方针，正拟发展全国之体育及国际之联络。为此，缕叙前因，沥陈现状，恳请大部赐拨资金，每年额定国币2万元为常年经费。其有不足，再事募征，则基础既固，协济易筹。明知时局艰难，币款支绌，但体育为国家要计，民族之精神系焉，想大部规划深远，策运机先，必不惜此微款，而乐为全国之体育倡也。不胜迫切屏营之至。谨呈

教育部部长王。

中华全国体育协进会会长 张伯苓
常务董事会主席 王正廷
（教育部档案五.15025）

致孙传芳[①]、靳云鹏、齐燮元

（1934年2月2日）

馨远、翼青、抚万先生赐鉴：

睽教许久，维履福绥和为颂。兹敬启者，敝南开大学部创办培植寒士奖励金（即特种奖学金），迄今已历三学年。自民国二十年春季经吴达诠先生之建议、提倡，与夫热心人士之赞助，初届征募之结果即超过原定目标。近一二年来选拔所得膺奖学生不过二十二名，尚未满已集奖金额数（已集奖额廿六），故无进行续募之必要。

现在既历三年，距下届招考不远，而奖金廿六额中已用去二十有二，亟需继起捐募多额，以备应用。夙仰我公乐善不倦，而对于培植寒畯尤具热心，谨附上章程三份，请赐查照，慨予酌认捐额，并祈广代募集，以宏造就，而成为国培才之义举，德莫大焉。专肃，不胜祷盼。祇颂

钧安！

张伯苓谨上
二十三年二月二日

附章程三份。

（南开大学档案馆藏）

① 孙传芳（1885—1935），字馨远，山东历城人。北洋陆军速成学堂、日本陆军士官学校第六期步兵科毕业。曾任苏皖浙赣闽五省联军总司令等职。九一八事变后，迁家天津英租界，在天津居士林“皈佛诵经”。1935年11月13日被施剑翘刺杀于紫竹林清修院居士林。

呈教育部

（1934年2月5日）

案奉钧部教字第五二一号训令，略开：令查持志学院二十二年度转学生尹伊所缴之证件是否属实一节，兹查该生所缴之证件全系伪造。属校不但无该项表格，亦且无名尹伊之学生。兹将该项伪造表证附呈，伏候钧裁，实为公便。谨呈

教育部。

天津私立南开大学校长张

二十三年二月五日

（南开大学档案馆藏）

附：教育部令南开大学（1934年1月16日）

教育部训令　　教字第五二一号

令私立南开大学：

案据私立持志学院呈送二十二年度新生转学生名册，请予审核备案前来，查有尹伊一名，所缴证件，不无可疑之处，合行检发该项证件，令仰该大学查明呈复，以凭核办。附件仍缴。

此令。

附发入学证件一件。

部长王世杰

中华民国廿三年一月十六日

（南开大学档案馆藏）

致电 Sr. W. W. Yue

（1934 年 2 月上旬）

Sr. W. W. Yue
Waichiaopu, Nanking
Welcome home, looking forward with pleasure to your arrival.
Chang Poling

（南开大学档案馆藏）

致王世杰

（1934 年 2 月 13 日）

雪艇部长赐鉴：

敬启者：月前在中国教育学会得聆我公演说，忭幸无似。所论补助私立学校一节，尤为钦佩。苓办理南开学校已历卅载，几经艰难，幸有今日。全校之所包括计有大学、中学、女中、小学四部，总计学生共约二千四百，其循序渐进情形在前者奉赠之照片、小册中已略见梗概，想早仰蒙鉴及。

近年以来，学生人数日增，事务日繁，而时局不定，经费支绌，一切施设深感困难。今闻我公补助私立学校之新政策，不觉心为一快。窃自庆久涸田园或可得甘霖之苏济，故特不揣冒昧，呈请补助。男女两中学部现在人多费巨（男中学生千四百余，女中学生四百余人），拟请每月补助伍仟元，以为维持。大学部各院诸待充实，其中以经济与理工等科正为时代之需要，自应努力扩充，而所费不赀，诸感竭蹶，拟请每月拨补壹万元，以资应用。惟是国家奖助学校，向视成绩为标准，敝校各部诚不敢过自矜炫，应请派员调查，藉昭公允。皇迫吁恳，倘蒙俯如所请，则不胜感激之至矣。肃此，敬候

勋祺！

张伯苓谨上

二月十三日
（南开大学档案馆藏）

附：王世杰复张伯苓（1934年2月21日）

伯苓先生惠鉴：

华翰奉悉。贵校校务得先生继续不断努力经营，毋任钦佩。关于补助问题，俟政府政策确定后，再当依照政府方针慎重考虑。专泐布复，并颂
教祺！

弟王世杰复启
廿三年二月廿一日
（南开大学档案馆藏）

致汪精卫

（1934年2月20日）

南京行政院

精卫院长赐鉴：

前在首都，得亲麈教，至今欣佩。兹敬恳者：南开学校自创办以来，已历卅年，创立虽由于私人，援助则来自各方，发荣滋长，遂有今日。设立之程序由中学而大学、而女中、而小学，学生人数由最初之七十三人以至现有之二千四百余人。惟规模日拓，事务日繁，所需经费愈难筹划。月前在中国教育学会得聆教育部王部长发表补助私立学校之新政策，窃自庆久涸田园或可得甘霖之苏济，是不以揣冒昧，函请补助，计男女两中学部现在人多费巨（男中学生千四百余，女中学生四百余人），拟请每月补助五千元以为维持。大学部各院诸待充实，其中以经济与理工各科正为时代之需要，而所费不赀，诸感竭蹶，拟请每月拨补壹万元，以资应用。夙承雅爱，谨将呈请教育部补助经过缕述以闻，恳乞费神通知王部长特别关照，俯如所请。玉成之德，感无涯涘。专肃祷盼。祇叩
勋安！

张伯苓谨上

二月廿日

（南开大学档案馆藏）

附：汪精卫复张伯苓（1934年2月27日）

伯苓先生道鉴：

顷奉大函，承属补助南开大学经费一事，遵已转函王部长察酌办理矣。专复，顺颂

道安，不一。

汪兆铭敬启

中华民国廿三年二月廿七日

（南开大学档案馆藏）

致电教育部[①]

（1934年2月22日）

查平、津大学林立，北平尤为我国文化中心，去年中英庚款董事会招考留英公费生，考试地点只在南京，北方寒士，困于资斧，未克应考，曾电该会在平分设考区，准艳电复开，‘此次办理匆促，不及分设考区，明年如再招考，自当酌量办理。’等由。查上次中央高等考试及清华考选留美学生，均分在京、平举行，良以甄拔英才，生在旁搜广致。远道寒骏，不乏可造之资，谨据上年该会艳电及高考与清华前例，恳请钧部赐予主持，将第二届招考留英公费生分在京、平考选，无任感祷。

（《大公报》，1934年2月24日）

① 这是与李书田、齐国梁、魏元光致教育部的电报，同时致电管理中英庚款董事会，内容略同。

致魏友仁[①]

（1934 年 3 月 5 日）

东城北新桥小三条十四号

友仁先生台鉴：

在平晤谈甚畅。刘冠南先生所著《算学讲义》已由敝校算学教授翻阅一遍，据称此项讲义稍嫌过时，几何部分亦已不全，近年出版之教科书已较新颖。若为纪念刘先生，将其平生著作刊为专册赠送友人，当无不可也。专此奉覆，即颂

勋祺！

张伯苓谨上

二十三年三月五日

附：魏友仁复张伯苓（1934 年 3 月 8 日）

伯苓先生道鉴：

奉读惠书，敬悉台祺履祉与时俱集，为颂为慰。冠南先生《算学讲义》既嫌过时，不宜作教科之用，刊印只好俟诸异日。请将原书寄回，或交便人带来为祷。扰神之处，容晤面谢。肃复，顺颂

教祺！

愚弟魏益三拜启

三月八日

（南开大学档案馆藏）

① 魏益三（1887—1964），字友仁，河北藁城人，保定陆军军官学校第一期炮科、陆军大学第五期毕业。先后在西北边防军、奉军、东北讲武堂、直系军队、北伐军、军事参议院、军事委员会北平分会、军政部、国防部等处任职。1949 年后任北京市人民政府专员室专员。

致孔祥熙

（1934年3月22日）

南京财政部

庸之我哥赐鉴：

日前在沪晤教，甚快。关于补发敝大学十月份经费事，向既仰承面允，旋奉来函，示以准分三次补给，感激之至。谢谢！

兹更有恳者：弟之长子锡禄前曾在清华大学毕业，毕业后赴美入支加哥大学研究算学，归国后充任厦门大学算学系主任。现在因陈嘉庚君破产，对厦大无法维持，行将停办。锡禄失事在即，弟家又鲜积蓄，不能听其赋闲，深用焦灼。不得已，敬请我哥代为设法。倘蒙于盐务稽核所或经济委员会假给一枝，均极心感。叨在交好有素，故敢作此不情之琐渎。锡禄现仍未离厦，如机缘凑巧，即乞赐复，俾便函知锡禄由厦趋京晋谒聆诲可也。此恳，不胜盼盼。祗颂

勋安！

弟张伯苓谨上

二十三年三月廿二日

（南开大学档案馆藏）

致顾孟馀

（1934年3月29日）

南京铁道部

孟馀部长赐鉴：

日前在京晤教，甚快。关于华北参加运动人员乘车事，蒙允帮忙，感谢之至。查华北运动会每年在华北各省市区开会一次，本年定在天津，此后年年将复轮流他处。所有每届选手等赴会乘车标价，恳请援照全国运动会成例，准予按照全票价缴付四分之一，并乞备案，加惠永久，是为至荷。祗叩

勋安！

张伯苓谨上
二十三年三月廿九日
（南开大学档案馆藏）

致中华教育文化基金董事会诸先生

（1934 年 3 月 30 日）

中华教育文化基金董事会诸先生台鉴：

敬启者：敝校理学院屡承贵会拨款补助，数年以来，赖之发展滋长，获益良多。本年该院各系仍本其原有计划，请求补助。敝校又鉴于社会之需要及建设人才之缺乏，曾于两年前设立应用化学研究所，积两年之努力，现已获得相当成绩。惟以经费拮据，难于进展，兹亦向贵会请求补助。

以上两项请求，均有请款书详为说明，不再赘述。除将请款书附上外，特此函达，务恳查核，准予所请，不胜感纫。专此，敬颂
公绥！

张伯苓谨启
三月三十日
（南开大学档案馆藏）

附：中华教育文化基金董事会复南开大学（1934 年 4 月 17 日）

径启者：兹将贵校本年度第四期补助费开具北平花旗银行支票一纸，计国币柒仟伍百元整，随附收据一张，备函寄上，即希查收，将收据由贵校校长签定盖章，并加盖校印寄还存查为荷。此致
南开大学。

附支票一纸，收据一纸。

中华教育文化基金董事会启
二十三年四月十七日
（南开大学档案馆藏）

致电翁文灏

（1934年3月）

杭州，浙江大学转翁咏霓[①]先生：阅报，惊知伤创，谨驰电问候，并祝早占勿药。张伯苓。

（南开大学档案馆藏）

呈教育部

（1934年4月3日）

案奉钧部第二七〇三号训令，略开："私立民国学院呈送学生雷天兴证件不无可疑之处，令仰该大学查明具覆。"等因。兹查雷天兴之转学证书系按照属校转学证书格式自行伪造，其大学主任及注册课主任之签名亦系仿书。除将属校现用格式附上样张一纸以资比较外，理合据情呈复，敬乞鉴核，实为公便。谨呈

教育部。

附雷天兴伪造证件一纸，现用转学证书样张一纸。

天津私立南开大学校长张伯苓

二十三年四月三日

（南开大学档案馆藏）

---

① 翁文灏（1889—1971），字咏霓，号君过。浙江浙东人。毕业于上海震旦学院，后留学比利时，专攻地质学，获理学博士学位。1913年，同丁文江等一同创办了北洋政府地质调查所，曾任该所所长。还曾任北京大学教授、清华大学代理校长等职。1932年，担任国防设计委员会（资源委员会的前身）秘书长，后又历任国民政府行政院秘书长、行政院副院长、院长、国民政府总统府秘书长等职。

附：教育部令南开大学（1934年3月）

教育部训令　　教字第二七〇三号

令私立南开大学：

案奉私立民国学院呈送二十一年度在校肄业学生入学证件，请予审核备案前来，查有雷天兴一名，所缴证件不无可疑之处，合行检发该项证件，令仰该大学查明具复，以凭核办，除掉仍缴。

此令。

附发入学证件一件。

部长王世杰

中华民国二十三年三月

（南开大学档案馆藏）

致电青岛市立女中韩校长

（1934年4月15日）

青岛市立女中韩校长鉴：行程已电告汤君，请其赴京女青年[①]拜访。苓。

（南开大学档案馆藏）

致电汤爱礼

（1934年4月15日）

南京鼓楼四条巷八号　汤爱礼先生鉴：韩女士春假旅行，日内赴京，寓女青年会。苓已先容请造访。苓。

（南开大学档案馆藏）

① 即青年会。

致王世杰

（1934 年 4 月 16 日）

南京教育部

雪艇部长勋鉴：

敬启者：前阅报载行政院会议议决，备拨七十二万元补助私立学校等语。查敝校以经费困难，已屡向贵部呼吁，请求补助。蒙先生及汪院长慨允设法，兹政府既已决定拨款补助私立学校，敝校请求之款尚请鼎力援助，准予如数拨发，不胜铭感。专此，敬颂

公绥！

张伯苓谨上

四月十六日

（南开大学档案馆藏）

分致胡适、丁文江、陶孟和

（1934 年 4 月 20 日）

适之、在君先生、孟和贤弟台鉴：

敬启者：五月初间拟召集我校校董在津开会，恰值颜骏人先生在津，未悉五月四、五、六三日中何日较便，敢请先生择定示知，以便邀集其他诸校董（除另函明胡适之、丁在君二先生外，尚请我弟与胡、丁二先生面洽一切为盼。专此，敬颂，公祺），尚希速为见复是祷。专此，敬颂

教祺！

张伯苓谨上

二十三年四月廿日

（南开大学档案馆藏）

呈天津市市长王韬[①]

（1934年4月24日）

本市

为呈请事。窃查属校前因经费支绌，曾于十九年秋间呈请钧府饬教育局照补助本市私立中学定章拨款补助。旋奉前市长崔指令，准自十九年下半年之学期起，每半年补助两万元，由本市皮毛牙税专款内拨充。嗣因该牙税另有用途，暂改于溢收项下年拨万元，并允俟后筹有别款时，再照原准数目拨发。属校遵照，曾领得十九年份壹万元在案。嗣以时局关系，迄未蒙补拨。兹以校用竟蹶，几于无法支持，久仰我市长热心教育，对诸私立学校一视同仁，伏乞查照前案拨款接济。能如原数每半年二万元，最所心感。否则，亦乞特别维持，准予仍暂年拨万元，以求眉急。不胜迫切祝祷之至。谨呈

市长王。

私立南开中学校长张伯苓

二十三年四月廿四日

（南开大学档案馆藏）

天津市财政局张伯苓不动产登记声请书

（1934年4月24日）

（声请书存字第1971号）

具不动产登记声请人张伯苓今遵照贵局不动产登记规则，将下列各项据实填清，倘有隐匿、冒占及不实之处，一经查出或被告发，愿受处罚。理合呈请贵局派员查测，实为公便。谨呈

① 王韬（1879—？），字敬三，山东福山人。北伐后，充东北政务委员会总务处主任、北平市财政局局长代北平市市长。1933年9月任天津市市长，1934年10月去职。

天津市财政局。

具声请登记书人 张伯苓

住址 南开电车公司前

计开：

不动产坐落：二区二所南开路，二条胡同，门牌2号

房屋间数：房13间，厦5间，过道1座

地亩亩数：1亩1分1厘1毫1丝

房屋价值：每间约50元1角1分，共800元1角1分

地亩价值：每亩1200元1角1分，共1200元1角1分

房地共价：契载800两1角1分，自报2000元1角1分

业主：张伯苓 通知处：南开中学校

原业主：华兴实业有限公司

代理人：无 通知处：无

契据：共一件

房地每年收入租价：无

天津市财政局张伯苓补领房契声请书

（1934年4月24日）

事由：张伯苓为请补房契由。

为声请补领房契事。窃张伯苓旧有地一段，计1亩1分1厘1毫1丝，坐落二区二所南开大街二条胡同门牌2号，东西至华兴公司，南北至华兴公司、公司自留便路。业经照章税契登记各在案。兹于1916年11月，经本人起盖砖房13间、厦5条、过道1座，估值价洋标准800元正。遵照补领房契规则，并附缴地契单据一纸，请烦贵处迅予查测，发给印据以凭管业而保产权。谨呈

天津市财政局土地官产办事处。

具书人 张伯苓

职业 南开学校校长

住址 二区二所南开大街二条胡同2号

附 1：张伯苓具天津市财政局陈请查测书（1934 年 4 月 24 日）

具陈请查测书。投税登记人张伯苓于 4 月 24 日奉贵局登字第 1971 号收据，自应遵章邀集四邻人等听候查测。兹定 5 月 24 日上午 8 时前来贵局，届时即请派员前往为荷。

天津市财政局

附 2：业户张伯苓四邻住址一览表（1934 年 5 月 25 日）

谨将登字第 1971 号业户张伯苓之四邻住址开列于后。

	业主	住址
东邻	诚朴堂张	日界福岛街 105 号
西邻	和德堂胡万和	南开二条胡同 5 号
南邻	诚朴堂张	同上
北邻	南开二条胡同	

附 3：天津市财政局关于张伯苓买地勘测报告书（1934 年 5 月 25 日）

为报告事。于 1934 年 5 月 24 日奉到登字第 1971 号通知书开：据业户张伯苓投到价买华兴公司坐落二区二所南开二条胡同，计砖瓦房大小 13 间、厦 5 条、过道 1 座，原亩地 9 分 6 厘 5 毫，自报价洋 2000 元，声请登记，并陈请勘测前来。员当即前往，堪得该房地与买契四至、弓口、亩分相符，对明邻佑，无纠葛，可否准其照章登记，理合呈请鉴核。

测量员刘鹏鸣

助理员孙宪叔　谨呈

附 4：天津市财政局张伯苓房地切结书（结登字第 1971 号）（1934 年 5 月 25 日）

具结人张伯苓

为具切事。张伯苓价买坐落二区二所南开二条胡同地方，计房 13 间、厦 5 条、通道 1 座，计地原亩亩 9 分 6 厘 5 毫，声请登记一案，现经邀同四邻，按照原契指界已蒙堪丈清楚，当场绘具草图看明无异。所有亩分将来核与亩分如有短少，愿按现测为凭。当场具结签押，日后别无异说。所具切结事实。

附 5：天津市财政局张伯苓补领房契通知书（通知书第 3366 号）（1934 年 5 月 30 日）

为通知事。据该户投到盈字第 278 号契据全套，业经勘测相符，自应准予税契登记，以固产权。兹按契载价洋 800 元，照章应纳下列各费：

税款洋 48 元

登记费 0 元

制图费 0 元

登记证纸价 0 角

契纸价洋 5 角

共计洋 48 元 5 角

仰于三日内径来本局收款处或指定银行缴纳各费，以凭填发契证。俟接到领契通知后，携带原发收据来局领契。特此通知。

右通知业户张伯苓

天津市财政局

附 6：天津市财政局登记图（1934 年 5 月 25 日）

实地查测：1934 年 5 月 24 日

绘竣交图：1934 年 5 月 25 日

第二区第二所

登字第 1971 号、盈字第 278 号

原亩：0 亩 9 分 6 厘 5 毫

市亩：0 亩 8 分 8 厘 9 毫

计：砖瓦房大、小 13 间，厦 5 条，过道 1 座

总面积 592.86 方米

附注：东邻诚朴堂张

南邻诚朴堂张

西邻和德堂胡万和

北邻南开二条胡同

（天津市档案馆藏）

致王韬、张次迈

（1934 年 4 月 25 日）

市政府、财政局

敬三市长 次迈先生赐鉴：

敬启者：敝校中学部前因经费支绌，曾于十九年秋间函请贵市政府饬教育局照补助本市私立中小学定单拨款补助。当奉前市长崔指令，准自十九年下半年起每半年补助二万元，由本市皮毛牙税专款内拨充。嗣因该牙税另有用途，暂改于溢收项下年拨万元，并允俟后筹有的款时再照原准数目拨发。敝校遵照，曾领得十九年份壹万元在案。嗣以时局关系，迄未蒙补拨。

兹以校用竭蹶达于极点，久仰我市长 公热心教育，对诸私校一视同仁。敢请查照前案，拨款接济。能如原数 市府原准之数每半年二万元，最年欣感。否则，亦乞特别关爱，准予主持，仍暂年拨万元为助，后再设法增惠。出自逾格维持，不胜迫切祝祷之至。祇颂

勋安！

张伯苓谨上

廿三年四月廿四 廿五日

（南开大学档案馆藏）

致卞白眉

（1934 年 5 月 15 日）

白眉先生台鉴：

敝校遵照教育部训令，本年组织大学毕业考试委员会办理毕业考试，敝校素仰鸿誉，特敦聘先生为敝校本年毕业考试委员会委员。幸希勿却是祷。专此，敬颂

教安！

张伯苓谨启

附：卞白眉复张伯苓（1934 年 5 月 15 日）

伯苓先生惠鉴：

顷奉大函，以贵校遵奉部令组织大学毕业考试委员会，承嘱○○为贵校本年毕业考试委员会委员等因。重荷台命，自当追附骥尾，勉为担任，一切尚祈随时指示为荷。专复，敬颂

教绥！

弟　卞○○　拜启

呈教育部

（1934 年 5 月 18 日）

窃属校商学院毕业生张伟弢、理学院即将毕业学生学顾敬曾[①]二人拟于本年七月底赴美求学。查张生系于民国二十一年毕业，已有毕业证书；顾生须于本年六月底毕业，考试完竣后始为毕业。但顾生现已向美国普渡大学接洽完妥，九月间即可入学，故该生定于七月底乘船赴美。如候钧部核验毕业证书之后，再行请领留学证书，其势必误入学时期。呈恳钧部俯念该生向学之殷，准予通融先行发给留学证书，以便速行办理出国手续。除将该生等像片各二张、证书费及印花税各三元、保证书各一纸奉呈外，伏乞鉴核，准予颁发证书，实为德便。谨呈

教育部。

天津私立南开大学校长张伯苓

二十三年五月十八日

（南开大学档案馆藏）

① 顾敬曾（1913—？），江苏南京人。1934 年毕业于南开大学电机系，后到美国普渡大学研究院电机系学习，获工程硕士学位，并肄业于麻省理工学院电机系电网谐波专业。1936 年回国后，曾任上海电力公司、资源委员会昆湖电厂工程师，战时生产局电力组组长，资源委员会专业委员，冀北电力公司天津分公司经理。

附：教育部令南开大学（1934 年 5 月 26 日）

教育部指令　　教字第六一二一号

令私立南开大学：

呈一件——呈请发给张伟弢、顾敬曾留学证书由。

呈件均悉。准给该生等自费赴美国留学证书各一纸。张生毕业证书发还，仰并分别转给。

此令。

附发留学证书共二纸，发还毕业证书一纸。

部长王世杰

中华民国廿三年五月二十六日

（南开大学档案馆藏）

致王世杰

（1934 年 5 月 29 日）

南京教育部

雪艇部长赐鉴：

敬启者：日前见《北平晨报》载部令，有凡大学校长不得兼行政官或政务委员等语，示知确有其事否。如果属实，苓向蒙行政院委充驻平政务整理委员之职，自应即日向院方请辞，以符公令。是否如何，敬乞费神示复，以便遵照，是为至盼。祗颂

勋安！

张伯苓拜上

廿三年五月廿九日

（南开大学档案馆藏）

呈国民政府军事委员会北平分会

（1934年5月）

案查本校前以经费不足，支持无术，函请前天津警备司令转请阎总司令[①]指拨款项，或官产部份，以资维持。旋准函复："查敝部管理小站营产，每年收入除修堤引水消耗，所余无几。若拨归学校经营整理，可多挹注。当经据情转请阎总司令核准照拨。相应函达查照，径予接收。"等因。当经派员接收，设处经理。后因此项田产，虽名为营田，实系官产性质，从前本由直隶省公署派员管理，收入报解省库。故于接收后，分别函报河北省政府、河北省教育厅、东北边防军第二军部查核备案。当奉河北省政府令，应准备案在案。兹奉钧函，以军分会无此案卷，嘱将阎总司令指归本校证明文件及经过卷宗，一并检送核办。理合备文，将此项文卷呈送钧会查核备案。实为公便！谨呈
国民政府军事委员会北平分会。

天津私立南开大学校长张伯〇谨呈
中华民国廿三〈年〉五月　日[②]

计呈：
天津警备司令部公函一件，总字第一〇六号。
天津警备司令部训令一件，第一〇五号。
河北省政府指令一件，第二一九五号。
河北省教育厅公函一件，第四号。
东北边防军第二军部公函一件，第四三号。

（南开大学档案馆藏）

① 即阎锡山。
② 原文如此。

致电梅兰芳

（1934 年 6 月上旬）

上海马斯南路一百二十一号　上海　梅畹华先生鉴：仲述现在檀香山大学讲学，八月中途归国。伯苓。

（南开大学档案馆藏）

附：梅兰芳致电张伯苓（1934 年 6 月 9 日）

天津　南开大学张伯苓先生：请电示令弟仲述先生现在通讯处。梅兰芳，马斯南路一百二十一号。

（南开大学档案馆藏）

致卞白眉

（1934 年 6 月 11 日）

白眉先生道鉴：

敬启者：敝校募集奖金，培植寒士之举，历蒙赞助，至为感激。按章是项奖金之筹划与监督，应由敝校邀请奖金董事为之主持。素仰硕德隆望，后进懿范，而对于青年之奖掖尤具热忱。用特专函，敦请台端为南开大学特种奖学金董事会董事，务恳俯允是幸。又订于本月 19 日（星期二）下午 5 时，邀请现在平津之董事诸公在敝校茶叙，届时敬请惠临，不胜盼祷。特此候复。并颂
道祺！

张伯苓谨启

附：卞白眉复张伯苓（1934 年 6 月 13 日）

伯苓先生大鉴：

接奉台函祗悉。一承以贵校特种奖学金董事会董事见委，渥荷台命，自当

追随董事诸君之后，竭诚赞襄。又承示本月19日下午5时邀集平津各董事在贵校茶会，嘱〇参加一节，届时遵当趋前参加。专此函知，并颂
教绥！

弟　卞〇〇　拜启

分致罗家伦、郭任远[①]

（1934年6月中旬）

〇〇先生赐览：

敬启者：教育部最近宣布《补助私立专科以上学校办法》，促进教育之实质，寓评判于奖掖，范围所及，莫不称庆。顷闻审查委员会之中，先生为七人之一，硕学远识，凡所施措，必能得其公平。是以侧闻之余，更为庆幸不置。敝校申请补助之呈文正在寄送中，将来开会审查之时，固不敢妄冀委员诸公对于敝校之请求有所偏袒，惟敝校情形为先生所素知，故敢坦率直陈。

敝校以私立之学校，既不肯多收学费，广招学生，以增收入，又不肯多设大班，减轻设备，以省开支。理工各科无论矣，即文、商各科，亦必班限其小，课求其勤，以与理工同切实。先生明达，必能体谅此中之困难，敢祈鼎力维护，俾于分配部给补助之时，敝校亦得分润，庶几国家扶持教育之至意可以昭张，敝校经济之困难可以苏济，则幸甚矣。特此奉恳，并候
教祈！

张伯苓谨启

（南开大学档案馆藏）

附：郭任远复张伯苓（1934年6月26日）

伯苓先生惠鉴：

顷奉大函，敬悉一一。贵校依教育部公布《补助私立专科以上学校办法》

① 郭任远（1898—1970），广东汕头人。早年就学于上海复旦大学，1918年赴美国加利福尼亚大学伯克利分校留学。1923年回国任上海复旦大学教授，翌年任该校副校长。1933年任浙江大学校长。1946年起在香港定居。

申请补助一节，将来开会审查时，自当予以特别注意。特先奉复，即希亮照。专此，顺颂

教祺！

弟郭任远谨启

廿三年六月廿六日

（南开大学档案馆藏）

呈教育部

（1934年6月25日）

窃属校理学院本届毕业生姜淑雁，因得美国哈佛大学Radcliffe奖学金，定于本年八月中旬赴美，专攻算学。又，文学院毕业生周寿民①，亦定八月中旬去美，入纽约大学习会计。兹谨按章检同该生等照片各两张、证书及印花费各三元，保证书各一纸，毕业证明书各一纸，备文送呈钧部，伏乞鉴核，准予发给留学证书，以便办理放洋手续。至该生等毕业证书，因尚未蒙钧部签印，尚未发给，故由属校出具毕业证明书，以资证明，理合附陈，统祈鉴核施行。谨呈教育部，

附像片各二，证明书各二，印花费六元。

张○○

二十三年六月廿五日

（南开大学档案馆藏）

呈教育部

（1934年6月）

呈为呈送申请补助书，请交付审查，给予补助事。属校前准河北省教育厅

---

① 周寿民（1911—？），江苏淮安人。1934年南开大学毕业。

第二五一号函，转发钧部第五六二七号训令，及《私立专科以上学校补助费分配办法大纲》。奉此，谨照该项大纲第五条所载，备具申请补助书，随文送呈，伏乞鉴核，并交付审查，赐予补助，实为德便。谨呈

教育部。

天津私立南开大学校长张伯苓

（南开大学档案馆藏）

附：河北省教育厅致南开大学（1934年6月）

河北省教育厅公函　　字第二五一号

案奉教育部教字第五六二七号训令，内开："案查《私立专科以上学校补助费分配办法大纲》，业经本部订定，呈奉行政院准予备案，并分报国民政府及中央政治会议备案在案。兹并由部订定申请补助应叙明之事项，开单附发。除分行外，合行抄发办法大纲及事项清单，令仰该应知照，并迅即转行私立专科以上学校知照。再，各私立专科以上学校如欲请求补助，在本年须至迟于六月底以前，依照应叙明事项，缮明申请书送部备核，并仰转饬知照。此令。"等因，计发办法大纲及清单各一件，奉此。除分行外，相应抄录原办法及清单各一份，函请查照。此致

南开大学。

附抄发原办法及清单各一份。

陈宝泉

中华民国二十三年六月　日[①]

呈教育部

（1934年7月7日）

窃属校商学院第十届毕业生张圣述[②]，毕业后在上海开滦矿务局任职年余。兹为再求深造，特自备学费壹万伍千元，赴英专攻银行及财政，预期三年。兹

① 原文如此。

② 张圣述（1902—？），河北丰润人。1932年南开大学毕业。

遵章检具该生照片两张、证书及印花费共三元、保证书乙纸、毕业证书乙纸，备文送呈钧部，伏乞鉴核，发给留学证书，实为德便。谨呈
教育部。

天津私立南开大学校长张伯苓
中华民国二十三年七月七日
（南开大学档案馆藏）

附：教育部令南开大学（1934年7月14日）

教育部指令　　教字第八五六八号
令私立南开大学：

呈乙件——请核发张圣述自费赴英国留学证书由。

呈件均悉。准给该生自费赴英国留学证书一纸。毕业证书发还。仰并转给。此令。

附发留学证书一纸，发还毕业证书一件。

部长王世杰
中华民国廿三年七月十四日
（南开大学档案馆藏）

致王韬

（1934年7月11日）

天津市政府

敬三市长赐鉴：

谨启者：敝校前以中学部经费支绌，呈请钧府查案拨款补助，当蒙核准自廿三年度起每年拨补壹万元在案。目下需用孔迫，恳乞俯饬财局即日予以照拨，藉济眉急。不胜企盼祝祷之至。祇颂
勋安！

张伯苓谨上
廿三年七月十一日
（南开大学档案馆藏）

致电张平群①

（1934年7月11日）

南京　外交部秘书张平群：请转告锡禄，有面商事，速回津。伯苓。

（南开大学档案馆藏）

南开中学领1934年度补助费5000元领单

（1934年7月19日）

今领到天津市财政局发给敝校二十三年度补助费银洋5000元整。

中华民国廿三年七月拾九日付讫。

河北省私立南开中学校长 张伯苓

领款人：会计课课员 董志宜

附1：天津市财政局致南开中学（公函第365号）（1934年5月15日）

案奉天津市政府第124号训令内开：案据河北省私立南开中学校呈请。云云。除函达该校并分令教育局外，合行令仰该局遵照办理。此令。等因。奉此，查此项补助费，既经市政会议议决自二十三年度起按年补助1万元，自应列入本市概算。现在二十三年度概算书本局亟待编送，应请贵校速将此款编制二十三年度第一级岁出概算书5本，克日送局，以凭汇转。相应函请查照办理，并希迅复是荷。此致

河北省私立南开中学校。

① 张平群（1900—1987），名秉勋，天津人，南开学校毕业生，1920年入伦敦大学经济学院商学专业。毕业后于1924年在伦敦大学东方研究院任讲师两年，1926年回国任南开大学商科教授，1930年任南开大学商学院院长，1931年离校。1933年任外交部秘书及条约委员会顾问，1935年任行政院参事。抗战中曾任国立剧专教员，1946年任中国驻纽约总领事，后定居美国。

附 2：天津市政府训令（字第 1926 号）（1934 年 7 月 14 日）

令财政局：

案查关于河北省私立南开大学中学部呈请拨款补助一案，前经提交本府市政会议议决，自二十三年度起查案年拨补助费 1 万元，业经令行该局遵照办理在案。兹准南开大学函请即日饬拨。等因。合行令仰该局即行照案分期筹拨具报。

此令。

市长 王韬

批：照发，先拨 5000 元。7 月 18 日。

附 3：天津市政府指令（字第 3230 号）（1934 年 8 月 15 日）

令财政局：

呈一件。呈为遵令筹拨河北省私立南开中学校二十三年度补助费洋 5000 元请鉴核由。呈悉。

此令。

致中华教育文化基金董事会

（1934 年 7 月 20 日）

径启者：敝校理学院每季收支结算均经分别函报贵会在案。兹将本年四、五、六三个月支出结算表及现金结余表各一份缮就寄上，至希查收见复为荷。此致

中华教育文化基金董事会。

中华民国廿三年七月廿日

（南开大学档案馆藏）

致电 J. B. 泰勒

（1934 年 7 月 27 日）

J. B. Taylor
Cheeloo University
Tsinan
Agreeing with plan,
Please negotiate with ministry.
Chang Poling

（南开大学档案馆藏）

呈教育部

（1934 年 7 月 31 日）

案奉钧部教字第八一六六号指令，略开："呈件均悉。准给该生等自费赴美国留学证书各一纸，惟姜淑雁原缴保证书与部颁《国外留学规程》附表一所定式样不符，应予转饬遵照部定式样重填，仍由该校送部存卷。"等因，奉此。遵即饬令该生重填。兹据填讫送来，复核与《国外留学规程》附表一拟定式样无异，谨为具文送呈，伏乞核收，实为公便。谨呈
教育部。

天津私立南开大学校长张〇〇
二十三、七、卅一、
（南开大学档案馆藏）

附：教育部令南开大学（1934 年 7 月 4 日）
教育部指令　　教字第八一六六号
令私立南开大学：

呈乙件——为姜淑雁、周寿民等请领留学证书由。

呈件均悉。准给该生等自费赴美国留学证书各一纸。惟姜淑雁原缴保证书与部颁《国外留学规程》附表一所定式样不符，应予转饬遵照部定式样重填，仍由该校送部存卷。又，该校嗣后发给学生毕业证明书，应遵照本部去年第八三七四号训令，于该校证明书上粘贴学生相片，加盖该校钢印，以昭慎重。毕业证明书及姜生保证书发还。附发《国外留学规程》一份。

此令。

附发留学证书二纸，《国外留学规程》一份，发还毕业证明书二件、保证书一件。

部长王世杰

中华民国廿三年七月四日

（南开大学档案馆藏）

呈教育部

（1934年7月）

窃属校本届毕业生沈国祥[①]、毕学洪[②]两人，现拟自备学费，往日本专习政治，请为转陈钧部，发给留学证书上等情。据此，除令该生等填具保证书，并检同像片各两份、印花及证书费各三元，随文附呈外，谨据情转陈，伏乞核准发发给留学证书，实为德便。

再，该生等毕业证书现遵钧部签印，未蒙发还，暂由属校填具毕业证明书，以资证明，理合附陈。谨呈

教育部。

天津私立南开大学校校长张伯苓

（南开大学档案馆藏）

---

① 沈国祥（1911—？），天津人。1934年南开大学毕业。

② 毕学洪（1909—？），字青予，山东诸城人。1934年南开大学毕业。

附1：教育部令南开大学（1934年8月4日）

教育部指令　　教字第九四五一号

令私立南开大学：

呈一件——请发给沈国祥、毕学洪自费赴日留学证书由。

呈件均悉。仰分别转饬该生等取具遵照《通告》储款之证明文件后，再凭核办。件暂存。附发《通告》二份。

此令。

部长王世杰

中华民国廿三年八月四日

（南开大学档案馆藏）

附2：教育部令南开大学（1934年9月13日）

教育部指令　　教字第一一一三六号

令私立南开大学：

呈一件——呈送沈国祥、毕学洪二生证明文件，请发给留学证书由。

呈件均悉。准给该生等自费赴日本留学证书各一纸。毕业证明书发还。仰并分别转给。

此令。

附发留学证书二纸。发还毕业证明书二件。

部长王世杰

中华民国廿三年九月十三日

（南开大学档案馆藏）

呈教育部

（1934 年 8 月 4 日）

窃属校经济研究所教员李锐[①]、吴大业两人，现得美国罗氏基金团资助，将于月内分赴英、美两国，分别专攻财政学及统计学。除遵章填具保证书，并附缴印花费、照费各三元，像片各两份，及毕业证书随文呈验外，理合备文呈请钧部核准，发给留学证书，以便办理手续，实为德便。谨呈
教育部。

天津私立南开大学校长张伯苓
二十三、八、四
（南开大学档案馆藏）

附：教育部令南开大学（1934 年 8 月 15 日）

教育部指令　　教字第九七九〇号

令私立南开大学：

呈一件——请发给李锐、吴大业国留学证书由。

呈件均悉。准给李锐自费赴英国暨吴大业自费赴美国留学证书各一纸。毕业证书发还。仰并分别转给。

此令。

附发留学证书二纸，发还毕业证书二件。

部长王世杰
中华民国廿三年八月十五日
（南开大学档案馆藏）

---

① 李锐（1898—1978），字心豪，号笔渔，湖南邵阳人。1930 年南开大学毕业，留校任经济研究所研究员、商学院讲师。1934 年赴英，入伦敦大学政治经济学院进修。1936 年回国，返南开大学商学院任教授。后任国民政府财政部秘书、税务（货物税）署副署长、川康区专卖局局长、直接税署署长，湖南省政府委员兼财政厅厅长。中华人民共和国成立后，历任贵州大学、四川财经学院、成都大学教授。

呈教育部

（1934年9月6日）

案查属校本届毕业生沈国祥、毕学洪两人自费留日，曾经呈请钧部发给留学证书。俟奉钧部第九四五一号指令内开：“呈件均悉，仰分别转饬该生等取具遵照《通告》储款之证明文件后，再凭核办。”等因。奉此，当即遵饬该生等按照钧部颁布《通告》，各备证明文件——保证书——壹纸，兹已分别填毕，理合送呈钧部，伏乞鉴核，准予发给留学证书，以便该生等首途赴日留学，实为公便。谨呈

教育部。

附呈沈国祥、毕学洪保证书各一纸。

天津私立南开大学校校长张伯苓谨呈

二十三年九月六日

（南开大学档案馆藏）

致顾湛然

（1934年10月30日）

开滦

湛然先生赐鉴：

睽教许久，不获时领麈谈为歉。兹敬有启者：敝校性属私立，一切胥赖社会热心者为之扶持。即就用煤而言，为数甚多，历年以来蒙贵公司捐助，并蒙北宁代运，受益匪浅。顷值先生主持开滦，顾念公谊与私交，尤为敝校之幸，深盼比往年多予以帮忙。公司能够多捐一个钱的煤，而合之运费，学校即可得两个钱的利益。明知贵公司目下情形亦很感困难，但洪流巨浸，欲为区区涸辙作盈量之分润，需水亦不过些微，固无大伤损也。逾格惠我，以济困穷，不胜百叩待命祝祷之至。祗颂

钧安！

弟张伯苓谨上

廿三年十月卅日

（南开大学档案馆藏）

呈教育部

（1934年11月8日）

呈为呈报事。案奉钧部教字第一二二八五号训令：饬属校遵照令知之核定本年度补助费项目及数额，分别造册呈请核夺。正在编造表册时，复奉钧部教字第一三一一四号训令：颁发《私立专科以上学校补助费支给办法》一份，各等因。奉此，遵将应行呈报各点分别谨陈于后：

一、关于物理教席事。查物理教授新聘定者二人，已来校任职者，为祈开智①教授；尚在巴黎继续研究一年，明年秋来校者，为郑华炽②教授。至祁、郑两教授之姓名、学历、薪额，及所担任课目等项，于附录一内另呈。

二、关于应用化学研究所设备事。应用化学研究所拟以补助费三万元，用作充实图书、仪器设备之费。图书设备共九项（全系旧杂志），共需六千一百二十元，仪器设备共十一项，共需二万四千二百元，共计需三万零三百二十元，不足之数，另行设法补足。图书、仪器设备物品详表于附录二内另呈。

三、关于经济研究所设备事。经济研究所须购之图书杂志等费，图书部分约共美金一千一百元；杂志部分约共美金三百八十元，英金一百二十八镑八先令。以上书费以国币三元合美金一元，国币十六元合英金一镑计算，约共为国币六千三百六十六元正。图书杂志设备详表于附录三内另呈。

至于属校之全部概算，业已呈报，兹不另列。所有特给补助之各项预算，

---

① 祁开智（1906—1969），湖北潜江人。1928年毕业于清华大学。1932年获美国哈佛大学物理研究所硕士学位。曾任安徽大学、南开大学、西北农学院、北平师范大学教授。新中国成立后，历任北京师范大学教授、物理系主任、副教务长，九三学社中央文教委员会委员。专于理论力学及流体力学。

② 郑华炽（1903—1990），广东中山人。1928年南开大学物理系毕业赴欧，留学德国柏林大学及奥地利格拉茨工科大学，1934年获格拉茨工科大学博士学位，后去法国研究分子光谱及拉曼光谱。1935年回国，先后任中央大学、北京大学物理系教授，西南联合大学叙永分校教务主任、分校主任，物理系主任，北京大学物理系代主任、教务长，北京师范大学物理系教授、副教务长。

谨遵令造具候核，俾得仰遵实行，实为公便。谨呈

教育部。

天津私立南开大学校长张伯苓

廿三年十一月八日

（南开大学档案馆藏）

附 1：教育部令南开大学（1934 年 10 月 8 日）

教育部训令　　教字第一二二八五号

令私立南开大学：

令知核定本年度该校补助费项目数额，并饬将应行呈报事项迅即呈核由。

查本年度私立专科以上学校补助费之给予业经依照《补助费分配办法大纲》第六条，组织审查委员会审议决定，呈奉行政院核准备案，并奉国民政府令开，“准予备案”等因。奉此，除拨款办法应俟另案饬知外，特将核定各校补助项目及数额，先行分别令知。仰将下列各事项迅即呈部核夺：（一）核定补助设备费者，仰即造送物品详细名称、用途、件数、价目，及承购地点等项之详细表册（设备费以购置专门性质之仪器、标本、模型、器械、药品及图书为限）；（二）核定补助教席费者，应将拟聘之教员姓名、学历、薪额及所担任课目等项造具详表送部，惟本学期已开课多日，如对于核定补助之讲席难得相当教员担任，得酌拟变通办法呈核。除分行外，合行令仰遵照。

此令。

该校补助费项目及数额核定如左表：

<table>
<tr><th rowspan="2">科别</th><th colspan="3">补助项目及额数</th><th rowspan="2">各科
补助额</th><th rowspan="2">附记</th></tr>
<tr><th>费别</th><th>项目</th><th>数额</th></tr>
<tr><td>理学院</td><td>教席
设备</td><td>物理教席
应用化学研究所设备</td><td>4,000
30,000</td><td>34,000</td><td rowspan="2">该校已受国库每年补助二十四万元，依照补助费分配办法大纲，不在应予补助之列。但因该校成绩素优，并从事应用科学及实际问题之研究，故特予该项事项补助，藉资奖励。</td></tr>
<tr><td>文学院</td><td>设备</td><td>经济研究所设备</td><td>6,000</td><td>6,000</td></tr>
<tr><td colspan="6">全校补助额共计：四万圆。</td></tr>
</table>

部长王世杰
中华民国二十三年十月八日
（南开大学档案馆藏）

附2：教育部令南开大学（1934年11月21日）

教育部指令　　教字第一四一〇三号

令私立南开大学：

呈一件——呈报理学院物理教席、应用化学研究所设备及经济研究所设备等项补助费详细说明及表册，请核夺由。

呈件均悉。除特种教席月薪应自核定补助之月份起，依照《补助费支给办法》第五条之规定办理外，余准如拟办理。件存。

此令。

部长王世杰
中华民国二十三年十一月二十一日
（南开大学档案馆藏）

致电郑通和、魏文翰

（1934年11月上旬）

上海　上海中学郑西谷、魏文翰鉴：伤腰渐痊，祈转告诸校友勿念。苓。

（南开大学档案馆藏）

附：魏文瀚致电张伯苓（1934年11月9日）

天津　南开学校张校长鉴：阅报惊悉车伤腰部，至念。谅吉人天相，当早占勿药。魏文翰。

（南开大学档案馆藏）

呈教育部

（1934年11月19日）

呈为呈送十月份补助费收据，请钧部赐收事。窃属校于十一月二日奉到钧部教字第一三一八七号训令：饬属校具领十月份补助费叁仟叁百叁拾叁元叁角叁分，业经遵令照收。兹填具印收壹纸，敬请赐收，实为公便。此呈

教育部。

天津私立南开大学校长张伯苓

廿三年十一月十九日

（南开大学档案馆藏）

附：教育部令南开大学（1934年10月）

教育部训令　　教字第一三一八七号

令私立南开大学：

发给十月份补助费，令仰遵照。

案查私立专科以上学校补助费分配额数及《支给办法》，业经本部先后分令饬遵在案。所有该校应受全年补助费额数肆万元，按十二个月匀分，每月应为叁仟叁百叁拾叁元叁角叁分，在《补助费支给办法》内，原经规定各该校院应将详确预算及设备费详细表册等呈部查核后，再行发款。兹因二十三年度修正预算公布稍迟，自十月份起始能实行，本部为顾念各校院需要急切起见，先行拨给该校补助费叁仟叁百叁拾叁元叁角叁分，除转汇外，仰于取款后，填具十月份印收呈部。至前项预算表册等并仰迅即补呈候核，倘逾十一月内尚未将该项表册送到者，各该校院十一月份补助费，即予停发。

此令。

附空白收据拾纸。

部长王世杰

中华民国二十三年十月　日[1]

（南开大学档案馆藏）

---

① 原文如此。

致电张希陆

（1934年11月中旬）

厦门 厦门大学张希陆鉴：伤腰渐痊，勿念。苓。

（南开大学档案馆藏）

附：张希陆致电张伯苓（1934年11月14日）

南开中学张校长：报载大人伤腰，乞电示。锡禄。

（南开大学档案馆藏）

致南开校友总会

（1934年12月8日）

敬启者：近闻贵会拟于下月一日起，联合各地校友，举行“伯苓基金”募款运动，藉资庆祝南开学校成立卅周年，并纪念个人六十周岁。盛意拳拳，感荷曷极！惟苓年事虽高，微躯尚健，过去小小成就，亦无足纪念。乃贵会热心母校发展，募集基金，冠以鄙名，论同学热诚，实予苓以莫大兴奋；言筹款方式，似犹有斟酌余地。苓尚未到退休之年，又值国难日殷之际，对社会各方，尚思振刷精神，继续努力，希对于国家多有贡献。用敢函请贵会对于募集“伯苓基金”之举重行熟商，另拟新方案，苓当追随诸君之后，勉效驽钝也。区区苦衷，尚祈鉴谅是幸！此致

南开校友会。

张伯苓启

十二月八日

（南开大学档案馆藏）

附：南开校友总会复张伯苓（1934 年 12 月 9 日）

伯翁校长赐鉴：

敬覆者：顷奉手书，嘱“对于‘伯苓基金’募款事，重行熟商，另拟新方案”。随经校友总会执行委员会开会讨论，咸以为尊见极是，拟将“伯苓基金”改为“南开中学基金”，自明年一月一日起，开始为母校中学募集基金四十万元，愿联合各地校友，在校长领导之下，积极努力。至于进行方法，容后奉闻。专此，敬颂

教祺！

南开校友总会启

十二月九日

（南开大学档案馆藏）

致电张锡羊

（1934 年 12 月 11 日）

绥远省政府张锡羊鉴：真（11 日）晨生女，母女均安。苓。

（南开大学档案馆藏）

致孔祥熙

（1934 年 12 月 12 日）

南京财政部

庸之我哥赐鉴：

敬启者：现任石家庄分区统税管理所主任祝君步唐，先曾在敝中学部毕业，后又毕业于敝大学商科。其为人，才具、品行当在校时已见其与众不同。出校后，历充吉林毓文中学教务主任、吉林省立女中校长，及黑龙江建设厅第一科科长等职。因其有过人成绩，蒙给官费留美，在威斯康森大学专考财政，得经济硕士学位以归。归后充北平大学讲师，嗣改任河北财政特派员公署秘书，兼

丰台查验所所长，廿二年一月调充今职。查其人长处无他，曰廉、曰能、曰可靠三者而已。

我国力图建设，需此等人才处甚殷。今其人适在大部管属之下，即请我哥便召一与晤语。倘以为可教，贮作笼中物，用借遇机上选甚善。素稔我哥怜才念切，特以贡闻，希惟爱照不尽。祗颂
勋安！

弟张伯苓谨上　廿三年十二月十二日
（南开大学档案馆藏）

呈教育部

（1934年12月14日）

案奉钧部教字第一五〇四八号令，内开："兹由中央银行汇给该校本年十一月份补助费银叁仟叁百叁拾叁元叁角叁分，仰于取款后填具印收呈部。此令。"等因。奉此，属校现已将该项补助费如数取到，遵即填具印收，呈送钧部，伏乞赐收，实为公便。此呈
教育部。

天津私立南开大学校长张伯苓
二十三年十二月十四日
（南开大学档案馆藏）

附：教育部令南开大学（1934年12月）

教育部训令　　教字第一五〇四八号

令私立南开大学：

该校十一月份补助费由银行汇给，仰填印收呈部。

兹由中央银行汇给该校本年十一月补助费银叁仟叁百叁拾叁元叁角叁分，仰于取款后填具印收呈部。

此令。

附空白收据拾纸。

部长王世杰

中华民国二十三年十二月　日[1]
（南开大学档案馆藏）

呈教育部

（1934 年 12 月 14 日）

窃据属校本届文学院毕业生孙东录[2]呈称：现拟自备学费赴美专习市行政，请为转陈钧部，发给留学证书等情。据此，除将该生履历书、毕业证书、保证书各一件，最近像片二张、证书费及印花税共三元随文奉呈外，伏乞鉴核，准予颁发留学证书，实为公便。谨呈

教育部。

天津私立南开大学校长张伯苓
二十三年十二月十四日
（南开大学档案馆藏）

附：教育部令南开大学（1934 年 12 月 24 日）

教育部指令　　教字第一五七四三号

令私立南开大学：

呈一件——请发给孙东录自费赴美留学证书由。

呈件均悉。准给该生自费赴美国留学证书一纸。毕业证书、履历书发还。仰并转给。

此令。

附发留学证书一纸，发还毕业证书、履历书各一件。

部长王世杰
中华民国廿三年十二月二十四日
（南开大学档案馆藏）

---

① 原文如此。

② 孙东录（1909—？），江苏无锡人。1930 年南开中学毕业，1934 年南开大学毕业。

致南开校友总会

（1934 年 12 月 22 日）

敬启者：日昨曾函请贵会对募集“伯苓基金”事，重行熟商，另拟新方案。随奉覆书，藉谂贵会仍拟募集四十万元为南开中学基金，惟名言上则将“伯苓基金”改为“南开中学基金”，具见校友为母校募款之热心，始终不渝，良堪钦感！

惟值兹社会经济不景气之时，贵会拟在短时期内募集巨金，恐难有成，用敢再请贵会改变筹募基金计划，缩小募捐金额。在消极方面，使校友不至因募款而遭遇种种困难，在积极方面，贵会爱护母校之热诚，仍足以深切表现。至巩固学校基础一层，南开所最需要者，不在有巨额之基金，而在有与学校共休戚之校友。苟校友诸君对于学校，真诚爱护，即使学校经费万分困难，亦不至束手无策。观夫昔年范孙楼之募建，与此次基金募集之动议，苓深信南开有此热心之校友，南开基础已安如磐石，固不必急急于筹集有形之巨额基金也。谨述管见，即希查鉴是幸！此致

南开校友总会。

张伯苓拜启

十二月廿二日

（南开大学档案馆藏）

呈教育部

（1935 年 1 月 8 日）

前奉钧部汇到二十三年十二月份补助费叁仟叁百叁拾叁元叁角叁分，业经如数照收。兹填具印收壹纸，即请赐收，实为公便。此呈

教育部。

天津私立南开大学校长张伯苓

二十四年一月八日

（南开大学档案馆藏）

附：教育部令南开大学（1934年12月26日）

教育部训令　　教字第一五八九九号

令私立南开大学：

该校十二月份补助费由银行汇给，仰填印收呈部。

兹由中央银行汇给该校本年十二月补助费银叁仟叁百叁拾叁元叁角叁分，仰于取款后填具印收呈部。

此令。

部长王世杰

中华民国二十三年十二月廿六日

（南开大学档案馆藏）

致电王世杰

（1935年1月30日）

南京教育部王雪艇部长：刻军分会催交小站校田，请指示。伯苓。

（南开大学档案馆藏）

呈教育部

（1935年2月1日）

呈报二十三年十月至十二月补助费支出结算，请鉴核由。呈为呈报补助费支出结算，仰祈鉴核事。属校于二十三年十月起蒙钧部发给补助费，迄今已满三月，谨遵《补助费支给办法》第八项，将二十三年十月、十一月、十二月三个月支出结算，造成报告，所有支款单据贴存成册，一并呈送钧部，敬祈鉴核以符政令。惟商科研究所经济部拟购图书，定单虽已发出，书籍尚未到校，故现时尚未支款。其余如物理教席及应用化学研究所支出款项，遵即结算呈报，以凭钧察。谨呈

教育部。

天津私立南开大学校长张伯苓
廿四年二月一日
（南开大学档案馆藏）

致电胡适

（1935 年 2 月 5 日）

北平米粮库四号　胡适之先生：颜大使[①]即出国，伊拟定八日开会，有要事讨论，务请出席。张伯苓。

（南开大学档案馆藏）

呈教育部

（1935 年 2 月 16 日）

前奉钧部汇到民国二十四年一月份补助费叁仟叁百叁拾叁元叁角叁分，业经如数照收，谨将第二联收据、第三联报核，按式填毕，呈奉钧部，即请赐收，实为公便。谨呈
教育部。

天津私立南开大学校长张伯苓
二十四年二月十六日
（南开大学档案馆藏）

附：教育部令南开大学（1935 年 1 月 31 日）
教育部训令　　廿四年发总私拾玖第一三四四号
令私立南开大学：

① 即颜惠庆。

兹由中央银行汇给该校本年一月补助费银叁千叁百叁拾叁元叁角叁分，仰于取款后填具印收呈部。

此令。

部长王世杰

中华民国廿四年一月三十一日

（南开大学档案馆藏）

致王世杰

（1935 年 2 月 23 日）

雪艇部长钧鉴：

敬启者：关于南开大学改为国立事，前曾在京谒教，商讨结果蒙主张逐渐进行，谨当遵照示意。由大部及河北省教育厅各派代表一人加入校董会一节，苓返津后随即开校董会，向诸校董报告，均经表示赞同。除另函请河北省教育厅查照外，谨此肃恳大部早将代表人选俯赐派定，深以为盼。

再，查原校董数为九人，兹加二人，则为十一人，每年定以三、六、九、十二等月为会期，合并陈明，乞惟察鉴是幸。祗颂

勋安！

张伯苓谨上

二十四年二月廿三日

（南开大学档案馆藏）

呈教育部

（1935 年 2 月 27 日）

呈为呈报喻娴令[①]转学属校，恳请鉴核备案事。窃查本年度第二学期开始时，

① 喻娴令（1914—？），浙江嵊县人。1938 年西南联大理学院生物学系毕业。

有中法大学一年级肄业生喻娴令，转入属校理学院生物系一年级肄业，谨此遵章将该生转学证书壹纸，呈送钧部鉴核，予以备案，实为公便。谨呈
教育部。

天津私立南开大学校长张伯苓
二十四年二月二十七日
（南开大学档案馆藏）

南开中学领1934年度所余补助费5000元领单

（1935年3月1日）

河北省私立南开中学校为印领事。今领到天津市财政局拨发本年度补助费银洋5000元整。

中华民国廿四年三月初一日付讫。

校　长 张伯苓
领款人 周家琛

附1：南开中学致天津市财政局（中字第226号）（1935年1月26日）

案查敝校于二十三年五月间因经费不足曾经具呈恳请市政府查案补助。当蒙提交市政会议第22次临时会议议决，自二十三年度起拨补助费洋1万元。除于二十三年七月已蒙先行拨给5000元外，下余尚欠5000元在案。顷值学期终结，开销繁多，敢情贵局查案将二十三年度未经发给之5000元，即日如数予以照拨，以便应用，而济眉急。不胜迫切盼企之至。此致
天津市财政局。

批：查案请示。1月29日。

批：照发。2月28日。

附 2：天津市财政局发款凭单（1935 年 2 月 28 日）

天津市财政局发款凭单			
中华民国廿四年二月廿八日。 此联由会庶股于发款后填送出纳股注帐。	右款业于三月一日照数发讫，兹将领款机构印据送请查照注帐。 局　　长　　盖章 科　　长 会庶股长　　盖章	实发大洋 5000 元整	南开中学校二十三年度补助费

附 3：天津市财政局致南开中学（1935 年 3 月 18 日）

案准贵校中字第 226 号函开：案查敝校。云云。不胜迫切盼企之至。等因。准此。查上项补助费洋 5000 元已于 3 月 1 日照数交由贵校来员领讫。除将送到印收存查外，相应函达即希查照为荷。此致

河北省私立南开中学校。

呈教育部

（1935 年 3 月 8 日）

前奉钧部汇到民国二十四年二月份补助费叁仟叁百叁拾叁元叁角叁分，业经如数照收，谨将第二联收据、第三联报核，按式填就，呈奉钧部，即请赐收，实为公便。谨呈

教育部。

天津私立南开大学校长张伯苓

二十四年三月八日

（南开大学档案馆藏）

附：教育部令南开大学（1935 年 3 月 5 日）

教育部训令　　廿四年发总私拾玖第二八八三号

令私立南开大学：

兹由中央银行汇给该校本年二月补助费银叁千叁百叁拾叁元叁角叁分，仰

于取款后填具印收呈部。

此令。

部长王世杰

中华民国廿四年三月五日

（南开大学档案馆藏）

致黄建中[①]

（1935 年 3 月 14 日）

离明先生大鉴：

日前接奉尊函，承示现任教育行政机关人员不能兼任校董，并大部所拟办法，敬已领悉。惟此次敝校增加校董系遵照雪艇[②]先生之意见，敝校校董会亦极端赞成，今大部以教育行政人员兼任校董既有未便，容当于本年三月间校董会举行例会时提出报告也。专布，不尽。祗颂

勋安！

张伯苓拜启

二十四年三月十四日

（南开大学档案馆藏）

呈教育部

（1935 年 3 月 20 日）

案奉钧部廿四年发社统伍第二〇〇八号训令，略开：“检发全国图书馆调查表，令仰查明填报。”等因。奉此，遵即转交属校图书馆查明填就，谨此呈报，

① 黄离明（1889—1959），名建中。抗战期间曾任四川大学师范学院院长，1948 年后任教于台湾师范大学，著有《比较伦理学》。

② 即王世杰。

即恳鉴察，以便汇编。谨呈

教育部。

天津私立南开大学校长张伯苓

二十四年三月二十日

（南开大学档案馆藏）

附：教育部令南开大学（1935年2月14日）

教育部训令　　廿四年发社统伍第〇二〇〇八号

令私立南开大学：

查全国图书馆之调查，在民国十七年前大学院时，曾举行一次，并于翌年刊印《全国图书馆一览》一种。现在时逾数载，各地图书馆之增减变迁，本部亟欲明了。合行检发《全国图书馆调查表》一份，令仰该校迅行查明填报以凭汇编成册。

此令。

计检发《全国图书馆调查表》一份。

部长王世杰

中华民国廿四年二月十四日

（南开大学档案馆藏）

呈河北省教育厅

（1935年3月21日）

案查国民政府制定《捐资兴学褒奖条例》第一条载，“凡以私有财产创立或捐助学校等等机关者，得依本条例请给褒奖。”等语。兹查天津商民章瑞廷热心教育，创设私立小学两处。一坐落大稍直口村，名章氏第一小学，县教育局列为县立十五；一坐落疙疸村，名章氏第二小学，县教育局列为县立十六。曾于民国十九年春季委托本校代为管理，两校常年经费仍由彼负责。统计两校自创立至今，捐资已达七万一千一百十九元九角四分五厘，按照制定条例，理合开列事实表册，送请钧厅查鉴，为转呈教育部，代请政府照章给予褒奖，以示鼓励，实为公便。谨呈

河北省教育厅。

附表册一件。

南中校长张伯苓

廿四年三月廿一日

附：河北省捐资兴学事实清册表

团体名称或个人姓名	章瑞廷
职业经历	北洋纺纱厂总理
年岁	年五十七岁
所在地或籍贯	河北省天津市人
捐资金额	七万一千一百十九元九角四分。 捐恒源纱厂存款扎洋一万元 捐金城银行定期存款扎洋一万元 捐恒源纱厂慈善息扎洋一万一千二百元 捐北洋纱厂息单洋一万元 捐购校址、运动场与校地共三十四亩五分八厘五毫一丝，均价每亩二百零五元，合洋七千零八十九元九角四分五厘。 捐建筑校舍四十四间，共洋二万零八百三十元。 捐置备桌椅及讲堂黑板等共洋二千元。
捐入机关	章氏第一小学校（天津县私立第十五小学校） 章氏第二小学校（天津县私立第十六小学校）
事实	创办章氏第一、第二两小学，该两小学由民国十九年移交本校接管，计章氏第一小学校，坐落城西大稍直口村；章氏第二小学校，坐落城西疙疸村。
备考	

（南开大学档案馆藏）

呈河北省教育厅

（1935年3月21日）

案查国民政府制定《捐资兴学褒奖条例》第一条载，“凡以私有财产创立或捐助学校等等机关者，得依本条例请给褒奖。”等语。兹查商民章玉荪、章绍廷兄弟二人因为伊父瑞廷作纪念，特在南开中学合力捐建礼堂一座，由民国十九年捐款，二十三年秋落成，名曰“瑞廷礼堂”，统计工料，总共捐洋七万零三百元正。按照制定条例，理合缮造事实表册，送请钧厅查鉴，为转呈教育部，代请政府照章给予褒奖，以示鼓励，实为公便。谨呈
河北省教育厅。

附表册一件。

南中校长张伯苓

廿四年三月廿一日

附：捐资建筑学校礼堂事实表册

团体名称或个人姓名	章玉荪 章绍廷
所在地或籍贯	河北天津
事　　实	建筑南开中学礼堂，为伊父作纪念，由民国十九年捐款，二十三年秋落成，计工料共捐洋七万零三百元正。
应得褒奖	
备考	

（南开大学档案馆藏）

呈教育部

（1935年3月22日）

呈为拟由理学院物理教席补助费项下改购高温度低温度测量仪器事。窃属校前于二十三年十一月八日呈报属校理学院物理教席、应用化学研究所设备及经济研究所设备等补助费详细说明及表册，已蒙核准在案。兹以在物理教席补助费项下拟购之显微量光计，经调查价值甚昂，未便定购，现拟改购高温度低温度测量器等，按现在行情折合美金、马克，只约需国币壹仟伍百捌拾壹元捌角六分。谨将拟购之件，另单列清，呈请提前鉴核，俾便赶及定购，以资应用，实为公便。谨呈

教育部。

天津私立南开大学校长张伯苓

二十四年三月二十二日

（南开大学档案馆藏）

附：教育部令南开大学（1935年3月28日）

教育部指令　　廿四年发高私拾玖26[1]第三八六五号

令私立南开大学：

呈乙件——呈为拟由理学院物理教席补助费项下改购高温度低温度测量器，请鉴核由。

呈件均悉。准如所拟办理。

此令。

部长王世杰

中华民国廿四年三月二十八日

（南开大学档案馆藏）

① 原文如此。以下类似情况不再一一标注。

致电张希陆

（1935年3月）

厦门　厦门大学张希陆：在厦既有成绩，尔母不欲尔离开。余函详。苓。

（南开大学档案馆藏）

致电傅作义

（1935年4月6日）

绥远傅主席勋鉴："三六捐款"蒙代募巨额，篆感已深。此次贱辰猥蒙电祝，更赐隆仪，深增惭恧，谨电奉谢。张伯苓叩。鱼。

（南开大学档案馆藏）

致电蔡元培

（1935年4月18日）

南京　行政院转故宫博物院理事会蔡孑民先生鉴：校务羁身，不能前往与会。张伯苓。

（南开大学档案馆藏）

附：蔡元培从南京致电张伯苓（1935年4月17日）

天津　南开中学张理事伯苓鉴：兹定于四月廿二日下午三时在行政院开第二次故宫博物院理事会议，务希届时出席为荷。蔡元培。篠。印。

（南开大学档案馆藏）

致电徐谟

（1935 年 4 月 18 日）

南京　外交部徐叔谟次长鉴：过京时得悉于君焌吉[①]尚未有室，乞代表苓为武女士颐荣作伐为祷。伯苓。

（南开大学档案馆藏）

呈教育部

（1935 年 4 月 18 日）

呈为呈送补助费收据，请钧收事。窃属校前奉到钧部汇下民国二十四年三月份补助费叁仟叁百叁拾叁元叁角叁分，业经如数领到，兹填就收据联单壹纸，谨以呈奉，即祈赐收，实为公便。谨呈

教育部。

天津私立南开大学校长张伯苓

二十四年四月十八日

（南开大学档案馆藏）

附 1：教育部令南开大学（1935 年 4 月 2 日）

教育部训令　　廿四年发总私拾玖第三九八六号

令私立南开大学：

兹由中央银行汇给该校本年三月补助费银叁千叁百叁拾叁元叁角叁分，仰

---

① 于焌吉（1899—1968），字谦六，天津人。1918 年南开中学毕业。后留学美国丹尼森大学、纽约大学，获博士学位，再去英国伦敦专修国际公法。1928 年任国民政府外交部条约委员会委员。1929 年任外交部撤销领事裁判权宣传委员。1930 年任驻古巴公使馆二等秘书，并兼理驻哈瓦那总领事。1935 年 4 月至 1946 年 3 月任驻美国纽约总领事。1941 年 9 月出席廿六届国际劳工大会，并任国际劳工理事院中国助理理事。1946 年任驻意大利大使。1949 年后任台湾驻联合国代表等职。

于取款后，填具印收呈部。

此令。

部长王世杰

中华民国廿四年四月二日

（南开大学档案馆藏）

附 2：教育部总务司第二科致南开大学（1935 年 4 月 19 日）

径启者：查本月二日由中央银行汇发贵校三月份补助费，银叁仟叁佰叁拾叁元叁角叁分，迄已多日，未见将印收呈部。务请即日填寄，以凭列报。至希察照为荷。此致

南开大学。

教育部总务司第二科启　廿四年四月十九日

（南开大学档案馆藏）

致王世杰

（1935 年 4 月 26 日）

南京教育部

雪艇部长赐鉴：

前过京晤教，蒙对南大事深为关切，感甚。苓返津后，适教育部视察员谢、孙、李三先生亦到，当即陪同视察，并与商谈学校改为国办事，想诸君回京自必有详明之报告也。现南大商学院院长何淬廉在日本出席太平洋国际学会研究部讨论会，五月初即将归国。归后当归京晋谒，有所陈述。到时幸祈俯赐接见为盼。祗颂

勋安！

张伯苓谨启

廿四年四月廿六日

（南开大学档案馆藏）

呈教育部

（1935 年 4 月 27 日）

呈为呈送申请补助书，请交付审查，给予补助费事。属校于去年十月奉到部令，以属校从事应用科学及实际问题之研究，特由私立专科以上学校补助费中，给予四万元。属校蒙此补助，各部工作因钧部之鼓励，进行甚为得力。兹拟于二十四年度继续请求补助，以利进展。谨遵《补助费分配办法大纲》第五条备具《申请补助书》壹册，副本玖份，另行邮呈，伏乞鉴核，并恳交付审查，赐予补助，实为公便。谨呈
教育部。

天津私立南开大学校长张伯苓
二十四年四月二十七日
（南开大学档案馆藏）

呈河北省教育厅

（1935 年 5 月 6 日）

案奉钧厅第二一五七号指令，对于属校所呈为商民章玉荪、章绍廷为伊父作纪念，捐资七万零三百元在南开中学建筑礼堂，恳请褒奖事，谓所呈表册多有缺漏，并为指示应行补具各端，备极详尽。兹谨遵照一一缮就，送呈鉴核，即乞俯赐转部，以便递转国民政府办理，实为公便。谨呈
河北省教育厅。

附事实表二纸，礼堂照片三份计六张，收据一纸。

南中校长张伯苓
廿四年五月六日
（南开大学档案馆藏）

呈教育部

（1935年5月9日）

呈为呈送二十四年四月份补助费收据事。窃属校前奉钧部汇到二十四年四月份补助费国币叁仟叁百叁拾叁元叁角叁分，业经如数取到，谨填就收据壹纸，随呈寄奉，伏乞赐收，实为公便。谨呈

教育部。

天津私立南开大学校长张伯苓

二十四年五月九日

（南开大学档案馆藏）

附：教育部令南开大学（1935年4月30日）

教育部训令　　廿四年发总私拾玖第五四八二号

令私立南开大学：

兹由中央银行汇给该校本年四月补助费银叁千叁百叁拾叁元叁角叁分，仰于取款后，填具印收呈部。

此令。

部长王世杰

中华民国廿四年四月卅日

（南开大学档案馆藏）

呈教育部

（1935年5月16日）

呈为造送二十四年一月至三月补助费支出结算表事。窃属校本年一月至三月补助费支出结算业经核算完毕，其有关之单据等件亦经汇齐贴成壹册，兹遵照部令补助支给办法第八项，将二十四年一月至三月三个月支出结算表壹纸及

支款单据壹册呈奉钧部，敬祈鉴核，以符政令。谨呈
教育部。

天津私立南开大学校长张伯苓
二十四年五月十六日
（南开大学档案馆藏）

呈教育部

（1935 年 5 月 16 日）

呈为请领留学证书事。窃据属校商学院银行系本届毕业生汪澈[1]呈称：拟于本年夏毕业后，自费赴美专习银行学，请为转陈钧部，发给留学证书上。等情。据此，除将该生之履历书、保证书各一件，最近相片二张、证书及印花费洋三元（汇票壹纸）随文奉呈外，伏乞鉴核，准予发给留学证书，实为公便。谨呈
教育部。

天津私立南开大学校长张伯苓
二十四年五月十六日
（南开大学档案馆藏）

附：教育部令南开大学（1935 年 6 月 20 日）

教育部指令　　廿四年发高留捌 2 第七四四三号
令私立南开大学：
呈一件——呈请发给汪澈自费赴美国留学证书由。
呈件均悉。该生所请发给留学证书，应俟正式毕业后，再呈核办。附件发还。仰即转给。并转饬知照。
此令。
发还保证书、履历书各一件，相片二张，证书费及印花税共叁元。

部长王世杰
中华民国廿四年六月廿日
（南开大学档案馆藏）

① 汪澈（1910—？），字静波，辽宁沈阳人。1935 年南开大学毕业。

致电陈半丁[①]

（1935 年 5 月 22 日）

北平 宣武门内油房胡同 10 号 陈半丁庚兄鉴：欣逢六秩荣庆，谨电驰祝。弟张伯苓叩。

（南开大学档案馆藏）

致天津市教育局

（1935 年 5 月 22 日）

径启者：竞存小学校陆汉昭校长已于 5 月 14 日病故。兹由敝校董事会议决，公推罗玉燕女士代理校长之职，相应函达，即祈查照为荷。此上
天津市教育局。

竞存小学校校董会 张伯苓 齐璧亭 方药雨
马桐轩 喻传鉴 李琴湘
丁懋英
谨启

① 陈半丁（1876—1970），浙江绍兴人。1906 年至北京，就职于北京大学图书馆，后任国立北平艺术专科学校教授。20 世纪 40 年代曾多次参加或举办各种形式的书画展览和捐款义卖展览。50 年代后，历任北京中国画院副院长，中国画研究会会长，中国美术家协会理事，中国民族美术研究所研究员，中央文史馆馆员，全国文字改革委员会委员，第三届中国文联委员，全国第二、三、四届政协委员。

致天津市教育局

（1935 年 5 月 27 日）

径复者：接奉来函，祗悉一切。兹谨将敝校代理校长罗玉燕履历另开随函奉上，即希查核，准予备案，是幸。此致
天津市教育局。

竞存小学校校董会 张伯苓 齐璧亭 方药雨
马桐轩 喻传鉴 李琴湘
丁懋英
谨启

附罗校长履历一纸。

附：天津私立竞存小学校校董会立案呈报事项表（1930 年 1 月）

名称	天津私立竞存小学校校董会							
事务所所在地								
批准设立年月日								
资产资金或其他收入之详细项目								
校董	姓名	齐璧亭	李芹香	孙子文	张皋如	马承恩	张伯苓	喻廛涧
	籍贯	河北宁津	河北天津	河北天津	河北盐山	河北吴桥	河北天津	浙江嵊县
	职业	河北省立女子师范学院院长	前江西省教育厅长	前直隶省教育厅长	天津市政府土地局秘书	河北省立女子师范附属小学主任	南开大学校长	南开中学教务主任
	住址	天纬路本学院内	日本租界花园街	英租界吴家大院	河北六马路南首	河北西窑洼女师附校	南开大学	南开中学
备考								

（天津市档案馆藏）

致孔祥熙

（1935 年 5 月 29 日）

南京财政部

庸之我哥赐鉴：

敬启者：天津东亚毛呢纺织公司为故教友宋徽五先生令郎棐卿、霞飞昆仲及赵子贞等所创办。徽五在时，于山东兴办各种实业极著盛名，并对教会及青年会方面帮忙处甚多。今其令郎皆强干精明，自外洋留学归来，竟能惨淡经营，本所学倡办中国希有之工商业，以敌御外货，真不愧克承父志者矣。

现在该东亚纺织公司（有二四〇〇锭子）专纺抵羊牌毛线等出品，蒙政府奖励，蠲免出品海关转口税，及减收五成国营铁道、轮船运输费等。该公司得此特殊情形，方不胜为营业前途贺[荷]，讵至目下本国转口税将全部取销，而该所得免税优待亦随之消灭，与其他出品立于同一地位。更自去秋以来，上海方面更有英商博德运厂（有四八五〇锭子）、怡和纱厂（有三〇〇〇锭子）、日商纺织株式会社（有三二〇〇锭子）等家次第出现，资本雄厚，兼有洋商银行大量接济，遂使本国方始萌芽之精梳毛线业相形成一反比例，实有莫大危机。

弟以事关国计民生，深为滋惧。现距秋间销货时期已近，虑赶救不及，用是难安缄默，为述梗概上闻，请我哥酌裁。无任迫切之至。祗颂

勋安！

弟张伯苓谨上

廿四年五月廿九日

（南开大学档案馆藏）

呈河北省教育厅

（1935 年 6 月 5 日）

案奉钧厅第八九零号训令，敬已领悉。关于属校前为商民章玉荪等捐资兴

学，请转请褒奖一案，确因该章玉荪、章绍廷兄弟二人为伊父章瑞廷作纪念，在属校出资建筑礼堂，属校未便没其美举，故具呈代请奖励。不过该二人所出款项系由伊父转交，故属校在收据上径书捐资人作章瑞廷，而实在出资者确为伊子，则奖励亦自应归伊子二人承受。合亟据情声复以闻，敬乞察鉴，并费神转部，请照事实表所填出资人，按名酌奖，实为公便。谨呈
河北省教育厅。

南中校长张伯苓
廿四年六月五日
（南开大学档案馆藏）

致电阿瑟 N. 霍尔库姆教授

（1935 年 6 月 6 日）

Professor Arthur N. Holcombe
Twentynine Hsitsungpu Hutung
Peiping
Welcome you to nankai.
Chang Poling

（南开大学档案馆藏）

呈教育部

（1935 年 6 月 10 日）

呈为呈奉收据事。窃属校前奉到钧部汇下民国二十四年五月份补助费国币叁仟叁百叁拾叁元叁角叁分，业经如数照收，谨填具收据、联单壹纸，即恳赐收，实为公便。谨呈
教育部。

天津私立南开大学校长张伯苓
二十四年六月十日
（南开大学档案馆藏）

附：教育部令南开大学（1935年6月3日）

教育部训令　　廿四年发总私拾玖第七一三六号

令私立南开大学：

兹由中央银行汇给该校本年五月补助费银叁千叁百叁拾叁元叁角叁分，仰于取款后，填具印收呈部。

此令。

部长王世杰
中华民国廿四年六月三日
（南开大学档案馆藏）

致电张平群

（1935年6月12日）

南京 行政院张平群参事鉴：苓元（13日）夜抵京，请定中央饭店房。伯苓。

（南开大学档案馆藏）

呈教育部

（1935年6月17日）

呈为呈请事。窃属校于本年五月十七日奉到钧部篠电，略开："令饬于本年暑假举办中等学校理科教员暑期讲习班，并呈报筹备情形。"等因。奉此，遵即派定人员积极筹备，当将简章、教师、课程，及经费等项，商讨竣事。旋向河北省教育厅探询，知河北省内中等学校理科教员呈报该厅拟参加属校之讲习班者仅十四人，而参加之讲习科目则有数学、物理学、化学、生物学四组。根据

应设科目，讲习班之预算，则需两仟陆百余元，教员人数则在二十以上。参加人数如此之少，所费如此之多，人力财力皆不经济。特此呈明钧部鉴核，本年暂准停办，是否有当，伏乞示知，俾便遵循。谨呈
教育部。

天津私立南开大学校长张伯苓
二十四年六月十七日
（南开大学档案馆藏）

附1：教育部致电南开大学（1935年5月17日）

私立南开大学：案查本部为提高中等学校教员教学效率起见，经于上年暑假令饬举办中等学校理科教员暑期讲习班在案。本年度各该大学除续办理科教员讲习班外，并须举办历史、地理、英文等学科，除通令各省市教育厅局将参加人数呈报本部，再行饬遵并分电外，合先电令该大学知照，筹备办理理科讲习班，并将筹备情形据报为要。教育部。篠。

（南开大学档案馆藏）

附2：教育部令南开大学（1935年6月26日）

教育部指令　廿四年发普总贰七第八六六二号
令天津私立南开大学：

呈一件——呈报本年暑期讲习班学员甚少，经费过多，本年请暂行停办由。

呈悉。准予暂行停办。

此令。

部长王世杰
中华民国二十四年六月二十六日
（南开大学档案馆藏）

致电蔡元培

（1935年6月19日）

南京　行政院转故宫博物院理事会蔡孑民先生鉴：校务羁身，不克前往与会。张伯苓。

（南开大学档案馆藏）

附：蔡元培从南京致电吴鼎昌、张伯苓（1935年6月18日）

盐业银行吴理事鼎昌、南开大学张理事伯苓大鉴：兹定于六月二十日下午五时，在行政院开故宫博物院第六次常务理事会议，务希准时莅会为荷。蔡元培。巧。

（南开大学档案馆藏）

致电陆志韦

（1935年6月19日）

北平　燕京大学陆校长鉴：敬（24日）日敝中学毕业式，不克分身，祈鉴谅。张伯苓。

（南开大学档案馆藏）

附：陆志韦致电张伯苓（1935年6月17日）

天津　南开大学张伯苓校长：元（13日）函谅已达览，敝校毕业式为24日，特电更正。燕大志韦。

（南开大学档案馆藏）

致电晏阳初

（1935年6月28日）

北平　石驸马街21〈号〉　晏阳初先生鉴：艳（29日）晨十时半抵平。苓。

（南开大学档案馆藏）

呈教育部

（1935年6月28日）

呈为代毕业生汪澈请领留学证书事。窃属校前曾代学生汪澈请发给留学证书，以便赴美留学在案，六月二十四日奉到钧部二十四年发高留捌二第七四四三号指令，内开："呈件均悉。该生所请发给留学证书，应俟正式毕业后，再呈核办。附件发还。仰即转给。并转饬知照。此令。"等因。奉此，遵予转知该生依照办理。兹查属校二十三年度毕业式，业于六月二十三日举行竣事，汪澈毕业试验均已及格，准予毕业。本应候毕业证书加盖部印掷发后，再行呈请颁发留学证书，以符法令。现以该生出国手续，急待留学证书发下，以便办理，谨将毕业证明书一纸，连同保证书、履历书各壹件，像片贰张、印花费洋三元，一并呈奉钧部，即恳俯准，早日掷下留学证书壹件，实为公便。谨呈
教育部。

二十四年六月二十八日

（南开大学档案馆藏）

附：教育部令南开大学（1935年7月5日）

教育部指令　　廿四年发高留捌2第九三五三号

令私立南开大学：

呈乙件——代二十三年度毕业生汪澈请领自费赴美留学证书由。

呈件均悉。准给该生自费赴美留学证书一纸，附件分别存还。

此令。

附发留学证书一纸，发还毕业证明书及履历书各一件。

部长王世杰

中华民国廿四年七月五日

（南开大学档案馆藏）

致电汪精卫

（1935年7月3日）

上海 汪行政院长钧鉴：尊体违和，不胜系念。幸善摄养，早占勿药，以慰喁望。张伯苓叩。印。

（南开大学档案馆藏）

呈教育部

（1935年7月3日）

呈为呈请事。窃属校二十一年六月文学院毕业生孙家滢，现拟自费留美，研究家政二年，俾资深造。兹检同该生毕业证书、保证书、履历书各壹件，像片贰张、印花及证书费共国币叁元（由天津上海银行另汇）呈奉钧部，伏乞颁发留学证书壹件，俾便准备去美，实为公便。谨呈
教育部。

天津私立南开大学校长张伯苓
二十四年七月三日
（南开大学档案馆藏）

附：教育部令南开大学（1935年7月10日）

教育部指令 廿四年发高留捌5第九五〇五号

令私立南开大学：

呈一件——代毕业生孙家滢请领自费赴美留学证书由。

呈件均悉。准给该生自费赴美国留学证书一纸。附件分别存还。

此令。

附发留学证书一纸，发还毕业、保证书及履历书各一件。

部长王世杰

中华民国廿四年七月十日
（南开大学档案馆藏）

呈教育部

（1935年7月8日）

呈为呈送事。窃属校前奉到钧部汇下二十四年六月份补助费国币叁仟叁百叁拾叁元叁角叁分整，业经如数照收，兹呈送该款收据第二、三联单壹纸，伏乞鉴核赐收，实为公便。谨呈

教育部。

天津私立南开大学校长张伯苓
二十四年七月八日
（南开大学档案馆藏）

附：教育部令南开大学（1935年6月29日）

教育部训令　　廿四年发总私拾玖第八八九九号

令私立南开大学：

兹由中央银行汇给该校本年六月补助费银叁千叁百叁拾叁元叁角叁分，仰于取款后，填具印收呈部。

此令。

部长王世杰
中华民国廿四年六月二十九日
（南开大学档案馆藏）

致电商震

（1935年7月12日）

保定　商主席勋鉴：定县平教会晏阳初先生以科学方法研究政治、经济、教育、卫生各问题，日内趋谒钧座，请接见，并请辅助该县工作之进行。张伯

苓叩。

（南开大学档案馆藏）

附：商震致电张伯苓（1935年7月13日）

天津　南开大学张伯苓先生惠鉴：电悉晏阳初先生来保枉顾，自当倒屣以迎，特电复闻，请代速驾。弟商震叩。元。印。

（南开大学档案馆藏）

致电陈钦仁[①]

（1935年7月16日）

北平骑河楼　清华同学会陈钦仁先生：快函悉，辞职事难承认，余详函。伯苓。

（南开大学档案馆藏）

呈教育部

（1935年7月25日）

呈为呈报补助费支出结算仰祈鉴核事。属校本年四、五、六三个月支出结算，业经造成报告，所有支款单据贴存成册，一并呈送钧部。又，物理教席补助费除用作教员薪俸外，所余之款，曾经呈请准予购制仪器，现时尚未到校。并此陈明，伏祈鉴察，以符政令。谨呈

教育部。

天津私立南开大学校长张伯苓

二十四年七月二十五日

（南开大学档案馆藏）

① 陈钦仁（1900—1976），四川崇庆人。1922年毕业于清华大学，后赴美深造，1926年获博士学位，1927年回国，在上海创办英文《中国评论月刊》，1937年任《自由西报》社长兼总编辑。其间先后任广西大学、东北大学、北京大学、南开大学、国立政治大学及复旦大学教授，1948年去台湾。

致电山东大学体协会讨论会

（1935年7月26日）

青岛　山东大学体协会讨论会，偕辑五乘寝（26日）通车赴青。伯苓。

（南开大学档案馆藏）

呈教育部

（1935年7月30日）

呈为呈请宽限事。窃属校于七月十九日，奉到钧部廿四年发高总壹12第〇九七三八训令，内开：“查二十四年度私立专科以上学校补助费之给予，业经召集审查委员会审议决定，呈奉“国民政府令开：‘准予备案’等因。奉此，令将各校补助项目及数额分别令知。该校核定案如左表：

<table>
<tr><th colspan="3">核定补助数额</th><th colspan="6">本届审定支配之详细项目及数额</th></tr>
<tr><th>合计</th><th>补足上年度数额</th><th>本届审定支配数额</th><th colspan="2">院科别</th><th>费别</th><th>项目</th><th>数额</th><th>附注</th></tr>
<tr><td rowspan="5">四三〇一五</td><td rowspan="5">七七六一</td><td rowspan="5">三五二五四</td><td>商学院</td><td>五一一〇</td><td>设备</td><td>商科研究所经费部设备</td><td>五一一〇</td><td></td></tr>
<tr><td rowspan="4">理学院</td><td rowspan="4">三〇一四四</td><td rowspan="2">教席</td><td>（一）物理教席</td><td>四〇〇〇</td><td rowspan="2"></td></tr>
<tr><td>（二）化学工程教席</td><td>四〇〇〇</td></tr>
<tr><td rowspan="2">设备</td><td>（一）物理设备</td><td>五一一〇</td><td rowspan="2"></td></tr>
<tr><td>（二）应用化学研究所设备</td><td>一七〇三四</td></tr>
</table>

所有依照补助费支给办法应行呈部核定各事项，统限文到一星期内详确拟

送核夺。”等因。奉此，属校本应将依照补助费支给办法应行呈部各事立即呈报，惟适值暑假期间，校内各部分负责主要人员，皆不在校，且声请补助时之原拟计划多不适用，为此，不得不一面呈请钧部将应行呈部核定各事，展缓期限，一面转饬校内各部负责人员，从速拟订各项计划，以便早期呈部核夺。所有呈请宽限原由，理合呈明，伏乞照准，实为德便。谨呈
教育部。

天津私立南开大学校长张伯苓
二十四年七月三十日
（南开大学档案馆藏）

附1：教育部令南开大学（1935年7月16日）

教育部训令　　廿四年发高总壹12第〇九七三八号
令私立南开大学：

查二十四年度私立专科以上学校补助费之给予，业经召集审查委员会审议决定，呈奉行政院核准备案公布，并转奉国民政府，令开：“准予备案”等因。奉此，令将各校补助项目及数额分别令知。该校核定案如左表：

<table>
<tr><th colspan="3">核定补助数额</th><th colspan="6">本届审定支配之详细项目及数据</th></tr>
<tr><th>合计</th><th>补足上年度数额</th><th>本届审定支配数额</th><th colspan="2">院科别</th><th>费别</th><th>项目</th><th>数额</th><th>附注</th></tr>
<tr><td rowspan="3">四三〇一五</td><td rowspan="3">七七六一</td><td rowspan="3">三五二五四</td><td>商学院</td><td>五一一〇</td><td>设备</td><td>商科研究所经费部设备</td><td>五一一〇</td><td></td></tr>
<tr><td rowspan="2">理学院</td><td rowspan="2">三〇一四四</td><td>教席</td><td>（一）物理教席
（二）化学工程教席</td><td>四〇〇〇
四〇〇〇</td><td></td></tr>
<tr><td>设备</td><td>（一）物理设备
（二）应用化学研究所设备</td><td>五一一〇
一七〇三四</td><td></td></tr>
</table>

所有依照补助费支给办法应行呈部核定各事项，统限文到一星期内详确拟送核夺。再在核定总额内，有补足上年度数额部份。该款系自二十四年度补助

费总额内提拨，亦应归入二十四年度案内报销，其用途仍照二十三年度原核定案办理。除分令外，合行令仰遵照《补助费支给办法》附发。

此令。

计发《补助费支给办法》一份。

部长王世杰

中华民国廿四年七月十六日

（南开大学档案馆藏）

附2：教育部令南开大学（1935年8月17日）

教育部训令　　廿四年发高私拾玖26第一一二六二号

令私立南开大学：

呈一件——呈请核准展缓造送补助费用途详表由。

呈悉。理学院特种教席之聘请，应即拟送核定。各项设备详表，务须于开学后即行造送。仰即遵照。

此令。

部长王世杰

中华民国二十四年八月十七日

（南开大学档案馆藏）

呈天津市政府

（1935年8月9日）

案查贵政府年来注重民众卫生，提倡清洁，为地方造福，实深感激。惟目下敝女中学校墙外每日有工务局大车数辆，迭番从他处运来垃圾，在该地倾倒，酿生苍蝇极多，校内外所在纷集，尤以厨房为甚，殊有碍于卫生。且臭味蒸腾，闻之亦易引染疠疫。为是不得已，敬请贵政府关照，从即日起免再运倾秽物，并令将已倾倒者用净土迅为掩盖，俾恢复该地之清洁，至所祷盼。谨呈

天津市政府。

河北省私立南开中学校校长张伯苓

廿四、八、九

（南开大学档案馆藏）

呈教育部

（1935年8月13日）

呈为呈送补助费收据事。窃属校奉到钧部廿四年发总私拾玖第一〇七一六号训令，内开："兹补发该校上年度一部分补助费银贰仟贰佰叁拾玖元零叁分，由中央银行汇给，仰于取款后，填具六月份印收呈部。此令。"等因。奉此，遵即填具印收联单壹份，随文呈上。伏乞赐收，实为公便。谨呈
教育部。

天津私立南开大学校长张伯苓
二十四年八月十三日

附：教育部令南开大学（1935年8月7日）
教育部训令　　廿四年发总私拾玖第一〇七一六号
令私立南开大学：

兹补发该校上年度一部分补助费银贰仟贰佰叁拾玖元零叁分，由中央银行汇给，仰于取款后，填具六月份印收呈部。

此令。

部长王世杰
中华民国廿四年八月七日
（南开大学档案馆藏）

呈教育部

（1935年8月13日）

呈为呈送补助费收据事。窃属校奉到钧部二十四年发总私拾玖第一〇七四五号训令，内开："兹发给该校本年七月份补助费贰仟九百叁拾七元八角三分，暨补发上年度短发数一部分陆百肆拾陆元柒角五分，共计叁千五百八十四元五

角八分，除由银行转汇外，仰于取款后，并填七月份印收呈部。此令。”等因。奉此，遵即填具印收联单壹份，随文呈上。伏乞赐收，实为公便。谨呈
教育部。

天津私立南开大学校长张伯苓
二十四年八月十三日
（南开大学档案馆藏）

附：教育部令南开大学（1935年8月7日）

教育部训令　　廿四年发总私拾玖第一〇七四五号

令私立南开大学：

兹发给该校本年七月份补助费贰仟九百叁拾七元八角三分，暨补发上年度短发数一部分陆百肆拾六元柒角五分，共计叁千五百八十四元五角八分，除由银行转汇外，仰于取款后，并填七月份印收呈部。

此令。

部长王世杰
中华民国廿四年八月七日
（南开大学档案馆藏）

致电张平群转张希陆

（1935年8月16日）

南京　行政院张平群参事转希陆：母寿系阳历敬（24日）日，速归。伯苓。
（南开大学档案馆藏）

致电驻平政务整理委员会秘书处

（1935年8月21日）

北平　驻平政务整理委员会秘书处鉴：皓（19日）电悉，届期出席。张伯

苓。

（南开大学档案馆藏）

致电雷法章

（1935年8月26日）

青岛　教育局雷局长勋鉴：韩校长[1]北平住址不详，询得即转。伯苓。

（南开大学档案馆藏）

附：雷法章致电张伯苓（1935年8月24日）

南开中学张校长钧鉴：女中韩校长养病西山，恳辞校务。前曾予以慰留，嗣据复称如医许可，亦可复任。随由局、校两方函催返青，但迄今仍未见复。近闻韩君已举行婚礼，至可欣贺。惟现在开学期迫，韩君既无明白表示，又无返青确期，校中极为渴念。拟烦我公就近转知，如果返青于个人及疗养方面有极端不便之外，此间当能谅解，不再免其所难。惟请早日决定电复，俾此间得以迅筹校务。专此奉恳，即乞赐办见示为感。雷法章叩。敬。

（南开大学档案馆藏）

致电王世杰

（1935年9月6日）

南京教育部王雪艇部长鉴：为小站校田事，鱼（6日）抵京，虞（7日）晨晋谒，特电奉闻。张伯苓。

（南开大学档案馆藏）

① 即韩博仁。

致诸位校董

（1935 年 9 月中旬）

○○先生赐鉴：

敬启者：兹定于月之廿九日（星期一）下午六时在南开学校校友楼便酌候叙，届时务请尊驾惠临为荷。专此拜订，顺颂

大安！

张伯苓拜启

（南开大学档案馆藏）

呈教育部

（1935 年 9 月 13 日）

案奉钧部廿四年发总私拾玖第一二二三五号训令，饬知发给属校本年八月份补助费二千九百三十七元八角三分，暨补发上年短发数一部分六百四十六元七角五分，共计三千五百八十四元五角八分。现该款业由中央银行汇到，遵即填具八月份印收，随呈奉上。伏乞赐收，实为公便。谨呈

教育部。

天津私立南开大学校长张伯苓

二十四年九月十三日

（南开大学档案馆藏）

附：教育部令南开大学（1935 年 9 月 6 日）

教育部训令　　廿四年发总私拾玖第一二二三五号

令私立南开大学：

兹发给该校本年八月份补助费二千九百三十七元八角三分，暨补发上年度短发数一部分六百四十六元七角五分，共计三千五百八十四元五角八分，除由

银行转汇外，仰于取款后，并填八月份印收呈部。

此令。

部长王世杰

中华民国廿四年九月六日

（南开大学档案馆藏）

致程克

（1935 年 9 月 25 日）

仲渔市长赐鉴：

久疏聆教，时切神驰。前政躬违和，深愧未得趋往问候。顷闻喜占勿药，已照常到府办公，欣慰无似。但气体复元，未可期之过遽。尚希加意节劳为祝。

兹敬恳者：敝南开中学校向因经费不足，仰蒙贵政府批准，每年拨洋壹万元作为补助，有案可稽。现在又届请领之期，校中需款甚迫。敢乞关照，即饬财政局查案如数拨发，以济眉急。专此。不胜待命之至。祇颂

勋安！

张伯苓谨上

廿四年九月廿五日

附 1：天津市政府复张伯苓（1935 年 11 月 6 日）

伯苓校长道席：

顷奉惠函，敬悉种切。南开中学部补助费已令饬财政局照案筹拨矣。知注特复。顺颂

台绥！

天津市政府

十一月六日

附 2：程克复张伯苓（1935 年 11 月 9 日）

伯苓校长台鉴：

顷奉惠书，敬聆种切。贵校中学部补助费先发五千元一节，已饬财政局照

拨，请即派员前往接洽。知注奉闻，专此，即颂
教安！

弟 程克 拜启
十一月九日
（南开大学档案馆藏）

呈教育部

（1935 年 9 月）

案奉钧部廿四年发高私拾玖第九九九四号训令，内开："该校曾经本部提示要点，令饬改进在案，查核此项视察员报告，该校对于前令提示各点，大致当能注意办理，其他方面较前亦有进步。惟物理系师资，尚须充实，设备费额，亦应设法增加。合行令仰遵照改进，此令。"等因。奉此，旋又奉到钧部廿四年发高私拾玖 26 第一一二六二号指令，内开："呈悉。理学院特种教席之聘请，应即拟送。核定各项设备详表，务须于开学后即行造送。仰即遵照，此令。"等因。奉此，属校对于物理系师资，早经尽力延聘。

前曾聘妥郑华炽于本年秋由法返国，业于二十三年十一月八日呈报在案。兹以郑华炽另有就谋，现又聘妥张绍忠担任物理教授，并兼物理系主任，朱福沂担任物理讲师，本年秋季开学前，即可到校。计连同业经任教之祁开智，共有三人。张绍忠之薪俸即由钧部拨发之特种教席补助费项下支给。至关物理设备费额，早拟设法增加，惟以年来经费不足，致未如愿。此后对设备费额自应设法增加，俾实内容。设备详表及新聘教授、讲师之履历表，遵即于开学后造齐，随同其他补助费用途详表一并呈请核夺，赐予备案，实为公便。谨呈
教育部。

天津私立南开大学校长张伯苓
二十四年九月
（南开大学档案馆藏）

附：教育部令南开大学（1935 年 9 月 10 日）
教育部指令　　廿四发高私拾玖 26 第一二四九四号
令私立南开大学：

呈一件——呈报物理系师资，请鉴核由。

呈悉。

此令。

部长王世杰

中华民国廿四年九月十日

（南开大学档案馆藏）

致电张锡祜

（1935 年 10 月 1 日）

杭州　航空学校张锡祜鉴：久未接来函，甚念，速电复。苓。

（南开大学档案馆藏）

从上海致电史学曾[①]

（1935 年 10 月 8 日）

天津　南开中学史学曾：齐（8 日）到，寓北四川路德邻公寓四三六号。苓。齐。

（南开大学档案馆藏）

① 史学曾，河北天津人，河北省立第一中学毕业，时任南开中学文牍课课员。

与王正廷致电王世杰[①]

（1935年10月14日）

我国参加世运会预算，今午承汪院长、孔副院长亲自审核，规定为十七万元，日内即将预算表邮寄贵部，请转呈政院。特电奉闻，即希照察为祷。

（《大公报》，1935年10月16日）

呈教育部

（1935年10月14日）

呈为呈报事。窃属校二十四年九月份补助费贰仟玖百叁拾柒元捌角叁分，暨补发上年度短发数一部分陆百肆拾陆元柒角伍分，共计叁千伍佰捌拾肆元伍角捌分，已由中央银行汇到，遵即填具九月份印收，随文呈奉钧部。伏乞查核赐收，实为公便。谨呈

教育部。

天津私立南开大学校长张伯苓

二十四年十月十四日

（南开大学档案馆藏）

附：教育部令南开大学（1935年10月9日）

教育部训令　　廿四年发总私拾玖第一四〇一〇号

令私立南开大学：

① 1935年10月14日，中华体育协进会主席董事王正廷与会长张伯苓乘行政院长汪精卫和副院长孔祥熙参加全运会之机，面见汪、孔，请其核定中国代表团参加第十一届奥运会之预算，并同时致电教育部长王世杰。

兹发给该校本年九月份补助费贰仟玖百叁拾柒元捌角叁分，暨补发上年度短发数一部分陆佰肆拾陆元柒角伍分，共计叁仟伍佰捌拾肆元伍角捌分，除由银行转汇外，仰于取款后，并填九月份印收呈部。

此令。

部长王世杰

中华民国廿四年十月九日

（南开大学档案馆藏）

从上海致电华午晴

（1935 年 10 月 18 日）

天津　南开中学华午晴君：苓改为养（22 日）乘机北返，辑皓（19 日）乘车北上。苓。

（南开大学档案馆藏）

从上海致电华午晴

（1935 年 10 月 19 日）

天津　南开中学华午晴君：最后决定乘沪平通车，哿（20 日）午后离沪。苓。

（南开大学档案馆藏）

呈教育部

（1935 年 10 月 26 日）

呈为呈报事。属校前于七月十九日奉到钧部二十四年发高总壹 12 第零九七

三八号训令，饬知二十四年度属校所余补助费项目数额，并限交到后一星期内将应行呈报核定各事项拟妥，呈请钧部核夺。旋以彼时适值暑假期间，各部分主要负责人员皆不在校，经于七月三十日呈请准予展期呈报，业蒙照准，各在案。兹奉前因，依照补助费支给办法，将属校二十四年度补助费，共计三万五千二百五十四元，按补助项目，分别拟妥预算书，编成附录三件，呈请核夺，俾便祇遵，实为公便。谨呈
教育部。

天津私立南开大学校长张伯苓
二十四年十月二十六日
（南开大学档案馆藏）

附：教育部令南开大学（1935年11月9日）

教育部指令　　廿四年发高私拾玖26第一五六一号

令私立南开大学：

廿四年十月廿六日呈一件——呈拟本年度补助各项用费详细预算书，请鉴核由。

呈件均悉。除所聘化学工程教席，应俟补报该员服务经历，再凭核办，暨所聘助理研究员不属规定补助范围，应不予补助外，余准如拟办理。

此令。

部长王世杰
中华民国廿四年十一月九日
（南开大学档案馆藏）

致电王恩东

（1935年10月30日）

南京太平路　金城银行王震孟鉴：偕彭春东（1日）晚抵京，请在中央[①]定房两间。苓。

（南开大学档案馆藏）

① 即中央饭店。

从南京致电南开学校

（1935年11月8日）

南开学校：苓、彭庚（8日）同返津。

（南开大学档案馆藏）

呈教育部

（1935年11月8日）

呈为呈送事。窃属校二十四年十月份补助费叁千伍佰捌拾肆元伍角捌分，业经由中央银行如数汇到，遵即填就〈第二、第三〉联收据壹份，随文奉上，伏乞赐收，实为公便。谨呈

教育部。

天津私立南开大学校长张伯苓

二十四年十一月八日

（南开大学档案馆藏）

附：教育部令南开大学（1935年11月4日）

教育部训令　　廿四年发总私拾玖第一五三五七号

令私立南开大学：

兹发给该校本年十月份补助费贰仟玖百叁拾柒元捌角叁分，暨补发上年度短发数一部分陆佰肆拾陆元柒角伍分，共计叁仟伍佰捌拾肆元伍角捌分，除由银行转汇外，仰于取款后，并填十月份印收呈部。

此令。

部长王世杰

中华民国廿四年十一月四日

（南开大学档案馆藏）

南开中学领1935年度补助费5000元领单

（1935年11月11日）

河北省私立南开中学校为印领事。今领到天津市财政局拨发本年度补助费银洋5000元整。

中华民国廿四年十一月十一日付讫。

校　长 张伯苓

领款人 周贵生

附1：南开中学致天津市财政局（1935年10月9日）

案查敝南开中学部向因经费不足，曾恳蒙市政府批准每年发给补助费一万元在案。现二十四年份又届请领之期，敝校因经费拮据，待用孔迫，特肃乞贵局费神予以查案，即日赐拨。实为公便。此致

天津市财政局。

附2：天津市政府训令（字第1528号）（1935年11月6日）

令财政局：

案准南开大学校校长张伯苓函。以本校中学部二十四年度补助费，请即予饬拨。等因。除函复外，合行令仰该局即便筹拨具报。

此令。

市长　程克

批：阅。11月7日。

批：余数尽发，先发5000元。11月11日。

附 3：天津市财政局发款凭单（1935 年 11 月 11 日）

天津市财政局发款凭单			
中华民国廿四年十一月十一日。此联由会庶股于发款后填送出纳股注帐。	右款业于十一月十一日照数发讫，兹将领款机构印据送请查照注帐。 局　　长　　盖章 科　　长　　盖章 会庶股长　　盖章	实发大洋 5000 元整	南开中学校二十四年度补助费

呈教育部

（1935 年 11 月 17 日）

呈为呈报二十四年七月至九月补助费支出结算，仰祈鉴核事。窃属校二十四年七、八、九三个月补助费支出结算，业经造成报告，缮清支出结算表一份，所有支款单据亦经贴存成册，一并呈送钧部。伏乞鉴察，以符政令。谨呈

教育部。

天津私立南开大学校长张伯苓

二十四年十一月七日

（南开大学档案馆藏）

致陈诵洛[1]

（1935年12月2日）

诵洛先生台鉴：

敬启者：敝校于民国十六年五月十三日租到贵政府经管八里台小圈地48亩5分、望海寺迤东地19亩8分1厘6毫6丝，两地承租均以十年为限。两地承租期限转瞬届满，又须重定手续。敝校承租之地原为建筑而租，租地如有年月限制，似觉不便，特此奉恳准予取销承租年限，以便建筑。除已函请贵政府鉴核准予照办外，并望惠予主持，以利教育。实为至感。专此。顺颂

政绥！

张伯苓拜启

附1：南开大学致天津县政府（字第793号）（1935年12月4日）

案查敝校于民国十六年五月十三日租到贵政府经管八里台小圈地48亩5分、望海寺迤东地19亩8分1厘6毫6丝，两地承租均以十年为限。该地承租期限转瞬届满，又须重订手续。查敝校承租之地，原为建筑而租，租地如有年月限制，似觉不便。特此恳请贵政府准予取消承租年限，以便建筑，而利教育。至纫公谊。此致

天津县政府。

天津私立南开大学

批：候提会公决后再行函复。12月7日。

批：案已提经第242次县政会议议决：由第三科科长接洽复奉。等语。记录在案。交第三科查照。12月5日。

① 陈诵洛（1897—1965），名中岳，字诵洛，又字颂洛、嵩若。浙江省绍兴市人，民国著名诗人。时任天津县长。

附 2：第三科致严伯符（1936 年 1 月 7 日）

敬启者，案奉天津县政府二十四年十二月二十日县政会议第 242 次议案内载：天津私立南开大学函请取销八里台小圈地及望海寺迤东地承租年限，以便建筑。等情。提请公决议决：由第三科科长接洽复夺。等因。当经敝科长托由台弟仁庚转达台端。惟迄未辱临。事关议案，相应□□□查照，移至敝科接洽一切，以凭呈复为盼。此致

严伯符先生。

科戳　启

批：阅。速！速！

附 3：南开大学致天津县政府（字第 805 号）（1936 年 1 月 11 日）

案查敝校前以民国十六年五月十三日租到贵政府经管之八里台小圈地 48 亩 5 分、望海寺迤东地 19 亩 8 分 1 厘 6 毫 6 丝，两地承租均以十年为限。该地承租期限转瞬届满，又须重订手续，殊于敝校扩充建筑，殊多不便。经于二十四年十二月四日以第 793 号公函恳请准予取销承租年限在案。旋由敝校建筑课课员严伯符代表敝校与贵政府第四科徐科长当面磋商，双方议妥结果。为稳定地基便利建筑起见，该两地承租满期后，再准敝校续租 30 年。至地租一节，敝校自请照原租增加百分之二十，并经双方预定，如敝校能按期交租，并无欠缴情事，则续租年满 30 年后并准敝校有优先续租之权。

查上述磋商办法，较为适当，用特专函奉恳贵政府俯赐批准，以便遵照办理。至纫公谊。此致

天津县政府。

附 4：第三科长徐兆光致天津县长（1936 年 1 月 11 日）

案查第 242 次县政会议记录内开：以天津私立南开大学函请取销八里台小圈地及望海寺迤东地承租年限，以便建筑。等情。提会公决案议决：由第三科科长接洽议复。等因。奉此，查该大学原承租地亩原案，既有年限，似未便遽改为永租。遵与该大学代表建筑课课员严仁绪接洽磋商，据称该大学租地原为建筑房间，若年限稍近，似与建筑不便。拟情愿稍加租价，延长年限，以期建筑、学款两有裨益。随经数度商议，拟将此两段承租之地均按原有每年租价增加二成，年限改为 30 年，由二十五年起至五十四年终止。如期满按年租款不欠，仍请准予续租，以维教育。等语。

可否之处，科长未敢擅专，理合具签。敬复鉴核，俯赐提会公决。谨呈县长陈。

第三科长 徐兆光

批：本案经提交第244次县政会议议决：照办。并呈报教育厅备案。等语。记录在案。交第三科查照。

附5：天津县政府发给南开大学承租八里台小圈地租据函（1936年1月21日）

天津县政府为发给租据事。案查本府经征管捐务股经管之学产，内有坐落八里台村南及庙前地，向由南开大学承租定有年限，兹准函开：以该地今届期满请续租并取销年限，俾利建筑。等因。当经派员接洽，提交第244次宪政会议议决：照办。并呈报教育所备案。等语。记录在卷。除呈报外，兹将议定条款列后。望包租人遵照办理。

以据计开：

第一条　小圈地二段计48亩5分坐落村南，又地19亩8分1厘2毫6丝坐落庙前。

第二条　承租时期均由民国二十五年起至五十四年终止，共计30年。如无欠缴租款事，应准期满续租。

第三条　租款每年共洋83元6角7分（内计小圈地48亩5分，原案全年租洋40元；又庙前地19亩8分1厘6毫6丝，原案每亩年租洋1元5角，合全年租洋29元7角2分5厘，均各增加百分之二十合算）。

第四条　交租时期，每年按月一次交清，不得拖欠。如违将地收回另行招租。

第五条　该地为建筑房间，在承租期限内所有每年租款仍应照数缴纳，不另增租。

第六条　本租据自发给之日发生效力。

右给承租人天津私立南开大学。

准此。

（天津市档案馆藏）

致电何应钦、宋哲元、商震

（1935年12月4日）

北平何部长、宋司令，保定商主席钧鉴：近有人假借名义，倡言自治，希图破坏国家统一，无知愚暗，至堪痛恨。旬日以来，宋司令、商主席艰苦支撑，保持治安，处境困难，为国人所共谅。今何部长奉命北来，负解决华北问题责任，同人等目睹时艰，碍难缄默，敢恳公等本主权统一、领土完整两原则，同心协力，挽国家于垂亡，同人等誓为后盾。天津中等以上学校教职员同叩。

（《国闻周报》第12卷第48期，1935年12月9日）

呈教育部

（1935年12月17日）

呈为呈送二十四年十一月份补助费收据事。窃属校前奉到钧部廿四年发总私拾玖第一六七六三号训令，内开："兹发给该校本年十一月份补助费贰仟玖佰叁拾柒元捌角叁分，暨补发上年度短发数一部分陆佰肆拾陆元柒角伍分，共计叁千伍佰捌拾肆元伍角捌分，除由银行转汇外，仰于取款后，并填十一月份印收呈部。此令。"等因。奉此，现该款已由中央银行如数汇到，遵即填具印收，随文呈上，伏乞赐收，实为公便。谨呈
教育部。

二十四年十二月十七日

（南开大学档案馆藏）

附：教育部令南开大学（1935年12月4日）

教育部训令　　廿四年发总私拾玖第一六七六三号

令私立南开大学：

兹发给该校本年十一月份补助费贰仟玖百叁拾柒元捌角叁分，暨补发上年度短发数一部分陆佰肆拾陆元柒角伍分，共计叁仟伍佰捌拾肆元伍角捌分，除由银行转汇外，仰于取款后，并填十一月份印收呈部。

此令。

部长王世杰
中华民国廿四年十二月四日
（南开大学档案馆藏）

呈教育部

（1935年12月26日）

呈为呈奉二十四年十二月份补助费收据报核，请赐收事。窃属校应领本年十二月份补助费国币叁千伍佰捌拾肆元伍角捌分，业经由中央银行如数领到，谨填就第二联收据、第三联报核各一份，随文呈奉钧部，伏乞鉴核赐收，以符政令！谨呈
教育部。

天津私立南开大学校长张伯苓
二十四年十二月二十六日
（南开大学档案馆藏）

附：教育部令南开大学（1935年12月21日）
教育部训令　　廿四年发总私拾玖第一七六五五号
令私立南开大学：

兹发给该校本年十二月份补助费贰仟玖百叁拾柒元捌角叁分，暨补发上年度短发数一部分陆佰肆拾陆元柒角伍分，共计叁仟伍佰捌拾肆元伍角捌分，除由银行转汇外，仰于取款后，并填十二月份印收呈部。

此令。

部长王世杰
中华民国廿四年十二月二十一日
（南开大学档案馆藏）

20世纪30年代的张伯苓

1929年，张伯苓出国考察归来

1929年9月，南开学校召开“欢迎校长张伯苓先生归国”大会

1929年双十节，张伯苓检阅全校学生

1930年，南开中学庆祝范孙楼落成

20世纪20年代，南开大学学生做团体操

1930年，南开小学学生正在上团体操课

1932年，赴山东调停韩复榘、刘珍年内战，与韩复榘合影

1934年秋，南开中学新礼堂落成

1934年，第十八届华北运动会南开代表队入场

20世纪30年代，范孙楼之一侧南开学校校友会外景

1934年，在第十八届华北运动会上，南开代表队取得团体第一名，这是全体运动员在南开中学花园的合影

1935年，张伯苓等与参加爱罗鼎国际足球比赛获胜的中华足球队队员合影

目　录

致南开同人

（1929年2月18日）

近来在哥伦比亚大学师范学院多次与克伯屈博士讨论教育问题，商定在南开小学从事设计教学法实验。不久，将参观林肯学校，考察其设备及组织。另外，克伯屈博士将于初秋赴远东，拟邀张伯苓同行，先往苏俄再经西伯利亚来华。

美国生活程度较其前两次到美国时，增加四五倍之多，一日三餐约需三美元，外加零用，月需二百数十美元，而此系最节省之预算也。

（《南开双周》第3卷第1期，1929年3月）

致南开学校

（1929年3月8日）

（衔略）苓抵纽约已两星期矣。因孟禄、顾林二君三月初方能来此，故苓之一切计画皆不能进行也。巴乐满[①]先生对于南开募捐事颇欲帮忙。惟巴君现为青年会筹款，无多余暇为苓画策也。胡大夫旧友 Dr. Hume 甚欲出力，伊思日内集三五好友讨论如何助予。其意甚诚，可感之至。Dr. Duggan（此人亦曾到中国）定于下星期三约请各基金团干事及名教授十余人开晚餐会，为予介绍，以便日后得彼等之援助也。强[虽]然募款一事，究竟无大希望，请转告同人暨学生，庶不致日后失望也。明晚为中国旧历除夕，适克伯屈先生及其夫人约予晚餐；予当就此机会与克先生讨论教育问题，并请伊介绍此邦名教授，苓愿与之讨论各项紧要问题也。苓来美后觉有许多问题，须与名人研究讨论。南开各地旧生

① 巴乐满（Fletcher Sims Brockman，1867—1944），美国人，1890年毕业于范登比尔特大学，后任基督教青年会北美协会学生干事，1898年来华，曾任“中华基督教青年会全国协会组合”第二任总干事。1915年被召回国，任基督教青年会北美协会副总干事。

多有来函致候者。惟因予行程未定，故不知能与伊等晤面否。王生鹏云欲于耶稣复活假期来纽约一谭也。（下略）[①]

（《南开双周》第3卷第1期，1929年3月8日）

校长吊严范孙先生电文

（1929年3月15日）

Nankai, Tientsin

Deeply grieved to hear the sad news. Accept sincere sympathy, please send delegation. Express our condolence, planning to erect memorial.

Chang Po-ling.

（《南开双周》第3卷第1期，1929年3月8日）

致电王正廷[②]

（1929年8月2日）

取销不平等条约事，苓等已努力宣传，各国教育界对我国极表同情。公为国勤苦，劳怨不畏，苓等在外，誓为后盾。

（1929年8月3日《申报》）

① 原文如此。

② 该电由张伯苓、刘湛恩由日内瓦发出。

致电凌冰

（1929 年 10 月 12 日）

P. LING
WAICHIAOPU
NANKING
PLEASE CONVEY MESSAGE TO CARTER SHOTWELL AND PARTY. VERY SORRY CAR ACCIDENT PREVENTED SEEING YOU OFF. TRUST YOU HAVE ENJOYED JOURNEY.
CHANG POLING.

（南开大学档案馆藏）

致电詹姆士·伍兹

（1929 年 10 月 14 日）

PROFESSOR JAMES WOODS
HOTEL WAGONLITS
PEIPING
NANKAI TWENTYFIFTH ANNIVERSARY OCTOBER SEVENTEEN MORNING NINE THIRTY. CAN YOU COME AND SPEAK ON OCCASION. WE WELCOME MOST HEARTILY HONOR OF YOUR PRESENCE. PLEASE WIRE REPLY.
CHANG POLING.

（南开大学档案馆藏）

致电乔治·布莱克斯·李

（1929年10月14日）

PROFESSOR GEORGE BLAKES LEE
HOTEL WAGONLITS
PEIPING
NANKAI TWENTYFIFTH ANNIVERSARY OCTOBER SEVENTEEN MORNING NINE THIRTY. CAN YOU COME AND SPEAK ON OCCASION. WE WELCOME MOST HEARTILY HONOR OF YOUR PRESENCE. PLEASE WIRE REPLY.
CHANG POLING.

（南开大学档案馆藏）

致电 E. C. 卡特并转凌冰

（1929年10月中旬）

E. C. Carter
CARE P. LING
WAICHIAOPU
NANKING
YOURS REPLY LIMITED BY QUOTA AND FINANCE CANNOT INVITE FENG SORRY.
CHANG POLING.

（南开大学档案馆藏）

致电斯莱德夫妇

（1929年10月31日）

MR. AND MRS SLADE
115 BROADWAY NEW YORK CITY
GREETING COUNTING ON YOUR ACTIVE SUPPORT OF NANKAI FINANCIAL APPEAL WHEN P. C. CHANG ARRIVES AMERICA DECEMBER WRITING CARTER.
CHANG POLING.

（南开大学档案馆藏）

附：斯莱德夫妇从纽约复电（1929年11月2日）
NLT CHANG POLING NANKAI UNIVERSITY TIENTSIN
REGRET FINANCIAL UPSET HERE WITH UNSETTLED CHINESE CONDITIONS MAKES APPEAL IMPOSSIBLE NOW, ADVISOR BROTHER POSTPONE SAILING CONSULT CARTER KYOTO.
SLADES.

（南开大学档案馆藏）

致电 E. C. 卡特

（1929年11月8日）

E. C. CARTER
INPAREL
HONOLULU
BROTHER SAILING JANUARY, WIRE DATE LATER.
CHANG POLING.

（南开大学档案馆藏）

从沈阳致电南开中学

（1929 年 11 月 13 日）

南开中学华午晴君：星期四午后到津。伯苓。

（南开大学档案馆藏）

致卜舫济

（1929 年 11 月 24 日）

Nov. 24th, 1929

Dr. F. L. Hawke Pott
St. John's University
My dear President Pott:

I have been away for nearly a month attending the third Biennial Conference of the institute of Pacific Relations. As soon as I got back from Japan I wrote to Dr. P. Ling of Ministry of Foreign Affairs, Nanking, asking him to be my representative at the fiftieth Anniversary of St. John's University, but I have not got any reply. He was appointed Chinese Minister to Cuba and probably he will sail for America sometime in December. If he could not be in Shanghai during the Anniversary I may ask another friend of mine to represent me.

With best regards.

Yours Sincerely,
Chang Poling

（上海市档案馆藏）

致电卜舫济

（1929 年 12 月 2 日）

DR POTT

ST. JOHN’S UNIVERSITY

SHANGHAI

ARRIVE SHANGHAI THEITEENTH PERSONALLY PRESENT CELEBRATION.

CHANG POLING.

（南开大学档案馆藏）

附：卜舫济复电张伯苓（1929 年 12 月上旬）

CHANG POLING, NANKAI UNIVERSITY, TIENTSIN.

Telegram received. Entertainment Arranged, glad to have you say few words.

Pott.

（上海市档案馆藏）

致电 TINGSHUCHING

（1929 年 12 月 3 日）

SHANGHAI YWCA TINGSHUCHING

PROBABLY ARRIVING THIRTEENTH ST. JOHN’S CELEBRATION.

CHANG POLING.

（南开大学档案馆藏）

致电格林

（1930 年 1 月 18 日）

Mr. GREENE
PEIKING UNION MEDICAL COLLEGE, PEIPING
HAD A VERY BAD COLD, NOW KEPT IN BED, A LATER DATE WILL SUITE ME.
CHANG POLING.

（南开大学档案馆藏）

致电格林

（1930 年 1 月 19 日）

Mr. GREENE
PEIKING UNION MEDICAL COLLEGE, PEIPING
FEELING BETTER TODAY, PLEASE CALL MEETING THURSDAY.
CHANG POLING.

（南开大学档案馆藏）

致电李石曾

（1930 年 1 月 28 日）

北平中法大学李石曾先生鉴：南下过津时请临敝校参观，日期预示。伯苓。

（南开大学档案馆藏）

致电郑西谷等

（1930 年 1 月 31 日）

上海 上海中学郑西谷
金神父路三百〇八号陈彬龢
妇女青年会夏秀兰
青年协会郝伯阳[①]鉴：苓乘榊丸来沪，约五号到。伯苓。

（南开大学档案馆藏）

致电南开学校

（1930 年 2 月 13 日）

南开学校：体健，募款利，转告家。苓。

（南开大学档案馆藏）

致胡适

（1930 年 2 月 13 日）

适之先生伟鉴：

日前开第二次委员会议时，未蒙出席赐教，甚以为憾。兹由会中议决：中国社会概况拟请国内专家分别撰文，以资研究。但关于美术方面，苦无名人担任。想先生知友中不乏此项专家，尚望代为物色一位，鼎力鼓吹，并祈将附上

---

① 郝伯阳（1888—1987），1915 年从美国春田体育学院毕业归国。曾任中华全国体育协进会总干事、中华基督教青年会总干事。

之函转达前途，以竟全功。屡渎清神，还乞谅之。专此奉恳。顺颂
箸安！

研究委员会主席张伯苓
书记夏牛惠珍
二月十三日
（耿云志编：《胡适遗稿及秘藏书信》第34册，黄山书社1994年版）

致胡适

（1930年2月14日）

适之先生惠鉴：

中国女青年会自创立以来已有二十余年之历史，际兹新旧交替、社会激变之秋，不得不审量过去活动之事工，研究现在中国之概况，以为将来改进之张本。然其中最重要之问题，厥为中国之现状若何？社会之急需为何？女青年会应尽之贡献又为何？敝委员会有鉴于斯，拟敦请国内著名专家分别撰述论文，以资研究。久仰先生对于中国的宗教背景素有心得，为此，特烦先生撰文一篇，长约四千字至六千字，中英合壁[璧]，尤所欢迎。如用中文，请用白话体裁。事关妇女前途，还望俯允弗却，并盼早日赐覆为祷。专此奉达。顺颂
春祺！

研究委员会主席张伯苓
书记夏牛惠珍
二月十四日
（《胡适遗稿及秘藏书信》第34册）

致电南开学校

（1930年2月17日）

南开学校：忱乘顺天回。

（南开大学档案馆藏）

致电伉乃如

（1930年2月22日）

南开学校伉：事顺利，敬（24日）北上，济南停。苓。

（南开大学档案馆藏）

附：伉乃如致宋连城电（1930年2月28日上午9时50分）

济南胶济路工务段宋连城：伯师何日返津，身体安否，请电覆。伉。

（南开大学档案馆藏）

致吴蔼庄、郑通和电

（1930年2月28日午后4时）

南京行政院吴蔼庄女士、上海上海中学郑校长鉴：俭（28日）平安抵津，请转告同学。苓。

（南开大学档案馆藏）

致电谭仲逵[①]

（1930年2月28日午后4时）

杭州农学院谭院长鉴：俭（28日）平安抵津。苓。

（南开大学档案馆藏）

---

① 谭熙鸿（1891—1956），号仲逵，江苏吴县人。早年加入同盟会，参加辛亥革命。后赴法国专攻生物及农业科学。五四后回国，任北京大学教授。后创办浙大农学院劳农学院。

致电蒋梦麟[1]

（1930年3月1日早）

南京教育部蒋部长钧鉴：俭（28日）平安抵津，校款蒙维持，感谢之至，请速进行为祷。伯苓。

（南开大学档案馆藏）

致电李石曾

（1930年3月1日早）

上海福开森路三九三李石曾先生钧鉴：俭（28日）平安抵津，校款蒙维持，感谢之至，请促进行为祷。伯苓。

（南开大学档案馆藏）

致教育部

（1930年3月3日）

敬覆者：接奉钧部第五号聘任书并会议规程，均敬领悉。承示于四月十五日至二十二日由钧部在首都召集全国教育会议，委苓为该会会员。以苓自问，殊渐[惭]滥竽。但既仰荷宠命，自当敬谨遵照，届时趋会不误。专肃奉覆，即希察览是幸。此上

① 蒋梦麟（1886—1964），原名梦熊，字兆贤，别号孟邻。浙江余姚人。美国哥伦比亚大学教育学博士。曾任《新教育》主编、北京大学校长、西南联大常委、浙江大学校长、国民政府大学院院长、教育部部长、行政院秘书长等职。

教育部。

张伯苓拜启

十九年三月三日

（南开大学档案馆藏）

致蒋梦麟

（1930 年 3 月 3 日）

南京教育部

梦麟先生赐鉴：

日前在京承雅意招待，心铭无似。关于校款之维持得大力帮忙，有无穷希望。高义尤为可感。谢谢！全国教育会议委苓为会员之聘任书已收到，不揣谫陋，谨已裁覆承认，届时当趋领教益不误也。祇颂

勋安！

张伯苓拜启

十九年三月三日

（南开大学档案馆藏）

致韩寅阶[①]

（1930 年 3 月 3 日）

辽宁大北关铁岭道廿三号

寅阶贤弟大鉴：

两接来函，仆彼时去沪，尚在未归，故未即时答复。现在返校，始悉令侄求学恳挚，对于将来随众升班，抱极大殷望。爱商之教务课，准予特别通融，

① 韩寅阶，名麟生（1898—？），字寅阶，辽宁沈阳人。早年曾在南开中学肄业。后毕业于英国爱丁堡大学商科。1926 年任奉天商埠局总办。后历任东三省官银号会办，吉长、北宁、吉敦铁路局局长等职。

择期为补试以前所欠考之功课。除嘱令侄遵照赶为预备外，合据情函复以闻，即希查照是幸。顺颂
时绥！

张伯苓拜启
十九年三月三日
（南开大学档案馆藏）

致周君梅

（1930年3月5日）

杭州武林门外省立杭州缫丝厂

君梅先生赐鉴：

在杭蒙招待，至今犹感。谢谢！兹随函寄上《中学一览》《大学一览》各二本，概况及校景明信片各八分，除奉赠台端各一分外，余请费神相宜分配，转赠诚志社诸社员，并请代致谢意。至以为荷。祗颂
台绥！

张伯苓拜启
十九年三月五日

附件另寄。

（南开大学档案馆藏）

致刘锴[1]先生、太太

（1930年3月6日）

南京保泰街十一号

① 刘锴（1906—1991），别号亦锴，广东中山人。英国牛津大学硕士。时任国民政府立法院外交委员会秘书。

敬启者：在京蒙招待，至今犹感。谢谢！兹随函寄上概况及明信片各五分，敬请查照，惠存是幸。顺请
近安！

张伯苓拜启
十九年三月六日
（南开大学档案馆藏）

致王子文

（1930年3月8日）

辽宁矿务局

子文先生惠鉴：

敬启者：现有卢君南生，湖北沔阳人，现年卅八岁，系敝校前校董卢木斋先生公子，曾毕业于日本东京高等工业学校电气机械科。顷拟向辽宁省觅一服务机会，藉资历练。因念贵局正在需才，敬请关照，相宜一为安置。卢君技术既精，作事亦能耐劳，历充各方电灯公司总协理兼工程师职任，均有相当成绩。用是代为推毂，即乞俯赐录用，不胜待命翘企之至。祗颂
大安！

内附履历一份。

张伯苓拜上
十九年三月八日
（南开大学档案馆藏）

致章瑞亭①

（1930年3月10日）

本市法花园对过

瑞亭先生大鉴：

敬启者：明日中午十二钟半在大华饭店恭请台驾惠临，面商关于敝校进行之事，并约定颜骏人、孙子文、卞叔[俶]成诸公陪同一叙。届时务乞早赐光降为荷。祇颂

日祺！

张伯苓拜订

十九年三月十日

（南开大学档案馆藏）

致鲍霆九②

（1930年3月10日）

霆九先生赐鉴：

敬启者：敝校年来逐渐扩充，房、地各方面均感不敷应用。现在添建房舍，已有人分认捐资。如改筑宽大礼堂，及创建科学馆与小学校舍等项工程，在在胥得有着落。可见关于积善流芳之举，实人人所乐为。敝校自力棉薄，得此协助，殊属万分庆幸。不过目下学生孔多，练习运动场所苦于无法增益。窃查先生所置敝校附近地亩一段尚在空闲，拟恳慨予捐归敝校，以济急需，俾便促进

① 章瑞亭（廷）（1878—1944），天津巨商。1930年接办北洋纱厂，曾为南开中学建瑞廷礼堂。

② 鲍霆九，名贵卿（1866—1934），字廷九、霆九，辽宁海城人。天津北洋武备学堂工程科毕业。时任天津仁义地产公司公司董事长。其间，他把天津南开中学附近价值18万元的土地，以半捐半卖形式，只收5万元让给南开中学。

体育。先生素热心公益，又属敝校学东，对此等请求，当不斥为冒昧也。伫候惠施，不胜翘企祝祷之至。祗颂
钧安！

张伯苓拜上
十九年三月十日
（南开大学档案馆藏）

致北平特别市教育局

（1930年3月10日）

敬覆者：顷接贵局第八二号公函，领悉一是。学生黄庭谷等九名证件均收到。查该九名证件委系皆由敝大学、男中、女中各部所发，有敝校长、教务课图章为凭，故不另盖校章。向有致函来询者，均径作覆声明，兹对今是学校事同一律，合亟据覆以闻。即祈查照，费神代转知悉。黄庭谷等九名证件仍附还，一并转致存查为荷。此致
北平特别市教育局。

附还证明书九件，学生名单一纸。

南中校长张伯苓
十九年三月十日
（南开大学档案馆藏）

致周敬甫

（1930年3月11日）

北平宣内宗帽头条六号

敬甫先生赐鉴：

敬启者：接奉大函，祗领一是。承示查荒情形，并代敝校指示购买机会，费神非常，感谢！清恙近况如何？关念之至。苓下星期赴平，当往探望，藉一

切也。覆颂
痊安！

弟张伯苓谨上
十九年三月十一日
（南开大学档案馆藏）

致中西女学青年会德育部

（1930年3月11日）

本市

敬覆者：接奉来函，嘱于本月十四日往贵会演讲，极应如命。不过是日下午四时为男青年董事会开会之期，苓已允出席，恐届时分身不得，尚祈原谅是幸。此覆

中西女学校青年会德育部。

张伯苓启
十九年三月十一日
（南开大学档案馆藏）

致黄勖志

（1930年3月11日）

广东江门勖新初师附设小学

勖志女士大鉴：

接来函，欣悉一是。仆去岁归国后，校务忙碌，未能致函问候为歉！我校男中部、小学部本年均有新建筑（男中建筑为校友楼、礼堂、体育馆，小学建筑为本部之校舍），一月后即将动工。日来四部情形颇佳，前途甚光明，差堪告慰。女士热心办学，成绩甚好，母校之光也。承示欲继续求学，志愿极堪嘉尚。如能北来在母校各部见习，当欢迎，学宿费不收也。此复，惟荃照是幸。顺询

文绥！

张伯苓拜启

十九年三月十一日

（南开大学档案馆藏）

致章瑞亭

（1930年3月12日）

瑞亭先生赐鉴：

日前大华一聚，聆教甚快。向议进行各件不日即将着手，一切情形极感热心关切。兹附上已收到之一五千元支票、一二万五千元期票惠款收据各一纸，并前拟定之办法抄单及会议记录一份，希检入存查为荷。祗颂

钧安！

张伯苓拜上

十九年三月十二日

附：收据二纸，清单、记录各一份。

（南开大学档案馆藏）

致戴季陶、何应钦、张静江、朱家骅

（1930年3月12日）

杭州全国运动大会筹备处

季陶、敬之、静江、家骅诸位先生赐鉴：

接奉来函，祗悉一是。中国种族疲苶已久，欲图补救，非对体育加倍提倡不为功。本届在杭举行全国运动大会，得诸公热心筹备提倡，振起颓风，允宜定立锦标，藉矜铮佼。苓谨备银杯一只，届时随同天津特别市赴会代表携上，附于诸大奖品之末，本不足资鼓励，不过略以达意云尔。覆颂

公绥！

张伯苓谨启
十九年三月十二日
（南开大学档案馆藏）

致《会计》月刊社

（1930 年 3 月 13 日）

上海新闻路九十八号

敬覆者：接奉来函，诵悉一切。会计教育在今日最称重要。诸先生热心提倡，钦佩之至。谨题月刊数字，藉表景崇。惟查鉴是幸。此上
《会计》月刊社诸先生。

张伯苓拜启
十九年三月十三日

附题笺一纸：
经国裕民
张伯苓敬题

（南开大学档案馆藏）

致张汉卿

（1930 年 3 月 13 日）

东北边防军司令长官
汉卿先生钧鉴：

接奉谕函，祗悉一是。惠拨四千元，早由边行汇到，感甚，谢谢！苓赴南京，昨始归来，裁答嵇[稽]迟，乞多原谅。前蒙慨允惠捐念万元，分十年拨给，敝校业已按年列入预算。前年第一期已领讫二万元。去岁第二期先蒙赐发四千元，其未竟之数甚盼续拨，以资接济。在校师生对我公盛惠莫不欢欣鼓舞。将来敝校前途得有发展，皆拜我公之赐也。雨露恩多，源源沾润，无任祝祷翘企

之至。覆叩

伟安！

附：补收条一纸。

张伯苓谨上

十九年三月十三日

（南开大学档案馆藏）

致汪平仲

（1930 年 3 月 13 日）

南京城内三山街十号

平仲贤弟大鉴：

来函具悉。致辽宁张长官函仆如嘱签字、盖章、加封，连同尊致彭厅长信一并付邮寄发矣。吾弟志意高远，留学深造，前途亦何有限量。预贺，预贺！覆颂

时绥！

令尊大人及俊人先生前同此致候！不另。

张伯苓拜启

十九年三月十三日

（南开大学档案馆藏）

致张汉卿

（1930 年 3 月 13 日）

信由建设厅彭志云转呈

汉卿先生勋鉴：

敬恳者：敝大学毕业生汪丰，成绩极优，曾在社会服务三载，经验甚富。拟求深造赴美，专攻市政。惟因学费缺乏，难如所愿。兹托彭厅长志云代为奉

商，务祈格外推情，予以补助。异日此生学成，必当力图报称也。余由志云厅长详达。专此奉恳。敬颂
勋绥！

张伯苓谨启
十九年三月〈十三〉日
（南开大学档案馆藏）

致高任旃[①]

（1930年3月14日）

北宁铁路管理局

任旃局长大鉴：

敬启者：现有学生华俊明[②]，先在敝校高中部毕业，嗣复毕业于大学商科。毕业后，历在利济公司及无线电器公司等处充任，关于会计一切事务均有相当成绩。现因其对交通方面极感兴趣，故拟转投路界一资历练。久仰先生提拔后进最具热心，敢祈推爱，相宜予以录用。该生之父为敝校多年有功人员，而该生操行纯谨，作事耐劳，又为苓所深识，故不惮负责，一为推毂。倘蒙成全，不独该生一人已也。专肃，不胜祷盼。祗请
钧安！

张伯苓拜上
十九年三月十四日
（南开大学档案馆藏）

① 高任旃，名纪毅（1890—1964），字任旃，号仁斋、隐斋，奉天辽阳人。1906—1918年先后毕业于奉天陆军速成学堂、陆军测绘学堂与北京交通大学。时兼任北宁铁路局局长。

② 华俊明（1900—？），字尊民，天津人。1921年南开中学毕业，1925年南开大学毕业。

致高任旃

（1930 年 3 月 14 日）

任旃局长赐鉴：

前得一亲光霁，藉伸景仰，并获畅聆麈诲，至今犹为神驰。兹敬有恳者：敝校年来经济方面极感困难，去冬开滦矿局允助烟煤五百吨，只以运费无着，事隔多日尚在唐厂存留。现不得已，拟恳费神派车代运，以资接济。运费即请折作捐款。先生青视敝校，倍极热诚，较对其它公益机关帮忙自必更为殷切。用是肃函上渎，伫候俯准。如请施行，不胜祷盼。祇颂

勋安！

张伯苓谨上

十九年三月十四日

（南开大学档案馆藏）

致雷明远[①]

（1930 年 3 月 14 日）

明远先生大鉴：

敬启者：现有学生赵松鹤，河南方城人，现年二十四岁，民国十五年六月曾在敝校中学部毕业，十九年夏又将毕业于大学部物理系。该生家境贫寒，本无力供给读书，苓因其勤恳好学，志意高远，故数年以来皆由鄙人借与学宿等费，并为介绍课外工作，始得有所成就。今该生犹自以为学有未逮，乃欲得先生完全经济资助，赴比国留学，更图深造。先生来华最久，对奖掖中国新青年

---

① 雷明远（Vincent Lebbe，1877—1940），亦译雷鸣远，字振声，法名味增爵，本籍比利时。天主教遣使会神父，1901 年来华，1912 年移铎天津，1915 年创办《益世报》，1927 年加入中国籍。1940 年 6 月病逝于重庆。

不遗余力，为该生素所钦仰，特浼代为介绍，务乞推爱，准如该生所请，俾得成其志愿，则感激正不特该生一人已也。祇颂
铎安！

张伯苓拜上
十九年三月十四日
（南开大学档案馆藏）

致天津基督教女青年会

（1930 年 3 月 15 日）

敬覆者：接奉来函，得悉三月廿五日为贵会第十七周年之期，预于廿四日下午七钟半在维斯理堂举行周年纪念。届时如无要事，定当趋往参与盛会也。此致
天津基督教女青年会。

张伯苓启
十九年三月十五日
（南开大学档案馆藏）

致苏象乾[①]

（1930 年 3 月 19 日）

北平国民政府财政部河北财政特派员公署
象乾先生赐鉴：

敬启者：敝校经费多承关照维持，感曷可言。惟每月二十五日为敝校发薪之期，由来已久，倘蒙将应拨款项均按照二十五日以前赐发，俾得不误应用，则铭谢又宁有既耶！专肃，不胜祷盼。祇颂

① 苏象乾，名体仁，字象乾。抗战前曾任绥远省财政厅长。

勋安！

张伯苓谨上

十九年三月十九日

（南开大学档案馆藏）

致中西女校青年会德育部

（1930 年 3 月 20 日）

敬覆者：来函奉悉。此次复蒙宠召，极应趋赴。无如本星期五下午适有预定事件牵绊，仍难如时前往。迭方尊命，抱歉万分。尚祈格外原谅是幸。此致中西女校青年会德育部。

张伯苓启

十九年三月廿日

（南开大学档案馆藏）

致陈雪暄[①]主席

（1930 年 3 月 21 日）

山东省政府

雪暄先生赐鉴：

敬启者：前在济辱承招待，至今犹感。兹据中华全国体育协进会寄来呈文一件，嘱为代转，特附函奉上，乞检入。事关全国光荣，幸祈俯查情形，予以协助。至所切盼。祇叩

勋安！

① 陈雪暄，名调元（1886—1943），字雪暄，直隶安新人。陆军速成学堂毕业。1913 年任冯国璋部参赞，南下参与镇压“二次革命”。后历任徐海镇守使、安徽省省长、皖军总司令、安徽省督办、国民革命军军长等。1932 年调任南京军事参议院参议长。

张伯苓谨上
十九年三月廿一日

附呈文一件。

（南开大学档案馆藏）

致臧主席[①]

（1930年3月21日）

辽宁省

臧主席钧鉴：

敬启者：现有中华全国体育协进会呈文一件，嘱为代转，特附函奉上，请检入。事关全国光荣，幸祈俯查情形，予以协助。至所切盼。祗颂
勋安！

张伯苓谨上
十九年三月廿一日

附呈文一件。

（南开大学档案馆藏）

致蒋梦麟

（1930年3月24日）

梦麟部长赐鉴：

谕函敬悉。已蒙特派戴应观科长来津视察，欣感之至。惟目下尚未见到，想一二日定当莅止。届时自应敬谨接待，并详为报告一切。至视察后，覆报到部时，尚乞多多关照，逾格予以惠助，并为速赐核准施行，无任祷盼。再，四月十日苓搭奉天轮赴沪，再由沪转京，所有诸承费心之处，容当面为申谢也。

① 臧主席，即臧式毅（1884—1956），字奉久，辽宁奉天（今沈阳）人。时任辽宁省政府主席。

祇叩
勋安！

张伯苓谨上
十九年三月廿四日
（南开大学档案馆藏）

函请发给塘沽、唐山旅行减价购票执照致北宁铁路管理局（南字第102号）

（1930年3月24日）

敬启者：敝校旅行团师生三十八人，第一组二十六人拟于四月六日由天津附早车往塘沽，四月七日回津。第二组十二人，亦于四月六日由天津附早车往塘沽，四月七日由塘沽赴唐山，四月九日早由唐山赴开平，晚仍回唐山，十日由唐山附车返津。以上两组均请贵局援照优待章程发给往返减价执照，饬送到校，以便届期持以购票，是为至荷。此致
北宁铁路管理局。

南中校长张伯苓
十九年三月廿四日
（南开大学档案馆藏）

致王乃宽[1]

（1930年3月25日）

浙江诸暨县牌头镇

乃宽贤弟大鉴：

① 王乃宽（1901—？），浙江诸暨人。1926年南开大学矿科毕业，后赴美留学。

接来函，具悉一切。仆与浙公路局人员无甚相熟者，势难代吾弟为力。兹缮函一件，为介绍于张翼后先生，到时即持以前往，或不无关照也。仆为参与全国教育会议，拟定四月十日附奉天轮由津启程赴沪，再由沪转京。届时亦须到浙一行，倘遇可谋机缘，再当力为雅荐也。先此布复，顺颂
时绥！

张伯苓手泐
十九年三月廿五日

附函一件。

（南开大学档案馆藏）

致张翼后

（1930 年 3 月 25 日）

翼后先生赐鉴：

敬启者：现有敝校前矿科毕业学生王君乃宽自美留学归来，极愿谋一事作，藉以行其所学。先生提挈后进，素称热心。敢乞推爱，设法一为安置。兹特介绍前往晋谒，到时惟进而教之。至以为荷。祗颂
钧安！

张伯苓拜上
十九年三月廿五日
（南开大学档案馆藏）

致凌济东

（1930 年 3 月 25 日）

Delegation de China, Havana, Cuba

济东贤弟大鉴：

接手书，欣悉二月一日已安抵住所，路经各地备受侨胞欢迎，而尤以抵古时在彼方之华侨欢迎为弥踊跃。可见侨胞之心，固无一日不以母国为念，并能推爱于母国所使之人，是最足令人心慰者。吾弟之对彼等，定能不负初心。犹

记弟临行时同大众有“不怕错、不畏难、多作事”等语，又曰：“否则将负中国、负全体人民、负南开师长、同学，而最终则负自身”云云。是吾弟在未到古前已有决心作一个忠实、廉洁之外交官。此后即本此作去，非特为中国光荣，而实于吾南开同人大有辉耀。今来函谓，当竭力为华侨谋保障。闻言之下，不胜为该地侨胞财产庆，为南开荣誉庆，更不胜为吾弟于将来外交史上卓著勋名庆！

遥遥数万里外，临颖无任神驰。我校改岁以来一切均托庇平顺。本年有四项建筑：一校友楼，一中学大礼堂，一体育馆，一小学校舍，不久便均动工。赖群策群力，需费皆集有成数，知注附以告慰。遇有风便，尚望不时以佳况示我为盼。顺颂

勋祺！

张伯苓拜启

十九年三月廿五日

（南开大学档案馆藏）

致郝更生

（1930年3月26日）

辽宁东北大学

更生先生大鉴：

来函谨奉悉。刘冬轩校长既允将垫款于台端临行前交给，甚好。敝处之款则拟由苓自带，往交伯阳君，免再转沈一番周折。缘苓四月十日由津附奉天轮启程赴沪，再由沪转京参与全国教育会议，便适凑巧。不过参观运动大会则分身不得，临时或弗克如愿。兹附上致刘校长一函，证明借款情形，并请其赞同即作为捐助，希费神代转为荷。顺颂

台安！

张伯苓敬上

十九年三月廿六日

附呈文一件。

（南开大学档案馆藏）

致刘冬轩[①]

（1930 年 3 月 26 日）

冬轩先生赐鉴：

敬启者：此次参加全国运动〈会〉，闻辽省选手已经出发前往，甚以为慰。前华北会在平开执委会议，曾议决将华北所欠上海协会款项一千二百九十七元八角一分暂由贵校与敝校各借垫六百五十元，就此次赴全国运动〈会〉之便，带还前途，以资清理。尊款拟请掷交郝更生先生代转，而敝款则由苓赴全国教育会议之便携往交付。如此办法，谨以奉闻。再，我华北会年来关于经费方面极感竭蹶，兹之挪款还债，委出于势不得已。苓不揣冒昧，敬与先生商酌，将此番我两校垫款即作为捐助。想贵处正在提倡体育，当蒙赞同。区区之意，仰惟察鉴。临颖无任神驰。祗颂

钧安！

张伯苓拜上

十九年三月廿六日

（南开大学档案馆藏）

致郝伯阳

（1930 年 3 月 26 日）

上海法租界劳神父路中华全国体育协进会

伯阳先生大鉴：

敬启者：前委代转之致鲁主席陈、辽长官张二函，早经遵照加函附往，计已早达前途。兹接来示，并余日章先生所接关于本会操场事之正式复函抄稿一

① 刘风竹（1889—1981），字冬轩，吉林德惠人。1921 年获美国密歇根大学法学博士。归国后，历任吉林省立法政专门学校校长、教育部专门司司长、东北大学副校长等职。

纸，均悉一一。该地请其继续襄助，容苓四月初间有便到平当与接洽也。此次全国运动大会，苓以事牵，至期不克出席。但四月中，全国教育会议必须前往与会，现已定附奉天轮于四月十日由津启程赴沪，再由沪转京。届时当可便图一晤耳。此颂
台安！

张伯苓拜上
十九年三月[廿六]日
（南开大学档案馆藏）

致电杭州全国运动会

（1930年3月26日）

杭州全国运动会：因事不克赴会，歉甚。张伯苓。

（南开大学档案馆藏）

致戴应观

（1930年3月28日）

北平西长安街华北饭店

应观先生赐鉴：

敬启者：顷奉来函，敬悉旌从抵平将即转津，于本月卅一日莅敝校参观赐教，并有杨、朱、张、冯、陈诸先生偕同光降，敝校均极端欢迎。惟钧驾等准于几时到津，并寓何所，尚未得有确息，幸快函见示，俾便派员招待。至以为盼。祇颂
公绥！

张伯苓谨上
十九年三月廿八日
（南开大学档案馆藏）

致崔文征市长

（1930 年 3 月 28 日）

文征市长赐鉴：

敬启者：许久未聆训诲，驰神之至。日前肃上一械，想蒙察悉矣。此次之赧颜呼吁，委出于情不得已。盖今日欲图救国，非发展教育不可。而私立教育机关如敝校，徒恃社会热心者为扶持，终苦力有不逮，故不能不仰助于公家。先生自荣任以来，对敝校提挈不遗余力，非常感谢！而此后之维持命脉，接济困穷，亦惟仍于先生是赖。幸乞准如所请，鸿施立沛，不胜待命翘祷之至。祇叩

勋安！

张伯苓谨上

十九年三月廿八日

（南开大学档案馆藏）

致傅宜生司令

（1930 年 3 月 28 日）

宜生先生赐鉴：

敬启者：津埠自钧麾荣任以来，敝校即仰荷青睐，特别予以提挈，叨惠良多。迩者又复辱蒙为作增益维持经费计划，将以稻田移助，尤见热心爱护，有加无已，益令感谢莫可名言。前谈恳崔市长拨款补助一节早函上请，惟迄今多日尚无覆音，可否由先生便中代一吹嘘。出自逾格关注，专肃，无任拜祷。祇颂

勋安！

张伯苓谨上

十九年三月廿八日

（南开大学档案馆藏）

致陈问聃[①]

（1930年3月29日）

浙江诸暨县枫桥汇昌号转辽宁东北大学

问聃先生赐鉴：

敬启者：我校理科向蒙热心襄助，至今犹感。前烦邱先生致函，申请先生暑后回校，想蒙鉴及。日前评议会开会，决定于本年暑假后添设电气工程学科。该科一切计划向既仰承筹画于先，自不能不有赖指导于后。兹谨再函申请，务乞爱照，本诲人不倦之素愿，于暑假后惠然再行莅校，并希允诺，预为示复，俾便预备欢迎。不胜祷盼。祗颂

教安！

张伯苓谨启

十九年三月廿九日

（南开大学档案馆藏）

呈请颁发建范孙楼及小〈学〉部校舍与围墙等免费执照致天津特别市工务局（中字一一七号）

（1930年3月30日）

敬启者：敝校现就校内操场地基起建范孙纪念楼，并折[拆]附近围墙角门等另行改筑。又，在南开清泰里南空地创建小学校舍，楼房与围墙、平房等均择定四月四日开始动工，谨照章恳乞颁发执照。事关教育工程，并请准予免收照费，是为至荷。此致

天津特别市工务局。

① 陈礼，字问聃，浙江诸暨人，曾留学美国，20世纪20年代曾任教于南开大学。

南中校长〇〇〇
十九年三月卅日
（南开大学档案馆藏）

致电郑西谷转上海南开校友会

（1930年3月30日晚8时）

上海　上海中学郑西谷转校友会：十日奉天赴沪，春宴不及出席。苓。

（南开大学档案馆藏）

附：上海南开校友会来电（1930年3月）

南开大学张校长：沪校友会四月十三日春宴及全会，请来赐教。候复。

（南开大学档案馆藏）

致晏阳初

（1930年3月31日）

定县、北平中华平民教育促进会

阳初先生惠鉴：

敬启者：现有敝小学部教育实验导师、美国人阮芝仪[1]女士偕同主任钱伯超女士于四月七日赴平，随赴定县参观贵会所办关于平民教育一切事宜。特代介绍，到时幸祈赐以招待，至以为荷。祗颂

台安！

张伯苓拜启
十九年三月卅一日
（南开大学档案馆藏）

---

① 阮芝仪（Ran Kin），美国人，美国哥伦比亚大学博士，20世纪二三十年代曾任南开学校小学部教育实验导师。

致北宁铁路管理局

（1930 年 3 月下旬）

敬启者：敝校师生等二百四十五人拟乘春假余暇，于四月六日由津起程，赴北平旅行，至十二日言旋。恳乞贵局照章发给旅行来往双程减让半价购票执照，即日饬送到校，以便届期持以购买车票不致有误，是为至荷。此致

北宁铁路管理局。

南中校长张伯苓

十九年

（南开大学档案馆藏）

复河北省教育厅

（1930 年 3 月）

敬覆者：顷奉贵厅第三六九号训令，催将敝校十七年度教育统计表赶填报部，等因，奉此。查敝校是项统计表自去岁由部颁到格式后，即将十七年度所有教育状况，连同南开女中部分别逐一填讫，于十一月十一日一并备文径寄呈部。兹奉令催，合亟据覆以闻，即乞查鉴为荷。此上

河北省教育厅。

天津私立南开中学校长张〇〇

十九年

（南开大学档案馆藏）

致张松龄[1]

（1930年4月1日）

沈阳商埠地三经路南口中国无线电业公司张志青

松龄贤弟大鉴：

前来校晤叙，甚快。兹接手书，诵悉一一。未审目下已得有机遇否，至以为念。所嘱代向张长官介绍一节，极愿照办。不过日来仆向伊处恳托之事已有多起，若再益此，深恐不便。想吾弟自必能格外见谅也。东北方面如另有他人可托，请告知，或能设法，自当代为一谋。此覆，诸惟爱照，不宣。顺颂
时祉！

张伯苓拜启

十九年四月一日

（南开大学档案馆藏）

致天津特别市工务局

（1930年4月1日）

敬启者：敝校后门外大坑为各地沟秽水所归，储积秽水甚多，每春解冻时辄发恶臭，最易酿生疠疫。敝校首当其冲，极为危险。恳请贵局速饬该处机房用大小抽水机赶将臭水抽出，俾一日一干，免致聚多蒸气四散。为城厢内外防疫于未然，则感惠正不独敝校也。幸俯予即赐如请施行，不胜祷盼。此致
天津特别市工务局。

十九年四月一日

（南开大学档案馆藏）

---

① 张松龄（1903—1985），天津人，1922年南开中学毕业，1926年南开大学毕业，后赴美国福特汽车公司实习，1929年回国。

致王维宙

（1930 年 4 月 4 日）

维宙先生赐鉴：

敬启者：睽违光霁，倏曷岁时。愧麈教之不闻，益驰神而靡已。比维鼎祺懋集，勋望日隆，至以为颂。

苓自去岁由欧美归来后，如恒栗鹿，乏善足述。而对经济方面尤感青黄不接之苦。向者蒙汉卿长官面允，惠捐廿万元为助，分十年拨给。敝校已经按年列入预算，现除已将十七年份领到二万、十八年份领到四千外，下余甚望源源接济，以苏涸辙。乃昨经函请，多日尚无覆音，殊深焦灼。因念先生素爱敝校，敢乞从中一为吹嘘。

令郎锡钧日来学业益见进步，堪以告慰。兹值其春假归省之便，肃烦代候起居，并致恳求之意。倘蒙鼎力说项，速沛甘霖，则感惠又宁有涯涘。云天引领，无任祷切。祇叩

崇安！

张〇〇谨上

十九年四月四日

（南开大学档案馆藏）

致电全国体育协进会

（1930 年 4 月 4 日午 6 时）

上海全国体育协进会：十日奉天轮赴沪，董事会不及出席。伯苓。

（南开大学档案馆藏）

附：全国体育协进会致电张伯苓（1930 年 4 月 4 日 14 时）

南开大学张伯苓：十三日远东会筹备董事会议事重要，请出席。全国体育

协进会。

（南开大学档案馆藏）

致陈巨熙

（1930年4月5日）

天津招商局

巨熙先生大鉴：

接奉来函，承示海光寺大钟于民国十年经台端提议，由英工部局收回，并为捐资铸牌送庙，俾资保存。似此热心爱护公物，殊堪钦尚。今因海光寺住持还俗，无人管理。敝校见该钟废置可惜，乃有移校应用，并代保存之议。现在此项办法均经向市府及本村接洽妥协，惟县方面由市府知照，一时尚未曾派人会同移交。兹先生亦赞成收归敝校，感谢之至。敝校为筑钟亭，刻正向北平物色玻璃、砖瓦等材料，用昭珍重而壮观瞻。至将来钟与铜牌一律到校，亭已落成，举行开幕礼，尚当奉迓光临。几时能于公余之暇来敝校参观赐教，尤极欢迎。此覆，敬颂

台安！

张伯苓拜启

十九年四月五日

（南开大学档案馆藏）

致电蒋梦麟

（1930年4月5日）

南京教育部蒋部长钧鉴：全教会议准期举行否？请电覆。伯苓。

（南开大学档案馆藏）

附：教育部致电张伯苓（1930年4月7日12时30分）

南开大学张校长鉴：电悉。全教会议准于十五日开幕。教育部，阳。

（南开大学档案馆藏）

致电蒋梦麟

（1930年4月7日早11时）

南京教育部蒋部长钧鉴：因校务不克出席全教会议，甚歉，请鉴谅。伯苓。

（南开大学档案馆藏）

附：教育部复电（1930年4月9日17时50分）

南开大学张校长鉴：电悉执事不克出席全教会议，甚怅。勉如尊旨，特要。教育部。青。

（南开大学档案馆藏）

致电全国体育协进会

（1930年4月7日早11时）

上海，十日不能行，缓期赴沪。张伯苓。

（南开大学档案馆藏）

附：伉乃如致电上海中学郑通和（1930年4月7日早11时）

上海上海中学郑校长：伯师暂不赴沪，请函告吴家瑞并沪诸校友。伉。

（南开大学档案馆藏）

致电谭仲逵

（1930年4月7日早11时）

杭州农学院谭仲逵：因校务不能赴会，请转向梦麟道歉，容函详。苓。

（南开大学档案馆藏）

呈教育部

（1930年4月12日）

呈为请领留学证书事。窃敝校民国十二年毕业生黄肇年[①]及本年毕业生崔书琴[②]，均拟自费赴美留学以求深造，并非工作，所需费用业经由各该家长筹齐，理合照章附上新半身像片各二张，证书费各二元，印花税各一元，毕业证书一纸，证明书一纸，保证书各一纸，请求颁发留学证书。

惟黄生早已毕业，领有毕业证书，而崔生毕业须在本年六月，目下尚未有此，特发证明书一纸，请赐亮察。并祈准即将留学证书一并俯予掷下，是为至盼。谨呈

教育部。

张伯苓

十九年四月十二日

附：留学证书费各二元，像片各二张，印花税各一元，保证书各一纸，毕业证书一纸，证明书一纸。

（南开大学档案馆藏）

---

① 黄肇年（1900—？），广东高要人，1919年南开中学毕业，1923年南开大学毕业。后任南开大学教员，1930年7月赴美留学。

② 崔书琴（1905—？），字舜抚，河北故城人。1926年南开中学毕业，1930年南开大学毕业。

复电卡特

（1930年4月12日）

LCD
INQUIRY NEW YORK
NO MONEY, NO WRITTEN PLEDGE FROM MACY.
CHANG POLING.

（南开大学档案馆藏）

附：卡特来电（1930年4月11日）
Chang Poling
Call Whithes Evesett[①] Macy has sent you any money or put his pledge in writing.
Carter.

（南开大学档案馆藏）

致谭仲逵

（1930年4月15日）

仲逵先生赐鉴：

本月十五日全国教育会议，苓方幸借此机会前往，可与先生作长时间之握叙，乃为事绊，一时竟不克分身，殊深怅惘。迩来因学校有种种需要，非月得两万元不足维持现状。曾经分向教部蒋部长及俄款委会李石曾先生有所请求，结果仅蒙李先生覆允月拨万元（原函抄稿附后）。而所差之一万尚在无著。蒋部长虽亦允为帮忙，但仍未有指定，刻正致函吹嘘（函稿附后）。总之，欲凑足所请之数，或蒙蒋部长另予设法，抑或庚委会尚有增益之可能。苓不得亲往接洽，

① 原文如此。

敬请先生全权代表南开，相宜分头一与商榷办理，总期得有完全补助，是为至盼。

本月初有教部戴科长应观偕专家五人来视察，苓曾陪同周阅南开各部，颇为详尽，想此时报告已经到部，未审得如何批评？

四小儿锡祜赴全国运动会，嘱代向贤夫妇候安，想已赐以接见矣。舍下一切均托庇平顺。三小儿锡祚病已大愈，现移八里台大学静养，精神日佳。知注特以告慰。祇颂

时祺！

伯母大人及淑君嫂夫人前均此叩候，不另。

张伯苓谨启

十九年四月十五日

附函稿二件。

（南开大学档案馆藏）

致蒋梦麟

（1930年4月15日）

南京教育部

梦麟先生赐鉴：

敬启者：全国教育会议前阅津报有载改期五月五日之说，嗣经电询，得复仍如原期开会，极思趋往一参末议。不过现在校内四项工程除范孙楼及小学校舍已经开工外，而中学礼堂及体育馆之估工本周内亦即开标，苓须在校与为定夺。

再，去岁苓在美未归时，有几位教员因薪水关系离校。本年五月一日为发下年聘书之期，苓对于教授去留与增薪等问题须与各位先生单独谈话，小心从事决定，未便脱身外出。兼之目下时局纷扰，金融甚紧，校款动摇，急待周转，苓应在校负维持之责。有此三因牵绊，不克赴会，殊为抱歉。尚祈格外谅之。

本月初间，戴科长应观偕专家五人来视察，由苓陪同周阅大学及男、女两中学、小学各部极为详尽，想此时诸君已有报告。苓甚盼多得指教，以改善欠缺之点，藉报先生热心爱护之盛意。

前请月拨助费两万元，蒙允设法，感甚！但此项助款以弥历年积欠，济眼

前亏空，并为添科需用，仍多不敷。不过得此接济，可容缓时间，再徐图别项办法。

现拟添设之医预科及电气工程科均经计划已定，电科系与本津比国电车电灯公司商妥，利用其机器厂作为实验，并请其工程师随时到校讲授。缘苓曾为该公司董事，故可得此协助。所望每月助款早得一定指项，苓即可放手作去。前与石曾先生商请俄款，仅仅蒙准月拨一万。下差之一万，势不能不仰赖先生赶为设法。苓约须在五月中旬始可匀身他出，在此时间所有关于南开一切，苓不能到，业恳定谭仲逵先生为全权代表，就近与各方接洽。仰祈查鉴为荷。祇颂

勋安！

附李石曾先生覆函一件。

张伯苓

十九年四月十五日

（南开大学档案馆藏）

致电张彭春

（1930 年 4 月 15 日）

PC CHANG

FORSEC

NEW YORK CITY

APPROACH INFORMATION PHYSICS COLUMBIA LIMUYAO OR CALIFORNIA TECHNOLOGY CHAOCHUNYAO FIND ZOOLOGY.

CHANG POLING.

（南开大学档案馆藏）

致刘德晔

（1930年4月16日）

辽宁讲武堂

德晔贤弟大鉴：

接来函，备悉一一。委代推荐之事，极应照办。不过仆历年在张长官处请求之件甚多，而关于代介绍者尤不一而足，殊嫌烦渎，将不复能发生效力。仆为避免取厌计，故不敢再轻事笺托。所有未能如命之处，想吾弟高明，当必原谅于格外也。此复，顺颂

时绥！

张伯苓拜启

十九年四月十六日

（南开大学档案馆藏）

致王维宙

（1930年4月17日）

辽宁商埠地三经路二纬路

维宙先生赐鉴：

捧读覆谕，并令郎面述情形，均敬领悉。苓年来为教育奔走呼吁，仰赖群策群力处居多，此番受流言破坏，诚不知由何而起。总望先生从中以大力为解释斡旋，俾不致源源润泽遽尔中梗，是为至盼。苓现以校款竭蹶，设法维持现状，又值有已经开工之新建筑须待查视，故暂不克远出。五六月间如能脱身，或可赴东一行。先此肃布，不胜悬祷翘企之至。祇叩

钧安！

张伯苓

十九年四月十七日

（南开大学档案馆藏）

为呈送印鉴请分别存转由呈教育部

（1930 年 4 月 17 日）

为呈送印鉴事。窃敝校接奉钧部第二三三号训令，敬已领悉，现谨遵照将印鉴二十六份如数备齐，合亟备文送呈查鉴，即乞检入，另别存转为荷。谨呈教育部。

附印鉴二十六份。

中华民国十九年四月十七日

（南开大学档案馆藏）

致邓澄波[①]

（1930 年 4 月 18 日）

天津市教育局

澄波先生赐鉴：

敬启者：敝校成立迄将卅载，一切办理情形当为先生所深悉。年来鉴于非发达教育不足以言救国，故从事扩充不敢稍遗余力。不过规模日益展拓，而筹款日益艰难。目下负债已有卅余万元之多，而年亏又十余万元。长以此往，深惧弗能支持。是以苓中外奔走，遍呼将伯，期以挽救于万一。前曾请求市长帮忙，闻已交贵局核议，现事隔多日，企盼良殷。

先生爱敝校最深，幸祈俯赐核准。出自关照逾格，明知贵局对地方各私立中小学校补助已颇不少，但我津为一极大市区，能更设法提倡大学教育，尤属贵局之光荣。如现在款不充足，暂不能补助大学，而敝男中学部年来经费支绌，亏欠甚多，亦请援照补助私立中学例，多多予以帮忙，并乞速惠施行。不胜待

① 邓庆澜（1880—1960），字澄波，天津人。日本东京弘文书院师范科毕业。时任天津特别市教育局长。

命翘祷之至。祗颂
勋安！

张伯苓谨上
十九年四月十八日
（南开大学档案馆藏）

致曾克熙

（1930 年 4 月 18 日）

福州私立福建协和大学

克熙先生赐鉴：

正切怀思，奉来函，非常欣慰。承示欲入中央研究院，其所谓好学不倦者，钦佩之至。委代向杨杏佛主任推荐一节，理应照办。不过苓与之并非素识，忽有笺托，迹近唐突，似有未便。但伊几时来询，自当珍重，一代说项也。此覆，祗颂
时绥！

张伯苓拜上
十九年四月十八日
（南开大学档案馆藏）

致李石曾

（1930 年 4 月 21 日）

石曾先生赐鉴：

月前接奉贵计划庚委会第四六号公函，承示已将敝校所请由俄款月拨二万元补助一节，业经提议议决，尽先月拨俄款万元。至将来如何能足敝校原请之数，并示以尚须与教、财两部及他庚委会详为接洽云云。似此热心帮忙，实属莫名感谢。敝校明知庚款用途太庚[广]，故不敢过有请求，而区区二万元之数

本自不多，务请先生特别关照，从中多予主持，无论由何款以足其数，并乞速赐拨付，以济眉急。

敝校现有募集捐款兴办之新建筑两项：一范孙楼，即中学科学馆，一小学校舍，均已开工，非常忙碌，以故苓对此次全国教育会议致不获分身前往。所有与各方应行接洽之事，业托谭仲逵先生以全权代表南开敝校办理。先生有何赐教，即可就近与谭公商榷。专肃奉布，祇叩

勛安！

张伯苓

十九年四月廿一日

（南开大学档案馆藏）

致谭仲逵

（1930年4月21日）

南京教育部全国教育会议大会转

仲逵先生赐鉴：

昨上一椷，想已仰蒙接悉矣。又，寄奉李石曾先生一函，请其速将议准之助款拨下，以济应用，并设法以足原请之数。特另纸录稿附呈查览。所有一切仰荷费神之处统容晤谢。不尽。祇颂

钧安！

附稿一件。

张〇〇

十九年四月廿一日

（南开大学档案馆藏）

致工商部工商访问局

（1930年4月21日）

上海汉口路江海关四楼

敬复者：接奉大函，祗悉一切。近年来直、鲁居民移往东省日益发达，关于此项移民统计，刻正由敝校社会经济研究委员会主任何廉督同该会人员从事实地调查，一俟得有结果，当即寄请指教。兹先附上计划刊本一分，到乞查入为荷。此致

工商部工商访问局。

张伯苓

十九年四月廿一日

（南开大学档案馆藏）

致吴达诠

（1930年4月22日）

达诠先生赐鉴：

接奉手谕，欣悉敝荐之沈君恩元业蒙觅有机会，感谢之至。兹肃函交沈君持上，应如何推爱录用之处，即请面示祗遵，至以为荷。顺颂

钧安！

○○○谨启

中华民国十九年四月廿二日

（南开大学档案馆藏）

致崔市长文征

（1930 年 4 月 24 日）

文征市长先生赐鉴：

日昨晤教，甚快。关于敝校方面，仰承热心爱护，有加无已，非常感谢！敝校年来鉴于〈非〉发达教育不足以言救国，故从事扩充不敢稍遗余力。不过规模日益展拓，而筹款亦日益艰难，以故中外奔走，不惮遍呼将伯。前曾请求先生帮忙，闻已交教育局核议，苓企盼极为殷切，迄今事隔多日，未审教局议覆如何。如现在款不充足，暂不能补助大学，而敝男中学部年来经费支绌，亏欠甚多，有待救济较其他私立学校尤为非常急迫。务请先生一视同仁，迅饬教育局援照补助私立中学成例，多多予以协助，并乞速惠施行。不胜待命翘祷之至。

再，敝校男中学现设高级十六班，初级廿四班，合并陈明。祇颂

勋安！

张伯苓谨上

十九年四月廿四日

（南开大学档案馆藏）

致邓澄波

（1930 年 4 月 24 日）

澄波先生赐鉴：

顷奉惠覆，敬悉对敝大学部蒙于无可补助中核拟作为一次补助，非常感激！不过日前苓晤市长，曾经谈及市款不甚充足，暂难补助大学，而苓已面请市长将大学除外，对敝男中学部请必援照市府补助私立中学成例，充分予以帮忙，蒙承面允。苓并于今日午前再函市长，请迅赐援例施行，想不久此项公事即将交付贵局。到时务乞多多关照，速予查例办理，至以为荷。至敝大学方面之困

难，亦非一次补助所能救济，苓当别自设法。所有此次仰蒙费心之处，谨铭五内不尽矣。祇颂
勋绥！

张伯苓谨上
十九年四月廿四日
（南开大学档案馆藏）

致崔文征

（1930 年 4 月 24 日）

文征市长先生赐鉴：

敬启者：今日午前肃上一椷，想蒙察悉。苓既请先生为敝男中学部援例补助，苓自当为敝大学部别谋补助办法。顷者，接教育局邓局长来函，示以将于例外为敝大学筹一次补助费，殊为可感。但苓感敝大学困难既非一次补助所能救济，亦惟有暂将大学除外，请对敝男中学部多为援手。除函复邓局长，请查照补助其他私立中学成例办理外，合再恳乞钧座迅饬教育局，俾核准如例速惠施行，实为德便。祇叩
勋安！

张伯苓
十九年四月廿四日
（南开大学档案馆藏）

致李良庆（敬庵）

（1930 年 4 月 25 日）

敬庵贤弟大鉴：

接来函，欣悉学业日进，生活及求学两方面具得维持，为慰无量。半年成绩竟以得奖，则吾弟勤学获效如此，可谓老天不负苦心人。充任助教以来，增

添历练不少，心地中较前必更饶有兴趣，羡慕之至。深盼从此益加奋勉，将来造就卓越惊人，可以预卜。吾南开精神亦可藉以标耀于海外，不胜于吾弟企望深之。我校四部一切均托庇顺平，范孙楼及小学校舍皆已开工，而中学新礼堂与体育馆亦正在招标，办理估工事宜。向各方进行募款亦颇有望有圆满结果。知注特以告慰。

迩来事务增多，劳神殊甚。好在顽躯粗健，尚不觉为苦也。吾弟教学兼顾，日来必亦忙碌异常，起居务望多加珍摄。临颖不尽神驰。顺询

学安！

张伯苓拜启

十九年四月廿五日

（南开大学档案馆藏）

致张周新

（1930年4月25日）

英租界海大道西北实业公司

周新先生台鉴：

接奉来函，并令岳母吴太夫人行略，均谨领悉。现遵嘱撰就诔词一段，另纸附上。文笔拙涩，本不足以光泉壤，不过聊以报命而已。幸祈查纳为荷。祇颂

大安！

张伯苓敬上

十九年四月廿五日

附诔词于后。

（南开大学档案馆藏）

致大连青年会

（1930年4月25日）

敬复者：接奉来函，承示本年七月一日为贵会十周纪念之期。感韶华之易逝，缔造之艰难，拟将已往历史、今后计划付诸剞劂，嘱苓加以笔墨。现遵拟就五律一首呈正。知不足以彰美迹，亦不过聊以报命而已。顺颂
公绥！

张伯苓
十九年四月廿五日

诗稿附后。

（南开大学档案馆藏）

致苏象乾

（1930年4月26日）

北平

象乾先生赐鉴：

敬启者：敝校三月份经届请领之期，静候拨发确音，以便前往取用。幸乞费神，即予函示为盼。祗颂
钧安！

张伯苓谨上
十九年四月廿六日
（南开大学档案馆藏）

致电东京小坂

（1930年4月26日）

KOZAKI
KYOBASHI CHURCH
TOKYO
AGREEING WITH YOUR PROPOSAL.
CHANG POLING.

（南开大学档案馆藏）

致李思远、李志远

（1930年4月28日）

特别一区第六屠兽场前爱德里廿五号

思远、志远二位先生鉴：

顷诵来函，得悉尊况现在艰窘，不胜代为扼腕者久之。理应竭尽棉薄，一往救济。不过鄙亦寒士，入款无多，囊中苦无余钱。学校方面经济竭蹶已久，对于贤昆仲尤属爱莫能助。有方尊命，尚祈格外谅之。此复，即颂

台安！

张伯苓拜启

十九年四月廿八日

（南开大学档案馆藏）

呈教育部

（1930 年 4 月 28 日）

为呈请事。窃民国十七年度报告，敝校早经遵照颁发格式填写完毕，寄呈钧部鉴核，现在十八年度报告又届应行缮造之期，所需格纸理合呈请钧部即日颁发，以便遵照填写，是为至盼。谨呈
教育部。

南大校长张〇〇
十九年四月廿八日
（南开大学档案馆藏）

复电张彭春

（1930 年 4 月 28 日）

PC CHANG FAIRMONT SAN FRANCISCO
CONGRATULATING APPOINTMENT OF VISITING PROFESSOR. SISTER IN LAW NOT WILLING TO GO AMERICA, WIRE WHEN NEED MONEY. CHANG POLIN[①].

（南开大学档案馆藏）

附：张彭春致电张伯苓（1930 年 4 月 25 日）

CHANG POLING, NANKAI SCHOOL, TIENTSIN
Send recent budget macy contribution settled university. Chicago inviting visiting professor winter quarter beginning January, arrange wife and Hsinyyueh arrive coast before middle July. Sending six hundred gold ask sister supervise house reply,

① 原文如此，张伯苓多封电报均如此署名，他人致张伯苓之电报亦有写作“PoLin”者。

Fairmont frisco.

Pengchun.

致陈筱庄

（1930 年 4 月 29 日）

筱庄先生钧鉴：

敬启者：舍亲马树声系已故马君千里[①]之族弟，自高小毕业后，为家境所迫，即出而服务社会，为人极忠实，作事亦勤谨。年来经营商业，因市面萧条，未能顾全生计，浼苓代为设法。苓念先生素以救济困穷为职志，敢乞推爱，一为位置。工厂内不乏机缘，倘蒙即予赐以录用，则栽培盛德，同感不朽矣。专肃，不胜祷盼。祗颂

勋安！

张伯苓谨上

十九年四月廿九日

附履历一件。

（南开大学档案馆藏）

复李屋身[②]

（1930 年 4 月 29 日）

唐山交通大学土木工程学院

屋身先生赐鉴：

---

① 马千里（1885—1930），名仁声，以字行，天津人。南开中学、北洋大学毕业。早年加入同盟会。曾在南开中学、南开大学、直隶女子学校任职。并曾任国民党天津党务指导委员会委员、南开校友总会主席等。

② 李屋身（1889—1985），字孟博，浙江余姚人。先后留学日本、美国，时任交通大学唐山工程学院院长。后任中国工程学会会长。

来函敬悉。五月十五日贵院开廿五周年纪念会，苓极愿前往观礼，一申庆祝。不过适值法国友人马克烈教授由法来华，是日抵津。苓前在巴黎，多蒙此君照拂，今其前来，苓拟约伊寓八里台敝校，藉尽地主之谊，届时恐不能分身赴唐。有负宠召，尚祈格外谅之。此覆，祗颂

台安！

张○○谨启

十九年四月廿九日

（南开大学档案馆藏）

致程厅长[①]

（1930年4月29日）

安徽教育厅

敬启者：敝校皖籍学生张振翥、赵荣鑫二名，历年蒙贵省款补助，在敝校求学，该生等非常感激！原拟毕业后即行回籍听受贵厅派遣职务，藉报成全盛德于万一。现距本年毕业期（本年六月毕业）已自不远，合亟预奉以闻，幸祈关照。届时悉予赐以录用，至所感荷。顺颂

钧安！

张伯苓

十九年四月　日

（南开大学档案馆藏）

致郑西谷

（1930年4月30日）

上海中学

① 程厅长，即程天放（1899—1967），原名学愉，江西新建人。1919年毕业于复旦大学，后赴美国、加拿大留学，获政治学博士学位。时任安徽省教育厅长。

西谷贤弟大鉴：

别久甚念。此次全教会议，因事牵绊未获前往，藉与吾弟一图握叙，甚以为歉。兹者有贵省籍学生张振翥一名，本年六月即在我校毕业。伊甚盼毕业后便有就事机会，恳请吾弟预设法一为安置。至托，至托。顺颂

时绥！

张伯苓拜启

十九年四月卅日

（南开大学档案馆藏）

致冈本武三

（1930年4月30日）

敬启者：日益和暖，诸俱胜常，是所忭颂。兹为请求文化事业部捐赠仪器标本事，敬致该部函一件，即祈费神代为转呈，实所翘盼。诸蒙劳神之处，殊深欣谢！专肃，敬颂

总领事冈本武三先生大安！

张伯苓

十九年四月卅日

（南开大学档案馆藏）

致坪上贞二

（1930年4月30日）

〈日本〉文化事业部

敬复者：接奉贵国驻津总领事来函，敬悉贵部以上年预算用途已大体决定，未能多额补助，则敝校所请惟有缓议。现敝校范孙楼（即科学馆）业已动工多日，约于本年九月底可以落成。因规模稍大，应添仪器殊多。贵部新颁预算编制时，务恳鼎力赞助，特予通融，准捐赠由贵国购入仪器标本等费四万元。无

任拜祷之至！再，承贵国总领事转达，本年预算余数三千余金拟先行捐赠，实深感荷！兹奉上拟购之仪器单一纸，请查照是幸。其他关于物理、化学、生物等仪器单，现正在预备中，总数约四万元。一俟备好，即当奉寄。此上
文化事业部部长坪上贞二先生。

张伯苓拜启
十九年四月卅日
（南开大学档案馆藏）

致苏象乾

（1930年5月2日）

北平河北财政特派员公署

象乾先生赐鉴：

敬启者：接奉贵署第一九零一号公函，谨已领悉。每月尊拨之敝校经费六千五百元，既承晋冀察绥财政整理处督办核示，准照通案按七成发给敝校，即应遵照，曷可再事渎请。不过此项月款系属敝校基金公债应得之利息，与其他款项不同。年来校用支绌，即有此完全月入，尚不免向各方作将伯之呼，实不堪再为减少。先生爱敝校最深，无论如何，务请设法对此款为维持原数，则感惠非浅矣。专肃，不胜祷盼。祇叩
勋安！

张伯苓谨上
十九年五月二日
（南开大学档案馆藏）

致阎百川

（1930年5月2日）

百川先生钧鉴：

敬启者：顷接北平财政特派员公署函称："径启者，按月应在长芦盐税项下拨付贵校经费六千五百元一款，应否仍旧照拨，曾由本署电请晋冀察绥财政整理处督办阎核示在案，兹奉复称应照通案，按七成发给等因，自应遵照办理，相应函达查照。此致，南开大学。"等语。敝校奉此，理应敬即遵照，按七成承领应用，曷可再函渎请。不过此项月入之经费系属敝校基金公债应得之利息，按月从盐税照数拨发，由来已久，与其他款项不同。年来校用支绌，尚不免向各方面时作将伯之呼。可见，即有完全月入，犹苦难以敷用，实不堪再为减少。为是，不得已，恳乞我公特别关照。无论如何，对此区区之六千五百元，务予维持原数，则感德非浅矣。专肃，不胜企盼。祇颂
伟安！

张〇〇谨上
十九年五月二日
（南开大学档案馆藏）

致刘湛恩[1]

（1930年5月2日）

上海沪江大学

湛恩先生赐鉴：

敬启者：顷接在美哥伦比亚大学研究教育之许桂英（Jennie Hsu）女士来函，烦为转知台端，将前伊所寄来之调查问题表若干份，请分发贵校学生，填写毕，即予寄还。合亟代据以闻，幸祈查照为荷。祇颂
台绥！

张伯苓拜上
十九年五月二日
（南开大学档案馆藏）

① 刘湛恩（1895—1938），湖北阳新人。1918年赴美留学，获博士学位。1922年回国，时任上海沪江大学校长。

致程天放

（1930 年 5 月 2 日）

安徽教育厅

天放厅长先生赐鉴：

敬启者：现有皖籍学生张振翥，在敝校经济学系肄业。赵荣鑫，在敝校政治学系肄业。二人成绩甚佳，品行亦皆良好，诚当今青年中不可多得之才。顷距本年六月毕业期不远，谨此预代推荐，请先生一律赐以录用。再，该二生历年承贵省款补助，学成归效亦属理所宜然。幸祈准予始终栽培，至以为托。祗颂

勋安！

张〇〇谨上

十九年五月二日

（南开大学档案馆藏）

致教育人员保险筹备委员会

（1930 年 5 月 3 日）

上海静安寺路卅四号华安合群保寿股份有限公司

敬启者：顷承寄来子女读书保寿样本一册，嘱为题字，谨遵照。另纸题“垂裕后昆”四字附上，即希查入为荷。此致

教育人员保险筹备委员会。

张伯苓启

十九年五月三日

（南开大学档案馆藏）

致焦鹤龄[1]

（1930 年 5 月 6 日）

北宁路唐山站车务处

鹤龄贤弟大鉴：

开滦矿局捐助我校烟煤五百吨，日前由唐运津，已经竣事。蒙费神拨车帮助，非常感激，谢谢！顺颂
时祉，惟爱照不宣。

张伯苓
十九年五月六日
（南开大学档案馆藏）

致苏象乾

（1930 年 5 月 7 日）

象乾先生赐鉴：

敬启者：日前肃上一械，想蒙察悉。关于敝校每月六千五百元经费如数拨付事，得先生从中为力，日来定有佳音。顷阅报章载称，我公已向教育界宣布，谓教育经费，总部已允维持原案云云。似此则敝校之款自应仰蒙一视同仁。况敝校此项月入又纯属基金公债利息，与其他学款出自公家补助者，尤迥不相同。无论如何，务请特别维持原数，速予照发。不胜翘企祝祷之至。祇颂
勋安！

张伯苓谨上
中华民国十九年五月七日
（南开大学档案馆藏）

---

① 焦鹤龄（1902—？），天津人。1920 年南开中学毕业。

致电郝伯阳

（1930年5月9日）

上海　郝伯阳：函电悉，十一日乘奉天轮赴沪。伯苓。

（南开大学档案馆藏）

附：郝伯阳致电张伯苓（1930年5月8日）

南开大学张伯苓会长：请速来沪领队赴日，祈俯允，盼电复。协进会。阳。庚。

（南开大学档案馆藏）

致电谭仲逵

（1930年5月9日）

杭州农学院谭院长：真日（11日）乘奉天轮赴沪，转轮赴日，特此奉闻。伯苓。

（南开大学档案馆藏）

致电郑西谷

（1930年5月9日）

上海　上海中学郑西谷：十一日乘奉天轮赴沪。伯苓。

（南开大学档案馆藏）

致电阎锡山

（1930年5月9日）

太原阎总司令钧鉴：顷接平财政函称，奉令将长芦盐税项下拨付敝校经费六千五百元按七成发给等语。查此项经费系敝校基金公债应得利息，按月由盐款拨发，年来校用支绌万分，倘再减少，弥感困难。我公维护教育，夙所钦佩，务乞令饬该员维持原数，不胜感祷之至。南开大学校长张伯苓叩。佳。

（南开大学档案馆藏）

附：阎锡山致电张伯苓（1930年5月12日）

南开大学校张校长公鉴：佳电诵悉，已电苏特派员照旧拨发矣。特电复。阎锡山。文。印。

（南开大学档案馆藏）

致郑仿侨

（1930年5月10日）

仿侨先生道鉴：

接奉手书，承示六月廿八日至七月九日为山东中学区基督教学生在青岛举行夏令会之期。嘱苓前往与会，极愿遵照。不过校务牵绊，届时恐不克分身，容后遇机，再为一图良聚可也。此次有负宠召，尚祈格外谅之。祇颂

台祉！

张伯苓拜启

十九年五月十日

（南开大学档案馆藏）

致毛承恩

（1930 年 5 月 10 日）

南宫县城内鲍家街

承恩贤弟大鉴：

接阅来函，具悉种切。委代谋教职员之事，惜校内未有机会，一时尚无法安插。至烦严智怡先生委教育局长或中学校长一节，而严先生早去教育厅长之任，亦难办到。现河北教育厅长系沈尹默，仆与不甚相熟，请吾弟另烦与其相熟之人代为一谋可也。此复，望多多原谅是幸。顺颂

时佳！

张伯苓拜启

十九年五月十日

（南开大学档案馆藏）

致孙理甫[①]

（1930 年 5 月 10 日）

日本长崎中华民国驻长崎领事馆

理甫贤弟大鉴：

接手书，知动定多佳，至以为慰。仆于本月十一日由津启程，搭奉天轮赴沪，十五日再由沪转轮赴日。吾弟廿左右抵东京，当可一图良晤。握叙不远，先此复闻，即希查照为荷。顺颂

时祉！

张伯苓拜泐

① 孙嘉燓（1901—？），字理甫，河北盐山人。1920 年南开中学毕业，1924 年南开大学毕业。后任中华民国驻日本大使馆一等秘书、驻神户领事馆总领事等。

十九年五月十日
（南开大学档案馆藏）

致金鼎臣[①]

（1930年5月10日）

热河省政府

鼎臣先生大鉴：

敬启者：奉到惠捐银元二百元，拜领之下，感荷莫名。除拨归科学馆应用外，特此专函鸣谢，仰惟查鉴是幸。专此。敬请
大安！

张伯苓谨上
十九年五月十日
（南开大学档案馆藏）

致崔文征

（1930年5月11日）

津市政府

文征市长先生赐鉴：

敬启者：敝校本届应行毕业政治系学生，男生二名，赵荣鑫、王登第；女生三名，王荃、赵光城、胡安素。该生等对于市政一切，平时皆有研究，兹值毕业，均极愿在本市服务，藉以实验所学。夙仰先生建树新猷，网罗人才不遗余力，爰代介绍以闻，幸乞关照录用。如左右一时未能尽予位置，或转发所属

① 金鼎臣（1888—？），辽宁北镇人。奉天陆军讲武堂毕业。1924年任北京政府陆军部咨议、奉天第三游击统领等，1926年任热河卷烟特捐处处长，1928年任热河省政府委员、卷烟统税局局长、赈务委员会委员等职。

机关，分别一为安插亦无不可。总期使该各生同时得沐栽培之惠，是为至盼。祇颂

勋安！

张伯苓谨上

十九年五月十一日

（南开大学档案馆藏）

致苏象乾

（1930年5月13日）

象乾先生赐鉴：

敬启者：前为请求维持敝校经费原数事，曾经于致函先生外，并电晋冀察绥财政整理处督办阎，乞为关照。顷奉覆电："南开大学校张校长公鉴：佳电诵悉，已电苏特派员照旧拨发矣"云云。敝校现待用孔急，倘贵公署已奉到通知，幸迅赐照拨，以济燃眉。无任感盼。祇颂

勋安！

张伯苓谨上

十九年五月十三日

（南开大学档案馆藏）

致江西教育厅长

（1930年5月14日）

敬启者：女生胡安素，江西九江人，在敝校文科肄业有年，本年六月即将毕业。该生品既纯淑，学业成绩亦极优美，拟于毕业后回籍服务，藉以实验所学。特此预代介绍，届时务请贵厅多多关照，即予赐以相当位置，是为至荷。此致

江西教育厅长。

张伯苓谨上
十九年五月十四日
（南开大学档案馆藏）

呈请发给陈同燮自费留美证书致南京教育部

（1930年5月17日）

为呈请颁发自费赴美留学证书事。窃学生陈同燮，河北武清人，于民国十二年六月在敝校文科毕业，现拟自费赴美留学以求深造，并非工作，业由其家将用费筹足，理合遵章附上毕业证书一纸、保证书一纸、半身四寸像片二张、印花税一元、留学证书费二元，敬请检入，即予发给留学证书，以利遄行，实为公便。谨呈
教育部。

南大校长张伯苓
十九年五月十七日
（南开大学档案馆藏）

致吴仲贤

（1930年5月22日）

辽宁教育厅

仲贤先生惠鉴：

敬启者：学生顾庆麟，辽宁台安人，现年廿五岁，系敝校文学院肄业生，本年六月即将毕业。该生研究文学有年，成绩素优，毕业后拟就关于教育事业方面谋一职务，藉以实验所学。先生提挈后进，夙具热心，在贵厅内如能关照，予以位置，最所感激。否，或于各学校代谋一席，亦该生所甚愿。专肃奉托，幸乞俯赐栽培，不胜祷盼。祗颂
钧安！

张伯苓谨上
十九年五月廿二日
（南开大学档案馆藏）

请颁给周维蕃、张景廉赴美留学证书呈教育部

（1930年5月26日）

呈为请领留学证书事。窃敝校本年夏应行毕业学生周维蕃、张景廉二人，拟自费赴美留学藉求深造，并非工作，所需费用业由该生等各家长筹足。理合照章附上半身像片各二张、留学证书费各二元、印花税各一元，保证书、毕业证明书各一件，敬请查照，准予一并颁发证书。该生等须于本年六月方能毕业，故现无毕业证书呈验，合并陈明。谨呈
教育部。

南大校长张○○
十九年五月廿六日

附：像片各二张、保证书二张、印花税二〈元〉、毕业证明书二件、留学证书费四元。

（南开大学档案馆藏）

请颁给刘菊淡、卞学锦留学证书呈教育部

（1930年5月26日）

呈为请颁留学证书事。窃敝校学生刘菊淡，湖南浏阳人，于民国十三年六月在敝校文科毕业。又，学生卞学锦，河北省天津人，于民国十八年六月在敝校理科毕业。该二生拟前往美国米希根大学研究女子教育，并已由该校允予筹给留学经费年各美金八百元。今特遵章附上四寸半身像片各二张、留学证书费各二元、印花税各一元、毕业证书及保证书各一件，敬请检入，一并即予发给留学证书，以利遄行，实为公便。谨呈

教育部。

南大校长张伯苓
十九年五月廿六日
（南开大学档案馆藏）

致苏象乾

（1930 年 5 月 29 日）

烦河北省银行人带去的

象乾先生赐鉴：

敬启者：敝校经费每届月杪，即可仰蒙拨发，本应静候谕知，再为前往具领。顷者，只因适值庆历节关，待用孔急，不得已，爰特备函，连同收条交河北省银行，烦其代向贵署请领本月应拨之款，藉济燃眉。幸祈鉴谅，准予即赐照发，至所感荷。祗颂
勋安！

附收条。

张伯苓谨上
十九年五月廿九日
（南开大学档案馆藏）

致熊秉三

（1930 年 5 月 31 日）

北平香山慈幼院

秉三先生赐鉴：

敬启者：敝校本年六月应行毕业之物理算学系学生赵松鹤，现年廿四岁，河南方城人。该生成绩素优，毕业后拟在教育界谋一位置。贵院如需用此项教授，敢请匀给一席，不胜祷盼。祗颂

钧安！

张伯苓谨上

十九年五月卅一日

（南开大学档案馆藏）

请领补助费五千元乞查鉴照发由呈市教育局

（1930 年 6 月 7 日）

呈为请领补助费恳祈查鉴照拨以便应用事。窃敝校前因经费支绌，曾经具呈市政府，请为拨款维持，当蒙交由贵局核议。顷奉市府第八四四号公函，示以业将贵局所核覆一次补助五千元之议核准，嘱即径向贵局请领等因，敝校遵此，铭感无量，合亟缮具凭单二纸，送呈察照办理，即乞准予如数拨发，实为公便。谨呈

天津特别市教育局。

南大校长张〇〇

十九年六月七日

附请款凭单二纸。

（南开大学档案馆藏）

致电南开中学

（1930 年 6 月 7 日）

南开中学：国琛等乘奉天回津，派人接。苓。灰。通州。归。

（南开大学档案馆藏）

致侯剑锘

（1930 年 6 月 9 日）

北平崇内大羊毛胡同五号

剑锘先生大鉴：

接奉华札，敬悉一一。先生于法文教授及军事训练既饶有经验，非常钦佩。不过，敝校目前尚无相当之位置，容后有须借重时，再为函达可也。此复，祗颂

教安！

张伯苓敬启

十九年六月九日

（南开大学档案馆藏）

致中国银行

（1930 年 6 月 14 日）

天津

敬启者：敝校本届文学院毕业生范士奎，河北滦县人，现年二十六岁，学绩素优，操行亦颇老成，办事极有能力，于体育上尤具特长。肃此代为介绍，即请查鉴，多多予以关照是幸。此上

天津中国银行。

附履历一件。

张伯苓

十九年六月十四日

（南开大学档案馆藏）

致张道宏

（1930 年 6 月 14 日）

英工部局

道宏先生赐鉴：

敬启者：曩承委在学生中代觅一可用人才，许久尚未有以报命。顷者有李朝梓[①]一名，本年六月在敝校商科毕业。该生学识颇优，人亦能事，似与尊望相符。合亟肃函介绍，即乞查照，予以录用。至所企盼。祇颂

台安！

张伯苓

十九年六月十四日

（南开大学档案馆藏）

致黄俭翊

（1930 年 6 月 14 日）

俭翊先生赐鉴：

敬启者：今有学生陈智言[②]等数名，本年六月在敝大学商学院毕业，成绩均甚优美，品行亦佳。毕业后各拟觅机，藉以实验所学。因念先生平素对于提挈后进极抱热心，特代肃函介绍，务请关照，一律予以位置。不胜待命翘祷之至。祇颂

台安！

张伯苓

十九年六月十四日

（南开大学档案馆藏）

① 李朝梓（1905—？），字桐甫，河北威县人。1930 年南开大学商科毕业。

② 陈智言（1907—？），字伯端，河北丰润人。1930 年南开大学商科毕业。

致陈立廷

（1930年6月16日）

上海四川路二百零一号太平洋国交讨论会

立廷先生大鉴：

接奉来函，祇悉一一。按新章，凡属会员，均应缴费拾元，自当遵照。附上拾元汇票一纸，到请检入为荷。顺颂

公安！

附汇票一纸。

张伯苓敬覆

十九年六月十六日

（南开大学档案馆藏）

致中华基督教青年会全国会务研究委员会

（1930年6月16日）

上海圆明园路十九号

敬启者：来函诵悉。七月十日至十二日在上海召集全体委员会议，苓极应前往出席。不过该时适值结束本学期一切校务，又兼忙考新生，均非身与其事不可。有此牵绊，深恐届期弗克成行，诸希鉴谅。关于会中应行公同审核各件，即请诸先生偏劳为荷。此致

中华基督教女青会[1]全国会务研究委员会。

张伯苓

十九年六月十六日

（南开大学档案馆藏）

① “女青会”当为“青年会”之误。

致私立勖勤学校

（1930年6月16日）

北平西单堂子胡同乙六号

敬复者：接奉大函，诵悉一是。诸公热心办学，谋以教育救国，非常可佩。但经费支绌，凡属私立学校，目下无不皆然，敝校亦深感此苦。所有爱莫能助情形，尚乞格外谅之。此复

北平私立勖勤学校校长、董事诸位先生。

附缴捐启一件。

张伯苓谨复

十九年六月十六日

（南开大学档案馆藏）

致郦敏树[①]

（1930年6月16日）

敏树贤弟大鉴：

久未通讯，接手书甚慰。吾弟与树人先生享师弟天伦之乐，羡甚。我校事务繁多，又兼本年建筑工程，如范孙楼及小学校舍等不一而足，益增忙碌。仆又代表体育协会赴日本参与远东运动，外出多日，昨天始行归来。归后校务纷报，昕夕劳劳，直无片刻之暇。好在顽躯粗健，而公私一切均托平安，差堪告慰远注耳。附去周刊若干册，关于吾弟纪事文皆在其上，到希检入可也。渺渺天涯，尚望时以佳况示我为盼。此覆，顺颂[②]

① 郦敏树，名堃厚（1900—1970），字敏树，浙江诸暨人。1925年南开大学毕业，同年赴欧洲留学，获博士学位。1932年回国任教于浙江大学。

② 原文如此。

张伯苓敬覆
十九年六月十六日
（南开大学档案馆藏）

致培植学校校长

（1930年6月17日）

敬覆者：接奉大函，诵悉一是。本月廿日下午五钟贵校举行毕业式，极愿前往观礼。不过，该日适有要事牵绊，恐届时不克分身赴约，尚乞原谅是幸。此上
培植学校校长。

张伯苓谨启
十九年六月十七日
（南开大学档案馆藏）

致杨维周校长

（1930年6月17日）

吉林长春马号门外自强学校

维周校长赐鉴：

敬启者：敝校文学院本届毕业学员王开基，热河建平人，现年廿六岁，学识优绰，人亦勤恳，足充后学师资。倘蒙贵校中酌位以教授席面，或关于教务一切相当职任，均极相宜。专此介绍，静候裁核示覆，不胜企盼。祗颂
大安！

张伯苓谨上
十九年六月十七日
（南开大学档案馆藏）

致天津中国银行

（1930年6月17日）

凤苞[①]先生赐鉴：

敬启者：敝校高级中学部职业商科毕业生赵家宝一名，成绩优倬，操行亦颇纯谨，拟入贵行中藉资练习。幸祈关照，即予赐以收录，至所感荷。此致

天津中国银行。

张伯苓谨上

十九年六月十七日

附履历一件。

（南开大学档案馆藏）

致陶亨豫[②]、薛春荣[③]、何荣章[④]

（1930年6月17日）

辽宁冯庸大学

亨豫、春荣、荣章三位贤弟大鉴：

来函具悉。嘱设法接济王君树勋求学，极所乐意。不过我校年来经费支绌已达极点，而仆个人方面亦复阮囊羞涩，无有余钞。临风而呼负负，亦惟有徒增愧恧耳。尚希多多见谅是幸。此覆，顺询

均绥！

张伯苓拜启

① 凤苞，即林凤苞（1897—1979），1916年东吴大学毕业，后赴美国康奈尔大学留学。时任中国银行天津分行襄理。

② 陶亨豫（1909—？），浙江绍兴人，1929年南开中学毕业。

③ 薛春荣（1907—？），字华堂，天津宝坻人。1928年南开中学毕业。

④ 何荣章（1899—？），广东中山人。1929年南开中学毕业，考入冯庸大学。

十九年六月十七日

树勋弟亦曾自信来，仆实爱莫能助，烦即以此函转致一观可也。

（南开大学档案馆藏）

复电晏阳初

（1930 年 6 月 17 日）

NAMEN PEIPING
JAMES YEN
WELCOME FIELDS FRIDAY, EXPECTING STAY FOR A FEW DAYS.
CHANG POLING.

（南开大学档案馆藏）

附：晏阳初致电张伯苓（1930 年 6 月 17 日）

President Chang, Nankai, Tientsin
Fields intend visit your university wise convenient date.
James Yen.

（南开大学档案馆藏）

致张汉卿

（1930 年 6 月 18 日）

汉卿先生赐鉴：

敬启者：我国年来体育进步不少，苓此次随同男、女各选手赴日，见诸健儿精神奋发，非常乐观。不过，彼人比较进步尤速，故我此行不甚得志。但经一番挫折，增一番训练，卧薪尝胆，有志竟成。尚乞先生继续鼓励，为下届贾勇搴旗之促进，至以为盼。

兹附有恳者：学生汪丰，安徽婺源人，幼居沈阳，读书四载，嗣后来天津

就学，民国十四年在敝校大学部毕业。该生留心市政，曾纠集同志，将天津各租界及特别区施政状况精密考察，著为专书，经商务印书馆出版，传诵一时。该生学行冠群，在校自励甚笃，各先生均极奖许。毕业后历任党政要职，亦为海内诸先进所推重。顾该生终未敢自足，现拟更赴海外游学，以求深造。素仰我公爱才勖士，海内学子多蒙培植。敢祈格外成全，派遣汪丰赴美继续研究，期以二载，专攻市政财政。日后有成，自当力图报称，以拜我公之赐。专肃代恳，至希鉴纳示覆，无任祷企。祗颂

伟安！

张伯苓谨上

十九年六月十八日

（南开大学档案馆藏）

致郝金佩

（1930 年 6 月 18 日）

法租界维斯礼堂院内培才小学校

金佩先生大鉴：

来函奉悉。本月廿一日下午二时贵师生等欲来敝大学部参观赐教，极所欢迎。不过，是日为星期六日下半天，照章休息，在校人位不齐，招待或未能周至。尚祈原谅是幸。此覆，即颂

台安！

张伯苓谨启

十九年六月十八日

（南开大学档案馆藏）

致张松龄技师

（1930年6月18日）

昂自辽宁迫击炮厂

松龄贤弟大鉴：

接诵来函，悉吾弟现荣任炮厂技师之职，至为颂慰。委代觅之专门人才，目前尚无合宜者，容俟遇有相当资格，再为推荐可也。覆询

时佳！

张伯苓拜启

十九年六月十八日

（南开大学档案馆藏）

致郑仿侨

（1930年6月18日）

济南青年会

仿侨先生赐鉴：

敬启者：前蒙惠函，适苓代表我国体育协会赴日参加远东运动，当由敝办公室代答，想早仰蒙查悉矣。日昨始自东瀛归来，校务诸待清理，非常忙碌，势难再抽暇外出，对各方面恐均不能践约，深为抱歉，尚乞尊处多多见谅是幸。此颂

道安！

张伯苓

十九年六月十八日

（南开大学档案馆藏）

复电晏阳初

（1930年6月18日）

NAMEN PEIPING
JAMES YEN
YMCA MEETING FRIDAY AFTERNOON PREVENTS GOING PEIPING. CHANG POLING.

（南开大学档案馆藏）

附：晏阳初致电张伯苓（1930年6月18日）

President Chang, Nankai, Tientsin
Fields must attend Saturday finance meeting, Can you attend same and return afternoon with Fields?
James Yen.

（南开大学档案馆藏）

复电郑仿侨

（1930年6月18日）

济南青年会郑仿侨先生鉴：电悉，校务甚忙，不能赴会，歉甚。伯苓。

（南开大学档案馆藏）

附：郑仿侨致电张伯苓（1930年6月17日17时25分）

南开大学张伯苓：夏令会全体代表切盼君莅会，祈垂诺，期六月念五至七月七，地点青岛湛山，候示。郑仿侨。篠。

（南开大学档案馆藏）

致颜骏人

（1930 年 6 月 19 日）

骏人先生赐鉴：

敬启者：月之廿八日下午三时半在八里台大学部举行本届大、中、女三部学生毕业式，敬请先生惠临，赐以训言。届时务乞麾从早光为荷。此订，祇颂勋安！

张伯苓拜上

十九年六月十九日

（南开大学档案馆藏）

致北平基督教青年会学生夏令会讲演部

（1930 年 6 月 19 日）

敬启者：前接来函，敝办公室当将鄙人前赴日本参加远东运动会事代覆奉告，想已仰蒙查悉矣。目下鄙人始自东瀛归来，校务纷投，非常忙碌，所有学期末应行结束各件，暑假内应行筹备诸端，类都逼近眉睫，在月底月初一律均须解决就绪。有此牵绊，则七月三日之约，恐欲抽身一赴而不得，殊为抱歉，尚乞原谅是幸。此致

北平基督教青年会学生夏令会讲演部。

张伯苓谨启

十九年六月十九日

（南开大学档案馆藏）

致山西铭贤学校校长

（1930年6月19日）

敬启者：前奉大札，适鄙人代表我国体育协会前往日本参加远东运动会，致迟久未得裁答，殊深抱歉。目下始自东瀛归来，对于嘱代物色商业教授一节赶即遍为探询。据敝校商科毕业各生覆称，刻已均就妥银行及各商业机关职务矣。似此情形，合亟据覆以闻，即希查照为荷。此致

山西铭贤学校校长。

张伯苓拜启

十九年六月十九日

（南开大学档案馆藏）

致邝总领事

（1930年6月19日）

斐利滨中华驻斐利滨总领事馆

敬启者：接奉大函，并华英学校校史印刷一纸，均敬领悉。该校承贵领事提倡，及侨胞诸公热心维持，日益发展，非常钦佩！顷将刊行十周纪念册，爰题数语，藉表祝忱。即请转致查照为荷。此致

驻斐利滨邝总领事。

张伯苓谨上

十九年六月十九日

附题词一纸：

华英学校十周纪念

十年化雨菲岛之南

光我祖国蔚起英贤

张伯苓敬祝

（南开大学档案馆藏）

致孟加锡中山公学冯校长

（1930年6月19日）

敬启者：接奉华函，得悉贵校发达情形，非常钦佩！兹闻将发行二周纪念特刊，题数语藉表祝忱，即希哂正是幸。此致
孟加锡中山公学冯校长。

张伯苓谨上
十九年六月十九日

附祝词一纸：
党化教育　进步无疆
发扬滋长　祖国之光

（南开大学档案馆藏）

致电 WU CHENGHSIN

（1930年6月19日）

WU CHENGHSIN
SOOCHOW UNIVERSITY
SOOCHOW
MIDDLE SCHOOL BIOLOGY TWENTY HOURS, SALARY SEVENTY FIVE, BOARD LODGING PROVIDED, WIRE REPLY.
CHANG POLING.

（南开大学档案馆藏）

致吴蔼宸[1]

（1930年6月21日）

英租界求志里六号

蔼宸先生赐鉴：

手示奉悉。承惠尊著《华北国际五大问题》及尊译《墨索里尼》各一册，均谨拜入。先生识解超卓，出以淋漓之大笔，两书字里行间，知必多异常警策透辟处，增益读者智慧不少。容焚香浣薇以雒诵之。先此鸣谢！祗颂

夏祺！

张伯苓谨启

十九年六月廿一日

（南开大学档案馆藏）

致北宁铁路管理局

（1930年6月21日）

敬启者：敝校学生王家宾等约共五十余人，于本月二十九日下午二时由津东站附贵路一〇五次三等车启程赴辽宁旅行，即在辽宁下车。特此恳请照章发给单程学生旅行半价购票执照，并乞惠拨三等包车一辆，以便乘坐前往旅行，是为至荷。此致

北宁铁路管理局。

天津私立南开中学校校长〇〇〇

十九年六月廿一日

（南开大学档案馆藏）

① 吴蔼宸（1891—1965），原名世翔，福建闽侯人。时任天津整理海河委员会总务处副处长。

致电凯洛格

（1930 年 6 月 22 日）

MR. KELLOGG
HSIHO FOOCHOW
NANKAI OFFERS LILAIYUNG MIDDLE SCHOOL BIOLOGY INSTRUCTOR, TWENTY HOURS, SALARY SEVENTY FIVE, BOARD LODGING PROVIDED. WIRE REPLY.
CHANG POLING.

（南开大学档案馆藏）

致邓照藜[①]

（1930 年 6 月 24 日）

日本东京府碑衾町衾七一山田明方王爱骏君

照藜贤弟大鉴：

欢叙快甚。诸承招待，莫名感谢！别后于六月半安抵津埠，到校后一切均托庇顺平，堪以告慰。湖北教育厅寄来覆函，并公费留学规程一份（先到日本，又折回天津，费日很多），仆展阅，见其所限在日肄业学校有早稻田大学，而学科则限为理工科。此点稍异，未审于补公费可无妨碍否？兹将该寄件一并附上，请查阅办理可也。顺颂

学祉！

附来函及规程各一件。

张伯苓拜启
十九年六月廿四日
（南开大学档案馆藏）

① 邓照藜（1904—？），字怒白、叔青，湖北黄梅人。1927 年南开中学毕业，后留学日本。

致姬金声[①]

（1930年6月24日）

辽宁省城长官公署棣华学校

金声先生赐鉴：

接奉惠函，敬悉一是。兹遵嘱检得敝中学部一览并招生简章各一件，附邮寄上。外附摄影小册一本，到乞一并查入，赐以教正为荷。祗颂

大安！

张伯苓谨上

十九年六月廿四日

附一览、简章、小册各一件，另寄。

（南开大学档案馆藏）

致郝伯阳

（1930年6月24日）

上海法租界天文台路棒球场中华全国体育协进会

伯阳先生惠鉴：

接奉大函，诵悉一一。体协会自先生就任主干以来，贤劳备至，有口同称。现远东运动虽已竣事，而继续应行借重处正复不一而足，未便遽易生手。台端素热心全国体育者，幸始终相助为理，以促前途之进步。明知事繁责重，费神独多，但接替人才一时实难其选，是以不得不望先生勉为其难。区区之诚，至请亮察，千祈勿萌退志，是所切盼。祗颂

暑安！

张伯苓谨启

① 姬金声，名振铎（1892—1943），字金声，辽宁开原人。1920年留学美国，回国后历任辽宁省立图书馆主任、国立东北大学教授兼附属中学主任、辽宁省教育会会长。

十九年六月廿四日

附烦代转函一件。

（南开大学档案馆藏）

致王儒堂、赵晋卿①

（1930年6月24日）

儒堂、晋卿二位先生赐鉴：

敬启者：顷接郝伯阳主任干事来函，声明辞职，嘱预先物色人材到会继任。并称伊自九月一日起即不再莅会，其一切账目及经过情形，当于八月卅日之前结束清楚，详细报告云云。苓念郝主干自公推任职以来，备极贤劳，为会中所倚重，实未便听其引退。不知该主干刻于尊处已有同样之声明否？苓除覆函挽留外，合亟据情以闻，即乞查鉴为荷。祗颂

钧安！

张伯苓谨上

十九年六月廿四日

（南开大学档案馆藏）

致晏阳初

（1930年6月24日）

中华平民教育促进会

阳初先生大鉴；

敬启者：兹有敝大学部学生乐永庆，拟赴平参观贵会，藉得资料。缘其尊翁现任吉林省虎林县长。该生将于暑假中前往助筹平民教育，故极愿获良好参考，以备将来有所遵循。到时幸祈先生多多赐以指教。至所感荷。祗颂

① 赵晋卿（1882—1965），名锡恩，字晋卿，上海人。1901年毕业于上海南洋公学。历任南京国民政府工商部商业司司长、实业部常务次长等职。

暑安！

张伯苓谨上
十九年六月廿四日
（南开大学档案馆藏）

复电赵守钰

（1930年6月27日下午）

洛阳赵守钰仁兄鉴：宥电悉。令郎欲来肄业，可即就道，先入附设暑校补习。伯苓。

（南开大学档案馆藏）

附：赵守钰致电张伯苓（1930年6月26日）

天津南开学校张伯苓仁兄赐鉴：久违雅教，怀念为劳。弟于月前奉命来洛，责在肃清匪患，抚慰人民，但自知力薄，忝任为愧。台端学贯中西，想能有所救成也。贵校学风优美，久为国人敬慕，弟拟将三小儿送往贵校初级考学就读。巠舍下在猸，则小儿应宜寄膳宿于校内。将来小儿得以入校时，尚乞视为己子，严加管束。至于一切入校情形，尚恳示知，俾可令其前往。专此电恳，并盼回玉。弟赵守钰叩。宥。

（南开大学档案馆藏）

致电蒋梦麟

（1930年6月29日）

南京教育部蒋部长鉴：南开中学请基金会补助科学仪器事，应主持为幸。张伯苓。

（南开大学档案馆藏）

致天津中国银行

（1930 年 7 月 4 日）

敬启者：敝校本届商学院毕业学生周维藩，广西桂林人，现年 24 岁，品学俱优，办事亦有才干，实为当今老成练达之青年。专肃。代为介绍，即请查鉴，多多予以关照，是为至荷。此上

天津中国银行。

张伯苓 谨启

复电郑通和

（1930 年 7 月 20 日）

上海　上海中学郑校长：实习生无月薪。伯苓。

（南开大学档案馆藏）

附：郑通和致电张伯苓（1930 年 7 月 17 日）

南开大学张校长示悉，实寮[习]教员当如期前来，但月薪如何，乞电复。郑通和。

（南开大学档案馆藏）

致电孟治[1]

（1930年8月12日）

PAUL MENG
FORSEC NEW YORK CITY
FIND BANKINGMAN URGENT WIRE WHEN BLONG CHANG HISTORYMAN ARRIVE.
CHANG POLIN.

（南开大学档案馆藏）

致电饶伯森[2]

（1930年8月13日）

Robertson
Committee, Shanghai
Now sick in bed, can meet you any time in Tientsin.
Chang Polin.

（南开大学档案馆藏）

附：饶伯森致电张伯苓（1930年8月12日）

Chang Poling, Nankai University, Tientsin
Can we meet between eighteenth and thirty-first Peitaiho or Tientsin, wire time, place.

---

① 孟治（1900—1990），字君平，河北永清人。1915年毕业于南开中学。后获美国哥伦比亚大学硕士、南加利福尼亚大学荣誉博士学位。1930年起任华美协进社社长。

② 饶伯森（Dr.C.H.Robertson），美国人，1900年来华。他是美国普渡大学毕业的跳高名将，擅长演讲。曾到京津各校介绍西方近代体育之各项球类及田径运动，宣讲体育之作用。

Robertson.

（南开大学档案馆藏）

致天津特别市各界赈济西北灾民募款委员会

（1930年8月18日）

敬复者：接奉来函，嘱将敝处所存之捐启五册、三联收据一本缴还，用资结束。兹遵附函送上，即希查入为荷。此致

天津特别市各界赈济西北灾民募款委员会。

外附捐启五册、三联收据一本。

张伯苓 启

致电 Dr. Johnny Lee

（1930年8月20日）

Dr. Johnny Lee

Committee, Shanghai

Knowing your resignation from YMCA, earnestly asking you teach Physics in Nankai, Twelve Hours a week, Three hundred thirty a month.

Chang Polin.

（南开大学档案馆藏）

复电潘志刚

（1930年8月27日）

上海国际电台潘志刚：敝校不续招生。张伯苓。

（南开大学档案馆藏）

附：潘志刚致电张伯苓（1930 年 8 月 25 日）

南开大学张校长：预科尚续招新生否?请覆上海国际电台潘志刚。

（南开大学档案馆藏）

致电 Liao Mcayu

（1930 年 8 月）

Liao Mcayu, Kwang Hua University
Shanghai
Wanted senior and junior English teacher, hours twenty-one, board lodging provided, salary experienced eighty five, new graduation seventy five.
Chang Polin.

（南开大学档案馆藏）

致翁咏霓[①]

（1930 年 8 月[②]）

咏霓先生大鉴：

来函奉悉。华珍号五金镕化罐工厂苓已派人用电与之接洽，伊云贵所代定制之罐十二个，当照办。惟曾与贵所去信，至今未接覆音，不敢遽然动工。听其语气，似恐制成不要。后经苓认为担保，伊始允赶做，但亦约须十几日方能做得。缘近来天气常阴，速成甚不容易，几时制好，伊当径函通告贵所。届时是否派人来取，抑须往送，一听酌示办理可也。此致

时祺！

张伯苓拜启

① 即翁文灏。

② 此日期为编者根据相关信函内容推断。

年　月　日[1]

（南开大学档案馆藏）

致电 E. C. 卡特

（1930 年 9 月中旬）

LCD
EC CARTER
Inquiry New York City
Fall Session in Full Swing, Please help P. C. push campaign, letter follows.
Chang Polin.

（南开大学档案馆藏）

复电郝更生

（1930 年 9 月 25 日）

辽宁东北大学郝更生先生：电悉，赞成华北会[2]在辽举行。苓。

（南开大学档案馆藏）

附：郝更生致电张伯苓（1930 年 9 月 24）

南开中学张校长：张长官嘱华北会在沈举行，余详函。更。

（南开大学档案馆藏）

① 原文如此。

② 华北会，指华北运动会。

致电李石曾

（1930年9月25日）

上海福开森路三九三号

李石曾先生鉴：前蒙准拨之俄款数目未发，现急待用，幸值时局稍定，即请设法拨下，以济困穷，不胜祷切。伯苓。

（南开大学档案馆藏）

复电吴瀚涛

（1930年9月下旬）

辽宁东北大学吴瀚涛[①]鉴：电悉，津交涉员早已明令取消，近有拟苓长津市之谣，故不便致电长官。苓。

（南开大学档案馆藏）

附：吴瀚涛致电张伯苓（1930年9月28日）

南开学校张伯苓夫子钧鉴：生因课忙，不克进谒，此间对驻津外交部特派员尚未决定，同学等咸认续克昌[②]合宜，愿恳大人即电张长官，保荐续君充该职或他要务。吴瀚涛叩。

（南开大学档案馆藏）

---

① 吴瀚涛（1894—1988），字滌愆，吉林九台人。1914年考入南开学校丁班，后获东京帝国大学法学硕士学位、美国伊利诺伊大学哲学博士。1930年回国任东北大学教授。

② 续克昌（1898—？），吉林德惠人。1919年南开中学毕业，

天津私立南开中学校为印领事

（1930 年 9 月□日）

今领到天津特别市政府财政局拨发本年下半年补助费一万元整，理合出具印领所领是实。

校　长 张伯苓
领款人 梅曾寿

附 1：天津特别市政府为准给予南开中学补助并由皮毛牙税专款拨充训令市财政局及批天津特别市政府训令（字第 2625 号）

（1930 年 9 月 9 日）

令财政局：

案据天津南开学校呈称："为校务发展经费枯竭，恳请钧座特别设法补助，藉资维持事。窃敝校抱教育救国宗旨有年，但得促进有方，绝不敢稍留余力。现正扩充为大学、男女两中学、小学四部，诚不可谓非教育前途之乐观。不过私力薄弱，又兼时局影响，募款艰难，遂致校势日展拓一日，校用亦日枯竭一日，负债累累，支持殊为匪易。虽四部中亦间有略获津润处，然不啻杯水车薪，何能济事？左右思维，不获已惟有叩求我市长设法外之法，特别予以救济，不致使前途乐观教育忽叹沦胥，则感德非浅矣！此恳。不胜翘企，特命之至"等情。据此，查该校校风甚好，育才日多，且该校长等苦心创办，令人倾服。准自本年下半年学期起，每半年补助中学两万元，由本市皮毛牙税专款拨充。除拨令外，合亟令仰该局遵照。

此令

市长　崔廷献

批：遵照

9 月 23 日

附 2：天津市政府为南开中学函称遵照补助从减办法后有的款再请按照规程办理等情训令市财政局及批天津市政府训令（字第 818 号）

（1930 年 12 月 16 日）

令财政局：

案据天津私立南开大学函称："敝校中学部前曾仰蒙贵政府批准，由皮毛牙税项下拨补助费四万元，并已令财政局拨给一万元在案。顷者接奉贵政府第 134 号公函，示以据财政局呈称，现在市库支绌，皮毛牙税已有用途，未便转移，而南开中学补助费拟暂照已发之数每年补助一万元，俟筹有的款，再行照案发给。经交财政整理委员会审查决议，每年由溢收项下补助一万元并经市政会议通过，等情。敝校奉此知贵政府对于补助敝中学暂行从减，实非得已之举，自应遵照。不过，敝中学部前请补助纯系根据市教育局现行之私立中小学校普通补助规程，并非敢作溢分之想，且因经济委实困难，故迫而继其他私校作同样之乞求。现既值公款不充，暂未能蒙维持原案补助，则敝中学部亦惟有俟贵政府几时筹有的款，再请按照规程办理。谨此布陈。仰惟察鉴是幸"等情，到府。除分令教育局外，合亟令仰该局知照。

此令

臧启芳

批：存。

12 月 17 日

附 3：天津市政府为南开大学函请按四万元拨补助费等情令局拟议具报事训令市财政局天津市政府训令（字第 911 号）

（1932 年 4 月 1 日）

令财政局：

案据天津私立南开大学大字第 196 号函称："敬启者，敝中学部前曾仰蒙贵政府批准由皮毛牙税项下年拨补助费 4 万元在案。嗣因该牙税已有用途，改为每年由溢收项下暂拨 1 万元，并示以俟筹有的款，再行照案发给"等语。

"查敝中学部前请补助，纯系根据市教育局现行之私立中小学校普通补助规程，并非敢作溢分之想，且因经济委实困难，故迫而继其他私校作同样之乞求，此等情形想已早在洞鉴之中。兹因校款亏累待救孔急，不得已敢请特别关照，

即日指定的款如原案补助数目，予以核准施行。出自惠爱逾格。专肃。不胜企盼祝祷之至”等情。据此，合行令仰该局会同教育局核拟具报，以凭核夺。

此令！

周迪平

复电傅恩龄

（1930年10月1日晚七时）

沈阳　同泽俱乐部傅锡永鉴：支协和董事会已允出席，即晚通车赴沈，乞转达。苓。

（南开大学档案馆藏）

附：傅恩龄致电南开学校（1930年10月1日午后五时半）

南开学校：顷晤维宙，校田事允向王、于函托。但据维宙意，有校长刻即莅辽，见汉卿面谈校田及捐款事之必要。来否，电复同泽俱乐部。恩，东。

（南开大学档案馆藏）

致电南开学校

（1930年10月8日）

南开学校：佳（9日）晨抵津。苓。

（南开大学档案馆藏）

致电宁恩承[①]、王一丁

（1930年10月11日）

辽宁边业银行宁恩承、同泽女学校王一丁鉴：严慈约、陈筱庄应长官召，真（11日）夜车赴沈，请招待。苓。

（南开大学档案馆藏）

致电王维宙

（1930年10月11日）

辽宁二纬路　王维宙先生鉴：严慈约、陈筱庄应长官召，真（11日）夜车赴沈，望关照。苓。

（南开大学档案馆藏）

致天津市立师范学校

（1930年10月15日）

敬启者：敝校有图书馆员二人，拟投入贵校晚间所设之图书馆讲习班，藉增知识。谨此专函保送，恳乞关照，即日准予入班听讲，实纫公谊。此致

天津市立师范学校。

附名条二纸。

---

① 宁恩承（1901—2000），辽宁辽中人。在南开大学读书期间，因发表《轮回教育》一文而震惊学界。1925年秋，受张学良资助入伦敦大学经济学院，后又考入牛津大学专攻财政金融学，获博士学位。1929年回国任沈阳边业银行总稽核，后任东北大学秘书长，代张学良校长主持校务。

南中校长张〇〇
十九年十月十五日
（南开大学档案馆藏）

与熊希龄等致电李石曾

（1930年10月）

上海法界福开森路三九三号

李石曾先生勋鉴：

本年四月行政会议通过月拨敝院校经费各万元，迄未照发。院校久列预算，收支不符，亏累日深，敬恳鼎力维持，转催财、教两部迅予照拨，不胜感荷。熊希龄、陈大齐、张伯苓、俞同奎、李蒸。

（南开大学档案馆藏）

致范竹斋

（1930年11月1日）

竹斋先生赐鉴：

日前得接光仪，畅领麈谈，甚以为快。南开学校创办将卅年，赖群力辅助，至今扩成四部，学生达两千数百人。各地来者皆有，俨成一全国学校，诚不可谓不盛。但全国学校固宜全国公同维持，而天津人有桑梓之谊，尤应特别帮忙。章瑞廷先生前曾允捐廿万元，以五万建筑中学礼堂，业经付讫，明春便可开工。

台端昨谈将为太翁作纪念，尤属万代流芳之盛事，至所钦佩。现敝校各部有待成大工程数件：一、大学体育馆，估价十五万元；一、大学女生宿舍，五万元；一、电工厂及设备，五万元；一、男中学体育馆，六万元；一、男中学图书馆（附宿舍），五万元；一、女中学学生宿舍，四万元。凡诸建筑，请先生任择其一，报罔极以大显扬。想比瑞廷先生仅为己身留名者，更必不惜倾囊，出巨金以从事，企孝思而崇拜。不胜馨香祝祷之至。祇颂

侍祺！

张伯苓谨启
十九年十一月一日
（南开大学档案馆藏）

致宝广林

（1930年11月1日）

北平今是学校

广林先生台鉴：

日前接奉大札后，当即遵函靳前总理代为说项，请将贵校所用宅舍暂缓收回，并将尊札附与一观，俾明迁校困难真相。兹靳前总理特派近人李君书勋前来面覆，详言目下急须用房情形，租、借均难办到，请贵校多多原谅。谨此据覆以闻，即希查照是幸。祇颂
大安！

张伯苓拜启
十九年十一月一日
（南开大学档案馆藏）

致王维宙

（1930年11月5日）

维宙先生赐鉴：

前在辽辱蒙雅意招待，非常感谢！长官委荐天津教育局长，一时实乏相当人才。推王卓然君，以求塞责。业函长官查照矣。

兹敬有恳者：敝大学部，向有基金公债整理债券一百三十万元，在北京政府时，由财部按月指令汇理银行，拨息六千五百元，以充经费，如是者已有年。迨南京国民政府成立，又蒙财长宋批准，每月由河北特派员公署，从长芦盐税

项下，如原数照拨。现月现发在案，敝校经费遂得赖以维持。现在由九月份起，至今均未得领下，焦灼万分。日前函请荆特派员速予接济，蒙覆谓已折呈副总司令核定，俟奉到明文，再为设法云云。伏思此项息款，为敝大学部命脉所系，实不堪再事因循。为是不得已，惟有仍乞我公不惜口角春风，从中一为嘘拂，至向特派员或副总司令处。应如何相宜为力，敬请由我公自酌。迫切上渎，无任叩祷翘企之至。祇颂
钧安！

十九年十一月五日
（南开大学档案馆藏）

致张西卿①

（1930 年 11 月 5 日）

公安局

西卿局长先生赐鉴：

不闻麈诲者，倏忽经旬，翘企新猷，驰神曷似。津市五方杂处，治安为第一重要问题。曾前局长仲轩对此维持不遗余力事，为津人所共知。兹闻其交代有略费解决处，可否待以宽大，特别多予原谅。苓与其相识甚浅，并非乐代说辞，不过因其在地面尚不无微劳，故敢一为进言于我公。我公素以仁惠为心，幸祈俯赐包容，不胜代祝代祷之至。祇颂
勋安！

张〇〇谨上
十九年十一月五日
（南开大学档案馆藏）

① 张西卿，名学铭（1908—1983），字西卿，奉天（今辽宁）海城人，系张学良之二弟。时任天津市公安局局长。

致杨今甫

（1930年11月5日）

青岛大学

今甫先生赐鉴：

许久不接光仪，弥殷驰系。兹敬启者：友人骆君启荣，四川郫县人，现年三十岁，留美数年，得士丹佛大学动物学硕士学位。归国后曾任河北省立水产专科学校校长，对于动物学研究极深，并有著作，实为近今留学专门者所不多见。未审贵校有须此项师资否，特代肃函介绍以闻。青岛滨海，作采集咸水动物试验最为相宜。骆君如蒙延聘，其贡献定有相当成绩。敬请酌夺，见覆为荷。祇颂

教安！

张△△拜启

十九年〈十一月五日〉[1]

附履历一份。

（南开大学档案馆藏）

呈市教育局

（1930年11月5日）

为呈报事。窃敝校小学部接奉贵局第七六六号训令颁发钤记。敝校于十一月五日开始启用，理合备文呈报，仰祈查照为荷。谨呈

天津市教育局。

天津私立南开学校校长张伯苓

十九年十一月五日

---

① 此日期据发文号推定。

此呈文盖小学部钤记。

（南开大学档案馆藏）

致刘慧生

（1930 年 11 月 6 日）

辽宁锦县东北陆军炮兵第七团本部

慧生贤弟大鉴：

手书读悉。吾弟归国后向在教育机关任职，由本年十月又到炮兵团充团附之职，藉以熟悉军队之现状。总之，无论如何事业，对于应作之事，举当以身作则。能以身作则便能得在下之感化，为学生师长。然即为军士领袖，亦何莫不然。我国年来政局不稳，内战频仍，为人上者多怀自私自利之心，而乃欲责人公以从事，试问能乎不能？仆本教育原理，应现在潮流，未审吾弟以为如何？

附上范孙楼纪念册二本、纪念明信片二张，希查存为荷。顺颂

时祉！

张伯苓拜启

十九年十一月六日

（南开大学档案馆藏）

致李云亭

（1930 年 11 月 8 日）

北平国立北平师范大学

云亭先生大鉴：

接奉手示，诵悉一一。催拨增费既蒙教部电覆，就此继续请求，极端赞同，尤以专人南下为较有力。尊驾来津赐教，非常欢迎。弟拟月之二十后赴京一行，先生如能偕往，甚佳。此覆，祗颂

台祺！

张伯苓拜上
十九年十一月八日
（南开大学档案馆藏）

致江问渔[①]

（1930 年 11 月 8 日）

上海龙华路中华职业教育社

问渔先生大鉴：

来函奉悉。对于请愿助金文件，业经过第一次委员会审查议决，各项胥已明了，无他异议。苓拟月之二十后赴京一行。预此布闻，仰惟查鉴为荷。覆颂台安！

张伯苓谨启
十九年十一月八日
（南开大学档案馆藏）

致臧哲先[②]

（1930 年 11 月 10 日）

哲先市长先生钧鉴：

多日未领麈谈，弥殷驰慕。兹敬有恳者：敝男中学部承前任市长批准，每年由皮毛税项下拨助经费四万元。本年上半年应领二万元，蒙发半数，下余万元刻正需用，敬请俯赐照拨。查此项补助费系依照市教育局《补助全市私立中小学校普通规程》办理。凡立案者，皆所应得。敝校既经立案，得补助自分内

① 江问渔，名恒源（1886—1961 年），字问渔，号蕴愚，江苏连云港人。历任江苏省教育厅厅长、上海中华职业教育社办事处主任等。

② 臧哲先，名启芳（1894—1961），字哲先、哲轩，号蛰轩，辽宁盖平人。时任天津市市长。

事，并非前市长崔离任时对敝校特别市惠之举。事关普通助学成例，幸乞先生明察，即赐如请施行。是为至盼。

再，敝男中学部订于月之八日至十六日在范孙楼举行菊花展览，附上请柬一纸，奉请钧驾酌时临赏，无任欢迎翘企之至。祇颂

勋安！

张伯苓谨启

十九年十一月十日

附请柬一纸。

（南开大学档案馆藏）

致靳翼青

（1930年11月10日）

翼青先生赐鉴：

敬启者：前李先生来谈，今是学校所占用之北平公馆房间将即收回，势难再予借用或租用。苓本此意当覆该校知悉，俾设法赶为迁移。顷该校宝校长又来函，有请假以时日另觅校址，并请指定接收人位等语。苓念该校宝校长为人素称诚实，今措词如此，谨将原函附上，请我公一阅。我公年来研究佛学，处事胥尚和平。此次对今是学校房间之接收能始终示以宽大，是固前途所极殷盼，而亦苓所极代为祝祷以求者。幸乞我公亮察，核覆示遵，至以为荷。祇叩

钧安！

张伯苓谨上

十九年十一月十日

附来函一件。

（南开大学档案馆藏）

致颜骏人

（1930 年 11 月 11 日）

骏人先生赐鉴：

顷阅报，得悉贵大陆商业公司接办庆丰面粉公司营业，敬贺！敬贺！惟是庆丰公司规模尚称宏大。兹改组接办，用人定自不少。拟请先生相宜代为华生俊明安插一席。华生为我大学部商科毕业生，现年卅岁，系我校最得力人员华君午晴之长子，忠厚颇有父风，作事老成耐劳，绝无近今时髦青年习气。倘蒙提拔，断不致贻覆悚之讥。前受同学约，曾在无线电业公司帮忙，但非其本愿。苓因其父有功学校，极欲代为成全此子。幸我公推爱为栽培之，则同深感德不朽矣。专肃，不胜企盼。祇颂

钧安！

张伯苓谨启

十九年十一月十一日

（南开大学档案馆藏）

致赵苍岩

（1930 年 11 月 13 日）

锦县东北交通大学

苍岩贤弟大鉴：

手书读悉。就聘后，承示凡百顺适，甚以为慰。南开校友日益增多，成立分会日夥，锦县一县会员竟多至十四人，则诸校友爱校精神之盛旺如此，真足令人钦佩。

贵校同人欲乘寒假组织东北考察团，甚好。兹附上乘车办法单一纸，希检入。现尚无甚刊物，日后如有出版，再行寄往可也。返津之行决否？极盼过我一谈。先此。覆颂

时绥！

附单一纸。

张〇〇拜启

十九年十一月十三日

（南开大学档案馆藏）

致章瑞庭

（1930年11月14日）

瑞庭先生大鉴：

敬启者：敝校现编制全校状况一览，内列各项照片。先生爱护南开最称热心，敢请将最近半身撮影赐下一张，以便列入，藉慰公众之景仰。至所切盼。祇颂

钧安！

张〇〇拜上

十九年十一月十四日

（南开大学档案馆藏）

致张景文

（1930年11月14日）

上海黄浦滩关税署

景文先生赐鉴：

许久不接光仪，驰神綦切。向者敝校基金公债整理债券一百卅万元拨息事，辱蒙大力玉成，校费至今赖之。稠谊厚情久矣，深铭五内。顷阅报，见中央又有整理公债消息，果尔，则敝校公债亦有活动希望，不胜盼盼。现在政局稍定，校务亦托庇顺平。两新建筑（范孙楼、一小学校舍）月前亦已落成已讫。苓拟乘此时机，小作京沪之游，动身约在廿以后，晤教会当不远。先此。祇颂

台安！诸惟爱照，不一。

附照片二纸。

张伯苓拜启

十九年十一月十四日

（南开大学档案馆藏）

致沈嗣良

（1930年11月14日）

上海梵王渡约翰大学

嗣良先生大鉴：

苓前年自海外归来，适先生已经去美，不获一图握叙，甚为怅怅。目下闻已荣返，饱载新识、新文化以饷我教育、体育各界，不胜艳羡之至。苓如常栗碌，乏善足述。幸校务一切日来粗托顺平，而本年秋又复有范孙楼及小学校舍两新工程成就，堪以告慰。月之廿后，苓拟去京沪一游，晤教会当不远，先此。敬候

台安！诸惟爱照不备。

附照片二纸。

张伯苓拜启

十九年十一月十四日

（南开大学档案馆藏）

致郝伯阳

（1930年11月14日）

伯阳先生大鉴：

敬启者：八月初间，曾经裁奉一械，叙述鄙人赴远东运动之感想，并恳留先生继续体协职任。此信去后，光阴荏苒，倏忽三易蟾圆，秋水蒹葭，溯洄曷

已。敝校日来一切尚称平顺。本年春开工建筑之范孙楼、小学校舍等，月前均已落成。知注藉以告慰。苓拟月之廿后小作京沪之游，晤教会当不远，先此奉布。祗颂
台安！

附照片二纸。

张伯苓拜启
十九年十一月十四日
（南开大学档案馆藏）

致谭仲逵

（1930年11月14日）

杭州浙江大学劳农学院

仲逵先生赐鉴：

不得握叙者半载有余，渴想！渴想！南开各部经苓努力维持，一切尚称平顺。本年秋落成工程两处：一范孙楼（坐落中学院内，由诸校友募捐而成），一小学校舍（坐落中学操场对过，由四部学生集资及他热心者捐助而成）。知注藉以告慰。俄款前准月拨万元补助，因战事影响，至今未有消息，殊深企盼。月之廿后苓拟小作京沪之游，便当造访，一图良晤，临颖无任神驰。祗颂
时绥！

嫂夫人前叱名致候，不另。

张伯苓谨启
十九年十一月十四日

附照片二纸。

（南开大学档案馆藏）

致日本总领事

（1930 年 11 月 15 日）

敬启者：前承贵国文化事业部捐赠敝校理化仪器多件，现已如数收到。叨荷盛惠，铭感无量，专肃申谢！仰惟查鉴是幸。此致
日本总领事馆。

附收据一纸。

张〇〇
十九年十一月十五日
（南开大学档案馆藏）

致朴剑山

（1930 年 11 月 15 日）

北平西单新亚书局

剑山先生大鉴：

接奉手书，承示尊况目下情形，不胜代为扼腕。苓限于棉薄，爰莫能助，万分抱歉，北平于司令，苓与素不相识，介绍一节，亦愧碍难办到。尚祈格外谅之。覆颂
台安！

张伯苓拜上
十九年十一月十五日
（南开大学档案馆藏）

致时幼平

（1930 年 11 月 15 日）

幼平贤弟大鉴：

前来校适遇有人谭话，不获与吾弟握叙，至今犹为歉然。吾弟欲就事，极愿代为一谋。不过目前尚无机会。严慈约为天津市长之说，报纸上曾有过一次宣传，但并非真相。现伊任省府委员，未有用人地方。俟后如遇有机缘，再为吾弟推荐可也。此覆。顺颂

日祉！

张伯苓拜启

十九年十一月十五日

（南开大学档案馆藏）

致米瑞风

（1930 年 11 月 15 日）

辽宁东三省兵工厂

瑞风先生赐鉴：

手示奉悉。令郎前在敝校肄业，尚无大越规矩处。但不知用功，屡诫弗悛。敝校深愧无化导之能力。十八年秋因缺席时数，逾上课时间三分之一，照章应行退学。令郎即于彼时离校，以后并未再见。今承示病愈，仍将回校，理应遵照收入。不过功课旷隔日久，追补万来不及。且本学期尚有月余便将举行大考，即勉附班听讲，则时间短促，头绪不接，亦恐茫无所得。苓为令郎免徒虚縻时间计，拟请其俟年假招生时，再同新生一齐报考较为适宜。未审高明以为何如？敬请与令郎详加斟酌是幸。覆颂

钧安！

张伯苓拜启

十九年十一月十五日

（南开大学档案馆藏）

致邱振中

（1930 年 11 月 15 日）

热河省教育厅

振中贤弟大鉴：

手书读悉。在热河创设有生机之学校，嘱代向张长官达意，极愿照办。不过仆前方有向张长官辞谢天津市长之举，距时未久，似未便再以他事陈请。吾弟高明，想能鉴原于格外也。热河教育得吾弟尽心赞助提倡，终有发展之一日，幸勿稍萌懈意。此复，顺颂

时绥！

张〇〇

十九年十一月十五日

（南开大学档案馆藏）

致马庆云

（1930 年 11 月 24 日）

北平师范大学

庆云贤弟大鉴：

来函诵悉。委代向各方介绍事，惟哈教厅可为致函，余因此时有通函未便处，碍难如嘱办到，尚祈格外谅之。覆颂

时祉！

附介绍函一件。

张〇〇

十九年十一月廿四日

（南开大学档案馆藏）

致周天放

（1930 年 11 月 24 日）

哈尔滨特别区教育厅

天放先生赐鉴：

前赴日本参与远东运动会，得亲光霁，备领麈谈，非常快慰。别后星霜变易，倏忽经年。遥企㠓辉，溯洄无似。

兹敬有恳者：学生马庆云，吉林阿城人，年廿七岁，先在敝校高级中学部毕业，继又毕业于大学部。该生品学俱优，毕业后曾任吉林毓文中学教员，吉林省立三中教务主任，河北省政府秘书等职，均有相当成绩。现愿在贵厅谋一服务机会，特肃函代为介绍。敬请推爱，相宜予以位置。至所感盼。祇颂

台安！

张伯苓拜启

十九年十一月二十四日

（南开大学档案馆藏）

致孙嘉燮

（1930 年 11 月 25 日）

日本横滨中国领事馆

嘉燮贤弟大鉴：

来函读悉。我校年来进步情形，如扩充为大学、男女两中学、小学四部，学生共数两千数百人之多，想已早有所闻。本年又新起建范孙楼及小学校舍各一处。范孙楼即校友楼。因为严范孙先生作纪念，故名“范孙楼”，坐落中学院内，由众校友募捐得资办理者。小学校舍坐落中学南大操场对过，新购之地址内，由四部男女学生集资与热心绅士捐助合力办理，均在十月间工竣。于本校廿六周年纪念时举行落成礼。附上纪念册一本，照片二张，请查入。仆对学校发展努力复努力；而出校与在校诸校友莫不从而协助，故前途极抱乐观。海外

有何佳况，尚望不时见示为盼。覆颂
公绥！

附小册一，照片二。

张伯苓拜启
十九年十一月廿五日
（南开大学档案馆藏）

致金祖懋

（1930年11月25日）

南京中国国民党中央执行委员〈会〉训练部

祖懋贤弟大鉴：

来函读悉。我校大学、男女两中学、小学四部，秋季又添新生甚多。各讲室几不能容。中学院内起建范孙楼一处，即校友楼，为严先生作纪念，故名“范孙楼”。款由众校友分类募入。又于中学南大操场对过建小学校舍一处，款由四部男女各同学集资，并热心绅士乐捐而来，均于学校廿六周年纪念时落成。结构俱极壮观，知注堪以告慰。校务一切亦无不顺适；所仍不免时感困难者，惟有经济耳。

陈裕光[1]先生北来，将到我校参观，非常欢迎。不过仆不日拟去京沪一游，届时恐不准在校相遇。如能相遇，何快如之。此抚念所不胜祝祷者也。覆颂
时绥！

附照片二，纪念册一。

张伯苓拜启
十九年十一月廿五日
（南开大学档案馆藏）

① 陈裕光（1893—1989），字景唐，原籍浙江鄞县。1915年毕业于金陵大学化学系，入哥伦比亚大学攻读有机化学，1922年获博士学位。1927年任金陵大学校长。

致项子和

（1930年11月25日）

上海极司非而路七十六号陈宅

子和先生赐鉴：

日昨奉到惠函，知驾已荣行。今日当拍复一电至上海陈宅，烦为转交，想已收到矣。苓本拟二十日左右起程而南，不误廿八日为雪暄太夫人称觞。率以事羁，一时抽身不得，必至下月初间方克成行。愿与心违，歉仄无似。区区桃祝微忱，尚望晤雪暄时，一为致意及之。兹并附上专致雪暄函一件，是否可就此时代转一阅，请先生查视信文，斟酌办理，不必拘于一定也。苓月初到南京后住何所尚无成见。先生如欲通讯，届时请寄由教部朱经农次长处转交为妥。统为爱照是幸。祗颂

大安！

附函一件。

张〇〇

十九年十一月廿五日

（南开大学档案馆藏）

附：致陈雪暄

雪暄先生赐鉴：

敬启者：此次国内纷扰，获庆敉平，泰斗勋高，忭贺无量！本月廿八日恭逢太夫人设悦令辰，华祝嵩呼，三军雷动。苓满拟及期躬往，骥附称觞之列，乃以事羁不果，抱歉奚如！向者在山东晤教时，曾蒙示以当为敝校帮忙，非常感激。现在敝校女中学尚有校舍一所，拟请先生成就，为太夫人作纪念；或解囊而慨助基金，亦可大显扬以维教育。窃于先生不胜企望深之矣。祗颂

钧安！

（南开大学档案馆藏）

致吴伊贤

（1930年11月25日）

市公安局

伊贤仁兄台鉴：

日前把晤，畅聆教言，快慰奚似。敝校校田经理处接办伊始，诸赖赞助，派崔巡官率保安队驻守保护，至为感激。嗣因冬防全部被调回津，惟敝处本年初次接管，正在租收之时，深恐地方疲玩佃户故意拖延，影响租收。今闻冬防已布置妥善，仍请台端酌拨保安队十余名前往敝处驻扎，协助催租，维持秩序，庶免疲玩者妄起侥幸之心，再有拖交租款情事，皆台端之所赐也。肃此奉恳。顺颂

公绥！

弟张〇〇

十九年〈十一月二十五日〉[①]

（南开大学档案馆藏）

致电项子和

（1930年11月27日）

上海英租界极司非而路七十六号陈宅转项子和先生鉴：苓以校事，月初始能南下，陈母[②]寿辰不克躬贺，殊歉仄，请代致意。伯苓。

（南开大学档案馆藏）

① 此日期据发文号推定。

② 陈母，指陈调元的母亲。

致孙哲生[1]

（1930 年 11 月 28 日）

南京铁道部

哲生部长赐鉴：

敬启者：敝校年来迭承开滦矿局捐助烟煤，接济应用。民国十七年计二千五百吨，十八年计五百吨，均蒙贵部饬北宁路局拨车代办，运费悉作为该局补助敝校之款，已有成案。现在又蒙开滦矿局助煤七百五十吨，在唐山待运。恳乞贵部仍予转饬北宁路局，为援照前例办理，则感荷鸿施无既矣。专肃，不胜企盼。祗颂

勋安！

张伯苓谨上

十九年十一月廿八日

（南开大学档案馆藏）

致党务整理委员会训练部

（1930 年 11 月 28 日）

敬复者：接奉大函，祗悉一是。贵部举行大、中、小各校党义讲演竞赛会，推苓为评判员，谨当承认。不过下月初间因有要事，须赴京沪一行，遇有开会，恐不能到。特此预布，仰惟查鉴是幸。此复

党务整理委员会训练部。

张〇〇启

十九年十一月廿八日

（南开大学档案馆藏）

① 孙哲生，名科（1891—1973），字哲生，孙中山之子。时任铁道部部长。

致王湘汀

（1930 年 11 月 29 日）

郑州陇海路五号

湘汀先生钧鉴：

久深景仰，不获一接光仪为怅。此次国内纷扰，得庆敉平，泰斗勋高，忭贺无似。两公子学业极见进步，起居亦均安适，知注特以告慰。

苓置身学校将卅年，信教育可以救国，故努进不遗余力。奈经费支绌，一切设备缺欠颇多。即以体育而言，为今日教育所共视为重要者，而设备不完，终属无法发达。现在敝校男、女学生共达两千四百余人，经苓提倡，多知于体育注意，所有陆地各项运动及水上游泳均感兴致勃勃。敝校为学生风雨寒暑便于练习起见，曾有于最短期间先行筹设体育馆一处之计画，但因力不能举，致有徒托空言之叹。现由工程师估价，约需五万之谱。按敝校向例，凡能以单独捐款为敝校起一建筑者，当以捐款者之名名建筑，藉留纪念，以垂不朽。

久仰先生急公好义，并由令郎得悉先生对于体育尤具热忱，敢乞慷慨解囊，促成壮举。能单独出资，流芳无穷，最所企盼。否或代为募集，亦敝校所深为钦感者。专此，不胜馨香祝祷之至。祇颂

勋安！

张〇〇谨上

十九年十一月廿九日

（南开大学档案馆藏）

致电郝伯阳

（1930 年 11 月 29 日）

上海　郝伯阳先生：赴沪约在下月中旬。苓。

（南开大学档案馆藏）

附：郝伯阳致电章辑五（1930 年 11 月 28 日）

南开大学章辑五：盼示伯苓先生来沪期。伯阳。

（南开大学档案馆藏）

致王捷侠

（1930 年 12 月 1 日）

捷侠贤弟大鉴：

启者：顷接天津河北省立女子师范学院齐校长来函，烦代王女士绍庄为吾弟介绍，意欲谋一小学校长职任。特将原函附上一阅，是否能行？请吾弟裁酌。此颂

公绥！

附函一件。

张伯苓拜启

十九年十二月一日

（南开大学档案馆藏）

致荆雪岑

（1930 年 12 月 3 日）

雪岑先生钧鉴：

敬启者：敝校九月份经费，前蒙惠赐拨发，藉得稍济燃眉。惟十月份至今尚未领到，敬请费心，即日发下。至十一月份，现亦待用孔急，能一并拨给，最所欣盼。诸承关照，心铭不尽。祗颂

勋安！

张伯苓谨上

十九年十二月三日

（南开大学档案馆藏）

致协和医院院长

（1930年12月3日[1]）

院长先生大鉴：

敬启者：兹有敝校女生黄勖志，患有鼻膜炎症，拟于年假期间赴贵院诊治。惟伊经济困难，敢请逾格关照，医药等费多多予以减让，最所欣感。专此，敬颂

台安！

张伯苓　十九年　月　日[2]

（南开大学档案馆藏）

致张学良

（1930年12月初）

敬略陈者：南开大学性属私立，基础极为薄弱，设备既多缺欠，经费尤感不敷。年来因需用浩繁，倍形支绌，负债累累，为数甚巨。即以大学一部本年预算而言，入十八万九千余元，出则为廿六万三千余元，不敷七万三千五百余元，上年不敷一十四万三千余元，二共亏款廿一万六千六百余元。再，合之男、女两中学部历年积欠，总计四十一万八千五百余元。长此以往，为累不堪，校务又何望再谋发展！顷为挽救万一计，拟请由河北省政府月拨万元，藉苏涸辙。查敝校在河北省为唯一私立大学，成立已十有一年，并未得省府补助，今不得已而呼吁，自应仰蒙予以维持。我公爱敝校最深，敢乞代向王主席吹嘘，即予如请施行，不胜感盼！须至节略者张汉卿。

（南开大学档案馆藏）

---

① 此日期系据发文顺序推定。

② 原文如此。

致王主席树常[1]

（1930年12月初）

敬略陈者：敝南开学校性属私立，基础极为薄弱，年来因大学部费用独多，亏款甚巨，补救无术，当恳求前天津警备司令傅就地代为设法维持，于十九年五月间由傅司令转呈阎百川先生批准，即以天津警备区小站营田局所辖营田九百余顷，及其他房地，均拨归敝校作为学田。敝校遵照，业经派员赴该地营田局，将一切关于田产各项接收，继续管理。

查该田租税遇丰岁年可得五万余元，遇荒岁年不过二万元，全年开支如经理处经费、修河修桥及杂费等约需两万元，每年除开支外，即以所余补助敝校经费。

前者伯苓因该地东临海滨，萑苻遍野，架抢之案时有所闻，催租收款在在均感困难，曾于赴辽晤张副总司令时谭及，当蒙允烦贵主席保护，并经王维宙先生修函代请关照，业蒙贵主席派军队前往驻扎。似此热心爱护，莫名感激。兹将接收该营田经过与该营田租税收入开支一切情形，据实布陈，敬请俯赐察鉴须至节略者。

（南开大学档案馆藏）

分呈报接收小站营田情形请监察备案由呈河北省政府、东北边防军第二军司令部

（1930年12月4日）

呈为呈报接收小站营田情形，恳请鉴察备案事。窃敝校系属私立，经费本不充足，年来校务扩充，需费益巨，虽经极力撙节，而种种要需仍多不敷。前

① 本文原题为《节略》。节略者，未署名，从行文中可判定撰者为张伯苓。

恳前警备司令傅就近代为设法维持，于十九年五月间由傅司令转呈阎百帅批准，即以天津警备区小站营田局所辖营田九百余顷及其附属房地等项均拨归敝校，作为学田。敝校遵照，业经派员赴该地营田局将一切关于田产各项接收清楚，继续管理。

查此项营田收入遇丰岁时，年可约收五万余元；遇歉岁时，年可约收二万元。全年开支，如经理处经费、修河修桥及杂费等约需两万元。每年除开支外，即以所余之款补助敝校经费。以上情形月前伯苓因事赴辽，曾经报告张副司令，并蒙东北边防军第二军军长王派军队保护各在案。所有接收经过与营田收入、开支一切情形，除分呈外，理合据实呈报，恳乞鉴察备案，实为公便。

谨呈

河北省政府。

东北边防军第二军司令部。

天津私立南大校长张〇〇

十九年十二月四日

（南开大学档案馆藏）

致韩寅阶

（1930年12月5日）

寅阶贤弟大鉴：

启者：现有严君曾符，为已故严范老之侄孙，现省政府委员严慈约先生之令侄。曾在美国留学，刻充任华安合群保寿公司天津经理。华安为华商组织之寿险公司最大最著者，仆见其业务极为发达，故特代介绍，望祈吾弟多多关照，予以提倡及赞助。是所切托。顺颂

勋祺！

张△△拜启

十九年十二月五日

（南开大学档案馆藏）

致华北各省主席

（1930年12月5日）

汉卿先生
吉林张主席
黑龙江万主席
山东韩主席
河南刘主席
山西商主席
河北王主席
辽宁臧主席[①]钧鉴：

敬启者：华北体育联合会成立，至今已历二十余年，每年举行运动，藉以促进青年爱好体育之知识与奋斗之精神，颇著成效。本年远东运动会在日举行。吾国竟遭惨败。虽觉扫兴，然吾深信我国体育进步实较前增益多多。不过未若彼人进步之猛烈，故相形未免见绌。现今吾国民政府知体育重要，鼓励不遗余力。吾各省当道对提倡体育，亦莫不深表热心。果从此促进不已，将来吾国体育发达，未必终无蜚声世界之一日。所惜年来华北方面受战祸影响，百业凋敝，资补不足，遂令此项联合会于精神上难期振作，实为苓等棉薄之力所叹为无可如何者！先生久为斯会所借重/贵主席重视体育有异恒常，务请多多帮忙，力予一提振之，则华北体育前途幸甚，苓等幸甚！专肃，不胜恳祷翘企之至。祇颂伟勋安！

十九年十二月五日

（南开大学档案馆藏）

① 分别指张学良、吉林省主席张作相、黑龙江省主席万福麟、山东省主席韩复榘、河南省主席刘峙、山西省主席商启予、河北省主席王树常、辽宁省主席臧式毅。

致晏阳初

（1930 年 12 月 8 日）

定县中华平民教育促进会

阳初先生大鉴：

手示读悉。汤茂如君欲于月之廿、廿一、廿二等日来津，苓届时恐有南京之行。至介绍与阮芝仪先生谭话一节，当代办到。请汤君径到敝小学部通知，俾便相与接晤可也。

尊府荣迁定县，谨已领悉。明春如能抽身，当趋往一图良晤。手此布覆，顺颂

台安！并候阖第均吉！不备。

张伯苓拜启

十九年十二月八日

（南开大学档案馆藏）

致徐祖善

（1930 年 12 月 8 日）

威海卫管理公署

祖善先生大鉴：

手示读悉。威海收回，国土重光，易俗移风，首重教育。先生为该地谋所以启迪文化，具征有过人卓识，钦佩万分，图书馆发起，既承列入贱名，自应一尽棉薄。捐启五十分已收到，容代分头劝募。不过，在此纷乱始定，民生凋敝，尚未复元时，其收效多寡如何？未敢预卜耳。此覆，祗颂

勋安！

张伯苓拜启

十九年十二月八日

（南开大学档案馆藏）

致王捷侠

（1930年12月8日）

北平市教育局

捷侠贤弟大鉴：

来函读悉。月之十四日贵市举行学生演说竞赛会决赛，委担任评判一席，极所乐为。不过，届时恐将有南京之行，欲分身不得。特此覆布以闻，即希亮察为荷。顺询

时佳！

张伯苓拜启

十九年十二月八日

（南开大学档案馆藏）

致鲍廷九

（1930年12月9日）

廷九先生惠鉴：

日昨得接光仪，畅领麈谭，甚以为快。关于用地事，承允雅意帮忙，欣感无似。附上小册一本，所有敝校最近一切概况均载在内，敬请赐收查阅是幸。

祇颂

钧安！

附小册一本。

张〇〇

中华民国十九年十二月九日

（南开大学档案馆藏）

致电续克昌

（1930年12月10日）

南京外交部续克昌鉴：电悉，行期未定，届时电告。苓。

（南开大学档案馆藏）

附：续克昌致电南开学校（1930年12月10日）

南开学校鉴：电知校长何时到京，以便迓接。外交部续叩。

（南开大学档案馆藏）

致张见庵

（1930年12月11日）

河北省教育厅

见庵厅长先生赐鉴：

敬启者：日昨敝校蒙张副司令[①]参观示训，荣幸之至。苓经此番接待后，将校事稍为摒挡，不日尚须赴京一行。拟请省款补助事，仍拟一半日与台端详细一谭。恳请酌示时间，以便遵照。日前闻女师、工业两学院皆蒙王主席前往参观，敝校亦极欢迎。区区之意，乞相宜代为一达。主席如赐光临，三五日内苓尚能躬为招待，是所最为欣盼者。肃此，祇颂

勋安！

张〇〇谨上

中华民国十九年十二月十一日

（南开大学档案馆藏）

---

① 即张学良。

送呈本校童子军组织报告表请查入由致中国国民党河北省党务整理委员会训练部

（1930 年 12 月 11 日）

敬启者：接奉河北省教育厅第一三九号训令，谓案准贵部来函，嘱转饬所属各学校呈报有无童子军团之组织。如已有者，迅将团员人数、重要服务员姓名及其他内容若何，又关于童子军之课程、时数、教材，以及一切设备、教练员履历等项于文到一星期内径覆贵部，以便转呈中央。敝校遵此，谨缮就报告表一纸，径送贵部查鉴，即请检入为荷。此致

中国国民党河北省党务整理委员会训练部。

附表一纸。

南中校长张〇〇

中华民国十九年十二月十一日

（南开大学档案馆藏）

致张汉卿

（1930 年 12 月 12 日）

汉卿先生钧鉴：

日前枉驾赐教，荣幸无似。兹敬启者：现有天津《益世报》主笔刘明泉[①]君，久企英范，极愿一接光仪，浼代介绍。倘蒙进而教之，幸甚！幸甚！祗颂

伟安！

---

① 刘明泉（？—1976），字豁轩，直隶蓟县（今属天津市）人。1928 年南开大学毕业，由其堂兄刘浚卿约至天津《益世报》社任总编辑，后任总经理兼总编辑。1936 年离职到燕京大学新闻系任系主任。日本投降后，复任《益世报》社长兼总编辑。建国后曾在北京从事国外科技情报翻译工作。

张伯苓
中华民国十九年十二月十二日
（南开大学档案馆藏）

致钱乙藜[1]

（1930 年 12 月 13 日）

北平北新桥小三条胡同十五号陶孟和先生代转

乙藜先生赐鉴：

敬启者：前承枉驾敝校，藉得畅领麈谭，甚以为快。苓本拟月初赴南一行，因候张副司令到校参观，并有琐务牵系，启程略为推缓。现拟月之二十左右如能抽身，便即束装南下。未审旌从几时荣旋，倘到京得一图良晤，则幸甚矣。此布。祇颂

大安！

张伯苓谨上
中华民国十九年十二月十三日
（南开大学档案馆藏）

致赵君达

（1930 年 12 月 15 日）

君达先生大鉴：

手书读悉。联合各校具呈教厅，请其将所拟对《高小、初中收录学生办法》斟酌修改，敝校极端赞同与诸校合作，具名时，即请准予敝校加入。一切偏劳，容当晤谢。此颂

台安！

---

① 即钱昌照。

张伯苓拜上
十九年十二月十五日
（南开大学档案馆藏）

致晏阳初

（1930 年 12 月 15 日）

定县中华平民教育促进会

阳初先生大鉴：

敬启者：前覆一椷，当蒙察悉。敝小学部谨遵部章，改于阳历年散放寒假，自本月廿日起共休课三星期。前函忘记报告，合再奉布，即希查鉴是幸。此颂
台安！

张伯苓拜上
十九年十二月十五日
（南开大学档案馆藏）

致张汉卿

（1930 年 12 月 17 日）

汉卿先生钧鉴：

日前蒙枉驾示训，全校欢忭，精神胥为之一振，前途进步，皆当拜先生之赐。前敬赠之概况小册、预算进度表等件，内有节略手折，想蒙查阅。委因经费支绌，非得有的款补助不足以资维持。顷者向省政府请求每月拨助一万元，接济应用。伏惟先生爱敝校最至，知敝校最深，敢乞费神代向王主席吹嘘，予以如请核准施行。至所感盼。祇颂
伟安！

张伯苓谨上
十九年十二月十七日
（南开大学档案馆藏）

致崔益美

（1930年12月17日）

安徽芜湖对江运漕镇大码头

益美先生大鉴：

前接吴函，并吴国桢介绍书后，随即覆上一椷，烦吴生转达。兹又接手示，诵悉一一。对于先生位置之事，极愿代为设法。不过敝中学部现在第一学期终了，原有诸教席一律未有更动，实在无法安插。至于他方，一时亦尚未有相当机会。辱承委托，深愧无以报命，惟望多多原谅是幸。覆颂

台安！

张伯苓拜启

中华民国十九年十二月十七日

（南开大学档案馆藏）

函请发给陈方伯等十余人赴沈阳旅行减价购票执照致北宁铁路管理局车务处

（1930年12月18日）

敬启者：敝校学生陈方伯等约共十余人，拟乘年假余暇于月之二十日上午十一时半，由津东站附贵路第三次车赴沈阳旅行，即在沈阳下车。特此恳请发给单程减价购票执照，俾便持以购票，前往旅行，是为至盼。此致

北宁铁路管理局车务处。

南中校长张〇〇

十九年十二月十八日

（南开大学档案馆藏）

致陈子文、陈彬龢

（1930年12月18日）

上海地丰路六号

接奉来片，惊悉太夫人忽赋仙游，不胜为悲悼者久之。纯孝若贤昆仲，自必哀毁异常。但礼无过情，古有古训，尚望注意及之。

苓拟月之二十三日南下到京，小作勾留，月底约可抵沪。附以奉闻，惟查照是幸。顺颂

子文、彬龢贤昆仲素安！

张伯苓拜启

十九年十二月十八日

（南开大学档案馆藏）

致王维宙

（1930年12月20日）

维宙先生赐鉴：

昨承枉驾，藉得畅领麈谈，快忭无似。拟呈汉卿副司令之函已缮就，敬请代转。一切蒙允费神之处，铭感不尽。苓不日即行南下，专肃奉托，统惟爱照。祇颂

勋安！

十九年十二月廿日

（南开大学档案馆藏）

致王维宙

（1930 年 12 月 22 日）

维宙先生赐鉴：

敬启者：日前奉上一椷，附烦致张副司令函一件，想蒙察照代转矣。感谢！感谢！兹因前蒙允代催特派员公署每月应拨敝校经费六千五百元之款，近两月者尚在未有消息。昨阅报，见北平学校已有蒙将应拨之款拨下者，而敝校徒殷盼望，焦急万分。敢乞先生力代致意，请速惠拨，并请以后按月早发，实深感德。此恳，祇颂

勋安！统惟爱照，不儩。

张伯苓谨上

十九年十二月廿二日

（南开大学档案馆藏）

致电饶伯森

（1930 年 12 月 22 日）

Robertson

Flamingo

Shanghai

Going to Nanking and Shanghai tomorrow.

Chang Poling.

（南开大学档案馆藏）

致张见庵

（1930 年 12 月 23 日）

见庵厅长先生赐鉴：

敬启者：昨于电车公司宴会席上得晤张副司令，蒙示以对敝校请省款补助事已代致意王主席，俾为关照，并嘱由学校速备请求公文送呈省政府。查敝校该项公文早经递上。此次既得张副司令嘱托，当可发生效力。日内有何消息，先生如得闻之，幸于中多多赞助，俾速玉成。至所感盼。祇颂

勋安！

张伯苓拜上

十九年十二月廿三日

（南开大学档案馆藏）

复朱君复

（1930 年 12 月 24 日）

君复先生大鉴：

前承委代觅教员，兹查有姜君子骥[①]，系姜立夫先生令侄，曾在敝校理学院毕业，谨以奉荐。如愿延聘，希示复，俾便转知。此布，顺颂

台安！

张伯苓拜启

十九年十二月廿四日

（南开大学档案馆藏）

① 姜子骥（1905—？），浙江平阳人。1925 年南开中学毕业。1930 年南开大学算学系毕业。后任南开中学算学教员。

致晏阳初

（1930 年 12 月 24 日）

阳初先生大鉴：

敬启者：现有学生陈德纯，本年六月间在敝大学商学院毕业，愿在平民教育界服务，恳请推爱，相宜一为位置。至托，至托。祗颂

台安！

张伯苓拜上

十九年十二月廿四日

（南开大学档案馆藏）

致江问渔

（1930 年 12 月 24 日）

上海中华职业教育社

问渔先生大鉴：

来函奉悉。王逢辛、赵泽宣、赵士谔三生既经第二次审委会审查合格，拟各给予全年补助金二百元。鄙人甚表同意，请即照办可也。此复，顺颂

台安！

张伯苓

十九年十二月廿四日

（南开大学档案馆藏）

致马庆云

（1930 年 12 月 27 日）

哈尔滨八站德昌和转

庆云贤弟鉴：

嘱代向特别区教育厅谋事，顷得周厅长函复，谓厅内人位已满，如愿屈就教职，必为竭力设法云云。兹另抄来函文附上一阅，如何之处，望即酌定示覆，以便转答为荷。顺询

时佳！

张伯苓手启

十九年十二月廿七日

（南开大学档案馆藏）

致王湘汀

（1930 年 12 月 31 日）

郑州陇海路五号

湘汀先生赐鉴：

敬启者：敝校前因先生急公好义，并对体育极具热心，故不揣冒昧，敢以体育馆及游泳池之计画上尘钧听。当蒙惠复，慨解义囊，允以大洋四千元相助为理，曷胜感激！兹复仰承函示，将该款四千元随汇来津，现已如数收讫。宏施盛德，长此流芳，春诵秋弦，讴歌不朽。专肃申谢。祗颂

勋安！诸希爱照，不宣。

张伯苓谨上

十九年十二月卅一日

（南开大学档案馆藏）

为呈请按月补助经费伫候核准施行由致王树常

（1930年12月）

为呈请事。窃敝校性属私立，基础极为薄弱，设备既多缺欠，经费尤感不敷，年来需用浩繁，倍形支绌，负债累累，为数甚巨。即以大学一部本年预算言，入一十八万九千余元，出则为廿六万三千余元，不敷七万三千余元，上年不敷一十四万三千余元，二共亏款廿一万六千余元。再，合之男、女两中学部历年积欠，总计四十一万八千余元。长此以往，为累不堪，校务又何望再谋发展。顷为挽救万一计，敬请由我省政府月拨万元，藉苏涸辙。

查敝校大学为河北省唯一私立大学，从未曾得省款补助，今不得已而呼吁，自应仰蒙亮察，予以维持。为是备文上恳，伫候核准，如请施行，不胜祷盼。谨呈

河北省政府主席王。

南大校长张〇〇

十九年十二月□日

（南开大学档案馆藏）

致陈雪暄

（1930年[1]）

雪暄先生赐鉴：

㠯辉久隔，驰慕弥殷，敬维勋望日隆为颂。广、康二位公子在校安适，功课亦较前进步很多，知注特以告慰。敝校年来受时局影响，经济非常困难，但各部来学学生仍极踊跃，即以女中部而论，宿舍已无复再容一人，非赶紧扩充不可。因忆向者在山东晤教时曾蒙面允为敝校帮忙，嗣经以女学校舍一所，函

① 此日期为编者根据相关信函内容推断。

请成就，为太夫人作纪念，或概助基金，亦可大显扬，以维教育，想已早在酌核捐囊施行中。敝校待惠迫切，倘已决定办法，幸乞明示，以慰企盼。祇叩
钧安！

张伯苓谨上
年　月　日[①]
（南开大学档案馆藏）

致荆雪岑

（1931年1月1日）

雪岑先生赐鉴：

敬启者：日前因需款孔急，曾烦王维宙先生致意，请将敝校十月份经费速赐拨下，随接维宙先生覆称，可派人去领。敝校遵即托金城银行代办，务请照付。至于十一月份经费几时可以拨发，能将日期早予一并示知，尤为感激。幸祈格外多多关照，不胜盼切之至。祇颂
勋安！

张〇〇
二十年一月一日
（南开大学档案馆藏）

附：傅恩龄致王维宙（1931年1月6日）

维宙先生赐鉴：

敬启者：日前敝校长伯苓先生恳请代向荆特派员催拨经费，蒙惠覆，谓已代致意，当能办到，可即派人去领。敝校遵即烦金城银行前往，讵仍未得领下。现隔多日，尚无消息。校中待用孔急，非常焦灼。敝校长现去南京，恳念此款，频频函询，并嘱如仍无信拨发，可再求我公为力，一代吹嘘。谨此肃布以闻，不胜祝祷拜乞之至。祇颂
勋安！

---

① 原文如此。

傅恩龄谨上

二十年一月六日

（南开大学档案馆藏）

致电南开中学

（1931 年 1 月 7 日）

南开中学：盐款速请维宙先生代催。中央饭店，苓。

（南开大学档案馆藏）

致邹督办岳楼[①]

（1931 年 1 月 8 日）

辽宁洮安兴安屯垦公署

岳楼先生赐鉴：

企瞻幬宇，时切神驰。比维勋望崇宏，履端增庆，为颂无量。公子及令侄女学业均极见进步，知注特以告慰。苓置身学校，将三十年，信教育可以救国，故努进不遗余力。奈经费支绌，一切设备缺欠颇多。即以体育而言，为今日教育所共视为重要者，而设备不完，终属无法发达。现在敝校男女学生，共达两千四百余人，经苓提倡，多知于体育注意。所有陆地各项运动，及水上游泳等，均感兴致勃勃。敝校为学生风雨寒暑便于练习起见，曾有于最短期间，先行筹设体育馆一处之计划，但因力不能举，致有徒托空言之叹。现由工程师估价，约需五万之谱。按敝校向例，凡能以单独捐款，为敝校起一建筑物者，当以捐款者之名名建筑，藉留纪念，以垂不朽。久仰先生急公好义，对提倡体育，尤具热忱。敢乞慷慨解囊，促成壮举，单独捐助，流芳无穷，最所企盼。否或代

① 邹岳楼，名作华（1894—1973），字岳楼，吉林永吉人。1917 年入日本士官学校学习炮兵科。时任兴安屯垦公署督办。

为募集，亦敝校所深为钦感者。专此，不胜馨香祝祷之至。祗颂
钧安！

张伯苓谨上
廿年一月八日
（南开大学档案馆藏）

致宋子文

（1931年1月16日）

子文部长先生赐鉴：

日昨得接光仪，未获畅领麈谈为歉。苓年前赴京谒见蒋主席，蒙垂询北方学务綦祥，具见注重教育之深意。刻值建设开始，关于财政方面得先生以裕国宏谟相助为理，一切皆呈熙和景象。此次在京目睹忭慰，真莫可名言。

苓草茅末学，只以抱定教育救国宗旨，故办学三十余年；虽艰苦备尝，不敢稍易其心志。现仰赖群力协助，由师生数十人之此二小组织，已逐渐扩成为大学、男女两中学、小学四部，学生达两千六百余名。历次毕业生两千余名，各界服务者皆有。学生学籍遍及国内各省及海外。全校校舍、设备及基金为数已达三百六十余万元。历届学生都能孜孜于学业。学风尚称淳良。但办学无止境，仍不敢不益求进步。谨将印就之概状[况]小册附上一本，请赐察阅。倘蒙特别匀暇，惠临演说、示训，最所企盼。否则，亦乞命驾，一为参观，稍副全校师生之景仰，则幸甚矣。祗颂
勋安！

附小册一本。

△△△谨上
廿年一月十六日
（南开大学档案馆藏）

致徐燕谋[1]

（1931 年 1 月 17 日）

威海卫管理公署

燕谋先生大鉴：

敬启者：苓前在京，蒙函委代考小学教员十人，并将待遇一切情形示知，均经领悉。现已返津，尊处对该项考选事如无他议，苓拟于日内即将举行。特此函达，并希示复为荷。祇颂

台安！

张伯苓拜上

廿年一月十七日

（南开大学档案馆藏）

致电徐燕谋

（1931 年 1 月 20 日）

威海卫管理公署徐燕谋先生：沁（27 日）举行考试，结果届时电闻，惟期过促，恐难慎选。伯苓。

（南开大学档案馆藏）

附：徐燕谋致电张伯苓（1931 年 1 月 19 日）

南开张伯苓先生：威地小学二月一日开学，尊处考选及格教员能有几人来威，希将姓名、确数及行期电示为荷。弟徐祖善。皓。

（南开大学档案馆藏）

---

① 徐燕谋，名祖善（1889—？），字燕谋，江苏无锡人。早年毕业于南京海军学校，后赴美国，入麻省理工大学，获海军造船学硕士学位。归国后历任驻英国使馆海军随员、北京政府海军部科长、天津海关监督、行政院威海卫管理公署专员、青岛市政府秘书长。

附：徐燕谋致电张伯苓（1931 年 1 月 24 日）

南开张校长鉴：篠（17 日）函敬悉，考选时请多备取十人为荷。徐祖善叩。敬。

（南开大学档案馆藏）

致徐燕谋

（1931 年 1 月 20 日）

燕谋先生大鉴：

昨接来电后，当即拍覆一电，想蒙鉴悉。刻正出广告招考，考期定于一月廿七、廿八两日，结果如何？容再报告。不过投考者寒士居多，其去时之川资。将来拟请一律由贵公署照发。此苓之代为主持者，务希予以同意为荷。祗颂
勋安！

附广告一纸。

张伯苓拜上
廿年一月廿日
（南开大学档案馆藏）

致沈戟仪

（1931 年 1 月 22 日）

上海迈尔西爱路大安坊九号

戟仪先生大鉴：

敬启者：苓于年前十二月廿三日赴京。校中接得大函，系在十二月廿七日，彼时苓已离校四五日，故未得即行展读；积压至日前归来方始诵悉，有稽裁答，抱歉万分。二世兄之事，因校中在职人员一时均未有更动，苦无空额可补；欲为增设一席，又因经济困难，未能办到。谨此据情奉复，尚乞台端多多予以原谅是幸。顺颂

时绥！

张伯苓拜上

廿年一月廿二日

（南开大学档案馆藏）

呈复济运桥工款未能由小站学田租入协助查照由

呈河北省政府

（1931 年 1 月 22 日）

为呈复事：案奉钧府第三五五号函开：“于兴修济运桥工款，因小站营田局不允协助，致案悬至今未决。查民国七年修葺济运、开成两槽，曾由该营田局经征租款拨支有案，现在此项营田九百余顷业拨归贵校作为学田，据贵校呈报文内称，有修河修桥等项，是修桥协款已列入开支项内，嘱查照前案拨给”等因，奉此。

缘敝校前呈钧府文内所称修桥修河等项，系指接管校田界内最有关切之各桥、河、闸共有十余处，历年岁修约需九千余元，并未计及校田界外各桥河。查济运桥在减河上游，距小站一百余里，既不在接管范围之内，虽系事属公益，实亦无力顾及。而减河管理权属于河务局，两岸滩地及租款亦归河务局经管，在其管辖范围内，所有桥梁及建筑等项自应归其筹画办理，他人难以越俎代筹。且该桥兴修又在数年以前，他人尤难置喙。卷查前营田局虽曾补助开成等桥工款，然彼时营田、河务全归省署管辖，经征租款报解省库，修桥、修河又属省政，此项协款奉令由解库款内开支，系以省款办理。省政原无界限之可分，现在性质既经变更，今昔情形又复不同，未可引以为例。

况敝校承蒙拨此营产充作校田，原为补助教育经费，实难挪作他用，致负公家捐产兴学之至意。是该桥工款尤不能援以前营田局旧例办理。且敝校接管时，所有十九年租款业经前营田整理局预征过半，敝校征收已属无几，自接管后，因兴农桥闸损坏不堪，于小站一带田产关系綦重，兴工修葺费用甚巨。现值与校用有关各耳河及各桥闸等项又须兴修，尚属无法开支，实难再行协助济运桥工款。合亟据情呈复，即希查照为荷。谨呈

河北省政府。

南大校长张伯苓
廿年一月廿二日
（南开大学档案馆藏）

复张皞如函

（1931年1月23日）

河北元纬路西口七马路一号

皞如吾弟大鉴：

手书读悉。马铁仙先生欲在敝校谋一国文教席，极愿奉约。不过原有在职人员目下均未更动，苦无空额可补。所有一时无法借重之处，尚祈转致，请多多予以原谅是幸。复颂
日祺！

张伯苓拜启
廿年一月廿三日
（南开大学档案馆藏）

致陈一甫①

（1931年1月26日）

一甫先生大鉴：

敬启者：敝校起建范孙楼，向蒙慨允解囊捐资为助，非常感谢！年前十二月廿五日，因需用孔急，曾上一械，请将捐款惠下，藉济燃眉，计邀察览。现

① 陈一甫（1869—1948），名惟壬，以字行，号恕斋居士。祖籍安徽石埭。1912年任启新洋灰公司总事务所经理，后改驻津办事处坐办。1924年，任开滦矿务管理局正主任董事。1932年，任启新洋灰公司总经理，转年退职。

事隔多日，尚未奉有消息，谨再肃此，仰乞先生速以佳音见覆。不胜祷盼。祇颂
台安！

张伯苓拜上
廿年一月廿六日
（南开大学档案馆藏）

致张汉卿

（1931年1月26日）

辽宁

汉卿先生赐鉴：

敬启者：敝校原有元年公债整理债券一百卅万元作为基金，前由财政部饬河北财政特派员每月拨给六千五百元充校中经费，历有年所。当于去岁秋间政局接替时，曾欠发一月，经苓请补发，而荆特派员未敢擅专。现伊正在辽参与会议，可否即请先生就近谕令，将所欠敝校一月经费六千五百元设法补发。出自逾格惠爱，肃此，不胜祷盼。祇叩
伟安！

张伯苓谨上
廿年一月廿六日
（南开大学档案馆藏）

致荆雪岑

（1931年1月26日）

雪岑先生赐鉴：

敬启者：接奉一月十七日惠函，承示接事以来，对敝校经费（十月份及十一、十二两月份）拨付已经足额，非常感激，谢谢！

戚女生玉洁欲来敝中学部插班肄业，理应如嘱即予免试收入。惟其程度究竟宜于何班，似非经考试，不能确定。拟请其预为报名，随其他报名新生同考。考时，定当特别关照，以期无负我公及潘绍文先生谆嘱之至意。兹附上报名书、简章各一份，统祈转致查照，并令将报名书填毕，早为送缴为盼。祗颂
钧安！

潘绍文先生均此奉覆致候！不另。

张〇〇谨上
廿年一月　日
（南开大学档案馆藏）

致民国廿年全国运动大会筹备委员会

（1931年1月30日）

敬覆者：惠函奉悉，《竞赛规程》一份已收到。委担任竞赛委会委员一席，谨当承认，附诸公之骥尾。即希查照为荷。此致
民国二十年全国运动大会筹备委员会。

张伯苓启
廿年一月　日
（南开大学档案馆藏）

致林健民

（1931年1月31日）

青岛蒙阴路五号

健民贤弟大鉴：

来函诵悉。代介郑次长函已收到，容几时到京，当持往晋谒也。仆于郑次长久切识荆之想，今得吾弟为介，将来学校有事相需，又可得一有力之指导，何幸如之！吾弟对母校关切若此，感甚，谢谢！顺颂

时绥！

张〇〇

二十年一月卅一日

（南开大学档案馆藏）

致电徐燕谋

（1931年1月31日）

威海卫管理公署徐专员鉴：报考十三人，录取七人，二日乘利生轮赴威，是否续招，电复。伯苓。

（南开大学档案馆藏）

附：徐燕谋复电张伯苓（1931年2月1日）

南开张校长鉴：世（31日）电悉，俟七人到后再定，特覆。祖善。东。

（南开大学档案馆藏）

致孙哲生

（1931年2月2日）

铁道部

哲生部长赐鉴：

棨辉时企，维楙树新猷为颂。兹敬启者：刘君炽晶，年卅岁，滦县人，先在敝中学部毕业，嗣又毕业于大学部，得商学士学位。一千九百二十六年蒙前交通部派赴美留学路政，现已归来。其为人恂谨好学，是青年中之极有才干者。顷闻在贵部服务，敢乞关照，随时进而教之，多多予以提挈。至所感荷。祇叩勋安！

附履历一件。

张伯苓谨上

廿年二月二日

（南开大学档案馆藏）

致黄汉梁[1]

（1931年2月2日）

汉梁次长钧鉴：

苓月前在京，值尊驾适沪，未得晋谒，至以为歉！日后遇机，定当趋领麈谈，一伸景慕。兹敬启者：刘君炽晶，年卅岁，滦县人，先在敝中学部毕业，嗣又毕业于大学部，得商学士学位。一千九百廿六年蒙前交通部派赴美国留学路政，现已归来。其为人恂谨好学，是青年中之极有才干者。顷闻在贵部服务，敢乞关照，随时进而教之，多多予以提挈。是所切托。祇颂

勋安！

附履历一件。

张伯苓谨上

廿年二月二日

（南开大学档案馆藏）

致钱乙藜

（1931年2月3日）

南京国民政府

乙藜先生赐鉴：

月前在京，一切辱蒙费心照拂，感谢无似！顷者敝校正忙考试，苓一时不克分身外出，而经济恐慌已达极点，自不能不急于设法维持。现特缮就呈政府

① 黄汉梁（1892—？），福建厦门人，毕业于清华学校，后获美国哥伦比亚大学哲学博士学位。1930年后历任铁道部常务次长、财政部次长等职。

及行政院、教育部文各一件，吁请补助。兹随函附上，可否即请我公劳神，分别代为呈递外，并有上主席函一械，务乞面呈，并相宜力代吹嘘。至所感荷。祇颂

勋祺！

钱太太前同此请安！不另。

附函一件，呈文三分。

张〇〇拜启

二十年二月三日

（南开大学档案馆藏）

致蒋主席

（1931年2月3日）

主席钧鉴：

谨启者：月前在京觐谒，蒙赐训诲，并宠以珍馐，至今犹感！现值建设开始，而整顿学风，提振教育，实属根本大计。我主席注重在此，真令人钦企莫名。苓草茅末学，本无知识，只以认定教育可以救国，故愿终身于南开学校而不稍易其志向。不过校属私立，基础薄弱，筹款极为艰难；虽校务进展将来无限乐观，而经济维持目前实无能为力。左右思维，不得已，惟有沥陈下情，备文呈恳中央特别缓手。幸乞我主席关照主持，准如所请，鸿施立沛，则感德不尽矣。祇叩

伟安！

张〇〇谨上

二十年二月三日

（南开大学档案馆藏）

致孙访渔

（1931年2月5日）

南京教育部总务司第一科

访渔贤弟如晤：

日昨接来函，得悉吾弟已在教部总务司服务，甚以为慰。下次赴京时，定当往访，畅谈一切也。覆此，顺问

近佳！

张伯苓拜泐

二十年二月五日

（南开大学档案馆藏）

致朱经农

（1931年2月5日）

南京考试院考选委员会

经农先生赐鉴：

日昨接奉大札，敬悉一一。惟孟禄先生两星期前已过此赴京，惜未能将知行兄事与之面谭也。务乞转达任之兄，请伊俟孟禄先生回沪时，再设法与之详商也。前在京畅叙甚欢，下次赴京，仍当趋谒崇阶，藉聆教益。此复，祗颂

钧安！

张伯苓拜启

二十年二月五日

（南开大学档案馆藏）

致李煜堂[①]

（1931年2月5日）

哈尔滨道外北九道利侨垦植公司

煜堂先生惠鉴：

久企高风，惟以未得一接光仪为憾！兹敬有恳者：敝校商学院毕业学生陈德纯，湖北汉川人，赋性忠实，学识亦优，对于垦植事业最所欣慕。用特代为介绍，敬乞关照，相宜予以位置，俾资实习，是所切盼。祗颂

台安！

张伯苓拜启

廿年二月五日

（南开大学档案馆藏）

致天津日本人商业会议所

（1931年2月5日）

〈天津日租界〉福岛街

敬复者：接奉来函，读悉一一。尊谭化验锡块之事，敝校可以办理。如一次化验，可不收费；如多次，当为酌收。此复，即请

天津日本人商业会议所台鉴。

张〇〇

廿年二月五日

（南开大学档案馆藏）

① 李煜堂（1851—1936），名文奎，广东台山人。早年参加孙中山领导的革命活动。曾任大元帅府参议、中央财政委员会委员、广东实业集团董事等职。

呈行政院、教育部①

（1931年2月5日）

呈为沥陈办学经过及目前困难，恳请赐予维持事。

窃维属校之创设，胚胎于清季光绪二十四年严范孙先生之家塾。光绪三十年募得校址十余亩，严先生捐钜金筑成校舍，始于翌年移至现在之南开，惨淡经营。至民国初年，学校基础略定，然此时不过一中学规模。嗣以社会要求与环境需要，乃陆续于民国八年又成立大学部、十二年增女子中学部、十七年增小学部，至是乃得完成自小学而至大学之阶梯。今共有学生二千六百余名，历次毕业生已两千数百名，学生学籍遍及国内各省及海外。且各生都能孜孜于学业，学风尚称淳良。

惟学生年有增加，而设备不全，校舍不敷，年感艰苦。自成立迄今三十余载，徒以限于经济，无法得达预期之成效，每一念及，辄觉惭悚交并。查敝校历年校舍之建筑、设备之添置，以及经常、临时费用，大都得自社会人士之捐助，但每年收入仍不敷支出，历年负债已达四十余万元。以一学校教育机关而经济调度困难如此，致苓日劳劳奔走于经费之筹措，精力不克专一办学，至此诚堪浩叹。

刻本学期已经结束，下学期又待擘划，旧债新款相逼而来，敝校至此非有相当之补助，实难维持。窃维目前大局底定，政重建设，又适值主席兼长教育，抱提倡文化、整饬学风之决心，万方共仰。属校虽办理无方，成绩极鲜，但已略具规模，兹后匡求扶持，端仰赖于政府（钧部院）。况公、私学校同为国家培育人才，如政府（钧部院）衡量私校之成绩而予以补助，则所耗国帑者极微，而成效独著，更可以资鼓励。

兹谨将困难情形迫切沥陈，恳请我政府（钧部院）顾念敝校艰苦实况，按月拨给维持费两万元，藉济眉急。将来国库稍裕，属校更望能继续予以充分补助，俾资扩充。临呈迫切，伏乞即赐核准惠施，实为德便。

（南开大学档案馆藏）

① 此为上报国民政府行政院、教育部的呈文，因文同，故书一稿。题目是编者加的。

致张连波[①]

（1931 年 2 月 6 日）

日本东京下马込町清水洼三五八〇

连波贤弟大鉴：

来函读悉。委事理应照办。不过仆生平最重信实。对于吾弟造诣情形如何？目前非所深知。往日已成过去，虚言之既非所愿，实言之亦于弟无补；最好请吾弟别觅相当介绍，或不致误。所有仆一时未能如命之处，高明如吾弟，知必见谅于格外也。复询

学佳！

张伯苓拜启

二十年二月六日

（南开大学档案馆藏）

致潘序伦[②]

（1931 年 2 月 6 日）

南京主计处

序伦先生惠鉴：

敬启者：敝商学院毕业学生陈君德纯，湖北汉川人，为人极其忠厚，在商学院所学主系为银行学，副系为会计学，成绩均能及格。现极愿觅一相当机会，藉以实验所学。先生对提挈后进最称热心，特代介绍，幸祈关照，相宜予以栽培，不胜祷盼。祇颂

---

① 张连波（1904—？），字海澜，辽宁抚顺人。1922 年前后在南开中学肄业。

② 潘序伦（1893—1985），江苏宜兴人。上海圣约翰大学毕业后赴美国留学，先后获哈佛大学企业管理硕士、哥伦比亚大学经济学博士。1927 年创立“潘序伦会计事务所”。后创建立信会计专科学校。

大安！

张伯苓拜上

廿年二月六日

（南开大学档案馆藏）

致电陈彬龢

（1931年2月6日）

济南青年会陈彬龢先生鉴：何时抵津，请示知。伯苓。

（南开大学档案馆藏）

致电应尚德

（1931年2月6日）

ZT ING

Waichiaopu, Nanking

Please make six reservations for Dr. Washburn and party one arriving Tuesday others Wednesday.

Chang Poling.

（南开大学档案馆藏）

致电应尚德

（1931年2月8日）

南京外交部应尚德先生：瓦士邦到京时见王总长，请介绍。伯苓。

（南开大学档案馆藏）

致孔庸之

（1931年2月10日）

庸之我哥赐鉴：

敬启者：现有马君杰，河南众山人，年三十岁，民国十四年曾毕业于北平清华学校，毕业后，蒙以官费送美留学，入欧海欧大学之文理学院。民国十六年毕业，随入该校研究院化学工程系，十七年，得科学硕士。是年夏，入墨茵省立大学研究院化工学系，专学造纸。秋，入爱康大学专习制造及化验橡皮等课程。十八年春，仍返欧海欧大学研究院，继续研究各种实业问题。十九年夏，在化学工程系得哲学博士学位。有著作发刊，并有作事经验，在美数年攻苦，心得宏多，实为不可多得之人才。弟游美时知之甚深。

马君今已归国，遇有机会，伊之襄助为理，定必有相当之贡献。特此肃函为介，倘蒙我哥相宜予以录用，实业前途幸甚。弟不胜代祝代祷之至。祇叩勋安！

附履历一件。

张伯苓拜上

廿年二月十日

（南开大学档案馆藏）

致邵铁汉[①]

（1931年2月10日）

北平市教育馆

铁汉贤弟鉴：

---

① 邵铁汉，字刚如，天津人。1921年毕业于南开中学，1925年毕业于南开大学。在大学读书时曾受聘万家宝（曹禺）的家馆。毕业后任北京香山慈幼院教师。后筹建天津市商科职业学校，任校长。

来函读悉。约充董事，本当承认。惟因南开校务忙碌，赴平又费时间，董事会不能出席。有名无实之事以不作为是，乞向瑎暇弟解释之。此复，顺颂
时祉！

伯苓拜泐
廿年二月十日
（南开大学档案馆藏）

致朱少屏[①]

（1931年2月10日）

上海卡德路寰球中国学生会

少屏先生大鉴：

接来函，敬已领悉。华虚明博士已于前日离津赴京，想现时已到沪矣。此复，惟查照是幸。顺颂
台安！

张伯苓拜上
廿年二月十日
（南开大学档案馆藏）

致毛少泉

（1931年2月10日）

本市河东李公楼墙子河下坡合浦村问交

少泉先生大鉴：

暌教有年，顷忽接奉朵云，颇慰怀想。弟滥竽教育界将卅余载，为南开筹经费，年来奔走国内外，几于席不暇暖，劳人草草，历碌殊难名状。现在校款

① 朱少屏（1882—1942），名葆康，字少屏，上海人。时任寰球中国学生会总干事长。

仍苦支绌局，弟个人经济方面因挑费增重，尤感异常困难。对于我哥之告贷，实不能为力也。愧甚！尚乞多多见谅是幸。覆颂

台安！

弟张伯苓拜启

二十年二月十日

（南开大学档案馆藏）

致侯宝山

（1931 年 2 月 10 日）

宝山先生赐鉴：

久未通候，正切葭思，忽奉朵云，欣如觌面。就谂起居嘉喜，凡百吉羊为颂。令爱欲来敝校投考，预备将来进电机工程科，以女子而有志于此，洵为得未曾有，钦佩之至。惟敝校本学期不招插班生，令爱只得在外，将应考之功课先多多预备，俟暑假敝校招生时，再行报名。新章尚未付印，兹先附上旧章程一份，所载各项相差不多，希检入查阅为荷。覆颂

大安！

附章程一分。

张伯苓拜启

廿年二月十日

（南开大学档案馆藏）

函缴填就表格请查入由
致中国国民党天津市党务整理委员会（中字一二七号）

（1931 年 2 月 10 日）

敬覆者：接奉贵会第六八号公函，并附《天津市各学校概况调查表格》一

份，嘱为详细填写。现已填就附上，即希查入为荷。此致
中国国民党天津市党务整理委员会。

南中校长张伯苓
廿年二月十日
（南开大学档案馆藏）

致天津市土地局

（1931 年 2 月 12 日）

敬启者：敝校于十七年曾购得南开华兴公司空地一段，坐落南开敝中学部操场对过，充作小学部校舍基址，相应据情报告，成立红契，以符定章。查敝校所有购置需要地段，在贵局投税历皆蒙援照优待公益机关成例，准予免纳契税在案。今小学基址事同一律，仍乞俯赐援例施行。至纸费与调查等零费应出若干，均当静候示遵，奉缴不误。此上
天津市土地局。

南中校长张〇〇
廿年二月十二日
（南开大学档案馆藏）

致王捷侠

（1931 年 2 月 13 日）

平市教育局

捷侠贤弟大鉴：

顷接河北省立工业学院院长魏元光君来函，为北平职业学校校长李潭溪谋继续任职，浼代向吾弟函托。兹将原信附上，如何之处，即请吾弟查阅，一为裁酌可也。顺颂
勋祺！

张伯苓拜启
二十年二月十三日
（南开大学档案馆藏）

致魏元光

（1931年2月13日）

元光先生大鉴：

接奉来函，祇悉一一。委代函托王捷侠局长之事，业经照办付邮，径行寄往矣。此复，敬颂
台安！

张伯苓拜启
二十年二月十三日
（南开大学档案馆藏）

致沈子和

（1931年2月13日）

河北汉桥外大元号后忍安里三号

子和先生赐鉴：

顷接来函，承示以书法、武术兼习秘诀，并赐观以反腕所书之寿字，本无敌无畏之精神，振凌古铄[烁]今之异彩，真斯世艺术界所叹为得未曾有者。今先生欲以此增益于后进，且欲鄙人出为提倡，俱见热心教育之一斑。甚佩！甚佩！不过鄙人年来因学校亏款，故向国内外奔走呼吁，几于席不暇暖，虽对尊艺极端敬慕，但一时从而提倡，实在未能顾及。幸乞高明有以谅之。祇颂
台安！

张伯苓拜启
廿年二月十三日
（南开大学档案馆藏）

致袁涤庵[①]

（1931 年 2 月 13 日）

北票

涤庵先生赐鉴：

律转春和，惟履祉增绥为颂。兹敬恳者：敝高级中学部商科毕业学生二人，一陈家麟[②]，天津籍，年二十三岁；一朱继智[③]，浙江绍兴籍，年卅二岁，操行均极恂谨，办事亦有才干，胥愿在贵公司谋一服务机会，藉资练习。先生提拔后进，素具热心。特用代为介绍，幸乞推爱，一并予以位置，是所切盼。祇颂大安！

附履历二件。

张伯苓拜启

廿年二月十三日

（南开大学档案馆藏）

致车向忱[④]

（1931 年 2 月 14 日）

辽宁省城大南门里国民常识促进会

向忱先生惠鉴：

许久未接光仪，忽奉朵云，欣如觌面。承示年来种种唤起民众工作，具见惠爱同胞之热心，真令人万分钦佩。苓以学款支绌，频年奔走国内外呼吁救济，

① 袁涤庵（1881—1959），名翼，又字鸿缙，浙江嵊县人。时任北票煤矿董事长兼总经理。

② 陈家麟（1907—？），字子祥，天津人。1929 年南开中学毕业。

③ 朱继智，字仲良，浙江绍兴人。1929 年南开中学毕业。

④ 车向忱（1898—1971），原名车庆和，辽宁法库人。1925 年毕业于北京中国大学，时任奉天平民教育促进会总干事。

席不暇暖，殊乏善状可言。先生高明，其将何以教我。黄生绍武现已考取入校，随同上课。其住宿系在南开敝中学部附近租房，与其表兄刘镇江同居，一时尚称安适。谨此复布以闻，诸惟查照是幸。祗颂
台安！

张伯苓拜上
廿年二月十四日
（南开大学档案馆藏）

致张西卿

（1931 年 2 月 14 日）

市公安局
西卿局长先生赐鉴：

多日未聆麈教，驰慕为劳。顷奉朵云，浣诵之余，就谛公望益隆，欣颂无似。日前敝中学部招考，高尚志先生哲嗣克龙君曾来应试，当因成绩差池，恐其不克随班，故未录取。兹承函示该生少年英俊，颇肯用功，并以相片偕来，自应特别设法收入，以副该生向学之殷望。即请先生费神转知，俾于下星期一、二日到校可也。谨此报命，诸惟爱照。祗颂
勋安！不一。

张〇〇谨启
廿年二月十四日
（南开大学档案馆藏）

致邵刚如

（1931 年 2 月 16 日）

北平市通俗教育馆
刚如贤弟鉴：

接来函，知稀公中学已由教局接收，委吾弟临时代理校务，并改组超然董事会，以期学业不致中辍，办理甚善。仆日前之所以不敢担董事名义者，委因事忙，不能顾及。兹嘱勿却，得勉为承认，尾附于其他董事诸公之列。不过将来遇有开会时，或者不能如期前往列席，难免中怀滋愧耳。覆颂
春绥！

张〇〇拜泐
二十年二月十六日
（南开大学档案馆藏）

致傅若愚

（1931年2月16日）

上海青年协会

若愚先生大鉴：

月前沪上匆匆一晤，未能畅聆教益为歉。兹由天津金城银行汇上银一百元，作为朱成章兄之奠礼，乞转交为盼。肃此，顺候
公安！

弟张伯苓上言
廿年二月十六日
（南开大学档案馆藏）

复天津市公共体育场董事会

（1931年2月18日）

敬覆者：接奉贵会第二号公函，承以名誉董事一席见委，谨当承认。不过鄙人事忙，将来对贵会一切或无不能多有裨助，为可愧耳。此致
天津市公共体育场董事会。

张伯苓拜启

二十年二月十八日

（南开大学档案馆藏）

致上海信托股份有限公司

（1931年2月19日）

上海

径覆者：接奉来函，以召集临时股东会见告，鄙人对于在贵公司入股事茫然不悉，何由说起。想其中当有误会处，请贵公司再加以详查见示。此复
上海信托股份有限公司。

张伯苓启

廿年二月十九日

（南开大学档案馆藏）

致马杰

（1931年2月20日）

敬覆者：来函读悉。履历已收到。兹特缮就为介绍孔庸之部长一函附上。或留持往实业部投递，抑或乘其北来就近投用，均无不可。请台端自行酌量可也。此复，即颂
大安！

附函一件。

张伯苓拜启

二十年二月廿日

（南开大学档案馆藏）

致张西卿

（1931 年 2 月 20 日）

西卿局长先生钧鉴：

敬启者：高生克龙业已到校，归入初中一年级附生。暑假如能考试及格，便可升为正生。纳费一节，附生本应比正生加倍，兹令该生按正生交纳。谨将该生附学情形奉布以闻，仰惟查鉴是幸。祗颂

勋安！

张伯苓拜启

廿年二月廿日

（南开大学档案馆藏）

致钱乙藜

（1931 年 2 月 20 日）

南京国民政府

乙藜先生赐鉴：

敬启者：前恳之件承覆示已为达到，欣感无似。谢谢！现在本学期开课已经多日，校中一切均尚托庇顺平。苓拟于本月廿七日晚附平浦车再赴南京一行，晤教匪遥，谨此预肃以闻。祗颂

勋安！

张伯苓拜上

二十年二月廿日

（南开大学档案馆藏）

致女青年会

（1931年2月21日）

敬覆者：来函奉悉，临时章程亦收到。贵会集资将建新会所，极端赞同。组织募捐大会，分队进行，具见诸先生热心，非常钦佩。议以苓为交际股正股长，理应承认。不过鄙人年来校务繁忙，委实碍难再顾及其他。若徒膺虚名，又非心之所愿。不得已，惟有请取销成议，另选贤能，并望多多予以原谅是幸。此致

天津基督教女青年会。

张伯苓拜启

廿年二月廿一日

（南开大学档案馆藏）

致项子和

（1931年2月24日）

子和先生赐鉴：

敬启者：苓将于月之廿七日晚附平浦车由津启程南下，抵京后再酌时赴安庆一行。拟请代书一函，为介高凇荃先生。倘蒙一二日书就惠下，俾便携带，最所感激。费神容晤谢。此恳，不胜企盼。祗颂

大安！

张〇〇

廿年二月廿四日

（南开大学档案馆藏）

致上海信托股份有限公司董事会

（1931年2月26日）

敬覆者：来函奉悉。鄙人并未有在贵公司入股之事，想确系出于误译。兹将前寄之通知书缴还，即请检入注销可也。此致

上海信托股份有限公司董事会。

张伯苓启

二十年二月廿六日

（南开大学档案馆藏）

致丁佑曾[①]

（1931年2月26日）

佑曾贤弟大鉴：

来函诵悉。嘱补发毕业证书，此事如在可能范围以内，自应照办。所惜查诸以前，既无成例可援，而教育部对学生毕业证书又极非常重视，其必不能稍予通融可知。即令具呈说明事实，亦恐无效。所有不克如命之处，委实有所碍难。吾弟高明，想能鉴原于格外也。覆颂

秋绥！

张伯苓拜启

二十年二月廿六日

（南开大学档案馆藏）

---

① 丁佑曾（1893—1987），又名树筠，号人右，浙江绍兴人。1922年毕业于南开大学经济系。

致沈子和

（1931 年 2 月 26 日）

子和先生台鉴：

日昨枉驾，因冗未得接晤，歉甚！鄙人以私人资格滥竽教育，年来苦校用支绌，家计亦窘，故对乐为之事均不能如愿应付。日内又须外出，向各方作将伯之呼。草草劳人，可发一叹。先生法书愧一时无暇研究，谨将原件缴还，请查入，无庸赐款，一切惟鉴谅是幸。祇颂

大安！

附寿字中堂一件。

张〇〇拜启

二十年二月廿六日

（南开大学档案馆藏）

致张西卿

（1931 年 2 月 27 日）

西卿局长先生赐鉴：

敬启者：敝校初级中学第二年级学生宋寿椿[①]，日前出校未归，闻为贵局捕去拘留。当询之斋舍股长，据云，该生平素颇知用功，亦无不安分情事。似此情形，谨为专肃上恳，敬请关照，准予保释回校，俾免有荒学业。不胜待命祝祷之至。祇颂

勋安！

张伯苓拜上

廿年二月廿七日

（南开大学档案馆藏）

① 宋寿椿（1915—？），字灵萱，辽宁安东人。1929—1931 年在南开中学初中肄业。

致徐燕谋

（1931 年 2 月 27 日）

燕谋先生大鉴：

接来函，敬悉敝校代垫之旅费洋九元二角已拜收勿误。威埠学风经先生热心提倡，前途发达，将来自未可量。到任之教员甚望其均能努力尽职，此亦鄙人所为代祝代祷者也。覆颂

勋安！

张伯苓拜启

二十年二月廿七日

（南开大学档案馆藏）

为呈领军事教育参考挂图请赐发由呈训练总监部

（1931 年 3 月 1 日）

为呈领军事教育参考挂图，仰祈查鉴赐发事。窃前由河北教育厅转教育部令，饬敝大学及敝中学部同赴贵部领取军事教育参考挂图，顷遵照派秘书伉乃如前往请领，即乞查鉴，如请一并赐发，实为公便。谨呈

训练总监部。

南大校长张伯苓

廿年三月一日

（南开大学档案馆藏）

致卞白眉、林凤苞

（1931 年 3 月 10 日）

中国银行

白眉、凤苞先生钧鉴：

敬启者：去年范士奎、周维藩蒙收录服务，据闻该二生在行成绩尚佳，各人所得亦多。承二公陶镕，篆铭无似。本年暑假毕业又有曹汉奇、马肃二生，胥有志于银行界，特代介绍。幸祈准予一并录用，俾资练习，同受栽培之惠，则弥感不尽矣。祇颂

春安！

张伯苓拜上

廿年三月十日

（南开大学档案馆藏）

为作保请发留美三个月学宿费以便应用由呈天津市教育局文

（1931 年 3 月 11 日）

为愿代作保，恳请拨发留美学宿费，以便携带应用事。窃敝大学毕业女生卞学钧，前与贵局保送赴美留学考试，仰蒙录取，现因启程在即，拟携带三个月学宿费前往，专为到美时入学备用，绝不作他项滥费。为是特代作保，恳乞查鉴，即予如数照发，是所切盼。谨呈

天津市教育局。

张伯苓谨呈

廿年三月十一日

（南开大学档案馆藏）

为作保请发留学川装费以利遄行由呈天津市教育局文

（1931年3月11日）

为愿代作保，请拨留学川装费，以便启程事。窃前蒙贵局考取之赴美留学女生一名卞学钧启程放洋在即，所有应拨之川装费一千二百元，亟须请领备用，特此具呈作保，恳请准予即日如数发给，以利该生遄行，是所切盼。谨呈天津市教育局。

张伯苓谨呈

廿年三月十一日

（南开大学档案馆藏）

致电南开中学

（1931年3月13日）

南开中学：删（15日）晨抵津。苓。

（南开大学档案馆藏）

致黄开禄

（1931年3月16日）

清华

开禄先生大鉴：

来函敬悉。令弟欲来敝校肄业，路隔万里，极不容易，自当特别设法收留。如考初中二年或初中一年未能及格插入正班，则可于附学中暂为匀一位置（附学程度相其宜于何班听，至大考时如成绩皆能及格，可升归正班），不过，附学

纳费比正班加倍，未审尊意以为何如？兹另附上详章一本，过期简章一份，到请收阅，勿吝给价可也。顺颂
台安！

张伯苓拜复

廿年三月十六日

详、简章另寄。

如国文稍差，可于暑假报入本校附设暑期学校补习。

（南开大学档案馆藏）

致钱乙藜

（1931年3月17日）

南京国民政府秘书处

乙藜先生赐鉴：

敬启者：此次在京蒙费神多方招待，感谢无似。日来孟和[①]病状如何？其温度已大见退减否？苓与敝同人等均极悬念。先生能得暇便中赐一消息，最所企盼。苓本日由津启程去辽，赴张副司令之约，三五日便可言旋。特附以闻，统惟爱照是幸。祇颂
勋安！

张伯苓谨上

廿年三月十七日

（南开大学档案馆藏）

① 指陶孟和。

致电宁树棠

（1931 年 3 月中旬）

辽宁　东北大学宁树棠先生：巧（18 日）晨同华、伉①抵沈，请备宿地。苓。

（南开大学档案馆藏）

致平汉铁路管理局

（1931 年 3 月 23 日）

敬启者：敝校师生十人，拟乘春假余暇，于四月五日由平启程，赴定县旅行，至十一日言旋。恳乞贵局照章发给来往双程减价购票执照，敬祈即日掷下，俾便届期持以购票，是为至祷。此致

平汉铁路管理局。

廿年三月廿三日

（南开大学档案馆藏）

致北宁铁路管理局车务处

（1931 年 3 月 25 日）

敬启者：敝校男女师生等四百一十余人，拟乘春假余暇组织旅行团六组，赴北平及山海关等处旅行，藉以增长见闻。敢恳贵局依照优待团体旅行成例，发给来往双程减价购票执照。至于各组往返日期及起讫站名，另开详单一件附

① 即华午晴、伉乃如。

函呈奉。即祈费神发给该执照六纸，早日寄下，以便届期持以购票，不致有误，是为至荷。此致

北宁铁路管理局车务处。

南中校长张伯苓

廿年三月廿五日

（南开大学档案馆藏）

致平绥铁路管理局车务处

（1931 年 3 月 25 日）

敬启者：敝校男女师生等一百二十七人，拟乘春假余暇组织旅行团三组赴南口一带游历，藉以增长见闻。敢恳贵局依照优待团体旅行成例，发给来往双程减价购票执照。至于各组往返日期及起讫站名，另开详单附函呈奉。即祈费神发给执照三纸，早日寄下，以便届期持以购票，不致有误，是为至荷。此致

平绥铁路管理局车务处。

南中校长张伯苓

廿年三月廿五日

（南开大学档案馆藏）

致雍和宫事务所

（1931 年 3 月 25 日）

敬启者：前为敝校师生春假旅行团女生十人赴平，于四月七日上午参观贵宫，请求给予减价入门券事，曾上一函，计达记室，迄未见复。兹特派敝校职员陆君善忱[1]前往接洽，即希惠予延接为荷。此致

---

① 陆善忱，名钟元（1901—1938），字善忱，天津人。1920 年南开中学毕业，1925 年南开大学毕业，毕业后任南开学校社会视察教员、南开校友总会主任干事等。

雍和宫事务所。

南中校长张伯苓
廿年三月廿五日
（南开大学档案馆藏）

致故宫博物院（中字一三三号）

（1931 年 3 月 25 日）

敬启者：前为敝校师生春假旅行团赴平参观贵院，请求给予减价入门券事，曾上一函，计达记室，迄未见复。兹特派敝校职员陆君善忱前往接洽，即希惠予延见为荷。此致

故宫博物院。

南中校长张〇〇
廿年三月廿五日
（南开大学档案馆藏）

为师生赴山海关旅行请保护由致临榆县县长赫（中字第一三四号）

（1931 年 4 月 1 日）

敬启者：敝校师生旅行团二十五人，拟乘春假余暇，于四月七日到山海关旅行，人地生疏，到时恳请关照，特别予以保护，实纫公谊。此致

临榆县县长赫。

南中校长张伯苓
廿年四月一日
（南开大学档案馆藏）

为师生赴山海关旅行请保护由致临榆县公安局局长范（中字第一三五号）

（1931 年 4 月 1 日）

敬启者：敝校师生旅行团二十五人，拟乘春假于四月七日到山海关旅行，人地生疏，到时恳请关照，特别予以保护，实纫公谊。此致
临榆县公安局局长范。

南中校长张伯苓
廿年四月一日
（南开大学档案馆藏）

函请发给排球队赴平往返购票执照致北宁铁路管理局车务处（中字第一三六号）

（1931 年 4 月 1 日）

敬启者：兹有敝校排球校队十四人，趁春假余暇于四月五日早九时十五分由津东站起程赴平，到平后与北平各校作友谊比赛，十二日早八时由平前门车站返津。敬请费神，按照优待条例发给双程半价购票执照，俾得持以购票，是为至盼。此致
北宁铁路管理局车务处。

南中校长张伯苓
廿年四月一日
（南开大学档案馆藏）

呈请发给申又枨留学证书以利遄行由呈教育部

（1931年4月1日）

为赴美留学，恳请颁发留学证书事。

窃申又枨[1]，年廿九岁，山西高平人，于民国十五年六月在属校理科毕业，毕业后即在校内充任算学教员。兹拟前往美国哈佛大学或普宁思顿大学[2]补习算学，以资深造。业由罗氏基金团筹给留美经费美金　　元[3]，今特遵章附上毕业证明书一件、半身像片二张、保证书一纸、留学证书费二元，印花税一元，请一并查验检入，即予发给留学证书，以利遄行，实为公便。谨呈

教育部。

天津私立南开大学校长张伯苓

廿年四月一日

附：申又枨毕业证明书

学生申又枨，年廿九岁，山西高平人，于民国十五年六月在敝大学肄业期满，考试及格，准予毕业。特此证明。

天津私立南开大学校长张〇〇

（南开大学档案馆藏）

---

① 申又枨（1901—1978），山西高平人。1926年毕业于南开大学数学系。1934年获美国哈佛大学数学博士学位。回国后，曾在南开大学任教。1935年后任北京大学教授、数学系代主任等。

② 今译“普林斯顿大学”。

③ 原文如此。

致张汉卿

（1931年4月2日）

汉卿先生赐鉴：

敬启者：日前由沈归来，随即又为华北球赛事赴北平一行，昨始返津。日来查视南开校内一切，均尚仰托平顺。而所最感困难者，惟有经济方面急待维持。前在沈面陈南开情形，当辱蒙关切，慨允为力。刻值拮据万状，自不得不请我公速赐援手，能即日饬由河北财政特派员公署每月拨助二万元，用济眉急，最所欣盼。四月廿日为东北大学事，苓尚须赴沈，届时仍当趋谒，敬聆麈诲。先此吁恳，伫候鸿施立沛，不胜祷切。祇颂
伟安！

张〇〇
廿年四月二日
（南开大学档案馆藏）

送呈关于体育照片说明等请查转由呈教育部文

（1931年4月2日）

为呈送关于体育照片及说明等，仰祈查鉴汇转事。窃属校案奉钧部第四五九号训令，并附单一纸，均敬领悉。所有关于义使馆对运动征询各节，谨遵照原单开列诸项，将校内体育方面所有者备集照片十七张，并具说明单七纸，理合附文一并送上，即请查鉴检入汇转为荷。谨呈
教育部。

附：照片十七张，说明七纸。

南大校长张伯苓
廿年四月二日
（南开大学档案馆藏）

致北平市党务整理委员会

（1931年4月3日）

敬覆者：接奉大函，知贵会现发起北平市大中小学学生党义演说竞赛会，藉以促进辩才，非常赞同。鄙人特备银盾奖品一件，即日烦人带上。先上此覆布，仰惟查照是幸。此致
中国国民党北平特别市党务整理委员会。

张伯苓拜启
廿年四月三日

附：银盾奖品题词
党义演说优胜奖品
辩才杰出
张伯苓敬赠

（南开大学档案馆藏）

致天津市公安局二区二所（中字第一三七号）

（1931年4月4日）

敬启者：昨晚九钟许，敝校小学部主任先生由西南城隅下电车，因车站前一时无人力车，故步行归校。讵行至敝中学部旧校门迤北，忽有一人向前，欲抢手持之提包，当被主任将伊抓住，伊旋猛挣脱开，向千祥皮鞋店旁胡同跑去。追主任追至胡同口，见胡同内电灯皆灭，乃急大呼警察，许久而南华路岗警始到。再寻该匪，已杳无踪迹矣。

查敝校各部男女职员、学生等约共二千五百余人之多，在学堂大街上随时均有往来，只因路无岗警，遂令宵小无忌。查敝校前走两门时，曾蒙贵所各设一岗。今改走一门，乃无一岗存在，殊多危险。此次现发生抢夺，自不能不防

范将来。除请贵所在敝校门前恢复原岗外，并请于女学、小学两校中间加添一岗，以便镇慑而资保护。至于抢匪逃窜，想尚未离左近，乞即派侦根究。而千祥旁胡同主任追匪至口时，其内电灯竟一时皆灭，不知是何作用，亦请彻查。专此，佇候核准如请施行，不胜企盼。此致
天津市公安局二区二所。

南中校长张伯苓
廿年四月四日
（南开大学档案馆藏）

致电 Jelkin

（1931 年 4 月 5 日午后）

Jelkin, 308, Hotel de Peking
Welcome to see Nankai University, shall meet you at Tientsin east station Tuesday noon.
Poling Chang.

（南开大学档案馆藏）

附：Jelkin 致电张伯苓（1931 年 4 月 5 日 20 时）
Poling Chang, Nankai University, Tientsin
Many thanks, arriving Tuesday noon.
Jelkin.

（南开大学档案馆藏）

致张西卿

（1931 年 4 月 6 日）

市政府

西卿市长赐鉴：

敬启者：钧座履新，朝气发越，忭庆无量。日前有一事欲面谈，因恐公忙，未肯启齿。要区区隐衷，总不外为维持教育事。苓以私人办教育，困难不可胜言。向因大学、男女两中学、小学四部校用均感拮据，故曾援市教育局《补助私立中学章程》（按班计算，本校应得补助四万余元。）呈请补助，当蒙前市长崔[①]批准在案。嗣前护理市长臧[②]因市款不足，改为年助一万元，并谓俟市款稍裕，再行如案照发。现我公荣莅斯任，对教育异常重视。而于敝校情形亦知之最审。敢乞速赐查案，一为维持。明知庶政皆需款待理，但应行补给敝校者，为数终属有限，酌匀或尚非难事。谨此吁恳。敬候核夺施行。不胜企盼。祇颂
勋安！

张伯苓谨上
廿年四月六日
（南开大学档案馆藏）

致王维宙

（1931 年 4 月 7 日）

辽宁省城长官公署

维宙先生赐鉴：

在沈晤教，关于所恳事，蒙慨允帮忙，心铭无似。蒋主席函已面交副司令，但当时未得结果。苓临行亦未催问。日前去函吹嘘，至今仍未蒙覆。先生对敝校最称热心，务请从旁鼎力至成。至所感祷。

令爱纯朴纯厚，乘春假余暇于本月五日偕同女同学九人赴平旅行，有女教员徐和先生率领，十一日即行返校。附此布闻，统惟爱照是幸。祇颂
钧安！

张伯苓谨上
廿年四月七日
（南开大学档案馆藏）

---

① 即崔廷献。

② 即臧启芳。

致张松龄

(1931年4月7日)

辽宁迫击炮厂

松龄贤弟大鉴:

来函读悉。张念源[①]弟他就，遗席仍在虚悬。贵厂长既信重我校人才，嘱代介绍，自应赶为物色。现有施君奎龄，先在南开中学毕业，嗣又毕业于金陵大学，赴美留学，复在哥伦比亚大学商科毕业。查其先后学业之成就，与张念源无少差异，而办事能干似较张君尤为过之，现充天津法商学院教务主任，兼商科主任。日前与伊谈贵厂事，伊似有意往为一试。贵厂如愿聘请，可将应任之职责及待遇赶速函示，以便再与施君作正式之接洽。此复，顺颂

时绥!

张伯苓拜渺

二十年四月七日

(南开大学档案馆藏)

致钱乙藜

(1931年4月7日)

乙藜先生赐鉴:

大函奉悉。敝南开款事，辱蒙关切询问，感谢!感谢!前赴辽宁，曾将蒋主席函面交张副司令，伊云当设法，至今尚无确实办〈法〉表示。日后如有消息，定当驰报。

孟和病愈，甚慰!想此时已经北上矣。覆请

---

① 张念源(1897—?)，字季泉，河北临榆人。1916年南开中学毕业，考入金陵大学。1921年赴美留学，1925年归国。曾任天津英美烟草公司营业主任。

勋安！

张〇〇拜上

廿年四月七日

（南开大学档案馆藏）

致梁节卿

（1931年4月7日）

北平东城乃兹府关东甸二号

节卿先生惠鉴：

来函及附图均敬领悉。先生对运动场倍极关切，热心体育如此，真令钦佩莫名。惟南苑距前门究有若干里？如其太远，恐于观者似有未便。区区所虑，示知是否？贵函、图等已转袁敦礼先生查照，将来有何意见，当另函达。先此奉复，并颂

台安！不备。

张伯苓拜启

廿年四月七日

（南开大学档案馆藏）

致袁志仁

（1931年4月7日）

志仁先生大鉴：

敬启者：现有梁节卿君来函，建议假南苑赛马场作北平体育运动大会开赛地点，似不无见地。但距城太远，于观者或有未便。兹将其来函及马场图附上，请台端查照。如有意见，即请径函梁君可也。此颂

时绥！

附函、图各一件。

张伯苓拜上
二十年四月七日
（南开大学档案馆藏）

致韩寅阶

（1931 年 4 月 9 日）

海关监督公署

寅阶贤弟大鉴：

前蒙日本外务省捐赠本校试验化学用硫酸四百五十磅，因系危险物品，曾经呈请国民政府发给硝磺类专运护照第〇七四九号一纸。讵辗转投寄，竟致延期。顷据日本总领事馆派员来称，该项硫酸共装木箱五个，托由“胜浦丸”运抵天津，惟时逾护照期限数日，提取困难。而该轮船公司又因系易燃之物，盼速卸交。不得已，恳请我弟俯念系属教育用品，且因海外辗转投寄逾限，非同故意延误，特别予以通融，准即提取。兹遣庶务科员陈澍华君谒洽，惟多多关照是幸。顺颂

勋祺！

张伯苓拜启
廿年四月九日
（南开大学档案馆藏）

致姜作周[①]

（1931 年 4 月 10 日）

吉林毓文中学

① 姜作周（1907—？），字仿郁，吉林东宁人。1931 年毕业于南开中学，1935 年毕业于南开大学。曾任吉林毓文中学教员、新疆迪化第一中学教员、新疆学院院长、新疆教育厅厅长。

作周贤弟大鉴：

来函读悉。汇款四十五元已收到，业交华先生[1]归账矣。承示每日与同学谈笑，颇不寂寞，想得盍簪之益不少，深以为慰。吾弟操行忠实，对于教授上必异常热心，不胜为该校学生得师庆。日来有何佳况，望不时以数行示我。兹缴还借费保单二纸，惟查入是幸。顺询

教绥！

附保单二纸。

张伯苓拜泐

二十年四月十日

（南开大学档案馆藏）

致陆礼华[2]

（1931 年 4 月 11 日）

上海两江体育专门学校

礼华先生惠鉴：

婚事得信较晚，未获及时致贺，歉歉！电委事理应照办，不过目下闻前途正患政费不足，断不能顾及此事。苓自度德量力，亦其不愿作此强颜之举。所有爱莫能助情形，谨实复闻。尚祈格外原谅是幸。祇颂

俪安！

张伯苓拜上

二十年四月十一日

（南开大学档案馆藏）

① 指华午晴。

② 陆礼华（1899—1997），上海人。早年就读于中国体操学校。后在中国体校、东亚体专、勤业女师、女子美专、民生女校等五校任体育教师。1922 年创办上海两江女子体育专门学校。晚年任上海市文史馆馆员。

致梁节卿

（1931 年 4 月 11 日）

北平乃兹府关东甸二号

节卿先生大鉴：

迭奉四月八、九两日来函，内附图及距城稍远理由之说明等，诸承指教，感佩之至。台端所建议已转袁志仁先生与各主任先生公同审酌，意见如何？不久当必有以发表，上达尊听也。此颂

时祉！

张伯苓拜启

二十年四月十一日

（南开大学档案馆藏）

复电陆礼华

（1931 年 4 月 11 日）

上海，两江女体育专校陆礼华：来电悉，委件碍难，信详。伯苓。

（南开大学档案馆藏）

附：陆礼华致电张伯苓（1931 年 4 月 9 日）

南开大学张校董伯苓：顷接日本电，促篮球队前往比赛，为团体计，势在必行，惟经费问题不易解决。素仰吾公与张学良副［司］令提倡体育最力，迩闻张到平津，请恳赞助旅费数千元。设张在辽，亦请电恳。行期迫促，伫候电谕。两江陆礼华。

（南开大学档案馆藏）

致电外交部刁司长

（1931年4月11日）

南京　外交部刁司长：事忙，不克赴儒堂约，请转达。伯苓。

（南开大学档案馆藏）

致荆雪岑

（1931年4月13日）

雪岑先生赐鉴：

敬启者：日前苓为维持敝大学事奔走呼吁，当蒙蒋主席给函，俾携交张副司令请予为力。苓乘前往参与东北大学校务会议便，业面呈，蒙副座首肯。顷接王维宙先生来示，谓副座已函先生予设法月拨二万元为助，并嘱苓与先生接洽。苓恐先生公忙，谨先肃此布臆。是款关敝校将来命脉，此时议有成案，日后无穷利赖，皆先生赐也。翘企云谊，不胜感荷祝祷之至。祇颂

勋安！

外附全校概况印册一份。

张伯苓谨上

二十年四月十三日

（南开大学档案馆藏）

致津海关

（1931年4月14日）

敬启者：兹有日本外务省文化学会捐赠敝校硫酸四百五十磅，因无财政部

运单，蒙特别予以通融，暂将硫酸全数提出，以后再由敝校呈请教育部转财政部补发运单，以清手续。仰惟查鉴是幸。此致
津海关

南大校长张伯苓
二十年四月十四日
（南开大学档案馆藏）

致吴华璋

（1931年4月14日）

本埠法界三十号路耀德里十五号

华璋先生大鉴：

两接来函，均已领悉。谋事一节，深愿有以报命，奈目前未有相当机会。临风而呼负负，尚祈格外谅之。此复，即颂
台安！

张伯苓拜启
廿年四月十四日
（南开大学档案馆藏）

致杨光藻[1]

（1931年4月14日）

山东济南大槐树扶轮学校

光藻贤弟大鉴：

来函读悉。嘱在津代为谋一枝栖，极应照办。不过张市长[2]接任后，因市款

① 杨光藻（1896—？），字学文，天津人。曾在南开中学肄业。

② 指张学铭。

支绌，现正裁并所属各机关，荐人恐不易也。此复，惟鉴谅是幸。顺颂
时绥！

张伯苓拜泐
二十年四月十四日

（南开大学档案馆藏）

致孟钦南[①]站长

（1931 年 4 月 14 日）

辽宁锦县北宁铁路车务段

钦南贤弟大鉴：

来函读悉。黄君恕棠之事，吾弟既烦宁树棠弟为设法安置，想当有以报命，不审目下已有消息否？仆俟与树棠晤面叩当代为吹嘘。弟处年来有何佳况，仍望不时以数行示我为盼。此覆，顺颂
时绥！

张伯苓拜泐
廿年四月十四日
（南开大学档案馆藏）

复马崇淦

（1931 年 4 月 15 日）

上海法界白莱尼蒙马浪路新民村三十九号勤奋书局

敬覆者：接奉大函，祇悉一切。承赠《足球训练法》《篮球训练法》《足球规则问答》各一册，均已收到，容当展读，藉以增益知识。先此肃覆鸣谢！仰惟爱照是幸。顺颂

---

① 孟钦南，名宪武（1901—？），字钦南，黑龙江省巴彦人。1921 年南开中学毕业。

台安！

张伯苓拜启

廿年四月十五日

（南开大学档案馆藏）

致冯伯暄[①]

（1931年4月15日）

本埠特一区六号路新业大楼十六号

伯暄贤弟鉴：

来函读悉。前到校，适仆在沈，未得接晤为歉。弟此次留学归来，正可为国效用。遇有相当机会，自当代为推毂。不过目前尚无可为力处。此覆，惟鉴谅是幸。顺颂

时绥！

张伯苓拜启

廿年四月十五日

（南开大学档案馆藏）

致周卫权

（1931年4月15日）

扬州江苏绥靖督办公署参议厅

卫权贤弟鉴：

接来函，得悉在扬公余之暇习国术，观书报，并有时听讲《旧约》，胥属裨益身心之事。现况如此，真令人不胜艳羡。仆年来校用支绌，为设法维持计，各方奔走，疲劳殊甚，但对教育前途发展仍无时不加以努力。好在顽躯粗健，

① 冯伯暄，名旭光（1900—？），字伯暄，河北霸州人。1921年南开中学毕业。后留学德国。

公私一切均尚顺平，差堪告慰廑系耳。弟处近更有何佳况，便羽北来，尚望时以数行示我为盼。顺颂

文祉！

张伯苓拜启

廿年四月十五日

（南开大学档案馆藏）

致陈德纯

（1931 年 4 月 15 日）

山东莱阳初级中学校

德纯贤弟鉴：

接读来函，欣悉在莱努力作事，处处见我南开精神，可喜之至。前代进行之中央审计院及利侨垦植公司事，审计院已函覆，目下无位置；垦植公司尚无覆音，想亦未有机会。现在谋事极难，非凑巧不可。吾弟在莱可先多多忍耐，容代物色机缘，遇有可谋，定当予为力也。覆颂

时祉！

张伯苓拜启

廿年四月十五日

（南开大学档案馆藏）

复国民政府文官处文

（1931 年 4 月 15 日）

四月五日奉到贵处颁发聘字第一九七号聘书一份，聘伯苓为北平实业博览会筹备委员，谨当遵照。此上

国民政府文官处。

张伯苓敬复

廿年四月十五日
（南开大学档案馆藏）

呈教育部文

（1931 年 4 月 15 日）

为赴美留学，恳请颁发留学证书事。窃属校女生杨照，安徽怀宁人，现年廿七岁，于民国十八年六月在属校理学院毕业，毕业后即在校内充任化学助教。现拟前往美国米其根大学，以资深造，并已由该校允予筹给留学经费美金八百元。今特遵章奉上四寸半身像片二张、毕业证书及保证书各一张、留学证书费二元、印花税费一元，敬请检入，即予发给留学证书，以利遄行，实为公便。谨呈
教育部。

天津私立南开大学校长张伯苓
廿年四月十五日
（南开大学档案馆藏）

致向乃祺[①]

（1931 年 4 月 16 日）

北平宣内槐抱椿树庵三号

乃祺先生大鉴：

接奉瑶函，敬已领悉。赐捐《土地问题》一本亦经收到，感惠之至。谢谢！是书询为讲社会科学者所必需之参考善本，定当广为介绍。暇时苓且将熟读深味，藉以增益知识也。此复，祗颂

① 向乃祺（1884—1954），字伯翔，湖南永顺人。1926 年起先后任教于北京朝阳大学、民国大学。1931 年著《土地问题》一书。

著安！

此书已交图书馆珍存。

张伯苓拜上

二十年四月十六日

（南开大学档案馆藏）

致张松龄

（1931 年 4 月 17 日）

松龄仁弟鉴：

来函读悉。兹由施奎龄弟开来履历一件附上。薪酬一节，据伊希望，每月在七八百元，或即接前张念源君之数亦可。苓于十八日赴沈，对于此事，拟与吾弟晤面再为详谈。先此布闻，惟查照是幸。顺颂

时绥！

张〇〇

廿年四月十七日

（南开大学档案馆藏）

致张市长函稿

（1931 年 4 月 17 日）

西卿市长先生赐鉴：

敬启者：顷接郝更生君来函，以第十三届华北运动总裁判及华北体育联合会主席为苓担任，俾于名下各盖一章。其第十四届华北运动总裁判名下嘱转请先生用印。兹将原函及十项纪录说明书三纸一并附上，即乞查照，俯赐如请办理。印就，并即请径寄郝君为盼。

再，关于敝中学请另案拨款补助事，蒙覆允予为力，曷胜感激。苓明日为东北大学事赴沈，约去一星期，归来尚当趋谒，与我公一谈。预附布闻，统惟

庆照是幸。祗颂
勋安！

附原函及纪录证明书。

张伯苓拜上
廿年四月十七日
（南开大学档案馆藏）

致黄汉梁

（1931年4月17日）

南京铁道部

汉梁先生赐鉴：

前在京欢聚，渥承招待，至今犹感。英庚款董事会我公以秘书充常务董事，聿著贤劳，钦仰无似。顷闻筑道与水利、电气诸建设均挹注英款为之，即以利息归教育事业，用符中英换文成约之本旨，权衡可谓至当。

惟是款既属之教育，将来教育机关希望得款者定必不少，敝南开学校不日亦将有呈请。至应如何支配补助，以昭公允，最好请由贵会先行详查，择比较有成绩者资其发展，庶不致款落虚縻。敝校办理有年，成效如何，一付诸舆评，初不敢稍为自炫。现正印制全校概况，用备寄呈察览。先生为深知敝校者，倘以为有可援助，尚乞多多予以帮忙。预此奉恳，不胜翘企祝祷之至。祗颂
勋安！

张伯苓谨上
廿年四月十七日
（南开大学档案馆藏）

致王树人

（1931 年 4 月 17 日）

南京外交部

树人先生赐鉴：

前在京握晤，备承关注，感铭心版。英庚款董事会我公被推为常务董事，聿著贤劳，益令钦仰无似。顷闻筑道与水利、电气诸建设均挹注英款为之，即以利息归教育事业，用符中英换文成约之本旨，权衡可谓至当。

惟是款既属之教育，将来教育机关希望得款者，定必不少。敝南开学校不日亦将有呈请。至应如何支配补助，以晤[昭]公允，最好请由贵会先行详查，择比较有成绩者资其发展，庶不致款落虚糜。敝校办理有年，成效如何？一付诸舆评，初不敢稍为自炫。现正印制全校概况，用备寄呈察览。先生为深知敝校者，倘以为有可援助，尚乞多多予以帮忙。〈预〉此奉恳，不胜翘企祝祷之至。祇颂

勋安！

附函二件，请费神代转为荷。

张伯苓谨上

廿年四月十七日

（南开大学档案馆藏）

致叶誉虎[1]

（1931 年 4 月 17 日）

誉虎先生赐鉴：

久企高风，时以不获一亲光霁为限[恨]。英庚款董事会公被推为常务董事，

① 即叶恭绰。

宣勤党国，益令倾仰无似。顷闻筑道与水利、电气诸建设均挹注英款为之，即以利息归教育事业，用符中英换文成约之本旨，权衡可谓至当。

惟是款既属之教育，将来教育机关希望得款者定必不少。敝南开学校不日亦将有呈请。至应如何支配补助，以昭公允。最好请由贵会先行详查，择比较有成绩者资其发展，庶不致款落虚糜。敝校办理有年，成效如何？一付诸舆详，初不敢稍为自炫。现正印制全校概况，用备寄呈察览。先生为深知敝校者，倘以为有可援助，尚乞多多予以帮忙。预此奉恳，不胜翘企祝祷之至。祗颂

勋安！

张伯苓谨上

廿年四月十七日

（南开大学档案馆藏）

致曾镕甫

（1931年4月17日）

镕甫先生赐鉴：

久未得接光仪，驰神綦切。英庚款董事会我公以会计充常务董事，夙夜宣勤，钦仰无似。顷闻筑道与水利、电气诸建设均挹注英款为之，即以利息归教育事业（用符中英换文成约之本旨），权衡可谓至当。

惟是款既属之教育，将来教育机关希望得款者定必不少，敝南开学校不日亦将有呈请。至应如何支配补助，以昭公允，最好请由贵会先行详查，择比较有成绩者资其发展，庶不致款落虚糜。敝校办理有年，成效如何，一付诸舆评，初不敢稍为自炫。现正印制全校概况，用备寄呈察览。先生为深知敝校者，倘以为有可援助，尚乞多多予以帮忙。预此奉恳，不胜翘企祝祷之至。祗颂

勋安！

张伯苓谨上

廿年四月十七日

（南开大学档案馆藏）

致朱骝先

（1931 年 4 月 17 日）

南京中央大学

骝先先生赐鉴：

前在京获亲矩范，忭幸无似，至今犹切神驰。英庚款董事〈会〉我公以董事长充常务董事，夙夜宣勤，益令不胜企慕。顷闻筑道与水利、电气诸建设均挹注英款为之，即以利息归教育用途，用符中英换文成约之本旨，权衡可谓至当。

惟是款既属之教育，将来教育机关希望得款者定必不少，敝南开学校不日亦将有呈请。至应如何支配补助，以昭公允，最好请由董事会先行详查，择比较有成绩者资其发展，庶不致款落虚糜。敝校创办垂卅年，成效如何？非敢自炫，想在洞鉴之中。现特印制全校概况，用备寄呈教正。预此奉闻，幸祈俯予赐以留意，是为至荷。祗颂

勋安！

张伯苓谨上

廿年四月十七日

（南开大学档案馆藏）

致电华北运动会筹委会

（1931 年 4 月 17 日午后 5 时）

济南　教育厅转华北运动会筹委会鉴：来电悉，委总裁判职可担任。伯苓。

（南开大学档案馆藏）

附：济南华北运动会筹委会致电张伯苓（1931 年 4 月 17 日 10 时）

南开大学张伯苓先生台鉴：兹经敝会第二次委员会议议决，敦聘先生为第

十五届华北运动会总裁判，除聘书另寄外，特先电请察照，并希电覆第十五届华北运动会筹委会。删。

（南开大学档案馆藏）

复电东北大学王回波

（1931年4月19日11时）

辽宁　东北大学王回波先生：电悉，二、三日后即赴沈，校事请诸君维持。苓。

（南开大学档案馆藏）

附：东北大学王回波等致电张伯苓（1931年4月18日21时）

南开中学张伯苓校长：事棘手，宁[①]愤求去，请速来挽劝，迟则难救。可急电边行[②]宁处，说已动身来辽。士办、纯锦、卓然，巧。

（南开大学档案馆藏）

致张汉卿

（1931年4月中旬）

敬折呈者：窃苓前至沈阳，面呈蒋主席函一件，当蒙览，允为力，深以为感。敝校隶属河北省，适在我公帡幪之下，其仰邀关切，自不待言。前函恳饬河北财政特派员公署月拨二万元为助者，委以年年亏累，非此数不足维持。兹再肃折布陈，乞我公即赐如请批准，饬于日内按数拨下，以济然眉。无任祷盼。谨呈

副司令张。

（南开大学档案馆藏）

① 即宁恩承。

② 即东边实业银行。

致周作民

（1931 年 4 月中旬）

作民先生台鉴：

敬启者：窃维训练人材之要，在乎施教；而欲使教者得获教学相长之益，则又有赖乎研究。敝校为兼顾教学与研究起见，特将原有之社会经济研究委员会及文学院经济系合并为一，成立经济学院。惟事属创举，赖人示以南针；广询嘉谋，始克跻于完善。故特组织一董事会，以便随时就正。先生为吾国学术界之先进，具长育人材之热忱，事业卓著，庶士倾风。敬乞不吝指导，俯任董事一席。如蒙鼎诺，无任感泐之至。肃此。敬侯

台绥！诸希

亮察。

张伯苓谨启

附上董事名单一纸，经济学院缘起及董事会章程各一份。

致电章士钊等

（1931 年 4 月 21 日早）

辽宁　东北大学章行严[①]、萧叔絅、王回波、孟琴襄[②]先生：祃（22 日）晨抵沈。伯苓。

（南开大学档案馆藏）

附：孟琴襄致电张伯苓（1931 年 4 月 20 日 12 时）

南开中学张校长：风潮未息，宁力求去，常委正挽留。黄、章应否进行，

① 即章士钊。

② 孟琴襄（1884—1969），号广进，天津人。长期在南开学校工作。时在东北大学襄助校务。

校长来否，电示。孟。

（南开大学档案馆藏）

致胡适之

（1931年4月23日）

适之先生赐鉴：

敬启者：前为经济学院开会事[①]曾上一械，想蒙鉴及。兹因仰慕先生风彩者多盼乘此机会得一聆崇论宏议，藉以增加知识，现拟定讲演时间为廿七日下午四时半，或廿八日上午亦可。幸乞先生届时勿稍吝教，至以为荷。祗颂
著安！

张△△谨启
廿年四月廿三日
（南开大学档案馆藏）

致电南开中学

（1931年4月25日8时）

南开中学：有日晚到津。苓。

（南开大学档案馆藏）

① 即召开南开大学经济学院董事会事，胡适为董事会董事。

致电张汉卿

（1931 年 4 月 26 日正午）

北平　张副司令钧鉴：宁已回校，学生悔悟，风潮已告平息，请释廑念，详情另函。伯苓叩。

（南开大学档案馆藏）

致张汉卿

（1931 年 4 月 26 日）

北平陆海空军司令部行营

汉卿副司令钧鉴：

敬启者：日前在平晤教后，随即遵嘱附北宁车赴沈，抵东北大学，当即与诸委员商议挽留宁秘书长[①]，宁已允留。爰于廿四日招集各级学生级长开会。章委员行严主席，苓演说，大意谓宁秘书长热心热力为学校作事，此次大家未能谅解宁，出于一时之误会。宁君本为我之学生，尚能听信我言，我已不令其再萌退志。伊在南开时亦曾闹过小风潮，我未尝罚过。今亦不令对诸生有所处罚。不过此等办法只此一次，再则必不能容，甚至请校长解散，亦无不可。

东北校风，向来甚称淳良，幸诸君勉各自爱，努力学业为要。诸委员及宁秘书长以后均有一番训话，话毕欢然散会，风潮遂告平息。谨此据情函布，以慰廑注。统祈察照为荷。祗颂

伟安！

张伯苓谨上

廿年四月廿六日

（南开大学档案馆藏）

① 指宁恩承。

致钱乙藜

（1931年4月27日）

乙藜先生赐鉴：

校款事前承关注函询，至今犹感。张副司令以裁厘故，虽允拨款，一时尚难确定。俄款又已成画饼，救济毫无，万分焦灼。顷者闻英庚款中英已经换文成约，筑道与水利、电气诸建设均挹注该款为之，即以利息归教育事业，敝校可望尚有一线生机者，目下惟在乎此。先生爱我，幸为我成之。

附呈主席一函，乞代面交，并即力为吹嘘，即饬英庚款董事会为南开按月指配二万元，尽先提案予以通过，良深感德。苓五月一日赴京，晤教匪遥，预此布恳。临颖不尽神驰。祇颂

钧安！

附函一件。

张伯苓拜上

廿年四月廿七日

（南开大学档案馆藏）

致蒋主席[1]

（1931年4月27日）

主席钧鉴：

谨启者：前承厚爱，代函副座，俾拨款为助，非常感激！苓到沈当将谕函面呈启读，蒙副座允照办。不过现值裁厘，嘱为少待，亦属无可如何之事。顷者闻英退庚款中英已经换文成约，筑道与水利、电气诸建设均挹注该款为之，即以利息归教育事业，是不啻与南开学校以一线生机。敢乞我主席本平素爱护

---

① 指蒋介石。

之热忱，为目前特殊之救济，准即饬英款董事会，按月指配两万元，以之补助，方足以敷维持。皇迫上恳，无任待命祝祷之至。祇叩
睿安！

张伯苓谨上
廿年四月廿七日
（南开大学档案馆藏）

致李润章[①]

（1931年4月27日）

南京教育部

润章次长先生赐鉴：

前在京迭领教言，并渥承招待，至今铭感不忘。苓年来为维持学校，南北奔走，事事均同促影。现俄款即已无成，其他亦鲜把握，可发一叹。我公以次长充英庚款董事，聿著贤劳，弥令钦仰无似。顷者闻筑道与水利、电气诸建设均挹注英款为之，即以利息归教育事业，用符中英换文成约之本旨，权衡可谓至当。惟是款既属之教育，将来教育机关希望得款者定必不少。敝南开学校犹望有一线生机者，亦惟在此，不日即将呈请。至应如何支配，助以昭公允，最好请由董事会先派人详查，择比较有成绩者资其发展，庶不致款落虚縻。敝校办理有年，成效如何？初不敢稍为自炫，想皆在洞鉴之中。倘以为有可援助，务乞多多帮忙，俾此项英款按月拨配二万元，尽先提案通过，感德实无涯涘。预肃奉恳，不胜祝祷翘企之至。祇颂
勋祺！

张伯苓谨上
廿年四月廿七日
（南开大学档案馆藏）

① 李书华（1889—1979），字润章，河北昌黎人。留法博士。时任教育部次长。

致徐叔谟

（1931 年 4 月 27 日）

南京外交部

叔谟先生赐鉴：

敬启者：武生颐容[①]自在南开大学毕业后，极思本所学出局一为国家效用。前已曾向先生谈及，其志愿既在贵部，敢乞设法即予安置一席，俾得偿其夙望，则感激成全之惠，在该生当永久不忘矣。祗颂

勋安！

张伯苓拜上

廿年四月廿七日

（南开大学档案馆藏）

致王乃宽

（1931 年 4 月 29 日）

安徽省城安徽省立第一中等职业学校

乃宽贤弟大鉴：

来函读悉。在安同学多至廿余人，赛球、聚餐、集会、联络诸君，于此兴复不浅。慰慰，羡羡！委代介绍单君事，极应照办。不过仆自前代向前途谋托过数事，总未获得圆满之答覆，是以不愿再以琐琐请求事向其通函，请吾弟原谅。至于宁恩承弟在东北现居之地位，亦不甚稳固，为吾弟安置恐非力之所及。惟李组绅先生为素知吾弟者，仆或代为请其安插，当尚不致无可希望。是否有意，请吾弟自行酌量。此复，即颂

时祺！

① 武颐容，天津人。1928 年南开大学毕业。

张伯苓拜启
廿年四月廿九日
（南开大学档案馆藏）

致宁树棠

（1931年4月29日）

辽宁边业银行

树棠贤弟鉴：

启者：现有学生曹福修[①]，辽宁省盖平人，在我大学商学院四年级肄业，本年六月肄业即将完毕，毕业后将投东北金融界服务。拟请吾弟就近代为荐归边业或省银行实习。千祈关照玉成为盼。顺颂

时祉！

附履历并课程单各一件。

张伯苓拜启
廿年四月廿九日
（南开大学档案馆藏）

致王恒智

（1931年4月29日）

吉林省穆棱县下城子天津南开大学社会经济研究委员会东北移民调查团

恒智先生大鉴：

来函读悉，南开小学部目下尚未有发刊物品，容俟几时出有刊物，再行函达可也。此覆，顺颂

时祉！

① 曹福修（1904—？），字省三，辽宁盖平人。1927年南开中学毕业，1931年南开大学毕业。

张伯苓拜启
廿年四月廿九日
（南开大学档案馆藏）

复电华北运动会筹备会

（1931年4月29日）

济南。　华北运动筹备会：电悉，中学生按章在全运会如未得分，可以参加中级组，苓复。

（南开大学档案馆藏）

附：华北运动会筹备会致电张伯苓（1931年4月29日）

南开华北体联会主席张伯苓先生鉴：参加全国及华北高级比赛之中学生可否加入本届中级比赛，请电复。华北筹备会，艳。

（南开大学档案馆藏）

致《大公报》馆

（1931年4月30日）

敬启者：接奉大函，祇悉一是。本年五月廿二日为贵报发行一万号之良辰，理应有以庆祝。惟惜笔墨拙涩，素不能文，又兼日来为校务南北奔驰，忙碌殊甚，深愧未能摛词一为润色鸿业。望祈格外谅之。此颂
《大公报》进步无疆！

张伯苓谨上
廿年四月卅日
（南开大学档案馆藏）

致电郑洪年[1]

（1931年4月底）

南京　实业部郑秘书长：电悉，江抵京与会。伯苓。

（南开大学档案馆藏）

附：郑洪年致电张伯苓（1931年4月29日）

南开大学张伯苓先生、天津东门里华璧臣[2]先生鉴：

北平实业博览会筹委会定期五月四日在实业部举行第一次会议，业经函达，为再专谜速驾，竚候惠临，并希电复。秘书长郑洪年叩，艳。

（南开大学档案馆藏）

呈英庚款董事会

（1931年4月）

为呈请事。窃闻英退庚款，中英已换文成约，准即以该款子金归教育，诚属教育幸事。敝南开学校办教育垂卅年，惨淡经营，现已扩为大学、中学、女中学、小学四部，学生年有增加，只以私人棉薄，总未获充分达预期之成效。年来经济方面又因吁募艰难，益苦竭蹶异常。兹者补助教育既得英款之指定，不揣冒昧，敢请贵会按月为敝校拨助二万元，以为维持，并资以徐图发展。出自关爱逾格，将来人才辈出，皆当拜贵会之赐也。幸即俯准如请支配施行，不胜企盼。谨呈

① 郑洪年（1876—1958），字韶觉，广东番禺人。光绪举人。早年受业于康有为门下，后追随孙中山从事革命活动。历任国民政府交通部、财政部、工商部次长。

② 华璧臣，名世奎（1864—1942），字启臣，号璧臣，又号思暗。祖籍江苏，世居天津。光绪举人。曾官内阁中书、军机处章京。民国成立后，隐居不仕，以卖字为生。工书法，与孟广慧、严修、赵元礼合称津门四大书家。

英庚款董事会。

（南开大学档案馆藏）

致孟谟庭

（1931 年 5 月 1 日）

南开适安里

谟庭先生大鉴：

迭奉惠函，因冗稽答，歉甚。先生对于国学寝馈功深，较之中令读《论语》悟为治之精，伊川拥皋比发先天之秘，洵无愧色。苓虽不敏，深愿有以奉教，不过一时尚难如愿。容后遇机，定当瞻拜典型，一伸倾慕也。此覆，祗颂

道安！

张伯苓拜启

廿年五月一日

（南开大学档案馆藏）

致上海复旦大学一九三一年毕业同学会

（1931 年 5 月 1 日）

敬覆者：接奉大函，读悉一是。贵会编印毕业纪念刊，嘱苓加以笔墨，极应遵照。不过苓素不能文，又兼日来为校务奔走，南辕北辙，仆仆风尘，忙碌殊甚，尤苦弗克执笔。幸诸君多多见谅。此覆

复旦大学一九三一年毕业同学会。

张伯苓拜启

廿年五月一日

（南开大学档案馆藏）

致郑校长洪年

（1931 年 5 月 1 日）

国立暨南大学

敬覆者：接奉大札，得悉本年六月十四日贵校举行纪念典礼，筹备议决案内有征文汇刊一目，嘱苓贡一笔墨，极应遵照。不过苓素不能文，又兼日来为校务奔走，南辕北辙，仆仆风尘弗停，益苦难于执笔。现已逾贵校收稿截止之期，相应肃覆，一陈歉悃，希惟亮察是幸。此上
国立暨南大学郑校长。

张伯苓谨启
廿年五月一日
（南开大学档案馆藏）

致王廷五

（1931 年 5 月 1 日）

廷五主席赐鉴：

敬启者：河北自钧麾荣任，庶政毕举，需才孔多，绩奏咸熙，蔚然上理。甚盛！甚盛！兹有邹君良骥，辽宁辽阳人，现年卅四岁，民国十四年毕业于南开大学部，得文学士学位，在辽宁教育厅任科员、科长五年余，在北平教育局任科长、秘书半年余，均有相当成绩。该生才具优长，志意高远，数年埋首局部，非其本愿。夙仰我主席爱才若渴，特此代为介绍，敬请关照，相宜予以录用，俾驰驱得尽所长，出自栽培逾格。袁秘书鸣岐、马处长洛书、罗局长申甫、于科长瀛海皆详知其人者，合并以闻，统祈察鉴。不胜恳祷翘企之至。祇颂
勋安！

附略历一纸。

张伯苓谨上

廿年五月一日
（南开大学档案馆藏）

致英庚款董事会各董事

（1931 年 5 月 2 日）

先生赐鉴[1]：

敬启者：顷闻英退庚款，中英已换文成约。准以该款孑金归教育，诚属教育幸事。敝南开学校办教育垂三十年，现已扩为大学、中学、女中学、小学四部，学生年有增加。只以私人棉薄，未获充分达预期之成效。且年来经济方面吁募艰难，益苦竭蹶异常。兹者不揣冒昧，敢请先生于议配英款时，准予按月为敝校拨助二万元，以为维持，并资以徐图发展。出自关爱逾格，将来人才辈出，皆当拜先生之赐也。幸即俯允如请施行，不胜祷盼。祇颂
钧安！

廿年五月二日
（南开大学档案馆藏）

致齐璧亭

（1931 年 5 月 2 日）

〈天津〉师范学院

璧亭仁弟大鉴：

启者：顷闻贵院大学国文系主任一席尚在虚悬，兹有蒋君善国，堪以承乏，深愿代为介绍。蒋君，黑龙江人，现年卅四岁，南开大学文学士，北京大学研究所研究员，国学湛深，有出版著作多种，并有已脱稿尚未付印者若干种。附上履历一份，希查阅。是否有意延聘，于日内示覆为盼。顺颂

① 原文如此。

时祺！

附履历一件。

张伯苓拜启

廿年五月二日

（南开大学档案馆藏）

致沈谛雷

（1931 年 5 月 2 日）

谛雷先生大鉴：

手教奉悉。太夫人寿登七秩，属德门瑞事，凡在爱末皆应跻堂致祝。苓路隔辽远，临时称觞既有未能，而先期介嘏摛词又非所长。蒙厕贱名于征文发起之列，假他人才藻申难老颂，私幸莫大焉。谨如尊命，此复，预当桃献，并候侍祺！不儩。

张伯苓拜启

廿年五月二日

（南开大学档案馆藏）

致邹御风[①]

（1931 年 5 月 2 日）

北平和平门里未英胡同三十号

御风贤弟大鉴：

来函读悉。略历单已收到，兹缮就致王主席[②]一函附上，希吾弟便自呈递可也。覆颂

---

① 邹御风，名良骥（1901—？），字御风。

② 王主席，指河北省主席王树常。

时祉！

附函一件。

张伯苓拜启

廿年五月二日

（南开大学档案馆藏）

致布云工厂①

（1931年5月6日②）

保定

敬启者：接奉大函，诵悉。颁赠球拍一柄，甚为感谢！鄙人因校务纷忙，南北奔走，席不暇暖，最近对于球戏久未练习。兹观贵厂球拍精美异常，诚为国货之上品，当将球拍悬于校内，任学生观览合意，以便函购。并希将价目本掷下，若干俾分给学生。

再，敝校附近制造球拍工厂甚多，价目亦属低廉，附以奉闻。专此拜谢！顺颂

近祺！

张伯苓拜启

廿年五月　日

（南开大学档案馆藏）

① 布云工厂，1912年由刘建卿创建于河北保定，为我国第一家体育用品工厂。该厂以生产网球拍和羽毛球拍闻名于世，曾获巴拿马万国博览会特别奖。孔祥熙题词为“首创第一家”。刘建卿（1869—1944），河北蠡县人，早年在天津学做乐器，学徒期满后返里，修布伞、球拍，后创办布云工厂。“布云”即“布伞”之意。

② 日期据发文号推定。

呈报河北省政府

（1931 年 5 月 7 日）

为呈复事。案奉钧府第二〇七五号训令，内开："据天津县转据财务、教育两局会衔呈请转饬照拨三千元慈善费一案，抄发原节略，饬遵照查覆，以凭核夺。"等因。奉此，卷查前营田局奉令每年拨给三千元，原为天津教养院经费，并非拨归天津县作为地方公款。而天津教养院已于民国十七年归由天津市另自筹款办理，此款已无继续拨发必要，前营田局即于十七年停止拨付。至天津县孤贫口粮，小学补助费历年均有的款，纵有不足，亦应由县自行筹措。况营田局已经取消小站一带田租，已蒙钧省核准，拨归敝校充作教育专款，更无再行转拨之理，尤非张副司令/钧府拨田维持敝校之本旨，伏恳转饬该县，勿再由敝校惨淡经营之少许基金内以求分润，则教育幸甚，敝校幸甚！所有遵令查复各情形，理合具文呈请鉴核施行。谨呈
河北省政府。

天津私立南开大学校长张伯苓
廿年五月七日
（南开大学档案馆藏）

致吴达诠

（1931 年 5 月 12 日）

达诠先生赐鉴：

暌教又已逾旬，惟兴居佳胜为颂。兹敬启者：学生陈德纯、曲有诚均曾在敝大学部商学院毕业，愿归银行界，以实验所学。顷闻贵行有发展之计划，需人孔多，敢请相宜一为安插。先生提挈后进，最具热心。敝学生等迭受栽培，良深感惠。兹陈、曲二君，才具既属相等，为人又皆稳练，办事亦都能耐劳，苓知之甚真，故不惮再为介绍。千祈推爱，即予一律赐以收录，是所切盼。祇

颂
钧安!

张伯苓谨启
廿年五月十二日
（南开大学档案馆藏）

致陈德纯

（1931 年 5 月 12 日）

山东莱阳初级中学

德纯贤弟鉴:

来函读悉。盐业银行之事已致函吴达诠先生，为吾弟介绍。一俟有何消息，再为函达可也。先此，覆询
时绥!

张伯苓拜泐
廿年五月十二日
（南开大学档案馆藏）

致杨集瀛[①]

（1931 年 5 月 14 日）

甘肃大学

集瀛先生大鉴:

接奉惠函，诵悉一一。王锡唐、庞世藩二君现既经束装就道千里，负笈向学之殷如此，洵为可佩！惟敝校章程，中途本不能插班；且转瞬六月，本学期

① 杨集瀛（1890—1968），别号筱舟、晓舟，甘肃天水人。先后肄业于北京民国大学法科、直隶北洋大学法律科。长期任教于甘肃各高校。

又将终了，尤未便再有学生之收入。兹承尊嘱，惟有俟二生到时，相与面商。倘有法可设，定必不令向隅也。此覆，祇颂
教绥！

△△△敬启
廿年五月十四日
（南开大学档案馆藏）

致章少廷

（1931 年 5 月 15 日）

少廷先生赐鉴：

敬启者：敝校年来蒙尊大人热心匡助，实深感惠。台端在商界已久，卓有经验。敝校商学院董事一席敬请屈为担任，幸勿推辞。几时开会，再当肃函通知。先此奉订，祇颂
筹安！诸惟爱照不宣。

张伯苓谨上
廿年五月十五日
（南开大学档案馆藏）

致张西卿

（1931 年 5 月 15 日）

天津市政府

西卿市长先生赐鉴：

敬启者：敝校本届文学院政治系毕业学生王维华[①]，金陵籍，现年二十三岁；

① 王维华（1908—？），字鲁庵，江苏南京人。1931 年南开大学毕业。后留校做文牍工作。

又，王文光[①]，湖北武昌籍，现年廿四岁。二人成绩均佳，操行亦颇恂谨，毕业后拟入政治界，藉以实验所学。夙仰我公提挈后进素具热心，敢请推爱，在贵政府内相宜一律予以位置，或安插于其他行政机关，俾资练习，亦所欣感。肃此，不胜恳祷。祗颂

勋安！

张伯苓谨上

廿年五月十五日

（南开大学档案馆藏）

致任叔永先生

（1931 年 5 月 15 日）

叔永先生赐鉴：

敬启者：现有学生萧彤[②]，天津人，本年六月即在敝校商学院会计系毕业。该生平素成绩甚优，操行亦颇恂谨。顷因闻张丽门出洋留学，遗有贵会会计一席，伊甚愿前往一承其乏，藉以实验所学。倘蒙先生推爱为玉成之，则不胜感激矣。此恳，祗颂

大安！并候吉音，不宣。

张伯苓谨上

廿年五月十五日

（南开大学档案馆藏）

① 王文光（1907—？），字适庐，湖北武汉人。1931 年南开大学毕业。

② 萧彤，字丹宸，天津人。1927 年南开中学毕业。1931 年南开大学毕业。

致电张彭春

（1931年5月16日）

P.C.CHANG
INQUIRY NEWYORK
DELAY APPLICATION FOR SUFFICIENT ENDORSEMENTS, LETTER AND REVISED PROJECT FOLLOW.
CHANG POLING.

（南开大学档案馆藏）

致王树常

（1931年5月18日）

为小站大营盘营房入夏恐益毁，特预陈明，仰祈查鉴备案事。窃查小站附近有营盘两处，内有营屋数百间，当敝校接收之始，小营盘内有东北边防军第二军二旅二十八团一营驻防，从事修理，尚无损坏。至大营盘则无人经管，门窗全无，顷坏不堪，难免乡愚偷拆木料。敝校小站校田经理处为保存公物，预防宵小偷拆起见，当经派人暂为看守，迄今数月尚无他虞。惟长此看守，究非良策，且距小站四里有余，荒郊野外，照料亦难周密。况查该大营盘房屋除坍塌不计外，尚有营房四百余间，势均倾斜，行将倒塌，倘入夏再被风雨摧残，亦恐人力看守所能御止。似此情形，惟有据实预为陈明，请钧府即予查鉴备案，实为公便。谨呈
河北省政府主席王。

天津私立南开大学校长张伯苓
廿年五月十八日
（南开大学档案馆藏）

致王乃宽

（1931 年 5 月 19 日）

安徽安庆安徽省立第一中等职业学校

乃宽贤弟大鉴：

来函及附稿均悉，业代函致组绅先生吹嘘矣。此覆，惟查照是幸。顺询时佳！

张伯苓拜启

廿年五月十九日

（南开大学档案馆藏）

致范旭东

（1931 年 5 月 19 日）

久大精盐公司

旭东先生赐鉴：

律转清和，维福履增绥为颂。兹敬启者：学生李涛，山东历城县人，现年二十六岁，本年六月即在敝校文学院经济系毕业。该生成绩甚优，操行亦颇恂谨，毕业后志欲入贵久大精盐公司，藉资实习。幸祈推爱予以收录。无任感荷。专肃待命，祇颂

时安！

张伯苓谨上

廿年五月十九日

（南开大学档案馆藏）

致卞白眉、林凤苞

（1931 年 5 月 19 日）

白眉、凤苞二位先生赐鉴：

前曹、马二生蒙关照录用，感铭无似。兹者，又有周君兆元①一名，广东开平人，现年二十五岁，本年六月即在敝校商学院会计系毕业。该生成绩甚好，为人亦颇恂谨，毕业后仍拟投入贵行，藉资实习。素仰公等爱才不倦，用特介绍，幸祈俯准，予以栽培，是为至盼。祇颂

钧安！

张伯苓谨上

廿年五月十九日

（南开大学档案馆藏）

致胡若愚

（1931 年 5 月 19 日）

北平市政府

若愚市长赐鉴：

睽隔崇云，时以不克过领麈谈为怅。兹敬启者：敝校本届文学院毕业生王文光，湖北武昌人，现年二十四岁，成绩甚佳，操行亦颇恂谨，毕业后拟入政治界，藉以实验所学。夙仰我公提挈后进素具热心，敢请推爱，在贵政府内相宜予以位置，或安插于其他行政机关，俾资练习，亦所欣感。肃此，不胜悬祷。祇颂

勋安！

张伯苓谨上

① 周兆元（1906—？），广东开平人。1931 年南开大学毕业。

廿年五月十九日
（南开大学档案馆藏）

致李静澄

（1931 年 5 月 20 日）

辽宁同泽中学校

静澄校长赐鉴：

敬启者：本年六月间敝校文学院有毕业生三人，一政治系周家珩[①]，江苏太仓人，现年二十二岁；一经济系李涛，山东历城人，现年二十六岁；一政治系成蓬一，热河建平人，现年二十五岁。三人成绩甚优，操行亦颇恂谨，毕业后均愿服务教育。贵校如有需用此项师资处，该三生深愿各竭所长，并其感有兴趣者一为贡献。周能授英文、社会学；李能授国文、经济学；成能授哲学、法律、历史等。幸乞查鉴，各予以相当位置，是为至盼。专此待命，祇颂
教祺！不备。

张伯苓谨上
廿年五月廿日
（南开大学档案馆藏）

致张少元

（1931 年 5 月 20 日）

北平琉璃厂师范大学附属中学

少元先生赐鉴：

① 周家珩（1908—1985），字楚白，江苏太仓人。1931 年南开大学毕业，后到开滦煤矿工作。1950 年后在石油管理总局从事编译工作。

敬启者：学生朱亨焘[①]，河北青县人，现年二十六岁，本年六月即在敝校理学院算学系毕业，毕业后愿归教育界服务。该生学诣精实，以之启迪后进，定有良好成绩。久仰贵校注重算学，特以师资推荐。倘蒙延聘，最所欣盼。肃此待命。祇颂

大安！

张伯苓谨上

廿年五月廿日

（南开大学档案馆藏）

致李组绅

（1931 年 5 月 20 日）

上海地平路地平里九号

组绅先生赐鉴：

予转清和，惟动定咸宜为颂。兹敬启者：顷据学生王乃宽来函问候，兼述及一己前途渺茫无所归。查该生人品、学识均不无试用之处，是为苓与先生所素知者。现伊处境若此，先生既为苦心培植于先，切盼更善为提携于后。闻彼之家庭经济负担甚重，故就事之心较急。目下暑假在迩，倘为预为设法，使其不致失业，则幸甚矣。

再，本届商学院毕业学生愿赴六河沟贵总公司练习作事者，良不乏人，尊处能代位置若干，请示知，以便介绍。附此，不胜恳祷。祇颂

时安！

张伯苓谨上

廿年五月廿日

（南开大学档案馆藏）

---

① 朱亨焘（1904—？），河北青县人。1927 年南开中学毕业，1931 年南开大学毕业。

致安在鸿[1]

（1931年5月23日）

朝鲜京城府坚志洞三番地《朝鲜日报》社

在鸿社长大鉴：

径启者：敝校本届文学院教育系毕业生金桢弼，现年二十七岁，寄籍吉林省和龙县。该生学识淹通，操行亦颇恂谨。将来服务社会，对新闻事业极感兴趣，平日于报纸上时有文字发表。贵社编辑部如需此项人才，该生甚愿前往一效。幸祈予以机会，俾得实验所学，是为至盼。专肃待命，并颂

著安！不备。

张伯苓谨上

廿年五月廿三日

（南开大学档案馆藏）

致申兴雨

（1931年5月23日）

朝鲜京城府钟路基督〈教〉青年会

兴雨先生大鉴：

敬启者：学生金桢弼，吉林和龙县籍，现年二十七岁，本年六月即在敝校文学院教育系毕业。该生学识淹贯，操性亦颇恂谨，对于英文、哲学、教育学等科目均属所好，目下正在研究。恳乞关照，相宜予以位置。至所企盼。祇颂

道安！

张伯苓谨上

① 安在鸿（1891—1965），号民世，韩国人。1914年日本早稻田大学政治经济学系毕业，1916年流亡中国上海，同年加入同济社。时任《朝鲜日报》社社长。

廿年五月廿三日
（南开大学档案馆藏）

致驻汉城中国领事馆

（1931年5月23日）

朝鲜汉城

敬启者：敝校本届文学院教育系毕业生金桢弼，现年二十七岁，吉林省和龙县人。该生学识淹通，各行亦颇恂谨，并谙习朝鲜、日本文字，毕业后拟得一相当就绪，藉以实验所学。特此代为介绍，恳请关照，赐以位置。不胜祷盼。此致
驻汉城中国领事馆。

张伯苓谨上
廿年五月廿三日
（南开大学档案馆藏）

致王廷五

（1931年5月25日）

廷五主席赐鉴：

敬启者：敝校小站校田皆系稻田，每年值栽种时节，由九宣闸提闸放水畅流，供用至芒种节前后各七日足用为止。历经照办在案，与减、运两河均无妨碍。今年不知何故，而九宣闸不惟不按时提板，且将闸孔层层阻塞，致减河水势日落，各区稻田灌溉无法，旱象已成，惶恐万状。佃民绝生活希望，敝校断补助来源，命脉所关，情实难忍。除正式详呈情形外，谨再肃函呼吁，伫候我主席即予饬转该管，作火速之救济，勿稍延缓。出自惠爱逾格，不胜屏营翘企之至。祗叩
勋安！

张伯苓谨上
廿年五月廿五日
（南开大学档案馆藏）

致林厅长①

（1931 年 5 月 26 日）

浴[浥]尘厅长赐鉴：

敬启者：顷据敝校小站校田经理处函称，小站稻田向以减河之水为命脉，而减河水量以九宣闸为来源。旧式闸板启闭有时，总以水量足供稻田之用为止，有卷可嵇[稽]。至民国十九年，该闸改用新式闸板，由河务局呈准贵厅，规定启闭办法，尤为周到。其第十项载："干涸期间，每日早六时启闸，晚六时闭闸。"又，第十二项并理由内载明："在芒种节前后各七日，小站稻田需水正亟，可依照前项，早启二时，晚闭二时，合小站稻田得水三分之二"等语。具见贵厅与河务局对于兴水利而益农田，实有充分关切之至意。今者九宣闸不惟不按期提板，且加以层层阻塞，致使减河水势日落，各区稻田灌溉无法，顿成旱荒景象。群情惊恐，彷徨万分。敝校与有切肤关系，用敢皇迫上陈。佇候贵厅转促河务局严饬闸员赶提闸板，尽量放水，以起就萎之稻苗，而延将绝佃民之生命，感沭德惠又宁有涯涘。专肃，不胜祷盼。祇请
勋安！

张伯苓谨启
廿年五月廿六日
（南开大学档案馆藏）

① 林厅长，即林成秀，字浥尘，奉天（今辽宁）辽中人。时任河北省建设厅厅长。

致荆雪岑

（1931年5月26日）

雪岑先生赐鉴：

敬启者：校款迭蒙关照，感谢之至！苓日前在平面副座[1]，蒙对敝校之每月二万元补助费殷殷询及，想亦与先生谈过。现在本月已届请领之期，几时可以拨下，望乞将日期便中示知，俾便遵照派人前往。是为至盼。祗颂

勋安！

张伯苓谨上

廿年五月廿六日

（南开大学档案馆藏）

致民国二十年全国运动大会筹备委员会

（1931年5月26日）

南京总理陵园

敬覆者：来函奉悉。旅资伍拾元已收到，兹谨将收据缴上，即希检入为荷。此上

民国二十年全国运动大会筹备委员会。

张伯苓启

廿年五月廿六日

（南开大学档案馆藏）

① 指张学良。

致周作民

（1931 年 5 月 27 日）

作民先生大鉴：

敬启者：现又有我校商学院本届毕业学生扈殿昌[①]一名，现年廿五岁，河北枣强人，毕业后拟入青岛贵分行实习。现在伊已烦人在该处有所接洽，尚乞先生鼎力维持而玉成之。倘蒙收录，则感荷栽培，正不独该生一人已也。此颂

台安！

张伯苓拜上

廿年五月廿七日

（南开大学档案馆藏）

致魏声和

（1931 年 5 月 27 日）

吉林省政府

敬覆者：接奉大函，领悉壹是。附来之通启已在敝校广告栏内粘贴，俾便周知。至购者几何，一时尚难预定。先生编著是书，煞费苦心，为研究东北地理者增益见闻不少，钦佩之至。此复，祇颂

台安！

张伯苓拜上

廿年五月廿七日

（南开大学档案馆藏）

① 扈殿昌（1905— ），字朝元，河北枣强人，1931 年南开大学商科毕业。

致天津市公安局

（1931年5月[1]）

敬启者：敝校军事训练班学生为实地练习起见，拟于本月二十三日（星期六）下午与工业学院学生在河北铁道外小于庄一带作野外对抗演习，是日下午一时由敝校出发，计学生二百余人，由军事考官率领，携带枪支七十支，演习毕枪支用汽车由该处载回本校。相应函达，即祈转饬该地区所知照为荷。此致天津市公安局。

张伯苓

廿年

（南开大学档案馆藏）

致鲁际清、吴灌依

（1931年6月3日）

辽宁省城东三省官银号

际清、灌依先生台鉴：

敬启者：学生曹福修，辽宁省营口人，本〈年〉六月间即在敝大学商学院毕业。该生平素成绩甚佳，操行亦颇恂谨，毕业后志在入贵银号服务，藉以实验所学。久仰诸公对于提掖后进极抱热心，特用代为介绍，恳请推爱，即予赐以收录，无任感荷。祇颂（总办鲁、会办吴）

台祺！

张伯苓拜上

廿年六月三日

（南开大学档案馆藏）

---

① 此日期系推定。

致北平协和医院

（1931年6月3日）

敬启者：现有敝校图书馆职员郑君养吾之夫人患病七八阅月之久，缠绵委顿，不堪言状。兹拟赴平就贵院一求诊视。所有应出之费，敬请关照，多多予以减让，是为至托。此致

北平协和医院。

张伯苓拜启

廿年六月三日

（南开大学档案馆藏）

致韩向方[①]

（1931年6月3日）

山东省政府

向方主席伟鉴：

敬启者：此次赴济参与华北运动会事，藉得一接光仪，非常荣幸。辱承雅意招待，至今犹感。谢谢！兹附上敝南开学校概况印册一本，敬请阅正，即乞检入惠存为荷。祗颂

勋安！

附印册一本，另寄。

张伯苓谨上

廿年六月三日

（南开大学档案馆藏）

① 韩向方，名复榘（1890—1938），字向方。河北霸县人。时任山东省政府主席。

致吴达诠

（1931 年 6 月 3 日）

达诠先生赐鉴：

敬启者：现有友人奚君伦，字东曙，曾在美国研究银行学，归国后托身商业，才极干练，人亦老成。贵行年来规模宏拓，想对此项专门人才必有相需之处，爰特代为介绍。如蒙延约，俾得学当其用，在奚君必将竭尽所长，以仰报知音也。肃此，不胜企盼。祇颂

台安！

张伯苓谨上

廿年六月三日

（南开大学档案馆藏）

致威海卫中华基督教筹备青年会诸位先生

（1931 年 6 月 4 日）

敬覆者：接奉大函，得悉诸公在威海有青年会之组织，将随地设学，因人施教，是诚热心以人格救国，不胜钦佩之至。承以名誉委员见委，谨当承认。此覆

威海卫中华基督教筹备青年会诸位先生。

张伯苓谨启

廿年六月四日

（南开大学档案馆藏）

致何惠源[1]教育厅长

（1931年6月5日）

惠源厅长台鉴：

此次华北运动会在鲁举行，一切筹备尽美尽善，得先生之力为最多。苓以履行总裁判职务到济，获与观光之列，藉以一领麈谈，非常荣幸！兹附上敝南开概况印册一本，敬请阅正，到祈检入惠存为荷。

再，敬有启者：敝校本届文学院毕业生李涛一名，山东历城人。该生少年老成，学业方面一切成绩俱佳，而于文学尤擅特长。倘以此项青年俾于桑梓得一相当位置，定收人地两宜之效。苓为贵省荐才计，特代介绍及之。祇颂

勋安！

附李涛略历一纸，南开印册一本，另寄。

张伯苓敬启

廿年六月五日

（南开大学档案馆藏）

致建设厅张幼山

（1931年6月5日）

幼山先生大鉴：

此次华北运动会在鲁举行，一切筹备尽善尽美，得台端之力为最多。苓以履行总裁判职务到济，获与观光之列，并藉以一领麈谈。旧雨重逢，欢畅无似。辱承雅意招待，尤为感谢不尽。兹附上敝南开概况印册一本，敬请阅正。到乞检入惠存为荷。祈颂

勋安！

---

① 当为“何思源”之误。

附南开印册一本，另寄。

张伯苓谨启

廿年六月五日

（南开大学档案馆藏）

致任叔永

（1931年6月5日）

北平南长街中华教育文化基金董事会

叔永先生赐鉴：

手示敬悉。萧君彤毕业考试在本月二十日前即行完竣，二十一日毕业式后便可屏当一切，择期赴平，想与丽门接洽交代不致有误也。诸承关照提携，感谢！覆颂

钧安！

张伯苓

廿年六月五日

（南开大学档案馆藏）

致蒋梦麟

（1931年6月5日）

北平北京大学

梦麟先生惠鉴：

敬启者：本届敝校各学院肄业期满，学生毕业考试在六月二十日前即行完竣，特定于二十一日下午四钟举行毕业式。届时恳请先生讲演示教，幸祈俯赐枉驾早临为盼。专肃奉订。祇颂

钧安！

张伯苓谨上

廿年六月五日
（南开大学档案馆藏）

致王藻虞

（1931年6月6日）

甘肃全省禁烟善后总局

藻虞先生赐鉴：

迭奉惠函，均敬领悉。前曾肃覆一械，想蒙察阅。令郎及令婿到津时已及五月底，正值敝校筹备大考，结束功课，势难再收插班。兼之校内因学生发生猩红热症，恐或多致传染，悉令学生移出，停课二星期。当此之时，尤未便请令郎搬入。现令郎等已由津转赴北平暂住，补习功课。武泽民先生转去南京，据云由南归来，将令郎等安置敝校再行返。蒙惠皮角，极感！业由邮取来。既承厚意，理应敬谨拜受。不过收受后再将令郎等考取，虽无悖弊，在他学生闻知，恐即不免猜疑，实属多有不便。兹谨璧谢！烦武先生带回，幸勿以却为不恭见斥为荷。专此布覆，祇颂

勋安！仰惟爱照，不一。

张伯苓谨启
廿年六月六日
（南开大学档案馆藏）

致电张彭春

（1931年6月6日）

PC CHANG
INQUIRY NEW YORK CITY
FIND ACCOUNTING BANKING PROFESSORS, LETTER FOLLOWS.
CHANG POLIN.

（南开大学档案馆藏）

致王继贤

（1931 年 6 月 8 日）

继贤贤弟大鉴：

接来函，得悉我弟历年作事之经过，及时时不忘于物理学，加以注意情形；深信我弟实当今一好学深思之有志青年。倘更得泰西科学名家之指导，其深造诚有未可量者。盖人心之灵，莫不有知；而天下之物，莫不有理。惟于有理有未穷，故其知有不尽。今观吾弟所陈，就植物籽粒之思考，与米麦磨粉之观察，得一理想改造面粉公司机器之方法，洵属难能而可贵。不过苓年来为维持学校一切，中外呼吁，南北奔走，席不暇暖，实无研究物理之可能。若遽以是项理想，征信于西国科学专家，俾成为事实，而得以推行，恐亦良非易事。此时，惟暂尚中心藏之。将来如遇相当机缘，自不患无实现之一日也。所见如是，高明如吾弟，以为何如？此复，顺询

时佳！

张伯苓拜启

廿年六月八日

（南开大学档案馆藏）

致吴达诠

（1931 年 6 月 8 日）

达诠先生赐鉴：

敬启者：顷又有学生郑楷森[①]，河北静海人，民国十八年秋曾在敝校商学院毕业，出校后即任职于东方贸易公司。现该公司将行停业。该生极有才干，未便付之闲散。贵行规模展拓，知必有需用此项人才处，故再代为介绍以闻，即

① 郑楷森（1906—？），字公模，天津静海人。1925 年入南开大学商科试读，1929 年毕业。

希关照，予以录用为荷。祇颂
钧安！

张伯苓谨启
廿年六月八日
（南开大学档案馆藏）

致王湘汀

（1931 年 6 月 9 日）

湘汀先生勋鉴：

前在京得亲光霁，畅领麈谈，快忭无似。顷者，闻驾赴西山休养。旌麾接近。敝全校师生等均愿藉此机会，请先生惠临演讲，俾得一伸景慕之素怀，幸乞俯赐允诺。演讲时期在六月廿日（敝校举行毕业式）前任何日均可，即请酌定预示，不胜欢迎盼企之至。此订，祇颂
钧安！

张伯苓谨上
廿年六月九日
（南开大学档案馆藏）

致袁志仁

（1931 年 6 月 10 日）

北平师范大学

志仁先生大鉴：

敬启者：前在济南与更生商定，六月杪在辽宁开华北体育联合会常务委员会，弟拟于本月廿一日即行赴沈。如先生能拨冗同行在彼处开会，便请示知，是为至盼。专此，顺颂
台安！

张伯苓谨启
廿年六月十日
（南开大学档案馆藏）

致王湘汀

（1931年6月10日）

〈北平〉西山八大处

湘汀先生勋鉴：

前在京得亲光霁，畅叙为快。顷闻驾赴西山休养，平津咫尺，深幸接近旌麾。倘蒙匀暇便临敝校赐以参观，极所欢迎。几时命驾，乞预示。专肃候教，不胜引企翘盼之至。祗颂

伟安！

张伯苓拜启
廿年六月十日
（南开大学档案馆藏）

函请颁发长期优待护照致河北省天津长途汽车管理总局

（中字第一四〇号）

（1931年6月10日）

敬启者：敝校有附属小学校一处，坐落城西大稍口，每隔三四星期，有职员数人等乘坐汽车往来，路经西营门贵稽查派出所，每被拦阻，殊费解释。兹拟请由贵局颁赐一长期优待执照，准免路税，俾便经过时呈验，最所感激。否，或执照一时尚难颁发，则敝校自拟一定式公函，附呈鉴核。倘蒙核准，即请转知派出所，过即查照放行，亦无不可。事关教育公益，敬候示遵，不胜企盼。

此致

河北省天津长途汽车管理总局。

南中校长张伯苓
廿年六月十日

附公函稿一件

敬启者：敝校现有职教员〇〇[①]人，前赴大稍直口敝附属小学校办公，事关教育，所乘长途汽车恳请按照优待成例，准予免纳路税放行，实纫公谊。此致河北省天津第二省路局西营门稽查派出所。

廿年〇月〇日[②]
（南开大学档案馆藏）

致蔡竞平

（1931 年 6 月 11 日）

上海汉口路十四号

竞平先生赐鉴：

暌教已久，忽奉朵云，如亲光霁，甚以为慰。贵友陈贻祥君，英年笃学，对于法学知识淹博宏通，极所欣羡。倘聘以充法律教师，定当有超卓之成绩。所惜敝校此时尚未设有是项专门学院，而相熟之其他学校不闻有此。欲借重而乏机缘，未免临风徒呼负负耳。尚乞多多予以见谅是幸。此覆，祗颂
台安！

弟张伯苓谨启
廿年六月十一日
（南开大学档案馆藏）

① 原文如此。
② 原文如此。

致梅丹珊

（1931 年 6 月 13 日）

江西省财政厅

丹珊先生大鉴：

手示读悉。令郎汝璈[①]在敝校所任功课应举行之学〈业〉考试，业经提前考完，于六月五日转往北平。兹承垂询，除将附函代转外，合据奉覆以闻，即请查照为荷。祇颂

台安！

张伯苓拜启

廿年六月十三日

（南开大学档案馆藏）

致李荫华

（1931 年 6 月 13 日）

苏州大郎桥巷太湖流域水利委员会

荫华贤弟大鉴：

接来函，得悉年来在政界服务，聿著贤劳，甚以为慰。惟吾弟本系中学毕业生，今竟托为大学毕业，殊属非是。委代发证明文件一节，事之本无，委实不知从何证起。我校对人向不取乎虚假，为吾弟所深知。兹之未能如命，想必蒙鉴谅于格外也。覆颂

政祉！

① 梅汝璈（1904—1973），字亚轩，江西南昌人。清华学校毕业后赴美国留学，1928 年获斯坦福大学法学博士学位。时在南开大学任教，教授“国际法”“法学基础”“英美法原理”“政治学导论”“刑法与民法原理”“法律哲学”等课程。

附《同学录》一本，另寄。

张伯苓拜启
廿年六月十三日
（南开大学档案馆藏）

致朱经农

（1931 年 6 月 13 日）

江苏吴淞炮台湾中国公学大学部

经农先生雅鉴：

正切溯洄，奉手书，如亲光霁，甚以为慰。承绍介杨熙靖先生来敝校教授，极所欢迎。惟敝中学部对于下学期各科教员均已聘妥，无由借重。俟秋间开学后或原定教员有变动时，再行奉达。所有目前暂难如命延订之处，尚乞予以见谅是幸。祗颂

大安！

张伯苓谨启
廿年六月十三日
（南开大学档案馆藏）

为呈请颁给自费赴美留学证书事呈教育部

（1931 年 6 月 13 日）

窃属校学生吴大猷[1]，广东省高要人，现年廿四岁，于民国十八年夏在属校理学院物理系毕业，现拟自费赴美留学，以求深造。用费业由该生家长筹

① 吴大猷（1907—2000），生于广州。早年就读于南开中学，1925 年考入南开大学矿科，后转入物理系。毕业后任教母校两年，后赴美国密歇根大学留学，获哲学博士。回国后，历任北京大学教授、西南联合大学教授等职。后曾任台湾“中央研究院”院长。

足，理合照章奉上四寸像片二张、留学证书费二元、印花税费一元、保证书及毕业证明书各一纸，敬请检入，即予发给留学证书，以利遄行，实为公便。谨呈
教育部。

南大校长张伯苓
廿年六月十三日
（南开大学档案馆藏）

致蒋梦麟

（1931年6月15日）

梦麟先生赐鉴：

本届南大毕业式请我公惠临演讲，前蒙面允，非常欣感。该毕业式准于本月二十日下午三时举行，即乞我公于是日早车命驾，学校当派车到津东站敬接。校中预备午餐，下午演讲后，余时藉可畅谈。我公久未到校，校中新布置待指教处甚多。略事流[浏]览，翌日星期旋平或不致多有延误。往来供给一切，均由校代备。合肃奉布。专此，不胜欢迓翘企之至。祗颂
钧安！

张伯苓谨启
廿年六月十五日
（南开大学档案馆藏）

致郭秉文先生

（1931年6月16日）

鸿声先生惠鉴：

久示晤教，维履祉绥和为颂。兹敬有启者：学生楼兆馗[1]，前曾在敝南开中学部毕业，后升南开大学部肄业一年，旋又转国立中央大学入经济系，现已在该系修业期满，极愿向贵局假一枝栖，藉以实验所学。先生对提拔后进最称热心，敬请特别推爱，予以收录，则同感栽培不尽矣。专此，不胜企盼。祇颂
大安！

张伯苓
廿年六月十六日
（南开大学档案馆藏）

致天津市工务局

（1931年6月16日）

敬启者：敝校坐落地点在南开学堂大街中间，门前地势横不过三十有余尺，极不宽阔。男、女两中学及小学部学生约共两千数百之多，每日早晚出入甚夥，每星期六日下午及星期日往来尤众。而华商赛马会亦往往在星期六及星期日举行，汽车奔驰如梭，行路极为危险。查学堂大街东尚有通南大街一条，较敝校门前宽逾两倍，共七十尺，倘修治平坦，令赴马场汽车一律改在该路行走，于行人绝鲜妨碍，自无危险之可言。

前闻贵局曾有兴筑之议，如款已筹得，敢请提前开工，免至大雨时，行路旁积水，多有不便。倘款犹未足，可请市政府设法。市长莅任伊始，闻曾以整理津市路政为先务，想对此必乐为玉成。即不然，则赛马会系一华商极有财力机关，请其相宜补助亦可办到。总之，敝校为慎重人命，俾学生免离汽车危险起见，特用迫切具函，恳乞贵局查鉴如请施行，不胜祷盼。此致
天津市工务局。

天津私立南开中学校校长张伯苓
廿年六月十六日
（南开大学档案馆藏）

---

① 楼兆馗，字惟洛，浙江诸暨人。1926年南开中学毕业。

致陈光甫①

（1931年6月17日）

上海上海银行

光甫先生赐鉴：

台驾南旋后，曾奉一椷，敬候起居，并介绍学生，想已早蒙青及矣。兹者又有敝商学院本届毕业学生女生穆祥淑②，天津〈人〉；男生陆华钦③，广东中山人。二人志皆愿入银行界服务，藉以实验所学。贵行年来规模日拓，需才孔多，用特再函介绍，恳乞先生一律予以收录。至所祷盼。祇颂

台安！

张伯苓拜上

廿年六月十七日

（南开大学档案馆藏）

致任叔永

（1931年6月16日）

叔永先生赐鉴：

敬启者：前承允试用之学生萧彤一名，毕业考试事现已完竣，特为肃函，交其携带赴平，趋前晋谒。到祈关照，即予进而教之。至以为荷。祇颂

台安！

张伯苓谨启

① 陈光甫（1881—1976），江苏镇江人。原名辉祖，后改名浑德，字光甫。早年留学美国，获商学学士学位。1909年回国，后任江苏省银行总经理，创办上海商业储蓄银行等。

② 穆祥淑，天津人。1925年毕业于严氏女学，1931年南开大学商科毕业。

③ 陆华钦（1906—？），字汉庭，广东中山人。1931年南开大学毕业。后曾任职于天津中原储蓄银行。

廿年六月〈十六〉①日

（南开大学档案馆藏）

致吴华璋

（1931 年 6 月 17 日）

法租界卅号路耀德里十五号

华璋先生大鉴：

手书奉悉。足下望事孔殷，倘能设法，鄙人极愿为力。无如机缘甚少，在敝校既鲜位置，而他方亦无可代谋。欲报命而未能，尚祈多多原谅是幸。覆颂台安！

张伯苓启

廿年六月十七日

（南开大学档案馆藏）

致郝更生

（1931 年 6 月 17 日）

东北大学

更生先生大鉴：

接奉手示，读悉一一。本届华北会新执委常务委员招集会议事，业与袁志仁先生约定，于月之廿一日早十一时半偕同搭车赴沈，翌日晨可到，届时当与台端面商一切也。《田径规则》一本已收到，合并覆闻，惟查照为荷。顺颂时安！

张伯苓拜启

廿年六月十七日

（南开大学档案馆藏）

①“十六”系推定。

致周作民

（1931年6月17日）

作民先生大鉴：

接奉惠覆，祇悉一是。所荐敝校商学院本届毕业生曹福修，辱承慨允，量才录用，欣感无似。兹特肃函，交其持往晋谒，到祈进而教之。至以为荷。敬颂

钧安！

弟张伯苓谨启

廿年六月十七日

（南开大学档案馆藏，据上海市档案馆档案原件校）

致周作民

（1931年6月17日）

作民先生大鉴：

接奉惠复，诵悉一是。所荐敝校商学院本届毕业生扈殿昌，辱承函贵青岛分行，酌予录用，欣感无量。兹特肃函，交其持往晋谒，到祈进而教之，至以为荷。祇颂

台安！

弟 张伯苓谨上

六月十七日

（南开大学档案馆藏，据上海市档案馆档案原件校）

致颜骏人

（1931年6月18日）

骏人先生大鉴：

敬启者：我校毕业生周君树荃[①]，任天津广东学校校长有年。因办理得法，学生日益增多，原校址不敷应用。闻北洋医学有空闲房间不少，拟租赁以资扩充。惟该医学以有外交上关系，不能专主，尚必须得法领事允许。但应如何往与法领事接洽，先生倘能费神一为指示，最所欣感。兹令持函趋谒，即请俯赐进而教之是幸。祇颂

钧安！

张伯苓谨启

廿年六月十八日

（南开大学档案馆藏）

致民国二十年全国运动大会筹备委员会

（1931年6月18日）

敬覆者：接奉大函，承示贵会第十三次委员会议议决，加鄙人以审判委员会委员名义，不揣愚昧，谨当承认，附诸位委员先生之骥尾。相应函覆，即希查鉴为荷。此致

民国二十年全国运动大会筹备委员会。

再，鄙人并不领队。合并声明。

张伯苓拜启

廿年六月十八日

（南开大学档案馆藏）

① 周树荃（1896—？），字伯彭，广东开平人。1919年南开中学毕业。后赴日本留学。

致张运生

（1931 年 6 月 19 日）

运生先生阁下：

敬启者：敝校管理稍直口村小学校，年来蒙担任教授，诸费精神，非常感激，谢谢!惟下学期敝校拟将该小学另行改组，而对于教授事宜不能预定，请先生由七月起另谋高就。特此预布，仰惟查照是幸。祇颂

教绥！

张伯苓拜启

廿年六月十九日

（南开大学档案馆藏）

致金湘帆

（1931 年 6 月 20 日）

广东教育厅长

湘帆先生惠鉴：

遥企檮辉，不获一接光仪为怅。兹敬启者：敝大学理学院化学系本届毕业学生冯蓉①，广东恩平人，现年二十三岁，负笈北方者七八年，先在敝南开中学部毕业，顷又毕业于大学部，成绩颇佳，操行纯谨。毕业后志在回籍，以所学为桑梓服务，而对教育事业尤所乐为。久仰贵省教育文化日益发展，需才孔多，用特肃函代为介绍。倘蒙关照，相宜予以位置，在该生定当力图报称，断不致贻覆悚讥也。此恳，不胜企盼。祇颂

勋安！

津私立南开大学校校长〇〇〇谨启

---

① 冯蓉（1909—？），广东恩平人，1927 年南开中学毕业，1931 年南开大学毕业。

廿年六月廿日

（南开大学档案馆藏）

致岭南大学校长钟荣光

（1931年6月20日）

荣光先生大鉴：

许久未亲矩范，葭溯弥殷。比维道履增绥，文祺懋集为颂。兹敬启者：敝大学理学院化学系本届毕业学生冯蓉，广东恩平人，现年二十三岁，负笈北方者七八年，先在敝南开中学部毕业，顷又毕业于大学部，成绩颇佳，操行恂谨，毕业后拟回籍就一教席。贵校如有相当机缘可以位置（中学部教员或大学助教）最好，否，或相宜代转介绍，亦所欣感。该生志在服务桑梓，幸祈先生为玉成之，不胜恳托盼祷之至。祗颂

教安！

张伯苓谨启

廿年六月廿日

（南开大学档案馆藏）

致刘月如

（1931年6月20日）

南京卫生署

月如先生大鉴：

接奉惠电，敬已领悉。敝校前因发生猩红热症，当经停课两星期，办理全校消毒事宜。现在时期已过，复课如常，一切俱甚平安。虽偶有一二感患他恙者，医治旋愈，并无猩症复发情事，报言殊非真相。学生刻正忙预备功课，下星期即开始大考。诸承关注，电覆未能详尽，特再肃布上闻，并鸣谢悃。统惟爱照是幸。祗颂

勋安！

弟张伯苓谨启
廿年六月廿日
（南开大学档案馆藏）

致关锡斌[①]

（1931年6月20日）

广东岭南大学

锡斌先生大鉴：

手示读悉。时局纠纷，不知何时是已，可发一叹。目下北方尚甚安静，知注特以告慰。小儿锡禄[②]不久由厦即将携眷归来，至其暑后有何打算，尚不得知，容俟其抵家，代为一询。倘有意南就，再当奉告也。敝校本年在南招生早经议定地点，广东方面如有必要，下年当可商办。岭南本届附中毕业愿来南开者，就近在上海敝校招生处报考，较比来津方便多多，希费神转知。兹附上大、中两校招生简章各五份，到乞检入分阅可也。覆颂

教祺！

附简章共十份，另寄。

张伯苓拜启
廿年六月廿日
（南开大学档案馆藏）

① 关锡斌（1896—1995），后改名管易文，广东廉江人。1917年考入天津直隶第一师范学校，五四运动期间，参加学生运动，加入觉悟社。1920年赴法国勤工俭学。1926年回国，先后在南开大学、岭南大学任教。

② 张锡禄（1901—1988），原名锡陆，天津人，张伯苓长子。先就读于南开中学，毕业后，考入清华学校。后赴美，1928年回国，历任南开大学数学系教授、厦门大学理学院院长兼数学系主任、西南联合大学教授以及中法大学经济数学及统计学教授。

为俞启孝[1]致各用人单位[2]

（1931年6月20日）

学生俞启孝，浙江山阴人，向肄业于本校商学院，现在已经毕业。查该生之学业，成绩甚优，并在本届商学院毕业生中其成绩为最佳者。

南大校长张伯苓

六月

（南开大学档案馆藏）

致袁英辛

（1931年6月20日）

法界中街英瑞炼乳公司

英辛先生台鉴：

敬覆者：顷接大函，示以友谊之道，首重联络感情，关系端赖深交。至论不刊，甚以为佩！鄙人素抱乐群主义，单拟之分月担任东道办法，极表赞同。所惜苓之一身，年来为维持校务向各方奔走呼吁，毫无宁晷，又兼有关于义务不容诿谢事件，益令席暖不暇。本年十月为全国大运动会南下，不能在家，余日或者可以抽闲，但是否果能如愿，自己预先亦殊不敢定。草草劳人，对诸同学之每月聚乐，亦惟有徒深羡慕而已。尚望多多予以鉴谅是幸。专此拜复，顺颂

时安！

---

① 俞启孝（1905—1993），祖籍浙江绍兴，生于江苏南京。1921—1931年先后毕业于南开中学、南开大学。后在协和医学校、国民政府交通部、新华银行总行等处工作。新中国成立后，先后任职于中国人民银行总行、天津分行等。1959年后任南开大学经济研究所教授。

② 本文题目及日期，均依开具时间及内容而定。

张△△拜上
廿年六月二十日
（南开大学档案馆藏）

致电刘瑞恒

（1931 年 6 月 20 日）

南京卫生署刘署长鉴：电悉，敝校现无猩红热发生，报言非真相，承关注，感谢！伯苓。号。

（南开大学档案馆藏）

附：刘瑞恒致电张伯苓（1931 年 6 月 19 日）

南开中学张校长伯苓兄惠鉴：阅报载贵校猩红热复发，殊深驰系。如有必要，此间可代请北平中央防疫处陈宗贤处长及专家赴校设法预防，如何？盼复。弟刘瑞恒。皓。

（南开大学档案馆藏）

呈报教育部文

（1931 年 6 月中旬）

为呈请颁给留学证书事。窃属校理学院三年级学生阮冠世[1]，现年廿二岁，浙江余姚人，现拟自费赴美国纽约州哀买拉大学留学，研究化学，以资深造。用费业由该生家长筹足，理合照章奉上四寸半身像片二张、留学证书费二元、印花税费一元、保证书及修业证明书各一纸，敬请检入，即予发给留学证书，以利遄行，实为公便。谨呈

① 阮冠世（1909—1980），浙江余姚人，1928 年入南开大学物理系。1931 年 9 月赴美留学。吴大猷之妻。

教育部。

南大校长张〇〇
廿年六月中旬
（南开大学档案馆藏）

致周作民

（1931年6月22日）

作民先生赐鉴：

敬启者：前荐本届毕业学生萧、曹、扈三人，悉承慨允录用，非常感谢！现又有商学院同时毕业生黄刚一名，亦志在入金融界服务。适萧生彤另有他就，拟即令该生前往承补。该生江西南城人，品学俱优，倘蒙俯予成全，曷胜欣幸。专此静候核准示覆，不胜祷盼。祇颂
台安！

弟张伯苓谨上
廿年六月廿二日
（南开大学档案馆藏，据上海市档案馆档案校）

附1：周作民致张伯苓（1931年6月14日）

伯苓先生大鉴：

在京得聆教言，无任忻慰。返平后，奉读惠缄，藉悉贵校商学院本届毕业生萧、曹、扈三君皆有志服务于金融界，曷胜忻幸。承嘱设法位置一节，除扈君拟入敝行青岛分行，已函告酌理外，萧、曹二君均拟量才录用，用副雅嘱。即请转知萧、曹、扈三君来处接洽。知关锦注，特此布复。敬颂
教安！

作民
廿，六，十四

附2：周作民致张伯苓（1931年6月29日）

伯苓先生台鉴：

顷奉惠函，承示前次尊荐本届毕业萧君因有他就，兹另荐黄刚君，一一敬

悉。既荷台命，自当遵办。专此奉覆。并请
大安！

作民
二十年六月廿九日
（上海市档案馆档案）

致卞白眉、林凤苞

（1931年6月22日）

白眉、凤苞二位先生赐鉴：

敬启者：今有敝校商学院三年级肄业女生卢毅仁一名，湖北沔阳人，拟乘暑假入贵行实习，藉资历练，增益知识。幸祈关照，俯予容纳，并多多加以指教。至所感盼。祗颂
钧安！

张伯苓谨上
廿年六月廿二日
（南开大学档案馆藏）

致黄俭翊

（1931年6月25日）

天津上海银行

俭翊先生惠鉴：

敬启者：敝校商学院本届毕业学生陆华钦一名，广东中山人，品学均优，毕业后拟入金融界，藉以实验所学。顷闻贵行适有需人之处，特代该生一为介绍，恳乞推爱，即予赐以录用。不胜待命盼祷之至。祗颂
大安！

张伯苓拜上

廿年六月廿五日
（南开大学档案馆藏）

致张西卿

（1931年6月25日）

西卿市长先生钧鉴：

敬启者：六月廿八日上午九时半敝校在南开女子中学举行本届男、女两中学校毕业式，恳请先生演讲示训。届期务乞赐临是幸。祗颂
勋安！

附请柬一片。

张伯苓谨订
廿年六月廿五日
（南开大学档案馆藏）

致电南开中学

（1931年6月25日）

南开中学：径日晚到津。苓。

（南开大学档案馆藏）

致张汉卿[1]

（1931年6月26日）

汉卿副司令伟鉴：

钧恙以医戒，未敢趋候，刻闻已占勿药，忭贺无量！苓昨晚始由辽归来。此次东北校务委员会议甚为顺利。校内一切均平复，应行裁并各系大致已经决定。宁秘〈书〉长刻正计划下年预算，力行撙节，断不令溢出百二十三万元之数，特此报告。

再，由特派员公署月拨两万元补助敝校事，五月初间曾领过一次，嗣因政躬违和，荆特派员未得钧谕，未敢续拨。倘蒙于日内发一明令，俾按月照发，则不胜感激矣。祇叩

痊安！

廿年六月廿六日

（南开大学档案馆藏）

致王维宙

（1931年6月26日）

维宙先生赐鉴：

敬启者：苓昨晚始由辽归来。此次东北开校务委员会，一切均甚顺利，应行裁并各系大致已经决定，宁秘书长刻正计划下年预算，力行撙节，断不令溢出百二十三万元之数，特此报告。本月廿八日敝校举行毕业式，令郎为此次毕业之一，成绩甚好，品、学、体俱优，实将来一大能有为之青年。贺贺!

先生匀暇，能于廿八日惠临，为诸生赐以训言，即以充学生父兄出席代表，以荣敝校，最所欣盼。顷由傅锡永君持柬面请，希允诺是幸。

---

① 此信为张伯苓手草，未署名。

再，前为敝校月拨两万元补助费事，承先生从中为力，四月杪曾蒙发给过一次。在发款时，据荆特派员云：以后未有按月明令，未敢照办。以故苓于五月初间为东北事面谒副座时曾提及此款，蒙示该款未有问题，容谕特派员知之。现在已至六月，尚无消息。而副座又仍在养疴，苓未便自行往请。兹肃具一函，乞先生呈副座，并望相宜吹嘘，于日内发一明令，俾按月将款照发，则不胜感激矣！祇颂
勋祺！

张伯苓谨上
廿年六月廿六日
（南开大学档案馆藏）

致曹炎申

（1931年6月26日）

香港中华基督教青年会

炎申先生大鉴：

来函奉悉。贵同事黄君欲来敝大学肄业，赶速就近在上海敝校招生处报考，最为合宜。倘考期或不能及，则暑假后惟有到敝校暂作旁听生。旁听章程，纳费比正生加倍，其他待遇与正生同，惟于来年暑间须补入学考试一次。附上简章一件，请查照。黄生如系贵会得力人员，敝校关于先生方面当减收其半，旁听费一半，以示优异。此覆，即颂
道安！

附简章一件。

张伯苓拜复
廿年六月廿六日
（南开大学档案馆藏）

致张公权[①]

（1931 年 6 月 27 日）

公权先生赐鉴：

暌教有日，惟履祉增绥为颂。兹敬启者：现有我校商学院本届毕业学生郭可语[②]一名，福建闽侯人，毕业后志在入金融界，藉以实验所学。贵行如有机缘，敢请予以录用。兹肃函交其持往晋谒。到时即祈进而教之，至以为荷。祇颂
大安！

廿年六月廿七日

（南开大学档案馆藏）

致林受祜[③]

（1931 年 6 月 27 日）

塘沽永利制碱总厂

受祜贤弟鉴：

来函读悉。令先尊康子殉难，例应得恤。今竟寂面无闻，真令人难以为情。所谈呈请一节，极端赞同，且极愿代与为力。不过鄙对张副司令及省政府，虽皆有直接说话之可能，但所言关于教育、体育之事居多，以外从不涉及。且年来屡事请求，恐致生厌，反为不美，故未敢冒昧从命。尚祈吾弟原谅，另行设法办理可也。覆颂
时绥！

张伯苓拜启

① 即张嘉璈。

② 郭可语（1907—？），字学颜，福建闽侯人。1927 年南开中学毕业。

③ 林受祜（1904—？），字武揆，湖南湘阴人。1927 年南开中学毕业。

廿年六月廿七日
（南开大学档案馆藏）

答刘谟璇先生

（1931年6月29日）

两奉来函，均敬领聆悉。七月一日在西山夏令会夕阳会中作一度讲演，极愿如期前往。不过现被校务羁绊，届时实在抽身不得。有负宠约，抱歉之至，惟格外见谅是幸。此致
刘谟璇先生。

张△△拜启
廿年六月廿九日
（南开大学档案馆藏）

复林健民

（1931年6月29日）

济南连升栈

健民贤弟大鉴：

正在怀思，适接手书，得悉吾弟前曾过津，以校内发生猩疫裹步，嗣因报纸宣传又复有第二次疫作，益为加以悬念。似此眷注不已，情极可感。所幸传闻半非真相，现该项病症早告绝迹。学生大考毕，皆平安旋里矣。请释廑系可也。弟为税务贤劳，日来定益多佳况。鳞羽有便，尚望不惜以数行见示为盼。覆颂
文祺！

张△△拜启
廿年六月廿九日
（南开大学档案馆藏）

致电沈鸿烈[1]

（1931年6月29日）

沈阳海军司令部沈司令鉴：学生六十人支（四日）乘天潮丸赴连。伯苓。

（南开大学档案馆藏）

复曹炎申

（1931年6月30日）

香港青年会

炎申先生大鉴：

接奉来函，敬已领悉。唐东启、黎耀灼二生欲来敝中学部投考高级班，似此远路负笈，足见求学专诚，到时自当特别予以关照。兹附上简章一份，希转交查阅可也。此覆，顺颂

台祺！

附简章一份。

弟张伯苓谨启

廿年六月卅日

（南开大学档案馆藏）

① 沈鸿烈（1882—1969），字成章，湖北天门人。1906年入日本海军学校，加入同盟会。1911年毕业，回国参加辛亥革命。历任海军部军机处参谋、陆军大学海军考官、吉黑江防副总司令代理总司令、青岛市市长。

复邹御风

（1931年6月30日）

御风贤弟大鉴：

来函读悉。兹如嘱缮就致王维宙先生一槭，如吾弟愿行往谒，即可持以进呈，并望附入一履历为要。此覆，顺颂

时祉！

附函一件。

此函覆邹良骥者，致王维宙先生函可附在此内。

张伯苓拜启

廿年六月卅日

（南开大学档案馆藏）

致王维宙

（1931年6月30日）

维宙先生赐鉴：

敬启者：学生邹良骥，字御风，辽宁辽阳人，民国十四年六月在敝大学文学院毕业。该生一切成绩俱优，于文学尤有特长，为人老成恂谨，作事亦极能干，历充辽宁教育厅及北平教育局科员、科长等职。先生刻膺国府文官长之命，想用人必多，敢请推爱，赐以提拔。兹介绍前往，到祈进而教之，至以为荷。祗颂

勋祺！

附履历一件。

张〇〇

廿年六月卅日

（南开大学档案馆藏）

分致英庚款各委员函稿

（1931年6月30日）

〇〇先生赐鉴：

敬启者：前为请拨英庚款补助校中经费事，曾上一械，乞大力予以帮忙。辱蒙慨允，心铭无似。谢谢！顷闻七月七日又为贵会开会之期，想对支配办法当有决定。敝校现以经济窘困万分，待惠迫切，敢乞特别关照，尽先提议，如请通过，出自垂爱逾格。专肃，不胜企盼。祇颂

勋安！

张〇〇谨上

廿年六月卅日

（南开大学档案馆藏）

致吴扶青[①]

（1931年6月30日）

北平前门内后红井八号

扶青先生大鉴：

日前承枉顾，适睡熟未闻报告，醒后得悉，歉恨交并。昨以电话向尊住之饭店探询，据覆谓旌从已经北返，益令怅惘无似。先生有何见教，极愿便示一闻，所有在津失迓之愆，尚望多多予以原谅是幸。祇颂

台祉！

△△△拜上

廿年六月卅日

（南开大学档案馆藏）

① 此信为张伯苓手稿，未具名。

致姚仲拔

（1931 年 7 月 1 日）

青岛交通银行

仲拔先生大鉴：

接奉手书，读悉一一。张生中厚、孙女士媛贞均欲来敝校投考，具见求学专诚，况复皆系令友子女，自应特别关照。兹寄上简章及空白报名书各二份，请分别代转查照，早为报名可也。廛涧在美安好，明春便将返国。特附以闻，并颂

台安！不备。

附简章、报名书各二份，另寄。

张△△拜启

廿年七月一日

（南开大学档案馆藏）

致陆华深

（1931 年 7 月 1 日）

华深先生大鉴：

昨接手示，得悉台端以府上事务待理，不克兼任校职，事属无可如何，只得谨如遵命。借重五载，顾念贤劳，实深感激。敬此，谢谢！馆务接替一节，业烦图书馆委员会执行委员黄子坚先生偕同耿靖民先生与台端会晤办理，仰惟查照是幸。祇颂

文安！

张伯苓拜上

廿年七月一日

（南开大学档案馆藏）

致丁馨伯[1]

（1931 年 7 月 3 日）

上海泰兴黄桥李广源转

馨伯先生大鉴：

来函奉悉。承示自美归来，愿以教学为志，而对来敝校帮忙尤为独感兴趣，仰见相爱之深，鄙人极表欢迎。所惜校中一时尚无相当位置，容俟将来有须借重时，再为奉达可也。覆颂

台安！

张伯苓拜上

廿年七月三日

（南开大学档案馆藏）

致汪树棠

（1931 年 7 月 3 日）

上海法租界维尔蒙路树德里七号

树棠先生大鉴：

来示奉悉。承示《中国体育》创作号不日即将出版，谨如嘱为题数字，藉表庆祝，惟查鉴为荷。顺颂

著安！

张伯苓拜上

二十年七月三日

① 丁馨伯（1902—1990），江苏泰兴人。1927 年毕业于复旦大学企业管理系。1931 年赴美国留学，获硕士学位。回国后先后任湖南大学、上海财经学院教授，长期从事工商管理及工业企业组织与计划方面的教学与研究。

附题字一纸。

《中国体育》创作号

这等裨益体育前途的刊物　祝你风行全国

张伯苓敬题

（南开大学档案馆藏）

致北平交通银行

（1931 年 7 月 3 日）

敬启者：顷接贵哈尔滨行来函，嘱将敝校高中毕业学生保送十人至北平贵行应试，并寄来招考试用员简章及报考书各二十纸均经收讫外，津贴每人旅费洋各十元，共百元亦已如数汇到无误。现有毕业生马景建等十一人均愿前往一试，特将报考书汇齐附上，希一律查入注册。所多一人，请无庸再给津贴。合并声明。此致

北平交通银行。

附报考书十一件。

张〇〇

二十年七月三日

（南开大学档案馆藏）

致北平交通银行

（1931 年 7 月 3 日）

敬启者：敝校毕业生愿投考贵哈行试用员者，原共十二名，适因付邮仓卒，误将刘翠峰[①]报考书一纸遗漏，合再快函补行寄上，即请查入，准予一律收考为荷。此致

① 刘翠峰，字秀岚，河北宁津（今属山东）人。1931 年南开中学毕业，后考入南京中央政治大学。

北平交通银行。

附报考书一纸。

张〇〇

廿年七月三日

（南开大学档案馆藏）

致电宁恩承、郝更生、张龄佳

（1931年7月3日）

沈阳东北大学宁秘书长、郝更生、张龄佳先生：江南田径队北来，意在联络观摩，理应协助提倡。该队约一周中赴辽比赛，务望筹备。电复。伯苓。

（南开大学档案馆藏）

致电袁敦礼

（1931年7月3日）

北平师大袁敦礼先生：江南队不日赴平比赛，乞筹备。伯苓。

（南开大学档案馆藏）

致天津中国银行

（1930年7月4日）

敬启者：敝校本届商学院毕业学生周维蕃，广西桂林人，现年24岁，品学俱优，办事亦有才干，实为当今老成练达之青年。专肃代为介绍，即请查鉴，多多予以关照。是为至荷。此上

天津中国银行。

张伯苓 谨启

致吴达诠

（1931 年 7 月 6 日）

达诠先生赐鉴：

敬启者：学生郑楷森现已来校，兹肃函交其持往晋谒。到时即祈进而教之，至以为荷。祇颂

钧安！

张伯苓谨上

廿年七月六日

（南开大学档案馆藏）

致孙子文

（1931 年 7 月 6 日）

子文先生赐鉴：

敬启者：学生陆华钦，广东中山人，寄寓唐山，本届在我大学部商学院毕业，成绩甚优，品行亦好，现急欲就近觅一服务机会。先生能于会计方面代为谋一位置，俾得藉以实验所学，最所欣盼。兹肃函介往晋谒，到时即祈进而教之是幸。祇颂

钧安！

张伯苓谨上

二十年七月六日

（南开大学档案馆藏）

致天津竞存小学校校长

（1931 年 7 月 6 日）

校长先生大鉴：

来函读悉。七月八日午后，我校初、高级学生举行毕业式，苓极愿前往与会。不过该日适有旧生袁作震[①]在青年会结婚，约为证婚，与开会时间冲突。分身不得，势难如愿赴命，尚希予以原谅是幸。祇颂

教安！

张〇〇

二十年七月六日

（南开大学档案馆藏）

致陈德纯、曲有诚

（1931 年 7 月 6 日）

山东莱阳初级中学

德纯、有诚贤弟鉴：

前代托吴达诠先生为吾弟谋事，现在得其覆音，欲与弟见面一谈。即望见信后赶速来津，以便前往谒晤，幸勿迟迟为要。此询

时佳！

张伯苓拜启

二十年七月六日

（南开大学档案馆藏）

① 袁作震（1910—？），字耀东，天津人。1930 年南开中学毕业。

致电威海卫基督教青年会

（1931 年 7 月 6 日）

威海卫青年会：电悉，因校务羁身，难赴约，乞原谅。伯苓。

（南开大学档案馆藏）

致吴扶青

（1931 年 7 月 7 日）

北平前内后红井八号

扶青先生赐鉴：

接奉手谕，承示查勘博览会地址，业经先生与各方面会同办理，偏劳之至。在三海建筑，所拟极为适宜，苓深表赞同。现敝处关于校务，一切仍在非常忙碌，月内如可脱身赴平一行，届时再当趋谒，畅领麈诲也。祇颂

台安！

弟○○○敬启

廿年七月七日

（南开大学档案馆藏）

致吴达诠

（1931 年 7 月 7 日）

达诠先生赐鉴：

昨奉电话，嘱令陈德纯、曲有诚、郑楷森三人前往与先生一谈。除郑生业令持函趋谒外，而陈、曲二生尚在山东，亦已去信通知，想不日亦即来津也。

此布，惟查鉴是幸。祇颂
钧安！

张伯苓拜上
廿年七月七日
（南开大学档案馆藏）

致邹御风

（1931 年 7 月 7 日）

北平

御风贤弟鉴：

启者：有威海卫管理公署徐专员祖善，字燕谋，来函烦代物色在高师或大学毕业，学识宏深，办学经验充裕，并富于责任心者一二人，如兼谙练公事，尤为合式。仆想我弟对此定能胜任愉快，惟月薪一节，在创办学务未久，规模尚小，不能甚丰，约在百元以上。吾弟如乐就，当代介绍。是否？务请从速见覆，至以为盼。顺诵
时绥！

张〇〇拜启
廿年七月七日
（南开大学档案馆藏）

致严培南

（1931 年 7 月 7 日）

福州南门外阳岐

培南砚兄先生大鉴：

离群旧雨，时切怀思。忽奉朵云，欣如觌面。就稔起居安燕，凡百吉羊，为颂为慰。承示本年秋后将重事北游，不惯久居乡里，仰见我兄壮志犹不减当

年，深以为佩。所谈愿来敝中学部教授算学一节，极端欢迎。不过该项教算钟点，暑假后业均有人担任，定有合同，势难再为变更。吾兄欲为帮忙，惟有俟将来几时遇有机会，再为专函奉约可也。此覆，祇颂
台安！益祝
阖潭均吉！不另。

同学弟△△△拜上
廿年七月七日
（南开大学档案馆藏）

致曹嘉福

（1931 年 7 月 8 日）

南门西太平庄郭家胡同廿三号

嘉福先生大鉴：

接奉来函，敬悉一切。先生自欧美归来，将对航空器具有新发明。先生智巧驾乎外人之上，是必天欲借先生以强我中国也。其可贺为何如！惟是此等利器若要实现，非真有懂得飞机学与真有实力可供给制造应用者，万万不能协赞成功。谫陋如鄙人，既不晓飞机如何构造，而又力若棉薄，对于先生亦只有崇拜而已，实属爱莫能助。尚希多多予以原谅是幸。覆颂
台安！

张伯苓
廿年七月八日
（南开大学档案馆藏）

致孙仲先

（1931 年 7 月 8 日）

青岛金城银行

仲先先生大鉴：

接奉手示，读悉一一。扈生殿昌现已前往，计此时当报到也。该生品行甚好，不过始离学校，约少谙练，先生幸毋以大学毕业生视之，即以寻常习学徒者看待最好。遇事务望多多指教，是所切托。

令爱欲来敝女高中班肄业，入学考试功课想已早有预备，现遵将章程并报名书一纸另邮寄上，到时望祈检入查阅可也。此复，祇颂

台安！

张伯苓谨上

廿年七月八日

（南开大学档案馆藏）

致曲士敏

（1931年7月8日）

河北金家窑首善里八十八号

士敏君鉴：

来函已悉。所请本科学、宿费缓缴一节，正值学校经费支绌，碍难照准。惟吴达诠先生为贫寒有志之学生募集奖学金，资助求学，现已议妥章程，进行招考，正可乘此机会报名一试。果蒙录取，每年可得奖金三百五十元。不独学、宿费有着，即膳费与零用亦足敷用。望即预备，届期与考可也。覆询

时佳！

附奖学金章程全份。

张伯苓拜启

廿年七月八日

（南开大学档案馆藏）

致谈丹崖[1]

（1931 年 7 月 8 日）

北平大陆银行

丹崖先生赐鉴：

敬启者：敝校本届文学院经济系毕业女生梅贻玲[2]，河北省天津市人，成绩甚优，为人亦颇恂谨，拟入金融界，藉以实验所学，特此代为介绍。恳乞推爱，赐以录用。现肃函交其持往晋谒，到时即祈进而教之。至以为盼。顺颂

钧安！

张伯苓拜上

廿年七月八日

（南开大学档案馆藏）

致胡政之、张季鸾

（1931 年 7 月 9 日）

政之、季鸾二位先生大鉴：

敬启者：现有敝大学本届毕业韩籍学生金桢弼，与其国人黄锡禹在天津发起一中韩纠纷问题解决对策讲究会，刻已组织成功。因吉林万宝山案，韩报由日本方面得来消息，登报宣传，致引起韩国民之误解，演出汉城各处杀伤华侨意外事件。该会亟欲发表宣言，纠正韩国各报纸舆论，同时并对中国民众方面解释误会。其宗旨确纯为遏乱息事起见，别无其他用意。爰特介绍该发起人前往晋谒，到时即乞俯赐接晤为荷。祇颂

---

① 谈丹崖（1879—1933），江苏无锡人。早年入东京高等商业学校习银行经济。1918 年任北京中国银行行长，创立大陆银行。

② 梅贻玲，天津人，梅贻琦之妹。1931 年南开大学毕业。

著安！

张伯苓谨启

廿年七月九日

（南开大学档案馆藏）

致刘豁轩、汪佛生[①]

（1931年7月9日）

豁轩、佛生二位贤弟大鉴：

启者：现有我大学本届毕业韩籍学生金桢弼，与其国人黄锡禹在天津发起一中韩纠纷问题解决对策讲究会，刻已组织成功。因吉万宝山案，韩报由日本方面得来消息，登报宣传，致引起韩国民之误解，演出汉城各处杀伤华侨意外事件。该会亟欲发表宣言，纠正韩国各报纸舆论，同时并对中国民众方面解释误会。其宗旨确纯为遏乱息事起见，别无其他用意。爰特介绍该发起人前往晋谒，到时即乞俯赐接晤为荷。祗颂

著安！

张伯苓谨启

廿年七月九日

（南开大学档案馆藏）

致宋煜华

（1931年7月11日）

煜华君鉴：

接阅来函及历学期成绩单，当向校中详为查询，知此次所寄发之斥退书，

① 汪佛生，名滔（1901—？），原名心滔，字佛生，安徽桐城人。1925年南开大学毕业，后任职于《益世报》。

系由各学院院长与注册课会同审查之结果。按照章程，贵学生确应在退学之列。查《章程》："一〇四条载称：'本、预科学生于一学年内，全年学程之成绩，有二门得戊，或三门不及格者（至多两门，当可补考），令其退学。'"又，"第一〇五条载称：'本、预科学生第一学年之成绩，有一学程得戊等，而第二学年又有一学程得戊等者，令其退学。'"照此看来，则贵学生第二学年第二学期之考试，如英文、德文、商学三项成绩皆得 D，为三门不及格，适与《章程》相符，况此就应当退学。既于第一、第二两学年中，又有一个半学程为 E，其应退学更属毫无疑义。《章程》是全校所公同遵守的，仆不能违章为贵学生解救，甚为抱歉，当望格外谅之。此覆，顺问

近佳！

张伯苓启

廿年七月十一日

（南开大学档案馆藏）

致津浦铁路管理局

（1931 年 7 月 12 日）

径启者：兹有江南田径赛队队员廿人，因与津、平各学校比赛完毕，定于十二日附车南下至浦口车站。特此代恳贵局按照优待规章颁给减价购票执照，是为至盼。此致

津浦铁路管理局。

南中校长张△△

廿年七月十二日

（南开大学档案馆藏）

致王学栋[①]

（1931年7月14日）

西门里周永顺胡同卅九号

学栋君鉴：

来函具悉，嘱代谋事一节，甚愿为力。不过目下实在未有机缘，对许多毕业生尚皆无法可想，而对贵学生亦不免徒深抱歉耳。惟希多多原谅是幸。覆询文祉！

张△△手泐

廿年七月十四日

（南开大学档案馆藏）

致吴笠民

（1931年7月14日）

哈尔滨特别市市政局

笠民先生大鉴：

接奉来函，敬悉种切。令女公子梅仙现已到校，业入暑校随班补习矣。所谓违反运动道德一节，按章应提出华北体育联合会审查。如调查确实，只可取消其运动员资格，而于学籍无关。今令女公子既负笈来津，不以为远，具见求学专诚。虽无文凭及转学证书呈验，自应特别通融，准其一体与试。此覆，惟查照是幸。顺颂

台安！

张伯苓拜覆

廿年七月十四日

（南开大学档案馆藏）

① 王学栋（1911—？），字宗尧，天津人。1926年入南开中学初中部一年级肄业。

致熊秉三

（1931 年 7 月 14 日）

秉三先生赐鉴：

敬启者：敝校文学院学生李涛，山东人，现送其弟李波（年十四岁，在济南市立第二实验高等小学毕业）前赴贵院中学投考，浼代介绍，到乞关照，俯赐接见为荷。祇颂

钧安！

张△△谨上

廿年七月十四日

（南开大学档案馆藏）

致黄淑炜

（1931 年 7 月 14 日）

广州白鹤洞私立真光中学

淑炜君鉴：

来函具悉。欲来敝校肄业，似此远路负笈，足证求学专诚。惟暑后欲入高级三年，与敝校规章似有未合。因敝校高级三年招收新生，此次对于贵学生亦难例外。不得已之处，望祈原谅。附上招生简章一份，请查阅是幸。顺颂

文绥！

简章一份，另邮。

张〇〇拜复

廿年七月十四日

（南开大学档案馆藏）

致徐燕谋

（1931 年 7 月 14 日）

燕谋先生赐鉴：

日前接奉大示，嘱代物色在高师或大学毕业，学识宏深，办学经验充裕，并富极责任心者一二人，如兼谙习公事，尤为合式，云云。现查敝旧毕业生邹良骥，恰可往承其乏。惟邹君向在教育厅与教育局，曾经充任科长、秘书共若干年，未审先生将与以何等位置，幸乞见示，以便代为征其同意。此布，不胜企盼。祇颂

台安！

附履历一件。

张伯苓谨启

二十年七月十四日

（南开大学档案馆藏）

致王恒智

（1931 年 7 月 16 日）

恒智先生大鉴：

暌教旬余，奉手书，知文旌抵平后曾经患痢多日，迄始痊可，为念为慰！日来体气想已复元，惟善后珍摄，尤盼多多加以注意，是为至要。关于东北调查工作事，晤面时再当畅领麈谈。先此布覆，祇颂

痊祺！不备。

张△△拜上

廿年七月十六日

（南开大学档案馆藏）

致电孟治

（1931 年 7 月 16 日）

PAUL MENG
HUAMEI
NEW YORK CITY
ENGAGE LIEN SALARY TWOFORTY IMMEDIATE RETURN DESIRED ENGAGE YSHU BANKING IF WELL QUALIFIED.
CHANG POLIN.

（南开大学档案馆藏）

复姚仲拔

（1931 年 7 月 17 日）

仲拔先生大鉴：

来函奉悉。张生中厚之报名书一页，像片二张均收到，已交招考办事处注册矣。此覆，希查照。顺颂

台祺！

张伯苓敬上

廿年七月十七日

再，按规章，尚缺报名费二元及文凭或证书一纸，请另补寄上，俾便报名。

另，邮上简章一份。

（南开大学档案馆藏）

致屠培成

（1931 年 7 月 17 日）

覆恳业银行屠培成先生

培成先生惠鉴：

日前薄酌候叙，未蒙赐光。顷接大函，承以新赋悼亡见示，举桉[案]风杳，在先生诚不能忘怀。然礼无过情，尚望达观顺变为是。附上特种奖学金章程四份，希检入查阅。覆颂

时祺！

张△△拜上

廿年七月十七日

（南开大学档案馆藏）

致吴秋涛函

（1931 年 7 月 17 日）

本市河北仁寿里六十号

秋涛先生大鉴：

接来函，读悉一一。台端学识、经验超轶，凡庸翘企，高风钦慕无似。承示现在处困景况，不胜代为扼腕。但目下闲人太多，而机会很少，对于先生一时苦无法位置。临风而呼负负，尚祈格外谅之。覆颂

台安！

张△△敬启

廿年七月十七日

（南开大学档案馆藏）

致电晏阳初

（1931 年 7 月 17 日）

JAMES YEN
NAMEN PEIPING
BECAUSE EYE AND TOOTH TROUBLE, SORRY CANNOT ATTEND MEETING.
CHANG POLIN.

（南开大学档案馆藏）

致电何廉

（1931 年 7 月 19 日）

FRANKLIN HO
INPAREL
SHANGHAI
CHANG NOT RESIGNED YET, WHAT SHOULD WE DO?
CHANG POLIN.

（南开大学档案馆藏）

致山东滨县教育局

（1931年7月30日）

敬启者：顷据籍隶贵县之学生刁鸿翔[①]投函，内称："敬肃者：敝县教育局定章，凡本籍之高中学生肄业于官立或已立案之私立学校者，皆得领取贷金，以资补助其求学供给不足，实有请领贷金之必要。恳请由学校代向教局证明，是为至盼"等语，敝校查该生刁鸿翔上学期在本校高中二年级肄业已经期满，下学期应升入三年级，委系实在情形。合亟代为证明，即祈查鉴为荷。此致滨县县教育局。

张〇〇

廿年七月卅日

（南开大学档案馆藏）

致电 LIENDIN SHIANG

（1931年7月30日）

LIENDIN SHIANG
ROOM 55
FLAMINGO
SHANGHAI
WELCOME, LETTER FOLLOWS.
CHANG POLIN.

（南开大学档案馆藏）

---

① 刁鸿翔（1911—？），字筱春，山东滨县人。1932年南开中学毕业，后考入燕京大学。

致王树常

（1931年7月31日）

呈为呈请事。

窃敝校前呈小站大营盘营房倾毁不堪，恐经久益坏，请查核备案一案，业蒙钧府令饬天津县查明办理在案。旋经天津县转令财务、建设两局遴派委员苏士迪、华增年、庞靖三员到敝校小站校田经理处协同王会计前往大营盘详查明确。除倒塌不计外，尚有破坏不堪营房四百二十二间，业经点交完竣。现值驻军他调，地方不靖，该营房又处在荒郊野外，难免不肖之徒乘机偷拆木料。敝校经理处以教育机关，又无驻军协助，实难保护。除将此情形函达天津县设法办理外，理合呈请钧府鉴核备案。谨呈

河北省政府主席王。

南大校长张〇〇

廿年七月卅一日

（南开大学档案馆藏）

致电宁树棠

（1931年8月6日）

北平边业银行宁树棠鉴：请弟邀树人次长同来津一游，藉以欢送。伯苓。

（南开大学档案馆藏）

附：宁树棠致电张伯苓（1931年8月7日）

南开中学张伯苓校长道鉴：齐（八号）早随树人去津，当晚王即去辽。承。

（南开大学档案馆藏）

致周作民

（1931年8月7日）

作民先生赐鉴：

敬启者：顷又有我校商学院本届毕业学生郭可语一名，福建闽侯人，品学均优，拟入金融界服务，藉以实验所学，特此代为介绍，恳祈推爱，赐以录用，实深感盼。专此。顺颂

钧安！

张伯苓谨上

八月七日

附：周作民复张伯苓（1931年8月11日）

伯苓先生台鉴：

违教多日，辱仰为深。顷奉惠书，就审履祺骈进，为忭为颂。郭君来此，业已见过，辱承垂嘱，一一敬悉。惟敝行此时员额已满，难以位置，容有机遇，再为设法以报雅命。特此奉复，并颂

台安！

民国二十年八月十一日

（上海市档案馆档案）

致电沈鸿烈

（1931年8月7日）

青岛沈司令：敝校海口旅行学生鱼全体平安抵校，请释廑念。诸生渥蒙厚爱，备聆训勉，感激之余，誓当努力策励，藉符雅望。张伯苓。

（南开大学档案馆藏）

附：沈鸿烈致电张伯苓（1931年8月8日）

南开中学张校长勋鉴：奉诵惠电，欣悉诸生安抵津门，甚慰！此次诸生等旅行月余，均能严守秩序，刻苦奋勉，足征我公教育有方，曷胜佩慰。只以舰中舱位窄狭，招待欠周，辱荷齿及，蒙滋汗颜。特此奉复。沈鸿烈。庚。印。

（南开大学档案馆藏）

致电何廉

（1931年8月上旬）

FRANKLIN HO
INPAREL
SHANGHAI
CHUNG, BANKING ACCEPTED. FIND ACCOUNTING MAN.
CHANG POLIN.

（南开大学档案馆藏）

致绥远教育厅张厅长

（1931年8月11日）

敬启者：兹据敝校本年毕业、贵省包头县籍学生孙霈昆函称："贵厅对于各县学生之毕业于中学及大学者，向有津贴旅费，俾赴各处参观之规定。该县津贴旅费之数订为每生国币八十元，请由敝校函请贵厅转令该县县政府及教育局依例发给旅费，俾得即赴各处参观，以期增加经验而备服务社会"等语。

查该生在校时颇肯努力用功，对于各种课程已具初步之基础。毕业后如得因参观而获得多量之经验，将来对于地方之建设事业，当不无小补也。相应据达贵厅，即希察照转行该县按款速予照发，实为公便。此致
绥远教育厅厅长张。

南中校长张伯苓

廿年八月十一日
（南开大学档案馆藏）

为呈请颁给自费留学证书事呈教育部

（1931 年 8 月 22 日）

窃本校学生李达，湖北省罗田县人，年廿七岁，于民国十七年夏在本校理学院毕业，现拟自费赴美留学。又，学生陈勖，河北省天津人，年廿三岁，于本年夏在本校文学院毕业，现拟自费赴日留学。均求深造，用费业由该生家长等筹足，理合照章奉上四寸半身像片各二张、留学证书费各二元、印花税费各一元、毕业证明书各一件及保证书各一件，敬请检入，即予发给留学证书，以利遄行，实为公便。谨呈
教育部。

南大校长张○○
廿年八月廿二日
（南开大学档案馆藏）

复电岸清一[①]

（1931 年 8 月 24 日）

DR SEIICHI KISHI
JAPAN AMATEUR ATHLETIC ASSOCIATION
TOKYO
I THINK PLAYERS QUITE SAVE BUT SHALL WIRE SHANGHAI TO LOOK AFTER THEM.

---

① 岸清一（1867—1933），日本法学家、政治家。1910 年获法学博士学位，1915 年任东京律师会会长。1921 年任日本体育会会长。1932 年当选贵族院议员。

CHANG POLING.

（南开大学档案馆藏）

附 1：岸清一致电张伯苓（1931 年 8 月 23 日）

Dr. Chang Poling,

Nankai University

Tientsin

Basketball players of Tokyo Commercial University are now staying in Shanghai. Please use your personal influence for protecting them from possible danger of antiJapanese movement there.

Kishi.

（南开大学档案馆藏）

附 2：岸清一致电张伯苓（1931 年 8 月 24 日）

Dr. Chang Poling, Nankai University, Tientsin

THANKS.

KISHI.

（南开大学档案馆藏）

致电沈嗣良

（1931 年 8 月 24 日）

上海全国体协会沈嗣良先生：顷接岸清一博士电开，恐排日运动波及商大篮球队，望特别照拂。伯苓。

（南开大学档案馆藏）

致电宁恩承

（1931年8月27日）

辽宁东北大学宁秘书长鉴：请将委员会章程寄下全份。伯苓。

（南开大学档案馆藏）

为呈请颁给自费赴德留学证书事呈教育部

（1931年8月）

窃本校民国十二年秋预科肄业学生李仲三，年二十六岁，河北定县人，现拟自费赴德留学，以资深造。用费业由该生家长筹足，理合照章奉上四寸半身像片二张、留学证书费二元、印花税费一元、肄业证明书及保证书各一件。敬请检入，即予发给留学证书，以昨遄行，实为公便。谨呈

教育部。

南大校长张〇〇

附：李仲三肄业证明书

学生李仲三，河北定县人，现年二十六岁，于民国十二年秋在本校预科肄业半年，特此证明。

中华民国二十年八月　日[①]

（南开大学档案馆藏）

① 原文如此。

复卞白眉

（1931年9月2日）

白眉先生大鉴：

接奉手示，敬已领悉。敝商学院添设讲座基金，蒙代募集18000元，除已收外，尚有未交者2000元，由贵行暂垫凑齐，分存六处生息。似此热心嘉惠学者，真令人感谢莫名！所有附来之清单一纸，存单五纸，存折一扣，及未发之第81至100号之空白捐启20份，均经收到。兹谨将存单所附空白印鉴分别填讫送上，即请费神分转存验为荷。祇颂

钧安！

附印鉴五纸。

张伯苓 拜上

附：卞白眉致张伯苓（1931年9月1日）

伯苓先生大鉴：

敬启者，贵校募集商学院添设讲座基金，兹经收到捐款洋16000元，尚有已认未交者约2000元。现因贵校开学在即，此项基金亟应分存生息。当由敝行先行借垫2000元，共凑足18000元，分存敝行及交通、盐业、中孚、上海、浙江兴业等6家，各3000元。兹将存单五纸，存折一扣，连同清单，随函送上，即请察收见复。并将存单所附空白印鉴，分别填妥送下，以便分转存验。再，该项捐启共印200份，除101号至200号100份前已送交贵校外，其余1号至100号之100份敝行共代发出80份，现在尚未收齐。兹先将未发之第81至100号空白捐启20份一并送上，并祈收复为荷。专布。顺颂

台绥！

附清单一份。

弟 卞〇〇

南开大学商学院讲座基金共银元18000元整分存六银行清单

行名	款额	息率	期限	存单号码
天津浙江兴业银行	银元3000元整	周息1分2厘	10个月自1931年9月1日起至1932年7月1日止	7731号
天津盐业银行	银元3000元整	月息1分	8个月自1931年9月1日起至1932年5月1日止	辉字5220号
天津中孚银行	银元3000元整	月息1分	11个月自1931年9月1日起至1932年8月1日止	A字3433号
天津上海银行	银元3000元整	月息1分	9个月自1931年9月1日起至1932年6月1日止	1414号
天津交通银行	银元3000元整	月息1分	7个月自1931年9月1日起至1932年4月1日止	津字7674号
天津中国银行	银元3000元整	月息1分	6个月自1931年9月1日起至1932年3月1日止	天字16162号

致天津市工务局

（1931年9月3日）

敬启者：敝校狮子林学产地在前清时由官府经管，曾充客籍学堂学产。宣统三年，连同学生一律并入敝校，乃改为敝校学产，地租每年先曾由清丈公所及盐运使署、津海道署、警察厅捐务科、学务公所等递相代收。民国二年，直隶财政司呈准直省督都兼民政长冯，为事实上便利起见，特派敝校校长张伯苓办理此项租务事宜。除关于收租折件并连单通告印发，饬敝校校长遵照外，别

无印契移交。惟租照由省财政厅加印。遇租户盖房起照者，但以敝校校章为凭。蒙历届贵局准照无误，已经有年，不无档案可查。所有今凭敝校校章起照者，竟未仰蒙照准，是否因新建房间须先投税关系，若果因此，请贵局只令其税浮房之契，而地基犹是学产，仍由敝校盖章为凭，庶与成案相符。所有狮子林学产地租户盖房起照未有印契呈验原由，合亟据情陈明，恳请俯准，仍如旧贯办理，实为公便。此致

天津市工务局。

天津私立南中校长张△△

廿年九月三日

（南开大学档案馆藏）

代学生赵吉勋请求津贴乞照准由（中字第一四八号）

（1931年9月3日）

敬启者：籍隶贵县学生赵吉勋[①]，年十九岁，现在敝校高级中学第一年级班第六组肄业。日前投函，据称贵局向有津贴本籍学生在外留学成例。该生家境清寒，实有需用津贴之必要，敝校合代证明，即乞查照，准予如请，施行汇款为该生接济，实为公便。此致

山东蒲台县教育局。

南中校长张〇〇

廿年九月三日

（南开大学档案馆藏）

① 赵吉勋（1902—？），山东蒲台人。1931—1933年在南开中学高中肄业。

函明盐官厅地为学产确有根据非误会由（中字第一四九号）

（1931年9月5日）

敬启者：接奉函覆，诵悉一是。狮子林盐关厅地址原在敝校范围以内，当年官府以重视学产，原对该地收租，曾历派清丈公所、津海道署、警厅捐务科、学务公所等递相更替经管其事。

民国二年，蒙直督军兼民政长冯为事实便利起见，特派敝校校长张伯苓自行管理。于时移交之清丈公所文件内有光绪三十一年二月廿九日收租存根第二百二十五号载称："租户盐官厅，计租地三亩九分五厘五毫，正所反东所砖房二十五间，呈缴春季租价洋卅八元一角二分，照数收讫"云云。又，民国元年春季地租花户草记载二百二十七号："盐官厅租洋卅八元一角二分"，旁注："此户免租"云云。由此可知：该厅地址原属学产无疑。其所自置者，只浮房耳。兹准函称："有印契为据"等语。如果此印契只系浮房印契，则地址当然仍属学校。否则，或水灾后补契时有所误会亦未可知。请尊处再向税契处调查水灾前老契之存根，或不难分晓也。此致

天津芦纲公所。

天津私立南中校长张△△

廿年九月五日

附：清丈公所光绪三十年[①]春收租存根二二五号，民国元年春季地租花户草记二二七号照片各一纸。

（南开大学档案馆藏）

① 原文如此，与信之正文有异。

函请转知工务局对狮子林租户修筑领照仍准以校戳为凭藉免周折由致天津市财政局（中字第一五〇号）

（1931 年 9 月 8 日）

敬启者：本校狮子林学产地在民国二年直隶督都兼民政长冯委本校校长张伯苓接收租务时，除关于收租折件并连草通告印发外，而地契与地图均未蒙移交。遇有租户修筑领照事，但由学校盖戳证明便可领得，历年遵办已久。乃者准工务局函称："自本年五月一日，市政府公布暂行建筑规则后，该项办法已经取销。凡有修筑请照者，均须按照建筑规则第二章第五条，呈验土地局登记印契方能有效。兹准前因，查土地登记已划归财政局管理，应请贵校向财政局商办。本局接到财局函知，即可据以发照"等语，本校准此，合亟具函陈明，即乞贵局转知工务局，对于本校学产租户修筑领照事，请其于例外特别援照优待办法，仍准但凭校戳证明，藉免周折，实为公便。此致
天津市财政局。

天津私立南中校长张〇〇
廿年九月八日
（南开大学档案馆藏）

函请勤抽西南隅大坑秽水并澈计划一清疠源由致天津市工务局

（1931 年 9 月 11 日）

敬启者：津市西南隅广仁堂后本校迤西有潴水大坑一处，为城厢内外暗沟汇注之所，积秽甚深。有时发生恶臭，闻者每以致疾。又，南距校不远，杨家花园小河北半淤塞，秽水不能流通，均足酿生疠疫，至为危险。本校地接咫尺，

尤时时怀有戒心。贵局对疏沟浚河，有益地方卫生诸工程素极注重，除请令以机器将大坑秽水勤勤抽泄围墙小河外，仍乞澈底计划，为一清疠疫之源，感惠实非浅鲜。此恳，不胜祷盼。此致

天津市工务局。

天津私立南中校长张〇〇

廿年九月十一日

（南开大学档案馆藏）

致电江璇

（1931 年 9 月 11 日）

广东梅县长江璇先生鉴：电悉，江东在上海敝校招考处与试，因功课太差，未得录取，特复。南开。

（南开大学档案馆藏）

附：江璇致电张伯苓（1931 年 9 月 10 日）

南开大学校长鉴：新生江东有无录取及在校，请电复广东梅县长江璇。灰。

（南开大学档案馆藏）

函覆收到概况一册请察鉴由复天津市市立民众教育馆

（中字第一五二号）

（1931 年 9 月 12 日）

敬覆者：顷接贵馆第五九号公函，具已奉悉。蒙赠概况一册，展读之下，深叹贵馆组织得法，尽美尽善，洵足以促进文化，提高民众知识，于社会教育前途补益实非浅鲜，钦佩之至！除遵照收受外，相应肃覆鸣谢。即希查鉴为荷。此致

天津市市立民众教育馆。

天津私立南中校长张△△

廿年九月十二日

（南开大学档案馆藏）

函请援优待成例准免税发给购地印契并予登记由致天津市财政局（中字第一五三号）

（1931年9月14日）

敬启者：敝校向因学生体操地不敷用，曾假敝女中学西马场道附近鲍廷九先生空地一区作为临时操场。现为一劳永逸计，凭中说合，向鲍宅将地购妥，价款捐助三分之一。曾经请贵局丈量完毕，兹将空白新契一纸、跟契一纸函呈投税。惟查敝校关于购置校用土地成立印契事，历蒙援照优待教育公益成例，准免纳税。兹购鲍宅地事同一律，相应据情声报，请予俯赐登记，并准免税，将新契加印，随同证单一并掷发，以便执存。实纫公宜。此致

天津市财政局。

天津私立南中校长张伯苓

廿年九月十四日

附白契一纸，跟契一纸。

（南开大学档案馆藏）

函为学生刁鸿翔请求贷费希核准施行由致山东滨县教育局（中字第一五四号）

（1931年9月16日）

敬启者：兹据敝校高级三年级普通科贵县籍学生刁鸿翔面称，贵局对于县

籍贫苦学生之肄业于大学及高中者例有贷费之规定，并出其所填贷费请求书，请于检阅后径寄贵局，以凭核办。查该生品学俱优，深堪造就，所填各项亦均属实。相应据达贵局，即希察照，并将该生贷费请求书附上，希核准如请施行为荷。此致

山东滨县教育局。

南中校长张〇〇

廿年九月十六日

（南开大学档案馆藏）

函请接收狮子林地公文册簿查照登记并发给管业证由致天津市财政局（中字第一五六号）

（1931年9月20日）

敬启者：顷准贵局第五七四号覆函，嘱称："贵校应先将以前直隶督都兼民政长冯拨给狮子林地亩契据凭照，以及各项卷宗送局，以资参证，勘测完竣当即发给公用不动产管业证，以固产权"等语。敝校准此，查敝校前上一函，业将敝校接收地亩时未蒙将地契与地图移交声明在案，兹准覆嘱除图契无可呈验外，合将前直隶督都兼民政长之训令及地租草记、执照存根各一本，一律随函送呈查鉴，并请用毕连同所发管业证掷还为盼。此致

天津市财政局。

天津私立南开中学校校长张伯苓

廿年九月廿日

附直隶督都公文一件，狮子林地租草记一本，地租执照存根一本。

（南开大学档案馆藏）

为呈请钧府如案拨发补助费以济应用事呈报天津市政府

（1931 年 9 月 23 日）

窃本校中学部前因经费支绌，呈请补助，当蒙批准："由皮毛牙税项下年拨四万元，并已令财政局拨给一万元在案。嗣因财局谓该牙税已另有用途，不能如数续拨，惟以该中学部经费困难确系实情，特准暂照已发之数每年补助洋一万元，免致临时筹措为难，俟筹有的款，再行照案发给"等语。当于去岁十二月以第一三四号公函饬知在案。本校奉此，自应遵照，每年先按一万元从事请领。现在二十年份已届请领之期，理合肃呈，恳乞察鉴，即予如案拨发，以济应用，不胜待命翘企之至。谨呈

天津市政府。

天津私立南开大学校长张伯苓

廿年九月廿三日

（南开大学档案馆藏）

致美国政府及人民通电

（1931 年 9 月 24 日）

吾人为世界和平正义起见，电请美政府及人民，注意日本之公然破坏《凯洛〈格〉非战公约》，满洲日军，无端启衅，十九日占据沈阳，旋复轰击占领沈西，以达鲜境之各城市，毁坏生命财产，残害无辜居民。损失详情，现尚未明，或将永久不明，盖日军已将一切电讯机关捣毁矣。日方初则借口国军毁断南满铁轨，突向我军袭击，继复改变前说，谓南满路铁桥，被我军炸毁。最近东京电讯，又称日军进据东省，系因一般激烈下级军官不满政府对华之"懦弱"政策，致敢自由行动。然吾人深信日本此次行动，与一九〇五年[①]日政府之行动，同出一辙。是时日本乘欧战之机会，迫使中国承认残酷之二十一条件。此时西

① 此处似应为 1915 年。

方各国，正困于经济问题，中国复忙于拯灾剿共，日本乘人之危，谋图加害友邦，占据土地。中国领土被占者甚广。日军行动，事前显有筹备，无可讳饰。至于事件暴发原因，日方于两日之间，三易其辞，其不足信可知矣。日本之无端袭击中国，实属违反《凯洛克非战公约》，倘该约不能制止强国侵略弱邻，则无保障世界和平之效能。如此，则世界人类将永久沦于战祸，同归灭亡。《非战公约》已经世界各国签字生效，日政府甘心破坏公约条文与精神，不啻对于各签字国之信义，加以藐视。吾辈盼望赞助该约之美政府及人民，为世界和平主持公道。

签名者：

张嘉璈、胡适之、顾维钧、颜惠庆、陈光甫、郭秉文、张伯苓、刘湛恩、余日章、晏阳初、史量才、张竹平、董显光、刘鸿生、夏晋麟、郭德华等二十余人。

（1931 年 9 月 24 日《申报》）

致电卡特

（1931 年 9 月 26 日）

CARTER
HOTEL DE PEKIN
PEIPING
WE EXPRESSED OUR OPINION YESTERDAY, NO USE TO WIRE AGAIN.
CHANG POLING.

（南开大学档案馆藏）

附：卡特致电张伯苓（1931 年 9 月 26 日）

Chang Poling, Nankai, Tientsin
Discover that Peiping institute members agree with you that it is a mistake for China. Council to propose unconditional abandonment conference stop, believe it will help if you and ho both wire Chen today expressing hope China council may be able proceed with conference arrangement.
Carter.

（南开大学档案馆藏）

致电小坂

（1931年9月26日）

Kozaki
Kyobashi Church
Tokyo
Agreeing with your proposal. Chang Poling.

（南开大学档案馆藏）

附：小坂致电张伯苓（1931年9月26日）

Chang Poling, Nankai, Tientsin
Urging peaceful solution, request prayerful cooperation.
Kozaki.

（南开大学档案馆藏）

致电王正廷

（1931年9月30日）

南京　外交部王部长勋鉴：为国受伤，荣耀之至。望速痊愈，继续努力。张伯苓。

中华民国卅年九月三十日
（南开大学档案馆藏）

附：王正廷致电张伯苓（1931年10月1日）

南开大学张校长伯苓兄鉴：惠电读悉，顷得请准卸仔肩，俾资休养，拟即赴沪就医。远承存内，铭感五中。专复申谢。王正廷。东。叩。

（南开大学档案馆藏）

代学生刘庆公请求贷费乞照准由致四川江北县教育局

（中字第一五七号）

（1931年10月1日）

敬启者：籍隶贵县贫苦学生刘庆公①，现年十八岁，在敝校高级中学第一年级班第七组肄业。日前面称贵局向有贷费本籍学生在外留学成例。该生家境清寒，实有需用津贴之必要。敝校合代证明，即乞查照，准予如请施行，汇款为该生救济，实为公便。此致

四川江北县教育局。

天津私立南开中学校校长张〇〇

廿年十月一日

（南开大学档案馆藏）

致卞白眉

（1931年10月2日）

白眉先生赐鉴：

顷由贵同人马君斋到手示，敬已领悉。大陆行存单六纸，每纸洋500元，如数收到无误，合前收之18000元，共为21000元整，先生对此项商院添设讲座基金之募集，为热心进行不已，真令人莫名感谢。复颂

台安！

张伯苓　谨上

① 刘庆公（1914—？），字其伟，四川江北人。1931年考入南开中学高中。

附 1：卞白眉致张伯苓（1931 年 10 月 2 日）

伯苓先生大鉴：

贵校募集商学院添设讲座基金，敝行共已先后代收到捐款洋 21803 元，除前已开就各银行存单五纸计 18000 元送上外，兹续送上大陆银行津字 3415 号至 3420 存单六纸，每纸 500 元，共洋 3000，即请察收示复。前项捐款除先后送上存单 21000 元外，截至本月 1 日止，敝行尚存尾数洋 803 元，并祈惠洽为荷。耑布。顺颂

台绥！

附大陆银行存单六纸，每纸洋 500 元。

弟 卞〇〇 拜启

附 2：卞白眉致张伯苓（1931 年 10 月 31 日）

伯苓先生大鉴：

贵校募集商学院添设讲座基金敝行先后已代收到捐款洋 24153 元，除已先后开就各银行存单计洋 21000 元送上外，兹续送上金城银行津字第 4245 号至 4250 号存单 6 张，每张 500 元，共洋 3000 元，即请察收示复，前项捐款除先后送上存单 24000 元外，截至本日止，敝行尚存尾数洋 153 元，并祈察洽为荷。耑布。顺颂

台绥！

附金城银行存单六纸，每纸洋 500 元。

再海京洋行捐洋 200 元，款已代收，即请开具收据送下。

弟 卞〇〇 拜启

致电复旦大学转上海五大学联合会

（1931 年 10 月 4 日）

上海　复旦大学转联合会：电悉，冯校长[①]被捕后不知真象[相]，探明后再

① 冯庸（1901—1981），字汉卿。与张学良为结拜兄弟。毕业于中央陆军第二讲武堂，后为东北空军司令。1927 年，他毁家兴学，创办冯庸大学，自任校长兼训练总监。九一八事变后，日军将冯庸软禁，并将冯庸大学校舍洗劫一空。

达。张伯苓。

十月四日

（南开大学档案馆藏）

附：上海五大学联合会致电张伯苓（1931 年 10 月 3 日）

南开大学张校长台鉴：据报冯大校长行踪不明，乞就近探示，并代慰候为盼。上海五大学联合会。江。印。

（南开大学档案馆藏）

函复收到缴还各件并请贵局俟后关于狮子林学产特别关照复天津市财政局（中字第一五八号）

（1931 年 10 月 5 日）

径启者：顷准贵局第五八五号函开："狮子林租户起盖房屋，承准变通办理，先行发给许可证书"等因，准此，当即通知该地各租户，俾便遵行。又，附还地租草记一本、训令一件、执照存根一本亦均照收。惟查狮子林学产本为前客籍学堂之学产，原无契据。但该地之为学堂管业，确属毫无疑问。嗣以该地随客籍学堂一同并入敝校，则该项学产之产权当然转归敝校所有，无须红契以为凭证。年来每因该地产权发生误会，故不得不速求发管业证以杜他日之扰。日前已将需要红契情形分呈省、市两政府，请转由贵局办理，一俟该项公文得达，尚希贵局特别关照，速予查核施行，是为至荷。此致

天津市财政局。

天津私立南开中学校校长张〇〇

廿年十月五日

（南开大学档案馆藏）

覆准学生金成九来校借读惟无地住宿请查照由

复天津市社会局（中字第一五九号）

（1931 年 10 月 8 日）

径复者：顷准贵局第二二五八号公函，内开："有东北避难学生金成九愿来借读，嘱通融收入"等语，查敝校学生原一千六百余人，本年因投考过多，逾额取录，已增至一千八百余人，实属拥满已极。兹金生即不得已而来投，自当勉为收入。惟宿舍此时已无隙地，金生当在外自觅处所。请查照转知为荷。此致

天津市社会局。

南中校长张〇〇

廿年十月八日

（南开大学档案馆藏）

致天津中国银行

（1931 年 10 月 8 日）

敬启者：兹有敝校南开礼堂建筑抬头在贵行抵押透支天字第 13493 号单据一纸，计洋 20000 元整，10 月 8 日到期。苓因事不能到贵行签字，特此具函声明，敢请将本利即为转期。是为至盼。此致

天津中国银行。

张伯苓 启

致电汪丰

（1931 年 10 月中旬[①]）

南京　龙王庙堂子巷七号汪平仲，效（19 日）晨抵京，号（20 日）去沪。伯苓。

（南开大学档案馆藏）

致电南开学校

（1931 年 11 月 1 日[②]）

南开学校：五日抵津，转知段。苓。

中华民国廿年十一月一日

（南开大学档案馆藏）

呈河北省政府

（1931 年 11 月 3 日）

呈为呈报事：窃敝校前呈小站大营盘营房倾坏不堪，请核办一案，蒙钧府令饬天津转令财务、建设两局派员查验，除倒塌不计外，尚有破坏不堪营房四百二十二间，业经呈报在案。惟入夏以来，阴雨连绵，又复倒塌四间，房檩木料尚在，房框亦未移动，但恐入冬以后，天气渐寒，无知贫民难免前往窃取，照顾难周。且此项营房倾颓不堪，逐渐倒塌，若不早为设法处置，恐日久尽行

① 此电文原无日期，据《私立南开大学往来电报底稿》编号推定。

② 此电文系张伯苓于 1931 年 10 月 31 日发自申（上海）。

倾圮，木料亦必渐行损坏。理合据情呈报，即乞垂鉴备查为荷。谨呈
河北省政府。

张〇〇
廿年十一月三日
（南开大学档案馆藏）

复电张彭春

（1931 年 11 月 12 日）

Pengchun Chang
Inquiry
New York City
All safe.
Chang Poling.

中华民国廿年十一月十三日发
（南开大学档案馆藏）

附：张彭春致电张伯苓（1931 年 11 月 11 日）
CHANGPOLIN. NANKAI UNIVERSITY, TIENTSIN
ANY SERIOUS EFFICTS, ANSTWER INQUIRY.
P.C.CHANG.

（南开大学档案馆藏）

复电宋子文

（1931 年 11 月 13 日）

MINISTER TVSOONG
NANKING

RESPONSIBILITY NOT PERMITTING ME LEAVING SCHOOL UNDER PRESENT CONDITION. EXPRESS MY REGRET TO TAWNEY.
CHANG POLING.

（南开大学档案馆藏）

附：宋子文致电张伯苓（1931 年 11 月 11 日）

Chiang Polin

Nankai University, Tientsin

Glad you could come Nanking next week for consultation with Tawney and his colleagues regarding terms then recommendations. Nec [next] meets Sunday would he glad for your advice and eventual participation.

TVSoong.

（南开大学档案馆藏）

致电张希陆

（1931 年 11 月 13 日）

厦门大学张锡禄：家、校均平安。苓。

中华民国廿年十一月十三日

（南开大学档案馆藏）

致范莲青

（1931 年 11 月 19 日）

北平中法大学

莲青贤弟大鉴：

接来函，承对此次津乱雅意关切，感甚，谢谢！我校地近前线，飞落流弹颇多，惟人、物均无损伤，实属万幸。现在市面形势渐为和缓，请勿念，并乞

转知在平诸同学为盼。学生避难赴平者不一而足，皆散处各方，招待不易，亦请不必费神也。此覆，顺颂
时祉！

张〇〇拜启
二十年十一月十九日
（南开大学档案馆藏）

致宁树棠

（1931 年 11 月 19 日）

北平边业银行

树棠贤弟如握：

津门自便衣队作乱，至今已十余日矣。初起三、四日夜间枪声不断，彻夜不得安枕。南开中学部适在前线，校院内落流弹甚多，惟未伤人耳。住校学生多已离校，现留校者有限，只有廿余人。教员亦皆他往，惟主要职员留守校中以防意外。苓每日照常到校，无事可作，颇感不快。接来函，承殷殷慰问，可感之至。谢谢！

弟何日可匀暇来津，乞函示，以便面谈，因校内电话不通也。覆颂
时祉！

张〇〇拜启
二十年十一月十九日
（南开大学档案馆藏）

致莫柳忱

（1931 年 11 月 20 日）

哈尔滨中东铁路督办公署

柳忱先生勋鉴：

敬启者：十月廿七日接奉尊处十月七日发寄之函，适苓赴太平洋会议，在沪未归。归后津市又有八日之变，以故致稽裁答，抱歉之至。令侄松昆欲转敝大学就学，极应收入。不过敝大学秋后开学，为日已久，功课既难追补，又兼本期学生投考过多，取录已经逾额，班上实不能再增一席。月前曾有请求入校作附生者，均以额满未能收容。今令侄欲转学敝校，事同一律，只得俟年假再为设法。所有目前碍难如命之处，尚祈格外予以原谅是幸。祇颂
钧安！

张〇〇谨上

二十年十一月二十日

（南开大学档案馆藏）

复电郑通和转南开校友会

（1931 年 11 月中旬）

上海中学郑校长转校友会：母校平安，请释念。苓。

（南开大学档案馆藏）

附：上海南开校友会致电张伯苓（1931 年 11 月 14 日）

南开学校张校长：母校如何？至念。沪会。

（南开大学档案馆藏）

致〈天津〉中国银行

（1931 年 11 月 21 日）

敬启者：敝大学部经济学系第八次毕业学生王开基，热河建平人，现年二十六岁，极愿前往贵行服务，藉以实验所学。该生才具尚优，操行亦颇恂谨，特代介绍，即请关照收录，相宜予以位置，是为至荷。此致
天津中国银行。

张〇〇谨启
二十年十一月廿一日
（南开大学档案馆藏）

致电张希陆

（1931年11月21日）

厦门大学张锡禄：家、校均安。苓。
（注：天津电报总局：因上次电报未收到。）

（南开大学档案馆藏）

致王桓

（1931年11月25日）

宁津县堤下王庄

王桓贤弟鉴：

接来函，知清恙现已全愈，甚慰。令表弟有意投考，欲阅简章，此时校内尚未发印，俟寒假临近时，再来函索可也。覆询
时佳！

张〇〇手泐
二十年十一月廿五日
（南开大学档案馆藏）

致叶兆桐

（1931 年 11 月 25 日）

青岛屠宰征收局

兆桐贤弟大鉴：

接来函，以津市变乱，致劳关切，感甚。现在地面虽仍未解严，而情形已渐和缓，再过数日如不更生变化，当可订期复课。预此告慰，惟爱照为荷。覆颂

时祉！

张〇〇拜启

二十年十一月廿五日

（南开大学档案馆藏）

致郑玉肇

（1931 年 11 月 25 日）

安徽省立安徽大学

玉肇贤弟鉴：

来函读悉。吾弟志愿远大，将来作业定有可观。现在南京方面英美烟〈草〉公司事机会甚好，所谋当能有成。吾弟品格素称恂谨，苓所深知。如该公司来信查询，自当代为证明不讳也。覆颂

时祉！

张〇〇拜启

二十年十一月廿五日

（南开大学档案馆藏）

致吴扶青

（1931年11月25日）

北平前内后红井八号

扶青先生赐鉴：

接奉来函，承示对于博览会会址勘测完竣，自春徂冬为国贤劳，真令人钦仰无似。附惠总图一份，拜领，谢谢！祇颂

大安！

张〇〇谨启

二十年十一月廿五日

（南开大学档案馆藏）

致顾友如

（1931年11月25日）

上海西门静远里

友如女士大鉴：

接诵来函，知咳嗽渐就痊可，并已平安抵申，甚以为慰。尊十一月份薪金暂代存会计课，作何项捐助，文旆返津时当可审酌办理。日来津市仍未解严，但形势渐趋和缓，乞释廑注。校中几时复课，昨近当登报宣布也。先此，覆颂

时祉！

张〇〇拜启

二十年十一月廿五日

（南开大学档案馆藏）

致于少沛

（1931 年 11 月 25 日）

冀县省立第六师范

少沛贤弟大鉴：

来函读悉，津变承关切，感甚！彻底救国，此时颇不易言，苓目前尚无一定主见，容将尊函交同学会讨论，以观众意可也。覆颂

时祉！

张〇〇拜启

二十年十一月廿五日

（南开大学档案馆藏）

致凌鸿勋

（1931 年 11 月 26 日）

郑州陇海铁路潼西段工程局

鸿勋先生惠鉴：

接奉大函，深慰企慕。承示美国博德君学问丰富，倍极钦仰。但敝校关于电学及物理方面教授均有人担任，所有对博德君一时不克如嘱借重之处，尚希多多原谅是幸。覆颂

台安！

张伯苓拜上

中华民国廿年十一月廿六日

（南开大学档案馆藏）

致严季约[1]

（1931 年 11 月 26 日）

季约仁弟大鉴：

敬启者：现闻防疫署组织各部需人孔多，如果属实，刻有王生学栋一名，天津人，民国十八年曾在我南开中学初级第三年班肄业，倘蒙予以位置，则该生不胜感激矣。特代介绍，顺颂

勋祺！

张〇〇拜启

中华民国廿年十一月廿六日

（南开大学档案馆藏）

致王学栋

（1931 年 11 月 26 日）

本市西门内周永顺胡同三一九号

王生学栋大鉴：

来函读悉。兹代缮就致严智锺先生荐函一件，应如何往投，请自酌量可也。覆询

时佳！

附函一件。

张〇〇手泐

中华民国廿年十一月廿六日

（南开大学档案馆藏）

---

① 严季约，名智锺（1889—1974），字季约，天津人，严修第四子。日本东京帝国大学医学部毕业。北伐后，任国民政府卫生部医政司司长、卫生署技正。

致阎汝棠

（1931年11月26日）

宁津县城东北张定杆庄初级小学校

汝棠先生大鉴：

来函读悉。敝大学部学生曾有赴京请愿团之组织，因故未得首途，令郎树田[①]亦未独自前往。津变时令郎在校甚安，除嘱令赶修家书自行报告外，特此复闻。顺颂

台祉！

张〇〇拜启

中华民国廿年十一月廿六日

（南开大学档案馆藏）

致电卡特

（1931年11月30日）

Carter

Inquiry

New York

All safe, no damage, inform PC Chang.

Chang Poling.

（南开大学档案馆藏）

附：卡特致电张伯苓（1931年11月29日）

CHANG POLING, TIENTSIN

① 阎树田（1910—？），字问农，河北宁津（今属山东）人。1932年南开中学毕业。

CABLE WHETHER ALL SAFE, EXTENT DAMAGE.
CARTER.

（南开大学档案馆藏）

致孙焕文

（1931 年 12 月 3 日）

山东博山颜山中学

焕文贤弟大鉴：

久未晤谈，维校务日见发展为颂。兹有恳者：顾君庆麟，系去岁我校文科毕业生，毕业后曾任事沈海铁路。自东北事变避难北平，尚无适当工作。查顾君对国文最擅胜场，贵校国文教授需人，以之充补，确属良好师资。专此介绍，即希予以延聘为盼。顺颂

时祺！

张伯苓拜启
二十年十二月三日
（南开大学档案馆藏）

致曹庆五

（1931 年 12 月 3 日）

上海工商访问局

庆五先生大鉴：

两奉来函，一因苓在沪未归，一因津市变乱，百务停顿，致稽裁答，甚以为歉。《大同教》副本承委作序，经苓捧读一周，一时未得真正了解，未敢执笔，祈谅之。此覆，祇颂

台安！

张伯苓

二十年十二月三日
（南开大学档案馆藏）

致宁树棠

（1931年12月3日）

北平边业银行

树棠贤弟大鉴：

启者：刻闻北京女医学校校长因风潮不能到校，该席急待充补。查我校卒业郭女士凤鸣[①]，才具优长，对教育极抱热心，并饶有经验。倘以承担该校长一职，定能胜任愉快。日前郭女士闻已面烦吾弟代向周市长推荐，苓知该女士甚深，合再代函请吾弟关照，务予鼎力为之玉成，是为至盼。顺颂
时祺！

张○○
二十年十二月三日
（南开大学档案馆藏）

致王焕如[②]

（1931年12月3日）

北平

焕如贤弟鉴：

迭接来函，均已读。日来天津市形势确渐和缓，我大学部拟定下星期一（即十二月七日）开始复课，中学部稍迟三五日，如不再有变动，亦即相继复课。至同学在平目下经济方面，但得可以帮助，自应为力，惟所谭负责接收与归还，应先由诸同学推定见告，以便再为设法酌办。此复，顺询

① 郭凤鸣，字嶰和，四川泸县人。1925年南开大学毕业。

② 王焕如（1911—？），江苏丹阳人。时为南开中学学生。

时佳！

于、陈、徐、刘、王诸生均查照，不另。

张〇〇
二十年十二月三日
（南开大学档案馆藏）

致张近桢①

（1931年12月3日）

近桢贤弟鉴：

来函及附件均悉。所云："百年大计，端在读书"，良是，良是！天津市面形势已渐和缓，我大学部拟定下星期一日（即十二月七日）开始复课，中学部稍迟三五日，如不再有变动，亦即相继复课。希即查照为要。覆询
时佳！

张〇〇拜启
二十年十二月三日

附还原批示一纸。

（南开大学档案馆藏）

致周蕃蔚②

（1931年12月4日）

蕃蔚贤弟大鉴：

来函读悉。嘱向组绅先生处推荐，业已将函缮就，兹附上。组绅先生现住上海法租界地丰路地丰里九号，请由吾弟便自投寄可也。覆颂

① 张近祯（桢）（1912—？），河北宁津（今属山东）人。1934年南开中学毕业。

② 周藩蔚（1901—？），字正钦，湖南长沙人。1926年南开大学毕业。

时绥！

附函一件。

张〇〇拜启

廿年十二月四日

（南开大学档案馆藏）

致李组绅

（1931 年 12 月 4 日）

组绅先生赐鉴：

睽教，甚念。津变形势目下已确渐和缓，我校各部前因乱停顿，日来行将复课，知注特以告慰。顷接我校毕业生周蕃蔚函，称我公办理长江上游工赈范围颇大，需用会计人员尤多，伊极愿前往一供驱使。苓查该生所学及经验尚能胜任，特此代为介绍，幸乞赐以录用，是为至盼。祇颂

勋安！

张伯苓谨上

廿年十二月四日

附履历一件。

（南开大学档案馆藏）

致中国社会教育社临时筹备委员会

（1931 年 12 月 4 日）

敬覆者：接奉来函并社章草案等，均经领悉。诸公对研究社会教育学术，促进社会教育事业备极热心，钦佩无似。嘱列贱名于发起，极所欣愿，敬当如命。惟参加会议一节，恐因冗未克前往也。此致

中国社会教育社临时筹备委员会。

张伯苓拜启

廿年十二月四日
（南开大学档案馆藏）

致王焕如、刘瑗[①]、徐传甲[②]

（1931年12月8日）

北平东四牌楼三条五号

焕如、刘瑗、传甲贤弟均鉴：

径复者：来函具悉。关于办理减价车票事宜，因例由津总局颁发，想在津办理较平为便，希即将返津学生人数及日期告知，以便备函向路局接洽。至借款一节，当经商议结果，咸以值兹时难，校款异常拮据，如三君能负定期归还责任，无论如何困难，祇得暂为接济。专此函复，立盼回至。即颂
时绥！

张伯苓拜启
二十年十二月八日
（南开大学档案馆藏）

分致孙理甫、马恩华[③]、马景森

（1931年12月10日）

威海卫公立刘公岛小学校

理甫贤弟、恩华贤弟、景森先生大鉴：

来函读悉。此次津变，承多多关切，铭感之至。十一月八日乱事突起，我大学地势较远，枪炮尚未得侵及，而男女两中学及小学正当冲要，饱受枪烟弹

① 刘瑗（1902—？），字慕蘧，浙江鄞县人。1931—1932年在南开中学高中肄业。

② 徐传甲（1913—？），字令之，江苏嘉定人。1929—1930年在南开中学初中肄业。

③ 马恩华（1909—？），字青泉，山东福山人。1930年南开中学毕业。

雨之惊，师生等幸皆无恙。惟自八日至廿六日两次混乱，忍居不得，乃设法逃避一空，惟余空校由职员三数人、差役一二十人留守。二十九日学校借法租界广东小学暂设临时办事处。日来因地面形势确见和缓，除大学部十二月七日已经复课外，而中学部由九日起温课，十四日复课，女中及小学均十七日复课。日间近地师生等均渐次回校，至能否即从此安定，殊难推测。知注特以覆闻，诸惟爱照为荷。顺颂
时祉！

张伯苓拜泐
廿年十二月十日
（南开大学档案馆藏）

致王牧之

（1931 年 12 月 10 日）

永清存实中学

牧之先生大鉴：

接读来函，承对此次津变多多关切，感谢！感谢！我校男女两中学及小学地当冲要，危险万状。自十一月八日乱作，人心颇极恐慌，功课均经停顿。至廿六日乱又加甚，师生等幸皆无恙，惟争先设法逃避。廿九日学校借法租界广东小学暂设临时办事处，随往借宿者有职教员十数人，学生数十人，及职教员眷属数家。现地面形势确见和缓，乃酌定大学部于十二月七日复课，中学由九日起温课，十四日复课，女中及小学十七日复课。日内近地师生等均渐次回校，至能否即从此安定，殊难推测。知注特以覆闻，诸惟爱照为荷。祇颂
时绥！

同人等均此奉候！不另。

张伯苓拜启
二十年十二月十日
（南开大学档案馆藏）

致孙敏人

（1931 年 12 月 10 日）

敏人先生大鉴：

来函奉悉。所附广告十份，业分贴各布告栏内。在学生欲增益国际法知识者，对是项尊著定当先睹为快。不过此时学生到校者无多，恐购阅难期踊跃耳。覆颂

勋祺！

张伯苓拜启

中华民国廿年十二月十日

（南开大学档案馆藏）

致吕义勇①

（1931 年 12 月 10 日）

驻槟榔屿领事馆

义勇贤弟大鉴：

接读来函，欣悉动定多佳，并对母校赞助迄未忘怀，极为可感。惟此信到上海时，苓已回津，及自上海转来，而颜骏人先生业经启行，嘱代谋之事已不及面托，容当去函推荐。特此据实以闻，希惟谅察是幸。覆颂

时绥！

张伯苓拜启

中华民国廿年十二月十日

（南开大学档案馆藏）

① 吕义勇（1902—？），字子勋，湖北武汉人。1926 年南开大学毕业。曾任职于国民政府驻华盛顿公使馆。

致吴廷章

（1931 年 12 月 10 日）

廷章贤弟鉴：

来函读悉。津变形势日来确见和缓，除我大学部十二月七日已经复课外，而中学部由九日起温课，十四日复课，女中及小学均十七日复课，报纸上登有通布，即希查照为要。覆询

时佳！

张伯苓启

中华民国廿年十二月十日

（南开大学档案馆藏）

致王文铣[①]、王文钧[②]

（1931 年 12 月 10 日）

英租界松寿里一号

文铣、文钧二位贤弟大鉴：

来函读悉。承示目下无地求学，欲来我大学商科二年级随班听讲，理应照准。不过本学期已将终了，各门功课行即结束，插补班次在此时殊属未便。所有不克如嘱收入之处，情实有所碍难。弟等高明，当能见谅于格外也。覆颂

时绥！

张伯苓拜启

中华民国廿年十二月十日

（南开大学档案馆藏）

---

① 王文铣（1907—？），河北大城人。1925 年考入南开中学。

② 王文钧（1911—？），河北大城人。1925 年考入南开中学。1935 年南开大学毕业。

致胡庶华①

（1931年12月10日）

吴淞同济大学

庶华先生惠鉴：

接奉手示，以津变辱劳关切，感甚。十一月八日与廿六日两次夜哄，势极激烈，枪烟炮火距敝大学部较远，而敝男女两中学及小学地当冲要，飞弹留痕不少，危险万状。全校师生等临时均设法逃避，得告无恙，亦云幸矣。现因地面形势确渐和缓，除大学已于本月七日复课外，而男中学订于十四日复课，女中及小学订于十七日复课。此不过得努力一时是一时而已，至能否即可从此安定，殊难预卜。所有此次经变各等情知注，特举概略以闻。容几时赴沪，再当面详一切。贵校经济日来想已有法维持，甚为念念。顺颂

道安！

张伯苓拜上

中华民国廿年十二月十日

（南开大学档案馆藏）

致孔云卿（繁斋②名）

（1931年12月10日）

国立清华大学

云卿贤弟大鉴：

来函读悉。此次津市突起变乱，苓对于维护男女学生责无旁贷。令侄女与令甥、令郎共四人俱在幼年，深虞以惊恐致疾，今皆无恙，私衷方窃以为幸，

---

① 胡庶华（1886—1968），湖南攸县人。早年留学德国，获博士学位。1922年回国，历任武昌大学代校长、江苏省教育厅长、汉阳兵工厂厂长、同济大学校长等职。

② 应为“繁燏”。

何敢膺谢之一字。敝眷前数日曾避居于法租界广东小学周校长宅，现因市面形势和缓，业七日返舍，辱荷关念，感甚。学校目下除大学部已于本月七日复课外，而男中学订于十四日复课，女中及小学订于十七日复课。知注特覆以闻。至能否即可从此安定，殊难逆卜，亦惟有过一时说一时而已。顺颂
文祉！

张伯苓拜启
中华民国廿年十二月拾日
（南开大学档案馆藏）

致郦堃厚、郑华炽[①]

（1931年12月10日）

德国

堃厚、华炽二位贤弟均鉴：

接读来函，备悉一是。此次津变，承多多关切，感甚。上月八日日本突以便衣队向我津市面扰乱，幸官方得信较早，率以保安队将其击溃，未得大逞。当乱作伊始，我大学地势较远，枪炮尚未之及，而男女两中学及小学地当冲要，饱受枪烟弹雨之惊，师生等幸皆无恙。惟自八日至廿六日两次混乱，忍居不得，乃设法逃避一空，惟余空校由职员三数人、差役一二十人留守。报言为敌捣毁一节，尚非事实。十一月廿九日学校借法租界广东小学暂设临时办公处，日来因地面形势确见和缓，乃酌定大学部于十二月七日复课，中学由九日起温课，十四日复课，女中及小学十七日复课，临时办事处即时撤消。日间近地师生等均渐次回校，至能否即从此安定，殊难推测。知注特以覆闻，诸惟爱照是幸。覆颂
学绥！

张伯苓拜启
中华民国廿年十二月拾日
（南开大学档案馆藏）

① 郑华炽（1903—1990），广东中山人。1928年毕业于南开大学物理系，赴德国柏林大学留学。

致何艾龄[①]

（1931 年 12 月 15 日）

广州岭南大学文理学院教育系

艾龄女士大鉴：

来函读悉。欧阳康君欲来转学，自无不可。不过伊之资格原系高中第三年级生，而敝校中学部高级三年向不招考插班，如愿来学，只好俟暑假后投考高二方可。至于敝大学，自前年奉教育部令，已将预科取消，更无该生可入之班次。所有无法应命之处，尚望多多原谅。

天津地面自经十一月八日及廿六日两次哄乱，敝校各部均经停课。处枪林弹雨之地，师生等幸皆无恙。辱承垂询，感谢！感谢！附上经乱报告一纸，记载颇详，希检入查阅为荷。覆颂

时绥！

张伯苓拜启

廿年十二月十五日

（南开大学档案馆藏）

致王肇熙

（1931 年 12 月 16 日）

英国

肇熙先生赐鉴：

接奉大函，敬悉种切。津市不幸发生变乱，自前月八日起，延至目下已经一月有余，虽形势确见和缓，而百务停顿，尚未尽恢复原状。愚氓无知，动为

① 何艾龄（1904—2007），生于香港，是香港大学的首位女生。1925 年毕业后，赴英、美留学，获教育硕士学位。后执教于广州岭南大学。

外人利用，以祸己国而至于此，可发一叹。敝校师生等幸各无恙，现在各部业已渐次复课。辱承关切，感谢！感谢！附上敝校经乱详细报告一纸，希查阅为荷。覆颂
台安！

张〇〇拜启
二十年十二月十六日
（南开大学档案馆藏）

致南开学校校董会

（1931 年 12 月 18 日）

敬启者：上月二日男中学部学生十余人乘苓在沪参与太平洋国际学会之际，以抗日救国为名，召集全体学生大会，对于学校行政各种措施大肆抨击，发起组织学生会，散会时且有"打倒训练主任""打倒校长"等口号。迨苓归津，乃召该生告曰："此次所组织之学生会，事前未得学校允许，不但未遵照中央党部《学生自治会组织条例》，且系在与学校表示不合作情况下所组成，亟应即日解散，停止活动。"嗣以津变突起，本问题遂暂行搁置。

本月十四日复课后，苓于对全体学生训话时，又剀切劝导。乃该生等于十六日晨突揭出拥护学生会，准备与学校奋斗之布告。苓以其一意孤行，竟以谆谆之言而藐藐听之，爰不得已，恳请贵会准予辞去中学部校长职务，是为至祷。此致
天津私立南开学校校董会。

张伯苓谨上
二十年十二月十八日
（南开大学档案馆藏）

附 1：南开学校校董会致各校董（1931 年 12 月 18 日）

校董先生赐鉴：

顷接到校长一函，另纸附呈，即希查鉴是幸。专此肃上，顺颂
台绥！

校董会

廿年十二月十八日

（南开大学档案馆藏）

附2：南开学校校董会致各校董（1931年12月19日）

校董先生赐鉴：

敬启者：兹订于月之廿一日（星期一）正午十二时假大华饭店举行校董会议，届时务请拨冗惠临，是为至荷。专此，顺颂

钧安！

校董会

二十年十二月十九日

（南开大学档案馆藏）

致电沈成章

（1931年12月18日）

青岛

沈成章司令勋鉴：顷阅报载，藉谂荣兼青岛市长，无任欣贺。以先生雄才大略，造福市民定可预卜也。刻敝校四部均已复课，惟男中部小有纠纷，不日即可平息，祈释念。伯苓。

（南开大学档案馆藏）

致崔渔舫

（1931年12月21日）

本市河东沈庄子牌坊东平安胡同八号

渔舫先生大鉴：

来函敬悉。救贫赒急，有余力者皆所乐为。不过棉薄如苓，实不敢妄言施

济。所有对于先生爱莫能助之处，尚祈格外谅之。覆颂
台安！

张〇〇拜启
二十年十二月廿一日
（南开大学档案馆藏）

致陈承弼[1]

（1931 年 12 月 21 日）

杭县国立浙江大学工学院

承弼贤弟大鉴：

来函读悉。津市承关切，感谢之至！附上变乱经过一纸，请查阅。苓日来因我男中学部所组织之不合法学生会令其改组，而该会不愿接受，致起小小风潮，苓已不到校视事。现学生中渐有觉悟，不久即可解决，想不至于扩大也。特此复闻，顺颂
时绥！

张〇〇拜启
二十年十二月廿一日
（南开大学档案馆藏）

致毛彦文

（1931 年 12 月 21 日）

上海法界华龙路元昌里十四号

彦文女士大鉴：

① 陈承弼（1900—1935），字沪基，福建闽侯人。曾在南开中学肄业。1919 年 1 月赴英国留学。1927 年前后回国，任教于浙江大学。

来函敬悉。津变诸承关切，感谢！感谢！委谋之事极愿勉尽棉薄，以副期望。惟敝校未设教育专系，虽有教育学功课，究属有限，业由他教授兼任。对于尊嘱只有代为物色相当学校，一俟觅有机缘，再为奉达。专此，覆颂
台安！

张〇〇拜启

二十年十二月廿一日

附《津变中南开之经过报告书》一纸。

（南开大学档案馆藏）

致王守媛

（1931年12月21日）

北平东四北魏家胡同廿一号

守媛女士大鉴：

接来函，承对此次津变多多关切，感甚！所询应走之路，径容当代为一想，不过此时尚难回答。迟日到平，再为面谈可也。我南开受变乱影响甚大，恢复旧观极为费力。日来又以制止男中学部不合法之学生会事，致起小小风潮（详情载各报纸），真令人难以为情。虽诸生不久或可望觉悟，然多此一番纠纷，未免乱人心意。现予不到南中已有数日，在家稍事休息，乏善足述。不过贱躯及家人均托庇无恙，藉堪告慰廑系耳。此覆，顺颂
时祉！

张〇〇拜启

二十年十二月廿一日

附《津变中南开之经过报告书》一纸。

（南开大学档案馆藏）

致黄任之[①]

（1931 年 12 月 23 日）

上海华龙路环龙路口

任之先生大鉴：

接奉来函，并快邮代电、简章等，均敬领悉。诸公发起苏省国难救济会，具见爱国心切，异常钦佩！前江问渔先生过津时，曾亦与苓谈过。

敝大学对于东北事，早已注意及之，故于前数年曾有东北研究会及社会经济研究会附设之东北殖民调查部之组织。其目的专研究东北各问题，现仍在继续研究中。兹奉上《殖民问题》一书及《东北地理》二本，请检收教正是幸。

此次津变，敝校适在惊涛骇浪中，颇觉费维持。及复课后，因制止不合法之学生会事，致起小小风潮。好在各生日来渐有觉悟，不久当可平息。知关爱注，特以附闻，诸希察照为荷。祗颂

公绥！

附件另寄。

张伯苓拜启

二十年十二月廿三日

（南开大学档案馆藏）

致南开学校校董会

（1931 年 12 月 24 日）

敬覆者：伯苓前因男中学生不遵指导，恳请准予辞职。后谬蒙贵会谅爱，仍以复职见嘱，感愧实深。窃以大义所在，不容过事推诿，又鉴多数学生亦均觉悟前非，亦未便坚持原议。兹拟于即日回校视事，并订于二十八日复课。除

① 即黄炎培。

分别通知教职员及学生外，理合函覆贵会。仰即鉴察是幸。此致
南开学校校董会。

张伯苓谨上
二十年十二月二十四日
（南开大学档案馆藏）

附：南开学校校董会致张伯苓（1932年12月21日）
伯苓校长先生台鉴：

前接来函，以中学部学生不服从指导，声请辞职，敝会当于二十一日中午举行会议，结果决定一致挽留校长，务请及早复职，以慰众望，是为至盼。专此，即复。顺颂
台绥！

南开学校校董会
十二月二十一日

致本校全体职教员

（1931年12月24日）

敬启者：伯苓前以学生不遵指导，决计辞职。后辱承诸先生赐以深厚之同情，亦行一致辞职，至为欣慰！嗣经校董会极力挽留，各处校友及诸生家长等又均敦劝复职，而多数学生亦皆大有觉悟，请示早日返校。窃鉴各方之敦促，未便坚持原议，特订于即日回校视事。敬恳诸先生本一向合作之精神，均行即日复职，以利校务进行，无任企盼之至。复课日期订为二十八日，合并奉达，并希察照是荷。此致
全体职教员先生。

张伯苓拜启
廿年十二月二十四日
（南开大学档案馆藏）

致张汉卿

（1931年12月27日）

顺承王府

汉卿副司令勋鉴：

顷奉钧座廿六日颁发之电谕及东北政委会[1]名单，均敬领悉。苓平素对于政治上自问本无甚知识，兹辱承列委员之数，殊增惭恧。不过值此国步艰难，必须思有以共济，勉附诸贤骥尾，亦属责不容辞，谨当拜命。

前者苓赴太平洋会议，在沪时敝中学部学生曾组一学生会，归后因其不甚合法，当为制止。在伊等未能即服指导，苓曾有一度辞职，意在促其觉悟。现诸生已承认改组，迎苓回校。苓自未便坚持，业拟于廿八日复课。复课后稍为屏挡，三十日即当赴平趋谒。聆教在即，先此覆闻，诸祈察鉴是幸。祗颂

伟安！

张伯苓谨上

二十年十二月二十七日

（南开大学档案馆藏）

致电黄炎培

（1931年12月28日）

上海《申报》馆黄炎培兄：愿加入。苓。

（南开大学档案馆藏）

附：黄炎培致电张伯苓（1931年12月26日）

南开大学张伯苓兄：熊秉老、日章兄等共组全国国难救济会，请兄加入，

① 东北政委会，似应为“华北政委会”。下文“致周市长二为”（1931年12月29日）同此。

盼电覆。炎培。宥。

（南开大学档案馆藏）

为呈请钧府即日如案拨发补助费以济急用事呈报天津市政府

（1931 年 12 月 28 日）

窃本校中学部前因经费支绌，呈请补助，当蒙批准由皮毛牙税项下，年拨四万元，并已令财政局拨给壹万元在案。嗣因财局谓：“该牙税已另有用途，不能如原数续拨。惟以该中学经费困难确系实情，特准暂照已发之数每年拨助洋壹万元，免致临时筹措为难，俟筹有的款再行照案发给”等语。当蒙于去岁十二月以第一三四号公函饬知在案。本校自应遵照，每年先按壹万元从事请领。二十年份应领之款，九月间曾经呈请过一次，以时值政费空乏，嘱为缓期再领。现在年关已届，需用急迫，不得已特此据情呼吁，敬乞查案，准予即日将款拨发，实为德便。谨呈

天津市政府。

天津私立南开大学校长张〇〇

二十年十二月二十八日

（南开大学档案馆藏）

致周市长二为[①]

（1931 年 12 月 29 日）

本市

二为市长赐鉴：

① 周龙光（1885—？），字二为，安徽定远人。日本东京帝国大学法学部毕业。时任天津市市长。

日昨教育厅开会，藉得一接风仪，深慰景仰！惟因时间匆遽，未得畅领麈教，甚以为歉！苓滥竽教育垂三十年，一切均幸托平顺。惟前赴太平洋会议，在沪时，敝中学部曾组一学生会，归后查其不甚合法，急为阻止，伊等未即能服指导，苓曾经一度辞职，报纸宣传，谅荷垂注。现在各生均有觉悟，迎苓回校，已于二十八日复课，谨附上闻。

惟是风潮既告平息，自应继续努力校务之进行，所苦需款处甚多，一时无从筹措。不得已，因念钧府对各校扶持不遗余力，敝中学向蒙批准在案，每年补助洋一万元，其二十年份应领之项，敢请逾格关照，即日予以赐拨，藉济眉急，实深感惠！

原拟趋府面恳，适以参与东北政委会开会事，明日即须赴平一行。匆肃奉布，不胜待命翘盼之至。祗叩

勋安！

张○○谨上

廿年十二月二十九日

（南开大学档案馆藏）

致周子彬[①]

（1931 年 12 月 29 日）

哈尔滨特别区区立第一民众教育馆

子彬贤弟大鉴：

接读来函，具悉一一。此次华北政委会人选加列贱名，实非意料所及。好在是等职衔不过有时须一参末议，仍无碍我平素教育之工作，故不妨暂为接受。所虑接受后于时局无甚补益，未免徒增惭恧耳。

我中学部风潮现已平息，学生均有觉悟，迎苓回校，业于二十八日复课。辱承关切，感谢！感谢！附上《津变中我校之经过》一纸，并请查鉴，以释廑悬为盼。覆颂

时绥！

① 周子彬，名广文（1897—？），字子彬，天津武清人。1919 年南开中学毕业。

张〇〇拜启

二十年十二月二十九日

附《津变中我校之经过》报告书一纸。

（南开大学档案馆藏）

致邱振中

（1931年12月29日）

热河省政府教育厅

振中贤弟大鉴：

接来函，关于我中校风潮事，多蒙系念，感甚。附示改组课程方案，其所称此后爱国运动改变方式，不从事于无用的工作，如请愿、示威等等，须多尽力于有用的预备，诚为教育者及学生等所极应注意者，此后自当切实采择施行。辱承劳神代筹，敬谢！敬谢！附上《津变中我校之经过》一纸，并望检入查阅是幸。覆颂

时祉！

张〇〇拜启

二十年十二月二十九日

附《津变中我校之经过》报告书一纸。

（南开大学档案馆藏）

致王天平

（1931年12月29日）

北平大红罗厂十一号

天平贤弟如握：

接来函，关于我中校风潮事，多承系念，感谢之至。所称此后对学生思想不能不设法纠正，自是目前教育方针极应注意者。现在风潮已息，各生均有觉悟，迎苓回校，业于二十八日复课，请释廑念。附上《津变中我校之经过》一

纸，并请查鉴，以明真相。覆颂
时祺！

张〇〇拜启
廿年十二月二十九日

附《津变中我校之经过》报告书一纸。

再启者：苓于卅日早车赴平，住前门外施家胡同北京旅馆，请我弟得暇移驾，俾得畅叙。

（南开大学档案馆藏）

致凌济东

（1931 年 12 月 31 日）

济东贤弟、如坤[①]女士均鉴：

接读来函，备悉一一。此次津市变乱，我南开男女中校及小校实当其冲，除各楼房留多数枪弹痕迹外，而师生等均幸托无恙。八里台大学地势较远，枪烟炮火均未之及，同人与学生亦都他避，停课多日。至十二月七号地面形势和缓，大学首先复课，十四日男中学、十七日女中及小学亦皆复课。复课后虽仍有时不免惊恐，好在进行校务，一切尚称顺平。

惟男中部学生前乘苓赴太平洋会议在沪时，曾组一学生会，苓归后查其不甚合法，当为阻止。伊等未能即服指导，苓曾经一度辞职，致校务又行停顿。嗣因学生均有觉悟，迎苓回校，于本月二十八日又开始复课，风潮遂告平息。恐传闻致劳关注，附此告慰。

贤夫妇远隔重洋，仍不时以南开为念，可感！专覆鸣谢，顺颂
俪安！

张〇〇拜启
二十年十二月卅一日

附《津变中我校之经过》报告书一纸。

（南开大学档案馆藏）

① 凌冰的夫人。

《张伯苓全集》编委会

1908年，在美国考察期间的张伯苓

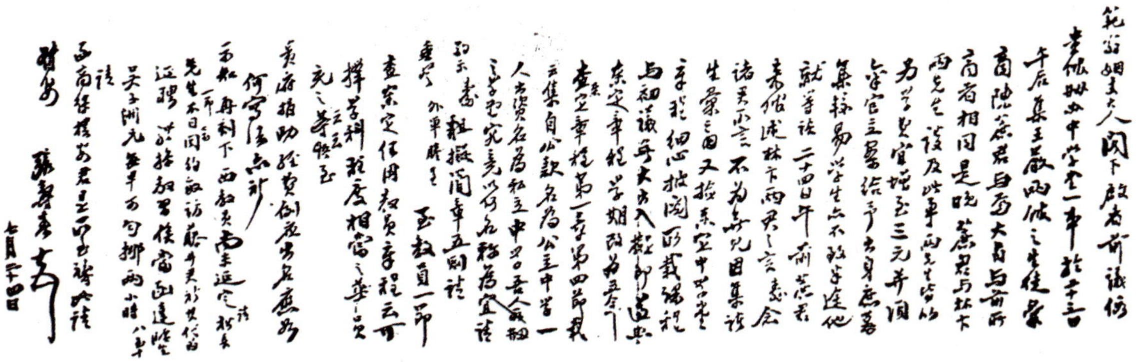

1904年，张伯苓为创办学校事致严修函

1904年，民立中学堂之集会堂，俗称“大罩棚”（文昌宫胡同严氏偏宅）

1907年，私立第一中学堂（南开学校前身）最早的建筑

1907年，私立第一中学堂迁入新址，学生增至200人

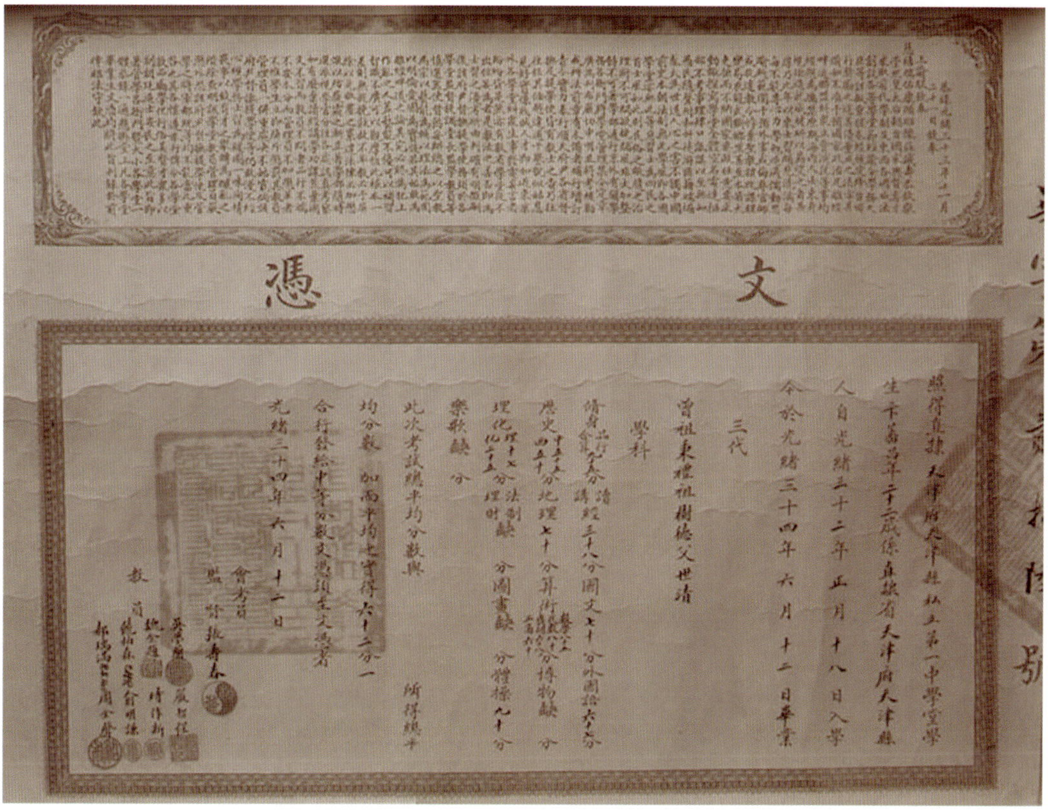

文憑

照得直隸天津府天津縣私立第一中學堂學

人自光緒三十二年正月十八日入學

今於光緒三十四年六月十二日畢業

三代

曾祖東禮 祖樹德 父世靖

學科

光緒三十四年六月十一日

1908年，私立第一中学堂的毕业证书

1918年，严修、张伯苓从美国归国，途经日本与留日南开学生合影

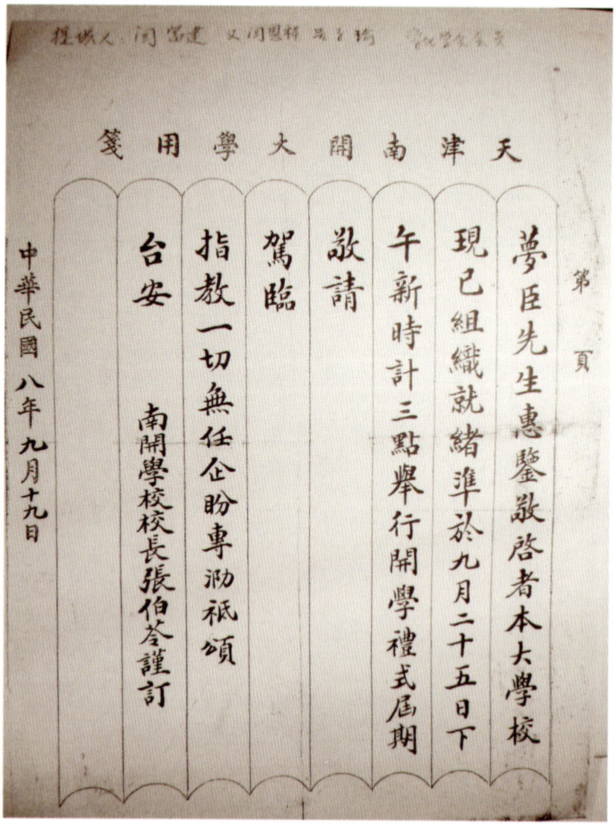
天津南開大學用箋

第　頁

夢臣先生惠鑒敬啓者本大學校
現已組織就緒準於九月二十五日下
午新時計三點舉行開學禮式屆期
敬請
駕臨
指教一切無任企盼專泐祇頌
台安
南開學校校長張伯苓謹訂

中華民國八年九月十九日

1919年，张伯苓致函王梦臣，邀请其参加南开大学开学礼式

1922年，张伯苓与部分要求设立女中的女生合影

南开学校获得的部分体育奖杯

南开学校获得的部分体育锦旗

20世纪20年代初，青年会组织的西山夏令营留影

1924年，南开大学女生排球比赛

1928年，张伯苓等在南开大学木斋图书馆前合影

目 录

致严修[①]

（1904年9月3日）

范孙姻丈大人阁下：

启者：前议假贵馆创办中学堂一事，于二十三日午后集王[②]、严两馆之生徒汇商，陈蔗[③]君与焉。大旨与前所商者相同。是晚蔗君与林[④]、卞[⑤]两先生谈及此事，两先生皆以为学费宜增至三元，并须奏官立案，给予出身，庶募集较易，学生亦不致半途他就等语。二十四日午前蔗君来馆述林、卞两君之言。寿[⑥]念诸君所言不为无见，因集诸生汇商，又捡《奏定中学堂章程》，细心披阅，所载课程与初议无大出入，拟即遵照《奏定章程》，学期改为五年。查《奏定章程》第一章第四节载云：集自公款名为公立中学，一人出资名为私立中学。吾人所创之学堂究竟以何名称为宜，请酌示。寿粗拟简章五则，请垂察（外单誊呈）。至教员一节，查《奏定任用教员章程》云：可择学科程度相当之华员充之云云。至贵府捐助经费，例应出名，应如何写法亦祈示知。

再，刻下西教员尚未延定，请松长先生一节，不日当同约敏[⑦]访藤井君，祈其代为延聘。体操教习，俟当函达旷生、吴子洲[⑧]兄每早可匀挪两小时（八至十），请函商徐朴安君。是所函祷，此请

体安！

张寿春顿首

七月二十四日

（据手稿，见《近代天津图志》，天津古籍出版社1992年版）

---

① 严修（1860—1929），字范孙，号梦扶。先世自浙江慈溪迁居天津。中国近代教育家，南开系列学校的主要创始人。

② 王，即王益孙（1876—1930），名锡英，天津“八大家”中“益德王”家第三代，时设家馆请张伯苓教授其子侄。

③ 陈蔗，即陈恩荣（1867—1948），字哲甫、蔗圃，天津人。曾任教于严氏家塾。

④ 林，即林兆翰（1862—1933），字墨青，天津人。

⑤ 卞，即卞禹昌（1863—1908），字赓言，天津人。

⑥ 寿，寿春，即张伯苓之名。

⑦ 约敏，即严约敏（1882—1913），严修之侄，严氏家馆的学生之一。

⑧ 吴子洲，即吴芷洲，名梦兰。

致詹姆士·E. 罗素[①]

（1917 年 9 月 25 日）

225 Livingston Hall
Columbia University
New York City
September 25, 1917

Dean James E. Russell,
Teachers College
Columbia University
Dear Dean Russell:

I felt it a great honor when I was informed by your letter that I had been appointed Honorary Fellow[②] in Teachers College for the academic year beginning in September, 1917 and ending in June, 1918, and also that I had been relieved of paying the tuition fees for the above mentioned academic year. I accept this offer with greatest pleasure. May I ask you to give my hearty thanks to the Trustees and Faculty for the same.

Yours most truly,
Poling Chang

附 1：詹姆士·E. 罗素致张伯苓（1917 年 9 月 24 日）

225 Livingston Hall
Teachers College
Columbia University
September 24, 1917

Mr. Poling Chang:

---

① 詹姆士·E. 罗素（James Earl Russell），美国教育家。时任美国哥伦比亚大学师范学院院长。

② 据哥伦比亚大学档案中心藏“Fellows and Scholars, 1917-18”，张伯苓所获奖学金数为 180 美元。

I am authorized to say that you have been appointed Honorary Fellows in Teachers College for the academic year beginning in September, 1917, and ending in June, 1918. The allowance is $(*), paying in two equal instalments, one at beginning of each session.

Please to signify your acceptance.

By authority of the Trustees and Faculty.

James E. Russell

Dean

（哥伦比亚大学档案中心藏）

附2：保罗·孟禄[①]致J. C. 伯杰（1917年9月24日）

September 24, 1917

Miss J. C. Berger

Secretary to the Dean

My dear Miss Berger:

Authorized by the Dean, April 18th last, I wrote to Mr. Poling Chang, President of Nankai College, Nankai, Tientsin, China, offering him an honorary scholarship covering his tuition payments in Teachers College for this year. There is no official record of this made beyond my letter. Will you please write Mr. Chang at 225 Livingston Hall, Making this appointment and send the proper information to the Bursar?

Very truly yours,

Paul Monroe

Director

① 保罗·孟禄（Paul Monroe，1869—1947），美国教育家。时任哥伦比亚大学教育学院院长。

致詹姆士·E. 罗素

（1918年8月25日）

Livingston Hall
Columbia University
New York City
Aug. 25, 1918

Dean J. E. Russell
Teachers College
Columbia University
Dear Sir:

I have just come back from a trip to the country in Connecticut and found that your secretary notified me of my negligence to answer your kind letter concerning the offering to me a scholarship. It is my fault to delay. I have decided to go back to China in November this year so I shall not be able to attend the winter session. Let me thank you heartily for this offering as well as the kindness you have shown to me since I came here last September.

With best wishes!

Yours very sincerely,
Poling Chang

附1：詹姆士·E. 罗素致张伯苓（1918年6月24日）

June 24, 1918

Mr. Poling Chang:

I am authorized to say that you have been appointed Honorary Scholar in Teachers College for the academic year beginning in September, 1918, and ending in February, 1919. The allowance is $(*), paying in two equal instalments, one at beginning of each session.

Please to signify your acceptance.

By authority of the Trustees and Faculty.

James E. Russell

Dean

(*) Tuition fees for courses in Teachers College.

附2：保罗·孟禄致詹姆士·E. 罗素（1918年5月31日）

May 31, 1918

Dean James E. Russell
Teachers College
My dear Dean Russell:

I am recommending the appointment of the following students to Dean's Scholarships for the coming year:

Basmajian, Yervant H.
Chang, Poling
Hoshino, Ai
Hu, Lydia Blome
Ishihara, Kiku
Mesrobian, Zaroohi
Minami, Takeo
Tirapegui, Luis A.
Tsai, Choming
Wong, Anson Tsiren

In the case of Mr. Poling Chang the promise of hospitality was given last year to cover this additional half year of residence. In the case of Mr. Tirapegui it was understood with the Carnegie Endowment for International Peace that if they would carry his tuition charges for this past year, we would provide for them for this coming year. The cases of Misses Ishihara of Japan and Mesrobian of Armenia are strongly recommended by the Kindergarten Department. Miss Mesrobian is now engaged in kindergarten work in the city and receiving enough, therefore, for personal support but needs the grant of a tuition scholarship to complete her work for the Master's degree. The others recommended are new cases chosen from among the number applying. It is desirable that their appointment be made immediately so that

their plans for work may be arranged.

Respectfully submitted

Paul Monroe

Director

P. S. The case of Miss Minami is strongly urged by the representatives of the Japanese Government. She receives a stipend from the Government, but only sufficient to cover her traveling and living expenses.

与范静生[①]、孙子文[②]、严修致查勉仲、冯柳猗等

（1918 年 11 月 29 日）

人百、云卿[③]、柳猗[④]、蔼辰、毓彬[⑤]、勉仲[⑥]、希圣、炎范[⑦]、敬甫[⑧]诸位同鉴：

前寄一信，言改乘南京船。嗣以 Venezuela 又准搭乘，遂于廿三日登舟启行，匆匆未及函报为歉。海上时有风浪，同人尚能支持，明日下午可到檀岛。

范、孙、张、严

十一月廿九日

（明信片）

---

① 范源濂（1875—1927），字静生，湖南湘阴人，时任教育总长。

② 孙凤藻（1884—1932），字子文，天津人。

③ 云卿，即孔繁霱（1894—1959），字云卿，山东滕县人。1915 年南开中学毕业，时在美国留学。

④ 柳猗，即冯文潜（1896—1962），字柳漪、柳猗，天津人。1912 年至 1917 年在南开中学和南开学校高等预备班学习。时在美国留学。

⑤ 毓彬，即郭毓彬（1892—1981），字灿文，河南项城人。1909 年入南开中学，毕业后留校工作。1915 年，他在第二届远东运动会上获 880 码和 1 英里赛跑两枚金牌。时在美国留学。

⑥ 勉仲，即查良钊（1897—1982），字勉仲。生于天津。1914 年南开中学毕业。时在美国留学。

⑦ 炎范，即曾中毅（1896—？），字炎范，江西南丰人。1914 年南开中学毕业。时在美国留学。

⑧ 敬甫，即李广钊（1884—？），字敬甫，安徽合肥人。1915 年在南开学校肄业。时在美国留学。

致卜舫济[1]

（1919年3月10日）

Monday, March 10, 1919

Dr. F. L. Hawks Pott：
St. John's University
Shanghai

My dear Dr. Pott:

Your kind letter was received last Friday with greatest pleasure. I was very much surprised to learn that an honorary degree of Doctor of Letters would be conferred on me on your next commencement day. The first question which naturally arose in my mind was that whether I was qualified for this honor. Since this is a wonderful chance for me to have any connection with your institution which has done so much in the educational work for China, I beg to accept this kind offer with hearty thanks. I am preparing to be present on the commencement day June 28 and to give a short speech to the audience in Chinese.

Please extend my thanks to the Council and the Board of Trustees of the University.

Your sincerely,
Chang Poling
（上海市档案馆藏）

附：圣约翰大学校友会致卜舫济（1918年12月17日）

December 17, 1918

Dear Dr. Pott:

---

① 卜舫济（Francis Lister Hawks Pott，1864—1947），美国纽约人。时任圣约翰大学校长。

At the meeting yesterday of Alumni Advisory Council the following names were suggested in reference to the granting of honorary degrees by the university.

Waung Rung-ts[①], Vice president of the Kiangsu Educational Association, Member of Provincial Assembly, etc.

Chang Poling[②], President of Nankai College, Tientsin, etc. Bishop Roots.

Chu Chinglan[③], Ex-Governor of Kwang Tung and of Pengtien, Considered one of the best Governors of the country.

C. C. Nieh, Merchant and philanthropist.

Julean Arnold, Commercial Attache, U. S. A. legation, etc.

Admiral Tsai Ting-Ken.

Lu Tseng-Shiang[④], Minister of Foreign Affairs, Delegate to the World Peace Conference, etc.

Wellington Koo[⑤], W. W. Yen, Alfred Sze, and T. T. Wong, Alumni.

Hiung Hsi-ling, Chief of Conservancy Bureau, and enlightened official.

Wu Lien-teh[⑥], physician of Manchurian Plague Fame.

（上海市档案馆藏）

致电徐世昌

（1919 年 5 月 8 日）

北京徐大总统钧鉴：京师学生因爱国热诚，致有被逮之事，情有可原。吁请即为释放，以顺舆情。曷胜翘盼待命之至。天津南开学校校长张伯苓暨全体职教员学生同叩。

（1919 年 5 月 8 日《益世报》）

---

① 黄任之，即黄炎培。

② 张伯苓。

③ 朱庆澜。

④ 陆征祥。

⑤ 顾维钧。

⑥ 伍连德。

与宋则久等致天津商会联合会

（1919年9月7日）

敬启者：前经公举鄙人等代表赴京请愿，兹已回津，应将在京请愿情形报告。谨订于本月阳历七日（即星期日）下午旧钟三点，仍假东南城隅商会联合会开会。除分函通知外，即希查照届时与会，幸勿吝步为荷。专此，并颂
台祺！

天津绅商请愿代表团
郭苓夫　赵春亭　杨增益　陈宝禾　张伯苓
宋则久　王梦臣孙子文　王晋生

（中国第二历史档案馆藏）

致王梦臣①

（1919年9月19日）

梦臣先生惠鉴：

敬启者：本大学校现已组织就绪，准于九月二十五日下午新时计三点举行开学礼式，届期敬请驾临指教一切。无任企盼，专渤。祇颂
台安！

南开学校校长张伯苓谨订
中华民国八年九月十九日

（闫富建提供张伯苓手书邀请笺）

① 王梦臣，名用熊（？—1923），字梦臣，天津人。多年任天津官立中学校长。1923年出任直隶柏乡县知事，不久病逝。

合球的结果——校长的信

（1919年12月13日）

诸位先生赐鉴：

昨日午时安抵清华，下午三钟半比篮球，结果我队已负，18:28之比，然精神甚佳。原因祝瀛洲手指在津已受重伤，孙述孔病体初愈，尚觉软弱也。今日下午二时半合足球，结果为平，1:1之比。再者，今因得北京汇文学校之约，拟于下星期一日上午合篮球，下午比足球，故须在京多延一日，定于星期一日快车返津（约下午七钟到津），至老站下车，祈通知校内诸同人、学生为盼。专此，即请

教安！

（星期一晚球队回校。与汇文合球结果，篮球胜，足球负1。）

弟张伯苓、章辑五[①]鞠躬

星期六晚

（《校风》第134期，1919年12月18日）

致广仁堂

（1921年8月16日）

总董先生及诸位董事钧鉴：

贵堂施德行仁，多历年所，钦佩！钦佩！敝校获结善邻，荣幸万分。兹有恳者，敝校仰托庇荫，年来日见发达，校址虽一再扩充，仍觉未能足用，欲为将来规模大展计，而地盘自不可不早为预备。窃不揣冒昧，拟请贵堂将敝校以南马场道左近所管业之空地匀给二三顷，以便应用。事同公益，想亦诸大善长

---

① 章辑五（1891—1975），天津人。1915年受南开中学之聘，任物理、英语教员兼童子军教练。后兼任天津学校体育联合会会长、天津体育协进会会长、华北体育联合会书记等职。

之所乐为也。惠我好音，无任翘企祝祷之至。此颂
公绥！

南开学校校长张伯苓谨上

附：广仁堂复南开学校（1921年8月31日）

敬复者，前承惠函，诵悉一是。贵校长规划宏远，深所钦佩。扩充校址自属不可缓之图。教育、慈善同属社会事业，凡有互相助力处，无不极端赞同。惟查敝堂地产皆远在跑马场西南，与来示所指以南及马场道左近之地相去颇远，且敝堂地产因省政府辟市计划，尚在磋议未决，以致无以应命，歉仄之至。专复。即颂
教祺。统希亮查。

广仁堂　启

（天津市档案馆藏）

致吴莲伯[①]

（1922年12月27日）

莲伯校董先生阁下：

多日未领教诲，驰念之至。现际岁龠更始，光景一新，我公以中流砥柱之身，运乾转坤之略，贤劳卓著，德音孔昭，翘企裔华，为颂无量。敝处迁徙新校拟定明春，现正为一切预备。建筑图书馆事实在急不可缓，前蒙代恳王孝伯省长惠助进行，谅已邀准，但目下尚未奉有佳音。敢请大力吹嘘，俾遂饥渴之望。不胜祷切。祗叩
钧祺！

天津南开学校校长张伯苓

十二月廿七日

（《天津市历史博物馆馆藏北洋军阀史料·吴景濂卷（八）》，天津古籍出版社1996年版）

① 吴莲伯（1873—1944），名景濂，字莲伯，号述唐，别号晦庐，奉天宁远（今辽宁兴城）人。时任众议院议长。

致周作民[①]

（1923年11月10日）

作民先生阁下：

敬启者：此次部发之元年公债整理债券四十万元，蒙代如数领讫，并赐保管收据一纸，费神。谢谢！日前在京面谈之事，又复仰蒙慨诺，足见先生对敝校之热心有加无已，感激益莫可名言！

再，顷据外间传闻，有谓周子廙[②]先生身后遗产有留一股办公益之说，未知确否？如果属实，可否能代设法使敝大学得沾余润，尚乞便中见示为荷。祇颂大安！

名正肃

十一月十日

附：周作民复张伯苓（1923年11月16日）

伯苓先生台鉴：

日前大斾莅都，获聆快教，私衷欣惬良无已时。顷奉尊翰就讵，近履增祺，益深忭慰。承询子廙先生遗产一节，当时并未闻有留办公益之说（应系传闻失实）。专此奉复。敬请

大安。即惟

垂察。

十一月十六日

（上海市档案馆藏）

---

① 周作民（1884—1955），原名维新，江苏淮安人。辛亥革命后任南京临时政府财政部库藏司科长。1912年随政府北迁，1913年升任财政部库藏司司长。1915年辞职，入交通银行总行任稽核课主任。1917年创立金城银行于天津，任总经理。1921年联合天津金城、盐业、中南、大陆四行组成四行准备库，1923年增设四行储蓄会和信托部。

② 周自齐（1869—1923），字子廙，祖籍山东单县。曾任北洋政府国务院总理兼教育总长等职，1923年10月21日在上海病故。

致周作民

（1924年4月18日）

作民校董先生阁下：

敬启者：令郎日前因病告假，旋府调养，目下想已全愈。念念！兹有恳者：本校前领得之部款尾数整理债券四十万元应得利息，曾于去岁经王叔鲁总长批准，由十三年一月起算。现已逾三个月未蒙领给，而本校待用，急若燃眉。闻财部库藏司长王君与我公素识，拟恳以校董名义代为致函，请王君关照，于日内将应领之三个月息款共六千元，如数拨下，以济困穷。至所感荷。肃此，不胜祷盼。祇颂

台安！并贺

潭祺，不一。

弟张伯苓谨上

四月十八日

附：周作民致张伯苓（1924年）

伯苓先生台鉴：

前奉大函，敬悉一一。昨辱枉驾，适以贱恙，未获延晤，歉甚！财部应发校中整理债券四十万元之利息共六千元一款，顷与王司长切商，业允设法拨给，俟有确期，再行奉告。小儿前因病请假，服药后病已全愈，惟气体尚未复原，承蒙垂注，毋任感荷。专复，敬请

大安！

作民

（上海市档案馆藏）

致周作民

（1924 年 5 月 8 日）

作民先生阁下：

手书敬悉。尊恙已占勿药，甚以为慰。校中整理债券四十万之利息蒙大力与王司长切商，允设法拨发，极为感激，谢谢！惟仍望费神，不时代为吹嘘。该款迄目下已逾四个月，共八千元，倘得早惠一日，则涸辙即可早苏一日，此实弟所心殷祝祷者。本校商科董事刻已均经聘定，拟即开一董事会。但开会时期则拟以尊驾有便来津为准。我公几时可以匀暇，务请预先示知，俾便择期再向各方通布，是为至荷。祇颂

大安！

弟张伯苓谨上

五月八日

（上海市档案馆藏）

致周作民

（1924 年 5 月 16 日）

作民先生阁下：

敬启者：弟为全国运动会事，明日附京汉车赴湖北武昌，月底方能言旋。前函言商科董事开会一节，如台驾能于六月初到津，拟届时再为订期办理，谨以布闻。再，本校暑假有商科毕业十余人，内有志在银行事业者，务请我公特别成全，代为安置三二人俾往练习，则大惠栽培，同感不尽矣。此颂

钧安！

弟张伯苓谨上

五月十六日

（上海市档案馆藏）

致周作民[1]

（1924年6月24日）

作民先生阁下：

敬启者：今有本校商科学生一名，拟于暑假期内送赴贵行实习一个月，恳祈俯准容纳，并希见覆。无任企盼。祇颂

大安！

弟张伯苓谨上

六月廿四日

附：周作民致张伯苓（1924年7月1日）

伯苓先生台鉴：

顷奉大函，敬悉一一。暑假期内贵校有商科学生一名拟来敝行实习一个月一节，垂承台命，自应遵办。何时到行，尚祈事前通知，以便接洽为荷。此覆，并请

台安！

作民

七月一日

（上海市档案馆藏）

致周作民

（1924年7月25日）

作民先生阁下：

敬启者：日前在京为学校基金事，蒙费神代为计划，遵照办理，较苓等所

① 周作民在此函上批"可"。

拟议每年可增入多多，异常感佩！嗣后，对此事拟请全权主张，校费得宽裕，实拜我公之赐。本日已将所议存之四万元交贵津行代转储蓄会照收。

敝校商科毕业学生前恳代为安置之事，业承慨允。兹有孟汝楫一名，品学俱好，目下急欲就栖，无论如何，拟恳特别关照，迅予成全，则感惠不尽矣。
祇颂
暑绥！

弟张伯苓谨上
七月廿五日

附孟生履历一件

孟汝楫，年二十四岁，直隶盐山县人。于民国四年在天津私立第一小学校卒业。九年在天津南开中学校卒业，于是年升入南开大学商科，专门公司会计、银行学。十一年暑假期中曾由学校派出，在英商信记、美商慎昌洋行实习。十二年暑假期中，曾在天津中国银行实习。十三年夏课程完毕，考验及格，照章卒业，并领得学士学位。须至履历者。

附：周作民复张伯苓（1924年8月22日）

伯苓先生惠鉴：

违教又复多日，殊深系念！近维履祺百益，曷胜忭颂。前者奉读大函，尚迟裁答，歉仄歉仄！

贵校基金事自应尽力，辱承奖饰过情，转觉增惭矣。前交敝津行四万元，嘱转储蓄会，业经遵办，当已早荷台洽。

至尊荐孟君汝楫，垂以雅命，自当设法。惟敝行规制素狭，是否相宜，尚祈酌示为盼。专此奉达。敬请
大安！

八月廿二日
（上海市档案馆藏）

致周作民

（1924年8月26日）

作民我哥大鉴：

日前在京聆教，快慰无量。本年大学毕业商科孟生汝楫承我哥特别关照，量予栽培，伊家非常感激，兹肃函交该生持往晋谒。到时即请查照安置是幸。祇颂

钧绥！

弟张伯苓谨上

中华民国十三年八月廿六日

（上海市档案馆藏）

致周作民

（1924年8月30日）

作民我哥赐鉴：

日前在京晤教甚畅。敝校请领之部款二千元，在公家出项中，为数极属有限。无论如何务请代恳泽民司长特别关照匀拨，以济应用。盖秋节在迩，非此无以度[渡]难关。我哥费神，铭感不尽。肃此，无任企盼。祇颂

钧祺！

弟张伯苓谨上

中华民国十三年八月卅日

附：周作民复张伯苓（1924年9月1日）

伯苓先生台鉴：

前者大驾莅都，获承清教，至为快惬。顷奉手翰，尊嘱代领部款二千元一节，已转托王泽民兄，可即直接汇交贵校郑君。尚祈台洽。专复，并颂

大安！

作民

九月一日

（上海市档案馆藏）

致周作民

（1924 年 9 月 4 日）

作民我兄赐鉴：

惠函敬悉。敝校请领之部款，承泽民司长从中为力，发下四月份贰千元寄津，交郑君达如手，业经于日前收到。凡是均系仰赖我兄情面，异常感激！专肃鸣谢！祇颂

秋安！

弟张伯苓谨上

九月四日

（上海市档案馆藏）

致周作民①

（1924 年 9 月 20 日）

作民我哥大鉴：

在京晤教甚快。日前文化基金董事会在外交部开会，章程通过，一切现正在预备期中，至将来收存赔款，弟已代为说项，贵行当不致向隅。谨以奉闻。

弟昨日乘特别快车归来。因路中躲避军车，耽时颇久，至下午五钟余始行抵津。今到大、中两部查视，开学后一切均极平善，堪以告慰。惟经济方面恐慌殊甚。弟能力薄弱，深愧无法为济。差幸我哥在董事诸公中为最有大力、最

① 周作民在此函上批复：复，四千五百元已收到，其二千元容代设法。

抱热心之一人，当必能代维持于格外。现今四千五百元息款仍未拨到，敢乞费神，作速设法一为吹嘘。无论如何，俾即日拨下，以救眉急。其二千元之款，五月份收据，业经缮就，并附寄上，恳请代乞泽民司长特别关照，亦于日内一律发给。区区之数，比诸他项公款极为有限，而在敝校得之，直不啻九天甘露，可使薄植绵一线生机也。感惠亦宁有涯涘哉！专此肃恳，无任祷盼。祗颂
秋安！

附收据一纸。

弟张伯苓谨上
九月廿日

另纸：领款总收据

南字第五号十三年度

南开学校四十万六厘公债五月份利息金额现洋式千元正。赴贵库领讫。此据。

校长张伯苓　(伯苓)①
委员郑道儒

附：周作民复张伯苓（1924年9月23日）

伯苓先生惠鉴：

日前台促莅都，多获言教，快惬逾恒。顷奉手翰，敬悉种切。庚款一节，极荷关顾，至感至感！

所示贵校情形，执事经营、缔造，闻所钦佩。乃过承奖饰，转增惭恧矣。四千五百元息款已代领到，交由□津行汇上，至希察收。至二千元息款，容再设法，收据暂存，一俟收到，当再专闻。谨复，并请
大安！

作民
十三年九月廿三日
（上海市档案馆藏）

①“(伯苓)”系加盖之印章。

致周作民

（1924年9月22日）

作民我哥赐鉴：

敬启者：袁述之[①]先生尚差思源堂助款三万余元，兹将贾汪煤矿股票四万元交弟任凭抵押借款，以应校中急用。该股票历年得息在壹分六七厘左右，请吾哥费神赶速代向贵津行押借三万元，利率愈轻愈妙。至该股将来有何发生不稳处，均由弟校一面负责。伫盼援手，不胜迫切待命之至。祗颂

大安！

弟张伯苓谨上

九月廿二日

附1：周作民复张伯苓（1924年9月24日）

伯苓先生惠鉴：

昨复寸笺，想邀台察。兹奉手示，敬悉一一。尊嘱押款一节，自应照办。惟值此时局，股票抵押实有困难，拟请改用贵校所存四行储蓄会之储蓄证以为押品较易设法，尚乞尊酌见示，俾便办理。专复。敬请

大安！

作民

九月廿四日

（上海市档案馆藏）

附2：袁述之先生致南开大学张校长函（代论）（1923年4月15日）

伯苓校长先生大鉴：

顷聆謦论，并拜惠书。南开大学科学馆既荷友邦盛意，指日告成，具征贵校声誉日隆，顷动中外。弟虽不才，秉承慈命，期达素愿，敢不黾勉从事，力

① 袁述之，名世传，以字行。袁世凯同宗兄弟。经营徐州贾汪煤矿及徐州利国驿铁矿。热心公益事业，奉母命为南开大学捐款7万银元，建筑南开大学科学馆（即思源堂）。

竭棉薄。拟在阳历十月工程未竣之前，分四、五、六三个月缴足三万五千元，七、八、九三个月缴足三万五千元。并拟俟上半年期满时，先提出有价证券，以备万一不济，任凭抵押，顾其所急，以免延误要工。是否可行，并乞见复。区区之愚，究竟此项科学馆是否如中国官立各学校设备，将来造就如何，目的俾达实用。美国历次有无与贵校函件，可一一钞示否？贵校设备计划目前及将来可一详示否？匆请

教安！

袁世传顿启

伯苓校长先生阁下①：

顷奉复书，以弟捐助贵校大学科学馆，嘱将家母相片奉上。惟家母生平践履实行，素不矜名。十五岁以前，先外祖父母早世，追恸劬劳，不喜传影。以是积二十年来，弟与家兄世显以亲年日高，屡思请拍照，迄未得闲。嗣于庆八旬寿日，于人丛中家兄以快镜摄影，仅得形似，而神气未能毕肖。然仍畏慈闻知，迄未再摄，今已八旬有六矣。弟前到沪请照相馆照原影放大，计两星期后始能寄来。至弟相片，决不敢承尊命。世传对于社会有过无功，廿年以来，对于社会有十大隐憾，请述概略，即知非矫情避名也。

世传生长世胄，承祖父之余荫，又得慈母良妻，中有佳子弟，诚家庭难得之遭逢。天之赋我不为不厚，而国耻未湔，先志未绍，悠忽老大，午夜难安。追思光绪初年，李文忠公鸿章筹北洋海防，疏荐先公讳保龄履勘海防各口形势，遍历胶州、青岛、威海、大连，无以易旅顺者，乃决议修旅顺船坞、澳坞、炮台。各工草昧经营，皆先公督工手创。其时先公即注意制造，并置蚕桑，兴学校，垂民足胜兵之训。迄今大局日危，世传无补国家，即对于工商、教育亦无所贡献。此其隐憾者一也。

辛亥之季，世传承高太夫人命，鉴于政治之日非，乃锐意煤铁事业。今江苏徐州贾汪煤矿已著微效，而所勘办徐州利国驿铁矿矿产不丰。欧战以前曾历欧洲，考查煤铁各矿，并自费送舍侄克棠肄业雪非尔，练习钢铁。在英六年，竟以绩学病殁，未竟其志。吾有贤子弟而不能望其成立，得以光大家门，效力社会。此其隐憾者二也。

欧战既兴，世传于是年开战之后，〈乘〉最末一次西伯利亚火车回国。鉴于

① 为纪念袁述之捐款建馆，南开大学当时将此函刻石嵌在思源堂楼梯的正面，后被毁。

世界经济之趋势，非急图工商、制造进化无以图成，乃奉政府命与闻统计。世传因仰承慈意，不愿与名场竞争，而钢铁事业又非得政府财力提倡无以图成，不得已，乃于曲承慈命之中，为力求实济之意，乃声请不受官名、不受官禄，冀得与闻国家统计，以期贯彻工商富国之初心。卒以政局屡变，未一年即辞职，竟未能使家门后起青年睹工商救国之实效，而感励奋发。此其隐憾者三也。

世传之经营矿业也，辛苦七年，始见发达。当时股本竭蹶，文牍簿计皆先室刘夫人是任。夫人注重女子工业，每思吾矿发达，辅助教育。每遇极困难中，吾劝其节劳，辄慨然曰："吾敬君能孝亲耳。"又曰："事事当以责人之心责己，恕己之心恕人。"时时诵儒教、宗教，思会其通，喜阅近世《女铎报》，妇女杂志，遇妇人提倡生计学说，辄慨然自奋。自夫人故后，今已五年矣，而世传之竭力扶助者，仅北京顺治门外赶驴市西所办之女子职业学校，暨该校附属之太极化学社，出品成绩尚蒙社会称许。惜天不假吾妇刘夫人、吾侄克棠以未尽之年得协力提挈工商事业。此其隐憾者四也。

青岛收回，为天然输运良港。世传追恸先生慈刘太夫人，痛念先公为旅顺尽瘁。病革时，尚诏世传至侧，谆谆以承先为训。上年捐产十余万，思为青岛培植商业、教育，并于旅顺街负山面海构置一室，名曰劬社，使后人知母氏劬劳，永示不忘在莒之意。而赎路一役，奔走经年，迄无所裨。愿宏力薄，即与商业、教育，亦恐未能贯彻初愿。此其隐憾者五也。

世传承两太夫人教养始有今日。刘太夫人见背，世传甫十七岁。刘太夫人受封一品，建节孝坊。世传经营矿业之日，始于刘太夫人建坊落成之年。高太夫人年近九旬，世传终年奔走，庭闱之奉均属家兄世显任之，八旬以前，则家兄世扬任之。先公建数百万旅顺工防，而身后敛葬皆当世明达助济，而子女教育、昏嫁皆两太夫人心血熬煎，几经茹痛，始克成立。世传年垂五十，事业无成，既不能日奉吾亲，徒欲广家庭教育之绪余，冀与后来英俊人人知家国责任之重，以图报亲爱国，此则积年隐愿。而区区诚悃自问，实负疚日多。此其隐憾者六也。

世传岁入仅数万，而公益之费，急难灾祲岁出恒数倍。生平以吾亲未报，是以对于教育人才、培养生计为惟一宗旨。故对于施与一层，慈善视教育为次，亲族视社会为次。而志与境遇，如南开大学，在李英威[①]未捐款以前，世传即自行动议，勉思捐助，迄今已阅三四年，始得摒挡此数，而仰体吾亲，不忘吾侄，

① 即李秀山。

实含有无数希望。冀社会鉴此诚悃，致力实效，勿视为外观之美，而当求实力之功。徒以限于财力，不能应设备之需要，则他日负社会即负吾亲、负吾侄，责任仍在藐躬。如南开大学之科学，如北京女子职业学校校长以女子而力维职业，皆世传所昕夕图助者，而竟未克旦夕观成，耿耿此心，尝自引为不忠不信之咎。此其隐憾者七也。

家族制度，近世谭家说者多引为不良结果。而世传引伸此义，发展自立，当在学成以后。世传兄弟七人，姊妹四人，少时共处，不知有家庭之害。今后侄男女不下二十人，学业图成尚在异日，学成致用更待研究，非各成一艺无以洗家庭倚赖之羞。世传欲科学中人，人人一洗社会倚赖习惯，得良好家庭模范，使世传子弟鉴于他人学者，皆效力社会，振兴家庭，一如我慈母、良妻、佳子弟旧日家庭教养之夙愿。而我之子若侄或以是观感而图成，因循岁月，能否可期，积瘁之身言念及兹，泪常在眼。此其隐憾者八也。

宗族乡党任恤为高，世传之爱乡里未敢让他人。时局艰难，乡里教育困于兵事，未遑顾及。南开大学、中学豫人求学者不下数百人。他日后起或鉴于科学之日亟，得以世传未达之绪，发展吾乡里教育、实业。而世传良不愿吾党乡里守闭塞之风，亦不愿吾乡里不湔此兵革之耻。此其隐憾者九也。

吾国甫收之青岛与未收之青岛均在人为，而实力则在教育，而教育实力则在工商，工商实力则在科学。但恐教育与工商背道而驰，不求实进，则人人视教育为孤悬一格，而成效罕鲜，似宜注重科学。为保持工商之母，即培养生计之源。生计日均，则责任之心重，争夺之念轻，而不致误入歧途。且视一国如一家人，各有职，则倚赖者少而竞进者多，盖均无贫，和无寡，安无倾，此古今不易之理也。如不于根本上求道德，但于枝叶求学术，则科学利用终且为人所制而不能制人，则于世界工商大势优胜劣败之理必多扞格，如一家然，子弟无力求学，受人培植，当引为父兄之责。使子弟不求自立，使家族永远无振兴之望，是重以贻羞父兄者，贻玷家族。此其隐憾者十也。

综此数端，皆倾诚而道，无丝毫矫饰。至于盛意高情，谨铭心版。复颂公绥！

袁世传谨启

（《社会教育星期报》第395号，1923年4月15日）

致周作民

（1924年9月29日）

作民我哥赐鉴：

贾汪煤矿股票借款事，既承示覆，未克办到；并以押款用储蓄证为宜指告，极感热心，自应遵照。但止用储证而不加入股票，于办事上稍有未合。盖此项股票系袁述之先生所欠科学馆助费，一时未有现款拨交，故为此权宜之计。出押虽由校出名，而利息实由袁先生担任。若纯改用储证，似未便再向袁先生索息，应由校出息，而名归袁先生。恐袁先生闻之亦必不乐居此名。且于罗氏[①]款对照，蒙混领下，亦有未安。兹为权变救急计，拟仍以股票为主，附入储证，押借三万一千五百元，以资应用。恳请吾哥多多费神，照此通融办法，在贵津行借妥最妙。押品除股票全数外，再附入储证三万或四万均无不可，利率即请相宜主张。其股票所以必须在内者，为取袁先生与罗氏双方信用，不得不然，望乞亮鉴，速予为力，救此眉急。至盼！至盼！临颖无任祷祝。祗颂

钧祺！

弟张伯苓谨上

九月廿九日

（上海市档案馆藏）

附：周作民复张伯苓（1924年10月2日）

伯苓先生惠鉴：

顷接函复，拜承种种。贵校押款拟以储蓄证加入贾汪煤矿股票一节较为适宜，兹已向天津四行准备库代为商妥，即请派员就近径向洽理为盼。专复，敬请

大安！

作民

十三年十月二日

（上海市档案馆藏）

---

① 即美国洛克菲勒基金会。

致周作民

（1924年10月20日）

作民我哥赐鉴：

敬启者：顷闻中央政费日前已经发下，敝校经济竭蹶达于极点。再，若无以维持，势将停顿。无论如何，请我哥代恳泽民司长多多关照，先将敝校请领之一、四千五百元，一、二千元两项款项各拨给一份，以救眉急，至所感盼。此恳。不胜窘迫待命之至。祇颂

钧安！

弟张伯苓谨上

中华民国十三年十月廿日

（上海市档案馆藏）

致南开大学教员[①]

（1925年1月16日）

本校自董事部宣布停课后，校事暂告一结束。乃日前有学生会代表数人来敝处表示伊等以前措施失当，现在均有觉悟，欲鄙人对伊等相宜处置。鄙人当令其仍自想办法，藉以觇其觉悟至何等程度。翌日伊等又来，谓已拟定办法。其办法：一、致鄙人函，声明取消以前之声明书。二、以学生会名义登报声明以前之措施失宜。三、致教员函，声明道歉。四、致董事函，声明道歉。五、致毕业同学会函，声明道歉。似此情形，在学生方面委系自动觉悟，且伊等亦曾自言前次批评文字实出少数人之意见，以前误会，尽行解释，尚祈先生本平素之热心，始终维持，俾校务继续进步。是所切盼，特此挽驾，祇颂

① 1924年11月，《南大周刊》发表署名“笑萍”的《轮回教育》一文，批评某些留学归国任教的教员无真才实学，引起南开大学教师的异议。师生各执己见，教授多数声言辞职，张伯苓为此致函南开大学全体教员。

教安！

（1925 年 1 月 19 日《益世报》）

致董事会各董事

（1925 年 1 月 16 日）

本校自宣布停课后，校事稍告一结束。乃日前有学生代表数人，来敝处表示伊等以前措施失当，现在均有觉悟，欲鄙人对伊等相当处置。鄙人当令其仍自想办法，藉以觇其觉悟至何等程度。翌日伊等又来，谓已拟定办法。其办法除致鄙人函声明取消以前之声明书，以学生会名义登报声明以前之措置失当，函教员与毕业同学会声明道歉外，并对先生等另肃专函表示歉悃，似此自动觉悟，过而能改，在先生等自必能特别加以原谅。鄙人亦何可为既往之咎？现拟于一月十六日仍继续到校视事，以期不负诸公之委托，仰惟查鉴是幸。

（1925 年 1 月 19 日《益世报》）

附 1：南开学校董事会致张伯苓（1924 年 12 月 31 日）

伯苓校长先生大鉴：

敬覆者：顷奉大函，只以本校学生发表误会言论，贵校长声明引退，闻之同深感念。当经开会讨论，佥以本校缔造艰难，端资硕画进行诸务仍赖尽筹，所有辞职一层万难承认。务乞垂念校务重要，继续担任，以慰全校之望。教员诸君并祈诣切挽留，共维全局，不胜企盼之至。专此奉复。即颂

道安！

南开学校董事会公启

附 2：南开学校董事会致张伯苓（1925 年 1 月 8 日）

敬启者：前以我公辞职，经本会议决挽留，业经肃函复陈，谅邀鉴察。嗣经向学生提出办法：一、周刊文字应由作者个人负责；一、由学生会取消其声明书。以为如此办法较为稳妥，而学生对于第二项犹断断以争，不肯照办。兹于本月 8 日本会公议，如此情形只有暂时停课之一法，布告原文附录于后，用备考览。惟念布告以后，凡关于学生对于学校及学校自身等事务，拟于校内另

组委员会主持之，即推我公为委员长，其委员诸君请我公选定可也。至于校务之进行仍请鼎力始终维持，至深感祷。

再，本会因开会不易，公推严慈约①、丁在君②、卞俶成③三董事遇事接洽，并通知。专此。敬候

道安！

附3：学生会致张伯苓（1925年1月）

校长先生：前次所发声明书后，得读先生致董事会函后，始悉先生辞职并非被教员胁迫。声明书所载一节与事实不符，殊深歉仄。兹特取消，相应函达查照，并颂

道祺！

学生会谨启

为复职挽留教员函

（1925年1月19日）

先生台鉴：

敬启者，本校自董事部宣布停课后，校事暂告一结束。乃日前有学生会代表数人来敝处表示伊待以前措置失当，现在均有觉悟，欲鄙对伊等相宜处置。鄙人当令其仍行自想办法，藉以觇其觉悟至何等程度。日伊等又来，谓已拟定办法。其办法：

一、致鄙人函，声明取消以前之声明书。

二、以学生会名义登报声明，以有之措置失宜。

三、致教员函声明道歉。

四、致董事函，声明道歉。

五、致毕业同学会函，声明道歉。

---

① 严智怡（1882—1935），字慈约，天津人。严修次子。时为南开大学校董。

② 丁文江（1887—1936），字在君，江苏黄桥人。中国近代著名地质学家。

③ 卞俶成（1889—1952），名肇新，以字行，天津人。

似此情形在学生方面委系自动觉悟，且伊等亦曾自言，前此批评文字实出少数人之意见，以前误会，尽行解释，尚祈先生本平素之热心，始终维持，俾校务继续进步。是所切盼，特此挽驾！祇颂

教安!

（1925年1月19日《益世报》）

致周作民

（1925年8月1日）

作民我哥惠鉴：

日前中华教育文化基金董事会开会，弟匆匆赴京。抵京后趋谒，台端适因清恙，尚未大愈，不获面领教言，甚为怅怅。日来想已喜占勿药矣。此次文化基金董事公同议决将收入之百三十万美金尽数购买外国债票，作为基金。以后每年所入者，除分别补助各机关外，余则尽买内国债票，一并归入基金之数。谨布以闻，惟查鉴是幸。祇颂

痊安！

弟张伯苓拜启

八月一日

（上海市档案馆藏）

致段祺瑞*

（1925年9月8日）

芝老[①]执政钧鉴：

谨肃者，捧读报载八月二十六日所颁整顿学风命令，钦佩无似。年来我国

---

*本文摘自《张伯苓善祷善颂》一文。同年9月9日北京《英文导报》亦载此文。题目为编者所拟。

①“芝老”，对段祺瑞的尊称。

学纪不振，端由各方学校师生中之不良分子，有意破坏所致，良堪浩欢[叹]。顷我公责成教育部认真整顿，而章总长[1]并能不避嫌怨，完全负责。窃不胜为教育前途贺。惟是整顿之法不一，要以劝惩互用为宜。滋事纷扰者解散之，裁汰之。成绩优美者奖励之，扶持之，栽培倾覆一本天道之至公，如是则观感有资，收效必大。

查我国官立各校年费七八十万、五六十万者不等，岁糜巨款，而屡滋事端。私立学校往往力求宏达，辄叹无米为炊，相差悬殊，在中央自能鉴别。敝校为私立之一，初不敢自诩成绩，但既不为中外教育界所摈弃，则益图完善，期副社会、国人之望，亦属势不能已。日前因经费亏缺甚多，曾经具呈财政部请每月拨五千元，以维校务。

（1925 年 9 月 8 日《晨报》）

呈内务部总长龚

（1925 年 10 月）

呈为呈请注册立案事。窃本会同人鉴于吾国士大夫缺乏尚武精神，爰集合同志创设中华全国体育协进会，冀资提倡。所有会中一切组织皆依法办理。兹谨检呈本会简章、成立大会纪录二纸，伏乞鉴核，准予注册备案，实为公便。谨呈
内务部总长龚。

计附呈：《中华全国体育协进会简章》一件。
《中华全国体育协进会成立大会纪录》一件。
中华全国体育协进会董事名单一件。

具呈人：中华全国体育协进会董事长　张伯苓（私章）
事务所设在上海汉口路廿四号
中华民国十四年十月

① 指章士钊（1882—1973），字行严，湖南长沙人。时任北洋政府司法总长兼教育总长。

附

中华全国体育协进会简章

第一条　定名：本会定名为中华全国体育协进会（China National Amateur Athletic Federation）。

第二条　宗旨：（一）联合全国体育团体，促进体育之进步。（二）主持全国业余运动，暨制定运动统一规则及运动标准，并增进运动员仁侠之精神。（三）关于国际运动比赛时，由本会联合各区负责进行。

第三条　组织：（一）本会组织，以区为本位。每区推选代表五人，年纳合组费二百五十元。（二）本会组织分董事、评议二部，董事由各区代表选举九人，任期三年，每年改选三分之一。评议由各区所选出之代表五人组织之，任期三年，设主任干事一人，由董事部聘任之。凡热心赞助体育事业，声望夙著者，得推为名誉董事。

第四条　职员：董事部负维持、计划本会会务之责，评议部负议定第二条所规定各种标准及其方法之责。主任干事负办理第二条所规定之事项，及执行董事、评议两部所议决之案件。

第五条：会期：（一）董事、评议二部每年各开常会一次，其时期及地点由董事长及主任干事酌定之；临时会，必须得各部三分之一人请求方得开会；开会通告须在一月前寄出。（二）两部开会时，以到过半数为足额；会中一切问题，由到会者多数赞成表决之。

第六条　本章程之修改：本章程于评议部开常会时，经到会评议员三分之二以上认可者，得以修改之，一月后发生效力。

中华全国体育协进会成立大会纪录

召集机关：中华业余运动会联合会及中华体育协会筹备处。

筹备委员：中华业余运动会联合会会长张伯苓博士。

第一次会议

开会地点：东南大学化学教室。

开会日期：十三年七月四日。

与会代表：有江苏、浙江、直隶、山东、河南、陕西、湖南、湖北、江西、安徽、四川、香港等十余省代表六十六人。

临时主席：张伯苓博士。

临时书记：沈嗣良。

首由主席报告。略谓上次在武昌开体育会时，因未能正式成立，遂由各省代表推举鄙人及卢炜昌先生为筹备员，负责进行。筹备员等即请聂云台、郝伯阳、王壮飞、柳伯英、沈嗣良五君为章程起草委员。现本会草章已印就分发各位，请细加察阅，发表意见，俾本会得在此次中华教育改进社年会时期正式成立。吴蕴瑞提议将章程逐条讨论，多数赞成。起草委员沈嗣良宣读章程第一条（定名），并加解释，继付讨论。当时有主张用原名（中华体育联合会）者，有主张用中华全国体育联合会者，有主张用中华体育促进会者，有主张用中华体育协进会者，讨论良久，未有结果。后由麦克乐提议将（定名）移后讨论，以省时间，胡宣明附议，表决通过。起草委员沈嗣良宣读章程第二条（宗旨），继付表决，通过。起草委员沈嗣良宣读章程第三条（组织），因本条共分三项，多数主张逐项讨论，结果第一项改为（本会组织以区为本位，每区推选代表五人，年纳合组费二百五十元）。后以时间不敷，第二、第三两项及以下各条，均不及讨论，遂由主席宣告于七月五日下午四时至六时在原处续开会议。散会。

第二次会议

开会地点：东南大学化学教室。

开会日期：十三年七月五日。

临时主席：张伯苓博士。

临时书记：沈嗣良。

主席报告：谓会章不过一表面文字，最重要者为将来实际上之进行，故诸位发言，务求精要，勿作空论，以费时间。章程如有不妥之处，日后尚可增删修改，继续讨论第三条第二项。华中代表方克刚、陈时等提议设董事、评议两部，评议由全国五区各选代表五人组织之。董事由评议部推出，再由董事部聘任常年驻会主任干事一人，主持会务。蒋湘青因聘请驻会主任干事一层，在现在情形之下恐难办到，提议评议部下采委员制，就随时之需要，组织各项委员会分头办事。各委员均为名誉职，如是于经费困难一层可不发生问题。张煦光提议将章程第三条第二项之原文，及华中代表与蒋君之提议三案，均付表决，卢颂恩附议。蒋湘青自愿抛弃提议，附议华中代表之提议。主席谓本条第二项关系最大，为慎重起见，不能立付表决，仍请诸位继续讨论。讨论良久，多数主张每区各选代表五人，组织评议部。由评议部选出董事组织董事部，再由董

事部聘请主任干事一人，并指派各项委员。付表决，通过。蒋湘青谓为谋本会之发展及筹划经费起见。董事之资格，不必限于体育家及每区数人，凡当代名流、著有声誉之教育家，与夫热心赞助体育事业之资本家，均得被选为董事，各省长官，得酌量推为名誉董事。一致赞成。继讨论设董事之人数，陆礼华女士提议设董事五人，蒋湘青附议。宋如海提议设董事九人，每年改选三分之一，名誉董事不限人数，吴志青附议。付表决，多数赞成设董九人。麦克乐提议在评议部未成立前，由与会代表选出临时董事九人，负责进行，沈嗣良附议。通过。麦克乐主张由本日与会代表推出董事提名委员五人，提出被选董事九人以上，然后用表决法或票选法产生临时董事九人，多数赞成。当推卢颂恩（华东）、章辑五（华北）、黄公诚（华中）、黄代国（华西）、侯可久五人为临时董事提名委员，提出被选董事二十一人，在此二十一人中，由与会代表用记名选举选出九人。结果张伯苓（三十三票）、郭秉文（三十一票）、陈时（二十九票）、卢炜昌（二十三票）、聂云台（二十二票）、郝伯阳（二十二票）、沈嗣良（十八票）、方克刚（十四票）、穆藕初（十二票）九人当选为临时董事。麦克乐提议推举三人，修正已议决各条条文。多数赞成。公推陈时、方克刚、沈嗣良三人修正条文。主席谓本会董事既已产出，则本会之定名及未议各条可付董事部商议，无须讨论。中华民国全国合法之体育总机关，即于今日正式成立，全体赞成。散会。

沈嗣良
郭秉文
穆藕初
方克刚
董事 陈　时
卢炜昌
郝伯阳
聂云台
张伯苓

（中国第二历史档案馆编：《中华民国史档案资料汇编》第三辑：教育，江苏古籍出版社 1991 年版，第 871—874 页。）

致周作民

（1925年11月12日）

作民我哥惠鉴：

敝校经济屡承贵行帮忙，感甚！现在时局尚无解决希望，倘纷扰延长，公款补助如旧不发，敝校恐将不能支持。届时将有更请我哥准由贵津行再接济二三万，以救眉急。事属预备，务乞格外关照俯允，不胜感盼。祇颂

钧安！

弟张伯苓谨上

十一月十二日

附：周作民复张伯苓（1925年11月16日）

伯苓先生惠鉴：

顷奉台简，承示贵校拟向敝津行通融二三万元一节，谨当遵办。今已函及敝津行按照前次办法与尊处接洽办理矣。特此函复，即希察照为荷。顺颂

公绥！

作民

民国十四年十一月十六日

（上海市档案馆藏）

致蒋善国[①]、高镜芹[②]

（1926年5月15日）

化普、远公二位贤弟如晤：

---

① 蒋善国（1898—1986），字化普，黑龙江庆安人。1925年毕业于南开大学。

② 高镜芹（1899—？），字远公，河北乐亭人。1920年南开中学毕业，1924年南开大学毕业。

来函具函[悉]。樊弟盛芹[1]前在我校中学肄业时品学均优，仆早知之。今在北大数学系又研究有年，造诣益臻纯粹，延充教授诚一良好师资。奈询之教务课，现无法位置。只得俟有机缘，再为奉约可也。此复，希鉴谅是幸。顺颂文祉！

伯苓手启

十五年五月十五日

（南开大学档案馆藏）

致孙世法[2]

（1926年5月15日）

世法贤弟鉴：

来函具悉。托盖校章已照办，兹由邮将原像片寄还，请察收是幸。顺颂近佳！

伯苓手启

十五年五月十五日

（南开大学档案馆藏）

致周敬甫[3]

（1926年5月19日）

敬甫先生赐鉴：

顷奉谕函，诵悉一是。苓现在并未他出，每日在校。惠捐之款请即汇寄南

① 樊盛芹，名映川（1900—1967），原名樊盛芹，安徽舒城县桃溪镇人。1916 年入天津南开中学。1920 年入北京大学数学系，毕业后，先后在上海暨南大学、安徽大学任教。

② 孙世法（1907—？），辽宁凤城人，1928 年南开中学毕业。

③ 周仁寿（1858—1929），字敬甫，亦作镜甫，江苏溧阳人。时任琅琊道尹。

开敝校，交鄙人照收，当不致误。专此奉复，并鸣谢悃不尽。祗颂
钧安！

张伯苓谨上
十五年五月十九日
（南开大学档案馆藏）

致胡述曾[①]

（1926年5月20日）

述曾先生赐鉴：

手示诵悉。《巴黎学院章程》已收到。惟《罗马学院章程》苓极愿一得其详。几时到来，望赶赐一份，不胜盼盼。.祇颂
大安！

张伯苓拜启
十五年五月二十日
（南开大学档案馆藏）

致郁赓石[②]

（1926年6月2日）

赓石仁弟鉴：

径复者：来函悉。嘱为绍介福德公司工读一事，有意深造，至为欣慰。奈刘、彭二君之空额早已补给他人，弗能遵示办理，望祈原谅。希即查照是幸。顺颂
台祺！

① 胡述曾时任巴黎大学中国学院国内总干事。

② 郁赓石，名郁森（1899—？），字赓石，浙江海盐人。1925年南开大学毕业。

伯苓手启
中华民国十五年六月二日
（南开大学档案馆藏）

致江苏教育厅

（1926年6月3日）

敬启者：兹有敝校大学部冶金采矿科毕业生谢季纲①，江苏丰县人，成绩优良。敝校知其才堪深造，拟令赴美工业大学肄业，以期受完美教育，为国家储专门人才。一面并介绍入美国福尔特汽车公司实习，所得津贴作为留美学费，实属一举两得。惟初赴美国时之路费约须美金七八百元，合中币一千四五百元，敝校无法代筹，须由该生自备。奈该生家本寒素，一时无力措此巨款，而赴美期限又不能过迟，阳历九月间即须到美报到，七月杪当由中国动身，为时甚迫。该生美才难得，倘听其因贫中辍，无以遂深造之志，未免可惜。

日前阅沪报登载贵厅对于提倡选派出洋学生不遗余力，并规定筹画学费办法，令饬各县遵照办理等因。敬读之下，无任钦佩。为此不揣冒昧，恳请贵厅查照上述情形，体念谢生寒苦，求学非易，酌拨省款资助，免误行期。倘省款难筹，即请咨行徐海道尹、丰县知事在原籍筹画，酌给官费，俾得如期成行，实为公便。肃此，不胜代盼代祷之至。此致
江苏教育厅。

天津南开大学校长张伯苓
中华民国十五年六月三日
（南开大学档案馆藏）

① 谢季纲（1901—1947），字扶三，江苏丰县人。1922年南开中学毕业，1926年南开大学毕业。

致周寄梅[①]

（1926 年 6 月 13 日）

北京协和医学

寄梅仁兄台鉴：

敬复者：来函敬悉。六月十六日协和医学学生毕业式，极愿前往一与其盛。但弟自十四日赴齐鲁大学之约，至十七日方能言旋，早一天恐不及也。特此复闻，惟查照是幸。

弟张伯苓上言

中华民国十五年六月十三日

（南开大学档案馆藏）

致中华教育改进社[②]

（1926 年 6 月 14 日）

径复者：接奉来函，并附送给尚志学会[③]收据一纸，嘱盖苓章，业已遵照办理。兹由邮将原件奉上，望祈察收是幸。此致

中华教育改进社。

伯苓手启

中华民国十五年六月十四日

（南开大学档案馆藏）

---

① 周诒春（1883—1958），字寄梅，祖籍安徽休宁，生于湖北汉口。早年赴美留学。历任清华学校校长、燕京大学代理校长，国民政府实业部次长、农林部部长、卫生部部长。

② 中华教育改进社，1921 年冬季成立于北京，每年开一次年会。它以调查教育实况，研究教育学术，力谋教育改进为宗旨。张伯苓曾任该社参事兼司库。

③ 尚志学会，1910 年成立于北京，办有尚志学校，编译出版教育及其他社会科学书籍。

致王永祥[①]

（1926年6月15日）

山西榆次县南村庄

孝鱼贤弟鉴：

手书阅悉。年来在北京居稽所得，胜于初毕业时多多，甚以为慰。但我校经济困难，不加添新科目，尚无有可以借重吾弟处。我校矿科下学期暂行停办，即由缺款使然。若时局总不大定，则前途殊为可虑耳。吾弟藏修待时，特为祝进步无量！

伯苓手泐

中华民国十五年六月十五日

（南开大学档案馆藏）

致周子久[②]

（1926年6月15日）

唐山启新洋灰公司李宅

子久弟鉴：

手书阅悉。吾弟对解决时局系念如此，足征爱国热诚，深以为佩！仆年来维持校务尚觉力有不逮，局外事实无余念可以顾及。冯处久疏晤面，殊少进言机会。吾弟见到处一时无法代达，亦惟有心存而已。此复，顺颂

文祉！

伯苓手泐

① 王永祥（1900—1981），字孝鱼，山西榆次人。1921年南开中学毕业，1925年南开大学毕业。

② 周寿年（1885—？），字子久，天津人。1914年南开中学毕业，后曾任职于天津英租界工部局总务科。

中华民国十五年六月十五日
（南开大学档案馆藏）

致北京清明中学

（1926年6月18日）

径复者：接诵大函，备悉一切。贵校本年在津招生试期定八月十六日。是时仍在敝校暑假期中，匀用空闲房屋作为考试地点自无不可。相应肃函奉复，即希查鉴是幸。此致
清明中学校！

天津南开中学校长张伯苓启
中华民国十五年六月十八日
（南开大学档案馆藏）

致屈文六[1]

（1926年6月23日）

文六先生赐鉴：

敬启者：日前敝校大学部学生毕业式辱承光降，非常荣耀。惟招待多有未周，不胜抱歉之至。本月二十六日下午八钟，中学部学生又在南开中学本校礼堂举行毕业典礼，仍恭迓先生驾临。想先生以学生家长名义，届时赐以训言，尤为各生所重视。肃此奉订，无任企盼。祗颂
钧安！

张伯苓拜上

① 屈映光（1882—1973），字文六，法名法贤。早年与徐锡麟、秋瑾等组织光复会。武昌首义后，在浙集合同志响应。民国肇建，先后任浙江民政长、巡按使、都督、赞威将军，山东省长，内务总长等职。

中华民国十五年六月廿三日

（南开大学档案馆藏）

致靳翼青[①]

（1926年6月23日）

翼青先生钧鉴：

敬启者：日前敝大学部学生毕业式辱承枉驾，非常荣耀。惟招待多有未周，不胜抱歉之至。本月二十六日下午八钟又为中学部学生在南开本校礼堂举行毕业典礼，仍恳请先生惠临赐训。千祈届期早光是幸。专此预函欢迓。祇颂

崇安！不备。

张伯苓拜上

中华民国十五年六月廿三日

（南开大学档案馆藏）

致周敬甫

（1926年6月23日）

山东沂州琅琊道尹公署

敬甫先生赐鉴：

敬启者：敝校山东博山县籍学生孙焕文[②]道及山东发行军用公债事，谓：博山一县应摊公债八万元。该县马县长强派该生家长孙宝森公债五千元。查该生家中营业不过平常，担负如是之多，力实有所不逮。如勉强凑缴，则该生学业恐即不能继续。

① 靳云鹏（1877—1951），字翼青。山东邹县人。曾任北洋政府陆军总长、国务总理。1921年12月去职后寓居天津，任鲁大矿业公司理事长兼总经理。

② 孙焕文（1900—？），山东博山人。1926年南开大学文科毕业。

先生素称民间生佛，敢祈推爱，一为援手。倘蒙代函马县长，请其将孙宝森所负公债数目减少，以维持该生家计。该生学业实利赖之。肃此，不胜祷盼。祗颂
钧安！

张伯苓拜上
中华民国十五年六月廿三日
（南开大学档案馆藏）

致周敬甫

（1926年6月28日）

敬甫先生阁下：

敬启者：昨由赵阿南[①]先生交到大书，并捐敝校女中学部银洋壹仟元。拜领之余，益钦先生爱护敝校有加无已。曷胜感谢！谨具收据，当恳阿南先生转呈，希垂鉴。丈孙昭朴拟考敝校大学预科，兹将招生简章奉阅。何日来津，苓自当尽维系之责。专肃陈谢。祗颂
勋祺！不次。

弟张伯苓谨启
中华民国十五年六月廿八日
（南开大学档案馆藏）

① 赵阿南（1887—1969），名子莪，字阿南，亦作莪南，山东莒县人。1905年就读于山东高等大学堂，毕业后赴日本早稻田大学攻读法律，民国初年回国，先后任天津财政厅秘书、山东省建设厅秘书长等职。

致张汉卿军长

（1926年6月28日）

汉卿先生阁下：

敬恳者：学生梁岩①，黑省拜泉县人，在敝校中学、大学毕业，学识开展，办事缜密，现赋闲居，青年良惜。素仰先生提汲人才不遗余力，敬布区区，希即量才器使，一为位置。该生蓄志远大，非欲升官发财者流，惟望不惜阶前面加启迪，幸甚！幸甚！苓屡有冒渎，深用惶悚。恃爱陈言，不自觉其烦琐也。专肃，即询

麈安！不僩。

弟张伯苓谨上

中华民国十五年六月廿八日

梁岩，字山石，年二十五岁，黑省拜泉县人，曾在南开中学、南开大学文科肄业。

（南开大学档案馆藏）

致金伯平②

（1926年6月28日）

本津启新洋灰公司总理

伯平先生赐鉴：

敬启者：违教有日，企怀曷已。近维筹祉曼福为颂。兹有敝校大学部商科

① 梁岩（1900—？），字山石，黑龙江拜泉人。1922年南开中学毕业，1926年南开大学毕业。

② 金邦平（1882—？），字伯平，安徽黟县人，日本早稻田大学毕业，回国后任农商总长等，后任耀华学校校长。

毕业生张辅林，字友仁，年廿五岁，本省玉田县人，英年干练，操守可称。前在大学肄业时，对于校务多所擘助，教师垂青，乐道其贤。今值闲居，殊属可惜。素知贵公司规模宏大，需才必多。用敢汲引，务请先生量才器使，留而试用。如得寸进，非仅该生身受其福，苓亦铭感弗忘也。专此布请，即请
教安！诸希朗照，不一。

愚弟张伯苓上言
中华民国十五年六月廿八日
（南开大学档案馆藏）

致王宾卿①

（1926 年 6 月 28 日）

黑龙江教育厅厅长
宾卿先生阁下：

久仰树辉，未获亲炙，望风景仰，无任神驰。

兹敬恳者：学生李茳，黑省明水县人，现年二十六岁，前在敝校中学毕业，升入敝校大学商科，今已毕业，依令授给商科学士。该生老成持重，学识优长，深愿在本省服务，以尽力于桑梓之邦。用特不揣冒昧，敬乞先生量为录用，进而教之。李生将来能得寸进，皆先生之赐也。专此奉达，藉颂
教安！

天津南开大学校长张伯苓谨启
中华民国十五年六月廿八日
（南开大学档案馆藏）

① 王宾卿，应为王宾章（1889—1936），字宙卿，黑龙江泰来县人。时任黑龙江省教育厅厅长。

致张汉卿

（1926年6月28日）

汉卿先生麾下：

敬启者：迩来国是蜩螗，疮痍满目。鸿谋硕画，披难靖纷，缅想贤劳，心仰曷极。

兹奉恳者：学生潘景武，黑省大赍县人，溯自民国六年来校求学，品学方面即崭然现头角，蓄志稳健，遇事有断才。苓即知其将来非久居人下者。在南中孜孜求学，其成就皆高人一等。十年毕业，升学敝校大学部文科，肄业于政治学一门，毅力研攻，教师垂青，皆称道其贤。不但此也，景武于校务之擘助，以实践师生合作之精神。其课外如创办学生会、政治学会，咸有成绩之可言。十四年毕业大学部后，不久即由黑省公选为本省国民代表会议议员。在京预备会务，颇为各省代表之重视，曾推彼为负责干事，曾被举赴奉及各处疏通一切。方幸其从此为国宣劳，以不负所学，乃国民会议滞止不行，景武遂亦无用武之地，现值闲居，常怀郁郁。

彼与苓常相过谈，深慕先生之英风，为中国之人才杰出。如能常依麾下，不拘事局之大小，随行学实，遇事提撕。景武以年来所经，勉尽参谋义务，如可得行，则将来为国效力，何亦非先生之栽成。苓聆其言，深韪其旨，用敢冒昧进言，不拘秘书、参谋等职，但得一枝，侍闻教诲，于愿已足。苓向不敢妄相汲引，实以景武志气、才干均足可道，故乐为先生一言。专此胪列该生品学，即希卓裁施行，进景武而教之，不胜翘企待命之至。草此陈意，敬询
勋祺！惟爱照不察。

弟张伯苓拜启

中华民国十五年六月廿八日

潘景武，字燕孙，年廿八岁，黑龙江省大赍县人，民国十年夏在南开中学毕业，升入南开大学文科，于民国十四年夏毕业。嗣当选为黑省国民代表会议议员。

（南开大学档案馆藏）

致郭任远[①]

（1926 年 7 月 1 日）

上海复旦大学

任远先生足下：

昨诵大书，诵悉种切。藉审动定多豫，道履骈祟，引睇芝辉，神驰靡已。

敬复者：陈君彬龢[②]上学期在敝校主任出版事宜半年，嗣即离校自谋北京中俄大学事务，未能获得终始，良为歉然。陈君活泼性情，恐难安于小就。前在敝校借款，迄未如期清偿，即此之故，苓亦不愿多言烦渎清听，聘任与否，惟执事卓裁施行可也。专复，祗询

教祺！不次。

弟张伯苓谨启

中华民国十五年七月一日

（南开大学档案馆藏）

致张仲平

（1926 年 7 月 1 日）

法租界花园前

仲平先生阁下：

前次辱顾参观，招待简率，获戾滋深，诸希鉴原。时值炎夏，惟道履绥和为慰。

---

① 郭任远（1898—1970），广东汕头人。早年就学于复旦大学，1918 年赴美国加利福尼亚大学伯克利分校留学。回国后历任复旦大学教授、副校长，浙江大学校长。

② 陈彬龢（1898—1945），曾用名乐素素、昌蔚、松轩。江苏吴县人。之江大学毕业，因参加 1926 年的反帝爱国运动遭北洋政府通缉。

敬启者：敝校女中学部新校建筑已竣，渥蒙慨解廉囊，并许多方捐助，仁人高谊，感佩难言。该校建筑费全数已达六万元，地价一万有奇，校舍五万。已捐者只有一万五千之数，综核短欠尚需四万五千。筹措艰困，无任焦灼。端赖先生高台呼拂，则集腋成裘，想不难完成此数。是苓又不禁欣然色喜也。捐册前已呈送，望即惠赐筹措，妄冀速行。捐款前收五千元，其余五千元亦请早日掷交，暂杜工匠之催索，至幸至祷。该校敬思堂恭拟悬挂太夫人照像，以为光宠。乞赐送三十二寸放大像一悬，以便饬匠赶速镶修。

前面商本星期日屈驾八里台敝大学以为泛舟之游，并承代约朱桂老自携小艇同临一话，欣忭曷胜。届时当扫径以待，余俟面陈。专肃奉恳，即询

教安！惟爱照不既。

愚弟张伯苓谨上

中华民国十五年七月一日

（南开大学档案馆藏）

致吴太太

（1926年7月3日）

敬启者：詹牧师到津面谈，备述尊府情状，深用系念。伯奎先生与苓谊属同舟，现在敝校虽经济困难已极，亦应勉竭棉薄之力。现与敝同人会商，拟资助二世兄在高小学校求学期内，每年划助银洋七十元。至应入之学校，即由詹牧师在附近尊府之处相宜订之。将来高小毕业后，如升入中学，亦请在南京或附近乡里之处谋一相当中学，以资深造。每年敝校愿资助壹百元。敝校感在天津来学不便，家中设有事务，归去颇费时日，且此处时风侈靡，学生所费较多，故不愿二世兄北来也。管见如此，敬望示复。以后按年寄款何处及寄款办法，亦乞函示照办可耳。专此陈意，即询

阖潭安好！

南开学校校长张伯苓启

十五年七月三日

（南开大学档案馆藏）

致张仲平

（1926年7月9日）

法租界霞飞路卅一号

仲平先生赐鉴：

日前得尊纪报告，德配吴夫人在京仙逝。笃于伉俪如我公，知必有无限凄感。然漆园鼓盆，达观贵乎随遇，深愿勉节哀思，以古人为法。况身后留名，即堪不朽。倘先生情有难遣，则在女校作纪念，亦一上慰夫人在天之灵一法也，尚望留意及之。太夫人放大慈容，敝校急待供奉，敬请即日赐送到校是幸。肃此，惟查照，不备。

张伯苓拜上

中华民国十五年七月九日

（南开大学档案馆藏）

致冯焕章[①]

（1926年7月16日）

焕章先生阁下：

暌违麈教，时切驰思。溯自先生离国，迄今未能函候。望风企想，无任依迟。近审兴居□福，道履康吉，如颂为慰。

敬启者：敝校大学部文科毕业生曾宪孚[②]学士，湖南新化县人，气宇不群，品学亦佳，平日与苓燕谭，常慕先生高风，景仰无极。今该生赴英留学，顺道至德，即思瞻拜，托苓为之绍介一言。尚希不吝阶前进而教之，幸甚！幸甚！专此肃布，即颂

① 冯焕章，即冯玉祥（1882—1948），原名基善，字焕章。

② 曾宪孚（1904—？），字乐平，湖南新化人。1926年南开大学毕业，后赴英国留学。

健安！诸维爱照。

张伯苓谨上
中华民国十五年七月十六日
（南开大学档案馆藏）

致齐抚万[①]

（1926年7月20日）

保阳讨贼联军副司令部

抚万先生赐鉴：

接奉大函，诵悉一是。王生鹤皋既在北京敝校招考处报名投考，试验时倘成绩不甚差池，自应从宽录取，以遂该生向学之殷愿。除函知北京敝监考同人特别关照外，特此肃函奉复，仰惟查鉴是幸。祗颂
钧安！

张伯苓谨上
中华民国十五年七月廿日
（南开大学档案馆藏）

致《大中报》馆

（1926年7月20日）

日租界桃山街

敬复者：接奉大函，诵悉一是。诸君创办《大中报》，宗旨纯粹，极为钦佩。爰拙拟祝祠，附供一粲，仰惟查照教正是幸。顺颂
箸祉！

① 齐燮元（1879—1946），字抚万，直隶宁河（今属天津市）人。北洋陆军速成学堂二班炮兵科毕业。历任江宁镇守使、苏皖赣三省巡阅使等职。

张伯苓启
中华民国十五年七月廿日

附：给《大中报》祝词

言论崇闳，唤起愚蒙。不偏不倚，允执厥中。和平促进，
日益有功。誉望隆上，泰斗攸同。贵报之寿，如冈如陵。

（南开大学档案馆藏）

致张星五[①]

（1926年7月21日）

北京丹凤火柴公司

星五先生惠鉴：

敬启者：敝校矿科学生前蒙允于本溪湖矿区安置练习，忻感无量。至准几时可令该生等前往，恳请费神赶向本溪湖矿区商订，能早令该生等到矿最妙。专此，无任盼祷，待命之至。顺颂

时祺！

弟张伯苓拜上
中华民国十五年七月廿一日
（南开大学档案馆藏）

致郑觉民

（1926年7月21日）

北京南长街头条胡同二号

① 张星五，即张新吾（1879—1976），江苏川沙（今上海市浦东新区）人。早年留学日本，1903年回国创办天津工艺学校。民国初年，任农商部代理次长、代理总长。后创办官商合办的丹凤火柴公司，任技术顾问。

敬复者：接奉大函，诵悉一切。先生自留学归来，于教授饶有经验，钦慕之至。惟敝校对于政治科及文科一时尚无有须借重处，容后遇有机会，再为函达可也。此复，即颂
台安！

张伯苓拜启
中华民国十五年七月廿一日
（南开大学档案馆藏）

致武筱香[①]

（1926 年 7 月 21 日）

城隍庙小学校

筱香贤弟鉴：

来函备悉。吾直受时局影响，各机关俱患财穷，而以教育界为尤甚。兹闻吾弟景况，极代扼腕，但一时尚无法为之援手。容后遇有机缘，再为图谋可也。此复，惟亮查是幸。顺询
文祉！

伯苓手泐
中华民国十五年七月廿一日
（南开大学档案馆藏）

致胡英甫

（1926 年 7 月 21 日）

英甫先生赐鉴：

曩承枉驾敝大、中学两部参观，聆教颇畅。刻值伏夏，八里台风景似比前

① 武筱香，名登明（1883—？），字筱香，南开中学第一届毕业生。时任城隍庙小学校教员。

尤大有宜人处。我公能匀暇示期重游，藉以抒写幽情，最是快事。届时弟并有就正要件，面倾一切。否则，亦请指示公余，俾便前往趋谒，是为至盼！肃此待命。祇颂
钧安！

弟张伯苓谨上
中华民国十五年七月廿一日
（南开大学档案馆藏）

致姚石桓[1]

（1926年7月22日）

北京府前街双栅栏大方饭店

石桓贤弟鉴：

来函备悉。南洋大学既经毕业，举所得以为时用，将来定当出人头地，可为预贺。本校自受时局影响，经济困难，几于不能支持。目下校务虽尚勉强进行，而对于用人行政，惟有力崇节俭，冀以苟延于万一。此等情形，殊不堪为人道也。吾弟欲来尽义务，极所欢迎，但一时尚无位置。容后有借重时，再为函达可也。此复，惟鉴谅是幸。顺颂
文祉！

附缴南洋大学功课单一纸。

伯苓手泐
中华民国十五年七月廿二日
（南开大学档案馆藏）

---

① 姚石桓，名葵皋，字石桓，湖南罗田人，1921年南开中学毕业，考入南洋大学。

致游吉忠[1]

（1926 年 7 月 22 日）

上海真茹国立暨南学校

吉忠贤弟鉴：

来函具悉。兹遵缮肄业证明书一件，随函寄上，希查入自行投寄可也。此复，顺询

文祉！

伯苓手泐

中华民国十五年七月廿二日

附：游吉忠肄业证明书

敬启者：学生游吉忠，先在敝校中学肄业，毕业后照章升入大学部。在大学理科曾经肄业半年。兹闻投考贵校，特此代为证明。即希查照是幸。此致

上海交通大学校。

南开大学启

（南开大学档案馆藏）

致张仲平

（1926 年 7 月 23 日）

仲平我哥惠鉴：

敬启者：女校工程行将告竣，清理诸欠需款孔急。左右思维，无法可设，不得已，惟有恳乞阁下特别救济，将尊捐之尾数五千元即日措掷，藉拯燃眉。张俶成兄之款亦请赶赐一办。盖此等善款，女校工程实利赖之，不然别无所指，

① 游吉忠（1902—？），字霱士，福建永定人。1922 年南开中学毕业。曾在新加坡南洋华侨中学任教。

此所以企希极为殷切者也。“敬思堂”匾如已求得，即希便中赐下。本校矿科学生本年仍须照常分投各矿练习。中兴矿区能代安置几人，极为感激。惟人数应请预为示知。本星期日，即七月廿五日下午五钟，如能匀暇，并祈枉驾八里台敝大学部一叙。当此风荷送香，烟柳袅翠，助人兴趣不浅。惠然光降，无任欢迎，盼祷之至。祇颂

大安！

弟张伯苓谨上

中华民国十五年七月廿三日

（南开大学档案馆藏）

致夏琴西[①]

（1926年7月23日）

琴西先生惠鉴：

敬启者：敝大学部汤锡予[②]、唐伯源[③]二教授现为预备教材起见，拟向贵会及粮商、粮店、大米、皮货、金银器皿、茶商、鲜货等项有所调查。惟于各方多不相熟，特为肃函，恳请台端代为介绍。到时即乞俯赐接见，并导示一切，是为至荷。祇颂

大安！

弟张伯苓拜上

中华民国十五年七月廿三日

（南开大学档案馆藏）

① 夏琴西（1888—1975），名彦藻，天津人。天津商业学校、直隶法政专门学校毕业。历任天津商会秘书、总文案、秘书长。

② 汤锡予，名用彤（1893—1964），字锡予。1922年在哈佛大学获得哲学硕士学位。时任南开大学文科哲学系教授、系主任。

③ 唐伯源，名文恺（1895—1974），字伯源，江苏昆山人。早年留学美国，获芝加哥大学经济学硕士和哥伦比亚大学哲学博士学位。时任南开大学商科教授兼商科主任。

致东华学校[1]教务处

（1926 年 7 月 26 日）

哈尔滨

敬复者：接奉大函，诵悉种切。贵校现需高中测量及数理教员一人，谨当遵照代为物色。惟鄙人对贵校虽久深企仰，而总以茫于内容为憾。敢乞将贵校章程并目下主持教务诸公芳衔，以及办理之规模、现状，速便详为示知，用慰钦慕。是所切盼。此复，祗颂

公绥！

伯苓拜上

中华民国十五年七月廿六日

（南开大学档案馆藏）

致王朝佐[2]

（1926 年 7 月 26 日）

开平马家沟路四十一号

朝佐弟鉴：

贵友刘君荫增此次烦吾弟来函，介绍到校旁听，理应照准。惟是旁听生花费既重，且无绩点，于该生极不合宜，莫若劝该生直接出洋留学。盖伊以前在北京第一中学既有极优成绩，则往投外国学校必不致不为收录也。请代达该生知之。此复，顺颂

时佳！

---

① 东华学校，由南开校友邓洁民（1890—1926）于 1918 年 4 月在哈尔滨创办。该校在教学要求、课程设置等方面，大都取法于天津南开中学。其所聘教师，多半是南开学校的毕业生。

② 王朝佐（1901—？），字槐三，河北滦县人。1920 年南开中学毕业。后曾任职于北票煤矿。

伯苓手泐
中华民国十五年七月廿六日
（南开大学档案馆藏）

致刘瑞亭

（1926年7月28日）

天津电车电灯公司

瑞亭我哥惠鉴：

来谕并附函均敬领悉。饱学如周君，于教授又素有经验，学校得此良师相助为理，以益青年，非常庆幸，恨不一时欢迎到校。但目下苦无位置，容俟有须借重时，再行奉约。先此布覆，希即代向令友致意为荷。祇颂
台绥！

附缴令友原函一件。

弟张伯苓拜上
中华民国十五年七月廿八日
（南开大学档案馆藏）

致吴金印

（1926年7月28日）

北京东四府学胡同

朗山先生大鉴：

手书敬悉。敝校矿科既不得已因款绌暂行停办，欲为令侄在章谋转学，而一时又无相当办法，殊增惭愧。兹承嘱改习理科，谨当遵照记册。查理科各门功课关于实业者甚多，于令侄最为合宜。此复，即希查照。顺颂
台祺！不备。

弟张伯苓拜上

中华民国十五年七月廿八日
（南开大学档案馆藏）

致李星莲

（1926年7月31日）

黑龙江高等审判厅

星莲先生大鉴：

惠函敬悉。令郎既有相当程度，愿投考敝中学初级第一年班。虽未有转学证书亦无不可。特此奉覆，即希查照是幸。祗颂
台祺！

张伯苓谨上
中华民国十五年七月卅一日
（南开大学档案馆藏）

致褚辒三[①]

（1926年8月3日）

直隶保安总司令部

辒三省长钧鉴：

顷奉谕函，诵悉一是。敝大学考试已过，正、预各科均经取录足额。惟敝中学部高级第二年班程度恰与大学预科相等，尚在招考之期，林君春生考归此班最为相宜。特此覆闻，并附简章一本，敬请查照。再，敝校经济困难，刻已达极点，前曾恳张汉卿军长救济。无论如何，务乞特别关照，准予日内将补助费饬财政厅设法即行拨发，藉拯眉急，用以维持校脉于万一，则感惠不尽矣。附此，无任叩祷翘企之至。祗颂

① 即褚玉璞，时任直隶督办兼省长。

勋安！

附简章一本。

张伯苓谨上
中华民国十五年八月三日
（南开大学档案馆藏）

致尹贤容[①]

（1926年8月4日）

江西南昌大寺院十八号

贤容弟鉴：

来函阅悉。吾弟此次毕业，旋里谢亲友。实业厅之介绍，不欲令恶劣政治，污在己之人格，洵为守坚识卓，钦佩之至。现本校为诸君谋实习地，正在进行中，容俟谋定，即行通知。此复，惟查照是幸。顺询
谭祉！

伯苓手启
中华民国十五年八月四日
（南开大学档案馆藏）

致黄捷三

（1926年8月9日）

南二区

捷三先生赐鉴：

敬启者：敝校女中学部新筑之校舍坐落南开男中学部南操场南，地与马场道相接近，现已工竣，暑假后即在彼开学。敝校并新筑道一条，与男中学门前

① 尹贤容（1903—？），字宣雍，江西赣县人。1926年南开大学毕业。

道相连，以便女生等往来行走方便。惟该道既系新筑，尚未十分坚实，最忌笨重大车轹轧。然欲禁止此项车辆，非仰赖贵所之力不可。兹拟恳请由贵所出一告示，并将附近岗警原有之岗位向新道移过一名，俾便于通告外，并为监视，不准大车经过。且道路两旁往往有闲杂人等乘隙便溺之事，亦请严为示禁，并饬岗随时查阻，免致女生往来不便。至所感荷。祇颂

钧安！

张伯苓上

中华民国十五年八月九日

（南开大学档案馆藏）

致周作民

（1926年8月9日）

北京金城银行

作民我哥赐鉴：

日前在京晤谈甚畅。敝校基金存款本月廿四日即将到期，尚须另行设法存储。我哥如已代为拟定办法，尚乞早日示知，以便遵照。弟处除向中国行商定存十万外，向拟别存二十七八万元。其“中国”条件，存期一年，每半年取息一次，透支五万元，存款、透支均按月息九厘核算。我哥如犹未代拟定他种最合宜办法，亦可仍存四行储蓄会，惟须请求酌订一特别待遇。我校办法在弟之意，拟请其准予除每三月取出七厘利息之外，其应得红利亦准于六月、十二月结账时各取给一次。如是，则学校费用感受维持之惠，实非浅鲜。斯为弟所祝祷以求者。再，所待存之二十七八万元，尚非一定数目，如能拨出十万元存入贵行，亦蒙按中国行章程办理，极所欣盼。其余存储蓄会尚有十七八万元。区区之数，惟望我哥主持处理，迅予见示。不胜企叩引领之至。祇颂

钧绥！

弟张伯苓拜上

八月九日

敬再启者：敝女中学部校舍工程现将告竣，所欠工料各费为数甚巨，悉待募入款项清理。顷各债主催索紧急，无法以应。我哥代向各处所募，无论多寡，

务乞赶速吹嘘，集有成数赐下，以济燃眉。至所感盼！

弟伯苓又及

（南开大学档案馆藏，据上海市档案馆藏原信校）

致夏琴西

（1926年8月10日）

琴西先生赐鉴：

敬启者：前敝校教授汤君趋谒台端，蒙接见赐教，并允代向各行商函为介绍，非常感激。惟介绍函件至今尚未奉到，本应静候，曷可再渎。只以敝校对于工商业之调查时期、预算均在暑假内办理完竣。不得已，敢请特别费神，将介绍书早日赐下，以便于最短时间应用。感谢无量。此颂

大安！

弟张伯苓拜上

中华民国十五年八月十日

函件如缮毕，即交去人带下，尤感。

（南开大学档案馆藏）

致周作民

（1926年8月11日）

作民我哥大鉴：

昨上一椷，因事迫燃眉，不避琐渎之嫌，希望急予救济。兹奉快示，语以储蓄办法甚妥，感慰之至。存入总数计二十七八万元。惟闻该四行储会近亦有透支办法。兹拟无论透支或押借，其利率均请按所示情形代向前途预为规定，以便急用时得有遵循。规定后并希见示。再由敝校着人径往会中接洽，切托切托。再者，贵津行透支，敝校仍拟继续办理，至其押品利率是否仍援旧章，抑可变通，另有特待办法，亦乞代为酌定。诸承费神，心铭不尽。祇颂

钧安！

弟张伯苓谨上
八月十一日
（南开大学档案馆藏，据上海市档案馆藏原信校）

致李冠军

（1926年8月11日）

河南丰乐镇六河沟煤矿会计处

冠军先生大鉴：

来函敬悉。令弟善元因品行与敝校不合，已于去岁令其退学，与敝校脱离关系。现在其转学何校，并在何地寓居，敝处均未有闻。请先生别为探询可也。此复，祇颂

台安！

张伯苓拜上
中华民国十五年八月十一日
（南开大学档案馆藏）

致刘崇儒[①]

（1926年8月11日）

奉天小南门鼎昌旅馆五十一号

崇儒弟鉴：

来函阅悉。此番在奉晋谒前途既有五次之多，终未蒙接见，从旁打听，知其对所请无允许意，夫亦可以已矣。总之，应如何变通之处，吾弟自己斟酌，鄙人愧无办法奉闻。尚希原谅是幸。此询

近佳！

① 刘崇儒，字汝为，吉林延吉人。1926年南开中学毕业。

伯苓手泐
中华民国十五年八月十一日
（南开大学档案馆藏）

致陈冠雄[①]

（1926年8月11日）

北京中华汇业银行

剑青贤弟鉴：

汇业银行保证书鄙人业为署名盖章，并将职业、住址等一律均为填讫。吾弟年岁请自行填注，填完即缴行查存可也。此询
近佳！

伯苓手启
中华民国十五年八月十一日
（南开大学档案馆藏）

致直隶交涉公署护照处

（1926年8月11日）

敬复者：接奉大函，诵悉一是。敝校高级中学部毕业生林铸[②]此次赴美留学，由鄙人担保属实，并无假冒情事。特此布复，即希查照是幸。此致
直隶交涉公署护照处。

天津南开学校校长张伯苓上
中华民国十五年八月十一日
（南开大学档案馆藏）

① 陈冠雄（1898—？），字剑青，浙江诸暨人。1925年南开大学毕业。

② 林铸，字伯铸，浙江永嘉人。1926年南开中学毕业。

致李伯芝[①]

（1926 年 8 月 11 日）

中国实业银行

伯芝先生赐鉴：

久未晤教，驰慕之至。兹敬恳者：敝同人华君午晴[②]哲嗣俊驰，先曾在敝中学部肄业，旋因遇有机会，归山东工商银行练习。在行数年，办事勤慎，颇为该行经理所青眼。旋以银行停业，致赋闲居，现午晴君谓其少年正在历练，作事之余久旷光阴，虑不免志气或因之颓败，极思为谋一位置，而苦无机可投，异常焦灼。弟念华君为敝校最所倚重之人，而俊驰又本校学生，其品诣为素所深悉，诚不可坐视，致令壮美才干而有旷废之虞。敢乞吾哥特别关照，于贵行中匀一席面一为安插。所有一切担保事宜，弟愿负完全责任。幸祈迅予成全，赐以佳音。不胜祷盼。祇叩

钧安！

弟张伯苓谨上

中华民国十五年八月十一日

（南开大学档案馆藏）

---

① 李伯芝，名士伟（1883—1927），字伯芝，河北永年人。早年毕业于日本早稻田大学，时任中国实业银行董事兼协理。

② 华午晴（1879—1939），名光霁，天津人。早年受教于张伯苓主持的王馆。1908 年南开中学毕业后被聘为学校会计，后参与南开大学、南开中学、南开女中及重庆南开中学庶务、财务、建筑等总务后勤工作，是张伯苓的得力助手。1939 年逝世于重庆。

致胡英辅

（1926 年 8 月 12 日）

河北三马路三戒里一号

英辅先生赐鉴：

前承枉驾，为敝校光。当以事牵，未获始终躬陪，至今思之犹为歉然。先生不以疏慢见责，实属幸甚。兹者接奉手书，诵悉一是。令妹造诣既深，于教授方面复多阅历，敝女中学部果得此师，定当获益不浅。惟现在尚无位置，容俟有借重时，再为肃函奉约可也。此复，敬颂

钧安！

张伯苓谨上

中华民国十五年八月十二日

（南开大学档案馆藏）

致周作民

（1926 年 8 月 14 日）

作民我哥大鉴：

顷奉本月十二日惠寄之函，敬悉种切。在贵津行透支一节，既承示仍可照旧办理，除派人直接向贵津行相商外，其继续在四行储蓄会存款所有保息及红利取法，与夫日后抵押之利率如何，均请我哥代与接洽妥协见覆，俾便再由弟处派员前往向该会商办，是为至荷。此恳。不胜企盼。顺颂

钧安！

弟张伯苓拜上

中华民国十五年八月十四日

（南开大学档案馆藏）

附：周作民致张伯苓（1926年8月12日）

伯苓先生台鉴：

顷奉惠复，敬悉种切。特别储蓄证四储会仅能做定期押款，不能做透支。以该会不发支票也。即以此项所押出之款，另向他行为活期存款，又可生利息，当更趋合算。尊意以为何如？至在敝津行透支一节，仍可照旧办理也。专复，并颂

台安！

作民

民国十五年八月十二日

（上海市档案馆藏）

致陈继淞

（1926年8月14日）

中国精益眼镜公司

继淞先生大鉴：

来片敬悉。查敝校章程，凡有大考时因故未得与考之学生，至开学时欲仍来肄业，均须另行报名，随同新生一律考试。敝校考新生日期已定本月廿六日，令爱慧珍请即照章先行报名，俟届期再为来校应试可也。此复，顺颂

台绥！

张伯苓拜启

中华民国十五年八月十四日

（南开大学档案馆藏）

致李星莲

（1926年8月19日）

黑龙江省高等审判厅

星莲先生台鉴：

惠函敬悉。报名书一分，报名费二元均收到，业已为报名注册。应发给考证一纸，暂存敝办公室收存，令郎到津后可自行来校领取。至住校一节，临时当为设法。先此奉复，祗颂

时绥！

张伯苓拜上

中华民国十五年八月十九日

（南开大学档案馆藏）

致关祖勋

（1926年8月19日）

吉林省阿城东门

祖勋弟鉴：

来函阅悉。嘱缮之证明书业已备就。特此附函寄上，希即转致应用可也。此复，顺询

时佳！

伯苓手启

中华民国十五年八月十九日

附：关荫武证明书

敬启者：学生关荫武，贵省阿城人，曾于民国九年六月在敝校中学部毕业。兹闻转学贵省法政学校，特此代为证明。即希查鉴是幸。此致

吉林省教育厅。

天津南开学校启
中华民国十五年八月十九日
（南开大学档案馆藏）

致周作民

（1926年8月19日）

作民我哥惠鉴：

敬启者：顷有四行储蓄会人来催询敝校存款之事，意在于本月廿四日满期前，得闻继续办法。我哥如已与有所商订，希即于日内赐示，以便前往接洽。是为至荷。此叩

大安！

弟张伯苓谨上
八月十九日
（南开大学档案馆藏，据上海市档案馆藏原信校）

致李伯芝

（1926年8月20日）

伯芝先生惠鉴：

手书奉悉。陈女士淑慧已经敝大学取入正科，特此复闻。

再，弟昨恳之华俊驰事，蒙覆谕允为遇机安置，极深铭感。惟该生在家久旷，实为其父午晴君一时不能放下忧虑之事，倘大力能早一日安插，午晴即可早一日去一心病。或贵行席面难得，则位置他方亦可。总期逾格关照，速予玉成是幸。切托切托。祇叩

钧绥！

弟张伯苓拜上

中华民国十五年八月廿日
（南开大学档案馆藏）

致胡英甫

（1926年8月20日）

河北三马路三戒里一号

英甫先生赐鉴：

敬启者：日前敝中学部主任喻廛涧[①]君曾肃奉一函，聘请令妹充任敝女中学部教授。循循令范，借重良殷。想令妹对教育素具热心，必不以敝女校规模狭小见拒也。伫盼俞允，无任欢迎。区区微意，千祈代达是幸。祗颂
钧安！

张伯苓谨上
中华民国十五年八月廿日
（南开大学档案馆藏）

致周敬甫

（1926年8月20日）

山东沂州山东琅琊道尹公署

敬甫先生赐鉴：

尊捐千元收到后，当即付奉收据一纸，并鸣谢一函，想已仰蒙查照。然区区铭感之怀，固无日不中心藏之。望东鲁云山，敬以勋誉日隆为祝。前奉手谕，

---

① 喻传鉴（1888—1966），原名鉴，别号廛涧，浙江嵊县人。中等教育家。南开中学首届毕业生。1916年考入北京大学，1919年毕业后应张伯苓之召，回南开学校任教。1920年任教务主任，后兼任南开女中教务课主任、南开小学事务委员会委员。1930年赴美留学，返津后升任南开中学主任，兼南开大学副教授，1936年赴重庆筹办南渝中学，任校务主任。期间创办蜀光中学。1945年10月，返津主持南开中学复校工作。后任重庆南开中学副校长，新中国成立后任校长。

知令孙照朴有意欲来敝大学投考，惟详查报名册，大学部及高等中学部均无令孙名。谨附以闻，惟查鉴是幸。祗颂
钧安！

张伯苓拜上
中华民国十五年八月廿日
（南开大学档案馆藏）

致孟省吾

（1926年8月21日）

北京崇文门内东观音寺路南卅五号宏道堂

省吾先生赐鉴：

手书敬悉。令郎欲转学敝校高中一年级班，极应如嘱收入，以副尊望。惟敝校对于转学各生，必须经考验及格方准前来肄业，历年均如此办法。盖以防不考收入，到校后或有不能听讲随班之弊，反不免贻误前途。兹对令郎事同一律，拟请仍先为投考，考时成绩如不甚差池，定为关照录取，以遂令郎向学之愿。所有此次未敢如命之处，委因预防贻误，且以敝校向无转学免考成例，不得不尔。先生高明，尚乞格外鉴原是幸。此复，顺颂
道安！

弟张伯苓谨上
中华民国十五年八月廿一日
（南开大学档案馆藏）

致熊秉三[①]

（1926年8月21日）

北京宣武门内石驸马大街

秉三先生赐鉴：

顷奉手谕，敬悉一是。吴、朱二生考试成绩现经查明，相差太多，恐不能随班听讲，反致有误前途，故均未录取。我公高明，尚乞格外原谅是幸。祗颂钧绥！

二生考查成绩单附呈查鉴。

张伯苓谨上

中华民国十五年八月廿一日

（南开大学档案馆藏）

致周作民

（1926年8月26日）

作民我哥惠鉴：

敬启者：敝校基金存法业与四行储会接洽，所有前与尊商之按月取息及按年取红利两层，均可无异说。惟借款之息率按照周息九厘一节，该会尚未能满意。据云：须通知吴总理，得其回信后再行商办。似此情形，惟有据实奉布，请我哥再代函一与磋议，究意应如何方能办到。倘确有奈难，即乞我哥主张，与之酌定见示，以便遵照。至所感荷。祗颂

钧安！

弟张伯苓谨上

① 熊秉三，名希龄（1870—1937），字秉三。湖南凤凰人。1889年中举人，转年中进士，授翰林院庶吉士。1913年任国务总理。后创立香山慈幼院。1922年任中华教育改进社董事长。

中华民国十五年八月廿六日
（南开大学档案馆藏）

致庄交涉员

（1926年8月28日）

直隶交涉公署

敬复者：接奉大函，诵悉一是。杨生在琪此次投考敝校，报名书上所贴之相片，敝校并非因其模糊半途拒绝考试，委因相片与伊实属显有不符。现经敝校细察，该相片确是前在敝校报考学生叶笃信相片，不知何相误如此。且杨生此次所差者，惟有国文未考，而查其已考过之两门成绩，亦太差池。英文只十八分，数学只十三分，均未及格，势亦难入校随班。为该生计，最好在外多补习半年，俟敝校下期招生时再来报考，自必较有把握。是否有当，即请查照代转该生知悉，并一切多予原谅是幸。祇颂

钧安！

张伯苓拜上
中华民国十五年八月廿八日
（南开大学档案馆藏）

致周作民

（1926年8月28日）

作民我哥大鉴：

昨据《华北明星英文报》载：称我哥日前因为西北军存款关系，曾由镇威军传往司令部一次，甚为念念。顷复阅报，知台驾业已平安还府，不胜忻慰之至。特此驰候，仰惟鉴察。或者其中误会之点，仍须有人居间解释处，则弟与张君汉卿尚有一面之识，请即明以见告可也。此颂

钧祺！

弟张伯苓谨上

中华民国十五年八月廿八日

（南开大学档案馆藏）

致熊秉三

（1926年9月2日）

北京宣内石驸马大街

秉三先生赐鉴：

手谕敬悉。贵院中级一班既大半考取升学，仅剩数人无法再为开班，自是实在情形。苓极愿为公解此难题，将穆润琴收入旁听。无如该生考试成绩太差，重要科目得分均未能及格，倘令勉强随班，则听讲模糊，反不免于该生前途多有未便。兹惟有请我公另为设法，方命之处，尚希格外原谅是幸。祗颂

钧安！

张伯苓拜复

中华民国十五年九月二日

附：分数列后。

（南开大学档案馆藏）

致范静生

（1926年9月2日）

英租界墙子道十号

静生先生赐鉴：

接奉手谕，敬悉一是。许生平考大学未录，愿入较低学级，为他日升学预备，意极诚恳，洵属有志上进之士。现已令其入高级中学第一年级随班听讲，以补习其所不足。特此覆布，即希查鉴是幸。祗颂

钧安！

弟张伯苓拜启
中华民国十五年九月二日
（南开大学档案馆藏）

致周敬甫

（1926年9月3日）

敬甫先生赐鉴：

顷由邮奉到惠赠《军箴》五部，拜领，谢谢！谨按：军人宜受教育，实为今日当务之急。我公本张上将之意，提倡出版，以是书为军人投以药石，洵可谓保全人道，挽回劫运之举，获效定当不浅。敝女学新校落成后，报考者颇多，现已择定九月六日开学，知念附闻，统惟爰照不尽。祗颂

钧绥！

张伯苓拜上
中华民国十五年九月三日
（南开大学档案馆藏）

致吴太太

（1926年9月4日）

安徽来安县福音堂詹牧师转

敬复者：接奉来函，诵悉一切。前拟代供给世兄在小学求学费用，每年洋柒拾元正。曾经奉函以闻，当以仰蒙鉴及。兹承示世兄本年秋季业在本邑县立高小学校报名考取，不久即将开学，特随函汇上银洋三拾伍元，以充本年下半年之用。即希照收，见复为荷。顺颂

台绥！

张伯苓谨上

中华民国十五年九月四日
（南开大学档案馆藏）

致张彝

（1926年9月4日）

京奉路锦县车站北扶轮小学校

敬复者：惠函诵悉。罗生广田既未经正式考试，就章程而言，实无法再为补入。如该生必欲来校，惟有作为附学生。附学生受业，一切本与正额生无异，但不过纳费加倍耳。附学于开学后即可到校，不得过迟。过迟恐功课追补多有未便。请转商之该生，自行酌夺可也。此复，即颂
大安！

张伯苓拜上
中华民国十五年九月四日
（南开大学档案馆藏）

致王瀛孙

（1926年9月6日）

南开聚福里

瀛孙先生赐鉴：

手书敬悉。为令亲续聘之事，既承尊嘱，理应遵照。但询之敝教务课，据云：已延有他人充任是席，势难再为变更。所有未能如命之处，良非得已，望祈格外原谅是幸。此复。祇颂
大安！

弟张伯苓拜上
中华民国十五年九月六日
（南开大学档案馆藏）

致袁述之

（1926年9月11日）

浙江峡石上东街丹晴先生转

述之先生赐鉴：

睽违麈教，岁序忽更，暑退凉生，又至桂花时节。想福随日懋，望其秋高，为颂无量。敝校受时局影响，现状极不易维持。但至目下，暑假已过，各部尚能照章开学，虽属勉强撑撑，实是万分幸事。知关锦注，谨以奉闻。

再者，股票抵押借款事，十月初间又复到期。据前途之意，极希望如约归还，恳乞我公酌定办法，早为示知，以便应复。不胜待命盼企之至。祗叩

钧安！

张伯苓谨上

中华民国十五年九月十一日

（南开大学档案馆藏）

致顾少川[①]

（1926年9月11日）

北京财政部

少川先生赐鉴：

敬启者：苓日前赴京，原拟趋叩崇阶，一聆麈诲，卒因冗未获如愿，良用歉然。辰维勋祺日懋，鼎祉秋高，为颂无量。敝校受时局影响，经济方面困难达于极点，几将不能支持。今虽勉强开学，而转瞬即到秋节，避债无法，焦灼万分。顷闻大部盐余不日收到。无论如何，务请特别关照，将敝校按月应领之六千五百元息款，于节前尽先匀拨应用，免令向隅，以济眉急。无任祷盼。祗

① 顾维钧（1887—1985），字少川，江苏嘉定（今属上海）人。中国近代外交家。

叩
伟安！统希垂鉴。不備。

张伯苓谨上
中华民国十五年九月十一日
（南开大学档案馆藏）

致莫震旦[①]

（1926 年 9 月 13 日）

北京贾家胡同二十四号广西南馆

震旦贤弟鉴：

来函具悉。赴美之举，暂缓一年，自无不可，欲来本校藉增经验、长见识，于此可知弟之好学，固无时而或已也，深为佩慰。惟本校目下开学已经多日，职、教两方面均已人满，并无一席之余，于吾弟实无法位置。特此覆布，惟鉴谅是幸。顺询
近祉！

伯苓手泐
中华民国十五年九月十三日
（南开大学档案馆藏）

致燕京大学

（1926 年 9 月 14 日）

敬启者：学生凌国彦[②]，河南固始人，曾在敝校高级中学部毕业，现志愿入

① 莫震旦（1903—？），字笑天，又名张报，壮族，广西扶绥人。1921 年考入南开大学文科，后转学北京国立师范大学教育研究班，1926 年毕业赴美。

② 凌国彦（1904—？），字卓吾，河南固始人。1925 年南开中学毕业，1929 年南开大学毕业。为当时南开篮球队“五虎”之一。

贵校农科研求树艺之术。特此肃函介绍，即希查鉴，多予关照是幸。此致
燕京大学。

天津南开中学校长张伯苓上
中华民国十五年九月十四日
（南开大学档案馆藏）

致刘伯蕃[①]

（1926 年 9 月 14 日）

C. N. Liu,
C/O S. T. Liu
J. Wendeli St.
Cambridge, MASS

伯蕃贤弟鉴：

接阅来函，忻悉学业进步，诸多佳况，为颂无量。张克忠[②]弟南洋兄弟烟草公司资费今年停止，而继续供给彼又无力自筹，势将半途而废，委实可惜。现清华留美学生监督既允代为说项，则将来半费之请求或有蒙准希望。委代运动一节自当竭力，业托梅耀韩[③]先生相机代为吹嘘矣。此复，再颂
学祺！

伯苓手泐
中华民国十五年九月十四日
（南开大学档案馆藏）

① 刘伯蕃，名晋年（1904—1968），字伯蕃，天津人。1924 年南开大学算学系毕业，1930 年获哈佛大学博士学位。回国后在南开大学算学系执教，后任西南联大、南开大学教授。

② 张克忠（1903—1954），字子丹，直隶静海（今属天津市）人。1920 年南开高中毕业，后入南开大学。1921 年入美国麻省理工学院攻读化学工程，后获博士学位。1928 年回国，任南开大学教授、化工系主任，并首创应用化工研究所，任所长，继而任工学院院长。

③ 即梅贻琦。

致杨荫民

（1926年9月14日）

Y. M. Yang
2117, Beard St.,
Detroit Michigan, U.S.A.

荫民先生大鉴：

惠函敬悉。先生对理科造诣极深，非常倾慕，极愿奉约以益青年，奈一时尚无位置。谨复布闻，尚希查鉴是幸。祇颂
台安！

张伯苓拜启
中华民国十五年九月十四日
（南开大学档案馆藏）

致郭竹溪

（1926年9月14日）

特别二区寿安街廿号

竹溪先生阁下：

惠函敬悉。我国对矿学知识尚在幼稚时代，先生在美既经饱学，而又德又加以实习，造诣精深概可想见。青年得此师资，奚啻三生之幸。所惜敝校矿科自本学期起暂行停办，教员席面均已取消，虽愿承教，实在无法位置。借重一层，亦只好俟诸异日耳。诸惟鉴谅是幸。此复，祇颂
大安！

张伯苓谨上
中华民国十五年九月十四日
（南开大学档案馆藏）

致马全鳌[①]

（1926 年 9 月 14 日）

北京清华大学

全鳌贤弟鉴：

来函具悉。致孟先生[②]信亦已转交查照矣。吾弟求学孜孜不倦，青年有志如此，真令人佩慰之至。清华有留美希望，于吾弟最为合宜。惟该校补助学生办法并舍弟仲述曾经受过补助一节，数年来并无所闻。吾弟由何听得，请再详细一为探询为要。此复，顺颂

文祺！

伯苓手泐

中华民国十五年九月十四日

（南开大学档案馆藏）

致直隶交涉公署护照处

（1926 年 9 月 15 日）

敬复者：接奉大函，诵悉一是。学生莫震旦赴美留学所取具之保结，委实由伯苓出名担保，并无假冒情事。特此奉复，即希查照备案是幸。此致

直隶交涉公署护照处。

天津南开大学校长张伯苓启

中华民国十五年九月十五日

（南开大学档案馆藏）

---

① 马全鳌（1905—？），字季廉，湖北襄阳人。南开中学毕业生。时求学于清华大学。

② 指孟琴襄。

致顾介眉[1]

（1926年9月15日）

京奉铁路局会计处

介眉贤弟鉴：

光阴荏苒，瞬又至秋节。在吾弟履祉应时，必别有一番佳况，不胜欣慕之至。兹有恳者：敝族弟张宝泰家境清寒，而其为人又无甚才能，故赚钱恒苦，不能赡家，常仰仆为资助之。向曾在京奉路局庶务处听差数年，月得薪资十二元，殊不敷用。嗣后因局长易人，致被裁退，失事闲居，愈益艰窘。现虽经仆设法，俾其小有就绪，然得钱不敷甚多，实不足以谋生活。因念吾弟局中用人颇伙，藉大力匀一枝栖当非难事。倘能比前在庶务处得薪较多，固极感荷。否则，如前之数亦可暂为对弄，总乞设法即为安插，俾减仆一层顾虑，则感惠自不独身受者已也。专此奉恳，伫候佳音，无任祷盼。顺颂

时祺！

附名条一纸。

伯苓拜启

中华民国十五年九月十五日

（南开大学档案馆藏）

---

① 顾宗林（1888—？），字介眉，浙江上虞人。1908年南开中学第一届毕业生。1911年赴美留学，1915年回国。曾任京沪、中东等铁路局会计处处长，以及北宁、津浦铁路总稽核。

致朱少屏[1]

（1926 年 9 月 15 日）

上海卡德路寰球中国学生会

少屏先生赐鉴：

惠函敬悉。委代物色之教员，意中现有一人。惟其是否愿就，尚不敢必。刻已去函通知，三五日内方能得其回信，弟不知前途能待否。再，前言月薪七八十元，未审系现大洋抑系奉票，亦请预为明示是幸。此复，顺颂

大安！

张伯苓谨上

中华民国十五年九月十五日

（南开大学档案馆藏）

致周寄梅

（1926 年 9 月 17 日）

寄梅先生赐鉴：

敬启者：敝校旧同人胡学源兄，品学优美，久为弟所深佩。现自美国留学归来，造诣进而益上，不愿再执教鞭，极思就实业界服务，藉以行其所学。特为介绍晋谒台端，尚祈关照，俯赐接见，并相机代为位置。至所感荷。祗颂

钧安！

弟张伯苓拜上

中华民国十五年九月十七日

（南开大学档案馆藏）

① 朱少屏（1882—1942），名葆康，字少屏，上海人。时任寰球中国学生会总干事。

致褚韫三

（1926年9月19日）

韫三省长钧鉴：

敬禀者：时氛不靖，蒙奋雷霆之武勇一鼓荡平，使畿辅风鹤潜销，肤功与日月同明，歌奏凯旋，忭贺曷极。惟是武事既告结束，则关于文化，提倡教育之事尤为我省长所最关心者。现在津埠中等以上各校都苦于无力开学，敝校虽勉强开学，则无米之炊，终不可以措长久。顷闻各校均已蒙慨允设法维持，敝校同在难关，自必同邀救济。但秋节在迩，债逼急于星火，倘蒙将补助款饬财厅早拨一日，即可早解一日之燃眉。涸辙待苏，皇迫殊甚。千祈速惠施行，不胜祷盼。祇颂

勋安！

天津南开中学校长张伯苓谨上

十五年九月十九日

（南开大学档案馆藏）

致喻镜钦

（1926年9月19日）

英租界松寿里七十八号

镜钦先生大鉴：

惠函敬悉。提倡平民教育为当今救世最要之举，蒙不斥鄙人演说为妄诞，诚鄙人所可引为知音者。承示台端亦抱兹主义为之奔走，热心如此，尤鄙人所深佩。虽为执鞭，窃所愿焉。区区南下旅费之代筹，原属小事，在鄙人自义不容辞。无如年来敝处受时局影响，经济困难达于极点，公款补助年余不发，校务几于停顿。今秋虽如旧开学，实属万分勉强。至鄙本身方面，又素以身为业，值此米珠薪桂时代，亦苦入不敷出。凡此情形，本不足为外人道，但恐有负知

音，故不能不略述及之。爱莫能助，良非得已，想高明如我公定能见谅于格外也。专此奉复。祇颂
伟祺！不备。

（南开大学档案馆藏）

致沈嗣良[①]

（1926年9月20日）

上海圣约翰大学

嗣良先生大鉴：

日昨接奉惠书，得悉先生赴大连时，因故不能过津一叙，怅甚！承询之事，兹简略奉复如下：明年远东大会地点当在上海，会期八九月间最为相宜，可不妨学生学业。惟不知届时天气若何？如太热，可在下午四时后举行各项运动。至详细日期，即请由先生拟定。印度加入大会一节，弟以为可行。惟须商之日、斐[②]两方面。现儒堂先生在沪，对筹备明年开会各事宜，正可就近与之协商。筹款委员会约请新华银行王君组织，弟甚赞成。请拟汉文信稿交由敝处缮就，寄与王君。协进会经济支出幸赖先生维持筹画，故能勉为支应。存新华款如何取出，亦请拟一信稿致该银行。程君捐款万金，协进会职员当同声致谢。以足球场命名作纪念，弟亦赞成，但未审曾征求其它董事之意否？印报告需款八百元，为数诚巨，然亦属不可缺之举，只好照办。先生因协进会经济困难，仍愿任名誉职，弟甚感激。惟车马费当由会中宽为筹奉。蒋君增薪事，弟深表同意。葛雷[③]君明年应归国，弟以为如大会需伊助力时，可由协进会致函青年协会，请葛君迟行数月。前弟在济南青年会大会时晤余日章先生曾谈及此事，伊云：如协进会请葛君帮助明年大会，青年协会亦可准葛君迟归数月。以上诸端，谨以布复。至于运动场续租事，前与顾林君谈数次无结果。合并奉闻，诸希查鉴是幸。

---

① 沈嗣良（1896—1967），浙江宁波人。时任圣约翰大学教务长兼体育部主任、中华全国体育协进会总干事。

② 指菲律宾。

③ 葛雷（Robert. R. Grailey，又译格林），美国人。1898年来华，任天津基督教青年会总干事。时任中华基督教青年会全国协会总干事。

祇颂
台绥！

弟张伯苓拜启
中华民国十五年九月廿日
（南开大学档案馆藏）

致蒋湘青[①]

（1926年9月20日）

上海法租界天文台路中华全国体育协进会

湘青先生大鉴：

惠书奉悉。有稽裁答，抱歉之至。然所以迟迟者，委因俟沈兄嗣良到津有所商榷。昨接伊来信，始知伊有事大连，不能再赴天津。现复伊信已将先生事提及，不久当代鄙人有以报命也。此复，即颂
文祉！

张伯苓拜上
中华民国十五年九月廿日
（南开大学档案馆藏）

致清华学校

（1926年9月20日）

敬复者：接奉大函，诵悉一是。承示贵校新生马全鳌投函，内称民国十二年考入天津南开中学，是年冬遭父丧，十三年家中遂不能供给学费，乃请求校

① 蒋湘青（1889—1981），江苏宜兴人。1921年毕业于南京高等师范学校体育专修科，历任上海圣约翰大学体育教师、中华全国体育协进会干事、复旦大学体育主任、中央大学商学院体育主任、上海东亚体育专科学校教导主任。时亦任《申报》“体育与卫生”周刊主编。

长代为解决此种困难。承校长鉴生求学志坚，环境恶劣，在校之品学、成绩皆有可观，派生服务校医室，每日一小时，免收学宿费。并承庶务孟主任介绍，充南开陈氏女学英文教员，赖以维持等语。查该生以上陈述各节尚属前在敝中学部，所有事相应代为具覆证明。即请查鉴是幸。此致
北京清华学校。

张伯苓启
十五年九月廿日
（南开大学档案馆藏）

致李伯芝

（1926 年 9 月 21 日）

伯芝先生赐鉴：

覆谕敬悉。贵行现缺额，蒙为华俊驰先行存记，并示知。如伊愿就储部总处练习生，于下星期一日即可到行接洽。似此雅意成就，午晴君非常感激！惟俊驰近有友人为介绍新银号祥茂前往帮账一试，倘试有不合宜处，仍当请我哥代为栽培。所有此时暂不赴贵储部练习缘由，特肃布闻，即希亮察是幸。午晴嘱笔致谢！并颂
钧祺！不一。

弟张伯苓拜上
中华民国十五年九月廿一日
（南开大学档案馆藏）

致屈文六

（1926 年 9 月 22 日）

英国伦敦驻英中国使馆转交

文六先生赐鉴：

顷奉瑶函，欣悉壮游遂志，万里乘风，不胜艳羡之至。令公子在东商定先进成城，续入士官，循序迈往，将来定不可限量。预贺！预贺！苓乡邦株守，教育滥竽，遭遇不辰，困窘万状。现大学及男、女两中学部校务尚均勉强支持进行。大学已于九月十五日开学上课，新旧学生共三百余人。男、女两中学均于九月初间开学上课，新旧学生男中共一千六百余人，女中共二百四十余人。男中班次加多，教员且增益至有九十人之谱。经费方面愈复繁重。值此入款不继之际，令人徒唤奈何。然欲罢不能，亦只好过一日再说一日。所幸三部校务经同人等相与维持，进行尚称顺适，差堪告慰锦注耳。

先生具精锐眼光，此次远到阅收欧美文明定自不少，尚希不时见遗，以益鄙陋。至盼！至盼！祇颂

钧安！

张伯苓拜覆

中华民国十五年九月廿二日

（南开大学档案馆藏）

致朱少屏

（1926年9月23日）

少屏先生大鉴：

敬启者：前委代觅之采矿冶金主任教员，曾经择可就斯席者与之去信相商，当将一切情形函达台端，想蒙接悉。现其人已来，愿应此聘。特代奉闻，望速通知前途将聘书寄下，并将月薪内有无奉票一并见示为祷。此颂

台祺！

附应聘人履历单一纸。

弟张伯苓拜启

中华民国十五年九月廿三日

（南开大学档案馆藏）

致靳翼青

（1926年9月25日）

翼青先生赐鉴：

久暌钧范，驰慕益殷。阅报得悉我公为时局南北奔走，力维和平，爱国热忱有加无已。敬佩！敬佩！苓自暑假中晤教后，即为校务尘忙，昕夕张皇，毫无宁晷。迄至目下，大、男、女中三部俱已勉强如旧开学。以经济困难故，满拟缩减规模，将就办理。无如三部学生非特不曾加少，且益增多。现大学部肄业者三百余人，男中学一千六百人，女中学移入新校，学生数亦增至二百二十余人，莘莘济济。当此津京各校共感风雨漂[飘]摇之际而尚能支持，为多数青年负笈地，诚不可不私心自幸。然其中困苦有弗能以言语形容者，即此经济问题。一方面三部亏款现已达二十万元之谱，如苓棉薄，其何以堪！范公①衰老，又复爱莫能助，术穷呼吁，从未甚于此时者。我公素以扶持敝校为志愿。值此山穷水尽，则苓一线生机之指示，舍我公实别无他求。几时有暇，尚望示期，以便往谒，用遂瞻依。

再，十月十七日为敝校第二十二周年纪念日，并举行女中学新校落成礼。届时均拟请我公驾临赐训。先此附布，统维查鉴是荷。祇颂

崇安！

张伯苓谨上

中华民国十五年九月廿五日

（南开大学档案馆藏）

---

① 指严修。

致张仲平

（1926 年 9 月 25 日）

法租界花园旁

仲平先生赐鉴：

敬启者：律转秋新，想足下必别有一番佳况，为祝为羡！敝校大、男、女中三部均已开学多日，一切尚称顺遂。惟需款孔急，周转乏术，深用焦灼。兹不得已敢乞我哥速赐援手，将尊捐未拨之半数即日措掷，以济燃眉，无任感德。

再，十月十七日敝校第廿二周年纪念日，并即是日举行女中学部新校落成礼。届斯[期]请早赐光降为荷。预此奉布，祇颂

钧祺！

弟张伯苓拜上

中华民国十五年九月廿五日

（南开大学档案馆藏）

致赵阿南

（1926 年 9 月 25 日）

河北公园北伊公里卅四号

附[阿]南先生赐鉴：

大函敬悉种切。承费神代向马厅长说项，非常感激，谢谢！兹将省长复函附上一阅。查敝校应领之补助款有二：一为月款，每月计二千二百五十元；一为季款，年分四季，每季一千二百五十元。现均经时已久，未蒙发给。倘大力能转恳厅长特别关照，即日一并匀拨，则感惠实非浅鲜。专此，不胜叩祷盼企之至。祇颂

钧安！

附省署原函一件。

清恙想早全愈，谨此致候！不另。

张伯苓拜上

中华民国十五年九月廿五日

附：省长褚玉璞原函

伯苓校长仁兄大鉴：

顷接手书，备悉一是。

贵校补助费，年来因财政困难，致未能近期照拨，殊深抱歉。现既照常开课，自应竭力维持。除令饬财政厅迅速筹拨外，特此函复。顺候

台绥！

褚玉璞启

（南开大学档案馆藏）

致段芝老

（1926年9月27日）

芝老伟鉴：

许久未亲钧范，驰慕益殷。辰维颐养多绥，睿躬康吉，为颂无量。敝校本学期合大、男、女中三部业已一律开学，勉强支撑，乏善足述。惟校务尚如旧进行，差堪告慰垂注耳。女新校向承惠助，至今犹感。现工竣迁入，女生增多至二百数十人，均以读书得所为幸，并均颂我公热心不置。十月十七日为敝校第廿二周年纪念日。即于是日在女中学部举行新校落成礼，届时拟请旌从惠临。倘蒙先期匀暇光莅大学部及男中学部俯赐参观，为乞教正一切，尤极欣感。肃此，无任欢迎企盼之至。祇叩

崇安！

张伯苓谨上

中华民国十五年九月廿七日

（南开大学档案馆藏）

致中华教育文化基金董事会

（1926 年 9 月 27 日）

北京

敬复者：接奉大函，诵悉一是。顾临[①]董事此次出京返美，所遗执行委员一职，既经推荐鄙人继任，复承各执行委员赞同，均是为公服务，自未便过于固辞。谨以肃复承认，即希查鉴是幸。此致

中华教育文化基金董事会。

张伯苓拜上

中华民国十五年九月廿七日

（南开大学档案馆藏）

致李校长肃

（1926 年 9 月 28 日）

北京崇内米市大街无量大人胡同财政商业专门学校

敬复者：接诵大函，祇悉一是。贵校既经在部注册而具此资格，将来毕业生升转自非难事。现民大、东大既皆接洽妥协，直接入校，准免考试，而在敝校事同一律，亦复何有异说。第敝大学向对升转学生，虽是在本中学部毕业者，除准成绩最优略有保送外，余均须经考试合格方能入校。诚恐收入稍有模糊，则学生或勉强随班听讲，有时茫然，反于其前途贻误非浅。敝校不欲妨学生之进步，故不得不以考试甄别之。先生高明，想必不斥为过举。所有对贵学生免考不能照民大、东大随同办理之处，良出于情非得已，谨以据实复闻，千祈原谅是幸。祇颂

① 顾临（Roger Sherman Greene，1881—1947），美国人，生于日本。1901 年哈佛大学毕业。历任美国驻哈尔滨总领事、驻汉口总领事、北京协和医学院院长。1935 年返美。

大安！

弟张伯苓拜上
中华民国十五年九月廿八日
（南开大学档案馆藏）

致熊秉三

（1926年9月28日）

秉三先生赐鉴：

敬启者：敝校理科学生傅霖，湖南人，去岁因患肺病，由学校准其停学一年，回籍静养。现在停学期满，该生业于前日来校报到，应即准其继续肄业，以图进步。惟查该生之病至目下并非十分痊愈，遽行照旧用功，实非所宜。此次北来，极冒枪林弹雨之危险，若再令归家将息，亦多未便。兹不得已为权宜计，暂拟令该生赴香山小住。特此介绍，千祈关照，准予容纳。至所感荷。祗颂

钧安！

张伯苓拜上
中华民国十五年九月廿八日
（南开大学档案馆藏）

致郭渥霖

（1926年9月28日）

北京西单皮库胡同大益公寓七十五号

渥霖贤弟鉴：

兹按来稿缮就呈文一件，所有应行签名盖印处均经照办，即希检入转致教部查鉴可也。此复，即询

近佳！

伯苓手启
中华民国十五年九月廿八日

附：呈文一件

为呈报事。窃查学生郭承惠，奉天兴城县人，曾在本校中学部毕业，毕业后升入本校大学部。在大学商科肄业四年。旋因事赴京，乃转入北京中国大学，继续求学。现在北京中国大学肄业期满，考试及格，应发给毕业证书。但此项证书未经本校将该生以前成绩声报，亦未便遽为给领。查本校应行报部学生成绩全案名册目下尚未一律缮就。兹该生为领毕业证书既待用孔急，自应提前册报，俾便呈验，以符定章。仰祈查鉴是幸。谨呈
教育部。

附成绩册一件。

天津南开大学校长张伯苓
中华民国十五年九月廿八日
（南开大学档案馆藏）

致李琴湘[①]

（1926 年 9 月 28 日）

琴湘先生赐鉴：

久暌忽奉瑶函，深慰渴念。革痴先生学识精博，著作宏多，素所钦仰。青年果得此师资，自当获益不浅。奈我校年来经济困难达于极点，对杂费及同人薪俸等力求撙节，尚竭蹶时虞，实无法再添聘名家。好在本学期学生人数并不甚多，原有教员足敷教授各班，尚不致有向隅之叹。容俟于革痴先生有借重必要时，再为函恳代约可也。祗颂
钧绥！

革痴原函附缴。

弟张伯苓拜复

① 李金藻（1871—1948），字芹香，又署琴湘，别号择庐。曾任南开大学董事会董事。

十五年九月〈廿八〉日

（南开大学档案馆藏）

致王仙华

（1926年9月28日）

上海商务〈印〉书馆

仙华我哥大鉴：

别久思深，维鼎祉秋高为颂。兹敬启者：十月十七日为敝校第二十二周年纪念日，拟刊印纪念小册，其规模极愿仿照十五年五月贵馆所出创立三十年志略册式办理。惟每篇印费若干，及铜版制价每件几何未知底细，敢请我哥费神代为查明详示，以便核算赶作。专此奉恳，伫候玉复，不胜盼盼！祗颂

台安！

弟张伯苓拜上

十五年九月〈廿八〉日

（南开大学档案馆藏）

致马惠皆厅长

（1926年10月1日）

财政厅

惠皆厅长赐鉴：

日前得亲伟范，并领麈谈，钦佩无量。苓办理南开学校已逾二十年，几于停顿者屡矣。只以认教育为当今救国不二要图，故不肯稍谢仔肩。现除大学部及女中学部学生人数不计外，即男中学一部已有学生一千六百名，隶籍遍中国各省。而山东以来学较近故，尤居多数。敝校虽称天津学校，而与为各省立者实无少差别。今且华侨海外送子弟负笈，不一而足，济济盈门。非不顾而窃喜，所叹经济年来困难已达极点，倘无有具大力者出而代为维持，将朝不保夕。查

敝校受公款补助向分二项：一月款，每月二千二百五十元有奇；一季款，年分四季，每季一千二百五十元。日前辱蒙慨允查拨，极为感激。无论如何，务请特别关照，将本届应发款项速惠施行。而以前积压未发者，亦请赶为设法匀拨，以济眉急。

再，钧驾几时有暇，并希光莅敝校，为之俯赐教正一切，不胜欢迓盼祷之至。祇颂

勋安！

外附大、中学一览并小册各壹本。

张伯苓谨上

中华民国十五年十月一日

（南开大学档案馆藏）

致王开化

（1926 年 10 月 2 日）

北京宣外教子胡同郧阳会馆

开化先生大鉴：

前奉到尊函，对于此次台驾饱学归国，极端钦羡，遇有机会，深以一亲教益为幸。奈敝校并无相当之位置，前函所谈，甚愧未有以报命。尚乞高明谅之。此复，祇颂

钧安!

张伯苓拜上

中华民国十五年十月二日

（南开大学档案馆藏）

致岳桂明

（1926年10月5日）

梁家嘴小学堂后文安里门牌四号

敬复者：接诵大函，祗悉一是。承示：体健为强国之基础，武术乃健躯之要素，洵属的确不刊之论。鄙人不敏，窃亦早见及此。故敝校对于体育非常注重，武术一门，久经列入正课。先生愿为担任教授，极所欢迎。但目下该项专师尚无缺席，容俟异日遇有机缘，再为借重可也。此复，即颂
台安！

张伯苓拜启

中华民国十五年十月五日

（南开大学档案馆藏）

致任叔永①

（1926年10月5日）

北京中华教育文化基金董事会

叔永先生赐鉴：

敬启者：十月十七日为敝校第二十二周年纪念日，预于十五日晚间在八里台大学部开会庆祝，届期敬请尊驾惠临演说赐教，无任欢迎。此订，祗颂
台安！仰惟荃照，不备。

张伯苓拜上

中华民国十五年十月五日

① 任鸿隽（1886—1961），字叔永，祖籍浙江吴兴（今湖州），生于四川巴县。时任中华教育文化基金董事会董事长。

附函

衡哲[1]先生大鉴：

敬启者：本月十七日为敝校第二十二周年纪念日。是日下午二时半女中学部举行新校舍落成会及成绩展览。届期敬请光临赐教，不胜欣感。专此拜订。祗候

时绥！敬准，雅照不暨。

张伯苓拜上

（南开大学档案馆藏）

致王仙华

（1926年10月6日）

上海商务

仙华我哥赐鉴：

接奉复谕，蒙将新法影印手续详细指示，非常感激，谢谢！敝校念二周年纪念册距用期甚迩，印刷不及，自系实在情形。兹拟变通变[办]法，将此项纪念册暂缓印刷，日后再行补作。惟至补作时，应如何用簿子详注，与贵印刷所营业部婉商之处，拟即直接通函办理。尚乞费神代为预托，俾届时多予关照是幸。祗颂

大安！

弟张伯苓拜上

中华民国十五年十月六日

（南开大学档案馆藏）

① 陈衡哲（1890—1976），原名燕，笔名沙菲，祖籍湖南衡山，生于江苏武进。著名历史学家、作家。任鸿隽之妻。

致袁述之

（1926 年 10 月 6 日）

述之先生赐鉴：

敬启者：十月十七日为本校第二十二周年纪念日，预于十五日晚间在八里台大学部开会致祝，并为尊慈太夫人举行庆祝思源堂纪念开幕周年典礼。届期敬请钧驾早赐光临。再，前煤矿股票押款期满事，曾经邮上一械请示办法。嗣因过期多日，未奉复音。不得已，乃与前途商妥，再转一期利息，暂由敝校垫付一千八百九十元。相应据实附布，统惟查鉴是幸。祗颂

崇安！

张伯苓谨上

中华民国十五年十月六日

（南开大学档案馆藏）

致袁潜之

（1926 年 10 月 6 日）

潜之先生赐鉴：

敬启者：十月十七日为本校第廿二周年纪念日，预于十五日晚间在八里台大学部开会致祝，并为尊慈太夫人举行庆祝思源堂纪念开幕周年典礼。届期即请钧驾早赐光降是幸。祗颂

崇安！

张伯苓谨上

中华民国十五年十月六日

（南开大学档案馆藏）

致周敬甫

（1926 年 10 月 11 日）

敬甫先生赐鉴：

谨启者：敝校捐款章程，凡惠捐诸公，均由校中请领半身像片放大制镜，悬作纪念。先生玉照如现成，拟请用快邮赐寄一张，以便赶办放大制镜各事。缘此项纪念镜，在十月十七日敝校第廿二周年纪念日尚拟悬挂，藉资观感。肃此，无任翘企盼祷之至。祗颂

钧安！

中华民国十五年十月十一日

（南开大学档案馆藏）

致傅霖

（1926 年 10 月 11 日）

北京香山慈幼院转

傅霖贤弟鉴：

来函具悉。与洪院长函已缮就附上，希转致。三小儿[①]咯血病又犯，一时未便外出，只好暂行在家疗养。香云旅馆居住，甚为合宜，亦惟俟病渐痊！但须静养时再作商量。辱承惦念，感谢！感谢！此颂

近佳！

附函一件。

① 即张伯苓三子张锡祚。张锡祚（1908—1976），天津人。就读南开中学时因染肺病休学。抗日战争时期，和父母亲同住在重庆南开中学。经重庆名医诊治，用去掉九根肋骨的办法治好了他多年的肺疾。病愈之后，不愿继续呆在家里，就去经营小型工商业，开办农场。新中国成立后，任天津文教工业公司财务科科长，精于会计工作。

伯苓手泐
中华民国十五年十月十一日

院长先生大鉴：

敬启者：敝校学生冯华年[①]在贵院养疴，蒙特别优待，免收房费，非常感激。兹又有学生傅霖，因病前往休养，日前承熊秉三先生代为介绍，赴贵院晋谒，闻已辱蒙容纳。房费一节，拟恳仍依照冯生优待例，准予豁免。盖该生湖南人，自家乡冒烽火北来，经济殊不充足也。特此据情代恳，千祈格外关照，如请留院，不胜感荷。祇颂

钧安！

张伯苓拜上
中华民国十五年十月十一日
（南开大学档案馆藏）

致许日升

（1926年10月12日）

日升先生大鉴：

敬启者：本校周年纪念日拟请天津法国公学及工商大学两处法国教习莅会。惟未知其人姓名为何，敢乞费神代为调查，即日示复。是所切盼。此恳，即颂

教安！

弟张伯苓拜上
中华民国十五年十月十二日
（南开大学档案馆藏）

① 冯华年（1900—？），江苏武进人。1928年毕业于南开大学。

致熊秉三及太太

（1926年10月12日）

北京石驸马大街

秉三先生、熊太太钧鉴：

敬启者：十月十七日为敝校第二十二周年纪念日，并于是日下午二钟半举行女中学部新校落成典礼。届时恭迓銮驾惠鉴，以为敝校光，并请熊太太演说赐教，对于众女生藉资鼓励。熊太太素抱提倡女子教育之热心，务希特别匀暇，准予早赐光降。至所企盼。此订，祗颂

俪安！

附请柬二分。

张伯苓拜上

中华民国十五年十月十二日

（南开大学档案馆藏）

致华南圭[①]及太太露存

（1926年10月12日）

北京霞公府二十六号

南圭先生、露存女士均鉴：

日前在京聆教，快甚！兹敬启者：十月十七日为敝校第廿二周年纪念日。是日上午在男中学部开会庆祝，午后二钟女中学部举行新校落成典礼。届时敬迓文驾、莲舆公同惠临，以为敝校光，并请露存女士同时演说赐教。至所欣盼。

---

① 华南圭（1875—1961），字通斋，生于江苏无锡。早年赴法国巴黎公益工程大学学习土木工程。回国后历任京汉铁路总工程师、陇海铁路局局长、北宁铁路改进委员会主席兼总工程师、天津工商学院院长等职。

再，台从来津，能在前二三日最妙。缘十五日晚间大学部庆祝纪念，并有学生游艺会。十六日男中学部、十七日女中学部亦皆有学生游艺，时间亦均在晚间。十六日白昼上、下午并于男中学操场开三部学生联合运动会，均极欢迎参观。且敝校一切能得仰蒙贤夫妇游览示教，俾资改良，尤属异常荣幸。万望鸳驾早光是荷。专此奉订，祇颂

俪安！

附请柬二分。

张伯苓谨上

中华民国十五年十月十二日

（南开大学档案馆藏）

致韩芳宸[①]军团长

（1926 年 10 月 12 日）

北京探投

芳宸先生赐鉴：

前在美曾一亲光霁，返国后〈塵〉忙碌碌，寒暑屡更，晤教莫由，徒殷驰慕。比维勋威日著，鼎祉秋高，为颂无量。兹敬启者：十月十七日为敝校第二十二周年纪念日。是日并举行敝女中学部新校落成典礼。届期敬迓钧驾光临，无任企盼。令郎育侯勤敏好学，造就日有进步，前途未可限量，附此告慰。

再，敝校成立迄今，已逾廿稔，内容如何，想令弟与令郎后先在此读书，自必有所陈述，谅已早蒙洞悉。惟基本出于私立，素极薄弱，所赖地方长官力为保护扶助，力[乃]不致蹶于半途。今则省款补助积压甚多，经费无着，势将停顿。术穷呼吁，焦灼万分。久仰我公对敝校极抱热心，敢请代向褚韫山省长一为说项。无论如何，务请其特别关照。除速拨款以苏涸辙外，一切皆力予维持，则不胜感激矣。附此奉恳，祇颂

① 韩芳宸，名麟春（1885—1931），字芳宸（又作芳辰），奉天（今辽宁）辽阳人。早年在日本陆军士官学校学习。1922 年任陆军次长。第一次直奉战争后，任东三省兵工厂总办、督办。时任奉军第四方面军军团长。

伟安！不備。

附请柬一件。

张伯苓谨上

中华民国十五年十月十二日

（南开大学档案馆藏）

致张汉卿

（1926 年 10 月 12 日）

汉卿先生赐鉴：

许久未聆麈诲，驰慕之至。比维勋祺楙集，为颂无量。兹敬启者：十月十七日为敝校第廿二周年纪念日，并于是日举行敝女中学部新校落成典礼。敬迓麾从，以为荣光。务乞钧驾特别匀暇准届期惠临，至所祷盼！

再，敝校屡承代向当道说项，非常感激。但时至目下，风雨飘摇之会，非得大力者速予维持一切，恐不能稳度[渡]难关。叨恃爱末，敢请费神吹嘘，以救困穷。韫山省长正在提倡文化，扶植教育之际，得我公口角春风，自不令敝校向隅也。附此恳托。祗叩

伟安！

中华民国十五年十月十二日

（南开大学档案馆藏）

致颜骏人[①]

（1926 年 10 月 12 日）

骏人先生赐鉴：

---

① 颜骏人，名惠庆（1877—1950）字骏人，上海人。曾任国务总理并摄行总统职务。时寓居天津，任天津大陆银行董事长、南开大学董事等职。

日前在京畅领麈谈，快慰无量。十月十七日敝校第二十二周年纪念日，并于是日下午二钟半举行女中学部新校落成典礼。当经面约尊驾届期惠临演说赐教，辱承允诺，感幸万分。兹奉上请柬二分，预表欢迎。务请旌从准至时早光，就便并浏览一切，为之指正，俾资改良。至所企盼。祗颂
钧安！

中华民国十五年十月十二日
（南开大学档案馆藏）

致周寄梅

（1926年10月12日）

北京中华教育文化基金会代转

寄梅我哥赐鉴：

十月十七日为敝校二十二周年纪念日。是日并举行女中学部新校落成典礼。在京时曾经面约我哥届期惠临，以为敝校光，并面约颜骏人先生同时莅止演说赐教，当蒙允诺，非常欣幸。现在为期不远，特奉上请柬二分，恭迓台旌。千祈至时早赐光降，并烦代向骏人先生劝驾，及期准予贲临为荷。此订，并恳。祗叩
时祺！不备。

王恩东[1]成绩已寄往美国矣。附此布闻。

弟张伯苓拜上
中华民国十五年十月十二日
（南开大学档案馆藏）

---

① 王恩东（1903—？），字震孟，四川成都人。1929年南开大学毕业。

致范静生

（1926年10月12日）

静生先生赐鉴：

敬启者：十月十七日为本校第廿二周年纪念日，并于是日下午二钟半举行女中学部新校落成典礼。届期我公能早赐光降，最所欣感。奉上请柬二分，预迓旌从。会中职员如有愿来者，均极欢迎。外附英、汉文请柬各四分，即希费神代转为荷。祗颂

钧安！

中华民国十五年十月十二日

（南开大学档案馆藏）

致范莲青[①]

（1926年10月12日）

北京中法大学服尔德学院

莲青贤弟鉴：

来函悉。委代函教育厅证明吾弟在校供职情形及年限，现已遵照缮就。即希检入转呈可也。此复，即询

近佳！

伯苓手泐

附：致直隶教育厅函

敬启者：现在北京中法大学服尔德学院任职之职员范莲青君，先曾在天津

① 范莲青（1888—？），字濂卿、濂清，河北青县人。1908年南开中学毕业，后考入北京大学法科。曾任职于中法大学服尔德学院。

水产〈学校〉服务，其未入水产校以前，自光绪卅四年至民国三年，并曾在敝校任充英文教员及舍监有七年之久。现因与其子女入官立学校读书有免费之关系，特此代为证明。仰惟查鉴是幸。此呈
直隶教育厅。

中华民国十五年十月十二日
（南开大学档案馆藏）

致刘瑞亭

（1926年10月12日）

瑞亭仁兄先生大鉴：

敬启者：十月十七日为敝校二十二周年纪念日，并于是日下午二钟半举行女中学部新校落成典礼。届期敬请台驾光临，奉上请柬一分，即希检入是幸。

再，外附请柬五分，拟请代赠贵公司同仁，并有致义界王清泉先生一件，亦祈费神转达为荷。此颂
时安！

张伯苓敬上
中华民国十五年十月十二日
（南开大学档案馆藏）

致林祖培①

（1926年10月12日）

福建永春润中师范校长

祖培贤弟鉴：

① 林祖培（1903—1961），字有衿，号谲君，笔名西河氏，福建永春人，印度尼西亚华侨领袖之一。1921年考入天津南开大学生物系。

顷阅来函，惊悉令祖及尊翁均已仙逝，为之悼叹者久之。现在吾弟承担家事不能远离乡井，赴厦、赴粤之举只好作罢。今由公举充任润中师校校长，从此蜚声教育界亦不可谓非母校之荣也。本校二十二周年纪念，承撰词致祝，非常感激。谢谢！此复，即询

时佳！

伯苓手沏

中华民国十五年十月十二日

（南开大学档案馆藏）

致白永烨

（1926 年 10 月 12 日）

永烨牧师大鉴：

日前在津晤谈甚畅。委代介绍之事，现已缮就函信二件、说片一纸附函寄上。希即检收应用可也。此颂

大安！

张伯苓谨上

附：致王少源

少源先生大鉴：

敬启者：现有朝鲜人白永烨牧师，与弟相识甚久，其人品极纯正，热心宗教。刻因办理布道需用款项四方奔走，呼吁无门。弟感其至诚，特为介绍上谒，望祈我哥多予关照，酌择交好中有才而热心公益者，为之介绍数处，俾得就以劝募借助，进行布道事宜，弟实与之同深纫感。再，令爱求学勤敏，各门成绩均极见进步。弟恐其日久在校中过于拘闷，时常令随同学到舍下小聚，借博闲散之趣，以畅心志而活襟怀，故气体亦极安适，请勿垂悬。附此布闻。顺颂

时祺！不儩。

弟张伯苓拜上

附：致武伯祥

伯祥先生大鉴：

久未晤教，时切驰神。比维鼎祉秋高，至以为颂。兹敬启者：现有白永烨牧师，朝鲜人，品极纯正，热心宗教。办理布道，目下正在需款，特为介绍上谒，尚祈多予照着，酌量资助。至所感荷。祗颂

道安！

张伯苓拜上

（南开大学档案馆藏）

致施炳三

（1926年10月19日）

英租界马场道

炳三先生赐鉴：

暌教许久，维鼎祉秋高为颂。敝校受时局影响，乏善可述。惟综大、男、女中三部在本学期仍勉强如旧，一律开学，差堪告慰锦注耳。女中迁入新校舍。新校竣工已久，现正清理帐目，计是项工费，除将已募入款项尽数抵付外，尚亏欠三万余元未有着落。向曾呈交我公捐启一分，仰邀请大力多方代募并热心亲自解囊，必已集有成数。无论若干，务请即日并捐册一同掷下，藉应急需而救燃眉。不胜祷盼。祗颂

钧安！

张伯苓拜上

中华民国十五年十月十九日

致周作民

（1926 年 10 月 19 日）

作民我哥赐鉴：

睽教又经有日，驰慕之至。兹敬启者：时事多乖，而谋教育救国，尤须臾不可稍懈。苓滥竽教育廿有余载，丁兹时会，实属欲罢不能。现为全校计，拮据自不待言，而所最感困难者，尤莫过女中学新校舍工程清理帐目之事。该项工费结至目下，除就已募入之款尽数开销外，余尚亏欠三万余元未有着落，焦灼万分。前呈上捐册四分，仰邀热心大力之处知必不少。顷因需用孔急，拟请将所集之数即日同捐册一并掷下，藉济燃眉。无论若干均极感荷，伫盼速惠，不胜祷切。伏惟查鉴是幸。祗颂

大安！

张伯苓谨上

中华民国十五年十月十九日

致张幼山

（1926 年 10 月 20 日）

河南开封贡院街中州大学校

幼山仁兄大鉴：

正切葭思，忽奉瑶函，不胜欣慰之至。承示尊处拟挪敝校岩石标本一用，理应遵照。惟是敝校矿科虽经停办，不过暂局。现正急急设法继续进行，而标本不久便须应用。且目下理科试验亦有时取用该项岩石标本。商之教员诸君，均谓是项物品实在未能暂付阙如，似此情形，不得已惟有据实复陈，请我兄查照。其碍难如命之处，希格外原谅是幸。祗颂

台安！

弟张伯苓拜上

中华民国十五年十月廿日

致李老太太

（1926年10月20日）

河北宿纬路三号

李老太太钧鉴：

敬启者：敝校女中学部起建校舍工程业已告竣，所有需款除以募入者尽数抵销外，余尚亏欠三万七千元之谱未有着落。前曾经王生恩东及令郎雄飞[①]手呈上捐启一册，想早已蒙鉴及。现二生均经出洋留学，捐启消息久未与闻，目下待用孔急，倘蒙书助巨赀，极所感荷，若承多方代募，尤为铭惠不尽。总之，无论为数若干，务请同捐册即日掷下以济燃眉是幸。祇颂

钧安！

南开学校校长张伯苓拜上

中华民国十五年十月廿日

致黄勖志

（1926年10月20日）

广东江门勖明两级小学校

勖志女士鉴：

来函阅悉。办学校、设商市，并参与地方教育及各慈善事宜，为本籍女界开一特别生面，为吾南开增加无限光彩，可佩可喜之至！此后一切有何佳况，有何发展，尚望时以寸纸见示，藉慰鄙怀。此复，即询

时祺！不一。

传单措词极为行当，可谓藻不妄抒，文笔大有进步。

伯苓手泐

中华民国十五年十月廿日

① 王恩东及李雄飞皆南开中学毕业生。

致冯述尧

（1926年10月20日）

述尧先生赐鉴：

接奉瑶函，诵悉一是。赠诗二首，展读之下，惭悚莫名。鄙人办学有年，但免贻诮滥竽已属幸事，过承奖借，讵所敢当。贵学生业此读书非止一人，均不失为后起之秀，定卜将来能光大君阁，预贺！预贺！惠章除敬列周刊用彰宠赐外，谨此再鸣谢悃！并颂

钧祺！不僩。

弟张伯苓拜上

中华民国十五年十月廿日

致言仲远[①]

（1926年10月20日）

英租界马场道

仲远先生赐鉴：

日前敝校廿二周年纪念日，并行女中学部新校落成礼，辱蒙光临，非常荣幸。窃念敝女中此次所成新校由何而能有今日？实自先生捐款提倡始。则即谓今日在校之女学生皆受先生之厦庇亦无不可。惟是春风发萌不限于一拂，雨露生物有赖乎频滋。苓不揣冒昧，愿先生对敝女校始终成全之。此校虽工竣，尚亏款三万余元未有着落，谨以捐启奉上，乞大力代为登高一呼，想急公好义如先生，自必不以无厌斥我也。呼吁乏术，待惠情殷，肃此，不胜叩祷翘企之至。祇颂

① 言敦源（1869—1932），字仲远，江苏常熟人，定居天津。中国近代政治家、实业家。

钧祺！

附捐启一册。

张伯苓拜上

中华民国十五年十月廿日

致南开同学会

（1926年10月21日）

北京艺文中学校

诸位贤弟均鉴：

此次本校念二周年纪念，承具仪并选代表来校致祝，非常感激，谢谢！顷复接奉来函，以本月二十三日同学聚餐之事见告，并承约鄙人及诸位先生前往与会。本拟就此机会与诸弟一图良晤，藉抒积陈，奈仆等羁于校务，愿不从心。惟有北望云天，一鸣谢悃而已。至本校现状如何，梅、沈二代表当能详述。承念，恕不赘及。此复，顺颂

公绥！

伯苓拜启

中华民国十五年十月廿一日

（L189）

致左叙五

（1926年10月21日）

叙五先生赐鉴：

本年暑假后令郎与说及令爱顺贞、秀贞返校，藉悉勋祺日卓，为颂无量。奉到手书，过承奖借，惭悚莫名。因冗稽答，歉仄殊甚。十月十七日为敝校第二十二周年纪念日，承令爱二人备仪致祝，感慰之至。是日敝校所备赠来宾之纪念品谨各附上一分，到时敬请检入。令郎颇知用功，而令爱二人尤为品学双美。附此告慰。祇颂

政安！不僩。

弟张伯苓拜上
中华民国十五年十月廿一日

致顾少川

（1926 年 10 月 22 日）

北京东城铁狮子胡同国务院

少川先生赐鉴：

睽教又经多日，驰慕之至。比维鼎祉秋高，为颂无量。兹敬启者：年来政局不定，各界均受影响，而以教育为尤甚。敝校于风雨飘摇之会，勉为搘柱，未致停顿地步，实属非常幸事。现大、男、女中三部开学已久。十月十七日第二十二周年纪念会，并行女中学部新校落成典礼，是日来宾到者有黎宋卿总统及靳翼青诸巨公，一时冠裳济济，增敝校光荣不少。知念谨及。惟女新校工程原估费五万元，嗣仅募入万三千元，尚亏三万数千元之谱，至今未有着落，殊难为情。因念若不急行设法将挪抵急需之债款，担负利息甚重，日久累上加累，益更应付无从。不得已爰为腆颜一呼将伯。我公平素为最爱护敝校，且最热心女子教育者，敢乞一为援手。大学部艰窘，月由盐余应领之款亦请特别关照，饬部赶拨，以济眉急。统此叩恳，伫盼速惠，不胜祷切。祗请

勋安！

张伯苓谨上
中华民国十五年十月廿二日

致颜骏人

（1926 年 10 月 22 日）

北京东城大取灯胡同

骏人先生赐鉴：

敬启者：日前值敝校第廿二周年纪念日，并举行女中学部新校落成典礼，曾经肃约钧驾惠临赐训，当蒙示复，以褆躬小有不适弗克光降，甚为怅怅。日来贵恙想已霍然，且必日晋健康，为颂无量。敝校此次开会，一切均极圆满。来宾到者非常众盛，除学生家长外，有黎总统、靳翼青诸巨公，并有各国领事及其他长官，与各商董人士，不一而足。冠裳济济，中外一堂，为敝校增光荣不少。知念特撮举以闻，附上纪念刊及纪念册片各壹分，敬呈尊览，仰祈检入查阅是幸。祗颂

崇安！

张伯苓谨上

中华民国十五年十月廿二日

致周寄梅

（1926 年 10 月 22 日）

寄梅我哥大鉴：

十月十七日敝校廿二周年纪念会，并举行女中学部新校落成典礼，值我哥公忙，未蒙光临，甚为怅怅。然此次开会情形必为我哥所乐闻自意中事，谨约略一陈述之。该日天气甚好，事事均极为满意，而来宾到者尤属非常众盛。除学生家长外，有黎总统、靳翼青诸巨公，并有各国领事及其他长官，与各商董会等，不一而足。冠裳济济，中外一堂，实为敝校增光荣不少。撮此奉布，附上纪念册及纪念刊片各一分，敬呈尊览，仰惟检入查阅是荷。祗颂

台祺！

弟张伯苓拜上

中华民国十五年十月廿二日

致喻镜钦

（1926年10月23日）

松寿里七十八号

镜钦先生台鉴：

接奉大函，知前复一械已蒙赐览。兹复承示尊况目下为难情形，不胜为扼腕者久之，理应急速起代设法，奈弟适在困乡，学校既负债累，本身亦囊中羞涩，于友朋方面爰莫能助，实属抱愧已极。至关于西洋史地、哲学诸讲义，敝校暂时亦尚无缺用。所有对于尊命一切碍难照办各等情，谨据实复陈，务请格外原谅是幸。祇颂

时绥！

张伯苓拜启

中华民国十五年十月廿三日

致潘馨航[①]

（1926年10月23日）

馨航先生赐览：

许久未聆麈诲，驰慕之至。财长一职行归我公担任，忻贺无量。敝校勉掮至今，乏善可言。女中学部新校工程早竣，惟亏款多至三万数千元尚无着落，所望前出捐册，并蒙代转张效帅一件，不久或有佳音耳。大学部经济困难，公债息款月出盐余，奈积久未蒙部拨。想我公荣任，立能立更涸辙也。肃此，不胜翘盼。祇颂

① 潘复（1883—1936），原名贞复，字馨航，山东济宁人。1912年任职于南京临时政府财政部。1913年任山东省实业司司长。1919年任财政部次长。1926—1928年，任财政部长、内阁总理。晚年寓居天津，投资实业。

钧安！

张伯苓拜上
中华民国十五年十月廿三日

致袁述之

（1926 年 10 月 25 日）

浙江峡石上东街朱丹晴先生转

述之先生惠鉴：

敬启者：敝校此次举行一切庆祝纪念典礼，蒙派代表莅会，极为欣感。禔躬在南将息，得清和之气不少，天然疗养，中西医士皆认此为愈疾妙方。尊恙日来想早喜占勿药矣。念念！肃此，敬颂
痊祺，并祝
日晋健康！不备。

张伯苓谨上
中华民国十五年十月廿五日

致周敬甫

（1926 年 10 月 28 日）

山东沂州琅琊道尹公署

敬甫先生赐鉴：

手谕诵悉。接奉尊照，俨若光风霁月，现于目前，深慰仰企之怀，容当诹吉镜悬，用彰德范而垂不朽！兹寄上女校落成摄影及纪念刊、纪念册片各一分，仰祈检入查阅是幸。祇颂
钧安！

张伯苓拜上
中华民国十五年十月廿八日

致陈泽川[①]

（1926 年 10 月 28 日）

广州河南尾太平坊东五巷六号

泽川贤弟鉴：

来函阅悉。吾弟服务政界，煞有阅历，并研究美国函授学校商科，于会计方面又经验不少，而关于英文应用亦有把握，改途洋界自无不可。嘱代介绍，极所乐为。但对洋行之事一时尚未有机会，且他项职业在此时局未定期间亦鲜有可代谋，只好俟诸异日可耳。诸惟鉴谅是幸。覆候

文佳！

伯苓手泐

致靳翼青

（1926 年 11 月 2 日）

翼青先生赐鉴：

前敝校廿二周年纪念日并举行女子中学新校落成典礼，蒙枉驾惠临，非常荣幸。兹敬启者：每星期四日下午一钟半至二钟半，敝大学部例有集会，恭请海内贤达演讲赐教。本星期四日即十一月四日，拟请我公特别匀暇，届时光降，加以训诲。待教情殷，无任欢迎盼祷之至。专肃奉订，敬候裁示。祗叩

钧祺！不备。

张伯苓谨上

中华民国十五年十一月二日

① 陈泽川（1904—？），字憎娼，广东人。曾在南开中学职业商科肄业。

致王镜涵[1]

（1926年11月3日）

胶济铁路管理局

镜涵贤弟鉴：

来札阅悉。本年廿二周年纪念，蒙诸君在青[2]开会庆祝，非常感激，谢谢！像片一件已收到，惟其中略有损伤处，照印恐不适用，如弟处犹有存者，能再惠寄一张最为欣感。寄时务望裹好，防途中再有伤损。千万！千万！顺颂时绥！

诸同人均鉴，不另。

伯苓拜复

中华民国十五年十一月三日

致傅霖

（1926年11月3日）

傅霖弟鉴：

接来函，知吾弟在京养疴颇有奇效，甚以为慰。至因费用过巨，将作南旋之计，可以不必。现拟于本星期五日遣小儿锡祚赴山与吾弟作伴，藉以分经济上之负担。特此复闻，惟查鉴是幸。顺颂

痊祺！

伯苓手泐

中华民国十五年十一月三日

① 王嘉澄（1898—？），字镜涵，安徽泾县人。1919年南开中学毕业。曾任职于胶济铁路。

② 指青岛。

致王启承

（1926年11月3日）

启承先生赐鉴：

接奉惠函，敬悉一是。如台端之饱学硕望，又于教授方面饶有经验，久为鄙人所钦仰。敝大学部极愿有所借重，藉以裨益青年，奈一时尚无位置。遥企云天，亦惟徒深向往而已。诸希鉴谅是幸。此复，祗颂

文祺！

弟张伯苓谨上

中华民国十五年十一月三日

致中华国民拒毒会

（1926年11月3日）

上海圆明园路廿三号

敬复者：接奉大函，诵悉一是。贵会举行第二届年会并办选举职员事宜，如苓谫陋，辱蒙见推，殊增惭悚。但事关拒毒要举，凡食茅践土均与有责，亦何可过事谦让。所有特约委员一职，谨当承认，附骥于诸公，荣莫大焉。复颂

均祺！不备。

张伯苓谨启

中华民国十五年十一月三日

致陈宇[①]

（1926年11月3日）

四川阆中县地方税收支所陈雨商先生转交

陈宇弟鉴：

接来函，得悉川途多梗，汇款不易，赴美无资，未能应时放洋，实属无可如何。现既过期，则赴美实习资格当然不复存在。至于明年是否可以续往，亦只好明年临时再定，仆实未能代为预决也。此复，即希查鉴。顺询

近祉！

伯苓手泐

中华民国十五年十一月三日

致钱慕韩[②]

（1926年11月3日）

北京西四前口袋胡同

慕韩砚兄大人鉴：

多年老友，正切溯洄，兹奉朵云，如亲光霁，不胜欣慰之至。令族侄士铎在敝校中学部肄业，对于用功方面不甚勤敏。至于品行，虽无大逾越规矩处，而动作有时近于模糊，殊乏振拔之气。现除谆托授课各教员及斋务管理员加意约束外，并由弟不时查察，严为告诫，以策勉之。附赠小册数件，希检入查阅是幸。此复，即颂

时祺！

---

① 陈宇（1903—？），字胥聿，四川阆中人。1925年南开大学毕业。

② 钱慕韩（1896—1990），湖南湘潭人。1923年毕业于湖南长沙湘雅医学院，获医学博士学位。1927年赴美进修，1930年回国。

弟张伯苓拜启
中华民国十五年十一月三日

致任叔永、陈衡哲

（1926年11月4日）

北京城隍庙街八号

叔永先生、衡哲女士均鉴：

惠函敬悉。汇票廿元已收到。此次敝校廿二周年纪念，并举行女中学部新校舍落成典礼，仰蒙命驾偕临赐训，非常荣幸，至今感谢无可名言。区区路费，尚蒙省半惠缴，贤夫妇之高风真有令人倾仰莫及者。肃此，复候
俪安！不一。

弟张伯苓拜上
中华民国十五年十一月四日

致傅霖

（1926年11月5日）

傅霖弟鉴：

日前作复一函，想已鉴及。小儿锡祚本拟本日赴山与吾弟作伴，藉以减轻吾弟费用之担负。奈正在摒挡起身，忽又大口呕血。似此情形，出门殊多不便，只好稍迟再说。特此布闻，即希查照是幸。顺询
日佳！

伯苓手泐
中华民国十五年十一月五日

致李应林[1]

（1926年11月5日）

广州基督教青年会

应林先生赐鉴：

接奉手书，诵悉一是。党部宣传出版有涉及鄙人处，蒙剪寄一观，非常感激。惟是吾人行事，或实有或实无，均不容有丝毫淆混。伊宣传有谓鄙人禁止南大学生挂孙中山先生像的徽章一节，查南大学生向来皆不挂徽章，其言孙中山像的徽章，鄙人实不知所谓云何，是真莫名其妙。伊又云，鄙人在全国体育协会反对全国运动〈会〉在广州举行。按，此事诚有之，但所以不赞成的原因，并非无说。诚以该项运动若在广州举行，道路极远，各方赴赛学生往返需时，于学业大有妨碍，而切［且］川资多费，有种种不便。况各区每年亦曾各自开会运动，则此次全国会即少开一次亦未为不可。如以遴拔赴远东与赛选手为言，则此时距明年远东会期尚远，似亦非宜。最好俟明年远东会期届近时，预在上海作一次全国运动〈会〉便易多多。鄙人主持如此，纯为权变应时，全局兼顾起见，初何有赤化不赤化之意杂乎其间？党部宣传实属不知鄙人者也。蒙先生关爱，谨布区区以闻，并鸣谢悃不尽。顺颂

道绥！

张伯苓肃启

中华民国十五年十一月五日

---

① 李应林（1892—1954），字笑庵，广东南海人。早年留学美国。曾任岭南大学副校长、校长。时在广州基督教青年会任职。

致张仲平

（1926年11月5日）

法国花园旁

仲平先生赐鉴：

敬启者：顷闻令郎言尊驾日前已经荣旋，想动定多佳，至以为颂。敝女中学部新校工竣已久，曾于十月十七日敝校念二周年纪念日举行落成典礼。时值先生公出，不获仰承惠临，一为敝校光，殊觉美犹不足。再，所极难堪者，工程告竣后，亏款竟达四五万元之多，至今无法募入抵补，抚念尤焦灼异常。先生为提倡义捐之第一人，敢乞将允惠所差之半数即日措掷，以济眉急。待泽情殷，幸始终维持，不胜盼祷翘企之至。祇颂

钧绥！

前呈捐启一册，蒙大力代募，想已集有成数。

张叔诚[①]先生捐助中学部万元已收到，附布以联，统惟查鉴是幸。

张伯苓拜上

中华民国十五年十一月五日

致施炳三

（1926年11月5日）

英租界马场道

炳三先生赐鉴：

接奉大函，诵悉一是。捐册一件已收到，承惠捐伍拾元，谨如数拜领，登入第八号捐册。谢谢！此复，祇颂

① 张叔诚（1898—1995），名文孚，别名忍斋，直隶通县（今属北京市）人。1913年入天津南开中学就学，后因父兄相继去世而辍学。历任山东枣庄中兴煤矿董事、协理、常务董事等。

钧绥！

附收据一纸。

张伯苓肃启

与凌冰[①]等致南开大学校

（1926 年 11 月 11 日）

径启者：鄙等在八里台大学附近各租有公地一段，各计四亩一分，现因学校组设之小学部地不敷用，鄙等情愿一律倒与学校作为扩充小学地点。除将丙寅全年纳租之收照送交查存外，并具此函以为倒租之根据。统惟察照是幸。此致

南开大学校。

附纳租收照四纸。

凌冰、伉乃如[②]、张伯苓、华午晴仝启

中华民国十五年十一月十一日

（L221）

附 1：天津南开学校致天津县参事会经租处（1926 年 11 月 11 日）

敬启者：敝大学部组设之小学校用地尚有不敷，现由职员伉乃如、张伯苓、凌冰、华午晴等情愿将其各人以前所租八里台公地各一段，计各四亩一分一律倒与敝大学部作为扩充小学地点。所有出倒手续业经办理完竣，相应据情声布，请予更名备案，实为公便。此致

---

① 凌冰（1894—？）字济东，河南固始人。毕业于南开大学。后赴美国留学，获教育心理学博士学位。1919 年回国，任天津南开学校大学部主任。1928 年 6 月，任河南省政府委员、教育厅厅长兼开封中山大学校长；同年任国民政府外交部条约委员会委员。1929 年 11 月，任驻古巴国全权公使。著有《儿童学概论》。

② 伉乃如（1891—1947），名文翰，天津人。1911 年毕业于直隶高等工艺学堂化学科，受聘为南开化学教员。1920 年兼任校长秘书，后又兼大学注册课主任，是张伯苓办理南开的得力助手。热爱话剧艺术，为南开新剧团骨干，与周恩来结下很深友谊。抗战时期，随张伯苓寓居重庆。抗战胜利后，与黄钰生等协助张伯苓主持学校复员工作。

天津县参事会经租处。

附丙寅全年租收据四张，请换给新收据。

天津南开学校启

中华民国十五年十一月十一日

附 2：天津南开学校致天津县参事会（1926 年 11 月 23 日）

敬启者：接诵大函，祗悉一是。倒租地亩既应由倒租户与认租户两方面各具说帖声明，谨即遵照。除由敝校备具说帖一件，正式承认倒租外，并由八里台原公产地租户伉乃如、张伯苓、华午晴、凌冰四家合名备具说帖，正式声明出倒情形，以符定章。仰祈查鉴，即予更名为荷。此致

天津县参事会。

附说帖二件。

天津南开学校启

中华民国十五年十一月廿三日

说帖一

具说帖：天津城南八里台公产地租户张伯苓、华午晴、凌冰、伉乃如等为租地出倒据情陈明，请予更名备案，以符定章事。窃乃如等向在八里台大学附近各认租公产地一块，计各四亩一分。现因南开大学组设之附属小学用地不敷，均情愿将自身原认租地退出，一律倒归学校应用。所有出倒手续业与学校互商办讫。谨此据情缮具说帖，送请天津县参事会查核，准予更名备案，实为公便。须至说帖者。

说帖二

具说帖：南开大学校为认倒租地，陈请查核备案事。窃敝校现由天津城南八里台原公产地租户伉乃如、张伯苓、华午晴、凌冰等倒得公产地各一块，计各四亩一分，留作附设小学扩充应用。所有关于认倒手续业与原租户一律办讫，以后每年租款即由敝校继续按期照纳不误。用是缮具说帖，送请天津县参事会查核备案，实为公便。须至说帖者。

致中华教育文化基金董事会

（1926年11月11日）

敬复者：顷奉来函并各附稿，均已领悉。聘倪登博士为科学研究教授，关于文化前途者甚大，虽需费稍巨，鄙人极端赞成。至中华教育改进社所请移拨科学教员暑期研究余款充克伯屈博士招待费一节，与原定用途既属相近，则如请照拨，鄙人亦无不同意。专肃奉复，即希查鉴是幸。此致
中华教育文化基金董事会。

张伯苓启

中华民国十五年十一月十一日

致傅霖

（1926年11月13日）

香山医院

傅霖弟鉴：

来函阅悉。日来身体颇健，并能练习拳术不觉疲倦，休养极有效果，深以为慰。三小儿病稍见好，吐痰已多日不复见红，蒙念特以告慰。现在天气渐寒，升火购煤需费自不待言，尊府款未寄到，仆处可以暂垫，但来函未言明实在需洋数目几何，且由邮汇款亦不知走取方便与否，均望再函详细见告，以便照办。此询
日佳！

伯苓复渤

中华民国十五年十一月十三日

致齐照严、齐镇严、齐斐章

（1926年11月15日）

照严、镇严、斐章先生均鉴：

久企檮辉，时殷葵向，比维履祺迪吉，颐祉咸和，为颂无量。年来辱承青眼，送男女公子等来学，自属休戚攸关。在贵家长方面其必代盼敝校日进发达，可以想见。无如敝校受时局影响，风雨飘摇，支持实属万分勉强。去年为应社会需要，募款起建女中学部新校舍，经始颇称顺利，讵至本年工竣，亏款竟达四五万元之多，负债累累，真令人难以为情。现在乞灵乏术，已陷入水尽山穷地步，因念人之欲善，谁不如我，况贵家长耆德宿望，惠政久在人间，对于公益扶持自当弗遗余力。不揣冒昧，敢请一为帮忙，附上捐启一册，即希慨解义囊，济此眉急。倘蒙作登高之呼，广集巨款以宏功德，尤为铭感无似。专肃，不胜祷盼。祗颂

钧安！

张伯苓谨上

中华民国十五年十一月十五日

致靳翼青

（1926年11月15日）

翼青先生赐鉴：

日前钧驾惠临演讲，诸生闻之皆异常欢迎，并希望常此垂训，藉以补知识之不足。惟与诸教员相商，均谓白天功课一周间钟点皆极拥挤，惟每星期五晚上七钟半至九钟半尚可匀作讲演时间。未审我公以为何如，倘蒙赞同，即希电示，俾便各生届时（自本星期五起）作听讲之预备。至所祷盼。祗颂

崇安！

张伯苓谨上

中华民国十五年十一月十五日

致陈筱庄①

（1926年11月18日）

教育部

筱庄先生赐鉴：

日前在京晤教甚快。敝校学生名册报部事，当蒙慨允代向吴科长一谈，日来想经接洽。此次报部可否得按变通办法藉省手续，敢请详示，以便遵照。再，敝同人王君文山留学证书我兄如已代为办好，务希日内即予寄下。缘王君不久将行放洋，恐致有误。一切费神容后申谢。祇颂

大安！

弟张伯苓拜上

中华民国十五年十一月十八日

致直隶交涉公署护照处

（1926年11月20日）

敬复者：接奉大函，诵悉一切。赴美留学学生王文山，原充敝大学部图书馆主任，此次赴美系为研究学业起见，伯苓出名具保属实，并非假冒。特此奉复，即希查照备案是荷。此呈

直隶交涉公署护照处。

天津南大张伯苓启

中华民国十五年十一月廿日

① 陈宝泉（1874—1937），字筱庄、小庄、肖庄，天津人。中国近代教育家。1920—1928年任教育部普通教育司司长、教育部次长兼普通教育司司长。

致颜骏人

（1926 年 11 月 20 日）

北京东城取灯胡同

骏人先生赐鉴：

敬启者：顷阅报，得悉尊驾不久即将起程赴英，现有国立北京大学学生张利模，江苏沭阳人，亦拟赴英留学，以求深造。倘蒙准予附便随往，俾青年首次出洋得承照拂，感惠实无涯涘。谨代介绍，即希核夺见复，以便转令遵照。至所企盼。祇颂

钧安！

张伯苓拜上

中华民国十五年十一月廿日

致张汉卿

（1926 年 11 月 22 日）

汉卿先生赐鉴：

日前畅领麈诲，快佩无似。慨允以纸烟捐款余数见助，益征我公为敝校维持无微不至，非常感激。倘蒙即日通饬捐局从事照拨，俾涸鲋早获回春之望，沐惠实无涯涘。再，敝女校工程亏款至巨，目下补救无术，惟恃乞灵于众擎。我公如果不斥为烦渎，能更代予为力，一作登高之呼，尤属鸿施逾格。奢望不情，想热心如我公，必能特别原谅也。肃此，不胜祷盼。祇颂

伟安！

外附捐启一册。

张伯苓拜上

中华民国十五年十一月廿二日

致袁振生

（1926年11月23日）

奉天中国银行

振生先生赐鉴：

接奉大函，诵悉一是。敝女中学部工程亏款甚巨，因补救无方，乃乞灵于众擎。兹承惠助伍百元，极为感激。现已由天津中国银行如数付到，谨为照收。相应缴上收据一纸，并鸣谢悃不尽。祗颂

台安！

附收据一纸。

张伯苓拜启

中华民国十五年十一月廿三日

致中华基督教青年会全国协会

（1926年11月23日）

上海博物院路二十二号

中华基督教青年会全国协会会长、总干事先生均鉴：

顷奉惠函，祗悉种切。本年我会经济受时局影响，募入不敷，自属实在情形，凡我同人理应群策群力以谋补救于万一。奈鄙人出身寒素，年来办教育得薪仅敷一家度日。今值百物昂贵，挑费因以不足，负债累累，尚苦无法应付。至学校方面，其经济竭蹶情形尤为不堪言状。当此时局不定，亦惟有支撑一日再说一日而已。阮囊羞涩，报命未能，殊增惭恧。承嘱代祷，自当竭诚遵照，一切统希鉴谅是幸。敬颂

道安！

张伯苓谨上

中华民国十五年十一月廿三日

致王鸿儒

（1926 年 11 月 23 日）

河东水梯子大街酱房胡同聚丰恒

敬复者：接奉大函，诵悉一是。台端对于青年会详加研究，具征信仰心切，将来于青年会友中定有特别成绩表现，不胜钦佩之至。查青年会之由来，实创自英国。当时盖本基督牺牲自己以救世人之精神，诱导青年俾各不惜心力身家为社会做事服务，促成一大公无私之世界，此其主旨也。先生欲洞悉一切，可向津青年会总干事宋愚溪先生处索取关于青年会历史等之出版品，一阅便知分晓。此地如无有，向上海全国青年协会函索亦可。鄙人近日因贱躯小有不适，不克赴会晤叙，极为抱歉。后遇机会，再与先生畅谈可也。专此奉复。祗候

道安！

张伯苓拜启

中华民国十五年十一月廿三日

致左叙五

（1926 年 11 月 23 日）

叙五先生赐鉴：

贵学生等暑假后到校，斋到惠函，辱承多方奖借，捧读之余，非常惭愧。苓对诸生不过略尽己当尽之责任，并无特别好处可言。令郎与两令爱品行既好，学业亦优，固由天赋不凡，而亦庭训有方所致，不胜钦佩之至。

赠鼎已奉到，叨承厚谊，虽古宝彝不是过也。肃此，谢谢！祗颂

时祺！不一。

弟张伯苓拜上

中华民国十五年十一月廿三日

致王月波

（1926年11月25日）

北京西城毛家湾

月波先生赐鉴：

日前自奉太翁仙游之耗，即思敬备醴品趋灵致祭，一表哀忱。及因冗卒未如愿，非常抱歉。久仰先生孝根天性，此次太翁弃养，自必痛毁逾恒。顺变节哀，圣贤所许，况先生身负天下重望，勋猷之待树者甚多，太公在天灵爽，亦必以先生克自珍摄为盼，正不独世人之默为祝祷也。且人生今日足以表孝心之事不一而足，除奋志功业，显扬亲名外，而成就公益为亲作纪念，亦千秋不朽盛举也。矿商张君仲平为伊尊慈作纪念，曾以巨款捐入敝女中学部。如先生之孝思不匮，倘于此有意，则作纪念章程固在也。前呈捐册尚希多予为力，且太翁遗泽山高水长，不胜翘首望之已。肃此，敬乞查鉴，并候

礼安！

附捐启一册。

张伯苓谨上

中华民国十五年十一月廿五日

致潘馨航

（1926年11月25日）

馨航先生赐鉴：

暌教许久，时切驰神。顷闻荣任占祥，不胜为财政得人庆。光仪遥企，忭跃万分。敝校年来受时局影响几蹶者屡矣。支持至今实属勉强，其困苦状况，如我公平时对敝校之关切，想早在洞鉴之中。今幸天不绝人，值我公晋掌财权，定邀维持于格外。每月应由盐余拨给之公债息款六千五百元，敢乞即日饬司清拨，以济眉急。皇迫待命，不胜翘盼祝祷之至。祇颂

勋安！

张伯苓拜上

中华民国十五年十一月廿五日

致张汉卿

（1926 年 11 月 29 日）

汉卿先生赐鉴：

顷奉手谕，并承特委潘景武君面晤一切，诸荷关爱，感曷可言，谢谢。惟是敝校自开办迄今，其宗旨及办法均早在我公洞鉴之中。即韩芳宸先生亦由学生闻悉已久。盖敝校对诸生向持严格主义，一举一动不少宽假。至于开会之事，时所常有，或在礼堂，或在各会所及讲室，地点不一，但无论何地何会，必须预到庶务科声请，经庶务课核准注册后，始饬役开门举行，并无一会听其自由者。不过此等情形在他各当道或罔闻知，敢乞我公便中费神代为解释。上将军前亦望遇机一及之。总之，现在既有风说，在敝校自当益为留意。日前党人机关破获，并抄得名册等物，彻究自所应尔。但青年无识盲从者多，或属旧有之名，遂成今日之累。得情勿喜，想各当道自必以大训为然。夫缉捕邀功，侦者恒情，据以株行，虽良善亦将有惧而之他者，如是又胡以安？反侧区区鄙见，惟我公及各当道共鉴之。幸甚幸甚！祗颂

伟安！

张伯苓敬启

中华民国十五年十一月廿九日

敬再启者：本埠北马路国货售品所宋寿恒，即宋则久，久作国货生意有年。平日尚无不安分之事，只因向者欢迎国民军，经李前督办罚款数万元，事业俱隳。现在虽有其旧同人为之恢复商务，不过聊资其一家生活。查其为人，并未尝入过国民党籍，苓所深知。兹闻又有传言，谓其为国民党总务部长者，殊非事实，亦乞我公代知各方面，俾免误会为荷。

伯苓又及

致《天津日报》《津津日日新闻》社

（1926 年 11 月 29 日）

径启者：顷读贵报本日新闻，内载天津戒严司令部于昨日午后四时派侦探数人至敝校检查一节，实深惊异。查敝校并未受军警之检查，鄙人更无向司令部抗议之事。贵报登载失实，望即为更正，以明真相。此致

《天津日报》《津津日日新闻》社。

天津南开学校校长张伯苓敬启

中华民国十五年十一月廿九日

致范静生

（1926 年 11 月 30 日）

静生先生赐鉴：

敬启者：本董事会章程，凡有请求事件寄呈书函者，结至本月卅日为止，过此即不再受，自应一律遵照。惟敝校尚有请求书一械，业经拟就赶印，恐本日寄奉不及，特此快函声明。书到少迟一二日，幸祈准予如前赐收，是为至荷。祇颂

钧祺！

张伯苓拜启

中华民国十五年十一月卅日

致傅霖

（1926 年 11 月 30 日）

香山医院

傅霖弟鉴：

启者：三小儿锡祚病稍痊可，拟于本星期日，即十二月五日，如果天气不变，即行附车前往与吾弟偕同将息，特此预布。所有关于住宿一切，即请费神代为安置是荷。此询

近佳！

伯苓手托

中华民国十五年十一月卅日

致王鸿儒

（1926 年 11 月 30 日）

河东水梯子大街酱房胡同聚丰恒

鸿儒先生大鉴：

来函备悉。十一月念日晚七点在本青年会开特别智育演讲，时鄙人是日主席，不知外事，未得与阁下接谈，抱歉之至。至于当时拒绝妇孺入内，确因演讲者系为特别来宾，理应肃静，恐妇孺人多，或有嘈杂声音发现，甚为不便，故不得已而令妇孺等暂行回避，并非故意为拒绝之。此等情形，究竟因何缘故，初无人为鄙说知，不过鄙揣度是如此。阁下听此解释当可以悦然矣。此复，即颂

台祺！

张伯苓拜启

中华民国十五年十一月卅日

致黎宋卿[1]

（1926年12月1日）

宋卿大总统钧座：

敬启者：现有美国士丹佛大学[2]校长威尔伯博士此次代表该大学及美教育会出席日本东京泛太平洋学术会议。会毕来华，已于十一月廿三日抵京。博士此来为参观中国科学教育，并期与我国人士讨论各种重要问题。兹拟本星期五日来津，星期六作一日之勾留，上午参观学校，下午嘱代介绍一觐光仪，翌日即将东去。时极迫促，务请钧座俯准接见，并酌定星〈期〉六下午几何为宜，预示以便遵照。届时当由舍弟仲述陪往也。祗叩
睿安！

张伯苓谨上
中华民国十五年十二月一日

致靳翼青

（1926年12月1日）

翼青先生赐鉴：

敬启者：现有美国士丹佛大学校长威尔伯博士此次代表该大学及美教育会出席日本东京泛太平洋学术会议。会毕来华，已于十一月廿三日抵京。博士此来为参观中国科学教育，并期与我国人士讨论各种重要问题。兹拟本星期五日来津，星期六作一日之勾留，上午参观学校，下午嘱代介绍一谒崇阶，翌日即将东去。时极迫促，务请我公特别匀暇俯予赐见，并酌定本星期六下午几时为

---

① 黎元洪（1864—1928），字宋卿，湖北黄陂人。曾任中华民国大总统，1923年6月辞职移居天津。晚年任中兴煤矿董事长，购置地产，投资实业。

② 今通译“斯坦福大学”。

宜，预示以便遵照。届时当由舍弟仲述陪往也。祗颂
钧祺！

张伯苓谨上
中华民国十五年十二月一日

致段鸿荫[①]

（1926年12月1日）

鸿荫贤弟大鉴：

顷接来函，阅悉壹是。嘱代谋之事，极愿照办，但目下实有不能为力处。吾弟欲为国报效，请另觅相当门径介绍可也。有负重托，尚希格外谅之。此复。顺询
时佳！

伯苓手泐
中华民国十五年十二月一日

致中华教育文化基金董事会

（1926年12月2日）

敬启者：日前奉上敝校请款书一分，谅荷鉴及。兹补奉英文六分、中文十二分，敬希检阅。至前寄之件，因内容稍有更易，请为寄还或撤消，均听尊便。此致
中华教育文化基金董事会。

天津南开大学校长张伯苓启
中华民国十五年十二月二日

① 段鸿荫（1901—？），字毓棠，河北昌黎人。1918年入南开中学一年级肄业。1919年在天津参加五四运动，曾任天津中等以上学校学生会联合会调查委员会委员。

致张效良[①]

（1926 年 12 月 3 日）

效良厅长赐鉴：

敬启者：现有美国士丹佛大学校长威尔伯博士定于今日由京来津，明天星期六作一日之勾留，上午参观学校，下午浼苓介绍往谒黎总统及靳前总理，苓已代为介绍妥协。查威氏此次由美出发，系代表该大学及美教育会出席日本东京泛太平洋学术会议，会毕来华参观我国科学教育，并期与我国人士讨论各种重要问题。明日若得我公与之一谈，自必其所欢迎。苓业已拟定明日中午请其在八里台敝大学部用餐，并请尊驾届时惠临赐教。倘蒙允诺，覆电预示，极所欣感。肃此，不胜企盼。祇颂

钧祺！

张伯苓谨上

中华民国十五年十二月三日

致方书铎[②]

（1926 年 12 月 3 日）

蓟县三府胡同

书铎贤弟鉴：

迭接来函，阅悉种切。嘱代谋之事极愿遵照进行，但实在无能为力，亦只好请吾弟别寻门径一图谋之。此后并望勿再来函，缘仆琐事太多，不暇答复也。此询

近佳！

---

① 张佐汉（1876—　），字筱良，又作效良，直隶（今河北）高阳人。时任直隶教育厅厅长。

② 方书铎（1898—？），字仲宣，浙江绍兴人。1918 年入南开中学肄业。

伯苓手泐

中华民国十五年十二月三日

致范静生

（1926 年 12 月 6 日）

北京中华教育文化基金董事会

静生先生赐鉴：

郭鸿声先生之来电已经领悉。二月董事例会，在美诸君既赶回不及，则人数较少，届时固恐难以成会。推缓时期诚无不可，便必展至六七月再行开会，而为时太迟，似于补助各方教育之进行多有未便。盖各方学校必早得闻我会之决定补助如何，方能筹备下年一切之设施。若过晚则筹备无时，必致多有贻误。在美诸君一时或未暇念及此。苓鄙见以为，展缓会期在三四月最为适宜。区区以闻，是否有当，即希查鉴酌准法遵，是为至盼。祇颂

钧安！

张伯苓拜上

中华民国十五年十二月六日

致魏毓贤[①]

（1926 年 12 月 6 日）

青岛胶济铁路机务处

毓贤弟大鉴：

手书具悉。前我弟到校，因冗失候，未获一倾积悃，至今犹为歉然。我校艰窘情形经乃如先生代述，想已洞悉无遗。兹承本爱校之热诚，向孙丙炎先生

---

① 原文作“吴毓贤”，据考，当为“魏毓贤”之误。魏毓贤（1901—？），上海人。1919 年南开中学毕业，入清华学校学习，1922 年赴美留学，时任职于胶济铁路机务处。

及诸同学接洽，相与为力，代转呼吁，稠情厚谊，感何可言。现遵嘱缮就致傅、隋二先生函各一件附上，请面达。又，捐启三份（计76、77、78）亦希检入代呈。一切费神，统容晤谢。顺颂
时绥！

附信二件，捐启三分。

丙炎先生及其他诸友均望代致谢意并问好！不另。

伯苓拜手
中华民国十五年十二月六日

致傅炳昭①

（1926年12月6日）

炳照②先生赐鉴：

许久未领麈谈，驰慕之至。比维履祉增绥，为颂无量。苓如恒粟鹿，乏善足述。年来受时局影响，校中经济异常竭蹶，支持至今，实属勉强。去岁为应社会需要，曾进行募捐，起建女中学部新校舍。经始时尚称顺利，讵知本秋工竣，亏款竟达四五万元之多，债负累累，尤令人难以为情。现在水尽山穷，不得已而有乞灵众擎之举。我公热心慨允帮忙，何胜感谢。除由吴[魏]毓贤君代呈捐启外，谨此肃函致意，并颂
惠祺！不儩。

张伯苓拜上
中华民国十五年十二月六日

① 傅炳昭（1865—？），山东黄县人。青岛商人。

② 原文如此，当为“炳昭”之误。

致隋石卿

（1926 年 12 月 6 日）

石卿先生赐鉴：

久暌雅范，时切驰神。敬维履祉多绥，至以为颂。苓滥竽教育已逾廿载，乏善足云。近年以受时局影响，经济方面弥感困难。去岁为应社会需要，不得已进行募捐，起建女中学部新校舍。经始时尚称顺利，讵知本秋工竣，亏款竟达四五万元之多，债负累累，实属无法持久。先生热心慨允帮忙，真令人铭感无似。除缮备捐启，烦由吴[魏]毓贤君代呈外，专此肃恳多多为力，并藉鸣谢悃不尽。祗请

钧安！

张伯苓拜上

中华民国十五年十二月六日

致姚垂绅[①]

（1926 年 12 月 7 日）

北京西长安街大栅栏廿七号

垂绅贤弟鉴：

手书阅悉。吾弟此次投考邮员，业经及格被录，可贺可喜。入局手续均已一一履行，至今尚未补入任职，然现已补到第十三名，则相距不远，稍候必有消息。外国人办事皆有一定准则，欲其不按秩序而不得。嘱代函催补名，必不能发生效力。据仆看来，此层可以作罢，并非仆之惜墨如金也。一切惟鉴谅是幸。此询

① 姚垂绅（1902—？），字书之，湖北武昌（今武汉武昌区）人。1922 年南开中学毕业，1926 年南开大学毕业。

时佳！

伯苓手泐
中华民国十五年十二月七日

致颜骏人

（1926 年 12 月 8 日）

北京东城大取灯胡同

骏人先生赐鉴：

敬启者：本星期五日，即十二月十日，苓为赴教育文化基金董事会事附车北上，仍寓北京旅馆。先生于星期五、六两日倘无要公，敬请在府小候，俾便趋谒，有所请教。盖敝大学部向有基金公债一百卅万元，每月应由财政部从盐余项下拨息六千五百元以充经费。现在此款停拨，校用失赖。苓思别为设法，而一时苦无主见以决进行。我公识见超卓，宏有经验，敢乞南针，一为遵循之准。特此安驾。并颂

钧祺！不备。

张伯苓拜上
中华民国十五年十二月八日

致孔宪章[①]

（1926 年 12 月 9 日）

奉天安东县清美村

宪章贤弟鉴：

接手书，得悉吾弟受家长压制，不克自由，有所难堪，固属实在情形。但旷观我国旧时家法，以上临下，随地皆然，或不独令祖一人已也。今令祖既不

① 孔宪章（1906—?），字文衡，辽宁安东人。1926 年南开中学初中毕业。

令远出而令家居，无论其是何用意，亦只可暂为忍受，徐徐以观其变。逆来顺应，古圣贤处境往往如此。瞽瞍谋杀舜，而舜卒不闻置生命于不顾者，乃其善处骨肉之变，然也。况吾弟求学已得门径，在家自修预备用于社会，当亦不无小补。必争持外出，致伤和气，恐未获着何等学问，而先有忤逆家长之名，亦非计之得也。仆对贵家庭情状向无所闻，而吾弟应如何处之为宜，茫茫者实无能代为解决。以上所云，虽近迂拙，然目前善全之法或无过于此者，吾弟能加察□，幸甚幸甚！此复，即询
时佳！

伯苓手泐

中华民国十五年十二月九日

致潘馨航

（1926年12月10日）

馨航总长赐鉴：

顷奉覆谕，谓敝校公债息款俟盐税收数较增，自当设法照付。一诺之惠，感激莫名。惟是敝校仰荷我公关垂由来已久，几经漂[飘]摇风雨，历承维护热心，敝校能存立一日，即莫不企赖一日。今则目前窘况已至水尽山穷，久涸之鲋，实恐有待挽西江而不及者，左右思维，不得已惟有怙爱权拟办法，冀挽救于万一。盖敝校元年债券既暂无拨息希望，可否另易以现时有价债券，如九六公债者，俾济眉急。且盐余拨既不易，可否改由部中他项入款，如关余者，俾资挹注。区区之意，谨与我公一商榷之。倘蒙裁酌施行，则铭德不朽矣。肃此，不胜祷盼。祇叩
勋安！

张伯苓拜上

中华民国十五年十二月十日

致直隶教育厅厅长[①]

（1926 年 12 月 10 日）

敬启者：直隶教育自经省政府及我厅长设法维持，乃有以卷烟捐充作基金之指定，并有基金委员会之组织，甚盛！甚盛！敝校正值朝不谋夕之际，而忽得按月拨款消息，不啻已枯之草又复逢春，欣感直莫可名言。惟是敝校分月应领之补助，此后虽已有着，而分季补助尚有每年应领之五千元。同属命脉，所关久缺，亦将有不能支持之势。左右思维，不得已，拟恳请由基金委员会主持，按变通办法改分季为分月，前每季一千二百五十元者，兹每月不过四百十六元有奇。数本不多，匀洽尚非难事。厅长爱护敝校素具热心，幸祈特别关照，首先提议赞成，俾得如请施行，以维敝校命脉，实为公便。谨呈
直隶教育厅厅长。

天津南开学校校长张伯苓
中华民国十五年十二月十日

致张作霖[②]

（1926 年 12 月 18 日）

谨呈者：窃敝校大学部基金元年公债整理债券一百三十万元，每月例由盐余项下由财政部拨发息洋六千五百元正。今因盐余无多，不能按月拨给，敝校用款遂不能以之挹注。呼援无助，涸辙堪忧，拟吁请大帅附俯此衷，代恳潘总长、夏次长设法维持。或由关余项下筹措方法，俾得继续按月划拨，则莘莘学子得以安心向学，仰荷鸿慈实无涯涘矣。肃此，谨呈
大帅钧鉴！

---

① 时任厅长为张佐汉。

② 张作霖（1875—1928），字雨亭。时任安国军总司令，实际控制北洋政府。

张伯苓谨上

中华民国十五年十二月十八日

致直隶教育厅

（1926 年 12 月 18 日）

敬覆者：奉函诵悉。查敝校大学部图书馆主任系王君文山，并无五文山其人者。王君蓄志上进，现已辞去敝大学图书馆职务，前往美国留学，已于本月十日离津。为此陈复，希即察鉴转达，实为公便。顺颂

公祺，不庄。

南开大学校长张伯苓启

中华民国十五年十二月十八日

致蔡星五

（1926 年 12 月 20 日）

香港工商银行

星五先生赐鉴：

许久未领麈谈，驰念之至。比维履祉多绥，为颂为量！兹敬恳者：友人范君鸿畴，系天津永利制碱公司职员，现欲分赴各大区域，对于销碱情形有所调查。几时抵港，务乞特别关照，多予指教为荷。专肃介绍。祗颂

钧祺！

弟张伯苓拜上

中华民国十五年十二月廿日

致颜骏人

（1926年12月21日）

北京东城大取灯胡同

骏人先生赐鉴：

日前在京聆教甚畅。元年公债实关系敝大学部之命脉存亡以之，我公热心为敝校辅助盛谊，深感名心腑。昨承慨允代访潘总长一谈，请对于公债利息赶为设法维持，不知晤面后结果如何。顷阅报纸，见列强已有承认北部二五附税之意，果尔则敝校公债能否即蒙会同归于整理，在当道必有主张。我公如已探悉，敬请一律见示，至所企盼。祇叩

钧安！

张伯苓谨上

中华民国十五年十二月廿一日

致胡政之[①]

（1926年12月21日）

《大公报》馆

政之先生大鉴：

向承驾临参观敝校各部，藉聆雅教，至以为快。兹敬启者：敝校为提倡学术起见，曾有天津学术演讲会之组织，该会地址暂定在敝校女中学部礼堂，每二星期举行一次公开演讲。其详情已数披露于贵报，想已早蒙鉴及。本星期日（廿六日）下午二时为该会第三次例会，素谂先生于新闻事业研究有年，经验宏富，敬请届时莅会演讲赐教。顷派敝校社会视察委员会干事赵君漠野[②]趋谒台

① 胡霖（1889—1949），字政之，笔名冷观。四川成都人。时任《大公报》经理兼总编辑。

② 赵漠野（1903—？），浙江兰溪人。1926年南开大学毕业。

端接洽一切，尚希俯予延接是荷。专此，顺候
撰祺！

张伯苓拜启
中华民国十五年十二月廿一日

致言仲远

（1926年12月21日）

仲远先生大鉴：

接诵手谕，祗悉一是。令郎补习日本和文，敝校教员极愿前往教授。惟伊平日在校内担任钟点已多，每礼拜若再匀暇六次外出，似难办到。兹者有敝大学部学员玄君堪，原籍韩人，于日文日语极为精熟，以充教授绰有余裕。先生如有意聘约，苓可代为商订。此复，即希查酌见示为盼。敬颂
钧祺！

张伯苓拜上
中华民国十五年十二月廿一日

致袁潜之

（1926年12月22日）

潜之先生赐鉴：

日前得七先生仙游之耗，当由敝同人华君午晴代表趋唁，藉申悼忱，并将府上捐款事略陈梗概，想先生已经洞悉。承嘱开具已付及未结之款数清单，谨遵照附上，请查阅。再，七先生煤矿股票押款事，每至期满以先即由敝校肃函奉询，或回续，或续转，均听七先生指示，兹抄七先生亲笔信稿二件一并呈览。本年秋季在押期将满之前，敝校曾经肃函寄浙，未奉回音。嗣闻患病，又寄信问候一次，亦未见复。总之，股票押款至目下出息已属不少，我公为七先生办理身后，务请尽先将该项清理为盼。克骏公子等已回津否，念念。专此，

祇颂
期安！

附捐款清单一分，抄信稿二件。

张伯苓拜上

中华民国十五年十二月廿二日

致张玉星

（1926年12月22日）

东马路青年会

玉星先生鉴：

顷接来示及信稿，均读悉。信稿颇可用，请缮出盖章寄去。饶先生证明书亦附呈上，乞查收为盼。此覆。顺问
公安！

弟张伯苓上

中华民国十五年十二月廿二日

致潘馨航

（1926年12月24日）

北京财政部

馨航总长赐鉴：

敬启者：敝校原有基金元年公债共一百卅万元，历年赖得息以充经费：一，九十万元由民国十一年十月起，一，四十万元由十三年一月起，均由部从盐余中按月将息款拨发，俾资应用。库藏司皆有案可查。奈自十四年九月起至十五年十二月止，除在本年七月间曾领息一次外，余都积压未蒙发给。现在待用孔殷，敢乞特别关照，速予清拨，以济眉急。再，此项利息即学校命脉，非有着落不足以资存沃。以后无论或关余、或其他之有定入款，倘蒙将敝校基金

债券全数归入整理，使按月拨息不致有落空之虞，则经费可以维持，学校等于再造，感恩实无涯涘矣。祇叩
勋安！

张伯苓拜上
中华民国十五年十二月廿四日

致潘仰山[1]

（1926年12月24日）

青岛中国银行

仰山贤弟大鉴：

来函具悉。女中募捐事承在银行界多予为力，非常感激。谢谢！贵同事朱君夫人欲就敝女中学部教授，极端欢迎。惟查敝女校原有教习明年均不更动，一时并无空闲之位置。对于朱夫人借重，只好以后遇有机会再为奉达可也。此复。惟鉴谅是幸。顺颂
冬佳！

伯苓拜洳
中华民国十五年十二月廿四日

致张闵卿

（1926年12月24日）

闵卿县长钧鉴：

敬启者：敝校因建筑校舍地址不足，于民国十二年呈蒙前县长齐准予认租贵公署经管之八里台小圈地二段，计共四十八亩五分。惟彼时原租主系村民施万有、杨起祥二人，租限暂定十年。及施、杨二姓将地倒归敝校时，已在六年

① 潘世经（1897—？），字仰山，浙江杭县人。1917年南开中学毕业。后就职于中国银行。

之后，敝校自不得不继续计算。伏思敝校乃公益机关，非私人种养可比。现届更换租据之期，理合据情陈明，恳请贵县长查照施行，并请于附列条款内免去年限一条，实为公便。祇颂
勋安！

南开大学校长张伯苓谨上
中华民国十五年十二月廿四日

致潘馨航

（1926 年 12 月 27 日）

馨航先生赐鉴：

敬启者：敝校有租用县公产地二处：一民国十二年由村民施、杨二姓退让为建筑大学校舍应用，计四十八亩，至本年原年限届满，应换新租据。曾由校函县长及参事会，声明拟于换据时请准照原租，免去年限一条；一本年倒租八里台附近地一处，为附属小学扩充校舍及体操游戏场，计十六亩有奇，拟于立据时亦请准予不立年限一条。凡是琐琐，苓因与张闵卿县长不熟，未便直接商办，敬乞我公代向张县长一为恳托。无论如何，务请其俯念以上两地均系为公益租用，即予一律如请施行，是所切盼！祇颂
钧安！

张伯苓谨启
中华民国十五年十二月廿七日

致马寅初

（1926 年 12 月 27 日）

北京中国银行

寅初先生赐鉴：

接诵大函，欣悉台驾现拟南下，于本星期三日旌从过津，并莅八里台敝校

讲演赐教，全体师生等不胜欢迎之至。肃此致意。祗颂
钧祺！不备。

张伯苓拜启
中华民国十五年十二月廿七日

致王镜涵

（1926年12月28日）

青岛胶济铁路管理局

镜涵贤弟大鉴：

来函具悉。照片及草章名单均收到。诸弟本爱校精神组织同学会，藉以发达母校之精神，并可在社会间遇事互相提携，免致孤立无助，为益实非浅鲜，苓异常欣慰。乃者，复承设法代为女校募捐，稠谊厚情尤所欣感。兹检周刊及大、中学一览、同学录等出版各十本另包附上，到希查入是幸。此颂
近佳！

诸弟均此致候！不另。

贵会简章容登周刊通布，特此附闻。再，本校同学会章程向未寻得，容找出再为寄上。

伯苓拜泐
中华民国十五年十二月廿八日

致刘微垣

（1926年12月28日）

京奉路车务处运输课

微垣贤弟大鉴：

来函具悉。读马君履历，仆无任向往，极愿聘充教授，裨益青年，但一时尚无位置。容俟有须借重时，再为函达可也。此复。顺询

文祺！

伯苓手泐
中华民国十五年十二月廿八日

致傅霖

（1926年12月28日）

香山医院

傅霖弟鉴：

手书阅悉。小儿蒙一切照拂，感激之至，谢谢！吾弟领到协和医院证明书，证明无病，非常可喜。明年修业事嘱代询各节，业已照办，惟其中有许多碍难。盖我大学部自民国十五年秋从第一年级起实行新学制，学生四年课程均系规定者，无可变通，绩点制及随意选课一律废除。且本年一年级课程俱是全年学程，无半年学程。来函所谓今年半年学程尚属不知真相。寒假后吾弟欲返校继续修学，甚善！甚善！但事实上无学程可读。至七学期希望毕业一节，在事实亦恐无能办到。总之，吾弟欲返校读书，以明年秋为最合宜。所有代询种种情形，特据实以闻，尚希自加查酌为要。顺颂

时佳！

伯苓手泐
中华民国十五年十二月廿八日

致言仲远

（1926年12月28日）

仲远先生赐鉴：

钧函敬悉。敝校日语教员每星期抽暇三次前往一节，极应如嘱以副尊望，无如该教员在校任课钟点过多，委实无法匀暇再往他方授课。所有碍难应命之处，谨据情覆布，尚希格外见谅是幸。祇颂

大安！

张伯苓拜启
中华民国十五年十二月廿八日

致孙俊卿

（1926年12月30日）

三津寿丰面粉公司

俊卿先生惠鉴：

引企风范，维誉望益隆为颂。兹敬启者：现有敝校理科毕业生查良镕[①]，欲本所学就实业界增益谙练，极仰大丰宝号规模宏备，拟请准予假给一枝，藉资实习。千祈格外关照，俯赐栽培为荷。此恳。祇颂

大安！

张伯苓拜上
中华民国十五年十二月卅日

致张汉卿

（1926年12月30日）

汉卿先生赐鉴：

敬启者：顷接吉林毓文中学职员来函，谓该校因经费亏短问题行将停顿，浼苓代为设法维持。苓查该中学原系南开旧毕业生韩乃赓与初鹤皋二君以私人资格创办成立，已十有一载，毕业生已有七班之多。闻其毕业诸人有升北京各大学者，有考取留日官费生者，亦有考入海关及邮局任事者，成绩斐然，较诸官立各校有过之无不及。惟其经费除收学费外，每年仰赖官厅补助，计财政厅

① 查良镕（1905—？），字冶甫，浙江海宁人。1922年南开中学毕业，1926年南开大学毕业，后赴美留学。回国后在寿丰面粉公司任职。

吉洋八千四百元，教育厅全年四千元。讵至今年夏季财厅助款忽然停发，校中经济恐慌，遂有不能支持之势。现该校办事同人南开毕业生居多，故向苓呼吁。苓以该校尚有可扶助之价值，未肯坐视，惟力苦棉薄，援手莫由。左右思维，不获已惟有转恳我公代函吉林财政厅长一为说项，俾之对该校如旧补助。钧座素热心教育，想必邀一视同仁也。肃此，不胜代祝代祷之至！祇叩
勋安！

张伯苓拜上

中华民国十五年十二月卅日

致张言森

（1926年12月31日）

河东粮店街邱家胡同

言森先生大鉴：

来函敬悉。阁下于高等数学既深有研究，出任数学教员自必绰有余裕。但敝校一时尚无位置。特此奉覆，惟鉴谅是幸。祇颂
台安！

张伯苓拜启

中华民国十五年十二月卅一日

致屈用中[①]

（1926年12月31日）

日本东京青山高树町三番地宫元方

用中贤弟鉴：

东瀛迢递，阔别多时，对渍学之前途初不知进行奚若，方拟觅海鸿片羽，

① 屈端，字用中，浙江临海人。1926年南开中学毕业，后赴日本陆军士官学校留学。

藉为近况之探询。讵遥企扶桑，忽传芳讯。披瑶函而展诵，欣奋勉以勤求。体健有加，学补无缺，转瞬士官就业，材砺干城。上时岁龠更新，厘延琴剑，祝鹏程万里，庆阳朔千祥。诸惟亮查，伫看
进步！不一。

张伯苓手泐
中华民国十五年十二月卅一日

附：屈用中致张伯苓（1926年12月23日）

安徽蚌埠围治街一〇四号

校长先生函文：

敬肃者：叩别道范，倏经半载；仰怀清仪，慕念时深！生自离母校后，即于七月三日东渡日本，先在朝鲜与西京小住，后来东京。顷定明年入士官学校，现则尚在成城学校补习日文也。生自离校以来，颇觉处世求学能自主自持，猛求进步，于此方感侍教长，饱受陶冶而受益于不自觉也！

生现在住一日人家中，一切尚蒙优待，身躯粗健，学业亦勉求继续前进，请舒垂念！春秋如朝夕，转瞬岁残，特书数行，藉叩新禧也！专肃，敬上
谨祝
教安！

学生屈端 再拜
十二月廿三日

致沈云浦

（1927年1月4日）

云浦先生台鉴：

接奉来函，诵悉种切。查贵学生世安曾于阳历年前十二月廿八日持函一封，向敝校训育课及斋务课两处请假。该信系阁下具名并盖有名章，信文内开：“敬启者：初三学生沈世安现因其兄完婚，拟请假一周，事毕仍回校上课，希望照准是荷。此致，训育、斋务课公鉴”云云。敝校接此信后，见与本校章程告假手续相合，当即准假，并为慎重起见，于贵学生离校后即由斋务课具函声报贵

家长知照，想此时早经达览矣。敝校所设管理规则，无论是何学生，均不容稍有逾越。告假之事向以家长盖章信或保人盖章信为凭，多年并无更改。此次贵学生请假离校，既有阁下具名盖章信函，于应有手续不差，敝校自无不准假之理。至贵学生假后离校是否在中途改易方向，伊自有权，敝校实无法负责。此复。惟贵家长亮鉴是幸。顺颂

大安！

贵学生请假信现存校，尊处欲阅，请来信，当必寄往也。

南开学校校长谨启

中华民国十六年一月四日

（南开大学档案馆藏）

致张仲平

（1927年1月7日）

仲平先生赐鉴：

许久未领麈谈，驰慕之至。比维履祉增绥，为颂无量！张叔诚君助敝中学部万元，由先生说项之力，感激五内，至今难忘。敬谢！敬谢！敝校艰窘状况，刻以大学部为达于极点，而尤不若女中学部因工程亏款为累，势将不能支持。现在朝不谋夕，急待救济。尊捐之半数如能于日内设法清拨以拯燃眉，感惠尤无涯涘。肃此，不胜盼祷待命之至。祗颂

钧安！

张伯苓拜上

中华民国十六年一月七日

（南开大学档案馆藏）

致潘馨航

（1927 年 1 月 11 日）

北京财政部

馨航总长赐鉴：

敬启者：前在津晤教，对于公债拨息事，蒙慨允设法办理，欣感无量。敝校当此水尽山穷之际，待先生救济正如将枯小草盼春风消息，以苏冰雪余生者，其情形至为迫切。无论如何，请我公特别予以维持。肃此，不胜叩祷翘企之至。祗颂

勋安！

张伯苓拜上

中华民国十六年一月十一日

（南开大学档案馆藏）

致张效良

（1927 年 1 月 11 日）

直隶教育厅

效良先生赐鉴：

敬启者：敝校每年经费蒙省政府补助，除月款外尚有季款一项，分春、夏、秋、冬，各给一千二百五十元。前因久未拨发，待用孔急，不得已于十五年十二月十日肃上一械，请将该款归由基金委员会主持，按变通办法改分季为分月，每月计不过四百十六元有奇。为数无多，按月随同月款一并匀给尚非难事。转移之惠，爱护敝校如先生，定邀如请施行，尚乞即日以德音示我为盼。祗颂

勋安！

张伯苓拜上

中华民国十六年一月十一日

（南开大学档案馆藏）

致颜骏人

（1927 年 1 月 13 日）

北京东城大取灯胡同

骏人先生赐鉴：

日前在京趋叩崇阶，当将敝校现在一切状况详达钧听，所有困难仰待救济之处想已辱蒙鉴悉。顷因报载，日前发表命令，有附加税即日进行征收，并为分别指充筹备裁厘及整理内外债等用消息。果尔则敝校基金公债券可否同时即得归入整理案内，惟希我公鼎力，勿令向隅。至所企盼。苓两三日尚拟赴京一行，先此肃函上恳，敬乞查照是幸。祇颂

钧安！

张伯苓谨上

中华民国十六年一月十三日

（南开大学档案馆藏）

致刘瑞亭

（1927 年 1 月 13 日）

瑞亭先生赐鉴：

敬启者：兹有友人询问本津电车电灯公司营业情形，请费神将贵公司各种章程及其它报告书等件检赐全分掷下，至所感盼。肃此拜恳。顺颂

近祺！

张伯苓拜上

中华民国十六年一月十三日

（南开大学档案馆藏）

致颜骏人

（1927 年 1 月 14 日）

北京东城大取灯胡同

骏人先生赐鉴：

日前肃上一椷，想已仰蒙青及矣。苓现拟于本星期日，即一月十六日，随上午早车赴京，仍住施家胡同北京旅馆。先生是日若能匀暇俯赐一晤，请将时间酌定，电达旅馆，俾便遵照。至所感荷。祇颂

钧祺

张伯苓谨上

中华民国十六年一月十四日

（南开大学档案馆藏）

致潘燕荪

（1927 年 1 月 14 日）

北京镇威〈军〉三、四方面军团司令部

燕荪贤弟大鉴：

启者：本星期日，即一月十六日，仆偕同华午晴先生随上午早车赴京，仍住施家胡同北京旅馆。是日下午二钟，拟与吾弟一晤，有要事相商。即请届时移玉旅馆，俾便握叙。至盼至盼！预此奉约，顺颂

文祺！

伯苓拜泐

中华民国十六年一月十四日

（南开大学档案馆藏）

致魏菊峰

（1927年1月15日）

胶济路机务处

菊峰贤弟大鉴：

来函具悉。承询天津电车电灯公司营业各情形，兹遵嘱将该公司报告书一本寄上。至其它各章程，俟苓与该公司索来后再为奉上。女中募捐事诸多费神，非常感激，谢谢！此复。顺颂

台绥！

伯苓启

中华民国十六年一月十五日

（南开大学档案馆藏）

致顾少川

（1927年1月15日）

北京东城铁狮子胡同

少川总理赐鉴：

敬启者：敝大学自成立以来，关于经济问题，蒙我公为力甚多，至今铭感弗忘。敝校本私立性质，基础薄弱，为钧座所素知。每年经费除些学费外，惟恃有基金元年公债整理债券一百卅万得息以为应付。息由财政部饬汇理银行从盐余项下按月拨发，已历数年之久。迩因盐税方面收入不丰，难敷分配，竟将应拨息款积压多月，至敝校经费无着，大有弗克支持之势。欲为设法救济，而总苦于莫由。

兹者览阅报章，得悉中央颁发命令，即日进行二五附加税，所得之款除分充各要用，余尽以之整理内外债。果尔则苓拟即恳请我公特别援手，准予饬部将敝校基金公债百三十万同时归入整理案内，另指拨息。俾按月可得，藉以存

活，实属莫大之惠。肃此，不胜祷盼。祗颂
勋安！

张伯苓拜上
中华民国十六年一月十五日
（南开大学档案馆藏）

致张汉卿

（1927 年 1 月 15 日）

汉卿先生赐鉴：

敬启者：敝大学向有基金元年公债整理债券一百卅万元，按月由财部从盐余拨息以充校用。近因盐余不敷分配，欠息多月，校费无着，势不能不别为设法以图救济。现二五附税已见命令进行，敝基金公债可有同归整理希望，总理及财部方面但得我公代为说项，定能达到目的。事关维持教育命脉，并以公对敝校素极热心，故敢不揣冒昧，肃函上恳。无论如何，千祈鼎力一为成就。至所祷盼。祗颂
勋安！

附节略一件。

张伯苓拜上
中华民国十六年一月十五日
（南开大学档案馆藏）

附：节略

敬略陈者：窃敝天津南开大学校性属私立，基础本极薄弱，每年经费惟恃有基金元年公债整理债券一百卅万元得息，以为应付。查是项息款历由财政部饬汇理银行从盐余项下按月拨发，近因盐税不丰，难敷分配，遂将应拨息款积压多月，致敝校经费无着，大有弗克支持之势。顷闻中央新颁命令，即日进行二五附加税，得款除分充各要用，余尽以整理内外债。似此情形，拟恳大力代请顾总理准将敝校基金公债一百卅万，同时归入整理案内，另指拨息，以维校款。出自逾格关爱，谨此略陈。伏候惠赐如请施行。

致尹宣雍

（1927年1月17日）

江西赣州南市街八号

宣雍贤弟鉴：

来函具悉。嘱代介绍之事，目下时局尚未大定，前往似有未便，只好迟迟再说。至赴六河沟一节，明春是否交通准能恢复，未可预料，亦惟有临时再看可也。本校一切尚称平顺，惟经济方面困难异常，现正设法极力维持，承询特以附闻。复颂

文祺！不备。

伯苓手泐

中华民国十六年一月十七日

（南开大学档案馆藏）

致张汉卿

（1927年1月20日）

汉卿先生赐鉴：

顷奉惠函，诵悉一是。学生吴宝忠先曾在敝校中学部毕业，嗣又升入大学，本应今年肄业期满，因尚有数门功课未曾补齐，须明年六月间方能毕业。该生成绩尚好，品行亦颇不劣。其家供给伊读书，闻近来极为勉强。谨此布达，即希查鉴是幸。祇叩

伟安！

张伯苓拜上

中华民国十六年一月廿日

敬再启者：敝校基金公债一百卅万，向由财部从盐余项下按月拨给利息六

千五百元，以充校中经费。今则积欠多月，未蒙发给。校费无着，势将不能支持。现旧历年关在迩，众债猬集，尤属无法应付。不得已，拟请我公代为维持，鼎力向顾总理、汤总长说项。无论如何，务于日内将息款匀拨，以济眉急。至所祷盼！

伯苓谨又及

（南开大学档案馆藏）

致顾少川

（1927 年 1 月 20 日）

少川总理赐鉴：

敬启者：敝校基金公债一百卅万，向由财政部按月从盐余项下拨给息款六千五百元，以充校中经费，现已多月积压，未蒙发给。校用无着，恐慌万状，兼之旧历年关在迩，众债猬集，尤苦无法应付。不得已，惟有恳乞大力特别维持。久感我公对敝校备极热心，际兹水尽山穷，敢请迅饬财政部即日将息款匀拨一二个月赐下，以济眉急。至所祷盼，祗叩

勋安！

张伯苓拜上

中华民国十六年一月廿日

（南开大学档案馆藏）

致汤尔和[①]总长

（1927 年 1 月 20 日）

尔和总长赐鉴：

---

① 汤尔和（1878—1940），浙江杭州人。早年留学日本。辛亥革命时被各省都督代表会议推为临时议长。1922 年后，曾任北京政府教育总长、内务总长、财政总长。抗日战争爆发后，出任伪职。

敬启者：敝校有基金元年公债整理债券一百卅万元。一，九十万，自民国十一年十月起，一，四十万，自十三年一月起，均由大部饬汇理银行从盐余项下按月拨给息款，俾资应用。库藏司皆有案可查。近者积压多月未蒙发给。敝校经费无着，恐慌万状。现以旧历年关在即，众债猬集，尤苦无法应付。不得已，恳乞我公特别关照，格外维持。即一时难尽补拨，亦请设法先匀给一两个月息款，即日赐下，以济眉急。至所感荷。肃此，不胜企盼。祇颂
勋安！

张伯苓拜上

中华民国十六年一月廿日

（南开大学档案馆藏）

致王镜涵

（1927年1月22日）

青岛胶济路局

径复者：接奉大函，附汇票一纸，嘱购十五年秋同学录四十本，理应照寄。惟该录现在所余无多，恐不敷用。兹奉上十本，请代转诸贤弟传阅，并希鉴谅是幸。再，寄来汇票一纸，随邮附上，请察收。顺颂
台祺！

伯苓启

中华民国十六年一月廿二日

（南开大学档案馆藏）

致梁燕荪[1]

（1927年1月30日）

燕老先生赐鉴：

接奉手谕，并张雨帅[2]赐书，均敬领悉。政治讨论会会员一席，既承见委，理应遵照。惟是苓自前清办学以来，早与严范老约定，终身教育，不入政界。故年来虽屡有入政界机会，而均未敢承认。良以信约为人生最重之事，稍一不顾，既不免贻人讥笑，且自问于政治方面毫无知识之可言，欲冒然应命，无乃不量太甚，谨布区区。敢乞我公鉴谅。安国军总司令聘书一件，原件谨璧，附请费神代转，并为婉致谢忱外，敬复雨帅函一械，亦请随同上达。肃此叩恳，覆颂

钧祺！不备。

附原聘书一件、复函一件。

张伯苓拜上

中华民国十六年一月卅日

（南开大学档案馆藏）

附：致张雨帅

雨帅钧鉴：

谨禀者：顷由梁燕荪先生奉到赐书，以政治讨论会会员见委。捧读之余，极感逾格宠爱，理应敬谨承认，藉答盛意于万一。无如苓自前清时办学以来，早与严范公约定，终身教育，不入政界。故频年虽政府屡有以要职见畀之事，均经婉却。并非托不慕荣禄为名高，良以有约在前。食言之人，为古今中外所唾弃，故不敢轻出乎此。且抚躬自问，素对政治方面绝无分毫知识，即令勉为应召，而将来鲜所建白，亦必致贻有辜委任之名。用是反覆思维，不得已，惟有恳请帅座俯谅下情，准予收回聘书，不以方命见罪，幸甚！幸甚！祗叩

勋安！

---

① 即梁士诒。

② 指张作霖。

张伯苓拜上
中华民国十六年一月卅一日
（南开大学档案馆藏）

致周作民

（1927年2月9日）

北京金城银行

作民我哥赐鉴：

桃符焕彩，岁又更新。想台端益多佳况，至为颂慰。兹敬恳者：现有华生俊驰，系敝校同人华君午晴之次公子。午晴在敝校卓著勤劳，刻因此子旷闲，颇以为忧。弟思为之成就，而苦于门径太少，左右思维，不得已，惟有代请我哥特别关照，一为安置。无论在贵京行或津行或四行储蓄会，但得匀假一枝，均无不可。该生先亦曾在敝中校肄业，嗣归天津永康银号及山东工商银行练习。自山东行停业，乃赋闲居。素行极守规矩，倘蒙栽培，弟愿为担保一切。专此，不胜叩祷待命之至。祗请

春安，并贺

新禧！不一。

附履历片一件。

弟张伯苓拜上
二月九日
（南开大学档案馆藏）

附：周作民复张伯苓（1927年2月11日）

伯苓先生台鉴：

久违雅教，驰念良深，献岁以来，想筹祺佳胜，必如□颂。承嘱华君事敬悉，目下敝行员额已满，一时暂难位置，俟有机缘，当为设法也。先此布复，即颂

公安！并贺

新禧！

作民

十六、二、十一日

（上海市档案馆藏）

致直隶交涉公署

（1927年2月10日）

敬复者：接奉大函，祗悉一是。女生顾如赴美留学，所呈保结系注明伯苓担保一切，实有其事，并无假冒。即希查照，准予备案为荷。此致

直隶交涉公署。

张伯苓谨启

中华民国十六年二月十日

（南开大学档案馆藏）

致范静生

（1927年2月13日）

北京中华教育文化基金会

静生先生赐鉴：

前奉大函，诵悉一是。我会对于北京图书馆征集之建筑图样，为表示大公起见，特组委员会主检视图稿合格与否，办法甚当，极表赞同。事关为公服务，蒙以委员见委，非所敢辞，谨当承认。此复。即希查照是幸。祗颂

钧安！

张伯苓拜启

十六年二月十三日

（南开大学档案馆藏）

致张效良

（1927年2月17日）

效良先生赐鉴：

顷奉手谕，敬悉一是。邵生士荫插班考试既未能及格，而仍欲来敝校随同肄业，只可作为附学生。附学听讲与正科无异，至期考时，果无不及格门类，即可归入正科。惟在附学期中，学费须照章倍纳。即请费神转致该生家长酌夺为荷。此复。祗颂

钧安！

张伯苓拜启

十六年二月十七日

（南开大学档案馆藏）

致严慈约

（1927年2月17日）

北京西城武定侯胡同

慈约仁弟大鉴：

手书及娄公函均经诵悉。宋宗朴先生既属东南大学文学士，并在江西法校有教授经验，其对于政治经济学业饶有精诣可知，若奉为师资，自当裨益青年不浅，敝校极端欢迎。奈目下尚无位置，只好俟有机缘，再行奉约。所有一时未能借重情形，特此据实复闻，希查照，并希转致，请为鉴谅是幸。此颂

春祺！

娄公函附缴。

张伯苓拜启

十六年二月〈十七〉日

（南开大学档案馆藏）

致天津电灯电车监理处

（1927年2月21日）

意奥交界二庆里七号

敬复者：顷接大札，得悉贵处奉省长令监理天津电灯电车事项，并筹画收赎手续。事关地方挽回利权要举，积极办理，伯苓极表赞同。嘱于本月廿一日，即今日下午三时前往一节，极愿遵照。无如敝大学部今午后适有开重要校务会议之规定，非苓在场不可，届时恐弗克抽身。似此情形，不得已只好据实复闻，嗣后如有必须垂询之事，但能匀暇，自当趋命不误也。谨致

天津电灯电车监理处。

张伯苓拜上

十六年二月廿一日

（南开大学档案馆藏）

致齐璧亭[①]

（1927年2月21日）

璧亭仁弟大鉴：

手书具悉。刘诵青君与弟函中将马俊和弟略历叙述极清，披阅之余，极愿延聘，藉为教授德文及生理卫生方面之臂助。但一时苦无位置，而下学期亦不敢预定。嗣后无论何时遇有机缘，再为奉达可也。此复。即希代为致意。顺颂春绥！不备。

刘君函附缴。

伯苓手泐

中华民国十六年二月廿一日

（南开大学档案馆藏）

① 齐璧亭（1885—1968），名国梁，直隶宁津（今山东宁津）人，中国著名教育家。时任直隶第一女子师范学校校长。

致任叔永

（1927年2月21日）

中华文化基金会[1]

叔永先生赐鉴：

顷奉惠函，敬悉种切。台端为本届科学教员暑期研究会事偏劳筹备，诸多费神，热心促进我国科学前途于此可见一斑。佩佩！敝校对于是项研究会主任一职，拟请邱宗岳君担任。谨以奉闻，即希查照是幸。此复。祇颂

大安！

张伯苓拜启

中华民国十六年二月廿一日

（南开大学档案馆藏）

致张贻惠[2]

（1927年3月1日）

北京师范大学

敬复者：接奉大函，诵悉一是。贵校体育系现设童子军一科，拟约章辑五先生每周担任教练一次，为时甚为有限，理应如命。无如敝校所有专职人员在校中负责甚重，例不能外兼钟点。且章先生为敝校体育卫生主任，筹备体育卫生各要务，合大学及男、女两中学等部，事极繁多，几于无时不忙，抽身实有未得。贵童子军成立伊始，如对教练有未甚明了处，章先生有时到京，尽可代为演讲也。此复。诸惟亮鉴。并颂

① 应为“中华教育文化基金董事会”，张伯苓有时写作“中华文化基金会”或“中华教育文化基金会”。

② 张贻惠（1886—1946），字少涵，安徽全椒人。时任北京高等师范大学校长。

公绥！不一。

弟张伯苓拜启
十六年三月一日
（南开大学档案馆藏）

致张汉卿

（1927 年 3 月 7 日）

北京镇威军三、四方面军团司令部

汉卿先生赐鉴：

久隔云麾，无任神驰之至。

兹谨启者：吉省二月十四日晚，日官请我国军警会捕集会韩侨，曾有苓素知无他之敝大学毕业生金一秉（现充吉林毓文中学教员），与笃信宗教、归化中国之晏彰昊君在内。及翌日，释放多至百卅名，而金、晏依然拘留。计目下未放者，共数尚四十有二。闻日本更借口赤化，将有所引渡而甘心。此等欲灭绝韩种之意极为显然，苓对此深感拯救乏术，不得已拟请我公设法代吉省当局，请念国体攸关，万勿许日人引渡。且如查无确实赤据，即一律释放，免韩侨负久羁之苦。如是，则胜国余氓均感公生生大德于不朽矣。专肃代恳，不胜祷盼。

祇颂

捷安！

张伯苓谨上
十六年三月七日
（南开大学档案馆藏）

分致莫柳忱[①]省长、杨邻葛[②]总参议

（1927年3月7日）

奉天省长公署
北京探投

柳忱先生、邻葛先生赐鉴：

久企勋范，时切钦迟。敬维威望日隆，为颂无量。令侄读书颇知用功，品行亦佳，学业日来极有进步，体育亦好，藉以告慰。

兹谨启者：吉林于本年二月十四日晚，军警捕集会韩侨甚伙。翌日释百卅人，余四十二人，至今犹在拘禁之中，想钧座早有所闻。惟查此次韩侨被捕，实由日本官员指告所致。伊更假“赤化”二字欲引渡，其志所欲得者而甘心。苓与韩人相识本素寥寥，惟对其中之南开大学毕业生金一秉（现充吉林毓文中学教员），与夫笃信宗教、归化中国之晏彰昊君，苓均知其素无过激行动，极愿为二人代请开释，且愿请将查无确实赤据者一律矜免，勿许日人引渡，用存国体而广慈仁。区区之意，不揣冒昧，拟恳我公推爱，逾格代向张辅帅[③]陈之。倘蒙如请施行，则凡彼韩侨均感生生之德于不朽矣。祗叩

伟安！

张伯苓谨上
十六年三月七日
（南开大学档案馆藏）

---

① 莫柳忱，名德惠（1881—1968），字柳忱，黑龙江双城人。历任玢江知县、国民政府农商部总长、中东路督办兼中方全权代表、参政院主席、宪法实施委员会主席等职。原信有如下题注：“此乃二封信，因意同，故书一处。”

② 杨邻葛，名宇霆（1885—1929），原名杨玉亭，字凌阁，后改字邻葛，祖籍河北省滦县，生于奉天省法库县。1906年留学日本士官学校，归国后进入军界，历任东三省巡阅使、安国军总参议、奉军第四方面军军团长等职。

③ 张辅帅，对张作相（字辅忱）的尊称。

致张辅帅（吉督）

（1927年3月7日）

北京花园饭店

辅帅钧鉴：

云麾遥企，驰慕良殷。敬惟勋卓范韩，边围蒙福，为之佩颂无量。兹谨启者：本年二月十四日晚，贵军警曾捕集会韩侨甚伙，翌日已蒙省释百卅人。尚有四十二名未放，闻系因日员指告有赤化嫌疑之故。苓与韩人相识素本寥寥，惟其中有金一秉一名，系敝大学毕业生，现充吉林毓文中学教员，苓素知其无他。至于晏彰昊，归化中国已久，笃信宗教，亦闻绝无过激行动。敢乞特别关照，准将金、晏二人即予恢复自由。余倘无赤化确实证据，亦望曲予矜全，一律开释，用大我公茂育之仁。其日员要求引渡者，意极叵测，千祈体恤，勿予照办。盖韩侨既归我国体攸关，断无日人任意摧残之理。区区鄙见，统惟亮查，不胜代叩代祷之至。祗颂

伟安！

张伯苓拜上

十六年三月七日

（南开大学档案馆藏）

致张辅帅

（1927年3月9日）

辅帅赐鉴：

敬启者：昨上一械，为被捕之韩侨金一秉、晏彰昊二人声明无他，计已仰达典签矣。惟当函发未久，即接得金等电报，谓皆已仰蒙省释。闻之不胜代为感德。谨此再肃奉布，藉鸣谢悃。即希查鉴是幸。祗颂

勋安！

张伯苓谨上
十六年三月九日
（南开大学档案馆藏）

致张汉卿、莫柳忱、杨邻葛[①]

（1927 年 3 月 9 日）

先生赐鉴：

敬启者：昨上一槭，请代被捕之韩侨晏彰昊、金一秉二人声明无他。此函计已仰达钧览矣。惟当函发未久，即接得金等电报，谓已皆蒙省释。闻之不胜代为感激，谨此再函布悃。所有辱承转致费神之处，苓与该韩侨等均敬鸣谢不尽。祇颂

勋安！

张伯苓谨上
十六年三月九日
（南开大学档案馆藏）

致袁潜之

（1927 年 3 月 11 日）

河东特二区鸿安里

潜之先生赐鉴：

敬启者：煤矿股票四行储会渴望回赎，客岁年关既未能办到，今年四月六日又复满期。先生如已将赎款备齐，甚善！甚善！否则现距满期已不甚远，务请我公赶为设法一措，以便届期准为清理。至所祷盼。祇颂

钧安！

① 此信原文有如下题注：“每人一封，因意同，故书一处”。

张伯苓拜上
十六年三月十一日
（南开大学档案馆藏）

致张效良

（1927 年 3 月 11 日）

教育厅

效良先生赐鉴：

顷奉惠函，敬悉一是。路君荫柽既在英国留学化学科毕业，其科学知识必有卓越常人处，若聘充教授，自当裨益青年不少。惜敝校一时尚无位置。谨此据实奉复，仰惟鉴谅是幸。祇颂

钧安！

张伯苓拜上
十六年三月十一日
（南开大学档案馆藏）

致吕晋珊

（1927 年 3 月 11 日）

北京海军部军衡司典制科

晋珊砚兄惠鉴：

正切怀思，忽奉朵云，欣悉台候多绥，为颂无量。冯式权兄学业甚优，今夏毕业后，倘聘以充中学教员，裨益青年自必不少，弟非常欢迎。惜本年暑假后，敝中学理化教员预计尚无可更动，其借重冯兄一节，亦只好俟诸异日耳。此复。统惟鉴谅是幸。祇颂

台安！

弟张伯苓拜启

十六年三月十一日
（南开大学档案馆藏）

致杨豹灵[①]

（1927年3月12日）

顺直水利委员会

豹灵先生赐鉴：

敬启者：敝校现为使学生了解社会现状起见，特有社会视察委员会之组织。而举办此事最需要者，惟天津地图。查此项地图，坊间虽有出售，或陈旧不堪，或错谬孔多，实无一可用者。闻贵会现存有制就新测之天津详细地图，未审可否匀给数分以资应用。倘蒙慨予见惠，则铭感无极矣。祗颂

钧安！

弟张伯苓拜上
十六年三月十二日
（南开大学档案馆藏）

致严慈约

（1927年3月14日）

慈约仁弟大鉴：

来函具悉。冯志青先生令郎欲来敝校充任教席，敝校极端欢迎。惟预算本年暑假后，敝校关于理化方面教员尚无应行更动之处，荐冯兄借重一时实难如愿，亦只好俟诸异日耳。诸惟鉴谅是幸。此复。即颂

文祺！

---

① 杨豹灵（1886—1966），江苏金山人。上海中西书院、苏州东吴大学毕业。1907年赴美留学。时任顺直水利委员会技正。

附缴来函一件，履历单一纸。

张伯苓拜泐

十六年三月十四日

（南开大学档案馆藏）

致范濂卿

（1927年3月14日）

北京东皇城根中法大学服尔德学院

濂卿我弟鉴：

手书具悉。报纸所载南开学校被搜查并捕去学生各节，均非事实，业函各报馆俾为更正。辱承关注，感谢！感谢！此复。并颂

日祺！

伯苓拜泐

十六年三月十四日

（南开大学档案馆藏）

致张效良厅长

（1927年3月14日）

教育厅

效良厅长赐鉴：

敬启者：敝校有初级中学班第一年第九组学生郑道隆一名，现年十七岁，直隶临榆县人。又，初级中学班第一年第五组学生凌昂一名，现年十六岁，江苏泰县人，前财政部凌次长文渊之令郎，均在校中住宿。只因上星期六日下午校中照例休课，该二生偕同外出，及至晚间皆未归来。据传闻系被军警督察处捕去拘押。敝校得信不胜为之愕然。查该二生年岁皆未及冠，而又素有家教之子，谅不致有大越轨行为。乃顷者复有传言，谓伊等皆有赤化嫌疑，并经查出

证据，将会同贵厅惩办云云。此等传说是否属实，在敝校原不得而知，但事既出于有因，自不得不请我公设法一为营救。该二生去童年未远，即使有罔顾忌讳之处，亦属无知可悯。无论如何，务乞关照逾格，俾伊等即日蒙释，用广慈仁，至所感盼。祗叩
钧安！

张伯苓拜上
十六年三月十四日
（南开大学档案馆藏）

致潘馨航

（1927 年 3 月 14 日）

北京毛家湾

馨航总长赐鉴：

敬启者：敝校有初级中学班第一年第九组学生郑道隆一名，现年十七岁，直隶临榆县人。又，初级中学班第一年第五组学生凌昂一名，现年十六岁，江苏泰县人，前财政部凌次长文渊之令郎，均在校中住宿。三月十二日（上星期六日）下午校中照例休课，该二生偕同外出，及至晚间皆未归来。据传闻系被天津军警督察处捕去拘押。敝校得信不胜为之愕然。乃顷者复有传言，谓伊等皆有赤化嫌疑云云。此等传说是否属实，敝校无从探询。但该二生年岁皆未及冠，又皆素有家教之子，该不致有越轨行为。即使有罔顾忌讳之处，亦属无知可悯。敢乞我公设法一为营救，俾伊等即日得蒙释放。至所感盼。祗叩
钧安！

张伯苓拜上
十六年三月十四日
（南开大学档案馆藏）

致张铁群参谋长

（1927 年 3 月 15 日）

义租界三马路卅七号

铁群参谋长钧鉴：

敬启者：敝校有初级中学班学生郑道隆、凌昂二名，于上星期六日下午偕同外出，被军警督察处捕去，拘押至今，尚未释放。苓为此事日前曾恳潘总长馨航营救。据复电，谓已代向我公先容嘱苓趋府面谒一谈底细。惟未审我公几时可以匀暇，敬请酌准电示，俾便遵照。敝校电话号数六四九，谨附以闻。统希查鉴是幸。祗叩

勋安！

张伯苓拜上

十六年三月十五日

（南开大学档案馆藏）

致郝更生[①]

（1927 年 3 月 15 日）

北京清华大学

更生先生大鉴：

手书诵悉。三月廿一日尊处举行去年冬季球类比赛给奖大会，鄙人极愿往与其盛。所惜上星期六日，即三月十二日下午值敝校照例休息，有初级中学班学生二人，一名郑道隆，一名凌昂，偕同外出，至晚未归，传闻被天津军警督察处捕去拘押，竟指以为有赤化嫌疑。至究意所因何故，迄今无从探询，刻正

① 郝更生（1899—1976），江苏淮安人，体育教育家。1925 年毕业于美国春田大学。时任教于清华大学。

在设法营救中。苓一时实抽身不得，所有未能趋命缘由谨覆以闻，即希查鉴，并多予见谅是幸。祗颂
台安！

弟张伯苓拜上
十六年三月十五日
（南开大学档案馆藏）

致张汉卿

（1927年3月16日）

北京光明殿镇威〈军〉第三、四方面军团司令部

汉卿先生赐鉴：

顷奉手谕，诵悉一是。承询敝大学部学生李威廉[①]品行学绩，现已遵照查得。该生品行平平，学绩亦不甚优美。本学期并未到校。谨此据实覆闻，仰惟查鉴是幸。祗颂
勋安！

张伯苓拜启
十六年三月十六日
（南开大学档案馆藏）

致中华图书馆协会董事部

（1927年3月16日）

北京北海公园

敬复者：接奉来函，诵悉一切。承嘱推举中华图书馆候选董事十人，业已

① 李威廉（1909—？），辽宁抚顺人。1926年入南开大学预科肄业。

遵照推定王正廷、熊希龄、蔡元培、洪有丰、沈祖荣、陶知行、高仁山[①]、周诒春、陈宝泉、马君武诸先生，即希查照是幸。此致
中华图书馆协会董事部。

张伯苓启
十六年三月十六日
（南开大学档案馆藏）

致郝更生

（1927年3月17日）

北京清华学校

更生先生大鉴：

顷奉电谕，敬悉开会时间可为鄙人迁就，鄙人极感诸公之恳诚。无如身以事牵，届期无法摆脱，委属实在情形。欲趋命而未能，殊中怀为抱歉。惟望爱我者更有以谅我也。此复。祇颂
公绥！

弟张伯苓谨启
十六年三月十七日
（南开大学档案馆藏）

致张轶群

（1927年3月18日）

省公署

轶群参谋长赐鉴：

① 高仁山（1894—1928），名宝寿，江苏江阴人。1914年南开中学毕业，后留学日本和美国，获美国哥伦比亚大学硕士学位。1923年回国后任北京大学教育系教授兼副系主任，后兼任系主任，并创立北平艺文中学。

日前趋谒，获领麈诲，钦佩曷极。敝校学生郑道隆、凌昂二人仰托大力，闻已一律蒙释，非常感激。谢谢！三月二十日即星期日，倘钧驾可以匀暇，拟敬请惠临南开敝中学部参观指教。时间在下午一钟余，或七钟许，均无不可。届时当由敝校恭备便酌，藉资畅叙。我公酌准时后并望预为电示，俾便欢迎。至所企盼。附上敝大学、中学一览各一份，并小册二本，请令公子一阅。统希查鉴为荷。祗颂
勋安！

张伯苓拜上
十六年三月十八日
（南开大学档案馆藏）

致黄勖志

（1927 年 3 月 19 日）

广东江门紫泥四圣宫庙旁勖新初级女子师范学校

勖志女士鉴：

来函阅悉。去年所寄大札早经收到，只因校务忙迫，无暇答复，至今犹为歉然。兹得报告，又组成一勖新初级女师范学校并附属小学校，极见对于教育热心不怠，非常钦佩。售书生意亦较前兴旺，具征运筹得法。招生章程甚周妥，学科亦应有尽有，将来学者定当受益不浅。而校务之日见发达，自可不卜而知。苓不胜为前途贺。续有佳况，仍望时以告我。此复。即颂
进步无量！

伯苓手泐
十六年三月十九日
（南开大学档案馆藏）

致刘大钧[①]

（1927 年 3 月 21 日）

北京清华

敬覆者：接奉惠函，诵悉一是。为建筑清华同学会所组织筹募基金委员会，鄙人始终赞成。兹承示已告就绪，极为欣贺。所惜琐务缠身，不获共诸君分担进行劝募，惭愧之至。惟格外鉴谅是幸。此复。祇颂

大钧先生台安！

张伯苓拜启

十六年三月廿一日

（南开大学档案馆藏）

呈教育部文

（1927 年 3 月 24 日）

为呈报事：窃敝校未领得部发文凭学生，有未经过本省教育厅甄别而已在本校应过第一次期考者，前曾经由敝校具函大部，请予特别通融，照应过厅考者一例相视。当承姑准如请通过，送部备案，出自惠爱逾格。该生等非常感激。兹除将本学年入校新生第一学期成绩造具清册，并附评定考试成绩章程一纸，与各该生早先投交之在他校所得毕业证书五十三张、修业证书廿一张、证明书十一张，续投交之赵松龄、史扬美、曲有诚、李文坚、张孟令、汪康里[②]、陈翰香、王雍劼等毕业证书共八张汇同寄呈核备外，余如未缴证书之陈煦、年鹤麟

① 刘大钧（1891—1962），字季陶，号君谟，江苏丹徒人。曾留学美国。历任中国经济学社、中国统计学社社长，中国经济统计研究所、国民经济研究所所长，《国民经济月刊》《经济动员半月刊》主编，清华大学教授，重庆大学商学院院长等职。

② 汪康里（1905—？），字伯庄，湖北武汉人。1926 年南开中学毕业，1930 年南开大学毕业。

二生，已于本学期自请退学，权可付诸不计。而杨嘉奇、萧庆鲁、张钧等三生，其家人至今尚未将其证书寄到，只得据实声布，容后再行补呈。至前因病未应第一次期考之新生章元群、瞿士铎二名，本学期开学后业经照章补考完竣，自应按照其各学程所得成绩补造表册，随同附上。请予一律检入察核备案。至所感盼。谨呈
教育部。

天津南开大学校长张伯苓
十六年三月廿四日

附成绩册一本，评定成绩章程一纸。学生毕业证书五十三张，修业证书廿一张，证明书十一张。又，学生补交毕业证书共八张，补考成绩表册一本。

（南开大学档案馆藏）

致教育部专门教育司

（1927 年 3 月 25 日）

敬启者：敝校未领得部发文凭学生，有未经过本省教育厅甄别而已在本校应过第一次期考者，前曾经由敝校具函大部，请予特别通融，照应过厅考者一例相视。当承姑准如请通过，送部备案。出自惠爱逾格，该生等非常感激。除前已将本学年入校新生第一学期成绩造具清册，并附评定考试成绩章程一纸，与各该生早先投交之在他校所得毕业证书五十三张、修业证书二十一张、证明书十一张送请核备外，兹又将收得之赵松龄、史扬美、曲有诚、李文坚、张孟令、汪康里、陈翰香、王雍劼等八生补交之毕业证书共八张，并前因病未应第一学期考之学生章元群、瞿士铎补考成绩清册一本一并附上，其余陈煦、年鹤麟二生于本学期已自行告退，应请开除不计。而杨嘉奇、萧庆鲁、张钧等三生，其家人至今尚未将其证书寄到，只得据实声布，容后再行补呈。专此肃达，统祈察鉴是幸。谨呈
教育部专门教育司。

天津南开大学校长张伯苓
十六年三月廿五日

附学生补交在他校毕业证书八张，补考之学生成绩清册一本。

（南开大学档案馆藏）

致沈增第[1]

（1927 年 3 月 25 日）

西车站同泰公转运公司

增第贤弟鉴：

来函阅悉。迭临而未得晤，殊感不巧，歉仄之至。兹承示以处境现状，不禁代为扼腕。嘱觅枝栖，恨不立时为之谋成。但目下苦无相当机缘，欲安插而莫由，抚念亦徒增惭恧耳。尚祈多多见谅是幸。此复。即询

时佳！

伯苓手泐

十六年三月廿五日

（南开大学档案馆藏）

致孔宪章

（1927 年 3 月 25 日）

奉天安东疏园公议所

文衡贤弟鉴：

来函阅悉。所示居家情形不胜代为扼腕。嘱谋之事，恨不立时即为谋成，但目前苦无相当机会。吾弟对家务尚望格外推遣。就事一节，亦耐心以待时期之至可耳。此复。诸惟谅鉴是幸。顺颂

近佳！

伯苓手泐

---

① 沈增第（1905—？），字子恒，河北青县人。1922 年前后在南开中学肄业。

十六年三月廿五日

（南开大学档案馆藏）

致龚丽生[①]

（1927年3月25日）

绥远特别区绥远五族学院

丽生贤弟鉴：

来函阅悉。文旆归自东瀛，过津一晤，倏忽又复经年，不胜流水光阴之感。承示所就各事均足以行其所学，甚为欣慰。尚望振奋精神，积极作去，声誉自当蒸蒸日上。勿以所事规模狭小为嫌，是为至要。库耆隽、武懿美[②]、刘恩沛[③]诸弟久多不见，颇以为念。今各有就绪，发挥吾南开精神不少，极属可喜之事，希代致意。祝服务之进步。嗣后有何佳况，仍时有以示我为盼。此颂文祺！

伯苓手泐

十六年三月廿五日

（南开大学档案馆藏）

---

① 龚丽生，名国华（1894—？），字丽生，1918年南开中学毕业，后留学日本。

② 武懿美（1896—？），字乙斋，1918年南开中学毕业，考入金陵大学农林科。毕业后一直在内蒙古任教。

③ 刘恩沛（1898—？），字丰垣，1915年前后曾在南开中学肄业。

致陈通夫[1]

（1927年3月26日）

北京清华大学

通夫先生赐鉴：

接奉惠函并研究问题表，均敬领悉。本思即时笺覆，只以敝校中学部有二生误被拘捕，费许多周折，方得安全释放。当是张皇时际，诸事均未暇顾及，对于尊函稽答亦原于此，无任抱歉之至。今夏赴檀香山讨论会一节，曾与余日章先生谈过有此志愿，无如迩来中国时局纠纷未已，学校方面非鄙躬亲在担负维持责任不可。如是看来，届时或未克如愿前往。倘时事能于最短期间平定，俾鄙人赴会可成为事实，甚愿就来表所列第一段第五问题——关于教育方针方面——加以研究。区区之志，谨覆以闻。承赐表参考，感谢!感谢！此复。顺颂大安！

弟张伯苓拜启

十六年三月廿六日

（南开大学档案馆藏）

致张轶群

（1927年3月26日）

轶群参谋长钧鉴：

上星期日辱承光降，荣耀之至。当以适值公忙，未获仰蒙参观。敝校有待训示之处甚多，几时可以匀暇，仍乞便中示期惠临，俯予指教一切，至以为盼。

① 陈通夫，名达（1892—1975），别号通夫。浙江余杭人。1912—1916年在北京清华学校留美预备班学习。1916—1923年在美国留学，获博士学位。1923年回国，长期执教于清华，创办社会学系并任该系教授兼系主任，后任清华大学国情普查研究所所长。

敝校现合大学及男、女中学三部，共学生二千余人，各省都有，苓负责甚重。只以在今根本救国非教育不可，故年来不量棉薄，对于学校扩充维持不遗余力。区区之志，与教育为终始。当年曾与严范老早有约言，以故迩者虽仰蒙张雨帅以政治委员见委，亦未敢应命，盖不欲作政治活动而专于教育实非一朝一夕，海内贤达当胥有以谅此苦心。不意近日谣言甚多，将不利于贱躬与敝校，苓诚不知其居心若何。敢乞我公亮察此中情伪，格外赐以保护。倘蒙维持，俾敝校不致根本动摇，感惠实无涯涘。专肃恳祷。祗颂

勋安！不备。

张伯苓拜上

十六年三月廿六日

（南开大学档案馆藏）

致潘馨航

（1927年3月26日）

北京西城毛家湾

馨航先生赐鉴：

前郑、凌二生被捕，承代向张轶群参谋长恳托，未久即蒙释放。苓谒晤张公一次，张公亦来敝校一次，谈极融洽。以我公情面收效如此，非常感谢！感谢！惟是敝校在今日合大学及男、女中学三部学生共二千余人，各省都有，苓负责綦重。只以信教育为根本救国，是以年来绝不肯稍谢仔肩。区区之志，共教育为终始。当年曾与严范老早有约言，迩者虽仰蒙张雨帅以政治委员见委，亦未敢应命，盖不欲作政治活动已非一朝一夕，海内贤达当胥有以谅此苦心。不意近日谣言甚多，将不利于贱躬与敝校。风传省署已密令各机关注意，谓南开校长将有令学生出面鼓动工潮之事。此事是否可信，本可无容置辩，然曾参杀人之谰言，无端而见及，诚不知其居心若何？我公爱苓有素，知苓最久，敢请便向各方代为疏通。倘蒙维持，俾敝校根本不致动摇，则感惠亦宁有涯涘。专肃恳祷。祗叩

钧安！不备。

张伯苓拜上

十六年三月廿六日

（南开大学档案馆藏）

致小仓知正

（1927年3月28日）

日租界寿街六十八号

小仓先生、太太惠鉴：

敬启者：三月卅一日，即星期四日下午七钟，伯苓在南开敝女中学部恭备薄酌，为宇佐美领事先生、太太饯行，同时并请鸳驾偕临，会同一叙。届期务早赐光降是幸。祗颂

俪安！

张伯苓拜订

十六年三月廿八日

（南开大学档案馆藏）

致黄太田太太

（1927年3月28日）

黄太田太太赐鉴：

敬启者：三月卅一日，即星期四日下午七钟，伯苓在南开敝女中学部恭备薄酌，为宇佐美领事先生、太太饯行。同座尚有小仓先生、太太，以外更无别人。届时敬请尊驾匀暇光临，会同一叙。此订。祗颂

大安！

张伯苓拜订

十六年三月廿八日

（南开大学档案馆藏）

致宇佐美领事

（1927年3月28日）

宇佐美领事先生、太太赐鉴：

敬启者：三月卅一日，即星期四日下午七时，在南开敝女中学部恭备薄酌，奉饯行旌。届期即请早赐光临是幸。祇颂

俪安！

张伯苓拜订

十六年三月廿八日

（南开大学档案馆藏）

致袁潜之

（1927年3月31日）

上海蒙藏银行代转

潜之先生赐鉴：

敬启者：前因煤矿股票押款事，今年四月六日又将期满，曾经奉函，请早为设法筹备清理，乃迟久未接还云，想系公忙，一时未暇顾及。现期满即在目前，究竟我公有何办法应付？倘邮传不及，敢乞以电示知，俾便有所遵循。无任待命急迫之至。祇颂

钧安！

张伯苓拜上

十六年三月卅一日

（南开大学档案馆藏）

致张叙五[①]总长

（1927 年 4 月 1 日）

叙五总长钧鉴：

敬启者：敝大学由美国中央电业公司购得电学仪器两箱运津，为研究无线电学理之用。现经海关扣留，以为非有大部护照不准放行。为是谨据情缮具公函，呈恳大部查照，如请办理。函到时，并请我总长特别关照，即日将该项护照准予饬缮赶发，且准由部代知税务处，转令津关放行，俾得无误讲学应用，则感荷隆谊匪浅矣。祗叩

勋安！

张伯苓拜上

十六年四月一日

（南开大学档案馆藏）

致朱延光[②]

（1927 年 4 月 1 日）

丰台车站

延光贤弟大鉴：

手书已悉。承赠之《英汉机车诸部名称图解》一册已收到。谢谢！吾弟此著为以后有志机械工程者帮助不少，披览之余，钦佩无量。现任丰台调查，有何佳况，尚望不时见示，用慰鄙怀。此复。即询

春祺！

伯苓手泐

---

① 张叙五，名景惠（1871—1951），字叙五，辽宁台安人。时任陆军总长。

② 朱延光（1902—？），字辉庭，1920 年南开中学毕业。

十六年四月一日

（南开大学档案馆藏）

致张朵山

（1927年4月1日）

朵山贤弟大鉴：

接来函，欣悉在外历年所得之学位及现在所任之职务，发达若此，于我南开精神增益不少。佩佩！贺贺！我校受时局影响，经济困难已达极点。目下经多方设法维持，校务照旧向前进行，差堪告慰。嗣后有何佳况，仍望不时示我为盼。此复。即询

时祺！

伯苓手泐

十六年四月一日

（南开大学档案馆藏）

致直隶交涉公署

（1927年4月5日）

敬启者：敝大学商科毕业生谭葆直[①]，广东新会县人，拟赴美国留学，所投保结一纸委实为伯苓所具，并无假托。仰祈查鉴是幸。此致

直隶交涉公署。

张伯苓启

十六年四月五日

（南开大学档案馆藏）

① 谭葆直（1902—？），字季侃，广东新会人。1926年南开大学毕业。

致张铁群参谋长

（1927年4月7日）

奉烦尔藩弟袖呈

铁群参谋长钧鉴：

敬启者：敝大学部学生朱世杰日前不知何故，在海光寺路上忽被军警捕去。查该生系商家子弟，平日在校极为老实，绝无浮躁不守规矩之处。兹或者因年幼无知，一时有触忌讳亦未可知。左右思维，不得已，惟有仍乞我公特别关照，一为营救，俾即日得以蒙释，不致久拘有荒学业，是为至盼。本拟亲往面谒，并呈潘总长嘱交之函，因尊驾始自外荣旋，未敢遽为冒渎。公几时可以匀暇，尚希便中电示，苓当趋往一领教诲也。祇叩

勋安！

附潘总长函一件。

张伯苓拜上

十六年四月七日

（南开大学档案馆藏）

致张汉卿

（1927年4月8日）

北京光明殿镇威军第三、四方面军团司令部

汉卿先生勋鉴：

敬启者：敝华北联合运动会现举行本届球类比赛，仰蒙赐赠银杯六只，为各门鼓励之用。在会诸同人非常感激，谨由苓代表谢谢！贵军此次来津加入比赛人员，虽寻常练习或不及各校学生功夫之纯，然精神方面颇有足多，均有千万人吾往气概。甚佩甚佩！惟敝校招待多有未周，敬请我公原谅。

再，华北田径赛不久当在京举行，现举定郝更生君为筹备主任，所有对于

运动场之布置，遇事尚乞俯予特别关照，是为至荷。祗颂
伟安！

张伯苓拜上
十六年四月八日
（南开大学档案馆藏）

致张仲平

（1927 年 4 月 11 日）

法国花园旁

仲平我哥赐鉴：

敬启者：许久未得畅叙，驰神之至。日内拟趋谒一领麈谈，惟未审台端几时可以有暇俯赐接晤。尚乞酌准预示，俾便遵照。至所企盼。祈颂
大安！

弟张伯苓拜上
十六年四月十一日
（南开大学档案馆藏）

致杨豹灵

（1927 年 4 月 11 日）

义界三马路七十四号

豹灵先生赐鉴：

前上一械，为恳请惠以新津地图，藉资参考。兹承覆赠十份，领受之余，非常感激。谨此肃函鸣谢，仰惟查照是幸。祗颂
钧安！

弟张伯苓拜启
十六年四月十一日
（南开大学档案馆藏）

致陆绳武[①]

（1927 年 4 月 13 日）

北京京师公立中学

绳武贤弟鉴：

来函具悉。北京我校同学会四月十七日开会，极愿前往一与其盛。所惜适值美国来华克伯屈教授抵津，须仆招待，届时恐不能分身。与诸君欢聚亦只好俟诸异日耳。小校旗一面另邮奉上。专此布覆，感谢宠召。不尽。顺颂

公绥！

伯苓拜沏

十六年四月十三日

（南开大学档案馆藏）

致袁潜之

（1927 年 4 月 15 日）

上海蒙藏银行代转

潜之先生赐鉴：

敬启者：前为股票押款到期事，曾经具函请示办法，想早仰蒙察悉矣。现在逾期已将旬日，仍未奉有还云。敝处不得已向前途关说，请为暂缓，俟得尊覆再行办理，业承首肯。惟究意如何应付，敢乞我公迅赐一音，俾便遵照，幸勿再延为盼。祗颂

钧安！

张伯苓拜上

十六年四月十五日

① 陆绳武，名光祖，字绳武，天津武清人。1919 年南开中学毕业。

附：袁先生认捐科学馆建筑费欠款清单

捐款欠交零数洋八十元〇五角五分，

四行抵押借洋三万一千五百元，

两次利息（由十五年四月六日至十六年四月六日）已付四行押款利息洋三千七百八十元。

总共欠洋三万五千三百六十元〇五角五分。

附注：由十六年四月六日以后押款利息尚未列入。

（南开大学档案馆藏）

致陶孟晋校长

（1927 年 4 月 16 日）

北京京师公立第一女子中学

孟晋先生大鉴：

前者枉驾赐教，招待多有未周。而文旌荣旋时，又未获到站恭饯，殊为歉然。顷承惠函言谢，弥增惭恧。与梁信已缮就，兹附上，即希查入是幸。此复。祇颂

时祺！

附函一件。

张伯苓拜上

十六年四月十六日

附：致梁燕老[①]

燕老钧鉴：

谨启者：苓草茅末学，前以未敢冒政治讨论会会员之宠，曾以一槭覆陈。则区区始终教育之素怀，想已早蒙洞悉矣。顷对进行教育事，虽自愧乏善状可言，然遇他方有发展教育可能者，固无不乐闻而赞成之。现有京师公立第一女子中学校校长陶女士玄，办该女校有年，成绩卓著。只以短于经济，欲扩进而

① 梁燕老，对梁士诒的尊称。梁时任交通银行总理兼安国军总司令部政治讨论会会长。

总苦莫从。中国女子教育正在须提倡之秋，敢乞我公于该女士请谒时多予关照，为匀暇接见赐教。至所感荷。祇颂

伟安！

张伯苓拜上

（南开大学档案馆藏）

致崔宗埙[①]

（1927年4月18日）

T. H. Tsui

Box 14,

Stanford University, California

宗埙贤弟鉴：

三月二日及十九日两次来函均经阅悉。本年夏便可学成归国，甚以为慰。嘱代觅枝栖，以备行其所学，自当留意。惟我国时局正在纷扰之际，机会绝少。本校大、中两部所有教职席面以经济困难故，只求缩减，不能增添。欲为吾弟预匀位置，一时实难办到。容后有法可设，再为函达可也。此复。惟鉴谅是幸。顺询

学祺！

伯苓手泐

十六年四月十八日

（南开大学档案馆藏）

① 崔宗埙，南开大学第一届毕业生，1927年获美国斯坦福大学政治学博士，同年回国，曾任教于安徽大学和厦门大学。

致李济川

（1927年4月22日）

蒙藏银行

济川先生大鉴：

许久未晤，驰慕之至。日前为述之先生煤矿股票押款期满事，曾函请潜之先生设法应付。接覆函，谓已烦阁下代为达意。昨敝同人华君午晴往谒台端，归来又得接诵袁先生手函，并闻阁下所谈目下袁府为难景况，在苓深已明了。无如此项押款前途，以关于敝校情面，始能延至今日，若总未有办法，殊令敝校无颜。且是项本息合来比较，在述之先生身后应清理之款项中委属有限，匀措当不致大难。敢请阁下费神速商潜之先生，于无法之中筹设特别之法，应付前途。对于本款、利款究意如何办理，务乞即日指示，以便遵照。不胜急迫待命之至。祇颂

台祺！

弟张伯苓拜启

十六年四月廿二日

（南开大学档案馆藏）

致张轶群参谋长

（1927年4月22日）

轶群参谋长赐鉴：

敬启者：前为恳请营救被拘之敝校大学部学生朱世杰，曾肃一槭，连同潘总长函送呈钧阅，想早仰蒙察悉矣。理应静候大力斡旋，何可再渎？只因该生家人及其江苏同乡戚友等盼其得邀释放极为迫切，时在校中探询，用是不得不再行陈恳。查该生平时在家、在校均称为极规矩、极老实之青年。今被拘押至逾三星期之多，想必极感困苦。如其或有以无知触犯忌讳处，而经此多日惩警，

亦应觉悟，以后当不致再有昧于检点之行为。千祈我公特别关照，即予为力拯释，俾免其久旷学业，则感荷生成大惠，苓实与其家人及同乡戚友等共之。肃此，不胜待命叩祷之至。祗颂

勋安！

张伯苓拜上

十六年四月廿二日

（南开大学档案馆藏）

致潘馨航

（1927年4月25日）

北京西城前毛家湾

馨航先生赐鉴：

敝校被捕学生事蒙迭施营救，感谢无地。惟朱世杰一名至今尚未放出，仍乞我公有以援拯之。再者，顷得友人秘告，谓天津军警督察处厉大森处长对敝校多有误会，并将谋不利与苓，幸张参谋长未为允许，故其谋尚未得逞。苓念此事如物已近火，不定何时焰及，立见燃烧。苓中心坦白，本可一听自然。无如名誉为人生第二生命，轻掷实非所能甘，诚不得不预防于万一。苓之为人，在我公知之最深，敢乞设法代浼能向厉公进言者一为疏通。俾苓始终教育救国，不作政治活动之区区微意得以共白，免除一切误会，毋使学校因以动摇，则感荷生成匪浅矣。专此叩恳，千祈速赐为力，不胜祷盼。祗颂

钧安！

张伯苓拜上

十六年四月廿五日

（南开大学档案馆藏）

致陈立庭

（1927年5月2日）

上海博物院路二十号青年协会

立庭先生赐鉴：

接奉惠函，敬悉一是。本年七月檀香山泛太平洋会议，苓本极愿趋赴，前与台端早有成约，自应遵行。奈至目下经济竭蹶，故举敝大学及男、女两中学部均将根本动摇。兼之南北纷扰，解决尚在需时，津埠人心颇呈不安景象。苓对学校有维持之必要，故远游实抽身不得。七月赴檀之举，惟有请我公另行觅代。苓此次不克践约，因受时局影响，抱歉曷极，惟高明格外见谅是幸。祗颂大安！

弟张伯苓拜上

十六年五月二日

（南开大学档案馆藏）

致熊秉三

（1927年5月2日）

北京香山慈幼院

秉三先生赐鉴：

敬启者：学生顾汉三[①]，籍隶陕西绥德县，前曾在敝校肄业四年，去岁转学清华。该生人极朴实，品学俱好，数年来北方读书，因家境不丰，竟在外设法自营，不劳家中供给，而学业且能日进有功，可不愧为能特立之青年。顷接其由清华来函，叙述其家中现状，令人代为扼腕。现其妹二人北来，拟得贵慈幼院之收养教训，烦苓介绍，情词至为恳切。谨代布闻，务乞先生关照，为容

① 顾汉三（1905—？），字杰民，陕西绥德人。1922—1926年在南开中学学习。

纳而生成之。伫候德音，无任企盼祝祷之至。祇叩
钧安！

附原函呈阅。

张伯苓谨上

十六年五月二日

（南开大学档案馆藏）

致阎百川[①]

（1927年5月4日）

百川先生赐鉴：

久暌钧范，维勋望日隆为颂。兹敬启者：北京中华教育改进社于去岁曾向国务院陈请在山西、甘肃、湖北三省国库项下，每月拨补助费千元，业蒙阁议允准，分别咨行在案。嗣经该社屡次向贵省接洽，迄未得确实办法。现该社派学术部主任凌济东前往面商。谨肃此代为介绍，到时乞我公关照，即予俯赐接见教诲为荷。祇叩
伟安！诸希垂察不备。

张伯苓拜上

十六年五月四日

（南开大学档案馆藏）

致彭黼[②]

（1927年5月5日）

奉天本溪湖顺字合宿舍四号

① 阎百川，即阎锡山（1883—1960），字百川。

② 彭黼（1905—？），江西萍乡人。1929年南开大学毕业。

彭黼贤弟鉴：

来函阅悉。弟到本溪湖实习，为时虽不甚久，竟能博有能名，母校实与有荣焉。慰甚！慰甚！李生知慎欲来我中学部插班肄业自无不可，但现时未便收入。盖我校目下学年大考将近，不复再收新生。即望转知前途，俟暑假本校招生时，再行报考插班可也。此复。顺询

时佳！

伯苓手泐

十六年五月五日

（南开大学档案馆藏）

致清华大学

（1927 年 5 月 9 日）

北京

敬启者：学生江泽涵[①]，安徽旌德人，于民国十五年六月在本校理科毕业，得有毕业证书，随即赴厦门，就厦门大学助教职，迄今已将一年。因其欲应贵校留美考试，特此代为证明。再，本校前洽该生之毕业证书，因目前邮递不通，暂难呈验。合并布闻，即希鉴谅，准予注册与试。至所感荷。此致

清华大学。

天津南开大学校长张伯苓启

十六年五月九日

（南开大学档案馆藏）

① 江泽涵（1902—1994），安徽旌德人。1919 年夏考入天津南开中学。1926 年毕业于南开大学数学系。1927 年赴美留学，后获哈佛大学博士学位。

致陈筱庄

（1927年5月10日）

北京教育部

筱庄先生大鉴：

敬启者：敝大学前由美国中央电业公司购得电学仪器两箱运津，为研究无线电学理之用。讵抵津后，经海关查验，以为是项物品非由教育部代请陆军部发照护照，并咨明北京税务处，俾来公事准令放行，该海关方能免于扣留。不然，即暂难领用。敝校不得已只好依照手续办理，当将护照费及印花税费等备齐，附函寄呈大部，请为代转陆部。乃至目下迟之已久，并无消息。望祈先生费神就近一为吹嘘。如系由陆部耽延，亦请大部代催，速予施行为祷。此叩钧安！

弟张伯苓拜上

十六年五月十日

（南开大学档案馆藏）

致汪平仲[①]

（1927年5月10日）

上海法租界天文台路五百九十二号许公馆转

平仲贤弟鉴：

兹缮就与韩竹坪[②]先生函一件，随信寄上，收到后留待吾弟往谒韩先生时面

① 汪丰（1903—？），字平仲，安徽婺源（今属江西）人，1925年南开大学毕业。先后任交通部秘书、外交部秘书、驻南非约翰内斯堡总领事、驻新西兰惠灵顿总领事。

② 韩竹坪，名安（1883—1961），字竹坪，安徽巢县人。时任安徽省政府委员、教育厅厅长兼安庆市市长。

呈可也。此询
文祺！

伯苓手泐
十六年五月十日

附函一件：
竹坪先生赐鉴：

睽教许久，时切神驰。比维德望日隆，为颂无量。兹敬启者：敝大学文科毕业生汪丰，皖省婺源人，少年老成，具有才干，苓知之最深。今因其学成，有意致用，特为介绍往谒。想先生爱才有素，又值庶政改新之际，对此新学青年自必相需甚殷。该生到时，幸祈特别关照，即予匀一位置，俯赐收录。至所感盼。祇颂
钧安！诸希荃察不备。

弟张伯苓拜上
十六年五月十日
（南开大学档案馆藏）

致颜骏人

（1927 年 5 月 13 日）

北京东城大取灯胡同

骏人先生赐鉴：

接奉谕函，敬悉一是。敝中学部招生简章日前方赶为印出，尚未细校。兹先寄呈一本，请为查阅，如有讹误，容校出再为更正补寄。公子程度能尽与章程相符最妙，或有不足处，可先入敝暑期学校补习。维暑校章程目下尚未印出，如有需用，俟印出时，得信再为寄上。再，所用书籍在京或购买不便，亦请示知，敝校均可代办。此覆。祇颂
钧安！

附招生简章一本。

张伯苓拜上

十六年五月十三日

（南开大学档案馆藏）

致赖典丽

（1927年5月16日）

烟台中国青年会

典丽弟鉴：

来函阅悉。兹以学校名义缮具保证书一件，附信寄上，即希检入应用可也。此复。顺询

痊佳！

伯苓手泐

十六年五月十六日

附：保证书

学生赖典丽，四川资中县人，现年二十岁，在本校高级中学第三年级班肄业。今因有病，由校给假外出休养。烟台地方滨海，空气异常清洁，特在青年会借榻将息，待病全愈，即当回校上课，并无托名影射情弊。所具保证书是实。

具保证书：天津南开学校

（南开大学档案馆藏）

致刘文沛

（1927年5月23日）

上海　25, Voong Sung Lee，Muishead Road

文沛先生大鉴：

敬启者：敝校大学部矿科毕业生陈宇，四川省阆中县人。前福特行招生赴美练习，该生已在被选之列。嗣因故未获前往，该生极以为憾事。不知今年犹

有前项之机会否。倘有机会，该生已无牵身之事，是可成行。请费神一为查明示知，俾便该生藉是行止。至所切盼。此恳。祇颂

台安！

张伯苓拜上

十六年五月廿三日

（南开大学档案馆藏）

致孙慕韩[①]

（1927 年 5 月 23 日）

日租界宫岛街三号

慕韩先生赐鉴：

顷奉谕函，诵悉一是。蒙惠赠《金刚般若波罗蜜经》五十三本；《仁和总揆孙公五旬晋九介寿并出任苏俄大使赠访诗》五十八本；国家岁入岁出各种预算表二十本；《时局和平根本问题》十八本；《环游世界之感想》七十七本；《陶定海监狱讲经会文牍辑要》十二本；《诗词百种笔挽慈晖》一本；《天长县立公园暨图书馆二周纪念汇刊》一本；《陶杭县白旗下语》四本；《剿办豫北汤淇积匪始末记》一本；《中华近代名人像传》一册均敬领到，业交图书室分别珍存，并将目录通布周知，俾众取阅。从此敝校师生等得增进知识，皆当拜我公之赐也。敬谢！敬谢！敝校规模粗具，有待指教之处甚多。倘蒙枉驾参观，非常荣幸。但几时可以匀暇，尚乞酌准预示，无任欢迎。此布。祇颂

钧安！

张伯苓拜上

十六年五月廿三日

（南开大学档案馆藏）

① 即孙宝琦。

致邹立琛

（1927 年 5 月 24 日）

北京西城西铁匠胡同超然公寓

立琛贤弟鉴：

来函阅悉，委办之件，理应依照。但查吾弟前在本校委实未曾毕业。今乃欲代签个有毕业同等程度的证据，实在碍难着笔。所有爱莫能助情形，特此复闻，千祈格外原谅是幸。顺询

文佳！

伯苓手泐

十六年五月廿四日

（南开大学档案馆藏）

致孔宪章

（1927 年 5 月 24 日）

奉天省安东县青美村

宪章贤弟大鉴：

接来函，展阅一过，为扼腕者久之。族姓人多对于财产有所竞争，本处处常有之事，不独府上为然。但人生过于强梁，将来得报必无善果。吾弟用软法对待最妙。且此时看书写字以耐时光，待纠纷清理后，再继续求学，亦未为晚。千祈勿遽灰心为要。此复。顺颂

侍祺！

伯苓手泐

十六年五月廿四日

（南开大学档案馆藏）

致刘德烨

（1927年5月24日）

日本陆军士官学校

德烨贤弟大鉴：

睽别已久，正在思念。兹接手札，展阅甚以为慰。所称年来时局扰攘，迄无底定之望，军队腐败实为厉阶云云，委系实在情形，初不怪来外人之讥笑。将来欲雪此耻，端赖弟等有志青年。勉之！勉之！此后有何佳况，尚望随时示我为盼。复颂

学祺！

伯苓手泐

十六年五月廿四日

（南开大学档案馆藏）

致王筱东

（1927年5月25日）

奉天安东县中富街东边实业总银行

筱东先生赐鉴：

接奉大函，敬悉一是。承捐廉并代募共计现大洋壹仟元正，业由政记津公司连同郦道尹款一律如数领到。仁泽所被，全校胪欢，不胜感激之至。谢谢！兹附上收据七纸，请费神分致，用照信实。惟方敝校取款时，曾误填总收据一纸交发款人手，倘转到尊处，即望便中掷还，以便注销。捐启一件已收到，合并声明。此复。祇颂

钧安！

附收据七纸。

弟张伯苓拜上

十六年五月廿五日

（南开大学档案馆藏）

致邴敬如

（1927 年 5 月 25 日）

奉天东边道公署

敬如道尹赐鉴：

接奉谕函，诵悉一是。承捐廉并代募共合大洋壹千元整，业遵由政记公司如数取到。仁泽所被，全校胪欢，不胜感激之至。谢谢！兹附上收据十一纸，请费神分致，藉照信实。惟方敝校取款时，曾误填总收据一纸交发款人手。倘转到尊处，即望便中掷还，以便注销。三捐启已收到。合并声明。此复。祗颂钧安！

附收据十一纸。

张伯苓拜上

十六年五月廿五日

（南开大学档案馆藏）

致卞白眉①

（1927 年 5 月 25 日）

本津中国银行

白眉先生惠鉴：

敬启者：敝校学生孙天放②在贵行服务已经二稔，蒙先生扶持，得免陨越，至为感激。倘蒙俯以该生为可造，更进而推爱屋乌，特别加以提携，非特该生

① 卞白眉，名寿孙（1884—1968），字白眉，江苏仪征人。时任中国银行天津分行副经理。

② 孙天放（1902—？），安徽和县人。1925 年南开中学毕业。

益当奋勉图报，在苓亦当感铭盛谊于无穷。肃此，不胜代恳代祷之至。祗颂
钧安！

附担保书一纸，因原颁格式误被墨污，特另纸仿缮，合并声明。

张伯苓拜上
十六年五月廿五日
（南开大学档案馆藏）

致范竹斋[①]

（1927 年 5 月 25 日）

竹斋先生赐鉴：

前在严范老[②]席上得领麈谈，甚以为快。敝校辱蒙青视，非常可感。但各部内容有待就正之处颇多。兹拟于本月廿九日，即星期日，在南开男中学部恭迓驾临参观，并请指教一切。时间即请由先生定之，合大学及男、女两中学三部，非少许时间所能周览。届期光降，能早最妙，就便在校中午餐。幸祈酌准预示，不胜盼企欢迎之至。祗颂
台安！统惟爱照，不僡。

张伯苓拜上
十六年五月廿五日
（南开大学档案馆藏）

① 范竹斋（1869—1949），名安荣，以字行，天津人。时任北洋纱厂经理。

② 严范老，即对严范孙的尊称。

致郝更生

（1927 年 5 月 26 日）

北京清华大学

更生先生大鉴：

接奉手书，敬悉一切。《体育杂志》第一期已由辑五兄处奉到，展诵回环，藉增体育知识不少。先生促进吾国体育之热心，于此书可窥见一斑。甚佩！甚佩！下期嘱鄙人作文一篇或题字数枚一节，极愿遵照。但年来为校务奔走，昕夕弗遑，笔墨生疏已达极点，一时愧无法应命，容后抽暇稍加练习，再有以呈正可也。仰祈鉴谅是幸。祇颂

台安！

弟张伯苓拜上

十六年五月廿六日

（南开大学档案馆藏）

致任叔永

（1927 年 5 月 28 日）

北京中华文化基金董事会

叔永先生大鉴：

敬启者：苓与伉君乃如羁于校务，未克早为分身，必须下星期五日方能到京。此次开会时期在下星期六日上午，于鄙等最为合宜，倘蒙赞同，即请代知各方，俾届期公同莅会为荷。此颂

钧安！

弟张伯苓拜上

十六年五月廿八日

（南开大学档案馆藏）

致徐善清

（1927 年 5 月 30 日）

北京前门外三里河迤东铁香炉内路东听雨山馆

善清先生大鉴：

来函敬悉。尊绘四条，张、张、庄三信均接到。如先生之雅望，并丹青之精能，在苓虽未一接光仪，而闻风实莫名佩仰。所惜廿年教育，故我依然。鄙与先生确同此寒酸况味，较张、张诸公相去远甚。迩因经济奇窘，更且负债累累。凡关于人情诸事脱略颇多。兹之无法应命，歉仄！几无以自容，亦只好付之一叹耳！画四条、信三封均原件附缴，请查入。一切惟多多原谅是幸！此复。祗颂

台安！

附绢画四条，张、张、庄信三件。

弟张伯苓拜上

十六年五月卅日

（南开大学档案馆藏）

致王一吾

（1927 年 5 月 30 日）

哈尔滨东北联合航务局

一吾先生赐鉴：

惠函奉悉。蔡君瑞岐[①]自十四年出洋后，敝处至今未曾得其消息。兹向蔡君方选及蔡女生淑英探询，据云：伊等得诸传闻，大半凶多吉少。至究意如何，未有确切通报，尚难断定。仍请先生另行设法转询可也。此复。祗颂

① 蔡瑞岐，名凤（1896—？），字瑞岐，江西南昌人。1917 年南开中学毕业，后赴美留学。

台祺！

张伯苓拜启
十六年五月卅日
（南开大学档案馆藏）

致马全鳌

（1927年5月30日）

北京清华大学

全鳌贤弟鉴：

来函已悉。本年暑期学校初本拟照旧开办。现因路途不靖，学生多裹足弗前，恐将不克成立，教授预备一时尚难言及。时局影响教育至于如此，真令人徒唤奈何！此复。即希查鉴。顺询

文祉！

伯苓手泐
十六年五月卅日
（南开大学档案馆藏）

致田骢[1]

（1927年5月30日）

霸县石城

田骢弟鉴：

来函阅悉。吾弟既执教鞭数载，兹乃欲复攻读，可谓好学不倦。甚以为慰。所拟办法数条，但有机会，均无不可。惟目下时局未定，教育事业多现停顿状

① 田骢，字仲俨，河北霸县（今霸州市）人。燕京大学毕业。20世纪30年代初任南开中学国文教员。

况，一时实无法代谏。惟对吾弟所嘱当刻刻在意而不忘也。此复。即询
文祉！

伯苓手泐
十六年五月卅日
（南开大学档案馆藏）

致任叔永

（1927年5月31日）

北京中华教育文化基金会

叔永先生大鉴：

敬启者：昨上一械，奉告本星期五日赴京。顷因时局紧张，恐未克如期前往。谨此布闻，即希鉴谅，并转向诸公致意为荷。顺颂
钧安！

张伯苓拜上
十六年五月卅一日
（南开大学档案馆藏）

致周作民

（1927年6月1日）

北京金城银行

作民先生赐鉴：

敬启者：敝校前在贵津行曾有透支银款之事，当因彼时公家补助费尚有颁发希望，故对透支未充量商请，仅至九万元而止。现在公款之希望已绝，而校用浩繁，必须再有九万元方足以敷接济。敬乞费神代知贵津行准予照办。至所感荷。专此，不胜祷盼！祇颂
钧祺！

利率能如前办法，最为感激。

弟张伯苓拜上

〈十六〉年六月一日

（南开大学档案馆藏，据上海市档案馆藏档案原件校）

附：周作民复张伯苓（1927年6月3日）

伯苓先生台鉴：

多日违教，系念殊殷。顷奉台函，承示增加透支一节，敬悉贵校事，自应效劳，拟如何办理之事，不日来津，再为趋洽一切也。专此先复。并颂

节安！

十六年六月三日

（上海市档案馆藏）

致王化清[1]博士

（1927年6月2日）

北京崇内孝顺胡同美以美会亚斯立堂

化清先生道鉴：

顷奉惠函，诵悉一是。所附令友郭君介绍之张、赵二君履历，展阅之余，知二君皆系留学界中成绩铮铮者，并于教授饶有阅历，非常钦佩，极愿延聘，裨益青年。所惜一时尚无相当机会，校中原有之教员均早经继续定约，鲜所更动。对于张、赵二君之借重，亦只好俟诸异日耳。良师失之交臂，深抱遗憾。希台端及令友郭君多予原谅是幸。祗颂

钧祺！

附缴郭君原函、履历二分。

弟张伯苓谨启

十六年六月二日

（南开大学档案馆藏）

---

① 王化清（1878—1964），名治平，字化清，祖籍浙江绍兴，生于北京。早年赴美得博士学位。归国后任北京汇文大学教授。曾任天津基督教青年会总干事。时任北京亚斯立堂主任牧师。

致王筱东

（1927 年 6 月 3 日）

奉天省安东县中富街东边实业银行

筱东先生大鉴：

顷奉手谕，敬悉前寄上之捐款收据七纸已蒙查入，分别转致，费神极感。兹承惠缴之总收据一纸已经收到，敬谢！敬谢！此复。祗颂

钧安！

弟张伯苓拜上

十六年六月三日

（南开大学档案馆藏）

致曹庆五[①]

（1927 年 6 月 7 日）

北京清华大学

庆五先生赐鉴：

敬启者：现沈嗣良君来函云，欲在上海招集全国体育协进会董事会，讨论远东会筹备事宜，嘱苓前往，并令转知先生。苓当以校务不克脱身，已请凌济东君代表赴沪矣。先生如能莅会更妙，否则，亦可请人代表。特此奉布，即希查照是幸。祗颂

钧祺！

弟张伯苓拜上

十六年六月七日

（南开大学档案馆藏）

---

① 曹庆五，名云祥（1881—1937），字庆五，浙江嘉兴人。上海圣约翰大学毕业，后赴美留学，获哈佛大学商业管理硕士学位。时任清华学校校长。

致魏菊峰、王镜涵

（1927 年 6 月 10 日）

山东胶济铁路管理局

菊峰、镜涵二位贤弟钧鉴：

接阅手书，得悉诸君在青一切安适，甚以为慰。女校募捐辱承协同提倡，踊跃办理，万分感激。谢谢！七十八、八十一两号捐册及汇洋贰百零肆元均已收到无误。附上收据廿五纸，请代分转。《周刊》嗣后当即按廿五册数目奉寄。孙君成屿之电影事业目下运动至何等程度，晤面时希加勖及之。此复。顺颂

公绥！

附收据廿五纸。

伯苓拜手

十六年六月十日

（南开大学档案馆藏）

致周寄梅

（1927 年 6 月 13 日）

北京财政整理会

寄梅先生赐鉴：

顷奉手谕，敬悉一切。协校毕业式弟极愿前往观礼，奈本星期三适有俗冗牵绊，抽身不得。辜胡校长之宠召，良深抱歉。祈代请原谅是幸。此复。祗颂

钧安！

弟张伯苓拜上

十六年六月十三日

（南开大学档案馆藏）

致曹庆五

（1927年6月13日）

北京清华

庆五先生大鉴：

全国体育协进会董事会将在上海召集，查沈君嗣良来函并未示以确期，凌济东代表前往，至今亦未来信见告，苓对该项会期刻亦尚在茫然。伊或者俟届近再有通布，亦未可知。先生如欲早得确音，即日或用电或用快函向沈君探询，想尚不致有误。望请酌量办理可也。祗颂

钧祺！

弟张伯苓谨上

十六年六月十三日

（南开大学档案馆藏）

致张锦文[①]

（1927年6月13日）

北京西城新皮裤胡同十号

锦文弟鉴：

来函阅悉，照片亦收到。惟本校自为北师去信后，至今尚未接其覆音，是否如何？颇难预测，只好候候再说。如吾弟能就近设法探询则甚妙也。此复。

即问

时佳！

照片暂存。

伯苓手泐

① 张锦文（1908—？），字炳如，陕西榆林人。1925年入南开中学初中一年级肄业。

十六年六月十三日
（南开大学档案馆藏）

致周作民

（1927年6月13日）

北京金城银行

作民我哥惠鉴：

昨奉赐覆，嘱向四行储会接洽，业经遵由敝同人华午晴君前往。惟据会中执事言，续透九万亦可，但周息须至一分方能照办。未审其已将此意通知我哥否？倘蒙大力代恳，仍准按前利率，弗再增加，最所感激。若实难办到，亦请勿过为难，即予示覆，俾便弟再自行斟酌可也。祇叩
钧安！

弟张伯苓拜上
〈十六年〉六月十三日
（南开大学档案馆藏）

附：周作民复张伯苓（1927年6月16日）

伯苓先生台鉴：

奉示敬悉。此次贵校再向储会透支，其利息嘱为转商照旧一节，遵即向洽，兹据刘君来函，云会中支存款利息已在壹分以上，尊处续加透支，周息壹分已属特别，似难再少。用特奉达，尚祈惠察。专此，并请
台安！

作民
十六年六月十六日
（上海市档案馆藏）

致沈嗣良

（1927年6月14日）

上海法界劳神父路中华全国体育协进会事务所

嗣良先生赐鉴：

敬启者：此次拟在上海召集董事开会，苓因北方时局不能前往与会，特烦凌济东君代表，即请台端查照。再，顷接蒋湘青干事来函辞职，苓对沪上目下情形不甚明了，未便加以可否，拟敬请我兄酌覆。原函附呈察览，即希检入是幸。祇颂

大安！

附函一件。

弟张伯苓拜上

十六年六月十四日

（南开大学档案馆藏）

致郑云五

（1927年6月14日）

京奉总局车务处

云五先生赐鉴：

接奉手谕，敬悉一是。蒙惠大著五本，如数拜领。展诵内容，于车务一切极为详尽，使研究铁路学者备蒙指导之益。且附格言若干，随在示教，裨人实非浅鲜，抚卷异常钦佩。迩来敝校左近风景粗有可观，拟请公余驾临，相与荡舟一游。即望酌时预示，以便届期欢迎。至盼！至盼！专此鸣谢，并以奉约。统惟查照是幸。祇颂

台安！

弟张伯苓谨上

十六年六月十四日
（南开大学档案馆藏）

致周敬甫

（1927年6月14日）

山东琅琊道尹公署

敬甫道尹钧鉴：

时逢端节，远蒙片贺，愧何敢当！际兹艾绿榴红，我公福履定必益饶盛况，为之忭贺无量。敝校迫于时局，业经提前散于[放]暑假。除有多数他籍学生已经分起回家外，其余留校未去及本地走读者，仍公同组织自治温课会，日日在校从事各门温习，以预备将来补应学年试验。津中目下人心尚属安静，惟以经济困难故，各机关均叫苦不置，而教育界为尤甚。敝校至今尚能敷衍支持，极为幸事。知注附及，统希爱照。并祝
夏祺！不一。

张伯苓拜启
十六年六月十四日
（南开大学档案馆藏）

致任叔永

（1927年6月15日）

北京中华教育文化基金董事会

叔永先生赐鉴：

敬启者：本年暑期科学教员研究会前经董事会议定，报名日期展至六月十五日，如报名人数逾五十人，便可开办。否则，即行停止。迄至本月十五日，已届报名截止之期，而查前来报名者仅有十六人。似此为数寥寥，该会实未便成立，拟即依照前议停办。特此奉布，仰惟查照，并代周知为荷。顺颂

钧安！

张伯苓拜上
十六年六月十五日
（南开大学档案馆藏）

致董显光[①]

（1927年6月15日）

《庸报》社

敬启者：贵报营业发达，日盛一日，非常钦羡。关于赞佐一切，闻需才不一而足。敝校大学部现有学生汪康里，湖北汉阳人，文笔颇好，以家境不丰，故拟半工半读，在尊处谋一枝栖。倘蒙录用，俾其暂行佐理副刊栏之编辑最为合宜。恳乞特别推爱，即赐以位置。不胜祷盼。祗颂
著安！

弟张伯苓拜上
十六年六月十五日
（南开大学档案馆藏）

致蒋湘青

（1927年6月17日）

上海法租界天文台路中华全国体育协〈进〉会

湘青先生台鉴：

接奉大札，敬悉一夕。年来我全国体育协进会会务仰承热心赞理，得力颇多，苓等极端倚重，幸勿遽萌退志，敢以为请。日前沈嗣良先生函促苓赴沪开会，讨论远东运动会事，当以北方军事尚未结束，一时不能离津，特托凌济东

① 董显光（1887—1971），浙江鄞县（今宁波市鄞州区）人。1909年赴美留学。1925年在天津创办《庸报》。

君代表前往接洽，而尊函亦经寄交沈先生[①]，烦其酌量代为裁答。缘苓不知沪上情形如何，故权变出此。谨布以闻，即希查鉴为荷。祗颂
大安！

弟张伯苓拜启
十六年六月十七日
（南开大学档案馆藏）

致邵式谷

（1927年6月18日）

奉天大连军用地天兴福

式谷贤弟大鉴：

前吾弟旌从来津，到校观览一切，招待多有未周，至今犹为歉然。顷由高经彬[②]弟转来尊惠本大学部图书馆《四部备要》一部，系中华书局预约券，已经收到无误。辱承厚贶，感激万分。专肃，谢谢！即希查照是幸。此颂
时祺！不一。

伯苓拜启
十六年六月十八日
（南开大学档案馆藏）

致彭黼

（1927年6月20日）

奉天本溪湖顺字合宿舍

彭黼弟鉴：

---

① 指沈嗣良。

② 高经彬（1901—？），字文质，河南安阳人。1924年南开中学毕业。

迭接来函，均已阅悉。尊荐之李生欲来本校投考插班，一时无法办转学证书，只得暂为通融，用副该生求学之殷愿。惟伊欲报考两级，必须分两下报名，并分日就两回考试。报名书亦须分别填写两分，各贴半身照片一张，各付注册费二元。前吾弟来函，所以迟久未复者，实因报名书尚未印出之故。今始印出，特为附上二分，并《招考简章》一本，俾李生有所遵循。即希转致查阅，按照办理可也。此复。即诵

文祺！

附报名书二分，简章一本。

伯苓手泐

十六年六月廿日

（南开大学档案馆藏）

致黄勖志

（1927 年 6 月 20 日）

广东江门勖新初师附设小学校

勖志女士鉴：

接六月一日发寄之函，阅悉种切。尊校学额现增到百五十六名之多，发达如此，实在可欣可贺！事多加忙，亦惟有勉益加勉。盖吾人能持定不怕事之宗旨，虽一时力量不甚充足，而越作自越自进步。仆廿余年办学，所以扩充而能有今日者，即此“不怕事”三字成之，甚望女士亦多多努力焉。国语工作既属义不容辞，自必日进有功，甚以为盼。我校因时局影响，已提前散放暑假，诸事乏善足述，但仆日日到校与诸同人设法维持之，绝不敢稍谢仔肩。其草草情形，固与尊处同也。知注特附以闻，即希查鉴是幸。此颂

时祉！

《周刊》已嘱管理者按时发寄矣。

伯苓手泐

十六年六月廿日

（南开大学档案馆藏）

致梁敏侯[1]（铭龢）

（1927年6月24日）

特一区福州路四十六号

敏侯贤弟鉴：

来函具悉。以毕业生名义直接向本校图书馆或来前翻阅，或持外参考，既确有相需之必要，尚无不可通融。惟现在假期之中，不能天天开馆，每周以一、三、五日上午为限。吾弟欲用何项书籍，即按照所定时限来与馆内执事人直接商洽可也。此询

时佳！

伯苓手覆

十六年六月廿四日

（南开大学档案馆藏）

致田聪

（1927年7月4日）

直隶霸县石城

田聪贤弟鉴：

来函阅悉。本校以时局关系，提前放假已将近一月，学生多思离津之不暇，尚孰肯有来津者。就本地而言，学生极为有限，暑校今年当无成立之希望。此复。即询

近佳！

伯苓手泐

---

① 梁敏侯，名铭龢（1899—？），字敏侯，广东顺德人。1919年南开中学毕业，1923年南开大学毕业。

十六年七月四日

（南开大学档案馆藏）

致董袖石[①]

（1927年7月4日）

北京琉璃厂师范大学

袖石先生赐鉴：

久别正切驰神，兹奉手书，如亲光霁，为之忭慰无量。敬复启者：中华教育文化基金董事会此次开会，对各方请款，如何应付？尚未议定办法，须俟秋后再行开会讨论。嘱代平治学校遇机加以诠解，谨当如命在意。此复。祇颂时绥！

弟张伯苓拜上

十六年七月四日

（南开大学档案馆藏）

致李组才[②]

（1927年7月4日）

英租界广东路利济公司

组才先生赐鉴：

顷奉大函，并贵同乡王显湘君履历及显沅君来札，均敬诵悉。如显湘君之品学优美及教授阅历，在苓非常钦羡。倘敝校得其襄助，裨益青年自必不少。

① 董袖石，名重（1892—1931），原名董春元，字袖石，辽宁法库人。先后在北京中国大学、东北大学等校任教，并曾兼任大帅府高级秘书、大帅府学馆国文教授。

② 李组才，浙江镇海人。1918年，其兄李组绅在天津与曹汝霖、陆宗舆共同创办利济贸易公司，为天津华商对外贸易行之首创，李组才任该公司经理。

所惜敝校原有教员在未放暑假以前续聘之合同均已签字，并无位置更动处。今欲为王君再添一席，又苦力有不足。一时交臂而失良师，怅歉真自容无地。我公高明，千祈转代致意，多予亮察，至所感荷。此复。祇颂
钧安！

附缴王显沅君函。

弟张伯苓拜上
十六年七月四日
（南开大学档案馆藏）

致钱建初①

（1927 年 7 月 4 日）

北京中央医院

建初贤弟雅鉴：

来函具悉。嘱代令友王君学敏谋事一节，极愿为力。惟目下时局未定，欲为介绍，实在无路可投，只好俟有机缘再为通告。令表弟王生汝琨欲来本中学肄业，到校时自当特别关照，以副吾弟之雅托。张克忠弟由英回里，承示约在八月间。果尔则握谈期亦当不远矣。此复。统惟查鉴是幸。顺询
时祺！

伯苓手泐
十六年七月四日
（南开大学档案馆藏）

① 钱建初（1899—？），江苏武进人。1919 年南开中学毕业，后赴美留学。

致乐永庆[①]

（1927 年 7 月 8 日）

吉林白旗堆子北胡同三号

永庆贤弟英鉴：

来函阅悉。我弟所提出之二议案，立意甚善，具见热心校务，欣慰之至。现学校工作改革讨论会虽已闭会，但该会所议决者多系原则，实施细目尚有待于行将成立之筹备实施委员会。我弟之议案当可交该会酌量采纳。若能早日回校襄助改革校务，尤为企盼。顺询

近佳！

伯苓手泐

十六年七月八日

（南开大学档案馆藏）

致张汉卿

（1927 年 7 月 18 日）

镇威军三、四方面军团司令部

汉卿先生伟鉴：

顷奉来谕，诵悉一是。承惠缴赵生明林在敝校挪用之款，日间由交通银行汇到洋陆百元，业遵嘱交敝会计课照收矣。此覆。即希查鉴是幸。祇颂

勋祺！

张伯苓拜上

十六年七月十八日

（南开大学档案馆藏）

① 乐永庆（1906—？），云南黎县人。1928 年南开中学毕业，1932 年南开大学文学院政治学系毕业。

致张汉卿

（1927 年 7 月 19 日）

汉卿先生赐鉴：

此次华北加入远东运动选手，蒙关照覆准，惠捐二千元作为赴沪旅费，非常感激！现交通银行已随钧函将款如数汇到。代领之余，欢忭曷极。除即日转交赴选筹备处应用外，特此代表全体谢谢！祇颂

勋安！

张伯苓拜上

十六年七月十九日

（南开大学档案馆藏）

致陈筱庄

（1927 年 7 月 20 日）

北京香炉营头条

筱庄先生大鉴：

尊著《学制史》已奉到，谢谢！现因书至未久，尚未及回环展读。想公居稽有素，今此发挥，在论文中必有过人之价值。容当焚香领略，藉以扩充知识。王君培墀愿襄助敝校训育，极所欢迎。但目下该课尚无虚席待补之必要，只好遇机再说。此复。即希鉴谅是幸。祇颂

钧绥！

弟张伯苓拜上

十六年七月廿日

（南开大学档案馆藏）

致马崇淦[①]

（1927年7月25日）

上海法租界劳神父路第八届远东运动会秩序委员会

崇淦先生大鉴：

手谕敬悉。此次远东运动一切筹备，苓以校务牵绊，不克躬往襄助，肯由诸公偏劳，抱歉奚似。兹附上最近半身照片一件，即希查照检入是幸。此复。

祇颂

公安！

附照片一件。

弟张伯苓拜上

十六年七月廿五日

（南开大学档案馆藏）

致唐锡朝[②]

（1927年7月25日）

上海北江西路桃源坊一六九号

唐锡朝君鉴：

来函具悉。敝校此次招生所有已定之考期登报宣布者，并无因时局影响另行改变之议，即希查照是幸。此颂

时祺！

张伯苓启

十六年七月廿五日

① 马崇淦，《申报》体育记者，于1929年创办勤奋书局，主要出版体育教科书和体育参考书。

② 唐锡朝，后更名唐明照（1910—1998），广东恩平人。1927—1930年就读于天津南开中学。

致袁潜之

（1927 年 7 月 25 日）

上海蒙藏银行

潜之先生赐鉴：

敬启者：为煤矿股票押款期满事，曾经迭函上请，至今尚未奉还云，殊令难于应付，不胜焦灼之至。目下想尊处已筹有办法，倘能即日清理，极所欣感，或将利息先予拨下亦可。总希费神速赐佳音为盼。贵贾汪煤矿地段想已平定，现在工作复原否？甚为念念！祇颂

钧安！

张伯苓谨上

十六年七月廿五日

致傅锡永[①]

（1927 年 7 月 26 日）

山西大同西街佛照巷

锡永贤弟鉴：

手书阅悉。庆应卒业，可贺可喜。承示欲觅职任，匀暇为母校尽义务，感甚！但处此时代，谋事极属不易，未审目下在京已有机缘可坐成就否？天津方面，如有相当之事，极愿代为介绍。所惜无一机关不叫穷，无一机关不讲裁员，作事机会日少，怀才者多致向隅，可发一叹！吾弟之事，当遍托相识为之留意，

① 傅恩龄（1898—?），字锡永，河北顺义人。1917 年毕业于南开中学。1918 年自费赴日本留学，1927 年获日本庆应大学经济学学士。同年回国，任南开大学东北研究会主任、南开大学校长室秘书、南开大学文学院专任讲师。后任南开大学教授、西南联大教授。1946 年南开大学在天津复校后，仍任南开大学教授。1948 年 2—8 月，任南开大学训导长。

倘嫌家中郁郁，可来校小住，届时当藉以畅叙襟怀也。此复。顺颂
时佳！

伯苓手泐
十六年七月廿六日

致赵自强①

（1927 年 7 月 26 日）

烟台毓璜顶小蓬莱烟台东海中学

自强贤弟鉴：

来函具悉。睽别两载，吾弟由铁路界递转而至教育界，似此通权达变，真不愧我南开健强分子，为佩为慰！委觅英文教授，一时甚不凑巧。盖今年本大学文科适无毕业者，以前毕业诸人又皆各有就绪，须另物色以图报命。但能否如愿，殊无把握。拟请我弟于此时亦向他处访求之，如遇相当者，即可聘定，以免贻误。

贵校长欲来南开参观，极所欢迎，几时动身，我弟可于事前早为函告，以便招待。饮馔宿榻，我校可胥代供备，希为致意。

设图书馆购仪器，并无一定准则，相其所有钱数，先择校中必需者购备之，始为适当，始不致以有数钱为不急物费去之虑。区区之意，未知是否。贵校长到津时当面谭，请为酌量也。

招生简章已收到展读，对贵校内容已领略大概，甚善，甚善！此复，诸维查鉴是幸。顺颂
文祉！

伯苓手泐
十六年七月廿六日

① 赵自强，名廷楷（1900—？），字自强，山东广饶人。1925 年前后在南开大学肄业。

致施寿昌

（1927 年 7 月 26 日）

南开北庆里五号

寿昌先生阁下：

日前枉贺，获领麈谈，欣幸之至。顷者，接诵大札并履历，备悉先生学业经历均卓然超出流辈，益令倾佩无似。委谋位置一节，业与大、中两部教务主任言之，惜一时尚无现成席面，只得遇机再谋借重。鄙人津门下士，来书将奖借太过，非常惭汗。原简谨附璧，惟查入是幸。复候

钧安！

附原来函一件。

张伯苓拜上

十六年七月廿六日

致梁任公[①]

（1927 年 7 月 30 日）

意租界玛尔谷路廿五号

任公先生赐鉴：

迭奉两谕，均敬领悉。解君中荪及李良庆[②]弟之名条，业交敝中学部主任喻廛涧君相宜安置，容俟席面酌定，再为奉告。先此布复。祇颂

① 梁启超（1873—1929），字卓如，一字任甫，号任公，别署饮冰子、饮冰室主人、哀时客、中国之新民等。广东新会人。20 世纪 20 年代初，他在南开大学开设“中国历史研究法”课程，并曾拟在南开大学筹设东方文化研究院。

② 李良庆（1901—1954），字敬庵，贵州贵阳人。1920 年南开中学毕业，1927 年南开大学毕业。后入美国俄亥俄州立大学研究院，获哲学博士学位。回国后历任北京师范大学、北京大学、清华大学、辅仁大学、山东大学教授。

著安！

张伯苓拜上
十六年七月卅日

致孙慕韩

（1927年8月1日）

大连越后町卅九番地

慕老钧鉴：

手书奉悉。今年敝处暑校因时局不靖，未克开班，令郎等现已在寓内请人为之补习。敝中学考试在八月杪，令郎预备程度如届期不大差池，想必录取也。此覆。祇颂

崇安！

张伯苓谨上
十六年八月一日

致林石清

（1927年8月1日）

南京鼓楼基督礼拜堂

石清先生赐鉴：

正切葭思，忽奉朵云，欣慰无既。十年阔别，足下乃吸欧美文明，饱载而归，真令人钦羡之至。极思有所借重，俾得近挹清辉。唯惜大、中两部目下均无法文班，遂致不获如愿。暮云春树，益增望尘弗及之感。容俟日后倘有需大力襄助处，定当肃函奉约。先此布复，惟鉴谅是幸。祇颂

台安！

弟张伯苓拜上
十六年八月一日

致余梦琴

（1927 年 8 月 1 日）

北京香山慈幼院余鉴君代收转交

梦琴弟鉴：

来信阅悉。尊荐之白女士，极愿为之位置一席，奈目下苦无相当机会。有负嘱托，千祈格外原谅是幸。此复。顺颂

时佳！

张伯苓手泐

十六年八月一日

致马思华

（1927 年 8 月 1 日）

烟台桃花街天茂居

马思华君鉴：

来函阅悉。前函早经接到，迟答歉歉！时局不定，秋后能否开学殊无把握，尊款更名之事只好以后能到校再说。

南开初小因无款，恐今年不能开办。前谈欲仆相助，仆极愿为力。所惜年来经济竭蹶，自顾尚不暇，愧无别法再为贵学生谋接济。贵学生既练珠算甚好，但派事机会难逢，亦只好付之一叹耳。前来函所言烟埠现象及此次来函所言教育上诸问题，处处均有见地，在贵学生真不愧为有心人，而仆时时以校务停顿为惧，实在不克分心一就来函深味之，惟望多予原谅是幸。此复。顺颂

暑祺！

伯苓手泐

十六年八月一日

致周作民

（1927年8月3日）

北京金城银行

作民我哥赐鉴：

溽暑困人，比维动定多佳，至以为颂。兹敬启者：敝校去年八月曾在天津四行储会透挪银洋九万元。现在将行到期，弟拟仍继续挪用。惟原利率九厘，伊曾示意续用须稍增加。弟念敝校如不拮据太甚，亦自无妨，无如年来困苦情形为我哥所尽知，实不堪再有重利之担负，为是不得已敬请我哥费神代知该会务予关照，允诺并照原利九厘勿稍增益。至所感荷。祇颂

钧祺！

弟张伯苓拜启

〈十六年〉八月三日

附1：周作民致张伯苓（1927年8月）

伯苓先生台鉴：

前者台从莅京，获聆畅教，殊深快慑。承商贵校取款一事，前虽有所拟议，兹查四行储蓄会关于慈善基金支取优等章程，凡慈善团体以其基金存入该会者，分期储蓄照会章办理，定期二年以上者得给以特别储蓄证书，除照章保息七厘，及照分红利外，并特别优待如左：

（一）周息七厘均按月支付。（二）应分红利可按年支付。（三）储金之慈善团体遇需款时，得将此项特别储蓄证向本会做押款，本会只取周息九厘（与保息相抵，只加二厘）云云。

贵校存款如照定期二年以上办法办理，比较前所拟议者利息大为优厚，需用时亦可向储会再做押款，利息亦较丰，如何，专候示遵理也。专此。并颂

大安！

附2：周作民复张伯苓（1927年8月5日）

伯苓先生台鉴：

久未晤教，良用驰念。顷奉手示，藉审履祺百益，为欣为慰！贵校前在四行储蓄会透支到期，拟再续转，利率仍照九厘一节，已代转达，尚希尊台冾。专复。并请

台安！

作民

十六年八月五日

附3：周作民复张伯苓（1927年8月8日）

伯苓先生台鉴：

前日奉复寸笺，想已获邀台览矣。兹接津储会来函，以贵校拟将前此透支九万元续转一节，虽可办理，惟利息不能仍照原率九厘计算，用特将来函抄附蒙阅，并希台洽为荷。专此。敬请

大安！

作民

十六年八月八日

（上海市档案馆藏）

致林祖培

（1927年8月3日）

祖培贤弟鉴：

兹有曾克念君，闽侯人，与吾弟同乡，前在本校高级中学毕业，现在大学理科修学一年，程度虽称平平，而所习过理、化、生物及社会学各门，久欲得一处所藉以见诸实用。今特代为介绍前往，到时请关照量为录用是幸。顺颂

时祺！

张伯苓启

十六年八月三日

致张轶群

（1927年8月5日）

轶群参谋长赐鉴：

敬启者：敝中学部考试新生行将届期，特呈上简章一份，请令郎查阅，预备应考功课；报名书一份，请令郎填注缴校，俾便早日注册。诸维荃照是幸。

兹附有恳者：敝大学部当年创办之始，曾在城南八里台永租公产地二段作为校址，并有前交通部捐助津浦废路一段统备建筑应用，近因有倒租之他人名下零星公产地两处，一、四十八亩五分；一、十九亩八分一厘六毫六丝，至上年租期均经届满。敝校以该地皆将来扩充校舍所必需，爰向县参事会照前商议永租办法，该会当因事关地方教育基金，在前曾奉有省长谕令，未敢作主。敝校不得已，特谨缮具呈文一件，求我公代转并以大力吹嘘，援优待公益成例，无论如何，务请省长查照敝校所请，即将以上两地永租俯赐批准，转县参事会遵照。敝校以后自应按年照旧纳租不误。此项地亩关敝校发展之前途甚大，想我公必乐予赞助玉成也。迫切奉恳，无任祷盼。祇颂

勋安！

附简章、报名书各一份，呈文一件。

张伯苓拜上

十六年八月五日

附1：呈省长[①]文（1927年8月5日）

为呈请事：窃敝南开大学部创立已经八载，曾在城南八里台永租公产地二段作为校址，并有前交通部捐助津浦废路一段，统备建筑应用。近因有倒租他人名下零星公产地两处，一、四十八亩五分；一、十九亩八分一厘六毫六丝，至上年租期均经届满。敝校以该地皆将来扩充校舍所必需，爰向县参事会照前商议永租办法，该参事会当因公产地亩关系地方教育基金，前曾奉有省长谕令，一时未敢作主。敝校不得已用是据情上陈，恳乞省长亮察，俯援优等公益成例，

① 指时直隶省长褚玉璞。

将敝校所请之两地永租即赐批准，转谕参事会遵照。敝校以后自应按年照旧纳租不误。事关敝校发展，想省长自必乐予玉成也。伫候施行，无任迫切盼祷之至。谨呈

直隶省长。

天津南开大学校长张伯苓

附2：直隶省长指令（1927年8月11日）

直隶省长指令第1-11201号

令天津南开大学：

呈请永租天津县公产地两段，以便扩充校舍，恳批准由。

呈悉。仰候令行天津县查明具覆，再行核办。

此令。

十六年八月十一日

（L1927：16）

致陈永健

（1927年8月6日）

北京西城什八半截北骆驼弯三号

永健先生大鉴：

接奉来函并履历、英文学校证明书，均敬领悉。以先生饱学，欲来敝校，对教授上相助为理，极端欢迎。所惜敝大学、中学两方面目下尚无相当位置，容后遇机有须借重处，再为奉约可也。覆颂

台安！

附缴英文书一件。

张伯苓拜上

十六年八月六日

致徐宗民

（1927年8月6日）

烟台基督教青年会

宗民先生惠鉴：

来谕奉悉。谷君源田①欲来敝校修业，足征好学不倦，深为钦佩。惟目下敝大学部考试已经过期，中学考试在八月杪举行，尚可不误。附上中学简章一份，请即转谷君查照是幸。此复。顺颂

台祺！

弟张伯苓谨启

十六年八月六日

致天津电灯电车监理处

（1927年8月6日）

敬覆者：谕函诵悉。八月八日开接收电灯电车进行大会，嘱为前往，极愿遵照。盖是项赞助关于收回国权举动，伯苓实具有素志，而每以力弗能逮为恨。今幸获令，非常欣忭。所惜该日下午适值敝校亦有重要会议，非苓在场不可，时间冲突，届期似兼顾未能。所有碍难分身实在情形，只得据以覆陈，请为查鉴，多多原谅，勿以方命见斥是幸。此致

天津电灯电车监理处。

张伯苓启

十六年八月六日

① 谷源田（1906—？），山东文登人。1929年南开中学毕业。1933年南开大学毕业。

致辜庆成

（1927年8月8日）

上海北四川路横浜桥南首丁兴里第七弄九十八号钧泰煤号代转

庆成先生大鉴：

迭奉英汉文赐函，均敬领悉。先生欲来敝校襄助教授，极端欢迎。惜目前尚无相当位置，容后有须借〈重〉时，再为奉约可也。此复。祗颂

台安！

弟张伯苓拜上

十六年八月八日

致高恕

（1927年8月8日）

北京旅馆

高先生大鉴：

来函奉悉。令侄孙欲入师大附中，委代介绍，自无不可。但免考一层恐该校未有此例，碍难办到。令侄孙如必欲投入该校，赶为预备功课，前往报考，尚不致误。惟台端酌量可也。此复。即颂

时绥！

张伯苓敬启

十六年八月八日

致夏琴西

（1927年8月9日）

天津商务总会

琴西先生赐鉴：

敬启者：北京中华教育文化基金董事会社会调查部现与敝校所组之社会经济研究委员会在天津合作实地调查事业，其调查范围暂分三类：一调查天津批发物价，二调查天津劳工家庭生计，三调查天津地方工业。现正在计划进行，但如何可得充分成绩，非有人为之指导不可。敝校黄子坚[①]、何醉帘[②]二教授素具调查热心，久仰先生高明，特浼苓代介绍台端一往请教，未审几时可以匀暇接见，即希酌准预示为盼。祇颂

大安！

弟张伯苓拜上

十六年八月九日

致卞白眉

（1927年8月9日）

本津中国银行

白眉先生赐鉴：

敬启者：北京中华教育文化基金董事会社会调查部现与敝校所组之社会经济研究委员会在天津合作实地调查事业，其调查范围暂分三类：一调查天津批

① 黄钰生（1898—1990），字子坚，湖北沔阳人。1915年毕业于天津南开中学，1919年毕业于北京清华学校。后赴美留学，获硕士学位。1925年起任南开大学教授，兼大学部主任、秘书长。

② 指何廉（1895—1975），又名淬廉，湖南邵阳人。早年留学美国，获耶鲁大学经济学博士学位。1926年回国，任天津南开大学教授。

发物价，二调查天津劳工家庭生计，三调查天津地方工业。现正在计划进行，但如何可得充分成绩，非有人为之指导不可。敝校黄子坚、何醉帘二教授素具调查热心，久仰先生高明，特趋往有所请教，尚希关照，允予接见，并预以适宜时间酌准见示为荷。专此介绍。祗颂

钧安！

弟张伯苓拜上

十六年八月九日

致沈嗣良

（1927年8月10日）

上海法租界劳神父路第八届远东运动会事务所

嗣良先生大鉴：

来函并会议记录均敬领悉。此次第八届远东运动会定八月廿七日至九月三日在吾国上海举行，事关全国荣誉，在苓极为重视。无如北方政局目下尚在未定，校务须极力维持，大会时深以不能往与其盛为恨。先生及诸君偏劳，苓万分感谢，附答黄明道先生一函，烦就近转致，并代多多道歉为荷。此复。祗颂

钧绥！

弟张伯苓拜上

十六年八月十日

附：致黄明道函

明道先生惠鉴：

足下为远东运动会负募捐之责，甚感甚谢。日前得电示，委苓在华北筹款，本当尽力分劳，奈时局混乱，目下尚在未已，捐税、债券纷迫迭乘，公私交困，人不聊生，未有甚于此时者，募捐之事实在无从措手。报名[命]不获，歉仄万分，特此据情布覆，敬请高明原谅，并另赶代设法集款补助，至所感荷。祗颂

筹安！

弟张伯苓拜上

十六年八月十日

致徐世昌

（1927年8月10日）

菊人大总统钧座：

敬启者：现有朴君龙泰，朝鲜爱国志士也。十年前曾来津作独立运动，被日人捕送回鲜，入狱三年。今脱缧绁，又复来津。因久仰我总统睿望，极以得一觐见为荣，特浼苓代函介绍。谨肃此交其持上，伏维钧座俯予察鉴是幸。叩请

崇安！

张伯苓谨上

十六年八月十日

致刘智诚

（1927年8月10日）

山东青岛费县路环海楼十七号

智诚贤弟大鉴：

手书及附件均已阅悉。吾弟家学渊源精美如此，真令人钦佩无量，倘遇相当机会聘充教授，裨益后进自当不浅。奈本校课程目下尚无速记一科，无法为吾弟位置。日后如有相需处，再为函约可也。此复。惟查照是幸。顺颂

台祉！

张伯苓手泐

十六年八月十日

致常伯琦

（1927年8月10日）

北京中央观象台

伯琦砚兄大鉴：

接奉惠函，敬聆种切。令甥欲来敝校转学，自应特别待遇。但敝中学部向无转学生免考之例，如令甥程度优美，报考定能录取。设学力稍差，亦当列入相当班次。附上简章一分，希转令甥查阅，赶为酌量报考可也。此复。祇颂

时祺！

弟张伯苓拜启

十六年八月　日

致张皞如[①]

（1927年8月11日）

鼓楼东谦益里

皞如仁弟大鉴：

手书具悉。周朗珊先生女公子欲来本女中部报考，三五日内报名尚不致误。附上招生简章一分，希为转致查阅是幸。此复。顺颂

暑祺！

张伯苓手泐

十六年八月十一日

① 张皞如（1878—1934），名穆熙，字皞如，河北盐山人。曾任教于南开学校。1925年起，历任河北省永年县县长、天津特二区警务主任、天津市土地局秘书等。1932年，就任安徽省财政厅秘书长。

致屈文六

（1927年8月12日）

上海法界望志路永吉里十八号

文六先生惠鉴：

去岁柏林赐函，得悉盛游佳况，不胜艳羡。兹者瑶笺下贲，又承以近履见示，琴书乐永，莱彩欢多，遥企云天，益令颂慕无量。马、黄、尤三生不远来敝校投考，求学专诚，如成绩不大差池，自当录取，以副其负笈殷愿。此覆。敬叩

钧安！

张伯苓拜上

十六年八月十二日

致高泽畬

（1927年8月16日）

泽畬先生惠鉴：

赐函奉悉。昨与书侯世兄晤谭，见其求学意极殷恳，可佩之至。现在大学试卷尚未阅毕，揭晓须在月杪。世兄所试成绩果不大差池，自必录取。倘间有未能及格处，则或暂归预科，或暂入高中补习，临时当代为酌定，决不令其向隅，致负尊望。专此奉覆。祇颂

时安！

弟张伯苓拜上

十六年八月十六日

致高一知

（1927年8月16日）

北京地安门内法通寺甲十六号

一知女士鉴：

来函具悉。求学念切，深以为佩。此次敝校招考，各门试卷目下尚未阅毕，揭晓须在月杪。贵女士如恐不能录取，无妨在敝女中学部再行报名投考一次。中学报名至八月廿五日止，此时尚不致误。附上简章一分，希即查阅，自行酌量可也。此复。即询

时佳！

附简章一分。

张伯苓手泐

十六年八月十六日

致华通斋

（1927年8月19日）

北京霞公府廿六号

通斋先生大鉴：

久未晤教，想念殊深。忽捧华翰，欣慰无似。展读附件，藉悉嫂夫人关心敝校卫生甚切，当于溽暑之际，不惮炎热，拟作稿件披露报端，劝告学生家长募款修路，热心公益，实堪感佩也。

惟思天津路政之坏，除租界外，实原于无款修筑。当局将省款提作军用，以致一切市政咸不能举办。本埠工程科科长王君剑峰精明干练，作事认真，非普通官僚可比，在职多年，颇有声誉，以故警厅长虽数易人，而王君科长之缺尚未更换也。此缺非通工程学者不能补充。王君尝对苓言，省当局每月只拨修路费五千数百元，杯水车薪，曷能济事，言下颇露不满当局之意。敝中学部左

近有一大蓄水池，以泄城中秽水、雨水，原有抽水机一架，池满时抽吸一次，以故西风起时，校中常有臭味，春季尤甚。前经苓与王君筹商数次，现时此害完全除出。其办法为由工程科购置电力抽水机大小各一架，今春安置完毕，下雨时用大机抽吸，平时用小机抽吸，秽水池中不使之积水，臭味自消也。今夏试行，颇见成效。离校半里余，别有泄水沟一，宣泄三不管区域秽水，然其臭味绝不能吹到校中也。

至于道路，校之邻近，皆学校修理，因限于经济不能远修，现由本校北警察分驻所前至西南角电车站一段，雨后非常泥泞，乘车、路行均感不便，业经敝庶务主任与王君接洽，商议如何修理，议定修筑路费，工程科与学校各出一半，不日将上呈警厅，请其批准实行。

观以上各节，王君对于学校道路、卫生颇具热心，惟因经济缺乏，有时爱莫能助。苓深能原谅伊之苦衷，只期徐徐改善也。第思处中国战乱情况之下，建设事业惟有缓缓图之，操切恐将误事。嫂夫人稿，苓意以为可缓发。此稿如登于报端，恐不能发生若何效力。缘攫款军阀本无廉耻，学生家长又乏如嫂夫人之热心辅助学校者，皆不受该稿影响。若令工程科王君见之，或因责任关系有所难堪，将不免反灰其向来对学校帮忙之心志也。

鄙见如此，未审高明以为何如。贤伉俪关切敝校，情极可感，晤面时再为厚谢。此复。藉问

暑安！

嫂夫人乞致意，不另。

原稿奉还。

张伯苓上

十六年八月十九日

致王少源

（1927 年 8 月 19 日）

奉天镇威上将军公署医务处长

少源大夫赐鉴：

敬启者：前吉林韩侨百余人被捕，蒙先生代向当局营救，保全实多，为惠

莫大。

兹闻复将敝大学毕业韩籍学生、现在吉省居住之金一秉并崔万荣、金基丰二侨商认作吉林韩侨代表，拘往看管，本应静候省释，何可渎请。奈该三人早经吉省官民上下一律认为无辜，并已由本省当局对三人说明，而至今顾令仍在缧绁，殊有难堪。苓以三人之中有敝校毕业生关系，故不揣冒昧，上恳我公推爱，再为函请张辅帅大沛慈仁，即日开释三韩侨，俾复自由。感戴生成，正不独身受者已也。专此，不胜代盼代祷之至。祇颂

勋安！

张伯苓拜上

十六年八月十九日

致邴敬如

（1927 年 8 月 19 日）

奉天东边道公署

敬如道尹赐鉴：

接奉谕函，诵悉一是。敝校前呈寄之总收据一纸辱荷缴还，谨已收到，其它各收据蒙费神分别代转，感谢！感谢！覆颂

钧安！

弟张伯苓拜上

十六年八月十九日

致顾介眉

（1927 年 8 月 20 日）

交通部总务厅

介眉贤弟大鉴：

许久未晤，甚以为念。兹有恳者：傅恩龄君，京兆顺义人，现年廿九岁，

曾在我中学部肄业。自民国十年前赴日本留学，东京庆应大学经济学部毕业，专门研究交通运输等科。如是者数年，极有心得。现在归来，欲觅一相当机会以行其所学，而苦少门径。仆因其人干练老成，为近今少年中不可多得之才，拟恳吾弟代设法一为安置。无论如何，务望推爱玉成。仆平时对亲友故旧绝不轻作曹邱，兹于傅君确有相信处，故敢代请吾弟提挈。现令持函前往，到时即希查鉴，多多关照是幸。顺颂

近祺！

张伯苓拜沥

十六年八月廿日

致张轶群

（1927 年 8 月 22 日）

轶群参谋长赐鉴：

敬启者：前为敝大学部在八里台永租地亩事，曾经肃函上恳代呈省长文一件，当时叙述有未详尽处，谨再补陈以明之。

查敝大学于民国十一年在八里台建校之始，基址乃租用公产地二段，一为永租地，一为有期租地。有期租地非盖房所宜，因更具呈省公署，请求永租，当蒙前省长曹批准。此开始租地二段之实在情形也。未几又倒租得他姓认租之公产地一处，计四十八亩五分。该地坐落适在前永租二段地亩之间，预备将来校中建筑可以连贯一气，此地势相需，有欲不永租而不得者，但以其时原租期限未满，故未即议及。至去岁限已届满，敝校乃向县参事会有永租之商请，外又倒租地一处计十九亩八分一厘六毫六丝，为敝校八里台附设小学扩建校舍所必需。敝校是以一并声明永租，且将前四十八亩五分旧租据中原叙载之用地建筑等语再三申述，俾参事会知照。在该会本已无不了然，只以该会先曾奉过省长命令，以公产入款关于地方公家教育基金，故一时对敝校所请未敢作主允诺。敝校不得已，爰乞先生代呈省长，恳请批准施行。省长对地方公益备极热心，而关教育方面尤维持不遗余力。敝校自开办迄今将及十载，为地方高级教育机关。所有认租公产扩充校舍，无非为发达教育代国培才，迥与租地私备自养者有别，谅在省长与先生洞鉴之中。且是项永租蒙准后，无论将来历若干年，敝

校自当遵照此次认定租价，按时完纳，绝不敢有丝毫拖欠致误公需，于地方教育基金似无关碍。所有呈请地亩永租一切未尽详情，谨续布以闻，仰维查鉴，并乞逾格关照，力予吹嘘成就，无任感惠企祷之至。祗颂
勋安！

张伯苓拜上
十六年八月廿二日

致张轶群

（1927年8月29日）

轶群参谋长赐鉴：

接奉惠覆，敬悉呈省长文已蒙转送政务厅核办，无任铭感。公子及孙营长两少君均经试毕，查公子与孙生成瀛成绩皆能及格，业已一律录取。惟孙生成欧成绩差池，未堪入选，只辱承我公之嘱，特令敝教务课取入初等中学第二年级班，俾其藉资补习，幸祈查照转知。现在甲乙评定已毕，即将揭晓，谨此布达。并颂
勋祺！不备。

张伯苓拜上
十六年八月廿九日

致潘馨航

（1927年9月25日）

馨航总理赐鉴：

暌教许久，维勋望日隆为颂。苓为远东运动会事赴沪多日，昨晚始经言旋。此次运动，我国成绩颇有得获荣誉处，藉堪告慰。至关于学校方面，苓归来时，敝大、中、女学各部均早开课，新生又增益不少，似此发达进步想为我公所乐闻。惟大学部虽经开学而债累甚多，至目下实支持无法，对盐余积压之息款急

切待用，当属公所深知。幸际大力，能为救济之时，无论如何务请速为设法以维残喘。苓将校务少事处理，不久尚当趋京叩谒，畅领麈诲也。祇颂
钧安！

张伯苓谨上
十六年九月廿五日

致张轶群

（1927 年 9 月 25 日）

轶群参谋长赐鉴：

敬启者：苓为远东运动会事赴沪多日，昨晚始经言旋。此次运动，我国成绩颇有得获荣誉处，想当为我公所乐闻，谨以奉告。敝校永租八里台地亩，一切蒙费神于中为力，非常感激，特先肃此，谢谢！现在归来未久，校务诸待处理，容俟稍能抽身，尚当趋叩崇阶，畅领麈教也。祇颂
勋安！

张伯苓拜上
十六年九月廿五日

致傅立鱼[1]

（1927 年 9 月 26 日）

大连中华青年会

立鱼先生赐鉴：

敬启者：苓此次乘远东运动会赴沪之便，绕道大连参观名胜，不过欲藉山海新鲜之气稍涤尘襟。辱承贵职员张、赵二君莅码头相迓，感已莫名。复蒙提

① 傅立鱼（1882—1945），字新德，别号西河。安徽英山（今属湖北省）人。早年赴日本留学，并加入同盟会。1920 年发起成立大连“中华青年会”，任会长。1926 年后任国民党大连市党部顾问。

倡开会欢迎，殷勤周备，鄙也何德，讵能堪此！然既仰荷隆遇，自应永久弗忘。兹由拜别后，已于廿四日晚平安抵津，爰肃寸缄，藉鸣谢悃。云天回首，不尽依依。

苓自认定教育可以救国后而奔走学务，绝不敢以自力薄弱稍谢仔肩，区区鄙怀，想日前在连晤叙时，已为高明所鉴及。诸公有何见教，来日方长，企望正无穷也。

附谢同仁一简，乞饬人代按附单所列各芳名依次传观，俾资周到，至以为托。祇颂

钧安！

张晋如、张汉五二先生均此致候鸣谢，不另。

张伯苓拜上

九月廿六日

附简谢及名单各一件。

明吉昌（同昌福）、孙子杰（裕长栈）、李铭臣（东莱银行）、贾子和（忠兴福油坊）、李升海（东永茂吴盛亭代）、李英堂（鼎新昌孟先生代）、曲子源（福顺厚）、李松山（金福铁路公司）、林泗亭（丰源号）、张子仁（大连西商）、邵振声（天兴福第二油坊）、张兰坡（亨祥裕油坊）、刘石琴（成顺和油坊）、高学志（双盛油坊）、迟祚廷（《满州[洲]报》理事）。

诸位先生赐鉴：

敬启者：苓此次绕道大连参观名胜，藉涤尘襟，获与高明等一亲光霁，非常荣幸。辱承开会欢迓，雅意约餐，碌碌如鄙人而膺此殊遇，自问亦何以堪此。迄今云天回首，殷殷者固犹俨然在望也。谨此鸣谢。并颂

公安！不僖。

张伯苓拜上

十六年九月廿六日

致邵式谷

（1927年9月26日）

大连寺儿沟天兴福油坊

式谷仁弟大鉴：

此次仆绕道大连，得与吾弟及诸贤契聚晤，襟怀为之一快。辱承迎候备馔、陪舆参观，殷勤已极感周至，乃复荷蒙贵家长过从招待，以珍馐见饫，饱德尤有难忘。除另函致意外，兹奉一械，藉鸣谢悃。

再，仆日前抵津后，大、中、女学各部均已开学多日，学生人数又增益不少，对此气象蒸蒸，仆益当为之努力，想亦吾弟所乐闻也。特附及之，统惟查照。以后有他本校学生到连参观者，并望推爱接待，预托预托。顺颂

时祺！

附上贵家长一函，希转致。

张伯苓手泐

十六年九月廿六日

附：致邵慎亭、庞睦堂、庞义堂

慎亭[①]、睦堂[②]、义堂赐鉴：

苓自拜别后，于阳历九月廿四日晚平安抵津。日前在连辱承招待，饫以珍馐，稠谊厚情，感篆无似。谢谢！

苓滥竽学界有年，力极自惭薄弱，然认定教育可以救国，但有一分机会得望发展，即为教育尽一分之力，以故东西奔走，绝不敢少避艰难。区区微意，常愿得识者一就正之。此次在连与先生畅叙，获益良多，非常欣佩。此后来日方长，想聆教会更有时也。先此布臆，诸惟爱照。并颂

筹安！不备。

弟张伯苓拜上

十六年九月廿六日

---

① 邵尚俭（1881—1950），字慎亭，辽宁金州人。1927年任大连商会副会长。

② 庞睦堂（1882—1940），名志顺，辽宁大连人，为大连市华商八大富豪之一。

致张德纯

（1927 年 9 月 26 日）

大连政记轮船公司

德纯先生阁下：

敬启者：苓此次绕道大连参观名胜，挹山海新鲜之气，俗虑都消；聆贤哲挥麈之谈，佩钦无已。况复承殷勤招待，雅意约餐，饱德至今犹有余味。苓以棉薄之材，抱定教育救国宗旨，为校务不敢少休，得遇识者如先生，洵属缘非浅鲜，以后请教之日方长。身今虽返里门，而回首仍不尽依依。专此申谢厚谊，并敬

钧安！不僩。

弟张伯苓拜上

十六年九月廿六日

致袁振生[①]

（1927 年 9 月 27 日）

奉天中国银行

振生先生赐鉴：

敬启者：此次过奉，为谢前惠捐雅谊，匆匆上谒，乃复蒙款以晚餐，并为到站饯行，如此盛情，真令人感泐无似。拜别后，于本月廿四日晚平安抵津，积压校务现正着手清理。劳人草草，深惭棉力不足以措困难。然既信教育可能救国，则无论如何自当有进无退。归来后大、中、女学各部均早开课，又增学生不少。睹此发达情形，益不能不为之努力。公居学生家长地位，故附及之，藉慰垂廑。请教之来日方长，诸承厚遇，回首不尽依依。专此肃函，用申谢悃，

① 时任奉天中国银行行长。

仰惟爱照。并颂
钧祺！不备。

李、陈、郑三位先生均此，恕不另肃。

张伯苓拜上
十六年九月廿七日

致于星三

（1927 年 9 月 27 日）

大连寺儿沟玉昌合油坊

星三贤弟大鉴：

此次绕道大连，得与诸君聚晤，非常快慰。辱承欢迎备馔，随舆参观，雅意殷勤，尤为感泐无似。别后于阳历九月廿四日晚平安抵津，大、中、女学各部已开课多日，又增学生不少，气象蒸蒸，仆对此益不能不为之努力。惟目下经济问题解决实为困难，知关眷注，特附及之。诸荷盛情，回首犹然在望。专此鸣谢。并颂
阖府均吉！不另。

张伯苓手启
十六年九月廿七日

致余日章①

（1927 年 9 月 28 日）

上海博物院路廿号上海青年协会

日章先生赐鉴：

拜别后，至大连小作勾留，旋即言归，于九月廿四日晚安抵津埠。校中一切均平顺，地面亦甚安静，知注谨以奉闻。此次在沪饱领麈谈，快慰无似。怀德爵士目下尚未来津，来时自应特别招待。前因急需，蒙慨假二百元应用，非常感谢！兹附奉赵，希赐查入。祗颂

道祺！

附浙江兴业银行汇票一纸，计二百元整。

弟张伯苓拜上

十六年九月廿八日

致韩诵裳②

（1927 年 9 月 28 日）

大连中国银行

诵裳贤弟大鉴：

此次到连，在贵行假榻，承特别招待，牺牲体力、精神、钱钞、时光不少，临行复蒙亲饯到站，挚情雅谊，感激实莫可名言，谢谢！

吾弟自去教育界转银行界，数年来可称才当其用，观所有办事精细，筹划

---

① 余日章（1882—1936），湖北蒲圻人，生于鄂州（今武昌）。1912 年加入中华基督教青年会全国协会，1916 年起任总干事，曾兼任中华全国基督教协进会会长。

② 韩振华（1883—1963），号诵裳。祖籍安徽，长居天津。1906 年南开学校第一届师范班毕业。1917 年 5 月发起成立中华职业教育社。后任职于银行界。

周详处，真可谓得未曾有，从此益行勉进，前途正自无量，将来为中国银行界放一异彩，匪异人任也。不胜佩慰祝贺之至。贵营业主任张鸣宇君，日前与仆同车过奉回津，一路颇蒙照料，感甚。抵津后校务积压甚多，会当逐件清理，非常忙碌。所幸大、中、女学各部开课以来事事均已就绪，地面亦颇平安，藉堪告慰远怀。十月十七本校周年纪念后，师生有拟赴大连参观者，到时尚祈推爱招待。前挪之款将由鸣宇君带回，合并布闻，统惟查照。顺颂
时祺！

令夫人乞代致意！不另。

张伯苓手启
十六年九月廿八日

致梁云峰

（1927年9月28日）

山海关总商会会长

云峰先生赐鉴：

敬启者：日前在连于田宅得亲光霁，饱领麈谈，甚以为快。归途又适同车，当风驰电骤之余，俾一介行李，复得近挹清芬而不伤孤寂，缘非浅鲜。有此遭逢，何幸如之。路间蒙照料，并为约餐，挚谊隆情，感铭曷极。中途别后于九月廿四日晚平安抵津，爰肃寸函，藉鸣谢悃，仰惟查鉴是幸。祇颂
台安！

弟张伯苓拜上
十六年九月廿八日

致李鸿树

（1927年9月29日）

大连市山县通八十番地南满矿业株式会社

鸿树先生台鉴：

敬启者：苓前在连参观贵社售品，铺地板用利哥闹甚属佳制。今敝校大学部图书〈馆〉行将建筑告成，拟用利哥闹铺该馆地板，地板面积计八十方，约合二百卅坪，原底为粗洋灰质，三星期后即可开始工作。敢请贵社届时派人到校办理为荷。专此奉约。顺请

公安！

南大校长张伯苓启

十六年九月廿九日

（L1927：70）

致金祖懋[①]

（1927 年 9 月 29 日）

杭州法政专门学校

祖懋贤弟大鉴：

前者到杭，蒙吾弟费神多方照拂，雅意约餐，导览风景，倍极殷勤。追将返沪，又承到站躬饯，馈以火腿嘉珍，益令铭感无似，谢谢！返沪后，未几即起身附船作大连之行，途经青岛，有南开同学会迎约，因时促未及登岸。抵大连，勾留数日，并赴旅顺游览一次，除承在籍诸贤弟特殊招待外，并承诸各家长宠召宴会。而各商界巨公多人亦复欢迎开会，肆筵相邀，意挚情周，是行殊为愉快。归时因船无，便附车绕道奉天，九月廿四日晚始安抵津门。到校后，大、中、女学各部均已开课多日，学生人数又增益很多，气象甚好，一切事务都平顺，地面亦甚安静。知注特以附闻。顺颂

潭祺！不一。

张伯苓

十六年九月廿九日

① 金祖懋（1902—1973），字功先，浙江义乌人。1926 年南开大学毕业。历任中央大学、金陵大学、金陵女子文理学院教授，私立重辉商业专科学校校长等。新中国成立后，任东北商专、扬州师院教授。

致程本同[①]、程本正[②]

（1927 年 9 月 29 日）

杭州义井巷八号

本同、本正贤弟均鉴：

此次莅杭，承到站相迓，并约餐、照像，备极殷勤，非常感激，谢谢！别后返沪，旋即起身，附船作大连之行。途经青岛，有南开同学会迎约，因时促未及登岸。抵大连勾留数日，并赴旅顺游览一次，除承该地前我校毕业及未毕业诸君特殊招待外，并承诸君家长宴会。而商界巨公多人亦复开会欢迎约餐，情谊周至，是行殊为愉快。归时因船无，便附车绕道奉天，九月廿四日晚始安抵津门。校中是时大、中、女学各部均已开课多日，学生又增益不少，颇有蒸蒸气象。一切事务皆平顺，地面亦尚安谧。知注特附以闻。顺颂

潭祺！不僃。

张伯苓

十六年九月廿九日

致吴蔼庄

（1927 年 9 月 29 日）

杭州后市街 44 号

蔼庄女士青鉴：

此次莅杭，承偕令妹到站相迓，并为约餐，且导览一切风景，非常感激，谢谢！别后返沪，旋即起身，附船作大连之行。途经青岛，有南开同学会迎约，因时促未及登岸。抵大连，勾留数日，并赴旅顺游览一次，除承在籍我校前毕

① 程本同（1900—？），浙江杭州人，1920 年入南开大学学习。

② 程本正（1905—1984），浙江杭州人。1926 年南开大学矿科毕业。

业及未毕业诸君特殊招待外，并承诸君家长宴会，而商界巨公多人亦复开会欢迎约餐，情周意挚，是行殊为愉快。归时因船无，便附车绕道奉天，九月廿四日晚始安抵津门。抵津后，大、中、女学各部均已开课多日，学生又增益不少。当此纷扰靡定，而我校蒸蒸若此，自令人不能不抱乐观，虽在经济方面极感竭蹶，然一切校务均称顺序，地方亦安静如恒，实属目前幸事。知荷关注，特附以闻。祇颂

潭绥！

并请代向令妹道谢！不另。

张伯苓启

十六年九月廿九日

致雍剑秋[①]

（1927 年 9 月 29 日）

上海法租界劳神父路六百廿号

剑秋先生赐鉴：

敬启者：此次为远东运动会事趋诣沪上，获亲光霁，快领麈谈，欣幸无似。九月三日蒙宠召，以珍馐见饫，至今犹有余味，谢谢！汽车小跌，痊愈否？殊为悬念。赴杭观潮，致偏我公，歉然之至。现托庇，于前数日已平安抵里，目下为清理积务，非常忙碌。津地地面安谧，金融经官商合力维持，亦尚平静。知注特以附闻，统惟垂察，不一。祇颂

钧安！

弟张伯苓拜上

十六年九月廿九日

① 雍剑秋（1875—1948），名涛，江苏高邮人。早年入香港英国教会学校读书。1911 年任天津造币厂副厂长。后为德商礼和洋行买办，经销克虏伯军火。1918 年从北京移居天津，经营房地产并创办学校。

致王筱东

（1927年9月29日）

上海法租界劳神父路五百六十二号

筱东先生赐鉴：

敬启者：此次为远东运动会事趋诣沪上，获亲光霁，快领麈谈，欣幸无似。九月六日辱蒙特颁宠召，饫以珍馐，饱德之余，益令莫名心感。现托庇，已平安抵里。回首在沪时，酒绿灯红，盛遇固俨犹在目也。专肃鸣谢，仰惟爱照不尽。祇颂

钧安！

张伯苓拜上

十六年九月廿九日

致殷芝龄

（1927年9月29日）

上海海防路六十六号

芝龄先生赐鉴：

敬启者：苓此次为远东运动会事趋诣沪上，得亲光霁，快领麈谈，欣幸无似。乃复蒙特别宠召，饫以珍馐，饱德既深，铭心弥切。现托庇，已平安返里数日。云天回首，犹觉无限依驰，谨肃寸函，一鸣谢悃。希惟爱照。祇颂

时祺！不备。

张伯苓拜上

十六年九月廿九日

致许静仁[①]

（1927年9月29日）

上海法租界劳神父路五百九十二号

静仁先生惠鉴：

敬启者：此次为远东运动会事趋诣沪上，获亲光霁，快领麈谈，欣幸无似。九月四日辱承宠召，款以珍馐，良深饱德。现在返津已有数日，云天回首，无限依驰。特肃寸函，一鸣谢悃。公子在校较前益知勤勉。知注附以告慰，统希爱照，不尽。祇颂

崇安！

张伯苓拜上

十六年九月廿九日

致关颂声[②]

（1927年9月30日）

颂声先生大鉴：

敬启者：今有敝大学商科毕业学生曾衡三[③]，湖北人，品学兼优，办事亦诚实可靠，曾充天津瑞通洋行英文会计主任，顷因该行停业，致赋闲居。闻中原公司规模宏大，一切经营事业需用是项人才处甚伙，敢请先生一为安置。弟知该生最深，保不致将来有贻饥覆馃之虞，幸祈推爱，即予惠赐栽培，则感同身

---

① 许世英（1873—1964），字静仁，又号俊人，安徽贵池人。1913年起历任福建民政长、内务总长、交通总长、国务总理等职。

② 关颂声（1892—1960），字校声，广东番禺人，生于天津。曾就读于上海圣约翰大学，1914年去美国留学，入麻省理工学院，获建筑学学士学位。1920年在天津创办基泰工程司，是我国创办较早、影响较大的建筑设计事务所。

③ 曾衡三（1897—？），字楚青，湖北枝江人。1925年南开大学毕业。

受矣。此恳。祗颂
钧安！

附履历一件。

弟张伯苓拜上
十六年九月卅日

致黄勖志

（1927 年 10 月 7 日）

广东江门勖新初师附设小学

勖志女士大鉴：

阅手书，具悉一是。贵校立案蒙准，甚慰！惠赠之照片，想不久当由令弟转到，预谢，预谢！江门《民国日报》所载国语讲习所毕业典礼颇详，读所送学员纪念歌，具见女士提倡国语之热心，可佩之至。所询关于教育行政及关于体育方面之参考书目，前尚不知有何善本，容访他人，访得再为奉告。

中华教育改进社年来无若何表示，所苦者亦经费不足耳。我校处经济困难达于极点之秋，已觉无法图存。近日又复战信紧张，将来如何，殊不可逆料。所幸本期学生仍不减少，而读书亦尚安然，此则差堪告慰者。余不多叙。顺颂文祺！

张伯苓拜泐
十六年十月七日

致胡政之

（1927 年 10 月 7 日）

《大公报》馆

政之先生大鉴：

顷闻太夫人日前忽赋仙游，非常骇悼。先生孝行素笃，值此金萱萎露，自

必哀毁逾恒。惟是以礼制情，君子所取。况在窀穸尚未奉安之际，太夫人在天灵爽所责望于先生者，固大有事在也。顺变以酬罔极，自足仰慰慈云，幸勿徒作皋鱼之痛，哀风木而未有已也。专此奉唁。并候
素履不宣。

弟张伯苓上
十六年十月七日

致张乾若

（1927 年 10 月 7 日）

大连中国银行转交

乾若先生惠鉴：

顷奉大函，诵悉一是。苓此次为远东运动会事赴沪，归途曾绕道大连，小作游览。因为日无多，匆匆言返，未及趋谒，一领麈教，至今犹觉歉然。海滨空气极佳，调养最为合宜，尊体日来自必益臻康泰，至以为祝。世兄随侍在连，时聆庭训，于功课定多补益，并谨代颂进步无量。此复。祗候
钧安！不僴。

张伯苓上
十六年十月七日

致董刘晶如

（1927 年 10 月 7 日）

敬启者：前由裘景仲大夫代转到尊赠之显微镜一架，拜领之余，万分感激。敝校年来师生上下人数众多，关于卫生非常注意，所惜者未有珍贵物品藉资应用耳。今后得贵镜以资测验，防外患侵入，保各体安全，阖校受惠莫大于此。谨肃寸简，恪表谢忱，仰惟查鉴。并颂
荃祺！不备。

张伯苓拜上
十六年十月七日

致宋子樵

（1927 年 10 月 12 日）

政务厅长

子樵厅长钧鉴：

敬启者：日前趋谒，获聆麈教，钦佩无量。狮子林地事辱承示意变售得价仍可补助敝校，极为可感。但昨经苓向敝董事会征求意见，佥以为该地既经管有年，似仍以遵依旧贯为善。第求我公作主，不使与他黑地混淆，即属莫大之惠。所有仰叨特别厚爱处，谨当永铭不朽，万祈关照，俯准如请维持，无任祝祷之至。专肃上恳，统惟垂察。祗叩

勋安！不僩。

张伯苓谨上
十六年十月十二日

致于季良

（1927 年 10 月 12 日）

直隶保安总司令部电务处

季良仁兄大鉴：

顷奉谕函，敬悉一是。二令郎欲来敝校插班，理应遵照收入。惟现在开学已经多日，功课追补既有未便，而讲室名额已满，亦实无地可容。令郎必愿来学，最好在外暂将功课多多温习，敝校年终招考插班，届时固不无机会。所有目前碍难如命之处，尚希格外原谅是幸。此复。祗颂

台安！

弟张伯苓拜启
十六年十月十二日

致樊逵羽[①]

（1927 年 10 月 12 日）

逵羽先生大鉴：

快信诵悉。联名函保高仁山，鄙人极端赞同。但范先生刻未在津，而在北京，鄙人又值筹备学校纪念事，倍极忙碌，不克脱身往商，只好由高夫人就近直接往求范先生办理。将函缮就后，除再求熊先生签字外，贱名亦情愿附入。一切即请费神转致，并偕同偏劳为荷。此复。顺颂

台绥！

弟张伯苓拜上

十六年十月十二日

致李鸿树

（1927 年 10 月 12 日）

大连市山县通八十番地

鸿树先生台鉴：

敬启者：前奉大札，得悉贵社不日派人来津铺敝校地板，欣慰无似。顷有日商华盛公司谢君到校，声称贵社委该公司就近商洽，惟所谈价格每方尺行平银三小合，较在连与先生所谈在天津铺利哥闹每方尺三毛一分者相差太多，二者孰是，真相莫明，敢请赐示，以释猜疑。专此。顺颂

台祺！

天津南开大学校长张伯苓启

十六年十月十二日

---

① 樊际昌（1898—1975），字逵羽，浙江杭州人。1920 年上海南洋公学毕业后，赴美国华盛顿大学攻读心理学。1924 年回国，1926 年起在清华大学、北京大学教授心理学。

致王少源

（1927 年 10 月 15 日）

奉天镇威上将军公署医务处长

少源大夫赐鉴：

敬启者：本年八月十九日，因敝校前毕业韩籍学生金一秉及崔万荣、金基丰二侨商被拘，请为营救事曾上一椷，计邀察谅关照，代为援手。惟至今闻伊等仍在未蒙省释，或者张辅帅值政务公忙，一时将此事忘却亦未可知，尚乞大力赶紧设法一为吹嘘。苓深悉伊等之无他，故敢一再代为渎恳，幸推爱，俾伊等即日得复自由，则受赐同非浅鲜矣。祗颂

仁安！

张伯苓拜上

十六年十月十五日

致张效良

（1927 年 10 月 16 日）

效良厅长赐鉴：

顷奉谕函，祗悉一是。敝校学生庆祝学校周年，游艺作剧。苓以其系属循例之举，故未加以制止。今时局既非所宜，自应立饬停演，藉昭慎重。除登报声明，俾便周知外，谨此据情覆布，请为查鉴，于镇守使处应如何声明情节，仍即恳由我公代函。诸承费神，铭感不尽。敬叩

勋安！

张伯苓谨上

十六年十月十六日

致袁潜之

（1927 年 10 月 16 日）

潜之先生惠鉴：

敬启者：关于贵煤矿股票押款事，前经迭函恳请，迄未蒙照办。本届业已到期，又付利息一次，统计本息共有三万柒千壹百柒拾元之多。重重增累，真属无可如何。仍望我公赶速设法为要。

十月十七日为本校廿三周年纪念日，亦即尊慈先太夫人流芳纪念良辰，是日下午七钟开庆祝会，务请钧驾届期早临是幸。祇颂

大安！

张伯苓谨上

十六年十月十六日

致钟体正[①]

（1927 年 10 月 19 日）

四川重庆大井十八号

体正贤弟大鉴：

来函具悉。承示弟等九人组织四川南开同学会已经成立，目的在联络感情，并辅助母校进行宣传情况等，使随地见南开精神，不胜欣慰之至。会址不知已曾觅定否？关于校中消息之印刷品，容当按所示暂时办法向重庆女子师范寄送。会中迩来情形若何，极愿一得详报。吾弟返校已有定期否？甚盼，甚盼！此复。特祝

诸君进步！并各

---

① 钟体正（1903—？），字端可，四川成都人。1927 年南开中学毕业。曾任成都翕华织物工厂营业经理。

阖潭康吉！不一。

张伯苓拜泐

十六年十月十九日

致梁麟阁[1]

（1927 年 10 月 19 日）

山海关北街穆家胡同

麟阁贤弟大鉴：

接奉尊大人来函，并附吾弟一札，均经诵悉。奉海铁路地处偏僻，诚非有志进取如吾弟者可以久居之所，委代别觅机缘，自当时刻在意，惟目下尚苦无以报命耳。容俟有可为力处，再行函达先生。覆询

时佳！

尊大人前均此候安！不另。

张伯苓拜泐

十六年十月十九日

致严修

（1927 年 10 月 20 日）

范公赐鉴：

顷接前中学国文教授陈君文波来函，为其先翁征文，藉阐幽光，嘱转恳我公赐以短言。兹将原函附呈查阅，外稿纸、行述各一件，均祈检入是幸。祇颂

日祺！

附原函及稿纸、行述各一件。

① 梁麟阁（1900—？），字树勋，河北昌黎人。1920 年南开中学毕业，考入金陵大学。曾任职于天津铁路局。

张伯苓谨上
十六年十月廿日

致沈嗣良

（1927 年 10 月 24 日）

上海法租界劳神父路中华全国体育协进会

嗣良先生赐鉴：

接诵惠书，祇悉种切。苓自回校后，清理积件，兼进行校务新计划，非常忙碌，有疏笺候。职此之由，抚念殊为歉然。承寄《大连规则》等件，据韩先生来函言，均如数收到不误，感谢之至！

天津体育协会苓于日前招集同志组织成立，详章由章辑五君寄呈查鉴，有不妥处并希代为斧正。关于足球、篮球、排球、田径赛四项章程，恳请由邮各检寄二十份，并女子体育运动规则一份，该价共若干，请示知，以便照缴。

先生匀暇到各城鼓吹，极所赞同，将来定收圆满效果。此事奔走主持，非赖热心热力不可，有须苓协助处，自当奋勉以随于后。退休一节，仍请暂勿作是想为盼。马约翰用款自应由华北负责，已经章辑五君向其函询用款详情，作筹还之预备矣。苓此次来往，惟轮船票价二百元拟出公费，余均由自备，可勿论也。此复。祇颂

台安！

附裁报一条呈览。

弟张伯苓拜上
十六年十月廿四日

致张轶群

（1927 年 10 月 25 日）

河东义租界三马路卅七号

轶群参谋长赐鉴：

敬启者：日前为狮子林地事趋谒请教，蒙示已托宋子樵厅长关照，感甚！旋即奉宋厅长召，前往面叙，当蒙以该地变卖补助办法与苓相商，并云：如以为然，即可照办，否则亦无须勉强。苓闻言后，随即归校与董事会集议，据诸董事意见：佥以为该地既经管有年，颇得资助，似应仍以遵依旧贯为善。众意如此。苓于前数日业照复宋厅长查鉴矣。

惟是该地情形有关敝校命脉，自犹有未尽为我公详述者，合再补陈以明之。查狮子林全界租地自敝校接管迄今，已历有年所，财政厅具有案可稽。每年并由厅发给盖印收租执照为据，其显非黑地已可概见。本无庸再为申辩。现在全界纳租之户计二百五十七号，每岁租款共收四千四百四十三元五角四分。遇有空地建房或土房改造灰砖等房，进租尚可加多。敝校中学部年来经济竭蹶，省款补助积压甚多，惟仗是项租入稍为支拄，实与相依为命，少一变动，全校即有停顿之虞。我公属在学东，想必不忍坐视，为是详布上恳，务请大力维持。无论如何，勿令从事处置，俾保一线生机，至以为荷。专此。不胜祷切。祗叩

勋安！

张伯苓谨上

十六年十月廿五日

附：天津南开学校经管狮子林地租说明[①]

本埠河北狮子林全界地产，在前清光绪时原属之集贤书院。该地出租得款即作书院经费。嗣书院停废，改归客籍学堂。宣统年间，提学使傅将该堂并入本校合办，而该地租亦即一同随拨。惟其时地租系由官府征收，再转本校应用。民国二年，直隶都督兼民政长冯为免周折起见，特派本校校长张伯苓直接经管收纳该狮子林全界地租事宜。事历多年，财政厅具有案可查，并历由财政厅发给盖印收租执照为凭。现在该管全界纳租之户合计共二百五十七号，每年租款共收四千四百四十三元五角四分，遇有空地建房或土房改造灰瓦等房，进租尚能加多。年来经济竭蹶，本校费用多赖之以为维持。所具说明是实。

① 此说明于本月29日呈严修一份。

致彭善承[①]

（1927 年 10 月 25 日）

上海复旦大学熊飞先生转交

善承贤弟大鉴：

手书阅悉。所云前函错误一节，仆并未曾在意。盖我师弟间正无须此介介为也。

弟之文凭确于阳历八月十六日双挂号寄上，迄今为日甚多，何以仍未递到，殊为讹异，刻已饬人持收件回据前往询问邮局，业允为代查。此时如弟处已经收到，即望赶速来信示知，否则，亦望函复一音，俾便由学校向邮局严为追索也。顺询

文佳！

伯苓手汾

十六年十月廿五日

致徐润农

（1927 年 10 月 26 日）

上海徐家汇藏书楼

润农先生赐鉴：

敬启者：曩上沪上，得获识荆聆教，并瞻仰观象台、藏书楼等，既属异常荣幸；而蒙雅意招待，尤为心感莫名。归后因冗久疏笺候，抱歉之至。今遇麟便，聊申谢悃，希惟爱照。不尽。祇颂

道安！

---

① 彭善承（1905—？），字汝为，四川广元人。南开中学毕业生。后入政界，长期任职于江苏、四川等地。

张伯苓拜上
十六年十月廿六日

致钟体正

（1927 年 10 月 26 日）

四川成都九丹儿科医院

体正弟鉴：

手书阅悉。前接来函后，曾复一椷，未审刻已递到否。吾弟废学营商，将来事业定不可限量，预贺，预贺！来书谓“政治经济系中应训练特殊人才”，所见极是，自当在意。北京盲哑学校，其情形未易以笔描摹，亦不闻有何等专书可买。盖此等教育，诚不是看照书本可能办到者，非得有该项师范生不可。但该项师范生吾国南北各方目下尚不曾多见，吾弟必欲提倡盲哑教育，亦惟先就师资一方面加以讨论也可。此询

近祺！

伯苓手泐
十六年十月廿六日

致孙德厚[①]

（1927 年 10 月 26 日）

吉林宁安县第一学区第一小学校葛亭秀先生收转

德厚贤弟鉴：

来函阅悉。吾弟于学业既肄习有年，而于道务又深有领略，造诣定有过人处，佩佩，羡羡！今愿本来校襄助一切，饮水思源，存意极堪嘉尚，不胜欢迎之至。所惜一时尚无位置，容俟遇有机缘，再为函达可也。此复。顺询

① 孙德厚（1891—？），字信三，吉林宁安人。1917 年南开中学毕业，考入金陵大学。

时佳！

伯苓手泐

十六年十月廿六日

致刘瑞恒[①]

（1927 年 10 月 27 日）

协和医院

瑞恒院长大鉴：

敬启者：兹有敝校女中部学生左秀贞，现患盲肠炎，同乃兄敝男中部学生左与诶赴京，拟往贵院医治。到时务请特别关照，医药各费望祈多予减让。不胜拜祷之至。专此。敬请

大安！

张伯苓拜上

十六年十月廿七日

致张钧孙

（1927 年 10 月 31 日）

诚实里

钧孙先生惠鉴：

接奉大函，祗悉一是。赠书二册已收到，谢谢。先生嗜音，能洞彻乐律原理，其平时之研究功深概可想见。昔宣圣正乐，雅颂各得其所，先生此编能使中西乐之音配各得其宜，有功于当今之音学者实大，先生亦可以不朽矣。祗颂

① 刘瑞恒（1891—？），字月如，天津人。早年留学美国，获哈佛大学医学博士学位。回国后历任北京协和医学院副教授、副校长，协和医院院长，上海红十字会医院院长，中央大学医学院院长，军事委员会军医处处长，卫生部部长等职。

台安！

张伯苓拜上
中华民国十六年十月卅一日

致韩诵裳

（1927年10月31日）

大连中国银行

诵裳我弟大鉴：

别后光阴如驶，倏忽易秋而冬，梅信风传，海天独早。我弟际斯芳序，事业鼎新，乘便因时，胜况可想。羡羡！仆归后除清理积务外，即筹备廿三周年纪念事。诚以本校在此廿三年中，艰苦备尝，虽勉支持至今，而受时局影响，困难弥不堪言状。公款经年积压，发补难期；学生居室莫容，筑添无法。山穷水尽，莫甚于此时。所赖以不懈者，只此信教育可以救国之心，始终弗为稍变。现拟即以十月十七日本校念三周年纪念日作一改进刷新之新纪元，奋斗艰难，再接再厉。吾弟为素爱仆之深者，其将何以助我？兹附上纪念片及纪念号周刊各一件，惟查入是幸。祇颂

近祉！

张伯苓手泐
中华民国十六年十月卅一日

致张德纯

（1927年10月31日）

大连政记轮船公司

德纯先生赐鉴：

自暌风范，倏忽易秋而冬，我公乘便因时，鼎新事业，胜况可想，如颂为慰。向在连辱承厚遇，鄙躬生色不少。草茅因日月为光明，良觌会更有时耳。

敝处近况深愧乏善足述，惟校务一切顺平，差堪藉慰廑系。本年十月十七号适值敝校廿三周年纪念，特备纪念照片，并大、中两部纪念号周刊各一份，附以奉赠，希惠收为荷。祇颂

钧安！

张伯苓拜上

中华民国十六年十月卅一日

致于星三

（1927年10月31日）

大连寺儿沟玉昌合油坊

星三贤弟大鉴：

光阴如驶，转瞬秋尽冬来。回忆在连聚首言欢，真不啻如前日事。人生世上，但得二三知己若弟等其人，不时可以一图良晤，洵属莫大快乐。迩来早梅开放，风信又到君家，吾弟把酒芳辰，含和饮福，逸兴定复不浅。慰慰，羡羡！

仆归后除清理积务外，即筹备廿三周年纪念事，诚以是项纪念在本校实有重视之价值。处风驰雨骤环境，而独能特立至于廿三周年，虽公款积压，补发难期；屋宇莫容，筑添无法，卒不懈其奋斗精神，对于《中庸》“强哉矫”一语实不敢有所多让。现拟即以本年十月十七日本校念三周年纪念日作一改进刷新之新纪元。吾弟其亦有以策励我乎？

附上纪念赠品照片一件，纪念号周刊式分，到祈查照惠收为荷。顺颂

时祺！

张伯苓手启

中华民国十六年十月卅一日

致邵式谷

（1927年10月31日）

大连寺儿沟天兴福油坊

式谷贤弟大鉴：

光阴如驶，转瞬秋尽冬来。回忆在连聚首言欢，真不啻如前日事。人生世上，得二三知己若仆与弟等，不时可以一图良晤，洵属莫大快乐。迩来早梅开放，风信又到君家，吾弟把酒芳辰，含和饮福，逸兴定复不浅。慰慰，羡羡！

仆归后清理积务外，即筹备廿三年纪念事，诚以是项纪念在本校实有可纪念之价值。处风驰雨骤环境，而独能特立至于廿三周年，虽公款积压，补发难期；屋宇莫容，筑添无法，卒不懈其奋斗精神，对于《中庸》“强哉矫”一语实不敢有所多让。现拟即以本年十月十七日本校廿三周年纪念日作一改进刷新之新纪元。吾弟其亦有以策励我乎？附上纪念片并纪念号周刊两分，惟惠收查阅是幸。顺颂

时祉！

附呈贵家长一函并纪念品等，请转致。

张伯苓手启

中华民国十六年十月卅一日

致邵慎亭

（1927年10月31日）

慎亭先生赐鉴：

敬启者：别后光阴如驶，倏已秋去冬来。值此海国风信早透梅花，我公乘便因时，鼎新事业，胜况可想，如颂为慰。

苓归后除清理积务外，即筹备廿三周年纪念事。诚以本校在此二十三年中艰苦备尝，虽勉支持至今，而受时局影响，困难尤不堪言状。公款经年积压，

颁补难期；学生居地莫容，筑添无法。山穷水尽，甚莫甚于此时。所赖以不懈者，只此信教育可能救国之心始终弗为稍变。现拟即以十月十七日本校念三周年纪念日作一振刷之新纪元，无论前途如何，定与艰难奋斗到底。先生属在知音，特附上纪念片并大、中两部纪念号周刊各一分，希查照惠收为荷。祇颂
大安！

弟张伯苓拜上
中华民国十六年十月卅一日

致庞睦堂、庞义堂

（1927年10月31日）

大连福顺义宝号

睦堂、义堂二位先生赐鉴：

别后光阴如驶，倏忽易秋而冬。在连饱德，至今犹感。比维福随时楙，事业鼎新，至以为颂。

苓归后除清理积务外，即筹备廿三周年纪念事。诚以本校在此二十三年中艰苦备尝，虽勉支持至今，而受时局影响，目下尤感困难。公款经年积压，补给难期；学生居室莫容，筑添无法。山穷水尽，甚莫甚于此时。所赖以不懈者，只此信教育可能救国之心始终弗为稍变。现拟即以十月十七日本校廿三周年纪念日作一刷新改进之新纪元。二先生属在知音，故特以闻，并附纪念片及纪念号周刊各两份，惟查照惠收为荷。祇颂
均安！

弟张伯苓拜上
中华民国十六年十月卅一日

致傅立鱼

（1927 年 10 月 31 日）

大连中华青年会

立鱼先生赐鉴：

别后光阴如驶，倏忽易秋而冬。律转小阳，早梅开放，助我公佳兴不浅。青年事务承热心提倡，迩来必更多进步，至以为颂。

苓造就青年，属在同志，在连过承厚爱，迄今犹感。草茅因日月为光明，荣幸亦宁有尽极。归后除清理积务外，即筹备本校廿三周年纪念事。现纪念已过，而校务一切亦叨庇顺平，藉堪告慰廑系。兹特备纪念照片一分并大、中两部纪念号周刊各一本附以奉赠，到请惠收。遇有便鳞，尚望时锡箴言为荷。祇颂

钧安！

弟张伯苓拜上

中华民国十六年十月卅一日

致彭善承

（1927 年 10 月 31 日）

上海复旦大学熊飞君转

善承弟鉴：

来札阅悉。尊文凭已于八月十六日付邮，有其收照可凭。接前来函，已向邮局询问，伊云代查，业经据情为弟函告。今接此次来札，当又随往催询，据该局云：此事不能甚快，再稍候时日便可有消息告知。此复。惟查照是幸。顺颂

文祉！

伯苓手泐

中华民国十六年十月卅一日

致韩诵裳

（1927年10月31日）

大连中国银行

诵裳我弟大鉴：

别后光阴如驶，倏忽易秋而冬。我弟乘便因时，鼎新事业，胜况可想。羡羡！

仆归后除清理积务外，即筹备廿三周年纪念事。现在纪念已过，诸托顺平，堪以告慰。前谈关于五湖嘴煤矿借款一节，本拟纪念过后即由午晴诸同仁中酌往一二人与吾弟面商进行，因冗未果。顷又有校董孙子文、卞俶成、李组绅[1]诸公亦表示愿往与闻其事，但犹未一定。容俟再过二三星期，酌准赴连时日，并定偕往几人再为函告。兹附上纪念片及纪念号周刊各一件，到祈查照惠收是幸。顺颂

近祉！

张伯苓启

中华民国十六年十月卅一日

呈教育部

（1927年10月）

呈为呈报新生名册，恳请核夺备案，以符定章事。

窃本校在本年秋间招考一次，取录及格新生计本科四十人，预科二年级三人，一年级五十七人，共百人。现已将该各生全数名册赶造完毕，并连同各生缴验之毕业文凭及毕业证明书与修业证书各件共九十二份一并寄呈察鉴。其贾

① 李组绅，名晋，以字行，浙江镇海人。早年是安徽六河沟煤矿主要负责人。1921年出资3万元，资助南开大学创办矿科，并任南开大学校董。

维矩、李春晖、于荷泽、毛国琦、陈鑫、陆绍康、吴世昌、叶叶琴[①]八名应交之文凭或证明书等，因各该家一时尚未寄到，故暂付缺如。容几时捎来，再补呈验。合并声明，统祈准予核夺一同备案，以符定章，实为公便。谨呈
教育部。

外附：十六年秋季新生清册一本，毕业文凭六十一分，毕业证明书十一分，修业证书二十分。

直隶天津南开大学校长张伯苓

致唐容甫

（1927年11月3日）

直隶第一监狱

容甫先生赐鉴：

敬启者：敝校师生等为增益知识，屡有参观过扰情事，殊感不安。前、昨两日前往者，师生合计共男女二百余人，辱承先生及郝、李、武看守长诸君连日费神为之招待、指导，俾瞻仰所及，获益良多。稠谊厚情，倍觉感铭无量。专肃申谢。祗颂
钧安！

天津南开学校校长张伯苓拜上
中华民国十六年十一月三日

致张叔诚

（1927年11月7日）

河东中兴煤矿

① 叶叶琴（1911—？），字静友，湖北嘉鱼人。1923—1926年在南开女中肄业，1926年入南开大学预科肄业，后毕业于清华大学政治系。

叔诚弟大鉴：

日前惠临，畅叙为快。租用狮子林渡口地事，吾弟日内可先派人到校，与管理该项地亩人谈谈，此时官府对狮子林地颇为注意。至于学校方面，关于吾弟租用有何不可商量。尊派之人准几时前来，预电示之为祷。此颂

日祺！

张伯苓手泐

中华民国十六年十一月七日

致李组绅

（1927年11月8日）

北京东四二条六号

组绅我哥惠鉴：

敬启者：现拟于本月十日，即星期四日偕同人数位赴京，抵京后并拟于星期五、六两日上午九点至十二点前往各学校参观，届时拟假我哥之汽车一用。能否，请于星期四日下午电示北京旅馆是幸。祗颂

钧安！

弟张伯苓拜上

十六年十一月八日

（L1927：122）

致张乾若

（1927年11月9日）

大连中国银行转

乾若先生赐鉴：

顷奉谕函，祗悉一是。贵同乡许先生国学既富有根底，教授又饶有经验，敝校正在注意国学之际，遇如此师资，非常欢迎。所惜原有教员任课已久，均

极融洽，预计年假时尚无缺席之可言，对于许先生借重一节，谨当中心藏之。一时而无法位置，惟希格外原谅是幸。敬请
钧安！

张伯苓拜启
十六年十一月九日

附赠本校大、中两部纪念号周刊各一分，纪念片一张，全影小册一本，均另邮上。

致田蕴山

（1927 年 11 月 9 日）

大连中国银行转

蕴山先生惠鉴：

敬启者：前在连得亲光霁，聆教甚快。别后光阴如驶，倏忽易秋而冬，海国早梅又将开放，为我公增兴趣不浅。羡羡！

苓归后除清理积务外，即筹备学校念三周年纪念会事，颇无宁晷，故久未通候。然回忆在连时，承雅谊招待，则私衷之感激迄今固未有已也。爰肃寸函，藉鸣谢悃。附赠出版品数件，到乞惠收是幸。祇颂
钧安！

张伯苓拜启
十六年十一月九日

致张皞如

（1927 年 11 月 14 日）

鼓楼东谦益里五号

皞如仁弟大鉴：

手书诵悉。时局困人，良堪浩叹。然如吾弟之才华声望，虽遭蠖屈，亦不过一时小感蹭蹬，不久定见雄飞，窃预为吾弟祝之。嘱件自应鼎力，但年来学界艰苦，均属依样葫芦。凡人员之忍耐奉职者，类都情同患难，以故虽至年节，亦绝无更动可言。现正代遍为探询，惟是否能遇机缘，殊不敢必，特此据实覆闻，即希亮察是幸。顺颂

文绥！

张伯苓拜泐

中华民国十六年十一月十四日

致周寄梅

（1927年11月15日）

北京财政整理会

寄梅我哥赐鉴：

前在京晤教，甚快。蒙款珍馐，至今犹感，谢谢！敝大学部地势尚称清旷，空气亦佳，尊驾如不见外，敢请光临，小作勾留，藉资休息，便中并可为敝校指教一切，极所盼祷。附此敬表欢迎，另寄赠市政丛书一册，并廿三周〈年〉纪念片及大、中两部纪念号周刊各一分，到乞惠收为荷。顺叩

钧安！

弟张伯苓拜上

十六年十一月十五日

致华通斋、华露存

（1927年11月15日）

北京霞公府廿六号

通斋先生、露存女士均鉴：

不晤教者数月于兹矣。想俪福增绥，潭祺日楙，至以为颂。苓栗鹿如旧，

而为学校支持无米之炊，尤属难上加难。所幸大、中、女学三部负笈来学者均甚踊跃。自本年秋季始业迄今，综计实行在校学员共有二千三四百名之谱。济济竞进，令人颇抱乐观。大学部现又蒙前直隶提学使、本校校董卢木斋先生捐资十万建筑图书馆一处，并允将所藏图书多数尽行捐入，为将来成一大观。目下工程犹未蒇事，种种情形知关锦注，谨以告慰。

本校自成立至今已历廿三载，十月十七日曾开念三周年纪念会一次，并制照片以为纪念赠品。而大、中两部又各出纪念号周刊一分，现合三者另包付邮寄奉台端，到请惠收查阅是幸。祇颂

双安！

弟张伯苓拜上

十六年十一月十五日

致宋则久

（1927年11月15日）

马大夫医院雷大夫转

则久先生赐鉴：

许久未领麈谈，甚以为念。兹有恳者，友人朴龙泰，与弟相识有年，人极诚实，作事牢靠，弟知之最深，现在津城东南大任庄租得稻田壹顷余，以为种养之用。照章于契纸上须有租户铺保人签名盖戳。伊相识铺户甚少，因浼苓代恳台端准由贵售品所一为承担铺保责任。弟素信其为人，故敢特为介绍，务祈关照俯允。附上空白契纸一张，即希察鉴，赐以签名盖戳为荷。祇颂

钧安！

附契纸一张。

弟张伯苓拜上

十六年十一月十五日

致韩诵裳

（1927 年 11 月 17 日）

大连中国银行

诵裳我弟大鉴：

手书具悉。看矿之事本拟烦午晴弟一往，只因校务牵绊，遂耽延至今尚未成行。现既天寒，封海在即，前往诸多困难，莫若改于明春再说。区区之意，希转周君振兴。至明春准可几时前去，容临近再为函达。先此布覆，惟查照是幸。顺颂

时祺！

张伯苓拜泐

十六年十一月十七日

致丁文浩[①]

（1927 年 11 月 17 日）

上海徐家汇交通大学

文浩贤弟大鉴：

来函具悉。复、南两大学之南开同学能不时集合联欢，发挥我校之精神不少，甚以为慰。新闻稿已交周刊编辑部，令其相宜登录，惟照片犹未接到。另邮寄上周刊拾式本，因印得无多，未能遍及，殊为歉然，到时即请由吾弟分给诸同学轮流传览可也。以后有何佳况，尚望随时见示为盼。复颂

文祺！

伯苓手泐

十六年十一月十七日

---

① 丁文浩（1906—？），字养吾，江苏泰兴人。1922 年前后曾在南开中学肄业。1925 年考入南开大学矿科预科，后转入交通大学。

致张志平

（1927 年 11 月 18 日）

河北大经路大旅社

志平先生大鉴：

手书诵悉。承示擅长各事，极所钦仰。奈目下是项教授位置殊不易得，经向各方物色，苦乏介绍机会，一时无以报命，尚祈高明谅之。此复。祗颂

台祺！

弟张伯苓谨上

十六年十一月十八日

致朱我农

（1927 年 11 月 19 日）

北京东总布胡同十二号

我农仁兄赐鉴：

手书奉悉。敝中学部明春仍招考，但只招插班生而不招新班。谨此复闻，即希查照是幸。祗颂

大安！

弟张伯苓拜上

十六年十一月十九日

致徐叔谟[①]

（1927年11月22日）

江苏丹徒地方法院

叔谟先生赐鉴：

蒹葭白露，正切怀思。忽奉朵云，如亲光霁。就审台候多绥，至为颂慰。苓自沪上归来，除清理积务，并设法维持校用外，即筹备念三周年纪念事，一时非常忙碌。现纪念已过，校务一切亦均托庇顺平，藉堪告慰。李君砚贻逝世，闻者同悲，长才短折，至今犹令人追惜不置。兹另附邮寄赠廿三周年纪念片并大、中两部纪念号周刊各一份，到希惠收为荷。祗候

大安！

弟张伯苓拜上

十六年十一月廿二日

致董事书[②]

（1927年11月23日）

敬启者：鄙人服务南开中学二十余年，殚精竭虑，时求改进，自问可告无罪。乃本学期自开学以来，学生对于学校一切设施任意诽谤，最近又因旷课扣分事，集众请愿，肆行要挟。环境若此，鄙人认为无施行教育之可能，自惭德薄，未能感导青年，惟有将中学校长职务辞去。伏望照准，不胜拜恳。此致

① 徐谟（1893—1956），字叔谟，江苏吴县人，中国现代著名法学家、政治学家。1917年毕业于北洋大学法律学系，1922年获美国华盛顿大学法学硕士学位。1922—1926年，任南开大学政治系法学、政治学教授，文科主任。时任镇江地方法院院长。

② 1927年11月，南开中学为限制学生旷课制订新章程，引起学生风潮。张伯苓因此辞职。本文及1927年11月24日“辞职布告”，12月3日“复董事书”“致教职员书”“复职布告”均摘自慕禅《本校风潮纪实》一文，题目均为编者所拟。

某董事。

张伯苓谨启
十六年十一月二十三日
（《南中周刊》第37期，1927年12月12日）

附：南开中学致安殿卿[①]（1927年12月24日）

殿卿先生大鉴：

前奉两电，极盼贵家长即日来津，俾得面述一切。顷读尊示，悉台驾尚未就途，对于贵学生立元扰乱学校事又有未明了处，兹略陈数事，尚望察鉴为幸。

敝校学生会本学期因省令解散，学生会所承办之平民学校及贩卖部在理宜由学校接收。乃学生等复有六人之保管委员会，而贵学生实为委员之一，一方宣传将二部事务移交学校，一方复要求校长签字，承认彼等有监督之权。先生试思，学生对于校长有此非礼举动，是否别有作用，昭然若揭。自治励学会为学生之课外组织，有会员二十余人，贵学生为执行委员之一，刊行《励学》，攻击学校。所载言论至斥校长及主任等用奸诈手段欺骗同学，并指学校之办事人为学生之敌人。其它诽谤谩骂之文字不一而足，迹其用意，直欲破坏学校而复快。学生来校，学业为重，学生旷课理宜禁止，旷课扣分，学校认为禁止旷课之一种有效办法。乃一部分学生以其不利于己也，多方鼓动，冀达取消目的。因未得效果，乃竟妙想天开，集众请愿。贵学生为领袖之一，怒目叫嚣，不可理喻，包围校长室竟达二小时之久。

按敝校现行规则，学生有事准请假，无故旷课者一学期不得过二十时，否则退学。贵学生旷课甚多，照此规则，已在退学之列。敝校校长以本学期开学以来学生屡有不受指导之行动，精神上深感痛苦，请愿一幕致激成校长之辞职。后以多数学生表示悔悟，校长又行复职。复职后，校长以宽大为怀，对于以前个人行动概不追究，但自治励学会机关须行停办，嗣后如再有破坏学校行动，定行严惩。原冀动以至诚，使此少数捣乱学生知所悔改。乃彼等对于自治励学会抗不结束，一方复印发自治励学会被迫停办宣言，攻击学校，按其语气，实仍欲继续破坏学校之工作，初无丝毫悔悟之意。但校长仍希望彼等能有觉悟，不惜予以最后之一机会，即知过者留，否则退。乃立元及少数学生强词狡辩，不认有过，且指斥学校为不当。感导乏术，良用负疚。不得已，惟有请贵家长

---

① 另有除抬头外内容相同之信分致刘赞臣、史维国。

即行来津，将立元领回。其它详情有非笔墨所能尽者，诸容面罄。

再，贵学生思想偏激，成见甚深。贵家长倘不亲自来津，此事终不得解决。书到，万望台驾即行道途。不胜屏营之至。专此。敬请
大安！

南开中学
十六年十二月廿四日
（南开大学档案馆藏）

致杨炳勋

（1927年11月23日）

上海四川路青年会

炳勋先生大鉴：

接奉来函，祗悉一是。速记学在今日最关重要，至国音速记尤当今最称适用者，先生费十余年心力，竟得告厥成功，为速记学发一异彩，真令人倾佩无量。承惠赠大著讲义一份，已经收到。肃此。谢谢！并颂
台祺，不备。

张伯苓拜上
十六年十一月廿三日

致郑璧光[①]

（1927年11月23日）

上海四川路北京路转角工商银行

璧光贤弟大鉴：

① 郑玉肇（1899—？），字璧光，广东香山人。1920年南开中学毕业，1924年南开大学毕业。后任职于上海工商银行。

手书诵悉。关于本校向外捐款事，承与贵同事黄君相商着手进行，具征爱校热忱有加无已，铭感曷极。嘱常致函联络一节，自应遵照。其所以久未通音者，缘仆自沪上归后，除清理积务外，即筹备廿三周年纪念会事，且须设法维持校用现状，一时忙碌异常，故他事均未遑顾及。顷纪念已过，而校务一切亦均属顺平，藉堪告慰。

中学学生联合会日前曾小有风潮，但旋即平息，报载殊非真相。承我弟及诸同事、同学等关注，极感，均此道谢。大学商业会季刊因出版之数无多，故未能遍及。兹觅得一本，随同纪念片与大、中两部纪念号周刊各一份另邮寄上，到请我弟代转轮观，并代道未能遍及之歉忱。至托，至托。此复。顺颂
时祉！

张伯苓手泐

十六年十一月廿三日

再，前定向海外做宣传工作事，因校务冗繁，虽经与同人多番计划，但进行上尚未积极，现拟将急待筹措各件稍为清理后，即专心对该事努力做去。届时如有稿件，定寄呈查阅，以便请我弟与黄君协助办理也。

伯苓又笔

附又启者：鄙人自十一月廿三日起对男中学部因环境关系认为无施行教育之可能，特将校长职务辞却。附此布闻。

辞职布告

（1927年11月24日）

本学期自开学以来、学生中屡有不受指导之表示，昨复藉旷课扣分事以全体学生名义，聚众要挟。学生有此种越轨行动，实无施行教育之可能，鄙人今已向董事会辞职，特此布告。

张伯苓

十六年十一月二十四日

（《南中周刊》第37期，1927年12月12日）

致赵幼梅[①]

（1927年11月下旬）

幼梅先生阁下：

敬启者：苓日来以学生有轨外要挟，无再施教育之可能，正在辞职之中，此事报载颇详，想早仰蒙鉴悉矣。现校务一切均赖诸同人维持，惟对以前由苓办未清了之事尚不能不与闻知。向者为狮子林地事，承代拟稿呈官产处，非常铭感，兹得覆已允以四万五千元为固定之数，但对所请售地至十五万元再增给五千一节，伊乃改称二十万元以上再为提拨。其语意如此，是否仍可由我公代拟一稿，再与作一度之争求，抑即承认而不复去函，人拟恳请我公费神一代酌示，俾便遵照。至所祷盼。祇颂

钧安！

附来函一件。

弟张伯苓拜上

附：官产处复南开学校

径覆者：续奉贵校函开，"昨奉十一月二十二日惠函，以狮子林房产为敝校学款所关，承允增至四万元，如果售得巨款，当再提拨五千元，以示优异等因。厚意维持，同为感佩。现经集议，拟请求贵处以四万五千元为固定之数，如果售过十五万元以上，请再提拨五千元，共凑五万元（以八厘周息计，每年只得四千元。），则庶乎不背贵处兼筹并顾之意，而敝校教育前途亦永铭高谊矣。"等因。查敝处所售各方公产按该项一年收入提拨基金，最高者不过十倍，查贵校交来狮子林地亩租册，全年所收为四千四百五十五元零，若照四万五千元拨交贵校，按诸敝处拨交各方公产最高之数，即是有盈无蚀。兹既承贵校一再函商，重以学款所系，倘必坚持前议，似背维持初心，兹特遵嘱以四万五千元为固定之数，倘将来清理此项地亩后能至廿万元以上，即再提拨五千元，藉答尊嘱。

---

① 赵元礼（1868—1939），字体仁，又字幼梅，号藏斋。与华世奎、孟广慧、严修并称"津门四大书家"。曾任滦州矿地公司经理、直隶省银行监理官、天津造胰公司经理等。

现在前防[方]军需急如星火，想贵校长及董事诸公能鉴原一切也。专此奉覆
天津南开学校。

致陶曾谷①

（1927 年 12 月 2 日）

北京东城灯市口艺文中学

敬复者：接奉大函，诵悉种切。艺生来男中转学既经议定，自应早日通知到校。无如敝中学部前发生之小小风潮，至今尚未大息，故对办理转学一时多有不便。现在该风潮已渐露转圜趋向，再过二三日或可解决，届时鄙人到校，当尽先办理此事也。此复。即颂
时祺！

张伯苓肃上
十六年十二月二日

致范静生、周寄梅

（1927 年 12 月 2 日）

北京中华文化基金董事会

静生、寄梅先生均鉴：

惠函诵悉。艺生转学事，因敝校中学风潮一时未即大息，故稍稽进行。现在风潮已渐露转圜趋向，当三日后或便可望解决，届时苓到校即办此事。除已另函致意陶曾谷女士查照外，合再肃覆以闻，统惟亮鉴是幸。祇颂
公安！

弟张伯苓谨上
十六年十二月二日

① 原为南开学校毕业生高仁山的夫人，高仁山英年早逝后，嫁与高仁山的好友蒋梦麟。

致冯世英[①]

（1927年12月2日）

北京朝阳大学

世英贤弟大鉴：

手书具悉。此次我中校发生风潮，并非因绝大事故，不过有少数无知分子欲假学生全体名义遂其无理要求，阅津报详情自见。鄙人一时因感精神上痛苦，故将校长职辞退，并不欲对诸生过于惄然，实将藉促其觉悟，以观厥后也。幸目下该风潮已有转圜趋向，不久或便可解决。辱承关切，感甚。谢谢。法律知识将来为用甚大，吾弟专修此科，不为无见。附此代祝进步。并颂

时祺，不一。

张伯苓手泐

十六年十二月二日

致宋青涛[②]

（1927年12月2日）

京奉铁路管理局

青涛贤弟大鉴：

手书备悉。此次我中校风潮出于少数无知之分子所鼓动，在仆本无去职之必要，但不如是不足以促其觉悟，故断然为之，并非对办学上过用灰心也。承我弟关切，感甚。谢谢。现在该风潮已有转圜趋向，不久或便可解决，藉以告慰。此复。顺颂

时祺！

---

① 冯世英（1907—？），河北临榆人。1925年前后在南开中学肄业。

② 宋青涛（1899—？），辽宁安东人。1921年南开中学毕业，后赴美留学。

张伯苓拜泐
十六年十二月二日

致毛彦文[1]

（1927年12月2日）

杭州慈幼路四号

彦文女士惠鉴：

前在杭蒙雅意招待，久弗能忘。兹奉手书，藉悉兴居迪吉，为颂无量。履历一纸已收到，日前苓业函麦女士，为尊驾作一度之极力推荐，所惜棉薄如鄙人，不敢说一定能发生效果为可愧耳。朱君毅君之停付赔款，原律师当可有法交涉，有公理在，恐将来伊终抵赖不得。苓现在因中学方面有少数学生分子小起风潮，暂将中学校长职任辞退，一切情形天津报各有登载，惟在目下该风潮已有转圜趋向，二三日后或便可以解决。知注谨附以闻，统惟察鉴是幸。覆候时绥

张伯苓肃上
十六年十二月二日

再，介绍书日前已缮就，直接寄付前途。合并奉闻。苓又及。

致余日章

（1927年12月2日）

上海青年协会

日章先生赐鉴：

---

① 毛彦文（1898—1999），小名月仙，英文名海伦。浙江江山人。曾参加五四新文化运动。1922年，被推选为女权运动同盟会浙江支会临时主席。1929年赴美留学。1935年，与前国务总理熊希龄结婚。

敬启者：请罗氏助地事，弟日前已以中华体育协进会代表名义在京与顾林先生商恳，据顾先生之意，以为暂时需用，此地仍可由青年协会出名商议续租为宜，可省更换名义一切周折。至捐助一层，将来或不无可商，但须俟中国南北纷扰平息后再为徐议办理。似此情形，惟有仍请先生费神代与续议租用，并请就近代达儒堂、嗣良诸公知之。弟目下因学生中有少数分子小起风潮，暂辞校长之职，以便促其觉悟，现距解决期已不甚远。知注谨附以闻，统惟查鉴是幸。祗颂
道安！

弟张伯苓拜上
十六年十二月二日

致陈德纯[①]

（1927 年 12 月 2 日）

德纯贤弟大鉴：

手书备悉。此次中校风潮，出于少数无知之分子所鼓动，在仆本无去职之必要，但不如是不足以促其觉悟，故断然为之。现在该风潮已渐有转圜趋向，再过二三日或便可以解决。吾弟所示各节，均极有见地，容当采照办理。诸荷关切，具征爱校周至，非常感激。谢谢。此复。顺询
时祉！

张伯苓手泐
十六年十二月二日

① 陈德纯（1905—？），字定安，湖北汉川人。1926 年南开中学毕业，1930 年南开大学毕业。

复董事书

（1927年12月3日）

某先生大鉴：

敬复者：苓前以学生有不受指导之行动，曾向贵会辞去中学校长职务。昨承大札嘱苓照旧供职，勿用灰心，热心维持，感何可言。兹者，全体学生深自悔悟，今日各班复公举代表来舍，作恳切之挽留。睹此情形，师生合作似尚可能，拟自下星期一日起照旧供职。知承垂念，敬以奉闻。顺颂

大安！

张伯苓敬启

十六年十二月三日

（《南中周刊》第37期，1927年12月12日）

附：南开学校董事会致张伯苓（1927年12月2日）

伯苓校长台鉴：

敬复者：接奉十一月二十三日大函，不胜诧异。学生对于学校施设及旷课扣分等事，果有误会，尽可质疑。今如来函所云，学生有任意诽谤，肆行要挟等事，此种规外行动，殊属非是。应请校长毅然处置，无所用其顾忌，董事等无不赞同，决不能任校长辞职也。据闻学生自校长辞职后，已有觉悟。学校情形已非畴昔，即请校长照旧供职，切勿灰心为荷。

再，我校性质与他校不同，倘校长回校以后，学生或仍有不合情事，而为校长权力所不及者，董事等自有相当之办法，应请校长即日回校，不胜盼切之至。专此奉教。敬颂

大安！

南开学校董事会启

十二月二日

再，董事等分处京津，至昨日始行开会，是以函复稍迟，尚祈见谅之幸。

致教职员书

（1927年12月3日）

敬启者：鄙人前以学生有不受指导之行动，曾向董事会辞职。旬日来承诸先生热心维持，使校务不至中辍，私衷铭感，匪可言喻。兹董事会已有复函，坚不允辞。学生方面各组代表亦有切实悔悟之表示，今后师生合作，似尚可能。苓即拟自下星期一日起，照旧供职。知承垂注，敬以奉闻。即请
大安！

张伯苓敬启
十六年十二月三日
（《南中周刊》第37期，1927年12月12日）

复职布告

（1927年12月3日）

鄙人前以学生有不受指导之行动，曾向董事会辞去中学校长职务。兹承董事会坚请返校，各班学生亦多觉悟，公举代表恳切挽留，今后师生合作似尚可能，应自下星期一日起，到校照旧负责。

（《南中周刊》第37期，1927年12月12日）

致高博彦

（1927年12月5日）

博彦先生赐鉴：

接读大札，得悉学生种种无礼情状非常愤懑，但目下风潮已过，无知分子

当有觉悟，事事皆可从新作起。先生素以乐育为怀，幸仍勉相助为理，勿遽萌退志，是所切盼。辞书谨璧。覆颂
教安！不宣。

附函一件。

弟张伯苓拜上
十六年十二月五日

致沈嗣良

（1927年12月6日）

上海法租界劳神父路中华全国体育协进会

嗣良先生大鉴：

手书诵悉。本会运动场继续租借事，苓于月前已在京与顾林氏接洽妥协，再续租予二年，惟仍与青年协会交际，不更换名义，致费手续。日前已由苓函请余日章先生转代致意阁下。兹承示青年协会已接顾林氏许函，甚以为慰。天津体育协会自苓与同志提倡成立以〈来〉成绩极好，知注特附以闻。轮船票资大洋二百元已如数收到无误，辱承美意，多谢，多谢！此复。顺颂
台安！

弟张伯苓拜启
十六年十二月六日

致邱振中①

（1927年12月6日）

奉天大西门里奉天同泽女子中学校筹备处

振中贤弟鉴：

① 邱凤翙（1894—？），字振中，辽宁阜新人。1919年南开中学毕业，1923年南开大学毕业。

接阅来函，得悉同泽女校由我弟襄助筹备，已将就绪，不久即可成立，慰慰，贺贺！聘周女士教授英文事，日前已约其到南开女中谈过一次，据伊之意，甚为踌躇，但言本年年终到奉天看看学校再说。似此情形，只得据实以闻。至南大校中是否尚有毕业奉籍女士，容俟查得，再为奉告。我弟如有机会聘一他方相当之师资，以期早早定局，免致临时张皇，亦无不可。即希酌量是幸。顺颂

文祺！

张伯苓手泐

十六年十二月六日

致熊秉三

（1927年12月8日）

北京香山慈幼院

秉三先生惠鉴：

敬启者：敝女中学部高级女生林懋志[1]一名，现因患病，前赴香山医院小住，藉资将息，到时恳乞我公费神，多多关照。至所感荷。祗颂

钧安！

张伯苓谨上

十六年十二月　日

（南开大学档案馆藏）

① 林懋志，广东新会人。1922年入南开学校女中部。

致傅伯元[①]

（1927 年 12 月 8 日）

北京朝阳大学

傅生伯元见字：

来函阅悉。杨延禔[②]被警拘留，极愿出为营救。但仆现不在京，一时实无从设法，幸祈原谅。

再，顷据教务课声称，贵学生本年暑假前系在初级三年肄业，今函称教务课曾发给高一修业证书一张，不知有无错误。所有请再发十五年修业证书一节，希即直接与教务课接洽可也。覆询

学佳！

张伯苓手泐

十六年十二月八日

（南开大学档案馆藏）

致魏毓贤

（1927 年 12 月 8 日）

青岛铁路机务第一段办公室

毓贤我弟鉴：

手书具悉。仆此次对南中辞职，系因一时感精神上之痛苦，故断然出此。现在风潮已过，仆于本星期一日业照常到校。辱承我弟及诸弟关切，感甚，谢谢！风潮起止详情，下期《周刊》即行揭露，届时当寄奉一阅也。此复。顺颂

公绥！

---

① 傅伯元（1907—？），字用九，四川丰都（今属重庆）人。1927 年南开中学初中毕业。

② 杨延禔（1910—？），贵州毕节人。1927 年南开中学初中毕业。

张伯苓启
十六年十二月八日
（南开大学档案馆藏）

致周寄梅

（1927年12月10日）

北京中华文化基金会

寄梅我哥赐鉴：

手示诵悉。敝照日前已经邮上，此时想当递到，收后即烦便转。饯别胡校长，极愿趋附末座，因事绊，恐难成行。拟即烦我哥代表，为致意道歉。敝校风潮目下已完全过去，结果良好，学生对弟益复表示信仰。此后全校当更有一番刷新希望。知注特以告慰。前，我哥有拟圣诞前来津一谈，幸即准临，俾得握叙，一抒积悃，无任欢迓盼切之至。此叩

大安！

下期敝校《周刊》登载风潮始末极详，出版后谨当寄奉一阅，先生[此]布闻。

弟张伯苓拜上
十六年十二月十日
（南开大学档案馆藏）

致易世炎[1]

（1927年12月19日）

南京第四中山大学

世炎贤弟大鉴：

---

① 易世炎（1900—？），字不炎，河南信阳人。1922年南开中学毕业，后考入东南大学。

接读手书，备悉一是。吾弟之恋恋母校，虽睽隔已久，犹自不减当年，可谓深于情者。迩来在南读书，定多进步，至为颂慰。

此次我中学部发生风潮，委实由于鄙人事多，不克时常与诸生晤谈，隔阂势成，误会遂因之而起，夫复谁尤。好在经时未久，除有三五不甚谅解者外，余皆自动觉悟，风潮即得以告息。多承关切，感甚，谢谢！

惠阅之《〈青年之路〉序言》已读数过，深信戴君此文裨益青年不少。出版后允寄赠数份，俾置诸图书馆，以便轮流阅览，藉资感动青年，则受赐多多矣。此复，不胜企盼。顺颂

学祺！不一。

张伯苓手泐

十六年十二月十九日

（南开大学档案馆藏）

致华寿周[1]

（1927年12月21日）

鼓楼西板桥胡同内

寿周贤弟大鉴：

来函阅悉。吾弟服务社会，历年既久，谙练颇深，甚以为佩。我校年来受时局影响，一切诸感困难，事事不得不力求缩减。除经济必须撙节外，而对用人方面亦得省且省，无少余席。一时无法以答尊意，尚祈格外谅之。此复。顺询

时祺！

张伯苓启

十六年十二月廿一日

（南开大学档案馆藏）

① 华卜年（1896—？），字寿周，天津人。1918年南开中学毕业。

致日本驻津总领事加藤

（1927年12月21日）

敬启者：日前在国民饭店得亲风范，非常荣幸。现因敝校各部办理虽已有年，而不完善处甚多，极愿得高明驾临一为指诲。且关于报纸（《京津日日新闻》）误载亦有须面谈处，故盼教尤为殷切，惟未审以何时为宜。兹拟请于下星期一、二（即十二月廿六、廿七）两日中为酌定一日，预行见示，以便欢迎。欢迎地点先在八里台大学部，欢迎时间上午十二钟。午餐即由大学预备，餐后就便参观大学，以次递及男、女两中学。所有虔恳奉约情形，专肃上陈，无任待命盼企之至。此呈

日本驻津加藤总领事。

张伯苓拜上

十六年十二月廿一日

（南开大学档案馆藏）

致日本驻津冈本、白井副领事及佐藤司法领事

（1927年12月21日）

敬启者：日前电车公司会议，得与国民饭店中与加藤总领事晤谈甚洽，但犹有未尽所欲言者，现已肃函恳请加藤先生应下星期一、二两日中任择一日，上午十二钟莅敝校参观示教，并即便用午餐，藉资畅叙。至时极盼贵领事偕同枉驾，以为敝校光。专此奉订，无任欢迎。谨致

日本驻津冈本、白井副领事，佐藤司法领事。

张伯苓拜订

十六年十二月二十一日

（南开大学档案馆藏）

致龚丽生

（1927年12月22日）

绥远公学

丽生贤弟大鉴：

手书具悉。吾弟现充公学校长，迩来该校必益见精神，将大学基础即可于斯时而定，规模扩充自指顾间事耳。预贺，预贺！我中学部前发生小风潮，想吾弟于报纸得其概况。幸学生等不久皆自动觉悟，遂以平息。辱承关切，感谢之至。兹缮就致王君捷侠[①]第一函附上，请吾弟于便中自行持交。此复，诸惟查照是幸。顺颂

文祉！

附函一件，《周刊》一本。

张伯苓启

十六年十二月廿二日

（南开大学档案馆藏）

附：致王捷侠

天平贤弟大鉴：

顷闻，中央任命吾弟为绥远教育厅长，不胜为该区教育前途庆。现在绥远公学校长龚君国华亦曾在我中学毕业，后复留学日本多年，与我弟为同门。用特代为介绍，务希格外关照，多多提挈是幸。顺颂

时祺！

张伯苓手启

十六年十二月廿二日

（南开大学档案馆藏）

① 王捷侠（1901—？），字天平，辽宁昌图人。1924年南开大学毕业。

致宋子樵

（1927 年 12 月 26 日）

省公署政务厅

子樵厅长钧鉴：

日前蒙召趋谒，聆教甚快。敝校丁兹时会，而命脉之岌岌不绝者如缕，苓只以始终认教育可能救国故勉，本不偏、不私、不假三者之素心，为极力支持于万一。所幸仰托蕴帅与我公以及各当道宠庇，维之以公论，体之以热心，使学产依然弦歌无恙，深仁厚惠，真令人感谢莫名。现一切关于促进学知之事正在积极筹作，如满蒙研究会等组织应计日进行，各务有待借重我公指诲者不少，特检简章二份，附函呈鉴，希即俯赐收阅为荷。祗敬

勋安！

附简章二纸。

张伯苓谨上

十六年十二月廿六日

（南开大学档案馆藏）

致鲁发

（1927 年 12 月 26 日）

天津电车电灯公司总理

敬启者：敝校八里台本部有人捐建图书馆一处，行将落成。该馆楼顶上拟设一天文台，台上之圆顶铁架图样已有某工程师代为画好。但是项制造系属特别工程，非泛泛眼光所能算得应须之代价，拟烦先生一为估计。现在捐资人对此项价目极愿一时有所闻知，至于闻价后伊果否能觅得适当制造之人，尚难预定。如届时实无其人，可否即求先生代为设法觅人一办。出自关照逾格。肃此，不胜恳祷盼企之至。谨上

电车电灯公司总理鲁发先生。

张伯苓启

十六年十二月廿六日

（南开大学档案馆藏）

致徐长清

（1927年12月27日）

北京前门外珠市口南一百〇四号

长清先生大鉴：

接诵来函，知尊驾在京一时境感困难，不胜代为扼腕者久之。本应设法有以报命，奈现亦在窘乡，深愧爱莫能助。据此奉复，尚希格外谅之。

赐联谨附璧还，到请检入是幸。顺候

台安！

外附对联一副。

张伯苓拜启

十六年十二月廿七日

（南开大学档案馆藏）

致梁任公

（1927年12月28日）

北京清华大学

任公先生史席：

敬启者：敝校现拟于阳历一月七日下午在南开中学部为范董事静生先生开追悼会，藉表哀忱。此会发起除严范老[①]外，并拟请我公及骏人先生与其它在津

① 指严修。

之李琴湘、卞俶成、孙子文、王浚明[①]、严次瀹[②]诸董事列名，苓亦附入骥尾。如荷赞同，一、二日即将按照通布。是否，伫候示覆，不胜盼盼。祇颂

著安！

张伯苓谨上

十六年十二月廿八日

（南开大学档案馆藏）

致冯世英

（1927 年 12 月 28 日）

北京朝阳大学

世英贤弟大鉴：

来函诵悉。我校此次风潮虽受少数分子鼓动，但大多数已均有觉悟，想不至再受其患。仆本思用清根办法严惩数人，但就情形详为观察，觉尚可无须乎此。吾弟勿稍宽假之言，对之极表赞同，以后自当留意。

再，吾弟如愿晤谈，可时向前门外施家胡同北京旅馆电询。盖仆每到京，必住该旅馆。倘适巧相值，即可在彼藉图一叙也。此复。顺颂

学祉！

张伯苓手启

十六年十二月廿八日

（南开大学档案馆藏）

---

① 王浚明（1884—？），名秉喆，以字行，天津人。保定高等师范学堂毕业。清末曾与人创办保定育德中学。民国成立后，被选为直隶临时议会议员，1913—1921 年任直隶省议会副议长。

② 即严智怡。

致陶曾谷

（1927年12月28日）

北京内务部街四十七号

顷接来函，诵悉一切。艺文诸生尚皆知安分求学，堪以告慰。萧炳实先生一时尚无法代为位置，容有机缘再行达。营救仁山[①]，鄙人固无时不在意，但能设法，决不袖视也。此复。顺颂
时祺！

张伯苓拜启

十六年十二月廿八日

（南开大学档案馆藏）

致国立京师大学校师范部

（1927年12月30日）

敬复者：接奉函示，祇悉一切。鄙人对贵部以往并无丝毫尽力处，辱承奖借，愧何可当。兹另邮寄呈敝照一方，聊以报命。到祈检入是幸。此致
国立京师大学校师范部。

张伯苓启

十六年十二月卅日

（南开大学档案馆藏）

① 即高仁山。

致毛承恩[1]

（1927 年 12 月 30 日）

南宫县城内鲍家街

承恩贤弟大鉴：

来函阅悉。嘱代位置之事，自当在意。所惜目下我校既无空闲席面，而其它各方一时亦不闻有相当之机会。盖缘时局关系，处处皆患无款，而以学界为尤甚，故对用人方面只有减少，不能增添。吾弟欲有所谋，似非于各项事体中求之不可。倘遇机缘，在仆亦万不坐视也。此复。即询

潭祺！

张伯苓启

十六年十二月卅日

（南开大学档案馆藏）

致国民革命军第二十军川鄂边防司令部函

（1927 年 12 月）

敬启者：顷据敝校女子中学部高中女生赵安萱[2]、赵安云[3]声称，现奉贵军司令部秘字第五六三号令开："为令遵事，案据该县教育局长黄元吉呈覆，请拨贷费生赵安萱等证明书未有校印，与规定不合，请转令该生另补具前来。除批呈悉准令该生赵安萱等另行补具可也。此令。指令印发外，合亟抄发原呈令，仰该生即便遵照为要。此令。"等因；奉此，查该女生赵安萱、赵安云二名，向因家寒请贷，由敝校给书代为证明，委系在女中学部高级一年级肄业，只以未

① 毛承恩（1890—？），字崇轩，河北南宫人。1912 年南开中学毕业。

② 赵安萱，四川万县人。1927 年入南开学校女中部高中一年级肄业。

③ 赵安云，四川万县人。1927 年入南开学校女中部高中一年级肄业。

有校印，致该书不获发生效力。兹奉前因，合亟加盖校印，另行具此径代覆呈查鉴。为令转该县教育局，俾即日如请贷拨款项，助该二生求学，实为公便。此致

国民革命军第二十军川鄂边防司令部。

中华民国十六年十二月

天津南开学校校长张伯苓

（南开大学档案馆藏）

致刘瑞恒

（1928 年 1 月 6 日）

协和医院

瑞恒先生赐鉴：

敬启者：日前在京聆教，甚快。所谈敝校学生范士奎[①]堂上现因患病，拟赴贵院就诊一节，刻已附车前往，到时恳祈特别关照。盖范生其人生性事母极孝，今之奉母赴京，其望母脱离疾苦之心非常殷切。倘蒙施以和缓妙术，俾之沉疴立起，则该生感德实无际涯。应缴各费并希推爱，多多减让为荷。祗颂

大安！

弟张伯苓拜启

十七年一月六日

（南开大学档案馆藏）

致梁思永

（1928 年 1 月 6 日）

北京石虎胡同松坡图书馆

① 范士奎（1903—？），河北滦县人。1930 年南开中学毕业。

思永兄鉴：

来函读悉。此次范先生[①]逝世，实文化界之不幸，尊大人对之自必极有所感，弗能演说发挥，实非得已之事。挽联已向范宅询取，明日开会悬挂亦自足代表哀思也。

尊大人在医院总以格外安心将息为宜，幸勿对诸事动念。丁在君先生之名苓已提出，图书委员会拟候董事开会时再作恳挚之推荐，亦请代达尊大人知之。此复。顺候侍祉，并颂

尊大人痊安！不备。

张伯苓拜启

十七年一月六日

（南开大学档案馆藏）

致陆闰生

（1928 年 1 月 10 日）

闰生先生赐鉴：

接奉大函，诵悉种切。公子赴英留学，既有相当之便，机会似不可失。承嘱于本届考后发给修业文凭改用新名，并以英字写所学经过各节，业经通知教务课，俾考毕遵照办理。先此布覆。祇颂

钧安！

张伯苓拜启

十七年一月十日

（南开大学档案馆藏）

① 指范静生。

致邵兴周

（1928 年 1 月 10 日）

直隶昌黎县小蒲河私立养正学校

兴周先生大鉴：

惠函诵悉。向承嘱代募款，至今未有以报命，惭愧之至。鄙人深知先生办学艰难，极愿一为努力。无如经日既久，呼将伯而百无一应。在此国事纷扰时际，而义举之不易为如此，真令人难以为情。千祈察鉴，多多原谅是幸。此复。祗颂

台安！

弟张伯苓拜启

十七年一月十日

（南开大学档案馆藏）

致张汉卿

（1928 年 1 月 10 日）

保阳光园

汉卿先生赐鉴：

顷胡若愚先生辱临，颁到手谕，并述我公一切意指，均敬领悉。我公欲设法整顿民大，是民大前途一线曙光，真属极可庆贺之事。不过此时欲成全一较好学校，就旧有的改造实难于就新的创始。盖新的根本洁白，旧的习染甚深也。习染深而欲谋洗刷之，能担任此等教务人员一时殊不易其选。

苓既仰承钧嘱，谨当极力代为物色。所虑意中无少把握为可愧耳。舍弟为敝校所绊，有负垂青。其不得已情形，业请胡先生代陈，希原谅。

再，敝校鉴于时势之需要，于去年组织一满蒙研究会，入会者以东三省深知满蒙与我有密切关系之学生为最多。目的先从学术方面，用教育的方法入手，

研究我东三省及热、察、绥各特别区一切对内对外问题，以求发达实业而保国土。我公素热心乡国，对此等组织谅邀赞同。现由该会主任傅恩龄（恩龄旧本校学生，后又在日本庆应义塾毕业，颇抱爱国热诚。）前往晋谒面详一切，到时希关照，多多指教，是为至盼。祇颂
勋安！

张伯苓拜上
十七年一月十日
（南开大学档案馆藏）

致张汉卿

（1928 年 1 月 14 日）

汉卿先生伟鉴：

日前由胡若愚先生奉到手谕后，随即肃复一械，想已仰蒙亮察矣。敝校所组织之满蒙研究会，既关于时势之需要，自应赶筹进行。现在除令东三省及其它入会各生学习应用日、俄文字外，并时常讲演满蒙问题。遇寒、暑两假期，且将组织大规模之满蒙调查团，从事调查工作。我公学识超卓，熟知乡国情形，敬请屈居名誉董事，以资指针而便策进，并请便中多为介绍，群策群力，俾收大效。至费用方面，因会中工作甚多，所需孔繁，筹措无从，亦不能不设法一为呼吁。刻乘该会主任傅恩龄前往晋谒面请指教之便，带呈捐启一册，务乞大力协助募集捐款，藉促该会前途之发达。无任叩恳祝祷之至。祇请
勋安

张伯苓拜上
十七年一月十四日
（南开大学档案馆藏）

致靳翼青

（1928 年 1 月 14 日）

翼青先生赐鉴：

许久未聆麈诲，驰神之至。兹谨启者：本埠基督教青年会成立历有年所，帮助社会处很多。在往年太平无事，募捐容易，经费本无虞不足。近来时局纷扰弗已，地面萧条，颇感竭蹶。刻正年关，拮据尤甚。苓忝居董事之一，势难坐视。只以己身限于棉薄，又不得不赧颜一代将伯之呼。曩时闻张子翔大夫因会中用款偶缺，曾以伊董事名义代请先生捐助一次，本不应再事琐渎，奈今年又适值竭蹶异常，非敢援例借重，但此一时困难倘蒙推爱解囊，实出惠施逾格。特此代恳，不胜祷盼。

再，敝校年前小有风潮，想先生早经闻悉。但鼓动风潮之少数不良学生分子不久即自行销退，苓与同人对此结果非常满意。知关锦注，特附以闻。寒假在迩，不日尚拟抽身趋谒，一领教益。我公几时有暇，亦可预示一电，以便遵循。肃此。祇颂

钧安！

张伯苓拜上

十七年一月十四日

（南开大学档案馆藏）

分致刘敬舆[①]等

（1928 年 1 月 14 日）

刘敬舆总长，吴兴权督办

刘省长，诚执中代省长

① 刘哲（1880—1954），字敬舆，吉林永吉（今九台）人。时任教育总长。

常部长，蔡名三道尹赐鉴：

兹敬启者：敝校去年秋间曾组织一满蒙研究会，目的在于使学生明了及注意我东三省，及热、察、绥诸特别区一切对内对外各种问题，以图发达实业而保国土。现在除令东三省及其它入会各生学习日、俄应用文字外，并时常讲演满蒙问题。暑、寒两假期内且将组织大规模之满蒙调查团，从事调查工作。素仰先生热心乡国，博学广识，敬请屈居名誉董事，以资指针而利进行。便中并请多为介绍，群策群力，俾收大效。该会工作甚多，只以需费孔繁，无法为措，致进行颇感困难。顷由该会主任傅恩龄前往上恳，务乞先生于名誉董事一席慨赐同意外，并为协助代募捐款，藉促前途之发达。不胜叩祷盼切之至。祗颂
伟安！

张伯苓拜上
十七年一月十四日
（南开大学档案馆藏）

分致韩芳辰、杨邻葛、莫柳忱

（1928年1月14日）

芳辰军团长
邻葛督办　　赐鉴：
柳忱总长

令郎/令侄在校读书甚好，谨以告慰。兹敬启者：敝校自去年秋间组织一满蒙研究会，目的在于使东三省学生明了及注意我东三省，及热、察、绥诸特别区一切对内对外各种问题，以图发达实业而保国土。现在除令东三省及其它入会各生学习日、俄应用文字外，并时常讲演满蒙问题。暑、寒两假期间且将组织大规模之满蒙调查团，从事调查工作。素仰先生热心乡国，博学广识，敬请屈居名誉董事，以资指针而利进行。便中并请多为介绍，群策群力，俾收大效。该会工作甚多，需费孔繁，无法为措，致进行颇感困难。顷由该会主任傅恩龄前往上恳，务乞先生于名誉董事一席慨予同意外，并为协助代募捐款，藉促该会前途之发达。附上捐启一册，千祈查鉴，多予为力。不胜盼切祝祷之至。祗颂

伟安！

张伯苓拜上

十七年一月十四日

（南开大学档案馆藏）

致侯葆三[①]

（1928年1月16日）

江苏无锡城内北祥寺巷无锡私立竞志女学校

葆三先生赐鉴：

违久正殷葭溯，忽蒙瑶函下逮，欣慰莫可名言。惠赠之《寰球旅行记》已收到，书中所载想皆先生壮游心得之事，益人智慧不少，容当浣薇以雒诵之。谨此谢谢！

女生王淑敏改换部发文凭，尊处既碍难照办，只好由苓想出办法，再告该生可也。

范公[②]年来虽时有老病侵寻，然至目下已大安好，精神颇佳，对先生相忆极为感谢，并嘱代笔致候。统希察照是幸。祗颂

台祺！顺贺年禧！不另。

弟张伯苓拜上

十七年一月十六日

（南开大学档案馆藏）

---

① 侯鸿鉴（1872—1961），字葆三，号病骥。江苏无锡人。1903年赴日留学。1905年出资兴办竞志女校。1912年起，历任无锡县教育会会长，江苏、江西、河南等省视学，并任教于江苏、浙江、河南、福建各高等院校。

② 即严修。

致袁潜之

（1928年1月17日）

潜之先生大鉴：

久未晤教，驰神之至。日前阅报，见有七先生[①]太太通告一则，关于七先生身后事，云正在清理，想对敝校代办之煤矿股票事已有法应付，未审在此旧历年终可能办到否。如不能办到，究竟尊处有何打算，拟于日内由敝同人华午晴君前往面谒一谈。至接见以何时为宜，即希酌定，预示一电，是所切盼。祗颂

台安！

张伯苓谨启

十七年一月十七日　阴历十二月廿四日

（南开大学档案馆藏）

致陶曾谷

（1928年1月30日）

北京内务部街

曾谷女士大鉴：

惠函诵悉。仁山在敝中学时期之生活，谨就所知者为之追忆，另纸附录其概略以闻。鄙前于报上得仁山噩耗，不胜为悼叹久之。兹贵友人欲为刊丛书传于后世，是仁山形骸虽死而精神犹可望不死也。在贵女士身负抚育遗孤之责，幸顺变自珍，勿过哀痛为要。此唁！并候

节履！

张伯苓敬覆

十七年一月卅日

---

① 即袁述之。

附生活概略二纸。

附：高仁山在南开中学生活概略

仁山当年考入南开中学时，除国文稍具根柢外，余程度均极浅鲜。但其自入校以后，对各门功课非常用心，遇事告假时甚少，所有未入校前肄习未足之门类，不久即一律补齐。其资质敏学、力勤、用心专、进步速有如此。寻常在班上听讲最为安静，向不与人交一语，故他人有时攒头接耳，而彼恒端坐不动。惟遇书中深理处，必向先生再三叮咛请训，而不以为烦，故其成绩至毕业所得特别牢靠。在班下除与同学对功课有所观摩切磋外，从不乱谈他事。虽遇年纪幼稚之同学生，亦必谦颜和色，说话蔼蔼，故人多乐近之。平时颇喜运动，然不作无意识之游戏。同学有时在操场东奔西突，不遵游戏正法，或不循运动秩序者，辄为避而去之。其不业荒于嬉又如此。

总之，仁山在校数年，极知自爱自重。其大者如尊师睦友无论矣；即至大声呼唤差役，购吃零星食品等等小节，亦无不加以戒慎；此则当时人所共见，在今日尤可想象者也。

（南开大学档案馆藏）

致王瓒臣[①]

（1928 年 1 月 30 日）

义租界西马路四十六号

瓒臣贤弟大鉴：

手书具悉。共食恶习关于公众卫生者甚大，吾弟痛论及此，造福社会不浅。我校提倡公共筷、匙已经有年，此后拟照吾弟所言利害，向各生剀切指示，并拟交本校卫生委员会讨论本学期努力实行公共筷、匙普及方法作进一步之提倡。辱承吾弟关注，感甚，谢谢！顺颂

时祺！

张伯苓拜渤

① 王祖德（1890—？），字瓒臣，浙江秀水人。1916 年南开中学毕业，入海军医学校肄业。后从医。

十七年一月卅日
（南开大学档案馆藏）

致李组才

（1928年2月1日）

英租界广东路利济公司

组才先生台鉴：

敬覆者：来函诵悉。关生欲来校插班，无任欢迎。惟敝校初级均为普通科，内关于理科方面仅有生理、卫生二门，并无理化专科。兹奉上简章壹分，请转达前途查阅，按其程度填写报名书投考。如程度不甚差池，当能录取，以符尊嘱。专此。即颂

台祺！

附简章及报名书各壹分，允甫先生函奉缴。

张伯苓拜复
十七年二月一日
（南开大学档案馆藏）

致孙慕志

（1928年2月1日）

大连中国银行转

慕志赐鉴：

客岁在连蒙厚待，至今犹感。比维一元复始，台候定多佳胜，至以为颂。兹敬启者：敝校于旧历年终举行学期考试，对各生成绩业经评定竣事。查贵学生用袋、用济所考成绩，不及格门类太多，照章均应退学。苓为免令旷时起见，拟于春季开学时仍请其来校，降归初级三年班随同听讲，藉资补习。所有以前功课无甚根柢者，均可乘此机会造于牢靠地位。如荷赞同，即请转知贵学生届

开学早到，俾便偕同上课。此等办法虽毕业稍迟，然所学力求实在，较之虚有其名者，胜长多多矣。苓知我公高明，故以为请，希加谅察是幸。祇叩
钧安！并贺春禧！不一。

附成绩单二纸。

张伯苓谨上
十七年二月一日
（南开大学档案馆藏）

致陈如九

（1928年2月3日）

北京青龙桥第二慈幼院

陈君如九鉴：

来函备悉。数年转瞬，学业已成，可欣可贺。目下时局尚未大定，百业均极停滞，人才退居闲散者不一而足。即以敝校而言，规模虽力图开展，而办事人员实有退无进，诚以值经济竭蹶之秋，不得不行减政，以勉度[渡]此难关也。足下此时仍宜依原有门径而多为忍耐，将来运转，自不无升腾之望也。区区鄙见，幸熟思之为盼。此询
近祉！

张伯苓手复
十七年二月三日
（南开大学档案馆藏）

致蒋化普

（1928年2月3日）

北京西郊城府杨树胡同一号

化普贤弟大鉴：

来函备悉。当此国事蜩螗之际，能摆脱尘俗，退身郊君[里]，著书为乐，是等清福，高出流辈万万，真令人艳羡不置。大学部款，吾弟年来既以失事，弗克如约归缴，自应少待。此复，即询著佳！并贺
台祉！

张伯苓拜泐

十七年二月三日

（南开大学档案馆藏）

致余西园

（1928 年 2 月 3 日）

河南阳武县政府

西园贤弟鉴：

顷接来函，欣悉吾弟握篆阳武，打破旧日恶习，与民众合力工作，为地方造福不浅，甚以为慰。我校近数年来因校务增繁，同人均苦无暇再编演新剧。兹所存者，仅有《一元〈钱〉》、《一念差》、《新村正》三样稿本，特各检一份，另包附上。到希查入是幸。此颂
政祺！

另附剧本三册。

张伯苓泐复

十七年二月三日

（南开大学档案馆藏）

致烟台青年会

（1928 年 2 月 3 日）

敬覆者：接奉大函，诵悉种切。敝校本年春季不招新生，王生鸿远若欲考插班则可，但考期定于阳历二月六、七日，为时已迫，请见信后即转告该生，

作速起程来津，勿稍延缓，方不致误。此复
烟台青年会。

张伯苓启
十七年二月三日
（南开大学档案馆藏）

致江逸云

（1928年2月4日）

北京东城小方家胡同四号

逸云先生赐鉴：

许久未得晤教，驰神之至。比维履祉鼎新，为颂无量。

兹敬启者：敝校大学部有文、理、商各科学生共三十余人，组织旅日参观团，将于本年四、五月间毕业式前东渡观光，藉增知识。闻日本退款中有可拨助是项旅费之说，并闻他方已有曾蒙过此等津润者。我公为主持日款董事之一，自必得其详情。拟恳费神明为指示，俾便援例上请。不胜祷盼。祇候
钧安！

张伯苓拜上
十七年二月四日
（南开大学档案馆藏）

致白敦庸[1]

（1928年2月7日）

北京南长街廿二号

[1] 白敦庸，四川西充人，1919年赴芝加哥大学学习，1921年6月获学士学位，1924年7月回国。1928年商务印书馆出版了其学术著作《市政述要》和《市政举要》（亦名《市政述要续编》）。

敦庸贤弟大鉴：

前接第一次来函，当以敝校教务课正在考试学生之事，未暇即为赵女生办理转学证书，致有所耽延，殊为抱歉。兹复接大札，知待证书转学为期已迫，势难再缓。爰即刻赶令教务课特别抽暇，将该项证书及成绩单一并办出，附函寄上，即希检入。延迟之咎，务望多多原谅是幸。此复。即候

春渼！

附证书及成绩单各一件。

张伯苓拜上

十七年二月七日

（南开大学档案馆藏）

致崔宗埙

（1928 年 2 月 7 日）

吴淞中国公学

宗埙弟鉴：

电函均悉。令弟宗培事，前询之清华教务主任梅耀韩君，据云于阳历年前早经有人保出，并已前往奉天。弟处此时想接得梅君电报，令弟当亦有函通知，可不致再为悬念矣。此复，即询

时祉！

张伯苓手泐

十七年二月七日

（南开大学档案馆藏）

致陶曾谷

（1928 年 2 月 7 日）

曾谷女士台鉴：

敬覆者：前委事件现已遵嘱调查，兹奉上职员名单一纸，凡名旁标有○符号者，均系与仁山先生旧同学，敬希查鉴是幸。专此，顺颂
节履！

张伯苓拜复
十七年二月七日
（南开大学档案馆藏）

致李组才

（1928年2月8日）

英租界利济公司

组才先生惠鉴：

敬覆者：前转来祖恩兄函，敬已领悉。方生能任欲仍来敝校肄业，已将此事重复提出，审查会审查讨论结果，咸以为方生品学兼劣，毫无进益，果予宽假，不足以促其觉悟，且更难以服诸生，碍难遵照办理等语。据此，除正式笺复祖恩兄外，并请台端勿以方命见斥，便中更祈代向祖恩兄道歉。统希鉴谅，是为至祷。专此奉复，即颂
大安！

张伯苓拜启
十七年二月八日
（南开大学档案馆藏）

致李祖恩

（1928年2月8日）

北京

祖恩先生赐鉴：

敬复者：大札敬悉。方生能任欲仍来敝校肄业，已将此事重复提出，审查

会审查讨论结果，咸以为方生品学兼劣，毫无进益，果予宽假，不足以促其觉悟，且更难以服诸生，碍难遵照办理等语。据此奉复，有方尊嘱，且负冠星先生雅望，深用抱歉。统希鉴谅是荷。专此，即颂
春祺！

张伯苓拜启
十七年二月八日
（南开大学档案馆藏）

致中华教育文化基金董事会

（1928年2月9日）

北京南长街廿二号

敬覆者：接诵来函，得悉本月十一日在本会会所开执行委员会与财政委员会联席会议讨论会务，鄙人极愿与会。无如适值敝中学部举行春季始业式，应办各事有非他人所能代者，一时实无法抽身前往，幸代达到会诸公为荷。

兹附有恳者：现有英文函一件，系前大总统黎宋卿先生欲请郭鸿声[①]先生到其家开会。该信是其令爱黎绍芬[②]女士亲笔，因不知郭先生住址，烦为转致。希费神代交是幸。此致
中华教育文化基金董事会。

张伯苓肃启
十七年二月九日
（南开大学档案馆藏）

① 即郭秉文。

② 黎绍芬（1901—1966），字介繁。黎元洪女公子，1923年毕业于南开大学，赴美国就读于哥伦比亚大学。1927年回国，任天津市教育局督学。抗战后任天津市政府顾问。旋任天津二女中校长。1949年后加入民革。

分致冯焕章、薛子良[1]

（1928 年 2 月 9 日）

焕章、子良先生赐鉴：

时局限人，致睽久有笺候，歉仄殊深。比维得道多助，师贞协吉，政履多绥，声威远树，至以为颂。苓滥竽教育，鸠拙徒惭。年来经济恐荒而无米为炊，尤乏善状可述。惟学生来向踊跃，教务犹得勉力进行，差堪为我公告慰耳。

兹敬有启者：敝校中学部旧毕业生周君行齐[2]，曾在甘省政界服务有年，前岁因差务届满，且以家尚寄北方，藉便省亲而作归来之赋，现在仍行远出，拟再觅一服务机会。该生才具敏达，人极老成，于政界亦多历练。素仰我公嗜才若渴，用特代为介绍。倘蒙推爱，相宜录使，则栽培之惠，感同身受无涯矣。肃此，祇叩

捷/勋安，并颂

道祺！不备。

附履历一纸。

张伯苓拜上

十七年二月　日

（南开大学档案馆藏）

---

① 薛笃弼（1892—1973），字子良，山西解县（今运城）人。毕业于山西法政学校。历任北京政府司法部次长、甘肃省省长，南京政府内政部长、水利部长等职。

② 周行齐（1889—？），字卫权，安徽合肥人。1911 年南开中学毕业。曾任职于天津工业专门学校，后任甘肃省电政局总办。

致王伯渔

（1928年2月9日）

渭北固市镇北街全兴龄

敬复者：接奉大札，具悉一是。承委事一件，当即遵嘱调查。查得贵学生曾于去岁十月间请假赴京，去京后久未得有消息。尊处两次寄款，均由贵同乡田维畯代收。田系本校三年级学生。据田生云，该款曾代还王生启尧在津所欠各账（帐目田生另缮清单，由邮奉上。），并云伊年前曾接王启尧由沪来函，至于居住何所，亦不知晓，等语。特此据实复闻，敬希查鉴。顺颂
台祺！

南开学校校长张伯苓

十七年二月九日

（南开大学档案馆藏）

致魏冲叔[①]

（1928年2月11日）

顺直水利委员会

冲叔先生大鉴：

惠函诵悉。令郎前因病旷课，洵非得已。昨董显光先生来代述情形，敝校当已援照教务议定新章（本学期缺课过三分之一，而前学期功课全及格者，第二学期准随原班旁听，不给学点。如第二学期成绩特佳（平均过八成），准仍算学点，再补考第一学期学科。）考查令郎前学年功课尚能一律及格，自应照章准随原班旁听。即希查鉴是幸。祇颂
台安！

① 魏冲叔，名易，浙江杭县人。曾与林纾合译小说多种。

张伯苓肃上
十七年二月十一日
（南开大学档案馆藏）

致李赞侯[1]

（1928年2月11日）

广东路壹零壹号

赞侯先生赐鉴：

前奉惠函，当因筹备春季始业并考试插班学生，事极繁冗，未获即时裁答，殊深抱歉，希原谅。兹又接奉手谕，诵悉一是。

方生能任既属我公令戚，自应特别通融，当令审查会重提方生回校事，宽加审查，藉以仰副嘱托。无如该会审查讨论结果，咸以为方生品学兼劣，毫无进益。果予宽假，不足以促其觉悟，且更无以服诸生，碍难遵照办理，等语。据覆前来。苓虑引起多方之诘难，不得已惟有据实上闻。想我公高明，定不以方命见斥也。此覆，祗颂

钧安！并贺

春祺！不一。

张伯苓拜覆
十七年二月十一日
（南开大学档案馆藏）

① 李思浩（1882—1968），字赞侯，浙江慈溪人。京师大学堂肄业。历任财政次长兼盐务署署长、中国银行总裁、币制局总裁、财政总长兼盐务署督办、冀察政务委员会经济委员会委员长等职。

致刘竹君

（1928年2月13日）

北京交通部路政司

竹君先生赐鉴：

接奉手书，诵悉种切。邹生致圻[1]欲入敝校高中一年，但高一现为第二学期，该生程度不够，入敝校初中二年尚属合宜。现该生已经来校，苓以尊托，故特免令入初中三年旁听，其旁听章程业面告该生知悉矣。

兹附有恳者：敝大学部自去岁曾组成一满蒙研究会，刻对满州铁路极愿明晰其情形，拟请我兄惠临，一为讲演。时间最好在下午，且光降日期最好在下星期二日以后酌定，缘弟因事于本星期五日赴京，至下星〈期〉二方能言旋故也。酌定日期务请预为示知。切盼，切盼！祗颂

春安！

弟张伯苓拜上

十七年二月十三日

（南开大学档案馆藏）

致诚执中

（1928年2月13日）

吉林省公署

执中省长先生赐鉴：

接诵大函，祗悉一是。满蒙研究会辱承奖备赞助，慨代募捐，非常感激。古贤达君子应世接物，每每喜务实而不喜务名。我公敦行古谊，敝研究会同人受惠亦何有尽极。敬谢，敬谢！令郎在敝校起居均极安适，堪以告慰。至功课

① 邹致圻（1911—1968），四川华阳人。1935年毕业于南开大学电机系。

方面，寻常虽称平平，然骐骥之资而范以驰驱，将来前程自远。苓及同人等谨当勤加策励，俾日有进步，藉以仰副尊望。知注特闻，诸希爱照是幸。祗颂勋安！

张伯苓谨上

十七年二月十三日

（南开大学档案馆藏）

致刘敬舆

（1928 年 2 月 13 日）

教育总长

敬舆总长赐鉴：

顷奉覆谕，蒙允任满蒙研究会名誉董事，并惠捐银百元，领悉之余，非常欣感。谢谢！目下斗杓已转，比维春风作育，益焕新猷，至以为颂。

敝校春季始业式日前已经举行，照常开课。年来学生情形，各部比较，以大学及女中学为最顺序，男中学去年曾一度小起风潮，好在出于三五不良分子所鼓动，不久即自归平息。现自寒假后，学生精神上又一律振发更新，令人极抱乐观。

所至难为情者，惟有经济方面，真觉苦不堪言耳。向有基金元年公债整理债券一百卅万元，按月由财政部在盐余项下拨息六千五百元以资应用。全校命脉即托于此。兹积压多月，未蒙照发，势将无以为活。想我公对此等无米之炊当亦代为一叹也。苓谬信教育可以救国，故迄今未敢稍谢仔肩。然水尽山穷，弗急求解济方法终属不了。左右思维，不得已，谨拟于本星〈期〉五、六日赴京趋叩崇阶，将有所借重，冀以维校脉于万一。聆教匪远，专肃布陈。

《捐启》一件已收到。惠款能即日掷下尤感！

张伯苓谨上

十七年二月十三日

（南开大学档案馆藏）

致钟荣光[①]

（1928 年 2 月 14 日）

上海法租界陶尔斐斯路五十六号

荣光先生伟鉴：

去秋因远东运动会在沪勾留数日，屡聆教言，又蒙招饮，感谢之至！日前奉来示及岭南大学请款印刷品，弟已遵嘱转寄与代理干事长周寄梅君处，请其提出董事会讨论，届时弟当尽力赞成也。惟董事会会期已过，预计能出席者恐不足法定人数，是为可虑耳。余容会后详报。藉颂

筹安！

弟张伯苓拜上

十七年二月十四日

（南开大学档案馆藏）

致钱建初

（1928 年 2 月 14 日）

北京平则门内中央医院

建初贤弟鉴：

前月都门匆匆一晤，未获畅叙为怅。兹拟于〈本〉月之十七日（星期五）趁早车赴京访谒美国友人，藉以讨论秋后赴美募款事项，并于星期日吊高仁山弟。此次在京约住四五日，届时拟往尊府拜访，藉瞻模范家庭之组织也。顺颂

春祺！

张伯苓手启

---

① 钟荣光（1866—1942），字惺可，广东中山人。早年参加兴中会。历任岭南大学副监督、校董会主席兼校长、荣誉校长。

十七年二月十四日

（南开大学档案馆藏）

致毛承恩

（1928 年 2 月 15 日）

南宫县鲍家街

承恩贤弟鉴：

来函阅悉。为吾弟代谋枝栖之事，自前信接到后，至今并未之忘。但苦无法位置，容俟将来遇有机缘，再为函达可也。此复，顺询

时佳！

张伯苓拜启

十七年二月十五日

（南开大学档案馆藏）

致王集卿

（1928 年 2 月 15 日）

奉天小南门里通济仓胡同门牌卅六号忠恕堂

集卿先生鉴：

来函奉悉。令孙在敝校肄业，欲知统共享款几何，谨附上本学期用费表一纸，请检入详细，便能分晓。顺候

台祺！

附表一纸。

张伯苓拜启

十七年二月十五日

（南开大学档案馆藏）

致丁在君

（1928 年 2 月 16 日）

大连鹤舞桥鸣鹤台一八四番

在君先生：

前日董事会得先生来津与会，于精神上颇有助力也。离津时未能趋送，歉甚！苓遵嘱访顾君湛然，请伊约杨总理来校参观，惟迄今无回音，日内拟去函问询。苓与芳泽素昧平生，未便唐突往谒，俟有相当之介绍再为进行。

基金会董事会因不能得法定人数，拟展期至四月开会。南开除中学部请补助科学馆建筑费外，尚有大学添师范班之请求，以其有较大之男女中学部为试验场所也。恐会中人以为南大既已得科学〈馆〉之补助，其它事业不能再有补助也。适之先生抵连时乞致意，余容再续。顺问

著安！

张伯苓

十七年二月十六日

（南开大学档案馆藏）

致钟晚成[①]

（1928 年 2 月 16 日）

日本租界蓬莱街

晚成先生大鉴：

惠函奉悉。承赠《人本》、《莲芳》各二册，如数收到。谢谢！台端于公余之暇博览群书，运精密思想完成大著，有益世道人心良非浅鲜，钦佩曷极。苓本拟即日趋谒，藉以畅领教言，只因事须赴北京一行，而瞻仰光仪，约须在五

① 钟器，字晚成，清末民初天津著名书法家、篆刻家。

六日以后。届时是否可匀暇接晤，能预示一音尤祷。复颂
著祺！

弟张伯苓拜上
十七年二月十六日
（南开大学档案馆藏）

致范旭东[①]

（1928年2月17日）

旭东先生赐鉴：

敬启者：现有已故敝校旧师范生武问泉[②]君家中云（衍字）来言，问泉在时曾购有贵久大精盐公司股票十股，共计洋一千元，户名即武问泉，号数为第四期久字第十一号。向曾经归交易所存储，嗣交易所停业，而此项股票迄未得取出，徒执有该所收条为凭，未知此数年中亦曾有人持票取过利息否。

现在武君故已多年，身后只遗有妻女，并无男嗣，景况极为萧条，满望此项股票可凭收条取息，佐以度日，不知可能办到否。如不能办到，此外更有何法可以通融，俾不致失该家人之望。幸关照与贵公司同仁一酌，倘蒙以佳音见示，则感惠实与共之。专此代恳，不胜祷盼。祗颂
公绥！

弟张伯苓上
十七年二月十七日
（南开大学档案馆藏）

---

① 范旭东（1883—1945），名锐，字旭东，湖南长沙人。1908年考入日本京都帝国大学应用化学科。1912年归国后在财政部任职。后创办永利制碱公司、永利化学工业公司。

② 武浚源，字问泉，天津人。早年留学日本，毕业于东京高等工业学校应用化学科。曾任直隶工业专门学校校长。1918年去职，任南京造币厂厂长。

致国立京师大学师范部

（1928年2月18日）

敬复者：接奉来函，诵悉一切。鄙人前寄之照片，至今尊处尚未接到，想系被邮差遗失。除向邮局追询外，恐误尊用，特赶再挂号寄上一件，到祈核入为荷。此致

国立京师大学师范部。

外附照片一件。

张伯苓启

十七年二月　日

（南开大学档案馆藏）

致丁在君

（1928年2月21日）

大连鹤舞桥鸣鹤台一八四分番

在君先生赐鉴：

接奉手书，敬悉一是。刘女生琔友[①]已经来校，经考，其程度与高级一年尚属相合。日前该生已遵照到校，插入高一正班随同上课矣。此复，顺颂

春安！

张伯苓谨上

十七年二月廿一日

（南开大学档案馆藏）

① 刘琔友，江苏武进人。1930年南开女中毕业。

致钟晚成

（1928 年 2 月 22 日）

日本租界蓬莱街

晚成先生大鉴：

苓日前赴京，昨晚方回。读手示，得悉先生欲来校一谭，可否于下星期日，即廿六日上午九时移至敝南开中学部，无任欢迎盼企之至。此颂

台安！

弟张伯苓谨上

十七年二月廿二日

（南开大学档案馆藏）

致王筱东

（1928 年 2 月 22 日）

奉天安东县中富街东边实业总银行

筱东先生大鉴：

接奉快函，祗悉种切。赵生宗鄂因英文不足关系，恐弗克随班。兹既辱承尊嘱，业商知教务课，权为留校。除已专函快邮径达该生，俾速来津外，相应肃复以闻，希荃照是幸。顺颂

春安！

弟张伯苓拜上

十七年二月廿二日

（南开大学档案馆藏）

致李锦山

（1928 年 2 月 24 日）

吉林长春吉黑榷运总盐仓

锦山先生大鉴：

惠函奉悉。令郎士仪学期考试成绩过劣，照章应行退学。兹台端欲令仍来肄业，只好降下一班，归初级二年随同上课，藉资补习。如荷赞成，即可赶速来校。除电李竹樵先生烦为转知外，相应具覆以闻，即希查照是幸。顺候

春安！

张伯苓拜上

十七年二月廿四日

（南开大学档案馆藏）

致中华全国体育协进会

（1928 年 2 月 25 日）

上海法租界劳神父路

敬覆者：接奉大函，诵悉种切。本年世界运动会在荷兰开会，我国代表一席鄙人极愿担任。所惜该会开会在七月间，而鄙人出洋时期系订于十一月，相距日限过远，实在无法迁就。谨情奉达，尚乞诸公费神，别推相当代表前往，是为至要。

再，华北体育协会会长范静生先生故后，公推苓继任是席，章君辑五充书记。特附以闻，仰祈查鉴。

新华汇款已到，计五百九十六元三角五分无误，谨已照收。此布，顺颂

公祺！

张伯苓肃上

十七年二月廿五日

（南开大学档案馆藏）

致钟荣光

（1928年2月25日）

上海法租界陶尔斐斯路五十六号

荣光先生赐鉴：

敬启者：现有女高中毕业生二名，欲往南洋充教员，其程度与大学预科等（二生俱系北人，能以官话教授），可否请先生介绍南洋小学校。该生等极盼佳音，务希关照玉成是幸。

再者，基金董事会因不足法定人数，推缓开会至五月间。特附以闻，统惟查鉴。祇颂

大安！

弟张伯苓拜上

十七年二月廿五日

（南开大学档案馆藏）

致协和医学校校长办公室

（1928年2月27日）

北京

敬启者：捧诵贵校所出版之一九二四年《协医年刊》，极羡慕内容之美满，印刷之精工。敝校现已拟编印年刊，仿照办理。惟不审贵校印刷果在何所，并用费几何，甚愿一阅其详。幸祈费神指示，不胜祷盼。此致

协和医学校校长办公室。

张伯苓肃

十七年二月廿七日

（南开大学档案馆藏）

致吴耀宗[1]

（1928年2月27日）

上海博物院路廿号中华基督教青年会全国协会

耀宗先生大鉴：

顷接来书，藉悉一一。弟资禀素钝，对于作文一事实非所长，兼之年来校务纷纭，日无暇晷，笔墨倍极生疏，即令勉强从事，亦将辞不达意。有方尊命，千祈格外原谅。本年夏令会，如届时政局无大变动，似能赴会，但不敢确定耳。此复，敬颂

道安！

弟张伯苓拜上

十七年二月廿七日

（南开大学档案馆藏）

致王锡恩[2]

（1928年2月28日）

山东济南齐鲁大学校

锡恩先生大鉴：

手书奉悉。台端对日食算法新有发明，秘阐甚符，钦佩曷极。中华教育文化基金董事会会址系在北京南长街廿二号，先生欲投稿，并无何项手续，亦不必专指呈会长，即径函该会，附稿请为审查便妥。弟于投稿事无所经历，以上不过想当然耳。尊处在投稿之先，径函该会一询亦无不可。希酌之。祗颂

① 吴耀宗（1893—1979），祖籍广东顺德。时任职于中华基督教青年会全国协会出版部。

② 王锡恩（1872—1932），字泽溥，又作泽普。山东益都（今青州市）人。精于天文和算学。曾任齐鲁大学天文算学系教授兼系主任。

道安！

弟张伯苓拜覆
十七年二月廿八日
（南开大学档案馆藏）

致余日章、陈立廷[①]

（1928年2月28日）

上海博物院路太平洋国交讨论会

日章、立廷二位先生均鉴：

顷接来示，得悉太平洋国交讨论会议决，命苓充会员之一，谨当遵照承诺，随诸君后以谋该会之进行。所虑知识谫陋，将来无所建白，或不免贻会中羞耳。

立廷先生惠寄之《太平洋问题》一册敬已收到，谢谢！惟不知该书英文原稿亦有印成之册本否，如有之，能赐给一分尤感。此复，祗颂

春安！

弟张伯苓拜上
十七年二月廿八日
（南开大学档案馆藏）

致王剑峰

（1928年2月28日）

工程科

剑峰先生赐鉴：

敬启者：敝校去年曾有社会视察团之组织，近复成立一天津研究会。对于

① 陈立廷（1894—？），北京人。1913年毕业于清华学校，后赴美留学。曾任孔祥熙秘书。1944年任甘肃省财政厅厅长。

津埠地面均有待详考之处甚多，只因未有精美之全埠地图，致调查颇感困难。坊间虽有售者，而缺略处、讹误处不一而足，殊难应用。贵科经管全埠工务有年，关于地方之图自必存有善本，拟恳暂假给一观，藉资参考，用毕即为奉还。倘携出不便，可否即由敝校派人前往照摹，抑或用摄影法拍出。均候酌示，以便遵照。叨在契好，想不以琐渎见斥也。祇请台安，并颂

春祺！不儩。

弟张伯苓拜上

十七年二月廿八日

（南开大学档案馆藏）

致王剑峰

（1928年3月1日）

工程科

剑峰先生赐鉴：

顷奉惠覆，并地图借来。诵领之余，欣感无量。贵科此图虽成于二年以前，其详确处自非坊本所能企及。敝研究会得此为助，受益良多。敬谢，敬谢！嗣后该会倘于图外偶有一得，即当奉告请教。专此，覆颂

惠安！诸希

爱照！不一。

弟张伯苓拜上

十七年三月一日

（南开大学档案馆藏）

致李湘宸[①]

（1928 年 3 月 3 日）

北京清华教育心理学系

湘宸仁弟大鉴：

睽久念深，接手书，就审凡百吉羊，至以为慰。汇款二百元如数收到无误。些须通融，抑何急急理会乃耳。兹缴杨益刚君代开之收条一件，并代取款之来片一纸，到请查销可也。此复，即颂

时祺！

附收条一件，片一纸。

张伯苓拜沏

十七年三月三日

（南开大学档案馆藏）

致刘竹君

（1928 年 3 月 3 日）

竹君仁兄先生赐鉴：

顷接大函，聆悉一是。《约翰森旅行记》一册已收到。谢谢！前枉驾讲演，本丰富学识，阐发经历事实，听者忘倦，增进知识不浅。后遇公余之暇，仍希望继续有以示教。至盼，至盼！

敝校图书馆方面蒙慨允先为代募五千元添购关于交通书籍，一二年后再续募五千以为补助。我兄热心如此，感激又奚可名言。查敝校自成立以来，对于

① 李湘宸（1884—1976），原名李建勋，字湘宸，河南清丰人，曾赴日留学。后又赴美获哲学博士。曾任清华大学、北京大学教授，西北师范学院教育系主任。新中国成立后，任华北行政委员会文教委员、平原师范学院教授、天津师范学院副院长。

购置图书皆系匀款办理。初则每年勉匀万余元，继因经济困难，每年亦不过勉匀五六千元而止，并无特别基金，故在前数年虽名曰图书馆，亦只是粗具规模。由去岁经卢木斋先生捐资十万元，始有目下宏大之建筑。预计落成后，其书库能容图书〇〇册。现在已有之图籍，中国文〇册，外国文〇册，距盈量尚远，只好徐徐设法为增益之。所虑如苓棉薄，无能为继耳。然亦不敢不勉。秋后赴美拟乘便专为此馆募基金二十万美币（专购外国文图书），未审果克如愿以偿否。新馆尚未有正式完全摄影，兹特检出明信片廿张及图书馆书目一部，另邮奉上。到请查入惠收为荷。顺颂

钧安！

张伯苓

十七年三月三日

（南开大学档案馆藏）

致南秉方[1]

（1928 年 3 月 5 日）

吉林省立第五中学

秉方弟鉴：

两接来函，知吾弟现长省立第五中学，一切均称顺利，极以为慰。贵校旧教员仍愿回校继续任职事已经聆悉，仆前接第一次来函后，虽曾代费过一番张罗，好在尚未约妥，尚不能作罢也。此复，即询

再，仆于本年四月间尚拟作东三省之游，届时或可一图良晤。先此附闻。

张伯苓手启

十七年三月五日

（南开大学档案馆藏）

① 南秉方（1896—？），字正非，吉林双城人。1917 年南开中学毕业，后赴美留学。

致清华暑期体育学校筹备委员会

（1928 年 3 月 5 日）

北京清华

敬覆者：接奉大函，领悉一是。贵会筹备学校，兼及兴办暑期研究事，藉以促体育前途进步，而联南北各方感情，鄙人极端赞同。为中国强种强族计，如贵会之煞费苦心，真令人倾佩无已。所惜揆时度势，或不免有愿弗从心之虑耳。贵会原议除敝华北会外，尚有上海全国体育协进会及中华教育改进社同为暑期研究之举办机关，诚善！诚善！

无如迄至目下，改进社方面已无形归于停顿。余如全国协会而能否予以赞同，亦尚在不可知之数。局势散漫如此，招集力殊感薄弱。且向者在改进社盛时，曾招集过大会，讨论各项改进问题。彼时所以能办到者，因交通便利，来往车均有免票。今则免票一层既毫无希望，而以兵事关系，故南北各方道路又时发生梗阻。人人际此现势，但非遇切近己身极不得已之事，均不肯越雷池一步。据此以观，恐是项研究或胥以缓图视之，届时来者不能踊跃自意中事，是诚不可不预为虑及者。区区鄙见，是否有当，谨覆以闻。尚希查鉴，加以审酌为荷。此致

清华暑期体育学校筹备委员会。

张伯苓手启

十七年三月五日

（南开大学档案馆藏）

致耿叔仁

（1928 年 3 月 6 日）

天津电话局

叔仁先生大鉴：

前接诵惠函，祗悉一是。本月十四日下午四钟，美国公使馆商务参赞安立德先生在敝大学讲演《中国之根本问题》（Fundamentals in China Problems），似宜广播，俾众周知。贵局拟设之广播电机，即请于日内饬工程师来八里台敝大学部布置为荷。顺颂
钧祺！

张伯苓拜上
十七年三月六日
（南开大学档案馆藏）

致王新章

（1928年3月12日）

交通部电政司

新章先生赐鉴：

顷奉惠覆，欣悉高生而恭[1]辱承关照逾格，力予说项，得蒙常部长推爱，允酌派留学无线，以资造就，并嘱于下星期三午后四时前往一见。聆命之余，感谢无似。该生得此提携，异日学获完成，皆公惠也。中心藏之，亦将何日忘之乎。兹令持函趋京晋谒，到时惟公与常部长进而教之。幸甚，幸甚！祗颂
勋安！

张伯苓谨上
十七年三月十二日
（南开大学档案馆藏）

① 高而恭（1901—？），字有起，辽宁锦县人。曾在南开中学肄业。

致石灵化

（1928 年 3 月 12 日）

天津河北大经路福禄栈

灵化先生大鉴：

接奉行启，敬悉尊况一时未能遂意，不胜代为扼腕者久之。然豪杰之士，天断不令久困风尘，否极泰来，为时自当不远，先生幸勿过于短气也。苓亦草茅寒素，年来滥竽教育，藉博微资，以资事畜。近受时局影响，校务勉强支持，经济方面非常困难，对于台端徒发爱莫能助之叹，尚望高明格外见谅是幸。祗颂

文安！

附还原启一件。

张伯苓拜复

十七年三月十二日

（南开大学档案馆藏）

致钟荣光

（1928 年 3 月 12 日）

上海法租界陶尔斐斯路五十六号

荣光先生赐鉴：

顷奉惠书，敬悉。关于敝女生二人欲往南洋充教员事，蒙允遇机即为介绍，非常感激！该生一曰王文田[①]，廿二岁，天津县人，先在直隶第一师范附属小学

① 王文田（1903—2002），天津人。1922 年毕业于天津女子小学，1928 年毕业于南开女中。后在南开大学文科肄业二年，转赴德国留学。1938—1943 年任重庆南开中学女中部训导主任。1948 年 1 月起任南开大学代理训导长。1949 年 2 月赴香港。

校毕业，十二年秋考入敝女中学部，现在高级三年班文科。一曰邓蔼箴[1]，年十九岁，直隶故城县人，先在贝满初级中学毕业，十四年秋考入敝女子中学部，现在高级三年班理科。二生平素成绩优美，本年六月即皆毕业，因以教育为极有兴味之工作，并欲藉赴南洋一游，故浼苓代恳先生为之荐引。幸祈察鉴，多多关照，俾各得遂志愿，是所切盼！此复，祗颂

大安！

张伯苓拜上

十七年三月十二日

（南开大学档案馆藏）

致任叔永

（1928 年 3 月 13 日）

北京中华文化基金会

叔永先生赐鉴：

接奉手示，祗悉壹是。弟拟于星期一日，即十九日乘早车赴京，执行委员会即可于是日开会，希即偏劳通知各委员可也。快肃奉复，惟祈查鉴是幸。顺颂

台安！

张伯苓拜上

十七年三月十三日

（南开大学档案馆藏）

① 邓蔼箴，河北故城人。1928 年南开女中毕业，1933 年南开大学毕业。

分致李组才、范旭东

（1928 年 3 月 13 日）

组才、旭东先生赐鉴：

敬启者：敝大学部毕业学生曾君衡三，字楚清，湖北枝江人，毕业后即入商界行其所学，现在本津英商益昌洋行充水火保险部主任，人极老成，作事亦颇稳练。只因入商界未久，知识恐有不到处，特浼苓代为介绍商界贤达诸前辈随时示以津梁。素悉我公提挈后进最称热心，谨为肃函交其持上，到时惟关照多多指教是幸。顺颂

时祺！

张伯苓拜上

十七年三月十三日

（南开大学档案馆藏）

致顾如

（1928 年 3 月 13 日）

Miss Ku. Zu, Wells Hall, Miami Uni. Oxford, Ohio

顾如女士大鉴：

迭接来函，均经阅悉。尊赠之像片已收到，请求清华半免费额事，现已去函恳切代为说项，并将米耶米诸教授介绍语一纸转交。该校系新换的校长严鹤龄君，仆与之无深交，故致函能否发生效力，殊无一定之把握。倘获佳音，即当飞函以闻。先此布复，并颂

进步无量！

张伯苓手启

十七年三月十三日

（南开大学档案馆藏）

致山东中学区委员会筹备夏令会

（1928年3月13日）

山东济南齐鲁大学神科□德全先生代转

敬复者：接奉大函，诵悉一是。今夏六月廿六日至七月二日尊处举行全省中学联合夏令会，苓极愿前往一与其盛。所惜开会日期正值敝校考试、各部毕业并结束全年一切校务之际，忙碌异常，届时恐脱身不得，欲与高会亦只好期诸异日。此次而未能如约，尚祈格外谅之。祇颂

公绥！

张伯苓肃启

十七年三月十三日

（南开大学档案馆藏）

致严侣琴[①]

（1928年3月13日）

侣琴先生赐鉴：

企仰风范，久切神驰。比维荣长清华，广敷教泽，不胜为中国人才前途幸。

兹敬启者：敝校女生顾如，前在校时成绩极为优美，嗣因有志深造，乃由其家设法筹款，自费赴美留学。现在米耶米学校，不久即将毕业，成绩在该校中极得诸教授之赞许。所惜去年十月间伊父忽然作古，对其学费不能继续供给，功亏一篑，殊出该生意料之外，在旁观亦莫不为之叹惋。兹不得已，该生拟请求贵校给以半免费额，俾得藉终其学业。

① 严鹤龄（1879—1937），字履勤，又字侣琴，浙江余姚人。留美博士。民国初年任国务院咨议、外交部参事。1919年任巴黎和会中国代表团顾问，次年任国立清华学校校长。1921年任国际联盟秘书，次年任华盛顿会议中国代表团顾问。1927年后任驻美公使馆一等秘书、公使代办等职。

先生提挈后进素具热心，想对此有志女生穷途呼吁必更加以怜悯。用是不揣冒昧，代布以闻。倘蒙特别关照，准如所请，则感荷成全大惠，不独该生一人已也。专肃待命，祇颂

钧安！

附米耶米诸教授介绍书一纸。

张伯苓拜上

十七年三月十三日

（南开大学档案馆藏）

致张玉星

（1928年3月13日）

玉星先生大鉴：

顷接来示，欣悉先生将于月之十七日在青年会礼堂举行结婚礼，本当观礼，藉以致贺。惟敝大学部学生马庆云[①]君亦于是日午后借大学礼堂结婚，烦弟为之证婚，是以不克分身前往致贺，望祈谅之。专此拜复，顺颂

教祺！

弟张伯苓谨上

十七年三月十三日

（南开大学档案馆藏）

致潘馨航

（1928年3月14日）

北京国务院

馨航先生赐鉴：

① 马庆云（1902—？），字志青，吉林阿城人。1924年南开中学毕业，1928年南开大学毕业。

云泥迥隔，晤教多疏。祇维望卓中枢，勋超丙相，至以为颂。

兹敬启者：敝校年来为藉延残喘计，对于财政部应从盐余项下拨给之元年公债一百卅万元月息，屡向我公有所请求，殊嫌烦渎。所幸敝校经济达于极点早在我公洞鉴这中，现自前年迄今涸辙已久，两年息款竟未蒙部拨分文。无米之炊，艰苦实难言状。兹欣闻朱作舟弟又得盐署兼职，除径函请为援手外，拟再恳求我公特别费神，谆代致意。无论如何，务请其关照母校，于盐余项下每月为设法分润，俾维校脉于万一。专肃叩恳，无任祷切。祇颂

伟安！

张伯苓拜上

十七年三月十四日

（南开大学档案馆藏）

致朱作舟[①]

（1928 年 3 月 14 日）

财政部

作舟贤弟大鉴：

顷阅报章，欣悉吾弟又荣摄盐务署督办职务，从此为国贤劳，勋猷益楙，不胜颂慰之至。

兹有恳者：我校大学部向有基金元年公债一百卅万元，得息以充经费，每月历由财政部从盐余项下拨发在案，想吾弟已早有所闻。惟自前年迄今，已将二年之久，而是项息款未蒙部中照拨，校用无着，几于不能支持。目下涸辙枯鲋，奄奄一息。不得已，惟有恳请吾弟本爱校热忱，行周急义举，无论如何，即从每月盐余项下格外分润，藉维残喘于万一。专此呼吁，幸察鉴迅赐如请施行，不胜祷盼。顺颂

① 朱有济（1886—1960），字作舟，别号龙沙散人，祖籍江苏宝山。南开学校毕业。民国成立后，历任山东盐运使、奉天盐务稽核所所长、吉林省印花税局局长。1920 年起历任上海造币厂厂长、北京政府财政部总务厅厅长、全国道胜银行清理处会办、盐务署署长、盐务稽核总所代理总办、关税自主委员会委员。1927 年任财政部次长、俄国庚款委员会委员。北洋政府垮台后隐居天津。

勋祺！

张伯苓拜启
十七年三月十四日
（南开大学档案馆藏）

致朱作舟

（1928 年 3 月 15 日）

作舟贤弟惠鉴：

启者：现有齐君植棻，字苾康，天津县人，前曾在我中学部毕业，后又毕业于北京大学，学识开通，人亦老成稳练，在政界历任各职，成绩均有足多，而于盐务署编译场产各政务经验有年，尤称熟手。如斯才干，前因部中改组，致付闲散，未免可惜。兹欣闻我弟荣摄署职，敢请量才一为提挈。无论如何，务希关照录用。兹令持函上谒，到时惟俯赐进而教之，推爱屋乌，无任迫切祝祷之至。顺颂

勋祺！

张伯苓拜上
十七年三月十五日
（南开大学档案馆藏）

致张汉卿

（1928 年 3 月 15 日）

北京镇威军三、四方面军团司令部

汉卿先生伟鉴：

顷奉覆谕，敬悉一是。辱承慨捐银洋五百元，资助敝满蒙研究会工作之进行，非常感激！现已随函如数收到无误。合亟专肃覆闻，并鸣谢悃，统惟爰照不尽。顺敬

勋安！

张伯苓拜上
十七年三月十五日
（南开大学档案馆藏）

致刘竹君

（1928年3月17日）

北京交通部路政司

竹君仁兄先生赐鉴：

前肃一椷，并图书目录及纪念片等，想均蒙查入矣。兹者，弟拟于下星期一日（即三月十九日）早车晋京，因是日午后中华教育文化基金董事会开执行委员会，以便与会。星期二日下午拟造访我哥一谈，而谈之时间临时当以电话相商。此次到京仍住施家胡同北京旅馆（电话南局二二〇三号）。合并附布，统惟垂察是幸。顺颂
大安！

弟张伯苓拜启
十七年三月十七日
（南开大学档案馆藏）

致北京交通部路[电]政司

（1928年3月17日）

敬启者：接奉大函，并无线电放送条例，均谨领悉。敝校此后遇有按照节目应请由无线电台放送广播之事项，自当遵依贵司所颁之条例办理。专肃奉覆，即希查鉴是幸。此致
交通部电政司。

张伯苓谨上

十七年三月十七日
（南开大学档案馆藏）

致袁潜之

（1928年3月17日）

潜之先生赐鉴：

敬启者：日前闻贵矿已有办法，并敝处代借银行款项亦可连带解决，欣慰无量，未知近日对是项解决筹备如何？现银行借款又将到期，其原借数目三万一千五百元整，加以捐款所欠尾数八十元零五角五分，共三万一千五百八十元〇五角五分。至于利息方面，由十五年四月至本年四月，应七千五百六十元。总上合算，统共三万九千一百四十元五角五分，究应如何办理之处，即希于日内酌定见示。敝处日前曾经代向银行试商，若以利息并入借款数内，再为增加押品，可否办到，尚未得该行允许。合附以闻，幸祈迅赐定夺，免久拖延，是为至盼。祗颂

钧安！

张伯苓拜上
十七年三月十七日
（南开大学档案馆藏）

致佟昱复

（1928年3月17日）

昱复贤弟大鉴：

顷阅来函，欣悉吾弟在东起居安好，学业进步，甚以为慰。所示对我南开学校及日本学校之比喻，固由吾弟厚爱母校，发为如此论调，亦以见天下的各事，不经形容，不能见得个中之真实。我校较之日校其蒸蒸蔚蔚情形，尚差的多。但是年来在风雨飘摇之时会中，勉力挣扎，大是不易。浅见或漫不加察，

而吾弟离校后深有阅历，乃为之殷殷取譬，并假无穷希望以策励之，殊所忻感。此后学识日有增加，凡有见到可为指告者，尚希源源见示，非常欢迎。覆颂
学祺无量！

外附《同学录》一册，《双周》一本，到请查收。

张伯苓拜沏
十七年三月十七日
（南开大学档案馆藏）

致顾杏卿

（1928年3月24日）

杭州闸口之江大学

杏卿先生大鉴：

接奉惠函，如亲光霁。仰才华之超卓，弥向往而心殷。敝校教授倘得尊助为理，是何荣幸。所惜年来经济竭蹶达于极点，各项席面力求缩减，而原有同人目下亦未有更动，实无法遽为先生位置。欲行借重，只好异日遇有机缘，再为奉达。一时而弗克报命，尚祈格外谅之。此复，即颂
教祺！

张伯苓拜沏
十七年三月廿四日
（南开大学档案馆藏）

致刘竹君

（1928年3月26日）

北京交通部路政司

竹君仁兄先生赐鉴：

敬启者：敝大学部何廉、萧蘧[①]、蒋廷黻[②]三教授拟乘春假余暇，赴京参观财政整理会、财政部、农商部、审计院、国务院、统计局等，意在搜集一切资料，藉裕教材。至时尚拟赴贵部瞻仰，博采交通知识，恳请我兄关照，多多指教。弟择定四月一日（即星期日）上午十二钟恭迓尊驾惠临前门外致美楼，便酌一叙，就便代三教授与我兄介绍。惟届期早光是幸。祗颂
钧绥！

弟张伯苓拜上
十七年三月 日
（南开大学档案馆藏）

致顾介眉

（1928年3月27日）

北京交通部邮政司

介眉贤弟大鉴：

启者：现有南开大学教授何廉、萧蘧、蒋廷黻三君乘春假之暇将赴北京参观财政整理会、财政部、农商部、审计院、国务院、统计局等，意在搜集资料，藉裕教材。并拟赴贵部瞻仰，博采交通知识。到时恳请我弟关照，多多指教。仆择定四月一日（即星期日）上午十二钟在前门外致美楼请弟驾临，便酌一叙，并代为三教授介绍。届期务希早赐光降，是为至盼。此订，顺颂
时祉！

张伯苓启
十七年三月廿七日
（南开大学档案馆藏）

---

① 萧蘧（1897—1948），字叔玉，江西泰和人。早年毕业于清华大学，后留学美国，获康奈尔大学经济学硕士学位。曾在哈佛大学、密苏里大学主讲经济学。回国后，先后任南开大学、清华大学、西南联大教授，中正大学校长。1947年应蒋廷黻之邀，任中国驻联合国经济顾问。

② 蒋廷黻（1895—1965），湖南宝庆人。早年留学美国，就读于俄亥俄州欧柏林学院，主修历史。1919年夏进入哥伦比亚大学研究院攻读博士。1923年回国出任南开大学历史系教授兼系主任。1929年转任清华大学历史系主任。1933年从政，曾任国民政府行政院政务处长、驻苏大使、常驻联合国代表、驻美大使等职。著作有《近代中国外交史资料辑要》《中国近代史》等。

致周寄梅

（1928 年 3 月 27 日）

南长街中华教育文化基金董事会　北京财政整理会

寄梅仁哥先生赐鉴：

敬启者：敝大学部教授何廉、萧蘧、蒋廷黻三君乘春假之暇将赴北京参观财政整理会、财政部、农商部、审计院、国务院、统计局等，意在搜集资料，藉裕教材。因各方面均不甚相熟，拟恳我哥分别代为介绍，俾多关照。弟拟定四月一日（即星期日）上午十二钟在前门外致美楼恭迓驾临，便酌一叙，并为三教授介绍于我哥。至期务请早赐光降，是为至盼。此订，祗颂

大安！

弟张伯苓拜上

十七年三月廿七日

（南开大学档案馆藏）

致郜燕臣[①]

（1928 年 3 月 27 日）

〈哈尔滨〉滨江道里卅六棚东铁二校

燕臣贤弟大鉴：

来函诵悉。前谈偕满蒙研究会会员赴东一节，现已将启程日期及挨次所到地点与通信处所详印一表，用便查阅。兹附上一张，希检入，并转在哈诸弟察鉴。畅叙有日，先覆以闻。顺颂

时祉！不一。

附表一张。

---

① 郜兰坡（1886—？），字燕臣，天津武清人。1911 年南开中学毕业，曾任哈尔滨扶轮小学校校长。

张伯苓启
十七年三月廿七日
（南开大学档案馆藏）

致袁潜之

（1928 年 3 月 28 日）

潜之先生阁下：

日前肃上一椷，想早仰蒙鉴及矣。惟至今未奉覆谕，无所遵循，殊为怅怅。四月六日为股票借款届满之期，先生有何办法，务请即日指示，俾敝校向前途接洽。至所感祷。祇颂

大安！

张伯苓拜启
十七年三月廿八日
（南开大学档案馆藏）

致胡政之、吴达诠①、张季鸾②

（1928 年 3 月 28 日）

日本租界旭街《大公报》馆

① 吴鼎昌（1884—1950），字达铨、达诠，生于四川绥定（今达县）。清末秀才。1910 年毕业于东京高等商业学校，加入中国同盟会。1914 年任造币厂总裁。后任中国银行总裁、盐业银行总经理、四行联合营业事业所储蓄会主任等。1925 年，他接办天津《大公报》，另组《大公报》新记公司，任社长。后任南京国民政府实业部长、总统府秘书长等。

② 张季鸾（1888—1941），名炽章，祖籍陕西榆林，生于山东邹平。1906 年入东京第一高等学校。1911 年参加上海《民立报》编辑工作。后任孙中山秘书。1915 年在上海创办《民信报》，并任北京《中华新报》总编辑。后与吴鼎昌、胡政之三人合组新记公司，提出了“不党、不卖、不私、不盲”的“四不”办报方针。

政之、达诠、季鸾先生均鉴：

　　顷承宠召，极愿趋陪，藉资畅叙。所惜天津美国大学同学会会餐亦定于四月四日晚间，弟为本届职员，必须前往招待。欲践尊约，届时恐不克分身。谨此谢谢，尚希鉴谅是幸。祗颂

时绥！

弟张伯苓拜上

十七年三月廿八日

（南开大学档案馆藏）

致王肇熙

（1928年3月28日）

北京东裱褙胡同卅号

肇熙我哥大鉴：

　　一别经年，未聆教益。上星期在京造访，又未得晤，殊为怅怅。弟拟于本星期五日（即三月卅日）赴京，仍当抽暇趋谒，并拟于星期日（即四月一日）上午十二钟在前门外致美楼恭候驾临，便酌一叙，届期务请移玉早光。至以为盼。此订，祗颂

台祺！

弟张伯苓拜启

十七年三月廿八日

（南开大学档案馆藏）

致张轶欧①

（1928年3月28日）

北京宣外棉花头条九号

轶欧先生大鉴：

来示诵悉。令侄孙欲赴美留学，其志可嘉。弟极乐为此等青年一尽棉薄，以成就其夙愿。所惜敝校矿科学生前者赴美系由裴义理君保送，并非以敝校名义派送。现敝矿科停办已经二年，裴君既无复有保送之事，而该福特汽车厂闻目下亦不再收新生。似此情形，则令侄孙赴美一节，只好请先生另为设法。此后弟处如遇机缘，亦当去函奉告。此复，顺颂

台安！

弟张伯苓拜启

十七年三月廿八日

（南开大学档案馆藏）

致赵晋如

（1928年3月29日）

大连惠比须町一五八番地中华青年会学校部

晋如先生大鉴：

久暌，正切葭思，忽奉来函，如亲光霁。比维兴居集祜，为颂无量。承示在连华人各团体欲组体协会支部，大可为我华同胞体育前途贺。敝处现无全国

① 张肇桐（1881—1938），字轶欧，又字翼侯，号一鸥，江苏无锡人。1897年考入上海南洋公学，1901年入早稻田大学。在日参加兴中会，后赴比利时学习采矿冶金，获硕士学位，1911年毕业回国，历任工商部矿务司司长、农商部矿政司司长等职。在任矿政司司长期间，与同事丁文江、章演群、翁文灏等创办地质调查研究所。1917年任江苏省实业厅厅长。1928年任南京国民政府工商部商业司司长。1929年任中国航空公司理事。1935年任实业部技监。

体育协会章程，兹附上天津会章一份，查阅便可得其仿佛。即希检入是幸。此复，顺颂
时绥！

附天津体育协会简章一份。

弟张伯苓拜启
十七年三月廿九日
（南开大学档案馆藏）

致吴达诠

（1928 年 3 月 31 日）

《大公报》馆

达诠先生惠鉴：

敬启者：敝校年来每遇星期四日，约请贤哲莅校演讲，藉促学生知识之进步，例行已久，获益良多。兹拟春假后第二星期或第三星期之星期四日（即四月十九或廿六日）恭迓我公驾临赐训，幸希俯允。时间下午一钟半至二钟半，倘须变通，亦无不可，敬请我公酌量。讲题亦请预示。专肃，不胜企盼。祗颂
钧绥！

弟张伯苓拜上
十七年三月卅一日
（南开大学档案馆藏）

致赵世泽[1]

（1928 年 4 月 6 日）

本埠河北仁寿里二十六号

① 赵世泽（1898—？），字丽堂，天津人。1917 年前后曾在南开中学肄业。

世泽贤弟鉴：

来函阅悉。前来访，失候为歉。令弟世桐谋教席事，已与中学部教务主任喻君传涧[①]谈及，据云目下未有机缘。至暑假时是否能匀位置，尚难预定。届时如果有需借重令弟处，自当函达。此覆，即询
时佳！

张伯苓启
十七年四月六日
（南开大学档案馆藏）

致熊秉三

（1928年4月6日）

北京香山慈幼院

秉三先生赐鉴：

接奉大函，敬悉种切。贵院[②]《发展史》《募捐征信录》及《收支报告书》、《计算书》等均已收到。我公为此等慈善事业历年所费心力可谓无微不至，近受时局影响，益感困难。此种况味，在苓实饱尝之。读来札，以相形不胜动同病相怜之感。然事已如此，亦只好援拿翁谓“字典无难字”一语以宽之。我公高明，其以为何如？此复，祇颂
钧安！

张伯苓拜上
十七年四月六日
（南开大学档案馆藏）

① 即喻传鉴。

② 指熊希龄创办的香山慈幼院。

致杨豹灵

（1928 年 4 月 6 日）

本埠河东水利委员会

豹灵仁兄先生大鉴：

日前聆教，甚快。兹有恳者：尊处新出版之《直省详细全图》，敝大、中两部极愿各得一份，置诸图书馆，为研究地理学者增一精确参考之资料。倘蒙检惠两份，则受赐多多矣。此恳，祗颂
台安！

弟张伯苓拜上
十七年四月六日
（南开大学档案馆藏）

致郭崇熙

（1928 年 4 月 7 日）

哈尔滨中国东省铁路管理局

敬启者：接奉覆函，祗悉一一。蒙赐自长春至齐齐哈尔头等免票两张，交刘委员代转，现已收到无误。叨承大惠，铭感曷极。专肃申谢，并颂台祺！不尽。此致
中国东省铁路管理局副局长郭。

张伯苓拜上
十七年四月七日
（南开大学档案馆藏）

致边洁卿[①]

（1928年4月9日）

洁卿先生惠鉴：

大札诵悉。朱生启泉欲来敝中学部旁听，既由我公介绍，自应特别通融匀额收入。其旁听章程业由敝同人与朱生之尊翁面谈明晰，兹不赘述。此复，即颂

钧安！

弟张伯苓拜上

十七年四月九日

（南开大学档案馆藏）

致王锡恩

（1928年5月8日）

山东济南齐鲁大学

锡恩先生台鉴：

来函诵悉。尊著《日食算法》三册并刊误三张，先后均收到。所以裁覆迟迟者，因弟自四月初间前赴东三省游历，日昨始归。稽答之愆，千祈原谅。刻已将尊著二册寄京文化基金董事会审察，容俟审察后该方面有何消息，再为奉达可也。此复，即颂

著安！

---

① 边守靖（？—1954），字洁卿、洁清，直隶静海（现属天津市）人。早年加入同盟会，民国初年曾任直隶省议会议长。后任恒源纱厂董事、董事长兼总经理，冀察选举县参议会筹备处处长，天津市代理市长等。

蒙见赠一册，特此谢谢！不另。

弟张伯苓拜启

中华民国十七年五月八日

（南开大学档案馆藏）

致周寄梅

（1928 年 5 月 8 日）

北京中华教育文化基金董事会

寄梅我兄赐鉴：

弟去东三省游历，昨始言归。比维动定多佳，至为颂慰。

兹敬启者：友人王君锡恩在齐鲁大学教授有年，素精于天算，时有发明、改良，为科学界作进一步之贡献。前曾编《实用天文学》一书，颇利教授。现又著《绘图日食算法》，已印成册，浼弟代为推荐。弟知其对天算极有研究，用特附上二册请付审察。至该书是否足膺奖励，静候卓裁。祇叩

大安！诸惟爱照，不一。

附书二册。

弟张伯苓拜上

中华民国十七年五月八日

（南开大学档案馆藏）

致伊振西主任

（1928 年 5 月 10 日）

哈尔滨东省铁路经济调查局

振西先生大鉴：

鄙等此次为搜集关于满蒙各项研究材料事东出旅行，得接光仪，并聆麈诲，荣幸之至。蒙允对调查工作上互相联络，且允赐寄各种出版物，俾资参考，似

此雅意周至，真令人佩感莫名。现鄙等已经返校，将整理在外所得材料。尊惠出版物品恳乞即日检寄，并时锡以教言为盼。祇颂
台安！

张伯苓、傅恩龄拜启
中华民国十七年五月十日
（南开大学档案馆藏）

致叶晶心

（1928年5月10日）

哈尔滨东省铁路局《经济月刊》编辑部

晶心先生大鉴：

鄙等此次东游，获接光仪，极为荣幸。尊处对敝满蒙研究会允予联络相助，铭谢不尽。

贵出版之《经济月刊》已经发售各号如蒙检齐寄下，尤感！此后《月刊》拟请按月邮寄天津南开大学部满蒙研究会一份、南开中学满蒙研究会一份、南开女中学满蒙研究会一份。该价几何，请示知，当为照寄不误也。此恳，祇颂
台祺！

张伯苓、傅恩龄拜启
中华民国十七年五月十日
（南开大学档案馆藏）

致张绍棠

（1928年5月10日）

哈尔滨特别区行政长官

绍棠先生赐鉴：

在哈得接光仪，非常荣幸。瞻仰地方政绩，保持权利对外不让一丝。台端

爱国如此，真令人钦佩之至。苓此次过扰，辱承款待，并蒙迭番到站致饯，殷拳周挚，迥异恒常，翘企高风，感铭曷已，专肃谢谢！将来暑假敝校师生旅行团到哈时，尚望关照，多多赐以招待。至托至托。祗颂
勋安！

张伯苓拜上
中华民国十七年五月十日
（南开大学档案馆藏）

致吕维东督办

（1928年5月10日）

哈尔滨东省铁路公司

维东先生赐鉴：

在哈得接光仪，非常荣幸。关于东省铁路各问题辱蒙赐教谆谆，益我知识不少。乃者过承厚爱，更饫以珍羞饱德，至今篆铭曷已，敬谢！敬谢！本年暑假时敝校师生旅行团间或有一部前往观光者，到时仍望费神照拂。至以为托。祗颂
钧安！

张伯苓拜启
中华民国十七年五月十日
（南开大学档案馆藏）

致郭子久理事长

（1928年5月10日）

哈尔滨东省铁路公司

子久先生台鉴：

在哈得接光仪，非常荣幸。关于路务一切蒙赐教并蒙宴待，稠情厚谊，至

今犹感。谢谢！本年暑假敝校师生旅行团尚拟赴哈一游，届时仍望招待。诸荷费神，心铭不尽矣。祗颂

大安！

张伯苓拜启

中华民国十七年五月十日

（南开大学档案馆藏）

致傅羲年厅长

（1928年5月10日）

哈尔滨东省特区教育厅

羲年先生惠鉴：

在哈得接光仪，非常荣幸。既承雅意招待，复蒙偕同参观，获益良多，感铭曷已。敬谢！敬谢！贵区教育复杂久有所闻，得我公热心办理，能使成绩昭然，万分钦佩。本年暑假敝校师生旅行团尚当一往观光，届时仍请特予关照为荷。祗颂

钧安！

张伯苓拜上

中华民国十七年五月十日

（南开大学档案馆藏）

致刘泽荣监事长

（1928年5月10日）

哈尔滨东省铁路监理会

泽荣先生大鉴：

鄙等此次赴哈，为搜集关于满蒙研究材料事得识荆州，并领麈教，非常荣幸。我国年来各方办事久叹才难，如台端之伉爽干练，将来幸福、事业俱当无

量，无任钦佩之至。向承款待并为饯行，感雅意之殷勤，驰神曷已，谢谢！再，经济调查局伊主任前曾面允赠送敝校图书，惟至今尚未见寄到，拟恳便中代为一询。至托至托。祇颂
台安！统希爱照！不备。

张伯苓、傅恩龄拜启
中华民国十七年五月十日
（南开大学档案馆藏）

致赵禅唐

（1928 年 5 月 10 日）

〈哈尔滨〉傅家甸大罗新货店

禅唐先生台鉴：

此次东游过扰，获接光仪，非常荣幸。辱承款待致馈，迎送殷勤，鄙等何德而能堪此。高风遥企，无任神驰！敬谢！敬谢！本年暑假敝校师生旅行团尚拟前往一游，到时仍请多多关照。至以为荷。祇候
大安！

武、王、童、徐诸先生前，均希代为致意！不另。

张伯苓、傅恩龄拜启
中华民国十七年五月十日
（南开大学档案馆藏）

致高总理

（1928 年 5 月 10 日）

哈尔滨江北呼海铁路工程局

总理先生台鉴：

鄙等此次为搜集关于满蒙研究材料事东出旅行，藉得一亲光霁，非常荣幸。

惟未获长时间之聆教，甚以为惜。贵局诸员均极精明干练，先生善于任才如此，真令人钦佩莫名。向在路线参观，蒙随在皆秉承尊意，款待殷勤。身受之余，尤为感谢不尽。本年暑假敝校师生旅行团尚拟前往一游，届时仍请多多关照。预布奉托！祇颂
钧绥！

张伯苓、傅恩龄拜启
中华民国十七年五月十日
（南开大学档案馆藏）

致李会一县长

（1928年5月10日）

哈尔滨滨江县公署

会一先生赐鉴：

鄙等此次为搜集关于满蒙研究材料事东出旅行，藉得一接光仪，非常荣幸。辱承迎送加礼，感激亦奚可名言。谢谢！本年暑假敝校师生旅行团尚拟赴东一游，路出贵县时仍请多多照拂，至以为托。祇颂
勋安！

张伯苓、傅恩龄拜启
中华民国十七年五月十日
（南开大学档案馆藏）

致张灵根校长

（1928年5月10日）

哈尔滨吉林省立第六中学

灵根先生雅鉴：

鄙等此次东游，得接光仪，畅聆麈教，并于贵学校获无限观摩之益，非常

荣幸。乃复辱承台端款待周至，益觉感激莫名。专肃谢谢！祗颂
大安！

本年暑假敝校师生旅行团尚拟前往一游，届时乞多关照。预此奉托。

张伯苓、傅恩龄拜启
中华民国十七年五月十日
（南开大学档案馆藏）

致邢契莘[1]处长

（1928年5月10日）

哈尔滨东北造船所

契莘先生大鉴：

在哈得接光仪，非常荣幸。辱承指教一切，欣感莫名。并蒙惠赠《东北航务调查录》，俾备满蒙研究参考之资料，尤为篆铭无似，谢谢！本年暑假敝校师生旅行团尚拟前往一游，到时仍请特为关照。至托至托。祗颂
台安！

张伯苓、傅恩龄拜启
中华民国十七年五月十日
（南开大学档案馆藏）

致鄂瑞堂处长

（1928年5月10日）

哈尔滨东省特别区路警处

① 邢契莘（1887—1957），字学耕，号寿农，浙江嵊县（今嵊州）人。早年留美习造船、航空机械。回国后，任大沽造船所工程师、福州船政局制船主任、北平航空署机械厅厅长、东北航空处处长等，执教于北平农专及中国大学。1927年起任东北联合航务局总经理、东北造船所所长。

瑞堂先生大鉴：

敬启者：鄙等此次为搜集关于满蒙研究材料事东游而路出贵区，蒙特为迎接，并饯送优待若此，感激又奚可名言。现于本月五日已平安返津。回首高风，驰神曷已。专肃申谢！顺颂

台祺！不备。

张伯苓、傅恩龄拜启

中华民国十七年五月十日

（南开大学档案馆藏）

分致崔蕴九科长、郁昂士主任、张进之主任、朱斐瞻科长

（1928 年 5 月 10 日）

哈尔滨江北呼海铁路工程局

先生台鉴：

在哈过扰，蒙款待，并蒙偕导参观，稠谊厚情，铭感曷极。谢谢！鄙等管见，以为救东省者目下只有两事：一交通，一移民。注意铁路修筑，发达交通，实为当今最要之点。台端及诸同仁等精明强干，才力有余，策励而谋进取，前途无量。无任钦仰期望之至。祇颂

大安！

张伯苓、傅恩龄拜启

中华民国十七年五月十日

（南开大学档案馆藏）

致刘竹君

（1928 年 5 月 10 日）

北京交通部路政司

竹君仁哥先生赐鉴：

敬启者：弟此次偕同满蒙研究会主任傅君锡永东游，四月七日由津起程，八日抵大连，十二日赴奉天，十六日赴海龙，次日归奉，十七日赴安东。二十日由安归奉，即赴长春。二十二日由长赴吉林，二十六日由敦延线视察，当日归吉。二十八日由吉启程，经长春往哈尔滨。五月二日赴呼海路沿线视察，限于时间，行至康金井折回哈尔滨。晚间正拟首途继续旅行，忽接学校电催归津，因即中止北行。次日当即南返，经由京奉路，五日晨安抵津埠。一路蒙各路局优待，感谢之至。省筑诸路各有专长，奉海工程方面甚好，呼海则车务方面颇佳也。新兴气象，活泼精神，为国家、为东三省造福不浅。

总而言之，弟等此游，其印象及感想最深者厥有两事：一修筑铁路，一奖励移民。韩侨及俄侨目前亦成一大问题。延、珲、和、汪四县韩人居十之七强，如不往速解决，将有喧宾夺主之虑。今后满蒙研究会拟通交通、移民二者努力工作，希便中常赐教言为盼。本星期校务稍忙，未克晋京谒谈，下星期或可前往。万一左右日内有意莅津，望示知，俾便趋就一倾积愫也。祇颂
台绥！统惟爱照不宣。

弟张伯苓拜上

中华民国十七年五月十日

敬再启者：敝大学部日前接奉大函，领悉一切，外书三包，内计贵司出版现存之《铁路会计统计报告》四册、《满州[洲]铁路详图》一张，又《交通公报》三百二十九册，均已如数收到。谢谢！

（南开大学档案馆藏）

分致黑龙江龙江道尹赵、省长于[①]

（1928年5月11日）

敬启者：伯苓此次偕同敝校满蒙研究会主任傅锡永君，为搜集关于满蒙研究材料事东出旅行。原定行程，到哈略事勾留后，即转赴贵省观光。不谓五月二日正拟晚间由哈首途，忽接敝校急电，催速归津。不得已乃即中止北行。顷

① 即于驷兴（1878—?），字振甫，安徽寿县人。时任黑龙江省代理省长。

接敝校前毕业生于君霖作[1]来函，备述在昂站各方迎迓情形。如苓薄德，何以堪此。况复中途返辙，未及通告周知，蒙派代表远出徒劳，实属万分抱歉。合亟据情鸣谢，并希多多垂谅是幸。谨呈

龙江道尹赵，

黑龙江省长于。

张伯苓拜上

中华民国十七年五月十一日

（南开大学档案馆藏）

致于法真

（1928 年 5 月 11 日）

法真贤弟大鉴：

接诵来函，备悉一是。五月二日晚间本拟由哈首途即向江省旅行，不谓忽接校中急电，俾速归津，不得已遂中止北发。曾去一电通告，只以为时短促，未及达到，致令各方迎接，均感徒劳。言念及此，殊觉万分不安。今除径函见迓各官署道歉告谢外，并有致相迓之各校校长一函，因未克一一知名，拟烦吾弟就近代为传观，俾资遍及。至一切蒙吾弟厚爱劳神处，只有中心藏之。后倘遇机再行前往，定为预期奉达也。此复，即颂

道祺！

附函一件。

张伯苓拜泐

中华民国十七年五月十一日

（南开大学档案馆藏）

① 于霖作（1898—？），字法真，吉林延吉人。1921 年南开中学毕业，后考入金陵神学院。

致各学校校长

（1928年5月11日）

黑省

敬启者：伯苓此次偕同敝校满蒙研究会主任傅君锡永，为搜集关于满蒙研究材料事东出旅行，原定行程，到哈略事勾留后，即转赴龙江观光。不谓五月二日正拟晚间由哈首途，忽接敝校急电催归，不得已乃即中止北行。顷接前敝校毕业生于君霖作来函，备述诸公等于本月三日均枉驾到省站相迓。如苓薄德，何以堪此。况复中途返辙，未及通告周知，致劳玉趾空临，实属万分抱歉。合函据情鸣谢，并希多多见谅是幸。此致

各学校校长先生。

张伯苓拜启

中华民国十七年五月十一日

（南开大学档案馆藏）

致王厅长

（1928年5月11日）

黑龙江教育厅

敬启者：伯苓此次偕同敝校满蒙研究会主任傅锡永君，为搜集关于满蒙研究材料事东出旅行。原定行程，到哈视察完竣后，即转赴贵省观光。不谓五月二日正拟晚间由哈首途，忽敝校急电，催速归津，不得已乃即中止北行。顷接敝校前毕业于生霖作来函，备述在昂、省两站蒙派代表，并枉驾相迓各等情。如苓薄德，何以堪此。况复中途返辙，未及通告周知，致劳玉趾空临，实属万分抱歉。合亟据情鸣谢，并希多多垂谅是幸。此致

黑龙江省教育厅长王。

张伯苓谨上

中华民国十七年五月十一日
（南开大学档案馆藏）

致加藤总领事

（1928年5月14日）

日本驻津领事署

敬启者：伯苓此次为搜集关于满蒙研究材料事东出旅行，承惠赐介绍书多件，感甚！谢谢！月前离津后，先至大连，次赴奉天，由奉而安东，而长春，而吉林，而哈尔滨。到处承当道各机关人等竭诚迎接及招待。投介绍书数处，蒙贵国人关照、款接，备极殷恳，此情尤所难忘。参加各地得获材料颇多。对于是行，窃自以为满意。不料五月二日正拟晚车北赴龙江，忽接敝校急电催归，不得已遂尔中止。未竟原定计划，殊为可惜。所有一切经过情形知注谨附谢笺概述以闻，仰惟垂察是幸。此致
加藤总领事。

张伯苓拜启
中华民国十七年五月十四日
（南开大学档案馆藏）

致远山猛雄

（1928年5月14日）

敬启者：伯苓此次为搜集关于满蒙研究材料事东出旅行，由津起程时，适台端正拟荣赴大连，旌从所指，俾得以行李相随。一路仰托福星，非常欣感。追既抵连，复蒙导游汤岗子，并参观各名区。高情雅谊，迄今未能忘怀。谢谢！回忆自经握别后，先行北至奉天，继由奉天而安东，而长春，而吉林，而哈尔滨，到处谬承当道机关人道热烈欢迎。贵国人有经加藤总领事介绍者，接待尤为周至，可感已极。此行视查所得在鄙极为满意，惟以未获先生与偕，甚觉歉

然。五月二日正拟由哈晚车向龙江首途，忽接敝校急电催归，不得已中止北去。未竟原定计划，殊非意料所及。所有一切经过情形知注特附以闻。

敝校内小河目下游鱼不少，值此风和日暖，于碧柳阴中小立垂纶，亦一乐也。尊驾其有意乎？无任欢迎之至。此致

远山先生。

张伯苓拜启

中华民国十七年五月十四日

（南开大学档案馆藏）

致白井康副领事

（1928 年 5 月 14 日）

敬启者：伯苓此次为搜集关于满蒙研究材料事东出旅行，蒙加藤先生惠给介绍书多件，由贵副领事代转掷交，并承贵副领事枉驾车站相送加礼，非常感激。谢谢！月前离津后，首至大连，次奉天，由奉天而安东，而长春，而吉林，而哈尔滨，到处甚承当道各机关人等竭诚迎接及招待。投介绍书数处，蒙贵国人关照款接，备极殷恳，尤为可感。参观各地得材料颇多，对于是行方窃自为满意。不料五月二日正拟晚车北赴龙江，忽接敝校急电催归，不得已遂尔中止。未竟原定计划，殊为可惜。所有一切经过情形知注谨附谢笺以闻，仰惟察鉴是幸。此致

白井副领事。

张伯苓拜启

中华民国十七年五月十四日

（南开大学档案馆藏）

致钟晚成

（1928 年 5 月 14 日）

日本租界旭街邮政局

晚成先生赐鉴：

苓月前赴东省旅行，昨始归来。接大函如亲光霁，非常快慰。读代拟之亭名联语，雅切秀丽，为翼然小结构增色不少。佩佩！谢谢！余怀容晤畅叙也。此颂

著安！

惟亭原名赏莲，与木斋图书馆中间尚隔一水，附此奉闻。

校内花木，目下皆已欣欣向荣，风景甚好。先生有暇，不时惠临一观，极所欢迎！

张伯苓拜启

中华民国十七年五月十四日

（南开大学档案馆藏）

致孔校长仰素

（1928 年 5 月 14 日）

哈尔滨东省特别区女子中学校

校长先生大鉴：

敬启者：鄙等此次为搜集关于满蒙研究材料事东出旅行，过扰尊处，得瞻仰先生热心女子教育之精神，非常欣佩。行时复蒙枉驾车站雅意饯送，尤为铭感不尽。专此，谢谢！祗颂

台安！

吴毓芬女士处请代致意！不另。

张伯苓、傅恩龄拜启

中华民国十七年五月十四日
（南开大学档案馆藏）

致吴玉如[①]

（1928年5月14日）

哈尔滨东省铁路监理会

玉如贤弟、砚兄大鉴：

鄙等此次为搜集关于满蒙研究材料事东出旅行，经由哈埠，藉得晤面，一抒积怀，非常欣慰。诸事承帮忙，体贴几于无微不至，可感已极。旅馆费及其它各项花费为数甚多，概蒙代为清付，不需鄙等分文，厚爱如此，亦何敢言谢！惟有中心藏之。别后一路托庇，平安抵津。观察情形，中国地市面萧条，租界内增盛数倍。现因风声渐紧，各小学有放假一星期之说。我女校亦暂停课三日，余仍照常。他中等以上各校亦然。看来三五日内尚不致害事，或者一时之惊风骇浪竟得安稳渡过，亦未可知。知关廑系，特述以闻，请释远念。

严范公[②]迩来精神甚好，闻吾弟、兄作事勤劳，极为佩慰，嘱笔代颂进步。哈埠南开同学会盼望早日成立。本年暑假师生旅行团前往，仍请多多关照。专此，顺问

时绥！

外附像片一件。

张伯苓、傅恩龄拜启
中华民国十七年五月十四日
（南开大学档案馆藏）

① 吴玉如（1898—1982），名家琭，号迂叟，安徽泾县人。曾求学于南开中学和朝阳大学。时任黑龙江铁路局及中东铁路理事会秘书，后曾任南开大学中文系讲师、津沽大学中文系主任。

② 即严修。

致赵禅唐

（1928年5月16日）

哈尔滨傅家甸南头道街同记总号

禅唐先生台鉴：

在哈辱蒙厚待，返津后即肃奉一椷恪鸣谢悃，想已早承青及矣。兹者接诵大函，快同觌面。贵店工代制之东省铁道所用两国合璧旗式一方已经接到。制价几何，理应照缴。承示即作为捐助之纪念，亦感惠真，莫可名言。谢谢！此覆。祇颂

大安！

张伯苓拜启

中华民国十七年五月十六日

（南开大学档案馆藏）

致北京基督教学校事业联合会

（1928年5月16日）

北京米市大街青年会

敬覆者：接奉来函，诵悉一是。本年六月卅日至七月八日在西山卧佛寺举行京直大学学生夏令会讲演一事，鄙人极愿担任。但届时恐有上海之行，不克分身，惟有请贵会另约讲员。所有此次未能如命前往情形，特据覆以闻。即希鉴谅是幸。此致

北京基督教学校事业联合会。

张伯苓肃启

中华民国十七年五月十六日

（南开大学档案馆藏）

致陈叔澄[①]

（1928年5月16日）

湖北武昌中华大学

叔澄先生赐鉴：

接奉惠函，因弟自四月初间赴东三省旅行，日前始归，俗冗纷忙，未得即时裁答，抱歉之至。贵校欲领取之补助费，容候晤代理中华教育文化基金董事会干事长周君寄梅时，自必竭力代为关说，并请先生径自寄函周君致意，当更较恳切也。此复，祗颂

大安！

弟张伯苓拜启

中华民国十七年五月十六日

（南开大学档案馆藏）

致潘毓书[②]

（1928年5月16日）

京奉铁路局

毓书贤弟大鉴：

接诵来函，备悉种切。锦州交大郑校长委代觅之英文、算学教授，自非有相当资格恐难胜任，容徐徐代为物色，倘有所得，再行函达。先此布覆，即希查照是幸。顺颂

① 陈时（1891—1953），原名遇寰，字叔澄，湖北黄陂人。早年赴日留学，在东京加入同盟会。1911年回国参加武昌起义，任湖北军政府财政司秘书。1917年起任私立武昌中华大学法人代表、校长。

② 潘钟文（1885—？），字毓书，也作玉书，辽宁兴城人。1916年南开中学毕业。曾任盐务署化验处处长，后任天津市政府第三科科长，并任张自忠的私人英文秘书。

时绥！

张伯苓拜泐
中华民国十七年五月十六日
（南开大学档案馆藏）

致王锡恩

（1928年5月16日）

山东济南齐鲁大学

锡恩先生道鉴：

前遵嘱代向中华教育文化基金董事会请求之事，现已接得该会代理干事长周寄梅君复函。谨将原文钞录于后，即请查阅是幸。并颂

道安！

附原文（函）。

张伯苓肃上
中华民国十七年五月十六日
（南开大学档案馆藏）

致诚执中

（1928年5月16日）

吉林省公署

执中先生赐鉴：

敬启者：此次伯苓等为搜集关于满蒙研究材料事东出旅行，藉得一接光仪，非常荣幸。辱承厚待，饫以珍馐，并惠赠书籍，助增知识，热诚垂爱如此，感激又奚可名言。谢谢！拜别后到哈尔滨视察，颇有所得。方拟于五月二日晚间首途继续作龙江之游，忽接敝校急电催归，不得已遂中止北去。迨还抵天津，不过谣传，风声稍紧，而实则地面甚安谧也。敝校学生各皆如常上课，并无惊

惶意态，请释远怀。本年暑假师生旅行团前往时，仍乞俯赐多多关照。至以为托。祇颂
勋安！

张伯苓、傅恩龄拜启
中华民国十七年五月十六日
（南开大学档案馆藏）

致潘馨航

（1928年5月16日）

北京国务院

馨航先生钧鉴：

敬启者：日前于友人处见案列皕忍堂摸刻唐开成石壁十二经（五经文字附《清贾氏补刻孟子》，九经字样附《清严氏石经校文》），展阅内有张效帅及我公序文，知为非卖品，并知将以分赠海内外士君子及各学校，以为弦歌讲习之资。冀于洪水猛兽之时，一昌明夫正教，用意至为深远。敝校忝居爰末，窃愿代请效帅匀惠三部，俾分置于敝大、中、女学三处图书馆，用备教员学生等藉资观感。正人心，息邪说，实利赖之。专肃奉恳，不胜祝祷翘盼之至。祇叩
勋安！

张伯苓拜上
十七年五月十六日
（南开大学档案馆藏）

致伊振西

（1928年5月25日）

哈尔滨东省铁路经济调查局

振西先生台鉴：

接奉大函，祇悉一是。承惠赠之中英文图籍九种，业如数收到无误。谢谢！将来遇有新出版，亦蒙允随时赐寄，尤所欣感。伯苓等归来，因积务甚多，诸待清理，非常忙碌。对此次外出所得材料尚须抽暇徐徐整理，以为研究工作进行之预备。以后倘有所得，定当驰函就正，以期达互助之目的也。祇颂
大安！

张〇〇、傅〇〇[①]拜上
中华民国十七年五月廿五日
（南开大学档案馆藏）

致顾湛然

（1928 年 5 月 25 日）

湛然先生赐鉴：

敬启者：开滦矿局捐助敝校煤斤，前蒙慨允代运，非常感谢！苓于四月间为搜集关于满蒙研究材料事东出旅行，日前始赋归来。本思即日趋谒，只因电询贵局，知尊驾适去北京，故未果前往请教，殊为歉然。敝校现正进行向贵中比庚款委员会请拨助款项添设电气工程科，拟恳我公于中多予为力，务令得达成就之目的。兹附上陈请书六份，除呈公一份察阅外，余烦代转诸先生，并为竭力说项。务请公同特予帮忙，受惠实无涯涘。再，诸公姓字及住址愧未遍悉，倘蒙便中一为详示尤感。祇颂
大安！

外附陈请书六份。

弟张伯苓拜上
中华民国十七年五月廿五日
（南开大学档案馆藏）

① “傅〇〇”，即傅恩龄。

致中华国民拒毒会①

（1928年5月30日）

上海香港路四号

敬覆者：接奉大函，祇悉一是。本年第五届拒毒运动周之期，将有发刊品，嘱代题数字，现已遵照颁示之格式题就，附函呈上。即希察鉴是幸。此致

中华国民拒毒会。

附题字纸一件：

除之务尽

张伯苓启

中华民国十七年五月卅日

（南开大学档案馆藏）

致秉农山

（1928年5月30日）

南京成贤街文德里中国科学社生物研究所

农山②先生台鉴：

电函均敬领悉，业烦敝校李教授前往相迓，基金董事会白干事亦特来津迎接。想倪丹先生抵塘时，一切应行照料之处均各有人，当不致误也。苓本拟躬亲一往，只因政局未定，近来津地风声略紧，而校课照常维持现状甚是不易，故未敢稍为离校。且自东三省游历归来未久，清理积务，亦实在忙无暇晷。统

---

① 中华国民拒毒会，1924年在上海成立，马相伯任名誉会长，徐谦和、黄炎培任正副会长。

② 秉农山，名志（1886—1965），原名翟秉志，曾用名翟际潜。满族。中国动物学家。1904年入京师大学堂预科，后留美，获美国康奈尔大学理学士和哲学博士学位。1918年任美国费城威斯特解剖学和生物学研究所研究员。1920年回国，后历任东南大学、厦门大学、中央大学、复旦大学等校教授。

希亮察。并颂
时祺！不一。

弟张伯苓拜上
中华民国十七年五月卅日
（南开大学档案馆藏）

致王茨荪

（1928年5月30日）

江苏宜兴中山中学

茨荪先生台鉴：

顷奉来函，并附燕大注册部函一件，均敬诵悉。先生愿来敝校充任中英文教授，敝校非常欢迎。不过现在敝中学部对于秋后中英文两项教授席面业经聘定担任人员，别无空余之位置。容后遇机有须借重时，再行肃函奉达可也。此复，即颂
大安！

附还燕大来函一件。

张伯苓拜启
中华民国十七年五月卅日
（南开大学档案馆藏）

致庞镇湘

（1928年6月9日）

奉天奉海铁路工程局

镇湘先生大鉴：

前在奉承厚待，每思不忘。兹接诵赐函，复蒙允届师生旅行时更为填给车券，似此稠情至宜，真令人感谢莫名。今附有恳者，敝校大学部本届毕业生敖

世珍[1]，奉天凤城县人，该生品学均极优美，作事亦颇老成，拟择一机缘服务于父母之邦。倘蒙先生于本路局中为之安插一席，俾藉以行其所学，当不致贻讥覆悚。谨此推荐，务乞特别关照，准予收录，是为至盼。敬请
台安！

附履历二纸。

张伯苓拜启
中华民国十七年六月九日
（南开大学档案馆藏）

致蔡方选[2]

（1928 年 6 月 9 日）

北京石驸马大街甲十一号

方选贤弟大鉴：

来函阅悉。随留美学生监督赴美，藉以稍遂出洋读书之愿，机会诚不可多得。兹特附寄梅先生一函，代为吾弟介绍。收到后即请自持往报可也。此复。顺颂
时佳！

附函一件。

张伯苓手启
中华民国十七年六月九日
（南开大学档案馆藏）

① 敖世珍（1900—？），辽宁凤城人。1928 年南开大学毕业。抗战时期曾与张锡羊在成都创办新华公司。

② 蔡方选（1905—？），江西南昌人。1922 年南开中学毕业，1926 年南开大学毕业。

致梅耀韩

（1928年6月9日）

耀韩贤弟大鉴：

顷有蔡君方选，江西人，曾在我校中学及大学两部毕业，并曾在校服务一年，久思出洋读书，因无力筹费，未能如愿，常自引为憾事。现闻吾弟除授留美学生监督之职，伊极愿得一微差随同前往，藉以略获津贴，于暇时为读书之补助。日前投函浼仆代为介绍，用特据情以闻。倘有可以位置之处，即请关照录用，俾得附骥一游，是为至盼。此颂

时祺！

张伯苓拜泐

中华民国十七年六月九日

（南开大学档案馆藏）

致王继泽

（1928年6月20日）

山东省青州东华门

继泽先生雅鉴：

接奉大函，祇悉一是。先生对教育素极热心，且历年饱有经验，敝校蒙允借重，欣幸无似。待教情殷，尚希于暑假期不时以南针见锡为荷。覆颂

文安！

张伯苓拜启

中华民国十七年六月廿日

（南开大学档案馆藏）

致钱寓逵

（1928年6月25日）

交裕中饭店住十号

寓逵先生阁下：

许久违教，驰神之至。日前敝校举行毕业式，曾向尊寓之裕中饭店奉请驾临参观。适旌从荣赴北京，未果得接光仪，殊为歉然。敝校年来扩充，已有男中学、大学及女中学三部，学生约共二千余人。区区进步，差可藉以告慰。所惜者，惟经费支绌耳。

先生此次北来接收北京盐务署及长芦盐运使事，从此盐款整顿得人，可为将来盐政前途贺。敝校大学部基金向有元年公债整理债券一百卅万元，历由盐余项下每月拔息六千五百元用充经费，其详细情形，谨附上节略一件，请烦察鉴。日内如有余暇，敬乞电示，以便趋领麈谈。至所切盼。祇颂

钧安！

附节略一件。

张伯苓拜启

中华民国十七年六月廿五日

（南开大学档案馆藏）

致孙云僧

（1928年6月26日）

云僧先生惠鉴：

日前光临，聆教甚畅。兹敬有恳者：舍下南开电车厂前有坐北住宅一所，与舍下系属近邻，院内杂居贫户多家。有一王姓者，在津洋车厂作事，日不在家，有母一、妻一、子三。妻日出纺毛绳，得些须工资添补度日。家中三子每天止由老母一人照顾。日前其幼子乳名卜者，年五龄，忽然失踪。该儿系赤身，

现正在四处寻觅，毫无下落。有云，似被一同院寄居之军人引诱逃避，此时尚未离津，若赶为访寻，或犹可及。现在伊全家念儿甚切，啼哭不止。苓闻之极为凄惨，谨代恳请先生饬知各区，公同代为一寻。倘蒙寻得，则感荷盛德当不独失儿者之全家已也。专肃伫候，如请施行，不胜祷盼。祗颂
钧安！

张伯苓拜启
中华民国十七年六月廿六日
（南开大学档案馆藏）

致程寿山

（1928年6月26日）

直隶教育厅

寿山先生大鉴：

惠函奉悉。台端发明引鱼电光灯之制造，巧妙如此，闻之令人心佩。敝校现已散放暑假，职教员及学生等大多数均经旋里，欲观电光治鱼之实地练习，只好暂从缓议。专此奉覆。顺颂
文祺！

张伯苓拜启
中华民国十七年六月廿六日
（南开大学档案馆藏）

致薛志伊

（1928年6月27日）

北京东安门大街龙[陇]海铁路总公所

志伊先生赐鉴：

前在京晤教，畅快之至。兹敬启者：学生叶兆桐[①]，前曾在南开中学部毕业，毕业后出就龙[陇]海铁路总局计核科科员已有数年。该生才具甚好，行为亦颇纯谨。务请大力从中多予关照，俾得继续录用，则栽培之惠感同身受矣。此恳。祇颂

台安！

弟张伯苓拜启

中华民国十七年六月廿七日

（南开大学档案馆藏）

致张保华[②]

（1928年6月28日）

四川汉州永济钱庄

保华贤弟大鉴：

顷由范生德瑜接到来函，欣悉吾弟动定多佳，至以为慰。范生此次来津，并偕有女生一名，年岁均属幼稚，乃能不惮辽远负笈相随，其求学之诚在弱龄中实在不可多得。现皆已平安抵校，仆为安置在男女两中学部居住，俟暑校开课时，分别入补习班。目下起居一切在在有人照顾，均甚安好，请转致该生等家长放心可也。此复，顺颂

文祺！

张伯苓手泐

中华民国十七年六月廿八日

（南开大学档案馆藏）

---

① 叶兆桐（1898—？），字琴禅，江苏吴县人。1915年前后在南开中学肄业。1916年考入北京大学。

② 张保华，名世珍（1901—？），字保华，1923年南开大学毕业。

致孔庸之[①]

（1928 年 6 月 30 日）

庸之先生赐鉴：

日前在北平晤教，甚以为快。苓年来为维持学校事，几于昕夕弗遑。盖无米为炊，困苦实难言状。自十五年十二月以后迄至目下，校费来源不继者将年来有余，令人从[徒]唤奈何。现在以久涸之鳞，冀延残喘于一线，则急迫呼吁，情实不能以自已。兹特附上节略一件，请我公一为垂察。

再，七月一日苓为教会教育会事赴申，拟就便往谒宋子文先生请为救济，敢乞我公预用电报代为介绍，并请将敝校情形略述外，附呈财长文一件，费神预转尤感。祇颂

钧安！

附节略、呈文各一件。

弟张伯苓拜上

中华民国十七年六月卅日

（南开大学档案馆藏）

致中华教育文化基金董事会诸位先生

（1928 年 6 月 30 日）

敬启者：日昨之会，谬承诸公过爱，以董事长见推。当时所以未敢承认者，并非故示谦让，委因私自考虑，实有种种未可担任斯席之原因在。务请诸公格外见谅，另举贤能承之。勿以有方众命归咎为荷。此上

基金董事会诸位先生！

张伯苓拜上

① 孔庸之，名祥熙（1880—1967），字庸之，号子渊，山西太谷人。时任南京国民政府工商部部长。

中华民国十七年六月卅日
（南开大学档案馆藏）

致王发祥[①]

（1928 年 7 月 1 日）

本埠法租界中国丝茶银行

发祥贤弟鉴：

来函阅悉。西北实业现无位置，他处遇有机缘，容再代为介绍。履历暂存。此复，即询

时佳！

张伯苓拜泐
中华民国十七年七月一日
（南开大学档案馆藏）

致吴玉如

（1928 年 7 月 1 日）

哈尔滨马家沟

玉如贤弟大鉴：

来函诵悉。惠联甚佳，感谢之至。范老件已转交，嘱代致意鸣谢！统惟查照。此次时局急转，津埠颇遭蹂躏。所幸我校全部未致大受损失，差堪告慰锦注耳。

暑假中我大学部师生七八人拟赴东省游历，惟因时局关系，暂缓起程。如政局速定，伊等将于八月一日出发，到时尚希照拂。弟处有何佳况，仍望不时见示为祷。此复，顺询

① 王发祥（1903—？），字长斋，河南彰德人。1926 年南开中学毕业。

文祉！

张伯苓拜泐
中华民国十七年七月一日
（南开大学档案馆藏）

致陈叔澄

（1928 年 7 月 1 日）

湖北武昌中华大学

叔澄先生赐鉴：

接诵六月十二日惠函，祇悉种切。时局急转，津沽遭一番惊风骇浪之经过，颇为寒心。所幸敝校全部未致大受损失，差堪告慰。基金董事会现已闭会，嘱件业已遵照代向干事部吹嘘矣。此复，即颂

夏安！

弟张伯苓拜启
中华民国十七年七月一日
（南开大学档案馆藏）

致吴霭庄[1]

（1928 年 7 月 1 日）

南京国民政府秘书处

霭庄女士大鉴：

来函诵悉。此次时局急转，津埠颇遭骚害。所幸我校三部未致大受损失，差堪告慰。女中停课后现在仍未复原状，大学新图书馆大致已经落成。拙荆咳嗽入夏幸未大犯，惟三小儿肺疾迟迟痊愈，未免令人焦灼耳。仆之赴美尚未有

① 吴霭庄，名家瑞，字霭庄，浙江杭县人。1927 年南开大学商科毕业。

一定时日，大约在本年秋后。目下随新铭轮船赴沪参与教会教育会，会期系七月五日至十二日。届时如能有暇，便拟往南京一游，或可藉得一晤也。此覆，
顺颂
文佳！

张伯苓拜启
中华民国十七年七月一日
（南开大学档案馆藏）

致颜福庆①

（1928 年 7 月 1 日）

上海吴淞镇国立中央大学医学院

敬覆者：接奉大函并广告简章等，均已领悉。贵医学院为强我民族起见，研究高深医术，热心造就专才，令人钦佩之至。所惜敝校本学期毕业生尚无医预科程度，谨此据实奉覆。即希查鉴是幸。祇颂
台安！

张伯苓拜启
中华民国十七年七月一日
（南开大学档案馆藏）

① 颜福庆（1882—1970），字克卿，上海人。先后就读于上海圣约翰中学和圣约翰大学医学院。1909 年获美国耶鲁大学医学博士。1914 年创办长沙湘雅医学专门学校，任首任校长。参与组建中华医学会，任首届会长。1926 年任北京协和医学院副院长。1927 年 10 月创办第四中山大学医学院，为首任院长。

致李一峰

（1928 年 7 月 21 日）

天津警备司令部海防处海防科

一峰先生惠鉴：

接奉大函，敬悉种切。令郎欲来敝校肄业，其程度合于敝校某班，请阅招考简章所载便能了晰。兹附上简章一册，即希检入分别详览是幸。覆颂

台祺！

南开中学校长　谨启

十七年七月廿一日

（南开大学档案馆藏）

致彭昭仪

（1928 年 7 月 23 日）

北平宣外大街西砖〈瓦〉胡同四号

彭昭仪君鉴：

来函俱悉。学生叶叶琴前向学校商洽之借款三百元，陈君锦煌业由学校如数取去，特此覆闻。即希查照是幸。顺颂

暑绥！

张伯苓覆启

中华民国七月廿三日

（南开大学档案馆藏）

致王香亭

（1928 年 7 月 23 日）

山东德县博文中学

香亭贤弟大鉴：

来函诵悉。委件当为注意，不过次约[①]初经接任，对于教育革新等事，一时尚无暇计及，容后遇有机缘，再为推荐可也。先此布复。顺颂

暑祺！

张伯苓手启

中华民国十七年七月廿三日

（南开大学档案馆藏）

致张仙坞[②]

（1928 年 7 月 23 日）

河东[南]洛阳县前街

仙坞贤弟鉴：

来函阅悉。兹缮就介绍函一件附上，即请就近送致前途可也。此复，顺询

文祉！

附函一件。

张伯苓手启

中华民国十七年七月廿三日

① 即严慈约。

② 张仙坞（1898—？），名鹤筹，以字行。河南洛阳人。1925 年南开中学毕业。后曾任洛阳河南省立第五中学国文教员。

附：致简又文[①]（洛阳城西今是学校）

又文先生惠鉴：

遥企光仪，驰神曷极。比维校务日益发达，至以为颂。兹敬启者：敝校高级中学毕业生张君鹤筹，字仙坞，河南洛阳人，品极纯正，学业亦佳，曾在洛、巩二县中学校充任过教员，颇有经验。现闻贵校有延聘教职员消息，伊极愿投入担任国文教授或管理席面。用代介绍于台端，倘蒙有意延订，即请就近函洛阳城前街张鹤筹本人知道。肃此，敬希裁酌是幸。祇颂

道祺！

张伯苓拜启

中华民国十七年七月廿三日

（南开大学档案馆藏）

致袁樾青

（1928年7月26日）

湖北汉口特别区两仪街九号六河沟煤矿公司驻津办事处

敬覆者：接奉瑶函，就稔台候清吉，至为颂慰。承询陈君胥车住址，敝处亦仅知其向者在四川阆中水观音场，迩来与之久未通函，不知其有无迁徙。问伊同乡同学等，亦鲜有得其底细者。谨此据情覆闻，希惟查鉴是幸。祇颂

暑安！

弟张伯苓拜启

十七年七月廿六日

（南开大学档案馆藏）

① 简又文（1896—1979），字永真，笔名大华烈士，广东新会人。先后在美国芝加哥大学、协和神学院学习。1921年任中华基督教青年会全国协会编辑干事。1933年任国民政府立法院立法委员，同时开始致力于太平天国史研究。主要著述有《太平军广西首义记》《太平天国全史》等。

致张子岷

（1928 年 7 月 28 日）

子岷先生赐鉴：

许久未接光仪，殊深驰慕，敬维勋望日隆为颂。兹敬启者：友人朴龙泰，爱国志士也。与苓相识有年，为人忠纯方正。向曾因有运动恢复祖国嫌疑，被日人监禁过一次，现在我国蛰居，此次对我国革命成功极表欢佩庆祝之意。顷因其祖国遗民侨我国者颇多，拟欲就其赴沪机会与我当道诸要人一晤，谈待遇办法。在昔我中山先生曾抱有爱护弱小邦族之殷愿，今韩侨既托庇我国甚久，而朴君又具景仰专诚，故苓谨肃寸笺，用以代为介绍。到时即乞关照，俯赐接见，是为至荷。祗请

钧安！

张伯苓拜上

十七年七月廿八日

（南开大学档案馆藏）

致王儒堂

（1928 年 7 月 28 日）

儒堂我哥赐鉴：

弟日前因事至沪，本思藉谋一晤，而卒未获如愿，殊为怅怅。比惟兴居曼福，忭颂无量。兹敬启者：友人朴龙泰，爱国志士也。前由弟介绍晋谒过我哥一次，对其为人想已蒙鉴悉其梗概。现伊在我国内地蛰居。闻此次我革命成功，极表欢佩庆祝之意。顷因其祖国遗民侨我国者颇多，伊拟欲就此时机赴沪与我当道诸要人一晤，谈待遇办法。在昔我中山先生曾抱有爱护弱小邦族之殷愿，今韩侨既托庇我国甚久，而朴君又具景仰专诚，故苓谨肃寸笺，用再代为介绍。到时即乞关照，俯赐接见，勿以烦渎见摈为荷。祗请

钧安！

张伯苓拜上
十七年七月廿八日
（南开大学档案馆藏）

致冯焕章

（1928年7月28日）

焕章先生赐鉴：

许久未接光仪，殊深驰慕。敬维勋高革命，声望日隆，忭颂无量。

兹敬启者：友人朴龙泰，朝鲜志士也。与苓相识有年，为人忠纯方正。向曾因有运动恢复祖国嫌疑，被日人监禁过一次。现在我国内地蛰居。此次对公等北伐成功极表欢佩庆祝之意。顷因其祖国遗民侨我国者颇多，拟欲就此时机赴沪与我当道诸要人一晤，谈待遇办法。在昔我中山先生曾抱有爱护弱小邦族之殷愿，今韩侨既托庇我国甚久，而朴君又具景仰热诚，故苓谨肃寸笺，代于我公前一为介绍。到时即乞特别关照，俯赐接见，是为至荷。祇请

钧安！

张伯苓拜上
中华民国十七年七月廿八日
（南开大学档案馆藏）

致潘燕荪

（1928年7月29日）

奉天隅田町

燕荪贤弟大鉴：

接诵来函，具悉一是。承示二年来作事之经过，见当今社会不易与处，仆实有同慨焉。继续出洋求学，极是！极是！吾弟勉之。令侄士俊，学校此次令

其退学，委因查其平素性极松懈，不肯用功，每每旷课。屡劝既不见听，而为之警告又弗置意。学校恐其长久在此或不免贻误于将来，故令退学，转换一境，俾知自新，将来实有无穷希望。昔孟母三迁，成就孟子之贤。兹学校对令侄欲委曲易地成全，故不得不有退学之通知。惟吾弟多多见谅是幸。复颂
暑祺！

张伯苓手启
十七年七月廿九日
（南开大学档案馆藏）

致赵禅唐

（1928年7月30日）

哈尔滨大罗新

禅唐先生惠鉴：

向在哈辱承厚待，至今犹感。兹更有恳者：现敝校正在暑假中，有大学部教授数人赴东旅行，道出贵地参考一切。小儿锡羊已在敝大学商科毕业，亦随同前往。在弟之意，先不令作事，拟尽一年功夫，先令赴各有名区域视察商情，俾其多得谙练。哈埠商业最称繁盛，约须作稍久勾留，然至多亦不过一月左右。缘其本年十一月间，上海基督教青年协会派其赴世界学生大会，尚将往印度一行，势难在哈过久。不过其随众到哈后，除诸位教授恳请费神招待外，而小儿住日较多，又复年轻少有阅历，尤不能不仰特别照拂，多多指示程途。此行将来得有寸益，皆当拜先生之赐。诸荷隆情，容后晤谢。不尽。专此奉托。祇颂
暑安！

弟张伯苓启
十七年七月卅日
（南开大学档案馆藏）

致卫听涛

（1928年7月31日）

本埠法租界五号路廿五号劝募津海关二五附税库券委员会

听涛先生惠鉴：

顷奉手谕，具悉一一。台端此次莅津组劝委会，为国贤劳，至堪敬羡。敝大学部在北平附中考试预科至今尚未揭晓，想令郎程度如果不大差池，足能录取。前晤郑志和兄，曾约其来校参观。足下如能偕同辱临，极所欢迎。晤教不远，无任引领盼企之至。此复。祗颂

台安！

张伯苓拜启

十七年七月卅一日

（南开大学档案馆藏）

致卫深甫[①]

（1928年8月1日）

国民政府财政部关务署

深甫先生赐鉴：

来函读悉。令甥女张宗敏与刘峻峰君结婚时，承委代为证婚，谨当如命。惟八月中旬苓将赴宁公干，届时如不能赶回，当倩舍弟仲述代证。此覆。祗颂

暑安！

张伯苓拜启

十七年八月一日

（南开大学档案馆藏）

---

① 卫深甫（1890—？），字挺生，湖北枣阳人。美国哈佛大学毕业。曾任燕京大学等校教授，北京中国银行总署管理处秘书，国民政府财政部科长等职。

致胡士

（1928 年 8 月 3 日）

北京米市大街二百八十七号基督教圣经会

胡士先生鉴：

日前蒙惠英文函一件，谨已诵悉。承约苓于十月初间在贵会所落成时前往演说，如届时不因事他出，仍在北方，定当趋赴奉贺，藉以践约，不致有误。此覆。祇颂

道绥！

张伯苓拜上

十七年八月三日

（南开大学档案馆藏）

致华名九[①]

（1928 年 8 月 3 日）

广东国民革命军广东兵器制造厂化学工程师

名九贤弟鉴：

来函具悉。归国后从事教授并充任今职，学识谙练，多有进步，至为欣慰。希望来南开担任教席或管理一节，极所欢迎，不过现无位置。北大、清华亦未闻有机缘，容后遇有可谋，再为设法介绍。先此布复。即询

暑佳！

张伯苓手启

十七年八月三日

（南开大学档案馆藏）

---

① 华名九，名祖芳（1902—？），字名九，江苏无锡人。1920 年南开中学毕业，后赴美留学。

致马肃

（1928年8月3日）

吉林东宁县同义合

马肃[①]贤弟鉴：

两接来函，均已阅悉。为代调查吉边移民事费力甚多；抄写县志办法尤属特别劳神，可感之至。八月二号我校教授萧叔玉、蒋廷黻、李继侗[②]、杨石先[③]、张仲述[④]、傅锡永诸先生由津启程赴东省调查。月之中旬当可抵哈。附此以闻，惟查照是幸。此复。即询

暑佳！

张伯苓手泐

十七年八月三日

（南开大学档案馆藏）

① 马肃（1905—？），吉林东宁人。1927年南开中学毕业，1931年南开大学毕业。

② 李继侗（1897—1961），江苏兴化人。1921年南京金陵大学林科毕业。先后于美国耶鲁大学林学研究院获硕士、博士学位。1925年任金陵大学教授。1926年任南开大学生物系教授。1929年任清华大学生物系教授。1952年任北京大学生物系教授，中国科学院植物研究所兼职研究员。1957年任内蒙古大学教授、副校长。

③ 杨石先（1897—1985），名绍曾，安徽怀宁人，蒙古族。1910—1918年就读于清华学校。1918—1923年在美国康奈尔大学农科、应用化学科学习。1923年获有机化学硕士学位。1923年起历任南开大学化学系教授、理学院院长、西南联合大学化学系教授兼系主任、西南联合大学教务长等职。新中国成立后曾任南开大学校长。

④ 张彭春（1892—1957），字仲述，天津人。张伯苓之弟。1908年毕业于南开中学。1910年赴美留学。先后在克拉克大学及哥伦比亚大学就读，获文学与教育双硕士学位。1916年担任南开中学主任、代校长。1919年又赴美国，1922年获哲学教育学博士学位，赴英、法、德、丹麦等国考察教育后回国。1923年任清华大学教务长。1926年任南开中学和女中部主任，兼南开大学教授。1929年再次赴美，任教于芝加哥大学。1933年在夏威夷大学讲学任教。1915年将西方话剧艺术引进中国，首将中国话剧现代化，并引领曹禺、梅兰芳将中国话剧、京剧艺术推向世界。七七事变后，从事国民外交，后任国民参政员。从1940年起任驻土耳其、驻智利公使。抗战后，任联合国及其经济社会理事会中国代表。后久居美国。

致傅毅生（葆琛）

（1928 年 8 月 3 日）

北平宣内石驸马大街廿二号中华平民教育促进会总会

毅生贤弟大鉴：

久未握叙，接来函得悉近况佳胜，甚以为慰。令兄之事谨当在意，不过本校现无位置，容俟他校遇有相当机缘，再行力为推毂。先此覆闻。顺颂

暑绥！

张伯苓拜泐

十七年八月三日

（南开大学档案馆藏）

致余日章

（1928 年 8 月 3 日）

上海中华基督教青年协会

日章先生道鉴：

在沪时多蒙照拂，感谢妥如！斋藤先生函已收到，即拟答复。南大教授萧叔玉、蒋廷黻、李继侗、杨石先、张仲述、傅锡永诸君今午启程赴大连作东省之游，亦藉以调查情况，对于移民问题特别注意。小儿锡羊亦随同前往，十月间可回津。先生派伊赴印，谨如命。届时令伊赴沪面教不误。此复。祗颂

暑祺！

弟张伯苓拜上

十七年八月三日

（南开大学档案馆藏）

致毛承恩

（1928年8月3日）

南宫城内鲍家街

承恩贤弟鉴：

来函阅悉。本校年来受时局影响，经济艰窘异常，不能不行减政，对于用人方面亦可省则省。秋后添设小学，而所需教授、管理人员在春间早已预定，实无剩余之位置。至于教厅方面，严厅长正苦向之谋事者过多，对于吾弟亦恐一时无法为安插一席。尚希多多见谅是幸。此复。顺颂

暑佳！

张伯苓手启

十七年八月三日

（南开大学档案馆藏）

致张日崧

（1928年8月3日）

本埠东南隅义利印刷材料局

日崧先生大鉴：

手书奉悉。委代向教厅荐事一节，谨当遵照。不过该厅系属清苦机关，用人无多。严厅长到任后，对办事熟手尚多未用，而安插足下一时恐无位置，只好俟后遇有机缘再为推荐。先此奉复。希惟谅鉴是幸。顺颂

暑绥

张伯苓拜启

十七年八月三日

（南开大学档案馆藏）

致龚祖瑛

（1928年8月4日）

江苏省苏州颜家巷廿八号

祖瑛[①]女士鉴：

来函具悉，嘱件已烦郑通和[②]君代为设法。郑君系我大学第一次毕业生，现任上海中学校长，对尊所欲谋之事或能办到。兹为缮函一件附上，请持往相与面商可也。此复。顺颂

暑佳！

附函一件。

张伯苓手启

十七年八月四日

附：致郑通和

通和贤弟大鉴：

月前在沪握叙，快慰之至。多承热诚照拂，至今犹感。参观学校办法，处处皆见精神，极为满意，前途当无限量。预贺！预贺！本届我校理科毕业龚女士祖瑛，江苏吴县人，成绩颇佳。在伊本意仍愿继续研究学问，不过迩来鉴于形势，尚有未便，故翻然变计。拟下学期谋兼工读，或宁或沪，地点可不拘一定。所苦人地生疏，鲜有介绍，日前为此特来函商之于仆，俾为设法。仆念吾弟在南与各教育机关多有往来，宁沪咫尺，若代谋一相当教授工作席面或不难办到。谊关同学，幸竭力为玉成之。兹以寸笺交其持往，到请查照，即予面洽为荷。此颂

暑绥！

---

① 龚祖瑛（1902—？），江苏吴县人。1928年南开大学理学院物理学系毕业。

② 郑通和（1899—1985），字西谷，安徽庐江人。南开中学毕业后，1919年升入南开大学，获文学士学位。1923年8月赴美留学，获哥伦比亚大学师范学院教育硕士学位。1927年任上海中学校长。后任甘肃省教育厅厅长、国民党第六届中央执行委员等职。1949年去台湾，任台湾大学教授。著有《中等学校行政》《六十自述》和《郑西谷先生教育论文集》等。

张伯苓拜启
十七年八月六日
（南开大学档案馆藏）

致宋青涛

（1928年8月4日）

奉天大南门青年会

青涛贤弟鉴：

自津一别，两接来函。前月赴沪归来，又值校务冗忙，未克裁答，甚为抱歉。我弟对母校不忘，可感以极。前者张汉卿曾有宣言，将乃公遗产捐出办理东三省教育。我南开经济状况弟知甚悉，其有待于补助确属急不可缓。我校虽非设于东三省，然东省青年在校与出校合计数百余，现在东省服务者亦甚多是南开。我校不啻为东三省一分设之殖才处所，似应得补助之必要。目下计划拟纠合学生家长及出校与在校同学等上书汉卿，请拨款补助南开。八月二日有我大学教授萧叔玉、张仲述、傅锡永等五六人由津启程赴东省调查，二十日后可到奉。届时由仲述、锡永进行请款事宜，请我弟联合同学，预为筹备一切（分谒翟省长、王维宙先生），张、傅抵奉时接洽较易也。事关扶持母校，幸与诸贤弟多多为力，不胜恳托祝祷之至。此颂

暑祺！

张伯苓拜启
十七年八月四日
（南开大学档案馆藏）

致刘凤鸣

（1928年8月7日）

凤鸣先生大鉴：

手书敬悉。令郎守恒此次学校令其退学，非因有病，亦非品行不好。只因其第二学期考试七门功课成绩，止有三门将就及格，余均劣下，故不得不令退学，换一新环境，俾另有以振作其精神。台端如欲其仍留敝校，有两项办法：一降班，仍归原年级高一补习；一随同新生报名重考。果以何者为宜，希酌之。此复。顺颂

时祉！

张伯苓拜启

十七年八月七日

（南开大学档案馆藏）

致王维宙[1]

（1928年8月10日）

奉天大南关东北大学胡同

维宙先生赐鉴：

久仰风范，卒未获一接光仪，殊为怅怅。先生为南北统一热心奔走，大局幸甚。

张大元帅遗产助三省兴学之建议，闻亦先生为力居多。非真有过人卓识，断不若此，弥深钦佩。苓亦知教育为救国根本，故自敝校开办迄至目下将及卅年，无一日不以扩充为念。现已由男中学而大学，而女中学，而小学，扩成四部。学生达两千二百余人，前途诚不无乐观。惟经济困难异常，似非得大宗补助不能维持于万一。张少帅汉卿出先人巨金助私立学校，而就其渴望统一情形观之，则分润所及，或可不限以区域。且敝南开虽未在东省范围以内，然查历年出校及在校奉、吉、黑学生，已不下七八百人之多。而现在东省服务者，实不一而足。似此代东省培才，较原在东省成立之学校确有过之无不及。可否我公代向少帅说项，请特别关照，多多拨款为南开协助，俾苏涸辙，感惠实无际涯。再，公驾几时再行莅津，务希电赐一音，以便趋谒请教，藉遂瞻韩之夙愿。

① 王维宙，名树翰（1874—1953），字维宙，辽宁沈阳人。举人。历任奉天省南路观察使、吉林省清丈局局长、吉林省政务厅厅长、吉林省省长、东北行政委员会委员兼副秘书长、国民政府委员等职。

是所切盼，专肃。不胜祝祷叩恳之至。祇颂
钧安！

张伯苓拜启
十七年八月十日
（南开大学档案馆藏）

致李惠堂

（1928 年 8 月 13 日）

上海宁波路十号广东俱乐部

惠堂先生大鉴：

敬启者：向在沪得聆教言，畅快之至。上月十八日离沪北上，在津未停，即赴北平，为校款事奔波不定，此劳人之所以欲草草也。今稍得暇，遵嘱聊写数语以塞责，于书中精蕴奥义未足阐扬于万一，尚希多多原谅是幸。祇颂
著安！

附序文稿一件。[①]

弟张伯苓拜启
十七年八月　日

致艺文中学复校委员会

（1928 年 8 月 14 日）

北平西四西帝王庙中华教育改进社

敬复者：奉读来函，得悉为艺文中学复校事嘱苓前往，苓极愿遵照。不过现在敝校正值筹备补考、开学，事务甚忙，一时无法抽身北上，殊为歉然。承示高夫人在南向政府进行经费问题尚无确实把握，是根本未定，则无米断不可

① 见第一卷“李惠堂《足球》序文”。

以为炊，关于开学一切事宜似不妨暂从缓议。区区鄙见，未审诸公以为何如？此复。祇颂
均安！

张伯苓谨启
十七年八月十四日
（南开大学档案馆藏）

致马肃

（1928年8月17日）

吉林东宁县同义合

马肃贤弟大鉴：

来函具悉。承寄示之延边东宁、穆陵、密山三县难民情形，并赠以《东宁县志》二册，均经查照收入，感谢之至！我校诸教授已赴东调查，想此时已离哈埠矣。吾弟如有余暇，拟请将移民得地耕种情形，并地主与恳[垦]民所立条件如何，便中代为调查一番，俾明梗概，至以为盼。此询
时佳！

张伯苓拜泐
中华民国十七年八月十七日
（南开大学档案馆藏）

致伊振西

（1928年8月17日）

哈尔滨东省铁路经济调查局主任

振西主任先生赐鉴：

暑去秋来，比维台候清吉，为颂无量。承惠赠《北满农业》一册，已由邮奉到无误，谨此肃复鸣谢，仰惟查鉴是幸。祇颂

大安！

张伯苓拜上
中华民国十七年八月十七日
（南开大学档案馆藏）

致刘泽荣监事长

（1928年8月17日）

哈尔滨东省铁路监理会

泽荣监事长赐鉴：

接奉大函，诵悉一一。承赠《北满农业》一书，已由邮收到无误，谢谢！敝校现正筹备开学补考及试验新生各事宜，昕夕麈忙，殊乏善状可述。不过地面上目下已臻安谧，差堪告慰锦注耳。敝大学部教授五六人赴东调查，起程已经多日，过哈时想必前往请教，尚希多多指示为荷。祇颂

大安！

弟张伯苓拜上
中华民国十七年八月十七日
（南开大学档案馆藏）

致大连南满铁道株式会社大连图书馆馆长

（1928年8月20日）

敬启者：日前因有敝校经济教授萧君叔玉将赴贵馆参观，曾上一槭，请烦关照，想蒙鉴及。现萧君行将抵连，谨再肃此为介，到时即希查照接见，并准其入书库研究，至纫高谊。此致

大连南满铁道株式会社大连图书馆馆长。

天津南开大学校长张伯苓
十七年八月廿日

又

敬启者：敝校经济教授萧叔玉君现赴东省旅行，归途拟至贵馆观光，藉资调查。大约八月廿五日左右可以抵连。到馆时务乞特别关照，俯赐接见，并准其入书库研究。至所感荷。此致

大连南满铁道株式会社大连图书馆馆长。

天津南开大学校长张伯苓

十七年八月十三日

（南开大学档案馆藏）

致沈嗣良

（1928 年 8 月 24 日）

上海法租界劳神父路中华全国体育协进会

嗣良先生大鉴：

来函敬悉。李惠堂君委拟之《足球序》早经拟就，于八月十三日用双挂号信寄至上海宁波路十号广东俱乐部交本人查收，此时想已递到。请台端便向一询。如仍未见，望再来函示知，以便由弟向邮局追问可也。此复。顺询

时祺！

弟张伯苓拜上

中华民国十七年八月廿四日

（南开大学档案馆藏）

致胡光麃[1]

（1928年8月27日）

本埠法租界马家口中国无线电业公司

光麃贤弟大鉴：

接来函，欣悉以铁制大车头连同电滚模型一具见赠，于科学教授上补益不少，非常可感。取到后除珍重陈列外，特肃此鸣谢！希惟荃照是幸，顺颂时祉！

张伯苓拜启

十七年八月廿七日

（南开大学档案馆藏）

致陈鸿渐

（1928年8月27日）

天津中孚银行

鸿渐先生大鉴：

来函奉悉。令郎此次来考，因成绩过于差池，故未取录。兹欲入预科甲组第二年级补习，理应如命。不过刻下额数已满，实无法再增添一席。无已惟有俟开学后一星期，如有他学生不到者，可补作旁听生。旁听费用加倍，且届时亦须考验一次，合格方能随班。是否如意，希令郎自行酌量可也。此复。祗颂台祺！

张伯苓拜启

中华民国十七年八月廿七日

（南开大学档案馆藏）

---

① 胡光麃（1897—1993），四川人。1914年赴美留学，1920年学成归国后开始从事实业建设，致力于西南地区的实业开发和建设，拟制了《西南建设计划》。20世纪30年代，曾助力筹建重庆南开中学。

致张洞伯

（1928年8月27日）

青岛明华银行

洞伯先生大鉴：

接奉手谕，敬悉一是。敝校暑假前曾举行大考一次。兹于九月三日特为前因时局离校未与大考者补考一次。此举已属特别办法，令郎最好赶速拨冗前来与试。至推缓至十一月一节，碍难遵办。方命良非得已，务乞多多原谅是幸。

祗颂

台安！

弟张伯苓拜上

十七年八月廿七日

（南开大学档案馆藏）

致尹任先

（1928年8月28日）

法租界六号路一一四〈号〉西北实业公司

任先先生大鉴：

前承以裁兵殖边提案并西北概况钞篇见示，就以委作序言。苓本拙于笔墨，且无过人识见，何敢忘[妄]为置辞。兹勉写数行呈政，亦不过聊以塞责云尔。即希哂入为荷。祗颂

著安！

张伯苓拜启

十七年八月廿八日

附缴原钞《裁兵殖边提案》二纸，《西北概况》五纸，印版地图二篇。

（南开大学档案馆藏）

致邓平三

（1928 年 8 月 31 日）

徐州中华基督教青年会

平三先生大鉴：

接奉来函，敬悉一是。朝鲜人朴龙泰君确系与鄙人相识，代致函于冯总司令及张子岷、王儒堂两先生为之介绍亦非虚假。惟其于途中缺乏路费，竟致有向贵处告贷之事，实非意料所及。辱承垂询，谨此据覆以闻，即希查照是幸。祗颂

台安！

张伯苓拜启

十七年八月卅一日

（南开大学档案馆藏）

致杨今甫[1]

（1928 年 9 月 1 日）

北平海甸燕大朗润园十四号

今甫先生大鉴：

接奉来函，敬悉一是。令郎文冲考插高中第一年级班，成绩过于差池，倘令勉强随班听讲，茫然反致误其进步。特权录入初中第三年级，俾得藉以补习其所有不足之功课，作下年提升高中之预备。躐等而求，实非学者所宜，想高

① 杨今甫，名振声（1890—1956），字今甫，亦作金甫，笔名希声，山东蓬莱人。1915 年考入北京大学国文系。1919 年赴美国哥伦比亚大学留学，获博士学位。1924 年回国，历任武昌大学、北京大学、燕京大学、中山大学中文系教授，清华大学教务长、文学院院长兼中文系教授，青岛大学校长，西南联合大学常务委员会委员兼秘书长、中文系教授，北京大学教授，东北人民大学教授兼中国文学史教研室主任等。

明定以为然也。嘱代择友相辅，谨当在意。肃复。祗颂
台安！

张〇〇拜启
十七年九月一日
（南开大学档案馆藏）

致刘瑞亭

（1928年9月5日）

瑞亭吾兄大鉴：

手示敬悉。学生王曰厚来敝中学部投考，既承尊托，自应特别关照，以期无负雅望。无如尊函到时，考榜已揭晓三日，该生未被录取。弟随即调取落卷覆阅，见该生所考成绩主要各门均未及格，且有过于支离者，委实无法通融。最好请其在外多补习半年，俟年终再报考插班较有把握。所有此次不得已而方命之处，尚祈格外谅之。祗颂
台安！

弟张伯苓拜启
十七年九月五日

附录王生成绩。

（南开大学档案馆藏）

致华通斋

（1928年9月6日）

通斋先生大鉴：

惠函敬悉。目下清恙想已霍然，念念！学生孙修已在敝中学部报考高二，成绩尚差，现已自请留级，仍归高一随同肄业矣。北平图书馆工程承示有永和公司投标一节，谨当在意。此复。祗颂

时祺！

弟张伯苓拜启

十七年九月六日

（南开大学档案馆藏）

致赵禅唐

（1928年9月6日）

哈尔滨同记总号

禅唐先生惠鉴：

接奉大函，敬悉种切。此次敝校教授诸人及小儿锡羊在哈过扰，备承关照。而小儿为调查商情勾留稍久，辱承逾格厚待，于食住皆不取费，隆谊殊宠，真令人感激莫名。谢谢！令爱赴美所有一切担任保证事宜自当遵办。徐经理之令郎欲入大学商科亦当尽力。统此覆闻，希惟查鉴是幸。祗颂

台安！

弟张伯苓拜启

十七年九月六日

（南开大学档案馆藏）

致周和甫

西头大药王庙西门牌十九号

（1928年9月7日）

和甫先生大鉴：

来函诵悉。令郎于开学第一日即有失物情事，在敝校自不能不任失察之咎，业将失单交训练课代为侦寻矣。惟是令郎此次所失物件非他班学生所需，亦非校役所用，其非该两方面窃取情理显然。若谓出于同班学生有失检点，容或有之。盖初级一年同班生均系新考进的学生，未经过敝校训练，与旧生经过敝校

训练者不同，在敝校看实不敢保其必无此事。至于当日因开学忙碌，一时照顾不周，亦非同人所得已，尚希高明格外鉴原是幸。此复。祇颂
台安！

张伯苓拜启
十七年九月七日
（南开大学档案馆藏）

致潘燕荪

（1928 年 9 月 13 日）

黑龙江教育厅

燕荪贤弟大鉴：

昨寄寸槭，并附《南开概况》一册，想蒙青及矣。兹者有贵同乡刘全忠一名，乃黑省肇东县人，曾在我中学部求学数年（自初二起至高一止），现在由高中一年级考入我大学预科二年甲组肄业，成绩颇优。不过刻因家境艰难，急需得官府公款补助，确系实在情形。特此代函以闻，并附伊亲笔函一份，统惟查鉴，并希特别关照，多予为力，俾即日得蒙惠助是幸。顺颂
时绥！

张伯苓拜启
十七年九月十三日

附函一份。

（南开大学档案馆藏）

致陈锦煌[1]

（1928年9月13日）

锦煌女士鉴：

前叶叶琴所欠尊款三百元于七月间由学校垫付，由尊手亲自取去。但取去以后迟至目下伊尚未将钱缴还（叶叶琴人亦未来），殊为诧异。此次见信后，务望作速催其赶快汇寄到校，用清前垫。否则，学校经济支绌，该款万难久悬。请即由尊处照前取去之数，仍交邮便寄来，以便各清经手，是为至盼。待用孔急，愈速愈妙。此询

时佳！

张伯苓启

十七年九月十三日

（南开大学档案馆藏）

致叶叶琴

（1928年9月13日）

湖北武昌素园别墅

叶琴女士鉴：

尊欠陈锦煌之款三百元正，前请由学校代为借给，俾交陈女士用清前欠。仆以彼时学校正在经济困难之际，本难允照办理。不过因此项垫款系属浮挪性质，不久即可归缴，故勉为如数凑齐。陈锦煌来取时，即为如嘱照交。是等情形，早已在回覆彭昭仪函中说明，谅早得知矣。现在迟之既久，未见尊处将款寄还，与前言不合，殊为诧异。此次见信后，如暂不负笈来校，亦请将款速缴，用清帐目，免再稽延。至盼，至盼！此询

时佳！

---

① 陈锦煌，广东增城人，1928年南开女中第一届毕业生。

张伯苓启
十七年九月十三日
（南开大学档案馆藏）

致水孟赓

（1928 年 9 月 14 日）

天津县

孟赓先生赐鉴：

日前枉驾，适苓他出，失迓为歉。兹奉大函，蒙将代为免费税出之契纸掷来，感甚。注册费及纸价洋一元二角，关于公事，自当由敝校照缴。承暂垫，心铭不尽，统此谢谢！令郎欲独住一室，理应如命。不过校内限于地势，始终无从代为设法。前敝同人华君曾将困难情形面陈，想蒙见谅。现有一租房机会甚属合宜，不过房屋建筑不甚如校内之美善。华君日前未见令郎，故未得领看。今日午后一两点钟务请令郎到八里台，以便往观，用决可否。是为至盼。

祇颂
勋安！

张伯苓拜启
十七年九月十四日
（南开大学档案馆藏）

致齐如山[①]

（1928 年 9 月 14 日）

北平东单表背胡同三十一号

---

① 齐如山（1875—1962），河北高阳人。早年留学欧洲，归国后致力于戏曲工作。著有《脸谱》《梅兰芳艺术一斑》《梅兰芳游美记》等多种京剧研究专著。

如山先生惠鉴：

来函诵悉。承赠所作《中国剧之组织》，展读叹为得未曾有，佩佩！本应早日笺覆，只以委转舍弟仲述（伏假赴东三省旅行未归）及次约两人之书一时未经交到，故不得不稍待。现在已分转收讫，合亟肃函鸣谢！仰惟爱照是幸。祗颂

台安！

仲述、次约同此致谢！不另。

弟张伯苓拜启

十七年九月十四日

（南开大学档案馆藏）

致吴铸人

（1928年9月17日）

省党部

铸人[①]先生大鉴：

敬启者：敝校本届招考取录已经足额，本无余席再多添旁听生。兹商生粹熏既由先生介绍，自不能不设法匀纳，期以上副雅望。现拟定九月廿日在敝大学本部举行旁听生入学试验，即请转知商生赶速报名为要。此颂

台安！

张伯苓拜启

十七年九月十七日

（南开大学档案馆藏）

① 吴铸人（1902—1984），原名寿金，江苏盱眙人。时任国民党河北省党务指导委员会训练部长。

致高绍周

（1928年9月17日）

烟台南山路奇山会堂西

绍周先生鉴：

来函奉悉。令郎福生不能入三年级，委因其所考成绩太劣（国文十分，英文十分，算学九分，中地23）。就程度而言，入二年级已极勉强，若再上一级，必致听讲茫然，益多窒碍。敝校恐耽误令郎之进步，故未敢敬从尊命，尚祈格外谅之。覆颂

大安！

张伯苓拜启

十七年九月十七日

（南开大学档案馆藏）

致傅宜生[①]

（1928年9月17日）

宜生司令伟鉴：

日前蒙宠召，诣府与宴，饱德无似，谢谢！敝大学与男、女两中学并小学各部现在均已开学，倘蒙于公余之暇惠临参观指教一切，极所欢迎。且八里台大学部距城市稍远，尘氛不到，水木清华，颇可得少佳趣。钧驾果噬肯来游，则荻港荷塘当藉以生色不少。欣盼，欣盼！

舍下住南开电车厂前，门前极不清洁，向承旌从过访，深以亵污芳躅为惧。不过此等失敬地方，苓实无可如何。以前警察不能尽职，且任意取贿，听

① 傅作义（1895—1974），字宜生，山东荣河人。时任国民革命军第三集团军第五军团总指挥兼天津市警备司令。期间与张伯苓多有往还，曾将天津南郊小站营地划给南开大学收取租金以补办学经费。

破烂货摊随意作践，殊令难以为情。现在公安局曾局长办事认真，拟请先生费神转知，俾该管警区设法一为整理。明知事极琐细，未宜上渎钧聪。但通行道路若竟令无知分子侵占，纷纷然以恶浊秽物狼藉其间，在警察管理上亦属不成事体。我公对地方上一切行政均极热心，故不揣冒昧，据情附恳。倘蒙准予如请施行，俾茅舍门前得有清洁之望，则感惠匪浅矣。祇颂
勋安！

张伯苓拜启
十七年九月十七日
（南开大学档案馆藏）

致孙云僧

（1928年9月18日）

警备司令部军法处

云僧先生惠鉴：

日前蒙以尊照见赠，俾便时亲光霁，欣慰无量，谢谢！兹敬恳者，敝族现有瓜葛戚韩姓名聚奎，住本埠河东，向在东方铁厂任事，充小工头。昨晨在河东行路，突然被捕。查东方铁厂系外国人生意，前曾有为直系造过铁甲车之事。今韩之被捕，闻即因此嫌疑，并闻刻已带归尊处，未审其尚有他项重大关系否？总之，无论如何，务乞特别关照，设法一为营救。倘蒙立予解脱，正不独伊一家感激盛德已也。专肃！不胜皇迫叩祷之至。祇颂
勋安！

张伯苓拜启
十七年九月十八日

外附赠像片一张，学校概况一册。

（南开大学档案馆藏）

致袁葆贞[①]

（1928 年 9 月 21 日）

法界张庄兴恕里六号

葆贞贤弟大鉴：

久暌，得来函甚慰。司生兴家欲来我中学部插班肄业，本无不可。不过此次招考取录已经足额，且开学多日，人都到齐，实无法再补一席。最好请该生在外多补习半年，预备年终再来投考插班，当必更有把握。此复，即希转致令友知悉，并多多见谅是幸。顺询

时佳！

张伯苓拜启

十七年九月廿一日

（南开大学档案馆藏）

致刘仙舟

（1928 年 9 月 21 日）

奉天东北大学

仙舟先生惠鉴：

别久正切葭思，忽奉来函，如亲光霁。比维兴居曼福，颂慰无量。东北〈大学〉规模宏大，得足下及梁仲理诸公之春风嘘拂，其文化进步更当一日千里。视津埠各校之困于经济，难望发展者，实有天渊之别。羡羡！仲理先生令郎在平因母丧请假，自应照准。惟于开学后两星期内一准到校方好，千万不可再迟。缘恐其耽误功课太多，将来或不能随班听讲也。希即转代致意为荷。祇颂

时绥！

---

① 袁葆贞，名祥和（1899—？），字葆贞，河北滦县人。1919 年南开中学毕业。

弟张伯苓拜启
十七年九月二十一日
（南开大学档案馆藏）

致魏云波

（1928年9月24日）

奉天全省烟酒事务局会计科

云波先生大鉴：

来函奉悉。令郎焕章因完婚请假，理应如命。不过敝校章程，凡在校学生，必须年过二十岁方准完婚。兹查令郎现年十九岁，与校章未符，碍难破例。往年他姓学生有因此改缓婚期者，亦有因之退学离校者。谨覆布闻，即请先生酌量，自行函谕令郎知悉可也。祇颂

台绥！

张伯苓拜启
十七年九月廿四日
（南开大学档案馆藏）

致孔庸之

（1928年9月25日）

南京工商部

庸之我哥大鉴：

前月在北平一晤，颇聆教益。又蒙为南开大学公债基金向政府请付息金事筹划办法，可感之至。嗣因国府组织迄未就绪，故迟迟进行。兹拟自今日起再逾一月之久，至十月下旬再躬行赴京请求政府诸公与以经济之援助。届时仍恳大力从中多予维持。叨在至交，想必乐为成全也。专此。敬颂

公安！

前寄上《南开学校概况》一册，想当收到矣。

弟张伯苓拜启

十七年九月廿五日

（南开大学档案馆藏）

致张云抟

（1928年10月1日）

北平小方家胡同三号方宅

云抟先生大鉴：

睽久正切葭思，忽奉来函，如亲光霁，欣慰无量。敝校考期已过，开学业经多日。令亲如有意投考，最好在家多补习一年。兹附上招生简章一份，请查阅转致为盼。

台驾过津时务希惠顾指教，无任欢迎。祗颂

大安！

附简章一份。

张伯苓拜启

十七年十月一日

（南开大学档案馆藏）

致梁岩（字山石）

（1928年10月1日）

奉天东三省保安总司令部

山石贤弟大鉴：

前接来函，得悉我弟回东后仍任东三省保安总部秘书之职，甚慰。所烦物色锦县交通大学教务主任，虽经托人向各方代为访求，而总未得相当人才堪以

介绍。似此情形，只得据实覆布。即希转达前途，免致误事。至于仆之无法报命，尚望吾弟及令友多多原谅是幸。顺询
时绥！

张伯苓拜启
十七年十月一日
（南开大学档案馆藏）

致陈锦煌

（1928年10月1日）

锦煌女士大鉴：

前为叶叶琴女士欠校款事曾上一函，兹叶生由南将欠款汇来，已交会计课收帐矣。特此奉闻，希查鉴。顺颂
文绥！

张伯苓启
十七年十月一日
（南开大学档案馆藏）

致叶叶琴

（1928年10月1日）

叶琴女士大鉴：

来函具悉。尊汇之款计三百元业已收到，北平汇条系由华先生代为取得，均交会计课归帐矣。此复，顺询
时绥！

张伯苓启
十七年十月一日
（南开大学档案馆藏）

致田太太

（1928 年 10 月 2 日）

敬启者：敝女中学部蒙热心诸善，长惠捐款项，辅助成立，迄于今日学生逐渐增加。饮水思源，无任铭感。现在尊款千元敬已收到，从此歌咏仁风不朽矣。专肃，谢谢！祗上
田太太惠鉴。

南开学校校长张伯苓拜启
十七年十月二日
（南开大学档案馆藏）

致李石曾

（1928 年 10 月 3 日）

石曾先生伟鉴：

久未晤教，驰神綦切。阅报得悉尊驾回国后参预国府组织一切大计划，嘉谟所树，在在得归正轨，吾国前途从此极可乐观。现在军事结束，建设开始，教育属建设第一要务，定当为国府所重视。顷闻关于北平学务悉听我公主持。甚善！甚善！将来北方文化日益发展，不日可知，庆慰无量。惟是北方各办学机关向来有公立私立。公立者在今日固应爱护，而私立者尤赖保全。即如贵中法大学、香山男女各校，以及敝南开大学等，平素皆仰仗由盐余项下拨款维持，迄于目下将及二年之久分文未发。即就敝大学一方面言，已无复支持之能力。北方教育生机之转现，在系望于先生。用敢不揣冒昧，恳乞大力代向国府诸公一为请求。无论如何，务将以上各校依赖盐余之维持费赐予恢复，即日如数指拨，以资救济。无任待惠皇迫之至。祗颂
钧安！

弟张伯苓拜上

十七年十月三日

（南开大学档案馆藏）

致王监先

（1928 年 10 月 5 日）

平奉路局长

监先先生赐鉴：

适趋谒，得领教言，畅快无似。所谈运煤捐免车费一节，辱承面允，敬谢！敬谢！现已遵嘱缮就公函一件，送呈查阅。恳乞俯准日内即予如请施行，并请派人与敝校孟庶务主任琴襄接洽。卸煤近河地点，以便用船可以接继运校，是为至盼。无任感荷之至。祇颂

钧安！

弟张伯苓拜启

十七年十月五日

（南开大学档案馆藏）

致韩芳辰

致杨邻葛

（1928 年 10 月 9 日）

奉天北关铁岭道胡同

奉天南关小河沿青云胡同

芳辰先生伟鉴：

邻葛先生伟鉴：

久未聆教，每晤令郎，藉候起居，知清恙勿药后，英躯益形康胜，庆慰无量。

久仰风范率未获接光仪，殊为怅怅。

先生为东北柱石，卓著贤劳。张大元帅遗产助三省兴学之建议，闻亦先生为力居多，非真有过人鸿识断不若此，弥深钦佩！苓亦知教育为救国根本，故自敝校开办迄至目下将及卅年，无一日不以扩充为念。现已由男中学而大学，而女中学，而小学，扩成四部。学生达两千二百余人，前途诚不无乐观。惟经济困难异常，似非得大宗补助不能维持于万一。

张少帅汉卿出先人巨金助私立学校，而就其渴望统一情形观之，则分润所及，或可不限以区域。且敝南开虽未在东省范围以内，然查历年出校及在校奉、吉、黑学生，已不下七八百人之多。而现在东省服务者，实不一而足。似此代东省培才，较原在东省成立之学校确有过之无不及。可否我公代向少帅说项，请特别关照，多多拨款为南开协助，俾苏涸辙，感惠实无际涯。

再，公驾几时再行莅津，务希电赐一音，以便趋谒请教，藉遂瞻韩之夙愿。是所切盼！专肃。不胜祝祷叩恳之至。祗颂

钧安！

张伯苓

十七年十月九日

（南开大学档案馆藏）

致余心清

（1928年10月11日）

河南开封省政府前街河南训政院

心清仁兄先生赐鉴：

暌久正切葭思，接奉大函，如亲光霁。读贵院组织大纲，知宗旨极为宏括，非常敬佩。嘱代物色教员，谨当遵照，不过目下可以应选者尚无其人，容徐图有以报命。所惜贵院用人期迫，而苓不久又因事须赴南方一行，迨由南归，且将放洋前往美国，对于介绍师资，窃恐缓不济急耳。谨此据覆以闻，仰惟亮察是幸。祗颂

时绥！

弟张伯苓拜启

十七年十月十一日

（南开大学档案馆藏）

致旗蒙科

（1928 年 10 月 12 日）

吉林省长公署

敬启者：学生卜兆龙，年廿岁，籍隶吉林厢[镶]蓝旗第三佐领下，投考敝校，被录属实，现在敝校高级中学部第一年级班肄业。顷因其请求补助，特此代为证明，并附该生旗籍证明书一件，统希查鉴即予如请施行，实为公便。此致

吉林省长公署旗蒙科。

南开中学校校长张伯苓启

十七年十月十二日

附旗籍证明书一件。

（南开大学档案馆藏）

致津海关汉文文牍处

（1928 年 10 月 12 日）

敬覆者，顷接大函，祇悉一是。贵关录用之陈君树忠[①]由鄙人代为担保，确属实有其事。而填具保结签字、盖章并无假冒。相应据情证明，即希查鉴是幸。此致

津海关汉文文牍处。

张伯苓启

十七年十月十二日

（南开大学档案馆藏）

① 陈树忠（1906—？），字子良，广东人。1922 年前后在南开中学肄业。

致罗叔韫（名振玉）

（1928 年 10 月 15 日）

日本租界秋山街贻安堂书店

叔韫先生惠鉴：

违教许久，维声华卓越，中外同钦，忭慕无量。兹者有哥伦比亚大学中国历史讲师毕格先生由美来津，闻先生高风，欲求一晤，其趋谒当以何时为宜，拟请先生酌准见示。去时并有敝大学历史主任蒋君廷黻偕同前往，专此奉布，不胜待命翘企之至。祇颂

台绥！

张伯苓拜启

十七年十月十五日

（南开大学档案馆藏）

致齐如山

（1928 年 10 月 16 日）

北平东城裱褙胡同

如山吾兄大鉴：

手示敬悉。前同克君[①]所照像片弟处无有，当时同影者亦均不甚记忆。克君洋文姓名为 Dr. William Kilpatrick，谨附录以闻。再，弟不日因事南下，回津期约在十一月下旬。此复，统维爱照，并颂

台祺！不一。

张伯苓

---

① 指克伯屈（W. H. Kilpatrick，1871—1965），美国著名教育家，杜威教育哲学的诠释者。1918 年，因发表《设计教学法》，被称为“设计教学法之父”。

十七年十月十六日

（南开大学档案馆藏）

致贺益埙①

（1928年10月18日）

福建厦门厦门大学

益埙贤弟大鉴：

接读长函，见吾弟爱校之忱溢于纸上，欣悦之至。所提数事甚切我校之病，当注意。昨日纪念会及图书馆落成礼情况甚佳。仆日内赴京接洽校款事，十二月底放洋，寄上英文概况十册，到希查入是幸。覆询

时绥！

张伯苓拜泐

十七年十月十八日

外附英文概况十册。

（南开大学档案馆藏）

致张宗敏

（1928年10月18日）

奉天彰武县平奉路工程处

宗敏女士鉴：

读来函，知平安抵彰后，家庭一切现皆布置就绪，甚以为慰。至于琴瑟调和，并能随时应用所学，贤夫妇将来之创兴事业由此可以预卜，尤为庆贺无量。仆日内即将赴京接洽校款事，十二月底放洋。昨我校念四周年及图书馆落成礼情况甚佳。知注特闻，并颂

---

① 贺益埙（1903—？），字同伯，湖南长沙人。1924年入南开大学。

俪祉！

张伯苓手泐

十七年十月十八日

（南开大学档案馆藏）

致卫听涛

（1928年10月18日）

上海交通银行

听涛先生大鉴：

接读来函，敬悉一是。令郎二人离家甚远，在敝校读书，自当特别代为注意，请释锦悬。苓即日赴京，亦或到沪一游，届时当拜访也。此复，顺颂

台安！

弟张伯苓拜启

十七年十月十八日

（南开大学档案馆藏）

致崔文征[①]

（1928年10月20日）

文澂市长赐鉴：

日前敝大学木斋图书馆落成礼蒙枉驾演说示训，荣感无量。苓本拟躬往致谢，并藉以畅领麈谈。只因日内为接洽校款事即将赴南京一行，归来约在三四星期后。本埠狮子林向有敝校出租学产公地一区，现拟藉此筹备校款，尚须与我公一商详情，只得俟归后再为趋谒面陈。先此肃敬

伟安！诸惟荃察，不僢。

① 崔廷献（1875—1942），字文征、文澄、文澂，山西寿阳人。时任天津特别市市长。

张伯苓拜启
十七年十月廿日
（南开大学档案馆藏）

旅美前夕致各地校友

（1928年12月14日）

岁序催人，转瞬一年又已告终。敬维诸同学学问事业，与日俱新，为颂为慰！前者苓漫游各地，渥蒙招待。其它同学虽未把晤，然函讯所传，亦知诸君怀念母校之心，别久而弥笃，逖听之下，欢慰奚似。兹苓已于十二月十四日出国。此去目的，一在游历，一在捐款。但捐款可遇而不可求，而各国十年来之进步，足以资我借鉴者必多。睽违且须经年，临时不无依依。明年学校二十五周年之时，当与诸君相见于轩舞庆祝之中也。特此留别，并贺新年！

（《南开双周》第2卷第6期，1929年1月25日）

《张伯苓全集》编委会

国家出版基金项目
NATIONAL PUBLICATION FOUNDATION

国家出版基金资助项目

張伯苓全集

龚克 主编

王文俊 梁吉生 周利成 副主编

第十卷 附编 张伯苓年谱

本卷编著 梁吉生

南開大學出版社

1946年6月，获美国哥伦比亚大学名誉博士学位的张伯苓

张伯苓与父亲等合影

北洋水师服役时的张伯苓

张伯苓与严馆、王馆师生合影

1904年，私立中学堂之教室

1904年，张伯苓（前左二）与敬业中学堂师范班学生欢送美国教师合影

南开学校整容镜和
严修手书容止格言

1918年，严修（前排中）与张伯苓（前排右一）在美国考察教育

1914年，南开学校学生会操纪念合影

1919年9月，南开大学开学纪念合影

1926年，南开女中新楼落成典礼

1928年，张伯苓与南开小学师生在小学校舍建筑工地合影

1937年6月，张伯苓与南开大学经济研究所第一届毕业研究生合影

1937年7月，南开大学被炸毁的校园

云南昆明西南联合大学校门

张伯苓与西南联大部分师生合影

张伯苓与重庆南开中学
副校长喻传鉴合影

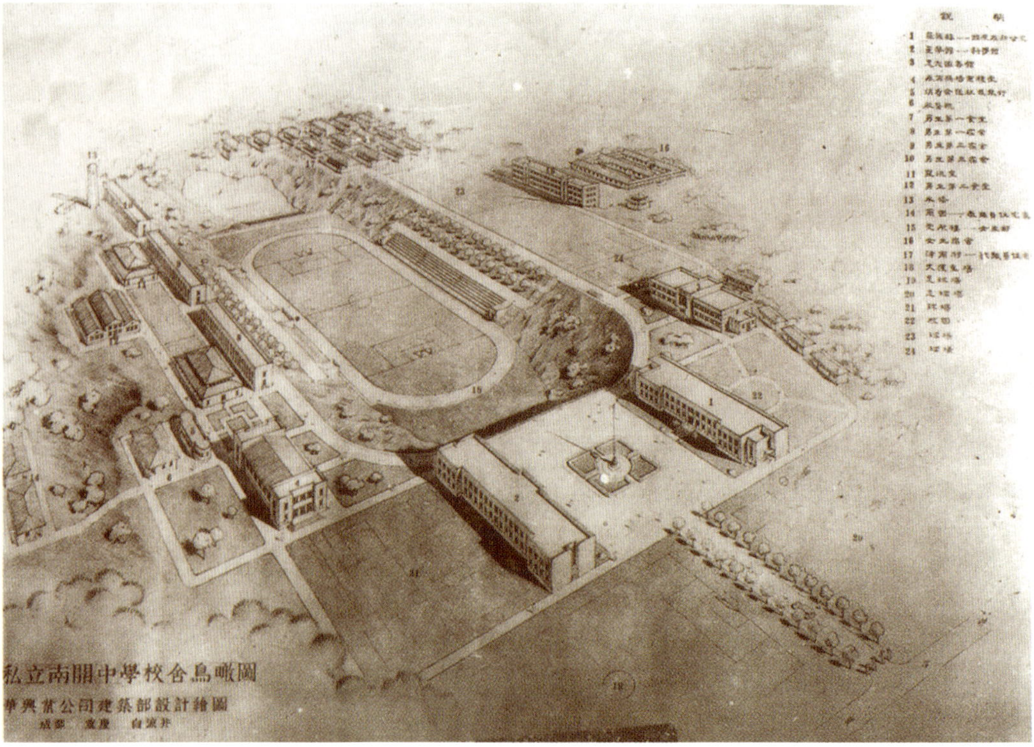

重庆南开中学校舍鸟瞰

20世纪40年代，与弟张彭春、妹张祝春合影

1945年，张伯苓与梅贻琦、张彭春、何廉等人合影

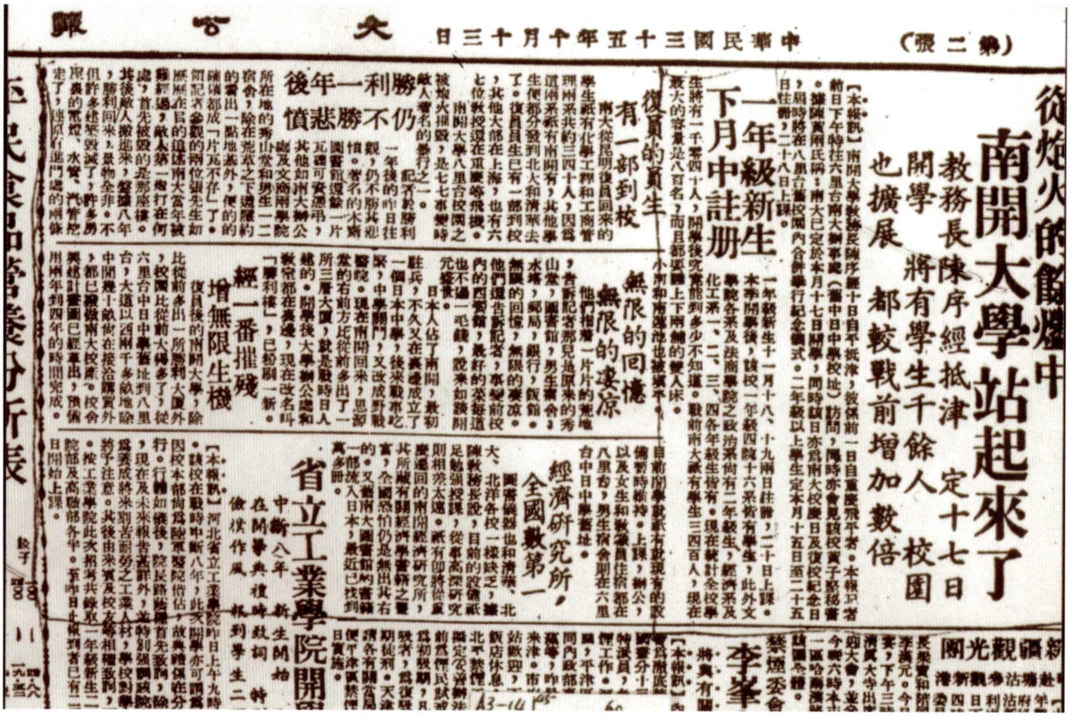

大公報

中華民國三十五年十月十三日 （第二張）

從烽火的餘燼中

南開大學站起來了

教務長陳序經抵津 定十七日開學

將有學生千餘人 校園也擴展 都較戰前增加數倍

一年級新生 下月中註冊

復員的頁生 有一部到校

勝利一年後 仍不勝悲憤

無限的回憶 無限的凄涼

經一番摧殘 增無限生機

經濟研究所，全國數第一

省立工業學院開

1946年10月13日，《大公报》报道南开大学在天津复校

1950年5月3日，重庆南开中学全体教职员欢送张伯苓校长北归合影

1951年3月4日，张伯苓灵柩发引，天津民众为其送葬的队伍

前南開學校校長
張伯苓病逝
遺囑友好同學擁護人民政府

【本報訊】前南開學校校長張伯苓，於本月二十三日下午六時半病逝。張氏生前友好，將於日內召開追悼會。張氏臨終前，曾留有遺囑，遺囑全文如下：

一八九七年，余憤於帝國主義之侵略，因嚴範孫先生之啓發，從事教育，五十年來，矢志未渝。凡余所曾致力而未逮之科學教育，健康教育，愛國教育，以允公允能，日新月異，與我同學共勉者，今將在人民政府之下，一一見諸實施。余所曾致力之南開大學，南開中學，重慶南開中學，在人民政府之下，亦將繼續改進，迅速發展。今日之人民政府為中國前所未有之廉潔良好政府，其發展生產，友好蘇聯之政策，皆為高瞻遠矚，英明正確之政策。凡我友好同學，尤宜竭盡所能，合作團結，為公為國，擁護人民政府，以建設富強康樂之新中國。無限光明遠景，余將含笑待之。友好同學，務共努力。

張伯苓 一九五一年二月二十三日

1951年2月，《天津日报》刊载张伯苓遗嘱

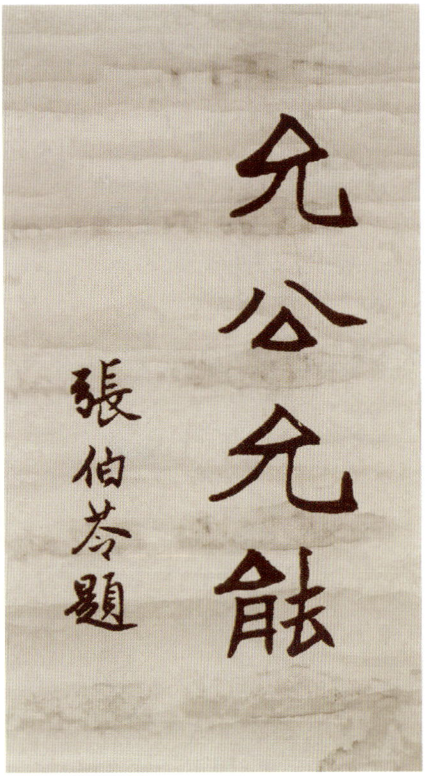

张伯苓手书南开校训

凡例

一、张伯苓是本年谱谱主，记事一般省去谱主姓名，非提不可处用“张伯苓”或“张”。

二、年谱按年、月、日先后编次。中华民国成立以前的日期公历后附农历，1912 年以后均为公历。

三、年谱记事力求标明具体日期，暂无准确日可标者，标明出版物刊载日期，或者标明旬或月，一般写在旬末或月末。旬、月尚不确定者，标明为“本年”，置于年末。

四、所标的季，以阳历 2 至 4 月为春，5 至 7 月为夏，8 至 10 月为秋，11 月至翌年 1 月为冬。

五、年谱所记原文中如有错字，凡能订正者尽可能订正，置于错字之后的［ ］内；增补脱字，置于〈 〉内；凡残缺或模糊不辨的字词，用□表示。

六、年谱凡遇经历一个时间过程的事情，尽可能置于同一条中叙述，标明前后具体时间，以求叙事的圆满和完整。

七、本年谱是谱主全集的副编，对全集已收谱主遗文内容，尽量不作较多摘引，避免文字重复。有关情事酌参著述言论、公文函电各卷。

八、引用他人记述者一般予以注明；同一论著首次出现时详注，其后从略。有的事项有多种说法且不易考订者，同时列出不同说法。

目　录

出席第一届国民参政会第一次大会。（7 月 6 日）

与蒋梦麟、梅贻琦等全国各大学校长联名通电全世界，呼吁制止日机滥炸中国和平居民。（7 月 12 日）

在重庆举行的南开校友第十届各地分会代表大会上发表《请校友们帮助我发展学校》的讲话。（10 月 17 日）

蒋介石到津南村晤访张伯苓并参观学校。（10 月）

与汪精卫致电毛泽东。（11 月 2 日）

出席第一届中国教育学术团体联合会，致祝词。（11 月 27 日）

私立南渝中学更名为私立南开中学。（12 月）

1939 年（民国二十八年己卯）六十三岁……………………………… 155

斥责汪精卫所谓和平之论调，号召抗日到底。（1 月 4 日）

与罗家伦、蒋梦麟等十一位大学校长联名致电美国国会参众两院议员。（1 月 27 日）

出席第一届国民参政会第三次大会。（2 月 12 日至 21 日）

校友到津南村祝寿，张伯苓讲话。（4 月 5 日）

亲赴自贡蜀光中学视察。（6 月 16 日）

与蒋梦麟任昆明区招生委员会主席。（7 月）

因周恩来跌伤，致函慰问。（8 月 18 日）

致函童冠贤，同意出席招待印度总理尼赫鲁的茶会。（8 月 25 日）

出席第一届国民参政会第四次大会。（9 月 9 日至 18 日）

在昆明出席西南联大常务委员会会议。（11 月 28 日）

出任教育部图书征集委员会会长。（本年）

1940 年（民国二十九年庚辰）六十四岁……………………………… 162

国民参政会参政员新年聚会，对美国发表广播演讲。（1 月 4 日）

与罗家伦、邹鲁等大学校长联名致电美国参众两院议长、议员。（1 月 11 日）

致函美国罗氏基金团鲍尔弗，为南开经济研究所向该基金团提出申请经费资助。（2 月 29 日）

参加第一届国民参政会第五次大会。（4 月 1 日）

为私立蜀光小学校立案事，以该校董事会董事长名义致函重庆市市政府。（4 月 12 日）

出席在西南联大常务委员会会议。（5 月 14 日）

患摄护腺（前列腺的旧称）肿大病，住院治疗。（7 月）

邀周恩来在重庆南开中学演讲《中国青年运动的方向》。（8 月下旬）

于英国伦敦举行世界学生日纪念大会之际，代表中国教育界向大会发表题为“战时学生与战后世界”的广播讲话。（11 月 17 日）

获国民政府颁发一等（特种大绶）景星勋章。（1 月 1 日）

主持召开包括 12 个教育学术团体的中国教育学术团体联合会年会。（5 月 5 日）

接待美国副总统华莱士等到重庆南开中学参观。（6 月 21 日）

在南开同人聚餐会上发表题为《国际大势与南开前途》的讲话。（6 月 24 日）。

与南开大学教职员商讨复校计划。（7 月 1 日）

提出“设计运动”十字诀。（8 月 30 日）

蒋介石到重庆南开中学津南村探望张伯苓病情。（10 月 16 日）

建校四十周年盛大纪念会，发表讲话，撰著《四十年南开学校之回顾》。（10 月 17 日）

建议政府创设中央教育研究所。（1 月 9 日）

接待蒙巴顿夫人埃德温娜来重庆南开中学参观。（2 月 10 日）

主持中国教育学术团体联合会举行教育座谈会。（4 月 6 日）

主持中华全国体育协进会理监事会议举行第二届联席会议。（6 月 1 日）

在中央广播电台对天津市民发表题为《天津市复员协进会之组织及工作》广播讲话。（6 月 25 日）

致函杨石先，请其与姜立夫教授在美物色优秀人才，充实南开理科教师队伍。（7 月 3 日）

与张治中到机场迎接毛泽东等中共代表团成员飞抵重庆。（8 月 28 日）

毛泽东偕周恩来、王若飞前往沙坪坝津南村拜访张伯苓。（9 月 6 日）

派喻传鉴等天津市长张廷谔自重庆飞至天津筹备南开中学复校事宜。（10 月 2 日）

国民政府颁令：授予张伯苓“胜利勋章”。（10 月 10 日）

在南开学校四十一周年校庆会上讲话。（10 月 17 日）

受张伯苓委托，张彭春抵达天津主持南开复校事宜。（11 月 7 日）

四川自贡蜀光中学建“伯苓亭”。（1 月 1 日）

由渝飞沪，准备赴美国就医。（1 月 12 日）

由上海启程赴美。（3 月 18 日）

南开大学改为国立，张伯苓仍任校长。（4 月 6 日）

正文

1876 年（清光绪二年丙子）

4 月 5 日（三月十一日）　生于天津，名寿春，字伯苓，后以字行。父张久庵，字云藻，家馆教师。张伯苓出生时，张久庵已经四十三岁。母杨氏，侍家务，信佛教。

张久庵和杨氏夫人生张伯苓、张彭春（1892—1957）兄弟二人及女三人。长女嫁许梓政，次女嫁黄姓人家，三女张祝春（1884—1964）嫁马千里。

1881 年（清光绪七年辛巳）五岁

本年　从父读四书五经。

王斗瞻撰《张伯苓先生事略》谓："五岁从太翁久庵公受四子书。公为名诸生，雅擅音乐，久困场屋，遂弃举子业，以授徒教子自娱。教授重启发，贵实践，深合教育原理。"

1882 年（清光绪八年壬午）六岁

本年　家境困难，无力延师就学，求同族张竹坡家馆就读。不久，张氏家馆告停，遂失学在家。后有刘先生办义学，设馆招收贫寒子弟，遂得转入该馆就学。

1889 年（清光绪十五年己丑）十三岁

秋　考入天津北洋水师学堂。入驾驶班，专习管驾轮船。

天津北洋水师学堂是直隶总督兼北洋大臣李鸿章在筹办北洋海军过程中，1880 年 8 月奏设，1881 年 7 月校舍落成。学堂地址在天津城东八里的机器局西（今天津市东局子一带）。学生选入学堂，除给饭食外，每月发给赡银，每季另

有衣服费。驾驶学生在堂，每七日中两日习汉文，归汉文教习课导。开设计有英文、地域图说、算学（至开平方、立方）、几何（原本前六卷）、代数（至造对数表法）、平弧、三角法、重学、化学、格致、测量天象、推算经纬度诸法、驾驶诸法等西学课程。每日傍晚由洋文教习带赴学堂外训练外国水师操法。学生每年春、夏、冬三季小考，秋季大考。张伯苓考列多在前茅，受到奖赏。四年堂课习毕后，上练船历练实习。学堂教员以西人为主，赴英留学归国的严复任总教习，其后任会办（副校长）、总办（校长）。严复知悉张伯苓学习操练优异，唤他“张小辫”。

1892 年（清光绪十八年壬辰）十六岁

4 月 22 日（三月二十六日）　胞弟张彭春出生，字仲述。

1894 年（清光绪二十年甲午）十八岁

7 月 25 日（六月二十三日）　甲午中日战争爆发。北洋水师全军覆没，水师学堂学生无船实习，遂回家待命。

1895 年（清光绪二十一年乙未）十九岁

1 月 28 日（正月初三）与津郊宜兴埠安氏女结婚。安氏因肺痨，婚后几日即逝。

2 月 15 日（正月二十一日）　续娶王淑贞（1873—1961）。

婚后不久，接通知前往通济轮实习。“常在船上，不能常回家。”

10 月（九月）　毕业于北洋水师学堂第五期驾驶班。

1898 年（清光绪二十四年戊戌）二十二岁

5 月（四月）　通济轮载清政府官员去山东，在刘公岛举行收回日本占据威海卫的仪式，转天又举行交由英国占领的仪式。亲睹清廷如此腐败无能，深受刺激，深感海军救不了中国，乃立志教育救国。

10 月 29 日（九月十五日） 受聘严修家馆，以新学教授严家子弟。

12 月 29 日（十一月十七日） 在严修寓所教授英文、体操。

1899 年（清光绪二十五年己亥）二十三岁

1 月 5 日（十一月二十四日） 晨，在严修寓所教授英文及算式。上午，教授体操。此后，一段时间多以教授英文为主。

7 月 24 日（六月十七日） 与严修、陶仲明送徐世昌到塘沽乘小火轮回小站。

1900 年（清光绪二十六年庚子）二十四岁

1 月 20 日（十二月二十日） 乔亦香家结馆，请张伯苓前来吃午饭，严修陪坐。

7 月 4 日（六月十八日） 八国联军攻陷天津城，烧杀毁掠。全家徒步逃往严宅避难。城陷时期，因死人太多，掩埋不及，曝尸日久，引起疠疫流行。张伯苓的一子一女才四、五岁，后来也传染上了瘟疫，卒以无医无药，不幸先后死去。八国联军建立天津督统衙门后，联军征聘张伯苓充任翻译，虽家贫素寒，宁甘食苦，凛然不就。

1901 年（清光绪二十七年辛丑）二十五岁

春 严馆开馆。学生于严宅北书房举行宣誓，誓词云："尔十一人者，或为累世之交，或为婚姻之谊，辈行不必齐，而年齿则相若。尔父若兄，道义相劘，肝胆相许，志同道合而患难相扶持，尔诸生所亲见也。尔十一人者，自今日始，相待如一家，善相劝，过相规，毋相谑，毋诟争，毋相訾笑，毋背毁，毋面谩，同心一力，从事于学问。以绳检相勖，远非僻之友，警浮伪之行。毋做无益害有益，毋偷惰，毋轻躁。兄弟婚姻，互为师友，敦品修业，以储大用，是余等所厚望焉。陶履恭，孤儿也，当厚自策励，而去其童心。尔十人之待履恭也，悯之，爱之，砥砺之，使无坠其家学，是则今日此举为不虚矣。"

春 天津盐商大户王奎章请张伯苓兼理王馆，以英文数理教授其子侄及戚友子

弟共六人。自此，每日上午至严馆，下午至王馆，分别授课。
本年　与严修商议，假城西北牌楼口陶宅，试办蒙养小学堂一处。

1902 年（清光绪二十八年壬寅）二十六岁

6 月 9 日（五月初四）　天津瘟疫流行。张伯苓访日本友人橡村矿太郎请教预防办法，并购买药水用以帮助卫生会。
6 月 13 日（五月初八）　天津瘟疫流行日益严峻。日本人藤井赴严宅，与张伯苓用英语交谈防止瘟疫的方法。

8 月 10 日（七月初七）　严修赴日本考察，送至天津塘沽。

11 月 27 日（十月二十八日）　严修自日本考察归来。在天津塘沽码头迎候。与严修等人乘汽车返回天津市内。
冬　严修设女塾。张伯苓教授算术、英文等课程。

1903 年（清光绪二十九年癸卯）二十七岁

1 月 31 日（正月初三）　赴天津工艺学堂座谈，后又赴一新设立的小学堂参观。

2 月 1 日（正月初四）　与林墨青、严修等讨论“学务和开学日礼节”等问题。
2 月 8 日（正月十一日）　与严修、刘竺生议论学生课程。
2 月 21 日（正月二十四日）　为储备师资人才，与王寅皆、林墨青、严修发起成立普通学社。每星期六在第一小学堂集合开会，组织讨论教育问题。

3 月 7 日（二月初九）　下午，普通学社举行第三次集会，张伯苓演示加减算法。
3 月 9 日（二月十一日）　与严修、高旷生等人讨论师范补习所课程问题。
3 月 16 日（二月十八日）　主持严馆的英文夜馆开学。
3 月 21 日（二月二十三日）　在普通学社讲授算学。听讲者 160 余人。
3 月 28 日（二月三十日）　在普通学社讲授数根及几何。
3 月 29 日（三月初一）　与水师学堂旧日同人议论小学堂事。嘱严修写捐启。

6月（五月）　赴日本参观大阪博览会，并考察教育，购买理化仪器多种而归。严修及王馆王益孙（王奎章之子）前往车站欢迎，对学生谈访日感想："吾今而后，乃知办学之事，非可以率而为也。"

9月10日（七月十九日）　在普通学社讲算学。
9月19日（七月二十八日）　在普通学社讲几何。
9月21日（八月初一）　晚，在普通学社讲算学。

10月4日（八月十四日）　与袁世凯、严修等出席城隍庙小学堂成立会。

11月5日（九月十七日）　与严修商定师范补习所教授科目。
11月6日（九月十八日）　与严修等人往官立小学堂参观，并讨论南洋公学的蒙学课本事宜。后又到王益孙处参观教学仪器及理化设备参观民立第一小学堂、第三半日蒙学堂、敬业蒙养堂。
11月7日（九月十九日）　在师范补习所讲授物理。
11月8日（九月二十日）　参加天津教员研究所活动。教员研究所每周末集合天津市各小学堂教师及有志者研究如何改进课程和教学方法，研究后举行各种体育活动。
11月10日（九月二十二日）　为严氏家馆学生放映幻灯。
11月11日（九月二十三日）　在师范补习所讲算学。
11月14日（九月二十六日）　在师范补习所讲算学。
11月15日（九月二十七日）　到教员研究所，研究毕，参加游戏活动。
11月18日（九月三十日）　在师范补习所讲算学。
11月21日（十月初三）　在师范补习所讲物理。
11月25日（十月初七）　在师范补习所讲算学两小时。
11月28日（十月初十）　到官立小学堂讲解电学并放映幻灯。
11月29日（十月十一日）　在教员研究所讨论修身教科书事宜，后参加体操运动。

12月1日（十月十三日）　在严馆讲三角，计划每周讲两小时。
12月2日（十月十四日）　到师范补习所讲算学公倍数和代数。
12月3日（十月十五日）　在严修寓所为其讲英文文法。

12 月 5 日（十月十七日） 在师范补习所讲热学。
12 月 6 日（十月十八日） 参加教员研究所活动，研读胡玉孙《东游见闻记》。
12 月 9 日（十月二十一日） 在师范补习所讲公倍数和代数。
12 月 12 日（十月二十四日） 在师范补习所讲几何。
12 月 13 日（十月二十五日） 参加教员研究所活动。听关于植物分类的讲演，并参加体育活动。
12 月 16 日（十月二十八日） 到师范补习所授课。
12 月 19 日（十一月初一） 在师范补习所讲几何。
12 月 21 日（十一月初三） 在师范补习所讲制造与化学。
12 月 23 日（十一月初五） 到师范补习所授课。
12 月 26 日（十一月初八） 到师范补习所授课。

1904 年（清光绪三十年甲辰）二十八岁

1 月 2 日（十一月十五日） 到师范补习所授课。
1 月 12 日（十一月二十五日） 在师范补习所讲电学。
1 月 20 日（十二月初四） 在师范补习所讲算学。
1 月 23 日（十二月初七） 在师范补习所讲算学。
1 月 30 日（十二月十四日） 在师范补习所讲物理。

2 月 3 日（十二月十八日） 在师范补习所授课。
2 月 9 日（十二月二十四日） 在师范补习所演讲。
2 月 12 日（十二月二十七日） 与严修讨论学务。

3 月 2 日（正月十六日） 与严修商议英文夜馆事宜。
3 月 6 日（正月二十日） 参加教员研究所举行第一期议事活动。
3 月 12 日（正月二十六日） 在师范补习所讲光学。
3 月 16 日（正月三十日） 在师范补习所讲算学。
3 月 19 日（二月初三） 在师范补习所讲光学。
3 月 22 日（二月初六） 在师范补习所讲几何。
3 月 26 日（二月初十） 在师范补习所讲光学。
3 月 30 日（二月十四日） 在师范补习所授课。

4 月 2 日（二月十七日）　在师范补习所讲光学。
4 月 6 日（二月二十一日）　参加教员研究所活动。
4 月 16 日（三月初一）　晚，在师范补习所讲光学。
4 月 22 日（三月初七）　陪严修访严复。严修记述：“谈约一小时，赠所译《社会通诠》，并示所著《英文汉释》稿本。”
4 月 23 日（三月初八）　在师范补习所讲光学。
4 月 25 日（三月初十）　严修请严复吃晚饭。与英敛之等作陪。
4 月 27 日（三月十二日）　在师范补习所讲算学。
4 月 30 日（三月十五日）　在师范补习所授课。

5 月 4 日（三月十九日）　在师范补习所讲算学。
5 月 21 日（四月初七）　与严修等乘招商局轮船赴上海。
5 月 25 日（四月十一日）　同严修等抵达上海，并赴文明书局访客。
5 月 26 日（四月十二日）　结识汤寿潜（蛰仙）、张謇（季直）、吴昌硕等。
5 月 27 日（四月十三日）　参观文明小学校、育才书塾、大南门内务本女塾等地。
5 月 28 日（四月十四日）　与严修等人乘“永生”轮赴日本。

6 月 2 日（四月十九日）　抵达日本东京。
6 月 3 日（四月二十日）　往宏文外塾见学监铃木龟寿，观讲堂、宿舍、食堂等处。
6 月 6 日（四月二十三日）　访问日本教育家嘉纳治五郎。
6 月 8 日（四月二十五日）　赴东京御茶水桥高等师范学校附属小学校参观，听棚桥源太郎讲小学必设手工科的用意。
6 月 9 日（四月二十六日）　赴东京御茶水桥高等师范学校附属小学校参观，嘉纳治五郎导观动、植、矿、理化、图画各讲室、教室。附属单级学校约有学生六十余人，分为三班。一班习字，一班习乘法，一班习减法。午后，观各讲堂授课。湖北班讲地理，山东班讲算学。
6 月 11 日（四月二十八日）　赴一桥附属小学校第二部参观国语、写字、游戏、体操诸科教法，棚桥源太郎导引并陪话。在谈至体育游戏课时，棚桥指出：“此等游戏非但注重体育而已，实兼德智两育。”
6 月 12 日（四月二十九日）　在一桥附属小学校，观父兄恳话会。日本小学校

父兄恳谈会有两种，一是城市学校的家长大都有学问，或有资本，知识水平较高，此恳谈会主要讨论约束子弟之法。二是町村间学校，父兄愚鲁者多，恳话会时不但讨论如何教导子弟，而且要提高其父兄的认识水平。张伯苓认为后者“适合于吾国情事也”。

6 月 13 日（四月三十日） 参观富士见小学校幼儿园，学生百余人，分三级。

6 月 14 日（五月初一） 参观高等工业学校，与校长手岛晤谈，并参观附设技工学校及金工、木工厂，参观毕再与校长略谈

6 月 15 日（五月初二） 往赴高等工业学校讲话会。是会每月一次，为职工普及知识。日本文部省大臣夫妇亦到会听讲。在讲话会上，高等工业学校教授松浦和平讲《运输法之发达》，理科大学教授神保小虎讲《日本之有用矿物》。

6 月 20 日（五月初七） 同严修、严智崇赴日本文部省，先后拜见文部省大臣久保田让，参事官松井顺吉。

6 月 21 日（五月初八） 往女子职业学校参观，日本人导观。学校分甲乙两科，甲科学习三年，乙科学习两年。职业为裁缝、编物、刺绣、造花、图画五科。甲科学生选学两科，乙科学生选学一科。甲乙两科之外，还设有补习科合割烹科。以上各科称为术科。此外还有学科，分为修身、国语、算术、家事、理科。凡是兼学术科、学科的学生都是本科生，仅习术科的学生为选科生。全校学生七百余人，寄宿者七十余人。

6 月 22 日（五月初九） 赴附属小学校，听佐佐木讲教科书编纂法。后到高等工业学校参观应用化学、电气化学、机械科诸室。下午赴教育品制造社测试所订购的仪器。

6 月 23 日（五月初十） 赴早稻田大学。日本人赠送《大学规则》、《大学讲义录》、《大学第二十一回报告》，并导观大学各讲堂和教室。后拜会早稻田大学创办人大隈重信，谈教育事及明治维新前日本女学的大致情况。饭后拜会文部省松本参事，听讲文部各员之职掌、各府县市郡町村之规制。

6 月 25 日（五月十二日） 赴女子大学参观。校长成濑仁藏陪话，并赠学校规则、学校一览、学校学报。后该校庶务八木兼夫导观学校讲室及宿舍。该校分预科、本科、研究科，其中预科分为普通预科、英语预科。本科分为家政、文学、教育、体育、美术、音乐、理科各部，学校附设高等女学校，在校生八百余人。

6 月 27 日（五月十四日） 赴高等师范附属小学校，参观该校算学、国语、体操教学法。

6月28日（五月十五日）　赴高等师范附属小学校参观，观摩日本教师讲课和学生体操等。

6月29日（五月十六日）　赴高等师范附属小学校参观，观摩该校国语、舞蹈等教学方法。

6月30日（五月十七日）　与严修、严智钟等赴高等师范附属小学校参观，观摩该校算学、学艺、手工、音乐、图画等课程。

7月1日（五月十八日）　赴日本文部省听松本讲有关教员诸事宜，十二时毕。后众人赴富士见轩用饭。饭后访问杨度，巧遇其于途中。

7月2日（五月十九日）　赴高等师范附属小学校参观，观摩该校学生习字、音乐等课，日本人佐佐木导观该校博物室及历史、地理等教学用具。

7月4日（五月二十一日）　赴高等师范附属小学校第三部参观，日本人大桥铜造导观高等单级室、寻常单级室、高等室等处，并观摩作文、国语、图画等课。

7月5日（五月二十二日）　参观高等师范附属小学校第一、二部高等科学艺会。下午，赴文部省听日人松本讲实业学校的概略。

7月6日（五月二十三日）　赴东京麻布区饭仓町三丁目参观天文台，弘文外塾学生导引。下午，赴文部省听日本人松本讲实业学校事。

7月7日（五月二十四日）　赴文部省再听松本讲实业学校事，并往文部省各局、课参观。

7月9日（五月二十六日）　赴文部省参观各局、课，日本人松本导观各局，后会晤文部省次官文书课长松浦镇次郎、文部省书记官渡部董之介。

7月10日（五月二十七日）　往清风亭出席同乡为速成师范学生召开的饯行会。

7月13日（六月初一）　参观东京府立寻常师范学校，与校长泷泽菊太郎、书记天野静谈。天野静导观该校附属小学校，观摩习字、算学等课，并参观自修室、寄宿室、盥室、食堂等处。

7月15日（六月初三）　参观幼稚园，由日本人奥村导观。下午，赴早稻田大学参加毕业典礼。

7月25日（六月十三日）　与严修讨论在天津设立专科学堂事。

7月26日（六月十四日）　赴日人西川风琴制造所订购风琴。

7月27日（六月十五日）　赴弘文学院访嘉纳治五郎。是日，设在日本的直隶速成师范班举行卒业式。

7月30日（六月十八日） 约嘉纳治五郎往上野公园梅川料理屋吃晚饭。席间，嘉纳详谈教育行政，分三类：一、学术；二、教育；三、教育行政。

7月31日（六月十九日） 晚，与严修、高旷生谈天津设立分科学堂事。

8月8日（六月二十七日） 与严修及直隶速成师范班毕业生19人从横滨登印度女皇号船启程回国，杨育平、渡边龙圣等友人十余人前来送行。

8月13日（七月初三） 抵达上海。

8月21日（七月十一日） 返回天津。携回在日本购买的许多教育资料及各种仪器、标本等。

张伯苓《四十年南开学校之回顾》云："苓与严范孙先生东渡日本，考察教育，知彼邦富强，实出于教育之振兴，益信欲救中国，须从教育着手。而中学居小学与大学之间，为培养救国干部人才之重要阶段，决定先行创办中学，徐图扩充。"

9月1日（七月二十二日） 晚，与严修商议成立中学堂之事。

9月2日（七月二十三日） 午后，集严、王两馆学生商建中学堂事，林墨青等参加。

9月3日（七月二十四日） 致函严修，提出办理中学堂的有关具体问题）

10月16日（九月初八） 在严馆和王馆基础上，成立私立中学堂。房舍用严宅偏院，校具及改建费由严修捐助，理化各种仪器及书桌等物由王益孙捐助。严、王两家各担任常年经费每月银百两。学生每月学费三元。第一次招考录取73名，开学后分作三班，并附设高级师范班张伯苓任监督（校长），负责学校全面工作。学校除监督、教员领薪外，其余均为义务。

11月14日（十月初八） 与孙子文、胡家祺、赵元礼、林墨青、刘孟扬等18人刊登《初等工业学堂捐启》，吁请社会人士为该学堂慷慨捐输，以观厥成。

12月15日（十一月初九） 严修来私立中学堂，听张伯苓讲修身。

12月19日（十一月十三日） 晚，在私立中学堂讲物理。

12月21日（十一月十五日） 严修、林墨青等人来私立中学堂谈学务。

1905年（清光绪三十一年乙巳）二十九岁

1 月（十二月） 假天津城隍庙小学堂开设第二次教育陈列品场，展览自日本购置的各种仪器，宣传科学知识，倡通风气。
同月 私立中学堂改称私立敬业中学堂。该中学堂有综合齐全的课程表，其中包括国文、儒家经典、道德修养、中国历史和中国地理；西学课程有西洋历史、西洋地理、算学、自然科学、物理、体育和英语。

6 月 3 日（五月初一） 日本人清柳、高田、藤井、桑田来敬业中学堂参观。
6 月 10 日（五月初八） 响应上海抗议美国续订禁止华工条约之议，与胡家祺、陈宝泉、高步瀛、俞明谦等发表《敬告天津学界中同志诸君》文，抗议美国续订禁止华工条约，号召学界抵制美货，并望各学堂监学、教员、执事诸公以此说作修身科材料晓谕生徒。

7 月（六月） 直隶总督袁世凯来敬业中学堂参观，捐建筑费银 5000 两。

8 月 6 日（七月初六） 清政府学部尚书荣庆参观敬业中学堂，并赠纪念品。
8 月 26 日（七月二十六日） 与严修、胡玉孙等讨论外省师范教育及游学预备事。
8 月 27 日（七月二十七日） 与严修、林墨青、胡玉孙、华芷舲、陈哲甫等商谈学界事。

9 月 3 日（八月初五） 与严修商议中法学堂事
9 月 19 日（八月二十一日） 与王梦臣等商议电报学堂事。

10 月 2 日（九月初四） 到普通学堂听美国大学教授帕什瓦尔（Parseval）演讲教育。
10 月 29 日（十月初二） 到单级小学堂听教师讲实验教学法。
10 月（十月） 兼任严修新创办的保姆讲习所教员。

1906 年（清光绪三十二年丙午）三十岁

2 月（正月）　《直隶学务处职员姓名录》载：游学课候补县丞张寿春，直隶天津，北洋水师学堂毕业，天津私立第一中学监督。

应直隶提学使卢木斋聘请，兼任保定直隶高等学堂总教习，越半年辞职，仍任南开中学堂监督。

6 月 27 日（五月初六）　赴保定督理直隶高等学堂教务。

7 月 12 日（五月二十一日）　由津赴京在严修寓所与严修、范源濂、陈宝泉谈教育。至 20 日返津前一直讨论敬业中学堂及有关教育问题。

7 月（六月）　私立中学堂师范班学生毕业，资送日本留学者四人，余者四人留校任教员。

8 月 10 日（六月二十一日）　赴保定直隶高等学堂。

8 月 22 日（七月初三）　下午，由保定回到北京，与严修商议保定高等学堂事。8 月 24 日返回保定易县。

9 月 8 日（七月二十日）　由北京赴保定。

10 月 21 日（九月初四）　天津第四次青年会运动会举行。高等工业学堂、新学书院、初级师范学堂、普通中学、官立中学堂、私立第一中学堂、杏花村小学堂等 12 学堂与赛。观者约计有五六千人。比赛分掷 12 磅铁弹、跃高、跃远、阻物赛跑、倒行、衔鸡子赛跑、百码赛跑、植竿跃高、囊中赛跑、接力赛跑、抬果赛跑、拉绳等。张伯苓等五人为裁判员，张伯苓并捐助奖品。

10 月 25 日（九月初八）　为青年会颁赠奖品，"保定高等学堂教务长张伯苓及本会饶伯森先生依次演说"。

11 月 4 日（九月十八日）　自保定到北京，赴严修寓所。

11 月 22 日（十月初七）　在天津基督教青年会演讲《学生的义务和责任》。

12 月 16 日（十一月十一日）　严修致函严约敏，惦记张伯苓为教育奔波精力

已否充足。“私立中学既领官款，又添新班，又栖新居，势不能不全力经营。若兼顾保定必有顾此失彼之虑，似从张师之言为便。”

1907 年（清光绪三十三年丁未）三十一岁

1 月 14 日（十二月初一）　为张伯苓年节酬金，严修致函严约敏，云：“张师酬金仍照前两节致送。”（严修家书）
1 月 30 日（十二月十七日）　严修从学部回寓所，阅来函，知张伯苓今日自保定来北京，立即派人前往迎接。

2 月 13 日（正月初一）　私立第一中学堂迁入天津南开洼新址。基督教青年会刊物《天津青年》（Tientsin Young Men）称赞张伯苓将中学堂迁建新校址做出的贡献:“这所好校园将会成为私立中学堂校长张伯苓先生之热情和精力的纪念碑。”
春　因伤寒病在医院卧床，读《实际理想主义》等书。

4 月 5 日（二月二十三日）　严修因私立第一中学迁居以后，气象一新，事务较前益觉繁重，而张伯苓薪俸并未增加，殊觉未安。决定自本年正月起，每月按百五十元致送。“此所加廉而又廉，仰体张师之意应不致再谦让也。”张伯苓力辞加薪，4 月 14 日严修给严约敏信说：张师“一则为学堂款未充足，又因同人均未议加，不肯独异，为全局规画，不惜自苦，为此可敬也”。

10 月 15 日（九月初九）　在京与严修参观第一蒙养院，观教师教唱歌，又观日籍教师牧村教舞蹈。下午，往私立小学参观唱歌、游戏和体操。
10 月 17 日（九月十一日）　晚，与严修谈话强调，学堂师生宜有高尚适当之运动。严修认为：“此语胜吾一筹，盖余专就消极一面言，非万全之策也。”
10 月 24 日（九月十八日）　在天津基督教青年会礼堂举行的天津学界第五届联合运动会闭幕典礼暨发奖仪式上，以 1906 年在雅典举行庆祝奥林匹克复兴十周年运动会为主题发表《雅典的奥运会》演讲，首先介绍了古代奥运会的历史、现代奥林匹克运动复兴的过程，并说：此次运动会的成功，使我对我国选手在不久的将来参加奥运会充满了希望。中国人应该加紧准备，在不久的将来也出现在奥运赛场上。

10 月 28 日（九月二十二日）　天津私立第一中学堂举行新校址落成会，并补农历九月初八日建校三周年纪念会。校名改称南开中学堂。

11 月 14 日（十月初九）　在天津基督教青年会特别体育演说会演讲，竭力赞成青年会提倡天津各学堂学生操练体魄之举。

12 月 5 日（十一月初一）　赴京见严修，商议借款建筑学校宿舍事。
12 月 8 日（十一月初四）　与严修、范源濂共谈开办师范班事。
12 月（十一月）　在南京举行江南第一次联合运动会（又称“宁垣学界第一次联合运动会”），全国八十余所学校参加，是清末最大的一次校际运动会。张伯苓率领 11 名选手参赛。

1908 年（清光绪三十四年戊申）三十二岁

4 月 15 日（三月十五日）　应严修电约，晚车赴北京。

5 月 14 日（四月十五日）　赴北京严修寓所。
5 月 31 日（五月初二）　道学博士明华德至南开中学堂宣讲德育，监督张伯苓述开会词，青年会总干事格林述介绍词，然后明华德演说，最后张伯苓致闭会词。

7 月 2 日（六月初四）　赴严修北京寓所，商议第一届学生毕业典礼事，严修“以官守在不获与会”。
7 月 10 日（六月十二日）　举行中学堂第一届学生毕业式，毕业生有梅贻琦、张彭春、卞俶成、金邦正、喻传鉴、范莲青、李麟玉等 33 人。直隶提学使卢木斋为毕业生颁发文凭。学堂监督张伯苓致辞。严修后人代读严修撰“毕业训词”。向张伯苓及教员时子周等各赠对联一副，同时为第一届毕业优秀生梅贻琦、金邦正、喻传鉴等 11 人书写扇面。
7 月 24 日（六月二十六日）　在北戴河休养即将结束。加入基督教。
7 月 27 日（六月二十九日）　由天津到北京。与严修谈皈依基督及拟赴美国参加国际渔业博览会事，并提出辞南开中学堂监督。严规劝张伯苓放弃其信仰。他表示：我可以为您放弃世上任何其他东西，但不能放弃耶稣及其教义。

8月8日（七月十二日）　严修为张伯苓赴美国写介绍信三封。
8月16日（七月二十日）　在天津基督教青年会秋季第一次德育会上，演讲《我的信道之由》。
8月19日（七月二十三日）　任直隶省代表赴美国参观第四届国际渔业博览会，偕直隶省学部的一位秘书到达上海。

9月22日（八月二十七日）　出席在美国华盛顿举行的第四届国际渔业博览会。会后，考察美国教育，到马萨诸塞州伍斯特市参观市政厅、市立医院、消防站、公立学校、大学、教堂、基督教青年会和少年活动中心、公园、工业制造区，参观哈佛大学、韦尔斯利女子学院，了解美国在国民教育、道德教育、慈善事业和体育健身方面的服务状况。并在美国基督教青年会华盛顿分会和普林斯顿大学作演讲。

11月4日（十月十一日）　离开美国纽约，前往欧洲考察教育。

1909年（清宣统元年己酉）三十三岁

1 月中旬　从欧洲回到天津。归国时同人合拟“神仙诗”一首：“足迹遍全球，先生此壮游。文明输祖国，翘首盼归舟。”
1月25日（正月初四）至1月29日（正月初八）　在北京严修寓所，每天与严修谈话。
1月30日（正月初九）　由北京登车返津，严修到车站送行。

2月26日（二月初七）　在天津的宣讲所为学生讲演《宇宙祈祷日的意义和祈祷的价值》。

3月7日（二月十六日）　在天津新学书院讲演《我为什么变成基督徒》。
3月14日（二月二十三日）　午后，到北京严修寓所。连日与严修谈话。
3月16日（二月二十五日）　下午，返回天津。
3月20日（二月二十九日）　与学界同人组织一俱乐部，名曰爱乐筏（Alpha），即希腊字母之首字，每两星期一聚。公举张伯苓为会正，主持研究会务。

6月19日（五月初二） 出席第二届基督教青年会中国北方学生大会，演讲《基督徒对国家的义务》。

7月16日（五月二十九日） 下午，由天津到北京见严修。
7月27日（六月十一日） 返回天津。

8月23日（七月初八） 欢迎美国前副总统费亚班（Charles Warren Fairbanks）在私立第一中学堂演讲，并致谢词，希望“他日两国人之交谊当日形亲密”。

9月15日（八月初二） 当选天津基督教青年会董事。
9月28日（八月十五日） 在天津河北第一蒙养院举行中国地学会成立大会。与傅增湘（直隶提学使）、袁希涛（直隶提学副使）、蔡儒楷（北洋大学校长）及各校师生百余人参加，选举傅增湘为总理，张相文为会长，白雅雨为编辑部长。

10月9日（八月二十六日） 严修记述：“张伯翁至自津，叙话至十二钟。”
10月13日（八月三十日） 在天津基督教青年会与南开中学堂、天津府中学堂、普通中学堂联合举办的第五届运动会发奖会上介绍伦敦第四届奥林匹克运动会盛况。
10月21日（九月初八） 南开中学堂校庆五周年纪念日，演出三幕话剧《用非所学》。张伯苓后来说：“南开话剧第一次出台公演者，为《用非所学》一剧，由苓主编，亦由苓导演。”

12月（十一月） 张久庵病故。

1910年（清宣统二年庚戌）三十四岁

2月1日（十二月二十二日） 严修由北京回津。陪严修视察南开中学堂。此后，严修有多日宿于南开中学堂，与张伯苓谈学校教育。
2月11日（正月初二） 严修由津返京。与陶孟和等人至天津老车站送行。
2月18日（正月初九） 呈请资政院将禁烟列入宪法。
2月（正月） 《地学杂志》创刊号出版，张伯苓与中国地学会同人发布启事，

谓“中国科学方在萌芽，而地学之范围愈广，故探讨愈难。同人不揣绵薄，创办兹会，亦欲与海内志士共勉成之。惟会中应办之事甚多，暂因绌于财力，未遑措手，特先按期出杂志一书，以为交通联络之机关。凡政界、学界、军界、商界诸君子，有调查所得，见闻所及关于地学者，均祈随时惠教，寄至本会事务所，俟登录后，必予以相当之酬报，以期互相研究，交换知识，想海内宏达当有乐于从事者，是本会同人所切祷也”。

4月7日（二月二十八日）　前往拜见由北京回到天津的严修。
4月19日（三月初十）　在南开中学堂贺严修生日。

5月1日（三月二十二日）　在天津基督教青年会德育部演讲《悌道》。
5月5日（三月二十六日）　同严修乘电车至天津旧城南门下车，到普育女子学堂参观，并拜会温支英。
5月21日（四月十三日）　主持南开中学堂与官立中学堂联合举办的运动会。
5月30日（四月二十二日）　同严修往北洋女子师范学堂参观第四届纪念会。有地理竞赛、化学试验及各种运动。

6月2日（四月二十五日）　同严修、林墨青往天津监狱（习艺所）参观，有罪犯六百余人，做工者半，唱歌者半，有教习教唱，做工工种有织布、刺绣及染织、油漆、金木等工种。
6月15日至23日（五月初九至五月十七日）　在第三届中华基督教青年会中国北方官立学堂学生大会上发表讲演。
6月16日（五月初十）　邀请李石曾在南开中学堂讲“新乐谱”。

7月12日（六月初六）　与胡玉孙等六人联名上书清政府，吁请在全国范围内禁止缠足。

8月1日（六月二十六日）　到天津新车站送陶孟和赴英国留学。
8月6日（七月初二）　与严修等人商议袁世凯诸公子入学堂事宜。
8月16日（七月十二日）　上午，为严宅保姆讲习班讲英文一小时。

9月15日（八月十二日）　弟张彭春考取清华留美资格，乘船赴美国留学。同

行者有胡适、钱崇树、竺可桢、赵元任、胡明复等70人。

9月16日（八月十三日）　上午，与林墨青、严修、辛树人、黄仲篪、时子周等到种植园，聚会游玩。后一同到玉发居进餐。

9月17日（八月十四日）　与严修、林墨青等磋磨修改向清政府资政院递交《陈请不缠足说帖》。

9月18日（八月十五日）　在天津基督教青年会演讲《圣经为立宪之本》。

9月27日（八月二十四日）　与严修到《大公报》馆晤英敛之。

9月30日（八月二十七日）　张祝春与马千里在普育女学堂礼堂举行新式婚礼，张伯苓作证婚人。

10月10日（九月初八）　主持南开中学堂校庆六周年纪念会。

10月18日至22日（九月十六日至二十日）　与北京基督教青年会总干事格林、上海青年会体育干事埃克斯纳（M. J. Exner）等发起的第一次全国学界运动会（即第一次全国运动会）在南京举行。张伯苓任总裁判。会后，张伯苓与唐绍仪、伍廷芳、王正廷等在南京发起成立"全国学校区分队第一次体育同盟"，任董事。该会为中华体育协进会的前身。

10月21日（九月十九日）　在南京讲演《全国第一届运动会对中国的意义》。

10月27日（九月二十五日）　到严氏女学堂讲英文一小时。

10月30日（九月二十八日）　与严修、华午晴商议南开中学堂兼收长芦、客籍两堂学生办法。

11月8日（十月初七）　与学校教职员讨论禁烟会事。

12月4日（十一月初三）　召开顺直国民禁烟会成立大会，官绅学报工商各界与会者约千人，张伯苓做报告，又公举张伯苓为会长，宋则久为副会长。

12月15日（十一月十四日）　出席基督教青年会联谊会并演讲，称今日中国，固非老大帝国，亦不足谓为新中国，正处在"新旧过渡之蝌蚪时代"。

12月17日（十一月十六日）　出席北洋女医学堂毕业典礼。

12月22日（十一月二十一日）　因要求速开国会，各学堂学生罢课。"各堂代表学生经伯苓反复譬喻，深知悔悟，已决定明日一律上课。"

本年　与丁义华等七人发起成立万国改良会。该会以"改善不善之风俗，除去无益之嗜好，黜邪崇正，益世济人，造社会之幸福，助世界之进化"为宗旨。

1911 年（清宣统三年辛亥）三十五岁

1 月 3 日（十二月初三） 在严宅讲英文两小时。

1 月 8 日（十二月初八） 直隶省绅界齐集天津县议事会公推张伯苓为临时会长，共议如何救援被捕的温世霖。次日张伯苓往督署递奏，严修日记云："遂经伯苓为之剖辨，全无效力。"

1 月 19 日（十二月十九日） 本埠士绅开会商讨维持温世霖创办的普育女学校办法，公推张伯苓为董理，胡家祺、李琴襄等七人为董事，担任普育女学经费及教务，以使该校继续办理。为此，并上学宪书。

1 月 22 日（十二月二十二日） 与各界人士讨论预防瘟疫事。

1 月 30 日（正月初一） 被发配新疆的温世霖路经西安，写信给张伯苓。

2 月 16 日（正月十八日） 刊布"天津南开私立第一中学堂牌示"，谓因时疫流行，展缓开学。

3 月 2 日（2 月初二日） 致函天津禁烟总局，报告天津法租界工部局抓获吸毒人员情况。

3 月 31 日（三月初二） 由华人组成的天津基督教青年会董事会召开首次会议。主持会议并当选天津基督教青年会董事长。

3 月（二月） 直隶提学使傅增湘令将天津客籍学堂、长芦中学堂归并南开，两校经费一律归南开支用。校名改为公立南开中学堂。

4 月 2 日（三月四日） 在顺直禁烟会全体大会上报告偕宋则久赴北京会见英国公使谈禁烟问题事。

4 月 10 日（三月十二日） 赴北戴河养病。不久回津。

4 月 22 日（三月二十四日） 到严宅小坐。

5 月 4 日（四月初六） 清华学堂监督范源濂为聘张伯苓任清华学堂教务长事自北京来天津严宅。严修电约张伯苓"来商议清华学堂事"。

5 月 22 日（四月二十四日） 范源濂从北京来，与严修同访张伯苓。

7月3日（六月初八）　在北京召开中华基督教青年会北方官立学校学生大会，任大会主席，发表关于教师的讲演，号召与会人员“投身教育中国的下一代”的事业。
7月23日（六月二十八日）　在国民顺直禁烟会报告近来与各有关方面交涉禁烟情况。
7月27日（闰六月初二）　赴京往清华学堂。

8月12日（闰六月十八日）　《吴宓日记》记述张伯苓任清华教务长后对教务的改革，云：“新教务长张伯苓先生已将教务事宜大行变更。课程班次，皆已另行订定。言本校为划一学制起见，将班次一切改与中国各校相同。”
8月18日（闰六月二十四日）　张伯苓向清华学堂学生讲解教务事宜，“演说至二小时之久”。
8月24日（七月初一日）　在清华学堂食堂向学生讲解课程设置。夕，发布课程表。
8月29日（七月初六）　由京回津，晤严修。
8月31日（七月初八）　今早赴京。

9月13日（七月二十一日）　严修来南开中学堂看望袁世凯诸子，张伯苓导引参观。
9月28日（八月初七）　经张伯苓同意，清华英文会今日下午开第一次演说会。

10月2日（八月十一日）　与北洋警务公所警务道台杨以德拟订电车安全行车办法七条。
10月5日　（八月十四日）　会长张伯苓在顺直禁烟会职员会上报告事项。
10月11日（八月二十日）　往法政讲习所听《行政法》、《国际公法》演讲。
10月23日（九月初二）　在法政讲习所听讲《民法》。
10月31日（九月初十）　与陈宝泉、高旷生等谈论天津局势。
10月至11月（八月中旬至十月上旬）　武昌起义爆发后，革命潮流波及天津，学生离散，南开中学堂一时陷于停顿。王益孙捐款本月停止，各项公款也因故不能照领。学校经费支绌，张伯苓与所有教员停支薪俸，会计只发半薪，工友数人照给工食。11月，学生逐渐来校，于是张伯苓决定合并班次接续上课。本学期学生学费减半。学校除去杂项开销所余无几，只得以车马费名义分送教职

员。学校发展面临严重困难。

11 月 7 日（九月十七日）　到咨议局，同局长王少泉及孙子文、李琴湘讨论天津防止动乱的办法。

11 月 17 日（九月二十七日）　严修被任命为度支部大臣。晚与严修谈其去留。

11 月 21 日（十月初一）　下午，与严修、范源濂等谈话到傍晚。

11 月 22 日（十月初二）　上午，在南开中学堂与范源濂、严修、高旷生、李伯芝议事。晚，在造胰公司与高旷生、李伯芝、范源濂、严修聚谈至十一时。

11 月 24 日（十月初四）　到咨议局与正副局长谈天津形势。

1912 年（民国元年壬子）三十六岁

2 月 12 日　中国地学会改选职员，选出蔡元培为总裁，袁希涛、张伯苓、英敛之、王桐龄、蔡儒楷、傅运森、姚明晖等为评议员，张相文为会长，章鸿钊为干事部长。

3 月 2 日　晚，天津发生兵变。一夜之间军人、巡警出动，抢劫钱庄银号，捣毁工厂民居，劫掠商家店铺，杀人放火，惨不忍睹。南开已无学生来校，只得缓至 4 月开学。

3 月 3 日　为维持，与严修同至警务公所。与各团体、学界、商界代表商议安定社会治安办法。

3 月 5 日　到劝学所，继之往警务公所，论学校和地方治安事宜。

3 月 31 日　赴严宅商议延请西文教师事宜。

4 月 15 日　约马千里任南开学校补习班英文、算术课教员。

4 月 23 日　出席直隶教育会成立会。

4 月 26 日　由教育部指定为出席全国临时教育会议成员。

4 月　遵照南京临时政府教育部《普通教育暂行办法》的规定，南开中学堂校名改称南开学校，学堂监督改称校长。

7 月 8 日　全国临时教育会议召开预备会议，公推张伯苓为临时主席。并推张伯苓、黄炎培、庄俞、何燏为代表，面见教育总长蔡元培。

7 月 9 日　全国临时教育会议议员到北京政府教育部开茶话会。进茶点后，张

伯苓与黄炎培、庄俞、何燏向蔡元培表达全体议员对蔡挽留之意。

7月9日至17日　在北京召开的第二次基督教青年会中国北方官立学校学生大会上发表演讲。

7月10日　出席中华民国临时政府教育部召开的全国临时教育会议，张伯苓当选大会副议长，即表谢词，蔡元培总长付表决，全体不允，遂受任副议长职，并演讲。

7月12日　在天津基督教青年会举办的北京西山夏令营会上发表题为《教育家之机会》的演讲，强调教育家之要从受教者之心理、能力及缺点的具体情况出发，顺其自然，因势利导。若此方能使之感化。不然，“直一机械教师而已”。

7月13日　出席全国临时教育会议谈话会。

7月21日　在南开学校与严修讨论教育总长蔡元培所提教育宗旨事。

8月17日　出席张元济在北京发起的中国教育会成立大会。

10月17日　原旧历九月初八的学校纪念日，今年恰为阳历10月17日。南开学校召开校庆八周年纪念会，张伯苓致辞，并与来宾合影留念。

10月19日　主持天津学校运动会。运动员有北洋大学、北洋政法学校、高等工业学校、新学书院、海军医学校、德华学校、官立中学、南开学校等校学生。南开学校获得总分第一。

11月13日　邀请卢木斋、严修、王少泉为南开学校董事。

12月13日　在中华基督教青年会第六次大会上被选举为大会主席，演讲《青年与国家》。

12月22日　张伯苓母亲寿诞，严修等前来祝贺。

12月24日　主持南开学校第三次毕业典礼。

本年　美国哈佛大学校长A. L. Lowell来南开学校参观，对理化课堂上只是老师自己拿试验器具演示试验提出意见，认为这种方法不会很好地训练学生的科学研究能力。张伯苓听罢立即把一排宿舍拆掉，盖成一排实验室，使每个学生都能亲自得到做试验的机会。

1913年（民国二年癸丑）三十七岁

1月27日　在南开学校接待华侨选举会等华侨代表参观，并留饭宴请。华侨代表有缅甸摩洛棉代表周作霖、星洲（今译新加坡——编者）代表丘醒虎、南洋参议院选举会会员吴湘、中华同盟会仰光支部，南洋同盟会总机关代表庄银安、上海华侨联合会代表连横等。
1月　南开学校增设高等班，分文理两班，并增设中学补习班。不久，根据教育部令，将高等班裁撤，学生分送北京大学预科及保定优级师范学校。

4月24日　在天津戈登堂举行的基督礼拜上发表讲演。

5月29日　应邀出席天津商务总会欢迎美国团的招待宴会。
5月31日　在天津浙江会馆主持严智惺追悼会，致开会辞及闭会词。
5月　南开学校与天津十所学校举行联合运动会。南开运动员因获优胜得银杯、锦标各奖品，并多数奖牌。随后率队参加在北京天坛举办的首届华北运动会，共有北京、天津、山西27所学校运动员与赛。

7月1日　午后，赴严宅，与高旷生为严修讲解欧洲各国重要地名。
7月3日至13日　第三次基督教青年会中国北方基督教学校和官立学校联合召开学生大会，张伯苓在开幕式上发表讲演。

8月29日　陪袁世凯三个公子欧洲游历的严修自瑞士日内瓦写信给张伯苓。

10月17日　南开学校成立日确定。规定由本年起以10月17日为南开学校周年纪念日。
同日　南开学校举行第九周年纪念会，张伯苓致辞。
秋　基督教青年会在天津组织圣经学会，张伯苓讲演《圣经与社会》。

1914年（民国三年甲寅）三十八岁

1月3日　严修在英国接到张伯苓的信。

1月8日　南开学校师生举行始业式。张伯苓发表训词。

2月10日　在南开学校修身班宣布本校新规章，自明年起学生未逾20岁，不准结婚，否则革退。
2月16日　《福州青年会报》载张伯苓的《青年与国家》。
2月27日　写英文信致严修。

3月5日至3月14日　周恩来等发起成立学生社团——敬业乐群会，召开成立大会，到者数百人。张伯苓出席并代表教员讲话。

4月29日　在南开学校修身班发表题为《三育并进而不可偏废》的演讲，痛论社会沉溺于麻将牌之害，劝诸生各自担任规劝亲人，认为只有教育青年，才是中国的希望。教育要使学生读书，尤要在造成完全人格，德智体三育并进。并于当晚与南开学校教员商议拟联合天津各学校发起学界戒嫖赌会。

5月6日　在南开学校约请各学校教职员商议发起成立戒嫖赌会，各校到会者50余人。张伯苓主持会议并说明发起之大意，谓“学界为青年导率，正己方能正人”。与会者众口同声无不赞成，名曰“学界正俗会”，入会者以各学校教职员为限，共推张伯苓、时子周等人为会章起稿员。
5月上旬　率队参加在北京举行的第二届华北运动会，共有天津、北京、唐山、保定和河南、山西的二十多所学校参加。运动会期间，成立华北联合运动会（1929年更名华北体育联合会），推选张伯苓等为执委。
5月15日　“学界正俗会”讨论会章草案，到会者计：工业专门学校、北洋医学校、新学书院、水产学校、北洋女子师范学校、普育女学校、官立中学校、南开中学校、堤头村小学校、西方菴小学校、玉皇庙小学校、民立第一小学校、放生院小学校、广北小学校、城隍庙小学校、陈家沟小学校、育德菴小学校、营务处小学校、药王庙小学校、如意菴小学校等各校校长、教员及县视学、中华书局经理共67人。张伯苓致开会辞，旋即逐条讨论草章，然后通过。
5月21日至22日　张伯苓等与北京体育竞进会名誉秘书、北京基督教青年会干事、美国人侯格兰德（A. H. Hougland）共同组织在北京举行第二届全国运动会。运动会参赛者分东、西、南、北四部，运动员包括华东、华北、西部及香港共一百四十余人。张伯苓率领的以南开选手为主的北部棒球队获冠军。

5 月 25 日　“学界正俗会”举行选举职员会，当场举定张伯苓、孙子文等 13 人为干事，张伯苓为干事长。后向天津警察厅备案，奉批称：“查会章宗旨纯正”，洵提倡学界道德之要端。同年 6 月 22 日，召开干事部第一次会议，正俗会改名“正习会”。
5 月　为《体育杂志》创刊号题词：“一编示范，万人竞强，鼓勇救国，华族之光。”

6 月 17 日　恳让庚子赔款会召开成立会，张伯苓被推为临时主席，并在会上发言。
6 月 29 日至 7 月 7 日　出席中华基督教青年会中国北方官立学校学生大会并演讲。

7 月 9 日至 17 日　第二届华北官立学校夏令营在北京西山卧佛寺举行，参加有京师、汇文、清华、协和、南开、顺天等 10 所学校。其间张伯苓应邀演讲“强国之要求”及“教育事业”。
7 月中下旬　连续召开南开职员会议，商讨天津法政学校和高等工业学校中学班归并南开的实施计划，筹备各项具体事宜。
7 月 27 日　赴北戴河休息。

8 月 12 日　与严修商讨改良女学事。

9 月　直隶工业专门学校及北洋法政学校附设之中学班并入南开学校。

10 月 17 日　南开学校举行成立十周年纪念仪式，张伯苓演讲。

11 月 4 日　在南开学校修身班演讲《对日本人的忠告》，要求日本把青岛交还中国。
11 月 23 日　按照惯例，期末前一个月每早 5 时学校开放自习室。为避免影响学生健康，张伯苓知会住宿同学晨起不宜过早，并令堂役于五钟前不燃灯，不生火。

12 月 10 日　在修身班宣布明岁开学后本校新章，学生年不逾二十不准娶亲，私行不告者，查出即予革退。并自明年起各班皆有体操一门。

12 月 23 日　南开中学举行甲一班、甲二班毕业式，张伯苓演说，旧毕业生梅贻琦致辞。

1915 年（民国四年乙卯）三十九岁

1 月 5 日　严修收到张伯苓所拟筹建河南大学的办法。

1 月 8 日　严修赴南开学校，与张伯苓商讨河南建大学事宜。

1 月 11 日　主持南开学校始业式，并在讲话中勉励学生殷勤向学，孜孜矻矻以进三育。

1 月 24 日　徐世昌拜会严修，告知张伯苓所拟《河南辉县建大学简章》，已经袁世凯总统批出。

1 月 25 日　敬业乐群会召开大会，校长张伯苓及诸位先生演说。

1 月 26 日　旧同学欢迎新同学假礼堂开会，校长演说及新旧同学代表致辞。

1 月 27 日　在修身班报告，谓李琴香、严范孙诸先生发起赈济贫民，我校诸同学凡捐五角以下者，皆交各班班长。

1 月 30 日　严修在北海约梁启超与张伯苓相聚，又约陈宝泉、金邦正、陶孟和等作陪。下午，与严修规划筹建河南大学事。

2 月 1 日　参观清华学校。校长周诒春宴请午饭，赠学校章程、图书等。下午，应清华教员之约发表演讲。

2 月 2 日　与严修访陶孟和，三人参观北京大学，晤文科学长夏锡祺、理科学长夏淳筠、学监主任张孝曾、图书馆主任徐森玉，并在校长室与校长胡仁源晤谈。

2 月 3 日　参观汇文大学，由副校长景君导观，又参观协和女学，校长裴女士导观教室等处。

2 月 4 日　参观工业专门学校，由洪铸生校长导观。

2 月 9 日　赴北洋大学参观，校长导观各实验室、钟楼，又到校长室观阅近几年的毕业名册。

2 月 10 日　与严修参观官立中学，并到模范小学参观。午后在南开学校修身班演讲。

2 月 11 日　与严修参观民立第二小学及劝学所、民立第一小学。

2 月　创设贫儿义塾。

3 月 1 日　参观天津北洋法政专科学校和工业专门学校、水产学校。
3 月 2 日　参观初级师范学校和女子师范学校。
3 月 3 日　在南开学校演讲。
3 月 13 日　参观宣讲所内的贫民小学、单级小学和城隍庙小学。
3 月 29 日　在南开学校修身班演讲。
3 月 30 日　约请出席直隶小学教育会议代表二百余人来南开学校，以茶话会欢迎并发表演讲。

4 月 3 日　南开学校自治励学会、青年会、敬业乐群会发起春季联合俱乐大会，张伯苓演说，韩慕侠舞剑。
4 月 9 日　出席天津基督教青年会会员大会并演讲。
4 月 11 日　与严修同往北京。
4 月 13 日　在北京与严修访陶孟和。
4 月 15 日　与严修、严智崇等往北海，访徐世昌。
4 月 16 日　晚，与严修及袁世凯之子袁克定、袁克文等昆仲四人同看电影。
4 月 17 日　同严修、袁世凯之子袁克定、袁克文昆仲四人自京启行，赴河南辉县，宿彰德养寿园，会见袁世凯之弟。
4 月 19 日　与严修等人在辉县考察旧行宫建大学之地址。
4 月 20 日　至彰德，参观府立中学堂，学堂设立已十余年，规模宏整，耳目一新，学生 200 人，分为英文、法文等五组，学生寄宿，有仪器室、图书室、理化教室，有电灯。据言为河南全省最好之中学。
4 月 22 日　参观顺德第四师范学校、顺德中学等。顺德中学管理较差，毫无清爽之气。张伯苓直言规劝该校校长，望其全力办好中学。
4 月 23 日　与严修、袁氏四公子乘车回北京。次日回津。
4 月 30 日　出席在天津召开的全国省教育会联合会第一次会议，并往晤江益园、经子渊等教育名流。

5 月 1 日　接待江苏省体育代表团参观南开学校，并与之谈话，介绍学校管理的体会。
5 月 10 日　率南开运动员赴上海参加第二届远东运动会，担任远东运动大会副会长。
5 月 16 日　应上海基督教青年会约请出席德育演讲会，主讲《基督教之体育主义》。

5 月 17 日　同严修、王梦臣、陶孟和等往交通部工业专门学校参观。是日，晤唐绍仪、范源濂、张元济等。
5 月 18 日　同严修、陶孟和等赴杭州。经子渊来迎。
5 月 19 日　晚，李叔同在老半斋请饭。
5 月 20 日　经子渊在西泠社请午饭。作陪有李叔同等。
5 月 22 日　参观浙江省立第一师范学校，校长经子渊导观。晚张伯苓、陶孟和由杭返沪。
5 月 24 日　同严修、陶孟和往上海南洋中学。
5 月 25 日　晚，同严修、陶孟和等应张元济邀于小花园古渝轩。同座有庄俞、蒋维乔、高梦旦等学者名流。
5 月 26 日　晚，同严修、范源濂等赴南通，陶孟和等送行。
5 月 27 日　与张謇晤谈，张謇导观博物苑全苑。
5 月 28 日　同严修、范源濂等到南通师范学校，张謇迎候，并导观全校。学校总理为张謇，监理为江易园。张謇留午饭，饭后参观附属小学、农业学校、试验厂、养蚕所及各种棉花标本。又参观养老院，医学校、病院及图书馆。张謇在馆内同严、张等人晤谈。
5 月 29 日　同严修、范源濂等参观南通省立第七中学校。至女子师范学校，张謇于此迎候。参观女工传习所绣科，主任为沈寿，月薪仅 40 元。后参观大生纱厂，日人束劭直陪同，张謇兄导览全厂。继之参观榨油厂、机器厂、纺纱新厂、面粉厂、纺织学校及新育婴堂。

6 月 1 日　同严修等乘车离沪赴无锡，张元济、王正廷、巴乐满（Fletcher Sims Brockman）到车站送行。
6 月 2 日　参观无锡第一市立初等小学校（无锡共有 17 所市立小学），继之参观县立第一高等小学校，又往竞志女子师范学校，晤校长侯保三。
6 月 3 日　参观无锡图书馆，九丰面粉公司。下午，自镇江至南京。
6 月 5 日　到济南，参观模范小学，第一中学，后又参观济南广智院，会见怀（恩光）牧师。晚，赴山东教育会，见会长、副会长，并与公立商业学校叶春墀校长约谈。
6 月 6 日　参观山东商业专门学校、工业专门学校、通俗图书馆及省立图书馆，观览馆藏金石字画。
6 月 7 日　返回天津。

6 月 13 日　与严修、李琴湘、林墨青等共同讨论发展天津教育问题。
6 月 18 日　出席天津基督教青年会十九周年纪念大会，并观电影。
6 月 19 日　出席社会改良会在广东会馆举办的讲演会，由英敛之、雷鸣远、马相伯等演讲。
6 月 21 日　出席严宅露天女子学校开学典礼。
6 月 22 日　与严修往劝学所，商讨在天津推广小学教育事宜。
6 月 26 日　南开学校第六次毕业式，张伯苓致辞，严修发证书及奖品。
6 月 30 日　南开学校暑假期间，未能归家学生组织暑假乐群会，选举张伯苓为名誉总干事，周恩来任总干事。该会组织住校同学游戏、体育、讲演等，张伯苓讲演“西湖风景”。
夏　订定南开学生容止：“面必净，发必理，衣必整，纽必结；头容正，肩容平，胸容宽，背容直。气象：勿傲，勿暴，勿怠；颜色：宜和，宜静，宜庄。”

7 月 5 日　赴车站迎接王正廷。
7 月 13 日　邀请到严修宅与李琴湘等讨论学校事。

8 月 2 日　无锡竞志女子师范学校校长侯保三应天津劝学所邀来天津，住南开学校。听侯保三讲演。此后连续几天出席教育讲习会，请侯保三讲演。
8 月 20 日　南开学校举行始业式，发表演讲。
8 月 25 日　往天津新站迎接侯保三。侯等转乘津浦车回无锡。
8 月 27 日　陪严修来南开学校小坐。
8 月 30 日　南开学校自治励学会开本学期第一次会议，张伯苓演讲，略述该会历史及将来进行之方法。
同日　南开学校《校风》创刊。校报“各类主任系由校长指定”。
8 月　在南开学校设英语专门科一班。

9 月 4 日　举行欢迎新同学会，张伯苓演说，教员游戏。晚，播放电影。
9 月 15 日　由南京返津，并在南开学校修身班演讲。
9 月 27 日　审查新剧《一元钱》彩排，认可通过。
9 月 30 日　因事赴南京。

10 月 5 日　由南京回到天津。

10月7日　听陶孟和讲美国教育，并讨论天津改良教育的方法。
10月13日　请东南大学体育教员、美国人麦克乐（C. H. Mocloy）来校演讲。
10月14日　到天津基督教青年会听讲演中学学生体育问题，并观体操表演。
10月17日　南开学校十一周年校庆纪念，发表演讲。约请陶孟和出席天津学界茶话会，介绍美国教育情况，会上决议成立教育促进会。
10月24日　赴北京参加北京南开同学会成立大会，梅贻琦任会长。张伯苓在会上祝贺并演讲。

11月3日　在南开学校修身班报告各班学生品学之优劣及各班班风，以示勉励。
11月8日　与严修商议南开学校添设师范班事宜。
同日　与京师内务部、传染病医院总办等推介留学美国来津设堂行医的陈贤能博士。
11月25日　听余日章讲中国与各国教育之比较。
11月29日　直隶巡按使委任张伯苓代理北洋女子师范学校校长，马千里同往任学监。

12月1日　高等普通学社在南开学校举行讲演会，本校美籍教员陶尔图讲演教育学、心理学，时子周翻译，到者百余人。
12月3日　在南开学校礼堂为教师张仲鸿开追悼会，致悼词，并特撰挽联一副，以表纪念。“为通儒，为良医，为贤师，为谅友，此公不寿，我心则疑，岂天悯劳人，独使帝旁增一座？其量宏，其识卓，其言蔼，其品端，无疾而终，或降之福，乃名称殁世，顿教身后有千秋。”
12月4日　陶孟和在南开学校讲演教育学。
12月8日　张伯苓为辅助国文高才生，造成有用之文学，特请国文教员筹组国文学会特别科，由教员义务辅导，组织会员阅读中国文史诸书，写读书札记，教员批阅发落，优异者奖励。
12月15日　在南开学校听本校教员陶尔图讲演《观念之联合及兴味注意》。
12月17日　晤黄炎培。在青年会听黄炎培讲演《在美国调查学务之状况》。
12月18日　陪黄炎培参观第一师范学校及国货售品所。返南开学校后，天津学界四十余人公请黄炎培。饭后，请黄炎培在南开学校演讲。
12月19日　赴新车站送黄炎培、吴怀玖、余日章南归。
12月23日　在南开学校毕业式上演讲，严修颁发毕业证书及奖品。

12 月 27 日 出席北洋女子师范学校毕业典礼，并演讲。
本年 张伯苓等创办天津童子军会。

1916 年（民国五年丙辰）四十岁

1 月 10 日 在南开学校始业式演讲。
1 月 15 日 在南开学校讲英文字母读音，陶孟和讲教育学。
1 月 19 日 晚，在南开学校修身班讲演南开学校的教育宗旨，指出：“本校宗旨，系造就学生将来能通力合作，互相扶持，成为活泼勤奋、自治治人之一般人才。”谈到南开学校管理方法时强调“引导学生之自动力”，“而精神则在‘诚’字、‘真’字、‘信’字”。在谈及爱国问题时，指出：“何以为人？则第一当知爱国。”并说，吾向以为中国前途一线光明，舍振兴教育外无他术。
1 月 31 日 开始放寒假。张伯苓倡议，正月初三至正月十五期间，为住校生和天津籍学生组织寒假乐群会，下设温课部、运动部、游戏部、远足部、游艺部，活跃假期生活。

2 月 18 日 南开学校演出新剧《华娥传》。观剧前向来宾演说：“我校师生于演该剧时，固活泼泼地各尽其态，及开学后则各司其事，放纵毫无。”

3 月 1 日 在修身班以“舞台、学校和世界”为题演讲。引述莎士比亚名言，并谓学校犹一剧场，师生即其角色。欲为其优者、良者，须有预备。以备将来登上世界舞台，成为“世界中之角色矣”。
同日 特约军医学校校长全希伯大夫来校，讲解生理卫生知识，并携带标本每星期一次。
3 月 11 日 邀陶孟和在南开学校演讲。
3 月 17 日 中午十二时，率南开学校足球队和篮球队赴北京，抵达清华学校进行比赛。并应邀演讲教育问题。
3 月 20 日 会见来南开学校参观的美国教育家霍伯金。
3 月 22 日 在南开学校礼堂宣布学生改正过错的新章程，嗣后凡学生犯过，均由管理员招往劝导。并大书《四书》名言：“过则勿惮改”等，张贴于墙壁上，以期学生同资策励。
3 月 27 日 直隶学务联合会在天津开会，被推选为会长。

4 月 5 日　在南开学校修身班报告校务，并就“怎样改正过错”演讲，指出改正错误的方法。

4 月 8 日　接美国顾临（Mr. Greene）函，索要“容止格言”和大立镜的照片。南开学校校门内左壁悬大镜一面，备学生进出正衣冠容止，上端木匾镌有 40 字箴言，即面必净，发必理。衣必整，纽必结。头容正，肩容平，胸容宽，背容直。气象：勿傲、勿暴、勿怠；颜色：宜和、宜静、宜庄。

同日　校董严修、卢木斋偕北京高等师范学校校长陈宝泉来校视察。

4 月 13 日　严修致函张伯苓。午后，严修面见张伯苓贺寿。

4 月 14 日　南开学校自治励学会开特别讲演会，请张伯苓演说《近日吾国各方面之情形》。

4 月 22 日　出席北洋女子师范学校十周年纪念大会。

5 月 6 日　出席天津基督教青年会二十周年纪念会。

5 月 10 日　在南开学校运动会闭幕式上演讲，指出德智体三育之中，中国人所最缺者为体育。同时告诫学生：“欲成事者，须带有三分傻气。人惟有所不为也，而后可以有为。”

5 月 17 日　率南开体育代表队赴北京参加第四届华北运动会。发表《中国急宜讲求体育》的演讲，其间并当选华北体育联合会会长。

6 月 7 日　赴直隶巡按使署，祝贺黎元洪受任总统。同时复下半旗，追悼前总统袁世凯逝世。

6 月 26 日　张伯苓、严修商议在北戴河开设暑期学校。

6 月 27 日　韦尔斯（E. H. WELLS）致函张伯苓，谓洛克菲勒基金会驻华医社为致力于发展中国的医学教育，希望了解南开学校理科，包括物理、化学、生物，特别是实验室和教师培训的表现。

6 月 28 日　南开中学第八次毕业式，发表训词，以“诚”勉励学生：事出于诚，即无不成，偶败，亦必有恢复之一日。

7 月 9 日　率南开新剧团时子周、尹劭勋、王祐忱、华午晴、姜更生、伉乃如、李纶襄、李福景、周恩来等师生津郊高庄体验生活，编写剧本。

7 月 12 日　应邀在北京西山夏令会举办的择业会上演讲择业问题。次日又在夏令会的演说会演讲《宇宙间之大宝曰爱》。

7 月 20 日至 29 日　参加直隶中学会议。会中各会员多能本校经验所得，切近事实立言。9 天内共讨论议案 93 件，议决者 18 件。并作《中学训育之经过》讲演。

8 月 8 日　与严修等乘车赴南口。10 日抵张家口，考察张家口、宣化教育。13 日由宣化返津。

8 月 12 日　回复韦尔斯 6 月 27 日来信，介绍学校情况，强调南开的学生素质能够为北京协和医学院提供理想的生源。信后附有“南开学校理科课程表”。

8 月 16 日　严修陪徐世昌来南开学校参观，张伯苓、陶孟和、梅贻琦、张彭春迎接。

8 月 21 日　主持开学典礼，全校师生齐集礼堂。述开会词并报告本学期新请教员及担任职务。并作演讲。

同日　南开学校添设专门部及高等师范部各一班，以张彭春为主任。

8 月 23 日　在南开学校修身班做报告宣布本学期学校的新定政策，就校长之责任分担；提高工作效率；校务分掌，各司其职；定时做事；学生团体等做了说明。最后嘱告学生：有志诸生，宜知节省。学生时代为受熏陶锻炼时代，而非享安逸时代，此时养成节俭习惯，则异日任处何境，自无不能忍受之意矣。

8 月 25 日　南开《校风》报社进行改组，张伯苓指派几位临时负责职员，周恩来被指派担任经理部总经理和纪事类编辑。

8 月 30 日　召开教员茶话会，欢迎新入校教职员，并发表演讲。

同日　在南开学校修身班演讲《欲强中国，端赖新少年》，鼓励学生做任何事须有计划，须有恒心，重实际，黜空谈。

9 月 6 日　在修身班为学生讲 “爱国”问题。

9 月 7 日　陪美国罗氏基金团（洛克菲勒基金会）代表 Roger S. Greene（顾临）在校参观。

9 月 13 日　在修身班作《形势和爱国》演讲，强调欲唤醒国民，今则应新造真国民，以造新国家。

9 月 14 日　北京协和医学院校长麦克林（Mclean）和洛克菲勒基金会驻华办事处主任顾临（R. S. Greene）参观考察南开学校，张伯苓接待并引导参观校园，全面详细地介绍了学校的历史和现状，包括学生、教师、课程、经费及学生的课外组织等情况。

9 月 20 日　嘱南开《校风》社记者向该社社员会代为传达他对办报的希望：正言劝世，以振起国民新精神，以重续国家新运命。
9 月 21 日　顾临在给罗氏驻华医社主任巴垂克（Buttrick）等人的信中谈到这次访问说，“麦克林博士和我都被南开学校深深打动”。
同日　在南开学校修身班演讲《打破保守，努力进取，建设新中国》。其中指出：欲富强中国，国人必须打破保守，保持进取精神。进而阐发“南开精神”深意，即“有毅力，有信心，无不达其目的”的精神。
9 月 25 日　在修身班谈“虚心和礼节”问题。同日，韦尔斯给张伯苓回信称，非常感谢 8 月 12 日来信，我将把这封信较交巴垂克博士。可以肯定他一定会为你在南开所做的工作而高兴。

10 月 4 日　担任南开学校演说比赛评判。周恩来以“中国现实之危机”为题参赛演讲，被张伯苓等评定为第五名。
10 月 9 日　随严修函奉寄张謇对联一副。
10 月 17 日　南开学校举行建校十二周年纪念会。全校师生齐集礼堂。唱歌团唱校歌。张伯苓致开会辞，勉励同学“发愤图强，磨砺不息，以期学校与国家熔为一炉，是故吾所厚望于诸生”。
10 月 23 日　韦尔斯就顾临 9 月 21 日关于访问南开的报告回信指出，您对张伯苓和南开学校的印象，与洛克菲勒基金会中国医学教育考察团第一次和第二次得到的印象非常一致。
10 月下旬　赴吉林、哈尔滨、双城、安东（丹东）、奉天（沈阳）等地讲演，并赴朝鲜游历，费时间约三周，演讲 39 次。23 日，应沈阳基督教青年会邀请演讲《中国之希望》，指出中国之希望不在任何党派，亦不在任何官吏，而在每一个中国人之发愤图强，努力救国。张学良“奇而往听”，“志气为之大振”。随后通过沈阳基督教青年会总干事普赖得（J. E. Platt）结识张伯苓。
秋　严氏女中开班，张伯苓任校长，尹劭勋任主任，其他教员皆南开中学兼。

11 月 1 日　在南开学校修身班谈“爱国”，勉励学生发扬爱国精神，要以火把自命，不仅自燃，而且助燃。
11 月 11 日　天津西讲演所通俗教育讲演练习所开幕，张伯苓到会演讲。
11 月 22 日　在修身班就考察东北所见、所感、所想，发表讲话，深感日本对东北的侵略野心。

11 月 25 日　每周六晚学校为住校学生举办茶话会，以丰富学生周末生活。张伯苓本晚被同学邀来演讲此次沈阳、吉林和朝鲜之旅行谈。

12 月 10 日　请校董到校，商议明年学校进行事宜。
12 月 23 日　南开学校举行第九次毕业式。严修、熊希龄、李琴湘等出席，张伯苓主持开会，并致训词。
12 月　接受多尔蒂（W. V. Doherty）采访，谈东北之行。
本年　张彭春代表张伯苓出席南京金陵大学董事会。他在会上积极反对取消已有两年历史的农林科，认为中国以农立国，农林科异常重要，应加以扩充。

1917 年（民国六年丁巳）四十一岁

1 月 8 日　在南开学校开学典礼上述开会词，引导师生行谒见礼。礼毕，致训词，谓今日乃民国六年开学之首，吾南开新训条，请以德育为万事之本，继而演讲德育之如何重要及本年学校新计划，“滔滔万余言，费时约一钟余”。
1 月 31 日　邀请梁启超到校演讲，并在梁启超演讲后发表感想，指出“梁先生今日谓磨炼意志，锻炼学问为青年最要”。梁启超演讲毕，张伯苓讲话特别告诫学生，“汝等第一须知，吾南开所最短者，即为不识时务。盖其中纨绔子弟居多数，易流入浮躁愚鲁之境”。

2 月 14 日　在修身班对学生进行青春期教育，认为“中学时期，正当此人欲发达时代”，学校设教不仅授以课程，尤要在正确处理学生贪“欲”之心，使其纳于正规。
2 月 17 日　为学校国文教员张诗岑举行追悼会，作《悼念张诗岑先生》讲话，追怀褒扬其热心教育，遇事热心，富于感情，对学生殷殷训诲，并表示“吾盼诸君当法诗岑先生，坚定宗旨”。

3 月 14 日　在南开学校修身班对学生进行性知识教育。
3 月 23 日　与马千里谈话，决定派马千里、时子周赴日本考察教育。
3 月 28 日　邀请新近从菲律宾考察教育归来的陈宝泉、韩诵裳在学校演讲。
同日　南开学校毕业生王允彰去世，特撰挽联一副：“危局需才，端资教育，惟我有此责，本期毕业诸生养成国器，共济时艰，乃未任事而夺天年，在造物抑何

太忍？少年咯血，良有原因，自尔染斯疴，将令在堂学子同鉴前车，皆知自惕，是戕一身以全人命，于吾校不为无功！”

3 月　上海基督教青年会出版《青年进步》期刊，载张伯苓祝词。

4 月 6 日　与前来北京观摩话剧演出的南开新剧团周恩来等十余师生“观志德社演《一元钱》剧”。

4 月 11 日　在南开学校修身班作《旧中国之新希望与旧南开之新责任》演讲，谈春假期间拜访北京政府顾问莫理逊（G. E. Morrison），并向学生介绍莫理逊藏书情况。演讲着重指出，旧中国的新希望在于为国家培养“五十年或百年后造福利之人”。所谓旧南开新责任，即为诸生立志唤醒自己，唤醒国人，醒后负责任为世界发明新理论，新学说，使世界得平安，为人类造幸福。

4 月 18 日　在修身班训话，强调“改造中国须去旧材料，用新方法”，当此改革时代，南开“造就之人才，须〈应〉世界变化之能力，乃为真正之教育”。

同日　哥伦比亚大学师范学院孟禄（Paul Monroe）博士受院长委托致函张伯苓，告知师范学院为其提供与本年度学费等额的荣誉奖学金。

4 月 19 日至 20 日　第四届华北运动会在南开学校操场举行，任会长兼总裁判长。黑龙江、辽宁、北京、直隶、山东等省 30 多所学校运动员借住南开学校。

5 月 1 日　赴上海参加全国教会学校教育会议。会后由沪赴日，任中国总领队参加在东京举行的第三届远东运动会。

5 月 7 日　召集运动员讲话，“训诫运动员比赛应以道德为根本，毋伤运动员之资格，而保我国之体面”。

5 月 8 日　远东运动会开幕。名誉会长大畏重信、会长嘉纳治五郎讲话，中国代表张伯苓讲话。

5 月 12 日　第三届远东运动会闭幕。17 日离开日本东京返国。

5 月 23 日　欢迎蔡元培、李石曾、吴玉章来南开学校演讲。蔡元培取“思想自由”为题，就智育、体育、德育发表见解。最后赞扬南开学生社团“各会会章不一，入者纯属自由选择，无丝毫信仰之束缚。此种自由足为未来之道德开一新径”。

5 月 26 日　在直隶女子师范学校演讲“满洲、朝鲜之现状”。

5 月 29 日　师生齐集礼堂，周恩来致开会辞，欢迎在日本参加远东运动会归来的南开运动员。张伯苓发表专门演讲，分析远东运动会失利原因，激励学生爱国

图强。

6月21日　在家中合宴本学期即将毕业的周恩来所在四年级二班及一班全体学生。

6月26日　举行南开学校第十次毕业式，校董徐世昌及章秋桐、陈独秀等出席。张伯苓致训词，章秋桐、陈独秀演说，周恩来等代表毕业生致答词。

7月1日　邀请陈独秀来校演讲《近代西洋教育》。张伯苓致欢迎词时，强调中国要学习西方，必须舍旧维新。陈独秀称赞张的这话，是对那些自以为中国比欧美文明制度优胜的中国人在“说法”。

7月24日　在劝学所请张彭春讲《小学教育史》。

8月7日　启程赴美国研究教育。严修等知名人士、张氏亲友、南开教职员及在校学生和校友百余人齐集相送。

8月8日　抵上海。乘日本轮船“天洋丸”离沪。

8月18日　出席东京留日南开同学会欢迎会，演讲中以“团结、为公”勉励留日学生，并说 “诸事可变，南开精神不可变，一致为公，始终不渝”，希望留学生“设想造新中国，使与世界列强平等”。晚，应日本美以美会监督平岩煊保邀请，与之谈中日问题。

8月19日　对留日中国学生演讲《中国青年之前途》。

8月20日　邀赴日本东京基督教青年会茶话，江元贵族院议员日足将军及热心宗教的要人参加。张伯苓演讲，强调中日应该友爱互助。

8月30日　船到美国檀香山。张伯苓亲见檀香山街道宽阔而整洁，电车、汽车极多，往来穿梭，马车则极少，感叹说，美国可谓汽车致用，日本为脚踏车，我国则人力车，生活程度的差别于此可见。

9月10日　到美国爱荷华州格林奈尔大学，诺伯博士（Dr. Noble）和波克博士（Dr. Pock）迎接。

9月11日　抵纽约，旋入哥伦比亚大学师范学院研究科，主修近代教育学、教育哲学、心理学、教育行政等课程。其间加入中国留美学生成志会（CCH）。

9月24日　哥伦比亚大学师范学院詹姆士·E 罗素（James E. Russell）致函张伯苓，正式通知他获得荣誉奖学金。次日，张伯苓复函，“我极其愉快地接受您的

这一帮助，并请您转达我对董事和全体教员的衷心感谢”。

10 月 22 日　与南开校友蔡凤、李广钊、冯文潜、孔繁霱共拟诗一首，遥祝南开学校校庆。

临风回首，遥祝寿康；
若落基山，若太平洋；
陶成大器，蔚为国光；
南开学校，前路永昌。

12 月 5 日　在霍勒斯·曼学校（Horace Mann School）实习。

1918 年（民国七年戊午）四十二岁

1 月 14 日　在出席纽约举办的传教士招待会上演讲《为了中国的民主而奋斗》。后刊于美国《世界布道者评论》，该刊《编者按》认为“本讲演是正在使中国稳定自治的力量的明晰声明”。

3 月 20 日　《北京导报》（*The Peking Leader*）报道张伯苓在哥伦比亚大学师范学院用英语的演讲。演讲提出 “中国新教育最要之目的，即为训练青年人以服务社会心”。

5 月 19 日　在纽约车站迎接前来美国考察教育的严修、范源濂、孙子文等人。
5 月 22 日　陪同严修、范源濂、孙子文参观林肯学校，拜访美国罗氏基金团主持教育者伯萃。
5 月 31 日　与严修、范源濂、孙子文、侯德榜等人会面，请巴克门（Bachman）谈美国学制。

6 月 5 日　与巴克门、严修、范源濂一同乘汽车往帕塞伊克（Passaic）参观小学。出席当地高中学校会议。
6 月 6 日　与巴克门、严修、范源濂参观帕西克中学。张伯苓发表演讲。
6 月 10 日　在巴尔的摩教育主任陪同下，参观乡村学校，了解学校情况，及南北各州小学学制。午后又参观乡村小学一处，当地教育官员介绍“使教员进步

的措施”。

6 月 11 日　参观中学、村小学及黑人学校一处。具体了解学生家长的聚会情况。

6 月 12 日　参观州教育厅，由巴克门介绍州董事会的职能和权力。

6 月 24 日　收到哥伦比亚大学师范学院通知，再次给其 1918 年 6 月到 1919 年 2 月的荣誉奖学金。

7 月 5 日　严修与孙子文来张伯苓寓所，就教育等事“谈辩”许久。

7 月 7 日　商定从明天开始由张伯苓给严修讲课，主要讲授他在大学听课的内容。据《严修日记》载，从 7 月 8 日至 8 月 15 日至少讲课 24 次，有时为严修一人讲，有时范源濂、张信天夫妇加入听讲。

7 月 8 日　从本日起，每晚到严修住处为其讲授他在大学听课的内容，并有张信天夫妇同听。(《严修日记》)

7 月 25 日　偕严修、范源濂访哥伦比亚大学师范学院教授克伯居(凯尔鲍德里)。谈到共和政体问题，克伯屈说，“共和制度的最要原则，是要少数服从多数”。

7 月 26 日　再访克伯居并听讲，后到师范学院孟禄博士办公室访谈。

8 月 1 日　与严修往访孟禄博士。并观看毕业典礼。

8 月 6 日　约请沪江大学副校长梅裴理在皇家楼用餐，严修、范源濂作陪。

8 月 21 日　大学教授道居驾汽车来接到康沃尔（Cornwall)，参观戈尔德（Gold）的农田，到戈申（Goshen)，参观赖特（Wright）养牛场，在该处野餐。

8 月 25 日　复函哥伦比亚大学师范学院院长罗素，因决定本年十一月回国，婉谢学院继续提供下年度奖学金一事。

8 月 29 日　拜访原天津基督教青年会总干事韩慕儒。

9 月 1 日　在严修处与李国钦、侯德榜等谈发展实业。

9 月 21 日　赴严修处。见范源濂、侯德榜、金岳霖、张敬虞、傅葆琛、李思广、吴承洛等。

9 月 30 日　同严修、范源濂访顾维钧，久谈。

10 月 8 日　与朱家骅、严修、范源濂、孙子文同到纽约泰晤士报馆参观。

10 月 9 日　出席哥伦比亚大学师范学院中国留学生会会议，辞去会长一职，并致临别赠言。

10月10日　出席哥伦比亚大学留学生举办的中华民国国庆纪念会。晚，赴领事馆庆祝国庆茶会，用中文演讲。

10月13日　偕严修、范源濂到孟禄家赴午饭之约。

10月18日　与严修、范源濂、孙子文、朱家骅同到童子军事务所（Boy Scouts of America）参观。

10月19日　为托办护照之事及张伯苓、范源濂、孙子文免兵役的证明，与严修、范源濂、孙子文赴领事馆拜访钱领事。

10月28日　格林奈尔市市长怀特（White）从奥瓦州州长哈丁（Harding）那里获悉，国务秘书罗伯特（Robert）通知，有中国四位教育家将来格林奈尔访问，联邦政府非常期待他们受到高规格接待。

11月3日　与严修、范源濂到大中央旅馆答拜顾维钧公使。

11月4日　与严修往孟禄住处辞行。下午启行，前来送行者中国驻美公使顾维钧和朱家骅、邓萃英、袁复礼等。联邦政府派来瓦什上尉作为特别代表陪伴同行。瓦什上尉是总统威尔逊卫队成员。

11月5日　下午车到芝加哥。市当局派两名警察来迎。

11月6日　到达格林奈尔（Grinnell），市长以四辆汽车来迎，周行街市，最后赴手套工厂参观。下午，到格林奈尔大学（Grinnell College）赴茶点之约。《格林奈尔导报》（*The Grinnell Herald*）当天在显著位置以《杰出教育家来了》为标题报道称，前中国教育大臣范源濂、北方中国杰出教育家严修、天津南开学校校长张伯苓、天津水产学校校长孙子文，今天早晨到达格林奈尔。他们这次作跨州旅行来到美国太平洋沿岸，是得到美国政府直接保护的。这些杰出教育家将在格林奈尔待到周五，公众将有机会听到他们的演讲。张伯苓先生将在今晚七点在海雷克厅作一个题目为《中美关系》的演讲。目前在格林奈尔有5个从南开来的中国学生，都曾师从张伯苓。

当晚，张伯苓的演讲，被当地报纸称为，“以中国人的视角谈真正教育”，阐述了中美两国的教育理想和初等教育。为使中国教育跟上时代潮流，他认为有必要从外国教育得到启发与借鉴。中国学生来到美国，不仅是为了获得知识，也是为了学习他们的自由精神。

11月7日　参观格林奈尔一中学，并应校长邀请发表演讲。下午，参观格林奈尔大学化学实验室、物理实验室、植物学实验室和藏书楼。晚上，格林奈尔大学举行晚餐会为中国教育家接风，校长瑞恩（J. P. Ryan）、教授查理斯·诺伯尔

女士、梅希教授（Jesse Macy）、亨瑞斯教授（W. Shenixson）及六位女士作为主宾出席。晚饭后，范源濂和张伯苓在公理会教堂演讲。校长瑞恩致欢迎词。范和张都高度评价了中美两国之间的友谊。范源濂用中文演说，主要谈到中美友好关系的三个重要方面，即商贸、航海、传教。

张伯苓在《中美友谊——一个百年的承诺和未来的展望》的演讲中表示，我来美国学习美国的教育体系，了解了美国精神。美国精神即世界精神。我回国要教育中国国民，不仅仅要想自己国家，还应该有一颗世界心。张伯苓演讲结束后，他和他的同行者与听众有一个互动交流时间，回答师生和市民的提问

11 月 8 日　参观格林奈尔的几所小学，给张伯苓的印象是这些学校的教学方法仍然陈旧。中午，在下榻的莫罗旅馆（Monroe）举行答谢餐会，格林奈尔大学教授、中国留学生及该市著名人士共 35 人出席。张伯苓、怀特市长、诺伯尔教授分别致辞。

11 月 9 日　赴格林奈尔商会招请午餐，并发表演讲。下午，校长瑞恩以家庭茶点为中国教育家饯行。旋即登车西行。

11 月 11 日　到达盐湖城，适值报纸报道德国投降，万众欢呼，汽车塞途。12 日同严修、范源濂等到州公署会见教育科主任，并拜会州长。13 日参观大学。

11 月 14 日　到达旧金山。中国驻旧金山领事朱兆莘等人到车站欢迎。由纽约到芝加哥行 27 小时，芝加哥至格林奈尔行 8 小时，格林奈尔至盐湖城行 39 小时，盐湖城至旧金山行 27 小时，总计 101 小时。

11 月 21 日　与范源濂、孙子文往加利福尼亚大学。

11 月 23 日　登“委内瑞拉”（Venezuela）船，离开美国。

11 月 29 日　在船上，与范源濂、孙子文、严修联名发明信片给查良钊、冯文潜等人报告行旅。

12 月 5 日　船上备有各种英文杂志，日本出版物多是“宣传日本的优势，铺张中国的短处”。晚，在船上演讲。

12 月 14 日　船抵日本横滨，乘火车前往东京。住东京车站旅馆。往南开留学生居住的新中学舍。

12 月 15 日　告知严修，其在中国驻日本使馆工作的儿子严智崇病故的噩耗，并以驻日公使章宗祥致外交部两电报示严。

12 月 17 日　偕范源濂赴东京帝国大学欢迎会。

12 月 19 日　离东京，中国驻日公使章宗祥、留日学生监督江庸等送行。

12 月 20 日　与严修、范源濂、张彭春商讨建立南开大学事宜。
12 月 21 日　到汉城（今称首尔）住“朝鲜旅馆”。旅馆内有活动电影，专演日本治理朝鲜的成绩，其结论是应由日本人统治。
12 月 23 日　晚，车到山海关。与严修、范源濂、张彭春等人再次讨论学校事宜。
12 月 24 日　晨，车到天津。南开教职员、各界朋友及南开全校学生一千余人到车站欢迎。张伯苓与师生一起步行回校。下午，全校师生开欢迎大会，畅谈访美感想，并介绍美国科学技术发展情况，谈到美国社会民主情况，高呼“Democracy”。

1919 年（民国八年己未）四十三岁

1 月 3 日　与严修、范源濂、孙子文会商办南开大学事宜。1 月 7 日邀集中外数十人，开会讨论禁烟办法。最后一致同意天津禁烟组织称“拒毒会”。
1 月 25 日　直隶教育厅在高等工业学校召集演讲会，张伯苓为各校教职员演讲《访美感想》，介绍美国物质和精神文明的进步。认为教育宗旨当本中国国情而定之，图救国之道，既须信民国，尤须信教育。
1 月 31 日　偕张彭春、华午晴、马千里赴北京，参观几所大学的新建筑，以为筹建南开大学的参考。

2 月 4 日　成立南开大学筹备课，张彭春任主任，负责规划校舍，草拟校章。
2 月 6 日　到美国驻华使馆会见美国公使，久谈。
2 月 7 日　与严修到北京教育部，拜见傅增湘总长，商询成立南开大学事宜。
2 月 8 日　到北京同蔡元培、胡适、陶孟和等讨论筹建南开大学事。
2 月 12 日　在修身班上演讲，强调教育目的不能仅在个人，最要目的在谋全社会的进步。中国教育缺乏公德教育，国人普遍缺少社会自觉心，要培养学生社会自觉心和社会道德，促进个人的进步，更要促进社会的进步。
2 月 13 日　与梁启超、胡适、蔡元培、张謇、熊希龄、范源濂、梁士诒、林长民、王宠惠、陶孟和、金邦正等 47 人发表《国际联盟同志会缘起》，研究国际联盟各种问题，以促进其发展。
2 月 14 日　在南开学校始业式上谈办学宗旨和筹办南开大学的计划，尤其强调办民立大学的意义。
2 月 15 日　南开学校举办学生成绩展览会，同时召开家长乐贤会。在会上与学

生家长谈学校针对青少年发育特点采取的教育方法和对学生的具体要求。他说，中学生正在发展集合性及做事心之际，是以多好动。教育家于此时应当因其势力导，为之做种种预备，假若竟图省事，不予关心，青少年就会失去许多长进的机会。

2 月 19 日至 20 日 倡办本校教员教育研究会，交流教学经验，研究教育问题，介绍国外教育情况。出席会议的有本校教师及美国人路易斯（Louis）女士，并邀严修及天津教育界人士出席。

2 月 24 日 特请本校职教员携女眷至家中茶话，除茶点欢谈而外，并有游戏、笑话、音乐、双簧等。来者盈室，尽欢而散。

3 月 3 日 在南开学校与严修商讨教育名词。

3 月 5 日 在修身班演讲，主要谈他近日和外省各地来南开求学的学生谈话的情况。指出诸生来南开应该明了本校的精神，就是“理解”和“自由”。晚，教育研究会举办讲座，张伯苓讲《何为教育》，美国女士继讲《教育之调查》。

3 月 10 日 复函上海圣约翰大学卜舫济（F. L. Hawks Pott），“惊讶得知”获授名誉文学博士学位，认为这是“使我和这所对中国教育有着卓著贡献的学校联系在一起”的“绝佳的机会”。

3 月 31 日 在北京中央公园与严修、范源濂合请梁士诒、周自齐、曹汝霖，商议为筹建南开大学募捐事，以梁士诒为主，分任劝募。

4 月 2 日 出席教育研究会第六次讲演，听路易斯女士和张彭春讲演。

4 月 12 日 偕严修、范源濂赴北京，与梁士诒、周自齐、曹汝霖会商为南开大学募捐具体办法。后又拜谒徐世昌总统。

同日 与严修、范源濂等同往北京西车站登车赴晋，并由教育部普通司司长张春霆陪行。

4 月 13 日 停车阳泉站，孔祥熙登车来见。车到太原，山西督军阎锡山派赵旅长等要员及学界数十人迎接。晚，阎锡山在督署设宴招待。

4 月 14 日 第七届华北运动会在太原开幕，任总裁判长。

4 月 15 日 会见英美两国公使。

4 月 16 日 参观太原县武家庄村国民小学。下午，赴晋祠游览。

4 月 17 日 参观农业学校二处，小学一处，女学一处。晚，山西学界同人在山西大学开欢迎会，阎锡山以下官员到会，张伯苓发表演讲。

4 月 18 日　参观山西大学。校长王录勋陪同导览校园。参观农业学校。再至女师范和模范单级小学参观，又到尚志社女学校，张伯苓发表演讲。午后，阎锡山亲到住处来见，“谈约六七刻之久”。张伯苓对阎“头脑之清楚，办事之尽力”印象深刻。
4 月 20 日　张、严、范一行到保定，见直隶督军曹锟。
4 月 21 日　乘督军署马车与严、范往育德中学参观，后又参观保定第二师范学校。下午，登京津车回天津。
4 月 22 日　张伯苓召集学生，宣布改变体育观念，允许体育运动穿短服。
4 月 23 日　与严修、范源濂谈借款建筑南开大学校舍事。
4 月 24 日　在修身班演讲，谈其三次经历所得之感想，认为“诸生须知求学问当用之于实际，若无实用便是白学，更要能将新学识在本国消化”。

4 月 25 日　召开南开校董会，严修、范源濂、孙子文等出席，张伯苓列席。
4 月 28 日　与严修抵南京，江苏督军李纯派代表来迎。晚，陶行知来访。
4 月 29 日　拜访齐燮元省长。督军、省长在督署请饭。
4 月 30 日　参观南京高等师范，及该校附属中学和小学。下午，参观农业学校及暨南学校。应暨南校长赵正平之请，张伯苓代表严修演讲。后金陵大学南开校友在金大举行欢迎会，金大校长作陪，张伯苓发表演讲。

5 月 1 日　参观南京第一女子师范、第四师范及附属小学。访江苏教育厅，参观南京中学成绩展览会，并参观河海工程学校。
同日　江苏督军李纯答应为南开大学募集 20 万元。
5 月 2 日　往雨花台，听讲述辛亥年革命军与清军战斗情况。
5 月 3 日　往金陵大学。
5 月 6 日　鉴于北京爆发“五四”学生运动，直隶教育厅召集天津中等以上各学校校长紧急会议，讨论“谨防各学生有爱国之举动”。
5 月 7 日　为国耻纪念日。召开国耻纪念会。张伯苓详细讲述国耻经过和谋雪耻将来的预备。
同日　以南开学校校长暨全体教职员学生名义致电徐世昌总统，电云“京师学生因爱国热诚，致有被逮之事，情有可原，吁请即为释放，以顺舆情”。
5 月 12 日　在直隶教育总会召开的追悼北京大学学生郭钦光大会上发表演讲。
5 月 23 日　南开学校学生执行天津学生联合会一律罢课的决议，张伯苓“愤然

出校”。

5 月 28 日　出席直隶教育厅厅长为制止学生罢课召集的天津各校校长特别会议。

5 月 29 日　严修同黄郛访张伯苓，后看望从北京到津的胡适，讨论学生罢课事宜。

6 月 21 日　与南开学校教职员及学生代表开谈话会，决定暑假后上课。严修对学生代表申明，希望学生拥护校长，使校务正常进行，否则他本人即与南开脱离关系。

6 月 27 日　在召集教员商讨期末考试会上，表示此次学生奔走呼号，纯系爱国之确证，其心可见，其志可钦。宣布期考一项准予免除。

7 月 6 日　赴山西太原参加全国教育研究会会议。

7 月 10 日　山西省垣学生联合会在山西大学举行大会，会上邀请张伯苓介绍北京学生运动情况，并作《中国前途之希望》演讲。

7 月 20 日　应召赴省长曹锐宴。

7 月 29 日　在南开接待美国杜威博士（Dr. John Dewey）夫妇。杜威往天津工业专门学校演讲《教授科学之方法》，张伯苓翻译。

8 月 2 日　举行南开学校童子军开幕礼，宣誓毕，张伯苓讲话，略谓“自动服务，团结精神，为吾国之所缺，童子军当各勉厥责任”。

8 月 28 日　为抗议山东镇守使马良杀害回族马云亭等人，率领天津绅、商、宗教各界请愿代表赴北京，向北京政府递交请愿书。

9 月 6 日　协同严修成立严氏女学中学班，并主持招生事宜。

9 月 21 日　严修邀请黄郛、范源濂、张伯苓、王章祜、周恩来、华芷舲、邓澄波等进晚餐，并请黄郛讲演。

9 月 22 日　范源濂宴请聂云台，严修、张伯苓作陪。

9 月 24 日　邀请余日章在南开学校教职员讲习会讲演《美国政党的派别及党纲》。

9 月 25 日　南开大学举行开学典礼。第一届新生共录取周恩来、马骏、张平群等 96 人，计文科 49 人，理科 19 人，商科 28 人。黎元洪、范源濂、严修、卢木斋、王章祜和天津各界名流出席。张伯苓演讲，谈创办大学的原因和大学生的责任担当。他说，监督政府，本为国民之天职，而政府如是之不良，国会丝毫不闻，实由选举之失当，希望南开大学学生负起选举责任。

9月　朝鲜人朴世荣来校，张伯苓“壮其志而怜其清贫，又特许免费”学习。

10月10日　天津各界数万人举行国庆庆祝大会，会后游行示威，遭到武装军警镇压。各校校长一致要求省长撤任警察厅长杨以德。

10月14日　与严修、范源濂等会商劝学生上课、阻学生运动罢市事，一致认为“第二条可望缓，第一条仍持原议”。

10月16日　南开学校召开欢迎留欧同学大会，出席演讲。

10月27日　乘车赴沈阳演讲，并考察教育，11月1日返津。

10月　蒋梦麟由京返上海，过天津拜访张伯苓，并应邀在南开演讲。

11月1日　南开教职员成立时事研究会，张伯苓任主席。首请黄郛讲演《欧战和平会议之内容》，凌冰讲演《欧洲过激派》等。

11月13日　赴上海参加圣约翰大学四十周年纪念大会，被授予名誉文学博士学位。在致辞中谈学生运动，称“中国学潮应于悲观中抱乐观”。

同日　《校风》载，张伯苓在南开中学设立留学顾问会，为学生出国留学提供咨询服务。

11月22日　南开学校补祝第十五周年纪念会，并举行南开学校第十三次毕业式。同时召开南开大学成立纪念大会。张伯苓致开会辞，明确表示“个人应具固有之人格，学校亦当有独立校风”。

12月4日　委托周恩来在修身班上宣布张伯苓拟订南开学校改革草案和宣言。

1920年（民国九年庚申）四十四岁

1月2日　在天津基督教青年会听杜威博士演讲《真假个人主义》。

1月29日　天津学生联合会发动北洋大学、南开大学等20余所学校学生，在周恩来率领下前往省公署请愿，遭军警血腥镇压，周恩来、于方舟、郭隆真、张若名等四人被捕，酿成流血惨案。

1月31日　在修身班讲话，强调学校要打算进步，必须进行改革。南开学校是社会的，是大家的，不是我一个人的。

2月4日　南开教职员为抗议军警1月29日镇压学生，发表《南开教职员敬告

各界书》，严正指出学生之运动出于爱国，纵有偏激，犹宜曲谅，而况未有过分之举，何至视之如仇，临之如敌？我国一线生机寄于青年。
2 月 20 日　旧历春节。到天津警察厅看望被捕的周恩来等南开学生代表及各界代表。

3 月 12 日　不顾天津学生联合会通过的各校“继续散学，决不上课”之决议，在《益世报》刊登通告南开大学及中学开学。南开此举受到外埠报刊批评。
3 月 15 日　南开中学学生贾某贴出“代表未释，暂不上课”的标语，张伯苓宣布将其开除，并令其立即离校。
3 月 17 日　因张伯苓斥退贾某，又要斥退学生 26 人，招致全体学生反对。学生开会议决学生全体退校，拟转入山西大学，或全体弹劾张伯苓等办法。张伯苓恐学生起大风潮，随即向严修及直隶省教育厅厅长商议对策。
3 月 19 日　“五四”学潮以来至此次寒假，天津所有中学以上各校学生均未来上课，教育厅厅长王章祜恩威并施，亦未见成效。《大公报》报道，“现在南开学校校长张伯苓君对于本校学生屡次开导，颇称得力，于本月之十九日上午已照常开课”。
3 月　约请范源濂、严慈约、孙子文、李琴湘、蒋梦麟、王濬明、陶孟和、刘芸生、卞俶成等九人为南开大学校董。

4 月 1 日　中华基督教青年会第八次全国代表大会在天津法租界维斯理堂召开欢迎代表会，一千数百人出席，首由会长张伯苓报告开会宗旨，继由黎元洪、张伯苓等演说。
4 月 2 日　张伯苓在基督教青年会第八次全国大会上演讲《基督教对明日中国之贡献》。

5 月 12 日　受邀出席苏州城市基督教青年会筹办会并发表演讲。
5 月　梁启超与张东荪等成立“共学社”，董事会有梁启超、张东荪、张君劢、蒋百里、蔡元培、张謇、张元济、熊希龄、范源濂、张伯苓、严修、林长民、张公权、丁文江等人。

6 月 13 日　在南开大学召开董事会常会，到会者范源濂、陶孟和、孙子文、李琴湘、卞俶成、王濬明、严慈约等。张伯苓报告南开大学及中学状况及经费预

算。董事会议决校长薪金当按中学部、大学部加补。校长为大学部主任，中学部主任也请校长暂时主持。

7 月 10 日至 8 月 18 日　南开大学增设夏令学校及夜校，由大学生办理。借此使大学生练习建设及组织能力；使一般学龄儿童不使长夏光阴等于虚掷；利用校舍不使闲置；使大学生中家境窘迫者，可得经济上之补助。

9 月 13 日　从本学期起南开大学添招女生。
9 月 18 日　天津基督教青年会召开秋季大会，张伯苓报告开会宗旨，继由梁启超演讲。
9 月 19 日　学校董会常会开会，到会者范源濂、王濬明、李琴湘、卞俶成、陶孟和，张伯苓列席，报告罗氏基金会补助南开大学理科等事项。
9 月 25 日　在全校修身班上讲话，说明校长职责重点要有所变更；品格教育，要使学生造成一种不苟且，真诚，奋斗的品格。

10 月 1 日　为南开大学募款事，至南京拜访江苏督军李纯。
10 月 4 日　出席新教育共进社第二年度第一次董事会议。董事会地点设在上海。
10 月 13 日　在南开高中集会介绍美国教育家达根博士（Dr. Dugan）来校演讲。讲题为《教育包含些什么》。
10 月 14 日　报载江苏督军李纯于 11 日自戕。张伯苓随即赴南京吊唁。18 日返津。几天后在学校修身班论李纯其人及对南开的贡献。他说：李故督是个对南开很关心、很替学校帮忙的人，“论他的为人实在高出这些执政的人百倍”。
10 月 24 日　在南开大学、中学师生集会上就学校发展问题，阐述办学精神，指出应当用我们南开坚卓不拔有毅力肯奋斗的精神，来发展来进取。学校要改革，没有不可改革的，号召学生献言献策，改革学校。
10 月 29 日　南开大学矿科董事会在北京召开，张伯苓、严慈约、王正廷、慕元甫、李组绅等参加，研究矿科学级、学期及入矿练习等事。李组绅允募经费每年 3 万元。

11 月初　应严修建议征求校董事意见，以“范孙奖学金”资助周恩来赴欧洲留学。
11 月 7 日　南开校董会召开特别会，范源濂、严慈约、王濬明、孙子文、李琴

湘、陶孟和、刘芸生、蒋梦麟、卞俶成和张伯苓出席。

张伯苓报告李纯遗捐基本金 50 万元的处理方法及南开大学现在将来各科计划：大学本部文理两科、商科、矿科，女子部，职业部。将来大学分科为，大学文理科附设预科，矿科附设二年科，实科附设二年科。

12 月 12 日　召开校董会常会。范源濂、严慈约、孙子文、陶孟和、蒋梦麟、卞俶成和张伯苓出席。

1921 年（民国十年辛酉）四十五岁

1 月 27 日　天津基督教青年会选举董事会。张伯苓当选为会长。
1 月　利用假期，约教职员和学生代表共 20 人赴北京香山慈幼院讨论学校改革事宜。会议进行 6 天，讨论 40 条议案，确定“校务公开、责任分担、师生合作”的办学方针。回校后，又召集大学教职员讨论大学组织设置。

2 月 18 日　参加远东运动会委员会会议。推选王正廷为会长，张伯苓与穆藕初被选为副会长。
2 月 20 日　在福州城市基督教青年会演讲，谈到教育者责任强调，教育要有活泼之精神，而不蹈呆板之旧习。

3 月 4 日　在南开学校全体教职员会上致开会辞，提出办教育要自问是否与教育宗旨相合，是否与教育学生的目的相合，学校设施是否符合国家的需要，学生毕业后是否适应社会需求，造就的人才是否将来有转移风俗、刷新思潮、改良社会的能力。
3 月 17 日　成立师生校务研究会，张伯苓出席并讲话。
3 月 19 日　在南开学校青年会纪念会演说，称“吾信社会主义将来必能成功于世界，然纯物质的则不能长久，必须加以精神基督之社会主义”。
同日　天津童子军联合会召开成立大会，选举雍剑秋为会长，张伯苓为副会长。
3 月 27 日　南开校董会常会召开会议，王濬明、李琴湘、严慈约、孙子文、卞俶成出席，张伯苓列席，提出大、中两部章程。

4 月 6 日　主持召开南开大学文科讨论会，研究下学期教学计划。

4 月 8 日 赴上海出席中华基督教青年会全国协会会议。
4 月 22 日 邀请美国新银行团代表斯蒂芬（Stephen）到校讲演。
4 月 26 日 上午见严修。
4 月 30 日 邀请胡适来校演讲。

5 月 3 日 黄炎培访见张伯苓。
5 月 4 日 召集大学和中学部全体职教员开会，约请北京高等师范教授李襄臣演讲《中西中等教育之比较》，讲毕又互相讨论。
5 月 7 日 全校师生素食一日，各项运动及娱乐游戏亦皆停止。召开全校师生纪念五七国耻日大会。张伯苓演说表示，中国一日不亡，吾人当尽责一日，努力奋斗。
5 月 25 日 北洋大学土木工程学门建筑工程教授美国人艾乐斯（J. H. Ehlers）致函张伯苓及中国各大学，提议共同发起“斐陶斐”学会组织。
5 月 日本人在北京创办私立崇贞学园（崇贞工读学校），聘张伯苓任校董，至 1937 年。抗日战争爆发后，该校迁回日本，后名英美林大学。

6 月 12 日 南开学校董事会常会召开。范源濂、李琴湘、孙子文、陶孟和、卞俶成出席。张伯苓列席，报告大学、中学事项，特别讨论女中问题。会议提出增加大学教员薪水，薪水定格为：（1）教员月薪 180 元；（2）主任教员月薪 200 元；（3）凡携眷者，月加租房费 25 元；（4）任职每愈一年加薪 10 元，但以 5 年为限。陶孟和建议将增加率改为年增 20 元，以 300 元为限。

7 月 出席北京西山卧佛寺基督教学生夏令营，发表题为《只有教育是救国良药，只有青年是国家的希望》的演讲。
同月 与梁启超、严修、黄炎培、张謇、张一麐、陈宝泉、郭秉文、袁希涛、蒋梦麟、金邦正、凌冰等在北京组织实际教育调查社，并请美国教育家孟禄博士讲学，协调调查九省科学教育实际情况。

9 月 1 日 在开学典礼上致开会辞，邀请梁启超演讲大学之责任。
9 月 12 日 特聘梁启超讲授中国史，开设《中国历史研究法》，为文、理、商三科必修课。每周一、三、五下午授课 3 小时。
9 月 13 日 “巴顿调查团”（芝加哥大学副校长、神学教授巴顿博士为团长）

一行七人到达北京，与调查团在华成员张伯苓、郭秉文、司徒雷登等九人会合，并召开预备会议，就考察目的、范围及方式等进行磋商，提出详细了解教会教育在整个中国中的地位，以“指示一种对将来教育上改良之计划”。

9月30日　巴顿调查团来津。与教育厅长孙子文等人到车站欢迎，并在英租界皇家饭店开会欢迎。后由张伯苓导观南开大学。

10月13日　请前来南开参观的美国驻华公使许尔满博士（G. J. Schurman）在南开大、中两部修身班讲演会演讲。

10月25日　在南开学校欢迎新师长、新同学会上讲话，指出“解决世界大难题，要在教育，而教育尤赖大众有团结之精神，努力奋斗”。

10月30日　学校董事会常会召开，严慈约、孙子文、陶孟和、卞俶成出席。张伯苓报告学校情况。董事会决定学校筹款事由校长计划之，捐款报告书请梁启超拟序。

11月21日　邀请梁启超在南开大学演讲《市民与银行》，就中国银行、交通银行停止兑现影响市面金融问题发表见解。

12月1日　与严修等在天津西站迎美国哥伦比亚大学师范学院主任孟禄博士。

12月2日　在女子师范学校听孟禄讲演。

12月3日　接待孟禄参观南开大学及中学各部。孟禄与张伯苓交谈欧美四种教授法，并说，来华游历南北，参观各地学校，以南开为最善。上午，还与孟禄出席湘鄂川黔四省赈灾游艺会并讲话。中午在南开大学留孟禄用餐，饭后严修、张伯苓及南京高等师范学校教务部主任陈鹤琴等陪同到俱乐部书画慈善会，后同往参观广北小学、宫北女学，又同往工业观摩会。

12月6日　邀请日本西京大学教授郎巴德博士来校演讲《日本近代之新潮》。

12月8日　应严修约赴严宅陪孟禄吃饭，陪客还有曹锐、杨以德、梁启超、卢木斋、孙子文、凌冰、张见安、陈鹤琴、王回波、汤梦如、武问泉、冯仲文等14人。

12月9日　接待协和医学院化学科主任威尔逊博士（Dr. Wilson）来校参观。下午，出席孟禄在工业专门学校召开的教育讨论会。

12月10日　与严修陪袁述之参观南开中学和南开大学。袁述之为南开大学科学馆捐资2万元。

12 月 15 日　在北京高等师范学校出席实际教育调查社预备会议。
12 月 16 日　发表《实际教育调查社启事》，发起人为黄炎培、张一麟、范源濂、严修、梁启超、张謇、袁希涛、郭秉文、张谨、孙凤藻、陈宝泉、张伯苓、蒋梦麟、金邦正、凌冰、邓萃英。
12 月 19 日至 22 日　实际调查社邀集各省代表 70 余人与孟禄博士讨论中国教育问题。21 日，张伯苓就大学预科和中学改良发表意见。
12 月 23 日　中华教育改进社成立。该社由新教育共进社、新教育杂志社、实际教育调查社合并改组而成，以调查教育实际，研究教育学术，谋求教育进行为宗旨，总部设在北京。张伯苓、蔡元培、范源濂、郭秉文、黄炎培、汪精卫、熊希龄、李建勋、袁观澜等 9 人为董事。
同日　实际教育社为即将离京返美的孟禄博士设宴饯别。席间张伯苓致辞，高度评价孟禄考察中国教育的成果，并表示针对孟禄对中学教育的批评，率先在南开中学进行改革。。
12 月 27 日　孙子文、梁启超、严修、张伯苓、凌冰到天津新车站与孟禄作别。
12 月 30 日　同梁启超、范源濂、严修、凌冰商讨中华教育改进社办法。

1922 年（民国十一年壬戌）四十六岁

1 月 17 日　会晤拟在南开大学筹建东方文化研究院的梁启超及张君劢、张东荪、蒋百里等。梁启超发表《为创设文化学院事求助于国中同志》书。该学院主要学习和研究中国传统文化，采用半学校半书院的组织。院舍在南开大学，“一切学课与南开保相当之联络关系”。
同日　与范旭东晤谈。

2 月 1 日　中国第一届职业学校出品展览会在上海陆家浜中华职业学校举行，张伯苓在展览会演讲，对当前我国职业教育提出一连串问题，包括职教制度、教育内容、学生自立能力等，并说，“鄙人常与黄任之先生讨论，吾国现在之职业学校是否失当”。
2 月 6 日　主持南开学校开学典礼，并发表讲话。邀请梁启超演讲，讲毕，梁启超到大学与学生讨论研究学术方法。
2 月 20 日　邀请东南大学体育科主任、中华业余运动联合会书记麦克乐来南开学校指导体育运动。

2月22日 邀前《北京晚报》社长美国人李佳白（Gilbert Reid）在南开中学讲“教育救国”。

2月末 南开教职员成立赎路集金委员会。张伯苓、华午晴、孟琴襄、张见安、陈筼谷等五人为委员，张伯苓认捐500元，全校集金约8 000元。

3月9日 邀请胡适来南开讲授《国语文学史》。

3月12日 南开校董事会常会召开，范源濂、严慈约、孙子文、陶孟和、卞俶成和张伯苓出席。严慈约代表严修提议，校长薪金太廉，应由大学部月出津贴百元加入十一年预算，众赞成，通过。

3月16日 顾临（Greene）在《南开学校和东南大学》的信中，对张伯苓指出，委员会很高兴的推荐资助南开大学的理科发展，希望尽快与祁天锡（N.G.Gee）接洽，在他回美国之前帮助你们准备好有关申请资料。顾临还说，洛克菲勒基金会董事孟禄博士认为，在资助南开大学这件事上，必要的话可以资助建筑费和仪器设备费。顾临表示，这个资助不包括建筑设施的维持费，但我估计在头几年会有维持费用的，甚至包括教师的薪资。我们希望资助的费用要控制在合理范围之内。

3月23日 邀胡适来南开讲授《国语文学史》。

3月26日 中华教育改进社主任干事陶行知来南开大学召开谈话会。

3月 与美国哈佛大学及理工科学生委员会接洽援助南开大学设立工科事。

4月1日 在北京出席世界基督教学生大同盟国际董事会。4日参加世界基督教学生大同盟第十一届代表大会。参加大会的有39个国家的700余名代表。大会讨论如何向现代学生宣传基督教和学生生活基督化等专题。

4月8日 胡适来南开学校，晚预备演讲。

4月11日 听范源濂演讲《公民教育》。

4月12日 出席中华教育改进社事务所成立会，到会者有熊希龄、蔡元培、胡适、陶行知、范源濂等二十余人，主席范源濂。胡适、张伯苓、蔡元培、陈宝泉、李襄臣等先后发言。13日，与严修、范源濂回天津。

4月 直隶教育厅中小学教育会议召开，张伯苓在南开学校招待出席会议代表。

5月2日 因直奉战事，南开中学暂行停课一周。

5月4日 斐陶斐（Phi Tau Phi）学会第一次全国大会在上海举行，通过会章，

并选举职员及全国执行委员共 8 人，会长郭秉文（国立东南大学校长），副会长李斐英（唐山交通大学教授）、司徒雷登（燕京大学校长），总干事牛惠生（圣约翰大学），副总干事张廷金（上海交通大学），委员包文（金陵大学）、张伯苓（私立南开大学）、卜舫济（圣约翰大学）。

5 月 13 日　陶行知从北京来南开大学。张伯苓与陶行知、范源濂、严修、凌冰议事。

5 月 21 日　南开学校董会常会召开特别会议，范源濂、孙子文、卞俶成、王濬明出席，张伯苓列席。讨论女子中学事。因范源濂去美国留学，辞去董事，推周自齐为董事。

5 月　南开大学在八里台新校址动工起建校舍。

6 月 7 日　约天津各银行、洋行及各大公司经理讨论大学生毕业后服务办法。

6 月 10 日　因北京政府农商部有裁撤地质调查所之议，张伯苓与蔡元培、梁启超、张謇、张国淦、冯熙运(北洋大学校长)、俞同奎(北京工业专门学校校长)、郭秉文(东南大学校长)等上书，指出“该所办理有年，成绩昭著，似不应在裁减之列”。

6 月 14 日　赴车站迎接顾维钧公使。晚，为南开学生演讲。

6 月 26 日　罗氏驻华医社秘书安布瑞（E. R.Embree）致函顾临谈南开大学科学馆事。信谓：威尔逊（Wilson）博士在天津与我及胡恒德（H. S. Houghton，北京协和医学院校长）会合，并一起参观了南开大学。我们对他们的工作饶有兴趣。与东南大学比，他们没有多少理科教师，但给我们的印象是，南开正在快速发展，并且他们比其他学校也更愿意尝试从别的渠道获得资助不抱太大希望，他认为在正式提交申请材料之前，需要同校董会进行磋商。可是三四天之后他们来北京很有信心的对我们表示，可以找到足够的钱，以与我们提供的资助相匹配。同日，安布瑞致函张伯苓，谈驻华医社对南开大学理科设备和教师培训方面的资助。

6 月 27 日　张伯苓复函安布瑞，对罗氏驻华医社代表洛克菲勒基金会给予南开大学理科资助表示感谢。信中对其承诺的项目资助作了明确：

1. 科学馆建筑，最多 15 万墨西哥元；
2. 科学馆仪器设备，最多 4 万墨西哥元；
3. 理科教师薪资每年 1 万墨西哥元；资助 3-5 年。

除此之外，医社还支持一位美国访问学者到南开工作一至二年，并责他的

全部开销。

7月3日　中华教育改进社第一次年会在济南召开，与蔡元培、陶行知、胡适、黄炎培、张元济、张仲仁、汤尔和、陶孟和、黎锦熙、蒋梦麟、丁文江、胡敦复等出席。会见美国新到科学专家推士博士（G. R. Tuiss）。
7月8日　南开暑期学校开学，任校长，下设委员会，主要培训中小学职教员和预备投考大学的专门生，依不同职业及文化程度，分为四组，请梁启超、范源濂为校董。除本校教授任课外，另邀梁启超、胡适、范源濂、凌冰、陶孟和、董守义、陆礼华、罗素等讲课。
7月9日　与胡适、丁文江、陶孟和等同车离开济南。
7月11日　拜访来天津的张元济。
7月30日　胡适抵达天津，住南开大学。31日及8月1日，为南开大学暑期学校讲课。两班学员均八九十人。
7月　张彭春应中国教育促进会之邀考察欧洲各国教育制度，访问英、法、德、意、波兰、丹麦等国。

8月1日　张默君女士来南开学校见访张伯苓。
8月2日　与严修同访靳云鹏、陈秀峰、王子春。午后，访聂云台，交谈许久。
8月5日　胡适为南开大学暑期学校授课全部结束，共计6天，先后讲授“国语文学史”、“国语文法”、“国文源流”。6日与胡适谈话，致送胡适讲学费100元。
8月23日　胡恒德就资助南开大学和东南大学事写信给顾临。信中说：

你们7月11日关于南开大学和东南大学的申请报告，我已转交张伯苓和郭秉文，并告知他们7月7日执行委员会开会的内容，也告诉了他们最后（匹配资金）的期限。

毫无疑问，安布瑞先生将会更明确说明有关南开的事。他认为对南开科学馆的投资，不会超过20万墨西哥元。但是我们认为钱虽然少了点，但对于南开这个规模较小的学校，也足够建一个令人满意的科学馆了。我希望用15万元就可以在天津建设这个科学馆。我们之所以接受南开要这么多钱的原因，因在北中国用以加固水泥的成本比南京高很多。目前，我们将审查这些学校能够匹配钱的情况。我建议，一旦他们符合条件，我就通知你由北京拨款给他们。

9 月 4 日　在南开中学始业式上，向全校介绍舒舍予（老舍）、范文澜等 19 位新聘教师。

9 月 10 日　召开校董会例会，严慈约、孙子文、李琴湘、卞俶成和张伯苓出席。罗氏基金团董事会议决帮助南开大学理科，包括科学馆建筑费、理科仪器设备、理科新教员薪金，并每年加派美国理科专家来校协助。

9 月 18 日　在南开大学第四学年始业式上演讲，主要谈办大学三年来所遇的困难和经验。认为南开大学能在竞争中生存下来并有发展，教师是重要因素。

9 月 21 日　在教育部召开的学制会议第二次大会发言，指出“中等教育之目的，可分预备升学及学习职业二种，两者不同，均应注意”。

同日　邀请天津基督教青年会体育科主任董守义任南开学校柔软体操教员，并教练篮球及田径。

9 月 25 日　在南开大学会晤日本经济学家福田德三及同文书院江藤，主持福田学术报告会，并请梁启超介绍。

10 月 10 日　主持南开大中学校全体师生国庆纪念会。请中学国文教员老舍发表题为《愿将“双十”解释作两个十字架》的演讲。

10 月 13 日　欢迎美国讲演家艾迪博士（Dr. Sherwood Eddy）一行来南开大学演讲，并请晏阳初翻译。

10 月 15 日　艾迪在天津安徽会馆演讲。张伯苓在其演讲前致辞介绍，其中说道，“中国现在大势日趋险恶，自民国以来，频年兵祸，岁无宁日，以致灾荒迭见，工业不兴，市廛萧条，致成为各国视线之中心点”。

10 月 17 日　南开学校十八周年校庆，邀请梁启超来校讲演《母校纪念及祖国观念》。

10 月 27 日　陪同美国科学教育家推士博士参观天津各学校。次日下午，开会欢迎推士。29 日，主持科学教育研究讨论会，请推士发表讲演。

11 月 4 日　约请美国科学教育家推士在南开大学讲演教学方法。

11 月 5 日　主持天津市科学教育研究讨论会，邀请天津各校科学教员参加，并在会上提议成立天津市科学教育研究讨论会。

12 月 13 日　邀请农商部地质调查所所长翁文灏来校演讲《地震》，外有幻灯片数张，以助讲解。

12 月 18 日　祁天锡给顾临写信谈南开科学馆。信云：

离开天津前，我刚刚同南开大学理科教师及学校行政管理人员召开了一个很长时间的会议。会上我们一起参考了有关学校科技楼的建筑蓝图，然后讨论了南开的科技馆。但建筑师没有如他承诺的提供南开科学馆的草图。他表示尽快准备好，以便明年春天开工。南开没有具体提出总花销的数额，他们认为有可能从两三个人那里弄到捐款。明天下午还要与他们讨论一次，我希望通过这次会议让他们有一个更加清晰的认识，我认为，南开的科学馆建筑应该是一座有汽、暖、水、电的现代化楼。

12 月 22 日　出席中华教育改进社董事会会议。参加者还有蔡元培、熊希龄、李建勋、黄炎培、张彭春等人。

12 月　为《圣经全书汇编》作序。

本年　受聘为《新教育》杂志社教育普通问题组编辑，同时受聘为该组编辑的还有余日章、沈信卿、汪精卫、汪懋祖、孟宪承、徐甘棠、郭秉文、陈宝泉、刘廷芳、蒋梦麟、郑晓沧、罗世真。

1923 年（民国十二年癸亥）四十七岁

1 月 6 日　上海《密勒氏评论报》公布“中国当今十二位大人物”问卷调查结果。孙中山以 1 351 票名列榜首。12 位以后，有颜惠庆（513 票）、聂云台（252 票）、黄炎培（178 票）、汪精卫（151 票）、陈独秀（148 票），张伯苓得 136 票，高出张作霖、穆藕初、曹锟、陈嘉庚、宋汉章、卢永祥、陈光甫、徐世昌等军政工商界人士，蒋介石得 4 票。

1 月 10 日　北京私立平民学校校长汪伯唐邀请教育部司员及各专门学校校长欢迎德国杜里舒博士夫妇来北京，张伯苓出席，并为杜里舒讲话做翻译。

1 月 16 日　顾临（Greene）致函罗氏驻华医社医预科教育顾问祁天锡，谈为南开大学物色的访问教授吴鲁德（P. I. Wold）于 1923-1924 年去南开任教事，并希望从北京协和医学院录取标准出发，南开大学一些课程有所调整。

关于南开大学科学馆，顾临在信中说：“期待得到你进一步报告，张（伯苓）博士能不能从别的方面获得资金，以匹配我们对科学馆和人员培训所投的资金。”

1 月 26 日　北京协和医学院教师富路德（L. C. Goodrich）致信顾临称，刚刚收到南开大学来信，他们要聘一个化学教师和一个生物教师，最好是男教师。

驻华医社提出了新的物色人选。

2月6日　张伯苓正式通知胡恒德，南开大学已经成功获得一笔12.5万墨西哥元的资助，作为科学馆建筑和仪器设备的一半。这笔捐款将分期支付，现在学校已收到5万元。

胡恒德告诉张伯苓，我们先给南开5万元，待你们从袁（述之）先生那里得到后续的捐款后，我们会付给南开同样的钱。

2月11日至12日　欢迎德国哲学家杜里舒博士（Dr. Driesch）来南开大学演讲《历史之意义》、《伦理之自觉性》。由梁启超致介绍词。

3月4日　中华教育改进社在南开大学举行京津董事会。熊希龄、梁启超、严修、张伯苓、陶行知、孟禄等出席，推定代表蔡元培、张伯苓、范源濂、黄炎培、胡适、陶行知、汪精卫等八人出席本年6月28日至7月6日在美国旧金山举行的世界教育会议。

3月6日　在南开中学新学期第一次修身班上发表讲话。主要讲解南开学校的公共目的。他说，这个目的简单说是“期望每人皆成一个人”，换句话就是使个人皆得充分地发展他的才能。

3月7日　收到中华教育改进社来函，赴美参加世界教育会议代表的名单确定为蔡元培、范源濂、黄炎培、郭秉文、张伯苓、胡适、汪精卫、陶行知。

3月11日　校董会常会召开，孙子文、严慈约等出席，张伯苓列席。张伯苓在会上报告大学建科学馆、向银行借款事，以及八里台南开大学新校工程等。同时，提议女子中学于本年7月开始招生。

3月19日　南开师生举行反对日本对我国提出的二十一条报告会，要求政府根本否认二十一条，收回旅顺大连。张伯苓演说，谓“苟诸生能立定心志，本自立立人之精神，以救将亡之国家，何患旅大之不归还”。

3月22日　张伯苓委派理科教师和行政人员在北京与洛克菲勒基金会胡恒德、祁天锡及建筑师讨论科学馆建筑计划。这个计划稍作修改，将提交校董会批准。次日，胡恒德在给顾临的信中谈了南开大学审议科学馆设计图的情况，指出“这个建筑是一个有着非常好的结构，与周围建筑很协调。物理系在一层，生物系在二层，化学系在三层。这个建筑还可能扩展到翼楼。现在的计划是采取水暖取热，将来会有一个中央控制系统”。胡恒德告诉顾临，“南开期待尽快完成施工图，一旦拿到动工许可，就立即动工建筑”。

3 月 24 日　华北各大学联合演说会汉文辩论组清华与南开大学辩论会在南开大学举行，南开为正组，清华为负组。辩题为《中国中央政府的权力应限于国际及一省以上的事》，张伯苓致开会辞。结果南开大学大获全胜。

4 月 1 日至 2 日　祁天锡在南开大学与张伯苓及理科教师讨论科学馆建筑和理科设备问题。张伯苓谈到了学校已经累积负债 24 万元，去年赤字为 2 万元，今年可能达到 2. 7 万元。祁天锡说："张博士谈话中还是很抱有希望。我在南开时，好多人不愿亲近他。即使在卡德维尔博士（Caldwell）晚宴上短暂谈话中，也看得出张博士有很大精神压力，除非他照顾好自己，否则他会精神崩溃。"祁天锡认为张伯苓让南开大学发展地太快了，"我已经与他及大学部主任凌冰几次谈到这种蘑菇式增长的危险，我反对这种多头的发展"。

4 月 16 日　欢迎泰戈尔（Rabindranath Tagore）来华代表、印度大学教授艾理米休斯（Elmhirs）来南开讲演《印度教育状况》。

5 月 4 日　第十届华北运动会在南开大学举行，张伯苓主持大会并任总裁判。

5 月 10 日　邀请德国威赫禄穆博士（Wihelm）在南开大学讲演《东方哲学对于西方思想之关系》。

5 月 14 日　北京协和医学院教师富路德（L. C. Goodrich）给张伯苓写信告知，顾临要一步知道南开大学需要的理科教师情况，以便为你们物色更好的人选，包括：聘用几年，最高工资，旅行补助，住房情况等等。如果能提供一个关于其职责的具体描述更有帮助，如教什么课，每周授课和实验课程的学时，及其他相关应该有的信息。顾临还问：美国有无南开的代表，他有权代表南开对拟聘人选做出决断。

5 月 19 日　凌冰代表了张伯苓复函富路德。是根据 5 月 14 日和 17 日两次致张伯苓函一并作复的。

5 月 20 日　与严修陪徐世昌等参观八里台南开大学新校。

5 月 22 日　出席直隶中等教育会议。

6 月 18 日　应邀出席天津学生同志会女权股召开的"废娼问题讨论会"，在会上发表演讲，主张废除娼妓，并当选天津废娼运动期成会委员。.

6 月 28 日　南开大学首届毕业典礼在八里台新校秀山堂举行，授予 21 名毕业生学士学位。张伯苓、梁启超相继祝词，并颁发毕业文凭。

7 月 6 日　达仁女校校长马千里为该校教员邓颖超等六人报名入南开大学暑期学校。

8 月 10 日　应日本驻津领事吉田茂邀请，赴日本驻津领事馆领事寓所，同座有严修、梁启超、凌冰、王竹林等，日本方面有东京医科大学入泽达吉博士、日本外务省书记处冈井部长、副领事浦田昌义，以及鹤见、越崎诚近等。

8 月 12 日　迁八里台南开大学新校址办公。

8 月 13 日　富路德致信北京协和医学院董事会秘书玛格瑞·K·艾格莱斯顿（Margery K.Eggleston）谓：南开大学已经招聘杨绍曾（石先）先生作为 1923 至 1924 年的化学教师。杨先生从康乃尔大学获得化学学士和硕士学位。他作了很多科研工作，在美国化学杂志上发表了几篇文章。他的工资每月 205 元。从 1923 年 8 月起，我们给南开寄了一张支票，作为杨 8 至 12 月工资的一半。

8 月 19 日　中华教育改进社在第二届年会前召开社务会议，张伯苓作为临时主席主持会议，并致开会辞，称现在国事毫无进步，吾人相信教育为解决一切困难问题之妙物。我们所最信仰之教育，将来无论时局如何变化，都要努力前进，毫不懈怠。

8 月 23 日　在中华教育改进社第二届年会第一次全体学术会议上做报告。

8 月 26 日　出席第一次全国平民教育大会。议决成立中华平民教育促进会总会，选举董事 40 人，推举张伯苓、周作民、陈宝泉等 9 人为执行董事。朱其慧为董事长，晏阳初为总干事。

9 月 3 日　在南开学校中学部第二十学年始业式上发表演讲，谈“本学期的改革”：在教务上，注重学生自修，以期养成学生自己负责之习惯；在训育上，使学生养成沉毅之习惯。

9 月 17 日　在南开学校大学部开学式上发表讲演，提出办大学之目的是，在学以致大，学以易愚，学以救国、救世界，学能求真理又能改善人格。学者要做到：立志、敦品、勤勉、虚心、诚意。

9 月 21 日　《南开周刊》载，张伯苓在南开全体教职员聚餐会上讲话，强调办教育的目的，就是要造就新人才，改造旧中国，创造新中国。任教育者当注重人格感化。人格感化之功效，较课堂讲授之力，相去不可以道里计。

10 月 4 日　在北京与张彭春看梅兰芳、杨小楼的《霸王别姬》。

10 月 8 日　与南开女中学生谈世界各国需要教育的原因及教育的意义，提倡学生主动学习。

10 月 14 日　主持美国讲演家艾迪博士在南开中学演讲《世界之大局》。

10 月 16 日　接待美国罗氏基金团代表、美国远东办学处副主任格先生来南开大学参观。

10 月 21 日　校董周自齐逝世，“本校师生当同申哀悼”。

10 月 26 日　请南开大学人类学教授李济博士在修身班演讲《新郑之行》。

10 月 30 日　倡议南开大学成立教授会，并提供房屋作为教授社交活动室。

11 月 1 日　在南开学校高级修身班上演讲，深信“中国将来之希望，纯在人才之多寡”。

11 月 12 日　邀梁漱溟在南开中学高级修身班上演讲《孔子的真面目》。

11 月 14 日至 15 日　亲到南开大学男女生宿舍及校内各处察看，分别与师生谈话了解情况，并约请各科主任详谈本校来年计划等问题。

11 月 15 日　在南开中学高级修身班讲话，就梁漱溟前日所讲《孔子的真面目》，望诸生特别注意孔子学术要点，并要求学生各备《论语》一部，仔细研读，称“以吾观之，中国之古书最有分量者，实算《论语》者也”。

11 月末　北京大学教授李大钊等来南开学校参观。

12 月 4 日　应山东烟台基督教青年会约请，前往讲演三天。

12 月 15 日　亲往叩奠袁述之母去世，并致吊礼。同时，代表洛克菲勒基金会向袁太夫人公奠致送造价 90 美元的银制品，以为奠敬。

12 月 18 日　江苏省长韩国钧聘任张伯苓等人为国立自治学院董事。

12 月 23 日　校董事会常会开会，严慈约、卞俶成、王濬明出席，张伯苓列席报告学校财务状况，并提出因学校经济困难，请董事会变通前决议的教员增薪问题。

12 月 24 日　北京大学教授谭仲逵、李大钊，天津法汉学校校长法国人葛禄举，天津法政学校校长李秀夫，汉口明德大学校长胡元倓，日人瓜田友卫等均先后来校参观，张伯苓等人接待。

1924 年（民国十三年甲子）四十八岁

1 月 2 日　祁天锡在给顾临的信中说，张伯苓刚刚给我打电话，告诉我南开大

学学生已经道歉，学校新年假后正式上课。对于凌冰先生是否适宜担任大学部主任有些质疑，学生们不喜欢他严格纪律，以及他不愿意与学生讨论问题的态度。如果他离职，化学系邱宗岳代替他。张伯苓还告诉我，巴顿（E. D. Burton）今年夏天邀请他去芝加哥大学作四个讲座和出席一系列圆桌会议。他已经接受这个邀请，正在制定途经欧洲的访美计划。

1 月 3 日　出席国立北京师范大学校董会的成立会。北京政府教育部聘请张伯苓、梁启超、李石曾、熊希龄、袁希涛、王祖训及委派教育部参事邓萃英、司长陈宝泉为北京师范大学董事会董事。

1 月 7 日　特邀美国芝加哥大学植物学主任、教授柯尔脱博士（Dr. Coulter）来校，在南开大学、南开中学做学术报告。10 日晚，张伯苓宴请柯尔脱，胡适、丁文江作陪。

1 月 19 日　出席天津废娼运动期成会会议。张伯苓为该会发起人之一。

2 月 10 日　《南开周刊》载，张伯苓在南开高级修身班上演讲，批评最近时局昏暗，并指出教育界有两种恶趋势，“其一为过重视金钱之商业化；其二为随事敷衍之官僚化”。

2 月 11 日　在南开大学开学式上讲话，报告学校改革事宜，并分发《师生建议书》，“以期师生对于学校一切事项积极的建议，以便分类讨论，早日施行”。

2 月 21 日　在南开中学全体教职员和高初中学生集会上演讲，强调要永不自满，而使学校常常在改造中。改造的最重要方法，即开诚布公。次日，又在全校师生特别集会上提出“开诚布公，根本改良”的办学方针，号召师生向学校提建议。

同日　洛克菲勒基金会纽约办公室向美国中心科学公司订购 5300 美金的南开大学急需的仪器。顾临给这家公司回信指出，南开大学有很大发展，对周围会产生极大的影响。

2 月 22 日　清华学校代理校长曹云祥致函张伯苓，请其担任清华大学筹备顾问。

2 月 28 日　顾临致函祁天锡称，南开大学从李纯那里得到的这笔捐款是非常有意义的。它代表了中国人为发展高等教育做出的努力。我想知道更多的这方面的信息：

1. 现金捐款是多少？
2. 它所投资的性质和面值是多少？
3. 投资的现实市场价多少？

4. 投资的年收入是多少？

当我们召开董事会，或对公众解释时，我非常渴望向他们提供所有的证据，来表明中国教育发展的前景和中国人为发展大学而努力做出的贡献。当我试图反驳我国民众对中国表现出非常悲观时，南开大学给了我一个非常好的例证。

2 月　北京大学教授谭仲逵、李大钊来南开学校参观。

3 月 6 日　在南开高级修身班演讲，称家族制度为中国一切道德之发源点。今日中国社会道德之堕落，完全由于经济制度之变化。欲与他国争衡，最紧要之方法，惟归诸教育。

3 月 11 日　在南开中学初二年级会上讲话，希望学生对于任何事业皆抱改造的思想，皆有努力合作之精神，“凡人作事，须具活泼之脑筋，自出新见解，不固守前人之规律，不抄袭他人之方法，始有新进步，好成功”。

3 月 13 日　在南开中学高级修身班上演讲，指出南开大学的巨大变化：其一为评议会之成立；其二为商科学生之组织学生会。并且认为，中国现在首要的，在增进物质文明。增进物质文明之法，在于振兴实业。他希望“三十年后南开学校之商科学生在中国商界可逐渐减杀外人之势力”。

3 月 14 日　为推进学校改革，成立南开大学评议会，制定《南开大学评议会章程》。评议会成员包括校长，大学主任，文科、理科、商科、矿科主任，教授会议代表及校长指定成员等，“专司评议全校一切大政方针等事”。

3 月 26 日　主持大学评议会，议决学校教师薪金为：正教授月薪 240～330 元，襄教授 160～240 元，助教 60～150 元，均不供膳宿。

3 月 28 日　在南开学校大学部修身班演讲，认为青年的问题虽然不止择业、婚姻和信仰三种，但这三个问题却是每个青年人的问题，不但重要，而且是尤为亟待解决的问题。

3 月 30 日　学校董事会常会召开。张伯苓在会上报告学校十二年度预算，并提议组织商科董事会。董事会通过刘芸生辞董事职，推李伯芝、丁文江为新董事。

4 月 3 日　在南开中学高级修身班上就学生普遍关心的“择交问题”演讲，强调“今日交友范围虽广，然亦反对以小团体而影响于社会之福利”。

4 月 6 日　召集南开中学高年级各组总干事及教科干事以征集各级、各科学生对于现行课程的意见。

4 月 19 日　邀请天津基督教青年会饶伯森和刘明义用幻灯为南开初中学生演讲

《两性教育》。

4 月 23 日　与熊希龄、张国淦、颜惠庆、范源濂、黄炎培、蒋梦麟、丁文江等22 名学者代表全国教育会联合会退还庚款事宜委员会、中华教育改进社筹划全国教育经费委员会、中国科学社、中华学艺社、中国地质学会、和留日大高同学教谊社发表《对于日本在我国办理文化事业之宣言》，对日本的主张提出异议。

4 月 24 日　与黄炎培、庄泽宣乘车南下。

4 月　接待日本文部省督学官山内雄太郎及日本教员视察团三十余人来南开参观。

5 月 1 日　祁天锡向顾临报告南开大学煤气站用费和科学馆进展情况，并谈到陈礼毕业于渥斯特理工学院，秋季来物理系，据说他在实验方面非常优秀，可以和饶毓泰先生的物理教学互补。他负责试验。

5 月 5 日　邀请美国驻华公使舒尔曼博士（Dr　Shulman）来校演讲，舒尔曼谓："我见着贵校蓬蓬勃勃的景象，觉得她发展的迅速，出乎意外。不禁深深地颂赞贵校长办事之热忱，与夫诸君奋勉之毅力。"

5 月 8 日　在南开中学高级修身班上讲话，对昨日学校的"五七"国耻纪念日活动发表感言，谓"此种纪念日多过一次，则正是表示吾人尚未能自振"，并称"中国今日之病，在不统一，在内政不良。舍此不图，只以手持旗帜游行于街市为爱国，是亦不免过于肤浅矣"。

同日　祁天锡访问南开大学，张伯苓给他《南开大学 1924 年 7 月-1925 年 6 月预算表》。

5 月 16 日　乘京汉车赴武昌参加全国第三届运动会。本届运动会由萧耀南任名誉会长，熊希龄任会长，张伯苓任副会长兼总裁判长，中华大学校长陈时任副会长兼筹备委员会委员长。本届运动会裁判语言由英语改为华语，公布文件和成绩用中文，第一次设置女子项目，设置中国传统的武术项目。在本届比赛中，以南开篮球队为主力的华北代表队获得全国篮球冠军。

5 月 26 日　中华职业教育会第七届年会在武昌召开。中华大学校长陈时主持会议并致开幕词。张伯苓讲话指出，职业教育须注重职业与教育的沟通。

6 月 7 日　祁天锡函告顾临，张伯苓已经收到南开大学债券的第一笔利息2000 元。

6 月 18 日　应邀出席中国大学毕业典礼，在演说中告诫毕业生走入社会后，"不

宜专想吃社会，或在社会上找便宜”，应该实心做事。
6 月 30 日　祁天锡说，张伯苓和凌冰邀请我出席南开大学毕业典礼。
6 月　胶澳商埠督办高恩洪倡办私立青岛大学，招收文商工科学生，聘请张伯苓、蔡元培、黄炎培等人为董事。

7 月 3 日至 9 日　中华教育改进社第三届年会在南京东南大学召开。会议推举张伯苓、蔡元培、陶行知、郭秉文出席下届世界教育会议。
7 月 4 日　中华全国体育联合会在南京东南大学召开成立大会，张伯苓任大会主席，沈嗣良任书记，大会选举张伯苓、聂云台、郭秉文、陈时、方小川、沈嗣良、郝伯阳、卢炜昌、穆藕初等九人为董事。
7 月 8 日　主持中华教育改进社童子军组会议，提议全国童子军联合会。

8 月 19 日　祁天锡给顾临信说，张伯苓有一个好消息报来。卖了一些债券，偿还了过去的 24 万元欠债。
8 月 25 日　祁天锡被张伯苓邀请访问南开大学刚刚归来称，张伯苓跟我讲了卖债券的情况：10 年期的债券在中国债券价格上涨的最高峰卖出，卖了 83 元多钱，总计拿到 68 万元，偿还 25 万元的债，还剩 43 万元现金，存了定期，将得到 7%的利息，并且得到承诺，存的时间越长，所获得利息越多。张伯苓认为，这是最安全的方法，也是最好的处理这笔钱的方法。这样，张伯苓每月从法国银行拿到 4500 元，从财政部获得部款 2000 元，从债券中每年收 78000 元，加上银行现金存款利息，每年学校收入 11 万元。

祁天锡还谈到张伯苓提到的另一件事，南开大学 1925-1926 年要招聘生物教师，因为他已得知应尚德要离开南开大学。张伯苓倾向聘一位普通生物学者，而不是植物学或动物学者。假如不得已是两者之一，则更青睐于一个动物学者。
8 月 26 日　据颜惠庆记述：美国退还庚子赔款“委员会的委员将有顾、施、我、范、袁、张伯苓、郭和熊，美国人有格林、孟禄、贝克、惠廉士和贝纳特。”
8 月　中国体育界人士假南京体育改进社举行年会，成立中华全国体育协进会（简称“全国体协”），大会通过决议，推选张伯苓为名誉会长，王正廷为名誉主席董事，沈嗣良为名誉主任干事，董事会共 15 人，全部为中国人。

9 月 11 日　在南开中学高级修身班上发表演讲，对军阀政府的教育政策作了批评。在阐述学校办学方针时，强调培养学生具有志大而正、战胜困难的毅力和

永远进取的精神。“此外尚有一种特质，曰创造的精神，其重要尤巨。”

9月13日　为保管和分配使用美国退还庚子赔款余额事，北京政府派定中国董事张伯苓及颜惠庆、顾维钧、范源濂、黄炎培、施肇基、蒋梦麟、郭秉文、周诒春等九人与美国董事孟禄、杜威、贝克、白莱脱、葛理恒等五人合组中华教育文化基金董事会。17日出席在北京政府外交部举行的中华教育文化基金董事会成立会。

9月24日　顾临就8月25日祁天锡来信复函写道，总体上我认为张伯苓卖债券一事处理得很好。10月29日，祁天锡给顾临回信谓，我认为张伯苓对这笔款的投资非常谨慎，而且他认为这笔款非常安全。据我所知，这笔投资是由四家与华北地区有联系的银行一起接手的，这四家银行是：金城银行、盐业银行、中南银行和大陆银行。

9月26日　张伯苓致函富路德，知会其已经收到科学馆的尾款的六千元支票。此前，张伯苓向罗氏驻华医社提出申请，要求将洛克菲勒基金会援建南开大学科学馆的剩余款项拨付学校。

10月16日　在修身班上发表演讲，语涉中国革命问题，批评军阀混战导致“实业停顿，教育破产”，瞩望学生“预备充分之学问之能力，以期异日尽责于国家”。

10月17日　在南开大学举行李纯铜像揭幕典礼上致辞，称南开之创立，即期以教育人才为目的，期引全国人民皆能觉悟。二十年来应社会之环境而进行，方法有时而变，目的始终不更。

10月30日　召集学校各班辅导员、教师谈话，强调课余多与学生接近，时加劝勉，整饬班风。

11月12日　顾临致函张伯苓称，我很高兴的得知，你们新的科学馆已经竣工，袁先生和中华医社的捐款已全部付清。祁天锡先生刚寄来一张科学馆的彩色照片，我在最近的董事会上作了展示。我认为您所筹集科学馆的必要资金和完成建馆的迅速，是我们中华医社到目前为止给予各学校捐助的标志之一。

11月17日　祁天锡访问南开大学，考察科学馆建筑，并探讨保证科学馆正常运营的善后事宜。同时，还就南开大学准备明年在科学馆对面建设图书馆的构想了解情况。

11月20日　《南大周刊》刊登以笑萍为笔名的《轮回教育》一文，批评任课的一些留学归国教师照搬美国书本，没有真才实学，引起南开大学教师不满。

师生观点对立，一时沸沸扬扬。

11 月 26 日　召开大学评议会，主持讨论课程改英语为国语讲授及使用中文教科书问题。

11 月 27 日　在南开中学谈学校的经济问题时说，本校三部皆有亏空，只能设法借贷。但张伯苓向学生表示，吾等决不能为经济所战败，“无论如何，决不令同学失学。汝等尽可沉心静气，专心学业也”。

11 月　执教南开大学的范文澜撰著《文心雕龙讲疏》，托张伯苓转请梁启超为该书作序。

梁序云：“乃者，吾友张伯苓手一编见视，则范君仲沄之《文心雕龙讲疏》也。展卷诵读，知其征证详核，考据精审，于训诂义理，皆多所发明，荟萃通人之说，而折中之，使义无不明，句无不达，是非特嘉惠于今世学子，而实有大勋劳于舍人也，爰乐而为之序。”

12 月 4 日　孙中山北上抵津。张伯苓拟于 5 日召开欢迎会，邀孙中山莅校演讲。孙中山因病未能出席。18 日，由其秘书黄昌谷前来南开大学讲演《中国工业之现状》。

12 月 11 日　邀请戴季陶在南开中学讲演《文化复兴与文化之统一》。

12 月 14 日　在南开中学初中集会上发表题讲话，语涉时政。认为教育欲取得实效，必须注意“普遍”与“专”两个问题。谈到南开建校以来，虽屡经困厄，却不致停办，且蒸蒸进行，其原因在于：（一）信（二）永变（三）专。

12 月 20 日　召学生会会长、南开周刊出版股股长等申说周刊所刊《轮回教育》一文失当处及与事实不符等情，并询问该文作者。来者拒不指认作者，声明一切言论由全体学生负责。下午，教务会议开临时会议议决致函校长，请其调查该文，若果出于多数学生意见，彼等即引咎辞职。

12 月 22 日　召集南开大学全体学生告以周刊载文种种失当处，并吁学生自认其咎，不应假借全体名义对峙，而学生默无表示。张伯苓遂于当日宣告离校，29 日,向董事会提出辞职。

12 月 23 日　张伯苓将科学馆内部照片作为礼物由祁天锡代为寄给顾临。

12 月 31 日　在范源濂宅召开南开学校董事会临时会议，讨论张伯苓辞职问题。董事会决议：校长辞职，本会当然挽留，无论此次风潮结果如何，亦不能任其辞职。遂致挽留校长函。

同日　凌冰写信给祁天锡，谈近来张伯苓因《南开周刊》所载文章引起校内风

潮的处置情况：

“在过去的几周，南开大学学生的出版物《南开周刊》发表文章批评学校，特别是一些教师。我们警告了学生很多次，但是没有效果。最后，张伯苓博士与学生会交涉，要求交出对学校当局和教师进行不合理攻击的作者名字，但是学生们拒绝了这个要求。张伯苓博士告诉学生，除非他们道歉，否则他会开除全体学生，或者他自己辞职。教职员被告知所发生的事情后，通过了一个决议：如果学生们不满意他们的服务，他们将辞职。张博士接受了教师的辞职，他自己也辞职了”。

本年　《学术与教育杂志》第一卷第1期刊登张伯苓为该杂志题写的祝词。

1925年（民国十四年乙丑）四十九岁

1月8日　在范源濂寓所召开临时董事会，范源濂、丁文江、卞俶成、王濬明出席，张伯苓未到。丁文江报告与学生联络情况。学生方面提出：学生言论绝对自由；对于作者不得处罚；学生一切合理动作，学校不得干涉等条件。董事会鉴于师生意见一时难于弥合，即出布告宣布暂行停课。学生应即一律归家，容俟筹定办法再行通告。同时董事会决定，“学校停课后，应于校内组织一委员会，请张伯苓先生担任委员长，以便办理及筹划一切善后事宜”。

1月上旬　张伯苓到北京面见祁天锡，告知学校风潮的最近动向，谓正常的关系将会恢复，学校将在中国春节后很快开课，用以弥补风潮造成的两周的损失。

1月15日　祁天锡访问南开大学。他认为南开风潮的严重性很难评估，因为张博士和凌博士对事件的结果，措辞都非常谨慎。他从外面得到的信息是，学生们认为凌冰太严厉，大部分学生因此对他不欢迎。河南省当局拟接受凌去那里主特省内教育发展工作。张伯苓博士与祁天锡谈话表示，考虑到凌博士即将离开，他有必要留在天津。张博士已经和芝加哥大学联系，他婉谢了他们的邀请，不会在芝加哥大学度过夏季学期。

1月16日　南开大学风潮结束。张伯苓致函《益世报》发表声明说明原委，又致函董事会各董事说明学生已均有觉悟，“现拟于一月十六日仍继续到校视事，以期不负诸公之委托”。

2月19日　在南开中学高中集会就上学期末南开大学因《轮回教育》一文所引发的风潮发表谈话，认为师生合作，足为学校进行上之助力。至于如何进一步

实行师生合作，需要研究详细办法，再同大家讨论。同时表示，要解决中学课程分量过重过多问题，使学生有余力以求课本外之知识。

2 月 28 日　在北京与张彭春谈话，说“南开没有钱，将来发展难，必须得着自己的特色”。

3 月 2 日　欢迎中华教育文化基金董事会董事孟禄博士来南开大学演讲《大学生之责任》。

3 月 16 日　接待祁天锡来访，并与之长谈，表示对学校未来的工作充满信心，即将着手为南开女中筹款。祁天锡担心他愈来愈重的负担，因为领导南开这么多学校，为此要在这动乱的年代到处奔波筹款。

3 月 19 日　休课一日，停止各种游戏活动。集合大学、男中、女中三部全体师生为孙中山逝世召开追悼大会。张伯苓致开会辞，略述开会宗旨，并发表演讲，盛赞孙中山先生为一代伟人，百世师表。其精神则耀日月，辉宇宙，万股不磨。吾人极应本先生之精神，竟先生未竟之业。

4 月 7 日　参加在北京大学召开的全国私立大学联合会成立大会。

4 月 10 日　在清华学校遇颜惠庆，邀其在南开毕业典礼演讲。同日与张彭春谈人的“不朽”时说，什么事人都会忘记，写几本书人也会忘，做事时不要太注意留名，留名要留好名。

4 月　主持南开大学教务会议，研究同意 80 余名学生的建议，除英语外所有课程改为国语讲授。

5 月 4 日　《南开周刊》载，张伯苓在南开中学高中学生集会上演讲，奋斗即是快乐，奋斗即是生活的方法。

6 月 2 日至 4 日　中华教育文化基金董事会在天津举行第一次会议，颜惠庆、顾维钧、蒋梦麟、丁文江、黄炎培等出席。选举颜惠庆为董事长，张伯苓、孟禄当选副董事长。据 6 月 3 日颜惠卿记述：“我当选为主席。其他成员有张伯苓、孟禄、丁、贝纳特和周等。执行委员会有格林、蒋和顾。委员会将拟定基金分配原则。有些人反对建立图书馆的设想。”

6 月 5 日　南开学校停课，师生成立“五卅运动后援会”，并上街游行示威。次日又组织讲演团外出演讲，募款援助上海工人。

6月12日　南开大学教职员发表告国人书，呼吁对惨杀上海同胞的英、日两国实行经济绝交。

6月13日　北京师范大学教授查良钊因“五卅惨案”事特来访问张伯苓，协商援助办法，以期一致。张伯苓谓“天津学界，自接到上海凶耗后，甚为愤慨，彼由学生教职员两方决定罢课三日，以致哀悼。现三日已满，学生方面除每日轮流出外游行讲演，检查英、日货物外，仍照常上课。救国必须读书，读书即是救国，双方兼顾，方为上策”。

6月14日　针对英国人所设天津新学书院不准学生罢课声援“五卅运动”，向前来求援的该校代表表示，诸生如果因爱国运动而被开革，敝校定予收容，并维持宿食。

6月25日　应允南开五名师生代表乘船赴日本，敦请旅日同胞声援五卅运动。

6月29日　借住清华学校召开南开教育讨论会。参加人员主要是训育、斋务等方面管理职员，半天组织学习讨论，半天休闲活动，用4天时间研讨“高级生管理法，管理员态度及教员合作问题”，提高如何办南开特色教育的思想认识。

7月9日　南开大学举行科学馆开幕式，邀请翁文灏作《为何研究科学，如何研究科学》的演讲。

7月23日　卞白眉为争取办理美国退还庚款存汇业务，函请张伯苓从旁协力，并请其代向范源濂教育总长处说明此意。

7月28日　与丁文江、颜惠庆、范源濂、蒋梦麟、周诒春、贝克、贝诺德等人出席中华教育文化基金董事会事务所开幕仪式。

8月10日　北京政府教育部核准私立南开大学立案。

8月12日　中华全国体育协进会在津开会，张伯苓蝉联董事长。

9月8日　报载张伯苓致函段祺瑞，对当局整顿学风一事亟表赞成，并借此呈请批拨南开经费。此举报端时有议论。

9月12日　祁天锡在给北京协和医学院和医学院董事会秘书玛格瑞K•艾格莱斯顿（Margery K.Eggleston）信中，谓张伯苓博士意识到，在做好充分准备之前，就招收大量学生对学校发展是不适宜的。因此，他表示南开大学在校生限制在500人左右。张博士强调了保持一个较少数量学生而不是较大数量学生的重要性。

9月21日　在南开女中新校舍奠基仪式上讲话，述创办女子中学的经过，在回想南开二十余年的经过说，“凭着立志、冒险、前进的精神，方得到今日的情况，不过现在仍向前走着，力求进步。如果南开的学生，每人有这种精神，我想于社会、国家，总有些补益吧”。
秋　应邀赴山东烟台基督教青年会，连续演讲“公民教育运动”。

10月11日　应邀在北京协和医学院作演讲，述其立志服务教育和皈依宗教原因，指出“宗教毫不与爱国有冲突之点”，呼吁国人放弃狭义爱国观念，用包括宗教在内的广泛方法，以勇往直前、不畏邪恶的精神从事工作，用宗教去救国。《协和年刊》报道：“国庆节后一天，在礼堂举行了一个活动，演讲人是南开大学校长张伯苓博士，他做了一个令人激动的演讲：《爱国主义与基督教》。”
10月17日　主持学校校庆纪念会，并致辞。卢木斋演讲说：“一个私立学校进步到这种地步，便是努力之成功。假如诸位都能如张先生，则天下有几千个张伯苓，又何愁不治呢！”
同日　南开大学科学馆落成，颜曰“思源堂”。张伯苓主持开幕式，京津政学各界代表出席。会上捐款人袁述之和美国罗氏基金团代表演讲，另请丁文江、任鸿隽、翁文灏等演讲。
同日　邀请日本学习院女子部平冈教授讲“东亚和平”问题。
10月　以中华全国体协董事长名义，为创设中华全国体育协进会呈请立案。

11月15日　接待中华教育文化基金董事会调查团陶行知、钱崇澍、祁天锡等人来南开大学参观。
11月18日至20日　教育部专门司司长刘百昭和特派参事秦汾来校考察，张伯苓接待。对张伯苓办理南开非常满意，认为“就中国公私立学校而论，该校整齐划一，可算第一”。
11月25日　在大学商学会成立会上演讲，阐述南开大学教育目的，“简单地说，是在研究学问和练习做事”，“研究学问，固然要紧，而熏陶人格，尤其是根本”。希望“南开大学能造出一班有组织能力之人，以发达中国的实业，而谋国家的富强”。
11月27日　陶行知继昨天在南开大学作《大学生应有之精神》演讲后，又在张伯苓陪同下讲演《学术独立在中国之重要》。随后张伯苓也就“理科学生与中国科学之关系”和“科学事业之将来”两个问题发表演说。“同学聆此对于各人

事业前途，咸生鼓舞之心。”

同日　邀请陶行知在南开中学讲演《学做一个人》，并针对教职员发表《教学合一》的讲话。张伯苓听讲后特别提出“更要教学生行”作为补充。陶行知对这一论述豁然贯通，于是将“教学合一”直称“教学做合一”。

11月　直奉战事紧急，天津地方秩序混乱。南开师生组织临时妇孺救济所，收容学校附近难民，并组织战地视察团，募款赈济群众。

12月2日　中华教育文化基金董事会任鸿隽、程文勋来南开大学考察矿科教学，特约任鸿隽发表演讲。

同日　组织南开大学理科教授饶毓泰、邱宗岳、应尚德赴北京参观各大学理科。为此陶行知发表《南开大学教授来京参观感言》，指出南开大学教授在国内交相参观，此为开风气之先，并赞扬张伯苓校长把教授参观费列入预算一举。

12月17日　自从前不久对陶行知在南开所讲“教学合一”提出“教学生行”的论断后，张伯苓又在南开中学高中学生周会上继续论述“学行合一”问题。他引证儒家经典说明“学”的恰当含义，明确界定所谓“教学生行”，即“行做人之道”。现代教育者只有把“教书”、“教学生”与引导学生“行做人之道”统一起来，这才算是好的教育。

12月23日　直奉战争危及天津，部署师生安全工作，大学女生及教师眷属移居黎元洪寓所，并组织师生保卫学校。次日南开各部停课。午后，冯玉祥国民军进入天津。

本年　受聘任齐鲁大学董事长，并任中国教育学会理事。

1926年（民国十五年丙寅）五十岁

2月12日　旧历除夕。赴严宅，与严修久谈。

2月25日　与孟禄夫妇、黄炎培乘车赴北京。

2月26日　在北京饭店举行中华教育文化基金董事会第一次常会，通过分配款项的补充原则，张伯苓当选副董事长。

2月　应山东烟台中华基督教邀请，到烟台作《教育救国》讲演，三天之内演讲10次。

3月2日　邀请孟禄博士到南开大学演讲《大学之责任》。假南开中学招餐孟禄

夫妇、黄炎培等人。

3 月 16 日　参加私立大学校长、北京国立大学校长及北京国立九校教职员代表在欧美同学会召开的联席会议，讨论英国处理庚款问题。

3 月 21 日　在学校董事会例会上报告。提议南开大学主任聘邱宗岳教授，并拟任职二年后送往美国研究一年。

同日　南开大学数学系主任姜立夫拟往厦门大学执教，经张伯苓与理科全体教授挽留，确定只请假一年。

3 月　接待湖南明德学校及汉口明德大学校长来校参观。

4 月 15 日　请美国布林茅尔学院（Bryn Mawr College）施太太（Mrs. F. Houls Slale）演讲。

4 月 16 日　召开文、理、商及矿科主任会议，讨论下期预科课程问题。

4 月 28 日　委托范文澜、朱瑶圃等四名教师负责审查南开中学高级国文教本，并由他们负责选编教材。

4 月　将反映南开发展成就的资料和照片寄送美国费城博览会。陈列品包括：南开历史方面，总题为《三十年来之中国——南开学校发达史》。内容分六：（一）南开学校之胚胎时期；（二）南开学校之诞生；（三）南开学校之发展；（四）南开大学；（五）南开与女子教育；（六）三十年来之回顾与南开今日之地位。其他各项陈列品有五类：（一）学生生活与课外组织；（二）南开之体育；（三）水旱兵灾中之南开；（四）男女中手工成绩；（五）大学商科矿科。

5 月 9 日　祁天锡偕夫人及子女来南开大学参观，张伯苓和理科教师与他们共进午餐。大学部主任邱宗岳答应尽快向他提交 1926-1927 年南开大学预算表。

6 月 8 日　出席在北京李组绅寓所召开的南开大学矿科董事会。李组绅、张翼后、严慈约、翁文灏等参加，会议决定大学矿科之事暂停。

6 月 13 日　学校董事会召开例会，李伯芝、范源濂、李琴湘、卞俶成出席，张伯苓列席。

6 月 19 日　国民政府批准筹备中山大学委员会名单（40 人）和筹备中山大学委员会特聘委员会名单（30 人）。特聘委员有张伯苓及林伯渠、孙科、程天固、陈其瑗、高冠天、周柏年、黄枯桐、徐季龙、蔡元培、吴稚晖、顾孟余、李石曾、易培基、李圣章、李润章、蒋梦麟、沈蕙如、沈尹默、于右任、范源濂、

陈钟凡、陈陶遣、袁希涛、陈振中、徐振亚、许子彬、陈群、王肯堂、李其芳。

6 月 22 日　南开大学第四次毕业典礼在大学秀山堂举行。张伯苓讲话，来宾及毕业生代表致辞，严修等颁发毕业证书。

6 月 24 日　在北京参加中华教育文化基金董事会会议。

7 月中旬　会见新聘来南开大学任教的美国耶鲁大学博士何廉，并同赴严宅引见严修。

7 月 23 日　为南开大学汤用彤、唐伯源二教授调查天津工商业事，函托天津商会夏琴西协助。

8 月 10 日　召集大学、中学两部教职员开会研究建立社会调查委员会事宜。新组织以调查或视察天津各界问题为其总纲目，目的在于了解社会真实情况；培养学生实际观察能力；探讨解决社会问题方法，并对社会视察之目标与办法及大学生和中学生调查分工等提出构想。

同日　为请天津总商会协助南开大学汤用彤教授暑假进行工商业调查事，致函夏琴西速颁调查介绍书。

9 月中旬　函恳天津警察厅查封南开学校左近贩售诲淫导邪之书的卖书铺，并称青年学子，血气未定，情窦初开，一经引诱，受害甚大。

9 月 22 日　范源濂致函顾临，告诉张伯苓当选中华基金会执行委员会委员。

9 月 26 日　严修与张伯苓商量学校筹款事宜。

9 月聘竺可桢教授来南开大学任教。

10 月 12 日　祁天锡致信给艾格莱斯顿，那封关于为南开大学物色生物教师的信，已经收到。我已经把信中有关 Tung-Yu Lin 小姐的信息转给张伯苓。张伯苓已经确定李继侗来南开生物系任教。他不需要再增添新人。

10 月 15 日　陶行知来校，张伯苓派张彭春引导参观。

10 月 16 日　陶行知写信给张伯苓“劝南开大学开办小学”。

10 月 17 日　在南开学校二十二周年纪念会上致开会辞，宣扬“咱南开二十二年的历史，就是奋斗与进步的结果”。继由任鸿隽演讲，又次为毕业生代表高仁山、查良钊演讲及在校学生代表演讲。同日南开女中举行新校舍落成庆祝典礼，张伯苓、严修、黎元洪、靳云鹏等出席，各国驻天津领事与会。张伯苓演讲南

开女中成立经过。黎元洪演讲直言，“对其四子女在南开道德学问之优良甚为满意”。华南圭的夫人华露存用英语演讲《对中国女子教育的希望》，并约请陈衡哲女士来校讲演《女子新使命》。

11 月 5 日 复函上海两江女子体育师范学校，赞“贵校创办四载，成绩卓著，洵足为女界光”，并应征为该校四周年纪念册附题词：

强我种族，体育为先；
平均男女，促进健全。
钦羡贵校，巾帼英贤。
懦弱之耻，以雪巨湔。
四载孟晋，奋迅无前。
起衰振靡，用广师传。
俚俗恭祝，寿考万年。

11 月 11 日 《梁启超致江翊云书》记，范源濂、张伯苓、周寄梅、戴志骞、任鸿隽为北京图书馆（即北海新馆）委员。

11 月 20 日 欢迎张学良在南开学校东三省同乡会发表《东三省非吾家私产》演讲，并陪同参加南开大学、中学、女中三部联欢会。晚，主持张学良在青年会特别智育讲演会，致欢迎词。张学良登台，回忆十余年前，在沈阳聆听张伯苓讲演中国之希望受到的至今难忘的感受，“鄙人自听此讲演之后，以为行将亡之国家，尚有可挽救之希望，乃愤志读书，痛改前非，将素日之悲观，忽一变而乐观”。

同日 以南开学校名义撰诔词，对红万字分会 40 余名救护队员在九江江永轮船殉难表示哀悼。

11 月 26 日 以南开大学校长名义为《中学教育实验性研究》课题向中华教育文化基金董事会申请经费资助。这是由张伯苓和南开大学教授黄钰生指导的关于中学教育的科学研究，旨在通过系统地访问和调查自然及社会情况，探讨“如何使中国学生产生用科学的方法和科学的观念看待生活的动力和热情”。“试图解决一个中国理科教育中关键的问题。”该项目除有计划地开展自然和社会实践调查外，还包括英语教学的教材和教法的研究，以及一个合作性的教师培训计划，并在此基础上以期建立中学教育研究所。张伯苓在申请报告最后提出，南开是开展这项研究工作“最佳的地方”，并且强调该项目提出的“是一个通过创新的方式尝试解决中国巨大社会转型中某一阶段的问题”。

11 月 27 日　天津学术讲演会举行成立会，张伯苓主持，张彭春被聘请为顾问。
11 月 29 日　天津日文《京津日日新闻》及日文《天津日报》刊载天津戒严司令部派侦探到南开检查学校是否有共产党的报道。张伯苓即函两报申明“贵报登载失实，望即为更正，以明真相”。
11 月　与梁启超、熊希龄、颜惠庆、王宠惠、顾维钧、胡适等会见美国斯坦福大学校长威尔伯博士（Ray Lyman Wilbur），同游北京名胜。

12 月 4 日　美国斯坦福大学校长威尔伯博士参观南开大学，并就中国科学教育问题与张伯苓座谈，黎元洪、靳云鹏、张彭春与会。
12 月 10 日　赴北京出席中华教育文化基金董事会会议。
12 月 11 日　拜访颜惠庆，谈南开大学募集基金事。
12 月 19 日　学校董事会召开例会，范源濂、孙子文、严慈约、卞俶成出席，张伯苓列席。张伯苓报告学校民国十四年度决算概况。
12 月 26 日　主持《大公报》社胡政之在南开大学“天津学术讲演会”作《新闻事业》演讲。
12 月 27 日　致函北京中国银行马寅初，请其于本星期三南下过津之际，莅南开大学演讲赐教。
本年　与胡适、梅贻琦、杜威等人共同发起成立华美协进社。其宗旨为促进中美文化交流，资金由美国联邦政府教育部门与基金会资助。

1927 年（民国十六年丁卯）五十一岁

1 月 10 日　祁天锡从张伯苓那里得知，南开不再能从 130 万元债券中获得利息，政府截留了这部分盐余息款。张伯苓看上去还很乐观，即使这部分收入没有指望了，他也能继续学校的运转。他对英国的庚子赔款很感兴趣，想从中弄到一些钱。他对洛克菲勒基金会的资助同样感兴趣。学校不会迅速扩大，因为经费不足，矿科已经停掉。因为缺钱，今年只能新招一名教师。祁天锡写信将这些情况告知顾临。顾临 2 月 9 日回信说，非常遗憾听到南开不再从 130 万元中受益的消息。但我认为南开大学的财政状况比大多数中国的大学要好。
1 月 20 日　天津美国大学同学会召开成立会，中美人士百余人出席。张伯苓、美国驻津代理领事伯克为理事，协和贸易公司总经理祁乃奚为会长。
1 月 30 至 31 日　分别致函梁士诒与张作霖，婉辞“政治讨论会会员”资格。

2 月 6 日 张伯苓夫妇举办新年联欢会，邀请严修夫妇及范源濂、孙子文、齐璧亭、查良钊、高仁山、金伯平、曾衡之、卞俶成等出席。张伯苓发表演讲，谓趁此新年休假，聊以联欢的用意。蒋廷黻夫人演奏钢琴，学生表演节目。

2 月上旬 萧公权应聘来南开任教，拜见张伯苓。商定讲授政治学概论、比较政府、法理学等课程。

2 月 13 日 接受北京图书馆建筑图样检视委员会委员一职。

2 月 21 日 卢木斋来校，会见张伯苓等，决定向南开大学捐款 10 万元，建设大学图书馆，张伯苓陪同卢木斋勘察馆址。

2 月 24 日 出席协和医学院顾问委员会常务会议。

2 月 25 日 出席中华教育文化基金董事会第二次常务会议。

3 月 13 日 学校董事会召开例会，严慈约、孙子文、李琴湘、王濬明、陶孟和、丁文江、卞俶成出席，张伯苓列席，并报告学校十六年度预算案，小学基金问题。

3 月 16 日 为中华图书馆协会推举王正廷、熊希龄、蔡元培、洪有丰、沈祖荣、陶行知、高仁山、周诒春、陈宝泉、马群武等 10 人为董事，俾由会员公选。

3 月 19 日 准备欢迎祁天锡。祁天锡 3 月 31 日从上海回国，从北京经天津时要到南开与张伯苓话别。张伯苓致信中说:我校被军警搜查的消息是不准确的。我们有两个学生在大街上被捕投入监狱已经是几天前的事，在我给重要人士写信后他们已被释放。学校一如既往正常运行。我把这次的谣言看作测试我们团结的试金石。

3 月 31 日 张伯苓告诉祁天锡，南开的总资产 175 万美元，包括中学、女中和大学，这只是以建设成本计算，没有计入现在的升值部分。南开是从零起步的，现在已经积累了大量资产和相当数量的基金。

现在计划给两个中学建一座理科楼，拟建在两个中学之间的体育场的地方，同时供男生和女生教学使用，打算向中华基金会申请建楼款的一半（3 万元）。为了形成一个教育系统，南开小学也要建立。祁天锡说，“张博士强烈地要求建设这所学校，他已经有了建这所小学的土地”。

南开大学科学馆的对面要建一个二层楼的图书馆，关（颂声）先生正在做设计图，很快就会动工，水泥都买好了。捐款者卢木斋先生坚持图书馆要立即开工，他捐款上限是 10 万元。

同日 出席在南开女中为日本领事宇佐美夫妇举行的饯行宴。

4月19日　在学校招待克伯屈夫妇，并出席天津教育界在国民饭店欢迎会。

4月21日　克伯屈博士在南开女中讲演《设计教学法实行难点》。22日，陪同克伯屈博士往工业专门学校演讲。晚，陪同在克伯屈基督教青年会演讲《教育与文化》。

5月2日　因时局原因，决定不能参加7月的檀香山泛太平洋会议。

5月5日　严修获得信息，“军警督察处厉大森将拘南开校长”。连日与严修等商谈“应付外界近事”。

5 月　天津警备司令部派人前来逮捕南开大学教师范文澜，张伯苓巧妙应对来人，同时设法通知正在上课的范文澜立即离校转赴北京。

6月19日　黄炎培由大连至天津，前往会见并长谈。

6月20日　张作霖组织安国军政府，委任张伯苓为天津市长，婉辞不就。

6月29日　出席中华教育文化基金董事会在天津召开的第三次年会，会议议决促进科学研究办法三种及设立科学教育顾问委员会各案。

7月1日　南开大学社会经济研究委员会成立，任命何廉任主任。此即南开大学经济研究所前身。

7月2日　南开中学改革讨论会结束。讨论会自6月21日开始，参加师生有大学和中学教职员代表及学生代表万家宝（曹禺）等40余人，并邀请校友、社会人士与会建言。讨论会连续10天，就学校工作改革的各问题及改革的具体方案，集思广益，深入研讨。会议强调为实现团体精神，训练良好公民起见，拟注意培养自治能力，个性的自由发展，养成适应现代生活的习惯，注重团体训练并互助精神，并组成师生合作组织。

7月11日　南开中学师生合作委员会成立，具体推进学校改革事宜。

同日　致函前总统徐世昌，向其介绍朝鲜爱国志士朴龙泰。

7月25日　函告唐锡朝（唐明照）南开中学招生考试日期。

8 月 1 日　为《中华全国体育协进会年刊》作序，谓“体育为造就健全国民要素，欲谋强种救国，端宜注重于此”。

8月19日　离津赴上海出席第八届远东运动会。大会名誉总裁蒋介石，总裁伍朝枢、余日章，名誉会长克松（菲律宾），会长王正廷，第一副会长岸清一（日

本），张伯苓作为中国代表队总代表出任第二副会长。
8 月 27 日　第八届远东运动会举行开幕式，中国、日本、菲律宾、暹罗（泰国）、马来西亚、印度等国运动员参加。张伯苓任开幕礼主席，并致辞。
8 月 29 日　主持召开第八届远东运动会第一次职员会议，讲话强调远东运动会欲使三国人民身体健康，道德增加，友谊密切，争夺锦标并不重要。

9 月 3 日　第八届远东运动会闭幕。张伯苓在陶行知陪同下游历西湖，后偕王正廷到大连考察东北情况。
9 月 15 日　赴南开校友邵式谷宴，同到有黄炎培等人。
9 月 21 日　晚，在中国银行与黄炎培畅谈南洋问题。
9 月 24 日　晚，返回天津。

10 月 10 日　出席南开大学四科学会联合举办“双十节”庆祝会，致辞希望南开男女同学均应有政治、经济之学识，以负民治国国民之责任，同时树立国家观念，以全力谋国家之利益与光荣。
10 月 17 日　举行纪念南开建校二十三周年庆祝会，张伯苓主持并致开会辞，阐述南开有进无退的精神和南开的改革及实施方针。
同日　承邀为《南开周刊》“纪念刊”撰《今后南开的新使命》一文。认为人民现在最低限度的要求是要有一个独立的国家，一个良好的政府。围绕这两点培养训练人才正是南开的新使命。学科方面，要把关于中国切身利害的问题拿来细细研究，这样的教育方针，才不至于空虚，我们的救国目的，才不至于妄谈。
10 月 18 日　天津体育协进会成立，推举张伯苓、颜惠庆、胡政之、孙子文、卞白眉为名誉会长，选举章辑五为会长。
10 月 21 日　主持召开南开中学校务会议第三次会议，讨论学科委员会、训练委员会、事务委员会等组织办法。
10 月 28 日　出席南开大学教务会议，研究今后大学教育方针，并决定本校课本不再使用西文教科书，改为自行编辑，以各科主任为委员讨论进行办法。
10 月 30 日　学校董事会召开例会，范源濂、王濬明、孙子文、李琴湘、陶孟和、卞俶成、李组绅出席。张伯苓列席，报告 1926 年度决算情况。
10 月 31 日　致函南开早年老学生、大连中国银行韩诵裳，倾诉办学苦衷，谓“本校在此廿三年中，艰苦备尝，虽勉强支持至今，而受时局影响，困难弥不堪言状。公款经年积压，发补难期，学生居室莫容，筑添无法。山穷水尽莫甚于

此时。所赖以不懈者，只此信教育可以救国之心，始终弗为稍变”。
10 月　聘黄钰生为大学部主任，并支持实行文科改革，即“裁并政治、经济、哲学、教育心理和历史系为政治、经济两系，集中力量，以提高教育质量”。

11 月 2 日　《大公报》报道：南开校长张伯苓以天津为华北重镇，工商辐辏，政学杂处，其中可资研究之材料颇夥，值此国事蜩螗之际，青年学子更应致力实事求是之学，爰拟在大学、中学二部组织天津研究会，专从事实地研究。
同日　顾临收到南开大学 1926-1927 年预算表后给邱宗岳写信，寄上一张 5400 墨西哥元的支票，作为第二年的一部分开销，并盼给予理科教师薪资的准确数字。
11 月 10 日　偕南开教职员数人赴北京，两天内安排参观各学校。13 日，回天津。
11 月 14 日　鉴于二十余年来，我国“东北一隅与日、俄两国发生之关系，错综复杂，无以复加。若长此因循，不速谋彻底解决之方法，则后患不堪设想”，加之国内对于日、俄国内情形，及中日、中俄边疆状况，缺乏熟习或专门研究者，决定组织师生成立满蒙研究会（后改名东北研究会），拟先从学术方面，用科学的方法，收集资料，研究东北问题。
11 月 18 日　特请教授及夫人、大学四年级全体同学茶话联欢。
11 月 22 日　主持成立天津研究会，并致辞谓“本会系个人发起，故极乐观其成，尤希能善用科学方法，做脚踏实地的研究”。
11 月 23 日　南开中学为限制学生旷课，制定旷课扣分新章程，一些学生以代表全体学生名义请愿。张伯苓以学生有此越轨行为实无施行教育之可能，辞去中学校长职务。25 日，南开中学教职员开会决计暂时维持，静待校长复职。此后，学校董事会坚不允辞，又有多数学生重新发起挽留校长。张即于 12 月 3 日发布复职布告，“自下星期一日起，到校照旧负责”。
11 月 28 日　祁天锡“采访南开大学校长张伯苓”称，谈到南开中学近日发生的风潮，张伯苓解释说：中学的麻烦是由极少数激进学生造成的。他们号称全体学生的代表，但这少数学生并不能代表全体学生，因为他们旷课却要求不影响成绩。他辞去中学校长，是要全体学生对此事做出反应以回这一小撮学生的要求。全体学生对这少数学生的行为一直采取漠视的态度，他的辞职是唯一的方式能使学生们起来反对这少数激进的学生。他不认为这种情况是严重的，他认为学生会很快平静下来。

12 月 5 日　到校视事。向师生发表讲话，反思南开中学发生风潮的原因，检讨

自己的责任，提出善后办法。并说，“学校不是校长的学校，是大家的学校，校长是来帮你们读书的”。
同日　宣布改组《南开周刊》、停办自治励学会等六条处理此次风潮措施，并以“思想偏激，成见甚深”为名，开除管亚强（后改名张骏祥）等七名学生。
12 月 8 日　在南开东三省同乡会常会应邀讲演，“东三省人向有开拓精神，予深愿诸君保持此精神，再加南开所得四年之知识发扬光大”。
12 月 12 日　《南大周刊》报道，日人对东北研究会调查研究活动非常“嫉视”，“故津中日文报纸累载我校研究满蒙乃受‘赤化’影响，且谓南开排日之根据地”。21 日，张伯苓致函日本国驻天津总领事加藤，要求就《京津日日新闻》误载报道南开大学东北研究会失实事，面谈商榷。
12 月 14 日　张伯苓令自治励学会停办，致该会发表宣言，谓受学校当局压迫，旋又散发传单，批评校长及教职员。张伯苓见传单后，召集南开中学学生大会，批评有人故意滋事。会后，又召散发传单学生谈话，让他们立悔过书，否则离校。诸生均谓无有过失。张伯苓认为这些学生无从教育，决定分别致函保证人及家长，请即领回。
同日　向即将毕业离校的戊辰同学会赠伞，并赠言希望投身社会须抱牺牲之精神，不存取利之观念；出外做事不畏低就，循序渐进；离开学校，仍应保持已有之习惯，将所有学的方法应用于所做之事务。
12 月 19 日　为《渤海日报》题词。
12 月 22 日　《南大周刊》报道张伯苓接待学生的两种方式：“个人谈话”，凡有个人问题欲与校长讨论，晚间可在校长办公室或其校内住所约谈；“数人谈话”，学生为公共问题，可约定时间，按时约谈。
12 月 23 日　南开校董会主席范源濂逝世。前往吊唁，并商严修、颜惠庆、李琴湘、卞俶成、孙子文、王濬明、严智怡等为发起人，筹备召开范源濂追悼会。
同日　下午召开全体教职员、各班委员长、各室长及挽留校长之各代表谈话，出席者三百余人，总结学校风潮教训，采取措施。
12 月 26 日　在给河北省公署政务厅宋子樵信中，表白从事教育的心志：“勉本不偏、不私、不假三者之素心。”

1928 年（民国十七年戊辰）五十二岁

1 月 6 日　梁启超因病住院，函嘱“格外安心将息”。

1 月 7 日　在南开中学礼堂为校董事会董事长范源濂逝世开追悼会。张伯苓致悼词，高度评价范氏平生热心教育，为南开发展尽力独多。敬献挽联：

天下之事，以后乐为归，自是君家风范；平生所难，在尽职二字，公诚士类楷模。

为吾校助培力，欣然使无数青年，沾公泽惠；信教育能救国，忽焉而失一同志，痛我心肝。

1 月 8 日　为南开基金事访颜惠庆。

1 月 11 日　访颜惠庆，邀其参加南开校董会。

1 月 12 日　陪同天津警备司令傅作义在南开大操场观看沈阳冯庸大学篮、足球队与南开篮、足球队友谊比赛，观众达 3 000 人。

1 月 14 日　派满蒙研究会（即东北研究会）主任傅恩龄赴东北专程拜谒张学良，请其为南开大学满蒙研究会名誉董事，以资指针而便策进。

1 月 19 日　学校董事会召开例会。丁文江、卞俶成、李琴襄、孙子文、颜惠庆（范源濂故去后，选举颜惠庆为董事长）、严慈约出席。张伯苓列席，报告学校三部状况。据颜惠庆记述："南开校董会召开会议。四所学校共计 200 万元资产，打算在中国募集 100 万元，在美国募集美金 100 万元。丁文江出席，梁启超健康不佳，未到。"

1 月 31 日　南开大学举行开学式，报告学校状况。

1 月　聘张彭春为南开中学主任。

2 月 1 日　访颜惠庆，谈组织社会科学与政治科学研究院事。

2 月 2 日　会晤颜惠庆、任鸿隽等，谈中华教育文化基金会基金使用方案。将取消中学部分及建筑方面拨款。

2 月 5 日　陪同严修出席南开女中联欢会，观看学生的各种活动。

2 月 10 日　南开中学举行开学式，主持并发表演讲。

2 月 24 日　出席上海圣约翰大学同学会的午宴。陶行知当选主席。"张伯苓谈了圣约翰的态度。"

2 月 25 日　第九届奥运会在荷兰召开。张伯苓被推为中国代表，但因已定出洋考察教育，故函请中华全国体育协进会，别推相当代表前往。

2 月 28 日　被推为中国太平洋国际学会会议会员。

2 月 29 日　为南开筹款事访颜惠庆，"开滦矿务局打算资助，另一笔款是为社会科学院所募"。

2 月　主持成立南开大学募款委员会，并制订《南开大学募款委员会计划书》，其中之一为《南开大学发展方案》。“方案”强调“南开发展之程序，反映吾国革新运动之变迁”。在此基础上，回顾了南开发展的两个“阶程”和学习日本、欧美教育的得失，结论是“外人之法制能资吾人之借镜，不能当吾人之模范”，“ 故吾人可断定，中国大学教育，目前之要务即“土货化”。“ 所谓土货的南开，即以中国历史、中国社会为学术背景，以解决中国问题为教育目标的大学”。新南开所抱之志愿，不外“知中国”、“服务中国”二语。

3 月 2 日　邀请美国康奈尔大学生物学教授尼约海姆来南开学校演讲。
3 月 4 日　应邀在南开大学理科学会周年纪念会上演讲。
3 月 5 日　对清华学校暑期体育学校筹备委员会筹备学校，兼及举办暑期研究事，“极端赞同”。
3 月 12 日　偕南开教授访颜惠庆，“教授们希望去北京研究外交和经济问题”。
3 月 14 日　邀请美国公使馆商务参赞安立德（Julean Herbert Arnold）在南开大学演讲《中国之根本问题》，并使用广播电机播音。
3 月 15 日　感谢北京镇威军三、四方面军团司令部张学良资助南开大学东北研究会 500 元。
3 月中旬　向天津电车电灯公司经理建议由公司捐资 2 万元，与南开合设电工科培养人才。
3 月 16 日　祝贺卢木斋生日。访见颜惠庆，谈南开预算及成立学校筹款顾问部事。
3 月 18 日　列席学校董事会例会，报告学校十七年度预算。董事会决议成立南开筹款顾问部，讨论了顾问部组成人选，并于本年拟在中学附近成立南开小学。
3 月 19 日　赴北京出席中华教育文化基金董事会执行委员会。
3 月 23 日　访见颜惠庆，“报告执行委员会会议情况，会议定于 6 月间在大连举行。成立生物研究所的问题原则上被采纳，而社会科学研究所的问题则暂缓考虑”。
3 月 29 日　祝贺大连华人各团体欲组体协会支部，并寄去《全国体育协会章程》。
3 月 30 日　大学预科同学会周年纪念，到会讲演。

4 月 1 日　陪同南开大学何廉、萧蘧（叔玉）、蒋廷黻三教授赴北京，代为联络介绍国务院、财政整理会、交通部、财政部、农商部、审计院、统计局等相关

负责人，以便搜集学术资料，藉裕教材。

4月7日　偕东北研究会主任傅恩龄、日本人远山猛雄由津出发去东北考察，搜集研究材料。先后到大连、沈阳、海龙、安东（丹东），又由长春赴吉林转敦延线，再由长春往哈尔滨赴呼海路沿线视察，至康金井折回哈尔滨。到达沈阳，正值皇姑屯事件后不久，张伯苓深感“东北正陷于极深的危机中，其严重情形远超过我们当时的想象”。通过考察认为，建设东北当务之急，一修筑铁路，一奖励移民。5月4日返回天津。

4月12日　赴沈阳。应邀在同泽中学演讲，谈东北调查。在谈到对同泽中学印象时，提出成为一所好的学校的两个标志，一是“要办事人做事认真”，二是“学校中以学生为主”。

4月29日　到达哈尔滨的第二天，即主圣日。应当地教会、青年会邀请与1400余信徒共同拜主，并发表演讲。就《圣经》保罗写的书信结合《论语》孔子的学说阐述博爱的真谛，要在去做，去行。

5月7日　在南开大学召开的国耻纪念会上，演讲东北归来对旅途情形及东北现状的感想。

5月16日　南开中学开济南惨案纪念会，每人发黑纱一条束左臂以志哀。

5月18日至19日　第十三届华北运动会在北京汇文学校举行。名誉会长为张学良，总裁判张伯苓，总指挥郝更生。运动会开幕式上致辞，说在外交悲痛之时，运动会能够如期举行，希望“做出一番新成绩，发扬一番新精神”。

5月20日　据颜惠庆记述：“在裕中饭店遇见周（贻春）及张伯苓。清华董事会已成立。日本人告诉张伯苓：段氏将在北方掌权。”

5月30日　为中华民国拒毒会题词“除之务尽”。

6月12日　南开中学期末考试最后一天，国民军进入天津，褚玉璞等退出。“时局急转，津沽遭一番惊风骇浪之经过，颇为寒心”。张伯苓随即部署维持学校秩序。

6月29日　中华教育文化基金董事会在天津举行第四次年会，改选张伯苓为董事长，蔡元培、孟禄为副董事长。会议议决：（一）补助高等教育机关九处；（二）给予科学研究奖励金及补助金之人选；（三）设立静生生物调查所等案。

7月1日　为基督教教育会事赴上海，其间拜访宋子文。

7 月 9 日 据颜惠庆记述：“劳之常来访，说起齐对张伯苓恼恨，因张谈了李纯的遗嘱。中国人的传统观念对这种争端有抵触。”
7 月 15 日 《黄炎培日记》记述：黄炎培赴“赵园成志会欢迎张伯苓”。
7 月 16 日 应工商部驻沪办事处邀请，为上海工商界领袖百余人演讲“东三省问题”。
7 月 27 日 国民政府第 83 次会议讨论大学院院长蔡元培提议改组中华教育文化基金董事会案。蔡元培认为，前中华教育文化基金董事会由贿选总统曹锟以大总统命令成立，委派董事皆不适当其任。于是决定改组董事人选，撤换张伯苓等人。胡适致函蔡元培，坚持张伯苓仍留董事会中，认为张伯苓管理会中会计多年，是中、美董事都信服的人。甚至表示：我自己辞职，遗缺推荐张伯苓先生。但胡适的“千万俯允所请”，被蔡元培坚拒。
7 月 30 日 颜惠庆来南开与张伯苓谈论南开之事。

8 月 2 日 安排南开大学教授萧叔玉、蒋廷黻、李继侗、杨石先、张彭春、傅恩龄等赴东北调查，并致函所经各地机构代为关照。
8 月 11 日 为李惠堂所著《足球》一书作序文。序云，李惠堂对足球甚有心得，不独足球技术上见优长，亦颇注重运动界仁侠之风。此书内容丰富，以为足球示范。
8 月 成立南开小学。聘请美国哥伦比亚大学克伯屈的女弟子阮芝仪博士为“教学导师”，从事“设计教学法”的实验。

9 月 6 日 在南开学校始业式致训词，其中说“研究中山主义，须彻底明了”。
9 月 10 日 傅作义宴请张伯苓、胡政之、张季鸾等人，“张刚从南方归来，对局势表示乐观”。
9 月 12 日 出席南开大学开学仪式并致辞。
9 月 17 日 邀请傅作义来南开大学参观。
9 月 21 日 在南开大学女同学会首次大会演讲，强调南开教育目的，是“为造就活泼有为与奋发立志之青年，然读书勿忘娱乐”。
9 月 24 日 在致沈阳学生家长魏云波回信中重申：“敝校章程凡在校学生必须年过二十岁方准完婚。兹查令郎现年十九岁，与校章未符，碍难破例。”
9 月 25 日 再函孔祥熙，请求政府以经济援助南开。
9 月 27 日 顾临说，张伯苓 12 月中旬渡洋来美寻求财政支持。过去每年南开

从债券获得 78000（墨西哥元），现在这个利息没有了。这样，学校每年需要搞到这么多钱的捐赠款，另外每年还要有一万元的捐赠用于购置外国书刊，再有一万元捐赠款用于每年派出两个教师去国外进修。他也希望寻求多种合作，包括科研、金融和其他。我与张伯苓讨论了以上问题。我怀疑张伯苓能在美国弄到这么多捐款。洛克菲勒基金会将不会对此做出考虑。张伯苓也问到洛克菲勒先生，我说我没法回答。

9 月 30 日　学校董事会召开例会，颜惠庆、王濬明、孙子文、陶孟和出席，张伯苓列席，报告 1927 年学校决算及各部情况，同时报告斡旋张作霖遗产助学南开事宜。讨论决定张伯苓赴美国筹款，其经费及筹款用费标准。赴美筹款目标为：经常费之基金；大学女生宿舍；中学科学馆建筑费；购书费之基金；教授赴国外研究费之基金等。张赴美前，拟请在华美人顾临、司徒雷登协助计划及向美国各方面代为介绍。

10 月 2 日　颜惠庆与顾临谈南开事务，“对张校长美国之行认为希望甚微”。

10 月 8 日　访颜惠庆，谈致函陈嘉庚请求帮助事，“估计可能从黎氏家族获得援助”。

10 月 9 日　南开学校召开国庆庆祝会，出席发表演讲。

10 月 15 日　为美国哥伦比亚大学中国历史讲师毕格来津访谒事致函罗振玉，并告知南开大学历史系主任蒋廷黻偕同前往。

10 月 17 日　在南开校庆纪念会上演讲。同日南开大学图书馆落成，题额“木斋图书馆”。卢木斋亲自出席致辞，并将图书馆钥匙交付张伯苓。

11 月 5 日　受邀在中国国货展览会上演讲，谈如何扶持国货。国货展览会主席赵晋卿介绍词说“张博士是国内外名人，在北方各省提起他的大名，是没有一个不知道的”。

11 月 6 日　在南京南开校友欢迎公宴上，提议成立南京南开校友会。

11 月 8 日　请南开大学李继侗教授在南开中学讲《东三省之农林》。

11 月 15 日　发表《论满洲及其殖民地化》演讲。

11 月 17 日　顾临来电告知颜惠庆，孟禄不赞成张伯苓赴美捐款，“孟禄则要求张伯苓暂缓离开。为以上事写信给周（周贻春）和顾尔霖（顾临）”。次日，颜惠庆“为顾尔霖来电事打电话给张伯苓，转达孟禄意见，劝他延期出行”。

11 月 17 日、22 日、23 日　南开中学高三同学、教职员、南开大学女同会相继

为张伯苓赴欧美考察举行欢送会。

11 月 22 日　访颜惠庆，告知“从盐税中拨款已获成功”。25 日，张伯苓即赴南京，接洽办理财政部批准的由长芦盐款拨付南开基金公债利息。如此，长芦盐运使可以一次拨给 6500 元。

11 月 24 日　在津学校董事会董事及教职员为张伯苓饯行。《颜惠庆日记》记云：“南开举行秋季聚会，为张伯苓博士送行，谈到他在国外的重任。”

11 月 30 日　顾临致函美国社会活动家、明尼苏达大学前校长乔治·文森特（George E. Vincent）称，您肯定记得南开大学校长张伯苓先生，他几天内要动身来美国为他的学校募款。我很高兴他能到美国访问，因为这将给美国公众一个机会，去认识一个中国老人，通过默默地坚韧不拔的努力完成伟大的事业。如果您能接待他，并且尽您所能介绍给纽约或其他地方的重要人士，我想您会非常惊讶地知道南开大学近期的发展。

12 月 2 日　学校董事会召开例会。张伯苓列席，报告学校经济情况。董事会决议，张伯苓赴美期间，校长之大学职权组成一委员会负责。会后董事会宴请张伯苓。

12 月 11 日　为解决顺直省委问题，周恩来受中共中央委托到天津工作一个月。其间曾秘密拜见张伯苓等师友。

12 月 14 日　离津，与严修话别。颜惠庆、张彭春及南开同人等到车站送别。行前，致函各地校友。

12 月 17 日　上午在沈阳拜访张学良，“欢谈甚洽”。晚，东北大学五位院长宴请，饭后往省教育会演讲。

12 月 18 日　东北大学校长来言：“汉卿先生盼再一谈。”同日，电告南开大学：张学良允捐 20 万元，分 10 年，每年交付 2 万元。

12 月 22 日　在东京。拜访国际联盟协会理事奥山，访问早稻田大学，出席由国际联盟协会学生部各大学学生代表举行的欢迎晚餐会。

12 月 23 日　拜访中国驻日本公使及留学监督。在中华同学会演讲。

12 月 24 日　在庆应大学访谈。出席由日本贵族院议长德川公爵主持的国际联盟协会午餐。下午拜访币原前外相。

12 月 31 日　在船上度过 1928 年岁末。船到檀香山后，应邀在太平洋国际学会会议上发表演讲。

1929年（民国十八年己巳）五十三岁

1月4日　中华教育文化基金董事会召开第三次董事常会。出席董事有蔡元培、蒋梦麟、胡适、翁文灏、颜惠庆、周诒春、顾临、贝诺德、司徒雷登、孟禄。蔡元培副董事长主席。原董事长张伯苓及董事顾维钧、颜惠庆、郭秉文、周诒春被迫请辞。胡适为避免张伯苓等辞职有政府胁迫之嫌，也正式提出辞职，以示安慰被迫辞职的张伯苓、周诒春等人。会议最后，蔡元培对辞职董事“讲了客套话”。胡适对蔡元培很有意见，说：“我坐在旁边听了如坐针毡！他不知道这一次的事，他个人损失多少！”

1月5日　抵达美国旧金山，中国领事龚安庆、太平洋国际学会会议干事麦夫人等在码头迎候。

1月6日　应斯坦福大学校长威尔伯邀请至该校，以“新中国”为题演讲，听众三千人之多。演讲中对比自国民革命成功，全国统一以后，中国的显著变化，分析中国昔日腐败之原因。最后表示：“今日贵校有胡佛先生当选为全美总统，焉知他日南开校友中无人能为新中国大伟人耶！”

1月12日　抵达芝加哥，柯尔托教授和南开校友多人到车站迎接。

1月20日　抵达华盛顿，寓留美学生监督处，与清华驻美监督梅贻琦“欢谈甚久”。午后，拜访中国驻美公使施肇基。

1月21日　应邀赴伍朝枢专使寓所，请午饭。

1月24日　离华盛顿，赴费城。

1月25日　抵达纽约。不久写信给天津南开同人：“近来在哥伦比亚大学师范学院多次与克伯屈博士讨论教育问题，商定在南开小学从事设计教学法实验。不久将参观林肯学校，考察该校组织及设备。”他在信中还表明，美国生活程度较其前两次到美国时，增加四五倍之多，一日三餐约需3美元，外加零用，每月需二百数十美元。

2月8日　在写给南开学校的信中称，明晚是中国旧历除夕，克伯屈夫妇招待晚餐，并一起讨论教育问题，还要请克伯屈为他介绍一些美国名教授。

2月9日　据克伯屈记述：“张伯苓和我们一起用餐，看到他真让人高兴。他告诉了我们很多事，其中有如他建议，凌冰去了冯玉祥那里，凌冰后来劝说冯玉祥与阎锡山、蒋介石合作，凌冰现在在南京协助王正廷工作。”

2 月 13 日　克伯屈受病中的杜根博士（Duggan）委托，举行招待张伯苓午宴，纽约大学的布朗主任、特里沃·阿奈特、里德·卡内基、盖姆瑞尔、坎德尔、洛克伍德、弗莱彻·布鲁克奴、艾伦、林德赛等出席。

2 月 18 日　自纽约函告天津南开同人：近来在哥伦比亚大学师范学院多次与克伯屈博士讨论教育问题，商定在南开小学从事设计教学法实验。不久将参观林肯学校，考察该校组织及设备。

2 月　在纽约接受弗兰克·B. 楞次采访，历述白手起家创办南开，创新和改革教育的过程。访谈中明确表示，南开办学中，不过多地看重物质，更看重精神，即赋予学校生命的精神。该记者写道："以西方和东方的经验作为基础，张博士一直在打造最适合当今中国的人生哲学。"最后，张伯苓向记者坦言："我既不希望我们的年轻人自私自利，也不希望我们的国家被狭隘的民族主义驱使。我不相信孤立，中国处在国际大家庭之中，不久必将对现代文明做出其自己的贡献。"

3 月 15 日　在纽约国际馆对美国友人和南开校友演讲满洲问题。演讲后回答听众的提问。

3 月 21 日　克伯屈与洛克伍德谈张伯苓及帮助他的办法。

3 月 23 日　发唁电沉痛哀悼严修逝世，并委派代表赴严宅致唁。

4 月 3 日　哥伦比亚大学师范学院罗素院长请张伯苓午餐，克伯屈等陪同。晚，留美东部南开同学借纽约中华园开大会欢迎张伯苓，并举行南开校友会留美分会成立会。张伯苓、梅贻琦等人发表演讲。

4 月 10 日　张伯苓被推选为北平协和医学院董事会董事。

4 月 19 日　在费城各学校参观，并就中国现状对留美中国同学会发表演讲，希望留学生提高审变能力，负起将来改造社会的责任。他认为经济问题是中国当前最重要者，批评"国中一般共产党员高倡资产贫富之不均，殊不知国之大病在产业之不均"。同时指出，中国社会"养成一般空谈而不做事之腐败阶级，高倡精神文明，而不知改良社会，提高生活程度"。

4 月 26 日　北平协和医学院董事会秘书玛格瑞·K·艾格莱斯顿（Margery K. Eggleston）函张伯苓，告知在北平协和医学院 4 月 10 日董事会召开的会议上，以无记名式被选为董事会副主席。

4 月 29 日　启程赴美国东部各大城市考察教育。

5月5日　访克伯屈，商讨募款计划，克伯屈协助发电报、写信。在纽约期间，联络美国著名人士，公推美国内务总长韦尔伯为主席，组织南开募款委员会，并赴各机关团体演讲，开展募款活动。

5月11日　参观芝加哥大学。在中国同学会，演讲并讨论中国问题。

5月13日　到底特律。当日底特律各晨报均刊登张伯苓消息，主要介绍张伯苓简历及在中国办教育的成绩。晚，密歇根大学教授宴请，发表演讲。饭后，密歇根大学中国学生会请张伯苓演讲中国变化的原因，并开谈话会，讨论国内学潮问题。

5月14日　与密歇根大学校长谈话。返底特律，先后对底特律教育界人士及底特律中国学生会发表演讲。

5月16日　到达色利加司，在西拉古（一作“叙拉古”）大学向该校师生演讲中国近况和教育情形。出席西拉古大学中国学生会宴请，向中国学生演讲中国情形并鼓励学生努力合作。

5月17日　参观康乃尔大学，并在中国学生欢迎会上阐述来美目的。他说，通过考察教育，参观各大学，与各著名教育家详为研究，愈加感到中国教育的幼稚。同时认为，现时的国民政府，“可谓近数年来最有精神者”。

5月23日　克伯屈与刚获得哲学博士的阮芝仪小姐谈话。张伯苓聘她任南开小学指导员。

5月26日　卡特召开会议，讨论将在日本东京召开的太平洋国际学会会议。张伯苓、克伯屈、杰罗米、格尼、肖特维尔、鲁米斯和来自东京的费尔普斯，英国的韦伯斯特、布莱克列、杜根、费希尔与会，深入讨论了东京会议可能出现的问题。

5月31日　张伯苓就当选北平协和医学院董事会副主席致函董事会秘书艾格莱斯顿女士表示“我非常高兴地接受了一职务”。

6月1日　搭乘法国轮船赴英国。

6月8日　南开留英分会会长舒舍予（老舍）及留英南开校友在伦敦上海楼欢迎张伯苓。席间张伯苓介绍南开大学学术研究成绩。

6月16日　在留英基督教学生欢迎会谈中国教育之进步，并高度评价孙中山先生在中国历史上的地位，“至少可说是最近四百年来第一人”。

6月18日　英国政府及教育界著名人士公宴张伯苓。会上张伯苓力促“英国政府应有立刻退回赔款之决心与事实，以敦睦两国之友谊”。

6 月 20 日　在英国无线电广播电台演讲《将来科学教育之需要》。
6 月 21 日　在爱丁堡向旅英南开学生发表讲话，指出“穷为中国现代最大病症之一”，“中国教育最大之缺点，为只知用脑不知用手，故为纸上谈兵”。翌日，对旅英学生讲话，嘱告“在国外读书不要忘记祖国”。

7 月 2 日　与英国生育节制委员会人士讨论节制生育问题。
7 月 3 日　离英赴法国巴黎。
7 月 5 日　任北平协和医学院董事会副主席。

9 月 13 日　自法国赴埃及，经印度、新加坡、越南及香港，抵达上海。
9 月 16 日　出席上海南开校友假一品香饭店欢迎会，发表演讲，介绍考察美国、英国、法国、意大利的观感，认为“现在的世界，还是争（生）存的世界，不奋斗即不能生存，要生存，一定要奋斗”。此后，又应上海中学校长郑通和邀请在上海中学高中部演讲出国之目的，谈到中国今后的发展方向，主张提倡工业；开辟边地；实行优生政策。
9 月 17 日　应上海中华职业教育社邀请，在该社所讲话，着重谈救中国贫弱当注意之事。
9 月 18 日　赴邹秉文晚宴，会见黄炎培、马君武等人。
9 月 22 日　回到天津。天津警备司令傅作义，南开校董，南开教职员，南开各部学生代表以及校友会代表等千余人在车站欢迎。拜访颜惠庆。晚，在南开大学发表演讲。
9 月 23 日　发表演讲，谈到此次欧美之行考察教育的感受时强调，教育与社会很有关系。考察教育便是考察社会。教育是解决社会问题的。一个学校并不是上课读书便完了，须有“活”的感觉。他说“不重呆板，不存固定之成见，这才是真的知识”。次日，又在南开女中及小学欢迎会上继续谈教育，着重指出，教育在‘做’字上用工的重要性。他说，从前我国教育甚为呆板，对于“做”的精神丧失殆尽。欧美各国之富强，原因在于欧美人对于“做”上颇下功夫。
9 月 25 日　南开男女中学及小学三部全体教职员举行欢迎大会，张伯苓演讲。天津《益世报》以《南开三部教职员欢迎会上，张伯苓讲演新的教育》为题报道。
9 月 26 日　张伯苓访美期间，南开大学一些教授因待遇问题纷纷离去。为此，访见颜惠庆，回顾“离开后所发生的一些事件”。

同日　在南开校友举行的欢迎会上演讲，畅谈考察欧美各国的观感，如美国农业进步及其农民生活的快乐富足，英国工业的发达、工人的失业和对外的经济侵略，以及途径东南亚所见之“穷、脏、弱”印象。最后得出结论：“一言以蔽之，中国之贫乱原因，在首领人才缺乏。然则如之何，惟教育有以造成之。故余始终不变，本南开精神勇往前进。”。

9月28日　太平洋国际学会会议平津方面中国代表确定九人，即徐淑希、张伯苓、鲍明钤、陶孟和、陈衡哲、何廉、吴鼎昌、陈立廷、颜惠庆。

9月29日　克伯屈“发信给张伯苓”。后克伯屈会见张学良，张学良表示“敬重张伯苓，将其看作是自己的老师”。

10月1日　参加哈佛-燕京管理委员会会议并发言。

10月2日　正在北京的张伯苓嘱派黄钰生和阮芝仪博士接克伯屈等人来南开。

10月4日　陪克伯屈前往阮芝仪博士的住处，继之参观阮芝仪主持的南开小学，并共同讨论教育可做的改进。又听小学生唱歌，观看他们表演。阮芝仪博士现状比较满意。随后去参观南开大学。张伯苓和张彭春与克伯屈、阮芝仪等共进午餐。

10月5日　送克伯屈等人去车站，并话别。

10月6日　列席学校董事会例会，报告赴美筹款情况，拟募款20万美元，每年预计4万美元。

10月9日　招待外交事务委员会卡特、肖特韦尔博士、颜惠庆等，席间讨论东北问题、南满铁路商业化以及治外法权等。

10月12日　卢法尔夫妇为张伯苓举行宴会，颜惠庆出席。

10月17日　主持南开学校建校二十五周年校庆纪念会并致开会辞，号召学生做事要务实，不要空谈，把书念在身上，不是念在嘴上或手上。担任职务学科的诸位先生，时时想法使学校进步。学生要有自觉自治的精神。随后董事会颜惠庆、天津警备司令傅作义和天津市长崔廷献的代表陈宝泉讲话。

10月19日　在各地校友所募建的范孙楼奠基仪式上，谈严修对南开学校发展进程，厥功殊伟，而于精神上之督促，成绩尤钜。

同日　据克伯屈记述：“陈（似陈衡哲女士—编者）问我，对于张伯苓出任计划委员会主席的看法，我表示赞赏，部分是因为我认为他带给中国尊严，部分因为我相信他会理解小组讨论的想法和方式。后来戴维告诉我莫勒·戴维斯给他打来电话，表示了这样一种愿望：希望张伯苓当选主席。我们讨论了这件事，

戴维接受了这一意见，决定打电话给张伯苓，让他尽快在23号抵达奈良，因为这里急切需要他。”

10 月 20 日　偕何廉乘北宁车赴沈阳。在沈期间，出席在日本召开的太平洋国际学会会议（太平洋会议）的中国代表团举行筹备会议。

10 月 21 日　应邀在沈阳基督教青年会演讲太平洋会议问题。次日，应同泽中学邀请，在师生集会上发表讲话，谈太平洋会议的由来、性质及责任。

10 月 28 日　第三次太平洋会议在京都开幕。出席会议正式代表 214 人，包括澳洲、英国、加拿大、中国、日本、新西兰和美国代表。中国代表有吴鼎昌、张伯苓、徐淑希、陈衡哲、吴贻芳、潘光旦等 35 人。会议先后讨论机械文明与传统文明的关系；关于中国法权租界与满洲（东北）问题；太平洋外交问题。

10 月 29 日　太平洋会议举行圆桌会议，题目为《东西文明之接触》。第一组圆桌会议主席为南开大学校长张伯苓，副主席为日本新闻界人士鹤见佑辅。

10 月 30 日　日本邀请中国代表会餐，提议由日本和中国代表单独于会外商谈东北问题。张伯苓为座长。

11 月 2 日　在松武豪华府邸举办日本欢迎社团会的茶会，由巴鲁斯和巴罗尼斯·福主持，克伯屈、张伯苓等参加。晚上，张伯苓、克伯屈等讨论东北问题。

11 月 5 日　太平洋会议举行四个圆桌小组的联合会，克伯屈主持，胡适做主发言。会后张伯苓告诉克伯屈，“他有一种‘身处唱诗班’的感觉”。

11 月 9 日　据克伯屈记述：“和张伯苓交谈，看来中国和日本之间的移民问题破产了。太极端主义了，我认为他们相互攻击太多了。”

11 月 14 日　由日本回到天津，对记者谈太平洋会议经过。谈到此行感想说，“日人若不觉悟，仍持侵略主义，则中国对日感情终无恢复之望”。

11 月 16 日　在天津基督教青年会作关于第三届太平洋会议的演讲，介绍会议讨论问题的情况，特别是中日的一些争论焦点。

11 月 29 日　接待国际联盟卫生部部长刺西曼博士及国际联盟秘书厅秘书吴秀峰博士来校参观，并召开演讲会。首先由张伯苓介绍国际联盟的起源及其组织，其次由吴秀峰讲“国际联盟与中国的关系”，再由刺西曼讲演“国际联盟的卫生工作”，详细介绍婴儿保健问题。张伯苓最后致辞指出：“中国所以注意者，为人口质的改良，并非量的增加。”

11 月　按照国民政府《大学组织法》、《大学规程》的规定，南开大学文、理、商三科分别改为文学院、理学院、商学院。

12 月 3 日　邀学生代表在大学校长办公室举行谈话会，就学生身心锻炼、校风整顿、课程改革、增聘教授等问题征求意见。晚上赴图书馆视察学生晚自习情况。

12 月 10 日　在欢送张彭春及凌冰夫人司徒如坤赴美会上讲话，说南开精神即在于“无论多难，亦开”，南开在中国教育史上之地位亦以此种精神而树立。

12 月 13 日　出席上海圣约翰大学庆典。

12 月 21 日　召集新闻界南开校友及大中两校出版部负责人谈话，谓本人以为学校教育，仅能教育青年，而不能教育民众，新闻界负指导之责，则可直接教育民众。

12 月 22 日　列席学校董事会例会，报告捐款及小学建筑新校舍事。

1930 年（民国十九年庚午）五十四岁

1 月 2 日　因卢木斋捐资 10 万元建筑南开大学木斋图书馆，受到国民政府明令褒奖。张伯苓偕校董事会董事、大学各部主任赴卢宅，恭送捐资兴学奖状。

2 月 2 日　与宁恩承谈话，就其被张学良任命代理东北大学校长事，谈处世之道：不是为自己而是为人承担责任，为人解决问题。张汉卿既然有了困难，咱应存心良善，努力做去，不可顾虑自己。

同日　乘津浦车南下，经济南，由青岛转海道赴上海出席中华全国体育协进会、北平协和医院董事会及中华基督教女青年会董事会等会议。

2 月 14 日　以中华基督教女青年会全国协会研究委员会主席名义致函胡适，请其以中国的宗教背景撰文“研究现在中国之概况，以为将来改造之张本”。

2 月　在《日本研究》著文谈日本研究问题，指出“日本首先要努力设法消融中国人对于日本的嫌恶心理”。

3 月 1 日　多年服务南开的妹夫马千里病逝，子女尚幼，家庭困难。张伯苓决定给予经济资助。在 8 日南开学校举行的追悼会上，盛赞马千里对南开之贡献。

3 月 3 日　接受教育部聘为全国教育会议委员。

3 月 5 日　在南开中小学部全体教职员大会上，强调“道德行为之训练，在中等教育中尤占重要地位”。

3 月 12 日　为杭州全国运动会捐赠银杯一只，并表示“中国种族疲茶已久，欲

图补救，非对体育加倍提倡不为功”。

3 月 13 日　为《会计月刊》社题词“经国裕民”。

3 月 15 日　赴南京，向国民政府教育部请求由俄国庚子赔款项下年拨 24 万元补助南开学校经费之不足。

3 月 19 日　返回天津，与《南大周刊》记者谈学校发展：教育当局亦认本校为私立学校中之成绩卓著者。

3 月 20 日　天津警备司令傅作义到南开大学拜会张伯苓，对其办学表示钦敬，并商洽帮助学校发展，拟将天津南郊小站营田交由南开大学经营，挹注办学用费。

3 月 25 日　为凌冰函告作为中国大使抵古巴时受到当地华侨踊跃欢迎而欣慰，谓“可见侨胞之心固无一日不以母国为念，并能推爱于母国所使之人，是最足令人欣慰者”，并赞赏凌冰决心作一个忠实、廉洁外交官。

3 月 30 日　列席学校董事会谈话会，报告学校民国十九年度预算。

3 月 31 日　接待国民政府教育部专员戴应观偕冯友兰、宋君复、陈岱孙等来南开大学视察，陪同周阅大学及男女两中学、小学各部。张伯苓对戴等表示：“南开在十年内，大学生决不扩张至五百名以上，庶良好之校风易于培养，而基础可以稳固也。”

4 月 4 日　主持南开小学校舍动工典礼，并在范孙楼开工典礼上称，“严先生既系本校创办人，南开之精神，即是严先生的精神”。

4 月 5 日　商洽将海光寺大钟移置南开大学，用昭珍重而壮观瞻。

4 月 14 日　宴请南开大学教授职员，席间提出“以对师生之间合作问题与同学联络最为注意”。

4 月 15 日　偕颜惠庆参加徐世昌葬礼。后与颜讨论北京协和医学院情况。

同日向教育部长蒋梦麟函述不能参加全国教育会议缘由，“本年五月一日为发下半年聘书之期，苓对于教授去留与增薪等问题须与各位先生单独谈话，小心从事决定，未便脱身外出”。

4 月 20 日　1931 年全国运动大会筹备委员会召开第一次会议，王正廷、林森、张伯苓、沈嗣良、马约翰、郝更生、张之江、高锡威、董明道九人为竞赛委员会委员。

4 月 22 日　与南开大学全体同学谈今后教育目标，强调注重：（一）造成量大、眼光远之青年；（二）造成真正之领袖人才；（三）养成勇敢、果断、有远见、

有魄力之国民。

4月24日　在南开中学高级集会上演讲，提出中学将注重科学之教育；小学将全面采取启发教学法。

4月26日　邀请即将毕业的南开大学四年级学生及男女中高三全体同学赴八里台春游，并谈毕业问题。随后组织职业介绍委员会，由该委员会在校内调查各毕业同学的志向和兴趣，然后再与社会各处联系，以帮助毕业生就业。

5月3日　为上海华安合群保寿股份有限公司教育人员保险筹备委员会题字“垂裕及昆”。

5月6日　接待美国哥伦比亚大学教授斯德文特（Sturtevant）女士来访，亲导校内各处参观。

5月上旬　为刊印《南开大学向导专号》，应大学秘书长黄钰生呈询谈南开教育方针，谓“南开之方针尽宣于其三十年来之历史，读南开之历史者，即知其方针之所指，且方针易谈，实事难做，事实有成，其昭信之程度远过于事前之健谈也”。

5月11日　乘“奉天”轮抵沪，即赴中华全国体育协进会商议率队去日参加第九届远东运动会事宜。13日上海市教育局、交大、同济、暨南、复旦、两江女校、精武会、申报、商务印书馆、中华书局等28个团体举行欢送会，为我国远东运动会代表饯行。张伯苓及选手出席。来宾马相伯、吴蕴瑞、刘半农等致辞。

5月14日　天津《庸报》载教育部派赴天津视察学校的戴应观对记者谈南开大学，谓“设备虽受经济限制，然颇能以一文钱作两文钱用，其教授待遇虽不优，而能奋勉从事。其学生程度亦甚整齐”。

5月15日　中华全国体育协进会会长、中华队总代表张伯苓及中华全国体育协进会主任干事、中华队总领队郝伯阳，总教练马约翰，副总教练兼篮球队教练董守义等率中国远东运动会代表团一行136人搭乘“大洋丸”赴日。

5月17日　中国远东运动会代表选手一行抵横滨，旋赴招待宴。张伯苓答词表示，中国选手深信以合力奋斗，可以获得最后胜利。

5月24日　第九届远东运动会开幕，500余名运动员参加。岸清一博士致开会辞，滨口首相致欢迎词，嘉纳治五郎述大会精神。张伯苓答词切望本届运动会竞技精神与敦睦友交之念，益加发挥。

5月31日　在东京侨胞欢送运动员大会上，张伯苓作为总代表讲话，分析中国失败之原因，提出：第一，从小学起，根本改造体育；第二，切实做好团体的

计划，采用科学方法，从根本起注重训练。

6 月 2 日　张伯苓及中国运动员，由日本乘“龙田丸”轮回国。在船上，多次与《申报》特派记者长谈，深感“日本百事之进步，殊令人可钦可畏”，提出改进体育协会等设想，以促进中国体育发展。

6 月 5 日　与体育协进会同人在船上开会讨论促进体育问题，提议治本与治标两种办法。6 日抵达上海。

6 月 7 日　参加成志会聚餐，报告日本情形。晚即赴南京，会见蒋梦麟，正式向教育部建议，自小学迄大学增加体育必修课。

6 月 10 日　由南京再返上海，与《日本研究》编辑畅谈“东游兴感”。东京的繁荣景象使他深受刺激，感慨日本“朝野多年一致联合努力苦斗的精神”。认为社会的勃兴，首先要靠政治，有安稳的政治，各种事业才能有发展的机会。批评中国学生“每每认做官是最好的出路，有些简直认做官是一种营业，所以便如蚁附膻的跑这条最窄的门路”。

6 月 12 日　回到天津。在校长办公室与记者谈我国体育改进的设想。一为治本，即日令全国中小学实行强迫体育之教育。二为治标，开展经常性体育比赛，包括国际性比赛，以此增进经验。

6 月 18 日　致函与张学良谈此次赴日比赛观感：“彼人比较进步尤速，故我此行不甚得志。但经一番挫折，增一番训练，卧薪尝胆，有志竟成。”

6 月 19 日　远东运动会中国的惨败，使张伯苓常自研究日本何以强，我国何以弱。他在天津基督教青年会联青社举行的例会发表演讲，比较两国近代发展历史，日本明治维新后，组织新政府，益以四十余年之普及教育，遂成为世界组织最良好之国家。反观吾国，当辛亥革命之时，政治腐败，外患日亟，至后内战方酣，工商停滞，教育救国亦等空谈。两相比较，中国焉有不败之理？最后认为“国家如何方有出路，此实中国最大之问题”。

同日　为菲律宾华英学校纪念册题词：“十年化雨菲岛之南，光我祖国蔚起英贤。”

同日　为孟加锡中山公学纪念特刊题词：“党化教育进步无疆，发扬滋长祖国之光。”

6 月 28 日　向南开学校大学、中学、女中毕业生临别赠言：人生观快乐之者，非安适之谓。

7 月 4 日　悼念前王馆馆主、私立中学奠基人之一王益孙先生，祭云："于戏先生，析津之英。痌瘝在抱，金玉其行。而细数其平生之功业，尤在乎南开之经营。胡昊天之不吊，遽使返驾乎蓉城。岂修短之有数耶。抑造物之不情。栋折兮榱崩。前哭范老兮，不图今吊夫先生。斗山失仰兮，大厦谁撑。桃李含悲兮，弦歌发为变征之声。虽暂聚者形，不朽者名，覩南开方兴未艾，先生亦必含笑于九京。滴泪和墨聊以慰情，魂兮归来鉴我衷诚。"

7 月 19 日　接待民生实业公司总经理兼川江航务管理处处长、北碚峡防局局长卢作孚及所率民生公司、峡防局、北川铁路公司组成的考察团参观南开大学、中学、女中，并介绍组织东北研究会及赴东北考察情况。

8 月　聘美国芝加哥大学博士梅汝璈为政治学系教授。其于抗日战争胜利后出任远东国际军事法庭中国法官，参与审判日本战犯。

9 月 1 日　在南开中学开学式上嘱告国内各处来校的考生，"在南开服务或求学，应本着'抬起头来观察世界之大势，低下头去脚踏实地工作'的目标，勇往前进"。

9 月 8 日　据颜惠庆记述："张伯苓博士来访，他说南开大学健身房将先给美国军队使用。"

9 月 10 日　为缓解教职员因时局纷乱带来的烦闷，接受美国方面的建议，成立"社交中心"，联络感情，欣赏游艺，研究学术。

9 月 14 日　主持比利时首相万德威尔在南开大学演讲《三民主义与社会主义之比较》，并合影。

9 月 17 日　为提高学生思想训练，激励学生自动研究之兴趣，成立学术观摩会，张伯苓莅会并讲话。

9 月 23 日　在南开中学初二学生集会上，谓南开的教育宗旨在使学生'自动'、'自觉'。要者，诸生在校能自立，当以道德、身体、知识三事为自立基础。

9 月 28 日　在学校董事会例会，报告学校各部情况。

10 月 3 日　天津辽宁水灾急赈会开会，决议加推王树常、张学铭、张伯苓、颜惠庆等为委员长，以期广为救济。

同日　辽宁教育会会长姬振铎向张伯苓转达张学良意愿：欢迎华北运动会在沈阳举行。

10月4日 夜晚，臧启芳便中晤张伯苓，知其明晨赴平，当晚由平去沈阳。

10月10日 南开中学在该校大操场举行全体二千人之大校阅，与新任天津市公安局局长张学铭共同担任检阅，并训话。

10月17日 南开学校二十六周年纪念会致开会辞，在展望南开将来更大的进步时，表示不愿借此说些好听的话，像时髦人开空头支票一般，“我们是要让事业来表现，能本这种精神做去，不变方向，所用的方法，随着时代而应付”。

10月19日 举行范孙楼落成典礼，王占元、张伯苓、颜惠庆、严慈约发表献词。张伯苓说道：“严先生之道德，为温良恭俭让，其行为则博学、审问、慎思、明辨、笃行，当之而无愧。我人纪念严氏应效法其做人的精神。”

10月21日 《南大周刊》载：“东北军接管平津之初，国内各报曾载张先生将任天津市长，惟因校长校务纷繁无暇兼顾，更不愿弃其二十六年之教育生活而卷入政治漩涡，故以婉辞谢绝。”

10月25日 赴颜惠庆宴，出席的还有高守仁、林芳以及圣约翰大学校友等。

10月29日 明月歌剧社社长黎锦晖赴南开大学拜会张伯苓，共同讨论儿童文艺及小学试验教育等内容。

11月4日 特请天津电车电灯公司工程师来南开大学，介绍电机工程系学生注重实践技能，并强调今后要与市内各电气机构加强联系。

同日 致函教育部，为邑绅王心容独力捐资兴建南开小学礼堂，请教育部按照《请颁褒奖条例》给予奖励。

11月11日 召集南开大学全体大会，谈现代学生应具备之条件。

11月15日 在天津基督教青年会第三十五周年纪念会指出，天津青年会至今不息，因其精神为人服务，替大众牺牲，为社会服务。

同日 致函日本总领事，感谢日本文化事业部捐赠理化仪器。

同日 在给热河省教育厅邱振中回信中说，因刚有向张学良辞谢天津市长之举，“未便再以他事陈请”。

11月24日 赴天津市长宴，王占元、颜惠庆等140人出席。

同日 邀请张学良过津时，“务请贲临并赐训词”，南开大学师生开会欢迎。张学良批：即报：如有暇，必去。

11月 派黄钰生、伉乃如等赴北平考察清华、燕京、北大、师大、辅仁、中法、中国等大学的行政管理。

12月初　日本东京出版协会将日本同文堂、三首堂出版的日文图书两大箱，即四百余册，捐赠南开大学图书馆。张伯苓命图书馆对此项书籍另谋陈列方法。
12月5日　致函张学良并吉林、黑龙江、山东、河南、山西、河北、辽宁各省省主席，希望为华北运动会提供支持。
12月16日　海陆空军副司令张学良偕夫人于凤至来南开大学视察。全校师生举行欢迎会，张伯苓致欢迎词，谓“汉卿先生能不顾自身利害，替国家前途打算，毅然赴南京，足见救国救民之诚意”。
12月24日　赴南京拜见国民政府主席蒋介石等军政要人。蒋“垂询北方学务亟详”，对张伯苓三十年如一日的办学精神尤为钦佩，答应将设法补助南开。
本年为南洋中学题词：精神缔造，卅五经年，中学之冠，蔚起英贤。

1931年（民国二十年辛未）五十五岁

1月6日至7日　在南京出席民国二十年全国运动会筹备会议，被聘为总裁判。
1月9日　黄炎培到中央饭店访晤张伯苓。
1月14日　由南京返回天津。
同日　出席外交部部长王正廷和前南开政治学教授、外交部美欧司司长徐谟在南开大学的演讲会。王、徐演讲后，张伯苓谈将收回的比利时租界。会毕，复在木斋图书馆茶话，介绍学校教授与王、徐见面。
1月15日　出席接收天津比利时租界地典礼，南开学校放假一日。
1月16日　在南开大学理科学会致辞，认为最近中国政治颇有希望。
同日　致函宋子文，请其来校参观演讲。

2月3日　再函蒋介石“呈恳中央特别援手”南开，并表示“认定教育可以救国，故愿终身于南开学校而不稍易其志向”。
2月5日　呈文行政院、教育部，历陈办学困难，恳请院、部维持南开。
2月8日　电告外交部有关沃什伯恩博士（Dr. Washburne）南京行程。沃什伯恩博士在南开曾问张伯苓“教育之目的为何？”张答：“我之教育目的在以教育之力量，使我中国现代化，俾我中国民族能在世界上得到适当的地位，不致受淘汰。”
2月9日　列席学校董事会常务会议。按照教育部规定，大学董事会应名校董会，议决本会更名南开学校校董会。会议讨论：小站营田自划归学校管理后，

更名为南开大学校田局，学校于接收该局后已呈省政府备案。

2 月 14 日　《大公报》载，华北体育联合会职员有：名誉会长张学良，主席张伯苓，副主席刘风竹。执行委员王石卿、王耀东、涂文、高梓、郝更生、张伯苓、张武成、董守义、刘风竹。

2 月 16 日　接受北京市通俗教育馆董事一职。

2 月 17 日　作为东北大学校务委员会委员，赴沈阳出席校务会议。

2 月 18 日　接受天津市公共体育场董事会名誉董事一职。

2 月 19 日　南开中学师生集会，张伯苓出席做报告。

2 月 26 日　在南开男女中学及小学三部任课全体教职员会议上发表演讲，谈为学校筹款情况。

2 月 28 日　赴南京筹集经费。与国民政府监察院委员田炯锦谈话，表示自己虽以专心办理教育为职志，但南开造就的学生应在政治上有所贡献。如果政治不良，一切事业均受其牵累。

3 月 3 日　在南京接受《大公报》记者访问，主张发展中国体育，应从‘普遍’二字做起，使体育普及全国。在提倡之中，应注意者有二点：即体育的道德和体育的技术。

3 月 16 日　再赴沈阳出席东北大学校务讨论会，协助张学良规划东北大学。

3 月 27 日　东北大学校务委员会闭会，张学良及全体委员均到会，“决定改进原则，经费不增，事务合理化，组织文、法、教育、理、工五专委会，推由章士钊、罗文干、张伯苓等各任主任委员”。

3 月 30 日　华北足篮球赛大会闭会前赶往参会。张学良夫人于凤至、北平市长王韬、北平市教育局局长王捷侠等出席。张伯苓演说强调，要全民注重体育，除学校体育，必须提倡业余运动。另一方面，更应注重体育技术，采用科学方法。上海大型足球赛，每场收入皆达数千元，此虽好现象，但要防止体育商业化。

同日　东北大学委员会成立。张学良自任委员长。张伯苓、臧士毅、王维宙、章士钊、汤尔和、宁恩承等 11 人为委员。

3 月 31 日　《大公报》载北平实业博览会筹委会名单，张伯苓、顾维钧、熊希龄、颜惠庆、叶恭绰、朱启钤等为遴派委员。

同日　邀请徐悲鸿到南开大学讲学，并在校内招待用餐，与徐谈天津风土人情。

4 月 1 日　为申又枨呈请留学证书。

4 月 3 日　为中国国民党北平党务整理委员会发起的北平大、中、小学生党义演说竞赛，“特备银奖品一件”，上书“辩才杰出”。

4 月 7 日　《大公报》载：天津市公共体育场公布董事会董事长、副董事长和董事名单。名誉董事颜惠庆、王树常、张伯苓。

4 月 17 日　设宴招待美国伊利诺斯大学前校长戴维・金利博士(Dr. David Kinley)偕夫人一行。

同日　受聘担任第十五届华北运动会总裁判。

4月20日　东北大学发生校务纠纷，秘书长宁恩承自请辞职。张学良委托张伯苓即日赴辽，代为调查一切。21日启程赴沈阳。经斡旋“宁已允留”。电告张学良“风潮已告平息，请释廑念”。

4 月 25 日　呈报教育部，南开大学拟于本年暑假后将经济研究委员会与文学院经济系合并为一，增设一经济学院，藉收补偏救弊之效，请予立案。27 日经济学院董事会召开成立大会，胡适、任鸿隽、丁文江等特此由北平来津与会。董事有丁文江、王景春、任鸿隽、周诒春、周作民、吴鼎昌、金叔初、胡适、范旭东、陶孟和、张伯苓（当然董事）、张公权、穆藕初、刘鸿生、颜惠庆等。董事会决定何廉出任经济学院院长兼财政学与统计学教授。

同日　函请钱昌照代呈致蒋介石函，请求英庚款款项支配关照南开。

4 月 29 日　华北体育联合会举行执行委员会，出席执委有张伯苓、郝更生、高梓、董守义、涂文、王耀东（郝更生代），主席张伯苓。讨论在济南举行华北第十五届运动会事宜。

5 月 1 日　由津启程，出席南京全国运动会竞赛委员会会议、中央运动场奠基礼及实业部关于北平实业博览会筹备会议。3 日到达南京。

5 月 10 日　在南京出席中央运动场奠基礼，发表演说，赞扬政府重视开展体育运动，“此诚为我国体育界之良好现象”。

5 月 14 日　召集南开大学全体同学会讲话。关于时局指出，人心厌乱，渴望和平。“违乎此者即违反民意，国人必不容之。”关于青年婚姻，“拟于学校中组织婚姻介绍部，以助男女同学之于终身大事无法解决者”。

5 月 26 日　与郝更生、高梓夫妇等同车抵达济南。何思源等到站迎接。华北体育联合会 1931 年度末次会议召开，张伯苓任会议主席。下午，第十五届华北运动会各职员、裁判员、各总领队召开联席会议，首由何思源报告开会意义及筹

备经过，次由筹备会各股总干事分别报告一切筹备经过，最后张伯苓讲话，强调裁判公允。

5 月 30 日　第十五届华北运动会举行闭幕式及发奖会。全体筹备员、各地选手、职员及大会评判职员等一千余人出席。最后由大会总裁判长张伯苓演说，慰勉各方认识体育的意义。体育必须讲求道德和科学研究。

6 月 2 日　郝更生夫妇从济南过津，接受《大公报》记者采访，谓“大会主席张伯苓氏德高望重，不畏艰劳，热心公益，此次体联会，以二十三票当选为主席，张氏原拟辞去，稍事休养，当即于会中提出辞职，并即退席，表示坚决。旋经大会恳留，新常委并有与张氏同去留之表示，张为顾全华北体育大局，遂勉任艰巨”。

6 月 6 日　复函甘肃全省禁烟善后总局王藻虞，对其所赠“皮角”，为在招考时免受猜疑，“兹谨璧还”。

6 月 8 日　为倡导社会民俗教育先驱伍达先生逝世 20 周年题词：“同志旧雨，瞬别廿年。民众教育，提倡最先。精神不死，道貌依然。爱之敬之，昊其监旃。”

6 月 13 日　呈请教育部颁给吴大猷自费赴美留学证书。

6 月 20 日　在南开大学第九次毕业典礼致辞，勉励毕业生要随机应付环境；无论对于任何事项，须抱乐观态度；处事接物须具大公无私之精神与忍耐之毅力。

6 月 25 日　东北海军司令沈鸿烈致函张伯苓，欢迎南开学生乘舰旅行，“藉副我公作育人才”。28 日复函告知学生 60 人于 7 月 4 日乘“天潮丸”赴东北。

6 月 28 日　南开中学、南开女中举行毕业典礼，致开会辞，颁发毕业证书。

6 月 29 日　分别致函英庚款各委员，请其在 7 月 7 日开会决定款项支配办法时，对南开学校特别关照。

7 月 3 日　为《中国体育》创作号题词。

7 月 4 日　南开乘舰旅行团一行 50 余人于 7 月 4 日—8 月 6 日乘“海圻”军舰巡航之便，作暑期沿海口岸旅行，参观各地文化，考察各港湾形势。临行前告诫学生“在日本势力范围内，务须特别注意”。

同日　吴鼎昌创设南开大学特种奖学金。每年奖励优秀学生 20 名，每名获奖金 350 元。其在《南开大学特种奖学金章程》序文说：“南开大学校长张伯苓先生首先愿任其难，负其承办，与鄙人一再磋商，拟定各项章程发布。”

7 月 6 日　为吴鼎昌创办特种奖学金事答记者，指出“人才的养成，对于我们

民族的盛衰，国家的兴亡很有关系”。

7 月 8 日　为南开大学商学院拟集讲座基金事，与卞白眉在银行公会，合请绅商各界要人鼎助。

7 月 12 日　列席校董会例会，报告吴鼎昌发起在大学设立特种奖学金和中国银行卞白眉发起为大学商学院捐募讲座基金事。

7 月 14 日　与天津博物院院长严智怡及林墨青、邓庆澜等人，共同发起编辑《天津志略》工作。

8 月 6 日　南开航海旅行团返津。历时一个多月，参观沿海大连、旅顺、葫芦岛、秦皇岛、刘公岛、威海卫、石岛、青岛、烟台、塘沽等 22 个口岸，登上中、日、英、美、法五国军舰，参观海军实弹演习。东北海军总司令沈鸿烈一直陪同，并送每人一本《田中奏折》，以不忘日本侵略。张伯苓在旅行团总结会致辞，谓国家将来的希望，都在青年身上。肯对青年下功夫的人，乃是真的爱国的人。你们在各地都看见国人受外人的欺负，使你们精神上有长进。我在威海卫受一次刺激，一生不忘，使我在死前不能腐化。希望你们做大事业，改造国家。

8 月 14 日　受聘为河北省体育委员会委员。18 日，出席河北省体育委员会成立大会，并应邀讲话。

8 月 16 日　出席华北体育联合会秋季执行委员会，并主持开会。会议议决派员赴河南接洽第十六届华北运动会筹备事宜及建议全国体育协进会于本年双十节全国运动会期间，召集各省市代表讨论全国体育协进会工作等。

8 月 23 日　日本岸清一博士致电张伯苓，告知东京商业大学篮球队员正在上海停留，请张运用个人的影响力，“保护其免受排日运动波及”。张伯苓明确回复，“我认为选手们应得到保护”，并电告上海中华全国体育协进会沈嗣良，“望特别照拂”。

8 月　南开大学英文系正式成立，聘陈逵教授为英文系主任。

同月　南开大学增设化学工程系，聘张克忠教授为系主任。

9 月 2 日　致函卞白眉，感谢其为大学商学院募集讲座基金 18000 元。

9 月 3 日　在南开中学自然科学会议上做报告，强调中学理科要增进科学教育，以训练学生自动研究之兴趣与能力。

9 月 12 日　鉴于日本侵华形势紧张，本年全国运动会停开之说议论纷纷。张伯苓回答《大公报》记者，谓运动会实为一整个教育问题，在此天灾人祸、内忧

外患之秋，“全运会实为目前对症发药之良方”。

9 月 18 日　沈阳“九一八”事变发生，日本武装侵略东北。当晚，张伯苓对天津市中小学教职员百余人演讲，谈“吾人之责任与自救之道”。

9 月 20 日　“九一八”事变发生后，南开学生人心激愤，悲痛莫名。张伯苓召集南开大学全体学生训话，“余之忧国疾世之心，当为君所共谅”，并晓示同学应持的态度。不赞成“言救国者，轻举妄动，只以排货相号召”。希望南开学生因此次事件，认识清楚，沉着精进，从事准备工作，抱为国奋斗，至死不渝之志。

9 月 21 日　南开大学师生组织国难急救会，并决定立即加入天津中等以上学校抗日救国联合会。张伯苓被公推为主席。

9 月 24 日　与张嘉璈、胡适、顾维钧、颜惠庆、郭秉文、刘湛恩、余日章、晏阳初董显光、刘鸿生、史量才等二十余人发表《致美国政府及人民通电》，敦请美国政府和人民注意日军“九一八”事变的图谋，为世界和平主持公道。

9 月 26 日　太平洋国际学会总会卡蒂（Cartey）从北平致电张伯苓，请其推动能使太平洋国际学会大会如期举行。张伯苓即日复电卡蒂，说明中国分会昨天已经发表的严正意见（即“日本在满洲的侵略行为即侵略中国，除非日本军队立即撤出，中国代表团成员才能参加会议。否则，将建议推迟会议”。编者注），毋庸再电。

9 月 27 日　在校董会例会上，报告学校经费及校内情况，主张“将来学校经济稍裕，拟投资东北或西北方面办理实业，如开垦、牧羊等”。

9 月 28 日　在“九一八”纪念周发表演讲，谓全校师生应取远大看法，冷静态度，不应效孩子稚气求人帮助。

9 月　被收入良友图书印刷公司出版的《当代中国名人录》。

10 月 2 日　致函卞白眉，感谢其再为大学商学院募集讲座基金 3000 元。

10 月 4 日　卢作孚为研究东北问题，函求张伯苓赐寄南开研究中日满蒙问题资料及校刊。

10 月 7 日　主持美国讲演家艾迪博士（Dr. George Sherwood Edy）以“现今世界大势对中国之关系”为题的演讲会。

10 月 8 日　陪同国际联盟教育考察团一行四人至南开大学参观，并下榻校内。

同日　南开大学经济学院举行成立大会。张伯苓发表演讲，以“不腐”、“不私”四字相训勉。

10 月 10 日　前往济南，参加第十五届华北运动会，任大会执行总裁判，并被选为第十六届华北体育联合会执行委员兼常务委员。
10 月 12 日　“九一八”事变后，来津避难东北学生已达 480 余人。为救济全体学生计，张伯苓决定南开大学、中学各部加开夜班，即日入学上课。
10 月 17 日　因“九一八”事变，校庆从简。张伯苓在南开中学纪念会致辞，赞扬“九一八”事变后，学校精神振作，中学学生自动组织刻苦团，女中学生戒除奢华修饰，大学拟添设军事训练。
10 月 21 日　第四届太平洋国际学会在上海举行。张伯苓作为太平洋国际学会中国分会执行委员出席。该执行委员会委员长为胡适，成员包括蔡元培、王云五、朱经农、黄炎培、黄郛、唐绍仪、林语堂、蒋梦麟、宋美龄、宋子文、孔祥熙、吴经熊、丁文江、潘光旦、陈光甫、陶孟和、刘鸿生、陈衡哲等。
10 月 24 日　为《体育丛书》撰写序言。
10 月下旬　藉出席第四届太平洋国际学会会议之际，受上海大夏大学校长欧元怀邀请，来校参观并演讲对于东北问题的感想。
10 月　应上海中学邀请，在高中、初中两部集会上演讲，谈学生对于抗日救国应抱的态度。

11 月 8 日　日本军人在天津操纵便衣队举行暴乱，南开地近前线，首当其冲，断水断电，被迫停课。张伯苓坚守校内，一方面与各方联系，保护学校安全，一方面组织疏散学生。《北洋画报》谓：“张伯苓校长，在事变期中，异常镇定，而为教职员学生谋，无不尽其力。停课期间，发放薪水，恐住租界者不便领取，发支票于法租界广东学校。女生返里每人借以五元旅费。”
11 月 9 日　亲临法租界维斯理堂演讲《我对时局的感想》。谓政治乃国家的命脉，国家强弱，视乎政治良否。并说：“我非任何党派，我是很赞成国民党的。中国人向来的大毛病，什么事都不实地去做，先要有所指谪。”
11 月 24 日　邀请张学良过津时，莅临南开大学并赐训词，张学良阅后即批：“如有暇，必去。”
同日　青岛大学致电张伯苓：为谋加增抗日救国之效率起见，拟发起组织全国大学教职员联合会，共策进行。翌日回电：“敝校愿附骥尾，届期派代表与会。”
11 月 25 日　为湖北汉口《信义报》纪念特刊题词。

12 月 4 日　允为中国社会教育社发起人之一。

12月5日　在天津基督教男女青年会主办的讲演会演讲，谓“国人不应抱悲观，应从困苦中摸出路，勿存自私自利心，国事便可有为。”
同日　日军铁甲车一辆载日兵二十余人，开抵南开大学门前大东桥口，并架机关枪于桥口，拟入校搜查。下午，又有一日军中佐率两名骑兵来校，以参观为名请求入校检查事后，张伯苓派人质询日本驻天津领事后藤。
12月15日　向复课后南开中学学生训话，谈救国关键，要在“对内能团结，打倒松懒自私”。
12月16日　国民政府令东北政务委员会移至北平，扩大为华北政务委员会，委员长为张学良，张伯苓、李石曾、张继、胡适、蒋梦麟、吴鼎昌、周作民、傅作义、商震等为委员。
同日　南开中学因学生会问题发生纠纷，校长张伯苓及训育主任雷法章辞职。至24日宣布复职。南开中学风潮始告平息。
12月28日　出席河北省教育厅高等教育会第一次会议。
同日　回复黄炎培26日请其加入全国国难救济会的来电，表示愿意加入。中华民国国难救济会由各界著名人士熊希龄、马相伯、章炳麟、沈钧儒、左舜生、黄炎培等六十余人组成，连续发表宣言，通电，要求“立即解除党禁，进行制宪”，“万不宜复袭训政之名，行专政之实”。
同日　为天津市电业监理处《电业季刊》出版题词。
12月29日　参加河北省高等教育会第二次会议。
12月30日　赴北平出席华北政务委员会会议。
本年　与王文典、刘宸章、陆文郁、刘孟扬、邓庆澜、林墨青、李琴襄、严智怡等为友人宋蕴璞编撰《天津志略》，吁求同好鼎力赞助。

1932年（民国二十一年壬申）五十六岁

1月2日　得到通知，华北政务委员会改称北平政务委员会，业经呈报国府备案，兹于一月三十日正式开会。
同日　天津市政府知会张伯苓，经国府聘任为国难会议会员。开会之期甚迫，应即早赴京，共纾国难。
1月8日　为于凤至托付张伯苓给张学良儿子推荐师资事，回告“目下仍在加意物色”。

1月9日　中央政治学校罗家伦拟罗致徐谟任教该校，张伯苓表示徐是南开教授，可作请假一年，“假满当请贵校予相让”。

1月15日　邀请天津《益世报》主笔罗隆基来南开大学演讲《我为什么反对一党专政》。同时，张伯苓在会上简单致辞。

1月21日　邀请国际教育考察团意大利人沙笛在南开中学演讲，并放映意大利国家电影公司及沙笛在上海所摄新闻影片。

1月26日　北平东北外交研究委员会来函，请其撰拟供国联调查的材料。该会由张学良发起成立，顾维钧、汤尔和、章士钊等为委员。

1月28日　日本海军陆战队进攻上海北站、吴淞等地，驻淞十九路军在蒋光鼐、蔡廷锴率领下奋起抗击。南开组织募捐队，汇洋慰劳官兵。张伯苓带头捐款，支持十九路军抗日，并表示拟挺身入江西苏区，调停内战，要求国共一致抗日。

2月6日　为天津《体育周报》创刊号撰写《今后之中国体育》一文。

2月17日　南开中学举行开学式，欢迎张彭春由国外回校，并欢送雷法章赴青岛就任青岛市教育局局长。

2月29日　与卞白眉洽谈，拟以国货研究会的基金移作南开大学经济学院基金。

2月　被聘为北平国难会议会员。

同月　赴北平参加战区救济委员会会议。

同月　南开大学商学院院长张平群就职国民政府实业部，任命何廉代理院长。

3月17日　与章炳麟、张君劢、张东荪、左舜生、徐佛苏、王造时、熊希龄、任鸿隽、刘哲等人联署《拟向国难会所提内政外交议案》，内容包括对日抵抗到底；收复东北失地；结束党治，实行民治；讨论出版及政治结社自由，不得限制等。

3月25日　市政府召开筹备欢迎国联调查团各界代表会，讨论决定调查团抵津时登车欢迎者选定若干人员，其中民众总代表推定张伯苓、卞白眉二人。

3月29日　复函蒋廷黻，收到“手示及国难期中一致御侮案稿”。

3月31日　画家徐悲鸿南下路过天津，约为南开大学作《世界美术之趋势与中国美术之前途》的演讲。事前还把其近作11幅展览于秀山堂，当场亲自解释，会后向南开赠送其绘画作品。

3月　南开大学成立应用化学研究所，任命张克忠博士为所长。张伯苓为其定名时，特别强调“应用”二字，要求“研究我国工商业实际之问题，利用南开大

学之设备，辅助我国工商界改善出品之质量，俾收学校与社会合作之实效”。
同月　出席在北平外交大楼召开的东北热河后援协进会，被推举为大会主席。会上与张学良、宋子文等晤谈。

4 月 1 日　天津日本驻屯军来南开大学在教学楼附近进行军事演习，严重干扰教学秩序。学校当即报告，天津当局令学校“不得妨碍其行动”。张伯苓不听，以“此乃学校”为由，直接与日军交涉抗议。
4 月 6 日　同意天津市国民党党务整理委员会在南开学校设立分部。
4 月 7 日　与严慈约商讨国联代表到后，民众团体见面后应谈内容。
同日　出席天津市政府招待国联调查团准备会议。
4 月 9 日　国联调查团到达天津，即邀张伯苓、卞白眉等入室晤面。先由张伯苓将津市民众团体及华北工业协会所拟之备忘录等送达调查团。随由莱顿爵士就备忘录内某些要点提出询问，张伯苓等予以答复。
4 月 13 日　当选北平协和医学院董事会董事。
4 月 19 日　董事会助理秘书函告张伯苓，并明确董事任期三年，直到 1935 年 4 月的第二个星期三，或者继任者被选出。
4 月 24 日　列席校董会例会，报告学校经济情况。
4 月 25 日　与卞白眉等往拜英、法、美、德、意五领事，分赠此前致调查团意见书。
4 月　与周作民以及金城银行等单位联合组织华北农产改进社，在河北省定县设立棉种场，试种优良美国棉种。

5 月 2 日　胡适得知其侄胡思猷（南开中学学生）被捕，恳请张伯苓设法保释。张随即致函天津市公安局局长王一民。
5 月 6 日　复函东北大学驻平办事处宁恩承，为冯玉祥推荐国学教授，“惟冯公用意，以注重于苓之朋侪”。
5 月 16 日　当选全国斐陶斐学会第二届董事会会长，副会长为陈裕光（金陵大学）、司徒雷登（燕京大学），总干事钱存典（金陵大学），委员黎照寰（上海交通大学）、吴贻芳（金陵女子大学）、陈荣捷（岭南大学）、李书田（北洋大学）、刘湛恩（沪江大学）、杨永清（东吴大学）、李迪云（圣约翰大学）、罗忠忱（唐山交通大学）、魏学仁（金陵大学）、方叔轩（华西大学）、胡经甫（燕京大学）。
5 月 19 日　邀请美国驻华商务参赞朱利安（Julien Arnalb）来南开大学演讲《中

国之重要经济问题》。

同日　张彭春在南开大学演讲《苏俄教育状况》，此前其已作演讲为《在苏俄所见的、听的、想到的》、《共产主义的哲学背景》。

5月26日　参观由北宁路局新建成之宁园，称赞路局在此国难时期努力路政及园林建设。

同日　吴鼎昌等为发起废止内战大同盟致电胡适、丁文江、张伯苓、马相伯、黄炎培、杜月笙、史量才等人。次日，张伯苓发表谈话，认为废止内战为全国人民之公意。

5月27日　为发起废止内战大同盟天津分会，与吴鼎昌致函天津各界人士，谓："似此遏源治本办法，吾津人士极当闻风兴起参加，发起并筹设分所，以利要图。"

5月　为陕西华县教育家杨松轩墓碑撰文，赞扬杨氏僻处西陲，输身教育数十年如一日，为学校而忘家忘身，实为西北办理教育之领袖。碑文22行，满行47字，楷书。李叔华撰铭，马衡题额，于右任书丹，白廷锡刻石。

6月2日　与天津各界人士80余人致电上海废止内战大同盟，谓"提倡废止内战运动，真全国民意所寄，鄙人等均愿参加发起，共同进行"。

6月3日　南开大学学生会欢送本届毕业同学，张伯苓与会演讲，谓广增教授、高楼大厦，亦不足以代表南开精神。

6月5日　《申报》刊登张伯苓对于上海发起废止内战大同盟的意见，表示现在上海发起废止内战运动，此乃挽回国运切要办法，亦人人应做之运动。天津为华北通商大埠，爱国运动向不后人，盼望大家联合起来，表示真正民意，消除内战，维持和平。

6月14日　《北洋画报》载，南开学校为发展学生个性，特举办"一艺展览会"，凡学生有一技之长者均可出品参展。

6月27日　在南开大学部举行大学部第十次、中学部第二十五次、女子中学部第五次毕业式，来宾极众。首由校长张伯苓致辞，瞩望毕业学生谋求职业，不应计较薪水之多寡，须注意是否足当其任，如何贡献社会。后由校长颁发毕业证书。

7月初　响应张学良关于组织参加洛杉矶奥运会的电示，坚持刘长春等参赛的决定，并以中华全国体育协进会名义致电国际奥委会为刘长春报名。

7月5日　应邀在河北省基督徒学生团体联合会演讲《中国民族之弱点及改造》。

7 月 7 日　教育部聘请张伯苓为出席全国体育会议专家。

7 月 8 日　应汪精卫邀参加在国民党中央政治会议大礼堂举行的学术家谈话会，根据严重时局，讨论中国的外交问题。应邀参加会议的还有胡适、陶孟和、蒋梦麟、陶希圣、傅斯年、李书华、蒋廷黻、翁文灏、任鸿隽、杨振声、吴鼎昌、王世杰、王星拱、童冠贤、马寅初、高一涵、罗家伦、陈布雷、顾孟余、朱家骅、钱昌照、段锡朋、褚民谊等 50 余人。9 日开预备会。下午，开正式会，各学者就外交问题研究讨论，各人发表意见。11 日，第三次会议，谈内政问题。13 日末次会议为教育问题。

7 月 20 日　天津各界参加全国废止内战大同盟筹备会召开第一次大会，由张伯苓报主席。大会决议四项办法：

一、联合铁路职工，拒绝内战之军事运输；

二、广纳军人会员，不作内战工具；

三、监视并援助财界，勿供内战债款；

四、作相当之宣传。

张伯苓认为以上四端，稍具实际效力。

7 月 29 日至 8 月 1 日　参加北平政务委员会全体委员大会，参加会议的还有张学良、张继、李石曾、韩复榘、徐永昌、汤玉麟、傅作义、商震、宋哲元、庞炳勋、张作相、蒋伯诚、万福麟、于学忠、商震、门致中、刘哲、孙殿英、方本仁、周作民、吴鼎昌、鲁荡平、熊希龄、王树翰等，中央委员张群列席。会上，张伯苓“对团结救国一层多所阐发”。会议通过发表大会宣言，提出改善内政为根本之图，整理军政责无旁贷等两项切实实行的方针。

8 月 8 日　与卞白眉、张品题、胡政之等会商天津市发生事变如何维持治安等问题。

8 月 16 日至 21 日　出席在南京召开的第一次全国体育会议。

8 月 22 日　出席在南开大学举行的中国工程师学会第二届年会开幕典礼。应邀演讲，慨叹东西各国强盛，皆因能以科学方法生产，而我国政治不良，一切不上轨道，工程师空负所学，竟致英雄无用武之地。希望工程师学会团结联合，振作精神，在所从事的建设中，给国人以振奋，为中国创一新生命。

8 月 30 日　任国民政府教育部体育委员会委员。

同日　得悉被推为废止内战大同盟会常委，决定出席于 9 月 6 日在上海召开的常务会议。

9月21日　因山东韩复榘部与刘珍年部发生战事，废止内战大同盟公推张伯苓赴山东进行调解。张伯苓行前对《大公报》记者表示，国难当前，国人皆应矢志对外，决不容再有内战发生。23日晨，到达济南，济南商会银钱两公会代表迎接。9月25日晨，与韩复榘晤谈。韩允决停止军事行动，听命中央。
9月28日　应国立青岛大学之邀，演讲废战运动。并促青岛设立废止内战大同盟会分会。
9月29日　由青岛去济南，市长沈鸿烈及南开校友多人到车站送行。在青岛车站接受《大公报》记者采访。
9月自南开中学高中一年级起，设实验班两班，半工半读，以实现“心力同劳”、“手脑并用”的方针。次年8月取消。

10月2日　张伯苓、李琴湘、林墨青、赵元礼、陈宝泉等十余人联名为严修敬铸铜像发表“征启”。1935年4月竣工。
10月5日　第十六届华北运动会在开封举行，张伯苓任总裁判长。河南省主席刘峙电请“拨冗惠临”，因天津废战分会开成立会，未能赴会。
10月10日　主持废止内战大同盟天津分会成立大会，各界人士200多人出席。张伯苓任主席并讲话。会议选举张伯苓、卞白眉等为赴沪参加全国大会的代表。
10月11日　外交部罗文干电告张伯苓，“将来国联开会讨论《李顿报告书》时，拟请兄赴日内瓦任华北民众代表”。
10月15日　招宴中外记者，并报告调停鲁战经过。
10月19日至20日　出席教育部召开的体育委员会会议，审定中小学体育课程标准；设立教育部体育委员会，学校体育课程讨论委员会；举行全国运动会；筹设中央体育学校等案。
10月21日　在上海中学演讲。
10月23日　在上海惠中旅社与新声社记者谈胶东战事。
同日　在上海务本女中建校纪念会演讲。
10月25日　废止内战大同盟总会举行在沪常委委员谈话会，出席会议的有王晓籁、李登辉、李公朴、杜月笙、潘公展、张啸林、陈立廷、潘序伦等20余人。张伯苓报告赴山东调解韩复榘、刘珍年战事经过。
10月30日　列席南开校董会，报告章瑞廷捐款经过。董事会补选胡适为校董。

11月2日　主持废止内战大同盟会天津分会常委会议。

12 月 16 日　因令《南中学生》停刊，遭到学生会反对，引发学潮。20 日，将与学潮有关学生陈国新等 20 余人暂时停学。同日，报告教育部朱家骅部长："敝校中学部学生会出版之《南中学生》因有色彩，着令停刊，数学生假学生会名义起而反对，当令该会亦暂停止活动。" 21 日，又召集南中全体师生谈话表示，"我对于学生会一定提倡，我要帮助诸生有真正组织会之能力。至于此次破坏秩序之少数学生，若说其另有背景，则余意以为非是。并盼望大家以后不要厚诬他人"。

本年　商务印书馆编印《大学丛书》，组成有张伯苓参加的共 54 人的《大学丛书》编委会。

1933 年（民国二十二年癸酉）五十七岁

1 月 1 日　中国航空协会开成立大会，张伯苓、史量才、王正廷、杜月笙、虞洽卿、陈光甫、张公权、朱庆澜、熊希龄、胡文虎、林我将等 21 位理事发表就职通电。

1 月 8 日　日军攻陷山海关后，前方难民纷纷逃津，为救济难民及津市安全计，与天津名流发起组织地方治安会及难民救济会。

同日因时局紧张，为筹应付方策，函商熊希龄租借其在天津英租界寓所，暂作南开紧急时办公之用

1 月 9 日　为宣传鼓励前方抗日将士，函请万福麟速寄山海关阵亡安营长及连长等遗像与履历。

1 月 10 日　组织南开师生代表携毛巾千条、肥皂千块、糖果三百斤等物品，赴前线慰问将士，并致函何柱国司令："我司令负全国众望当守土大任，努力杀敌，为国争光，曷胜钦敬。"

1 月 13 日　天津地方协会召集会员大会，共推张伯苓为主席，主持制定天津地方协会简章及办事细则。该会主要维持地方秩序，办理救济、慰劳，收容伤兵和难民等事务。

1 月 15 日　南开第二次组织师生代表携纸烟、咸菜等赴滦县等地慰劳前线将士。

1 月 17 日　天津地方协会召集会员大会，公推张伯苓为主席。议决组织征募委员会，准备征求救济款项及物品；组织妇女救国团体等。

1 月 22 日　赴好莱坞杨豹灵宴，到黄炎培、王文典等。

1 月 27 日　组织第三次南开前线慰劳队十余人，携带慰劳品前往滦县、玉田、

迁安、丰润等处抗日军队驻地。

1月　国民政府行政院聘请张伯苓等为1933年全国运动会筹备委员。后加聘张伯苓为常务委员。

同月　因日本加紧侵华，逼近长城各口，南开大学科学仪器及经济学院和校图书馆重要藏书陆续转移至天津租界。

同月《北洋画报》载，中央航空学校在华北招收空军学员，张伯苓之子张锡祜报名参加，并被录取。张伯苓对此曾发表看法："吾有四子，以一子献诸国家，理当然也。既有壮志，其速行。"

2月3日　第四次组织南开慰劳队师生二十四人携带慰劳品饼干一千磅，毛巾三千条，胰皂三千块，赴通州一带慰劳二十九军。

2月4日　天津地方协会推举张伯苓赴北平与平市各界协商，共同办理一切事项，返津。

2月7日　允任上海中华慈幼协会名誉董事。

2月8日　天津地方协会募捐委员会成立，讨论救济难民及慰劳前方战士等办法。地方协会常委张伯苓说明天津地方协会募捐委员会成立经过及现在工作情况，并发表演讲。

2月11日　分别致函香河县张自忠师长、三河县冯治安师长、通县张价人参谋长，告知南开慰劳队分别前往三驻地慰劳。

2月14日　函告上海明华商业储蓄银行张絅白：上次南开风潮后所有开除学生都不能通融。

2月16日　在北平出席东北热河后援会成立会。宋子文、张学良、朱庆澜、熊希龄、汤尔和、穆藕初、蒋梦麟、周作民、胡适、黄炎培、张嘉森、查良钊、李组绅、阎宝航、于凤至女士等平津各界领袖、上海地方协会代表、义军代表百余人到会。张伯苓任主席并发言。会议通过章程，并推蒋梦麟、周作民、胡适、张伯苓、熊希龄、朱启钤、丁文江、廖奉献女士等9人为常务理事。通电政府及全国各界，合作抗日。

2月27日　答复山东兖州邓中林有关中国文字与阿拉伯文字比较的函询，认为中国文字有指事、象形、谐声、会意、转注、假借等六书之分别，而阿拉伯文字不过即取乎六书中之谐声而已。

3月1日　东北热河后援会常务理事朱庆澜、周作民、张伯苓、朱启钤、熊希

龄、胡适、蒋梦麟、周贻春、廖奉献等致电北平各公团，谓现热边军事情势万分紧张，供应急如星火，尚望一致兴起，慷慨捐助。

3 月 5 日　厦门大学教职员捐薪电汇张伯苓，嘱代购适用物品慰劳前方抗日战士。遵托代购白布裤褂四百套计八百件，随同南开慰劳各物品一并送往前线。

3 月 10 日　出席河北省第三次体育委员会议，被推为常委。

3 月 11 日　为卢南生《航空世界》（甲编）作序，介绍该书内容，并谓：国家无国防，退不足以图自身之存在，进不足以求国际之平等，此“九一八”事变以来我国人之所觉悟者也。国防之道，将士之忠勇与武器之精良，二者缺一不可，此淞、榆两役以来我国民之所深知者也。顷者各地民众，方纷纷募款购置飞机，风气所及几遍全国。苟能贯彻始终，缜密筹画，则空军之建设，国防之基础，即将树立于此时矣。

3 月 16 日　派张锋伯携张伯苓致陆军二十九军办公处函，北上了解第二十九军冯治安师在喜峰口抗战情况，并慰问前方战士。

3 月 22 日　南开师生慰劳救护队，一队共 45 人，携带救护应用器具及慰劳物品等前往战地担任救护工作。每值星期三往返一次。

3 月 25 日　致函河北统税石家庄管理所祝步唐，谈中日战争问题：“惟有敌来即击之，共同矢志抵抗到底。”

4 月 3 日　瑞士《日内瓦报》主笔马丁教授来南开大学演讲，张伯苓与会并陪同访见于学忠。

4 月 15 日　与《申报》特派记者赓雅谈华北局势，分析直接交涉、收复失地，誓死抵抗三种可能性的利弊，认为只有拼命抵抗，“终必有博得最后胜利之日”。

4 月 22 日　出席校董会在北平召开的例会，到会董事有丁文江、胡适、陶孟和、李组绅、李琴湘。会议通过本年学校预算草案，并请任期届满的校董丁文江、李琴湘、严慈约继续连任。

4 月 24 日　致函上海范士奎校友，谈自己近日情况：日来除设法维持学校外，即为地方协会奔忙，几于昕夕不遑。

4 月 25 日　国民政府行政院农村复兴委员会聘张伯苓为委员。

4 月 29 日　任天津经济调查委员会委员。

5 月 5 日　出席在南京华侨招待所召开的行政院复兴农村委员会开幕大会，强调“现政府注意改进农村生机，希有负责执行，不要官僚化仅具形式”，并提出

包括减轻农民负担、便利交通、疏浚水利、调剂粮食等内容的提案。

5 月 9 日　致函华北军第三军团总指挥部驻北平办事处，告知派师生代表三人赴平调查该军在喜峰口罗文峪等处为国牺牲阵亡将士姓名、籍贯，以作抚恤之预备。

5 月 17 日　发表谈话，强调处置严重时局为当前最急要务，黄郛应亟赴北平。同日南开教职员各捐薪水购买担架 28 副，手术台 10 架，棉花 110 磅，绷布 10 匹，药箱 20 只，派员送往商震部，以表对将士冷口血战杀敌的钦佩。

5 月 19 日　以天津地方协会代表身份出席天津市八区区长及各慈善机关联席会议。

同日　驻天津日军组织变乱，南开大学颇受侵扰。当晚，校门警卫五人被捕走。南开中学及女中地带更属危险。

5 月 20 日　中国航空建设委员会开成立大会，张伯苓等 40 人被选为该会委员，会后全体委员发表通电，深望各界各抒宏议，共襄航空建设。

5 月 21 日　出席天津市教育会为追悼教育界闻人林墨青召开的追悼会。

5 月 30 日　为菲律宾《公理报》社二十二周年纪念刊题词。

5 月　国民政府筹备成立行政院政务整理委员会于北平，派黄郛任委员长，授权办理对外交涉和谈，对内节制河北、山东、陕西、绥远、察哈尔五省和北平、天津两市等地方权力，并任命张伯苓及黄绍竑、李煜瀛、张继、于学忠、韩复榘、徐永昌、傅作义、宋哲元、汪伯祥、王揖唐、王树翰、周作民、蒋梦麟、张志潭、王克敏、丁文江、刘哲、张厉生、汤尔和、鲁涤平、恩科巴图等 25 人为委员。

6 月 1 日　函告厦门大学前汇捐大洋拟与四川成都大学寄来捐款合并用出。16 日厦门大学电称“敝校捐款，请救济伤兵”。

6 月 2 日　允为国立中央大学教育学院中国教育学会介绍会员，并为江苏无锡省立教育学院中国社会教育社理事会审核新社员入社资质。

6 月 6 日　出任梁士诒纪念事务筹委会筹委。

6 月 13 日　国民政府军事委员会主席蒋介石为征求张伯苓关于时局的建言，颁给密码电本。张复函表示“谨当密藏待用”。

同日　接受第十七届华北运动会竞赛委员并总裁判之职。

6 月 16 日　赴北平，出席行政院驻平政务整理委员会成立暨第一次会议。会前致函宋则久表示，“驻平政务整理委员会苓虽备委员，亦不过每月遇开会时到会

而已，并无其他任务”。

6 月 26 日　南开大学第十一届毕业式。交邀各界名流出席，任鸿隽以“烦闷”为题演讲。张伯苓致训词，谓“打破烦闷，惟赖自己奋斗。不求速效，不图徼幸，只管做事，并从小事一步步做起”。

7 月 3 日　出席并主持在英租界银行公会召开的天津市地方协会结束会议，商谈结束事务。

7 月 7 日　为筹商天津市承办第十八届华北运动会事，与陈宝泉、章辑五、赵亚夫等拜访河北省主席于学忠。会商结果极为满意，于学忠允拨 20 万元筹备第十八届华北运动会。

7 月 9 日　与河北省代表队抵达青岛，参加第十七届华北运动会。10 日，出席青岛市长沈鸿烈招待宴会，发表讲话，赞扬运动会筹备工作，强调体育精神之培养，实较诸技术，更为紧要。

7 月 12 日至 15 日　第十七届华北运动会在青岛举行，任总裁判长。其间，华北体育联合会举行年会召开执行委员会会议，改选张伯苓等九人为执行委员，通过华北体育联合会章。会议决定第十八届华北运动会次年“双十节”在河北省天津市举行。

7 月 14 日　20 余青岛市民代表来见张伯苓请其代为挽留沈鸿烈市长，打消辞职之意。

7 月 18 日　黄炎培抵津，访晤张伯苓。后出席各界联合会欢迎黄炎培招餐会。

7 月 24 日　允任 1933 年全国运动会竞赛委员会委员和审判委员会委员长。

7 月 28 日　为保定省立第六中学校二十七周年纪念册题词：“乐育无极。”

7 月 29 日　为青岛市市长沈鸿烈去留事进言蒋介石，“处置此事加以审慎，免致激出意外”。

8 月 4 日　东北体育协进会在北平召开成立会，通过会章，并聘定董事执委。张伯苓出席会议，讲话勉励东北体育健儿奋起救亡图存，不忘收复失地。

8 月 5 日　为第十七届华北运动会题词：“锐撼山岳，迅夺雷霆，猛勇竞逐，强国先声。”

8 月 15 日　救济华北战区灾民委员会召开第一次常会，加推张伯苓等为该会常务会员，负责农赈组，与陶孟和等计划进行一切。

8 月 17 日　出席国民政府教育部举办的暑期体育补习班修业式。

8月21日　为《第十届世界运动会纪念册》题词："智力竞新，强国之鉴。"
8月26日　婉辞陈立夫请其为南京《时事月报》撰写《中国体育教育发展史略》。
8月28日　张伯苓、熊希龄等发起成立东北热河后援会并颁号召捐款支援前方电。
8月　天津《益世报》主笔兼南开大学政治学系教授罗隆基乘车来校上课，途中遭到身份不明者枪击。张伯苓得知后当即表示要向蒋介石抗议。

9月16日　举行本学期全体教员聚餐会，发表题为《南开教育今后应注意各点》的讲话。
同日　偕南开大学教授李适生等人前往绥远视察垦殖及畜牧业。省主席傅作义请张伯苓向中等学校学生发表讲话。
9月26日　请燕京大学校长司徒雷登来南开大学演讲。

10月7日　抵南京参加中华体育协进会全国代表大会。
10月9日　第五届全国运动会在杭州开幕前夕，大会总裁判张伯苓在南京召集裁判员会议，对裁判工作提出具体要求，并强调"全国运动会之意义在提倡体育，树立民族自强之计处，故宜着眼于团结之精神"。
10月14日　全国体育协进会举行会议，选举张伯苓等九人为新董事。
10月16日　在南京金陵大学发表题目为《体育与人格的塑造》演讲。
10月17日　行政院长汪精卫招待全运会职员和各省市代表，朱家骅、王正廷、褚民谊、钮永键、张道藩、王世杰及体育界人士百余人出席。汪精卫请张伯苓讲话，他说现在最要紧的是合作。
同日　受金陵女子文理学院之邀到校演讲，联系全国运动会谈国家的落后，最后说"事至今日，非锻炼身体，振作精神，祛除自私，团结一致，不足以救中国"。
10月23日　允任中山文库审订委员会委员。
10月27日　与上海银行陈光甫、邹秉文函商可否将棉业统制委员会统计事务，委托南开大学经济学院代办，并予以相当之津贴。
10月东北大学成立东北大学委员会，委员长宋子文，副委员长张学良，执行委员王克敏、王维宙、刘敬哲，常务委员于学忠、王卓然、王树常、李石曾、何应钦、周作民、胡适、张伯苓、黄郛、汤尔和、宁恩承、万福麟、刘尚清、蒋梦麟，委员于右任、孔祥熙、吴稚晖、吴铁城、沈鸿烈、陈公博、陈立夫、张

群、张静江、章士钊、蔡元培、罗文干、萧纯锦、朱霁青、朱家骅。

同月　上海《勤奋体育月报》创刊，聘请张伯苓为顾问。

11月7日　应司徒雷登邀在燕京大学演讲。

同日　约《大公报》王芸生来南开大学讲演《中国外交之病症》。

11月13日　与靳云鹏、潘复、章宗祥、陆宗舆、王文典等天津各界名流，应邀出席国民政府军事委员会北平分会委员长何应钦在津官邸招待宴会。

11月21日　为行政院褚民谊体育演讲文集作序文。

11月25日　在南开女中礼堂召集高年级同学讲话。

12月3日　张伯苓为中央政府拖欠教育专款问题赴京拜会孔祥熙部长，面陈华北教育专款拖欠后，教育前途即将动摇之情形。

12月7日　教育部体育委员会改组，聘定张伯苓为委员。

12月9日　在北平出席北平政务整理委员会会议。

12月10日　为《华北实业股份有限公司志略》作序，称赞该公司倡办垦牧，投资绥远，因时制宜，因地制利，以图逐步进展，实足以唤起国人之注意。

12月19日　出席天津各学校国术协进会成立大会，致辞指出，“国术”二字名称似有欠妥，暂且从众叫去。至学校练习国术，必须使之教育化，即使之含带教育意义，又必使之科学化，即利用科学方法以图发展。

同日　假南开中学校友会宴请本市各学校体育教员、报社体育记者及体育专家，交换改进天津市体育组织，扩大团结，推进全市体育发展意见。

12月24日　南开校董会在北平召开例会，张伯苓列席，报告学校四部情况及经济学院向罗氏基金团接洽补助基金事。会上有人提出即请南开大学按‘联立’性质接办海军医学院事。张伯苓论列医学师资难得等难点。最后会议决定，“该医学院接办与否，即由校长斟酌各方面情形办理”。

12月25日　公立女医局局长丁懋英发起筹建的严范孙儿科医院竣工落成，举行开幕式。张伯苓演讲，谓平生最感佩范老之公清二字。今幸得丁大夫承其遗志继续为公共事业努力，实为范老之精神不死，人格永存也。

12月末　召集南开大学、南开中学、南开女中、南开小学各部教员数人，座谈关于“中华民族出路与目前教育问题”。

12月　中华全国体育协进会召开会议改选董事，筹备参加1935年远东运动会。会议推选张伯苓为会长，朱家骅、吴铁城为副会长。

同月　派何廉前往南京与教育部部长王世杰商谈南开大学经济学院改组事宜。

本年张伯苓撰文介绍孙润生创办的天津利生工厂体育用品。文云“体育固须注重，而体育用品也是提倡体育的人所不可忽略的”。
本年　为《江南大学体育协会历届成绩报告书》题词：积渐为雄，孟晋七载。奋发峥嵘，光彪薄海。

1934年（民国二十三年甲戌）五十八岁

1月5日　《南开高中学生》刊登张伯苓与南开同人几次有关去私、团结和民族存亡的谈话。其指出，团结是超主义的。我们国家无论采用何种主义或政纲，如不把“私”字排出中华人群以外，以谋整个民族之大团结，却来希望民族有出路，国家不亡，那真是梦想。
1月11日　邀宴天津市各院校的院校长及各报社社长、体育界人士40余人，就教育与体育的关系等问题开“非正式之谈论会”。张伯苓致辞称，教育哲学是根据民族情形、历史的背景而成。中国现在教育哲学，最要紧的就是治“私”。体育不尽是在体魄、精神，最要紧的是团结。希望各学校“训练学生为国家、为社会不自私”。
1月15日　卞白眉为张公权公子拟由沪江附中转学南开中学，并请免考照转原级事，洽商张伯苓通融办理。张伯苓表示不能免考，但总可以设法收录。
1月20日　参加华北战区救济委员会常委会会议。会议结束后，为继续发挥救济效益，成立华北农业合作事业委员会，张伯苓任主席，推行农业合作，组织农民成立互助社，目下为数已达四千余个。张伯苓称“合作社之组织，诚为农民经济中一大善举”。
1月21日　南开校友总会决定，在南开校友范围内开展募集“伯苓基金”活动，藉以纪念张校长三十年来之艰辛缔造，并巩固母校之根基。张伯苓表示，此项活动大可不必，“而且本校校友均系小羊，身上的毛尚短嫩，不宜下剪”。
1月23日　出席在上海圣约翰大学举行的第十二届基督教青年会全国大会。次日，结合大会“合作建国”主题，发表合作救国演讲。张伯苓说，能合作则存，不能合作则亡。美国和苏俄两个主义不同的国家合作了，两国复交，没有听见对于这件事意见不同而起内讧，而“国民党和共产党的内部，还是差一点也不行”。国人能够渐渐觉悟起来合作，我们的民族就没有可以恐惧的。
1月　在中华全国体育协进会成立10周年之际，与王正廷呈文教育部，“恳请

拨款资助，藉维会务，发展体育”。

2 月 6 日　出席第十八届华北运动会筹备委员会第三次常务委员全体会议。
2 月 22 日　分别致电教育部和管理中英庚款董事会，吁请在北平增设招考留英公费生考区，以利北方考生就近应考。3 月 7 日，管理中英庚款董事会致电张伯苓，接受其建议，准在北平分区考试。
2 月　推介体育教授高梓女士（号仰乔）行将出版的体育译作，序文称赞高梓作为留美归国体育学者，“对训练学子最称努力”，是书有关全国体育发展之需要，“其用心良苦”。
同月　阅报获悉 16 日　翁文灏由长兴往杭州途中遇车祸受重伤昏迷，特电问候，祝早占勿药。

3 月 7 日　离津赴沪出席中华全国体育协进会董事会，王正廷、褚民谊、袁敦礼、马约翰、郝更生、吴蕴瑞、高梓、沈嗣良等董事出席，副会长朱家骅、吴铁城与会。行前谈远东运动会和世界运动会准备事宜。
3 月 9 日　派南开学生赵宜伦、沈世杰、郭荣生三人代表全校师生前往河北省蓟县石门镇第二十九军抗日阵亡将士墓地扫墓，敬献花圈，并在墓前致悼词，高唱《满江红》，种植白杨树留念。
3 月 10 日　访颜惠庆。
3 月 13 日　被行政院聘为故宫博物院理事，理事会由各界名流 27 人组成。
3 月 14 日　出席教育部体育委员会第十一次常务会议，王世杰、吴蕴瑞、程登科、段锡朋、王正廷、沈嗣良、褚民谊、袁敦礼、马子贞、郝更生与会，议决中小学体育教员检定办法，统一国术应用教材，开办全国暑期体育补习班等案。
3 月 17 日　华北水利委员会举行第二十次常会，新聘委员张伯苓等宣读入会誓词。
3 月 25 日　，国民党河北省党部、天津市党部、北宁特别党部邀集河北、天津各学校、报馆名流开谈话会。张伯苓、胡政之、陈宝泉等人被推举为新生活运动促进会筹备委员会委员。
3 月 29 日　中国科学化运动协会天津分会召开第一次大会，张伯苓主持会议，并报告通俗科学演讲经过。
同日　就日本力促伪满洲国参加远东运动会事，对《大公报》记者发表谈话，称“我国已一再声明坚决反对，而日方仍甘为伪国作伥，实难辞违背远东大会

规章之咎”。

3 月　南开大学设立算学奖学金、梁士诒助学金、思源助学金、觉顿奖学金。

4 月 1 日　柳亚子偕夫人来南开大学看望其子柳无忌（时任英文教授兼系主任），暂住校内百树村寓所。其间，张伯苓与柳亚子多次欢谈。柳亚子赋诗赞张伯苓：“张翁风度尽休休，英绝群伦冠辈俦。”

4 月 4 日　与《申报》记者谈新疆的发展认为，主要是交通和经济，“经济为万事之先决条件，亦即一切问题之核心问题”。

4 月 5 日　远东运动会华北区田径预选赛筹备会举行全体委员会，聘张伯苓为总裁判，马约翰为径赛裁判长。

4 月 8 日　第六届全国运动会举行第一次全体筹备委员会议，张伯苓 43 人当选筹备委员。

4 月 12 日　第六届全国运动会举行第一次常务委员会会议，选举张伯苓为审判委员会主任，同时当选竞赛委员会委员。

4 月 14 日　出席河北省新生活运动促进会第二次筹备会，与于学忠、王韬、陈宝泉等讨论制定河北省新生活运动的 10 项信条和 7 项戒条。

4 月 17 日　据颜惠庆记述：“张伯苓博士来访，南开大学办得不错。”

4 月 22 日　颜惠庆“去南开大学，看到了许多新大楼”。

4 月 30 日　《天津青年》第 69 期刊载《张伯苓博士在本会基本会员退修会演讲词》，认为中国近年来的失败，不外三点：一是自私，二是大家族观念太重，三是太穷。号召“我们要放弃了自己的幸福，若有一个人不得到幸福，我们都不先自幸福才行，我们正可由自己做起。”

4 月　为明代科学家徐光启纪念文集——《徐文定公逝世三百年纪念文汇编》题词：

信天乐道，先觉一人。
历年三百，生气犹存。
科学泰斗，西化梁津。
誓彼日月，光景常新。
绳绳蛰蛰，世泽无垠。

5 月 5 日　河北省及天津市党政各机关召开河北省新生活运动促进会成立大会。张伯苓发表演讲称，别种运动总是打倒别人，新生活运动反躬求诸己。怀知耻知惧之心，改习惯，易风俗，戒轻浮，脚踏实地去造新生活。这种自己改良本身的缺点，才是真觉悟。这种觉悟，可以说是新生活运动最有价值的意义。

5 月 6 日　校董会召开例会，张伯苓列席。报告天津市补助校款及李氏兄弟为纪念其父捐助奖学金等问题。胡适临时提议：校董同人亦可捐助基金 3 000 元，以其息金作为奖学金，每年亦足二额之用。校董会通过今年届满的颜惠庆、李组绅、陶孟和仍连任。
5 月 16 日　访颜惠庆，谈斐陶斐奖学金一事。
5 月 26 日　南开大学斐陶斐名誉学会分会举行成立典礼和新会员入会仪式。会长张伯苓致辞，校董颜惠庆演讲《名誉学会之意义》。

6 月 5 日　与陕西华县教育考察团谈办教育指出，办教育不可求效太速，欲速则不达，过急必遭挫折。万不可急欲成立大学，办大学全靠钱，非有十分准备，万不可轻易尝试。
6 月 6 日　在南开大学女同学会上发表演讲，从“梦”说起毕业同学的人生未来，指出青年人现在正是在做梦的时候。你们若不愿做醉生梦死的人，而愿为国家做点有用的事，我赠你们“远”、“大”、“高”、“深” 四个字。这是我一生的经验所得。到社会服务时刻注意放开你们的眼光。这就是我给你们的纪念品。
6 月 14 日　招待粤港记者考察团参观南开大学，并在即席演说时表示，我们北方民众需要一个统一的政府，我们民众要联合起来，准备应付现在及将来的大灾难。
6 月 25 日　在南开大学毕业典礼致训词称，学校造就学生，就是要学生改造社会。你们进入社会，不是为高地位，不是为薪水多，是为改造社会而做事。南开精神就是“傻干”。
6 月　为南开女中毕业班题词：“自强不息。”

7 月 12 日　斐陶斐学会第三次全国大会在天津举行。会议推举下届董事会会长张伯苓。
7 月 23 日　教育部训令嘉奖南开大学：“教员努力教学，校内管理得法，并对经济研究所、化学工业研究所及算学系各部工作均谓办理有相当成绩。”

8 月 3 日　出席中华全国体育协进会董事会会议。会议决议追认代表团此次在远东运动会代表会议席上所持态度为适当；日本、菲律宾之解散远东运动会为非法行动，远东运动会组织仍当存在；电请驻丹麦公使代表本会出席在瑞典举行的国际业余体育会代表会议；派优良选手于 1936 年赴德参加世界运动会。

8 月 4 日　教育部颁令，要求各校院切实改进体育工作，应规定体育为必修科，每周至少修习两小时。体育教学及课程内容参照清华、南开等校办理。

8 月上旬　在教育部童子军教练员训练班演讲称，我国人现在最大毛病，是一味模仿人家，不顾国情。我说是“食欧不化”。我们要改造中国，就要打破“私心”，树立“公”的道德和“能”的力量。

8 月 15 日　出席第十八届华北运动会筹备委员会第八次常委会议。会议推定张伯苓为竞赛委员会委员。

8 月 17 日　蒋介石为天津《益世报》被勒令停刊事，委托黄郛电告张伯苓：《益世报》未知审慎，因而获咎。这是最宽大的处分，只要该报能了解国家立场，认识地方环境，持平立论，不难力谋恢复。

8 月 27 日　河北省与天津市举行纪念孔子诞辰日大会，机关、团体、大中学教员千余人参加。张伯苓发表演讲称，20 世纪吾人立足于世界，只有实行孔子之学说。孔子学说与科学并没有抵牾，以孔子学说治现代中国之病症，必能沉疴立起。

9 月 5 日　河北省第十八届运动会预选会举行，任总裁判长。

9 月 17 日　南开大学第十七学年秋季始业式举行，张伯苓发表《南开的目的与南开的精神》的讲话。简述南开学校各部发展壮大的历史，谈自己从教经历和感受。创办南开的目的，是“要教育救国”；南开的教育方法，是以教育改造中国，改造国人的道德、知识和体魄；南开的精神，是“公与诚”，脚踏实地的精神。南开办学要培养“新人”，“要为民族找出路”。

10 月 4 日　乘车抵达北平，出席 5 日召开的华北政务整理委员会第五次大会。

10 月 5 日　据颜惠庆记述：“蒋（疑为蒋梦麟—编者）谈了他与张伯苓和周贻春之间的误会。”

10 月 7 日　张伯苓陪同国民政府行政院秘书长褚民谊视察第十八届华北运动会运动场。

10 月 8 日　邀请褚民谊在南开大学讲演。

同日　与河北省教育厅厅长周炳琳考察华北运动会场，并对记者发表谈话，谈到体育运动比赛时，指出：“要自本届起，注重以下三项：第一，记录要高；第二，精神要整齐；第三，奖品要薄。如此则体育精神方能光大。”

10 月 9 日　第十八届华北运动会筹备委员会召开各单位代表联席会议，各单位

男女代表八十余人出席。总裁判长张伯苓致辞。

10 月 10 日　第十八届华北运动会开幕日，张伯苓致辞强调运动会要以物质的、身体的和精神的建设，为国庆日贡献寿礼。河北、陕西、河南、绥远、山东、山西、辽宁、吉林、察哈尔、热河、哈尔滨、黑龙江等省市运动员进入会场。南开大、中、女各部学生组成的啦啦队在会场用黑白色手旗组成“毋忘国耻”、“收复失地”等大字，同时高唱歌曲，使场内三万多观众和运动员掌声如雷，情绪激奋。参加开幕式的日本天津驻屯军司令官梅津美治郎表示抗议，张伯苓当场严正表示：“中国人在自己的国土上进行爱国活动，这是学生们的自由，外国人无权干涉。”

10 月 14 日　在第十八届华北运动会闭幕典礼上讲话，赞扬运动员的精神和运动会达到圆满目的。

10 月 16 日　陶行知来南开大学演讲，并与张伯苓讨论中学生参加统一组织的会考事宜。陶行知还对南开中学、南开女中参加会考不予特殊准备、不迁就“机械的毁灭生活力的考试制度”表示赞赏。

10 月 17 日　南开学校举行建校三十周年盛大庆祝会。张伯苓宣布“允公允能”为校训，以培养学生“爱国爱群之公德，与夫服务社会之能力”为目标。

10 月 20 日　华北水利委员会举行第二十二次大会，张伯苓以该会委员出席大会。

10 月 31 日　出席华北体育联合会常务委员会本年首次会议，推定张伯苓为常务委员会主席。

11 月 4 日　华北体育联合会常务委员会会毕，与陶孟和夫妇同乘汽车由北平返回天津。途中腰部受伤。

11 月 18 日　中国文化建设协会天津分会各部组织就绪，干事长时子周，评议长张伯苓。遵照中华文化建设协会总纲，天津分会发表文化建设协会理论纲领，就各项文化事业之范围，应设立教育、出版、新闻、体育、电影、电播、戏剧、美术文化事业委员会。教育委员会正副主任委员分别为张伯苓和李琴襄。

12 月 5 日　发表《团结与民族存亡》一文，批驳悲观派“民族灭亡”的消极论调，强调“要挽救民族之危亡，只有团结”。

同日　为武训九十七诞辰题词：义闻千秋。

12 月 8 日　致函南开校友总会，就该会联合各地校友开展“伯苓基金”募款运

动，以纪念其个人60周岁之举，希望“重行熟商，另拟新方案”。22日再函南开校友总会，请“改变筹募基金计划，缩小募捐金额”，并谓“本校所最需要者，不在有巨额之基金，而在有与学校共戚之校友”。

12月27日　中央航空学校第三期毕业典礼与首届恳亲会举行。张伯苓四子张锡祜为本期毕业生，其作为家长赴杭州出席。蒋介石偕夫人宋美龄莅会致辞，张伯苓代表家长致辞：“今日外患甚于往昔，吾辈家长当效法岳母，毕业同学当追踪武穆，人人应以捍卫国家，抵制外寇为职志。”下午，举办盛大恳亲会，蒋介石致辞勖勉，张伯苓致谢辞，对蒋介石盛情邀请表示感谢。晚宴开始，蒋夫妇起立向家长们敬酒，张伯苓带领全体家长起立举杯向蒋介石敬酒。

张伯苓赠本期南开中央航校毕业生每人银盾一座，上铸“捍我疆圉”四字。本年华北形势愈加严重，张伯苓估计中日必有一战，南开须早做迁校准备，遂托谭仲逵在南方代觅校址。谭往临浙西山区考察，认为浙皖边境的天目山一带较好。但张以为此地离沿海太近，迁校不是权宜之计，故未采纳谭之建议。

1935年（民国二十四年乙亥）五十九岁

1月2日　赴孙瑞璜、赵厚生在银行俱乐部的招待宴会，与黄炎培等晤谈。

1月3日　应上海中学电邀到校演讲，谈到该校迁校指出，必先有了创造的精神，然后有物质的表现，期盼同学在校除了读书，更要养成不安于现状的创造精神。他还批评一些留学生“只把国家的钱换得了食而不化的东西，回来骗人骗钱”。并称，留学生不消化的东西有二种，一是批评。留学生回国后“非但不做，只知批评”；一是自由。希望同学们脚踏实地地做去，先求国家之自由，再谈个人自由。

1月4日　在杭州去南京的火车上与《妇女共鸣》杂志记者谈夫妇感情与子女教育，指出男士要守贞操、节制，“对于性的问题没有节制的人，对于金钱也会贪污，狂嫖乱赌的人哪有不贪污的，对于事业职务也难望其负责”。

1月16日　天津学者陈先舟联合天津学术界人士，发起成立新民学会。张伯苓、张季鸾等学界名流出席。张伯苓发表讲演，谓“文化工作，为中国当前急不容缓之工作，诸君如极有火力之煤块，若单独置一块，其燃烧力甚微；若聚多数煤块于一炉，则燃烧力必将伟大”。

1月19日　据颜惠庆记述：“张伯苓博士来访，他说南开大学终将成为国立大学。”

1月24日　出席河北省新生活运动促进会第五次干事会议。

1 月 25 日　根据中苏文化交流协议，梅兰芳即赴苏联演出京剧，盼张伯苓胞弟张彭春同往。行政院秘书长及外交部次长电请张伯苓给予支持，遂决定张彭春停课两月赴苏。

2 月 8 日　在列席校董会例会上，报告南开大学拟请收归国立问题。主要认为，大学用款过巨，维持发展很难；政府补助费大幅度增加不易；据中国现状而言，向私人方面捐募巨款恐不可能。

2 月 9 日　接受《大公报》记者采访，谈中国将参加世界运动会有关事宜。

2 月 19 日　出席河北省新生活运动周年纪念会，参加者三万余人。张伯苓为主席团成员并致辞，称几十年来，国家遭遇种种困难，这是我们自己不好，我们现在自己的短处很多，不能成为现代的国家。蒋委员长看到这一点，所以提倡新生活运动，这是很有意义的。现在新生活运动，风行全国，我们大家要追随蒋委员长努力去做，复兴民族。

2 月 24 日　纪念张伯苓夫妇结婚四十周年茶话会在南开中学礼堂举行。与会的有亲友、南开同人、外宾和校友，还有从外地赶来的校友。在纪念会上，张伯苓结合自己的婚姻生活发表谈话，称赞夫人王淑贞相夫教子的娴淑品德，感谢对于自己事业的帮助，并就婚姻、夫妻关系、家庭和美幸福畅谈感想。张说，一个家庭的快乐，绝不全在钱上。要使夫妇间有真乐，要用自己的力量建设起家庭来。从家庭建设起，也就是从夫妇和美起。在茶话会上，他接受天津《益世报》记者采访进一步说道：我自己是一个办教育的人，办教育自然也就是教书，教书不能发财，办教育也就不能发财。

3 月 3 日　南开校友举行春宴大会，推进“三六”募捐活动。张伯苓校长演讲，略谓：此次校友会募款，我曾一再劝阻。我以为个人现正在继续求进之际，殊不足以纪念，乃校友会方面屡改计划，志在必行。幸会中所捐之款用于助贫寒学子之奖学金，及校友学术增进与教育推广事业，此乃为“公”，不便再加阻止。

3 月 5 日　主持天津基督教青年会学术讲演，请蒋梦麟来作《我们怎样求学》的报告。

3 月 16 日　与卞白眉“洽谈战区农村放款嘱银行参加事”。

3 月 22 日　在天津大华饭店与陈衡哲辨谈父母之命与自由结婚。

3 月 31 日　列席校董会例会，讨论小站学田和南开大学改国立问题。关于小站学田，地主权收归军政部，租款仍拨归南开大学以作补助费。南开大学改为国

立，教育部王世杰部长认为须逐步进行。自本年起，由教育部、河北省教育厅各派代表一人出席校董会议。校董会同意教育部意见，请校长赴京面复王部长。

4 月 4 日　出席天津市儿童节纪念大会，到会人员有机关和各界市民代表，150 所小学的 3 000 多名学生。张伯苓在会上致训词，谓凡有健全之儿童，始有健全之国民，有健全之国民，始有健全之国家。儿童就是将来的国民、国家的基础，是民族生存的继承人。今天开会的意义，也即在此。

4 月 5 日　举行纪念张伯苓六十寿辰游艺大会，出席来宾、校友及南开大、中、女、小四部师生三千余人。张伯苓到会受贺。

4 月 6 日　与赵文藻、沈嗣良、马约翰同车南下，参加即将举行的全国体委会议及第六届全运会筹备委员会议。

4 月 7 日　与天津各界代表人士共同发起筹办纪念严慈约先生活动。

4 月 8 日　参加教育部体育委员会第三次全体会议。

4 月 11 日　出席第六届全国运动会筹备委员会第一次会议。大会由王世杰主席。会议决议张伯苓为该会审判委员会主任及竞赛委员会委员。

4 月 16 日　邀集全体教员茶话会，听喻传鉴等参加河北省教育视察团报告视察情况后，作总结表示，吾人从事教育，应以“能”、“公”两字为最后目标。

4 月 22 日　未能应蔡元培邀，前往出席在行政院召开的第二次故宫博物院理事会议。

4 月 28 日　在南开校友总会执委及校友代表会上演讲，与校友论“求怎样做人的知识”，希望校友能够做到不堕落、不颓唐，“束身自好”，须多读关于身心修养的书；作为知识阶级的领导者，应自负是复兴国家一支最强劲的生力军。

5 月 2 日　在南开学校男女中学全体学生集会上演讲指出，假使全国能一齐合作，人人肯做事，肯负责，则“外侮”决不能有。这要靠教育普及。次谈中学时期是男女生发育成长的关口。关于男女的行为，你们要记着，用自己的精神管理住你们的肉体。只有自己能管理自己的人将来才有成就。

5 月 6 日　应邀出席河北省政府欢迎北平军分会委员长何应钦的茶话会。晚，出席天津基督教青年会举办新生活运动周的讲演会，演讲《如何提倡新生活运动》。

5 月 9 日　招待以团长福波斯（Forbes）为首的美国经济考察团。考察团在南开大学与天津各界代表座谈。张伯苓致欢迎词，“希望中美间永远维持友爱互助精

神，共谋经济之发展”。

5月11日　天津基督教青年会在公民教育运动中，举行模范公民选举。到会投票民众千余人，每人可自由选举自己钦佩之天津市公民10人。投票结果，张伯苓得票最多。

5月16日　接教育部训令，提出南开不必改为国立而谋巩固南开基础的三项办法。主要是：今后仍按年继续补助学校经费；教育部派代表参加校董会议；每年度收支详况及预算应报部备核。

5月20日　电贺北平陈半丁六秩寿庆。

5月22日　据《大公报》载：河北省教育厅体育委员会改组，张伯苓等三人任常务委员。

5月30日　出席河北省体育委员会讨论参加全国运动会筹备问题。

6月15日　南开小学师生劳作课工作室落成，张伯苓出席致辞，夫人王淑贞揭幕。

6月23日　上午，南开大学举行第十三届毕业典礼。天津市市长商震出席并讲话。张伯苓临别赠言，希望诸生毕业勿忘改造环境，改造国家，要负起责任，肯去牺牲，不要妄想。

同日　校董会召开例会，教育部代表蒋梦麟、河北省教育厅厅长郑达如出席会议。张伯苓报告请政府将本校改归国办之经过，介绍教育部上月提出的妥谋本校巩固基础的三项措施。散会后，张伯苓引导蒋梦麟等参观学校设备。

同日　下午，举行“三六募款庆成会”，募款人代表《大公报》胡政之致辞，称赞“南开做事一向是脚踏实地，不唱高调”。张伯苓致辞称，“三六募款”之所以成功，是校友诸君热心母校，也是公而不私的缘故。

6月29日　应晏阳初电约抵北平。

6月　为天津工商学院1935班毕业同学录题词：“富国英多。”

7月12日　介绍定县平教会晏阳初赴保定谒见商震，并请辅助该县工作之进行。

7月15日至8月17日　中华全国体育协进会于青岛开办暑期体育讲习会，培训备战第十一届世运会人员，同时主办体育讨论会。26日张伯苓赴青岛。29日，主持体育讨论会开幕并致辞。其间，张伯苓看望讲习会学员并发表《体育与教育》的讲话。

8 月 1 日　在中华体育协进会主办的体育讨论会联合郝更生、董守义、马约翰等发起组织“中华体育学会”。

8 月 3 日　由青岛返抵天津。对《大公报》记者谈此次体育讨论会称，本届大会之举行，集全国体育家于一堂，作学理之研讨，实为我国创举。

8 月 21 日　出席天津市救济水灾联合会举行第一次全体大会，并任大会主席，讨论赈救水灾进行事宜。张伯苓致辞强调，此次济灾工作，务期迅速，以免使被灾同胞久待。募款范围，以普遍为原则，使各界同胞皆能量力解囊，共襄义举。以后几天连续出席救济水灾联合会常委会议，讨论会务进行事宜。

8 月 31 日　讨论赈款分配办法，决定先拨一万元分别汇往鲁、鄂、豫、冀四省，嗣后再行续汇

8 月　约聘何其芳、周肖若、张仲衡三人为南开中学国文教员。

9 月 6 日　天津北洋纱厂总经理章瑞廷捐资兴学有声于时，其子承父志捐资兴建南开中学礼堂以纪念章氏，颜曰“瑞廷礼堂”。南开学校以章氏父子热心教育，特向教育部请奖，教育部颁给一等奖状。

同日　为小站校田事，赴南京面见教育部部长王世杰。7 日，南京南开校友举行欢迎会。张伯苓演讲，称《何梅协定》签字以来，平津一带随时可有战局。同学们故应爱护母校，但尤应爱国。并说，为救国而抗日当不可顾虑本校之可能遭受破坏，甚至以致使南开学校片瓦不存，亦不足惜。

9 月 11 日　访王世杰。出席故宫博物院在南京国民政府行政院召开的第六次常务理事会议，出席者还有蔡元培、王世杰、罗家伦、李书华、马衡、陶孟和、褚民谊等人。晚乘车返津。

9 月 16 日　出席天津市救济水灾联合会在青年会开第十八次常会，决议汇往各省赈款数目。苏北一带灾情惨重，亟须紧急救济。绥远黄河决口，五原、临河一带灾情奇重，办理急赈。续拨河北省、山东省赈灾款。

9 月 17 日　在南开大学本学期始业式上发表《认识环境，努力干去》演讲称，现在国难当头，大学生要带头爱国，做到公、诚、努力。认识环境，努力去干。

9 月 19 日　第六届全国运动会筹备委员会发表全运会裁判员名单，张伯苓被聘为总裁判。

9 月 22 日　天津市救济水灾联合会在英租界银行公会举行会员大会，张伯苓主席并致辞，决定本会办理江河水灾急赈，募集捐款日期延长一月，以救灾民于水深火热之中。

9月29日　校董会召开例会，张伯苓、教育部代表蒋梦麟、河北省教育厅厅长何海秋列席。张伯苓报告经济研究所与其他团体合作事宜及化工系情况。

10月2日　天津市救济水灾联合会开第二十五次常会，由张伯苓主席。会议以鲁西苏北灾情仍极严重，办理急赈。
10月5日　以南开大学名义为天津基督教青年会四十周年纪念赠辞："利济为怀其德斯溥，共忠立体与天同流。"
10月6日　晚乘火车南下赴上海。
10月10日　第六届全国运动会在上海举行，任裁判委员会主任委员。
10月17日　应邀在上海中学演讲"团结"问题，谓"团结就是力量，另外还须努力，在这国难时期要卧薪尝胆的努力"。
10月18日　中华全国体育协进会召开全国代表大会，会长张伯苓、董事长褚民谊等与会。由张伯苓致开会辞，主任干事沈嗣良报告两年来工作状况。继改选张伯苓、王正廷、朱家骅为第三任新董事。
10月19日　上海中学校庆。南开校友、校长郑通和请张伯苓来校演讲。上海市市长吴铁城出席。张伯苓赞扬上海中学八年来的建设发展。郑通和称其办学是遵循张伯苓的教导："一是为公不为私；二是行为品行要站得住；三是不怕难。"
10月22日　第六届全国运动会闭幕，张伯苓返抵天津，对《大公报》记者谈本次全运会观感，谓本届全运会参加单位众多，"远达新疆、西康、蒙古以及菲岛、马莱各地华侨"，"其表现我国民族团结精神尤为重要"。
10月30日　在天津基督教青年会联青社聚餐会上演讲《全运会之盛况与感想》。
10月31日　偕张彭春赴南京。

11月2日　日本工政会及工业学术团体代表等一行24人，上午赴南开大学招待会。中国方面到有王揖唐、曹汝霖、卞白眉、王文典等及李书华、魏明初、何廉等各专门家。日方代表中有工学博士7人，文学博士1人，其他亦皆为科学技术界之权威。由南开大学秘书长黄钰生代表校长张伯苓致欢迎词。其中特别谈到：东亚的和平，理应由中日两国来担负这个责任。如果打算达到中日共同维持东亚和平的这个目的，两国国民之间，非有真正的认识和了解不可。
11月3日　金陵女子文理学院成立20周年纪念会，孙科、罗家伦等出席。张伯苓应邀发表演讲，赞扬校长吴贻芳博士的办学精神及人格高尚。次日又在该校20周年礼拜上演讲。

同日 在南京银行公会演讲《教育工作之现实应努力的方向》。
11月5日 出席在教育部召开的教育部体育委员会常委会第十三次会议。
11月7日 出席在行政院举行故宫博物院理事会第七次常务理事会议。
11月11日 为南开中学童子军第七七七团成立二十周年撰祝词。
11月12日 在天津体育协进会会员交谊会演讲，批评“现代之一般教育系‘读死书，造病鬼’”。
11月13日 天津市救济水灾联合会召开末次常会，张伯苓主席，并报告汇往各省赈款详数。
11月15日 在《参加全国运动会之感想》演讲中，针对有人给他写信，认为建筑运动场，开运动会花费这么多钱不如拿这笔钱赈灾一事，认为运动会开的必要。国难当头，许多人都颓唐，不奋发，没有自信力，而运动会使人努力、向前、挣扎，在这种时候，这种精神很需要。
11月16日 出席天津基督教青年会成立四十周年纪念大会，并发表演讲。
11月17日 天津救济水灾联合会在英租界银行公会召开结束大会，张伯苓主持并致辞。王韬致谢词，谓张伯苓、胡政之两先生富于思想，勇于任事，殊值吾人称赞。
11月19日 赴南京。
11月22日 蒋介石从巴县致电张伯苓等，希如期出席全国禁烟委员会总会定于本年12月20日在重庆召开第一次常会。
11月25日 抵杭州。次日在中央航空学校演讲，谈对蒋介石的看法，称“蒋先生真是现在中国的救星。我不是党员，我也不希望做官，我对蒋先生的观念，是从事实里证明得来的”。
11月27日 偕王九龄抵上海。稍后，搭乘民生轮船公司“民权”轮入川，以全国禁烟委员会委员身份赴重庆出席全国禁烟会议。

12月3日 到达宜昌，上岸游览市容。以换轮之故，在宜昌逗留三日，应各方之请，为宜昌各校学生讲话，并建议宜昌建造公共体育场。
同日 在宜昌鄂西女子中学参观，并应校长安梦华邀请为该校女中部演讲。
12月4日 与四川大学校长任鸿隽及夫人陈衡哲游宜昌东山寺、昭忠祠。应邀对全宜昌中学生千余人发表《吾人应有之认识与努力》的讲话，从宜昌城市变化的新气象，赞扬“受过教育的学生和军人是社会的中坚分子”；从全国风气的改变，赞扬蒋介石是“领导民众，复兴民族的唯一领袖”，勉励学生要有为“公”

的精神，热心公共事业，“要知道这些公共的事情就是爱国”。
12 月 9 日　抵达重庆。11 日乘汽艇游北碚，参观中国西部科学院、兼善中学等。
12 月 13 日　由北碚返回，在重庆考察教育。因蒋介石未至，禁烟会议停开，此后赴成都。拜会四川建设厅厅长卢作孚等。
同日　与天津中等以上学校教职员共同列名致电何应钦、宋哲元、商震，表示“同人等目睹时艰，碍难缄默，敢恳公等本主权统一、领土完整两原则，同心协力，挽国家于垂亡，同人等誓为后盾”。
12 月 21 日　在成都参观华西协合大学和博物馆，并会见赴华西协合大学博物馆馆长葛维汉（David Crockett Graham，美国人）。
12 月 23 日　应四川大学校长任鸿隽邀请，在该校“总理纪念周”上作题为“国难中应有之修养”的演讲称，得与四川青年谈话，就等于和将来新四川的创造者谈话，希望青年学生立大志，做大事，立大业，努力，团结，同舟共济，救亡图存。任鸿隽介绍张伯苓时指出，“今人常言教育救国，若先生者，可谓实行此言者也”。（《四川大学周刊》第 4 卷第 17 期，1936 年 1 月 6 日）

1936 年（民国二十五年丙子）六十岁

1 月 1 日　《实报半月刊》载张伯苓与记者谈话，称干学校不是为赚钱，我个人不去沽名钓誉，又没有名利两字。
1 月 11 日　偕南开大学学生代表冷冰等三人赴南京，向国民政府提出颁明救国方针、宣布华北屡次外交真相、切实保障华北安定与华北教育等要求。
1 月 14 日　与平津各院校长及教职员代表在教育部就时局向中央建言会商意见，陈述个人看法，“情极恳挚”。会议推胡适为北平市院校代表发言人，张伯苓为天津市院校代表发言人。
同日　为拟在四川省重庆设立南开中学分校请予补助事，向行政院院长蒋介石及教育部长王世杰呈文，称“中等教育为高等教育之基础，又为从事各种职业之预备，学生学业根底之培植，道德精神之训练，及生活技能之增进，胥为良好中等教育是赖”。
1 月 15 日　蒋介石召集中等以上学校校长及学生代表谈话会，张伯苓发言吁请中央对宋哲元将军等华北驻军支持，以防止日寇施展使华北特殊化的伎俩。
1 月 16 日　至中央军官学校，由该校教育长张治中引导参观。下午，在励志社礼堂听蒋介石讲话。晚，中央党部、教育部联合宴请与会代表，教育部长王世

杰表示，平津各大学决不南迁。

1月17日　出席教育部专科以上学校及中学校长谈话会。蒋介石与会听取意见，并表示对于学生爱国行为，应该给予同情，“但此种表示，亦有限度，应知适可而止”。会后164名专科以上学校校长及中学校长共同发表宣言：拥护国家领土主权之完整，信任政府，并反对任何分裂运动。下午全体至南京灵谷寺，公祭国民革命军阵亡将士及淞沪阵亡将士公墓，由张伯苓主祭。

同日　与《申报》记者谈参加教育部谈话会印象，称各代表畅谈维护国家意见，“蒋院长除以极恳挚态度予以剀切说明外，对于政府方针，尤能开诚宣示，代表等极满意”。

1月18日　出席在南京中央大学大礼堂举行的丁文江追悼会。

1月20日　出席杭州中央航空学校第五期毕业式，会见前来出席毕业式的蒋介石、黄郛、陈布雷等。毕业式后于30日由杭赴南京。

1月22日　中华基督教青年会全国协会总干事余日章去世，张伯苓撰挽联：“成德一生，笃护青年，顾此诚未死。论交廿载，缅怀道义，怆闻殂落不胜情。”

2月1日　以总会委员身份参加军事委员会所属禁烟委员会总会在南京召开的首次会议。4日，会议闭幕。大会全体委员发表宣言，昭告国人：政府六年内禁绝烟毒。各界民众应督促其进行。

2月4日　教育部通知张伯苓，蒋介石同意拨付南开在重庆筹设中学补助费5万元。

2月8日　应江西省政府邀请赴南昌。

2月9日　为庆祝蔡元培79岁寿诞，与上海各界联名发起创设“孑民美育研究院”。

2月15日　出席在行政院召开的故宫博物院理事会第八次常务理事会。

2月20日　回津，分别到大、中、女中、小四部视察。下午在南开大学接待德国经济考察团克朴夫妇及罗森卜等人。

2月23日　出席南开大学毕业生同学会年会，并演讲。

3月1日　出席南开校友会天津分会举行的春季大会，称中国前途非常乐观，希望校友“在复兴民族工作上有所助力与贡献”。

3月4日　河北省体育委员会改组，聘请张伯苓、袁敦礼、董守义等10人为委员。

3 月 6 日　为在重庆设立之中学拟以“重庆南开中学”命名事，呈教育部报告书。
3 月 10 日　出席河北省体育委员会在北平市举行的第八次全体委员会议。
3 月 11 日　出席协和医学院董事会年会。
3 月 15 日　校董会召开例会，教育部代表蒋梦麟、河北省教育厅厅长李琴湘列席会议。张伯苓报告在重庆设立“南渝中学”暂定办法及筹设董事会情况。胡适建议，对于南渝中学校董会事，请张伯苓积极筹备组织。当天电告正在重庆的天津南开中学主任喻传鉴，南渝中学选址“沙坪坝较佳”。
同日　为实业部《工业标准与度量衡》月刊题词。

4 月 3 日　浙江大学校长竺可桢多方罗致人才，拟约南开大学化学工程系教授张洪沅加盟。张伯苓挽留。
4 月 8 日　天津美国同学会举行聚餐会，张伯苓演讲。
4 月 15 日　出席故宫博物院在行政院举行的第三次全体理事会会议。
4 月 27 日　召集南开中学高中部全体学生讲话，历述应付国难应有之准备，并谈学生应如何认识社会环境，刻苦进修，不宜盲从盲动。
4 月末　在重庆沙坪坝购地四百余亩，起建校舍，准备兴建南渝中学。
4 月著文《有我在，中国不亡》。

5 月 15 日　周恩来致函张伯苓，畅论共产党停止内战，一致抗日的主张，并称“先生负华北众望，如蒙赞同，请一言为天下先”。
5 月 22 日　刚刚就任洛克菲勒美国中华医学基金会主席的罗本斯丁（E. C. Lobenstine）致函张伯苓，谓我自从来到中国就总是会想到你，也会想到北中国的教育机构，包括北平协和医学院、清华、燕京以及北平中国大学。我所有在中国的朋友都被正在发生的政治变故所遭扰，但我深切期盼这些学校的教育自由不会因此受到太多的影响。你或许已经通过电报得知我被任命为中华医学基金会主席，能有这个机会拉近与北平协和医学院及你们这些董事会成员的关系，至感荣幸。
5 月 25 日　参加天津市公祭胡汉民追悼大会，并代表天津各界发表演说，略谓胡汉民有三种美德：一曰志向坚定，二曰廉洁自守，三曰努力不息往前干。
5 月 28 日　天津爆发反对日本增兵华北的抗日救亡示威，南开大学、南开中学、南开女中师生参加。天津当局调集大批军警包围南开中学校门。

5月30日　在南京出席北平故宫博物院第二次理事会第一次常务理事会议。

6月3日　全国禁烟总会“六三”纪念会举行，总会委员及各地代表400余人参加。张伯苓出席发表讲话，赞扬近期肃绝烟毒“成绩惊人”。

6月26日　在南开大学第十四届毕业典礼上讲话，嘱盼同学出校后仍应遵照“不要自私”之学训，认真去做。

6月27日　经蒋介石核定，国民经济建设运动委员会总会委员人选发表，计委员322人，张伯苓等49位大学校长为总会委员。

6月　为南开中学“民国廿五年班毕业同学纪念专册”题词：

绩学久相契，成功岁载更。
未忘尝胆日，同作济时英。
骐骥思联辔，鲲鱼欲化鹏。
多才欣致用，远大祝前程。

夏　应中华世界书局请，为即将出版《英汉四用辞典》（A DAILY USE ENGLISH CHINESE DICTIONARY）题词：

文化工具，体例翻新。
兼饷并饫，普益士林。
绩学得此，不世之珍。

7月20日　陪同来南开的梅兰芳参观南开校园。

7月25日　为热心教育、向南开大学慨捐藏书的津绅李典臣申请奖励。后教育部颁给捐资兴学一等奖状。

9月8日　教育部公布国民大会代表选举出的公立及私立大学、独立学院第一批审查合格人员名单，南开大学为张伯苓、张纯明、黄钰生、邱宗岳、何廉。

9月10日　南渝中学举行开学典礼，其教学宗旨是“注重公能，实施严格训练，造就有现代能力之新国民”。

9月11日　欢迎日本工业学术考察团参观南开大学，并在南开大学举行茶话座谈会，邀请日本驻天津总领事掘内及卞白眉、宋棐卿、魏明初、黄钰生、方显庭、张克忠等人分别就纺织、棉花、羊毛、采矿、冶金、钢铁、理化、农业、油脂等问题进行探讨。

9月27日　南渝中学举行成立纪念会。张伯苓致电嘱告师生“努力从事于‘公能’

教育”。
9 月 28 日　英国伦敦大学英文系主任艾文思(Evans)为南开大学教授和文学院学生演讲《为什么英国人喜欢莎士比亚》。下午，演讲《现代英国》，除学校教授和同学，还有新学书院、天津文法学校、《京津泰晤士报》的外国朋友及津市中学英文教员听讲。晚上，张伯苓开茶话会招待。
9 月 30 日　在南开大学李纯铜像前为李纯冥寿举行行礼仪式，以志不忘。

10 月 4 日　校董会召开例会，教育部代表蒋梦麟（郑天挺代）、河北省教育厅长李琴湘（齐璧亭代）列席。张伯苓报告学校各部及南渝中学建设情况。据颜惠庆记述：“南开大学举行校董会。平衡了预算，仍留下了一些问题。又讨论了重庆分校事。”
10 月 10 日　出席蒋介石在南京孝陵卫体育场举行的全国童子军检阅式。次日，陪同蒋介石、张学良、冯玉祥、何应钦、陈诚等参观由南开学生组成的童子军第 777 团宿营地。
10 月 17 日　主场南开学校成立 32 年校庆纪念会和严修铜像落成典礼，并致辞，昭示南开师生决不以现状自满，要继续努力，达到教育救国的夙愿。
10 月 25 日　致函蒋介石报告南渝中学成立经过。

11 月 5 日　在南开学校全体同人聚餐会讲话，拜托同人对学生善为领导，应沉着，勿妄动，以蓄力量，为国大用。
11 月 8 日　召开中华全国体育协进会董事会第三次会议，张伯苓、王正廷、褚民谊、沈嗣良、郝更生、袁敦礼、吴蕴瑞等出席。会议通过草拟参加世运会报告书等事项，并核准王正廷董事辞去主席职，推张伯苓董事接任。
11 月 11 日　访黄炎培，偕其参加上海南开校友招待餐会。
11 月 12 日　在上海参观莲花电影公司拍摄新影片，并与时子周、孙瑜等陪同校友合影。
11 月 16 日　由南京飞往重庆。游览南渝中学校园，与师生聚会，并拜访重庆各机关负责人。
11 月 21 日　在重庆南渝中学学生集会讲话，谈其办学动机和体育追求，最后表示“我中华民族一定能复兴”。
11 月 25 日　到达成都，拜会四川省政府主席刘湘、建设厅厅长卢作孚等。
11 月　教育部部长王世杰拟任张伯苓为四川大学校长，其以南开责重，又以碍于部章不能兼长两校，婉辞不就。

12 月 1 日　应四川教育厅之请，向成都市省立 6 所中学学生演讲，介绍京津两地救亡形势及身处救亡前线的青年学生情况，号召大家都做有为国民，担负起御侮救国责任。
12 月 4 日　应邀在重庆大学演讲。
12 月 8 日　南渝中学成立校董会，董事有外交部部长张群、实业部部长吴鼎昌、四川建设厅厅长卢作孚、华西公司经理胡子昂、重庆银行公会主席吴受彤、川康殖业银行总经理何北衡、美丰银行总经理康心如、四川财政厅厅长刘航琛、华西公司董事胡仲实等九人为董事。当日，在南渝中学主持召开第一次校董会，报告本校成立之经过及第一次募款成绩，并提出董事会章程八条。
12 月 9 日　重庆市青年会学生部敦请张伯苓假青年会电影院为本市各中级学校学生举行第五次公开演讲。
12 月 10 日　应重庆市政府教育科之邀演讲。重庆省立、联立、县立、市立各校学生均往听讲。
同日　绥远中国军队攻克百灵庙，遂派南开教师丁辅仁率学生四人，并在张家口购大批皮手套、皮袜子携往前线慰劳将士。
12 月 13 日　清晨得知西安事变消息，“悲愤已极”。时在渝校友对蒋介石“咸抱隐忧”。张谈话表示“俟后当能逢凶化吉”。
12 月 14 日　致函张学良，痛陈利害，劝其反省。
12 月 16 日　孔祥熙电请张伯苓为西安事变斡旋，电称“吾兄与汉卿相知甚久，此时一言九鼎，当有旋转之效。可否即请尊驾径飞西安，力为劝导，抑先飞京，面商进行之处”。18 日，张伯苓飞南京待命，以决定行止。
12 月 22 日　主持在南京召开的中华全国体育协进会第六次常务董事会。会议通过议案，由张伯苓递呈请政府拨助参加第十二届世运会准备经费计划书。
12 月 24 日　孔祥熙为张伯苓饯行。关于西安之事，孔等“很不着急，谈起来他们很乐观”。张决定先行回津。
12 月 26 日　车过济南，阅报得知蒋介石返洛阳，“心上一块石头落了地”。晚，抵达天津，即致电蒋介石慰问。
12 月 27 日　南开大学庆祝蒋介石返京放假三日，并举行纪念游艺会。张伯苓发表演讲称，“西安事变解决得这么好，咱们的校友周恩来起了很大的作用，立了大功。过去我把他开除了，现在我恢复他的学籍”。
12 月 28 日　南开中学举行庆祝蒋介石返京游艺大会，张伯苓演讲。
12 月末　在天津基督教青年会以“逢凶化吉”为题讲述蒋介石脱险回到南京的

经过，认为这是中国政治上的一次“逢大凶化大吉”。

12 月　为傅作义抗战驱敌出境举行抗日阵亡将士追悼会，撰写挽联：

翘首望云中，回忆昨年，洒热血无边，完兹瓯脱；

敛魂归塞上，忠心千古，奠精诚不泯，守我河山。

1937 年（民国二十六年丁丑）六十一岁

1 月 3 日　颜惠庆记“宴请教育界人士，出席者有南开大学校长等人”。

同日在天津南开校友会上发表《藉着新的转机，我们要振作起来》的讲话，向校友报告近日在上海、南京参会情况和赴四川视察南渝中学的经过，着重谈南开在西南办学的希望，其中特别谈到要将西南地区作为输送南开人才的基地加以重视。

1 月 11 日　致函傅作义称，“闻百灵庙攻下，非常高兴，苓素日崇拜先生，到临事真能显出特殊盛绩，实在痛快！”，并谈不久前的西安事变，谓“陕变消息到川，乍闻亟为难过。庸之部长电约至京，商讨营救委座事。十八日飞京后，见局面好转，廿五日，蒋先生果然脱险，全国欢腾，苓爰转忧为喜。盖国家年来，遇事每逢凶化吉，历险不爽，民族前途，实在有绝大希望”。

1 月 16 日　为日本妇女协会委托北平崇真女校教务长清水郁子代表该会去京晋谒事，致电蒋夫人宋美龄。

1 月 17 日　致函四川杨森将军，请捐南渝中学运动场。

1 月 29 日　为傅作义在绥远增设乡校，题词祝贺。

2 月 4 日　将小站校田经理处全部工作移交驻小站的营产管理局。

2 月 6 日　午，宴请颜惠庆等人。

2 月 9 日　与何廉致函美国罗氏基金团冈恩博士，提交南开经济研究所 1937—1944 年研究计划，申请给予补助。

2 月 25 日　中国科学化运动协会第二届董事会第一次会议在南京召开，请张北海董事为其代表出席。

2 月 28 日　南开校友会天津分会举行春宴大会，到会校友及来宾达千余人。张伯苓、张彭春、张祝春兄妹分别讲话。

2 月　应国民政府邀请赴江西访问，蒋介石亲电江西省主席熊式辉予以接待。

3 月 5 日　访行政院孔祥熙，面恳为南开校友会筹建南京会所赞助二千元。

3 月 7 日　南开校友会南京分会成立大会召开，张伯苓、张彭春兄弟参加。

3 月 8 日　应邀在金陵大学“总理纪念周”演讲，谈国运转机中的新气象，并称“我们复兴民族、改造社会，必要靠领袖来推行，大学生就是未来的领袖”，希望在校学生借着国运转机，多培养能力，改造国家和民族。

3 月 10 日　中华全国体育协进会第七次常务董事会在南京召开会议，张伯苓主席，并报告请教育部资助本会常年经费事。

3 月 15 日　由南京抵上海，对《大公报》记者发表谈话。

同日　行政院秘书长翁文灏致函张伯苓，称已饬教育部将南渝中学第二年补助常年经费如数照拨。

3 月 23 日　何廉从南京致电张伯苓，“华北农村建设协进会廿八日在平开重要会议，届时尊驾在平，祈就便出席”。

3 月 25 日　访问北京朝阳门外崇贞学园，应邀担任该学园理事长，并赠送“学道爱人”匾额。之后在演讲中，认为“崇贞学园意义有三：一是此校为教会学校，宗教教育未必必要，但今日中国学校中多轻此项；二是此学校为文化机构，扬中国之文化，乃为救中国；三是此学校有国际意义，是一所通过清水先生将日本人的善意传达给中国人的好机构。有此种种意义，可谓一举三得之事。”

3 月 28 日　校董会召开例会，颜惠庆、卞俶成、卞白眉、胡适、阎子亨出席，张伯苓、教育部代表蒋梦麟（胡适代）、河北省教育厅厅长李琴湘列席。张伯苓报告学校人数（学校四部总人数为 2 652 人，其中大学 386 人，中学 1 431 人，女中 450 人，小学 385 人）及南渝中学下年度计划。

3 月　教育部指定全国九所学校施行五年制实验教育，南开中学为指定学校之一。暑期后将添设实验班，分优秀、普通两组，每组招生 50 名。

同月　派南开经济研究所鲍觉民、谷源田、叶谦吉和四子张锡羊四人前往成都四川大学。四人中张锡羊的任务是为南开大学在华西坝选址，筹建南开大学成都分校。鲍觉民等按照张伯苓上次来川与卢作孚商定的由南开大学与四川大学合作筹建经济研究室的意向，开展建研究室工作。

4 月 7 日　乘津浦车赴南京，参加第七届全国运动会筹备委员会会议。

4 月 10 日　出席第七届全国运动会筹备委员会首次会议。会议议决竞赛规程组审委会审查，由张伯苓召集。

4 月 11 日　出席教育部体育委员会全体会议，分别对关于学校体育、师资整理、

指导研究、社会体育四个方面的提案进行审查。

4 月 15 日　由南京抵上海，并接受上海“学校新闻”来访，谈华北学生近况称，“华北学生因无共产党煽动与利用，故均极安静，埋头用功，情形殊为良好”。

4 月 16 日　由上海乘飞机赴重庆。

4 月 18 日　主持召开南渝中学第二次校董会。

4 月 20 日　重庆大学、四川省立教育学院、南渝中学三校组织的重庆市第一届大中专学校运动会在重庆大学举行，重庆市市长李宏锟主持，张伯苓为运动会总裁判。

5 月 5 日　出席四川省教育厅中小学体育研究会举行的欢迎大会，并在欢迎席上致演讲词，指出改造我们的民族，非从教育办起不行。体育是教育当中最要紧的。办教育的人不重体育，是不懂教育。要提倡体育教育，发扬体育的精神和体育的价值。

5 月 15 日　由重庆乘机飞抵武汉。出席湖北省运动会，会见市长吴国祯及宁恩承、顾如等，参观武汉的新建设。

5 月 20 日　南京南开校友举行“三七”募款庆成会，张伯苓出席讲话并以茶点慰劳到会的南开校友。

5 月 25 日　以北平市日人私立崇贞小学校校董会常务校董名义颁发聘书，聘罗俊英为该校校长。

5 月 27 日　蒋介石、汪精卫等上庐山商讨抗日大计。为广泛听取意见，决定以中央政治委员会主席汪精卫和国民政府行政院长蒋介石名义，邀请各党派、各民主团体、各界名人前来庐山召开“谈话会”。张伯苓在邀请之列。6 月 23 日，张群以中政会秘书长名义，向全国各界名流正式发出请柬。

5 月 31 日　天津市中小学春季运动会开幕，任名誉副会长，赞扬注重团体表演，认为有益于养成合作精神。

6 月 5 日　电贺南京金陵大学校长陈裕光任职 10 周年。

6 月 9 日　穆藕初奖学基金董事会于北平举行首次会议，聘请张伯苓、蒋梦麟、胡适、周炳琳、方显廷等五人为董事，负责保管基金、分配学额及审核成绩等事宜。

同日　南开出校学生王某某为报考税务学校函请改写年龄，张伯苓表示“苓办教育三十余年，对于代人证明事向取真实，所委变写年龄一节，深愧难以报命”。

6 月 12 日　为辞谢拟任四川大学校长事，复函教育部部长王世杰，称“苓所以始终不愿脱离南开原因，委以在先与严范孙先生有誓约，愿终身办理南开。区区苦衷，自不能不请求公谅”。

6 月 13 日　中国科学化运动协会天津分会举办“高级小学科学演说竞赛会”，出席讲话，希望到会者抱着科学态度用脑思考，用手实验。

6 月 17 日　对《大公报》记者发表谈话，今年暑期后，南大将有两种新的设施：一是理科研究所招生。二是理学院添设机械系，暂不设工学院。

6 月 23 日　出席南开大学经济研究所第一届及文、理、商三学院第十五届毕业式。本届毕业生共 72 人，其中经济研究所毕业研究生 10 人，由国民政府教育部授予硕士学位。美国孟禄博士及各界来宾、学生、教授等共 300 余人到会。张伯苓颁发毕业证书，嗣即致辞，重复讲解南开训育之方针为“公”、“能”二字，愿诸生永矢勿忘。

6 月 26 日　应沈嗣良邀，赴上海作题为《国运好转中青年对于国家之新认识》演讲。

6 月 28 日　出席华北水利委员会会议。

6 月末　向南开中学初中毕业生讲话称，你们好比是要出厂的产品，我是工厂厂长，我要严格掌握质量，不准废品出厂，因为我不严格，对你们和国家都没好处。

7 月 5 日　应庐山暑期训练团邀请抵达庐山。6 日为庐暑训练团学员讲课。

7 月 6 日　《蒋介石日记》：“约李仪祉、张伯苓来会。”

7 月 13 日　日本轰炸南开，中华医学基金会主席罗本斯丁和雷蒙德·福斯迪克（Raymond B. Fosdick）深感震惊。罗本斯丁致函张伯苓：

“我们这里的报纸昨天刊登了日本轰炸南开大学和南开中学的消息，我不知道怎么向你表达我和雷蒙德·福斯迪克看到这个震惊消息的心情。这是一个悲剧，对所有与中国友好的人说来都是一个悲剧。我深知，这对你本人和南开教师都是一个巨大打击。我相信那些能够左右中国命运的人物，会在这危机时刻发挥他们的智慧达成协议，给予中国持续的支援。然而令我们痛心的是，我国以及英国截至目前都没有对这场战争有清醒的认识，并对中国展现他们的友好。

请接受我们中华医学基金会全体董事对你本人的巨大损失以及中国人民即将面对的巨大困难表达深切同情”。

7 月 15 日　各界人士齐集庐山仙岩饭店，畅叙国事。其中除张伯苓，还有北大

校长蒋梦麟、浙大校长竺可桢、北大文学院院长胡适、清华校长梅贻琦、广西大学校长马君武、金陵女子大学校长吴贻芳及学者梁实秋和梅思平等。张伯苓讲话称，绝不能向日本屈服！打烂了南开可以再重建，国家一旦灭亡了，还谈什么教育！

7月16日　在庐山图书馆出席第一期“庐山谈话会”。中午，蒋介石、汪精卫宴请。

7月17日　出席在庐山图书馆举行的“庐山谈话会”第二次共同谈话。晚，在汪精卫住所开国防参议会第一次会议。应与会人员共16人：胡适、张伯苓、张耀曾、蒋方震、毛泽东、蒋梦麟、沈钧儒、梁漱溟、马君武、黄炎培、曾琦、陶希圣、晏阳初、张嘉森、李璜、傅斯年。到会者只有胡适、张伯苓、蒋方震、梁漱溟、陶希圣、李璜、傅斯年、周恩来（周恩来代毛泽东）。

7月18日　庐山暑期训练团学员毕业典礼在海会寺举行。张伯苓等谈话会人员50 余人同往观礼。蒋介石主持并致《建国运动》训词。

7月19日　出席“庐山谈话会”分组谈话。张彭春由津来见，面谈天津形势及学校情况。

7月20日　在“庐山谈话会”教育组谈话会上率先提议：“我们应不分党派，团结在一起，服从蒋委员长的领导。”

7月21日　到达南京，下榻中央饭店。

7月23日　王世杰在教育部举行宴会，宴请各大学校长，张伯苓、蒋梦麟、梅贻琦，北平大学校长徐诵明及广东三位大学校长出席。席间商谈今后教育改进方针。

7月28日　侵华日军进攻天津。下午，日军召开新闻发布会，宣布“今天，我们要轰炸南开大学，因为它是一个抗日基地”。

7月29日　日军对南开中、大学的“建筑进行了准确无误的轰炸和炮击”，特别是对南开大学派出第六飞行队以“九二式50千瓦弹”轮番轰炸。秀山堂、木斋图书馆等被毁。

同日　天津各国领事对炮击提出的抗议，日本驻屯军司令香月发表谈话为轰炸南开大学辩解。

同日　与蒋百里、沈钧儒、张季鸾、王芸生、洪深、杜重远、戴修瓒、吴南轩、张凌高、萧一山、李剑农、段锡朋、经亨颐、陶希圣、胡适、蒋梦麟、叶楚伧等致电宋哲元称，中国每一块土地，皆布满每一个公民之血迹。宁使人地都成灰烬，决不任敌人从容践踏而过。

7月30日　《申报》从天津报道，下午“日机四架，续向南开中学投燃烧弹，

现火燃甚炽。同时日炮队亦自海光寺向南开大学射击，共中四弹，该院图书馆后，刻亦起火”。“日方派骑兵百余名，汽车数辆，满载煤油，到处放火，秀山堂、思源堂（以上为二大厦，均系该校之课堂）、图书馆、教授宿舍及邻近民房，尽在火烟之中，烟头十余处，红黑相接，黑白相间，烟云蔽天，翘首观火者，皆嗟叹不已。”

同日　晨，王世杰赴中央饭店慰问张伯苓，郑重表示：大变敉平，政府必负责恢复南开旧有规模。张伯苓答称，在此抗战期间，余绝不愿使政府分心。

同日下午，在南京接受《中央日报》记者采访时发表谈话：敌人此次轰炸南开，被毁者为南开之物质，而南开之精神，将因此挫折而愈益奋励。本人惟有凭此种精神，重为南开树立一新生命。

同日　张伯苓宣布，南开大学驻南京办事处成立。

7 月 31 日　蒋介石约见张伯苓、胡适、梅贻琦、陶希圣等人。在谈话中，张伯苓即席表示：“南开已被日军烧掉了。我几十年的努力都完了。但是，只要国家有办法，能打下去，我头一个举手赞成。”蒋介石表示，“南开为中国而牺牲，有中国即有南开”。

同日　晚，胡适等为日军蓄意炸毁南开大学等校的罪行，致电东京中国大使馆转世界教育联合会会长孟禄，请其于 8 月 2 日将电文向东京召开的第七届世教会议宣读，希望世教会议代表对此种毁坏学术机关的野蛮行为予以谴责。

8 月 1 日　教育界领袖蔡元培、蒋梦麟、胡适、梅贻琦、罗家伦、竺可桢、王星拱等七人，一致致电国联知识合作委员会，要求公开谴责日军肆意摧毁南开大、中学等侵略华北暴行。

同日　上海交通大学校长黎照寰电慰张伯苓。

8 月 2 日　张锡祜从江西吉安空军驻地得知南开大、中两部被日军轰炸焚毁消息，写信给父亲张伯苓。信谓“因大人平日既不亲日，又不附日，而所造成之校友又均为国家之良才！此遭恨敌人之最大原因！而有如此之毁灭！然此又可谓大人教育成功之庆也”。

8 月 4 日　厦门大学校长萨本栋复函张伯苓。此前张曾致电萨询问借地安置师生办学事，萨回信谓：“贵校以老伯四十年之苦心经营，竟一旦为敌人焚毁，益令人痛心不置。”表示南开大学校址如一时不易恢复，极愿报相当之效力。

8 月 5 日　上海文化艺术界人士茅盾、郭沫若、胡愈之、画室（冯雪峰）、巴金、郑振铎、周予同、陈望道、欧阳予倩、叶圣陶、夏衍、周扬、靳以、萧乾、洪

深、郁达夫、胡风、夏征农等56人致电张伯苓表示慰问。

8月上旬　张伯苓一家抵达重庆，定居于南渝中学津南村3号寓所。

8月11日　为天津南开男女中继续在南渝中学上课事致函韩叔信，“南开男女中学各级学生现已决定在南渝继续上课，生员到渝时请为照料一切，南开男女中学生克赴川续读人数暂时估计为十分之一，约一百八九十人。”

8月14日　教育部密电张伯苓：政府拟在长沙设临时大学一所，特组织筹备委员会，敦聘先生为委员，定于八月十九日在本部开预备会。

8月17日　蒋介石、汪精卫署名电示，聘张伯苓任参议员，邀其赴在南京中山陵召开的最高国防会议参议会第一次会议。

8月中旬　在南京召见南开大学学生会负责人，表示现在是全国抗战时期，不愿意继续在校学习的学生愿加入共产党抗日军队的，我可向周（恩来）校友介绍。

8月23日　陈独秀在南京度过四年十个月牢狱生活提前获释。后胡适、张伯苓、周佛海等人拟请陈独秀参加国民参政会，被其拒绝。

8月25日　日本驻上海总领事冈本季工以极密1660号信件向外务大臣广田弘毅报告《关于救济南开大学事》。文称炸毁南开大学，造成很大影响，但等时局告一段落后，务必对南开大学的复兴提供尽可能的援助。

8月下旬　由汉口乘民生公司轮船赴渝，在宜昌为各界人士作抗战形势演讲，称“国共两党共同合作，抗战必胜”。

8月28日　王世杰指定张伯苓、梅贻琦、蒋梦麟为长沙临时大学筹备委员会常务委员。

8月29日　教育部部长王世杰电张伯苓、蒋梦麟、梅贻琦、杨振声，请推举长沙临时大学常委负责人，亦可每隔两月重推轮任。

8月30日　胡适就推举长沙临时大学负责人致函张伯苓、梅贻琦，转达蒋梦麟意见称，“伯苓先生老成持重，经验毅力为吾人所钦佩，应请主持一切”。

8月　四川自贡绅商李秉熙、杨泽寰等24人联名致函四川盐务管理局局长缪剑霜转托张伯苓代办蜀光中学，“以资整顿”。

同月　蒋介石电告张伯苓，张锡祜自江西吉安奉命飞赴抗日前线，中途失事，机毁人亡。张伯苓闻此噩耗，默然许久后表示：“吾早以此子许国，今日之事，自在意中，求仁得仁，复何恸为！”

9月6日　参观长沙明德学校，并发表演讲，勉励学生用心读书，努力求学，最重要的是学得“创造的精神”，并说唯有教育才是改造国民，复兴中国唯一有

效的药。

9 月 10 日　教育部明令以北京大学、清华大学、南开大学及中央研究院的师资设备为基干，成立长沙临时大学。

9 月 13 日　国立长沙临时大学筹备委员会举行第一次会议，确定由张伯苓、蒋梦麟、梅贻琦组成常务委员会，三常委商决学校一切行政方针，综理全校一切重大事宜。张伯苓兼建设长，蒋梦麟兼总务长，梅贻琦兼教务长。

9 月 16 日　应卢作孚邀请在民生轮船公司演讲，从经济、政治、外交等方面分析抗战形势，认为抗战必归我胜利，此次战争过后，国民一定要得一个大进步，并谓“这回是蒋先生领导民族救国，当民族唯一救星的好机会到了”。

9 月 24 日　离渝，次日抵达武汉。

9 月 26 日　公宴武汉南开校友，市长吴国桢及吴国柄、宁恩承等 80 余人出席，报告南开被炸、筹备南渝中学及长沙临时大学经过。谈到南开被炸称，建立一个大学精神难物质易。南开之奋进创造精神已布满于全国，南开愈被毁坏，愈有更新发展的可能。最后指出，现时之抗战，中国只要打，一切都有办法，无论如何想，中国都不会亡国。

同日当晚离开武汉赴长沙。

9 月 27 日　致函蜀光中学董事会，婉拒担任蜀光中学董事长一职，只允任董事。

9 月 28 日　出席国立长沙临时大学常务委员会第二次会议，出席者还有梅贻琦、蒋梦麟，列席杨振声。会议讨论开学准备及有关教学人事安排。

10 月 1 日　出席长沙临时大学常委会第三次会议，出席者还有蒋梦麟、梅贻琦，列席杨振声。会议讨论临时大学开办费分配用途。

10 月 2 日　出席国立长沙临时大学常委会第四次会议，出席者还有蒋梦麟、梅贻琦，列席杨振声。会议通过长沙临时大学文科、理科、工科、法商科等系设置。

10 月 4 日　出席长沙临时大学常委会第五次会议，出席者还有蒋梦麟、梅贻琦，列席杨振声。会议议决各学系教授会主席人选，并讨论关于各学系编制课程、分配工作等。

10 月 6 日　出席长沙临时大学常委会第六次会议，出席者还有蒋梦麟、梅贻琦，列席杨振声。会议讨论拟定中英庚款协助用费分配等问题。

10 月 7 日　出席国立长沙临时大学常委会第七次会议，出席者还有梅贻琦，列席杨振声。会议通过长沙临时大学会计室组织规程。

10 月 8 日　出席长沙临时大学常委会第八次会议，出席者还有蒋梦麟、梅贻琦，列席杨振声。会议讨论其他设备费分配及关于卫生事宜等。

10 月 16 日　在汉口《大公报》发表电文致意南开全国各地校友，称教育报国，苓之夙愿，此身未死，此志未泯。敌人所能毁者，南开之物质，敌人所未能毁者，南开之精神。兹当南开学校周年纪念之日，图望全国南开校友纪念学校，本南开苦干之精神，为国家民族努力。

10 月 17 日　南开中学三十三周年，南开大学十八周年，南开女中十五周年，南开小学九周年，及南渝中学一周年纪念，均在重庆南渝中学举行盛大纪念活动。南开在渝校友及南渝全体师生，各机关代表共千余人与会。张伯苓主持庆祝会，并报告南开学校创立及经营史略，继谓“本南开苦干之精神，为国家民族努力。全国奋起，中国必强，南开必兴，津校复兴，深信必然能于最短期内实现”。

10 月　赴四川自贡考察教育，蜀光初中校董代表及蜀光初中师生等几百人列队欢迎，在当地逗留三日，参观盐业及中、小学校。在蜀光初中对学生演讲，表示“极愿对于自贡教育，有所效劳”。蜀光初中校董会公推张伯苓为董事长。校董会根据张伯苓的意见，就选新址建新校，增设高中部，选聘校长、教师，增拨办学经费等重大问题做出决定。

同月　华午晴逝世。为纪念华午晴为南开做出的贡献，张伯苓特将重庆南渝中学礼堂命名为午晴堂。

11 月 5 日　我国教育界蔡元培、张伯苓、胡适、蒋梦麟、李石曾、邹鲁、罗家伦、翁之龙、刘湛恩等 102 人发表英文声明，严正声讨日本有计划、有系统蓄意毁坏中国教育机构，“如南开大学则轰炸不足，继以焚烧，全成焦土”。

11 月 10 日　致函林同济，谓：“接读大函，敬悉一切。我弟能发扬南开精神于云山滇水间，无任钦佩。现在南渝各项设置，均已逐渐完成，新添筑之校舍约于本月末即可竣工。川中人士对于南渝亦有深切之认识与赞助，前途颇有希望。”

11 月 15 日　出席长沙临时大学常委会第二十六次会议，出席者还有蒋梦麟、梅贻琦，列席杨振声。会议推定张伯苓为本大学军训队队长兼学生战时后方服务队队长。

11 月 17 日　出席长沙临时大学常委会第二十七次会议。

同日　长沙临时大学南开校友聚会欢迎张伯苓，梅贻琦、饶毓泰、江泽涵、陈

省身、黄钰生、杨石先、柳无忌等出席。张伯苓发表《抗战前途的观察》演讲，指出中国抗战没有终止的时候，除非失地完全收复。希望随时宣传抗战的最后的胜利，以尽知识分子应尽的责任。

11 月 18 日　出席长沙临时大学常委会第二十八次会议，出席者还有蒋梦麟、梅贻琦，列席杨振声。会议通过有关宿舍学生管理规则及实施军事管理各办法等事项。

11 月中旬　在长沙临时大学向南开大学的学生演讲，谈抗战形势，国共联合抗日，并说“周恩来是我的一个学生，前些年我很不赞成他，虽然那时他已经毕了业，我自己还暗暗地给他记下三次大过。可是这一次他真不错，据说这一回竭力要保蒋先生出来的就是他，因此我也就马上把他那三次大过一次取消了”。

11 月 20 日　离长沙，应黄绍纮邀赴广西，勘查建立南开大学分校的可能。

11 月　受张伯苓等人赞助支持上海体育界人士成立“中华全国体育界救亡协会”，以“救亡图存、光大体育、复兴民族”为宗旨，并将抵制日本主办第十二届奥运会作为主要任务之一。

12 月 13 日　南京陷落，长沙临时大学议论再度南迁。

12 月 16 日　向周恩来专函介绍原任所得税事务处湖北办事处收发主任杨作舟，拟赴陕北工作。

12 月 24 日　在南开校友总会及重庆校友分会聚餐会，发表《苦干、硬干，努力不息》讲话称，一个向上长进国家，敌人不可能把它毁掉。它愈想毁灭我们，我们愈向上长进。希望校友也要本这种精神向前干，我们终归要逢凶化吉的。

本年定居重庆南渝中学津南村 3 号寓所。邀请一些知名人士陆续进驻津南村，如翁文灏、范旭东、侯德榜、马寅初、谭仲逵及傅作义的家属等。郭沫若、曹禺、沙千里、舒绣文、陶金等多次前往拜访张伯苓。

本年　被聘为故宫博物院理事会理事。

本年　世界书局出版《民国名人图鉴》，内收入张伯苓简历。

1938年（民国二十七年戊寅）　六十二岁

1月13日　张伯苓的北平协和医学院董事会董事一职由 S. J. Chuan 接替。

1月16日　驰书向周恩来介绍愿到八路军作无线电设计制造及修理工作的南开校友罗沛霖。

1月20日　长沙临时大学举行第四十三次常务委员会会议，决定学校迁往昆明。

1月22日　与蔡元培、宋庆龄、汪精卫、马相伯、于右任、居正、冯玉祥、于斌、萨镇冰等240余人及全国抗敌救亡总会、中国国民外交协会等13单位作发起人在汉口刊布成立国际反侵略运动大会中国分会启事。

1月23日　国际反侵略运动大会中国分会在汉口成立。

2月2日　与克伯屈等人一起用餐。克伯屈记云“他是我的好朋友，看到他，我们大家都很高兴。他是个伟大的人，在为他的政府拓展外交。他告诉我们他的信念——一年左右将潮流带至中国，我也希望日本能做出合理的条约”。

2月6日　重庆沙坪文化区自治委员会成立大会，设干事会，由中央大学、重庆大学、教育学院、南渝中学、中央电台、炼钢厂、巴县第一区署首长为干事，并互推一人为主任干事，二人为副主任干事。票选张伯苓为副主任干事。

2月初　曹禺到达重庆，为国立剧专布置校舍，来沙坪坝看望张伯苓。

3月1日　国民政府内政部公布禁烟委员会组织条例十六条，并简派委员许世英、张伯苓、甘乃光、李仲公等23人。

3月2日　全国体育界救亡协会敦促教育部致电国际奥委会，抗议由侵略中国的日本承办第十二届奥运会。教育部立即通知我驻比利时大使馆，要求正在布鲁塞尔负责文化宣传工作的谢寿康就近出席国际奥委会会议。张伯苓以英文电告国际奥委会，证明谢的代表权利。

3月6日　为南渝中学改名重庆南开中学呈教育部，“既可别于天津南开中学，又能不违钧部禁止设立分校之定章”。

同日　为长沙临时大学迁昆明校舍事，与蒋梦麟致函云南省教育厅厅长龚自知，恳请设法拨借昆华农业学校、昆华工业学校及昆华师范学校三处校舍之一部分，暂资应用。

3月9日　为筹建临时大学迁滇校舍事飞抵昆明，同机还有缪云台、熊庆来。

蒋梦麟、云南省教育厅厅长龚自知等往机场欢迎。

3 月 10 日　《云南日报》记者叩访，在谈对于战时教育之意见时，指出教育乃国家百年大计，国家不幸而发生战争，教育除照循序推进外，应侧重于精神教育，以激起学生之爱国情绪与民族意识。同时学习战时技能，以增厚抗战力量。

3 月 14 日　连续两天与蒋梦麟、郑天挺、周炳琳、秦瓒、施嘉炀、吴有训等在昆明四川旅社开会，研究学校安置问题。决定将西南联大文法学院设在蒙自，理工学院设在昆明，由北大、清华、南开各派一人去蒙自筹设分校。

同日　云南省教育厅分函各校校长称，南开大学校长张伯苓，教界先进，伟绩昭垂，现因公到滇，各校尽本星期内自行前往接洽，延请演讲参观，俾资循率，而企改进。

同日　云南大学为张伯苓来校演讲发布布告。

3 月中旬　国际奥委会在埃及开罗召开会议。取消日本主办第十二届奥委会的资格，宣布改在芬兰赫尔辛基举行，邀请中国参加。王正廷和张伯苓召开全国体协会议，决定报名参加。

3 月 20 日　与蒋梦麟拜会云南省政府主席龙云，面商为西南联大借用校舍事。

3 月 30 日　重庆沙坪坝文化区自治委员会发出公函，宣布该会胡庶华、张伯苓、高显鉴等为正副主任干事，随即开始办公。

3 月 31 日　函谢云南省主席龙云，对筹办临时大学事宜的赞助。

4 月 2 日　奉教育部电令，长沙临时大学应改称国立西南联合大学。张伯苓、蒋梦麟、梅贻琦任常委。

4 月 22 日　函谢周恩来赠玉照，并介绍南开大学物理助教傅大龄“拟赴陕北投效”。

4 月 25 日　方显庭函告美国罗氏基金团格兰特，“经与张伯苓校长商议，拟将南开经济研究所设在重庆”。

5 月 8 日　由重庆飞抵汉口。次日，拜访国民党副总裁汪精卫、行政院院长孔祥熙、行政副院长张群等，分别报告南渝中学发展情况。

5 月 10 日　蒋介石接见张伯苓，共进午餐，陈布雷作陪。张伯苓提出南渝中学补助经费问题。蒋令陈布雷催办。

5 月 11 日　邀何廉、周恩来、吴国桢等南开校友商讨建设大后方南开教育的计划，并请校友推进募款工作。

5 月 13 日　武汉校友开聚餐会，欢迎张伯苓。吴国桢、周恩来、徐谟等 108 人出席。吴国桢致欢迎词。继由张伯苓演讲，介绍创办南渝中学经过，最后称“敌寇志在亡我民族，吞我国土，全国应一致努力抗敌救亡工作。在领袖指导之下，共同奋斗，各尽国民天职，报效国家”。

周恩来代表学生校友在会上致辞指出，“南开除严格之训练与优良校风外，有二点至可注意：一为抗日御侮之精神，一为注意科学训练”。

5 月 14 日　离汉返渝。在武汉时，曾应中华大学校长陈时邀请到武昌中华大学演讲。张伯苓说：“中华大学有恽代英，南开大学有周恩来，这都是杰出的人才，是我们两校的光荣！”

5 月 20 日　在重庆校友总会第四次聚餐会上谈武汉募捐归来的感想，报告在武汉为南渝中学募捐情况。

5 月　经张伯苓推荐，自贡蜀光初中校董会聘请喻传鉴担任校长，任期三年。

6 月 4 日　在重庆南开中学怒潮剧社第二次公演时，发表《演剧与做人》的演讲称，在社会上做事正如演戏一般，从戏剧里可以得到做人的经验。

6 月 9 日　致函周恩来，问候邓颖超，并为上海实业家刘鸿生公子刘念悌，介绍赴陕北工作。

6 月 17 日　国民政府公布第一届国民参政会参政员名单，张伯苓因“努力国事，信望久著”被遴选为参政员。国民党中央执行委员会常务委员会决议，选任张伯苓为国民参政会副议长。当日张伯苓发表讲话，希望参政会开后，代表全国意见为政府之一大助力，团结全国力量，在领袖领导之下，努力抗战建国。

6 月 18 日　教育部聘熊庆来、龚自知、陆崇仁、张邦翰、缪嘉铭、蒋梦麟、张伯苓、梅贻琦、李书华、何鲁组国立云南大学筹备委员会。20 日召开成立会。

6 月 26 日　与南渝中学学生谈话，就抗日战争、国民参政会等问题发表意见。谈到参政会称，此次名单的提出，没有一个人是运动得来的。我不想做官，在党派之间我不会偏袒某一方面，只能促进各党派进一步合作。

6 月　任教育部体育委员会常务委员。

7 月 5 日　毛泽东致函国民参政会汪精卫、张伯苓，祝贺国民参政会开幕，并对全国上下精诚团结，再接再厉，誓驱强寇，胜利属我，决然无疑。

同日　行政院院长孔祥熙招待全体参政员茶会，议长汪精卫、副议长张伯苓及参政员百五十余人出席，席间孔院长致辞，张伯苓代表致答词。

7 月 6 日　第一届国民参政会第一次大会在汉口开幕。议长汪精卫、副议长张伯苓、秘书长王世杰，以及 136 名参政员参加，国民党军事委员会委员长蒋介石、副委员长冯玉祥、副总参谋长白崇禧、国民政府行政院院长孔祥熙、军政部部长何应钦、司法院院长居正、监察院院长于右任、行政院副院长张群、外交部部长王宠惠、经济部部长翁文灏、教育部部长陈立夫、交通部部长张嘉璈和邵力子、陈璧君、陈公博、张道藩、钱大钧、叶楚伧、朱家骅、魏道明、蒋廷黻、潘公展、甘乃光、褚民谊等国民党军政要员，以及美国驻华大使詹森、英国驻华大使卡尔和法、意、比、瑞典等国外交官员、中外记者共千余人出席。

汪精卫主持会议致开幕词，蒋介石、张伯苓、张一麟等人先后致辞。张伯苓称，此次参政会之召集，足以表现我国历史上空前之统一。为求达到抗战建国之成功，同人自应以赤心为国，拥护中央，拥护领袖之一致精神，发动全国民力，再接再厉，愈战愈强。

7 月 7 日　第一届国民参政会第一次大会第二次会议举行，下午，第一届国民参政会第一次大会第三次会议举行，汪精卫、张伯苓及参政员出席会议。

7 月 8 日　第一届国民参政会第一次大会第四次会议举行，汪精卫、张伯苓及参政员 144 人参加会议。

7 月 9 日　出席三民主义青年团在武昌召开成立大会，并与蒋介石及大会代表合影留念。

7 月 10 日　第一届国民参政会第一次大会第五次会议举行，张伯苓及参政员 151 人参加会议。张伯苓宣布讨论审查报告的注意事项。陈绍禹、张伯苓、许德珩、秦邦宪、章伯钧、邓颖超、吴贻芳、林祖涵、董必武、黄炎培、张澜、张申府、邹韬奋、晏阳初、史良、王造时等 68 名参政员提出：拥护国民政府实施“抗战建国纲领”提案。

7 月 11 日　第一届国民参政会第一次大会第六次会议举行，汪精卫、张伯苓及参政员 152 人参加会议。

7 月 12 日　第一届国民参政会第一次大会第七次会议举行，汪精卫、张伯苓及参政员 153 人参加会议。

同日　张伯苓与蒋梦麟、梅贻琦等全国各大学校长联名通电全世界，呼吁制止日机滥炸中国和平居民。

7 月 13 日　第一届国民参政会第一次大会第八次会议举行，汪精卫、张伯苓及参政员 156 人参加会议。

7 月 14 日　第一届国民参政会第一次大会第九次会议举行，汪精卫、张伯苓及

参政员145人参加会议。
7月15日　第一届国民参政会第一次大会第十次会议举行，汪精卫、张伯苓及参政员145人参加会议。下午，国民参政会举行休会式，汪精卫、张伯苓及参政员146人参加会议。张伯苓致休会词。
7月16日　云南省教育厅厅长龚自知，西南联大常委蒋梦麟、梅贻琦、张伯苓，云南大学校长熊庆来组成云南省中等学校在职各科教员暑期讲习讨论会，龚自知任主任委员。
7月21日　邀翁文灏全家入住重庆南开中学附近宅院。翁家称新居为蕉园。
7月22日　偕缪剑霜、徐惟明午餐，到黄炎培等人。
7月23日　前贵州省省立医院院长韩立民请殷报国，拟即赴抗日前方效劳。张伯苓为此致函甘肃省政府朱一民主席，请其设法让韩顺利交代工作。
同日　夜，赴《事实新报》崔惟吾宴，到黄炎培、胡文澜等。
7月27日　函托南开大学秘书长黄钰生教授代为处理西南联大有关南开事宜，并称赞黄的办事能力。
7月28日　偕夫人赴成都休养。

8月3日　由成都乘车赴灌县，参观都江堰水利工程。
8月13日　乘机飞重庆，同机有黄炎培、江问渔、邓鸣阶等。

9月9日　国民参政会驻会委员会召开第一次会议，汪精卫、张伯苓及驻会委员13人出席，讨论并通过驻会委员会规则。
9月20日　南开校友总会执行委员会致函校长张伯苓，谨请俯准采纳，并提请董事会议决，迅将南渝正名为南开。
9月25日　南渝中学第三次董事会召开，张伯苓、张群、何北衡、刘航琛、卢作孚、胡子昂、胡仲实、吴鼎昌（胡仲实代）等董事出席，张群主持会议，喻传鉴报告本校情况。张伯苓谈南渝中学更名问题。董事会决议：本校更名为“南开学校”，所有一切应办之手续及其他有关事项，统由校长办理。
9月27日　到达昆明。

10月3日　出席西南联大常务委员会第八十八次会议。
10月5日　在昆明旅邸与记者接谈，畅论国内局势，对我国抗战前途极为乐观，谓有此唯一最高领袖蒋委员长领导全国抗战，吾人对于最后胜利之信念，已坚

定不移。

10月6日　出席西南联大常务委员会第八十九次会议。

10月13日　返回重庆。

10月17日　在重庆举行的南开校友第十届各地分会代表大会上发表《请校友们帮助我发展学校》的讲话。在谈到中国所以能够坚持一年零三个月的抗战时指出，中国为什么能如此，是因中国人得到正义。孔曰成仁，孟曰取义。孟子叫成浩然之气，这浩然之气的养成是正义所生。敌人越压迫，我们越要起来。全国有自信力，越打力量越强。最后胜利一定是我们的。

10月24日　为青年记者举行招待会，明确表示，抗战的中途，绝没有讨论“抗”与“不抗”的余地，只有战，战到底。

10月26日　与蒋梦麟、梅贻琦具名呈文教育部说明联大迁至昆明后的困难状况，请求教育部特予拨款照顾。

10月28日　第一届国民参政会第二次大会在重庆举行，议长汪精卫、副议长张伯苓及参政员等参加会议，林森、蒋介石等党政军要员列席会议。张伯苓致辞。

同日　毛泽东致电汪精卫、张伯苓称，驱逐日本军阀出中国，奠定抗战最后胜利基础，首在坚持抗战，坚持持久战，坚持举国上下精诚团结之民族统一战线。

10月29日　第一届国民参政会第二次大会举行第一次会议和第二次会议。汪精卫、张伯苓及参政员125人参加会议。

10月30日　第一届国民参政会第二次大会第三次会议举行。汪精卫、张伯苓及参政员132人参加会议。

10月31日　第一届国民参政会第二次大会第四次会议举行。汪精卫、张伯苓及参政员117人参加会议。

10月　蒋介石到津南村晤访张伯苓并参观学校，赞扬“张先生在抗战期间诸多困难情况下，建立如此充备的学校，为国家培养人才，令人尊敬”。

11月1日　国民参政会继续举行了各审查委员会会议。下午，第一届国民参政会第二次大会第五次会议举行。提出并通过了《拥护蒋委员长决议案》和关于电慰德安作战部队及坚守牯岭孤军，以励士气的议案。

11月2日　国民参政会举行各审查委员会会议。下午，第一届国民参政会第二次大会第六次会议举行。汪精卫、张伯苓及参政员126人参加会议。

同日　汪精卫、张伯苓致电毛泽东称，大会已通过决议，拥护蒋委员长所宣示

全面抗战持久抗战争取主动之政府既定方针
11 月 4 日　第一届国民参政会第二次大会第七次会议举行。汪精卫、张伯苓及参政员 138 人参加会议。
11 月 5 日　第一届国民参政会第二次大会第八次会议举行。晚，第一届国民参政会第二次大会第九次会议举行。汪精卫、张伯苓及参政员参加会议。
11 月 6 日　第一届国民参政会第二次大会第十次会议举行。汪精卫、张伯苓及参政员参加会议。国民参政会第一届第二次大会休会。张伯苓发表简短致辞。
11 月 24 日　南开校友总会在重庆聚餐欢迎张彭春归国，张伯苓致辞希望南开校友推广“公”“诚”二字，为国服务。
11 月 27 日　第一届中国教育学术团体联合会召开，各学术团体代表五百余人参加会议，张伯苓主持会议，并祝词称，教育是教与术合成，教是科学而术是艺术。中国是讲和平国家，从和平中求生存，就是我们的教育哲学。
11 月　陕甘宁边区政府主席林伯渠（祖涵）致函林森、蒋介石、孔祥熙、汪精卫、张伯苓，谈陕甘宁边区参议会举行会议事。

12 月 9 日　下午，参加国民参政会驻会委员会会议，任主席。
12 月 18 日　汪精卫等由重庆乘飞机至昆明，次日又转飞越南河内。不久时在香港的国民参政会参政员王云五接张伯苓自重庆来电，托其查访汪精卫是否来香港，若果在港，请会同留港参政员张一麐，力劝汪氏返渝。
12 月 23 日　国民参政会驻会委员会开会，会议由张伯苓主持。
12 月　奉教育部令，准将私立南渝中学更名为私立南开中学。私立南渝中学校董会，更名为私立南开中学校董会。

1939 年（民国二十八年己卯）六十三岁

1 月 4 日　在重庆南开中学“周三学生集会”上斥责汪精卫所谓和平之论调，号召抗日到底。
1 月 9 日　周恩来偕邓颖超来重庆南开中学向师生做报告。张伯苓陪同并亲自介绍。周恩来演讲《抗日必胜的十大论点》，并称“我也是南开的学生，张校长是我的校长，在座的老师有的也是我的老师，能够回到母校与老师和同学见面，畅谈国家大事，感到十分高兴”。
1 月 10 日　南开校友总会在重庆举行首次聚餐会，张伯苓偕夫人参加。周恩来

应邀出席，即席发表《抗战救国与南开精神》的讲话，称“南开传统的精神为抗日与民主，为苦干、实干与穷干”。

1 月 11 日　邀周恩来在重庆南开中学“周三学生集会”上作《抗战形势》报告。张伯苓介绍称，周恩来校友是南开优秀学生，离校后，奔走国事，卓著勋劳。

1 月 14 日　蒋介石与在渝的国民参政会参政员张伯苓、张君劢、左舜生、李璜等举行谈话会，垂询抗战前途。张伯苓表示，“今日之事，在能战不能战。如能战，必抗战到底，义无反顾”。

1 月 20 日　重庆南开中学遭日本飞机空袭。

1 月 23 日　接国民政府文官处公函，称国民党中央执行委员会推定蒋介石任国民参政会议长，即致电贺：“伯苓谨代表本会全体同人，虔致欢迎之忱。”

1 月 27 日　与国立中央大学校长罗家伦、国立北京大学校长蒋梦麟、国立清华大学校长梅贻琦、国立中山大学校长邹鲁、国立武汉大学校长王星拱、国立四川大学校长程天放、重庆大学校长叶元龙、复旦大学校长吴南轩、金陵大学校长陈裕光、金陵女子文理学院校长 吴贻芳、华西大学校长张凌高联名致电美国国会参众两院议员。“同人等对于诸公力持九国公约中高贵之原则，敬致深谢。中国不仅为本国之独立自由而战，且为国际之公理与秩序而战。日本完全占据中国及消除一切美国与欧洲在远东利益之野心，已由其最近阁员之言论，与军阀之行动为之尽情暴露。现其他列强已步贵国后尘，仍恳在经济或其他方面，续取领导与并行行动，使业经精疲力竭之侵略者屈膝。诸公夙具政治家的风度，必能予罗斯福总统远见的政策以坚强之赞助，盖此项政策，当能裁制日本之野心，而造成一‘勇敢的新世界’也。”

2 月 1 日　会见由昆来渝的蒋梦麟。

2 月 12 日　第一届国民参政会第三次大会在重庆开幕，蒋介石、王世杰、张伯苓等人先后致辞。张伯苓致辞历述国家遭遇艰难而终于克服的事实，并称深信国家民族必可转危为安。

2 月 13 日　第一届国民参政会第三次大会第一次会议举行，张伯苓及参政员 129 人参加会议。

2 月 14 日　第一届国民参政会第三次大会第二次会议举行，张伯苓及参政员 123 人参加会议

2 月 15 日　第一届国民参政会第三次大会第三次会议举行，蒋介石、张伯苓及参政员 136 人参加会议。

2 月 16 日　约冯玉祥在重庆南开中学作《抗战建国》报告。

2 月 17 日　第一届国民参政会第三次大会第四次会议举行，蒋介石、张伯苓及参政员 133 人参加会议。

2 月 18 日　第一届国民参政会第三次大会第五次会议举行，张伯苓及参政员 131 人参加会议。

2 月 19 日　第一届国民参政会第三次大会第六次会议举行，蒋介石、张伯苓及参政员 136 人参加会议。听取蒋介石作关于抗战国策的报告，并讨论通过《切实拥护蒋委员长驳斥近卫宣言案》、《第二期抗战开始本会应郑重宣言重申拥护抗战国策案》等议案。

2 月 20 日　第一届国民参政会第三次大会第七次会议举行，张伯苓及参政员 122 人参加会议。下午，国民参政会第一届第三次大会第八次会议举行，蒋介石、张伯苓及参政员 132 人参加会议。会议听取蒋介石所作关于政府对国民精神总动员纲领及其实施办法的报告。

2 月 21 日　第一届国民参政会第三次大会第九次会议举行，蒋介石、张伯苓及参政员 134 人参加会议。会议完毕后，第一届国民参政会第三次大会举行休会式，蒋介石领导全场人员行礼并致辞，随后，张伯苓等致辞。

3 月 3 日　主持国民参政会驻会委员会会议。

同日　为西南联大用地事，与蒋梦麟、梅贻琦联名致函云南大学，谓："本校须在昆明建筑校舍，惟征收之三分寺地亩不敷应用，拟借用位于该处附近之贵校空地一段，建筑理化实验室 22 间，相应函达，并附上蓝色地图一份，即希查照，惠允赐复为荷。"

3 月 5 日　第三次全国教育会议召开，张伯苓在大会教育组提"会考制度应废止案"，认为会考不能作为评判学校优劣根据。评定一个学校，应以学校设备、教师资格、教学方法、训练方针，及行政效率等优劣为标准，不能以知识考查，作为评判学校唯一根据。

3 月 7 日　在第三次全国教育会议体育军训组提出，"确立体育行政之系统组织，加强推行力量案"，用达普及体育目的。同时，提出"请中央及地方政府增列体育经费案"。

3 月 12 日　重庆南开中学第四次董事会在张群公馆大溪别墅召开，张伯苓、张群、何北衡、卢作孚、胡仲实、何九渊等董事出席，喻传鉴列席，张群主持会议。上次校董会决定将南渝更名为南开后，即呈请四川省政府转呈教育部备案。

兹已得教部批示，准将“私立南渝中学”更名为“私立南开中学”，“私立南渝中学校董会”更名为“私立南开中学校董会”。
3月15日　在重庆南开中学“周三学生集会”上作“抗战精神总动员”演讲。
3月18日　由重庆飞抵昆明，寓金碧路复兴村59号南开经济研究所办事处。
3月25日　出席在昆明联大办公处召开的西南联大第一〇五次常务委员会会议，出席者还有蒋梦麟、梅贻琦、杨振声、黄钰生、吴有训、王明之、陈序经、冯友兰、沈履等。会议研究1939年度增加经费问题。
同日　昆明四百多南开校友在西南联合大学开会欢迎张伯苓，林同济教授主持并致辞，称南开的伟大，在于它不只是一个寻常的学校，它代表一个人格。如果要找一个活的象征，就请大家看一看我们的校长。

张伯苓发表《南开校友与中国前途》演讲，希望南开校友“本着南开‘公’、‘能’校训往前去”。针对有校友问，汪精卫出走是否苦肉之计，张伯苓严正表示，国家大事，岂可以儿戏出之。“汪精卫一生都是玩弄小聪明，他终将为小聪明误到死无葬身之地”。

4月2日　邓颖超派人以周恩来和她的名义送花篮祝贺张伯苓64岁寿诞。
4月5日　对前来祝寿的时子周、查良钊、段茂澜等校友说：我并不老。日本帝国主义这一战，叫我在年龄上倒退20年。34年来学校奋斗史要求校友，用我们的知识、能力来为国家民族服务。

5月3日至4日　日本飞机对重庆大轰炸，酿成震惊中外的惨案。重庆南开中学学开展募捐赈灾活动。张伯苓提出开展集体、个人募捐比赛，以救助受难同胞。
5月5日　重庆空袭警报解除后，国民参政会驻会委员会开会，仅到张伯苓、孔庚、沈钧儒、许德珩等八人，原定会议议程，未能进行。
5月6日　为表示同仇敌忾之决心，学校如期举行春季运动会，张伯苓在运动会开幕式上表示：敌人想威胁我们屈服，我们偏不怕他们的威胁！我们要干到底，顶到底！

6月16日　偕外交部徐谟次长、蜀光中学喻传鉴等到四川自贡，视察蜀光中学。连续两日发表讲话。16日，报告国民参政会最近情形。17日，对蜀光中学全体学生训话，称“蜀光应培养新的精神，新的校风，即造成‘公’、‘能’的精神”。

6 月 27 日 出席在昆明西南联大总办公处召开的常委会，出席会议的还有蒋梦麟、冯友兰、杨振声、施嘉炀、王明之、樊际昌、吴有训、沈履、陈序经、黄钰生、梅贻琦。会议由梅贻琦主持。会上张伯苓报告战时征集图书仪器委员会开展工作的情形。会议通过由雷海宗代理历史社会学系主席职务；聘沈从文为本校师范学院副教授等决议。

7 月 4 日 出席西南联大校务委员会会议，出席者还有梅贻琦、蒋梦麟、杨振声、庄前鼎、叶企孙、叶公超、查良钊、朱自清、王明之、钱端升、张奚若、吴有训、陈岱孙、沈履、杨石先、樊际昌、施嘉炀、冯友兰等。会议由梅贻琦主持，冯友兰记录。

7 月 1939 年度国立各院校统一招生。张伯苓、蒋梦麟为昆明区招生委员会主席。

8 月 2 日 夜，赴行政院参加成志会会议，任主席。

8 月 18 日 得悉周恩来在延安因骑马坠地右臂骨折消息后即致慰问，接周恩来回电后，今日再致函周恩来："远祝吉人天相，早日获痊。并祈好自摄护，为国珍重"，并介绍南开中学教师李梦九去陕北晋谒。

8 月 19 日 世界学生联合会第三届代表大会本月 15 日在巴黎开幕，30 多个国家参加。宋美龄、陈立夫、张伯苓均被聘为名誉发起人，并邀中国中央广播电台播送特别节目，由法国电台向大会会场及全法国转播。本日晚所转播的节目有陈立夫、张伯苓致辞。张伯苓感谢世界学联对中国学生的援助，并谓"我国学生在蒋委员长领导之下，正努力于民主国家建设"。

8 月 24 日 与路透社记者谈刺杀北平伪临时政府程某的南开两个学生时指出，南开学生牺牲于抗日战事者，已逾 80 余人，而且南开以前的学生还有多人现正在天津及华北各地从事于爱国工作。

8 月 25 日 致函中央大学童冠贤，同意出席招待印度总理尼赫鲁的茶会。

8 月 28 日 夜，日机轰炸重庆南开中学，其女中部新宿舍和教职员住宅等处落弹十余枚。

9 月 1 日 在中央广播电台短波电台作《汪精卫与国民参政会》广播讲话，痛斥汪精卫言行不一，口头上在国民参政会说拥护抗战建国的国策，实际上心怀鬼胎，走向侵略者及其所制造出来的傀儡一方。

同日　三青团中央监察会于重庆成立，张伯苓被团长蒋介石选派为监察。同时选派为监察的还有王世杰、朱家骅、邵力子、陈布雷、罗家伦、蒋梦麟、周炳琳、萨本栋、王星拱、熊庆来、梅贻琦、竺可桢、陶孟和、吴贻芳等35人。后张伯苓升为常务监察。

9月3日　在重庆南开中学作《我怎么办南开》演讲。

9月9日　第一届国民参政会第四次大会在重庆举行。议长蒋介石、副议长张伯苓、秘书长王世杰等122名参政员出席。蒋介石、王世杰、张伯苓等人相继发表讲话。

张伯苓在讲话中简要回顾了国民参政会前三次大会的情况和召开时的国内外现实状况。最后建议与会同人，针对目前敌人的阴谋，作一种严正表示，给国民一种正确的启示，使全国人信任政府，信赖领袖，必能获得最后胜利，求得国家之自由与独立。

9月10日　第一届国民参政会第四次大会第一次会议举行，蒋介石、张伯苓及参政员126人参加会议。

9月11日　第一届国民参政会第四次大会第二次会议举行，张伯苓及参政员128人参加会议。

9月12日　第一届国民参政会第四次大会第三次会议举行，张伯苓及参政员118人参加会议。

9月13日　第一届国民参政会第四次大会第四次会议举行，张伯苓及参政员112人参加会议。

9月14日　第一届国民参政会第四次大会第五次会议举行，蒋介石、张伯苓及参政员124人参加会议。蒋介石就参政员对财政部工作的指责，强调参政员应进行平心静气的讨论。

9月15日　第一届国民参政会第四次大会第六次会议举行，张伯苓及参政员114人参加会议。

9月16日　第一届国民参政会第四次大会第七次会议举行，蒋介石、张伯苓及参政员127人参加会议。

9月18日　第一届国民参政会第四次大会举行休会式。蒋介石、张伯苓、王世杰及参政员141人。

9月27日　在重庆南开中学发表训话。

9月　南开大学经济研究所在重庆南开中学内恢复。以何廉任所长，研究室主任方显庭为代理所长。研究所董事会共14人，决策和筹划经费来源，张伯苓为当然董事。招研究生10人，正式开始工作。

10 月 9 日　在教师节重庆南开中学教职员聚餐会上发表讲话，称专心致志于教育工作很有乐趣，除了那种醉心金钱与物质享受的人，谁也会以教育的乐趣来得高尚。并谓“教学相长”，“即是教师以学生的反应来测量自己教学有进步”。

10 月 28 日　致函何廉，略述近况。“苓于本月 9 日自长沙返渝即筹备南开、南渝两校周年纪念会事宜。当开会之日，天气晴朗，来宾颇多，贺主任国光及李市长□运使均莅会致辞，倍承奖饬。苓此后更当奋勉力求进展。惟南渝建筑费迄今尚亏六七万元，刻正设法筹募中。令郎等病已痊愈，尊夫人常携之院内散步。潭第均吉，请勿挂虑。我国抗战三月国内外情状均呈好转，最终胜利终必我属。惟望弟努力赞襄蒋公，为国宣劳，以期达最后之目的。”“苓定于下月初赴长沙。”

10 月　以校长办公室名义致函邵力子，邀缅甸访华团来校参观，并备茶点招待，以达欢迎之意。

11 月 7 日　俄国十月革命二十二周年纪念，应邀出席苏联大使馆庆祝酒会。苏联新任驻华大使潘友新出席并招待。

11 月 8 日　在重庆南开中学纪念俄国十月革命二十二周年大会上发表训话，称“中山先生教学生立志做大事。然余认为不必人人做大事，但须做善事而使之精良”。

11 月 14 日　重庆南开中学第五次董事会在张群公馆大溪别墅召开，张伯苓、张群、卢作孚、胡仲实、何九渊、康心如等董事出席，喻传鉴列席会议，张群主持会议。会上由喻传鉴报告学校情况。

11 月 21 日　出席昆明西南联大常务委员会，梅贻琦、蒋梦麟、施嘉炀、杨振声、吴有训、王明之、冯友兰、潘光旦、樊际昌、陈序经、黄钰生等与会，会议由梅贻琦主持。会议听取张伯苓关于在重庆为联大下年度增加经费及请拨建筑费和图仪费等事向行政院院长孔祥熙接洽情形。

11 月 26 日　昆明南开校友举行茶话会，张伯苓发表讲话，谈起西南联大校务称，本人因身体关系到校时少。校务多由蒋梦麟、梅月涵两先生偏劳，梦麟系我的老朋友，我的表给他带着（意指他是我的代表），月涵与南开关系密切，所以我非常放心。

11 月 28 日　参加西南联大常务委员会会议，梅贻琦、蒋梦麟、冯友兰、施嘉炀、黄钰生、沈履（潘光旦代）、陈序经、杨振声、杨石先（列席）、王明之、吴有训、樊际昌、查良钊出席。会议由梅贻琦主持。为纪念黄钰生已故夫人梅

美德，会议通过设立“黄梅美德夫人纪念奖金”。
11 月　奉四川省政府训令，自 1940 年起，重庆南开中学划归重庆市社会局管辖。

12 月　在中央训练团党政训练班演讲《学校训育问题》。首先谈到教育问题。过去的教育制度，几乎全是模仿外国，而且只是学到一些皮毛，以致中国的教育，每况愈下。这种教育不特不会发生效力，而且贻害青年非浅，于社会国家毫无裨益。他批评一般教育界只图敷衍，找不到正确的目标。今后的教育，要改变只管授课，不注意学生体格、不关心学生日常生活的观念；要廓清自由的思想。今天我们必须团结一致，争取国家的独立自由，才能够谈到个人的自由，现在世界有强权无公理，只有从奋斗牺牲里去争取自由平等，才是合于真理，才算是了解自由真意义。
关于今后训育的要点，张伯苓谈了注重体育、讲究训导方法、厉行政治训练等三个问题。关于学校党团工作，他认为怎样使学生认识国民党，国家为什么要有党，党与国家有什么关系，怎样为党国去努力奋斗，怎样领导青年从事党的活动，这些都是异常重要的问题。办教育要有成效，必须理解政治。政治稳定，国家才能稳定。我们必须以党治国，全国人民一致爱护本党，每个国民都要为党而努力奋斗。须知我们的党，是中国最进步的组织，我们要想建立一个民主的国家，造成一个三民主义的新中国，必须要巩固党基，扩大党的组织和权威，实现民族、民权、民生的主义，推行五权宪法，要是不能实现主义，推行宪法，我们党就根本失掉其存在的意义。认识了党政关系以后，就要在教育上使一般学生了解党政的重要性和党与国家的密切关系，一致加入本党。
本年　教育部特组图书征集委员会，向英、美等国征募图书，张伯苓出任会长。

1940 年（民国二十九年庚辰）六十四岁

1 月 2 日　与蒋梦麟、梅贻琦及在滇的国立中山大学校长邹鲁、国立云南大学校长熊庆来、国立同济大学校长赵士卿、国立中正医学院院长王子玕、国立上海医学院代理院长朱恒坚、私立中法大学理学院长周发岐、国立艺术专科学校校长滕固、国立国术体育专科学校校长张之江代表全体籍隶战区学生四千人，联名致电蒋介石。谓：“钧座于宵旰勤劳，军书旁午之际，犹复垂念寒士，鸿施救济，全体员生益当奋勉教学，藉求上副钧座爱护人才之至念。”

1 月 4 日　国民参政会参政员新年聚会。对美国发表广播演讲称，中国为自由生存而战，准备一切牺牲，抗战到底。美国对于停止供应日本军火之任何行动，大有助于远东局势之安定，及全世界之和平。并称美国对中国有传统之友谊，且爱好自由和主持正义，深信中国必能得到美国之积极援助。

1 月 11 日　与国立中央大学校长罗家伦、国立中山大学校长邹鲁、国立北京大学校长蒋梦麟、国立浙江大学校长竺可桢、国立四川大学校长程天放、国立武汉大学校长王星拱、国立西北大学校长胡庶华、国立清华大学校长梅贻琦、国立云南大学校长熊庆来、国立广西大学校长马君武、国立湖南大学校长皮宗石、国立东北大学校长臧启芳、重庆大学校长叶元龙、大夏大学校长王伯群、光华大学校长张寿镛、中华大学校长陈时、复旦大学校长吴南轩、金陵大学校长陈裕光、华西大学校长张凌高、国立中正医学院院长王子玕、金陵女子文理学院院长吴贻芳联名致电美国参众两院议长、议员，“下列签名之同人等，恳请诸先生在日本对华作凶暴之侵略战期间，予以经济制裁。美国汽油与美国零件所造成之日本飞机，载美国废铁，于耶稣圣诞节及新年盛会之时，纷向中国各阵线及后方不设防城市致贺。此种事实，不但出于吾人想象之外，且定使美国民众之良心受重大之震动也。设使日美间继续旧商约，或另订新商约，则将使以前废约之举为无意义。且其影响所及，更有甚于此者，即将予日本以继续侵略之鼓励，且隐含美国有退出远东之意也。似此挽救残余利益之短期政策，实与美国政府及人民之远见不能相容。最近日本军队在华北、华中、华南之败北，为其筋疲力尽之实证，中国之坚强态度，足予日本之经济组织以致命打击，且将促成其恶魔性之战争机构于全部崩溃也。”

1 月 15 日　夜，赴味腴馆张元夫宴，有苏联大使潘友新、黄炎培、塔斯社罗果夫、叶明夏等。

2 月 4 日　与教育部体育委员会全体委员致电蒋介石。

“溯自暴敌侵凌，全民抗战，艰苦奋斗三十阅月，赖钧座领导群伦，策划万全，将士用命于疆场，全国同心以赴难，卒使敌势日蹙，崩溃之期不远，胜利在握，建国之业必成。本会际此时期，集会行都，除努力本位于国民体格锻炼上供献意见，备政府采纳实行，增强抗战力量外，竭诚致敬，用表拥护抗建国策之决心，有效忠党国，服从钧座之至诚。并乞转达前线将士，藉申敬仰慰劳之意。”

2 月 5 日　教育部体育委员会委员张伯苓、张之江、杜心如、吴蕴瑞、郝更生

等及重庆地区专科以上学校体育主任计 40 余人参加教育部体育委员会第七届会议，集体发表宣言，强调国民体格健全对于抗战建国与民族复兴的重要意义。
2 月 9 日　伤兵之友社教育界队长陈立夫和副队长张伯苓、吴国桢致函李登辉，请其担任伤兵之友社分队长，谓“救国御侮为国民之天职，抚伤恤亡更人群之同情。值此前线将士浴血抗战，弹及所披，肢体断丧，呻吟奄息，触目酸怀，谊属同胞，情等骨肉，为国牺牲，义当共肩，都此情形，能无有动于衷。兹有新运总会在渝提倡组织伤兵之友社，普及各省。凡各界参加该社为社友者，莫不慨捐巨款，并为负伤将士作种种服务工作。似此义举不特负伤将士身受者为之感奋，即各方将领及中外人士亦靡不表同情，热诚赞助。立夫等现担任伤兵之友社教育界队长，为扩大征求社友普遍起见，拟请台端担任该社分队长，务祈转知贵同仁一体踊跃参加该社为社友。”
2 月 29 日　致函美国罗氏基金团鲍尔弗，为南开经济研究所向该基金团提出申请经费资助。
2 月　参加中华基督教青年会全国总干事会议，并就大会议题“抗战建国中青年会的机会与贡献”发表演讲，谈抗战形势，希望青年会在“非以役人，乃役于人”的主张下，直接间接参加抗战建国工作。

4 月 1 日　第一届国民参政会第五次大会在重庆举行，议长蒋介石、副议长张伯苓及参政员 145 人参加会议。国民政府司法院院长居正、立法院院长孙科、考试院院长戴季陶、行政院院长孔祥熙、军事委员会副委员长冯玉祥、赈济委员会代委员长许世英、内政部部长周钟岳、军政部部长何应钦、经济部部长翁文灏、教育部部长陈立夫、中央组织部部长朱家骅，以及邹鲁、何键、刘纪文、洪兰友、杨虎、刘峙等国民党军政要员列席会议。蒋介石致辞并报告半年来全国军事、外交、政治设施、敌寇情况等，继之由林森、张伯苓等发表演讲。

张伯苓说，回想本会在汉口组织成立以来，已经开过四次大会。四次大会，情势容有不同，我们拥护政府，拥护国策，拥护领袖的精神，是一致的。深信在此次大会中，我们一定更能发扬一贯的精神，完成本会应负的使命。
4 月 2 日　第一届国民参政会第五次大会第一次会议举行，蒋介石、张伯苓及参政员 138 人出席会议。张伯苓提出“声讨汪逆兆铭南京伪组织”的临时动议，获得一致通过。下午，第一届国民参政会第五次大会第二次会议举行，张伯苓及参政员 135 人出席会议。
4 月 3 日　第一届国民参政会第五次大会第三次会议举行，张伯苓及参政员 129

人出席会议。

4月4日　第一届国民参政会第五次大会第四次会议举行，张伯苓及参政员130人出席会议。

4月5日　第一届国民参政会第五次大会第五次会议举行，蒋介石、张伯苓及参政员147人出席会议。

4月6日　第一届国民参政会第五次大会第六次会议举行，蒋介石、张伯苓及参政员142人出席会议。

4月8日　第一届国民参政会第五次大会第七次会议举行，张伯苓及参政员140人出席会议。会议讨论了“此次绥西胜利，请以大会名义致电祝捷，并慰勉傅副司令长官及将士”的临时动议。

4月9日　第一届国民参政会第五次大会第八次会议举行，蒋介石、张伯苓及参政员134人出席会议。大会选举了本次会议休会期间驻会委员会。

4月10日　第一届国民参政会第五次大会第九次会议举行，张伯苓及参政员117人参加。下午，第一届国民参政会第五次大会举行休会式。蒋介石、张伯苓、王世杰、周炳琳、于右任、居正、孔祥熙、张群、叶楚伧、陈立夫、何应钦、朱家骅、陈布雷、邵力子、吴铁城等国民党军政要人参加。蒋介石主持会议并致辞。

张伯苓致辞赞扬参政员们在每次大会中所表现出的团结精神，并谓关于宪政问题。大家认定中华民国是三民主义共和国，中华民国的宪法，是五权宪法。中国能够在抗战的环境中，有这样一个大原则的确定，在历史上是前所未有的，使我们对中华民国的前途很报乐观。

4月12日　为私立蜀光小学校立案事，以该校董事会董事长名义致函重庆市市政府，谓“国民教育首重普及，本市中心区域虽有适量之小学，但比较偏僻之处每付阙如；而关外东新寺一带，则迄无小学之设，一般学龄儿童均感求学之困难。自本市厉行疏散以来，市民移居附近者日见加多，学童数量亦随之与日俱增。使彼等远道就学市内，已感往返之不便；而市内小学复多以疏散之故停办或迁移，更感无校得入之苦。坐令若干学童失学，诚属社会上一大憾事。伯苓等有鉴及此，爰应社会之需要，遵照私立学校规程，组织私立蜀光小学校董会，筹集经费，即在东新寺觅定校址，创设私立蜀光小学并附幼稚园，以资教育附近之学童。理合将本会章程、立案呈报事项表及经费证明书备文呈送，敬恳钧府鉴核，俯准立案。”

4月14日　国民参政会特种委员会第二次会议召开，张伯苓、黄炎培、张君劢、

傅斯年、褚辅成、林虎、左舜生、李中襄、许孝炎、秦邦宪等参加，讨论内容涉及遵守《抗战建国纲领》等问题。

4月18日　蒋介石接见张伯苓、王世杰、黄炎培，三人向蒋面陈国民参政会特种委员会两次议案，并说明经过。同时，畅谈国共问题和处置办法。同日，《蒋介石日记》："下午会客。"

4月　南开大学从天津抢运出的图书仪器从香港经越南海防，一部分转抵昆明，另一部分存于海防交通银行码头海关仓库，日本占领越南后，陷于敌手。

5月12日　晚，为欢迎张伯苓来昆明，西南联大青年剧社演出《地牢》。

5月14日　出席在西南联大常务委员会会议，出席者还有梅贻琦、蒋梦麟、杨振声、施嘉炀、吴有训、陈雪屏、陈序经、郑天挺、查良钊、樊际昌、冯友兰。会议由梅贻琦主持。

5月21日　出席西南联大常务委员会会议，出席者还有梅贻琦、蒋梦麟、杨振声、施嘉炀、黄钰生、郑天挺、查良钊、陈序经、樊际昌，会议由梅贻琦主持。

5月　同顾毓琇、杭立武、黄次咸等利用日内瓦世界学生专款管理委员会经费，发起组织沙坪坝学生服务社，用来提供学生救济，辅导学生生活，倡导学生自助并增进学生福利。

7月　患摄护腺肿大病，便道阻塞，尿血，即赴中央医院，越两星期出院。

8月22日　日机数十架以重庆南开中学为目标投炸弹30余枚。一部校舍或直接中弹，或被震毁。空袭后，张伯苓指挥立即修复被毁房屋。

8月下旬　邀周恩来在重庆南开中学演讲《中国青年运动的方向》。

9月26日　国民政府修正公布《国民参政会组织条例》第十六条规定，国民参政会设主席团，由国民参政会选举主席五人组织之。国民参政会及其驻会委员会开会时，由主席团互推一人为主席，张伯苓被推为主席之一，"仍力疾赴会，从不缺席"。

9月　因病，对于国事校事感触多端。一日，召集南开第二代同人谈话，我个人一生从事教育，此志不渝。虽近因参政会事，和政治发生关系，但绝不忘掉本身事业。国家前途光明，教育工作重要，希望大家为国为校，多多努力。

10 月初　寄洪奇元所著《中国之前途》一书给陈布雷，请其审阅，进呈蒋介石。
10 月 10 日　出席重庆各界国庆纪念会。与会者有中央及各民众团体三百余单位，五万余人。
10 月 28 日　中国乡村建设育才学院（后改名中国乡村建设学院）在重庆北碚建成开学。该校董事会由各方面代表人物张群、翁文灏、熊式辉、张治中、吴鼎昌、陈布雷、张伯苓、蒋梦麟、甘乃光、蒋廷黻、康心如、黄炎培、卢作孚、梁漱溟、何廉、何北衡、梁仲华、陈筑山、郑璧成、晏阳初等组成，张群为董事长，晏阳初和卢作孚分任董事会秘书和会计，处理筹募经费和学校建设等重大事宜。

11 月 20 日　委校长办公室致函邓颖超，对其母杨振德女士逝世表示慰问。
11 月 25 日　邀翁文灏在重庆南开中学作题为《青年立志的途径》演讲。
11 月 29 日　蒋介石设午宴请张伯苓、黄炎培、张君劢、左舜生等人，张忠绂介绍国际形势问题。饭后，张伯苓与黄炎培、左舜生、张君劢等人深谈“（一）共党问题；（二）经济问题；（三）川康建设问题；（四）参政会问题”。

12 月 20 日　对重庆南开中学学生谈话称，学校常在改变中。要不改，我们就完了。南开的教育方向是一定的，数十年方向不改变，方法是科学的，前进的，年年革命。南开精神是开辟的，能创造的，永远不怕破坏。谈到国家前途称，产生一个眼光远大、公正无私的议会，建国乃有希望。全国好人不管政治，一定让政客们把持，这样国运便不堪设想了。抗战绝不能中途屈服。我们坚决抗战到底，我们这个民族几千年有一种大力量，对弱者可用这种力量溶化，对侵略者可用这种力量抵抗它。
12 月 23 日　国民政府公布第二届国民参政会参政员名单，依据《国民参政会组织条例》第三条甲项，张伯苓被遴选为天津代表。
12 月下旬　周恩来到津南村看望张伯苓，并在津南村 7 号伉乃如、23 号王端驯家会见部分南开校友。
本年　蒋介石假重庆南开中学大运动场阅兵，阅兵后到校长办公室拜访张伯苓。

1941 年（民国三十年辛巳）六十五岁

1 月 30 日　重庆南开中学国民党校区党部召开党员大会，由张伯苓监选区党部

成员。

2 月 1 日　以主席董事名义召集中华全国体育协进会董事会议，决定聘请董守义兼任该会副总干事，负责恢复体育协进会工作。

2 月 28 日　国民党召集党员为参政员者，酝酿国民参政会主席团候选人。提出五人名单：蒋介石、张伯苓、张君劢、左舜生、周恩来。如共党不出席，则改选吴贻芳。

2 月　复患肾盂炎，入中央医院治疗。三星期后，康复出院。以后数月间又入医院四次。蒋介石两次到中央医院及沙坪坝寓所视疾慰问。

3 月 1 日　第二届国民参政会第一次大会在重庆开幕。经大会推定，前副议长张伯苓任临时主席。会议开始，张伯苓致开会辞，回顾了上一届参政会的情况，强调参政会本身是中国推行民主政治的奠基，是一种新的力量。抗战以来，从远大处看中国，一切确是在进步，值得我们乐观。这一次会议讨论的问题，要包括抗战建国各方面有关的大计。希望凡所建议都要从积极方面着想，帮助政府，不可斤斤于消极方面的问题。看事要用望远镜，向远看，向大看，不要用显微镜看，去寻找那些微小的东西。

同日　中华体育协进会董事会在南开中学召开第三十年度董事会议。出席董事张伯苓、马约翰、董守义、郝更生、章辑五、吴蕴瑞、高梓等九人。会长张伯苓主席，决议“在此抗战期中，本会对于国内外体育工作，应即继续举办”。

3 月 2 日　国民参政会举行预备会议，张伯苓主持会议，193 名参政员参加会议。根据《国民参政会组织条例》规定，选举蒋介石、张伯苓、左舜生、张君劢、吴贻芳为第二届国民参政会主席团成员。随后第二届国民参政会第一次大会第一次会议举行。

3 月 3 日　第二届国民参政会第一次大会第二次会议举行，蒋介石、张伯苓、张君劢、左舜生、吴贻芳及参政员 171 人参加。会议听取了国民参政会秘书长王世杰关于中共参政员不出席本届参政会经过的情况报告，讨论通过《请以大会名义通电拥护蒋委员长三月一日在本会致辞，宣示“抗战必须争取最后胜利，建国必求达到国防安全”之表示，以利抗战救国案》。

下午，第二届国民参政会第一次大会第三次会议举行，张伯苓、张君劢、左舜生、吴贻芳及参政员 152 人参加。

3 月 4 日　第二届国民参政会第一次大会第四次会议举行，张伯苓、张君劢、

左舜生、吴贻芳及参政员 190 人参加。会上，孔祥熙所作财政报告为参政员所不满，孔无法应付。张伯苓应孔的要求，帮他解围。

3 月 5 日　第二届国民参政会第一次大会第五次会议举行，张伯苓、张君劢、左舜生、吴贻芳及参政员 166 人参加。蒋介石招宴全体参政员，政府各院部长及高级将领几乎全体参加作陪。蒋介石致辞。张伯苓代表来宾致答词。

3 月 6 日　第二届国民参政会第一次大会第六次会议举行，蒋介石、张伯苓、张君劢、左舜生、吴贻芳及参政员 174 人参加。会议听取了蒋介石所做的《政府对中共参政员不出席参政会问题的态度》讲话，通过了《对参政员毛泽东、董必武等未能出席本届大会事件的决议》，并由秘书处将此决议电告董必武、邓颖超转毛泽东等人。

3 月 7 日　第二届国民参政会第一次大会第七次会议举行，蒋介石、张伯苓、张君劢、左舜生、吴贻芳及参政员 173 人参加。

3 月 8 日　第二届国民参政会第一次大会第八次会议举行，蒋介石、张伯苓、张君劢、左舜生、吴贻芳及参政员 164 人参加。

3 月 9 日　第二届国民参政会第一次大会第九次会议举行，张伯苓、张君劢、左舜生、吴贻芳及参政员 162 人参加。下午，第二届国民参政会第一次大会第十次会议举行，张伯苓、张君劢、左舜生、吴贻芳及参政员 162 人参加。会议通过了关于物价问题的 6 项提案和 2 项临时动议。其中包括国民党参政员提出的反共决议。

3 月 10 日　第二届国民参政会第一次大会闭幕，蒋介石、张伯苓、左舜生、张君劢、吴贻芳等主席团成员，王世杰秘书长、周炳琳副秘书长及 178 名参政员参加。蒋介石主持会议，并致闭幕词，参政员莫德惠致答词，张伯苓宣读大会宣言，总结此次参政大会之使命，检讨过去抗战建国方针及工作，阐述本次大会决议各案的要点。宣言最后向全国同胞切实声明：中国抗战，本为历史之宿命，具必胜之条件，最要则为民族战志，四年来，业已证明其效果矣。然而失地未复，责任未尽，敌军在境，逆奸稽诛，况值世界非常之变局，加重中国抵抗侵略之责任，我国民诚能更坚凝战志，进而努力为战备之建设，以方兴之朝气，击既衰之敌寇，其成功必矣。

3 月 11 日　出席朱子桥将军追悼会。

3 月 20 日　参加蒋介石招待国民参政会全体驻会委员宴会。

3 月 22 日　蜀光中学全体学生致张伯苓“请求书”，挽留喻传鉴继续担任校长。

3 月 30 日　祝贺重庆大学商学院院长马寅初教授六十寿辰。

春在沙坪坝津南村住所宴请周恩来和邓颖超及伉乃如夫妇、何廉夫妇、柳无忌夫妇。

4 月 5 日　晚，重庆南开中学为张伯苓举办祝寿晚会，周恩来来校祝寿，并与张伯苓共同观看学生演出。
4 月 6 日　请国民政府立法院院长孙科到重庆南开中学演讲《抗战国策之再认识》。
4 月 7 日　为韩叔信接替喻传鉴担任蜀光中学校长事，致函蜀光中学校董事欧阳尔彬等。
4 月 13 日　请国民政府经济部部长翁文灏到重庆南开中学演讲《科学思想为近代进步之基础》。
4 月 20 日　美国驻华大使詹森到重庆南开中学演讲《动荡中的国际形势》。
4 月 21 日　主持中华全国体育协进会董事茶话会，到会董事王正廷、吴国桢、于斌、刘峙、郝更生、洪友兰等。张伯苓致辞称，抗战以来，会所遗留上海，会务及计划难以进行。现经董事会议决，在重庆设立会所，积极推进工作，“期能在这大时代中，对于抗战建国有所贡献”。
4 月 27 日　国民政府政治部副部长梁寒操到重庆南开中学演讲《三民主义之今日国际观》。
4 月下旬　在重庆会晤美国孟禄博士。

5 月 4 日　邀国民党中央宣传部副部长潘公展到重庆南开中学演讲《五四精神的新生》。
5 月 6 日　国民党中央宣传部部长、南开校友张道藩到重庆南开中学演讲《生活与艺术》。
5 月 21 日　聘李广田为南开大学中文系助教。
同日　晚，梅贻琦前往津南村寓所拜访张伯苓，张招待晚餐。
5 月 25 日　国民政府立法委员杨公达到重庆南开中学演讲《世界战争的总观察》。
5 月　为蜀光学校校长事，再次致函蜀光中学校董会侯策名、欧阳尔彬、曾子郁，谓“三年期满，喻校长请辞，因无相当旧人，仍勉请喻君继续二年，在此期间，请韩叔信君多多负责，以便届时接替。”

6 月 1 日　国立实验剧院院长王泊生到重庆南开中学演讲《明末戏剧在政治上

的策动》，并做示例表演。

6 月 5 日　日机轰炸重庆，造成大隧道惨案。报纸“号外”称死者尸体总登记有二千二百余具。事后，在周恩来的恳请下，张伯苓、康心如等社会知名人士出面主持公道，要求调查惨案真相。

6 月 8 日　中央研究院院长朱家骅到重庆南开中学，在大礼堂演讲《国际形势的演进》。

6 月 15 日　国民党中央组织部部长朱家骅到重庆南开中学，演讲《美国与欧战》。

同日　国民政府卫生署署长金宝善到重庆南开中学，演讲《国民营养问题》。

6 月 24 日　出席国民党中央党部秘书处防空善后委员会主席会议，出席者有翁文灏、吴铁城、康心之、陈立夫、谷正纲等，商讨改进技术推广及善后处理办法。

6 月　为自贡蜀光中学第一届高中毕业班题词“好学　力行　知耻”。

7 月 26 日　国民党中央宣传部电影事业处处长罗学廉在重庆南开中学演讲《抗战四年来之电影事业》。会后放映《长空万里》。

7 月　聘汪家鼎为南开大学工学院化工系助教。

7 月至 8 月　因病住歌乐山中央医院。其间周恩来、邓颖超前往探视。

9 月 8 日　致函张季鸾夫人，对张季鸾的逝世表示哀悼。“忆昔共事华北，先生办报，苓办教育，居恒引为同志。”

9 月 9 日　在张伯苓等体育人士的共同努力下，国民政府公布修订的《国民体育法》。其中规定：“凡中华民国国民均有受体育训练的义务，由此以改造国民的体魄，增进民族健康。”

9 月 18 日　重庆沙磁区各界纪念“九一八”大会与沙磁区学术讲演会在重庆南开中学大操场联合举行纪念“九一八”大会。张伯苓因指挥修复被炸的重庆南开中学、南开大学经济研究所而劳累过度，委喻传鉴代表在会上发表了《“九一八”的感想》演讲，控诉日本侵略中国的罪行。

9 月 19 日　与蒋梦麟、梅贻琦代表西南联大全体师生，致电张季鸾夫人，对张季鸾逝世表示哀悼。

9 月　蒋介石两次到中央医院及沙坪坝寓所，“视疾慰问”。

10 月 1 日　聘陈天池为南开大学理学院化学系助教。

10月13日　为病愈出院事在重庆《大公报》刊登启事："伯苓已于十月九日痊愈出院，辱承诸亲友殷殷慰问，敬此鸣谢。"

11月9日　国民党重庆市党部等机关团体为张冲举行追悼会，张伯苓致送挽联。
11月6日　为祝贺冯玉祥六十寿诞致送寿联。
11月17日　第二届国民参政会第二次大会在重庆开幕。下午，举行第一次会议，张伯苓、左舜生、张君劢、吴贻芳及162名参政员出席会议。
11月18日　第二届国民参政会第二次大会举行第二次会议，蒋介石、张伯苓、左舜生、张君劢、吴贻芳及135名参政员出席会议。下午，第二届国民参政会第二次大会举行第三次会议，张伯苓、左舜生、张君劢、吴贻芳及139名参政员出席会议。
11月19日　第二届国民参政会第二次大会举行第四次会议，张伯苓、左舜生、张君劢、吴贻芳及110名参政员出席会议。下午，第二届国民参政会第二次大会举行第五次会议，张伯苓、左舜生、张君劢、吴贻芳及127名参政员出席会议，通过《慰劳蒋委员长暨前方将士电》等。
11月22日　第二届国民参政会第二次大会举行第六次会议，张伯苓、左舜生、张君劢、吴贻芳及160名参政员出席会议。
11月24日　第二届国民参政会第二次大会举行第七次会议，张伯苓、左舜生、张君劢、吴贻芳及152名参政员出席会议。
11月25日　第二届国民参政会第二次大会举行第八次会议，张伯苓、左舜生、张君劢、吴贻芳及151名参政员出席会议。下午，第二届国民参政会第二次大会举行第九次会议，张伯苓、左舜生、张君劢、吴贻芳及161名参政员出席会议。
11月26日　第二届国民参政会第二次大会举行第十次会议，张伯苓、左舜生、张君劢、吴贻芳及142名参政员出席会议。同时，宣布驻会委员会选举结果。在临时动议中，会议通过了《请大会决议拥护蒋委员长最近"九一八"宣言，以重申我全民抗战最后决心案》等。第二届国民参政会第二次大会举行休会式。蒋介石、张伯苓、王世杰、周炳琳等参政会首脑和116名参政员出席仪式。
11月　蒋介石首聘张伯苓及吴稚晖、戴季陶、孙科、何应钦、白崇禧、陈果夫、叶楚伧、蒋梦麟九人为三青团中央团部指导员。
同月　三青团第一届监察会任期届满，仍以王世杰、朱家骅、张伯苓、陈布雷、罗家伦为常务监察。

12 月 8 日　因日本偷袭美军珍珠港，第二次世界大战的形势发生了深刻的变化。张伯苓在津南村寓所举行座谈会，对抗日战争胜利以后的南开教育提出设想，表示要让‘允公允能，日新月异’的校训到处发扬光大。

12 月 11 日　接受中国童子军荣誉评判委员会委员一职。

12 月 12 日　第二届国民参政会第二次大会驻会委员会举行首次会议，张伯苓任主席，主持讨论通过“关于政府对日德义宣战，及与反侵略国家合作互助案”。

12 月 19 日　与蒋梦麟、梅贻琦通知国立北平图书馆袁同礼，国立西南联大由钱端升、冯友兰、姚从吾、刘崇鋐四位教授参加中日战争史料征集委员会。该会由西南联大和北平图书馆共同组成。

12 月 21 日　天主教南京主教于斌在重庆南开中学大礼堂演讲《战后世界应有之秩序》。

本年　加入国民党。

同年　为回族青年画家张悲鹭题百虎图长卷。此画先后有郭沫若、田汉、茅盾、史良、沈钧儒、叶圣陶、冯玉祥、于右任等题诗。张伯苓题诗为：逐逐眈眈各写真，捻来一串数家珍。深山大海纵横跃，不信殊方尚有人。又题张悲鹭百蝶图，诗云：蛱蝶纷纷次第来，赏心最是手中裁。庄周阅尽人间世，笑问先生梦几回。

1942 年（民国三十一年壬午）六十六岁

2 月 7 日　中华全国体育协进会召开董事会议，议决开除追随汪精卫卖国附日的原常务董事褚民谊会籍，增聘戴季陶、陈立夫、谷正纲、张治中为名誉董事。

2 月 8 日　中国教育学会举行会员大会改选理事，选举张伯苓、常道直、张益、程其保、郑通和、许恪士、黄炎培等 15 人为理事。

2 月 13 日　拜见蒋介石谈南开复校问题，蒋介石表示仍本“有中国即有南开”之承诺，允复校时南开大学与国立大学同等对待。

2 月 17 日　南开大学复兴筹备会首次会议在重庆沙坪坝张伯苓寓所召开。出席会议的有张伯苓、伉乃如、邱宗岳、杨石先、陈序经、李卓敏。张伯苓主持会议并报告复校问题。会议决定南开大学本以前奋斗精神，仍维持私立；学校内设置文学院（中文、英文、历史、教育四学系）、理学院（算学、化学、物理三学系）、法商学院（政治学、经济学、商学三学系）、工学院（电工、化工、机械三学系）；物色学识甚深之青年人才，由张伯苓组织聘任委员会。

3 月 1 日　在重庆沙坪坝张伯苓寓所召开南开大学复兴筹备会第二次会议，出席者有何廉、邱宗岳、杨石先、陈序经、李卓敏、伉乃如。张伯苓主持，讨论复校经费问题，除请政府协助外，并向国内外募捐；学科建设上，除文、理、工、法商四院先行恢复外，师范学院拟缓设立，仍先在文学院设教育学系，农学院因无设立之必要，否则再行考虑；讨论人才问题，“应注重在青年同志，南开学生或新由国外归来之学者”，如果急需之人才一时无从延聘，可请英、美籍学者；研究方面暂就算学、经济、化工三方面发展，其他学科研究，俟有主持人才再行设立；捐款计划开始启动，“蒋委员长之允诺设法具体化，先由何淬廉便中与陈布雷先生接洽办法”，国外捐款可分捐募现款、捐募仪器书籍、捐募讲座进行。

3 月 3 日　在重庆沙坪坝张伯苓寓所召开复兴筹备会第三次会议，出席者有何廉、邱宗岳、杨石先、陈序经、李卓敏、伉乃如。张伯苓主持，会议主要讨论筹款问题。国内捐款与请政府协助经常费由张伯苓和何廉在渝进行；国外捐款设立募款团，函请美国各大学校长为委员，“社会人士如陈光甫、邹秉文、刘国钧、钱新之、范旭东、冀朝鼎等先生对南开甚热心，设法保持接触”。

3 月 7 日　在重庆沙坪坝张伯苓寓所召开复兴筹备会第四次会议，出席者有何廉、邱宗岳、杨石先、姜立夫、陈序经、李卓敏、伉乃如。张伯苓主持，并报告前三次会议经过；决定黄钰生、杨石先、陈序经、邱宗岳、姜立夫、冯文潜、孟广喆为聘任委员会委员，杨石先为召集人；强调聘选人才要以全校为准，不必拘泥于院系，本宁缺毋滥原则；昆明南开大学一切校务仍请黄钰生、杨石先、陈序经负总责；为培养人才起见，应办好中学，多立分校，设立奖学金。

3 月中旬　呈报行政院院长蒋介石、副院长孔祥熙为南开大学经济研究所报请拨助 10 万元。3 月 27 日蒋介石训令教育部，“准予照拨”。31 日再函陈立夫请按行政院照准之意，早日拨发。

3 月 30 日　出席中国兴业公司第二届董事会。该董事会以孔祥熙为董事长，翁文灏为副董事长，徐堪、陈潜庵、钱新之、贝淞生、胡仲实、胡叔潜、张伯苓、傅汝霖、王正廷为常务董事，田习之、尹志国为常务监察人。

3 月　致函联大梅贻琦、蒋梦麟常委，希望本三校以往一贯合作之精神，及将来互相协助之友谊，支持南开增聘新人，以为复校之准备。

春重庆南开中学排演曹禺话剧《北京人》。张伯苓观看后，邀剧中学生演员到寓所谈话，称演剧是一种很好的活动。学生参加话剧演出，要培养自己观察及分析的能力，培养自己善于处人处事能力和组织工作能力。

4 月 21 日　竺可桢、蒋梦麟、罗家伦、叶企孙、吴有训等人到重庆南开中学拜访张伯苓。
4 月 23 日　为西南联大经费事，与蒋梦麟、梅贻琦致函教育部陈立夫、余井塘、顾毓琇等人，请求补助。
4 月 26 日　云南省建设厅厅长龚自知来函，拟设石佛铁路调查队，委托南开大学文学院边疆人文研究室代为组织，以便从事调查工作。张伯苓即复函同意承担此项任务。
4 月 27 日　重庆南开中学继续举行“各国学生生活讲座”，国立社教学院教授程锡康在大礼堂演讲《美国学生生活》。

5 月 1 日　出席国民参政会驻会委员会会议，任主席。

6 月初　周恩来偕邓颖超到津南村看望张伯苓。
同月初　与孙科、徐堪、宋汉章、何北衡、黄炎培、于右任、孔祥熙、吴稚晖、翁文灏、冯玉祥、钱新之、罗家伦、吴国桢、潘公展、杭立武、康心如、居正、陈布雷、穆藕初等 82 人发表《重庆节储实践会缘起》，号召人人实践刻苦节约的生活，实践储蓄建国的办法，而使这一运动，普及于农村和社会基层民众，朝着更高更新的阶段发展。
6 月　南开大学边疆人文研究室在昆明成立，聘陶云逵教授为研究室主任。

7 月 9 日　举行三民主义青年团成立四周年盛大茶会，三青团中央团部书记张治中主席，团长蒋介石与会，三青团指导员何应钦、张伯苓等出席。
7 月 10 日　周恩来父亲周懋臣在重庆逝世。张伯苓即表慰唁。
7 月 27 日　国民政府公布第三届国民参政会参政员名单，依照《国民参政会组织条例》第三条甲项，张伯苓被遴选为天津市代表。
7 月　致函昆明缪云台，对由南开大学文学院边疆人文研究室代为组织云南石佛铁路社会经济调查队之事，在对外名义、调查经费、调查所得材料、人员约聘方面提出建议。

8 月 26 日　接受中共《新华日报》记者专访，谈其献身教育情节，称我从事教育数十年一直不变的目标就是救国。我一向不愿意过问政治，其实教育脱离不了政治。教育事业是需要在贤明的政治的扶助之下，才能得到大量进展的。办

教育的人，必定要以教育为终身职务，并终于这个职务，这样教育才能办的有成绩，不能以教育事业为暂时栖身之地，因为它不能帮助你图名图利。

9 月 3 日　与参政员陈博生、杭立武、许孝炎、李中襄等致电英国朝野人士，谓值兹贵国对希特勒主义宣战三周年之际，吾人以敬佩之态度，回顾吾人之盟友三年来之英勇及毅力，且以更大之信心，瞻望吾人之共同胜利前途。世界上自由民族对于贵国 于一九四〇年，一如中国之对日抗战者然，其单独作战，对世界自由之贡献，将永远铭感。电文最后表示，深信中英两国为争取战争胜利，及永久和平起见，对其所应负之责任与牺牲，必不有所退缩。

9 月 9 日　为《重庆市第一届运动大会特刊》题词：锻炼个人体格，促进民族健康。

10 月 1 日　中华全国体育协进会奉国民政府社会部令，取消董事会，董事改称理事，名誉董事改称监事或名誉理事。该会改组后，分别组成理事会与监事会，公推张伯苓为理事长，沈嗣良、吴蕴瑞、郝更生、章辑五为常务理事，王正廷、马约翰、袁敦礼、朱家骅、吴铁城、宋君复、王卓然等为理事。商震为常务监事，监事为张治中、沈鸿烈等。

10 月 5 日　美国共和党总统候选人威尔基（Wendell. Willkie）在教育部次长顾毓琇及美国情报协调局驻华首席代表费正清、美国驻华大使柯乐博陪同下，参观重庆南开中学、中央大学、重庆大学和中央工业专科学校。在南开中学，由张伯苓陪同参观学校生物、物理、化学实验室。威尔基说，“像南开这样的中学，在美国都不多见”。回国后，著《天下一家》（One World），高度评价张伯苓办学成就。参观后，张伯苓以南开大学与其他三校全体教职员同仁名义，将参观致辞书写成卷轴，赠送威尔基。该文内称，单就太平洋之和平前途论之，同仁等以为中美两大国家，不仅战时需要相依为命，在战后尤需密切合作；中国战后建设固赖于贵国之援助，而贵国欲保持在太平洋之一切权益，亦有赖于中国之富强。并表示，以中国之向来爱好和平，深信今后绝对能作贵国之永久好友。

同日　出席教育部部长陈立夫为欢迎威尔基举行的宴会。出席宴会的还有朱家骅、蒋梦麟、顾孟余、孔德成、张洪沅、罗家伦、吴南轩、任鸿隽、陶孟和、梁思成、吴文藻等近百位文化教育界人士。

10 月 21 日　出席国民参政会茶话会，推定张伯苓为第三届国民参政会第一次大会临时主席。

10 月 22 日　第三届国民参政会第一次大会在重庆开幕。到会参政员有张伯苓等 200 余人。会议选举蒋介石、张伯苓、吴贻芳、莫德惠、李璜为第三届参政会主席团主席。张伯苓在致辞称，经过长期的抗战，中国得道多助，日本侵略者迟早会失败，中国胜利毫无问题。从国际地位来说，经过长期的抗战，中国国家荣誉日增，国际地位日高。最后从民主政体的建设认为，参政会作民主政治之实施，较前二届更加积极与普遍。同时，希望本届参政员充分发挥精神能力，代表民意，监督政府，督促政府促进政治改进，完成抗战建国的工作。下午，第三届国民参政会第一次大会第一次会议举行，张伯苓、吴贻芳、莫德惠、李璜及参政员 187 人出席会议。

10 月 23 日　第三届国民参政会第一次大会第二次会议举行，张伯苓、吴贻芳、莫德惠、李璜及参政员 188 人出席会议。下午，第三届国民参政会第一次大会第三次会议举行，张伯苓、吴贻芳、莫德惠、李璜及参政员 173 人出席会议。

10 月 24 日　第三届国民参政会第一次大会第四次会议举行，张伯苓、吴贻芳、莫德惠、李璜及参政员 177 人出席会议。下午，第三届国民参政会第一次大会第五次会议举行，张伯苓、吴贻芳、莫德惠、李璜及参政员 159 人出席会议。

10 月 27 日　第三届国民参政会第一次大会举行物价特别讨论会。

10 月 28 日　第三届国民参政会第一次大会第六次会议举行，张伯苓、吴贻芳、莫德惠、李璜及参政员 200 人出席会议。

10 月 29 日　第三届国民参政会第一次大会第七次会议举行，张伯苓、吴贻芳、莫德惠、李璜及参政员 197 人出席会议。蒋介石在国民参政会作外交、财政、军事近况的秘密报告。

10 月 30 日　第三届国民参政会第一次大会第八次会议举行，张伯苓、吴贻芳、莫德惠、李璜及参政员 187 人出席会议。下午，第三届国民参政会第一次大会第九次会议举行，张伯苓、吴贻芳、莫德惠、李璜及参政员 179 人出席会议。

10 月 31 日　第三届国民参政会第一次大会第十次会议举行，张伯苓、吴贻芳、莫德惠、李璜及参政员 175 人出席会议。下午，第三届国民参政会第一次大会第十一次会议举行，张伯苓、吴贻芳、莫德惠、李璜及参政员 188 人出席会议。本次大会后，第三届国民参政会第一次大会举行闭幕式。蒋介石、张伯苓等参政会主席团成员及参政员二百余人出席会议，张伯苓主持。

11 月 7 日　假重庆南开中学召开中国教育学会理事会，任主席。

11 月 13 日　英国议会访华团参观重庆南开中学、中央大学、重庆大学和中央工业

专门学校，四校以全体教职员同仁名义赠送写有慰问词的卷轴。

12 月 18 日　赴蒋介石午宴，黄炎培、冷御秋等参加。
12 月 20 日　出席南开校友聚餐会，张平群主持，张伯苓讲话指出南开复校必有望。
本年　被任命为教育部国民体育委员会委员。

1943 年（民国三十二年癸未）六十七岁

1 月 11 日　梅贻琦往重庆南开中学津南村看望张伯苓，并报告西南联大事宜。梅在日记中写道：“此老精神尚甚健旺，但其病终恐成患耳”。12 日又记：早“至喻家早餐，王恩东君以车来，至伯苓师处辞行。”
1 月 20 日　与梅贻琦、周贻春等，赴土湾裕丰纱厂潘世经饭约。
1 月　与国民政府军事委员会政治部部长张治中、重庆大学校长张洪沅共同为沙坪坝青年馆开馆揭幕。

2 月 17 日　为 1943 年度中华全国体育协进会经费事致函孔祥熙。不日，孔祥熙即“饬财部增拨二十万元”。
2 月 18 日　国民参政会在军事委员会举行庆祝中美、中英新约订立。
2 月　南开大学在昆明教职员应张伯苓之约赴重庆商讨复校计划。

3 月 10 日　蒋介石著《中国之命运》印行。其后，即部署本校师生研究《中国之命运》，并要求写出研究报告。
3 月 12 日　重庆植树节活动在重庆南开中学举行。林森、蒋介石、国民政府各院院长及各部部长、各机关代表出席植树节仪式，师生与林森、蒋介石、张群等一起植树。
同月　会见到重庆的蒋梦麟、梅贻琦。

4 月 5 日　寿辰纪念。共收寿辰纪念品礼金约四万数千元。向在校服务的学生表示，“为国家，为南开，当再努力十二年，至八十岁再退休”。
同日　为祝张伯苓寿诞，重庆南开中学学生排演老舍、赵清阁编剧的《桃李春风》，沈剡导演，蓝马、黄宗江艺术指导。同一晚演出京剧《盗宗卷》，名票友

张伯驹饰张苍。

4月15日　重庆南开中学校长办公室送图书馆25件作品参加盟国幼童展览会。

5月8日　出席重庆区专科以上学校联合运动会开幕式，致辞表示，在目前物质条件下，能在西南一隅举办运动会，可谓将来战胜日本后的远东运动会或全国运动会之先声。张伯苓为蜀光校长继任人选事致欧阳尔彬、曾子郁及侯策名函

5月14日　为韩叔信接替喻传鉴继任蜀光中学校长事，致函蜀光学校董欧阳尔彬、曾子郁及侯策名，认为校长人选“以韩君叔信，为最适宜。”“长蜀光定可驾轻就熟，使校务顺利进行也。”

5月30日　重庆南开中学和自贡蜀光中学捐募的滑翔机举行命名典礼，张伯苓讲话强调，为了增强国防，我国必须加强陆军、海军，特别是空军的力量。

6月　同意喻传鉴辞去蜀光中学校长，专任重庆南开中学主任。

7月6日　国立22所大学校长（教务长）包括中央大学朱经农，西南联大蒋梦麟、梅贻琦、张伯苓，中山大学金曾澄，武汉大学王星拱，浙江大学竺可桢，交通大学吴保丰，同济大学丁文渊，四川大学黄季陆，暨南大学何炳松，厦门大学萨本栋，复旦大学章益，中正大学胡先骕，重庆大学张洪沅，英士大学杜佐周等向蒋介石呈致敬电，盛赞其领导抗战，六载于兹，愈战愈强，胜利在望。

7月13日　出席蒋介石招待国民参政会参政员餐会。

7月25日　再函孔祥熙，设法追加1943年度中华全国体育协进会补助费35万元。

8月1日　签署聘任书，聘请陶云逵为南开大学历史人类学教授。

8月11日　以南开名义向教育部部长陈立夫去函保荐曹禺出国深造。

8月17日　呈请教育部陈立夫核发本年南开大学补助费，以资维持。

8月27日　孔子诞辰日，亦即政府规定之教师节。在重庆南开中学教师节纪念会作演讲，谈教育目标、训练方法等

8月　经张伯苓推荐，蜀光中学校董会同意韩叔信为蜀光中学校长兼蜀光小学校长。

同月　谢冰心多次从歌乐山住地往沙坪坝南开中学，看望在那里就学的儿子吴

平。冰心回忆，南开大学的校长张伯苓老先生每次见到我时，他总是拍着我的肩膀用浓重的天津口音对人家说："她的父亲是我同班。"就是在他的支持下，我的儿子才能进入这所重点中学的。

9 月 17 日　午，赴蒋介石宴，黄炎培、莫德惠、李璜等参加。
9 月 18 日　第三届国民参政会第二次大会在重庆开幕。蒋介石、张伯苓、莫德惠、李璜及参政员 192 人出席大会。下午，第三届国民参政会第二次大会第一次会议举行，张伯苓、莫德惠、李璜及参政员 159 人参加会议。
9 月 19 日　第三届国民参政会第二次大会第二次会议举行，张伯苓、莫德惠、李璜及参政员 168 人参加会议，蒋介石以兼国府主席函辞参政会主席团主席职务，会议补选了王宠惠、王世杰、江庸为主席团主席。会议宣读主席团所拟《上蒋主席电文》。下午，第三届国民参政会第二次大会第三次会议举行，张伯苓、莫德惠、李璜、王世杰、江庸及参政员 130 人参加会议。
9 月 20 日　第三届国民参政会第二次大会第四次会议举行，张伯苓、王宠惠、莫德惠、李璜、王世杰、江庸及参政员 161 人参加会议。
9 月 21 日　第三届国民参政会第二次大会第五次会议举行，张伯苓、王宠惠、莫德惠、李璜、王世杰、江庸及参政员 149 人参加会议。下午，第三届国民参政会第二次大会第六次会议举行，张伯苓、莫德惠、李璜、王世杰、江庸及参政员 153 人参加会议。晚，赴蒋介石宴，致答谢词。
同日　国民政府发布命令，宣布国民参政会第三届参政员任期自本年 10 月 1 日起延长一年。
9 月 23 日　第三届国民参政会第二次大会第七次会议举行，张伯苓、王宠惠、莫德惠、李璜、王世杰、江庸及参政员 150 人参加会议。
9 月 24 日　接待英国国会议员华德女士来重庆南开中学参观，印象甚佳。
9 月 25 日　第三届国民参政会第二次大会第八次会议举行，张伯苓、王宠惠、莫德惠、李璜、王世杰、江庸及参政员 175 人参加会议。蒋介石到会作《内政和外交的方针和实施经过》的报告，建议参政会设立宪政实施筹备会和经济建设期成会两个机构。
同日　完成《私立南开大学抗战期间损失报告清册》，据统计损失折洋（以战前价值计算）为 663.4 万元，计地皮 40 万元，秀山堂 10 万元，思源堂 30 万元，图书馆 15 万元，第一宿舍 6 万元，第二宿舍 4 万元，女生宿舍 3 万元，工厂试验室 4 所 11 万元，百树村教员住宅 22 所 18 万元，其他 4 所 3 万元。中文图书

10 万册 8 万元，西文图书 180 万元，成套报章 50 万元，仪器、标本、机器 50 万元，化学系 6 万元，物理系 50 万元，算学系 30 万元，电工系 15 万元，生物系 15 万元，化工系 20 万元，打字机 20 架、计算机 10 架 5 万元，矿科标本 3 万元，其他 18 万元。木器家具 1 万元，铁床 500 张 4 万元，暖气管炉 4 具 4 万元，电器设备 6 万元，煤气设备 6 万元，图书馆铁书架 4 万元，大铜钟 12 万元，房地租 21.8 万元。

9 月 26 日　第三届国民参政会第二次大会第九次会议举行，张伯苓、王宠惠、莫德惠、李璜、王世杰、江庸及参政员 151 人参加会议。下午，第三届国民参政会第二次大会第十次会议举行，张伯苓、王宠惠、莫德惠、李璜、王世杰、江庸及参政员 148 人参加会议。会议听取了主席团所提《设置宪政实施筹备会及经济建设期成会案》。会议还通过《关于军事报告中涉及第十八集团军部分之决议案》等。

9 月 27 日　第三届国民参政会第二次大会第十一次会议举行，张伯苓、莫德惠、李璜、王世杰、江庸及参政员 159 人参加会议。下午，第三届国民参政会第二次大会第十二次会议举行，张伯苓、王宠惠、莫德惠、李璜、王世杰、江庸及参政员 129 人参加会议。下午五时，举行第三届国民参政会第二次大会闭幕式。张伯苓等参政会主席团主席及 173 名参政员出席会议，国民政府各部会长官居正、戴季陶、于右任、朱家骅、何应钦、白崇禧、程潜、陈仪、顾毓琇、翁文灏、谷正纲、徐堪、张厉生、周钟岳、曾养甫、吴铁城、吴国桢、张道藩、邵力子、潘公展、陈布雷、雷法章、陈大齐等，以及美国驻华大使高思、苏联驻华大使潘友新、英国驻华大使薛穆等二百余人参加。

张伯苓致休会词称，关于宪政之筹备，本会已有决议，行将商同政府，设立宪政的筹备机构，以便战时即能将宪政的预备工作做得很好，战后宪政的实施，更能够圆满的表现出来。本会为抗战期中协助政府的一个民意机构，本会即应努力树立民治的模范，故同人对于民主的基本精神从不敢有所忽略。今后为促进宪政起见，当更加倍的努力做去，期不负于模范二字。会后，张伯苓在重庆南开中学召开宪政座谈会，借以引起全校师生对宪政的研究。

10 月 1 日　中华全国体育协进会举行第一次理监事联合会议，决定发起募集体育经费 500 万元，推张伯苓、朱家骅、吴铁城、张治中、沈鸿烈、商震、郝更生、马约翰、董守义等 9 人为筹募委员。

10 月 17 日　南开学校成立三十九周年纪念，张伯苓自述创办和发展南开的感

想：南开之有今日，实诚不易。南开过去，无时不在奋斗中，亦无日不在发展中，南开学校如果算是成功的话，则一部南开史，实一部奋斗成功史。
10月25日　国防最高委员会为推进宪政实施工作，设置宪政实施协进会。该会以国防最高委员会委员长为会长，国民参政会主席团主席为当然会员。另有会员三四十人。当然会员有张伯苓、莫德惠、吴贻芳、李璜、王宠惠、王世杰、江庸。

11月11日　国民参政会举行茶话会，欢送行将赴英的中国访英代表团，王世杰、王云五、胡政之、杭立武等代表团成员及嘉宾200余人与会。张伯苓主持并讲话称，中英两国都是民主国家，思想相同，经济合作，平时有如兄弟一般。我们访英国最大的任务，是想以“同舟”之雅，互谋“共济”之策。
11月17日　于英国伦敦举行世界学生日纪念大会之际，代表中国教育界向大会发表题为“战时学生与战后世界”的广播讲话，称赞学生具有活泼、冒险、勇敢，与追求学问与真理的渴望，这些理想，使青年学生成为各个国家的生命骨干。同时指出，中国学生常是站在历史的前面。在中国历史上，学生常是爱国主义的象征。他认为，学生不仅要有爱国思想，而且必须有更高的国际思想，为祖国与世界和平及国际友好而努力奋斗。他说，中国欢迎各国学生来华研究学术，希望战后各国间交换学生制度及交换教授、研究人员更加普遍和扩大，“这种聘访工作，实为一种真正的教育”。

12月3日　因湘西北国军与日军惨烈对战，挫敌锐气，国民参政会主席团张伯苓、江庸莫德惠、孔庚、许德珩、董必武、黄炎培等致电保卫常德全体将士，对他们奉命截击倭寇，屡挫凶锋，无任钦佩，谨表敬意。同时，致电湘鄂前线陈诚、薛岳、孙连仲司令长官，特致慰问。
12月18日　陶行知来重庆南开中学。

1944年（民国三十三年甲申）六十八岁

1月1日　出席国民政府开国纪念会、党政首脑团拜及授勋典礼。国民政府令：授予张伯苓一等（特种大绶）景星勋章。景星勋章，中心为五角星形图案。所谓景星，犹言德星，系指德行崇高。
1月14日　国民参政会驻会委员会举行第七次会议，主席团成员有张伯苓、莫德惠，驻会委员有黄炎培，秘书长邵力子等出席，由张伯苓主席，农林部部长

沈鸿烈报告农林行政设施情形及本年度市政计划。

1 月 30 日　举行宪政实施协进会第二次全体会议，张伯苓、莫德惠、孔祥熙、孙科、吴铁城、朱家骅、陈布雷、黄炎培、董必武等出席，蒋介石于午间邀约全体委员叙餐。

1 月　南开校友总会为纪念南开学校成立四十周年暨张伯苓七旬诞辰，发起“伯苓四七奖助基金”活动，发动各地南开校友捐款，预定目标为 40 万加 70 万，计 110 万元，取庆祝南开学校成立四十周年与张伯苓七十寿辰之意，预计至 4 月 5 日　张伯苓诞辰时捐款活动结束。

2 月 11 日　国民参政会驻会委员会第九次常会举行，张伯苓主席，由邵力子秘书长代谈外交部书面报告，谷正纲报告社会部工作情况。

2 月 25 日　参加国民参政会驻会委员会第十次会议。

3 月 4 日　基督教男女青年主办的沙坪坝学生公社举行开幕典礼，张伯苓及英、美两国大使出席。

3 月 9 日　举行国民参政会经济建设策进会第二次常会，主席团张伯苓、莫德惠，秘书长邵力子，副秘书长兼策进会秘书雷震，策进会驻会常务委员等出席。

3 月 10 日　国民参政会驻会委员会第十一次会议，会议听取外交部、内政部报告等。

3 月 11 日　南开学校校友总会在《大公报》刊登关于张伯苓七旬初度大庆通告。

3 月 24 日　国民参政会驻会委员会第十二次会议，主席团张伯苓、莫德惠、江庸及驻会委员孔庚、王普涵、杭立武、黄炎培、王云五、董必武、冷遹、阿旺坚赞，秘书长邵力子，副秘书长雷震等二十余人出席。外交部、粮食部负责人报告。

4 月 5 日　南开学校暨南开校友总会在重庆南开中学礼堂、图书馆二楼提前举行庆祝张伯苓七旬寿辰盛大纪念会。会场高悬蒋介石亲题“南极辉光”四字。周恩来、邓颖超致送庆寿条幅。国民政府党政军要员、教育文化界和实业各界首长何应钦、白崇禧、吴铁城、陈布雷、王宠惠、王正廷、翁文灏、张治中、卢作孚、邵力子等及南开校友赠送寿幛、寿词及祝词，悬挂于四壁。

晨九时，各界人士到校致贺，蒋介石由陈布雷代表签名，王宠惠、吴铁城、邵力子、许世英、何应钦、白崇禧、张治中、王正廷、翁文灏、莫德惠、沈鸿

烈、胡庶华、贺耀祖、商震、余井塘、胡政之、卢作孚等二百余人参加。张伯苓一一招待，表示谢意。

下午五时，校友总会举行庆祝会，到会校友张厉生、张道藩、吴国桢、张平群、凌勉之、宁恩承及12个校友分会代表、严氏家塾、师范班、高等师范班、中学部37个班、大学部17个班代表五百余人参加。全体向校长三鞠躬。喻传鉴报告“伯苓四七奖助基金”捐募情况已达470万元，当以支票呈献，张伯苓亲自接受并表致谢。蒋介石撰长篇祝词，盛赞张伯苓办学成就，敬祝“眉寿无疆”。

孔祥熙到会并致辞，略谓：“张校长七十大庆，德、爵、幽三者俱全，为人生一大快事。四十年从事教育，经营南开，为复兴国家而奋斗，造成不少人才，功在党国。张先生有先见之明，‘七七’以前来川办学，扩展南开爱国教育之精神，尤令人钦佩。今后建国需要大批人才，张先生为一大匠，但希望南开校友发扬母校精神，人人成为建筑国家之有用人才，写下建国史之光辉之一页，使私立之南开与英之牛津、剑桥，美之哈佛、雅礼（耶鲁）并驾齐驱。”张伯苓致谢辞称，孔先生以建国相勖勉，本人四十年办学目的即在此。南开得政府与社会爱护始有此一点成就。领袖曾许本人“有中国必有南开”。时至今日，不仅有中国且希望有一强大之中国，故不仅有南开，必能有一大南开。余誓为南开复校。中国建国两大目标，一为实施宪政，一为科学生产。南开校友应本‘公’、‘能’两字校训，为国努力。同日，《蒋介石日记》：“今日为张伯苓生日。”

4月7日　国民参政会驻会委员会举行第十三次常会，由访英归来的王世杰、王云五、胡政之、杭立武出席报告经过。

同日　中华全国体育协进会重庆市分会成立，当选理事，同时当选的还有刘峙、董守义、郝更生等21人，张之江、吴铁城、陈立夫、沈鸿烈、朱家骅、康泽、蒋经国等7人当选监事。

同日　中华全国体育协进会欢送该会常务监事商震将军，出席者有名誉理事戴季陶，理事吴铁城、朱家骅、王正廷、袁敦礼、郝更生、吴蕴瑞、高梓、董守义、尚树梅及监事陈时等，理事长张伯苓主持会议。

4月9日　中华基督教青年会在重庆召开第八次全国干事会议，讨论战时事工及战后建设，约请张伯苓、孔祥熙、谷正纲、梁寒操、朱经农为讲员。

4月21日　国民参政会驻会委员会第十四次会议，张伯苓主席，何应钦报告国内外军事情形。

4月24日　请蒋梦麟、梅贻琦“列选保荐”姜立夫、邱宗岳、冯文潜、黄钰生

四教授出国进修。

4 月　国民党以“一寸山河一寸血，十万青年十万军”为口号，鼓动青年学生参军。周恩来赴重庆南开中学，劝说张伯苓不要让青年轻易响应“十万青年从军”的号召。

同月　会见在重庆南开中学执排老舍编剧的《桃李春风》导演沈剡谈话剧。

5 月 1 日　出任中国童子军第一届监事会监事。

5 月 5 日　包括 12 个教育学术团体的中国教育学术团体联合会年会在重庆中央图书馆召开，入选主席团，主持会议，并致开幕词。主席团成员还有黄炎培、程天放、朱经农等人。年会中心议题“世界和平与教育改造及实业计划最初十年人才培养问题”。

张伯苓在开幕词中指出，教育政策要与国策密切配合，一切教育目标均以国家为前提，其方式固可多边化，而其内容则绝对要求中国本位，方式亦渐趋中国化，由此而正式确定中国教育目标，而此目标应以三民主义为其最高准绳。午后，中国教育学会召开第七届会员大会，改选理事，张伯苓、常道直、许恪士、李蒸、王显嗜、钟道赞、谢循初、罗廷光等 15 人当选。审定通过《中国教育学会章程》。该会个人会员八百八十余人，团体会员四十余单位，分会计有十三处。晚，张伯苓在中央与国际广播电台用中英文分别向国内外教育文化界演讲。

5 月 6 日　中国教育学术团体联合会第一次大会召开，宣读论文。午后，召开第二次大会讨论议题等。

同日　中国教育学会举行第一次理事会，推举张伯苓等五人为常务理事。

5 月 7 日　中国教育学术团体联合会年会举行闭幕式，并发表宣言，强调建设人才之培养为教育界当前之重大任务。

5 月 9 日　接待印度本奈斯大学副校长罗达（Sir S. Radhakrishnan）爵士来重庆南开中学参观。

5 月 24 日　推荐日本东京大学毕业的穆木天教授去西南联大任教。

5 月　结合研读蒋介石的《中国之命运》一书，主持撰写《中国之命运与南开之教育——由“公能教育”进为“建国教育”》一文。

6 月 1 日　以校长办公室名义致函八路军办事处林伯渠，感谢赠物。

6 月 9 日　国民参政会驻会委员会第十七次会议举行，张伯苓、莫德惠、王宠

惠、王世杰、江庸等主席团成员出席。孔祥熙报告财政问题，后由张伯苓对法币物价及直接税等问题提出询问。

6月11日　邀请时寓重庆南开津南村的柳亚子，为本校高中学生文言文作文比赛试卷，选拔5份排列名次。

6月13日　以校长办公室名义致函谢冰心，请来学校为高中学生集会时，演讲关于学术或修养的问题。

6月14日　出席宪政实施协进会第三次全体会议，召集人为孙科、王世杰、黄炎培。会议就设立县各级民宪机关，保障人民人身自由，改善图书杂志审查办法等提案进行讨论。中午，蒋介石设宴招待张伯苓、莫德惠、左舜生、黄炎培、胡政之、王云五、江庸等人。餐后，张伯苓、莫德惠、左舜生、胡政之、王云五、江庸、张志让等人相继发言谈论时政。

6月20日　美国副总统华莱士（Wallace）由迪化（今乌鲁木齐）飞抵重庆，蒋介石到机场迎接，陪同除张伯苓，另有宋美龄、孙科、何应钦、宋子文、王宠惠、莫德惠、江庸、重庆市长贺耀祖、重庆卫戍司令刘峙。

6月21日　美国副总统华莱士在陈立夫、顾毓琇等人陪同下到重庆南开中学参观，张伯苓在校长室接待，回答有关南开教育的询问。其中问到南开中学学生升大学比例，张伯苓答有百分之九十五升入中央大学、西南联大及成都各大学等。华氏赴大礼堂向全体学生演讲，张伯苓翻译。

6月22日　应邀出席蒋介石为美国副总统华莱士举行的晚宴。

6月24日　在南开同人聚餐会上发表题为《国际大势与南开前途》的讲话，称抗日战争光明前途和战后南开发展的远景。

6月末至7月初　南开大学昆明教职员应张伯苓之召，相继赴重庆商讨复校计划。

7月1日　就世界局势，建国大业，天津未来发展地位，大学及中学在天津恢复，东北重要性，大学保持私立及其经费之筹等10个问题，与赴重庆商讨复校计划的南开大学昆明教职员谈话。南开同人向张伯苓进言，一是大学复校人才首要。二是战后经济困难与纷乱必更甚于今日，应当预为谋划。

7月7日　国民参政会驻会委员会第十九次会议召开，张伯苓出席，以本日“七七”纪念，全体委员起立为抗战阵亡将士及死难同胞默哀三分钟。

7月16日　中国教育学术团体联合会举行各团体代表大会，讨论通过联合会组织章程。张伯苓、常道直、艾伟、郝更生等27人当选理事，并公推张伯苓为理

事长。

7月17日　为庆祝南开创建四十周年和张伯苓七十寿辰而开展的南开学校“四七”捐款活动结束。“四七奖助基金”总数超过600万元，创当时国内教育捐款最高纪录。

8月25日　主持国民参政会驻会委员会第二十一次常委会，讨论向第三次大会提出本届驻会委员会会务报告等。

8月30日　重庆南开中学开学。张伯苓提出“设计运动”十字诀：为何做？如何做？做。好不好？嘱教职员教课、负责行政、训导学生求学做事，均本此原则。

9月5日　第三届国民参政会第三次大会开幕，主席团张伯苓、莫德惠、吴贻芳、李璜、王宠惠、王世杰、江庸陪同蒋介石就座主席台，参政员164人参加。国民政府各部院首脑、各国使节和中外新闻记者500余人出席。由张伯苓主席宣读国父遗嘱，并致开会辞。张伯苓称，我们在这国势好转、胜利在望的千载时会，在战时陪都的重庆召开这次大会，我想全体同人在精神上一定感觉振奋，同时在责任上格外显得严重。致辞简要回顾抗战以来的国家形势、抗战中的建国举措和对于三民主义的理解，并谓本次大会的中心议题即“促进宪政与经济建设两大问题，实以二者均为立国之根本大政”。下午，第三届国民参政会第三次大会第一次会议举行，张伯苓、莫德惠、吴贻芳、李璜、王宠惠、王世杰、江庸及参政员167人参加会议。

9月6日　第三届国民参政会第三次大会第二次会议举行，张伯苓、莫德惠、吴贻芳、李璜、王宠惠、王世杰、江庸及参政员142人参加会议。下午，第三届国民参政会第三次大会第三次会议举行，张伯苓、莫德惠、吴贻芳、李璜、王宠惠、王世杰、江庸及参政员131人参加会议。

9月7日　第三届国民参政会第三次大会第四次会议举行，张伯苓、莫德惠、吴贻芳、李璜、王宠惠、王世杰、江庸及参政员136人参加会议。下午，第三届国民参政会第三次大会第五次会议举行，张伯苓、莫德惠、吴贻芳、李璜、王宠惠、王世杰、江庸及参政员150人参加会议。

9月8日　第三届国民参政会第三次大会第六次会议举行，张伯苓、莫德惠、吴贻芳、李璜、王宠惠、王世杰、江庸及参政员128人参加会议。下午，第三届国民参政会第三次大会第七次会议举行，张伯苓、莫德惠、吴贻芳、李璜、

王宠惠、王世杰及参政员148人参加会议。
9月9日　第三届国民参政会第三次大会第八次会议举行，继续听取政府施政报告。张伯苓主席。下午，第三届国民参政会第三次大会第九次会议举行，张伯苓、莫德惠、吴贻芳、李璜、王宠惠、王世杰、江庸及参政员157人参加会议。
9月11日　蒋介石召集参政员70余人茶话，垂询意见。
9月13日　第三届国民参政会第三次大会第十一次会议举行，张伯苓、莫德惠、吴贻芳、李璜、王宠惠、王世杰、江庸及参政员170人参加会议。
9月14日　第三届国民参政会第三次大会第十二次会议举行，张伯苓、莫德惠、吴贻芳、李璜、王宠惠、王世杰、江庸及参政员163人参加会议。
9月15日　第三届国民参政会第三次大会第十三次会议举行，张伯苓、莫德惠、吴贻芳、李璜、王宠惠、王世杰、江庸及参政员170人参加会议。下午，第三届国民参政会第三次大会第十四次会议举行，张伯苓、莫德惠、吴贻芳、李璜、王宠惠、王世杰、江庸及参政员171人参加会议。会议听取了张治中所做的《关于国共商谈经过的报告》，随后会议通过了主席团所提《组织延安视察团案》，该团由无党派人士组成，有胡政之、王云五、傅斯年、陶孟和、冷遹。
9月16日　上午，第三届国民参政会第三次大会第十五次会议举行，张伯苓、莫德惠、吴贻芳、李璜、王宠惠、王世杰、江庸及参政员165人参加会议。会议听取蒋介石所作《一年来军事、外交、政治及经济等情形》的报告。
晚，蒋介石宴请国民参政会参政员，张伯苓、莫德惠、吴贻芳、李璜、王世杰、王宠惠、江庸、褚辅成、张难先、张澜、张君劢、黄炎培、冷遹、左舜生、林伯渠、王云五、胡政之、董斌、章士钊、达浦生等一百七十余人出席。
9月17日　第三届国民参政会第三次大会第十六次会议举行，张伯苓、吴贻芳、李璜、王世杰、江庸及参政员149人参加会议。下午，第三届国民参政会第三次大会第十七次会议举行，张伯苓、莫德惠、吴贻芳、李璜、王世杰、江庸及参政员150人参加会议。
9月18日　第三届国民参政会第三次大会第十八次会议举行，张伯苓、莫德惠、吴贻芳、李璜、王宠惠、王世杰、江庸及参政员150人参加会议。会议选举了本次会议休会期间驻会委员会委员，通过刷新政治，改善公务、教育人员待遇，加强中苏友好合作等提案。下午，第三届国民参政会第三次大会第十九次会议举行，张伯苓、莫德惠、吴贻芳、李璜、王宠惠、王世杰、江庸及参政员158人参加会议。并举行第三届国民参政会第三次大会闭幕典礼。
9月中旬　第三届国民参政会第三次大会期间，由张伯苓为提案人，王云五、

傅斯年、周炳林、杭立武、张国焘、达浦生、梅光迪、许德珩、皮宗石、陶孟和、胡庶华、钱端升、胡政之、孔庚等20人联署，提出“请明令确定数位，以万万为亿，藉资便利而正错误案”。

同月中旬　作为联署人与钱永铭、章士钊、谢冰心、王云五等，在第三届国民参政会第三次大会上提交“战后航业政策亟应确定沿海及内河航业应奖励民营并从速公布，俾便早作准备案”。

9月30日　美国亨利鲁斯是张伯苓朋友的后人，其赠予华美协进社一所建筑物作为“中国之家”的活动场所。为此致函表示赞赏，希望它能够为中美教育文化交流发挥积极的作用。

10月6日　南开校友大会在重庆上清寺美专街中宣部礼堂召开，张伯苓发表训话称，昔日办教育以教育救国，今后办教育以教育建国为方针，切实配合建国步骤。建国之教育，大学重要，中学亦更重要。

10月16日　下午在杜建时等陪同下，蒋介石到重庆南开中学津南村探望张伯苓病情，并说“希望中国的学校都能办得像南开这样好”，“要推广南开的教育精神和方法”。

同日　抱病出席南开全体校友大会，发表题为《训练人人为世界的青年》的讲话，称南开40年来毕业或肄业校友分布于国内外者不下三万人，并谓其个人做事宗旨，始终抱定“创”与“长”二字，惟“创”，故年年求发展；惟“长”，故时时求进步。同时切盼校友“当此胜利在望，建国迫切之际，务各坚定必胜信念，拥护最高领袖，一致奋起，加倍努力，参加建国，助战复校”。同日，《蒋介石日记》：“下午……再访张伯苓先生病，其神态皆甚快乐。”

10月17日　上午八时，在重庆南开中学运动场举行建校四十周年盛大纪念会，来宾、校友、全体师生两千余人。张伯苓发表讲话，以坚定乐观的观察，认定中国抗战必胜，南开必能复校。勉励全体同学发扬南开“公”、“能”精神，服务国家社会，为建设新中国而奋斗

同日　为“南开四十年纪念校庆特刊”撰著《四十年南开学校之回顾》（亦称《南开四十年》）。全文分为：

创校动机、办学目的、训练方针、学校略史、检讨工作、发展原因、结论等七部分。该文回顾南开既往奋斗历史，阐述教育理念和南开教育方针，总结南开教育发展的根本原因。文末指出，南开之事业无止境，南开之发展无穷期，所望我同人同学，今后更当精诚团结，淬厉奋发，抱百折不回之精神，怀勇往

直前之气概，齐心协力，携手并进，务使我南开学校，能与英国之牛津、剑桥，美国之哈佛、耶鲁并驾齐驱，东西称盛。是岂我南开一校一人之荣幸，实亦我华夏国家无疆之光辉也。

10月27日　国民参政会召开驻会委员会第二次会议。张伯苓主持会议。

11月10日　日军进攻广西，占领桂林，次日攻陷柳州，又向贵州进犯。国民党几十万军队连连丧师失地，严重溃败。张伯苓听此消息后对奉命前来向他解释黔贵战况的杜建时表示不满和忧虑。其后，蒋介石偕杜建时到津南村安慰张伯苓。

11月17日　国民参政会主席团主席张伯苓、莫德惠、吴贻芳、李璜、王宠惠、王世杰江庸及褚辅成、王云五、董必武等25位驻会委员电贺罗斯福第四次当选美国总统，期在阁下继续执政期内，促进全世界民主政治之发扬。

同日　国民参政会召开驻会委员会第三次会议，由张伯苓主持。

11月　全国知识青年志愿从军指导委员会在重庆成立，任该会委员。

12月1日　出席国民参政会驻会委员会第四次会议。

12月2日　日军占领黔南独山等地，直逼贵阳，震动重庆。一些军政要员准备举家避居外地，为此来校为子女“请假”。张伯苓拒绝请假。他对学生说：南开已从天津退到重庆。敌人当真来，南开只能与大重庆同存同亡。

12月5日　致函蒋经国，婉辞远征军训练班主任委员职务。

12月11日　美国八个文化教育机构联署邀请张伯苓访美。邀请函写道，由于中美两国日益缺乏信任，以下签名的这些非政府的文化教育机构深感不安。我们认为重建两国人民之间的信任是非常重要的。而这种关系的重建，可以通过我们的学者与一个全球认可的中国教育家举行会议来实现。因此，我们邀请您访问美国同以下这些文化教育机构的代表会晤。我们相信误解会被清除，良好的关系重新恢复。

邀请张伯苓的八个文化教育机构是：卡内基国际和平慈善会、洛克菲勒基金会、美国学术团体委员会、美国教育委员会、美国教育联合会、国际教育研究所、美国大学教授联合会、美国大学女子联合会。

12月15日　出席国民参政会驻会委员会会议。

12月17日　与胡适、蒋梦麟、林语堂、于斌、胡政之等21人发表宣言，要求盟国修改战略，立即采取有效的军事行动在中国战场打击日军。

12月29日　出席并主持国民参政会驻会委员会第七次会议。

1945 年（民国三十四年乙酉）六十九岁

1 月 9 日　《大公报》载：中国教育学会经张伯苓、艾伟、许恪士等理监事决议，建议政府创设中央教育研究所，以便集中人才，研究教育学术理论以及教育的新方法。

1 月 20 日　在学期结束的南开同人聚餐会上发表题为《从世界大势说到南开前途》的讲话，主要回顾了南开学校的历史、南开学校训练学生的方针、当前世界大势、战后的南开复校计划、将来南开的使命等。他说，训练学生的方针，第一是锻炼学生有强健的体魄，第二是培养学生要有浓厚的国家观念。今后要指示青年学生，在未来新世界、新国家的新局面之下，肩负起建设新中国，创造新世界的重任。他认为，中学教育在整个教育阶段，占有极重要的地位，深信中学办不好，大学决办不好。南开学校始终以中学为基础。谈到世界大势，则强调世界不可分，称世界是整个的，中国是世界各国中的一个国家。今后要想在世界上立足，能存在，有地位，最要紧的是自己先能自强，然后才能自立。不然，就有被淘汰，被消灭的悲运。现代世界环境里，不是高度工业化的国家，就不能做一个现代化的国家。他赞赏刚刚国防最高委员会通过的《我国第一期经济建设原则》，认为这个发展中国的经济建设计划，既非英美式放任主义的自由发展，又不是苏联式的社会主义的国家统制，其特点一是以计划经济代替放任主义，一是在计划经济的国策之下，欢迎国际合作，同时并限制政府的干涉，缩小政府的权力。这真是一个计划周详、安排妥帖的战后中国经济建设大方案。

1 月　为柳亚子夫妇重庆南开津南村安置新住处。

2 月 10 日　接待蒙巴顿夫人埃德温娜来重庆南开中学参观。

3 月 1 日　出席宪政实施促进会第五次全体会议。会上，蒋介石讲话坚称，只能还政于全国民众代表的国民大会，反对建立联合政府。

同日　同来访的马平谈共产党称，中共目前想求联合政府的实现，这绝对是不可能。蒋（介石）先生对共产党的态度，不软，可也不硬。

4 月 5 日　重庆南开中学为张伯苓七十寿辰布置寿堂，张挂军政学商各界及校友致送的祝寿对联、彩绣，有周恩来、邓颖超、李宗仁、白崇禧、吴铁城、陈

布雷等人。陶孟和、梅贻琦、严智钟、蒋廷黻、姜立夫、梅贻宝、周诒春、顾毓琇、魏元光、张直卿等人，以及南开校友及河北籍人士 200 余人来到校为张伯苓拜寿。

4 月 6 日　中国教育学术团体联合会举行教育座谈会，联合会所属中国教育学会、中华职业教育社、中国平民教育促进会等十余团体代表参加。联合会理事长张伯苓主持会议，讨论战后收复区教育再造问题。

4 月 14 日　接待澳大利亚马凯中将来重庆南开中学访问，并陪同参观。

同日　中国教育学会召开教育问题座谈会，研讨对宪政教育草案的意见，张伯苓以常务理事身份参加并主持会议。

4 月 18 日　与东北人士座谈，拟于战后在哈尔滨创办南开工商学院。

4 月 20 日　出席并主持国民参政会驻会委员会第十五次会议，莫德惠、王世杰、江庸及许德珩、黄炎培等驻会委员参加。

4 月 23 日　国民政府公布第四届国民参政会参政员名单，依照《国民参政会组织条例》第三条甲项，张伯苓被遴选为天津市代表。

5 月 5 日　国民党第六次代表大会在重庆召开。此前朱家骅和陈立夫联名向蒋介石推荐 98 名“最优秀教授党员”，有黎锦熙（西北师范学院）、陈寅恪（燕京大学）、伍蠡甫（复旦大学）、熊庆来（云南大学）、萨本栋（厦门大学）、金毓黼（东北大学）、竺可桢（浙江大学）、王星拱、朱光潜（均武汉大学），张伯苓、蒋梦麟、梅贻琦、冯友兰、贺麟、华罗庚、姚从吾（均西南联大）等。

5 月 14 日　世界传记百科全书出版社致函张伯苓，通知其被收入 1945 年度的《教育界名人录》（Who is Important in Education）。

5 月 21 日　国民党第六次代表大会闭幕，张伯苓等 104 人当选国民党中央监察委员。

5 月 26 日　为纪念戴安澜将军，与龙云、冯玉祥、张治中、梁寒操、鹿钟麟、张道藩、潘公展、熊庆来、郭沫若、史良、杜聿明、关麟征、宋希濂、卫立煌、邱清泉、郑庭笈、蒋梦麟、潘光旦、雷海宗、伍启元、蔡维藩、曾昭抡等 102 人发表创办《海鸥周刊》缘起，内容提倡忠义，意在匡救颓风，以期提高军中文化水准。

5 月 30 日　出席国民党六届中央监察委员会第一次全体会议。

6 月 1 日　中华全国体育协进会理监事会议举行第二届联席会议，理事长张伯

苓，常务理事王正廷、郝更生、吴蕴瑞，理事袁敦礼、马约翰、章辑五、宋君复、高梓、王卓然、尚树梅，监事张治中、沈鸿烈、金曾澄、陈时等20余人出席。张伯苓主持会议并致辞。王正廷、张伯苓、袁敦礼、董守义等提出“第十五届奥林匹克运动会（1952年）在我国举行案”，获与会人员一致通过。

6月18日　参加并主持国民参政会驻会委员会第十八次会议。

6月20日　与《学生杂志》主编论教育，特别谈到抗战胜利后南开的发展设想，在长春设高初中，在哈尔滨设大学分校，使曾经被迫接受过奴化教育的东北四省青年“重新获得自由教育的机会，灌输他们国家民族的意识，使他们重新做一个健全的中国公民”。

6月25日　在中央广播电台对天津市民发表题为《天津市复员协进会之组织及工作》广播讲话。讲话对在敌寇奸伪的双重压迫之的天津市同胞表示衷诚的慰问和崇高的敬意，说明最近组织了“天津市复员协进会”，由在重庆的天津人士张伯苓、范旭东、胡政之、时子周、魏元光、施奎龄等人组成，其主要任务是“协助国军和盟军，来完成光复天津，复兴天津，以及建设天津的工作”。并畅谈世界大势和国家前途，对天津市同胞提出三点希望，以便“使战后天津成为一个民主的、康乐的、现代化的新天津、大天津”。

7月3日　致函即将赴美国印第安纳大学作访问教授的杨石先，请其与姜立夫教授在美物色优秀人才，以充实南开理科各系教师队伍。信中还特别强调，“凡两先生所同意者，苓亦必同意也”。

7月5日　国民参政会秘书长邵力子召开茶话会招待参政员，讨论参政会开幕典礼临时主席人选，周炳琳提议张伯苓担任，参政员予以通过。《大公报》记者云：“去年参政会于‘九一八’开幕，是莫德惠主席；今年‘七七’开幕，由张伯苓主席，意味似甚深长。”

7月7日　第四届国民参政会第一次大会暨抗战建国八周年纪念会合并举行，大会在重庆国民政府军事委员会大礼堂召开，张伯苓引导蒋介石登台，国民政府各院部首脑、各国使节、参政员及来宾800余人参加。共产党参政员没有参加本届参政会。张伯苓主持会议，发表《国家前途光明应该努力两点，加强和平团结，实行民主政治》的讲话。随后，蒋介石及周炳琳先后致辞。张伯苓在讲话中简要回顾国民参政会七年以来的国内国际情势，以及中国在抗战时期赢得的国际地位，并提出加强和平团结、实行民主政治两大努力方向。最后说，为着配合时代的好转，为适应国家之需要，希望我全体同人一本过去合作精神，

对此加强团结，实行民主等问题，开诚布公，殚精竭虑，制成妥善方案，厘定实施办法，藉以奠定国家百年之基业。

开幕式后，大会举行预备会议。会议选举张伯苓、王世杰、吴贻芳、莫德惠、李璜、江庸、王云五为第四届国民参政会主席团主席。

下午，第四届国民参政会第一次大会第一次会议举行，张伯苓、王世杰、莫德惠、江庸、王云五及220名参政员出席。

7月8日至12日　参加第四届国民参政会第一次大会第二至十次会议。

7月11日　国民参政会进入第五日。张伯苓主持会议，继续听取政府关于内政、农林、粮食方面的施政报告。《大公报》报道：这次参政会一开始就“狂风暴雨”，农林部部长盛世才没有亲自出席报告施政，参政员兴师问罪，万弩齐发，吼成一片。

7月14日　第四届国民参政会第一次大会第十二次会议举行，张伯苓、王世杰、莫德惠、江庸、王云五及参政员181人参加，讨论关于国民大会问题。

7月15日　出席蒋介石招待国民参政会全体参政员晚宴。

7月16日　主持第四届国民参政会第一次大会第十三次会议。

7月18日　国民参政会为审查国民大会所组织的特种审查委员会在军事委员会开会，张伯苓及主席团成员和被推定的各审查委员出席。

7月19日　第四届国民参政会第一次大会第十六次会议举行，张伯苓、王世杰、莫德惠、江庸、王云五及参政员215人参加。

7月20日　上午，第四届国民参政会第一次大会第十八次会议举行，张伯苓、王世杰、莫德惠、江庸、王云五及参政员222人参加，张伯苓主持会议。下午，第四届国民参政会第一次大会第十九次会议举行，张伯苓、王世杰、莫德惠、江庸、王云五及参政员206人参加。

8月2日　由168个单位发起的重庆各界慰送前美国驻华第14航空队司令陈纳德将军大会在新运会广场举行。张伯苓任大会主席并致辞，阐述慰送陈纳德将军的意义称，我们最需要的时候，和我们做朋友的朋友才是真正的朋友。陈纳德将军是我们的真正朋友。中美军事的合作，是由陈将军开其端的。这一点，凡是受过敌机轰炸的中国人都会了解的。

8月11日　参政会举行庆祝日本无条件投降，抗战胜利游行，至国民政府，受到蒋介石接见。

同日　为南开大学复校经费事致函蒋介石，呈请按照北大、清华经费数目，由

政府拨付。并表示："伯苓年事虽高，仍当竭其全力重建南开，以符为国育才之私衷。"蒋介石接函后，令文官处"可与商改国立"。

8 月 13 日　经由向蒋介石亲自推荐，国民政府发布任免令，任命张廷谔为天津市长。

8 月 17 日　国民参政会驻会委员会讨论复员问题。

8 月 18 日　中国教育学术团体联合会召开第四届年会，中国教育学会等 14 个团体 300 余人与会，讨论抗战胜利后实施计划教育及复员问题，推请张伯苓、陈果夫、黄炎培、蒋梦麟、朱经农、艾伟、胡定安、陈剑修、蒋复璁等为主席团成员。

8 月 21 日　国民参政会秘书长邵力子设宴招待参政员。

8 月 24 日　与王世杰、莫德惠、江庸、王云五出席国民参政会驻会委员会第三次会议，听取王世杰关于中苏友好同盟条约问题的报告。晚，由主席团、秘书处及驻会委员会设宴招待赴莫斯科谈判归来的王世杰。蒋介石出席晚宴，并一一征求张伯苓、莫德惠、黄炎培、王云五、江庸、冷遹、左舜生等人对于中苏友好条约的意见。

8 月 27 日　宋子文报呈蒋介石称，张伯苓原呈请指定敌产作为赔偿南开大学被毁校产之基金，拟俟将来处理华北敌产时，再行酌办。

同日　在教师节南开同人聚餐会上演讲称，抗战以来，我就断定日本必败，中国必胜。这一战，决定着中华国家生死存亡；这一战，支配了中华民族的主奴荣辱。战而胜，则国存族兴，从此翻身；战而败，则国亡族灭，万世沉沦。接着分析了日本必败，中国必胜的原因，并谓"中国近代史上，出了两位大伟人，一位是推翻满清，建立民国的孙中山先生，一位是完成统一，领导抗战的蒋中正先生。中国有此二伟人，才能把衰老贫弱的国家，重新复兴强大起来"。抗战胜利的结束，实为我国家民族五千年来空前盛世。为配合国家需要，适应世界潮流，张伯苓提出五项努力目标，即培养教育乐趣；重视现代科学；发扬固有文化；讲求做事效率；力行"公能"校训。

8 月 28 日　与张治中等国民党军政要员到机场，迎接毛泽东偕江青及周恩来等中共代表团成员飞抵重庆。

8 月 29 日　亲自推荐并经国民政府任命，南开大学黄钰生教授为天津市政府教育局局长。

8 月　就前不久蒋介石提出南开大学"可与商改国立"的指示，再次呈文蒋介石，表示南开大学"愿以人民社团立场，继续努力，以贯彻为国服务之初衷"。

9月2日　出席蒋介石招待毛泽东、周恩来、王若飞的晚宴。
9月4日　出席国民政府为各国使节及盟国军官举行的招待会。蒋介石致辞，毛泽东、周恩来、王若飞等与会。
9月6日　下午，毛泽东偕周恩来、王若飞前往沙坪坝津南村拜访张伯苓。翌日，张伯苓赴上清寺张治中公馆回拜毛泽东，不遇而返。
9月7日　中华全国体育协进会召开常务理事会，理事长张伯苓，常务理事王正廷、吴蕴瑞、董守义、郝更生等人出席，张伯苓主持会议。会议议决，申请1952年奥林匹克运动会在中国举行事，推举张伯苓、王正廷为代表向政府商洽。张伯苓同意王正廷提出的董守义为国际奥委会中国委员新增名额。
9月10日　在重庆南开中学全校集会上，张伯苓讲话特别谈到上周四毛泽东前来拜访一事。谓毛泽东先生和周恩来最近到学校看过我了，我心里非常高兴。周恩来是我的好学生，他是我最好的一个学生。
9月20日　梅贻琦出席重庆召开的全国教育善后委员会会议，拜访张伯苓，并商谈西南联大复员问题。
9月25日　晚，蒋介石在军事委员会宴请全国教育善后委员会议全体出席人员，请国民参政会主席团成员作陪。
9月28日　英国罗士培教授与英国大使薛穆来南开参观。

10月1日　西南联大报请教育部，南开大学拟派张彭春前往天津接收校产。
10月2日　派喻传鉴偕丁辅仁、王九苓随天津市长张廷谔自重庆飞至天津筹备南开中学复校事宜。
10月6日　在重庆中央广播电台对海外校友发表广播讲话。
10月10日　国民政府颁令：张伯苓、吴贻芳、莫德惠、李璜、江庸、王云五、毛泽东、曾琦、林虎、孔庚、左舜生、褚辅成、冷遹、傅斯年、黄炎培、董必武等，各授予“胜利勋章”。
10月12日　国民参政会驻会委员会举行第七次会议，主席团张伯苓、江庸、王云五等出席，听取外交部部长王世杰关于国际形势的报告，并决请制止暹罗（泰国）压迫华胞暴行。
10月15日　致函天津市长张廷鄂，请将敌产校址拨归南开以便先行复校，谓“天津南开学校于‘七·二九’天津事变时，首被敌机轰炸炮击。昨经勘察，大中女小四部校舍，或夷为平地，或残毁不堪，校具、图书、仪器等均荡然无存，损失之钜，实难估量，欲事恢复，深感艰困。惟南开在抗战之初为教育而牺牲，

今抗战胜利，更应为建国而努力。用敢恳请以敌人之校产赔偿学校之损失，俾得早日复课。兹查有宫岛街日本国民学校（即日本商业学校）、松岛街日本高等女学、芙蓉街日本小学堪作南开学校男中、女中、小学各部校舍之用，惟以上各处或现住盟军，或收容敌侨，一时未能腾出，拟恳于腾出时准予拨用。今为即日复课计，闻中日中学已经教育局接收，拟恳暂为拨借，俾利进行。至关于南开大学部分，拟请于可能时，将海光寺日军兵营拨作南开大学校舍。”

10 月 17 日　在南开学校四十一周年校庆会上讲话，强调今后南开仍将维持私立，发扬其固有精神坚持办学。并谓建国工作中，学校教育最为基本，我不能不致力也。复校后的董事已请定有吴鼎昌、张群、翁文灏、莫德惠、张直卿、范旭东、胡政之、陶孟和、梅贻琦、胡适。

同日　在中央广播电台发表告全国南开校友讲话，报告南开 41 年来奋斗史迹，和南开复校前景。说到南开复校计划，强调：南开大学要尽力充实，加深研究，配合国家需要，培植建设人才增强学术贡献。大学将有五学院：文学院、理学院、法商学院、工学院，及医学院。南开是一个长进的学校，南开精神，就是长进的精神，创造的精神，和奋斗苦干的精神。日新月异，自强不息，是应有的风格。在不断地长和不断地创之中，求对于国家民族有更大的贡献。

同日　晚，重庆南开中学举行校庆纪念晚会，演出了易卜生名剧《娜拉》。张伯苓邀柳亚子一起观剧。会后柳亚子诗以记之：“白头喜见张翁健，赤帜还堪柳叟陪。”

同日　天津南开中学于光明影院举行开学典礼，与会者校友、师生逾两千人，决定此日为“复校纪念日”。喻传鉴在天津代表张伯苓向记者作长篇谈话。并传达张伯苓号召：“南开过去为抗战而牺牲，今后更为培育建国人才而努力。”

10 月 21 日　在重庆南开中学午晴堂召开追悼大会，悼念实业家范旭东。张伯苓偕张彭春等南开同人到会并送挽联。蒋介石特颁“力行致用”绸质横幅一幅。

10 月 26 日　中国教育学术团体联合会召开第二届各团体会员代表会议及理监事会议，张伯苓、朱经农等 20 余人出席。会议选举理事 25 人，监事 7 人，并推举张伯苓兼任理事长。会后主持常务理事会讨论今后工作计划，以及与国际教育学术团体密切联系等事宜。

11 月 4 日　致函天津市政府，请求将八里台南开大学北邻综合运动场一处、苗圃一块及米谷统制会仓场空地一并划归南大，解决校址不敷问题。

11 月 7 日　受张伯苓委托，张彭春抵达天津主持南开复校事宜。

11 月 23 日　国民参政会驻会委员会举行第十次会议，张伯苓、王云五等主席团成员到会，驻会委员及秘书长邵力子、副秘书长雷震参加。
11 月 30 日　据颜惠庆记述："张彭春来商量重建南开事。张伯苓即将去美国动手术。中学已经复课，大学明年夏季开学。"

12 月 21 日　国民参政会驻会委员会召开第十二次会议，张伯苓、江庸、李璜、王云五等主席团成员、驻会参政员、秘书长邵力子、副秘书长雷震等人出席。
12 月 27 日　前湖南雅礼医学院创办人医学博士爱德华·H. 休姆（Edward H. Hume，中文名胡美）、肖特韦尔博士（Doctor Schottwell）及中美协进社孟治成立编辑小组，为明年纪念张伯苓七十岁生日准备编纂纪念专集。
12 月　令长子张希陆拜访孔祥熙，请教美国医院治疗摄护腺症情况。孔将张拟赴美国治病事告知蒋介石，蒋赞成赴美治病，并赠张 1 万美元。
本年　中国乡村建设学院董事会的张治中、张伯苓、黄炎培、卢作孚发起为该学院筹募经费活动，募得法币 2 000 万元。

1946 年（民国三十五年丙戌）七十岁。

1 月 1 日　四川自贡蜀光中学建"伯苓亭"。亭内泐石《伯苓亭记》，由江庸撰文、沈尹默书丹。"记"云"为永志公宏奖教育之盛谊，就校址新筑一亭，即以公字颜之"。
1 月 12 日　在长子张希陆陪同下由渝飞沪，准备赴美国就医。周恩来、冯文潜等到机场送行。
1 月 15 日　据颜惠庆记述："张伯苓博士偕林汉甫来访，他们对共产党不满。对蒙古问题需要做出解释（从宪法角度）。他们将乘船赴美"。
1 月 16 日　据颜惠庆记述："出席南开校友为张伯苓举行的宴会。张的身体欠安。" 席间报告战后南开大学暂时改为国立。与上海南开校友合影。
1 月 31 日　在上海基督教青年会欢迎晚宴上讲话。颜惠庆、陈介、王晓籁、陈国廉等出席。
1 月　在寓所接待一位校友来访，这位青年军人对社会现状茫然不满。张伯苓谓，许多青年人，常因不满现状而烦闷、苦恼，那是因为他纯洁，看到丑恶的事情就愤恨、厌恶，但他又缺乏勇气去改变它。常陷于苦恼烦闷的人是懦弱的，我们的志向应该远大，要一步步从小的地方做起。只有坚定意志，努力向上的

人那是永远快乐的。

2 月 4 日 张伯苓在上海旧病复发，小便全阻，住医院诊治。
2 月 7 日 据颜惠庆记述：“棣生（颜棣生）探望了张伯苓（已动了手术）。”
2 月 15 日 《上海晚报》采访正在伦敦出席联合国经社委员会大会的张彭春。张说中国政府对于南开大学给予很大支持，已经筹集大约 100 万美元的经费用于重建工作。
2 月 18 日 颜惠庆“拜访张伯苓博士。他崇拜领袖，但认为老百姓应大胆说话”。同日，河北平津区敌伪产业处理局准将天津日本国民学校及日本高等女学等校舍及其设备拨借南开。
2 月 19 日 洛克菲勒基金会社会科学部官员罗格·艾文斯（Roger F·Evans）致函张彭春夫人蔡秀珠，谓《上海晚报》卢伊丝小姐给了我你的地址，请你在张伯苓先生到达后将我的信转交给他。
2 月 28 日 孟治的秘书电话告知洛克菲勒基金会，张伯苓因病大约 4 月中旬才能来美。

3 月 5 日 据克伯屈记述：“5 点 40 分到达中国屋，在那里遇到肖特维尔博士、胡适和 P. c. 张（张彭春），我们讨论了即将问世的张伯苓一书，之后我们决定将书命名为《五十年之新中国》，副标题为：纪念南开的张伯苓。”
3 月 17 日 颜惠庆“拜访张伯苓，见到了他的儿子”。
3 月 18 日 由上海启程赴美。临行前出席上海南开校友欢送会，席间讲话谈到社会腐败称，当前环境故属腐败，然而决不致令人气馁。假若气馁而趋于消极，那才是真正危机。今而后定系康庄大道何用暴弃。

4 月 6 日 蒋介石批准南开大学改为国立。9 日，教育部正式宣布南开大学改为国立，张伯苓仍任校长。
4 月 8 日 据克伯屈记述：“一个人告诉我，张伯苓今天可能在去 Presbyterian 医院途中。”
4 月 13 日 据克伯屈记述，买了一束红色的康乃馨送给刚到达这座城市的张伯苓。他现在在帕维利恩·哈德尼斯诊所，正准备手术。经手术，切除了全部摄护腺。术后住纽约张彭春寓所。驻美大使魏道明代表蒋介石慰问术后病状。
4 月 18 日 詹姆士·T. 肖特韦尔（James T. Schottwell）致函哥伦比亚大学代理

校长法肯索尔（Frank M. Falkenthal），希望哥伦比亚大学能够授予南开大学校长张伯苓博士荣誉博士学位。

4 月 23 日　教育部电令北京大学、清华大学、南开大学三校恢复原校。

4 月 29 日　加州大学伯克利分校经济系康德利夫教授（J. B. Condliffe）致函校长罗伯特 G. 斯普劳尔（Robert G. Sproul）建议把名誉学位授予南开大学的创办者和校长张伯苓博士。

5 月 2 日　教育部渝高字第 23976 号训令，令将私立南开大学改为国立南开大学。

5 月 4 日　国立西南联合大学举行结业式。梅贻琦代表联大常委会宣布西南联大正式结束。

5 月 6 日　致函河北平津区敌伪产业清查委员会天津分会，报告本校收回校址及奉准拨交附近敌产情形。

5 月 8 日　复函哥伦比亚大学代校长法肯索尔称，对于哥伦比亚大学决定在 1946 年学位授予典礼上给予崇高荣誉，致以深深的谢意。

5 月 23 日　据克伯屈记述：“马里恩和我去张伯苓家，结果发现只有张伯苓一人在家。谈了一个小时，他正处在恢复阶段。”

6 月 4 日　在美国哥伦比亚大学第 192 次毕业典礼上，被授予名誉博士学位。代理校长法肯索尔宣读颂词，称“张伯苓，教育家，南开大学创建人及校长，设立学校，作育人才，全国景仰，举世推尊。五十年来，献身于教育事业，培植青年，改造中国，一心一德，始终不渝，实乃民族信念之象征。余兹欣然准允阁下获得本大学名誉文学博士学位，并授予阁下所应享有之一切权利与特权”。

6 月 5 日　出席纽约旅美南开校友为他举办的七十大寿宴会并致辞。“学生曹禺、后学老舍”当场诵祝寿诗，“庄谐并陈，一时之盛”。据克伯屈记述：“7 点 15 分去罗斯福旅馆参加孟治的华美协进社和张彭春为张伯苓举办的宴会。张伯苓和张彭春面对面而坐，肖特韦尔和多格坐在另一张桌子。张伯苓讲话（张彭春翻译），张伯苓在发言中特别提到我。”

6 月 12 日　与克伯屈等人共进晚餐。克伯屈日记称“他真是一个很优秀的人，在中国做出很伟大的事业。他饶有兴趣地看他 1918 年给我的照片，但对 1927 年他给我的花瓶毫无印象”。

同日　罗格·艾文斯写信给张伯苓：从报纸上得知你可以起床下地了。我继续2月19日的邀请，什么时间能与你的洛克菲勒基金会老朋友及仰慕者一见。如可以，我会安排一个中午共进午餐。

6月18日　罗格·艾文斯代表洛克菲勒基金会董事会主席雷蒙德·福斯迪克（Raymond B·Fosdick）正式邀请张伯苓于6月25日在洛克菲勒基金会64-19午餐。同日，罗格·艾文斯函告洛克菲勒基金会中国委员会成员，并附上《中国手册》关于张伯苓的介绍。

6月25日　赴洛克菲勒基金会午餐会。出席的有：雷蒙德·福斯迪克，乔治·斯托德（George K·Strode）—洛克菲勒基金会董事会执行主席，戴维·斯迪文斯（David H·Stevens）—洛克菲勒基金会慈善主任，罗伯特·兰伯特（Robert A·Lambert）—医学科学部副主任，罗格·艾文斯等。他们认为，张博士一直是一个乐天派，而今他对中国教育和政治前景，所表现的悲观主义，更加令人信服。

张伯苓席间就保持中国传统教育和新教育的连贯性发表了看法。在回答谁是中国教育强有力、有远见的领导者的询问时，他提出了张彭春、国立中央大学校长吴有训和金陵女子大学吴贻芳三人，而对胡适、梅贻琦未作肯定的表态。

关于中国的政治前景，张伯苓坦率地指出，由于中共与苏联的关系，在目前的情况下进入中国政体的可能性很小。

6月28日　致函罗格·艾文斯，对雷蒙德·福斯迪克招待午餐表示感谢，同时感谢洛克菲勒基金会拨款南开大学经济研究所。他说，我们会员尽最大努力证明，洛克菲勒基金会的援助是值得的。随信附上南开大学两本小册子，分赠福斯迪克和艾文斯。

6月29日至7月3日　往纽约银湾（Silver Bay）一行。此前一直旅居纽约百老汇大街与103大街交口处的玛色勒斯旅馆（Hotel Marseilles）708房间。

7月15日　张伯苓在浴室中摔倒，脊椎受伤，立即入院治疗。驻美大使顾维钧奉蒋介石之命慰问，赠送医药费5000美元。据克伯屈记述，“张彭春告诉我，他的哥哥滑倒在华盛顿的一家旅馆浴缸里，摔断了两根脊柱”。

7月29日　函告蒋介石，治疗已颇见成效，回国日期将推沿至九月份，并对支付医药费用表示感激。

8月18日　收到国防部部长陈诚为美国胡佛图书馆搜集中国抗战史料来函。

9 月 4 日　据克伯屈记述：为张伯苓准备午饭。张伯苓和他的儿子到了。张伯苓仍吊着绷带，他走得很慢但很笔直。张彭春和希金斯先生，还有孟治等人也到了。我们开始吃午饭，谈得很愉快。他的英语比以前差多了。“午饭后，讨论帮助南开大学一事，这似乎也是这顿午饭的目的所在”。

9 月 14 日　《克伯屈日记》：“张伯苓前来与我们共进午餐，仍旧穿着那件大衣，其道德风度依旧光彩照人。”

10 月 16 日　平津各国立大学商定成立校长谈话会。谈话会规定，平津校长每月轮流会谈，以便对共同关心之问题取一致行动。

10 月 17 日　张伯苓与孟治、何廉、老舍、侯德榜、孙毓棠、张彭春及旅美南开校友在纽约华美协进社召开校庆纪念会。

10 月 22 日　南开大学制定近亲回避规定：夫妇不得同时在本校任教员；经聘任委员会必要者，夫妇得同在本校任教；夫妇二人之一者任教授或副教授者，其配偶不得任本校职员。

11 月上旬　多次去纽约联合国大会观听大会情况。

11 月 11 日　据克伯屈记述：“张伯苓前来和我话别，一两天内他将乘船经巴拿马返回上海。看到他痊愈，我心里很高兴。”

11 月 15 日　乘美轮“斯丹荷特号”（Staghound）自纽约回国。

12 月上旬 在轮船电告南开大学黄钰生、陈序经：“十二月十五日抵沪，请黄子坚、陈序经到沪相晤。”

12 月 18 日　下午抵达上海。蒋介石的代表上海市市长吴国桢，朱家骅的代表董守义，及查良鉴、何廉、汪忱生、黄钰生、陈序经、方显廷、李柏坚等五六十人到码头迎接。张伯苓对大家关心的问题发表讲话称，现在是千载一时的良机，我们的一切束缚都解脱了。日本人已屈膝，不平等条约都已取消，东西南北都没有了敌人，中国要长大了。国家的前途一定很光明。同时我们还有世界最大力量的美国之帮助，并且苏联态度亦相当和平，只要任何方面都本着爱国心做去，中国的和平建设，一定成功。

12 月 23 日　接受上海《新闻报》记者采访，称回国努力办三件事：第一件事，发展南开。他透露，在沪拟办南开中学分校。第二件事，致力体育。他说，教育里没有了体育，教育就不会完全。不懂体育的，不应该当校长。民主政治亦

即是体育精神。体验过体育中的竞争、团结、合作以后，推行民主政治要有力很多。第三件事，要作中美文化协会工作。中美两国是奠定世界永久和平的基石，彼此的关系太密切。文化合作、民间友谊的交流，比外交政治还要重要。

12 月 29 日　上海南开校友百余人举行的欢迎张伯苓大会。张致辞谈访美感想，谓深信国家前途与世界前途愈趋光明。当今需注重和平，谋国际之合作。今后，英美可大量借款，我国可乘此建设，所谓天下太平而后国家治。外交方面，可联合世界为一家，进而至于大同世界。同时表示，致力教育，誓以教育为终身事业，并拟与胡适等推动中美文化协进社华北分社工作。

1947 年（民国三十六年丁亥）七十一岁

1 月 1 日　《上海文化》第 12 期载张伯苓《世界、中国、南开》一文，谈世界现势、中国前途及南开复兴。文首即称，本人自认是一个乐观者，南开同学又替我起过一个诨名，叫“不可救药的乐观者”。但我的乐观是有根据、有理由的。文末又说，四十多年以来，我好像一块石头，在崎岖不平的路上向前滚，不敢作片刻停留。南开在最困难的时候，八里台笼罩在愁云惨雾中，甚至每棵小树好像在向我哭，我也还是咬紧牙关未停一步。一块石头只需不断地滚，至少沾不上苔霉。我深信石头愈滚愈圆，路也愈走愈宽的。

1 月 3 日　乘车由上海到达南京，校友数十人到下关车站欢迎。在车站对校友讲话，谓“抗战胜利，制宪成功，一切均渐走上轨道。今后国运之兴衰，系于吾人自身之努力”。并谓，世界各国，尤其美苏两国日趋工业化。工业化之含义，非仅物质上应有科学于工业方面，同时精神上为训练人民管理政治，即所谓民主是也。我国一方面促进工业化，另一方面结束训政，实行宪政。此次国大通过之宪法，适合国家需要，奠定民治初基，如各党一致努力，建国工作前途有无限光明。

同日　下榻何廉公馆。下午，接受《中央日报》采访，谈国内外观感，强调建设中国非枝枝节节问题，应有通盘计划，将国家建设起来。并告诉记者，华美协进会将在我国设立办事处，办理中美文化合作事业，将由胡适、司徒雷登大使和他等五人为中国办事处召集人。同时表示，本人以教育为终身事业，永不改变。此外，对体育极感兴趣，正极力提倡。参政会工作若能卸脱即卸脱。

1 月 4 日　国防最高委员会、参政会临选委员会决定，参政员任期延长至本年 12 月 25 日宪政实行为止。同日，国民参政会驻会委员会举行第三次临时会，

听取国防部报告，张伯苓发言质问。同日，《蒋介石日记》：“……中立人士之选择，胡适、傅思文、莫德惠、张伯苓、颜惠庆、陈光甫、王云五、缪嘉铭、钱永铭、周贻春、孙丹林、俞大维。”

1 月 5 日　蒋介石设午宴款待张伯苓，席间详细介绍旅美情形。

同日　偕黄钰生等出席南京校友 56 人举行的欢迎茶会。救济总署副署长郑达如任临时主席。张伯苓在欢迎会上讲话，谈近期南开学校的规划与国家发展目标。强调近期中国，一为工业化，一为民主化。前者为致富之道，后者为致强之图。

1 月 7 日　应全国教育学术团体联合会、南京市教育局邀请，为联合会成员及南京中学和中等以上学校校长演讲美国现今教育。报告会结束，旋即主持中华全国体育协进会召开常务理事会 1947 年度第一次会议，张伯苓、郝更生、董守义、吴蕴瑞等常务理事及列席理事高梓等出席会议。张伯苓任会议主席并报告会务。其中特别提出计划筹备参加 1948 年在伦敦举行的第 14 届奥林匹克运动会事宜。

1 月 14 日　到上海，乘民航飞机飞赴重庆。

1 月 24 日　美国加利福尼亚大学董事会选举决定授予张伯苓名誉法学博士学位。

1 月 29 日　美国加利福尼亚大学校长罗伯特·G. 斯普劳尔致函张伯苓，“很高兴告诉您，如您能参加伯克利加州大学 3 月 23 日的或者 6 月 21 日的毕业典礼，加利福尼亚大学董事会选举决定把名誉法学博士学位授予您”。

2 月 3 日　致电教育部朱家骅，南开大学沿用英译名称 National Nankai University。

2 月 7 日　分别致函北京大学校长胡适、清华大学校长梅贻琦、北平图书馆馆长袁同礼、北平《中国大辞典》编纂处黎锦熙、北平铁道管理学院院长徐佩琨、北平艺术专科学校校长徐悲鸿、北平国立师范学院院长袁敦礼、北平国立中法大学校长李圣章、北洋大学校长金问洙、北洋大学工学院院长陈荩民、北平国立研究院院长李书华，请其参加于本年 2 月 12 日在北京大学总办事处（松公府夹道）举行的平津国立各院校长谈话会第六次例会。

2 月 12 日至 13 日　平津国立各院校第六次谈话会假北京大学孑民纪念堂举行，黄钰生代表张伯苓出席并主持开会。

2 月　天津学生救济委员会成立，任名誉主席。

3 月 16 日　从重庆致电杜建时：“北方时局不靖，此番返津，除南开校友外，

不敢劳动各界人士。”

3 月 18 日　由重庆飞抵北平。黄钰生、陈序经、阎子亨、施奎龄、丁履进等前往机场迎接。张伯苓称：“北大、清华已经复校，归还建制。我决定摆脱政治，回来办理复校工作，继续从事教育。”当日，乘火车返回天津，天津市市长杜建时遵蒋介石电示组织“欢迎张校长回津筹备会”。杜建时陪同赴南开大学，巡视校园。发表谈话称，余并深信中国前途极为光明，盖中国人有智慧，能吃苦，并具有老文化，此老文化，与各国较，各有短长，我人决不能丢弃。至此次抗战，大家当均知系赖何人所领导，蒋主席之伟大，我人今日或尚不能完全认识，然若干年后，必可益见其崇伟。就国内言，政府亦拥有优势武力，然并未随意使用武力，故相信国内问题亦总可获得解决。

3 月 22 日　在南开中学师生欢迎会上讲话，强调南开走的是中庸的救国之道。同时提出学生做人，第一身体结实；第二眼光锐利；第三头脑清晰；第四意志坚强，并且有一个坚定的生活目标。

3 月 23 日　未能参加加州大学伯克利分校宪章典礼拟授予他的名誉博士学位。

3 月 26 日　主持召开南开大学第 24 次行政会。

3 月下旬　与平津国立各院、校长胡适、金问洙、袁敦礼、梅贻琦、徐悲鸿、徐佩琨、李书华、袁同礼、黎锦熙、顾宜孙、李圣章、张之江等联名，四电呈请朱家骅将各院校经常费，除俸给费外，先行增加五倍，以后比照物价指数与俸给费同时调整。恢复久任教员奖金办法，并调整奖金数目，使安贫自守之老教员得免生活之窒息，而优秀后起之教育人才亦可安于其位，不致见异思迁。同月出席天津基督教青年会欢迎会，并赴仓门口教堂布道。

4 月 1 日　中华体育协进会天津分会举行欢迎张伯苓荣旋会。张伯苓讲话称，现在体育界的责任，不只是训练人们的脑筋和身体了，而应当是训练人们去造一个民主的国家。

4 月 11 日、14 日　就南开大学成立医学院与卫生署天津中央医院合作事宜洽商，一致同意成立筹备委员会，先起草合作条件编制计划书。

4 月 13 日　美国大学同学会晚 7 时 30 分在天津利顺德饭店聚餐，欢迎张伯苓与胡适，张伯苓讲话。谓：“离津十年，与各位见面很高兴。今有机会报告一件事情，本会中美关系很多。我因病在美住了八个月，时间大半在纽约，那里有一个华美协进会，帮助中国学生入学，并给美国学生讲中国情形，他们愿意将工作扩充到中国来，特聘胡适博士、司徒雷登博士与我等为董事，在上海设分

会。美国人学中国话者很多，对中国问题极感兴趣。美国人愿到中国来，我们应尽地主之谊。我回国来亦办此事。蒋主席允拨部分敌产在沪成立分社。我本月末去京沪，亦将再办此事。盼望诸位多帮助。”

4月15日　与王正廷致函天津市市长杜建时，请其为中国体育协会捐1000万元。

4月16日　主持南开大学召开校务会议。报告校务会议的任务，包括本校预算、本校学院学系的设置及废止、本校课程、本校内部各种规则、关于学生实验等事项。

4月18日　与平津国立各院、校长胡适、金问泆、袁敦礼、梅贻琦、徐悲鸿、徐佩琨、李书华、袁同礼、黎锦熙、顾宜孙、李圣章、张之江等联名，就第八次平津国立院、校长会议讨论通过的有关大学课程改订问题致电朱家骅。

4月22日　接收天津迪化道（今甘肃路）原日本高等女子学校校舍。

5月1日　教育部致电张伯苓，给予南开大学扩充改良费仅10亿元，并要求“深体时艰”，“撙节支用”。

5月2日　天津市政府在市长官舍设宴招待司徒雷登大使、张伯苓等。

5月4日　天津市学生团体联合会举行“五四”纪念会，张伯苓应邀出席并讲话，谓“只有青年人的爱国心是最圣洁的”。

5月6日　蒋经国等来函询问南开与北平、清华等联合招生，在沪、汉两区何日开始报名，以便届时集体护送本届高中毕业生前往应考。

5月7日　因日前接到天津市第七区凌家庄村民代表请其向当局呼吁在该村国民小学函件，于本日特致函天津市教育局局长郝任夫，转呈该函。

5月8日　离津出席国民参政会前，与《时事公报》谈话称，物价高涨，公教人员在“饿不死”情况下，参政会自应详细研究此问题。但物价之严重，尚未至经济崩溃地步，国家前途，至为光明。

5月10日　偕黄钰生由北平飞上海。

5月12日　就南开大学成立工学院，以及与天津中央医院合作拟成立医学院事，请示教育部。

5月13日　委托在纽约的张彭春给加州大学伯克利分校校长罗伯特·G. 斯普劳尔复函，感谢决定授予名誉法学博士学位，并为不能参加该校6月21日毕业典礼深表遗憾。

5月14日　颜惠庆来访，拖带华北房产证书往南京。15日，抵南京，与教育部

洽商增加经费事宜。

5 月 20 日　第四届国民参政会第三次大会在南京国民大会堂举行，蒋介石、张伯苓及参政员 236 人出席。国民政府各院部首脑孙科、张群、张继、周钟岳、张嘉璈、翁文灏、余家菊、吴鼎昌、陈布雷、吴铁城等 40 余人列席会议。共产党参政员拒绝出席。

张伯苓任大会主席团主席，致开幕词称，目前的困难诚然严重，最严重的莫过于经济困难。国内的战争再继续下去，人民便活不了，这是实情。因此，国内的和平成了当前最紧要的问题。人民需要安定，而现有者只是扰攘和纷乱。国家为人民谋福利，这是应该的。国民参政会的职责，在于表达民意，如果经本会同人的努力，全国得到和平的曙光，那么，本会的使命可以完成，本会同人也有莫大的荣幸。

同日　南开大学学生 450 余人举行反饥饿、反内战游行，途中受到 200 余名手持木棍、皮带暴徒袭击，酿成天津“五二〇”血案。

5 月 21 日　主持国民参政会会议。

5 月 26 日　出席国民参政会会议。会议通过 100 多名参政员提出的“电告中共参政员来京出席”的临时紧急动议。

5 月 28 日　第四届国民参政会第三次大会举行审查会，讨论和平问题及相关提案。张伯苓、吴贻芳、李璜、江庸、林虎及参政员 271 人参加。大会通过《请政府速派大军清剿各地“共匪”》、《速向美国政府切实磋商借款》等决议。晚上，蒋介石设宴招待全体参政员，并发表演讲。

同日　南开大学与北大、清华、燕京、师大、中法、艺专、北洋等 8 所大学教师 585 人发表时局宣言（南开 89 人签名），反对南京政府的内战独裁政策，要求成立民主联合政府。

5 月 29 日至 6 月 1 日　出席第四届国民参政会第三次大会之第十四至十八次大会。

6 月 2 日　第四届国民参政会第三次大会举行第十九次会议，通过和平特种审查委员会的审查报告，要求政府申明“以政治方式解决中共问题”之方针，请中共迅派代表来京与政府双方无条件恢复和谈等。下午，第四届国民参政会第三次大会闭幕。

6 月 5 日　行政院院长张群致函张伯苓，同意将敌产前淡路国民学校及前商业学校共有之楼房前座准于美军撤退时，即行全部价拨贵校应用。

6 月 8 日　在上海发表谈话称，本人对于国内局势，远不如过去乐观。过去有认为政府不要和平，现在已明白是中共坚持打仗不要和平。政治民主化，军队国家化，是全国人民的一致要求。

同日　与《申报》记者谈话称，此次学潮，不能说无背景，亦不能说全有背景。主要原因系因物价高涨刺激而起，如各校当局事前均能为学生生活妥谋解决，学潮或不致如此扩大。

6 月 11 日　参加国民参政会毕，于下午 7 时许回到天津，在寓所接受《大公报》记者采访。

首谈对此次参政会观感称，大家都希望和平，这次共有三百多参政员，提出和平提案二十余件，大会组特种审查委员会，经一天两夜审查，发表宣言，成效虽不见得有多少，但可证明和平之门仍开，可惜共党不肯来。

谈到现时国内情势似已改变，对于和平前途有何新看法时表示，目前世界情势已改变，国内情势亦已改变，因此乐观程度亦不能不有所改变。但相信若全国人人都有爱国心，则国家必大有希望。“政治民主化，军队国家化。”是全国一致的要求，和平也是全国人民的要求，有了和平才能谈别的建设。现在我仍不灰心，政府的和平之门仍然开放。

最后就南开大学发展的新计划告诉记者：设立工学院事，教育部已批准，暑期后可以独立，与中央医院合办医学院事，已组成筹备委员会，开始工作，明年暑假可望成立。

6 月 23 日　教育部来电，所请设立工学院应予照准，至增设医学院应暂缓议。

6 月 28 日　为天津东亚毛纺厂题词：“工业救国。”

6 月 29 日　邀集杜建时、卞俶成等在津校友举行茶话会，讨论组成“公能学会”事。张伯苓致辞，就本着南开“公能”精神组织学会，推进天津民主政治，用选举方式选肯负责能做事的人出来任事，为天津服务，说明开会宗旨。会议通过公能学会章程，选举理监事，推举张伯苓为名誉理事长，时子周等为名誉理事，杜建时、严仁颖、黎绍芬、潘世伦、鲍觉民、卞俶成、伉乃如等 20 余人为理事。黄钰生为常务监事。

6 月　蒋介石电示天津市市长杜建时，推选张伯苓为天津市国民大会代表。杜建时即往见张伯苓征求意见，张表示愿意当代表，并希望在天津选出。

7 月 1 日　蒋介石由南京飞北平主持召开军事会议，其间向杜建时询问张伯苓健康情况，并表达拟去天津看望之意。

7 月 9 日　主持南开大学校务会议。会上主要研究训育及学校经济，议决“推广教育为大学任务之一，待时局好转，为社会筹设技术补习班及学术讲演”。

7 月 13 日　下午 3 时在南开女中召开第二次理监事大会，并在会上讲话，对时局表示乐观。

7 月 19 日　平津教育界、实业界名流组织之平津市民自民治促进会在北平欧美同学会举行。胡适、张伯苓、梅贻琦任主席团。张伯苓致辞谓：近 90 天，我有个大觉悟，即政治不稳定，一切都做不好。我们应该团结起来，表示一下对政治的意见。

7 月 21 日　参加市民治促进会成立会后由北平返津，接受《大公报》记者采访，谓“此次多数学者合组市民治促进会，为将来市民治奠一基础，本人极为赞同，特不辞炎暑，赴平参加成立会，结果非常圆满。想今后会中诸位专家，定能为我国市政前途放一异彩。”

8 月 3 日　接待教育部杭立武次长视察南开大学，对发展天津教育提出三点意见。鉴于“北平教育发达，天津各级学校缺乏，今后请多注意发展天津教育”。

8 月 5 日　美国总统特使魏德迈使团一行接见天津各界代表张伯苓及华北工业协会理事长李烛尘、仁立公司经理朱继圣、东北长官部中将参议张学铭等。张伯苓与魏德迈谈约 30 分钟，称“义和团之变，中国处瓜分危机，而美国深能主持正义，故望美国能予中国以全面援助”。其后答记者问，谓“余对于我国大局始终抱着乐观，余与魏使会谈时，未待发问，即将余个人意见一气说完”。

8 月 9 日　海军总司令桂永清致电张伯苓，为海军招考留美学生请代命题及办理初试。

8 月 15 日　南开大学、北洋大学等 13 所学校组成天津助学运动委员会，聘张伯苓、时子周、李广田等为名誉顾问和赞助人，利用暑期开展助学工作。

8 月 17 日　面临失学危险的天津青年学生开展自救，发起助学运动，成立助学运动委员会，聘请张伯苓、李烛尘、金问洙等为名誉顾问。本日张伯苓接受该委员会访问小组采访，表示对助学运动非常赞成，愿以全力支援。助学运动与他所提倡的公能精神很符合，因为要有“能”才能募捐来助学金，助学金又是大家的，所以是为了“公”。根据经验，向社会人士募款兴学，相当困难，青年人挺身出来募助学金的精神，很值得赞许。这种经验也很有价值。

8 月 18 日　教育部部长朱家骅抵津，张伯苓到车站迎接。朱家骅到南开大学视察，张伯苓面呈南开大学经费问题，又陪朱家骅出席南开教授茶话会征求意见。

8月25日　代表南开学校与天津市教育局局长郝任夫立约，将南开四马路53号原南开小学校舍借与教育局作为七区二十保国民学校校舍，共计楼下：教室14间、礼堂2间、宿舍21间、男女厕所各1间、仓库房一大间，地基约10亩左右。

8月26日　对天津市助学运动委员会同学谈话，认为“此次助学运动的结果，天津是要胜过北平的。计划缜密，考虑周详，按部就班的实施，是“能”字的表现；但如何能使分配公允合理，还需要“公”的精神。同学出发到街头，不要只看在钱上，因为竞争和获胜的心理，会逼出不择手段的情形。最好能各立标帜，向行人尽力宣扬助学意义及分配方法，而出以筹募方式，则结果得钱虽不多，而已得到一个练习做事的机会。且此二者又互为因果，做事的成功，钱也自会来到的。明日（27日）各机关放假，同学宜集中在影院、饭馆、市场门口，俾易收效。各小组财物保管，尤应特别注意。合理合法的街头募捐，警察局是不能干涉的。”

8月28日　联合国教科文组织中国委员会成立，委员有张伯苓等96人。

9月5日　以公能学会发起人代表身份，向天津市社会局呈请成立公能学会。20日，得到社会局批复，准予成立。

9月9日　庆祝“九九”体育节，天津体育界举行晚会聚餐，张伯苓出席并讲话。

9月10日　出席南开大学经济研究所成立20周年庆祝茶会。

9月21日　公能学会举行第一次学术讲演会，请北京大学校长胡适前来讲演。张伯苓、天津市市长杜建时等多人到车站迎接。胡适演讲前，张伯苓致辞，谓我们只有一条路——民主政治，走的早，到的也早。建设一个民主国家，我们对政治不能只是批评，而不去实在的做，一个真正的民主国都是全民参政的。

9月27日　出席天津市政府欢迎行政院院长张群的联会公宴。

10月17日　出席南开中学校庆纪念会。提出三点希望：教育的方向是救国；教育的方法是要完成救国；要向教育的方向去努力。

10月23日　复函南京国民参政会秘书长邵力子，已于天津市参加国大代表竞选。

10月24日　喻传鉴应召自重庆返津，与张伯苓商讨南开中学工作。

11月12日　应邀参加天津市戡乱建国动员委员会成立大会。

11 月 13 日　经南京选举总事务所审查，提名张伯苓为天津市区域国大代表候选人。

11 月 14 日　外交部驻平津特派员公署致函张伯苓，通知沦陷期间南开大学被日本所劫掠图书现存东京世田谷仓库。

11 月 16 日　出席天津市各界及市民代表欢送 62 军暨林伟俦军长酒会。

11 月 20 日　新天津市图书馆成立张伯苓任图书馆理事会理事长。

11 月 24 日　国民大会代表选举开票，张伯苓以 13 万余张选票当选国大代表。蒋介石复电天津市市长杜建时，“知伯苓先生当选为天津市国大代表，甚为欣慰”。

11 月 25 日　举行招待各界茶会，感谢当选国大代表，“这次担此重任，因为我对国家实在关切，此后要兢兢业业好好做”。

11 月 26 日　天津市国大代表候补人富健康向天津市选举事务所对国立南开大学校长张伯苓当选国大代表资格提出质疑，并要求 3 日内给予答复，以便向法院提出选举诉讼。

11 月 27 日　天津市选举事务所以特急密电南京选举总所，请示国民党提名国大区域候选人张伯苓系现任国立南开大学校长，可否当选。翌日，天津市选举事务所又以特急密电南京选举总所：“如何处之，乞急电示复。”

11 月 29 日　天津选举事务所选举科函复富健康，回答其质疑张伯苓当选国大代表一事称：“奉批：查张伯苓系由国民党中央党部向选举总所提名转送本所者，该案刻经电请选举总所核示。”随即富健康向河北高等法院第一分院以天津市本届国大代表区域选举违法提起诉讼，将天津市国大选举事务所和张伯苓列为被告，要求判决确认张伯苓当选国大代表无效。

12 月 4 日　天津选举事务所主席委员分别向南开大学和国民党天津市党部发出公函，要求查明张伯苓的校长职级是否有政府任命，南开大学回函称：“查本校校长张伯苓先生并未受有政府任命。”天津市党部主任委员郭紫峻、副主任委员王任远发来署名复函解释称：一、南开大学原系私立，此次改为国立，原订为期 10 年，期满仍恢复私立，与国立大学性质不同；二、南开大学暂改国立后，张伯苓先生并未经国府任命为国立大学校长，目前仍以私立大学校长资格处理校务，根据上列两项理由，张伯苓先生并非公务员。

同日　张伯苓委任戴小松律师为诉讼代理人。

12 月 5 日　主持召开南开大学复校后第三次校务会议，陈序经、黄钰生、张克忠、冯文潜、鲍觉民等出席。张伯苓提议制定教员休假办法，并提议黄钰生为

学校发言人。

同日　富健康要求法院对张伯苓当选国大代表无效案速予传案。

12月7日　中华全国体育协进会总干事董守义从北平来天津，面见中华全国体育协进会理事长张伯苓商议如何完成第14届奥运会篮球预选天津区初选工作。

12月8日　南开大学致函国立中央研究院院士选举筹备委员会，提名张伯苓、何廉为候选人。

12月10日　天津市体育协进会召开常务理监事及财务委员会联席会议，市体协理事长、天津市市长杜建时，名誉会长张伯苓，全国体协总干事董守义等出席会议。会议通过参加第14届奥运会篮球预选天津初选会竞赛规划等事项。

同日　张伯苓向受理法院递交答辩状，认为原告富健康之诉为无理由，请将原告之请求驳回，并将诉讼费用判由原告负担。

12月11日　致函傅作义祝贺其"荣膺简命总绾军符"。

12月12日　复函中国教育学术团体联合会，如该会于20日左右开会，不克出席。

12月15日　天津市选举事务所法定代理人杜建时为富健康诉张伯苓当选无效事件，委任两名律师，并立答辩状，向河北高等法院第一分院提出辩诉，认为："今南开大学虽奉令改为国立，但校长张伯苓本人并未经国府简派，欠缺法定程序，自属尚未取得校长官吏之身份，应不受《国大代表选举罢免法》第8条之限制，其当选为本市国大代表自非无效。"

12月17日　天津市选举事务所函告张伯苓，其当选为国民大会天津市代表，"合依《国民大会代表选举罢免法》及《实施条例》第五十五条之规定，给予当选证书"。

12月25日　富健康向法院提出补正理由，驳回张伯苓之答辩。富氏认为，南开大学改为国立一年有余，张伯苓每月俸给完全为国立大学校长之待遇，执行职务，对内对外早以国立大学校长自居，就是学府官吏，值此行宪在即，初次普选，如以身为最高学府的国立南开大学校长竟不遵守选举法规，违法当选，个人事小，法治事大，在此中外共睹隆重大选之下，实不能留此恶例。原告痛心国事如斯，为提倡民主，尊重法治，为国百年大计，势必主持正义，任何牺牲在所不计，区区苦衷，可质天日！

同日　国民政府发布命令，国民参政会第四届参政员任期延至1948年3月28日。

本年　南开大学有88名学生因考试不及格受到严重警告，25名无故不参加考

试者被勒令退学。张伯苓为此表示，学风不严肃，学业不严格，是不足以造就真正人才的。以前南开的真精神，是认真刻苦，现在更要发扬光大。南开虽老，而精神永远年青。

本年　中国教育学会天津分会成立，张伯苓、喻传鉴任常务干事。

1948 年（民国三十七年戊子）七十二岁

1 月 1 日　早晨接待六起来拜年的各方人士，中午出席天津市市长杜建时主持的庆元旦集会，晚上应邀参加南开学生两个同乐会。

1 月 3 日　接见《益世报》记者否认预备竞选民国的副总统。

1 月 6 日　为助蒋梦麟参加专科以上学校教员团体立委竞选，受教育部长朱家骅电示以密件致函唐山、天津各院校予以支持，一致推选。

1 月 7 日　复函纽约何应钦，告以当选国大代表，“三月内当赴京报到”，并认为“内忧外患正为促成团结一致走上民主宪政之原动力”。

同日　向教育部呈报《国立南开大学学则》。

1 月 12 日　应邀出席天津市戡乱建国动员委员会成立大会。

1 月 14 日　转呈南开大学教授建议书，要求教育部增加南开图书仪器设备等费。

同日　因前不久香港英国当局酿成的“九龙事件”引起平津学校强烈不满，教育部于今日下午两次电示张伯苓维持校内秩序，学生不得越轨行动。

1 月 18 日　响应蒋介石发动的勤俭建国运动，参加《中央日报周刊》“如何推行勤俭建国运动”名人笔谈，文谓勤俭为我中华民族传统美德，时时均应发扬光大。在行宪建国之今日，更应人人躬行实践。勤则尽量发挥人力；俭则尽量节省物力。如此以丰富之人力，配合适当之物力，戡乱建国必可底于成功。

2 月 12 日　平津区国立院校长谈话会第六次例会在北京大学总办公处举行，张伯苓、袁同礼、杨光弼、李高傅、王华棠、李书华、牛文清、刘砥中、程忠元、袁敦礼、张含英、梅贻琦、张之江、徐佩琨出席，张伯苓任主席。会议就各院校经常费，教职员冬煤贷款，及师生配售面粉等事速请教育部解决形成决定。

2 月 16 日　致函输入临时管理委员会，由美运到仪器一批，请许可输入。

2 月 17 日　主持南开大学举行第六十次校行政会议，决定校内人事任免。

2 月 18 日　再次通过《益世报》表明不竞选副总统。

2 月 19 日　富健康声请撤销对张伯苓的诉讼，其文称：为提倡民主，尊重法治，

曾向钧院起诉天津选举事务所及张伯苓，现经天津市社会贤达靳云鹏、李廷玉等诸先生出面热心劝解，为体念时艰，顾全大局，尊重乡贤起见，情愿无条件将原案撤销，次日，河北高等法院第一分院批文：准予撤回。27日，法院分别向富健康、张伯苓、天津选举事务所送达“撤回诉讼通知函”。

同日　天津市政府假聚合成饭庄设宴招待张伯苓、梅贻琦等人。

2月25日　致函中国驻日本军事代表团团长商震，恳请代为搜访抗战时期被日军掠走的南开校钟，“倘使此历史之古钟原璧运还，岂惟敝校之幸，亦中华文物之光也”。

3月11日　发布布告：本月12日为国父孙中山逝世纪念日暨植树节，休假一日。

3月16日　南开大学全体学生向校方请愿，决定哪一天没饭吃就从哪一天罢课。晚上，又决议组织“抢救教育危机，争取全面公费行动委员会”。

3月17日　天津选举事务所致函张伯苓，送还南京选举总所认证的当选证书一纸。

3月20日　南开大学、北京大学等平津七大学学生自治会联名上书蒋介石、朱家骅，要求实行全面公费，提高教育经费。

3月24日　报送联合国教科文组织中国委员会委员履历表。

3月25日　在北平答《申报》记者关于时局问题称，此次国大选举工作完成后，应乘机革新政治，美援虽为数不多，可以改善当前经济问题。目前最重要者在戡乱，余为华北人，实不忍见北方人民长此处于战火之中，特建议政府加强华北军事力量，早日完成戡乱工作。

3月26日　与梅贻琦等由北平飞抵上海。

3月27日　与记者谈话称，有人曾建议余与胡适之先生参加大总统之竞选，余曰，“一个日头两支洋蜡如何可行？”

3月28日　国民参政会主席团以该会任务完成宣告结束，举行茶会纪念。蒋介石、于右任、王云五、王世杰、蒋梦麟等及历届在京参政员100余人出席，张伯苓先以临时主席身份致辞，在蒋介石讲话后，又致答词。

3月29日　国民政府召开行宪“国民大会”，张伯苓出席并入选主席团。

4月1日　与吴敬恒、于右任、胡适、梅贻琦、钮永建、周鲠生、顾毓琇、王星拱、陈裕光、朱经农、章益、姚从吾等48人向第一届国民大会主席团连署提出现任国民政府主席蒋中正先生为本届总统候选人。

4月2日　与《大公报》记者谈对青年人期望是：“做个好人”和“做个有用的

人”。因为人好而无用，仍然无用；有用而不好，还是不好。至于志趣与能力如何，尚在其次。

4 月 3 日　孟治、何廉等在美南开校友聚会，遥祝张伯苓寿辰，并在哥伦比亚大学出版的纪念张伯苓的《另一个中国》（There is Another China）一书上签名。该书是一本美国学者评述张伯苓的论文集，燕京大学前校长、美国驻华大使司徒雷登写序言，胡适及美国著名大学 13 位教授撰写论文。

同日　学生自今日起罢课三天。各系级代表会集会，决议五项，其中之一即“上书张校长，请就华北学联被解散事向政府提严重抗议”。

4 月 5 日　蒋介石不愿参加竞选总统消息传出，张伯苓对记者表示，目前要做总统谁都感觉困难。蒋主席昨日所谓两年后国民党如不新生，则必更步进艰难局面一语，诚属事实。

同日　国大代表吴稚晖、于右任、张伯苓、胡适等 200 余人首先发起签署提名蒋介石为首届总统候选人。

同日　收到教育部部长朱家骅签令，发给南开大学张伯苓 1947 年度中央公教人员久任奖金。令称“兹发给该校张伯苓等三十六年度中央公教人员久任奖金共计国币一千六百二十一万八千元”。

同日　南开大学讲师教员助教联谊会成立，从 6 日起罢教三天，并致函正在南京的张伯苓，要求国民党当局保障教育工作者最低生活限度，“务祈就在京之便向教育部及政府当局交涉”。

4 月 7 日　对中央社记者谈话表示，于行政无经验，无兴趣，且精力渐衰，将不参加总统、副总统之竞选。

4 月 13 日　与时子周、施奎龄等国大代表在南京宴请记者，呼吁中央应重视北方。

4 月 15 日　与莫德惠、胡适、王世杰、王云五、左舜生等 1 202 人提出“制定动员戡乱临时条例案”，在国民大会一读通过。

4 月 17 日　喻传鉴致函张伯苓称，日前国大开会，由吾师主席，因发言人不守规则“大发雷霆”，此当系会场秩序太坏之故。下次轮到时，最好不作主席，藉免生气。

4 月 25 日　偕黄钰生游览杭州，出席杭州社会名流和南开校友举行的欢迎会。

4 月 29 日　出席在南京召开的国民大会，选举正、副总统。

5 月 1 日　出席国民大会闭幕式。

5 月 3 日　出席蒋介石召开的在南京国民党籍国大代表谈话会。

5 月 4 日　第七届全国运动会裁判组举行裁判会议，总裁判兼裁判委员会主席张伯苓在会上致辞。

同日　徐良因曾任汪伪政府驻日大使，被河北高等法院天津分院判处死刑，徐不服提出上诉。张伯苓、严仁颖、丁懋英等具状为徐良请求减刑

5 月 5 日　第七届全运会在上海中心体育场正式揭幕，参观者达八万人，盛况空前，主席台上来宾及大会主持人有朱家骅、张伯苓、李石曾、王正廷、吴国桢、潘公展、宣铁吾、方治、俞鸿钧。当日与《申报》记者谈话称，此次全运会在全国性的国民大会后，选举总统，实行新宪法后举行，其意义异常重大。今天的大会便是建立民主国家，教人民如何守法的一种具体表现。

5 月 10 日　据颜惠庆记述："张伯苓博士来访，他为吴（国桢）市长与查（良鉴）法官感到高兴。"

同日　南开大学开除在反迫害、反饥饿斗争中的骨干学生李、徐两人。当晚全体同学集会，决定向学校提出五项要求，收回开除学生成命，并从 11 日起罢课。11 日晚，行政会议决定"将此事经过，报告校长"。

5 月 14 日　第七次全运会结束，张伯苓由上海返回天津，接受《大公报》记者采访，认为：第一，新纪录出现很多，说明我们在不断地进步；第二，各地都有代表出席，表示中国是统一的；第三，运动员的争名不争利，和公正、合作的精神是行宪后政治上应该取法的。

5 月 17 日　从上海飞抵北平，晚返回天津。

5 月 18 日　就近日学校开除两名学生，全体学生集会要求学校收回开除学生成命，并宣布罢课等事，发表书面讲话，称"本人离校期间，本校同人处理这件事，公允妥当。因此同人的决定，我决不更改"。他认为，南开大学复员以后的校风，确不如从前的淳厚，一则由于时代的动荡，一则由于学生团体传统的中断。优良校风必须恢复，也必用全力去澄清南大，使爱国家好学问的学生有一个安心求学的处所。

同日　受聘为天津训练团训练委员会第四期训练委员。

5 月 19 日　访颜惠庆。

同日　为学校学生罢课事发布布告：近来各大学学生为环境生活问题纷纷罢课，我校同学群起响应，表示同情。惟同学等正在青年，仍当以课业为重，切盼同学等深虑周详，即日复课，实所企望。

5 月 20 日　南开大学举行庆祝蒋介石就任总统大会，张伯苓致辞勉励学生：一炼身，二合作，三竞争，四守法。

5 月 23 日　南开校友总会召开校友返校节，召开庆祝会为张伯苓补祝七旬晋三大庆。张伯苓感谢校友的盛情，口授训话，明确表示“还要继续工作，为国家办教育，办以国家为最高目的教育”。他强调在这行宪开始的时候，宪法必须实施。实施宪法，不仅是执政者的事，也不仅是各级政府的事，而是全国人的事。民主宪政，是要共权。国家的政权，在每个国民手里，这权是我们共同有的，公共有的，每人一份，不比任何人多，也不比任何人少。我们身为公民，必须善用此权，这是当仁不让的事，也是无法逃避的事。全国国民公有此权，公用此权，宪政方能实施。一个民主的国家，方能建设起来。

5 月 27 日　天津南开中学根据教育部指令，在课程中增设有关联合国内容。张伯苓于本日上报天津市教育相关情况：一、在公民学科内兼授。二、搜集教材。三、编定教程。四、自 1947 年度第二学期开始教授。

5 月　蒋介石嘱杜建时转张伯苓电报一通，敦请张出任国民党考试院院长。张即表示，我不愿做这些事。我是办教育的，还是办教育的好。

6 月 3 日　《蒋介石日记》：“考试院长人选傅思义、贾景德、张伯苓、蒋梦麟、邵力子。”

6 月 7 日　贵州省政府主席谷正伦来函，请在贵阳设立考区。

6 月 13 日　东北政务委员会主任卫立煌致电张伯苓，请南开大学在沈阳设立考区。

6 月 15 日　与杨石先、陈序经、黄钰生等谈到南开大学办学传统，一是本校聘请教师，素有和衷共济之精神；二是节省人力，用人少而效率高。

同日　蒋介石致电张伯苓，请其出任考试院院长，谓：“思维再四，非公莫属。拟即日提请监察院同志，万望鉴诺。以时间迫促，不及先征同意，并祈原谅。”

同日　蒋介石同时电示天津市长杜建时转张伯苓，请其担任国民政府考试院院长。杜接电立即驱车赴张宅。张表示，年老体衰。难任繁巨；素乏行政经验，恐误试政。杜当日奉复，婉曲呈转张伯苓之意，并谓“刻在谆劝中”。“自己本应效劳，为总统分忧。惟今年七十三岁，每日午后头部有时发晕，今再担任新职考试院，学习行政经验，恐有贻误，反违总统倚畀感意，至为感激，经郑重考虑，敬请另简贤能”。“刻在谆劝中”。

同日　《蒋介石日记》：“朝课后，到常委会主席提出司法与考试二院长无口通过。”

6 月 16 日　在国民党中常会上通过蒋介石提名张伯苓任考试院院长。张伯苓当

日表态称，年老多病，已不可能当此重任。

同日 杜建时致电总统府吴秘书长吴鼎昌并转呈蒋偶感，谓："特谒伯苓先生，并代谆请。承示对总统德意至为铭感。"但以"（一）年老体衰，难任繁钜。（二）素乏行政经验，恐误试政。"为由恳辞。杜建时力劝张伯苓"以国家为重，并为钧座分劳。"电报中认为"张先生为国热忱，极为恳挚，惟最近身体较弱，确属实情。"

6月17日 《蒋介石日记》："朝课后……召见墨三、布雷等，伯苓辞考试院长，手梅覆慰留之电。青年党曾琦以不及考试院长宣言退出政府，可耻。"

6月18日 下午，杜建时再奉蒋介石电，仍请张伯苓就任。

同日 杜建时接南京总统府秘书长吴鼎昌密电，"伯苓先生出长考院，业经中常会通过定案，如不允，就将使总统万分为难。望就近尽力敦劝，务请其打消辞意"。

同日 杜建时复电吴鼎昌，转达张伯苓婉辞之意，同时致电蒋介石，表示"当发动张先生契友及素为张先生重视之南开校友，分头向张先生进言，期上符钧座推进试政之至意。"

6月19日 杜建时第四次持蒋介石敦请张伯苓就任考试院长电报至张宅，张表示："总裁是救国的，我是爱国的，身为国民党员，总裁有命，自当拼老命一干了。"

6月24日 经蒋介石提名，监察院同意，张伯苓被任命为国民政府考试院院长。

同日 南开校友吴瀚涛电贺张伯苓将任考试院院长。

6月30日 《蒋介石日记》："电约张伯苓院长来京。"

6月 聘请黄钰生、陈序经、傅恩龄、冯文潜、孟广喆、刘晋年、杨石先、鲍觉民、萧采瑜、陈荫谷、司徒月兰为南开大学训育委员会委员。

7月2日 主持南开大学校务会议。会上表示：奉蒋总统命，出长考试院，恳辞不获，只得应命，定7月5日晋京，三星期后仍回津，以后至少三分之一时间在津。学校为个人终身事业，决不脱离，望同人仍本既往精神，合作一致，为校努力。在京期间，以杨石先、陈序经、黄钰生三人为校务委员，主持校务，并以杨石先为代理校长。

7月3日 发布南开大学布告：本人因公晋京，离津期间校务由杨石先先生代理。

7月6日 南京派专机来津迎接张伯苓就任考试院院长，张群陪同赴京。天津各界首长到机场欢送的有"剿匪"副总司令上官云相，市长杜建时，警备司令陈长捷，南开校友，张伯苓夫人及家属数百人。飞抵南京，蒋介石特派吴鼎昌

代表欢迎。到机场欢迎的还由左舜生、陈启天、贾景德、蒋经国、雷法章及南开校友会代表等百余人。

同日　与记者谈话称，关于考试院院务及考试制度等，当本宪法规定做去。宪法上已有硬性规定，今后政府用人，必须与考政配合，非经考试，不得任用。一切推行，如遇有阻碍，余将不顾一切予以铲除，而使考试制度树立规模。

7月10日　欢迎张伯苓就任考试院长大会暨与前考试院院长戴季陶交任、接任仪式在考试院铨叙部礼堂举行。首由戴季陶将印信亲手交递张伯苓，并致辞。张伯苓向全体职员简单训词，谓本人七十三年来今为首次参加政府行政工作，对于考铨工作，一切外行。并说今后工作精神，务盼注重通力合作，至少现在应保持一向之成绩，只可变好，不能变坏。

同日　考试院(卅七)宪密文第一号电令知照院长张伯苓，副院长贾景德于1948年7月10日到任。

7月12日　蒋介石任命田炯锦为考选部部长，沈鸿烈为铨叙部部长。咨文监察院，提名沈士远、张默君、周从政、张忠道等19人为考试院考试委员。

7月13日　杜建时、梁子青电贺张伯苓就职考试院院长。

7月28日　乘“建国”号飞机返津处理学校事务。

8月7日　出席在南开女中召开的南开公能学会大会，并向200多会员演讲，谓个人因受总统友情之感动，已入宦海，是功是过，在所不计。同时透露，“南大校务将由何廉先生主持”。

8月10日　教育家卢木斋逝世。偕黄钰生等赴卢宅吊唁。

8月20日　凌晨天津警备司令部军警入南开大学逮捕学生四人，并查抄学生自治会图书室。学生组成被捕同学营救委员会，向张伯苓请愿。张当即致函天津警备司令部提出五项要求：（一）尽快审讯；（二）准许本校人员观审；（三）准许聘请律师为本校同学辩护；（四）对在押学生衣食卫生予以注意；（五）以后有类似之传讯，先将传票交与本校。

8月26日　天津市教育局救济东北流亡学生会开会，张伯苓任流亡青年救济委员会主任委员。

8月28日　出席南开公能学会第九次会议，听天津警备司令陈长捷讲《华北经济问题》。

8月30日　天津市政府批准天津市卫生局报批的市立医院审议委员会令选聘委员名单，计有张伯苓、严仁颖、周叔弢、朱宪彝、杨亦周、朱继圣、李烛尘等

15 人，

同日　天津市卫生局向张伯苓致送聘书一件。

9 月 1 日　与李宗仁、傅作义、翁文灏、胡适、杜建时、郑道儒等发起公祭卢木斋。

9 月 2 日　在冀鲁考铨处对全体工作人员及中国考政学会会员讲话，强调考试院工作，要注意研究，以谋将来配合行宪，“研究人家为什么批评我们的政府无能”。

9 月 3 日　北京市民治促进会举行年会，该会常务监事张伯苓出席并讲话。出席的还有胡适、毛彦文、李书华、胡先骕、赵乃抟、严仁颖等 50 余人。张伯苓讲话称，七年前我本是无党无派的人，因为赞成三民主义是建国最合适的主义，我入了国民党。

9 月 13 日　会晤被其电召回国的何廉，详谈南开校事。

9 月 25 日　天津市民政局报呈市政府，第十一区区人民代表会代表提议为纪念张伯苓、严范孙、李廷玉三先生，拟将南关街由南门至八里台改为张伯苓路，南开二纬路改为严范孙路，西市大街路改为李廷玉路。

9 月 30 日　蒋介石飞抵北平召集军事会议。其间，天津市市长杜建时向蒋介石谈张伯苓任南开大学校长去留事。

9 月　在国民政府考试院铨叙部三十四次人事会报讲话，谈如何推进考铨制度，并称国家之进步与政治之隆污，人事行政实为关键。看到考铨部“选贤任能”的牌匾，我异常感动，如果我们能够选择贤能为国家服务，则政治必可修明，国家必可富强。

10 月 7 日　何廉乘车抵津。在车站表示，去南京见张校长，答应来天津替他代理。

10 月 9 日　考试院秘书长雷法章致函黄钰生，建议学校及南开校友发动敦请张伯苓为南开大学名誉校长，“既能符合法令，又可兼顾舆情”。黄钰生复函：“所嘱之事，天津杜市长已向总统陈明，并蒙总统俞先电京，以伯公为南大名誉校长，以淬廉兄为校长，亦如政大故事矣。”

10 月 13 日　由南京飞抵北平，当晚住盐业银行，侯宝林与“山药蛋”为张伯苓表演《学戏》和《说英文》两段相声。

同日　中央社南京电：“行政院十三日晨举行第十二次政务会议，翁院长主席”，

“国立南开大学校长张伯苓呈请辞职，应予免职；任命何廉为国立南开大学代理校长”。

10 月 14 日　张伯苓返回天津，出席南开大学举行何廉就职仪式。当日，何廉看到《大公报》上张伯苓“呈请辞职”的消息，立即到南开中学面见张伯苓了解事出缘由，张伯苓情绪激动地回答说，他从来没有提出过辞职。

10 月 15 日　在南开中学参加庆祝南开成立四十四周年活动，并发表讲话称，我离不开教育，现在身体虽然离开，精神决不会离开的。又说“教育不只是叫学生读书，课外的修养更重要，只是有‘能’，算不了什么，必须为‘公’”。

10 月 17 日　参加南开大学成立二十九周年校庆，并讲话。回忆五十年来的办学动机和经历，以及种种艰辛和成功经验，说此次由何廉先生代我做校长，南开事业可谓继起得人，“他勇敢担任这个教育人‘利’最大的事业，我心里非常安慰”，并称“教育是我青年时期的志愿，是我中年的生命，是我老年的安慰，使我老而不颓唐，仍然贾勇前进的还是教育”。

10 月 19 日　行政院训令〔人字第 46347 号〕：“三十七年十月十三日，本院第二十次会议决议：国立南开大学校长张伯苓呈请辞职，应予免职，任命何廉为国立南开大学代理校长。”

10 月 24 日　中国工程师学会天津分会第十五届年会暨九专门工程学会联合会年会在南开女中召开。天津工程师、水利、自动机、电机、卫生、纺织、市政、业余无线电等工程学会五百余名会员到会，由名誉会长张伯苓致开幕词，慨叹五十年来科学进步地太快，并谓我多年办学目的，不外科学、体育、政治三点，如今只谈科学，对于改善人类生活的贡献实在太大了。

10 月 29 日　由天津飞北平，晚拜见蒋介石。

10 月 30 日　由北平飞南京。

11 月 1 日　教育部训令国立南开大学：校长张伯苓辞职照准，任命何廉为代理校长。

11 月 12 日　中央社 13 日电：“考试院长张伯苓十二日飞抵渝，当至沙坪坝南开中学，张氏在渝将勾留半月。”

11 月 14 日　张伯苓在重庆沙坪坝接受北平《新民报》记者访问称，从天津至上海、到南京，乱得很。大局太渺茫太不敢想了。并说对政治“不感兴趣”，就说这回做考试院院长吧，也还是蒋先生再三的催促，出于“不得已”，“或早该退休了”。记者谈到香港方面传说中共宣称邓颖超将任南开大学校长的消息时，

“他笑了笑说：真如此，我倒不怕”。

12 月 1 日　何廉离津赴上海。
12 月 16 日　何廉致电黄钰生、杨石先并转行政会议：班机停止无法飞津，局面如此，至感不安，一切请兄等费神主持。
同日　张伯苓致电南开大学教授会议，委托杨石先、黄钰生、鲍觉民代执校长职务。
12 月 17 日　蒋介石以“限即刻到”的密电通知天津市长杜建时，称“中央现拟遣机迎张伯苓先生之夫人南来，未悉其身体能否搭乘飞机，望速往约。”杜建时当即告知重庆张伯苓，“总统拟派专机送师母赴渝”，又马上趋张宅遵洽张伯苓夫人意见，随即电告南京总统府吴鼎昌秘书长：“8165 密手谕及条电敬悉，当即遵洽张伯苓夫人，拟请即派机来津，希能直飞渝。”

不日，一架军用飞机在马场道起飞，载张伯苓夫人及亲属十七人飞往青岛。
本年　张上将自忠传记编纂委员会编《张上将自忠纪念集》收录张伯苓《挽张荩忱将军》诗一首：

三载中原战迹多，丹心欲挽鲁阳戈。成仁大节惊寰宇，杀敌英明动凯歌。

犹赖精灵护鄂水，不教铁骑渡襄河。悼公海内哀音满，长使苍生唤奈何。

本年　为《中华医药报》复刊题词：术妙岐黄，曰稽自古。光而大之，其利也溥。

1949 年（己丑）七十三岁

1 月初　张伯苓夫人及家属由南京抵重庆。全家仍住沙坪坝重庆南开中学津南村 3 号。
1 月 15 日　人民解放军攻入天津，天津市长杜建时、警备司令陈长捷被俘。南开大学、中学、女中师生迎接解放。

3 月 21 日　在重庆南开中学第五次校务会议宣布喻传鉴任副校长。
3 月 23 日　蒋介石电令重庆行辕主任张群代慰问张伯苓，“如其经济困难，请代为核发，当由中央归还”。

3 月 27 日　《颜惠庆日记》记："张伯苓辞职。"
3 月 28 日　张群奉命前往沙坪坝慰问，并代蒋致送现金 200 万元。

4 月 9 日　为即将赴印度尼西亚泗水华侨中学任校长的原南开中学数学教员李清濂出具从事教育之证明书，以速其南洋之行而便从事华侨教育。
4 月 15 日　与王正廷致函天津市市长杜建时，请其从国库中资助全国体育协会1000 万元。

5 月　与重庆南开中学 1949 级男女同学合影。

6 月 3 日　重庆《大公报》讯，张伯苓等重庆大中学校长致函张群，请求速释被捕之该报编辑主任顾建平。
6 月 14 日　写信给张群，严词抗议来校逮捕进步师生，要求当局释放被捕人员，保证师生安全。
6 月 30 日　蒋介石再电张群转致张伯苓，对其病体挂念之情。

7 月初　致电已在台南的蒋介石，除报告曾患脑充血症，现已痊愈外，仍表示"惟老病之身，难供驱策，考试院事已一再请辞，望能摆脱，藉免尸位素餐之讥"。蒋介石批示张群代送 1000 银元。
同月初　重庆南开中学初三毕业生崔化传因家庭困难不能继续升学，离校前向张伯苓辞行，为崔题写临别赠言："成功在努力。"

8 月 24 日　蒋介石由广州飞重庆。
8 月 31 日　致函蒋介石，对蒋"屈尊枉顾，慰勉有加，感激之情，莫可言喻"，表示早在年初蒋介石引退时，就"亟思追随钧座之后退让贤路，藉示拥护钧座公忠体国之意，爰即具呈请辞。乃蒙当轴一再慰留，卒未获准，其后政府屡行疏迁，致延误迄今，殊深遗憾"，并谓"钧座民族救星，国家复兴大业，匪异人任。他日健康幸得恢复，仍当以在野之身，勉效绵薄，赞襄盛治也"。蒋介石复函慰问，"有关起居弥深怀念"，并致送 2000 元，"藉资疗养之助"。

9 月 7 日　国民党政府由广州迁往重庆。
9 月　南开校友王恩东以"无名氏"署名自香港致函，内称"老同学飞飞不让

老校长动”。“飞飞”是周恩来负笈南开中学所用笔名，张伯苓读信豁然开朗。

11 月初　国民政府考试院考选部部长田炯锦赴津南村拜望张伯苓。
11 月 21 日　蒋介石赴津南村看望张伯苓，促其离开大陆。张伯苓不置可否，且再次请辞考试院长之职。
11 月 23 日　蒋经国拜访张伯苓，敦请离开重庆。
11 月 25 日　《蒋介石日记》：“上午巡礼市区，先访张伯苓院长。”
11 月 26 日　蒋介石发布总统令：考试院院长张伯苓呈请辞职，情词恳挚，准予免职。
11 月 27 日　蒋介石偕蒋经国再访张伯苓，请去台湾或去美国。张伯苓婉拒。
11 月末　昆明师范学院院长查良钊往津南村晋谒张伯苓。交谈中表示，抗日之后，期藉全民力量，整理旧山河，建立三民主义新中国，乃不幸又遇挫折。深望南开校友在行宪政府领导下，齐心努力再造光明前途。
11 月 30 日　人民解放军解放重庆。此前国民党军撤退后，市面一度混乱恐慌。张伯苓不离学校，协同喻传鉴副校长组织自卫，平安度过。

12 月上旬　与喻传鉴副校长几次召开校务会议，决定把重庆南开中学、小学及幼儿园献给国家，指令教务主任刘兆吉编造详细清册，赴重庆军事管制委员会献校。
同月上旬　在寓所召见重庆南开中学 1950 级学生欧绪凡、李越等谈话，谓与蒋介石的私人关系很好，但政见并不一致。周恩来是南开的学生，（我）对南开交给新中国很高兴。
12 月 26 日　重庆南开中学部分学生因考试细故，不满校务主任，并散发各印刷品，涉及师长。事后，署名“全体南开学生”上书张伯苓，陈述校务主任种种措施失当处。张立即“细加察阅与调查”。
12 月 28 日　重庆南开中学学生要求校务主任“引退”，酿成罢课风波。张伯苓出面与学生自治会负责人谈话，表示已准该主任辞职。不久，筹组校务委员会，改变学校行政组织。并着手改变教材和教学方法，

1950 年（庚寅）七十四岁

1 月 5 日　发表《告本校全体同仁及同学书》，对上月重庆南开中学发生的学生

反对校务主任事件，提出处理意见。并称新时代已开始，南开学校允宜为实现新民主主义教育而努力，渴望我全体师生员工亲爱精诚，通力合作，共同负起建设新南开的责任。同时决定，由师生员工组织校务革新会议，广征意见，详加检讨，实施改进。

1月6日　重庆南开中学召开第19次校务会议，由副校长喻传鉴主持会议。报告称，昨校长发告同学书后，看来不致再发生问题。会议提出“应本校长意旨举行革新会议”，“改革会议应由三方面（师生工）代表参加，共同讨论革新问题”。

1月16日　召开校务革新会议第一次开会。喻传鉴副校长任主席。张伯苓出席并讲话，谓现政府实行许多善政，民意复蓬勃异常，此时为建国之良好时机，为余从事教育数十年来所未遇见者，心中极为高兴。

2月　在寓所与学生座谈，表示我从来不想做官，当考试院院长是在无可奈何中就任的。我在南京几个月，亲眼看到国民党无官不贪，无吏不污，所以他们要失败。并称，积半个世纪办学之经验，我更加相信，在学生中提倡“公能”是没有错的。

3月上旬　拟回天津，致函周恩来表达北归心情，并到重庆市文教局咨询回天津的手续。

3月21日　中共中央统战部电告中共中央西南局统战部：“张伯苓在渝表现如何？请速研究电告。闻他愿回天津居住，可以同意其来。”

4月1日　中共中央西南局统战部就张伯苓拟回天津事，电告中共中央统战部。周恩来批示：“可许其北来天津居住。”

4月3日　中共中央西南局统战部电告中共中央统战部：“张伯苓解放后态度消沉，深居简出。”

4月5日　中共中央统战部电告中共中央西南局统战部：“可允张天津居住，请酌予交通上的便利。”

5月3日　中共中央统战部电告中共中央西南局统战部并邓小平：派人与张伯苓接洽，并“助其北来”。

同日　重庆南开中学教职员欢送张伯苓北归，在大操场合影留念。张伯苓对全

校师生讲话，表示：解放以后，旧制更新，而本校仍为西南区规模最大之一中学，本人对此尤感兴奋！深信新时代的新南开，前途无限，特愿以三事相劝：……今幸全国解放，政府重视教育，在经济建设高潮之后，必有文化建设高潮，希望今后南开，能与国家政策相配合，个个学生均为社会有用之人材，使对于新中国之建设，能多有所贡献，此其一。南开教育，特重“公”“能”。惟“公”故能牺牲小我，完成大我。惟“能”方克事无不举，举无不成。今新民主主义教育，目的乃“为人民服务”，而欲为人民服务，自必须要有服务之本领，则“公”“能”训练，与新教育之主旨，亦相符合。现当社会组织、教育制度全面改造之时，希望将此“公”“能”二字，加以新的诠释，并求彻底实施，藉以提高学生之政治水准及文化程度，此其二。南开学校自天津成立迄今，已四十有六载，由数十人而数千人，由私塾而中学而大学，数经挫折，卒能不断扩充者，考其原因，不外全体师生能（1）精诚团结，通力合作（2）脚踏实地，埋头苦干（3）日新月异，时□进步三点。本一贯之精神，为教育而努力，故能克服困难，稳步前进。过去如此，今后亦然。务望我全体师生能保持此优点，继续努力，共图发展，藉以完成新时代的新使命，此其三。”最后表示，“苓一生□热爱祖国，立志教育。数十年来，觉建设事业之易于推进，殆莫有过于此时者。今得目睹伟大革命事业之成功，及南开大中三校前途之光明，衷心喜悦，不可言喻”。

5 月 4 日　张伯苓北归，喻传鉴及部分教职员工、学生代表到重庆珊瑚坝飞机场送行。当日抵北京，周恩来派童小鹏到机场迎接。暂住老友傅作义北平西城区小酱坊胡同寓所。

其间，家人请求他有所表态。他说，对共产党和政府还不了解，需要多看一看。共产党可以骂蒋介石是人民公敌，我不应该才和蒋先生分手就和共产党一样骂蒋先生，需要多想一想。

5 月 20 日　在重庆的张伯苓家人乘船北归，月末到达北平。

7 月末　南开中学校务委员会主任杨坚白到北平看望张伯苓。杨称，“张校长也变了，他对新中国人民政府的工作热烈情况表示满意。他说今天共产党所作的就是他自己的理想”。

9 月 14 日　周恩来在中南海西花厅为张伯苓返回天津饯行，作陪的有南开校友潘世伦、李福景、吴勤等。饭后，周恩来问其有什么困难，并答应写信给天津市政府说明情况。

9 月 15 日 回到天津。在大理道租房与三子同住。
9 月 16 日 回南开大学视察。由喻传鉴、冯文潜分别介绍学校变化情况。
9 月 20 日 赴南开大学与南开老教授及老职员会面，对南开现今一切充满生气表示高兴，认为南开已经有了寄托。
9 月 21 日 赴南开女中，该校教职员对其反应冷淡。
9 月 22 日 赴南开中学，由校委会主任杨坚白陪同参观校园。

10 月 17 日 欲赴南开中学参加南开校庆，中学方面来人表示不欢迎。为此，他很痛苦。
同日 赴南开大学，出席周叔弢代表周孝友堂向南开大学赠书仪式。
本年冬 中华基督教青年会全国总干事陆干臣由沪来津拜访张伯苓，谈起抗美援朝前景，沉默好久，对于一个落后的国家和一个科学最发达的国家打仗，表示怀疑。

1951 年（辛卯）七十五岁

1 月中旬 南开大学黄钰生到张宅探望，谈起人民政府的爱国主义教育。张伯苓表示，教育青年爱国这是正经。

2 月 14 日 第二次中风，口角歪斜，不能讲话。
2 月 19 日 黄钰生代为起草遗嘱。
2 月 23 日 下午 6 时 30 分，在天津大理道 87 号寓所逝世，享年 75 岁。

《天津日报》刊登张伯苓后人“讣闻”：“先父伯苓公于一九五一年二月二十三日下午六时半逝世，享寿七十六岁。谨订于三月四日上午十时移灵永安公墓。”

2 月 24 日 周恩来赴张宅吊唁，并送“伯苓师千古，学生周恩来敬挽”花圈。天津市市长、副市长及戚友、校友陆续前来吊唁。
2 月 26 日 《天津日报》刊登张伯苓遗嘱：

“一八九七年，余愤于帝国主义之侵略，因严范孙先生之启发，从事教育，五十年来，矢志不渝。凡余所致力而未逮之科学教育、健康教育、爱国教育，以允公允能、日新月异，与我同学共勉者，今将在人民政府之下，一一付诸实施。余所尝效力之南开大学、南开中学、重庆南开中学，在人民政府之下，亦将积极改造，迅速发展。今日之人民政府为中国前所未有之廉洁良好政府，其

发展生产、友好苏联之政策，实为高瞻远瞩、英明正确之政策。凡我友好同学，尤宜竭尽所能，合群团结，为公为国，拥护人民政府，以建设富强康乐之新中国。无限光明远景，余将含笑待之。友好同学，务共努力。”

2 月 27 日　蒋介石在台北得悉张伯苓逝世，日记写“痛悼不已”。

3 月 2 日　南开校友阎子亨、杨天受、张文孚、范作梁、朱有济、黄钰生、卢开瑗、方培寅、卞肇新、潘世纶、李新慧、朱文龙、魏文翰、张佐文、王华棠、严仁曾共 16 位南开校友在《天津日报》发布启示，谓“张伯苓先生逝世，亲友同学致送奠仪如花圈、挽幛之类，固增哀荣，然总各方所费不赀，爰同人相约，莫若转移赙奠统筹方式纪念先生，以切实际。”

3 月 4 日　举行张伯苓葬礼，由牧师按照基督教仪程主持。灵车为木质四轮，由几丈长的白缎牵引，执绋者五六百人之多。灵车上面覆盖深黄色棺罩，衬以白色纸花，上千名亲朋好友和他的历届学生陪灵缓缓而行。葬于佟楼永安公墓。（后移津东杨家台祖坟。1961 年冬，夫人王淑贞去世。次年春，清明节，合葬于天津市北仓第一公墓。1975 年骨灰迁出，置于北京张希陆家中。1979 年 10 月 27 日天津举行骨灰安放仪式，后迁北仓烈士陵园。1986 年骨灰迁葬南开大学中心花园张伯苓铜像后。2002 年衣冠在天津蓟县元宝山公墓安放。）

附录一：张伯苓家族世系简表

张伯苓家族世系简表

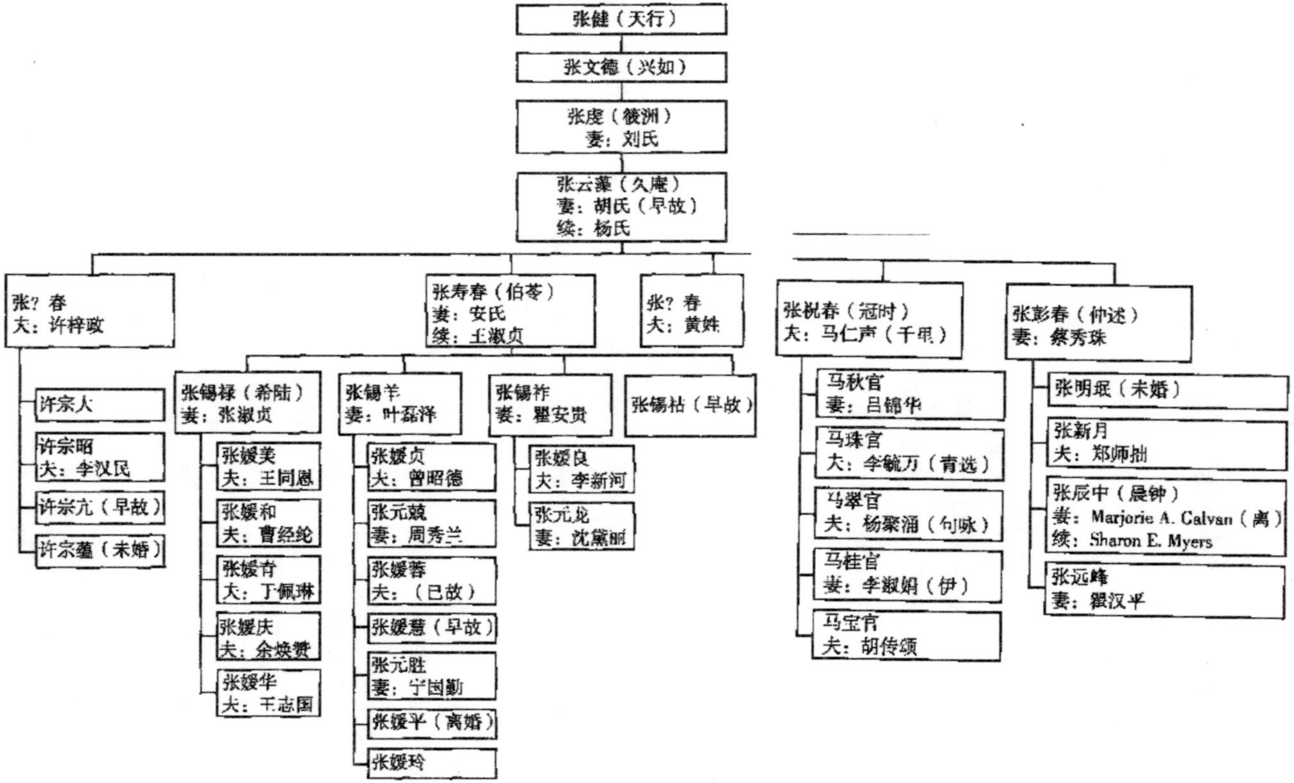

注：引自 Ruth H. C（张新月）与 Sze-Chuh Cheng（郑师拙）编：《张彭春生平及著作（1892—1957）》，原谱系由马桂官、郑师拙编制。（天津市图书馆藏）

附录二：七十年来之校长张伯苓先生（喻传鉴编）

南开校友总会谨以此册呈现四十年来为教育奋斗之校长伯苓先生，敬祝七旬华诞。弟子喻传鉴敬编

清光绪二年四月五日　生

清光绪六年五岁（此为虚岁，下同——编者注）

先生幼岐嶷，是年从父久庵受四子书。

久庵公为邑名诸生，擅音乐。因久困场屋，遂弃举子业，以授徒教子自娱。教授重启发，贵笃践。先生常举以告人，谓为深合现代教育原理。

津门耆宿于泽九先生，题久庵公像时，有“功名蹭蹬老风尘，寄傲弦歌乐此身。置散投闲殊自得，读书有子不嫌贫”之句，颇足传其人。

清光绪十五年　十四岁

考入北洋水师学堂。时水师分驾驶及管轮两班。凡学生年幼及文理通顺者，入驾驶班。先生被派习驾驶，肄业五年，十试九冠其曹。

清光绪二十年　十九岁

以最优等第一，毕业于水师学堂。时值甲午战败，无船，闲居一年。

娶安氏，不数日，病殁。

清光绪二十一年　二十岁

续娶王氏。

被派在“通济”练船上服务，练习枪炮鱼雷及驾驶等。

清光绪二十三年　二十二岁

甲午战败，国势不振，遂启外人觊觎之心。旅顺、大连、胶州湾、广州湾，相继被强邻租借以去，英藉口利益均沾，复于是年强租我威海卫。威海卫当中日战时，为日本所据，至是交还。通济轮被派往接收，接收后，复移交英国。先生身临其境，亲睹国帜三易，痛心外侮，饱受刺激，遂有为国雪耻之志。（按：接收时，先下日旗，后升国旗，隔一日，改悬英旗。）

清光绪二十四年　二十三岁

离船。先生在船上服务三年，目睹当时政治腐败，知海军不足以有为，又觉中国地大物博人众，而国势衰弱，受人侵略，原因在无人。欲救危亡，非造就新人才不可；欲造就新人才，非兴办新教育不可，遂慨然发“教育救国”之宏愿。

是年九月，先生设帐严宅，有学生五人。严公名修，字范孙，为清名翰林。戊戌政变前，任贵州学政，曾以奏请废科举，开经济特科，有声于时。政变后，致仕家居，深信中国欲图自强，非变法维新不可，而创办新教育，实为救国根本要图。严张二公，志同道合，从事教育，遂奠定今后南开之始基。

清光绪二十七年　二十六岁

津绅王奎章先生，是年亦礼聘先生以西学授其子弟，有学生六人，是为王馆。先生遂以每日上午课严馆，下午课王馆。

六月，长子希陆生。

清光绪二十九年　二十八岁

第一次游日本，参观博览会，并考察教育。购买理化仪器多种而归。

清光绪三十年　二十九岁

先生设帐严王二馆，至是已六载。东游归，知彼邦富强，实由于教育之振兴，益信欲救中国，须教育入手，遂决心创办中学。是年秋，学校成立，招收学生七十余人，校址在严宅偏院，仅小屋数椽，经费由严王二氏担任，月各百两。校名：初称敬业中学堂；半年后，复改称私立第一中学，因同时私人设立之中学，尚有数处也。

中学既立，苦乏师资，乃设立师范班，以严王二馆学生年长学优者，陶孟和、时子周等充任师范生，半教半读。先生自己则英、算、理化、史地、体育诸科，无不任也。

先生为开通民智，提高小学教员程度，时又在文庙举行科学通俗讲演，并为小学教员讲授数理等科。

清光绪三十三年　三十二岁

中学成立既四年，从学者日众，校舍逼仄不能容。在城西南地名南开，得邑绅郑菊如先生捐地十亩，遂筹募经费，起建新舍。是年秋，迁南开，学校遂更名为南开中学。

先生家本儒宗，既决心终身从事教育，爰告其夫人曰："教育系清苦事业，所入无多，当量入以为出，家中事悉以累汝。"夫人善体先生意，勤俭治家，从不以家用匮乏扰先生。先生因得专心教育，无内顾忧。

先生办学主旨，在造就新人才，故着重"人才教育"、"领袖教育"。训练学生方法，在中学成立之初，即注重后列数点：

1. **道德训练**　先生鉴于民族精神颓靡，个人生活习惯不良，欲矫时弊，凡饮酒、赌博、冶游、吸烟、早婚等事，均悬为厉禁，犯者退学，决不宽假。在校门侧悬一大镜，镜旁镌有镜箴，俾学生出入，知所儆戒。箴词为："面必净，发必理，衣必整，钮必结，头容正，肩容平，胸容宽，背容直。气象：勿傲、勿暴、勿怠。颜色：宜和、宜静、宜庄。"此与现时新生活运动所提倡，若合符节。先生又于每星期三召集全体学生于礼堂，亲临训话，名为"修身班"，阐述行己处世之方，及求学爱国之道，语多警惕，学生多服膺勿失。

2. **体格锻炼**　国人身体衰弱，精神不振，端由于不注重体育所致。先生有见于此，乃竭力提倡体育，先学校，后社会。谓学生在学校有良好运动习惯，则出学校定可为社会造成运动风气。故学校之体育设备，运动场地，力求完善；体育组织，运动比赛，力求普遍，以期每个学生均有坚强之体魄，及健全之精神。

3. **科学实验**　我国科学不发达，物质文明远不如人，先生以为在学校中急应提倡科学，以救此弊。故训练学生，自始即注重实验。购置理化仪器，开辟实验室，令学生自己动手去做，藉以培养学生科学精神。美国哈佛大学校长 Dr Elliot 参观南开，见中学有如此设施，深为叹服。

4. **团体组织**　先生又鉴于国人团结力薄弱，涣散无组织，原因在不能合作，故常鼓励学生组织课外团体，练习做事。关于学生自动组织之学术研究、讲演、

出版、话剧、音乐、体育等团体，莫不力予赞助，使学生多有参加活动之机会。

5. **培养爱国**　实力先生因鉴于国势危急，自身复饱受刺激，故其从事教育，目的在雪耻图存；其训练学生，方法重读书救国。关于国际形势，世界大事，及中国积弱之由，与夫所以救济之方，时对学生剀切训话，藉以灌输民族意识，及增强爱国观念。但先生爱国主积极，重实际，认定学生在求学时代，必须充分准备救国能力；在服务时期，必须真切实行救国志愿。有爱国之心，兼有救国之力，此先生所期望于个个南开学生也。

先生行事重实践，不尚空谈；求前进，不喜保守。凡事，行前必计划周到，行时必认真执行，行后必切实检讨，每得一次经验，必多一次进步。平日常好以"干到底"，"顶到底"，"日新月异"，"不走近路"，"勿择阻力最小之路"等语，勖勉学生。因先生事事能以身作则，遂以养成今后南开朴厚苦干之特殊精神也。

是年七月，次子锡羊生。

清光绪三十四年　三十三岁

直隶提学使卢木斋先生，聘先生为保定高等学校总教习，辞不获。越半岁，以两校不能兼顾，且创造新校易，改革旧校难，遂辞职。

先生又鉴于中学教育逐渐发达，而师资缺乏，不可不预为之计，乃与北洋大学总教习王少泉先生筹商设立师范班，选送一部高等学校学生，入北洋大学，习数、理、英、算等科，预备毕业后任中学教员。现时西北师范学院教授李湘宸、齐璧亭二君，即当时之师范生也。

南开中学第一班学生梅贻琦、张彭春、李圣章、喻传鉴等卅二人毕业。

是年秋，充任直隶省代表，参观美国渔业博览会，同时并考察新大陆教育，深有所得。为欲周知各国教育状况，后由美赴英。冬，由英返国。

清宣统元年　三十四岁

先生年来多与西人往来，对于基督教义，深有研究。是年，遂受洗为基督教徒，

期得宗教热诚，多为社会服务。

是年十一月，丁外艰。

十二月，三子锡祚生。

清宣统二年　三十五岁

第一次全国运动会，举行于南京，任总裁判。先生提倡体育不遗余力，每届全国运动会或华北运动会之总裁判之职，多由先生任之。每有争执，均得先生一言而解。

清宣统三年　三十六岁

清华学校总办范静生先生，聘先生为教务长，对于学生课程，改革颇多，美籍教员，深表钦佩！然终以南开故，任事半年余，辞职返津。

武汉起义，学生星散，学校一时陷于停顿。

民国元年　三十七岁

民国成立，革命告一段落。先生对于国事，深为乐观，对于教育，更发宏愿。连年添筹经费，购置新地，建筑校舍，学生由数十人增至五百余人。

是年四月，四子锡祜生。

民国三年　三十九岁

中学毕业学生多不愿离校，又苦无优良大学可入，希望学校增设专科，乃于是年秋，设英语专门科一班。因经费人才困难，一年余解散。

兼任北洋女师校长。

民国五年　四十一岁

添设专门部及高等师范部各一班，以张彭春为主任。因困难过多，一年余，复停办。

民国六年　四十二岁

远东运动会开会于日本东京，先生为总领队，代表中国出席。

先生办理高等教育，两次失败，深感办学之困难。乃于是年秋第二次渡美，入美国哥伦比亚大学师范学院，研究教育，并考察其国内私立大学教育之组织及其发展，为将来重办大学之借镜。校长一席，由张彭春代理。

中学学生满千人，摄影纪念。

民国七年　四十三岁

是年，留美。冬，返国。时严范孙、范静生、孙子文诸先生，亦游美，遂同归。

民国八年　四十四岁

先生自美归后，力求扩充中学，同时并决定再办大学。乃一方组织大学筹备委员会，规划校舍设备；一方面与严先生南北奔走，筹募经费。是年秋，南开大学正式成立，招生百余人，设文、理、商三科。

民国九年　四十五岁

直皖战争，学校工作颇受影响。

发起中华教育改进社，任理事。

民国十年　四十六岁

南开大学部在城南八里台，得地四百余亩。又募集经费，开始建筑新校舍。

江苏督军李秀山遗嘱，以家产四分之一充南开大学基金。至是由伊弟桂山先生，以元年九六公债作价五十万，捐赠大学，学校为立秀山堂以志纪念！

组织中华业余运动会，先生任会长。

远东运动会在上海开会，先生任会长兼总裁判。

民国十一年　四十七岁

奉直战争，学校工作深受影响。

天津各小学毕业女生，以南开大学既收女生，而津市尚无专为女生设立之中学，推举代表王文田、陈学荣等，向先生请愿，设立女中部。先生鉴于社会需要，立允其请，乃组织委员会，开始筹备，期于次年秋，招生开学。

中学实行“三三制”，改六年毕业，学生乃增至千六百余人。

民国十二年　四十八岁

是年一月，丁内艰。

南开女中部成立，租用民房一所，招生七十余人，分两班开学。

大学得美国罗氏基金团及袁述之先生之捐助，起建科学馆，并大量增添图书仪器设备。

民国十三年　四十九岁

中华业余运动会改组，更名为全国体育促进会，先生仍任会长。

直奉战争发生，学校各部仍力谋发展中。

民国十四年　五十岁

女中部成立满二载，年级加多，学生日增，所租校舍不敷应用，得社会各方捐助，在男中学部之南，购地十亩，起建新舍。

任齐鲁大学董事长。

任中国教育学会理事。

民国十五年　五十一岁

平津复发生内战，学校维持及发展，更多困难。

颜惠庆博士组阁，征先生为教育总长，先生立志不做官，辞不就。

民国十六年　五十二岁

奉军主持北方政局，任先生为天津市市长，辞不就。

先生鉴于东北四省，矿藏至富，而日人谋我至急，不可不谋抵制之力，于是有东北研究会之组织。先游历东北各地，亲自考察，所至深受当地人士之欢迎，并引起日人之注意；后复派遣南大教授何淬廉、蒋廷黻、张彭春、傅恩龄等，组织东北视察团，对于东北经营，再作实际之调查与研究；并将重要材料，编写东北地理，以作中学之教本；于是南开学校，遂更受日人之嫉视。

远东运动会在中国开会，先生为大会总裁判。

民国十七年　五十三岁

南开小学成立。先生在美研究教育时，曾从学于哥伦比亚大学教授克伯屈先生。克氏对于小学教育，素有兴趣，先生亦愿受其影响。是年八月，设立小学，并聘请克氏弟子阮芝仪博士，为实验导师，从事于设计教学法之实验。

是年冬，先生三次出国，考察教育，并为大学筹募经费，足迹遍英、美、日、法、瑞、意诸国，所至受该邦人士及南开校友之热烈欢迎，精神甚为愉快！

得卢木斋先生捐助，建筑木斋图书馆，可藏书三十万册，于是大学设备更为充实。

先生办学数年，中学、大学、女中、小学，相继成立，虽在时局混乱之中，各部仍多发展。韩友某君，深佩先生创业精神，谓先生实一拙笨之人，惟因拙笨，故不学聪明人投机取巧，而能脚踏实地，埋头苦干，成功一番事业。先生引为知言。尝自谓：“个人无奇才异能，其所以能不断努力，稍有成就者，实因对于教育有信心有兴趣耳！”

民国十八年　五十四岁

严范孙先生逝世。先生时尚在美，闻之深为哀恸！谓：“严先生道德学问，万流

共仰！个人追随颇久，深受其人格之陶冶：南开之有今日，严先生之力尤多。严公逝世，在个人失一同志，在学校失一导师，应尊严先生为校父。”南开校友会为纪念严先生，特募款建立范孙楼，并树立铜像，以垂不朽！

上海圣约翰大学赠先生名誉博士学位。

东北大学规模宏大，用意深远，先生被聘为董事，对于学校设施，多所规划。

民国十九年　五十五岁

小学部建筑新校舍。小学部成立既二年，学生日增，校舍狭小难容，欲购置新地，建筑新舍，则各部同感需要，深苦经费支绌。先生尝谓：“儿女众多，年年长大，各个须添置新衣，虽疼幼儿，其如手头拮据何！”小学生乃联名致函大学、中学、女中各部同学，谓：“哥哥姊姊们都有轮奂之校舍，宽大之运动场，独我小学，则付缺如！请哥哥姊姊们，帮同校长替我们设法。”各部学生读此，深受感动。体念先生筹款困难，每人自动认捐十元，为小学校舍建筑经费，不數日即得两万数千元；于是小学学生梦想之宏大校舍，越半年即告实现。

远东运动会在日本举行，先生仍被选为中国总领队。

先生为南大经费事，去南京。经孔庸之先生介绍，第一次谒蒋委员长，相谈甚欢，相见恨晚！先生识南北要人多矣！但胸襟豁达，无有如蒋先生者，遂以为领导人民，挽救中国，非蒋公莫属。归后，约集天津报界友好，大公报张季鸾先生等，报告个人对于蒋公之认识，及居京之感想。

民国成立后，国内军阀割据，政治混乱，而国势凌夷，外侮迭至，先生深痛国人自私心太重，知识能力薄弱，欲砭此弊，乃揭橥“公”“能”二字，为南开学校校训，训练学生有为公牺牲之精神，及为公服务之能力。有尝以“拉绳”（先令一年长力强之甲学生，将数绳之一端坚握在手，再令数学生分执各绳之一端。此数生如向不同之方向拉甲，甲可屹立不动，如改为同一之方向，则甲可立倒）及“折苇”（先与学生苇一枝，令折之，后与苇一束，再令折之）等实例，令学生集会时表演，证明“众则力强，散则力弱”，“分则易折，合则难摧”之原则，藉以加强学生对于“团结”及“合作”等观念。

民国二十年　五十六岁

“九一八”事变，全国震惊。天津学生发起爱国运动，南开学生实为之主。而日本海光寺兵营，正位于大学与中学之间，学生游行，必经过其地，大为日人所侧目。校门前悬挂“收复失土”旗帜，为日军官用枪刺取下，寄归本国，认此为南开抗日证据。平日日兵操演，任意占据操场，甚或将机枪队开入校内，对准教室施放，如临大敌，南开师生深为国家痛，复为学校危，遂益坚报国之志。

民国二十一年　五十七岁

大学本注重科学教育，但科学之终鹄，厥为利用厚生。先生鉴于应用科学之重要，乃于是年，在理学院内，添设化学工程及电机工程两系，于是大学除研究纯科学外，复趋向于技术人才之养成。

民国二十二年　五十八岁

先生既注重应用科学，是年复设立化学研究所，招收大学毕业生，从事研究，目的在应工业界实际问题之咨询，并以训练化学工业之专门人才。

全国运动会开会于南京，盛况空前，先生任总裁判。

民国二十三年　五十九岁

先生与王夫人，结缡四十年，伉俪甚笃。先生尝谓：“余一生事业，得助于夫人之处甚多，每遇困难，中心抑郁，夫人则以遭遇一次挫折，学校必多一次发展之语相勖，实予我以精神上之鼓励。”故对夫人深相敬爱，人称之为“典型夫妇”。是年先生结婚四十年纪念日，特召集友好及同人夫妇茶会。席间，先生演说，对于夫人之相夫教子，勤俭治家，大加赞扬；力劝现代受新教育女子，不可从事享乐，专心骛外；并谓：“贤妇人应规劝其夫致力于应做之事业，不可企图非分。男人倘得升官发财，第一看不顺眼的，就是太太。”语虽近谑，实含真理。

大学经济研究所成立。先生办理大学，一方注重高深学理之研究，一方注重实际问题之解决。民国十六年，大学即有社会经济研究委员会之组织，除调查与研究外，并从事于大学生之训练，作为解决社会经济实际问题之准备。是年春，遵奉教育部令，依据大学组织法，成立商科研究所经济学部，简称经济研究所，以何廉任所长，方显庭为研究主任。

中国初建空军，先生知空军对国防之重要，航校招生，必鼓励南开学生多往投考。四子锡祜亦习空军，是年夏，在空军军校毕业。举行毕业典礼时，蒋校长亲临训话，先生代表家长致辞，谓："昔年岳母忧于外侮，勖子尽忠报国，今日外患甚于往昔，吾辈家长当效法岳母，毕业同学当追从武穆，人人应以捍卫国家，抵御外寇为职志。"（按：航校设杭州，为岳墓所在地，故先生引岳母事以相勉云。）

中学新礼堂完成，可容学生三千人，至是各部校舍及设备均渐趋充实。先生历年办学，时遭挫折，尝自比不倒翁，谓："非不倒也，倒后能复起也。"连年为学校经费，向各方呼吁，虽时遭失败，从不灰心！谓："渔人网鱼，非每网必有鱼。但彼不因失空而弃网，终日勤劳，必有所获，最要者乃在自己有信心，有毅力耳！"

民国二十四年　六十岁

四月五日，先生诞辰。校友会及在校师生举行祝寿大会。先生莅场受贺，全校腾欢！校友及各部学生，复分在各部礼堂，表演游艺话剧及国剧等，以志庆祝！

校友总会为纪念南开学校三十周年及先生六十寿辰，发起"三六奖学金"募款运动，期筹募三万六千元，作为南开大学、中学、女中学生奖学基金。为期二月，募款结束，实得六万九千余元。

先生被派为禁烟委员会委员，是年十一月，赴重庆与会。因蒋先生未至，会停开，先生遂得游览川中名胜。川省号称天府，且为文化中心，前途发展，未可限量。川中南开学生甚多，所至备受热烈欢迎！蓉、渝两地校友，希望南开在川设立分校。先生漫应之，对于川省教育事业，固深愿有所尽力也。

是年全国运动会开会于上海，总裁判一职，仍由先生任之。

民国二十五年六十一岁

先生自蜀归，鉴于华北形势紧急，日人有随时发动之可能。果有变，南开必不保。即不然，亦仅能维持现状，难图发展。为谋南开教育事业之推广，遂有在川设立中学之意。是年三月，命中学部主任喻传鉴入川，视察川省教育，并计

划设校事宜。复遣严伯符、宋挚民二君偕往，筹备建筑校舍。四月末，购妥沙坪坝校址。越四月，第一期校舍建筑计划完成。八月末登报招生，报名者达千人，取二百余人，设四班。九月初开学，命名为南渝中学，以喻君传鉴兼任主任，韩君叔信为副主任。是年春，晤蒋先生，告以在渝设校之意，蒋先生深加赞助，即捐五万元为新校建筑经费。

十一月，先生第二次入川，为南渝捐募经费，组织董事会，并筹划第二期校舍建筑事宜。

教育部部长王雪艇先生拟任先生为四川大学校长，先生以南开责重，又以碍于部章，不能兼长两校，辞不就。

西安事变，全国惊骇！先生素抱乐观，谓："逢大凶必化大吉。"同时致电张学良，痛陈利害。后蒋公果得脱险归京。

民国二十六年　六十二岁

"七七"事变，平津沦陷！南开于七月二十九及卅日两日，各部校舍首遭敌机轰炸焚毁。时先生在京，以数十年惨淡经营之学校，毁于一旦，闻之滋痛！蒋先生谓："南开为中国而牺牲，有中国即有南开。"力予劝慰。

爱子锡祜在空军殉职。锡祜空军第三届毕业生，任轰炸队员。战事初起，我国空军健儿奋起抗敌，英勇作战，锡祜其一也。是年八月，在吉安奉命赴前线，中途失事，机坠人亡！人恐先生迭遭剧变不能自持。先生闻耗，久之，默然曰："吾早以此子许国，今日之事，自在意中，求仁得仁，复何恸为！"

自流井盐务管理局缪剑霜局长，暨绅商代表欧阳尔彬、侯策名等二十余人，以先生办理教育，卓著成绩，特联名致函先生，请为自流井教育谋改进。是年冬，偕喻传鉴游井，并参观学校。

十月十七日，南开中学三十二周年，南开大学十八周年，南开女中十五周年，南开小学九周年，及南渝中学一周年纪念，均在重庆南渝中学盛大举行。纪念日之前夕，先生托汉口《大公报》及中央社通电全国校友，谓："教育救国，苓

之夙志。此身未死，此志不泯。敌人所能毁者，南开之物质；敌人所不能毁者，南开之精神。兹当南开学校周年纪念之日，极望全国南开校友纪念学校，本南开苦干之精神，为国家民族努力。……深信津校复兴，必能于最短期间内实现也。”

华午晴先生病殁。华君为先生王馆弟子。自南开创始，即追随先生，策划一切。为人忠诚、公正、廉洁、勤俭，历年综理会计庶务，操守甚谨，丝毫不苟，南开全体师生莫不重其为人。南开各部发展，华君之力尤多。津校被毁，华君由津南下，辗转来渝，不幸于是年十月逝世，先生失一股肱，痛悼殊甚！

民国二十七年　六十三岁

国民参政会成立，先生被选为参政员。大会于是年七月七日，在汉口举行第一次会议，先生当选为副议长，对于政府抗战国策，多所建树。在开会词中，先生力陈意志集中、力量集中之必要，谓：“中国现时在‘难’与‘险’中求生存。譬如船行川江，逆水行舟，可谓难矣！但拉纤之人，倘能一齐用力，定可达到彼岸。下行急滩，惊涛骇浪，可谓险矣！但舵主倘有经验，船客均能信任舵主，服从命令，亦必能同舟共济。现在中国之环境正是如此，必须全国统一，拥护政府，中国方有出路……”语重心长，闻者动容。

自流井蜀光中学校董会，请先生为董事长，喻传鉴为董事，负责计划蜀光改组及扩充事宜，乃购置新地，起建新舍。是年秋，新校舍落成，喻君兼任校长，韩叔信为主任，并派南开旧同人数人，分任学校各部重要职务。

徇校友会之请，将南渝中学更名为重庆南开中学。因战区来渝学生纷请入学，学额增至一千六百人。

三月，陆善忱先生病逝于重庆惠生医院。陆先生系南开中学、大学毕业生，任职男中，办理校友会及领导社会视察，深资得力，为复起中难得之人才。今继华午晴先生之后溘逝，先生深为哀痛！

南开大学自被毁后，教育部即命与北京大学及清华大学合并，迁长沙，称临时大学。后复迁至昆明，改称西南联大。先生与蒋梦麟及梅贻琦二校长，共任常

委。先生于是一年中由重庆数度飞昆，为联大筹划经费及校地等事。军兴后，各大学归并联合者颇多，今硕果仅存者，惟西南联大而已。先生尝谓国人最大之通病，在不能合作。西南联大在战事结束前，必合作到底。以是三校同人体先生之旨，凡事均能和衷共济，协力进行。今西南联大已成为国内外最负盛名之学府矣。

民国二十八年　六十四岁

南开大学经济研究所，是年九月在重庆恢复，以何淬廉任所长，方显庭为代理所长，陈序经为研究主任，招研究生十人，正式开始工作。

联大迁昆后，关于经费校舍，问题滋多。是年为联大事，飞滇数次，每次到滇，商讨校事，解决困难，对学生训话，对社会各团体讲演，忙碌异常。留滇之日虽不多，每次约二三周即返，但对于加强合作及校务推动，先生之力实不少也。

国民参政会议长汪精卫通敌，潜行离渝，一时谣诼纷然，人心摇动！蒋先生召参政员张君劢、左舜生、李璜及先生谈话，垂询抗战前途，末及先生。先生谓："今日之事，在能战不能战。如能战，必抗战到底，义无反顾。"蒋先生为之动容。

抗战后，各地文化机关，受敌人摧残，损失至巨，教育部特组织图书征集委员会，向英美各友邦征募图书，先生任该会会长。

民国二十九年　六十五岁

抗战已入第四年代，战事前途，尚难乐观。夏日气候炎热，天久不雨，旱象已成！加以滇缅路断，外交空气恶劣，警报频传，敌机滥施轰炸，先生平日最乐观，至是亦不免烦躁。忧时心切，是年七月，竟患摄护腺肿大病，便道阻塞，尿血，颇觉痛苦，即赴中央医院，由泌尿科专家王历耕医师诊治。以医院设备不完，暂用手术通便。越两星期即出院。九月间，第二届国民参政会成立，先生仍为参政员，开会用主席团制，先生被推为主席之一，仍力疾赴会，从不缺席。

是年八月廿二日，敌机以南开为目标，投落巨弹三十余枚，一部校舍或直接中

弹，或震动被毁，损失颇巨。事后，先生命人立即进行修建。有人询修后重炸奈何？先生谓：“炸后再修。”是以是年敌机威胁虽重，而学校工作不因之停顿。

中国独力抗战数年，友邦初未积极援我，而强寇日本则大量得到美国军火之供给，先生惄焉忧之！乃于是年一月对美播讲，申述四义：（1）中国为自由生存而战，准备一切牺牲，抗战到底；（2）日本如无国外之军火供给，对中国侵略之力量，必大为减少；（3）美国对于停止供给日本军火之任何行动，大有助于远东局势之安定，及全世界之和平；（4）美国对中国有传统之友谊，且爱好自由和主持正义，深信中国必能得到美国之积极援助。

先生因病，对于国事校事，感触多端！一日，召集干部同人谈话谓：“今夕谈话，与卅八年前，在天津召集干部同人谈话，情形相同。不过曩时在座之人，如华九先生、严大先生、严二先生、严三先生具已殂谢！而今晚则多是第二代之人。我个人一身从事教育，此志不渝。虽近因参政会事，和政治发生关系，但绝不忘掉本身事业。近为病魔所扰，但自信体力甚强，不久必可恢复。国家前途光明，教育工作重要，希望大家为国为校，多多努力。”

民国三十年　六十六岁

先生素日专心教育，不问政治，但因政治紊乱，致所办之学校数受内战影响，学生有从政者，亦多予鼓励，但谓“要做事，不要做官”而已。抗战后，素与蒋先生晤谈，深幸国事主持得人，谓：“推翻满清，建立共和，是孙先生之功，统一中国，抵抗外侮，实蒋先生之力，而三民主义，体大思精，尤应彻底实施。今后国人，倘均能服从领袖，信仰主义，中国前途定放光明。”是年，加入国民党。

先生上年患摄护腺胀大，仅使用小手术，使通便，而病根未除。是年二月复患肾盂炎，乃入医院，由王历耕大夫用电刀将摄护腺胀大部分烧去。三星期后，健康恢复出院。先生自恃体强，病后不肯多事休息，但一劳累，便中即出血。数月间入医院凡四次。嗣后遵大夫嘱，每遇便血即卧床，卧二日即愈，虽无何危险，以待作之事多，力不从心，时感焦躁！

先生病中，承蒋委员长轸念，两次亲临中央医院及沙坪坝寓所，视疾慰问。

民国三十一年　六十七岁

本年旧病时发时愈，稍事劳累，便中仍出血。先生深以为忧。

第三届参政会，先生仍被选为参政员及主席团主席。

美国罗斯福总统私人代表威尔基来华访问，参观南开，以在抗战后方，有如此大规模之中学，对先生深为钦佩！威氏回国后，著《天下一家》一书，对先生推崇备至。谓："他气宇轩昂，有学者严肃沉思的风度，但又具有一种温爽幽默感……无论我们论到印度，战争，或是美国的大学，他的知识背景和判断，在美国都是难以望其项背的。"（根据中外出版社译本）

民国三十二年　六十八岁

本年自四月后，病未作，先生自觉身心俱佳，又鉴于国势转好，精神倍觉兴奋！自言为国家、为南开，当再努力十二年，至八十岁再行退休。并尝告在学校服务之老学生曰："我未老，汝辈不得言老。"

是年十月十七日，举行学校三十九周年纪念日，先生自述感想，谓："南开之有今日，实诚不易。严馆开始时，学生仅五人，中学成立时学生亦只七十三人。经三十余年，惨淡经营，教职员同人齐心协力，学生年年增加，设备逐年扩充，至重庆南开，创始于军兴之前，成长于抗战之中，规模设备，在后方中学中，亦称仅有。盖南开过去，无时不在奋斗中，亦无日不在发展中，南开学校如果算是成功的话，则一部南开史，实一部奋斗成功史也。"继又述彼过去工作，谓可分三个阶段："自中学创始至大学成立，为第一阶段；大学成立至南开被毁，为第二阶段；今后尽其余年，致力于教育及建国工作，当为第三阶段。第一阶段，惨淡经营，致力于中学；第二阶段，竭尽心力，多为大学奔走；至于计划复校，协助建国，则当为一生事业第三阶段中之主要工作。在第一阶段，学校创设伊始，规模虽小，费力实多。至第二阶段，学生日多，规模日宏，费力大成功亦大。今后到第三阶段，深信以同样之努力，定可得加倍之成功。"盖先生办学数十年，遭遇多难，今幸得目睹中国复兴，中心欣悦，不可言喻，而对于国家建设、津校恢复，尤深致热烈之期望也。

先生创办南开，目的在救国。抗战七年，国家统一，国际地位日高。先生认为

今后教育之主旨，应不在救国，而在建国。读蒋先生所著之《中国之命运》后，即召集同人商讨“建国教育”方案，藉图实施。

国民参政会第三届第一次大会通过组织宪政实施促进会，蒋主席复宣言，国民大会将于抗战结束后一年召集，制订宪法。先生以为中国实施宪政之期当不远，而宪法系国家根本大法，凡属国民，不可不早为之备，爰加印“五五宪草”数百本，分发教职员及学生，并召开宪政座谈会，藉以引起全校师生对于宪法之研究。

民国三十三年　六十九岁

国民政府以先生终身从事教育，有功于国，于是年一月一日颁布明令，给予一等景星勋章，以示优异。

本年南开成立四十周年，又值先生七旬初度，南开校友总会特发起“伯苓四七奖助基金”运动，为先生寿，并为学校留纪念！